JN493422

제13판

OPERATIONS MANAGEMENT

운영관리

OPERATIONS MANAGEMENT

제13판

운영관리

지속가능성 및 공급사슬 관리

Jay Heizer • Barry Render • Chuck Munson 지음

김민균 • 김상기 • 박상찬 • 최대헌 옮김

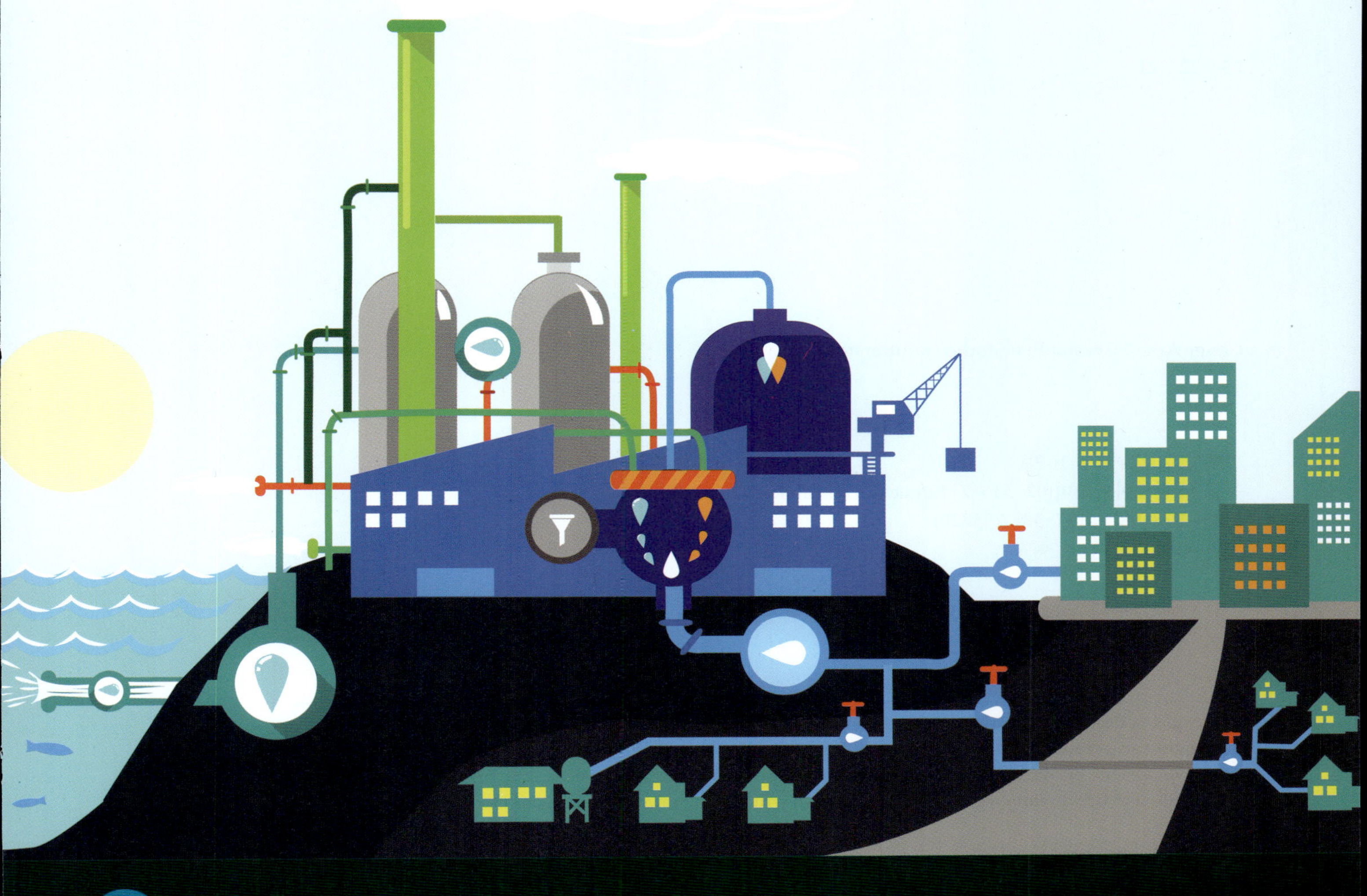

Pearson

한빛아카데미
Hanbit Academy, Inc.

Pearson Education South Asia Pte Ltd
63 Chulia St
#15-01
Singapore 049514

Pearson Education offices in Asia: *Bangkok, Beijing, Ho Chi Minh City, Hong Kong, Jakarta, Kuala Lumpur, Manila, Seoul, Singapore, Taipei, Tokyo*

3 2 1
23 22 21

Cover Art: © Crystal Eye Studio / Shutterstock

발행일: 2022년 2월 10일
공급처: 한빛아카데미(02-336-7112/question@hanbit.co.kr)
ISBN: 978-981-3137-38-7(93320)
가격: 42,000원

Pearson

http://pearsonapac.com/

역자 서문

생산·운영 관리 번역서가 이미 시중에 여러 권 나와 있어 이 책은 출발이 다소 늦은 것 같기도 하다. 그러나 원서가 최근에 업그레이드되어 구성과 내용 면에서 기존의 책보다 체계적이고 현장 중심적이라는 장점이 있다. 또한 풍부한 실제 사례를 통해 접근하여 생산·운영 관리를 쉽게 이해할 수 있다. 따라서 많은 독자가 이 번역서로 급변하는 환경과 글로벌 시대에 지속가능경영에 기여할 수 있는 좋은 아이디어와 통찰을 얻기를 바라는 마음이다.

역자들은 저자가 이 책을 통해 무엇을 전달하고자 하는지를 염두에 두고 우리나라 실정에 적합하게 의미를 전달하기 위해 노력했다. 또한 독자에게 생산·운영 관리에 대한 총괄적이고 전략적인 마인드를 심어주면서 독자 스스로 내용을 이해할 수 있도록 쉽게 접근하는 데 중점을 두었다.

이 책은 워낙 방대한 분량이라 생산·운영 관리를 전공하고 대학에서 해당 과목을 가르치고 있는 여러 역자가 나누어 번역했다. 번역 과정에서 가능한 한 통일성을 기하기 위해 노력했으나 일부 용어나 표현이 다를 수도 있다. 또한 이해하기 쉽게 우리말로 옮기려고 노력했으나 완벽을 장담하기는 어렵다. 내용을 이해하는 데 어려움이 있거나 오류를 발견한다면 역자들에게 알려주기 바란다. 독자의 관심을 바탕으로 더욱 완성도를 높여갈 것을 약속한다.

끝으로 출간을 위해 바쁜 일정을 쪼개어 번역과 수차례의 검토 과정에 힘써주신 교수님들과 이 책의 검토자들에게 감사의 마음을 전한다. 또한 무사히 출간될 수 있도록 편집 및 교정에 세심하게 신경써준 피어슨에듀케이션 관계자 여러분에게도 심심한 감사를 표한다.

2022년 1월

역자 일동

저자 서문

13판의 개정 사항

운영은 생산성에 지대한 영향을 미치는 흥미로운 관리 영역이다. 이 책은 학생들에게 사실적이고 실용적이며 적용 가능한 운영 관리 분야의 내용을 광범위하게 소개하는 것이 목표이다. 우리는 학생들이 콘서트나 주요 스포츠 행사의 무대 뒤에서 일어나는 일을 직접 보고, 아마존에서 물건을 주문하고, 알래스카항공에 탑승하고, 셀러브리티크루즈 같은 멋진 크루즈에 타보며 조직 내에서 운영이 어떻게 작동하는지 이해할 수 있기를 바란다. 이 책은 학생들이 운영을 제대로 이해할 수 있도록 시장의 다른 제품이 제공하지 않는 무대나 현장 뒤에서 일어나는 일을 보여준다.

각 장의 개정 내용

1장: 운영과 생산성

이 장에서는 '10가지 운영 관리 전략 파악'과 '운영 관리의 경력기회 파악'이라는 두 가지 학습목표를 새롭게 소개했다. 첫 번째 새로운 사례 연구는 '셀러브리티크루즈: 해상에서 운영 관리'이다. 그림 1.4에서 세계화 시대에 해당하는 여러 사건을 업데이트했고, 다양한 분야의 고용을 반영해 표 1.4를 업데이트했다. 또한 새로운 토론 질문을 추가했다.

2장: 글로벌 환경의 운영 전략

세계 무역 성장을 보여주는 그림 2.1을 업데이트하고 몇 가지 주요 역사적 사건을 그래프에 추가했다. 새로운 핵심 용어로 운영적 위험회피(헷징)를 추가했다. 이 장에는 '아마존, 시어스의 전략 업데이트'라는 새로운 OM in Action 코너가 있다. 그리고 제품수명주기 변경 사항을 반영해 그림 2.5를 업데이트했다.

3장: 프로젝트 관리

글로벌 기업 벡텔(Bechtel)의 프로필을 다시 작성하고 새로운 연습 문제를 추가했다.

4장: 예측

새로운 연습 문제를 8개 추가했다.

5장: 제품과 서비스 설계

현금 흐름을 보다 명확하게 나타내기 위해 그림 5.2를 수정했다. 3D 프린팅을 포괄하는 새로운 핵심 용어로 적층 제조에 대한 논의를 도입했다. 증강현실에 대한 새로운 논의를 추가했다. '아마존의 제품 설계 추진'이라는 새로운 OM in Action을 추가했으며, 새로운 사례 연구는 '새로운 배를 설계하는 셀러브리티크루즈'이다. 또한 토론 질문 2개와 연습 문제 7개를 추가했다.

5장 보론: 공급사슬의 지속가능성

'셀러브리티크루즈의 Save The Waves'라는 새로운 사례 연구가 있다. 또한 순환 경제와 ISO 50001에 대한 새로운 자료를 추가했다. '수명 종료 설계'라는 새로운 OM in Action을 추가했다.

6장: 품질 경영

새로운 사례 연구인 '셀러브리티크루즈: 프리미엄 경험'을 담았다. '보잉 787 검사'는 새로운 OM in Action이고, 새로운 연습 문제 4개를 추가했다.

6장 보론: 통계적 프로세스 관리

OM in Action 중 '상용 고객 마일리지로 좌석 예약'을 업데이트하고 연습 문제 14개를 추가했다.

7장: 프로세스 전략

서비스에 대한 사용자 정의 정도와 노동력 표시를 단순화하기 위해 그림 7.7을 업데이트했다. 또한 '강철 500,000톤, 14개의 일자리'라는 OM in Action을 추가했다. 기술이 서비스에 미치는 영향에 대한 더 많은 예를 제공하기 위해 표 7.4를 업데이트했다.

7장 보론: 용량계획

표 S7.1에서 실제 생산량을 계산하는 데 사용된 숫자를 수정하고 용량 확장에 대한 네 가지 접근 방식을 개선하기 위해 그림 S7.6도 수정했다. 새로운 연습 문제를 10개 추가하고, 아놀드파머병원 사례에 대한 표 S7.4의 출산율을 업데이트했다.

8장: 입지 전략

새로운 연습 문제를 7개 추가했다.

9장: 레이아웃 전략

'로봇으로 가득한 아마존의 창고'라는 새로운 OM in Action을 보강하고, 작업 셀, 집중 시설, 집중 작업 센터와 집중 공장에 대한 적용 범위를 크게 수정했다. 또한 새로운 연습 문제를 4개 추가했다.

10장: 인적자원, 직무 설계, 업무 측정

새로운 연습 문제를 추가했다.

11장: 공급사슬 관리

새로운 글로벌 회사 프로필 레드로브스터로 시작한다. 블록체인에 대한 새로운 절, '애플과 삼성의 복잡한 공급사슬'을 새로운 OM in Action에 추가하고 SCOR에 대한 처리를 업데이트했다. 또한 새로운 연습 문제를 3개 추가했다.

보충 11: 공급사슬 관리 분석

새로운 토론 질문과 연습 문제를 추가했다.

12장: 재고 관리

'셀러브리티크루즈의 재고 관리'라는 새로운 사례 연구를 담았다. 또한 글로벌 회사 프로필을 보강하고 단일 기간 모델에 대한 적용 범위를 확대했으며, 새로운 연습 문제를 13개 추가했다.

13장: 총괄계획과 판매 및 운영 계획

새로운 연습 문제를 4개 추가했다.

14장: 자재소요계획과 전사적 자원 관리

그림 14.6을 삭제하고 할당된 항목의 표시를 예제 3으로 옮겼다. MRP 관리하에서 새로운 관련 그림 14.6과 함께 수요 주도형 자재소요계획에 대한 새로운 절과 주요 용어를 도입했다. 블록체인에 대한 설명은 전사적 자원 관리(ERP) 절에서 소개한다. 또한 새로운 연습 문제를 추가했다.

15장: 단기 일정계획

새로운 연습 문제를 추가했다.

16장: 린 운영

새로운 연습 문제를 추가했다.

17장: 유지보수와 신뢰성

예측 보전에 대한 새로운 적용을 보강하고 연습 문제를 추가했다.

모듈 A: 의사결정 도구

새로운 사례 연구인 '축제 앱'과 새로운 연습 문제 7개가 있다.

모듈 B: 선형계획법

새로운 연습 문제를 7개 추가했다.

모듈 C: 수송 모델

새로운 연습 문제를 1개 추가했다.

모듈 D: 대기 행렬 모형

새로운 연습 문제를 5개 추가했다.

모듈 E: 학습곡선

지수 및 로그-로그 학습 그래프를 다루는 그림 E.1을 수정했다.

모듈 F: 시뮬레이션

새로운 연습 문제를 3개 추가했다.

모듈 G: 운영 관리 빅데이터에의 비즈니스 분석 적용

이 새로운 모듈에는 빅데이터, 비즈니스 분석, 데이터 관리, 데이터 시각화, 예측 및 처방적 비즈니스 분석 도구에 대한 절이 포함되어 있다.

저자 소개

JAY HEIZER

노스텍사스대학교에서 경영학 학사, 경영학 석사학위를 취득하고 애리조나주립대학교에서 경영통계학 박사학위를 취득했다. 멤피스대학교, 오클라호마대학교, 리치먼드대학교 교수를 역임하고 보스턴대학교, 조지메이슨대학교, 체코경영센터(Czech Management Center), 독일 오토폰귀릭케대학교(Otto-Von-Guericke University) 방문교수를 지낸 바 있으며, 현재는 텍사스주 세긴에 위치한 텍사스루터대학교 경영학과 명예교수이다.

Heizer 박사는 산업계에서 광범위한 경험을 거쳤다. 포린저앤드컴퍼니(Foringer and Company)에서 기계 기술 견습생을 마치고 웨스팅하우스에어브레이크(Westinghouse Airbrake)에서 생산계획자로 있었으며, 제너럴다이내믹스(General Dynamics) 엔지니어링 행정부에서 운영 관리의 실용적 측면을 학습했다. 그리고 필립모리스(Philip Morris), 파이어스톤(Firestone), 딕시컨테이너코퍼레이션(Dixie Container Corporation), 컬럼비아인더스트리(Columbia Industries), 테네코(Tenneco)에서 운영 관리와 경영정보시스템 분야의 컨설팅을 하고 있다. 또한 APICS(Association for Operations Management)에서 발급하는 CPIM 인증서를 받았다.

Heizer 박사는 5권의 책을 공동 저술했으며 《Academy of Management Journal》, 《Journal of Purchasing》, 《Personnel Psychology》, 《Production & Inventory Control Management》, 《APICS—The Performance Advantage》, 《Journal of Management History》, 《IIE Solutions》, 《Engineering Management》에 경영 관련 논문을 30여 편 발표했다. 또한 대학과 대학원, 전문가 과정에서 운영 관리를 가르쳤다.

BARRY RENDER

루스벨트대학교에서 수학과 물리학 학사학위를 취득하고 신시내티대학교에서 운영연구로 석사학위를, 정량분석으로 박사학위를 취득했다. 조지워싱턴대학교, 뉴올리언스대학교, 보스턴대학교, 조지메이슨대학교에서 강의했으며, 메이슨재단(Mason Foundation)에서 의사결정과학부서의 회장과 교수직을 역임했다. 또한 제너럴일렉트릭(General Electric), 맥도널더글러스(McDonnell Douglas), NASA 우주항공 분야에서 일한 바 있으며, 현재는 플로리다주 윈터파크에 위치한 롤린스칼리지 크러머경영대학원의 운영 관리 명예교수이다.

Render 박사는 피어슨출판사에서 출간된 10권의 교재를 공동 집필했으며, 그중 14판이 출간된 《Quantitative Analysis for Management》는 전 세계적인 교재이다. 다양한 매니지먼트 주제에 관한 100편 이상의 논문이 《Decision Sciences》, 《Production and Operations Management》, 《Interfaces》, 《Information》, 《Management》, 《Journal of Management Information Systems》, 《Socio-Economic Planning Sciences》, 《IIE Solutions》, 《Operations Management Review》 등에 실렸다. Render 박사는 AACSB 펠로우의 영예를 누리고 수석 풀브라이트 학자로 두 번이나 선정되었다. 그는 의사결정과학연구소 남동부 부소장을 지내고, 《Decision Line》의 소프트웨어 검토 편집자로 재직했으며, 《뉴욕타임스》 운영 관리 특별호 편집장도 맡은 바 있다. 또한 Management Service Associates of

Virginia, Inc.의 회장을 역임했다. Render 박사는 롤린스칼린지의 웰시상(Welsh Award)을 받았고, 루스벨트대학교에서 우수 장학금을 주는 클레어 드레이크상에 선정되었다. 또한 롤린스칼리지 MBA 최고과정 학생이 주는 상을 수상했으며, 풀타임 MBA 학생들이 뽑은 올해의 교수로 선정되기도 했다.

CHUCK MUNSON

워싱턴대학교 세인트루이스 캠퍼스에서 재무전공 최우수 학생으로 학사학위를 받고 석사학위를 취득한 후 운영 관리로 박사학위를 취득했다. 콘텔전화회사(Contel Telephone Corporation)에서 재무분석가로 일했으며, 현재는 워싱턴주립대학교의 운영 관리 교수이자, 워싱턴주 풀먼에 위치한 칼슨경영대학의 박사과정 책임자이다.

Munson 박사는 《Production and Operations Management》 수석 편집자로 활동하면서 4개 저널의 편집검토위원회에도 몸담고 있다. 《Production and Operations Management》 《IIE Transactions》, 《Decision Sciences》, 《Naval Research Logistics》, 《European Journal of Operational Research》, 《Journal of the Operational Research Society》, 《Annals of Operations Research》 등에 25편 이상의 논문을 게재했다. 또한 《Chain Management Casebook: Comprehensive Coverage and Best Practices in SCM》의 편집자이며, 《Quantity Discounts: An Overview and Practical Guide for Buyers and Sellers》 연구 논문과 《Managerial Decision Modeling: Business Analytics with Spreadsheets》(4판)의 공동 저자이다.

Munson 박사는 워싱턴주립대학교의 학부, 경영학 석사, 박사 과정에서 운영 관리 핵심과 선택 과목을 가르쳤다. 또한 국제회의와 워싱턴주립대학교의 박사 과정 학생을 대상으로 여러 번의 강의 워크숍을 진행했다. 그는 2016년 살린(Sahlin) 교수 우수상(워싱턴주립대학교의 최고교수상)을 포함해 WSU 경영대학 우수교수상(2001년, 2015년), 연구상(2004년), 서비스상(2009년, 2013년), WSU의 올해의 MBA교수상(2000년, 2008년) 등을 수상했다.

요약 차례

차례

PART 1 운영관리의 개요

Chapter 1 운영과 생산성

Chapter 2 글로벌 환경의 운영 전략

Chapter 3 프로젝트 관리

Chapter 4 예측

PART 2 운영 설계

Supplement 6 통계적 프로세스 관리

Chapter 7 프로세스 전략

Supplement 7 용량계획

Chapter 8 입지 전략

Chapter 9 레이아웃 전략

Chapter 10 인적자원, 직무 설계, 업무 측정

PART 3 운영관리

Chapter 11 공급사슬 관리

Supplement 11 공급사슬 관리 분석

Chapter 12 재고 관리

Chapter 13 총괄계획과 판매 및 운영 계획

Chapter 14 자재소요계획과 전사적 자원 관리

Chapter 15 단기 일정계획

Chapter 16 린 운영

Chapter 17 유지보수와 신뢰성

PART 4 비즈니스 분석 모듈

Module A 의사결정 도구

Module F 시뮬레이션

Module G 운영 관리 빅데이터에의 비즈니스 분석 적용

1 운영과 생산성

이 장의 구성

글로벌 기업 프로필: 하드록카페

- 운영관리란 무엇인가
- 제품과 서비스 생산을 위한 조직
- 공급사슬
- 운영관리를 학습해야 하는 이유
- 운영관리자가 하는 일
- 운영관리의 유산
- 제품과 서비스 운영
- 생산성 과제
- 운영관리의 최근 과제
- 윤리, 사회적 책임, 지속가능성

Beverly Amer/Aspenleaf Productions

10가지 운영관리 전략

- 제품과 서비스 설계
- 품질 관리
- 프로세스 전략
- 입지 전략
- 레이아웃 전략
- 인적자원
- 공급사슬 관리
- 재고 관리
- 일정 계획
- 유지보수

CHAPTER 1

글로벌 기업 프로필
Hard Rock Cafe

하드록카페의 운영관리

전 세계의 운영관리자는 사회의 안녕을 위해 매일 제품을 생산한다. 다양한 형태를 취한 제품은 월풀(Whirlpool)의 세탁기, 드림웍스(DreamWorks)의 영화, 디즈니월드(Disney World)의 놀이기구, 또는 하드록카페(Hard Rock Cafe)의 음식 등일 수 있다. 이러한 기업들은 고객의 주문에 맞춰, 고객이 원하는 시간에, 고객이 원하는 장소로 전달하기 위해 매일 수천 개의 복잡한 제품을 생산한다. 하드록카페는 매년 전 세계 3,500만 명 이상의 손님을 위해 이러한 작업을 수행하고 있다. 이것은 매우 어려운 작업이다. 월풀, 드림웍스, 디즈니월드, 하드록카페에서 운영관리자의 일은 부담이 매우 크다.

올랜도에 기반을 둔 하드록카페는 1971년 런던에서 첫 레스토랑을 열어 48년이나 된 할아버지 감성의 레스토랑이다. 다른 감성을 지닌 레스토랑이 생겼다가 없어지곤 했지만 하드록카페는 여전히 68개국에서 23개 호텔과 168개 레스토랑을 운영하고 매년 새로운 레스토랑을 열고 있다.

하드록카페는 록 음악 기념품으로 유명했다. 단골 고객이었던 에릭 클랩튼(Eric Clapton)이 런던 카페에서 가장 좋아하는 의자를 표시하기 위해 의자 옆 벽에 기타를 걸어 놓으면서 시작되었다. 하드록카페는 7,000개의 아이템과 수백만 달러가 투자된 기념품을 소유하고 있다. 고객들이 다시 방문할 수 있도록 하드록카페는 좋은 음식과 오락으로 가치를 창출한다.

올랜도 유니버설스튜디오의 하드록카페 운영관리자는 매일 3500회 이상의 맞춤형 서비스(식사)를 제공한다. 제품은 설계와 테스트를 거친 후 재료비용, 노동 요구사항 및 고객 만족도가 분석된다. 승인이 되면 메뉴 항목은 생산에 투입되며, 자격을 갖춘 공급업체로부터 재료를 구할 수 있는 경우에만 생산된다. 생산 과정(입고에서 냉장 보관, 굽거나 튀기기, 그리고 12개의 다른 단계까지)은 질 좋은 식사를 할 수 있도록 설계되고 유지된다. 운영관리자는 채용 및 교육할 수 있는 최고의 인재를 활용해 효과적인 직원 일정을 준비하고 효율적인 배치를 설계한다.

전 세계에 상품과 서비스를 성공적으로 설계하고 전달하는 관리자는 운영을 이해하고 있다. 이 책은 하드록카페의 매니저가 가치를 창출하는 방법뿐만 아니라 제조업과 다른 서비스의 운영관리자가 어떻게 가치를 창출하는지 살펴본다. 운영관리는 부담이 크며 어렵고 흥미로운 작업이다. 운영은 우리의 일상에 영향을 준다. 궁극적으로 운영관리자는 우리가 얼마나 잘 살 수 있는지 결정한다.

Andre Jenny/Alamy Stock Photo

플로리다주 올랜도의 하드록카페는 매일 3,500회 이상의 식사를 준비한다. 1,500명 이상이 앉을 수 있는 이 식당은 세계에서 가장 큰 식당 중 하나이다. 하드록카페의 운영관리자는 뜨거운 음식은 뜨겁게, 차가운 음식은 차갑게 제공한다.

Jack Picone/Alamy Stock Photo

효율적인 주방 배치, 동기부여 된 직원, 촘촘한 일정 및 적시적소에 있는 알맞은 재료가 고객 만족을 위해 필요하다.

학습목표

1.1 운영관리를 정의한다.
1.2 운영관리자의 10가지 전략적 의사결정을 식별한다.
1.3 운영관리에서 경력기회를 식별한다.
1.4 제품과 서비스의 차이를 설명한다.
1.5 생산과 생산성의 차이를 설명한다.
1.6 단일 요인 생산성을 계산한다.
1.7 다중 요인 생산성을 계산한다.
1.8 생산성 향상에 중요한 변수를 식별한다.

운영관리란 무엇인가

운영관리(operations management, OM)는 하드록카페와 같은 레스토랑뿐만 아니라 포드(Ford), 월풀(Whirlpool)과 같은 공장에도 적용되는 학문이다. 운영관리(OM)의 기법은 전 세계 거의 모든 생산기업에 적용된다. 상품과 서비스를 생산하는 데 운영관리가 필요하므로 운영의 적용은 사무실, 병원, 식당, 백화점, 공장 등 업종에 상관없다. 그리고 상품과 서비스의 효과적 생산은 이 책에서 소개하는 운영관리(OM)의 개념, 도구 및 기술을 효과적으로 적용해야 한다.

학습목표 1.1
운영관리를 정의한다.

이 책을 통해 전 세계에 걸쳐 고객과 공급업체가 있는 경제에서 운영을 관리하는 방법을 발견할 것이다. 유익한 예, 차트, 본문의 토론 및 그림의 배열은 개념을 설명하고 정보를 제공한다. 운영관리자가 어떻게 우리의 삶을 풍요롭게 하는 상품과 서비스를 창출하는지 확인할 것이다.

이 장에서 먼저 **운영관리**를 정의하고, 운영관리의 유산에 대해 설명하고, 매우 다양한 조직에서 운영관리자가 수행하는 흥미로운 역할을 알아볼 것이다. 또한 우리는 상품 및 서비스 생산 회사 모두에서 생산과 생산성을 논의할 것이다. 그다음 서비스 부문의 운영과 효과적이고 효율적인 생산 시스템 관리 과제에 대한 논의가 이어진다.

생산(production)은 상품과 서비스의 창조이다. **운영관리**(operations management, OM)는 투입물을 산출물로 변환해 상품과 서비스의 형태로 가치를 창출하는 일련의 활동이다. 상품과 서비스를 만드는 활동은 모든 조직에서 이루어진다. 제조기업에서 상품을 만드는 생산 활동은 꽤 명백하다. 그곳에서 우리는 소니(Sony) TV나 할리데이비슨(Harley-Davidson) 오토바이 같은 실물이 만들어지는 것을 볼 수 있다.

생산
상품과 서비스의 창조

운영관리(OM)
투입물을 산출물로 변환해 상품과 서비스를 창조하는 것과 관련된 활동

유형의 상품이나 제품을 생산하지 않는 조직에서 생산 기능은 덜 명확할 수 있다. 우리는 종종 이러한 활동을 **서비스**라고 부른다. 서비스는 대중이나 심지어 고객에게조차도 '숨겨질' 수 있다. 이러한 제품은 저축계좌에서 당좌예금계좌로의 자금 이체, 간 이식, 비행기의 빈 좌석 채우기, 혹은 학생의 교육과 같은 형태를 취할 수 있다. 최종 생산품이 상품인지 서비스인지에 관계없이 조직에서 진행되는 생산 활동을 종종 운영 또는 **운영관리**라고 한다.

제품과 서비스 생산을 위한 조직

제품과 서비스를 생성하기 위해 모든 조직은 세 가지 기능을 수행한다(그림 1.1 참조). 이들 기능은 생산뿐만 아니라 조직의 생존에 필수적인 요소이다. 요소들은 다음과 같다.

1. 수요를 창출하거나 최소한 제품이나 서비스에 대한 주문을 받는 **마케팅**(판매가 있을 때까지

아무 일도 일어나지 않음)

2. 제품을 제작, 생산 및 배송하는 **생산/운영**

3. **재무/회계:** 조직이 얼마나 잘 운영되고 있는지 추적하고, 청구서를 지불하고, 자금을 회수함

대학, 교회 또는 사원, 기업 모두 이러한 기능을 수행한다. 심지어 미국 보이스카우트 같은 자원 봉사단도 이 세 가지 기본 기능을 수행하고 있다. 그림 1.1은 은행, 항공사 및 제조 회사가 이러한 기

그림 1.1

서비스 조직과 제조업 조직의 조직도

(A) 은행, (B) 항공사, (C) 제조 조직. 파란색 영역은 OM 활동이다.

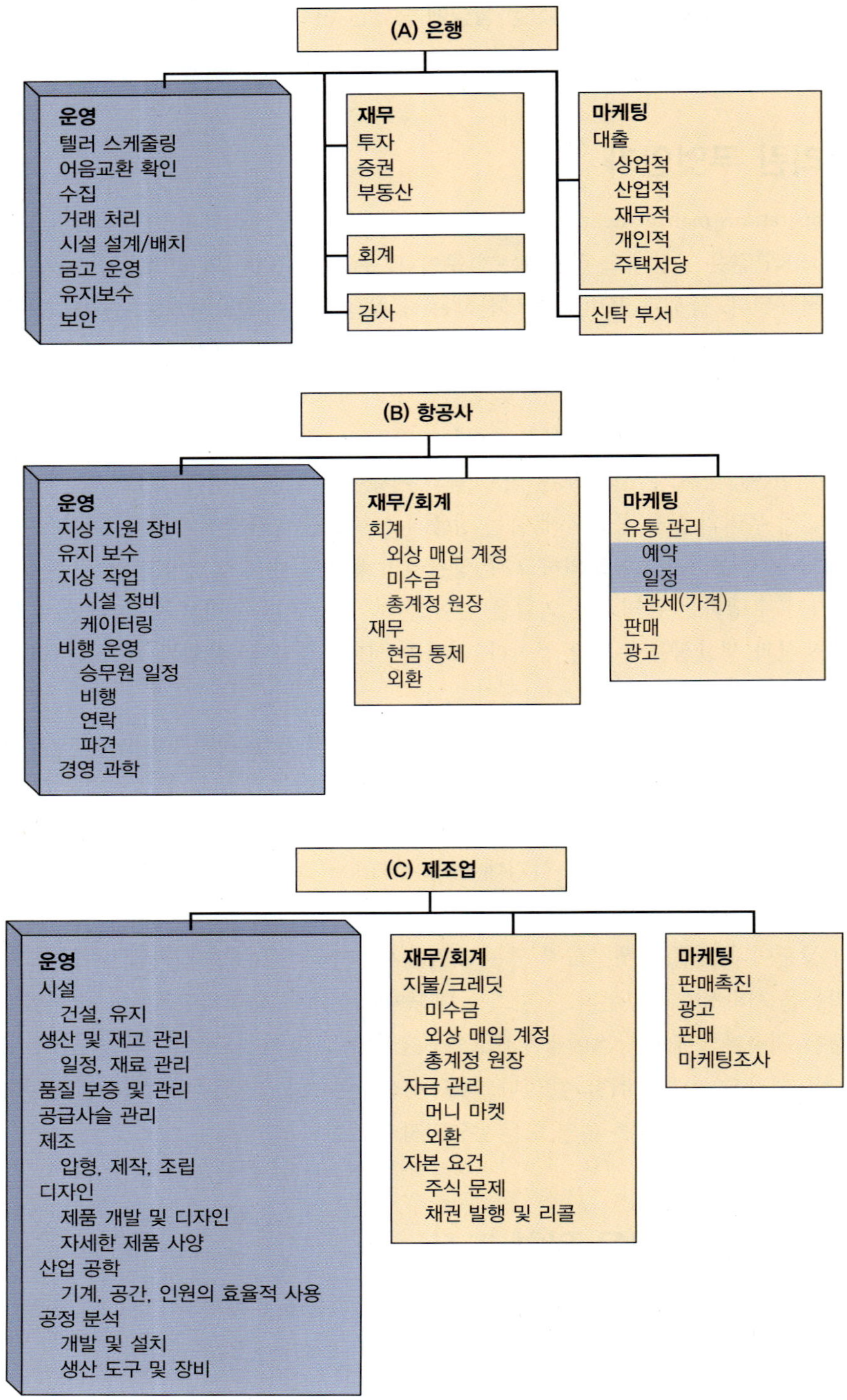

그림 1.2

음료 공급사슬

콜라 한 병의 공급사슬에는 사탕무나 사탕수수 농부, 시럽 생산자, 병 주입 업자, 유통업체, 소매업체가 필요하며, 각각 고객을 만족시키기 위해 가치를 더한다. 공급사슬 내 모든 구성원 간의 협업을 통해서만 효율성과 고객 만족도를 극대화할 수 있다. 일반적으로 공급사슬은 기본적인 기본 원료 공급자에서 소매점의 최종 고객까지 이어진다.

능을 수행하기 위해 어떻게 조직되는지 보여준다. 파란색 음영 영역은 이 회사들의 운영 기능을 보여준다.

공급사슬

마케팅, 운영, 재무라는 세 가지 기능을 통해 고객의 가치가 창출된다. 그러나 기업이 자체적으로 이러한 가치를 창출하는 경우는 거의 없다. 대신에 그들은 원자재부터 회계 서비스까지 모든 것을 제공하는 다양한 공급업체에 의존한다. 이러한 공급업체들을 종합하면 **공급사슬**로 생각할 수 있다. **공급사슬**(supply chain)(그림 1.2 참조)이란 기업에 상품과 서비스를 공급하는 조직 및 활동의 글로벌 네트워크이다.

공급사슬
기업에 상품과 서비스를 공급하는 조직과 활동의 글로벌 네트워크

우리 사회가 기술 지향적으로 변함에 따라 전문화가 증가하고 있다. 전문 지식, 즉각적인 의사소통 및 저렴한 운송수단도 전문화와 전 세계 공급사슬을 육성한다. 기업이 모든 것을 스스로 하려고 하는 것은 도움이 되지 않는다. 숙련된 전문가는 공급사슬의 위아래에 존재하며 각 단계에서 가치를 추가한다. 공급사슬 구성원이 높은 수준의 고객 만족을 달성하기 위해 협업할 때 효율성과 경쟁 우위에서 엄청난 힘을 갖게 된다. 21세기의 경쟁은 기업 간의 경쟁이 아니라 공급사슬의 경쟁이다.

운영관리를 학습해야 하는 이유

운영관리를 학습해야 하는 이유는 다음과 같다.

1. OM은 모든 조직의 3대 기능 중 하나이며, 다른 모든 비즈니스 기능과 필수적으로 관련되어 있다. 모든 조직은 시장(판매), 금융(계정) 및 생산(운영)을 하고 OM 활동이 어떻게 작동하는지 아는 것이 중요하다. 따라서 우리는 **생산적인 기업을 위해 사람들이 어떻게 조직하는지를 연구**한다.
2. 우리는 **상품과 서비스가 어떻게 생산되는지** 알기 위해 OM을 공부한다. 생산 기능은 우리가 사용하는 제품과 서비스를 만드는 우리 사회의 한 분야이다.
3. 우리는 OM을 연구해 **운영관리자가 하는 일을 파악**한다. 조직 내 업무에 관계없이 운영관리자가 하는 일을 이해하면 더 나은 성과를 낼 수 있다. 또한 OM을 이해하면 해당 분야의 다양하고 수익성이 높은 경력 기회를 탐색할 수 있다.
4. **OM은 조직 내에서 비용이 많이 들기 때문에** 우리는 OM을 공부한다. 대부분 회사가 수익의 많은 부분을 OM 기능에 사용한다. 실제로 OM은 조직의 수익성을 개선하고 사회 서비스를 강화할 수 있는 주요 기회를 제공한다.

예제 1에서는 기업이 생산 기능을 통해 수익성을 높일 수 있는 방법을 고려한다.

예제 1

기여도를 높이기 위한 옵션 검토

Fisher Technologies는 차세대 생산장비를 구입할 수 있을 만큼 수익성을 확보하려면 고정비용과 이익에서 달러 기여도를 2배로 높여야 하는 중소기업이다. 경영진은 출자금을 늘리지 못하면 은행에서 대출을 받을 수 없어 장비를 구입할 수 없다고 판단했다. 만약 회사가 장비를 구매할 수 없다면, 오래된 장비의 한계로 인해 회사는 폐업하게 될 것이고, 그렇게 되면 직원들을 해고하고 고객을 위한 상품 및 서비스 생산을 중단하게 될 것이다.

접근방법▶ 표 1.1은 기업의 간단한 손익 계산서와 세 가지 전략 옵션(마케팅, 재무/회계, 운영)을 보여준다. 첫 번째 옵션은 **마케팅 옵션**이며, 뛰어난 마케팅 관리로 매출이 50% 증가할 수 있다. 매출이 50% 증가하면 기여도는 71%가 증가한다. 그러나 판매에서 50% 증가는 어려울 수 있으며, 심지어 불가능할 수도 있다.

표 1.1 기여도를 위한 옵션

		마케팅 옵션[a]	재무/회계 옵션[b]	운영관리 옵션[c]
	현재	판매 수익 증가 50%	재무비용 감소 50%	생산비용 감소 20%
판매	100,000달러	150,000달러	100,000달러	100,000달러
제품비용(원가)	– 80,000	– 120,000	– 80,000	– 64,000
총이익	20,000	30,000	20,000	36,000
재무비용	– 6,000	– 6,000	– 3,000	– 6,000
소계	14,000	24,000	17,000	30,000
세금 25%	– 3,500	– 6,000	– 4,250	– 7,500
기여도[d]	10,500달러	18,000달러	12,750달러	22,500달러

[a] 판매가 50% 증가하면 기여금이 7,500달러 또는 71%(7,500/10,500) 증가한다.
[b] 재무비용을 50% 줄이면 기여금이 2,250달러 또는 21%(2,250/10,500) 증가한다.
[c] 생산비용을 20% 줄이면 기여금이 12,000달러 또는 114%(12,000/10,500) 증가한다.
[d] 고정비용(재무비용 제외)과 이익에 대한 기여.

두 번째 옵션은 **재무/회계 옵션**으로, 건전한 재무관리를 통해 재무비용을 절반으로 줄인다. 그러나 50%의 감축도 필요한 기여율 증가를 창출하기에는 여전히 역부족이다. 기여율이 21%밖에 증가하지 않았다.

세 번째 옵션은 OM 옵션으로, 경영진은 생산비용을 20% 절감하고 기여도를 114% 높인다.

해결방법▶ 위에 제시된 간단한 예를 통해 Fisher Technologies는 10,500달러에서 22,500달러로 기여도를 높였다. 이제 은행이 추가 자금을 빌려줄 수도 있을 것이다.

통찰력▶ OM 옵션은 기여도에서 가장 큰 향상을 가져올 뿐 아니라 실현 가능한 유일한 옵션일 수 있다. 매출 50% 증가와 금융비용 50% 절감은 사실상 불가능할 수 있다. 운영비용을 20% 절감하는 것은 어렵지만 실현 가능하다.

학습 연습▶ OM 옵션에서 단 15%의 비용을 절감한 효과는 무엇인가? [답: 기여도가 86% 증가하고 기여금은 19,500달러로 늘어난다.]

예제 1은 기업의 효과적인 운영 활동의 중요성을 강조한다. 점점 더 효과적인 운영의 개발은 많은 기업이 점점 커지는 글로벌 경쟁에 직면하면서 취하고 있는 접근 방식이다.

운영관리자가 하는 일

모든 우수한 관리자는 관리 프로세스의 기본 기능을 수행한다. 관리 프로세스는 **계획**, **조직**, **인력 배치**, **지도**, **통제**로 구성된다. 운영관리자는 OM 기능에서 결정을 할 때에 관리 프로세스를 적용한다. **10가지 전략적 OM 결정**(10 strategic OM decision)은 표 1.2에 제시되어 있다. 이러한 각 결정을 성공적으로 수행하려면 계획, 조직, 인력 배치, 주도, 통지가 필요하다.

10가지 전략적 OM 결정

1. 제품과 서비스 설계
2. 품질 관리
3. 프로세스 전략
4. 입지 전략
5. 레이아웃 전략
6. 인적자원
7. 공급사슬 관리
8. 재고 관리
9. 일정 계획
10. 유지보수

OM 직업은 어디에 있을까? 운영 분야에서 경력을 시작하는 방법은 무엇일까? 표 1.2에 명시된 10가지 전략적 OM 결정은 그림 1.1에서 파란색 영역으로 표시된 분야에서 일하는 개인에 의해 이루어진 것이다. 회계, 통계, 재무, OM을 아는 경영학도는 이러한 모든 분야에서 입문자 직책을 맡을 기회가 있다.

이 책을 읽을 때 이러한 결정을 내리는 데 도움이 될 수 있는 분야를 확인하라. 그다음 이 분야의 강좌를 수강하라. OM 학생이 회계, 통계, 정보 시스템, 수학에 대한 경력이 많을수록 더 많은 취업 기회를 얻을 수 있다. 전체 일자리의 약 40%가 OM이다.

학습목표 1.2
운영관리자의 10가지 전략적 의사결정을 식별한다.

표 1.2 전략적 운영관리 의사결정

의사결정	장
1. *상품과 서비스 설계*: 각각의 다른 OM 결정에서 운영에 필요한 대부분을 정의한다. 예를 들어 제품 설계는 일반적으로 비용의 하한과 품질의 상한뿐만 아니라 지속 가능성과 필요한 인적자원에 대한 중요한 영향을 결정한다.	5장, 5장 보론
2. *품질 및 통계적 프로세스 통제 관리*: 고객의 품질 기대치를 결정하고 해당 품질을 식별하고 달성하기 위한 정책과 절차를 수립한다.	6장, 6장 보론
3. *프로세스 및 용량 전략*: 상품이나 서비스가 생산되는 방식(즉 생산 프로세스)을 결정하고, 기업의 기본비용 구조의 상당 부분을 결정하는 특정 기술, 품질, 인적자원, 자본 투자에 대한 관리를 실시한다.	7장, 7장 보론
4. *입지 전략*: 비용, 인프라, 물류, 정부를 고려하면서 고객, 공급자, 인재와의 접근성에 대한 판단이 필요하다.	8장
5. *레이아웃 전략*: 자재, 인력, 정보의 효율적인 흐름을 결정하기 위해 용량 요구, 인력 수준, 기술, 재고 요구사항을 통합해야 한다.	9장
6. *인적자원, 직무 설계 및 작업 측정*: 필요한 재능과 기술을 갖춘 인력을 모집하고, 동기 부여하고, 보유하는 방법을 결정한다. 인력은 전체 시스템 설계에서 필수적이고 비용이 많이 드는 부분이다.	10장
7. *공급사슬 관리*: 무엇을, 누구로부터, 어떤 조건에서 구매할지 결정하는 것을 포함해 공급사슬을 회사의 전략에 통합하는 방법을 결정한다.	11장, 11장 보론
8. *재고 관리*: 재고 주문 및 보유 결정과 고객 만족도, 공급업체 역량, 생산 일정을 고려해 최적화하는 방법을 고려한다.	12장, 14장, 16장
9. *일정 계획*: 고객의 요구를 충족하면서 인력과 시설을 효과적이고 효율적으로 사용하는 중·단기 결정을 하고 시행한다.	13장, 15장
10. *유지보수*: 신뢰성 있고 안정적인 프로세스를 유지하기 위해 필요한 설비 용량, 생산 수요와 인력을 고려하는 결정이 필요하다.	17장

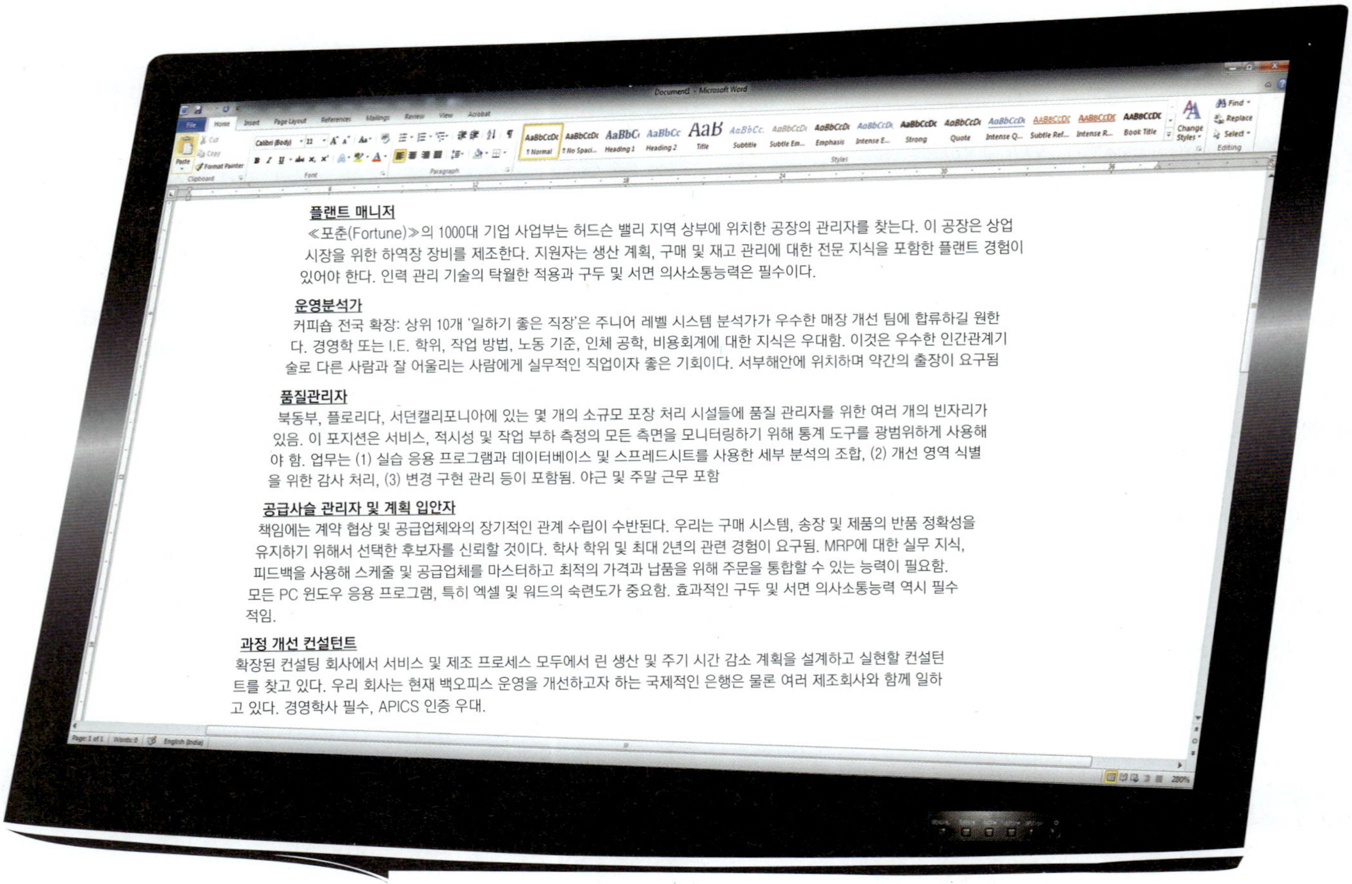

그림 1.3 운영관리에 있는 많은 채용 기회

학습목표 1.3
운영관리에서 경력기회를 식별한다.

다음의 전문기관들은 당신의 교육수준을 향상시키고 당신의 직업에 도움이 될 수 있는 다양한 자격증을 제공한다.

- Association for Operations Management (APICS) (www.apics.org)
- American Society for Quality (ASQ) (www.asq.org)
- Institute for Supply Management (ISM) (www.ism.ws)
- Project Management Institute (PMI) (www.pmi.org)
- Council of Supply Chain Management Professionals (www.cscmp.org)

그림 1.3은 최근 채용 기회를 보여준다.

운영관리의 유산

OM 분야는 상대적으로 짧지만 그 역사는 풍부하고 흥미롭다. 우리의 삶과 OM 규율은 수많은 개인의 기여와 혁신으로 강화되었다. 이제 우리는 이러한 사람 중 몇 명을 소개하고 그림 1.4에 운영관리에서 중요한 사건을 요약한다.

엘리 휘트니(Eli Whitney, 1800)는 표준화와 품질 관리를 통해 상호 호환이 가능한 부품을 초기에 대중화한 공로를 인정받고 있다. 그는 미국 정부와 10,000개의 머스킷(총) 계약을 체결했을 때,

Everett Collection/Newscom

비용 집중

초기 개념
1776~1880년
노동 전문화(스미스, 배비지)
표준화된 부품(휘트니)

과학적 관리 시대
1880~1910년
간트 차트(간트)
모션 및 시간 연구(길브레스)
공정 분석(테일러)
신호 이론(얼랑)

대량생산 시대
1910~1980년
이동 조립 라인(포드/소렌슨)
통계적 표본 추출(슈하트)
경제 질서 수량(해리스)
선형계획법(단치히)
재료 요구사항 계획(MRP)

품질 집중

린 생산 시대
1980~1995년
JIT(Just-in-Time)
컴퓨터 지원 설계(CAD)
전자 데이터 교환(EDI)
전사적 품질 관리(TQM)
볼드리지상
권한 부여
칸반

고객 집중

대량 맞춤화 시대
1995~2005년
인터넷/전자상거래
기업 자원 계획
국제 품질 표준(ISO)
제한된 일정 계획
공급사슬 관리
대량 맞춤화
주문 제작
무선 주파수 식별(RFID)

세계화 집중

세계화 시대
2005~2025년
글로벌 공급사슬 및 물류
초국가적 성장조직
지속가능성
글로벌 직장에서의 윤리
사물 인터넷(IoT)
디지털 운영
인더스트리 4.0

그림 1.4 운영관리에서 주요 사건

부품의 교환이 가능해 프리미엄 가격을 책정할 수 있었다.

과학적 경영의 아버지로 알려진 프레더릭 W. 테일러(Frederick W. Taylor, 1881)는 인력 선택, 계획과 일정 관리, 동작 연구 및 현재 인기 있는 인간공학 분야에 기여했다. 그의 주요 공헌 중 하나는 경영진이 작업 방법 개선에 훨씬 더 지략적이고 공격적이어야 한다는 믿음이었다. 테일러와 그의 동료인 헨리 L. 간트(Henry L. Gantt)와 프랭크 길브레스(Frank Gilbreth), 릴리안 길브레스(Lillian Gilbreth)는 최고의 생산 방법을 체계적으로 찾은 최초의 사람들 중 하나였다.

테일러의 또 다른 기여는 경영진이 다음 사항에 대해 더 많은 책임을 져야 한다는 믿음이었다.

1. 직원을 적합한 업무에 연결
2. 적절한 교육 제공
3. 적절한 작업 방법과 도구를 제공
4. 작업을 완수하기 위한 합법적인 인센티브 설정

1913년에 헨리 포드(Henry Ford)와 찰스 소렌슨(Charles Sorensen)은 표준화에 대해 알고 있는 것을 육류 포장과 우편 주문 산업의 준조립 라인과 결합해 사람들이 움직이지 않고 재료가 이동하는 조립 라인의 혁명적인 개념을 추가했다.

품질 관리는 OM 분야에서 역사적으로 중요한 또 다른 기여이다. 월터 슈하트(Walter Shewhart,

1924)는 통계지식과 품질 관리(quality control)의 필요성을 결합해, 품질 관리에서 통계적 표본추출의 기초를 제공했다. 에드워즈 데밍(W. Edwards Deming, 1950)은 테일러와 마찬가지로 경영진이 품질 개선이 될 수 있도록 작업환경과 프로세스 개선을 위해 더 많은 일을 해야 한다고 생각했다.

운영관리는 **산업 공학**, **통계학**, **경영학**, **분석학**, **경제학**을 포함한 다른 분야의 기여가 의사결정을 개선함에 따라 계속 발전할 것이다.

물리과학(생물학, 해부학, 화학, 물리학)에서의 혁신도 OM 발전에 기여했다. 이러한 혁신에는 새로운 접착제, 더 빠른 집적회로, 식품 살균을 위한 감마선, 아이폰과 플라스마 TV용 특수 유리 등이 포함된다. 제품과 프로세스의 혁신은 종종 물리과학의 발전에 달려 있다.

특히 OM에 대한 중요한 공헌은 정보를 산출하기 위한 체계적인 데이터 처리로 정의되는 **정보기술**(IT)에서 비롯되었다. 무선 링크, 인터넷과 전자 상거래를 통한 정보기술(IT)은 비용을 줄이고 통신을 가속화한다.

운영관리 의사결정에도 분석도구, 정보기술(IT), 생물학 또는 물리과학에 조예가 깊은 사람도 필요하다. 이 책에서는 학생이 운영관리(OM)에서 경력을 준비할 수 있도록 다양한 방법을 살펴본다.

제품과 서비스 운영

서비스
일반적으로 무형의 제품을 생산하는 경제 활동(예: 교육, 오락, 숙박, 정부, 금융, 건강 서비스)

제조업체는 유형적 제품을 생산하는 반면 서비스 제품은 대개 무형이다. 그러나 많은 제품은 상품과 서비스의 조합으로, 서비스의 정의를 복잡하게 한다. 심지어 미국 정부조차도 일관된 정의를 내리는 데 어려움을 겪고 있다. 정의가 다양하기 때문에 서비스 부문에 대해 생성된 데이터와 통계의 대부분이 일관되지 않다. 그럼에도 불구하고 우리는 수리 및 유지보수, 정부, 식품, 숙박, 교통, 보험, 무역, 금융, 부동산, 교육, 법률, 의료, 엔터테인먼트 및 기타 전문직으로 **서비스**(service)를 정의한다.

상품과 서비스의 운영 활동은 종종 매우 유사하다. 예를 들어 둘 다 품질 표준을 가지고 있으며 고객의 요구에 맞는 일정에 따라 설계 및 생산되고, 사람이 일하는 시설에서 만들어진다. 그러나 상품과 서비스에는 몇 가지 중요한 차이가 존재하며 표 1.3에 정리되어 있다.

학습목표 1.4
제품과 서비스의 차이를 설명한다.

많은 경우에 상품과 서비스의 차이는 명확하지 않다. 실제로 거의 모든 서비스와 상품은 서비스와 유형 상품이 혼합되어 있다. 컨설팅과 같은 서비스도 유형의 보고서가 필요할 수 있다. 마찬가지로 대부분의 상품 판매에는 서비스가 포함된다. 예를 들면 많은 제품에 자금 조달과 배송의 서비스 구성요소가 있다(예: 자동차 판매). 또한 상당수가 판매 후에 교육과 유지보수가 필요하다(예: 사무실 복사기 및 기계). '서비스' 활동도 생산의 필수적인 부분일 수 있다. 인적자원 활동, 물류, 회계, 교육, 현장 서비스, 수리는 모두 서비스 활동이지만, 제조 조직 내에서 이루어진다. 유형적 요소가 없는 '순수한' 서비스는 거의 없다. 상담은 그러한 예외 중 하나일 수 있다.

서비스의 성장

서비스는 산업화 이후 사회에서 가장 큰 경제 부문을 구성한다. 1900년까지 대부분의 미국인은 농업에 종사했다. 농업 생산성이 높아짐에 따라 사람들은 농장을 떠나 도시에서 일자리를 찾을 수 있었다. 마찬가지로 제조업에서 고용도 지난 60년 동안 감소했다. 노동력 대비 농업, 제조업, 서비스업 고용의 변화는 그림 1.5에 나와 있다.

제조업에 고용된 사람들의 수는 1950년 이후 감소했지만 현재 1인당 생산량은 1950년보다 거의

표 1.3 제품과 서비스의 차이점

서비스의 특징	제품의 특징
무형적: 항공사 좌석에 탑승	유형적: 좌석 그 자체
생산과 소비의 동시성: 미용실은 커트를 생산과 동시에 소비한다.	생산은 대개 재고로 보관됨(미용관리 제품)
독특함: 당신의 투자와 메디컬 케어는 독특하다.	비슷한 제품의 생산(아이팟)
고객과의 높은 상호작용: 대개 고객은 컨설팅, 교육비용을 지불한다.	생산에 대한 제한된 고객 참여
상품 정의에 일관성이 없음: 자동차 보험은 자동차의 연식과 종류에 따라 변한다.	표준화된 상품(아이폰)
흔히 지식 기반: 법률, 교육, 의료 서비스는 자동화가 어렵다.	표준 유형 제품은 자동화가 가능함
서비스 분산: 서비스는 소매점, 지역 사무실, 가정방문, 인터넷을 통해 이루어질 수 있다.	일반적으로 고정된 시설에서 생산되는 제품
서비스 품질 평가의 어려움: 컨설팅, 교육, 의료 서비스	유형적 제품에 대한 품질의 여러 측면을 평가하기 쉬움(볼트의 강도)
재판매가 흔하지 않음: 음악회와 의료 서비스	제품은 대개 잔존 가치가 있음

20배 이상 증가했다. 서비스업은 1920년대 초에 지배적인 고용주가 되었고 제조업 고용은 1950년에 약 32%로 정점을 찍었다. 농업과 제조업의 엄청난 생산성 증가로 인해 우리의 경제적 자원을 서비스에 더 많이 할애할 수 있었다. 결과적으로, 세계의 많은 사람들은 이제 교육, 의료 서비스, 오락, 그리고 우리가 서비스라고 부르는 무수히 많은 것들을 즐길 수 있다. 미국 내 **서비스 부문**(service sector)의 기업 및 고용 비율의 사례들은 표 1.4에 제시되었다. 또한 표 1.4의 하위 4개 칸은 제조업, 건설업, 농업, 광업 등 비서비스 부문의 고용비율을 제공한다.

서비스 부문
무역, 금융, 숙박, 교육, 법률, 의료 및 기타 전문 직업

서비스 지불

서비스산업은 저임금이라는 인식이 있지만 실제로는 많은 서비스직이 매우 높은 급여를 받고 있다. 항공사 유지보수 시설에 있는 운영관리자와 금융 커뮤니티에 대한 컴퓨터 서비스를 감독하는 운영관리자는 매우 높은 급여를 받는다. 전체 서비스 근로자의 약 42%가 전국 평균 이상의 임금을 받는다. 그러나 서비스업 평균은 33개 서비스업 중 미국 상무부 14개 카테고리가 전체 민간 산업 평균보다 낮은 임금을 지급하기 때문에 하락하고 있다. 이 중 전국 민간 산업 평균의 61% 정도만 지불하는 소매 무역의 규모가 크다. 그러나 소매업종을 고려하더라도 전체 서비스업 종사자의

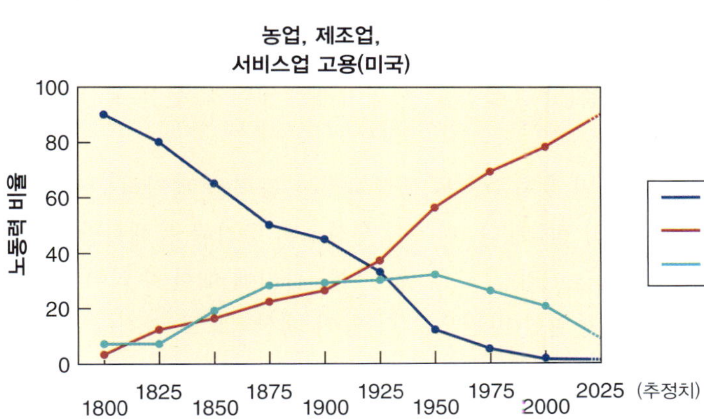

그림 1.5
미국 농업, 제조업, 서비스업 고용
출처: U.S. Bureau of Labor Statistics.

표 1.4 각 부문의 조직 사례

분야	사례	전체 직업 중 비율	
서비스			
교육, 의료, 기타	샌디에이고주립대학교, 아놀드파머병원	16.2	85.9
무역(소매, 도매), 교통	월그린스, 월마트, 노드스트롬, 알래스카항공	17.1	
정보, 출판사, 방송	IBM, 블룸버그, 피어슨, ESPN	1.8	
전문가, 법률, 비즈니스 서비스, 협회	스넬링앤드스넬링, 웨이스트매니지먼트, 미국의학협회, 언스트앤드영	17.0	
금융, 보험, 부동산,	시티, 아메리칸익스프레스, 푸르덴셜, 에트나	9.6	
레저, 숙박, 오락	레드로브스터, 모텔6, 셀러브리티크루즈	10.0	
정부(연방, 주, 지역)	앨라배마주, 쿡 카운티	14.2	
제조업 부문	제너럴일렉트릭, 포드, U.S.철강, 인텔		7.9
건설업 부문	벡텔, 맥더모트		4.3
농업	킹랜치		1.5
광업 부문	홈스테이크마이닝		0.4
총 합계			100.0

출처: Bureau of Labor Statistics, 2017.

평균 임금은 전체 민간 산업 평균의 96% 수준이다.

생산성 과제

생산성
산출물(제품 및 서비스)을 하나 혹은 그 이상의 투입물로 나눈 비율(예: 노동, 자본, 관리)

제품과 서비스의 창출은 자원을 제품과 서비스로 바꾸는 것을 요구한다. 이러한 변화를 보다 효율적으로 수행할수록 생산성이 높아지고, 제공되는 제품과 서비스에 더 많은 가치가 추가된다. **생산성**(productivity)은 산출물(상품 및 서비스)을 투입물(노동 및 자본 같은 자원)로 나눈 비율이다(그림 1.6 참조). 운영관리자의 작업은 투입물에 대한 산출물의 비율을 향상시키는 것이다. 생산성 향상은 효율성 향상을 의미한다.[1]

학습목표 1.5
생산과 생산성의 차이를 설명한다.

이러한 향상은 두 가지 방법으로 달성할 수 있다. 산출을 일정하게 유지하면서 투입을 줄이거나 투입을 일정하게 유지하면서 산출을 증가시키는 것이다. 둘 다 생산성 향상을 나타낸다. 경제적 의미에서 투입물은 생산 시스템에 통합된 노동, 자본, 관리이다. 관리가 이러한 생산 시스템을 창출하고, 생산 시스템은 입력을 출력으로 변환한다. 산출물은 총, 버터, 교육, 사법제도 개선, 스키 리조트 등 다양한 품목이다. 생산은 상품과 서비스를 만드는 것이다. 높은 생산은 단지 더 많은 사람들이 일하고 높은 고용 수준(낮은 실업률)을 의미하는 것이지, 높은 생산성을 의미하는 것은 아니다.

생산성의 측정은 한 나라의 국민 생활수준을 향상시키는 능력을 평가하는 훌륭한 방법이다. **생산성 향상을 통해서만 생활수준이 향상된다.** 더욱이 생산성의 증가를 통해서만 노동, 자본, 관리는 추가지급을 받는다. 생산성을 높이지 않고 노동, 자본, 관리에 대한 수익이 늘어나면 물가가 오른다. 반면 생산성이 높아지면 동일한 자원으로 더 많이 생산되므로 가격에 대한 하방 압력이 가해진다.

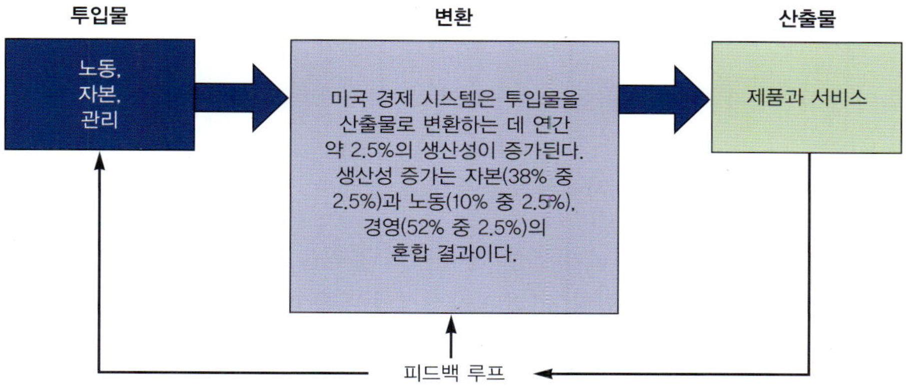

그림 1.6

경제 시스템은 투입을 산출로 변환해 가치를 높인다
효과적인 피드백 루프는 전략 혹은 표준에 따라 성과를 평가한다. 또한 고객 만족도를 평가하고, 투입과 변환 공정을 제어하는 관리자에게 신호를 보낸다.

생산성 향상의 이점은 OM in Action '스타벅스의 생산성 향상'에서 설명한다.

미국은 약 1869년부터 1세기가 훨씬 넘는 기간 동안 연평균 2.5%에 가까운 속도로 생산성을 높일 수 있었다. 이러한 성장은 30년마다 미국의 부를 2배로 늘렸다. 제조업 부문이 미국 경제에서 차지하는 비중은 줄었지만 때때로 연간 생산성이 4% 이상 증가하고 서비스 부문은 거의 1% 증가했다. 그러나 21세기 초 미국의 연간 생산성 증가는 경제 전체의 2.5% 범위를 약간 밑돌고 있으며 최근 몇 년간 하락 추세였다.[2]

이 책에서는 운영관리를 통해 생산성을 향상하는 방법을 살펴본다. 생산성은 전 세계적으로 중요한 문제이며, 운영관리자가 고유하게 해결할 수 있는 문제이다.

생산성 측정

학습목표 1.6
단일 요인 생산성을 계산한다.

생산성 측정은 매우 직접적일 수 있다. 이는 특정 유형 강철의 톤당 노동시간으로 생산성을 측정하는 경우에 해당한다. 노동시간이 투입량의 일반적인 측정치지만, 자본(투자된 달러), 자재(톤), 에너지(킬로와트의 전기)를 사용할 수 있다.[3] 이에 대한 예는 다음과 같이 요약될 수 있다.

OM in Action 스타벅스의 생산성 향상

스타벅스에서 초절약을 담당하는 실바 피터슨(Silva Peterson)은 '이것은 몇 초의 게임'이라고 말한다. 10명의 분석가로 구성된 그녀의 팀은 "이 시간을 어떻게 단축할 수 있을까?"라고 끊임없이 질문한다.

피터슨의 분석은 몇 가지 명백한 기회가 있음을 시사했다. 첫 번째로 신용카드 결제액이 25달러 미만인 경우 서명을 요구하지 않기. 이로써 금전등록기에서 거래 시간 8초를 줄일 수 있다. 두 번째로 분석가들은 스타벅스의 차가운 음료 중 가장 큰 사이즈(Venti)는 충분한 얼음을 퍼 올리기 위해 두 번의 구부렸다 펴는 동작이 필요하다는 것을 파악했다. 스쿱이 너무 작았다. 한 번의 동작으로 적절한 양을 제공하는 스쿱의 재설계로 평균 시간이 14초 줄었다. 세 번째는 새로운 에스프레소 머신이었다. 버튼을 누르면, 기계는 커피원두를 갈아서 내린다. 이것은 스타벅스에서 '바리스타'라고 불리는 서버가 다른 일을 할 수 있도록 해주었다. 에스프레소 샷당 약 12초를 절약할 수 있었다.

결과적으로, 스타벅스 매장의 운영 개선으로 평균거래는 시간당 11.7건(46% 증가)으로 증가했고, 연간 거래량은 25만 달러에서 약 100만 달러로 증가했다. 그 결과 전반적인 생산성이 27% 향상되었고, 연간으로는 약 4.5%였다. 서비스 산업에서 연간 4.5% 증가는 매우 달콤한 것이다.

출처: *Businessweek*(August 23–30, 2012); *Fortune*(October 30, 2014); QZ.com/Starbucks.

Kondor83/Shutterstock

$$생산성 = \frac{생산단위}{사용된\ 투입물} \tag{1-1}$$

예를 들어 생산단위가 1,000, 사용된 노동시간이 250이라면

$$단일\ 요인\ 생산성 = \frac{생산단위}{사용된\ 노동시간} = \frac{1,000}{250} = 4단위/노동시간$$

단일 요인 생산성
하나의 자원(투입물)으로 생산된 상품과 서비스(산출물)의 비율을 나타냄

다중 요인 생산성
다수 혹은 모든 자원(투입물)으로 생산된 상품과 서비스의 비율을 나타냄

식 (1-1)과 같이 생산성을 측정하기 위해 단 하나의 자원을 투입하는 것을 **단일 요인 생산성**(single-factor productivity)이라고 한다. 그러나 생산성에 대한 더 넓은 관점은 모든 투입물(예: 자본, 노동, 재료, 에너지)이 포함된 **다중 요인 생산성**(multifactor productivity)이다. 다중 요인 생산성은 **총요인 생산성**(total factor productivity)이라고도 한다. 다중 요인 생산성은 다음과 같이 모든 투입물 단위를 결합해 계산된다.

$$다중\ 요인\ 생산성 = \frac{산출물}{노동 + 재료 + 에너지 + 자본 + 기타} \tag{1-2}$$

다중 요인 생산성 계산을 돕기 위해 개별 입력(분모) 예제 2와 같이 달러로 표시하고 합산할 수 있다.

예제 2

생산성에서 단일 요인과 다중 요인 이득 계산

Collins Title Insurance Ltd.는 새롭게 전산화된 제목 검색 시스템으로 노동력과 다중 요인 생산성을 평가하고자 한다. 회사에는 4명의 직원이 있으며 각 직원은 하루 8시간 근무하며(하루 임금 640달러) 간접비는 하루 400달러였다. 이 회사는 매일 8개의 제목을 처리하고 마감한다. 새롭게 전산화된 제목 검색 시스템은 하루에 14개 제목을 처리할 수 있다. 직원, 근무 시간, 급여는 동일하지만, 간접비는 이제 하루 800달러이다.

학습목표 1.7
다중 요인 생산성을 계산한다.

접근방법 ▶ 회사는 노동 생산성 계산을 위해 식 (1-1)을, 다중 요인 생산성을 위해 식 (1-2)를 사용했다.

해결방법 ▶

$$예전\ 시스템에서\ 노동\ 생산성: \frac{1일\ 8개\ 제목}{32\ 노동시간} = .25개\ 제목/시간$$

$$새로운\ 시스템에서\ 노동\ 생산성: \frac{1일\ 14개\ 제목}{32\ 노동시간} = .4375개\ 제목/시간$$

$$예전\ 시스템에서\ 다중\ 요인\ 생산성: \frac{1일\ 8개\ 제목}{640달러 + 400달러} = .0077개\ 제목/달러당$$

$$새로운\ 시스템에서\ 다중\ 요인\ 생산성: \frac{1일\ 14개\ 제목}{640달러 + 800달러} = .0097개\ 제목/달러당$$

노동 생산성은 .25에서 .4375로 향상되었다. 이러한 변화는 (.4375 − .25)/.25 = 0.75, 또는 75%가 증가한 것이다. 다중 요인 생산성은 .0077에서 .0097로 증가했다. 이러한 변화는 (.0097 − .0077)/.0077 = 0.26, 혹은 다중 요인 생산성이 26% 증가한 것이다.

통찰력 ▶ 노동(단일 요인)과 다중 요인의 생산성 측정 모두 생산성 향상을 보여준다. 그러나 다중 요인 측정이 산출물 증가와 관련한 모든 비용을 포함하기 때문에 증가 상황을 더 잘 보여준다.

학습 연습 ▶ 간접비가 960달러(800달러가 아닌)가 되면 다중 요인 생산성은 얼마인가? [답: .00875]
관련된 문제들 ▶ 1.1, 1.2, 1.4, 1.5, 1.6, 1.7, 1.8, 1.9, 1.10, 1.11, 1.13, 1.14, 1.17

생산성 측정의 사용은 관리자가 얼마나 잘하고 있는지 판단하는 데 도움이 된다. 그러나 2개의 측정 결과는 다를 것으로 예상된다. 만약 노동 생산성 증가가 전적으로 자본 지출의 결과라면, 단지 노동만을 측정하면 결과가 왜곡된다. 다중 요인 생산성은 일반적으로 더 좋지만 더 복잡하다. 노동 생산성이 보다 인기 있는 측정이다. 다중 요인 생산성 측정은 요인 간의 상충관계(trade-offs)에 대한 더 나은 정보를 제공한다. 그러나 상당한 측정 문제가 남아 있다. 이러한 측정 문제 중 일부는 다음과 같다.

1. **품질**은 투입량과 산출량을 일정하게 유지해도 변할 수 있다. 1950년대의 흑백 TV와 오늘날의 스마트 LED TV를 비교하면, 둘 다 TV이지만 품질이 향상되었다는 것을 부정하는 사람은 거의 없을 것이다. 측정 단위인 TV는 동일하지만 품질이 변경되었다.
2. **외부 요인**은 연구 중인 시스템이 직접적인 책임이 없다면 생산성의 향상과 저하를 유발할 수 있다. 보다 안정적인 전력 서비스는 생산을 크게 향상시켜 기업의 생산성이 향상된다. 이러한 결과는 회사 내에서 이루어진 경영상 결정 때문이 아니라 이러한 지원 시스템 때문이다.
3. **정확한 측정 단위**가 부족할 수 있다. 모든 자동차에 동일한 투입이 필요한 것은 아니다. 어떤 자동차는 소형이고 다른 자동차는 911 터보 포르쉐이다.

최종 제품을 정의하기 힘든 서비스 부문에서는 생산성 측정이 특히 어렵다. 예를 들어 경제 통계는 헤어 커트 품질, 법원 소송의 결과, 소매점에서 서비스를 무시한다. 경우에 따라 판매된 제품의 품질 조정은 되지만 판매 프레젠테이션의 품질이나 폭넓은 제품 선택의 장점이 조정되는 것은 아니다. 생산성 측정에는 구체적인 입력과 출력이 필요하지만 자유 경제는 편리함, 속도, 안전성을 포함해 사람들이 원하는 가치를 창출하고 있다. 전통적인 산출물 측정은 이러한 다른 가치 측정에 대한 매우 빈약한 측정일 수 있다. '노동시간당 사례' 혹은 '직원당 사례'와 같이 측정 정확도가 변화하는, 각 사례마다 다른 법률 사무소의 품질 측정 문제에 주목하라.

생산성 변수

그림 1.6에서 보듯이 생산성 증가는 세 가지 **생산성 변수**(productivity variables)에 따라 달라진다.

생산성 변수
생산성 향상에 핵심적인 세 가지 요소인 노동, 자본, 경영의 기술과 과학

1. **노동**, 연간 증가분의 약 10%를 기여한다.
2. **자본**, 연간 증가분의 약 38%를 기여한다.
3. **경영**, 연간 증가분의 약 52%를 기여한다.

이 세 가지 요인은 생산성 향상에 매우 중요하다. 이들은 관리자가 생산성 향상을 위한 조치를 취할 수 있는 광범위한 영역을 나타낸다.

학습목표 1.8
생산성 향상에 중요한 변수를 식별한다.

노동 생산성에 대한 노동의 기여도 향상은 더 건강하고 교육 수준이 높으며 영양이 풍부한 노동력의 결과이다. 일부 증가는 주중 근무 단축 때문일 수도 있다. 역사적으로 연간 생산성 향상의 약 10%는 노동의 질 향상에 기인한다. 노동 생산성 향상을 위한 세 가지 핵심 변수는 다음과 같다.

1. 효과적인 노동력에 적합한 기초 교육

그림 1.7

17세 미국인의 약 절반이 이러한 유형의 질문에 정답을 말하지 못했다

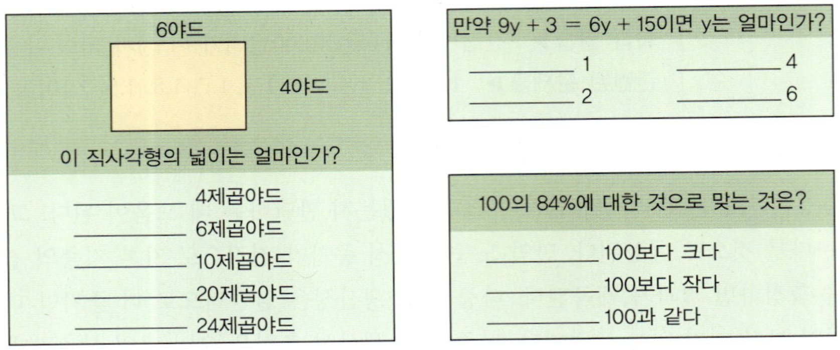

2. 노동력의 식생활
3. 노동력을 이용할 수 있게 하는 사회 간접비(교통 및 위생 등)

문맹과 열악한 식습관은 국가 생산성의 최대 20%까지 피해를 입히는 주요 장애물이다. 깨끗한 식수와 위생을 제공하는 인프라 역시 전 세계 많은 지역에서 생산성을 향상할 수 있는 기회이자 더 나은 건강을 위한 기회이다.

선진국에서는 기술과 지식의 급속한 확장 속에서 노동의 기술을 유지하고 향상하는 것이 과제이다. 최근 자료에 따르면 평균적인 17세 미국인은 같은 나이대의 평균적인 일본인보다 수학을 잘 알지 못하고, 절반 정도는 그림 1.7의 질문에 답을 못하는 것으로 나타났다. 또한 기초능력평가에서 미국 취업 지원자의 약 3분의 1은 읽기, 쓰기, 수학이 부족한 것으로 나타났다.

다른 나라들의 노동력이 향상되고 있는 동안 노동의 질적 단점을 극복하는 것은 주요한 과제이다. 아마도 노동 능력 향상뿐만 아니라 **더 강력한 의지로 더 잘 활용되는 노동력**을 통해서 개선점을 찾을 수 있을 것이다. 교육뿐만 아니라 제10장에서 논의된 교육, 동기부여, 팀 구성, 인적자원 전략도 노동 생산성 향상에 기여할 수 있는 여러 기술 중 하나일 수 있다. 노동 생산성의 향상이 가능하지만 점점 더 어렵고 비용이 많이 들 것으로 예상된다.

자본 인간은 도구를 사용하는 동물이고 자본 투자는 이러한 도구를 제공한다. 미국에서 자본 투자는 몇 번의 매우 심각한 경기 침체 기간을 제외하고 매년 증가했다. 미국의 자본 투자는 감가상각 후 연간 1.5%씩 증가했다.

인플레이션과 세금은 자본비용을 증가시켜 자본 투자를 점점 더 비싸게 만든다. 직원 1인당 투자 자본이 감소하면 생산성의 저하가 예측된다. 자본보다 노동을 사용하면 단기적으로 실업을 줄일 수 있지만, 경제는 생산성이 떨어지고 따라서 장기적으로 임금이 낮아진다. 자본 투자는 종종 필요하지만 생산성 향상을 위한 전투에서 충분한 요소는 거의 없다.

자본과 노동의 상충관계는 끊임없이 유동적이다. 자본비용이나 감지된 위험이 높을수록 주어진 위험에 대한 잠재적인 투자 수익이 감소하기 때문에 더 많은 프로젝트가 '축소'된다. 경영자는 자본비용과 위험의 변화에 따라 투자 계획을 조정한다.

경영 경영은 생산 요소이며 경제적 자원이다. 경영은 생산성을 높이기 위해 노동과 자본이 효과적으로 사용되도록 보장할 책임이 있다. 경영은 연간 생산성 증가의 절반 이상을 차지한다. 여기에는 지식 활용과 기술 적용을 통해 이루어진 개선이 포함된다.

지식 사회
많은 노동력이 수작업에서 지식기반 작업으로 이주한 사회

지식과 기술을 사용하는 것은 탈산업화 사회에서 매우 중요하다. 결과적으로 산업화 이후 사회를 **지식 사회**(knowledge society)라 한다. 지식 사회는 노동력의 많은 부분이 수작업에서 지속적인

Guy Shapira/Shutterstock

자본의 효과적인 사용은 종종 자본 자산에 대한 투자와 인적자원 사이의 적절한 균형을 찾는 것을 의미한다. 모든 투자와 관련된 위험이 있고 자본 및 물리적 투자 비용은 상당히 명확하지만, 직원 비용에는 복리후생, 사회보험 및 고용, 고용 및 해고에 대한 법적 제약을 포함한 보이지 않는 비용이 많이 있다.

교육이 필요한 기술 및 정보 처리 작업으로 이전한 사회다. 필요한 교육 및 훈련은 운영관리자가 조직과 인력을 구축함에 따라 책임져야 할 중요하고 값비싼 항목이다. 현대 사회의 지식 기반 확대에 따라 경영자들은 **기술과 지식을 효과적으로** 사용해야 한다.

보다 효과적인 자본의 사용은 생산성에도 기여한다. 기존 투자의 생산성 향상은 물론 최고의 신규 자본 투자를 선별하는 것은 생산성 촉매제로서 운영관리자의 몫이다.

생산성 과제(도전)는 어렵다. 국가는 이류 수준을 투입해 세계적 수준의 경쟁자가 될 수 없다. 교육수준이 낮은 노동력, 불충분한 자본, 뒤떨어진 기술은 이류 수준의 투입물이다. 높은 생산성과 고품질 산출물에는 우수한 운영관리자를 포함해 고품질의 투입이 필요하다.

생산성과 서비스 부문

서비스 부문은 정확한 생산성 측정과 생산성 향상에 대한 특별한 과제를 제공한다. 경제 이론의 전통적인 분석체계는 주로 상품 생산 활동에 기초한다. 따라서 발표된 경제 데이터의 대부분은 상품 생산에 관련된 것이다. 그러나 데이터는 현대 서비스 경제 규모는 커졌지만 생산성 성장은 둔화되었음을 보여준다.

Olaf Jandke/Agencja Fotograficzna Caro/Alamy Stock Photo

수십억 달러 규모의 독일 기업인 지멘스(Siemens)는 본국에서 견습 프로그램으로 유명하다. 교육이 흔히 기술사회에서 효율적 운영의 핵심이기 때문에, 지멘스는 견습생 교육 프로그램을 미국 공장으로 확산했다. 이러한 프로그램은 글로벌 경쟁력에 필수적인 고도로 숙련된 노동력의 기반이다.

OM in Action 타코벨은 생산성을 향상하고 비용 절감을 위해 친환경으로 전환한다

1962년 글렌 벨(Glenn Bell)이 설립한 타코벨(Taco Bell)은 저비용을 통해 경쟁 우위를 추구한다. 다른 많은 서비스와 마찬가지로 타코벨은 운영관리를 통해 생산성을 향상시키고 비용을 절감한다.

메뉴와 식사는 준비하기 쉽게 설계되었다. 타코벨은 음식 준비의 상당 부분을 독립 레스토랑보다 더 효율적으로 음식을 가공할 수 있는 공급자에게 이전했다. 다진 소고기는 도착하기 전에 미리 익힌 후 재가열하며, 많은 음식들이 플라스틱 용기에 담겨 있어 손쉽고 위생적으로 재가열된다. 마찬가지로 토르티야는 미리 튀겨져서, 양파는 미리 썰어져서 온다. 효율적인 레이아웃과 자동화로 타코와 부리토를 준비하는 데 필요한 시간이 8초 단축되었고, 드라이브 스루 라인에서는 1분이 단축되었다. 이러한 발전은 교육과 권한부여가 결합해 감독자 1명이 5개 레스토랑에서 300개 이상의 레스토랑을 관리할 수 있도록 관리 범위를 늘렸다.

타코벨 운영관리자는 매장 내 노동을 하루 15시간으로 단축하고, 홀 공간의 50% 이상을 줄였다. 그러한 결과로 점포당 자동차가 들어왔다 나갈 때까지 각 고객당 평균 시간은 164초이다.

최근에 타코벨은 매년 3억 갤런의 물과 2억 킬로와트시의 전력을 절약할 수 있는 새로운 주문형 그릴 주방을 출시했다. 이러한 '친환경'에서 영감을 얻은 요리법으로 타코벨의 5,800개 레스토랑에서 연간 1,700만 달러를 절약할 수 있다.

효과적인 운영관리는 타코벨의 저비용 전략을 지원하는 생산성 증가로 이어졌다. 타코벨은 멕시코 패스트푸드 시장 점유율의 58%를 차지하며 저비용 패스트푸드의 리더가 되었다.

Bob Pardue-Signs/Alamy Stock Photo

출처: *Businessweek*(May 5, 2011) and J. Hueter and W. Swart, *Interfaces*(Vol. 28; issue 1).

서비스 부문의 생산성 향상은 다음과 같은 작업으로 어렵다.

1. 일반적으로 노동 집약적이다(예: 상담, 교육).
2. 빈번히 개인의 고유한 속성이나 욕구(예: 투자 조언)에 초점을 맞춘다.
3. 흔히 전문가가 수행하는 지적 작업이다(예: 의료 진단).
4. 기계화 및 자동화가 어려운 경우가 있다(예: 이발).
5. 종종 품질 평가가 어렵다(예: 법률회사의 성과).

지적이고 개인적인 작업이 많을수록 생산성 향상을 달성하기가 더 어렵다. 서비스 부문의 생산성 향상이 저조한 것도 역시 서비스 영역에서 생산성이 낮은 활동들이 늘어난 덕분이다. 여기에는 보육, 식품 준비, 집안 청소, 세탁 서비스 등 이전에는 측정 경제의 일부가 아니었던 활동이 포함된다. 이러한 활동은 점점 더 많은 여성이 노동에 참여하면서 가정에서 측량된 경제로 이동했다. 이러한 활동을 포함하면 서비스 부문의 측정된 생산성이 낮아질 수 있지만, 사실은 이러한 활동이 이전보다 더 효율적으로 생산되기 때문에 실제 생산성이 증가했을 수 있다.

그러나 서비스 부문의 생산성 향상의 어려움에도 불구하고 개선은 이루어지고 있다. 그리고 이 책에서는 이러한 향상을 위한 다양한 방법을 제공한다. 확실히 경영진이 작업이 실제로 수행되는 방식에 주의를 기울일 때 이루어진 일들은 놀랍다.

산업화된 모든 국가가 서비스 부문에서 동일한 문제가 있다는 증거에도 불구하고, 미국은 전반적인 생산성과 서비스 생산성에서 세계 선두를 유지하고 있다. 미국의 소매업 생산성은 할인 체인으로부터 상점 주인을 보호하는 법이 있는 일본의 소매업 생산성보다 2배나 높다. 전화 산업에서 미국의 생산성은 독일보다 적어도 2배 높다. 미국 은행 시스템은 독일의 독점은행보다 33% 더 효율적이다. 그러나 생산성은 운영관리자 업무의 핵심이며, 서비스 부문이 매우 크기 때문에 이 책에서는 서비스 부문에서 생산성을 향상하는 방법에 특히 주목하고 있다(예를 들어 OM in Action '타코벨은 생산성을 향상하고 비용 절감을 위해 친환경으로 전환한다' 참조).

운영관리의 최근 과제

운영관리자는 흥미롭고 역동적인 환경에서 일을 한다. 이러한 환경은 세계 무역의 세계화에서 전자적인 속도로 아이디어, 제품, 돈의 이동에 이르는 다양한 도전의 결과이다. 이러한 몇 가지 당면 과제를 살펴보자.

- **세계화**: 통신과 교통비용의 급격한 하락으로 시장이 세계화되었다. 마찬가지로 자본, 재료, 재능, 노동의 형태로 된 자원 또한 이제 글로벌해졌다. 그 결과 전 세계 국가들이 경제 성장을 위해 경쟁하면서 세계화에 기여하고 있다. 운영관리자는 국제적 협력을 통해 창의적인 디자인과 효율적인 생산, 고품질 제품을 신속하게 추구하고 있다.
- **공급사슬 파트너 맺기**: 제품수명주기 단축, 까다로운 고객, 기술, 재료, 공정에서의 빠른 변화로 공급사슬 파트너는 최종 소비자의 요구에 부합해야 한다. 그리고 공급업체가 고유한 전문 지식으로 기여할 수 있기 때문에 운영관리자는 아웃소싱과 공급사슬에서 중요한 기업과 장기적인 파트너십을 구축하고 있다.
- **지속가능성**: 생산성 향상을 위한 운영관리자의 지속적인 투쟁은 생태학적으로 지속가능한 제품 및 공정을 설계하는 것과 관련이 있다. 이는 자원 사용을 최소화하고 재활용 또는 재사용할 수 있으며 일반적으로 환경 친화적인 친환경 제품 및 포장을 설계하는 것을 의미한다.
- **신속한 제품 개발**: 뉴스, 엔터테인먼트, 생활방식에 대한 신속한 국제 커뮤니케이션과 결합된 기술은 제품의 수명을 극적으로 단축하고 있다. OM은 새로운 관리 구조, 향상된 협업, 디지털 기술, 더 대응적이고 효과적인 창의적 제휴로 응답하고 있다.
- **대량 맞춤화**: 관리자가 세계를 시장으로 인식하면 문화적 차이와 개인차가 매우 명백해진다. 소비자들이 혁신과 옵션을 점점 더 많이 알게 되는 세상에서 기업들은 창의적 방식의 대응에 상당한 압력을 받고 있다. 그리고 OM은 제품 설계와 소비자의 개별적인 변덕을 충족시키는 유연 생산 공정으로 신속하게 대응해야 한다. 목표는 언제 어디서나 필요한 맞춤형 제품 생산이다.
- **린 운영**: 린은 전 세계를 휩쓸고 있는 관리 모델로 운영관리자가 경쟁해야 하는 표준을 제시한다. 린은 고객 만족과 직원 존중, 낭비 발생 없이 잘 진행되는 운영의 원동력으로 볼 수 있다. 이 책의 주제는 경영진이 풍부한 일자리를 창출해 직원들이 지속적으로 개선에 참여할 수 있도록 돕고, 고객이 원하는 시간과 장소에서 상품과 서비스를 생산하고 제공할 수 있는 더욱 효율적인 조직을 만드는 것이다. 이러한 개념은 **린**이라는 문구에 포착될 수 있다.

오늘날 운영관리자는 이러한 문제를 성공적으로 해결해야 한다. 이 책은 이러한 문제를 해결하는 데 필요한 기반을 제공할 것이다.

윤리, 사회적 책임, 지속가능성

운영관리자가 자원을 상품과 서비스로 전환하기 위해 구축하는 시스템은 복잡하다. 그리고 그 시스템은 법과 가치처럼 물리적, 사회적 환경이 진화하는 세상에서 기능한다. 이러한 역학관계는 고객, 유통업체, 공급업체, 소유주, 대출기관, 직원, 공동체와 같은 이해관계자들의 갈등적 관점에서 발생하는 다양한 당면과제를 나타낸다. 다양한 수준의 정부 기관뿐 아니라 **이해관계자**(stakeholder)들은 사려 깊은 대응과 지속적인 모니터링을 요구한다. 효과적이고 효율적인 생산 시스템인 지속

이해관계자
조직에 기득권이 있는 사람들 — 고객을 포함해 유통업체, 공급업체, 소유자, 대출기관, 직원, 공동체 구성원

가능한 프로세스를 개발하는 동시에 윤리적이고 사회적으로 책임 있는 대응을 식별하는 것은 쉽지 않다. 관리자는 또한 다음과 같은 과제를 안고 있다.

- 안전하고 고품질의 친환경 제품 개발과 생산
- 안전한 직장에서 직원 교육, 유지 및 동기부여
- 이해관계자의 약속 존중

관리자는 매우 경쟁적이고 역동적인 세계시장의 요구사항을 충족하면서 이 모든 작업을 수행해야 한다. 운영관리자가 이 시스템에서 **도덕적 의식을 갖고 생산성 향상에 중점을 둔 경우**, 많은 윤리적 문제가 성공적으로 해결될 것이다. 조직은 자원을 더 적게 사용할 것이고, 직원들은 헌신할 것이며 시장은 만족할 것이다. 그리고 윤리적 분위기가 향상될 것이다. 이 책을 통해 관리자가 이러한 시장의 당면한 과제를 성공적으로 해결하면서 윤리적이고 사회적으로 책임 있는 활동을 취할 수 있는 방법에 주목할 것이다. 이 책은 각 장을 **윤리적 딜레마** 연습으로 마무리할 것이다.

요약

운영, 마케팅, 재무/회계는 모든 조직에 기본적인 세 가지 기능이다. 운영 기능은 상품과 서비스를 창출한다. 운영관리 공정의 대부분은 20세기 초에 만들어졌으나, 태초부터 인류는 물질적 복지를 향상하기 위한 시도를 했다. 운영관리자는 생산성 향상을 위한 전투에서 핵심 선수이다.

사회가 점점 풍족해지면서 보다 많은 자원이 서비스에 할당되고 있다. 미국에서 노동력의 85% 이상이 서비스 부문에 고용되어 있다. 생산성 향상과 지속가능한 환경은 달성하기 어렵지만 운영관리자들은 향상을 이루기 위한 기본 수단이다.

핵심 용어

공급사슬(supply chain)
다중 요인 생산성(multifactor productivity)
단일 요인 생산성(single-factor productivity)
생산(production)
생산성(productivity)
생산성 변수(poroductivity variables
서비스(service)
서비스 부문(service sector)
운영관리(operations management, OM)
이해관계자(stakeholder)
지식 사회(knowledge society)
10가지 전략적 OM 결정(10 strategic OM decisions)

윤리적 딜레마

미국 자동차 배터리 산업의 재활용률은 모든 상품 중에서 가장 높으며 이제 95%를 초과하고 있다. 그러나 전문화와 세계화에 따른 변화로 재활용 시스템의 일부를 해외로 이동시키고 있다. 이것은 특히 납을 포함하는 자동차 배터리가 그렇다. 미국 환경보호청(EPA)은 새롭게 시행된 표준으로 역외 유통에 기여하고 있으며 이는 국내 배터리 재활용을 점점 더 비싸고 어렵게 만든다. 그 결과 미국보다 환경 기준과 규제가 약한 멕시코로 보내지는 사용된 배터리가 점점 더 많아지고 있다. 배터리 5개 중 1개가 멕시코로 수출된다. 납의 전 세계적인 수요와 비싼 가격으로 구매자를 찾는 데는 어려움이 거의 없다. 미국 재활용업체는 스크러버가 장착된 굴뚝과 공장 주변의 납을 모니터링하며 밀폐되고 기계화된 공장에서 작동하지만 대부분 멕시코 공장은 그렇지 않다. 납으로 인한 피해는 장기간 지속되며 전설적이다. 건강문제에는 고혈압과 신장 손상, 임신 중 태아에 미치는 해로운 영향, 신경학적 문제, 어린이의 발육억제가 포함된다.

다음에 제시되는 두 가지 시나리오에서 어떤 행동을 취할 것인가?

(a) 당신은 독립적인 자동차 수리점을 소유하고 있으며 매주 몇 개의 오래된 배터리를 안전하게 폐기하고자 한다. (배터리 공급업체는 오래된 배터리 수거를 거부하는 자동차 부품 공급업체이다.)

(b) 당신은 매일 수천 개의 사용한 배터리의 폐기를 담당하는 대형 소매업체의 관리자이다.

토론 문제

1. 왜 운영관리를 공부해야 하는가?
2. 운영관리 훈련 분야의 경력 기회에는 어떤 것이 있는가?
3. 운영관리 이론과 기술에 기여한 4명을 식별하라.
4. 3번 문항에서 확인된 네 사람의 기여에 대해 간략하게 설명하라.
5. 그림 1.1은 세 조직의 운영, 재무/회계 및 마케팅 기능을 설명한다. 그림 1.1과 비슷한 차트를 준비하고 다음 중 하나에 대해 동일한 기능을 설명하라.
   (a) 신문
   (b) 약국
   (c) 대학 도서관
   (d) 여름 캠프
   (e) 소규모 코스튬 주얼리 공장
6. 다른 조직에서 5번 문항에 대해 답하라(전에 일했던 조직).
7. 기업의 세 가지 기본 기능은 무엇인가?
8. 10가지 전략적 운영관리 결정을 확인하라.
9. "생산성에서 실패의 이유는 시야가 좁아지는 원가비용 절감 프로그램이다. 가장 먼저 구식의 생산성 목표를 보내야 한다. 경쟁력이라는 새롭고 강력한 목표를 세워야 한다"(Skinner, 1986). 창조적인 관점으로 이에 대해 논의하라.
10. 미국과 전 세계의 많은 나라들이 지식 사회로 정의된다. 이것은 생산성 측정과 미국과 다른 국가의 생산성 비교에 어떻게 영향을 미치는가?
11. 생산성 측정을 시도할 때 발생하는 측정의 문제는 무엇인가?
12. 대량 맞춤화 및 신속한 제품 개발은 현대 제조 운영의 과제로 확인되었다. 이러한 도전들 사이의 관계는, 만약 있다면, 무엇인가? 인용할 수 있는 사례는 무엇인가?
13. 서비스 부문에서 생산성 향상이 어려운 다섯 가지 이유는 무엇인가?
14. 중소기업에서 운영과 마케팅, 재무 중에서(모든 조직의 세 가지 기본 기능) 중복되는 기능을 토의하라.
15. 도서관 혹은 인터넷에서 (a) 국가경제, (b) 제조업 부문, (c) 서비스 부문에서 작년도 미국 생산성 비율(증가율)을 찾아보라.

문제 해결

문제 해결 1.1

생산성은 노동, 자본, 에너지, 물질적 사용 등 다양한 방법으로 측정할 수 있다. Modern Lumber, Inc.의 사장인 아트 빈리(사과 재배자에게 상자를 판매함)는 현재 장비로 통나무 100개당 240개의 상자를 생산할 수 있게 되었다. 그는 요즘 1일 100개의 통나무를 구매했고 각 통나무는 3시간의 노동력이 필요하다. 그는 같은 비용으로 더 나은 품질의 통나무를 구매할 수 있는 전문적인 구매자를 고용할 수 있을 것이라고 본다. 이렇게 되면, 그는 통나무 100개당 260개의 상자로 생산량을 늘릴 수 있다. 그의 노동시간은 하루 8시간으로 늘어난다.

구매자를 고용할 경우 생산성에 어떤 영향을 미치는가(노동시간당 상자로 측정)?

해결책

(a) 현재 노동 생산성

$$= \frac{240\text{상자}}{\text{통나무 }100\text{개} \times 3\text{시간/통나무}} = \frac{240}{300} = .8\text{상자/노동시간}$$

(b) 전문 구매자가 있을 경우 노동 생산성

$$= \frac{260\text{상자}}{(\text{통나무 }100\text{개} \times 3\text{시간/통나무}) + 8\text{시간}} = \frac{260}{308} = .844\text{상자/노동시간}$$

현재 생산성[(a)에서 .80]을 기준으로 사용해, 5.5% 증가한다(.844/.8 = 1.055 또는 5.5% 증가).

문제 해결 1.2

아트 빈리는 다중 요인 생산성(총요인 생산성) 관점에서 자신의 생산성을 살펴보기로 결정했다(문제 해결 1.1 참조). 그렇게 하기 위해 그는 자신의 노동, 자본, 에너지, 자재 사용량을 결정하고 달러를 공통분모로 사용하기로 했다. 그의 총노동시간은 이제 1일 300시간에서 1일 308시간으로 증가할 것이다. 그의 자본과 에너지 비용은 각각 하루 350달러와 150달러로 일정하게 유지될 것이다. 1일 100개의 재료비는 1,000달러이며 동일하게 유지된다. 빈리는 시간당 평균 10달러를 지불하기 때문에(프린지 포함), 그의 생산성 증가는 다음과 같이 결정될 것이다.

해결책

현재 시스템	
노동	300시간 × 10 = 3,000
재료	100개/1일 1,000
자본	350
에너지	150
총비용	4,500달러

현 시스템에서 다중 요인 생산성
= 240상자/4.500달러 = .0533상자/달러

전문 구매자가 있는 시스템	
308시간 × 10 =	3,080
	1,000
	350
	150
	4,580달러

제안된 시스템에서 다중 요인 생산성
= 260상자/4,580달러 = .0568상자/달러

현재 생산성(.0533)을 기준으로 하면 증가량이 .066이다. 즉 .0568/.0533 = 1.066 또는 6.6% 증가한다.

연습 문제

Px 윈도우용 POM 또는 엑셀 OM으로 문제를 해결할 수 있음

문제 1.1~1.17은 생산성 과제와 관련이 있다.

• **1.1** 척 삭스는 오토바이를 배송할 나무 상자를 만든다. 척과 세 직원은 하루 총 40시간을 투자해 120박스를 만든다.

(a) 이들의 생산성은 얼마인가?

(b) 척과 직원들은 효율성 향상을 위해 프로세스 재설계에 대해 논의했다. 그들이 하루에 125개를 생산할 수 있다면, 새로운 생산성은 얼마인가?

(c) 시간당 생산성 증가는 얼마인가?

(d) 생산성의 변화율은 얼마인가? Px

• **1.2** Carbondale Casting은 10인 조립 라인에서 청동 주조 밸브를 생산한다. 최근 하루 8시간 교대근무로 160개의 밸브를 생산했다.

(a) 조립 라인의 노동 생산성을 계산하라.

(b) Carbondale의 관리자인 존 굿데일은 배치를 변경해 8시간 교대근무로 생산량을 180대로 늘렸다. 노동시간당 새로운 노동 생산량은 얼마인가?

(c) 생산성 증가율은 얼마인가? Px

• **1.3** 통신기기를 만드는 소규모 전자 제조 회사는 다음과 같이 비용을 산정했다(모든 가치 데이터는 백만 유로로 표시됨).

	2013년	2014년
산출물	2	3
투입물		
노동	1	1.8
재료와 공급	0.6	0.8
자본 장비 감가상각	0.07	0.12

(a) 2013년과 2014년의 모든 단일 요인 및 다중 요인 생산성을 계산하고 비교하라.

(b) 도출된 결론은 무엇인가?

• **1.4** 로리 쿡은 여학생회에서 재판매하는 '기말고사 대비 총정리집'를 만들고 있다. 최근 그녀는 하루에 총 5시간을 일해 100개의 패키지를 만들었다.

(a) 로리의 생산성은 얼마인가?

(b) 로리는 패키지를 재설계함으로써 하루에 133개의 케어 패키지로 총생산성을 높일 수 있다고 생각한다. 그녀의 새로운 생산성은 얼마인가?

(c) 로리가 변경한다면 생산성 증가율은 얼마인가? Px

•• **1.5** 조지 키파리시스는 마이애미 공장에서 볼링공을 만든

다. 최근 비용이 증가함에 따라, 그는 효율성에 새로운 관심을 갖게 되었다. 조지는 조직의 생산성을 결정하는 데 관심이 있다. 그는 자신의 조직이 매년 평균적으로 3%의 생산성 향상을 유지하고 있는지 알고 싶어 한다. 그는 다음과 같이 올해 한 달에 상응하는 전년도 한 달 데이터가 있다.

	작년	현재
생산단위	1,000	1,000
노동(시간)	300	275
수지(파운드)	50	45
투자자본(달러)	10,000	11,000
에너지(BTU)	3,000	2,850

각 범주의 생산성 변화율을 표시한 다음 일반적인 비교 기준인 노동시간의 개선 정도를 결정하라. **Px**

•• **1.6** 조지 키파리시스(문제 1.5의 데이터 사용)는 다음과 같이 비용을 결정한다.

- 인건비: 시간당 10달러
- 수지: 파운드당 5달러
- 자본비용: 투자월당 1%
- 에너지: BTU당 0.50달러

달러를 다중 요인의 공통분모로 작년 한 달 동안의 생산성 변화율을 올해 한 달과 비교해 나타내라. **Px**

• **1.7** Hokey Min's Kleen Karpet은 10월에 다음과 같은 자원을 사용해 65개의 러그를 청소했다.

노동	520시간(시간당 13달러)
솔벤트	100갤런(갤런당 5달러)
기계 임대	20일(하루 50달러)

(a) 달러당 노동 생산성은 얼마인가?
(b) 다중요인 생산성은 얼마인가? **Px**

•• **1.8** 릴리안 포크는 자전거 타이어 생산업체 Lakefront Manufacturing의 대표이다. 포크는 다음과 같은 자원을 사용해 하루에 1,000개의 타이어를 만든다.

노동	1일당 400시간@시간당 12.50달러
원재료	1일 20,000파운드@ 파운드당 1달러
에너지	1일 5,000달러
자본비용	1일 10,000달러

(a) 이 회사에서 타이어의 시간당 노동 생산성은 얼마인가?
(b) 타이어의 다중 요인 생산성은 얼마인가?
(c) 포크가 생산을 줄이거나 다른 투입물을 변경하지 않고 에너지 비용을 하루에 1,000달러 절감할 수 있다면 다중 요인 생산성 변화율은 얼마인가? **Px**

••• **1.9** 지역 제과점인 Brown's는 비용 증가, 특히 에너지 증가를 우려하고 있다. 작년의 기록은 올해의 매개변수에 대한 꽤 좋은 추정치를 제공할 수 있다. 사장인 웬드 브라운은 상황이 많이 변했다고 생각하지 않지만, 제과점의 오븐을 에너지 효율적으로 개조하기 위해 3,000달러를 추가로 투자했다. 개조한 오븐은 적어도 15%는 더 효율적이어야 했다. 브라운은 새 오븐의 에너지 절약량을 확인하고, 또한 제과점의 생산성에 대한 다른 측정값을 검토해줄 것을 요청했다. 다음 데이터로 작업할 수 있다.

	작년	현재
생산(12개)	1,500	1,500
노동(시간)	350	325
자본투자(달러)	15,000	18,000
에너지(BTU)	3,000	2,750

Px

Taras Vyshnya/Shutterstock

•• **1.10** Munson Performance Auto, Inc.는 연간 375대의 자동차를 개조한다. 매니저 애덤 먼슨은 전체 성과 측정값을 구하는 데 관심이 있다. 그는 향후 비교를 위한 벤치마크로 작년 실적에 대한 다중 요인 측정치를 제공해줄 것을 요청했다. 당신은 다음과 같은 자료를 모았다. 자원 투입은 노동력 10,000시간, 서스펜션 및 엔진 개조 키트 500개, 에너지 100,000킬로와트시였다. 지난해 평균 인건비는 시간당 20달러, 키트 비용은 1,000달러, 에너지 비용은 킬로와트당 3달러였다. 먼슨에게 이야기해줄 것은 무엇인가? **Px**

•• **1.11** Lake Charles Seafood는 매일 신선한 해산물을 담기 위한 나무 포장 상자 500개를 만드는 데 10시간씩 2교대로 작업한다. 수요가 늘어나자 공장장은 8시간 3교대로 가동하기로 했다. 그 공장은 현재 하루에 650상자를 생산할 수 있다.

(a) 작업방식 변경 전후의 회사 생산성을 계산하라.
(b) 생산성 증가율은 얼마인가?

(c) 하루 생산량을 700개로 늘린다면, 새로운 생산성 얼마인가? **Px**

••• **1.12** Idaho Falls에서 찰스 래키는 빵집을 운영하고 있다. 우수한 제품과 위치 덕분에 지난해 수요가 25% 증가했다. 점포의 크기 때문에 새 오븐을 추가할 수 없었고, 고객은 원하는 빵을 구매할 수 없는 경우가 너무 많았다. 직원회의에서, 한 직원이 한 번에 더 많은 빵을 구울 수 있도록 오븐을 다르게 적재하는 방법을 제안했다. 이 새로운 공정은 오븐에 일일이 손으로 적재해야 하므로 추가 인력이 필요하다. 이것만이 바뀔 수 있는 유일한 것이다. 이 빵집이 시간당 2.344의 노동생산성으로 매달 1,500개의 빵을 만든다면 래키는 몇 명의 인력을 추가해야 하는가? (힌트: 각 직원은 매달 160시간을 일한다.)

•• **1.13** 복사 사업을 하고 있는 아체베는 하루에 8시간씩 일해 100개의 복사본을 처리한다. 그는 그의 인건비를 시간당 9유로로, 각 복사본의 총재료비는 약 2유로인 반면 일일 비용은 28유로로 추정한다. 다중 요인 생산성을 계산하면 얼마인가? 일일 복사 공정 속도를 150개 복사본으로 높이기 위해 잉크의 품질을 변경해 재료원가비용을 하루 2.5유로로 올리기로 했다. 새로운 생산성은 예전보다 좋아졌는가? 만약 처음의 다중 요인 생산성을 변경하지 않고, 복사 공정을 150개로 늘리고 싶다면 재료비는 얼마나 늘려야 하는가?

••• **1.14** 생산공사는 5명이 300시간을 투입해 150개의 제품을 만들고 있다. 그러나 장치의 40%는 다양한 품질 문제가 있는 것으로 보이며, 회사는 정상일 때 개당 150유로에 판매하던 제품을 개당 중고가격 50유로로 판매하기로 결정한다. 회사의 생산성은 얼마인가? 상황 개선을 위한 노력의 일환으로 개선 시마다 50%를 근로자에게 주고 나머지 50%는 회사가 보유하는 제도 등 여러 이니셔티브가 제시되었다. 이로 인해 현재 130대의 제품 중 10대로 분량률이 크게 감소하게 되었다. 회사의 새로운 생산성은 얼마이며, 제도 전후에 단위당 비용이 70유로일 경우 보너스 제도 하에서 근로자의 시간당 수익은 얼마인가?

•• **1.15** 한 가구 제조 회사가 일주일에 40시간 동안 의자 100개를 만든다. 판매 가격은 개당 70유로이며, 비용은 다음과 같다.

◆ 직접 재료비: 700유로
◆ 직접 인건비: 300유로
◆ 간접비: 500유로

(a) 회사의 생산성은 얼마인가?
(b) 만약 회사에서 일주일에 135개의 의자를 만들기로 결정한다면 새로운 생산성은 얼마인가?
(c) 만약 회사가 재료비용만 절감해 생산성을 향상하기로 결정한다면, 총생산성을 10% 향상하려면 이러한 비용을 얼마나 줄여야 하는가?
(d) 회사가 (c) 문항과 동일한 연습을 반복하지만 인건비 절감을 통해 총생산성을 10% 향상하려면 이러한 비용을 얼마나 줄여야 하는가?

•• **1.16** 에어컨 공장에서 천장형, 카세트형, 벽걸이형 에어컨을 만든다. 각 유형 에어컨의 주당 판매량은 각각 350유로, 450유로, 500유로씩 2대, 4대, 6대이다. 천장형은 1.5시간, 카세트형은 1시간, 벽걸이형은 45분 이내에 조립이 가능하다. 인건비는 시간당 40유로이며 현재 공장의 다중 요소 생산성은 2.2이다

(a) 현재의 다중 요인 생산성을 바탕으로 에어컨당 평균 비용을 산출하라.
(b) 에어컨 종류별로 노동 생산성(시간당 유로 단위)을 계산하라.
(c) 기업이 (i) 노동 생산성과 (ii) 평균 비용을 기준으로 노력을 집중해야 할 곳은 어디인가?

••• **1.17** 노동통계학과 연구의 일환으로, 소규모 기업의 생산성 향상을 평가하는 작업에 참여하게 되었다. 평가 대상 중소기업 중 하나에 대한 데이터는 아래와 같다. 이 자료는 작년 월평균과 올해 월평균이다. 달러를 공통분모로 해 다중 요인 생산성을 파악하라.

(a) 작년
(b) 올해
(c) 다중 요인을 기반으로 작년과 올해의 월평균 변화율을 결정하라.

◆ 인건비: 시간당 8달러
◆ 자본금: 투자금액의 월 0.83%
◆ 에너지: BTU당 0.60달러

	작년	현재
생산(12개)	1,500	1,500
노동(시간)	350	325
자본 투자(달러)	15,000	18,000
에너지(BTU)	3,000	2,700

사례 연구

알디: 식료품 쇼핑의 변화

닐슨(Nielsen)의 최근 연구에 따르면 소비자들은 방문쇼핑을 줄이려 하고, 소비자의 46%는 쇼핑을 귀찮은 일이라고 여기는 것으로 나타났다. 수십 년 전부터 전 세계를 폭풍처럼 휩쓸었던 원스톱 쇼핑경험에 변화가 일어나고 있으며, 독일 슈퍼마켓 회사인 알디(Aldi)는 새로운 길을 열고 있다. 알디와 같은 효율성에 중점을 둔 매장은 넓은 매장에서 다양한 선택을 제공하는 기존 슈퍼마켓 모델에 도전하고 있다. 알디는 원스톱 쇼핑을 위해 방문을 자제하는 고객보다 자주 방문하는 것을 선호하는 쇼핑 고객의 요구를 충족하고자 한다. 알디는 비즈니스 모델을 개발하고 있는 많은 기업들이 이러한 고객층의 흥미를 끌 수 있는 있는 길을 선도하고 있다.

1946년에 설립된 알디는 운영관리로 탄탄한 기반을 갖춘 식료품 할인 체인이다. 알디는 현재 최근 중국을 비롯한 유럽, 호주, 미국 등 17개국에 1만 개 이상의 매장을 보유하고 있다. 회사는 수십 년 동안 성공적인 비즈니스 모델을 운영하고 있으며 독일에서 1960년과 1962년에 알디 노르트(Aldi Nord)와 알디 쥐트(Aldi Sud)로 각각 사업 분할을 하고, 1967년부터 국제 사업을 확장하고 있다.

비즈니스 모델의 일부로, 4,000제곱미터 공간을 사용하는 기존 슈퍼마켓과 비교해 알디는 일반적으로 1,000~1,500제곱미터의 공간에서 운영된다. 소규모 매장을 수용하기 위한 부지는 도심과 같은 목표 위치에서 더 쉽게 찾을 수 있다. 이는 고객이 식료품 쇼핑을 위해 장거리를 이동하는 불편을 없애고 더 자주 방문할 수 있도록 해준다.

소규모 매장은 자연히 소비자에게 제공할 제품의 수가 줄어든다. 하지만 케첩을 35종류에서 선택할 필요가 있을까? 알디는 제품별로 몇 개의 다른 선택을 제공하고, 때때로 한 가지 선택만 제공한다. 이 접근 방식은 운반되는 제품의 총수를 기존 슈퍼마켓 선택의 약 10~15%로 줄인다. 이를 통해 수십 가지가 아닌 한두 가지 제품에 대한 계획 및 예측이 더 쉽고 재고 부족과 유통 기한을 초과하는 제품의 가능성이 줄어들기 때문에 보다 효율적인 재고 관리가 가능하다. 또한 대부분의 소규모 매장의 경우 이를 통해 상품 진열대에 제품을 재배치하는 번거로움을 줄일 수 있다. 그러나 이러한 일들은 알디에게는 문제가 되지 않는다. 많은 제품의 경우, 알디의 공급업체는 매장 바닥에 보관할 수 있는 상자에 제품을 배송한다. 소비자는 매장 내 박스에서 원하는 제품을 선택할 수 있다. 개선된 효율성이 즉각적으로 명확하지 않을 수 있지만, 이러한 조치는 각 교대근무 시간마다 필수 인력이 줄어들게 되어 필요에 따라 직원들은 상품 진열이나 결제 관리 등에서 일할 수 있도록 해준다.

또한 알디는 여전히 높은 품질의 제품을 제공하지만, 독자적인 브랜드 제품에 의존해 간접비를 줄이고 관리 효율성을 높여 치열한 산업에서 경쟁력을 높일 수 있다. 또한 제품의 유일한 공급업체로서 브랜드 인지도를 높이고, 이러한 고객 유지율을 높인다.

토론 문제

1. 알디와 알디와 비슷한 매장은 고객에게 다른 경험을 제공한다. 다른 분야에서도 이러한 모델이 작동할 수 있다고 보는가?
2. 이러한 쇼핑을 한다면 고객이 감수해야 하는 것은 무엇인가?

프리토레이: 제조업에서 운영관리

댈러스에 기반을 둔 펩시코(PepsiCo)의 대규모 자회사인 프리토레이(Frito-Lay)는 북미에 55개의 공장과 55,000명의 직원이 있다. 프리토레이의 41개 브랜드 중 7개(프리토스, 레이즈, 치토스, 러플스, 토스티토스, 도리토스, 워커스 감자칩)의 매출이 10억 달러가 넘는다. 운영은 기업의 중심이다. 새로운 시장을 위한 제품 설계와 변화하는 소비자 선호도 충족, 상승하는 상품비용 조정, 향료 및 방부제와 관련된 미묘한 문제에 이르기까지 OM은 끊임없이 비용, 시간, 품질, 시장 관련 압력을 받고 있다. 음식 가공 처리에서 OM의 10가지 결정이 어떻게 적용되는지 살펴보자.

식품 산업에서 제품 개발 주방은 신제품을 실험하고 포커스 그룹에 제출해 테스트 마케팅을 수행한다. 제품 사양이 설정되면 해당 사양과 필요한 품질 표준을 충족할 수 있는 프로세스가 생성된다. 프리토레이에서 품질은 농장에서 시작되며 러플스에 사용된 감자와 프리토스에서 사용된 옥수수에 대한 현장점검이 실시된다. 품질은 제조 공정 전반에 걸쳐 육안 검사와 기름, 수분, 조미료, 소금, 두께, 무게 같은 제품 변수의 통계적 공정 관리로 지속된다. 추가 품질 평가는 선적, 수령, 생산, 포장, 배송 전체에 걸쳐 수행된다.

프리토레이의 생산 공정은 고가의 특수장비를 사용해 시설을 통한 재료의 신속한 이동으로 소품종 대량생산을 위해 설계되었다. 프리토레이와 같은 제품이 중심이 된 시설은 일반적으로 높은 자본비용, 촉박한 일정, 신속한 공정이 있다. 신선도가 중요한 문제이기 때문에 프리토레이의 시설은 제품의 빠른 배송을 지원하기 위해 지역적으로 위치한다. 위생 문제와 빠른 처리의 필요는 효율적인 배치에 프리미엄을 부여한다. 생산 라인은 균형 잡힌 처리량과 높은 활용도를 위해 설계되었다. 다양한 생산 라인을 취급할 수 있는 교차 훈련된 작업자의 특정 기술들은 확인된 승진 경로이다. 회사는 직원에게 의료, 퇴직, 교육계획을 보상하며 이직률은 매우 낮다.

공급사슬은 식품 산업의 성공에 필수적이며 공급업체 선정에 매우 신중해야 한다. 또한 완성된 식품은 부패하기 쉬운 원료에 크게 의존한다. 결과적으로, 공급사슬은 원자재(감자, 옥수수 등)를 촉박한 생산일정에 맞춰 안전하고 신속하게 공장으로 가져온다. 예를 들어 플로리다주 세인트어거스틴에서 감자를 따는 순간부터 올랜도 공장에서 하역, 가공, 포장해 공장에서 배송되는데 필요한 시간은 12시간 미만이다. 신선제품은 제시간에, 소량의 원료와 완제품의 낮은 재고로 결합된 적시 납품이 요구된다. 생산 공정에서 특수 장비의 연속 흐름 특성은 재공품 재고를 거의 허용하지 않는다. 공장은 일반적으로 연중무휴로 가동된다. 즉 매주 4교대 직원이 있다는 것이다.

자동화 장비에서 신선한 완성품의 적절한 혼합을 보장하기 위한 촘촘한 일정은 신뢰할 수 있는 시스템과 효과적인 유지보수가 필요하다. 프리토레이의 인력은 조기에 문제를 인식할 수 있도록 훈련되고 모든 교대근무에 전문 유지보수 인력이 배치된다. 업무의 중단은 비용이 많이 들고 배송 지연으로 이어지기 때문에 유지보수를 최우선으로 한다.

토론 문제

1. 프리토레이에 OM의 10가지 결정이 각각 어떻게 적용될 수 있는지 확인하라.
2. 프리토레이 생산 프로세스에서 생산성을 어떻게 결정하겠는가?
3. 프리토레이 같은 생산 공정의 운영관리자와 하드록카페 같은 서비스 조직과 비교할 때, OM의 10가지 결정은 어떻게 다르게 적용될 수 있는가?

하드록카페: 서비스에서 운영관리

하드록카페는 48년 동안 근사한 런던의 펍에서 163개의 레스토랑, 23개의 호텔/카지노, 라이브 음악 공연장을 관리하는 글로벌 파워로 성장했다. 이것은 미국 인구의 75% 이상을 고용하는 서비스산업에서 하드록카페의 입지를 견고하게 만들었다. 1988년에 하드록카페는 세계 본부를 플로리다주 올랜도로 옮겼고, 미국에서 50개가 넘는 매장을 확장해 매일 100,000회 이상의 식사를 제공한다. 하드록카페의 셰프들은 미국의 전통적인 메뉴인 버거와 치킨 윙에서 속을 채운 송아지고기와 로브스터 꼬리와 같은 고급 품목으로 수정하고 있다. 시간이 지남에 따라 음악의 취향이 변하는 것처럼 하드록카페도 메뉴, 레이아웃, 기념품, 서비스, 전략이 변한다.

전통 관광지인 올랜도 유니버설스튜디오의 하드록카페는 3,500회 이상의 식사를 제공한다. 유니버설스튜디오의 하드록카페는 약 400여 명을 고용하고 있다. 대부분은 레스토랑에서 근무하지만, 일부는 소매점에서 일하고 있다. 하드록카페에서 소매는 이제 표준이 되었고 점점 더 두드러진 특징이다(48%에 가까운 수익이 소매에서 발생한다). 카페 직원은 주방과 웨이터, 호스티스, 바텐더가 있다. 하드록카페의 직원은 업무 능력도 뛰어날 뿐 아니라 음악에 대한 열정과 적극적인 성격을 지녔다. 카페 직원은 올랜도 관광 환경의 계절적 및 일일 수요 변화를 충족하기 위해서 15분 간격으로 일정이 나뉘어 있다. 카페의 음식과 서비스 품질 평가를 위해서 정기적으로 설문 조사도 실시한다. 평가는 1~7점 척도로 측정하고, 7점을 받지 못한 경우 음식이나 서비스는 실패한 것이다.

하드록카페는 라이브 음악으로 새로운 강조점을 추가하고 변화하는 취향을 맞게 레스토랑을 재설계하고 있다. 에릭 클랩튼은 자신이 가장 좋아하는 의자를 표시하기 위해서 벽에 기타를 걸어 놓은 후부터 하드록카페는 세계 최고의 로큰롤 기념품 수집가이자 전시업체가 되었다. 70,000여 점에 이르는 수집품은 그 가치가 4,000만 달러에 이른다. 시대에 발맞추어 하드록카페도 주당 조회 수가 100,000회가 넘는 웹사이트 www.hardrock.com를 운영하고 VH1에서 매주 케이블 TV 프로그램을 제공한다. 92%에 이르는 하드록카페의 브랜드 인지도는 세계 최고 수준이다.

토론 문제

1. 10가지 OM 전략 결정을 하드록카페에 적용하면 어떻게 되는가?
2. 하드록카페의 주방 직원과 웨이터의 생산성은 어떻게 결정하는가?
3. 하드록카페 같은 서비스 운영 담당자와 포드 자동차 같은 자동차 회사에서 10가지 OM 전략 결정은 어떻게 다른가?

셀러브리티크루즈: 해상에서 운영관리

셀러브리티크루즈(Celebrity Cruises, Inc.)는 7대륙 75개국에 걸쳐서 12척이 넘는 웅장한 선박으로 바다에 있는 수만 명의 승객을 태우고 있다. 이 정도 규모의 자본 투자와 더불어 승객의 행복과 안전에 대한 책임으로 우수한 운영이 필요하다. 모든 것이 제대로 작동하려면 10가지 운영관리 결정이 완벽하게 실행되어야 한다. 배의 레이아웃, 음식, 300개의 목적지를 포함하는 제품 디자인에서부터 일정, 공급사슬, 재고, 인력, 유지보수 그리고 모든 것을 묶는 공정에 이르는 OM은 매우 중요하다.

크루즈 라인은 정박과 출발 시간을 최소화하면서 정확한 선박 일정이 있어야 한다. 선박과 항만 일정뿐 아니라 2,000여 명이 넘는 승무원의 일정도 수립해야 한다. 일정에는 변화가 많다. 연예인이 각 항구에서 도착하거나 출발할 수 있으며, 관리직원들은 10주간의 근무와 휴가가 있다. 다른 승무원들은 4개월에서 9개월까지 다양한 탑승 책무가 있다.

선박에 4억 달러가 투자되고 크루즈에 5,000명 이상의 생명이 관련되어 있으므로 유지보수 및 신뢰성을 보장하기 위한 세부 프로세스가 중요하다. 현대 선박은 수백 대의 전자 모니터가 24시간 동안 연중무휴로 선박의 속도와 위치부터 바다의 깊이, 선상 전력 수요, 객실 온도까지 모든 것을 추적하는 기술적 놀라움 그 자체이다.

셀러브리티 유람선의 배치, 목적지, 경로는 계절적 수요와 프리미엄시장 부문의 기대에 부응하기 위해 조정된다. 알래스카에서 유럽, 아시아에 이르는 목적지로 전 세계 70개 국적의 승무원이 모집된다. 품격 있는 문화를 심어주기 위해 공격적인 품질 서비스 지향과 세심한 청결, 세부사항에 대한 관심이 필요하다. 음식 준비, 세탁, 품질 유지 관리의 공정은 완전하고 세밀하다.

유람선은 움직이는 도시와 같아 비누와 물, 식품에서 연료까지 모든 것을 보충할 수 있는 종합적이고 정교한 공급사슬이 요구된다. 지상 바이어들은 셀러브리티크루즈에 연간 1억 1,000만 달러가 넘는 식음료 구매를 지원한다. 이러한 지출에는 매주 마이애미 본사에서 유럽 항구로 가는 6~10개의 선적비용도 포함된다. 선상 직원들이 이 거대한 운영을 지원하기 위해 재고를 관리한다. 물류 작업에는 향후 6년 동안 매주 선박당 24,000갤런을 사용하는 연료를 구매하는 헤징도 포함된다. 촉박한 시간 프레임에 필요한 재고를 제공하는 신뢰할 수 있는 글로벌 공급사슬이 개발되었다. 이러한 중요한 선상 시스템은 전통적으로 최고의 운영관리를 나타낸다. 셀러브리티크루즈의 경우가 그렇다.

토론 문제

1. 셀러브리티크루즈의 10가지 OM 결정이 어떻게 실행되는지 설명하라.
2. 셀러브리티크루즈와 제조회사의 10 OM 결정은 어떻게 다른가?
3. 셀러브리티크루즈와 소매점의 10 OM 결정은 어떻게 다른가?
4. 선박에서 호텔 운영과 지상 호텔 운영은 어떻게 다른가?

미주

1. 효율성이란 자원과 낭비를 최소화하면서 업무를 잘 수행하는 것을 의미한다. 일을 잘하는 것을 의미하는 '효율적'과 옳은 일을 한다는 것을 의미하는 '효과적인'의 차이에 주목하다. 운영관리의 10가지 전략적 의사결정을 적용해 잘 수행된 작업은 우리에게 도움이 된다.
2. U.S. Dept. of Labor, 2017: bls.gov/emp/ep_table_201.htm
3. 품질 및 기간은 일정하게 유지되는 것으로 가정한다.

참고문헌

Goldstone, Lawrence. *Drive! Henry Ford, George Selden, and the Race to Invent the Auto Age*. New York: Ballantine, 2016.

Hounshell, D. A. *From the American System to Mass Production 1800–1932: The Development of Manufacturing*. Baltimore: Johns Hopkins University Press, 1985.

Lewis, William W. *The Power of Productivity*. Chicago: University of Chicago Press, 2005.

Malone, T. W., R J. Laubacher, and T. Johns, "The Age of Hyperspecialization." *Harvard Business Review* 89, no. 7 (July–August 2011): 56–65.

Maroto, A., and L. Rubalcaba. "Services Productivity Revisited." *The Service Industries Journal* 28, no. 3 (April 2008): 337.

McLaughlin, Patrick. "Measuring Productivity." *Management Services* 58, no. 4 (Winter 2014): 31–37.

Sahay, B. S. "Multi-factor Productivity Measurement Model for Service Organization." *International Journal of Productivity and Performance Management* 54, no. 1–2 (2005): 7–23.

San, G., T. Huang, and L. Huang. "Does Labor Quality Matter on Productivity Growth?" *Total Quality Management and Business Excellence* 19, no. 10 (October 2008): 1043.

Sprague, Linda G. "Evolution of the Field of Operations Management." *Journal of Operations Management* 25, no. 2 (March 2007): 219–238.

Tangen, S. "Demystifying Productivity and Performance." *International Journal of Productivity and Performance Measurement* 54, no. 1–2 (2005): 34–47.

Taylor, F. W. *The Principles of Scientific Management*. New York: Harper & Brothers, 1911.

Wren, Daniel A. and Arthur G. Bedelan. *The Evolution of Management Thought*, 7th ed. New York: Wiley, 2017.

Chapter 1 Rapid Review

절 제목	내용 훑어보기
운영관리란 무엇인가	■ **생산**: 상품 및 서비스의 생성 ■ **운영관리(OM)**: 상품 생성과 관련된 활동 입력을 출력으로 변환하는 서비스
상품과 서비스 생산을 위한 조직	모든 조직은 상품과 서비스를 생성하기 위해 세 가지 기능을 수행한다. 1. 수요를 창출하는 마케팅 2. 제품을 만드는 생산/운영 3. 조직이 얼마나 잘하고 있는지 추적하고, 청구서를 지불하고, 돈을 징수하는 재무/회계
공급사슬	■ **공급사슬**: 기업에게 재화와 서비스를 공급하는 조직 및 활동의 글로벌 네트워크
운영관리를 학습해야 하는 이유	네 가지 이유로 OM을 연구한다. 1. 사람들이 생산적인 기업을 위해 스스로를 조직하는 방법을 배우기 위해 2. 상품과 서비스가 어떻게 생산되는지 배우기 위해 3. 운영관리자가 하는 일을 이해하기 위해 4. OM은 조직에서 비용이 많이 드는 부분이기 때문에
운영관리자가 하는 일	운영관리자에게는 10가지 전략적 OM 결정이 필요하다. 1. 상품과 서비스의 설계 2. 품질 관리 3. 프로세스 전략 4. 입지 전략 5. 배치 전략 6. 인적자원 7. 공급사슬 관리 8. 재고 관리 9. 일정 수립 10. 유지보수 전체 일자리의 약 40%가 OM이다. 운영관리자는 플랜트 관리자, 품질 관리자, 프로세스 개선 컨설턴트, 운영 분석가 등의 직함을 보유한다.
운영관리의 유산	현대 OM의 중요한 사건은 6개의 시대로 분류할 수 있다. 1. 초기 개념(1776~1880년): 노동 전문화(스미스, 배비지), 표준화된 부품(휘트니) 2. 과학적 관리(1880~1910년): 간트 차트(간트), 운동 및 시간 연구(길브레스), 공정 분석(테일러), 대기 이론(얼랑) 3. 대량생산(1910~1980년): 조립 라인(포드/소렌슨), 통계적 표본 추출(슈하트), 경제적 주문량(해리스), 선형계획법(단치히), PERT/CPM(듀퐁), 자재 소요량 계획 4. 린 생산(1980~1995년): 적시(JIT), 컴퓨터 지원 설계(CAD), 전자 데이터 교류, 전사적 품질 관리, 볼드리지상, 임파워먼트, 칸반 5. 대량 맞춤화(1995~2005년): 인터넷/전자 상거래, 전사적 자원 관리, 국제 품질 표준, 유한 일정, 공급사슬 관리, 대량 맞춤화, 주문 제작, RFID(무선 주파수 인식) 6. 세계화 시대(2005~2025년): 글로벌 공급사슬 및 물류, 초국가적 조직의 성장, 지속가능성, 글로벌 직장에서의 윤리, 사물 인터넷(IoT), 디지털 운영, 인더스트리 4.0
제품과 서비스 운영	■ **서비스**: 일반적으로 무형의 제품을 생산하는 경제 활동(예: 교육, 오락, 숙박, 정부, 금융, 건강 서비스). 거의 모든 서비스와 상품은 서비스와 유형의 제품이 혼합되어 있다. ■ **서비스 부문**: 무역, 금융, 숙박, 교육, 법률, 의료 및 기타 전문 직업. 지금 서비스 산업화 이후 사회에서 가장 큰 경제 부문을 구성한다. 농업과 제조업에서 생산성이 크게 향상되어 더 많은 경제적 자원이 서비스에 할애되었다. 많은 서비스직의 보수가 좋은 편이다.
생산성 과제	■ **생산성**: 산출물(상품 및 서비스)을 하나 이상의 투입물로 나눈 비율(예: 노동, 자본, 경영) 높은 생산은 많은 단위를 생산하는 것을 의미하고, 높은 생산성은 생산단위(units)의 효율성을 의미한다. 생산성 향상을 통해서만 국가의 생활수준이 향상된다. 미국의 생산성은 한 세기 넘게 매년 평균 2.5씩 증가했다. $$\text{다중 요인 생산성} = \frac{\text{생산된 단위}}{\text{투입된 단위}} \quad (1\text{-}1)$$ ■ **단일 요인 생산성**: 하나의 자원(투입물)으로 생산된 상품과 서비스(산출물)의 비율을 나타냄 ■ **다중 요인 생산성**: 다수 혹은 모든 자원(투입물)으로 생산된 상품과 서비스의 비율을 나타냄 $$\text{다중 요인 생산성} = \frac{\text{산출}}{\text{노동} + \text{자재} + \text{에너지} + \text{자본} + \text{기타}} \quad (1\text{-}2)$$

	생산성과 관련된 측정 문제는 다음과 같다 — (1) 품질이 변경될 수 있다. (2) 외부 요소가 간섭할 수 있다. (3) 정확한 측정 단위가 부족할 수 있다. ■ **생산성 변수**: 생산성 향상에 중요한 세 가지 요소 노동(10%), 자본(38%), 경영(52%) ■ **지식 사회**: 많은 노동력이 수작업에서 지식기반 작업으로 이주한 사회
운영관리의 최근 과제	운영관리자의 최근 몇 가지 당면 과제 ■ 글로벌 포커스, 국제 협력 ■ 공급사슬 파트너 맺기, 합작 투자, 동맹 ■ 지속가능성, 친환경 제품, 재활용, 재사용 ■ 신속한 제품 개발, 디자인 협업 ■ 대량 맞춤화, 맞춤형 제품 ■ 린 운영, 지속적인 개선 및 낭비 제거
윤리, 사회적 책임, 지속가능성	운영관리자가 직면한 많은 윤리적 문제 중에는 (1) 효율적으로 안전하고 우수한 품질의 제품을 개발하고 생산, (2) 깨끗한 환경 유지, (3) 안전한 작업장 제공, (4) 이해관계자의 약속을 존중하는 것이 있다. ■ **이해관계자**: 조직에 기득권이 있는 사람

셀프테스트

1.1 생산성 증가는________ 일어난다.
(a) 투입은 증가하지만 산출은 동일하게 유지될 때
(b) 투입은 감소하지만 산출은 동일하게 유지될 때
(c) 투입은 동일하게 유지되는 동안 산출이 감소할 때
(d) 투입과 산출이 비례해 증가할 때
(e) 투입이 산출과 동일한 비율로 증가할 때

1.2 10가지 운영관리 전략에 해당하지 않는 것은?
(a) 유지보수
(b) 인적자원, 직무 설계 및 작업 측정
(c) 입지 전략
(d) 상품과 서비스 설계
(e) 광고 전략

1.3 운영관리 직업은 모든 직업의 약 ______%를 구성한다.

1.4 서비스는 종종
(a) 유형적이다.
(b) 표준화되어 있다.
(c) 지식 기반이다.
(d) 고객 상호작용이 낮다.
(e) 일관된 제품 정의가 있다.

1.5 생산성은
(a) 많은 요인을 분자로 사용할 수 있다.
(b) 생산과 동일하다.
(c) 매년 약 0.5%씩 증가한다.
(d) 노동, 경영, 자본에 의존한다.
(e) 효과(effectiveness)와 동일하다.

1.6 단일 요인 생산성은
(a) 일정하게 유지된다.
(b) 절대 일정하지 않다.
(c) 일반적으로 노동을 요인으로 사용한다.
(d) 노동을 요인으로 거의 사용하지 않는다.
(e) 관리를 요인으로 사용한다.

1.7 다중 요인 생산성은
(a) 일정하게 유지된다.
(b) 절대 일정하지 않다.
(c) 일반적으로 생산요인에 대한 공통 변수로 대체물을 사용한다.
(d) 노동을 요인으로 거의 사용하지 않는다.
(e) 항상 관리를 요인으로 사용한다.

1.8 미국에서 매년 생산성이 증가하는 세 가지 요인은?
(a) 노동, 자본, 경영
(b) 엔지니어링, 노동, 자본
(c) 엔지니어링, 자본, 품질 관리
(d) 엔지니어링, 노동, 데이터 처리
(e) 엔지니어링, 자본, 데이터 처리

정답 1.1. b 1.2. e 1.3. 40 1.4. c 1.5. d 1.6. c 1.7 c 1.8. a

2 글로벌 환경의 운영 전략

이 장의 구성

글로벌 기업 프로필: 보잉

- 운영과 공급사슬의 글로벌 관점
- 미션과 전략 결정
- 운영을 통한 경쟁 우위 달성
- 운영 전략 이슈
- 전략 개발과 실행
- 전략적 계획, 핵심 역량, 아웃소싱
- 글로벌 운영 전략 옵션

Beverly Amer/Aspenleaf Productions

글로벌 기업 프로필
Boeing

보잉의 글로벌 공급사슬전략

보잉(Boeing)의 787 드림라이너(Dreamliner) 전략은 기술적으로 진보된 제품 디자인과 방대한 글로벌 공급사슬에서 독특하다. 드림라이너는 항공기체에서 초경량 티타늄 흑연 라미네이트 엔진 설계 및 탄소섬유 복합소재에 이르는 광범위한 최신 항공우주기술을 통합한다. 전자 모니터링 시스템은 항공기의 유지보수를 알려준다. 보잉은 제너럴일렉트릭(General Electric, GE) 롤스로이스(Rolls-Royce)와의 협력을 통해 보다 효율적인 엔진을 개발하고 배기가스 배출량을 20% 줄였다. 엔진 기술의 발전은 새로운 비행기의 연료/탑재 효율의 최대 8%에 기여하며, 이는 거의 2세대 기술 급증을 나타낸다.

워싱턴주 에버렛에 있는 보잉의 디자인그룹은 이 최첨단 비행기를 개발하는 국제 항공우주회사 팀을 이끌었다. 기술적으로 진보된 설계, 새로운 제조 공정, 헌신적인 국제 공급사슬은 보잉과 파트너의 설계 및 제조에서 전례 없는 수준의 성능을 달성하는 데 도움이 되었다.

보잉 787은 항속거리가 8,300마일에 달할 뿐만 아니라 전 세계에서 만들어졌기 때문에 세계적이다. 보잉은 50억 달러가 넘는 막대한 재정 부담으로 파트너가 필요했다. 기술과 항공기 시장의 글로벌 특성은 그들이 어디에 있든 뛰어난 엔지니어링 인재와 공급업체를 찾는 것을 의미했다. 이것은 또한 이 혁신적이며 매우 비싼 신제품과 관련한 리스크에 대응하고자 하는 기업들과의 협업 및 통합 문화를 발전시키는 것을 의미했다.

최첨단 기술, 다국적 항공기 인증, 소통에 있어 문화 간 차이의 특성, 물류 과제 모두 공급사슬 위험에 추가되었다. 당면한 과제는 매우 컸다. 결국 보잉은 12개 이상의 국가에서 300여 개가 넘는 공급업체와 협력하는 과제를 받아들였다. 이들 중 20여 개 공급업체가 보잉 787을 위한 기술과 디자인 콘셉트, 주요 시스템을 개발했다. 그중 일부는 오른쪽 표에 나와 있다. 드림라이너와 이해관계가 있는 국가는 유럽 경쟁자인 에어버스(Airbus)보다 보잉에서 항공기를 구매할 가능성이 더 높을 것으로 예상된다.

이 거대한 글로벌 공급사슬은 보잉 공장에 매년 10억 개 이상의 부품과 하위 조립품을 공급한다. 최신 디지털 기술과 분석은 보잉이 어떤 공급업체가 잘 작동하고 있고 어떤 공급업체가 성능이 떨어지는지를 판단하는 데 도움이 된다.

Peter Carey/Alamy Stock Photo

Dan Lamont/Alamy Stock Photo

보잉 787은 최첨단 디자인, 더욱 넓어진 실내 공간, 글로벌 공급업체를 통해 전 세계적으로 기록적인 판매 실적을 올렸다.

혁신적인 드림라이너는 글로벌한 범위와 세계적인 공급사슬 과제로 새로운 수준의 운영 효율성을 설정하고 있다. 그 결과 드림라이너는 1,200대 이상 판매되었으며, 이는 역사상 가장 빨리 팔린 상업용 제트기이다. 보잉의 드림라이너는 21세기 비즈니스의 글로벌 특성을 반영한다.

보잉 787기 부품 공급업체 일부

공급업체	본사가 있는 국가	부품
라테코에르	프랑스	승객용 문
라비넬	프랑스	배선
다쏘	프랑스	설계 및 제품수명주기 관리 소프트웨어
메시에부가티	프랑스	전기 브레이크
탈레스	프랑스	전력 변환 시스템
메시에다우티	프랑스	랜딩기어 구조
딜	독일	실내 조명
코브햄	영국	연료펌프와 밸브
롤스로이스	영국	엔진
스미스에어로스페이스	영국	중앙컴퓨터 시스템
BAE 시스템스	영국	전기
알레니아아에로노티카	이탈리아	상부 중앙 동체
토레이인더스트리	일본	날개 및 꼬리 장치를 위한 탄소 섬유
후지중공업	일본	중앙 날개 상자
가와사키중공업	일본	전방 동체, 날개 고정 부분
테이진세이키	일본	유압 액추에이터
미쓰비시중공업	일본	날개 상자(윙 박스)
청두항공기	중국	방향타
하페이	중국	부품
대한항공	한국	날개 끝(윙 팁)
사브	스웨덴	화물 및 점검구

학습목표		
	2.1	미션과 전략을 정의한다.
	2.2	경쟁 우위를 위한 세 가지 전략적 접근 방식을 식별하고 설명한다.
	2.3	핵심 성공 요인과 핵심 역량의 중요성을 이해한다.
	2.4	요인 등급을 사용한 국가와 아웃소싱 제공업체를 평가한다.
	2.5	네 가지 글로벌 운영 전략 옵션을 식별하고 설명한다.

운영과 공급사슬의 글로벌 관점

1990년대 초 30억 명에 이르는 개발도상국들은 생산성을 제약하는 문화적, 종교적, 민족적, 정치적 장벽을 극복하고 이제는 세계 경제 무대의 주역이 되었다. 이러한 장벽들이 사라짐과 동시에 기술, 관세 인하, 신뢰할 수 있는 배송, 통신비용이 낮아지는 발전이 이루어졌다. 이러한 변화는 점점 더 많은 기업이 전 세계에 있는 고객 및 공급업체를 찾는 것을 의미한다. 세계 무역의 성장(그림 2.1 참조), 글로벌 자본 시장, 사람들의 국제적인 움직임에서 놀라운 결과가 나타났다. 이는 경제적 통합과 국가 간 상호 의존성 증가(즉 세계화)를 의미한다. 세계화에 대응해 조직들은 재빠르게 유통 경로와 공급사슬을 전 세계로 확장하고 있다. 그 결과 기업이 자신의 전문 지식뿐만 아니라 전체 글로벌 공급사슬의 인재와 함께 경쟁하는 혁신적인 전략을 만들었다. 예를 들면

- 보잉은 전 세계적인 판매와 공급사슬로 경쟁력을 갖추었다.
- 이탈리아 베네통(Benetton)은 신속한 커뮤니케이션과 디자인, 제작, 유통에서 탁월한 유연성으로 경쟁업체보다 빠르게 전 세계 매장으로 재고를 이동시킨다.
- 소니(Sony)는 부품 구입 공급사슬을 태국, 말레이시아 등 소니의 전자제품 조립이 가능한 전 세계로 확장한다. 이것은 곧 소니의 전자제품이 전 세계로 유통되는 것이다.
- 스웨덴 기업인 볼보(Volvo)는 중국 기업 지리(Geely)가 인수했다. 그러나 현재 볼보 V40은 벨기에와 말레이시아에서 마쓰다 3(Mazda 3, 일본에서 제조)와 포드(Ford) 포커스(Focus, 미국을 포함한 6개 국가에서 제조)가 함께 공유하는 플랫폼에서 조립된다.
- 사우스캐롤라이나에 있는 중국 하이얼(Haier) 공장은 소형 냉장고(미국 시장의 3분의 1 점유)와 와인 냉장고(미국 시장의 절반 점유)를 생산한다. 하이얼은 또한 전 세계 대형 가전 시장의 10%를 점유하고, 켄터키주 어플라이언스 파크에서 12,000명의 직원을 고용한 GE 가전

그림 2.1

세계 GDP 비율로 본 세계 무역 성장

출처: World Bank; World Trade Organization; IMF.

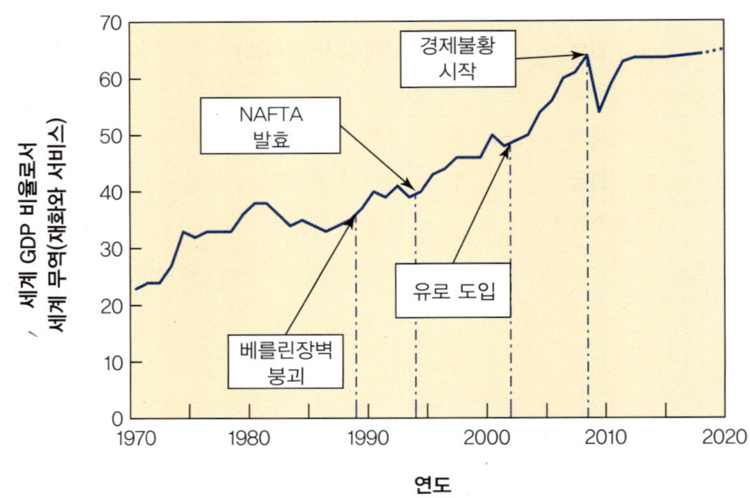

사업부를 소유하고 있다.

세계화는 고객, 인재, 공급업체가 전 세계에 있다는 것을 의미한다. 글로벌 경쟁력의 새로운 기준은 품질, 다양성, 맞춤화, 편의성, 적시성, 비용에 영향을 준다. 세계화 전략은 효율성에 기여해 제품과 서비스에 가치를 더하지만 운영관리자의 작업을 복잡하게 만들기도 한다. 복잡성, 위험과 경쟁이 심화하고, 기업은 축소되는 세계에 적응해야 한다.

국내 비즈니스 운영을 국제 비즈니스 운영의 형태로 변경하는 결정을 내리는 여섯 가지 이유는 다음과 같다.

1. 공급사슬 개선
2. 비용 절감과 환율 위험의 감소
3. 운영 개선
4. 시장 이해
5. 제품 개선
6. 글로벌 인재의 유치와 보유

여섯 가지 이유를 차례로 살펴보자.

공급사슬 개선 공급사슬은 독특한 자원이 있는 곳에 시설을 배치해 향상시킬 수 있다. 이러한 자원은 전문적인 인적자원, 저임금, 원자재가 될 수 있다. 예를 들어 전 세계 자동차 스타일 스튜디오들은 현대의 자동차 디자인에 필요한 재능을 확보하기 위해서 자동차 디자인의 메카인 캘리포니아 남부로 이주했다. 마찬가지로 향수 제조업체는 프랑스의 그라스에 위치하고자 한다. 전 세계 향수 에센스의 대부분은 지중해의 꽃으로 만들어진다.

비용 절감과 환율 위험의 감소 다수의 국제 운영은 통화 가치 변동(환율)에 따른 위험의 감소를 추구하고 직접적 비용을 줄일 수 있는 실제적 기회를 활용하고자 한다. 다양한 운영 관행(예: 환경관리, 보건, 안전)에 대한 다소 완화된 정부 규제도 간접비용을 줄일 수 있다.

숙련도가 낮은 일자리를 다른 나라로 옮기는 것은 몇 가지 잠재적인 이점이 있다. 첫째, 무엇보다도 기업은 비용을 절감할 수 있다. 둘째, 저숙련 일자리를 저비용 지역으로 이전하면 고비용 노동자들이 더 가치 있는 일을 할 수 있게 된다. 셋째, 임금 비용을 줄이면 절감액이 본사의 향상된 제품과 시설들(필요한 경우 기존 노동자의 재교육)에 투자될 수 있다.

많은 기업이 부정적 환율변동에 대한 보호로서 통화옵션을 구매해 **금융 헤징**을 한다. 기업은 또한 **운영적 위험회피**(operational hedging)를 추구할 수 있다. 서로 다른 국가에 의도적으로 추가적인 생산능력을 갖추어 비용이나 환율이 달라짐에 따라 국가별로 생산을 이동하는 것이다. 이를 통해 경제 상황에 따라 통화 위험과 비용을 세밀하게 조정할 수 있다.

미국과 멕시코는 멕시코 노동자들이 창출한 부가가치에 대해서만 비용을 지불함으로써 제조업체의 비용을 절감하는 **마킬라도라**(maquiladora)를 만들었다. 예를 들어 캐터필러(Caterpillar)와 같은 미국 제조업체가 마킬라도라 운영에 필요한 엔진을 들여오는 데 1,000달러, 조립비용으로 200달러를 사용했다면 멕시코에서 관세는 작업한 200달러에 대해서만 부과된다.

무역협정 역시 관세를 낮추어 외국에서 시설 운영비용을 절감하는 데 도움이 된다. **세계무역기구**(WTO)로 인해 관세는 1940년 40%에서 현재 3% 미만으로 인하되었다. 또 다른 중요한 무역협정은 **북미자유무역협정**(NAFTA)이다. NAFTA는 캐나다, 멕시코, 미국 사이의 모든 무역과 관

운영적 위험회피
비용 및 환율 변화에 따라 여러 국가에서 초과 생산능력을 유지하고 해당 국가 간에 생산 수준을 이동하는 것

마킬라도라(보세임가공)
미국와 멕시코 국경을 따라 위치해 관세우대를 받는 멕시코 공장들

세계무역기구(WTO)
국경을 넘는 상품의 자유로운 흐름에 대한 장벽을 낮추어 세계 무역을 촉진하는 국제기구

북미자유무역협정(NAFTA)
캐나다, 멕시코, 미국 간의 자유무역협정

세 장벽을 철폐하려고 한다. 세계 무역을 가속화하는 다른 무역협정으로는 APEC(태평양 국가), SEATO(호주, 뉴질랜드, 일본, 홍콩, 한국, 뉴기니, 칠레), MERCOSUR(아르헨티나, 브라질, 파라과이, 우루과이), CAFTA(중앙아메리카, 도미니카공화국, 미국) 등이 있다.

유럽연합(EU)
28개 회원국을 보유한 유럽 무역 그룹

또 다른 무역 그룹은 **유럽연합**(EU)이다.[1] 유럽연합은 표준화와 공통 통화(유로)를 통해 유럽연합 참여국 간 무역장벽을 줄였다. 하지만 미국의 주요 무역 파트너이며, 5억 명이 넘는 소비자가 있는 EU는 EU에서 판매되는 제품에 대해 세계에서 가장 제한적인 조건을 적용하고 있다. 자동차 범퍼의 재활용 기준부터 호르몬이 없는 농산물에 이르는 모든 것이 EU 기준을 충족해야 하며, 이것이 국제무역을 복잡하게 만든다.

운영 개선 운영은 다른 나라의 경영혁신에 대한 더 나은 이해를 통해 배운다. 예를 들면 일본인은 재고 관리를 개선했고 독일인은 로봇을 공격적으로 사용하고 있으며 스칸디나비아인은 전 세계적으로 인간공학을 향상하는 데 기여했다.

해외 운영을 하는 또 다른 이유는 고객의 변화하는 제품과 서비스 요구사항에 응답하는 시간을 단축하기 위해서이다. 신속하고 적절한 서비스의 제공은 대개 고객의 본국에 시설을 배치해 개선할 수 있다.

시장 이해 국제 사업은 외국 고객, 공급자, 기타 경쟁 기업과의 상호작용이 필요하기 때문에, 국제 기업은 필연적으로 새로운 제품 및 서비스에 대한 기회를 알아본다. 유럽은 휴대전화 혁신을 이끌었고, 일본과 인도가 휴대전화의 유행을 주도했다. 시장에 대한 지식은 기업에게 시장이 어디로 가고 있는지 이해하는 데 도움이 될 뿐 아니라 고객 기반을 다양화하고 생산 유연성을 추가하며 비즈니스 주기를 원활하게 하는 데도 도움이 된다. 해외 시장에 진출하는 또 다른 이유는 기존 제품의 수명주기를 연장할 수 있는 기회(즉 제품이 거치는 단계, 5장 참조)가 되기 때문이다. 일부 제품은 미국에서는 제품수명주기의 '성숙' 단계에 있는 반면, 저개발국가에서는 최신 기술로 대표될 수 있다.

제품 개선 학습은 고립 상태에서 일어나지 않는다. 기업은 자유로운 의견 개진이 가능할 때 기업 자신과 고객에게 잘 봉사한다. 예를 들면 토요타(Toyota)와 BMW는 차세대 친환경 자동차 배터리 연구에 대한 공동연구와 개발비를 분담한다. 이와 비슷하게, 한국의 삼성과 독일의 보쉬(Bosch)가

Kraipit Phanvut/Sipa Press

세계적인 전략은 운영관리자에게 추가적인 부담을 준다. 경제적 차이 및 라이프사이클의 차이로 인해 디자이너들은 각각의 시장을 대상으로 제품을 판매해야 한다. 예를 들면 북쪽 추운 국가에서 팔리는 세탁기는 줄에 널어 건조하는 더운 지역 국가의 세탁기보다 탈수가 훨씬 잘되어야 한다. 마찬가지로 사진에서 보듯이, 방콕에서 판매되는 월풀 냉장고는 밝은색이어야 하는데, 방콕 사람들은 냉장고를 거실에 두기 때문이다.

양사에 이익이 되는 리튬 이온 배터리 생산에 참여하면서 국제적인 운영 학습이 이루어지고 있다.

글로벌 인재의 유치와 보유 글로벌 조직은 더 많은 고용 기회를 제공함으로써 더 나은 직원을 유치하고 보유할 수 있다. 그들은 전 세계의 모든 기능 영역과 전문 분야의 인력이 필요하다. 글로벌 기업이 우수한 인재를 채용하고 유지할 수 있는 이유는 보다 큰 성장 기회와 경제적 불황기에 실업에 대해 보호가 될 수 있기 때문이다. 어떤 대륙 혹은 나라가 경제적 침체기에 있을 경우, 글로벌 기업들은 인재들을 더 발전하는 지역으로 재배치할 수 있다.

요약하자면, 줄어든 세계에서 경쟁 우위를 성공적으로 달성하려면 유형에서 무형까지 국제적 운영이 제공할 수 있는 모든 가능한 기회를 최대화해야 한다.

문화적 · 윤리적 문제

기업이 세계화로 나아가는 데 큰 원동력이 있는 반면, 많은 과제가 남아 있다. 이러한 도전 과제 중 하나는 사회적 · 문화적 행동의 차이를 조정하는 것이다. 다른 문화권에서 활동할 때 뇌물, 아동노동에서부터 환경에 이르는 다양한 문제에 대해 관리자들은 대응 방법을 모르기도 한다. 어떤 나라의 문화에서 수용 가능하다고 생각하는 것이 다른 곳에서는 허용되지 않거나 불법으로 간주될 수 있다. 중동의 여성 관리자가 인도보다 적은 것은 우연이 아니다.

지난 10년간 국제법, 협정, 행동강령의 변화가 전 세계 관리자 간 윤리적 행동을 정의하기 위해 적용되었다. 예를 들어 WTO는 비윤리적 행위에 가담하는 외국 기업으로부터 정부와 산업 양쪽의 보호를 동일화하는 데 도움이 된다. 뇌물이나 지적재산권 보호와 같이 문화에 따라 큰 차이가 있는 문제에서도 서서히 많은 나라가 세계적 동일성을 받아들이고 있다.

문화적 · 윤리적 차이에도 불구하고 우리는 자본, 정보, 상품, 심지어 사람의 특별한 이동성 시대에 살고 있다. 우리는 이것이 계속될 것이라고 예상할 수 있다. 전 세계의 금융 분야, 통신 분야, 물류 인프라는 자본, 정보, 상품의 효율적이고 효과적인 사용을 촉진하는 건강한 기관이다. 모든 기회와 위험을 안고 있는 세계화가 여기에 있다. 관리자는 미션과 전략을 개발할 때 이것을 수용해야 한다.

미션과 전략 결정

효과적인 운영관리 노력은 어디로 가는지 알 수 있는 미션과 어떻게 도달할 것인지를 아는 전략이 있어야 한다. 이는 국내 작은 조직뿐 아니라 대규모 국제적인 조직을 위한 것이다.

미션

경제적 성공, 진정한 생존은 고객의 필요와 욕구의 만족을 위한 **미션**(mission)을 확인한 결과이다. 우리는 조직의 미션을 사회에 기여하기 위한 조직의 목적이라고 정의한다. 미션 선언문은 조직에 대한 경계와 초점, 회사가 집결할 수 있는 개념을 제공한다. 미션은 조직의 존재에 대한 근거를 진술한다. 좋은 전략을 개발하는 것은 어렵지만 미션이 잘 정의되어 있다면 훨씬 쉽다. 그림 2.2는 미션 선언문의 예를 보여준다.

미션
조직의 존재 목적 또는 근거

조직의 미션이 결정되면, 회사 내의 각 기능 영역이 지원 미션을 결정한다. 기능 영역은 마케팅, 재무/회계, 생산/운영 등 회사에서 요구하는 주요 분야를 의미한다. 각 기능별 미션은 기업의 전반적인 미션을 지원하기 위해 개발된다. 그런 다음 해당 기능 내에서 OM 기능들을 위한 하위 레벨

학습목표 2.1
미션과 전략을 정의한다.

지원 미션들이 설정된다. 그림 2.3은 그러한 샘플 미션의 위계를 보여준다.

전략

전략
조직이 자신의 미션과 목표를 달성하기 위해 기대하는 방법

미션이 수립되면 전략과 전략의 실행을 시작할 수 있다. **전략**(strategy)은 미션을 달성하기 위한 조직의 행동 계획이다. 각 기능 영역에는 각 기능의 목표 달성과 조직이 전반적인 미션에 도달할 수 있도록 돕는 전략이 있다. 이러한 전략은 기회와 장점을 활용하고 위협을 무력화하며 약점을 방지한다. 다음 절에서 우리는 전략을 개발하고 구현하는 방법을 기술할 것이다.

학습목표 2.2
경쟁 우위를 위한 세 가지 전략적 접근 방식을 식별하고 설명한다.

기업은 (1) 차별화, (2) 비용 리더십, (3) 대응의 세 가지 개념적인 방법으로 미션을 달성한다. 이는 운영관리자가 (1) **더 좋거나 적어도 다르게**, (2) **더 저렴하고**, (3) **더 반응이 좋은** 상품과 서비스를 제공해야 한다는 것을 의미한다. 운영관리자는 이러한 전략적 개념을 달성해야 할 실질적인 과제로 변환한다. 이 세 가지 전략적 개념 중 하나 또는 조합을 하면 경쟁자보다 고유한 이점이 있는 시스템을 구축할 수 있다. 앞으로 다룰 내용의 대부분은 전략을 실행으로 옮길 때 어려운 작업에 대한 것이다.

운영을 통한 경쟁 우위 달성

경쟁 우위
경쟁자에 대해서 고유한 이점을 창출하는 것

각각의 세 가지 전략은 운영관리자가 경쟁 우위를 확보할 수 있는 기회를 제공한다. **경쟁 우위**(competitive advantage)는 경쟁업체에 비해 고유한 장점이 있는 시스템을 만드는 것을 의미한다. 효율적이고 지속 가능한 방법으로 고객 가치를 창출하는 것이다. 이러한 전략의 순수한 형태가 존재할 수 있지만, 운영 관리자는 이러한 전략의 조합을 구현하도록 요청받을 가능성이 더 크다. 관리자들이 차별화, 저비용, 대응을 통해 어떻게 경쟁 우위를 확보하는지 간략히 살펴보자.

차별화 경쟁

세이프스킨(Safeskin)이 라텍스 장갑 분야에서 1위인 것은 기업 자체와 제품을 차별화했기 때문이다. 이 회사는 일부 의사들이 불만을 제기했던 알러지 반응을 방지하기 위해 고안된 장갑을 생산

그림 2.2
3개 조직의 미션 선언문
출처: Mission statement from Merck. Copyright © by Merck & Co., Inc. Reprinted with permission.

머크(Merck)
머크의 임무는 사회에 우수한 제품과 서비스(즉 삶의 질을 개선하고 고객의 요구를 충족시키는 혁신과 솔루션)를 제공하는 것이다. 이를 위해 직원들에게 의미 있는 일 및 승진 기회와 투자자들에게 높은 수익률을 제공한다.
펩시코(PepsiCo)
우리의 사명은 편리한 음식과 음료에 초점을 맞춘 세계 최고의 소비재 회사가 되는 것이다. 우리는 직원, 협력사, 우리가 활동하고 있는 지역사회에 성장과 풍요의 기회를 제공함으로써 투자자에게 재정적 보상을 하고자 한다. 그리고 우리가 하는 모든 일에서 우리는 정직, 공정, 청렴을 위해 노력한다.
아놀드파머병원(Arnold Palmer Hospital)
우리 병원은 연민, 치유, 희망의 환경에서 유년기의 기쁨을 회복하는 데 초점을 맞춘 가족 중심의 최첨단 의료 서비스를 제공한다.

기업 미션 표본	
고객의 기대를 뛰어넘는 혁신적이고 성장하며 수익성이 높은 전 세계 마이크로파 통신 사업을 제조하고 서비스하기 위해	
운영관리 미션 표본	
세계적인 저가 제조사로서 회사의 사명에 부합하는 제품을 생산하기 위해	
OM 부서들의 미션 표본	
제품 설계	뛰어난 품질과 고객 가치를 지닌 제품과 서비스의 생산, 디자인을 위해
품질 관리	우리 기업의 미션과 일치하는 탁월한 가치를 얻고 설계, 공급사슬, 생산, 현장 서비스 기회에 세심한 주의를 기울여 마케팅 목표를 달성하기 위해
프로세스 설계	저비용 제품, 고품질 및 양질의 작업 생활과 양립할 수 있는 생산 공정과 장비를 결정, 설계, 개발하기 위해
입지	회사, 직원, 공동체에 높은 가치를 제공할 효율적이고 경제적인 시설의 입지, 설계, 구축을 위해
레이아웃 설계	높은 수준의 직장 생활을 지원함과 동시에 기술과 상상력, 그리고 배치와 작업 방법의 지략을 통한 생산효과와 효율을 달성하기 위해
인적자원	모든 계층의 직원의 뛰어난 개인 기여도를 대가로 잘 설계되고, 안전하며, 보람 있는 일자리, 안정적인 고용, 공정한 급여를 통해 양질의 직장 생활을 제공하기 위해
공급사슬 관리	안정적이고 효과적이며 효율적인 공급원을 통해 혁신적인 제품을 개발하기 위한 공급업체와 협력하기 위해
재고	높은 고객 서비스 수준과 높은 설비 활용률과 일치하는 재고에 있어서 낮은 투자를 달성하기 위해
일정 계획	효과적인 일정으로 높은 수준의 처리량과 시기적절한 고객 전달을 달성하기 위해
유지보수	시설과 장비의 효과적인 예방 정비와 즉각적인 수리로 시설과 장비의 높은 활용도를 달성하기 위해

그림 2.3

기업, 운영 기능, 주요 OM 부서를 위한 미션 표본

해 차별화했다. 다른 장갑업체들이 뒤를 바짝 따라올 때, 세이프스킨은 저알러지 장갑을 개발하고 질감을 더했다. 또한 라텍스 알러지가 있는 사용자를 위한 합성 일회용 장갑을 개발해 항상 경쟁 우위를 유지하고 있다. 세이프스킨의 전략은 신뢰할 수 있는 최첨단 장갑을 설계하고 생산함으로써 자신을 차별화하는 명성을 쌓는 것이다.

차별화는 고유성 제공에 관한 것이다. 기업이 고유성을 창출할 수 있는 기회는 특정 기능이나 활동에 국한되는 것이 아니라 기업이 하는 거의 모든 일에서 발생할 수 있다. 더욱이 대부분의 제품은 일부 서비스를 포함하며, 대부분의 서비스는 일부 제품을 포함하기 때문에 이러한 독특성을 창출할 기회는 오직 상상력에 의해서만 제한된다. 실제로 **차별화**(differentiation)는 물리적 특성과 서비스 속성을 넘어 고객이 제품 또는 서비스에서 얻는 가치에 영향을 미치는 모든 것을 포괄하는 것으로 간주해야 한다. 그러므로 효과적인 운영관리자는 고객의 잠재적 가치에 영향을 미치는 제품과 서비스의 모든 것을 규명하는 데 도움을 준다. 이는 광범위한 제품군, 제품 기능 또는 제품과 관련된 서비스의 편리함일 수 있다. 이러한 서비스는 편의성(유통센터, 매장, 지점의 위치), 교육,

차별화

고객이 가치를 더해준다고 인식할 수 있는 방식으로 기업의 제품을 구별하기

제품 배송 및 설치, 수리 및 유지보수 서비스를 통해 그 모습을 드러낼 수 있다.

경험 차별화
창의적인 오감을 사용해 고객이 제품에 참여해 제품을 '체험'하는 것

서비스 분야에서 제품 차별화를 확대하기 위한 한 가지 방법은 경험을 통해서이다. 서비스에서 경험에 의한 차별화는 성장하는 '체험 경제'를 보여주는 것이다. **경험 차별화**(experience differentiation)의 개념은 고객의 오감을 활용해 고객이 제품에 몰입하거나 참여하도록 하는 것이다. 디즈니(Disney)는 매직킹덤(Magic Kingdom)을 활용한다. 사람들은 이제 단순히 놀이기구를 타는 것이 아니라 물리적 승차감을 보완하는 역동적인 시각적, 음향적 경험을 통해 매직킹덤에 빠져들게 된다. 일부 놀이기구는 고객이 가상현실 또는 변화하는 공기 흐름과 냄새뿐만 아니라 목표물이나 악당들을 향해 총을 쏘거나 조종하게 만든다. 심지어 영화관도 서라운드 사운드, 좌석 이동, '냄새', '비' 안개 등 스토리 전개를 위한 멀티미디어 입력과 함께 이러한 방향으로 움직이고 있다.

하드록카페(Hard Rock Cafe)와 같은 테마 레스토랑도 마찬가지로 '체험'을 제공함으로써 차별화한다. 하드록카페는 클래식 록 음악, 대형 스크린 록 비디오, 기념품, 이야기를 들려줄 수 있는 직원들로 고객을 사로잡는다. 많은 경우, 전시 내용을 설명해주는 상근 가이드를 이용할 수 있고, 항상 편리한 소매점이 있어 고객이 체험한 실질적인 부분을 집으로 가져갈 수 있다. 그 결과는 단순한 식사가 아닌 '식사 경험'이다. 조금 덜 극적인 방법으로, 스타벅스와 현지 슈퍼마켓은 신선한 커피나 갓 구운 빵의 향과 음악을 제공함으로써 체험을 전달한다.

가격 경쟁

미국의 다른 항공사들이 수십억 달러의 손해를 보는 동안 사우스웨스트항공(Southwest Airlines)은 꾸준히 수익을 내고 있다. 사우스웨스트항공은 저가 및 단기 항공편의 필요성을 충족시켜 수익을 창출했다. 운영전략에는 제2공항과 터미널, 선착순 좌석, 적은 요금 옵션, 더 많은 시간을 비행하는 소규모 승무원, 간식 전용 혹은 식사 없는 항공편이 포함되어 있다.

뿐만 아니라 사우스웨스트항공은 수요에 맞게 용량을 효과적으로 조정하고, 이 용량을 효과적으로 활용했다. 이는 자사 기종 중 유일한 항공기인 보잉 737의 용량에 맞는 노선 구조를 설계함으로써 이루어졌다. 또한 항공기는 더 빠른 회전을 통해(항공기가 지상에 있는 시간을 줄일 수 있다) 다른 항공사보다 더 많은 항공 마일리지를 달성했다.

저비용 전략의 원동력 중 하나는 효과적으로 활용되는 시설이다. 사우스웨스트항공처럼 저비용 전략을 가진 다른 항공사들은 이것을 이해하고 재원을 효과적으로 사용한다. 기업은 최적의 규모(그리고 투자)를 파악해 간접비용을 분산함으로써 비용 우위를 제공할 수 있다. 예를 들어 월마트(Walmart)는 24시간 영업하는 슈퍼마켓을 대상으로 저가 전략을 계속 추진하고 있다. 20년 동안 시장 점유율 확보에 성공한 월마트는 매장 간접비용, 다운사이징 및 유통 비용을 절감했다. 신속한 물품 운송, 창고 비용 절감, 제조사로부터의 직접 배송으로 재고자산회전율이 높아져 저가 선두업체로 자리매김했다.

벨기에 할인식품 유통업체인 프란츠콜루이트(Franz Colruyt)도 공격적인 원가 절감형 업체다. 콜루이트는 개조된 공장 창고, 영화관, 차고 등을 아울렛 매장으로 사용해 간접비를 줄인다. 고객들은 배경 음악, 쇼핑백, 밝은 조명을 찾을 수 없는데, 이는 비용 절감을 위해 모두 제거된 것이다. 월마트와 콜루이트는 저비용 전략으로 승리하고 있다.

저비용 리더십
고객이 인식하는 최대의 가치 달성

저비용 리더십(low-cost leadership)은 고객이 정의한 최대의 가치를 달성하는 것을 포함한다. 고객의 기대 가치를 충족하면서 비용을 절감하려면 10가지 OM 의사결정을 끊임없이 검토해야 한다. 저비용 전략은 가치가 낮거나 저품질을 의미하는 것이 아니다.

대응에서 경쟁

세 번째 전략 옵션은 대응이다. 대응은 종종 유연한 대응으로 간주되지만 믿을 수 있으며 빠른 대응을 의미한다. 실제로 우리는 **대응**(response)을 신뢰할 수 있는 일정 계획 및 유연한 성능뿐만 아니라 시기적절한 제품 개발 및 배송과 관련된 가치의 전체 범위를 포함하는 것으로 정의한다.

대응
신속, 유연, 신뢰할 만한 성능과 관련된 일련의 가치집합

유연한 대응은 디자인 혁명과 용량의 변동이 심한 시장의 변화에 부합할 수 있는 능력으로 간주한다. 휴렛팩커드(Hewlett-Packard)는 변화무쌍한 개인용 컴퓨터의 디자인과 용량의 변화에서 유연성을 보여준 기업의 뛰어난 본보기이다. HP의 제품은 수명주기가 종종 몇 개월에 그치고, 짧은 수명주기 동안 용량 및 비용 변화는 극적이다. 그러나 HP는 제품 설계 및 비용의 급격한 변화에 맞추어 제품과 용량을 바꿀 수 있는 능력을 제도화하는 데 성공했으며, 이로써 지속가능한 경쟁 우위를 확보했다.

대응의 두 번째 측면은 일정의 신뢰성이다. 독일 기계 산업이 세계 최고의 인건비에도 불구하고 경쟁력을 유지해 온 한 가지 방법은 신뢰성 있는 대응이다. 이러한 대응은 신뢰할 수 있는 일정으로 나타난다. 독일 기계 회사들은 의미 있는 일정이 있으며, 이러한 일정을 준수한다. 이러한 일정의 결과는 고객에게 전달되고, 고객은 다시 이러한 스케줄에 의존할 수 있다. 결과적으로, 신뢰할 수 있는 대응을 통해 창출되는 경쟁 우위는 최종 고객에게 가치를 부여한다.

대응의 세 번째 측면은 신속함이다. 홍콩에 본사를 둔 존슨일렉트릭홀딩스(Johnson Electric Holdings, Ltd.)는 매달 8,300만 대의 소형 모터를 생산한다. 모터는 무선공구, 가전제품, 헤어드라이어 같은 개인관리용품들에 들어가며 각 자동차에서는 수십 개씩 발견된다. 존슨의 주요 경쟁력은 제품 개발 속도, 생산 속도, 배송 속도와 같은 속도이다.

존슨의 생산 시스템이든 피자헛의 5분 내 배송이든, 시스템을 개발하는 운영관리자는 신속하고 믿을 만한 대응을 해 경쟁 우위를 가질 수 있다.

실제로 차별화, 저비용, 대응은 생산성을 높이고 지속 가능한 경쟁 우위를 창출할 수 있다. 운영관리자의 10가지 결정을 적절히 이행하면(그림 2.4 참조) 이러한 이점을 달성할 수 있다.

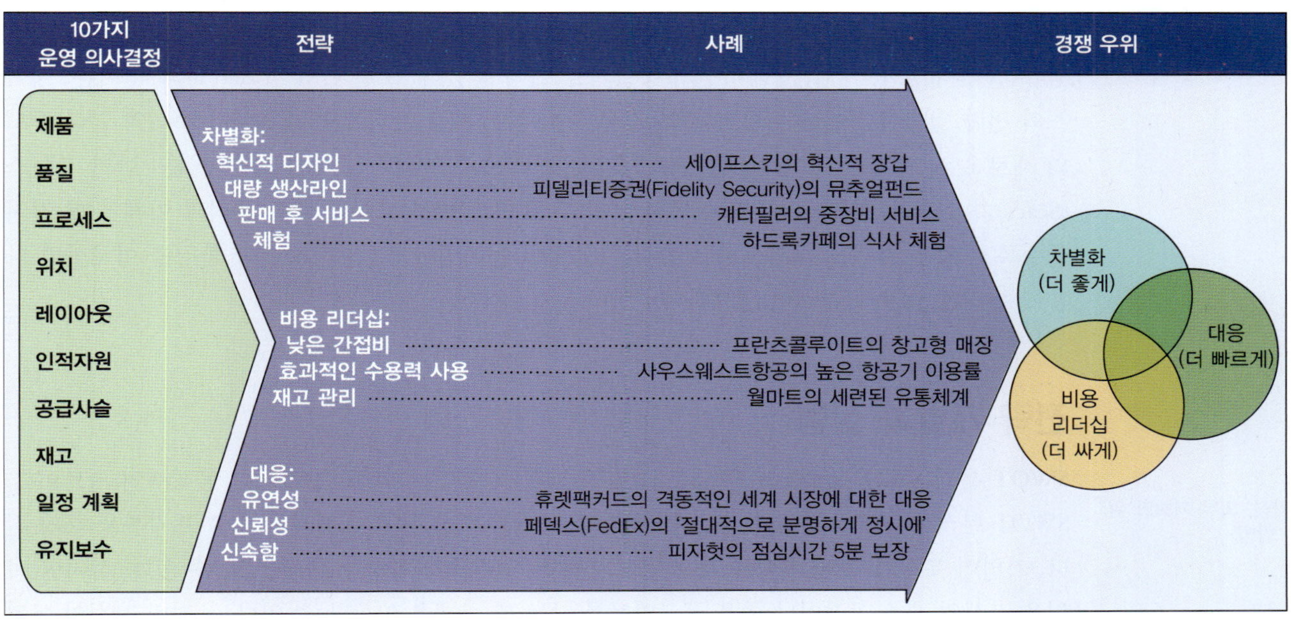

그림 2.4 운영을 통한 경쟁 우위 달성하기

운영 전략 이슈

자원 관점
경쟁 우위를 달성하기 위해 관리자들이 처분할 수 있는 자원을 평가하고 관리하거나 변화시키는 데 사용하는 방법

가치사슬 분석
제품이나 서비스 사슬의 요소가 고유한 부가가치를 창출하는지 확인하는 방법

5개 포스 모델
경쟁적 환경에서 5개의 포스를 분석하는 방법

운영관리 전략이 차별화, 비용, 대응(그림 2.4 참조)이라도 운영관리는 핵심적인 선수이다. 그러므로 실행 전략을 수립하고 실행하기 전에 몇 가지 대체 관점이 도움이 될 것이다. 한 가지는 **자원 관점**(resources view)을 취하는 것이다. 이는 가능한 재무적, 물리적, 인간적, 기술적 자원의 관점에서 생각하고, 잠재적인 전략이 이러한 자원들과 양립할 수 있도록 보장하는 것을 의미한다. 또 다른 관점은 포터(Porter)의 가치사슬 분석이다[2]. **가치사슬 분석**(value-chain analysis)은 강점이나 잠재적인 강점, 경쟁 우위를 개발할 수 있는 기회가 되는 활동을 파악하기 위해 사용한다. 이들은 기업이 제품 조사나 설계, 인적자원, 공급사슬 관리, 프로세스 혁신, 품질 관리를 통해서 독특한 **가치**를 추가하는 영역들이다. 포터는 또한 그의 **5개 포스 모델**(five forces model)을 통해 경쟁사를 분석할 것을 제안한다.[3] 이 잠재적인 경쟁 세력들은 즉각적인 경쟁자, 잠재적 진입자, 고객, 공급업체, 대체 제품이다.

경쟁적인 환경 외에도 운영관리자는 기업이 다른 많은 외부 요인과 함께 시스템 안에서 운영된다는 것을 이해해야 한다. 이러한 요인들의 범위는 경제적인 것에서부터 법적, 문화적으로 다양하다. 이런 요인들은 전략 개발과 실행에 영향을 미치며, 환경에 대한 끊임없는 검색이 필요하다. 기업 자체도 지속적인 변화를 겪고 있다.

자원에서부터 기술, 제품수명주기에 이르는 모든 것이 유동적이다. 기업의 제품이 도입기에서 성장기, 성숙기, 쇠퇴기로 움직임에 따라 기업 내에서 요구되는 중요한 변화를 고려해보라(그림 2.5 참조). 이러한 내부적 변화는 외부적 변화와 결합해 역동적인 전략을 필요로 한다.

이 장에서 언급하는 글로벌 기업 프로필에서 보잉은 기술과 환경의 변화에 따라 전략이 어떻게 변화해야 하는지에 대한 본보기를 제공한다. 보잉은 이제 전 세계 공급사슬을 이용해 탄소 섬유로 비행기를 만들 수 있다. 다른 많은 운영관리 전략과 마찬가지로 보잉의 전략은 기술과 세계화에 따라 변화했다. 마이크로소프트(Microsoft) 역시 변화하는 환경에 빠르게 적응해야 했다. 더 빠른 프로세서, 새로운 컴퓨터 언어, 변화하는 고객의 선호도, 증가하는 보안 문제, 인터넷, 클라우드, 구글은 마이크로소프트에서 모든 변화를 주도하고 있다. 이러한 세력(힘)은 마이크로소프트의 제품 전략을 운영체제에서 사무실 제품, 인터넷 서비스 제공자, 그리고 이제 클라우드를 통한 컴퓨터, 휴대전화, 게임, 텔레비전의 통합자로 옮겨 놓았다. 또한 OM in Action의 '아마존, 시어스의 전략 업데이트'에서 논의된 바와 같이, 아마존은 새로운 디지털 세상에서 수십억 달러 규모의 새로운 전 세계적 비즈니스를 구축하기 위해서 새로운 디지털 세상을 받아들인 반면 시어스(Sear's)가 어떻게 침체되었는지 주목하라. 외부 요인과 내부 요인에 대한 분석과 이해가 더 철저할수록 기업은 자원을 최적으로 사용할 가능성이 높아진다. 기업이 자신과 환경을 이해하면 다음에 논의할 SWOT 분석이 필요하다.

전략 개발과 실행

SWOT 분석
내부 강점과 약점, 외부 기회와 위협을 결정하는 방법

SWOT 분석(SWOT analysis)은 내부 강점과 약점, 외부 기회와 위협에 대한 공식적인 검토이다. SWOT 분석을 시작으로 조직은 전략을 통해 경쟁 우위를 갖기 위해서 스스로 포지션을 하게 된다. 기업이 우수한 설계 기술을 갖고 있거나 좋은 입지를 파악하는 데 뛰어날 수 있다. 하지만 기업은 자신의 제조 공정이나 좋은 공급업자를 찾는 데 한계를 인식할 수 있다. 조직의 강점의 이점을 극대화하고 약점을 최소화하면서 환경에서 기회를 최대화하고 위협을 최소화하는 개념이다.

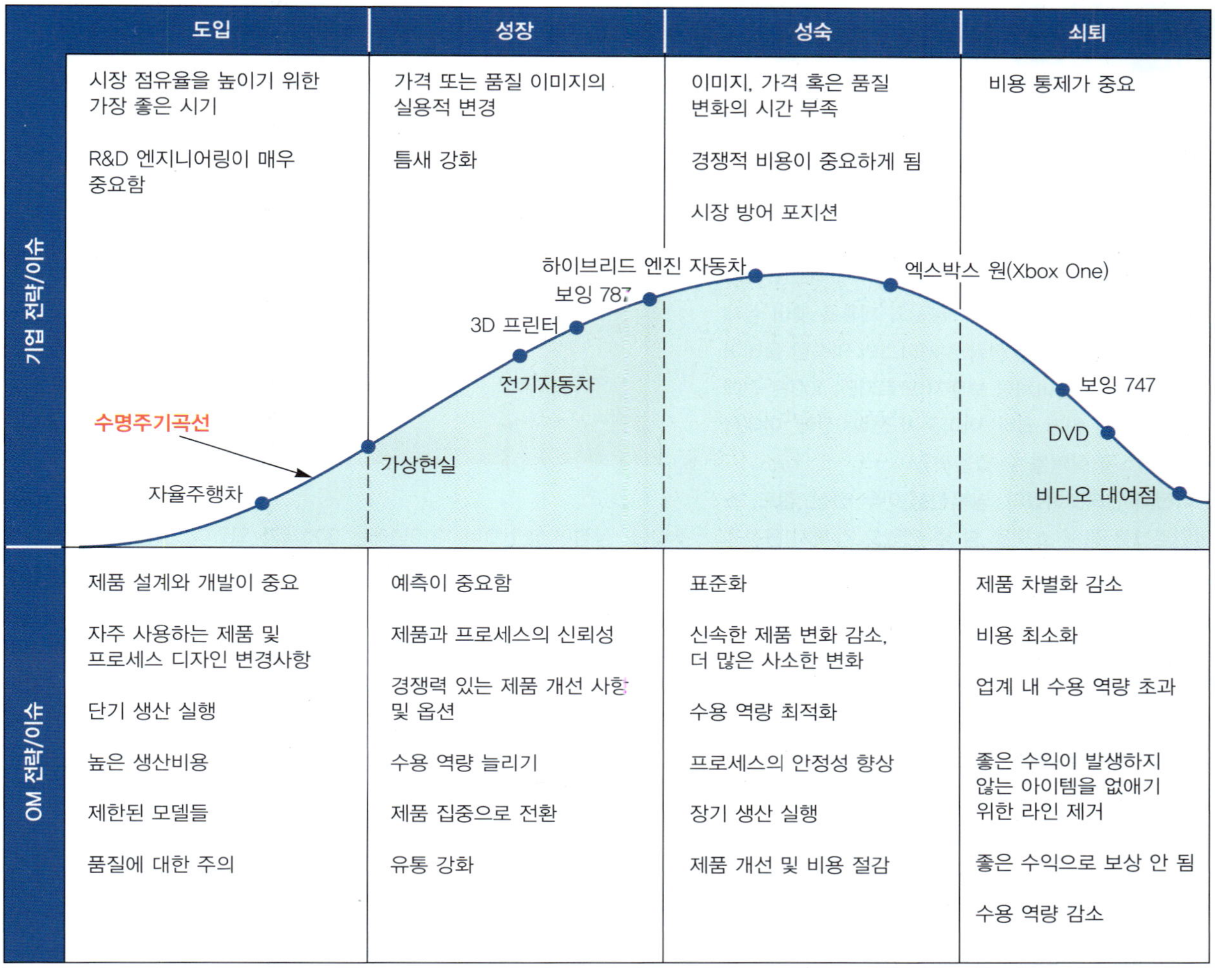

그림 2.5 **제품수명주기 동안의 전략과 이슈**

SWOT 분석과 일치하는지 확인하기 위해 미션 개념을 재평가한다. 이후, 미션 달성을 위한 전략을 개발한다. 이러한 전략은 고객에게 제공되는 가치와 경쟁 현실에 비추어 지속적으로 평가된다. 이러한 프로세스는 그림 2.6에 있다. 이러한 프로세스에서 핵심 성공 요인들이 식별된다.

주요 성공 요인 및 핵심 역량

모든 것을 예외적으로 잘 수행하는 기업은 없기 때문에 성공적인 전략은 기업의 핵심 성공요인과 핵심 역량을 결정해야 한다. **핵심 성공 요인**(key success factors, KSFs)은 기업이 목표를 달성하기 위해 필요한 활동이다. 핵심 성공 요인은 매우 중요하기 때문에 기업은 생존을 위해 올바른 요인을 확보해야 한다. 예를 들어 맥도날드(McDonald's)의 핵심 성공 요인은 레이아웃이다. 효과적인 드라이브스루와 효율적인 주방 없이 맥도날드는 성공할 수 없을 것이다. 핵심 성공 요인은 종종 필요하지만 경쟁 우위를 위해서는 충분하지 않다. 반면에, **핵심 역량**(core competency)은 기업이 세계적 수준에서 수행하는 고유한 기술, 재능, 능력의 집합이다. 이를 통해 기업은 차별화되고 경쟁 우위를 확보할 수 있다. 번영하는 조직은 핵심 역량을 파악하고 육성한다. 맥도날드의 KSF에는 레이아웃이 포함될 수 있으며 핵심 역량은 일관성과 품질일 수 있다. 혼다자동차(Honda Motors)의 핵심 역량은 자동차, 오토바이, 잔디 깎는 기계, 발전기, 제설기 등의 가스 동력 엔진이다. 경쟁 우

핵심 성공 요인(KSFs)
경쟁 우위 달성에 핵심적인 활동이나 요인

핵심 역량
기업이 특별히 강한 일련의 기술, 재능, 능력

OM in Action 아마존, 시어스의 전략 업데이트

100년 전, 우편으로 수백만 개의 제품을 운송하던 거대 소매업자가 오프라인 상거래로 빠르게 이동하면서 소매업계는 영원히 변모했다. 이런 일이 또 일어날까? 시어스의 전략을 살펴보면 아마존이 하고 있는 거의 모든 것을 예측할 수 있다.

지난 몇 년간 아마존은 수많은 오프라인 서점을 열었다. 홀푸드(Whole Foods)와 400개의 식료품점을 사들였고, 콜스(Kohl's)와 제휴를 맺어 실제 소매점에서 반품할 수 있다. 아마존의 기업 전략은 시어스의 익숙한 플레이북을 따르고 있다. 시어스가 지금은 좀비처럼 보일지 모르지만, 100년 전에 이 회사가 얼마나 변혁적이었는지 잊기 쉽다. 아마존의 진화, 전략, 미래를 이해하기 위해서 우리는 시어스를 살펴볼 수 있을까?

우편은 인터넷 시대 이전의 인터넷이었다. 남북전쟁 이후 전신, 철도, 소포 배달로 집에서도 카탈로그를 통해 쇼핑을 할 수 있었고 집까지 물품을 배달받을 수 있었다. 미국인들은 카탈로그에서 음식, 책, 집 등 모든 것을 찾아보았다. 상인들은 철도를 이용해 소포를 보냈다. 그리고 시어스는 거대한 오프라인 상점으로 성공적으로 전환했다. 온라인 경쟁사 아마존처럼 시어스는 국내 최초의 통신판매업체는 아니었지만 최대 통신판매업체가 됐다. 아마존은 책이 아닌 하나의 상품 카테고리, 즉 시계로 시작했다. 아마존처럼 이 회사는 총기, 축음기, 자동차, 식료품 등 다양한 제품을 포함하도록 성장했다.

시어스는 거대한 극렬 충성 소비자층을 구축함으로써 제조업체로부터 더 싸게 구입할 수 있었다. 대규모 창고로 쇄도하는 주문을 처리했다. 그러나 회사가 오프라인 상점으로 전환한 것은 획기적인 일이었다. 1925년 초에는 시어스 상점이 없었으나 1929년에는 300개가 되었다. 오늘날의 아마존처럼 시어스는 인접 사업에 진출하는 포지션을 사용했다. 거대한 자동차 부품 사업을 보완하기 위해 올스테이트 브랜드로 자동차 보험 판매를 시작했다. 아마도 시어스가 제품 판매에서 서비스로 전환한 것은 아마존 웹 서비스(Amazon Web Services) 또는 아마존 TV 쇼가 만들어지는 것과 유사한 것이다. 두 회사의 성장은 인구 통계, 기술, 물류 변화에 주목하면서 전략적인 비전과 운영 효율성에 초점을 둔 결과였다. 그러나 시어스는 급변하는 환경에 적응하지 못했다. 아마존이 더 유망할까?

아마존의 시장 가치는 많은 오프라인 소매업체를 합친 것보다 크다

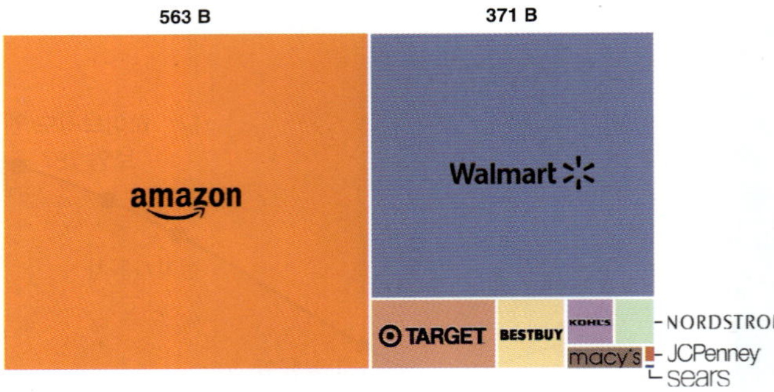

출처: *The Atlantic*(September 25, 2017); *Entrepreneur*(February 18, 2016); USA Today(November 23, 2017).

그림 2.6

전략 개발 프로세스

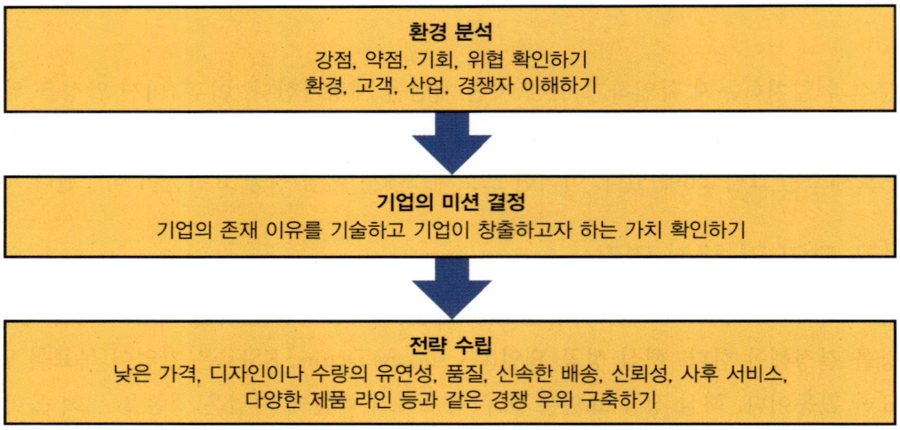

위를 제공하고 성공적인 전략과 미션을 지원하는 KSFs와 핵심 역량을 구축하자는 개념이다. 핵심 역량은 KSFs 또는 KSFs의 조합을 수행하는 능력일 수 있다. 운영관리자는 다음과 같은 질문으로 이 탐구를 시작한다.

학습목표 2.3
핵심 성공 요인과 핵심 역량의 중요성을 이해한다.

- "주어진 전략이 성공하려면 어떤 작업을 특히 잘 수행해야 하는가?"
- "어떤 활동이 경쟁 우위를 제공하는가?"

혼다의 핵심 역량은 가스 엔진 설계와 제조이다. 이러한 역량으로 혼다는 다양한 가스 동력 제품의 설계와 제조에서 선두 주자가 될 수 있었다. 사진과 같은 제품 수천만 개가 전 세계에서 생산되고 출하된다.

기능적 영역에서 핵심 성공 요인을 식별하고 실행해 핵심 역량 지원 및 전략 구현

마케팅	재무/회계	운영
서비스 유통 홍보 가격 유통채널 제품 포지셔닝 (이미지, 기능)	레버리지 자본비용 운용자본 매출채권 채무 재정 통제 신용한도	

10가지 OM 의사결정	표본 선택	관련 장
제품	맞춤형 또는 표준화, 지속가능성	5장, 5장 보론
품질	고객 품질 기대의 정의와 달성 방법	6장, 6장 보론
프로세스	설비 설계, 용량, 자동화 정도	7장, 7장 보론
입지	공급업체 혹은 고객 근처	8장
레이아웃	작업 셀 또는 조립 라인	9장
인적자원	전문화되거나 풍부한 직업	10장
공급사슬	단일 혹은 여러 공급업체	11장, 11장 보론
재고	재주문 시기, 보유 기간	12, 14, 16장
일정 계획	안정적 또는 변동적 생산율	13, 15장
유지보수	필요에 따라 수리하거나 예방적 유지보수	17장

그림 2.7

핵심 역량을 지원하는 핵심 성공 요인 식별과 실행으로 전략 구현

- "실패 가능성이 가장 높은 요소는 무엇이며 관리, 금전, 기술, 인적자원이 추가로 필요한 요소는 무엇인가?"

핵심 성공 요인과 핵심 역량을 파악하고 강화해야만 조직이 지속가능한 경쟁 우위를 달성할 수 있다. 이 책에서는 일반적으로 KSF를 포함하는 10가지 전략적 OM 의사결정에 초점을 둔다. 이러한 결정과 마케팅 및 재무에 대한 주요 의사결정 영역은 그림 2.7에 나와 있다.

다른 활동과 OM 통합하기

어떠한 KSFs와 핵심 역량일지라도 관련된 활동의 지원을 받아야 한다. 활동을 식별하는 한 가지 접근 방식은 경쟁 우위, KSFs, 지원 활동을 연결하는 **활동 지도**(activity map)이다. 예를 들어 그림 2.8은 운영이 핵심 역량인 사우스웨스트항공(Southwest Airlines)이 저비용 경쟁 우위를 지원하기 위해 일련의 통합 활동을 구축한 방법을 보여준다. KSFs가 운영을 지원하고 차례로 다른 활동

활동 지도
경쟁 우위와 KSF 지원 활동의 그래픽 링크

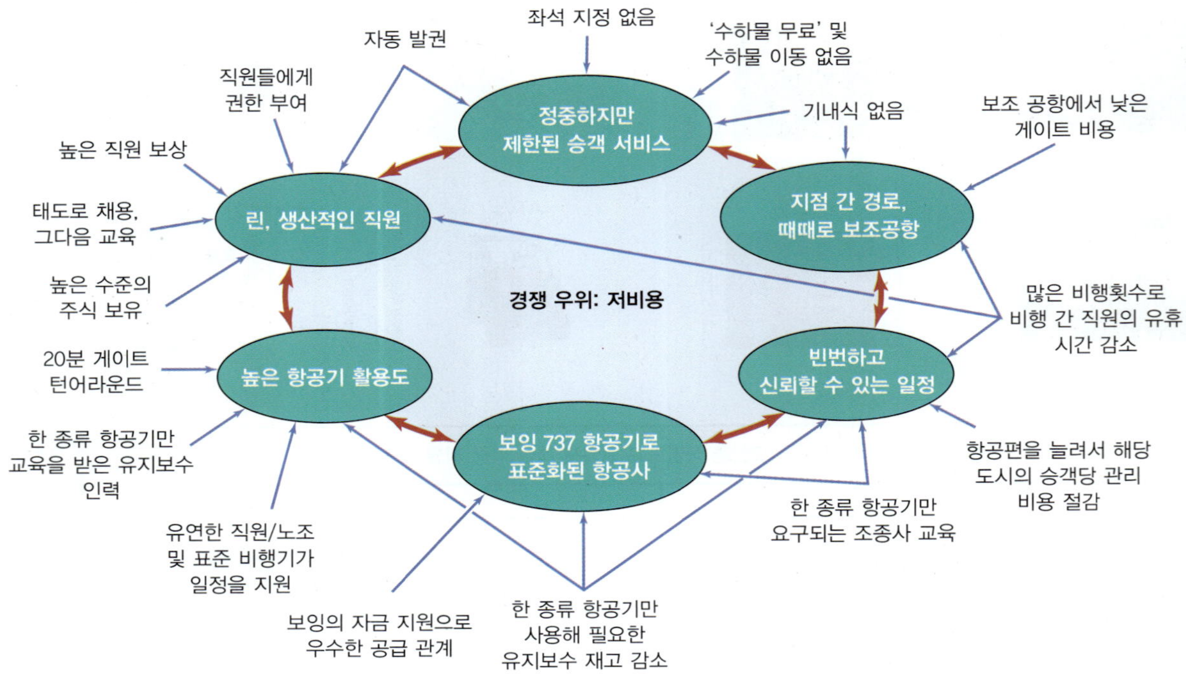

그림 2.8 사우스웨스트항공의 저비용 경쟁 우위 활동 지도
저비용 경쟁 우위를 확보하기 위해 사우스웨스트항공은 여러 주요 성공 요인(빨간 화살표로 연결)과 지원 활동(파란색 화살표로 표시됨)을 식별했다. 이 그림에서 알 수 있듯이, 사우스웨스트의 저비용 전략은 매우 잘 운영되는 운영 기능에 크게 의존한다.

이 KSFs를 지원하는 방법을 주목하라. 이러한 활동들은 잘 어울리고 서로를 강화한다. 이런 방식으로, 모든 분야는 기업의 목표를 뒷받침한다. 예를 들면 항공업계의 단기 일정은 변동성이 큰 고객 여행 패턴에 의해 지배된다. 요일 선호도, 휴일, 계절성, 대학 일정 등은 모두 비행 일정을 변경하는 역할을 한다. 따라서 OM 활동이기는 하지만 항공사 일정은 마케팅과 관련이 있다. 트럭 산업의 효과적인 일정 계획은 트럭이 적재한 여행 시간에 반영된다.

하지만 적재된 트럭의 이동 시간을 극대화하려면 배송 완료 정보부터 픽업 대기 중, 드라이버 가용성, 트럭 유지보수 및 고객 우선순위의 통합이 필요하다. 성공하려면 이러한 모든 활동을 통합해야 하다. 활동이 서로 더 잘 통합되고 강화될수록 경쟁 우위의 지속가능성이 높아진다.

사우스 웨스트 같은 항공기업들은 일련의 활동들의 지원과 함께 핵심 역량과 KSFs를 향상하는데 초점을 맞춤으로써 성공적인 전략을 수립했다.

조직 구축 및 인력 충원

전략, KSFs 및 필요한 통합이 확인되면 두 번째 단계는 필요한 활동을 조직 구조로 그룹화하는 것이다. 그런 다음, 매니저는 작업을 완수할 인력을 조직에 배치해야 한다. 관리자는 부하 관리자와 협력해 미션을 달성할 수 있는 전략을 성공적으로 구현할 계획, 예산 및 프로그램을 수립한다. 기업은 이러한 운영 기능의 조직을 다양한 방식으로 다룬다. 1장에 표시된 조직도(그림 1.1)는 일부 기업이 필요한 활동을 수행하기 위해 조직한 방식을 나타낸다. 운영 관리자의 업무는 운영 관리 전략을 구현하고 경쟁 우위를 제공하며 생산성을 높이는 것이다.

표 2.1 두 제약회사의 운영 전략*

경쟁 우위	유명 제약회사 제품 차별화 전략	복제약 제조회사 저비용 전략
제품 선택과 설계	막대한 R&D 투자, 광범위한 연구소, 광범위한 약물 카테고리 개발에 초점을 둠	낮은 R&D 투자, 복제 의약품 개발에 집중
품질	품질 최우선, 규제요건을 초과하는 표준	필요에 따라 국가별 규제요건 충족
프로세스	제품 및 모듈식 생산 프로세스, 전문화된 시설에서 장기간 제품 생산, 수요를 능가하는 용량 구축을 추구	프로세스 중심, 일반 생산 프로세스 '잡샵(job shop)' 접근, 단기 생산, 높은 활용도에 중점
입지	여전히 설립된 곳에 위치	최근 세금과 임금이 낮은 환경으로 이동
레이아웃	배치는 자동화된 제품 중심 생산을 지원	배치는 프로세스 중심의 '잡샵' 관행을 지원
인적자원	전국적인 검색을 통해 최고의 인재를 고용	방향을 제시할 경험이 풍부한 최고의 경영진을 고용, 업계 평균 이하의 급여를 받는 기타 인력
공급사슬	공급업체와 장기적 관계	저렴한 물건을 찾기 위한 경쟁적 구매 경향
재고	모든 수요의 충족을 위한 높은 완제품 재고 유지	프로세스 초점은 재공품 재고를 증가시킴, 완제품 재고는 낮은 경향
일정 계획	중앙집중식 생산계획	많은 단기 제품이 일정을 복잡하게 함
유지보수	고도로 훈련된 직원, 광범위한 부품 재고 관리	변화하는 프로세스를 충족할 고도로 훈련된 직원과 장비 수요

*동일한 업계에서 두 가지 뚜렷한 전략을 수립하기 위해 10가지 결정이 어떻게 변경되는지 주목해보라.

10가지 전략적 OM 결정 실행

앞서 언급한 바와 같이, 10가지 전략적 운영관리 결정을 구현하는 어려운 작업은 경쟁적 환경에서 제품 혼합, 제품수명주기 등의 문제를 해결하면서 미션과 전략에서 주요 성공 요인 및 핵심 역량에 이르는 다양한 문제에 영향을 받는다. 제품마다 특성이 혼합되어 있기 때문에 10가지 전략적 OM 결정의 중요성과 실행 방법은 다를 것이다. 이 책에서는 10가지 전략적 운영관리 결정이 경쟁 우위를 제공하는 방식으로 구현되는 방법을 알아본다. 하나는 차별화를 통해 경쟁 우위를 추구하고 다른 하나는 저가를 통해 경쟁 우위를 추구하는 방식이 두 제약회사에서 어떻게 이루어질 수 있는지 표 2.1에 나와 있다.

전략적 계획, 핵심 역량, 아웃소싱

조직은 미션, 목표 및 전략을 개발하면서 자신의 강점(경쟁사만큼 혹은 경쟁사보다 더 잘하는 것)을 핵심 역량으로 파악한다. 반면, 조직 전체 비즈니스에서 상당한 부분을 차지할 수 있는 비핵심 활동은 아웃소싱의 좋은 후보이다. **아웃소싱**(outsourcing)은 전통적으로 내부적이었던 활동을 외부 협력사로 이전하는 것이다.

아웃소싱
전통적으로 내부에 있던 기업 활동을 외부 공급자에게 이전하는 것

아웃소싱은 새로운 개념은 아니지만 공급사슬의 복잡성과 리스크를 가중시킨다. 아웃소싱의 잠재력 때문에 아웃소싱은 계속 확대되고 있다. 이러한 확장은 (1) 기술 전문성 증가, (2) 보다 안정적이고 저렴한 운송, (3) 통신 및 컴퓨터의 급속한 발전과 배포라는 세 가지 세계적 추세로 인해 가속화되고 있다. 이러한 풍부한 경제적 발전의 조합은 비용 절감과 전문화에 기여하고 있다. 그 결과 비핵심 활동의 아웃소싱 대상 기업이 더 많아졌다.

아웃소싱은 외부 조직과의 계약(일반적으로 법적 구속력 있는 계약)을 의미한다. 어떤 제품을

만들고 어떤 제품을 사야 하는지에 대한 전형적인 make or-buy 결정이 아웃소싱의 기본이다. 애플과 같은 기업들이 그들의 핵심 역량을 창의성, 혁신성, 제품 디자인으로 파악하면, 제조는 아웃소싱하려 할 수도 있다.

아웃소싱 제조는 **하도급** 생산 활동의 오랜 관행의 연장선상에 있는 것으로서, 이를 지속적으로 수행하는 것을 **계약 제조**라고 한다. 계약 제조는 컴퓨터에서부터 자동차에 이르기까지 많은 산업에서 표준 관행이 되고 있다. 예를 들어 존슨앤드존슨(Johnson & Johnson)은 연구개발이 핵심 역량인 다른 대형 제약회사들과 마찬가지로 종종 도급업체에 제조를 맡긴다. 반면에 소니(Sony)의 핵심 역량은 칩의 전기기계 설계이다. 이것이 소니의 핵심 역량이지만, 소니는 빠른 대응과 칩의 특화생산에서도 세계 최고 수준이다. 따라서 소니는 자체 **제조사**가 되고자 하는 한편 전문 제공 업체들이 소프트웨어, 인력, 유통 등의 분야에서 주요 혁신을 제시한다. 이러한 영역은 소니가 아니라 공급자의 사업이며, 이들이 소니보다 훨씬 더 잘할 수 있을 것이다.

아웃소싱하는 비핵심 활동들의 다른 예시는 다음과 같다.

- 듀퐁(DuPont)의 필리핀으로 법률 서비스 발송
- IBM이 출장 서비스 및 급여를 처리하고, 휴렛팩커드가 P&G에 IT 서비스를 제공
- 수천 개 조직의 급여 서비스를 관리하는 ADP
- 글로벌 ≪포춘(Fortune)≫ 선정 100대 기업 중 95개 기업에 컨설팅 및 백오피스 서비스를 제공하는 액센추어(Accenture)
- 미국입원보험(Blue Cross)의 고관절 재건 수술 환자 인도 파견

관리자는 자신의 전략과 핵심 역량을 평가하고 위임받은 자산의 사용 방법에 대해 스스로 질문을 던진다. 그들은 3~4%의 낮은 마진을 내는 회사가 되기를 원할까, 아니면 30~40%의 마진을 만드는 혁신적인 회사가 되기를 원할까? 중국과 대만의 PC · 아이패드 계약업체는 3~4%를 벌지만 혁신 · 디자인 · 판매하는 애플은 마진이 10배다.

비교우위 이론

비교우위 이론
국가가 상대적으로 유리한 상품과 서비스를 전문적으로 해서 수출하고 상대적으로 불리한 상품을 수입함으로써 이익을 얻는다는 이론

국제적 아웃소싱의 동기는 **비교우위 이론**(theory of comparative advantage)에서 비롯된다. 이 이론은 상대적 우위의 경제적 개념에 초점을 맞춘다. 이론에 따르면, 지리적 위치에 관계없이 만약 외부 공급자가 구매회사보다 생산적으로 활동을 수행할 수 있다면, 외부 공급자가 작업을 수행해야 한다는 것이다. 이를 통해 구매회사는 가장 잘하는 일, 즉 핵심 역량에 집중할 수 있다. 비교우위 이론과 일관되게 아웃소싱은 계속 성장하고 있다. 하지만 잘못된 활동을 아웃소싱하는 것은 재앙이 될 수 있다. 그리고 비핵심 활동의 아웃소싱에도 위험이 있다.

아웃소싱의 위험

위험 관리는 불확실성에 대한 현실적인 분석에서 시작해 이러한 불확실성의 영향을 최소화하는 전략으로 귀결된다. 실제로 아웃소싱은 위험하며, 대략 모든 아웃소싱 계약의 절반 정도가 부적절한 계획과 분석으로 인해 실패하게 된다. 재고 및 물류 비용의 증가를 과소평가할 수 있기 때문에 적시 납품 및 품질 표준이 주요 문제가 될 수 있다. 또한 고객 서비스를 아웃소싱하는 기업은 고객 만족도가 떨어지는 경향이 있다.

해외 아웃소싱 시 추가 이슈를 고려해야 하며, 여기에는 재무, 인력 기술 및 가용성, 일반 비즈니스 환경이 포함된다. 해외 아웃소싱의 또 다른 위험은 아웃소싱 반대 발언을 촉발하는 인지된

표 2.2 아웃소싱의 잠재적 장점과 단점

장점	단점
비용 절약	물류와 저고비용의 증가
전문화된 외부 전문가 획득	통제의 상실(품질, 배송 등)
운영과 서비스 개선	미래 경정의 잠재적 창출
핵심 역량에 대한 집중 유지	직원에 더한 부정적 영향
외부기술에 대한 접근	위험이 수년간 드러나지 않음

일자리 상실이다. 이 발언은 **리쇼어링**으로 알려진 프로세스, 즉 본국으로 비즈니스 활동 복귀에 기여하고 있다.

운영관리자는 외부 리스크 외에도 아웃소싱으로 인한 다른 문제를 처리해야 한다. 여기에는 (1) 고용 수준 감소, (2) 설비 요구사항 변경, (3) 품질 관리 시스템 및 제조 프로세스에 대한 잠재적 조정, (4) 보험, 관세, 시간을 포함한 물류 문제 확대를 포함한다. 표 2.2는 아웃소싱의 잠재적인 장점과 단점을 보여준다.

요약하면, 관리자는 비핵심 활동의 아웃소싱으로 상당한 효율성을 얻을 수 있다. 그러나 경쟁우위를 제공하는 제품 또는 서비스 요소를 아웃소싱할 때는 신중해야 한다. 다음 절에서는 아웃소싱 의사결정 프로세스를 분석하는 데 도움이 되는 방법론을 다룬다.

아웃소싱 제공업체 평가

학습목표 2.4
요인 등급을 사용한 국가와 아웃소싱 제공업체를 평가한다.

아웃소싱 계약이 실패하는 가장 일반적인 이유는 충분한 분석 없이 내려진 결정 때문인 것으로 조사되었다. **요인 등급 방법**은 아웃소싱 제공업체를 평가하는 객관적인 방법을 제공한다. 각 공급자에게 각 요인에 대한 점수를 할당하고, 각 요인의 중요도 가중치를 부여한다. 기업이 고려하고 있는 아웃소싱 제공업체를 비교하기 위해 기법을 예제 1에 적용한다.

예제 1

공급자 선택기준 평가

샌프란시스코에 본사를 둔 고층 오피스 빌딩 디자인 업체인 National Architects, Inc.는 정보 기술(IT) 기능을 아웃소싱하기로 결정했다. 미국, 인도, 이스라엘에 있는 세 군데 아웃소싱 공급업체가 적극적으로 검토되고 있다.

접근방법 ▶ 회사의 부사장인 수잔 콜레트는 그녀가 중요하다고 생각하는 일곱 가지 기준을 열거했다. 4명의 다른 부사장으로 구성된 위원회를 구성한 후, 그녀는 각 기업을 평가했으며(볼드체, 1~5점 척도, 5가 가장 높음), 또한 표 2.3과 같이 각 요인에 대해 중요도 가중치를 부여했다.

해결방법 ▶ 수잔은 각 등급에 가중치를 곱하고 각 열에 있는 제품을 합산해 각 아웃소싱 공급업체의 총점을 생성한다. 그녀는 전체 등급이 가장 높은 BIM을 선택한다.

통찰력 ▶ 이 경우처럼 총점(3.9 대 3.8)이 가까울 때는 입력에 대한 결과의 민감도를 검사하는 것이 중요하다. 예를 들어 중요 가중치 중 하나 혹은 요인 점수가 약간이라도 변경되면 최종 선택이 변경될 수 있다. 여기에는 경영진의 선호도가 중요하다.

표 2.3 National Architects의 잠재적 IT 아웃소싱 공급업체에 적용되는 요인 등급

요인(기준)	중요도 가중치	아웃소싱 공급업체		
		BIM(미국)	S.P.C(인도)	TELCO(이스라엘)
1. 운영비용 절감 가능	.2	.2 × **3** = .6	.2 × **3** = .6	.2 × **5** = 1.0
2. 자본 투자 절감 가능	.2	.2 × **4** = .8	.2 × **3** = .6	.2 × **3** = .6
3. 숙련된 인력	.2	.2 × **5** = 1.0	.2 × **4** = .8	.2 × **3** = .6
4. 품질 향상 가능	.1	.1 × **4** = .4	.1 × **5** = .5	.1 × **2** = .2
5. 기업 내에 있지 않은 기술 접근 허용 가능	.1	.1 × **5** = .5	.1 × **3** = .3	.1 × **5** = .5
6. 추가적인 용량 창출 가능	.1	.1 × **4** = .4	.1 × **2** = .2	.1 × **4** = .4
7. 정책/철학/문화에 부합	.1	.1 × **2** = .2	.1 × **3** = .3	.1 × **5** = .5
총 가중치 점수		3.9	3.3	3.8

*이 일곱 가지 주요 기준은 165명의 조달 임원을 대상으로 한 설문조사를 기반으로 했다. J. Schildhouse, *Inside Supply Management* (2005년 12월) 22-29에 보고된 내용.

학습 연습 ▶ 수잔은 '숙련된 인력'이 대신 0.1의 가중치를 얻어야 하고 '정책/철학/문화에 부합'이 0.2로 증가해야 한다고 결정했다. 총점은 어떻게 변하겠는가? [답: BIM = 3.6, S.P.C = 3.2, Telco = 4.0이므로 Telco가 선택된다.]

글로벌 운영 전략 옵션

국제 경영
국경을 넘는 거래에 종사하는 회사

다국적 기업(MNC)
하나 이상의 국가에서 시설을 소유하거나 통제하면서 국제 경영에 광범위하게 관여하는 기업

이 장의 앞부분에서 제안했듯이, 현재 많은 운영 전략에는 국제적 차원이 필요하다. **국제 경영**(international business)은 국제 무역 또는 투자에 종사하는 모든 회사이다. **다국적 기업**(multinational corporation, MNC)은 광범위한 국제적 비즈니스에 관여하는 기업이다. MNC는 다양한 국가에서 자원을 구입하고, 재화나 서비스를 창출하고 판매한다. **다국적 기업**이라는 용어는 세계적으로 잘 알려진 대부분의 대기업에 적용된다. 확실히 IBM은 MNC의 좋은 예라고 볼 수 있다. 45개국에 시설을 보유한 IBM은 50여 개국에서 미국으로 전자부품을 수입하고, 130여 개국으로 수출하며, 해외 매출과 이익의 절반 이상을 벌어들이고 있다.

국제 및 다국적 기업의 운영관리자는 **국제**, **다국적**, **글로벌**, **초국가적** 전략 중 하나로 글로벌 기회에 접근한다(그림 2.9 참조). 그림 2.9의 매트릭스는 비용 절감의 수직축과 현지 대응성의 수평축을 가지고 있다. 현지 대응성은 로컬 시장에 필요한 신속한 대응 및/또는 차별화를 의미한다. 운영관리자는 이 매트릭스에서 회사를 포지셔닝하는 방법을 알고 있어야 한다. 네 가지 전략을 간략히 살펴보자.

국제 전략
수출과 라이선스를 사용해 글로벌 시장에 침투하는 전략

국제 전략(international strategy)은 수출과 라이선스를 사용해 글로벌 영역에 침투한다. 이 전략은 현지 대응성과 비용 이점이 거의 없는 가장 덜 유리한 전략이다. 그러나 수출은 기존 사업에서 거의 변화를 요구하지 않을 수 있고, 라이선스 계약은 종종 사업자가 많은 위험을 떠안기 때문에 국제 전략이 가장 쉬운 경우가 많다.

다국적 전략
현지 대응성을 높이기 위해 운영 결정을 각 국가에 분산하는 전략

다국적 전략(multidomestic strategy)은 각 사업에서 실질적인 자율성이 있는 분권화된 권한을 가지고 있다. 이들은 일반적으로 종속기업, 프랜차이즈 또는 상당한 독립성을 가진 공동기업이다. 이 전략의 장점은 현지 시장에 대한 경쟁적 대응을 극대화하는 것이다. 그러나 이 전략은 비용 이점

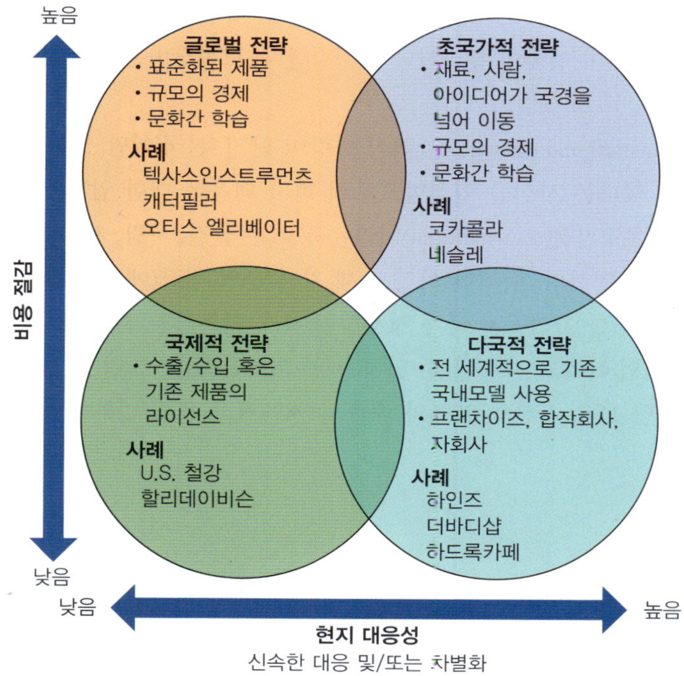

그림 2.9

네 가지 글로벌 운영 전략

출처: Based on M. Hitt, R. D. Ireland, and R. E. Hoskisson, *Strategic Management: Concepts, Competitiveness, and Globalization*, 8th ed. (Cincinnati: Southwestern College Publishing).

학습목표 2.5

네 가지 글로벌 운영 전략 옵션을 식별하고 설명한다.

이 거의 없거나 전혀 없다. 하인즈(Heinz)와 같은 많은 식품 생산자들은 생산 공정의 글로벌 통합이 중요하지 않기 때문에 현지 입맛을 맞추기 위해 다국적 전략을 사용한다. 이 개념은 '우리는 국내 시장에 성공적이었다. 다른 나라 시장에 적용하기 위허 반드시 제품이 아닌, 관리 인재와 프로세스를 수출하자'이다.

글로벌 전략(global strategy)은 중앙 집중화가 높으며, 본사 공장 간 표준화 및 학습을 추진하기 위해 조직을 조정해 규모의 경제를 창출한다. 이 전략은 전략적 초점이 비용 절감일 때는 적절하지만, 현지 대응에 대한 수요가 높을 때는 권장하지 않는다.

글로벌 전략
운영 결정이 중앙 집중화되고 본사가 시설 간 표준화와 학습을 조정하는 전략

토목이동장비의 세계적 선두주자인 캐터필러와 반도체의 세계 선두주자인 텍사스인스트루먼츠

Washington Imaging/Alamy Stock Photo

Bernd Wüstneck/dpa/picture-alliance/Newscom

계속되는 치열한 전 세계 싸움에서 코마츠(Komatsu)와 캐터필러가 중장비 시장에서 세계적인 우위를 노린다. 코마츠(왼쪽)가 서쪽인 영국으로 이동하자 캐터필러(오른쪽)는 동쪽으로 이동해 중국 내 13개 시설과 합작회사를 거느렸다. 비용과 물류에 따라 두 회사 모두 전 세계에 장비를 건설하고 있다. 그들의 글로벌 전략은 시장, 리스크, 환율이 제시하는 대로 생산을 움직일 수 있게 한다.

(Texas Instruments)가 글로벌 전략을 펼친다. 캐터필러와 텍사스인스트루먼츠는 전 세계에서 최종 제품이 비슷하기 때문에 이 전략이 유리하다고 생각한다. 토목장비는 나이지리아와 아이오와에서도 같다.

초국가 전략
글로벌 규모의 효율성과 현지 대응성의 이점들을 결합한 전략

초국가적 전략(transnational strategy)은 핵심 역량이 단지 '본국'에만 있는 것이 아니라 조직 내 어디에나 존재할 수 있다는 사실을 인식함으로써 현지 대응에 대한 압박뿐 아니라 규모의 경제와 학습을 활용한다. **초국가적**(transnational)이라는 용어는 물질, 사람, 사상이 국경을 넘나드는(또는 침범하는) 상태를 설명한다. 이러한 기업은 세 가지 운영 전략(예: 차별화, 저비용, 대응)을 모두 추구할 수 있다. 이러한 기업들은 국가 정체성이 상호 의존적인 전 세계 사업 네트워크만큼 중요하지 않은 '세계 기업'이라고 간주될 수 있다. 네슬레(Nestlé)는 그런 기업의 좋은 예다. 법적으로 스위스 기업이지만 보유 자산의 95%와 매출의 98%가 스위스 외부에 있다. 스위스 노동자는 10% 미만이다.

요약

글로벌 운영은 운영관리자에게 어려운 과제와 기회의 증가를 제공한다. 작업이 어렵더라도 운영관리자는 생산성을 향상시킬 수 있다. 그들은 경쟁력에 크게 기여하는 글로벌 운영관리 기능과 공급사슬을 구축하고 관리한다. 조직은 강점과 약점을 파악한다. 그다음 조직은 그들의 강점과 약점을 설명하고 환경의 기회와 위협을 보완하는 효과적인 미션과 전략을 개발한다. 이러한 절차가 잘 수행되면 조직은 제품 차별과 저비용, 대응의 조합을 통해 경쟁 우위를 얻을 수 있다. 전문화의 증가는 핵심 역량에 중점을 두고 그 외에는 아웃소싱을 하는 조직을 구축하라는 경제적 압박을 준다. 그러나 모든 참가자가 혜택을 받는 아웃소싱을 계획할 필요가 있다. 더욱 글로벌해지는 세상에서, 경쟁 우위는 종종 국제, 다국적, 글로벌, 초국가적 전략으로 이동함으로써 달성할 수 있다. 국내외를 막론하고 자원을 효과적으로 사용하는 것은 전문 경영인의 책임이다. 전문 경영인은 우리 사회에서 이러한 성과를 거둘 수 있는 소수 중 하나다. 도전은 거대하고, 경영인과 사회에 대한 보상은 상당하다.

핵심 용어

가치사슬 분석(value-chain analysis)
경쟁 우위(competitive advantage)
경험 차별화(experience differentiation)
국제 경영(international business)
국제 전략(international strategy)
글로벌 전략(global strategy)
다국적 기업(multinational corporation, MNC)
다국적 전략(multidomestic strategy)
대응(response)
마킬라도라(maquiladora)
미션(mission)
북미자유무역협정(NAFTA)
비교우위 이론(theory of comparative advantage)
세계무역기구(WTO)
아웃소싱(outsourcing)
운영적 위험회피(operational hedging)
유럽연합(EU)
자원 관점(resources view)
저비용 리더십(Low-cost leadership)
전략(strategy)
차별화(differentiation)
초국가적 전략(transnational strategy)
핵심 성공 요인(key success factor, KSF)
핵심 역량(core competency)
활동 지도(activity map)
5개 포스 모델(ve forces model)
SWOT 분석(SWOT analysis)

윤리적 딜레마

실제 성과에 의해서 사회적 책임이 있다고 널리 알려진 운동화 제조업체로서 귀사는 비용이 증가하는 것을 발견하게 된다. 전통적으로 귀사의 운동화는 인도네시아와 중국에서 만들어졌다. 이들 국가에서 사업 편의성이 개선되고 있지만 임금률도 높아지고 있다. 현재 귀사의 납품업체와 베트남에서 신발을 제작하게 될 하청업체 간의 인건비 차이가 켤레당 1달러를 초과한다. 내년에 귀사의 매출은 1,000만 켤레로 예상되며, 귀사의 분석에 따르면 이러한 비용 차이는 다른 가시적인 비용에 의해 상쇄되지 않을 것이다. 귀사는 사회적 책임에 대한 헌신으로 정치적 위험과 잠재적인 피해만 입게 된다. 따라서 이 켤레당 1달러 절감액은 귀사의 수익으로 직접 전달되어야 한다. 베트남 정부가 아직 억압적이라는 것은 의심의 여지가 없으며 민주주의와는 거리가 멀다. 더쩌면 더 중요한 것은, 근로 조건, 성희롱, 오염에 대한 통제력이 거의 없거나 아예 없을 수도 있다는 것이다. 귀사는 무엇을 하며, 무슨 근거로 결정을 내릴 것인가?

Lionel derimais/Alamy Stock Photo

토론 문제

1. 이 장의 설명과 분석에 의하면 보잉은 글로벌 기업 혹은 초국가적 기업으로 더 잘 설명되겠는가?
2. 운영을 국제화해야 하는 여섯 가지 이유를 열거하라.
3. 코카콜라는 글로벌 상품이라고 불린다. 이것은 코카콜라가 전 세계에서 같은 방식으로 제조된다는 의미인가?
4. 국제 및 다국적 기업의 경영자들이 글로벌 기회에 접근하기 위해 사용하는 운영의 네 가지 전략을 식별하고 설명하라.
5. 경쟁 우위는 무엇이고, 비교우위 이론이란 무엇인가?
6. 조직의 미션과 전략의 목적이 어떻게 다른가?
7. 자동차 정비소의 임무와 전략을 식별하라. 정비소에서 10가지 전략적 운영관리 결정은 어떻게 나타나는가? 10가지 결정은 어떻게 달성되는가?
8. 도서관이나 또는 인터넷을 이용해 기업의 미션과 그 미션을 지원하는 전략을 식별하라.
9. 제품수명주기 동안 운영관리 전략은 어떻게 변화하는가?
10. 경쟁 우위를 확보할 수 있는 세 가지 주요 방법이 있다. 이 책에 제시되지 않은 것으로 예를 제시하고 각각을 설명하라.
11. 이 책에서 언급한 사우스웨스트항공에서 에어트랜(AirTran)을 인수했으므로, 이제 그에 따른 운영 전략을 정의하라.
12. 운영 전략을 마케팅 및 회계와 어떻게 통합해야 하는가?
13. 아웃소싱 동향을 요약해보라.
14. 운영 자체가 경쟁 우위를 제공할 수 있는가?
15. 적절한 예를 들어 유연성이 어떻게 시간을 절약하고 대응을 촉진하는지 설명하라.
16. 기업은 아웃소싱 공급업체를 어떻게 선택해야 하는가?
17. 부실한 아웃소싱을 할 때 발생할 수 있는 결과는 무엇인가?
18. 스페인 패션 소매회사인 자라(Zara)에 대해 읽고 자라의 전략적 접근 방식을 가장 잘 설명한 것은 무엇인지, 그리고 자라가 이 전략을 구현하는 데 도움이 되는 몇 가지 주요 운영관리 결정을 설명하라.

문제 해결

문제 해결 2.1

세계 타이어 산업은 계속 통합되고 있다. 미쉐린(Michelin)은 굿리치(Goodrich)와 유니로열(Uniroyal)을 사들이고 전 세계에 공장을 짓는다. 브리지스톤(Bridgestone)은 파이어스톤(Firestone)을 인수하고 연구 예산을 늘려 세계 시장에 초점을 맞추고 있다. 굿이어(Goodyear)는 매출 수익의 거의 4%를 연구에 사용한다. 이 3개의 공격적인 기업은 60%에 육박하는 총 시장 점유율로 세계 타이어 시장을 장악하고 있다. 또한 독일에서 지배적인 위치에 있는 독일 타이어 제조업체 콘티넨탈 AG(Continental AG)는 6%에 이르는 연구예산으로 세계 4위 자리를 굳건히 지키고 있다. 이 가공할 기업집단에 맞서 오래된 이탈리아 타이어 업체 피렐리(Pirelli SpA)는 효과적인 대응에 어려움을 겪고 있다. 비록 피렐리가 아직 5%에 가까운 시장 점유율을 가지고 있지만 경쟁이 치열한 사업에서 상대적으로 작은 기업이다.

비즈니스는 시장 점유율이 높고 오랫동안 제품을 생산한 기업에게 보상을 한다. 시장 점유율이 낮고 1,200개의 전문 타이어가 있는 피렐리는 그 어느 것도 갖고 있지 않다. 하지만 피렐리도 강점은 있다. 피렐리는 고성능 자동차, 두카티(Ducati) 오토바이, 포뮬러 원(F1) 레이싱팀에 공급하는 특수 공학 타이어를 포함한 우수한 고성능 타이어와 타이어 연구에서 뛰어난 명성을 지니고 있다. 또한 피렐리의 운영관리자는 다양한 모델과 크기의 타이어로 신속하게 전환할 수 있는 세계적 수준의 혁신적인 제조 공정으로 창의적인 엔지니어링을 보완한다.

SWOT 분석을 사용해 피렐리의 실현 가능한 전략을 수립하라.

해결책

첫째, 세계 타이어 시장에서 빅3 타이어 제조사의 대량 시장 맹공의 위협을 피할 수 있는 기회를 찾아야 한다.

둘째, 포뮬러 원 레이싱 공급과 세계 랠리 챔피언십 우승의 역사를 지닌 피렐리의 강력한 브랜드로 내부 마케팅 강점을 활용해야 한다.

셋째, 뛰어난 운영 기능의 혁신적인 능력을 극대화해야 한다. 이는 전형적인 차별화 전략으로, 피렐리의 마케팅 강점을 연구 및 혁신적인 운영 기능과 연결하는 활동 지도에 의해 지원된다.

이 전략을 구현하기 위해 피렐리는 마진이 낮은 표준 타이어 사업에서 벗어나 고성능 타이어에 초점을 두는 것으로 차별화하고 있다. 피렐리는 럭셔리 브랜드인 재규어(Jaguar), BMW, 마세라티(Maserati), 페라리(Ferrari), 벤틀리(Bentley), 로터스 엘리스(Lotus Elise)와 계약을 체결하고 신형 포르쉐(Porsche)와 메르세데스(Mercedes) S클래스에 상당한 양의 타이어 공급자로 입지를 세웠다. 또한 피렐리는 다른 사업에서 철수하기 위해 전략적 결정을 내렸다. 그 결과 이제 기업의 타이어 생산 대부분은 고성능 타이어가 되었다. 사람들은 피렐리에게 기꺼이 프리미엄을 지불하려고 한다.

운영 기능은 계속해서 고성능 타이어와 모델 간에 훨씬 빠르게 전환이 가능한 모듈타이어 제조 시스템 개발에 설계 노력을 집중시켰다. 수십억 달러의 신규 제조투자와 결합된 이러한 모듈 시스템은 배치 크기를 150~200으로 줄임으로써 소규모 고성능 타이어를 경제적으로 실현 가능하게 만들었다. 피렐리의 제조 혁신은 생산 공정을 14단계에서 3단계로 능률화했다.

피렐리는 여전히 성능 시장을 노리는 빅 3의 위협에 직면해 있지만 상당한 연구예산과 혁신적인 운영 기능으로 시장 점유율이 낮다는 약점을 우회했다. 이 기업은 현재 13개국에서 19개 공장을 운영하고 있으며 160개국 이상에 진출해 매출은 80억 달러에 이른다.

출처: *The Economist*(January 8, 2011): 65; www.pirelli.com; RubberNews.com.

문제 해결 2.2

DeHoratius Electronics, Inc.는 새로운 모뎀을 위한 핵심 프로세서의 조달을 위해 몇 가지 옵션을 평가하고 있다. 캐나다의 Hi-Tech, 홍콩의 Zia, 스페인의 Zaragoza 3개 조달처가 고려되고 있다. 소유주인 니콜 디호라티우스는 오직 세 가지 기준이 중요하다고 결정했다. 그녀는 각 회사를 1~5점 척도(5가 가장 높음)로 평가했으며 다음과 같이 각 요인에 중요성 가중치를 부여했다.

요인 (기준)	중요도 가중치	아웃소싱 공급자 HI-TECH (캐나다)		ZIA (홍콩)		ZARAGOZA (스페인)	
		등급	가중치 점수	등급	가중치 점수	등급	가중치 점수
1. 비용	.5	3	1.5	3	1.5	5	2.5
2. 신뢰도	.2	4	.8	3	.6	3	.6
3. 역량	.3	5	1.5	4	1.2	3	.9
합계	1.0		3.8		3.3		4.0

해결책

니콜은 각 등급에 가중치를 곱하고 각 열에 있는 제품을 합산해 각 아웃소싱 공급업체의 총점을 매긴다. 예를 들어 하이테크의 가중 점수는 다음과 같다.

$$(.5 \times 3) + (.2 \times 4) + (.3 \times 5) = 1.5 + .8 + 1.5 = 3.8$$

니콜은 전체 등급이 가장 높은 Zaragoza를 선택한다.

연습 문제

Px 윈도우용 POM 또는 엑셀 OM으로 문제를 해결할 수 있음

문제 2.1~2.3은 운영과 공급사슬의 글로벌 관점과 관련이 있다.

•• **2.1** 다음 표에서 제품에 알맞은 모기업 및 국가를 연결하라.

제품	모기업	국가
애로우셔츠	a. 폴크스바겐	1. 프랑스
브라운 가전	b. 비더만인터내셔널	2. 영국
볼보	c. 브리지스톤	3. 독일
퍼스트스톤 타이어	d. 캠벨수프	4. 일본
고디바 초콜릿	e. 하이얼	5. 미국
하겐다즈 아이스크림(미국)	f. 타타	6. 스위스
재규어	g. P&G	7. 중국
GE 가전	h. 미쉐린	8. 인도
람보르기니	I. 네슬레	
굿리치 타이어	j. 지리	
알포 개사료		

•• **2.2** 국제투명성기구(www.transparency.org)가 개발한 부패인식 지수를 기반으로 다음의 국가를 가장 심하게 부패한 나라에서 가장 적게 부패한 국가 순으로 나열하라: 멕시코, 스위스, 미국, 중국.

•• **2.3** 국제경쟁개발지수(www.weforum.org)가 개발한 경쟁력 순위를 기준으로 다음의 국가를 가장 경쟁력 있는 국가에서 가장 경쟁력 없는 국가 순으로 나열하라: 멕시코, 스위스, 미국, 중국.

문제 2.4~2.5는 운영을 통한 경쟁 우위 달성과 관련이 있다.

• **2.4** 본문에서 경쟁 우위를 달성할 수 있는 세 가지 주요 전략적 접근 방식(차별화, 비용, 대응)을 소개했다. 본문에 제시되지 않은 각 전략의 사례와 그 근거를 제시하라.
(힌트: 책에 실린 예제를 참조하라.)

•• **2.5** 다음의 조직 전략과 관련해 운영관리에 미치는 영향은 무엇인가? (1) 낮은 가격, (2) 우수한 품질, (3) 반응, (4) 혁신, (5) 다양성, (6) 지속가능성

문제 2.6은 운영 전략 이슈와 관련이 있다.

••• **2.6** 조직 내 변화가 기업의 운영관리 전략에 미치는 영향을 파악하라. 예를 들면 다음과 같은 내부 요인이 운영관리 전략에 미치는 영향은 무엇인지 논의하라.

(a) 제품의 성숙
(b) 제조 공정의 기술 혁신
(c) 무선 기술을 내장한 노트북 컴퓨터 설계의 변화

문제 2.7은 전략 개발 및 실행과 관련이 있다.

••• **2.7** 외부 환경의 변화가 기업의 운영관리 전략에 미치는 영향을 파악하라. 예를 들면 다음과 같은 외부 요인이 운영관리 전략에 미치는 영향은 무엇인지 논의하라.

(a) 유가의 심각한 상승
(b) 수질 및 대기질 관련 법규
(c) 노동시장에 진입하는 장래가 유망한 젊은 직원의 감소
(d) 인플레이션 대비 안정적 가격
(e) 건강보험을 세전 혜택에서 과세소득으로 이전하는 법률

문제 2.8~2.12는 전략적 계획, 핵심 역량, 아웃소싱과 관련이 있다.

•• **2.8** Claudia Pragram Technologies, Inc.는 아웃소싱 공급업체를 서로 다른 나라에 위치한 두 회사로 좁혔다. 위험 회피 기준에 따라 두 나라 중 어느 나라가 더 나은 선택인지 결정하고자 한다. 임원들을 대상으로 여론조사를 실시해 네 가지 기준을 세웠다. 두 국가에 대한 평가 결과는 아래 표와 같다(1은 위험이 낮고 3은 위험이 높다).

선택 기준	영국	캐나다
아웃소싱 공급자의 서비스 가격	2	3
시설의 고객 근접성	3	1
기술수준	1	3
아웃소싱 성공이력	1	2

이사진은 선택 기준의 가중치를 가격 0.1, 근접성 0.6, 기술 0.2, 역사 0.1로 결정했다.

(a) 요인 등급 방법을 사용해 어느 국가를 선택해야 하는가?
(b) 가중치를 각각 2배로 했을 때(각각 0.2, 1.2, 0.4, 0.2) 미치는 영향은 무엇인가? 근거는 무엇인가? Px

•• **2.9** 랑가 라마세시(Ranga Ramasesh)는 아웃소싱 제공이 가능한 업체 조사를 위해 4개 국가 중에서 하나를 결정하려고 하는 회사의 운영관리자이다. 첫 번째 단계는 궁극적으로 아웃소싱 공급업체와 사업 성공에 핵심적인 문화적 위험 요인을 기반으로 선택하는 것이다. 랑가는 아웃소싱 공급업체 목록을 검토한 결과 4개 국가에는 선택할 수 있는 공급업체가 많다는 것을 알았다. 그는 국가 선정 단계를 지원하기 위해 문화 전문가인 존 왕(John Wang)에게 도움을 요청했는데, 그는 다음 표와 같은 다양한 기준

에 대한 평가를 제공했다. 그 결과 등급은 1~10등급이고, 1은 위험도가 낮고 10은 위험도가 높다.

존은 여섯 가지 기준에 가중치를 결정했다(신뢰: 0.4, 품질: 0.2, 종교: 0.1, 개인주의: 0.1, 시간: 0.1, 불확실성: 0.1). 랑가는 요인 등급을 사용해 어느 국가를 선택해야 하는가? PX

문화적 선택기준	멕시코	파나마	코스타리카	페루
신뢰	1	2	2	1
양질 노동의 사회적 가치	7	10	9	10
종교적 태도	3	3	3	5
개인적 태도	5	2	4	8
시간 지향 태도	4	6	7	3
불확실성 회피 태도	3	2	4	2

•• **2.10** 페르난도 가르자(Fernando Garza)의 회사는 물류 서비스의 아웃소싱 제공업체를 선정하는 데 요인 등급을 사용하려고 한다.

(a) 가중치 1~5(가장 높은 것이 5), 평가 1~100(가장 높은 것이 100)을 다음 표에 적용해 가르자의 결정에 도움을 주어라.

		물류 공급자 등급		
기준	가중치	야간 배송	전 세계 배송	연합 화물
품질	5	90	80	75
배송	3	70	85	70
비용	2	70	80	95

(b) 가르자는 품질, 배송, 비용에 대한 가중치를 각각 10, 6, 4로 늘리기로 결정한다. 이것이 당신의 결론을 어떻게 바꾸며, 그 이유는 무엇인가?

(c) 각 요소에 대한 익일 배송의 등급이 10% 증가하면 새로운 결과는 어떻게 되는가? PX

••• **2.11** 운영관리 전공 학생으로서 당신은 현지 음식점에 고용되어 음식점이 아웃소싱 업체를 선택할 수 있도록 요인 등급 분석을 수행한 적이 있었다. 세 가지 중요한 요인으로 품질, 맛, 배송 시간을 식별했다. 다음 각 요인에 대해 가중치를 주었다(품질: 60%, 맛: 30%, 배송: 10%). 세 가지 요인으로 서로 다른 3개의 잠재적 아웃소싱 공급업체의 점수를 1~5점 척도(가장 좋음 5, 가장 나쁨 1)로 매겼다. 아래 표에 제시된 점수를 기준으로 레스토랑은 어떤 아웃소싱 업체를 선택해야 하는가?

		공급자 등급(5점 만점)		
요인	가중치	A업체	B업체	C업체
품질	5	90	80	75
맛	3	70	85	70
배송	2	70	80	95

•••• **2.12** 사업을 하려고 한다. 핵심 비즈니스에 집중하고 외부 서비스 공급자에게 고객의 요구사항 질의와 불만을 처리하는 고객 서비스를 아웃소싱하는 것이 전략이다. 광범위한 연구를 통해 서비스 공급자의 여섯 가지 핵심 요인을 파악했다. 4개의 서비스 공급업체가 서비스를 제공했고, 1~5점 척도(5가 가장 좋음)를 사용해 6개의 요인으로 4개 공급업체를 평가했다.

(a) 표에 제시된 점수를 바탕으로, 어떤 서비스 제공업체를 선택해야 하는가?

(b) C업체가 최상의 옵션으로 간주되기 위해 '온라인 플랫폼' 범주에서 몇 점을 받아야 하는가?

		서비스 공급자 등급(5점 만점)			
요인	가중치	A업체	B업체	C업체	D업체
아랍어와 영어 사용 가능	20	5	2	3	2
라이브 채팅	15	1	4	1	2
24시간 서비스	25	2	5	4	5
가격	5	4	1	2	1
입지	5	2	3	3	4
온라인 플랫폼	30	4	3	1	2

문제 2.13은 글로벌 운영 전략 옵션과 관련이 있다.

•• **2.13** 다국적 전략을 적용할 수 있는 가장 적절한 경우는 언제인가? 어떤 종류의 산업에 적용하는가?

사례 연구

아웃소싱: 에티오피아

섬유 산업에 종사하는 서구 기업들이 남아시아와 동남아시아에 제조를 아웃소싱하는 것은 드문 일이 아니다. 중국, 인도와 같은 나라들은 세계 의류의 상당 부분을 공급하는 패션 제품 제조의 중심지이다. 하지만 최근 몇 년간 중국의 인건비, 원자재비, 세금이 오르면서 패션 지형이 변화하고 있다.

에티오피아는 값싸고 풍부한 인력 가용성으로 H&M, 리바이스(Levi's), 게스(Guess) 등 여러 기업의 아웃소싱 핵심지로 떠올랐다. ≪블룸버그(Bloomberg)≫의 보도에 따르면* 근로자의 기본 급여는 한 달에 약 25달러일 수 있다. 에티오피아 정부는 외국 기업에 인센티브를 제공하기 위해 처음 5년간 소득세를 면제해준다. 지난해 에티오피아 시장에 수천 개의 일자리가 창출되었지만 2025년까지 200만 개의 제조업 일자리를 늘리는 것이 목표이다. 그러면 에티오피아는 주요 산업이 농업이었던 국가에서 제조업 국가로 전환될 것이다.

H&M과 갭(Gap)은 현재 지역 시설에서만 생산을 하지만 일부 회사들은 한 걸음 더 나아가 패션 산업의 극심한 경쟁으로 인해 동아프리카 국가에 공장을 세울 계획을 하고 있다. 여기에는 리바이스, 언더아머(Under Armor), 캘빈클라인(Calvin Klein), 타미힐피거(Tommy Hilfiger), 조르지오 아르마니(Georgio Armani), 휴고 보스(Hugo Boss) 등의 브랜드가 포함된다. 동시에 에티오피아에 아웃소싱하는 것은 잠재적인 위험을 안고 있다. 에티오피아의 정치적 불안은 미래에 문제를 일으킬 수 있다. 또한 인프라가 낙후되어 많은 기업이 익숙한 기준에 맞지 않을 수 있으며, 유럽의 구매자에게 전달되는 데 걸리는 제품의 배송 시간이 중국의 구매자에 비해 몇 주 더 길어질 수 있다.†

토론 문제

1. 에티오피아에서 제품 생산을 하려는 기업에게 있어서 주요 장단점은 무엇인가?
2. 열악한 근무조건이 기업의 생산 효율성에 미치는 영향은 무엇인가?
3. 에티오피아에서 기업을 운영하기로 결정한 기업의 생산성에 영향을 미치는 요인은 무엇인가?

*Bill Donahue, "China Is Turning Ethiopia into a Giant Fast-Fashion Factory," *Bloomberg Businessweek*, March 12, 2018.

† Don-Alvin Adegeest, "How China Is Outsourcing Fast Fashion to Ethiopia," http://fashionunited.uk/news, March 27, 2018; and Aaron Maasho, "Ethiopia Bets on Clothes to Fashion Industrial Future," Reuters, November 21, 2017.

출처: Dr. Viktor Miklos Kiss, Metropolitan State University of Denver.

리갈마린의 전략

미국 10대 동력보트 제조업체 중 하나인 리갈마린(Regal Marine)은 차별화 전략으로 전 세계 고객에게 고급스러운 성능의 보트를 제공해 미션을 완수한다. 끊임없는 혁신과 독특한 외장, 고품질을 통해 제품을 차별화한다. 플로리다주 올랜도에서의 판매 증가는 가족 소유 기업의 전략이 효과가 있음을 시사한다.

품질 좋은 보트 제작자로서 리갈마린은 결함 차트와 엄격한 육안 검사를 통해 제어되는 컴퓨터 지원 설계(Computer-Aided Design, CAD), 고품질 금형 및 정밀 공차에 반영된 지속적인 혁신으로 시작한다. 그러나 사내 품질이 좋은 것은 아니었다. 제품은 그 안에 들어갈 부품으로서만 우수하기 때문에 리갈은 유연성과 완벽한 부품을 모두 보장하기 위해 많은 공급업체와 긴밀한 관계를 구축했다. 이러한 공급업체의 도움으로 리갈은 14,000달러짜리 19피트 보트에서 50만 달러짜리 44피트 코모도(Commodore) 요트에 이르는 22개의 보트 제품 라인을 수익성 있게 생산할 수 있다.

"우리는 보트를 만든다. 하지만 우리는 정말 '재미있는' 사업을 하고 있다. 우리의 경쟁업체에는 170억 달러 규모의 다른 보트, 카누, 요트 제조업체 300곳뿐만 아니라 홈시어터, 인터넷, 모든 종류의 대체 가족 엔터테인먼트가 포함되어 있다"고 팀 쿡(Tim Kuck) 부사장은 말한다.

다행히도 리갈은 빚을 청산하고 시장 점유율을 높였다. 리갈은 또한 미국 보트건설협회의 다른 독립 보트 제조사들과도 제휴했다. 리갈은 조달에서 규모의 경제를 통해 수십억 달러 규모의 경쟁사 브런즈윅(Brunswick)에 대항할 수 있게 되었다. 5장을 여는 글로벌 회사 프로필에서 리갈과 그 전략에 대한 추가 배경을 제공한다.

토론 문제

1. 리갈마린의 사명을 당신의 관점에서 이야기하라.
2. 리갈마린의 전략과 관련된 강점, 약점, 기회, 위협을 확인하라.
3. 리갈의 전략을 어떻게 정의하겠는가?
4. 10가지 운영관리 결정을 각각 어떻게 리갈마린의 운영 의사결정에 적용하겠는가?

하드록카페의 글로벌 전략

하드록은 카페 운영에 '체험경제'의 개념을 도입했다. 이 전략은 고유한 '경험'을 운영에 통합한다. 이 혁신은 제조업의 대량 맞춤화와 약간 비슷하다. 하드록의 체험 콘셉트는 메뉴에서 맞춤형 식사를 제공하는 것뿐 아니라 세계 어느 곳에서도 재생할 수 없는 독특한 시각적, 음향 경험을 포함하는 식사 이벤트이다. 이 전략은 성공적이다. 하드록이 계속 성장하고 있는 동안 다른 테마 레스토랑들이 문을 열었다가 없어지곤 했다. 런던경영대학원의 C. 마키데스(C. Markides)는 '경쟁사보다 게임을 더 잘하는 것이 아니라 완전히 다른 게임을 개발하고 플레이 하는 것이 비결'이라고 말한다.* 하드록에서 다른 게임은 체험 게임이다.

영국의 록 음악이 폭발적이었던 1971년 런던에서 첫 카페가 문을 연 이후, 하드록은 똑같은 열정으로 음식과 록 음악을 제공했다. 하드록카페는 미국에 108개, 유럽에는 12개가 넘으며 나머지는 방콕과 베이징에서 베이루트에 이르기까지 전 세계에 흩어져 있다. 신규 건설, 임대 및 리모델링에 대한 투자는 장기적이며, 따라서 글로벌 전략은 브랜드 적합성 맥락에서 정치적 위험, 통화 위험, 사회적 규범을 특별히 고려해야 한다는 것을 의미한다. 하드록은 세계적으로 인지도가 높은 브랜드 중 하나지만 그렇다고 카페가 어디서나 잘 어울리는 것은 아니다. 레스토랑과 레스토랑에 연관되는 소매점의 공급사슬에 대해 특별한 고려를 해야 한다. 일반적인 카페 매출의 약 48%가 상품에서 나온다.

하드록카페 사업 모델은 잘 규정돼 있지만, 사업 관행에서 다양한 위험요소와 근로기준법의 차이 때문에 하드록은 카페의 절반가량을 프랜차이즈로 선택한다. 사회적 규범과 선호도는 종종 지역적 입맛을 고려한 메뉴의 수정을 의미한다. 예를 들어 영국의 하드록카페는 햄버거와 소고기보다는 생선이나 로브스터에 집중한다.

하드록은 손님의 70%가 관광객이어서 최근에는 '목적지' 도시로 확대되고 있다. 이는 수십 년 동안 런던의 한 카페에서 68개국에 걸쳐 거의 200개 매장으로 성장할 수 있도록 하는 성공 전략이었지만, 하드록은 관광 사업에 가장 크게 타격을 주는 경제 변동에 취약해졌다. 따라서 하드록은 표준 관광지가 아닌 도시 지역에 장기 임대 계약을 체결하고 있다. 동시에 메뉴도 개선하고 있다. 이들 도시의 현지인들의 반복적인 사업이 수요를 원활히 하고 관광객에 대한 하드록의 의존도를 낮추기를 바란다.

토론 문제

1. 1971년 창립 이후 하드록카페에서 일어난 전략 변화를 확인하라.
2. 하드록카페가 전략을 바꾸면서 일부 운영관리의 10가지 결정에 대한 대응은 어떻게 바뀌었는가?
3. 그림 2.9에서 설명한 네 가지 국제 운영 전략에서 하드록은 어디에 적합한가? 자신의 관점에서 설명하라.

*Constantinos Markides, "Strategic Innovation," *MIT Sloan Management Review* 38, no. 3: 9.

다든의 해외 아웃소싱

올리브가든(Olive Garden), 바하마브리즈(Bahama Breeze), 롱혼 그릴(Longhorn Grill) 등 유명 브랜드를 소유한 다든레스토랑(Darden Restaurant)은 미국과 캐나다 전역의 1,500여 개 레스토랑에서 연간 3억 2,000만 회 이상의 식사를 제공한다. 다든은 공급사슬을 통해 경쟁 우위를 확보하려면 각 단계마다 우수성을 달성해야 한다. 35개국에서 구매하고 유통기한이 4일밖에 안 되는 해산물은 복잡하고 어려운 과제이다.

연간 3억 2,000만 회의 식사란 4,000만 파운드의 새우와 많은 양의 틸라피아, 황새치, 기타 신선한 음식들을 의미한다. 신선한 해산물은 일반적으로 미국으로 공수되어 매 단계마다 약 1°C가 유지되도록 모니터링을 한다.

다든의 구매 대리인은 공급사슬에서 경쟁 우위를 위해 세계를 찾아다닌다. 공급사슬 및 개발, 품질 보증, 환경 관계의 인재들이 공급업체를 개발, 평가, 확인하는 데 기여한다.

다든에는 다른 대륙에 살고 있는 7명의 원어민 대표가 있어 공급업체에 대한 지속적인 지원과 평가도 제공하고 있다. 모든 공급업체는 일반적으로 FDA 및 기타 산업 표준보다도 까다로운 다든의 식품 표준을 준수해야 한다. 다든은 품질을 높이고 비용을 절감하는 지속적인 관계의 개선을 기대한다.

다든의 공격성과 정교한 공급사슬의 개발은 아웃소싱의 기회를 제공한다. 많은 음식 준비는 노동집약적이고 종종 대량으로 처리할 때 더 효율적이다. 이는 특히 대규모 자본 투자가 정당화될 수 있는 경우에 해당된다. 예를 들어 타이슨(Tyson)과 아이오와비프(Iowa Beef)는 개인 식당보다 더 경제적으로 다든의 사양에 맞춰 고기를 준비한다. 이와 유사하게, 다든은 연어를 적절한 양의 크기로 자르고 새우 껍질을 벗기는 작업 모두가 미국 유통센터나 개별 레스토랑보다 해외 아웃소싱이 더 비용 효율적이라는 것을 알았다.

토론 문제

1. 레스토랑에서 아웃소싱할 수 있는 기회는 무엇인가?
2. 35개국에서 조달을 받는 기업의 고유한 공급사슬 문제는 무엇인가?
3. 다든과 비교할 때, 다른 기업이나 업계는 어떻게 국제 공급사슬을 발전시키는지 조사하라.
4. 다든은 왜 많은 해산물의 수확과 준비를 아웃소싱하는가?

미주

1. 2018년 현재 유럽연합(EU) 28개 회원국은 오스트리아, 벨기에, 불가리아, 키프로스, 크로아티아, 체코, 덴마크, 에스토니아, 핀란드, 프랑스, 독일, 그리스, 헝가리, 아일랜드, 이탈리아, 라트비아, 리투아니아, 룩셈부르크, 몰타, 네덜란드, 폴란드, 포르투갈, 루마니아, 슬로바키아, 슬로베니아이다. 모두가 유로를 채택한 것은 아니다. 그 외에도 아이슬란드, 마케도니아, 몬테네그로, 터키는 유럽연합 가입 후보국이며 영국은 탈퇴했다.
2. M. E. Porter, *Competitive Advantage: Creating and Sustaining Superior Performance*. New York: The Free Press, 1985.
3. M. E. Porter, *Competitive Strategy: Techniques for Analyzing Industries and Competitors*. New York: The Free Press, 1980, 1998.

참고문헌

Beckman, S. L., and D. B. Rosenfield. *Operations Strategy: Competing in the 21st Century*. New York: McGraw-Hill, 2008.

Bravard, J., and R. Morgan. *Smarter Outsourcing*. Upper Saddle River, NJ: Pearson, 2006.

Flynn, B. B., R. G. Schroeder, and E. J. Flynn. "World Class Manufacturing." *Journal of Operations Management* 17, no. 3 (March 1999): 249–269.

Greenwald, Bruce C., and Judd Kahn. *Globalization: The Irrational Fear That Someone in China Will Take Your Job.* New York: Wiley, 2009.

Gordon, John Steel. *An Empire of Wealth: The Epic History of American Economic Power*. New York: HarperCollins, 2005.

Lee, Hau L., and Chung-Yee Lee. *Building Supply Chain Excellence in Emerging Economies*. Secaucus, NJ: Springer, 2007.

Kaplan, Robert S., and David P. Norton. *Strategy Maps*. Boston: Harvard Business School Publishing, 2003.

Kathuria, R., M. P. Joshi, and S. Dellande. "International Growth Strategies of Service and Manufacturing Firms." *International Journal of Operations and Production Management* 28, no. 10 (2008): 968.

Porter, Michael, and Nicolaj Siggelkow. "Contextuality within Activity Systems and Sustainability of Competitive Advantage." *Academy of Management Perspectives* 22, no. 2 (May 2008): 34–36.

Rudberg, Martin, and B. M. West. "Global Operations Strategy." *Omega* 36, no. 1 (February 2008): 91.

Skinner, Wickham. "Manufacturing Strategy: The Story of Its Evolution." *Journal of Operations Management* 25, no. 2 (March 2007): 328–334.

Slack, Nigel, and Mike Lewis. *Operations Strategy*, 5th ed. Boston: Pearson, 2017.

Wolf, Martin. *Why Globalization Works.* London: Yale University Press, 2004.

Chapter 2 *Rapid* Review

절 제목	내용 훑어보기
운영과 공급사슬의 글로벌 관점	국내 비즈니스 운영은 다음과 같은 여섯 가지 이유로 어떤 형태의 국제 운영으로 변경하기로 결정한다. 1. 공급사슬 개선 2. 비용 및 환율 위험 감소 3. 운영 개선 4. 시장 이해 5. 제품 개선 6. 글로벌 인재 유치 및 보유 ■ **운영적 위험 회피** 비용 및 환율 변화에 따라 여러 국가에서 초과 생산 능력을 유지하고 해당 국가 간에 생산 수준을 이동한다. ■ **마킬라도라**: 미국과 멕시코 국경을 따라서 위치해 관세 우대를 받는 멕시코 공장 ■ **세계무역기구(WTO)**: 국경을 넘는 상품의 자유로운 흐름에 대한 장벽을 낮추어 세계 무역을 촉진하는 국제기구 ■ **NAFTA**: 캐나다, 멕시코, 미국 간의 자유무역협정 ■ **유럽연합(EU)**: 28개 회원국을 보유한 유럽 무역 그룹
미션과 전략 결정	효과적인 운영관리 노력에는 어디로 가는지 알 수 있는 미션과 미션에 도달하는 방법을 알려주는 전략이 있어야 한다. ■ **미션**: 조직의 존재 목적 또는 근거 ■ **전략**: 조직이 자신의 미션과 목표를 달성하기 위해 기대하는 방법 경쟁 우위를 얻기 위한 세 가지 전략적 접근 1. 차별화, 2. 비용 리더십, 3. 대응
운영을 통한 경쟁 우위 달성	■ **경쟁 우위**: 경쟁자에 대해 고유한 이점을 창출하는 것 ■ **차별화**: 고객이 가치를 더해준다고 인식할 수 있는 방식으로 기업의 제품을 구별하기 ■ **경험 차별화**: 창의적인 오감을 사용해 고객이 제품에 참여해, 제품을 체험 ■ **저비용 리더십**: 고객이 인식하는 최대한의 가치 달성 ■ **대응**: 신속, 유연, 신뢰할 만한 성능과 관련된 일련의 가치집합
운영 전략 이슈	■ **자원 관점**: 관리자들이 경쟁 우위를 달성하기 위해 자원을 처분하고, 관리하고, 변화시킨다는 관점 ■ **가치사슬 분석**: 제품이나 서비스 사슬의 요소가 고유한 부가가치를 창출하는지 확인하는 방법 ■ **5개 포스 모델**: 경쟁적 환경에서 5개의 포스를 분석하는 방법 포터의 5개 포스 모델은 (1) 즉각적인 경쟁자, (2) 잠재적 진입자, (3) 고객, (4) 공급업체, (5) 대체 제품이다. 제품수명주기의 여러 단계에서 다양한 문제가 강조된다. ■ ***도입기*** — 기업 전략: 시장 점유율을 높이기 위한 최적의 시기, R&D 공학이 중요. 운영관리 전략: 제품 설계와 개발의 중요성, 빈번한 제품과 프로세스 설계 변경, 단기 생산, 높은 생산비용, 제한된 모델, 품질에 대한 관심 ■ ***성장기*** — 기업 전략: 가격이나 품질 이미지를 바꾸고 틈새 강화에 실용적임. 운영관리 전략: 예측이 중요, 제품과 프로세스의 신뢰성, 경쟁력 있는 제품 개선 사항 및 옵션, 수용 역량 증대, 제품 초점으로 전환, 유통 강화 ■ ***성숙기*** — 기업 전략: 이미지 혹은 가격, 혹은 품질을 바꾸기에 부족한 시간, 경쟁력 있는 가격이 중요해짐, 시장 방어 포지션. 운영관리 전략: 표준화, 덜 신속한 제품 변화(더욱 사소한 변경), 수용 역량 최적화, 프로세스 안정성 향상, 장기적인 생산 운영, 제품 개선과 비용 절감 ■ ***쇠퇴기*** — 기업 전략: 비용 통제가 중요함. 운영관리 전략: 제품 차별화 부족, 비용 최소화, 업계 내 수용 역량 초과, 우수한 수익이 발생하지 않는 항목 제거, 수용 역량 감소
전략 개발과 실행	■ **SWOT 분석**: 내부 강점과 약점, 외부 기회와 위협을 결정하는 방법 ■ **핵심 성공 요인(KSFs)**: 경쟁 우위 달성에 핵심적인 활동이나 요인 ■ **핵심 역량**: 기업이 특히 잘하는 일련의 독특한 기술, 재능, 활동. 핵심 역량은 핵심 성공 요인들의 결합일 수 있음 ■ **활동 지도**: 경쟁 우위와 KSFs, 지원 활동의 그래픽 링크

전략적 계획, 핵심 역량, 아웃소싱	■ **아웃소싱**: 조직의 부분이었던 제품이나 서비스를 외부에서 조달 ■ **비교우위 이론**: 국가가 상대적으로 유리한 상품과 서비스를 전문적으로 수출하고 상대적으로 불리한 상품을 수입함으로써 이익을 얻는 것. 모든 아웃소싱 계약의 절반이 부적절한 계획과 분석으로 인해 실패함 아웃소싱의 잠재적 위험 ■ 품질이나 고객 서비스 저하 ■ 해외 아웃소싱에 따른 정치적 반발 ■ 직원들에 대한 부정적 영향 ■ 미래 잠재적인 경쟁자 ■ 물류비용과 재고비용 상승 아웃소싱 실패의 가장 공통적인 원인은 충분한 이해와 분석 없이 내려진 결정임 요인 등급 방법은 국가 위험 평가와 공급업체 선정 문제 모두를 처리하는 데 탁월한 도구임
글로벌 운영 전략 옵션	■ **국제 경영**: 기업이 국경을 넘나드는 거래를 함 ■ **다국적 기업**: 1개 이상의 국가에서 시설을 소유하거나 통제하면서 국제 경영에 광범위하게 관여하고 있는 기업 글로벌 기회에 접근하기 위한 네 가지 운영 전략은 현지 대응성 및 비용 절감에 따라 분류할 수 있다. ■ **국제 전략**: 수출과 라이선스를 활용하 글로벌 시장에 침투하는 전략 ■ **다국적 전략**: 현지 대응성을 높이기 의해 각국에 운영 결정을 분산하는 전략 ■ **글로벌 전략**: 운영 결정이 중앙 집중화되고 본사가 시설 간 표준화와 학습을 조정하는 전략 ■ **초국가적 전략**: 글로벌 규모의 효율성 이점과 현지 대응성 이점을 결합한 전략. 이 회사들은 국경을 넘는다.

셀프테스트

2.1 미션 선언문은 조직에 이로운데, 그 이유는
(a) 조직의 목적에 대한 진술서이기 때문이다.
(b) 조직의 문화에 대한 근거를 제공하기 때문이다.
(c) 중요한 선거구를 식별하기 때문이다.
(d) 구체적인 소득목표를 상세히 기술하기 때문이다.
(e) 수익성을 보장하기 때문이다.

2.2 경쟁 우위에 대한 세 가지 전략적 접근 방식은 ______, ______, ______이다.

2.3 핵심 역량은 다음을 포함하는 기업의 장점이다.
(a) 전문 기술
(b) 고유한 생산 방법
(c) 소유권 정보/정보
(d) 회사가 다른 회사보다 잘하는 일
(e) 위의 모든 것

2.4 아웃소싱 공급업체의 가중 평균 점수를 비교해 평가하기 위해 필요한 것은?
(a) 요인 등급 분석
(b) 비용-용량 분석
(c) 운송 모델 분석
(d) 선형회귀분석
(e) 교차 분석

2.5 자회사, 프랜차이즈, 합작 투자를 통해 각 사업에서 분산된 권한과 상당한 자율성을 가지고 국제적 경계를 넘어 조직된 기업은?
(a) 글로벌 전략
(b) 초국가적 전략
(c) 국제 전략
(d) 다국적 전략

정답 2.1. a　2.2. 차별화, 비용 리더십, 대응　2.3. e　2.4. a　2.5. d

프로젝트 관리

3

이 장의 구성

Beverly Amer/Aspenleaf Productions

글로벌 기업 프로필
Bechtel Group

벡텔의 프로젝트 관리

샌프란시스코에 기반을 둔 벡텔그룹(Bechtel Group, www.bechtel.com)은 1세기 이상 된 세계 최고의 대규모 건설·엔지니어링 프로젝트 관리 기업이다. 벡텔은 후버 댐과 160개국에서 2만 5,000개 이상의 다른 건설로 유명하다. 53,000명의 직원과 330억 달러 이상의 매출을 올린 벡텔은 미국 최대 프로젝트 관리 기업이다.

- 벡텔이 미국 밖에서 처음 한 일은 1940년 베네수엘라에 메네그란데 파이프라인을 건설하는 일이었다. 1947년에 벡텔은 당시 세계에서 가장 긴 송유관인 아라비아 횡단 송유관을 건설하기 시작했으며, 사우디아라비아에서 시작해 요르단과 시리아를 가로지르며 레바논에서 끝났다.
- 1950년대 주요 프로젝트로는 캐나다의 트랜스마운틴 송유관과 베이 에어리어 고속철도(Bay Area Rapid Transit, BART) 시스템이 있었다.
- 1960년대와 1970년대 동안 벡텔은 미국 원자력 발전소의 40%를 건설하는 데 관여했다. 그러나 1970년대 말에 이 회사는 원자력 건설에서 1979년 스리마일 섬을 포함한 핵 정화 프로젝트로 이전했다.
- 1976년에는 사우디아라비아의 산업도시 주바일에서 작업을 시작했고, 이 지역을 작은 마을에서 인구 25만 명이 넘는 도시로 변화시켰다.
- 1980년대에 벡텔은 1984년 로스앤젤레스 하계 올림픽의 프로젝트 관리를 담당했다. 1987년 벡텔은 영국과 프랑스를 잇는 해저 터널인 '처널(Chunnel)'의 공사를 관리하는 계약을 따냈다.
- 1991년, 벡텔은 보스턴의 센트럴 동맥/터널 프로젝트인 '빅디그(Big Dig)'를 착공했는데, 이 프로젝트는 미국 역사상 가장 크고 복잡한 도시 교통 프로젝트이다.

Courtesy of Bay Area Rapid Transit District (BART)

샌프란시스코의 BART 시스템은 하루 40만 명의 승객을 태우는 벡텔의 또 다른 엔지니어링 과제였다. BART는 수면 아래 135피트 깊이의 만(bay) 바닥에 57개의 구역으로 구성된 3.6마일 길이의 해저 통로도 있다.

- 걸프 전쟁의 결과로, 벡텔은 쿠웨이트의 기반 시설 재건을 위한 노력의 일부인 1991년 쿠웨이트에서 발생한 유정 화재를 진압하는 임무를 맡았다.
- 2005년 허리케인 카트리나 이후, 벡텔은 임시 건축을 위해 FEMA에 고용되었고, 주택 이재민들을 위해 1년도 안 되어 3만 5,000대의 트레일러를 배달했다.
- 보다 최근에, 이 회사는 미국에서 가장 크고 복잡한 철도 건설 프로젝트 중 하나인 워싱턴 D.C.의 실버 라인 지하철을 완성했다. 여기에는 6마일 길이의 고가 선로와 미국 내에서 가장 번잡한 소매 지역 중 한 곳에 있는 지하터널이 포함된다.

기업이나 국가가 대규모 프로젝트를 관리할 기업을 모색할 때 벡텔을 선택하며, 벡텔은 계속해서 뛰어난 프로젝트 관리를 통해 경쟁력을 입증하고 있다.

Steve Hebert/Bechtel National, Inc./PRN/Newscom

벡텔은 주요 건설 프로젝트 외에도 사진과 같이 허리케인 카트리나의 여파로 발생한 대형 재난에 대한 비상 대응을 위해 프로젝트 관리 기술을 활용했다.

Steve Hebert/Bechtel National, Inc./PRN/Newscom

흔히 처널로 불리는 해저 터널은 영국 쪽 포크스톤 근처의 터미널에서 프랑스 칼레까지 약 51km 길이다. 벡텔은 관리, 기술, 시공 전문 지식을 제공해 프로젝트를 성공적으로 완료할 수 있도록 지원했다.

학습목표

3.1 일정 계획을 위해 간트 차트를 사용한다.
3.2 AOA와 AON 네트워크를 그린다.
3.3 프로젝트를 위해 전진법과 후진법을 완성한다.
3.4 주경로를 결정한다.
3.5 활동 시간의 분산을 계산한다.
3.6 프로젝트를 단축한다.

프로젝트 관리의 중요성

글로벌 기업 프로필의 주제인 벡텔은 프로젝트를 시작할 때 건설 노동자, 건설 전문가, 요리사, 의료 인력, 심지어 보안 인력으로 구성된 상당한 자원을 신속하게 동원해야 한다. 프로젝트 관리팀은 항만부터 교량, 댐, 모노레일 등 모든 것을 건설할 수 있는 자재에 접근할 수 있는 공급사슬을 개발한다. 벡텔은 프로젝트 복잡성 증가와 제품/서비스 수명주기 붕괴라는 현대 현상에 직면한 기업의 한 예일 뿐이다. 이러한 변화는 시간 기반 경쟁의 전략적 가치와 지속적인 개선을 위한 품질 의무에 대한 인식에서 비롯된다. 각각의 새로운 제품/서비스 소개는 고유한 이벤트, 즉 프로젝트이다. 또한 프로젝트는 우리의 일상에서 흔한 부분이다. 결혼식이나 깜짝 생일 파티를 계획하거나, 집을 개조하거나, 한 학기 동안 진행되는 수업 프로젝트를 준비할 수도 있다.

프로젝트 일정 계획은 운영 관리자에게 어려운 과제가 될 수 있다. 프로젝트 관리에 대한 이해관계는 높다. 잘못된 일정 계획과 통제로 인해 비용이 초과되고 불필요한 지연이 발생한다.

완료하는 데 몇 달 또는 몇 년이 걸리는 프로젝트는 보통 일반 생산 시스템 외부에서 개발한다. 회사 내 프로젝트 조직은 이러한 작업을 처리하도록 설정할 수 있으며 프로젝트가 끝나면 해체하는 경우가 많다. 경우에 따라 관리자는 프로젝트를 업무의 일부로만 인식하기도 한다. 프로젝트 관리에는 세 가지 단계가 있다(그림 3.1 참조).

1. **계획**: 이 단계에는 목표 설정, 프로젝트 정의, 팀 구성이 포함된다.
2. **일정 계획**: 이 단계는 사람, 돈, 물품을 특정 활동과 연관 짓고 활동을 서로 연결한다.
3. **통제**: 여기서 회사는 자원, 비용, 품질, 예산을 모니터링한다. 또한 계획을 수정하거나 변경하고 시간과 비용 수요를 충족하기 위해 자원을 이동한다.

이 장에서는 이러한 기능을 간략히 살펴본다. 관리자가 계획하고, 일정을 수립하고, 제어할 수 있도록 지원하는 세 가지 일반적인 기법(간트 차트, PERT, CPM)도 설명한다.

프로젝트 계획

프로젝트는 주요 산출물을 지향하는 일련의 관련 작업으로 정의할 수 있다. 일부 기업에서는 신규 프로젝트가 성공적으로 완료되는 동안 기존 프로그램을 매일 원활하게 운영할 수 있도록 **프로젝트 조직**(project organization)을 개발하기도 한다.

프로젝트 조직
프로그램(프로젝트)이 적절한 관리와 관심을 받을 수 있도록 구성된 조직

프로젝트 조직은 건설회사와 같이 대형 프로젝트가 여러 개 있는 기업에게 필요한 인력과 자원을 분배하는 효과적인 방법이다. 또한 기업 전체에서 전문가를 활용해 성과를 내기 위해 설계된 임시 조직구조이다.

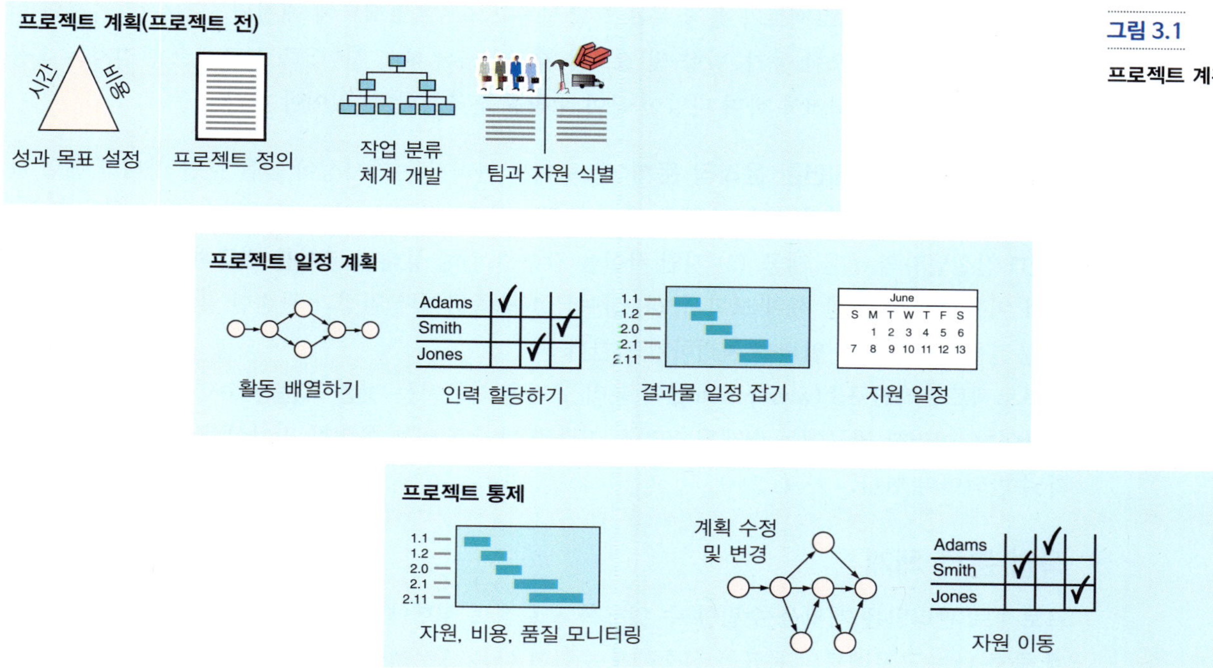

그림 3.1

프로젝트 계획, 일정 계획, 통제

프로젝트 조직은 다음과 같은 경우에 유용할 수 있다.

1. 업무의 구체적인 목표와 마감일이 정의된 경우
2. 기존의 조직에게 고유하거나 다소 생소한 작업인 경우
3. 전문적인 기술이 필요한 복잡한 상호 관련 업무가 포함된 작업인 경우
4. 프로젝트가 일시적이긴 하나 조직에게는 핵심적인 경우
5. 프로젝트가 조직 전반에 걸쳐 진행될 경우

프로젝트 관리자

프로젝트 조직의 예는 그림 3.2에 나와 있다. 프로젝트 팀 구성원은 프로젝트에 임시로 할당되고 프로젝트 관리자에게 보고한다. 프로젝트를 이끄는 관리자는 다른 부서와 활동을 조정하고 최고 경영진에게 직접 보고한다. 프로젝트 관리자는 기업에서 높은 가시성을 얻으며 다음과 같은 책임이 있다. (1) 필요한 모든 활동을 적절한 순서로 정시에 완료하고, (2) 프로젝트가 예산 범위 내에

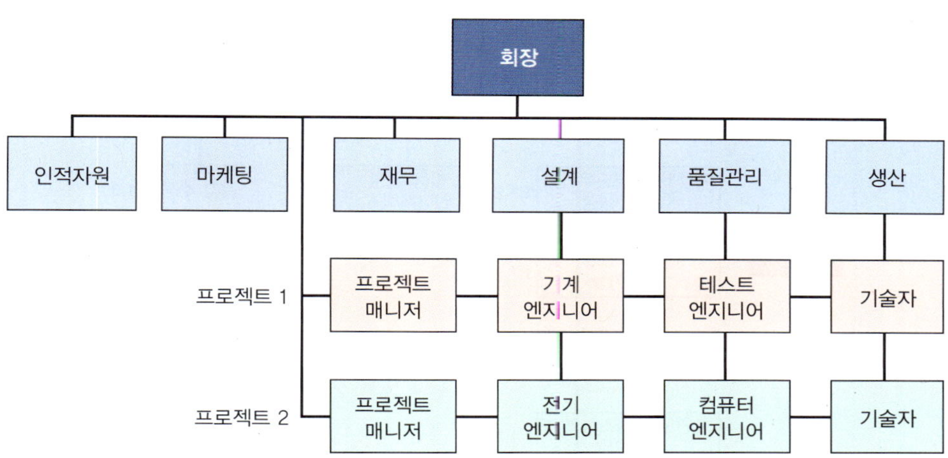

그림 3.2

프로젝트 조직의 예

서 이루어지며, (3) 프로젝트가 품질 목표를 달성하고, (4) 프로젝트에 배정된 사람들이 자신의 업무를 수행하는 데 필요한 동기, 방향 및 정보를 제공받도록 해야 한다. 즉 프로젝트 관리자는 훌륭한 코치와 소통자가 되어야 하며 다양한 분야의 활동을 조직할 수 있어야 한다.

프로젝트 관리에서 직면한 윤리적 문제 프로젝트 관리자는 가시성이 높을 뿐만 아니라 매일 윤리적 결정을 내려야 한다. 그들의 행동 방식은 프로젝트의 행동강령을 정립한다. 프로젝트 관리자는 (1) 건설업자의 선물 제공, (2) 지연 사실을 감추기 위해 상태 보고서를 변경하라는 압력, (3) 시간과 비용 청구에 대한 허위 보고서, (4) 상여금을 충족하거나 일정과 관련한 불이익을 피하기 위해 품질을 훼손하라는 압력을 처리하기도 한다.

프로젝트관리연구소(www.pmi.org)의 윤리 규범을 사용하는 것은 표준을 수립하기 위한 하나의 수단이다. 이러한 법규에는 내재된 윤리적 기준과 가치가 있는 우수한 리더십과 강력한 조직 문화가 수반되어야 한다.

작업 분류 체계

작업 분류 체계
보다 더 세부적인 구성요소로 프로젝트를 계층적으로 설명하는 것

프로젝트 관리팀은 계획을 수립할 수 있도록 프로젝트 실행에 앞서 작업을 시작한다. 첫 번째 단계 중 하나는 프로젝트의 목표를 신중하게 수립한 다음 프로젝트를 관리할 수 있는 부분으로 세분화 하는 것이다. 이 **작업 분류 체계**(work breakdown structure, WBS)는 프로젝트를 주요 하위 구성요소(또는 작업)로 나눈 다음 더 자세한 구성요소로, 마지막으로 일련의 활동 및 관련 비용으로 세분화해 프로젝트를 정의한다. 프로젝트를 더 작은 과업들로 나누는 것은 어려울 수 있지만, 이 작업은 프로젝트를 관리하고 일정 계획이 성공하는 데 핵심적이다. 인력, 소모품, 장비에 대한 전체 요구사항도 이 계획 단계에서 추정된다.

작업 구분 구조는 일반적으로 위에서 아래로 크기가 감소하며 다음과 같이 들여 쓴다.

수준

1. 프로젝트

2. 프로젝트의 주요 과제

3. 주요 과제의 하부 과제

그림 3.3
작업 분류 체계

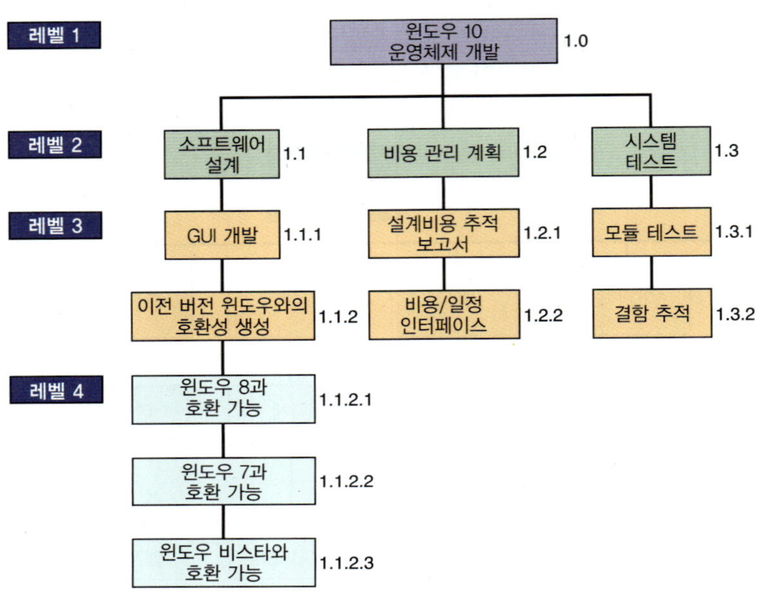

4. 완료해야 하는 활동(혹은 작업 패키지)

이 계층적 프레임워크는 마이크로소프트의 운영체제인 윈도우 10의 개발로 설명할 수 있다. 그림 3.3에서 볼 수 있듯이 새 운영체제를 만드는 프로젝트의 레이블은 1.0이다. 첫 번째 단계는 프로젝트(레벨 2)의 주요 작업을 식별하는 것이다. 세 가지 예는 소프트웨어 설계(1.1), 비용 관리 계획(1.2), 시스템 테스트(1.3)이다. 1.1의 두 가지 주요 하위 작업은 그래픽 사용자 인터페이스(GUI)(1.1.1) 개발과 이전 버전의 윈도우와의 호환성 생성(1.1.2)이다. 1.1.2의 주요 하위 작업은 윈도우 8과의 호환성을 처리할 팀 만들기(1.1.2.1), 윈도우 7용 팀 만들기(1.1.2.2), 윈도우 비스타용 팀 만들기(1.1.2.3)와 같은 레벨 4 작업이다. 보통 레벨 4 활동이 많이 있다.

프로젝트 일정 계획

프로젝트 일정 계획에는 모든 프로젝트 활동의 순서를 정하고 시간을 할당하는 작업이 포함된다. 이 단계에서 관리자는 각 활동에 소요되는 시간을 결정하고 각 생산 단계에서 필요한 자원(resource)을 계산한다. 관리자는 또한 기술 유형(예: 관리, 엔지니어링, 콘크리트 주입)과 자재 요구에 따라 직원 요구에 대한 별도의 일정을 도표로 작성할 수 있다.

한 가지 인기 있는 프로젝트 계획 접근법은 **간트 차트**(Gantt chart)이다. 간트 차트는 관리자를 도와주는 저비용 수단으로 (1) 활동이 계획되고, (2) 수행 순서가 문서화되며, (3) 활동 시간 추정치가 기록되고, (4) 전체 프로젝트 시간이 개발되도록 보장한다. 그림 3.4에서 볼 수 있듯이 간트 차트는 이해하기 쉽다. 타임 라인을 따라 각 프로젝트 활동에 대해 가로 막대가 그려진다. 40분 동안 경유하는 델타항공(Delta Airlines) 여객기의 일상적인 서비스를 보여주는 이 그림은 간트 차트를 반복적인 작업을 예약하는 데도 사용할 수 있음을 보여준다. 이 경우 차트는 잠재적인 지연을 지적하는 데 도움이 된다. OM in Action '델타의 지상 직원은 원활한 이륙을 조정한다'는 추가적인 통찰력을 제공한다.

간트 차트
자원을 예약하고 시간을 할당하는 데 사용되는 계획 차트

관리자는 간단한 프로젝트에서 이러한 일정 차트를 통해 각 활동의 진행 상황을 관찰하고 문제 영역을 찾아 해결할 수 있다. 그러나 간트 차트는 활동과 자원의 상호 관계를 적절하게 설명하지

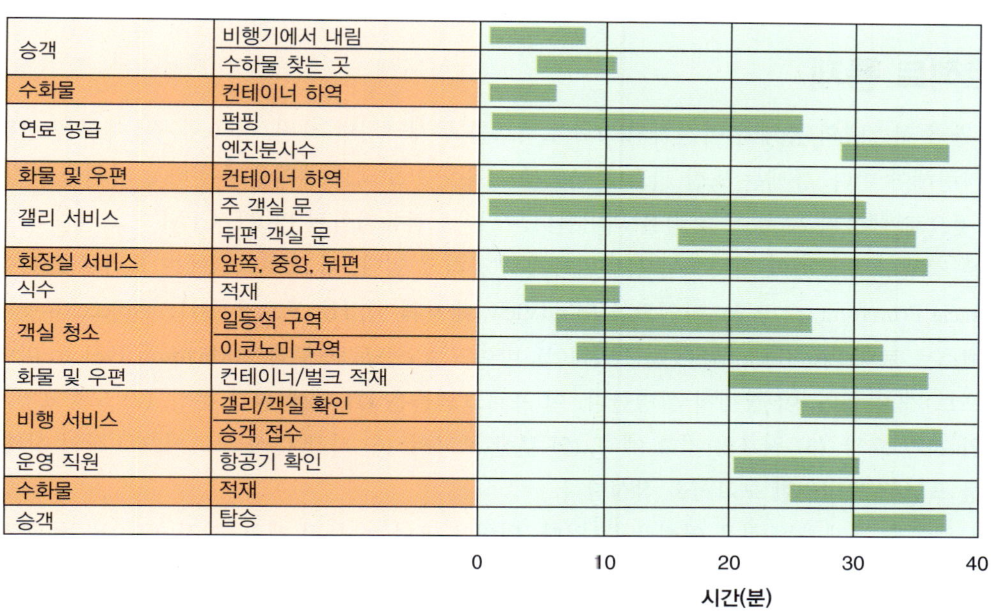

그림 3.4

40분 동안 경유하는 델타항공 여객기의 서비스 활동 간트 차트
델타는 이러한 턴어라운드 시간을 통해 연간 5,000만 달러를 절약하며, 이는 기존 60분 루틴에서 절감된 금액이다.

OM in Action 델타의 지상 직원은 원활한 이륙을 조정한다

애틀랜타에서 140명의 승객을 태우고 도착한 비행기가 리치먼드의 유도로를 천천히 내려가자 574편의 엔진이 도착하는 소리를 낸다. 40분 후에 비행기는 다시 이륙한다.

그러나 이 비행기가 출발하기 전에 처리해야 할 일이 있다—승객, 수하물과 화물의 하역, 수천 갤런의 연료 재급유, 수많은 음료 재입고, 기내 및 화장실 청소, 변기 탱크 배수, 엔진, 날개 및 착륙 장치 검사.

10명으로 구성된 지상 승무원들은 고장 난 화물 적재함, 분실된 수하물, 잘못된 방향의 승객 등 어디에서나 발생할 수 있는 실수는 늦은 출발을 의미하며 리치먼드에서 애틀랜타까지 가는 연결 비행기의 모든 목적지까지 연쇄적인 두통 반응을 일으킬 수 있다는 것을 알고 있다.

델타 리치먼드 국제공항의 운영 관리자인 칼라 수트라(Carla Sutera)는 턴어라운드 운영을 마치 경주용 자동차를 기다리는 피트 보스처럼 생각한다. 574편에는 훈련된 승무원이 수하물 카트와 트랙터, 유압식 화물 적재기, 음식과 음료수를 싣는 트럭, 청소 직원을 들어올리기 위한 트럭, 연료를 채우고 물을 빼는 도구 등을 갖추고 있다. '피트 크루'는 일반적으로 매우 원활하게 수행해 대부분의 승객은 노력의 비율을 의심하지 않는다. 그림 3.4와 같은 간트 차트는 델타 및 기타 항공사에서 이 작업에 필요한 인력 및 일정을 지원한다.

출처: *Washington Post*(September 13, 2017); *Knight Ridder Tribune Business News*(July 16, 2005); *New York Times*(December 8, 2015).

못한다.

곧 논의할 널리 사용되는 2개의 네트워크 기법인 PERT와 CPM은 활동의 우선순위 관계와 상호 의존성을 고려할 수 있는 능력이 있다. 따라서 일정이 거의 항상 전산화되는 복잡한 프로젝트에서 PERT와 CPM은 단순한 간트 차트보다 우위에 있다. 그러나 대규모 프로젝트에서도 간트 차트는 프로젝트 상태의 요약으로 사용할 수 있으며 다른 네트워크 접근 방식을 보완할 수 있다.

학습목표 3.1
일정 계획을 위해 간트 차트를 사용한다.

요약하면, 프로젝트 관리자가 어떤 접근 방식을 취하든 프로젝트 일정은 다음과 같은 여러 가지 용도로 사용된다.

1. 각 활동과 다른 활동 및 전체 프로젝트와의 관계를 보여준다.
2. 활동 간의 우선순위 관계를 식별한다.
3. 각 활동에 대한 실제적인 시간 및 비용 추정치를 설정하도록 권장한다.
4. 프로젝트에서 중요한 병목 현상을 식별해 사람, 돈 및 물질적 자원을 더 잘 사용하도록 돕는다.

프로젝트 통제

모든 관리 시스템의 통제와 마찬가지로 프로젝트를 통제하려면 자원, 비용, 품질, 예산을 면밀히 모니터링해야 한다. 통제는 또한 피드백 루프를 사용해 프로젝트 계획을 수정하고 자원을 가장 필요한 곳으로 이동할 수 있는 능력을 의미한다. 오늘날 컴퓨터화된 PERT/CPM 보고서와 차트는 수많은 경쟁 소프트웨어 회사들이 광범위하게 제공하고 있다. 이 프로그램에는 오라클 프리마베라(Oracle Primavera, 오라클), 마인드뷰(MindView, 매치웨어), HP 프로젝트(HP Project, 휴렛팩커드), 패스트 트랙(Fast Track, AEC 소프트웨어), 마이크로소프트 프로젝트(Microsoft Project, 마이크로소프트)가 있으며, 이 장에서 설명한다. 이 프로그램들은 (1) 상세 원가 분석, (2) 노동요건, (3) 원가와 시간 요약, (3) 원가와 지출 예측, (5) 분산 보고서, (6) 시간 분석 보고서, (7) 작업 상태 보고서를 포함해 광범위한 보고서를 작성한다.

프로젝트를 통제하는 것은 어려울 수 있다. 위험은 크다. 잘못된 계획, 일정 계획 및 통제로 인해 비용이 초과되고 불필요한 지연이 발생할 수도 있다. 일부 프로젝트는 '정의가 명확한' 반면, 어

Courtesy Arnold Palmer Medical Center

Courtesy Arnold Palmer Medical Center

플로리다주 올랜도에 있는 아놀드파머병원이 11층짜리 새 건물을 짓는 것은 병원 행정을 위한 엄청난 프로젝트였다. 왼쪽 사진은 공사 중인 6층의 모습이고 오른쪽 사진은 2년 후 완공된 건물 모습이다. 실제 건설을 시작하기 전에 대부분의 프로젝트와 마찬가지로 규제와 자금 문제가 추가되었고 전체 프로젝트에 상당한 시간이 소요되었다. 도시에는 구역 문제 및 주차 문제가 있고 환경보호청(EPA)에는 배수 및 폐기물 문제가 있다. 규제 당국은 채권 발행자들처럼 그들만의 요구사항이 있다. 1억 달러와 4년이 소요된 아놀드파머병원 프로젝트는 이 장 끝부분의 사례 연구에서 논의된다.

떤 프로젝트는 '정의가 명확하지 않은' 경우도 있다. 일반적으로 프로젝트는 광범위한 초기 계획과 필요한 투입물, 자원, 프로세스, 산출물에 대한 세심한 정의를 거쳐야만 잘 정의된다. 제약 조건이 알려진 프로젝트(예: 건물 및 도로), 사양과 도면이 잘 정의된 엔지니어링 제품(예: 비행기 및 자동차)이 이 범주에 속할 수 있다. 잘 정의된 프로젝트는 계획을 크게 수정하지 않고도 관리할 수 있을 정도로 작은 변경사항이 있는 것으로 가정한다. 그들은 프로젝트가 단계적으로, 각 단계를 거쳐 완료되기까지 순조롭게 진행되는 **폭포식**(waterfall) 접근법이라고 불리는 것을 사용한다.

폭포식 프로젝트
완료될 때까지 단계적으로 원활하게 진행되는 프로젝트

그러나 소프트웨어 개발(예: 3D 게임)이나 신기술과 같은 많은 프로젝트(예: 화성 탐사선 착륙)는 명확하게 정의되어 있지 않다. 이러한 프로젝트에는 진화하는 기술 및 프로젝트 사양에 대한 많은 미지의 정보에 적응하기 위한 협업과 지속적인 피드백이 포함된 **애자일**(agile) 관리 스타일이라는 것이 필요하다. 애자일 프로젝트에서 프로젝트 관리자는 전반적인 요구사항과 넓은 관점의 해결책을 바탕으로 일반 계획을 수립한다. 그 순간부터 최종 프로젝트는 이전 단계를 기반으로 구축되는 각 증분과 함께 단계적이고 점진적으로 다루어진다. 이 접근 방식은 제한된 목표를 달성하기 위해 작은 활동(또는 소프트웨어 프로젝트의 경우 작은 코드 덩어리)을 강조한다. 그런 다음 이러한 활동은 최종 사용자에게 신속하게 전달되어 문제를 식별하고 수정할 수 있다. 진행 상황을 추적하기 위한 수많은 체크포인트와 피드백 루프가 있다.

애자일 프로젝트
알려지지 않은 프로젝트에 적응하기 위해 협업과 지속적인 피드백이 필요한 불분명한 프로젝트

대부분의 프로젝트는 폭포식과 애자일 중간 지점에 있다.

프로젝트 관리 기법: PERT와 CPM

프로그램 평가 및 검토 기법(program evaluation and review technique, PERT)과 **주경로 방법**(critical path method, CPM)은 모두 관리자가 크고 복잡한 프로젝트를 계획, 모니터링, 제어할 수 있도록 1950년대에 개발되었다. CPM은 듀퐁(DuPont)의 화학 공장 건설 및 유지보수를 지원하기 위해 개발된 도구로서 먼저 개발되었다. 독립적으로 PERT는 1958년 미 해군을 위해 개발되었다.

프로그램 평가 및 검토 기법(PERT)
각 활동에 세 가지 시간 추정치를 사용하는 프로젝트 관리 기법

주경로 방법(CPM)
활동당 하나의 견적만 사용하는 프로젝트 관리 기법

PERT와 CPM의 프레임워크

PERT와 CPM은 모두 여섯 가지 기본 단계를 따른다.

1. 프로젝트를 정의하고 작업 세분화 구조를 준비한다.
2. 활동 간의 관계를 발전시킨다. 어떤 활동이 선행되어야 하고 어떤 활동이 다른 활동을 따라야 하는지 결정한다.
3. 모든 활동을 연결하는 네트워크를 그린다.
4. 각 활동에 시간 및/또는 비용 추정치를 할당한다.
5. 네트워크를 통한 가장 긴 시간 경로를 계산한다. 이것을 **주경로**(critical path)라고 한다.
6. 네트워크를 사용해 프로젝트 계획, 일정 계획, 모니터링, 통제를 돕는다.

주경로
네트워크를 통해서 계산된 가장 긴 시간 경로

5단계는 주경로를 찾는 것으로 프로젝트를 통제하는 데 중요한 부분이다. 주경로의 활동은 제시간에 완료되지 않을 경우 전체 프로젝트가 지연되는 작업을 나타낸다. 관리자는 중요하지 않은 활동을 식별하고 인력 및 재정 자원을 재계획하고 일정 조정 및 재할당해 중요한 작업을 완료하는 데 필요한 유연성을 얻을 수 있다.

PERT와 CPM은 용어와 네트워크 구성에서 어느 정도 다르지만 목적은 동일하다. 또한 두 기술에 사용된 분석은 매우 유사하다. 주요 차이점은 PERT가 각 활동에 세 가지 시간 추정치를 사용한다는 것이다. 이러한 시간 추정은 활동에 대한 예상 값과 표준편차를 계산하는 데 사용된다. CPM은 활동 시간이 확실히 알려져 있으므로 각 활동에 하나의 시간 요소만 필요하다고 가정한다. 설명을 위해 이 절의 나머지 부분에서는 PERT에 대한 논의에 집중한다. 그러나 대부분의 설명과 기술된 절차는 CPM에도 그대로 적용된다.

PERT와 CPM은 수천 가지 활동이 있는 프로젝트에 대해 다음과 같은 질문에 답하는 데 도움이 되기 때문에 중요하다.

1. 전체 프로젝트가 언제 완료되는가?
2. 프로젝트의 핵심적인 활동이나 과제는 무엇인가? 즉 늦게 될 경우 전체 프로젝트를 지연시키는 활동은 무엇인가?
3. 전체 프로젝트의 완료를 지연시키지 않고도 늦게 실행할 수 있는 중요하지 않은 활동은 무엇인가?
4. 특정 날짜까지 프로젝트를 완료할 확률은 얼마인가?
5. 특정 날짜에 프로젝트가 예정대로 진행되겠는가, 예정보다 늦는가, 아니면 예정보다 앞당겨지겠는가?
6. 주어진 날짜에 지출된 금액이 예산 금액과 같거나 적거나 더 많은가?
7. 프로젝트를 제시간에 마칠 수 있는 충분한 자원이 있는가?
8. 프로젝트를 더 짧은 시간 내에 끝내려면 최소한의 비용으로 이 목표를 달성하는 가장 좋은 방법은 무엇인가?

AON
노드가 활동을 지정하는 네트워크 다이어그램

AOA
화살표가 활동을 나타내는 네트워크 다이어그램

네트워크 다이어그램과 접근 방식

PERT 혹은 CPM 네트워크의 첫 번째 단계는 전체 프로젝트를 작업 분류 구조에 따라 중요한 활동으로 나누는 것이다. 프로젝트 네트워크를 그리는 방법에는 **AON**(activity on node)과 **AOA**(activity on arrow)의 두 가지 접근 방식이 있다. AON 규칙에 따라 노드(nodes)에 활동을 나타낸다. AOA에서 화살표는 활동을 나타낸다. 활동은 시간과 자원을 소모한다. AON과 AOA의 기본적인 차이점은 AON 다이어그램의 노드가 활동을 나타낸다는 것이다. AOA 네트워크에서 노드는 활동의 시작 및 종료 시간을 나타내며 **이벤트**라고도 한다. 따라서 AOA의 노드는 시간과 자원을 소비하지 않는다.

AON과 AOA 모두 실제로 널리 사용되지만 마이크로소프트 프로젝트를 포함한 많은 프로젝트 관리 소프트웨어 패키지는 AON 네트워크를 사용한다. 이러한 이유로 다음 예제에서 두 가지 유형의 네트워크를 모두 설명하지만 이 장의 뒷부분에서 논의할 때는 AON 네트워크에 중점을 둔다.

예제 1

Milwaukee Paper의 오염 통제를 위한 선행 관계

Milwaukee Paper Manufacturing은 첨단 전산 대기오염 방지 장비 설치비용을 오랫동안 지연시켜 왔다. 그러나 이사회가 지속가능성에 대한 새로운 선제적 정책을 채택했을 때, 단지 최첨단 장비에 대한 예산만 승인한 것은 아니다. 이사회는 공장장인 줄리 앤 윌리엄스에게 정확히 16주 후 지구의 날 정책의 주요 발표에 맞춰 설치를 완료하라고 지시했다! 윌리엄스는 상사의 엄격한 기한에 따라 필터링 시스템 설치가 원활하고 제때 진행되도록 해야 한다.

주어진 다음의 정보로 우선순위 관계를 보여주는 표를 개발하라.

접근방법 ▶ 밀워키 프로젝트는 프로젝트를 완료하기 위해 수행해야 하는 여덟 가지 활동을 식별했다. 프로젝트가 시작되면 장치의 내부 부품 제작(활동 A)과 바닥 및 지붕에 필요한 개조(활동 B)라는 두 가지 활동을 동시에 시작할 수 있다. 수거 스택(활동 C)의 공사는 내부 구성요소가 완료되면 시작할 수 있다. 콘크리트 바닥 주입 및 프레임 설치(활동 D)는 내부 부품이 완료되고 지붕과 바닥이 개조되는 즉시 시작할 수 있다.

수거 스택을 구축한 후에는 고온 버너(활동 E) 구축과 오염 관리 시스템 설치(활동 F)의 두 가지 활동을 시작할 수 있다. 대기오염 방지장치는 콘크리트 바닥을 붓고, 골조를 설치하고, 고온 버너를 만든 후 설치(활동 G)할 수 있다. 마지막으로, 통제 시스템과 오염 장치를 설치한 후 시스템을 검사하고 테스트할 수 있다(활동 H).

해결방법 ▶ 활동과 우선순위 관계는 이 설명 형식으로 표시되면 다소 혼란스러울 수 있다. 따라서 표 3.1과 같이 모든 활동 정보를 표에 나열하는 것이 편리하다. 표에서 활동 A가 활동 C의 직전 선행 작업으로 나열되어 있음을 알 수 있다. 마찬가지로 활동 D와 E는 활동 G를 시작하기 전에 수행해야 한다.

표 3.1 Milwaukee Paper Manufacturing의 제조 활동 및 선행 작업

활동	설명	직전 선행 작업
A	내부 구성요소 구축	—
B	지붕 및 바닥 개조	—
C	수거 스택 건설	A
D	콘크리트 타설 및 프레임 설치	A, B
E	고온 버너 제작	C
F	오염 제어 시스템 설치	C
G	대기오염방지장치 설치	D, E
H	검사 및 테스트	F, G

통찰력 ▶ 네트워크를 완성하려면 모든 이전 네트워크를 명확하게 정의해야 한다.

학습 연습 ▶ 검사 및 테스트 후 환경보호청(EPA)의 승인이 필요할 경우 이러한 활동 순서에 어떤 영향을 미치는가? [답: 새로운 활동에 대한 직전 선행 작업은 H, 검사 및 테스트이며 마지막 활동으로 EPA 승인을 받는다.]

AON 예제

예제 1에서는 각 활동에 대한 직전 선행 작업만을 나열한다. 예를 들어 표 3.1에서 활동 A가 활동 C보다 우선하고 활동 C가 활동 E보다 우선하기 때문에 활동 A가 활동 E보다 우선한다는 사실은 암묵적이다. 이 관계는 우선 활동 관계에서 명시적으로 나타낼 필요는 없다.

학습목표 3.2
AOA와 AON 네트워크를 그린다.

우선순위 관계가 상당히 복잡한 프로젝트에 많은 활동이 있을 경우, 개인이 단지 표의 정보로부터 프로젝트의 복잡성을 이해하기는 어렵다. 이러한 경우 프로젝트 네트워크를 사용해 프로젝트를 시각적으로 표현하는 것이 편리하고 유용하다. **프로젝트 네트워크**는 프로젝트에서 이러한 활동 사이에 존재하는 모든 활동과 우선순위 관계의 도표이다. 예제 2는 Milwaukee Paper를 위한 AON 프로젝트 네트워크를 구성하는 방법을 보여준다.

프로젝트 네트워크를 고유한 노드로 시작하고 끝내는 것이 편리하다. Milwaukee Paper의 예에서 독특한 활동인 H는 프로젝트의 엔딩 활동인 것으로 나타났다. 따라서 자동으로 고유한 엔딩 노드를 갖게 된다.

프로젝트에 여러 개의 엔딩 활동이 있는 상황에서는 '더미' 엔딩 활동을 포함한다. 이 장 끝부분의 문제 해결 3.1에서 이러한 유형의 상황을 설명한다.

예제 2

Milwaukee Paper의 AON 그래프

예제 1의 데이터를 사용해 Milwaukee Paper의 AON 네트워크를 그려라.

접근방법 ▶ AON 접근에서는 각 활동을 노드로 나타낸다. 선 혹은 화살은 활동 간의 우선순위 관계를 나타낸다.

해결방법 ▶ 이번 예제에는 선행관계가 없는 2개의 활동(A와 B)이 있다. 그림 3.5와 같이 각 활동에 대한 별도의 노드를 그린다. 필수는 아니지만, 일반적으로 프로젝트를 위해서 고유의 시작 활동을 갖는 것이 편리하다. 그러므로 그림 3.5에서 Start라는 더미 활동을 포함시켰다. 이러한 **더미 활동**(dummy activity)은 실제로 존재하는 것이 아니고 시간과 자원을 사용하지 않는다. Start 활동은 활동 A와 B의 직전 선행 활동이며, 전체 프로젝트에서 고유한 시작 활동으로 작용한다.

더미 활동
네트워크 논리 유지를 위해 네트워크에 삽입되는 시간이 없는 활동

그림 3.5
Milwaukee Paper의 AON 네트워크 시작

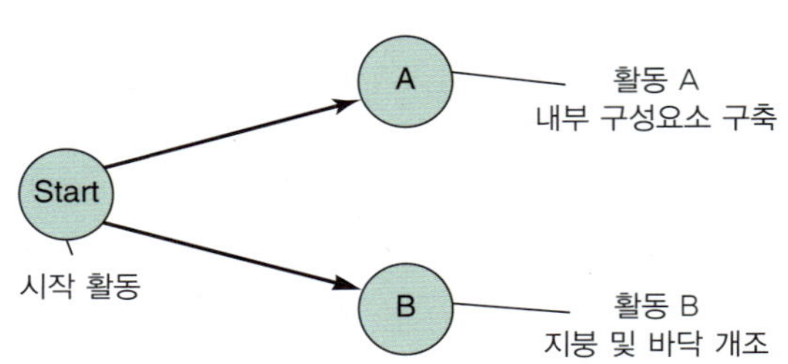

이제 화살표 기호가 있는 선을 사용해 선행 관계를 보여준다. 예를 들어 시작 활동에서 활동 A까지의 화살표는 시작이 활동 A의 이전임을 나타낸다. 비슷한 방식으로 시작에서 B까지 화살표를 그린다.

다음으로, 활동 C를 위한 새 노드를 추가한다. 활동 A가 활동 C보다 우선하기 때문에 노드 A에서 노드 C로 화살표를 그린다(그림 3.6 참조). 마찬가지로, 먼저 활동 D를 나타내는 노드를 그린다. 그런 다음, 활동 A와 B 모두 활동 D보다 앞서기 때문에, 우리는 A에서 D로 그리고 B에서 D로 화살표를 그린다(그림 3.6 참조).

그림 3.6

Milwaukee Paper의 AON 네트워크 중간

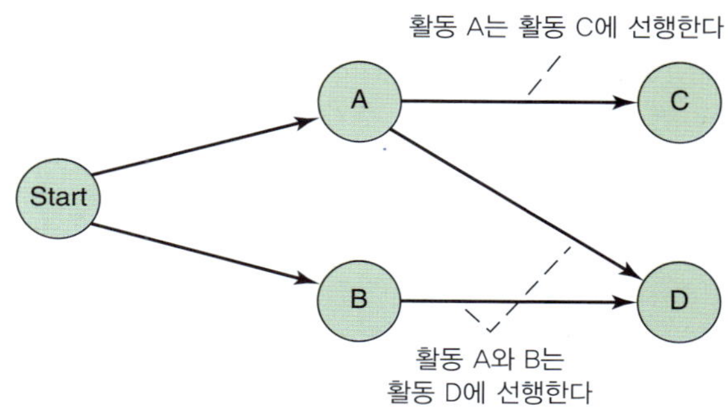

각 활동에 별도의 노드를 추가하고 존재하는 각 선행 관계에 별도의 줄을 추가하는 방식으로 진행한다. Milwaukee Paper 프로젝트를 위한 전체 AON 프로젝트 네트워크는 그림 3.7에 나와 있다.

그림 3.7

Milwaukee Paper의 AON 네트워크 완결

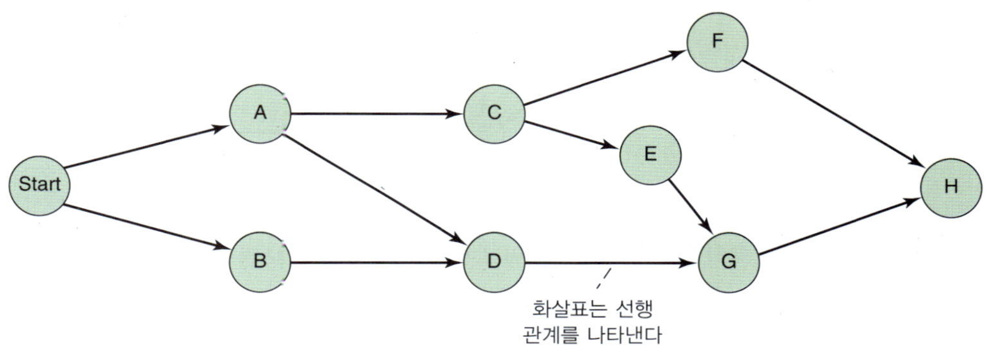

통찰력 ▶ 프로젝트 네트워크를 제대로 그리려면 약간의 시간과 경험이 필요하다. 가능하다면 선은 일직선으로, 화살표는 오른쪽으로 이동했으면 한다.

학습 연습 ▶ 검사 및 테스트 후 EPA 승인이 날 경우 그래프에 미치는 영향은 무엇인가? [답: 추가 활동을 반영하기 위해 직선이 H를 넘어(노드 I이 추가된다) 오른쪽으로 연장된다.]

AOA 예제

AOA 프로젝트 네트워크에서는 화살로 활동을 나타낼 수 있다. 노드는 활동의 시작 또는 완료 시간을 표시하는 이벤트를 나타낸다. 보통 숫자로 이벤트(노드)를 식별한다.

예제 3

Milwaukee Paper를 위한 AOA

Milwaukee Paper의 문제를 위한 AOA 프로젝트 네트워크를 그려라.

접근방법 ▶ 표 3.1의 데이터를 사용해 A부터 시작해서 한 번에 하나의 활동을 그려라.

해결방법 ▶ 활동 A는 이벤트 1에서 시작해 이벤트 2에서 끝난다. 마찬가지로 활동 B는 이벤트 1에서 시작해 이벤트 3에서 끝난다. 직전 선행 작업이 활동 A인 활동 C는 노드 2에서 시작해 노드 4에서 끝난다. 그러나 활동 D에는 2개의 선행 작업(즉 A와 B)이 있다. 따라서 활동 A와 B가 모두 이벤트 3에서 끝나야 활동 D가 해당 이벤트에서 시작할 수 있다. 그러나 AOA 네트워크에서 공통으로 시작하고 종료하는 여러 개의 활동을 가질 수는 없다. 이러한 어려움을 극복하기 위해 선행 관계를 적용하려면 더미 라인(활동)을 추가해야 할 수 있다. 그림 3.8에 점선으로 표시된 더미 활동은 이벤트 2와 3 사이에 삽입되어 다이어그램이 A와 D 사이의 우선순위를 반영하도록 한다. Milwaukee Paper의 사례에 대한 AOA 프로젝트 네트워크의 나머지 부분도 표시된다.

그림 3.8

Milwaukee Paper의 AOA 네트워크 완료 (더미 활동 포함)

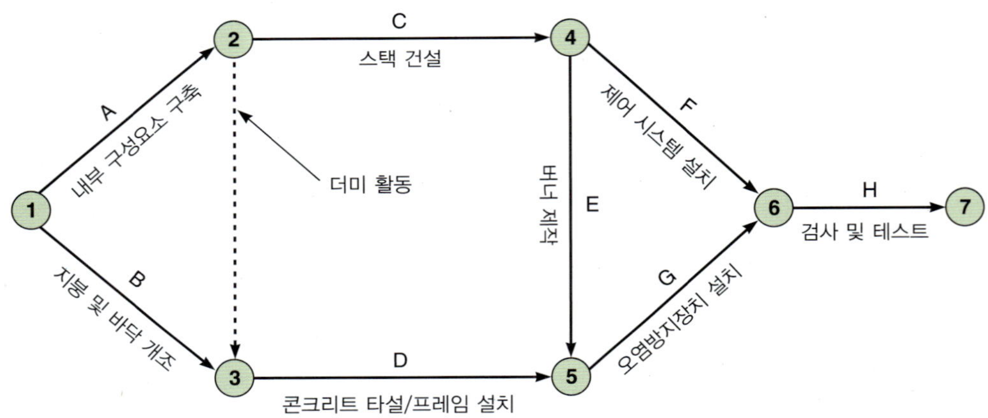

통찰력 ▶ AOA 네트워크에서 더미 활동은 보편적이다. 더미는 프로젝트에 실제로 존재하지 않으며 시간을 소요하지 않는다

학습 연습 ▶ 새로운 활동인 EPA 승인은 활동 H 다음이다. 그림 3.8에 추가하라. [답: 노드 7에서 화살표 선을 추가해 새로운 노드 8에서 끝낸다. 그리고 I(EPA 승인)라고 표시한다.]

프로젝트 일정 결정

잠시 그림 3.7(예 2)을 다시 보고 Milwaukee Paper의 완성된 AON 프로젝트 네트워크를 확인하라. 이 프로젝트 네트워크가 모든 활동과 선행 관계를 표시하도록 그려지면 다음 단계는 프로젝트 일정을 결정하는 것이다. 즉 각 활동에 계획된 시작 시간과 종료 시간을 확인해야 한다. Milwaukee Paper가 표 3.2와 같이 각 활동에 필요한 시간을 주 단위로 추정한다고 가정해보자.

이 표는 회사의 8개 활동 모두에 대한 총시간이 25주임을 나타낸다. 그러나 여러 활동이 동시에 발생할 수 있기 때문에 전체 프로젝트 완료 시간이 25주 미만일 수 있음이 분명하다. 프로젝트에 소요되는 시간을 알아보기 위해 네트워크에 대한 **주경로 분석**(critical path analysis)을 수행한다.

주경로 분석
프로젝트 일정을 결정하는 데 도움이 되는 프로세스

표 3.2 Milwaukee Paper에 대한 예상 시간

활동	설명	시간(주)
A	내부 구성요소 구축	2
B	지붕 및 바닥 개조	3
C	수거 스택 건설	2
D	콘크리트 타설 및 프레임 설치	4
E	고온 버너 제작	4
F	오염 제어 시스템 설치	3
G	대기오염방지장치 설치	5
H	검사 및 테스트	2
	전체 시간(주)	25

앞에서 언급했듯이 주경로는 네트워크를 통한 가장 긴 시간 경로이다. 주경로를 찾기 위해 각 활동에 대해 2개의 시작과 종료 시간을 계산한다. 이는 다음과 같이 정의된다.

가장 빠른 시작(ES) = 모든 이전 작업이 완료되었다고 가정할 때 활동을 시작할 수 있는 가장 빠른 시간

가장 빠른 완료(EF) = 하나의 활동을 완료할 수 있는 가장 빠른 시간

가장 늦은 시작(LS) = 전체 프로젝트의 완료 시간을 지연시키지 않도록 활동을 시작할 수 있는 가장 늦은 시간

가장 늦은 완료(LF) = 전체 프로젝트의 완료 시간을 지연시키지 않기 위해 활동을 완료해야 하는 가장 늦은 시간

우리는 전진법과 후진법으로 구성된 2단계 프로세스를 사용해 각 활동에 대한 이러한 시간 일정을 결정한다. 가장 빠른 시작과 완료(ES 및 EF)는 **전진법**(forward pass) 계산으로 구한다. 가장 늦은 시작과 완료 시간(LS 및 LF)은 후진법으로 구한다.

전진법
모든 빠른 시간을 식별하는 프로세스

전진법

학습목표 3.3
프로젝트를 위해 전진법과 후진법을 완성한다.

프로젝트 네트워크에서 활동 일정을 명확하게 표시하기 위해 그림 3.9에 표시된 표기법을 사용한다. 활동의 ES는 해당 활동을 나타내는 노드의 왼쪽 상단 모서리에 표시된다. EF는 오른쪽 상단에

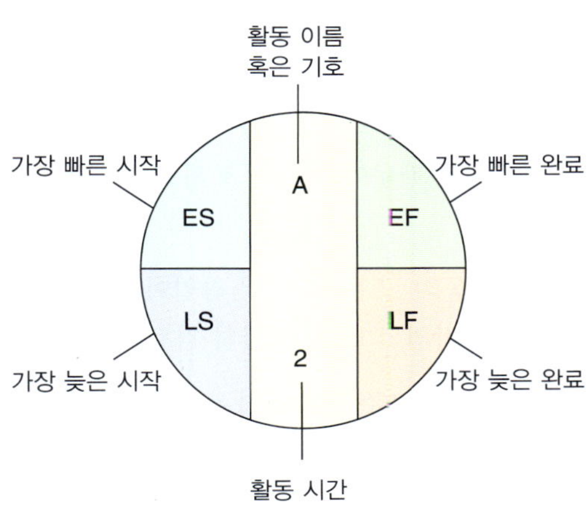

그림 3.9
전진법과 후진법을 위한 노드에서 사용되는 표기법

표시된다. 가장 늦은 시간인 LS와 LF는 각각 왼쪽 하단 및 오른쪽 하단 모서리에 표시된다.

가장 빠른 시작 시간 규칙 활동을 시작하기 전에 모든 직전 선행 작업을 완료해야 한다.

- 직전 선행 작업이 하나만 있는 활동의 ES는 선행 작업의 EF와 같다.
- 여러 개의 직전 선행 작업이 있는 활동의 ES는 모든 선행 작업의 EF값의 최댓값이다.

$$ES = \text{Max}\ \{\text{모든 선행 작업의 EF}\} \tag{3-1}$$

가장 빠른 완료 시간 규칙 활동의 가장 빠른 완료 시간(EF)은 가장 빠른 시작 시간(ES)과 활동 시간의 합이다.

$$EF = ES + \text{활동 시간} \tag{3-2}$$

예제 4

Milwaukee Paper의 가장 빠른 시작과 완료 시간 계산

Milwaukee Paper 프로젝트의 활동에 대한 가장 빠른 시작 및 완료 시간을 계산하라.

접근방법 ▶ 활동 시간이 포함된 표 3.2를 사용하라. 모든 활동에 대한 ES, EF값과 함께 회사 프로젝트에 대한 프로젝트 네트워크를 완성하라.

해결방법 ▶ 그림 3.10을 사용해 이러한 값을 계산하는 방법을 설명한다. Start 활동에는 선행 작업이 없으므로 먼저 ES를 0으로 설정한다. 즉 Start 활동은 1주 차 시작과 동일한 시간 0에서 시작할 수 있다. Start 활동 ES가 0이면 활동 시간이 0이므로 EF도 0이다.

다음으로, Start 활동을 직전 선행 작업으로 전제하는 활동 A와 B를 고려한다. 가장 빠른 시작 시간 규칙을 사용하면, 활동 A와 B의 ES는 모두 0이며, 이는 Start 활동의 EF이다. 이제 가장 빠른 완료 시간 규칙을 사용해 A에 대한 EF는 2(= 0 + 2)이고, B에 대한 EF는 3(= 0 + 3)이다.

활동 A가 활동 C보다 우선하므로, C의 ES는 A의 EF(= 2)와 같다. 따라서 C의 EF는 4(= 2 + 2)이다.

이제 활동 D로 가보자. 활동 A와 B 모두 D의 직전 선행 작업이다. 활동 A는 EF가 2인 반면, 활동 B는 EF가 3이다. 가장 빠른 시작 시간 규칙을 사용해 다음과 같이 활동 D의 ES를 계산한다.

$$\text{D의 ES} = \text{Max}\{\text{A의 EF, B의 EF}\} = \text{Max}\ (2, 3) = 3$$

활동 D의 EF는 7(= 3 + 4)이다. 다음으로, 활동 C는 활동 E와 F 모두의 유일한 직전 선행 작업이다. 따라서 E와 F 모두에 대한 ES는 4(= C의 EF)이다. E의 EF는 8(= 4 + 4), F의 EF는 7(= 4 + 3)이다.

활동 G에는 선행 활동으로서 활동 D와 E가 모두 있다. 따라서 가장 빠른 시작 시간 규칙을 사용하는 경우, ES는 D의 EF와 E의 EF의 최댓값이다. 따라서 활동 G의 ES는 8(= 7과 8의 최댓값), EF는 13(= 8 + 5)이다.

마침내 활동 H에 이르렀다. 역시 F와 G라는 2개의 선행 항목이 있기 때문에 H의 ES는 이 두 활동 중 최대 EF이다. 즉 H의 ES는 13(= 13과 7의 최댓값)이다. 이는 H의 EF가 15(= 13 + 2)임을 의미한다. H는 프로젝트의 마지막 활동이기 때문에 전체 프로젝트를 완료할 수 있는 가장 빠른 시간이 15주라는 의미도 있다.

통찰력 ▶ 선행 작업이 하나만 있는 활동의 ES는 그 선행 작업이 EF에 불과하다. 둘 이상의 선행 작업이 있는 활동의 경우, 모든 직전 선행 작업의 EF를 면밀히 검토하고 가장 큰 EF를 선택해야 한다.

학습 연습 ▶ 새로운 활동 I(EPA 승인)에는 1주일이 걸릴 수 있다. 선행 작업은 활동 H이다. I의 ES와 EF는 무엇인가? [답: 15, 16]

전진법으로 가장 빠른 프로젝트 완료 시간을 결정할 수 있지만, 주경로를 식별하지는 못한다. 이 경로를 식별하기 위해 이제 후진법을 수행해 모든 활동에 대한 LS 및 LF 값을 결정해야 한다.

후진법

프로젝트의 첫 번째 활동으로 전진법이 시작되었듯이, **후진법**(backward pass)은 프로젝트의 마지막 활동으로 시작된다. 각 활동에 대해 LF 값을 먼저 결정하고 그다음에 LS 값을 결정한다. 이 프로세스에서는 다음 두 규칙이 사용된다.

후진법
모든 늦은 시작 및 늦은 종료 시간을 찾는 활동

가장 늦은 완료 시간 규칙 이 규칙은 활동을 시작하기 전에 모든 이전 작업을 완료해야 한다는 사실에 다시 기초한다.

- 활동이 단지 1개 활동의 직전 선행 작업인 경우, LF는 바로 이어지는 활동의 LS와 같다.
- 활동이 2개 이상 활동의 직전 선행 작업인 경우, LF는 바로 뒤따르는 모든 활동의 가장 작은 LS 값이다.

$$LF = \text{Min}\{\text{바로 이어지는 모든 활동의 가장 늦은 시작 시간}\} \quad (3\text{-}3)$$

가장 늦은 시작 시간 규칙 활동의 가장 늦은 시작 시간(LS)은 가장 늦은 완료 시간(LF)과 활동 시간의 차이다.

$$LS = LF - \text{활동 시간} \quad (3\text{-}4)$$

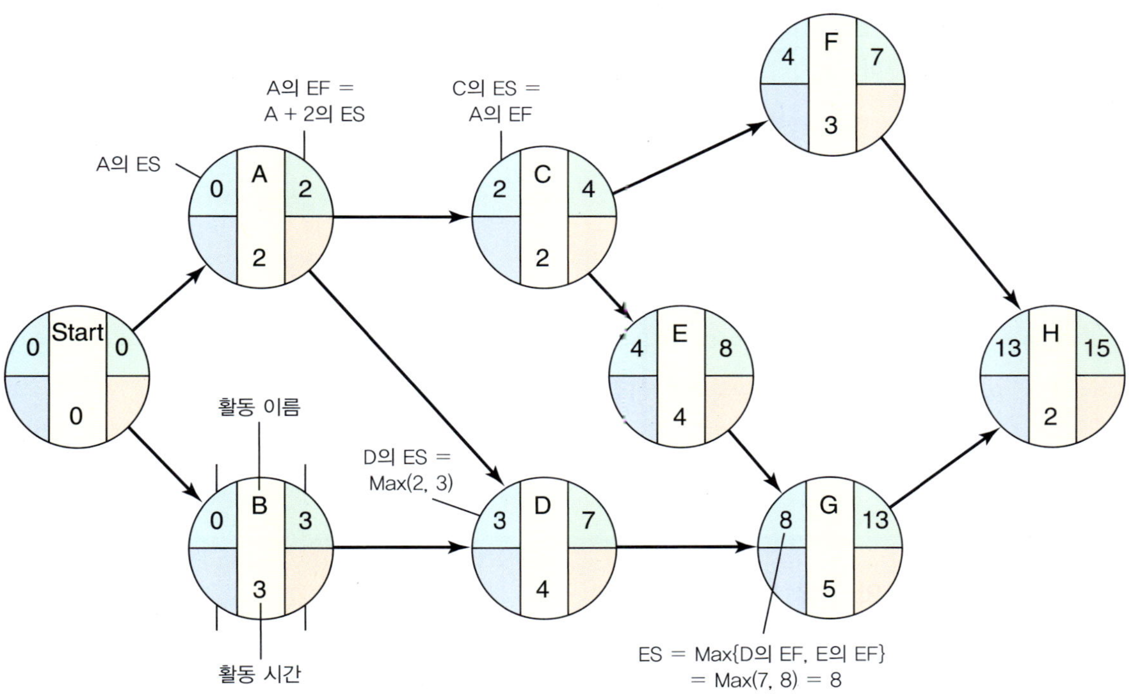

그림 3.10 Milwaukee Paper의 가장 빠른 시작과 가장 빠른 완료 시간

예제 5

Milwaukee Paper의 가장 늦은 시작과 완료 시간의 계산

Milwaukee Paper 오염 프로젝트의 각 활동에 대한 가장 늦은 시작 시간과 완료 시간을 계산하라.

접근방법 ▶ 그림 3-10에서 모든 활동에 추가된 LS와 LF값을 계산하면 Milwaukee Paper의 전체 프로젝트 네트워크를 알 수 있다. 다음 내용에서는 이러한 값이 어떻게 계산되었는지 확인할 수 있다.

해결방법 ▶ 활동 H에 대해 LF 값 15주를 할당하는 것으로 시작한다. 즉 전체 프로젝트의 가장 늦은 완료 시간이 가장 빠른 완료 시간과 동일하도록 지정한다. 가장 늦은 시작 시간 규칙을 사용해 활동 H의 LS는 13(= 15 − 2)과 같다.

활동 H는 활동 F와 G 모두에 대한 유일한 후속 활동이기 때문에, F와 G 모두에 대한 LF는 13이다. 이는 G의 LS가 8(= 13 − 5), F의 LS가 10(= 13 − 3)임을 의미한다.

이렇게 하면 E의 LF는 8(= G의 LS)이고, E의 LS는 4(= 8 − 4)임을 알 수 있다. 마찬가지로, D의 LF는 8(= G의 LS)이고, LS는 4(= 8 − 4)이다.

이제 E와 F 두 활동의 직전 선행 작업인 활동 C를 고려한다. 가장 늦은 완료 시간 규칙을 사용해 다음과 같이 활동 C의 LF를 계산한다.

$$\text{C의 LF} = \text{Min}\{\text{E의 LS, F의 LS}\} = \text{Min}(4, 10) = 4$$

C의 LS는 2(= 4 − 2)로 계산된다. 다음으로, B의 LF를 4(= D의 LS)로, LS를 1(= 4 − 3)로 계산한다.

이제 활동 A를 고려한다. LF는 2(= 최소 C의 LS와 D의 LS)로 계산한다. 따라서 활동 A의 LS는 0(= 2 − 2)이다. 마지막으로, 활동 시작의 LF와 LS는 모두 0과 같다.

통찰력 ▶ 한 활동의 선행 활동의 LF는 다음 활동의 LS일 뿐이다. 활동이 2개 이상의 활동에 대한 선행 작업인 경우, 해당 LF는 바로 뒤따르는 모든 활동의 가장 작은 LS 값이다.

학습 연습 ▶ 새로운 활동 I(EPA 승인)에는 1주일이 걸린다. 그 전신은 활동 H이다. I의 LS와 LF는 얼마인가? [답: 15, 16]

여유 시간 계산 및 주경로의 발견

여유 시간
활동을 위한 자유 시간. 프리 플로트 또는 프리 슬랙이라고도 함

모든 활동에 대한 가장 빠른 시간과 가장 늦은 시간을 계산한 후 각 활동이 갖는 **여유 시간**(slack time)을 찾는 것은 간단한 문제이다. 여유 시간은 전체 프로젝트를 지연시키지 않고 활동을 지연시킬 수 있는 기간이다. 수학적으로 여유 시간은 다음과 같다.

$$\text{여유 시간} = LS - ES \qquad \text{혹은} \qquad \text{여유 시간} = LF - EF \qquad (3\text{-}5)$$

예제 6

Milwaukee Paper의 여유 시간 계산

Milwaukee Paper 프로젝트 활동의 여유 시간을 계산하라.

접근방법 ▶ 예제 5에서 계산한 데이터를 사용해 표 3.3을 완성하라.

해결방법 ▶ 표 3.3은 회사의 모든 활동에 대한 ES, EF, LS, LF 및 여유 시간을 요약한다. 예를 들어 활동 B는 LS가 1이고 ES가 0(또는 LF가 4이고 EF가 3)이기 때문에 1주일의 여유 시간이 있다. 즉 활

동 B는 최대 1주까지 지연될 수 있으며 전체 프로젝트는 여전히 15주 안에 완료될 수 있다.

반면에 활동 A, C, E, G, H는 여유 시간이 없다. 이는 전체 프로젝트를 지연시키지 않고는 어느 것도 지연될 수 없음을 의미한다. 반대로 공장 관리자 줄리 앤 윌리엄스가 총 프로젝트 시간을 줄이려면 이러한 활동 중 하나의 기간을 줄여야 한다.

그림 3.10-2는 각 활동에 계산된 여유를 보여준다.

통찰력 ▶ 여유 시간은 빠른/늦은 시작 또는 빠른/늦은 완료에서 계산될 수 있다. 핵심은 여유 시간이 없는 활동을 찾는 것이다.

표 3.3 Milwaukee Paper의 일정과 여유 시간

활동	활동 시간	가장 빠른 시작 시간	가장 빠른 완료 시간	가장 늦은 시작 시간	가장 늦은 완료 시간	여유 시간	주경로 여부
A	2	0	2	0	2	0	예
B	3	0	3	1	4	1	아니요
C	2	2	4	2	4	0	예
D	4	3	7	4	8	1	아니요
E	4	4	8	4	8	0	예
F	3	4	7	10	13	6	아니요
G	5	8	13	8	13	0	예
H	2	13	15	13	15	0	예

학습 연습 ▶ 새로운 활동 I인 EPA 승인은 활동 H를 따르고 1주일이 걸린다. 이것은 주경로에 있는가? [답: 그렇다. LS − ES = 0 이다.]

여유 시간이 없는 활동을 **주활동**이라고 하며 주경로에 있다고 한다. 주경로는 프로젝트 네트워크를 통한 연속 경로로서

학습목표 3.4
주경로를 결정한다.

- 프로젝트의 첫 번째 활동에서 시작한다(이 예에서는 Start).
- 프로젝트의 마지막 활동에서 종료된다(이 예에서는 H).
- 중요한 활동만 포함한다(즉 여유 시간이 없는 활동).

예제 7

파란색 화살표로 주경로 표시

Milwaukee Paper의 주경로를 보여주고 프로젝트 완료 시간을 찾아라.

접근방법 ▶ 예제 5와 예제 6을 활용해 가장 긴 경로를 찾는다. 그 경로는 네트워크 형태의 Start-A-C-E-G-H이며 두꺼운 파란색 화살표로 표시된다.

통찰력 ▶ 주경로는 여유 시간 = 0인 활동을 따른다. 이것은 네트워크를 통해서 가장 긴 경로로 간주된다.

학습 연습 ▶ 활동 B, D, F가 두꺼운 파란색으로 된 경로에 있지 않은 이유는 무엇인가? [답: 주경로가 아니며 각각 1, 1, 6주의 여유 시간을 가지고 있기 때문이다.]

100,000명 이상의 팬이 참석하는 록 페스티벌 후원과 관련된 수많은 세부사항을 계획하고 모니터링하고 통제하기 위해 관리자는 마이크로소프트 프로젝트와 이 장에서 논의되는 도구를 사용한다. 사례 연구 '하드록카페의 록 페스티벌 관리'는 관리 작업에 대한 자세한 내용을 제공한다.

Christina Kennedy/Alamy Stock Photo

총 여유 시간 그림 3.10에 있는 프로젝트 네트워크를 다시 살펴보라. 각각 1주일의 여유가 있는 활동 B와 D를 고려하라. 각 활동을 1주일 늦춰도 15주 안에 프로젝트를 완료할 수 있다는 의미인가? 대답은 '아니요'이다.

활동 B가 1주일 지연된다고 가정해보자. 1주의 여유 시간을 모두 사용해 이제 EF가 4이다. 이는 이제 활동 D의 ES가 4이고 EF가 8임을 의미한다. 이는 각각 LS 및 LF 값이기도 하다. 즉 활동 D도 이제 여유 시간이 없다. 본질적으로 활동 B와 D가 가진 1주일의 여유는 그 경로를 위해 그들 사이에 공유된다. 두 활동 중 하나를 1주일 늦추면 해당 활동뿐만 아니라 다른 활동도 늘어지게 된다. 이러한 유형의 여유 시간을 **총 여유 시간**이라고 한다. 일반적으로 2개 이상의 핵심적이지 않은 활동이 경로에 연속적으로 나타나면 전체 여유 시간을 공유한다.

활동 시간 변동성

지금까지의 모든 가장 빠른 시간과 가장 늦은 시간의 관련 주경로를 파악할 때, 모든 활동 시간이 알려져 있고 고정된 상수라고 가정하는 CPM 접근 방식을 채택했다. 즉 활동 시간에 변동이 없다. 그러나 실제로는 다양한 요인에 따라 활동 완료 시간이 달라질 수 있다.

예를 들어 Milwaukee Paper를 위한 내부 부품(활동 A)을 구축하는 작업은 2주 후에 완료될 것으로 예상된다. 분명히 자재 도착 지연, 핵심 인력 부재 등과 같은 공급사슬 문제는 이러한 활동을 지연시킬 수 있다. A활동이 실제로 3주가 걸린다고 가정해보자. A가 주경로에 있기 때문에 현재 전체 프로젝트가 1주에서 16주 지연될 예정이다. 만약 이 프로젝트를 15주 안에 끝낼 것으로 예상했다면, 분명히 마감일인 지구의 날에 맞추지 못할 것이다.

일부 활동의 지연은 상대적으로 덜할 수 있지만, 다른 활동은 지연에 매우 취약할 수 있다. 예를 들어 활동 B(지붕 및 바닥 개조)는 기상 조건에 크게 의존할 수 있다. 악천후는 완료 시간에 상당한 영향을 미칠 수 있다.

즉 프로젝트 일정을 결정할 때 활동 시간의 변동성 영향을 무시할 수 없다는 것이다. PERT는 이 문제를 해결한다.

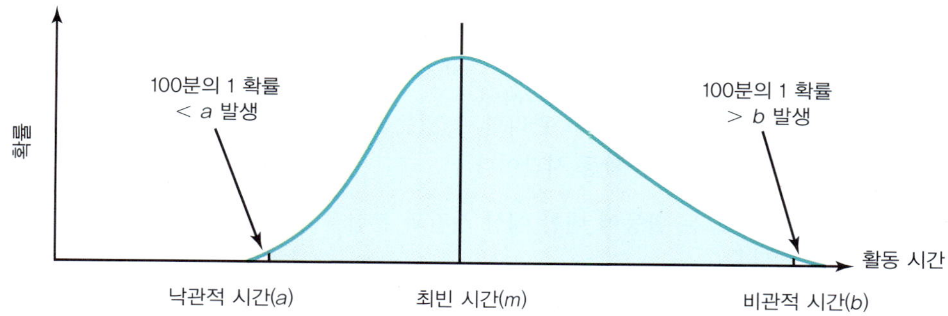

그림 3.11

세 가지 시간으로 추정한 베타 확률 분포

PERT의 세 가지 시간 추정

PERT에서는 다음과 같이 각 활동에 대한 세 가지 시간 추정치를 기반으로 확률 분포를 사용한다.

낙관적 시간(optimistic time)(a) = 모든 것이 계획대로 진행되는 경우 활동에 소요되는 시간. 이 값을 추정할 때, 활동 시간이 $< a$일 확률은 매우 낮다(예: 1/100).

비관적 시간(pessimistic time)(b) = 매우 불리한 조건에서 활동에 소요되는 시간. 이 값을 추정할 때 활동 시간이 $> b$가 될 확률은 매우 낮다(또한 1/100).

최빈 시간(most likely time)(m) = 활동을 완료하는 데 필요한 시간의 가장 현실적인 추정치

낙관적 시간
PERT 네트워크에서 얻을 수 있는 '최상'의 활동 완료 시간

비관적 시간
PERT 네트워크에서 예상할 수 있는 '최악'의 활동 시간

최빈 시간
PERT 네트워크에서 활동을 완료할 가능성이 가장 높은 시간

PERT를 사용할 때, 종종 활동 시간 추정치가 베타 확률 분포를 따른다고 가정한다(그림 3.11 참조). 이 연속 분포는 활동 완료 시간에 대한 기댓값과 분산을 결정하는 데 적합하다.

예상 활동 시간 t를 찾기 위해 베타 분포는 다음과 같이 세 가지 시간 추정에 가중치를 준다.

$$t = (a + 4m + b)/6 \qquad (3\text{-}6)$$

즉 가장 가능성이 높은 시간(m)은 낙관적 시간(a)과 비관적 시간(b)에 가중치의 4배를 부여한다. 각 활동에 대해 식 (3-6)을 사용해 계산된 시간 추정치 t는 프로젝트 네트워크에서 가장 빠른 시간과 가장 늦은 시간을 모두 계산하는 데 사용된다.

활동 완료 시간의 분산 또는 분산을 계산하기 위해 다음 공식을 사용한다.[1]

$$\text{분산} = [(b - a)/6]^2 \qquad (3\text{-}7)$$

예제 8

Milwaukee Paper의 예상 시간과 분산

Milwaukee Paper의 줄리 앤 윌리엄스와 프로젝트 관리 팀은 활동 F(오염 제어 시스템 설치)에 대한 예상 시간과 분산을 원한다. 여기서 a = 1주, m = 2주, b = 9주이다.

접근방법 ▶ 방정식 (3-6)과 (3-7)을 사용해 F에 대한 예상 시간과 분산을 계산한다.

해결방법 ▶ 활동 F의 예상 시간은 다음과 같다.

$$= \frac{a + 4m + b}{6} = \frac{1 + 4(2) + 9}{6} = \frac{18}{6} = 3\text{주}$$

활동 F의 분산은 다음과 같다.

학습목표 3.5
활동 시간의 분산을 계산한다.

$$\text{분산} \left[\frac{(b-a)}{6}\right]^2 = \left[\frac{(9-1)}{6}\right]^2 = \left(\frac{8}{6}\right)^2 = \frac{64}{36} = 1.78$$

통찰력 ▶ 윌리엄스는 이제 활동 F를 이해하고 관리할 수 있는 정보를 갖게 되었다. 예상 시간은 실제로 이전 계산 및 주경로 식별에 사용된 활동 시간이다.

학습 연습 ▶ 프로젝트의 다른 모든 활동에 대한 예상 시간과 분산을 검토하라. 이는 표 3.4에 나와 있다.

표 3.4 Milwaukee Paper 프로젝트의 예상 시간(주)

활동	낙관적 시간 a	최빈 시간 m	비관적 시간 b	예상 시간 $t = (a + 4m + b)/6$	분산 $[(b-a)/6]^2$
A	1	2	3	2	$[(3-1)/6]^2 = 4/36 = .11$
B	2	3	4	3	$[(4-2)/6]^2 = 4/36 = .11$
C	1	2	3	2	$[(3-1)/6]^2 = 4/36 = .11$
D	2	4	6	4	$[(6-2)/6]^2 = 16/36 = .44$
E	1	4	7	4	$[(7-1)/6]^2 = 36/36 = 1.00$
F	1	2	9	3	$[(9-1)/6]^2 = 64/36 = 1.78$
G	3	4	11	5	$[(11-3)/6]^2 = 64/36 = 1.78$
H	1	2	3	2	$[(3-1)/6]^2 = 4/36 = .11$

프로젝트 완료 확률

주경로 분석은 Milwaukee Paper의 예상 프로젝트 완료 시간이 15주임을 결정하는 데 도움이 되었다. 그러나 줄리 앤 윌리엄스는 여러 활동에 대한 예상 시간에 상당한 차이가 있음을 알고 있다. 주경로에 있는 활동의 변동은 전체 프로젝트 완료 시간에 영향을 미치고 지연될 수 있다. 이것은 공장 관리자를 상당히 걱정시키는 하나의 사건이다.

PERT는 주경로 활동의 분산을 사용해 전체 프로젝트의 분산을 결정하는 데 도움을 준다. 프로젝트 분산은 핵심적인 활동의 분산을 합산해 계산된다.

$$\sigma_p^2 = \text{프로젝트 분산} = \Sigma(\text{주경로에서 활동의 분산}) \qquad (3\text{-}8)$$

사진은 세계에서 가장 크고 비싼 유람선 중 하나인 셀러브리티크루즈(Celebrity Cruises)의 오아시스오브더시(Oasis of the Seas)가 핀란드 투르쿠에서 건조 중인 모습이다. 6,000명의 승객을 태울 수 있는 이 여객선에는 수영장, 쇼핑몰, 스파가 있다. 이 프로젝트를 관리하는 데는 매장 리모델링을 관리하거나 새로운 생산 라인을 설치하거나 새로운 컴퓨터 시스템을 구현하는 것과 동일한 프로젝트 관리 기술을 사용한다.

Oasis of the Seas/Splash News/Alamy Stock Photo

예제 9 Milwaukee Paper 프로젝트의 분산과 표준편차 계산하기

Milwaukee Paper의 관리자는 프로젝트의 분산과 표준편차를 알고 싶어 한다.

접근방법 ▶ 활동이 독립적이기 때문에 주경로에서 활동의 분산을 더한 다음 제곱근을 사용해 프로젝트의 표준편차를 결정할 수 있다.

해결방법 ▶ 예제 8(표 3.4)에 주경로에 있는 모든 활동의 분산이 있다. 구체적으로, 활동 A의 분산은 0.11, 활동 C의 분산은 0.11, 활동 E의 분산은 1.00, 활동 G의 분산은 1.78, 활동 H의 분산은 0.11이라는 것을 알고 있다. 총 프로젝트 분산 및 프로젝트 표준편차를 계산한다.

$$\text{프로젝트 분산}(\sigma_p^2) = 0.11 + 0.11 + 1.00 + 1.78 + 0.11 = 3.11$$

이것이 의미하는 바는

$$\text{프로젝트 표준편차}(\sigma_p) = \sqrt{\text{프로젝트 분산}} = \sqrt{3.11} = 1.76\text{주}$$

통찰력 ▶ 경영진은 이제 프로젝트의 예상 완료 시간뿐만 아니라 그 추정치의 표준편차에 대한 추정치를 갖게 되었다.

학습 연습 ▶ 활동 A의 분산이 실제로 0.30(0.11 대신)인 경우 새 프로젝트 표준편차는 얼마인가? [답: 1.817]

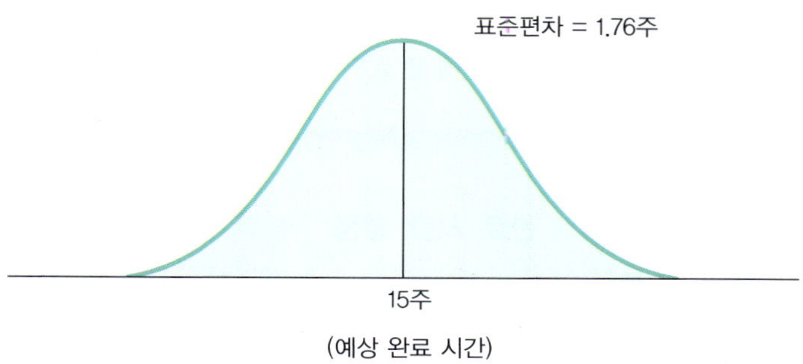

그림 3.12

Milwaukee Paper 프로젝트의 완료 시간에 대한 확률분포

이 정보를 사용해 프로젝트를 시간에 맞춰 완료할 가능성에 관한 질문에 답할 수 있을까? PERT는 (1) 총 프로젝트 완료 시간이 정규확률분포를 따르고 (2) 활동 시간이 통계적으로 독립적이라는 두 가지 가정을 더 한다. 이러한 가정을 통해 그림 3.12에 표시된 종 모양의 정규 곡선을 사용해 프로젝트 완료 날짜를 나타낼 수 있다. 이 정규 곡선은 제조업체의 프로젝트 완료 시간이 15주 미만일 확률이 50%이고 15주를 초과할 확률이 50%임을 의미한다.

예제 10 프로젝트를 시간에 맞춰 완료할 확률

줄리 앤 윌리엄스는 자신의 프로젝트가 16주의 마감일인 지구의 날 또는 그 전에 완료될 확률을 알고 싶어 한다.

접근방법 ▶ 그렇게 하려면 정규 곡선 아래의 적절한 면적을 결정해야 한다. 이것은 16번째 주의 왼쪽 영역이다.

해결방법 ▶ 표준 정규 방정식은 다음과 같이 적용할 수 있다.

$$Z = (\text{마감일} - \text{예상 완료일})/\sigma_p$$
$$= (16\text{주} - 15\text{주})/1.76\text{주} = 0.57 \qquad (3\text{-}9)$$

여기서 Z는 평균 또는 예상 날짜로부터 기한 또는 목표 날짜의 표준편차 숫자이다.

부록 I의 정규분포표를 참조[또는 엑셀 수식 사용 = **NORMSDIST(0.57)**], 평균 오른쪽에 있는 Z값 0.57은 0.7157의 확률을 나타낸다. 따라서 16주 이내에 오염 제어 장비를 설치할 수 있는 확률은 71.57%이다. 이것은 그림 3.13에 나와 있다.

그림 3.13

Milwaukee Paper가 16주 마감을 준수할 확률

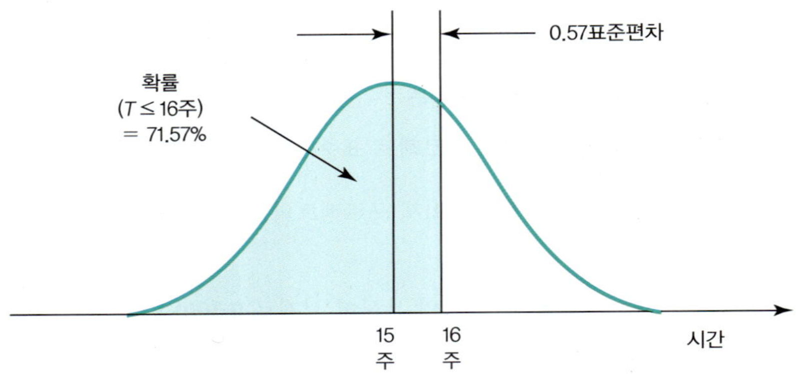

통찰력 ▶ 16주 차 왼쪽의 음영 처리된 부분(71.57%)은 16주 이내에 프로젝트가 완료될 확률을 나타낸다.

학습 연습 ▶ 프로젝트가 17주 차 또는 그 이전에 완료될 확률은 얼마인가? [답: 약 87.2%]

주어진 신뢰 수준에 대한 프로젝트 완료 시간 결정 줄리 앤 윌리엄스가 16주 이내에 오염 제어 장비를 설치할 수 있는 확률이 71.57%에 불과하다고 걱정한다고 가정해보자. 그녀는 이사회에 더 많은 시간을 요청할 수 있다고 생각한다. 그러나 그녀는 이사회에 이야기하기 전에 프로젝트에 대한 충분한 정보를 갖고 싶어 한다. 특히 그녀는 99%의 확률로 프로젝트를 완료할 수 있는 기한을 찾고자 한다. 그녀는 지연이 초래하는 홍보 손실을 알고 있음에도 불구하고 자신의 분석을 사용해 이사회가 이 연장된 기한에 동의하도록 설득하기를 희망한다.

분명히 이 기한은 16주 이상일 것이다. 그러나 이 새로운 기한의 정확한 값은 얼마인가? 이 질문에 답하기 위해 Milwaukee Paper의 프로젝트 완료 시간이 평균 15주, 표준편차 1.76주인 정규 확률분포를 따른다는 가정을 다시 사용한다.

예제 11

모든 완료 날짜에 대한 계산 확률

줄리 앤 윌리엄스는 회사 프로젝트가 정시에 완료될 가능성이 99%인 기한을 찾고자 한다.

접근방법 ▶ 그녀는 먼저 그림 3.14와 같이 99%에 해당하는 Z값을 계산해야 한다. 수학적으로 이것은 예제 10과 유사하다. 단, 알지 못하는 것은 Z가 아니라 마감일이다.

그림 3.14

Milwaukee Paper에서 프로젝트 완료 확률 99%에 대한 Z값

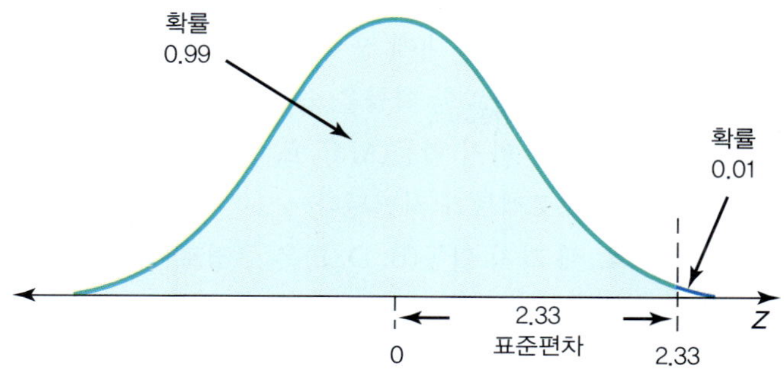

해결책 ▶ 부록 1의 정규분포표[또는 엑셀 공식 = **NORMSINV(0.99)** 사용]를 다시 참조해 0.99의 확률에 가장 가까운 Z값 2.33을 식별한다. 즉 줄리 앤 위리엄스의 마감일은 평균 프로젝트 완료 시간보다 2.33표준편차가 커야 한다. 표준 정규 방정식[식 (3-9) 참조]으로 시작해 마감일을 풀고 식을 다음과 같이 다시 작성할 수 있다.

$$\begin{aligned}\text{마감일} &= \text{예상 완료 시간} + (Z \times \sigma_p) \\ &= 15 + (2.33 \times 1.76) = 1.96\ \text{주}\end{aligned} \qquad (3\text{-}10)$$

통찰력 ▶ 윌리엄스가 이사회에서 19.1주(또는 그 이상)의 새로운 마감일을 주는 것에 동의하도록 한다면, 그녀는 새로운 목표 날짜까지 프로젝트를 완료할 것이라고 99% 확신할 수 있다.

학습 연습 ▶ 프로젝트가 정시에 완료될 가능성이 95%인 마감일은 언제인가? [답: 약 17.9주]

주경로가 아닌 경로의 완료 시간 변동성 지금까지의 논의에서는 주경로에서 활동 완료 시간의 변동성에 전적으로 초점을 맞추었다. 이러한 활동은 정의상 프로젝트 네트워크에서 더 중요한 활동이기 때문에 이는 논리적으로 보인다. 그러나 활동 시간에 변동이 있는 경우 **주경로가 아닌 경로**에서 활동 완료 시간의 변동도 조사하는 것이 중요하다.

예를 들어 Milwaukee Paper의 프로젝트에서 활동 D를 고려해보라. 예제 7에서 D는 1주의 여유 시간이 있지만 주요활동(주공정)이 아니다. 따라서 우리는 프로젝트 완료 시간의 확률을 계산할 때 D 시간의 변동성을 고려하지 않았다.

그러나 우리는 D의 분산이 0.44라는 것을 관찰했다(예제 8의 표 3.4 참조). 실제로 D의 비관적 완료 시간은 6주이다. 즉 D를 완료하는 데 비관적인 시간이 걸리면 D가 중요한 활동이 아니더라도 프로젝트가 15주 안에 완료되지 않는다.

따라서 프로젝트 완료 시간의 확률을 찾을 때 주경로에만 초점을 맞추지 않는 것이 필요할 수 있다. 실제로, 일부 연구에서는 주경로에 있지 않은 활동의 변동성을 줄이기 위해 프로젝트 자원을 지출하는 것이 프로젝트 관리에 효과적인 요소가 될 수 있다고 제시했다.

주경로가 아닌 경로, 특히 상대적으로 분산이 큰 경로에 대해 이러한 확률을 계산해야 할 수도 있다. 핵심적이지 않은 경로는 주경로와 비교할 때 기한 내에 완료될 확률이 더 낮을 수 있다. 주경로가 아닌 경로에 대한 분산 및 완료 확률을 결정하는 것은 예제 9 및 10과 동일한 방식으로 수행된다.

지금까지 프로젝트 관리가 제공한 것 프로젝트 관리 기술은 지금까지 줄리 앤 윌리엄스에게 다음과 같은 몇 가지 중요한 관리 정보를 제공할 수 있었다.

1. 프로젝트의 예상 완료 날짜는 15주이다.
2. 16주 기한 내에 장비가 장착될 확률은 71.57%이다. PERT 분석은 윌리엄스가 관심 있는 날짜까지 완료할 확률을 쉽게 찾을 수 있다.
3. 다섯 가지 활동(A, C, E, G, H)이 주경로에 있다. 어떤 이유로든 이 중 하나가 지연되면 전체 프로젝트가 지연된다.
4. 세 가지 활동(B, D, F)은 주경로가 아니며 약간의 여유 시간이 있다. 이것은 윌리엄스가 필요한 경우 자원을 빌릴 수 있고 전체 프로젝트의 속도를 높일 수 있음을 의미한다.
5. 활동 시작일과 종료일, 여유 시간, 주경로 활동에 대한 자세한 일정이 제공되었다(예제 6의 표 3.3 참조).

비용-시간 상충 및 프로젝트 단축

프로젝트를 관리하는 동안 프로젝트 관리자가 (1) 프로젝트가 일정보다 늦어지거나, (2) 예정된 프로젝트 완료 시간이 앞당겨지는 상황 중 하나(또는 둘 다)에 직면하는 것은 드문 일이 아니다. 어느 경우든 원하는 마감일까지 프로젝트를 완료하려면 나머지 활동의 일부 또는 전체를 (일반적으로 자원을 추가해) 가속화해야 한다. 최대한 저렴한 방법으로 프로젝트 기간을 단축하는 과정을 프로젝트 **단축**(crashing)이라고 한다.

단축
네트워크에서 활동 시간을 단축해 주경로에서 시간을 줄여 총 완료 시간을 줄이는 것

CPM은 각 활동의 **정상** 또는 **표준** 시간이 있는 기법으로 계산할 때 사용한다. 이 정상 시간과 관련된 것이 활동의 **정상**비용이다. 그러나 프로젝트 관리의 또 다른 시간은 활동을 완료하는 데 필요한 가장 짧은 기간으로 정의되는 **단축 시간**이다. 이 단축 시간과 관련된 것은 활동의 **단축비용**이다. 일반적으로 추가 자원(예: 장비, 사람)을 추가해 활동을 단축할 수 있다. 따라서 활동의 단축비용이 정상 비용보다 높은 것은 논리적이다.

활동이 단축될 수 있는 양(즉 정상 시간과 단축 시간의 차이)은 해당 활동에 따라 다르다. 일부 활동은 전혀 단축하지 못할 수도 있다. 예를 들어 주물을 용광로에서 48시간 동안 열처리해야 하는 경우 자원을 더 추가해도 시간이 단축되지 않는다. 대조적으로, 우리는 일부 활동을 상당히 단축할 수 있다(예: 3배 많은 작업자를 사용해 10일이 아닌 3일 내에 집의 틀을 짜는 것).

마찬가지로 활동 단축(또는 속성) 비용은 활동의 특성에 따라 다르다. 관리자는 일반적으로 추가 비용으로 프로젝트 속도를 높이는 데 관심이 있다. 따라서 단축 활동을 선택할 때, 그리고 얼마나 많이 단축할지 선택할 때 다음 사항을 확인해야 한다.

- 활동이 단축되는 양은 실제로 허용된다.
- 종합적으로 볼 때 활동 기간이 단축되어 프로젝트를 기한 내에 완료할 수 있다.
- 총 단축비용은 최대한 적다.

학습목표 3.6
프로젝트를 단축한다.

프로젝트 단축에는 4단계가 포함된다.

단계 1: 네트워크의 각 활동에 대한 주당(또는 기타 기간) 단축비용을 계산한다. 단축 비용이 시간에 따라 선형인 경우 다음 공식을 사용할 수 있다.

$$\text{기간당 단축비용} = \frac{(\text{단축비용} - \text{정상비용})}{(\text{정상 시간} - \text{단축 시간})} \qquad (3\text{-}11)$$

단계 2: 현재 활동 시간을 사용해 프로젝트 네트워크에서 주경로를 찾고 주활동을 식별한다.

단계 3: 주경로가 하나만 있는 경우, 이 주경로에서 다음과 같은 활동을 선택한다 — (a) 여전히 단축할 수 있으며 (b) 기간당 단축비용이 가장 적다. 이 활동을 한 기간으로 단축해본다.

2개 이상의 주경로가 있는 경우, 각 주경로에서 다음과 같은 활동을 선택한다 — (a) 선택한 각 활동이 계속 단축할 수 있고 (b) 선택한 모든 활동의 기간당 총 단축비용이 가장 적다. 각 활동을 한 기간씩 단축해본다. 동일한 활동이 둘 이상의 주경로에 공통적일 수 있다.

단계 4: 모든 활동 시간을 업데이트한다. 원하는 마감일어 도달했다면 중지한다. 그렇지 않은 경우 2단계로 돌아간다.

예제 12에서 프로젝트 단축을 설명한다.

예제 12

Milwaukee Paper의 마감일 준수를 위한 프로젝트 단축

Milwaukee Paper의 공장 관리자에게 새로운 오염 제어 장비를 설치하는 데 16주가 아닌 13주가 주어졌다고 가정하자. 기억하겠지만 줄리 앤 윌리엄스의 주경로 기간은 15주였지만 이제 13주 안에 프로젝트를 완료해야 한다.

접근방법 ▶ 윌리엄스는 이 13주 마감일을 충족하기 위해 단축할 활동과 그 정도를 결정해야 한다. 당연히 윌리엄스는 최소한의 추가비용으로 프로젝트 속도를 2주 단축하는 데 관심이 있다.

해결방법 ▶ 회사의 정상 및 단축 시간, 정상 및 단축 비용은 표 3.5에 나와 있다. 예를 들어 활동 B의 정상 시간은 3주(주경로 계산에 사용된 추정치)이고 단축 시간은 1주이다. 이는 추가 자원이 제공되는 경우 활동 B가 최대 2주 단축될 수 있음을 의미한다. 이러한 추가 자원의 비용은 4,000달러이다(34,000달러의 단축비용과 30,000달러의 정상비용 간의 차이). 단축비용이 시간에 따라 선형적이라고 가정하면(즉 비용은 매주 동일), 활동 B의 주당 단축비용은 2,000달러(4,000달러/2)이다.

활동 B에 대한 이 계산은 그림 3.15에 나와 있다. 다른 모든 활동에 대한 단축비용도 비슷한 방식으로 계산할 수 있다.

이제 최소 비용으로 Milwaukee Paper의 프로젝트 완료 시간을 줄이기 위해 2, 3, 4단계를 적용할 수 있다. 그림 3.16에서 Milwaukee Paper의 프로젝트 네트워크를 다시 보여준다.

현재 주경로(정상 시간 사용)는 Start-A-C-E-G-H이며, 여기서 Start는 더미 시작 활동이다. 이러한 중요한 활동 중에서 활동 A의 주당 단축비용은 750달러로 가장 낮다. 따라서 줄리 앤 윌리엄스는 프로젝트 완료 시간을 14주로 줄이기 위해 활동 A를 1주 단축해야 한다. 비용은 추가 750달러이다. 활동 A는 단축한도인 1주에 도달했으므로 더 이상 단축할 수 없다.

이 단계에서 원래 경로 Start-A-C-E-G-H는 완료 시간이 14주로 여전히 중요하다. 그러나 새로운 경로 Start-B-D-G-H도 이제 중요하며 완료 시간이 14주이다. 따라서 추가적인 단축은 모두 2개의 주경로에서 수행되어야 한다.

이러한 각 주경로에서 여전히 단축할 수 있는 하나의 활동을 식별해야 한다. 또한 각 경로에서 단축하는 활동의 총비용이 최소가 되어야 한다. 각 경로에서 기간당 단축비용이 가장 적은 활동을 간단하게 선택하고 싶을 수 있다. 이렇게 하려면 첫 번째 경로에서 활동 C를 선택하고 두 번째 경로에서 활동 D를 선택하면 된다. 그러면 총 단축비용은 2,000달러(1,000달러 + 1,000달러)가 된다.

그러나 활동 G는 두 경로 모두에 공통적이다. 즉 활동 G를 단축시켜 두 경로의 완료 시간을 동시에 줄인다. 활동 G에 대한 1,500달러의 단축비용이 활동 C와 D의 단축비용보다 높더라도 총단축비용이 1,500달러(C와 D를 단축할 경우 2,000달러와 비교했을 때)이기 때문에 여전히 활동 G의 단축을 선호한다.

표 3.5 Milwaukee Paper의 정상 그리고 단축 데이터

활동	시간(주) 정상	시간(주) 단축	비용(달러) 정상	비용(달러) 단축	주당 단축비용(달러)	주경로 여부
A	2	1	22,000	22,750	750	예
B	3	1	30,000	34,000	2,000	아니요
C	2	1	26,000	27,000	1,000	예
D	4	3	48,000	49,000	1,000	아니요
E	4	2	56,000	58,000	1,000	예
F	3	2	30,000	30,500	500	아니요
G	5	2	80,000	84,500	1,500	예
H	2	1	16,000	19,000	3,000	예

그림 3.15

단축과 정상 시간, 활동 B의 비용

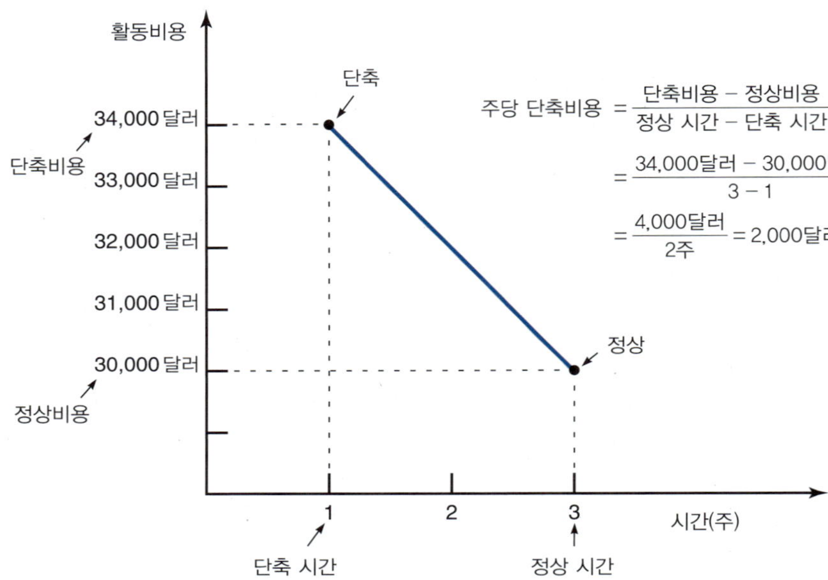

$$\text{주당 단축비용} = \frac{\text{단축비용} - \text{정상비용}}{\text{정상 시간} - \text{단축 시간}} = \frac{34{,}000\text{달러} - 30{,}000\text{달러}}{3 - 1} = \frac{4{,}000\text{달러}}{2\text{주}} = 2{,}000\text{달러/주}$$

그림 3.16

Milwaukee Paper의 주경로와 여유 시간

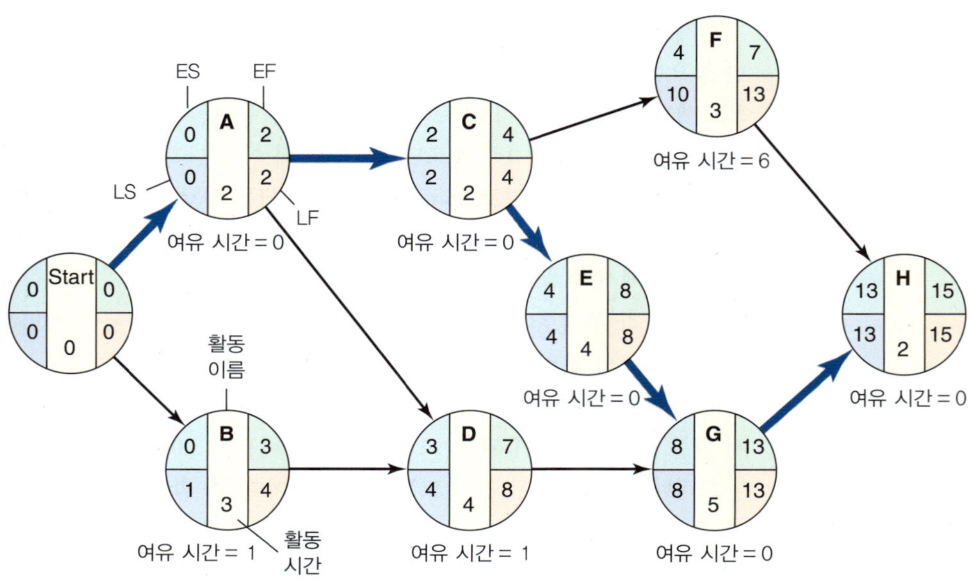

통찰력 ▶ 프로젝트를 13주로 단축하려면 윌리엄스는 활동 A를 1주, 활동 G를 1주 단축해야 한다. 총추가비용은 2,250달러(750달러 + 1,500달러)이다. 이는 프로젝트에 대한 많은 계약에 조기 또는 늦은 완료에 대한 보너스 또는 벌금이 포함되어 있기 때문에 중요하다.

학습 연습 ▶ 활동 B의 단축비용이 34,000달러 대신 31,000달러라고 가정해보자. 답은 어떻게 바뀌는가? [답: 변함없다]

PERT와 CPM 비평

PERT에 대한 논의를 비판하면서 운영 관리자가 알아야 할 몇 가지 기능은 다음과 같다.

장점

1. 대규모 프로젝트를 예약하고 통제할 때 특히 유용하다.
2. 수학적으로 복잡하지 않고 간단한 개념이다.
3. 그래픽 네트워크는 프로젝트 활동 간의 관계를 강조하는 데 도움이 된다.
4. 주경로 및 여유(슬랙) 시간 분석은 면밀히 관찰해야 하는 활동을 정확히 찾아내는 데 도움이 된다.
5. 프로젝트 문서와 그래프는 누가 다양한 활동을 담당하는지 알려준다.
6. 다양한 프로젝트에 적용 가능하다.
7. 일정뿐만 아니라 비용 모니터링에도 유용하다.

OM in Action 투르 드 프랑스 비하인드

투르 드 프랑스 레이싱 팀은 더 잘 알려진 포뮬러 원이나 NBA 플레이오프 경기에서 볼 수 있는 것과 같은 대규모 물밑 지원이 필요하다. "투르 드 프랑스 팀은 거대한 순회 서커스와 같다"고 벨킨(Belkin) 팀의 감독은 말한다. "대중들은 라이더만 보지만, 보이지 않는 지원 요원 없이는 제 기능을 할 수 없었다."

필요한 프로젝트 관리 기술은 미디어 관련 직원부터 의사, 정비사, 팀의 대형 트럭 운전사, 밴, 지원 차량 및 코치 호송에 이르기까지 모든 사람의 일정을 잡는 것을 의미한다. 각 동작은 라이더가 신체, 영양, 심리적으로 최고 상태에 있을 수 있도록 만들어진다. 다음은 벨킨 프로젝트 관리 팀에서 취급하는 몇 가지 공급품 중 일부이다.

- 매트리스 11개
- 항공복 36벌, 비브 반바지 45벌, 경주복 54벌, 연단 모자 250개
- 자전거 63대
- 휠 140개, 타이어 220개
- 250개의 수유백, 3,000개의 물병
- 영양젤 2,190개, 영양바 3,800개
- 땅콩버터 10병, 초콜릿 스프링클 10박스, 와인 껌 20봉지, 잼 20병
- 견과류, 건포도, 살구, 무화과 80kg + 시리얼 50kg

Marc Pagani Photography/Shutterstock

월드 투어 팀의 물밑에서 프로젝트 관리는 복잡하다. 이 상위 팀들은 종종 다른 국가, 때로는 다른 대륙에서 동시에 2~3개의 경기에 출전한다. 각 팀에는 25~35명의 선수가 있으며(모든 단일 경기에 9명이 출전), 세계 각지에서 왔고, 자신의 체격과 강점으로 각기 다른 시간대에 다른 경기에 출전한다. 그들은 맞춤형 자전거, 유니폼, 음식 선호도가 있다. 지원 인력에는 추가로 30명이 포함될 수 있다.

출처: ComputerWeekly.com(July, 2017); *BBC News*(July 6, 2014); ProjectManagement.com(October 7, 2016).

한계점

1. 프로젝트 활동은 명확하게 정의되고 독립적이며 관계가 안정적이어야 한다.
2. 선행 관계를 지정하고 함께 네트워크로 연결해야 한다.
3. 시간 추정치는 주관적인 경향이 있으며 지나치게 낙관적이거나 충분히 비관적이지 않은 위험을 두려워하는 관리자가 조작할 수 있다.
4. 가장 길거나, 주경로에 너무 많은 중점을 두는 것은 본질적인 위험이 있다. 주경로와 거의 비슷한 경로도 면밀히 모니터링해야 한다.

마이크로소프트 프로젝트를 이용한 프로젝트 관리

Milwaukee Paper 활동		
활동	시간(주)	선행 작업
A	2	—
B	3	—
C	2	A
D	4	A, B
E	4	C
F	3	C
G	5	D, E
H	2	F, G

지금까지 논의된 접근 방식은 소규모 프로젝트를 관리하는 데 효과적이다. 그러나 크거나 복잡한 프로젝트의 경우 전문 프로젝트 관리 소프트웨어가 훨씬 선호된다. 이 절에서는 이러한 특수 소프트웨어의 가장 인기 있는 예인 마이크로소프트 프로젝트의 간략한 소개를 제공한다. 마이크로소프트 프로젝트는 프로젝트 네트워크 그리기, 프로젝트 일정 식별, 프로젝트 비용 및 기타 자원 관리에 매우 유용하다.

데이터 입력 Milwaukee Paper 프로젝트를 다시 생각해보자. 이 프로젝트에는 8개의 활동이 있음을 기억해보자(여백에서 반복됨). 첫 번째 단계는 활동과 우선순위 관계를 정의하는 것이다. 이를 위해 File|New를 선택해 빈 프로젝트를 연다. 프로젝트 시작 날짜(3월 1일)를 입력한 다음 모든 활동 정보를 입력한다(프로그램 3.1 참조). 각 활동(또는 마이크로소프트 프로젝트에서는 작업)에 이름과 기간을 입력한다. 활동 설명은 프로그램 3.1의 작업 이름 열에도 있다. 활동과 기간을 입력하면 소프트웨어가 시작 날짜와 종료 날짜를 자동으로 삽입한다.

다음 단계는 이러한 활동 간의 우선순위 관계를 정의하는 것이다. 이를 위해 선행 작업 열에 관련 활동 번호(예: 1, 2)를 입력한다.

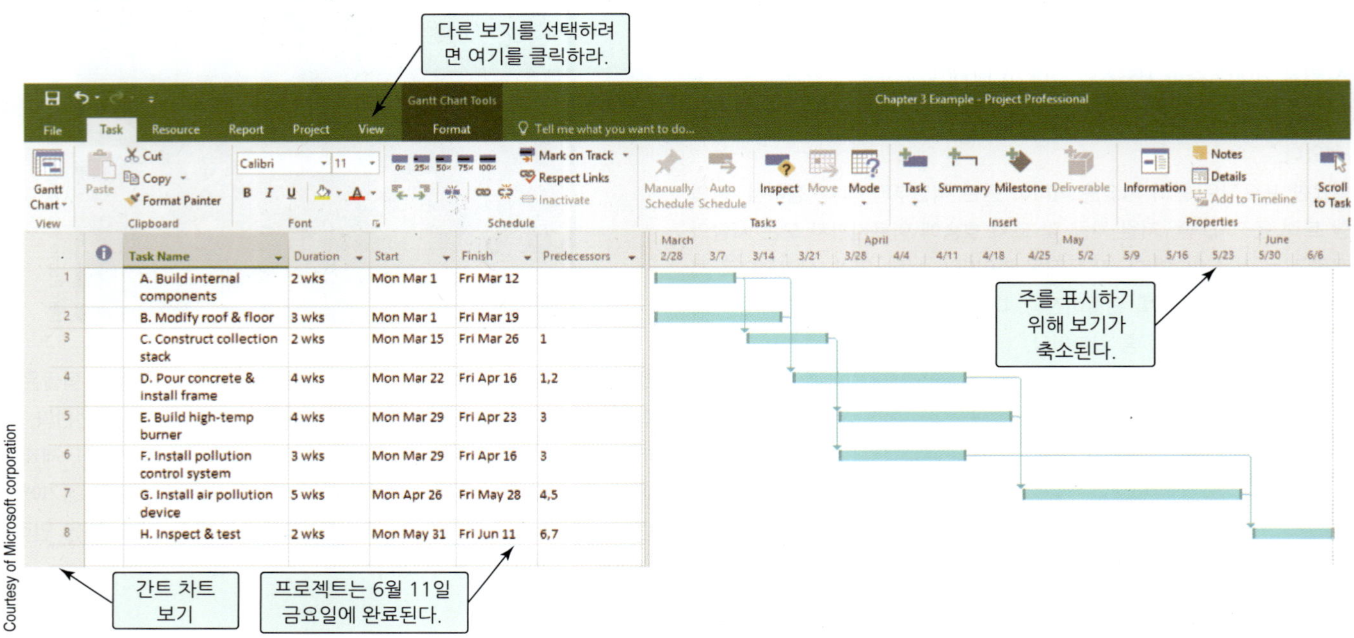

Courtesy of Microsoft corporation

프로그램 3.1 Milwaukee Paper의 마이크로 프로젝트에서 간트 차트

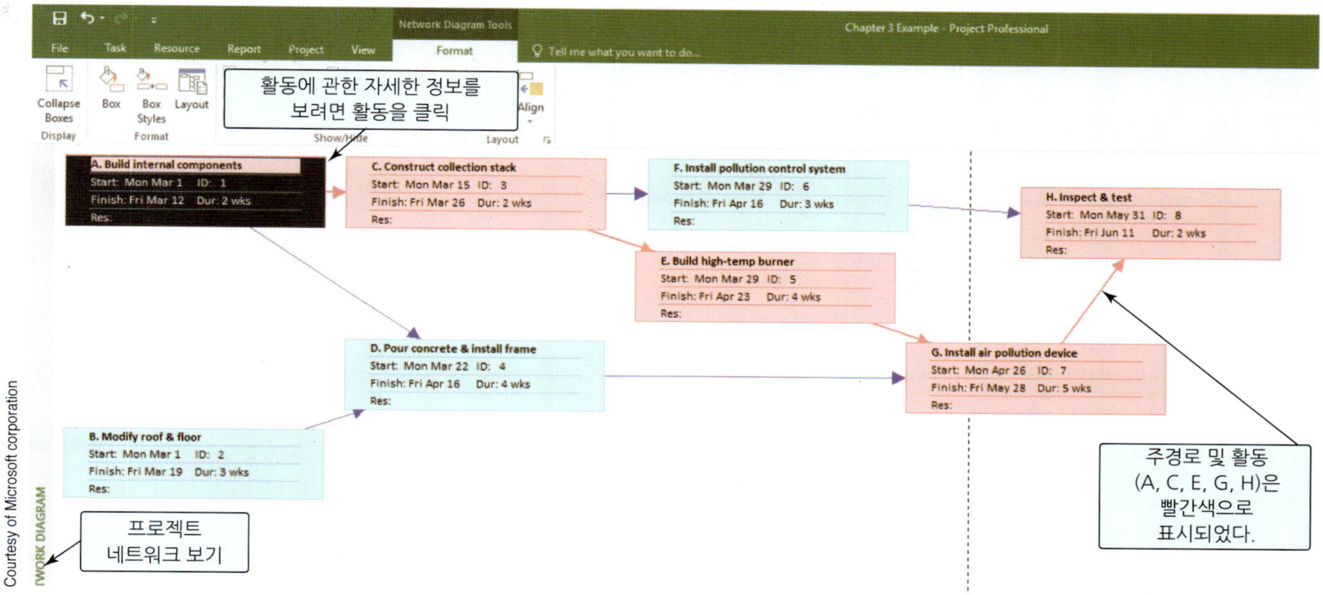

프로그램 3.2 Milwaukee Paper의 마이크로소프트 프로젝트에서 프로젝트 네트워크

프로젝트 일정 보기 모든 링크가 정의되면 전체 프로젝트 일정을 간트 차트로 볼 수 있다. View|Network Diagram을 선택해 일정을 프로젝트 네트워크로 볼 수도 있다(프로그램 3.2 참조). 주경로는 네트워크 다이어그램의 화면에서 빨간색으로 표시된다. 프로젝트 네트워크의 모든 활동을 클릭해 활동의 세부 정보를 볼 수 있다. 마찬가지로 프로젝트에서 활동을 쉽게 추가하거나 제거할 수 있다. 그렇게 할 때마다 마이크로소프트 프로젝트는 고든 시작 날짜, 완료 날짜 및 주경로를 자동으로 업데이트한다. 원하는 경우 포맷|레이아웃에서 옵션을 변경해 네트워크 레이아웃(예: 활동 재배치)을 수동으로 변경할 수 있다.

프로그램 3.1과 3.2는 Milwaukee Paper의 프로젝트가 3월 1일에 시작되면 6월 11일에 끝날 수 있음을 보여준다. 모든 활동의 시작 날짜와 종료 날짜도 명확하게 식별된다. 프로젝트 관리 소프트웨어는 이 장 앞부분에서 설명한 일정 계획 절차를 크게 단순화할 수 있다.

프로젝트의 시간 상태 추적 아마도 소프트웨어를 사용해 프로젝트를 관리할 때 가장 큰 장점은 프로젝트 진행 상황을 추적할 수 있다는 것이다. 이와 관련해 마이크로소프트 프로젝트에는 시간, 비용, 자원 사용량 등의 측면에서 개별 활동을 추적하는 데 사용할 수 있는 많은 기능이 있다.

작업 진행 시간을 추적하는 쉬운 방법은 각 작업에 대해 완료된 작업의 백분율을 입력하는 것이다. 그렇게 하는 한 가지 방법은 프로그램 3.1의 작업 이름 열에 있는 활동을 두 번 클릭하는 것이다. 이렇게 하면 각 작업에 대해 완료된 작업의 백분율을 입력할 수 있는 창이 표시된다.

여백의 표는 오늘 현재 완료된 Milwaukee Paper의 각 활동 백분율에 대한 데이터를 제공한다. (오늘이 4월 9일 금요일, 즉 프로젝트 일정의 여섯 번째 주가 끝이라고 가정한다.)

프로그램 3.3에서 볼 수 있듯이 간트 차트는 각 활동의 막대 안에 굵은 선을 그려 업데이트된 정보를 즉시 반영한다. 이 선의 길이는 완료된 해당 활동의 작업 비율에 비례한다.

일정에 맞추어 진행되는지 어떻게 알 수 있을까? 오늘 날짜에 해당하는 간트 차트에 세로선이 표시된다. 마이크로소프트 프로젝트는 현재 날짜와 일치하도록 이 줄을 자동으로 이동한다. 프로젝트가 일정대로 진행되면 오늘 줄 왼쪽에 있는 모든 막대가 완료되었음을 표시해야 한다.

4월 9일 오염 프로젝트 완료 비율

활동	완료
A	100
B	100
C	100
D	10
E	20
F	20
G	0
H	0

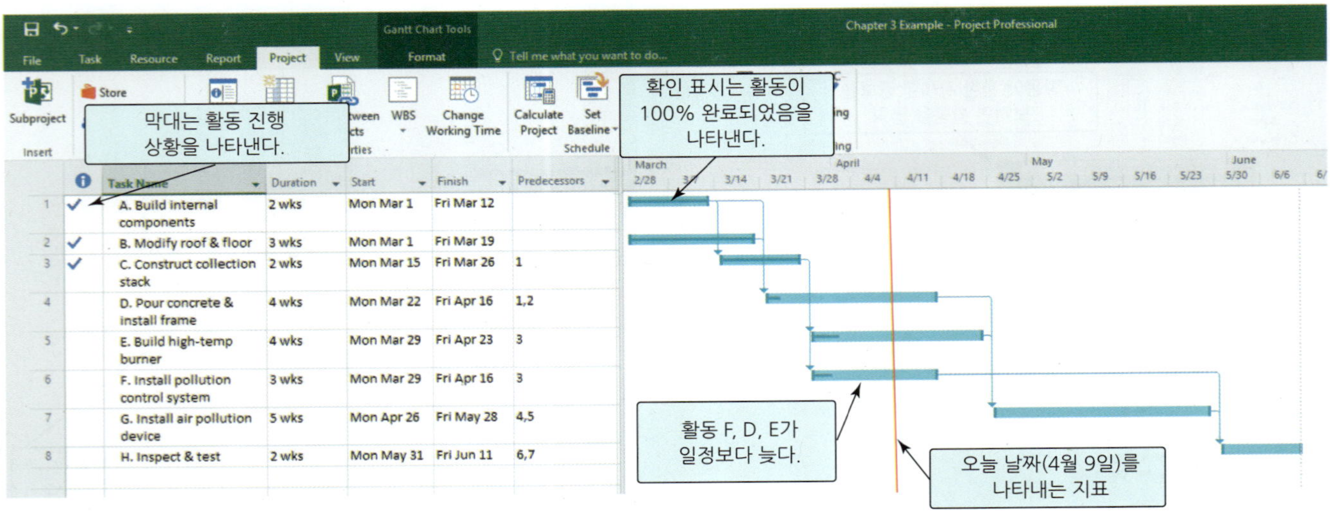

Courtesy of Microsoft corporation

프로그램 3.3 마이크로소프트 프로젝트에서 프로젝트 진행 상황 추적

예를 들어 프로그램 3.3은 활동 A, B, C가 예정대로 진행되고 있음을 보여준다. 이에 반해 활동 D, E, F는 일정이 늦어진 것으로 보인다. 이러한 활동은 지연 이유를 확인하기 위해 추가 조사가 필요하다. 이와 같은 유형의 손쉬운 시각적 정보는 실제로 프로젝트 관리에 이러한 소프트웨어를 매우 유용하게 만든다.

요약

PERT, CPM 및 기타 일정 계획 기술은 크고 복잡한 프로젝트를 통제하는 데 유용한 도구임이 입증되었다. 관리자는 이러한 기술을 사용해 프로젝트를 개별 활동(작업 분류 체계)으로 분할하고 각각에 대한 특정한 자원과 시간 요구사항을 식별한다. PERT와 CPM을 통해 관리자는 가장 빠른 시작, 가장 늦은 시작, 가장 빠른 완료 및 가장 늦은 완료(ES, LS, EF, LF) 시간을 포함한 각 활동의 상태를 이해할 수 있다. ES와 LS 사이의 상충을 제어함으로써 관리자는 여유(슬랙)가 있는 활동을 식별할 수 있고 자원 할당을 (아마 자원을 원활하게 해) 해결할 수 있다. 또한 효과적인 프로젝트 관리를 통해 관리자는 적시에 프로젝트를 완료하는 중요한 활동에 집중할 수 있다. 프로젝트의 주경로를 이해함으로써 단축이 어디에서 가장 경제적으로 의미 있는지 알 수 있다.

또한 우수한 프로젝트 관리를 통해 기업은 글로벌 시장을 위한 제품과 서비스를 효율적으로 만들고 글로벌 경쟁에 효과적으로 대응할 수 있다. 이 장에서 설명하는 마이크로소프트 프로젝트는 관리자가 네트워크 모델링 문제를 처리하는 데 도움이 되는 다양한 소프트웨어 패키지 중 하나이다.

이 장에서 설명하는 모델에는 우수한 관리 관행, 상세한 작업 분류 구조, 활동에 할당된 명확한 책임, 간단하고 시기적절한 보고 시스템이 필요하며, 이것은 모두 프로젝트 관리의 중요한 부분이다.

핵심 용어

간트 차트(Gantt chart)
낙관적 시간(optimistic time)
단축(crashing)
더미 활동(dummy activity)
비관적 시간(pessimistic time)
애자일 프로젝트(agile project)
여유 시간(slack time)
작업 분류체계(work breakdown structure, WBS)

전진법(forward pass)
주경로(critical path)
주경로 방법(critical path method, CPM)
주경로 분석(critical path analysis)
최빈 시간(most likely time)
폭포식 프로젝트(waterfall project)
프로그램 평가 및 검토 기법(program evaluation and review technique, PERT)
프로젝트 조직(project organization)
후진법(backward pass)
AOA(Activity on Arrow)
AON(Activity on node)

윤리적 딜레마

대규모로 관리되지 않는 프로젝트의 두 가지 예는 TAURUS와 '빅 디그(Big Dig)'이다. 공식적으로 런던증권거래소 자동화 프로젝트라고 불리는 첫 번째 프로젝트는 5억 7,500만 달러의 비용이 들었고 결국 중단되었다. 대부분의 IT 프로젝트는 비용 초과, 지연 및 성능 저하로 유명하지만 TAURUS는 새로운 표준을 설정했다.

그러나 TAURUS조차도 미국 역사상 가장 크고 비용이 많이 드는 공공 공사 프로젝트인 보스턴의 15년에 걸친 CA/T 프로젝트(Central Artery/Tunnel Project) 뒤에 있다. '빅 디그'라고 불리는 이 프로젝트는 아마도 수십 년 만에 가장 부실하고 가장 심각한 프로젝트 관리 실패 사례였을 것이다. 초기예산 20억 달러에서 최종 가격이 150억 달러에 이르렀던 빅 디그는 메인주와 플로리다주를 잇는 약 3,000킬로미터 길이의 고속도로로서 파나마 운하, 후버 댐 또는 95번 인터스테이트 도로보다 더 많은 비용이 들었다.

이 두 프로젝트 중 하나에 대해 읽고(또는 다른 프로젝트) 이러한 문제에 직면한 이유를 설명하라. 프로젝트 관리자들은 어떻게 그리고 왜 엄청난 노력을 들인 프로젝트를 실패 상태에 빠지게 했는가? 원인이 무엇이라고 생각하는가?

토론 문제

1. 프로젝트 관리가 필요한 상황의 예를 제시하라.
2. 프로젝트 조직의 목적을 설명하라.
3. 대규모 프로젝트의 관리에 수반되는 세 가지 단계는 무엇인가?
4. PERT와 CPM으로 답변할 수 있는 질문에는 무엇이 있는가?
5. 프로젝트란 무엇이며 프로젝트 환경을 이해하는 것이 중요한 이유는 무엇인가?
6. 프로젝트 관리에서 간트 차트의 용도는 무엇인가?
7. AOA 네트워크와 AON 네트워크의 차이점은 무엇인가? 이 장에서 주로 사용하는 것은 무엇인가?
8. 프로젝트 관리자가 프로젝트를 처리할 때 직면하는 윤리적 딜레마는 무엇인가?
9. 프로젝트의 수명주기 동안 수많은 절충이 필요할 수 있지만 비용, 시간, 성과 간의 상충은 필수적인 것으로 간주된다. 토론하라.
10. PERT 네트워크에서 예상 활동 시간과 분산을 계산하는 방법을 설명하라.
11. 가장 빠른 시작, 가장 빠른 완료, 가장 늦은 완료, 가장 늦은 시작 시간을 정의하라.
12. 학생들은 때때로 주경로의 개념에 혼란스러워하며 네트워크를 통과하는 가장 짧은 경로라고 믿고 싶어 한다. 왜 그렇지 않은지 설득력 있게 설명하라.
13. 더미 활동이란 무엇인가? 이것이 AOA 프로젝트 네트워크에서 사용되는 이유는 무엇인가?
14. PERT와 함께 사용된 세 가지 시간 추정치는 무엇인가?
15. 프로젝트 관리자가 프로젝트 네트워크에서 중요하지 않은 활동을 단축하는 것을 고려해본 적이 있는가? 설득력 있게 설명하라.
16. 전체 프로젝트의 분산은 PERT에서 어떻게 계산되는가?
17. 여유 시간(슬랙)의 의미를 설명하고 슬랙이 결정될 수 있는 방법을 논의하라.
18. 특정 날짜까지 프로젝트를 마칠 확률을 어떻게 결정할 수 있는가? 이 계산에서는 어떤 가정을 하고 있는가?
19. 프로젝트 평가 및 검토 기법(PERT)을 주경로 방법(CPM)과 비교대조하라.
20. 폭포식 접근법과 애자일 프로젝트 관리의 차이점은 무엇인가?

문제 해결

문제 해결 3.1

AON 네트워크를 기반으로 다음과 같이 구성하라.

활동	직전 선행 작업
A	—
B	—
C	—
D	A, B
E	C

해결책

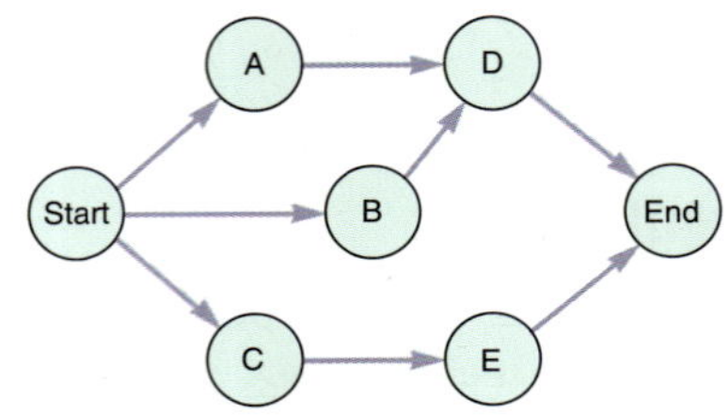

문제 해결 3.2

더미 활동 및 이벤트를 삽입해 다음 AOA 네트워크를 수정하라.

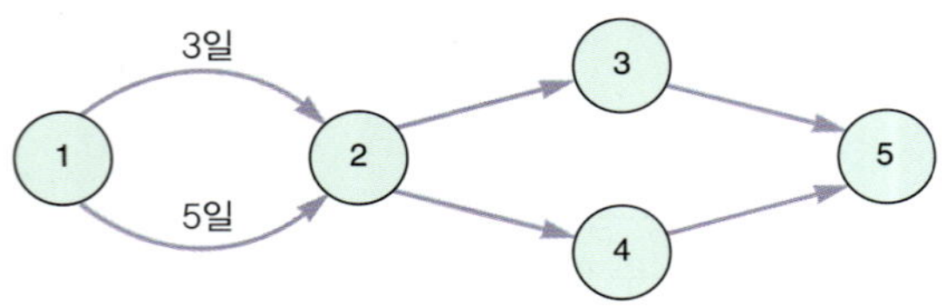

해결책

동일한 노드에서 시작하고 끝나는 두 활동을 가질 수 없기 때문에 정확한 AOA 네트워크를 얻기 위해 다음과 같은 더미 활동과 더미 사건을 추가한다.

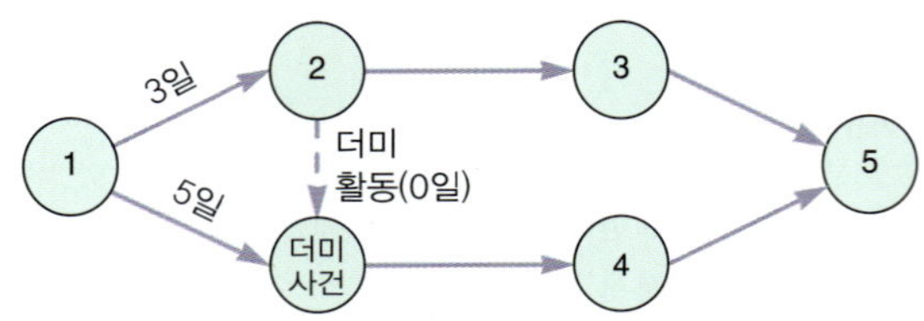

문제 해결 3.3

다음 AON 네트워크 정보를 기반으로 주경로, 프로젝트 완료 시간 T, 프로젝트 분산 σ_p^2을 계산하라.

활동	시간	분산	ES	EF	LS	LF	여유 시간
A	2	$\frac{2}{6}$	0	2	0	2	0
B	3	$\frac{2}{6}$	0	3	1	4	1
C	2	$\frac{4}{6}$	2	4	2	4	0
D	4	$\frac{4}{6}$	3	7	4	8	1
E	4	$\frac{2}{6}$	4	8	4	8	0
F	3	$\frac{1}{6}$	4	7	10	13	6
G	5	$\frac{1}{6}$	8	13	8	13	0

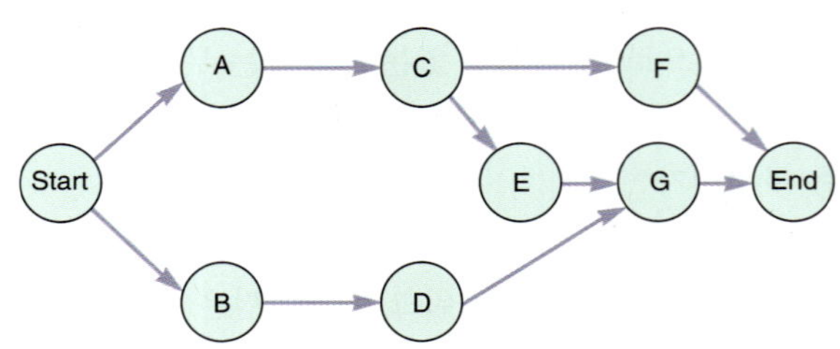

해결책

주경로는 Start-A-C-E-G-End라는 결론을 내린다.

$$\text{총 프로젝트 시간} = T = 2 + 2 + 4 + 5 = 13$$

$$\sigma_p^2 = \Sigma\text{주경로 분산}$$

$$= \frac{2}{6} + \frac{4}{6} + \frac{2}{6} + \frac{1}{6} = \frac{9}{6} = 1.5$$

문제 해결 3.4

실험용 항공기의 날개 조립을 완성하기 위해 짐 길버트(Jim Gilbert)는 관련된 일곱 가지 주요 활동을 제시했다. 이러한 활동은 다음 표에서 A부터 G까지 레이블이 지정되었다. 표에는 예상 완료 시간(주 단위)과 직전 선행 작업이 나타나 있다. 다음 표에서 각 활동에 대한 예상 시간과 분산을 결정하라.

활동	*a*	*m*	*b*	직전 선행 작업
A	1	2	3	—
B	2	3	4	—
C	4	5	6	A
D	8	9	10	B
E	2	5	8	C, D
F	4	5	6	D
G	1	2	3	E

해결책

이 책 83쪽에 있는 식 (3-6)과 (3-7)을 사용해 예상 시간과 변동을 계산할 수 있다. 결과는 오른쪽 표에 요약되어 있다.

활동	예상 시간(주)	분산
A	2	$\frac{1}{9}$
B	3	$\frac{1}{9}$
C	5	$\frac{1}{9}$
D	9	$\frac{1}{9}$
E	5	$\frac{1}{9}$
F	5	$\frac{1}{9}$
G	2	$\frac{1}{9}$

문제 해결 3.5

문제 해결 3.4를 참조해 이제 짐 길버트는 전체 날개 조립 프로젝트의 주경로와 전체 프로젝트의 예상 완료 시간을 결정하려고 한다. 또한 그는 모든 활동에 대한 가장 빠른 시작 및 가장 늦은 시작 및 완료 시간을 결정하려고 한다.

해결책

길버트의 프로젝트를 위한 AON 네트워크는 그림 3.17에 나와 있다. 이 프로젝트에는 직전 선행 작업이 없는 여러 활동(A 및 B)과 후속 작업이 없는 여러 활동(F 및 G)이 있다. 따라서 고유한 시작 활동(Start) 외에도 프로젝트에 대한 고유한 마무리 활동(End)을 포함했다.

그림 3.17은 모든 활동의 가장 빠른 시간과 가장 늦은 시간을 보여준다. 결과는 옆의 표에 요약되어 있다.

활동	활동 시간				여유 시간
	ES	EF	LS	LF	
A	0	2	5	7	5
B	0	3	0	3	0
C	2	7	7	12	5
D	3	12	3	12	0
E	12	17	12	17	0
F	12	17	14	19	2
G	17	19	17	19	0

예상 프로젝트 기간 = 19주

주경로의 분산 = 1.333

주경로의 표준편차 = 1.155주

주경로에 따른 활동은 B, D, E, G이다. 이러한 활동에는 표에 표시된 대로 여유가 없다.

그림 3.17

문제 해결 3.5를 위한 주경로

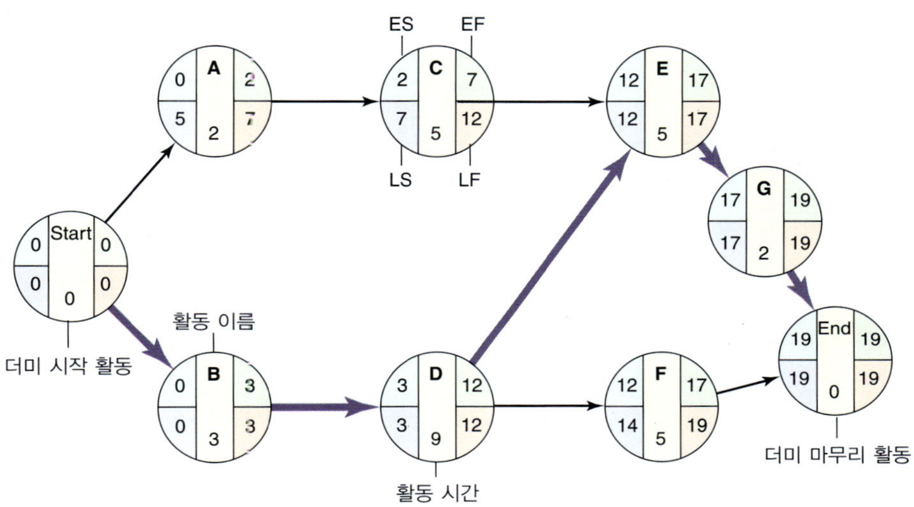

문제 해결 3.6

프로젝트에서 다음 정보가 계산되었다.

$$\text{예상 총 프로젝트 시간} = T = 62\text{주}$$
$$\text{프로젝트 분산}(\sigma_p^2) = 81$$

프로젝트가 예상 완료 날짜보다 18주 전에 완료될 확률은 얼마인가?

해결책

원하는 완료 날짜는 예상 완료 날짜 62주에서 18주 전이다. 따라서 원하는 완료 날짜는 44주(또는 62−18)이다.

$$\sigma_p = \sqrt{\text{프로젝트 분산}}$$
$$Z = \frac{\text{마감일} - \text{예상 완료일}}{\sigma_p}$$
$$= \frac{44-62}{9} = \frac{-18}{9} = -2.0$$

정규 곡선은 아래에 나타난다.

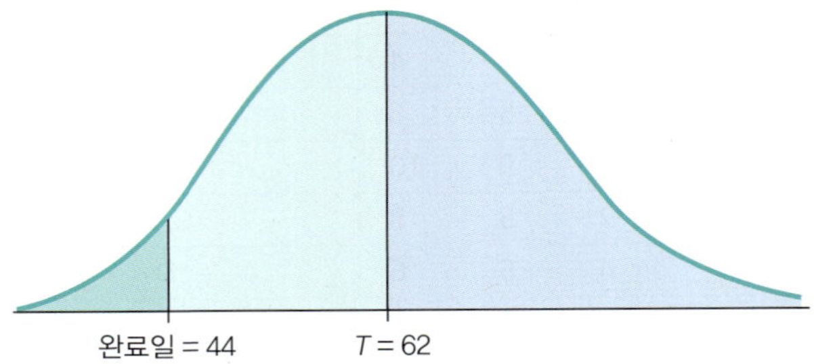

정규 곡선이 대칭이고 Z의 양숫값에 대해 표 값이 계산되므로 원하는 면적은 1 − (표 값)이다. Z = +2.0의 경우 표의 면적은 .97725이다. 따라서 Z값 −2.0에 해당하는 면적은 .02275(1 − .97725)이다. 따라서 예상 완료일로부터 18주 전에 프로젝트를 완료할 확률은 약 0.023(2.3%)이다.

문제 해결 3.7

다음 정보를 바탕으로 프로젝트 완료 날짜를 3개월 단축하는 최소 비용을 결정하라.

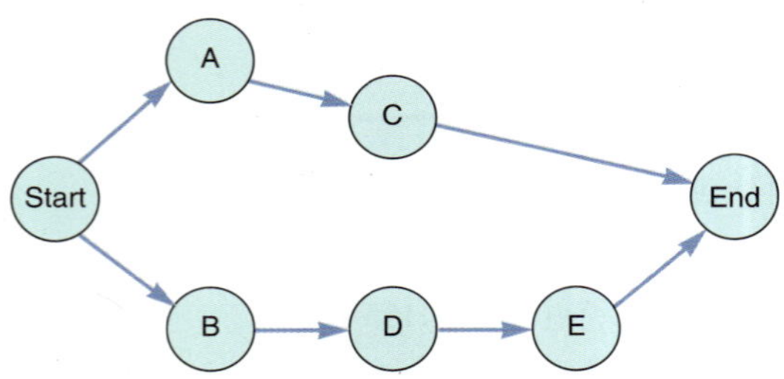

활동	정상 시간 (개월)	단축 시간 (개월)	정상비용	단축비용
A	6	4	2,000달러	2,400달러
B	7	5	3,000	3,500
C	7	6	1,000	1,300
D	6	4	2,000	2,600
E	9	8	8,800	9,000

해결책

첫 번째 단계는 각 활동에 대해 ES, EF, LS, LF, 여유 시간을 계산하는 것이다.

활동	ES	EF	LS	LF	SLACK
A	0	6	9	15	9
B	0	7	0	7	0
C	6	13	15	22	9
D	7	13	7	13	0
E	13	22	13	22	0

주경로는 활동 B, D, E로 구성된다. 다음으로 각 활동에 대한 단축 비용/월을 계산해야 한다.

활동	정상 시간-단축 시간	단축비용-정상비용	단축비용/월	주경로 여부
A	2	400달러	200달러/월	아니요
B	2	500	250/월	예
C	1	300	300/월	아니요
D	2	600	300/월	예
E	1	200	200/월	예

마지막으로, 단축비용/월 중 가장 적은 비용으로 중요한 경로에서 활동을 선택할 것이다. 이것은 활동 E이다. 따라서 200달러의 추가비용으로 총 프로젝트 완료일을 1개월 단축할 수 있다. 우리는 여전히 프로젝트 완료 시간을 2개월 더 줄여야 한다. 이러한 절감은 활동 B를 500달러의 추가비용으로 2개월 단축함으로써 주경로를 따라 최소 비용 이상을 달성할 수 있다. 두 감소 모두 중요하지 않은 활동에 영향을 미치지 않는다. 이 솔루션은 다음 표에 요약되어 있다.

활동	줄인 개월 수	비용(달러)
E	1	200
B	2	500
		총합: 700

연습 문제

Px 윈도우용 POM 또는 엑셀 OM으로 문제를 해결할 수 있음

문제 3.1~3.2는 프로젝트 계획과 관련이 있다.

• **3.1** 주택을 건설하기 위한 작업 분류 체계(WBS)는 다음과 같다(1, 2단계).

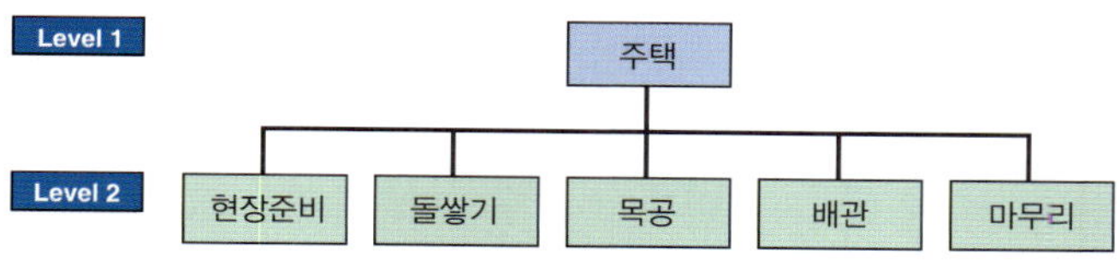

(a) WBS에 더 자세한 정보를 제공하기 위해 각 2단계 활동에 3단계 활동을 추가하라.

(b) 3단계 활동 중 하나를 선택하고 그 아래에 4단계 활동을 2개 추가하라.

•• **3.2** 당신은 컨퍼런스를 구성할 프로젝트의 프로젝트 관리자이다. 모든 주요 산출물, 부품 산출물, 부분부품이 포함된 표에 표시된 부분 목록을 기반으로 그림 3.3과 유사한 계층적 프리임워크 형태로 작업 분류 체계(WBS)를 개발하라.

단계	활동
10	회의
11	세션
11.01	원고
11.01.01	주제 A
11.01.02	주제 B
11.02	패널
11.02.01	패널 A
12	장소/날짜
12.01	현장 X
12.02	현장 Y
12.03	날짜 A
12.04	날짜 B
13	시설
13.01	빌딩
13.01.01	동측 빌딩
13.01.02	서측 빌딩
13.02	장치
13.03	음식
13.03.01	조식
13.03.02	커피

문제 3.3은 프로젝트 일정 계획과 관련이 있다.

•• **3.3** PCC(Potamia Construction Co.)는 새 병원 건물 건립 계획을 개발 중이다. PCC는 다음 표에 설명된 정보에 따라 예상 활동 기간과 함께 프로젝트 활동 및 직전 선행 작업을 설정했다. 이 정보를 기반으로 전체 건설 활동에 대한 간트 차트(가로 막대 차트)를 작성하라.

코드	활동	직전 선행 작업	기간(일)
A	부지 구입	없음	40
B	건축허가 받기	A	30
C	땅 파기	B	10
D	건물 세우기	C	100
E	전기작업	D	10
F	배관작업	D	20
G	실내 색칠	D	10
H	빌딩 청소	E, F, G	5
I	가구 옮기기	H	5

문제 3.4~3.13은 프로젝트 관리 기법과 관련이 있다.

•• **3.4** 아래 표에 나열된 프로젝트 정보를 사용해

(a) 건설 활동에 대한 AON 네트워크를 그려라.

(b) 건설 활동에 대한 AOA를 그려라.

활동	직전 선행 작업	기간(일)
A	—	4
B	—	2
C	—	2
D	A	2
E	B	3
F	B	4
G	C	2
H	D, E	5
I	F, G	3

• **3.5** 다음 표에는 프로젝트의 활동, 직전 선행 작업, 활동 기간이 나와 있다. AON 프로젝트 네트워크를 그려라. 이 프로젝트를 완료하는 데 시간이 얼마나 걸리는가? 주경로 길이는 얼마인가?

활동	직전 선행 작업	기간(일)
A	—	2
B	A	4
C	A	4
D	B	6
E	D	9
F	C	8
G	E, F	2
H	G	2
I	G	3
J	H, I	4
K	J	4

• **3.6** 프로젝트에는 다음과 같은 활동, 직전 선행 작업, 활동 기간이 있다. AOA 프로젝트 네트워크를 그려라. 이 프로젝트를 완료하는 데 얼마나 걸리는가? 주경로의 길이는 얼마인가?

활동	직전 선행 작업	기간(주)
A	없음	18
B	A	8
C	B	6
D	A	9
E	C, D	5
F	E	4
G	D	10
H	E	11
I	G, H	3

• **3.7** 아래의 정보를 바탕으로 AON 프로젝트 네트워크를 그려라. 이 프로젝트를 완료하는 데 얼마나 걸리는가? 주경로에는 어떤 활동이 포함되는가?

활동	직전 선행 작업	기간(주)
A	—	4
B	—	35
C	—	5
D	A	9
E	B	3
F	C, E	1
G	D	2
H	F	3
I	G, H	15
J	G	1

•• **3.8** 로저 진(Roger Ginde)은 관리자를 위한 공급사슬 관리 인증 프로그램을 개발하고 있다. 진은 이러한 성격의 교육 프로그램을 실시하기 전에 완료해야 하는 여러 가지 활동을 열거했다. 활동, 직전 선행 작업과 시간이 아래 표에 있다.

활동	직전 선행 작업	시간(일)
A	—	2
B	—	5
C	—	1
D	B	10
E	A, D	3
F	C	6
G	E, F	8

(a) 이 문제에 대한 AON 네트워크를 개발하라.
(b) 주경로는 무엇인가?
(c) 총 프로젝트 완료 시간은 얼마인가?
(d) 각 개별 활동의 여유(슬랙)시간은 얼마인가? Px

•• **3.9** 일리노이주 Jim Goodale's Carbondale 공장에서 조립 라인을 수정하기 위한 작업 시간 추정치는 다음과 같다.

활동	시간(시간)	직전 선행 작업
A	6.0	—
B	7.2	—
C	5.0	A
D	6.0	B, C
E	4.5	B, C
F	7.7	D
G	4.0	E, F

(a) AON을 사용해 프로젝트 네트워크를 그려라.
(b) 주경로를 파악하라.
(c) 프로젝트 완료 예상 시간은 언제인가?
(d) 프로젝트에 대한 간트 차트를 그려라. Px

• **3.10** 아래 표의 활동은 캔자스에 있는 Howard Corporation에 대한 것이다.

활동	직전 선행 작업	시간
A	—	9
B	A	7
C	A	3
D	B	6
E	B	9
F	C	4
G	E, F	6
H	D	5
I	G, H	3

(a) 이 회사 관리팀에 적합한 AON PERT 도표를 작성하라.
(b) 주경로를 찾아라.

(c) 프로젝트 완료 시간은 언제인가? Px

•• **3.11** 다음 정보를 사용해 AON 프로젝트 네트워크를 그려라.

활동	직전 선행 작업	기간(주)
A	—	4
B	A	3
C	A	6
D	B	2
E	B	3
F	C, D	5
G	E, F	1

(a) 활동 기간을 포함해 프로젝트의 AON 다이어그램을 그려라.
(b) 모든 핵심적인 활동을 시간 순으로 나열해 주경로를 정의하라.
(c) 프로젝트 기간(주 단위)은 얼마인가?
(d) 프로젝트의 모든 주경로가 아닌 경로와 관련된 여유 시간(주 단위)은 얼마인가?

• **3.12** Dave Fletcher Corp.에서 프로토타입 레이저 스캐닝 기계를 구축하는 데 필요한 활동은 아래 표와 같다. 이러한 활동을 위해 AON 네트워크를 구축하라.

활동	직전 선행 작업	활동	직전 선행 작업
A	—	E	B
B	—	F	B
C	A	G	C, E
D	A	H	D, F

•• **3.13** 다음은 Marc Massoud's Construction Company의 프로젝트 활동을 나타낸다.

활동	직전 선행 작업	시간(주)
A	—	1
B	—	4
C	A	1
D	B	5
E	B	2
F	C, E	7
G	D	2
H	F, G	3

(a) 이 상황을 나타내는 네트워크를 그려라.
(b) 어떤 활동이 주경로에 있는가?
(c) 주경로의 시간은 얼마인가? Px

문제 3.14는 프로젝트 일정 결정과 관련이 있다.

• **3.14** Dave Fletcher(문제 3.12 참조)는 레이저 스캐닝 기계를 구성하기 위한 활동 시간을 결정할 수 있었다. 이 회사는 각 활동에 대해 ES, EF, LS, LF와 여유 시간을 결정하려고 한다. 총 프로젝트 완료 시간과 주경로도 결정해야 한다. 활동 시간은 다음과 같다.

활동	시간(주)	활동	시간(주)
A	6	E	4
B	7	F	6
C	3	G	10
D	2	H	7

문제 3.15~3.23은 활동 시간 변동성과 관련이 있다.

••• **3.15** Hopkins Hospitality의 사장인 로스 홉킨스(Ross Hopkins)는 새 모텔을 짓기 위해 다음 표에서 작업, 기간, 선행 관계를 개발했다. AON 네트워크를 그리고 다음 질문에 답하라.

활동	직전 선행 작업	예상 시간(주)		
		낙관적	최빈	비관적
A	—	4	8	10
B	A	2	8	24
C	A	8	12	16
D	A	4	6	10
E	B	1	2	3
F	E, C	6	8	20
G	E, C	2	3	4
H	F	2	2	2
I	F	6	6	6
J	D, G, H	4	6	12
K	I, J	2	2	3

(a) 활동 C의 예상(예상) 시간은 얼마인가?
(b) 활동 C의 분산은 얼마인가?
(c) 예상 시간 계산에 따르면 주경로는 무엇인가?
(d) 주경로의 예상 시간은 얼마인가?
(e) 주경로에 따른 활동 분산은 얼마인가?
(f) 36주 차 이전에 프로젝트를 완료할 확률은 얼마인가? Px

• **3.16** 올랜도 암웨이센터(Orlando Amway Center)의 선물 가게 수리에는 여섯 가지 활동(시간 단위)이 있다. a, m, b에 대한 다음 추정치로 각 활동의 예상 시간과 표준편차를 계산하라. Px

활동	a	m	b
A	11	15	19
B	27	31	41
C	18	18	18
D	8	13	19
E	17	18	20
F	16	19	22

(a) 각 활동의 예상 시간과 분산을 계산하라.

(b) 주경로의 예상 완료 시간은 얼마인가? 네트워크에서 다른 경로의 예상 완료 시간은 얼마인가?

(c) 주경로의 분산은 얼마인가? 네트워크에서 다른 경로의 분산은 얼마인가?

(d) 경로 A-C를 완료하는 데 걸리는 시간이 정규분포를 따르는 경우 이 경로가 22주 이내에 완료될 확률은 얼마인가?

(e) 경로 B-D를 완료하는 데 걸리는 시간이 정규분포를 따르는 경우 이 경로가 22주 이내에 완료될 확률은 얼마인가?

(f) 주경로가 22주 이내에 완료될 확률이 반드시 프로젝트가 22주 이내에 완료될 확률이 아닌 이유를 설명하라. **Px**

•• **3.17** Kelle Carpet and Trim은 상업용 사무실에 카펫을 설치한다. 피터 켈레(Peter Kelle)는 최근 몇 가지 작업을 완료하는 데 걸린 시간에 대해 매우 우려했다. 그의 직원 중 일부는 무척이나 신뢰할 수 없었다. 새 계약에 대한 활동 목록과 낙관적 완료 시간, 최빈 완료 시간 및 비관적 완료 시간(모두 일 단위)이 다음 표에 나와 있다.

활동	시간(일)			직전 선행 작업
	a	m	b	
A	3	6	8	—
B	2	4	4	—
C	1	2	3	—
D	6	7	8	C
E	2	4	6	B, D
F	6	10	14	A, E
G	1	2	4	A, E
H	3	6	9	F
I	10	11	12	G
J	14	16	20	C
K	2	8	10	H, I

(a) 각 활동에 대한 예상 완료 시간과 분산을 결정하라.

(b) 총 프로젝트 완료 시간과 프로젝트의 주경로를 결정하라.

(c) 각 활동에 대한 ES, EF, LS, LF, 여유 시간을 결정하라.

(d) 이 회사가 40일 이내에 프로젝트를 완료할 확률은 얼마인가? **Px**

••• **3.18** 조지 키패리스(George Kyparis)의 망막 스캐닝 회사가 조사한 프로젝트 활동에 대한 예상 시간과 직전 선행 작업은 다음 표에 나와 있다. 활동 시간은 독립적이라고 가정한다.

활동	직전 선행 작업	시간(주)		
		a	m	b
A	—	9	10	11
B	—	4	10	16
C	A	9	10	11
D	B	5	8	11

••• **3.19** Coleman Rich Control Devices, Inc.는 자동차 제조업체를 위한 맞춤형 릴레이 장치를 생산한다. 이 회사가 수행한 가장 최근의 프로젝트에는 14가지 다른 활동이 필요하다. 회사의 관리자는 총 프로젝트 완료 시간(일 단위)과 주경로에 있는 활동을 결정하려고 한다. 적절한 데이터는 다음 표에 나와 있다.

(a) 53일 이내에 완료될 확률은 얼마인가?

(b) 완료 확률이 99%인 날짜는 언제인가? **Px**

활동	직전 선행 작업	낙관적 시간	최빈 시간	비관적 시간
A	—	4	6	7
B	—	1	2	3
C	A	6	6	6
D	A	5	8	11
E	B, C	1	9	18
F	D	2	3	6
G	D	1	7	8
H	E, F	4	4	6
I	G, H	1	6	8
J	I	2	5	7
K	I	8	9	11
L	J	2	4	6
M	K	1	2	3
N	L, M	6	8	10

••• **3.20** 영화 〈캐리비안의 해적: 죽은 자는 말이 없다〉의 개봉을 조정하기 위해 고용된 회사인 Four Squares Productions는 영화 개봉 전에 완료해야 할 16가지 활동을 확인했다.

활동	직전 선행 작업	낙관적 시간	최빈 시간	비관적 시간
A	—	1	2	4
B	—	3	3.5	4
C	—	10	12	13
D	—	4	5	7
E	—	2	4	5
F	A	6	7	8
G	B	2	4	5.5
H	C	5	7.7	9
I	C	9.9	10	12
J	C	2	4	5
K	D	2	4	6
L	E	2	4	6
M	F, G, H	5	6	6.5
N	J, K, L	1	1.1	2
O	I, M	5	7	8
P	N	5	7	9

(a) 회사는 영화 개봉 몇 주 전에 마케팅 캠페인을 시작해야 하는가? 주경로는? 작업(주 단위의 시간)은 다음과 같다.

(b) (a)에 언급된 시간(주 단위) 내에 마케팅 캠페인을 완료할 확률은 얼마인가?

(c) 활동 I와 J가 필요하지 않은 경우, 마케팅 캠페인을 완료하는 데 필요한 주의 개수와 주경로에 어떤 영향을 미치는가?

•• **3.21** 애덤 먼슨(Adam Munson)은 PERT를 사용해 유람선 건설을 위한 예상 프로젝트 완료 시간이 21개월이고 프로젝트 분산이 4임을 확인할 수 있었다.

(a) 프로젝트가 17개월 내에 완료될 확률은 얼마인가?

(b) 프로젝트가 20개월 내에 완료될 확률은 얼마인가?

(c) 프로젝트가 23개월 내에 완료될 확률은 얼마인가?

(d) 프로젝트가 25개월 내에 완료될 확률은 얼마인가?

(e) 완료 확률이 95%인 마감일은 언제인가?

•• **3.22** 크리슈나 디르(Krishna Dhir)의 회사의 소규모 소프트웨어 개발 프로젝트에는 다섯 가지 주요 활동이 있다. 예상 시간은 다음 표에 나와 있다.

활동	직전 선행 작업	*a*	*m*	*b*
A	—	2	5	8
B	—	3	6	9
C	A	4	7	10
D	B	2	5	14
E	C	3	3	3

(a) 이 프로젝트의 예상 완료 시간을 찾아라.

(b) 특정 시간까지 완료될 확률을 찾기 위해 어떤 분산값이 사용되는가?

••• **3.23** 재니스 엘리아슨(Janice Eliasson)은 컨설팅 프로젝트를 완료하기 위해 다음 표의 활동을 완료해야 한다.

활동	예상 시간	예상 시간의 표준편차	직전 선행 작업
A	7	2	—
B	3	1	A
C	9	3	A
D	4	1	B, C
E	5	1	B, C
F	8	2	E
G	8	1	D, F
H	6	2	G

(a) 적절한 PERT 다이어그램을 그려라.

(b) 주경로 및 프로젝트 완료 시간을 찾아라.

(c) 프로젝트를 완료하는 데 49시간 이상이 걸릴 확률을 구하라.

문제 3.24~3.29는 비용-시간 상충 및 프로젝트 단축과 관련이 있다.

•• **3.24** 다음에 주어진 프로젝트 다이어그램 그래프 (a)와 표의 세부사항을 참조해 가장 경제적인 방법으로 프로젝트 완료 시간을 4주로 단축할 수 있는 방법은 무엇인가?

과제	기간(주)	단축 시간	최대 단축 시간	정상비용 (유로)	단축비용 (유로)	주당 단축 비용(유로)
A	3	2	1	4,000	5,000	1,000
B	5	5	0	10,000	10,000	0
C	2	1	1	1,500	2,000	500
D	2	1	1	6,000	10,000	4,000
E	3	2	1	8,000	15,000	7,000
F	4	3	1	3,000	4,000	1,000
G	8	6	2	4,000	7,000	3,000
H	2	1	1	3,000	5,000	2,000

(a) 이전

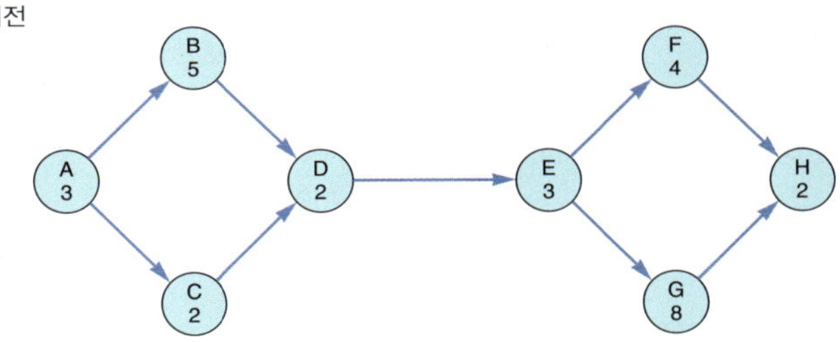

(b) 단축 후

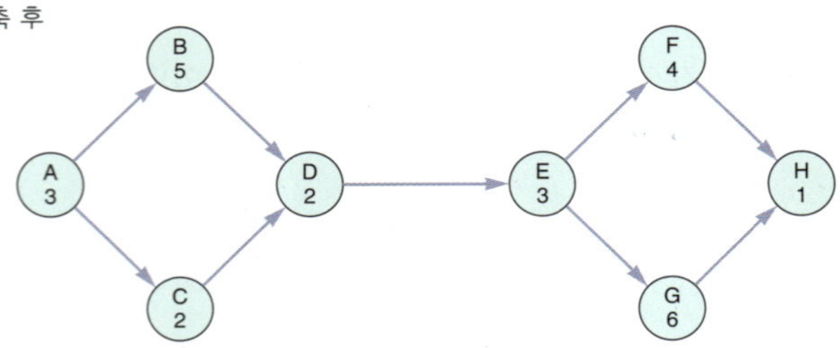

••• **3.25** 로저 솔라노(Roger Solano)가 Slippery Rock University에서 관리하는 다음 프로젝트를 4일 이내에 단축시키는 데 필요한 최소 비용은 얼마인가? Px

활동	정상 시간 (일)	단축 시간 (일)	정상비용 (달러)	단축비용 (달러)	직전 선행 작업
A	6	5	900	1,000	—
B	8	6	300	400	—
C	4	3	500	600	—
D	5	3	900	1,200	A
E	8	5	1,000	1,600	C

•• **3.26** 대규모 컴퓨터 설치를 위한 프로젝트 네트워크에서 프로젝트 단축을 위해 세 가지 활동이 고려되고 있다(물론 세 가지 모두 중요함). 활동 세부 정보는 다음 표에 있다.

활동	직전 선행 작업	정상 시간	정상비용 (달러)	단축 시간	단축비용 (달러)
A	—	7일	6,000	6일	6,600
B	A	4일	1,200	2일	3,000
C	B	11일	4,000	9일	6,000

(a) 주경로를 1일 단축하려면 어떤 활동이 일어나야 하는가?
(b) 다른 경로가 중요하지 않다고 가정할 때, 주경로를 추가적으로 하루 더 줄이기 위해서는 어떤 활동을 해야 하는가?
(c) 2일 감소의 총비용은 얼마인가? Px

••• **3.27** 배턴루지에 있는 호세 노구에라(Jose Noguera)의 기술 회사에서 특정 회계 소프트웨어 제품의 버전 2.0 개발을 고려하고 있다. 이 프로젝트의 완료에 필요한 활동은 다음 표에 나열되어 있다.

활동	정상 시간 (주)	단축 시간 (주)	정상비용 (달러)	단축비용 (달러)	직전 선행 작업
A	4	3	2,000	2,600	—
B	2	1	2,200	2,800	—
C	3	3	500	500	—
D	8	4	2,300	2,600	A
E	6	3	900	1,200	B
F	3	2	3,000	4,200	C
G	4	2	1,400	2,000	D, E

(a) 프로젝트 완료 날짜는 언제인가?
(b) 정상 시간에 이 프로젝트를 완료하는 데 필요한 총비용은 얼마인가?
(c) 이 프로젝트를 완료하는 데 필요한 시간을 1주일로 줄이려면 어떤 활동이 단축되어야 하며 이로 인해 총비용이 얼마나 증가하는가?
(d) 단축할 수 있는 최대 시간은 얼마이고, 비용이 얼마나 증가하는가? Px

••• **3.28** Kimpel Products는 상업용 피자 오븐을 만든다. CEO인 제임스 킴펠(James Kimpel)은 고등학교 및 대학 주방에서 사용할 소형 오븐 생산을 고려하고 있다. 실험 모델과 관련 데이터를 구축하는 데 필요한 활동은 다음 표에 나와 있다.

활동	정상 시간 (주)	단축 시간 (주)	정상비용 (달러)	단축비용 (달러)	직전 선행 작업
A	3	2	1,000	1,600	—
B	2	1	2,000	2,700	—
C	1	1	300	300	—
D	7	3	1,300	1,600	A
E	6	3	850	1,000	B
F	2	1	4,000	5,000	C
G	4	2	1,500	2,000	D, E

(a) 프로젝트 완료 날짜는 언제인가?
(b) 이 프로젝트를 최소 비용으로 10주로 단축하라.
(c) 이 프로젝트를 최소 비용으로 7주(단축할 수 있는 최댓값)로 단축하라. Px

•• **3.29** Sawaya Robotics에서 다음 프로젝트를 4일 이내에 단축시키는 최소 비용은 얼마인가? Px

활동	정상 시간 (일)	단축 시간 (일)	정상비용	단축비용	직전 선행 작업
설계	6	5	900	1,000	—
배선	8	6	300	400	—
칩 설치	4	3	500	600	—
소프트웨어	5	3	900	1,200	A, B
테스트	8	5	1,000	1,600	C

사례 연구

아놀드파머병원의 프로젝트 관리

올랜도의 아놀드파머병원(Arnold Palmer Hospital)에서는 매일 유치원 한 클래스가 태어난다. 연간 6,500명을 받을 수 있는 규모의 병원에서 1만 3,000명 이상이 태어나자 신생아 중환자실은 한계에 다다랐다. 게다가 플로리다 중부의 인구 증가가 지속되면서 병원은 만원이 되는 경우가 많았다. 분명히 새로운 시설이 필요했다. 경영진은 많은 분석과 예측, 논의 끝에 기존 병원 맞은편에 273병상 규모의 새 건물을 짓기로 했다. 그러나 이 시설은 병원의 가이드 원칙과 여성과 영아들의 전문적 요구를 전담하는 헬스 케어 센터로서의 고유성에 따라 지어져야 했다.

가이드 원칙은 다음과 같다: **가족 중심, 사생활과 존엄성이 존중되는 치유 환경, 자연광으로 따뜻하고 고요한 주변 환경, 최고의 케어를 제공하는 성실하고 헌신적인 직원, 환자 중심의 흐름과 기능을 갖춘 보살핌의 안식처.** 사업 개발 부사장인 칼 호지스(Karl Hodges)는 가이드 원칙을 잘 이해하고 있으며, 현재 시스템에 대해 가장 잘 알고 있고 새로운 시스템을 사용할 사람, 즉 의사와 간호사가 내부적으로 설계한 병원을 원했다. 호지스와 그의 직원들은 새로운 시설에 대한 제안을 개발하기 전에 이 그룹뿐만 아니라 환자 및 지역 사회와 확장 필요성에 대해 13개월 동안 논의했다. 관리 팀은 35개의 사용자 그룹을 만들어 1,000회가 넘는 계획 회의(45분부터 하루 종일)를 개최했다. 그들은 심지어 새로운 병원이 직면하고 있는 다면적인 문제들에 대한 상반된 견해를 다루기 위해 '대법원'을 만들었다.

자금 조달 및 규제 문제는 이 주요 확장에 상당한 복잡성을 추가했으며 호지스는 프로젝트가 제시간에 예산 범위 내에서 진행될지 매우 우려했다. 시설 개발 이사인 톰 하야트(Tom Hyatt)는 진행 중인 개조, 확장 및 기타 프로젝트 감독 외에도 1억 달러 프로젝트의 현장 관리자 임무를 맡았다. 아놀드파머병원의 새 건물을 위한 다년 프로젝트의 활동은 표 3.7에 제시했다.

토론 문제

1. 아놀드파머의 새 병원 계획 및 건설을 위한 네트워크를 개발하라.
2. 주경로는 무엇이며 프로젝트에 소요되는 시간은 얼마인가?
3. 이 11층 건물의 건축이 같은 높이의 사무용 건물의 건축보다 복잡한 이유는 무엇인가?
4. 제안 및 검토 이전에 일어났던 계획은 전체 프로젝트 기간의 몇 퍼센트를 소요했는가? 실제 건물을 짓기 전에는 몇 퍼센트였는가? 그 이유는 무엇인가?

표 3.7 확장 계획 및 아놀드파머병원 건설 활동 및 시간[a]

활동	일정 시간	선행 활동(IES)
1. 제안 및 검토	1개월	—
2. 마스터 일정 계획	2주	1
3. 건축가 선정 과정	5주	1
4. 전체 캠퍼스와 그 요구사항 조사	1개월	1
5. 건축가의 계획 개념화	6주	3
6. 비용 추정	2개월	2, 4, 5
7. 심의/결정을 위해 이사회에 계획 전달	1개월	6
8. 조사/ 규제 검토	6주	6
9. 시공 관리자 선정	9주	6
10. 더 많은 병상 필요에 대한 주정부 검토(필요 증명서)	3.5개월	7, 8
11. 설계 도면	4개월	10
12. 건설 서류	5개월	9, 11
13. 현장 준비/기존 건물 철거	9주	11
14. 착공/빌딩 패드	2개월	12, 13

활동	일정 시간	선행 활동(IES)
15. 유틸리티 이전	6주	12
16. 기초 파기	2개월	14
17. 골격 구조 만들기	9개월	16
18. 외벽/지붕	4개월	17
19. 실내 공사	12개월	17
20. 빌딩 검사	5주	15, 19
21. 점유	1개월	20

[a] 이 활동 목록은 이 사례 연구를 위해 축약되었다. 단순화를 위해 매주 = .25개월(즉 2주 = .5개월, 6주 = 1.5개월 등)을 가정한다.

하드록의 록페스티벌 관리

하드록카페는 다른 조직과 마찬가지로 프로젝트 관리가 핵심 계획 도구이다. 호텔과 카페 등에서 하드록의 꾸준한 성장과 기존 카페 리모델링, 하드록 라이브 콘서트 및 이벤트 장소 일정, 연례 록페스티벌 기획 등으로 경영진은 프로젝트 관리 기법과 소프트웨어에 의존해 일정과 예산 성과를 유지하고 있다.

하드록의 부사장 크리스 토마소(Chris Tomasso)는 "마이크로소프트 프로젝트 없이는 그렇게 많은 사람들이 같은 생각을 가질 수 없다"고 말한다. 토마소는 10만 명이 훨씬 넘는 열성 팬들이 참석하는 록페스티벌 행사를 담당하고 있다. 과제는 9개월이라는 촉박한 계획 기간 내에서 이를 달성하는 것이다. 행사가 다가옴에 따라 토마소는 활동에 더 많은 에너지를 쏟고 있다. 처음 3개월 동안 토마소는 마이크로소프트 프로젝트 차트를 매월 업데이트한다. 그런 다음 6개월이 되면 매주 비디오 케이스 진행 상황을 업데이트한다. 9개월 째가 되면 일주일에 두 번씩 일정을 확인하고 정정한다.

프로젝트 관리 프로세스 초기에 토마소는 10가지 주요 작업[작업 분류 체계(WBS)에서 레벨 2 활동이라고 함]을 식별한다[†]: 인재 예약, 티켓팅, 마케팅/홍보, 온라인 프로모션, 텔레비전, 쇼 제작, 여행, 후원, 운영 및 상품화. WBS를 사용해 이들 각각은 일련의 하위 작업으로 더 나뉜다. 표 3.8은 26개의 주요 활동과 하위 활동, 직전 선행 작업, 예상 시간을 나타낸다. 토마소는 이 모든 것을 마이크로소프트 프로젝트 소프트웨어에 입력한다.[‡] 토마소는 프로젝트가 진행됨에 따라 마이크로소프트 프로젝트 문서와 시간대를 변경한다. 그는 "계속 진행한다면 바꿔도 좋다"고 말한다. 록페스티벌이 열리는 날 자체가 프로젝트 기획의 끝은 아니다. "놀라운 일이 아닐 수 없다. 한 밴드가 교통체증 때문에 공연장에 가지 못하는 것은 놀라운 일이지만, '예상된' 놀라운 일이다. 헬기를 대기시켜 밴드를 태울 수 있도록 준비를 했다"라고 토마소는 말한다. 7월 록페스티벌이 완료되면 토마소와 그의 팀은 프로젝트 기획 과정을 다시 시작하기 전에 3개월의 유예 기간을 갖는다.

[†] 레벨 1 활동은 록페스티벌 콘서트 그 자체이다.

[‡] 토마소가 실제로 사용하는 활동은 127개이다. 이 사례 연구를 위해 목록이 축약되어 있다.

토론 문제

1. 록페스티벌의 주경로와 활동을 식별하라. 프로젝트는 얼마나 시간이 소요되는가?
2. 8주 이상의 여유 시간이 있는 활동은 무엇인가?
3. 프로젝트 관리자가 이와 같은 이벤트에서 직면하는 다섯 가지 주요 과제를 식별하라.
4. 이와 같은 프로젝트에서 작업 분류 체계가 유용한 이유는 무엇인가? 26개의 활동을 선택해 레벨 2, 레벨 3, 레벨 4 작업으로 나누어라.

미주

1. 이 공식은 베타 분포의 한쪽 끝에서 다른 쪽 끝이 6표준편차(평균에서 ±3표준편차)라는 통계적 개념을 기반으로 한다. $(b-a)$는 6표준편차이므로 분산은 $[(b-a)/6]^2$이다.

표 3.8 록페스티벌 계획의 주요 활동 및 하위 활동

활동	설명	선행 활동(S)	시간(주)
A	최종 부지 및 건물 계약	—	7
B	현지 프로모터 선택	A	3
C	프로덕션 매니저 채용	A	3
D	홍보 웹사이트 디자인	B	5
E	TV 계약 설정	D	6
F	감독 채용	E	4
G	TV 카메라 배치 계획	F	2
H	목표 헤드라인 연예인	B	4
I	목표 지원 연예인	H	4
J	인재를 위한 여행숙박시설	I	10
K	개최 규모 설정	C	2
L	티켓마스터 계약	D, K	3
M	현장 발권	L	8
N	사운드 및 무대	C	6
O	패스 및 무대자격 증명	G, R	7
P	직원을 위한 여행숙박시설	B	20
Q	스폰서 코디네이터 고용	B	4
R	후원자 마무리	Q	4
S	후원자들의 간판 정의 및 배치	R, X	3
T	운영관리자 채용	A	4
U	현장계획 개발	T	6
V	안전 이사 채용	T	7
W	경찰/소방계획 설정	V	4
X	전기, 배관, AC, 화장실 서비스	U	8
Y	상품거래 안전보장	B	6
Z	온라인상품 판매	Y	6

참고문헌

Balakrishnan, R., B. Render, R. M. Stair, and C. Munson. *Managerial Decision Modeling: Business Analytics with Spreadsheets*, 4th ed. Boston: DeGruyter, 2017.

Birkinshaw, J. "What to Expect from Agile." *MIT Sloan Management Review* 59, no. 2 (Winter 2018): 39–42.

Gray, C. L., and E. W. Larson. *Project Management*, 6th ed. New York: McGraw-Hill/Irwin, 2014.

Helgadottir, Hilder. "The Ethical Dimension of Project Management." *International Journal of Project Management* 26, no. 7 (October 2008): 743.

Karlos, A., et al. "Foundations of Project Management." *International Journal of Project Management* 27, no. 1 (January 2009): 1.

Matta, N. F., and R. N. Ashkenas. "Why Good Projects Fail Anyway." *Harvard Business Review* 85, no. 5 (September 2003): 109–114.

Maylor, Harvey. *Project Management*, 5th ed. Upper Saddle River, NJ: Prentice Hall, 2011.

Meredith, J. R., and S. Mantel. *Project Management*, 8th ed. New York: Wiley, 2011.

Render, B., R. M. Stair, M. Hanna, and T. Hale. *Quantitative Analysis for Management*, 13th ed. Boston: Pearson, 2018.

Verzuh, Eric. *The Fast Forward MBA in Project Management*. New York: Wiley, 2008.

Chapter 3 *Rapid* Review

절 제목	내용 훑어보기
프로젝트 관리의 중요성	프로젝트 관리에는 세 단계가 포함된다. 1. **계획**: 이 단계에는 목표 설정, 프로젝트 정의, 팀 구성이 포함된다. 2. **일정 계획**: 이 단계에서는 사람, 돈, 물품을 특정 활동과 연관 짓고 활동을 서로 연결한다. 3. **통제**: 여기서 회사는 자원, 비용, 품질, 예산을 모니터링한다. 또한 시간 및 비용 요구사항을 충족하기 위해 계획을 수정하거나 변경하고 자원을 이동한다.
프로젝트 계획	프로젝트는 주요 산출물을 지향하는 일련의 관련 작업으로 정의할 수 있다. ■ **프로젝트 조직**: 프로그램(프로젝트)이 적절한 관리와 관심을 받을 수 있도록 구성된 조직 ■ **작업 분류 체계(WBS)**: 프로젝트를 점점 더 세부적인 구성요소로 나누어 정의한다.
프로젝트 일정 계획	■ **간트 차트**: 자원을 예약하고 시간을 할당하는 데 사용되는 계획 차트 프로젝트 일정은 다음과 같은 여러 용도로 사용된다. 1. 각 활동과 다른 활동 및 전체 프로젝트와의 관계를 보여준다. 2. 활동 간의 우선순위 관계를 식별한다. 3. 각 활동에 대한 실제적인 시간 및 비용 추정치를 설정하도록 권장한다. 4. 프로젝트에서 중요한 병목 현상을 식별해 사람, 돈 및 물질적 자원을 더 잘 사용하도록 돕는다.
프로젝트 통제	컴퓨터 프로그램은 다음을 포함한 다양한 PERT/CPM 보고서를 생성한다. (1) 각 작업에 대한 자세한 비용 분석, (2) 총 프로그램 노동 곡선, (3) 비용 분배표, (4) 기능 비용 및 시간 요약, (5) 원자재 및 지출 예측, (6) 분산 보고서, (7) 시간 분석 보고서, (8) 작업 상태 보고서 ■ **폭포식 프로젝트**: 완료될 때까지 단계적으로 원활하게 진행되는 프로젝트 ■ **애자일 프로젝트**: 알려지지 않은 프로젝트에 적응하기 위해 협업과 지속적인 피드백이 필요한 불분명한 프로젝트
프로젝트 관리 기법: PERT와 CPM	■ **프로그램 평가 및 검토 기법(PERT)**: 각 활동에 세 가지 시간 추정치를 사용하는 프로젝트 관리 기법 ■ **주경로 방법(CPM)**: 활동당 하나의 견적만 사용하는 프로젝트 관리 기법 ■ **주경로**: 네트워크로 계산된 가장 긴 시간 경로 PERT와 CPM은 모두 여섯 가지 기본 단계를 따른다. 주경로에 있는 활동은 제시간에 완료되지 않으면 전체 프로젝트를 지연시킨다. ■ **AON**: 노드가 활동을 지정하는 네트워크 다이어그램 ■ **AOA**: 화살표가 활동을 나타내는 네트워크 다이어그램. AOA 네트워크에서 노드는 활동의 시작 및 종료 시간을 나타내며 이벤트라고도 한다. ■ **더미 활동**: 네트워크의 논리를 유지하기 위해 네트워크에 삽입되는 시간이 없는 활동 여러 종료 활동이 있는 프로젝트의 AON 다이어그램 끝에 더미 종료 활동을 추가할 수 있다.
프로젝트 일정 결정	■ **주경로 분석**: 프로젝트 일정을 결정하는 데 도움이 되는 프로세스. 주경로를 찾기 위해 각 활동에 대해 두 가지 고유한 시작 및 종료 시간을 계산한다. ■ 가장 빠른 시작(ES) = 모든 선행 작업이 완료되었다고 가정할 때 활동을 시작할 수 있는 가장 빠른 시간 ■ 가장 빠른 완료(EF) = 활동을 완료할 수 있는 가장 빠른 시간 ■ 가장 늦은 시작(LS) = 전체 프로젝트의 완료 시간을 지연시키지 않고 활동을 시작할 수 있는 가장 늦은 시간 ■ 가장 늦은 완료(LF) = 전체 프로젝트의 완료 시간을 지연시키지 않기 위해 활동을 완료해야 하는 가장 늦은 시간 ■ **전진법**: 모든 빠른 시작 및 빠른 완료 시간을 식별하는 프로세스 $$\text{ES} = \text{최대 \{모든 직전 선행 작업 활동의 EF\}} \quad (3\text{-}1)$$ $$\text{EF} = \text{ES} + \text{활동 시간} \quad (3\text{-}2)$$ ■ **후진법**: 모든 가장 늦은 시작 및 늦은 완료 시간을 식별하는 프로세스 $$\text{LF} = \text{최소 \{바로 뒤따르는 모든 활동의 LS\}} \quad (3\text{-}3)$$ $$\text{LS} = \text{LF} - \text{활동 시간} \quad (3\text{-}4)$$ ■ **여유 시간**: 활동을 위한 자유 시간 $$\text{여유 시간} = \text{LS} - \text{ES} \quad \text{또는} \quad \text{여유 시간} = \text{LF} - \text{EF} \quad (3\text{-}5)$$

	여유가 없는 활동을 주활동이라고 하며 주경로에 있다고 한다. 주경로는 프로젝트의 첫 번째 활동에서 시작해 프로젝트의 마지막 활동에서 종료되는 프로젝트 네트워크를 통한 연속적인 경로이다.
활동 시간 변동성	■ **낙관적 시간**(a): PERT 네트워크에서 얻을 수 있는 '최상'의 활동 완료 시간 ■ **비관적 시간**(b): PERT 네트워크에서 예상할 수 있는 '최악'의 활동 시간 ■ **최빈 시간**(m): PERT 네트워크에서 활동을 완료할 가능성이 가장 높은 시간 PERT를 사용할 때 자주 활동 시간 추정치가 베타 분포를 따른다고 가정한다. 예상 활동 시간 $t = (a + 4m + b)/6$ (3-6) 활동 완료 시간의 분산 $= [(b - a)/6]^2$ (3-7) σ_p^2 = 프로젝트 분산 = Σ(주경로에서 활동의 분산) (3-8) Z = (마감일 − 예상 완료일)/σ_p (3-9) 마감일 = 예상 완료 시간 + ($Z \times \sigma_p$) (3-10)
비용-시간 상충 및 프로젝트 단축	■ **단축**: 네트워크의 활동 시간을 단축해 주경로에서 시간을 줄여 총 완료 시간을 줄인다. 기간당 단축비용 = $\dfrac{(\text{단축비용} - \text{정상비용})}{(\text{정상 시간} - \text{단축 시간})}$ (3-11)
PERT와 CPM 비평	문제 해결을 위한 모든 기술과 마찬가지로 PERT와 CPM에는 여러 가지 장점과 몇 가지 제한 사항이 있다.
마이크로소프트 프로젝트를 이용한 프로젝트 관리	특수 프로젝트 관리 소프트웨어의 가장 인기 있는 예인 마이크로소프트 프로젝트는 프로젝트 네트워크를 작성하고 프로젝트 일정을 식별하며 프로젝트 비용 및 기타 자원을 관리하는 데 매우 유용하다.

셀프테스트

3.1 간트 차트에 관한 설명 중 옳은 것은?
(a) 간트 차트는 프로젝트의 각 활동에 대한 타임라인과 선행 관계를 제공한다.
(b) 간트 차트는 방법, 재료, 인력, 기계의 네 가지 표준 기둥 사용한다.
(c) 간트 차트는 프로젝트의 활동 기간을 보여주는 시각적 장치이다.
(d) 간트 차트는 비싸다.
(e) 위의 내용은 모두 사실이다.

3.2 AOA와 AON 네트워크는
(a) AOA에서 화살표는 활동을 나타낸다.
(b) AON에서 노드는 활동을 나타낸다.
(c) 활동은 시간과 자원을 소모한다.
(d) 노드는 AOA에서 이벤트라고도 한다.
(e) 위의 모든 것

3.3 여유 시간은
(a) ES + t (b) LS − ES
(c) 0 (d) EF − ES

3.4 네트워크의 주경로는
(a) 네트워크를 통한 최단 시간 경로이다.
(b) 활동이 가장 적은 경로이다.
(c) 활동이 가장 많은 경로이다.
(d) 네트워크를 통한 최장 시간 경로이다.

3.5 PERT 분석은 총 프로젝트 완료 시간의 분산을
(a) 프로젝트에 있는 모든 활동의 분산 합계로 계산한다.
(b) 주경로에 있는 모든 활동의 분산 합계로 계산한다.
(c) 주경로에 있지 않은 모든 활동의 분산 합계로 계산한다.
(d) 프로젝트의 최종 활동의 분산으로 계산한다.

3.6 기간당 단축비용은
(a) 비용의 차이를 시간의 차이(단축 및 정상)로 나눈 값이다.
(b) 정상과 단축 사이의 범위에서 선형으로 간주된다.
(c) 시간 단축을 위해 주경로에서 가장 작은 비용 값을 먼저 고려할 수 있도록 결정해야 한다.
(d) 위의 모든 것

정답 3.1. c 3.2. e 3.3. b 3.4. d 3.5. b 3.6. d

예측

4

이 장의 구성

글로벌 기업 프로필: 월트디즈니파크앤드리조트

- 예측이란 무엇인가
- 예측의 전략적 중요성
- 예측 시스템의 7단계
- 예측 접근법
- 시계열 예측
- 연관 예측 방법: 회귀분석과 상관분석
- 예측 모니터링과 통제
- 서비스 부문 예측

Beverly Amer/Aspenleaf Productions

글로벌 기업 프로필
Walt Disney Parks & Resorts

예측으로 경쟁 우위를 얻은 디즈니

세계에서 가장 존경받는 글로벌 브랜드라면 월트디즈니파크앤드리조트(Walt Disney Parks & Resorts)가 눈에 띄는 리더이다. 이 마법 왕국의 군주는 사람이 아니라 쥐지만(미키마우스), CEO 로버트 아이거(Robert Iger)는 매일 엔터테인먼트 거물을 관리한다.

디즈니의 글로벌 포트폴리오에는 상하이 디즈니랜드(2016), 홍콩 디즈니랜드(2005), 디즈니랜드 파리(1992), 도쿄 디즈니랜드(1983)가 포함된다.

그러나 플로리다의 월트디즈니월드리조트와 캘리포니아의 디즈니랜드리조트가 550억 달러 규모의 이 기업에서 수익을 창출하고 있으며, ≪포춘(Fortune)≫ 선정 500대 기업과 ≪파이낸셜타임스(Financial Times)≫ 글로벌 500대 기업 모두에서 상위 100위 안에 들었다.

Helen Sessions/Alamy Stock Photo

미키마우스와 미니마우스는 디즈니의 기업 이미지를 세상에 제공한다. 예측에 따라 올랜도 근처 월트디즈니월드리조트에서 일하는 출연진 72,000명의 작업 일정이 결정된다.

디즈니의 수익은 모두 사람에 관한 것이다. 얼마나 많은 사람이 공원을 방문하는지, 공원에 있는 동안 어떻게 돈을 사용하는지에 관한 것이다. 아이거가 매일 올랜도 인근 테마파크 4곳과 워터파크 2곳에서 보고서를 받아보면, 보고서에는 어제의 공원[매직킹덤(Magic Kingdom), 엡콧(Epcot), 디즈니애니멀킹덤(Disney's Animal Kingdom), 디즈니할리우드스튜디오(Disney's Hollywood Studios), 타이푼라군(Typhoon Lagoon), 블리자드비치(Blizzard Beach)] 방문객 수 예보와 실제 방문객 수라는 두 가지 숫자만 적혀 있다. 0에 가까운 오류가 예상된다. 아이거는 그의 예측을 매우 진지하게 받아들인다.

그러나 월트디즈니월드리조트의 예측 팀은 일별 예측만 하는 것이 아니며 아이거만이 유일한 고객은 아니다. 예측 팀은 노동 관리, 유

Nicolas Chan/Alamy Stock Photo

거대한 구체는 올랜도에 있는 디즈니의 4개 공원 중 하나인 엡콧의 상징으로 식사, 숙박, 엔터테인먼트, 교통에 대한 예측이 이루어져야 한다. 이 디즈니 모노레일은 약 122제곱킬로미터(샌프란시스코와 맨해튼 크기의 2배)에 이르는 공원과 28개 호텔 사이를 이동한다.

RSBPhoto1/Alamy Stock Photo

예측은 놀이기구가 과밀하지 않게 하는 데 매우 중요하다. 디즈니는 긴 줄을 줄이기 위해 거리 공연을 추가하는 등의 기술로 '수요 관리'에 능하다. 디즈니는 한가한 날에는 출연진을 적게 부른다.

지보수, 운영, 재무 및 공원 일정 부서에 일별, 주별, 월별, 연간 및 5년 예측을 제공한다. 예측자는 판단 모델, 계량경제학 모델, 이동평균 모델, 회귀분석을 사용한다.

월트디즈니월드리조트 고객의 20%가 미국 이외의 지역에서 오는 경우 경제 모델에는 국내총생산(GDP), 교차 환율 및 미국 도착과 같은 변수가 포함된다. 디즈니는 또한 35명의 분석가와 70명의 현장 인력을 사용해 매년 100만 명을 조사한다. 공원과 20개 호텔의 손님, 직원, 여행 업계 전문가를 대상으로 한 설문조사는 공원에서의 향후 여행 계획과 경험을 조사한다. 이것은 출석뿐만 아니라 각 놀이기구에서의 행동(예: 사람들이 얼마나 기다려야 하는지, 몇 번 탈 것인지)을 예측하는 데 도움이 된다. 월간 예측 모델에 대한 입력에는 항공사 특집, 연준 의장의 연설, 월스트리트 동향이 포함된다. 디즈니는 휴일/방학 일정 관리를 위해 미국 안팎의 3,000개 학군을 모니터링하기도 한다. 이 접근 방식을 사용하면 디즈니의 5년 방문 예측은 평균 5%의 오차가 발생한다. 연간 예측은 0~3%의 오차가 있다.

공원 방문객 수 예측은 많은 관리 결정을 주도한다. 예를 들어 평소 오전 9시가 아닌 오전 8시에 문을 열거나, 더 많은 쇼나 놀이기구를 개장하면, 음식/음료 카트를 더 추가하고(매년 햄버거 900만 개와 콜라 5,000만 개 판매) 더 많은 직원을 영입함으로써['캐스트 멤버(cast member)'라고 함] 용량을 늘릴 수 있다. 캐스트 멤버는 유연성을 위해 공원 전체에서 15분 간격으로 일정이 잡혀 있다. '패스트패스플러스(FastPass+)' 예약 시스템으로 공원에 입장할 수 있는 손님의 수를 제한하고 군중을 놀이기구에서 더 많은 거리 퍼레이드로 이동시켜 수요를 관리할 수 있다.

디즈니에서 예측은 회사의 성공과 경쟁 우위의 핵심 동인이다.

학습목표

- **4.1** 세 가지 시간 범위와 각각에 적용하는 모델을 이해한다.
- **4.2** 네 가지 정성적 모델을 각각 언제 사용해야 하는지 설명한다.
- **4.3** 나이브, 이동평균, 지수평활, 추세 방법을 적용한다.
- **4.4** 예측 정확도의 세 가지 측정값을 계산한다.
- **4.5** 계절 지수를 개발한다.
- **4.6** 회귀분석과 상관분석을 수행한다.
- **4.7** 추적 신호를 사용한다.

예측이란 무엇인가

디즈니 같은 곳의 관리자들은 매일 미래에 무슨 일이 일어날지 모른 채 결정을 내린다. 매출이 얼마인지도 모른 채 재고를 주문하고, 제품 수요에 대한 불확실성에도 불구하고 새 장비를 구매하고, 이익이 얼마인지 모른 채 투자를 한다. 관리자는 불확실성에 직면해 미래에 일어날 일을 더 잘 예측하기 위해 항상 노력하고 있다. 예측을 잘하는 것이 예측의 주요 목적이다.

이 장에서는 다양한 유형의 예측을 검토하고 다양한 예측 모델을 제시한다. 관리자가 예측할 수 있는 많은 방법이 있다는 것을 보여주고자 한다. 또한 비즈니스 판매 예측의 개요를 제공하고, 예측의 정확성을 준비, 모니터링, 판단하는 방법을 설명한다. 좋은 예측은 효율적인 서비스 및 제조 운영의 필수적인 부분이다.

예측
미래의 사건을 예측하는 기술과 과학

예측(forecasting)은 미래의 사건을 예측하는 기술이자 과학이다. 예측에는 과거 데이터(예: 과거 판매)를 가져와 수학적 모델을 사용해 미래를 예측하는 작업이 포함될 수 있다. 예측은 주관적이거나 직관적일 수 있다(예: "이것은 훌륭한 새 제품이며 이전 제품보다 20% 더 많이 판매될 것이다"). 고객의 구매 계획 및 미래 예측과 같은 수요 기반 데이터를 기반으로 할 수 있다. 예측은 이들의 조합, 즉 관리자의 현명한 판단에 의해 조정된 수학적 모델을 포함할 수도 있다.

이 장에서 다양한 예측 기법을 소개할 때 우수한 방법이 거의 없음을 알게 될 것이다. 예측은 도입, 성장, 성숙, 쇠퇴 단계와 같은 제품수명주기의 위치에 의해 영향을 받을 수 있다. 다른 제품은 관련된 제품 수요의 영향을 받을 수 있다. 예를 들어 내비게이션 시스템은 신차 판매를 추적할 수 있다. 예측에서 기대할 수 있는 것에는 한계가 있기 때문에 오류 측정을 개발한다. 예측을 준비하고 모니터링하는 것도 비용과 시간이 많이 소요될 수 있다.

그러나 어떤 일이 일어나는지 지켜보고 기회를 잡는 것으로 예측 프로세스를 피할 수 있는 기업은 거의 없다. 단기와 장기 모두에서 효과적인 계획은 회사 제품에 대한 수요 예측에 달렸다.

시간 범위 예측

학습목표 4.1
세 가지 시간 범위와 각각에 적용하는 모델을 이해한다.

예측은 보통 그것이 다루는 미래의 시간 범위로 분류된다. 시간 범위는 세 가지 범주로 나뉜다.

1. **단기 예측**: 이 예측의 기간은 최대 1년이지만 일반적으로 3개월 미만이다. 구매 계획, 작업 일정, 인력 수준, 작업 할당, 생산 수준에 사용된다.
2. **중기 예측**: 중간 범위 또는 중간 예측 기간은 일반적으로 3개월에서 3년이다. 판매 계획, 생산 계획 및 예산 책정, 현금 예산 책정, 다양한 운영 계획 분석에 유용하다.
3. **장기 예측**: 장기 예측은 일반적으로 3년 이상의 기간 동안 신제품 계획, 자본 지출, 시설 위치 또는 확장, 연구 및 개발에 사용된다.

중장기 예측은 다음 세 가지 기능으로 단기 예측과 구별된다.

1. 첫째, 중간 및 장기 예측은 계획 및 제품, 공장, 프로세스에 관한 관리 결정을 지원하면서 **보다 포괄적인 문제**를 다룬다. 브라질에 새로운 제조 공장을 열기로 한 GM의 결정과 같은 일부 시설 결정을 실행하는 데는 시작부터 완료까지 5~8년이 걸릴 수 있다.
2. 둘째, 단기 예측은 일반적으로 장기 예측과 **다른 방법론을 사용**한다. 이동평균, 지수평활화, 추세 추정(모두 곧 살펴봄)과 같은 수학적 기술은 단기 예측에서 일반적이다. 더 광범위하고 덜 정량적인 방법은 광(光)디스크 레코더와 같은 신제품을 회사 제품 라인에 도입해야 하는지 여부와 같은 문제를 예측하는 데 유용하다.
3. 마지막으로, 예상대로 단기 예측이 장기 예측보다 더 정확한 경향이 있다. 수요에 영향을 미치는 요소는 매일 바뀐다. 따라서 시간이 길어질수록 예측 정확도가 떨어질 가능성이 있다. 따라서 가치와 완전을 유지하기 위해 판매 예측을 정기적으로 업데이트해야 한다. 각 판매 기간 후에 예측을 검토하고 수정해야 한다.

예측 유형

조직은 향후 운영을 계획할 때 세 가지 주요 유형의 예측을 사용한다.

1. **경제적 예측**(economic forecast)은 인플레이션율, 통화 공급, 주택 착공 및 기타 계획 지표를 예측해 비즈니스 주기를 이야기한다.
2. **기술적 예측**(technological forecast)은 기술 진보의 속도와 관련이 있으며, 이로 인해 새로운 공장과 장비가 필요한 흥미진진한 신제품이 탄생할 수 있다.
3. **수요 예측**(demand forecast)은 회사의 제품이나 서비스에 대한 수요계획이다. 예측이 결정을 내리므로 관리자는 실제 수요에 대한 즉각적이고 정확한 정보가 필요하다. 고객의 욕구를 신속하게 식별하고 추적하는 데 집중하는 수요 기반 예측이 필요하다. 이러한 예측에는 최근 POS 데이터, 소매업체에서 생성한 고객 선호도 보고서 및 가능한 가장 최신 데이터로 예측하는 데 도움이 되는 기타 정보가 사용될 수 있다. 수요 기반 예측은 회사의 생산 용량 및 일정 시스템을 구동하고 재무, 마케팅, 인사 계획에 대한 투입으로 사용된다. 또한 재고 감소 및 노후화로 인한 결과는 엄청날 수 있다.

경제적 예측
조직이 중장기 예측을 준비하는 데 유용한 계획 지표

기술적 예측
기술 발전 속도와 관련된 장기 예측

수요 예측
계획 기간의 각 기간에 대한 회사의 매출 예측

경제적 및 기술적 예측은 운영 관리자의 역할을 벗어날 스 있는 전문 기술이다. 따라서 이 장에서는 수요 예측에 중점을 둘 것이다.

예측의 전략적 중요성

좋은 예측은 비즈니스의 모든 측면에서 매우 중요하다. **예측은 실제 수요가 알려질 때까지 수요에 대한 유일한 추정**이다. 따라서 수요 예측은 많은 영역에서 결정을 유도한다. (1) 공급사슬 관리, (2) 인적자원, (3) 용량의 세 가지 활동에 대한 제품 수요 예측의 영향을 살펴보자.

공급사슬 관리

좋은 공급업체 관계와 그에 따른 제품 혁신, 비용 및 시장 출시 속도의 이점은 정확한 예측에 달려 있다. 다음은 세 가지 예다.

- 애플은 제품 디자인에서 소매점에 이르기까지 공급사슬의 거의 모든 부분을 관리하는 효과적인 글로벌 시스템을 구축했다. 공급사슬의 상하로 공유되는 신속한 커뮤니케이션과 정확한 데이터를 통해 혁신이 향상되고 재고비용이 감소하며 시장 출시 속도가 향상된다. 제품이 판매되면 애플은 각 매장의 시간별 수요를 추적하고 매일 생산 예측을 조정한다. 애플에서 공급사슬에 대한 예측은 전략적 무기이다.
- 토요타(Toyota)는 딜러를 비롯한 다양한 출처의 정보를 투입해 정교한 자동차 예측을 개발한다. 그러나 내비게이션 시스템, 맞춤형 휠, 스포일러 등과 같은 액세서리에 대한 수요를 예측하는 것은 특히 어렵다. 그리고 모델과 색상에 따라 다른 1,000개 이상의 항목이 있다. 그 결과 토요타는 제조 및 판매된 차량에 대한 방대한 데이터를 검토할 뿐만 아니라 미래의 액세서리 수요에 대한 판단을 내리기 전에 차량 예측을 상세하게 살펴본다. 이것이 올바르게 이루어지면 결과는 효율적인 공급사슬과 고객 만족이다.
- 월마트(Walmart)는 사라리(Sara Lee), 프록터앤드갬블(Procter & Gamble)과 같은 공급업체와 협력해 적절한 품목이 적시적소에 적절한 가격에 구매 가능할 수 있도록 한다. 예를 들어 허리케인 시즌에 7억 개의 매장 품목 조합을 분석할 수 있는 월마트의 능력은 손전등뿐만 아니라 팝 타르트와 맥주도 정상 수요율의 7배에 달하는 판매를 예측할 수 있음을 의미한다. 이러한 예측 시스템을 **협력, 계획, 예측, 보충**(collaborative planning, forecasting, and replenishment, CPFR)이라고 한다. 이것은 여러 공급사슬 파트너의 지성을 결합한다. CPFR의 목표는 공급사슬에 더 큰 매출과 이익을 제공할 수 있는 훨씬 더 정확한 정보를 생성하는 것이다.

인적자원

근로자 고용, 훈련 및 해고는 모두 예상 수요에 달려 있다. 인사 부서에서 예고 없이 추가 인력을 채용해야 한다면 훈련양이 줄어들고 인력의 질이 나빠진다. 루이지애나의 한 대형 화학 회사가 24시간 교대근무로 빠른 확장을 하면서 2교대와 3교대에서 품질 관리가 완전히 무너지면서 가장 큰 고객을 잃을 뻔했다.

생산능력

생산능력이 충분하지 않으면, 그로 인한 부족으로 고객과 시장 점유율이 손실될 수 있다. 이것이 바로 나비스코(Nabisco)가 스낵웰스(Snackwell's)의 데블스 푸드 쿠키(Devil's Food Cookies)에 대한 엄청난 수요를 과소평가했을 때 일어난 일이다. 초과 근무하는 생산 라인에도 나비스코는 수요를 따라가지 못하고 고객을 잃었다. 보잉(Boeing)은 737 맥스(737 MAX)로 이 문제에 직면해 있다. 수요가 계속해서 예측을 초과해 용량을 초과하는 경우이다. 반면에 초과 용량이 존재하면 비용이 급증할 수 있다.

예측 시스템의 7단계

예측은 일곱 가지 기본 단계를 따른다. 이 장 글로벌 회사 프로필의 초점인 디즈니월드를 각 단계의 예로 사용한다.

1. **예측의 사용을 결정한다:** 디즈니는 공원 방문 예측을 사용해 인력, 개장 시간, 탑승 가능 여부, 식품 공급에 대한 결정을 내린다.

2. **예측할 항목을 선택한다:** 디즈니월드에는 6개의 주요 공원이 있다. 각 공원의 일별 방문 예측은 노동, 유지보수, 일정을 결정하는 주요 숫자이다.
3. **예측 기간을 결정한다:** 단기인가, 중기인가, 장기인가? 디즈니는 일간, 주간, 월간, 연간, 5년 예측을 개발한다.
4. **예측 모델을 선택한다:** 디즈니는 이동평균, 계량경제학, 회귀분석을 포함해 논의될 다양한 통계 모델을 사용한다. 판단적 혹은 비정량적 모델도 사용한다.
5. **예측에 필요한 데이터를 수집한다:** 디즈니의 예측 팀은 35명의 분석가와 70명의 현장 직원을 고용해 매년 100만 명/기업을 조사한다. 디즈니는 또한 여행 산업 예측을 위해 글로벌인사이츠(Global Insights)라는 회사를 통해 환율, 미국 도착, 항공 특가, 월스트리트 동향, 학교 방학 일정에 대한 데이터를 수집한다.
6. **예측을 한다.**
7. **결과를 검증하고 구현한다:** 디즈니에서는 예측을 최고 수준에서 매일 검토해 모델, 가정 및 데이터가 유효한지 확인한다. 오차 측정이 적용된다. 그런 다음 예측을 사용해 직원의 일정을 15분 간격으로 줄인다.

이 7단계는 예측 시스템을 시작, 설계, 구현하는 체계적인 방법을 제시한다. 시스템을 사용해 시간이 지남에 따라 정기적으로 예측을 생성하려면 데이터를 정기적으로 수집해야 한다. 그런 다음 실제 계산은 일반적으로 컴퓨터로 수행한다.

디즈니와 같은 회사가 사용하는 시스템에 관계없이 각 회사는 다음과 같은 몇 가지 현실에 직면해 있다.

- 예측하거나 통제할 수 없는 외부 요인이 예측에 영향을 미치는 경우가 많다.
- 대부분의 예측 기술은 시스템에 기본 안정성이 있다고 가정한다. 결과적으로 일부 회사는 컴퓨터화된 예측 소프트웨어를 사용해 예측을 자동화한 다음 수요가 불규칙한 제품 항목만 면밀히 모니터링한다.
- 제품군 및 집계된 예측 모두 개별 제품 예측보다 더 정확하다. 예를 들어 디즈니는 공원 별로 일일 출석 예측을 집계한다. 이 접근 방식은 6개 공원 각각에 대한 과대 예측과 과소 예측의 균형을 맞추는 데 도움이 된다.

예측 접근법

모든 의사결정 모델링을 처리하는 두 가지 방법이 있는 것처럼 예측에는 두 가지 일반적인 접근 방식이 있는데, 하나는 정량적 분석이고 다른 하나는 정성적 접근이다. **정량적 예측**(quantitative forecasts)은 수요를 예측하기 위해 과거 데이터 및/또는 연관 변수에 의존하는 다양한 수학적 모델을 사용한다. 주관적 또는 **정성적 예측**(qualitative forecasts)은 예측에 도달하는 데 있어 의사결정자의 직감, 감정, 개인적 경험, 가치 체계와 같은 요소를 통합한다. 일부 회사는 하나의 접근 방식을 사용하고 일부는 다른 방식을 사용한다. 실제로 두 가지를 조합하는 것이 일반적으로 가장 효과적이다.

정량적 예측
수요를 예측하기 위해 수학적 모델링을 사용하는 예측

정성적 예측
의사결정자의 직관, 감정, 개인 경험, 가치 체계와 같은 요소를 통합한 예측

정성적 방법의 개요

이 절에서는 네 가지 정성적 예측 기술을 고려한다.

경영진 배심원
소수 고위 관리자의 의견을 취해 수요에 대한 그룹 추정치를 산출함

1. **경영진 배심원**(jury of executive opinion): 이 방법에서는 고위급 전문가 또는 관리자 그룹의 의견이 자주 통계 모델과 결합되어 수요에 대한 그룹 추정치를 도출한다. 예를 들어 브리스톨-마이어스스큅컴퍼니(Bristol-Myers Squibb Company)는 의학연구 세계의 미래 동향을 파악하기 위해 220명의 저명한 연구 과학자를 경영진의 심사위원으로 사용한다.

델파이 방법
전문가가 예측을 할 수 있도록 하는 대화식 그룹 프로세스를 사용함

2. **델파이 방식**(delphi method): 델파이 방식에는 의사결정자, 직원, 응답자 세 가지 유형의 참가자가 있다. 의사결정자는 일반적으로 실제 예측을 수행할 5~10명의 전문가 그룹으로 구성된다. 직원은 일련의 설문지와 설문조사 결과를 준비, 배포, 수집, 요약해 의사결정자를 지원한다. 응답자는 종종 다른 장소에 있는 사람들의 그룹으로 그들의 판단은 가치가 있다. 이 그룹은 예측이 이루어지기 전에 의사결정자에게 입력을 제공한다.

   예를 들어 알래스카주는 델파이 방법을 사용해 장기적인 경제 예측을 개발했다. 주 예산의 상당 부분은 프루도만의 파이프라인을 통해 매일 펌핑되는 100만 배럴 이상의 석유에서 나온다. 대규모 델파이 전문가 패널은 주와 모든 지리적 영역의 모든 그룹과 의견을 대표해야 했다.

학습목표 4.2
네 가지 정성적 모델을 각각 언제 사용해야 하는지 설명한다.

영업 인력 종합
영업 사원의 예상 매출 추정치를 기반으로 함

3. **영업 인력 종합**(sales force composite): 이 접근 방식에서 각 영업 사원은 자신의 지역에서 어떤 매출이 나올지 추정한다. 그런 다음 이러한 예측을 검토해 현실감이 있는지 확인한다. 그런 다음 지역 및 국가 수준에서 결합해 전체 예측에 도달한다. 이 접근 방식의 변형은 매 분기마다 딜러가 '모임'을 갖는 렉서스(Lexus)에서 발생한다. 이 회의에서 그들은 무엇을 팔고 있는지, 어떤 색상으로, 어떤 옵션을 사용하는지에 대해 이야기하므로 공장에서 무엇을 만들 것인지 알 수 있다.

시장 조사
미래의 구매 계획에 대해 고객 또는 잠재 고객의 의견을 구하는 예측 방법

4. **시장 조사**(market survey): 이 방법은 향후 구매 계획에 대한 고객 또는 잠재 고객의 의견을 구한다. 예측뿐만 아니라 제품 디자인 개선 및 신제품 기획에도 도움이 될 수 있다. 그러나 소비자 시장 조사 및 영업 인력 종합 방법은 고객의 입력에서 발생하는 지나치게 낙관적인 예측에 시달릴 수 있다.

정량적 방법의 개요

이 장에서는 모두 과거 데이터를 사용하는 다섯 가지 정량적 예측 방법을 설명한다. 이것은 두 가지 범주로 나뉜다.

1. 나이브 접근법
2. 이동평균
3. 지수평활
4. 트렌드 투영

} **시계열 모형**

5. 선형회귀분석 } **연관 모형**

시계열 모형
일련의 과거 데이터 포인트를 사용해 예측하는 기술

시계열 모형 **시계열 모형**(time-series model)은 미래가 과거의 함수라는 가정하에 예측한다. 즉 일정 기간 동안 발생한 상황을 살펴보고 일련의 과거 데이터를 사용해 예측한다. 잔디 깎는 기계의 판매량을 예측하는 경우 잔디 깎는 기계의 과거 판매량을 사용해 예측한다.

연관 모형 선형회귀와 같은 연관 모델은 예측되는 수량에 영향을 줄 수 있는 변수 또는 요인을 통합한다. 예를 들어 잔디 깎는 기계 판매에 대한 연관 모델은 새 주택 착공, 광고 예산 및 경쟁업체 가격과 같은 요인을 사용할 수 있다.

시계열 예측

시계열은 일정한 간격(주별, 월별, 분기별 등)의 데이터 포인트 순서를 기반으로 한다. 예로는 나이키 에어 조던(Air Jordan)의 주간 판매, 마이크로소프트 주식의 분기별 수익 보고서, 쿠어스(Coors) 맥주의 일일 출하량, 연간 소비자물가지수가 있다. 시계열 데이터를 예측한다는 것은 미래 값이 과거 값에서만 예측되고 다른 변수가 아무리 잠재적으로 가치가 있더라도 무시될 수 있음을 의미한다.

시계열 분해

시계열 분석이란 과거 데이터를 구성요소로 분해해 앞으로 예측하는 것을 의미한다. 시계열에는 네 가지 구성요소가 있다.

1. **추세**는 시간 경과에 따른 데이터의 점진적인 상향 또는 하향 이동이다. 소득, 인구, 연령 분포, 문화적 관점의 변화는 추세의 움직임을 설명할 수 있다.
2. **계절성**은 며칠, 몇 주, 몇 달, 분기 후에 반복되는 데이터 패턴이다. 여섯 가지 일반적인 계절성 패턴이 있다.

기간	'시즌' 길이	패턴의 '시즌' 수
주	일	7
월	주	$4\sim4\frac{1}{2}$
월	일	48~31
년	분기	4
년	월	12
년	주	52

OM in Action 올리브가든의 예측

플로리다주 게인즈빌의 대학 도시에서 금요일 밤, 지역 레스토랑인 올리브가든(OliveGarden)이 흥얼거린다. 고객은 자리를 잡기 위해 평균 30분 정도 기다려야 하지만 새로운 와인과 치즈의 샘플을 맛보고 토스카나 스타일의 레스토랑 벽에 걸린 이탈리아 마을의 풍경화를 감상할 수 있다. 그런 다음 먹고 남아 집으로 싸가도 될 정도로 많은 양의 저녁 식사가 나온다. 비용은 대체로 1인당 17달러 미만이다.

사람들은 가치와 일관성을 위해 다든(Darden) 레스토랑 체인인 올리브가든, 시즌스52(Seasons52), 바하마브리즈(Bahama Breeze)에 모여든다.

매일 밤 다든의 컴퓨터는 매장 관리자에게 다음 날 예상 수요를 알려주는 예측을 생성한다. 예측 소프트웨어는 총 식사 예측을 생성하고 0 를 특정 메뉴 항목으로 나눈다. 예를 들어 이 시스템은 관리자에게 다음 날 625끼의 식사가 제공될 경우 "이 항목을 이 정도의 양으로 제공할 것이니 집에 가기 전에 25파운드의 새우와 30파운드의 게를 꺼내서 운영 직원에게 닭고기 42인분 팩, 스캠피 요리 75개, 가자미 8마리 등을 준비하라고 지시하십시요"라고 알려준다. 관리자는 종종 날씨나 컨벤션과 같은 현지 조건에 따라 수량을 미세 조정하지만 고객이 무엇을 주문할지 알고 있다.

Bob Pardue-Signs/Alamy Stock Photo

수요 기록에 의존함으로써 예측 시스템은 수백만 달러의 낭비를 줄였다. 예측은 또한 개선된 일정에 필요한 정보를 제공해 인건비를 절감한다. 인건비는 첫해에 거의 1% 감소해 다든 체인은 수백만 달러를 추가로 절감했다. 마진이 낮은 식당 사업에서는 1달러가 중요하다.

출처: *InformationWeek*(April 1, 2014); *USA Today*(October 13, 2014).

그림 4.1

4년 동안 차트로 표시된 수요. 성장 추세와 계절성이 표시됨

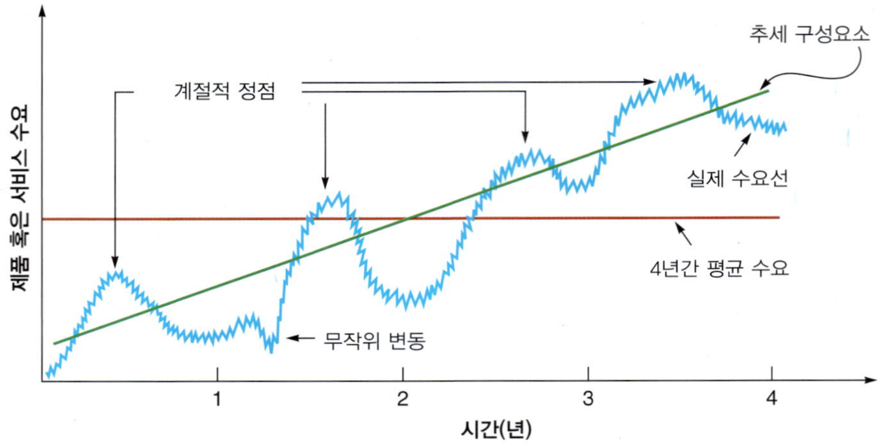

예를 들어 레스토랑과 이발소는 매주 토요일이 성수기이다. OM in Action '올리브가든의 예측'을 참조하라. 맥주 유통업체는 월별 시즌과 함께 연간 패턴을 예측한다. 3개의 '시즌(5월, 7월, 9월)'에 각각 맥주를 마시는 큰 휴가가 있다.

3. 주기는 몇 년마다 발생하는 데이터의 패턴이다. 일반적으로 비즈니스 주기와 연결되어 있으며 단기 비즈니스 분석 및 계획에서 매우 중요하다. 경기 주기를 예측하는 것은 정치적인 사건이나 국제적 혼란의 영향을 받을 수 있기 때문에 어렵다.
4. 무작위 변동은 우연과 비정상적인 상황으로 인해 발생하는 데이터의 '일시적 문제'이다. 이것은 식별 가능한 패턴을 따르지 않으므로 예측할 수 없다.

학습목표 4.3
나이브, 이동평균, 지수평활, 추세 방법을 적용한다.

그림 4.1은 4년 동안의 수요를 보여준다. 수요곡선 주변의 평균, 추세, 계절 성분, 무작위 변동을 보여준다. 평균 수요는 각 기간의 수요 합계를 데이터 기간 수로 나눈 값이다.

나이브 접근법

가장 간단한 예측 방법은 다음 기간의 수요가 가장 최근 기간의 수요와 같다고 가정하는 것이다. 즉 노키아(Nokia) 휴대전화 같은 제품의 1월 판매량이 68대였다면 2월 판매량도 68대라고 예측할 수 있다. 이게 말이 되는가? 일부 제품 라인의 경우 **나이브 접근법**(naive approach)이 가장 비용 효과적이고 효율적인 객관적 예측 모델임이 밝혀졌다. 적어도 다음에 나오는 보다 정교한 모델들과 비교할 수 있는 출발점을 제공한다.

나이브 접근법
다음 기간의 수요가 가장 최근 기간의 수요와 같다고 가정하는 예측 기법

이동평균

이동평균(moving average) 예측은 과거 실제 데이터 값을 사용해 예측을 생성한다. 이동평균은 시장 수요가 시간이 지남에 따라 상당히 안정적일 것이라고 가정할 때 유용하다. 4개월 이동평균은 지난 4개월 동안의 수요를 단순히 합산해 4로 나눈 값이다. 한 달이 지날 때마다 가장 최근 달 데이터가 이전 3개월 데이터의 합계에 추가되고 가장 빠른 달이 삭제된다. 이러한 관행은 데이터 시리즈의 단기적인 불규칙성을 완화하는 경향이 있다.

이동평균
가장 최근 n개의 데이터 기간의 평균을 사용해 다음 기간을 예측하는 예측 기법

수학적으로 단순 이동평균(다음 기간의 수요 추정치 역할)은 다음과 같이 표현된다.

$$\text{이동평균} = \frac{\sum \text{이전 } n \text{기간의 수요}}{n} \tag{4-1}$$

여기서 n은 이동평균의 기간 수이다. 예를 들어 4주기, 5주기, 6주기 이동평균의 경우 각각 4, 5, 6 개월이다. 예제 1은 이동평균 계산 방법을 보여준다.

예제 1

Donna's Garden Supply는 창고 판매에 대해 내년 1월 예측을 포함해 3개월 이동평균 예측을 원한다.

접근방법 ▶ 창고 판매는 아래 표의 중간 열에 나와 있다.

월	실제 창고 판매	3개월 가중이동평균
1월	10	
2월	12	
3월	13	
4월	16	$(10 + 12 + 13)/3 = 11\frac{2}{3}$
5월	19	$(12 + 13 + 16)/3 = 13\frac{2}{3}$
6월	23	$(13 + 16 + 19)/3 = 16$
7월	26	$(16 + 19 + 23)/3 = 19\frac{1}{3}$
8월	30	$(19 + 23 + 26)/3 = 22\frac{2}{3}$
9월	28	$(23 + 26 + 30)/3 = 26\frac{1}{3}$
10월	18	$(26 + 30 + 28)/3 = 28$
11월	16	$(30 + 28 + 18)/3 = 25\frac{1}{3}$
12월	14	$(28 + 18 + 16)/3 = 20\frac{2}{3}$

해결방법 ▶ 12월의 예측은 $20\frac{2}{3}$이다. 다가오는 1월의 창고 수요를 예측하기 위해 10월, 11월, 12월 판매를 합산하고 3으로 나눈다. 1월 예측 = (18 + 16 + 14)/3 = 16이다.

통찰력 ▶ 경영진은 현재 지난 3개월의 평균 매출을 예측하고 있다. 그것은 사용과 이해가 쉽다.

학습 연습 ▶ 12월의 실제 판매가 14가 아닌 18이었다면, 1월의 새로운 예측은 얼마인가? [답: $17\frac{1}{3}$]

감지 가능한 추세 또는 패턴이 있는 경우 가중치를 사용해 최근 값을 더 강조할 수 있다. 이 방법을 사용하면 최근 기간에 더 많은 가중치가 부여되므로 예측 기술이 변화에 더 민감하게 반응할 수 있다. 가중치를 결정하는 정해진 공식이 없기 때문에 가중치 선택은 다소 임의적이다. 따라서 사용할 가중치를 결정하려면 약간의 경험이 필요하다. 예를 들어 최근 월이나 기간에 가중치가 너무 높으면, 예측은 수요나 판매 패턴의 큰 비정상적인 변화를 너무 빨리 반영할 수 있다. 가중 이동평균은 수학적으로 다음과 같이 표현할 수 있다.

$$\text{가중 이동평균} = \frac{\Sigma((n\text{기간의 가중치})(n\text{기간의 수요}))}{n} \quad (4\text{-}2)$$

예제 2는 가중 이동평균 계산 방법을 보여준다.

예제 2

가중 이동평균의 결정

Donna's Garden Supply(예제 1 참조)는 지난 3개월에 가중치를 부여해 창고 판매를 예측하고 최근 데이터에 가중치를 부여해 더 중요하게 만들고자 한다.

접근방법 ▶ 다음과 같이 최근 데이터에 가중치를 더 부여한다.

가중치 적용	기간
3	지난 달
2	2개월 전
1	3개월 전
6	가중치 합계

$$\text{이번 달 예측} = \frac{3 \times \text{지난 달 판매} + 2 \times \text{2개월 전 판매} + 1 \times \text{3개월 전 판매}}{\text{가중치 합계}}$$

해결방법 ▶ 이 가중 평균 예측의 결과는 다음과 같다.

월	실제 창고 판매	3개월 가중 이동평균
1월	10	
2월	12	
3월	13	
4월	16	$[(3 \times 13) + (2 \times 12) + (10)]/6 = 12\frac{1}{6}$
5월	19	$[(3 \times 16) + (2 \times 13) + (12)]/6 = 14\frac{1}{3}$
6월	23	$[(3 \times 19) + (2 \times 16) + (13)]/6 = 17$
7월	26	$[(3 \times 23) + (2 \times 19) + (16)]/6 = 20\frac{1}{2}$
8월	30	$[(3 \times 26) + (2 \times 23) + (19)]/6 = 23\frac{5}{6}$
9월	28	$[(3 \times 30) + (2 \times 26) + (23)]/6 = 27\frac{1}{2}$
10월	18	$[(3 \times 28) + (2 \times 30) + (26)]/6 = 28\frac{1}{3}$
11월	16	$[(3 \times 18) + (2 \times 28) + (30)]/6 = 23\frac{1}{3}$
12월	14	$[(3 \times 16) + (2 \times 18) + (28)]/6 = 18\frac{2}{3}$

1월 예측은 $15\frac{1}{3}$이다. 어떻게 계산되었는가?

통찰력 ▶ 이러한 특정 예측 상황에서 최근 달에 더 많은 가중치를 부여하면 더 정확한 예측이 가능함을 알 수 있다.

학습 연습 ▶ 할당된 가중치가 0.50, 0.33, 0.17(3, 2, 1 대신)인 경우 1월의 가중 이동평균에 대한 예측은 무엇인가? 왜 그런가? [답: 변동이 없다. 이들은 동일한 **상대** 가중치이다. 이제 Σ 가중치 $= 1$ 이므로 분모가 필요하지 않다. 가중치의 합이 1일 때 계산이 더 간단해지는 경향이 있다.]

단순 이동평균과 가중 이동평균 모두 수요 패턴의 급격한 변동을 완화해 안정적인 추정치를 제공하는 데 효과적이다. 그러나 이동평균에도 세 가지 문제가 있다.

1. n(평균 기간 수)의 크기를 늘리면 변동은 더 잘 완화되지만, 이러한 방법은 데이터 변화에 대

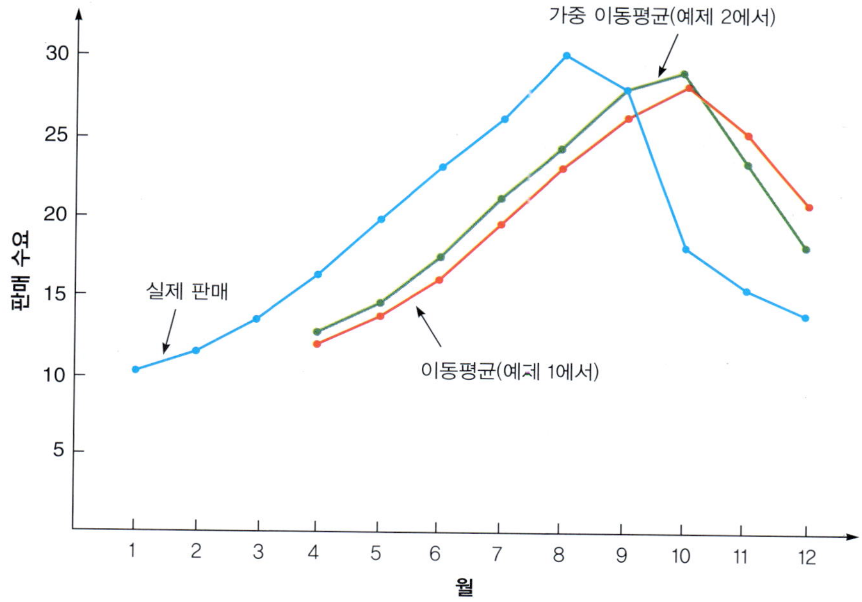

그림 4.2

실제 수요 대 Donna's Garden Supply에 대한 이동평균 및 가중 이동평균 방법

한 민감도가 떨어진다.

2. 이동평균은 추세를 잘 포착하지 못한다. 평균이기 때문에 항상 과거 수준에 머물며 더 높거나 낮은 수준으로의 변경을 예측하지 않는다. 즉 실제 값이 지연된다.
3. 이동평균에는 광범위한 과거 데이터 기록이 필요하다.

예제 1과 2의 데이터 플롯인 그림 4.2는 이동평균 모델의 지연 효과를 보여준다. 이동평균선과 가중 이동평균선 모두 실제 수요에 뒤처진다. 그러나 가중 이동평균은 일반적으로 수요 변화에 더 빠르게 반응한다. 경기 침체기(11월과 12월 참조)에도 수요를 더 면밀히 추적한다.

지수평활

지수평활(exponential smoothing)은 또 다른 가중 이동평균 예측 방법이다. 과거 데이터의 기록 유지가 거의 필요하지 않으며 사용하기가 상당히 쉽다. 기본 지수평활 공식은 다음과 같다.

지수평활
데이터 점수가 지수 함수에 의해 가중되는 가중 이동평균 예측 기법

$$\text{새로운 예측} = \text{지난 기간의 예측} + \alpha(\text{지난 기간의 실제 수요} - \text{지난 기간의 예측}) \quad (4\text{-}3)$$

여기서 α는 예측자에 의해서 선택된 가중치 혹은 **평활상수**(smoothing constant)로서 0보다 크거나 같고 1보다 작거나 같은 값을 갖는다. 방정식 (4-3)은 수학적으로 다음과 같이 쓸 수도 있다.

평활상수
지수평활 예측에 사용되는 가중치 요인은 0보다 크거나 같고 1보다 작거나 같다.

$$F_t = F_{t-1} + \alpha(A_{t-1} - F_{t-1}) \quad (4\text{-}4)$$

여기서
F_t = 새로운 예측
F_{t-1} = 이전 기간의 예측
α = 평활(혹은 가중) 상수$(0 \le \alpha \le 1)$
A_{t-1} = 이전 기간의 실제 수요

개념은 복잡하지 않다. 수요의 최신 추정치는 지난 기간의 실제 수요와 예측 간 차이의 일부만큼 조정된 이전 예측과 같다. 예제 3은 지수평활을 사용해 예측을 유도하는 방법을 보여준다.

예제 3

지수평활화를 통한 예측 결정

1월에, 자동차 딜러는 포드(Ford) 머스탱(Mustang)의 2월 수요를 142대로 예측했다. 2월의 실제 수요는 153대였다. 경영진이 선택한 지수평활 $\alpha = .02$를 사용해 딜러는 3월 수요를 예측하고자 한다.

접근방법 ▶ 식 (4-3)과 (4-4)의 지수평활 모델을 적용할 수 있다.

해결방법 ▶ 표본 데이터를 공식에 적용하면 다음과 같은 결과가 나온다.

$$\text{새로운 예측(3월 수요)} = 142 + .2(153 - 142) = 142 + 2.2 = 144.2$$

따라서 포드 머스탱의 3월 수요 예측치는 144로 반올림 된다.

통찰력 ▶ 예측과 실제 수요라는 두 가지 데이터와 평활상수를 사용해 3월 144대의 포드 머스탱에 대한 예측을 개발했다.

학습 연습 ▶ 평활상수가 .30으로 변경되면 새로운 예측 값은 얼마인가? [답: 145.3]

평활상수 α는 일반적으로 비즈니스 응용 프로그램의 경우 .05에서 .50 사이이다. 최근 데이터에 더 많은 가중치를 부여하거나(α가 높을 때) 과거 데이터에 더 많은 가중치를 부여하도록(α가 낮을 때) 변경할 수 있다. 1.0의 극단에 도달하면 식 (4-4)에서 $F_t = 1.0A_{t-1}$이다. 모든 이전 값이 없어지고, 예측은 이 장의 앞부분에서 언급한 나이브한 모델과 동일해진다. 즉 다음 기간의 예측은 이번 기간의 수요와 동일하다.

다음 표는 이 개념을 설명하는 데 도움이 된다. 예를 들어 $\alpha = .5$이면 새 예측이 거의 전적으로 지난 3~4개 기간의 수요에 기반 한 것임을 알 수 있다. $\alpha = .1$일 때 예측은 최근 수요에 거의 가중치를 두지 않고 많은 기간(약 19)의 역사적 값을 고려한다.

평활상수	할당된 가중치				
	가장 최근 기간 (α)	두 번째 최근 기간 $\alpha(1-\alpha)$	세 번째 최근 기간 $\alpha(1-\alpha)^2$	네 번째 최근 기간 $\alpha(1-\alpha)^3$	다섯 번째 최근 기간 $\alpha(1-\alpha)^4$
$\alpha = .1$	.1	.09	.081	.073	.066
$\alpha = .5$	.5	.25	.125	.063	.031

평활상수 선택 지수평활은 거의 모든 유형의 비즈니스에 성공적으로 적용되었다. 그러나 평활화 상수의 적절한 값 α는 정확한 예측과 부정확한 예측 간의 차이를 만들 수 있다. α의 높은 값은 기본 평균이 변경될 가능성이 있을 때 선택된다. α의 낮은 값은 기본 평균이 상당히 안정적일 때 사용된다. 평활상수 값을 선택할 때 가장 정확한 예측을 구하는 것이 목표이다.

예측오차 측정

이동평균, 지수평활, 기타 예측 모형의 전반적인 정확도는 예측값을 실제 값 또는 관측값과 비교해 확인할 수 있다. F_t가 기간 t의 예측을 나타내고 A_t가 기간 t의 실제 수요를 나타낸다면, 예측 오차(또는 편차)는 다음과 같이 정의된다.

$$\begin{aligned}\text{예측오차} &= \text{실제 수요} - \text{예측값}\\ &= A_t - F_t\end{aligned}$$

실제로 전체 예측오차를 계산하기 위해 몇 가지 측정값이 사용된다. 이러한 측정법을 사용해 서로 다른 예측 모형을 비교할 수 있을 뿐만 아니라 예측 모형이 제대로 작동하는지 확인할 수 있다. 가장 많이 사용되는 세 가지 측정값은 평균절대편차(MAD), 평균제곱(자승)오차(MSE), 평균 절대 백분율 오차(MAPE)이다. 이제 각각의 예를 설명하고 제시한다.

학습목표 4.4
예측 정확도의 세 가지 측정값을 계산한다.

평균절대편차 모형에 대한 전체 예측오차의 첫 번째 측정값은 **평균절대편차**(mean absolute deviation, MAD)이다. 이 값은 개별 예측오차(편차)의 절댓값 합계를 구하고 데이터 기간 수(n)로 나누어 계산한다.

평균절대편차
모형에 대한 전체 예측오차의 측정값

$$MAD = \frac{\sum|\text{실제} - \text{예측}|}{n} \quad (4\text{-}5)$$

예제 4는 α의 두 값을 검정해 전체 예측오차의 척도로 MAD를 적용한다.

예제 4

평균절대편차(MAD) 결정

지난 8분기 동안 볼티모어항은 선박에서 많은 양의 곡물을 하역했다. 항만의 운영 관리자는 지수평활 사용을 테스트해 지수평활이 하역 톤수를 예측하는 데 얼마나 효과가 있는지 확인하려고 한다. 그는 1분기 예상 하역 곡물량이 175톤이라고 추측한다. α의 두 가지 값 $\alpha = .10$ 및 $\alpha = .50$을 검사해야 한다.

접근방법 ▶ 실제 데이터를 예측한 데이터와 비교한 다음(두 α값 각각 사용) 절대 편차 및 MAD를 찾는다.

해결방법 ▶ 다음 표에는 $\alpha = .10$에 대한 자세한 계산만 나와 있다.

분기	실제 하역량(톤)	$\alpha = .10$일 때 예측	$\alpha = .50$일 때 예측
1	180	175	175
2	168	175.50 = 175.00 + .10(180 − 175)	177.50
3	159	174.75 = 175.50 + .10(168 − 175.50)	172.75
4	175	173.18 = 174.75 + .10(159 − 174.75)	165.88
5	190	173.36 = 173.18 + .10(175 − 173.18)	170.44
6	205	175.02 = 173.36 + .10(190 − 173.36)	180.22
7	180	178.02 = 175.02 + .10(205 − 175.02)	192.61
8	182	178.22 = 178.02 + .10(180 − 178.02)	186.30
9	?	178.59 = 178.22 + .10(182 − 178.22)	184.15

각 평활상수의 정확도를 평가하기 위해 절대편차 및 MAD 측면에서 예측오차를 계산할 수 있다.

분기	실제 하역량(톤)	$\alpha = .10$일 때 예측	$\alpha = .10$일 때 절대편차	$\alpha = .50$일 때 예측	$\alpha = .50$일 때 절대편차
1	180	175	5.00	175	5.00
2	168	175.50	7.50	177.50	9.50
3	159	174.75	15.75	172.75	13.75
4	175	173.18	1.82	165.88	9.12
5	190	173.36	16.64	170.44	19.56
6	205	175.02	29.98	180.22	24.78
7	180	178.02	1.98	192.61	12.61
8	182	178.22	3.78	186.30	4.30
	절대편차의 합		82.45		98.62
	$MAD = \frac{\sum\|\text{편차}\|}{n}$		10.31		12.33

통찰력 ▶ 두 MAD의 이러한 비교를 바탕으로, MAD가 작기 때문에 평활상수는 $\alpha = .10$이 $\alpha = .50$보다 선호된다.

학습 연습 ▶ 평활상수가 $\alpha = .10$에서 $\alpha = .20$으로 변경되면 새로운 MAD는 무엇인가? [답: 10.21]

대부분 컴퓨터화된 예측 소프트웨어에는 예측 오차가 가장 낮은 평활상수를 자동으로 찾는 기능이 포함되어 있다. 일부 소프트웨어는 오류가 허용 가능한 값보다 커질 경우 α값을 수정한다.

평균제곱오차
예측값과 관측값 차이의 제곱 평균

평균제곱(자승)오차 **평균제곱(자승)오차**(mean squared error, MSE)는 전체 예측오차를 측정하는 두 번째 방법이다. MSE는 예측 값과 관측값 간 차이의 제곱 평균이다. 공식은 다음과 같다.

$$\text{MSE} = \frac{\sum(\text{예측오차})^2}{n} \tag{4-6}$$

예제 5는 예제 4에서 소개한 볼티모어항 문제의 평균제곱오차를 보여준다.

예제 5

평균제곱(자승)오차(MSE) 결정

볼티모어항 운영 관리자는 이제 $\alpha = .10$에 대한 MSE를 계산하려고 한다.

접근방법 ▶ 예제 4의 $\alpha = .10$에 대해서 동일한 예측 데이터를 사용해 식 (4-6)으로 평균제곱오차를 계산한다.

해결방법 ▶

분기	실제 하역량(톤)	$\alpha = .10$일 때 예측	$(\text{오차})^2$
1	180	175	$5^2 = 25$
2	168	175.50	$(-7.5)^2 = 56.25$
3	159	174.75	$(-15.75)^2 = 248.06$
4	175	173.18	$(1.82)^2 = 3.31$
5	190	173.36	$(16.64)^2 = 276.89$
6	205	175.02	$(29.98)^2 = 898.80$
7	180	178.02	$(1.98)^2 = 3.92$
8	182	178.22	$(3.78)^2 = 14.29$
			오차제곱 합 = 1,526.52

$$\text{MSE} = \frac{\sum(\text{예측오차})^2}{n} = 1{,}526.52/8 = 190.8$$

통찰력 ▶ 이 MSE = 190.8은 좋은가 아니면 나쁜가? 다른 예측 접근법에 대한 것은 모두 MSE에 달려 있다. MSE를 최소화하기를 원하기 때문에 낮은 MSE가 더 좋다. MSE는 오차를 제곱하기 때문에 오차를 과장한다.

학습 연습 ▶ $\alpha = .50$에 대한 MSE를 찾아라. [답: MSE = 195.20] 결과는 낮은 MSE를 추구하기 때문에 $\alpha = .10$이 더 나은 선택임을 나타낸다. 공교롭게도 이는 예제 4에서 MAD를 사용해 도달한 것과 동일한 결론이다.]

MSE는 제곱항 때문에 편차가 큰 경향이 있다. 예를 들어 기간 1의 예측오차가 기간 2의 오차보다 2배 크면 기간 1의 제곱오차는 기간 2의 4배이다. 따라서 MSE를 예측오차의 척도로 사용하는 것은 일반적으로 하나의 큰 편차보다 여러 개의 작은 편차를 갖는 것을 선호한다는 것을 나타낸다.

평균 절대비율 오차 MAD와 MSE의 문제는 그 값이 예측되는 항목의 규모에 따라 달라진다는 것이다. 예측 항목이 수천 단위로 측정되는 경우 MAD 및 MSE 값이 매우 클 수 있다. 이런 문제를 피하기 위해 **평균 절대비율 오차**(mean absolute percent error, MAPE)를 사용할 수 있다. 이는 실제 값의 백분율로 표시되는 예측값과 실제 값 절대 차이의 평균으로 계산된다. 즉 n기간에 대한 예측 및 실제 값이 있는 경우 MAPE는 다음과 같이 계산된다.

평균 절대비율 오차
실제 값의 백분율로 표시되는 예측값과 실제 값 간 절대 차이의 평균

$$\text{MAPE} = \frac{\sum_{i=1}^{n} 100|\text{실제}_i - \text{예측}_i|/\text{실제}_i}{n} \tag{4-7}$$

예제 6은 예제 4와 5의 데이터를 사용한 계산을 보여준다.

예제 6

평균 절대비율 오차(MAPE) 결정

볼티모어항 운영 관리자는 이제 α = .10에 대한 MAPE를 계산하려고 한다.

접근방법 ▶ 예제 4의 예측 데이터를 식 (4-7)에 적용한다.

해결방법 ▶

분기	실제 하역량(톤)	α = .10일 때 예측	절대비율 오차 100(|오차|/실제)
1	180	175.00	100(5/180) = 2.78%
2	168	175.50	100(7.5/168) = 4.46%
3	159	174.75	100(15.75/159) = 9.90%
4	175	173.18	100(1.82/175) = 1.05%
5	190	173.36	100(16.64/190) = 8.76%
6	205	175.02	100(29.98/205) = 14.62%
7	180	178.02	100(1.98/180) = 1.10%
8	182	178.22	100(3.78/182) = 2.08%
			비율 오차의 합 = 44.75%

$$\text{MAPE} = \frac{\sum\text{절대비율 오차}}{n} = \frac{44.75\%}{8} = 5.59\%$$

통찰력 ▶ MAPE는 오류를 하나의 큰 값으로 왜곡되지 않은 실제 값의 백분율로 표현한다.

학습 연습 ▶ α가 .50일 때 MAPE는 얼마인가? [답: MAPE = 6.75%. MAD, MSE의 경우와 마찬가지로, 이 일련의 데이터에는 α = .1이 선호되었다.]

MAPE는 아마도 해석하기 가장 쉬운 측정치일 것이다. 예를 들어 MAPE가 6%라는 결과는 입력 데이터의 크기와 같은 문제에 의존하지 않는 명확한 표현이다.

표 4.1에 MAD, MSE, MAPE의 차이점을 요약했다.

표 4.1 예측오차 측정의 비교

측정	의미	방정식	예제에 적용
평균절대편차 (MAD)	예측이 목표를 빗나간 정도	$\text{MAD} = \frac{\sum \mid \text{실제} - \text{예측} \mid}{n}$ (4-5)	예제 4의 $\alpha = 0.10$의 경우, 하역된 곡물에 대한 예측은 평균 10.31톤 벗어났다.
평균제곱오차 (MSE)	예측의 목표를 빗나간 정도의 제곱	$\text{MSE} = \frac{\sum(\text{예측오차})^2}{n}$ (4-6)	예제 5에서 $\alpha = 0.10$의 경우 예측오차의 제곱은 190.8이었다. 이 수치는 물리적 의미는 없지만 다른 예측의 MSE와 비교할 때 유용하다.
평균 절대비율 오차 (MAPE)	평균 오류율	$\text{MAPE} = \frac{\sum_{i=1} 100 \mid \text{실제}_i - \text{예측}_i \mid / \text{실제}_i}{n}$ (4-7)	예제 6의 의 경우 예측 값이 평균 5.59% 벗어났다. 예제 4와 5에서와 같이 일부 예측은 너무 높았고 일부는 낮았다.

추세 조정을 사용한 지수평활

예제 3에서 6까지 설명한 간단한 지수평활 기법은 다른 이동평균 기법과 마찬가지로 추세에 대응하지 못한다는 유사점이 있다. 추세를 다룰 수 있는 다른 예측 기법들은 확실히 이용 가능하다. 그러나 지수평활은 비즈니스에서 매우 인기 있는 모델링 방식이므로 좀 더 자세히 살펴보자.

다음은 추세가 있을 때 지수평활을 수정해야 하는 이유이다. 제품 또는 서비스에 대한 수요가 매월 100대씩 증가하고 있으며 지수평활화 모형에서 $\alpha = 0.4$로 예측하고 있다고 가정한다. 다음 표는 첫 번째 달에 대한 초기 견적이 완벽하더라도 두 번째, 세 번째, 네 번째, 다섯 번째 달의 심각한 지연을 보여준다.

월	실제 수요	1~5개월까지의 예측(F_t)
1	100	$F_1 = 100$ (주어진 값)
2	200	$F_2 = F_1 + \alpha(A_1 - F_1) = 100 + .4(100 - 100) = 100$
3	300	$F_3 = F_2 + \alpha(A_2 - F_2) = 100 + .4(200 - 100) = 140$
4	400	$F_4 = F_3 + \alpha(A_3 - F_3) = 140 + .4(300 - 140) = 204$
5	500	$F_5 = F_4 + \alpha(A_4 - F_4) = 204 + .4(400 - 204) = 282$

예측 개선을 위해 추세에 따라 조정되는 좀 더 복잡한 지수평활 모형을 설명할 것이다. 이 개념은 데이터의 지수평활 평균을 계산한 다음 추세의 양수 또는 음수 시차를 조정하는 것이다. 새로운 공식은 다음과 같다.

$$\text{추세를 포함한 예측}(FIT_t) = \text{지수평활 예측 평균}(F_t) + \text{지수평활 추세}(T_t) \tag{4-8}$$

추세 조정 지수평활을 사용하면 평균과 추세 모두에 대한 추정치가 평활화된다. 이 절차에는 두 가지 평활상수, 즉 평균의 경우 α, 추세의 경우 β가 필요하다. 그런 다음 각 기간의 평균 및 추세를 계산한다.

$$F_t = \alpha(\text{지난 기간의 실제 수요}) + (1 - \alpha)(\text{지난 기간의 예측} + \text{지난 기간의 추세 예측})$$

혹은

$$F_t = \alpha(A_{t-1}) + (1 - \alpha)(F_{t-1} + T_{t-1}) \tag{4-9}$$

$$T_t = \beta(\text{이번 기간의 예측} - \text{지난 기간의 예측}) + (1-\beta)(\text{지난 기간의 추세 예측})$$

혹은

$$T_t = \beta(F_t - F_{t-1}) + (1 - \beta)T_{t-1} \tag{4-10}$$

여기서 F_t = 기간 t의 데이터 시리즈에 대한 지수평활 예측 평균

T_t = 기간 t의 지수평활 추세

A_t = 기간 t의 실제 수요

α = 평균에 대한 평활상수($0 \le \alpha \le 1$)

β = 추세에 대한 평활상수($0 \le \beta \le 1$)

따라서 추세 조정 예측 값을 계산하는 세 가지 단계는 다음과 같다.

1단계: 식 (4-9)를 사용해 기간 t에 대한 지수평활 예측 평균인 F_t를 계산한다.

2단계: 식 (4-10)을 사용해 기간 t에 대한 추세평활 T_t를 계산한다.

3단계: 식 (4-8)에서 공식 $FIT_t = F_t + T_t$를 사용해 추세를 포함한 예측 FIT_t를 계산한다.

예제 7은 추세가 조정된 지수평활을 사용하는 방법을 보여준다.

예제 7

추세 조정 지수평활 예측의 계산

포틀랜드의 한 대형 제조업체에서 오염 방지 장비에 대한 수요를 예측하려고 한다. 아래와 같이 과거 판매 실적을 검토해보면 증가 추세가 있음을 알 수 있다.

월(t)	실제 수요(A_t)	월(t)	실제 수요(A_t)
1	12	6	21
2	17	7	31
3	20	8	28
4	19	9	36
5	24	10	?

평활상수에는 $\alpha = .2$, $\beta = .4$의 값이 부여된다. 이 회사는 1개월의 최초 예측 평균(F_1)이 11단위이고 해당 기간의 추세(T_1)가 2단위라고 가정한다.

접근방법 ▶ 위의 세 단계와 식 (4-8), (4-9), (4-10)을 사용하는 추세 조정 지수평활 모형이 사용된다.

해결방법 ▶

1단계: 2월의 예측 평균

$$F_2 = \alpha A_1 + (1 - \alpha)(F_1 + T_1)$$
$$F_2 = (.2)(12) + (1 - .2)(11 + 2)$$
$$= 2.4 + (.8)(13) = 2.4 + 10.4 = 12.8\text{단위}$$

2단계: 기간 2의 추세 계산

$$T_2 = \beta(F_2 - F_1) + (1 - \beta)T_1$$
$$= .4(12.8 - 11) + (1 - .4)(2)$$
$$= (.4)(1.8) + (.6)(2) = .72 + 1.2 = 1.92$$

3단계: 추세를 포함한 예측 계산(FIT_t)

$$FIT_2 = F_2 + T_2$$
$$= 12.8 + 1.92$$
$$= 14.72 \text{단위}$$

또한 3개월째에도 동일한 계산을 수행할 예정이다.

1단계: $F_3 = \alpha A_2 + (1-\alpha)(F_2 + T_2) = (.2)(17) + (1 - .2)(12.8 + 1.92)$
$= 3.4 + (.8)(14.72) = 3.4 + 11.78 = 15.18$

2단계: $T_3 = \beta(F_3 - F_2) + (1-\beta)T_2 = (.4)(15.18 - 12.8) + (1 - .4)(1.92)$
$= (.4)(2.38) + (.6)(1.92) = .952 + 1.152 = 2.10$

3단계: $FIT_3 = F_3 + T_3$
$= 15.18 + 2.10 = 17.28$

표 4.2는 10개월의 예상치를 완성한다.

표 4.2 평활상수($\alpha = .2$와 $\beta = .4$)로 예측

월	실제 수요	평활된 예측 평균(F_t)	평활된 추세(T_t)	추세가 포함된 예측(FIT_t)
1	12	11	2	13.00
2	17	12.80	1.92	14.72
3	20	15.18	2.10	17.28
4	19	17.82	2.32	20.14
5	24	19.91	2.23	22.14
6	21	22.51	2.38	24.89
7	31	24.11	2.07	26.18
8	28	27.14	2.45	29.59
9	36	29.28	2.32	31.60
10	—	32.48	2.68	35.16

통찰력 ▶ 그림 4.3은 실제 수요(A_t)를 추세(FIT_t)를 포함하는 지수평활화 예측과 비교한다. FIT는 실제 수요의 추세를 파악한다. 단순 지수평활 모형(예제 3과 4에서 확인했듯이)은 훨씬 뒤처진다.

그림 4.3

실제 수요 데이터와 비교한 추세 조정 예측을 통한 지수평활화

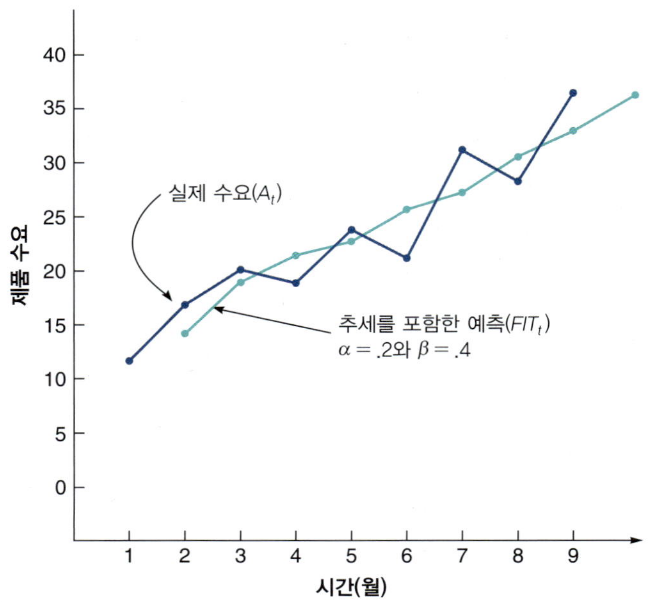

학습 연습 ▶ 9개월 동안의 실제 수요에 대한 데이터를 사용해 추세 없이 지수평활 예측 평균을 계산하라[예제 3과 4의 식 (4-4) 사용]. α = .2를 적용하고 11개 단위 중 1개월에 대한 초기 예측 평균을 가정한다. 그런 다음 그림 4.3에 예측 값 2-10개월의 예측값을 그린다. 무엇이 보이는가? [답: 10개월 예측 = 24.65. 모든 포인트가 추세 조정 예측보다 낮고 지연된다.

추세 평활화 상수 β의 값은 최근 추세 변화에 대해 높은 β가 더 반응하기 때문에 상수 α와 유사하다. 낮은 β는 가장 최근의 추세에 비중을 덜 두고 현재의 추세에 순응하는 경향이 있다. β값은 시행착오 접근법 또는 정교한 상업 예측 소프트웨어를 사용해 확인할 수 있으며, MAD는 비교 척도로 사용된다.

단순 지수평활을 **1차 평활**이라고 하며, 추세 조정 평활을 **2차 평활** 또는 **이중 평활**이라고 한다. 계절 조정 및 삼중 평활을 비롯한 기타 고급 지수평활 모형도 사용된다.

추세 예측

우리가 논의할 마지막 시계열 예측 방법은 **추세 예측**(trend projection)이다. 이 기술은 추세선을 일련의 과거 데이터 포인트에 맞춘 다음 중장기 예측을 위해 선의 기울기로 미래를 투영한다. 여러 수학적 추세 방정식(예: 지수 및 2차)을 개발할 수 있지만 이 절에서는 선형(직선) 추세만 살펴볼 것이다.

추세 예측
추세선을 일련의 과거 데이터 포인트에 맞춘 다음 예측을 위해 미래로 선을 투영하는 시계열 예측 방법

정확한 통계법으로 선형 추세선을 개발하기로 결정하면 **최소제곱법**을 적용할 수 있다. 이 방법을 사용하면 직선으로부터 각 실제 관측치에 대한 수직 차이 또는 편차의 제곱합이 최소화된다. 그림 4.4는 최소제곱 접근 방식을 보여준다.

최소제곱선은 y절편(y축을 가로막는 높이)과 예상 변호(기울기)로 설명된다. y절편과 기울기를 계산할 수 있다면 다음 방정식으로 선을 표현할 수 있다.

$$\hat{y} = a + bx \tag{4-11}$$

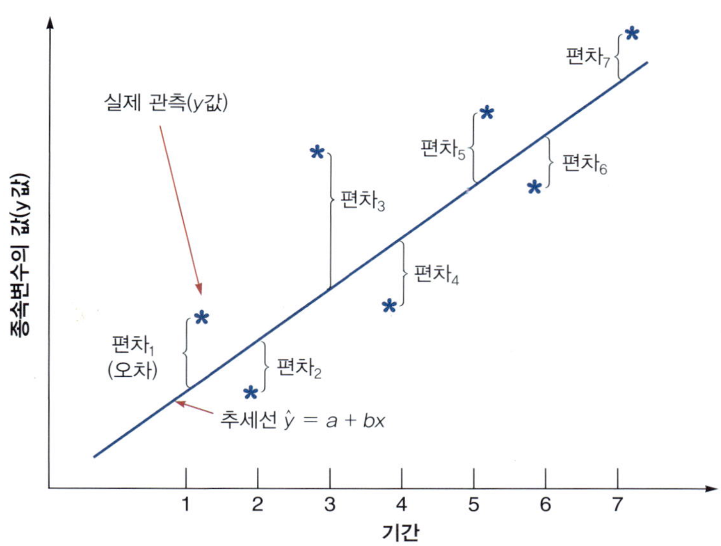

그림 4.4

최적 적합 직선을 찾기 위한 최소제곱 방법. 여기서 별표는 7개의 실제 관측치 또는 데이터 포인트의 위치이다

여기서 $\hat{y}$('와이 햇'이라고 읽음) = 예측할 변수의 계산된 값(종속변수라고 함)

a = y축 절편

b = 회귀선의 기울기(또는 x의 주어진 변화에 대한 y의 변화율)

x = 독립변수(이 경우 시간)

통계학자들은 회귀선에 대한 a와 b의 값을 찾는 데 사용할 수 있는 방정식을 개발했다. 기울기 b는 다음의 공식으로 찾을 수 있다.

$$b = \frac{\sum xy - n\overline{x}\overline{y}}{\sum x^2 - n\overline{x}^2} \tag{4-12}$$

여기서 b = 회귀선의 기울기

$\sum$ = 합계 부호

x = 독립변수의 알려진 값

y = 종속변수의 알려진 값

$\overline{x}$ = x값의 평균

$\overline{y}$ = y값의 평균

n = 데이터 포인트 또는 관측치의 수

다음과 같이 y절편을 계산할 수 있다.

$$a = \overline{y} - b\overline{x} \tag{4-13}$$

예제 8은 이러한 개념을 적용하는 방법을 보여준다.

예제 8

최소제곱법을 사용한 예측

지난 7년 동안 뉴욕 에디슨(N.Y. Edison)의 전력 수요는 메가와트 단위로 다음 표에 나와 있다. 이 회사는 이러한 데이터에 직선 추세를 적용해 내년 수요를 예측하고자 한다.

연도	전력 수요	연도	전력 수요
1	74	5	105
2	79	6	142
3	80	7	122
4	90		

접근방법 ▶ 식 (4-12)와 (4-13)으로 추세 투영 모형을 만들 수 있다.

해결방법 ▶

연도(x)	전력 수요(y)	x^2	xy
1	74	1	74
2	79	4	158
3	80	9	240
4	90	16	360
5	105	25	525
6	142	36	852
7	122	49	854
$\sum x = 28$	$\sum y = 692$	$\sum x^2 = 140$	$\sum xy = 3,063$

$$\bar{x} = \frac{\sum x}{n} = \frac{28}{7} = 4 \quad \bar{y} = \frac{\sum y}{n} = \frac{692}{7} = 98.86$$

$$b = \frac{\sum xy - n\bar{x}\bar{y}}{\sum x^2 - n\bar{x}^2} = \frac{3,063 - (7)(4)(98.86)}{140 - (7)(4^2)} = \frac{295}{28} = 10.54$$

$$a = \bar{y} - b\bar{x} = 98.86 - 10.54(4) = 56.70$$

따라서 최솟값 추세 방정식은 $\hat{y} = 56.70 + 10.54x$이다.

내년 수요를 예측하려면 $x = 8$: 8년 차 수요 전망 $= 56.70 + 10.54(8)$
$= 141.02$ 또는 141메가와트

통찰력 ▶ 모형을 평가하기 위해 그림 4.5에 과거 수요와 추세선을 표시했다. 이 경우에 6년 차에서 7년 차로의 수요 변화를 조심스럽게 이해하려고 할 수 있다.

그림 4.5

전력과 계산된 추세선

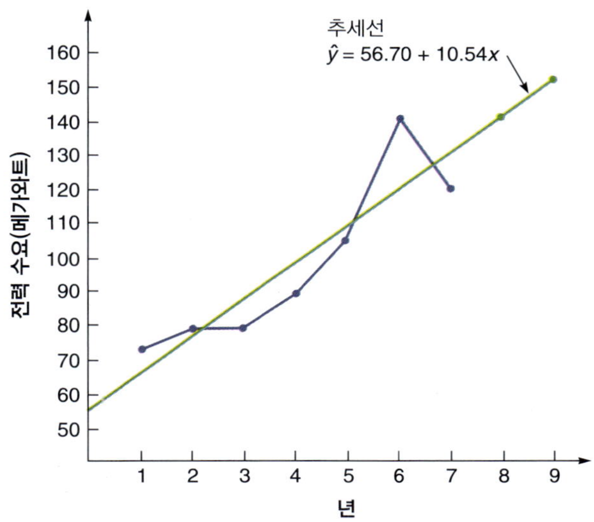

학습 연습 ▶ 9년 차 수요를 추정하라. [답: 151.56 또는 152메가와트]

최소제곱법 사용에 대한 참고 사항 최소제곱법을 사용하면 다음 세 가지 요구사항을 충족할 수 있다.

1. 최소제곱 데이터는 선형관계를 가정하기 때문에 항상 데이터를 표시한다. 곡선이 존재하는 경우 곡선 분석이 필요할 수 있다.
2. 주어진 데이터베이스를 훨씬 넘어서는 기간은 예측하지 않는다. 예를 들어 20개월치의 마이크로소프트 주식 평균 가격이 있는 경우, 미래의 3~4개월만 예측할 수 있다. 그 이상의 예측은 통계적 타당성이 거의 없다. 따라서 5년 치 판매 데이터를 가지고 10년 후를 예측할 수 없다. 세상은 너무 불확실하다.
3. 최소제곱선 주변의 편차(그림 4.4 참조)는 무작위적이고 정규분포를 따르며 대부분의 관측값은 선에 가깝고 더 작은 수만 멀리 떨어져 있다고 가정한다.

데이터의 계절적 변동

계절적 변동
반복되는 이벤트와 관련된 시계열의 규칙적인 상향 또는 하향 움직임

데이터의 **계절적 변동**(seasonal variations)은 날씨나 휴일처럼 반복되는 이벤트와 관련된 시계열의 규칙적인 움직임이다. 예를 들어 석탄과 연료유 수요는 추운 겨울에 최고조에 이른다. 골프 클럽이나 자외선 차단제에 대한 수요는 여름에 가장 높을 수 있다.

계절성은 매시간, 매일, 매주, 매월, 기타 반복 패턴에 적용할 수 있다. 패스트푸드점은 수요가 정오에 매일 급증하고 오후 5시에 또다시 급증한다. 영화관은 금요일과 토요일 저녁에 더 높은 수요를 보인다. 우체국, 크리스마스스토어(The Christmas Store)와 홀마크카드숍(Hallmark Card Shops)도 고객 트래픽과 매출에 계절적 변화를 보인다.

마찬가지로 최대 부하를 처리하는 조직의 용량 계획에도 계절적 변화를 이해하는 것이 중요하다. 혹한기와 혹서기의 전력회사, 금요일 오후의 은행, 아침과 저녁 출근시간 버스와 지하철도 포함된다.

예제 8과 같은 시계열 예측에는 일련의 기간 동안 데이터 추세를 검토하는 작업이 포함된다. 계절성의 존재는 추세선 예측의 조정을 필요로 한다. 계절성은 실제 값이 시계열의 평균값과 다른 양으로 표현된다. 월별 또는 분기별로 데이터를 분석하면 일반적으로 통계학자가 계절적 패턴을 쉽게 파악할 수 있다. 계절지수는 몇 가지 일반적인 방법으로 개발할 수 있다.

승법계절 모형이라고 하는 것에서는 계절적 요인에 평균 수요 추정치를 곱해 계절적 예측을 생성한다. 추세가 데이터에서 제거되었다고 가정한다. 그렇지 않으면 계절 데이터의 크기가 추세에 의해 왜곡된다.

1개월의 '계절'이 있는 회사에 대해 따라야 할 단계는 다음과 같다.

학습목표 4.5
계절 지수를 개발한다.

1. 각 연도의 해당 월에 대한 수요를 합하고 사용 가능한 데이터의 연수로 나누어 각 시즌(또는 이 경우 월)의 평균 역사적 수요를 찾는다. 예를 들어 1월에 지난 3년 동안 8, 6, 10의 판매가 있었다면, 1월 평균 수요는 (8 + 6 + 10)/3 = 8단위이다.
2. 전체 연평균 수요를 계절 수로 나누어 전체 월평균 수요를 계산한다. 예를 들어 1년의 총 평균 수요가 120단위이고 12계절(매월)이 있는 경우 월평균 수요는 120/12 = 10단위이다.
3. 해당 월의 과거 평균 수요(1단계에서)를 모든 월(2단계)의 평균 수요로 나누어 각 계절에 대한 **계절 지수**를 계산한다. 예를 들어 지난 3년 동안의 평균 과거 1월 수요가 8단위이고 모든 월의 평균 수요가 10단위인 경우 1월의 계절 지수는 8/10 = .80이다. 마찬가지로, 2월의 계절 지수가 1.20이라는 것은 2월 수요가 모든 달의 평균 수요보다 20% 더 크다는 것을 의미한다.
4. 내년 총 연간 수요를 추정한다.
5. 이 추정된 총 연간 수요를 계절 수로 나눈 다음 각 달의 계절 지수를 곱한다. 이것이 **계절적 예측**을 제공한다.

예제 9에서는 과거 데이터에서 계절 지수를 계산할 때 위와 같은 절차를 보여준다.

예제 9

계절 지수 결정

레노버(Lenovo) 노트북 컴퓨터의 디모인(Des Moines) 유통업체는 판매를 위한 월별 지수를 개발하려고 한다. 지난 3년간의 데이터를 월별로 볼 수 있다.

접근방법 ▶ 위에서 언급한 5단계를 따르라.

해결방법 ▶

	수요					
월	1년	2년	3년	기간별 평균 수요	월평균 수요[a]	계절지수[b]
1	80	85	105	90	94	.957 (= 90/94)
2	70	85	85	80	94	.851 (= 80/94)
3	80	93	82	85	94	.904 (= 85/94)
4	90	95	115	100	94	1.064 (= 100/94)
5	113	125	131	123	94	1.309 (= 123/94)
6	110	115	120	115	94	1.223 (= 115/94)
7	100	102	113	105	94	1.117 (= 105/94)
8	88	102	110	100	94	1.064 (= 100/94)
9	85	90	95	90	94	.957 (= 90/94)
10	77	78	85	80	94	.851 (= 80/94)
11	75	82	83	80	94	.851 (= 80/94)
12	82	78	80	80	94	.851 (= 80/94)

연평균 수요 합계 = 1,128

[a] 월평균 수요 = $\frac{1,128}{12개월}$ =.94　　[b] 계절지수 = $\frac{지난\ 3년간\ 월평균\ 수요}{월평균\ 수요}$

내년에 컴퓨터의 연간 수요가 1,200대가 될 것으로 예상한다면, 이 계절 지수를 사용해 다음과 같이 월별 수요를 예측할 것이다.

월	수요	월	수요
1월	$\frac{1,200}{12} \times .957 = 96$	7월	$\frac{1,200}{12} \times 1.117 = 112$
2월	$\frac{1,200}{12} \times .851 = 85$	8월	$\frac{1,200}{12} \times 1.064 = 106$
3월	$\frac{1,200}{12} \times .904 = 90$	9월	$\frac{1,200}{12} \times .957 = 96$
4월	$\frac{1,200}{12} \times 1.064 = 106$	10월	$\frac{1,200}{12} \times .851 = 85$
5월	$\frac{1,200}{12} \times 1.309 = 131$	11월	$\frac{1,200}{12} \times .851 = 85$
6월	$\frac{1,200}{12} \times 1.223 = 122$	12월	$\frac{1,200}{12} \times .851 = 85$

통찰력 ▶ 이러한 지수를 평균 매출의 백분율로 생각해보면, 계절성이 없는 평균 판매량은 94지만 계절성이 있는 경우 판매량은 평균의 85%에서 131%로 변동한다.

학습 연습 ▶ 내년 연간 수요가 1,150대(1,200대가 아니라)인 경우 1월, 2월, 3월 전망은 어떻게 되겠는가? [답: 91.7, 81.5, 86.6으로 반올림하면 92, 82, 87이다.]

편의상 위해 앞의 사례에서 각 월간 지수에 대해 3개 기간(년)만 사용한다. 예제 10은 계절성 추세선 예측을 조정하기 위해 이미 작성된 지수를 적용하는 방법을 보여준다.

예제 10

추세와 계절지수 모두 적용

샌디에이고병원(San Diego Hospital)은 수집한 66개월 데이터에 추세 및 계절 지수를 모두 적용해 예측을 개선하고자 한다. 그다음 내년 '환자 입원일'을 예측하게 된다.

접근방법 ▶ 추세선이 생성된 다음 월별 계절 지수가 계산된다. 마지막으로, 승법 계절 모형을 사용해 67~78개월을 예측한다.

해결방법 ▶ 66개월 성인 입원 환자의 입원 날짜를 사용해 다음 방정식을 계산했다.

$$\hat{y} = 8{,}090 + 21.5x$$

여기서

$$\hat{y} = \text{환자 입원일}$$
$$x = \text{시간(월별)}$$

추세 데이터만 반영하는 이 모형을 기반으로 병원에서는 다음 달(기간 67)의 환자 입원일을 다음과 같이 예측한다.

$$\text{환자의 입원일} = 8{,}090 + (21.5)(67) = 9{,}530(\text{오직 추세만})$$

그림 4.6에 표시된 바와 같이, 이 모델은 입원 서비스 수요의 상승 추세선을 인식했지만, 행정실에서 알고 있는 계절성을 무시했다.

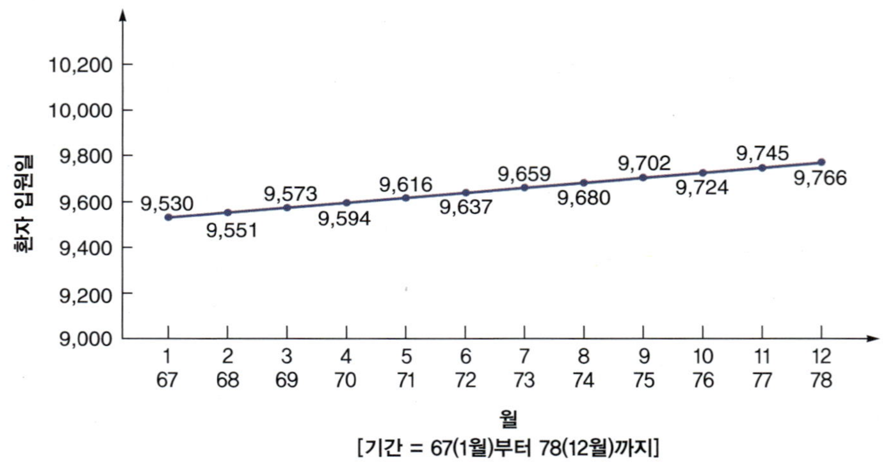

그림 4.6
샌디에이고병원의 추세 데이터

다음 표에는 동일한 66개월을 기준으로 한 계절지수가 나와 있다. 이런 계절적 데이터는 전국 병원의 전형적인 사례로 나타났다.

샌디에이고병원의 성인 입원 환자의 계절지수

월	계절지수	월	계절지수
1월	1.04	7월	1.03
2월	0.97	8월	1.04
3월	1.02	9월	0.97
4월	1.01	10월	1.00
5월	0.99	11월	0.96
6월	0.99	12월	0.98

이러한 계절지수는 그림 4.7에 그래프로 표시되어 있다. 1월, 3월, 7월, 8월은 평균 환자 일수가 상당히 높은 반면 2월, 9월, 11월, 12월은 환자 일수가 더 적은 것으로 나타난다.

그러나 추세 데이터나 계절 데이터만으로는 병원에 대한 합리적인 예측을 할 수 없다. 병원은 추세 조정 데이터에 적절한 계절지수를 곱해야만 우수한 예측을 얻을 수 있었다. 따라서 기간 67(1월)은 다음과 같다.

$$\text{환자의 입원일} = (\text{추세 조정 예측})(\text{월별 계절지수}) = (9{,}530)(1.04) = 9{,}991$$

그림 4.7

샌디에이고병원의 계절지수

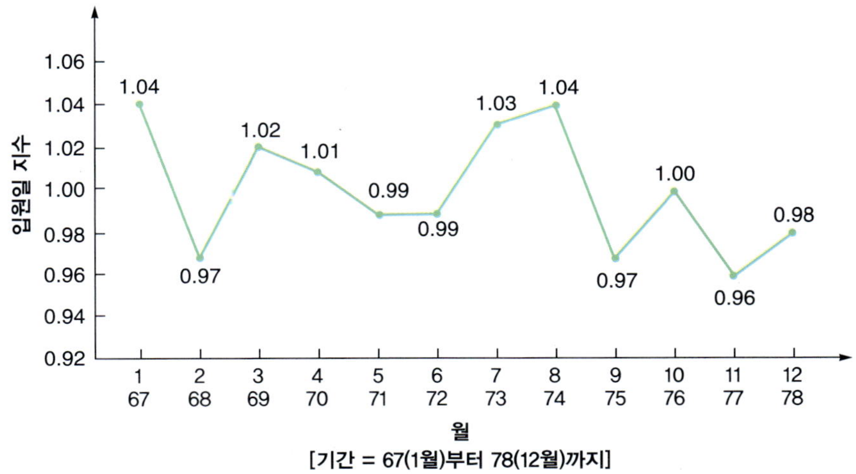

월별로 환자 입원일 수는 다음과 같다.

기간	67	68	69	70	71	72	73	74	75	76	77	78
월	1월	2월	3월	4월	5월	6월	7월	8월	9월	10월	11월	12월
추세와 계절성을 이용한 예측	9,911	9,265	9,764	9,691	9,520	9,542	9,949	10,068	9,411	9,724	9,355	9,572

그림 4.8에 추세와 계절성을 모두 결합한 예측을 보여주는 그래프가 있다.

통찰력 ▶ 추세만 있을 경우 9월 전망치는 9,702개지만 추세와 계절 조정 모두 있을 경우 9,411개이다. 추세 데이터와 계절 데이터를 결합해 병원은 입원 일수와 효과적인 운영에 필수적인 관련 인력 및 예산을 더 잘 예측할 수 있었다.

학습 연습 ▶ 환자 입원일의 추세선 기울기가 22.0(21.5가 아니라)이고, 12월의 지수가 0.99(.98이 아닌)인 경우, 12월의 새로운 입원일 예측은 얼마인가? [답: 9,708]

그림 4.8

추세와 계절 예측 결합

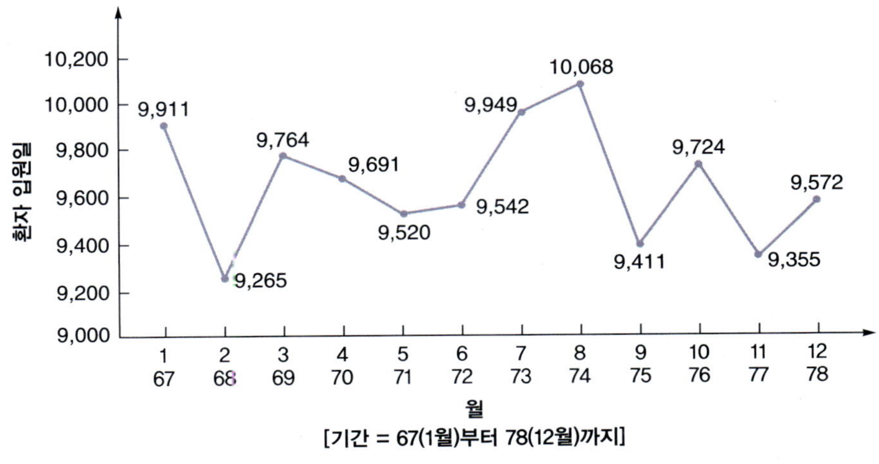

에제 11은 도매업자의 분기별 데이터에 대한 계절성을 추가로 설명한다.

예제 11

계절지수와 추세 데이터 조정

캐나다 캘거리에 있는 Jagoda Wholesalers 경영진은 판매 시점 데이터를 기반으로 한 시계열 회귀분석을 사용해 다음 4개 분기 매출을 예측했다. 각 분기 매출액은 10만 달러, 12만 달러, 14만 달러, 16만 달러이다. 4개 분기 계절지수는 각각 1.30, 0.90, 0.70, 1.10인 것으로 확인되었다.

접근방법 ▶ 계절별 또는 조정된 판매 예측을 계산하기 위해 각 계절지수에 적절한 추세 예측을 곱하기만 하면 된다.

$$\hat{y}_{\text{계절적}} = \text{지수} \times \hat{y}_{\text{추세 예측}}$$

해결방법 ▶

1분기: $\hat{y}_1 = (1.30)(100{,}000\text{달러}) = 130{,}000\text{달러}$
2분기: $\hat{y}_2 = (.90)(120{,}000\text{달러}) = 108{,}000\text{달러}$
3분기: $\hat{y}_3 = (.70)(140{,}000\text{달러}) = 98{,}000\text{달러}$
4분기: $\hat{y}_4 = (1.10)(160{,}000\text{달러}) = 176{,}000\text{달러}$

통찰력 ▶ 이제 계절 변화를 반영하도록 직선 추세 예측이 조정되었다.

학습 연습 ▶ 4분기 판매 예상액이 160,000달러가 아닌 180,000달러인 경우 계절 조정 예측치는 어떻게 되는가? [답: 198,000달러]

데이터의 주기적 변동

주기
몇 년마다 발생하는 데이터의 패턴

주기(cycle)는 데이터의 계절 변동과 비슷하지만 주, 월 또는 분기가 아닌 몇 년에 한 번씩 발생한다. 시계열의 주기적 변동을 예측하는 것은 어렵다. 경기 순환에는 수년에 걸쳐 경기 침체에서 확장, 불황으로 이어지는 다양한 요인이 포함되어 있기 때문이다. 이러한 요인에는 행복감의 시기에는 국가 또는 산업 전반의 과도한 확대와 우려의 시기에는 위축이 포함된다. 개별 제품에 대한 수요 예측은 제품수명주기(제품이 도입에서 쇠퇴에 이르는 단계)에 의해 주도될 수도 있다. 수명주기는 거의 모든 제품에 존재한다. 눈에 띄는 예로는 플로피 디스크, 비디오 레코더, 오리지널 게임보이 등이 있다. 주기적인 분석은 텍스트 예측에 맡긴다. 다음 주제는 서로 영향을 미치는 변수의 연관 기법 개발이다.

연관 예측 방법: 회귀분석과 상관분석

시계열 예측과 달리 **연관 예측** 모형은 일반적으로 예측되는 수량과 관련된 여러 변수를 고려한다. 이러한 관련 변수가 발견되면 통계 모델이 구축되어 관심 항목을 예측하는 데 사용된다. 이 접근방식은 예측변수에 대해 과거 값만 사용하는 시계열 방법보다 더 강력하다.

연관 분석에서는 많은 요인을 고려할 수 있다. 예를 들어 델(Dell) 컴퓨터의 판매는 델의 광고 예산, 회사의 가격, 경쟁업체의 가격 및 판촉 전략, 심지어 국가 경제 및 실업률과 관련될 수 있다. 이 경우 컴퓨터 판매를 종속변수라고 하고 나머지 변수를 **독립변수**라고 한다. 관리자의 임무는 컴퓨터 판매와 **독립변수의 최상의 통계적 관계**를 개발하는 것이다. 가장 일반적인 양적 연관 예측 모델은 **선형회귀분석**(linear regression analysis)이다.

선형회귀분석
독립변수와 종속변수의 기능적 관계를 설명하는 직선의 수학적 모형

회귀분석을 사용한 예측

추세 투영의 최소제곱법에 사용한 것과 동일한 수학적 모형을 사용해 선형회귀분석을 수행할 수 있다. 우리가 예측하고자 하는 종속변수는 여전히 $\hat{y}$일 것이다. 그러나 이제 독립변수 x는 더 이상 시간이 필요하지 않다. 다음 방정식을 사용하면

$$\hat{y} = a + bx$$

여기서 $\hat{y}$ = 종속변수의 값(예: 매출)
a = y축 절편
b = 회귀선의 기울기
x = 독립변수

학습목표 4.6
회귀분석과 상관분석을 수행한다.

예제 12는 선형회귀분석을 사용하는 방법을 보여준다.

예제 12 선형회귀 방정식 계산

Nodel Construction Company는 미시간주 웨스트 블룸필드에 있는 오래된 주택을 개조한다. 시간이 지남에 따라, 이 회사는 보수 작업의 달러 규모가 웨스트 블룸필드 지역의 급여에 의존하고 있다는 것을 알게 되었다. 경영진은 매출을 예측하는 데 도움이 되는 수학적 관계를 구축하고자 한다.

접근방법 ▶ Nodel의 운영 부사장은 회사 수익과 지난 6년 동안 웨스트 블룸필드에서 급여 소득자의 소득으로 다음 표를 작성했다.

Nodel의 판매 (백만 달러), y	지역 급여 (십억 달러), x	Nodel의 판매 (백만 달러), y	지역 급여 (십억 달러), x
2.0	1	2.0	2
3.0	3	2.0	1
2.5	4	3.5	7

부사장은 급여 영역과 판매 사이에 직선(선형) 관계가 있는지 여부를 결정해야 한다. 그는 알려진 데이터를 산점도에 표시한다.

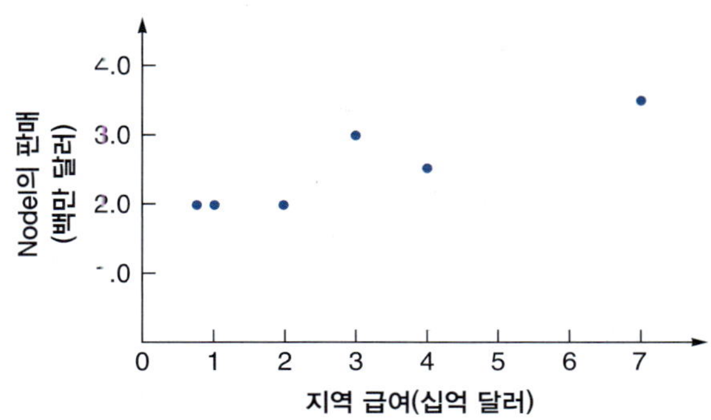

6개의 데이터 포인트에서 독립변수(급여)와 종속변수(판매) 사이에는 다음과 같은 약간의 양의 관계가 있는 것으로 나타난다. 급여가 올라갈수록 Nodel의 매출은 높아지는 경향이 있다.

해결방법 ▶ 최소제곱 회귀분석 방법을 사용해 수학 방정식을 찾을 수 있다.

판매(y)	급여(x)	x^2	xy
2.0	1	1	2.0
3.0	3	9	9.0
2.5	4	16	10.0
2.0	2	4	4.0
2.0	1	1	2.0
3.5	7	49	24.5
$\Sigma y = 15.0$	$\Sigma x = 18$	$\Sigma x^2 = 80$	$\Sigma xy = 51.5$

$$\bar{x} = \frac{\Sigma x}{6} = \frac{18}{6} = 3$$

$$\bar{y} = \frac{\Sigma y}{6} = \frac{15}{6} = 2.5$$

$$b = \frac{\Sigma xy - n\bar{x}\bar{y}}{\Sigma x^2 - n\bar{x}^2} = \frac{51.5 - (6)(3)(2.5)}{80 - (6)(3^2)} = .25$$

$$a = \bar{y} - b\bar{x} = 2.5 - (.25)(3) = 1.75$$

따라서 추정된 회귀 방정식은 다음과 같다.

$$\hat{y} = 1.75 + .25x$$

혹은

$$\text{판매} = 1.75 + .25(\text{급여})$$

지역 상공회의소가 내년 웨스트 블룸필드 지역의 급여가 60억 달러가 될 것으로 전망할 경우, 회귀 방정식으로 Nodel의 매출을 추정할 수 있다.

$$\begin{aligned}\text{판매(백만 달러)} &= 1.75 + .25(6)\\ &= 1.75 + 1.50 = 3.25\end{aligned}$$

$$\text{판매} = 325\text{만 달러}$$

통찰력 ▶ 급여와 판매의 직접적인 관계에 대한 가정을 고려할 때, 이제 그 관계의 기울기를 알 수 있다. 평균적으로, 지역 급여의 10억 달러당 1,400만 달러의 판매 증가율로 나타낸다. $b = .25$이기 때문이다.

학습 연습 ▶ 지역 급여가 80억 달러일 때 Nodel의 매출은 얼마인가? [답: 375만 달러]

예제 12의 마지막 부분은 회귀분석과 같은 연관 예측 방법의 중심적인 약점을 보여준다. 회귀 방정식으로 계산한 경우에도 다음 기간에 대한 종속변수를 추정하기 전에 독립변수 x(이 경우 급여)에 대한 예측을 제공해야 한다. 이것이 모든 예측에 문제가 되는 것은 아니지만, 일부 공통 독립변수의 미래 값을 결정하는 데 어려움이 있다는 것을 알 수 있다[예: 고용률, 국민총생산(GNP), 물가지수 등].

추정치의 표준오차

예제 12에서 Nodel의 판매에 대한 325만 달러의 예상치를 y의 **점 추정**이라고 한다. 점 추정치는 실제로 가능한 판매 가치 분포의 **평균** 또는 **기댓값**이다. 그림 4.9는 이러한 개념을 보여준다.

추정치의 표준오차
회귀선 주변의 변동성 측정 — 표준편차

회귀 추정치의 정확도를 측정하려면 **추정치의 표준오차**(standard error of the estimate) $S_{y,x}$를 계산해야 한다. 이 계산을 **회귀분석의 표준편차**라고 한다. 이 값은 평균이 아니라 종속변수 y에서 회귀선까지의 오차를 측정한다. 식 (4-14)는 산술 평균의 표준편차를 계산하기 위해 대부분의 통계

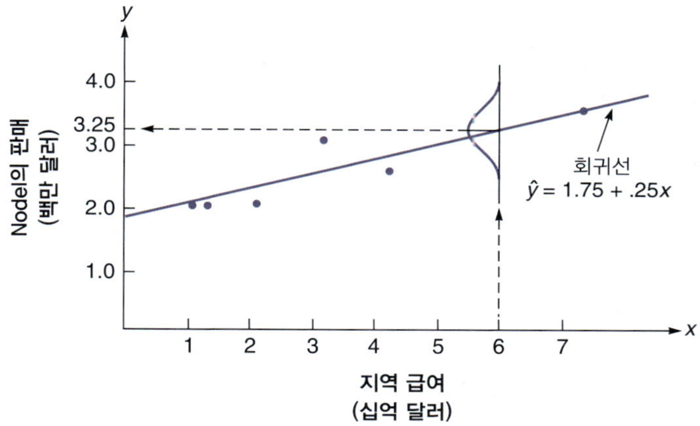

그림 4.9

325만 달러 매출의 점 추정치에 대한 분포

글리든페인트(Glidden Paints)의 조립 라인은 시간당 수천 갤런을 필요로 한다. 이 회사는 수요를 예측하기 위해 가처분소득, GNP와 같은 독립변수를 갖는 선형회귀분석과 같은 연관 예측법을 사용한다. 대부분의 글리든 페인트는 이미 주택이나 사업을 소유한 고객에게 소매업체를 통해 판매되는 것으로 나타났다.

책에서 발견되는 것과 유사한 표현이다.

$$S_{y,x} = \sqrt{\frac{\sum(y - y_c)^2}{n - 2}} \tag{4-14}$$

여기서 y = 각 데이터 포인트의 y값

y_c = 회귀 방정식에서 종속변수의 계산된 값

n = 데이터 포인트의 개수

식 (4-15)는 더 복잡해 보이지만 실제로는 식 (4-14)의 사용하기 쉬운 버전이다. 두 공식은 동일한 답을 제공하며 점 추정치를 중심으로 예측 구간을 설정하는 데 사용할 수 있다.[1]

$$S_{y,x} = \sqrt{\frac{\sum y^2 - a\sum y - b\sum xy}{n - 2}} \tag{4-15}$$

예제 13은 예제 12에서 추정치의 표준오차를 계산하는 방법을 보여준다.

예제 13

추정치의 표준오차 계산

이제 Nodel의 작업 VP는 예제 12에서 계산한 회귀선과 관련된 오차를 알고자 한다.

접근방법 ▶ 식 (4-15)를 사용해 추정치의 표준오차($S_{y,x}$)를 계산한다.

해결방법 ▶ $S_{y,x}$에 대해 해결할 수 없는 유일한 숫자는 $\sum y^2$이다. 몇 가지 빠른 추가로 $\sum y^2 = 39.5$가 표시된다. 그러므로

$$S_{y,x} = \sqrt{\frac{\sum y^2 - a\sum y - b\sum xy}{n-2}}$$
$$= \sqrt{\frac{39.5 - 1.75(15.0) - .25(51.5)}{6-2}}$$
$$= \sqrt{.09375} = .306 \text{ (백만 달러)}$$

추정치의 표준오차는 판매액 306,000달러이다.

통찰력 ▶ 추정치의 표준오차 해석은 표준편차와 유사하다. 즉 ±1표준편차 = .6827이다. 따라서 3,250,000달러의 점 추정치에서 판매가 ±306,000달러일 확률은 68.27%이다.

학습 연습 ▶ 매출이 3,556,000달러를 초과할 확률은 얼마인가? [답: 약 16%]

회귀선에 대한 상관계수

회귀 방정식은 두 변수의 관계 특성을 표현하는 한 가지 방법이다. 회귀선은 '인과 관계'가 아니다. 그들은 단지 변수의 관계를 설명한다. 회귀 방정식은 한 변수가 다른 변수의 값과 다른 변수의 변화에 어떠한 관계가 있는지 보여준다.

상관계수
두 변수의 관계 강도 측정

두 변수의 관계를 평가하는 또 다른 방법은 **상관계수**(coefficient of correlation)를 계산하는 것이다. 이 측정은 선형관계의 정도 또는 강도를 나타낸다(그러나 상관관계가 반드시 인과 관계를 의미하지는 않는다). 일반적으로 r로 식별되는 상관계수는 +1에서 −1 사이의 숫자가 될 수 있다. 그림 4.10은 r의 다른 값이 어떻게 생겼는지 보여준다.

그림 4.10
다섯 가지 상관계수 값

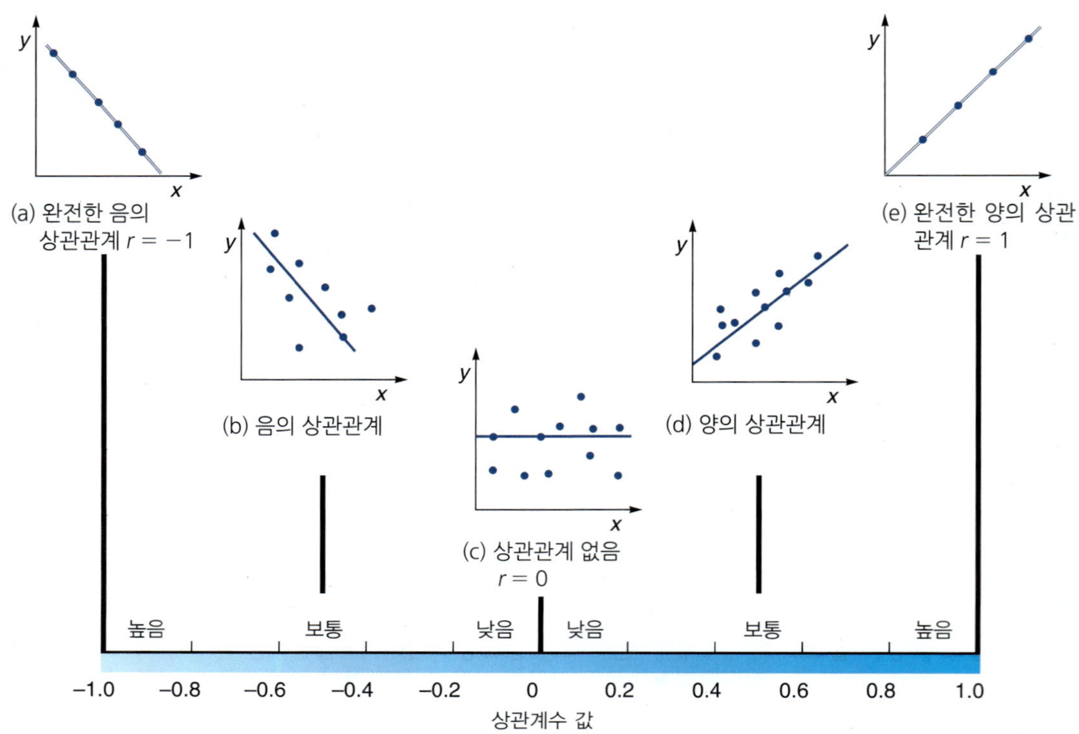

r을 계산하기 위해, 앞에서 회귀선에 대한 a와 b를 계산하는 데 필요한 동일한 데이터를 많이 사용한다. r에 대한 다소 긴 방정식은 다음과 같다.

$$r = \frac{n\sum xy - \sum x \sum y}{\sqrt{[n\sum x^2 - (\sum x)^2][n\sum y^2 - (\sum y)^2]}} \qquad (4\text{-}16)$$

예제 14는 예제 12 및 13에서 제공된 데이터에 대한 상관계수를 계산하는 방법을 보여준다.

예제 14

상관계수 계산

예제 12에서 우리는 Nodel Construction Company의 고향인 웨스트 블룸필드에서 리노베이션 판매와 급여의 관계를 살펴보았다. 부회장은 이제 지역 급여와 판매 사이의 연관성을 알고 싶다.

접근방법 ▶ 식 (4-16)을 사용해 r값을 계산한다. 먼저 y^2을 위해 계산 열을 하나 더 추가해야 한다.

해결방법 ▶ y^2을 위한 열을 포함한 데이터와 계산은 다음과 같다.

y	x	x^2	xy	y^2
2.0	1	1	2.0	4.0
3.0	3	9	9.0	9.0
2.5	4	16	10.0	6.25
2.0	2	4	4.0	4.0
2.0	1	1	2.0	4.0
3.5	7	49	24.5	12.25
$\Sigma y = 15.0$	$\Sigma x = 18$	$\Sigma x^2 = 80$	$\Sigma xy = 51.5$	$\Sigma y^2 = 39.5$

$$r = \frac{(6)(51.5) - (18)(15.0)}{\sqrt{[(6)(80) - (18)^2][(6)(39.5) - (15.0)^2]}}$$

$$= \frac{309 - 270}{\sqrt{(156)(12)}} = \frac{39}{\sqrt{1,872}}$$

$$= \frac{39}{43.3} = .901$$

통찰력 ▶ $r = .901$은 상당한 상관관계가 있는 것으로 보이며 두 변수의 관계가 밀접함을 확인하는 데 도움이 된다.

학습 연습 ▶ 상관계수가 +.901이 아니라 −.901이라면 이것은 무엇을 말하는가? [답: 음의 상관관계는 급여가 올라가면 Nodel의 매출이 내려간다는 것이다.

상관계수가 두 변수의 관계를 설명하는 데 가장 일반적으로 사용되는 척도지만 다른 척도가 존재한다. 이것을 **결정계수**(coefficient of determination)라고 하며 단순히 상관계수의 제곱, 즉 r^2이다. r^2의 값은 항상 $0 \le r^2 \le 1$범위의 양수이다. 결정계수는 회귀 방정식으로 설명되는 종속변수(y)의 변동 백분율이다. Nodel의 경우 r^2의 값은 .81로 전체 변동의 81%가 회귀 방정식으로 설명됨을 나타낸다.

결정계수
회귀 방정식으로 설명되는 평균에 대한 종속변수의 변동량 측정

다중회귀분석

다중회귀
1개 이상의 독립변수를 사용한 연관 예측 방법

다중회귀(multiple regression)는 방금 살펴본 단순회귀 모델의 실용적인 확장이다. 하나의 변수 대신 여러 개의 독립변수를 사용해 모형을 만들 수 있다. 예를 들어 Nodel Construction이 리노베이션 판매 예측을 위한 모형에 평균 연간 이자율을 포함하려는 경우 적절한 방정식은 다음과 같다.

$$\hat{y} = a + b_1x_1 + b_2x_2 \tag{4-17}$$

여기서 y = 종속변수, 판매
a = 상수, y의 기울기
x_1과 x_2 = 2개 독립변수의 값, 각각 급여, 이자율
b_1과 b_2 = 2개 독립변수의 상수

다중회귀의 수학은 상당히 복잡해지며 일반적으로 컴퓨터로 해결되므로, b_1 및 b_2에 대한 공식은 통계 교과서에 남겨둔다. 그러나 예제 15는 Nodel의 매출을 예측할 때 식 (4-17)을 어떻게 해석하는지 보여주고 있다.

예제 15

다중회귀 방정식의 사용

Nodel은 두 번째 독립변수 이자율이 매출에 미치는 영향력을 확인하고 싶다.

접근방법 ▶ 컴퓨터 소프트웨어로 계산한 새로운 다중회귀선은 다음과 같다.

$$\hat{y} = 1.80 + .30x_1 - 5.0x_2$$

새로운 상관계수가 0.96이라는 것을 발견했다. 이는 변수 x_2인 이자율이 포함되어 선형관계에 더 많은 힘을 추가한다는 것을 의미한다.

해결방법 ▶ 내년 급여와 이자율을 값으로 대입하면 Nodel의 매출을 추정할 수 있다. 웨스트 블룸필드의 급여가 60억 달러이고 이자율이 0.12(12%)인 경우 매출은 다음과 같을 것으로 예측된다.

$$\begin{aligned}\text{판매(백만 달러)} &= 1.80 + .30(6) - 5.0(.12)\\ &= 1.8 + 1.8 - .6\\ &= 3.00\end{aligned}$$

혹은

$$\text{판매} = 3{,}000{,}000\text{달러}$$

통찰력 ▶ 급여와 이자율이라는 두 변수를 모두 사용해 Nodel은 이제 300만 달러의 매출 예측과 더 높은 상관계수를 갖게 되었다. 이는 두 변수의 관계가 더 강하고 판매 추정치가 더 정확함을 시사한다. 변수를 추가하면 r^2이 증가할 것으로 예상할 수 있다.

학습 연습 ▶ 이자율이 6%에 불과하다면 매출 예측은 어떻게 되겠는가? [답: 1.8 + 1.8 − 5.0(.06) = 3.3 또는 3,300,000달러]

OM in Action '뉴욕시의 포트홀과 회귀분석'은 한 도시에서 회귀 및 다중회귀를 사용한 흥미로운 예를 제공한다.

OM in Action 뉴욕시의 포트홀과 회귀분석

뉴욕은 많은 것으로 유명하지만, 알려지고 싶지 않은 것은 크고 많은 포트홀이다. 데이비드 레터맨(David Letterman)은 농담을 하곤 했다. "8번가에는 아주 큰 구멍이 있고, 그 안에 스타벅스가 있다." 포트홀에 관한 한, 어떤 해는 다른 해보다 더 나빠 보인다. 2014년 겨울은 유난히 안 좋은 해였다. 도시 근로자들은 올해 첫 4개월 동안 30만 개의 포트홀을 메웠다. 놀라운 업적이다.

그러나 포트홀은 어느 정도 시군의 역량에 해당하며 비용이 많이 든다. 뉴욕시의 열악한 도로로 인해 자동차 운전자들은 수리비와 새 타이어 구입을 위해 연간 800달러의 비용을 들여야 한다. 1990년대에 약 70,000~80,000개였던 포트홀이 최근 200,000~300,000개라는 엄청난 수치를 기록했다. 한 가지 이론은 악천후가 포트홀을 일으킨다는 것이다. 겨울의 심각성을 측정하기 위해 눈의 높이(단위: 인치)를 이용한 다음 그래프는 매해 겨울 눈 높이에 대한 포트홀 수의 플롯을 보여준다.

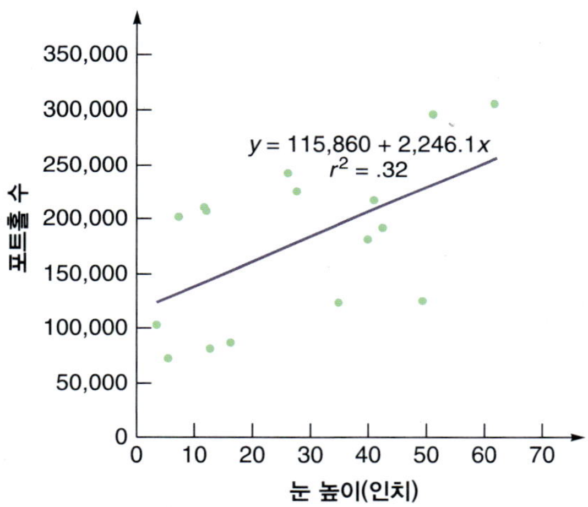

연구에 따르면 이 도시는 도로 악화에도 불구하고 유지를 위해 매년 최소 1,000마일의 도로를 재포장해야 한다. 그 이하라면 수리해야 할 도로의 '간격'이나 밀린 잔해로 이어질 것이다. 아래 그래프는 포트홀 대 간격의 플롯을 나타낸다. r^2이 0.81인 경우, '간격'의 증가와 포트홀의 개수 사이에는 매우 강한 관계가 있다. 포트홀 수가 꾸준히, 실질적으로 증가하는 진짜 이유는 도로 재포장 간격이 커졌기 때문임이 분명하다.

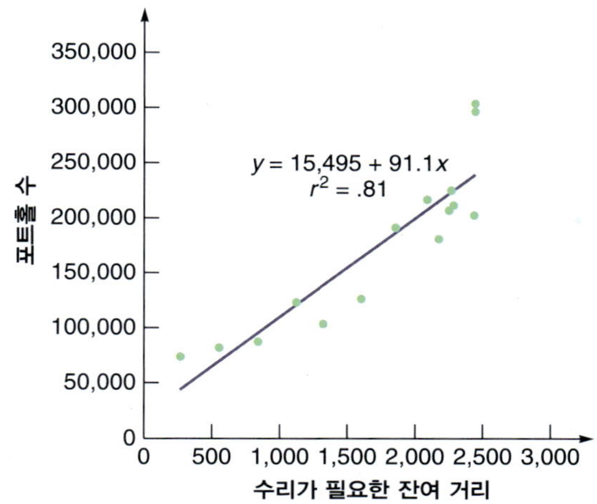

세 번째 모델은 2개의 독립변수로 재포장 간격과 눈의 높이를, 종속변수로 포트홀의 수를 사용해 회귀분석을 수행한다. 그 회귀 모형의 r^2은 .910이다.

$$\text{포트홀} = 7,801.5 + 80.6 \times \text{재포장 간격} + 930.1 \times \text{눈의 높이(인치)}$$

출처: *OR/MS Today*(June, 2014); *New York Daily News*(March 5, 2014); *New York Post*(March 19, 2015).

예측 모니터링과 통제

일단 예측이 완성되면 잊어서는 안 된다. 모든 관리자는 자신의 예측이 끔찍할 정도로 부정확하다는 사실을 상기하고 싶지 않지만, 기업은 실제 수요(또는 조사 중인 변수)가 예측과 크게 다른 이유를 파악할 필요가 있다. 만약 예측자가 정확하다면, 그 사람은 보통 모든 사람이 자신의 재능을 인지하도록 한다. 그러나 주식 시장 전망에서 지속적으로 25% 하락하는 재무 관리자에 대한 기사를 ≪포춘≫, ≪포브스(Forbes)≫, ≪월스트리트저널(Wall Street Journal)≫에서 거의 볼 수 없다.

예측이 제대로 작동하는지 모니터링하는 한 가지 방법은 추적 신호를 사용하는 것이다. **추적 신호**(tracking signal)는 예측이 실제 값을 얼마나 잘 예측하는지 측정하는 것이다. 예측이 매주, 매월, 매 분기에 업데이트되므로 새로 사용할 수 있는 수요 데이터를 예측 값과 비교한다.

추적 신호
예측이 실제 값을 얼마나 잘 예측하는지 측정하는 것

추적 신호는 누적오차를 평균절대편차(MAD)로 나눈 값으로 계산한다.

$$\text{추적 신호} = \frac{\text{누적 오차}}{\text{MAD}} \tag{4-18}$$

그림 4.11
추적 신호 표시

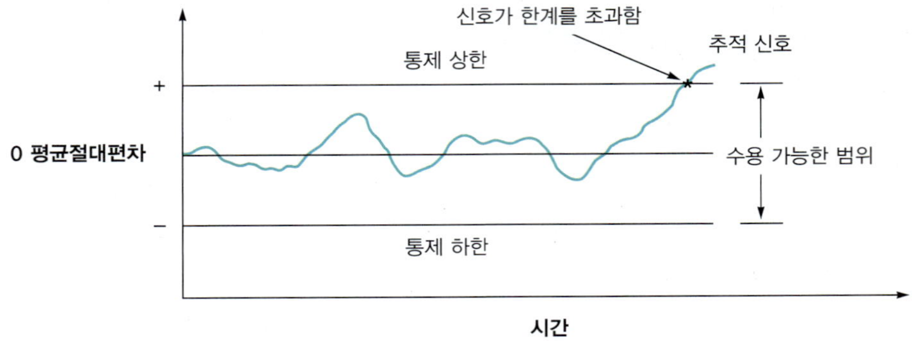

$$= \frac{\Sigma(\text{기간 } i\text{의 실제 수요} - \text{기간 } i\text{의 예측 수요})}{\text{MAD}}$$

여기서 $$\text{MAD} = \frac{\Sigma|\text{실제} - \text{예측}|}{n}$$

이는 앞부분에 나왔던 식 (4-5)이다.

긍정적인 추적 신호는 수요가 예측보다 **크다**는 것을 나타낸다. **부정적인** 신호는 수요가 예측보다 **적다**는 것을 의미한다. 우수한 추적 신호(누적오차가 낮은 신호)는 음의 오차만큼 양의 오차가 많다. 즉 작은 편차는 괜찮지만 양의 오차와 음의 오차는 추적 신호가 0 주위에 가깝게 집중되도록 서로 균형을 유지해야 한다. 예측 값이 실제 값보다 크거나 작은 일관된 경향(즉 절대 누적오차가 높은 경우)을 **편향**(bias) 오차라고 한다. 예를 들면 잘못된 변수나 추세선을 사용하거나 계절 지수를 잘못 적용하면 편향이 발생할 수 있다.

편향
시계열의 실제 값보다 지속적으로 높거나 낮은 예측

추적 신호가 계산되면 미리 결정된 통제 한계와 비교된다. 추적 신호가 상한 또는 하한을 초과하면 예측 방법에 문제가 있으며 경영진은 수요 예측 방식을 재평가하려 할 수 있다. 그림 4.11은 허용 가능한 변동 범위를 초과하는 추적 신호의 그래프를 보여준다. 사용 중인 모형이 지수평활인 경우 평활상수를 다시 조정해야 할 수도 있다.

학습목표 4.7
추적 신호를 사용한다.

기업은 추적 상한과 하한을 어떻게 결정할까? 정답은 없지만 합리적인 값을 찾으려고 노력한다. 즉 작은 예측오차가 발생할 때마다 트리거가 될 정도로 낮지 않고 나쁜 예측이 정기적으로 간과될 정도로 높지 않은 한계를 찾으려고 한다. 1 MAD는 약 0.8표준편차에 해당하며, ±2 MAD = ±1.6표준편차, ±3 MAD = ±2.4표준편차, ±4 MAD = ±3.2표준편차이다. 이 사실은 예측이 '통제'되는 경우 오차의 89%가 ±2 MAD 내에, 98%가 ±3 MAD 내에, 99.9%가 ±4 MAD에 속할 것으로 예상됨을 시사한다.[2]

예제 16은 추적 신호와 누적오차를 계산하는 방법을 보여준다.

예제 16

Carlson's Bakery에서 추적 신호 계산하기

Carlson's Bakery는 크루아상 판매 예측 실적을 평가하려고 한다.

접근방법 ▶ 예측을 위한 추적 신호를 개발하고, ±4 MAD로 정의하는 허용 한계 내에 있는지 확인하라.

해결방법 ▶ 크루아상 판매에 대한 지난 6분기의 예측 및 수요 데이터를 사용해 다음 표에서 추적 신호를 개발한다.

분기	실제 수요	수요 예측	오차	누적오차	절대 예측 오차	누적 절대 예측오차	MAD	추적신호 (누적오차/평균절대편차)
1	90	100	−10	−10	10	10	10.0	−10/10 = −1
2	95	100	−5	−15	5	15	7.5	−15/7.5 = −2
3	115	100	+15	0	15	30	10.0	0/10 = 0
4	100	110	−10	−10	10	40	10.0	−10/10 = −1
5	125	110	+15	+5	15	55	11.0	+5/11 = +0.5
6	140	110	+30	+35	30	85	14.2	+35/14.2 = +2.5

$$6\text{분기 말 MAD} = \frac{\sum|\text{예측오차}|}{n} = \frac{85}{6} = 14.2$$

$$\text{추적 신호} = \frac{\text{누적오차}}{\text{MAD}} = \frac{35}{14.2} = 2.5\ \text{MAD}$$

통찰력 ▶ 추적 신호가 −2 MAD에서 +2.5 MAD(1.6과 2.0표준편차 사이)로 표류했기 때문에 허용 가능한 한계 내에 있다는 결론을 내릴 수 있다.

학습 연습 ▶ 6분기의 실제 수요가 130(140이 아니라)인 경우 MAD 및 결과 추적 신호는 얼마인가? [답: 6분기의 MAD는 12.5이고, 추적 신호는 2 MAD이다.]

적응적 평활

적응적 예측은 추적 신호를 컴퓨터로 모니터링하고 신호가 미리 설정된 한계를 통과하면 자체 조정하는 것을 말한다. 예를 들어 지수평활화에 적용할 때 α 및 β 계수는 먼저 오차 예측을 최소화하는 값을 기반으로 선택한 다음 컴퓨터가 잘못된 추적 신호를 기록할 때마다 그에 따라 조정된다. 이 프로세스를 **적응적 평활**(adaptive smoothing)이라고 한다.

적응적 평활
오차를 최소화하기 위해 평활상수가 자동으로 변경되는 지수평활 예측에 대한 접근 방식

초점 예측

평활상수를 선택해 적응하는 대신 컴퓨터를 사용하면 다양한 예측 모델을 시도할 수 있다. 이러한 접근 방식을 **초점 예측**(focus forecasting)이라고 한다. 초점 예측은 두 가지 원칙을 기반으로 한다.

초점 예측
다양한 컴퓨터를 이용한 예측

1. 정교한 예측 모델이 단순한 모델보다 항상 더 나은 것은 아니다.
2. 모든 제품이나 서비스에 사용해야 하는 단일 기술은 없다.

아메리칸하드웨어서플라이(American Hardware Supply)의 재고 관리자인 버나드 스미스(Bernard Smith)는 **초점 예측**이라는 용어를 만들었다. 스미스의 임무는 아메리칸하드웨어의 21개 구매자가 구매한 100,000개의 하드웨어 제품에 대한 수량을 예측하는 것이었다.[3] 그는 구매자가 당시 사용 중인 지수평활 모델을 신뢰하지도 이해하지도 않았다는 것을 알았다. 대신, 그들은 그들만의 매우 간단한 접근 방식을 사용했다. 그래서 스미스는 예측 방법을 선택하기 위한 새로운 컴퓨터 시스템을 개발했다.

스미스는 일곱 가지 예측 방법을 테스트하기로 선택했다. 구매자가 사용하는 단순한 것(나이브 접근 방식과 같은)에서 통계적 모델에 이르기까지 다양했다. 매월 스미스는 7개 모델 모두의 예측을 재고의 각 항목에 적용했다. 이러한 모의실험에서는 가장 최근 실제 수요에서 예측 값을 빼서

모의 예측오차를 제공했다. 오차가 가장 적은 예측 방법을 컴퓨터에서 선택해 다음 달 예측에 사용한다. 구매자는 여전히 무효로 하는 기능을 가지고 있지만 아메리칸하드웨어는 초점 예측이 우수한 결과를 제공한다는 것을 발견했다.

서비스 부문 예측

서비스 부문의 예측에는 몇 가지 특이한 문제가 있다. 소매 부문의 주요 기술은 우수한 단기 기록을 유지해 수요를 추적하는 것이다. 예를 들어 남성을 대상으로 하는 이발소는 금요일과 토요일에 손님이 가장 많을 것으로 예상한다. 실제로 대부분의 이발소는 일요일과 월요일에 문을 닫고 많은 이발소가 금요일과 토요일에 추가 도움을 요청한다. 반면에 시내 식당은 효과적인 단기 예측을 위해 관습과 휴일을 추적해야 할 필요가 있다.

특산품 소매점 꽃집과 같은 특산품 소매점은 다른 특이한 수요 패턴을 가질 수 있으며 이러한 패턴은 휴일에 따라 다르다. 예를 들어 밸런타인데이가 주말이면 사무실에 꽃을 배달할 수 없고, 연인들은 꽃보다는 나들이로 축하할 가능성이 높다. 휴일이 월요일인 경우 일부 축하 행사가 주말에도 열리므로 꽃 판매가 감소할 수 있다. 그러나 밸런타인데이가 주중이 되면 바쁜 주중 일정으로 인해 꽃이 축하하는 최적의 방법이 되는 경우가 많다. 어버이날 꽃은 토요일이나 일요일에 배송되기 때문에 이번 공휴일 예보는 변동이 적다. 특수 수요 패턴으로 인해 많은 서비스 회사는 요일뿐만 아니라 날씨를 포함한 비정상적인 이벤트에 주목해 수요에 영향을 미치는 패턴 및 상관관계를 개발할 수 있도록 판매 기록을 유지한다.

패스트푸드점 패스트푸드점은 주별, 일별, 시간별뿐 아니라 판매에 영향을 미치는 수요의 15분 변동까지도 잘 알고 있다. 따라서 수요에 대한 상세한 예측이 필요하다. 그림 4.12(a)는 일반적인 패스트푸드점의 시간별 예측을 보여준다. 점심시간과 저녁시간 피크를 참고하라. 이것은 그림 4.12(b)에서 페덱스(FedEx) 콜센터의 오전 중반과 오후 중반 피크와 대조된다.

타코벨(Taco Bell) 같은 회사는 이제 매 분기마다 판매를 추적하는 POS 컴퓨터를 사용한다. 타코

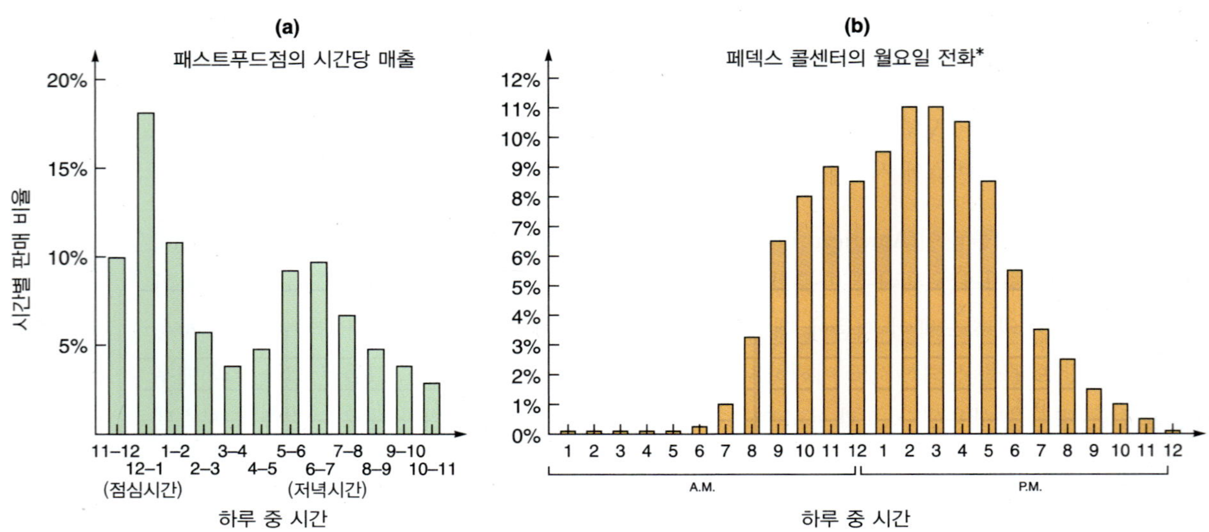

그림 4.12 예측은 고유하다: (a) 패스트푸드점의 시간당 매출과 (b) 페덱스의 시간당 통화량 간의 차이에 주목하라
*과거 데이터 기반: *Journal of Business Forecasting*(Vol. 19, no. 4): 6-11 참조.

벨은 6주 이동평균이 이러한 분기 시간 예측의 평균제곱오차(MSE)를 최소화하는 예측 기술이라는 것을 발견했다. 타코벨은 미국 내 7,000개 매장 컴퓨터에 이 예측 방법론을 구축했고, 이 모형은 매주 고객 거래를 예측한다. 이는 다른 산업에서처럼 1시간 단위가 아닌 15분 단위로 시작하는 직원을 예약하기 위해 매장 관리자가 사용한다. 예측 모델이 매우 성공적이어서 타코벨은 4년 동안 인건비를 5,000만 달러 이상 절감하면서 고객 서비스를 향상시켰다.

요약

예측은 운영 관리자 기능의 중요한 부분이다. 수요 예측은 회사의 생산, 용량 및 일정 시스템을 구동하고 재무, 마케팅, 인사 계획 기능에 영향을 미친다.

다양한 정성적 및 정량적 예측 기법이 있다. 정성적 접근 방식은 판단, 경험, 직관 및 수량화하기 어려운 기타 여러 요인을 사용한다. 정량적 예측은 과거 데이터와 인과 관계 또는 연관 관계를 사용해 미래 수요를 예측한다. 이 장의 Rapid Review에서는 정량적 예측에서 소개한 공식을 요약한다. 예측 계산은 거의 수동으로 수행되지 않는다. 대부분의 운영 관리자는 Forecast PRO, NCSS, Minitab, Systat, Statgraphics, SAS, SPSS와 같은 소프트웨어 패키지를 사용한다. 모든 조건에서 완벽한 예측 방법은 없다. 그리고 경영진이 만족스러운 접근 방식을 찾은 경우에도 여전히 예측을 모니터링하고 제어해 오차가 손에서 벗어나지 않도록 해야 한다. 예측은 매우 도전적이지만 보람 있는 관리의 일부일 수 있다.

핵심 용어

결정계수(coefficient of determination)
경영진 배심원(jury of executive opinion)
경제적 예측(economic forecasts)
계절적 변동(seasonal variation)
기술적 예측(technological forecasts)
나이브 접근 방식접근법(naive approach)
다중회귀(multiple regression)
델파이 방식(delphi method)
상관계수(coefficient of correlation)
선형회귀분석(linear regression analysis)
수요 예측(demand forecasts)
시계열 모형(time-series)
시장 조사(market survey)
영업 인력 종합(sales force composite)
예측(forecasting)
이동평균(moving averages)
적응적 평활(adaptive smoothing)
정량적 예측(quantitative forecasts)
정성적 예측(qualitative forecasts)
주기(cycle)
지수평활(exponential smoothing)
초점 예측(Focus forecasting)
추세 예측(trend projection)
추적 신호(tracking signal)
추정치의 표준오차(standard error of the estimate)
편향(bias)
평균 절대비율 오차(mean absolute percent error, MAPE)
평균절대편차(mean absolute deviation, MAD)
평균제곱오차(mean squared error, MSE)
평활상수(smoothing constant)

윤리적 딜레마

우리는 시험 성적과 최고 성적에 집착하는 사회에 살고 있다. SAT, ACT, GRE, GMAT, LSAT를 생각해보라. 이 시험을 치르는 데는 몇 시간밖에 걸리지 않지만, 이 시험의 결과는 학교와 회사에 한 학생의 지속적 재능에 대한 스냅숏을 제공한다.

그러나 이러한 시험은 보통 실제 환경에서 성능을 예측하는 데 있어 매우 좋지 않다. SAT는 대학교 1학년 학생의 성적을 예측하는 적절한 작업($r^2 = 0.12$)을 수행한다. 그러나 졸업 후 성취도를 예측하는 데는 효과가 떨어진다. LSAT 점수는 소득, 삶의 만족도 또는 공공 서비스로 측정한 직업 성공과 거의 아무런 상관관계가 없다.

이 맥락에서 r^2은 무엇을 의미하는가? 대학이 점수만으로 입학 및 재정 지원 결정을 내리는 것이 윤리적인가? 이 시험은 학교에서 어떤 역할을 하는가?

토론 문제

1. 정성적 예측 모델이란 무엇이며 언제 사용하는 것이 적절한가?
2. 두 가지 일반적인 예측 접근 방식을 식별하고 간략하게 설명하라.
3. 지진 발생 후 필요한 구호품의 양을 예측해야 한다고 가정하자. 정성적 또는 정량적 중 어떤 유형의 예측이 가장 적절하다고 생각하는가? 정성적 예측인가, 아니면 정량적 예측인가? 이유를 설명하라. 이 경우 CPFR(협력, 계획, 예측, 보충)을 적용할 수 있는가?
4. 예측 시스템을 개발하는 데 사용되는 단계를 간략하게 설명하라.
5. 회의적인 관리자는 중간 범위 예측을 사용할 수 있는지 알고 싶다. 관리자에게 세 가지 가능한 용도/목적을 설명하라.
6. 이동평균, 가중 이동평균, 지수평활과 같은 예측 장치가 추세가 있는 데이터 계열에 적합하지 않은 이유를 설명하라.
7. 가중이동평균과 지수평활의 기본적인 차이점은 무엇인가?
8. 기존에 나와 있는 예측 방법의 정확성을 결정하는 데 사용되는 세 가지 방법은 무엇인가? 특정 응용 프로그램에서 시계열 회귀 또는 지수평활이 더 나은지 어떻게 결정할 수 있는가?
9. 델파이 기법을 연구하고 간략하게 설명하라. 당신이 일했던 고용주는 그것을 어떻게 사용했는가?
10. 시계열 모형과 연관 모형의 주요 차이점은 무엇인가?
11. 수량, 제품 수량 등의 측면에서 스타트업 소매업자에게 어떤 예측 방법을 추천하겠는가? 운영 5년 후에도 같은 방법을 사용하겠는가? 설명하라.
12. 평활상수의 값은 최근 값에 부여된 가중치에 어떤 영향을 주는가?
13. 예측에서 계절 지수의 가치를 설명하라. 주기적 형태와 계절적 형태는 어떻게 다른가?
14. 최근 값에 가장 중점을 둘 수 있는 예측 기술은 무엇인가? 어떻게 하는가?
15. 지수평활화 모델을 어떻게 더 반응적으로 만들 수 있는가?
16. 추적 신호의 목적은 무엇인가?
17. 상관계수의 의미를 설명하라. 상관계수의 음숫값의 의미를 토론하라.
18. CPFR 구현의 이점이 그렇게 명백하다면, 회사가 이 개념에 전념하기를 주저하는 이유는 무엇인가?
19. 계절성의 영향을 받는 산업의 예를 들라. 이러한 기업이 계절성을 필터링하려는 이유는 무엇인가?
20. 다음의 정성적 방법, 즉 (a) 경영진 배심원, (b) 델파이 기법, (c) 시장 조사의 (i) 특징, (ii) 강점, (iii) 약점을 표로 만들어 제시하라.
21. 더 먼 미래에 대한 예측 능력은 어떻게 되는가?
22. Southern Illinois Power and Light의 CEO인 존 굿데일(John Goodale)은 지난 2년 동안 서부 지역의 전력 수요 데이터를 수집했다. 이러한 데이터는 아래 표에 나와 있다.

    확장 계획을 세우고 피크 기간 동안 이웃 유틸리티로부터 전력을 빌리기 위해 굿데일은 내년의 매월 수요를 예측할 수 있어야 한다. 그러나 이 장에서 논의된 표준 예측 모델은 2년 동안 관찰된 데이터에 맞지 않다.

    (a) 이 데이터 세트에 적용된 표준 예측 기술의 약점은 무엇인가?
    (b) 알려진 모델은 여기에 적합하지 않으므로 예측에 대한 당신의 접근 방식을 제안하라. 이와 같은 데이터를 처리하는 완벽한 솔루션은 없지만(즉 100% 맞고 틀린 답이 없음) 모델을 정당화하라.
    (c) 제안한 모델을 사용해 내년 월별 수요를 예측하라.

수요(단위: 메가와트)		
월	작년	현재
1월	5	17
2월	6	14
3월	10	20
4월	13	23
5월	18	30
6월	15	38
7월	23	44
8월	26	41
9월	21	33
10월	15	23
11월	12	26
12월	14	17

문제 해결

문제 해결 4.1

폴크스바겐(Volkswagen)의 인기 있는 차인 비틀(Beetle)의 판매는 지난 5년 동안 네바다의 자동차 대리점에서 꾸준히 성장했다(표 참조). 판매 관리자는 새 모델이 도입되기 전에 첫해 판매가 410 VWs가 될 것이라고 예측했다. 가중치가 $\alpha = .30$인 지수평활을 사용해 2~6년 차에 대한 예측 값을 개발하라.

연도	판매	예측
1	450	410
2	495	
3	518	
4	563	
5	584	
6	?	

해결책

연도	예측
1	410.0
2	422.0 = 410 + .3 (450 − 410)
3	443.9 = 422 + .3 (495 − 422)
4	466.1 = 443.9 + .3 (518 − 443.9)
5	495.2 = 466.1 + .3 (563 − 466.1)
6	521.8 = 495.2 + .3 (584 − 495.2)

문제 해결 4.2

예제 7에서 우리는 2월과 3월(제공된 9개월 데이터 중)에 대한 오염 제어 장비에 대한 수요를 예측하기 위해 추세 조정 지수평활을 적용했다. 이제 4개월 차에 대해 이 프로세스를 계속할 것이다. 표 4.2와 그림 4.3에 표시된 4개월 차에 대한 예측을 확인하려고 한다.

4개월의 경우 $A_4 = 19, \alpha = .2, \beta = .4$이다.

해결책

$$
\begin{aligned}
F_4 &= \alpha A_3 + (1-\alpha)(F_3 + T_3) \\
&= (.2)(20) + (1 - .2)(15.18 + 2.10) \\
&= 4.0 + (.8)(17.28) \\
&= 4.0 + 13.82 \\
&= 17.82 \\
T_4 &= \beta(F_4 - F_3) + (1-\beta)T_3 \\
&= (.4)(17.82 - 15.18) + (1 - .4)(2.10) \\
&= (.4)(2.64) + (.6)(2.10) \\
&= 1.056 + 1.26 \\
&= 2.32 \\
FIT_4 &= 17.82 + 2.32 \\
&= 20.14
\end{aligned}
$$

문제 해결 4.3

지난 4개월 동안 오하이오주 영스타운 월그린스(Walgreens) 매장의 헤어드라이어 판매량은 100, 110, 120, 130대(가장 최근 판매가 130대)였다. 다음 세 가지 기술을 사용해 다음 달의 이동평균 예측을 개발하라.

(a) 3개월 이동평균

(b) 4개월 이동평균

(c) 가중 4개월 이동평균으로 가장 최근 달에 가중치를 4, 이전 달에 가중치를 3, 다음으로 2, 가장 오래된 달에 가중치를 1.

(d) 다음 달 판매량이 140대일 경우 4개월 이동평균을 이용해 다음 달 판매량(개월)을 예측하라.

해결책

(a) 3개월 이동평균

$$= \frac{110 + 120 + 130}{3} = \frac{360}{3} = 120\text{대}$$

(b) 4개월 이동평균

$$= \frac{100 + 110 + 120 + 130}{4} = \frac{460}{4} = 115\text{대}$$

(c) 가중이동평균

$$= \frac{4(130) + 3(120) + 2(110) + 1(100)}{10}$$

$$= \frac{1{,}200}{10} = 120\text{대}$$

(d) 이제 가장 최근의 판매량은 110, 120, 130, 140이다.

$$4\text{개월 이동평균} = \frac{100 + 120 + 130 + 140}{4}$$

$$= \frac{500}{4} = 125\text{대}$$

물론 이동평균 방법은 추세를 즉시 인식하지 못하기 때문에 예측의 지연에 주의해야 한다.

문제 해결 4.4

다음 데이터는 회귀선 예측에서 가져온 것이다.

기간	예측 값	실제 값
1	410	406
2	419	423
3	428	423
4	435	440

MAD와 MSE를 계산하라.

해결책

$$\text{MAD} = \frac{\Sigma\,|\,\text{실제} - \text{예측}\,|}{n}$$
$$= \frac{|406-410| + |423-419| + |423-428| + |440-435|}{4}$$
$$= \frac{4+4+5+5}{4} = \frac{18}{4} = 4.5$$

$$\text{MSE} = \frac{\Sigma(\text{예측오차})^2}{n}$$
$$= \frac{(406-410)^2+(423-419)^2+(423-428)^2+(440-435)^2}{4}$$
$$= \frac{4^2+4^2+5^2+5^2}{4} = \frac{16+16+25+25}{4} = 20.5$$

문제 해결 4.5

Toronto Towers Plaza Hotel의 객실 등록은 지난 9년간 기록되었다. 경영진은 향후 점유율을 예측하기 위해 투숙객 등록의 수학적 추세를 파악하고자 한다. 이 견적은 향후 호텔 확장이 필요한지 여부를 결정하는 데 도움이 될 것이다. 다음과 같은 시계열 데이터가 주어졌을 때 등록과 시간 사이의 회귀 방정식(예: 추세 방정식)을 개발하라. 그러면 11년도 등록을 예측해보라. 객실 등록 건수는 수천 건이다.

1년도 : 17	2년도 : 16	3년도 : 16	4년도 : 21	5년도 : 20
6년도 : 20	7년도 : 23	8년도 : 25	9년도 : 24	

해결책

년	등록자(천 명)	x^2	xy
1	17	1	17
2	16	4	32
3	16	9	48
4	21	16	84
5	20	25	100
6	20	36	120
7	23	49	161
8	25	64	200
9	24	81	216
$\Sigma x = 45$	$\Sigma y = 182$	$\Sigma x^2 = 285$	$\Sigma xy = 978$

$$b = \frac{\Sigma xy - n\bar{x}\bar{y}}{\Sigma x^2 - n\bar{x}^2} = \frac{978 - (9)(5)(20.22)}{285 - (9)(25)}$$
$$= \frac{978 - 909.9}{285 - 225} = \frac{68.1}{60} = 1.135$$
$$a = \bar{y} - b\bar{x} = 20.22 - (1.135)(5) = 20.22 - 5.675 = 14.545$$
$$\hat{y} = (\text{등록자 수}) = 14.545 + 1.135x$$

11년 차 예상 등록 수는

$$\hat{y} = 14.545 + (1.135)(11)$$
$= 27.03$ 또는 11년 차에 27,030명의 손님

문제 해결 4.6

뉴욕 자동차 딜러는 분기별 포드 F150 픽업 트럭에 대한 수요를 $\hat{y} = 10 + 3x$로 예상한다.

여기서 x = 분기 그리고

1년 차 1분기 = 0
1년 차 2분기 = 1
1년 차 3분기 = 2
1년 차 4분기 = 3
2년 차 1분기 = 4
등

그리고 $\hat{y}$ = 분기별 수요

트럭에 대한 수요는 계절별로 구분되며 1, 2, 3, 4분기 지수는 각각 0.80, 1.00, 1.30, 0.90이다. 3년 차 각 분기의 수요를 예측하라. 그런 다음 분기별 변동에 맞게 각 예측치를 계절별로 조정하라.

해결책

2년 차 2분기 $x = 5$, 2년 차 3분기 $x = 6$, 2년 차 4분기 $x = 7$이다. 따라서 3년 차 1분기는 $x = 8$로 코딩되고, 3년 차 2분기는 $x = 9$ 등이다.

$\hat{y}$(3년 차 1분기) = 10 + 3(8) = 34　　조정된 예측 = (.80)(34) = 27.2

$\hat{y}$(3년 차 2분기) = 10 + 3(9) = 37　　조정된 예측 = (1.00)(37) = 37

$\hat{y}$(3년 차 3분기) = 10 + 3(10) = 40　　조정된 예측 = (1.30)(40) = 52

$\hat{y}$(3년 차 4분기) = 10 + 3(11) = 43　　조정된 예측 = (.90)(43) = 38.7

문제 해결 4.7

Cengiz Haksever는 이스탄불의 고급 보석 가게를 운영한다. 그는 지역 신문에 매주 광고를 게재하고 있으며 광고 예산을 늘릴 생각이다. 그전에 그는 이러한 광고의 과거 효과를 평가하기로 했다. 5주를 표본 추출했고 데이터는 아래 표에 나와 있다.

매출 (단위: 천 달러)	그 주 광고 예산(단위: 백 달러)
11	5
6	3
10	7
6	2
12	8

Cengiz가 광고를 평가하는 데 도움이 되는 회귀 모형을 개발하라.

해결책

예제 12와 같이 최소제곱 회귀 모형을 적용한다.

매출(y)	광고(x)	x^2	xy
11	5	25	55
6	3	9	18
10	7	49	70
6	2	4	12
12	8	64	96
$\Sigma y = 45$	$\Sigma x = 25$	$\Sigma x^2 = 151$	$\Sigma xy = 251$
$\bar{y} = \frac{45}{5} = 9$	$\bar{x} = \frac{25}{5} = 5$		

$$b = \frac{\Sigma xy - n\bar{x}\bar{y}}{\Sigma x^2 - n\bar{x}^2} = \frac{251 - (5)(5)(9)}{151 - (5)(5^2)}$$

$$= \frac{251 - 225}{151 - 125} = \frac{26}{26} = 1$$

$$a = \bar{y} - b\bar{x} = 9 - (1)(5) = 4$$

따라서 회귀 모형은 $\hat{y} = 4 + 1x$ 혹은

판매(1,000달러 단위) = 4 + 1(100달러 단위 광고 예산)

이는 x(또는 광고에서 100달러)가 1단위 증가할 때마다 판매량이 1단위(또는 1,000달러) 증가한다는 것을 의미한다.

문제 해결 4.8

문제 해결 4.7의 데이터를 사용해 그 모형의 결정계수(r^2)를 찾아라.

해결책

r^2을 찾기 위해 Σy^2을 계산해야 한다.

$$\Sigma y^2 = 11^2 + 6^2 + 10^2 + 6^2 + 12^2$$
$$= 121 + 36 + 100 + 36 + 144 = 437$$

그다음 단계는 상관계수 r을 찾는 것이다.

$$r = \frac{n\Sigma xy - \Sigma x \Sigma y}{\sqrt{[n\Sigma x^2 - (\Sigma x)^2][n\Sigma y^2 - (\Sigma y)^2]}}$$

$$= \frac{5(251) - (25)(45)}{\sqrt{[5(151) - (25)^2][5(437) - (45)^2]}}$$

$$= \frac{1{,}255 - 1{,}125}{\sqrt{(130)(160)}} = \frac{130}{\sqrt{20{,}800}} = \frac{130}{144.22}$$

$$= .9014$$

따라서 $r^2 = (.9014)^2 = .8125$이며, 이는 광고를 독립변수로 하는 회귀 모형으로 매출 변동성의 약 81%를 설명할 수 있음을 의미한다.

연습 문제

Px 윈도우용 POM 또는 엑셀 OM으로 문제를 해결할 수 있음

문제 4.1~4.41은 시계열 예측과 관련이 있다.

• **4.1** 다음은 지난 6주 동안 Woodlawn 병원에서 사용된 B형 혈액 개수를 보여준다.

주	사용량(파인트)
8월 31일	360
9월 7일	389
9월 14일	410
9월 21일	381
9월 28일	368
10월 5일	374

(a) 3주 이동평균을 이용해 10월 12일이 있는 주의 수요를 예측하라.

(b) 가중치가 0.1, 0.3, 0.6인 3주 동안의 가중이동평균을 사용해 가장 최근의 주에 가중치 0.6을 사용해 10월 12일이 있는 주의 수요를 예측하라.

(c) 지수평활법을 사용해 360의 8월 31일 예측과 $\alpha = 0.2$를 사용해 10월 12일이 있는 주의 예측을 계산하라. Px

•• **4.2**

연도	1	2	3	4	5	6	7	8	9	10	11
수요	7	9	5	9	13	8	12	13	9	11	7

(a) 위의 데이터를 그래프에 표시하라. 추세, 주기 또는 무작위 변이가 있는가?

(b) 4년 차부터 12년 차까지 3년 이동평균을 사용해 수요를 예측하라. 원래 데이터와 동일한 그래프에 예측을 표시하라.

(c) 4년 차부터 12년 차까지 가중치가 0.1, 0.3, 0.6인 3년 이동평균을 사용해 수요를 예측하라. 가장 최근 연도에 0.6을 사용한다. 이 예측을 동일한 그래프에 표시하라.

(d) 예측을 원본 데이터와 비교할 때 어느 것이 더 나은 결과를 제공하는 것 같은가? Px

•• **4.3** 문제 4.2를 참조해 지수평활($\alpha = 0.4$)과 6년 중 1년의 예측 값을 사용해 2년에서 12년까지 예측값을 개발하라. 실제 데이터 및 나이브 예측 값과 함께 새 예측값을 그래프에 표시하라. 육안으로 봤을 때 어떤 예측이 더 우수한가? Px

• **4.4** 한 수표 처리 센터에서 지수평활을 사용해 매월 들어오는 수표 수를 예측한다. 지난 6월 접수된 수표는 4,000만 장, 전망치는 4,200만 장이었다. 평활상수는 0.2를 사용했다. Px

(a) 7월 전망치는 어떻게 되는가?

(b) 센터에서 7월에 4,500만 장의 수표를 받았다면 8월 전망치는 어떻게 되는가?

(c) 왜 이것이 이 상황에 부적절한 예측 방법이 되는가?

•• **4.5** Carbondale 병원은 새 구급차 구입을 고려하고 있다. 이 결정은 부분적으로 내년에 추진될 예상 주행거리에 달려 있을 것이다. 지난 5년간 주행 거리는 다음과 같다.

연도	주행 거리(마일)
1	3,000
2	4,000
3	3,400
4	3,800
5	3,700

(a) 2년 이동평균을 사용해 내년(6년 차) 주행거리를 예측하라.

(b) 2년 이동평균을 기준으로 MAD를 구하라. (힌트: 일치하는 데이터는 3년만 있다.)

(c) 가중치가 0.4와 0.6인 가중 2년 이동평균을 사용해 내년 주행거리를 예측하라(가장 최근의 가중치는 0.6). 이 방식을 사용해 예측하면 MAD 결과가 어떻게 나타나는가? (힌트: 일치하는 데이터는 3년만 있다.)

(d) 지수평활을 사용해 6년 차에 대한 예측치를 계산하라. 1년 차에 대한 초기 예측은 3,000마일이고 $\alpha = .5$이다. Px

•• **4.6** Yazici Batteries Inc.의 월간 매출은 다음과 같다.

월	매출
1월	20
2월	21
3월	15
4월	14
5월	13
6월	16
7월	17
8월	18
9월	20
10월	20
11월	21
12월	23

(a) 월별 판매 데이터를 표시하라.

(b) 다음의 방법을 사용해 1월 매출을 예측하라.

(i) 나이브 방법

(ii) 3개월 이동평균

(iii) 0.1, 0.1, 0.2, 0.2, 0.3을 사용한 6개월 가중평균 (가장 최근 달에 가장 많은 가중치를 적용한다.)

(iv) $\alpha = 0.3$ 및 9월 예측 값 18을 사용한 지수평활

(v) 추세 투영

(c) 주어진 데이터로 다음 3월 매출을 예측할 수 있는 방법은 무엇인가? Px

•• **4.7** 올해 첫 6주 동안 Providence 응급의료원의 실제 환자 수요는 다음과 같다.

주	실제 환자 수
1	65
2	62
3	70
4	48
5	63
6	52

응급의료원 관리자 다라 슈나이더얀스(Dara Schniderjans)는 이 데이터를 사용해 7주 동안 응급의료원의 환자 수요를 예측하고자 한다. 이 예측을 찾기 위해서 가중 이동평균 방법을 사용하기로 했다. 이 방법은 현재 기간의 0.333, 한 기간 전 0.25, 두 기간 전 0.25, 세 기간 전 0.167의 네 가지 실제 수요 수준을 사용한다.

(a) 예측의 가치는 얼마인가? Px

(b) 대신에 가중치가 각각 20, 15, 15, 10이라면, 예측은 어떻게 변할 것인가? 이유를 설명하라.

(c) 만약 가중치가 각각 0.40, 0.30, 0.20, 0.10이라면 예측은 어떻게 변할 것인가? 이제 7주 차 예측은 어떻게 되는가?

• **4.8** 지난 주 세인트루이스의 일일 최고 기온은 화씨 93, 94, 93, 95, 96, 88, 90도(어제)였다.

(a) 3일 이동평균을 사용해 오늘 최고 기온을 예측하라.

(b) 2일 이동평균을 사용해 오늘 최고 기온을 예측하라.

(c) 2일 이동평균을 기반으로 평균절대편차를 계산하라.

(d) 2일 이동평균에 대한 평균제곱오차를 계산하라.

(e) 2일 이동평균에 대한 평균 절대비율 오차를 계산하라. Px

••• **4.9** 레노버는 일부 노트북 컴퓨터에 ZX-81 칩을 사용한다. 지난 12개월 동안의 칩 가격은 다음과 같다.

월	칩 가격(달러)	월	칩 가격(달러)
1월	1.80	7월	1.80
2월	1.67	8월	1.83
3월	1.70	9월	1.70
4월	1.85	10월	1.65
5월	1.90	11월	1.70
6월	1.87	12월	1.75

(a) 모든 데이터에 2개월 이동평균을 사용하고 평균과 가격을 표시하라.

(b) 3개월 이동평균을 사용하고 (a)에서 생성된 그래프에 3개월 플롯을 추가하라.

(c) 어느 것이 더 나은가(평균절대편차 사용): 2개월 평균인가, 3개월 평균인가?

(d) 지수평활화를 사용해 월별 예측을 계산하라. 1월의 초기 예측 값은 1.80달러이다. $\alpha = 0.1$, 그다음 $\alpha = 0.3$, 마지막으로 $\alpha = 0.5$를 사용하라. MAD를 사용하면 어떤 α가 가장 좋은가? Px

•• **4.10** Quality College의 식스시그마(Six Sigma) 세미나 연간 등록에 대해 수집된 데이터는 다음 표에 나와 있다.

연도	1	2	3	4	5	6	7	8	9	10	11
등록(천 명)	4	6	4	5	10	8	7	9	12	14	15

(a) 4차 연도부터 12차 연도까지의 등록 예측을 위해 3년 이동평균치를 작성하라.

(b) 최근 등록의 가중치가 2이고 나머지 2년의 등록의 가중치가 각각 1인 3년 가중 이동평균으로 4년에서 12년까지의 수요를 다시 예측하라.

(c) 원래 데이터와 두 예측 값을 그래프로 표시하라. 두 가지 예측 방법 중 어느 것이 더 좋을 것 같은가? Px

• **4.11** 평활상수가 0.3인 지수평활을 사용해 문제 4.10에 제시된 세미나에서 등록을 예측하라. 절차를 시작하기 위해 1차 연도 등록 인원을 5,000명이라고 가정한다.

(a) MAD는 얼마인가? Px

(b) MSE는 얼마인가?

•• **4.12** 지역 맥도날드의 빅맥 햄버거에 대한 다음과 같은 실제 및 예측 수요 수준을 고려해보라.

등록	실제 수요	예측 수요
월요일	88	88
화요일	72	88
수요일	68	84
목요일	48	80
금요일		

월요일의 예측은 월요일 수요 수준을 관찰하고 월요일의 예측 수준을 이 수요 수준과 동일하게 설정함으로써 도출했다. 후속 예측은 평활상수가 0.25인 지수평활을 사용해 도출했다. 이 지수평활법을 사용하면 금요일 빅맥 수요 예측 값은 얼마인가? Px

••• **4.13** 다음 표에서 볼 수 있듯이 Washington 종합병원의 심

장 이식 수술 수요는 지난 몇 년 동안 꾸준히 증가했다.

연도	1	2	3	4	5	6
심장 이식 수술	45	50	52	56	58	?

6년 전 의료원장은 1년 차 수요가 41건이 될 것이라고 예측했다.

(a) 지수평활법을 사용해 처음에는 평활상수가 0.6이고 그다음에는 0.9 중 하나를 사용해 2년에서 6년까지의 예측치를 개발하라.

(b) 3년 이동평균을 사용해 4, 5, 6년 차 수요를 예측하라.

(c) 추세 예측(회귀) 모형을 사용해 1~6년 차 수요를 예측하라.

(d) MAD를 기준으로 했을 때 네 가지 예측 중 가장 최선은 무엇인가? Px

•• **4.14** 지역 소매업체는 지수평활을 사용해 잘 팔리는 제품 중 하나를 예측하려고 한다. 문제는 그가 낮은 값을 사용해야 하는지 높은 값을 사용해야 하는지 확신할 수 없다는 것이다. 이러한 이유로 그는 사용 가능한 과거 데이터를 사용하고 $\alpha = 0.1$ 및 $\alpha = 0.2$에 대한 값으로 시도해 더 작은 MAD를 제공할 값을 찾는다. 그가 도달할 MAD 값은 얼마인가?

주	실제 매출
1	95
2	110
3	120
4	98
5	112
6	95
7	105
8	130
9	70
10	80
11	110

• **4.15** 문제 4.1을 참조해

(a) 3년 이동평균을 사용해 6년 차까지 네바다주에서 폴크스바겐 비틀의 판매를 예측하라.

(b) MAD는 얼마인가? Px

(c) MSE는 얼마인가?

• **4.16** 문제 해결 4.1을 참조해

(a) 추세 예측(회귀) 방법을 사용해 6년 차까지 네바다주에서 폴크스바겐 비틀 판매에 대한 예측을 개발하라.

(b) MAD는 얼마인가? Px

(c) MSE는 얼마인가?

• **4.17** 문제 해결 4.1을 참조해 0.6 및 0.9의 평활상수를 사용해 폴크스바겐 비틀 판매에 대한 예측을 개발하라. 평활상수가 예측에 어떤 영향을 미치는가? MAD를 사용해 세 가지 평활상수(0.3, 0.6, 0.9) 중 어느 것이 가장 정확한 예측을 제공하는지 확인하라. Px

•••• **4.18** Office Max에서 상업용 다중 회선 전화기에 대한 다음과 같은 실제(A_t) 및 예측(F_t) 수요 수준을 고려하라.

기간(t)	실제 수요(A_t)	예측 수요(F_t)
1	50	50
2	42	50
3	56	48
4	46	50
5		

첫 번째 예측 F_1은 A_1을 관찰하고 F_1을 A_1과 동일하게 설정해 파생되었다. 후속 예측 평균은 지수평활화로 도출했다. 지수평활법을 사용해 기간 5에 대한 예측 값을 찾아라. (힌트: 먼저 평활상수 α를 찾아야 한다.)

••• **4.19** 2월부터 7월까지 건축 회사 Spraggins and Yunes의 수입은 다음과 같다.

월	2월	3월	4월	5월	6월	7월
수입(천 달러)	70.0	68.5	64.8	71.7	71.3	72.8

추세 조정 지수평활을 사용해 회사의 8월 수입을 예측하고자 한다. 2월의 초기 예측 평균이 65,000달러이고 초기 추세 조정이 0이라고 가정한다. 선택한 평활상수는 $\alpha = 0.1$ 및 $\beta = 0.2$이다. Px

••• **4.20** $\alpha = 0.1, \beta = 0.8$로 문제 4.19를 해결하라. MSE를 사용해 더 나은 예측을 제공하는 평활상수를 결정하라. Px

• **4.21** 예제 7에 있는 추세 조정 지수평활을 참조해 $\alpha = 0.2$ 및 $\beta = 0.4$를 사용해 9개월 동안의 매출을 예측하고 2개월과 3개월에 대한 자세한 계산을 보여준다. 문제 해결 4.2에서는 4개월에 대한 프로세스를 계속했다. 이 문제에서 F_t, T_t, FIT_t에 대한 5개월과 6개월의 계산을 밝혀라. Px

• **4.22** 문제 4.21을 참조하라. 기간 7, 8, 9에 대한 추세 조정 지수평활 예측 계산을 완료하라. F_t, T_t, FIT_t에 대한 수치가 표 4.2의 수치와 일치하는지 확인하라. Px

•• **4.23** 창고 관리자는 매주 창고에 들어오고 나가는 재고를 추정하려고 한다. 한 분석가는 3주, 5주, 7주 이동평균을 사용할 것을 제안한다. 그러나 그는 결정하기 전에 가장 최근 10주 동안 각각의 정확도를 비교하려고 한다.

주	1	2	3	4	5	6	7	8	9	10
실제 재고 (천 유로)	99	98	96	109	104	129	80	100	111	88
주	11	12	13	14	15	16	17			
실제 재고 (천 유로)	107	97	114	121	78	94	99			

(a) 3주, 5주, 7주 이동평균을 계산하라.

(b) 각 예측에 대해 MAD를 계산하라. 최고의 선택은 무엇인가?

(c) (b)문항에 기초해 18번째 주에 대한 현금 수요를 계산하라.

• **4.24** 다음은 지난 4개월 동안 플로리다주 101번 고속도로에서 발생한 사고의 수이다.

월	사고 수
1월	30
2월	40
3월	60
4월	90

최소제곱 회귀를 사용해 추세 방정식을 유도해 5월에 발생할 사고 수를 예측하라. Px

• **4.25** 과거 배턴루지에 있는 피터 켈레(Peter Kelle)의 타이어 대리점은 매년 평균 1,000개의 타이어를 판매했다. 지난 2년 동안 가을에는 각각 200개와 250개, 겨울에는 350개와 300개, 봄에는 150개와 165개, 여름에는 300개와 285개가 팔렸다. 대규모 확장이 계획되어 있는 켈레는 내년에 1,200개의 타이어로 매출이 증가할 것으로 예상한다. 각 시즌의 수요는 어떻게 되겠는가? Px

•• **4.26** 사업을 시작한 지 4년이 된 물류 회사에서 월별 지수를 개발하려고 한다. 이 연도의 월별 재고 수량은 아래 표에 나와 있다.

(a) 월별 지수를 개발하라.

(b) 연간 재고 수량을 1,500단위로 가정하고 4월, 7월, 12월에 대한 내년도 예측을 추정하라.

	재고 수량(천 개)			
월	1년	2년	3년	4년
1월	82	82	82	82
2월	70	78	84	89
3월	85	90	82	77
4월	91	90	90	88
5월	90	90	123	119
6월	89	120	99	99
7월	100	99	78	89
8월	89	103	93	100
9월	86	92	120	86
10월	80	84	78	84
11월	75	83	99	80
12월	78	82	100	82

•• **4.27** 올랜도의 최신 디즈니와 유사한 어트랙션인 레고 월드의 방문율은 다음과 같다.

분기	방문객 (천 명)	분기	방문객 (천 명)
1년도 겨울	73	2년도 여름	124
1년도 봄	104	2년도 가을	52
1년도 여름	168	3년도 겨울	89
1년도 가을	74	3년도 봄	146
2년도 겨울	65	3년도 여름	205
2년도 봄	82	3년도 가을	98

모든 데이터를 사용해 계절 지수를 계산하라. Px

• **4.28** North Dakota Electric Company는 수요 추세선(백만 킬로와트시)을 다음과 같이 추정한다.

$$D = 77 + 0.43Q$$

여기서 Q는 순차 분기 번호를 나타내고 $Q = 1$은 1년도 겨울의 경우이다. 또한 승법 계절 요인은 다음과 같다.

분기	요인(지수)
겨울	.8
봄	1.1
여름	1.4
가을	.7

겨울부터 시작해 26년 차의 4분기(즉 101~104분기)의 에너지 사용량을 예측하라.

• **4.29** 지난 5년 동안 대만의 한 공장에서 생산된 디스크 드라이브의 수(단위: 100만 개)는 다음과 같다.

연도	디스크 드라이브
1	140
2	160
3	190
4	200
5	210

(a) 선형회귀를 사용해 내년에 만들어질 디스크 드라이브의 수를 예측하라.

(b) 선형회귀를 사용할 때 평균제곱오차(MSE)를 계산하라.

(c) 평균 절대비율 오차(MAPE)를 계산하라. Px

•• **4.30** 뉴올리언스의 심리학자인 릴리언 포크(Lillian Fok) 박사는 광장 공포증(집을 나서는 것을 두려워함) 환자를 전문으로 치료한다. 다음 표는 포크 박사가 지난 10년 동안 매년 얼마나 많은 환자를 진료했는지 나타낸다. 또한 같은 해에 뉴올리언스의 강도 비율이 얼마인지 나타낸다.

연도	1	2	3	4	5	6	7	8	9	10
환자 수	36	33	40	41	40	55	60	54	58	61
인구 1,000명당 강도 비율	58.3	61.1	73.4	75.7	81.1	89.0	101.1	94.8	103.3	116.2

추세(선형회귀) 분석을 사용해 포크 박사가 11년과 12년에 보게 될 환자 수를 시간의 함수로 예측하라. 모형이 데이터에 얼마나 적합한가? PX

••• **4.31** 지난 24주 동안 노스캐롤라이나주 더럼의 911 시스템으로 걸려온 긴급 전화는 다음 표에 나와 있다.

주	1	2	3	4	5	6	7	8	9	10	11	12
통화	50	35	25	40	45	35	20	30	35	20	15	40
주	13	14	15	16	17	18	19	20	21	22	23	24
통화	55	35	25	55	55	40	35	60	75	50	40	65

(a) 매주 통화에 대한 지수평활 예측값을 계산하라. 첫 주에 50건의 통화에 대한 초기 예측을 가정하고 $\alpha = 0.2$를 사용한다. 25주 차 예상은 어떻게 되는가?
(b) $\alpha = 0.6$을 사용해 각 기간을 재예측하라.
(c) 25주 차의 실제 통화는 85였다. 다음 중 더 나은 예측을 제공하는 평활상수는 무엇인가? 사용한 오차의 척도를 설명하고 정당화하라. PX

••• **4.32** 문제 4.31의 911 통화 자료를 사용해 추세 조정 지수평활 모형을 사용해 2주부터 25주까지의 통화를 예측하라. 1주 차 50건의 통화에 대한 초기 예측값과 초기 추세가 0이라고 가정한다. $\alpha = 0.3$ 및 $\beta = 0.2$의 평활상수를 사용하라. 이 모형이 문제 4.31의 모형보다 좋은가? 추가 개선을 위해 어떤 조정이 유용할 수 있는가? (25주 차 실제 통화는 85건이라고 가정한다.) PX

••• **4.33** Storrs Cycles는 새로운 사이클론(Cyclone) 산악자전거 판매를 막 시작했으며 표에 나타난 것처럼 월별 판매가 이루어졌다. 먼저 공동 소유자인 보브 데이(Bob Day)는 처음에 $\alpha = 0.1$로 2월 예측을 1월 판매량과 동일하게 설정해 지수평활화로 예측하려고 한다. 공동 소유자인 셰리 스나이더(Sherry Snyder)는 3기간 이동평균을 사용하려고 한다.

	판매	보브	셰리	보브의 오차	셰리의 오차
1월	400	—			
2월	380	400			
3월	410				
4월	375				
5월					

(a) 시간이 지남에 따라 판매에 강한 선형 추세가 있는가?
(b) 보브와 셰리가 5월과 그 이전 달에 대해 각각 예측한 내용을 표에 채워라.
(c) 5월의 실제 판매 수치가 405로 판명되었다고 가정하자. 표의 열을 완성한 다음 보브의 방법과 셰리의 방법 모두에 대한 평균절대편차를 계산하라.
(d) 이러한 계산에 기초해 어떤 방법이 더 정확해 보이는가? PX

•• **4.34** 지난 10주간의 회계 세미나 등록 건수는 다음과 같다.

주	1	2	3	4	5	6	7	8	9	10
등록 건수	22	21	25	27	35	29	33	37	41	37

(a) 2주 차부터 11주 차까지 나이브 예측법을 사용해 등록을 예측하라.
(b) 3주 차부터 11주 차까지 2주 이동평균을 사용해 등록을 예측하라.
(c) 5주 차부터 11주 차까지 4주 이동평균을 사용해 등록을 예측하라.
(d) 원래 데이터와 세 가지 예측 값을 동일한 그래프에 표시하라. 어떤 예측이 데이터를 가장 평활화하는가? 어떤 예측이 변화에 가장 잘 반응하는가? PX

• **4.35** 다음 데이터로 지수평활($\alpha = 0.2$)을 사용해 수요 예측을 개발하라. 초기 기간에 대한 예측이 5라고 가정한다. PX

기간	1	2	3	4	5	6
수요	7	9	5	9	13	8

• **4.36** 다음 자료로 예측 대 실제 판매 수치에 대한 (a) MAD, (b) MSE를 계산하라. PX

예측	100	110	120	130
실제	95	108	123	130

••• **4.37** 지난 13개월 동안 Larry Armstrong Supply Co.의 산업용 진공청소기 판매량은 다음과 같다.

월별 판매 (단위: 1,000개)	1월 11	2월 14	3월 16	4월 10	5월 15	6월 17	7월 11
월별 판매 (단위: 1,000개)	8월 14	9월 17	10월 12	11월 14	12월 16	1월 11	

(a) 3개 기간의 이동평균을 사용해 다음 2월의 진공청소기 수요를 결정하라.
(b) 3개 기간의 가중 이동평균을 사용해 2월의 진공청소기 수요를

결정하라. 가장 최근, 두 번째 가장 최근, 세 번째 가장 최근 기간의 가중치에 대해 각각 3, 2, 1을 사용한다. 예를 들어 2월에 대한 수요를 예측하는 경우 11월의 가중치는 1, 12월의 가중치는 2, 1월의 가중치는 3이 된다.

(c) MAD를 사용해 어느 것이 더 나은 예측인지 결정하라.

(d) 회사가 판매를 예측할 때 고려할 수 있는 다른 요소는 무엇인가?

• **4.38** 다음에 주어진 자료로 최소제곱법을 사용해 추세 방정식을 도출하라. 기간 7과 12의 수요에 대한 예측은 얼마인가?

기간	1	2	3	4	5	6
수요	7	9	5	11	10	13

• **4.39** Almutairi의 백화점 소유주인 타메르 알무타이리(Thamer Almutairi)는 시계열 추정(외삽)법을 사용해 향후 4분기 소매 판매를 예측했다. 매출 추정치는 각 분기에 대해 120,000달러, 140,000달러, 160,000달러, 180,000달러이다. 4분기의 계절 지수는 각각 1.25, 0.90, 0.75, 1.10으로 나타났다. 계절별 또는 조정된 판매 예측을 계산하라.

•• **4.40** 캔자스주 라일리 카운티의 도서관장은 다음 주 저녁 고객 이용률을 예측하고 싶다. 다음은 지난 4주 동안의 자료이다.

	월	화	수	목	금	토
1주	210	178	250	215	160	180
2주	215	180	250	213	165	185
3주	220	176	260	220	175	190
4주	225	178	260	225	176	190

(a) 각 요일의 계절 지수를 계산하라.

(b) 이 문제에 대한 추세 방정식이 $\hat{y} = 201.74 + .18x$라면, 5주 차 각 요일의 예측값은 얼마인가? 예측 값을 가장 가까운 정수까지 반올림하라.

• **4.41** 회계 책임자인 다이아 밴덜리(Dia Bandaly)는 자동차 운행 비용에 대한 치밀한 분석을 수행하고 다음과 같은 모형을 개발했다.

$$\hat{y} = 4{,}000 + 0.20x$$

여기서 $\hat{y}$은 연간 비용이고 x는 주행 거리이다.

(a) 올해 자동차가 15,000마일을 주행한다면 이 자동차를 운전하는 데 드는 예상 비용은 얼마인가?

(b) 올해 자동차가 25,000마일을 주행했다면 이 자동차를 운전하는 데 드는 예상 비용은 얼마인가?

문제 4.42~4.57은 연관 예측 방법과 관련이 있다.

•• **4.42** 악기 유통의 주인인 마크 거숀(Mark Gershon)은 기타에 대한 수요가 지난달 인기 그룹 마룬 5(Maroon 5)의 TV 출연 횟수와 관련이 있을 것이라고 생각한다. 마크는 다음 표에 표시된 데이터를 수집했다.

기타 수요	3	6	7	5	10	7
마룬 5의 TV 출연 횟수	3	4	7	6	8	5

(a) 선형 방정식이 그룹의 TV 쇼 출연과 기타 판매 간의 관계를 설명할 수 있는지 여부를 확인하기 위해 이러한 데이터를 그래프에 표시하라.

(b) 예측 방정식을 도출하기 위해 최소제곱법을 사용하라.

(c) 마룬 5가 지난달 TV에서 9회 공연했을 때 기타 판매 예상액은 어떻게 되는가?

(d) 이 모델의 상관계수(r)와 결정계수(r^2)는 무엇이며, 무엇을 의미하는가?

• **4.43** 로리 쿡(Lori Cook)은 다음과 같은 예측 모형을 개발했다.

$$\hat{y} = 36 + 4.3x$$

여기서 $\hat{y}$ = 쿨(Kool) 에어컨의 수요이고,
x = 외부 온도(°F)이다.

(a) 온도가 70°F일 때 쿨 에어컨에 대한 수요를 예측하라.

(b) 온도가 80°F일 때 수요는 얼마인가?

(c) 온도가 90°F일 때 수요는 얼마인가?

•• **4.44** Café Michigan의 매니저인 게리 스타크(Gary Stark)는 모카 라테 커피에 대한 수요가 청구되는 가격에 달려 있다고 의심한다. 게리는 역사적 관찰을 기반으로 다음 자료를 수집했으며, 이 데이터는 여섯 가지 다른 가격으로 판매된 커피의 수를 보여준다.

가격(달러)	판매된 커피 수
2.70	760
3.50	510
2.00	980
4.20	250
3.10	320
4.05	480

이 데이터를 사용해 커피 1잔이 2.80달러인 경우 단순 선형회귀에 따라 판매될 것으로 예측되는 모카 라테 커피는 몇 잔인가?

• **4.45** 다음 데이터는 포틀랜드에 있는 작은 B&B인 마크 칼텐바흐(Mark Kaltenbach)의 바(bar) 매출과 그 주에 등록된 투숙객 수에 관한 것이다.

주	투숙객 수	바 매출
1	16	330달러
2	12	270
3	18	380
4	14	300

(a) 바 매출을 손님(시간이 아님)과 관련시키는 선형회귀를 수행하라.
(b) 다음 주에 손님이 20명이라고 예측하면 매출이 얼마로 예상되는가? PX

• **4.46** Kalamia Company는 광고에 지출된 비용을 기반으로 비즈니스 가치를 예측하려고 한다. 회사는 아래 표에 요약되어 있는 광고에 지출된 비용과 매출의 관계를 추적했다(단위: 천 유로).

매출	Y	42	6	35	1	3	8	4	5	1	2
광고비	X	750	150	701	41	97	167	110	254	51	90
매출	Y	9	2	6	25	14	2	17	7	13	32
광고비	X	191	92	142	377	197	63	265	92	232	548

회사가 광고비용으로 150,000유로의 예산을 책정할 경우, 선형회귀분석을 사용해 내년도 판매 가치를 파악하라.

•• **4.47** 플로리다주 게인즈빌의 부동산 개발업자인 재니스 카릴로(Janice Carrillo)는 플로리다 북동부의 주거용 주택 가격을 결정하는 데 도움이 되는 회귀 모형을 고안했다. 모형은 특정 지역의 최근 판매를 사용해 개발했다. 집의 가격(Y)은 집의 크기(제곱피트 = X)를 기준으로 한다. 모형은 다음과 같다.

$$Y = 13{,}473 + 37.65X$$

이 모형의 상관계수는 0.63이다.
(a) 모델을 사용해 1,860제곱피트의 주택 판매 가격을 예측하라.
(b) 1,860제곱피트의 집이 최근 95,000달러에 팔렸다. 이것이 모형이 예측한 것과 다른 이유를 설명하라.
(c) 그러한 모델을 개발하기 위해 다중회귀를 사용할 예정이라면 어떤 다른 양적 변수를 포함할 수 있는가?
(d) 이 문제에서 결정계수의 값은 얼마인가? PX

• **4.48** 투손의 Larry Youdelman CPA 소속 회계사들은 일부 임원들이 출장을 마치고 돌아왔을 때 비정상적으로 높은 여행 상품권을 제출하고 있다고 생각했다. 먼저 그들은 지난 1년 동안 제출된 200개의 바우처 샘플을 채취했다. 그런 다음 도로에서의 예상 여행 비용(x_1)과 주행 거리(x_2)(마일)와 관련된 다음과 같은 다중회귀 방정식을 개발했다.

$$\hat{y} = \$90.00 + \$48.50x_1 + \$.40x_2$$

계산된 상관계수는 0.68이었다.
(a) 바버라 다우니(Barbara Downey)가 5일 동안 도시를 떠나 300마일 거리 출장에서 돌아온다면, 그녀가 청구해야 할 비용은 얼마인가?
(b) 다우니는 685달러에 대한 보상 요청을 제출했다. 회계사는 어떻게 해야 하는가?
(c) 다른 변수를 포함해야 하는가? 포함해야 한다면 어떤 것이고, 이유는 무엇인가? PX

•• **4.49** 시정부는 연간 판매세 징수 및 신차 등록에 대해 다음과 같은 자료를 수집했다.

연간 판매세 징수 (단위: 백만 달러)	1.0	1.4	1.9	2.0	1.8	2.1	2.3
신차 등록(단위: 1,000대)	10	12	15	16	14	17	20

다음을 결정하라.
(a) 최소제곱 회귀 방정식
(b) (a)문항의 결과를 사용해 신차 등록 총수가 22,000대일 경우 예상 판매세 징수액을 구하라.
(c) 상관계수와 결정계수를 구하라. PX

•• **4.50** 문제 4.30의 자료를 사용해 강도 비율과 포크 박사의 치료 환자 수 간의 관계를 연구하기 위해 선형회귀를 적용한다. 11년 차에 강도 비율이 131.2로 증가한다면 포크 박사는 얼마나 많은 광장 공포증 환자를 치료할 것인가? 강도 비율이 90.6으로 떨어지면 환자 추정치는 얼마인가? PX

••• **4.51** 영국 런던의 여름철 버스 및 지하철 이용객은 이 도시를 방문하는 관광객 수와 밀접한 관련이 있는 것으로 여겨진다. 지난 12년 동안 다음과 같은 데이터를 얻었다.

연도 (여름 달)	관광객 수 (백만 명)	승객 수 (백만 명)
1	7	1.5
2	2	1.0
3	6	1.3
4	4	1.5
5	14	2.5
6	15	2.7
7	16	2.4
8	12	2.0
9	14	2.7
10	20	4.4
11	15	3.4
12	7	1.7

(a) 이 자료를 표시하고 선형 모델이 합리적인지 결정하라.
(b) 회귀 관계를 개발하라.
(c) 1,000만 명의 관광객이 연간 런던을 방문한다면 예상되는 승객 수는 얼마인가?
(d) 관광객이 전혀 없을 경우 예상 탑승 인원을 설명하라.
(e) 추정치의 표준오차는 얼마인가?
(f) 모델의 상관계수와 결정계수는 얼마인가? Px

•• **4.52** 문제 4.46의 날짜를 사용해 회사는 판매가 광고에 지출한 돈과 얼마나 밀접한 관련이 있는지 확인하려고 한다.
(a) 문제 4.46에 주어진 자료에 대한 상관계수를 계산하고 선형 관계의 정도에 대해 설명하라.
(b) 상관계수가 동일하지만 음수이면 무엇을 의미하는가?
(c) 상관계수의 장점과 단점을 나열하라.
(d) 모델의 결정계수를 계산하라.
(e) 상관계수와 결정계수의 차이를 확인하라. 그들은 어떻게 비슷하고 어떻게 다른가? 이들이 달성하고자 하는 조직 목표의 차이를 설명하라.

•• **4.53** NCEC(North Carolina Engineering Corporation)의 총 책임자인 데이브 플레처(Dave Fletcher)는 고속도로 건설 회사와 계약한 회사의 엔지니어링 서비스가 해당 지역의 회사와 계약한 고속도로 건설 사업의 규모와 직접적인 관련이 있다고 생각한다. 그는 이것이 정말로 사실인지 궁금하다. 만약 그렇다면 이 정보가 그 해의 각 분기에 건설 회사에서 요구하는 엔지니어링 서비스의 양을 예측해 더 나은 운영 계획을 세우는 데 도움이 될 수 있는가? 다음 표는 지난 8분기 동안 그의 서비스 판매 및 고속도로 건설에 대한 총 계약 금액을 보여준다.

분기	1	2	3	4	5	6	7	8
NCEC의 서비스 판매 (천 달러)	8	10	15	9	12	13	12	16
계약 금액(천 달러)	153	172	197	178	185	199	205	226

(a) 이 데이터를 사용해 NCEC 서비스의 수요 수준을 예측하기 위한 회귀 방정식을 개발하라.
(b) 상관계수와 추정치의 표준오차를 결정하라. Px

• **4.54** 다음 다중회귀 모델을 개발해 취업 전 시험점수와 대학 평균 평점(GPA)을 기반으로 하는 회사 직무 수행 평가 지수로 측정한 직무 수행을 예측하라.

$$\hat{y} = 35 + 20x_1 + 50x_2$$

여기서 $\hat{y}$ = 직무 수행 평가 지수
x_1 = 취업 전 시험점수
x_2 = 대학 평균 평점

(a) GPA가 3.0이고 고용 전 시험에서 80점을 받은 지원자의 직무 수행 지수를 예측하라.
(b) GPA가 2.5이고 고용 전 시험에서 70점을 받은 지원자의 직무 수행 지수를 예측하라.

•• **4.55** 앨라배마주 버밍엄의 은행 예금과 소비자물가지수의 상관관계를 확인하기 위한 연구에서 다음 내용이 밝혀졌다(n = 5년 자료를 기반으로 함).

- $\Sigma x = 15$
- $\Sigma x^2 = 55$
- $\Sigma xy = 70$
- $\Sigma y = 20$
- $\Sigma y^2 = 130$

(a) 최소제곱 회귀선의 방정식은 무엇인가?
(b) 상관계수를 구하라. 그것은 당신에게 무엇을 의미하는가?
(c) 추정치의 표준오차는 얼마인가?

• **4.56** 델라웨어주 뉴어크에 있는 Bintong Chen Coal Distributors, Inc.의 회계사는 석탄 수요가 미국이 개발한 기상 심각도 지수와 관련이 있는 것으로 보인다고 지적한다. 지난 5년 동안 미국의 날씨가 매우 추웠을 때(그래서 지수가 높았을 때) 석탄 판매는 높았다. 회계사는 회귀 방정식을 개발한 다음 Farmer's Almanac을 참조해 내년 겨울이 얼마나 혹독할지 알아보면 내년 석탄 수요에 대한 좋은 예측을 할 수 있다고 제안한다. 다음 표의 데이터에 대해 최소제곱 회귀식을 도출하고 데이터의 상관계수를 계산하라. 또한 추정치의 표준 오차를 계산하라. Px

석탄 매출(백만 톤), y	4	1	4	6	5
날씨 지수, x	2	1	4	5	3

•• **4.57** 아래에 주어진 자료로 최소제곱 회귀식을 사용해 비가 오는 여름날의 수와 Boca Raton Cardinal 야구 팀이 패한 게임 수 간의 관계를 개발하라. Px

연도	1	2	3	4	5	6	7	8	9	10
비오는 날	15	25	10	10	30	20	20	15	10	25
패한 게임	25	20	10	15	20	15	20	10	5	20

문제 4.58~4.60은 예측 모니터링 및 통제와 관련이 있다.

•• **4.58** 지난 10주 동안 워싱턴 D.C.에 있는 테드 글릭먼(Ted Glickman)의 전자제품 매장에서 태블릿 컴퓨터를 판매한 매출이 다음 표에 나와 있다.

주	수요	주	수요
1	20	6	29
2	21	7	36
3	28	8	22
4	37	9	25
5	25	10	28

(a) $\alpha = .5$(초기 예측 = 20)의 지수평활을 사용해 10주 차 등 각 주의 수요를 예측하라.

(b) MAD를 계산하라.

(c) 추적 신호를 계산하라. Px

••• **4.59** 다음 표는 XYZ 회사가 자사 제품 중 하나의 월별 매출을 예측하는 데 사용하는 두 가지 예측 방법의 정확도를 비교한 것이다. 자료는 5개월 동안의 예측 및 실제 판매 수준과 관련이 있다. 5월 말 현재 추적 신호 값은 얼마인가? 어떤 방법이 더 나은 예측 정확도를 제공하는가?

월	실제 판매	예상	
		A방법	B방법
1월	39	43	43
2월	30	26	22
3월	40	39	37
4월	40	37	37
5월	39	41	43

••• **4.60** 지난 12주 동안 보스턴 허브에 서비스를 제공하는 통근 회사 Northeast Airlines의 승객 마일리지는 다음과 같다.

주	1	2	3	4	5	6	7	8	9	10	11	12
실제 승객 이동 거리	17	21	19	23	18	16	20	18	22	20	15	22

(a) 17,000마일 중 첫 번째 주에 대한 초기 예측을 가정하고 지수평활을 사용해 2~12주까지의 마일을 계산하라. $\alpha = 0.2$를 사용하라.

(b) 이 모형의 MAD는 얼마인가?

(c) 누적 예측 오차 및 추적 신호를 계산하라. 허용 가능한 한도 내에 있는가? Px

사례 연구

사우스웨스턴대학교

텍사스주 스티븐빌에 있는 대규모 주립대교학교인 사우스웨스턴대학교(SWU)에는 약 20,000명의 학생이 재학 중이다. 학교는 가을과 봄에 영주권자보다 더 많은 학생이 있는 작은 도시에서 지배적인 힘을 발휘한다.

축구 강팀인 SWU는 일반적으로 대학 축구 순위에서 상위 20위 안에 든다. 전설적인 필 플램(Phil Flamm)이 2012년에 (쉽지 않은 랭킹 1위에 오르기 위해) 감독으로 고용된 이후로 매년 5번의 토요일 홈 경기 관중이 증가했다. 플램이 도착하기 전, 관중은 일반적으로 게임당 평균 25,000~29,000명이었다. 새 감독 부임 발표만으로 시즌 티켓 판매량은 1만 장이나 급증했다. 스티븐빌과 SWU는 큰 성공을 할 준비가 되었다.

그러나 SWU가 직면한 당면한 문제는 NCAA 순위가 아닌 용량이었다. 1953년에 지어진 기존 SWU 스타디움은 54,000명의 팬을 수용할 수 있다. 표는 지난 6년간 각 게임의 관중 수를 나타낸다.

SWU에 합류할 때 플램의 요구 중 하나는 경기장 확장 또는 새로운 경기장이었다. 관중 수가 많아짐에 따라 SWU 관리자는 문제에 정면으로 직면하기 시작했다. 플램은 확장과 함께 추가 기능으로 경기장 내 선수 전용 기숙사를 원했다.

SWU의 총장인 조엘 위스너(Dr. Joel Wisner)는 개발 담당 부사장이 언제 기존 경기장이 '최대 초과'를 할 것인지를 예측해야 할 시간이라고 판단했다. 그의 마음속에서는 확장이 당연했다. 그러나 위스너는 그가 얼마나 기다려야 하는지 알아야 했다. 그는 또한 2019년 평균 티켓 가격이 50달러이고 향후 가격이 매년 5% 인상된다고 가정해 수익 예측을 추구했다.

토론 문제

1. 예측 모델을 개발하고, 다른 기법보다 선택한 기법이 정당한 이유와 2020년까지 관중 수를 예측하라.
2. 2019년과 2020년에 예상되는 수익은 얼마인가?
3. 학교가 선택할 수 있는 것에 대해 논의하라.

2013~2018년 사우스웨스턴대학교 축구 게임 관중 수

	2013년		2014년		2015년	
게임	관중 수	상대 팀	관중 수	상대 팀	관중 수	상대 팀
1	34,200	라이스	36,100	마이애미	35,900	USC
2[a]	39,800	텍사스	40,200	네브래스카	46,500	텍사스공과대학
3	38,200	듀크	39,100	오하이오주립	43,100	알래스카
4[b]	26,900	아칸소	25,300	네바다	27,900	애리조나
5	35,100	TCU	36,200	보이시	39,200	베일러

	2016년		2017년		2018년	
게임	관중 수	상대 팀	관중 수	상대 팀	관중 수	상대 팀
1	41,900	아칸소	42,500	인디애나	46,900	LSU
2[a]	46,100	미주리	48,200	노스텍사스	50,100	텍사스
3	43,900	플로리다	44,200	텍사스A&M	45,900	사우스플로리다
4[b]	30,100	센트럴플로리다	33,900	서던	36,300	몬태나
5	40,500	LSU	47,800	오클라호마	49,900	애리조나주립

a 홈커밍 게임
b 매 시즌 네 번째 주에 스티븐빌은 매우 인기 있는 남서부 공예품 축제를 개최했다. 이 이벤트는 특히 주말에 수만 명의 관광객을 마을로 데려왔고, 게임 관중 수에 명백하게 부정적인 경향을 미쳤다.

올랜도 매직 농구 게임의 티켓 수익 예측

창단 첫 20년 동안 NBA의 올랜도 매직(Orlando Magic) 농구 팀은 41개 홈 경기 일정에 대해 매 경기에 동일한 좌석 가격을 설정했다. 만약 하층 좌석이 150달러에 팔렸다면, 그것은 상대 팀, 요일, 계절과 상관없이 부과된 가격이었다. 올해 첫 경기에서 상층 좌석이 10달러에 팔렸다면 매 경기마다 10달러에 팔렸다.

그러나 플로리다대학교에서 MBA를 마친 비즈니스 전략 이사인 앤서니 페레즈(Anthony Perez)는 티켓 판매에 대한 가치 있는 데이터베이스를 개발했다. 데이터 분석을 통해 그는 티켓 수익을 높일 수 있는 예측 모델을 구축할 수 있었다. 페레즈는 비슷한 좌석에 대한 티켓 판매가 수요에 따라 달라져야 한다고 가정했다.

이전 시즌 동안 열린 스텁 허브(Stub Hub) 마켓플레이스에서 올랜도 매직 티켓의 개별 판매를 연구하고, 페레즈는 팬들이 스텁 허브에서 지불할 용의가 있음을 입증한 가격을 청구했다면 올랜도 매직이 추가로 잠재적인 판매 수익을 올릴 수 있다고 판단했다. 이것은 다중회귀 모델에서 그의 종속변수 y가 되었다.

그는 또한 세 가지 변수가 모든 게임에 대한 '진정한 시장' 좌석 가격을 구축하는 데 도움이 될 것임을 발견했다. 그의 모델을 사용하면 경기장의 동일한 좌석이 시즌이 시작될 때 생성되는 서로 다른 7개 가격을 가질 수 있었다(이 가격은 평균 예상보다 높을 때도 있고 낮을 때도 있다).

그가 게임 티켓에 대한 수요와 그에 따른 가격을 결정하는 데 통계적으로 유의한 주요 요인은 다음과 같다.

- 주중 요일(x_1)
- 상대 팀의 인기도 평가(x_2)
- 연중 시간(x_3)

요일에 대해 페레즈는 월요일이 경기가 가장 좋지 않은 날임을 발견하고 값을 1점으로 지정했다. 나머지 평일은 인기가 높아져 토요일 경기는 6점을 받았다. 일요일과 금요일은 5점, 공휴일은 3점을 받았다(표 4.3의 각주 참조).

시즌이 시작되기 직전에 상대에 대한 그의 평가는 주관적이었고 최저 0에서 최고 8까지 다양했다. 그 특정 시즌에 매우 높은 평가를 받은 팀은 명부에 한 명 이상의 슈퍼스타가 있거나 이전 시즌 NBA 결승에서 우승하여 팬의 인기를 끌 수 있다.

마지막으로, 페레즈는 NBA 시즌을 인기도에 따라 4개의 기간으로 나눌 수 있다고 믿었다.

- 초기 게임(0점)
- 크리스마스 시즌 게임(3점)
- 올스타 브레이크까지 경기(2점)
- 플레이오프 진출 게임(3점)

페레즈가 다중회귀 모형을 구축한 첫해에 '잠재적 프리미엄 수익 점수'인 종속변수 y는 다음 방정식으로 $r^2 = 0.86$을 산출했다.

표 4.3 작년 매직 티켓 판매 가격 모델 데이터

팀	날짜*	요일	연중 시간	상대 평가	추가 판매 잠재력
피닉스 선즈	11월 4일	수요일	0	0	12,331달러
디트로이트 피스톤스	11월 6일	금요일	0	1	29,004달러
클리블랜드 캐벌리어스	11월 11일	수요일	0	6	109,412달러
마이애미 히트	11월 25일	수요일	0	3	75,783달러
휴스턴 로키츠	12월 23일	수요일	3	2	42,557달러
보스턴 셀틱스	1월 28일	목요일	1	4	120,212달러
뉴올리언스 펠리컨스	2월 3일	월요일	1	1	20,459달러
LA 레이커스	3월 7일	일요일	2	8	231,020달러
샌안토니오 스퍼스	3월 17일	수요일	2	1	28,455달러
덴버 너기츠	3월 23일	일요일	2	1	110,561달러
뉴욕 닉스	4월 9일	금요일	3	0	44,971달러
필라델피아 세븐티식서스	4월 14일	수요일	3	1	30,257달러

*요일은 월요일 1 5, 화요일 2 5, 수요일 3 5, 목요일 4 5, 금요일 5 5, 토요일 6 5, 일요일 5 5, 공휴일 3 5로 평가된다.

$$y = 14{,}996 + 10{,}801x_1 + 23{,}397x_2 + 10{,}784x_3$$

표 4.3은 이 사례 연구의 간결함을 위해 변수 가격 책정 모형을 사용해 예상되는 게임당 잠재적 추가 수익(y)을 포함해 그 해의 12개 게임(총 41개의 홈 경기 정규 시즌 중)의 표본을 보여준다. NBA 변수 가격 책정의 선두주자인 올랜도 매직은 회귀분석이 실제로 수익성 있는 예측 도구임을 배웠다.

토론 문제

1. 표 4.3의 자료를 사용해 요일을 유일한 독립변수로 하는 회귀 모형을 작성하라.
2. 자료를 사용해 상대에 대한 평가를 유일한 독립변수로 모형을 만들라.
3. 페레즈의 다중회귀 모델을 사용해 크리스마스 휴가 기간 동안 경기를 한 목요일 마이애미 히트(Miami Heat)의 추가 판매 잠재력은 무엇인가?
4. 페레즈 모형에 포함할 추가 독립변수는 무엇인가?

하드록카페의 예측

하드록카페는 1971년 런던의 한 펍에서 오늘날 68개국의 163개 이상의 레스토랑으로 성장하면서 더 나은 예측에 대한 전사적 요구가 생겼다. 하드록은 가죽 제품(재킷에 사용)과 쇠고기, 닭고기, 돼지고기와 같은 식품에 대한 계약을 체결하기 위해 용량 계획 및 중기 예측을 설정하는 데 장기 예측을 사용한다. 단기 매출 전망은 매월 카페별로 진행한 뒤 본사 조회를 위해 집계한다.

판매 예측 시스템의 핵심은 POS 시스템으로, 사실상 카페 문을 통과하는 거의 모든 사람의 거래 자료를 캡처한다. 앙트레의 판매는 고객 1명을 의미한다. 앙트레 판매 자료는 매일 올랜도 본사 데이터베이스로 전송된다.

그곳에서 토드 린지(Todd Lindsey)가 이끄는 재무 팀이 예측 프로세스를 시작한다. 린지는 각 카페의 월별 손님 수, 소매 판매, 연회 판매, 콘서트 판매(해당하는 경우)를 예측한다. 개별 카페의 총지배인은 동일한 데이터베이스를 활용해 사이트에 대한 일일 예측을 준비한다. 카페 관리자는 그날의 전년도 매출을 가져와서 카페가 위치한 도시에서 열리는 주요 컨벤션, 스포츠 이벤트, 콘서트와 같은 다가오는 이벤트에 대한 지역 상공회의소 또는 관광청의 정보를 추가한다. 일일 예측은 시간별 판매로 세분화되어 직원 일정을 결정한다. 5,500달러의 시간당 매출 예측은 19개의 워크스테이션으로 해석되며, 이는 특정 수의 대기 직원, 호스트, 바텐더, 주방 직원으로 세분화된다. 컴퓨터화된 일정 관리 소프트웨어는 가용성에 따라 사람을 연결한다. 그런 다음 예측과 실제 판매의 차이를 검사해 오류가 발생한 이유를 확인한다.

하드록은 예측 도구의 사용을 판매로 제한하지 않는다. 관리자를 평가하고 보너스를 설정하기 위해 카페 판매에 3년 가중 이동평균을 적용한다. 카페 총지배인이 목표를 초과하면 보너스가 계산된다. 하드록카페 본사의 기업 예측에서 토드 린지는 이동평균에 도달하기 위해 가장 최근 연도 매출에 40%, 전년도 매출에 40%, 2년 전 매출에 20%의 가중치를 적용한다.

통계의 훨씬 더 정교한 적용은 하드록의 메뉴 계획에서 찾을 수 있다. 다중회귀를 사용해 관리자는 한 항목의 가격이 변경되는 경우 다른 메뉴 항목의 수요에 대한 영향을 계산할 수 있다. 예를 들어 치즈버거의 가격이 10.99달러에서 11.99달러로 증가하면 하드록은 이것이 치킨 샌드위치, 돼지고기 샌드위치와 샐러드 판매에 미칠 영향을 예측할 수 있다. 관리자는 메뉴 배치에 대해 동일한 분석을 수행하며 중앙 섹션은 더 높은 판매량을 유도한다. 햄버거와 같은 아이템을 중앙에서 측면 플랩 중 하나로 옮기면 감자튀김과 같은 관련 아이템에 해당하는 효과가 확인된다.

모스크바 하드록카페[a]										
월	1	2	3	4	5	6	7	8	9	10
손님 수 (단위: 천 명)	21	24	27	32	29	37	43	43	54	66
광고비 (단위: 천 달러)	14	17	25	25	35	35	45	50	60	60

[a] 이 수치는 이 사례 연구의 목적으로사용된다.

토론 문제

1. 하드록에서 세 가지 다른 예측 애플리케이션을 설명하라. 하드록이 예측 모델을 사용할 수 있다고 생각하는 다른 세 가지 영역을 말하라.
2. 하드록 예측에서 POS 시스템의 역할은 무엇인가?
3. 연간 보너스에 대한 관리자 평가에 사용되는 가중치 시스템의 사용을 정당화하라.
4. 사례에서 언급한 것 외에 각 카페의 일일 매출을 잘 예측할 수 있는 몇 가지 변수의 이름을 언급하라.
5. 하드록의 모스크바 레스토랑에서 관리자는 새로운 광고 캠페인이 손님 수에 어떤 영향을 미치는지 평가하려고 한다. 지난 10개월 동안의 자료(표 참조)를 사용해 최소제곱 회귀 관계를 개발한 다음 광고가 65,000달러일 때 예상 손님의 수를 예측하라.

미주

1. 표본 크기가 큰 경우($n > 30$), y의 예측 구간 값은 정규분포표를 사용해 계산할 수 있다. 관측치가 작으면 t분포가 적절하다. D. Groebner et al., *Business Statistics: A Decision-Making Approach,* 10th ed.(boston: Pearson, 2018)을 참조하라.
2. 이 세 가지 백분율을 스스로 증명하려면 ±1.6표준편차(z값)에 대한 정규 곡선을 설정하기만 하면 된다. 부록 1의 정규분포표를 사용하면 곡선 아래의 면적이 0.89임을 알 수 있다. 이것은 ±2 MAD를 나타낸다. 마찬가지로, ±3 MAD = ±2.4 표준편차는 면적의 98%를 포함하며, ±4 MAD의 경우도 마찬가지이다.
3. Bernard T. Smith, *Focus Forecasting: Computer Techniques for Inventory Control*(boston: CBI Publishing, 1978).

참고문헌

Balakrishnan, R., B. Render, R. M. Stair, and C. Munson. *Managerial Decision Modeling: Business Analytics with Spreadsheets*, 4th ed. Boston: DeGruyter, 2017.

Berenson, Mark, Tim Krehbiel, and David Levine. *Basic Business Statistics*,14th ed. Boston: Pearson, 2019.

Campbell, Omar. "Forecasting in Direct Selling Business: Tupperware's Experience." *The Journal of Business Forecasting* 27, no. 2 (Summer 2008):18–19.

Georgoff, D. M., and R. G. Murdick. "Manager's Guide to Forecasting." *Harvard Business Review* 64 (January–February 1986): 110–120.

Gilliland, M., and M. Leonard. "Forecasting Software—The Past and the Future." *The Journal of Business Forecasting* 25, no. 1 (Spring 2006): 33–36.

Jain, Chaman L. "Benchmarking Forecasting Software and Systems." *The Journal of Business Forecasting* 26, no. 4 (Winter 2007/2008): 30–34.

Onkal, D., M. S. Gonul, and M. Lawrence. "Judgmental Adjustments of Previously Adjusted Forecasts." *Decision Sciences* 39, no. 2 (May 2008): 213–238.

Render, B., R. M. Stair, M. Hanna, and T. Hale. *Quantitative Analysis for Management*, 13th ed. Boston: Pearson, 2018.

Shah, Piyush. "Techniques to Support Better Forecasting." *APICS Magazine* (November/December 2008): 49–50.

Urs, Rajiv. "How to Use a Demand Planning System for Best Forecasting and Planning Results." *The Journal of Business Forecasting* 27, no. 2 (Summer 2008): 22–25.

Yurklewicz, Jack. "Forecasting an Upward Trend." *OR/MS Today* (June 2012): 52–61.

Chapter 4 *Rapid* Review

절 제목	내용 훑어보기
예측이란 무엇인가	■ **예측**: 미래의 사건을 예측하는 기술과 과학 ■ **경제적 예측**: 조직이 중장기 예측을 준비하는 데 유용한 계획 지표 ■ **기술적 예측**: 기술 발전 속도와 관련된 장기 예측 ■ **수요 예측**: 계획 기간의 각 기간에 대한 회사의 매출 예측
예측의 전략적 중요성	예측은 실제 수요가 알려질 때까지의 유일한 수요 추정치이다. 수요 예측은 인적자원, 용량, 공급사슬 관리를 비롯한 많은 영역에서 의사결정을 유도한다.
예측 시스템의 7단계	■ 예측은 일곱 가지 기본 단계를 따른다. (1) 예측의 사용을 결정한다. (2) 예측할 항목을 선택한다. (3) 예측 기간을 결정한다. (4) 예측 모델을 선택한다. (5) 예측에 필요한 데이터를 수집한다. (6) 예측을 한다. (7) 결과를 검증하고 구현한다.
예측 접근법	■ **정량적 예측**: 수요를 예측하기 위해 수학적 모델링을 사용하는 예측 ■ **정성적 예측**: 의사결정자의 직관, 감정, 개인 경험, 가치 체계와 같은 요소를 통합한 예측 ■ **경영진 배심원**: 소수 고위 관리자의 의견을 취해 수요에 대한 그룹 추정치를 산출함 ■ **델파이 방법**: 전문가가 예측을 할 수 있도록 하는 대화식 그룹 프로세스를 사용함 ■ **영업 인력 종합**: 영업 사원의 예상 매출 추정치를 기반으로 함 ■ **시장 조사**: 향후 구매 계획에 대해 고객 또는 잠재 고객의 의견을 구하는 예측 방법 ■ **시계열**: 일련의 과거 데이터 포인트를 사용해 예측하는 기술

시계열 예측

■ **나이브 접근법**: 다음 기간의 수요가 가장 최근 기간의 수요와 같다고 가정한다.

■ **이동평균**: 가장 최근 n개의 데이터 기간의 평균을 사용해 다음 기간을 예측한다.

$$\text{이동평균} = \frac{\sum \text{이전 } n \text{기간의 수요}}{n} \qquad (4\text{-}1)$$

$$\text{가중 이동평균} = \frac{\sum((n\text{기간의 가중치})(n\text{기간의 수요}))}{\sum \text{가중치}} \qquad (4\text{-}2)$$

■ **지수평활법**: 데이터 점수가 지수 함수로 가중되는 가중 이동평균 예측 기법

■ **평활상수**: 지수평활 예측에 사용되는 가중치 요소는 0과 1 사이의 숫자이다.

지수평활 공식:

$$F_t = F_{t-1} + \alpha(A_{t-1} - F_{t-1}) \qquad (4\text{-}4)$$

■ **평균절대편차(MAD)**: 모형에 대한 전체 예측오차의 측정값

$$\text{MAD} = \frac{\sum |\text{실제} - \text{예측}|}{n} \qquad (4\text{-}5)$$

■ **평균제곱오차(MSE)**: 예측값과 관측값의 차이의 평균

$$\text{MSE} = \frac{\sum(\text{예측오차})^2}{n} \qquad (4\text{-}6)$$

■ **평균 절대비율 오차(MAPE)**: 실제 값의 백분율로 표시되는 예측 값과 실제 값의 절대 차이의 평균

$$\text{MAPE} = \frac{\sum_{i=1}^{n} 100 |\text{실제}_i - \text{예측}_i| / \text{실제}_i}{n} \qquad (4\text{-}7)$$

추세 조정을 통한 지수평활화

$$\text{추세를 포함한 예측}(FIT_t) = \text{지수평활된 예측 평균}(F_t) + \text{지수평활된 추세}(T_t) \qquad (4\text{-}8)$$

■ **추세 예측**: 추세선을 일련의 과거 데이터 포인트에 맞춘 다음 예측을 위해 미래로 선을 투영하는 시계열 예측 방법이다.

	추세 예측 및 회귀분석 $$\hat{y} = a + bx, \text{ 여기서 } b = \frac{\sum xy - n\overline{x}\overline{y}}{\sum x^2 - n\overline{x}^2},\ a = \overline{y} - b\overline{x} \quad (4\text{-}11), (4\text{-}12), (4\text{-}13)$$ ■ **계절적 변동**: 반복되는 이벤트와 관련된 시계열의 규칙적인 상향 또는 하향 움직임 ■ **주기**: 몇 년마다 발생하는 데이터의 패턴
연관 예측 방법: 회귀분석과 상관분석	■ **선형회귀분석**: 독립변수와 종속변수의 기능적 관계를 설명하는 직선의 수학적 모형 ■ **추정치의 표준오차**: 회귀선 주변의 변동성 측정 ■ **상관계수**: 두 변수의 관계 강도 측정 ■ **결정계수**: 회귀 방정식으로 설명되는 평균에 대한 종속변수의 변동량 측정 ■ **다중회귀**: 1개 이상의 독립변수를 사용한 연관 예측 방법 다중회귀 예측: $\hat{y} = a + b_1x_1 + b_2x_2$ (4-17)
예측 모니터링과 통제	■ **추적 신호**: 예측이 실제 값을 얼마나 잘 예측하는지 측정하는 것 $$\text{추적 신호} = \frac{\sum(\text{기간 } i\text{의 실제 수요} - \text{기간 } i\text{의 예측 수요})}{\text{MAD}} \quad (4\text{-}18)$$ ■ **편향**: 시계열의 실제 값보다 지속적으로 높거나 낮은 예측 ■ **적응적 평활**: 오차를 최소화하기 위해 평활상수가 자동으로 변경되는 지수평활 예측에 대한 접근 방식 ■ **초점 예측**: 다양한 컴퓨터를 이용한 예측
서비스 부문 예측	서비스 부문 예측에는 15분 간격으로도 양호한 단기 수요 기록이 필요할 수 있다. 휴일 또는 특정 기상 이벤트 동안의 수요도 추적해야 할 수 있다.

셀프테스트

4.1 예측 시간지평에 포함되는 것은?

(a) 장기간 (b) 중간 기간
(c) 단기간 (d) 모든 선택

4.2 정성적 예측 방법 포함되는 것은?

(a) 영업 인력 종합 (b) 경영진 배심원
(c) 소비자 시장 조사 (d) 지수평활화
(e) (d)를 제외한 모든 것

4.3 이동평균 모델과 지수평활법의 차이점은 ________

4.4 예측 정확도의 세 가지 인기 있는 측정은?

(a) 총 오차, 평균 오차, 평균 오차
(b) 평균 오차, 중앙값 오차, 최대 오차
(c) 중앙값 오차, 최소 오차, 최대 절대 오차
(d) 평균절대편차, 평균제곱오차, 평균 절대비율 오차

4.5 이탈리아 로마에 있는 애플스토어의 아이팟 평균 수요는 월 800단위이다. 5월 월간 지수는 1.25이다. 5월의 계절적 조정판매 예측은?

(a) 640단위 (b) 798.75단위
(c) 800단위 (d) 1,000단위
(e) 주어진 정보로 계산할 수 없음

4.6 단순 회귀와 다중회귀의 주요 차이점은 ________

4.7 추적 신호는

(a) 추정치의 표준오차이다.
(b) 누적오차이다.
(c) 평균절대편차(MAD)이다.
(d) MAD에 대한 누적오차의 비율이다.
(e) 평균 절대비율 오차(MAPE)이다.

정답 4.1. d 4.2. e 4.3. 지수평활은 모든 이전 값이 지수 감소 가중치로 가중되는 가중 이동평균 모델이다. 4.4. d 4.5. d 4.6. 단순 회귀분석에는 독립변수가 하나이다. 4.7. d

제품과 서비스 설계 5

이 장의 구성

글로벌 기업 프로필: 리갈마린

- 제품과 서비스 선택
- 신제품 생성
- 제품 개발
- 제품 설계 이슈
- 제품 개발 연속체
- 제품 정의
- 생산 문서
- 서비스 설계
- 제품 설계에 의사결정나무 적용
- 생산으로 전환

Beverly Amer/Aspenleaf Productions

셀러브리티크루즈 유람선의 조종실 모습

10가지 운영관리 전략

- **제품과 서비스 설계**
- 품질 관리
- 프로세스 전략
- 입지 전략
- 레이아웃 전략
- 인적자원
- 공급사슬 관리
- 재고 관리
- 일정 계획
- 유지보수

글로벌 기업 프로필
Regal Marine

리갈마린의 제품 전략

감자를 재배하는 농부 폴 쿡(Paul Kuck)이 창립한 지 40년이 지난 지금, 리갈마린(Regal Marine)은 전 세계 바다에서 강력한 힘을 발휘하고 있다. 세계 3위의 보트 제조사(글로벌 매출 기준)인 리갈은 러시아, 중국 등 30개국에 제품을 수출하고 있으며 매출의 약 3분의 1이 해외에서 나온다.

제품 설계는 경쟁이 치열한 유람선 비즈니스에서 매우 중요하다. 쿡은 "우리는 고객과 계속 연락하고 시장에 대응한다"고 말한다. "올해에만 6개의 새로운 모델을 선보인다. 나는 우리가 확실히 스펙트럼의 공격적인 끝에 있다고 말하고 싶다." 변화하는 소비자 취향, 재료 변화, 꾸준히 개선되는 해양 공학으로 인해 설계 기능은 끊임없이 압박을 받고 있다. 이러한 압력과 더불어 고객에게 좋은 가치를 제공해야 할 필요성과 결합된 비용 경쟁력 문제가 있다.

Barry Render

CAD/CAM은 신제품의 우천 시 보호막을 설계하는 데 사용된다. 이 프로세스를 통해 보다 빠르고 효율적인 설계 및 생산이 가능하다.

Barry Render

여기 천장 크레인에 매달린 데크는 선체에 합류를 위해 이동 전에 완성되고 있다. 리갈은 ISO 9001 품질 인증을 획득한 세계 최초의 보트 제작자 중 하나이다.

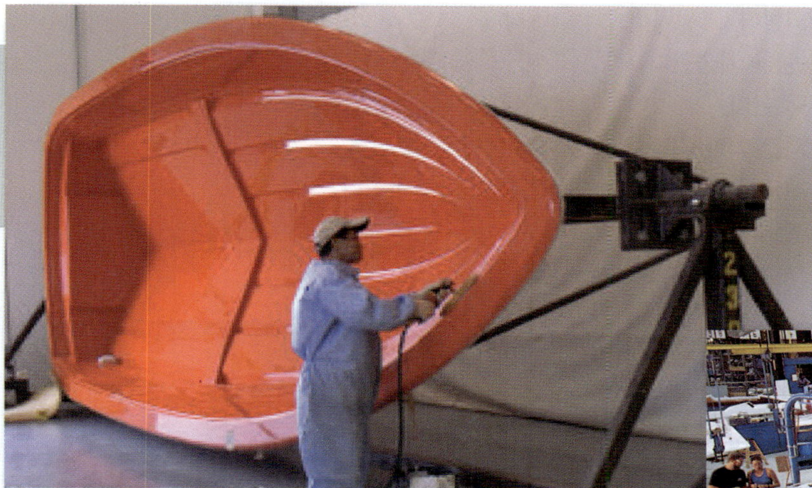

Barry Render

선체를 만드는 데 사용할 금형의 마무리 작업을 하고 있다.

결과적으로 리갈마린은 컴퓨터 지원 설계(computer-aided design, CAD)를 자주 사용한다. 자동차 기술에서 차용한 리갈의 3차원 CAD 시스템을 통해 새로운 설계가 실현된다. 리갈 조선기사의 목표는 개념에서 프로토타입, 생산까지의 시간을 지속적으로 줄이는 것이다. 정교한 CAD 시스템은 제품 개발 시간과 비용을 절감할 뿐만 아니라 도구 및 생산 문제를 줄여 우수한 제품을 제공한다.

14,000달러짜리 19피트 보트부터 500,000달러짜리 52피트 스포츠 요트에 이르기까지 리갈의 모든 제품은 유사한 생산 그로세스를 따른다. 선체와 데크는 유리 섬유 라미네이트의 3~5개 층으로 개질된 금형을 분사해 손으로 별도 생산된다. 선체와 데크가 단단해지면 제거되어 보트의 하부 및 상부 구조가 된다. 조립 라인으로 이동하면서 각 워크스테이션에 결합되고 구성요소가 추가된다.

Barry Render

선체가 금형에서 당겨지면 모노레일 조립 경로를 따라 이동한다. JIT 재고는 필요할 때 엔진, 배선, 좌석, 바닥, 인테리어를 제공한다.

컴퓨터 기반 라우터에 의해 사내에서 미리 절단된 목재는 한 스테이션에 설치하기 위해 JIT(just-in-time) 기반으로 배송된다. 구입한 몇 안 되는 구성요소 중 하나인 엔진이 다른 구성요소에 설치된다. 그런 다음 내부에서 설계 및 조작된 전기 배선 하니스 랙이 설치된다. 실내 장식품 부서는 맞춤형 시트, 침대, 대시보드와 기타 쿠션을 제공한다. 마지막으로 크롬 고정 장치가 설치되고 보트는 방수, 게이지와 시스템 검사를 위해 리갈 테스트 탱크로 보내진다.

Barry Render

마지막 단계에서 이와 같은 소형 보트가 이 테스트 탱크에 배치되며 이곳에서 레인 머신이 방수를 보장한다.

Barry Render

리갈의 대형 요트는 개방 수역에서 일련의 최종 테스트를 거친다.

학습목표

5.1 제품주기를 정의한다.
5.2 제품 개발 시스템을 기술한다.
5.3 품질의 집을 구축한다.
5.4 운영관리에서 시간 기반 경쟁을 구현하는 방법을 설명한다.
5.5 운영관리에서 제품과 서비스를 정의하는 방법을 설명한다.
5.6 생산에 필요한 문서를 설명한다.
5.7 제품 문제에 의사결정나무를 적용한다.

제품과 서비스 선택

리갈마린과 같은 글로벌 기업은 조직의 존재 기반이 조직이 사회에 제공하는 재화 또는 서비스라는 것을 알고 있다. 훌륭한 제품은 성공의 열쇠이다. 탁월한 제품 전략 이하의 것은 기업에게 치명적일 수 있다. 많은 기업이 성공 가능성을 극대화하기 위해 몇 가지 제품에만 초점을 두고 해당 제품에 집중한다. 예를 들어 혼다(Honda)의 핵심 역량은 엔진이다. 혼다의 거의 모든 판매(자동차, 오토바이, 발전기, 잔디 깎는 기계)는 뛰어난 엔진 기술을 기반으로 한다. 마찬가지로 인텔은 마이크로프로세서에 초점을 맞추고 미쉐린(Michelin)은 타이어에 초점을 맞춘다.

그러나 대부분의 제품은 수명주기가 제한적이고 예측 가능하기 때문에 기업은 설계, 개발, 출시할 신제품을 끊임없이 찾아야 한다. 운영관리자는 고객, 제품, 프로세스, 공급업체 사이에서 강력한 의사소통을 통해 높은 신제품 성공률을 달성해야 한다고 주장한다. 3M의 목표는 지난 4년 동안 출시된 제품에서 수익의 30%를 창출하는 것이다. 애플은 지난 4년 동안 출시된 제품에서 매출의 거의 60%를 창출한다. 물론 벤치마크는 산업에 따라 다르다. 리갈은 1년에 6척의 새로운 보트를 선보이고, 러버메이드(Rubbermaid)는 매일 새로운 제품을 선보인다.

신제품의 중요성은 아무리 강조해도 지나치지 않다. 그림 5.1에서 알 수 있듯이, 업계를 이끄는 회사의 매출은 상당 부분 5년 미만의 제품에서 창출된다. 이것이 질레트(Gillette)가 놀라울 정도로 성공적인 센서 면도기의 높은 판매에도 불구하고 멀티블레이드 면도기를 개발한 이유이며, 디즈니가 이미 세계 최고의 가족 엔터테인먼트 회사임에도 불구하고 새로운 놀이기구, 새로운 공원, 창조적인 새로운 멀티미디어 혁신을 계속하는 이유이기도 하다.

실행 가능한 신제품을 출시하기 위한 끊임없는 노력에도 불구하고 많은 신제품이 성공하지 못한다. 제품 선택, 정의, 설계는 자주(재정적으로 성공적인 각 제품에 대해 수백 번 정도) 발생한다. 듀폰(DuPont)은 하나의 **시장성 있는** 제품을 생산하는 데 250개의 아이디어가 필요하다고 추정한다. 운영관리자와 조직은 이러한 위험을 수용하고 실패를 용인하는 문화를 구축한다. 그들은 이미 전념하고 있는 생산 활동을 유지하면서 많은 양의 신제품 아이디어를 수용하는 방법을 배운다.

제품이라는 용어는 종종 유형 재화를 의미하지만, 서비스 기관에 의한 제공도 의미한다. 예를 들어 올스테이트보험(Allstate Insurance)이 새로운 주택 소유자 정책을 제공할 때, 그것은 새로운 '제품'이라고 불린다. 마찬가지로, 시티코프(Citicorp)가 주택담보대출 부서를 열 때, 그것은 많은 새로운 주택담보대출 '상품'을 제공한다. 효과적인 제품 전략은 제품 결정을 투자, 시장 점유율, 제품수명주기와 연결하고 제품 라인 범위를 정의한다. **제품 결정**(product decision)의 목적은 경쟁 우위를 가지고 시장의 요구를 충족하는 제품 전략을 개발하고 구현하는 것이다. 운영관리의 10가지 결정 중 하나로, 제품 전략은 차별화, 저비용, 신속한 대응 또는 이것들의 조합을 통한 경쟁 우위 개

제품 결정
제품의 선택, 정의, 설계

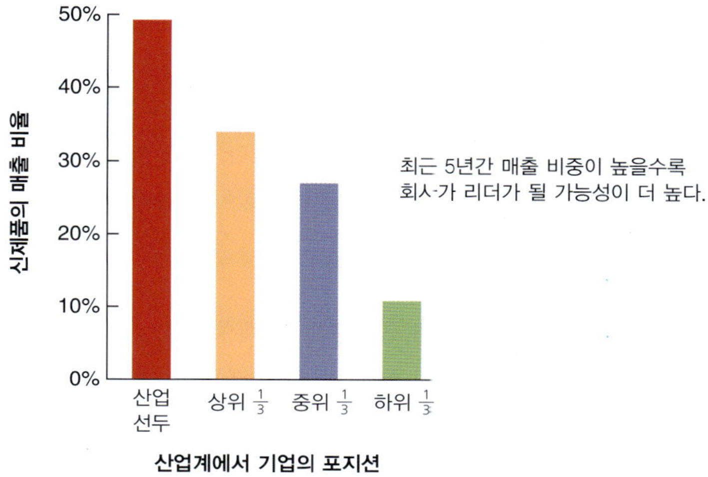

그림 5.1

혁신과 신제품

발에 초점을 맞출 수 있다.

제품 전략 옵션은 경쟁 우위를 지원한다

제품의 선택, 정의, 설계에는 다양한 옵션이 있다. 제품 선택은 고객이나 고객에게 제공할 상품이나 서비스를 선택하는 것이다. 예를 들어 병원은 다양한 유형의 환자와 의료 절차를 전문으로 한다. 병원 경영진은 종합 병원 또는 산부인과 병원을 운영하거나 캐나다 숄다이스(Shouldice)병원의 경우처럼 탈장을 전문적으로 다루기로 결정할 수 있다. 병원들은 그들이 어떤 병원이 될지를 결정할 때 그들의 제품을 선택한다. 타코벨(Taco Bell)과 토요타(Toyota)에 존재하는 것처럼, 병원에도 많은 다른 선택들이 존재한다.

(a) 시장: 창의적인 방식으로 시장은 운동화를 실용적인 신발에서 패셔너블한 액세서리로 옮겼다.

(b) 기술: 삼성의 최신 기술: 구부릴 수 있는 새로운 스마트폰.

(c) 포장: 셔윈윌리엄스(Sherwin-Williams)의 더치 보이(Dutch Boy)는 네모로 비틀어져 쏟을 수 있는 페인트 용기로 페인트 산업에 혁명을 일으켰다.

제품 혁신은 시장, 기술, 포장에 의해 주도될 수 있다. 시장 변화에 초점을 맞춘 디자인(a)이든, 삼성의 기술 적용(b)이든, 셔윈윌리엄스(Sherwin-Williams)의 새 컨테이너(c)든 간에 모든 운영관리자는 창의적 프로세스가 중요한 생산 함의와 함께 진행 중임을 상기할 필요가 있다.

숄다이스병원과 같은 서비스 조직은 제품을 통해 **차별화**한다. 숄다이스는 독특하고 고품질의 제품을 제공하는 것으로 차별화한다. 탈장 수술 분야에서 세계적으로 유명한 이 병원은 매우 효과적이어서 환자가 평균 2주가 아닌 8일 만에 정상적인 생활로 복귀할 수 있으며 합병증이 거의 없다. 전체 생산 시스템은 이 하나의 제품을 위해 설계되었다. 국소 마취제가 사용되며, 환자가 스스로 수술실에 들어가고 나간다. 식사는 공동 식당에서 제공되어 환자가 식사를 위해 침대에서 일어나 라운지에서 동료 환자와 합류하도록 권장한다. 숄다이스가 보여주듯이 제품 선택은 전체 생산 시스템에 영향을 미친다.

타코벨은 제품 설계를 통해 **저비용** 전략을 개발하고 실행했다. 작은 부엌에서 최소한의 노동력으로 생산할 수 있는 제품(메뉴)을 설계함으로써, 타코벨은 저렴한 가격과 높은 가치를 지닌 제품군을 개발했다. 성공적인 제품 설계를 통해 타코벨은 제품의 식품 함량을 매출 1달러당 27센트에서 45센트로 늘릴 수 있었다.

토요타의 전략은 변화하는 소비자 수요에 대한 **신속한 대응**이다. 업계에서 가장 빠른 자동차 설계를 실행함으로써 토요타는 표준이 2년 이상인 업계에서 제품 개발 속도를 2년 미만으로 단축했다. 설계 시간이 단축되어 토요타는 소비자의 취향이 바뀌기 전에 최신 기술과 혁신으로 자동차를 출시할 수 있다.

제품 결정은 조직 전략의 기본이며 운영 기능 전반에 걸쳐 중요한 영향을 미친다. 예를 들어 제너럴모터스(General Motors, GM)의 스티어링 칼럼은 품질과 효율성 모두에서 제품 설계가 차지하는 강력한 역할을 보여주는 좋은 예이다. 재설계된 스티어링 칼럼은 이전 제품보다 부품 수가 약 30% 적어 더욱 단순해졌다. 결과적으로 조립 시간은 이전 칼럼의 3분의 1이고 새 칼럼의 품질은 약 7배 더 좋다. 더욱이 새 라인의 기계 비용은 이전 라인의 기계 비용보다 3분의 1 저렴하다.

제품수명주기

제품이 탄생한다. 그들은 살고 죽는다. 그들은 사회의 변화에 따라 없어진다. 제품의 수명을 4단계로 나누어 생각하면 도움이 될 것이다. 이러한 단계는 도입, 성장, 성숙, 쇠퇴이다.

제품수명주기는 며칠(콘서트 티셔츠), 몇 달(계절 패션), 몇 년[매든 NFL(Madden NFL) 축구 비디오 게임] 또는 수십 년(보잉 737)의 문제일 수 있다. 주기의 길이에 관계없이 운영관리자의 임무는 동일하다. 즉 신제품을 성공적으로 도입하는 데 도움이 되는 시스템을 설계하는 것이다. 이 단계에서 운영 기능을 효과적으로 수행할 수 없는 경우 회사는 패자들(효율적으로 생산할 수 없고 아마도 전혀 생산할 수 없는 제품들)을 떠안게 될 수 있다.

학습목표 5.1
제품주기를 정의한다.

그림 5.2는 네 가지 수명주기 단계와 제품수명주기 동안 제품 판매, 현금 흐름과 이익의 관계를 보여준다. 일반적으로 회사는 제품을 개발하는 동안 마이너스의 현금 흐름을 갖는다. 제품이 성공하면 해당 손실을 복구할 수 있다. 결국, 성공적인 제품은 하락하기 전에 이익을 낼 수 있다. 그러나 이익은 일시적이므로 새로운 제품에 대한 수요가 계속된다.

수명주기와 전략

운영관리자가 신제품을 개발할 준비가 되어 있어야 하는 것처럼, 새 제품 및 기존 제품에 대한 전략도 개발할 준비가 되어 있어야 한다. **제품수명주기를 통한 제품의 이동에 따라 전략이 변경되기 때문에** 정기적으로 제품을 검사하는 것이 적절하다. 성공적인 제품 전략을 위해서는 제품수명주기의 위치에 따라 각 제품에 대한 최상의 전략을 결정해야 한다. 따라서 회사는 제품 또는 제품군과 수명주기에서 위치를 식별한다. 제품이 수명주기를 통해 이동함에 따라 몇 가지 전략 옵션을 검토

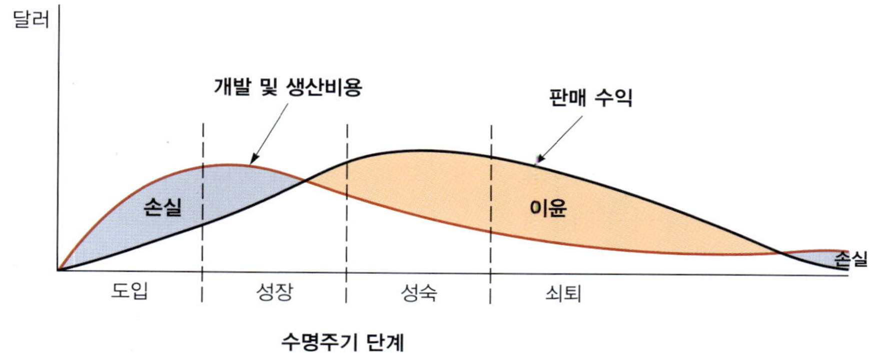

그림 5.2

제품의 수명주기, 판매, 비용, 이윤, 손실

해보자.

도입 단계 도입 단계에 있는 제품은 생산 기법과 마찬가지로 여전히 시장에 맞게 '미세 조정'되고 있기 때문에 (1) 연구, (2) 제품 개발, (3) 프로세스 수정 및 개선, (4) 공급업체 개발을 위한 비정상적인 지출을 보장할 수 있다. 예들 들어 아이폰이 처음 도입되었을 때, 대중들이 원하는 기능들은 여전히 결정 중이었다. 동시에, 운영관리자들은 여전히 최고의 제조 기술을 찾고 있었다.

성장 단계 성장 단계에서는 제품 설계가 안정되기 시작하며 용량 요구사항에 대한 효과적인 예측이 필요하다. 제품 수요 증가를 수용하기 위해 용량을 추가하거나 기존 용량을 강화해야 할 수도 있다.

성숙 단계 제품이 완성될 때쯤이면 경쟁업체들이 생겨난다. 따라서 대량의 혁신적인 생산이 적절할 수 있다. 개선된 비용 관리, 옵션 축소 및 제품군의 가격 인하는 수익성과 시장 점유에 효과적이거나 필요할 수 있다.

쇠퇴 단계 경영진은 수명주기가 끝난 제품에 무자비해야 할 수도 있다. 죽어가는 제품은 보통 자원과 경영상의 재능에 투자하기엔 부족한 상품들이다. 죽어가는 제품들이 회사의 명성이나 제품군에 어떤 독특한 기여를 하거나 비정상적으로 높은 기여로 판매될 수 없는 한, 그들의 생산은 중단되어야 한다.[1]

제품 가치 분석

효과적인 운영관리자는 가장 큰 가능성을 보여주는 항목을 선택한다. 이것은 제품 믹스에 적용되는 파레토 원칙이다. 자원은 사소한 것이 아니라 중요한 소수에 투자되어야 한다. **제품 가치 분석**(product-by-value analysis)은 회사에 대한 개별 달러 기여도의 내림차순으로 제품을 나열한다. 또한 제품의 연간 총기여도를 나열한다. 특정 제품의 단위당 낮은 기여도가 회사 매출의 큰 부분을 차지하는 경우에는 상당히 다르게 보일 수 있다.

제품 가치 분석
회사에 대한 개별 달러 기여도와 제품의 연간 총기여도가 내림차순인 제품 목록

제품 가치 보고서를 통해 경영진은 각 제품에 가능한 전략을 평가할 수 있다. 여기에는 현금 흐름 증가(예: 판매가격 인상 또는 비용 절감을 통한 기여도 증가), 시장 침투 증가(품질 향상 및/또는 비용 또는 가격 감소), 비용 절감(생산 프로세스 개선)이 포함될 수 있다. 보고서는 또한 제거해야 하는 제품과 연구 개발 또는 자본 장비에 대한 추가 투자를 정당화하지 못하는 제품을 경영진에게 알려줄 수 있다. 제품 가치 분석은 각 제품의 전략적 방향에 주의를 집중한다.

신제품 생성

관리자는 딜레마에 직면해 있다. 핵심 역량 구축, 기존 고객의 의견 경청, 현재 기술에 대한 투자 등 지속적인 기업을 관리하기 위해 집중하는 바로 그 부분이 새로운 파괴적 혁신을 인식하지 못하게 한다. 그러나 제품은 죽고, 기존 제품은 제거하고 교체해야 한다. 또한 기업은 대부분의 수익과 이윤을 신제품에서 창출하기 때문에 제품 선택, 정의, 설계가 지속적으로 이루어져야 한다. DVD에서 비디오 스트리밍으로, 커피숍에서 스타벅스 라이프스타일 커피로, 순회 서커스에서 태양의 서커스로, 유선전화에서 휴대전화로, 휴대전화에서 스마트폰과 알렉사로, 디지털 정보의 인터넷에서 당신과 스마트폰을 집, 자동차, 의사로 연결하는 '사물' 인터넷으로 변화를 생각해보자. 그리고 이러한 목록은 계속된다. 신제품을 성공적으로 찾고 개발하는 방법을 아는 것이 필수 조건이다.

적극적인 신제품 개발을 위해서는 조직이 내부적으로 고객과 열린 의사소통, 혁신적인 제품 개발 문화, 적극적인 R&D, 강력한 리더십, 공식 인센티브, 교육을 갖춘 구조를 구축해야 한다. 그래야만 기업은 다음과 같은 특정 기회에 수익성 있고 열정적으로 집중할 수 있다.

1. **고객에 대한 이해**는 신제품 개발의 최우선 과제이다. 상업적으로 중요한 많은 제품은 처음에는 생산자가 아닌 사용자가 생각하고 프로토타입을 만들기까지 한다. 이러한 제품은 시장 동향을 훨씬 앞서고 일반 사용자를 훨씬 능가하는 필요(니즈)를 가진 회사, 조직 또는 개인인 '앞선 사용자(리드 유저)'에 의해 개발되는 경향이 있다. 운영관리자는 시장, 특히 이러한 혁신적인 앞선 사용자(리드 유저)에 맞게 '조율'해야 한다.
2. **경제 변화**는 장기적으로 풍요의 수준을 증가시키지만 단기적으로는 경기 순환과 가격 변화를 가져온다. 예를 들어 장기적으로 보면 점점 더 많은 사람이 자동차를 살 수 있지만, 단기적으로는 경기 침체가 자동차 수요를 약화시킬 수 있다.
3. 가족 수 감소 등의 요인으로 **사회·인구학적 변화**가 나타날 수 있다. 이러한 추세는 주택, 아파트, 자동차에 대한 선호도를 변경한다.
4. **기술의 변화**는 스마트폰부터 아이패드, 인공심장까지 모든 것을 가능하게 한다.
5. **정치적, 법적 변화**는 새로운 무역 협정, 관세 및 정부 요구사항을 가져온다.
6. 기타 변경 사항은 **시장 관행, 전문 표준, 공급업체, 유통업체**를 통해 발생할 수 있다.

제품 개발

제품 개발 시스템

학습목표 5.2
제품 개발 시스템을 기술한다.

효과적인 제품 전략은 제품 결정을 R&D, 엔지니어링, 마케팅, 재무와 같은 다른 비즈니스 기능과 연결한다. 회사는 제품 개발, 시장에 대한 이해, 필요한 인재를 위해 현금이 필요하다. 제품 개발 시스템은 제품의 성공뿐만 아니라 회사의 미래도 결정할 수 있다. 그림 5.3은 제품 개발 단계를 보여준다. 이 시스템에서 제품 옵션은 일련의 단계를 거친다. 각 단계에는 고유한 심사 및 평가 기준이 있지만 이전 단계에 대한 지속적인 정보 흐름을 제공한다.

최적의 제품 개발은 기업의 다른 부분의 지원뿐만 아니라 제품 설계에서 유지보수에 이르는 10가지 운영관리 결정을 모두 성공적으로 통합하는 데 달려 있다. 시장 점유율을 확보할 수 있고 비용 효율적이며 수익성이 있는 것처럼 보이지만 실제로는 생산하기 매우 어려운 제품을 식별하는

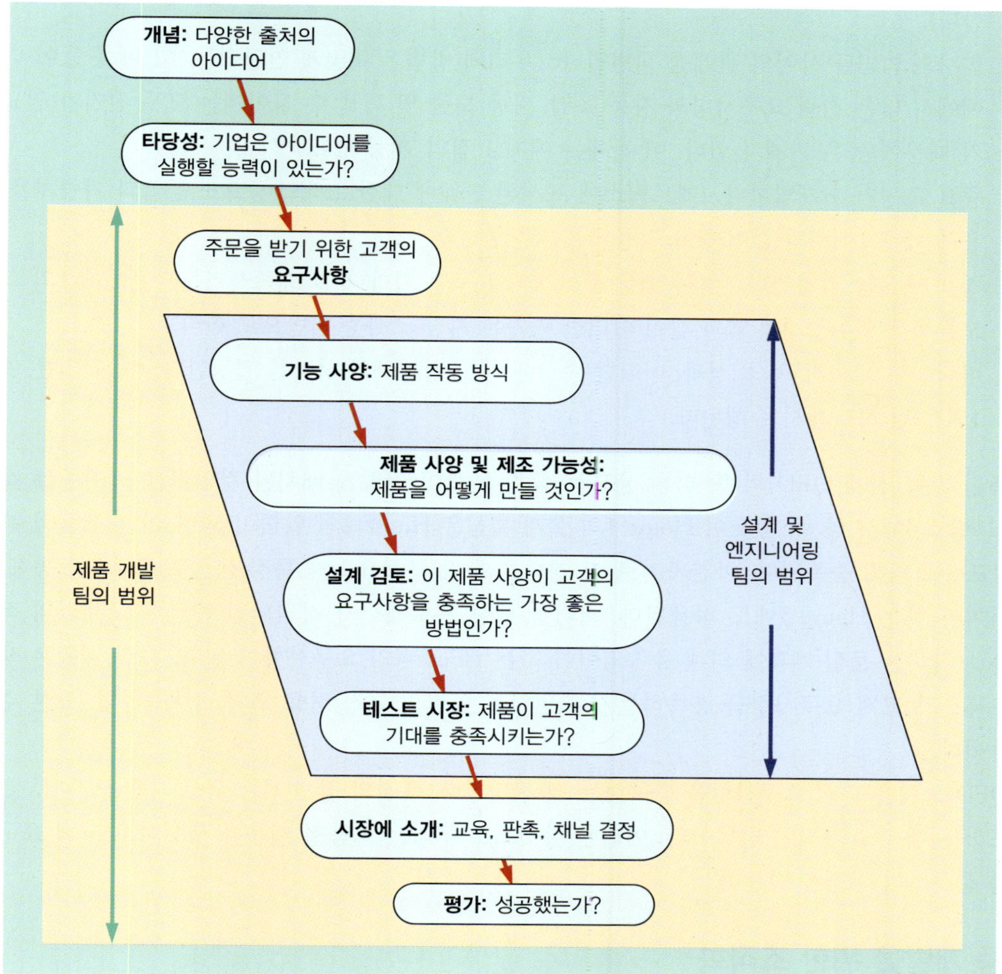

그림 5.3

제품 개발 단계
제품 개념은 회사 내부와 외부 모두에서 다양한 출처로부터 개발된다. 제품 아이디어 단계에서 살아남은 개념은 실패를 최소화하기 위해 참여도가 높은 환경에서 거의 지속적인 검토, 피드백, 평가를 통해 다양한 단계를 거친다.

것은 성공보다는 실패로 이어질 수 있다.

품질 기능 전개

품질 기능 전개(quality function deployment, QFD)는 (1) 무엇이 고객을 만족시킬 것인지 결정하고 (2) 고객이 원하는 것을 목표 설계로 변환하는 것을 모두 의미한다. 아이디어는 고객의 요구(wants)에 대한 풍부한 이해를 포착하고 대체 프로세스 솔루션을 식별하는 것이다. 그런 다음 이 정보는 진화하는 제품 설계에 통합된다. QFD는 설계 프로세스 초기에 **무엇이 고객을 만족시킬 것인지와 품질 노력을 어디에 배치할 것인지** 결정하는 데 사용한다.

품질 기능 전개
고객 요구사항(고객인 '원하는')을 결정하고 이를 각 기능 영역이 이해하고 실행할 수 있는 속성('방법')으로 변환하는 프로세스

QFD의 도구 중 하나는 고객의 욕구와 제품(또는 서비스) 간 관계를 정의하는 그래픽 기술인 **품질의 집**(house of quality)이다. 이 관계를 엄격하게 정의해야만 관리자가 고객이 원하는 기능으로 제품과 프로세스를 설계할 수 있다. 이 관계를 정의하는 것이 세계적 수준의 생산 시스템을 구축하는 첫 번째 단계이다. 품질의 집을 짓기 위해 일곱 가지 기본 단계를 수행한다.

품질의 집
계획 매트릭스를 활용해 고객의 요구와 기업이 그러한 요구를 충족할 방법을 연결하는 품질 기능 배포 프로세스의 일부

1. 고객의 **욕구**(wants)를 파악한다. (이 제품에서 고객이 원하는 것은 무엇인가?)
2. 상품/서비스가 고객의 욕구를 **어떻게** 충족시키는지 파악한다(구체적인 제품 특성, 특징 또는 속성을 파악해 고객의 **욕구**를 어떻게 충족시키는지 보여준다).
3. 고객이 원하는 제품을 연관시킨다(예제 1에서와 같이 이 관계를 보여주는 매트릭스를 작성

한다).

4. 회사의 방법들 사이의 관계를 식별한다. (우리의 방법은 어떻게 연결되는가? 예를 들어 다음 예에서 낮은 전력 요구사항과 자동 초점, 자동 노출 및 픽셀 수 사이에는 모두 전기가 필요하기 때문에 높은 관계가 있다. 이 관계는 예제 1 집의 '지붕'이다.)
5. 중요도 평가를 개발한다. (매트릭스에 표시된 관계에 대한 고객의 중요도 등급과 가중치를 사용해 예제 1에서와 같이 중요도 등급을 계산한다.)
6. 경쟁 제품을 평가한다. (경쟁 제품이 고객의 욕구를 얼마나 잘 충족시키는가? 예제 1의 그림 오른쪽에 있는 2개의 열과 같이 이러한 평가는 시장 조사를 기반으로 한다.)
7. 바람직한 기술적 속성, 성과, 이러한 속성에 대한 경쟁자의 성과를 결정한다. (이 작업은 예제 1의 그림 하단에서 수행된다.)

학습목표 5.3
품질의 집을 구축한다.

품질 기능 전개(QFD)의 또 다른 용도는 품질 노력이 어떻게 **배치**될 것인지를 보여주는 것이다. 그림 5.4에서 알 수 있듯이 House 1의 **설계 특성**은 House 2의 입력이 되며 이는 제품의 특정 **구성요소**에 의해 충족된다. 마찬가지로 이 개념은 특정 구성요소가 특정 **생산 프로세스**를 통해 충족되어야 하는 House 3에도 적용된다. 이러한 생산 프로세스가 정의되면 해당 프로세스의 적합성을 보장하는 **품질 계획**에 의해 충족되어야 하는 House 4의 요구사항이 된다. 품질 계획은 생산 프로세스가 고객 요구사항을 충족하는지 확인하는 일련의 특정 허용 오차, 절차, 방법, 표본 추출 기술이다.

QFD 노력은 고객 요구사항을 충족하는 데 전념한다. **품질의 집 순서**는 생산 자원을 식별, 통신, 배포하는 매우 효과적인 방법이다. 이러한 방식으로 우리는 고품질 제품을 생산하고 고객 요구사항을 충족하며 주문을 받는다.

제품 개발을 위한 조직화

제품 개발을 위한 조직화에 대한 네 가지 접근 방식을 살펴보자. 첫째, 제품 개발에 대한 미국의 전통적인 접근 방식은 별개의 부서로 구성된 조직이다(필요한 연구를 수행하는 연구 및 개발 부서, 제품을 설계하는 엔지니어링 부서, 생산할 수 있는 제품을 설계하는 제조 엔지니어링 부서, 제품을 생산하는 부서). 이 접근 방식의 뚜렷한 이점은 고정된 의무와 책임이 있다는 것이다. 뚜렷한

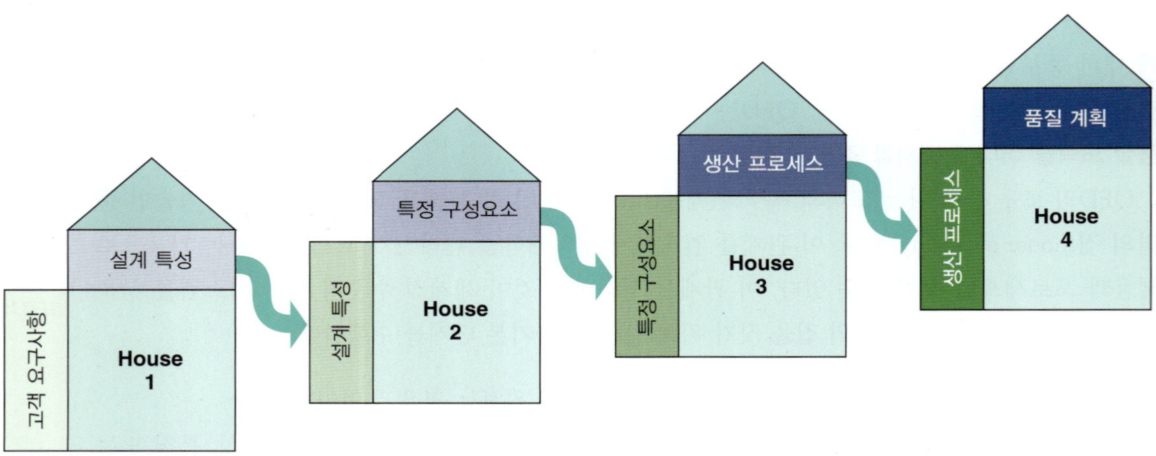

그림 5.4 품질의 집 순서는 고객 요구사항을 달성하기 위해 자원을 배포하는 방법을 나타낸다

예제 1

품질의 집 건설

Great Cameras, Inc.는 새로운 디지털 카메라로 고객의 요구를 충족할 수 있는 능력을 강화하는 방법론을 원한다.

접근방법 ▶ 품질의 집의 QFD를 사용한다.

해결방법 ▶ 이 회사의 품질의 집을 구축한다.

품질 기능 전개(QFD)의 품질의 집

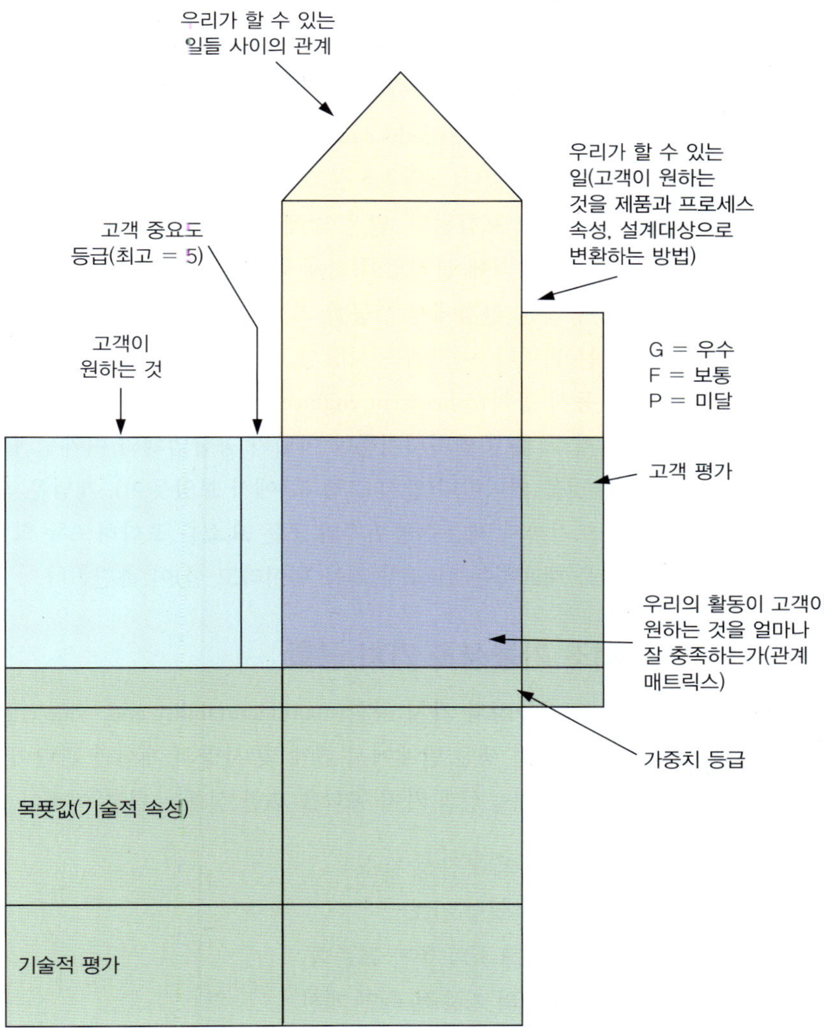

통찰력 ▶ QFD는 중요도 순위 및 경쟁사 비교를 제공할 뿐만 아니라 설계 특징 및 기술 문제를 구조화하는 분석 도구를 제공한다.

학습 연습 ▶ 다른 국가에 대한 시장 조사에서 '경량'이 가장 중요한 고객 순위(5)이고 신뢰성이 3임을 나타내는 경우 저전력 요구사항, 알루미늄 구성요소, 인간공학적 설계에 대한 새로운 총 중요성 순위는 무엇인가? [답: 각각 18, 15, 27]

단점은 미래 지향적인 사고가 부족하다는 것이다. 프로세스의 다운스트림 부서는 제공된 개념, 아이디어와 설계를 어떻게 다루며, 궁극적으로 고객은 제품에 대해 어떻게 생각할 것인가?

두 번째로 널리 사용하는 접근 방식은 제품 개발 시스템 및 관련 조직을 통해 제품 관리자를 제품 '챔피언'으로 지정하는 것이다. 그러나 미국에서 사용하는 세 번째이자 아마도 최고의 제품 개발 접근 방식은 팀을 사용하는 것이다. 이러한 팀은 **제품 개발 팀**, **제조 가능성을 위한 설계 팀**, **가치 공학 팀**으로 다양하게 알려져 있다.

일본인은 네 번째 접근 방식을 사용한다. 그들은 조직을 연구 개발, 엔지니어링, 생산 등으로 세분화하지 않음으로써 팀 문제를 우회한다. 일본 스타일의 그룹 노력과 팀워크에 따라 이러한 활동은 모두 하나의 조직에서 이루어진다. 일본 문화와 경영 스타일은 대부분의 서구 국가보다 더 집단적이며 조직이 덜 구조화되어 있다. 따라서 일본인은 필요한 의사소통과 조정을 제공하는 '팀'이 필요하지 않다고 생각한다. 그러나 전형적인 서양 스타일과 전통적인 지혜는 팀을 사용하는 것이다.

제품 개발 팀
제품에 대한 시장 요구사항에서 제품의 성공 달성으로 이동하는 책임을 맡은 팀

제품 개발 팀(product development teams)은 제품에 대한 시장 요구사항에서 제품 성공을 달성하는 책임이 있다(그림 5.3 참조). 이러한 팀에는 종종 마케팅, 제조, 구매, 품질 보증, 현장 서비스 담당 대표가 포함된다. 많은 팀에는 공급업체의 대표도 포함된다. 연구에 따르면 제품 개발 노력의 형식적 성격에 관계없이 잠재적인 기여가 있는 사람들이 제품을 개발할 수 있는 개방적이고 참여도가 높은 환경에서 성공할 가능성이 더 높다. 제품 개발 팀의 목표는 제품이나 서비스를 성공시키는 것이다. 여기에는 시장성, 제조 가능성, 서비스 가능성이 포함된다.

동시 공학
제품 개발의 다양한 단계를 동시에 수행

동시 공학(concurrent engineering)은 제품 개발의 다양한 단계를 동시에 수행하기 위해 제품, 프로세스, 품질 엔지니어뿐만 아니라 공급업체와 마케팅 담당자를 한데 모아 제품 개발 속도를 높이는 것을 의미한다(앞서 그림 5.3에서 보았듯이). 개념은 흔히 고객 요구사항에서 폐기 및 재활용에 이르기까지 제품수명주기의 모든 요소를 포함하도록 확장된다. 동시 공학은 영향을 받는 모든 영역을 대표하는 팀(교차 기능 팀이라고 함)이 촉진한다.

제조 가능성과 가치 공학

제조 가능성과 가치 공학
제품의 설계, 생산, 유지보수, 사용을 개선하는 데 도움이 되는 활동

제조 가능성과 가치 공학(manufacturability and value engineering) 활동은 제품 개발의 연구, 개발, 설계, 사전 생산 단계에서 설계 및 사양의 개선과 관련이 있다. 즉각적이고 명백한 비용 절감 외에도 제조 가능성과 가치 공학을 위한 설계는 다른 이점이 있으며, 아래 사항을 포함한다.

1. 제품의 복잡성 감소
2. 환경 영향 감소
3. 구성요소의 추가 표준화
4. 제품의 기능적 측면 개선
5. 작업 설계 및 작업 안전성 향상
6. 제품의 유지보수성(서비스성) 향상
7. 로버스트 설계

제조 가능성과 가치 공학 활동은 운영관리에 사용할 수 있는 최상의 비용 회피 기술일 수 있다. 고객 요구사항을 최적의 방법으로 충족하는 데 필요한 기능 사양을 달성하는 데 초점을 맞춤으로써 가치 향상을 달성한다. 가치 공학 프로그램은 일반적으로 품질 저하 없이 15~70% 사이의 비용을 절감하며 1달러를 지출할 때마다 10~25달러를 절약할 수 있다.

제품 설계 이슈

제품 개발을 위한 효과적인 시스템 및 조직 구조를 개발하는 것 외에도 제품 설계에는 몇 가지 중요한 고려 사항이 있다. 다음 여섯 가지를 검토해보자: (1) 로버스트 설계, (2) 모듈러 설계, (3) 컴퓨터 지원 설계/컴퓨터 지원 제조(CAD/CAM), (4) 가상현실 기술, (5) 가치 분석 (6) 지속가능성/수명주기 평가(LCA).

로버스트 설계

로버스트 설계(robust design)란 생산 또는 조립의 작은 변화가 제품에 부정적인 영향을 미치지 않도록 제품을 설계하는 것을 의미한다. 예를 들어 노키아(Nokia)는 음성 신호를 증폭하기 위해 많은 제품에 사용할 수 있는 집적 회로를 개발했다. 원래 설계대로라면 신호 강도의 변동을 피하기 위해 회로를 매우 비싸게 제조해야 했다. 그러나 설계를 테스트하고 분석한 후 노키아 엔지니어는 회로의 저항이 감소하면(관련 비용 없이 사소한 변경) 제조 변동에 훨씬 덜 민감하다는 것을 깨달았다. 그 결과 품질이 40% 향상되었다.

로버스트 설계
생산 공정의 불리한 조건에서도 요구사항에 맞게 생산할 수 있는 설계

모듈러 설계

쉽게 분할되는 구성요소로 설계된 제품을 **모듈러 설계**(modular design)라고 한다. 모듈러 설계는 생산과 마케팅 모두에 유연성을 제공한다. 운영관리자는 모듈화를 통해 제품 개발, 생산과 후속 변경을 쉽게 수행할 수 있기 때문에 도움이 된다고 생각한다. 고객이 만족할 수 있는 방식에 유연성을 더하기 때문에 마케팅은 모듈화를 선호할 수 있다. 예를 들어 사실상 모든 프리미엄 고음질 사운드 시스템은 이러한 방식으로 생산, 판매된다. 모듈화를 통해 제공되는 맞춤화로 고객은 자신의 취향에 맞게 혼합하고 일치시킬 수 있다. 이것은 또한 할리데이비슨(Harley-Davidson)이 취한 접근법인데, 할리데이비슨에서는 비교적 적은 수의 다른 엔진, 섀시, 가스탱크, 서스펜션 시스템을 혼합해 매우 다양한 오토바이를 생산한다. 많은 자동차 제조사가 사용 가능한 모듈을 혼합함으로써 두 자동차를 결코 똑같이 만들지 못할 것으로 추정되어 왔다. 이와 동일한 개념의 모듈화는 기체 제조업체에서 패스트푸드점에 이르기까지 많은 산업으로 이관된다. 맥도날드(McDonald's)와 버거킹(Burger King)이 다양한 식사를 만드는 데 상대적으로 적은 모듈(치즈, 양상추, 빵, 소스, 피클, 고기 패티, 감자튀김 등)을 사용하는 것처럼 에어버스(Airbus)는 여러 비행기에 같은 날개 모듈을 사용한다.

모듈러 설계
제품의 부품이나 구성요소가 쉽게 교체되거나 대체될 수 있는 모듈로 세분화되는 설계

컴퓨터 지원 설계(CAD)와 컴퓨터 지원 제조(CAM)

컴퓨터 지원 설계(computer-aided design, CAD)는 컴퓨터를 사용해 상호작용적으로 제품을 설계하고 엔지니어링 문서를 준비하는 것이다. CAD는 3차원(3D) 도면을 사용해 거의 모든 제품의 개발 주기를 단축함으로써 시간과 비용을 절약한다(이 장 첫부분에서 소개한 리갈마린의 3D 설계 사진 참조). CAD로 정교한 설계를 조작, 분석, 수정할 수 있는 속도와 용이성을 통해 최종 결정을 하기 전에 다양한 옵션을 검토할 수 있다. 더 빠른 개발, 더 나은 제품, 다른 부서로의 정확한 정보 흐름은 모두 CAD의 엄청난 보상에 기여한다. 대부분의 제품 원가는 설계 단계에서 결정되기 때문에 보상은 특히 중요하다.

컴퓨터 지원 설계(CAD)
제품을 개발하고 문서화하기 위해 컴퓨터를 상호작용적으로 사용하는 것

CAD의 확장 중 하나는 조립에 대한 설계의 영향에 초점을 맞춘 **제조 및 조립을 위한 설계**(design for manufacture and assembly, DFMA) 소프트웨어이다. 예를 들어 DFMA를 통해 포드(Ford)

제조 및 조립을 위한 설계(DFMA)
설계자가 제품 제조에 대한 설계 효과를 볼 수 있도록 하는 소프트웨어

는 변속기와 자동차가 모두 설계 단계에 있는 동안에도 설계자가 생산 라인에서 자동차에 변속기를 배치하는 방법을 검토하는 가상 공장에서 새 차량을 제작할 수 있다.

CAD 시스템은 전자 상거래를 통해 인터넷으로 이동해 컴퓨터화된 설계를 구매, 아웃소싱, 제조, 장기 유지보수와 연결한다. 이러한 움직임은 또한 전 세계의 직원들이 각자의 고유한 작업 일정에 따라 작업할 수 있기 때문에 설계 노력을 가속화한다. 신속한 제품 변경은 또한 '대량 맞춤화' 추세를 지원하며, 극단적인 경우 고객이 공급업체의 설계 라이브러리에 들어가 변경할 수 있도록 한다. 그 결과 더 빠르고 저렴한 맞춤형 제품이 탄생했다. 제품수명주기가 단축되고 설계가 더욱 복잡해지며 글로벌 협업이 증가함에 따라 유럽 공동체(EU)는 **제품 데이터 교환을 위한 표준**(standard for the exchange of product data, STEP, ISO 10303)을 개발했다. STEP은 3D 제품 정보를 표준 형식으로 표현해 국제적으로 교환할 수 있도록 한다.

제품 데이터 교환을 위한 표준(STEP)
3차원 데이터의 전자 전송을 허용하는 형식을 제공하는 표준

컴퓨터 지원 제조(computer-aided manufacturing, CAM)는 전문 컴퓨터 프로그램을 사용해 제조 장비를 지시하고 통제하는 것이다. CAD 정보를 CAM용 지침으로 변환하면 이 두 기술의 결과가 CAD/CAM이다. 이 조합은 제조 효율성을 위한 강력한 도구이다. 결함이 있는 단위가 더 적게 생산되어 재작업과 재고가 줄어든다. 보다 정확한 일정은 재고를 줄이고 인력을 보다 효율적으로 사용하는 데도 기여한다.

컴퓨터 지원 제조
정보 기술을 사용해 기계를 통제하는 것

적층 제조(additive manufacturing, 3D 프린팅이라고도 함)는 CAD 기술을 사용해 재료층을 층층이 추가해 제품을 생산한다. 원료는 플라스틱, 금속, 세라믹, 유리, 심지어 인간의 조직일 수도 있으며, 제트 엔진 팬 블레이드부터 인간의 장기까지 모든 것을 출력할 수 있다. 전통적인 제조법은 재료를 제거하는 반면, 적층 제조법은 재료를 추가한다(그림 5.5 참조).

적층 제조
층 위에 재료 층을 추가해 제품을 만드는 CAD의 확장

가상현실 기술

가상현실(virtual reality)은 이미지가 실제를 대신하면서도 사용자가 상호작용적으로 반응할 수 있도록 하는 시각적 커뮤니케이션 형태이다. 운영에서 가상현실 기술의 근원은 CAD에 있다. 설계 정보가 CAD 시스템에 저장되면 소매점 및 레스토랑 레이아웃에서 놀이공원에 이르기까지 모든 것에 대한 3D 레이아웃 개발과 같은 다른 용도를 위한 전자 디지털 형식도 된다. 예를 들어 프록터앤드갬블(Procter & Gamble, P&G)은 워크인 가상매장을 구축하고 셀러브리티크루즈(Celebrity Cruises)는 가상 선박을 구축해 아이디어를 신속하게 생성하고 테스트한다.

가상현실
이미지가 현실을 대체하고 일반적으로 사용자가 대화식으로 응답할 수 있는 시각적 형태의 커뮤니케이션

증강현실(augmented reality)은 기술을 사용해 현실 세계를 향상시키는 가상현실의 확장판으로, 스마트폰과 같은 장치를 통해 보고 있는 기존의 영상에 디지털 정보나 영상을 중첩하는 방식이다. 텔레비전으로 중계되는 축구 경기에서 첫 번째 다운에 노란색 선을 사용하는 것이 그러한 응용 프

증강현실
디지털 정보를 사용자 환경과 실시간으로 통합하는 것

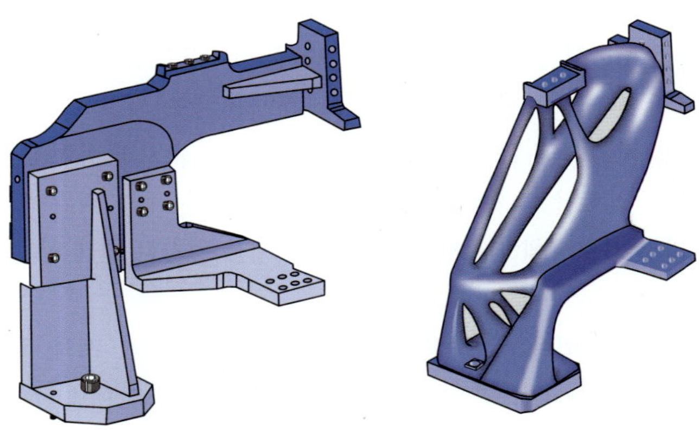

그림 5.5

적층 제조를 통한 비용 절감
3D 프린팅이라고도 하는 적층 제조는 CAD 기술을 사용해 재료층을 레이어 위에 배치(추가)해 이 멀티피스 클램프 어셈블리(왼쪽)를 일체형 클램프(오른쪽)로 제작 및 교체한다. 적층 제조는 특히 소량 생산을 할 때 생산이 더 빠르고 경제적인 경우가 많다.

플로리다주 마이애미에 있는 셀러브리티크루즈 이노베이션랩에는 세계 최대의 가상현실 시설이 있다. 상당한 투자를 통해 경영진은 설계가 진행됨에 따라 설계 기능과 창의적인 기회를 평가할 수 있다.

로그램 중 하나이다. 스마트폰 지도의 GPS 위치도 마찬가지이다. 운영관리자를 위한 애플리케이션은 이미지의 적절한 도구 또는 사양을 겹쳐서 제품 설계에서 조립 및 유지보수 작업을 지원하는 데까지 실행된다.

CAD/CAM, 가상현실, 증강현실로 이루어진 발전은 우리가 디지털 세계로 가속화함에 따라 혁신가가 이용할 수 있는 엄청난 도전과 기회를 나타낸다. 공장은 자동화되어 있다. 디지털 지침은 자동화된 창고를 통제한다. 항공기는 지속적으로 유지보수 데이터를 다운로드 한다. 농장 트랙터는 무인 운전이다. 휴대용 장치로 어디에서나 음악을 들을 수 있다.

가치 분석

가치 공학이 **생산 전** 설계 및 제조 문제에 초점을 맞추고 있지만, 관련 기술인 가치 분석은 신제품이 성공했음이 분명한 생산 프로세스 **중**에 수행된다. **가치 분석**(value analysis)은 더 나은 제품, 더 경제적인 제품 또는 환경에 미치는 영향이 적은 제품으로 이어지는 개선을 추구한다. 가치 분석을 위한 기술과 장점은 가치 공학과 동일하지만 제품이 생산되는 동안 가치 분석이 이루어지기 때문에 구현에 약간의 변경이 필요할 수 있다.

가치 분석
생산 공정에서 발생하는 성공적인 제품에 대한 검토

지속가능성과 수명주기 평가

제품 설계를 위해서는 관리자가 제품 옵션을 평가해야 한다. 지속가능성 및 수명주기 평가(life cycle assessment, LCA) 문제를 해결하는 두 가지 방법이 있다. **지속가능성**은 미래 세대의 필요를 충족할 수 있는 능력을 손상하지 않으면서 현재의 필요를 충족하는 것을 의미한다. LCA는 제품의 환경적 영향에 대한 공식적인 평가이다. 지속가능성과 LCA는 모두 이 장의 보충에서 자세히 설명한다.

제품 개발 연속체

제품수명주기가 단축됨에 따라 보다 빠른 제품 개발에 대한 요구가 증가한다. 그리고 제품의 기술적 정교함이 증가함에 따라 비용과 위험도 증가한다. 예를 들어 제약회사는 신약에 대한 규제 승인을 받기 전에 평균 12~15년의 시간과 수십억 달러를 투자한다. 그럼에도 불구하고 실제로는

시간 기반 경쟁
제품을 빠르게 개발해 시장에 출시하는 것

5개 중 1개만 성공한다. 이러한 제품 개발 기술에 정통한 운영관리자는 더 느린 제품 개발자에게서 지속적으로 이익을 얻는다. 빠른 속도로 경쟁 우위를 차지한다. 이 개념을 **시간 기반 경쟁**(time-based competition)이라고 한다.

흔히 생산에 들어간 첫 번째 회사는 수년 동안 판매를 창출하는 다양한 애플리케이션에 사용하기 위해 제품을 채택할 수 있다. 그것이 '표준'이 될 수도 있다. 따라서 최적의 제품 설계나 프로세스 효율성보다는 제품을 시장에 출시하는 데 더 많은 관심이 있다. 그럼에도 불구하고, 경쟁이 복사본이나 개선된 버전을 도입하기 시작할 때까지는 제품의 가격이 다소 비효율적인 생산 설계와 방법을 정당화할 수 있을 만큼 충분히 높게 책정될 수 있기 때문에 시장에 대한 신속한 도입은 좋은 관리일 수 있다.

학습목표 5.4
운영관리에서 시간 기반 경쟁을 구현하는 방법을 설명한다.

시간 기반 경쟁이 매우 중요하기 때문에 새로운 제품을 처음부터 개발하는(이 장에서 지금까지 중점적으로 다루어 온) 대신 여러 다른 전략을 사용할 수 있다. 그림 5.6은 새로운 내부 개발 제품(왼쪽 하단)에서 '제휴'로 이어지는 연속체를 보여준다. 개선 및 이주(마이그레이션)는 혁신을 위해 조직의 기존 제품 강점을 사용하므로 일반적으로 완전히 새로운 제품을 개발하는 것보다 속도가 빠르며 위험성도 낮다.

개선 사항은 패스트푸드 메뉴 항목에서 발생하는 것과 같이 색상, 크기, 무게, 맛, 기능의 변경일 수 있다. 심지어 상업용 항공기의 변경 사항도 있다. 1967년 도입된 이후 보잉의 737 개선으로 737은 역사상 가장 많이 팔린 상업용 항공기가 되었다.

보잉은 또한 한 모델에서 다음 모델로 이동하기 위해 에어 프레임의 엔지니어링 기술을 사용한다. 이를 통해 보잉은 새로운 설계에 대한 비용과 위험을 줄이면서 개발 속도를 높일 수 있다. 이러한 접근 방식을 제품 플랫폼 기반 구축이라고도 한다. 마찬가지로, 폴크스바겐(Volkswagen)은 중소형 전륜 구동 자동차에 다목적 자동차 플랫폼(MQB 섀시)을 사용하고 있다. 여기에는 폴크스바겐의 폴로(Polo), 골프(Golf), 파사트(Passat), 티구안(Tiguan)과 스코다(Skoda)의 옥타비아(Octavia)가 포함되며, 결국 44개의 다른 차량을 포함할 수 있다. 개발 속도가 빠를 뿐만 아니라 비용에 대한 압력도 낮다는 것이 장점이다. 휴렛팩커드(Hewlett-Packard)는 프린터 사업에서도 같은 일을 했다. 개선 및 플랫폼 이주는 기존 전문 지식을 기반으로 제품 개발을 가속화하고 제품수명주기를 연장하는 방법이다.

그림 5.6의 왼쪽 하단에 있는 제품 개발 전략은 내부 개발 전략이며, 지금 소개하는 세 가지 접근 방식은 외부 개발 전략으로 생각할 수 있다. 기업은 둘 다 사용한다. 외부 전략은 (1) 기술 구매,

그림 5.6
제품 개발 연속체

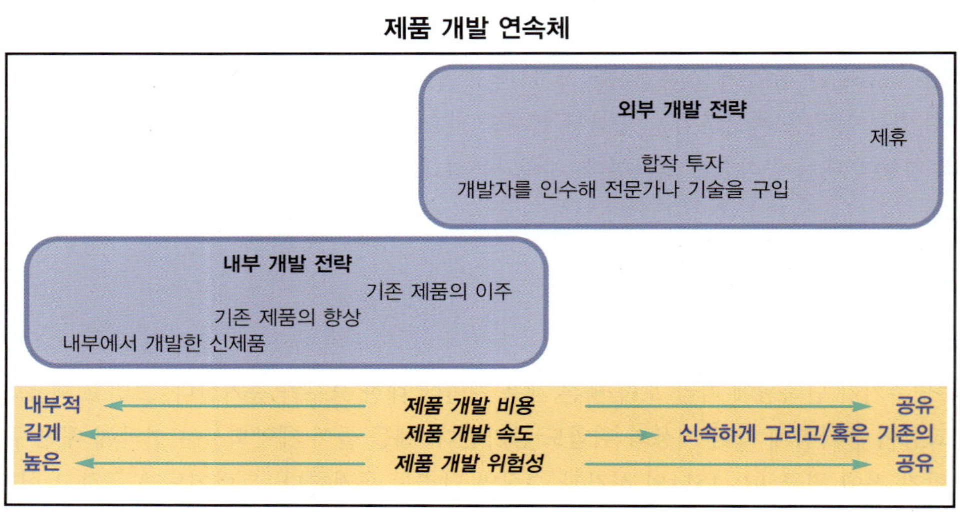

(2) 합작 투자 설립, (3) 제휴 개발이다.

기업 인수를 통한 기술 구매

마이크로소프트(Microsoft)와 시스코시스템스(Cisco Systems)는 미션에 맞는 기술을 이미 개발한 기업가적 회사를 인수해 자주 개발 속도를 높이는 첨단 기술 회사의 예다. 그러면 문제는 제품 개발이 아니라 인수된 조직, 그 조직의 기술, 제품 라인, 문화를 새롭게 인수한 회사에 맞추는 것이 된다.

합작 투자

신차의 무게를 줄이기 위한 노력의 일환으로 GM은 고객에게 경량 탄소 섬유를 제공하기 위해 도쿄에 본사를 둔 테이진(Teijin Ltd.)과 합작 투자를 진행하고 있다. 이와 같은 **합작 투자**(joint venture)는 일반적으로 두 회사 간의 결합 소유권으로 새로운 법인을 형성한다. 소유권은 50 대 50일 수 있으며, 한쪽 소유자가 더 많은 부분을 차지해 더 엄격한 통제를 보장할 수도 있다. 합작 투자는 종종 회사 미션의 핵심이 아닐 수 있는 특정 제품 기회를 활용하는 데 적합하다. 그러한 벤처는 위험이 알려지고 공평하게 부담될 때 더 잘 작동할 것이다.

합작 투자
새로운 제품이나 시장을 추구하기 위해 공동 소유권을 설정하는 회사

제휴

신제품이 미션의 핵심이지만 많은 자원이 필요하고 상당한 위험이 있는 경우 제휴가 제품 개발을 위한 좋은 전략이 될 수 있다. **제휴**(alliance)는 기업이 독립적인 상태를 유지하면서도 보완적인 강점을 사용해 개별 미션과 일치하는 전략을 추구할 수 있도록 하는 협력적 계약이다. 제휴는 개발할 제품에 현재 발효 중인 기술이 있을 때 특히 유리하다. 예를 들어 마이크로소프트는 컴퓨팅, 인터넷, TV 방송의 융합을 처리하기 위해 다양한 회사와 제휴를 추진하고 있다. 기술을 모르고 자본 수요와 위험이 중요하기 때문에 이 경우 제휴가 적절하다. 마찬가지로 메르세데스벤츠(Mercedes-Benz), 포드, 발라드파워시스템스(Ballard Power Systems) 3개 회사는 연료 전지로 구동되는 '친환경' 자동차를 개발하기 위해 제휴를 맺었다. 제휴는 그와 관련된 모호성 때문에 합작 투자보다 달성하고 유지하기가 훨씬 더 어렵다. 제휴를 회사 간의 불완전한 계약으로 생각하는 것이 도움이 될 수 있다. 회사는 별개로 유지된다.

제휴
기업이 독립적으로 유지될 수 있도록 하는 협력 계약. 그러나 각자의 임무와 일치하는 전략을 추구함

개선, 이주, 인수, 합작 투자, 제휴는 모두 제품 개발 속도를 높이는 전략이다. 또한 일반적으로 사용 가능한 인적 및 자본 자원을 향상시키면서 제품 개발과 관련된 위험을 줄인다.

제품 정의

새로운 제품이나 서비스의 도입을 위한 선택 후에는 제품을 정의해야 한다. 첫째, 재화나 서비스는 그 기능, 즉 무엇을 할 것인지에 따라 정의된다. 그런 다음 제품이 설계되고 회사는 기능을 달성하는 방법을 결정한다. 경영진은 일반적으로 제품이 기능적 목적을 달성하는 방법에 대해 다양한 옵션을 가지고 있다. 예를 들어 알람시계를 제작할 때 색상, 크기, 버튼 위치와 같은 설계 측면은 제조 용이성, 품질과 시장 수용도에서 상당한 차이를 만들 수 있다.

학습목표 5.5
운영관리에서 제품과 서비스를 정의하는 방법을 설명한다.

효율적인 생산을 위해서 엄격한 제품 사양이 필요하다. 장비, 레이아웃, 인적자원은 제품이 정의, 설계, 문서화될 때까지 결정할 수 없다. 따라서 모든 조직에는 제품을 정의하는 문서가 필요하다. 이것은 고기 패티에서 치즈, 컴퓨터, 의료 절차에 이르기까지 모든 것에 해당된다. 치즈의 경우 서면 사양이 일반적이다. 실제로, 서면 사양 또는 표준 등급이 존재하며 많은 제품에 정의를 제

그림 5.7

몬터레이잭
몬터레이잭 치즈의 미국 등급에 대한 일반 요구사항의 일부가 여기에 나와 있다.

§ 58.2469 미국 등급의 몬터레이(몬터레이잭) 치즈 사양

(a) *미국 등급 AA*. 몬터레이 치즈는 다음 요구사항을 준수해야 한다.

(1) *풍미*. 맛이 좋으며 불쾌한 맛이나 냄새가 없다. 아주 약간의 산미나 사료 향이 날 수 있다.

(2) *형태와 질감*. 치즈에서 뽑은 플러그는 상당히 단단해야 한다. 플러그 전체에 고르게 분포된 수많은 작은 기계적 구멍이 있어야 한다.

(3) *색상*. 자연스럽고 균일하며 밝고 매력적인 외관이어야 한다.

(4) *마무리 및 외관—밴딩하고 파라핀을 바른다*. 껍질은 견고하고 단단하며 부드러워야 하고, 치즈를 잘 보호할 수 있어야 한다. 설탕 구멍, 이스트 구멍, 기타 가스 구멍이 없어야 한다.

연방 규정 코드, 파트 53~109, 일반 서비스 관리.

Philip Dowell/Dorling Kindersley ltd/Alamy Stock Photo

그림 5.8

이 같은 엔지니어링 도면은 치수, 공차, 재료, 마감을 보여준다

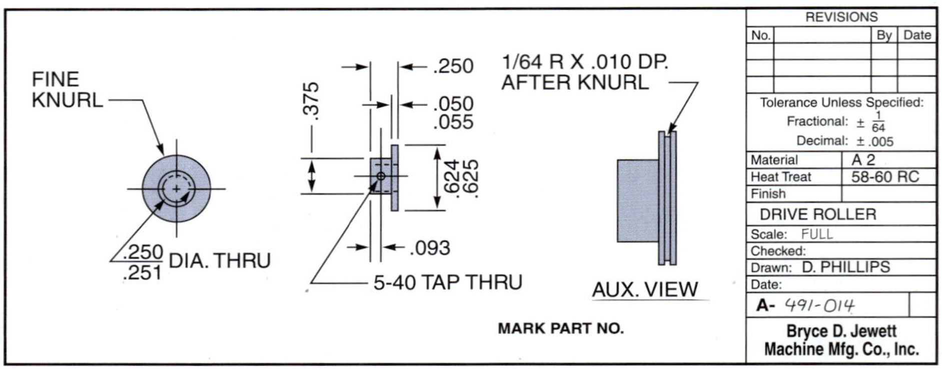

공한다. 예를 들어 몬터레이잭(Monterey Jack) 치즈에는 각 농무부 등급에 필요한 특성을 지정하는 서면 설명이 있다. AA등급 몬터레이잭 치즈에 대한 농무부 등급의 일부가 그림 5.7에 나와 있다. 마찬가지로 맥도날드는 감자튀김으로 만드는 감자에 대해 60가지 사양을 가지고 있다.

엔지니어링 도면
부품의 치수, 공차, 재료, 마감을 보여주는 도면

자재 명세서
구성요소의 계층 구조 목록, 해당 설명 및 제품 한 단위를 만드는 데 필요한 각각의 양

대부분의 제조 품목과 해당 구성요소는 일반적으로 엔지니어링 도면이라고 하는 도면으로 정의된다. **엔지니어링 도면**(engineering drawing)은 구성요소의 치수, 공차 재료와 마감을 보여준다. 엔지니어링 도면은 자재명세서의 항목이 된다. 엔지니어링 도면은 그림 5.8에 나와 있다. **자재 명세서**(bill of material, BOM)은 구성요소의 계층 구조, 구성요소 설명, 제품 한 단위를 만드는 데 필요한 각 구성요소의 수량을 나열한다. 제조 품목에 대한 BOM은 그림 5.9(a)에 나와 있다. 하위 어셈블리 및 구성요소(하위 수준 항목)는 하위 위치를 나타내기 위해 각 수준에서 들여쓰기 된다. 엔지니어링 도면은 BOM에 하나의 항목을 만드는 방법을 보여준다.

식품 서비스 산업에서 BOM은 **부분 관리 표준**에 명시된다. 하드록카페의 히코리 BBQ 베이컨 치즈버거에 대한 부분 관리 표준은 그림 5.9(b)와 같다. 좀 더 복잡한 제품에서 자재 명세서는 다른 자재 명세서에서 참조된다. 이러한 방식으로 하위 단위(하위 조립품)는 궁극적으로 최종 제품을 만드는 차상위 단위(상위 BOM)의 일부이다. 서면 사양, 부분 관리 문서, BOM에 의해 정의되는 것 외에도 제품은 다른 방식으로 정의될 수 있다. 예를 들어 화학 물질, 페인트, 석유와 같은 제품은 제조 방법을 설명하는 공식 또는 비율로 정의될 수 있다. 영화는 대본으로 정의되고 보험 적용 범위는 **정책**으로 알려진 법적 문서로 정의된다.

(a) 패널 용접물의 자재 명세서

번호	설명	수량
A 60-71	패널 용접	1
A 60-7 R 60-17 R 60-428 P 60-2	하부 롤러 ASSM 롤러 핀 잠금 너트	1 1 1 1
A 60-72 R 60-57-1 A 60-4 02-50-1150	가이드 ASSM. 후면 각도 지원 롤러 ASSEM 볼트	1 1 1 1
A 60-73 A 60-74 R 60-99 02-50-1150	가이드 ASSM. 전면 용접 지원 플레이트 착장 볼트	1 1 1 1

(b) 하드록카페 BBQ 베이컨 치즈버거

설명	수량
번	1
햄버거 패티	8온스
체다치즈	2조각
베이컨	2줄
BBQ용 양파	1/2컵
BBQ 양념	1온스
버거 세트	
상추	1장
토마토	1조각
적양파	4링
피클	1조각
감자튀김	5온스
맛소금	1티스푼
11인치 접시	1
하드록카페 깃발	1

그림 5.9

서로 다른 형태의 자재 명세서 (a) 제조 공장 및 (b) 레스토랑. 그러나 두 경우 모두 제품을 정의해야 한다

생산 혹은 구매 결정

제품의 많은 구성요소에 대해 기업은 구성요소를 자체적으로 생산하거나 외부에서 구매할 수 있는 선택권을 가지고 있다. 이러한 옵션 중에서 선택하는 것을 생산 혹은 구매 결정이라고 한다. **생산 혹은 구매 결정**(make-or-buy decision)은 기업이 생산하고자 하는 것과 구매하고자 하는 것을 구분한다. 품질, 비용, 배송 일정이 다양하기 때문에 제품 정의에 있어 제조 혹은 구매 결정이 매우 중요하다. 많은 품목을 다른 사람이 생산하는 '표준 품목'으로 구입할 수 있다. 예를 들어 그림 5.9(a)에 표시된 자재 명세서에 두 번 열거된 표준 볼트가 있으며, 여기에는 SAE(Society of Automotive Engineer) 사양이 포함된다. 따라서 일반적으로 기업은 다른 문서에서 이 규격을 복제할 필요가 없다.

생산 혹은 구매 결정
부품 또는 서비스를 자체 생산하는 것과 외부에서 구매하는 것 사이의 선택

그룹 테크놀로지

엔지니어링 도면에는 그룹 테크놀로지를 용이하게 하는 코드도 포함할 수 있다. **그룹 테크놀로지**(group technology)는 크기, 모양 및 처리 유형을 지정하는 코딩 체계로 구성요소를 식별한다(예: 드릴링). 이를 통해 재료, 부품, 공정의 표준화는 물론 부품군의 식별이 용이해진다. 부품군이 식별되면 작업과 기계를 그룹화해 설정, 라우팅, 자재 취급을 최소화할 수 있다. 그림 5.10에 부품군을 그룹화하는 방법이 예시되어 있다. 그룹 테크놀로지는 새로운 프로젝트에 기존 부품이 충분한지 확인하기 위해 부품군을 검토할 수 있는 체계적인 방법을 제공한다. 기존 부품이나 표준 부품을 사용하면 새 부품의 설계 및 개발과 관련된 모든 비용을 제거할 수 있으며, 이는 큰 비용 절감이다.

그룹 테크놀로지
크기, 모양, 처리 유형을 지정하는 제품 및 부품의 코딩 시스템. 유사한 제품을 그룹화할 수 있다.

생산 문서

제품이 선택, 설계, 생산 준비가 되면 다양한 문서를 통해 생산을 지원한다. 이들 중 일부를 간략하게 검토한다.

조립도(assembly drawing)에는 제품의 분해된 보기가 표시된다. 조립도는 일반적으로 **등축 도면**으로 알려진 3차원 도면이다. 부품의 상대적 위치는 장치 조립 방법을 보여주기 위해 서로에 대해 그려진다[그림 5.11(a) 참조].

조립도
제품의 분해도

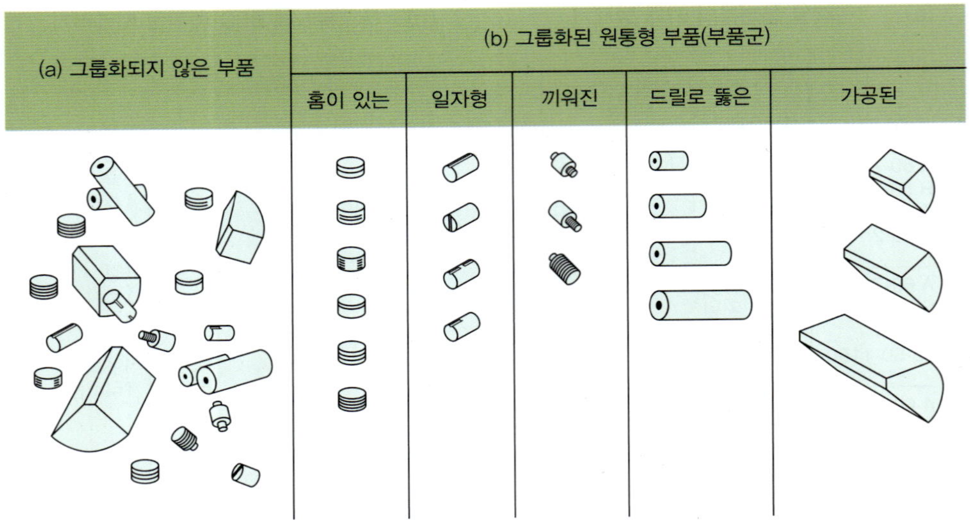

그림 5.10

다양한 그룹 테크놀로지 코딩 체계로 제조된 부품이 (a) 그룹화되지 않은 상태에서 (b) 그룹화된 상태(부품군)로 이동한다

조립 차트

부품이 하위 조립품 및 최종 제품으로 흐르는 방식을 식별하는 그래픽 수단

경로표

자재 명세서에 명시된 재료로 부품을 생산하는 데 필요한 작업 목록

작업 명령서

특정 품목의 주어진 수량을 만들기 위한 지시

엔지니어링 변경 통지서

엔지니어링 도면 또는 자재 명세서의 수정 또는 가감

조립 차트(assembly chart)는 제품의 조립 방식을 도식화 형태로 보여준다. 조립된 부품, 구매된 부품 혹의 이 둘의 조합이 조립 차트에 표시될 수 있다. 조립 차트는 부품이 하위 조립품으로 유입되어 궁극적으로 최종 제품으로 들어가는 생산 지점을 식별한다. 조립 차트의 예는 그림 5.11(b)에 나와 있다.

경로표(route sheet)에는 자재 명세서(BOM)에 명시된 재료를 사용해 부품을 생산하는 데 필요한 작업이 나열되어 있다. 품목의 경로표는 그 품목에 수행되어야 할 각 작업에 대한 하나의 엔트리가 있다. 경로표에 특정 작업 방법 및 노동 표준이 포함되어 있는 경우 이를 **프로세스 시트**라고 한다.

작업 명령서(work order)는 일반적으로 주어진 일정에 따라 특정 품목의 주어진 수량을 만들라는 지시이다. 당신이 좋아하는 식당에서 웨이터가 쓰는 티켓은 작업 주문서이다. 병원이나 공장에서 작업 명령서는 재고품목에서 품목을 추출하고, 다양한 기능을 수행하며, 그러한 기능을 수행할 직원을 배정할 수 있는 권한을 제공하는 보다 공식적인 문서이다.

엔지니어링 변경 통지서(engineering change notices, ECNs)는 엔지니어링 도면 또는 자재 명세

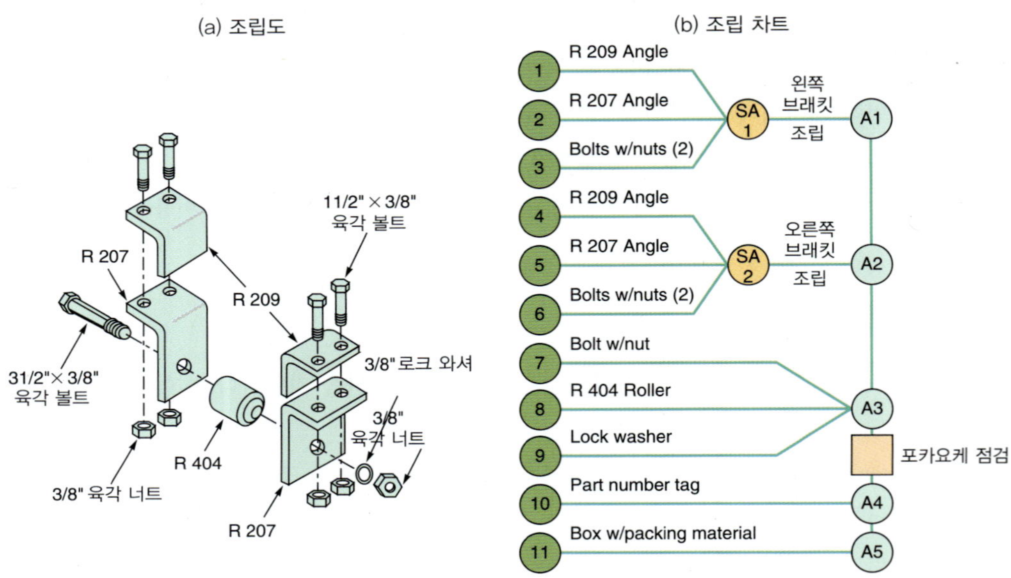

그림 5.11

조립도와 조립 차트

출처: Assembly drawing and assembly chart produced by author.

서(BOM)와 같은 제품 정의 또는 설명서의 일부 측면을 변경한다. 보잉 777과 같이 제조 주기가 긴 복잡한 제품의 경우 변경사항이 너무 많아서 두 대의 777기가 정확히 동일하게 제작되지 않을 수 있다. 실제로 그렇다. 이러한 동적 설계 변경은 제품 식별, 제어, 문서화와 관련된 **구성 관리**라고 알려진 분야의 개발을 촉진했다. **구성 관리**(configuration management)는 제품의 계획 및 변경 구성을 정확하게 식별하고 변경의 제어 및 책임을 유지하는 시스템이다.

구성 관리
제품의 계획 및 변경 부품을 정확하게 식별하는 시스템

제품수명주기 관리

제품수명주기 관리(product life-cycle management, PLM)는 앞에서 언급한 제품 정의 및 생산 문서에서 논의한 많은 기술을 함께 묶는 것을 포함해 제품 설계 및 제조 단계를 통합하려고 시도하는 소프트웨어 프로그램의 산물이다. PLM 소프트웨어의 기본 개념은 데이터가 통합되고 일관성이 있을 때 제품 설계 및 제조 결정을 보다 창의적이고, 빠르고, 경제적으로 수행할 수 있다는 것이다.

제품수명주기 관리
제품 설계 및 제조의 여러 단계를 함께 묶는 소프트웨어 프로그램

하나의 표준은 없지만 PLM 제품은 종종 제품 설계(CAD/CAM)로 시작해 제조 및 조립을 위한 설계(DFMA)로 이동한다. 그런 다음 제품 라우팅, 재료, 레이아웃, 조립, 유지보수, 심지어 환경 문제까지 포함한다. 이러한 의사결정 영역 중 많은 부분이 중복되는 데이터를 요구하기 때문에 이러한 작업의 통합은 타당하다. PLM 소프트웨어는 이제 록히드마틴(Lockheed Martin), GE, P&G, 토요타, 보잉을 비롯한 많은 대규모 조직의 도구이다. 보잉은 PLM이 787 제트기의 최종 조립을 2주에서 3일로 단축할 것으로 추정하고 있다. PLM은 이제 중소 규모 제조 분야에도 진출하고 있다.

학습목표 5.6
생산에 필요한 문서를 설명한다.

PLM은 수명주기 단축, 기술적으로 까다로운 제품, 재료 및 제조 공정에 관한 규제, 환경 문제가 많아짐에 따라 운영관리자에게 매력적인 도구가 되었다. PLM 소프트웨어의 주요 공급업체로는 SAP PLM(www.mySAP.com), 파라메트릭테크놀로지(Parametric Technology Corp., www.ptc.com), 지멘스(Siemens, www.plm.automation.siemens.com), 프로플래너(Proplanner, www.proplanner.com)가 있다.

서비스 설계

지금까지 논의의 대부분은 **유형 제품**, 즉 상품에 초점을 맞추었다. 제품이라는 동전의 반대편에는 물론 서비스가 있다. 서비스 산업에는 은행, 보험, 의료, 운송, 접객, 엔터테인먼트, 통신이 포함된다. 서비스 제품의 많은 측면은 무형적이다. 서비스 회사에서 제공하는 제품의 범위는 맹장 절제술 후 가장 작은 흉터만 남기는 의료 절차부터 디즈니랜드 여행의 즐거움, 셀러브리티크루즈와 함께하는 즐거운 휴가까지이다. 맹장 수술의 성공은 수술 절차, 외과의사, OR 직원의 훈련 및 기술에서 제품이 정의되는 방법에 따라 달라질 수 있다. 디즈니의 제품은 흥미진진한 놀이기구의 선택과 가용성, 공원의 청결함, 엔터테인먼트 등이다. 그리고 셀러브리티크루즈와 함께하는 휴가는 선박 편의 시설, 객실 옵션, 음식 품질, 기항지 선택과 같은 요소로 제품을 정의하는 방법에 달려 있다(이 장 끝부분에 있는 사례 참조). 성공적인 서비스 설계는 종종 고객 상호작용이라는 강력한 요소를 가지고 있기 때문에 어려울 수 있다. 이는 서비스를 보다 효율적으로 만들 수 있는 몇 가지 창의적인 방법을 제시한다.

보다 효율적인 서비스 설계

서비스 생산성은 매우 낮기로 악명이 높은데, 이는 서비스의 **설계**나 **제공**에 대한 고객의 참여 또는 둘 다로 인한 것이다. 이로 인해 제품 설계 문제가 복잡해진다. 이제 서비스 효율성을 높일 수 있는 여러 가지 방법과 이러한 상호작용을 제한할 수 있는 몇 가지 방법을 알아보겠다.

옵션 제한 고객이 서비스 설계(예: 장례식 또는 헤어스타일)에 참여할 수 있기 때문에 설계 사양은 메뉴(레스토랑)에서 옵션 목록(장례식), 구두 설명(헤어스타일)까지 모든 형태를 취할 수 있다. 그러나 (장례식의 경우) 선택사항 목록이나 (머리 모양의 경우) 일련의 사진을 제공함으로써 모호성을 줄일 수 있다. 제품 정의를 조기에 해결하면 효율성뿐만 아니라 고객의 기대를 충족하는 데 도움이 된다.

맞춤화 지연 가능한 한 공정에서 **맞춤화가 최대한 늦게 되도록** 제품을 설계한다. 이것이 미용실의 운영 방식이다. 머리 감는 것과 두피 마사지는 저가의 노동력으로 표준적인 방식으로 수행되지만 염색과 스타일링(맞춤화)은 마지막에 수행된다. 이는 대부분의 레스토랑이 운영하는 방식이기도 하다(어떻게 요리해 드릴까요? 샐러드 드레싱은 어떤 걸로 하시겠어요?).

모듈화 맞춤화가 모듈을 변경하는 형태를 취하도록 서비스를 **모듈화**한다. 이 전략을 사용하면 '맞춤형' 서비스를 표준 모듈형 실체로 설계할 수 있다. 모듈식 설계로 원하는 기능만 갖춘 고음질 사운드 시스템을 구입할 수 있는 것처럼 모듈식 유연성을 통해 식사, 옷, 보험을 믹스 앤드 매치(모듈식) 방식으로 구입할 수도 있다. 투자(주식 및 채권 포트폴리오)와 교육(대학 커리큘럼)은 모듈식 접근 방식을 사용해 서비스를 맞춤화할 수 있는 방법의 예이다.

자동화 서비스를 작은 부분으로 나누고 자동화에 적합한 부분을 식별한다. 예들 들어 은행은 ATM을 통해 수표 현금화 활동을 분리함으로써 고객 서비스를 향상하고 비용을 절감하는 제품을 설계하는 데 매우 효과적이었다. 마찬가지로 항공사도 키오스크를 통해 티켓 없는 서비스로 전환했다. 키오스크와 같은 기술은 공항에서 비용과 줄을 모두 줄여 고객 만족도를 높이고 윈-윈 '제품' 설계를 제공한다. 아마존의 고 스토어(Go Store)는 서비스 부문의 또 다른 혁신이다(OM in Action '아마존의 제품 설계 추진' 참조).

OM in Action 아마존의 제품 설계 추진

새로운 아마존 고 스토어(Go Store)의 입구를 통과하려면 아마존 스마트폰 앱을 설치한다. 계산대도 없고 줄도 없고 판매원도 없는 이 디지털 매장은 급진적인 혁신이다. 1,800제곱피트 규모의 계산원이 없는 새로운 편의점에 들어서면 고객들은 수백 대의 카메라가 진열대를 스캔하고 물건과의 상호작용을 추적하는 디지털 3D 물체가 된다.

쇼핑 경험은 독특하다. 고객들은 물건을 뒤틀고, 돌리고, 구부려서 검사하는데, 이것은 디자이너들에게 정말 어려운 일이다. 그리고 고객들이 제품의 독특한 면을 손으로 가리는 경향이 있어 문제를 더욱 복잡하게 만든다. 그럼에도 불구하고, 디자이너들은 쇼핑객들을 추적하고 선택된 품목에 대해 아마존 계좌에서 자동으로 요금을 청구하는 데 필요한 컴퓨터 비전과 머신러닝 알고리즘을 개발했다.

아마존 고 스토어 안에는 쇼핑 카트나 바구니가 없다. 대신, 고객들은 쇼핑백에 물건을 직접 넣는다. 고객이 선반에서 물건을 꺼낼 때마다 제품은 자동으로 온라인 계정의 장바구니에 들어간다. 고객이 제품을 선반 위에 다시 올려놓으면 아마존은 가상 카트에서 제품을 제거한다. 프로세스를 지연시킬 계산원이나 투박한 셀프 체크아웃 키오스크가 없다.

아마존 고 스토어의 개장은 예상보다 기술을 습득하기가 더 어렵다는 것이 입증되면서 거의 1년 지연되었다. 고 스토어는 디자이너의 도전이지만 새로운 디지털 세계를 개척하는 기술적 경이라고 할 수 있다.

Paul Christian Gordon/Alamy Stock Photo

출처: *The Wall Street Journal*(November 7, 2017), (January 22, 2018); *The New York Times*(January 22, 2018).

진실의 순간 높은 고객 상호작용은 서비스 산업에서 공급자와 고객의 관계가 중요한 순간이 있다는 것을 의미한다. 이때 서비스에 대한 고객의 만족도가 정의된다. **진실의 순간**은 고객의 기대를 예시, 개선하거나 손상하는 순간이다. 그 순간은 스타벅스 바리스타의 미소나 옆 카운터에서 점원에게 어깨너머로 말하기보다는 계산원에게 당신에게 집중하도록 하는 것만큼이나 간단할 것이다. 진실의 순간은 맥도날드에서 주문하거나 머리를 자르거나 대학 과정에 등록할 때 발생할 수 있다. 운영관리자의 임무는 진실의 순간을 식별하고 고객의 기대를 충족하거나 초과하는 운영을 설계하는 것이다.

서비스 문서

대부분의 서비스는 고객과의 상호작용이 높기 때문에 제품을 생산으로 옮기기 위한 문서는 흔히 명시적인 작업 지침이나 스크립트 형식을 취한다. 예를 들어 은행의 상품이 수표, 저축, 신탁, 대출, 주택담보대출 등과 관련해 얼마나 좋은지에 관계없이, 만약 참여자들 사이의 상호작용이 잘 이루어지지 않는다면 그 상품은 잘 받아들여지지 않을 수 있다. 예제 2는 은행이 제품(드라이브업 윈도우 뱅킹)을 '생산'으로 옮기는 데 사용할 수 있는 문서의 종류를 보여준다. 마찬가지로, 텔레마케팅 서비스는 제품 설계가 **전화 대본** 형태로 제작진에게 전달되고, **원고**는 책으로, **스토리보드**는 영화와 TV 제작에 사용된다.

예제 2 생산을 위한 서비스 문서

First Bank Corp.는 드라이브업 고객에게 효과적인 서비스를 제공하고 싶다.

접근방법 ▶ 드라이브업 창구의 직원이 효과적으로 작업을 수행할 수 있도록 필요한 정보를 제공하는 '생산' 문서를 개발한다.

해결방법 ▶

드라이브업 창구의 직원을 위한 문서

직원은 드라이브업 고객과의 물리적 거리와 기계 때문에 커뮤니케이션에 어려움을 겪고 있다. 직원은 다음 지침을 따라야 한다.

- 모든 대화에서 "부탁합니다"와 "감사합니다"라고 말한다.
- 다른 사람이 대화를 들을 수 있으므로 마이크에 대고 말할 때는 주의한다.
- 고객이 제공된 양식을 작성해야 할 경우, 서면 지침을 제공한다.
- 시선이 있으면 고객을 직접 바라본다.
- 고객이 주차하고 은행에 들어가야 하는 경우, 불편을 드린 것에 사과를 한다.

출처: 시카고금융교육연구소 Teller Operations에서 채택된 개념

통찰력 ▶ 직원을 위한 스크립트/지침서 형식의 문서를 제공함으로써 효과적인 커뮤니케이션과 좋은 제품/서비스의 가능성이 향상된다.

학습 연습 ▶ 드라이브 스루 레스토랑의 경우는 어떻게 다른지 보여줄 수 있도록 위의 지침을 수정하라. [답: 서면 지침, 완료해야 할 표시선 또는 매장 방문은 거의 필요하지 않지만 주문 변경 및 적절한 이전 기법이 포함되어야 한다.]

제품 설계에 의사결정나무 적용

의사결정나무는 불확실성이 존재할 때 신제품 결정뿐만 아니라 다양한 기타 관리 문제에 사용할 수 있다. 그들은 일련의 결정과 결과가 뒤따르는 후속 결정들로 이어지는 다양한 결과가 있을 때 특히 유용하다. 의사결정나무를 만들려면 다음 절차를 사용한다.

1. 가능한 모든 대안과 자연 상태(왼쪽에서 시작해 오른쪽으로 이동)가 나무에 포함되어 있는지 확인한다. 여기에는 '아무것도 하지 않음'이라는 대안이 포함된다.
2. 보수는 해당 가지의 끝에 입력한다. 이곳은 이 지점을 달성함으로써 얻는 이익을 발전시키는 곳이다.
3. 목적은 각 행동 과정의 예상 금전적 가치(EMV)를 결정하는 것이다. 나무 끝(오른쪽)에서 시작해 나무의 시작점(왼쪽)을 향해 작업하고, 각 단계에서 값을 계산하고, 동일한 노드의 다른 것들보다 좋지 않은 대안을 '가지치기'함으로써 이를 달성한다.

학습목표 5.7
제품 문제에 의사결정나무를 적용한다.

예제 3은 제품 설계에 의사결정나무를 적용한 것을 보여준다.

예제 3

제품 설계에 의사결정나무 적용

반도체 제조업체인 Silicon, Inc.는 마이크로프로세서의 생산 및 마케팅 가능성을 조사하고 있다. 이 프로젝트를 수행하려면 정교한 CAD 시스템을 구입하거나 또는 몇 명의 엔지니어를 추가적으로 고용하고 교육하는 것이 필요하다. 그 제품의 시장은 호불호가 있을 수 있다.

물론 실리콘은 신제품을 전혀 개발하지 않 는 옵션도 있다. 시장에서 호의적으로 받아들여지면 25,000대의 프로세서가 각각 100달러에 판매될 것이다. 시장에서 받아들여지지 않을 경우, 판매량은 각각 100달러에 팔리는 프로세서가 8,000대에 불과할 것이다. CAD 장비의 비용은 50만 달러지만, 3명의 새로운 엔지니어를 고용하고 훈련하는 비용은 37만 5,000달러에 불과하다. 그러나 CAD 없이 제조할 경우 제조비용은 각각 50달러에서 CAD로 제조할 경우 각각 40달러로 낮아진다.

새로운 마이크로프로세서의 호의적 수용 확률은 .40이고 비호의적 수용 확률은 .60이다.

접근방법 ▶ 실리콘이 기본적인 성분(결정, 확률, 보상의 선택)을 가지고 있기 때문에 의사결정나무를 사용하는 것이 적절해 보인다.

해결방법 ▶ 그림 5.12에서 세 가지 결정 각각에 대해 지점이 있는 의사결정나무를 그리고 각 지점에 대한 각각의 확률과 보상을 할당한 다음 각각의 EMV를 계산한다. EMV는 의사결정 나무의 각 단계에서 동그라미가 그려졌다.

최상위 지점은 다음과 같다.

$$\text{EMV(CAD 시스템 구매)} = (.4)(1{,}000{,}000\text{달러}) + (.6)(-20{,}000\text{달러}) = 388{,}000\text{달러}$$

이 숫자는 실리콘이 CAD를 구입했을 때 발생하는 결과를 나타낸다.

엔지니어 고용 및 교육의 기대 가치는 지점의 두 번째 시리즈이다.

$$\text{EMV(엔지니어 고용/훈련)} = (.4)(875{,}000\text{달러}) + (.6)(25{,}000\text{달러}) = 365{,}000\text{달러}$$

그림 5.12

새로운 제품 개발을 위한 의사결정나무

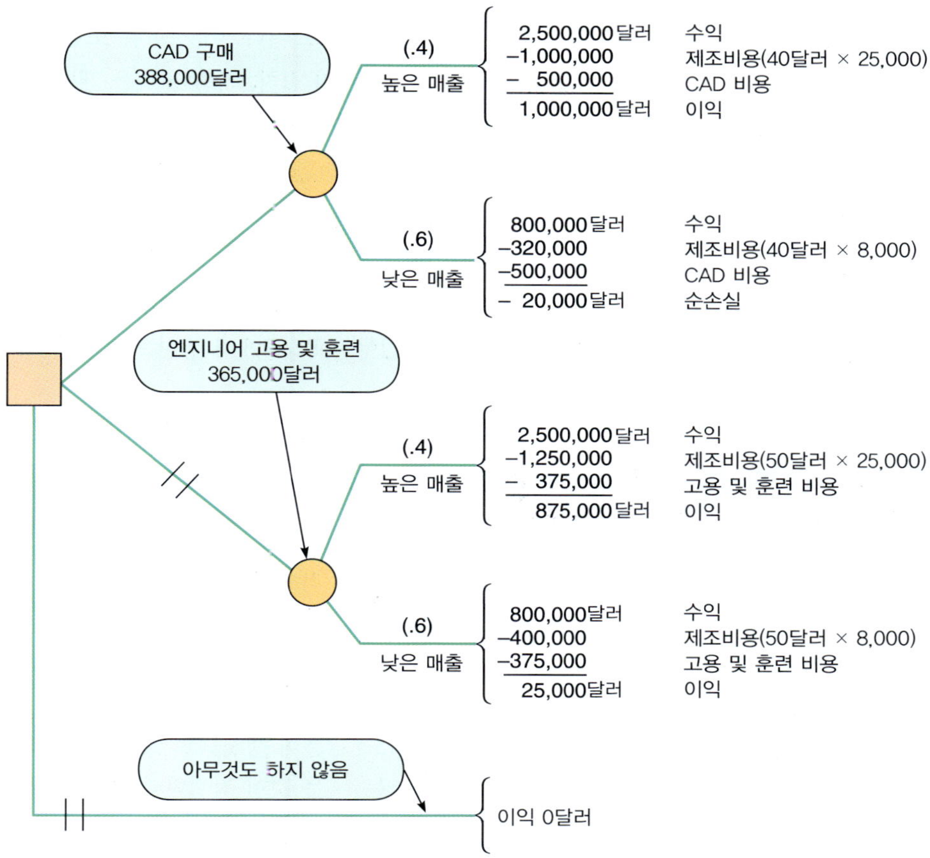

아무것도 하지 않을 경우 EMV는 0이다.

최상의 지점의 예상 금전적 가치가 가장 높기 때문에(EMV: 388,000달러 대 365,000달러 대 0달러) 가장 좋은 결정을 나타낸다. 경영진은 CAD 시스템을 구매해야 한다.

통찰력▶ 의사결정나무의 사용은 이 회사의 결정 분석에 객관성과 구조를 모두 제공한다.

학습 연습▶ 만약 회사가 높은 매출과 낮은 매출의 확률이 각각 0.5로 동일할 수 있다고 생각한다면, 최선의 결정은 무엇인가? [답: CAD 구매는 여전히 최선의 결정이지만 EMV는 490,000달러이다.]

생산으로 전환

결국, 상품이든 서비스든 간에 제품이 선택되고, 설계되고, 정의된다. 그것은 아이디어에서 기능적 정의로, 그리고 아마도 설계로 발전했다. 이제 경영진은 제품 아이디어의 추가 개발 및 생산 또는 종료에 대한 결정을 내려야 한다. 관리 기술 중 하나는 제품을 개발에서 생산으로 옮길 시기를 아는 것이다. 이 이동은 **생산으로의 전환**으로 알려져 있다. 제품 개발 직원은 항상 제품 개선에 관심이 있다. 이 직원은 제품 개발을 진화적인 것으로 보는 경향이 있기 때문에 완성된 제품이 없을 수도 있지만 앞서 언급했듯이 제품 도입이 늦어지면 비용이 많이 든다. 이러한 상충하는 압력이 존재하지만 경영진은 더 많은 개발 또는 생산이라는 결정을 내려야 한다.

일단 이 결정이 내려지면 일반적으로 설계가 실제로 생산 가능한지 확인하기 위해 시험 생산 기간이 있다. 이것은 제조 가능성 테스트이다. 이 시험은 또한 운영 직원이 생산을 성공적으로 시작할 수 있도록 적절한 도구, 품질 관리 절차, 직원 교육을 개발할 기회를 제공한다. 마지막으로 제품이 시장성 있고 생산 가능하다고 판단되면 라인 관리가 책임을 진다.

개발에서 생산으로의 성공적인 전환을 보장하기 위해 일부 회사는 **프로젝트 관리자**를 임명한다. 다른 회사들은 **제품 개발 팀**을 사용한다. 두 가지 접근 방식 모두 유동적인 제품의 만족스러운 생산을 보장하기 위해 광범위한 자원과 재능을 투입할 수 있다. 세 번째 접근 방식은 **제품 개발 및 제조 조직의 통합**이다. 이 접근 방식을 사용하면 요구사항이 바뀔 때 두 조직 간에 자원을 쉽게 이동할 수 있다. 운영관리자의 임무는 R&D에서 생산으로 원활하게 전환하는 것이다.

요약

효과적인 제품 전략은 제품을 선택, 설계, 정의한 다음 해당 제품을 생산으로 전환해야 한다. 이 전략을 효과적으로 수행해야 생산 기능이 조직에 최대로 기여할 수 있다. 운영관리자는 기업에 경쟁 우위를 제공할 제품을 구상, 설계, 생산할 수 있는 능력을 갖춘 제품 개발 시스템을 구축해야 한다. 제품이 수명주기(도입, 성장, 성숙, 쇠퇴)를 거치면서 운영관리자가 추구해야 하는 옵션은 변경된다. 제조 제품과 서비스 제품 모두 이 활동을 효율적으로 수행하는 데 도움이 되는 다양한 기법을 갖추고 있다.

서면 사양, 자재 명세서, 엔지니어링 도면은 제품을 정의하는 데 도움이 된다. 마찬가지로 조립도, 조립 차트, 경로표, 작업 명령서는 제품의 실제 생산을 지원하는 데 자주 사용된다. 일단 제품이 생산되면 최대 제품 가치를 보장하기 위해 가치 분석을 하는 것이 적절하다. 엔지니어링 변경 통지서와 구성 관리는 제품 문서를 제공한다.

핵심 용어

가상현실(virtual reality)
가치 분석(value analysis)
경로표(route sheet)
구성 관리(conguration management)
그룹 테크놀로지(group technology)
동시 공학(concurrent engineering)
로버스트 설계(robust design)
모듈러 설계(modular design)
생산 혹은 구매 결정(make-or-buy decision)
시간 기반 경쟁(time-based competition)
엔지니어링 도면(engineering drawing)
엔지니어링 변경 통지서(ECN)
자재 명세서(BOM)
작업 명령서(work order)
적층 제조(additive manufacturing)
제조 가능성과 가치 공학(manufacturability and value engineering)
제조 및 조립 소프트웨어 설계(DFMA)
제품 가치 분석(product-by-value analysis)
제품 개발 팀(product development team)
제품 결정(product decision)
제품 데이터 교환을 위한 표준(STEP)
제품수명주기 관리(PLM)
제휴(alliance)
조립도(assembly drawing)
조립 차트(assembly chart)
증강현실(augmented reality)
컴퓨터 지원 설계(CAD)
컴퓨터 지원 제조(CAM)
품질 기능 전개(QFD)
품질의 집(house of quality)
합작 투자(joint venture)

윤리적 딜레마

오리건주에 소재한 Sloan Toy Company, Inc.의 사장인 존 슬론(John Sloan)은 1~3세 어린이를 위한 새로운 견인차 설계를 검토했다. 존의 설계 및 마케팅 직원은 제품 시장과 후속 서커스 열차의 잠재력에 대해 매우 열정적이다. 판매 관리자는 다음 달 댈러스에서 열리는 연례 장난감 전시회에서 좋은 반응을 기대하고 있다.

존의 생산 직원은 제조 문제를 해결하고 성공적인 파일럿 실행을 생성했다. 그러나 품질 평가 담당자는 특정 조건에서 기관차에 자동차를 연결하는 고리와 벨의 크랭크가 부러질 수 있다고 제안한다. 이것은 아이들이 이와 같은 작은 부품에 질식할 수 있기 때문에 문제이다. 품질 테스트에서 1~3세 아동은 이러한 부품을 깰 수 없었다. 실패는 없었다. 그러나 성인이 기관차를 장난감 상자에 던지거나 5세 어린이가 바닥에 던지는 힘의 모의실험에서 실패가 있었다. 두 부분 중 하나는 100,000번 던지면 4번 깰 수 있다고 추정된다. 설계나 재료 부서 직원들도 장난감을 더 안전하게 만드는 방법과 설계된 대로 작동하는 방법을 모른다. 이러한 유형의 장난감에 대한 실패율은 낮고 확실히 정상이지만 존의 회사가 추구하는 식스 시그마 수준은 아니다. 물론 누군가가 언젠가는 소송을 제기할 수도 있다. 부러진 조각에 아이가 질식하는 것은 심각한 문제이다. 또한 존은 최근 법률 고문과의 토론에서 미국 판례에 따르면 제품에 '문제에 대한 실제 또는 예측 가능한 지식'이 있는 경우 신제품이 생산되지 않을 수 있다고 제안했다. 이 장에서 제안한 것처럼 윤리적으로 성공적으로 생산된 신제품을 설계하는 것은 복잡한 작업이다. 존은 어떻게 해야 하는가?

Nikolay Dimitrov-ecobo/Shutterstock

토론 문제

1. 제품을 명시적으로 문서화해야 하는 이유는 무엇인가?
2. 제품을 정의하기 위해 어떤 기술을 사용하는가?
3. 제품 전략이 제품 결정과 어떤 방식으로 연결되어 있는가?
4. 제품이 정의되면 생산 직원을 지원하기 위해 어떤 문서가 사용되는가?
5. 동시 공학이란 무엇이며 기업에서 이것을 채택한 이유는 무엇인가?
6. 합작 투자와 제휴의 차이점을 설명하라.
7. 제품 개발에 대한 네 가지 조직적 접근 방식을 설명하라. 이 중 일반적으로 가장 좋다고 생각하는 것은 무엇인가?
8. 로버스트 설계가 의미하는 바를 설명하라.
9. CAD가 설계 엔지니어에게 도움이 되는 세 가지 구체적인 방법은 무엇인가?
10. 제조, 조직, 공급사슬 관리의 관점에서 기업이 설계 전략을 통합성에서 모듈러로 전환할 때 어떤 종류의 도전에 직면할 수 있는가?
11. 엔지니어링 도면에는 어떤 정보가 포함되어 있는가?
12. 어떻게 고객의 소리를 제품과 서비스 설계에 반영할 수 있는가?
13. 서비스 설계에서 '진실의 순간'이 의미하는 바를 설명하라.
14. 품질의 집이 어떻게 고객의 욕구를 제품/서비스 속성으로 변환하는지 설명하라.
15. 제품 설계 프로세스 초기에 고객을 참여시키는 것의 장점과 단점을 논의하라.
16. 제품 설계에서 가상현실의 몇 가지 응용 프로그램을 설명하라.
17. 가상현실과 증강현실의 차이점은 무엇인가?
18. 다음을 사용하는 세 가지 제품 또는 서비스를 식별하라.
    (a) 호환성
    (b) 표준화
    (c) 모듈러 설계

문제 해결

문제 해결 5.1

King Electronics, Inc.의 사장인 세라 킹(Sarah King)은 CAD 워크스테이션용 고해상도 모니터의 새로운 라인에 대해 두 가지 설계 옵션이 있다. 이 모델의 수명주기는 100,000개이다.

설계 옵션 A는 100개당 60개의 양호한 모니터가 나올 확률이 .90이고, 65개가 나올 확률이 .10이다. 이 개발비용은 1,000,000달러이다.

설계 옵션 B는 100개당 64개의 제품을 생산할 확률이 0.80이고, 0.20의 확률로 59개의 양호한 모니터를 생산한다. 개발비용은 1,350,000달러이다.

좋든 나쁘든, 각 모니터의 가격은 75달러이다. 좋은 모니터는 대당 150달러에 판매된다. 불량 모니터는 폐기해 회수 가치가 없다. 이 문제에서 폐기비용은 무시한다.

해결책

두 가지 결정 및 그 결정과 관련된 확률을 반영하기 위해 의사결정나무를 그린다. 그런 다음 각 지점과 관련된 보수를 결정한다. 의사결정나무의 결과는 그림 5.13에 나와 있다.

설계 A의 경우

$$\text{EMV(설계 A)} = (.9)(500{,}000\text{달러}) + (.1)(1{,}250{,}000\text{달러}) = 575{,}000\text{달러}$$

설계 B의 경우

$$\text{EMV(설계 B)} = (.8)(750{,}000\text{달러}) + (.2)(0\text{달러}) = 600{,}000\text{달러}$$

가장 높은 수익은 600,000달러인 설계 옵션 B이다.

그림 5.13

문제 해결 5.1의 의사결정나무

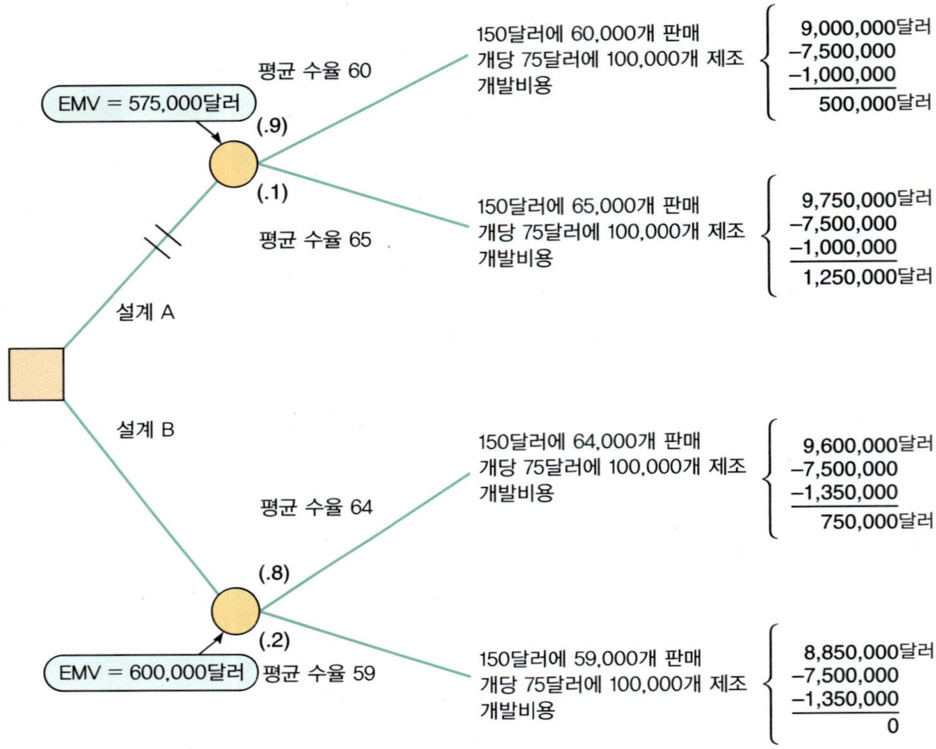

연습 문제

Px 윈도우용 POM 또는 엑셀 OM으로 문제를 해결할 수 있음

문제 5.1~5.3은 제품과 서비스 선택과 관련이 있다.

••• **5.1** 다음 제품에 대한 제품 가치 분석을 준비하고 수명주기에서의 위치를 고려해 운영 관리자가 직면할 가능성이 있는 문제와 가능한 조치를 식별하라. 제품 A는 연간 1,000개 단위의 판매와 2,500달러의 기여를 하며 도입 단계에 있다. 제품 B는 연간 1,500개가 판매되고 기여는 3,000달러이며 성장 단계에 있다. 제품 C는 연간 매출이 3,500개이고 1,750달러의 기여를 하며 쇠퇴 단계에 있다.

•• **5.2** 다음 표의 세 가지 제품 각각에 대한 기여도와 수명주기에서의 위치를 고려해 각각의 합리적인 운영 전략을 식별하라.

제품	제품 기여도 (판매가격의 %)	기업 기여도 (%: 총 연간 기여도를 총 연간 매출로 나눈 값)	수명주기에서 위치
스마트 워치	30	40	도입
태블릿	30	50	성장
계산기	50	10	쇠퇴

• **5.3** 제품 A, B, C, D, E의 '가치 제품' 분석을 수행하라.

	A	B	C	D	E
단위 기여도	0.75달러	0.33달러	1.25달러	0.85달러	0.75달러
전체 기여도	63,000달러	82,000달러	95,000달러	115,000달러	57,000달러

문제 5.4~5.8은 제품 개발과 관련이 있다.

•• **5.4** 손목시계를 위한 고품질 매트릭스를 구축하라. 일반 대중이 원하는 것으로 생각되는 특정 고객의 욕구를 명시해야 한다. 그런 다음 운영 관리자가 고객의 요구를 충족하기 위해 측정 및 제어할 수 있는 특정 속성을 식별할 수 있는 방법을 보여주는 매트릭스를 완성하라.

•• **5.5** 품질의 집을 사용해 실제 제품(재화 또는 서비스)을 선택하고 기존 조직이 고객 요구사항을 어떻게 충족하는지 분석하라.

•• **5.6** 쥐덫을 위한 품질의 집을 준비하라.

•• **5.7** 새 자전거의 잠재 구매자와 인터뷰를 수행하고 고객의 요구를 회사의 구체적인 방법으로 변환하라.

••• **5.8** 그림 5.4에 설명된 것처럼 품질의 집 순서를 사용해 생산 공정을 이해하고 있는 제품이나 서비스에 대해서 원하는 품질을 달성하기 위해 자원을 배포하는 방법을 결정하라.

문제 5.9~5.17은 제품 정의와 관련이 있다.

•• **5.9** 기업은 다음과 같은 비용 구조를 가진 새 품목에 대해 제조 혹은 구매 여부 결정을 조사하고 있다.

결정	고정비용/연	변동비용/단위
제조	100,000유로	25유로
구매	0	50유로

(a) 각 결정은 얼마의 수량이 선호되는가?
(b) 연간 15,000개의 수량에 대해 가장 경제적인 결정은 무엇인가?

•• **5.10** 안경과 케이스의 조립도를 그려라.

•• **5.11** 대학의 연례 'phone-a-thon' 모금 행사에서 전화를 걸 사람을 위한 대본을 준비하라.

•• **5.12** B에서 2개, C에서 5개, D에서 4개로 만들어지는 제품 XYZ에 대한 자재 명세서를 개발하라. B는 6개의 E와 2개의 F로 하위 조립된다. C는 4개 E와 3개의 D로 하위 조립되고, D는 2개의 G와 4개의 H로 하위 조립된다.

•• **5.13** 당신이 선택한 샐러드에 대한 자재 명세서와 조립 차트를 준비하라.

•• **5.14** 지우개와 나무 연필의 자재 명세서를 준비하라.

•• **5.15** 그림에 표시된 테이블의 자재 명세서를 준비하라.

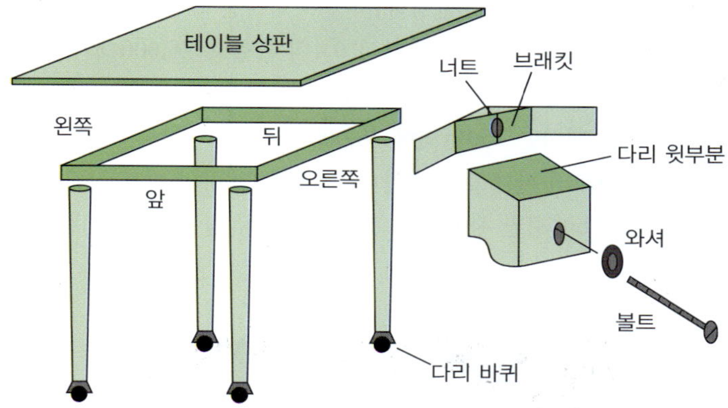

•• **5.16** 컴퓨터 마우스(GeniMouse)의 자재 명세서를 준비하라.

•• **5.17** 샤프 연필의 자재 명세서를 준비하라.

문제 5.18~5.25는 제품 설계에 의사결정나무를 적용하는 것과 관련이 있다.

•• **5.18** Iyengar Electric Supplies, Inc.의 제품 설계 그룹은 새로운 스위치 시리즈의 설계를 결정했다. 세 가지 설계 전략 중 하나를 결정해야 한다. 시장 예측은 200,000개다. 설계 전략이 더 우수하고 정교할수록, 가치 공학에 더 많은 시간을 할애할수록 가변비용은 줄어들 것이다. 엔지니어링 설계 책임자인 베리(W. L. Berry) 박사는 다음 비용이 각각 세 가지 전략과 관련된 초기 및 변동비용의 적절한 추정치라고 결정했다.

(a) **낮은 기술(low-tech)**: 여러 명의 새로운 주니어 엔지니어를 고용하는 것으로 구성된 낮은 기술, 저비용 프로세스. 이 옵션의 고정비용은 45,000달러이고 가변비용 확률은 각각 0.55달러에 0.3, 0.50달러에 0.4, 0.45달러에 0.3이다.

(b) **하청 계약**: 우수한 외부 설계 직원을 사용하는 중간 비용 접근 방식. 이 접근 방식은 65,000달러의 고정비용과 0.45달러에 0.7, 0.40달러에 0.2, 0.35달러에 0.1의 가변비용 확률을 갖는다.

(c) **첨단 기술**: 최고의 내부 직원과 최신 컴퓨터 지원 설계 기술을 사용하는 첨단 기술 접근 방식. 이 접근 방식의 고정비용은 75,000달러이고 가변비용 확률은 0.40달러에 0.9 및 0.35달러에 0.1이다.

예상 금전적 가치(EMV) 기준에 따라 가장 좋은 결정은 무엇인가? (참고: 이 문제의 비용을 처리하기 때문에 가장 낮은 EMV를 원한다.) Px

•• **5.19** 뉴욕주 클락슨에 소재한 MacDonald Products, Inc.는 (a) 프로토타입 테스트를 막 마친 새로운 최고급 스테레오 TV 생산을 즉시 진행하거나 (b) 가치 분석 팀이 연구를 완료하도록 하는 옵션이 있다. 운영 담당 부사장인 에드 러스크(Ed Lusk)가 기존

프로토타입(옵션 a)으로 진행하는 경우 회사는 개당 550달러에서 100,000개를 판매할 0.6의 확률과 0.4의 확률로 75,000개가 판매될 것으로 기대할 수 있다. 그러나 그가 가치 분석 팀(옵션 b)을 사용하는 경우 회사는 750달러에 75,000개를 0.7의 확률과 0.3의 확률로 70,000개의 판매를 기대한다. 100,000달러의 비용으로 가치 분석은 옵션 b에서만 사용된다. EMV가 가장 높은 옵션은 무엇인가? Px

Romanchuck Dimitry/Shutterstock

•• **5.20** 밀 리버(Mill River)의 주민들은 지역 공원에서 스케이트를 탔던 좋은 추억을 가지고 있다. 한 예술가가 그 경험을 그림으로 포착했고 그것을 재현해 현재 및 이전 거주자에게 액자 사본을 판매하기를 희망하고 있다. 그는 시장이 좋다면 우아한 버전을 125달러에 400장을 팔 수 있다고 생각한다. 시장이 좋지 않다면 90달러에 300장만 팔릴 것으로 생각한다. 그는 같은 그림의 디럭스 버전을 만들 수도 있다. 그는 시장이 좋다면 디럭스 버전을 100달러에 500장 팔 수 있다고 생각한다. 시장이 좋지 않다면 그는 70달러에 400장만 팔 수 있을 것이다. 두 경우 모두 생산비용은 약 35,000달러이다. 그는 또한 아무것도 하지 않기로 선택할 수 있다. 그가 좋은 시장의 확률이 50%라고 믿는다면 그는 어떻게 해야 하는가? 그 이유는 무엇인가? Px

•• **5.21** Ritz Products의 재료 관리자인 테이 다카르(Tej Dhakar)는 회사가 곧 생산할 손목 TV용 반도체를 새로 제조할 것인지 아니면 구매할 것인지 결정해야 한다. 수명주기 동안 100만 대가 생산될 것으로 예상된다. 제품이 만들어지면, 제조 결정을 내리는 데 드는 시작 및 생산 비용은 총 100만 달러이며 제품이 만족할 확률은 0.4이고 그렇지 않을 확률은 0.6이다. 제품이 만족스럽지 않으면 회사는 결정을 재평가해야 한다. 결정이 재평가되면 반도체를 재설계하거나 구매하는 데 100만 달러를 더 쓸지 여부가 결정된다. 두 번째 제조 결정의 성공 가능성은 0.9이다.

두 번째 결정도 실패하면 회사는 구매를 해야 한다. 구매 시점에 관계없이 다카르의 가장 좋은 비용 판단은 회사가 구매한 각 반도체에 대해 0.50달러와 공급업체 개발비용으로 100만 달러를 추가로 지불한다는 것이다.

(a) Ritz에 반도체가 있어야 한다고 가정할 때(중단하거나 없는 것은 실행 가능한 옵션이 아님) 가장 좋은 결정은 무엇인가?
(b) 이 결정을 내리기 위해 어떤 기준을 사용했는가?
(c) 이 특정 결정의 결과로 리츠에게 일어날 수 있는 최악의 상황은 무엇인가? 일어날 수 있는 최선은 무엇인가? Px

•• **5.22** Sox Engineering은 병원과 진료소를 위한 냉난방 시스템을 설계하고 시공한다. 현재 회사 직원들은 설계 업무에 과부하되었다. 8주 이내 마감인 주요 설계 프로젝트가 있다. 지연될 경우 시설이 예상보다 늦게 문을 열게 되고 고객의 상당한 수익에 비용이 들기 때문에 지연에 따른 벌금은 주당 14,000달러이다. 회사가 내부 엔지니어를 이용해 설계를 완료하는 경우 모든 작업에 대해 초과 근무 수당을 지급해야 한다. Sox는 회사 엔지니어가 설계를 완료하도록 하는 데 늦은 주를 포함해 주당 12,000달러(임금 및 간접비)가 들 것으로 추정했다. 삭스는 또한 외부 엔지니어링 회사에 설계를 맡기는 것을 고려하고 있다. 완성된 설계에 대해 90,000달러의 입찰가가 접수되었다. 설계를 완성하기 위한 또 다른 옵션은 세 번째 엔지니어링 회사가 50,000달러의 비용으로 설계의 모든 전기 기계 구성요소를 완성하도록 해 공동 설계를 수행하는 것이다. 그러면 Sox는 30,000달러의 예상 비용으로 나머지 설계 및 제어 시스템을 완성할 것이다.

Sox는 세 가지 옵션을 각각 사용할 때 다양한 시간 프레임 내에 프로젝트를 완료할 수 있는 확률을 추정했으며, 추정치는 아래 표에 나와 있다.

옵션	설계 완료 확률			
	정시 마감	1주 지연	2주 지연	3주 지연
내부 엔지니어	.4	.5	.1	—
외부 엔지니어	.2	.4	.3	.1
공동 설계	.1	.3	.4	.2

EMV 기준에 따라 가장 좋은 결정은 무엇인가? (참고: 이 문제의 비용을 다루고 있기 때문에 가장 낮은 EMV를 원한다.) Px

••• **5.23** 문제 해결 5.1의 데이터를 사용해 세라 킹이 250,000달러의 추가 제조비용으로 값비싼 인을 스크린에 적용해 모든 설계 수율을 59,000에서 64,000으로 늘릴 수 있는 경우 결정에 어떤 일이 발생하는지 조사하라. 수정된 의사결정 나무를 준비하라. 보수는 얼마이며 EMV가 가장 큰 지점은 어디인가? Px

•••• **5.24** McBurger, Inc.는 생산성과 품질을 개선하기 위해 주방을 재설계하려고 한다. 설계 K1, K2, K3이라고 하는 세 가지 설계를 고려중이다. 어떤 설계를 사용하든 일반적인 McBurger 레스토랑의 일일 샌드위치 생산량은 500개이다. 샌드위치를 만드는 데는 개당 1.30달러가 든다. 결함이 없는 샌드위치는 개당 평균 2.50달러에 판매된다. 결함이 있는 샌드위치는 판매할 수 없으며 폐기된다. 목표는 300일 동안 일반 레스토랑에서 예상되는 수익을 극대화하는 설계를 선택하는 것이다. 설계 K1, K2, K3은 각각 100,000, 130,000, 180,000달러이다. 설계 K1에서 샌드위치 100개 중 90개가 결함이 없을 확률은 0.80이고 샌드위치 100개 중 70개가 결함이 없을 확률은 0.20이다.

설계 K2에서 샌드위치 100개 중 90개가 결함이 없을 확률은 0.85이고 샌드위치 100개 중 75개가 결함이 없을 확률은 0.15이다. 설계 K3에서 샌드위치 100개 중 95개가 결함이 없을 확률은 0.90이고 샌드위치 100개 중 80개가 결함이 없을 확률은 0 10이다. 300일 최대 기대 수익 수준을 달성하는 설계의 예상 수익 수준은 얼마인가? **Px**

•• **5.25** 한 회사가 유망한 신제품을 개발하고 다음 세 가지 제조 대안을 검토한다. 대안 1은 초기 비용이 130,000유로인 반자동 기계를 구입하는 것이다. 대안 2는 초기 비용이 180,000유로인 전자동 기계를 구입하는 것이다. 대안 3은 생산(구매)을 아웃소싱하는 것이다.

대안 1의 경우 100개 제품 중 80개가 결함 없이 생산될 확률이 75%이고 100개 제품 중 70개가 결함 없이 생산될 확률이 25%이다. 대안 2의 경우 100개의 제품 중 90개가 결함 없이 생산될 확률이 85%이고 제품 100개 중 80개가 결함 없이 생산될 확률이 15%이다. 대안 3을 사용하면 100개의 제품 중 70개가 결함 없이 생산될 확률이 60%이고 불량이 아닌 제품이 나올 확률이 50 대 50 정도일 확률이 40% 정도이다. 이 회사는 12개월 단위로 운영되며 월 6,000개를 생산한다. 단위당 가격은 8유로의 생산비용을 기준으로 12유로로 추정된다. 세 가지 대안을 반영하는 의사결정나무를 그려라. 각각 관련된 보수를 계산했을 때 EMV가 가장 큰 대안은 무엇인가?

사례 연구

맥도날드의 제품 설계: 표준화 대 현지화

패스트푸드 업계에서는 항상 표준화가 핵심이었다. 방문하는 위치에 관계없이 맛과 모양이 동일한 제품은 인지도와 브랜드 충성도를 구축한다. 그러나 브랜드가 글로벌화하기로 결정했을 때 표준화만으로는 충분하지 않았다.

맥도날드는 현지 취향에 맞게 제품을 맞춤화하는 것이 얼마나 성공적인 전략인지 보여주는 좋은 예이다. 맥도날드는 가장 인지도가 높고 표준화된 메뉴를 여러 국가에서 현지 재료, 풍미와 조화시켰다. 표준화된 제품 중 가장 눈에 띄는 것은 빅맥(Big Mac)으로, ≪이코노미스트(Economist)≫가 이를 사용해 국가 간 구매력 평가를 비교할 정도로 널리 사용된다.

변화하는 소비자 선호도, 재료 변화, 끊임없이 개선되는 식품 기술을 감안할 때, 맥도날드는 설계 혁신이 필요하다는 것을 깨달았다. 즉 현지 입맛에 맞는 신제품을 만드는 것이었다. 마침내 캐나다 사람들은 치즈, 커드, 그레이비로 덮인 감자튀김으로 구성된 현지인이 가장 좋아하는 푸틴을 마음껏 먹을 수 있다. 일본 고객은 새우 필레 샌드위치인 EBI 필레-O를 즐기고 멜론 플로트로 입가심을 할 수 있다. 필리핀에서는 프라이드치킨과 스파게티를 곁들인 이상한 짝을 얻을 수 있다. 균일한 취향을 기대하는 지역에서는 독특한 요리도 제공된다. 유럽의 이탈리아에는 시금치와 파르메산 너깃이, 폴란드에는 코르동 블루 버거가, 네덜란드에는 쇠고기 스튜가 들어간 크로켓 버거가 있다.

맥도날드는 전략을 실행하기 위해 고객 만족, 강력한 팀워크, 적극적인 프로모션을 통합한다. 그리고 고객들은 맥도날드가 가치, 즉 비용 대비 혜택을 제공하기 때문에 맥도날드에 반응한다. 맥도날드는 전 세계적으로 여러 가지 다양한 품목을 출시했으며, 모든 품목이 연중 판매되는 것은 아니지만 표준화가 지배적인 산업에서도 현지화된 제품에 대한 수요가 있음을 보여준다.

토론 문제

1. 맥도날드가 전통적인 메뉴 항목에 추가해 현지 제품을 만들어야 하는 이유는 무엇인가?
2. 일부 시장에서 전통적인 메뉴 항목을 단계적으로 제거하는 것이 어떻게 성공적인 전략이 될 수 있는가?
3. 표준화가 중요한 요소임에도 불구하고 현지화 제품이 필요한 산업은 무엇인가?

출처: Riley Cardoza, "25 Craziest Mcdonald's Menu Items from Around the World," https://www.eatthis.com, June 20, 2017. Dr. Viktor Miklos Kiss, Metropolitan State University of Denver

리갈마린의 제품 설계

수백 명의 경쟁자들과 함께, 리갈 마린은 보트 사업에서 차별화하기 위해 노력해야 한다. 이 장 맨 처음의 글로벌 기업 프로필에서 보았듯이 리갈은 혁신적이고 고품질의 새로운 보트를 지속적으로 선보인다. 22개의 모델로 구성된 제품군에 차별화 전략이 반영되어 있다.

이러한 혁신의 흐름을 유지하기 위해, 그리고 수명주기의 다양한 단계에 있는 수많은 보트들과 함께, 리갈은 끊임없이 고객, 딜러, 컨설턴트들로부터 설계 정보를 구한다. 설계 아이디어는 스타일링 스튜디오에서 빠르게 발견되고 CAD 기계에 배치해 개발 공정을 가속화한다. 회사가 스타일리시하고 경쟁력을 유지하기 위해 노력함에 따라 기존 보트 설계는 항상 진화하고 있다. 또한 수명주기가 3년으로 짧기 때문에 꾸준한 신제품 출시가 필요하다.

몇 년 전 신제품은 작지만 강력한 보트로, 수상스키를 타는 사람을 끌 수 있는 3인승 러시(Rush)였다. 그 뒤를 이어 20피트 길이의 선외 선내-선외 성능 보트가 탄생해 업계에서 계속 상을 탈 만큼 많은 혁신을 이루었다. 또 다른 새로운 보트는 재설계된 52피트 스포츠 요트로, 호화로운 선실에서 6명이 잠을 잘 수 있다. 이러한 모든 모델과 혁신을 통해 리갈의 디자이너와 생산 담당자는 신속하게 대응해야 한다는 압박을 받고 있다.

리갈은 주요 공급업체를 조기에 참여시키고 설계 단계부터 참여하도록 촉구함으로써 제품 개발을 가속화하면서 혁신과 품질을 모두 개선한다. 리갈은 공급자들을 더 빨리 배에 태울수록 새로운 배를 더 빨리 시장에 내놓을 수 있다는 것을 발견했다. 개념과 스타일을 구성하는 개발 단계를 거쳐 CAD 설계는 제품 사양을 산출한다. 실제 생산의 첫 단계는 섬유 유리 선체와 갑판을 위한 금형을 만드는 데 사용되는 거품을 기반으로 한 조각인 '플러그'를 만드는 것이다. CAD 시스템의 사양이 조각 프로세스를 주도한다. 플러그가 조각되면 새 선체와 갑판 설계의 영구 금형이 형성된다. 금형을 만드는 데는 약 4~8주가 걸리며 모두 손으로 만든다. 갤리 및 선실 구성품에서 화장실, 계단에 이르기까지 리갈 보트의 다른 많은 기능에도 유사한 금형이 제작된다. 완성된 금형을 결합해 수천 대의 보트를 만드는 데 사용할 수 있다.

토론 문제

1. 리갈마린 제품에 제품수명주기 개념을 어떻게 적용하는가?
2. 리갈은 경쟁력을 유지하기 위해 어떤 전략을 사용하는가?
3. 리갈은 기존의 제도 기법이 아닌 CAD 기술을 사용해 어떤 종류의 엔지니어링 비용 절감을 달성하고 있는가?
4. CAD 설계 기술의 가능한 이점은 무엇인가?

새로운 배를 설계하는 셀러브리티크루즈

크루즈는 지난 30년 동안 매년 6~7%씩 성장하는 성장 산업이다. 이러한 성장 기회를 인식한 셀러브리티크루즈는 지속적으로 함대를 확장해 업계의 프리미엄 '지능적인 가격에 고급스러운 경험' 부문에서 제품을 확대했다.

CEO 리사 루토프-페를로(Lisa Lutoff-Perlo)는 "셀러브리티크루즈는 항상 혁신적이고 트렌드를 선도하는 브랜드로 인식되어 왔으며 셀러브리티 선박은 현대 럭셔리 여행의 기준을 계속 높이는 또 다른 사례일 뿐입니다"라고 말했다. 이 기회와 관련 과제를 해결하기 위해 셀러브리티는 5척의 선박 확장에 필요한 자원을 투입했다. 그러나 그것은 쉬운 부분이었다. 이제 셀러브리티는 새로운 선박의 정확한 사양을 결정해야 한다.

다른 제품과 마찬가지로 선박은 특정 작업과 시장을 위해 설계되었다. 크루즈 라인의 경우 설계 옵션이 엄청나다. 셀러브리티크루즈의 새로운 선박을 고려하면, 먼저 3,000명의 승객과 2,000명이 넘는 직원이 있는 호텔을 염두에 두어야 한다. 그런 다음 시속 22노트로 전 세계를 이동할 수 있는 거대한 발전소에 호텔을 설치하고 호화로운 휴가에 기대되는 난방, 에어컨, 세탁, 주방 및 기타 모든 편의 시설에 필요한 모든 전력을 공급할 수 있어야 한다. 그런 다음 5,000명에게 필요한 대규모 지원을 추가한다. 이것은 5,000명에게 적어도 매일 세 끼의 식사를 제공하기 위한(크루즈 승객은 하루에 거의 4.5회 식사를 하지만) 모든 음식의 창고와 냉장, 요리, 목욕 및 다중 수영장을 위한 신선한 물, 게다가 하루에 3,500갤런의 비율로 사용될 연료를 저장할 수 있는 저장 탱크를 의미한다.

크루즈 사업에서는 배를 마을에 있는 모든 사람이 휴가를 보내는 작은 도시라고 생각하면 도움이 된다. 배 크기, 숙박 시설, 레스토랑, 극장, 도서관, 소매 공간에 이르는 다양한 선상 기능은 모두 특정 시장 부문에 대한 고객의 고유한 요구를 충족하도록 설계되어야 한다. 발전소의 유형(터빈 대 디젤)도 비용과 환경 문제에 영향을 미친다. 또한 선박과 승객 선호도를 모두 수용할 수 있는 항구의 선택은 '제품 설계'의 일부로 평가되어야 한다.

선박 한 척에 4억 달러 이상의 자본이 투자되므로 셀러브리티는 제품 설계를 올바르게 해야 한다. 셀러브리티는 새로운 선박을 개발하기 위해 글로벌 해양 운영 수석 부사장, 호텔 운영 부사장, 영업 부사장, 수익 관리 부사장 등 주요 임원들로 구성된 '건설 위원회'를 구성했다.

또한 셀러브리티는 독특하게 창의적인 방식으로 세계 최대의 가상현실(VR) 시설을 특징으로 하는 특별한 '혁신 센터'에 투자해 선상에서 '최첨단' 경험을 설계할 수 있다. VR 기능을 통해 관리 인력은 물론 설계 인력도 설계 단계 초기에 배 위의 다양한 영역(식당 및 바), 특징(극장, 도서관, 카드룸), 활동(스파, 체육관, 그린 퍼팅)을 시각화할 수 있다. 이는 특히 승객과 물자의 흐름과 같은 설계의 동적 측면에 대한 통찰력과 수하물 하역 같은 작업에 대한 깊은 이해를 제공함으로써 유용하다.

토론 문제

1. 셀러브리티크루즈가 새 선박을 설계할 때 사용할 수 있는 제품 설계 옵션을 식별하라.
2. 셀러브리티의 제품 전략은 자매 회사인 로열캐리비안크루즈(Royal Caribbean Cruises Ltd.)와 아자마라클럽크루즈(Azamara Club Cruises)의 전략과 어떻게 다른가?
3. 셀러브리티크루즈에서 제품 개발 주기를 반영하도록 그림 5.3을 어떻게 수정할 수 있는가?
4. 셀러브리티의 제품 개발 프로세스는 당신이 알고 있는 기타 다른 제품 개발 조직과 어떻게 비교할 수 있는가?

미주

1. 기여는 직접 비용과 판매 가격의 차이로 정의한다. 직접 비용은 제품, 즉 제품에 들어가는 인건비와 자재에 직접 귀속된다.

참고문헌

Brown, Bruce, and S. D. Anthony. "How P&G Tripled Its Innovation Success Rate." *Harvard Business Review* 89, no. 6 (June 2011): 64–72.

Buckley, Peter J., and Roger Strange. "The Governance of the Global Factory: Location and Control of World Economic Activity." *Academy of Management Perspectives* 29, no. 2 (May 2015): 237–249.

Gwynne, Peter. "Measuring R&D Productivity." *Research Technology Management* 58, no. 1 (Jan/Feb. 2015): 19–22.

Haines, Steven. *Managing Product Management*. New York: McGraw-Hill, 2012.

Loch, C. H., and C. Terwiesch. "Rush and Be Wrong or Wait and Be Late?" *Production and Operations Management* 14, no. 3 (Fall 2005): 331–343.

Miguel, P. A. C., and J. A. Camevalli. "Benchmarking Practices of Quality Function Deployment." *Benchmarking* 15, no. 6 (2008): 657.

Oliver A., P. Criscuelo, and A. Salter. "Managing Unsolicited Ideas for R&D." *California Management Review* 54, no. 3 (Spring 2012): 116–139.

Pisano, Gary P., and Roberto Verganti. "Which Kind of Collaboration Is Right for You?" *Harvard Business Review* 86, no. 12 (December 2008): 78–86.

Reeves, Martin, and Mike Deimler. "Adaptability: The New Competitive Advantage." *Harvard Business Review* 90, no. 7 (July–August 2011): 135–141.

Saaksvuori, A., and A. Immonen. *Product Lifecycle Management*. Berlin: Springer-Verlag, 2004.

Seider, Warren D., et al. *Product and Process Design Principles: Synthesis, Analysis and Evaluation*, 4th ed. New York: Wiley, 2017.

Ulrich, K., and S. Eppinger. *Product Design and Development*, 6th ed. New York: McGraw-Hill, 2016.

Chapter 5 Rapid Review

절 제목	내용 훑어보기
제품과 서비스 선택	제품이라는 용어는 종종 유형의 상품을 가리킬 수 있지만 서비스 조직이 제공하는 것을 의미하기도 한다. 제품 결정의 목적은 경쟁 우위를 가지고 시장의 요구를 충족하는 제품 전략을 개발하고 구현하는 것이다. ■ **제품 결정**: 제품의 선택, 정의, 설계 제품수명주기의 4단계는 도입, 성장, 성숙, 쇠퇴이다. ■ **제품 가치 분석**: 회사에 대한 개별 달러 기여도와 제품의 연간 총기여도가 내림차순인 제품 목록
신제품 생성	제품 선택, 정의, 설계는 지속적으로 이루어진다. 제품 기회, 제품 자체, 제품 수량, 제품 믹스의 변경은 고객, 경제적 변화, 사회 · 인구학적 변화, 기술 변화, 정치적/법적 변화, 시장 관행, 전문 표준, 공급업체 또는 유통업체에 대한 이해로 인해 발생할 수 있다.
제품 개발	■ **품질 기능 전개(QFD)**: 고객 요구사항(고객이 '원하는')을 결정하고 이를 각 기능 영역이 이해하고 실행할 수 있는 속성('방법')으로 변환하는 프로세스 ■ **품질의 집**: 계획 매트릭스를 활용해 고객의 요구와 기업이 그러한 요구를 충족할 방법을 연결하는 품질 기능 배포 프로세스의 일부 ■ **제품 개발 팀**: 제품에 대한 시장 요구사항에서 제품 성공 달성으로 이동하는 책임을 맡은 팀 ■ **동시 공학**: 제품 개발의 다양한 단계를 동시에 수행 ■ **제조 가능성과 가치 공학**: 제품의 설계, 생산, 유지보수, 사용을 개선하는 데 도움이 되는 활동
제품 설계 이슈	■ **로버스트 설계**: 생산 공정의 불리한 조건에서도 요구사항에 맞게 생산할 수 있는 설계 ■ **모듈러 설계**: 제품의 부품이나 구성요소가 쉽게 교체되거나 대체될 수 있는 모듈로 세분화되는 설계 ■ **컴퓨터 지원 설계(CAD)**: 제품을 개발하고 문서화하기 위해 컴퓨터를 상호작용적으로 사용하는 것 ■ **제조 및 조립을 위한 설계(DFMA)**: 설계자가 제품 제조에 대한 설계 효과를 볼 수 있도록 하는 소프트웨어 ■ **제품 데이터 교환을 위한 표준(STEP)**: 3차원 데이터의 전자 전송을 허용하는 형식을 제공하는 표준 ■ **컴퓨터 지원 제조(CAM)**: 정보 기술을 사용해 기계를 통제하는 것 ■ **적층 제조(3D 프린팅이라고도 함)**: 층 위에 재료 층을 추가해 제품을 만드는 CAD의 확장 ■ **가상현실**: 이미지가 현실을 대체하고 일반적으로 사용자가 대화식으로 응답할 수 있는 시각적 형태의 커뮤니케이션 ■ **증강현실**: 디지털 정보를 사용자 환경과 실시간으로 통합하는 것 ■ **가치 분석**: 생산 공정에서 발생하는 성공적인 제품에 대한 검토 지속가능성은 미래 세대가 필요를 충족할 수 있는 능력을 손상하지 않으면서 현재의 필요를 충족시키는 것이다. 수명주기 평가(LCA)는 ISO 14000의 일부이다. 재료 및 에너지 투입에서 폐기 및 환경 방출에 이르기까지 제품의 환경 영향을 평가한다. 지속가능성과 LCA는 모두 5장 보론에서 자세히 논의한다.
제품 개발 연속체	■ **시간 기반 경쟁**: 제품을 빠르게 개발해 시장에 출시하는 것 내부 개발 전략에는 (1) 새로운 내부 개발 제품, (2) 기존 제품의 개선 사항, (3) 기존 제품의 이주(마이그레이션)가 포함된다. 외부 개발 전략에는 (1) 개발자를 인수해 기술 또는 전문 지식을 구매하고, (2) 합작 투자를 설립하고, (3) 제휴를 맺는 것이 포함된다. ■ **합작 투자**: 새로운 제품이나 시장을 추구하기 위해 공동 소유권을 설정하는 회사 ■ **제휴**: 기업이 독립적으로 유지될 수 있도록 하는 협력 계약. 각자의 임무와 일치하는 전략을 추구함
제품 정의	■ **엔지니어링 도면**: 구성요소의 치수, 공차, 재료, 마감을 보여주는 도면 ■ **자재 명세서(BOM)**: 제품 한 단위를 만드는 데 필요한 부품 목록, 설명 및 각 수량 ■ **생산 혹은 구매 결정**: 부품 또는 서비스를 생산하는 것과 외부에서 구매하는 것 사이의 선택 ■ **그룹 테크놀로지**: 크기, 모양, 처리 유형을 지정하는 제품 및 부품의 코딩 시스템. 유사한 제품을 그룹화할 수 있다.

생산 문서	■ **조립도**: 제품의 분해도 ■ **조립 차트**: 부품이 하위 조립품 및 최종 제품으로 흐르는 방식을 식별하는 그래픽 수단 ■ **경로 차트**: 자재 명세서에 명시된 재료로 부품을 생산하는 데 필요한 작업 목록 ■ **작업 명령서**: 특정 품목의 주어진 수량을 만들기 위한 지시 ■ **엔지니어링 변경 통지서(ECN)**: 엔지니어링 도면 또는 자재 명세서의 수정 ■ **구성 관리**: 제품의 계획 및 변경 부품을 정확하게 식별하는 시스템 ■ **제품수명주기 관리(PLM)**: 제품 설계 및 제조의 여러 단계를 함께 묶는 소프트웨어 프로그램
서비스 설계	서비스 효율성을 높이기 위해 기업은 (1) 옵션 제한, (2) 맞춤화 지연, (3) 모듈화, (4) 자동화, (5) '진실의 순간'을 위한 설계를 수행한다.
제품 설계에 의사결정나무 적용	의사결정나무를 구성하려면 (1) 가능한 모든 대안('아무것도 하지 않음' 포함)과 자연 상태를 포함한다. (2) 해당 지점의 끝에 보수를 입력한다. (3) 나무의 끝에서 시작해 시작을 향해 작업하고, 각 단계에서 값을 계산하고, 열등한 대안을 '가지치기'해 각 작업 과정의 예상 가치를 결정한다.
생산으로 전환	관리 기술 중 하나는 제품을 개발에서 생산으로 옮길 시기를 아는 것이다. 이동은 **생산으로의 전환**으로 알려져 있다.

셀프테스트

5.1 제품수명주기는 다음을 포함해 4단계로 나뉜다.
(a) 도입
(b) 성장
(c) 성숙
(d) 위의 모든 것

5.2 제품 개발 시스템에는 ______이 포함된다.
(a) 자재 명세서
(b) 라우팅 차트
(c) 기능 사양
(d) 제품 가치 분석
(e) 구성 관리

5.3 품질의 집은
(a) 고객의 '원하는 것'과 회사의 '방법'을 연결하는 매트릭스이다.
(b) 제품이 조립되는 방식을 보여주는 개략도이다.
(c) 구성요소를 생산하는 데 필요한 작업 목록이다.
(d) 특정 품목의 주어진 수량을 만들라는 지시다.
(e) 작업을 수행하는 방법에 대한 일련의 세부 지침이다.

5.4 시간 기반 경쟁이 중점을 두는 것은?
(a) 신제품을 보다 신속하게 시장에 출시
(b) 제품수명주기 단축
(c) QFD를 PLM에 연결
(d) 데이터베이스 가용성 설계
(e) 가치 공학

5.5 제품은 ______으로 정의된다.
(a) 가치 분석
(b) 가치 공학
(c) 라우팅 시트
(d) 조립 차트
(e) 엔지니어링 도면

5.6 A경로 시트는
(a) 부품을 생산하는 데 필요한 작업을 나열한다.
(b) 특정 품목의 주어진 수량을 만들라는 지시이다.
(c) 제품이 어떻게 조립되는지를 보여주는 개략도이다.
(d) 제품 구성요소의 흐름을 보여주는 문서이다.
(e) 위의 모든 것이 해당한다.

5.7 의사결정나무는 ______을 사용한다.
(a) 확률
(b) 보수
(c) 논리
(d) 옵션
(e) 위의 모든 것

정답 5.1. d 5.2. c 5.3. a 5.4. a 5.5. e 5.6. a 5.7. e

보론

5 공급사슬의 지속가능성

보론의 구성

- 기업의 사회적 책임
- 지속가능성
- 지속가능성을 위한 설계 및 생산
- 규정과 산업 표준

학습목표

S5.1 기업의 사회적 책임을 기술한다.
S5.2 지속가능성을 기술한다.
S5.3 순환 경제를 설명한다.
S5.4 분해 설계를 계산한다.
S5.5 지속가능성 규제가 운영에 미치는 영향을 설명한다.

에어차이나, 버진애틀랜틱항공, KLM, 알래스카항공, 에어뉴질랜드, 일본항공은 온실 가스 배출을 줄이고 전통적인 석유 기반 제트 연료에 대한 의존도를 낮추기 위해 제트기에 동력을 공급하는 데 대체 연료를 실험하고 있다. 대체 바이오 연료는 재활용 식용유, 하수 슬러지, 도시 폐기물, 코코넛, 사탕수수, 식물 폐기물을 먹고 사는 유전자 변형 조류로부터 개발되고 있다.

DING CHEN/CHINE NOUVELLE/SIPA/Newscom

기업의 사회적 책임[1]

학습목표 S5.1
기업의 사회적 책임을 기술한다.

관리자는 자신이 제공하는 제품과 서비스가 사람과 환경 모두에 어떤 영향을 미치는지 고려해야 한다. 확실히 기업들은 혁신적이고 구매자들에게 매력적인 제품과 서비스를 제공해야 한다. 그러나 오늘날의 기술을 통해 소비자, 지역사회, 공익 단체와 규제 당국은 조직의 성과에 대한 모든 측면을 잘 알 수 있다. 결과적으로, 이해관계자들은 환경을 존중하지 않거나 비윤리적인 행위를 하는 기업에 대해 강한 견해를 가질 수 있다. 기업은 설계에서 폐기까지 제품의 모든 함축적 의미를 고려해야 한다.

기업의 사회적 책임
환경적, 사회적, 재정적 영향을 고려한 경영적 의사결정

공유 가치
조직의 경쟁력을 향상하는 동시에 조직이 운영되는 지역사회에서 경제적, 사회적 조건을 향상하는 정책 및 관행 개발

이제 많은 기업이 '올바른 일을 하고' 적절하게 수행하는 것이 모든 이해관계자에게 이익이 될 수 있다는 것을 깨닫고 있다. **기업의 사회적 책임**(corporate social responsibility, CSR)을 실천하는 기업은 의사결정에 환경적 · 사회적 · 재정적 영향을 고려하는 정책을 도입한다. 관리자들은 CSR에 대한 접근 방식을 고려할 때 **공유 가치**(shared value)를 창출한다는 개념을 고려하는 것이 도움이 된다는 것을 알게 된다. **공유 가치**는 조직의 경쟁력을 향상시키는 동시에 조직이 운영되는 지역사회에서 경제적, 사회적 여건을 향상하는 정책과 관행을 찾는 것을 제안한다. 예를 들어 자동차 회사 테슬라(Tesla), 토요타(Toyota), 닛산(Nissan)이 저공해 차량에 대한 사회의 관심을 충족하면서 세계 시장에서 경쟁력을 강화하는 자동차에서 어떻게 공동의 가치를 발견하는지 주목해보라. 비슷하게, 다우케미칼(Dow Chemical)은 넥세라(Nexera) 카놀라와 해바라기 씨앗에서 사회적 이익을 찾는다. 이 씨앗들은 콩보다 식용유가 2배나 많이 나오기 때문에 재배농가의 수익성을 높인다. 또한 저장 수명이 길어 공급사슬 전체의 운영비용이 절감된다. 추가로, 그 기름들은 전통적인 제품들보다 포화 지방의 수치가 낮고 트랜스 지방을 포함하지 않는다. 다우와 사회가 모두 윈-윈 하는 것이다.

공급사슬 관리에서 제품 설계, 생산, 포장, 물류까지 운영 기능은 공유 가치를 찾고 CSR 목표를 달성할 수 있는 기회를 제공한다.[2]

지속가능성

지속가능성
미래 세대의 필요 충족 능력에 영향을 주지 않고 현재의 필요를 충족하는 것

지속가능성은 종종 기업의 사회적 책임과 관련이 있다. **지속가능성**(sustainability)이라는 용어는 미래 세대의 필요를 충족시키는 능력을 손상하지 않으면서 현재의 필요를 충족하는 것을 의미한다. 지속가능성에 대해 처음 듣는 많은 사람들은 친환경 제품이나 재활용, 지구 온난화, 열대우림 보호와 같은 '친환경화'를 생각한다. 이것은 확실히 그것의 일부이다. 하지만, 지속가능성은 그 이상이다. 진정한 지속가능성은 환경 자원뿐만 아니라 직원, 고객, 지역사회, 회사의 평판도 고려해야 한다. 관리자가 지속가능성 결정을 고려할 때 도움이 될 수 있는 세 가지 개념은 **시스템 관점**, **공용**, **세 가지 핵심**(triple bottom line, TBL)이다.

학습목표 S5.2
지속가능성을 기술한다.

시스템 관점

관리자는 **시스템 관점**을 고려할 때 지속가능성에 대한 결정이 개선된다는 것을 발견할 수 있다. 이는 필요한 모든 자원을 포함해 설계에서 폐기까지 제품의 수명을 살펴보는 것을 의미한다. 원자재와 인적자원 모두가 모든 생산 공정의 하위 시스템임을 인식하는 것이 유용한 관점을 제공할 수 있다. 마찬가지로, 제품이나 서비스 자체는 훨씬 더 큰 사회, 경제, 환경 시스템의 작은 부분이다. 실제로 관리자들은 상호작용하는 시스템들 사이의 입력과 인터페이스를 이해하고 한 시스템의 변화가 다른 시스템에 어떻게 영향을 미치는지 식별할 필요가 있다. 예를 들어 직원을 고용하거나

해고하는 것은 외부 시스템에 대한 사회경제적 영향뿐만 아니라 내부 시스템(조직 내)에도 영향을 미칠 것으로 예상할 수 있다. 마찬가지로, 화학물질을 하수구에 버리는 것은 회사 밖의 시스템에 영향을 미친다. 관리자들이 자신의 통제하에 있는 시스팀들이 상하의 시스템과 상호작용을 한다는 것을 이해하게 되면, 지속가능성에 관한 더 많은 정보에 입각한 판단을 내릴 수 있다.

공용

생산 시스템에 대한 많은 투입물에는 시장 가격이 있지만 다른 투입물은 그렇지 않다. 소유권이 확인되지 않거나 애매한 경우가 많거나(햇볕, 공기, 공역) 공중이 소유하는 경우가 많다. 그러한 자원을 흔히 **공용**이라고 일컫는다. 공중이 소유한 자원들은 잘못 할당되는 경우가 많다. 국제 공해에서의 물고기 고갈과 오염된 공기와 수로를 예로 들 수 있다. 조금 더 많이 물고기를 잡거나 조금만 더 오염시키는 것은 문제가 되지 않을 것이라는 태도나 부정적인 결과를 다른 사람의 문제로 인식할 수도 있다. 사회는 여전히 공통 자원의 사용을 위한 해결책을 찾고 있다. 답은 다음과 같은 여러 가지 방법으로 서서히 발견되고 있다: (1) 공유지의 일부를 사유지로 이동(예: 무선 주파수 판매), (2) 권리 할당(예: 어업 경계 설정), (3) 수확량의 할당(예: 주어진 어획량까지만 조업할 수 있음). 관리자들이 공통의 문제를 이해함에 따라, 그들은 지속가능성과 공통을 돌보는 의무에 대해 더 많은 통찰력을 갖게 된다.

세 가지 핵심

자신의 결정이 모든 이해 당사자에게 미치는 영향을 고려하지 않는 기업은 매출과 이익이 감소한다. 이윤 극대화만이 성공의 유일한 척도는 아니다. 1차원적 결론인 이익만으로는 충분하지 않다. 기업을 넘어선 더 큰 사회경제적 시스템은 더 많은 것을 요구한다. 지속가능성을 생각하는 한 가지 방법은 **사람**, **지구**, **이윤**의 세 가지 핵심을 지원하는 데 필요한 시스템을 고려하는 것이다(그림 S5.1 참조). 이제 이에 대해 논의한다.

사람 기업은 자신의 결정이 직원과 고객뿐만 아니라 기업이 속한 지역사회에 사는 사람들에게 어떤 영향을 미치는지 점점 더 잘 알고 있다. 대부분의 고용주는 공정한 임금을 지불하고 교육 기회를 제공하며 안전하고 건강한 직장을 제공하기를 원한다. 공급업체도 마찬가지다. 그러나 세계화와 전 세계 공급업체에 대한 높은 아웃소싱 의존도는 작업을 복잡하게 만든다. 이는 기업이 공급업체 선택 및 성과를 안내하는 정책을 만들어야 함을 의미한다. 지속가능성은 공급업체 선정 및 성과기준에서 근로 환경의 안전성, 생활임금 지급 여부, 아동노동 사용 여부, 근로시간 초과 여부 등을 평가하는 것을 의미한다. 애플, GE, P&G, 월마트는 지속가능성 목표 및 목표에 반하는 유해하거나 착취적인 비즈니스 관행을 적발하기 위해 공급업체 감사를 실시하는 회사들이다.

따라서 운영 관리자는 직원을 배치하는 작업 조건을 고려해야 한다. 여기에는 교육 및 안전 오리엔테이션, 교대 전 운동, 안전 장비, 근로자의 피로와 부상 가능성을 줄이기 위한 휴식 시간이 포함된다. 또한 운영 관리자는 직원과 지역사회에 대한 피해를 방지하기 위해 유해 성분을 포함한 물질 및 화학 폐기물의 폐기에 관한 결정을 내려야 한다.

지구 지속가능성이라는 주제를 논의할 때 가장 먼저 떠오르는 것은 지구의 환경이므로 관리자로부터 상당한 관심을 받는 것은 당연하다. 운영관리자는 원자재 선택, 공정 혁신, 대체 제품 배송 방법 또는 수명이 다한 제품 폐기 등 운영이 환경에 미치는 영향을 줄이는 방법을 찾는다. 운영관리

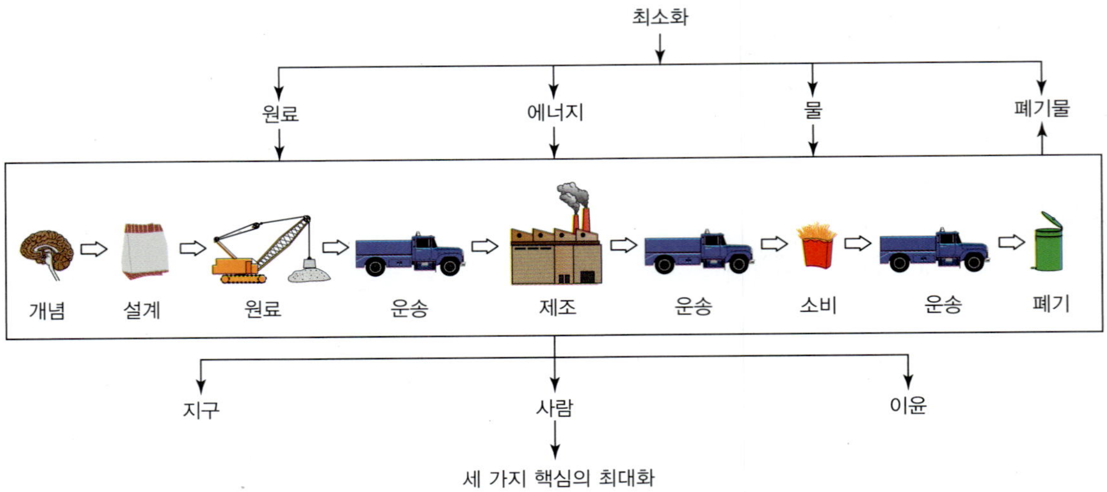

그림 S5.1 지속성가능성으로 세 가지 핵심의 개선

자의 가장 중요한 목표는 희소한 자원을 보존해 환경에 미치는 부정적인 영향을 줄이는 것이다. 예를 들어 리바이스트라우스(Levi Strauss & Co.)는 OM in Action '청바지와 지속가능성'에서 볼 수 있듯이 청바지 제작 시 물을 절약하기 위한 캠페인을 시작했다.

OM in Action 청바지와 지속가능성

캘리포니아의 최근 가뭄 피해를 입은 것은 농부들만이 아니었다. 그것은 또한 패션산업에 중요한 영향을 끼치고 청바지가 어떻게 만들어지는지 그리고 어떻게 세탁되어야 하는지에 있어서 변화를 촉발했다. 남부캘리포니아는 소위 프리미엄 데님이라고 불리는 디자이너 청바지를 100~200달러 이상 가격에 판매하는 세계 최대의 공급처로 추정된다. 물은 여러 단계의 가공과 반복적인 돌 세척, 또는 표백과 염색을 통해 '낡은 것처럼 만들어' 빈티지한 느낌을 주는 핵심 성분이다. 남부캘리포니아는 전 세계적으로 판매되는 미국산 고급 데님의 75%를 생산한다. 이 지역은 약 20만 명을 고용하고 있으며, 가장 큰 미국 패션 제조업의 중심지이다.

이제 물 절약이 세계적인 우선순위이기 때문에, 주요 데님 브랜드들은 물 사용을 줄이기 위해 노력하고 있다. 50억 달러의 매출을 올린 리바이스트라우스는 전통적으로 청바지를 가볍게 하는 데 사용되는 표백제 대신 오존 기계를 사용하고 있다. 또한 청바지 세탁 횟수를 줄이고 있다. 이 회사는 2011년 이후 리바이스 물 줄이기 캠페인을 통해 10억 리터 이상의 물을 절약했다. 회사는 2020년까지 리바이스 브랜드 제품의 80%를 물 줄이기 공정으로 생산할 계획이며, 이는 현재 약 25%에서 증가한 수치이다.

전통적으로, 리바이스의 시그니처 501 청바지를 만들기 위해 절단, 바느질, 마감 과정을 거치는 동안 약 34리터의 물이 사용된다. 리바이스 501 한 벌의 전체 수명 동안 거의 3,800리터의 물이 사용된다. 한 연구에 따르면 면화 재배가 그중 68%를 차지하고 소비자 세탁은 또 다른 23%를 차지한다. 그래서 리바이스는 청바지는 10번 착용한 후 세탁하면 된다는 아이디어를 홍보하고 있다. (평균적인 미국 소비자는 2회 착용 후 세탁한다.)

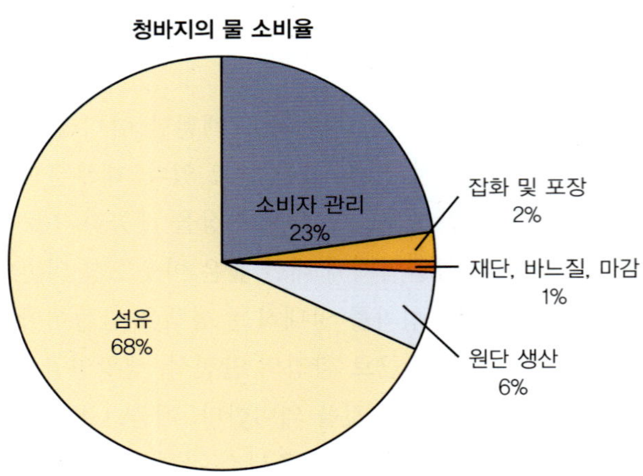

리바이스의 CEO는 최근 1년 된 청바지를 세탁하지 않았다며 사람들에게 청바지 세탁을 중단하라고 촉구했다. "대신 공기 건조하고 얼룩만 청소하면 된다"고 말했다.

출처: *The Wall Street Journal*(April 10, 2015); *Forbes*(April 17, 2016); *The New York Times*(March 31, 2015).

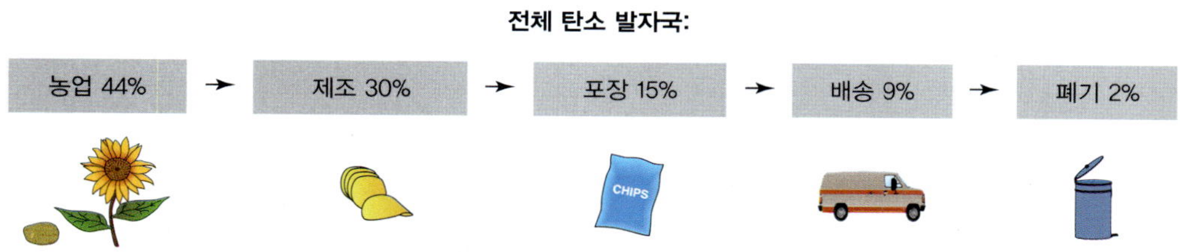

그림 S5.2
34.5g인 프리토레이 갑자칩 한 봉지의 탄소 발자국

지구에 대한 환경적 영향을 측정하기 위해 많은 기업에서 탄소 발자국을 측정하고 있다. **탄소 발자국**(carbon footprint)은 조직, 제품, 이벤트, 사람에 의해 직간접적으로 발생하는 총 온실가스(GHG) 배출량을 측정한 것이다. GHG의 상당 부분은 농업, 소, 썩어가는 숲에서 자연적으로 배출되며, 낮은 정도지만 제조 및 서비스를 통해서도 배출된다. 인간 활동에 의해 생성되는 가장 일반적인 GHG는 주로 발전, 난방, 운송을 위해 화석 연료를 태울 때 발생하는 이산화탄소이다. 운영관리자는 GHG 배출을 줄이기 위해 자신의 역할을 다해야 한다.

탄소 발자국
조직, 제품, 이벤트 또는 개인에 의해 직간접적으로 야기된 총 온실가스 배출량을 나타내는 척도

프리토레이(Frito-Lay)와 같은 업계 선두들은 생산 공정의 다양한 단계에서 탄소 배출량을 분석할 수 있었다. 예를 들어 감자칩 생산에서 34.5g의 감자칩은 한 봉지당 75g인 배출량의 약 2배를 차지한다(그림 S5.2 참조).

이윤 경제적 지속가능성 없이 사회적, 환경적 지속가능성은 존재하지 않는다. **경제적 지속가능성**(economic sustainability)은 기업이 비즈니스를 유지하는 방법을 나타낸다. 사업을 하려면 투자가 필요하고 투자에는 수익이 필요하다. 이익을 결정하기가 상대적으로 쉬울 수 있지만 경제적 지속가능성을 측정하기 위해 다른 측정을 사용할 수도 있다. 성공적인 비즈니스를 가리키는 대안 측정에는 위험 프로필, 지적 재산, 직원 사기, 회사 가치 평가가 포함된다. 경제적 지속가능성을 지원하기 위해 기업은 일부 버전의 **사회적 회계**로 표준 재무 회계 및 보고를 보완할 수 있다. 사회적 회계에는 브랜드 자산, 관리 인재, 인적 자본 개발 및 혜택, 연구 및 개발, 생산성, 자선 활동, 납부한 세금이 포함될 수 있다.

경제적 지속 가능성
수익을 창출하기 위해 희소 자원을 적절히 할당하는 것

지속가능성을 위한 설계 및 생산

운영관리자가 회사의 환경 목표에 실질적으로 기여할 수 있는 가장 큰 기회는 제품수명주기 평가 중에 발생한다. **수명주기 평가**(life cycle assessment)는 원자재 및 에너지 투입부터 수명 종료 시 제품 폐기에 이르기까지 제품의 환경적 영향을 평가한다. 목표는 제품의 전체 수명 동안 환경에 미치는 영향을 줄이는 데 도움이 되는 결정을 내리는 것이다.

수명주기 평가
설계 단계부터 수명 종료까지 제품의 환경 영향 분석

이것은 우리에게 **순환 경제**(circular economy)의 아이디어를 가져다준다. 순환 경제는 사용-폐기의 전통적인 선형 경제에 대한 대안이다. 순환 경제에서 우리는 자원을 최대한 오래 보관하고 사용하다가 수명이 다하면 최대한의 가치로 회복하고 재생한다. 이제 관리자가 제품 설계, 생산 공정, 물류, 수명 종료를 살펴봄으로써 순환 경제를 구현할 수 있는 방법을 설명한다.

순환 경제
가능한 한 오랫동안 자원을 유지하고 사용해 수명이 다했을 때 가능한 최대 가치를 회복하고 재생하는 것

학습목표 S5.3
순환 경제를 설명한다.

제품 설계

제품 설계는 제품수명주기 평가에서 가장 중요한 단계이다. 이 단계에서 내리는 결정은 소재, 품질, 비용, 공정, 관련 포장 및 물류, 궁극적으로 제품 폐기 시 처리 방식에 큰 영향을 미친다. 설계하는 동안 목표 중 하나는 제품이나 서비스 설계에 시스템 관점을 통합해 환경에 미치는 영향을

Alaska Airlines

운영관리자가 지속가능성 문제를 시작하기에 좋은 장소는 우수한 제품 설계이다. 새로운 설계인 '윙릿(winglet)'은 상승 속도를 높이고 소음을 6.5% 줄이며 이산화탄소 배출량을 5% 줄이는 동시에 연료비용을 6% 절약한다. 알래스카항공은 737 기종 전체 항공기에 윙릿을 장착해 연간 2,000만 달러를 절약했다.

줄이는 것이다. 이러한 접근 방식은 공급자, 물류 시스템 및 최종 사용자의 낭비와 에너지 비용을 줄인다. 예를 들어 시스템 관점에서 P&G는 찬물로 옷을 깨끗하게 하는 세제(Tide Coldwater)를 개발해 일반 세탁에 사용되는 에너지의 약 4분의 3을 절약한다.

다른 성공적인 설계 노력은 다음과 같다.

- 보스턴의 파크플라자호텔(Park Plaza Hotel)은 욕실에 펌프형 디스펜서를 설치하고 비누와 샴푸 병을 없애 연간 100만 개의 플라스틱 용기를 절약했다.
- UPS는 100% 재활용 섬유로 만든 재사용 가능한 특급 봉투를 개발해 봉투에 필요한 재료의 양을 줄였다. 이 봉투는 두 번 사용하도록 설계되었으며 두 번째 사용 후에는 재활용할 수 있다.
- 코카콜라가 판매하는 생수인 다사니(Dasani)의 새롭게 설계된 병은 플라스틱의 사용량을 줄였으며 도입 당시보다 30% 더 가볍다.

제품 설계 팀은 또한 제품을 만들기 위한 **대체 재료**를 찾는다. 대체 재료로 혁신하는 것은 비용이 많이 들 수 있지만, 탑재하중과 연료 효율성을 향상시키면서 자동차, 트럭, 항공기를 보다 환경친화적으로 만들 수 있다. 예를 들어 항공기 및 자동차 제조업체는 제품에 사용할 더 가벼운 재료를 끊임없이 찾고 있다. 더 가벼운 재료는 더 나은 연비, 더 적은 탄소 배출 및 운영비용 절감으로 이어진다.

- 메르세데스는 생분해성이고 가벼운 바나나 섬유로 자동차 외장을 만들고 있다.
- 보잉은 787 드림라이너의 무게를 줄이기 위해 탄소 섬유, 에폭시 합성물과 티타늄 흑연 라미네이트를 사용하고 있다.
- 셀러브리티크루즈는 그림 5.3의 수많은 친환경 노력에서 볼 수 있듯이 에너지 효율성을 주요 기준으로 선박을 건조한다.

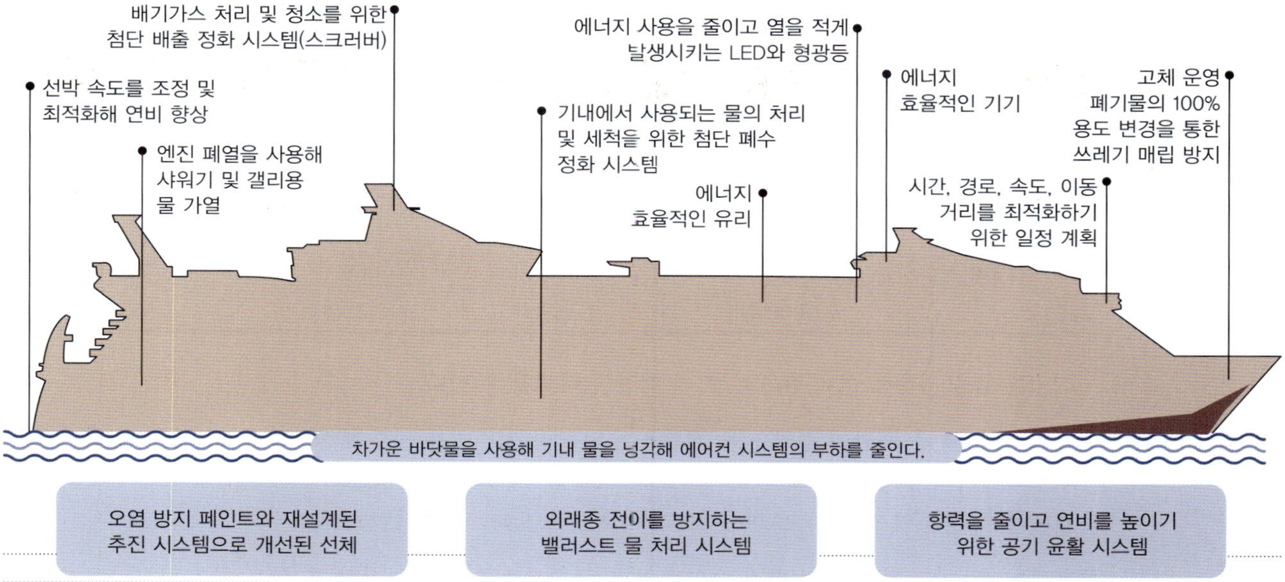

그림 S5.3 **셀러브리티크루즈의 환경 노력**
셀러브리티의 'Save The Waves' 방법에 대한 자세한 내용은 뒷부분에 있는 사례 연구를 참조하라.

예제 S1

분해를 위한 설계

Sound Barrier, Inc.는 두 가지 스피커 설계 중 어느 것이 환경적으로 더 좋은지 결정해야 한다.

접근방법 ▶ 설계 팀은 하모나이저(Harmonizer)와 로커(Rocker)라는 두 가지 오디오 스피커 디자인에 대해 다음 정보를 수집했다.

1. 부품의 재판매 가치에서 분해 시설까지의 운송비용을 뺀 값
2. 재활용 수익
3. 분해, 분류, 청소, 포장을 포함한 처리비용
4. 운송, 수수료, 세금, 처리 시간을 포함한 폐기비용

해결방법 ▶ 설계 팀은 두 가지 스피커 설계 대안에 대해 다음과 같은 수익 및 비용 정보를 개발했다.

학습목표 S5.4
분해 설계를 계산한다.

하모나이저

부품	단위당 재판매 수익	단위당 재활용 수익	단위당 공정비용	단위당 폐기비용
인쇄 회로 기판	5.93달러	1.54달러	3.46달러	0.00달러
라미네이트 뒤판	0.00	0.00	4.53	1.74
코일	8.56	5.65	6.22	0.00
프로세서	9.17	2.65	3.12	0.00
프레임	0.00	0.00	2.02	1.23
알루미늄 케이스	11.83	2.10	2.98	0.00
총합	35.49달러	11.94달러	22.33달러	2.97달러

로커

부품	단위당 재판매 수익	단위당 재활용 수익	단위당 공정비용	단위당 폐기비용
인쇄 회로 기판	7.88달러	3.54달러	2.12달러	0.00달러
코일	6.67	4.56	3.32	0.00
프레임	0.00	0.00	4.87	1.97
프로세서	8.45	4.65	3.43	0.00
플라스틱 케이스	0.00	0.00	4.65	3.98
총합	23.00달러	12.75달러	18.39달러	5.95달러

식 (S5-1)을 사용해 설계 팀은 두 가지 대안을 비교할 수 있다.

수익 회수 = 총 재판매 수익 + 총 재활용 수익 − 총 처리비용 − 총 폐기비용 (S5-1)

하모나이저의 수익 회수 = 35.49 + 11.94 − 22.33 − 2.97 = 22.13달러

로커에 대한 수익 회수 = 23.00 + 12.75 − 18.39 − 5.95 = 11.41달러

통찰력 ▶ 각 스피커 설계의 환경 수익과 비용 구성요소를 모두 분석한 후 설계 팀은 하모나이저가 더 높은 수익 회수 기회를 얻기 때문에 더 나은 환경 설계 대안임을 발견했다. 팀은 두 제품 모두 동일한 시장 수용도, 수익성 및 환경적 영향을 갖는다고 가정한다.

학습 연습 ▶ 하모나이저의 라미네이트 후면 부분에 대한 처리 및 폐기 비용이 3배로 증가하는 공급사슬의 변경이 있다면 어떻게 되겠는가? [답: 하모나이저의 회수 수익은 35.49 + 11.94 − 31.39 − 6.45 = 9.59달러이다. 이것은 로커의 회수 수익 11.41달러보다 적기 때문에 로커는 더 높은 수익 회수 기회를 얻을 수 있으므로 더 나은 환경 설계 대안이 된다.]

생산 공정

제조업체는 생산 공정에서 자원의 양을 줄이는 방법을 찾는다. 생산 중 환경 영향을 줄일 수 있는 기회는 일반적으로 에너지, 물, 환경오염이라는 주제를 중심으로 이루어진다. 에너지 절약과 에너지 효율성 향상은 대체 에너지와 보다 더 에너지 효율적인 기계의 사용에서 비롯된다. 예를 들면

- S.C. 존슨은 천연 가스와 메탄 파이프로 인근 매립지에서 가동되는 자체 발전소를 건설해 석탄 화력 의존도를 줄였다.
- 펩시코는 식물 내 물과 에너지 사용량을 이해하고 줄이기 위한 진단 도구인 리콘(ReCon, Resource Conservation의 약자)을 개발했다. 처음 2년 동안 리콘은 전 세계 현장에서 22억 리터의 물 절약을 확인하고 거의 270만 달러에 해당하는 비용을 절감할 수 있도록 도왔다.
- 프리토레이는 80%가 수분인 감자에서 수분을 추출하기로 결정했다. 매년 한 공장에서 35만 톤의 감자를 가공할 때 나오는 추출수를 해당 공장의 일일 생산에 재사용한다.

생산 공정에서의 이와 유사한 성공은 비용과 환경 문제를 모두 줄인다. 에너지 소비가 더 줄어들고 매립하는 물질도 더 적어진다.

물류센터

제품들이 공급사슬에서 이동함에 따라 관리자들은 운영비용을 낮추려는 것처럼 효율적인 경로 및 배송 네트워크를 달성하기 위해 노력하고 있다. 그렇게 하면 환경에 미치는 영향을 줄일 수 있다.

관리 분석(예: 선형계획법, 대기 행렬, 차량 라우팅 소프트웨어)은 전 세계 기업들이 정교한 공급사슬 및 유통 네트워크를 최적화하도록 지원한다. 컨테이너선, 비행기, 기차, 트럭의 네트워크는 이동 거리나 배달에 필요한 시간을 줄이기 위해 분석되고 있다. 예를 들면

- UPS는 좌회전을 하면 배송에 걸리는 시간이 늘어난다는 사실을 발견했다. 따라서 연료 사용과 탄소 배출량이 증가한다. 그래서 UPS는 좌회전 횟수가 가장 적은 배달 경로를 계획한다. 마찬가지로, 비행기는 연료 사용과 탄소 배출을 줄이기 위한 노력으로 유리한 바람 조건을 이용하기 위해 다른 고도와 경로로 비행한다.
- 식품유통업체들은 현재 3종류의 트럭을 사용하지 않고 온도가 3개(냉동, 냉각 및 비냉장)인 트럭을 보유하고 있다.
- 월풀은 배송 중 가전제품의 '부딪침과 찌그러짐'을 줄이기 위해 포장을 대폭 수정해 운송 및 보증 비용을 크게 절감했다.

물류의 효율성을 더욱 높이기 위해 운영관리자는 비용, 투자 회수 기간 및 회사의 명시된 환경 목표를 고려해 장비 대안을 평가한다. 예제 S2는 수명주기 소유권 비용을 고려한 의사결정을 다룬다. 기업은 지속가능성 목표를 달성하기 위해 차량에 대해 선불금을 더 지불할 것인지 그렇지 않은 차량에 대해 선불금을 덜 지불할 것인지를 결정해야 한다.

예제 S2

수명주기 소유권 및 교차 분석

Blue Star는 지역 자동차 대리점의 서비스 부서에 자동차 부품을 배송하는 새로운 유통 서비스를 시작한다. Blue Star는 작업을 잘 수행할 2대의 경량 트럭을 찾았으므로 이제 이 새로운 서비스를 수행하기 위해 하나를 선택해야 한다. 포드 트라이밴(TriVan)은 갤런당 평균 연비가 24마일인 일반 무연 휘발유를 구입하고 사용하는 데 28,000달러가 든다. 트라이밴의 운영비용은 마일당 0.20달러이다. 하이브리드 트럭인 혼다 시티밴(CityVan)은 일반 무연 휘발유와 배터리 전원을 구매하고 사용하는 데 32,000달러가 든다. 갤런당 평균 연비는 37마일이다. 시티밴의 운영비용은 마일당 0.22달러이다. 연간 이동 거리는 22,000마일로 추정되며 두 트럭의 수명은 8년으로 예상된다. 평균 휘발유 가격은 갤런당 4.25달러이다.

접근방법 ▶ Blue Star는 식 (S5-2)를 적용해 각 차량의 총 수명주기 비용을 평가한다.

$$\text{총 수명주기 비용} = \text{차량 비용} + \text{수명주기 연료비용} + \text{수명주기 운영비용} \qquad \text{(S5-2)}$$

(a) 수명주기 비용을 기준으로 어떤 모델의 트럭이 최선의 선택인가?
(b) 비용이 동일하려면 Blue Star가 트럭에 몇 마일을 책정해야 하는가?
(c) 교차점은 몇 년인가?

해결방법 ▶

(a) 포드 트라이밴

총 수명주기 비용

$$= 28{,}000\text{달러} + \left[\frac{22{,}000\,\frac{\text{마일}}{\text{년}}}{24\,\frac{\text{마일}}{\text{갤런}}}\right](4.25\text{달러/갤런})(8\text{년}) + \left(22{,}000\,\frac{\text{마일}}{\text{년}}\right)(.20\text{달러/마일})(8\text{년})$$

28,000달러 + 31,167달러 + 35,200달러 = 94,367달러

혼다 시티밴

총 수명주기 비용

$$= 32{,}000\text{달러} + \left[\frac{22{,}000\frac{\text{마일}}{\text{년}}}{37\frac{\text{마일}}{\text{갤런}}}\right](4.25\text{달러/갤런})(8\text{년}) + \left(22{,}000\frac{\text{마일}}{\text{년}}\right)(.22\text{달러/마일})(8\text{년})$$

$$= 32{,}000\text{달러} + 20{,}216\text{달러} + 38{,}720\text{달러} = 90{,}936\text{달러}$$

(b) Blue Star는 M을 마일 단위의 교차점(손익분기점)으로 설정하고 두 수명주기 비용 방정식을 서로 동일하게 설정하고 M을 푼다.

포드 트라이밴의 총비용 = 혼다 시티밴의 총비용

$$28{,}000\text{달러} + \left[\frac{4.25\frac{\text{달러}}{\text{갤런}}}{24\frac{\text{마일}}{\text{갤런}}} + .20\frac{\text{달러}}{\text{마일}}\right](M\text{마일}) = 32{,}000\text{달러} + \left[\frac{4.25\frac{\text{달러}}{\text{갤런}}}{37\frac{\text{마일}}{\text{갤런}}} + .22\frac{\text{달러}}{\text{마일}}\right](M\text{마일})$$

또는

$$28{,}000\text{달러} + \left(.3770\frac{\text{달러}}{\text{마일}}\right)(M) = 32{,}000\text{달러} + \left(.3349\frac{\text{달러}}{\text{마일}}\right)(M)$$

또는

$$\left(.0421\frac{\text{달러}}{\text{마일}}\right)(M) = 4{,}000\text{달러}$$

$$M = \frac{4{,}000\text{달러}}{.0421\frac{\text{달러}}{\text{마일}}} = 95{,}012\text{마일}$$

(c) 연 단위의 교차점은 다음과 같다.

$$\text{교차점} = \frac{95{,}012\text{마일}}{22{,}000\frac{\text{마일}}{\text{년}}} = 4.32\text{년}$$

통찰력 ▶

(a) 혼다 시티밴은 초기 고정비용과 마일당 변동 운영비용이 더 높더라도 최선의 선택이다. 절약은 혼다 시티밴의 더 나은 연비(갤런당 더 많은 마일)에서 비롯된다.

(b) 교차점(손익분기점)은 95,012마일이며, 이는 이 지점에서 두 트럭의 비용이 동일함을 나타낸다.

(c) 차량의 구입 및 운행 비용을 회수하는 데 4.32년이 소요된다. 이것이 두 차량 사이의 무관심 지점이다. 하지만 회사는 8년의 예상 수명 동안 혼다 시티밴을 운용하는 데 포드 트라이밴보다 마일당 약 0.03달러가 적게 들 것이다.

학습 연습 ▶ 휘발유 비용이 3.25달러로 떨어지면 각 밴의 총 수명주기 비용, 손익분기점(마일), 교차점(년)은 얼마가 되는가? [답: 포드 트라이밴의 비용은 87,033달러이다. 혼다 시티밴의 비용은 86,179달러이다. 마일 단위의 교차점은 144,927, 연도의 교차점은 6.59이다.]

수명 종료 단계

앞서 제품 설계 시 관리자들은 제품이 수명 종료 단계에 도달한 후 제품 또는 제품 재료에 어떤 일이 발생할지 고려해야 한다는 점에 주목했다. 재료가 적은 제품, 재활용한 제품이나 재활용 가능한 제품은 모두 지속가능성 노력에 기여해 '태우거나 묻을' 결정의 필요성을 줄이고 부족한 천연 자원을 보존한다. 혁신적이고 지속가능성을 중시하는 기업들은 이제 역물류라고 불리는 **폐쇄 루프 공급사슬**(closed-loop supply chain)을 설계하고 있다. 기업은 더 이상 제품을 팔고 잊어버릴 수 없다. 재활용이나 재사용을 촉진하는 제품의 물리적 반환을 위해 수명 종료 시스템을 설계하고 구현해야 한다.

폐쇄 루프 공급사슬
전체 수명주기 동안 순방향 및 역방향 제품 흐름을 고려하는 공급사슬

캐터필러는 재제조 기술과 공정에 대한 전문 지식을 통해 지속가능성에 대한 의지를 보여주기 위해 재제조 이니셔티브인 캣 레만(Cat Reman)을 고안했다. 캐터필러는 새롭게 만드는 비용보다 적은 비용으로 새로운 성능과 안정성을 제공하는 부품과 부속을 재제조하는 동시에 환경에 미치는 영향을 줄인다. 재제조 프로그램은 고객이 사용한 부품을 재제조 제품과 교환하는 시스템을 기반으로 한다. 그 결과 고객의 운영비용이 절감되고, 재료 낭비가 감소하며, 신제품을 만드는 데 필요한 원자재의 양이 줄어든다. 1년 만에 캐터필러는 수명이 다한 부품 210만 개를 회수하고 재활용 철로 1억 3,000만 파운드 이상의 재료를 재제조했다.

OM in Action '수명 종료 설계'는 수명이 다한 아이폰의 분해, 재활용, 재사용을 용이하게 하는 애플의 설계 철학을 소개한다.

규정과 산업 표준

학습목표 S5.5
지속가능성 규제가 운영에 미치는 영향을 설명한다.

정부, 산업 표준, 회사 정책은 모두 운영 결정에 중요한 요소이다. 이러한 제약 조건을 인식하지 못하면 비용이 많이 들 수 있다. 지난 100년 동안 제품 설계, 제조/조립 및 분해/폐기 분야에서 관리자들을 지도하기 위한 규정, 표준과 정책의 개발이 있었다.

제품 설계 결정을 안내하기 위해 미국식품의약국, 소비자제품안전위원회, 미국도로안전청의 법률과 규정은 지침과 종종 명시적인 규정을 제공한다. 제조 및 조립 활동에는 운영 지침과 표준을 제공하는 자체 규제기관이 있다. 여기에는 산업안전보건국(OSHA), 환경보호국(EPA), 근로자의 권리와 고용 표준을 규제하는 많은 주와 지방 기관이 포함된다.

유해 제품의 분해 및 폐기를 관리하는 미국 기관은 EPA와 교통부를 포함한다. 끊임없이 변화하는 트렌드와 혁신으로 인해 제품의 수명이 단축됨에 따라 제품 설계자들은 분해 설계에 대한 압박을 더 받고 있다. 이는 설계자들이 분해할 수 있고 부품을 복구할 수 있는 제품을 만들어 환경에 미치는 영향을 최소화하도록 장려한다. 조직은 소비자, 직원, 환경에 미치는 피해를 줄일 의무가 있다. 그 결과 지역사회, 주, 연방 및 국제법이 확산되어 준수가 자주 복잡해진다. 관할권 간 규제 및 보고 요건의 조정 부족은 복잡성뿐만 아니라 비용도 가중시킨다.

다음 예에서 보면 거의 모든 산업이 어떤 형태로든 규정을 준수해야 한다는 것이 명백하다.

- 상업용 주택건설업체는 용수 유출 관리뿐만 아니라 사업장별 오염방지계획을 수립해야 한다.
- 공공 음용수 시스템은 기존 시설에 대해서도 연방 안전음용수법의 비소 기준을 준수해야 한다.
- 병원은 유해물질의 보관 및 취급을 규정하는 자원보전 및 복구법 조항을 준수해야 한다.

규정을 무시한 결과는 재앙이 될 수 있고 심지어 범죄도 될 수 있다. EPA는 기업과 개인이 책임을 지는 환경 범죄를 조사한다. 징역형과 비싼 벌금이 내려질 수 있다. (BP는 지난 몇 년간 미국의

OM in Action 수명 종료 설계

애플은 어떤 소비자도 결코 사용하지 않을 것 같은 기술을 방금 선보였다. 대신, 그것은 소비자들 뒤를 청소하는 것과 같다: 재활용을 위해 1년에 120만 대의 아이폰을 망가뜨리는 로봇이다. 29개의 팔이 있는 로봇 리암(Liam)의 등장은 오늘날 기술 제조업체들이 직면하고 있는 큰 과제를 해결해준다. 소비자들이 다음 새로운 것을 위해 기존 기기를 버리도록 유도하더라도, 기업은 무엇을 해야 할지 결정해야 한다. 점점 더 많은 장치들이 폐기될 것으로 보인다. "우리는 지금 제품 자체의 설계만큼이나 제품의 재활용과 수명을 다하는 것에 대해 생각한다"고 애플의 환경, 정책 및 사회적 이니셔티브 부사장은 말한다.

예를 들어 다른 전자제품 제조업체들은 접착제와 나사로 맞물리는 부품으로 교체해 분해를 단순화하는 제품을 설계하는 등 다른 재활용 방식을 취하고 있다. 일부는 또한 사용되는 플라스틱의 다양성을 줄였고 폐기를 복잡하게 할 수 있는 수은과 기타 위험한 물질들을 피했다. 삼성은 55인치 커브드 TV의 최신 모델을 설계해 38개의 나사 중 30개를 제거하고 스냅 클로저로 교체해 쉽게 분해할 수 있도록 했다. 이제 우리는 TV를 10분 이내에 분해할 수 있다.

새로운 장치의 끊임없는 흐름은 내재된 건강 및 환경 위험과 함께 전자 폐기물의 증가에 기여했다. 재료 유형 및 구성요소 종류에 대한 제품 설계 선택은 성공적인 순환 경제의 중요한 부분이다.

출처: *The Wall Street Journal*(June 8, 2016); *Fortune*(March 27, 2016); *PC World*(March 29, 2016).

환경 및 안전법을 어긴 죄로 수십억 달러의 벌금을 지불했다.) 범죄가 발생하지 않았더라도, 규제를 따르지 않는 기업들에게는 재정적인 영향과 고객 격변이 재앙이 될 수 있다. 미국 최대 장난감 제조업체인 마텔(Mattel)은 공급업체의 감독 부족으로 최근 몇 년간 1,000만 개 이상의 유해물질(납 성분이 들어 있는 페인트)이 포함된 장난감을 리콜했다.

국제 환경정책과 표준

UN기후변화협약(UNFCCC), 국제표준화기구(ISO), 전 세계 정부와 같은 조직은 기업이 자재 폐기에서 온실가스(GHG) 배출 감소에 이르기까지 환경 영향을 줄이도록 안내하고 있다. 일부 정부는 기업에게 GHG 배출량에 따라 세금을 납부하도록 함으로써 GHG 배출을 전면적으로 감축하도록 명령하는 법률을 시행하고 있다. 이제 기업이 상품과 서비스를 운영, 제조, 배포하는 방법에 적용되는 일부 국제 표준에 대한 개요를 제공한다.

유럽연합 배출권거래시스템 유럽연합(EU)은 기후 변화에 대처하기 위해 EU 배출권거래시스템(EUETS)을 개발하고 구현했다. 이것은 EU에서 산업 온실가스 배출을 줄이기 위한 핵심 도구이다. EUETS는 '캡 앤드 트레이드(cap-and-trade)' 원칙에 따라 작동한다. 이는 EU 영공의 공장, 발전소, 항공사에서 배출할 수 있는 특정 GHG의 총량에 상한 또는 제한이 있음을 의미한다. 이 한도 내에서 회사는 필요에 따라 서로에게 판매하거나 구매할 수 있는 배출 허용량을 받는다.

ISO 14001
ISO에서 제정한 일련의 환경 관리 표준

ISO 50001
에너지 성능 향상을 위한 환경 표준

ISO 14001과 50001 국제표준화기구(ISO)는 ISO 9000 품질 보증 표준에 대한 기여로 널리 알려져 있다(6장에서 논의). **ISO 14001**과 **ISO 50001** 제품군은 지속가능한 개발이라는 UN 및 정부 목표를 지원하려는 ISO의 약속에서 비롯되었다. ISO 14001은 (1) 환경 관리, (2) 감사, (3) 성능 평가, (4) 라벨링, (5) 수명주기 평가라는 다섯 가지 핵심 요소를 포함하는 일련의 환경 관리 표준이다. 보다 최근에 도입된 ISO 50001은 에너지 소비의 효율성 및 보안뿐만 아니라 에너지 사용 개선을 위한 기준을 제시한다. 이러한 표준은 주로 온실가스(이산화탄소) 배출 감소를 위해 노력하는 동시에 기업이 에너지 사용과 비용을 줄일 수 있도록 지원한다. ISO 50001은 ISO 14001과 함께 작동하도록 설계되었다. 주요 목표는 기업과 개인이 우수한 에너지 절감 관행의 필요성에 대한 지

OM in Action ISO 14001 및 ISO 50001이 적용된 스바루의 깨끗하고 친환경적인 바퀴 세트

'친환경'의 시작은 보잘것없었다. 신문지, 탄산음료 캔과 병, 골판지 포장지 등을 재활용 쓰레기통에 버리는 것들이었다. 비슷하게, 인디애나주 라피엣에 소재한 스바루의 공장에서도, 북미 최초의 완전 무폐기물 자동차 공장이 되는 과정은 직원들이 공장 전체에 있는 용기에 이러한 물건들을 넣는 것으로 시작되었다. 그 후 직원에게 권한이 부여되었다. "우리는 재활용 노력을 개선하기 위해 268건의 제안을 받았다"고 플랜트 ISO 환경 준수 리더인 데니스 쿠건(Denise Coogan)은 말했다.

어떤 아이디어들은 다루기 쉬웠다. "재활용업자들이 플라스틱 수축 랩과 함께, 몇몇 컬러 수축 랩을 가져가지 않는다는 것을 발견했다. 그래서 우리는 다시 판매업자에게 가서 깨끗한 수축 포장만 요청했다"고 쿠건은 말했다. 몇몇 제안은 훨씬 더 더러웠다. "우리가 버리는 것이 무엇인지 그리고 그것으로 무엇을 할 수 있는지 보기 위해 쓰레기통을 파헤치러 갔다."

스바루가 마지막으로 배출한 쓰레기는 7년 전에 매립지로 옮겨졌다. 그 이후로, 발전소로 들어가는 모든 것은 결국 사용 가능한 제품으로 빠져나간다. 쿠건은 이렇게 덧붙였다. "우리는 '0'을 재정의하지 않았다. 0은 0을 의미한다. 제조 공정에서 나오는 어떤 것도 매립지로 가지 않는다."

스바루 공장은 지난해에만 철강 13,142톤, 종이제품 1,448톤, 플라스틱 194톤, 용제에 젖은 누더기 10톤, 전구 4톤을 재활용했다. 그렇게 함으로써 29,200그루의 나무, 67만 갤런의 석유, 34,700갤런의 가스, 1,000만 갤런의 물, 5,300만 와트의 전기를 절약할 수 있었다. '친환경으로 가는 것'은 쉽지 않지만, 할 수 있다!

출처: Chase.com/news(November 10, 2017); *IndyStar*(May 10, 2014); *Businessweek*(June 6, 2011).

속적인 인식을 유지하고 잠재적인 에너지 절감을 식별하도록 돕는 것이다. ISO 표준에는 다음과 같은 몇 가지 장점이 있다.

- 긍정적인 대중 이미지와 책임에 대한 노출 감소
- 제품 및 활동의 생태학적 영향 최소화를 통한 오염 방지에 대한 체계적인 접근
- 규제 요건 준수 및 경쟁 우위 확보

ISO 지속가능성 표준은 155개국 200,000개 이상의 조직에서 시행되고 있다. 이를 수행한 기업은 원자재/자원 사용 감소, 에너지 소비 감소, 유통 비용 절감, 기업 이미지 개선, 공정 효율성 개선, 폐기물 생성 및 처리 비용 감소, 회수 가능한 자원 활용 개선과 같은 환경 및 경제적 이점을 보고한다.

ISO 14001과 ISO 50001은 기업이 활동으로 인해 환경에 미치는 유해한 영향을 최소화하도록 지침을 제공한다. OM in Action 'ISO 14001 및 ISO 50001이 적용된 스바루의 깨끗하고 친환경적인 바퀴 세트'는 ISO 환경 표준의 적용이 증가하고 있음을 보여준다.

요약

기업이 생존 가능하고 경쟁력을 갖추기를 원한다면 기업의 사회적 책임과 지속가능성에 대한 전략이 있어야 한다. 운영 및 공급사슬 관리자는 자신이 기업의 지속가능성 목표에 중요한 역할을 한다는 것을 알고 있다. 그들의 행동은 모든 이해관계자에게 영향을 미친다. 그들은 많은 환경 규정을 준수하면서 수익성 있는 고객 만족 제품을 설계, 생산, 납품, 처분하는 새롭고 혁신적인 방법을 지속적으로 모색해야 한다. 운영 및 공급사슬 관리자의 전문 지식과 헌신이 없으면 기업은 지속가능성 의무를 이행할 수 없다.

핵심 용어

경제적 지속가능성(economic sustainability)
공유 가치(shared value)
기업의 사회적 책임(corporate social responsibility, CSR)
수명주기 평가(life cycle assessment)
순환 경제(circular economy)
지속가능성(sustainability)
탄소 발자국(carbon footprint)
폐쇄 루프 공급사슬(closed-loop supply chain)
ISO 14001
ISO 50001

토론 문제

1. 기업이 기업의 사회적 책임을 실천해야 하는 이유는 무엇인가?
2. 온라인상에서 유명한 회사의 지속가능성에 대한 진술을 찾아내고 회사의 정책을 분석하라.
3. 지속가능성을 설명하라.
4. 순환 경제를 논의하라.
5. ISO 14000의 (a) 다섯 가지 핵심 요소, (b) 장점, (c) 환경과 경제적 이익을 정리하라.
6. 기업을 친환경으로 어떻게 분류하는가?
7. 지속가능한 비즈니스 관행이 중요한 이유는 무엇인가?

문제 해결

문제 해결 S5.1

Superior Electronics 설계 팀은 모바일 오디오 플레이어를 만들고 있으며 두 가지 설계 대안 중 하나를 선택해야 한다. 더 높은 수익 회수 기회를 달성함으로써 환경 설계를 개선할 수 있는 방법은 무엇인가?

해결책

설계 팀은 단위당 재판매 수익, 단위당 재활용 수익, 단위당 처리 비용 및 단위당 폐기 비용을 수집해 각 설계에 대한 수익 회수를 계산한다.

설계 1

부품	단위당 재판매 수익	단위당 재활용 수익	단위당 처리 비용	단위당 폐기 비용
튜너	4.93달러	2.08달러	2.98달러	0.56달러
스피커	0.00	0.00	4.12	1.23
케이스	6.43	7.87	4.73	0.00
총합	11.36달러	9.95달러	11.83달러	1.79달러

설계 2

부품	단위당 재판매 수익	단위당 재활용 수익	단위당 처리 비용	단위당 폐기 비용
튜너	6.91달러	4.92달러	3.41달러	2.13달러
케이스	5.83	3.23	2.32	1.57
앰프	1.67	2.34	4.87	0.00
스피커	0.00	0.00	3.43	1.97
총합	14.41달러	10.49달러	14.03달러	5.67달러

다음 식 (S5-1)을 이용해 두 가지 설계 대안을 비교한다.

수익 회수 = 총 재판매 수익 + 총 재활용 수익 − 총 처리비용 − 총 폐기비용

수익 회수 설계 1 = 11.36 + 9.95 − 11.83 − 1.79 = 7.69달러

수익 회수 설계 2 = 14.41 + 10.49 − 14.03 − 5.67 = 5.20달러

설계 1은 제품의 수명이 다했을 때 설계에서 가장 많은 수익을 얻는다.

문제 해결 S5.2

하이포인트시는 지역 학교 시스템을 위해 새로운 스쿨버스를 구입하고 있다. 하이포인트는 관심이 가는 두 가지 스쿨버스 모델을 발견했다. 이글 무버(Eagle Mover)는 평균 연비가 갤런당 10마일로 디젤 연료를 구입해 사용하는 데 80,000달러가 든다. 이글 무버의 운영비는 마일당 0.28달러이다. 하이브리드 버스인 옐로 트랜스포트(Yellow Transport)는 디젤 연료와 배터리 전력을 구입하고 사용하는 데 105,000달러가 들며 갤런당 평균 22마일을 주행한다. 옐로 트랜스포트의 운영비는 마일당 0.32달러이다. 연간 주행 거리는 25,000마일로 결정되며, 각 버스의 예상 수명은 10년이다. 평균 경유 가격은 갤런당 3.50달러이다.

해결책

(a) 수명주기 비용을 기준으로 볼 때 어떤 버스가 더 나은 선택인가?

이글 무버

$$80{,}000\text{달러} + \left[\frac{25{,}000\dfrac{\text{마일}}{\text{년}}}{10\dfrac{\text{마일}}{\text{갤런}}}\right](3.50\text{달러}/\text{갤런})(10\text{년}) + \left(25{,}000\frac{\text{마일}}{\text{년}}\right)(.28\text{달러}/\text{마일})(10\text{년})$$

$$= 80{,}000\text{달러} + 87{,}500\text{달러} + 70{,}000\text{달러} = 237{,}500\text{달러}$$

옐로 트랜스포트

$$105{,}000\text{달러} + \left[\frac{25{,}000\dfrac{\text{마일}}{\text{년}}}{22\dfrac{\text{마일}}{\text{갤런}}}\right](3.50\text{달러}/\text{갤런})(10\text{년}) + \left(25{,}000\frac{\text{마일}}{\text{년}}\right)(.32\text{달러}/\text{마일})(10\text{년})$$

$$= 105{,}000\text{달러} + 39{,}773\text{달러} + 80{,}000\text{달러} = 224{,}773\text{달러}$$

옐로 트랜스포트가 더 나은 선택이다.

(b) 학교 지구는 비용이 같기 위해 버스에 몇 마일을 책정해야 하는가?

M을 마일 단위의 손익분기점이라고 하고 방정식을 서로 동일하게 설정하고 M에 대해 푼다.

이글 무버의 총비용 = 옐로 트랜스포트의 총비용

$$80{,}000\text{달러} + \left[\frac{3.50\dfrac{\text{달러}}{\text{갤런}}}{10\dfrac{\text{마일}}{\text{갤런}}} + .28\frac{\text{달러}}{\text{마일}}\right](M\text{마일}) = 105{,}000\text{달러} + \left[\frac{3.50\dfrac{\text{달러}}{\text{갤런}}}{22\dfrac{\text{마일}}{\text{갤런}}} + .32\frac{\text{달러}}{\text{마일}}\right](M\text{마일})$$

$$80{,}000\text{달러} + \left(.630\frac{\text{달러}}{\text{마일}}\right)(M) = 105{,}000\text{달러} + \left(.479\frac{\text{달러}}{\text{마일}}\right)(M)$$

$$\left(.151\frac{\text{달러}}{\text{마일}}\right)(M) = 25{,}000\text{달러}$$

$$M = \frac{25{,}000\text{달러}}{.151\dfrac{\text{달러}}{\text{마일}}} = 165{,}563\text{마일}$$

(c) 교차점은 몇 년인가?

$$\text{교차점} = \frac{165{,}563\text{마일}}{25{,}000\dfrac{\text{마일}}{\text{년}}} = 6.62\text{년}$$

연습 문제

Px 윈도우용 POM 또는 엑셀 OM으로 문제를 해결할 수 있음

문제 S5.1~S 5.19는 지속가능성을 위한 설계 및 생산과 관련이 있다.

•• **S5.1** Brew House는 두 가지 커피 메이커 설계인 중 어느 것이 환경적으로 더 좋은지 결정해야 한다. 다음 표를 사용해 더 나은 설계 대안을 결정하라.

브루 마스터

부품	단위당 재판매 수익	단위당 재활용 수익	단위당 처리 비용	단위당 폐기 비용
금속 프레임	1.65달러	2.87달러	1.25달러	0.75달러
타이머	0.50	0.00	1.53	1.45
플러그/코드	4.25	5.65	6.22	0.00
커피포트	2.50	2.54	2.10	1.35

브루 미니

부품	단위당 재판매 수익	단위당 재활용 수익	단위당 처리 비용	단위당 폐기 비용
플라스틱 프레임	1.32달러	3.23달러	0.95달러	0.95달러
플러그/코드	3.95	4.35	5.22	0.00
커피포트	2.25	2.85	2.05	1.25

•• **S5.2** 문제 S5.1의 정보를 사용해 브루하우스가 브루 미니 모델에 타이머를 추가하기로 결정했다면 어떤 설계 대안이 더 나은 환경적 선택인가? 타이머 수익 및 비용은 브루 마스터와 동일하다.

•• **S5.3** 문제 S5.1의 정보를 사용해 브루하우스가 브루 마스터 모델에서 타이머를 제거하기로 결정했다면 어떤 설계 대안이 더 나은 환경적 선택인가?

•• **S5.4** 소규모 상업 회사가 영업 사원을 위해 자동차를 사려 한다. 광범위한 시장 조사를 거친 후 회사는 다음 표에 제공된 정보를 기반으로 다음 두 차량 중 어느 차량을 선택할지 결정하려고 한다. 두 자동차 대안을 비교하고 추정하라.

특징	자동차 1	자동차 2
구매비용(유로)	21,000	23,000
운영비용(마일당 유로)	0.14	0.10
평균 연비(마일/갤런)	33	36
평균 연료가격	갤런당 4.1유로	
연간 주행거리	16,000마일	
차의 유효수명	4년	

(a) 각 자동차의 총 수명주기 비용

(b) 교차점(마일)

(c) 교차점(년)

•• **S5.5** 문제 S5.4에서는 도시 교통에서 자동차를 사용해 연비를 결정했다. 자동차가 평균 효율성이 있는 고속도로 여행에 사용되는 경우 각 대안의 총 수명주기 비용과 교차점을 마일과 연 단위로 추정하라. 자동차 1과 자동차 2의 경우 각각 갤런당 44마일과 47마일이다.

•• **S5.6** 문제 S5.4를 반복하지만 지금은 평균 연료 가격이 마일당 3.8달러이다.

•• **S5.7** 상당한 양의 재활용 가능한 폐기물이 발생하는 지방자치단체에서 폐기물 수집가에게 재활용품을 책임지고 판매해 추가 수입을 창출할 수 있도록 허가했다. 이제 도시는 모든 폐기물을 체계적으로 수거하는 환경 폐기물 관리 프로그램을 수립하고자 한다. 이러한 방식으로 재활용품 판매 및 퇴비 판매와 같은 다양한 출처에서 판매를 창출할 것이다. 필요한 투자는 100,000유로로 추산된다. 프로그램을 실행하기 위해 도시 경영진은 다음 세 가지 대안을 조사한다.

대안 1: 도시에서 이 프로그램에 대한 전적인 책임을 지며 폐기물 수집가를 고용하지 않는다. 비용 및 매출은 다음과 같다.

- 고정비용 = 100,000유로
- 변동비용 = 월 5,000유로
- 퇴비 판매로 발생한 매출 = 월 7,000유로

대안 2: 시가 프로그램에 대한 전적인 책임을 지고 폐기물 수집가도 고용한다. 이제 가변비용이 월 2,000유로로 줄어든다(폐기물 수집가를 위한 두 번째 직업).

대안 3: 시가 프로그램에 대한 전적인 책임을 지고 폐기물 수집가도 고용한다. 중앙정부는 매월 1,000유로의 보조금을 프로그램에 지급한다.

이러한 각 대안에 대해 투자를 충당하는 데 걸린 시간(개월 단위)을 계산하라.

•• **S5.8** 문제 S5.7에서는 도시가 프로그램에 대한 전적인 책임을 지고 월 1,000유로의 가변비용으로 다수의 지역 사람들을 고용하는 또 다른 대안(대안 4)이 조사된다. 또한, 사회적 책임의 정신으로 지역 주민들이 모든 이윤을 향유하지만 월 2,000유로의 부담금을 도시에 지불하는 계획을 시작한다. 이 대안은 다른 세 가지와 어떻게 비교되는가?

•• **S5.9** 메르세데스(Mercedes)는 2개의 윈드쉴드 공급업체 중 분해를 위한 더 나은 환경 설계를 제공하는 업체를 평가하고 있다. 아래 표를 사용해 PG 글래스(PG Glass)와 글래스 언리미티드(Glass Unlimited) 중에서 선택하라.

PG 글래스

부품	단위당 재판매 수익	단위당 재활용 수익	단위당 처리 비용	단위당 폐기 비용
유리	12달러	10달러	6달러	2달러
철골	2	1	1	1
고무단열재	1	2	1	1

글래스 언리미티드

부품	단위당 재판매 수익	단위당 재활용 수익	단위당 처리 비용	단위당 폐기 비용
반사 유리	15달러	12달러	7달러	3달러
알루미늄	4	3	2	2
고무단열재	2	2	1	1

•• **S5.10** 환경을 생각하는 수잔은 새 전기 자동차가 마일당 6온스의 온실가스(GHG)를 생성할 뿐이지만 표준 내연 기관 자동차는 2배인 마일당 12온스라고 들었다. 그러나 전기 자동차의 특성은 새로운 기술과 전기 배터리가 만들어낼 3만 파운드의 GHG

와 재활용을 위해 또 다른 1만 파운드의 GHG를 생성하는 것이다. 표준 자동차 1대가 생산하는 GHG는 14,000파운드밖에 되지 않으며, 기존 기술을 이용한 재활용은 1,000파운드에 불과하다. 수잔은 자신의 결정이 라이프 사이클에 미치는 영향을 고려하는 시스템 접근에 관심이 있다. 온실가스를 줄이는 데 가장 바람직한 결정이 되려면 그녀는 자동전기차를 몇 마일 운전해야 하는가?

••• **S5.11** 남부 조지아 학교 지구는 53대의 프로판 연료 스쿨버스 주문을 고려하고 있다. "이 버스는 더 건강하고, 더 깨끗하게 연소되며, 디젤 버스보다 훨씬 조용하다"고 학교 관리자가 말했다. 프로판 버스는 또한 가솔린 버스에 비해 22%, 디젤 버스에 비해 6% 온실가스를 줄인다. 그러나 프로판 모델의 경우 103,000달러로, 디젤 동급 모델보다 15,000달러 더 많은 프리미엄을 받는다.

프로판 버스 운영비용(연료비용 이상)은 마일당 30센트이며 디젤의 경우 40센트이다. 디젤 연료 비용은 조지아에서 갤런당 약 2달러로 프로판보다 약 1달러 비싸다. 버스 마일리지는 프로판 모델의 경우 12mpg이고 디젤의 경우 10mpg이다. 해당 지역의 스쿨버스 수명은 평균 9년이며, 지역이 워낙 크고 시골이기 때문에 각 버스는 연평균 30,000마일을 이동한다.

수명주기 분석에 따르면 어떤 버스가 더 나은 선택인가?

•• **S5.12** 잔디 장비 제조업체인 Green Forever는 2개의 잔디 다듬기 설계를 위한 예비 도면을 가지고 있다. 샬라 프랠리(Charla Fraley)의 일은 어느 것이 환경적으로 더 좋은지 결정하는 것이다. 그녀는 다음 데이터를 사용해 회사가 결정을 내리는 데 도움을 줄 것이다.

(a) GF 디럭스(GF Deluxe)의 수익 회수
(b) 프리미엄 메이트(Premium Mate)의 수익 회수
(c) 수익 회수 기반 설계 대안으로는 어떤 모델이 더 나은가?

GF 디럭스

부품	단위당 재판매 수익	단위당 재활용 수익	단위당 처리 비용	단위당 폐기 비용
금속 드라이브	3.27달러	4.78달러	1.05달러	0.85달러
배터리	0.00	3.68	6.18	3.05
모터 하우징	3.93	2.95	2.05	1.25
트림 헤드	1.25	0.75	1.00	0.65

프리미엄 메이트

부품	단위당 재판매 수익	단위당 재활용 수익	단위당 처리 비용	단위당 폐기 비용
금속 드라이브	3.18달러	3.95달러	1.15달러	0.65달러
배터리	0.00	2.58	4.98	2.90
모터 하우징	4.05	3.45	2.45	1.90
트림 헤드	1.05	0.85	1.10	0.75

•• **S5.13** Green Forever(문제 S5.12 참조)는 비용 및 수익 추정치가 포함된 자동 스트링 피더 시스템을 추가하기로 결정했으며 아래 표와 같이 GF 디럭스 모델에 적용된다.

(a) 각 모델에 대한 새 수익 검색 값은 얼마인가?
(b) 어떤 모델이 더 나은 환경 설계 대안인가?

부품	단위당 재판매 수익	단위당 재활용 수익	단위당 처리 비용	단위당 폐기 비용
스트링 피더 시스템	1.05달러	1.25달러	1.50달러	1.40달러

•• **S5.14** Green Forever의 과제(문제 S5.12 참조)는 프리미엄 메이트에 다른 배터리를 사용하는 경우 어떤 설계 대안이 더 나은 환경 선택인지 결정하는 것이다. 대체 배터리 수익 및 비용은 다음과 같다.

부품	단위당 재판매 수익	단위당 재활용 수익	단위당 처리 비용	단위당 폐기 비용
배터리	0.00달러	3.68달러	4.15달러	3.00달러

(a) GF 디럭스의 수익 회수는 무엇인가?
(b) 프리미엄 메이트의 수익 회수는 무엇인가?
(c) 더 나은 환경 설계 대안은 무엇인가?

•• **S5.15** Hartley Auto Supply는 지역 자동차 서비스 센터에 부품을 배송하고 배송 차량을 교체하고 있다. 다음 표에 제공된 정보를 고려할 때 이 가솔린 엔진 트럭의 총 차량 수명주기 비용은 얼마인가?

차량 구매비용	25,000달러
거리당 차량 운영비용	0.13달러
차량의 유효수명	10년
연간 거리	18,000
연비	25
갤런당 평균 연료가격	2.55달러

•• **S5.16** 문제 S5.15의 데이터와 아래에 표시된 사양을 가진 대체 하이브리드 차량이 주어졌을 때

(a) 교차점은 몇 마일인가?
(b) 교차점에 도달할 때까지 비용이 가장 저렴한 차량은 무엇인가?

차량 구매비용	29,000달러
거리당 차량 운영비용	0.08달러
차량의 유효수명	10년
연간 거리	18,000
연비	40
갤런당 평균 연료가격	2.55달러

• **S5.17** 문제 S5.16에서 발견된 마일 단위의 교차점에 기초해, 이 점은 몇 년 후인가?

•• **S5.18** 문제 S5.16의 데이터를 사용해 휘발유 가격이 갤런당 3.00달러로 상승했다면 새로운 교차점(마일)은 얼마인가?

• **S5.19** 문제 S5.18의 새로운 교차점을 사용할 때, 그 점에 도달하는 데 몇 년이 걸리는가?

사례 연구

올랜도 매직 암웨이 센터의 지속가능성 구축

암웨이 센터가 2011년 올랜도에 문을 열었을 때 국내 최초의 에너지 및 환경 설계(LEED) 골드 인증을 받은 프로 농구 경기장이 되었다. 올랜도 매직의 경영진이 새로운 최첨단 스포츠 및 엔터테인먼트 센터를 위한 계획을 세우는 데 10년이 걸렸다. 커뮤니티는 엔터테인먼트 센터뿐만 아니라 활성화된 도심 위치에서 선보일 환경적으로 지속가능한 건물을 받았다. "우리는 건설에 가장 지속가능한 조치를 도입해 운영하여 우리 지역사회와 환경에 좋은 파트너가 될 수 있도록 하고 싶었다"라고 CEO 알렉스 마틴스(Alex Martins)는 말한다. 새로운 875,000제곱피트 규모의 시설(기존 암웨이 아레나의 거의 3배)은 이제 다른 스포츠 시설의 벤치마크가 되었다.

다음은 LEED 인증 획득에 도움이 된 암웨이 센터 프로젝트의 몇 가지 요소이다.

- 건물의 지붕은 반사 및 단열재를 사용해 주간 열 획득을 최소화하도록 설계되었다.
- 빗물과 에어컨의 응축수를 모아 관개용으로 사용한다.
- 저유량 이중 수세식 화장실을 포함한 고효율 화장실 사용을 통해 유사한 경기장보다 40% 적은 물을 사용한다(연간 800,000갤런 절약).
- 고효율 냉난방 시스템을 사용해 20%의 에너지를 절약했다(연간 약 750,000달러 절감).
- 센터는 환경 친화적인 건축자재를 사용했으며 매립될 목재, 강철, 콘크리트 건설 폐기물의 83%를 재활용했다.
- 하이브리드 및 기타 에너지 효율적인 차량을 위한 우선 주차 공간이 있다.
- 센터는 친환경 청소용품을 사용해 관리하고 있다.

LEED 인증이란 전국적으로 인정되는 벤치마크 프로그램인 미국그린빌딩위원회(U.S. Green Building Council)에서 시설 등급을 매길 때 5개 환경 조치와 1개 설계 조치를 충족해야 함을 의미한다. 종류는 부지의 지속가능성, 물 효율성, 에너지, 재료/자원, 실내 환경 품질, 설계 혁신이다.

그밖의 암웨이 센터 설계 기능에는 효율적인 접수 도크, 식품 저장 배치, 장소 전환 시스템이 포함된다. 중앙 제어실에서 제어되는 대규모 LED 전자 간판 역시 운영비용 절감에 기여한다. 운영 관리 관점에서 이러한 절감과 물 및 에너지 사용량 감소로 인한 상당한 지속적인 절감을 결합하면 연간 운영비용을 크게 절감할 수 있다. 마틴스는 "LEED 인증은 환경뿐만 아니라 전반적인 비즈니스에도 도움이 된다고 생각한다"고 말한다.

토론 문제

1. 당신의 지역에서 LEED 인증 건물을 찾아 암웨이 센터의 기능과 비교하라.
2. 골드 LEED 등급을 획득하려면 시설에서 무엇을 해야 하는가? 기존의 다른 등급은 무엇인가?
3. 올랜도 매직은 왜 새 건물에서 '친환경'을 하기로 결정했는가?

프리토레이의 친환경 제조 및 지속가능성

수십억 달러 규모의 스낵 식품 대기업인 프리토레이는 41개의 잘 알려진 브랜드를 생산하기 위해 막대한 양의 물, 전기, 천연가스와 연료가 필요하다. 증가하는 환경 문제에 발맞추어 프리토레이는 환경 친화적인 스낵을 생산하기 위한 야심 찬 계획을 시작했다. 하지만 환경 친화적인 간식도 자원이 필요하다. 환경적 영향을 인식하고 있는 이 기업은 자원 감소 및 지속가능성에 대한 주요 이니셔티브를 가진 공격적인 '친환경 제조업체'이다.

예를 들어 회사의 에너지 관리 프로그램에는 직원들이 에너지 소비를 줄이는 데 참여하도록 설계된 다양한 요소가 포함된다. 이러한 요소에는 직원에게 권한을 부여하고 성과를 인정하는 성과 기록표 및 맞춤형 실행 계획이 포함된다.

애리조나주 카사그란데에 있는 프리토레이의 공장에는 매일 500,000파운드 이상의 감자가 도착해 세척, 슬라이스, 튀김, 양념을 한 뒤 레이즈(Lay's)와 러플스(Ruffles) 봉지에 나뉘어 담긴다. 이 공정은 엄청난 양의 에너지를 소비하고 막대한 양의 폐수, 전분, 감자 껍질을 생성한다. 프리토레이는 발전소를 전력망에서 분리해 재생 가능한 연료와 재활용된 물로 거의 전적으로 가동할 계획이다. 카사 그란데 공장의 관리자는 인공조명의 필요성을 줄이기 위해 회의실, 사무실, 완제품 창고에도 채광창을 설치했다. 연료 효율이 더 높은 오븐은 배기 스택에서 열을 회수한다. 감자 조각에서 수분을 끌어내 물을 회수하고 감자 칩을 요리하는 데 필요한 열량을 줄이는 진공 호스도 사용된다.

프리토레이는 또한 50에이커 이상의 태양열 집광기를 건설했다. 캘리포니아 모데스토(Modesto) 공장 뒤편에 태양광 발전 시설이 있다. 태양광 발전은 열로 변환되어 썬칩(Sun Chips)을 요리하는 데 사용된다. 농업 폐기물을 태울 바이오매스 보일러도 추가 재생 연료를 제공할 계획이다.

프리토레이는 감자를 헹구고 씻는 데 사용하는 대부분의 물을 재활용하는 첨단 필터를 설치하고 있다. 또한 옥수수 부산물을 재활용해 도리토스(Doritos)와 기타 스낵을 만든다. 전분은 주로 동물 사료로 재생되어 판매되며 남은 슬러지는 연소되어 식물 보일러를 가동하기 위한 메탄가스를 생성한다.

잠재적인 에너지 절약 외에도 이점이 있다. 다른 많은 대기업과 마찬가지로 프리토레이는 소비자가 환경 문제에 더 집중하게 됨에 따라 녹색 자격 증명을 확립하기 위해 노력하고 있다. 마케팅 기회도 있다. 예를 들어 이 회사는 인기 있는 스낵인 썬칩이 태양 에너지를 사용해 만들어졌다고 광고한다.

프리토레이의 플로리다 공장에서는 폐기물의 3.5%만이 매립지로 보내지지만 이는 여전히 연간 150만 파운드이다. 목표는 매립지 폐기물 제로이다. 스낵 식품 제조업체는 지속적인 환경 준수 기록을 유지하고 이 시설에서 줄이기, 재사용 및 재활용을 위한 새로운 약속을 함으로써 국가 환경성과 태스크 프로그램(National Environmental Performance Task Program)에서 그 자리를 얻었다.

생산에서 상당한 자원 감소가 이루어졌다. 프리토레이의 34개 미국 공장에서 21%의 에너지 절감 효과가 있다. 그러나 자원 절감을 위한 싸움은 계속되고 있다. 이 회사는 또한 생분해성 포장, 조미료 가방, 캔, 병으로 이동하고 있다. 이러한 다년 계획은 비용이 많이 들지만 모회사인 펩시코의 기업 임원뿐만 아니라 최고 수준의 프리토레이의 지원을 받는다.

토론 문제

1. 프리토레이와 같은 기업이 환경 발자국을 줄이기 위해 압력을 가하는 원인은 무엇인가?
2. 프리토레이가 '친환경 제조업체'가 되기 위해 사용하는 특정 기술을 식별하라.
3. 다른 회사를 선택해 프리토레이의 친환경 정책과 비교하라.

셀러브리티크루즈의 'Save The Waves'

'프리미엄 크루즈' 업계의 선두주자로 명성을 얻고 있는 셀러브리티크루즈는 2013년에 환경 지속가능성에서도 업계 리더가 되기로 결정했다. 셀러브리티의 'Save The Waves' 프로그램은 처음에 정부의 '감소, 재사용, 재활용' 정책 준수를 높이기 위해 설정되었다. 그러나 셀러브리티의 'Above and Beyond Compliance(ABC)' 철학은 회사가 법률이 부과한 것 이상으로 개선할 것을 약속했으며, 종종 연방 의무 요구사항보다 몇 년 앞서 있다. 또한 각 배에 환경 책임자를 두고 있다.

셀러브리티는 어떻게 지속가능성 목표에 도달할까? 수석 부사장인 패트릭 댈그런(Patrik Dahlgren)은 "수년에 걸쳐 측정하는 것이 더 좋아진다는 것을 배웠다. 따라서 이러한 목표는 측정 가능하지만 야심 찬 것이다"라고 말한다. "첫째, 우리는 가능한 한 폐기물을 줄이는 것을 목표로 한다. 우리는 포장재를 줄이고 지속가능한 자원을 사용하기 위해 공급업체와 협력한다. 둘째, 우리는 타월과 침대 시트의 세탁을 줄이기 위해 승객과 협력하는 것처럼 컨테이너 반환 프로그램에 참여하고 우리 선박을 위한 기부 데이터베이스를 구축해 자재를 재사용한다. 작년에 우리는 매트리스, 수건, 가구 품목 수만 개를 기부했다. 그렇지 않았다면 매립지로 갔을 것이다. 셋째, 재활용한다. 선박에 실린 모든 쓰레기는 재활용 여부를 결정하기 위해 승무원이 직접 분류한다."

셀러브리티의 선박은 이제 해양으로 배출되지 않는 정책으로 운영 폐기물의 100%를 재활용할 수 있다. 그리고 셀러브리티의 폐기물 제로 목표에 따라 공급업체는 재사용 및 반환 가능한 용기에 식품과 세제를 공급할 것으로 예상된다. 재활용된 총 폐기물은 2008년 이후 매년 200만 파운드에서 3,000만 파운드 이상으로 증가했다.

2012년까지 셀러브리티의 모든 선박은 선진 고급 정수(AWP) 시스템(선박 건조 가격에 1~1.5% 추가)을 설치했다. 그들의 임무는 '중수(gray water, 샤워, 세탁실, 수영장, 스파, 주방에서 발생하는 유출수)'와 '오수(black water, 화장실 및 의료 시설의 배수)'

를 처리하는 것이다. AWP 시스템은 대부분의 도시에서 물보다 깨끗하고 법에서 요구하는 것보다 깨끗한 산출물을 생산한다.

셀러브리티는 건축가 및 조선소와 협력해 에너지를 절약하고 3년 동안 투자를 회수할 수 있는 에너지 효율성에 대한 새로운 방법도 찾았다. 조선소의 혁신을 장려하기 위해 셀러브리티는 혁신으로 인한 새 선박의 첫해 전체 연료 절감액을 건조자에게 재정적 보상으로 할당한다. 셀러브리티의 목표는 새로운 등급의 선박이 있을 때마다 연료를 20% 줄이는 것이다. 고급 배출 정화 시스템인 '스크러버(scrubbers)'는 이산화황 배출을 98% 감소시킨다. 엔진 사용을 최적화하는 새로운 속도 관리 소프트웨어가 2013년에 출시되었다. 이 장의 앞부분에 소개된 그림 S5.3은 진행 중인 다양한 'Save The Waves' 이니셔티브를 보여준다.

토론 문제

1. 크루즈 라인 지속가능성 프로그램은 해안 호텔의 지속가능성 프로그램과 어떻게 유사하고 어떻게 다른가?
2. 크루즈 산업의 어떤 환경적 사건이 친환경 노력을 촉발했는가?
3. 지속가능성 측면에서 셀러브리티를 다른 크루즈 라인과 비교하라.
4. '스크러빙' 시스템의 목적은 무엇인가?

미주

1. 이 보충 자료에 도움을 준 애팔래치아주립대학교의 스티브 레온(Steve Leon) 박사에게 감사드린다.
2. 관련 논의는 다음을 참조하라. M. E. Porter and M. R. Kramer, "Creating Shared Value," *Harvard Business Review* Endnotes (Jan.-Feb. 2011) and M. Pfitzer, V. Bockstette, and M. Stamp, "Innovating for Shared Values," *Harvard Business* Review (Sept. 2013).

참고문헌

Ambec, Stefan, and Paul Lanoie. "Does It Pay to Be Green? A Systematic Overview." *Academy of Management Perspectives* 22, no. 4 (November 2008): 13–20.

Banerjee, S. B. "Embedding Sustainability Across the Organization: A Critical Perspective." *Academy of Management, Learning & Education* 10, no. 4 (December 2011): 719–731.

Haugh, Helen M., and A. Talwar. "How Do Corporations Embed Sustainability Across the Organization?" *Academy of Management, Learning & Education* 9, no. 3 (September 2010): 384–396.

Laszlo, Chris, and N. Zhexembayeva. *Embedded Sustainability.* Stanford, CA: Stanford University Press, 2011.

Munson, Chuck (ed.), *The Supply Chain Management Casebook: Comprehensive Coverage and Best Practices in SCM*. Upper Saddle River, NJ: FT Press, 2013.

Nidumolu, Ram, C. K. Prahalad, and M. R. Rangaswami. "Why Sustainability Is Now the Key Driver of Innovation." *Harvard Business Review* 87, no. 9 (September 2009): 56–64.

Stoner, J. A. F., and C. Wankel (Ed). *Global Sustainability Initiatives.* Charlotte, NC: Information Age Publishing, 2008.

Supplement 5 Rapid Review

절 제목	내용 훑어보기
기업의 사회적 책임	관리자는 기업이 만드는 제품과 서비스가 기업이 운영하는 환경과 사람에게 어떤 영향을 미치는지 고려해야 한다. ■ **기업의 사회적 책임(CSR)**: 환경적, 사회적, 재정적 영향을 고려한 경영적 의사결정 ■ **공유 가치**: 조직의 경쟁력을 향상하는 동시에 조직이 운영되는 지역사회에서 경제적, 사회적 조건을 향상하는 정책 및 관행 개발
지속가능성	■ **지속가능성**: 미래 세대의 필요 충족 능력에 영향을 주지 않고 현재의 필요를 충족하는 것 시스템 관점: 필요한 자원을 포함해 설계에서 폐기까지 제품의 수명을 살펴본다. 공용: 공중이 보유하고 있는 생산 시스템의 입력 또는 자원이다. 세 가지 핵심: 시스템은 사람, 지구, 이윤의 세 가지 핵심을 지원해야 한다. 직원(people)을 지원하기 위해 많은 회사가 근무 환경에서의 안전, 임금, 주당 근로시간을 평가한다. 애플, GE, P&G, 월마트는 지속가능성 목표를 확실히 달성하기 위해 공급업체에 대한 감사를 실시한다. 지구(planet)를 지원하기 위해 운영 관리자는 운영의 환경 영향을 줄일 수 있는 방법을 찾는다. ■ **탄소 발자국**: 조직, 제품, 이벤트 또는 개인에 의해 직간접적으로 야기된 총 온실가스 배출량을 나타내는 척도 ■ **경제적 지속가능성**: 수익을 창출하기 위해 희소 자원을 적절히 할당하는 것 수익(profit)을 지원하기 위해서는 기업의 투자가 경제적으로 지속가능해야 한다. 기업은 표준 회계를 사회적 회계로 보완할 수 있다.
지속가능성을 위한 설계 및 생산	■ **수명주기 평가**: 설계 단계부터 수명 종료까지 제품의 환경 영향 분석 ■ **순환 경제**: 가능한 한 오랫동안 자원을 유지하고 사용해 수명이 다했을 때 가능한 최대 가치를 회복하고 재생한다. 제품 설계는 제품수명주기 평가에서 가장 중요한 단계이다. 분해를 위한 설계는 재사용과 재활용에 중점을 둔다. $$\text{수익 회수} = \text{총 재판매 수익} + \text{총 재활용 수익} - \text{총 처리비용} - \text{총 폐기비용} \quad (S5\text{-}1)$$ 제조업체는 또한 생산 공정에서 희소 자원의 양을 줄이는 방법을 모색한다. 제품이 공급사슬을 따라 이동함에 따라 물류 관리자는 환경 영향을 줄이는 효율적인 경로 및 배송 네트워크를 달성하기 위해 노력한다. 차량은 또한 수명주기 소유 비용을 기준으로 평가된다. 기업은 지속가능한 차량에 더 많은 선불금을 지불할지 아니면 지속가능성이 낮은 차량에 선불금을 더 적게 지불할지 결정해야 한다. $$\text{총 수명주기 비용} = \text{차량 비용} + \text{수명주기 연료비용} + \text{수명주기 운영비용} \quad (S5\text{-}2)$$ ■ **폐쇄 루프 공급사슬(역물류)**: 제품이 수명 종료 단계에 도달한 후 제품 또는 그 재료를 고려하는 공급사슬. 여기에는 순방향 및 역방향 제품 흐름이 포함된다. 친환경 분해 라인은 부품을 재활용할 수 있도록 자동차를 분해하는 데 도움이 된다. 재활용은 미국에서 16번째로 큰 산업이다.
규정과 산업 표준	제품 설계 결정을 안내하기 위해 미국 법률 및 규정은 종종 명시적인 규정을 제공한다. 제조 및 조립 활동은 OSHA, EPA 및 많은 주와 지역 기관에서 안내한다. 위험한 제품의 분해 및 폐기를 관장하는 미국 기관도 있다. 국제 환경정책과 표준은 UN, ISO, EU와 전 세계 정부에서 제공한다. EU는 온실가스 배출을 줄이기 위해 배출권 거래제를 시행했다. 그것은 '캡 앤드 트레이드(cap-and-trade)' 원칙에 따라 작동한다. ■ **ISO 14001**: 지속가능한 개발을 ISO의 가이드라인 제품군. 환경 관리 시스템을 다룬다. ■ **ISO 50001**: 에너지 관리 개선을 위한 ISO의 지침. 그들은 ISO 14001과 함께 작동한다.

셀프테스트

S5.1 기업의 사회적 책임에 포함되는 것은 무엇인가?
(a) 옳은 일을 하는 것
(b) 환경적, 사회적, 재정적 영향을 고려하는 정책
(c) 설계에서 폐기까지 제품을 고려
(d) 위의 모든 것
(e) a와 b만 해당

S5.2 지속가능성이 다루는 것은
(a) 친환경 제품, 재활용, 지구 온난화 및 열대 우림만을 사용한다.
(b) 재활용할 수 없는 제품을 보관하는 것.
(c) 현재 및 미래 세대의 요구를 충족한다.
(d) 세 가지 관점, 즉 시스템, 공용, 결합이다.
(e) 고령 근로자를 해고하지 않는다.

S5.3 순환 경제의 의미는
(a) 가능한 한 오랫동안 자원을 유지하고 사용한 다음 서비스 수명 종료 시 가능한 최댓값으로 복구 및 재생성하는 것이다.
(b) 미래 세대가 필요를 충족할 수 있는 능력을 손상하지 않으면서 현재의 필요를 충족하는 것이다.
(c) 이윤을 창출하기 위해 희소한 자원을 적절하게 할당하는 것이다.
(d) 세계화는 '국경 없는' 경제로 이어졌다.
(e) 생산 설계, 생산 공정, 물류, 수명 종료 가치에 중점을 두는 것이다.

S5.4 분해 설계는
(a) 오래된 부품에 대한 비용-편익 분석이다.
(b) 회수될 수 있는 수익 금액과 제품 처분 비용의 분석이다.
(c) 자동차의 플라스틱 부품을 재활용하는 수단이다.
(d) 제품에 경량 재료를 사용하는 것이다.

S5.5 미국 및 국제기관은 제품 설계, 제조/조립, 분해/폐기의 관리자를 안내하는 정책 및 규정을 제공한다. 다음 중 여기에는 포함되는 것은 무엇인가?
(a) 재정착에 관한 유엔 위원회
(b) 세계보건기구(WHO)
(c) OSHA, FDA, EPA, NHSA
(d) EPA, ISO, 영국 고등판무관
(e) GHG 위원회, UN, ISO

정답 S5.1. d　S5.2. c　S5.3. a　S5.4. b　S5.5. c

품질 경영

6

이 장의 구성

글로벌 기업 프로필: 아놀드파머병원

- 품질과 전략
- 품질의 정의
- 전사적 품질 관리(TQM)
- TQM 도구
- 품질검사의 규칙
- 서비스에서의 TQM

Beverly Amer/Aspenleaf Productions

10가지 운영관리 전략

- 제품과 서비스 설계
- **품질 관리**
- 프로세스 전략
- 입지 전략
- 레이아웃 전략
- 인적자원
- 공급사슬 관리
- 재고 관리
- 일정 계획
- 유지보수

글로벌 기업 프로필
Arnold Palmer Hospital

품질 경영으로 경쟁 우위를 차지한 아놀드파머병원

1989년부터 유명한 골프선수 출신 후원자의 이름을 딴 아놀드파머병원(Arnold Palmer Hospital)은 700만 명이 넘는 어린이와 여성 및 그 가족의 삶에 영향을 미쳤다. 환자들은 병원이 위치해 있는 올랜도뿐만 아니라 미 전역 50개 주와 전 세계에서 온다. 매년 14,000명 이상의 아기가 아놀드파머에서 태어나고 있으며 거대한 신생아 중환자실은 미국에서 가장 높은 생존율을 자랑한다.

모든 병원이 양질의 의료 서비스를 제공하지만, 아놀드파머병원의 품질은 호텔업계에서 리츠칼튼(Ritz-Carlton)에 비견될 만큼 훌륭한 서비스를 제공하고 있다. 이 병원은 언제나 환자 만족도 측면에서 전국 벤치마크 연구의 상위 10%에 포함되며 관리자는 매일 환자 설문 결과를 따르고 잘못된 것이 있으면 즉시 시정 조치를 취한다.

이 장에서 소개하는 거의 모든 품질 관리 기술은 아놀드파머병원에 적용된다.

◆ *지속적인 개선*(continuous improvement): 병원은 감염률, 재입원율, 사망률, 비용 및 입원 시간을 낮추기 위한 새로운 방법을 끊임없이 모색하고 있다.

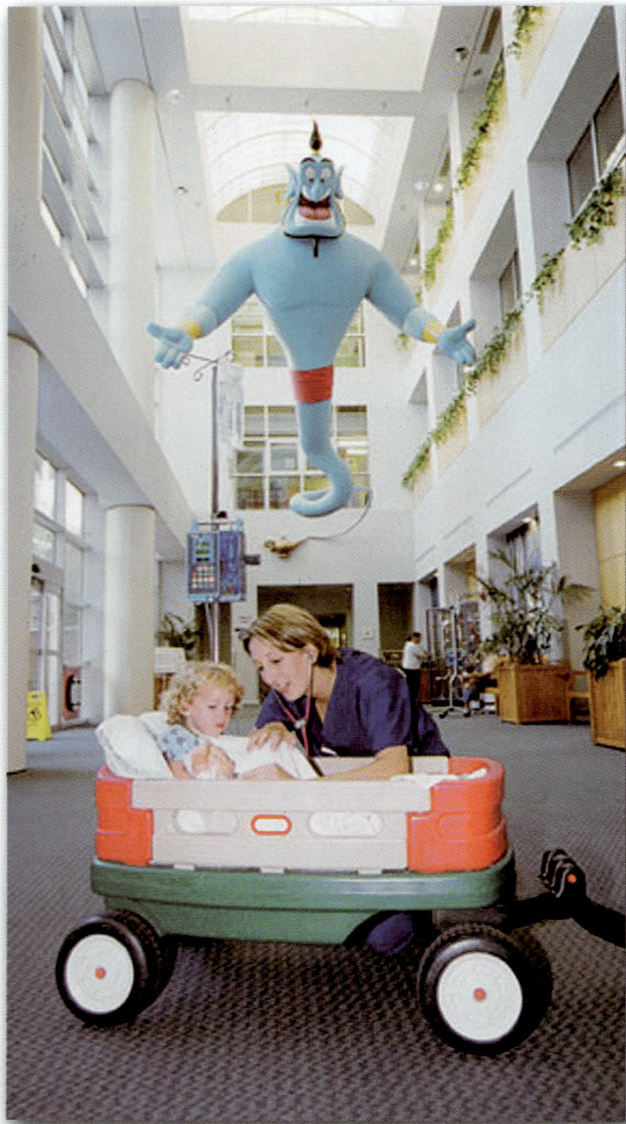

Courtesy Arnold Palmer Medical Center

6미터 높이의 지니가 있는 아놀드파머병원의 로비는 아이들을 위해 따뜻하고 친근한 곳으로 설계되었다.

Arnold Palmer Hospital for Children

스토크보드(storkboard)는 출산 예정인 각 아기의 상태를 보여주는 차트이며, 모든 간호사와 의사들이 한눈에 최신 정보를 확인할 수 있도록 한다.

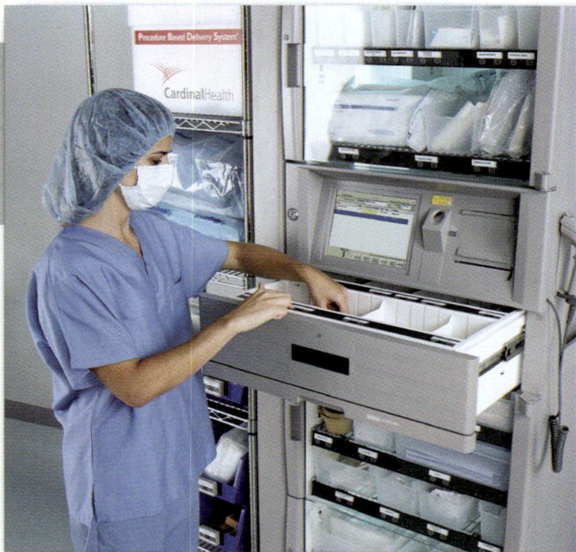

Courtesy Arnold Palmer Medical Center

이 PYXIS 인벤토리 스테이션을 통해 간호사는 부서에서 필요한 의약품과 소모품에 빠르게 접근할 수 있다. 간호사가 환자용 항목을 제거하면 해당 항목이 자동으로 해당 계정으로 청구되고 사용량이 주 공급 영역에 기록된다.

- *직원 권한 부여*(employee empowerment): 직원이 문제를 발견하면 그들이 직접 이를 처리하도록 교육과 훈련을 받는다. 직원은 서비스의 일부 측면에서 환자의 불만을 처리할 권한이 있다.
- *벤치마킹*(benchmarking): 병원은 여러 분야의 표준을 모니터링하고 병원에 월별 피드백을 제공하는 2,000명의 회원 조직에 속해 있다.
- *JIT*(just-in-time): 소모품은 JIT 기반으로 아놀드파머병원에 배송된다. 이는 재고 비용을 낮게 유지하고 품질 문제가 숨겨지지 않도록 한다.
- *파레토 차트*(Pareto chart), *흐름도*(flow chart)*와 같은 도구*: 이러한 도구는 프로세스를 모니터링하고 직원이 문제 영역을 그래픽으로 파악하고 개선할 수 있는 방법을 제안하는 데 도움을 주고 있다.

오리엔테이션 첫날부터, 관리인에서 간호사까지 모든 직원은 환자가 먼저라는 것을 알게 된다. 병원 복도에 서 있는 직원은 결코 환자들의 개인적인 삶에 대해 이야기하거나 건강 관리와 관련된 기밀 문제를 언급하지 않는다. 아놀드파머병원의 이러한 양질의 품질 문화는 환자와 그 가족들로 하여금 병원 방문을 가능하게 하며, 종종 아이들과 그 부모들에게 따뜻하고 편안한 경험을 제공한다.

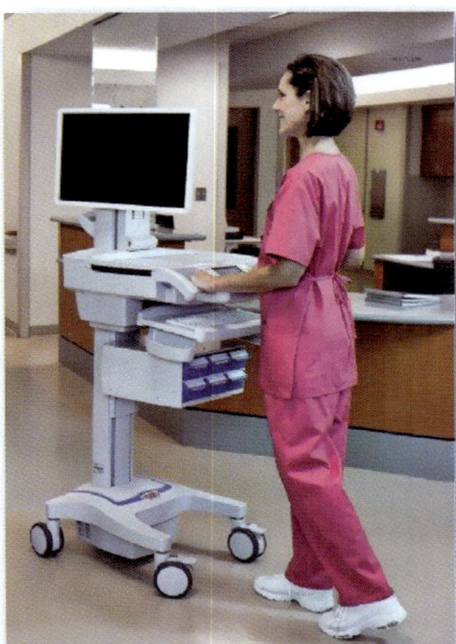

Rubbermaid Healthcare

기술은 수유실의 중앙 컴퓨터에서 카트 위의 컴퓨터로, 심지어 각 방의 컴퓨터로 옮겨 가고 있다. 이는 간호사의 보행 시간이 많이 절약되어 환자를 더 잘 돌볼 수 있도록 한다.

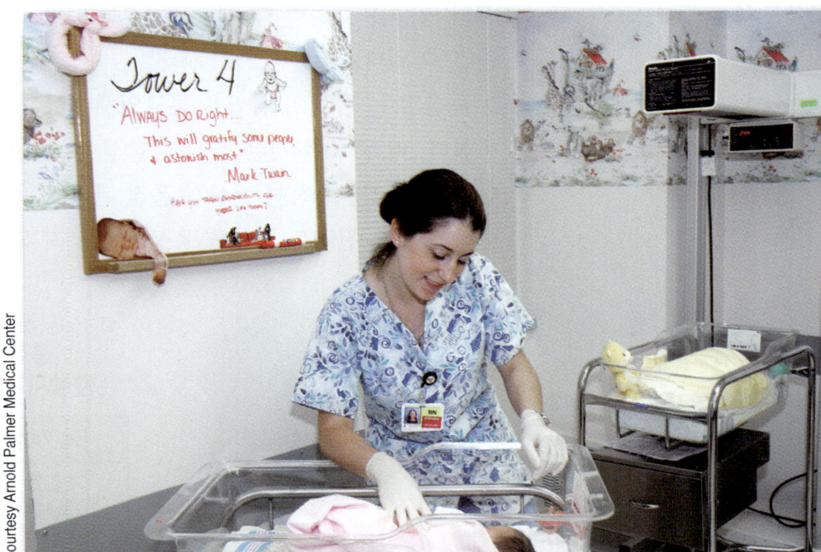

Courtesy Arnold Palmer Medical Center

병원은 신생아실을 재설계했다. 이전에는 시끄럽고 넓은 방에 16개의 신생아 침대가 있었다. 새로운 신생아실은 거의 개인 공간이며 조용한 밤 분위기를 연출한다. 이 방은 아기가 더 빨리 발달하고 향상되도록 돕는 것으로 입증되었다.

학습목표

6.1 품질과 TQM을 정의한다.
6.2 ISO 국제 품질 기준을 설명한다.
6.3 식스 시그마를 설명한다.
6.4 벤치마킹이 TQM에서 어떻게 사용되는지 설명한다.
6.5 우수한 품질의 견고한 제품과 다구치 개념을 설명한다.
6.6 TQM의 일곱 가지 도구를 사용한다.

품질과 전략

아놀드파머병원 및 기타 여러 조직에서 발견했듯이 품질은 운영 개선을 위한 훌륭한 촉진제이다. 품질 관리는 **차별화, 저비용** 및 **대응**의 성공적인 전략을 구축하는 데 도움이 된다. 예를 들어 고객 품질 기대치를 정의함으로써 보스(Bose Corp.)는 자사의 스테레오 스피커를 세계 최고 중 하나로 성공적으로 **차별화**할 수 있었다. 뉴코(Nucor)는 일관된 품질을 생산하는 효율적인 공정을 개발해 **저렴한 비용**으로 고품질 강철을 생산하는 방법을 배웠다. 델컴퓨터(Dell Computers)는 재작업이 거의 없는 품질 시스템을 통해 공장에서 빠른 처리량을 달성할 수 있기 때문에 고객 주문에 신속하게 **대응**할 수 있었다. 실제로 품질은 아놀드파머병원과 마찬가지로 이러한 회사의 핵심 성공 요인이 될 수 있었다.

그림 6.1에서 알 수 있듯이 품질 향상은 기업이 매출을 늘리고 비용을 줄이는 데 도움이 되며, 이 두 가지는 모두 기업의 수익성을 높일 수 있다. 판매의 증가는 기업이 시장에 대한 대응 속도를 높이고 판매 가격을 높이거나 낮추며 고품질 제품에 대한 평판을 향상시킬 때 흔히 발생한다. 마찬가지로 품질이 향상되면 기업이 생산성을 높이고 재작업, 스크랩과 보증 비용이 낮아지면서 비용이 절감된다. 한 연구에 따르면 품질이 가장 높은 회사는 품질이 가장 낮은 회사에 비해 생산성(노동 시간당 생산 단위로 측정)이 5배 더 높다. 실제로 조직의 장기적인 비용과 잠재적인 매출 증가의 영향을 고려할 때 제품 또는 서비스가 100% 완벽하고 결함이 없는 경우 총 비용은 최소 수준일 수 있다.

품질 또는 품질의 결핍은 공급업체에서 고객, 제품 설계에서 유지보수까지 전체 조직에 영향을 미친다. 더 중요한 것은 품질을 달성할 수 있는 조직을 **구축**하는 것이 까다로운 작업이라는 것이다. 그림 6.2는 조직이 전사적 품질 관리(TQM)를 달성하는 데 사용할 활동의 흐름을 보여준다. 성공적인 품질 전략은 품질을 육성하는 조직 문화에서 시작해 품질 원칙을 이해한 후 품질을 구현하

그림 6.1

품질이 수익성을 향상시키는 방법

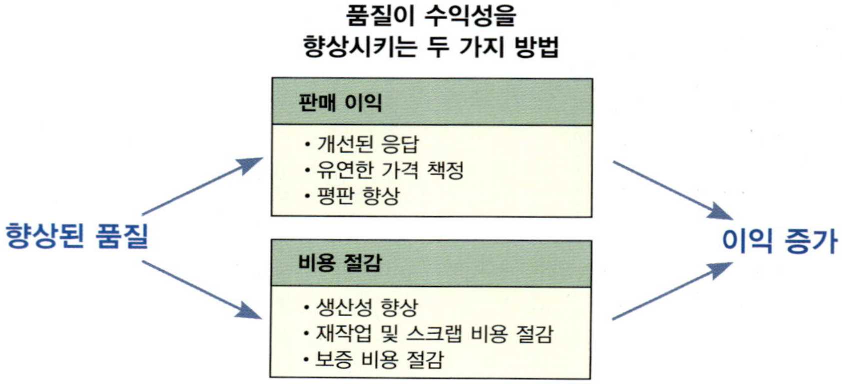

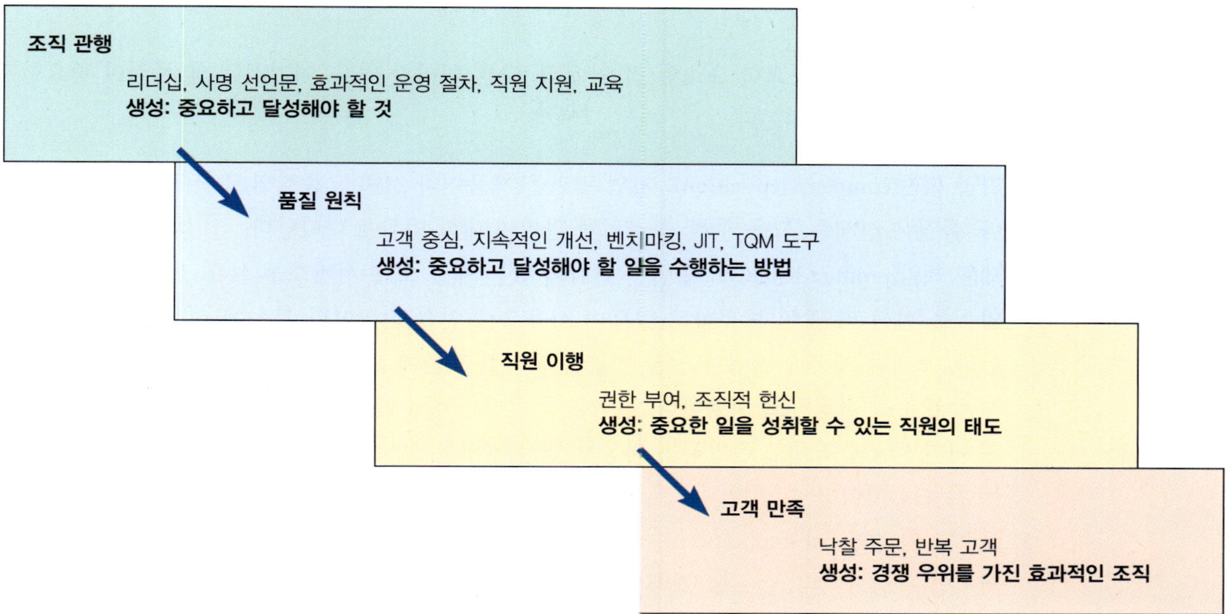

그림 6.2 전사적 품질 관리(TQM)를 달성하기 위해 필요한 활동의 흐름

는 데 필요한 활동에 직원을 참여시킨다. 이러한 일이 잘 수행되면 조직은 일반적으로 고객을 만족시키고 경쟁 우위를 확보하게 된다. 궁극적인 목표는 고객을 확보하는 것이다. 품질은 다른 많은 좋은 것들을 가능하게 만들기 때문에 경영을 시작하기에 매우 좋은 곳이다.

품질의 정의

운영 관리자의 목표는 고객의 요구를 식별하고 충족하는 전체 품질 관리 시스템을 구축하는 것이다. 전사적 품질 관리는 고객을 핵심으로 둔다. 결과적으로 우리는 미국품질협회(American Society for Quality, ASQ; www.asq.org)에서 채택한 **품질**(quality)의 정의를 다음과 같이 받아들이고자 한다. "명시적이거나 묵시적인 요구사항을 충족할 수 있는 능력을 지탱하는 제품 또는 서비스의 특징과 특성의 총체."

품질
고객의 요구를 충족하는 제품이나 서비스 능력

그러나 다른 사람들은 품질의 정의가 여러 범주에 속한다고 생각한다. 일부 정의는 **사용자 기반** 품질이다. 그들은 품질이 '보는 사람의 눈에 달려 있다'고 제안한다. 마케팅 담당자는 이 접근 방식을 좋아하고 고객도 마찬가지다. 그들에게 더 높은 품질은 더 나은 성능, 더 좋은 기능 및 기타 (때로는 비용이 많이 드는) 개선을 의미한다. 생산 관리자에게 품질은 **제조 기반** 품질이다. 그들은 품질이 표준을 준수하고 '처음부터 올바르게 만드는 것'을 의미한다고 믿는다. 그러나 세 번째 접근 방식은 품질을 정확하고 측정 가능한 변수로 보는 **제품 기반** 품질이다.

학습목표 6.1
품질과 TQM을 정의한다.

이 책은 세 가지 품질 범주를 모두 다루는 접근 방식과 기술을 다룬다. 품질을 내포하는 특성은 먼저 연구(사용자 기반 품질 접근 방식)를 통해 식별되어야 한다. 그런 다음 이러한 특성은 특정 제품 속성(제품 기반 접근 방식)으로 변환된다. 그런 다음 제조 프로세스를 구성해 제품이 사양에 정확하게 맞추어지도록 한다(제조 기반 접근 방식). 좋은 품질은 이 단계들에서 하나라도 무시되어서는 안 되는 프로세스에서 구현된다.

품질의 의미

품질이 운영에 있어서 중요한 요소인 것 외에 또 다른 의미가 있다. 여기서는 왜 품질이 중요한지 세 가지 다른 이유를 살펴본다.

1. **기업 평판**(company reputation): 기업 평판은 제품이나 서비스 품질의 평판에 따를 수밖에 없다. 품질은 신제품, 고용 관행, 공급업체 관계에 대한 인식에 나타난다.
2. **제품 책임**(product liability): 법원은 결함이 있는 제품 또는 서비스를 설계, 생산, 배포하는 기업들을 점점 더 많이 보유하고 있으며 사용으로 인한 손상이나 부상에 대해 책임을 지도록 한다. 소비자 제품 안전법과 같은 법률은 이러한 표준에 도달하지 않는 제품을 금지함으로써 제품 표준을 설정하고 시행한다. 질병을 유발하는 불순한 음식, 가연성 잠옷, 타이어가 떨어져 나가거나 충격으로 폭발하는 자동차 연료 탱크는 모두 엄청난 법적 비용, 대규모 조정 또는 손실로 이어질 수 있다.
3. **글로벌 함의**(global implications): 오늘날과 같은 기술 시대에 품질은 운영관리뿐만 아니라 국제적인 관심사이다. 글로벌 경제에서 기업과 국가가 효과적으로 경쟁하려면 제품이 글로벌 품질, 디자인과 가격 기대치를 충족해야 한다. 이 기대치를 충족하지 못하는 제품은 기업의 수익성과 국가의 수지에 해를 끼친다.

말콤 볼드리지 국가 품질상

품질에 대한 전 세계적인 영향은 매우 중요하므로 미국은 품질 달성을 위해 **말콤 볼드리지 국가 품질상**(Malcolm Baldrige National Quality Award)을 제정했다. 이 상은 말콤 볼드리지(Malcolm Baldrige) 전 상무 장관의 이름을 따서 명명되었으며, 최근 수상자에는 프라이스워터하우스쿠퍼스(PricewaterhouseCoopers), 록히드마틴(Lockheed Martin), 네슬레퓨리나(Nestle Purina), 허니웰(Honeywell), 콜로라도주 포트 콜린스시 등이 있다. (볼드리지 상과 1,000점 시스템에 대한 자세한 내용은 www.nist.gov/baldrige/를 참조하라.)

일본은 W. 에드워즈 데밍(W. Edwards Deming) 박사의 이름을 딴 데밍 상이라는 유사한 상을 매년 수여하고 있다.

ISO 9000 국제 품질 표준

ISO 9000
국제표준화기구(ISO)에 의해 개발된 품질 표준 규약

학습목표 6.2
ISO 국제 품질 기준을 설명한다.

글로벌 공급사슬로의 이동으로 인해 품질의 중요성이 더욱 강조되면서 전 세계가 단일 품질 표준인 ISO 9000을 중심으로 통합했다. **ISO 9000**은 국제적으로 인정받는 품질 표준이며, (1) 최고 경영진의 리더십, (2) 고객 만족, (3) 지속적인 개선, (4) 전 조직 구성원의 참여, (5) 프로세스 분석, (6) 데이터 근간의 의사결정의 사용, (7) 관리에 대한 시스템적 접근 방식, (8) 상호 이익 공급 관계의 여덟 가지 품질 관리 원칙을 통해 성공을 높이는 데 중점을 둔다.

ISO 표준은 품질 관리 절차, 세부 문서, 작업 지침, 기록 유지를 장려한다. 볼드리지 상과 마찬가지로 평가에는 자체 평가 및 문제 식별이 포함된다. 하지만 볼드리지 상과 달리 ISO 인증 조직은 3년마다 다시 검증을 받아야 한다.

표준의 최신 수정인 ISO 9001: 2015는 다른 관리 시스템과의 호환성을 높이는 구조를 따른다. 이 버전은 현재 바람직하지 않은 결과를 예방하기 위해 위험 기반 사고(risk-based thinking)를 더욱 강조한다.

그동안 미국의 약 30,000개의 기업을 포함해 201개 국가의 기업에 160만 개 이상의 인증이 수

여되었다. 전 세계적으로 비즈니스를 수행하려는 기업은 이 인증을 받고 ISO 목록에 등재되어야 한다.

품질 비용(COQ)

네 가지 주요 비용 범주가 품질과 관련이 있으며, 이러한 비용을 **품질 비용**(cost of quality, COQ)이라 한다.

품질 비용(COQ)
잘못된 것의 비용, 즉 부적합성에 대한 가격

- 예방 비용(prevention cost): 잠재적인 불량이 발생할 수 있는 부품 또는 서비스의 예방과 관련된 비용(예: 교육, 품질 향상 프로그램)
- 평가 비용(appraisal costs): 제품, 프로세스, 부품, 서비스 평가와 관련된 비용(예: 테스트, 실험실, 검사관)
- 내부실패 비용(internal failure cost): 고객에게 배송되기 전에 결함이 있는 부품이나 서비스로 인해 발생하는 비용(예: 재작업, 스크랩, 다운타임)
- 외부실패 비용(external failure cost): 결함 부품 또는 서비스 제공 후 발생하는 비용(예 : 재작업, 반품, 부채, 영업권 상실, 사회적 비용)

처음 세 비용은 합리적으로 추정할 수 있지만 외부실패 비용은 정량화하기가 매우 어렵다. 제너럴일렉트렉(GE)이 310만 대의 식기 세척기를 리콜해야 했을 때(7번의 화재를 일으킨 것으로 알려진 결함 있는 스위치로 인해) 수리비용이 모든 기계의 가치를 초과했다. 이로 인해 많은 전문가들은 품질 저하 비용이 지속적으로 과소평가되고 있다는 믿음을 갖게 되었다.

품질 관리 관찰자들은 균형적으로 고품질 제품의 비용이 혜택의 일부에 불과하다고 생각한다. 그들은 진정한 패자는 질적인 면에서 공격적으로 일하지 못하는 조직이라고 생각한다. 예를 들어 필립 크로스비(Philip Crosby)는 품질은 무료라고 말했다. "돈이 드는 것은 품질이 떨어지는 것, 즉 처음에 제대로 하지 않는 것과 관련된 모든 행동이다."

巧

타쿠미(Takumi)는 질보다 넓은 차원, 교육보다 깊은 과정, 끈기보다 완벽한 방법을 상징하는 일본의 특성이다.

품질의 리더 크로스비 외에도 품질 분야에서 몇 명의 리더가 있다. 표 6.1은 그들의 품질에 대한 철학과 기여를 요약하고 있다.

표 6.1 품질 관리 분야의 리더

품질의 리더	철학과 기여
W. 에드워즈 데밍 (W. Edwards Deming)	데밍은 경영진이 좋은 시스템을 구축하는 데 책임을 져야 한다고 주장했다. 이 장에서는 품질 향상을 구현하기 위한 그의 14가지 요점을 설명한다.
조지프 M. 주란 (Joseph M. Juran)	일본인에게 품질 향상 방법을 가르친 선구자인 주란은 최고 경영진의 헌신, 지원, 품질 노력에 대한 참여를 강력하게 믿었으며, 지속적으로 품질 표준을 높이려는 팀을 믿었다. 주란은 고객에 초점을 맞추고 품질을 사용 적합성으로 정의하는 데 있어 데밍과는 다소 다르다.
아르망 파이겐바움 (Armand Feigenbaum)	그의 1961년 저서 *Total Quality Control*은 품질 개선 프로세스에 대한 40단계를 제시했다. 그는 품질을 도구 세트가 아니라 기업의 프로세스를 통합하는 전체 분야로 보았다. 사람들이 서로의 성공을 통해 배우는 방식에 대한 그의 작업은 교차 기능 팀워크 분야로 이끌었다.
필립 B. 크로스비 (Philip B. Crosby)	*Quality Is Free*는 1979년에 출판되어 주목을 끈 책이었다. 크로스비는 품질 향상 비용과 품질 저하 비용 간의 전통적인 상충 안에서 품질 저하 비용이 과소평가되었다고 믿었다. 품질이 좋지 않은 비용에는 처음에 제대로 작업을 수행하지 못한 것과 관련된 모든 것이 포함되어야 한다. 크로스비는 '무결점'이라는 용어를 만들고 "어떤 제품이나 서비스에 오류나 결함이 있을 이유가 전혀 없다"고 말했다. 출처: Philip B. Crosby, *Quality Is Free*(New York, McGraw-Hill, 1979) p. 58.

윤리와 품질 관리

운영 관리자에게 가장 중요한 업무 중 하나는 건강하고 안전하며 우수한 품질의 제품과 서비스를 고객에게 제공하는 것이다. 부적절한 설계 및 생산 프로세스로 인해 품질이 낮은 제품을 개발하면 생산 비용이 증가할 뿐만 아니라 부상, 소송 및 정부 규제 증가로 이어지게 된다.

기업은 의심스러운 제품을 도입했다고 생각하는 경우, 기업 스스로의 윤리적 행동이 책임 있는 행동으로 수반되어야 한다. 이는 존슨앤드존슨(Johnson & Johnson)(타이레놀 사례)과 페리에(Perrier)(탄산수 사례)가 각사에서 생산된 제품이 오염된 것으로 확인되어 수행한 전 세계적 리콜 사례를 통해 알 수 있다. 제조업체는 품질에 있어서 실패한 제품에 대해 대중에게 책임을 져야 한다.

주주, 직원, 고객, 공급업체, 유통업체, 채권자를 포함해 품질 낮은 제품의 생산 및 마케팅에 관련된 많은 이해관계자가 있다. 윤리적 관점에서, 경영진은 이러한 이해관계자가 잘못되고 있는지 스스로 물어봐야 한다. 모든 기업은 CEO부터 생산라인 직원까지 일상적인 지침이 되는 품질에 대한 핵심 가치를 항상 개발해야 할 필요가 있다.

전사적 품질 관리(TQM)

전사적 품질 관리(TQM)
고객에게 중요한 제품 및 서비스의 모든 측면에서 탁월하도록 전체 조직에 대한 관리

전사적 품질 관리(total quality management, TQM)는 공급업체에서 고객까지 전체 조직을 포괄하는 품질에 대한 강조를 의미한다. TQM은 고객에게 제품 및 서비스의 모든 측면에서 품질의 우수성을 향한 전사적 추진력을 지속적으로 유지하겠다는 경영진의 약속을 강조한다. 조직의 운영 관리자가 수행해야 할 열 가지 의사결정은 각각 고객 기대치를 식별하고 충족하는 몇 가지 측면을 다룬다. 기업이 세계 시장에서 경쟁 우위를 확보하고 경쟁하려면 이러한 기대치를 충족하며 TQM을 강조해야 한다.

데밍은 TQM을 구현하기 위한 방법으로 14가지 지침(표 6.2 참조)을 사용했으며, 각 조직에

표 6.2 TQM을 구현하기 위한 데밍의 14가지 지침

1. 목표의 일관성을 만들어라.
2. 변화를 주도하라.
3. 제품에 품질을 구축하라. 문제를 포착하기 위해 검사에 따라 중지하라.
4. 성과를 기반으로 장기적인 관계를 구축하라.
5. 제품, 품질, 서비스를 지속적으로 개선하라.
6. 훈련을 시작하라.
7. 리더십을 강조하라.
8. 두려움을 몰아내라.
9. 부서 간 장벽을 허물어라.
10. 직원들을 괴롭히지 말라.
11. 지원하고, 돕고, 개선하라.
12. 일에 대한 자부심을 가로막는 장벽을 제거하라.
13. 교육과 자기계발을 위한 활발한 프로그램을 수립하라.
14. 회사의 모든 사람이 혁신에 참여하도록 하라.

출처: Deming, W. Edwards. *Out of the Crisis*, pp. 23 -24, © 2000 W. Edwards Deming Institute, published by The MIT Press.

서 효과적인 TQM 프로그램을 실행하기 위해 이를 다음의 일곱 가지 개념으로 발전시켰다. (1) 지속적인 개선, (2) 식스 시그마(Six Sigma), (3) 직원 권한 부여, (4) 벤치마킹, (5) JIT, (6) 다구치(Taguchi) 개념, (7) TQM 도구에 대한 지식.

지속적인 개선

TQM은 사람, 장비, 공급업체, 재료, 절차를 포괄하는 끊임없는 지속적인 개선 프로세스를 필요로 한다. 철학의 기본은 작업의 모든 측면을 개선할 수 있다는 것이다. 최종 목표는 결코 달성되지 않고 항상 추구되는 완벽함을 목표로 한다.

계획(Plan)–실행(Do)–점검(Check)–개선(Act) 품질 관리의 또 다른 선구자인 월터 슈하트(Walter Shewhart)는 계획-실행-점검-개선(plan, do, check, act, PDCA)으로 알려진 순환 모델로 지속적인 개선 사이클을 발전시켰다. 데밍은 나중에 제2차 세계대전 이후 이 개념을 일본으로 가져와 적용했다. PDCA 사이클[데밍 서클(Deming circle) 혹은 슈하트 서클(Shewhart circle)로도 불림]은 개선 프로세스의 지속적인 특성을 강조하기 위해 원형으로 표현된다(그림 6.3 참조).

PDCA
계획(Plan), 실행(Do), 점검(Check), 개선(Action)에 대한 지속적 개선 모형

일본은 **카이젠**(kaizen, 改善)이라는 단어를 사용해 끊임없는 개선, 즉 더 높은 목표를 설정하고 달성하는 지속적인 프로세스를 사용했다. 미국에서는 TQM 및 **무결점**(zero defects)도 지속적인 개선 노력을 설명하는 데 사용된다. PDCA, 카이젠, TQM, 무결점 등 모든 품질 개선의 노력을 위해서 조직 내 운영 관리자는 지속적인 개선을 보장하는 업무 문화를 구축하는 데 핵심적인 역할을 한다.

식스 시그마

모토롤라(Motorola), 허니웰, GE에서 널리 사용되는 **식스 시그마**(Six Sigma)라는 용어는 TQM에서 두 가지 의미를 갖는다. 첫째로 **통계적**으로는 매우 높은 성능(99.9997% 정확도)을 가진 프로세스, 제품 또는 서비스를 설명한다. 예를 들어 매월 100만 명의 승객이 위탁 수하물을 가지고 세인트루이스 공항을 통과하는 경우 수하물 처리를 위한 식스 시그마 프로그램은 수하물을 분실한 승객이 3.4명에 불과하다. 더 일반적인 **쓰리 시그마** 프로그램은 매월 100만 명당 2,700명의 승객이 가방을 잘못 놓아두게 되는 것이다(그림 6.4 참조).

식스 시그마
시간 절약, 품질 향상, 비용 절감을 위한 프로그램

식스 시그마의 두 번째 TQM 정의는 결함을 줄여 비용을 절감하고 시간을 절약하며 고객 만족도를 높이는 데 도움이 되도록 설계된 **프로그램**이다. 식스 시그마는 비즈니스 성공을 달성하고 유

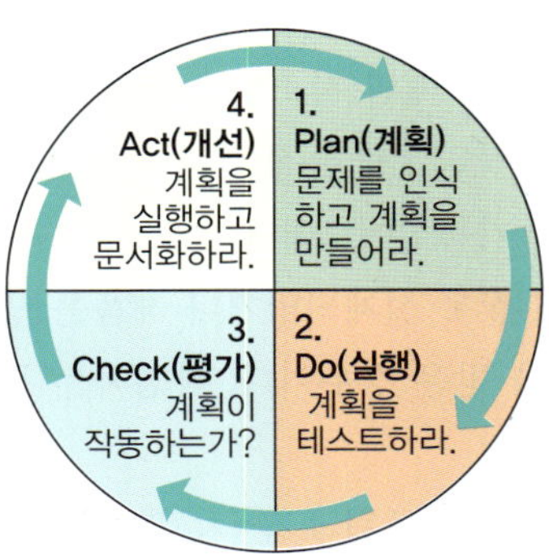

그림 6.3

PDCA 사이클

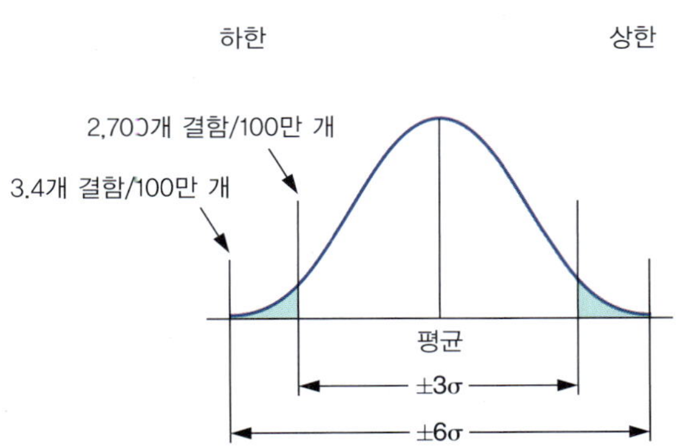

그림 6.4

쓰리 시그마와 식스 시그마에 대한 100만 개당 결함

지하기 위한 포괄적인 시스템(전략, 규율과 도구의 세트)이다.

학습목표 6.3
식스 시그마를 설명한다.

- 식스 시그마는 전체 고객 만족에 초점을 두기 때문에 **전략**이다.
- 식스 시그마는 **DMAIC**로 알려진 공식적인 식스 시그마 개선 모형을 따르기 때문에 **학문**이다. 식스 시그마의 이 5단계 프로세스 개선 모델은 (1) (***D**efine*) 프로젝트의 목적, 범위 및 결과를 정의한 다음 고객의 품질에 대한 정의를 염두에 두고 필요한 프로세스 정보를 식별한다. (2) (***M**easure*) 프로세스를 측정하고 데이터를 수집한다. (3) (***A**nalyze*) 데이터를 분석해 반복성(결과가 중복될 수 있음) 및 재현성(다른 항목이 동일한 결과를 얻음)을 보장한다. (4) (***I**mprove*) 기존 프로세스 및 절차를 수정하거나 재설계해 개선한다. (5) (***C**ontrol*) 성능 수준이 유지되도록 새로운 프로세스를 제어한다.
- 이 장에서 간단히 소개할 일곱 가지 도구는 체크 시트, 산포도, 인과 관계 다이어그램, 파레토 차트, 순서도, 히스토그램, 통계적 프로세스 관리다.

모토롤라는 1980년대에 자사 제품에 대한 고객 불만과 치열한 경쟁에 대응해 식스 시그마를 개발했다. 회사는 먼저 불량률을 90% 줄이는 목표를 세웠다. 1년 만에 경쟁사 벤치마킹, 직원들로부터 아이디어, 보상 계획 변경, 교육, 중요 프로세스 개선 등 인상적인 결과를 달성해 이 절차를 식스 시그마라고 하는 절차를 문서화했다. 이 개념이 제조업 기반에서 먼저 시작은 되었지만 GE는 나중에 식스 시그마를 인적자원 관리, 영업, 고객 서비스, 금융/신용 서비스를 포함한 서비스로 확장했다. 불량 제거의 개념은 제조와 서비스 모두에서 동일하다.

식스 시그마 구현 식스 시그마를 구현하는 것은 큰 약속이다. 실제로 GE, 모토롤라, 듀폰(DuPont), 텍사스인스트루먼트(Texas Instruments)에 이르기까지 모든 기업에서 성공적인 식스 시그마 프로그램을 수행하려면 특히 최고 경영진이 상당한 시간을 투자해야 한다. 이 리더들은 계획을 공식화하고, 그들의 동의와 회사의 목표를 전달하고, 다른 사람들에게 모범을 보이는 데 눈에 띄는 역할을 해야 한다.

성공적인 식스 시그마 프로젝트는 기업의 전략적 방향과 분명히 관련이 있고, 이는 경영진이 주도하는 팀 기반의 전문가 주도 접근 방식이다.

직원 권한 부여

직원 권한 부여
추가된 책임과 권한이 조직에서 가능한 가장 낮은 수준으로 이동되도록 직원의 업무를 확대하는 것

직원 권한 부여(employee empowerment)는 생산 프로세스의 모든 단계에서 직원을 참여시키는 것을 의미한다. 일관적으로 연구에 따르면 품질 문제의 약 85%가 종업원 성과가 아닌 재료 및 프로세스와 관련이 있다. 따라서 작업은 장비를 설계하고 원하는 품질을 생산하는 프로세스이며, 이것은 시스템의 단점을 이해하는 직원들의 참여를 통해 가장 잘 수행된다. 매일 시스템을 다루는 사람들은 누구보다 시스템을 잘 이해한다. 한 연구에 따르면 작업현장 직원에게 품질에 대한 책임을 위임하는 TQM 프로그램은 '하향식' 지침으로 구현된 것보다 성공할 가능성이 2배나 높다.

부적합이 발생했을 때 작업자가 원인인 경우는 거의 없다. 제품이 잘못 설계되었거나 제품을 생산하는 프로세스가 잘못되었거나, 또는 작업자가 부적절하게 교육을 받은 경우이다. 작업자는 문제를 해결하는 데 도움이 될지언정, 문제를 일으키는 경우는 거의 없다.

직원 역량 강화를 위한 기술에는 (1) 직원을 포함하는 커뮤니케이션 네트워크 구축, (2) 개방적이고 지원적인 감독자 육성, (3) 관리자와 직원에서 생산 직원으로 책임 이동, (4) 높은 윤리적 수준의 조직 구축, (5) 팀 및 품질 서클과 같은 공식적인 조직 구조 생성이 있다.

품질에 대한 문제를 해결하도록 품질 서클을 구성할 수 있다. **품질 서클**(quality circle)은 업무 관련 문제를 해결하기 위해 정기적으로 만나는 직원 그룹이다. 회원들은 그룹 계획, 문제 해결 및 통계적 품질 관리에 대한 교육을 받으며, 일반적으로 일주일에 한 번(보통 퇴근 후, 때로는 업무 시간에) 만난다. 회원들은 재정적으로 보상을 받지 못하지만, 회사로부터 인정을 받는다. **촉진자**(facilitator)라고 하는 특별히 훈련된 팀 구성원은 일반적으로 구성원 교육을 돕고 회의가 원활하게 진행되도록 한다. 품질에 중점을 둔 팀은 생산성과 품질을 향상시키는 비용 효율적인 방법으로 입증되었다.

품질 서클
작업 영역에서 작업 관련 문제를 해결하기 위해 관리자와 정기적으로 만나는 작업자 그룹

벤치마킹

벤치마킹은 조직의 TQM 프로그램의 또 다른 요소이다. **벤치마킹**(benchmarking)에는 그 조직과 유사한 프로세스 또는 활동에 대해 최상의 성능을 나타내는 제품, 서비스, 비용, 관행의 입증된 표준을 선택하는 것이 포함된다. 아이디어는 대상을 개발한 후 성능을 비교할 표준이나 벤치마크를 개발하는 것이다. 벤치마킹 개발 단계는 다음과 같다.

벤치마킹
프로세스 또는 활동에 대한 최상의 성능을 나타내는 입증된 성능 표준을 선택하는 것

1. 무엇을 벤치마킹할지 결정한다.
2. 벤치마킹 팀을 구성한다.
3. 벤치마킹 파트너를 식별한다.
4. 벤치마킹 정보를 수집하고 분석한다.
5. 벤치마킹과 일치하거나 초과하는 조치를 취한다.

학습목표 6.4
벤치마킹이 TQM에서 어떻게 사용되는지 설명한다.

벤치마킹에 사용되는 일반적인 성능 측정 지표에는 불량률, 단위 또는 주문당 비용, 단위당 처리 시간, 서비스 응답 시간, 투자 수익률, 고객 만족도 및 고객 유지율이 포함된다.

이상적인 상황에서 연구하고 싶은 특정 분야의 리더인 유사한 조직을 하나 이상 찾고 그다음 자신을 비교한다. 대상 조직이 동종 업계에 있을 필요는 없다. 실제로 세계적 수준의 표준을 설정하려면 다른 업계를 보는 것이 가장 좋다. 한 산업이 빠른 제품 개발을 통해 경쟁하는 방법을 배우려 한다면 동종업계를 연구하는 것은 오히려 좋지 않다.

이것이 바로 제록스(Xerox)와 메르세데스-벤츠(Mercedes-Benz)가 주문 작성 및 창고 벤치마크를 위해 엘엘빈(L.L. Bean)으로부터 한 일이다. 제록스는 엘엘빈이 주문을 3배 더 빨리 선택할 수 있음을 확인했고, 벤치마킹 후 제록스는 즉시 창고 비용을 10% 절감할 수 있었다. 메르세데스-벤츠는 엘엘빈 창고 직원이 흐름도를 사용해 낭비되는 동작을 발견한 것을 관찰했다. 이 자동차 업계의 거인은 이를 따랐고 이제는 프로세스 수준에서 해결하는 문제가 아닌 작업자 수준에서 해결하는 문제에 더 의존하고 있다.

벤치마크는 종종 다른 회사나 부서에서 볼 수 있는 '모범 사례(best practice)'의 형태를 취한다. 표 6.3은 고객 불만을 해결하기 위한 모범 사례를 보여준다.

마찬가지로 영국의 그레이트오먼드스트리트병원(Great Ormond Street Hospital)은 의료 서비스의 한 측면을 개선하기 위해 페라리 레이싱 팀(Ferrari Racing Team)의 피트 스톱(pit stops)을 벤치마킹했다(OM in Action '페라리 레이싱 팀에 대한 병원의 벤치마킹' 참조).

내부 벤치마킹 조직이 많은 부서 또는 사업 단위가 큰 경우 자연스러운 접근 방식이 내부 벤치마킹이다. 일반적으로 외부 회사보다 데이터에 훨씬 더 쉽게 접근할 수 있다.

벤치마킹에 대한 제록스의 강한 믿음은 엘엘빈뿐만 아니라 많은 해외 사업부의 운영을 검토함

표 6.3 고객 불만을 해결하기 위한 모범 사례

모범 사례	정당화
고객이 쉽게 불평할 수 있도록 할 것	자유시장 조사
불만에 신속하게 응답할 것	고객과 충성도
첫 번째 연락에서 불만을 해결할 것	비용 절감
불만을 관리하기 위해 컴퓨터를 사용할 것	트렌드를 발견하고 공유하고 서비스 조정
고객 서비스 직무에 적합한 인재를 선발할 것	훈련과 경력 개발

출처: Canadian Government Guide on Complaint Mechanism.

으로써 성과를 거두었다. 예를 들어 제록스(Xerox Corp.)의 60억 달러 자회사인 제록스유럽(Xerox Europe)은 팀을 구성해 내부 벤치마킹을 통해 매출이 얼마나 향상될 수 있는지 확인했다. 프랑스는 유럽의 다른 지역 사업부보다 5배 더 많은 컬러복사기를 판매했다. 프랑스의 접근 방식, 즉 더 나은 영업 교육과 딜러 채널을 사용해 직접 판매를 보완함으로써 노르웨이는 매출이 152%, 네덜란드는 300%, 스위스는 328% 증가했다.

JIT

JIT(just-in-time)의 철학은 지속적인 개선의 하나이며 문제 해결에 강조를 둔다. JIT 시스템은 필요한 만큼 상품을 생산하고 배송하도록 설계되었으며, 다음 세 가지 측면에서 품질과 관련이 있다.

- **JIT는 품질 관련 비용을 절감한다.** 스크랩, 재작업, 재고 투자, 손상 비용 등의 품질 이슈들이 보유 재고와 직접 관련되기 때문에 발생한다. JIT로 보유 중인 재고는 적기 때문에 비용을 절감할 수 있다. 또한 재고는 불량의 품질을 숨기는 반면 JIT는 즉시 불량 품질이 노출된다.
- **JIT로 품질을 향상한다.** JIT는 납기를 단축하므로 오류에 대한 증거를 최신 상태로 유지하고

OM in Action 페라리 레이싱 팀에 대한 병원의 벤치마킹

외과 의사인 앵거스 매큐언(Angus McEwan)은 세 살짜리 소년의 심장에 있는 구멍을 고치는 6시간 동안의 수술을 성공적으로 마친 후, 전체 절차에서 가장 위험한 단계 중 하나인 수술실에서 중환자실로 소년을 옮기는 것을 감독했다.

이러한 '인계(handoffs)'는 병원에서 매일 발생하며 그 과정에서 치명적인 실수가 발생할 수 있다. 실제로 예방 가능한 병원 사고의 최소 35%가 인계 문제로 발생한다. 위험은 임시 간호 직원 사용, 인턴의 빈번한 교대 근무, 더 큰 팀에서 일하는 외과 의사, 환자와 연결된 전선과 튜브가 더 얽히는 등 다양한 원인에서 발생한다.

영국에서 가장 큰 어린이 병원은 예상 밖의 벤치마크를 사용해 환자 전달 기술을 개선하는 데 도움을 받기 위해 이탈리아의 포뮬러 원(Formula One) 페라리(Ferrari) 레이싱 팀에 의지했다. 비디오와 슬라이드로 무장한 레이싱 팀은 피트 크루의 성과를 분석하는 방법을 설명했다. 또한 오류 기록 시스템이 피트 스톱 핸드오프(pit-stop handoffs)에서 눈에 띄지 않는 작은 오류를 어떻게 강조하는지 설명했다.

페라리는 영국 그랑프리의 연습 세션에 의사 팀을 초대해 피트 스톱(pit stops)을 자세히 살펴보도록 했다. 당시 페라리의 기술 이사인 나이절 스테프니(Nigel Stepney)는 병원 핸드오프 영상을 시청했다. 스테프니는 감동하지 않았다. 한 병원 관계자는 "사실 과정이 서툴고 혼란스럽고 비공식적인 모습이라 놀랐다"고 말했다. 그 회의에서 스테프니는 각 페라리 크루가 특정 작업을 특정 순서로 조용히 수행해야 함을 설명했다. 이와 대조적으로 병원 핸드오프는 한 번에 몇몇 대화가 진행되는 반면 다른 구성원은 환자 장비의 연결을 끊거나 다시 연결했지만 특별한 순서는 없었다.

벤치마킹 프로세스 결과 더 빠른 핸드오프 시간의 보너스와 함께 핸드오프 오류가 40% 이상 감소했다.

출처: www.asq.org(August, 2008); and The Wall Street Journal(December 3, 2007) and (November 14, 2006).

잠재적인 오류 원인의 수를 제한한다. 사실상 JIT는 회사 내부와 공급업체 모두에서 품질 문제에 대한 조기 경고 시스템을 만든다.

- **더 나은 품질은 더 적은 재고와 더 나은, 더 사용하기 쉬운 JIT 시스템을 의미한다.** 종종 재고를 유지하는 목적은 불안정한 품질로 인한 불량한 생산 성능으로부터 보호하는 것이다. 일관된 품질이 존재한다면 JIT를 통해 기업은 재고와 관련된 모든 비용을 줄일 수 있다.

다구치 개념

대부분의 품질 문제는 불량한 제품 및 프로세스의 잘못된 설계로부터 발생한다. 겐이치 다구치(Genichi Taguchi)는 **품질의 견고성, 목표 지향 품질, 품실 손실 기능**이라는 제품 및 프로세스 품질을 모두 개선하기 위한 세 가지 개념을 설명했다.

견고한 품질(quality robust)의 제품은 불리한 제조 및 환경 조건에서도 균일하고 일관되게 생산할 수 있는 제품이다. 다구치의 아이디어는 불량의 원인을 제거하는 대신 불량에 영향을 주는 조건을 제거하는 것이다. 다구치는 이러한 조건을 제거하는 것이 원인을 제거하는 것보다 더 저렴하고 견고한 제품을 생산하는 데 더 효과적이라고 제안한다.

견고한 품질
생산 공정의 불리한 조건에도 불구하고 고객의 요구를 충족하기 위해 일관되게 제작된 제품

한 연구에 따르면 미국 소비자들은 동일한 디자인과 사양을 가지고 있음에도 불구하고 일본산 소니 TV를 미국산 소니 TV보다 더 선호했다. 품질에 대한 접근 방식의 차이는 소비자 선호도의 차이에 영향을 주는 것이다. 특히 미국 공장은 규격 한도 내에서 생산된 모든 부품을 수용하는 적합성을 지향하고 있다. 반면 일본 공장은 가능한 한 실제 목표에 가까운 부품을 생산하기 위해 노력했다. 이는 사양에 맞게 만들어진 구성요소가 기술적으로 허용될 수 있지만 소비자들의 선호도에는 문제를 일으킬 수 있음을 시사한다. 즉 고객이 만족하지 않아 반품, 서비스 작업 또는 향후 수요 감소로 이어질 수 있다[그림 6.5(a) 참조].

학습목표 6.5
우수한 품질의 견고한 제품과 다구치 개념을 설명한다.

다구치는 제품을 목표에 정확히 맞추기 위한 지속적인 개선 철학으로 **목표 지향 품질**(target-oriented quality) 개념을 도입했다. 측정으로 다구치의 **품질 손실 함수**(quality loss function, QLF)는 목푯값에서 벗어나는 비용을 추정하려고 한다. 품목이 사양 한도 내에서 생산이 되더라도 품목 출

목표 지향 품질
목표에 정확히 제품을 제공하기 위한 지속적 개선의 철학

품질 손실 함수(QLF)
낮은 품질과 관련된 모든 비용을 식별하고 출력이 목푯값에서 멀어짐에 따라 이러한 비용이 어떻게 증가하는지 보여주는 수학 함수

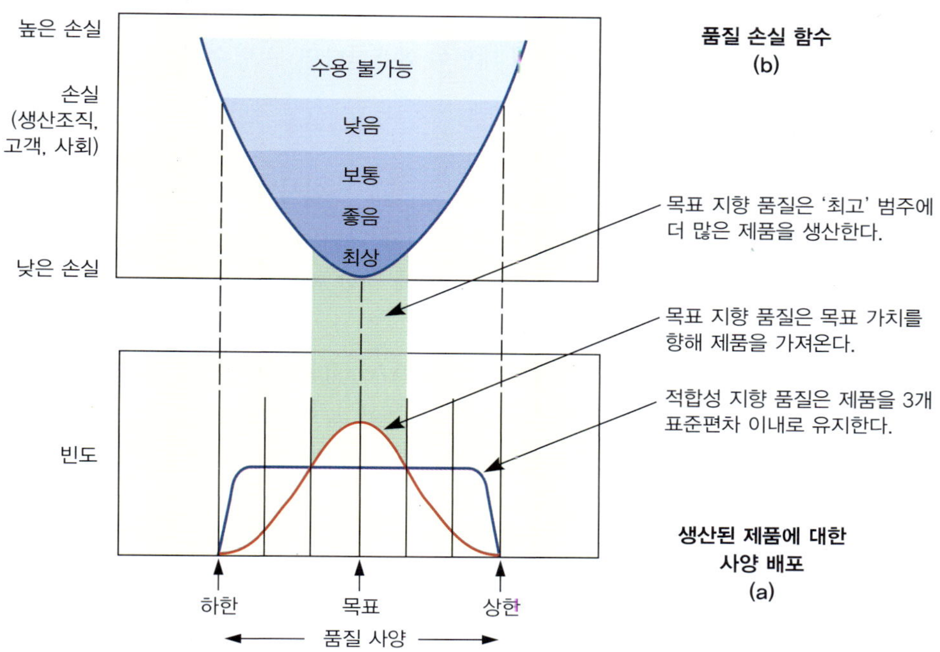

그림 6.5
(a) 생산된 제품의 분포 및
(b) 품질 손실 함수

력이 목푯값에서 멀어짐에 따라 품질 변동으로 인해 비용이 증가할 것으로 예상할 수 있다. (이러한 품질 관련 비용은 생산된 많은 단위에 대한 평균 비용의 추정치이다.)

QLF는 다양한 프로세스의 품질 비용을 추정하는 훌륭한 방법이다. 실제 목푯값에 더 가깝게 생산하는 프로세스는 더 비쌀 수 있지만 더 가치 있는 제품을 생산할 수 있다. QLF는 관리자가 이 추가 비용이 가치가 있는지 판단하는 데 도움이 되는 도구이다. QLF는 간단한 2차 방정식의 일반적인 형태를 취한다[그림 6.5(b) 참조].

TQM 도구의 이해

직원에게 권한을 부여하고 TQM을 지속적인 노력으로 구현하려면 조직의 모든 구성원이 TQM에 대한 교육을 받아야 한다. 다음 절에서는 TQM에서 사용되는 다양하고 확장 가능한 도구에 초점을 둔다.

TQM 도구

TQM에 특히 도움이 되는 일곱 가지 도구가 그림 6.6에 있다.

점검표

학습목표 6.6
TQM의 일곱 가지 도구를 사용한다.

점검표(check sheets)는 데이터 기록을 위해 설계된 양식이며, 대부분의 경우 데이터를 수집하는 동안 패턴을 쉽게 볼 수 있도록 기록이 수행된다. 점검표는 분석가가 후속 분석에 도움이 될 수 있는 사실이나 패턴을 찾아내는 데 도움이 된다[그림 6.6(a) 참조]. 예를 들어 불량이 발생한 영역의 집계를 보여주는 도면이나 고객 불만 유형을 보여주는 점검표가 있다.

산포도

산포도(scatter diagrams)는 두 측정변수의 관계를 보여준다. 예를 들어 서비스 요청 시간과 수리 담당자가 부품을 위해 트럭으로 돌아가는 여행 횟수 사이에는 긍정적인 관계가 있다. 또 다른 예는 그림 6.6(b)와 같이 생산성과 결근의 관계일 수 있다. 두 항목이 밀접하게 관련되어 있는 경우 데이터 포인트가 밀집한 형태를 보인다. 임의의 패턴이 발생한다면 두 변수 간에는 관련이 없다.

인과관계 다이어그램

인과관계 다이어그램
품질 문제의 가능한 위치를 찾는 데 사용되는 도식 기술

품질 문제 및 검사할 지점을 식별하기 위한 또 다른 도구는 **이시카와 다이어그램**(Ishikawa diagram) 또는 **생선 뼈 차트**(fish-bone chart)라 불리는 **인과관계 다이어그램**(cause-and-effect diagram)이다. 그림 6.7은 농구 경기 품질 관리 문제(자유투 실패)에 대한 차트를 보여주고 각 '뼈'는 가능한 오류 원인을 나타낸다.

운영 관리자는 재료(material), 기계/장비(machinery/equipment), 인력(manpower), 방법(method)의 네 가지 범주로 시작한다. 이 네 가지 *M*은 '원인'들이고, 이는 초기 분석을 위한 좋은 체크리스트를 제공한다. 각 범주와 관련된 개별 원인은 종종 브레인스토밍 프로세스를 통해 해당 분기를 따라 별도의 뼈로 묶여 있다. 예를 들어 그림 6.7에서 손 위치, 추적, 조준점, 구부러진 무릎 및 균형으로 인한 문제들이 있다. 인과관계 다이어그램이 체계적으로 개발되면 가능한 품질 문제와 검사 지점이 강조되어 표시된다.

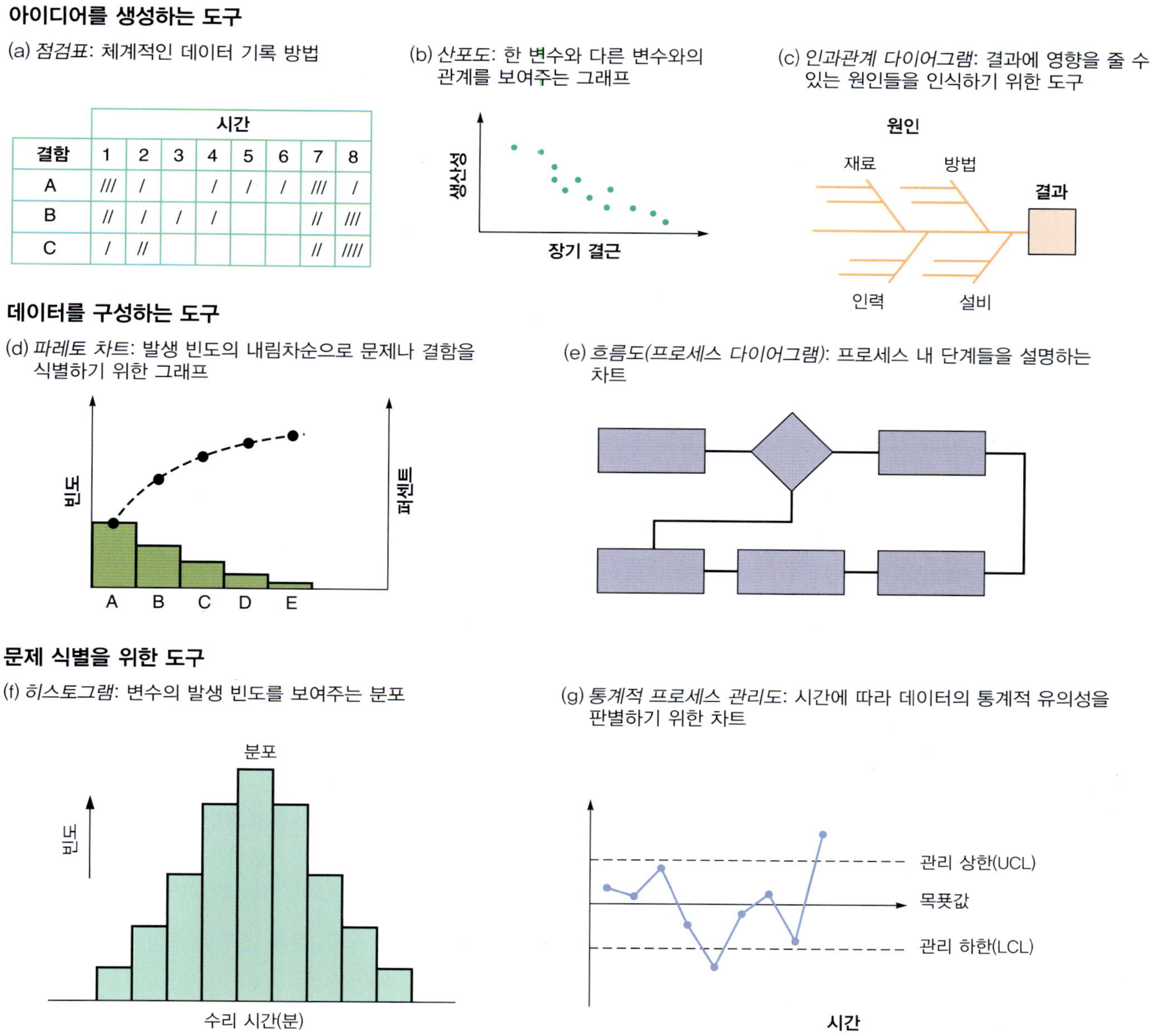

그림 6.6 TQM의 일곱 가지 도구

파레토 차트

파레토 차트(Pareto chart)는 문제 해결 노력에 집중하는 데 도움이 될 수 있도록 오류, 문제, 결함을 구성하는 방법으로 19세기 경제학자인 빌프레도 파레토(Vilfredo Pareto)의 업적으로부터 이름을 붙였다. 주란은 조직 문제의 80%가 20%의 원인으로부터 나온다는 것을 제안하면서 파레토의 개념을 언급했다.

파레토 차트
중요도에 따라 문제를 분류하는 그래픽 방식으로, 종종 80-20 규칙이라고도 함

예를 들어 호텔 서비스와 관련한 불만 사항을 다섯 가지 유형으로 구분한 후, 파레토 분석을 통해 이 중 부실한 룸서비스가 가장 큰 불만 사항임을 알 수 있었다.

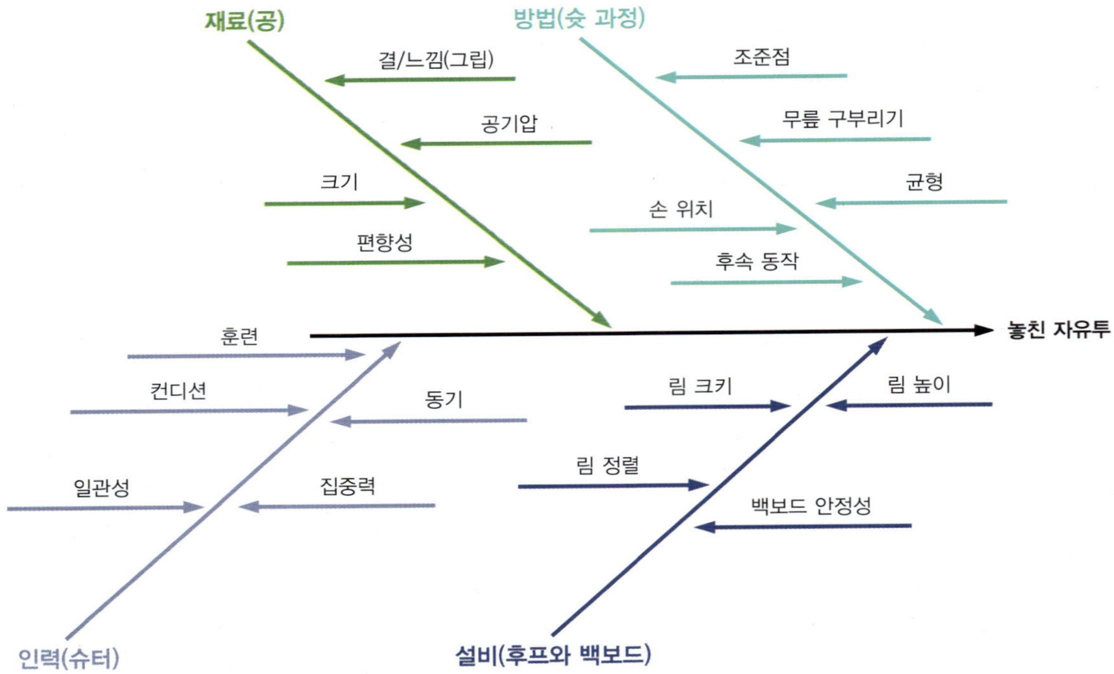

그림 6.7 **자유투 실패 문제에 대한 생선 뼈 차트**

출처: Courtesy of MoreSteam.com, LLC.

예제 1

하드록호텔에서의 파레토 차트

발리에 있는 하드록호텔(Hard Rock Hotel)은 10월 한 달 동안 접수된 75건의 불만 전화 데이터를 수집해 관리자에게 전달했다. 관리자는 불만 사항에 대한 분석을 준비하려고 한다. 수집된 데이터는 룸 서비스 54건, 체크인 지연 12건, 수영장 운영 시간 4건, 미니 바 가격 3건, 기타 2건이었다.

접근방법 ▶ 파레토 차트는 이 분석에 탁월한 선택이다. 차트는 오류, 문제, 결함을 요약하고 테이블의 가로축을 따라 내림차순으로 기록한다.

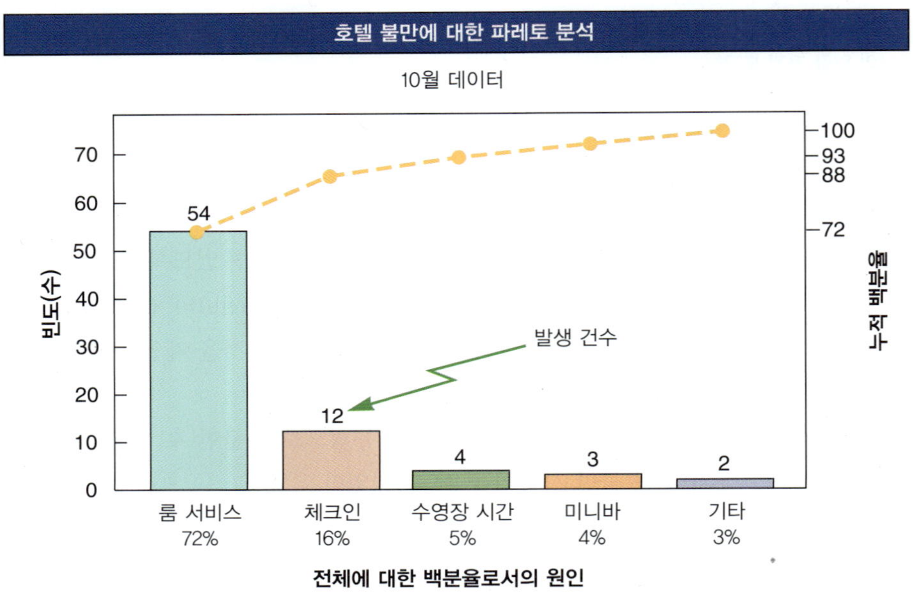

해결방법 ▶ 다음에 표시된 파레토 차트는 통화의 72%가 룸서비스라는 한 가지 원인의 결과임을 나타낸다. 이 한 가지 원인이 해결되면 대부분의 불만이 사라질 것이다.

통찰력 ▶ 데이터를 요약하는 이 시각적 수단은 특히 이 장의 끝에 있는 사우스웨스턴대학교(Southwestern University) 사례 연구에서와 같이 많은 양의 데이터에 매우 유용하다. 우리는 즉시 주요 문제를 발견하고 이를 해결하기 위한 계획을 준비할 수 있다.

학습 연습 ▶ 하드록의 바 매니저는 그녀가 지난 1년 동안 수집한 불만 사항에 대해 유사한 분석을 하기로 결정했고 다음과 같은 데이터를 수집했다. 비싼 가격 22건, 약한 음료 15건, 느린 서비스 65건, 짧은 시간 8건, 불친절한 바텐더 12건이다. 이 데이터를 바탕으로 파레토 차트를 준비하라. [답: 느린 서비스 53%, 가격 비쌈 18%, 음료 12%, 바텐더 10%, 시간 7%]

파레토 분석은 어떤 문제가 가장 큰 성과를 낼 수 있는지를 나타내기도 한다. 퍼시픽벨(Pacific Bell)은 전화 불통의 가장 큰 원인이 땅속에 묻혀 있는 전화 케이블의 손상임을 알아냈고 이를 해결할 수 있는 방법을 찾아내려고 했다. 파레토 분석에 따르면 케이블 손상 원인의 41%가 공사 작업이었고, 이를 통해 퍼시픽벨은 1년 안에 케이블 손상을 24% 줄여 연간 600만 달러를 절약할 수 있는 계획을 세울 수 있었다.

마찬가지로 일본의 복사기 제조업체인 리코(Ricoh Corp.)도 파레토 원리를 사용해 '콜백(callback)' 문제를 해결했다. 콜백은 작업이 처음에 제대로 완료되지 않은 상태에서 자체 비용으로 재방문 서비스가 필요한 것을 의미한다. 콜백을 가장 많이 받은 고객 엔지니어 중 11%만 식별했고 재교육한 결과 재방문 서비스가 19% 감소했으며 이로 인해 많은 비용을 절감할 수 있었다.

흐름도

흐름도(flowchart)는 상호 연결된 관계를 통해 전반적인 프로세스의 흐름을 시각적으로 보여주며 프로세스를 이해하거나 설명하기 위한 것으로써 간단하지만 훌륭한 도구이다[그림 6.6(e) 참조]. 예제 2는 흐름도를 이용해 병원에서 MRI 서비스를 완료하는 과정을 보여준다.

흐름도
프로세스 또는 시스템을 그래픽으로 설명하는 블록 다이어그램

예제 2 **MRI 서비스를 위한 흐름도**

아놀드파머병원은 일련의 프로세스 개선 계획을 수행했다. 그중 하나는 MRI 서비스를 환자, 의사, 병원에 효율적으로 만드는 것이다. 관리자는 첫 번째 단계가 이 프로세스의 흐름도를 개발하는 것이라고 생각한다.

접근방법 ▶ 프로세스 개선 직원은 여러 환자를 관찰하고 처음부터 끝까지 환자(및 정보 흐름)를 따랐다. 다음은 11단계이다.

1. 의사는 환자를 검사한 후 MRI를 예약한다. (시작)
2. 검사지시서와 의무기록 사본을 가지고 검사실에서 MRI 검사실로 환자를 이송한다.
3. 환자가 로그인하고 필요한 서류를 작성한다.
4. 검사를 위해 기술자가 환자를 준비시킨다.
5. 기술자가 MRI 스캔을 수행한다.

6. 기술자가 필름의 선명도를 검사한다.
7. MRI가 만족스럽지 않은 경우(시간의 20%), 5단계와 6단계를 반복한다.
8. 환자를 병실로 데려간다.
9. 방사선 전문의가 MRI를 판독하고 보고서를 작성한다.
10. MRI 및 보고서는 전자적으로 의사에게 전송된다.
11. 환자와 의사는 보고서에 대해 논의한다. (끝)

해결방법 ▶ 흐름도는 다음과 같다.

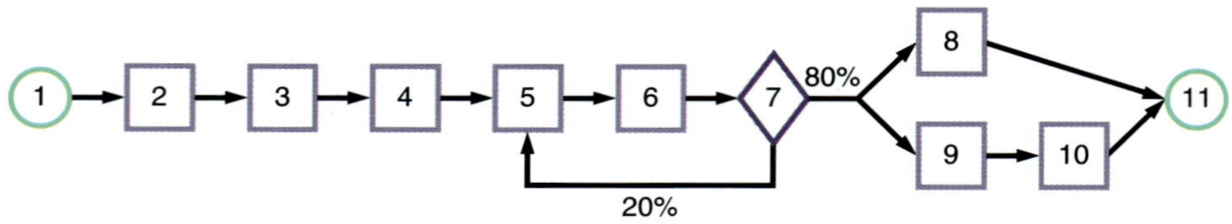

통찰력 ▶ 흐름도를 통해 병원은 각 단계를 분석하고 부가가치 활동과 개선 또는 제거할 수 있는 활동을 식별할 수 있다.

학습 연습 ▶ 새로운 절차에 따르면 MRI 준비 시 환자의 혈압이 200/120 이상인 경우 2시간 동안 병실로 돌아와 절차가 2단계로 돌아간다. 흐름도는 어떻게 변경되겠는가?

[답]

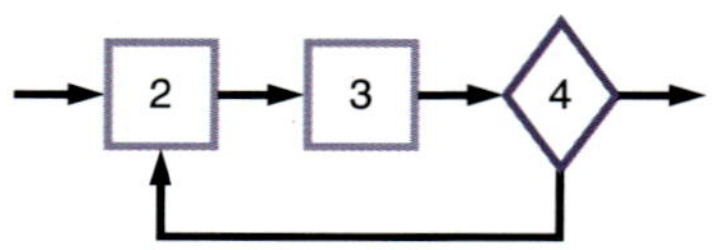

히스토그램

히스토그램(histogram)은 측정값의 범위와 각 값이 발생하는 빈도를 보여준다[그림 6.6(f) 참조]. 가장 자주 발생하는 값과 측정값의 변화를 보여주며, 평균 및 표준 편차와 같은 기술 통계를 계산해 분포를 설명할 수 있다. 그러나 분포의 모양을 볼 수 있도록 항상 데이터를 표현해주어야 한다. 왜냐하면 분포를 시각적으로 표시하면 변동의 원인에 대한 통찰력을 제공할 수 있기 때문이다.

통계적 프로세스 관리(SPC)

통계적 프로세스 관리(SPC)
제품이나 서비스가 생산될 때 표준을 모니터링하고 측정하며 시정 조치를 취하는 데 사용되는 프로세스

통계적 프로세스 관리(statistical process control, SPC)는 제품이나 서비스가 생산되는 표준을 모니터링하고 측정하고 수정 조치를 취하는 것이다. 프로세스 출력 표본을 조사하며 허용 범위 내에 있으면 프로세스를 계속할 수 있고 허용 범위를 벗어나면 프로세스가 중단되고 할당 가능한 원인을 찾아 제거할 수 있도록 한다.

관리도
미리 설정된 관리 한계와 함께 시간 경과에 따른 프로세스 데이터의 표현

관리도(control charts)는 제어하려는 프로세스의 상한 및 하한을 보여주는 시간 경과에 따른 데이터의 그래픽 표현이다[그림 6.6(g) 참조]. 관리도는 새로운 데이터가 과거 실적 데이터와 빠르게 비교할 수 있는 방식으로 구성된다. 프로세스 결과의 표본을 취하고 한계가 있는 차트에 이러한 각 표본의 평균을 표현한다. 관리도의 상한 및 하한은 온도, 압력, 무게, 길이 등의 단위가 될 수 있다.

그림 6.8은 관리도의 표본 평균 플롯을 보여준다. 표본이 관리 상한 및 하한에 속하고 식별 가능한 패턴이 없는 경우 프로세스는 자연적인 변화만 존재하는 관리 상태라고 한다. 그렇지 않으면

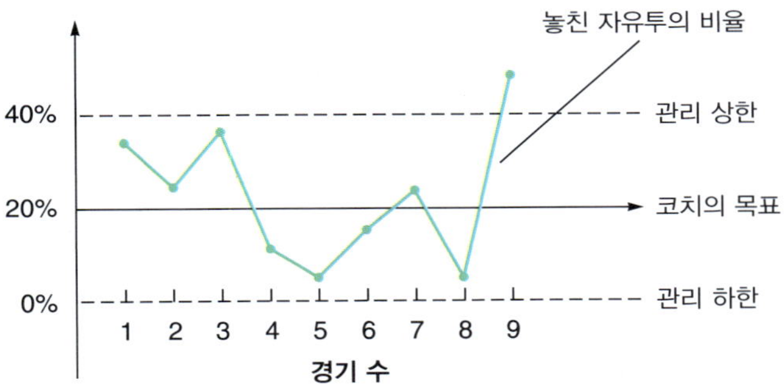

Stephen M. Dowell/Orlando Sentinel/McClatchy/Tribune Content LLC/Alamy Stock Photo

그림 6.8

농구 팀의 새로운 시즌 첫 9경기에서 놓친 자유투 비율에 대한 관리도

프로세스의 통제가 불능이거나 조정 불능이다.

이 장의 보론은 다양한 유형의 관리도를 개발하는 방법을 자세히 설명하고 있으며, 또한 중요한 도구 사용의 기초가 되는 통계적 기초를 다루게 된다.

품질검사의 규칙

시스템이 정상적으로 생산되고 있는지 확인하려면 프로세스의 제어가 필요하다. 최상의 프로세스는 예상되는 표준과 거의 차이가 없다. 사실 편차가 완전히 제거되면 결함이 없는 것이기 때문에 검사할 필요가 없다. 운영 관리자의 과제는 이러한 시스템을 구축하는 것이다. 그러나 프로세스가 표준에 따라 수행되고 있는지 확인하기 위해서는 검사를 자주 수행해야 한다. 이 **검사**(inspection)에는 제품의 측정, 시음, 만지기, 무게 측정 등 다양한 테스트가 포함될 수 있다(때로는 제품의 파괴 실험도 있을 수 있음). 목표는 잘못된 프로세스를 즉시 감지하는 것이며, 검사는 시스템의 결함이나 제품의 결함을 수정하거나 제품을 변경하거나 가치를 높이는 것은 아니다. 검사는 단지 제품의 결함과 불량을 찾는 것이다. 더구나 검사는 비용이 많이 들고 제품의 가치를 더하지 않는다.

검사
작업이 예상되는 품질 수준에서 생산되고 있는지 확인하는 것

검사는 시스템 개선을 위한 수단으로 생각해야 한다. 운영 관리자는 (1) 검사 시기, (2) 검사 지점 등 시스템의 중요한 지점을 알아야 한다.

검사 시기와 검사 지점의 결정

검사 시기와 검사 지점을 결정하는 것은 프로세스 유형과 각 단계에서 추가되는 가치에 따라 다르다. 표 6.4에서는 삼성의 테스트 프로세스를 보여주고 있다. 검사는 다음 지점에서 수행할 수 있다.

표 6.4 삼성의 스마스폰 품질 테스트 방법

내구성	손톱 구멍, 극한 온도 및 과충전으로 스트레스 테스트
육안 검사	배터리와 표준화된 모델 ㅂ 교
엑스레이	내부 이상 검사
충전 및 방전	완제품의 전원 검사
유기 화합물(TVOC)	배터리 누출 검사
분해	베터리 셀을 열어 용접 및 절연 테이프 상태 검사
가속화 사용	5일 내 2주간 실제 사용 시뮬레이션
전압 변동성(OCV)	제조 공정 전반에 걸친 전압 변화 확인

출처: Samsung Electronics Co. and *The Wall Street Journal*(January 23, 20˝7:B4).

OM in Action 보잉 787 검사

2억 7,000만 달러짜리 자동차를 구입한다고 상상해보라. 타이어를 아주 세게 차고 싶을 것이다. 그것이 항공사가 새로운 비행기로 하는 일이다. 대형 항공기 한 대를 배송하는 것은 큰 문제이다. 각 비행기의 정가는 고층 호텔의 가격과 거의 동일하다.

아메리칸항공과 같은 항공사는 자신의 엔지니어를 보잉 공장에 배치해 비행기가 제작되는 과정과 제작이 끝나 도착했을 때 부품을 확인하게 한다. 그런 다음 *셰이크다운 검사*라 불리는 검사에 승무원, 정비사, 조종사를 보낸다.

미국의 한 관리자는 새로운 보잉 787을 확인하기 시작하면서 "고무가 여기서 도로를 만납니다"라고 말한다. "검사를 거치고, 또 검사를 거치고, 다시 검사를 받습니다. 그러나 우리는 여전히 무언가를 찾습니다." 보잉이 자체 테스트를 수행하지만 구매자가 자체적으로 추가 검사를 수행하고 비행기의 펀치 목록에 평균 140개의 품목을 기록한다.

5명의 승무원, 2명의 기계 전문가, 미국 시험 조종사가 285인승 비행기를 검사한다. 검사를 위해 모든 문과 패널이 열린다. 승무원은 각 좌석을 심하게 흔들고 머리 받침을 잡고 위로 당겨 각 엔터테인먼트 컨트롤러의 코드를 확 잡아당겨 본다. 전원 포트, USB 포트, 오디오 잭과 엔터테인먼트 시스템을 테스트한다. 모든 좌석 트레이를 열고, 모든 조명을 켜고 끈다. 그들은 각 좌석을 젖혀본다. 모든 화장실의 변기물을 내려보고, 연기 경보기에 가짜 연기를 불어 넣고, 필요할 때 미리 녹음된 모든 비상 메시지가 울리도록 한다.

조종실 내부에서 미국의 시험 조종사가 제트기를 한계 속도까지 날려 대기 속도를 높이거나 비행기를 감속 속도로 늦출 때 경보가 울리는지 확인한다. 조종사는 '뱅크 각도(bank angle)' 경고가 울릴 때까지 급격히 돌린다. 각 엔진은 운항 도중 꺼졌다가 다시 작동한다. 모든 백업 및 비상 시스템은 그것이 확실히 작동하는지 확인하기 위해 활성화된다.

출처: *The Wall Street Journal*(August 31, 2017); *USA Today*(April 29, 2015).

1. 공급자가 생산하는 동안 공급자 공장
2. 공급업체로부터 제품 수령 시 해당 시설
3. 비용이 많이 들거나 되돌릴 수 없는 프로세스 이전
4. 단계별 생산 과정 중
5. 생산 또는 서비스가 완료되었을 때
6. 고객에게 배송되기 전
7. 고객 접촉 지점

OM in Action '보잉 787 검사'에서 볼 수 있듯이 대규모의 값비싼 구매를 통해 많은 회사가 포괄적이고 까다로운 고객 수용 검토를 수행한다.

이전 절에서 논의된 TQM의 일곱 가지 도구는 이러한 '검사 시기 및 지점' 결정에 도움이 된다. 그러나 이 검사는 좋은 프로세스에서 잘 훈련된 직원이 생산한 견고한 제품을 결코 대체할 수 없다. 독립적인 리서치 회사에서 수행한 잘 알려진 실험에서 100개의 결함이 있는 부품이 '완벽한'

Matthias Schrader/dpa picture alliance archive/Alamy Stock Photo

좋은 분석법과 적절한 도구는 품질과 속도를 모두 향상시키는 포카요케를 생성할 수 있다. 여기에서는 2개의 포카요케를 보여준다. 첫째, 알루미늄 스쿱이 자동으로 감자튀김을 수직으로 배치하고, 둘째, 적절한 크기의 용기가 제공되는 부분이 정확한지 확인한다. 맥도날드는 레스토랑 비즈니스에 엄격함과 일관성을 제공함으로써 품질을 유지한다.

품목의 로트에 추가된 다음 100% 검사를 받았다. 검사관은 첫 번째 검사에서 결함 부품 중 68개만 발견했다. 검사관은 다음 30개의 결함을 찾기 위해 세 번 더 통과했어야 했다. 마지막 2개의 결함은 발견되지 않았다. 따라서 결론은 검사 프로세스에 변동성이 있다는 것이다. 검사관은 인간일 뿐이다. 지루해지고 피곤해지며 검사 장비 자체가 가변적이다. 100% 검사를 해도 검사관은 완벽을 보장할 수 없다. 따라서 좋은 프로세스, 직원 권한 부여, 소스 컨트롤은 검사를 통해 결함을 찾는 것보다 더 나은 해결책이다.

소스 검사

최상의 검사는 전혀 검사하지 않는 것으로 생각할 수 있다. 이 '검사'는 항상 소스에서 수행되며 운영자와 함께 작업을 제대로 수행하고 있는지 확인하는 것이다. 이를 **소스 검사**[source inspection, 또는 소스 제어(source control)]라고 할 수 있으며 개별 직원이 자신의 작업을 스스로 확인하는 직원 권한 부여의 개념과 일치한다. 아이디어는 각 공급업체, 프로세스 및 직원이 **프로세스의 다음 단계를 고객으로 취급**해 다음 '고객'에게 완벽한 제품을 보장하고 보낸다는 것이다. 이 검사는 일본에서 차용한 용어인 **포카요케**라고 하는 안전장치와 같은 체크리스트 및 제어를 사용해 지원될 수 있다.

소스 검사
소스에서 생산 또는 구매 시점의 관리 또는 모니터링

포카요케(poka-yoke)는 매번 좋은 제품을 생산할 수 있도록 보장하는 완벽한 장치 또는 기술이다. 이러한 특수 장치는 오류를 방지하고 문제에 대한 빠른 피드백을 제공한다. 포카요케 장치의 간단한 예는 주유소에 설치되어 있는 자동차의 '무연' 휘발유 주유구에 맞지 않는 디젤 가스 펌프 노즐이다. 맥도날드에서 정확한 양을 측정하는 데 사용되는 감자튀김 스쿱과 표준 크기 용기는 포카요케이다. 마찬가지로 병원에서 의료 시술에 필요한 항목을 정확히 포함하는 사전 포장된 외과용 덮개는 포카요케이다.

포카요케
문자 그대로 번역하면 '실수 교정'으로, 매번 좋은 단위의 생산을 보장하는 장치 또는 기술을 의미함

체크리스트(checklist)는 작업 수행의 일관성과 완전성을 보장하는 데 도움이 되는 일종의 포카요케이다. 기본적인 예는 할 일에 대한 목록(to-do list)이다. 이 도구는 비행기 조종사가 사용하는 비행 전 체크리스트, 의사가 사용하는 수술 안전 체크리스트 또는 프로그래머가 사용하는 소프트웨어 품질 보증 목록의 형태를 취할 수 있다. OM in Action '안전한 환자, 스마트한 병원'은 체크리스트가 병원 품질에서 갖는 중요한 역할을 보여준다.

체크리스트
작업의 일관성과 완전성을 보장하는 데 필요한 단계를 나열하는 일종의 포카요케

결국 소스 검사, 포카요케, 체크리스트의 아이디어는 프로세스의 각 단계에서 100% 우수한 제품 또는 서비스를 보장하는 것이다.

서비스 산업 검사

서비스 지향 조직에서는 표 6.5에 나와 있는 것처럼 다양한 위치에 검사 지점을 할당할 수 있다. 다시 말해 운영 관리자는 검사의 지점을 잘 결정해야 하며 이러한 판단을 내릴 때 TQM의 일곱 가지 도구가 유용할 수 있다.

속성 대 변수 검사

검사가 수행될 때 대상 품질의 특성은 **속성**이나 **변수**로 측정될 수 있다. **속성 검사**(attribute inspection)는 품목의 상태를 단지 양호 또는 불량으로 분류하며, 실패의 **정도**는 다루지 않는다. 예를 들어 전구가 켜지거나 켜지지 않는다로 분류한다. **변수 검사**(variable inspection)는 무게, 속도, 크기, 강도와 같이 치수를 측정해 항목이 허용 가능한 범위 내에 있는지 확인한다. 전선의 직경이 0.01인치라고 가정하면 마이크로미터를 사용해 제품이 검사를 통과하기에 충분히 가까운지 확인할 수 있다.

속성 검사
품목을 양호 또는 불량으로 분류하는 검사

변수 검사
치수 또는 강도와 같은 연속체 척도에 속하는 것으로 검사 항목의 분류

OM in Action 안전한 환자, 스마트한 병원

매일 병원에서 간단하고 피할 수 있는 오류로 인해 환자가 사망한다. 두 가지 비극적인 의학적 실수, 즉 아버지의 잘못 진단된 암과 존스홉킨스에서 18개월 된 아이를 죽인 멍청함에서 영감을 얻은 피터 프로노보스트(Peter Pronovost) 박사는 환자의 안전을 개선하고 사망을 예방하기 위해 종종 의료 문화에 반하는 것을 그의 임무로 삼았다.

그는 카테터 감염을 줄이기 위한 기본 5단계 체크리스트를 개발하는 것으로 시작했다. 사타구니, 목, 가슴의 정맥에 삽입해 체액과 약을 투여하는 카테터는 생명을 구할 수 있다. 그러나 매년 80,000명의 미국인이 *중앙 정맥 카테터*(또는 라인)에 감염되고 30,000명 이상의 환자들이 죽는다. 프로노보스트의 체크리스트는 이를 사용하는 병원의 감염률을 0으로 낮추어 수천 명의 생명을 지키고 수천만 달러를 절약했다.

의사와 간호사를 위한 그의 단계는 간단하다. (1) 손을 씻는다. (2) 멸균 장갑, 마스크와 커튼을 사용한다. (3) 카테터를 위해 열리는 부위에 소독제를 사용한다. (4) 팔과 다리의 정맥을 피한다. (5) 가능한 빨리 카테터를 꺼낸다. 그는 또한 필요한 모든 물품을 보관하는 특별한 카트도 만들었다.

프로노보스트 박사는 많은 병원 오류가 표준화 부족, 잘못된 의사소통, 비협조적인 문화 때문이라고 믿는다. 그는 항공 산업의 체크리스트가 과학이라고 설명한다. 모든 승무원은 안전팀의 일원으로 일한다. 프로노보스트의 책은 한 사람이 만든 작은 변화만으로도 큰 차이를 가져올 수 있음을 보여준다.

출처 : *Safe Patients, Smart Hospitals*(Penguin Publishers, 2011); *The Washington Post*(April 18, 2017).

표 6.5 서비스에서 검사의 예

조직	검사 대상	기준
알래스카항공	수하물 벨트에 있는 마지막 짐 비행기 문 열림	게이트 도착 후 20분 이내 게이트 도착 후 2분 이내
존스법률사무소	접수원 청구요금 변호사	두 번째 벨소리 전 응답 정확하고, 적절하며, 올바른 형식 신속성
하드록호텔	안내 데스크 도어맨 룸 미니 바	고객 이름 사용 30초 내에 손님에게 인사 잘 작동하는 모든 조명, 흠 없는 욕실 재입고 및 정확한 청구
아놀드파머병원	청구 약 실험실 간호원 입원	정확하고, 적절하며, 올바른 형식 정확한 처방, 재고 정확성 실험실 테스트 정확성의 감사 즉시 업데이트되는 차트 정확하고 완전하게 입력된 데이터
올리브가든레스토랑	버스보이 버스보이 웨이터	1분 내 물과 빵을 제공 디저트 전에 모든 식사 메뉴 정리 스페셜 메뉴, 디저트를 숙지하고 고객에게 제안
노드스트롬백화점	전시 영역 창고 판매원	매력적이고 잘 정리되어 있고 좋은 조명 제품 회전, 조직화, 청소 깔끔하고 정중하며 풍부한 지식

이 장의 보론에서 볼 수 있듯이 속성이나 변수가 검사되고 있는지 여부를 알면 취해야 할 통계적 품질 관리(statistical quality control) 접근 방식을 결정하는 데 도움이 된다.

서비스에서의 TQM

무형 제품인 서비스의 개별 구성요소는 유형 제품 구성요소의 품질보다 측정하기가 더 어렵다. 일반적으로 서비스 사용자는 유형 제품 사용자와 마찬가지로 대안 간의 비교를 위한 기반을 형성하

표 6.6 서비스 품질 결정 요소

신뢰성(reliability)	성능과 일관성이 포함된다. 이것은 회사가 올바른 서비스를 수행하고 약속을 지키는 것을 의미한다.
응답성(responsiveness)	직원이 서비스를 제공하려는 의지 또는 준비 상태와 관련이 있다. 그것은 서비스의 적시성을 포함한다.
역량(competence)	서비스 수행에 필요한 기술과 지식을 소유하는 것을 의미한다.
접근 가능성(access)	접근 용이성과 접촉 용이성을 포함한다.
예의 바름(courtesy)	연락 담당자의 공손함, 존중, 배려, 친근함을 포함한다.
의사소통(communication)	고객이 이해하고 들을 수 있는 언어로 정보를 제공하는 것을 의미한다.
신용도(credibility)	신뢰도, 정직성을 포함한다. 고객의 이익을 최우선으로 생각하는 것이다.
안정성(security)	위험 또는 의심으로부터의 자유를 의미한다.
고객 이해(understanding/knowing the customer)	고객의 요구를 이해하기 위한 노력을 포함한다.
유형성(tangibles)	서비스의 물리적 증거를 포함한다

출처: A. Parasuranam, Valarie A. Zeithaml, and Leonard L. Berry, "A Conceptual Model of Service Quality and Its Implications for Future Research," *Journal of Marketing*(1985): 49. Copyright © 1985 by the American Marketing Association. Reprinted with permission.

는 기능을 염두에 두고 있다. 하나의 기능이 없으면 추가 고려 대상에서 서비스를 제거할 수 있다. 품질은 또한 경쟁사보다 훨씬 적은 특성이 우수한 특성의 묶음으로 인식될 수 있다. 제품 비교에 대한 이러한 접근 방식은 제품과 서비스 간에 거의 차이가 없다. 그러나 서비스 선택에서 다른 점은 (1) **제품 간 무형적 차이**와 (2) **해당 제품에 대한 고객의 무형적 기대**이다. 실제로 무형의 속성은 전혀 정의되지 않을 수 있다. 서비스 제품 구매자의 마음속에는 무언의 이미지로 남아 있다. 이것이 바로 서비스에서 광고, 이미지, 프로모션과 같은 모든 마케팅적 노력들이 차이를 만들 수 있는 이유이다.

운영 관리자는 서비스 품질의 몇 가지 주요 측면을 해결하는 데 중요한 역할을 한다. 첫째, **많은 서비스에서 유형적인 구성요소가 중요하다**. 서비스가 얼마나 잘 설계되고 생산되는지가 차이를 만든다. 이것은 호텔의 계산서가 얼마나 정확하고 명확하며 완벽한지, 타코벨(Taco Bell)의 음식이 얼마나 따뜻한지, 차량 정비소에서 차량을 수령한 후 자동차가 얼마나 잘 작동하는지 등이 될 수 있다.

둘째, 서비스 및 서비스 품질의 또 다른 측면은 프로세스이다. 표 6.6에서 서비스 품질 결정 요소 10개 중 9개가 **서비스 프로세스**와 관련되어 있음을 알 수 있다. 신뢰성과 예의 같은 것들이 프로세스의 일부이다. 운영 관리자는 **이러한 속성을 가진 프로세스를 설계할 수 있으며** 이 장에서 설명하는 TQM 기법을 통해 품질을 보장할 수 있다. (알래스카항공 사진을 참조하라.)

셋째, 운영 관리자는 고객의 기대가 서비스를 평가하는 기준이라는 것을 인식해야 한다. 서비스 품질에 대한 고객의 인식은 '서비스 전 기대치'와 '실제 서비스 경험'을 비교한 결과이다. 즉 서비스 품질은 기대치를 충족하는지 여부를 기준으로 판단된다. **관리자는 서비스의 품질과 기대치 모두에 영향을 미칠 수 있다**. 그렇기 때문에 제공할 수 있는 것 이상을 약속하지 말아야 한다.

넷째, 관리자는 예외사항을 예상해야 한다. 은행 창구 직원의 거래 처리와 같이 정규 서비스가 제공되는 표준 품질 수준이 있다. 그러나 고객에 의해 또는 열악한 작동 조건에 의해 시작된 '예외사항'이나 '문제 사항'이 있다. 이는 품질 관리 시스템이 **열악한 작동 조건에 대비한 일련의 대체 계획을 인식하고 가져야 함**을 의미한다.

많은 서비스 조직과 마찬가지로 알래스카항공은 예의, 외모, 시간과 같은 영역에서 품질 표준을 설정한다. 다음은 각 출발 일정에 따라 알래스카항공 50개 품질 체크포인트 중 일부이다.

서비스 복구
일선 작업자가 문제를 즉시 해결할 수 있도록 교육 및 권한 부여

잘 운영되는 회사에는 **서비스 복구**(service recovery) 전략이 있다. 즉 일선 직원이 문제를 즉시 해결할 수 있도록 교육하고 권한을 부여한다. 예를 들어 메리어트호텔(Marriott Hotel)의 직원은 **LEARN**(**L**isten, **E**mpathize, **A**pologize, **R**eact, **N**otify) 루틴으로 훈련되어 불만 사항이 시스템에 다시 전달되도록 한다. 리츠칼튼호텔(Ritz-Carlton Hotel)의 직원은 단순히 "죄송합니다"라는 말이 아니라 "제 사과를 받아주세요"라고 훈련을 받는다. 리츠칼튼은 불만을 가지고 있는 손님에 보상하기 위한 예산을 제공한다. 마찬가지로, 알래스카항공(Alaska Airlines)의 직원은 자신이 원하는 옵션의

OM in Action 리치인터내셔널의 스파이

고급 호텔은 어떻게 품질을 유지하는가? 그들은 검사한다. 그러나 그들의 제품은 일대일 서비스이고 주로 개인적인 행동에 의존하는 경우인데, 어떻게 검사할까? 바로 스파이를 고용한다!

리치인터내셔널(Richey International)은 스파이다. 전 세계적으로 선호하는 호텔 및 리조트와 인터컨티넨탈호텔(Intercontinental Hotels)은 모두 리치를 고용해 스파이를 통한 품질 평가를 수행했다. 고객으로 가장한 리치 직원이 검사를 수행한다. 그러나 그 후에도 경영진은 고객이 기대하는 바와 고객 만족을 제공하는 특정 서비스를 설정하고 있다. 그래야만 관리자가 검사 방법과 지점을 알 수 있기 때문이다. 적극적인 교육과 객관적인 검사는 고객의 기대에 부응하는 행동을 강화하고 있다.

호텔은 리치의 잠복 조사원을 이용해 정확한 표준에 대한 성능을 보장한다. 평가자가 언제 도착할지 호텔은 알지 못하며, 어떤 닉네임을 사용할 것인지도 모른다. 검사관이 고급 호텔에 체크인하기 전에 50개 이상의 서로 다른 표준이 평가되고, 다음 24시간 동안 체크리스트, 음성 녹음 및 사진을 사용해 서면 보고서가 준비된다. 보고서에는 다음과 같은 표준 평가가 포함된다.

- 도어맨이 30초 이내에 각 손님을 맞이하는가?
- 프론트 데스크 직원이 체크인 시 손님의 이름을 사용하는가?
- 욕실 욕조와 샤워기는 깨끗한가?
- 손님이 아침 식사를 한 후 커피를 마실 때까지 몇 분이 걸리는가?
- 웨이터가 눈을 마주쳤는가?
- 미니 바 요금이 청구서에 올바르게 게시되었는가?

확립된 표준, 적극적인 교육 및 검사는 이러한 호텔의 TQM 노력의 일부이다. 품질은 결코 우연히 발생하지 않는다.

출처: *Daily Mail*(October 7, 2015) and(July 14, 2012); *Travel Weekly*(July 14, 2015).

'툴키트(toolkit)'를 활용해 여행 중 언짢은 여행자를 달래도록 한다.

서비스 회사의 관리자는 성과를 평가할 때 **SERVQUAL**이 유용하다는 것을 알 수 있다. SERVQUAL은 고객 서비스 기대치와 제공된 실제 서비스의 경험치를 직접 비교하는 널리 사용되는 도구이다. SERVQUAL은 고객 서비스 기대치와 열 가지 서비스 품질 결정 요소에서 제공되는 서비스 간의 차이에 중점을 둔다. 척도의 가장 일반적인 버전은 표 6.6에 표시된 열 가지 서비스 품질 결정 요소 측정을 위한 다섯 가지 요소(신뢰성, 보증, 유형성, 공감, 응답성)로 축소한다.

SERVQUAL
서비스 기대치를 서비스 성과와 비교하는 서비스 품질에 대한 대중적인 측정 척도

제품을 설계하고, 서비스 프로세스를 관리하고, 제품에 대한 고객 기대치를 일치시키고, 예외에 대비하는 것은 양질의 서비스를 위한 핵심이다. OM in Action '리치인터내셔널의 스파이'는 운영 관리자가 서비스 품질을 향상시키는 방법을 한 번 더 보여주고 있다.

요약

품질은 사람마다 다른 것을 의미하는 용어이다. 우리는 품질을 '명시적이거나 묵시적인 요구를 충족시킬 수 있는 능력을 지닌 제품 또는 서비스의 기능과 특성의 총체'로 정의한다. 품질 기대치를 정의하는 것은 효과적이고 효율적인 운영에 매우 중요하다.

품질은 제품으로 품질을 검사할 수 없기 때문에 전사적 품질 관리(TQM) 환경을 구축해야 한다. 또한 이 장에서는 일곱 가지 TQM 개념, 즉 지속적인 개선, 식스 시그마, 직원 권한 부여, 벤치마킹, JIT, 다구치 개념, TQM 도구에 대한 지식을 다룬다. 이 장에 소개된 일곱 가지 TQM 도구는 점검표, 산포도, 인과관계 다이어그램, 파레토 차트, 흐름도, 히스토그램, 통계적 프로세스 관리(SPC)이다.

핵심 용어

검사(inspection)
견고한 품질(quality robust)
관리도(control chart)
목표 지향 품질(target-oriented quality)
벤치마킹(benchmarking)
변수 검사(variable inspection)
서비스 복구(service recovery)
소스 검사(source inspection)
속성 검사(attribute inspection)
식스 시그마(Six Sigma)
인과관계 다이어그램(이시카와 다이어그램 또는 생선 뼈 차트) [cause-and-effect diagram(Ishikawa diagram, fish-bone chart)]
전사적 품질 관리(total quality management, TQM)
직원 권한 부여(employee empowerment)
체크리스트(checklist)
통계적 프로세스 관리(statistical process control, SPC)
파레토 차트(Pareto chart)
포카요케(poka-yoke)
품질(quality)
품질 비용(cost of quality, COQ)
품질 서클(quality circle)
품질손실함수(quality loss function, QLF)
흐름도(flowchart)
ISO 9000
PDCA
SERVQUAL

윤리적 딜레마

몇 년 전 맥도날드의 드라이브 스루 고객이 뜨거운 커피를 자신에게 쏟은 사건의 소송이 전 세계적으로 헤드라인을 장식했다. 커피가 너무 뜨거워 차에서 안전하게 마실 수 없다고 주장하면서 심하게 화상을 입은 80세 여성은 법원으로부터 290만 달러 승소 판결을 받았다. (판사는 나중에 64만 달러로 배상액을 줄였다.) 맥도날드는 제품이 정확한 사양에 따라 제공되었으며 적절한 품질이라고 주장했다. 또한 컵에는 "주의-내용물이 뜨거울 수 있습니다"라고 적혀 있었다. 맥도날드 커피는 (회사 규정에 의해) 지난 10년 동안 수백 건의 180도의 온도로 끓은 커피에

대한 불만에도 불구하고 일반 레스토랑 커피보다 훨씬 더 뜨겁다. 유사한 법원 사건에서 더 적은 배상금의 판결이 나오기도 했지만 역시 원고에게 유리했다. 예를 들어 모터시티베이글숍(Motor City Bagel Shop)은 드라이브 스루 고객이 커피를 쏟은 사건으로 고소를 당했고, 스타벅스는 자신의 발목에 커피를 쏟은 고객에게 고소를 당했다.

맥도날드, 모터시티, 스타벅스는 이런 상황에서 잘못한 것인가? 이러한 경우에 품질과 윤리가 어떻게 적용되는가?

토론 문제

1. 품질 개선이 어떻게 비용 절감으로 이어질 수 있는지 설명하라.
2. 인터넷 실습으로 EFQM을 만든 이유와 모델에서 Enabler를 정의하는 기본 개념을 설명하라. www.efqm.org를 참조하라.
3. 데밍의 14가지 요점 중 어떤 것 세 가지가 TQM 프로그램의 성공에 가장 중요하다고 생각하는가? 왜 그런가?
4. 효과적인 TQM 프로그램에 필요한 일곱 가지 개념을 나열하라. 이것들은 데밍의 14가지와 어떤 관련이 있는가?
5. 이 장의 품질 개념과 관련된 중요한 인물 3명의 이름을 말하라. 각각의 경우에 품질 관리 분야에 대한 그의 주요 공헌을 요약한 문장을 각각 작성하라.
6. TQM의 일곱 가지 도구는 무엇인가?
7. 직장(그리고 교실)에서의 두려움은 학습을 어떻게 방해하는가?
8. 대학이 산출물(즉 졸업생)의 품질을 어떻게 제어할 수 있는가?
9. 필립 크로스비는 품질은 무료라고 말했다. 왜 그런가?
10. 다구치 접근 방식의 중심이 되는 세 가지 개념을 나열하라.
11. 주어진 문제에 대해 파레토 차트를 사용하는 목적은 무엇인가?
12. 이시카와 다이어그램 또는 인과관계 다이어그램을 초기에 구성하는 데 도움이 되는 네 가지 광범위한 범주의 '원인'은 무엇인가?
13. 맥도날드와 같은 서비스 회사에서 직원을 위한 체크리스트는 어디에 도움이 되는가?
14. 앞으로 품질과 관련해 운영 관리자의 역할이 어떻게 변할 것이라고 생각하는가?
15. 소스 검사가 의미하는 바를 자신의 말로 설명하라.
16. 서비스 품질을 결정하는 열 가지 요소는 무엇인가?
17. 고품질을 어떻게 정의할 수 있는가?
18. 이 장에서 우리는 품질을 프로세스와 해당 인력에 구축하는 것이 어렵다고 제안했다. 검사도 까다롭다. 검사가 얼마나 어려운지 표시하려면 OM in Action '리치인터내셔널의 스파이'에서 수를 세라. 몇 개를 찾았는가? 각 학생이 개별적으로 이 작업을 수행하면 단일 숫자가 아닌 분포를 찾을 가능성이 매우 높다!

문제 해결

문제 해결 6.1

무료, 할인 및 업그레이드된 여행을 위한 마일리지 사용에 대한 Northern Airlines의 고객 불만 사항은 올해 받은 600통의 편지에서 다섯 가지 범주로 요약되어 있다.

불만	빈도
고객 서비스에 연결할 수 없음	125
요청한 날짜에 좌석이 제공되지 않음	270
무료 좌석을 얻기 위해 요금을 지불해야 함	62
좌석이 있었지만 홀수 시간의 항공편에서만 이용 가능함	110
전화할 때마다 규칙이 계속 변경됨	33

이 데이터에 대한 파레토 차트를 작성하라.

해결책

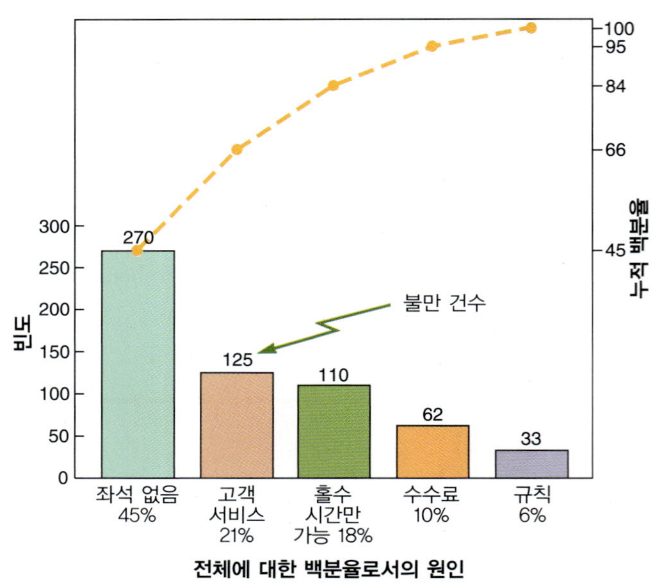

연습 문제

문제 6.1~6.19는 TQM 도구와 관련이 있다.

• **6.1** 아방가르드 의류 제조업체는 101번 고속도로의 광고판에 세간의 이목을 끄는 선정적인 광고 시리즈를 게재하고 정기적으로 이에 불쾌감을 느끼는 사람들로부터 항의 전화를 받고 있다. 회사는 총 몇 명이 광고를 보는지 알지 못하지만 분노한 시청자의 전화 건수에 대한 통계를 수집하고 있다.

유형	설명	불만 건수
R	인종/민족적으로 공격적	10
M	남성 비하	4
W	여성 비하	14
I	이해할 수 없는 광고	6
O	기타	2

(a) 이 데이터를 파레토 차트로 표현하라. 또한 누적 불만 라인을 묘사하라.

(b) 전체 불만의 몇 퍼센트가 가장 널리 퍼진 불만에 기인할 수 있는가?

• **6.2** 관심 있는 두 변수에 대한 산포도를 작성하라[예: 요일별 신문 페이지. 그림 6.6(b)의 예 참조].

• **6.3** Lloyds 신발 생산의 결함의 원인에 대한 파레토 차트를 작성하라.

결함 이유	빈도
생산 직원 교육 부족	12
가죽 품질이 좋지 않음	7
프로세스 설명 없음	9
프로세스 이해의 어려움	11
발산 접착제 품질	3
가변 생산 수량	5
가죽의 요철	4

• **6.4** 학교에 마지막으로 10번 이동한 교통수단 시간의 히스토그램을 작성하라.

•• **6.5** 대학의 학과장이 좋지 않은 결과에 대해 우려하고 있다. 그는 10명의 학생에 대해 다음 표에 제시된 데이터를 기록했다. 그는 먼저 출석률과 성적 사이에 상관관계가 있는지 알아보기 위해 학생들의 출석률과 성적을 조사했다. 학생들의 출석률과 성적 사이에 관계가 있는지 확인하기 위해 가장 적절한 문제 해결 도구를 선택하고 구성하라.

학생	점수	출석률(%)
1	95	100
2	99	90
3	88	80
4	70	70
5	60	65
6	89	90
7	50	55
8	75	70
9	82	80
10	70	73

(a) 맥페이든(McFadden)은 그래프에 8개의 점(x_i, y_i), $i = 1, 2, \cdots 8$을 표시하고 싶어 한다. 그녀는 고객들이 음식을 너무 오래 기다리게 해서 걱정을 했고, 이 그래프는 그녀가 문제의 가능한 원인을 찾는 데 도움을 주기 위한 것이다.

(b) 이것은 어떤 종류의 그래프의 예인가?

•• **6.6** 파티 계획과 관련된 모든 단계를 보여주는 [그림 6.6(e), 예제 2에서와 같이] 흐름도를 작성하라.

•• **6.7** 신호등에서 발생할 수 있는 잘못된 운전 습관의 유형을 고려하라. 일어날 가능성이 가장 높다고 생각하는 열 가지 목록을 만들어라. 해당 목록에 '기타' 범주를 추가하라.

(a) 이러한 습관의 발생 빈도를 수집하기 위해 [그림 6.6(a)와 같은] 점검표를 작성하라. 점검표를 사용해 하루 중 네 시간에 혼잡한 신호등 교차로를 방문하라. 이 중 두 시간은 교통량이 많은 시간대(출퇴근 시간, 점심시간)이다. 방문할 때마다 15~20분 동안 나열된 습관이 발생한 빈도를 관찰하라.

(b) 각 습관의 상대적 발생 빈도를 보여주는 파레토 차트를 작성하라.

•• **6.8** 항공사 고객이 불만족할 수 있는 이유를 자세히 설명하는 생선 뼈 차트를 그려라.

•• **6.9** 정시에 출근하거나 아침 첫 수업에 제시간에 도착하는 일상 업무를 고려하라. 당신이 아침에 늦게 도착할 수 있는 이유를 보여주는 생선 뼈 차트를 그려라.

•• **6.10** 피자 레스토랑에서 고객 불만족을 나타내는 이시카와 다이어그램을 개발하라. 4개의 *M* 방식을 사용해야 한다.

•• **6.11** 학교 등록을 할 때 부정확한 수수료 명세서를 야기할 수 있는 이유를 설명하는 생선 뼈 차트를 그려라.

••• **6.12** 아파트 단지의 관리자인 메리 베스 마스(Mary Beth Marrs)는 접수되는 수많은 불만 사항에 걱정하고 있다. 다음은 그녀가 지난 12주 동안 보관한 점검표이다. 이 정보를 사용해 파레토 차트를 작성하라. 어떤 추천을 하겠는가?

주	대지	주차/주행	수영장	임차인 문제	전기/배관
1	✓✓✓	✓✓	✓	✓✓✓	
2	✓	✓✓✓	✓✓	✓✓	✓
3	✓✓✓	✓✓✓	✓✓	✓	
4	✓	✓✓✓✓	✓	✓	✓✓
5	✓✓	✓✓✓	✓✓✓✓	✓✓	
6	✓	✓✓✓✓	✓✓		
7		✓✓✓	✓✓	✓✓	
8	✓	✓✓✓✓	✓✓	✓✓✓	✓
9	✓	✓✓	✓		
10	✓	✓✓✓✓	✓✓	✓✓	
11		✓✓✓	✓✓	✓	
12	✓✓	✓✓✓	✓✓✓	✓	

• **6.13** 인쇄 회로 기판 조립 라인에서 수집된 다음 데이터를 조사하기 위해 파레토 분석을 사용하라.

결함	결함 발생 횟수
준수하지 않는 구성요소	143
과잉 접착제	71
잘못 배치된 트랜지스터	601
기판 치수 결함	146
장착 구멍의 잘못된 위치	12
최종 테스트의 회로 문제	90
잘못된 구성요소	212

(a) 데이터를 위한 그래프를 작성하라.
(b) 어떤 결론에 도달했는가?

•• **6.14** 당신의 운영관리 과목 교수는 헌신적이다. 그는 완벽주의자이며 자신의 일에 열정적이다. 그는 2016년 가을에 당신이 다니는 대학에 왔으며 그 이후로 500명 이상의 학생들을 가르쳤다. 헌신적인 교육가인 이 교수는 학생들이 자신이 가르치기 위해 열심히 노력하는 내용을 잘 이해할 것이라 기대한다. 그러나 그는 퀴즈와 최종 성적에서 많은 학생들의 낮은 점수에 놀랐다. 학생들의 낮은 성적은 높은 기대를 안고 이 학교에 온 그를 충격에 빠뜨렸다. 운영관리 교수로서 그는 학생들의 성취 수준을 향상시키는 방법을 찾는 데 시간을 할애하지 않았다. 그는 2030년까지 전체 학생 성과를 향상시키겠다는 장기 목표를 설정하는 것으로 시작했다. 그는 해명하는 데이터를 수집하는 것이 자신의 첫 번째 작업임을 잘 알고 있었고 16개월에 걸쳐 꼼꼼하게 수집에 착수했다. 그의 출처는 동료 교수진, 학생 및 일반적으로 학생들과의 토론이었다. 그의 핵심 신념은 각 학생이 잘 수행할 수 있다는 것이다. 그러나 그는 학생들이 다르기 때문에 그들의 성적이 좋든 나쁘든 매우 다양한 원인을 가지고 있다는 것을 알고 있다. 그는 또한 각 학생에게서 최상의 결과를 얻으려면 각 학생의 불만족스러운 성과의 근본 원인을 식별해야 한다는 것도 알고 있었다. 그의 다음 조치는 문제의 근본 원인인 현재 및 이전 학생을 조사하는 것이었다. 그는 그들과 함께 여러 차례 브레인스토밍 세션과 설문조사를 진행했으며, 낮은 학생 성과의 주요 원인은 인력, 재료, 방법 및 환경이라고 결론지었다. 그는 다양한 방법으로 이 결론에 도달했다. 그중 하나는 다음과 같다. 브레인스토밍 세션 동안 그는 참가자들에게 낮은 학생 성취도 문제의 잠재적 원인을 선택하도록 요청했다. 아래 표는 성취도가 낮은 원인을 분석한 것이다. 교수가 저조한 성과 문제를 해결하고 생선 뼈 차트를 만들어 전반적으로 좋은 성과라는 목표를 달성하도록 도와주어라.

	원인
A	지루한 강의 자료
B	교수가 너무 거칠다/관대하다
C	교실이 너무 작다
D	강의 자료가 현실 세계와 관련이 없다
E	학생들은 동기가 없다
F	교수는 학생들과 교류하지 않는다
G	평가 방법이 명확하지 않다
H	가족 문제
I	학생들이 항상 졸리다
J	시끄러운 교실
K	기말고사에 너무 큰 비중

4개의 *M* 방법을 사용해 생선 뼈 차트를 만들고 이러한 각 문제를 올바르게 분류하라.

•• **6.15** 다음 중 하나에 대한 흐름도를 작성하라.
(a) 셀프 서비스 주유소에서 주유하기
(b) 당신의 계좌 잔고를 확인하고 ATM에서 돈 인출하기
(c) 아이스크림 가게에서 요구르트 또는 아이스크림콘 구입하기

•••• **6.16** 당신의 팀은 MEFL(Middle Eastern Fine Leather Company)이라는 지갑 제조업체에 고용되었다. MEFL은 지갑을 만들어 중동 지역의 여러 소매점을 통해 공급하고 있는데 최근 몇 가지 문제가 나타났다

- 소매점까지 공급되는 데 매우 오랜 시간이 걸림
- 고객이 제품을 자주 사용하는 소비자로서 배송 시간이 불만족스럽고 배송이 지연되는 경우가 많아 소매점으로 반품한다는 내용의 고객 불만 서신

MEFL은 다음 표에 표시된 배달 시간을 기록해 생산 공정을 모니터링하고 검사했다. MEFL은 이 상황을 어떻게 분석해야 할지 확신이 서지 않지만, 상황을 파악하고 가능하면 상황을 개선해 고객의 충성도를 회복할 계획이다. MEFL이 이 문제를 해결하도록 도와주어라.

(a) MEFL은 납기의 변화를 보여주고 싶다. 그들은 무작위로 선택된 20개의 선적에 대한 납기를 기록했다. 납기는 아래 표에 나와 있다. 납기 분포를 보여주고 제시하기 위해 가장 적절한 문제 해결 도구를 선택하고 구성하라. (힌트: 클래스 너비: 10~15, 15~20, 20~25 등)

배송 수	납기(일)	배송 수	납기(일)
1	15	11	12
2	20	12	10
3	10	13	30
4	20	14	31
5	21	15	34
6	15	16	22
7	10	17	33
8	29	18	25
9	23	19	22
10	18	20	26

(b) MEFL은 행복하지 않다. 고객은 여전히 배달 시간에 더해 불평하고 있다. 당신의 팀과 MEFL은 주요 범주(주요 기여자)를 사람, 방법, 기계, 재료로 식별했다. 원인은 아래 표에 나와 있다. 가장 적절한 문제 해결 도구를 사용해 이 문제의 근본 원인을 보여주어라.

원인	코드	빈도 수
사양에 맞지 않는 원료	A	20
적절한 계획 없음	B	10
공급업체의 불량 원자재	C	190
기계 고장	D	15
표준화 부족	E	110
부적절한 데이터 수집 방법	F	8
직원 결근	G	12
저숙련 작업자	H	30

(c) 위 표의 데이터를 사용해 가장 적절한 문제 해결 도구를 선택하고 구성해 회사의 생산에 가장 큰 영향을 미치는 변수를 식별하라.

(d) 당신의 팀은 주문 수량과 긴 배송(납기) 사이의 잠재적인 관계를 의심했다. 다음 표의 데이터를 사용해 가장 적절한 문제 해결 도구를 선택하고 구성해 주문 수량과 납기 사이에 관계가 있는지 확인하라.

수량	5	10	15	20	25	30	35
납기(일)	15	3	30	5	35	12	10

••• **6.17** New World Theatre는 영화관에서 고객 만족도를 추적한다. 최근 설문 조사에서 불만사항을 한 가지 언급할 기회가 있었던 고객에게 피드백을 요청했다. 그 결과 797명의 고객이 다음과 같은 결과로 질문에 답했다: 비좁은 좌석(76개), 불량한 소리(21), 사탕 가게에서 잘못된 선택(29), 무대에 대한 제한된 시야(45), 좌석의 등받이 넓이 부족(48), 너무 높은 온도(32), 기타(63), 없음(483).

(a) 응답자의 몇 퍼센트가 불만이 없었는가?

(b) 응답을 요약한 파레토 차트를 작성하라.

(c) 당신이 극장의 주인이라면 어떤 두세 가지 문제를 가장 먼저 처리하겠는가?

(d) 극장 소유자로서 품질 문제를 더 잘 이해하기 위해 어떤 다른 도구를 사용하겠는가?

•• **6.18** 피자 배달이 금요일이나 토요일에 늦게 도착하는 것에 대한 생선 뼈 차트를 준비하라.

••• **6.19** 스프레드시트를 준비하기 위해 비용을 지불한 보조자가 수많은 오류가 있는 차트를 생성한 이유를 보여주는 생선 뼈 차트를 작성하라.

문제 6.20~6.21은 검사의 규칙과 관련이 있다.

•• **6.20** 셔츠와 블라우스 제조에 대한 품질 문제(가능한 결함 문제)를 식별하기 위해 체크리스트에 대한 기준을 선택하라.

•• **6.21** 당신 어느 정도 경험한 서비스의 여섯 가지 품질 검사를 식별하고 설명하라.

사례 연구

사우스웨스턴대학교: (C)*

새로운 코치인 필 플램(Phil Flamm)이 이끄는 사우스웨스턴대학교 미식축구 프로그램의 인기는 그가 텍사스주 스테판빌에 있는 대학에 도착한 이래로 매 5년마다 급증했다. 최대 54,000석에 가까운 축구 경기장과 새 경기장을 위한 성악 코치의 압박으로 인

표 6.7 팬 만족도 결과(N = 250)

		전체 등급				
		A	B	C	D	F
경기 일	A. 주차	90	105	45	5	5
	B. 교통	50	85	48	52	15
	C. 좌석	45	30	115	35	25
	D. 오락	160	35	26	10	19
	E. 인쇄된 프로그램	66	34	98	22	30
티켓	A. 가격	105	104	16	15	10
	B. 시즌티켓 계획	75	80	54	41	0
우대권	A. 가격	16	116	58	58	2
	B. 음식 선택	155	60	24	11	0
	C. 서비스 속도	35	45	46	48	76
응답자						
동문						
학생						
교수/직원						
기타						

설문 조사 카드에 나온 기타 의견:

주차가 엉망 스카이박스 추가 치어리더 더 잘해라 주차요원을 2배로 다 괜찮아 너무 혼잡함 너무 좁은 좌석 맛있는 음식 필 F. 대통령! 나는 마약을 피우는 냄새를 맡았어 경기장이 고대스러워 좌석이 바위 같음 교통 경찰이 충분하지 않음 게임이 너무 늦게 시작함 더 많은 교통 경찰을 고용하라 새로운 밴드가 필요함 훌륭해!	더 많은 핫도그 스탠드 좌석이 모두 금속으로 되어 있다 스카이박스가 필요합니다 좌석 냄새 가자 SWU! 라인이 끔찍하다 좌석이 불편하다 나는 더 나은 전망을 위해 더 많은 돈을 지불할 것이다 새로운 경기장을 얻으십시오 학생 복장 규정 필요 푹신한 좌석을 원해요 경찰이 부족하다 너무 난폭한 학생들 끔찍한 주차 화장실이 깨끗하지 않음 로트에 핸디캡 스폿이 충분하지 않습니다 잘했어, SWU	더 큰 자리에 앉으세요 친절한 안내원 더 나은 좌석이 필요합니다 주차장을 확장하세요 관람석을 싫어합니다 핫도그가 차갑습니다 커피 한 잔에 3달러? 안 돼! 스카이박스 구입 새 유니폼이 마음에 듭니다 주차하는 데 한 시간이 걸렸습니다 코치는 훌륭합니다 더 많은 분수대 더 나은 좌석 좌석이 편하지 않음 더 큰 주차장 나는 벤치에 앉기엔 너무 늙었다 게임에서 제공되는 차가운 커피	우리 회사는 스카이박스를 살 것입니다. 지어라! 비싼 프로그램 더 부드러운 좌석을 원함 저 롱혼을 무찌르세요! 스카이박스 결제할게요 좌석이 너무 작다 밴드는 훌륭했다 Phil Flamm을 사랑해 모든 것이 훌륭합니다 새 경기장 건설 댈러스로 경기 이동 불만 없음 더러운 화장실

해 SWU 회장 조엘 위스너(Joel Wisner)는 몇 가지 어려운 결정에 직면했다. 가을에 홈커밍 게임에서 최대 라이벌인 텍사스대학교를 꺾고 경이적인 역전승을 거둔 후 위스너는 생각만큼 행복하지 않았다. 황홀한 동문, 학생, 교수진 대신에 위스너가 들은 것은 불평뿐이었다. '매표소의 줄이 너무 길었다', '예전보다 주차하기가 더 어렵고 멀리 떨어져 있다'(즉 팀이 정기적으로 승리하기 전), '좌석이 불편했다', '댈러스에서 차를 돌렸다' 등등. "대학 총장은 이길 수 없어요." 위스너가 속으로 중얼거렸다.

다음 월요일 직원 회의에서 위스너는 관리 담당 부사장인 레슬리 가드너(Leslie Gardner)에게 눈을 돌렸다. "저는 당신이 이러한 불만을 처리해 주기를 바랍니다, 레슬리." 그가 말했다. "진짜 문제가 무엇인지 확인하고 어떻게 해결했는지 알려주세요." 가드너는 그 요청에 놀라지 않았다. "저는 이미 그 문제를 다루고 있어요, 조엘." 그녀가 대답했다. "우리는 지난 1년 동안 게임당 50명의 팬을 무작위로 조사해 그들의 마음을 확인했어요. 이는 모두 캠퍼스 전체의 TQM 노력의 일부이며 제가 상황을 집계해 보겠습니다. 일주일 후에 다시 연락드리겠습니다."

그녀가 사무실로 돌아왔을 때 가드너는 그녀의 조수가 편집한 파일을 꺼냈다(표 6.7 참조). '여기에 많은 정보가 있어'라고 그녀는 생각했다.

토론 문제

1. 최소한 두 가지 품질 도구를 사용해 데이터를 분석하고 결론을 제시하라.
2. 설문조사가 어떻게 더 유용할 수 있었는가?
3. 다음 단계는 무엇인가?

아놀드파머병원의 품질 문화

1989년에 설립된 아놀드파머병원은 총 676,000제곱피트에 달하는 두 시설에 431개의 병상을 갖춘 미국에서 가장 큰 여성 및 어린이 병원 중 하나이다. 플로리다주 올랜도 시내에 위치하며 유명한 골프 후원자의 이름을 따서 명명되었다. 이 병원은 2,000명 이상의 직원이 근무하고 있고 플로리다 중부의 18개 카운티 지역에 서비스를 제공하고 있으며 그 지역에서 어린이를 위한 유일한 레벨 1 외상 센터이다. 아놀드파머병원은 신생아 및 소아 집중치료, 소아 종양학 및 심장학, 고위험 임신 치료, 산모 집중치료를 포함한 광범위한 의료 서비스를 제공하고 있다.

질적 의료 평가 문제

양질의 의료 서비스는 모든 병원이 공언하는 목표지만 아놀드파머병원은 실제로 고객이 받는 의료의 품질을 판단하도록 요청하는 포괄적이고 과학적인 수단을 개발했다. 다른 병원과의 국가 벤치마크 비교에 참여하는 아놀드파머병원은 전체 환자 만족도에서 지속적으로 상위 10%의 점수를 받았다. 전무이사 카시 스완슨(Kathy Swanson)은 다음과 같이 이야기한다. "이 지역의 병원은 고객 만족도를 기준으로 크게 구별될 것입니다. 우리는 환자와 그 가족이 우리 진료의 질을 어떻게 판단하는지에 대한 정확한 정보가 있어야 하므로 매일 설문 결과를 확인합니다. 심층 설문 조사는 저와 제 팀의 다른 사람들이 환자 피드백에서 빠른 지식을 얻는 데 도움이 됩니다." 아놀드파머병원 직원은 음식, 예의, 응대, 청결과 같은 병원 서비스에 대해 불평할 이유를 찾은 환자에게 최대 200달러 상당의 선물을 제공할 수 있다.

스완슨은 퇴원 1주일 후 환자에게 우편으로 발송되는 고객 설문 조사뿐만 아니라 다양한 내부 조치에 중점을 둔다. 이러한 측정은 일반적으로 직원이 문제를 보고 성과를 추적하는 방법을 개발하는 풀뿌리 수준에서 시작된다. 병원의 오랜 철학은 각 환자가 한 사람으로서 중요하고 존중된다는 개념을 뒷받침한다. 그 환자는 지식이 풍부한 의사가 지도하는 팀이 제공하는 포괄적이고 자비로운 가족 중심 의료를 받을 권리가 있다.

스완슨이 지속적인 개선을 위해 주의 깊게 모니터링하는 측정 방법 중 일부는 이환율, 감염률, 재입원률, 사례당 비용 및 입원 기간이다. 그녀가 매일 사용하는 도구에는 전국 및 남동부 지역의 병원에 대한 벤치마킹 외에도 파레토 차트, 흐름도, 공정도가 있다.

이러한 모든 노력의 결과는 아놀드파머병원의 높은 환자 만족도와 위독한 아기의 가장 높은 생존율에 나타난 양질의 문화였다.

토론 문제

1. 아놀드파머병원이 의료 품질에 대한 환자의 평가를 받는 것이 왜 중요한가? 환자는 자신이 받는 의료 서비스를 판단할 전문 지식을 가지고 있는가?
2. 아놀드파머병원과 같은 조직에서 어떻게 양질의 문화를 구축하겠는가?
3. 아놀드파머병원은 품질과 지속적인 개선을 위해 어떤 기술을 사용하는가?
4. 아놀드파머병원(또는 다른 병원)에서 갓 출산한 환자를 위한 품질 변수를 설명하는 생선 뼈 차트를 작성하라.

알래스카항공의 품질

알래스카, 하와이, 캐나다, 멕시코로 가는 정기 서비스를 포함해 거의 100개에 달하는 취항지를 보유한 알래스카 항공은 미국에서 7번째로 큰 항공사이다. 알래스카 항공은 8년 연속 업계 최고의 고객 만족도에 대한 J.D.파워앤드어소시에이츠 상(J. D. Power and Associates Award)을 수상했으며 5년 연속 정시 운항 항공사 1위를 차지했다.

품질에 대한 경영진의 확고한 의지가 회사의 많은 성공을 이끌었고 충성도가 높은 고객 기반을 창출했다. 수석 부사장 벤 미니쿠치(Ben Minicucci)는 "우리는 우리의 DNA를 다시 썼습니다"라고 말한다. 품질을 달성할 수 있는 조직을 구축하는 것은 까다로운 작업이며 알래스카항공의 경영진은 이 도전을 받아들였다. 이는 리더십 교육, 지속적인 프로세스 개선, 포괄적인 지표 및 해당 지표의 빈번한 검토를 통해 강화된 참여도가 높은 품질 문화이다. 비행 승무원과 조종사에 대한 일반적인 교육은 식스 시그마 같은 분야의 강의실 교육으로 보완된다. 200명 이상의 관리자가 식스 시그마 그린벨트 인증을 획득했다.

알래스카항공은 매일 100개 이상의 품질 및 성능 지표를 수집한다. 예를 들어 첨부된 사진은 승무원에게 문을 닫고 '후퇴 시

요인	가중치	성과	점수	보너스 점수	총합	등급
프로세스 준수	20		15		15	B
인력	15		15	5	20	A+
MAP 요금(가방용)	20		15		15	B
지연	10		9		9	A
수하물 컨베이어 벨트까지의 시간(총 가중치 = 10)			10		10	A
스캔한 항공편의 비율	2	98.7%				
스캔한 가방의 비율	2	70.9%				
20분 동안 모든 가방을 처리함(% 준수)	4	92.5%				
이상값(25분 이상)	2	2				
안전 규정 준수	15		15	5	20	A+
품질 준수	10		10		10	A
총 100%	**100**		**89**	**10**	**99**	**A+**

수하물 컨베이어 벨트까지의 시간

포인트	2	1.5	1	0
스캔한 항공편의 비율	95~100%	90~94.9%	89.9~85%	84.9% 미만

포인트	2	0
스캔한 가방의 비율	60% 이상	59.9% 이하

포인트	0	4
20분 동안 모든 가방을 떨어뜨림(% 준수)	89.9% 이하	90~100%

포인트	0	1	1.5	2
마지막 가방 > 25분(이상값)	20	15	10	5

간' 목표를 달성하기 위해 게이트에서 물러나는 데 6분의 시간이 있음을 알려준다. 운영 직원은 각 공항 허브의 성과 점수카드를 매일 검토하고 전체 운영 점수카드를 매주 검토한다. 시스템 운영 제어 책임자인 웨인 뉴턴(Wayne Newton)은 "측정되지 않으면 관리되지 않습니다"라고 선언한다. 문제 영역이나 경향을 식별하고 원인을 파악하고 예방 조치를 취하는 데 중점을 둔다.

운영 기능 내에는 스테이션 운영에 대한 수많은 세부 입력 메트릭스가 있다(예: 호스에 꼬임이 없는 시간, 접지 전원 코드가 수납된 시간, 금지 구역에 주차된 차량이 없는 시간의 백분율). 경영진은 모든 세부 입력 지표가 수용 가능한 경우 알래스카의 정시 성과 및 20분 수하물 보장과 같은 주요 핵심 성과 지표가 자동으로 좋은 점수를 받을 것이라는 가정하에 운영된다.

첨부된 표는 시애틀에 있는 알래스카항공 지상 승무원 제공업체의 월별 점수카드 표본을 보여준다. 주요 평가 범주에는 프로세스 준수, 직원 배치(필요할 때 승무원이 가능한 정도), MAP 비율(잘못 처리된 가방에 대해 허용 가능한 최소 성능), 지연, 컨베이어 벨트까지의 시간, 안전 준수 및 품질 준수가 포함된다. 품질 규정 준수 카테고리만 해도 약 30,000개의 월별 관찰을 사용해 64개의 세부 입력 메트릭스를 추적한다. 점수카드의 각 주요 범주에는 중요도 가중치가 있으며 공급자는 매월 말에 가중 평균 점수가 할당된다. 공급업체와의 계약은 뛰어난 성과에 대해 최대 3.7%의 보너스를 제공하고, 저조한 성과에 대해 최대 5.0%의 페널티를 제공한다. 공급자의 라인 작업자는 최고 점수를 달성하면 보너스의 일부를 받는다.

탁월한 고객 서비스로 유명한 회사로서 서비스 복구 노력은 강조해야 할 필수 영역이다. 일이 잘못되면 직원들은 먼저 이동해 영향을 받는 고객과 먼저 소통하고 많은 경우 보상한다. "우리 잘못이 아니어도 상관없습니다"라고 미니쿠치는 말한다. 일선 직원은 최대 5,000점의 상용 고객 마일리지 및/또는 식사, 호텔, 수하물 및 티켓에 대한 바우처를 제공하는 기능을 포함해 불편한 고객에게 제공할 수 있는 옵션의 '도구 키트'를 사용할 수 있다. 알래스카 항공편이 오븐 오작동으로 인해 오리건주 유진에 비상 착륙해야 했을 때 승객들은 즉시 무슨 일이 일어났는지, 왜 그런지에 대한 정보를 문자로 받았고, 교체 비행기가 1시간 이내에 도착할 것이라고 말했다. 그 시간 안에 450달러짜리 티켓 바우처와 함께 사과 편지가 이미 각 승객의 집에 우편으로 도착했다. 이후 트위터나 페이스북에는 고객 불만이 나오지 않았다. 고객이 알래스카항공을 계속해서 다시 찾는 이유는 당연하다.

토론 문제

1. 회사가 지상 작업을 계약 제공자에게 아웃소싱할 때 알래스카항공이 품질 및 성능 측정 기준을 충족하도록 보장할 수 있는 몇 가지 방법은 무엇인가?
2. 앞에서 식별한 것 외에 알래스카항공이 추적하거나 추적해야

한다고 생각하는 몇 가지 품질 측정 항목을 식별하라.

3. 비행 중 겪었던 이전 문제(예: 늦은 비행, 연결편 누락, 수하물 분실)에 대해 생각해보라. 항공사는 어떻게 대응했는가? 항공사가 당신의 상황을 적절하게 해결했는가? 그렇지 않다면 그들은 또 무엇을 했어야 했는가? 당신의 경험이 미래에 해당 항공사를 이용하려는 당신의 욕구에 영향(긍정적 또는 부정적)을 주었는가?

4. 첨부된 표를 참조하라. 계약자는 성능이 '완벽'하지는 않았지만 수하물 컨베이어 벨트까지의 시간(Time to Carousel)에 총 10점 만점을 받았다. 계약자는 다음과 같은 성과 점수를 받았을 때 총 몇 점을 받았겠는가? 항공편의 93.2%, 가방의 63.5%가 스캔, 모든 가방의 89.6%가 20분 이내에 떨어졌고, 15개의 가방이 25분 이상 걸려 도착했다.

셀러브리티크루즈: 프리미엄 경험

20년 전 셀러브리티크루즈(Celebrity Cruises, Inc.)는 '지능적인 가격에 고급스러운 경험'을 제공함으로써 프리미엄 시장에서 이름을 알리기로 결정했다. 리츠칼튼 브랜드와 유사한 럭셔리 이미지를 불러일으키는 이 '물 위의 호텔'은 품질을 회사의 심장처럼 취급하고 있다. 결과적으로 셀러브리티는 '최고의 프리미엄 크루즈 라인'을 지속적으로 수상했다.

크루즈 및 호텔 산업에서 품질은 수량화하기 어려울 수 있다. 여행하는 손님은 단순한 유형의 제품이 아니라 경험을 구매하고 있다. 따라서 경험을 돋보이게 하는 요소의 올바른 조합을 만드는 것은 객실 승무원에서 조리실 직원, 유지보수 및 셀러브리티에 이르기까지 모든 직원의 목표이다. 선장은 중요한 사회적 역할을 하기도 하며 종종 밤에 12명의 손님을 위한 저녁 식사를 주최하기도 한다.

호텔 운영 담당 부사장인 브라이언 아벨(Brian Abel)은 "우리의 타깃 고객은 이 크루즈에서 무엇을 원하는지 알고 있는 정통하고 안목 있는 손님으로 구성되어 있습니다"라고 말한다. "우리는 현대 럭셔리 선박의 경쟁력 있는 클래스 중 최고가 됨으로써 그들의 요구를 충족시킵니다."

셀러브리티 및 기타 프리미엄 라인의 승무원 대 손님 비율은 손님 2명당 승무원 1명이다. 직원들은 "안녕" 대신 "좋은 아침", "문제없어" 대신 "즐거운" 인사를 하는 등 격식 있는 태도로 손님을 맞이해야 한다. 70개국에서 온 승무원들과 함께 직원 교육 매뉴얼에는 선호하는 문구, 복장 규정 및 기타 고객을 대하는 방식이 자세히 설명되어 있다.

직원들은 4~9개월 계약을 체결한 후 일반적으로 6~8주 휴가를 낸다. 일주일에 7일을 일하는 경우가 많은 힘든 직업을 가지고 있지만, 빡빡한 일정에도 불구하고 대부분의 셀러브리티 직원은 5~7년 동안 직장에 남아 있다.

음식은 크루즈 경험에서 매우 중요한 부분이다. 아벨은 "음식은 사람들이 크루즈를 재예약하는 가장 큰 이유"라고 말한다. 따라서 셀러브리티 선박에서 제공되는 모든 것은 처음부터 준비된다. 약 200명이 조리실에서 수년간의 과거 데이터를 사용해 각 식사의 각 구성요소에 대한 수요를 예측하는 체계적이고 잘 계획된 작업에서 작업한다.

승객 설문은 각 크루즈가 끝날 때 온라인으로 제공되며 승객은 객실 승무원의 강력한 권장에 따라 높은 비율(약 85%)로 완료된다. 설문 조사는 전반적인 만족도의 척도일 뿐만 아니라 (1) 셀러브리티를 다른 크루즈 라인, 호텔 및 경쟁 엔터테인먼트 장소와 비교하는 브랜드 마케팅 도구로 사용된다. (2) 경우에 따라 개별 직원 수준까지 구체적인 피드백을 제공하기도 한다. 아벨

그림 6.9

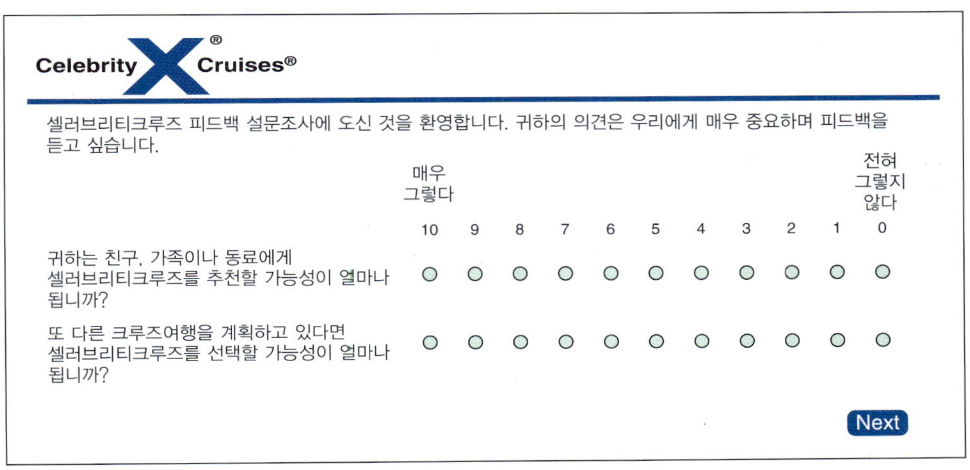

은 48시간 이내에 완료된 각 크루즈의 결과를 개인적으로 검토하고 경험의 모든 측면에서 결함이 발견되면 조치를 취한다. 설문지의 초기 부분은 그림 6.9에 나와 있다.

셀러브리티의 주요 품질 피드백 도구는 순 **제공자 점수**(net provider score, NPS)라고 하며, 이는 경험에 대한 다양한 질문에 대한 고객의 답변을 집계한다. 질문: **"셀러브리티 크루즈를 친구, 가족 또는 동료에게 추천할 가능성은 얼마나 됩니까?"** 이는 중요하며 경쟁 크루즈 라인뿐만 아니라 셀러브리티의 함대 내의 선박을 비교하는 데 사용되는 척도이다. 이 질문에 대한 9~10점은 고객을 '옹호자'로, 7-8점은 '중립', 6점 이하의 점수는 '비추천'으로 분류한다.

NPS 계산은 간단하다. 반대자의 비율은 옹호자의 비율에서 뺀다. 예를 들어 손님의 70%가 크루즈에 9~10점, 17%가 7~8점, 13%가 6 이하를 제공하는 경우 NPS = 70 − 13 = 57이다. 엘리트 라인은 각 크루즈에서 60점 이상, 셀러브리티는 평균 65점이다.

토론 문제

1. 크루즈 산업의 어떤 독특한 측면으로 인해 양질의 서비스를 얻기가 더 어려운가? 품질 향상에 도움이 되는 측면은 무엇인가?
2. 크루즈 운영은 육상 호텔과 어떻게 다른가?
3. 셀러브리티에서 품질 문제를 식별하기 위해 관리 차트, 파레토 차트, 인과관계 다이어그램을 어떻게 사용할 수 있는가?
4. 같은 선박으로 연속 두 번의 크루즈에서, 크루즈 라인은 각 여행에 대해 다음과 같은 NPS 점수를 받았다고 가정하자.
   (여행 1) 78% '옹호자', 4% '중립자', 18% '비추천자'
   (여행 2) 70% '옹호자', 20% '중립자', 10% '비추천자'
   어느 것이 선호되고 그 이유는 무엇인가?
5. 셀러브리티도 측정하는 12개의 품질 지표(NPS 외에)를 나열하라. (게스트 평가 양식에는 35개가 있다.)

미주

1. Philip B. Crosby, *Quality Is Free*(New York: McGraw- Hill, 1979). 또한 J. M. Juran은 그의 저서 *Juran on Quality by Design*(The Free Press 1992, p. 119)에 품질이 좋지 않으면 비용이 "매우 높지만 금액은 정확하게 알려져 있지 않다. 대부분의 기업에서 회계 시스템은 이러한 품질 저하 비용을 수량화하는 데 필요한 정보의 극소수만을 제공한다. 전체 범위를 제공하기 위해 회계 시스템을 확장하려면 많은 시간과 노력이 필요하다"고 했다.

참고문헌

Besterfield, Dale H. *Quality Control*, 9th ed. Boston: Pearson, 2013.

Brown, Mark G. *Baldrige Award Winning Quality*, 19th ed. University Park, IL: Productivity Press, 2010.

Crosby, P. B. *Quality Is Still Free*. New York: McGraw-Hill, 1996.

Feigenbaum, A. V. "Raising the Bar." *Quality Progress* 41, no. 7 (July 2008): 22–28.

Foster, Thomas. *Managing Quality,* 6th ed. Boston: Pearson, 2017.

Gitlow, Howard S. *A Guide to Lean Six Sigma Management Skills*. University Park, IL: Productivity Press, 2009.

Gryna, F. M., R. C. H. Chua, and J. A. DeFeo. *Juran's Quality Planning and Analysis for Enterprise Quality*, 5th ed. New York: McGraw-Hill, 2007.

Mitra, Amit. *Fundamentals of Quality Control and Improvement*, 4th ed. New York: Wiley, 2016.

Schroeder, Roger G., et al. "Six Sigma: Definition and Underlying Theory." *Journal of Operations Management* 26, no. 4 (2008): 536–554.

Summers, Donna. *Quality,* 6th ed. Boston: Pearson, 2018.

Chapter 6 *Rapid* Review

절 제목	내용 훑어보기
품질과 전략	품질 관리는 차별화, 저렴한 비용 및 대응 전략을 성공적으로 구축하는 데 도움이 된다. 품질이 수익성을 개선하는 두 가지 방법은 다음과 같다. ■ 응답 개선, 가격 유연성, 시장 점유율 증가 및/또는 평판 개선을 통한 **판매 이익** ■ 생산성 향상, 재작업 및 폐기 비용 절감, 보증 비용 절감을 통한 **비용 절감**
품질의 정의	운영 관리자의 목표는 고객의 요구를 식별하고 만족시키는 종합적인 품질 관리 시스템을 구축하는 것이다. ■ **품질**: 고객의 요구를 충족시키는 제품 또는 서비스의 능력 미국품질협회(ASQ)는 품질을 '명시되거나 암시된 요구를 충족시킬 수 있는 능력과 관련된 제품 또는 서비스의 기능 및 특성의 총체'로 정의한다. 가장 잘 알려진 두 가지 품질상은 다음과 같다. ■ **미국**: 전 상무장관의 이름을 따서 명명된 말콤 볼드리지 국가 품질 대상 ■ **일본**: 데밍 상. 미국인 에드워즈 데밍 박사의 이름을 따서 명명 ■ **ISO 9000**: 국제표준화기구(ISO)에서 개발한 일련의 품질 표준 ISO 9000은 국제적으로 인정받은 유일한 품질 표준이다. 전 세계적으로 사업을 하려면 ISO 디렉토리에 등재되는 것이 중요하다. ■ **품질 비용(COQ)**: 잘못된 일을 하는 비용. 즉 부적합의 대가 품질과 관련된 비용의 네 가지 주요 범주는 **예방 비용**, **평가 비용**, **내부 실패 비용** 및 **외부 실패 비용**이다. 품질 관리 분야의 4명의 리더는 W. 에드워즈 데밍, 조지프 M. 주란, 아르망 파이겐바움, 필립 크로스비이다.
전사적 품질 관리 (TQM)	■ **전사적 품질 관리(TQM)**: 고객에게 중요한 제품 및 서비스의 모든 측면에서 탁월하도록 전체 조직을 관리 효과적인 TQM 프로그램의 일곱 가지 개념은 (1) 지속적인 개선, (2) 식스 시그마, (3) 직원 권한 부여, (4) 벤치마킹, (5) JIT(Just-In-Time), (6) 다구치 개념, (7) TQM 도구에 대한 지식이다. ■ **PDCA**: 계획, 실행, 평가, 개선의 4단계를 포함하는 지속적인 개선 모델 일본은 더 높은 목표를 설정하고 달성하는 끊임없는 개선의 진행 과정을 설명하기 위해 **카이젠**이라는 단어를 사용한다. ■ **식스 시그마**: 시간을 절약하고 품질을 개선하며 비용을 절감하는 프로그램 통계적 의미에서 식스 시그마는 99.9997%의 정확도 또는 100만 개당 3.4개의 결함과 같은 매우 높은 기능을 가진 프로세스, 제품 또는 서비스를 설명한다. ■ **직원 권한 부여**: 추가된 책임과 권한이 조직에서 가능한 가장 낮은 수준으로 이동되도록 직원 업무를 확대하는 것 비즈니스 문헌에 따르면 품질 문제의 약 85%는 직원 성과가 아니라 재료 및 프로세스와 관련이 있다. ■ **품질 서클**: 작업 영역에서 작업 관련 문제를 해결하기 위해 촉진자와 정기적으로 만나는 직원 그룹 ■ **벤치마킹**: 프로세스 또는 활동에 대한 최상의 성능을 나타내는 입증된 성능 표준 선택 JIT의 철학에는 지속적인 개선과 강제적인 문제 해결이 포함된다. JIT 시스템은 필요한 만큼 상품을 생산하거나 배송하도록 설계되었다. ■ **견고한 품질**: 생산 공정의 불리한 조건에도 불구하고 고객 요구를 충족시키기 위해 일관되게 제작된 제품 ■ **목표 지향 품질**: 목표에 정확하게 제품을 제공하기 위한 지속적인 개선의 철학 ■ **품질 손실 함수(QLF)**: 품질 저하와 관련된 모든 비용을 식별하고 출력이 목푯값에서 멀어짐에 따라 이러한 비용이 어떻게 증가하는지 보여주는 수학 함수
TQM 도구	아이디어를 생성하는 TQM 도구에는 **점검표**(조직화된 데이터 기록 방법), **산포도**(한 변수와 다른 변수의 값 그래프), **인과관계 다이어그램**이 있다. 데이터를 구성하는 도구는 **파레토 차트**와 **흐름도**이다. 문제를 식별하는 도구는 **히스토그램**(변수의 발생 빈도를 보여주는 분포)과 **통계적 프로세스 관리도**이다. ■ **인과관계 다이어그램**: 품질 문제의 가능한 위치를 발견하는 데 사용되는 도식 기술(이시카와 다이어그램 또는 생선 뼈 차트라고도 함) *4M*(재료, 기계/장비, 인력 및 방법)은 광범위한 '원인'일 수 있다. ■ **파레토 차트**: 덜 중요한 많은 항목과 대조적으로 몇 가지 중요한 항목을 식별하는 그래픽

	■ **흐름도:** 프로세스 또는 시스템을 그래픽으로 설명하는 블록 다이어그램 ■ **통계적 프로세스 관리(SPC):** 제품 또는 서비스가 생산될 때 표준을 모니터링하고 측정하며 시정 조치를 취하는 데 사용되는 프로세스 ■ **관리도:** 미리 결정된 관리 한계와 함께 시간 경과에 따른 프로세스 데이터의 그래픽 표현
품질검사의 규칙	■ **검사:** 작업이 예상 품질 수준으로 생산되고 있는지 확인하는 수단 ■ **소스 검사:** 생산 또는 구매 지점. 소스에서 제어 또는 모니터링 ■ **포카요케:** 문자 그대로 번역하면 '실수 방지'. 매번 좋은 제품을 생산할 수 있도록 하는 장치나 기술을 의미 ■ **체크리스트:** 작업의 일관성과 완전성을 보장하는 데 필요한 단계를 나열하는 일종의 포카요케 ■ **속성 검사:** 항목을 양호 또는 불량으로 분류하는 검사 ■ **변수 검사:** 치수, 크기 또는 강도와 같은 연속체 척도에 속하는 검사 항목의 분류
서비스에서의 TQM	서비스 품질의 결정 요소: 신뢰성, 응답성, 역량, 접근 가능성, 예의 바름, 의사소통, 신용도, 안정성, 고객 이해/알기, 유형성 ■ **서비스 복구:** 일선 작업자가 문제를 즉시 해결할 수 있도록 교육하고 권한을 부여함 ■ **SERVQUAL:** 서비스 기대치를 서비스 성과와 비교하는 서비스 품질에 대한 널리 사용되는 측정 척도

셀프테스트

6.1 이 장에서 품질은________

(a) 수용 가능한 가격에서의 우수성 및 수용 가능한 비용에서의 변동성 통제이다.

(b) 제품이 소비자 선호 패턴에 얼마나 잘 맞는지를 의미한다.

(c) 명시적 또는 묵시적 요구를 충족시키는 능력과 관련된 제품 또는 서비스의 기능 및 특성의 총체이다.

(d) 정의하는 것이 불가능하지만 그것이 무엇인지 알고 있다.

6.2 ISO 9000은 ________를 다루는 국제 표준이다.

6.3 매년 100만 명의 승객이 위탁 수하물을 가지고 잭슨빌 공항을 통과한다면 수하물 처리를 위한 성공적인 식스 시그마 프로그램으로 인해 수하물을 잘못 찾은 승객은 몇 명인가?

(a) 3.4

(b) 6.0

(c) 34

(d) 2,700

(e) 승객의 월별 표준편차의 6배

6.4 운영의 일부 측면에서 가장 우수한 다른 조직을 식별한 후 조직을 모델링하는 프로세스는 ________이다.

(a) 지속적인 개선

(b) 직원 권한 부여

(c) 벤치마킹

(d) 모방

(e) 특허 침해

6.5 다구치 방법은 다음 주요 개념 중 어느 것을 제외한 모든 것을 포함하는가?

(a) 직원 참여

(b) 불리한 조건의 영향 제거

(c) 품질 손실 함수

(d) 대상 사양

6.6 TQM의 일곱 가지 도구는 __________, __________, ________, ________, ________, ________, ________이다.

정답 6.1. c 6.2. 품질 관리 시스템 6.3. a 6.4. c 6.5. a 6.6. 점검표, 산포도, 인과관계 다이어그램, 파레토 차트, 흐름도, 히스토그램, SPC 차트

보론

6

통계적 프로세스 관리

보론의 구성

- 통계적 프로세스 관리(SPC)
- 공정 능력
- 무작위 표본 검사

학습목표

S6.1 관리도의 목적을 설명한다.

S6.2 통계적 프로세스 관리(SPC) 내 중심극한정리의 규칙을 설명한다.

S6.3 $\overline{x}$ 차트와 *R*차트를 구축한다.

S6.4 관리도 작성의 5단계를 나열한다.

S6.5 *p*차트와 *c*차트를 구축한다.

S6.6 프로세스 용량과 C_p와 C_{pk}의 계산을 설명한다.

S6.7 무작위 표본 검사를 설명한다.

통계적 프로세스 관리 시스템의 일환으로 조지아의 플라워스베이커리(Flowers Bakery)는 생산 라인을 따라 이동할 때 막 구운 샌드위치 빵을 검사하기 위해 디지털 카메라를 사용한다. 색상, 모양, 견과류 분포, 크기 측면에서 측정되지 않는 품목은 식별되어 컨베이어에서 자동으로 제거된다.

Courtesy of Georgia Institute of Technology

통계적 프로세스 관리(SPC)

통계적 프로세스 관리(SPC)
제품 또는 서비스가 생산될 때 측정 및 시정 조치를 취하여 표준을 모니터링하는 데 사용되는 프로세스

관리도
시간 경과에 따른 공정 데이터의 그래픽 표시

이 보론에서는 베츠디어본(BetzDearborn), 아놀드파머병원(Arnold Palmer Hospital), 제너럴일렉트릭(General Electric, GE), 사우스웨스트항공(Southwest Airlines)에서 품질 표준을 달성하기 위해 사용하는 것과 동일한 기술인 통계적 프로세스 관리를 다룬다. **통계적 프로세스 관리**(statistical process control, SPC)는 프로세스가 표준을 충족하는지 확인하기 위해 통계 기술을 적용하는 것이다. 모든 프로세스는 어느 정도의 변동성을 가질 수 있다. 1920년대 공정 데이터를 연구하는 동안 벨연구소(Bell Laboratories)의 월터 슈하트(Walter Shewhart)는 변동의 일반(우연적) 원인과 특수(이상) 원인을 구분했다. 그는 이 두 원인을 분리하고자 간단하지만 강력한 도구인 **관리도**(control chart)를 개발했다.

변동의 유일한 원인이 일반적인(우연적) 원인일 때 프로세스는 통계적 통제에서 작동 중이라고 한다. 프로세스는 먼저 특별한(이상) 변동 원인을 감지하고 제거해 통계적 관리를 받아야 한다.[1] 그러면 성능을 예측할 수 있고 고객 기대를 충족시키는 능력을 평가할 수 있다. 프로세스 관리 시스템의 목적은 할당 가능한 변동 원인이 존재할 때 통계적 신호를 제공하는 것이다. 그러한 신호는 할당 가능한 원인을 제거하기 위해 적절한 조치를 신속하게 할 수 있다.

우연변동
모든 생산 공정에 어느 정도 영향을 미치고 예상되는 (또한 일반적인 원인으로 알려진) 변동성

우연변동 우연변동은 거의 모든 공정에 영향을 미친다. **우연변동**(natural variation)은 프로세스 내에서 발생하는 다양한 변동의 원인이며, 통계적으로 관리되는 경우에도 마찬가지이다. 우연변동은 분포로 설명할 수 있는 패턴을 형성한다.

분포(출력 측정값)가 지정된 한계 내로 유지되는 한 프로세스는 '관리 상태'에 있으며 우연변동

그림 S6.1
우연변동과 이상변동

(a) 제품의 표본, 예를 들어 충전기 라인에서 꺼낸 5상자의 시리얼은 무게가 서로 다르다.

(b) 안정적인 프로세스에서 충분한 표본 수단을 취한 후 분포라고 하는 패턴을 형성한다.

(c) 정규(종 모양) 분포를 포함해 많은 유형의 분포가 있지만 분포는 중심 경향(평균), 표준편차 또는 분산, 모양 면에서 다르다.

(d) 변동의 우연적 원인만 있는 경우 프로세스 결과는 시간이 지남에 따라 안정적이고 예측 가능한 분포를 형성한다.

(e) 이상변동이 있는 경우 프로세스 결과는 시간이 지남에 따라 안정적이지 않고 예측할 수 없다. 즉 프로세스의 예상 부분이 아닌 원인이 발생할 때 표본은 중심 경향, 표준편차, 모양에 따라 달라지는 예기치 않은 분포를 생성한다.

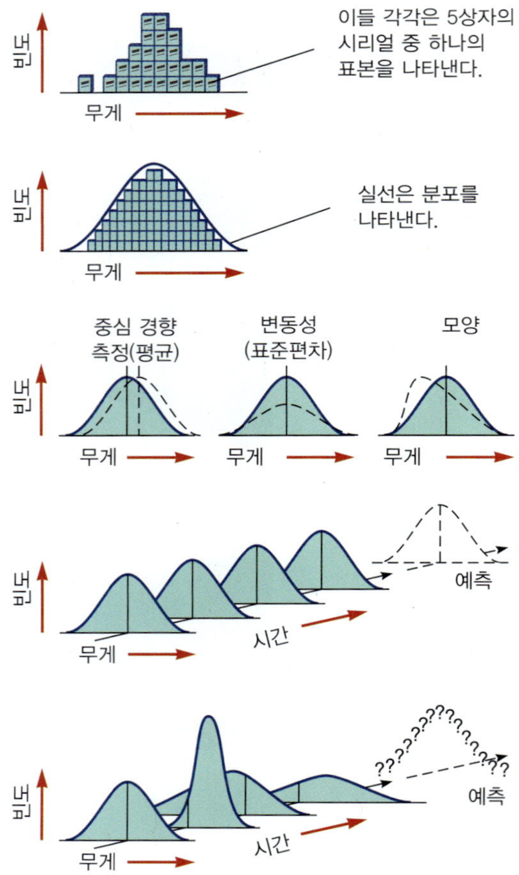

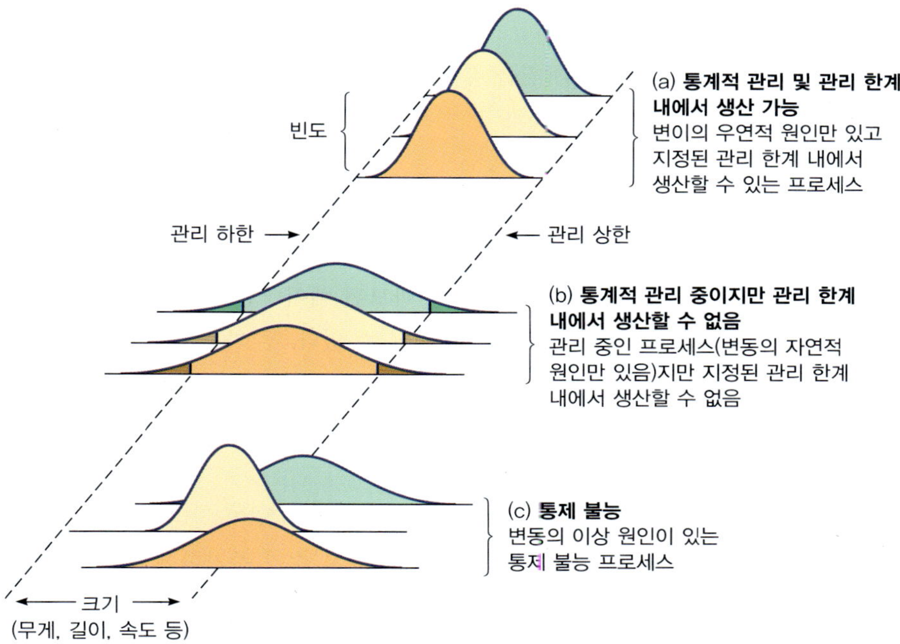

그림 S6.2

관리도: 프로세스 결과의 세 가지 유형

은 허용된다.

이상변동 프로세스에서 특수한 **이상변동**(assignable variation)은 특정한 원인으로 추적할 수 있다. 기계 마모, 잘못 조정된 장비, 피로하거나 훈련을 받지 않은 작업자 또는 새로운 원자재 배치와 같은 요인은 모두 이상변동의 잠재적 원인이다.

이상변동
특정 원인으로 추적할 수 있는 생산 프로세스의 변화

우연 또는 이상변동은 운영 관리자를 위해 두 가지 작업을 구분하게 한다. 첫 번째는 프로세스가 우연변동만 가지고 있는 관리하에 운영될 수 있는지 확인하는 것이다. 두 번째는 이상변동을 식별하고 제거해 프로세스가 계속 관리될 수 있도록 하는 것이다.

표본 우연 또는 이상변동으로 인해 통계적 프로세스 관리는 개별 부품에 대한 데이터가 아닌 작은 표본(종종 4~8개 항목)의 평균을 사용한다. 개별 데이터는 추세를 빠르게 볼 수 없을 정도로 불규칙한 경향이 있다.

그림 S6.1은 프로세스 변동을 결정하는 중요한 단계를 자세히 보여준다. 수평 눈금은 무게(시리얼 상자의 그램 수와 같이) 또는 길이(울타리 기둥에서와 같이) 또는 물리적 측정일 수 있다. 수직 축 척도는 주파수이다. 그림 S6.1(a)에 있는 5개의 시리얼 상자 표본의 무게를 측정하고 (b)분포를 형성하며 (c)는 다양할 수 있다. (b)와 (c)에서 형성된 분포는 우연변동만 존재하는 경우 예측 가능한 패턴 (d)에 속한다. 이상변동 원인이 있는 경우 (e)의 경우와 같이 평균이 변하거나 분산이 변할 것으로 예상할 수 있다.

관리도 관리도 작성 프로세스는 그림 S6.2에 제시된 개념을 기반으로 한다. 이 그림은 세 가지 유형의 프로세스에서 나온 결과인 세 가지 분포를 보여준다. 관리자는 작은 표본을 플롯한 다음 결과 데이터의 특성을 조사해 프로세스가 '관리 한계' 내에 있는지 확인한다. 관리도의 목적은 우연변동과 이상변동을 구별하는 데 도움이 되는 것이다. 그림 S6.2에서 볼 수 있듯이, 프로세스는 (a) 관리 중이고 프로세스가 설정된 관리 한계 내에서 생산할 수 있거나, (b) 관리 중이지만 프로세스가 설정된 한계 내에서 생산할 수 없거나, (c) 통제 밖에 있다. 이제 운영 관리자가 프로세스를 관리하는 데 도움이 되는 관리도를 작성하는 방법을 살펴본다.

학습목표 S6.1
관리도의 목적을 설명한다.

변수에 대한 관리도

$\bar{X}$ 차트
생산 프로세스의 중심 경향에서 변화가 발생하는 시기를 나타내는 변수에 대한 품질 관리 차트

R 차트
샘플 내 '범위'를 추적하는 관리도. 생산 프로세스의 분산으로 균일성의 손익이 발생했음을 나타냄

여기서 관심 있는 변수는 연속적인 차원을 갖는 변수이다. 그들은 무한한 가능성을 가지고 있다. 예는 무게, 속도, 길이, 강도이다. 평균 $\bar{x}$와 및 범위 R에 대한 관리도는 연속형 차원이 있는 프로세스를 모니터링하는 데 사용된다. **$\bar{x}$ 차트**($\bar{x}$-chart)는 프로세스의 중심 경향(이 경우 평균)에서 변화가 발생했는지 여부를 알려준다. 이러한 변화는 공구 마모, 점진적인 온도 상승, 두 번째 교대조에 사용된 다른 방법 또는 새로운 재료와 같은 요인 때문일 수 있다. **R차트**(R-chart) 값은 분산 이득 또는 손실이 발생했음을 나타낸다. 이러한 변화는 마모된 베어링, 느슨한 도구, 기계로의 불규칙한 윤활유 흐름 또는 기계 작업자의 부주의로 인한 것일 수 있다. 두 가지 유형의 차트는 중심 경향과 분산이라는 두 가지 중요한 매개변수를 측정하기 때문에 변수를 모니터링할 때 함께 사용된다.

중심극한정리

중심극한정리
모든 부품 또는 서비스의 모집단 분포에 관계없이 표본 평균들의 분포는 표본 수가 증가함에 따라 정규 곡선을 따르는 경향이 있다는 $\bar{x}$ 차트의 이론적 기초

학습목표 S6.2
통계적 프로세스 관리(SPC) 내 중심극한정리의 규칙을 설명한다.

$\bar{x}$ 차트의 이론적 토대는 **중심극한정리**(central limit theorem)이다. 이 정리는 모집단 분포에 관계없이 $\bar{x}$ 의 분포(각각 모집단에서 추출한 표본의 평균)는 표본 수가 증가함에 따라 정규 곡선을 따르는 경향이 있다고 말한다. 다행히도 각 표본(n)이 상당히 작더라도(예: 4 또는 5) 평균 분포는 여전히 대략적인 정규 곡선을 따른다. 이 정리는 또한 다음과 같이 명시한다. (1) $\bar{x}$ 분포의 평균($\bar{\bar{x}}$)은 전체 모집단(μ)의 평균과 같다. (2) **표본 분포의 표준편차** $\sigma_{\bar{x}}$**는 모집단(프로세스) 표준편차를 표본 크기** n의 제곱근으로 나눈 값이다. 다시 표현하면 다음과 같다.[2]

$$\bar{\bar{x}} = \mu \tag{S6-1}$$

$$\sigma_{\bar{x}} = \frac{\sigma}{\sqrt{n}} \tag{S6-2}$$

그림 S6.3은 각각 고유한 평균(μ)과 표준편차(σ)를 가진 세 가지 가능한 모집단 분포를 보여준다. 크기가 n인 일련의 무작위 표본($\bar{x}_1$, $\bar{x}_2$, $\bar{x}_3$, $\bar{x}_4$ 등)을 임의의 모집단 분포(정규, 베타, 균일 등이 될 수 있음)에서 추출하면 결과 분포는 정규분포에 가깝다(그림 S6.3 참조).

또한 그림 S6.4(a)에 표시된 대로 표본 분포는 프로세스 분포보다 변동성이 적다. 표본의 분포가 정규분포이므로 다음과 같이 설명할 수 있다.

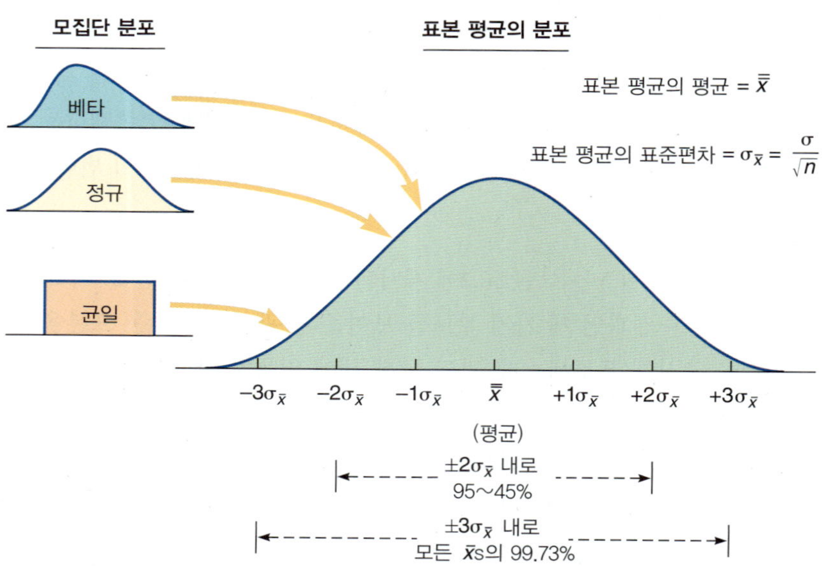

그림 S6.3

모집단과 표본 분포 사이의 관계
모집단 분포가 다르더라도(예: 정규, 베타, 균일) 각각 고유한 평균(μ)과 표준편차(σ)가 있지만 표본 평균의 분포는 항상 정규분포에 접근한다.

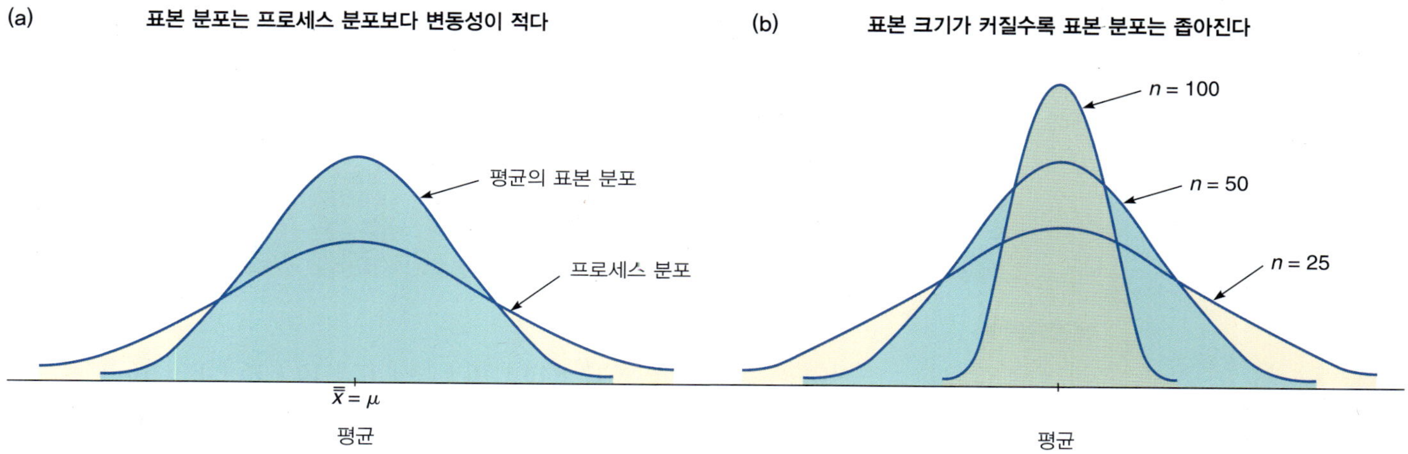

그림 S6.4 평균들의 표본 분포는 정규분포
표본이 추출된 프로세스 분포는 정규분포였지만, 어떤 분포도 될 수 있다.

- 시간의 95.45%에서 프로세스에 우연변동만 있는 경우 표본의 평균은 $\pm 2\sigma_{\bar{x}}$ 내에 속한다.
- 시간의 99.73%에서 프로세스에 우연변동만 있는 경우 표본의 평균은 $\pm 3\sigma_{\bar{x}}$ 내에 속한다.

관리도 내 포인트가 $\pm 3\sigma_{\bar{x}}$ 관리 한계를 벗어나면, 프로세스가 변동되었다가 99.73% 확신한다. 그림 S6.4(b)는 표본 크기가 증가할수록 표본의 분포가 좁아지는 것을 보여준다. 따라서 표본 통계는 표본 크기가 클수록 모집단의 실제 값에 더 가깝다. 이것이 관리도의 이론이다.

$\bar{x}$차트 한계 설정

과거 데이터를 통해 모집단(프로세스)의 σ를 알고 있다면, 다음 공식을 사용해 관리 상한(upper control limit)과 관리 하한(lower control limit)을 설정할 수 있다.[3]

$$\text{관리 상한(UCL)} = \bar{\bar{x}} + z\sigma_{\bar{x}} \quad (S6\text{-}3)$$

$$\text{관리 하한(LCL)} = \bar{\bar{x}} - z\sigma_{\bar{x}} \quad (S6\text{-}4)$$

$\bar{\bar{x}}$ = 표본 평균들의 평균 또는 프로세스에 대해 설정된 목푯값
z = 정규화된 표준편차 값(95.45%에 대해 2, 99.73%에 대해 3)
$\sigma_{\bar{x}}$ = 표본 평균의 표준편차
σ = 모집단 표준편차
n = 표본 크기

학습목표 S6.3
$\bar{x}$ 차트와 R차트를 구축한다.

예제 S1은 표준편차를 사용해 표본 평균에 대한 관리 한계를 설정하는 방법을 보여준다.

예제 S1 **표본을 사용해 관리 한계 설정**

대규모 생산 로트 내 오트밀 플레이크 상자의 무게는 매시간 표본추출된다. 관리자는 표본 평균의 99.73%를 포함하는 관리 한계를 설정하려고 한다.

접근방법 ▶ 매시간 무작위로 9개($n = 9$)의 상자를 선택하고 무게를 잰다. 그런 다음 전체 평균을 찾고 식 (S6-3)과 (S6-4)를 사용해 관리 한계를 계산한다. 1시간에 선택한 9개의 상자는 다음과 같다.

해결방법 ▶

$$\text{첫 번째 시간별 표본의 평균 무게} = \frac{17 + 13 + 16 + 18 + 17 + 16 + 15 + 17 + 16}{9}$$

$$= 16.1\text{온스}$$

또한 모집단(프로세스) 표준편차(σ)는 1온스로 알려져 있다. 2~12시간 사이에 무작위로 선택된 각 상자는 표시하지 않지만 다음은 12시간당 표본이다.

표본 평균		표본 평균		표본 평균	
시간	9상자 평균	시간	9상자 평균	시간	9상자 평균
1	16.1	5	16.5	9	16.3
2	16.8	6	16.4	10	14.8
3	15.5	7	15.2	11	14.2
4	16.5	8	16.4	12	17.3

12개 표본 평균의 평균($\bar{\bar{x}}$)은 정확히 16온스로 계산된다 $\left[\bar{\bar{x}} = \frac{\sum_{i=1}^{12} (\text{9상자 평균})}{12}\right]$.

따라서 $\bar{\bar{x}} = 16$온스, $\sigma = 1$온스, $n = 9$, $z = 3$이다. 관리 한계는 다음과 같다.

$$\text{UCL}_{\bar{x}} = \bar{\bar{x}} + z\sigma_{\bar{x}} = 16 + 3\left(\frac{1}{\sqrt{9}}\right) = 16 + 3\left(\frac{1}{3}\right) = 17\text{온스}$$

$$\text{LCL}_{\bar{x}} = \bar{\bar{x}} - z\sigma_{\bar{x}} = 16 - 3\left(\frac{1}{\sqrt{9}}\right) = 16 - 3\left(\frac{1}{3}\right) = 15\text{온스}$$

그런 다음 12개의 표본을 다음 관리도에 표시한다.

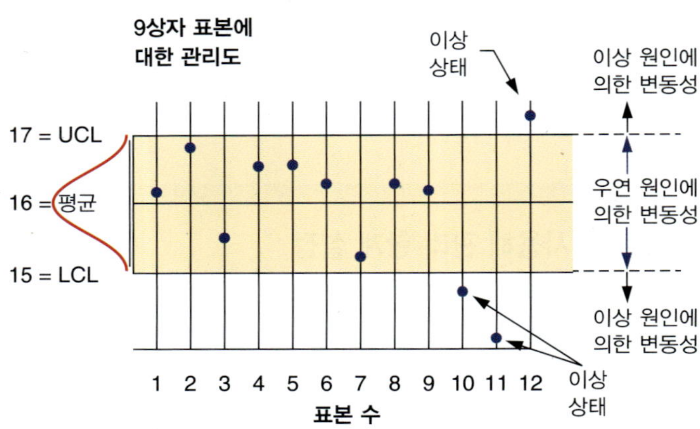

통찰력 ▶ 최근 표본 평균의 평균이 17과 15의 관리 상한 및 하한 밖에 있기 때문에 공정이 불규칙해지고 관리 상태가 아니라는 결론을 내릴 수 있다.

학습 연습 ▶ 오트밀 플레이크의 모집단 표준편차(σ)가 2(1 대신)인 경우 결론은 무엇인가? [답: LCL = 14, UCL = 18. 프로세스가 관리 내(in control)에서 제어될 것이다.]

표 S6.1 관리도 한계 계산을 위한 요인(쓰리 시그마)

표본 크기(n)	평균 요인(A_2)	상위 범위(D_4)	하위 범위(D_3)
2	1.880	3.268	0
3	1.023	2.574	0
4	.729	2.282	0
5	.577	2.115	0
6	.483	2.004	0
7	.419	1.924	0.076
8	.373	1.864	0.136
9	.337	1.816	0.184
10	.308	1.777	0.223
12	.266	1.716	0.284

출처: Special Technical Publication 15-C, "Quality Control of Materials," pp. 63 and 72. Copyright ASTM INTERNATIONAL.

프로세스 표준편차를 사용할 수 없는 경우가 많기 때문에 일반적으로 표준편차가 아닌 평균 범위 값을 기반으로 관리 한계를 계산한다. 표 S6.1은 그에 대한 필요한 변환을 제공한다. 범위(R_i)는 한 표본에서 가장 큰 항목과 가장 작은 항목의 차이로 정의된다. 예를 들어 예제 S1에서 한 시간에 가장 무거운 오트밀 플레이크 상자는 18온스이고 가장 가벼운 상자는 13온스이므로 해당 시간에서의 범위는 5온스이다. 표 S6.1과 아래 식을 사용한다.

$$UCL_{\bar{x}} = \bar{\bar{x}} + A_2\bar{R} \qquad \text{(S6-5)}$$

$$LCL_{\bar{x}} = \bar{\bar{x}} - A_2\bar{R} \qquad \text{(S6-6)}$$

$\bar{R} = \dfrac{\sum_{i=1}^{k} R_i}{k}$ = 모든 표본의 평균 범위, R_i = 표본 i의 범위

A_2 = 표 S6.1의 값 k = 표본의 총수

$\bar{\bar{x}}$ = 표본 평균의 평균

예제 S2는 표 S6.1과 평균 범위를 사용해 표본 평균에 대한 관리 한계를 설정하는 방법을 보여준다.

예제 S2

표 값을 사용한 평균 한계 설정

Super Cola는 '순중량 12온스'라고 표시된 병에 청량음료를 넣는다. 실제로, 각 표본에 5개의 병이 들어 있는 10개의 표본을 취해 12온스의 전체 프로세스 평균이 발견되었다. 운영관리 팀은 이 프로세스에서 평균에 대한 관리 상한과 하한을 결정하려고 한다.

접근방법 ▶ Super Cola는 먼저 10개의 표본을 검사해 프로세스의 평균 범위를 계산한다. 다음은 표본 데이터이다.

표본	n = 5의 표본에서 가장 가벼운 병의 무게	n = 5의 표본에서 가장 무거운 병의 무게	범위(R_i) = 이 둘의 차이
1	11.50	11.72	.22
2	11.97	12.00	.03
3	11.55	12.05	.50
4	12.00	12.20	.20
5	11.95	12.00	.05
6	10.55	10.75	.20
7	12.50	12.75	.25
8	11.00	11.25	.25
9	10.60	11.00	.40
10	11.70	12.10	.40
			ΣR_i = 2.50온스

$$\text{평균 범위} = \frac{2.50}{10\text{표본}} = 5.25\text{온스}$$

이제 Super Cola는 식 (S6-5)와 (S6-6)을 적용하고 표 S6.1의 A_2열을 사용한다.

해결방법 ▶ 평균 인자 A_2열에서 표본 크기 5에 대한 표 S6.1을 보면 값 0.577을 찾는다. 따라서 관리도의 상한 및 하한은 다음과 같다.

$$\begin{aligned}
\text{UCL}_{\bar{x}} &= \bar{\bar{x}} + A_2\bar{R} \\
&= 12 + (.577)(.25) \\
&= 12 + .144 \\
&= 12.144\text{ 온스} \\
\text{LCL}_{\bar{x}} &= \bar{\bar{x}} - A_2\bar{R} \\
&= 12 - .144 \\
&= 11.856\text{ 온스}
\end{aligned}$$

통찰력 ▶ 표준편차 대신 이 범위 접근 방식을 사용하는 이점은 적용하기 쉽고 덜 혼란스러울 수 있다는 점이다.

학습 연습 ▶ 표본 크기가 n = 4이고 평균 범위가 0.20온스인 경우 수정된 $\text{UCL}_{\bar{x}}$와 $\text{LCL}_{\bar{x}}$는 무엇인가? [답: 12.146, 11.854]

R차트 한계 설정

예제 S1과 S2에서는 프로세스 **평균**에 대한 관리 상한과 하한을 결정했다. 프로세스 평균 외에도 운영 관리자는 프로세스 **분산**이나 **범위**도 관심이 있다. 평균이 통제하에 있더라도 프로세스의 분포가 통제되지 않을 수 있다. 예를 들어 오트밀 플레이크 상자를 채우는 장비에서 무언가가 느슨하게 작동했을 수 있다. 결과적으로 표본의 평균은 동일하게 유지될 수 있지만 표본 내의 변동은 너무 클 수 있다. 이러한 이유로 운영 관리자는 범위에 대한 관리도를 사용해 프로세스 변동성을 모니터링하고 평균에 대한 관리도를 사용해 프로세스 중심 경향을 모니터링한다. 범위에 대한 관리도의 이론은 프로세스 평균 관리도의 이론과 동일하다. 평균 범위 $\overline{R}$에 대한 분포의 ±3표준편차를 포함하는 한계가 설정된다. 다음 식을 사용해 범위의 상한 및 하한을 설정할 수 있다.

$$\text{UCL}_R = D_4\overline{R} \qquad \text{(S6-7)}$$

$$\text{LCL}_R = D_3\overline{R} \qquad \text{(S6-8)}$$

UCL_R = 범위의 관리 상한

LCL_R = 범위의 관리 하한

D_4와 D_3 = 표 S6.1 내 값

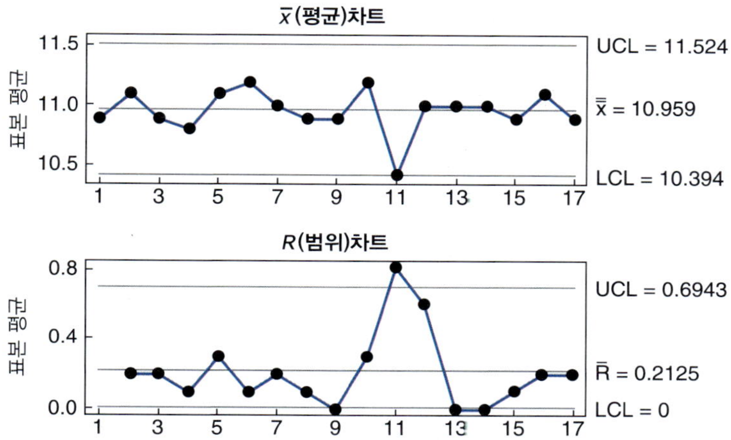

연어 필레는 $\overline{x}$(평균)차트 및 R(범위)차트가 포함된 다든레스토랑(Darden Restaurant)의 SPC 소프트웨어로 모니터링된다. 다든은 연어 필레에 대한 중심 경향의 척도로 평균 중량을 사용한다. 범위는 각 표본에서 가장 무거운 필레와 가장 가벼운 필레의 차이이다.

예제 S3은 표 S6.1과 평균 범위를 사용해 표본 범위에 대한 관리 한계를 설정하는 방법을 보여준다.

예제 S3 표 값을 사용해 범위 한계 설정

로이 클린턴(Roy Clinton)의 우편 주문 사업에서는 전화로 고객 주문을 받을 때 운영자의 응답 시간을 측정하려고 한다. 클린턴은 표본당 4개의 고객 주문이 있는 주문 프로세스의 다섯 가지 다른 표본에서 기록된 시간(분)을 아래에 나열한다. 그는 상한 및 하한 범위 관리도 한계를 결정하려고 한다.

접근방법 ▶ 표 S6.1에서 표본 크기 4를 살펴보면 $D_4 = 2.282$, $D_3 = 0$임을 알 수 있다.

해결방법 ▶

표본	측정 시간(분)	표본 범위(R_i)
1	5, 3, 6, 10	10 − 3 = 7
2	7, 5, 3, 5	7 − 3 = 4
3	1, 8, 3, 12	12 − 1 = 11
4	7, 6, 2, 1	7 − 1 = 6
5	3, 15, 6, 12	15 − 3 = 12
		ΣR_i = 40

$$\overline{R} = \frac{40}{5} = 8$$

$$UCL_R = 2.282(8) = 18.256\text{분}$$

$$LCL_R = 0(8) = 0\text{분}$$

통찰력 ▶ 표 S6.1을 사용해 범위를 계산하는 것은 간단하고 분산을 평가하는 쉬운 방법이다. 통제를 벗어난 표본 범위가 없다는 것을 알 수 있다.

학습 연습 ▶ 클린턴은 표본 크기를 $n = 6$으로 늘리기로 결정했다(평균 범위 $\overline{R}$의 변경은 없음). 새로운 UCL_R 및 LCL_R 값은 무엇인가? [답: 16.032, 0]

평균차트와 범위차트의 활용

정규분포는 **평균**과 **표준편차**의 두 파라미터 값으로 정의된다. $\overline{x}$ 차트와 R차트는 이 두 파라미터를 사용한다. $\overline{x}$차트는 프로세스 평균의 이동에 민감한 반면, R차트는 프로세스 표준편차의 이동에 민감하다. 결과적으로 이 두 차트를 모두 활용함으로써 전체 프로세스 분포의 변화를 추적할 수 있다.

예를 들어 그림 S6.5(a) 표본에서 $\overline{x}$차트는 프로세스 평균의 이동을 보여주지만 분산이 일정하기 때문에 R차트에서는 변화가 감지되지 않는다. 반대로 그림 S6.5(b) 표본에서 $\overline{x}$차트는 이동을 감지하지 못하지만(아무것도 존재하지 않기 때문에) R차트는 분산의 이동을 감지한다. 따라서 프로세스를 정확하게 추적하려면 두 차트가 모두 필요하다.

학습목표 S6.4
관리도 작성의 5단계를 나열한다.

관리도를 작성할 때 따라야 할 단계 일반적으로 $\overline{x}$차트와 R차트를 작성할 때 따라야 할 다섯 단계가 있다.

1. 안정적인 프로세스에서 각각 $n = 4$ 또는 $n = 5$의 관측값으로 구성된 20~25개의 표본을 수집하고 각각의 평균과 범위를 계산한다.
2. 전체 평균($\overline{\overline{x}}$와 $\overline{R}$)을 계산하고 일반적으로 99.73% 수준에서 적절한 관리 한계를 설정하고 예비 상한 및 하한 관리 한계를 계산한다. 다른 관리 한계에 대해서는 표 S6.2를 참조한다. **프로세스가 현재 안정적이지 않고 관리 상태에 있으면 $\overline{\overline{x}}$ 대신에 원하는 평균(μ)을 사용한다.**
3. 각각의 관리도에 표본 평균과 범위를 그래프로 표시하고 허용 한계를 벗어나는지 확인한다.
4. 프로세스가 통제 불능 상태임을 나타내는 포인트 또는 패턴을 조사한다. 변화의 원인을 인지하고 원인을 해결한 다음 프로세스를 다시 시작한다.
5. 추가적인 표본을 수집하고 필요한 경우 새로운 데이터를 사용해 관리 한계를 재검증하도록 한다.

표 S6.2

일반적인 z값

원하는 제어 한계 (%)	Z값 (원하는 신뢰 수준에 필요한 표준편차)
90.0	1.65
95.0	1.96
95.45	2.00
99.0	2.58
99.73	3.00

속성 관리도

학습목표 S6.5
p차트와 c차트를 구축한다.

$\overline{x}$와 R에 대한 관리도는 일반적으로 **불량품** 또는 **비불량품**으로 분류되는 **속성**을 표본 추출할 때 적용되지 않는다. 제품의 결함을 측정하려면 결함을 계산하는 것이 포함되지만(예: 지정된 로트의 불량 전구 수, 오류가 있는 문자 또는 데이터 입력 레코드 수) **변수**는 일반적으로 길이 또는 무게로 측정된다. 속성 관리도에는 (1) 표본의 **불량률**을 측정하는 것(p차트)과 (2) 결점 수를 계산하는

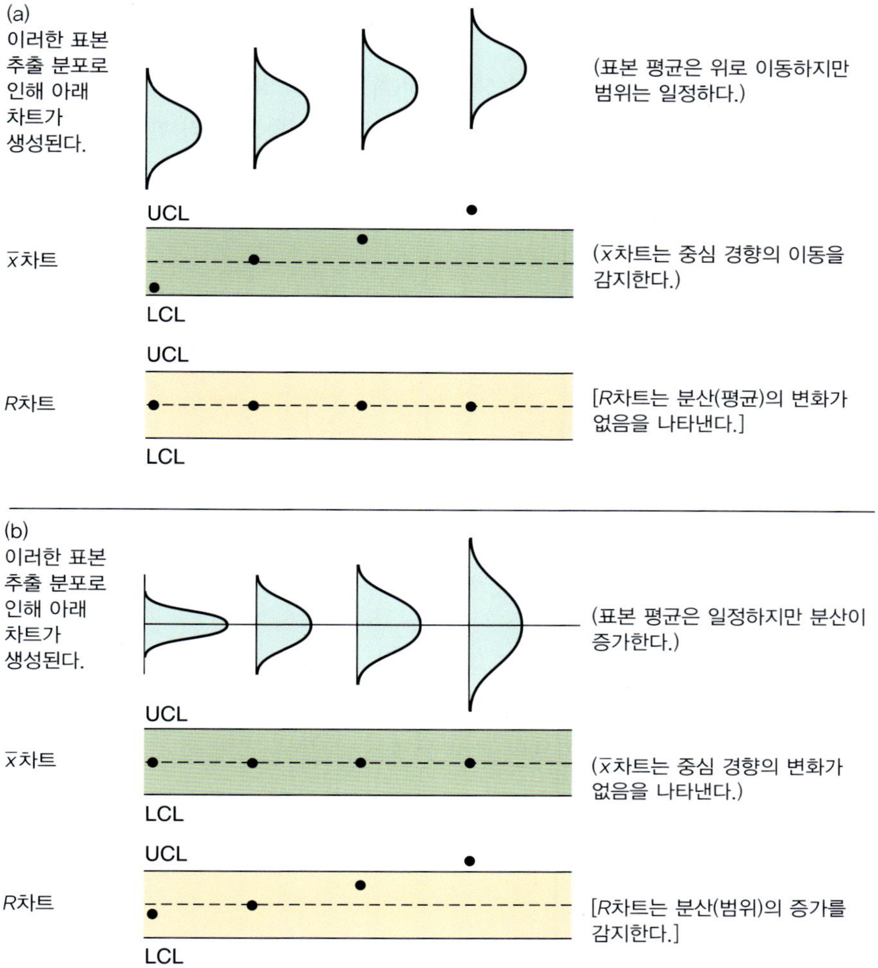

그림 S6.5

평균 및 범위 차트는 정규분포의 평균과 산포를 표시해 서로 보완한다

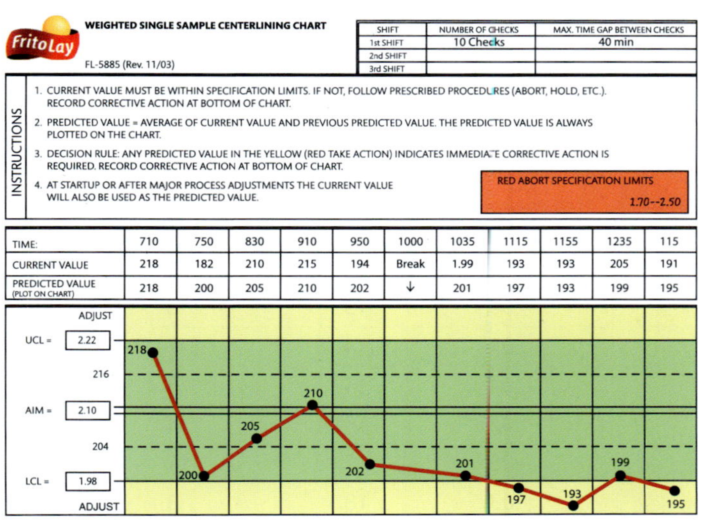
WEIGHTED SINGLE SAMPLE CENTERLINING CHART

FL-5885 (Rev. 11/03)

SHIFT	NUMBER OF CHECKS	MAX. TIME GAP BETWEEN CHECKS
1st SHIFT	10 Checks	40 min
2nd SHIFT		
3rd SHIFT		

INSTRUCTIONS

1. CURRENT VALUE MUST BE WITHIN SPECIFICATION LIMITS. IF NOT, FOLLOW PRESCRIBED PROCEDURES (ABORT, HOLD, ETC.). RECORD CORRECTIVE ACTION AT BOTTOM OF CHART.
2. PREDICTED VALUE = AVERAGE OF CURRENT VALUE AND PREVIOUS PREDICTED VALUE. THE PREDICTED VALUE IS ALWAYS PLOTTED ON THE CHART.
3. DECISION RULE: ANY PREDICTED VALUE IN THE YELLOW (RED TAKE ACTION) INDICATES IMMEDIATE CORRECTIVE ACTION IS REQUIRED. RECORD CORRECTIVE ACTION AT BOTTOM OF CHART.
4. AT STARTUP OR AFTER MAJOR PROCESS ADJUSTMENTS THE CURRENT VALUE WILL ALSO BE USED AS THE PREDICTED VALUE.

RED ABORT SPECIFICATION LIMITS 1.70--2.50

TIME:	710	750	830	910	950	1000	1035	1115	1155	1235	115
CURRENT VALUE	218	182	210	215	194	Break	1.99	193	193	205	191
PREDICTED VALUE (PLOT ON CHART)	218	200	205	210	202	↓	201	197	193	199	195

프리토레이(Frito-Lay)는 $\bar{x}$차트를 사용해 공정의 중요한 지점에서 생산 품질을 제어한다. 약 40분마다 3개의 칩 배치가 컨베이어에서 나와 전자적으로 분석되어 평균 염분 함량을 얻는다. 이를 $\bar{x}$차트에 표시한다. 초록색 영역에 표시된 점은 '통제 상태'이고 노란색 영역에 표시된 점은 '통제 불능'이다. 모든 생산 직원이 공정 안정성을 모니터링할 수 있는 SPC 차트가 표시된다.

것(c차트)의 두 가지 종류가 있다.

p차트
속성을 제어하는 데 사용되는 품질 관리 차트

p차트 p차트(p-chart)를 사용하는 것은 속성을 관리하는 주요 방법이다. 좋거나 나쁜 속성은 이항 분포를 따르지만 표본 크기가 클 때는 정규분포를 사용해 p차트 관리 한계를 계산할 수 있다. 절차는 중심극한정리를 기반으로 하는 $\bar{x}$차트 접근 방식과 유사하다.

p차트의 관리 상한과 하한 한계를 정하는 공식은 다음과 같다.

$$\text{관리 상한: } UCL_p = \bar{p} + z\sigma_p \quad \text{(S6-9)}$$

$$\text{관리 하한: } LCL_p = \bar{p} - z\sigma_p \quad \text{(S6-10)}$$

$$\bar{p} = \text{표본의 불량률 평균(\%)} = \left(\frac{\text{불량품의 총 개수}}{\text{표본 크기} \times \text{표본 개수}}\right)$$

z = 정규화된 표준편차 값(95.45%에 대해 2, 99.73%에 대해 3)

σ_p = 표본 분포의 표준편차

σ_p 다음 공식으로 추정된다. 여기서 n은 각 표본에서의 관찰 개수이다.[4]

$$\hat{\sigma}_p = \sqrt{\frac{\bar{p}(1-\bar{p})}{n}} \quad \text{(S6-11)}$$

예제 S4는 이러한 표준편차에 대한 p차트의 관리 한계를 설정하는 방법을 보여준다.

예제 S4

불량률에 대한 관리 한계 설정

Mosier Data Systems의 사무원은 다양한 고객 회사에 대해 매일 수천 개의 보험 기록을 입력한다. CEO인 도나 모지에(Donna Mosier)는 데이터 입력 프로세스가 통제 상태에 있을 때 무작위 변동의 99.73%를 포함하도록 관리 한계를 설정하려고 한다.

접근방법 ▶ 20명의 사무원의 작업 표본이 수집된다(표에 표시됨). 모지에는 각 사무원이 입력한 100개의 기록을 주의 깊게 검사하고 오류 수를 계산한다. 또한 각 표본의 불량률(퍼센트)을 계산한다. 그런 다음 식 (S6-9), (S6-10), (S6-11)을 사용해 관리 한계를 설정한다.

표본 번호	오류 수	표본 결함률	표본 번호	오류 수	표본 결함률
1	6	.06	11	6	.06
2	5	.05	12	1	.01
3	0	.00	13	8	.08
4	1	.01	14	7	.07
5	4	.04	15	5	.05
6	2	.02	16	4	.04
7	5	.05	17	11	.11
8	3	.03	18	3	.03
9	3	.03	19	0	.00
10	2	.02	20	4	.04
				80	

해결방법 ▶

$$\bar{p} = \frac{\text{오류의 전체 수}}{\text{검사 기록의 전체 수}} = \frac{80}{(100)(20)} = .04$$

$$\hat{\sigma}_p = \sqrt{\frac{(.04)(1-.04)}{100}} = .02 \text{ (0.0196에서 반올림)}$$

[주: 100은 각 표본의 크기(= n)이다]

$$\text{UCL}_p = \bar{p} + z\hat{\sigma}_p = .04 + 3(.02) = .10$$

$$\text{LCL}_p = \bar{p} - z\hat{\sigma}_p = .04 - 3(.02) = 0$$

(왜냐하면 음수 결함율은 가질 수 없다)

통찰력 ▶ 관리 한계와 불량 표본 비율을 표시할 때 데이터 입력 담당자(17번)만 통제 불능 상태에 있음을 알 수 있다. 회사는 심각한 문제가 있는지 확인하기 위해 개인의 작업을 좀 더 자세히 조사할 수 있다(그림 S6.6 참조).

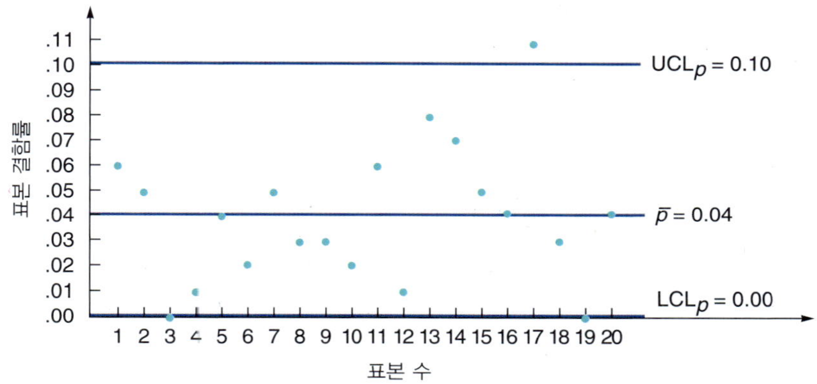

학습 연습 ▶ 모지에는 대신 관리 한계를 95.45%로 설정하기로 결정하였다. 새로운 UCL_p 및 LCL_p는 무엇인가? [답: 0.08, 0]

예제에서와 같이 LCL이 음수이면(음수의 불량률은 불가능) 0으로 설정된다.

OM in Action '상용 고객 마일리지로 좌석 예약'은 예제 S4에 대한 실제 후속 조치를 제공한다.

***c*차트** 예제 S4에서는 입력된 결함 레코드의 수를 계산했다. 결함이 있는 레코드는 하나 이상의 결함이 포함되어 있어 정확하지 않은 레코드이다. 그러나 잘못된 레코드에는 둘 이상의 결함이 포함될 수 있다. 우리는 ***c*차트**(*c*-charts)를 출력 단위당(또는 앞의 경우에 보험 기록당) 결함의 수를 관리한다.

***c*차트**
출력 단위당 결함 수를 제어하는 데 사용되는 품질 관리 차트

결함에 대한 관리는 잠재적인 오류가 많이 발생할 수 있지만 실제로 발생하는 수는 상대적으로 적은 프로세스를 모니터링하는 데 유용하다. 여기서의 결함은 신문 단어의 오류, 마이크로칩의 불량 회로, 테이블의 흠집, 패스트푸드점 햄버거의 피클이 누락된 경우 등일 수 있다.

평균과 같은 분산을 가진 푸아송 확률 분포[5]는 *c*차트의 기본이다. $\bar{c}$는 단위당 평균 결점 수이므로 표준편차는 $\sqrt{\bar{c}}$와 같다. $\bar{c}$에 대한 99.73% 관리 한계를 계산하기 위해 다음 공식을 사용한다.

$$\text{관리 한계} = \bar{c} \pm 3\sqrt{\bar{c}} \qquad \text{(S6-12)}$$

예제 S5는 $\bar{c}$ 차트에서 관리 한계를 설정하는 방법을 보여준다.

OM in Action 상용 고객 마일리지로 좌석 예약

25,000점의 상용 고객 포인트를 항공권으로 교환하기는 참 어렵고, 또 항공사에 따라 제도가 다르게 운영된다. (도시에 따라서도 다르다. 특히 샌프란시스코를 드나들려고 하지 말아야 할 것이다!) 컨설팅 회사 아이디어웍스(Idea Works)가 25개 항공사의 웹사이트 각각에 대해 280건의 표준 마일리지 적립 요청을 했을 때(총 7,000건의 요청), 성공률 범위는 최저 45%[란항공(LAN Airlines)], 53.6%[아비앙카항공(Avianca Airlines)], 56.4%[아메리칸항공(American Airlines)]이고, 사우스웨스트항공(Southwest Lines)과 에어베를린(Air Berlin)에서는 최고 100%이다.

25개 운송업체에 대한 전체 평균 76.6%는 *p*차트에서 중심선을 제공한다. 3-시그마 상한 및 하한 제어 한계가 각각 84.2%와 69.0%이므로 다른 상위 및 기타 하위 성과를 쉽게 발견할 수 있다. 버진오스트레일리아항공(Virgin Australia Airlines, 94.3%), 제트블루항공(Jet Blue Airways, 92.9%), 루프트한자(Lufthansa, 92.9%), 터키항공(Turkish Airlines, 92.1%), 에어캐나다(Air Canada, 90.7%), 콴타스항공(Qantas Airways, 89.3), 대한항공(Korean Airlines, 84.3%)이 '통제 불능'(그러나 긍정적인 *성과*를 보임)이다.

*부정적인 측면에서 통제 불능*의 다른 항공사는 스칸디나비아항공(Scandinavian Airlines, 57.9%), 에어아시아(Air Asia, 60%), 알리탈리아항공(Alitalia Airliens, 61.4%), 에어프랑스(Air France, 67.1%), 델타항공(Delta Airlines, 68.6%)이다.

관리도는 항공사가 수하물 분실, 정시 요금, 마일리지 포인트 사용 용이성과 같은 고객 활동에서 경쟁업체와 비교해 현재 위치를 파악하는 데 도움이 될 수 있다. "항공사들이 가용성이 중요하다는 메시지를 받고 있다고 생각한다. 전반적으로 소비자는 작년보다 더 나은 서비스를 제공받는다고 생각한다"라고 아이디어웍스의 사장은 말한다.

출처: *The Wall Street Journal*(May 11, 2016); *ideaworkscompany.com.*

예제 S5 결함 수에 대한 관리 한계 설정

Red Top Cab Company는 운전자의 행동에 대해 하루에도 여러 건의 불만을 접수한다. 9일 동안(여기서 날짜는 측정 단위임) 소유자인 고든 호프트(Gordon Hoft)는 화난 승객으로부터 3, 0, 8, 9, 6, 7, 4, 9, 8건, 총 54건의 민원 전화를 받았다. 고든은 접수된 민원 건으로 99.73% 관리 한계를 계산하려고 한다.

접근방법 ▶ 그는 식 (S6-12)를 적용한다.

해결방법 ▶ $\bar{c} = \frac{54}{9} = 6$(하루 6건의 불만)

그러므로

$$\text{UCL}_c = \bar{c} + 3\sqrt{\bar{c}} = 6 + 3\sqrt{6} = 6 + 3(2.45) = 13.35 \text{ 또는 } 13$$

$$\text{LCL}_c = \bar{c} - 3\sqrt{\bar{c}} = 6 - 3\sqrt{6} = 6 - 3(2.45) = 0 \leftarrow \text{(왜냐하면 음수를 가질 수 없다)}$$

통찰력 ▶ 고든이 이러한 데이터를 요약한 관리 차트를 작성하고 운전석 라커룸에 눈에 띄게 게시한 후 수신된 전화 수는 하루 평균 3개로 떨어졌다. 왜 이런 일이 발생했는지 설명할 수 있는가?

학습 연습 ▶ 고든은 3일 분량의 불만 사항(10, 12, 8건)을 추가로 수집하고 이를 원래 9일과 결합해 업데이트된 관리 한계를 계산하려고 한다. 개정된 UCL_c 및 LCL_c는 무엇인가? [답: 14.94, 0.]

*p*차트 같이 *c*차트는 음수 LCL을 가질 수 없으므로 음수는 항상 0으로 설정된다.

경영 이슈와 관리도

이상적인 세계에서는 관리도가 필요하지 않다. 품질이 균일하고 매우 높기 때문에 직원은 변수와 속성을 표본 추출하고 모니터링하는 데 시간과 비용을 낭비할 필요가 없다. 그러나 대부분의 프로

표 S6.3 사용할 관리도를 결정하는 방법

$\bar{x}$차트와 R차트를 사용한 변수 데이터
1. 관찰은 일반적으로 측정된 제품 또는 크기 또는 무게인 *변수*이다. 예를 들어 철사의 너비 또는 길이와 캠벨(Campbell)의 수프 캔 무게가 있다. 2. 안정적인 프로세스에서 각각 $n = 4$, $n = 5$ 또는 그 이상의 표본 20~25개를 수집하고 $\bar{x}$차트의 평균과 R차트의 범위를 계산한다. 3. 예제 S1에서와 같이 각각 n개의 관찰 표본을 추적한다.
p차트를 사용한 속성 데이터
1. 관찰은 두 가지 상태, 즉 양호 또는 불량(또는 합격/불합격 또는 기능/중단)으로 분류될 수 있는 속성이다. 2. 우리는 분수, 비율 또는 불량률을 다룬다. 3. 여러 표본이 있으며 각각에 많은 관찰이 있다. 예를 들어 예제 S4에서와 같이 각각에 $n = 100$개 관찰의 표본 20개.
c차트를 사용한 속성 데이터
1. 관찰은 출력 단위당 결함을 계산할 수 있는 속성이다. 2. 가능한 발생의 작은 부분인 계산된 수를 처리한다. 3. 사용할 수 있는 결함은 다음과 같다. 예제 S5처럼 책상의 흠집, 1년 동안의 범죄, 경기장의 부서진 좌석, 이 책의 1개 장에서 나오는 오타 또는 하루의 불만과 같은 결함들일 수 있다.

세스가 완벽하지 않기 때문에 관리자는 관리도와 관련해 세 가지 주요 결정을 내려야 한다.

첫째, 관리자는 프로세스에서 SPC가 필요한 지점을 선택해야 한다. 그들은 다음 두 가지 질문을 할 수 있다. "작업의 어느 부분이 성공에 결정적인가?", "작업의 어느 부분이 통제 불능 상태가 되는 경향이 있는가?"

둘째, 관리자는 변수 차트(예: $\bar{x}$와 R) 또는 속성 차트(예: p와 c)가 적절한지 결정해야 한다. 변수 차트는 무게나 치수를 모니터링한다. 속성 차트는 '예/아니요' 또는 '진행/비진행' 게이지에 가깝고 비용이 덜 드는 경향이 있다. 표 S6.3은 이러한 유형의 관리도를 언제 사용해야 하는지 이해하는 데 도움이 될 수 있다.

셋째, 기업은 직원들이 준수해야 할 명확하고 구체적인 SPC 정책을 설정해야 한다. 예를 들어 지정된 레코드에 결함이 있는 백분율로 추세가 나타나는 경우 데이터 입력 프로세스를 중단해야 하는가? 5개의 연속된 표본의 평균 길이가 중심선 위에 있는 경우 조립 라인을 중지해야 하는가? 그림 S6.7은 프로세스에서 시간이 지남에 따라 찾아야 할 몇 가지 패턴을 보여준다.

런 테스트(run test)라는 도구를 사용해 그림 S6.7에서 볼 수 있는 프로세스의 비정상 유형을 식별할 수 있다. 일반적으로 목표 또는 중심선의 위 또는 아래에 5개의 점을 실행하면 할당 가능하거나 무작위가 아닌 변형이 있음을 나타낼 수 있다. 이러한 상황이 발생하면 모든 점이 관리 한계 내에 속할 수 있지만 결함이 발생한다. 이는 프로세스가 통계적으로 관리되지 않을 수 있음을 의미한다.

런 테스트
비무작위 변동이 있는지 확인하기 위해 관리도의 점을 검사하는 데 사용되는 검정

공정 능력

통계적 프로세스 관리(SPC)는 프로세스를 관리 상태로 유지하는 것을 의미한다. 이는 프로세스의 우연변동이 안정적이어야 함을 의미한다. 그러나 통계적으로 관리되는 프로세스는 **설계 사양**(공차)을 충족하는 제품이나 서비스를 생산하지 못할 수 있다. 즉 사양 내에서 일관된 출력을 생성할 수 있을 만큼 편차가 작아야 한다. 공학 설계 또는 고객 요구사항에 의해 설정된 설계 사양을 충족하는 프로세스의 능력을 **공정 능력**(process capability)이라고 한다. 해당 프로세스가 통계적으로 관리(안정) 상태일 수 있지만 해당 프로세스의 출력이 사양을 준수하지 않을 수 있다.

공정 능력
설계 사양을 충족하는 능력

그림 S6.7

관리도에서 찾아야 할 패턴

출처: Based on Bertrand L. Hansen, *Quality Control: Theory and Applications* (1991): 65.

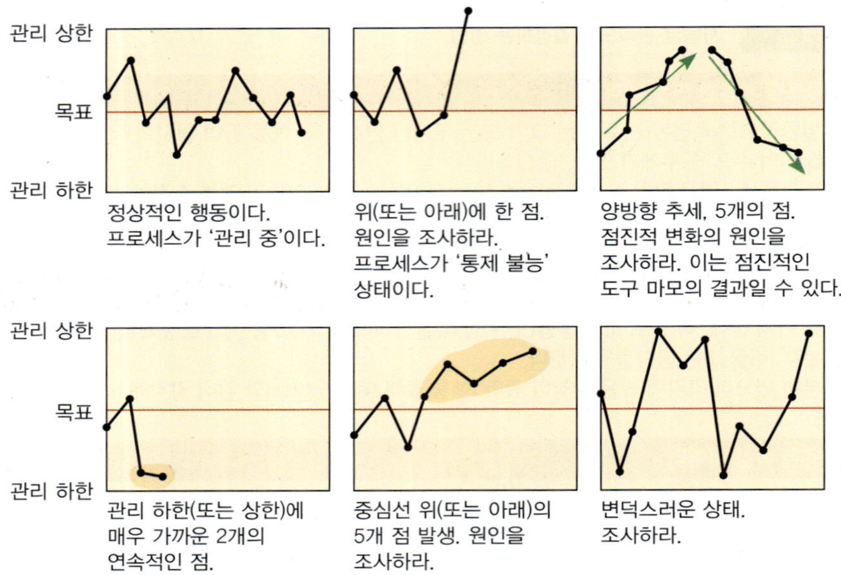

예를 들어 고객이 퀵루브(Quick Lube)에서 윤활 작업이 완료될 때까지 기다리는 시간이 12분이고 허용 오차는 ±2분이다. 이 허용 오차는 14분의 상위 사양과 10분의 하위 사양을 제공한다. 윤활 공정은 이러한 설계 사양 내에서 작동할 수 있어야 한다. 그렇지 않은 경우 일부 고객은 요구 사항을 충족하지 못할 것이다. 예를 들어 할리데이비슨(Harley-Davidson) 캠 기어의 허용 오차는 0.0005인치로 매우 낮으며 이 허용 오차를 달성할 수 있는 프로세스를 설계해야 한다.

학습목표 S6.6

프로세스 용량과 C_p와 C_{pk}의 계산을 설명한다.

프로세스의 능력 여부를 정량적으로 결정하는 데 널리 사용되는 두 가지 측정값은 공정 능력 비율(C_p)과 공정 능력 지수(C_{pk})이다.

공정 능력 비율(C_p)

프로세스가 가능하려면 해당 값이 상위 및 하위 사양 내에 있어야 한다. 이는 일반적으로 공정 능력이 공정 평균에서 ±3표준편차 내에 있음을 의미한다. 이 값 범위는 6표준편차이므로 상한 사양과 하한 사양의 차이인 공정 허용 오차는 6보다 크거나 같아야 한다.

C_p
프로세스가 설계 사양을 충족하는지 여부를 결정하기 위한 비율. 공정 변동에 대한 사양의 비율

공정 능력 비율(**C_p**)은 아래와 같이 계산된다.

$$C_p = \frac{\text{상한 사양} - \text{하한 사양}}{6\sigma} \qquad \text{(S6-13)}$$

예제 S6은 C_p의 계산을 보여준다.

예제 S6

공정 능력 비율

GE 보험 청구 프로세스에서 $\bar{x} = 210.0$분, $\sigma = 0.516$분이다.

고객의 기대에 부응하는 설계 사양은 210 ± 3분이다. 따라서 상위 사양은 213분이고 하위 사양은 207분이다. OM 관리자는 공정 능력 비율을 계산하려고 한다.

접근방법 ▶ GE는 식 (S6-13)을 적용한다.

해결방법 ▶ $C_p = \frac{\text{상한 사양} - \text{하한 사양}}{6\sigma} = \frac{213 - 207}{6(.516)} = 1.938$

통찰력 ▶ 비율 1.00은 프로세스 출력의 99.73%가 사양 내에 있음을 의미하기 때문에, 이 비율은 100만 명당 클레임 4건 미만으로 매우 우수한 프로세스를 나타낸다.

학습 연습 ▶ $\sigma = 0.60$(0.516 대신)인 경우 새 C_p는 무엇인가? [답: 1.667, 여전히 매우 우수한 프로세스이다.]

가능한 프로세스의 C_p는 1.0 이상이다. C_p가 1.0보다 작으면 프로세스에서 허용 오차를 벗어난 제품이나 서비스가 생산된다. C_p가 1.0이면 제품 1,000개 중 2.7개의 부품이 '사양을 벗어남'으로 예상할 수 있다.[6] 공정 능력 비율이 높을수록 프로세스가 설계 사양 내에 있을 가능성이 커진다. 많은 기업이 프로세스 변동성을 줄이기 위한 목표로 C_p가 1.33(포 시그마 기준)을 선택했다. 이것은 100만 개당 64개만이 사양을 벗어날 것으로 예상할 수 있음을 의미한다.

6장에서는 GE와 모토롤라(Motorola)에 의해 수행된 **식스 시그마** 품질 개념을 언급했음을 인식하라. 이 기준은 쓰리 시그마 제한이 있는 1,000개당 2.7개 대신 100만 개당 3.4개의 불량 부품(불량이 거의 0개에 가까움)만 있는, C_p가 2.0의 경우와 같다.

C_p는 허용 오차에 대한 프로세스 출력의 분포와 관련되어 있지만, 프로세스 평균이 목푯값에 얼마나 잘 집중되어 있는지는 고려하지 않는다.

공정 능력 지수(C_{pk})

C_{pk}
공정 중심과 가장 가까운 규격 한계 간의 변동 비율

공정 능력 지수(**C_{pk}**)는 생산된 제품 또는 서비스의 원하는 치수와 실제 치수의 차이를 측정한다. C_{pk}의 공식은 다음과 같다.

$$C_{pk} = \left[\frac{\text{상한 사양 한계} - \bar{X}}{3\sigma}, \frac{\bar{X} - \text{하한 사양 한계}}{3\sigma} \right] \text{의 최솟값} \quad \text{(S6-14)}$$

$\bar{X}$ = 공정 평균

σ = 공정 모집단의 표준편차

규격 상한과 규격 하한 모두에 대한 C_{pk} 지수가 1.0이면 프로세스의 변동이 중심에 있고 프로세스는 ±3표준편차(100만 개당 2,700개 미만) 내에서 생산할 수 있다. C_{pk}가 2.0인 경우, 공정이 100만 개당 3.4개 미만의 불량을 생성할 수 있음을 의미한다. C_{pk}가 1을 초과하는 경우, σ가 기준 사양과 공정 평균($\bar{X}$) 간의 차이의 1/3보다 작아야 한다. 그림 S6.8은 C_{pk}의 다양한 측정값의 의미를 보여주고, 예제 S7은 C_{pk}의 활용을 보여준다.

예제 S7

공정 능력 지수(C_{pk})

당신은 공정 개선 관리자이며 회사의 최고급 운동화의 깔창을 자르는 새로운 기계를 개발했다. 회사의 목표가 100만 개당 3.4개의 결함을 넘지 않는 것이므로 이 기계가 당신에게 필요한 혁신일 수 있기 때문에 흥분된다. 깔창은 필요한 두께 0.250인치에서 ±0.001인치 이상이어야 한다. 현재 당신은 C_{pk}가 1.0인 기존 시스템을 교체해야 하는지 알고 싶다.

새 공정의 평균 $\bar{X}$ = 0.250인치

새 공정의 표준편차 σ = 0.0005인치

접근방법 ▶ 새 기계에 대한 식 (S6-14)를 사용해 C_{pk}를 결정하고 이를 기반으로 결정한다.

해결방법 ▶ 사양 상한 = 0.251인치

사양 하한 = 0.249인치

$$C_{pk} = \left[\frac{\text{사양 상한} - \overline{X}}{3\sigma}, \frac{\overline{X} - \text{사양 하한}}{3\sigma}\right]\text{의 최솟값}$$

$$C_{pk} = \left[\frac{.251 - .250}{(3).0005}, \frac{.250 - .249}{(3).0005}\right]\text{의 최솟값}$$

두 계산의 결과는 $\frac{0.001}{0.0015} = 0.67$이다.

통찰력 ▶ 새 기계의 C_{pk}가 0.67에 불과하기 때문에 새 기계는 기존 기계를 대체해서는 안 된다.

학습 연습 ▶ 깔창에 필요한 0.250에서 ±0.002인치(0.001인치 대신)가 될 수 있다면 새로운 C_{pk}는 무엇인가? [답: 1.33이고 새 기계가 기존 기계를 대체해야 한다.]

C_p와 C_{pk}는 프로세스가 중앙에 있을 때 동일한 값을 갖는다. 그러나 프로세스의 평균이 원하는 (지정된) 평균의 중심에 있지 않으면 식 (S6-14)에서 더 작은 분자 값이 사용된다(규격 상한과 평균 또는 규격 하한과 평균 간 차이의 최솟값). 이 C_{pk}의 활용은 예제 S6.4에 나와 있다. C_{pk}는 공정 성능을 표현하는 데 사용되는 표준 기준이다.

무작위 표본 검사

무작위 표본 검사
미리 정해진 표준에 대해 제품의 로트 또는 배치의 무작위 표본을 측정하는 방법

학습목표 S6.7
무작위 표본 검사를 설명한다.

무작위 표본 검사(acceptance sampling)는 완제품의 로트 또는 배치에서 무작위 표본을 채취해 미리 결정된 기준에 대해 측정하는 테스트의 한 형태이다. 표본 검사는 전수검사보다 더 경제적이며 표본의 품질은 로트에 있는 모든 품목의 품질을 판단하는 데 사용된다. 속성과 변수는 모두 무작위 표본 검사로 검사할 수 있지만 이 절에서 설명하는 것처럼 속성 검사가 더 일반적으로 사용된다.

무작위 표본 검사는 자재가 공장에 도착하거나 최종 검사에 적용할 수 있지만 일반적으로 구매 제품의 들어오는 로트를 제어하는 데 사용한다. 표본에서 발견되는 허용할 수 없는 수준의 불량을 기반으로 거부된 많은 항목은 (1) 공급자에게 반환되거나, (2) 모든 불량을 제거하기 위해 100% 검사를 받을 수 있으며 이 검사 비용은 일반적으로 공급자에게 다음과 같이 청구된다. 그러나 무작위 표본 검사는 적절한 공정 관리를 대신할 수 없다. 사실 현재의 접근 방식은 공급업체에서 통계적 품질 관리를 구축해 무작위 표본 검사를 제거할 수 있도록 하는 것이다.

검사 특성 곡선

검사 특성 곡선
합격 계획이 양호 로트와 불량 로트를 얼마나 잘 구별하는지 설명하는 그래프

검사 특성(OC) 곡선[operating characteristic(OC) Curve]은 인수 계획(acceptance plan)이 양호한 로트와 불량 로트를 얼마나 잘 구별하는지 설명한다. 곡선은 특정 계획, 즉 n(표본 크기)과 c(허용 수준)의 조합과 관련이 있다. 이는 다양한 품질 수준을 많이 수용할 확률을 보여주기 위한 것이다.

무작위 표본 검사에는 일반적으로 제품 생산자와 제품 소비자라는 두 당사자가 관련되어 있다. 표본 검사 계획을 지정할 때 각 당사자는 로트를 수락하거나 거부할 때 값비싼 실수를 피하기를 원한다. 생산자는 일반적으로 거부된 로트의 모든 결함을 교체하거나 고객에게 배송될 새 로트

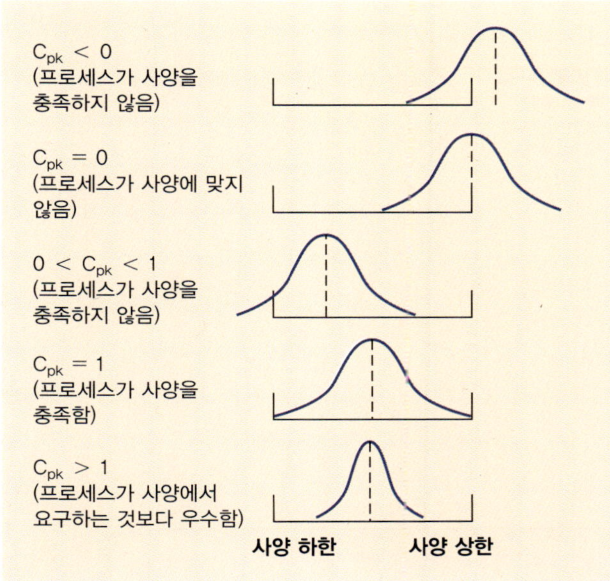

그림 S6.8

C_{pk} 측정값의 의미

규격 상한과 규격 하한 모두에 대한 C_{pk} 지수가 1.0이면 프로세스 변동이 규격 상한 및 규격 하한 내에 있음을 나타낸다. C_{pk} 지수가 1.0을 넘을수록 프로세스는 결함이 적고 목표 지향성이 높아진다. C_{pk}가 1.0보다 작으면 프로세스가 지정된 허용 오차 내에서 생산되지 않는다. 프로세스가 중심에 있지 않거나 '드리프트(drift)'할 수 있으므로 1 이상의 C_{pk}가 바람직하다.

에 대한 비용을 지불할 책임이 있다. 따라서 생산자는 좋은 로트가 불합격되는 실수[**생산자 위험**(producer's risk)]를 피하기를 원한다. 반면에 이미 합격된 로트에서 발견된 결함은 일반적으로 고객의 책임[**소비자 위험**(consumer's risk)]이기 때문에 고객이나 소비자는 불량 로트를 합격하는 실수를 피하고 싶어 한다. OC 곡선은 잘못된 결정을 내일 위험을 포함해 특정 표본 검사 계획의 특징을 보여준다. 곡선이 가파를수록 계획은 좋은 로트와 나쁜 로트를 더 잘 구분한다.[7]

생산자 위험
표본 추출을 통해 생산자의 양호 로트를 불합격시키는 실수

소비자 위험
표본 추출을 통해 간과한 불량 로트 고객의 실수

그림 S6.9는 하나의 표본 검사 계획을 더 자세히 설명하는 데 사용할 수 있다. 이 그림에는 네 가지 개념이 나와 있다.

허용 품질 수준(acceptable quality level, AQL)은 기꺼이 수용할 수 있는 가장 낮은 품질 수준이다. 다시 말해 품질이 이와 같거나 더 높지만 더 나쁘지 않은 로트를 수락하기를 원한다. 허용 품질 수준이 1,000개 품목 또는 부품의 로트에서 20개 불량이면 AQL은 20/1,000 = 2% 불량이다.

허용 품질 수준(AQL)
좋은 것으로 간주되는 로트의 품질 수준

로트 허용 불량률(lot tolerance percentage defective, LTPD)은 불량으로 간주되는 로트의 품질 수준이다. 이와 같거나 더 낮은 품질의 로트를 거부하기를 원한다. 허용할 수 없는 품질 수준이

로트 허용 불량률(LTPD)
불량으로 간주되는 로트의 품질 수준

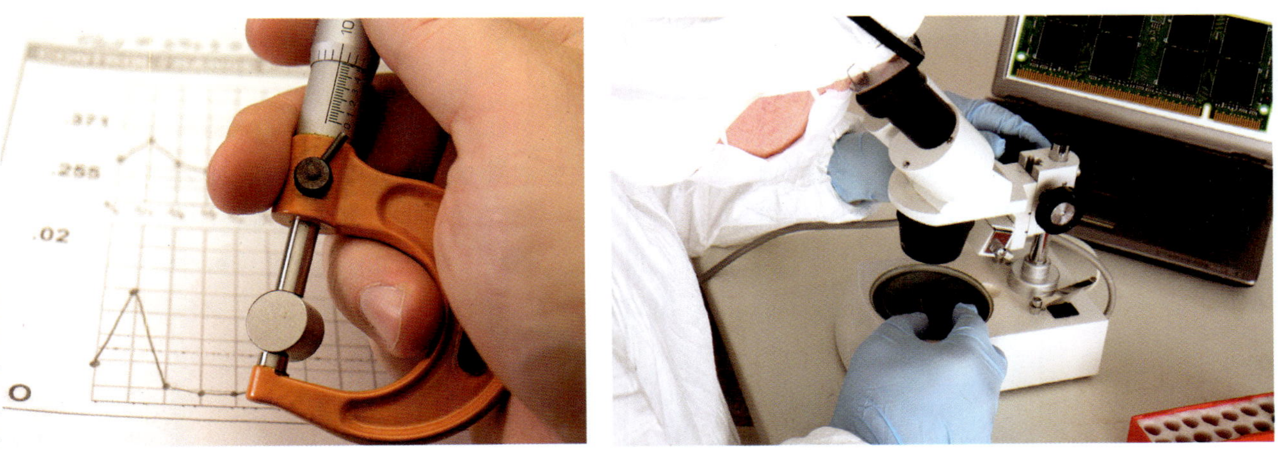

Lyroky/Alamy Stock Photo

Mikeledray/Shutterstock

통계적 프로세스 관리를 위한 원본 데이터는 다양한 방법으로 수집된다. 여기에서는 마이크로미터(왼쪽)와 현미경(오른쪽)을 이용한 물리적 측정이 이루어지고 있다.

그림 S6.9

생산자 및 소비자 위험을 보여주는 검사 특성(OC) 곡선
이 특정 무작위 표본 검사 계획에 대한 양호한 로트의 불량품은 2% 이하이다. 불량 로트는 불량품이 7% 이상이다.

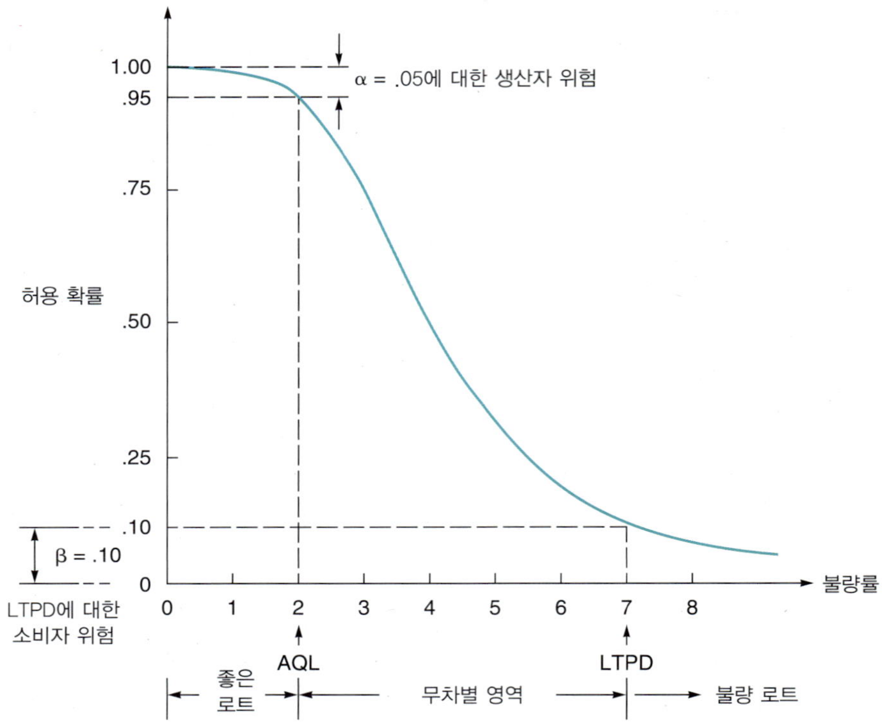

1,000개의 로트에서 70개 불량이라는 것에 동의하면 LTPD는 70/1,000 = 7% 불량이다.

표본 검사 계획을 도출하기 위해 생산자와 소비자는 AQL 및 LTPD를 통해 '좋은 로트'와 '나쁜 로트'를 정의할 뿐만 아니라 위험 수준도 지정해야 한다.

생산자 위험(α)은 '좋은' 로트가 거부될 확률이다. 이는 무작위 표본이 모든 항목의 모집단보다 훨씬 더 높은 비율의 결점을 초래할 수 있는 위험이다. AQL의 허용 가능한 품질 수준을 가진 로트는 여전히 거부될 가능성이 있다. 표본 검사 계획은 종종 생산자의 위험을 $\alpha = 0.05$ 또는 5%로 설정하도록 설계된다.

소비자 위험(β)은 '불량' 로트가 수락될 확률이다. 이는 무작위 표본이 전체 항목 모집단보다 낮은 비율의 결정으로 초래할 수 있는 위험이다. 표본 검사 계획에서 소비자 위험에 대한 일반적인 값은 $\beta = 0.10$ 또는 10%이다.

제1종 오류
통계적으로 좋은 로트를 기각할 확률

제2종 오류
통계적으로 나쁜 로트를 수락할 확률

좋은 로트를 기각할 확률은 **제1종 오류**(type I error)라고 하며, 불량 로트를 수락할 확률은 **제2종 오류**(type II error)이다.

평균 검출 품질

평균 검출 품질(AOQ)
합격 표본 추출을 통해 검사한 평균 로트의 불량률

대부분의 표본 검사 계획에서 로트가 거부되면 전체 로트를 검사하고 모든 불량품을 교체한다. 이 교체 기술을 사용하면 불량률 측면에서 평균 검출 품질이 향상된다. 실제로 (1) 발생한 모든 불량 품목을 대체하는 표본 검사 계획과 (2) 로트에 대한 실제 입고 불량률이 주어지면 불량률로 **평균 검출 품질**(average outgoing quality, AOQ)을 결정할 수 있다. AOQ에 대한 공식은 다음과 같다.

$$\text{AOQ} = \frac{(P_d)(P_a)(N - n)}{N} \qquad \text{(S6-15)}$$

P_d = 로트의 실제 불량률

P_a = 주어진 표본 크기 및 불량 개수에 대해 로트를 합격시킬 확률

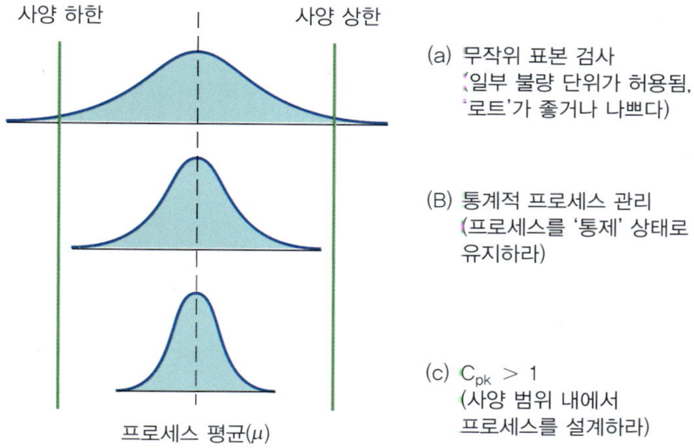

그림 S6.10

통계적 프로세스 관리 기술의 적용은 프로세스 변동성의 식별 및 체계적인 감소에 기여한다

N = 로트의 항목 개수

n = 표본의 항목 개수

AOQ의 최댓값은 표본 검사 계획의 최고 평균 불량률 또는 최저 평균 품질에 해당한다. 이를 **평균 검출 품질 제한**(average outgoing quality limit, AOQL)이라고 한다.

무작위 표본 검사는 들어오는 로트를 선별하는 데 유용하다. 불량 부품이 양호한 부품으로 교체될 때 무작위 표본 검사는 나가는 불량률을 줄여 로트의 품질을 높이는 데 도움이 된다.

그림 S6.10은 무작위 표본 검사, SPC 및 C_{pk}를 비교한다. 그림에서 알 수 있듯이 (a) 정의에 따른 무작위 표본 검사는 일부 불량 단위를 허용하고, (b) 관리도는 프로세스를 관리 상태로 유지하려고 시도하지만, (c) C_{pk} 지수는 프로세스 개선에 중점을 두게 된다. 운영 관리자가 원하는 것은 바로 프로세스를 개선하는 것이다.

요약

통계적 프로세스 관리(SPC)는 품질 관리의 주요 통계 도구이다. SPC를 위한 관리 도는 운영 관리자에게 우연변동과 이상변동을 구별하는 데 도움이 된다. $\bar{x}$차트와 R차트는 변수(variable) 표본 추출에 사용되며, p차트와 c차트는 속성(attribute) 표본 추출에 사용된다. C_{pk} 지수는 공정 능력을 표현하는 방법이다. 검사 특성(OC) 곡선은 무작위 표본 검사를 용이하게 하고 관리자에게 생산의 실행 또는 배송의 품질을 평가할 수 있는 도구를 제공한다.

핵심 용어

검사 특성 곡선[operating characteristic(OC) curve]
공정 능력(process capability)
관리도(control chart)
런 테스트(run test)
로트 허용 불량률(lot tolerance percentage defective, LTPD)
무작위 표본 검사(acceptance sampling)
생산자의 위험(producer's risk)
소비자의 위험(consumer's risk)
우연변동(natural variations)
이상변동(assignable variation)
제1종 오류(type I error)
제2종 오류(type II error)
중심극한정리(central limit theorem)
통계적 프로세스 관리(statistical process control, SPC)

평균 검출 품질(average outgoing quality, AOQ)
허용 품질 수준(acceptable quality level, AQL)
C_p
C_{pk}
c차트(c-chart)
p차트(p-chart)
R차트(R-chart)
$\bar{x}$차트($\bar{x}$-chart)

토론 문제

1. 슈하르트의 두 가지 변형 유형을 나열하라. 그들은 또한 무엇이라고 불리는가?
2. '통계적 관리'를 정의하라.
3. $\bar{x}$차트를 사용해 생산 타임슬롯의 불량품 수가 무작위로 분포되어 있는지 확인할 수 있는가? 설명하라.
4. 프로세스가 통제 불능 상태가 되는 원인은 무엇인가?
5. $\bar{x}$차트와 R차트를 개발하고 사용하는 5단계를 나열하라.
6. 할당 가능한 변동의 몇 가지 가능한 원인을 나열하라.
7. 2-시그마 관리도를 사용하는 사람이 3-시그마 관리도보다 '범위를 벗어난' 표본을 더 쉽게 찾는 방법을 설명할 수 있다. 이 사실로부터 가능한 결과는 무엇인가?
8. 관리도의 중심선을 $\bar{\bar{x}}$ 대신 설정하는 데 원하는 평균 μ가 언제 사용되는가?
9. 일시적으로 결함이 덜 생성되는 프로세스를 '통제 불능'이라고 하는 이유는 무엇인가?
10. 관리도에서 표본 크기가 표본마다 다를 경우 관리 한계에 미치는 영향은 무엇인가?
11. C_{pk}를 정의하고 1.0의 C_{pk}가 의미하는 바를 설명하라. C_p는 무엇인가?
12. 모집단 분포가 정규분포가 아니더라도(예: 베타 또는 균일) 표본 평균의 분포가 정규분포일 수 있는가?
13. 허용 품질 수준(AQL)과 로트 허용 불량률(LTPD)은 얼마인가? 그들은 어떻게 사용되는가?
14. 런 테스트란 무엇이며 언제 사용하는가?
15. 관리도의 사용에 관한 관리상의 문제에 대해 논의하라.
16. P차트의 용도는 무엇인가?
17. 무작위 표본 검사의 목적은 무엇인가?
18. 이상적인 세계에서 우리는 우리의 프로세스가 높은 공정 능력을 갖기를 바란다. 이에 대해 설명하라.
19. 우수한 프로세스는 완벽한 프로세스인가? 즉 우수한 프로세스는 사양을 충족하는 결과만을 생성하는가? 설명하라.

문제 해결

문제 해결 S6.1

정밀 기계 부품 제조업체는 드릴 프레스 건설에 사용되는 원형 샤프트를 생산한다. 샤프트의 평균 직경은 0.56인치이다. 검사 표본에는 각각 6개의 샤프트가 포함되어 있다. 이 표본의 평균 범위는 0.006인치이다. 상한 및 하한 $\bar{x}$ 관리도 한계를 결정하라.

해결책

표본 크기가 6인 표 S6.1의 평균 인자 A_2는 0.483인 것으로 보인다. 이 요소를 사용해 관리 상한 및 하한을 얻을 수 있다.

$$\begin{aligned} UCL_{\bar{x}} &= .56 + (.483)(.006) \\ &= .56 + .0029 \\ &= .5629\text{인치} \end{aligned}$$

$$\begin{aligned} LCL_{\bar{x}} &= .56 - .0029 \\ &= .5571\text{인치} \end{aligned}$$

문제 해결 S6.2

디카페인 커피인 노카프(Nocaf) 생산업체 Nocaf Drinks, Inc.에서 생산하는 각 병의 순중량은 4온스여야 한다. 병에 커피를 채우는 기계는 새 것이고 운영 관리자는 적절하게 조정되었는지 확인하려고 한다. 운영 관리자인 보니 크러처(Bonnie Crutcher)는 n = 8개의 병을 무작위로 선택하고 무게를 잰 다음 각 표본의 평균과 범위를 온스 단위로 기록한다. 여러 표본에 대한 데이터가 다음 표에 나와 있다. 모든 표본은 8개의 병으로 구성되어 있다.

표본	표본 범위	표본 평균	표본	표본 범위	표본 평균
A	.41	4.00	E	.56	4.17
B	.55	4.16	F	.62	3.93
C	.44	3.99	G	.54	3.98
D	.48	4.00	H	.44	4.01

기계가 적절하게 조정되고 제어되고 있는가?

해결책

우리는 먼저 $\bar{\bar{x}} = 4.03$, $\bar{R} = 0.505$임을 찾는다. 그런 다음 표 S6.1을 사용해 다음을 찾는다.

$$UCL_{\bar{x}} = \bar{\bar{x}} + A_2\bar{R} = 4.03 + (.373)(.505) = 4.22$$

$$LCL_{\bar{x}} = \bar{\bar{x}} - A_2\bar{R} = 4.03 - (.373)(.505) = 3.84$$

$$UCL_R = D_4\bar{R} = (1.864)(.505) = .94$$

$$LCL_R = D_3\bar{R} = (.136)(.505) = .07$$

공정 평균과 범위가 모두 통계적으로 관리되는 것으로 보인다.

운영 관리자는 원하는 평균 4.00보다 약간 높은 평균(4.03)을 가진 프로세스가 만족스러운지 결정해야 한다. 그렇지 않은 경우 프로세스를 변경해야 한다.

문제 해결 S6.3

Altman Distributors, Inc.는 카탈로그 주문을 처리한다. 지난 6주 동안 매일 $n = 100$개 주문의 표본을 수집했고, 평균 불량률은 0.05였다. 99.73% 신뢰도에 대한 이 프로세스의 상한 및 하한을 결정하고자 한다.

해결책

$z = 3$, $\bar{p} = 0.05$. 식 (S6-9), (S6-10), (S6-11)를 사용한다.

$$UCL_p = \bar{p} + 3\sqrt{\frac{\bar{p}(1-\bar{p})}{n}} = .05 + 3\sqrt{\frac{(.05)(1-.05)}{100}}$$
$$= .05 + 3(0.0218) = .1154$$

$$LCL_p = \bar{p} - 3\sqrt{\frac{\bar{p}(1-\bar{p})}{n}} = .05 - 3(0.0218)$$
$$= .05 - .0654 = 0 \quad \text{(불량률이 음수가 될 수 없기 때문이다)}$$

문제 해결 S6.4

Ettlie Engineering은 조리대 생산 라인을 위한 새로운 촉매 주입 시스템을 보유하고 있다. 공정 엔지니어링 부서에서 실험을 수행해 평균이 8.01g이고 표준편차가 0.03임을 확인했다. 규격은 $\mu = 8.0$ 및 $\sigma = 0.04$이며 규격 상한은 8.12 [= 8.0 + 3(0.04)]이고 규격 하한은 7.88 [= 8.0 − 3(0.04)]이다. 사출 시스템의 C_{pk} 성능은 무엇인가?

해결책

식 (S6-14)를 사용해 다음과 같이 계산한다.

$$C_{pk} = \left[\frac{\text{규격 상한} - \bar{X}}{3\sigma}, \frac{\bar{X} - \text{규격 하한}}{3\sigma}\right] \text{의 최솟값}$$

$\bar{X}$ = 프로세스 평균
σ = 프로세스 모집단의 표준편차

$$C_{pk} = \left[\frac{8.12 - 8.01}{(3)(.03)}, \frac{8.01 - 7.88}{(3)(.03)}\right] \text{의 최솟값}$$

$$\left[\frac{.11}{.09} = 1.22, \frac{.13}{.09} = 1.44\right]$$

최솟값은 1.22이므로 C_{pk}는 사양 내에 있으며 오류율은 100만 개당 2,700개 미만으로 추정된다.

문제 해결 S6.5

항공사는 매일 수천 개의 위탁 수하물을 분실하며, America South Airlines도 업계 규칙에서 예외는 아니다. 지난 6주 동안 아메리카사우스 항공편에서 '잘못 배치된' 가방 수는 18, 10, 4, 6, 12, 10이었다. 고객 서비스 책임자는 99.73% 수준에서 c차트를 개발하고자 한다.

해결책

우선 주당 평균 분실 수를 계산하면 $\bar{c} = \dfrac{18 + 10 + 4 + 6 + 12 + 10}{6} = \dfrac{60}{6} = 10$가방/주

그런 다음 식 (S6-12)을 사용해 다음을 수행한다.

$$\text{UCL}_c = \bar{c} + 3\sqrt{\bar{c}} = 10 + 3\sqrt{10} = 10 + 3(3.16) = 19.48 \text{ 가방}$$

$$\text{LCL}_c = \bar{c} - 3\sqrt{\bar{c}} = 10 - 3\sqrt{10} = 10 - 3(3.16) = 0.52 \text{ 가방}$$

연습 문제

Px 윈도우용 POM 또는 엑셀 OM으로 문제를 해결할 수 있음

문제 S6.1~S6.35는 통계적 프로세스 관리(SPC)와 관련이 있다.

• **S6.1** 허니너트 오트밀 상자는 0.1온스의 표준편차로 14온스를 포함하도록 생산된다. 36개 상자의 표본 크기에 대해 쓰리 시그마 $\bar{x}$차트를 설정하라. Px

• **S6.2** 모니터링하려는 프로세스의 전체 평균은 50단위이다. 프로세스 모집단 표준편차는 1.72이다. 표본 크기 5를 사용하기로 선택한 경우, 평균 관리도의 관리 상한과 하한을 결정하라. Px

(a) $z = 3$으로 설정하라.

(b) 이제 $z = 2$로 설정하라. 관리 한계는 어떻게 바뀌는가?

• **S6.3** Panos Kouvelis Lifelong Lawn Ltd.의 비료 포대 충전 기계에서 각각 크기 7의 35개 표본을 채취했다. 결과는 전체 평균 = 57.75파운드, 평균 범위 = 1.78파운드이다.

(a) $\bar{x}$차트의 관리 상한과 하한을 결정하라. 여기서 $\sigma = 3$이다.

(b) R차트의 상한 및 하한 관리 한계를 결정하라. 여기서 $\sigma = 3$이다. Px

• **S6.4** Rosters chicken은 기본 치킨보다 30% 적은 칼로리를 지닌 '라이트' 치킨을 광고한다. '라이트' 닭 가슴살 생산 공정이 통제되면 평균 닭 가슴살에는 420칼로리가 포함되고 닭 가슴살 모집단의 칼로리 함량 표준편차는 25칼로리이다.

Rosters는 닭 가슴살의 칼로리 함량을 모니터링하는 $\bar{x}$차트를 설계하려고 한다. 여기서 닭 가슴살 25개를 무작위로 선택해 각 표본을 구성하려고 한다.

(a) 이러한 한계가 목표에서 4표준편차로 선택된 경우 이 차트의 관리 하한 및 상한은 얼마인가?

(b) 목표로부터 3표준편차가 있는 한계는 얼마인가? Px

• **S6.5** 로스 홉킨스(Ross Hopkins)는 전체 평균이 705mL인 충전 과정을 모니터링하려고 한다. 평균 범위는 6mL이다. 표본 크기 10을 사용하는 경우 평균 및 범위에 대한 관리 상한 및 하한은 얼마인가?

•• **S6.6** 지난 24시간 동안 매시간 정밀 절단된 와이어 4개(컴퓨터 조립에 사용됨)를 표본 검사한 결과 다음과 같은 결과가 나왔다.

시간	$\bar{X}$	R	시간	$\bar{X}$	R
1	3.25"	.71"	13	3.11"	.85"
2	3.10	1.18	14	2.83	1.31
3	3.22	1.43	15	3.12	1.06
4	3.39	1.26	16	2.84	.50
5	3.07	1.17	17	2.86	1.43
6	2.86	.32	18	2.74	1.29
7	3.05	.53	19	3.41	1.61
8	2.65	1.13	20	2.89	1.09
9	3.02	.71	21	2.65	1.08
10	2.85	1.33	22	3.28	.46
11	2.83	1.17	23	2.94	1.58
12	2.97	.40	24	2.64	.97

적절한 관리도를 개발하고 절단 과정에서 우려할 만한 원인이 있는지 확인하라. 나온 정보로부터 플롯하고 패턴을 찾아라. Px

•• **S6.7** 상하이 Wemming Chung 공장의 자동 피스톤은 단조 공정에서 생산되며 직경은 제어되어야 하는 중요한 요소이다. 매일 생산되는 10개의 피스톤 표본 크기에서 이 직경의 평균과 범위는 다음과 같다.

일	평균(MM)	범위(MM)
1	156.9	4.2
2	153.2	4.6
3	153.6	4.1
4	155.5	5.0
5	156.6	4.5

(a) $\bar{\bar{x}}$의 값은 얼마인가?

(b) $\bar{R}$의 값은 얼마인가?

(c) 3σ를 사용하는 $UCL_{\bar{x}}$ 및 $LCL_{\bar{x}}$는 무엇인가? 데이터를 플롯하라.

(d) 3σ을 사용하는 UCL_R 및 LCL_R은 무엇인가? 데이터를 플롯하라.

(e) 실제 직경 평균이 155mm이고 이것을 중심(공칭) 라인으로 원할 경우 새로운 $UCL_{\bar{x}}$ 및 $LCL_{\bar{x}}$는 무엇인가? Px

•• **S6.8** 일리노이주에 있는 처드허리(A. Choudhury)의 볼링공 공장은 성인용 크기와 무게의 볼링공만 만든다. 공장에서 생산되는 볼링공 무게의 표준편차는 0.12파운드로 알려져 있다. 24일 동안 매일 그날 생산된 9개 볼링공의 평균 무게(파운드)는 다음과 같이 평가되었다.

일	평균(파운드)	일	평균(파운드)	일	평균(파운드)
1	16.3	9	15.9	17	16.1
2	15.9	10	16.2	18	15.9
3	15.8	11	15.9	19	16.2
4	15.5	12	15.9	20	15.9
5	16.3	13	16.3	21	15.9
6	16.2	14	15.9	22	16.0
7	16.0	15	16.3	23	15.5
8	16.1	16	16.2	24	15.8

(a) 상한 및 하한 관리 한계가 평균에서 각각 2표준편차인 볼링공의 평균 중량을 모니터링하기 위한 관리도를 작성하라. 제어 한계 값은 얼마인가?

(b) 차트에 3표준편차가 사용된다면 이 값들은 어떻게 변하는가? 왜 그런가? Px

•• **S6.9** Organic Grains LLC는 건강을 생각하는 저지방 잡곡 샌드위치 덩어리가 적절한 무게를 갖도록 통계적 프로세스 관리를 사용한다. 이전에 안정적이고 관리 상태에 있는 프로세스를 기반으로 하는 $\bar{x}$ 및 R 관리도의 관리 한계는 $UCL_{\bar{x}} = 6.56$, $LCL_{\bar{x}} = 5.84$, $UCL_R = 1.141$, $LCL_R = 0$이다. 지난 며칠 동안 그들은 각각 4개의 덩어리로 구성된 무작위 표본 5개를 채취해 다음을 찾았다.

표본	단위 무게			
	덩어리 #1	덩어리 #2	덩어리 #3	덩어리 #4
1	6.3	6.0	5.9	5.9
2	6.0	6.0	6.3	5.9
3	6.3	4.8	5.6	5.2
4	6.2	6.0	6.2	5.9
5	6.5	6.6	6.5	6.9

프로세스가 여전히 제어되고 있는가? 왜 그런지 설명하라. Px

••• **S6.10** 관리 상태에 있는 것으로 간주되는 공정은 성분을 온스 단위로 측정한다. 다음은 마지막으로 가져온 10개 표본(각각 크기 $n = 5$)이다. 모집단 공정 표준편차(σ)는 1.36 이다.

표본									
1	2	3	4	5	6	7	8	9	10
10	9	13	10	12	10	10	13	8	10
9	9	9	10	10	10	11	10	8	12
10	11	10	11	9	8	10	8	12	9
9	11	10	10	11	12	8	10	12	8
12	10	9	10	10	9	9	8	9	12

(a) $\sigma_{\bar{x}}$는 무엇인가?

(b) $z = 3$인 경우 평균 차트의 관리 한계는 얼마인가?

(c) 범위 차트의 관리 한계는 무엇인가?

(d) 공정이 통제되고 있는가? Px

••• **S6.11** 임마누엘 코드지(Emmanuel Kodzi)의 공장에 있는 강철봉을 생산하는 공정에서 각각 5개의 부품이 포함된 12개의 표본을 채취했다. 표본에서 각 막대의 길이를 결정했다. 결과를 표로 만들고 표본 평균과 범위를 계산했다. 결과는 다음과 같다.

표본	표본 평균(인치)	범위(인치)
1	10.002	0.011
2	10.002	0.014
3	9.991	0.007
4	10.006	0.022
5	9.997	0.013
6	9.999	0.012
7	10.001	0.008
8	10.005	0.013
9	9.995	0.004
10	10.001	0.011
11	10.001	0.014
12	10.006	0.009

(a) $\bar{x}$차트 및 R차트에 대한 상한 및 하한 관리 한계와 전체 평균을 결정하라.

(b) 차트를 그리고 표본 평균과 범위의 값을 그려라.

(c) 데이터가 관리 중인 프로세스를 나타내는가?

(d) 왜 또는 왜 아닌가? Px

•• **S6.12** 이글트론스(Eagletrons)는 Mogul Motors, Inc.에서 생산한 순수 전기 자동차이다. 이 회사의 관심사 중 하나는 이글트론스가 적절한 최대 속도를 달성할 수 있냐는 것이다. 이를 모니터링하기 위해 Mogul 경영진은 한 번에 8개의 이글트론스 표본을 채취했다. 각 표본에 대해 평균 최대 속도와 표본 내 최대 속도 범위를 결정했다. 35개의 표본으로 이를 반복해 35개의 표본 평균과 35개의 범위를 얻었다. 그들은 평균 표본 평균이 시속 88.50마일이고 평균 범위가 시속 3.25마일임을 발견했다. 이러한 결과를 사용해 경영진은 R차트를 설정하기로 결정했다. 그들은 표본의 범위가 관리 한계 내에 있지 않음을 나타낼 때 이것이 자연적 변동으로 인한 확률이 약 0.0027이 되도록 이 차트를 설정하기를 원한다. 이 차트에서 관리 상한(UCL)과 관리 하한(LCL)은 무엇인가? Px

•• **S6.13** Sadegh Kazemi Insurance Co.의 보험 청구 데이터 입력 결함률은 역사적으로 약 1.5%였다.

(a) 100개 표본 크기와 쓰리 시그마 한계를 사용하려는 경우 관리도의 상한 및 하한은 무엇인가?

(b) 사용된 표본 크기가 50이고 3σ이면 어떻게 되는가?

(c) 사용된 표본 크기가 100이고 2σ이면 어떻게 되는가?

(d) 사용된 표본 크기가 50이고 2σ이면 어떻게 되는가?

(e) 표본 크기가 더 클 때 $\hat{\sigma}_p$는 어떻게 되는가?

(f) 관리 하한이 0보다 작을 수 없는 이유를 설명하라. Px

•• **S6.14** Charles Sox Manufacturing Co.에서 구입한 일부 부품에 대한 품질 모니터링 시스템을 개발하려고 한다. 이러한 부품은 양호하거나 결함이 있다. 100단위의 표본을 취하기로 결정했다. 채취한 표본에서 평균 불량률의 다양한 값에 대한 적절한 관리도 상한 및 하한 표를 구하려고 한다. 이 표의 $\bar{p}$값은 0.02~0.10 사이에 0.02씩 증가해야 한다. 99.73% 신뢰 수준에 대한 관리 상한 및 하한을 구하라.

$n = 100$					
$\bar{P}$	0.02	0.04	0.06	0.08	0.10
UCL					
LCL					

Px

•• **S6.15** 지난 10일 동안 채취한 DNA 시료의 검사 결과는 아래와 같다. 표본 크기는 100이다.

날짜	1	2	3	4	5	6	7	8	9	10
결함	7	6	6	9	5	6	0	8	9	1

(a) 이 정보를 사용해 3-시그마 p차트를 만들어라.

(b) (a) 부분의 관리도를 사용해 다음 3일 동안의 불량품 수가 12, 5, 13임을 발견하면 프로세스가 관리되고 있다고 볼 수 있는가? Px

• **S6.16** 과거에는 제품 불량률이 1.5%였다. 표본 크기가 500이고 $z = 3$인 경우 관리도의 상한 및 하한은 얼마인가? Px

• **S6.17** 문제 S6.16을 참조하라. 불량률이 1.5%가 아닌 3.5%라면 관리 한계($z = 3$)는 얼마인가? Px

•• **S6.18** 5명의 데이터 입력 운영자가 Birmingham Bank의 데이터 처리 부서에서 일하고 있다. 30일 동안 매일 이 운영자에 의해 기록된 250개의 레코드 표본에서 결함이 있는 레코드의 수가 다음과 같이 기록되었다.

표본	결함 수	표본	결함 수	표본	결함 수
1	7	11	18	21	17
2	5	12	5	22	12
3	19	13	16	23	6
4	10	14	4	24	7
5	11	15	11	25	13
6	8	16	8	26	10
7	12	17	12	27	14
8	9	18	4	28	6
9	6	19	6	29	12
10	13	20	16	30	3

(a) 3σ의 상한 및 하한 관리 한계를 설정하라.

(b) 관리 하한이 음수가 될 수 없는 이유는 무엇인가?

(c) 상한 및 하한 제어 한계에 대한 산업 표준은 각각 0.10과 0.01이다. 이것은 Birmingham Bank의 자체 기준에 대해 무엇을 의미하는가? Px

•• **S6.19** Houston North Hospital은 환자와 가족에게 긍정적인 경험을 제공함으로써 이미지를 개선하기 위해 노력하고 있다. '이미지' 프로그램의 일부는 초대하는 환자에게 건강에도 좋고 맛있는 식사를 제공하는 것이다. 설문지는 제공되는 각 식사와 함께 제공되며 무엇보다도 환자가 식사에 만족하는지 여부를 묻는다. 지난 7일 동안 100명의 환자를 설문조사한 결과의 표본은 다음 데이터를 산출했다.

일	불만족한 환자 수	표본 크기
1	24	100
2	22	100
3	8	100
4	15	100
5	10	100
6	26	100
7	17	100

식사에 만족하지 못하는 환자의 비율을 표시하는 p차트를 작성하라. 식사 만족도의 무작위 변동의 99.73%를 포함하도록 관리 한계를 설정하고 결과에 대해 설명하라. **Px**

•• **S6.20** Jamison Kovach Supply Company는 클립 및 기타 사무용품을 제조한다. 생산품인 종이 클립은 가격은 저렴하지만 회사에 높은 수익성을 제공하고 있다. 표본 크기는 200이며, 마지막 10개 표본에 대한 결과는 다음과 같다.

표본	1	2	3	4	5	6	7	8	9	10
결함	5	7	4	4	6	3	5	6	2	8

(a) 관리도에 대한 상한 및 하한 관리 한계를 설정하고 데이터를 그래프로 표시하라.

(b) 프로세스가 통제되고 있는가?

(c) 표본 크기가 100이라면 관리 한계와 결과는 어떻게 변경되는가? **Px**

• **S6.21** 피터 이티히(Peter Ittig)의 백화점인 Ittig Brothers는 애머스트에서 가장 큰 독립 의류 매장이다. 상점은 하루 평균 6번의 반품을 받는다. $z = 3$을 사용하면 하루에 9번의 반품을 보증하는가? **Px**

•• **S6.22** 광고 대행사는 해당 도시의 광고판에 대해 접수된 불만 사항을 주별로 추적하고 있다.

주	1	2	3	4	5	6
불만 사항 수	4	5	4	11	3	9

(a) 이 프로세스를 모니터링하기 위해 어떤 유형의 관리도를 사용하겠는가? 이유는 무엇인가?

(b) 이 프로세스에 대한 쓰리 시그마 관리 한계는 무엇인가? 과거 불만율을 알 수 없다고 가정하라.

(c) 공정이 관리 한계에 따라 관리되고 있는가? 그 이유는 무엇인가?

(d) 이제 과거 불만율이 주당 4회의 호출이라고 가정하자. 이 프로세스에 대한 쓰리 시그마 관리 한계는 현재 무엇인가? 공정이 관리 한계에 따라 관리되고 있는가? **Px**

•• **S6.23** 교육위원회는 올해 카운티 전역의 5개 초등학교에서 2학년 학생들에게 도입된 새로운 수학 프로그램을 평가하려고 한다. 각 초등학교의 표준화된 수학 시험에서 학생 점수 표본은 다음 데이터를 산출했다.

학교	A	B	C	D	E
시험 오류 수	52	27	35	44	55

테스트 오류에 대한 c차트를 구성하고 시험 점수의 랜덤 변동의 99.73%를 포함하도록 관리 한계를 설정하라. 차트는 무엇을 알려주는가? 새로운 수학 프로그램이 효과적이었는가? **Px**

•• **S6.24** 100명의 IRS '고객'의 전화 문의는 시앙링 후(Xiangling Hu)가 매일 무작위로 모니터링한다. 잘못된 정보 또는 기타 부적합(예: 고객에 대한 무례함)의 사건이 기록되고 있다. 지난주 데이터는 다음과 같다.

일	1	2	3	4	5
부적합의 수	5	10	23	20	15

(a) 부적합의 3표준편차 c차트를 만들어라.

(b) 관리 차트는 IRS 전화 교환원에 대해서 무엇을 알려주는가? **Px**

••• **S6.25** Rick Wing Manufacturing의 매출채권 부서는 고객이 청구서 전액을 지불하도록 하는 데 어려움을 겪고 있다. 많은 고객이 청구서가 정확하지 않고 수령 부두에 도착한 자재를 반영하지 않는다고 불평한다. 부서는 청구 프로세스에서 SPC를 구현하기로 결정했다. 관리도를 설정하기 위해 한 달 동안 각 50장씩 10개의 표본을 채취하고 해당 청구서의 항목을 회사의 배송 부서에서 보낸 선하증권과 비교해 정확하지 않은 청구서 수를 확인했다. 결과는 다음과 같다.

표본	부정확한 청구서 수	표본	부정확한 청구서 수
1	6	6	5
2	5	7	3
3	11	8	4
4	4	9	7
5	0	10	2

(a) 평균 불량률인 p-bar의 값을 결정하라. 그런 다음 99.73% 신뢰 수준(3표준편차)을 사용해 p차트에 대한 관리 한계를 결정하라. 이 프로세스는 통제 상태인가? 그렇지 않다면 어떤 표본이 통제 불능 상태였는가?

(b) 청구 결함의 원인과 원인을 제거하기 위한 개선 노력을 어디에서 시작할 수 있는지 확인하기 위해 6장에서 논의된 품질 도

구를 어떻게 사용할 수 있는지 설명하라. Px

• **S6.26** Gihan Edirisinghe Motors에서 모니터링하려는 프로세스의 전체 평균은 75개이다. 프로세스 표준편차는 1.95이고 표본 크기는 $n = 10$이다. 쓰리 시그마 관리도의 상한 및 하한 관리 한계는 무엇인가? Px

• **S6.27** Ferrial Erhun Enterprises에서 모니터링하려는 프로세스의 전체 평균은 50단위이다. 평균 범위는 4단위이다. 사용 중인 표본 크기는 $n = 5$이다.

(a) 쓰리 시그마 평균 차트의 상한 및 하한 관리 한계는 무엇인가?

(b) 쓰리 시그마 범위 차트의 상한 및 하한 관리 한계는 무엇인가? Px

•• **S6.28** 오토피치(Autopitch) 장치는 메이저 리그와 마이너 리그 팀 모두의 타율 향상을 돕기 위해 만들어졌다. 표준 위치로 설정하면 오토피치는 평균 60mph의 속도로 타자를 향해 야구공을 던질 수 있다. 이러한 장치를 모니터링하고 최고 품질을 유지하기 위해 오토피치의 책임자인 닐 가이스마(Neil Geismar)는 한 번에 10개의 장치 표본을 채취했다. 평균 범위는 3mph이다. 이 정보를 사용해 다음에 대한 관리 한계를 구성하라.

(a) $\bar{x}$차트

(b) R차트 Px

••• **S6.29** Amit Eynan Bottling Company에서 관리로 고려되는 프로세스는 액체를 온스 단위로 측정한다. 아래는 획득된 마지막 12개 표본이며, 각 표본의 크기는 4이다.

표본											
1	2	3	4	5	6	7	8	9	10	11	12
20.2	19.9	19.8	20.1	19.8	19.7	20.2	20.1	20.0	19.9	20.1	19.9
20.1	19.9	19.9	19.9	20.1	19.6	20.1	20.1	19.9	19.8	20.1	19.4
19.8	19.7	20.0	19.9	20.1	19.7	19.9	19.8	20.1	20.1	19.8	19.7
19.9	20.1	20.1	19.8	19.9	19.4	19.9	19.7	19.8	19.9	19.9	19.8

(a) 평균 차트에 대한 관리 한계는 무엇인가?

(b) 범위 차트에 대한 관리 한계는 무엇인가?

(c) 데이터를 그래프에 나타내라. 프로세스는 통제 상태인가? Px

•• **S6.30** 상사인 리사 레만(Lisa Lehmann)이 공장 현장에서 기계의 출력에 대해 보고하도록 요청했다. 이 기계는 평균 중량이 50g이고 범위가 3.5g인 광학 렌즈를 생산한다고 가정하자. 다음 표에는 지난 3시간 동안 취한 $n = 6$의 표본 크기에 대한 데이터가 포함되어 있다.

표본 번호	1	2	3	4	5	6	7	8	9	10
표본 평균	55	47	49	50	52	57	55	48	51	56
표본 범위	3	1	5	3	2	6	3	2	2	3

(a) 기계가 제대로 작동할 때 $\bar{x}$차트 관리 한계는 무엇인가?

(b) 기계가 제대로 작동할 때 R차트 관리 한계는 무엇인가?

(c) 무슨 일이 일어나고 있는 것 같은가? (**힌트**: 데이터 포인트를 그래프로 표시하라. 런 차트가 도움이 될 수 있다.) Px

•• **S6.31** Belleh Fontem Manufacturing의 부품에는 0.5 ± 0.01인치 크기의 구멍이 필요하다. 드릴 비트의 명시된 크기는 0.5 ± 0.005인치이며 드릴된 구멍당 0.00017인치의 비율로 마모된다. 교체하기 전에 하나의 드릴 비트로 드릴할 수 있는 구멍의 최대 및 최소 수를 구하라.

•• **S6.32** Microlaboratory는 품질 관리 프로그램을 개발하기로 결정했다. 공급업체로부터 받는 반도체 부품은 양호하거나 불량하다. 모든 표본에 있는 반도체의 총 개수는 200개이다. 채취한 표본에서 불량률(p)의 다양한 값에 대한 관리도 상한과 관리도 하한을 결정하라. 아래 표를 사용하면 99.73% 신뢰에 대한 UCL과 LCL은 무엇인가?

$n = 200$										
$\bar{P}$	.01	.02	.03	.04	.05	.06	.07	.08	.09	.10
UCL										
LCL										

Px

• **S6.33** 컴퓨터 칩의 가장 작은 결함은 전체 칩을 가치를 쓸모없게 만든다. 따라서 이러한 칩을 모니터링하기 위해 엄격한 품질 관리 조치를 수립해야 한다. 과거에 치에 리(Chieh Lee)의 컴퓨터칩 불량률은 1.1%였다. 표본 크기는 1,000이다. 이러한 컴퓨터 칩에 대한 관리도의 상한 및 하한을 결정하라. $z = 3$을 사용한다. Px

••• **S6.34** 매일 100개의 전동 드릴 표본을 Drills by Stergios Fotopoulos의 조립 라인에서 제거하고 결함을 검사한다. 지난 21일 동안 다음과 같은 정보가 수집되었다. 3표준편차(99.73% 신뢰도) p차트를 개발하고 표본을 그래프로 표시하라. 프로세스는 통제되고 있는가?

날짜	1	2	3	4	5	6	7	8	9	10	11
결함 수	6	5	6	4	3	4	5	3	6	3	7

날짜	12	13	14	15	16	17	18	19	20	21	
결함 수	5	4	3	4	5	6	5	4	3	7	

Px

•• **S6.35** 순찰차 및 기타 경찰 자원의 할당을 모니터링하기 위해 지역 경찰서장인 티모시 크래프트(Timothy Kraft)는 도시 부문별 범죄 발생률 데이터를 수집한다. 도시는 각각 1,000명씩 거주하는 10개 구역으로 나뉜다. 지난 달 각 부문별로 보고된 범죄 건수는 다음과 같다.

구역	1	2	3	4	5	6	7	8	9	10
범죄 건수	6	25	5	11	20	17	10	22	7	33

부문별 범죄율을 표시하는 *p*차트를 작성하라. 범죄의 무작위 변동의 99.73%를 포함하도록 관리 한계를 설정하라. 모든 부문의 범죄율이 통제 불능 상태인가? 경찰 자원 재분배를 위한 어떠한 제안 사항이 있는가? **Px**

문제 S6.36~S6.45는 공정 능력과 관련이 있다.

• **S6.36** 프로세스에 대한 상위 사양과 하위 사양의 차이는 0.6인치이다. 표준편차는 0.1인치이다. 공정 능력 비율 C_p는 얼마인가? 이 숫자를 해석하라.

•• **S6.37** Meena Chavan Corp.의 컴퓨터 칩 생산 공정은 평균 수명이 1,800시간이고 σ = 100시간인 DRAM 칩을 생산하고 있다. 공차 상한 및 하한 사양 한계는 각각 2,400시간 및 1,600시간이다. 이 프로세스는 사양에 맞는 DRAM 칩을 생산할 수 있는가? **Px**

•• **S6.38** 보스턴의 장비 제조업체인 Linda Boardman, Inc.은 제조 프로세스를 개선하기 위해 표본 차단 밸브를 제출했다. 프로세스 엔지니어링 부서에서 실험을 수행한 결과 밸브의 평균(μ)이 8.00이고 표준편차(σ)가 .04임을 발견했다. 원하는 성능은 μ = 8.0 ±3σ, 여기서 σ = 0.045이다. Boardman 밸브의 C_{pk}는 무엇인가?

•• **S6.39** 콘크리트 고속도로 프로젝트용 플라스틱 라이너 사양은 3.0mm ±0.1mm의 두께를 요구한다. 프로세스의 표준편차는 0.02mm로 추정된다. 이 제품의 사양 상한 및 하한은 무엇인가? 이 프로세스는 3.0mm의 평균 두께에서 작동하는 것으로 알려져 있다. 이 프로세스의 C_{pk}는 무엇인가? 이 라이너의 전체 장치 중 사양을 충족하는 비율은 대략 몇 퍼센트인가? **Px**

•• **S6.40** 유기농 요구르트 가공 공장의 관리자인 프랭크 피안키(Frank Pianki)는 평균 16온스, 규격 상한 16.5, 규격 하한 15.5인 품질 규격을 원한다. 이 프로세스의 평균은 16온스이고 표준편차는 1온스이다. 프로세스의 C_{pk}를 결정하라. **Px**

•• **S6.41** 작은 젖병에 분유를 채우는 프로세스의 목표는 3온스 ±0.150온스이다. 이 과정에서 200개의 병을 표본 검사했다. 결과는 병에 넣은 평균 분유 양이 3.042온스임을 보여주었다. 양의 표준편차는 0.034온스였다. C_{pk}의 값을 결정하라. 대략 몇 퍼센트의 병이 사양을 충족하는가? **Px**

•• **S6.42** Jianli Hu의 조립 라인에 새로운 프로세스가 막 구축되었다. 이 프로세스는 4.1g의 사양 상한과 3.9g의 사양 하한을 가진 각 매니큐어 병에 4g의 짙은 빨간색 색소를 넣어야 한다. 평균은 4g이지만 표준편차는 0.1g이다. 새 프로세스의 C_{pk}는 얼마인가? **Px**

•• **S6.43** Dennis Kira Mfg. Co.의 한 프로세스에서 두 대의 기계가 현재 사용 중이다. 이 프로세스의 표준은 LSL = 0.400" 및 USL = 0.403"이다. 기계 1은 현재 평균 = 0.401" 및 표준편차 0.0004"로 생산하고 있다. 기계 2는 현재 평균 0.4015" 및 표준편차 0.0005"로 생산하고 있다. 어떤 기계가 더 높은 능력 지수를 가지고 있는가? **Px**

•• **S6.44** 제품 사양은 Vaidy Jayaraman's Metalworks에서 부품 길이가 1.000" ±0.040"인 것을 요구한다. 현재 프로세스는 0.010"의 표준편차와 1.000"의 총 평균에서 수행되고 있다. 이 프로세스의 능력 지수를 계산하고, 프로세스가 '실행 가능'한지 설명하라. **Px**

•• **S6.45** 무게 야일라 칼루(Muge Yayla Kallu) 박사가 수행한 의료 절차의 상한 및 하한 설계 사양 제한은 각각 15분 및 13분이다. 프로세스는 $\bar{x}$ = 14.5분 및 σ = 0.2분이다. C_p를 계산하고 그 의미를 해석하라. **Px**

문제 S6.46~S6.50은 무작위 표본 검사와 관련이 있다.

•• **S6.46** 배송 및 입고를 담당하는 감독자는 조립 라인에서 들어오는 알려진 로트의 평균 불량률이 3%인 공장의 **평균 검출 품질**을 결정해야 한다. 감독자의 계획은 로트에서 1,000개당 80개 단위를 표본 조사하는 것이다. 표본의 결함 수는 3을 초과하지 않아야 한다. 이러한 계획은 0.79(79%)의 각 로트에 대한 합격 확률을 제공한다. 평균 검출 품질은 무엇인가? **Px**

•• **S6.47** 합격 표본 계획에는 500개 로트와 표본 크기 60이 있다. 표본의 결점 수는 2를 초과할 수 없다. OC 곡선을 기반으로 하는 이 계획의 합격 확률은 0.57이다. 들어오는 로트의 불량률이 이 프로세스의 과거 평균인 4%인 경우이다. 고객에게 평균 검출 품질이 무엇이라고 하겠는가? **Px**

•• **S6.48** 입고 로트의 불량률은 3%이다. OC 곡선은 합격 확률이 0.55임을 보여주었다. 로트 크기가 2,000이고 표본이 100인 경우 평균 검출 품질을 결정하라.

•• **S6.49** 1,000단위를 포함하는 로트에 대한 무작위 표본 검사 계획에서 표본 크기 n은 85이다. 들어오는 로트의 불량률은 2%이고 합격 확률은 0.64이다. 평균 검출 품질은 무엇인가?

•• **S6.50** 들어오는 불량률(%)의 품질이 1.5%일 때 무작위 표본 검사 계획에 대한 AOQ를 결정하고 불량률이 5%일 때 다시 결정하려고 한다. 표본 크기는 550단위의 로트 크기에 대해 80단위이다. 또한 1.5% 불량 수준에서 P_a는 0.95이다. 5% 들어오는 불량 수준에서 P_a는 0.5인 것으로 나타났다. 들어오는 두 불량률 수준에 대한 평균 검출 품질을 결정하라. Px

사례 연구

프리토레이의 품질 관리 감자칩

수십억 달러 규모의 스낵 식품 대기업인 프리토레이는 수십 개의 미국 및 캐나다 공장에서 매년 수십억 파운드의 제품을 생산한다. 예를 들어 플로리다, 노스캐롤라이나, 미시간의 감자 농장에서 공장 및 소매점에 이르기까지 레이즈(Lay's) 칩의 성분과 최종 제품은 현장에서, 공장에서 하역하기 전에 최소 11번 검사된다[세척 및 필링 후, 사이징 스테이션, 프라이어, 조미료 후, 봉지(무게용), 카톤 충전 시, 창고 및 프리토레이 직원이 매장 선반에 놓을 때]. 치토스(Cheetos), 프리토스(Fritos), 러플스(Ruffles), 토스티토스(Tostitos)를 포함한 다른 유명 제품에 대해서도 유사한 검사가 수행된다.

이러한 직원 검사 외에도 회사는 독점 비전 시스템을 사용해 결함이 있는 감자칩을 찾는다. 칩을 고속 라인에서 빼내고 비전 시스템이 칩이 너무 갈색으로 감지되면 두 번 확인한다.

이 회사는 미국 식품의약국(FDA)보다 훨씬 엄격한 기준인 AIB(American Institute of Baking)의 매우 엄격한 기준을 따른다. 프리토레이의 공장은 매년 2번의 예고되지 않은 AIB 현장 방문으로 인해 긴장을 하고 있다. 지속적으로 '우수' 범위의 점수가 게시되며 모든 직원은 공장이 어떻게 운영되고 있는지 정확히 알고 있다.

프리토레이의 지속적인 품질 개선 프로그램은 두 가지 메트릭스로 구성한다: (1) 총 고객 불만(100만 자루당 불만 기준으로 측정) 및 (2) 시간별 또는 일일 통계적 프로세스 제어 점수(기름, 수분, 조미료 및 소금 함량, 칩 두께, 프라이어 온도 및 무게).

플로리다 공장에서는 엔지니어링 및 MBA 학위를 보유한 앤절라 맥코믹(Angela McCormack)이 15명의 품질 보증 직원을 감독한다. 그들은 프로세스 현장에서 직원 교육, 자동화된 처리 장비 모니터링, 통계적 프로세스 관리(SPC) 차트 개발 및 업데이트를 포함해 품질의 모든 측면을 관찰한다. 한 체크포인트에 대한 상한 및 하한 관리 한계인 레이즈 감자칩의 염분 함량은 각각 2.22%, 1.98%이다.

토론 문제

1. 앤절라는 이제 새로운 소금 공정 전달 시스템을 평가하고 새로운 시스템에 대한 3표준편차의 상한 및 하한 제어 한계가 앞서 언급한 상한 및 하한 제어 사양을 충족하는지 알고 싶어 한다. 초기 시험 표본의 데이터(백분율)는 다음과 같다.

   표본 1: 1.98, 2.11, 2.15, 2.06
   표본 2: 1.99, 2.0, 2.08, 1.99
   표본 3: 2.20, 2.10, 2.20, 2.05
   표본 4: 2.18, 2.01, 2.23, 1.98
   표본 5: 2.01, 2.08, 2.14, 2.16

   앤절라에게 보고서를 제공하라.
2. 고객의 선반을 채우는 프리토레이 드라이버의 장점과 단점은 무엇인가?
3. 품질이 프레토레이에서 중요한 기능인 이유는 무엇인가?

팜투포크: 다든레스토랑의 품질

올리브가든(Olive Garden), 시즌52(Seasons 52), 바하마브리즈(Bahama Breeze) 같은 인기 브랜드의 63억 달러를 소유한 다든레스토랑(Darden Restaurant)은 미국과 캐나다 전역의 1,500개 레스토랑에서 연간 3억 2,000만 개 이상의 식사를 공급한다. 이러한 식사 중 하나를 손님 앞에 놓기 전에 각 레시피의 재료는 측정 및 무게 측정에서 시음, 만지기 또는 실험실 테스트에 이르기까지 품질 관리 검사를 통과해야 한다. 다든은 지속적인 개선의 황금 표준을 개발함으로써 레스토랑 경쟁자들과 차별화했다.

고객과 회사 모두에게 품질 기대치가 충족되도록 보장하기 위해 다든은 '팜투포크(Farm to Fork)' 프로그램의 일부로 통계적 프로세스 관리(SPC)를 사용하는 엄격한 검사 프로세스를 사용한다. 50명 이상의 식품 과학자, 미생물학자 및 공중 보건 전문가가 품질 보증 부사장인 애나 후퍼(Ana Hooper)에게 보고한다.

다든의 포인트 소스 프로그램의 일환으로 동남아시아(중국, 태국, 싱가포르)와 라틴 아메리카(에콰도르, 온두라스, 칠레)에 기반을 둔 후퍼의 팀은 레스토랑에서 사용할 수 있게 매년 5,000만 파운드 이상의 해산물을 승인 및 검사하고 다든 구매자와 협력해 구매한다. 다든은 미국 유통 센터에 도착한 선적물을 검사해 마지막에 품질을 구축하곤 했다. 이제 해외 공급업체와의 코칭 및 파트너 관계 덕분에 다든은 엄격한 표준을 준수하는지 확인하기 위해 몇 개의 국내 검사 연구소만 필요로 한다. 원산지 국가의 식품 공급업체는 다든에 물품을 공급할 때 미국 식품의약국(FDA) 기준보다 엄격한 정기 감사를 받아야 한다는 것을 알고 있다.

두 가지 품질 성공 사례

품질 전문가의 업무에는 해당 지역의 모든 공장에서 기준을 높이고 품질과 안전을 개선하는 것이 포함된다. 예를 들어 태국 품질 담당자는 다든의 여러 대형 새우 공급업체와 긴밀하게 협력해 생산 라인 통합 품질 보증 프로그램으로 전환했다. 공급업체는 공급된 새우의 품질을 개선하고 결함 비율을 19%까지 줄일 수 있었다.

마찬가지로 다든 품질 팀은 최근 멕시코의 재배자/화주 현장을 방문했을 때 직원의 낮은 위생 기준, 현장 식품 안전 문제, 이동식 화장실 부족, 아동 노동, 열악한 근무 조건과 같은 문제를 식별했다. 다든은 이러한 문제를 해결하고 표준에 대한 지속적인 준수를 보장하기 위해 제3자 독립 식품 안전 검증 회사를 고용했다.

SPC 차트

SPC 차트는 특히 중요하다. 몇 가지만 들자면, 이 차트는 미리 조리된 식품 무게, 육류, 해산물 및 가금류 온도, 농산물의 흠집, 새우에 있는 박테리아의 수 등을 문서화한다. 품질 보증은 다든의 성공, 즉 공급사슬의 핵심인 훨씬 더 큰 프로세스의 일부이다(이 주제에 대한 토론 및 사례연구는 2장과 11장 참조). 품질은 원재료로부터 나오고 유통을 통해 레스토랑과 손님에게 전달되기 때문이다.

토론 문제

1. 다든은 어떻게 공급사슬에 품질을 구축하는가?
2. 생선 뼈 차트로 분석할 수 있는 두 가지 잠재적인 문제(다든 공급사슬에 있는 하나의 문제와 식당에 있는 하나의 문제)를 선택하라. 각 문제를 다루기 위해 완전한 차트를 작성하라.
3. 다든은 많은 제품 속성에 SPC를 적용하고 있다. 이것들이 어디에 사용되는지 확인하라.
4. SPC 차트는 다든이 관리도를 사용해 연어 필레의 무게를 모니터링하는 방법을 보여준다. 이러한 데이터를 고려할 때 다든 품질 관리 검사관으로서 당신은 어떤 결론을 내릴 수 있는가? 상사에게 어떤 보고서를 전달하는가? 연어 공급자에게 어떻게 대응하는가?

미주

1. 할당 가능한 원인을 제거하는 것은 일이다. 품질 전문가 데밍(W. Edwards Deming)은 통계적 관리 상태가 제조 프로세스의 자연스러운 상태가 아님을 관찰했다. 대신 데밍은 그것을 과도한 변이의 특별한 원인을 단호한 노력으로 하나씩 제거함으로써 달성한 성과로 보았다.
2. 표준편차는 다음과 같이 쉽게 계산된다.

$$\sigma = \sqrt{\frac{\sum_{i=1}^{n}(x_i - \bar{x})^2}{n-1}}$$

3. 관리도에서 하한 관리 한계는 음수 값을 사용할 수 없다. 따라서 LCL $= \max(0, \bar{\bar{x}} - z\sigma_{\bar{x}})$이다.
4. 표본 크기가 같지 않으면 다른 기법을 사용해야 한다.
5. 푸아송 확률 분포는 관심 항목(이 경우 결함)이 드물거나 시간 또는 공간에서 발생할 때 일반적으로 사용되는 이산 분포이다.
6. C_p가 1.0이면 사양 내에서 99.73%의 출력을 갖기 때문에 $1.00 - 0.9973 = 0.0027$이며, 1,000개의 부품으로 $.0027 = 1{,}000 = 2.7$개의 결함이 있는 것을 의미한다.

   C_p가 2.0인 경우 출력의 99.99966%가 '사양 내'이다. 따라서 $1.00 - 0.9999966 = 0.0000034$, 즉 100만 개의 부품에서 3.4개의 결함이 있는 것이다.
7. 표본 검사는 항상 잘못된 결론으로 이어질 위험이 있다. 한 회사에서 정밀 조사를 받는 전체 인구가 1,000개의 컴퓨터 칩으로 구성되어 있으며 그중 실제로는 30개(또는 3%)만 결함이 있다고 가정하자. 이것은 우리가 칩 선적을 수락하기를 원한다는 것을 의미한다. 왜냐하면 이 특정 회사의 경우 4%가 허용 가능한 결함 비율이기 때문이다. 그러나 $n = 50$개 칩의 무작위 표본을 추출하면 결함이 0으로 끝나고 해당 배송을 수락하거나(즉 괜찮음) 표본에서 30개의 결함을 모두 찾을 수 있다. 후자가 발생하면 전체 모집단이 60% 결함이 있다고 잘못 결론을 내리고 모두 기각할 수 있다.

참고문헌

Besterfield, Dale H. *Quality Control*, 9th ed. Boston: Pearson, 2013.

Elg, M., J. Olsson, and J. J. Dahlgaard. "Implementing Statistical Process Control." *The International Journal of Quality and Reliability Management* 25, no. 6 (2008): 545.

Goetsch, David L., and Stanley B. Davis. *Quality Management*, 8th ed. Boston: Pearson, 2016.

Gryna, F. M., R. C. H. Chua, and J. A. DeFeo. *Juran's Quality Planning and Analysis*, 5th ed. New York: McGraw-Hill, 2007.

Matthes, N., et al. "Statistical Process Control for Hospitals." *Quality Management in Health Care* 16, no. 3 (July–September 2007): 205.

Mitra, Amit. *Fundamentals of Quality Control and Improvement*, 4th ed. New York: Wiley, 2016.

Montgomery, D. C., C. L. Jennings, and M. E. Pfund. *Managing, Controlling, and Improving Quality.* New York: Wiley, 2011.

Roth, H. P. "How SPC Can Help Cut Costs." *Journal of Corporate Accounting and Finance* 16, no. 3 (March–April 2005): 21–30.

Sower, V. E. *Essentials of Quality.* New York: Wiley, 2012.

Summers, Donna. *Quality*, 6th ed. Boston: Pearson, 2018

Supplement 6 Rapid Review

절 제목	내용 훑어보기
통계적 프로세스 관리(SPC)	■ **통계적 프로세스 관리(SPC)**: 제품 또는 서비스가 생산될 때 측정 및 시정 조치를 취해 표준을 모니터링하는 데 사용되는 프로세스 ■ **관리도**: 시간 경과에 따른 공정 데이터의 그래픽 표현 변동의 유일한 원인이 일반적인(우연적) 원인일 때 프로세스는 **통계적 통제**에서 작동 중이라고 한다. 프로세스는 먼저 특별한(이상) 변동 원인을 감지하고 제거해 통계적 관리를 받아야 한다. 프로세스 관리 시스템의 목적은 할당 가능한 변동 원인이 존재할 때 통계적 신호를 제공하는 것이다. ■ **우연변동**: 모든 생산 공정에 어느 정도 영향을 미치고 예상되는 변동성. 일반적인 원인으로도 알려져 있다. 우연변동이 **정규분포**를 형성할 때 두 가지 매개변수가 특징이다. ■ 평균 μ(중심 경향의 측정값. 이 경우 평균값) ■ 표준편차 σ(분산 측정) 분포(출력 측정값)가 지정된 한계 내로 유지되는 한 프로세스는 '통제 상태'에 있으며 우연적인 변동은 허용된다. ■ **이상변동**: 특정 원인으로 추적할 수 있는 생산 프로세스의 변형 평균 $\bar{x}$ 및 범위 R에 대한 관리도는 무게, 속도, 길이, 강도와 같은 **변수**(연속 치수의 출력)를 모니터링하는 데 사용된다. ■ **$\bar{x}$차트**: 생산 공정의 중심 경향에서 변화가 발생하는 시기를 나타내는 변수에 대한 품질 관리 차트 ■ **R차트**: 표본 내의 범위를 추적하는 관리 차트. 생산 공정의 분산으로 인해 균일성의 득실이 발생했음을 나타낸다. ■ **중심극한정리**: 모든 부품 또는 서비스의 모집단 분포에 관계없이 $\bar{x}$ 분포는 표본 수가 증가함에 따라 정규 곡선을 따르는 경향이 있다는 $\bar{x}$차트의 이론적 토대 $$\bar{\bar{x}} = \mu \quad \text{(S6-1)}$$ $$\sigma_{\bar{x}} = \frac{\sigma}{\sqrt{n}} \quad \text{(S6-2)}$$ 프로세스 모집단의 실제 표준편차 σ를 알고 있는 경우 $\bar{x}$차트 한계는 다음과 같다. $$\text{관리 상한(UCL)} = \bar{\bar{x}} + z\sigma_{\bar{x}} \quad \text{(S6-3)}$$ $$\text{관리 하한(LCL)} = \bar{\bar{x}} - z\sigma_{\bar{x}} \quad \text{(S6-4)}$$ 여기서 z = 선택된 신뢰 수준이다(예: $z = 3$은 99.73% 신뢰). 표본의 범위 R은 가장 큰 항목과 가장 작은 항목의 차이로 정의된다. 모집단의 실제 표준편차(σ)를 모르는 경우 $\bar{x}$차트의 한계는 다음과 같다. $$\text{UCL}_{\bar{x}} = \bar{\bar{x}} + A_2\bar{R} \quad \text{(S6-5)}$$ $$\text{LCL}_{\bar{x}} = \bar{\bar{x}} - A_2\bar{R} \quad \text{(S6-6)}$$ 프로세스 평균에 관심을 갖는 것 외에도 운영 관리자는 프로세스 분산 또는 범위에 관심이 있다. 프로세스 범위에 대한 R차트 관리 한계는 다음과 같다. $$\text{UCL}_R = D_4\bar{R} \quad \text{(S6-7)}$$ $$\text{LCL}_R = D_3\bar{R} \quad \text{(S6-8)}$$ 속성은 일반적으로 **결함** 또는 **비결함**으로 분류된다. 두 가지 속성 차트는 (1) p차트(표본의 **불량률**을 측정함)와 (2) c차트(표본의 결점 수를 **계산함**)이다. ■ **p차트**: 속성을 제어하는 데 사용되는 품질 관리 차트 $$\text{UCL}_p = \bar{p} + z\sigma_p \quad \text{(S6-9)}$$ $$\text{LCL}_p = \bar{p} - z\sigma_p \quad \text{(S6-10)}$$ $$\hat{\sigma}_p = \sqrt{\frac{\bar{p}(1-\bar{p})}{n}} \quad \text{(S6-11)}$$ ■ **c차트**: 출력 단위당 결함 수를 제어하는 데 사용되는 품질 관리 차트 99.73% 한계로 다음과 같이 계산되는 푸아송 분포는 c차트의 기초이다. $$\text{관리 한계} = \bar{c} \pm 3\sqrt{\bar{c}} \quad \text{(S6-12)}$$ ■ **런 테스트**: 비무작위 변동이 있는지 여부를 확인하기 위해 관리도의 점을 검사하는 데 사용되는 테스트

공정 능력	■ **공정 능력**: 설계 사양을 충족하는 능력 ■ $\mathbf{C_p}$: 프로세스가 설계 사양을 충족하는지 여부를 결정하기 위한 비율 $$C_p = \frac{\text{상한 사양} - \text{하한 사양}}{6\sigma} \quad (S6\text{-}13)$$ ■ $\mathbf{C_{pk}}$: 프로세스 중심과 가장 가까운 규격 한계 사이의 변동 비율(3σ) $$C_{pk} = \left[\frac{\text{상한 사양 한계} - \bar{X}}{3\sigma}, \frac{\bar{X} - \text{하한 사양 한계}}{3\sigma}\right]\text{의 최솟값} \quad (S6\text{-}14)$$
무작위 표본 검사	■ **무작위 표본 검사**: 미리 결정된 표준에 대해 제품 로트 또는 배치의 무작위 표본을 측정하는 방법 ■ **검사 특성(OC) 곡선**: 합격 계획이 양호 로트와 불량 로트를 얼마나 잘 구별하는지 설명하는 그래프 ■ **생산자 위험**: 표본 검사를 통해 생산자의 좋은 로트가 거부되는 실수 ■ **소비자 위험**: 표본 검사를 통해 간과된 불량 로트에 대한 고객의 실수 ■ **허용 품질 수준(AQL)**: 양호한 것으로 간주되는 로트의 품질 수준 ■ **로트 허용 불량률(LTPD)**: 불량으로 간주되는 로트의 품질 수준 ■ **제1종 오류**: 통계적으로 좋은 로트를 불합격시킬 확률 ■ **제2종 오류**: 통계적으로 불량 로트를 수락할 확률 ■ **평균 검출 품질(AOQ)**:무작위 표본 검사를 통해 검사한 평균 제품 로트의 불량률 $$AOQ = \frac{(P_d)(P_a)(N - n)}{N} \quad (S6\text{-}15)$$

셀프테스트

S6.1 특정 표본의 평균이 관리 한계 내에 있고 해당 표본의 범위가 관리 한계 내에 있지 않은 경우 ________
(a) 프로세스가 통제 상태에 있으며 할당 가능한 변동 원인만 있다.
(b) 프로세스가 설정된 관리 한계 내에서 생산되지 않는다.
(c) 프로세스가 설정된 관리 한계 내에서 생산되고 있으며, 변동의 자연적 원인만 있다.
(d) 프로세스에 자연적 및 할당 가능한 변동 원인이 모두 있다.

S6.2 중심극한정리는 ________
(a) c차트의 이론적 토대이다.
(b) 할당 가능한 변동의 평균이 0임을 나타낸다.
(c) 관리자가 일부 관리도를 작성하기 위한 기초로 정규분포를 사용할 수 있다.
(d) 평균 범위가 표준편차에 대한 대용으로 사용될 수 있음을 나타낸다.
(e) 작동 특성 곡선의 기울기를 제어한다.

S6.3 연속 치수를 갖는 변수의 중심 경향을 제어하는 데 사용되는 차트 유형은 ________ 이다.
(a) $\bar{x}$차트 (b) R차트
(c) p차트 (d) c차트
(e) 위의 어느 것도 없음

S6.4 표본의 부품이 측정되고 표본 측정의 평균이 관리 한계를 벗어난 경우 ________
(a) 프로세스가 통제 불능이고 원인을 밝혀야 한다.
(b) 프로세스가 관리되고 있지만 설정된 관리 한계 내에서 생산할 수 없다.
(c) 공정이 설정된 관리 한계 내에 있으며 우연적인 변동 원인만 있다.
(d) 위의 모든 사항이 맞다.

S6.5 속성에 대한 관리 차트는 ________ 이다.
(a) p차트 (b) c차트
(c) R차트 (d) $\bar{x}$차트
(e) (a)와 (b) 둘 다

S6.6 설계 사양을 충족하는 프로세스의 능력은 ________ 이다.
(a) 다구치 (b) 공정 능력
(c) 능력 지수 (d) 무작위 표본 검사
(e) 평균 검출 품질(AOQ)

S6.7 ________ 위험은 ________ 를 초과하거나 충족하는 품질 수준에도 불구하고 로트가 거부될 확률이다.

정답 S6.1. b S6.2. c S6.3. a S6.4. a S6.5. e S6.6. b S6.7. 생산자, AQL

프로세스 전략

7

이 장의 구성

글로벌 기업 프로필: 할리데이비슨

- 네 가지 프로세스 전략
- 장비 선택
- 프로세스 분석과 설계
- 서비스 프로세스 전략에 대한 특별 고려사항
- 생산 기술
- 서비스 기술
- 프로세스 재설계

Beverly Amer/Aspenleaf Productions

10가지 운영관리 전략

- 제품과 서비스 설계
- 품질 관리
- **프로세스 전략**
- 입지 전략
- 레이아웃 전략
- 인적자원
- 공급사슬 관리
- 재고 관리
- 일정 계획
- 유지보수

CHAPTER 7

글로벌 기업 프로필
Harley-Davidson

할리데이비슨의 반복 제조 작업

할리데이비슨은 1903년 밀워키에서 설립된 이래 국내외 수백 개의 제조업체와 치열하게 경쟁해 왔다. 최근에는 일본과의 경쟁전이 있었고 이전에는 독일, 영국, 이탈리아 제조업체와 경쟁을 치렀다. 그러나 115년이 지난 후 할리는 유일한 미국 주요 모터사이클 회사이다. 이 회사는 현재 3개의 미국 내 생산 시설과 브라질에 조립 공장을 두고 있다. 스포스터(Sportster) 파워트레인은 위스콘신주 워와토사에서 제조되고 사이드 카, 안장 가방, 앞 유리 및 기타 특수 품목은 위스콘신주 토마호크에서 제조된다. 투어링 및 소프트테일, 스포스터, 다이나(Dyna), VRSC 모델은 펜실베이니아주 요크에서 조립된다.

경영진의 린 제조 노력의 일환으로 할리는 유사한 프로세스가 필요한 부품들의 생산을 그룹화했고, 그 결과물이 작업 셀(work cell)이다. 최신의 기술을 사용해 작업 셀은 특정 모듈의 생산에 필요한 모든 작업을 한 위치에서 수행한다. 원자재는 모듈 생산을 위해 작업 셀로 이동된다. 그런 다음, 모듈은 조립 라인으로 이동한다. 품질을 다시 확인하기 위해 할리는 적외선 센서를 사용해 작업자가 부품을 가져오는 상자를 확인하는 '라이트 커튼(light curtain)' 기술도 도입했다. 자재는 필요에 따른 자재(Materials as Needed,

할리데이비슨의 요크 조립 공장에서 생산 공정을 보여주는 순서도

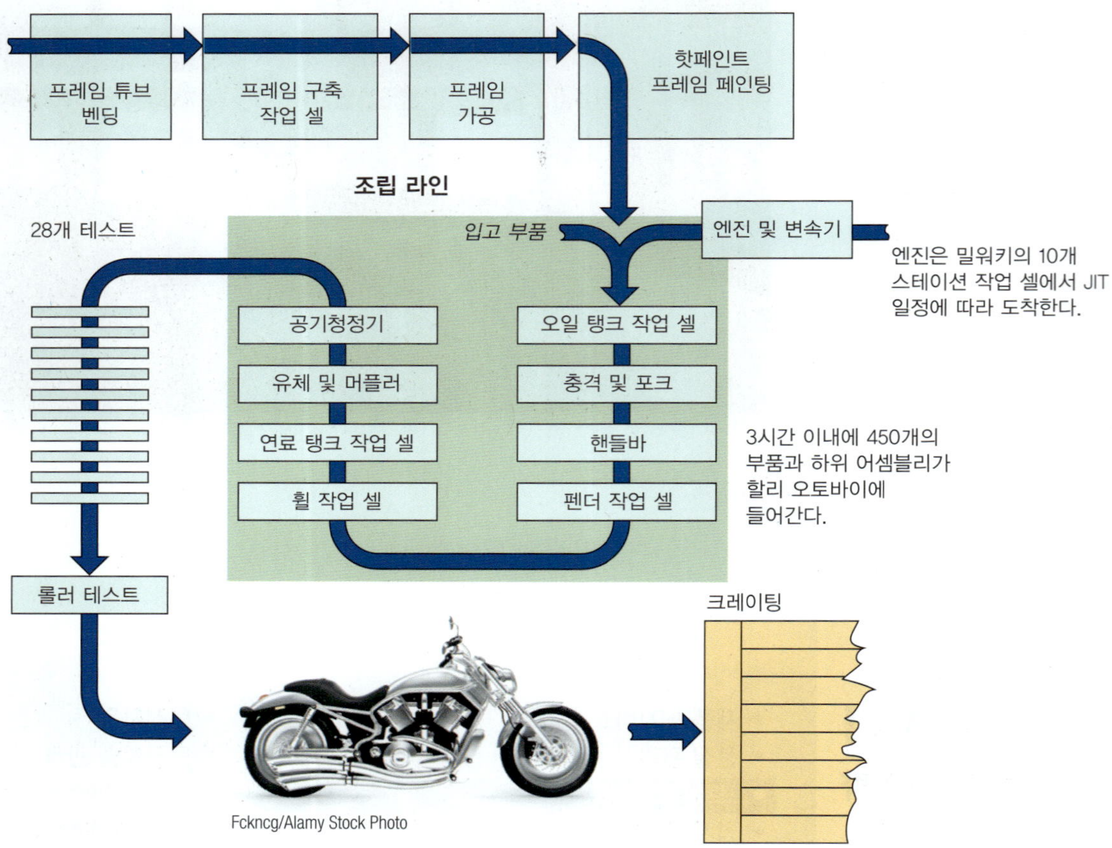

Fckncg/Alamy Stock Photo

MAN) 시스템을 사용해 적시에 또는 할리가 요청한 대로 조립 라인으로 이동한다.

1,250만 제곱피트 규모의 요크 시설에는 튜브 벤딩, 프레임 빌딩, 기계 가공, 페인팅, 폴리싱을 수행하는 제조 셀이 포함되어 있다. 혁신적인 제조 기술은 로봇을 사용허 기계를 로드하고 고도로 자동화된 생산을 사용해 가공 시간을 줄인다. 자동화 및 정밀 센서는 공차를 유지하고 고품질 제품을 생산하는 데 중요한 역할을 한다. 요크 시설은 매일 최대 600대의 대형 공장 맞춤형 모터사이클을 생산한다. 모터사이클은 각종 엔진 배기량, 다양한 휠 옵션, 색상 및 액세서리로 조립된ᄃ. 그 결과 고객이 구매를 맞춤화할 수 있도록 모터사이클에 다양한 변형이 가능하다. (모듈식 사용자 정의의 예는 www.Harley-Davidson.com을 참조하라.) 할리데이비슨 생산 시스템이 작동하는 것은 고품질 도듈이 빡빡하게 계획된 반복 생산 라인에 함께 모여 있기 때문이다.

Nuccio DiNuzzo/KRT/Newscom

엔진은 위스콘신주 메모모니 폴스(Memomonee Falls)에서 조립되어 요크 시설로 운송하기 위해 자체 보호 컨테이너에 배치된다. 요크에 도착하면 엔진이 조립 라인으로 직접 이동할 수 있도록 오버헤드 컨베이어에 배치된다.

학습목표

7.1 네 가지 프로세스 전략을 설명한다.
7.2 다른 프로세스에 대한 교차점을 계산한다.
7.3 프로세스 분석 도구를 사용한다.
7.4 서비스 프로세스에서 고객 상호작용을 설명한다.
7.5 생산 기술의 최근 발전을 확인한다.

네 가지 프로세스 전략

5장에서는 제품과 서비스의 선택, 정의, 디자인의 필요성을 살펴보았다. 이는 윤리적이고 지속 가능한 방식으로 제공될 수 있는 환경 친화적인 제품과 서비스를 만드는 것이다. 이 장에서는 이제 그러한 제품과 서비스를 만들어내는 생산 전략을 고려해본다. 운영 관리자의 주요 의사결정은 자원을 낭비하지 않도록 최상의 생산 방법을 찾는 것이다. 이 절에서는 관리자가 이 목표를 달성하기 위한 프로세스를 설계하는 데 도움이 되는 방법을 살펴본다.

프로세스 전략
자원을 제품과 서비스로 전환하는 조직의 접근 방식

프로세스 전략(process strategy)은 자원을 제품과 서비스로 변환하는 조직의 접근 방식이다. 목표는 비용 및 기타 관리 제약 내에서 고객 요구사항을 충족하는 제품을 생산할 수 있는 프로세스를 만드는 것이다. 선택된 공정은 생산의 효율성과 유연성은 물론 생산된 제품의 비용과 품질에도 장기적인 영향을 미친다.

거의 모든 제품이나 서비스는 (1) 프로세스 중심, (2) 반복 생산 중심, (3) 제품 중심, (4) 대량 맞춤화의 네 가지 프로세스 전략 중 하나의 변형을 사용해 만들어진다. 용량 및 다양성에 대한 이 네 가지 전략의 관계는 그림 7.1에 나와 있다. 아놀드파머병원(Arnold Palmer Hospital)을 프로세스 중심 기업으로, 할리데이비슨을 반복 생산 중심 기업으로, 프리토레이(Frito-Lay)를 제품 중심 기업으로, 델(Dell)을 대량 맞춤형 기업으로 조사한다.

학습목표 7.1
네 가지 프로세스 전략을 설명한다.

프로세스 중심

전 세계 생산의 대부분은 '잡샵(job shop)'이라고 불리는 곳에서 소량의 다양한 제품을 만드는 데 전

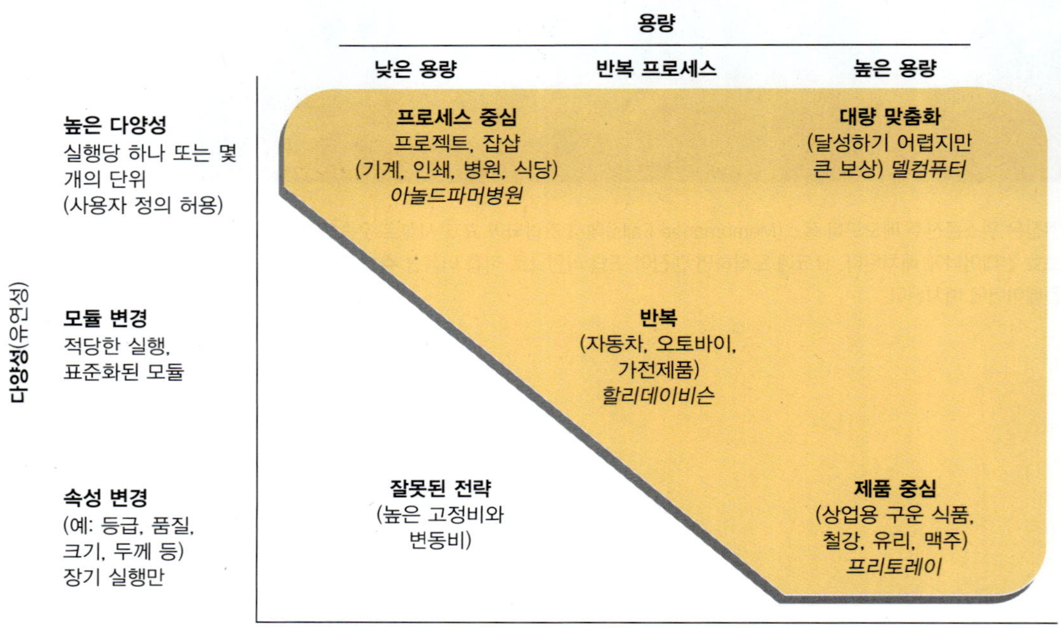

그림 7.1
프로세스의 선택은 제품의 용량과 다양성에 따른다

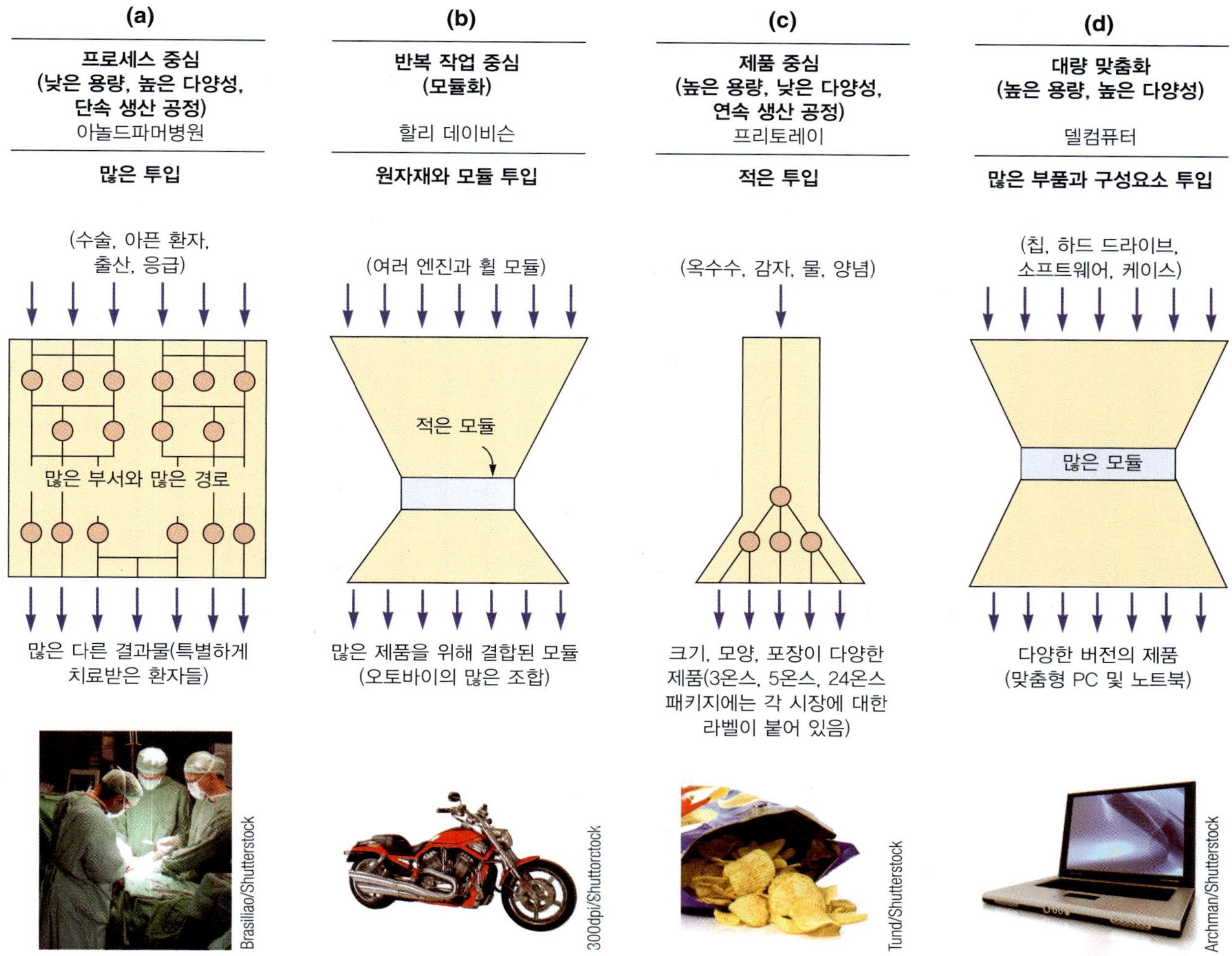

그림 7.2 네 가지 프로세스 선택의 예

념하고 있다. 이러한 시설은 특정 활동이나 프로세스를 중심으로 구성된다. 공장에서 이러한 프로세스는 용접, 연삭 및 도장 작업을 담당하는 부서 단위일 수 있다. 일반 사무실에서 이 프로세스는 미지급금, 판매 및 급여 작업일 수 있다. 레스토랑에서는 바, 그릴, 베이커리가 될 수 있다. 이러한 시설은 장비, 배치, 감독 측면에서 **프로세스 중심**(process focus)이다. 제품이 전문화된 프로세스 간에 이동할 때 높은 수준의 제품 유연성을 제공한다. 각 프로세스는 다양한 활동을 수행하고 빈번한 변경을 처리하도록 설계되어 있으며, **간헐적 프로세스**(intermittent process)라고 불린다.

프로세스 중심
다품종 소량 생산을 용이하게 하기 위한 공정을 중심으로 조직된 생산 시설

그림 7.2(a)를 참고해 프로세스 중심 시설인 아놀드파머병원에 입원한 다양한 환자 그룹이 전문 부서로 연결되고 고유한 방식으로 치료를 받은 다음 고유하게 보살핌을 받는 개인으로 퇴원한다고 생각해보자.

프로세스 중심 시설은 5%로 낮은 시설 활용도와 함께 높은 변동비용을 가지고 있다. 이것은 많은 식당, 병원 및 기계 공장의 경우이다. 그러나 전자적 제어에 적합한 시설은 어느 정도 더 좋은 성과를 낼 수 있다.

반복 생산 중심

모듈
종종 연속 공정에서 미리 준비된 제품의 부품 또는 구성요소

반복 생산 공정
모듈을 사용하는 제품 중심의 생산 공정

글로벌 기업 프로필의 할리데이비슨 사례에서 보았듯이 반복적인 프로세스는 모듈을 사용한다[그림 7.2(b) 참조]. **모듈**(module)은 종종 제품 중심(연속) 프로세스에서 미리 준비된 부품 또는 구성요소이다.

반복 생산 공정(repetitive process)은 전형적인 조립 라인이다. 거의 모든 자동차 및 가전제품의 조립에 널리 사용되며 프로세스 중심 설비보다 구조가 더 많고 결과적으로 유연성이 떨어진다.

패스트푸드 회사는 모듈을 사용하는 반복적인 프로세스의 또 다른 예이다. 이러한 유형의 생산은 제품 중심 시설보다 더 많은 맞춤화를 가능하게 한다. 모듈(예: 고기, 치즈, 소스, 토마토, 양파)을 조립해 준주문형 제품인 치즈버거를 얻는다. 이러한 방식으로 회사는 제품 중심 모델(많은 모듈이 준비됨)의 경제적 이점과 소량, 다양한 모델의 맞춤형 이점을 모두 얻을 수 있다.

제품 중심

제품 중심
제품을 중심으로 구성된 시설. 제품 지향의 다품종 소량 공정

대량의 낮은 다양성을 지닌 프로세스는 **제품 중심**(product focused)이다. 시설은 **제품**을 중심으로 구성되어 있으며, 매우 길고 연속적인 생산 실행이 있기 때문에 **연속 생산 공정**(continuous process)이라고도 한다. 유리, 종이, 주석판, 전구, 맥주, 감자칩과 같은 제품은 연속 생산 공정을 통해 만들어진다. 전구와 같은 일부 제품은 개별 제품이며, 종이 롤과 같은 다른 것들은 연속적인 흐름으로 만들어진다. 캐나다의 유명한 숄다이스병원(Shouldice Hospital)에서 탈장을 수술하는 것과 같은 다른 서비스도 있다. 기업이 제품 중심의 시설을 구축하는 것은 표준화와 효과적인 품질 관리를 통해서만 가능하다. 매일 동일한 전구나 핫도그 빵을 생산하는 조직은 제품을 중심으로 조직할 수 있다. 인쇄소나 종합병원처럼 매일 고유한 제품을 생산하는 조직과 달리, 이러한 조직은 기준을 설정하고 일정한 품질을 유지하는 고유한 능력을 가지고 있다. 예를 들어 프리토레이의 제품군은 제품 중심 시설에서도 생산된다[그림 7.2(c) 참조]. 프리토레이에서 옥수수, 감자, 물, 조미료는 비교적 적은 투입량이지만 산출물(예: 치토스, 러플스, 토스티토스, 프리토스)은 제품군 내에서 조미료 및 포장이 다양하다.

제품 중심의 시설은 대량의 소품종 제품을 생산한다. 시설의 특성화로 인해 높은 고정비가 필요하지만 낮은 변동비용은 높은 시설 이용률을 보상한다.

대량 맞춤화 중심

대량 맞춤화
끊임없이 변화하는 고유한 고객의 욕구를 충족시키는 신속하고 저렴한 생산

점점 더 다양해지고 정교해지는 세계는 개별화된 상품과 서비스를 요구한다. 운영 관리자가 공급해야 하는 다양한 제품과 서비스를 표 7.1에 조금 보여준다. 다양성의 증가는 자동차, 영화, 시리얼 및 기타 수천 가지 영역에서 발생했다. 이러한 제품의 확산에도 불구하고 운영 관리자는 비용을 절감하면서 제품 품질을 개선했다. 이에 따라 다양한 제품이 계속해서 늘어나고 있다. 운영 관리자는 대량 맞춤화를 사용해 이처럼 광범위한 제품과 서비스를 생산한다. **대량 맞춤화**(mass customization)는 점점 더 독특한 고객의 욕구를 충족하는 제품과 서비스를 빠르고 저렴하게 생산하는 것이다. 그러나 대량 맞춤화(그림 7.1의 오른쪽 윗부분 참조)는 단지 다양성에 관한 것이 아니다. 경제적으로 고객이 원할 때 고객이 원하는 것을 정확하게 만드는 것이 핵심이다.

대량 맞춤화는 표준화된 대량(제품 중심) 제품의 생산을 희생하면서 전통적으로 소량 제조(공정 중심)에서 제공했던 다양한 제품을 제공한다. 그러나 대량 맞춤화는 정교한 운영 능력을 요구한다. 맞춤형 제품을 빠르고 저렴하게 생산하는 민첩한 프로세스를 구축하려면 제한된 제품 라인과 모

표 7.1 대량 맞춤화는 그 어느 때보다 많은 선택을 제공한다

품목	선택의 수[a]	
	1970년대	21세기
자동차 스타일	18	1,212
자전거 스타일	8	211,000[c]
아이폰 모바일 게임 앱	0	1,200,000[g]
웹 사이트	0	10억 이상[d]
매년 상영되는 영화	267	1,551[e]
새로운 책	40,530	300,000 이상
맥도날드 메뉴	9[h]	121[i]
아침 시리얼	160	340
슈퍼마켓 제품	14,000[b]	150,000[f]
고화질 TV	0	102

출처: Various; however, many of the data are from the Federal Reserve Bank of Dallas.
[a] 미국에서 사용 가능하고 다양한, 그리고 전 세계적으로 다양성이 더욱 증가한다 [b] 1989.
[c] 한 제조업체에 가능한 조합. [d] www.internetlivestats.com (2018).
[e] www.the-numbers.com/movies/year/2014. [f] H. E. Butts 식료품 체인에서 관리하는 SKU.
[g] Business Week, April 26, 2015. [h] 1948. i2013.

듈식 설계가 필요하다. 판매, 디자인, 생산, 공급사슬 및 물류 간의 연결은 보다 더 긴밀해야 한다.

델컴퓨터(Dell Computer)[그림 7.2(d) 참조]는 대량 맞춤화의 성과가 매우 좋을 수 있음을 보여주었다. 보다 전통적인 제조업체로는 최근 5일 만에 주문형 자동차를 생산해 배송한다고 발표한 토요타(Toyota)가 있다. 마찬가지로 전자 제어를 통해 섬유 산업의 디자이너는 라인을 신속하게 개선하고 변화에 대응할 수 있게 되었다.

서비스 산업도 대량 맞춤화로 나아가고 있다. 예를 들어 불과 몇 년 전까지만 해도 대부분의 사람들이 동일한 전화 서비스를 사용했다. 이제 전화 서비스는 발신자 표시에서 음성 메일에 이르기까지 옵션으로 가득 차 있을 뿐만 아니라 현대의 전화는 단순한 전화가 아니다. 카메라, 컴퓨터, 게임 플레이어, GPS 및 웹 브라우저의 일부일 수도 있다. 보험회사는 고객의 고유한 요구사항을 충족하기 위해 개발 시간을 단축한 신제품을 추가하고 맞춤화하고 있다. 그리고 애플 뮤직(Apple Music), 스포티파이(Spotify), 냅스터(Napster), 아마존(Amazon), 이뮤직(eMusic) 같은 회사는 고객이 원하는 노래를 거의 무제한으로 선택해 사용자 지정 재생 목록으로 만들 수 있도록 하는 음악 인벤토리를 인터넷에 유지하고 있다. 마찬가지로, 새로운 책과 영화의 수도 매년 증가하고 있다. 대량 맞춤화는 이처럼 확장하는 다양한 상품과 서비스를 제공하는 프로세스를 만들고 조정해야 하는 운영 관리자에게 새로운 수요를 제공한다.

대량 맞춤화 작업 대량 맞춤화는 제품이 주문 제작되는 대량 시스템을 제안한다. **주문 생산(Build-to-Order, BTO)**는 예측이 아닌 고객 주문에 따라 생산하는 것을 의미한다. 그러나 대량 주문 생산은 어려우며, 몇 가지 주요 과제는 다음과 같다.

주문 생산(BTO)
예측이 아닌 고객 주문에 따라 생산

- 제품 설계가 창의적이어야 한다. 성공적인 주문 생산 설계에는 제한된 제품 라인과 모듈이 포함된다. 최고의 골프 클럽 제조업체인 핑(Ping Inc.)은 다양한 클럽 헤드, 그립, 샤프트 및 각도 조합을 사용해 20,000가지의 골프 클럽을 만든다.
- 프로세스 설계는 설계와 기술의 변화를 수용할 수 있도록 유연해야 한다. 예를 들어 의도적

OM in Action 고른 치아를 위한 대량 맞춤화

캘리포니아주 산타클라라의 얼라인테크놀로지는 투명한 플라스틱 가철식 교정기로 치아를 곧게 펴고자 한다. 회사는 교정 치료를 위한 대량 주문 제작사이다. 각 환자마다 고유한 제품이 필요하다. 치과 진료실에서 관찰한 치아 모습, 엑스레이 및 사진이 얼라인테크놀로지 본사로 전송되면, 회사는 이 데이터를 기반으로 정확한 3D 컴퓨터 모델과 환자의 구강 파일을 구축한다. 이 디지털화된 파일은 코스타리카로 보내져 기술자가 종합적인 치료 계획을 개발한 다음 승인을 받기 위해 치과 의사에게 전송된다. 승인 후 가상 모델 및 치료 계획의 데이터를 사용해 3D 프린터를 프로그래밍해 금형을 형성한다. 그런 다음 금형은 멕시코 후아레스로 배송되며 그곳에서 일반적으로 약 19쌍의 맞춤형 치아 교정기가 만들어진다. 이 과정에 필요한 시간은 시작부터 끝까지 약 3주 정도이다.

투명 교정기는 기존의 '와이어 및 브래킷'을 대신한다. 얼라인테크놀로지는 제품을 '만들기 복잡하고, 사용하기 쉬운(complex to make, easy to use)'이라고 부른다. 우수한 운영 관리를 사용하면 치아 교정 장치와 같이 매우 복잡하고 개별화된 제품의 경우에도 대량 맞춤화가 가능하다.

출처: *Marketwired*(September 7, 2016); Laura Rock Kopezak and M. Eric Johnson, "Aligning the Supply Chain," Case #6-0024, Dartmouth College; *www.invisalign.com*.

지연
생산 과정에서 가능한 한 오랫동안 제품에 대한 수정이나 맞춤화가 지체됨

인 **지연**(postponement)을 통해 생산 과정 후반부에 맞춤화할 수 있다. 토요타는 인기 있는 사이언(Scion) 모델을 위해 생산 후반부에 고유한 내부 모듈을 설치한다. 이는 맞춤형 밴에서도 흔히 볼 수 있는 프로세스이다. 지연 전략은 11장에서 더 논의할 것이다.

- **재고 관리**는 철저한 통제가 필요하다. 주문 생산 방식으로 성공하려면 기업은 인기가 없거나 쓸모없는 구성요소에 집착하지 않아야 한다. 원자재가 거의 없는 델은 맞춤형 컴퓨터를 하루 만에 조립할 수 있다.
- 설계에서 배송까지 주문과 자재를 추적하는 **빡빡한 일정**은 대량 맞춤화의 또 다른 요구사항이다. 교정의학 분야에서 잘 알려진 얼라인테크놀로지(Align Technology)는 치과에 첫 방문 후 3주 이내에 맞춤형 투명 플라스틱 교정기를 배송해 경쟁 우위를 확보하는 방법을 알아냈다(OM in Action '고른 치아를 위한 대량 맞춤화' 참조).
- 공급사슬에서 **반응이 빠른 파트너**는 효과적인 협업을 이끌어낼 수 있다. JC페니(JCPenny) 셔츠의 예측, 재고 관리 및 주문은 모두 홍콩에 있는 공급업체가 소매업체를 위해 처리한다.

대량 맞춤화/주문 생산은 운영에 있어서 새로운 필수 요소이다. 대량 맞춤화 및 주문 생산에는 장점이 있다. 첫째, 시장의 요구사항을 충족함으로써 기업이 주문을 수주하고 비즈니스를 유지한다. 둘째, 부정확한 판매 예측으로 인해 존재하는 비용(인력에서 재고, 시설에 이르기까지)을 줄인다.

프로세스 비교

네 가지 프로세스의 특성은 표 7.2와 그림 7.2에 나와 있으며 각 프로세스는 전략적 이점을 제공한다. 예를 들어 높은 용량(높은 활용도)이 존재할 때 단위 비용은 제품(연속) 또는 반복적인 경우에 더 적을 것이다. 그러나 소량의 차별화된 제품은 공정 중심에서 더욱 경제적으로 생산될 가능성이 높다. 대량 맞춤화에는 제품 및 프로세스 설계, 일정 관리, 공급사슬 및 재고 관리 분야에서 탁월한 역량이 필요하다. 프로세스 전략의 적절한 평가와 선택이 중요하다.

크로스오버 차트
둘 이상의 프로세스에 대한 가능한 용량의 비용 차트

크로스오버 차트 프로세스 총 비용이 변경되는 지점을 살펴봄으로써 프로세스의 비교를 더욱 향상시킬 수 있다. 예를 들어 그림 7.3은 단일 차트에서 비교된 세 가지 대체 프로세스를 보여준다. 이러한 차트를 **크로스오버 차트**(crossover chart)라고 한다. 프로세스 A는 V_1 미만의 용량에 대한

표 7.2 네 가지 유형의 프로세스 특성 비교

프로세스 중심	반복 중심	제품 중심	대량 맞춤화
1. 소량 및 다양한 제품	1. 긴 실행, 모듈로부터 표준화된 제품	1. 대량이며 적은 다양성	1. 대량이며 다양한 제품
2. 광범위하게 숙련된 운영자	2. 적당히 훈련된 직원	2. 덜 숙련된 운영자	2. 유연한 운영자
3. 작업별 주의사항	3. 약간의 작업 지침의 변경	3. 표준화된 작업 지침	3. 많은 작업 지시가 필요한 주문형 주문
4. 높은 재고	4. 낮은 재고	4. 낮은 재고	4. 상품가치에 비해 낮은 재고
5. 완제품은 주문제작 상품으로 보관하지 않는다.	5. 완제품은 빈번한 예측으로 만들어진다.	5. 완제품은 예측해 만들어지고 보관된다.	5. 완제품은 BTO(수주 생산)으로 만들어진다.
6. 복잡한 작업일정	6. 고정된 작업일정	6. 고정된 작업일정	6. 정교한 작업일정
7. 낮은 고정비용, 높은 변동비용	7. 고정비는 설비의 유연성에 따라 다름	7. 높은 고정비용, 낮은 변동비용	7. 높은 고정비용, 낮은 변동비용

비용이 가장 낮고, 프로세스 B는 V_1과 V_2 사이의 비용이 가장 낮고, 프로세스 C는 V_2 이상의 용량에서 비용이 가장 낮다.

예제 1은 프로세스가 다른 프로세스보다 더 비싸지는 정확한 용량을 결정하는 방법을 보여준다.

예제 1

크로스오버 차트

Kleber Enterprises는 내부 회계 프로세스의 변경사항을 지원하기 위해 세 가지 회계 소프트웨어 제품(A, B, C)을 평가하고자 한다. 결과 프로세스는 그림 7.3에 표시된 것과 유사한 비용 구조를 갖는다. 이러한 프로세스에 대한 소프트웨어 비용은 다음과 같다.

	총 고정비용(달러)	회계 보고서당 필요한 비용(달러)
소프트웨어 A	200,000	60
소프트웨어 B	300,000	25
소프트웨어 C	400,000	10

학습목표 7.2
다른 프로세스에 대한 교차점을 계산한다.

접근방법 ▶ 소프트웨어 A와 B에 대한 교차점을 푼 다음 소프트웨어 B와 C에 대한 교차점을 푼다.

해결방법 ▶ 소프트웨어 A는 V_1까지 가장 경제적인 프로세스를 생성하지만 정확히 몇 개의 보고서(용량)까지 요구되는가? V_1의 용량을 결정하기 위해 소프트웨어 A의 비용을 소프트웨어 B의 비용과 동일하게 설정한다. V_1은 알 수 없는 용량이다.

$$200{,}000 + (60)V_1 = 300{,}000 + (25)V_1$$
$$35V_1 = 100{,}000$$
$$V_1 = 2{,}857$$

이것은 소프트웨어 A가 0 보고서에서 2,857 보고서(V_1)까지 가장 경제적임을 의미한다.

마찬가지로 V_2의 교차점을 결정하기 위해 소프트웨어 B의 비용을 소프트웨어 C의 비용과 동일하게 설정한다.

$$300{,}000 + (25)V_2 = 400{,}000 + (10)V_2$$
$$15V_2 = 100{,}000$$
$$V_2 = 6{,}666$$

이는 보고서 수가 2,857(V_1)에서 6,666(V_2) 사이일 때 소프트웨어 B가 가장 경제적이고 보고서 수가 6,666(V_2)을 초과할 때 소프트웨어 C가 가장 경제적임을 의미한다.

통찰력 ▶ 보다시피 선택한 소프트웨어 및 관련 프로세스는 예측 용량에 크게 의존한다.

학습 연습 ▶ 소프트웨어 A 공급업체가 고정비용을 150,000달러로 줄인 경우 A와 B 사이의 새로운 교차 지점은 무엇인가? [답: 4,286]

집중 프로세스 효율성에 대한 지속적인 탐구에서 산업화된 사회는 계속해서 전문화를 향해 나아가고 있다. 전문화와 제공되는 집중은 효율성에 기여하며 제한된 수의 활동, 제품 및 기술에 집중하는 관리자가 더 나은 성과를 낸다. 시설 내 제품의 다양성이 증가함에 따라 간접비는 훨씬 더 빠르게 증가한다. 마찬가지로 제품, 고객 및 기술의 다양성이 증가함에 따라 복잡성도 증가한다. 복잡성에 대처하는 데 필요한 자원이 불균형적으로 확장되고, 폭이 아닌 제품 라인의 깊이에 중점을 두는 것은 뛰어난 기업의 전형이며, 그중 인텔(Intel), L. M. 에릭슨(L.M. Ericsson), 보쉬(Bosch)가 세계적 수준의 예이다. 여기에서 전문화, 단순화 및 초점으로 정의된 **집중**은 효율성을 산출한다. 집중은 또한 시장 및 재정적 성공을 촉진하는 핵심 역량을 구축하는 데 기여한다. 집중은 다음

그림 7.3

크로스오버 차트

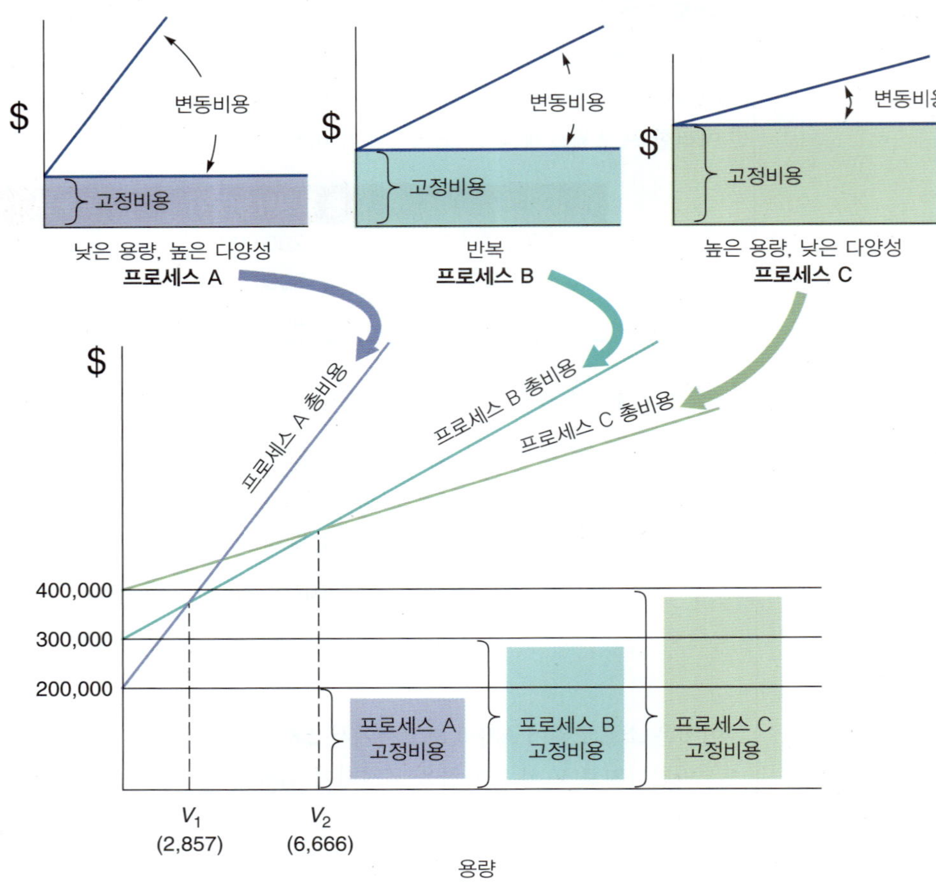

과 같을 수 있다.

- 고객[예: 깨끗한 유리잔과 접시가 중요한 호텔 및 레스토랑용 식기세척기에 주력하는 독일 회사 빈터할터가스트로놈(Winterhalter Gastronom) 등]
- 유사한 속성을 가진 **제품**[예: 고품질 강판만을 가공하는 뉴코철강(Nucor Steel)의 오하이오주 크로퍼드 공장, 세계 전기 울타리 시장의 45%를 차지하는 뉴질랜드 갤러거(Gallagher) 회사]
- 서비스(예: 어린이와 여성에 초점을 맞춘 올랜도의 아놀드파머병원 또는 탈장 수술에 초점을 맞춘 캐나다의 숄다이스병원)
- 기술[예: 특정 특수 종류의 반도체에만 초점을 맞춘 텍사스인스트루먼츠(Texas Instruments), 기회의 세계에도 불구하고 여전히 소프트웨어에 초점을 맞춘 SAP]

운영 관리자의 핵심은 해당 전문 분야에서 두각을 나타나는 데 필요한 핵심 역량에 중점을 두고 전문화를 향해 지속적으로 나아가는 것이다.

장비 선택

궁극적으로 특정 공정 전략을 선택하려면 장비와 기술에 대한 선택이 필요하다. 병원, 식당, 제조 시설에 이르기까지 거의 모든 운영 기능에 대체 생산 방법이 존재하기 때문에 이러한 결정은 복잡할 수 있다. 최선의 장비를 선택하려면 특정 산업과 사용 가능한 프로세스 및 기술을 이해해야 한다. 병원용 엑스레이 기계, 공장용 컴퓨터 제어 선반, 사무실용 새 컴퓨터 등 장비를 선택하려면 비용, 현금 흐름, 시장 안정성, 품질, 용량 및 유연성을 고려해야 한다. 이러한 결정을 내리기 위해 운영 관리자는 각 옵션의 용량, 크기, 허용 오차 및 유지 관리 요구 사항을 나타내는 문서를 작성한다.

급속한 기술 변화와 짧은 제품수명주기의 시대에 생산 공정에 유연성을 추가하는 것은 주요 경쟁 우위가 될 수 있다. **유연성**(flexibility)은 시간, 비용 또는 고객 가치 면에서 페널티가 거의 없이 대응할 수 있는 능력이다. 이는 모듈식, 이동식 혹은 디지털 제어 장비를 의미할 수 있다. 예를 들어 혼다(Honda)는 공정 유연성 덕분에 생산량과 제품 믹스를 수정해 시장 역학에 대응하는 업계 리더가 될 수 있었다.

유연성
시간, 비용, 고객 가치 면에서 페널티가 거의 없이 대응할 수 있는 능력

생산 프로세스에 유연성을 구축하는 것은 어렵고 비용이 많이 들 수 있지만, 유연성이 없다면 변경은 다시 시작해야 함을 의미할 수 있다. 맥도날드가 숯불에 구운 햄버거를 제공하는 데 필요한 유연성을 추가하는 것과 같이 다소 간단한 변경에 필요한 것이 무엇인지 생각해보자. 다소 간단해 보이지만 10개의 OM 결정 중 많은 부분을 변경해야 한다. 예를 들어 (1) 구매[다른 품질의 고기(아마도 지방 함량이 더 많은 것), 숯과 같은 공급품], (2) 품질 기준(패티가 익는 시간과 온도), (3) 장비(그릴), (4) 배치(새로운 공정과 새로운 배기구를 위한 공간), (5) 훈련, (6) 유지보수를 변경해야 할 수 있다. 종이 메뉴와 현금 결제의 비디오 화면에서 항목을 선택한 다음 안면 인식으로 지불하는 것으로의 변화와 같은 또 다른 변화를 고려할 수 있다. [얌브랜드(Yum Brands) 사진을 참조하라.]

Courtesy of Yum China

얌브랜드가 고객이 비디오 화면에서 메뉴 항목을 선택하는 콘셉트 스토어에서 셀프 서비스 키오스크를 테스트하고 있다. 얼굴 인식 소프트웨어와 앱이 자동으로 요금을 생성한다.

프로세스나 장비를 변경하는 것은 어렵고 비용이 많이 들 수 있기 때문에 애초에 이 중요한 결정을 올바르게 내리는 것이 가장 좋다.

프로세스 분석과 설계

프로세스를 분석하고 설계할 때 다음과 같은 질문을 하게 된다.

- 프로세스가 차별화, 대응성 또는 저비용 측면에서 경쟁 우위를 달성하도록 설계되었는가?
- 프로세스에서 가치를 추가하지 않는 단계를 제거하는가?
- 프로세스는 고객이 인식하는 고객 가치를 극대화하는가?
- 프로세스가 주문을 생성할 것인가?

학습목표 7.3
프로세스 분석 도구를 사용한다.

프로세스 분석 및 설계는 이러한 문제뿐만 아니라 처리량, 비용, 품질과 같은 관련 운영 관리 문제도 해결한다. 그렇기 때문에 프로세스가 핵심이며, 프로세스를 검토하고, 그런 다음 지속적으로 프로세스를 개선한다.

아래에서 소개하는 도구는 프로세스 설계 및 재설계의 복잡성을 이해하는 데 도움이 된다. 이것들은 프로세스에서 발생하거나 발생해야 하는 일을 이해하는 방법일 뿐이다. 흐름도, 시간-함수 매핑, 공정도, 가치-흐름 매핑과 서비스 청사진을 살펴본다.

흐름도

흐름도
사람이나 물질의 움직임을 분석하는 데 사용되는 그림

첫 번째 도구는 재료, 제품 또는 사람의 움직임에 대한 개략도 또는 그림인 **흐름도**(flowchart)이다. 예를 들어 이 장의 글로벌 기업 프로필에 있는 흐름도는 할리데이비슨의 조립 프로세스를 보여준다. 이 차트는 프로세스의 이해, 분석 및 커뮤니케이션에 도움이 될 수 있다.

시간-함수 매핑

시간-함수 매핑(또는 프로세스 매핑)
가로축에 시간이 추가된 흐름도

프로세스 분석 및 설계를 위한 두 번째 도구는 가로축에 시간이 추가된 수정된 흐름도이다. 이러한 차트를 **시간-함수 매핑**(time-function mapping) 또는 **프로세스 매핑**(process mapping)이라고도 한다. 시간-함수 매핑에서 노드는 활동을 나타내고 화살표는 흐름 방향을 나타내며 시간은 수평축에 표시된다. 이러한 유형의 분석을 통해 사용자는 추가 단계, 중복 및 지연과 같은 낭비를 식별하고 제거할 수 있다.

공정도

공정도
사람이나 물질의 움직임을 분석하기 위해 기호를 사용하는 차트

세 번째 도구는 **공정도**이다. **공정도**(process charts)는 기호, 시간, 거리를 사용해 프로세스를 구성하는 활동을 분석하고 기록하는 객관적이고 구조화된 방법을 제공한다.[1] 이를 통해 우리는 부가가치 활동에 집중할 수 있다. 예를 들어 그림 7.4에서는 패스트푸드점에서 햄버거를 조립하는 현재 방법을 표시한 공정도에 부가가치 활동과 폐기물을 구별하는 데 도움이 되는 부가가치 선이 포함되어 있다. 모든 부가가치 작업(가치를 추가하지 않는 검사, 보관, 지연 및 운송과 반대)을 식별하면 총 활동에 부가된 가치의 백분율을 결정할 수 있다.[2] 그림 7.4 하단의 계산에서 이 경우 부가가치의 백분율이 85.7%임을 알 수 있다. 운영 관리자의 임무는 낭비를 줄이고 부가가치 비율을 높이는 것이다. 부가가치가 없는 품목은 낭비이며, 그것들은 기업과 사회에 영원히 손실되는 자원이다.

가치-흐름 매핑

가치-흐름 매핑(VSM)
관리자가 전체 생산 프로세스를 통해 재료 및 정보의 흐름에 가치를 추가하는 방법을 이해하는 데 도움이 되는 프로세스

시간-함수 매핑의 변형은 **가치-흐름 매핑**(value-stream mapping, VSM)이다. 그러나 가치-흐름 매핑은 공급사슬을 포함한 전체 생산 프로세스에서 가치가 추가되는(추가되지 않는) 위치를 확장한

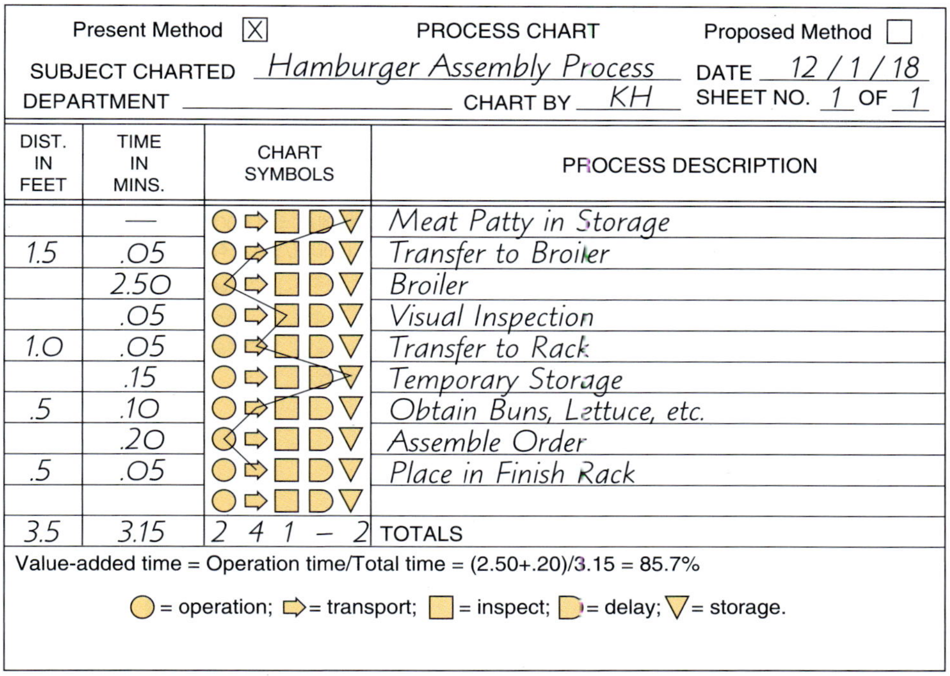

그림 7.4

패스트푸드점에서 햄버거를 조리하는 공정도

다. 시간-함수 매핑과 마찬가지로 아이디어는 고객과 함께 시작해 생산 프로세스를 이해하는 것이지만 가치-흐름 매핑은 분석을 다시 공급업체로 확장한다.

가치-흐름 매핑은 프로세스뿐만 아니라 예제 2에서 볼 수 있듯이 프로세스를 지원하는 관리 결정 및 정보 시스템도 고려한다.

예제 2

가치-흐름 매핑

GPS Tech, Inc.는 한 달에 11,000개의 GPS 모듈에 대한 주문을 받았고 주문이 제조를 통해 어떻게 처리되는지 알고 싶다.

접근방법 ▶ 고객에서 공급자까지의 프로세스를 완전히 이해하기 위해 GPS Tech는 가치-흐름 매핑을 준비한다.

해결방법 ▶ 가치-흐름 매핑은 복잡해 보이지만 구성은 쉽다. 다음은 그림 7.5에 표시된 가치-흐름 매핑을 완성하는 데 필요한 단계이다.

1. 고객, 공급업체 및 생산에 대한 기호로 시작해 큰 그림을 확인한다.
2. 고객 주문 요구사항을 입력한다.
3. 일일 생산 요구사항을 계산한다.
4. 아웃바운드 배송 요구사항 및 배송 빈도를 입력한다.
5. 인바운드 배송 방법 및 배송 빈도를 결정한다.
6. 왼쪽에서 오른쪽으로 순서대로 프로세스 단계(즉 기계, 조립)를 추가한다.
7. 통신 방법을 추가하고 빈도를 추가하고 화살표로 방향을 표시한다.
8. 전체 흐름의 모든 단계 사이에 재고 수량(Ⓘ으로 표시됨)을 추가한다.
9. 총 작업 시간(부가가치 시간)과 지연 시간(비부가가치 시간)을 결정한다.

통찰력▶ 그림 7.5에서 우리는 들어오는 원자재와 공정 단계 사이에 많은 재고가 존재하며 부가가치 시간이 전체 공정의 비율로 낮다는 것을 알 수 있다.

학습 연습▶ 원자재 재고를 어떻게 줄일 수 있는가? [답: 일주일에 한 번이 아니라 두 번 배달한다.]

그림 7.5

가치-흐름 매핑(VSM)

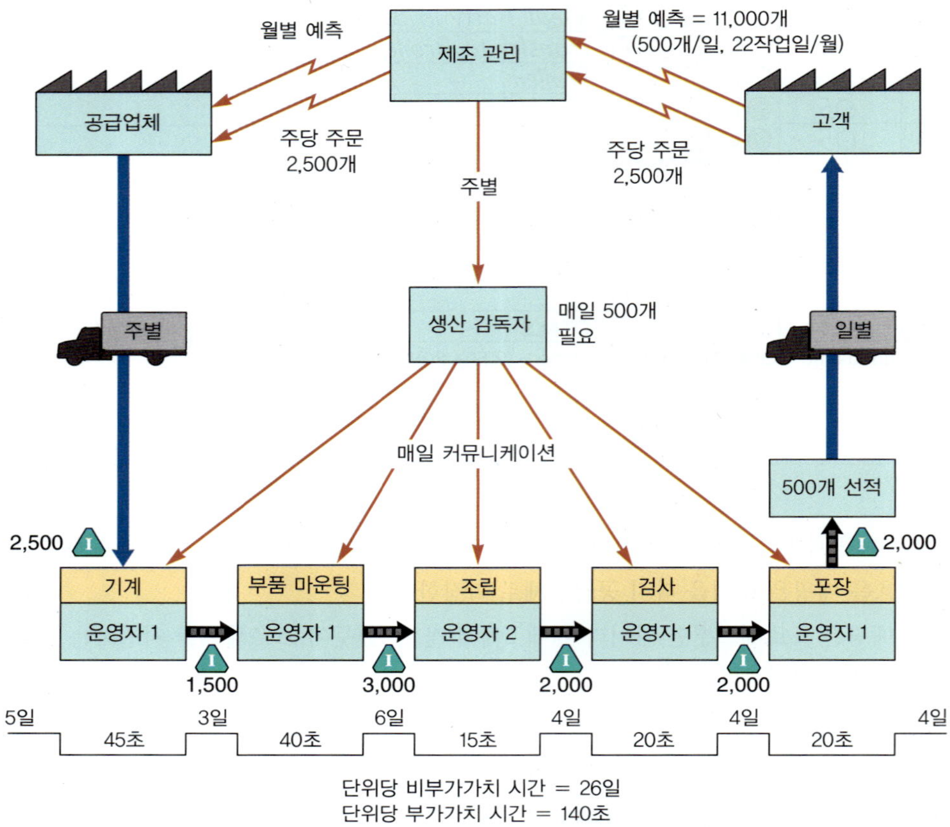

서비스 청사진

서비스 청사진

고객 및 공급자와 고객의 상호작용에 초점을 맞추는 프로세스 분석 기법

높은 서비스 콘텐츠를 가진 제품은 다섯 번째 프로세스 기술의 사용을 보증할 수 있다. **서비스 청사진**(service blueprinting)은 고객 및 공급자와 고객의 상호작용에 중점을 둔 프로세스 분석 기술이다. 예를 들어 그림 7.6의 1단계 활동은 고객의 통제하에 있다. 2단계에는 고객과 상호작용하는 서비스 제공자의 활동이 있다. 3단계에는 고객과 떨어져 수행되고 고객에게 즉시 표시되지 않는 활동이 포함된다. 각 수준은 다른 관리 문제를 제안한다. 예를 들어 최상위 단계는 고객 교육 또는 기대치 수정을 제안할 수 있는 반면, 2단계는 인력 선택 및 교육에 중점을 둘 것을 요구할 수 있다. 마지막으로 3단계는 보다 일반적인 프로세스 혁신에 적합하다. 그림 7.6에 표시된 서비스 청사진은 또한 잠재적인 실패 지점을 기록하고 품질 향상을 위해 포카요케(poka-yoke) 기술을 추가할 수 있는 방법을 보여준다. 수정이나 적절한 포카요케가 포함될 수 있는 설계 단계에서 식별되면 이러한 실패 지점의 결과는 크게 줄어들 수 있다. 시간 차원은 이해를 돕고 통찰력을 확장하며 고객 서비스에 초점을 제공하기 위해 그림 7.6에 포함되어 있다.

이 다섯 가지 프로세스 분석 도구 각각에는 장점과 차이점이 있다. 흐름도는 큰 그림을 보고 전

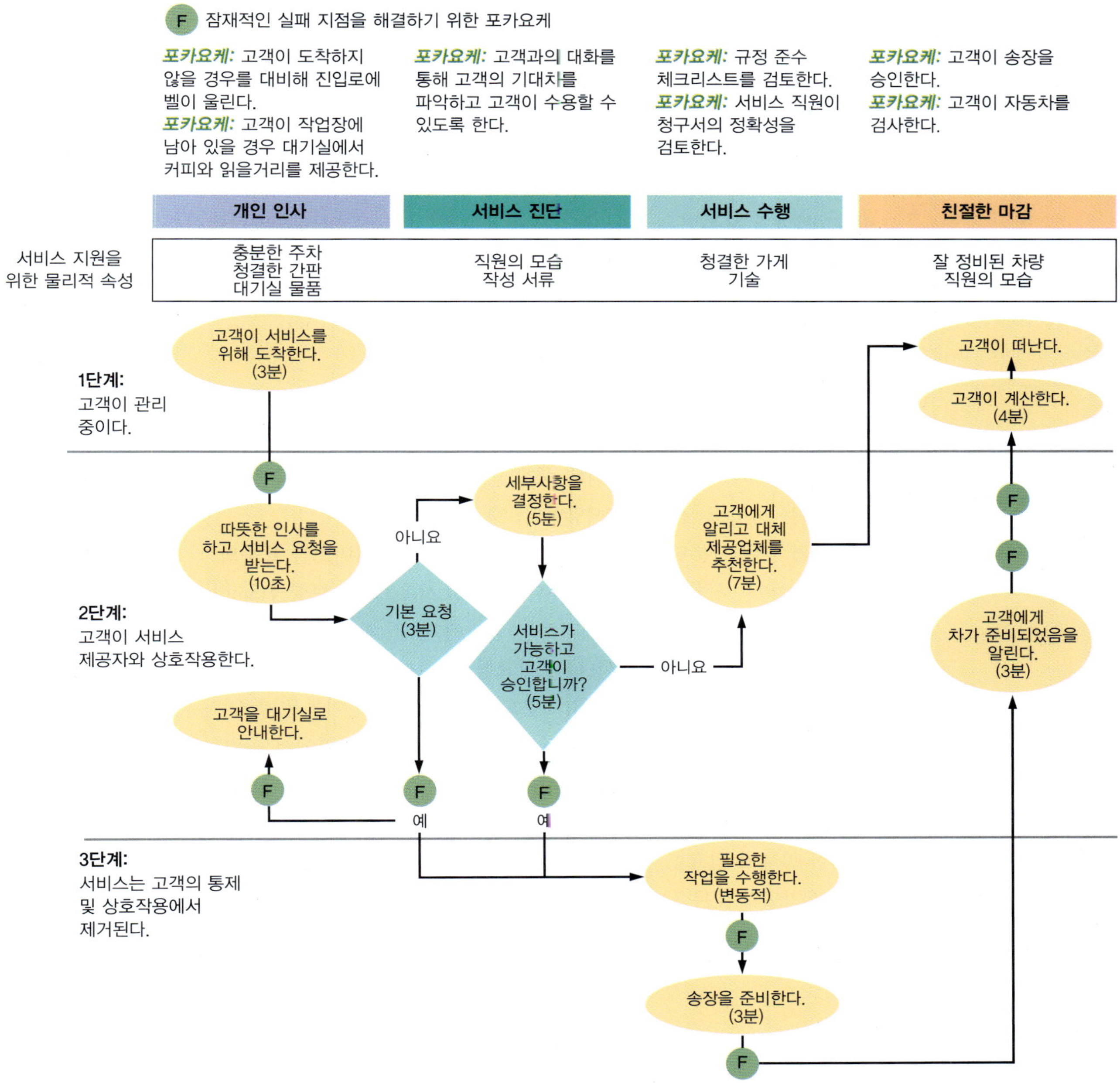

그림 7.6 스피디루브(Speedy Lube, Inc.)의 서비스 청사진

체 시스템을 이해하는 빠른 방법을 제공한다. 시간-함수 매핑은 거시적 분석에 있어 약간의 엄격함과 시간 요소를 추가한다. 가치-흐름 매핑은 조직을 넘어 고객과 공급업체까지 확장된다. 공정도는 부가가치 시간, 지연, 거리, 저장 등과 같은 항목을 추가해 프로세스에 대한 훨씬 더 자세한 보기를 제공하도록 설계되었다. 반면에 서비스 청사진은 프로세스의 고객 상호작용 부분에 집중할 수 있도록 설계되었다. 고객 상호작용은 종종 프로세스 설계에서 중요한 변수이기 때문에 이제 서비스 프로세스 설계의 몇몇 추가적인 측면을 검토한다.

서비스 프로세스 전략에 대한 특별 고려사항

고객과의 상호작용은 종종 프로세스 성과에 부정적인 영향을 미친다. 그러나 서비스는 본질적으로 약간의 상호작용과 사용자 정의가 필요함을 의미한다. 고객의 고유한 욕구가 프로세스를 방해하는 경향이 있음을 인식하면 관리자가 이러한 특별한 요구사항을 수용하도록 프로세스를 설계할수록 프로세스가 더 효과적이고 효율적일 것이다. 비결은 올바른 조합을 찾는 것이다.

그림 7.7의 4개 사분면은 운영 관리자가 필요한 고객 상호작용 및 맞춤화를 유지하면서 최상의 전문성과 초점을 찾기 위해 서비스 프로세스를 수정하는 방법에 대한 추가 통찰력을 제공한다. 1장과 2장에서 소개한 열 가지 운영 관리 결정은 각 사분면에서 다른 강조점으로 사용된다. 예를 들면 다음과 같다.

학습목표 7.4
서비스 프로세스에서 고객 상호 작용을 설명한다.

- 위쪽 사분면에 있는 **대량 서비스** 및 **전문 서비스**에서 **노동 함량이 높은** 관리자는 인적자원에 광범위하게 집중할 것으로 예상한다. 이것은 종종 개인화된 서비스로 수행되며, 높은 노동 참여가 요구되므로 인력 관리의 중요성이 크며 전문적인 교육 및 훈련이 필요하다. 이것은 특히 전문 서비스 사분면에 해당한다.
- **맞춤화가 낮은** 사분면은 (1) 패스트푸드점처럼 일부 서비스를 표준화하거나 제한하고, (2) 키오스크가 있는 항공사처럼 자동화하거나, (3) 사우스웨스트항공(Southwest Airlines)같이 좌석 배정과 같은 일부 서비스를 제거하는 경향이 있다. 자동화를 통해 서비스의 일부 측면을 변경하려면 프로세스 설계의 혁신이 필요할 수 있다. 항공권 키오스크 시스템, 셀프 체크아웃, 은행 ATM 등이 그렇다. 이러한 표준화 및 자동화로의 이동은 추가 자본 지출 및 장비 구매, 유지보수를 위한 새로운 운영 관리 기술과 같은 다른 영역에서도 변화를 요구할 수 있다. 맞춤화 능력의 감소는 다른 영역에서 추가적인 강점을 필요로 할 것이다.
- **사용자화 수준이 낮은** 사분면에서는 고객 피드백이 낮기 때문에 품질 표준을 유지하기 위해 엄격한 통제가 필요할 수 있다.
- **노동 집약도가 낮은** 작업은 프로세스 기술 및 스케줄링의 혁신에 특히 적합할 수 있다.

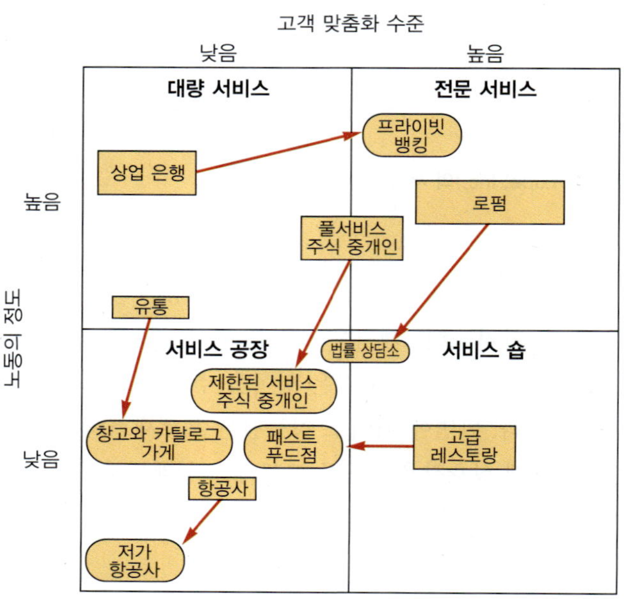

그림 7.7

서비스 프로세스 매트릭스 내에서 전문화와 집중으로 이동하는 서비스
관련 논의는 다음을 참조하라. Gary J. Salegna and Farzanch Fazel, "An Integrative Approach for Classifying Services," *Journal of Global Business Management* (vol. 9, no. 1), 2013; and Roger Schmenner, "Services Moving toward Specialization and Focus with the Service Matrix," *MIT Sloan Management Review*, 1986.

표 7.3 서비스 생산성을 향상하는 기술

전략	기법	예
분리	고객이 서비스가 제공되는 곳으로 가야 하는 *서비스 구조화*	은행 고객은 새 계좌를 개설하기 위해 관리자에게, 대출을 위해 대출 담당자에게, 예금을 위해 창구 직원에게 이동한다.
셀프 서비스	고객이 원하는 속도로 검사, 비교 및 체크아웃할 수 있는 *셀프 서비스*	슈퍼마켓 및 백화점 인터넷 주문
지연	배송 시 *사용자 지정*	배송 시 밴 커스터마이징
집중	제안 *제한*	한정 메뉴 레스토랑
모듈	*모듈식* 서비스 선택 *모듈화* 생산	투자 및 보험 선택 레스토랑의 사전 포장 식품 모듈
자동화	일부 유형의 자동화에 적합할 수 있는 *서비스 분리*	자동 입출금기 앱을 통한 주문
스케줄링	정확한 개인별 *일정*	15분 간격으로 항공권 카운터 직원 예약
훈련	*서비스 옵션을 명확히 하기* *문제를 피하는 방법 설명*	투자 상담사, 장의사 판매 후 유지보수 직원

표 7.3은 서비스에서 혁신적인 프로세스 설계를 위한 몇 가지 추가 기술을 보여준다. 관리자는 서비스를 향상시키는 혁신적인 프로세스를 설계하는 데 중점을 둔다. 예를 들어 슈퍼마켓 **셀프 서비스**는 비용을 절감하는 동시에 고객이 신선도나 색상과 같은 원하는 특성을 확인할 수 있도록 한다. 델컴퓨터는 고객이 웹에서 자신이 직접 제품을 디자인할 수 있도록 해 또 다른 버전의 셀프 서비스를 제공한다. 고객은 이를 선호하고 델에게는 더 저렴하고 빠른 서비스를 제공하게끔 한다.

생산 기술

생산 및 생산성을 향상시키는 기술의 발전은 전 세계적으로 설계, 제조 및 서비스의 방식을 변화시키고 있다. 이 절에서는 그중 다음과 같은 아홉 가지 기술 영역을 소개하고자 한다.

1. 기계 기술(machine technology)
2. 자동 식별 시스템(automatic identification systems, AIS)
3. 프로세스 제어(process control)
4. 비전 시스템(vision systems)
5. 로봇(robots)
6. 자동 보관 및 검색 시스템(automated storage and retrieval systems, ASRS)
7. 자동 안내 차량(automated guided vehicles, AGV)
8. 유연 제조 시스템(flexible manufacturing systems, FMS)
9. 컴퓨터 통합 제조(computer-integrated manufacturing, CIM)

기업 내에서 이러한 기술을 디지털 방식으로 연결할 때 운영 관리자에게 미치는 영향을 고려해야 한다. 그런 다음 변화하는 소비자의 요구, 공급업체 역학 및 생산자 혁신에 즉시 대응할 수 있는 완벽한 사슬에서 그것들이 전 세계적으로 결합 및 연결될 때 어떤 영향을 미칠지 고려한다. 이것이 세계 경제와 운영 관리에 미치는 영향은 엄청나다.

기계 기술

학습목표 7.5
생산 기술의 최근 발전을 확인한다.

많은 기계는 재료를 제거해 절단, 드릴링, 보링, 밀링과 같은 작업을 수행한다. 이 기술은 정밀도와 제어 모두에서 엄청난 발전을 겪고 있다. 이제 기계는 사람 머리카락 너비의 76분의 1인 마이크론 단위 미만의 변화가 있는 금속 구성요소로 향하고 있다. 또한 물을 음속의 3배까지 가속해 수술 도구용 티타늄을 절단할 수 있다. 이러한 기계는 종종 이전 세대보다 5배 더 생산적이면서도 더 적은 전력을 사용한다. 그리고 윤활유의 지속적인 발전으로 이제 유성 윤활제가 아닌 수성 윤활유를 사용할 수 있다. 수성 윤활제는 유해 폐기물을 제거하고 부스러기를 쉽게 회수 및 재활용할 수 있게 해 지속가능성을 향상시킨다.

컴퓨터 지능은 종종 이 새로운 기계를 제어해 더 복잡하고 정밀한 항목을 더 빠르게 만들 수 있다. 자체 컴퓨터와 메모리가 있는 이러한 기계를 **컴퓨터 수치 제어**(computer numerical controls, CNC)라고 한다. 전자 제어는 전환 시간을 단축하고 낭비를 줄이며(오류가 적기 때문에) 유연성을 향상시켜 처리량을 높인다.

컴퓨터 수치 제어(CNC)
자체 컴퓨터와 메모리가 있는 기계

이러한 기술의 고급 버전은 코네티컷에 있는 프랫앤드휘트니(Pratt & Whitney)의 터빈 블레이드 공장에서 사용된다. 기계의 로딩 및 정렬 작업을 크게 개선해 프랫은 터빈 블레이드의 연삭 공정에 소요되는 총 시간을 10일에서 2시간으로 단축했다. 새로운 기계는 또한 공정 개선에 기여해 이제 블레이드가 공장에서 8,100피트에서 1,800피트만 이동해 처리 시간을 22일에서 7일로 단축했다.

기계의 새로운 발전으로 인해 전통적으로 행해진 것처럼 재료를 **제거**하는 것보다 재료를 **추가**하는 것이 많은 경우에 더 효율적일 수 있음을 시사한다. **적층 제조**(additive manufacturing) 또는 흔히 **3D 프린팅**이라고 하는 것은 설계 테스트, 프로토타입 및 맞춤형 제품에 자주 사용된다. 이 기술은 계속 발전하고 있으며 이제 혁신적인 제품의 설계(다양성 및 복잡성), 최소 맞춤형의 툴링, 최소 조립, 낮은 재고 수준 유지, 시장 출시 시간을 단축하게 한다. 결과적으로 적층 제조는 대량 제품의 생산 효율성을 향상하기 위해 점점 더 많이 사용되고 있으며, 소프트웨어의 발전, 컴퓨터 기술, 전 세계적인 커뮤니케이션 및 적층 제조의 융합으로 인해 산업은 진정한 대량 맞춤화의 정점에 이르렀다. 결국 적층 제조를 통한 개인화된 대중 시장이 운영에 막대한 변화를 가져올 것으로 기대할 수 있다.

적층 제조
잉크젯 프린터가 잉크를 놓는 것과 같은 방식으로 레이어에 레이어를 추가하여 물리적 항목 생산

RFID를 사용하면 계산원이 몇 초 만에 장바구니의 전체 내용을 스캔할 수 있다.

자동 식별 시스템(AIS)과 RFID

수치 제어 제조 기계에서 ATM에 이르기까지 새로운 장비는 디지털 전자 신호로 제어된다. 전자는 정보를 전송하는 훌륭한 수단이지만 대부분의 운영 관리 데이터는 비트와 바이트로 시작하지 않는다는 주요 제한 사항이 있다. 따라서 운영 관리자는 데이터를 전자 형식으로 가져와야 한다. 데이터를 디지털화하는 것은 컴퓨터 키보드, 바코드, 무선 주파수, 광학 문자 등을 통해 수행된다. 이러한 **자동 식별 시스템**(automatic identification systems, AIS)은 데이터를 쉽게 조작할 수 있는 전자 형식으로 이동하는 데 도움이 된다.

자동 식별 시스템(AIS)
데이터를 바코드와 같은 전자 형식으로 변환하는 시스템

관련 비용이 감소하고 공급이 증가하기 때문에 **무선 주파수 식별**(radio frequency identification, RFID)은 특별한 주의가 필요하다. RFID는 전파를 사용해 제한된 범위에서 신호를 보내는 자체 소형 안테나가 있는 집적 회로이다. 이러한 RFID 태그(tag)는 부품, 팔레트, 사람, 애완동물(거의 움직이는 모든 것)을 추적하고 모니터링할 수 있는 고유한 식별 기능을 제공한다. RFID는 태그와 리더 사이에 가시선이 필요하지 않다.

무선 주파수 식별(RFID)
안테나가 있는 집적 회로가 전파를 보내는 무선 시스템

OM in Action 강철 500,000톤, 14개의 일자리

오스트리아의 도나비츠(Donawitz) 마을은 1400년대부터 철 제련의 중심지였다. 올해 뵈스트알피네(Voestalpine AG)의 새로운 압연 공장이 문을 열면서 업계는 안정적으로 보이고 있고, 압연기 공정의 비약적인 발전으로 비용과 직원 수가 감소하고 있다. 새로운 공장은 1960년대에 건설된 비슷한 용량의 공장에서 1,000명이 필요한 것에 비해 연간 500,000톤의 강선을 생산하는 데 14명의 직원만 있으면 된다.

시설 내부에서 2,300피트의 생산 라인을 따라 뜨겁게 달아오른 금속이 구불구불 흐른다. 그러나 바닥은 흠잡을 데가 없고 유일한 소음은 부드러운 윙윙거림이며 대부분의 시간은 라인 위에 높이 앉아 평면 스크린 뱅크에서 출력을 모니터링하는 3명의 기술자를 제외하고는 인적이 없다. "장기적으로 우리는 코크스 공장이나 용광로 주변에서 덥고 더러운 일을 하는 전형적인 블루칼라 노동자 대부분을 잃게 될 것입니다. 이 모든 것이 자동화될 것입니다"라고 뵈스트알피네의 CEO는 말한다.

지난 20년 동안 새로운 제어 프로세스와 혁신(예: 완제품 모양에 더 가까운 강철 주물)으로 생산성이 향상됨에 따라 산업 전반에 걸쳐 철강 1톤을 만드는 데 필요한 노동 시간이 700시간에서 250시간으로 감소했다. 2008년부터 2015년까지 유럽의 철강 인력은 약 84,000개의 일자리(약 20%)가 줄어들었고 전문가들은 이 분야의 고용이 향후 10년 동안 20% 더 감소할 것이라고 예측하고 있다.

도나비츠에서는 약 300명의 다른 근로자들이 해운물류, 내부 철도 시스템 운영 등의 지원 역할을 수행하는 반면, 공장 자체는 14명이 운영한다. 공장 바닥보다 높은 배의 다리와 같은 구조물인 '강단'이라고 불리는 곳에 앉아 있는 기술자들은 대부분 온도나 압력의 급상승과 같은 경고 신호를 주시하고 있는 정도이다.

출처: *Businessweek*(June 26, 2017); *Financial Times*(June 2, 2016); *Steel Times International*(September 29, 2017)

프로세스 제어

프로세스 제어(process control)는 정보 기술을 사용해 물리적 프로세스를 모니터링하고 제어하는 것이다. 예를 들어 프로세스 제어는 종이가 분당 수천 피트의 속도로 제지기 위를 이동할 때 종이의 수분 함량과 두께를 측정하는 데 사용된다. OM in Action '강철 500,000톤, 14개의 일자리'에 설명된 도나비츠(Donawitz) 압연기에서 작동하는 공정 기술에 주목할 필요가 있다. 프로세스 제어는 또한 석유 정제소, 석유화학 공정, 시멘트 공장, 원자로 및 기타 제품 중심 시설의 온도, 압력과 수량을 결정하고 제어하는 데 사용된다.

프로세스 제어
물리적 프로세스를 제어하기 위한 정보 기술의 사용

프로세스 제어 시스템은 다양한 방식으로 작동하지만, 다음이 일반적인 형태이다.

- 센서는 데이터를 수집하며, 이 데이터는 1분 또는 1초에 한 번씩 주기적으로 읽는다.
- 측정값은 디지털 신호로 변환되어 컴퓨터로 전송된다.
- 컴퓨터 프로그램은 파일을 읽고 데이터를 분석한다.
- 결과 출력은 다양한 형태를 취할 수 있다. 여기에는 컴퓨터 콘솔이나 프린터의 메시지, 밸브 설정 변경을 위한 모터 신호, 경고등 또는 경적, 통계적 프로세스 관리 차트가 포함된다.

비전 시스템

비전 시스템(vision systems)은 비디오카메라와 컴퓨터 기술을 결합하고 종종 검사 역할에 사용된다. 육안 검사는 대부분의 식품 가공 및 제조 조직에서 중요한 작업이다. 게다가 많은 응용 분야에서 사람이 수행하는 육안 검사는 지루하고 정신이 멍해지며 오류가 발생하기 쉽다. 따라서 검사 대상이 매우 유사한 경우에 비전 시스템이 널리 사용된다. 예를 들어 비전 시스템은 프리토레이의 감자칩을 검사하는 데 사용되어 칩이 생산 라인으로 내려가면서 결함을 식별할 수 있다. 시스템은 또한 실란트가 월풀(Whirlpool)의 세탁기 변속기에 적절한 양으로 존재하는지 확인하는 데 사용된다. 비전 시스템은 일관되게 정확하고 지루하지 않으며 비용도 적당하고, 사람이 수행하는 육안 검사보다 훨씬 우수하다.

비전 시스템
검사 역할에 비디오 카메라와 컴퓨터 기술을 사용하는 시스템

로봇

로봇
물건을 잡고, 움직이거나, 잡을 수 있는 유연한 기계. 모터와 스위치를 활성화하는 전자 충격을 통해 작동

기계가 유연하고 물건을 잡고 움직일 수 있고 '잡는(grab)' 능력이 있을 때 우리는 **로봇**이라는 단어를 사용하는 경향이 있다. **로봇**(robots)은 전기 충격을 사용해 모터와 스위치를 작동시키는 기계 장치이다. 로봇은 특히 단조롭거나 위험한 작업을 수행하거나 인간의 노력을 기계로 대체해 개선할 수 있는 작업을 효과적으로 수행할 수 있다. 사람을 기계로 대체함으로써 일관성, 정확성, 속도, 힘이 향상될 수 있는 경우가 그렇다. 예를 들어 자동차 산업에서는 로봇을 사용해 자동차의 거의 모든 용접 및 페인팅을 수행한다. 그리고 보다 정교한 새로운 세대의 로봇에는 작은 부품을 조립, 테스트 및 포장(또는 애플 아이폰의 경우 분해)하기에 충분한 재주를 보여주는 센서와 카메라가 장착되어 있다.

자동 보관 및 검색 시스템

자동 보관 및 검색 시스템(ASRS)
창고의 지정된 장소로 부품을 자동으로 배치하는 컴퓨터 제어 창고

오류가 발생하기 쉬운 창고 보관과 관련된 엄청난 노동으로 인해 컴퓨터 제어 창고가 개발되었다. **자동 보관 및 검색 시스템**(automated storage and retrieval system, ASRS)으로 알려진 이러한 시스템은 창고의 지정된 장소로 부품과 제품을 자동으로 배치하고 반출하는 기능을 제공한다. 이러한 시스템은 일반적으로 월마트(Walmart), 타파웨어(Tupperware), 베네통(Benetton)과 같은 소매업체의 유통 시설에서 사용되며, 제조 회사의 재고 및 테스트 영역에서도 활용된다.

자동 안내 차량

자동 안내 차량(AGV)
자재를 이동시키는 데 사용되는 전자적으로 안내되고 제어되는 카트

자동화된 자재 처리는 모노레일, 컨베이어, 로봇 또는 자동 안내 차량의 형태를 취할 수 있다. **자동 안내 차량**(automated guided vehicles, AGV)은 부품 및 장비를 이동하기 위해 제조 및 창고에 사용되는 전자적으로 안내되고 제어되는 카트이다. 또한 농업에서 사료를 배포하고 사무실에서 우편물을 옮기고 병원과 교도소에서 보급품과 식사를 배달하는 데 사용되기도 한다.

유연 제조 시스템

유연 제조 시스템(FMS)
중앙 집중식 컴퓨터의 전자 신호를 사용해 생산 및 자재 흐름을 자동화하는 시스템

중앙 컴퓨터가 각 워크스테이션과 로봇, ASRS, AGV와 같은 자재 취급 장비에 지침을 제공할 때 시스템은 자동화된 작업 셀 또는 보다 일반적으로 **유연 제조 시스템**(flexible manufacturing systems, FMS)으로 알려져 있다. FMS는 자재 취급 장치와 기계 자체가 모두 쉽게 변경되는 전자 신호(컴퓨터 프로그램)에 의해 제어되기 때문에 유연하다. 운영자는 필요에 따라 새로운 프로그램을 로드해 다른 제품을 생산한다. 그 결과 소량이지만 다양한 제품을 경제적으로 생산할 수 있는 시스템이 탄생했다. 예를 들어 댈러스 근처에 있는 록히드마틴(Lockheed Martin) 시설은 군용 항공기를 위한 유일한 예비 부품을 효율적으로 제작할 수 있게 되었으며, 전환 및 낮은 활용도와 관련된 비용이 크게 감소했다. FMS는 제품 중심 시설과 공정 중심 시설 간의 격차를 해소한다.

컴퓨터 통합 제조(CIM)

컴퓨터 통합 제조(CIM)
CAD, FMS, 재고 관리, 입고, 출하가 통합된 제조 시스템

유연 제조 시스템은 전자적으로 엔지니어링 및 재고 관리 부서로, 그리고 창고 및 배송 부서로 확장될 수 있다. 이러한 방식으로 컴퓨터 지원 설계(computer-aided design, CAD)는 수치 제어 기계를 실행하는 데 필요한 전자 지침을 생성한다. 컴퓨터 통합 제조 환경에서 CAD 터미널에서 시작된 설계 변경으로 인해 몇 분 만에 작업 현장에서 생산된 부품이 변경될 수 있다. 이 기능이 유연 제조 시스템의 일부로 재고 관리, 창고 보관 및 배송과 통합될 때 전체 시스템을 **컴퓨터 통합 제조**(computer-integrated manufacturing, CIM)라고 한다(그림 7.8).

그림 7.8

컴퓨터 통합 제조(CIM)

CIM에는 CAD, CAM, FMS, ASRS, AGV, 로봇이 포함되어 통합되고 유연한 제조 프로세스를 제공한다.

OM in Action 기술이 호텔 산업을 변화시킨다

기술은 호텔 산업에 '지능형 객실'을 도입시키고 있다. 호텔 관리는 이제 보안 시스템을 사용해 객실 청소 직원의 시간을 정확하게 추적할 수 있다. 객실 청소 직원이 방에 들어가면 프런트 데스크 컴퓨터에 객실 청소 직원의 위치를 알려주는 카드가 삽입된다. 한 매니저는 "우리는 객실 청소 직원이 방을 새로 정리하는 데 걸리는 시간을 출력해서 보여줄 수 있습니다"라고 말한다.

보안 시스템은 또한 손님이 자신의 신용카드를 열쇠로 사용해 문을 열 수 있도록 한다. 시스템의 다른 용도도 있다. 컴퓨터는 체크아웃 시간 이후에 손님의 방 접근을 차단하고 자동으로 에어컨이나 난방을 제어해 체크인할 때 켜고 체크아웃할 때 끄도록 한다.

미니바에는 이제 항목이 제거될 때 호텔의 중앙 컴퓨터 시스템에 경고하는 센서가 장착되어 있다. 이러한 항목은 즉시 객실로 요금을 청구시킨다. 이제 휴대용 적외선 장치를 사용해 객실 청소 직원이 복도에서 방이 실제로 사용 중인지 확인할 수 있다. 이렇게 하면 호텔 직원이 손님을 찾아오는 당혹감을 없애고 객실 청소 직원의 보안이 향상된다.

올랜도 유니버셜 스튜디오에 있는 로우스포르토피노베이호텔(Loew's Portofino Bay Hotel)에서 게스트 스마트카드는 테마파크와 호텔 모두에서 신용카드 역할을 하고 직원 스마트카드(다양한 보안 접근 수준을 위해 프로그래밍됨)는 직원 이동에 대한 감시와 추적을 할 수 있도록 한다. 라스베이거스의 만다린오리엔탈호텔(Mandarin Oriental Hotel)에서는 체크인 후 객실에 도착한 손님들은 커튼이 열리고 조명이 켜지며 게스트 이름이 적힌 맞춤형 메시지가 표시된 TV가 고객을 맞이하는 것을 볼 수 있다. 캘리포니아주 쿠퍼티노(Cupertino)에 있는 알로프트(Aloft) 호텔에는 면도기, 칫솔, 간식 또는 조간신문을 2~3분 만에 호텔의 150개 객실로 옮기는 로봇이 있다. 그리고 해당 업무가 끝나면 재충전을 위해 로비로 돌아간다. 결과적으로 직원은 손님과 더 많은 시간을 보낼 수 있게 된다.

출처: *Forbes*(March 18, 2016) and(October 20, 2017); *The New York Times*(August 12, 2014).

유연 제조 시스템과 컴퓨터 통합 제조는 다품종 소량 생산과 다품종 소량 생산의 구분을 줄이고 있다. 정보 기술을 통해 FMS와 CIM은 늘어나는 다양성을 처리하는 동시에 점점 더 많은 양을 포함하도록 확장할 수 있다.

서비스 기술

제조업 분야에서 기술의 급속한 발전을 본 것처럼 서비스 분야에서도 기술의 극적인 변화를 보게 된다. 자동차 수리점의 전자 진단 장비부터 병원의 혈액 및 소변 검사 장비, 공항의 망막 보안 스캐너에 이르기까지 다양하다. 접객 산업은 OM in Action 상자 '기술이 호텔 산업을 변화시킨다'에서 논의한 바와 같이 다른 사례들을 제공한다. 패스트푸드 업계는 키오스크와 무현금 결제를 도입했다. 주문 시 노동력 절감과 더 빠른 체크아웃 서비스는 레스토랑과 고객 모두에게 중요한 생산성 향상을 제공한다.

소매점에서 셀프 서비스 및 POS(point-of-sale) 기술은 변화하는 비용이나 시장 상황을 즉시 반영하고 15분 단위로 판매를 추적해 직원 일정을 지원한다. 퍼듀마파(Purdue Pharma LP)와 같은 제약회사는 위조 및 도난을 줄이기 위해 RFID 태그로 중요한 약품을 추적한다.

표 7.4는 기술이 서비스에 미치는 영향을 간략하게 보여준다. 서비스 분야의 운영 관리자는 제조 분야와 마찬가지로 기술이 회사에 미치는 영향을 평가할 수 있어야 한다. 이 능력은 신뢰성, 투자 분석, 인적자원 요구사항 및 유지보수/서비스를 평가할 때 특별한 기술이 필요하다.

프로세스 재설계

프로세스 재설계
성과의 극적인 개선을 가져오기 위한 비즈니스 프로세스의 근본적인 재고

기업은 프로세스의 초기 가정이 더 이상 유효하지 않다는 것을 알게 되기도 한다. 환경은 역동적이고 고객의 욕구, 제품 기술, 제품 믹스가 변화하는 곳이다. 결과적으로 프로세스가 재설계되어야 한다. **프로세스 재설계**(process redesign, *process reengineering*이라고도 함)는 성능을 극적으로 개선하기 위해 비즈니스 프로세스를 근본적으로 재고하는 것이다. 효과적인 프로세스 재설계는 프로세스의 목적을 재평가하고 목적과 기본 가정에 의문을 제기하는 데 달려 있다. 기본 프로세스와 그 목적을 재검토해야만 작동한다.

표 7.4 기술이 서비스에 미치는 영향의 예

서비스 산업	예
금융 서비스	직불 카드, 전자 자금 이체, 자동 입출금기, 인터넷 주식 거래, 휴대전화를 통한 온라인 뱅킹, 애플 페이(Apple Pay)
교육	웹CT(WebCT), 블랙보드(Blackboard) 및 스마트폰을 통한 온라인 저널, 양방향 과제
공공	자동화된 1인용 쓰레기 수거차, 광학 우편 스캐너, 홍수 경보 시스템, 주택 소유자가 에너지 사용 및 비용을 제어할 수 있는 계량기
레스토랑	웨이터에서 주방까지 무선 주문, 도살용 로봇, 드라이브 스루에서 판매를 추적하는 자동차의 응답기
커뮤니케이션	양방향 TV, 킨들(Kindle)을 통한 전자책, 음성 인식
호텔	전자 체크인/체크아웃, 전자 키/잠금 시스템, 모바일 웹 예약
도소매 거래	POS 단말기, 전자 상거래, 상점과 공급자 간의 전자 통신, 바코드 데이터, RFID, 셀프 체크아웃, 안면 인식을 통한 지불
교통	자동 요금소, 위성 안내 내비게이션, 자동차 와이파이
보건의료	온라인 환자 모니터링 시스템, 온라인 의료 정보 시스템, 로봇 수술, 의료 진단을 위한 인공 지능
항공	티켓 없는 여행, 스케줄링, 인터넷 구매, 탑승권을 스마트폰에 2차원 바코드로 다운로드

프로세스 재설계는 또한 기능 라인을 넘나드는 활동에 중점을 둔다. 왜냐하면 관리자는 종종 특정 '기능' 또는 특정 책임 영역을 담당하므로 한 기능 또는 전문 분야에서 다른 기능으로 넘어가는 활동(프로세스)이 무시될 수 있기 때문이다. 재설계는 현재 프로세스가 어떻게 진행되고 있는지에 대한 모든 개념을 버리고 비용, 시간 및 고객 가치의 극적인 개선에 중점을 두어야 한다. 모든 프로세스는 급진적인 재설계의 대상이 된다. 프로세스는 공장 레이아웃, 구매 절차, 신용 신청 처리의 새로운 방법 또는 새로운 주문 이행 프로세스가 될 수 있다.

예를 들어 쉘루브리컨트(Shell Lubricants)는 주문의 다른 부분을 처리하는 그룹을 모든 작업을 수행하는 한 사람으로 대체해 주문 처리 프로세스를 재설계했다. 그 결과 쉘은 새로운 주문 처리 방식을 도입함으로써 주문을 현금으로 전환하는 주기를 75% 단축하고 운영 비용을 45% 절감하며 고객 만족도를 105% 향상시켰다. 이처럼 시간, 비용 및 고객 만족도(운영에 따라 결정되는 성능의 차원)는 운영 혁신을 통해 크게 향상된다.

요약

효과적인 운영 관리자는 프로세스 전략을 경쟁 무기로 사용하는 방법을 이해한다. 그들은 제품 및 용량 요구사항을 충족하는 데 필요한 품질, 유연성 및 비용 구조를 가진 생산 프로세스를 선택한다. 그들은 또한 대량, 소품종 제조의 낮은 단가와 소량, 다품종 시설을 통해 제공되는 맞춤화를 결합하는 창의적인 방법을 모색한다. 관리자는 효율적인 장비와 프로세스의 개발을 장려하기 위해 린 생산 및 직원 참여 기술을 사용한다. 그들은 기술, 기능 및 용량 조정에 필요한 유연성을 보장하면서 고객이 요구하는 허용 오차를 초과하는 기능을 갖도록 장비와 프로세스를 설계한다.

핵심 용어

가치-흐름 매핑(value-stream mapping, VSM)
공정도(process chart)
대량 맞춤화(mass customization)
로봇(robot)
모듈(modules)
무선 주파수 식별(radio frequency identification, RFID)
반복 생산 공정(repetitive process)
비전 시스템(vision systems)
서비스 청사진(service blueprinting)
시간-함수 매핑(또는 프로세스 매핑)[time-function mapping (or process mapping)]
유연성(flexibility)
유연 제조 시스템(flexible manufacturing system, FMS)
자동 보관 및 검색 시스템(automated storage and retrieval system, ASRS)
자동 식별 시스템(automatic identification system, AIS)
자동 안내 차량(automated guided vehicle, AGV)
적층 제조(additive manufacturing)
제품 중심(product focus)
주문 생산(build-to-order, BTO)
지연(postponement)
컴퓨터 수치 제어(computer numerical control, CNC)
컴퓨터 통합 제조(computer-integrated manufacturing, CIM)
크로스오버 차트(crossover chart)
프로세스 재설계(process redesign)
프로세스 전략(process strategy)
프로세스 제어(process control)
프로세스 중심(process focus)
흐름도(flowchart)

윤리적 딜레마

효율성과 비용 절감을 위해 미주리주 프린스턴의 프리미엄스탠더드팜(Premium Standard Farms)은 돼지 생산을 표준화된 제품 중심 프로세스로 전환했다. 이 도살장은 100년 동안 이 일을 해왔으나 그동안에는 동물이 죽은 후에 행해졌다. 동물이 살아있는 동안 그것을 하는 것은 비교적 최근의 혁신이다. 작동 방식은 다음과 같다.

임신한 암돼지는 너무 작아서 돌아설 수 없는 금속 우리에서 40일 동안 대기한다. 초음파 검사 후 비슷한 마구간에서 출산할 때까지 67일을 기다린다. 10~11마리의 새끼 돼지를 분만한 지 2주 후, 암돼지는 다른 주기를 위해 사육실로 다시 이동된다. 3년 후, 암돼지는 도살된다. 동물복지 옹호자들은 그러한 감금 상태가 돼지들을 미치게 만든다고 말한다. 프리미엄스탠더드는 돼지가 실제로 편안하다고 답하며 프리미엄스탠더드가 원하기 전에 죽는 비율은 1%에 불과하고 그들의 시스템이 돼지고기 제품의 비용을 줄이는 데 도움이 된다고 주장한다.

이 산업의 생산성과 윤리적 의미와 이 두 가지 서로 다른 의견에 대해 토론하라.

토론 문제

1. 프로세스 전략이란 무엇인가?
2. 다음 각 제품을 만드는 데 어떤 유형의 공정이 사용되는지 논의하라.
   (a) 맥주
   (b) 청첩장
   (c) 자동차
   (d) 종이
   (e) 빅맥
   (f) 맞춤형 주택
   (g) 오토바이
3. 서비스 청사진이란 무엇인가?
4. 프로세스 재설계란 무엇인가?
5. 서비스 생산성 향상을 위한 기술은 무엇인가?
6. 서비스 프로세스 매트릭스의 4사분면의 이름을 지정하라. 서비스를 범주로 분류하기 위해 매트릭스가 어떻게 사용되는지 논의하라.
7. CIM이란 무엇인가?
8. 프로세스 제어 시스템이란 무엇을 의미하며 이러한 시스템의 일반적인 요소는 무엇인가?
9. 그림 7.1에 표시된 네 가지 프로세스 각각에서 경쟁하는 제조회사를 식별하라.
10. 9번 문항에서 식별된 4개 기업 각각의 경쟁 우위를 식별하라.
11. 그림 7.1에 표시된 네 가지 프로세스 각각에서 경쟁하는 서비스 회사를 식별하라.
12. 11번 문항에서 확인된 4개 기업 각각의 경쟁 우위를 확인하라.
13. 수치 제어 기계란 무엇인가?
14. 자동 식별 시스템(AIS)을 정의하고, 서비스 조직이 AIS를 사용해 생산성을 높이는 동시에 제공되는 서비스의 다양성을 높일 수 있는지 간략하게 설명하라.
15. 생산과 생산성을 향상시키는 기술의 발전 중 몇 가지를 설명하라.
16. 유연 제조 시스템(FMS)이 무엇인지 설명하라.
17. CAD와 FMS는 어떤 방식으로 연결되는가?
18. 적층 제조란 무엇인가?
19. 3D 프린팅의 장점과 단점을 토의하라.

문제 해결

문제 해결 7.1

바곳 복사(Bagot Copy Shop)는 매월 125,000개의 흑백 사본을 보유하고 있다. 2명의 영업 사원이 고든 바곳(Gordon Bagot)에게 동일한 품질과 신뢰성의 기계에 대한 프레젠테이션을 했다. *Print Shop 5*의 비용은 월 2,000달러이고 가변 비용은 0.03달러이다. 다른 기계(Speed Copy 100)는 월 1,500달러에 불과하지만 토너가 더 비싸 복사당 비용이 최대 0.035달러까지 치솟는다. 비용과 부피만 고려한다면 바곳은 어떤 기계를 구매해야 하는가?

해결책

$$2{,}000 + 0.03X = 1{,}500 + 0.035X$$
$$2{,}000 - 1{,}500 = 0.035X - 0.03X$$
$$500 = 0.005X$$
$$100{,}000 = X$$

바곳은 자신의 용량이 100,000단위를 초과할 것으로 예상하기 때문에 *Print Shop 5*를 선택해야 한다.

연습 문제

PX 윈도우용 POM 또는 엑셀 OM으로 문제를 해결할 수 있음

문제 7.1~7.12는 네 가지 프로세스 전략과 관련이 있다.

• **7.1** Borges Machine Shop, Inc.는 새로운 오프로드 차량용 기어 하우징 200,000개를 생산하는 1년 계약을 체결했다. 소유자 루이스 보르헤스(Luis Borges)는 계약이 연장되고 내년에 물량이 증가하기를 희망한다. 보르헤스는 세 가지 대안에 대한 비용을 개발했다. 그것들은 범용 장비(GPE), 유연 제조 시스템(FMS), 비싸지만 효율적인 전용 기계(DM)이다. 비용 데이터는 다음과 같다.

	범용 장비 (GPE)	유연 제조 시스템 (FMS)	전용 기계 (DM)
연간 계약 단위	200,000	200,000	200,000
연간 고정비용	100,000달러	200,000달러	500,000달러
단위당 변동비용	15.00달러	14.00달러	13.00달러

이 계약에 가장 적합한 프로세스는 무엇인가? PX

• **7.2** 문제 7.1의 데이터를 사용해 각 공정에 대한 가장 경제적인 수량을 결정하라. PX

• **7.3** 문제 7.1의 데이터를 사용해 다음 수량 각각에 대한 최상의 프로세스를 결정하라. (1) 75,000, (2) 275,000, (3) 375,000.

• **7.4** 문제 7.1 참조하라. 2차, 3차 계약이 계류 중이라면 공정 선정에 어떤 영향을 미치는가?

•• **7.5** 스탠 포셋(Stan Fawcett)의 회사는 현재 Salt Lake Supply, Inc.에서 구매하는 기어 어셈블리 생산을 고려하고 있다. Salt Lake Supply는 최소 3,000개 주문 시 단위당 4달러를 부과한다. 스탠은 프로세스를 설정하는 데 15,000달러가 소요되고 노동 및 자재 비용으로 단위당 1.82달러가 소요될 것으로 추정한다.

(a) 교차점(또는 무차별점)을 나타내는 그래프를 그려라.

(b) 두 선택 중 하나의 비용이 동일한 단위의 수를 결정하라. PX

•• **7.6** Ski Boards, Inc.는 스키 보드의 새로운 마감재로 시장에 빨리 진입하기를 원한다. 세 가지 선택이 있다: (a) 800달러의 비용으로 오래된 장비를 수리하거나, (b) 1,100달러의 비용으로 주요 수정을 수행하거나, (c) 1,800달러의 순 비용으로 새 장비를 구입한다. 회사가 장비를 수리하기로 선택한 경우 재료 및 인건비는 보드당 1.10달러이다. 수정을 선택하는 경우 재료 및 인건비는 보드당 0.70달러이다. 새로 산다면 장비, 변동비용은 보드당 0.40달러로 추정된다.

(a) 같은 차트에 3개의 총 비용선을 그려라.

(b) Ski Boards, Inc.는 3,000개 이상의 보드를 판매할 수 있다고 생각하는 경우 어떤 대안을 선택해야 하는가?

(c) 보드 시장이 1,000~2,000 사이가 될 것이라고 회사가 생각한다면 어떤 대안을 사용해야 하는가? PX

•• **7.7** 키웨스트에 있는 Urban's Motor Court의 소유자/관리자인 팀 어반(Tim Urban)은 모텔의 일일 청소 서비스를 Duffy's Maid Service에 아웃소싱하는 것을 고려하고 있다. 팀은 365박당 평균 50개의 방을 임대한다(365 × 50은 1년 동안 임대한 총 방과 같다). 팀의 방 청소 비용은 12.50달러이다. Duffy's Maid Service의 견적은 객실당 18.50달러이며 모텔 이름이 있는 유니폼과 같은 잡다한 품목에 대한 고정비용은 25,000달러이다. 공간, 장비 및 소모품에 대한 팀의 연간 고정비용은 61,000이다. 팀이 선호하는 프로세스는 무엇이며 그 이유는 무엇인가? PX

•• **7.8** Designs by Bailey의 관리자인 매튜 베일리(Matthew Bailey)는 CAD 소프트웨어를 업그레이드하고 있다. 고성능(HP)

소프트웨어는 워크스테이션당 월 3,000달러에 임대된다. 표준 성능(SP) 소프트웨어 임대료는 워크스테이션당 월 2,000달러이다. 그가 사용할 수 있는 생산성 수치는 HP 소프트웨어가 그의 종류의 디자인에 더 빠르다. 따라서 HP 소프트웨어의 경우 5명의 엔지니어가 필요하고 SP 소프트웨어의 경우 6명의 엔지니어가 필요하다. 이는 HP 시스템의 경우 도면당 200달러, SP 시스템의 경우 도면당 240달러의 변동비용으로 변환된다. 한 달에 80개의 도면을 예상할 때 어떤 시스템을 임대해야 하는가? Px

••• **7.9** Metters Cabinets, Inc.은 새 사무실 선반인 맥시스탠드(Maxistand)의 생산 방법을 선택해야 한다. 이를 달성하기 위해 회사는 다음과 같은 생산 비용 데이터를 수집했다.

프로세스 유형	공장과 설비의 연간 고정비용(달러)	단위당 변동비용(달러)		
		노동	재료	에너지
대량 맞춤화	1,260,000	30	18	12
단속 공정	1,000,000	24	26	20
반복 공정	1,625,000	28	15	12
연속 공정	1,960,000	25	15	10

Metters Cabinets는 맥시스탠드에 대해 연간 24,000개 수요를 예상한다. 맥시스탠드는 단위당 120달러에 판매된다.

(a) 맥시스탠드 생산으로 인한 연간 이익을 최대화할 프로세스 유형은 무엇인가?

(b) 이 연간 이익의 가치는 얼마인가? Px

•• **7.10** California Gardens, Inc.는 2파운드 봉지에 다양한 샐러드 믹스를 미리 씻고, 잘게 자르고, 배포한다. 운영 부사장인 더그 보스(Doug Voss)는 매장에서 'Clunker'라고 하는 기존 기계를 대체할 새로운 고속 파쇄기를 고려하고 있다. 고속 파쇄기는 월 85,000달러의 고정비용과 가방당 1.25달러의 변동비용이 있다. Clunker의 고정비용은 월 44,000달러에 불과하지만 변동비용은 1.75달러이다. 판매 가격은 가방당 2.50달러이다.

(a) 프로세스의 단위 교차점(무관심점)은 무엇인가?

(b) 회사가 고속 파쇄기로 변경해 월 60,000봉지를 판매한다면 월별 손익은 얼마인가?

(c) 회사가 클런커에 남아 월 60,000봉지를 판다면 월 손익은 얼마인가?

•• **7.11** 네브래스카주 링컨의 Nagle Electric, Inc.는 로봇 MIG 용접기를 교체해야 하며 두 가지 대안을 평가하고 있다. 기계 A는 첫해 고정비가 75,000달러, 변동비가 16달러이며, 연간 18,000대 용량이다. 기계 B는 속도가 A의 1/2로 더 느리지만 고정비용은 60,000달러에 불과하다. 변동비용은 개당 20달러로 더 높을 것이다. 개당 28달러에 팔릴 것으로 예상된다.

(a) 두 기계의 교차점(무관심점)은 단위로 무엇인가?

(b) 기계 A가 선호하는 단위의 범위는 얼마인가?

(c) 기계 B가 선호하는 단위의 범위는 얼마인가?

•• **7.12** Stapleton Manufacturing는 새로운 장비를 추가해 생산 능력을 늘릴 계획이다. 두 공급업체가 제안서를 제출했다. 제안서 A의 고정비용은 65,000달러이고 제안서 B의 고정비용은 34,000달러이다. A의 변동비용은 10달러이고 B의 변동비용은 14달러이다. 각 단위에서 생성된 수익은 18달러이다.

(a) 두 옵션의 교차점은 단위로 무엇인가?

(b) 8,300단위의 예상 물량에서 어떤 대안을 선택해야 하는가?

문제 7.13~7.17은 프로세스 분석 및 설계와 관련이 있다.

• **7.13** 다음 중 하나에 대한 흐름도를 준비하라.

(a) 학교에서의 등록 절차

(b) 지역 세차장에서의 과정

(c) 구두닦이

(d) 강사의 승인을 받은 기타 절차

• **7.14** 문제 7.13의 활동 중 하나에 대한 공정도를 준비하라.

•• **7.15** 문제 7.13의 활동 중 하나에 대한 시간-함수 맵을 준비하라.

•• **7.16** 문제 7.13의 활동 중 하나에 대한 서비스 청사진을 준비하라.

•• **7.17** 가치-흐름 매핑에 대한 논의에서 그림 7.5를 출발점으로 사용해 친숙한 프로세스의 개선 기회를 분석하고 개선된 프로세스를 개발하라.

사례 연구

로체스터제조의 공정 결정

로체스터제조(Rochester Manufacturing Corporation, RMC)는 생산의 일부를 기존의 수치 제어 기계에서 유연 제조 시스템(FMS)으로 이전하는 것을 고려하고 있다. 컴퓨터 수치 제어 기계는 다양하고 소량으로 작동되었다. 기계 활용도는 확인 가능한 한 거의 10%를 유지하고 있다. 공작 기계 판매원과 컨설팅 회사는 FMS에 기계를 통합하려고 한다. 그들은 기계 및 이송 기계에 대한 300만 달러 지출이 RMC 작업의 약 30%를 처리할 것이라고 믿는다. 물론 이 외에도 전환 및 시작 비용이 있다.

회사는 아직 모든 부분을 포괄적인 그룹 기술 시스템에 입력하지 않았지만 30%는 FMS에 적합한 제품의 적절한 추정치라고 생각한다. 이 30%는 '가족'에 매우 적합해야 한다. 활용도가 높기 때문에 기계 부품 수를 줄여야 한다. 회사는 기계 15대에서 4대로, 인력은 15명에서 3명으로 줄여야 한다. 마찬가지로 바닥 공간도 20,000제곱피트에서 약 6,000제곱피트로 줄어들 것이다. 이 부품군을 7~10일이 아닌 1~2일 만에 처리함으로써 주문 처리량도 향상되어야 한다. 재고 감소는 일회성으로 750,000달러를 절약할 수 있는 것으로 추산되며 연간 인건비는 약 300,000달러가 될 것이다.

모든 예측이 매우 긍정적으로 보이지만 프로젝트의 투자 수익률을 분석한 결과 연간 10~15% 사이인 것으로 나타났다. 이 회사는 전통적으로 프로젝트의 수익률이 15%를 훨씬 넘고 투자회수 기간이 5년 미만이어야 한다고 예상했다.

토론 문제

1. RMC의 생산 관리자로서 추천하는 것은 무엇이고 이유는 무엇인가?
2. 수익이 더 확실해질 때까지 보수적인 공장 관리자가 현상 유지를 위한 사례를 준비하라.
3. 낙관적인 영업 관리자를 위해 지금 FMS를 진행해야 한다는 사례를 준비하라.

휠드코치의 프로세스 전략

플로리다주 윈터파크에 본사를 둔 휠드코치(Wheeled Coach)는 세계 최대의 구급차 제조업체이다. 매주 10시간씩 4일 근무하는 350명의 직원은 주문 제작 구급차만 만들며 거의 모든 차량은 고유하다. 휠드코치는 혁신과 맞춤형 디자인에 익숙한 엔지니어링 직원과 다양한 옵션을 제공해 시장을 수용한다. 매주 20대 이상의 구급차가 조립 라인에서 나와야 하는 지속적인 성장으로 인해 프로세스 설계가 계속 도전 과제가 되었다. 휠드코치의 응답은 집중된 공장을 건설하는 것이었다. 휠드코치는 구급차만 제작한다. 집중된 공장 내에서 휠드코치는 알루미늄 본체, 전기 배선 하니스, 내부 캐비닛, 창문, 페인팅 및 실내 장식을 포함해 조립 라인에 공급되는 모든 주요 모듈을 위한 작업 셀을 설정했다.

노동 표준은 모든 작업 셀이 일정에 맞춰 조립 라인에 설치를 위한 적시에 공급하도록 일정을 조정한다. 일반적으로 포드(Ford) 트럭의 섀시는 알루미늄 차체가 장착된 스테이션으로 이동한다. 그런 다음 도색을 위해 차량을 이동시킨다. 커스텀 도색 후 조립 라인으로 이동해 7일을 보낸다. 7일 동안 각 작업 셀은 해당 모듈을 조립 라인의 적절한 위치로 전달한다. 첫째 날에는 전기 배선이 설치되고, 둘째 날에는 캐비닛이 배달되고 설치되는 스테이션까지 이동한 다음, 창문과 조명 스테이션으로 이동해 실내 장식장을 설치 및 마무리하고, 맞춤 제작하고, 마지막으로 검사 및 도로 주행 테스트를 진행한다. 14장에서 시작되는 휠드코치의 글로벌 기업 프로필은 이 프로세스에 대한 자세한 내용을 제공한다.

토론 문제

1. 주요 자동차 제조사들은 왜 구급차를 만들지 않는다고 생각하는가?
2. 휠드코치가 현재 사용하고 있는 조립 라인의 대체 프로세스 전략은 무엇인가?
3. 왜 작업 셀이 '모듈'을 준비해 조립 라인으로 전달하는 것이 라인에서 구성요소(예: 내부 덮개)를 생산하는 것보다 더 효율적인가?
4. 휠드코치는 각 워크 스테이션에서 수행할 작업을 어떻게 관리하는가?

알래스카항공: 20분 수하물 처리 보장

Courtesy of Alaska Airlines

알래스카항공(Alaska Airlines)은 알래스카 전역의 외딴 마을(시애틀의 주요 허브에서 미국, 하와이, 멕시코도 포함)에 대한 광범위한 비행 범위뿐만 아니라 9개의 주요 미국 항공사 중 유일한 항공사이다. 또한 3,000명의 승무원과 1,500명의 조종사를 포함해 10,300명의 직원이 있는 가장 작은 독립 항공사 중 하나이다. 그러나 이 서비스가 정말 독특한 것은 최신 기술을 사용해 높은 고객 만족도를 제공하는 최첨단 프로세스를 구축할 수 있다는 점이다. 실제로 J.D.파워앤드어소시에이츠(J. D. Power and Associates)는 고객 만족도 부문에서 7년 연속으로 알래스카항공을 북미 지역 최고로 선정했다.

알래스카항공은 인터넷을 통해 티켓을 판매한 최초의 항공사였으며 웹 체크인 및 인쇄 탑승권을 온라인으로 제공했고 키오스크 체크인을 최초로 제공했다. 시스템 운영 제어 책임자인 웨인 뉴턴(Wayne Newton)은 다음과 같이 말한다. "우리는 우리의 프로세스에 대해 열정적입니다. 측정되지 않으면 관리되지 않습니다."

알래스카항공이 가장 자랑스러워하는 프로세스 중 하나는 수하물 처리 시스템이다. 승객은 키오스크에서 체크인하고 바코드 스티커로 자신의 가방에 태그를 붙인 다음 수하물 컨베이어 벨트에서 고객 서비스 직원에게 전달할 수 있다. 도중에 각 가방은 TSA 자동 검색을 통과하고 의심스러운 경우 수동으로 열거나 검사한다. 바코드 판독기의 도움으로 컨베이어 벨트는 자동으로 가방을 분류하고 활주로 수준의 해당 위치('부두'라고 함)로 옮겨진다. 그런 다음 수하물 처리자가 가방을 카트에 싣고 화물칸 내부에서 기다리고 있는 램프 팀이 싣기 위해 비행기로 가져간다. '핫백'(환승 간격이 30분 미만인 짐)과 '콜드백'(비행기 환승 간격이 60분 이상인 짐)의 절차가 다르다. 핫백은 한 비행기에서 다른 비행기로 직접 배달된다('테일 투 테일'이라고 함). 콜드백은 일반 컨베이어 시스템으로 다시 보내진다.

이 과정은 비행기가 게이트에 도착한 후 20분 이내에 고객 수하물이 터미널의 수하물 컨베이어 벨트로 배달될 것이라는 알래스카항공의 고유한 보장과 함께 목적지 측에서 계속된다. 그렇지 않은 경우 알래스카항공은 각 승객에게 2,000마일리지 보너스를 제공한다.

항공사가 사용하는 기술 중에는 승객이 도착할 때 가방을 체크인하고 비행기에서 카트에 싣기 전에 다시 체크인하는 바코드 스캐너가 포함된다. 마찬가지로, 도착 시 승객 문이 열리는 시간이 전자적으로 기록되고 수하물이 목적지의 수하물 컨베이어 벨트에 놓일 때 다시 스캔된다. 이 메트릭을 추적한다는 것은 'TTC(time to carousel)' 기한을 거의 놓치지 않는다는 것을 의미한다. 그리고 이 프로세스는 분실 수하물 비율이 0에 가까워지도록 거의 보장한다. 최근 하루 100편의 항공편 중 1편만 TTC 마크를 놓쳤다. 그러나 수하물 처리는 기술에만 의존하지 않는다. 가방이 20분 시간 프레임에 도달하도록 하는 상세하고 문서화된 절차가 있다. 수하물 처리자는 탑승구에서 비행기 문이 열린 후 1분 이내에 하역을 시작해야 한다. 첫 번째 가방은 비행기를 주차한 후 3분 이내에 비행기에서 나와야 한다. 즉 지상 승무원은 트럭과 경사로가 제자리에 있고 출동할 준비가 되어 있는 적절한 위치에 있어야 한다.

주로 기술 덕분에 알래스카항공의 비행은 일조량이 2시간에 불과하고 바람은 50mph로 강하게 불며, 활주로가 미끄럽고 가시성이 낮은 알래스카의 한겨울에도 믿을 수 없을 정도로 안정적이다. 알래스카항공은 항공편이 정시에 착륙하는 경우가 87%로 업계 최고의 성과를 보였다.

토론 문제

1. 승객의 가방이 키오스크에서 목적지 수하물 컨베이어 벨트까지 이어지는 과정의 흐름도를 준비하라. (표본 흐름도는 6장의 예제 2를 참조하라.) 선택한 가방의 TSA 개봉에 대한 예외 프로세스를 포함한다.
2. 항공사가 조사할 수 있는 다른 프로세스에는 어떤 것이 있는가? 왜 각각이 중요한가?
3. 키오스크는 체크인 절차를 어떻게 변경하는가?
4. 수하물 추적에 필요한 측정 기준(수량화 가능한 측정)은 무엇인가?
5. 수하물 처리에서 바코드 스캐너의 역할은 무엇인가?

아놀드파머병원의 프로세스 분석

플로리다주 올랜도에 있는 아놀드파머병원(Arnold Palmer Hospital, APH)은 미국에서 가장 바쁘고 가장 존경받는 아동 및 여성 의료 병원 중 하나이다. 1989년 9월 10일 골프 전설 아놀드파머의 생일에 문을 연 이래 160만 명 이상의 어린이와 여성들이 문을 통과했다. 이 병원은 미국에서 네 번째로 분주한 분만 병원이자 남동부에서 가장 큰 신생아 집중 치료실 중 하나이다. APH는 환자 만족도에서 전국 병원의 상위 10%에 속한다.

캐시 스완슨(Kathy Swanson) APH 사무총장은 다음과 말했다. "APH가 성공한 이유 중 하나는 지속적인 개선 과정입니다. 우리의 목표는 100% 환자 만족입니다. 그러나 거기에 도달한다는 것은 환자 흐름, 청결, 배치 공간, 업무 친화적인 환경, 약국에서 환자에게 약을 전달하는 속도에 이르기까지 우리가 하는 모든 것을 지속적으로 검토하고 재검토하는 것을 의미합니다. 지속적인 개선은 거대하고 끝없는 작업입니다."

병원에서 일관되게 사용하는 도구 중 하나는 [이 장의 그림 7.4~7.6 및 6장의 그림 6.6(e)와 같은] 공정도이다. '임상진료 개선 컨설턴트'라는 직함을 가진 직원 다이앤 보울스(Diane Bowles)는 여러 프로세스를 차트로 표시한다. 보울스의 흐름도는 비어 있는 방의 처리 시간을 개선하는 방법을 연구하는 데 도움을 주고(특히 수년간 밀어붙인 수용력), 입원 절차를 가속화하고, 식사를 따뜻하게 제공한다.

최근 APH는 병원에 입원한 순간부터 하루나 이틀 뒤에 건강한 아기와 함께 퇴원할 때까지 산부인과(및 서류)의 흐름을 조사하고 있다. 산부인과 환자의 흐름은 다음 단계를 따른다.

1. APH의 L&D(Labor & Delivery) 체크인 데스크 입구로 들어간다.
2. 도중에 아기가 태어나거나 출산이 임박한 경우 산모와 아기를 2층 분만실에 직접 데려가 등록하고 침대 옆에서 직접 입원한다. 합병증이 없으면 산모와 아기는 6단계로 이동한다.
3. 아기가 아직 태어나지 않은 경우 프런트 데스크에서 산모가 사전 등록되어 있는지 묻는다. (대부분은 임신 28~30주 사이에 사전 등록을 한다.) 그렇지 않은 경우 1층에 있는 등록 사무소로 간다.
4. 임산부는 평가를 위해 8층에 있는 L&D 분류과로 이동한다. 진통 중이면 2층 산부인과실로 아기가 태어날 때까지 보내진다. 준비가 되지 않은 경우 5단계로 이동한다.
5. 분만 준비가 되지 않은 임산부(즉 진통 또는 오경보 없음)는 집으로 보내져 나중에 돌아와서 그 시간에 시스템에 다시 들어가거나, 진통이 아직 충분히 가깝지 않은 경우에는 걷도록 한다. (진행을 장려하기 위해) 병원 부지로 이동한 다음 지정된 시간에 L&D 분류과로 돌아간다.
6. 아기가 태어날 때 합병증이 없다면 2시간 후 산모와 아기는 평균 40~44시간 동안 3층, 4층, 5층에 있는 '모자병실'로 옮겨진다.
7. 산모에게 합병증이 있으면 수술실 또는 중환자실에 간다. 그곳에서 안정되면 모자병실로 돌아가거나 안정되지 않으면 다른 시기에 퇴원한다. 아기의 합병증으로 인해 신생아 집중 치료실(NICU)에 머물다가 산모의 방 근처에 있는 아기 보육원으로 옮겨질 수 있다. 아기가 산모와 함께 퇴원할 만큼 안정되지 않으면 아기는 나중에 퇴원한다.
8. 엄마와 아기가 준비되면 퇴원하고 휠체어를 타고 퇴원 출구로 데려가 집으로 이동한다.

토론 문제

1. 다이앤의 새로운 조수로서 당신은 이 과정을 순서대로 진행해야 한다. 차트를 완성한 후 프로세스가 어떻게 개선될 수 있는지 설명하라.
2. 산모가 제왕절개 분만 예정인 경우(즉 아기를 자궁에서 외과적으로 꺼내는 경우) 이 흐름도는 어떻게 변경되는가?
3. 모든 산모가 전자적으로(또는 수동으로) 사전 등록된 경우 흐름도가 어떻게 변경되는가? 변경 사항을 표시하기 위해 차트를 다시 그려라.
4. 이 사례에서 언급한 것 외에 병원에서 분석할 수 있는 과정을 자세히 기술하라.

미주

1. 공정도의 차트의 추가 예는 10장에 나와 있다.
2. 폐기물에는 검사(작업이 제대로 수행되면 검사가 필요하지 않음), 운송(프로세스 내에서 물질의 이동은 필요악일 수 있지만 가치를 추가하지는 않음), 지연(유휴 상태에 있고 공간을 차지하는 자산은 낭비임); 저장('경화' 과정의 일부가 아닌 한 저장은 낭비임) 과정이 포함된다.

참고문헌

Davenport, T. H. "The Coming Commoditization of Processes." *Harvard Business Review* 83, no. 6 (June 2005): 101–108.

Debo, L. G., L. B. Toktay, and L. N. Van Wassenhove. "Market Segmentation and Product Technology Selection for Remanufacturable Products." *Management Science* 51, no. 8 (August 2005): 1193–1205.

Duray, R. "Mass Customization Origins: Mass or Custom Manufacturing." *International Journal of Operations and Production Management* 22, no. 3 (2002): 314–328.

Hall, Joseph M., and M. Eric Johnson. "When Should a Process Be Art, Not Science?" *Harvard Business Review* 87, no. 3 (March 2009): 58–65.

Hegde, V. G., et al. "Customization: Impact on Product and Process Performance. "*Production and Operations Management* 14, no. 4 (Winter 2005): 388–399.

Inderfurth, Karl, I. M. Langella. "An Approach for Solving Disassembly-to-order Problems under Stochastic Yields." In *Logistik Management*. Heidelberg: Physica, 2004: 309–331.

Lee, Eve K. et al. "Machine Learning for Predicting Vaccine Immunogenicity." *Interfaces* 46, no. 5 (Sep.–Oct. 2016): 368–390.

Moultrie, James, and Anja M. Maier. "A Simplified Approach to Design for Assembly." *Journal of Engineering Design* 25, no. 1–3 (March 2014): 44–63.

Rugtusanatham, M. Johnny, and Fabrizio Salvador. "From Mass Production to Mass Customization." *Production and Operations Management* 17, no. 3 (May–June 2008): 385–396.

Welborn, Cliff. "Mass Customization." *ORIMS Today* (December 2007): 38–42.

Zhang, M., Y. Qi, and X. Zhao. "The Imapct of Mass Customization Practices on Performance. "*International Journal of Mass Customization* 4, no. 1–2 (2011): 44–46.

Chapter 7 Rapid Review

절 제목	내용 훑어보기
네 가지 프로세스 전략	■ **프로세스 전략**: 자원을 상품과 서비스로 전환하기 위한 조직의 접근 방식 프로세스 전략의 목적은 비용 및 기타 관리 제약 내에서 고객 요구 사항 및 제품 사양을 충족하는 생산 프로세스를 구축하는 것이다. 거의 모든 재화나 서비스는 네 가지 프로세스 전략 중 하나의 변형을 사용해 만들어진다. ■ **프로세스 중심**: 소량, 다품종 생산을 용이하게 하기 위해 프로세스를 중심으로 조직된 시설 전 세계 생산의 대부분은 잡샵 또는 단속 생산 공정이라고도 하는 프로세스 중심 시설에서 소량, 다양한 제품을 만드는 데 전념한다. 프로세스 중심 설비는 설비 가동률이 극히 낮고(5~25%) 변동비용이 높다. ■ **모듈**: 종종 연속 생산 공정에서 사전에 준비된 제품의 부품 또는 구성요소 ■ **반복 생산 공정**: 모듈을 사용하는 제품 중심의 생산 프로세스 반복 생산 공정은 전형적인 조립 라인이다. 이를 통해 회사는 모듈을 사용하고 제품 중심 모델의 경제적 이점과 프로세스 중심 모델의 사용자 정의 이점을 결합할 수 있다. ■ **제품 중심**: 제품을 중심으로 구성된 시설. 제품 지향적, 대량 소품종 프로세스 제품 중심 시설은 매우 길고 연속적인 생산 실행이 있기 때문에 **연속 공정**이라고도 한다. 제품 중심 시설의 특수 특성에는 높은 고정비용이 필요하다. 그러나 낮은 변동비용은 높은 시설 활용도를 보상한다. ■ **대량 맞춤화**: 끊임없이 변화하는 고유한 고객의 요구를 충족시키는 신속하고 저렴한 생산 ■ **주문 생산(BTO)**: 예측이 아닌 고객 주문에 따라 생산하는 것 주문 생산 시스템의 주요 과제는 **제품 설계**, **프로세스 설계**, **재고 관리**, **빡빡한 일정 및 대응 파트너**이다. ■ **지연**: 생산 과정에서 제품에 대한 수정 또는 맞춤화를 가능한 한 오래 연기 ■ **크로스오버 차트**: 둘 이상의 프로세스에 대한 가능한 용량의 비용 차트
장비 선택	최고의 장비를 선택하려면 특정 산업과 사용 가능한 프로세스 및 기술을 이해해야 한다. 비용, 품질, 용량 및 유연성을 고려해 선택해야 한다. ■ **유연성**: 시간, 비용 또는 고객 가치 면에서 불이익 없이 대응할 수 있는 능력
프로세스 분석과 설계	프로세스 분석의 다섯 가지 도구는 (1) 흐름도, (2) 시간-함수 매핑, (3) 공정도, (4) 가치-흐름 매핑, (5) 서비스 청사진이다. ■ **흐름도**: 사람이나 재료의 움직임을 분석하는 데 사용되는 그림 ■ **시간-함수 매핑(또는 프로세스 매핑)**: 수평 축에 시간이 추가된 흐름도 ■ **공정도**: 기호를 사용해 사람이나 물질의 움직임을 분석하는 차트 공정도를 통해 관리자는 부가가치 활동에 집중하고 부가가치 시간의 백분율(= 작업 시간/총 시간)을 계산할 수 있다. ■ **가치-흐름 매핑(VSM)**: 관리자가 전체 생산 프로세스를 통해 재료 및 정보의 흐름에 가치를 추가하는 방법을 이해하는 데 도움이 되는 도구 ■ **서비스 청사진**: 고객과 공급자와 고객의 상호작용에 초점을 맞추는 프로세스 분석 기법
서비스 프로세스 전략에 대한 특별 고려사항	서비스는 상대적 노동 및 맞춤화 정도에 따라 4사분면 중 하나로 분류할 수 있다. 1. 서비스 공장 2. 서비스 숍 3. 대량 서비스 4. 전문 서비스 서비스 생산성 향상을 위한 기술은 다음과 같다. ■ 분리: 고객이 서비스가 제공되는 곳으로 가야 하는 서비스 구조화 ■ 셀프 서비스: 고객이 원하는 속도로 검사, 비교 및 평가 ■ 지연: 배송 시 사용자 지정 ■ 집중: 제공물 제한 ■ 모듈: 서비스의 모듈식 선택, 모듈식 생산 ■ 자동화: 자동화 유형에 적합할 수 있는 서비스 분리 ■ 스케줄링: 정확한 인사 스케줄링 ■ 훈련: 서비스 옵션 명확화, 문제 방지 방법 설명

생산 기술	■ **컴퓨터 수치 제어(CNC)**: 자체 컴퓨터와 메모리가 있는 기계 ■ **적층 제조**: 잉크젯 프린터가 잉크를 놓는 것과 같은 방식으로 레이어 위에 레이어를 추가해 물리적 품목을 생산한다. 흔히 3D 프린팅이라고 한다. ■ **자동 식별 시스템(AIS)**: 데이터를 전자 형식(예: 바코드)으로 변환하는 시스템 ■ **무선 주파수 식별(RFID)**: 안테나가 있는 집적 회로가 전파를 보내는 무선 시스템 ■ **프로세스 제어**: 정보 기술을 사용해 물리적 프로세스를 제어 ■ **비전 시스템**: 검사 역할에 비디오카메라와 컴퓨터 기술을 사용하는 시스템 ■ **로봇**: 물건을 잡고, 움직이거나, 잡을 수 있는 유연한 기계 ■ **자동 보관 및 검색 시스템(ASRS)**: 창고 내의 지정된 장소로 부품을 자동으로 배치하는 컴퓨터 제어 창고 ■ **자동 안내 차량(AGV)**: 자재를 이동하는 데 사용되는 전자 안내 및 제어 카트 ■ **유연 제조 시스템(FMS)**: 공통 중앙 컴퓨터 시설의 전자 신호로 제어되는 자동화된 작업 셀 ■ **컴퓨터 통합 제조(CIM)**: CAD, FMS, 재고 관리, 창고 보관 및 배송이 통합된 제조 시스템
서비스 기술	서비스 부문에서 많은 급속한 기술 발전이 이루어졌다. 셀프 체크아웃 및 RFID에서 전자책 및 음성 인식에 이르기까지 다양하다.
프로세스 재설계	■ **프로세스 재설계**: 성능의 극적인 개선을 가져오기 위해 비즈니스 프로세스를 근본적으로 재고 프로세스 재설계는 종종 기능 라인을 교차하는 활동에 중점을 둔다.

셀프테스트

7.1 소량, 다품종 공정은 ________으로도 알려져 있다.
(a) 연속 생산 공정
(b) 프로세스 중심
(c) 반복 생산 공정
(d) 제품 중심

7.2 프로세스 선택을 위한 크로스오버 차트는 ________ 에 중점을 둔다.
(a) 인건비
(b) 재료비
(c) 인건비와 재료비 모두
(d) 고정 및 변동비용
(e) 고정비용

7.3 프로세스 분석을 위한 도구에는 ________ 을 제외하고 모두가 포함된다.
(a) 흐름도
(b) 비전 시스템
(c) 서비스 청사진
(d) 시간-함수 매핑
(e) 가치-흐름 매핑

7.4 프로세스 설계에 대한 고객 피드백은 ________ 와 같이 낮아진다.
(a) 커스터마이징의 정도가 증가한다.
(b) 노동의 정도가 증가한다.
(c) 맞춤화 정도가 낮아진다.
(d) a와 b 둘 다
(e) b와 c 둘 다

7.5 컴퓨터 통합 제조(CIM)에는 ________ 같은 제조 시스템이 포함된다.
(a) 컴퓨터 지원 설계, 직접 수치 제어 기계 및 자동화로 제어되는 자재 취급 장비
(b) 거래 처리, 관리 정보 시스템 및 의사결정 지원 시스템
(c) 자동 안내 차량, 로봇 및 프로세스 제어
(d) 로봇, 자동 안내 차량 및 이송 장비

정답 7.1. b 7.2. d 7.3. b 7.4. c 7.5. a

보론 7

용량계획

보론의 구성

- 용량
- 병목 현상 분석 및 제약 조건 이론
- 손익분기점 분석
- 점진적 변경으로 인한 위험 감소
- 용량 결정에 기대 금전적 가치(EMV) 적용
- 전략 주도 투자에 투자 분석 적용

학습목표

S7.1 용량을 정의한다.
S7.2 설계 용량, 유효 용량 및 활용도를 결정한다.
S7.3 병목 현상 분석을 수행한다.
S7.4 손익분기점을 계산한다.
S7.5 용량 결정의 기대 금전적 가치를 결정한다.
S7.6 순현재가치를 계산한다.

Klaus Lang/All Canada Photos/Alamy Stock Photo

콘서트홀을 포함한 시설을 설계할 때 경영진은 예상 수용력(오페라, 교향곡, 특별 공연의 조합과 이러한 공연에 필요한 기술)이 정확하고 손익분기점 이상으로 운영되기를 바란다. 그러나 많은 공연장에서 풀가동을 해도 손익분기점에 도달하지 못하고 추가 자금을 확보해야 하는 상황이다.

용량

> **학습목표 S7.1**
> 용량을 정의한다.

콘서트홀의 좌석 수는 어떻게 결정되어야 할까? 올리브가든(Olive Garden)이나 하드록카페(Hard Rock Cafe)는 하루에 몇 명의 고객에게 서비스를 제공할 수 있을까? 감자칩을 생산하는 공장이 8시간씩 3교대로 75,000개의 감자칩 봉지를 생산하려면 얼마나 커야 할까? 이 장에서는 관리자가 이러한 결정을 내리는 데 도움이 되는 도구를 살펴본다.

> **용량**
> '처리량' 또는 시설이 일정 기간 동안 보유, 수신, 저장 또는 생산할 수 있는 단위 수

생산 공정을 선택한 후 관리자는 **용량**(capacity)을 결정해야 한다. 용량은 '처리량(throughput)' 또는 시설이 주어진 시간에 보유, 수신, 저장 또는 생산할 수 있는 단위의 수이다. 용량 결정은 종종 재무적 요구사항을 결정하므로 고정비용의 큰 부분을 차지한다. 용량은 수요가 충족되는지 또는 시설이 유휴 상태인지 여부도 결정하게 되는데 시설이 너무 크면 일부가 사용되지 않고 비용이 추가될 수 있다. 또한 시설이 너무 작으면 고객과 시장을 잃게 될 수도 있다. 따라서 높은 활용도와 투자 수익을 달성하기 위해서는 시설 규모를 결정하는 것이 매우 중요하다.

용량 계획은 세 가지 시간 범위에서 볼 수 있다. 그림 S7.1에서 장기적 용량(일반적으로 3년 이상)은 납기가 긴 시설 및 장비를 추가하는 기능이다. 중간 범위(보통 3~36개월)에는 장비, 인력 및 교대 근무를 추가할 수 있으며 하청을 할 수 있다. 또한 재고를 사용할 수 있다. 이러한 것을 '총괄계획'이라고 한다. 단기적으로는(보통 최대 3개월) 주로 작업과 인력을 계획하고 기계를 할당하는 데 주안점을 둔다. 일반적으로 기존 용량의 제약을 받기 때문에 단기적으로 용량을 수정하는 것은 어렵다.

설계 및 유효 용량

> **설계 용량**
> 이상적인 조건에서 주어진 기간 동안 시스템의 이론적인 최대 출력

설계 용량(design capacity)은 이상적인 조건에서 주어진 기간 동안 시스템의 이론상 최대 출력이다. 일반적으로 주간, 월간, 연간 생산할 수 있는 철강 톤수와 같은 비율로 표시된다. 많은 회사에서 용량 측정은 간단할 수 있다. 이는 회사가 특정 시간에 생산할 수 있는 최대 단위 수이다. 그러나 일부 조직의 경우 용량을 결정하는 것이 더 어려울 수 있다. 수용 인원은 병상의 수(병원), 활동 회원 수(교회) 또는 청구 가능 시간(회계법인)으로 측정할 수 있다. 다른 조직에서는 사용 가능한 총 작업 시간을 전체 용량의 척도로 사용한다.

대부분의 조직은 설계 용량보다 적은 비율로 시설을 운영한다. 그들은 자원이 한계에 도달하지 않을 때 더 효율적으로 운영할 수 있다는 것을 알았기 때문에 그렇게 한다. 예를 들어 이안스비스트로(Ian's Bistro)에는 총 270명의 손님이 앉을 수 있는 2인석 혹은 4인석 테이블이 있지만 테이블

그림 S7.1
시간 범위 및 용량 옵션

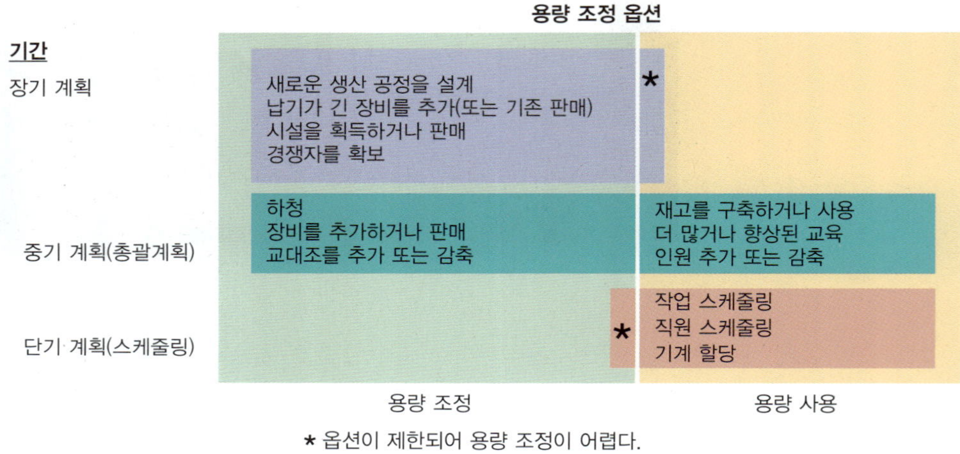

표 S7.1 용량의 측정

측정	정의	예
용량 설계  Andrey Eremin/123rf	시스템을 사용할 수 있는 시간 동안 이상적인 조건이 존재	프리토레이(Frito-Lay)의 기계가 시간당 1,000개의 감자칩 봉지를 생산하도록 설계된 경우, 그리고 공장은 하루 16시간 가동 **설계 용량 = 1,000봉지/시간 × 16시간** **= 16,000봉지/일**
유효 용량  Hongqi Zhang/123rf	설계 용량에서 계획된 자원 가용성으로 인한 손실된 출력(예: 예방 유지보수, 기계 설정/전환, 제품 구성 변경, 예정된 휴식)으로 인한 손실	프리토레이가 하루에 3시간의 출력을 잃는 경우(즉 예방 유지보수 시 0.5시간/일 + 직원 휴식 시 1시간/일 + 다른 제품에 대한 기계 설정 1.5시간/일) **유효 용량 = 16,000봉지/일 − (1,000봉지/시간)(3시간/일)** **= 16,000봉지/일 − 3,000봉지/일** **= 13,000봉지/일**
실제 결과  Hongqi Zhang/123rf	*계획되지 않은* 자원 유휴 상태(예: 결근, 기계 고장, 사용할 수 없는 부품, 품질 문제)에서 유효 용량에서 손실된 출력을 뺀 값	평균적으로 프리토레이의 기계가 늦은 부품 및 기계 고장으로 인해 하루 0.25시간 동안 작동하지 않는 경우 **실제 생산량 = 13,000봉지/일 − (1,000봉지/시간)(0.25시간/일)** **= 13,000봉지/일 − 250포대/일** **= 12,750봉지/일**

은 결코 그렇게 채워지지 않는다. 일부 테이블에는 1명 드는 3명의 손님이 있으며, 테이블은 6명 또는 8명이 함께 앉을 수 있고 항상 사용하지 않은 의자가 있다. 설계 용량은 270명이지만 유효 용량은 설계 용량의 81%인 220명에 가까운 경우가 많다.

유효 용량(effective capacity)은 현재의 운영 제약 조건에서 기업이 달성할 것으로 기대하는 용량이다. 시설이 이전 버전의 제품 또는 현재 생산 중인 제품과 다른 제품 믹스를 위해 설계되었을 수 있으므로 유효 용량은 설계 용량보다 낮은 경우가 많다. 표 S7.1은 설계 용량, 유효 용량 및 실제 출력 간의 관계를 추가로 보여준다.

유효 용량
제품 믹스, 일정 관리 방법, 유지관리 및 품질 표준을 고려할 때 회사가 달성할 것으로 기대할 수 있는 능력

시스템 성능에 대한 두 가지 측정값이 특히 유용하며, 이는 활용도와 효율성이다. **활용도**(utilization)는 단순히 실제 달성된 **설계 용량**의 백분율이다. **효율성**(efficiency)은 실제로 달성된 **유효 용량**의 백분율이다. 시설을 어떻게 사용하고 관리하느냐에 따라 100% 효율에 도달하기 어렵거나 불가능할 수 있다. 운영 관리자는 효율성으로 평가되는 경향이 있다. 효율성 향상의 핵심은 종종 품질 문제를 수정하고 효과적인 일정, 교육 및 유지보수에서 찾을 수 있다. 활용도와 효율성은 다음과 같이 계산된다.

활용도
실제 출력(설계 용량 대비 백분율)

효율성
유효 용량의 백분율로 나타낸 실제 출력

$$\text{활용도} = \text{실제 산출량}/\text{설계 용량} \qquad (S7\text{-}1)$$

$$\text{효율성} = \text{실제 산출량}/\text{유효 용량} \qquad (S7\text{-}2)$$

학습목표 S7.2
설계 용량, 유효 용량 및 활용도를 결정한다.

예제 S1에서는 이 값들을 결정한다.

예제 S1

용량 활용 및 효율성 결정

Sara James Bakery는 아침식사용 디럭스 롤을 처리하는 공장을 가지고 있으며 그 능력을 더 잘 이해하기를 원한다. 지난주에 이 시설은 148,000개의 롤을 생산했다. 유효 용량은 175,000롤이다. 생산 라인은 주 7일, 하루 3교대로 운영된다. 이 라인은 견과류로 채워진 계피맛 디럭스 롤을 시간당 1,200개

의 속도로 처리하도록 설계되었다. 이 디럭스 롤을 생산할 때 이 공장의 설계 용량, 활용도 및 효율성을 결정하라.

접근방법 ▶ 먼저 설계 용량을 계산한 다음 식 (S7-1)을 사용해 활용도를 결정하고 식 (S7-2)를 사용해 효율성을 결정한다.

해결방법 ▶

설계 능력 = (7일 × 3교대 × 8시간) × (시간당 1,200롤) = 201,600롤

활용도 = 실제 산출량/설계 용량 = 148,000/201,600 = 73.4%

효율 = 실제 출력/유효 용량 = 148,000/175,000 = 84.6%

통찰력 ▶ 이제 베이커리에는 효율성을 평가하는 데 필요한 정보가 있다.

학습 연습 ▶ 실제 출력이 150,000이라면 효율은 얼마인가? [답: 85.7%]

예제 S2는 새로운 용량 추가의 효율이 이러한 추가된 활용도와 효율성을 관리가 얼마나 잘 수행할 수 있는지에 달려 있음을 알 수 있도록 한다.

예제 S2

용량 확장

Sara James Bakery의 관리자(예제 S1 참조)는 이제 점점 인기를 얻고 있는 디럭스 롤의 생산량을 늘려야 한다. 이 수요를 충족하기 위해 그녀는 두 번째 생산 라인을 추가할 예정이다. 두 번째 라인은 첫 번째 라인과 동일한 설계 용량(201,600)과 유효 용량(175,000)을 가지고 있다. 그러나 새로운 작업자는 두 번째 라인을 운영할 것이다. 미숙련 작업자로 인한 품질 문제 및 기타 비효율로 인해 2차 라인의 생산량이 130,000개(1차 148,000개)로 감소할 것으로 예상된다. 1차선의 가동률과 효율은 각각 73.4%와 84.6%였다. 두 번째 라인을 추가한 후 디럭스 롤 작업의 새로운 활용도와 효율성을 결정하라.

접근방법 ▶ 먼저 두 번째 라인을 추가한 후 새로운 설계 용량, 유효 용량 및 실제 출력을 결정한다. 그런 다음 식 (S7-1)을 사용해 활용도를 결정하고 식 (S7-2)를 사용해 효율성을 결정한다.

해결방법 ▶

설계 용량 = 201,600 × 2 = 403,200롤

유효 용량 = 175,000 × 2 = 350,000롤

실제 출력 = 148,000 + 130,000 = 278,000롤

활용도 = 실제 출력/설계 능력 = 278,000/403,200 = 68.95%

효율 = 실제 출력/유효 용량 = 278,000/350,000 = 79.43%

통찰력 ▶ 장비를 추가하면 용량이 증가하지만 새 직원의 경우 해당 장비가 숙련된 직원의 경우만큼 효율적으로 작동되지 않을 수 있다. Sara James Bakery의 경우 장비 투자를 2배로 늘려도 생산량이 2배로 늘어나는 것은 아니다. 다른 변수는 활용도와 효율성을 모두 낮추었다.

학습 연습 ▶ Sara James Bakery가 전환 시간(설정 시간)을 주당 3시간 단축한다고 가정한다. 활용도 및 효율성의 새로운 가치는 무엇인가? [답: 활용도는 여전히 68.95%, 효율성은 이제 81.10%로 증가한다.]

실제 산출량은 식 (S7-2)에서와 같이 현재 상태를 나타낸다. 또는 유효 용량 및 효율성에 대한 현재 또는 목푯값에 대한 지식이 있는 경우 식 (S7-2)를 역으로 해 미래의 **기대 산출량**(expected output)을 계산할 수 있다.

$$\text{기대 산출량} = \text{유효 용량} \times \text{효율성}$$

기대 산출량이 충분하지 않은 경우 추가 용량이 필요할 수 있다. 이 장의 나머지 부분에서는 해당 용량을 효과적이고 효율적으로 추가하는 방법을 다룬다.

용량과 전략

지속적인 수익은 특정 프로세스에 대한 우수한 재정적 수익뿐만 아니라 경쟁 우위 구축에서 비롯된다. 용량 결정은 조직의 사명과 전략에 통합되어야 한다. 투자는 고립된 지출이 아니라 기업을 유리한 위치에 두는 조정된 계획의 일부로서 이루어져야 한다. 여기에서 나올 수 있는 질문은 '이러한 투자가 결국 수익성 있는 고객을 확보하게 하는가?', '어떤 경쟁 우위(프로세스 유연성, 배송 속도, 품질 개선 등)를 얻을 수 있는가?'이다.

이 책에서 논의하는 모든 10가지 운영관리 결정과 마케팅 및 재무와 같은 기타 조직 요소는 역량의 변화에 영향을 받는다. 용량 변경이 품질, 공급사슬, 인적자원, 유지보수에 영향을 미치는 것처럼 용량 변경은 판매 및 현금 흐름에 영향을 미친다. 우리는 이들 모두를 고려해야 한다.

용량 결정 시 고려사항

전략과 투자의 긴밀한 통합 외에도 적절한 용량 결정을 위한 네 가지 특별한 고려사항이 있다.

1. **정확한 수요 예측**: 제품 추가 및 제거, 경쟁 조치, 제품수명주기 및 알 수 없는 판매량은 모두 정확한 예측에 어려움을 가중시킨다.
2. **기술 증분 및 판매량 일치**: 용량 옵션은 종종 기술에 의해 제한된다. 일부 용량 증가분은 클 수 있고(예: 제철소, 제지 공장, 발전소) 다른 용량 증가분은 작을 수 있다(수작업으로 제작되는 루이비통 가방). 대용량 증분은 판매에 용량을 갖추기 어렵지만 필요한 작업을 복잡하게 만든다.
3. **운영 규모(부피)의 최적화**: 규모의 경제와 규모의 불경제는 종종 시설의 최적 규모를 결정한다. **규모의 경제**는 규모가 커질수록 평균 비용이 감소하는 반면 **규모의 비경제**는 규모가 커질수록 평균 비용이 증가할 때 발생한다. 그림 S7.2에서 알 수 있듯이 대부분의 기업은 최소한 누군가가 새로운 비즈니스 모델을 내놓을 때까지는 최적의 규모를 가지고 있다. 수십 년 동안 초대형 종합 제철소가 최적으로 여겨졌다. 그런 다음 뉴코(Nucor), CMC 및 기타 미니밀(minimill)과 함께 새로운 프로세스와 제철소의 최적 크기를 근본적으로 줄이는 새로운 비즈니스 모델이 등장했다.
4. **변화 관리**: 관리자는 시설 및 장비에 유연성을 구축하고자 한다. 제품, 제품 용량 및 제품 믹스뿐만 아니라 프로세스에서도 변경이 발생할 것이다.

다음으로, 관리자는 용량을 전략적으로 관리하기보다 전술적으로 수요를 관리할 수 있다.

그림 S7.2

규모의 경제와 규모의 비경제
크리스피크림(Krispy Kreme)은 원래 8,000제곱피트 규모의 매장을 가지고 있었지만 많은 시장에서 매장이 너무 크고 너무 비싸다는 것을 알게 되었다. 그런 다음 그들은 투자가 덜 필요한 1,300제곱피트 규모의 작은 매장을 시도했지만 이러한 매장은 너무 작아서 크리스피크림 도넛이 만들어지는 모습을 보고 냄새를 맡을 수 있는 신비로움을 제공하지 못했다. 크리스피크림은 마침내 2,600피트 규모의 매장으로 성공했다.

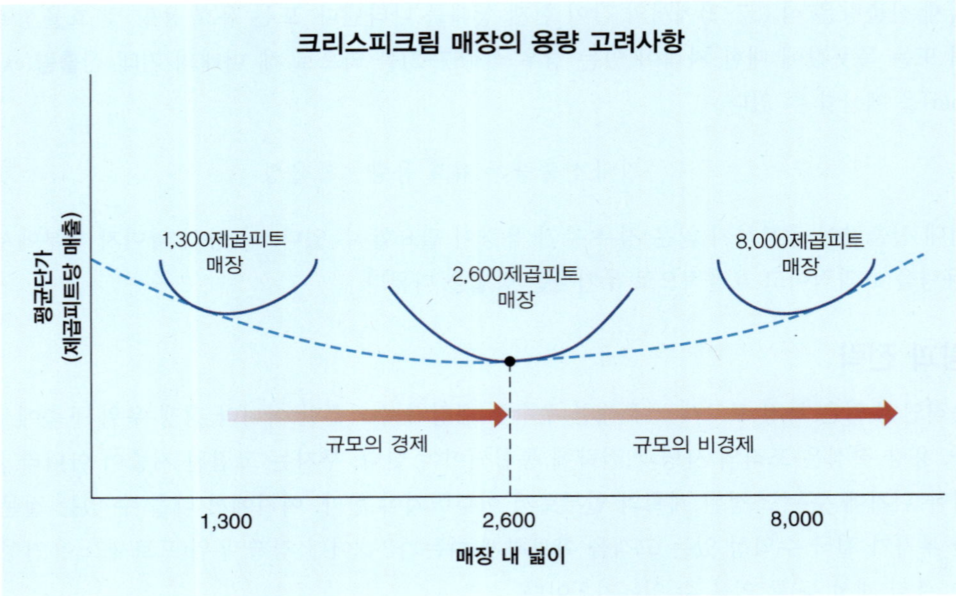

수요 관리

좋은 예측과 그 예측을 수용하기 위해 구축된 시설이 있더라도 발생하는 실제 수요와 가용 용량이 일치하지 않을 수 있다. 일치하지 않는 것은 수요가 용량을 초과하거나 용량이 수요를 초과함을 의미할 수 있다. 그러나 두 경우에서 모두 기업은 선택할 수 있는 옵션을 가지고 있다.

수요가 용량을 초과하는 경우 수요가 용량을 초과할 때, 기업은 단순히 가격 인상, 긴 납기(필연적일 수 있음) 일정 계획, 한계 수익성 비즈니스 억제를 통해 수요를 축소할 수 있다. 그러나 시설이 적절하지 않으면 수익이 가능한 것 이하로 감소하기 때문에 장기적인 해결책은 일반적으로 용량을 늘리는 것이다.

용량이 수요를 초과하는 경우 용량이 수요를 초과할 때, 기업은 가격 인하나 공격적인 마케팅을 통해 수요를 자극하거나 제품 변경을 통해 시장을 수용할 수 있다. 수요의 감소가 오래되고 유연성 없는 프로세스와 결합할 때 수요에 맞춰 생산 능력을 확보하기 위해서는 정리 해고와 공장 폐쇄가 필요할 수 있다.

계절적 수요에 적응하기 계절적 또는 주기적 수요 패턴은 또 다른 용량 문제이다. 그러한 경우, 경영진은 보완적인 수요 패턴을 가진 제품을 제공하는 것이 도움이 될 수 있다. 예를 들어 그림 S7.3에서 회사는 수요를 원활하게 하기 위해 제트 스키 라인에 설상차 모터 라인을 추가했다. 제품을 적절하게 보완하면 시설, 장비, 인력의 활용이 원활해질 수 있다(OM in Action '수요에 항공사 용량을 일치' 참조).

용량을 수요에 맞추기 위한 전술 수요에 맞게 용량을 조정하기 위한 다양한 전술은 다음과 같다.

1. 업무량 변경(직원 수 또는 교대 근무 수 증감)
2. 장비 조정(기계 추가 구매 또는 기존 장비 판매 또는 임대)
3. 처리량 증가를 위한 프로세스 개선[예: M2글로벌테크놀로지(M2 Global Technology)에서 설정 시간 단축으로 용량의 17교대 추가]

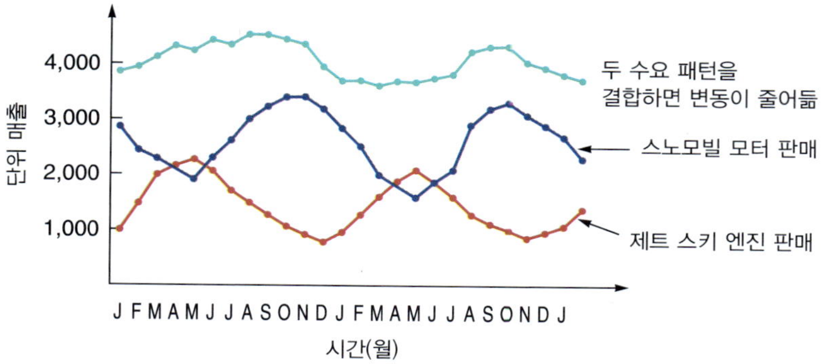

그림 S7.3

상호 보완적인 계절적 패턴을 가진 제품을 이용해 용량 활용도를 높일 수 있다

OM in Action 수요에 항공사 용량을 일치

항공사는 재무적 지출을 통제하고 불안정한 수요 패턴에 적응하기 위해 끊임없이 고군분투한다.

사우스웨스트항공(Southwest Airlines) 루프트한자(Kufthansa)는 재무적 투자를 억제하면서 용량을 늘리기 위해 각자의 접근 방식을 취했다. 저렴한 비용으로 용량 제약을 관리하기 위해 사우스웨스트는 하루에 일반적인 비행기 일정에서 대부분의 경쟁사보다 하나 더 많은 7개의 비행 구간을 압축한다. 운영 직원은 남서부 지역의 오랜 강점인 빠른 지상 전환이 이 비용 절감 기술의 핵심이라는 것을 알게 되었다.

루프트한자는 좌석 열을 2인치 더 가깝게 압축해 새로운 제트기 구매에서 수억 달러를 절감했다. 예를 들어 A320에서 루프트한자는 2열의 좌석을 추가해 항공기에 162석이 아닌 174석을 제공했다. 유럽 항공기의 경우 이는 에어버스 A320 제트기를 12대 더 보유하는 것과 같다. 그러나 루프트한자는 새로운 세대의 초박형 좌석이 승객에게 더 많은 다리 공간을 제공하기 때문에 더 많은 좌석을 꽉 채우는 것이 그리 나쁘지 않다고 말할 수 있을 것이다. 고급 사무용 의자와 유사한 강력한 메쉬(폼 패딩 대신)를 사용하고 잡지 포켓을 좌석 등받이 상단으로 이동하면 실제로 기존 의자보다 무릎 공간이 더 많이 확보된다.

항공 산업의 불안정한 수요는 또 다른 용량 문제를 제공한다. 계절적 패턴(예: 겨울에 비행기를 타는 사람이 적음)과 주요 공휴일 및 여름 방학 동안 수요 급증으로 인해 용량의 효율적인 사용이 혼란스러워진다. 항공사는 여러 가지 방법으로 비용이 많이 드는 계절성을 공격한다. 첫째, 그들은 긴 겨울 동안 유지보수 및 개조를 통해 겨울 용량을 축소한다. 둘째, 그들은 계절을 초월한 경로를 찾는다. 그리고 용량이 수요를 훨씬 초과하는 경우 비행기를 보관하는 것이 가장 경제적인 답이 될 수 있다.

항공사는 또한 수익 관리(13장 참조)를 사용해 현재 수요 패턴에 관계없이 가용 용량에 대한 좌석 가격을 최대화하고 있다.

출처: *International Business Times*(March 3, 2017); *Forbes*(August 26, 2014); *The Wall Street Journal*(February 29, 2012).

4. 더 많은 처리량을 촉진하기 위해 제품 재설계
5. 변화하는 제품 선호도를 더 잘 충족시키기 위해 프로세스 유연성 추가
6. 설비 폐쇄

전술적인 결정을 통해 기존 시설로 수요를 조정할 수 있으나, 전략적인 이슈는 올바른 규모의 시설을 어떻게 갖추느냐 하는 것이다.

서비스 부문 수요 및 용량 관리

서비스 부문에서 고객에 대한 스케줄링은 수요 관리이고 인력에 대한 스케줄링은 용량 관리이다.

수요 관리 수요와 용량이 상당히 잘 일치하면 약속, 예약 또는 선착순 규칙으로 수요 관리를 처리할 수 있다. 의사 및 변호사 사무실과 같은 일부 비즈니스에서는 **예약 시스템**이 일정대로 적절하게 운영된다. **예약 시스템**은 렌터카 대행사, 호텔 및 일부 레스토랑에서 고객 대기 시간을 최소화하고 채워지지 않은 서비스에 대한 불만을 피하기 위한 수단으로 잘 작동한다. 소매점, 우체국, 패스트푸드점에서는 **선착순**(first-come, first-served rule)으로 고객에게 서비스를 충분히 제공할 수 있

다. 각 산업은 수요와 용량을 맞추기 위해 고유한 접근 방식을 개발하고 있다. 수요 관리에 대한 보다 적극적인 다른 접근 방식에는 다양한 할인정책이 포함된다. 예를 들어 레스토랑의 '얼리 버드(early bird)' 스페셜, 마티네(matinee) 공연 또는 항공사의 홀수 시간 좌석에 대한 할인, 저렴한 주말 호텔 객실 등이 있다.

용량 관리 수요 관리가 불가능한 경우에는 전일제, 비정규직, 시간제 등을 변경해 수용력을 관리하는 것이 대안이 될 수 있다. 이것은 많은 서비스에서 활용되는 접근 방식이다. 예를 들어 병원은 묘지 교대를 담당할 의향이 있는 인증된 방사선 전문의가 부족해 수용 능력이 제한될 수 있다. 빠르고 신뢰할 수 있는 방사선 판독값을 얻는 것은 응급실 환자의 삶과 죽음을 가를 수 있다. 다음 페이지의 사진에서 볼 수 있듯이 야간 판독이 필요한 경우(그리고 CT 스캔의 40%가 오후 8시에서 오전 8시 사이에 수행됨), 즉각적인 분석을 위해 이미지를 유럽이나 호주의 의사에게 이메일로 보낼 수 있다.

병목 현상 분석 및 제약 조건 이론

관리자가 용량을 수요에 맞추려고 할 때 더 큰 시스템의 특정 작업 또는 작업 영역의 크기에 대한 결정을 내려야 한다. 각각의 상호 의존적인 작업 영역은 고유한 능력을 가질 것으로 예상할 수 있다. **용량 분석**(capacity analysis)에는 시스템에 있는 워크스테이션의 처리 용량과 궁극적으로 전체 시스템의 용량을 결정하는 작업이 포함된다.

용량 분석
워크스테이션 또는 전체 생산 시스템의 처리 능력을 결정하는 수단

병목 현상
시스템의 제한 요소 또는 제약 조건

용량 분석의 핵심 개념은 제약 조건 또는 병목 현상의 역할이다. **병목 현상**(bottleneck)은 원인을 일으키는 요인이나 제약 조건을 제한하는 작업이다. **병목 현상**이라는 용어는 흐름을 제한하거나 생산 시스템의 경우 처리량을 제한하는 문자 그대로 병목을 나타낸다. 병목 현상은 시스템의 모든 작업 중 가장 낮은 유효 용량을 가지므로 시스템의 출력을 제한한다. 병목 현상은 기계가 작업 흐름을 제한하는 작업장에서 2개의 차선이 하나의 부적절한 차선으로 수렴해 교통 혼잡을 초래하는 고속도로 교통에 이르기까지 삶의 모든 측면에서 발생한다.

프로세스 시간
워크스테이션에서 단위(또는 단위의 지정된 배치)를 생산하는 데 걸리는 시간

스테이션의 **프로세스 시간**(process time)은 해당 워크스테이션에서 단위(또는 단위의 지정된 배치 크기)를 생산하는 시간으로 정의한다. 예를 들어 슈퍼마켓 라인에서 60분마다 16명의 고객을 체크아웃할 수 있는 경우 해당 스테이션의 처리 시간은 고객당 3.75분이다(= 60/16). (처리 시간은 단순히 용량의 역수이며, 이 경우 시간당 60분/3.75분 = 16명이다).

병목 시간
가장 긴(가장 느린) 프로세스의 프로세스 시간, 즉 병목 현상

생산 시스템의 병목 현상을 확인하려면 처리 시간이 가장 느린 스테이션을 식별하기만 하면 된다. **병목 시간**(bottleneck time)은 생산 시스템에서 가장 느린 워크스테이션(가장 오래 걸리는 워크스테이션)의 처리 시간이다. 예를 들어 그림 S7.4의 순서도는 간단한 조립 라인을 보여준다. 개별 스테이션 처리 시간은 각각 2분, 4분, 3분이며, 따라서 병목 시간은 4분이다. 스테이션 B가 가장 느린 스테이션이기 때문이다. 스테이션 A의 속도를 높인다 해도 전체 생산 프로세스가 더 빨라지지는 않을 것이다. 재고는 지금보다 훨씬 더 많이 스테이션 B 앞에 쌓일 것이다. 마찬가지로 스테이션 C가 더 빨리 작동할 수 있다면 스테이션 B가 매 4분마다 1보다 빠르게 제품을 공급할 수 없기 때문에 초과 용량을 활용할 수 없다.

처리 시간
제품이 기다림 없이 생산 과정을 거치는 데 걸리는 시간, 시스템을 통과하는 가장 긴 경로의 시간

반면에 **처리 시간**(throughput time)은 대기 없이 생산을 처음부터 끝까지 진행하는 데 걸리는 시간이다. [대조적으로 흐름 시간(flow time)은 스테이션이 다른 장치의 작업을 완료할 때까지 기다리는 유휴 시간(idle time)을 포함해 처음부터 끝까지 생산 프로세스를 통과하는 시간을 설명한다.]

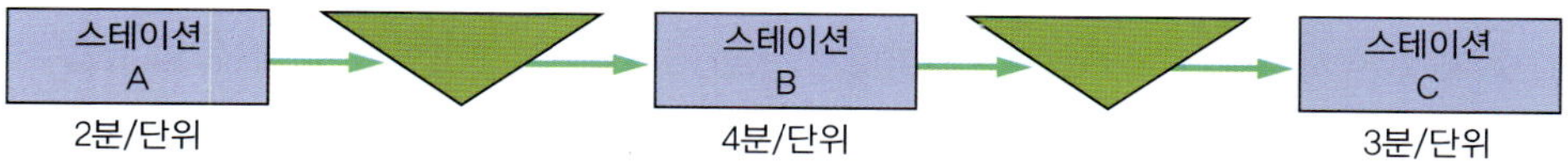

그림 S7.4

3개 스테이션 조립 라인
사각형은 작업, 삼각형은 재고, 화살표는 우선순위 관계를 나타낸다.

그림 S7.4에서 제품이 완성된 단위는 9분이다(= 2분 + 4분 + 3분).

병목 시간과 처리 시간은 상당히 다를 수 있다. 예를 들어 포드(Ford) 조립 라인은 1분마다 새 자동차를 출시할 수 있지만(병목 시간), 실제로 자동차를 처음부터 끝까지 만드는 데는 25시간(처리 시간)이 걸릴 수 있다. 이는 조립 라인에 수많은 워크스테이션이 있고 각 스테이션이 완성차에 기여하기 때문이다. 따라서 병목 시간은 시스템의 용량(분당 자동차 1대)을 결정하는 반면 처리 시간은 25시간 안에 새로 주문한 제품을 처음부터 생산할 수 있는 잠재적 능력을 결정한다.

다음 두 가지 예는 약간 더 복잡한 시스템에 대한 용량 분석을 보여준다. 예제 S3에서는 병렬 프로세스의 개념을 소개하고 예제 S4에서는 동시 처리의 개념을 소개한다.

예제 S3

학습목표 S7.3
병목 현상 분석을 수행한다.

병렬 프로세스에서의 용량 분석

하워드 크라예(Howard Kraye)의 샌드위치 가게는 고객에게 건강한 샌드위치를 제공한다. 하워드는 2개의 동일한 샌드위치 조립 라인을 보유하고 있다. 고객이 먼저 주문을 하는 데 걸리는 시간은 30초이다. 그런 다음 주문은 2개의 조립 라인 중 하나로 보내진다. 각 조립 라인에는 2명의 작업자와 세 가지 작업이 있다. (1) 조립 작업자 1이 빵을 가져와서 자르고(15초/샌드위치) (2) 조립 작업자 2가 재료를 추가하고 토스터 컨베이어 벨트에 샌드위치를 놓는다(20초/샌드위치). (3) 토스터가 샌드위치를 가열한다(40초/샌드위치). 마지막으로 다른 직원이 토스터기에서 나오는 가열된 샌드위치를 포장해 고객에게 건넨다(37.5초/샌드위치). 프로세스의 흐름도는 아래에 나와 있다. 하워드는 이 프로세스의 병목 시간과 처리 시간을 확인하려고 한다.

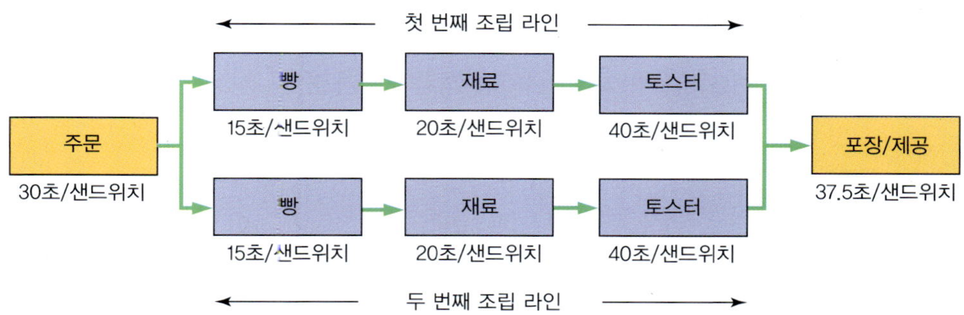

접근방법 ▶ 분명히 토스터는 5단계 프로세스에서 가장 느린 단일 자원이지만 병목 현상이 있는가? 하워드는 먼저 두 조립 라인 각각의 병목 시간을 별도로 결정한 다음 결합된 조립 라인의 병목 시간을 결정하고 마지막으로 전체 작업의 병목 시간을 결정해야 한다. 처리 시간의 경우 각 조립 라인이 동일하므로 하워드는 5개 작업 모두에 대한 프로세스 시간을 합산해야 한다.

해결방법 ▶ 세 가지 조립 라인 작업은 각각 별도의 자원(작업자 또는 기계)을 사용하기 때문에 부분적으로 완성된 서로 다른 샌드위치를 각 스테이션에서 동시에 작업할 수 있다. 따라서 각 조립 라인의 병목 시간은 세 작업 각각의 가장 긴 공정 시간이다. 이 경우 40초의 토스트 시간은 각 조립 라인의 병목 시간을 나타낸다. 다음으로, 결합된 조립 라인 작업의 병목 시간은 샌드위치 2개당 40초 또는 샌드위치당 20초이다. 따라서 처리 시간이 37.5초인 포장 및 배송 작업은 전체 작업의 병목 현상으로 보인다. 시간당 용량은 시간당 3,600초/샌드위치당 37.5초 = 시간당 샌드위치 96개이다. 처리 시간은 30 + 15 + 20 + 40 + 37.5 = 142.5초(또는 2분 22.5초)와 같다. 처음부터 대기 시간이 없다고 가정한다.

통찰력 ▶ 워크스테이션의 자원을 2배로 늘리면 해당 스테이션의 시간이 절반으로 줄어든다. [n개의 병렬 (중복) 작업이 추가되면 결합된 워크스테이션 작업의 처리 시간은 원래 처리 시간의 $1/n$배가 된다.)

학습 연습 ▶ 하워드가 추가로 포장하는 사람을 고용하는 경우 새로운 시간당 용량은 어떻게 되는가? [답: 새로운 병목 현상은 이제 주문을 받는 스테이션이다. 용량 = 시간당 3,600초/샌드위치당 30초 = 시간당 샌드위치 120개]

예제 S3에서 샌드위치를 굽는 데 40초가 걸리는데 토스터의 처리 시간이 샌드위치당 20초라고 어떻게 주장할 수 있을까? 그 이유는 우리가 2개의 토스터를 가지고 있었기 때문이다. 따라서 40초마다 샌드위치 2개를 구울 수 있으며 평균 20초마다 샌드위치 1개를 구울 수 있다. 그리고 토스터의 시작 시간이 시차를 두는 경우(즉 20초마다 토스터에 새 샌드위치를 넣기) 토스터의 시간을 실제로 달성할 수 있다. 이 경우 각 샌드위치가 40초 동안 토스터에 들어가 있어도 20초마다 2개의 토스터 중 하나에서 샌드위치가 나올 수 있다. 보다시피 자원 수를 2배로 늘리면 해당 스테이션의 프로세스 시간이 절반으로 줄어들어 해당 자원의 용량이 2배가 된다.

예제 S4

동시 프로세스에서의 용량 분석

신시아 노트(Cynthia Knott) 박사의 치과 진료는 수십 년 동안 고객의 치아를 청소해 왔다. 기본적인 치아 청소 과정은 비교적 간단하다. (1) 고객이 체크인(2분) 한다. (2) 실험실 기술자가 엑스레이를 촬영하고 현상한다(각각 2분, 4분). (3) 치과의사가 엑스레이를 처리하고 검사하는 동안(5분) 위생사가 이를 닦는다(24분). (4) 치과의사가 환자를 만나서 치아 몇 개를 검사하고 엑스레이 결과를 설명한 뒤 환자에게 더 자주 치실을 사용하라고 말한다(8분). (5) 고객이 돈을 지불하고 다음 진료를 예약한다(6분). 고객 방문 흐름도는 아래와 같다. 노트 박사는 이 프로세스의 병목 시간과 처리 시간을 확인하려고 한다.

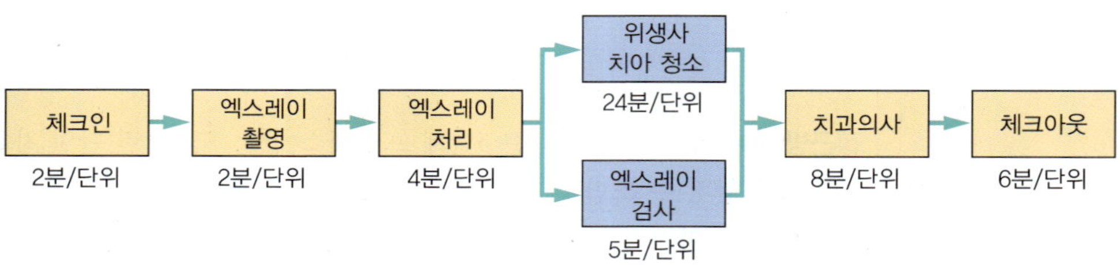

접근방법 ▶ 동시 프로세스를 사용하면 주문 또는 제품이 기본적으로 나중에 다시 결합할 수 있도록 서로 다른 경로로 분할된다. 병목 시간을 찾기 위해 모든 작업이 순차 경로에 있는 것처럼 각 작업을 별도로 처리한다. 처리 시간을 구하려면 모든 경로에 대한 시간을 계산해야 하며 처리 시간은 가장 긴 경로의 시간이다.

해결방법 ▶ 이 시스템의 병목 현상은 환자당 24분의 위생사 청소 작업으로, 시간당 시스템 용량은

60분/환자당 24분 = 2.5명의 환자가 된다. 처리 시간은 시스템을 통과하는 두 경로의 최댓값이다. 엑스레이 검사를 통한 경로는 2 + 2 + 4 + 5 + 8 + 6 = 27분이고, 위생사 청소 작업을 통한 경로는 2 + 2 + 4 + 24 + 8 + 6 = 46분이다. 따라서 환자는 46분(즉 최대 27분 및 46분) 후에 문을 나서야 한다.

통찰력 ▶ 동시 처리에서는 일부 작업이 동시에 발생하기 때문에 전체 시스템의 모든 작업 시간을 단순히 합산해 처리 시간을 계산하는 것이 아니다. 대신 시스템을 통한 가장 긴 경로의 시간이 처리 시간으로 간주된다.

학습 연습 ▶ 동일한 기술자가 엑스레이를 촬영한 직후에 치아 청소를 시작한다고 가정한다(위생사가 4분 더 빨리 시작할 수 있음). 그런 다음 기술자는 위생사가 치아를 청소하는 동안 엑스레이를 개발한다. 치과 의사는 치아 청소가 진행되는 동안 여전히 엑스레이를 검사한다. 새로운 시스템 용량과 처리 시간은 어떻게 되는가? [답: 엑스레이 개발 작업은 이제 세척 및 엑스레이 검사와 병행해 총 환자 방문 시간을 4분으로 줄이고 처리 시간은 42분(최대 27분 및 42분)이다. 하지만 위생사의 청소 작업은 여전히 병목 현상이 있어 시간당 환자 수는 2.5명으로 유지된다.]

요약하면, (1) **병목 현상**은 병렬(중복) 작업의 수로 나눈 후 가장 긴(가장 느린) 프로세스 시간을 갖는 작업이고, (2) **시스템 용량**은 병목 시간의 역수이며, (3) **처리 시간**은 대기가 없다고 가정할 때 시스템에서 가장 긴 경로를 통과한 총 시간이다.

제약 이론

제약 이론(theory of constraints, TOC)은 조직의 목표 달성 능력을 제한하거나 제한하는 모든 것을 다루는 분야이다. 제약 조건은 물리적(예: 프로세스 또는 인력 가용성, 원자재 또는 공급)이거나 비물리적(예: 절차, 사기, 교육)일 수 있다. 다음 5단계 프로세스를 통해 이러한 한계를 인식하고 관리하는 것이 TOC의 기초이다.

제약 이론(TOC)
조직의 목표 달성 능력을 제한하는 모든 것을 다루는 지식 체계

1단계: 제약 조건을 식별한다.
2단계: 식별된 제약 조건을 극복하기 위한 계획을 개발한다.
3단계: 2단계를 수행하는 데 자원에 집중한다.
4단계: 작업 부담을 줄이거나 기능을 확장해 제약의 영향을 줄인다. 제약 조건에 영향을 줄 수 있는 모든 사람이 제약 조건을 인식하는지 확인한다.
5단계: 한 가지 제약 조건이 극복되면 1단계로 돌아가서 새로운 제약 조건을 식별한다.

병목 현상 관리

모든 시스템의 결정적인 제약은 병목 현상이며, 관리자는 이에 상당한 주의를 기울여야 한다. 여기서는 병목 관리의 네 가지 원칙을 제시한다.

1. **병목 현상의 용량에 따라 정해진 속도로 시스템에 작업 주문을 릴리스한다.** 제약 이론은 병목 현상 및 병목 현상이 없는 일정의 구현을 지원하기 위해 **드럼**(drum), **버퍼**(buffer), **로프**(rope)의 개념을 활용한다. 간단히 말해서 **드럼**은 시스템의 비트이다. 일정, 즉 생산 속도를 제공한다. **버퍼**는 일반적으로 재고인 자원으로 병목 현상이 드럼 속도에 맞춰 작동하도록 하는 데 도움이 될 수 있다. 마지막으로 **로프**는 시스템을 통해 장치를 당기는 데 필요한 동기화 또는

통신을 제공한다. 로프는 워크스테이션 간의 신호로 생각할 수 있다.

2. **병목 지점에서 손실된 시간은 전체 시스템의 용량 손실을 나타낸다.** 이 원칙은 병목 지점이 항상 작업으로 바쁘게 유지되어야 함을 의미한다. 병목 현상이 발생하기 전에 잘 훈련되고 교차 훈련된 직원과 검사를 통해 병목 지점에서 손실된 용량을 줄일 수 있다.
3. **병목이 없는 스테이션의 용량을 늘리는 것은 신기루와 같다.** 병목이 없는 스테이션의 용량을 늘리는 것은 시스템의 전체 용량에 영향을 주지 않는다. 병목 현상이 없는 스테이션에서 더 빠르게 작업하면 모든 역효과와 함께 추가 재고가 생성될 수 있다. 이는 병목 현상이 없는 경우 계획된 유휴 시간이 있어야 함을 의미한다. 병목이 없는 스테이션에서 추가 작업이나 설정으로 인해 지연이 발생하지 않으므로 병목이 없는 스테이션에서 배치 크기를 줄이고 제품을 더 자주 변경할 수 있다.
4. **병목의 용량을 늘리면 전체 시스템의 용량이 늘어난다.** 관리자는 병목에 대한 개선 노력에 집중해야 한다. 병목 용량은 병목 작업의 일부를 다른 워크스테이션으로 오프로드하는 등 다양한 방법으로 개선할 수 있다. 또한 병목 현상의 용량 증가(자원 추가, 더 오래 작업 또는 더 빠르게 작업), 하청 계약, 대체 경로 개발 및 설정 시간 단축과 같은 것이 있다.

관리자가 프로세스 및 품질 변동성을 제어할 수 있는 경우에도 기술, 인력, 제품, 제품의 조합 및 용량을 변경하면 여러 병목 현상이 발생할 수 있다. 병목 현상을 식별하고 관리하는 것은 필수 운영 작업이지만 정의상 병목 현상을 제거할 수는 없다. 시스템에는 항상 적어도 하나의 병목이 존재한다.

손익분기점 분석

손익분기점 분석
비용이 수입과 동일한 지점을 달러 및 단위로 찾는 수단

손익분기점 분석은 시설이 수익성을 달성하기 위해 갖추어야 할 용량을 결정하는 중요한 도구이다. **손익분기점 분석**(break-even analysis)의 목적은 비용이 수익과 동일한 지점을 비용 및 단위로 찾는 것이다. 이 지점이 손익분기점이다. 기업은 수익성을 달성하기 위해 이 수준 이상에서 운영해야 한다. 그림 S7.5에서 볼 수 있듯이 손익분기점 분석에는 고정비용, 변동비용과 수익의 추정이 필요하다.

고정비용은 단위가 생산되지 않더라도 계속되는 비용이다. 예를 들어 감가상각, 세금, 부채 및 모기지 지불이 있다. **변동비용**은 생산 단위의 양에 따라 달라지는 비용이다. **변동비용**의 주요 구성 요소는 인건비와 자재이다. 그러나 볼륨에 따라 달라지는 유틸리티 부분과 같은 기타 비용도 **변동비용**에 포함된다. 판매 가격과 변동비용의 차이는 **기여액**(contribution)이다. 총 기여액이 총 고정비용을 초과할 때만 이익(profit)이 발생한다.

손익분기점 분석의 또 다른 요소는 **수익**(revenue) **기능**이다. 그림 S7.5에서 수익은 원점에서 시작해 오른쪽 위로 진행되며 각 단위의 판매 가격만큼 증가한다. 수익 함수가 총비용 라인(고정비용과 변동비용의 합)을 가로지르는 지점이 손익분기점이며 오른쪽에는 이익 영역이 있고 왼쪽에는 손실 영역이 있다.

가정 기본 손익분기점 모델에는 여러 가정이 있다. 특히 비용과 수익은 직선으로 표시된다. 그것들은 선형적으로, 즉 생산되는 단위의 부피에 정비례하여 증가하는 것으로 나타난다. 그러나 고정비용이나 변동비용(또는 이와 관련해 수익 함수)은 직선일 필요가 없다. 예를 들어 고정비용은 더 많은 자본 장비나 창고 공간이 사용됨에 따라 변하고, 노동 비용은 초과 근무 또는 한계 숙련 노동

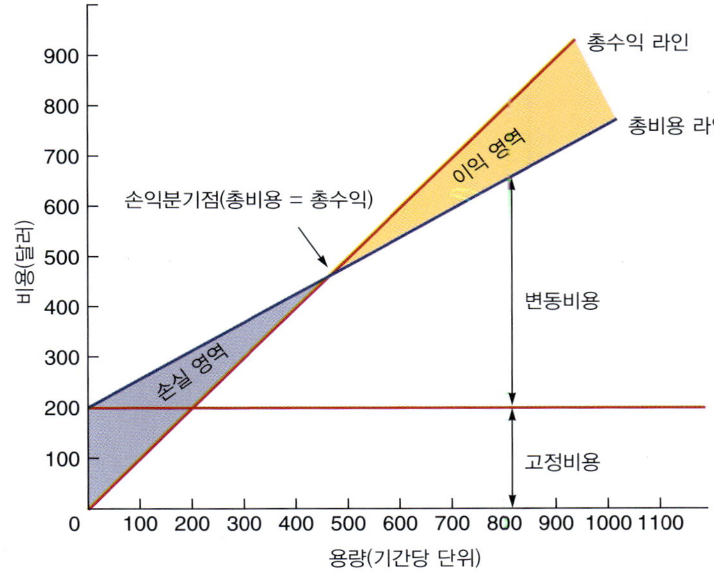

그림 S7.5

기본 손익분기점

자가 고용됨에 따라 변한다. 수익 기능은 대량 할인과 같은 요인으로 변경될 수 있다.

단일 제품의 경우

학습목표 S7.4
손익분기점을 계산한다.

단일 제품의 손익분기점 공식은 다음과 같다.

BEP_x = 손익분기점(단위) TR = 총수익 = Px

$BEP_\$$ = 손익분기점(달러) F = 고정비용

P = 단위당 가격(모든 할인 후) V = 단위당 변동비용

x = 생산된 단위 수 TC = 총비용 = $F + Vx$

손익분기점은 총수입이 총비용과 같을 때 발생한다. 그러므로

$$TR = TC \text{ 또는 } Px = F + Vx$$

x에 대해 풀면 다음을 얻는다.

$$\text{손익분기점(단위)}(BEP_x) = \frac{F}{P - V}$$

$$\text{손익분기점(달러)}(BEP_\$) = BEP_x P = \frac{F}{P - V}P = \frac{F}{(P - V)/P} = \frac{F}{1 - V/P}$$

$$\text{이익} = TR - TC = Px - (F + Vx) = Px - F - Vx = (P - V)x - F$$

이 식을 사용해 손익분기점과 수익성을 직접 해결할 수 있다. 특히 관심을 끄는 두 가지 손익분기점 공식은 다음과 같다.

$$\text{손익분기점(단위)}(BEP_x) = \frac{\text{총 고정비용}}{\text{가격} - \text{변동비용}} = \frac{F}{P - V} \tag{S7-3}$$

$$\text{손익분기점(달러)}(BEP_\$) = \frac{\text{총 고정비용}}{1 - \frac{\text{변동비용}}{\text{가격}}} = \frac{F}{1 - \frac{V}{P}} \tag{S7-4}$$

예제 S5에서는 한 제품에 대한 손익분기점을 달러와 단위로 결정한다.

예제 S5

단일 제품 손익분기점 분석

Stephens, Inc.는 손익분기점을 달성하기 위해 새 시설에 필요한 최소 금액과 단위 수량을 결정하려고 한다.

접근방법 ▶ 회사는 먼저 이 기간에 10,000달러의 고정비용이 있다고 결정한다. 직접 노동은 단위당 1.50달러이고 재료는 단위당 0.75달러이다. 판매 가격은 개당 4.00달러이다.

해결방법 ▶ 손익분기점(달러)은 다음과 같이 계산된다.

$$\text{손익분기점(달러)}(BEP_\$) = \frac{F}{1-(V/P)} = \frac{10{,}000\text{달러}}{1-[(1.50+.75)/(4.00)]} = \frac{10{,}000\text{달러}}{.4375} = 22{,}857.14\text{달러}$$

손익분기점(단위)은 다음과 같다.

$$\text{손익분기점(단위)}(BEP_x) = \frac{F}{P-V} = \frac{10{,}000\text{달러}}{4.00-(1.50+.75)} = 5{,}714$$

총 변동비용(즉 인건비와 재료비 모두)을 사용한다.

통찰력 ▶ 스티븐스의 경영진은 이제 새 시설에 필요한 양의 단위 및 달러 추정치를 가지고 있다.

학습 연습 ▶ 스티븐스가 고정비용이 12,000달러로 증가한다는 사실을 알게 되면 단위 및 달러의 손익분기점은 어떻게 되는가? [답: 손익분기점(단위)은 6,857달러로, 손익분기점(달러)은 27,428.57달러로 증가한다.]

복수 제품의 경우

제조업체에서 레스토랑에 이르기까지 대부분의 회사는 다양한 제품을 제공한다. 제품마다 판매 가격과 변동비용이 다를 수 있다. 손익분기점 분석을 이용해 식 (S7-4)를 수정해 제품별 매출비중을 반영한다. 우리는 판매 비율에 따라 각 제품의 기여도를 '가중'해 이를 수행한다. 공식은 다음과 같다.

$$\text{손익분기점(달러)}(BEP_\$) = \frac{F}{\sum\left[1-\left(\frac{V_i}{P_i}\right)\times(W_i)\right]} \qquad \text{(S7-5)}$$

F = 고정비용
V_i = 제품 i의 단위당 변동비용
P_i = 제품 i의 단위당 가격
W_i = 제품 i 종이에 대한 총매출의 백분율

예제 S6은 Le Bistro 레스토랑의 복수 제품 사례에 대한 손익분기점을 결정하는 방법을 보여준다.

예제 S6

복수 제품 손익분기점 분석

대부분의 다른 레스토랑과 마찬가지로 Le Bistro는 둘 이상의 제품을 만들고 있으며 손익분기점을 달러로 알고 싶다. Le Bistro에 대한 정보는 다음과 같다. 고정비용은 월 3,000달러이다.

품목	연간 예측 판매 단위	가격(달러)	비용(달러)
샌드위치	9,000	5.00	3.00
음료	9,000	1.50	0.50
감자	7,000	2.00	1.00

접근방법 ▶ 다양한 오퍼링을 통해 식 (S7-5)를 사용해 총 판매액의 비율로 각 제품에 가중치를 부여한다는 점을 제외하고는 단일 제품의 경우와 마찬가지로 손익분기점 분석을 진행한다.

해결방법 ▶ 다중 제품 손익분기점: 기여도 결정

1	2	3	4	5	6	7	8	9
품목 (i)	연간 예측 판매 단위	판매 가격 (P_i)	변동비용 (V_i)	(V_i/P_i)	기여도 $[1-(V_i/P_i)]$	연간 예측된 매출(달러)	매출 대비 %(W_i)	가중된 기여도 (열 6 × 열 8)
샌드위치	9,000	5.00달러	3.00달러	.60	.40	45,000	.621	.248
음료	9,000	1.50	0.50	.33	.67	13,500	.186	.125
구운 감자	7,000	2.00	1.00	.50	.50	14,000	.193	.097
						72,500	1.000	.470

참고: 샌드위치 수익은 45,000달러(= 5.00 × 9,000)이며 이는 총수익 72,500달러의 62.1%이다. 따라서 샌드위치에 대한 기여도는 0.621로 '가중'된다. 가중 기여도는 0.621 × 0.40 = 0.248이다. 이러한 방식으로 상대적 기여도가 적절하게 반영된다.

각 제품에 대해 이 접근 방식을 사용해 총 가중 기여도가 매출 1달러당 .47이고 손익분기점(달러)은 76,596달러이다.

$$\text{손익분기점(달러)}(BEP_\$) = \frac{F}{\sum\left[1-\left(\frac{V_i}{P_i}\right)\times(W_i)\right]} = \frac{3{,}000\text{달러}\times 12}{.470} = \frac{36{,}000\text{달러}}{.470} = 76{,}596\text{달러}$$

이 예에 제공된 정보는 다음의 총 일일 판매(각각 6일에 52주)를 의미한다.

$$\frac{76{,}596\text{달러}}{312\text{일}} = 245.50\text{달러}$$

통찰력 ▶ Le Bistro의 경영진은 이제 손익분기점을 달성하기 위해 매일 평균 245.50달러의 매출을 발생시켜야 한다는 것을 알고 있다. 경영진은 또한 72,500달러의 예상 매출이 맞다면 손익분기점이 76,596달러이기 때문에 Le Bistro가 손실을 입을 것임을 알고 있다.

학습 연습 ▶ Le Bistro의 관리자가 추가로 월 1,000달러의 급여를 받고 이를 고정비용으로 간주한다면 하루 평균 매출의 새로운 손익분기점은 얼마인가? [답: 327.33달러]

제품별 손익분기점 수치는 관리자에게 판매 예측의 현실성에 대한 추가적인 통찰력을 제공한다. 예제 S7에 나와 있는 것처럼 그 수치들은 매일 판매되어야 하는 품목을 정확히 나타내고 있다.

예제 S7

손익분기점에서의 단위 판매

Le Bistro는 또한 매일 판매되어야 하는 샌드위치 수에 대한 손익분기점을 알고 싶어 한다.

접근방법 ▶ 예제 S6의 데이터를 사용해 예측 샌드위치 판매의 62.1% 곱하기 일일 손익분기점 245.50달러를 각 샌드위치의 판매 가격(5.00달러)으로 나눈 값을 구한다.

해결방법 ▶ 손익분기점에서 샌드위치 판매는 다음과 같아야 한다.

$$\frac{.621 \times 245.50\text{달러}}{5.00} = \text{샌드위치 수} = 30.5 \approx \text{매일 샌드위치 31개}$$

통찰력 ▶ 개별 제품 판매에 대한 지식을 바탕으로 관리자는 자재 및 노동 요구사항을 결정할 수 있는 기반이 있다.

학습 연습 ▶ 하루 327.33달러의 손익분기점에서 Le Bistro는 매일 몇 개의 샌드위치를 팔아야 하는가? [답: ≈41개]

손익분기점 분석이 준비되고, 분석되고, 합리적이라고 판단되면 필요한 장비의 유형과 용량에 대한 결정을 내릴 수 있다. 실제로 이제 기업의 성공 가능성에 대한 더 나은 판단을 내릴 수 있다.

점진적 변경으로 인한 위험 감소

상품 및 서비스에 대한 수요를 합리적인 수준으로 정확하게 예측할 수 있다면 손익분기점과 용량 요구사항을 결정하는 것이 다소 간단할 수 있다. 그러나 많은 요인을 측정하고 정량화하기 어렵기 때문에 용량을 결정하고 이를 달성하는 방법이 복잡해질 가능성이 크다. 기술, 경쟁자, 건물 제한, 자본 비용, 인적자원 옵션 및 규정과 같은 요소가 결정을 흥미롭게 만든다. 문제를 더욱 복잡하게 만드는 것은 수요 증가가 일반적으로 소규모 단위에서 이루어지지만 용량 추가는 즉각적이거나 대규모 단위일 가능성이 높다는 것이다. 이러한 모순은 용량 결정 위험을 가중시킨다. 위험을 줄이기 위해 수요 예측을 피하는 점진적인 변경이 좋은 선택이 될 수 있다. 그림 S7.6은 새로운 용량에 대한 네 가지 접근 방식을 보여준다.

대안 그림 S7.6(a)는 기간 1이 시작될 때 새로운 용량을 확보해 수요보다 앞서 나갈 수 있는 용량을 **확보한다**. 이 용량은 기간 2가 시작될 때까지 증가된 수요를 처리한다. 기간 2에서는 새로운 용량이 다시 확보되어 기간 3이 시작될 때까지 조직이 수요보다 앞서 나갈 수 있다. 이 프로세스는 앞으로도 무한정 계속될 수 있다. 여기서 용량은 기간 1이 시작되고 기간 2가 시작될 때 **점진적으로** 획득된다.

그러나 관리자는 기간 1이 시작될 때 더 큰 증가를 하도록 선택할 수도 있다[그림 S7.6(b)]. 이 증가는 기간 3이 시작될 때까지 예상 수요를 충족할 수 있다. 초과 용량은 운영 관리자에게 유연성을 제공한다. 예를 들어 호텔 산업에서 객실 형태의 추가(추가) 용량은 더 다양한 객실 옵션과 객

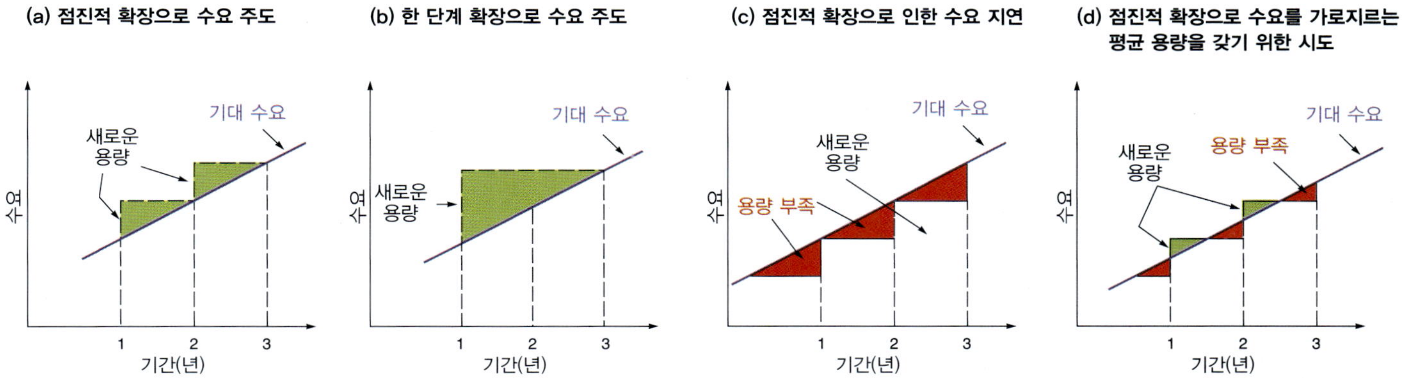

그림 S7.6 용량 확장에 대한 네 가지 접근 방식

실 청소 일정의 유연성을 허용할 수 있다. 제조에서 초과 용량은 더 많은 준비 단계를 수행하고 생산 실행을 단축하며 재고 비용을 줄이는 데 사용할 수 있다.

그림 S7.6(c)는 초과 수요를 수용하기 위해 초과 근무 또는 하도급을 사용해 용량을 **지연**하는 옵션을 보여준다. 마지막으로, 그림 S7.6(d)는 '평균'인 용량을 구축해 수요를 가로지르며 때로는 수요에 **뒤처지기도** 하고 때로는 수요를 앞서기도 한다. 지연(lag) 옵션과 스트래들(straddle) 옵션 모두 재무적 지출을 지연하는 이점이 있다.

비즈니스 환경이 안정적인 경우 대안을 선택하는 것이 상대적으로 쉬울 수 있다. 각 대안의 총 비용을 계산할 수 있으며 총 비용이 가장 적은 대안을 선택할 수 있다. 그러나 용량 요구사항이 상당히 알려지지 않은 경우 '확률적' 모델이 적절할 수 있다. 불확실한 수요로 성공적인 용량 계획 결정을 내리는 한 가지 기술은 기대 금전적 가치의 사용을 포함하는 의사결정 이론이다.

용량 결정에 기대 금전적 가치(EMV) 적용

기대 금전적 가치(Expected monetary value, EMV)를 결정하려면 대안과 다양한 자연 상태를 지정해야 한다. 용량계획 상황에서 자연 상태는 일반적으로 미래 수요 또는 시장 선호도이다. 다양한 자연 상태에 확률값을 할당함으로써 우리는 대안의 기대 가치를 최대화하는 결정을 내릴 수 있다. 예제 S8은 EMV를 용량 결정에 적용하는 방법을 보여준다.

학습목표 S7.5
용량 결정의 기대 금전적 가치를 결정한다.

예제 S8

용량 결정에 EMV 적용

병원 가운을 만드는 회사인 Southern Hospital Supplies는 용량 확장을 고려하고 있다.

접근방법 ▶ 이 회사의 주요 대안은 아무것도 하지 않고, 작은 공장을 짓거나, 중간 규모의 공장을 짓거나, 큰 공장을 짓는 것이다. 새로운 시설은 새로운 유형의 가운을 생산할 것이며, 현재 이 제품의 잠재력이나 시장성은 알려지지 않았다. 대규모 공장이 건설되고 유리한 시장이 존재한다면 100,000달러의 이익을 실현할 수 있다. 불리한 시장에서는 90,000달러의 손실이 발생한다. 그러나 중형 공장은 유리한 시장에서 60,000달러의 이익을 얻을 것이다. 불리한 시장에서 10,000달러의 손실이 발생한다. 반면에 소규모 공장은 유리한 시장 조건에서 40,000달러를 반환하고 불리한 시장에서 5,000달러만 잃게 된다. 물론, 아무것도 하지 않는 옵션은 항상 있다.

최근 시장 조사에 따르면 유리한 시장의 확률은 0.4이며, 이는 불리한 시장의 확률도 0.6임을 의미한다. 이 정보를 통해 가장 높은 기대 금전적 가치(EMV)를 가져올 대안을 선택할 수 있다.

해결방법 ▶ 각 대안의 EMV를 계산한다.

EMV(대형 공장) = (0.4) (100,000달러) + (0.6) (−90,000달러) = −14,000달러
EMV(중형 공장) = (0.4) (60,000달러) + (0.6) (−10,000달러) = + 18,000달러
EMV(소형 공장) = (0.4) (40,000달러) + (0.6) (−5,000달러) = + 13,000달러
EMV(아무것도 하지 않음) = 0달러

EMV 기준에 따라 Southern은 중형 공장을 건설해야 한다.

통찰력 ▶ Southern이 이와 같이 많은 결정을 내린다면 각 대안에 대한 EMV를 결정하고 가장 높은 EMV를 선택하는 것이 좋은 결정 기준이다.

학습 연습 ▶ 불리한 시장에서 중형 공장의 손실에 대한 새로운 추정치가 −20,000달러로 증가하면 이 대안에 대한 새로운 EMV는 얼마인가? [답: 12,000달러. 소규모 공장 EMV가 이제 더 높기 때문에 결정을 변경한다.]

전략 주도 투자에 투자 분석 적용

잠재적인 투자의 전략적인 의미가 고려되면 전통적인 투자 분석이 적절하다. 다음으로 용량 투자 측면을 소개한다.

투자, 변동비용 및 현금 흐름

용량 및 프로세스 대안이 존재하기 때문에 자본 투자 및 변동비용과 관련된 옵션도 존재한다. 관리자는 다양한 재정 옵션과 용량 및 프로세스 대안 중에서 선택해야 한다. 분석은 자본 투자, 변동비용, 현금 흐름 및 각 대안에 대한 순현재가치를 보여주어야 한다.

순현재가치

순현재가치(NPV)
일련의 미래 현금 영수증의 할인 가치를 결정하는 수단

일련의 미래 현금 영수증의 할인 가치를 결정하는 것을 기법이라고 한다. 서론으로 화폐의 시간가치를 생각해보자. 1년 동안 5%로 은행에 100.00달러를 투자한다고 가정하면, 투자 가치는 100.00달러 + (100.00달러)(.05) = 105.00달러이다. 두 번째 해에 105.00달러를 투자하면 두 번째 해가 끝날 때 105.00달러 + (105.00달러)(.05) = 110.25달러의 가치가 있다. 물론 이 분석을 단순히 확장해 원하는 만큼 5%에서 100.00달러의 미래 가치를 계산할 수 있다. 그러나 이 관계를 수학적으로 표현하는 더 쉬운 방법이 있다.

첫 번째 해: 105달러 = 100달러(1 + 0.05)
두 번째 해: 110.25달러 = 105달러(1 + 0.05) = 100달러$(1 + 0.05)^2$

일반화하면 다음과 같다.

$$F = P(1 + i)^N \tag{S7-6}$$

표 S7.2 1달러의 현재가치

연수	5%	6%	7%	8%	9%	10%	12%	14%
1	.952	.943	.935	.926	.917	.909	.893	.877
2	.907	.890	.873	.857	.842	.826	.797	.769
3	.864	.840	.816	.794	.772	.751	.712	.675
4	.823	.792	.763	.735	.708	.683	.636	.592
5	.784	.747	.713	.681	.650	.621	.567	.519
6	.746	.705	.666	.630	.596	.564	.507	.456
7	.711	.665	.623	.583	.547	.513	.452	.400
8	.677	.627	.582	.540	.502	.467	.404	.351
9	.645	.592	.544	.500	.460	.424	.361	.308
10	.614	.558	.508	.463	.422	.386	.322	.270
15	.481	.417	.362	.315	.275	.239	.183	.140
20	.377	.312	.258	.215	.178	.149	.104	.073

여기서 F = 미래 가치(예: 110.25달러 또는 105달러)
P = 현재가치(예: 100.00달러)
i = 이자율(예: 0.05)
N = 연수(예: 1년 또는 2년)

그러나 대부분의 투자 결정에서는 일련의 미래 현금 수입의 현재가치를 계산하는 데 관심이 있다. P에 대해 풀면 다음과 같다.

학습목표 S7.6
순현재가치를 계산한다.

$$P = \frac{F}{(1+i)^N} \tag{S7-7}$$

연수가 너무 크지 않은 경우에는 앞의 식이 유효하다. 그러나 연수(N)가 크면 공식이 복잡해진다. 예를 들어 20년에 대해 $(1+i)^{20}$을 계산해야 한다. 표 S7.2와 같은 이자율 표가 도움이 될 수 있다. 현재가치 방정식을 다시 표현하면 다음과 같다. 여기서 X는 $1/(1+i)^N$으로 정의된 표 S7.2의 계수이고 F는 미래 가치이다.

$$P = \frac{F}{(1+i)^N} = FX \tag{S7-8}$$

따라서 우리가 해야 할 일은 요소 X를 찾고 F를 곱해 현재가치 P를 계산하는 것이다. 물론 요인은 이자율 i와 연수 N의 함수이다. 표 S7.2는 이러한 요인 중 일부를 나열한다.

식 (S7-7)과 (S7-8)은 하나의 미래 현금 금액의 현재가치를 결정하는 데 사용되지만 투자가 일련의 균일하고 동일한 현금 금액을 생성하는 상황이 있다. 이러한 유형의 투자를 **연금**이라고 한다. 예를 들어 투자는 3년 동안 연간 300달러를 얻을 수 있다. 연금의 현재가치를 위해 사용하기 쉬운 요인이 개발되었고, 이러한 요인은 표 S7.3에 나와 있다. 기본 관계는 다음과 같다.

$$S = RX$$

X = 표 S7.3의 계수
S = 일련의 균일한 연간 소득의 현재가치
R = 투자 기간 동안 매년 받는 소득(연금)

표 S7.3 1달러 연금의 현재가치

연수	5%	6%	7%	8%	9%	10%	12%	14%
1	.952	.943	.935	.926	.917	.909	.893	.877
2	1.859	1.833	1.808	1.783	1.759	1.736	1.690	1.647
3	2.723	2.673	2.624	2.577	2.531	2.487	2.402	2.322
4	3.546	3.465	3.387	3.312	3.240	3.170	3.037	2.914
5	4.329	4.212	4.100	3.993	3.890	3.791	3.605	3.433
6	5.076	4.917	4.767	4.623	4.486	4.355	4.111	3.889
7	5.786	5.582	5.389	5.206	5.033	4.868	4.564	4.288
8	6.463	6.210	5.971	5.747	5.535	5.335	4.968	4.639
9	7.108	6.802	6.515	6.247	5.995	5.759	5.328	4.946
10	7.722	7.360	7.024	6.710	6.418	6.145	5.650	5.216
15	10.380	9.712	9.108	8.559	8.061	7.606	6.811	6.142
20	12.462	11.470	10.594	9.818	9.129	8.514	7.469	6.623

균일한 연간 일련 금액의 현재가치는 단일 금액의 현재가치의 확장이므로 표 S7.3은 표 S7.2에서 직접 개발할 수 있다. 표 S7.3의 주어진 이자율에 대한 요인은 표 S7.2의 값의 누적 합계이다. 표 S7.2에서 예를 들어 0.943, 0.890, 0.840은 이자율이 6%일 때 1, 2, 3년차에 대한 계수이다. 이러한 요인의 누적 합계는 2.673이다. 이제 표 S7.3에서 이자율이 6%이고 연수가 3인 계수를 보면, 연금의 현재가치에 대한 계수는 예상대로 2.673이다. 또는 마이크로소프트 엑셀의 PV 공식을 사용할 수 있다[−PV(이자율,연도,1), 예: = −PV(0.06,3,1) = 2.673].

예제 S9는 연금의 현재가치를 결정하는 방법을 보여준다.

예제 S9

동일한 가치에 대한 미래 수금의 순현재가치 결정

River Road Medical Clinic은 정교한 새 의료 장비에 대한 투자를 고려하고 있다. 5년 동안 연간 7,000달러의 영수증이 발생한다.

접근방법 ▶ 이 현금 흐름의 현재가치를 결정하라. 이자율을 6%로 가정한다.

해결방법 ▶ 표 S7.3 (4.212)의 계수는 이자율이 6%이고 연수가 5일 때의 값을 찾아 얻는다[또는 엑셀 공식 = −PV(.06,5,1) 사용].

$$S = RX = 7{,}000\text{달러}(4.212) = 29{,}484\text{달러}$$

통찰력 ▶ 이 예를 보는 또 다른 방법이 있다. 오늘 은행에 가서 29,484달러의 대출을 받았다면 은행에서 연간 복리 6%의 이자율을 사용하면 5년 동안 지불해야 하는 금액은 7,000달러가 된다. 따라서 29,484달러는 현재가치이다.

학습 연습 ▶ 이자율이 8%라면 현재가치는 얼마인가? [답: 27,951달러]

순현재가치 기법은 간단하다. 각 투자 대안에 대한 모든 현금 흐름의 현재가치를 계산하기만 하면 된다. 투자 대안 중에서 선택할 때 순현재가치가 가장 높은 투자를 선택한다. 마찬가지로 여러 투자를 할 때 순현재가치가 높은 투자가 순현재가치가 낮은 투자보다 선호된다.

문제 해결 S7.4는 투자 대안 중에서 선택하기 위해 순현재가치를 사용하는 방법을 보여준다.

순현재가치는 투자 대안을 평가하는 가장 좋은 방법 중 하나지만 단점이 있다. 순현재가치 접근 방식의 한계는 다음과 같다.

1. 동일한 순현재가치를 가진 투자들은 예상 수명과 잔존 가치가 크게 다를 수 있다.
2. 동일한 순현재가치를 가진 투자는 다른 현금 흐름을 가질 수 있다. 현금 흐름이 다르면 회사가 청구서를 지불할 수 있는 능력이 크게 달라질 수 있다.
3. 미래 이자율을 알고 있다고 가정하지만 우리는 모른다.
4. 지불은 보통 기간(주, 월 또는 연도) 말일에 이루어지지만, 항상 그런 것은 아니다.

요약

관리자는 장비 선택 및 용량 결정을 조직의 임무 및 전략에 연결하며, 다음 네 가지 추가 고려 사항이 중요하다. 첫째, 수요를 정확하게 예측한다. 둘째, 장비, 프로세스 및 용량 증가를 이해한다. 셋째, 최적의 작동 크기를 찾는다. 넷째, 기술, 제품 기능 및 조합, 용량 조정에 필요한 유연성을 보장한다.

용량 결정을 내릴 때 운영 관리자에게 특히 유용한 기술에는 우수한 예측, 병목 현상 분석, 손익분기점 분석, 기대 금전적 가치, 현금 흐름, 순현재가치가 포함된다.

투자 결정을 위한 가장 중요한 단일 기준은 전체 전략 계획에 대한 기여도와 수익성 있는 수주이다. 성공적인 기업은 올바른 프로세스와 역량을 선택한다.

핵심 용어

병목 시간(bottleneck time)
병목 현상(bottleneck)
설계 용량(design capacity)
손익분기점 분석(break-even analysis)
순현재가치(net present value)
용량(capacity)
용량 분석(capacity analysis)
유효 용량(effective capacity)
제약 이론(theory of constraints, TOC)
처리 시간(throughput time)
프로세스 시간(process time)
활용도(utilization)
효율성(efficiency)

토론 문제

1. 설계 용량과 유효 용량을 구별하라.
2. 유효 용량이란 무엇인가?
3. 효율성이란 무엇인가?
4. 유효 용량과 실제 출력을 구별하라.
5. 병목 현상의 용량을 2배로 늘려도 시스템 용량이 2배가 되지 않는 이유를 설명하라.
6. 병목 시간과 처리 시간을 구별하라.
7. 제약 이론이란 무엇인가?
8. 손익분기점 분석의 가정은 무엇인가?
9. 손익분기점 분석에서 플롯된 수익 데이터가 직선으로 떨어지지 않도록 하는 이유는 무엇인가?
10. 어떤 조건에서 기업이 수요를 지연하는 능력을 원하는가? 수요를 이끌기 위한 것인가?
11. 순현재가치가 어떻게 투자를 비교하는 데 적절한 도구인지 설명하라.
12. 제약 이론의 기초가 되는 5단계 과정을 설명하라.
13. 병목 현상을 처리하기 위해 운영 관리자가 사용할 수 있는 기술은 무엇인가? 처리 시간을 줄이지 않는 것은 어떤 것인가?

문제 해결

문제 해결 S7.1

예제 S1과 S2에서 설명한 Sara James Bakery는 공정 라인을 하나 추가해 시설을 늘리기로 결정했다. 이 회사는 주 7일, 하루 3교대, 교대당 8시간, 300,000롤의 유효 용량을 가진 2개의 공정 라인을 갖게 된다. 그러나 이 추가는 전체 시스템 효율성을 85%로 감소시킨다. 이 새로운 유효 용량으로 예상 생산량을 계산하라.

해결책

$$\text{예상 생산량} = (\text{유효 용량})\,(\text{효율}) = 300{,}000(.85) = \text{주당 } 255{,}000\text{롤}$$

문제 해결 S7.2

마티 맥도날드(Marty McDonald)는 위스콘신에 비즈니스 포장 소프트웨어가 있다. 그의 연간 고정비용은 10,000달러, 직접 노동은 패키지당 3.50달러, 재료는 패키지당 4.50달러이다. 판매 가격은 패키지당 12.50달러이다. 달러의 손익분기점은 얼마인가? 손익분기점이란 무엇인가?

해결책

$$\text{손익분기점}_\$ = \frac{F}{1-(V/P)} = \frac{10{,}000\text{달러}}{1-(8.00\text{달러}/12.50\text{달러})} = \frac{10{,}000\text{달러}}{.36} = 27{,}777\text{달러}$$

$$\text{손익분기점}_x = \frac{F}{P-V} = \frac{10{,}000\text{달러}}{12.50\text{달러}-8.00\text{달러}} = \frac{10{,}000\text{달러}}{4.50\text{달러}} = 2{,}222\text{단위}$$

문제 해결 S7.3

존은 22.50달러의 커뮤니티 디너 극장 티켓 비용으로 그룹이 손익분기점을 달성할 수 있는지 여부와 175석의 수용 인원이 적절한지 여부를 결정하라는 요청을 받았다. 10회 공연의 각 공연 비용은 2,500달러이다. 총 10회 공연의 시설 대관료는 10,000달러이다. 음료와 주차는 추가 요금이며 아래와 같이 자체 가격과 변동비용이 있다.

1	2	3	4	5	6	7	8	9
	판매 가격 (P)	변동비용(V)	변동비용 비율 (V/P)	기여도 [$1-(V/P)$]	연간 예상 매출 (판매량)	달러 매출 (판매량 × P)	매출 대비 퍼센트	매출 대비 퍼센트에 대해 가중된 기여도 (열 5 × 열 8)
디너 티켓	22.50달러	10.50달러	0.467	0.533	175	3,938달러	0.741	0.395
음료	5.00달러	1.75달러	0.350	0.650	175	875달러	0.165	0.107
주차	5.00달러	2.00달러	0.400	0.600	100	500달러	0.094	0.056
					450	5,313달러	1.000	0.558

해결책

$$\text{손익분기점}_\$ = \frac{F}{\sum\left[\left(1-\frac{V_i}{P_i}\right)\times(W_i)\right]} = \frac{(10\times 2{,}500)\text{달러}+10{,}000\text{달러}}{0.558} = \frac{35{,}000\text{달러}}{0.558} = 62{,}724\text{달러}$$

각 실적에 대한 수익(7열부터) = 5,313달러
10번의 공연에 대한 총 예상 수익 = (10 × 5,313달러) = 53,130달러
이 판매 조합으로 예상 수익은 62,724달러의 손익분기점을 보여준다.

따라서 존은 이러한 비용, 판매 및 수용 능력의 조합을 감안할 때 극장이 손익분기점을 넘지 않을 것이라고 결정한다.

문제 해결 S7.4

당신의 상사는 당신에게 두 기계의 비용을 평가하라고 말했다. 몇 가지 질문을 한 후에 오른쪽에 표시된 비용이 있다는 것을 확신할 수 있다. 다음을 가정한다.

(a) 각 기계의 수명은 3년이다.

(b) 회사는 이보다 더 위험하지 않은 투자에 대해 14%를 만드는 방법을 알고 있다고 생각한다.

현재가치 방식을 통해 어떤 기계를 구매할지 결정하라.

	기계 A(달러)	기계 B(달러)
원가	13,000	20,000
연간 인건비	2,000	3,000
연간 바닥 공간	500	600
연간 에너지(전기)	1,000	900
연간 유지보수	2,500	500
총 연간 비용	6,000	5,000
잔존 가치	2,000	7,000

해결책

		기계 A			기계 B		
		1열	2열(달러)	3열(달러)	4열	5열(달러)	6열(달러)
현재	비용	1.000	13,000	13,000	1.000	20,000	20,000
1년	비용	.877	6,000	5,262	.877	5,000	4,385
2년	비용	.769	6,000	4,614	.769	5,000	3,845
3년	비용	.675	6,000	4,050	.675	5,000	3,375
				26,926			31,605
3년	잔존 수익	.675	2,000	−1,350	.675	7,000	−4,725
				25,576			26,880

할인이 적용되지 않은 결제에는 1.0을 사용한다(즉 지금 결제하면 할인이 필요하지 않음). 1열과 4열의 다른 값은 14% 열과 표 S7.2의 해당 연도에서 가져온 것이다(예: 14%와 1년의 교집합은 .877 등). 3열과 6열은 현재가치에 비용을 곱한 값이다. 이 계산은 매년 및 잔존 가치에 대해 수행된다.

첫해의 기계 A에 대한 계산은 다음과 같다.

.877 × (2,000달러 + 500달러 + 1,000달러 + 2,500달러) = 5,262달러

상품의 잔존가치는 현금영수증이기 때문에 합산 원가에서 차감한다. 기계 B에 대한 순 비용의 합이 기계 A에 대한 순 비용의 합보다 크기 때문에 기계 A는 저가 구매이므로 상사에게 이를 알려야 한다.

문제 해결 S7.5

T. Smunt Manufacturing Corp.의 프로세스는 아래와 같다. 드릴 작업은 톱질 및 샌딩 작업과 별개로 동시에 발생한다. 제품은 세 가지 조립 작업 중 하나를 거치기만 하면 된다(조립 작업은 '병렬').

(a) 어떤 작업이 병목 현상인가?

(b) 전체 시스템의 처리 시간은 얼마인가?

(c) 회사가 1일 8시간, 월 22일 운영한다면 제조 공정의 월간 용량은 얼마인가?

(d) 두 번째 드릴 머신이 추가되고 원래 드릴 머신과 동일한 시간이 걸린다고 가정하자. 시스템의 새로운 병목 시간은 무엇인가?

(e) 두 번째 드릴 머신이 추가되고 원래 드릴 머신과 동일한 시간이 걸린다고 가정하자. 새로운 처리 시간은 얼마인가?

해결책

(a) 조립 시간은 78분/3인 = 대당 26분이므로 시간이 가장 오래 걸리는 스테이션은 27분으로 시추작업을 한다.

(b) 시스템 처리 시간은 최대 (15 + 15 + 25 + 78), (27 + 25 + 78) = 최대 (133, 130) = 133분이다.

(c) 월간 용량 = (60분)(8시간)(22일)/단위당 27분 = 월당 10,560분/단위당 27분 = 391.11 단위/월

(d) 병목 현상이 조립 라인으로 이동하며 단위당 시간은 26분이다.

(e) 중복성은 처리 시간에 영향을 미치지 않는다. 아직 133분이다.

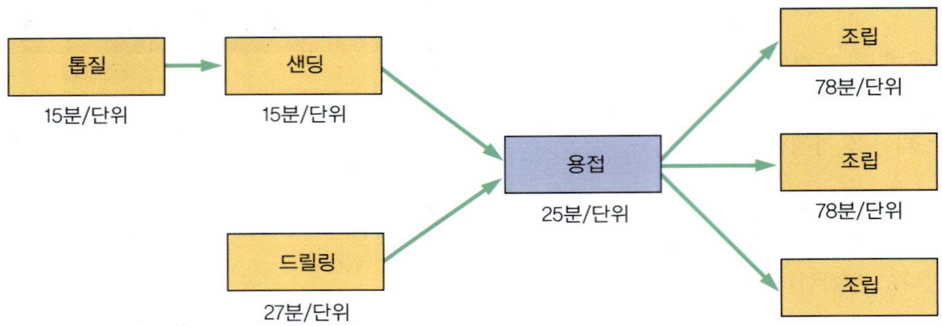

연습 문제

Px 윈도우용 POM 또는 엑셀 OM으로 문제를 해결할 수 있음

문제 S7.1~S7.8은 용량과 관련이 있다.

• **S7.1** 에이미 시아(Amy Xia)의 공장은 하루에 7,000개의 망치를 생산하도록 설계되었지만 망치의 스타일 간에 장비를 교체하는 데 필요한 시간 때문에 하루에 6,000개의 망치를 만드는 것으로 제한된다. 활용도는 어떻게 되는가?

• **S7.2** 지난 한 달 동안 6,500개의 유효 용량을 가진 문제 S7.1의 공장은 자재 지연, 직원 부재 및 기타 문제로 인해 하루에 4,500개의 망치만 만들었다. 그것의 효율성은 어떻게 되는가?

•• **S7.3** 공장의 유효 용량이 6,500이고 효율이 88%인 경우 실제(계획된) 생산량은 얼마인가?

• **S7.4** 공장은 하루에 900단위의 유효 용량을 가지고 있으며 제품 믹스로 하루에 800단위를 생산한다. 그 효율성은 무엇인가?

• **S7.5** 자재 지연으로 인해 일상적으로 가정용 싱크대 생산량이 하루 400개로 제한되었다. 공장 효율이 80%인 경우 유효 용량은 얼마인가?

•• **S7.6** 텍사스주 와코에 있는 MMU의 다음 분기에 대한 3개 부서 각각의 유효 용량 및 효율성이 아래 표에 있다.

부서	유효 용량	최근 효율
설계	93,600	.95
제작	156,000	1.03
마무리	62,400	1.05

각 부서의 다음 분기 예상 생산량을 계산하라.

•• **S7.7** 사우스이스턴오클라호마주립대학교(Southeastern Oklahoma State University)의 비즈니스 프로그램에는 학기당 2,000명의 신입생 등록을 처리할 수 있는 시설과 교수진이 있다. 그러나 학급 규모를 '합리적인' 수준(일반적으로 200명 미만)으로 제한하기 위해 사우스이스턴 학장인 홀리 러츠(Holly Lutze)는 1,500명의 신입생 등록에 상한선을 두었다. 지난 학기에는 비즈니스 과정에 대한 수요가 많았지만 일정이 상충되어 비즈니스 과정을 수강할 수 있는 신입생은 1,450명에 불과했다. 이 시스템의 활용도와 효율성은 어떻게 되는가?

•• **S7.8** 이상적인 조건에서 Fast Lube의 서비스 베이는 시간당 6대의 차량을 제공할 수 있다. Fast Lube 서비스 베이의 유효 용량과 효율은 각각 5.5와 0.880으로 알려져 있다. 하루 8시간에 200대의 예상 서비스를 달성하기 위해 Fast Lube가 필요로 하는 서비스 베이의 최소 수는 얼마인가?

문제 S7.9~S7.15는 병목 현상 분석 및 제약 조건 이론과 관련이 있다.

• **S7.9** V. J. 수구마란(V. J. Sugumaran)의 기계 공장 생산 라인에는 3개의 스테이션이 있다. 첫 번째 스테이션은 10분 안에 장치를 처리할 수 있다. 두 번째 스테이션에는 2개의 동일한 기계가 있으며 각 기계는 12분 안에 장치를 처리할 수 있다. (각 장치는 두 기계 중 하나에서만 처리하면 된다.) 세 번째 스테이션은 8분 안에 장치를 처리할 수 있다. 병목 스테이션은 어디인가?

•• **S7.10** Chris Ellis Commercial Laundry의 작업실에는 2대의 기계가 있는 워크스테이션이 있으며 스테이션에서 생산된 각 단위는 두 기계 모두에서 처리해야 한다. (동일한 단위는 두 기계에서 동시에 작업할 수 없다.) 각 기계는 시간당 4단위의 생산 능력을 가지고 있다. 작업 셀의 처리 시간은 얼마인가?

•• **S7.11** 그림 S7.7에 나와 있는 3개의 스테이션 작업 셀에는 스테이션 2로 진행하기 전에 스테이션 1에서 두 기계 중 하나(병렬)를 통과해야 하는 제품이 있다.

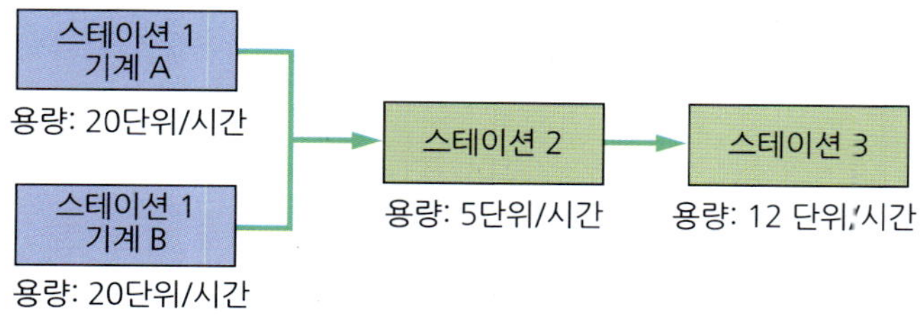

그림 S7.7

(a) 시스템의 병목 시간은 얼마인가?

(b) 이 작업 셀의 병목 지점은 무엇인가?

(c) 처리 시간은 얼마인가?

(d) 회사가 하루 10시간, 주 5일 운영하는 경우 이 작업실의 주당 용량은 얼마인가?

•• **S7.12** Pullman Mfg., Inc.의 3개 스테이션 작업 셀은 그림 S7.8에 나와 있다. 스테이션 1에 2개의 기계가 병렬로 있다(즉 제품은 스테이션 2로 진행하기 전에 두 기계 중 하나만 통과해야 함).

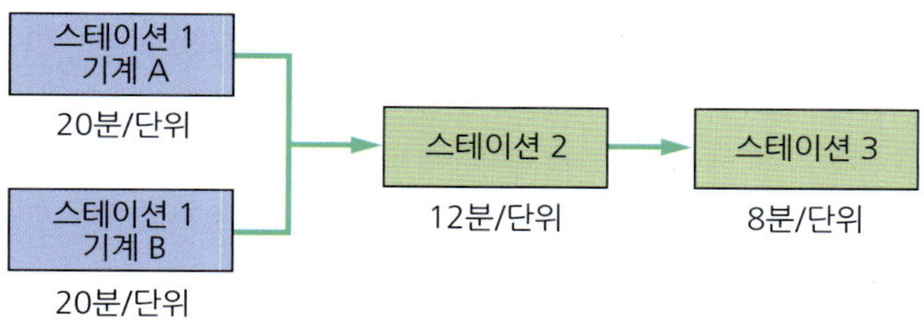

그림 S7.8

(a) 이 작업 셀의 처리 시간은 얼마인가?

(b) 이 작업 셀의 병목 시간은 얼마인가?

(c) 병목 지점은 무엇인가?

(d) 회사가 하루 8시간, 주 6일 운영하는 경우 이 작업실의 주간 용량은 얼마인가?

•• **S7.13** 그림 S7.8에 나와 있는 Pullman Mfg., Inc.의 3개 스테이션 작업 셀에는 스테이션 1에 병렬로 2대의 기계가 있다. (제품은 스테이션 2로 진행하기 전에 두 기계 중 하나만 통과해야 한다.) 관리자인 하틀리(Ms. Hartley)는 스테이션 2에 병렬 기계를 추가할 경우 시스템을 평가해 달라고 요청했다.

(a) 새 작업 셀의 처리 시간은 얼마인가?

(b) 새 작업 셀의 병목 시간은 얼마인가?

(c) 회사가 1일 8시간, 주 6일 운영하는 경우 이 작업실의 주간 용량은 얼마인가?

(d) 워크스테이션 2에 두 번째 기계를 추가한 것이 문제 S7.12의 작업 셀 성능에 어떤 영향을 미치는가?

• **S7.14** Klassen Toy Company, Inc.는 두 부품(부품 1 및 2)을 조립한다. 부품 1은 먼저 장치당 15분 동안 작업장 A에서 처리된 다음 작업장 B에서 장치당 10분 동안 처리된다. 부품 2는 단위당 20분 동안 워크스테이션 C에서 동시에 처리된다. 워크스테이션 B와 C는 두 부품이 조립되는 워크스테이션 D의 어셈블러에게 부품을 공급한다. 워크스테이션 D에서의 시간은 15분이다.

(a) 이 프로세스의 병목 현상은 무엇인가?

(b) 프로세스의 시간당 용량은 얼마인가?

•• **S7.15** Kenneth Day Manufacturing의 생산 공정은 그림 S7.9에 나와 있다. 드릴링 작업은 독립적이고 순차적인 작업인 톱질 및 샌딩과 별도로 동시에 발생한다. 제품은 세 가지 조립 작업(작업은 병렬) 중 하나만 거치면 된다.

(a) 어떤 작업이 병목 현상인가?

(b) 병목 시간은 무엇인가?

(c) 전체 시스템의 처리 시간은 얼마인가?

(d) 회사가 1일 8시간, 월 20일 운영한다면 제조공정의 월간 생산능력은 얼마인가?

문제 S7.16~S7.31은 손익분기점 분석과 관련이 있다.

• **S7.16** Smithson Cutting은 슈퍼마켓 유통을 위한 새로운 가위 라인을 오픈한다. 고정비용은 500.00달러이고 변동비용은 단위당 0.50달러이다. 판매 가격은 단위당 평균 0.75달러로 예상된다.

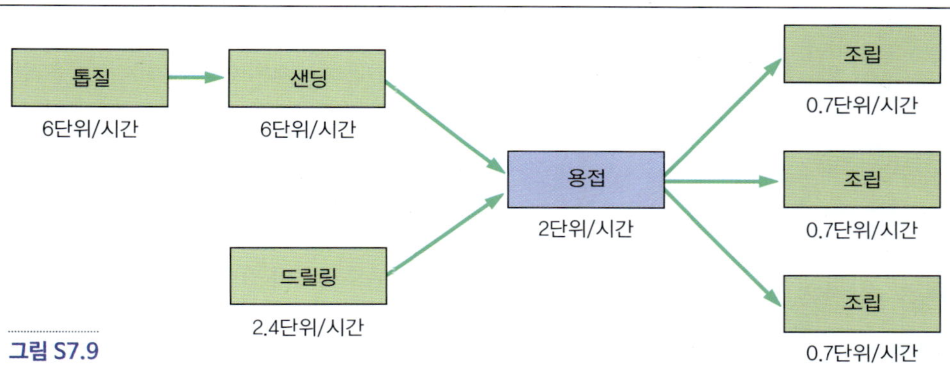

그림 S7.9

(a) 손익분기점은 단위당 얼마인가?
(b) 손익분기점(달러)은 얼마인가? **Px**

• **S7.17** Sroufe Manufacturing는 새로운 장비 추가로 병목 작업을 극복해 용량을 늘릴 계획이다. 두 공급업체가 제안서를 제출했다. 제안 A의 고정비용은 50,000달러이고 제안 B의 고정비용은 70,000달러이다. A의 변동비용은 12.00달러이고 B의 변동비용은 10.00달러이다. 각 단위에서 생성된 수익은 20.00달러이다.
(a) 제안서 A의 손익분기점은 얼마인가?
(b) 제안서 B의 손익분기점은 얼마인가? **Px**

• **S7.18** 문제 S7.17의 데이터를 사용해 다음 문제를 풀라.
(a) 고정비용에 10,000달러 설치를 추가하면 제안 A의 손익분기점은 얼마인가?
(b) 고정비용에 10,000달러 설치를 추가하면 제안서 B의 손익분기점(달러)은 얼마인가? **Px**

• **S7.19** 문제 S7.17의 데이터가 주어지면 두 가지 대안이 동일한 이익을 내는 생산량(단위)은 얼마인가? **Px**

•• **S7.20** Ha'Peppas!의 소유자인 자넬 하인케(Janelle Heinke)는 회사의 시그니처 요리인 채식 피자를 굽기 위해 새 오븐을 고려하고 있다. 오븐 유형 A는 시간당 20판의 피자를 처리할 수 있다. 오븐 A와 관련된 고정비용은 20,000달러이고 변동비용은 피자당 2.00달러이다. 오븐 B는 더 크고 시간당 40판의 피자를 처리할 수 있다. 오븐 B와 관련된 고정비용은 30,000달러이고 변동비용은 피자당 1.25달러이다. 피자는 1판에 14달러에 판매된다.
(a) 각 오븐의 손익분기점은 얼마인가?
(b) 소유자가 9,000판의 피자를 판매할 것으로 예상한다면 어떤 오븐을 구입해야 하는가?
(c) 소유자가 12,000판의 피자를 판매할 것으로 예상한다면 어떤 오븐을 구입해야 하는가?
(d) 자넬은 오븐을 어떤 크기로 전환해야 하는가? **Px**

Rocha Ribeiro/Shutterstock

•• **S7.21** 다음 데이터가 주어지면 (a) 손익분기점x, (b) 손익분기점$_{\$}$, (c) 100,000단위에서의 이익을 계산하라.

P = 8달러/단위 V = 달러4/단위 F = 50,000달러 **Px**

•• **S7.22** 학생회에서 복사 서비스 시작을 고려하고 있다. 고정비용을 15,000달러로 추정하고 판매된 각 사본의 변동비용을 0.01달러로 추정한다. 판매 가격은 평균 0.05달러이다.
(a) 손익분기점(달러)은 얼마인가?
(b) 손익분기점은 단위로 무엇인가? **Px**

•• **S7.23** 어떤 전자 회사는 현재 단위당 변동비용이 0.50달러이고 판매 가격이 단위당 1.00달러인 품목을 제조하고 있다. 고정비용은 14,000달러이고 현재 수량은 30,000개이다. 회사는 6,000달러의 추가 고정비용으로 새 장비를 추가해 제품 품질을 크게 향상시킬 수 있다. 변동비용은 0.60달러로 증가하지만 고품질 제품으로 인해 수량은 50,000단위로 증가해야 한다. 회사에서 새 장비를 구매해야 하는가? **Px**

•• **S7.24** 문제 S7.23의 전자 회사는 현재 새 장비를 고려하고 있으며 판매 가격을 단위당 1.10달러로 인상하고 있다. 더 높은 품질의 제품으로 새 수량은 45,000개가 될 것으로 예상된다. 이러한 상황에서 회사는 새 장비를 구입하고 판매 가격을 인상해야 하는가? **Px**

•••• **S7.25** 잰 애즐렛(Zan Azlett)과 앙겔라 제지게르(Angela Zesiger)가 힘을 합쳐 기관용 포장된 잘게 썬 상추 가공기인 A&Z 상추 제품을 시작했다. 잰은 다년간의 식품 가공 경험이 있고, 앙겔라는 광범위한 상업적 식품 준비 경험이 있다. 이 과정은 상추 상자를 개봉한 다음 준비된 상추를 분류, 세척, 슬라이스, 보존, 포장하는 것으로 구성된다. 그들은 공급업체의 도움을 받아 5파운드 상추 봉지당 수요, 고정비용, 수익 및 변동비용을 적절하게 추정할 수 있다고 생각한다. 그들은 대부분 수동 프로세스의 월 고정비용이 37,500달러이고 봉지당 변동비용이 1.75달러라고 추정한다. 더 기계화된 프로세스는 5파운드 봉지당 1.25의 변동비용과 함께 월 75,000달러의 고정비용을 갖게 된다. 그들은 파쇄된 상추를 5파운드 봉지당 2.50달러에 판매할 것으로 예상한다.
(a) 수동 프로세스의 손익분기점 수량은 얼마인가?
(b) 수동 프로세스의 손익분기 수량에서 수익은 얼마인가?
(c) 기계화 공정의 손익분기점 수량은 얼마인가?
(d) 기계화 프로세스의 손익분기 수량에서 수익은 얼마인가?
(e) 한 달에 상추 60,000봉지를 판매할 것으로 예상되는 경우 수동 프로세스의 월별 손익은 얼마인가?
(f) 한 달에 상추 60,000봉지를 판매할 것으로 예상되는 경우 기계화 프로세스의 월별 손익은 얼마인가?

(g) 잰과 앙겔라는 선택된 프로세스에 대해 어느 정도 무관심한가?
(h) 기계화된 프로세스보다 수동 프로세스가 선호되는 수요 범위는 무엇인가? 어떤 수요 범위에서 수동 프로세스보다 기계화된 프로세스가 선호되는가? Px

•••• **S7.26** Red Rose로 알려진 클럽의 잠재적 소유자로서 당신은 다음 해에 손익분기점에 도달하는 데 필요한 판매 금액을 결정하는 데 관심이 있다. 클럽의 판매를 네 가지 범주로 나누기로 결정했다. 첫 번째 범주는 맥주이다. 맥주 판매에 대한 당신의 추정치는 30,000잔의 음료가 제공될 것이다. 각 단위의 판매 가격은 평균 1.50달러이다. 비용은 0.75달러이다. 두 번째 주요 범주는 평균 가격이 10.00달러이고 비용이 5.00달러인 10,000개 단위로 예상되는 식사이다. 세 번째 주요 범주는 디저트와 와인으르, 그중 10,000개 판매할 것으로 예상되지만 판매된 단위당 평균 가격은 2.50달러이고 단위당 비용은 1.00달러이다. 마지막 범주는 점심과 저렴한 샌드위치로, 평균 가격은 6.25달러이고 음식 비용은 3.25달러로 총 20,000개이다. 고정비용(예: 임대료, 유틸리티 등)은 월 1,800달러에 엔터테인먼트 비용으로 월 2,000달러이다.
(a) 한 달에 달러로 손익분기점은 얼마인가?
(b) 한 달에 20일 영업을 하는 경우 매일 예상되는 식사 횟수는 얼마인가?

••• **S7.27** St. Cloud Theatre Company의 관리자로서 당신은 매점 판매가 자체적으로 지원될 것이라고 결정했다. 다음 표는 지금까지 수집할 수 있었던 정보를 제공한다.

품목	판매가격	변동비용	수익률
소프트 드링크	2.00달러	.65달러	25
와인	2.75	.95	25
커피	2.00	.75	30
사탕	1.00	.30	20

작년의 관리자인 스콧 엘리스(Scott Ellis)는 모든 범주에 대해 폐기물 허용량으로 변동비용의 10%를 추가해야 한다고 조언했다.

예상 인건비는 250.00달러이다(각 2명이 있는 5개 부스). 아무것도 판매되지 않더라도 인건비는 250.00달러이므로 이를 고정비용으로 간주하기로 결정한다. 1박당 각 부스당 50.00달러의 계약 비용인 부스 대여도 고정비용이다.
(a) 저녁 공연당 손익분기점은 얼마인가?
(b) 손익분기점에서 매일 저녁 와인이 얼마나 팔릴 것으로 예상하는가?

•• **S7.28** Wolfgang Kersten Mfg.은 새로운 장비를 추가해 용량을 늘릴 계획이다. 두 공급업체가 제안서를 제출했다. 제안서 X의 고정비용은 150,000달러이고 제안서 Y의 고정비용은 170,000달러이다. X에 대한 변동비용은 120.00달러이고 Y에 대한 변동비용은 100.00달러이다. 각 단위에서 생성된 수익은 200.00달러이다.
(a) 제안서 X의 손익분기점(단위)은 얼마인가?
(b) 제안서 Y의 손익분기점(단위)은 얼마인가? Px

•• **S7.29** 문제 S7.28의 데이터를 사용해 다음 문제에 답하라.
(a) 제안서 X의 손익분기점(달러)은 얼마인가?
(b) 제안서 Y의 손익분기점(달러)은 얼마인가? Px

•• **S7.30** 문제 S7.28의 데이터가 주어지면 두 가지 대안이 동일한 이익(손실)을 산출하는 생산량(단위)은 얼마인가? Px

•• **S7.31** 문제 S7.28의 데이터를 사용해 다음 문제에 답하라.
(a) 예상 물량이 28,500단위라면 어떤 대안을 선택해야 하는가?
(b) 예상 물량이 15,000단위라면 어떤 대안을 선택해야 하는가? Px

문제 S7.32~S7.33은 용량 결정에 기대 금전적 가치(EMV)를 적용하는 것과 관련이 있다.

•• **S7.32** 역사적인 미시시피의 작은 마을에 있는 제임스 로슨(James Lawson)의 Bed and Breakfast는 여관이 될 큰 오래된 집을 어떻게 세분화(리모델링)할지 결정해야 한다. 세 가지 대안이 있다. 옵션 A는 모든 욕실을 현대화하고 객실을 결합해 여관에 2~4명의 성인에게 적합한 4개의 스위트룸을 남긴다. 옵션 B는 2층만 현대화하는 것이다. 결과는 6개의 스위트룸이 될 것이며, 4개는 성인 2~4명을 위한 것이고 2개는 성인 2명만을 위한 것이다. 옵션 C(현재 상태 옵션)는 모든 벽을 그대로 둔다. 이 경우 방이 8개인데 성인 4명이 묵는 것은 2개만 가능하고 4개 방에는 개인 욕조가 없다. 각 옵션에 수반되는 이익 및 수요 패턴의 세부 사항은 다음과 같다.

	다양한 수요 패턴에 따른 연간 이익			
대안	높음	확률	평균	확률
A(모두 현대화)	90,000달러	.5	25,000달러	.5
B(2층만 현대화)	80,000달러	.4	70,000달러	.6
C(현상 유지)	60,000달러	.3	55,000달러	.7

다음 중 기대 금전적 가치가 가장 높은 옵션은 무엇인가? Px

•••• **S7.33** Holz Furniture의 운영 관리자는 투박한 가구 추가할지 결정해야 한다. 영업 관리자인 스티브 길버트(Steve Gilbert)와 가능성에 대해 논의한 결과 분명히 시장이 있을 것이며 회사가 그 시장에 진입해야 한다고 결정했다. 그러나 투박한 가구는 표준 제품과 마감 처리가 다르기 때문에 다른 공정 라인이 필요하다고 결정했다. 결정에 대해 의심의 여지가 없으며 두 번째 프로

세스가 있어야 한다고 확신한다. 그러나 얼마나 크게 만들지가 문제이다. 대형 공정 라인의 비용은 400,000달러이다. 소형 공정 라인의 비용은 300,000달러이다. 따라서 문제는 투박한 가구에 대한 수요이다. Ireland Market Research, Inc.의 길버트 및 팀 아일랜드와 광범위한 논의를 거친 결과, 매출로 인한 이익은 60만 달러에서 3분의 2로, 30만 달러에서 3분의 1로 줄일 수 있다고 판단했다.

대형 공정 라인으로 600,000달러라는 높은 수치를 처리할 수 있다. 그러나 소규모 공정 라인에서는 확장할 수 없으며(150,000달러의 비용) 그렇게 되면 프로세스 확장에 소요되는 시간 손실로 인해 600,000달러가 아닌 500,000달러의 매출 이익이 발생할 것이다. 소규모 공정을 확장하지 않으면 판매 수익은 400,000달러로 유지된다. 작은 프로세스를 구축하고 수요가 낮으면 모든 수요를 처리할 수 있다.

어떤 작은 공정 라인을 열어야 하는가?

문제 S7.34~S7.45는 전략 주도 투자에 투자 분석을 적용하는 것과 관련이 있다.

•• **S7.34** 비용이 75,000달러이고 잔존 가치가 45,000달러인 투자의 순현재가치는 얼마인가? 투자로 인한 연간 이익은 5년 동안 매년 15,000달러이다. 이 위험 수준에서 자본 비용은 12%이다.

• **S7.35** 투자의 초기 비용은 65,000달러이고 자본 비용은 10%이다. 수익은 8년 동안 연간 16,000달러이다. 순현재가치는 얼마인가?

• **S7.36** 이자율이 8%이고 15년 동안 5,600달러의 수익을 얻지 못할 때 5,600달러의 현재가치는 얼마인가?

•• **S7.37** 팀 스먼트(Tim Smunt)는 2대의 기계를 평가하도록 요청받았다. 약간의 조사 후에 그는 다음 표에 표시된 비용이 있음을 확인한다. 그는 다음과 같이 가정한다.

1. 각 기계의 수명은 3년이다.
2. 회사는 투자의 12%를 이보다 더 위험하지 않게 만드는 방법을 알고 있다고 생각한다.
3. 인건비 및 유지비는 연말에 지급한다.

	기계 A	기계 B
원가	10,000달러	20,000달러
연간 인건비	2,000	4,000
연간 유지보수	4,000	1,000
잔존 가치	2,000	7,000

현재가치 방법을 통해 팀이 추천해야 하는 기계를 결정하라.

•••• **S7.38** 당신의 상사가 미식가 샌드위치 가게인 Tink-the-Tinkers를 위해 2개의 오븐을 평가하라고 했다. 공급업체에 몇 가지 질문을 하고 사양을 받은 후 오븐에 다음 표에 표시된 속성과 비용이 있음을 확신할 수 있다. 다음 두 가지 가정이 적절하다.

1. 각 기계의 수명은 5년이다.
2. 회사는 투자의 14%를 이보다 더 위험하지 않게 만드는 방법을 알고 있다고 생각한다.

(a) 현재가치 방법을 통해 상사에게 구매하도록 지시할 기계를 결정하라.

(b) 오븐에 대해 어떤 가정을 하고 있는가?

(c) 방법론에서 어떤 가정을 하고 있는가?

	개당 1,250달러에 3개의 작은 오븐(달러)	개당 2,500달러에 2개의 큰 오븐(달러)
원가	3,750	5,000
더 큰 모델을 초과하는 연간 인건비	750(전체)	
청소/유지보수	750(각 250달러)	400(각 200달러)
잔존 가치	750(각 250달러)	1,000(각 500달러)

•••• **S7.39** 헬스클럽 체인인 Bold's Gym은 새로운 장소로 확장을 고려하고 있는데, 초기 투자금은 장비, 개조, 6년 임대료 100만 달러이며 연간 유지비와 비용은 75,000달러(연초에 지불)가 될 것이다. 계획 기간은 6년이며 결국 장비를 50,000달러에 판매할 수 있다. 클럽 정원은 500명이며 연회비는 600달러이다. Bold's Gym은 회원 수를 채우는 데 문제가 없을 것으로 기대한다. 이자율은 10%라고 가정한다. (표 S7.2 참조.)

(a) 거래의 현재가치 손익은 얼마인가?

(b) 클럽은 회원들에게 특별 거래를 제안하는 것을 고려하고 있다. 첫해 3,000달러를 선불하면 6년 멤버십을 제공한다(즉 1년 무료). 이 거래를 제안하는 것이 재정적으로 의미가 있는가?

•• **S7.40** McClain Manufacturing의 운영 부사장인 쿠르트 호작(Kurt Hozak)은 두 가지 투자 대안 중에서 결정을 내려야 한다. 투자 A의 초기 비용은 61,000달러이고 투자 B의 초기 비용은 74,000달러이다. 투자 A의 내용연수는 6년이다. 투자 B의 내용연수는 7년이다. 9%의 자본 비용과 각 대안에 대한 다음 현금 흐름을 감안할 때 순현재가치 기준에 따라 가장 바람직한 투자 대안을 결정하라.

	1년(달러)	2년(달러)	3년(달러)	4년(달러)	5년(달러)	6년(달러)	7년(달러)
투자 A의 현금 흐름	19,000	19,000	19,000	19,000	19,000	19,000	–
투자 B의 현금 흐름	19,000	20,000	21,000	22,000	21,000	20,000	11,000

•• **S7.41** 순현재가치에 따라 다음 자본 투자를 평가한다. 각 대안에는 20,000달러의 초기 투자가 필요하다. 자본 비용이 10% 라고 가정하자. 선호하는 투자는 무엇인가? Px

연도	투자 1의 현금 흐름	투자 2의 현금 흐름	투자 3의 현금 흐름
1	1,000달러	7,000달러	10,000달러
2	1,000	6,000	5,000
3	3,000	5,000	3,000
4	15,000	4,000	2,000
5	3,000	4,000	1,000
6	1,000	4,000	1,000
7	——	4,000	1,000
8	1,000	2,000	——
9	——	——	1,000

•• **S7.42** 토니와 스티브는 새 '굽힘 브레이크'를 구입할지 여부를 고려하고 있다. 이 기계는 비닐 사이딩 사업에 사용되는 재료를 정밀하게 구부린다. 기계 가격은 70,000달러이다. 토니와 스티브는 기계가 첫해에 20,000달러, 2, 3, 4년차에 15,000달러, 5년차와 6년차에는 10,000달러의 수익을 창출할 것으로 추정한다. 그들은 기계가 6년차 이후에는 가치가 없을 것이라고 생각한다.

(a) 비슷한 위험이 있는 다른 투자로 돈으로 11%를 벌 수 있다고 믿는다면 기계를 구입해야 하는가?

(b) 비슷한 위험이 있는 다른 투자에서 돈으로 4%만 벌 수 있다고 생각되면 기계를 구입해야 하는가? Px

•• **S7.43** 저스틴 바테(Justin Bateh)는 자신의 작업장에 사용할 새 기계를 고려하고 있다. 기계는 다음과 같이 영수증을 생성할 것으로 예상된다. 1년차에 50,000달러, 2년차에 30,000달러, 다음 해에는 아무 것도 없음, 4년차에 20,000달러이다. 이자율이 6%일 때 이 영수증의 현재가치는 얼마인가? Px

•• **S7.44** 셰릴 드루엘(Cheryl Druehl)은 새 밀링 머신을 구입해야 한다. 그녀는 두 가지 기계를 고려하고 있다. 밀링 머신 A의 가격은 300,000달러이고 6년 동안 연간 80,000달러를 회수하며 잔존 가치는 없다. 밀링 머신 B의 가격은 220,000달러이고 잔존 가치는 30,000달러이며 5년 동안 60,000달러를 회수한다. 회사는 현재 자본 비용으로 7%를 사용하고 있다. 순현재가치를 기준으로 어떤 기계를 사야 하는가? Px

•• **S7.45** Portland Savings and Loan은 설치 및 교육 비용으로 인해 순 수입의 비정상적인 패턴을 보이는 새로운 컴퓨터 소프트웨어를 고려하고 있다. 예상되는 수입은 1년 차에 20,000달러, 다음 해에 아무것도 없음, 3년 차에 30,000달러, 4년 차에 50,000달러이다. 이자율이 6%일 때 이 수입금의 현재가치는 얼마인가? Px

사례 연구

아놀드파머병원의 용량 계획

아놀드파머병원(Arnold Palmer Hospital)은 개원 이후 서비스 수요가 폭발적으로 증가했다. 여성과 아동을 위한 의료를 전문으로 하는 미국 내 단 6개 병원 중 하나인 아놀드파머병원은 50개 주와 100개 이상의 다른 국가에서 이곳에 온 150만 명 이상의 환자를 치료했다. 조사 대상 미국 병원의 상위 10%에 드는 환자 만족도 점수(환자의 95% 이상이 다른 사람에게 병원을 추천할 것임)에서 아놀드파머병원의 주요 초점 중 하나는 아기 분만이다. 원래 병상 281개, 연간 6,500명을 수용할 수 있는 규모로 지어진 이 병원은 꾸준히 확장해 10,000명을 돌파했다. 표 S7.4를 보면 전무이사인 캐시 스완슨(Kathy Swanson)은 확장이 필요하다는 것을 알았다.

플로리다 중부 18개 카운티에 서비스를 제공하는 시장 지역의 인구 증가가 계속되면서 아놀드파머병원은 매일 유치원 수준의 아기를 낳고 있었지만 여전히 수요를 충족하지 못했다. 상당한 추가 인구 통계학적 분석을 통해 병원은 수용력 확장 계획과 기존 시설 건너편에 새로운 11층짜리 병원 건물을 건설할 준비가 되었다.

35개의 계획 팀이 (1) 특정 예측, (2) 새 시설로 이전될 서비스, (3) 기존 시설에 남아 있을 서비스, (4) 인력 수요, (5) 자본 장비, (6) 추정 회계 데이터, (7) 규제 요건과 같은 문제를 연구하기 위해 설립되었다. 궁극적으로 아놀드파머병원은 1억 달러의 예산과 150개 병상을 추가로 투입할 준비가 되었다. 그러나 플로리다 중부 지역의 성장을 감안할 때 스완슨은 병원을 단계적으로 확장하기로 결정했다. 맨 위 2개 층은 나중에 완성될 빈 내부('쉘')이고 4층 수술실은 필요할 때 크기를 2배로 늘린다. 스완슨은 "새로운 시설이 설치되어 이제 연간 최대 16,000명의 신생아를 받을 수 있다"고 이야기했다.

토론 문제

1. 본문의 용량 계획 논의를 고려할 때(그림 S7.6 참조) 아놀드파머병원은 용량을 수요에 맞추기 위해 어떤 접근 방식을 취하고 있는가?
2. 아놀드파머병원의 수요 예측에서 어떤 종류의 주요 변경이 발생해 병원이 충분히 활용되지 않는 시설로 남게 될 수 있는가(즉 이 용량 결정과 관련된 위험은 무엇인가)?
3. 회귀 분석을 사용해 스완슨이 새 건물의 맨 위 2개 층을 '건설'해야 하는 시점, 즉 수요가 16,000명을 초과할 시점을 예측하라.

표 S7.4 아놀드파머병원의 출산

연도	출산
2000	8,655
2001	9,536
2002	9,825
2003	10,253
2004	10,555
2005	12,316
2006	13,070
2007	14,028
2008	14,241
2009	13,050
2010	12,571
2011	12,978
2012	13,529
2013	13,576
2014	13,994
2015	14,898
2016	14,600
2017	14,111

참고문헌

Anderson, Edward James, and Shu-Jung Sunny Yang. "The Timing of Capacity Investment with Lead Times: When Do Firms Act in Unison?" *Production and Operations Management* 24, no. 1 (January 2015): 21–41.

Anupindi, Ravi, S. Chopra, S. D. Deshmukh, J. A. Van Mieghem, and E. Zemel. *Managing Business Process Flows: Principles of Operations Management*, 3rd ed. Boston: Pearson (2011).

Chambers, Chester, Eli M. Snir, and Asad Ata. "The Use of Flexible Manufacturing Capacity in Pharmaceutical Product Introductions." *Decision Sciences* 40, no. 2 (May 2009): 243–268.

Chen, Wen-Chih, and C. Chien. "Evaluating Capacity Pooling Strategy in Semiconductor Manufacturing: A Productivity Perspective Study." *International Journal of Production Research* 49, no 12 (June 2011): 3635–3652.

Goldratt, Eliyaha. *The Goal: A Process of Ongoing Improvement*, 3rd rev. ed. Great Barrington, MA: North River Press (2004).

Jackson, Jonathan E., and Charles L. Munson. "Shared Resource Capacity Expansion Decisions for Multiple Products with Quantity Discounts." *European Journal of Operational Research* 253 (2016): 602–613.

Jonsson, Patrik, and Stig-Arne Mattsson. "Use and Applicability of Capacity Planning Methods." *Production and Inventory Management Journal* (3rd/4th Quarter 2002): 89–95.

Li, Shanling, and L. Wang. "Outsourcing and Capacity Planning in an Uncertain Global Environment." *European Journal of Operational Research* 207, no. 1 (November 2010): 131–141.

Roy, Anjan. "Strategic Positioning and Capacity Utilization: Factors in Planning for Profitable Growth in Banking." *Journal of Performance Management* 23, no. 3 (November 2010): 23.

Schuz, John D. "Managing Capacity, Key to Profitability." *Logistics Management* 54, no. 7 (July 2015): 28–30.

Tanrisever, Fehmi, D. Morrice, and D. Morton. "Managing Capacity Flexibility in Make-to-Order Production Environments." *European Journal of Operational Research* 216, no. 2 (January 2012): 334–345.

Watson, Kevin J., John H. Blackstone, and Stanley C. Gardiner. "The Evolution of a Management Philosophy: The Theory of Constraints." *Journal of Operations Management* 25, no. 2 (March 2007): 387–402.

Supplement 7 Rapid Review

절 제목	내용 훑어보기
용량	■ **용량**: 일정 기간 동안 시설이 보유, 수신, 저장 또는 생산할 수 있는 '처리량' 또는 단위 수 용량 결정은 종종 자본 요구사항을 결정하므로 고정비용의 큰 부분을 차지한다. 또한 용량은 수요가 충족되는지 또는 시설이 유휴 상태인지 여부를 결정한다. 높은 활용도와 높은 투자 수익을 달성하기 의한 목적으로 시설 규모를 결정하는 것이 중요하다. 용량 계획은 세 가지 시간 범위에서 볼 수 있다. 1. 장기(1년 이상): 시설 추가 및 긴 납기 장비 2. 중기(3~18개월): 장비, 인력 및 교대조 추가를 포함한 '종합 계획' 작업. 하도급. 건물 또는 인벤토리 사용 3. 단기(3개월 이하): 작업 및 인력 스케줄링, 기계 할당 ■ **설계 용량**: 이상적인 조건에서 주어진 기간 동안 시스템의 이론상 최대 출력 대부분의 조직은 설계 용량보다 적은 속도로 시설을 운영한다. ■ **유효 용량**: 제품 믹스, 일정 관리 방법, 유지 관리 및 품질 표준을 고려할 때 회사가 달성할 것으로 예상할 수 있는 용량 ■ **활용도**: 실제 출력을 설계 용량의 백분율로 표시함 ■ **효율성**: 유효 용량의 백분율로 나타낸 실제 출력 활용도 = 실제 산출량/설계 용량 (S7-1) 효율 = 실제 산출량/유효 용량 (S7-2) 수요가 생산 능력을 초과할 때 기업은 단순히 가격을 올리고 납기를 늘리며(이는 불가피할 수 있음) 한계 수익성이 있는 비즈니스를 억제함으로써 수요를 축소할 수 있다. 용량이 수요를 초과할 때 기업은 가격 인하 또는 공격적인 마케팅을 통해 수요를 자극하거나 제품 변경을 통해 시장을 수용할 수 있다. 서비스 부문에서 고객 스케줄링은 **수요 관리**이고 인력 일정 계획은 **용량 관리**이다. 수요와 용량이 상당히 잘 일치하는 경우 서비스의 수요 관리는 종종 약속, 예약 또는 선착순 규칙으로 처리될 수 있다. 그렇지 않으면 시간을 기준으로 한 할인이 사용될 수 있다(예: '얼리버드' 스페셜, 마티네 가격). 서비스 수요 관리가 불가능한 경우에는 정규직, 비정규직, 시간제 근무 등을 변경해 수용력을 관리하는 것이 대안이 될 수 있다.
병목 현상 분석 및 제약 조건 이론	■ **용량 분석**: 워크스테이션 또는 전체 생산 시스템의 처리 용량을 결정 ■ **병목 현상**: 시스템의 제한 요소 또는 제약 조건 ■ **처리 시간**: 워크스테이션에서 단위(또는 배치)를 생산하는 데 걸리는 시간 ■ **병목 시간**: 가장 긴(가장 느린) 프로세스의 프로세스 시간 ■ **처리 시간**: 제품이 대기 없이 생산 프로세스를 거치는 데 걸리는 시간. 즉 시스템을 통과하는 가장 긴 경로의 시간 n개의 병렬(중복) 작업이 추가되면 결합된 작업의 처리 시간은 원본 처리 시간의 $1/n$배가 된다. 동시 처리를 통해 주문 또는 제품은 기본적으로 나중에 다시 결합할 수 있도록 다른 경로로 분할된다. 시스템을 통한 가장 긴 경로는 처리 시간으로 간주된다. ■ **제약 이론(TOC)**: 조직의 목표 달성 능력을 제한하는 모든 것을 다루는 지식 체계
손익분기점 분석	■ **손익분기점 분석**: 비용이 수익과 동일한 지점을 달러 및 단위로 찾는 수단 고정비용은 단위가 생산되지 않더라도 존재하는 비용이다. 변동비용은 생산 단위의 양에 따라 달라지는 비용이다. 손익분기점 모델에서는 비용과 수익이 선형적으로 증가한다고 가정한다. $\text{손익분기점(단위)} = \dfrac{\text{총 고정비용}}{\text{가격} - \text{변동비용}} = \dfrac{F}{P - V}$ (S7-3) $\text{손익분기점(달러)} = \dfrac{\text{총 고정비용}}{1 - \dfrac{\text{변동비용}}{\text{가격}}} = \dfrac{F}{1 - \left(\dfrac{V}{P}\right)}$ (S7-4) $\text{다중 제품 손익분기점(달러)} = \text{손익분기점}_\$ = BEP_\$ = \dfrac{F}{\sum\left[\left(1 - \dfrac{V_i}{P_i}\right) \times (W_i)\right]}$ (S7-5)

점진적 변경으로 인한 위험 감소	수요 증가는 일반적으로 소규모 단위에서 이루어지지만, 용량 추가는 즉각적이거나 대규모 단위일 가능성이 높다. 위험을 줄이기 위해 수요 예측을 헤지하는 점진적인 변경이 좋은 선택이 될 수 있다. 용량 확장에 대한 네 가지 접근 방식은 (1) 점진적 확장을 통한 **선행** 전략, (2) 한 단계 확장을 통한 **선행** 전략, (3) **지연** 전략, (4) **스트래들** 전략이다. 지연 전략과 스트래들 전략 모두 자본 지출을 지연시킨다.
용량 결정에 기대 금전적 가치(EMV) 적용	기대 금전적 가치를 결정하려면 대안과 다양한 자연 상태(예: 수요 또는 시장 선호도)를 지정해야 한다. 다양한 자연 상태에 확률값을 할당함으로써 우리는 대안의 기대 가치를 최대화하는 결정을 내릴 수 있다.
전략 주도 투자에 투자 분석 적용	■ **순현재가치**: 일련의 미래 현금 영수증의 할인 가치를 결정하는 수단 $F = P(1+i)^N$ (S7-6) $P = \frac{F}{(1+i)^N}$ (S7-7) $P = \frac{F}{(1+i)^N} = FX$ (S7-8) 여러 투자를 할 때 순현재가치가 낮은 투자보다 순현재가치가 높은 것이 바람직하다.

셀프테스트

S7.1 용량 결정은 _______ 을 기반으로 이루어져야 한다.
(a) 지속적인 경쟁 우위 구축
(b) 좋은 재정적 수익
(c) 조정된 계획
(d) 회사 전략에 통합
(e) 위의 모든 것

S7.2 유효 용량은 _______ 과 같다.
(a) 현재 운영상의 제약을 감안할 때 기업이 달성할 것으로 기대하는 능력
(b) 실제로 달성한 설계 용량의 백분율
(c) 실제로 달성한 용량의 백분율
(d) 실제 출력
(e) 효율성

S7.3 시스템 용량은 _______ 을 기반으로 한다.
(a) 병목 현상
(b) 처리 시간
(c) 가장 빠른 역의 시간
(d) 처리 시간 + 대기 시간
(e) 위의 어느 것도 없음

S7.4 손익분기점은 _______ 과 같다.
(a) 변화하는 제품 요구사항을 충족하기 위해 프로세스를 추가하는 것
(b) 처리량을 증가시키기 위한 프로세스 개선
(c) 비용이 수익과 동일한 지점(달러 또는 단위).
(d) 수요를 충족하기 위해 용량을 추가하거나 제거하는 것
(e) 공정 대안의 총 비용

S7.5 기대 금전적 가치가 가장 적절한 것은 다음 중 어느 경우인가?
(a) 보수가 같을 때
(b) 각 결정 대안의 확률이 알려진 경우
(c) 확률이 동일한 경우
(d) 수익과 비용이 모두 알려진 경우
(e) 각 자연 상태의 확률이 알려진 경우

S7.6 순현재가치는 _______
(a) 현금 영수증이 일찍보다 늦게 발생하는 경우 더 크다.
(b) 현금 수령이 나중보다 일찍 발생하는 경우 더 크다.
(c) 수익에서 고정비용을 뺀 값이다.
(d) 손익분기점 분석보다 선호된다.
(e) 연말에 100달러의 월별 지불금을 일시불(1,200달러)로 받는 경우 더 커진다.

정답 S7.1. e S7.2. a S7.3. a S7.4. c S7.5. b S7.6. b

8 입지 전략

이 장의 구성

글로벌 기업 프로필: 페덱스

- 입지의 전략적 중요성
- 입지 선정에 영향을 주는 요인
- 입지 대안 평가 방법
- 서비스 입지 전략
- 지리 정보 시스템

Beverly Amer/Aspenleaf Productions

10가지 운영관리 전략

- 제품과 서비스 설계
- 품질 관리
- 프로세스 전략
- **입지 전략**
- 레이아웃 전략
- 인적자원
- 공급사슬 관리
- 재고 관리
- 일정 계획
- 유지보수

글로벌 기업 프로필
FedEx

입지로 경쟁 우위를 차지한 페덱스

익일배송(overnight-delivery)의 강자 페덱스(FedEx)는 49년 동안 허브(hub)의 개념을 믿어왔다. 페덱스의 설립자이자 CEO인 프레드 스미스(Fred Smith)는 대학 논문에서 소형 패키지 배송을 위한 허브를 제안하면서 C학점을 받았지만 그 아이디어는 매우 성공적인 것으로 입증되었다. 600억 달러 규모의 이 회사는 테네시주 멤피스의 한 중앙 위치에서 시작해 파리에 유럽 허브, 중국 광저우에 아시아 허브, 마이애미에 라틴 아메리카 허브, 토론토에 캐나다 허브를 추가했다. 페덱스의 650대 이상의 항공기는 전 세계 375개 공항으로 비행한 다음 90,000대 이상의 밴과 트럭으로 물건을 배달한다.

멤피스가 페덱스의 중심 위치로 선택된 이유는 무엇이었을까? 첫째, 미국 중부에 위치한다. 둘째, 악천후로 인해 폐쇄된 시간이 매우 적기 때문에 회사의 우수한 비행 안전 기록에 기여했을 것이다. 셋째, 페덱스에 유리한 세금 인센티브를 제공했다.

일요일을 제외하고 매일 밤 페덱스는 직항편이 없는 도시로 가는 전 세계 소포를 멤피스로 운반한다. 중앙 허브는 전통적인 City-A-to-City-B 시스템보다 적은 수의 항공기로 훨씬 더 많은 지점으로 서비스를 제공하고 있다. 또한 페덱스는 매일 밤 소포 적재와 항공기 비행을 일치시키고 적재량이 필요할 때 항공편 경로를 변경해 상당한 비용을 절감할 수 있다. 페덱스는 중앙 허브 시스템이 픽업 지점에서 배달까지 소포를 완전히 제어하기 때문에 취급 부주의와 운송 지연을 줄이는 데 도움이 되고 있다.

Dpa Picture Alliance/Alamy Stock Photo

테네시주 멤피스에 있는 페덱스 허브에는 약 100대의 페덱스 항공기가 매일 밤 자정 무렵 500만 개 이상의 문서 및 소포를 집결한다.

Creg K_ca/Shutterstock

650대 이상의 항공기를 보유한 페덱스는 세계 최대 항공사이다. 90,000대 이상의 트럭이 배송 프로세스를 완료한다.

학습목표

- **8.1** 입지 결정에 영향을 미치는 일곱 가지 주요 요소를 식별하고 설명한다.
- **8.2** 노동 생산성을 계산한다.
- **8.3** 요인 등급 방법을 적용한다.
- **8.4** 그래픽 및 수학적인 입지 비용-용량 분석을 완료한다.
- **8.5** 무게 중심법을 사용한다.
- **8.6** 서비스 부문과 산업 부문 입지 분석의 차이점을 이해한다.

입지의 전략적 중요성

세계 시장은 계속 확장되고 있으며 비즈니스의 글로벌 특성은 가속화되고 있다. 실제로 페덱스, 메르세데스-벤츠(Mercedes-Benz), 하드록(Hard Rock)을 비롯한 많은 기업이 내리는 가장 중요한 전략적 결정 중 하나는 영업 입지를 결정하는 것이다. 페덱스는 중국 광저우에 아시아 허브를 열어 파리와 멤피스 패키지 허브를 아시아로 연결하는 '세계 일주' 항공편의 무대를 마련했다. 메르세데스-벤츠가 앨라배마주 밴스에 첫 해외 주요 공장 건설 계획을 발표했을 때 1년 동안 30개 주와 2개국 170개 공장에서 경쟁을 펼쳤다. 모스크바에 하드록카페가 열리면서 3년간의 러시아 식품 공급사슬 사전 준비가 끝났다. 이러한 결정의 전략적 영향, 비용 및 국제적 측면은 입지 선정이 얼마나 중요한지를 보여준다.

입지는 고정비용과 변동비용 모두에 큰 영향을 미치기 때문에 전 세계의 기업은 입지 결정을 다루기 위해 이 장의 개념과 기술을 사용하고 있다. 입지는 회사의 전반적인 위험과 이익에 큰 영향을 미친다. 예를 들어 제품과 생산 또는 서비스 유형에 따라 운송 비용만 제품 판매 가격의 25%에 이를 수 있다. 즉 들어오는 원자재와 완제품이 나가는 운송비를 충당하기 위해 회사 총수익의 4분의 1이 필요할 수 있다. 입지에 따라 영향을 받을 수 있는 기타 비용에는 세금, 임금, 원자재 비용, 임대료가 포함된다. 모든 비용을 고려할 때 입지에 따라 총 운영 비용이 최대 50%까지 변경될 수 있다.

운송의 경제학은 매우 중요하기 때문에 기업과 심지어 도시도 운송 이점을 중심으로 결집한다. 수 세기 동안 강과 항구, 그리고 최근에는 철도 허브와 주간 고속도로가 입지 결정의 주요 요소였다. 오늘날 공항은 상품과 사람을 빠르고 저렴하게 운송하는 결정적인 요소이다.

기업은 일반적으로 수요가 현재 공장의 용량을 초과했거나 노동 생산성, 환율, 비용 또는 현지 태도의 변화를 이유로 입지 결정을 비교적 자주 내리지 않는다. 기업은 인구 통계 및 고객 수요의 변화로 인해 제조 또는 서비스 시설을 이전할 수도 있다.

입지 옵션에는 (1) 이전하는 대신 기존 시설을 확장하는 것, (2) 다른 곳에 시설을 추가하면서 현재 입지를 유지하는 것, (3) 기존 시설을 닫고 다른 입지로 이동하는 것이 포함된다.

입지 결정은 흔히 비즈니스 유형에 따라 다르다. 산업 입지 결정의 경우 전략은 일반적으로 비용을 최소화하는 것이지만 혁신과 창의성을 촉진하는 입지도 중요할 수 있다. 소매 및 전문 서비스 조직의 경우 이 전략은 수익 극대화에 중점을 둔다. 그러나 창고 입지 전략은 비용과 배송 속도의 조합에 의해 주도될 수 있다. 입지 전략의 목적은 입지의 이점을 기업에 최대화하는 것이다.

입지와 비용 입지는 상당한 비용 및 수익을 가져오기 때문에 그에 따라 기업의 비즈니스 전략을 결정(또는 중단)하는 힘이 있기도 하다. 자동차에서 휴대전화에 이르기까지 모든 주요 산업의 주요 다국적 기업은 현재 각 주요 시장에 진출했거나 계획하고 있다. 저비용 전략을 지원하기 위한

표 8.1

기업 임원 13,000명을 대상으로 한 연례 설문조사에서 선정된 137개 국가의 경쟁력

국가	2018년 순위
스위스	1
미국	2
싱가포르	3
네덜란드	4
홍콩	5
캐나다	6
⋮	
이스라엘	14
⋮	
중국	27
⋮	
러시아	38
⋮	
멕시코	51
⋮	
베트남	55
⋮	
아이티	128
⋮	
모잠비크	136
예멘	137

출처: www.weforum.org, 2018.

입지 결정에는 특히 신중한 고려가 필요하다.

경영진이 특정 입지에 전념하면 많은 비용이 이미 확고하게 자리 잡고 있어 비용을 줄이기가 어렵다. 예를 들어 새로운 공장 입지가 에너지 비용이 높은 지역에 있는 경우 뛰어난 에너지 전략으로 좋은 관리를 시작하더라도 불리한 상황에서 시작한다. 선택된 입지의 노동력이 비싸거나 제대로 훈련되지 않았거나 직업 윤리가 좋지 않은 경우 경영진은 인적자원 전략과 유사한 곤경을 겪는다. 따라서 최적의 시설 입지를 결정하기 위한 노력은 좋은 투자이다.

입지 선정에 영향을 주는 요인

시설의 입지 선정은 세계화와 함께 훨씬 더 복잡해지고 있다. 2장에서 보았듯이 세계화는 (1) 시장 경제, (2) 더 나은 국제 커뮤니케이션, (3) 더 빠르고 신뢰할 수 있는 여행 및 운송, (4) 국가 간 자본 흐름의 용이성, (5) 인건비의 높은 차이로 인해 발생했다. 많은 기업이 이제 본국 외부에 새로운 사무실, 공장, 소매점, 은행을 여는 것을 고려하고 있다. 입지 선정은 국경을 초월한다. 실제로 그림 8.1에서 볼 수 있듯이 입지 선정의 순서는 시설을 운영할 국가를 선택하는 것으로 시작되는 경우가 많다.

국가를 선택하는 한 가지 접근 방식은 모기업이 경쟁 우위를 달성하는 데 필요한 핵심 성공 요인(key success factor, KSF)이 무엇이라고 생각하는지 식별하는 것이다. 6개의 가능한 국가 KSF가 그림 8.1의 상단에 나열되어 있다. 이러한 요소(범죄와 같은 일부 부정적인 요소 포함)를 사용해 세계 경제 포럼(World Economic Forum)은 격년으로 137개국의 글로벌 경쟁력 순위를 매기고 있다(표 8.1 참조). 스위스는 높은 저축률과 투자율, 무역 개방성, 양질의 교육, 효율적인 정부로 인해 1위를 차지했다.

그림 8.1

입지 선정에 영향을 미치는 여러 고려 사항 및 요인

핵심 성공 요인

1. 정치적 위험, 정부 규칙, 태도, 인센티브
2. 문화 및 경제 문제
3. 시장의 위치
4. 노동력, 태도, 생산성, 비용
5. 공급, 통신, 에너지의 가용성
6. 환율 및 환율 위험

1. 기업의 욕구
2. 지역 매력도(문화, 세금, 기후 등)
3. 노동력 가용성, 비용, 노동조합에 대한 태도
4. 유틸리티 비용 및 가용성
5. 주 및 도시의 환경 규정
6. 정부 인센티브 및 재정 정책
7. 원자재 및 고객과의 근접성
8. 토지/건설비

1. 부지 크기 및 비용
2. 항공, 철도, 고속도로 및 수로 시스템
3. 구역 제한
4. 필요한 서비스/물품의 근접성
5. 환경 영향 문제
6. 고객 밀도 및 인구 통계

기업이 입지에 가장 적합한 국가를 결정하면 선택한 국가 및 커뮤니티의 지역에 중점을 둔다. 입지 선정 프로세스의 마지막 단계는 커뮤니티 내에서 특정 부지를 선택하는 것이다. 기업은 배송 및 수령, 구역 설정, 유틸리티, 크기 및 비용에 가장 적합한 한 곳을 선택해야 한다. 다시, 그림 8.1은 이러한 일련의 결정과 이에 영향을 미치는 요소를 요약하고 있다.

세계화 외에도 많은 다른 요소가 입지 결정에 영향을 미친다. 여기에는 노동 생산성, 외환, 문화, 업계에 대한 태도 변화, 시장, 공급업체 및 경쟁자와의 근접성 등이 있다.

학습목표 8.1
입지 결정에 영향을 미치는 일곱 가지 주요 요소를 식별하고 설명한다.

노동 생산성

입지를 선정할 때 경영진은 해당 지역의 낮은 임금에 유혹을 받을 수 있다. 그러나 1998년 오티스 엘리베이터(Otis Elevator)가 멕시코에 공장을 열었을 때 발견한 사실처럼 임금 그 자체만으로 입지를 고려할 수는 없다. 그러나 최근 오티스는 사우스캐롤라이나의 자동화 공장으로 이전하는 것이 더 유리하다는 것을 알았다. 즉 경영진은 노동 생산성(labor productivity)도 고려해야 한다.

학습목표 8.2
노동 생산성을 계산한다.

1장에서 논의한 바와 같이 생산성은 국가마다 차이가 있다. 경영진이 정말로 관심을 갖고 있는 것은 생산과 임금의 조합이다. 예를 들어 오티스 엘리베이터가 사우스캐롤라이나에서 하루에 60대를 생산하고 하루에 70달러를 지불하는 경우 하루에 20대를 생산하고 하루에 25달러를 지불하는 멕시코 공장보다 노동 비용이 적다.

$$\frac{\text{일일 인건비}}{\text{일일 생산량}} = \text{단위당 인건비}$$

1. 사례 1: 사우스캐롤라이나 공장

$$\frac{70\text{달러/일}}{60\text{단위 생산/일}} = \frac{70\text{달러}}{60} = \text{단위당 } 1.17\text{달러}$$

2. 사례 2: 멕시코 후아레스 공장

$$\frac{25\text{달러/일}}{20\text{단위 생산/일}} = \frac{25\text{달러}}{20} = \text{단위당 } 1.25\text{달러}$$

열악한 훈련, 열악한 교육수준, 열악한 작업 습관을 지닌 직원은 낮은 임금에도 좋은 구매가 아닐 수 있다. 마찬가지로 직장에 항상 갈 수 없거나 가지 않는 직원은 낮은 임금을 받더라도 조직에 그다지 좋지 않다. [단위당 노무비는 제품의 **노무 내용**(labor content)이라고도 한다.]

환율 및 환율 위험

임금과 생산성이 국가를 경제적으로 보이게 할 수 있을지라도 불리한 환율은 세이빙을 무효화할 수 있다. 반면에 기업은 해외로 이전하거나 수출함으로써 유리한 환율을 이용할 수 있다. 대부분의 국가에서 외화의 가치는 지속적으로 오르내리고 있다. 이러한 변화는 2018년에는 좋은 입지에 있었으나 2022년에는 재앙인 입지로 만들 수 있다. **운영 헤징**(operational hedging)은 기업이 여러 국가에서 과잉 생산 능력을 갖고 있는 상황을 설명하며 환율이 변함에 따라 입지 간에 생산 수준을 이동시키기도 한다.

비용

입지 비용은 유형과 무형의 두 가지 범주로 나눌 수 있다. **유형 비용**(tangible cost)은 쉽게 식별할

유형 비용
어느 정도 정밀하게 측정할 수 있는 쉽게 식별 가능한 비용

무형 비용
삶의 질, 정부 등 쉽게 정량화할 수 없는 입지 비용의 범주

수 있고 정확하게 측정할 수 있는 비용이다. 여기에는 유틸리티, 인건비, 재료비, 세금, 감가상각비, 회계 부서와 경영진이 식별할 수 있는 기타 비용이 포함된다. 또한 원자재 운송, 완제품 운송, 현장 건설과 같은 비용은 모두 입지의 전체 비용에 포함된다.

무형 비용(intangible cost)은 쉽게 정량화되지 않는다. 여기에는 교육의 질, 대중교통 시설, 업계와 회사에 대한 지역 사회의 태도, 예비 직원의 품질과 태도가 포함된다. 여기에는 직원 모집에 영향을 줄 수 있는 기후 및 스포츠 팀과 같은 삶의 질 변수가 포함되기도 한다.

표 8.2

국가의 부패 순위(점수가 낮을수록 부패가 심함을 나타냄)

순위	점수
1 뉴질랜드	89
2 덴마크	88
3 핀란드	85
⋮	
8 캐나다	82
⋮	
16 미국	75
⋮	
32 이스라엘	62
⋮	
77 중국	41
⋮	
135 러시아	29
⋮	
157 아이티	22
⋮	
180 소말리아	9

출처: Transparency International's 2018 survey, at **www.transparency.org.** Used with permission of Transparency International.

정치적 위험, 가치 및 문화

국가 및 지방 정부의 사유 재산 및 지적 재산, 구역 설정, 부패 및 고용 안정성에 대한 태도와 관련된 정치적 위험은 유동적일 수 있다. 입지 선정 당시의 정부 입장은 영구적이지 않을 수 있다. 그러나 경영진은 이러한 태도가 자신의 리더십에 영향을 받을 수 있음을 발견할 수 있다.

근로자의 가치는 국가, 지역, 도시마다 다를 수 있다. 이직률, 노조 및 결근에 대한 근로자의 견해는 모두 관련 요소이다. 결과적으로 이러한 가치는 회사가 새 입지로 이전할 경우 현재 직원에게 제안할지 여부에 대한 회사의 결정에 영향을 줄 수 있다. 이 장의 끝에 있는 사례 연구인 서던 RV(Southern Recreational Vehicle Company)는 미시시피로 이전했을 때 직원을 재배치하지 않기로 적극적으로 선택한 세인트루이스 회사에 관해 설명한다.

글로벌 운영 결정에서 가장 큰 도전 중 하나는 다른 국가의 문화를 다루는 것이다. 직원과 공급업체의 시간 엄수에 대한 문화적 차이는 생산 및 배송 일정에 현저한 차이를 만든다. 뇌물수수 및 기타 형태의 부패도 상당한 경제적 비효율을 초래할 뿐만 아니라 전 세계적으로 윤리적, 법적 문제를 일으킨다. 결과적으로 운영 관리자는 문화 전반에 걸쳐 효과적인 공급사슬을 구축할 때 중대한 문제에 직면하게 된다. 표 8.2는 전 세계 국가의 부패 순위를 보여준다.

시장과의 근접성

많은 기업에서 고객과 가까운 입지를 찾는 것이 매우 중요하다. 특히 약국, 식당, 우체국, 이발소와 같은 서비스 조직은 인구 통계 및 시장과의 근접성이 주요 입지 요인임을 알게 된다. 제조 회사는 완제품 운송이 비싸거나 어려울 때(아마도 제품이 부피가 크거나 무겁거나 깨지기 쉽기 때문에) 고객과 가까이 있는 것이 유용하다는 것을 알게 된다. 미국 시장에 근접하기 위해 메르세데스, 혼다, 토요타, 현대와 같은 해외 자동차 대기업은 미국에서 매년 수백만 대의 자동차를 만들고 있다.

또한 JIT를 통해 공급업체는 사용자와 가까운 입지에 있기를 원한다. 제품의 주성분이 물인 코카콜라와 같은 회사의 경우, 무거운(때로는 깨지기 쉬운) 유리 용기를 해외로 운송하는 것보다 많은 도시에 병 제조 공장을 두는 것이 합리적이다.

공급업체와의 근접성

기업은 (1) 부패성, (2) 운송 비용, (3) 부피 때문에 원자재 및 공급업체 근처에 위치한다. 베이커리, 유제품 공장, 냉동 해산물 가공업체는 **부패하기 쉬운** 원자재를 다루기 때문에 종종 공급업체와 가까운 곳에 위치한다. 석탄과 철광석을 사용하는 철강 생산업체와 같이 무겁거나 부피가 큰 원자재 투입에 의존하는 기업은 고가의 인바운드 **운송 비용**으로 인해 물류 비용이 입지 선정의 주요 요인이 된다. 그리고 생산 중 **벌크가 감소**하는 제품(예: 나무에서 목재로)은 일반적으로 원료 근처에 시설이 필요하다.

표 8.3 기업 클러스터링

산업	지역	클러스터링의 이유
와인 제조	나파밸리(미국), 보르도(프랑스)	토지와 기후의 천연자원
소프트웨어 회사	실리콘밸리, 보스턴, 방갈로르, 이스라엘	과학/기술 분야의 우수한 졸업생, 인근 벤처 캐피탈의 인적자원
친환경 에너지	콜로라도주	1,000개 기업이 있는 절대적인 양의 인재 및 정보
테마파크	플로리다주 올랜도	엔터테인먼트의 핫스팟, 따뜻한 날씨, 관광객, 저렴한 노동력
전자 회사	북부 멕시코	NAFTA, 미국으로 면세 수출(미국 전체 TV의 24%가 이곳에서 생산됨)
컴퓨터 하드웨어 제조사	싱가포르, 타이완	높은 기술 보급률 및 1인당 GDP, 대규모 엔지니어 풀을 갖춘 숙련된/교육받은 인력
패스트푸드 체인	다른 체인에서 1마일 이내	식품 판매 촉진, 높은 교통 흐름
일반 항공기 제조사	캔자스주 위치타	방대한 항공 기술(세계 소형 비행기/제트기의 60~70%가 이곳에서 제작됨)
운동화, 아웃도어 의류 제조사	오리건주 포틀랜드	300개 회사, 대부분은 나이키, 깊은 인재 풀 및 아웃도어 문화

경쟁사와의 근접성(클러스터링)

제조 및 서비스 기업 모두 놀랍게도 경쟁업체 근처에 위치하는 것을 선호한다. **클러스터링**(clustering)이라고 하는 이러한 경향은 해당 지역에서 주요 자원이 발견될 때 자주 발생한다. 이러한 자원에는 천연 자원, 정보 자원, 벤처 자본 자원 및 인재 자원이 포함된다. 표 8.3은 클러스터링을 보이는 산업의 아홉 가지 예와 그 이유를 제시하고 있다.

클러스터링
정보, 인재, 벤처 자본 또는 천연 자원의 임계량으로 인해 종종 경쟁 회사가 서로 인접해 있는 위치

이탈리아는 북부 지역에 세라믹 타일(모데나), 금 보석(비첸차), 공작 기계(부스토 아르시치오), 캐시미어 및 양모(비엘라), 디자이너 안경(벨루노), 파스타 기계(파르마)와 같은 전문 분야의 클러스터링에 있어 세계적인 리더십을 보유한 진정한 리더이다.

입지 대안 평가 방법

입지 선정 문제를 해결하기 위해 요인 등급 방법, 입지 비용-용량 분석, 무게 중심법과 운송 모델의 네 가지 주요 방법이 사용된다. 이 절에서는 이러한 접근 방식을 설명한다.

요인 등급 방법

입지를 선택할 때 고려해야 할 질적 및 양적 요소가 많이 있다. 이러한 요소 중 일부는 다른 요소보다 더 중요하므로 관리자는 가중치를 사용해 결정 과정을 보다 객관적으로 만들 수 있다. **요인 등급 방법**(factor-rating method)은 교육에서 레크리에이션, 노동 기술에 이르기까지 다양한 요소를 객관적으로 포함할 수 있기 때문에 인기가 있다. 그림 8.1은 입지 결정에 영향을 미치는 여러 요인 중 몇 가지를 나열했다.

요인 등급 방법
평가하기 어려운 비용을 식별하는 과정에 객관성을 부여하는 입지 방식

요인 등급 방법(2장에서 소개)에는 6단계가 있다.

1. 핵심 성공 요인이라고 하는 관련 요인 목록을 개발한다(예: 그림 8.1 참조).
2. 회사 목표에서 상대적 중요성을 반영하기 위해 각 요소에 가중치를 할당한다.
3. 각 요인에 대한 척도를 개발한다(예: 1~10 또는 1~100점).
4. 3단계의 척도를 사용해 각 요인에 대한 각 입지의 점수를 관리하게 한다.

5. 점수에 각 요인에 대한 가중치를 곱하고 각 입지에 대한 점수를 합산한다.
6. 다른 정량적 접근의 결과도 고려해 최고점을 기준으로 추천한다.

예제 1

학습목표 8.3
요인 등급 방법을 적용한다.

테마파크 확장을 위한 요인 등급 방법

미국 10대 가족 테마파크 체인인 파이브 플래그스(Five Flags)가 유럽에 첫 파크를 오픈하며 해외 진출을 결정했다. 프랑스와 덴마크 중에서 선택하기를 원한다.

접근방법 ▶ 표 8.4의 등급표에는 경영진이 중요하다고 결정한 주요 성공 요인이 나열되어 있다. 프랑스 디종과 덴마크 코펜하겐이라는 2개의 가능한 입지에 대한 가중치와 등급이 표시되어 있다.

표 8.4 가중치, 점수 및 방안

핵심 성공 요인	가중치	점수(100점 만점)		가중치 적용 점수	
		프랑스	덴마크	프랑스	덴마크
노동 가용성 및 태도	.25	70	60	(.25)(70) = 17.50	(.25)(60) = 15.00
사람 대 자동차 비율	.05	50	60	(.05)(50) = 2.50	(.05)(60) = 3.00
1인당 소득	.10	85	80	(.10)(85) = 8.50	(.10)(80) = 8.00
세금 구조	.39	75	70	(.39)(75) = 29.25	(.39)(70) = 27.30
교육 및 건강	.21	60	70	(.21)(60) = 12.60	(.21)(70) = 14.70
합계	1.00			70.35	68.00

해결방법 ▶ 표 8.4는 가중치와 점수를 사용해 대체 부지 입지를 평가한다. 각 요소에 100점을 할당할 수 있는 옵션이 주어지면 프랑스의 입지가 더 좋다.

통찰력 ▶ 약간의 의심이 가는 요소에 대해 포인트 또는 가중치를 약간 변경해 결정의 민감도를 분석할 수 있다. 예를 들어 '노동 가용성 및 태도'에 대한 점수를 10점 변경하면 결정이 바뀔 수 있음을 알 수 있다. 요인 가중치에 사용된 숫자는 주관적일 수 있으며, 정량적 접근 방식임에도 불구하고 모델의 결과가 정확하지 않다.

학습 연습 ▶ '세금 구조'에 대한 가중치가 0.20으로 감소하고 '교육 및 건강'에 대한 가중치가 0.40으로 증가하면 새로운 결과는 무엇인가? [답: 덴마크가 68.0점, 프랑스 67.5점으로 선택되었다.]

의사결정이 사소한 변경에 민감한 경우 가중치 및 할당된 점수에 대한 추가 분석이 적절할 수 있다. 또는 경영진은 이러한 무형 요소가 입지 결정의 기초가 되는 적절한 기준이 아니라고 결론을 내릴 수 있다. 따라서 관리자는 결정에 있어서 보다 양적인 측면에 일차적인 비중을 둔다.

입지 비용-용량 분석

입지 비용-용량 분석
입지 대안의 경제적 비교 방법

입지 비용-용량 분석(locational cost-volume analysis)은 입지 대안을 경제적으로 비교하기 위한 기술이다. 고정비용과 변동비용을 식별하고 각 입지에 대한 그래프를 작성해 가장 저렴한 비용을 제공하는 것을 결정할 수 있다. 입지 비용-용량 분석은 수학적으로 또는 그래픽으로 수행할 수 있다. 이러한 그래픽 접근 방식은 각 입지가 선호되는 용량 범위를 제공하는 이점이 있다.

입지 비용-용량 분석의 세 단계는 다음과 같다.

1. 각 입지에 대한 고정 및 변동비용을 결정한다.
2. 그래프의 세로축에 비용을 표시하고 가로축에 연간 거래량을 표시해 각 입지에 대한 비용을 표시한다.
3. 예상 생산량에 대해 총 비용이 가장 낮은 입지를 선택한다.

예제 2

부품 제조업체를 위한 입지 비용-용량 분석

European Ignitions Manufacturing의 소유주인 이스마일 모헤비(Esmail Mohebbi)는 생산 용량을 확장해야 한다. 그는 새로운 공장을 건설하기 위해 아테네, 브뤼셀, 리스본 세 곳을 고려하고 있다. 이 회사는 연간 2,000개 단위의 예상 수량에 대해 가장 경제적인 입지를 찾고자 한다.

접근방법 ▶ 모헤비는 입지 비용-용량 분석을 수행하고자 한다. 이를 위해 그는 현장의 연간 고정비용이 각각 30,000달러, 60,000달러, 110,000달러라고 결정한다. 가변 비용은 각각 단위당 75달러, 45달러, 25달러이다. 생산된 각 점화 장치의 예상 판매 가격은 120달러이다.

해결방법 ▶ 세 입지 각각에 대해 모헤비는 예상 생산량에서 고정비용(단위 용량이 0인 경우)과 총비용(고정비용 + 변동비용)을 표시할 수 있다. 이 분석에 대해서는 그림 8.2에 표시되어 있다.

그림 8.2

입지 비용-용량 분석을 위한 교차 차트

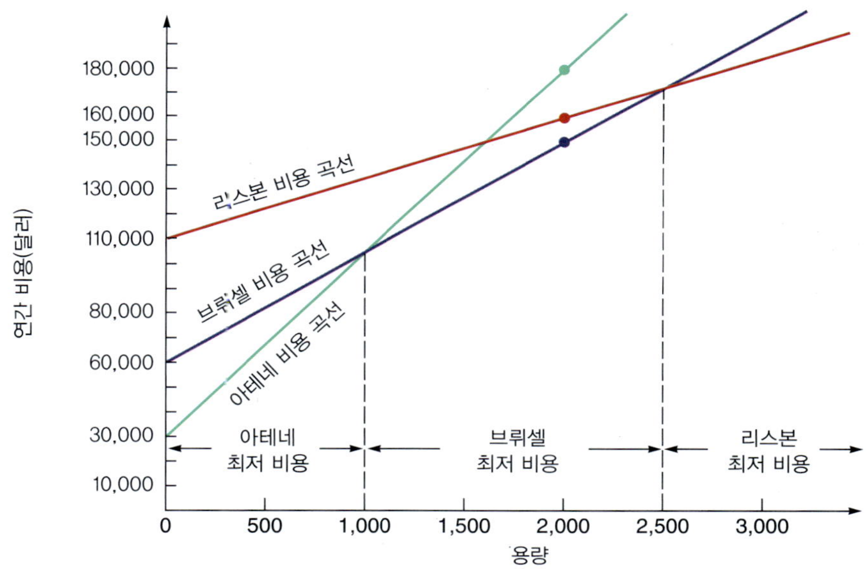

아테네: 총비용 = 30,000달러 + 75달러(2,000) = 180,000달러

브뤼셀: 총비용 = 60,000달러 + 45달러(2,000) = 150,000달러

리스본: 총비용 = 110,000달러 + 25달러(2,000) = 160,000달러

연간 예상 용량이 2,000대인 브뤼셀은 가장 저렴한 입지를 제공한다. 예상 이익은 다음과 같다.

총수익 − 총비용 = 120달러(2,000) − 150,000달러 = 연간 90,000달러

학습목표 8.4

그래픽 및 수학적인 입지 비용-물량 분석을 완료한다.

아테네와 브뤼셀의 교차점은 다음과 같다.

$$30{,}000 + 75(x) = 60{,}000 + 45(x)$$
$$30(x) = 30{,}000$$
$$x = 1{,}000$$

브뤼셀과 리스본의 교차점은 다음과 같다.

$$60{,}000 + 45(x) = 110{,}000 + 25(x)$$
$$20(x) = 50{,}000$$
$$x = 2{,}500$$

통찰력 ▶ 다른 모든 운영관리 모델과 마찬가지로 입지 비용-용량 분석은 입력 데이터에 민감할 수 있다. 예를 들어 용량이 1,000개 미만인 경우 아테네가 선호된다. 2,500개 이상 용량의 경우 리스본이 가장 큰 이익을 얻을 것이다.

학습 연습 ▶ 리스본의 변동비용은 이제 단위당 22달러로 예상된다. 브뤼셀과 리스본 사이의 새로운 교차점은 무엇인가? [답: 2,174단위]

무게 중심법

무게 중심법
여러 상점이나 지역에 서비스를 제공하는 단일 유통 지점의 최적 위치를 찾는 데 사용되는 수학적 기법

무게 중심법(center-of-gravity method)은 물류 비용을 최소화할 물류 센터의 입지를 찾는 데 사용되는 수학적 기법이다. 이 방법은 시장의 위치, 해당 시장으로 배송되는 상품의 양, 배송 비용을 고려해 최적의 유통 센터 입지를 찾는 것이다.

무게 중심법의 첫 번째 단계는 좌표계에 입지를 배치하는 것이다. 이것은 예제 3에 설명되어 있다. 좌표계의 원점과 사용된 축척은 상대 거리가 올바르게 표시되는 한 임의적이며 이것은 일반 맵 위에 그리드를 배치해 쉽게 수행할 수 있다. 무게 중심은 식 (8-1) 및 (8-2)를 사용해 결정된다.

$$\text{무게 중심의 } x\text{좌표} = \frac{\sum_i x_i Q_i}{\sum Q_i} \qquad (8\text{-}1)$$

$$\text{무게 중심의 } y\text{좌표} = \frac{\sum_i y_i Q_i}{\sum Q_i} \qquad (8\text{-}2)$$

x_i = 입지 i의 x좌표

y_i = 입지 i의 y좌표

Q_i = 입지 i로 또는 입지에서 이동한 제품의 수량

학습목표 8.5
무게 중심법을 사용한다.

식 (8-1)과 (8-2)에는 입지 i로 또는 입지 i에서 이전되는 공급량인 Q_i라는 용어가 사용된다.

매월 선적되는 컨테이너의 수가 비용에 영향을 미치기 때문에 거리만 주요 기준이 되어서는 안 된다. 무게 중심법은 비용이 배송된 거리와 용량에 정비례한다고 가정한다. 이상적인 입지는 선적된 컨테이너 수에 따라 거리가 가중되는 출발지와 목적지 사이의 가중 거리를 최소화하는 입지이다.[1]

예제 3

무게 중심법

타깃(Target)과 같은 유형의 아웃렛 체인인 Quain's Discount Department Stores는 시카고, 피츠버그, 뉴욕, 애틀랜타에 매장이 있다. 그들은 현재 체인의 첫 번째 매장 부지인 피츠버그의 낡은 창고에서 물품을 공급받고 있다. 회사는 새 창고를 지을 '중앙' 입지를 찾고 싶어 한다.

접근방법 ▶ Quain's는 무게 중심법을 적용한다. 각 아웃렛의 수요율 자료를 수집한다(표 8.5 참조).

표 8.5 Quain's Discount Department Stores 수요

매장 위치	월별 컨테이너 선적 수
시카고	2,000
피츠버그	1,000
뉴욕	1,000
애틀랜타	2,000

현재 창고 입지는 그림 8.3에 나와 있다. 예를 들어 입지 1은 시카고이고 표 8.5와 그림 8.3에서 다음을 알 수 있다.

$$x_i = 30$$
$$y_i = 120$$
$$Q_i = 2,000$$

그림 8.3

4개의 Quain's Discount Department Stores 좌표 위치와 무게 중심

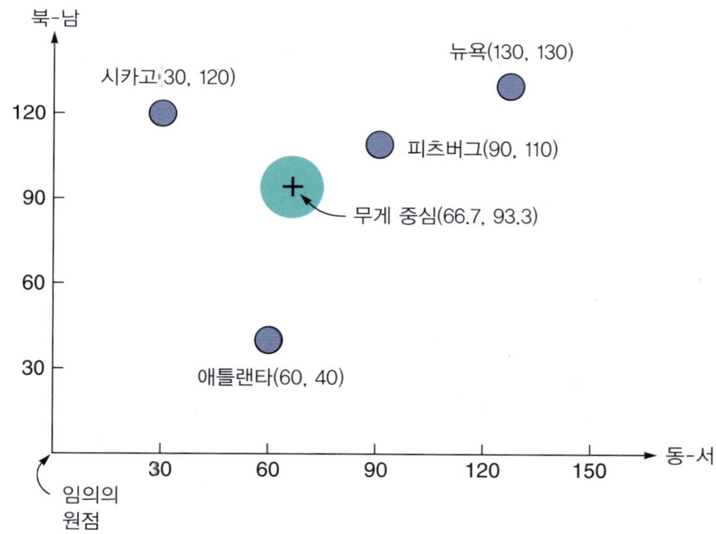

해결방법 ▶ 다른 도시 각각에 대한 표 8.5 및 그림 8.3의 데이터와 식 (8-1)과 (8-2)를 사용해 다음을 찾는다.

무게 중심의 x좌표:

$$= \frac{(30)(2000) + (90)(1000) + (130)(1000) + (60)(2000)}{2000 + 1000 + 1000 + 2000} = \frac{400,000}{6,000}$$
$$= 66.7$$

무게 중심의 y좌표:

$$= \frac{(120)(2000) + (110)(1000) + (130)(1000) + (40)(2000)}{2000 + 1000 + 1000 + 2000} = \frac{560{,}000}{6{,}000}$$

$$= 93.3$$

이 입지(66.7, 93.3)는 그림 8.3에서 십자선으로 표시된다.

통찰력 ▶ 그림 8.3에 미국 지도를 겹치면, 이 입지(66.7, 93.3)가 오하이오 중부 근처에 있음을 알 수 있다. 회사는 오하이오주 콜럼버스 또는 인근 도시를 적절한 위치로 고려하는 것이 좋다. 그러나 배송 시간을 더 빠르게 하려면 도시 근처에 남북 및 동서 주간 고속도로를 선택하는 것이 중요하다.

학습 연습 ▶ 매월 애틀랜타로 운송되는 컨테이너의 수는 3,000개로 빠르게 증가할 것으로 예상된다. 이것은 무게 중심을 어떻게 변화시키며 새 창고는 어디에 위치해야 하는가? [답: (65.7, 85.7)로, 오하이오주 신시내티에 더 가깝다.]

운송 모델

운송 모델
선형계획법 문제를 해결하는 기술

운송 모델(transportation model)의 목적은 총생산 및 운송 비용을 최소화하기 위해 여러 공급 지점(출처)에서 여러 수요 지점(목적지)으로의 최적의 선적 패턴을 결정하는 것이다. 수요와 공급 네트워크를 가진 모든 기업은 항상 이러한 문제에 직면해 있다. 폴크스바겐(Volkswagen)의 복잡한 공급사슬(그림 8.4 참조)이 그러한 실례를 제공한다. 예를 들어 그림 8.4에서 멕시코의 폴크스바겐 공장은 조립용 차량과 부품을 나이지리아의 폴크스바겐 공장으로 배송하고 조립품은 브라질의 폴크스바겐 공장으로 보내고 독일 본사로부터 부품과 조립품을 받는다.

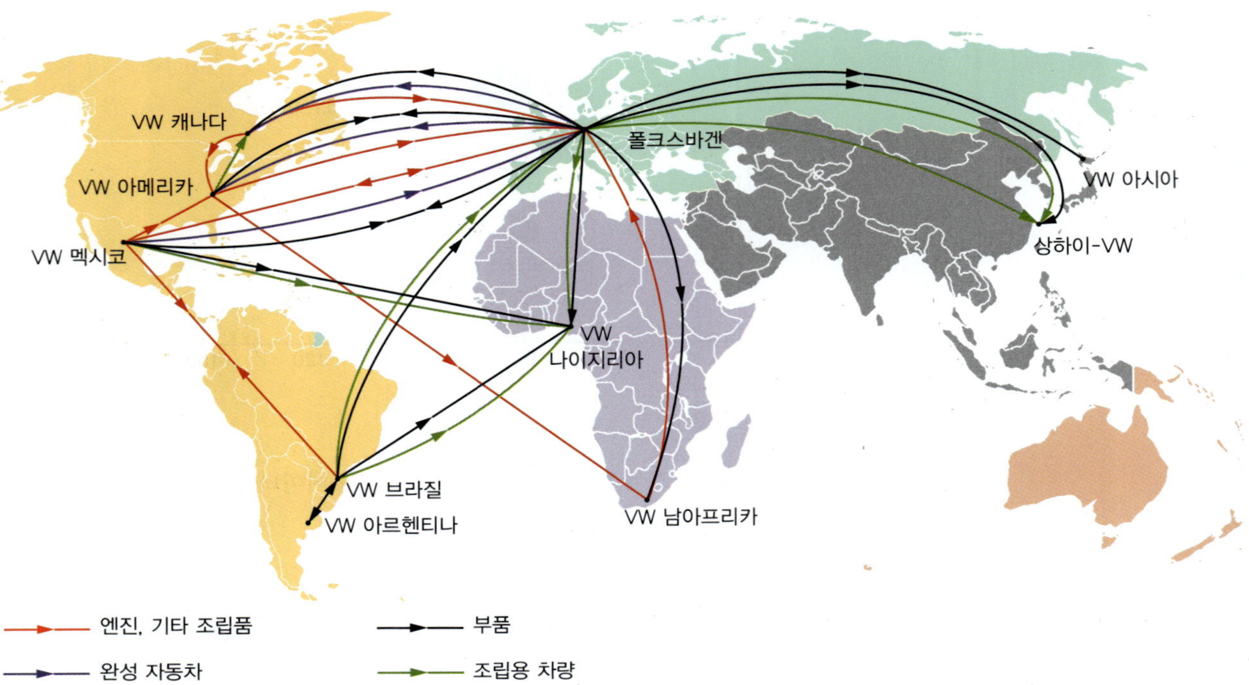

그림 8.4 세계 최대 자동차 제조업체인 폴크스바겐은 전 세계에 공장을 배치하는 것이 유리하다고 생각한다
이 그림에서는 폴크스바겐 공급사슬의 일부를 보여준다. 유럽에 61개의 공장이 있고 미주, 아시아, 아프리카의 9개국에도 공장이 있다.

선형계획법(linear programming, LP) 기술을 사용해 이러한 유형의 문제를 해결할 수 있지만 운송 응용 프로그램을 위해 보다 효율적인 특수 목적 알고리즘이 개발되었다. 운송 모델은 가능한 초기 솔루션을 찾은 다음 최적의 솔루션에 도달할 때까지 단계적으로 개선한다.

서비스 입지 전략

산업 부문 입지 분석의 초점은 **비용 최소화**에 있지만 서비스 부문의 초점은 **수익 극대화**이다. 제조 회사는 비용이 입지에 따라 크게 달라지는 경향이 있는 반면, 서비스 회사는 입지가 비용보다 수익에 더 큰 영향을 미치는 경우가 많기 때문이다. 따라서 서비스 회사의 입지 초점은 고객의 수와 수익을 결정하는 데 있어야 한다.

서비스 회사의 용량과 수익을 결정하는 여덟 가지 주요 요인은 다음과 같다.

1. 고객 유도 지역에서의 구매력
2. 고객 유도 지역의 인구 통계와 서비스 및 이미지 호환성
3. 지역 내 경쟁
4. 경쟁의 질
5. 기업 및 경쟁업체 입지의 고유성
6. 시설물 및 주변 업소의 물리적 특성
7. 기업의 운영 정책
8. 경영의 질

이러한 요인에 대한 현실적인 분석은 예상 수익에 대한 합리적인 그림을 제공할 수 있다. 서비스 부문에서 사용되는 기법에는 회귀분석(OM in Action, '라킨타가 수익성 있는 호텔 사이트를 선택하는 방법' 참조), 트래픽 수, 인구 통계학적 분석, 구매력 분석, 요인 등급 방법, 무게 중심법, 지리 정보 시스템이 있다. 표 8.6에 서비스 및 제품 생산 조직 모두에 대한 입지 전략이 요약되어 있다.

OM in Action 라킨타가 수익성 있는 호텔 위치를 선택하는 방법

숙박업계 체인이 내리는 가장 중요한 결정 중 하나는 입지이다. 경쟁자보다 더 정확하고 빠르게 좋은 지역을 선택하는 것이 매우 중요하다. 텍사스주 샌안토니오에 본사를 두고 있는 라킨타호텔(La Quinta Inns)은 미국 내 800개의 체인으로 구성된 합리적인 가격의 숙박체인이다. 호텔 선택 행동을 모델링하고 부지의 성공을 예측하기 위한 방법으로 라킨타는 회귀분석으로 전환했다.

호텔은 35개의 독립 변수를 테스트하는 것으로 시작했으며, 그중 예측된 수익성과 가장 높은 상관관계가 있는 종속 변수를 찾기 시작했다. 변수에는 주변 호텔 객실 수와 평균 객실 요금, 반경 4마일 지역 내 잠재 고객을 끌어들이는 사무실 건물 및 병원과 같은 지역 명소, 지역 인구 및 실업률, 해당 지역의 숙박업체 수, 접근 용이성, 표지판 가시성과 같은 지역 및 부지의 물리적 특성 등이 포함된다.

결국, r^2이 51%로 선택된 회귀분석 모형은 (1) 숙박업소의 가격, (2) 중위 소득 수준, (3) 숙박업소당 주 인구, (4) 인근 대학의 위치(다른 수요 창출 역할을 함)의 네 가지 예측 변수가 포함되었다. 그런 다음 라킨타는 회귀분석 모형을 사용해 수익성을 예측하고 부지의 성공 또는 실패를 예측하는 데 최상의 결과를 제공하는 컷오프 규칙을 개발했다. 이 결정 규칙을 적용하고 '구축' 또는 '구축하지 않음'을 제안하는 모델을 구현하는 데 스프레드시트가 사용되는데, CEO는 이 모형을 너무 좋아해서 더 이상 본인 스스로 새로운 부지를 선택해야 한다는 의무감을 느끼지 않는다.

Mike Booth/Alamy Stock Photo

출처: S. Kimes and J. Fitzsimmons, *Interfaces* 20, no. 2; G. Keller, *Statistics for Management and Economics*, 11th ed. Cincinnati: Cengage, 2018.

표 8.6 입지 전략: 서비스 기업 대 제조 기업

서비스/유통	제조
수익 초점	**비용 초점**
거래량/수익 드로잉 영역, 구매력 경쟁, 광고/가격 **물리적 품질** 주차/접근 보안/조명 외모/이미지 **비용 결정 요인** 임차료 관리 능력 운영정책(시간, 급여)	**유형 비용** 원자재 운송비 완제품 운송비 에너지 및 유틸리티 비용, 노동, 원료, 세금 등 **무형 및 미래 비용** 연합에 대한 태도 삶의 질 주별 교육비 주 및 지방 정부의 품질
기법	**기법**
중요성을 결정하기 위한 회귀 모델 다양한 요인 요인 등급 방법 트래픽 수 도면 면적의 인구 통계학적 분석 지역 구매력 분석 무게 중심법 지리 정보 시스템	운송 방법 요인 등급 방법 입지 비용-용량 분석 크로스오버 차트
가정	**가정**
입지는 수익의 주요 결정 요인이다. 높은 고객 상호작용 문제가 중요하다. 비용은 주어진 영역에 대해 상대적으로 일정하다. 따라서 수익 기능이 중요하다.	입지는 비용의 주요 결정 요인이다. 대부분의 주요 비용은 각 사이트에 대해 명시적으로 식별할 수 있다. 고객과의 접촉이 적어 식별 가능한 비용에 집중할 수 있다. 무형 비용을 평가할 수 있다.

학습목표 8.6
서비스 부문과 산업 부문 입지 분석의 차이점을 이해한다.

지리 정보 시스템

지리 정보 시스템(GIS)
지리적 위치와 연결될 수 있는 정보를 저장하고 표시하는 시스템

모든 잠재적 입지들은 인구 통계와 기반 시설이 다르기 때문에 지리 정보 시스템은 기업이 입지와 관련해 성공적이고 분석적인 결정을 내리는 데 도움이 되는 중요한 도구이다. **지리 정보 시스템**(geographic information system, GIS)은 인구 통계 정보를 지리적 위치에 저장, 액세스, 표시 및 연결한다. 예를 들어 소매업체, 은행, 식품 체인, 주유소, 인쇄소 프랜차이즈는 모두 GIS의 지리적으로 코딩된 파일을 사용해 인구 통계학적 분석을 수행할 수 있다. 인구, 연령, 소득, 교통 흐름, 밀도 수치를 지리와 결합해 소매업체는 새 매장이나 레스토랑을 위한 최적의 입지를 정확히 찾아낼 수 있다.

다음은 많은 GIS에서 사용할 수 있는 지리 데이터베이스 중 일부이다.

- 블록, 지역, 시, 의회 선거구, 대도시 지역, 주 및 우편 번호별 인구 조사 데이터
- 국가 내 모든 거리, 고속도로, 다리, 터널 지도
- 전기, 수도, 가스 라인과 같은 유틸리티
- 모든 강, 산, 호수, 숲
- 모든 주요 공항, 대학, 병원

예를 들어 항공사는 GIS를 사용해 지상 서비스가 가장 효과적인 공항을 식별한다. 이 정보는 일정을 정하고 연료, 식사 및 기타 서비스를 구매할 장소를 결정하는 데 사용된다.

상업용 오피스 빌딩 개발자는 미래 건설을 위한 도시를 선택할 때 GIS를 사용한다. 새로운 사무실 공간을 짓는 데는 몇 년이 걸리기 때문에 개발자는 GIS가 제공할 수 있는 데이터베이스 접근 방식을 중요하게 생각한다. GIS는 입지 선정에 영향을 주는 각 도시에 대한 다섯 가지 요인, 즉 (1) 주거 지역, (2) 소매점, (3) 문화 및 엔터테인먼트 센터, (4) 범죄 발생률, (5) 교통 옵션을 분석하고 있다.

다음은 입지 정찰 GIS 소프트웨어가 상업용 부동산을 과학으로 바꾸는 방법에 대한 다섯 가지 예를 설명하고 있다.

- 카벨아이스크림(Carvel ice cream): 이 90년 된 아이스크림 가게 체인은 GIS를 사용해 해당 지역의 소득과 연령 측면에서 카벨이 일반적으로 성공한 동네의 모습에 대한 인구 통계학적 프로필을 생성한다.
- 세이버루핑(Saber Roofing): 캘리포니아 레드우드 시티에 있는 이 회사는 지붕 재작업 비용을 추정하기 위해 작업자를 파견하는 대신 구글 어스를 통해 건물의 항공 사진을 가져온다. 회사 대표는 지붕을 측정하고, 상태를 평가하고, 고객에게 견적서를 이메일로 보낼 수 있으므로 매일 수백 마일의 운전을 절약할 수 있다. 한 사례에서는 전화 통화를 하는 동안 세이버 직원이 구글 어스에서 집을 빠르게 찾은 후 잠재적 고객에게 지붕이 너무 가팔라서 회사에서 다루기 어렵다고 이야기했다.
- 아비스(Arby's): 이 패스트푸드 체인은 특정 제품이 행동에 영향을 줄 수 있다는 것을 배웠다. 맵인포(MapInfo)를 사용해 아비스는 고객들이 치킨 샌드위치보다 로스트비프 샌드위치('목적' 제품으로 간주)를 위해 최대 20% 더 멀리 운전한다는 사실을 발견했다.

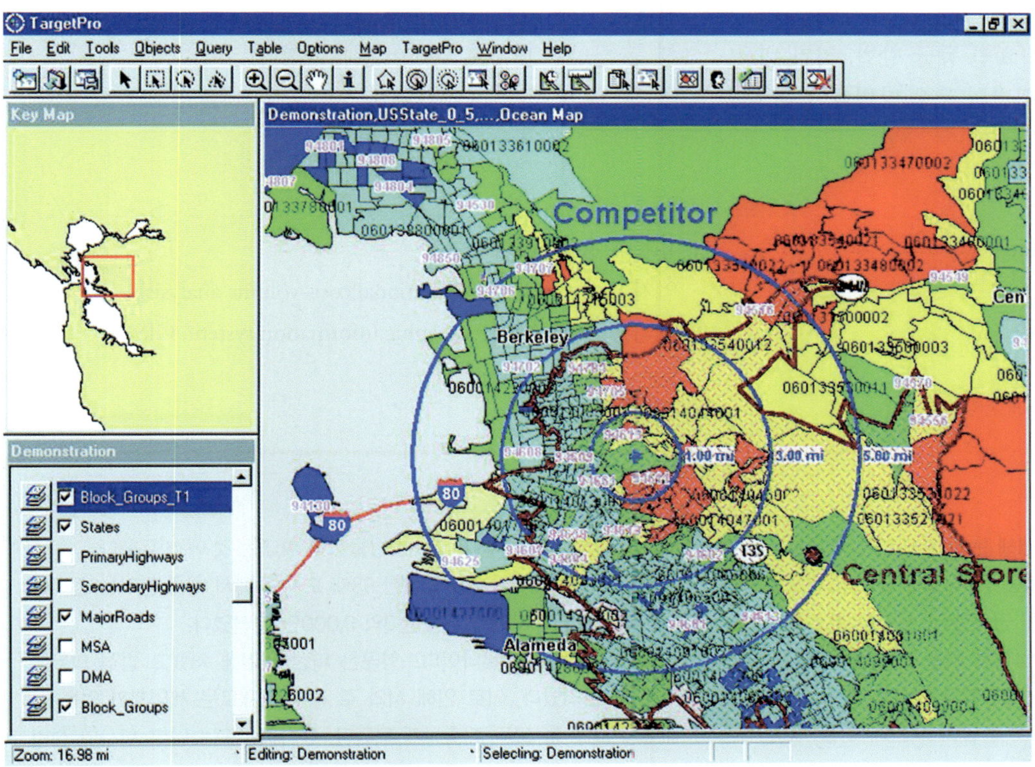

지리 정보 시스템(GIS)은 수입, 민족, 제품 사용, 연령 등을 기준으로 대상 시장을 식별하기 위해 다든레스토랑(Darden Restaurants)을 비롯한 다양한 회사에서 사용한다. 여기에서 맵인포의 데이터는 소매업체의 경쟁 분석에 도움이 된다. 다양한 마일 반경을 나타내는 3개의 동심 파란색 링이 경쟁업체의 매장 주위에 그려졌다. 진한 빨간색 선은 회사 자체 중앙 상점(빨간 점)까지의 '운전' 시간을 나타낸다.

- **홈디포**(Home Depot): 홈디포 인구 통계는 일반적으로 큰 집을 소유한 고객을 위한 것이지만 뉴욕시에 매장을 원했을 때 GIS 소프트웨어를 통해 퀸스 지역에 문을 열었다. 대부분의 사람들이 아파트와 아주 작은 집에 살고 있지만 이 퀸스 매장은 체인에서 매출이 가장 큰 매장 중 하나가 되었다. 마찬가지로 홈디포는 20년 전에 애틀랜타가 포화 상태라고 생각했지만 GIS 분석은 확장을 제안했고, 현재 그 지역에는 40개 이상의 홈디포 매장이 있다.
- **조안스토어**(Jo-Ann Stores): 이 직물 및 공예품 소매업체의 70개 대형 매장은 몇 년 전에 좋은 실적을 거두었지만 관리자는 더 많은 대형 매장이 확장 비용을 합리화할 수 있을지 두려워했다. 그래서 조안은 GIS를 사용해 이상적인 고객 프로필(가족이 있는 여성 주택 소유자)을 만들고 인구 통계에 매핑했다. 결국 이 회사는 700개의 슈퍼 스토어를 건설할 수 있다는 것을 알게 되었고, 이에 따라 제곱피트당 매출이 105달러에서 150달러로 증가했다.

맵인포와 유사한 다른 패키지로는 아틀라스 GIS(Strategic Mapping), ArcGIS(Esri), SAS/GIS(SAS Institute), Maptitude(Caliper) 및 GeoMedia(Intergraph) 등이 있다.

이러한 GIS는 포괄적인 지도 및 인구 통계 데이터 세트를 포함할 수 있다. 지도에는 사용자가 레스토랑, 공항, 호텔, 주유소, ATM, 박물관, 캠프장, 고속도로 출구를 찾을 수 있도록 수백만 마일의 거리와 관심 지점이 있다. 인구 통계 데이터에는 인구, 연령, 소득, 교육 및 주택에 대한 통계가 포함된다. 이러한 데이터는 해당 지역, 우편번호 또는 인구 조사 지역별로 매핑할 수 있다.

요약

입지는 운영 비용의 최대 50%를 결정할 수 있다. 입지는 또한 서비스, 소매 또는 전문 회사의 수익을 결정하는 중요한 요소이다. 산업체는 유형 비용과 무형 비용을 모두 고려해야 하며, 제조업체의 입지 문제는 일반적으로 요인 등급 방법, 입지 비용-용량 분석, 무게 중심법 및 선형계획법의 운송 방법을 통해 해결된다.

서비스, 소매, 전문점의 경우는 일반적으로 고객 유도 지역의 구매력, 경쟁, 광고 및 판촉, 입지의 물리적 품질, 조직의 운영 정책 등 다양한 변수로 분석이 이루어진다.

핵심 용어

무게 중심법(center-of-gravity method)
무형 비용(intangible costs)
요인 등급 방법(factor-rating method)
운송 모델(transportation model)
유형 비용(tangible costs)
입지 비용-용량 분석(locational cost–volume analysis)
지리 정보 시스템(geographic information system, GIS)
클러스터링(clustering)

윤리적 딜레마

이 장에서 우리는 여러 입지 선정에 대해 논의했다. 다른 경우를 생각해 보자. 유나이티드항공(United Airlines)은 10억 달러 규모의 새로운 항공기 수리 기지를 위한 도시 선정 입찰을 공고했다. 시간당 최소 25달러를 지불하는 7,500개의 일자리에 대한 입찰은 빠르고 경쟁적이었다. 올랜도는 1억 5,400만 달러의 인센티브를 제공했고 덴버는 그 두 배 이상을 제공했다. 켄터키 주지사는 루이빌의 3억 달러 제안에 화를 내며 거절했으며, 입찰을 '순무에서 피 한 방울까지 짜내는 것'에 비유했다.

유나이티드항공 기지에 입찰한 93개 도시 중에서 최종 승자는 인디애나폴리스와 납세자에게 제공한 3억 2,000만 달러였다.

그러나 몇 년 후 유나이티드항공은 파산 위기에 처했고 법적 의무를 다한 후 물러났다. 이로 인해 시와 주 정부는 새로운 세입자가 없는 상태에서 그 돈을 모두 지출하게 되었다. 유나이티드는 남부 회사의 정비사에게 유지보수를 아웃소싱했다(이 회사는 유나이티드항공이 인디애나폴리스에서 급여와 수당으로 지불한 금액의 1/3을 지불했다).

우리는 이러한 일에 대해 다음과 같은 질문을 할 수 있을 것이다. 그러한 입지 선정을 위한 입찰 경쟁의 윤리적, 법적, 경제적 의미는 무엇인가? 누가 그러한 인센티브를 지불하는가? 지역 시민이 해당 도시, 카운티 또는 주에서 제의한 제안에 대해 투표할 수 있는가? 이러한 인센티브에 제한이 있어야 하는가?

토론 문제

1. 페덱스 입지의 경쟁 우위는 어떻게 되는가? 논의하라.
2. 왜 많은 제조 시설이 서유럽에서 아시아로 이전되었는가? 유인과 위험을 토론하라.
3. 재규어랜드로버(Jaguar Land Rover)는 2014년에 중국에 첫 공장을 열었다. 이러한 결정의 주요 이유에 대해 논의하라.
4. 클러스터링이란 무엇인가?
5. 요인 가중치는 입지 선정에서 개인 선호도를 어떻게 통합하는가?
6. 입지 결정에 대한 정성적 접근 방식의 장점과 단점은 무엇인가?
7. 지역 쇼핑센터의 상점 및 서비스 입지를 검토하자. 소매 부문에서 클러스터링의 예를 찾을 수 있는가?
8. 기업이 진출할 국가를 선택할 때 고려하는 주요 요소는 무엇인가?
9. 지역/커뮤니티 입지 결정에 영향을 미치는 요인은 무엇인가?
10. 대부분의 조직에서 입지 결정을 자주 내리는 경우는 드물지만 일부 조직에서는 매우 정기적으로 자주 결정을 내린다. 한두 가지 예를 제시하라. 입지 결정에 대한 접근 방식이 표준과 어떻게 다를 수 있는가?
11. 세계화 외에 입지 결정에 영향을 미치는 요인을 나열하라.
12. 공공 도서관, 의료 센터 또는 우체국과 같은 지역 서비스를 위한 최상의 입지를 찾기 위해 무게 중심법을 어떻게 사용할 수 있는가? 혼잡한 대도시에서 이 방법을 사용할 때 어떤 제약 조건을 고려해야 하는가?
13. 입지 비용-용량 분석의 세 단계는 무엇인가?
14. "제조업체는 자원 근처에 입지하고 소매업체는 고객 근처에 입지한다." 본문에서 다루는 시장 근접성 주장을 참조해 이 진술에 대해 논의하라. 각 경우의 반대되는 예를 생각하라.
15. 왜 낮은 임금만으로는 입지를 선택하기에 충분하지 않은가?
16. 유통 센터는 온라인 판매에서 제품을 신속하게 집으로 배달하는 데 핵심적인 역할을 한다. 유통 센터에 가장 적합한 입지를 선정하기 위해 소매업체는 어떤 기술을 사용할 수 있는가?
17. 식품 유통업체와 슈퍼마켓의 입지를 비교하라. (유통업자는 트럭에 실린 식품, 육류, 농산물 등을 슈퍼마켓으로 보낸다.) 그들이 공유하는 관련 고려사항(요소)을 보여주어라. 그들은 다르다는 것을 보여주어라.
18. 영국 최고의 슈퍼마켓인 아스다(Asda)는 확장 요금의 일환으로 런던 전역의 기차역에서 처음으로 클릭앤드콜렉트 서비스(click-and-collect service, 고객이 온라인으로 주문하면 특정 지점에서 물품을 수령할 수 있음)를 도입하려 한다. 현재 매장이 서비스를 제공하지 않는 지역에 대한 수거 서비스를 제공하고 수도 전역에서 입지를 확대하려 한다. 이는 향후 5년 동안 클릭앤드콜렉트 지점의 수를 218개에서 1,000개 이상으로 늘리려는 아스다의 노력의 일환이다. 클릭앤드콜렉트 서비스 지점을 찾기 위해 아스다에서 고려해야 할 요소를 식별하라.

문제 해결

문제 해결 8.1

이 장의 앞부분에서 보았듯이 가중치 접근 모델로 입지 선정을 위해 도시와 커뮤니티를 비교할 수 있는 것처럼 해당 도시 내의 실제 입지 결정도 마찬가지이다. 표 8.7은 워싱턴 DC와 워싱턴 DC 최초의 공공 약물치료 클리닉 개설을 담당하는 보건 공무원에게 중요한 네 가지 요소를 보여준다. 주요 관심사(그리고 가중치가 5로 주어짐)는 최대한 많은 환자가 이용할 수 있는 클리닉의 위치였다. 빡빡한 예산으로 인해 연간 임대 비용도 일부 문제였다. 14번가와 U가에 위치한 시청에 있는 스위트룸은 임대료가 무료라는 점에서 높은 평가를 받았다. 시내버스 정류장 근처의 오래된 사무실 건물은 비용 때문에 훨씬 낮은 평가를 받았다. 임대 비용 못지않게 중요한 것은 환자의 기밀 유지와 상대적으로 눈에 띄지 않는 진료소의 필요성이었다. 마지막으로 클리닉의 많은 직원이 자신의 시간을 기부하기 때문에 각 입지의 안전, 주차 및 접근성도 고려되었다.

요인 등급 방법을 사용해 선호하는 입지를 찾아보라.

해결책

표 8.7의 맨 오른쪽 세 열에서 가중치가 적용된 점수를 합산한다. 버스 터미널 지역은 점수가 낮아 추후 고려 대상에서 제외될 수 있다. 다른 두 입지는 총점에서 거의 동일하다. 시는 이제 남은 두 곳 중 하나를 선택할 때 정치적인 요인을 포함한 다른 요인을 고려할 수 있다.

표 8.7 워싱턴 DC에서 가능한 클리닉 위치

		*잠재적 지역**			*가중 점수*		
요인	중요도	홈리스 쉘터	시청	버스 터미널 지역	홈리스 쉘터	시청	버스 터미널 지역
중독자를 위한 접근성	5	9	7	7	45	35	35
연간 임대 비용	3	6	10	3	18	30	9
눈에 띄지 않음	3	5	2	7	15	6	21
의료진을 위한 접근성	2	3	6	2	6	12	4
					총 점수: 84	83	69

*모든 지역은 최고 점수 10점, 최저 점수 1점으로 1부터 10까지 등급이 매겨진다.

문제 해결 8.2

칭창쿠오(Ching-Chang Kuo)는 텍사스주 덴턴, 일리노이주 에드워즈빌, 아칸소주 파예트빌 세 지역 중 한 곳에 새로운 주조 공장 설립을 고려하고 있다. 그의 회사는 고품질 소총 조준경을 생산한다. 그는 다음과 같은 고정비용 및 변동비용 데이터를 수집했다.

		단위당 비용		
지역	연간 고정비	재료비	변동 인건비	간접비
덴턴	200,000달러	.20달러	.40달러	.40달러
에드워즈빌	180,000달러	.25달러	.75달러	.75달러
파예트빌	170,000달러	1.00달러	1.00달러	1.00달러

(a) 총비용 곡선을 그래프로 표시하라.

(b) 각 시설은 연간 생산량의 어떤 범위에서 경쟁 우위를 갖는가?

(c) 에드워즈빌과 파예트빌 비용선이 교차하는 부분의 수량은 얼마인가?

해결책

(a) 총비용 곡선의 그래프는 그림 8.5에 나와 있다.

(b) 8,000단위 미만에서 파예트빌 시설은 경쟁 우위(최저 비용)를 갖는다. 8,000~26,666단위 사이에서는 에드워즈빌이 이점이 있다. 26,666단위 이상에서는 덴턴이 유리하다. (이 문제에서 우리는 결정에 관계없이 다른 비용, 즉 배송 및 무형 요소가 일정하다고 가정했다.)

(c) 그림 8.5에서 우리는 파예트빌의 비용 곡선과 에드워즈빌의 비용 곡선이 약 8,000단위에서 교차함을 알 수 있다. 간단한 방정식으로 이 점을 결정할 수도 있다.

$$180{,}000\text{달러} + 1.75Q = 170{,}000\text{달러} + 3.00Q$$
$$10{,}000\text{달러} = 1.25Q$$
$$8{,}000 = Q$$

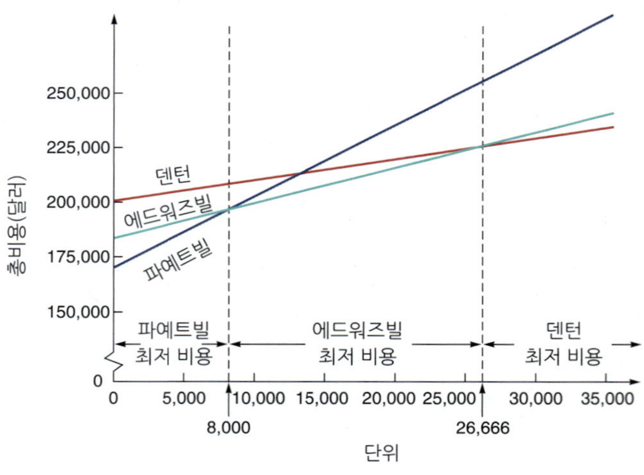

그림 8.5 칭창쿠오의 총비용 곡선 그래프

문제 해결 8.3

메트로폴리스공립도서관은 성장하는 도시의 북쪽에 첫 번째 주요 분관으로 확장할 계획이다. 지부는 6개의 인구 조사 지역을 담당할 것이다. 각 지역의 좌표와 그 안의 인구는 다음과 같다.

인구조사 지역	지역의 중심	지역의 인구
503—로건 스퀘어	(3, 4)	45,000
519—알바니 파크	(4, 5)	25,000
522—로저스 파크	(3, 6)	62,000
538—켄트우드	(4, 7)	51,000
540—루스벨트	(2, 3)	32,000
561—웨스턴	(5, 2)	29,000

무게 중심법을 사용했을 때, 도서관의 좌표 위치는 어디인가?

해결책

$$x\text{ 좌표} = \frac{\sum_i x_i Q_i}{\sum_i Q_i} = \frac{3(45{,}000) + 4(25{,}000) + 3(62{,}000) + 4(51{,}000) + 2(32{,}000) + 5(29{,}000)}{244{,}000} = 3.42$$

$$y\text{ 좌표} = \frac{\sum_i y_i Q_i}{\sum_i Q_i} = \frac{4(45{,}000) + 5(25{,}000) + 6(62{,}000) + 7(51{,}000) + 3(32{,}000) + 2(29{,}000)}{244{,}000} = 4.87$$

새로운 도서관은 로건스퀘어(Logan Square)와 로저스파크(Rogers Park)의 서쪽(3.42, 4.87) 지역에 입지할 것이다.

연습 문제

Px 윈도우용 POM 또는 엑셀 OM으로 문제를 해결할 수 있음

문제 8.1~8.4는 입지 선정에 영향을 주는 요인과 관련이 있다.

• **8.1** 미얀마에서는 6명의 노동자가 각각 하루 3달러를 버는데 하루 40단위를 생산할 수 있다. 중국 시골에서는 10명의 노동자가 각각 하루 2달러를 버는데 45단위를 생산할 수 있다. 몬태나주 빌링스에서는 각각 하루 60달러를 버는 2명의 노동자가 100단위를 만들 수 있다. 인건비만을 기준으로 했을 때, 어느 입지가 품목을 생산하기에 가장 경제적인가?

• **8.2** 문제 8.1 참조하라. 미얀마에서 최종 목적지인 콜로라도주 덴버까지의 배송비는 개당 1.50달러이다. 중국에서 덴버까지의 배송 비용은 개당 1달러이고 빌링스에서 덴버까지의 배송 비용은 개당 0.25달러이다. 인건비와 운송비를 모두 고려할 때 가장 유리한 생산지는 어디인가?

•• **8.3** 당신은 태양광 패널에 사용되는 200개의 광택 디스크에 대한 입찰가를 분석하라는 요청을 받았다. 이 입찰은 타일랜드폴리싱(Thailand Polishing), 인디아샤인(India Shine), 새크라멘토글로우(Sacramento Glow) 3개 공급업체에서 제출했다. 타일랜드폴리싱은 2,000바트의 입찰가를 제출했다. 인디아샤인은 2,000루피의 입찰가를 제출했다. 새크라멘토글로우는 200달러의 입찰가를 제출했다. 현지 은행에 확인해보니 1달러 = 10바트 및 1달러 = 8루피이다. 어떤 회사를 선택해야 하는가?

• **8.4** 문제 8.3 참조하라. 최종 목적지가 인도 뉴델리이고 수입세가 30%라면 어느 기업을 선택해야 하는가?

문제 8.5~8.31은 위치 대안 평가 방법과 관련이 있다.

•• **8.5** 서브웨이(Subway)는 미국에 27,000개 이상의 매장을 보유하고 있으며 뉴욕주 버펄로에 새로운 레스토랑을 설립할 계획이다. 현재 세 곳을 검토 중이며, 아래 표는 각 입지에 대한 요소를 제공한다.

요인	가중치	메이틀랜드	뱁티스트 처치	노스사이드 몰
공간	.30	60	70	80
비용	.25	40	80	30
교통 밀도	.20	50	80	60
이웃 소득	.15	50	70	40
구역법	.10	80	20	90

(a) 서브웨이는 어떤 입지에 새로운 매장을 열어야 하는가?

(b) 공간 및 교통 밀도에 대한 가중치가 반대인 경우 결정에 어떤 영향을 미치는가?

• **8.6** 켄 길버트(Ken Gilbert)는 테네시의 마이너 리그 야구 팀인 Knoxville Warriors를 소유하고 있다. 그는 이 팀을 남쪽 앨라배마주 모바일이나 미시시피주 잭슨으로 옮기고자 한다. 다음 표는 길버트가 중요하다고 생각하는 요소와 가중치, 모바일과 잭슨의 점수를 보여준다.

요인	가중치	모바일	잭슨
인센티브	.4	80	60
선수 만족도	.3	20	50
스포츠 관심도	.2	40	90
도시 크기	.1	70	30

(a) 그는 어떤 입지를 선택해야 하는가?

(b) 잭슨은 인센티브 패키지를 방금 인상했으며 새 점수는 75이다. 이것이 (a) 문항에서 당신의 결정에 영향을 미치지 않는 이유는 무엇인가?

•• **8.7** 빠르게 성장하는 브라질 경제는 화물 운송 능력에 크게 의존해 왔다. 최근 연구에서는 경쟁력 기준(아래 표 참조)과 경쟁력 기준 점수(1~10점, 10이 가장 높은 점수)에 따라 국가의 컨테이너선 항만 터미널을 세 그룹으로 분류했다.

경쟁요소	터미널 그룹		
	1	2	3
컨테이너 처리 수	1	4	7
정박 거리	4	9	5
정박지 수	4	6	6
계류 지연 시간	2	3	4
정박 깊이	2	3	3
터미널 요금	3	4	5
중간 위탁률	3	4	6
미디엄 보드	2	3	4
로드/언로드 지연 시간	2	6	4

출처: Cabral, A. M. R., & de Sousa Ramos, F. (2014). Cluster analysis of the competitiveness of container ports in Brazil. *Transportation Research Part A: Policy and Practice*, 69, 423-431.

모든 기준이 동일한 수준의 중요도를 갖는 경우, 컨테이너선 라인에 가장 적합한 터미널 그룹은 어디인가?

•• **8.8** Marilyn Helm Retailers는 새로운 소매점의 입지를 결정하려고 한다. 현재 회사에는 그대로 유지하되 시설을 확장하는 것, 인근 뉴버리의 주요 도로를 따라 입지하는 것, 하이드파크(Hyde Park)의 새로운 쇼핑몰에 입지하는 것 세 가지 대안이 있다. 회사는 평가 기준으로 다음 표에 나열된 네 가지 요소를 선택하고 가중치를 할당했다.

요인	요인 설명	가중치
1	평균 커뮤니티 소득	.30
2	커뮤니티 성장 잠재력	.15
3	대중교통 이용 가능	.20
4	노동력 가용성, 태도, 비용	.35

Helm은 100점 기준으로 각 요소에 대해 각 입지를 평가했다. 이러한 등급은 다음과 같다.

	지역		
요인	현재 지역	뉴버리	하이드파크
1	40	60	50
2	20	20	80
3	30	60	50
4	80	50	50

(a) Helm은 무엇을 해야 하는가?

(b) 약 한 달 후에 현재 위치의 길 건너편에 새로운 지하철역이 열릴 예정이므로 세 번째 요인 점수를 40으로 올려야 한다. 이것이 당신의 답을 어떻게 바꾸는가?

•• **8.9** 첨단 케이블 시스템용 부품을 생산하는 소규모 제조업체인 Cook Controls의 입지 분석은 네 곳으로 좁혀졌다. Cook은 현지 교육 센터에서 조립자, 테스터와 로봇 유지보수자를 교육해야 한다. 사장인 로리 쿡(Lori Cook)은 각 잠재적 입지에 교육 프로그램, 세금 감면 및 기타 산업 인센티브를 제공하도록 요청했다. 각 입지에 대한 임계 요소, 가중치, 등급은 다음 표에 나와 있다. 높은 점수는 유리한 값을 나타낸다.

(a) 각 입지에 대한 종합(가중 평균) 등급을 계산하라.

(b) 어떤 입지를 선택하겠는가?

(c) 운영비와 인건비의 가중치를 반대로 하면 같은 결론에 도달하겠는가? 필요에 따라 다시 계산하고 설명하라.

		지역			
요인	가중치	애크런	빌록시	카시지	덴버
노동 가용성	.15	90	80	90	80
기술 학교 수준	.10	95	75	65	85
운영 비용	.30	80	85	95	85
지대와 건설 비용	.15	60	80	90	70
산업 인센티브	.20	90	75	85	60
인건비	.10	75	80	85	75

••• **8.10** 휴스턴에 본사를 둔 Pan American Refineries는 새로

운 석유 처리 센터 건설을 위해 세 곳 중에서 입지를 결정해야 한다. 회사는 평가 기준으로 아래 나열된 여섯 가지 요소를 선택했으며 각 요소에 대해 1에서 5까지의 등급 가중치를 할당했다.

요인	요인 이름	평가 가중치
1	항만시설과의 근접성	5
2	전원 가용성 및 비용	3
3	직원 태도 및 비용	4
4	휴스턴에서의 거리	2
5	커뮤니티 바람직함	2
6	지역 장비 공급업체	3

CEO인 슈바지트 차크라보티(Subhajit Chakraborty)는 1~100점 기준으로 각 요소에 대해 각 입지를 평가했다.

요인	입지 A	입지 B	입지 C
1	100	80	80
2	80	70	100
3	30	60	70
4	10	80	60
5	90	60	80
6	50	60	90

(a) 총 가중치를 기반으로 어느 입지를 추천하는가?

(b) 입지 B의 항만시설 접근성 점수가 90점으로 초기화된다면 결과는 어떻게 변하겠는가?

(c) 순위를 변경하려면 입지 B가 항만 시설에 대한 근접성에 대해 몇 점을 요구해야 하는가? **Px**

•• 8.11 한 회사가 동남아 3개국 중 한 곳에서 새로운 공장을 확장 및 건설할 계획이다. 결정을 담당하는 관리자인 크리스 엘리스(Chris Ellis)는 다섯 가지 주요 성공 요인을 사용해 예상 국가를 평가할 수 있다고 결정했다. 엘리스는 각 요소를 평가하기 위해 1(가장 바람직하지 않은 국가)에서 5(가장 바람직한 국가)의 등급 시스템을 사용했다.

핵심 성공 요인	가중치	후보 국가 등급		
		타이완	태국	싱가포르
기술	0.2	4	5	[illegible]
교육 수준	0.1	4	1	5
정치적 · 법적 측면	0.4	1	3	3
사회와 문화 측면	0.1	4	2	3
경제적 요인	0.2	3	3	2

(a) 새로운 공장을 위해 어떤 국가를 선택해야 하는가?

(b) 태국의 정치적 불안은 정치적 · 법적 측면에서 2점으로 더 낮은 점수를 받았다. 결론이 바뀌는가?

(c) 태국의 정치적 · 법적 측면 점수가 1점으로 더 떨어지면 어떻게 되는가? **Px**

•• 8.12 Harden College는 메인 캠퍼스의 학생들이 4년 중 1년 동안 코스를 들을 수 있는 유럽 캠퍼스를 여는 것을 고려하고 있다. 현재 네덜란드, 영국, 이탈리아, 벨기에, 그리스 5개국을 검토 중이다. 대학은 결정에 여덟 가지 요소를 고려하고자 한다. 처음 두 요소에는 0.2의 가중치가 할당되고 나머지 요소에는 0.1의 가중치가 할당된다. 다음 표는 각 국가의 각 요인에 대한 평가를 보여준다(5가 가장 좋음).

요인	요인 설명	네덜란드	영국	이탈리아	벨기에	그리스
1	정부 안정성	5	5	3	5	4
2	인구가 영어로 대화할 수 있는 정도	4	5	3	4	3
3	재무 시스템 안정성	5	4	3	4	3
4	통신 인프라	4	5	3	4	3
5	교통 인프라	5	5	3	5	3
6	역사/문화 유적지의 가용성	3	4	5	3	5
7	수입 규제	4	4	3	4	4
8	적절한 분기의 가용성	4	4	3	4	3

(a) Harden College는 유럽 캠퍼스를 설립하기 위해 어느 국가를 선택해야 하는가?

(b) '인구가 영어로 대화할 수 있는 정도'가 문제가 되지 않는다면 결정이 어떻게 바뀌겠는가? **Px**

•• 8.13 Martin Manufacturing의 소유주인 대니얼 트레이시(Daniel Tracy)는 새 공장을 건설해 확장해야 한다. 이 공장의 입지 검색은 A, B, C, D의 4개로 좁혀졌다. 다음 표는 지금까지 트레이시가 요인 등급 방법을 사용해 문제를 분석해 얻은 결과를 보여준다. 각 요인 점수에 사용되는 척도는 1에서 5까지이다.

요인	가중치	입지 점수			
		A	B	C	D
노동의 질	10	5	4	4	5
건설 비용	8	2	3	4	1
수송 비용	8	3	4	3	2
시장 근접성	7	5	3	4	4
세금	6	2	3	3	4
날씨	6	2	5	5	4
에너지 비용	5	5	4	3	3

(a) 트레이시는 어떤 입지를 선택해야 하는가?

(b) 에너지 비용에 대한 입지 D의 점수가 3에서 5로 증가하면 결과가 어떻게 바뀌는가?

(c) 입지 A의 날씨 점수가 4로 조정되면 영향은 어떻게 변하는

가? 이 시점에서 트레이시는 무엇을 해야 하는가? Px

••• **8.14** 한 미국 컨설팅 회사는 독일, 이탈리아, 스페인, 그리스 4개 국가 중 하나에 새 사무소를 개설해 전 세계적으로 사업을 확장할 계획이다. 결정을 위임한 수석 파트너인 L. 웨인 쉘(L. Wayne Shell)은 컨설팅의 성공에 필수적이라고 생각하는 여덟 가지 핵심 성공 요인을 확인했다. 그는 각 요소를 평가하기 위해 1(가장 바람직한 국가)에서 5(가장 바람직한 국가)의 등급 시스템을 사용했다.

핵심 성공 요인	가중치	후보 국가 평가			
		독일	이탈리아	스페인	그리스
교육 수준					
컨설턴트의 수	.05	5	5	5	2
국가 문해율	.05	4	2	1	1
정치적 측면					
정부 안정성	0.2	5	5	5	2
제조물 책임법	0.2	5	2	3	5
환경 규제	0.2	1	4	1	3
사회/문화적 측면					
언어 유사성	0.1	4	2	1	1
컨설턴트 수용성	0.1	1	4	4	3
경제적 요인					
인센티브	0.1	2	3	1	5

(a) 새 사무실에 어떤 국가를 선택해야 하는가?

(b) 정부의 안정성 요인에서 스페인의 점수가 4점으로 낮아진다면 전체 점수는 어떻게 변하는가? 이 요소에서 스페인의 순위는 몇 점으로 변경되는가? Px

•• **8.15** 한 영국 병원 체인은 노스웨스턴대학교(Northwestern University)에서 의학 학위를 취득했기 때문에 원장인 더그 무디(Doug Moodie)가 편안함을 느끼는 지역인 중서부에 의료 시설을 건설해 미국 시장에 첫 진출을 하고자 한다. 예비 분석 후 추가 고려를 위해 4개의 도시가 선택되었다. 아래에 표시된 요소에 따라 등급이 매겨지고 가중치가 부여된다.

요인	가중치	도시			
		시카고	밀워키	매디슨	디트로이트
비용	2.0	8	5	6	7
시설의 필요성	1.5	4	9	8	4
직원 가용성	1.0	7	6	4	7
지역 인센티브	0.5	8	6	5	9

(a) 무디는 어떤 도시를 선택해야 하는가?

(b) 이제 모든 요소에 최소 5점이 필요하다고 가정하자. 어떤 도시를 선택해야 하는가? Px

•• **8.16** 등나무 의자 직조기를 위한 3개의 잠재적 제조 공장 부지에 대한 고정 및 변동비용이 다음 표와 같다.

부지	연간 고정비용	단위당 변동비용
1	500달러	11달러
2	1,000달러	7달러
3	1,700달러	4달러

(a) 각 부지는 어느 정도의 생산 범위에서 최적인가?

(b) 200개 생산의 경우 어느 위치가 가장 좋은가? Px

• **8.17** Peter Billington Stereo, Inc.는 자동차 제조업체에 자동차 라디오를 공급하고 새 공장을 열 예정이다. 회사는 디트로이트와 댈러스 사이에서 아직 위치가 결정되지 않았다. 댈러스는 토지 비용이 저렴해 고정비용이 낮지만, 댈러스는 운송 거리가 증가하기 때문에 변동비용이 더 높다. 관련 비용이 표에 있다.

비용	댈러스	디트로이트
고정비용	600,000달러	800,000달러
변동비용	28달러/라디오	22달러/라디오

(a) 각 입지가 선호되는 용량의 분석을 수행하라.

(b) 댈러스의 고정비가 10% 증가하면 답은 어떻게 변하는가? Px

••• **8.18** 현대자동차는 A, B, C 3개 부지에 현대자동차의 신 모델인 현대 스포트 C150(Hyundai Sport C150)을 생산할 공장을 짓는 것을 고려하고 있다. 목표는 비용이 연간 고정비용과 변동 생산 비용으로 측정되는 최소 비용 부지를 찾는 것이다. 현대자동차가 수집한 자료는 다음과 같다.

부지	연간 고정비용	완성 자동차당 변동비용
A	10,000,000달러	2,500달러
B	20,000,000달러	2,000달러
C	25,000,000달러	1,000달러

이 회사는 새로운 공장에서 매년 0~60,000대의 차를 생산할 것임을 알고 있지만 지금까지는 생산 계획에 대한 지식 수준이다.

(a) 생산량 V의 값이 있는 경우 부지 C를 권장하는가?

(b) 부지 A가 최적임을 나타내는 수량은 얼마인가?

(c) 부지 B의 최적 수량 범위는 무엇인가? 왜 그런가? Px

•• **8.19** 공작기계 제조업체인 Peggy Lane Corp.은 더 큰 부지로 이전하기를 원한다. 본햄(Bonham)과 맥키니(McKinney) 두 군데의 대체 부지가 확인되었다. 본햄의 연간 고정비용은 800,000달러이고 생산된 표준 단위당 가변 비용은 14,000달러이다. 맥키니는 표준 단위당 연간 고정비용이 920,000달러이고 변동비용이 13,000달러이다. 완성품은 개당 29,000달러에 판매된다.

(a) 두 부지의 생산량이 같을 때 생산량은 얼마인가?

(b) 어떤 범위의 생산량이 본햄이 더 우월한가(더 높은 수익을

가짐)?

(c) 맥키니는 어느 범위에서 우월한가?

(d) 이 도시에 대한 손익분기점의 관련성은 무엇인가? PX

•• **8.20** 다음 표는 중앙 허브를 통해 연결하고자 하는 도시 집합에 대한 지도 좌표와 선적 하중을 보여준다.

도시	지도 좌표(*x*, *y*)	선적 부하
A	(5, 10)	5
B	(6, 8)	10
C	(4, 9)	15
D	(9, 5)	5
E	(7, 9)	15
F	(3, 2)	10
G	(2, 6)	5

(a) 허브는 어느 지도 좌표 근처에 위치해야 하는가?

(b) A도시에서 배송이 3배인 경우 좌표가 어떻게 변경되는가? PX

•• **8.21** 루이지애나에 있는 일련의 가정 건강 관리 회사는 시설에 대한 내부 감사 및 기타 정기 검토를 수행할 중앙 사무실을 찾아야 한다. 이러한 시설은 다음 표에 자세히 설명된 대로 주 전역에 흩어져 있다. 후마(Houma)를 제외한 각 입지는 중앙 사무실에서 입지까지 운전할 작업자 팀이 매년 세 번 방문한다. 후마는 1년에 다섯 번 방문한다. 이 사무실의 좋은 중심 입지를 나타내는 좌표는 무엇인가? 사무실 입지 결정에 영향을 줄 수 있는 다른 요소는 무엇인가? 이 사무실을 어디에 두겠는가? 설명하라. PX

도시	지도 좌표	
	x	*y*
코빙턴	9.2	3.5
도널드슨빌	7.3	2.5
후마	7.8	1.4
먼로	5.0	8.4
내커터시	2.8	6.5
뉴이베리아	5.5	2.4
오펠루사스	5.0	3.6
러스턴	3.8	8.5

•• **8.22** 작은 시골 카운티는 지난 6년 동안 전례 없는 성장을 경험했으며 그 결과 지역 학군은 학생 500명 규모의 새로운 노스파크(North Park) 초등학교를 건립했다. 이 학군에는 워싱턴, 제퍼슨, 링컨 등 3개의 더 오래되고 작은 초등학교가 있다. 이제 성장 압력이 2차 수준에서 느껴지고 있다. 학군은 학생들을 수용하고 버스 비용을 줄이기 위해 중앙에 위치한 중학교를 건설하고자 한다. 더 오래된 중학교는 고등학교에 인접해 있으며 고등학교 캠퍼스의 일부가 될 것이다.

(a) 중심 위치의 좌표는 무엇인가?

(b) 학교를 짓기 전에 고려해야 할 다른 요소는 무엇인가? PX

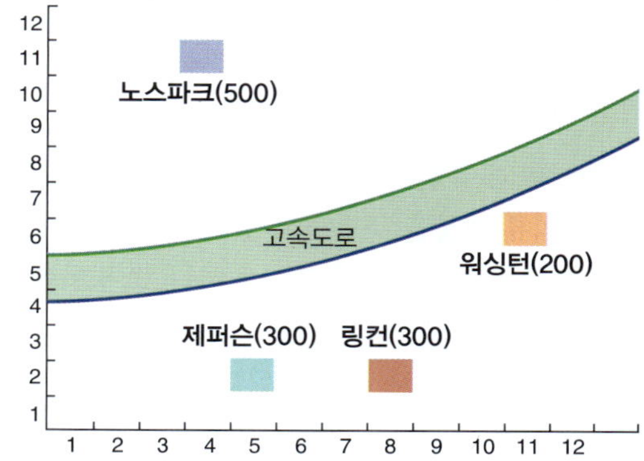

•• **8.23** 뉴올리언스에 본사를 둔 주요 TV 판매 체인인 Todd's Direct는 앨라배마주 모바일에 첫 번째 매장을 열 예정이며 모바일의 인구 기반 중심에 새 매장을 배치할 부지를 선정하려고 한다. 토드는 모바일에서 7개의 인구 조사 지역을 조사하고 지도에서 각각의 중심 좌표를 표시하고 가중치로 사용하기 위해 각각의 인구 기반을 찾는다. 수집된 정보는 다음 표에 나와 있다.

인구조사 트랙	인구조사 지역의 인구	(*x*, *y*) 지도 좌표
101	2,000	(25, 45)
102	5,000	(25, 25)
103	10,000	(55, 45)
104	7,000	(50, 20)
105	10,000	(80, 50)
106	20,000	(70, 20)
107	14,000	(90, 25)

(a) 새 매장은 어떤 무게 중심 좌표에 위치해야 하는가?

(b) 인구 조사 지역 103 및 105는 내년에 각각 20%씩 증가할 것으로 예상된다. 이것이 새 매장의 좌표에 어떤 영향을 미치는가? PX

•••• **8.24** 24SEVEN 편의점은 2005년 뉴델리 라지팟나가르에 첫 매장을 오픈했으며 현재 인도 수도권에 38개 매장을 운영하고 있다. 체인이 수도 교외에 새 지점을 열 계획이고 결정 요소에 대해 평가된 세 가지 옵션을 생각해냈다고 가정하자.

요인	가중치	지역		
		A	B	C
시장 크기	30	8	6	5
접근성	30	6	5	6
현재 24SEVEN 물류센터와 인접	25	5	6	4
매장 확장 가능성	15	5	6	9

출처: http://www.thehindu.com/news/cities/Delhi/twenty-four-seven-store-chainin-expansion-mode/article6327828.ece

(a) 요인 등급 방법으로 24SEVEN의 신규 매장 추천 위치는 어디인가?

(b) 매장 확장 가능성은 가장 덜 중요한 요소이다. 매장 확장 가능성에 대한 중요도(가중치)의 수준으로 (a) 문항에서 내리는 결정이 변경되는가?

•• **8.25** 케이티 레이놀즈(Katie Reynolds)는 마이애미에 2개의 독점적인 여성 의류 매장을 소유하고 있다. 세 번째 매장을 오픈할 계획으로 그녀는 시내 사무실 건물에 하나, 쇼핑몰에 하나, 코럴 게이블즈(Coral Gables) 교외 지역에 있는 오래된 빅토리아 시대 주택에 하나 등 세 곳으로 결정 범위를 좁혔다. 그녀는 도로변에 위치하는 것이 임대료보다 90% 중요하지만 임대료가 절대적으로 고려해야 할 가장 중요한 요소라고 생각한다. 또한 새 매장이 기존 매장 두 곳에서 멀수록 더 좋다. 그녀는 이 요소를 도로변 입지부지만큼 80% 중요하게 생각한다. 케이티는 A부터 D까지 각 부지의 등급을 매기는 다음 표를 개발했다(A가 가장 좋은 것임). 어떤 위치가 바람직한가? **Px**

	시내	쇼핑몰	코럴 게이블즈 주택
임대료	D	C	A
도로변에 위치	B	A	D
기존 매장으로부터의 거리	B	A	C

•• **8.26** 새 의료 클리닉을 배치할 때 카운티 보건 위원 비키 루오(Vicky Luo)는 세 곳을 고려하기를 원한다. 관련 자료는 다음 표에 나와 있다. 가장 좋은 위치는 어디인가(높은 가중치가 낮은 것보다 더 바람직하다고 가정하자)? **Px**

		점수		
지역 요인	가중치	시내	교외 A	교외 B
시설 이용	9	9	7	6
비상 여행당 평균 시간	8	6	6	8
직원 선호도	5	2	5	6
주요 도로에 대한 접근성	5	8	4	5
토지 비용	4	2	9	6

•• **8.27** 디트로이트에 있는 해산물 레스토랑이 웨스트 블룸필드 교외에 두 번째 시설을 여는 것을 고려하고 있다. 다음 표는 4개의 잠재적인 입지 각각에서 다섯 가지 요소의 등급을 보여준다. 소유자 루시 리우(Lucy Lyu)는 어떤 곳을 선택해야 하는가? **Px**

		부지			
요인	가중치	1	2	3	4
지역 인구의 풍족함	10	70	60	85	90
건설 및 토지 비용	10	85	90	80	60
교통 흐름	25	70	60	85	90
주차 가능 여부	20	80	90	90	80
성장 가능성	15	90	80	90	75

•• **8.28** 엘든 이(Eldon Yi)가 호주에 개설한 새로운 재활용 공장에 대한 고정 및 변동비용은 다음과 같이 계산된다(단위는 미국 달러).

비용	빅토리아	퍼스
고정비용	1,000,000달러	800,000달러
변동비용	73달러/단위	112달러/단위

(a) 각 도시는 어느 범위에서 선호되는가?

(b) 5,000단위 재활용에 가장 적합한 곳은 어디인가? **Px**

••• **8.29** 브렌트 스나이더(Brent Snyder)의 스키 용품을 위한 4개의 잠재적 공장 부지에 대한 고정 및 변동비용은 다음과 같다.

부지	연간 고정비용	단위당 변동비용
애틀랜타	125,000달러	6달러
벌링턴	75,000	5
클리블랜드	100,000	4
덴버	50,000	12

(a) 4개의 잠재적 부지에 대한 총비용 선을 그래프로 표시하라.

(b) 연간 용량의 어느 범위에서 각 부지가 선호되는가(가장 낮은 예상 비용)?

(c) 스키 장비의 예상 용량이 5,000대라면 어떤 장소를 추천하겠는가? **Px**

•• **8.30** Xun Xu Health and Fitness는 아이오와 중부와 북부 지역에 여러 생산 시설이 흩어져 있다. 시어스(Sears), 월마트(WalMart), 케이마트(Kmart), 대형 스포츠 장비 소매업체 등에 제품을 보낼 수 있는 유통 센터를 갖는 것이 바람직할 것이다. 다음 표의 자료를 사용해 제안된 새 시설의 무게 중심 위치를 계산하라. **Px**

도시	지도 좌표(x, y)	일일 트럭 왕복 수
A	(2, 1)	20
B	(2, 13)	10
C	(4, 17)	5
D	(7, 7)	20
E	(8, 18)	15
F	(12, 16)	10
G	(17, 4)	20
H	(18, 18)	20

•• **8.31** 플로리다주 탬파에 있는 중앙 우체국은 1970년 이후 도시의 성장을 따라온 엄청난 양의 우편물을 처리할 수 있는 훨씬 더 크고 현대적인 시설로 교체될 예정이다. 탬파의 7개 지역 우체국에서 중앙 우체국을 거쳐 이동하는 경우, 입지 선정은 전반적인 배송 및 이동 효율성에 큰 차이를 의미할 수 있다. 다음 표의 자료를 사용

해 우체국장 푸루쇼탐 메나(Purushottam Meena)가 제안된 새 시설의 무게 중심 위치를 계산하는 데 도움이 된다. Px

지역 우체국	지도 좌표(x, y)	일일 트럭 왕복 수
이보르 시티	(10, 5)	3
데이비스 아일랜드	(3, 8)	3
데일-마브리	(4, 7)	2
팔마 세이아	(15, 10)	6
베이쇼어	(13, 3)	5
템플 테라스	(1, 12)	3
하이드 파크	(5, 5)	10

사례 연구

레드로브스터 레스토랑 입지 선정

1968년 첫 레드로브스터(Red Lobster)를 시작한 이래로 체인은 705개 지점으로 성장했으며 연간 미국 매출은 26억 달러가 넘는다. 캐주얼 다이닝 시장은 칠리스(Chili's), 루비튜즈데이(Ruby Tuesday), 애플비(Applebee's), TGI프라이데이스(TGI Friday's), 아웃백(Outback)과 같은 경쟁자들로 북적일 수 있지만 레드로브스터의 지속적인 성공은 체인이 아직 성장할 여지가 많다고 생각한다는 것을 의미한다. 시장 개발 이사인 로버트 레이너(Robert Reiner)는 기존 레드로브스터 위치에서 판매를 잠식하지 않고 신규 상점 판매를 극대화할 사이트를 식별하는 일을 담당한다.

좋은 위치를 식별하는 특성은 40년 동안 변하지 않았다. 여기에는 부동산 가격, 고객 연령, 경쟁, 민족, 소득, 가족 규모, 인구 밀도, 인근 호텔, 구매 행동 등이 포함된다. 변경된 것은 레이너가 불과 몇 년 전만 해도 8시간을 소비했던 것과 달리 5분 만에 새로운 위치를 분석할 수 있는 강력한 소프트웨어이다.

레드로브스터는 무역 지역을 분석하기 위한 강력한 모듈을 포함하는 지리 정보 시스템(GIS)의 맵인포와 협력 관계를 맺었다(이 장의 GIS 논의 참조). 미국은 개별 블록까지 지오코딩되어 있으며, 맵인포를 통해 레이터는 기존 및 잠재적인 레드로브스터 무역 지역에 대한 심리 프로필을 생성할 수 있다. 레이너는 "이제 판매 잠재력이 가장 큰 영역을 타깃팅할 수 있다"고 말한다.

미국은 맵인포에 의해 72개의 고객 프로필 '클러스터'로 분류된다. 예를 들어 클러스터 7, 승마장(다음 맵인포 설명 참조)이 레드로브스터 무역 지역 내 가구 기반의 1.7%를 나타내지만 이 세그먼트도 매출의 2.4%를 차지할 경우 레이너는 이 세그먼트가 유효하다고 계산한다. 평균보다 1.39배 더 많이 지출(색인 = 2.4/1.7)하고 이 추가된 가중치를 반영하기 위해 새 위치에 대한 분석을 조정한다.

레이너는 새로운 위치를 위해 미국, 주 또는 지역을 매핑할 때 가장 가까운 레드로브스터에서 3마일 이상 떨어져 있고 매출에 8% 이상 부정적인 영향을 미치지 않는 곳을 원한다. 맵인포는 최고의 장소를 찾아낸다. 소프트웨어는 또한 레드로브스터가 아닌 경쟁의 근접성을 인식하고 성공 확률을 할당한다(판매 잠재력에 도달해 측정).

선택된 특정 장소는 활기찬 소매 지역에 대한 근접성, 고속도로와의 근접성, 도로 가시성, 인근 호텔 및 주요 교차로의 모퉁이 위치를 포함하는 레드로브스터의 7개 부동산 중개인에 따라 다르다.

레이너는 다음과 같이 말한다. "새로운 레드로브스터 위치를 선택하는 것은 우리가 할 수 있는 가장 중요한 기능 중 하나입니다. 그리고 우리가 사용하는 소프트웨어는 기존 또는 제안된 위치의 품질을 평가할 때 독립적인 목소리를 냅니다."

클러스터	PSYTE 2003	스냅샷 설명
7	승마장	헛간에는 종마가 없을 수도 있지만 집으로 가는 길에 목장을 지나갈 것이다. 10대가 있는 이 가족은 교외에 인접하거나 교외 사이에 있지만 일반적으로 지역 주택이 아닌 더 오래되고 큰 주택에 살고 있다. 대부분은 결혼해서 10대 자녀와 함께 살고 있지만, 40%는 자녀가 독립하고 부부만 살고 있다. 그들은 대학원 및 전문학교를 졸업했으며 56%는 맞벌이다. 90% 이상이 백인, 비히스패닉이다. 이들의 평균 가정 수입은 99,000달러이며 도심에서 통근 가능한 거리에 살고 있다. 그들은 주중에는 사무직 일을 하지만 주말에는 목장 관리를 위해 승마용 잔디 깎는 기계가 필요하다.

토론 문제

1. PSTYE 2003 웹사이트를 방문하라(www.gemapping.com/downloads/targetpro_brochure.pdf). 심리 프로파일링(PSYTE) 클러스터링 시스템을 설명한다. 레스토랑 이외의 산업을 선택하고 해당 산업에서 소프트웨어를 어떻게 사용할 수 있는지 설명하라.

2. 식당과 소매점, 제조 공장 위치의 주요 차이점은 무엇인가?
3. 레드로브스터는 또한 시장 규모와 인구 밀도를 기반으로 교역 지역을 정의한다. 다음은 일곱 가지 밀도 등급이다.

밀도 등급	설명	제곱마일당 가구 수
1	매우 도시	8,000가구 이상
2	도시	4,000~7,999가구
3	약간 도시	2,000~3,999가구
4	1차 교외	1,000~1,999가구
5	2차 교외	600~999가구
6	교외	100~599가구
7	시골	0~99가구

출처: Density classes are based on the households and land area within 3 miles of the geography (e.g., census tract) using population-weighted centroids.

레드로브스터 레스토랑의 대다수(92%)는 이 세 가지 등급에 속한다. 체인에 레스토랑이 가장 많은 세 등급은 무엇이라고 생각하는가? 그 이유는 무엇인가?

하드록카페 입지 선정

어떤 사람들은 하드록의 카페 개발 부사장인 올리버 먼데이(Oliver Munday)가 세계 최고의 직업을 가지고 있다고 말할 것이다. 하드록의 다음 카페를 위한 국가를 선택하고 도시를 선택하고 이상적인 장소를 찾기 위해 세계를 여행하는 의미에서 그럴 것이다. 위치를 선정하는 것은 많은 익명의 산책, 멋진 레스토랑 방문, 바에서의 음주를 포함하는 것이 사실이긴 하다. 그러나 그것이 먼데이의 작업이 시작되는 곳도 끝나는 곳이 아니다. 최전선에서 국가와 도시를 먼저 선택하려면 많은 연구가 필요하다. 마지막에 먼데이는 최종 부지를 선택하고 거래를 협상할 뿐만 아니라 건축가 및 기획자와 협력하고 개장 및 첫해 판매를 통해 프로젝트를 수행한다.

먼데이는 현재 유럽, 라틴 아메리카 및 아시아에서 글로벌 확장을 크게 검토하고 있다. "정치적 위험, 통화 및 사회적 규범을 살펴봐야 합니다. 우리 브랜드가 국가에 어떻게 부합하는지 살펴봐야 합니다"라고 그는 말한다. 국가가 선택되면 먼데이는 지역과 도시에 초점을 맞춘다. 첨부된 표에서 볼 수 있듯이 그의 연구 체크리스트는 광범위하다.

부지 위치는 이제 밤의 유흥이 집중되는 경향이 있는 '도심'의 엄청난 부활에 초점을 맞추는 경향이 있다. 먼데이는 모스크바와 보고타에서 선택했지만 두 지역 모두 현지 파트너를 찾고 운영을 프랜차이즈로 선택했다. 이 두 가지 정치적 환경에서 "하드록은 스스로 운영하는 것을 꿈꾸지 않을 것입니다"라고 먼데이는 말한다. 부지 선정은 또한 토지 구매 및 건설 여부 또는 기존 시설 리모델링 여부를 결정하는 데 도움이 되는 입지 비용--용량 분석과 같은 도구를 사용하는 하드록의 최소 10~15년 동안의 약속이다. 현재 하드록은 다음 확장을 위해 4개의 유럽 도시를 고려하고 있다. 그는 경쟁적 이유로 후보 도시 이름을 제공할 수 없었지만, 다음과 같이 알려져 있다.

요인	고려 중인 유럽 도시				이 시점에서 이 요인의 중요도
	A	B	C	D	
A. 인구 통계	70	70	60	90	20
B. 방문자 시장	80	60	90	75	20
C. 교통	100	50	75	90	20
D. 레스토랑/나이트 클럽	80	90	65	65	10
E. 낮은 정치적 위험	90	60	50	70	10
F. 부동산 시장	65	75	85	70	10
G. 비교시장 분석	70	60	65	80	10

토론 문제

1. 먼데이의 표준 시장 보고서 체크리스트에서 인구(A1), 호텔(B2) 또는 레스토랑/나이트클럽(D)과 같은 다른 4개 범주를 선택하고, 평가해야 하는 3개의 하위 범주를 제공하라. [가이드를 보려면 항목 C1 (공항)]을 참조하라.]
2. 고려 중인 유럽 4개 도시 중 가장 높은 평가를 받은 도시는 어디인가?
3. 하드록이 위치 분석에 심혈을 기울인 이유는 무엇인가?
4. 하드록이 어떤 조건에서 카페 프랜차이즈를 선호한다고 생각하는가?

하드록의 표준 시장 보고서(해외 지역용)

A. 인구통계(지역, 도시, SMSA) 추세 분석
   1. 면적의 인구
   2. 경제지표
B. 방문자 시장, 트렌드 분석
   1. 관광객/비즈니스 방문객
   2. 호텔
   3. 컨벤션 센터
   4. 엔터테인먼트
   5. 스포츠
   6. 소매
C. 교통
   1. 공항 ← 하위 범주에는 다음이 포함됨 (a) 공항 연식 (b) 승객 수 (C) 항공사 (d) 직항편 (e) 허브
   2. 철도
   3. 도로
   4. 바다/강
D. 레스토랑 및 나이트클럽(주요 목표 시장 지역에서 선택)
E. 정치적 위험
F. 부동산 시장
G. 하드록카페 비교시장 분석

미주

1. 식 (8-1)과 식 (8-2)는 '제곱 유클리드'거리에서 무게 중심(COG)을 계산하며 실제로 '유클리디안'(직선) 거리를 사용해 계산된 최적의 COG보다 약간 더 높은 운송비용(2% 미만)을 초래할 수 있다. 그러나 후자는 수학적으로 더 복잡하고 복잡한 절차이므로 우리가 제시하는 공식은 일반적으로 매력적인 대안으로 사용된다. C. Kuo and R. E. White, "A Note on the Treatment of the Center-of-Gravity Method in Operations Management Textbooks,"Decision Sciences Journal of Innovative Education 2: 219–227을 참조하라.

참고문헌

Bartness, A. D. "The Plant Location Puzzle." *Harvard Business Review* 72, no. 2 (March–April 1994).

Church, R. L., and A. T. Murray. *Business Site Selection, Location Analysis, and GIS*. New York: Wiley, 2009.

Denton, B. "Decision Analysis, Location Models, and Scheduling Problems." *Interfaces* 30, no. 3 (May–June 2005): 262–263.

Drezner, Z. *Facility Location: Applications and Theory*. Berlin: Springer-Verlag, 2004.

Kennedy, M. *Introducing Geographic Information Systems with ArcGIS*. New York: Wiley, 2006.

Mentzer, John T. "Seven Keys to Facility Location." *Supply Chain Management Review* 12, no. 5 (May 2008): 25.

Partovi, F. Y. "An Analytic Model for Locating Facilities Strategically." *Omega* 34, no. 1 (January 2006): 41.

Porter, Michael E., and Scott Stern. "Innovation: Location Matters." *MIT Sloan Management Review* (Summer 2001): 28–36.

Render, B., R. M. Stair, M. Hanna, and T. Hale. *Quantitative Analysis for Management*, 13th ed. Boston: Pearson, 2018.

White, G. "Location, Location, Location." *Nation's Restaurant News* 42, no. 27 (July 14, 2008): S10–S11.

Chapter 8 Rapid Review

절 제목	내용 훑어보기
입지의 전략적 중요성	입지는 회사의 전반적인 위험과 이익에 큰 영향을 미친다. 운송 비용만 제품 판매 가격의 25%에 이를 수 있다. 모든 비용을 고려할 때 입지에 따라 총 운영 비용이 최대 50%까지 변경될 수 있다. 일반적으로 수요가 현재 공장의 용량을 초과했거나 노동 생산성, 환율, 비용 또는 현지 태도의 변화로 인해 기업이 입지 결정을 내리는 경우는 상대적으로 드물다. 기업은 인구 통계 및 고객 수요의 변화로 인해 제조 또는 서비스 시설을 이전할 수도 있다. 입지 옵션에는 (1) 이전하는 대신 기존 시설을 확장하는 것, (2) 다른 곳에 시설을 추가하면서 현재 입지를 유지하는 것, (3) 기존 시설을 닫고 다른 입지로 이동하는 것이 포함된다. 산업 입지 결정의 경우 입지 전략은 일반적으로 비용을 최소화하는 것이다. 소매 및 전문 서비스 조직의 경우 이 전략은 수익 극대화에 중점을 둔다. 창고 입지 전략은 비용과 배송 속도의 조합에 의해 주도될 수 있다. **입지 전략의 목적은 회사에게 입지의 이점을 최대화하는 것이다.** 혁신이 초점일 때 전반적인 경쟁력과 혁신은 (1) 과학 및 기술 인재와 같은 고품질의 전문화된 투입물 존재, (2) 투자와 치열한 지역 경쟁을 조장하는 환경, (3) 정교한 현지 시장에서 얻은 압력과 통찰력, (4) 관련 산업 및 지원 산업의 현지 존재에 의해 영향을 받는다.
입지 선정에 영향을 주는 요인	세계화는 (1) 시장 경제, (2) 더 나은 국제 통신, (3) 더 빠르고 신뢰할 수 있는 여행 및 운송, (4) 국가 간 자본 흐름의 용이성, (5) 인건비의 큰 차이로 인해 발생했다. 단위당 인건비는 제품의 **노동 내용**이라고도 한다. 단위당 인건비 = 1일 인건비 ÷ 생산량 (즉 1일 단위) 때때로 기업은 해외로 이전하거나 수출(또는 수입)함으로써 특히 유리한 환율을 이용할 수 있다. ■ **유형 비용**: 어느 정도 정확하게 측정할 수 있는 쉽게 식별 가능한 비용 ■ **무형 비용**: 삶의 질 및 정부와 같이 쉽게 수량화할 수 없는 입지 비용 범주 많은 서비스 조직은 시장과의 근접성이 주요 입지 요인이라는 것을 알고 있다. 기업은 (1) 부패성, (2) 운송 비용, (3) 부피 때문에 원자재 및 공급업체 근처에 위치한다. ■ **클러스터링**: 종종 정보, 인재, 벤처 자본 또는 천연 자원의 임계량 때문에 경쟁 회사가 서로 인접해 있다.
입지 대안 평가 방법	■ **요인 등급 방법**: 평가하기 어려운 비용을 식별하는 프로세스에 객관성을 부여하는 입지 선정 방법 요인 등급 방법의 6단계는 다음과 같다. 1. 핵심 성공 요인이라고 하는 관련 요인 목록을 개발한다. 2. 회사 목표에서 상대적 중요성을 반영하기 위해 각 요소에 가중치를 할당한다. 3. 각 요인에 대한 척도를 개발한다(예: 1~10점 또는 1~100점). 4. 3단계 척도를 사용해 각 요인에 대해 각 입지에 관리 점수를 부여한다. 5. 점수에 각 요인의 가중치를 곱하고 각 입지의 점수를 합산한다. 6. 다른 정량적 접근의 결과도 고려해 최고점을 기준으로 추천한다. ■ **입지 비용-용량 분석**: 입지 대안을 경제적으로 비교하는 데 사용되는 방법 위치 비용-용량 분석의 세 단계는 다음과 같다. 1. 각 입지에 대한 고정 및 변동비용을 결정한다. 2. 그래프의 세로축에 비용을 표시하고 가로축에 연간 거래량을 표시해 각 입지에 대한 비용을 표시한다. 3. 예상 생산량에 대해 총 비용이 가장 낮은 입지를 선택한다. ■ **무게 중심법**: 여러 상점이나 지역에 서비스를 제공하는 단일 배포 지점의 최적 입지를 찾는 데 사용되는 수학적 기법 무게 중심법은 자체와 서비스를 제공하는 입지 사이의 가중 거리를 최소화하는 이상적인 입지를 선택한다. 여기서 거리는 선적된 컨테이너 수(Q_i)에 따라 가중된다. $$\text{무게 중심의 } x\text{좌표} = \sum_i x_i Q_i \div \sum_i Q_i \quad (8\text{-}1)$$ $$\text{무게 중심의 } y\text{좌표} = \sum_i y_i Q_i \div \sum_i Q_i \quad (8\text{-}2)$$ ■ **운송 모델**: 선형 계획법 문제를 해결하기 위한 기술 운송 모델은 총 생산 및 운송 비용을 최소화하기 위해 여러 공급 지점에서 여러 수요 지점으로의 최적의 선적 패턴을 결정한다.

서비스 입지 전략	서비스 회사의 규모와 수익을 결정하는 여덟 가지 주요 요소는 다음과 같다. 1. 고객 유도 지역의 구매력 2. 고객 유도 지역의 인구 통계와 서비스 및 이미지 호환성 3. 지역 내 경쟁 4. 경쟁의 질 5. 회사 및 경쟁업체 입지의 고유성 6. 시설물 및 주변 업소의 물리적 특성 7. 회사의 운영 정책 8. 경영의 질
지리 정보 시스템(GIS)	■ **지리 정보 시스템(GIS)**: 지리적 위치에 연결할 수 있는 정보를 저장하고 표시하는 시스템 많은 GIS에서 사용할 수 있는 일부 지리 데이터베이스에는 (1) 블록, 지역, 시, 카운티, 의회 지구, 대도시 지역, 주 및 우편번호별 인구 조사 자료, (2) 미국의 모든 거리, 고속도로, 다리 및 터널의 지도, (3) 전기, 수도 및 가스 라인과 같은 유틸리티, (4) 모든 강, 산, 호수와 숲, (5) 모든 주요 공항, 대학, 병원 등을 포함하고 있다.

셀프테스트

8.1 입지 선정과 관련된 요인은 ________ 이다.
(a) 외환
(b) 태도
(c) 노동 생산성
(d) 위의 모든 것

8.2 펜더기타(Fender Guitar)가 멕시코 엔세나다 공장의 작업자에게 하루 30달러를 지불하고 직원이 하루 8시간에 4개의 악기를 완성하는 경우, 단위당 노동 비용은 얼마인가?
(a) 30.00달러
(b) 3.75달러
(c) 7.50달러
(d) 4.00달러
(e) 8.00달러

8.3 복합(가중 평균) 점수를 비교해 입지 대안을 평가하는 분석 방법은 ________ 이다.
(a) 요인 등급 분석
(b) 비용-용량 분석
(c) 운송 모델 분석
(d) 선형 회귀 분석
(e) 교차 분석

8.4 2개 이상의 대체 입지에 대한 비용이 표시된 비용-물량 분석 차트에서 두 비용 곡선이 교차하는 수량은 ________
(a) 고정비용은 2개의 대체 입지에 대해 동일하다.
(b) 가변 비용은 2개의 대체 입지에 대해 동일하다.
(c) 총 비용은 모든 대체 입지에 대해 동일하다.
(d) 고정비용은 한 입지에 대한 변동비용과 동일하다.
(e) 총 비용은 2개의 대체 입지에 대해 동일하다.

8.5 한 지역 서점 체인이 8개 소매점의 중앙에 위치한 유통센터를 건설하려고 한다. 다음 중 어떤 분석 도구를 사용할 가능성이 가장 높은가?
(a) 조립 라인 밸런싱
(b) 하중-거리 분석
(c) 무게 중심 모델
(d) 선형 계획법
(e) 위의 모든 것

8.6 서비스 부문과 제조 부문의 입지 결정 간의 주요 초점 차이는 무엇인가?
(a) 초점에는 차이가 없다.
(b) 제조의 초점은 수익 극대화이고 서비스의 초점은 비용 최소화이다.
(c) 서비스의 초점은 수익 극대화이고 제조의 초점은 비용 최소화이다.
(d) 제조의 초점은 원자재에 있는 반면 서비스의 초점은 노동에 있다.

정답 8.1. d 8.2. c 8.3. a 8.4. e 8.5. c 8.6. c

레이아웃 전략

9

이 장의 구성

글로벌 기업 프로필: 맥도날드

- 레이아웃 선택의 전략적 중요성
- 레이아웃 유형
- 사무실 레이아웃
- 소매 레이아웃
- 창고 레이아웃
- 고정 위치 레이아웃
- 프로세스 지향 레이아웃
- 집중 시설
- 반복적이고 제품 지향적인 레이아웃

Beverly Amer/Aspenleaf Productions

10가지 운영관리 전략

- 제품과 서비스 설계
- 품질 관리
- 프로세스 전략
- 입지 전략
- **레이아웃 전략**
- 인적자원
- 공급사슬 관리
- 재고 관리
- 일정 계획
- 유지보수

CHAPTER 9

글로벌 기업 프로필
McDonald's

레이아웃으로 경쟁 우위를 되찾은 맥도날드

반세기가 넘는 기간 동안 맥도날드(McDonald's)는 제한된 메뉴의 패스트푸드 레스토랑을 만듦으로써 외식 산업에 혁명을 일으켰다. 또한 맥도날드는 업계에 일곱 가지 주요 혁신을 일으켰다. 첫 번째와 두 번째는 레이아웃과 관련한 것으로 *실내 좌석*(1950년대)과 *드라이브 스루 시스템*(1970년대)을 도입한 것이다. 세 번째로, 메뉴에 *아침 식사*를 추가한 것(1980년대)은 제품 전략 중 하나였으며, 네 번째로 *놀이 공간*을 추가한 것(1980년대 후반)은 다시 레이아웃과 관련된 의사결정이었다.

1990년대에 맥도날드는 북미에 있는 14,000개 매장의 주방을 근본적으로 새롭게 재설계해 대량 맞춤 프로세스를 촉진하는 다섯 번째 혁신을 완료했다. '메이드 바이 유(Made by You)' 주방 시스템이라고 불리는 샌드위치는 개조된 레이아웃으로 주문에 따라 만들어졌다.

2004년에 이 체인은 여섯 번째 혁신인 *셀프 서비스 키오스크*로 새로운 음식 주문 레이아웃의 출시를 시작했다. 셀프 서비스 키오스크는 1985년 ATM 도입 이후 서비스 부문에 침투해 왔다(은행에는 150만 개 이상의 ATM이 있음). 알래스카항공(Alaska Airlines)은 1996년에 셀프 서비스 공항 체크인을 제공한 최초의 항공사였다. 주요 항공사의 승객 대부분은 이제 항공편을 이용할 때 스스로 체크인한다. 키오스크는 직원보다 공간을 덜 차지하고 대기 시간을 줄인다.

이제 맥도날드는 일곱 번째 혁신을 위해 노력하고 있으며 이는 당연히 레스토랑 레이아웃과 관련되어 있다. 이 회사는 전례 없는 규모로 전 세계 30,000개 식당을 모두 *21세기형*으로 재설계하고 있다. 식사 공간은 각기 다른 개성을 지닌 3개 구역, 즉 (1) 젊은 성인에 초점을 맞추고 편안한 가구와 와이파이 연결을

Cayman/Alamy Stock Photo

맥도날드는 키오스크가 공간 요구 사항과 대기 시간을 모두 줄여준다는 사실을 발견했다. 주문 접수가 더 빠르며, 무엇보다 고객이 좋아한다는 것이다. 또한 키오스크는 신뢰할 수 있다는 것이다. 그리고 가장 중요한 것은 고객이 키오스크에서 주문할 때 매출이 10~15%(평균 1달러) 증가한다는 것이다.

Heorshe/Alamy Stock Photo

맥도날드의 재설계된 주방 모습. 더 효율적인 레이아웃은 더 적은 노동력을 필요로 하고 낭비를 줄이며 더 빠른 서비스를 제공한다. 이 '조립 라인'에 대한 것은 그림 9.11에 나와 있다.

제공하는 '링거(linger)' 존, (2) 키가 큰 카운터 테이블, 바 의자, 평면 TV가 있는 '그랩 앤드 고(grab and go)' 존, (3) 다채로운 가족 부스, 유연한 좌석 및 어린이 중심의 음악이 있는 '플렉서블(flexible)' 존으로 구성된다. 이렇게 리노베이션을 하는 데는 매장당 300,000~400,000달러라는 엄청난 비용이 든다.

맥도날드가 인식한 것처럼 시설의 레이아웃은 실제로 경쟁 우위의 원천이다.

ZUMA Press, Inc./Alamy

플렉서블 존
이 공간은 이동식 테이블과 의자가 있어 가족 및 단체 손님에 적합하다.

학습목표

- **9.1** 사무실 레이아웃의 중요한 문제를 논의한다.
- **9.2** 소매 레이아웃의 목표를 정의한다.
- **9.3** 현대 창고 관리 및 ASRS, 크로스 도킹, 임의 재고와 같은 용어를 논의한다.
- **9.4** 고정 위치 레이아웃이 적절한 경우를 식별한다.
- **9.5** 우수한 프로세스 지향 시설 레이아웃을 달성하는 방법을 설명한다.
- **9.6** 작업 셀 및 작업 셀의 요구사항을 정의한다.
- **9.7** 제품 지향 레이아웃을 정의한다.
- **9.8** 반복적이거나 제품 지향적인 시설에서 생산 흐름의 균형을 맞추는 방법을 설명한다.

레이아웃 선택의 전략적 중요성

레이아웃은 운영의 장기적 효율성을 결정하는 주요 결정 중 하나이다. 레이아웃은 용량, 프로세스, 유연성 및 비용뿐만 아니라 작업 생활의 질, 고객 접촉 및 이미지와 관련해 조직의 경쟁 우선순위를 설정하기 때문에 전략적 의미가 있다. 효과적인 레이아웃은 조직이 차별화, 저비용, 대응을 지원하는 전략을 달성하는 데 도움이 될 수 있다. 예를 들어 베네통(Benetton)은 5,000개 매장으로 빠르고 정확한 분류 및 배송에 기여하는 창고 레이아웃에 대한 막대한 투자를 통해 차별화 전략을 지원한다. 월마트(Walmart) 매장 레이아웃은 창고 레이아웃과 마찬가지로 저비용 전략을 지원한다. 많은 전문가들이 작업 셀에서 열린 의사소통으로 작업하는 홀마크(Hallmark)의 사무실 레이아웃은 인사말 카드의 빠른 개발을 지원한다. 레이아웃 전략의 목표는 회사의 경쟁 요구사항을 충족할 효과적이고 효율적인 레이아웃을 개발하는 것이다.

모든 경우에 레이아웃 설계는 다음 사항을 달성하는 방법을 고려해야 한다.

- 공간, 장비, 인력 활용도 향상
- 정보, 자료, 사람의 흐름 개선
- 직원의 사기 향상 및 안전한 작업 환경
- 향상된 고객/클라이언트 상호작용
- 유연성(현재 레이아웃이 무엇이든 변경해야 함)

점점 더 짧아지는 수명주기, 대량 맞춤형 세계에서 레이아웃 설계는 동적으로 간주되어야 한다. 이는 작고 이동 가능하며 유연한 장비를 고려하는 것을 의미한다. 매장 디스플레이는 이동식이어야 하고 사무실 책상과 파티션은 모듈식이어야 하며 창고 선반은 조립식이어야 한다. 제품 모델과 생산 속도를 빠르고 쉽게 변경하려면 운영 관리자가 레이아웃에 유연성을 설계해야 한다. 레이아웃의 유연성을 확보하기 위해 관리자는 작업자를 교차 훈련하고, 장비를 유지 관리하고, 투자를 낮게 유지하고, 워크스테이션을 서로 가깝게 배치하고, 작고 이동 가능한 장비를 사용한다. 어떤 경우에는 제품, 프로세스, 용량의 다음 변경사항들을 예상해 작업의 이동이 있을 것을 대비해 바퀴 달린 장비가 적합하다.

레이아웃 유형

레이아웃 결정에는 기계(생산 설정), 사무실 및 책상(사무실 설정), 서비스 센터(병원 또는 백화점

표 9.1 레이아웃 전략

	목적	예
사무실	자주 접촉해야 하는 작업자를 가까이에서 찾아야 함	올스테이트 보험 마이크로소프트
소매	마진이 높은 품목에 고객을 노출	크루거 슈퍼마켓 월그린스 블루밍데일
보관 창고	저비용 저장과 저비용 관리의 균형	페더럴모굴(Federal-Mogul)의 창고 갭의 물류센터
프로젝트(고정 위치)	현장 주변의 제한된 보관 장소로 자재 이동	잉갈조선소 트럼프 플라자 피츠버그 공항
잡샵(프로세스 지향)	제품별 다양한 자재 흐름 관리	아놀드파머병원 하드록카페 올리브가든
작업 셀(제품군)	제품군 식별, 팀 구성, 팀 구성원 교차 훈련	홀마크 카드 휠드코치 구급차
반복/연속(제품 지향)	각 워크스테이션의 작업 시간 균등화	소니 TV 조립라인 토요타 자동차 생산라인

과 같은 설정)의 최상의 배치가 포함된다. 효과적인 레이아웃은 영역 내 및 영역 간 자료, 사람 및 정보의 흐름을 용이하게 한다. 이러한 목표를 달성하기 위해 다양한 접근 방식이 개발되었다. 이 장에서는 그중 일곱 가지를 논의할 것이다.

1. **사무실 레이아웃**: 정보 이동을 제공하기 위해 작업자, 장비 및 공간/사무실을 배치한다.
2. **소매 레이아웃**: 디스플레이 공간을 할당하고 고객 행동에 대응한다.
3. **창고 레이아웃**: 공간과 자재 취급의 균형을 해결한다.
4. **고정 위치 레이아웃**: 선박 및 건물과 같이 크고 부피가 큰 프로젝트의 레이아웃 요구사항을 해결한다.
5. **프로세스 지향 레이아웃**: 다품종 소량 생산('잡샵' 또는 간헐적 생산이라고도 함)을 처리한다.
6. **작업 셀 배치**: 단일 제품 또는 관련 제품 그룹의 생산에 중점을 두도록 기계 및 장비를 배열한다.
7. **제품 지향 레이아웃** : 반복 또는 연속 생산에서 최고의 인력과 기계 활용도를 추구한다.

이러한 레이아웃 분류의 각각에 대한 예는 표 9.1에 나와 있다.

이 일곱 가지 분류 중 소수만 수학적으로 모델링할 수 있기 때문에 물리적 시설의 레이아웃과 설계는 여전히 예술적 영역이다. 그러나 좋은 레이아웃을 위해서는 다음을 결정해야 한다.

- **자재 취급 장비**: 관리자는 컨베이어, 크레인, 자동 보관 및 회수 시스템, 자재 운반 및 보관을 위한 자동 카트 등 사용할 장비를 결정해야 한다.
- **용량 및 공간 요구사항**: 인력, 기계 및 장비 요구사항이 알려진 경우에만 관리자가 레이아웃을 진행하고 각 구성요소에 대한 공간을 제공할 수 있다. 사무의 경우 운영 관리자는 각 직원의 공간 요구사항에 대해 판단해야 한다. 또한 안전, 소음, 먼지, 연기, 온도, 장비 및 기계 주변 공간을 다루는 요구사항에 대한 허용치를 고려해야 한다.

- **환경 및 미학**: 레이아웃 문제는 종종 창, 화분, 칸막이 높이에 대한 결정을 요구해 공기 흐름을 촉진하고 소음을 줄이며 프라이버시를 제공한다.
- **정보의 흐름**: 커뮤니케이션은 모든 조직에 중요하며 레이아웃에 의해 촉진되어야 한다. 이 문제는 근접성에 대한 결정뿐만 아니라 열린 공간 대 절반 높이 칸막이 대 개인 사무실에 대한 결정이 필요할 수 있다.
- **다양한 작업 영역 간 이동 비용**: 재료 이동 또는 특정 영역이 서로 인접하는 것의 중요성과 관련해 고유한 고려사항이 있을 수 있다. 예를 들어 용강(鏞鋼, molten steel)을 이동시키는 것은 냉강(冷鋼, cold steel)을 이동시키는 것보다 어렵다.

사무실 레이아웃

사무실 레이아웃
편안함, 안전 및 정보 이동을 제공하기 위해 작업자, 장비 및 공간/사무실을 그룹화하는 것

사무실 레이아웃(office layout)에는 편안함, 안전 및 정보 이동을 제공하기 위해 작업자, 장비 및 공간을 그룹화해야 한다. 사무실 레이아웃의 주요 차이점은 정보의 흐름에 대한 중요성이다. 사회를 휩쓸고 있는 기술 변화가 사무실 기능을 변경함에 따라 사무실 레이아웃은 끊임없이 유동적이다.

정보 이동이 점점 더 전자화되고 있지만 사무실 레이아웃 분석에는 여전히 작업 기반 접근 방식이 필요하다. 따라서 관리자는 전자 및 기존 의사소통 패턴, 분리 요구 및 직원 효율성에 영향을 미치는 기타 조건을 모두 조사한다. 이러한 분석에 유용한 도구는 그림 9.1에 표시된 **관계도**(relationship chart; Mother Grid라고도 함)이다. 소프트웨어 회사를 위해 준비된 이 차트는 운영이 회계 및 마케팅 근처에 있어야 하지만 그래픽 아트 직원 근처에 있을 필요는 없음을 나타낸다.

학습목표 9.1
사무실 레이아웃의 중요한 문제를 논의한다.

반면에 일부 레이아웃 고려사항은 보편적이다(많은 부분이 사무실뿐만 아니라 공장에도 적용됨). 그들은 근무 조건, 팀워크, 권한 및 지위와 관련이 있으며, 다음과 같은 사항을 고려할 수 있다. 사무실은 개인 공간이어야 하는가, 아니면 개방형 칸막이여야 하는가? 비공식적인 의사소통을 촉진하기 위해 낮은 파일 캐비닛을 사용해야 하는가, 아니면 소음을 줄이고 개인정보 보호에 기여하기 위해 높은 캐비닛을 사용해야 하는가?

작업 공간은 다음 세 가지 물리적 측면과 사회적 측면이 균형을 이룬다면 비공식적이고 생산적인 만남을 기대할 수 있다.

- **근접성**(proximity): 공간은 자연스럽게 사람들을 하나로 모을 수 있어야 한다.
- **개인정보 보호**(privacy): 사람들은 대화에 대한 접근을 제어할 수 있어야 한다.
- **허가**(permission): 문화는 업무 외 상호작용이 권장된다는 신호를 보내야 한다.

그림 9.1
소프트웨어 회사의 관계도

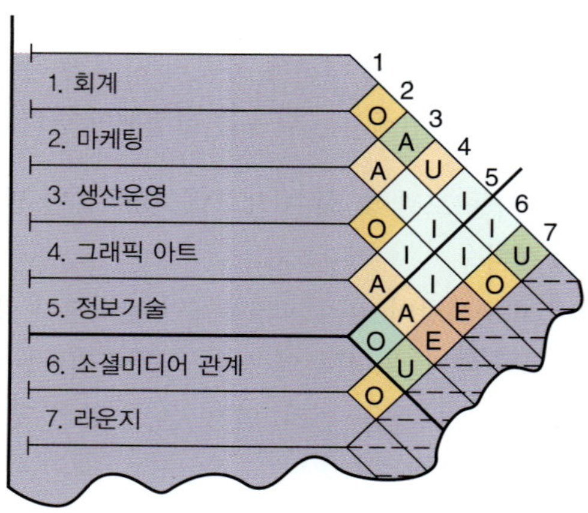

코드	근사치
A	절대적으로 필요
E	특별히 중요
I	중요
O	일상적으로 괜찮음
U	중요하지 않음
X	바라지 않음

사무실 레이아웃 유형

Everett Collection/Shutterstock

관리자와 건축가는 100년 이상 동안 생산성을 높이는 사무실을 설계하는 방법을 고민해 왔다. 20세기 초 대규모 사무실은 사무직 노동자가 긴 줄에 앉아 반복적인 업무를 수행하는 공장과 비슷했다.

1980년대와 1990년대를 거치면서 컴퓨터로 더 많은 개별 작업이 가능해졌고 '큐브팜(Cube Farm)' 시대는 유비쿼터스화되었다. 벽이 높은 칸막이로 가득 찬 사무실은 개방형 환경과 개인 사무실 공간을 모두 제공했다.

Chad McDermott/Fotolia

Monkey Business/Images Shutterstock

세기가 바뀌면서 기술 회사는 대학 졸업생을 모집하고 영감을 줄 혁신과 창의성을 찾아 '재미있는' 사무실을 만들었다. 빈백 의자, 테이블 축구, 커피 바와 같은 편의 시설을 갖춘 밝고 캐주얼한 개방형 사무실 공간이 유행이 되었다.

오늘날 화두는 우연과 협업이다. 회사는 직원 간의 만남을 위해 사무실 공간을 설계한다. 스티브 잡스(Steve Jobs)는 픽사(Pixar) 본사를 카페테리아와 욕실이 있는 작업 공간에서 떨어진 중앙 아트리움에 설계해 혼합과 협업을 장려했다. 스카이프(Skype)는 개방형 라운지를 통해 유사한 목표를 달성한다.

Amruth/Agencja Fotograficzna Caro/Alamy Stock Photo

출처: *Wall Street Journal*(April 28, 2014); *USA Today*(February. 28, 2013); *Harvard Business Review*(October. 2014).

사무실 레이아웃에 대한 최종 의견으로 두 가지 주요 추세에 주목한다. 첫째, 스마트폰, 스캐너, 인터넷, 랩톱 컴퓨터, 태블릿 같은 기술은 정보를 전자적으로 이동하고 직원에게 상당한 위치 유연성을 허용함으로써 레이아웃 유연성을 증가시킨다. 둘째, 현대 기업은 공간과 서비스에 대한 역동적인 수요를 창출한다.

다음은 이와 관련한 두 가지 사례이다.

- 딜로이트앤드투시(Deloitte & Touche)는 주어진 시간에 책상의 30~40%가 비어 있다는 것을 발견했을 때 '호텔링 프로그램(hoteling programs)'을 개발했다. 결국 컨설턴트는 지정석을 잃었다. 즉 건물에 있을 계획인 사람(고객과 함께 나가기보다는)은 '컨시어지'를 통해 사무실을 예약한다. 컨시어지는 당일 그 컨설턴트의 이름을 문에 걸어두고 요청한 물품으로 공간을 채워둔다.
- 시스코시스템스(Cisco Systems)는 면적을 줄이고, 공간을 재구성하고, 이동식 온휠 사무실을 만들고, '모든 것에서 벗어나는(get away from it all)' 혁신 영역을 설계함으로써 임대료 및 작업 공간 서비스 비용을 37% 절감하고 연간 24억 달러의 생산성 이점을 얻었다.

소매 레이아웃

소매 레이아웃
흐름을 다루고 공간을 할당하며 고객 행동에 대응하는 접근 방식

소매 레이아웃(retail layout)은 매출과 수익성이 제품에 대한 고객의 노출에 따라 직접적으로 달라진다는 아이디어를 기반으로 한다. 따라서 대부분의 소매 운영 관리자는 고객에게 가능한 한 많은 제품을 노출시키려고 한다. 연구에 따르면 제품에 대한 노출이 많을수록 매출과 투자 수익률이 높아진다(적어도 고객이 옵션에 압도될 때까지는). 운영 관리자는 매장 배치 및 해당 배치 내의 다양한 제품에 대한 공간 할당으로 노출을 변경할 수 있다.

다섯 가지 아이디어는 많은 매장의 전반적인 배치를 결정하는 데 도움이 된다.

1. 상점 주변에서 하이 드로우 아이템을 찾는다. 따라서 슈퍼마켓 한쪽에서는 유제품을, 다른 한쪽에서는 빵과 베이커리 제품을 찾는 경향이 있다. 이 전술의 예는 그림 9.2에 나와 있다.
2. 충동성 및 마진이 높은 항목은 눈에 잘 띄는 위치를 사용한다. 베스트바이(Best Buy)는 카메라, 프린터같이 빠르게 성장하는 고수익 디지털 제품을 매장 전면과 중앙에 배치한다.
3. 거래에서 '파워 아이템(power item)'으로 알려진 것(구매 여정을 지배할 수 있는 아이템)을 통로 양쪽에 배포하고 분산해 다른 아이템을 더 잘 볼 수 있도록 한다.

그림 9.2
매장의 다른 영역에 있는 유제품 및 베이커리, 하이 드로우 품목이 있는 매장 레이아웃

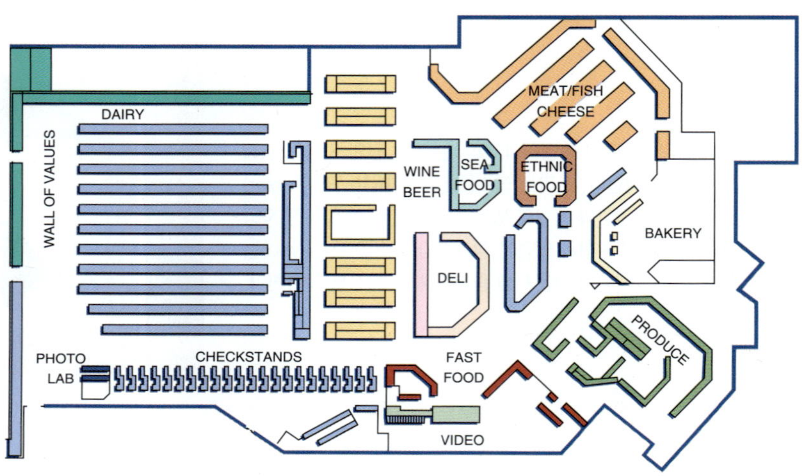

4. 노출률이 매우 높기 때문에 마진이 크고 충동적인 품목에 대해서는 통로 끝과 계산대 위치를 사용한다. 계산대 위치는 매우 중요해 그 짧은 공간에서 상품이 판매되는 경향이 있다.
5. 첫 번째 부서의 위치를 신중하게 선택해 상점의 사명을 전달해야 한다. 예를 들어 준비된 식품이 슈퍼마켓 미션의 일부인 경우 베이커리와 델리를 전면에 배치해 편의 지향적인 고객에게 어필하도록 해야 한다. 의류 판매를 늘리려는 월마트의 노력은 매장에 들어서면 해당 부서가 광범위하게 노출되어 있다는 것을 볼 수 있다.

소매점의 전체 레이아웃이 결정되면 제품을 판매할 수 있도록 준비해야 한다. 이 배열에는 많은 고려사항이 포함된다. 그러나 소매 레이아웃의 주요 **목표는 바닥 공간**(또는 일부 매장에서는 선반 공간의 선형 피트)**당 수익성을 극대화**하는 것이다. 가격이 비싼 품목은 더 큰 매출을 올릴 수 있지만 제곱피트당 이익은 더 낮을 수 있다. 많은 회사에서 수백 가지 범주에 대한 다양한 상품 계획의 수익성을 평가하는 관리자를 지원하기 위해 컴퓨터 프로그램을 사용한다. 이 기술을 **범주 관리**(category management)라고 한다.

학습목표 9.2
소매 레이아웃의 목표를 정의한다.

소매 레이아웃의 추가적이며 다소 논란의 여지가 있는 문제를 **슬로팅**(slotting)이라고 한다. **슬롯 수수료**(slotting fee)는 제조업체가 소매점이나 슈퍼마켓 체인의 선반에 상품을 진열하기 위해 지불하는 요금이다. 새로운 제품의 홍수로 인해 소매업체는 이제 체인에 품목을 배치하는 데 최대 50,000달러를 요구할 수 있다. 시장 경제 및 통합, 개선된 공급사슬 관리 및 재고 관리 시스템은 소매업체에 이러한 활용을 제공했다. 많은 소규모 회사는 슬롯 수수료의 윤리성에 의문을 제기하며 수수료가 신제품을 억제하고 확장 능력을 제한하며 소비자 비용을 초래한다고 주장한다. 월마트는 슬롯 수수료를 요구하지 않아 진입 장벽을 제거하는 몇 안 되는 주요 소매업체 중 하나이다. (이 장의 끝에 있는 윤리적 딜레마를 참조하라.)

슬롯 수수료
제조업체가 제품의 선반 공간을 확보하기 위해 지불하는 수수료

서비스스케이프

소매 레이아웃의 주요 목표는 제품 노출을 통해 이익을 극대화하는 것이지만 관리자가 고려하는 서비스의 다른 측면이 있다. **서비스스케이프**(servicescape)라는 용어는 서비스가 제공되는 물리적 환경과 그 환경이 고객과 직원에게 어떻게 인본주의적인 영향을 미치는지를 설명한다. 좋은 서비스 레이아웃을 제공하기 위해 회사는 세 가지 요소를 고려한다.

서비스스케이프
서비스가 발생하는 물리적 환경과 고객과 직원에게 미치는 영향

1. **주변 조건**: 조명, 소리, 냄새, 온도와 같은 배경 특성이다. 이 모든 것이 근로자와 고객에게 영향을 미치며 지출 금액과 건물에 머무는 시간에 영향을 줄 수 있다.
2. **공간 레이아웃 및 기능**: 여기에는 고객 순환 경로 계획, 통로 특성(예: 너비, 방향, 각도 및 선반 간격), 제품 그룹화가 포함된다.
3. **표지판, 상징, 유물**: 이는 사회적 중요성을 지닌 건물 디자인의 특성이다(예: 쇼핑객이 천천히 둘러보게 하는 카펫이 깔린 백화점).

서비스스케이프의 이러한 세 가지 요소에 대한 각각의 예는 다음과 같다.

- **주변 조건**: 리넨 식탁보와 촛불이 켜져 있는 고급 레스토랑, 쇼핑몰에 스며드는 미세스필드 쿠키(Mrs. Field Cookie) 매장의 냄새, 스타벅스의 가죽 의자
- **레이아웃/기능**: 크로거의 긴 통로와 높은 선반, 베스트바이의 넓은 중앙 통로
- **표지판, 상징, 유물**: 월마트의 문 앞에서 인사하는 사람, 하드록카페의 기타로 장식된 벽, 고향 천국 같은 디즈니랜드 입구

Michael Weber/imageBROKER/Alamy Stock Photo

하드록카페의 수익에 기여하는 중요한 요소는 각 카페의 소매점 공간 레이아웃이다. 600~1,300제곱피트 크기의 소매 공간은 식사 전후에 최대 트래픽 흐름을 생성하기 위해 레스토랑 위치와 함께 배치된다. 런던에 있는 카페의 수익은 엄청나다. 카페 연간 매출의 거의 절반이 제곱피트당 소매 판매가 매우 높은 이 작은 상점에서 발생한다.

창고 레이아웃

창고 레이아웃
공간과 자재 취급의 균형을 해결해 총비용을 최소화하려는 설계

학습목표 9.3
현대 창고 관리 및 ASRS, 크로스 도킹, 임의 재고와 같은 용어를 논의한다.

창고 레이아웃(warehouse layout)의 목적은 취급 비용과 창고 공간과 관련된 비용의 최적의 균형을 찾는 것이다. 결과적으로 경영진의 임무는 창고의 전체 '큐브' 활용도를 극대화하는 것이다. 즉 낮은 자재 처리 비용을 유지하면서 전체 용량을 활용하는 것이다. 우리는 **자재 취급 비용**을 거래와 관련된 모든 비용으로 정의한다. 이는 입고 운송, 보관, 창고에 보관할 자재의 출고 운송으로 구성된다. 이러한 비용에는 장비, 인력, 자재, 감독, 보험, 감가상각비가 포함된다. 물론 효과적인 창고 레이아웃은 창고 내 자재의 손상을 최소화한다.

경영진은 자재를 찾고 옮기는 데 소요된 자원과 자재 자체의 손실을 최소화한다. 보관된 항목의 다양성과 '선택된' 항목의 수는 최적의 레이아웃과 직접적인 관련이 있다. 몇 가지 고유한 품목을 보관하는 창고는 다양한 품목을 보관하는 창고보다 밀도가 더 높다. 현대 창고 관리는 많은 경우 ASRS(automated storage and retrieval systems, **자동 보관 및 검색 시스템**)를 사용하는 자동화된 절차이다.

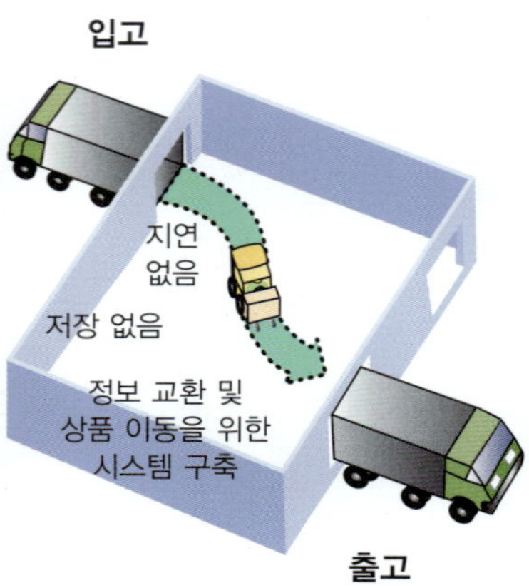

뉴잉글랜드에 350개의 슈퍼마켓이 있는 스톱앤드숍(Stop & Shop) 식료품 체인은 최근 세계에서 가장 큰 ASRS를 완료했다. 매사추세츠주 프리타운에 있는 130만 제곱피트 규모의 물류 센터에는 77개의 회전식 포크 자동 보관 및 회수 기계가 있다. 이 77대의 ASRS 기계는 각각 90개의 통로에 있는 11,500개의 피킹 슬롯(총 64,000개의 식품 팔레트)에 접근한다. OM in Action '로봇으로 가득 차 있는 아마존 창고'는 기술이 창고 비용을 최소화하는 데 도움이 되는 또 다른 방법을 보여준다.

창고 레이아웃의 중요한 구성요소는 입고/하역 영역과 선적/적재 영역 간의 관계이다. 시설 설계는 하역된 공급품의 유형, 하역 대상(트럭, 철도 차량, 바지선 등) 및 하역 장소에 따라 다르다. 일부 회사에서는 입고 및 선적 시설 또는 **부두**라고 하는 부두가 같은 지역에 있기도 한다. 때때로 그들은 오전에 부두를 받고 오후에 선적 부두를 받는다.

크로스 도킹

크로스 도킹
선적을 위해 받은 대로 처리해 자재나 공급품을 보관하지 않도록 함

크로스 도킹(cross-docking)이란 재료나 공급품을 수령한 대로 처리해 보관하는 일을 방지하는 것을 의미한다. 제조 시설에서 제품은 조립 라인에서 직접 수령된다. 유통 센터에서 라벨이 부착되고

OM in Action 로봇으로 가득한 아마존 창고

아마존 창고는 활발한 활동이 이루어지는 곳이다. 동굴 같은 창고에서 작업자들이 부지런히 물건을 노란색과 검은색 상자에 넣고 우뚝 솟은 유압 팔이 무거운 상자를 서까래 쪽으로 들어 올린다. 그리고 수백 대의 통통한 주황색 로봇이 거대한 하키 퍽처럼 바닥을 따라 미끄러지며 고객의 물품이 탑처럼 높이 쌓는다.

그것은 한때 모든 곳에서 창고의 경이로움을 선사했던 키바(Kiva) 르봇이다. 아마존이 2012년 지갑을 털고 7억 7,500만 달러를 쏟아부어 키바를 구입했을 때, 이는 사실상 전체 산업에 대한 확고한 명령을 내렸다. 그리고 아마존과 아마존만을 위한 로봇을 사용하기로 결정했고, 그들에 의존하게 된 경쟁자들에게 키바의 제품 판매를 중단했다. 이 인수로 인해 로봇 제조업체와 월마트, 타깃(Target)과 같은 소매업체 사이에 군비 경쟁이 시작되었으며 전자 상거래 대기업을 따라잡기 위해 서두르게 되었다.

수십 년 동안 창고 운영자는 팔레트를 적재하고 소매업체에 배송하는 작업에 집중했다. 반면에 온라인 주문을 처리하려면 배송업체가 다양한 개별 품목 세트가 포함된 상자를 포장해 고객의 집으로 배송해야 한다. 그 변화는 인간 창고 작업자가 자율 기계와 함께 작업하는 *협동 로봇 공학*으로 바뀌었다.

몇 년이 걸렸지만 경쟁 회사는 키바를 인수하고 전 세계 창고에 새로운 로봇을 장착할 준비가 되어 있다. 한편, 아마존은 전 세계 창고에 10만 대 이상의 키바 로봇을 보유하고 있으며(연간 15,000대 추가) 운영 비용을 약 20% 절감했다. 이를 하나의 새로운 창고에 추가하면 주문 처리 비용에서 2,200만 달러를 절약할 수 있었다. 키바를 아직 구현하지 않은 100개 정도의 유통 센터에 도입하면 아마존은 추가로 25억 달러를 절약할 수 있을 것이다.

출처: *Industry Week*(June 29, 2016); *Business Insider*(January 3, 2017); *The New York Times*(September 10, 2017).

사전 분류된 화물은 즉시 경로를 변경하기 위해 선적장에 도착하므로 공식적인 입고, 보관 및 주문 선택 활동을 피할 수 있다. 이러한 활동은 제품에 가치를 추가하지 않으므로 제거하면 100% 비용 절감이 된다. 크로스 도킹의 초기 리더인 월마트는 이 기술을 지속적인 저비용 전략의 주요 구성요소로 사용한다. 월마트는 크로스 도킹을 통해 유통 비용을 줄이고 매장 재입고를 가속화해 고객 서비스를 개선한다. 크로스 도킹은 제품 취급, 재고 및 시설 비용을 줄여주지만 (1) 빡빡한 일정과 (2) 정확한 인바운드 제품 식별이 모두 필요하다.

임의 입고

일반적으로 바코드 형태의 자동 식별 시스템(AIS)은 정확하고 신속한 품목 식별을 가능하게 한다. 자동 식별 시스템이 효과적인 관리 정보 시스템과 결합하면 운영 관리자는 모든 장치의 수량과 위치를 알 수 있다. 이 정보는 작업자 또는 자동 보관 및 검색 시스템과 함께 사용되어 창고의 어느 곳에서나 장치를 무작위로 적재할 수 있다. 정확한 재고 수량 및 위치는 특정 SKU(stock-keeping unit) 또는 부품 제품군을 위해 공간을 예약할 필요가 없기 때문에 전체 시설의 잠재적 활용을 의미한다. 전산화된 **임의 입고**(random stocking) 시스템에는 종종 다음 작업이 포함된다.

임의 입고
열린 위치가 있는 모든 곳에서 재고를 찾기 위해 창고에 사용

1. '열린(open)' 위치 목록 유지
2. 기존 재고 및 그 위치에 대한 정확한 기록 유지
3. 주문을 '피킹(picking)'하는 데 필요한 이동 시간을 최소화하기 위해 항목 순서 지정
4. 피킹 시간을 줄이기 위해 주문 결합
5. 창고 내에서 이동하는 총 거리가 최소화되도록 특정 창고 영역에 사용량이 많은 품목과 같은 특정 품목 또는 품목 클래스를 할당

임의 입고 시스템은 시설 활용도를 높이고 인건비를 줄일 수 있지만 정확한 기록이 필요하다.

맞춤화

맞춤화
구성요소 수정, 수리, 라벨링, 포장을 통해 제품에 가치를 더하기 위해 창고를 사용

우리는 창고가 가능한 한 적은 양의 제품을 보관하고 가능한 한 짧은 시간 동안 보관할 것으로 기대하지만, 이제 창고에 제품을 맞춤화할 것을 요청하고 있다. 창고는 **맞춤화**(customizing)를 통해 가치를 더하는 곳이 될 수 있으며, 창고 맞춤화는 제품이 여러 구성으로 되어 있는 시장에서 경쟁우위를 창출하는 데 특히 유용한 방법이다. 예를 들어 창고는 컴퓨터 구성 요소를 조립하고 소프트웨어를 로드하고 수리하는 장소가 될 수 있다. 창고는 또한 소매업체를 위해 맞춤형 라벨링 및 포장을 제공해 품목이 진열할 준비가 된 상태로 도착할 수 있도록 한다.

이러한 유형의 작업은 멤피스의 페덱스(FedEx) 터미널과 같은 시설에서 주요 공항에 인접해 점점 더 많이 진행되고 있다. 주요 공항에 인접한 창고에 가치를 더하면 익일 배송도 용이하다. 예를 들어 컴퓨터에 장애가 발생한 경우 다음 날 아침 배송을 위해 해당 창고에서 교체품을 보낼 수 있다. 오래된 기계가 창고에 다시 도착하면 수리되어 다른 사람에게 보내진다. 이러한 '준창고(quasi-warehouses)'의 부가가치 활동은 차별화, 저비용, 신속한 대응 전략에 기여한다.

고정 위치 레이아웃

고정 위치 레이아웃
고정 프로젝트의 레이아웃 요구사항을 해결하는 시스템

고정 위치 레이아웃(fixed-position layout)에서 프로젝트는 한 곳에 남아 있고 작업자와 장비는 그 작업 영역에 온다. 이러한 유형의 프로젝트의 예로는 선박, 고속도로, 다리, 집, 병원 수술실의 수술대가 있다.

고정 위치 레이아웃을 처리하는 기술은 세 가지 요소로 인해 복잡하다. 첫째, 거의 모든 장소에 제한된 공간이 있다. 둘째, 프로젝트의 여러 단계에서 다른 재료가 필요하다. 따라서 프로젝트가 진행됨에 따라 다른 항목이 중요해진다. 셋째, 필요한 재료의 양이 가변적이다. 예를 들어 선박의 선체에 강철 패널을 사용하는 비율은 프로젝트가 진행됨에 따라 변경되기도 한다.

학습목표 9.4
고정 위치 레이아웃이 적절한 경우를 식별한다.

고정 위치 레이아웃의 문제는 현장에서 잘 해결하기가 매우 어렵기 때문에 대안 전략은 가능한 한 많은 프로젝트를 현장 밖에서 완료하는 것이다. 이 접근 방식은 조선 산업에서 표준 장치(예: 파이프 고정 브래킷)가 인근 조립 라인(제품 지향 시설)에서 조립될 때 사용된다. 선박 건조에 효율성을 더하기 위해 잉갈조선(Ingall Ship Building Corporation)은 선박의 섹션(모듈)이 유사하거나 여러 유사한 선박의 동일한 섹션을 건조하는 계약이 있을 때 제품 지향 생산으로 이동했다. 또한 다음 페이지의 첫 번째 사진에서 볼 수 있듯이 많은 주택 건설업자는 고정 위치 레이아웃 전략에서 보다 제품 지향적인 레이아웃 전략으로 이동하고 있다. 미국 전체 신규 주택의 약 3분의 1이 이 방식으로 건설된다. 또한 현장(고정 위치)에 건설되는 많은 주택에는 문, 창문, 비품, 트러스, 계단, 벽판과 같은 구성요소의 대부분이 보다 효율적인 현장 밖(off-site) 프로세스에서 모듈로 구축된다.

프로세스 지향 레이아웃

프로세스 지향 레이아웃
같은 기계와 장비가 함께 그룹화되어 다품종 소량 생산을 처리하는 레이아웃

프로세스 지향 레이아웃(process-oriented layout)은 다양한 제품 또는 서비스를 동시에 처리할 수 있다. 이것은 제품 차별화 전략을 지원하는 전통적인 방법이다. 요구사항이 다른 제품을 만들 때나 요구사항이 다른 고객, 환자, 클라이언트를 대할 때 가장 효율적이다. 프로세스 지향 레이아웃은 일반적으로 7장에서 논의된 다품종 소량 전략이며, 이 작업장 환경에서 각 제품 또는 각 제품의 작은 그룹은 다른 작업 순서를 거치게 된다. 제품 또는 소액 주문은 해당 제품에 필요한 순서대로

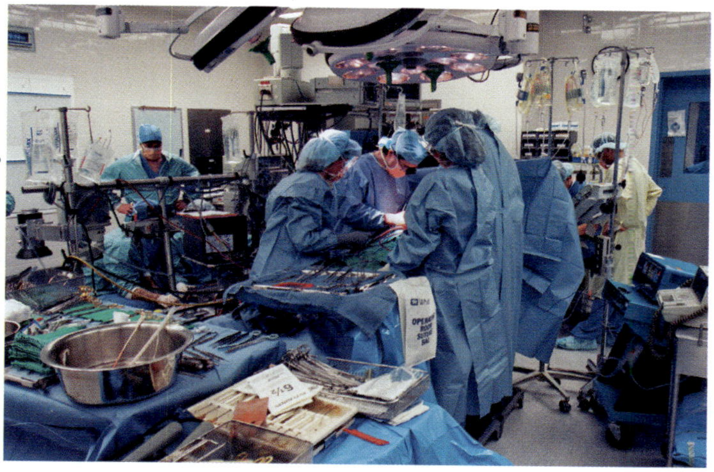

Dick Blume/Syracuse Newspapers/The Image Works

고정 위치 레이아웃의 서비스 예는 수술실이다. 환자는 수술대 위에 가만히 있고 의료 인력과 장비가 현장으로 옮겨진다.

한 부서에서 다른 부서로 이동해 생산된다. 프로세스 지향 레이아웃의 좋은 예는 병원이나 클리닉이다. 그림 9.3은 시카고의 응급 진료소에 있는 두 환자 A와 B의 과정을 보여준다. 각자의 필요가 있는 환자의 유입은 입원, 검사실, 수술실, 방사선과, 약국, 수유실 등을 거쳐야 한다. 장비, 기술 및 감독은 이러한 프로세스를 중심으로 구성된다.

프로세스 지향 레이아웃의 큰 장점은 장비 및 인력 할당의 유연성이다. 예를 들어 한 기계의 고장으로 전체 프로세스가 중단될 필요는 없고 부서의 다른 기계로 작업을 전송할 수 있다. 프로세스 지향 레이아웃은 또한 작은 배치 또는 **작업 로트**(job lots)의 부품 제조를 처리하고 다양한 크기나 형태의 다양한 부품을 생산하는 데 특히 좋다.

작업 로트
함께 처리되는 부품의 그룹 또는 배치

프로세스 지향 레이아웃의 단점은 장비의 범용 사용에서 비롯된다. 어려운 일정, 설정 변경 및 고유한 자재 처리로 인해 주문이 시스템을 통해 이동하는 데 더 많은 시간이 걸린다. 또한 범용 장비는 높은 노동력이 요구되며, 생산 공정의 불균형으로 인해 재공품 재고가 더 많다. 높은 노동 기술 요구는 또한 필요한 훈련 및 경험 수준을 증가시키고 높은 재공 수준은 자본 투자를 증가시킨다.

학습목표 9.5
우수한 프로세스 지향 시설 레이아웃을 달성하는 방법을 설명한다.

프로세스 레이아웃을 설계할 때 가장 일반적인 전술은 자재 취급 비용을 최소화하기 위해 부서 또는 작업 센터를 배치하는 것이다. 즉 부품이나 사람의 흐름이 많은 부서는 나란히 배치해야 한다. 이 접근 방식에서 자재 처리 비용은 (1) 일정 기간 동안 두 부서 간에 이동해야 하는 화물(또는 사람)의 수와 (2) 부서 간에 화물(또는 사람)을 이동하는 거리 관련 비용에 따라 다르다. 비용은 부서 간 거리의 함수로 가정한다. 목적은 다음과 같이 표현할 수 있다.

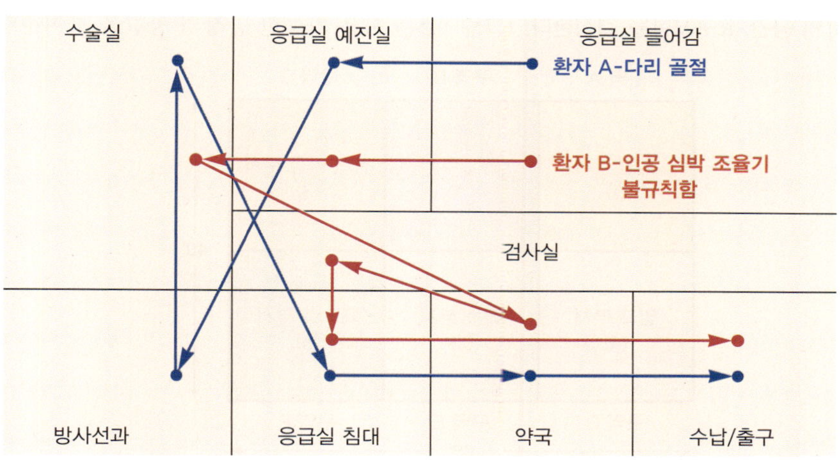

그림 9.3
두 환자의 경로를 보여주는 응급실 프로세스 레이아웃

$$\text{비용 최소화} = \sum_{i=1}^{n}\sum_{j=1}^{n} X_{ij}C_{ij} \qquad (9\text{-}1)$$

n = 작업 센터 또는 부서의 전체 수

i, j = 개별 부서

X_{ij} = 부서 i에서 부서 j로 이동된 로드 수

C_{ij} = 부서 i와 부서 j 사이에 로드를 이동하는 비용

프로세스 지향 시설(및 고정 위치 레이아웃도 포함)은 거리 관련 비용을 곱한 부하 또는 이동을 최소화하려고 한다. C_{ij}라는 용어는 거리와 기타 비용을 하나의 요소로 결합한다. 따라서 우리는 이동의 어려움이 동일할 뿐만 아니라 픽업 및 하차 비용도 일정하다고 가정한다. 항상 일정하지는 않지만 단순성을 위해 이러한 데이터(즉 거리, 난이도, 픽업 및 하차 비용)를 이 하나의 변수 비용으로 요약한다. 프로세스 레이아웃 설계와 관련된 단계를 이해하는 가장 좋은 방법은 예를 보는 것이다.

예제 1

프로세스 레이아웃 설계

Walters Company 경영진은 부서 간 자재 처리 비용을 최소화하는 방식으로 공장에 6개 부서를 배치하기를 원한다. 그들은 (문제를 단순화하기 위해) 각 부서가 20 × 20피트이고 건물의 길이가 60피트, 너비가 40피트라고 초기 가정을 한다.

접근방법 ▶ 그들이 따르는 프로세스 레이아웃 절차에는 다음 6단계가 포함된다.

1단계: 부서에서 부서로 부품 또는 재료의 흐름을 보여주는 *'from-to matrix'*를 구성한다(그림 9.4 참조).

그림 9.4

부품의 부서 간 흐름

부서	주별 로드 수 조립 (1)	도장 (2)	기계 공장 (3)	입고 (4)	배송 (5)	테스트 (6)
조립 (1)		50	100	0	0	20
도장 (2)			30	50	10	0
기계 공장 (3)				20	0	100
입고 (4)					50	0
배송 (5)						0
테스트 (6)						

2단계: 각 부서의 공간 요구사항을 결정한다. (그림 9.5는 사용 가능한 공장의 공간을 보여준다.)

그림 9.5

건물 크기 및 하나의 가능한 부서 레이아웃

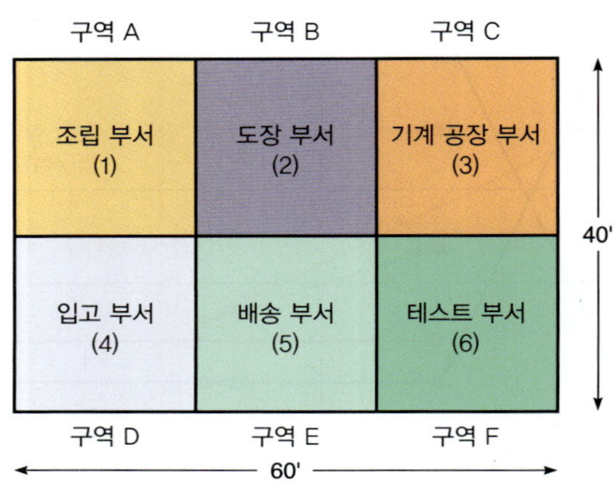

3단계: 부품이 이동해야 하는 부서의 순서를 보여주는 초기 개략도를 개발한다. 재료나 부품의 흐름이 많은 부서를 나란히 배치한다. (그림 9.6 참조)

그림 9.6

주간 부하 수를 표시하는 부서 간 흐름 그래프

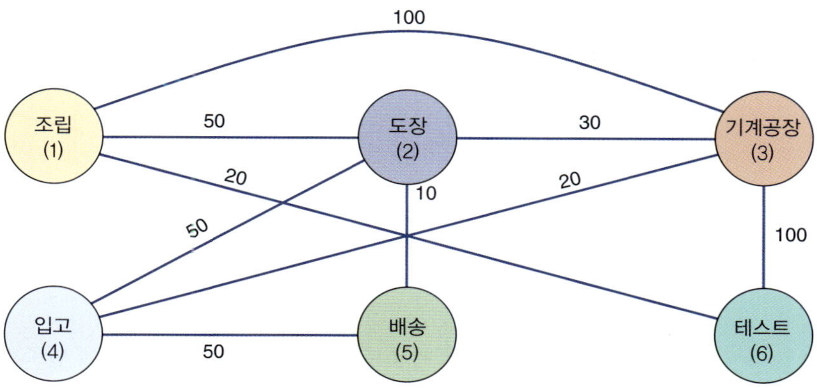

4단계: 자재 처리 비용 방정식을 사용하여 이 레이아웃의 비용을 결정한다.

$$\text{비용} = \sum_{i=1}^{n}\sum_{j=1}^{n} X_{ij}C_{ij}$$

이 문제에 대해 Walters Company는 지게차가 모든 부서 간 하중을 운반한다고 가정한다. 인접한 부서 간에 하나의 로드를 이동하는 데 드는 비용은 1달러로 추산된다. 인접하지 않은 부서 간에 로드를 이동하는 데는 2달러의 비용이 든다. 그림 9.4와 9.5를 보면 부서 1과 2 사이의 처리 비용이 50달러(1달러 × 50로드), 부서 1과 3 사이에 200달러(2달러 × 100로드), 부서 1과 6 사이에 40달러(2달러 × 20로드) 등이 있다. 2 및 4와 같이 서로 대각선인 작업 영역은 인접한 작업 영역으로 처리된다. 그림 9.6에 표시된 레이아웃의 총비용은 다음과 같다.

비용 = 50달러 + 200달러 + 40달러 + 30달러 + 50달러
(1과 2) (1과 3) (1과 6) (2와 3) (2와 4)
+ 10달러 + 40달러 + 100달러 + 50달러
(2와 5) (3과 4) (3과 6) (4와 5)
= 570달러

5단계: 시행착오를 통해(또는 우리가 곧 논의할 보다 정교한 컴퓨터 프로그램 접근 방식을 통해) 더 나은 부서 배열을 설정하기 위해 그림 9.5에 표시된 레이아웃을 개선하려고 시도한다.

흐름도(그림 9.6)와 비용 계산을 모두 보면 부서 1과 3을 더 가깝게 배치하는 것이 바람직해 보인다. 그 부서들은 현재 인접해 있지 않으며, 그들 사이의 많은 양의 흐름으로 인해 많은 처리 비용이 발생한다. 전체적인 비용을 낮추기보다는 부서를 옮겨서 높일 수 있는 효과가 있는지 살펴봐야 한다.

한 가지 가능성은 부서 1과 2를 전환하는 것이다. 이 교환은 두 번째 부서별 흐름도(그림 9.7)를 생성한다. 이 그래프는 비용이 480달러로 감소하고 자재 취급에서 90달러가 절감되는 것을 보여준다.

비용 = 50달러 + 100달러 + 20달러 + 60달러 + 50달러
(1과 2) (1과 3) (1과 6) (2와 3) (2와 4)
+ 10달러 + 40달러 + 100달러 + 50달러
(2와 5) (3과 4) (3과 6) (4와 5)
= 480달러

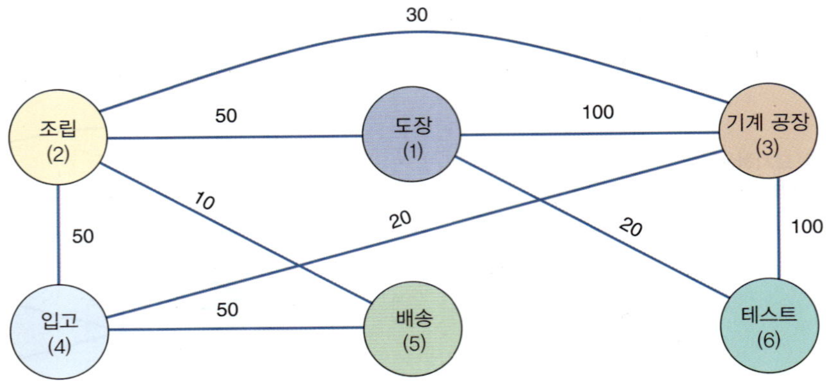

그림 9.7

두 번째 부서 간 흐름 그래프

월터스가 480달러의 비용 수치와 그림 9.7의 흐름도에 만족한다고 가정하자. 문제가 아직 해결되지 않았을 수 있다. 종종 여섯 번째 단계가 필요하다.

6단계: 건물의 모양과 움직일 수 없는 영역(하역장, 화장실, 계단 등)에 맞게 부서를 배치하는 **세부 계획을 준비한다.** 종종 이 단계에는 최종 계획이 전기 시스템, 바닥 하중, 미관 및 기타 요소에 의해 수용될 수 있는지 확인하는 것이 포함된다.

월터스의 경우 공간 요구사항은 간단한 문제이다(그림 9.8 참조).

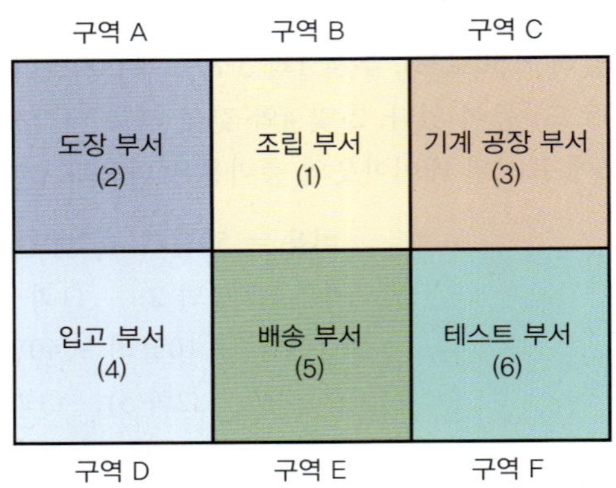

그림 9.8

Walters Company를 위한 실행 가능한 레이아웃

통찰력 ▶ 이 부서 전환은 가능한 많은 변경사항 중 하나일 뿐이다. 6개 부분으로 구성된 문제의 경우 실제로 720(또는 $6! = 6 \times 5 \times 4 \times 3 \times 2 \times 1$)개의 잠재적 배열이 있다. 레이아웃 문제에서 최적의 솔루션을 찾지 못할 수 있으며 '합리적인' 솔루션으로 만족해야 할 수도 있다.

학습 연습 ▶ 그림 9.7과 9.8의 레이아웃을 개선할 수 있겠는가? [답: 그렇다. 구역 A에 배송, 구역 B에 도장 부서, 구역 C에 조립 부서, 구역 D에 입고 부서(변경 없음), 구역 E에 기계 공장 부서, 구역 F에 테스트 부서(변화 없음)]

프로세스 지향 레이아웃을 위한 컴퓨터 소프트웨어

예제 1의 그래픽 접근 방식은 작은 문제에 적합하지만, 더 큰 문제에는 충분하지 않다. 20개의 부서가 레이아웃 문제에 관련되면 600조 이상의 다른 부서 구성이 가능하다. 다행히 컴퓨터 프로그

프로세스 지향 레이아웃을 위한 프로플래너 소프트웨어

컴퓨터 지원 설계 소프트웨어를 사용해 분석가는 마우스 클릭으로 프로플래너(Proplanner)의 Flow Path Calculator를 사용해 재료 흐름도를 생성하고 재료 처리 거리, 시간 및 비용을 계산할 수 있다. 제품, 부품, 자재 취급 방법별로 색상으로 구분된 가변 너비 흐름선을 통해 사용자는 레이아웃을 배열해야 하는 방법과 과도한 자재 취급을 제거할 위치를 식별할 수 있다.

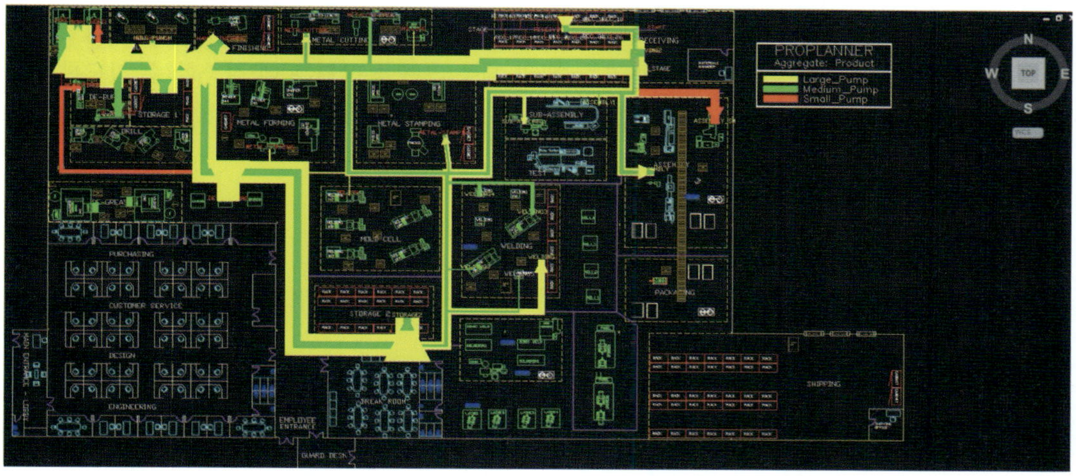

램은 이러한 큰 레이아웃을 처리하도록 작성되었다. 이러한 프로그램(위의 Flow Path Calculator 그래픽 참조)은 종종 순서도, 다층 기능, 저장 및 컨테이너 배치, 재료 용량, 시간 분석 및 비용 비교를 통해 정교함을 추가한다. 이러한 프로그램은 상호작용하는 경향이 있다. 즉 사용자의 참여가 필요하다. 그리고 대부분은 '최적의(optimal)' 솔루션이 아니라 '좋은(good)' 솔루션을 제공한다고 주장한다.

집중 시설

집중 시설(focused facilities)은 기업이 합리적으로 안정적인 수요를 가진 유사한 제품군을 식별했을 때 적절하다. 집중 시설은 고객의 제품 요구사항과 고객 요구사항 모두에 시설을 일치시켜 고객의 요구사항을 충족하도록 설계되었다. 잘 설계되면 추가 용량과 낭비되는 자원이 존재하지 않는다. 이러한 시설은 린(lean)하고 고객과 동기화되도록 생성 및 관리된다. 이 과정은 택트타임이 필요하다. **택트타임**(takt time)은 아래의 식과 같이 총 가용시간을 고객의 요구를 만족시키기 위해 필요한 단위로 나눈 값이다. 고객 요구는 공장의 부품부터 응급실의 환자, 맥도날드의 빅맥에 이르기까지 거의 모든 것이 될 수 있다.

택트타임
고객의 요구에 부응하는 생산 속도

택트타임 = 총 작업 가능 시간/고객 요구를 충족시키는 데 필요한 단위

예를 들어 일리노이툴웍스(Illinois Tool Works)에 7.5시간의 근무 시간이 있고 고객의 일일 수요가 600개 부품인 경우는 다음과 같다.

택트타임 = (7.5시간 × 60분)/600단위 = 450분/600단위 = 0.75분 = 45초

따라서 고객 요구사항(및 택트타임)은 45초마다 한 부분이다. 택트타임은 고객의 요구에 맞춰 생산 설비의 속도를 설정한다. 장비, 인력, 공급업체 모두 택트타임을 준수하도록 관리된다. 택트타임은 조직의 모든 측면이 행진하는 집중 시설의 북소리가 된다.

학습목표 9.6
작업 셀 및 작업 셀의 요구사항을 정의한다.

이제 우리는 세 가지 유형의 집중 시설, 즉 **작업 셀**(work cell), **집중 작업 센터**(focused work center), **집중 공장**(focused factory)을 논의할 것이다.

작업 셀

작업 셀
유사한 경로를 가진 단일 제품 또는 관련 제품 제품군을 만드는 데 중점을 둔 기계 및 인력 배치

세 가지 집중 시설 중 가장 작은 **작업 셀**(work cell)은 일반적으로 여러 부서에 분산되어 있던 사람과 기계를 그룹으로 재구성해 단일 제품 또는 관련 제품 그룹을 만드는 데 집중할 수 있도록 한다(그림 9.9 및 9.10 참조). 셀룰러(cellular) 작업 배치는 기계 및 장비의 특별한 배치가 필요한 경우에 사용된다. 작업 셀은 택트타임 및 제품 설계 변경에 따라 재구성된다.

작업 셀의 요구사항 작업 셀의 요구사항은 다음과 같다.

- 종종 그룹 기술 코드 또는 이와 동등한 것을 사용하는 제품군 식별
- 직원에 대한 높은 수준의 교육, 유연성 및 권한 부여
- 자급식 장비 및 자원
- 셀 내 각 스테이션에서 테스트(포카요케)

작업 셀의 장점 작업 셀의 장점은 다음과 같다.

1. 작업 셀이 기계에서 기계로 한 단위의 흐름을 제공하도록 설정되어 있으므로 **재공품 재고**(work-in-process, WIP) **감소**
2. 재공품 재고를 수용하기 위해 기계 사이에 더 적은 공간이 필요하기 때문에 필요한 **바닥 공간이 감소**
3. 재공품이 줄어들어 작업 셀을 통한 자재 이동이 더 빨라지기 때문에 **원자재 및 완제품 재고 감소**

그림 9.9
개별 작업 영역에서 작업 셀로 이동해 프로세스 개선

그림 9.9와 9.10에서 U자형 작업 셀은 자재와 직원의 움직임을 줄일 수 있다. U자형은 또한 공간 요구사항을 줄이고 의사소통을 향상하며 작업자 수를 줄이고 검사를 더 쉽게 만들 수 있다.

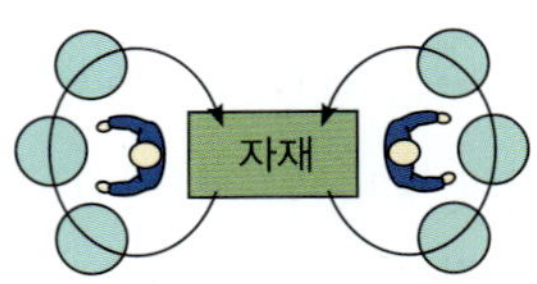

현재 레이아웃—작업자가 작은 개별 영역에 있다.

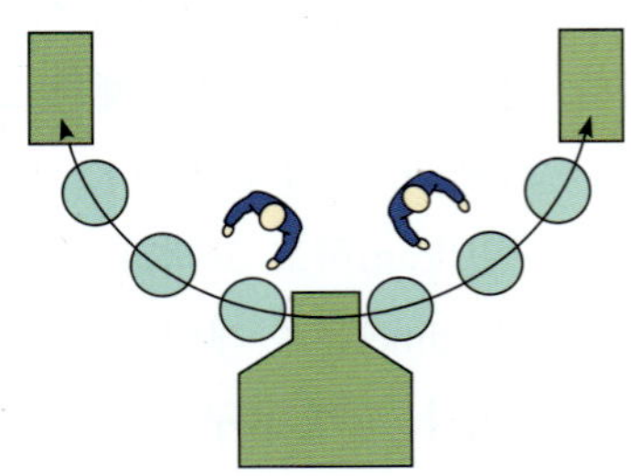

개선된 레이아웃—교차 훈련을 받은 작업자가 서로를 도울 수 있다. 추가 생산이 필요할 때 세 번째 작업자를 추가할 수 있다.

그림 9.10
직선에서 작업 셀로 이동해 프로세스 개선

현재 레이아웃—직선으로 인해 작업이 고르게 분배되지 않을 수 있으므로 작업 균형을 맞추기가 어렵다.

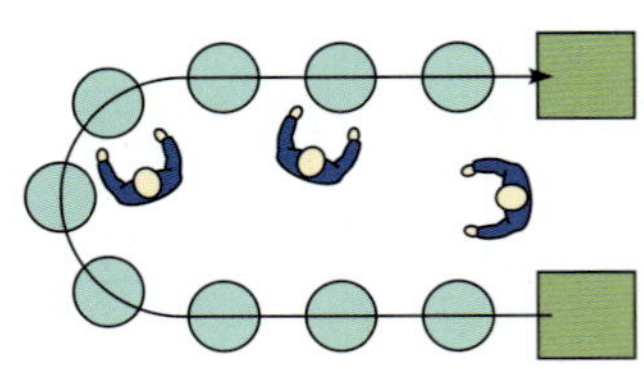

개선된 레이아웃—U자형으로 작업자가 더 쉽게 접근할 수 있다. 교차 훈련을 받은 4명의 직원이 3명으로 줄었다.

4. 직원 간 의사소통 개선, 자재 흐름 개선 및 일정 개선으로 인한 **직접 인건비 절감**
5. 조직 및 제품에 대한 **직원 참여 의식 향상**: 직원은 제품 품질에 대한 추가적인 책임을 수용하고, 제품 품질은 자신 및 작업 셀과 직접 연결되기 때문
6. 더 나은 일정 및 더 빠른 자재 흐름으로 인해 **장비 및 기계 활용도 증가**
7. 좋은 활용으로 기계의 수와 장비 및 툴링의 양이 줄어들기 때문에 **기계 및 장비에 대한 투자 감소**

작업 셀은 종종 조립 라인 및 프로세스 지향 시설보다 우수하다. 그 이유는 (1) 작업이 그룹화되어 검사가 종종 즉각적일 수 있음을 의미하고, (2) 더 적은 수의 작업자가 필요하고, (3) 작업자가 더 많은 작업 영역에 도달할 수 있기 때문이다. 또한 (4) 일을 보다 효율적으로 균형 있게 할 수 있고, (5) 의사소통이 향상된다. 작업 셀은 그림 9.9 및 9.10의 오른쪽과 같이 U자 모양으로 구성되는 경우가 있다. 그러나 셀의 모양은 공정 흐름에 부차적이다. 초점은 사람, 재료 및 의사소통을 최적화하는 흐름에 있어야 한다.

다른 생산 시설과 마찬가지로 작업 셀에서도 병목 현상이 셀을 통한 흐름을 제한하기 때문에 인력 배치와 잠재적인 병목 현상을 고려해야 한다. 그러나 작업 셀의 불균형은 작업이 수동인 경우 거의 문제가 되지 않는다. 셀 구성원은 정의상 교차 훈련된 팀의 일부이기 때문이다. 결과적으로 작업 셀의 고유한 유연성은 일반적으로 적당한 불균형 문제를 극복한다. 그러나 불균형이 기계 제약인 경우 기계, 프로세스 또는 작업의 조정이 필요할 수 있다. 이러한 상황에서는 다음 절의 주제인 전통적인 조립 라인 균형 분석을 사용하는 것이 도움이 될 수 있다.

작업 셀의 성공은 제조에만 국한되지 않는다. 미국 연하장 시장의 절반 이상을 차지하고 있으며 약 40,000장의 다양한 카드를 생산하는 캔자스시티의 홀마크(Hallmark)는 사무실을 셀룰러 디자인으로 수정했다. 과거에는 700명의 크리에이티브 전문가가 새 카드를 개발하는 데 최대 2년이 걸렸다. 홀마크는 예술가, 작가, 석판 작가, 머천다이저, 회계사로 구성된 작업 공간을 모두 같은 지역에 배치하기로 결정해 기존 레이아웃에 필요한 시간보다 훨씬 짧은 시간에 카드를 준비할 수 있었다. 유사하게, 작업 셀은 미국 적십자(American Red Cross)의 프로세스에 대해 더 높은 성능과 더 나은 서비스를 제공했다.

집중 작업 센터

유사한 제품이 상당한 양이고 수요가 안정적일 때 셀은 집중 작업 센터(focused work center)로 구성될 수 있다. 집중 작업 센터(**공장 내 공장**이라고도 함)는 현재 시설의 일부로 남아 있는 대규모 셀룰러 작업 센터로 생산을 이동한다. 예를 들어 토요타(Toyota) 텍사스 공장의 범퍼와 대시보드는 조립 라인의 차량, 모델 및 색상 변경에 반응하는 택트타임으로 집중 작업 센터에서 생산된다.

집중 공장

집중 작업 센터가 별도의 시설에 있는 경우 **집중 공장**(focused factory)이라고 하는 경우가 많다. 예를 들어 토요타의 안전벨트, 연료 탱크와 배기 시스템을 생산하는 별도의 공장은 집중 공장이다. 패스트푸드점은 집중 공장이기도 하다. 대부분은 제품 믹스와 양을 조정하기 위해 쉽게 재구성된다. 버거킹(Burger King)은 변화하는 택트타임에 맞춰 공정의 균형을 맞추기 위해 기계와 장비를 옮기는 대신 인력과 업무 할당 수를 변경한다. 실제로 레이아웃은 매일 여러 번 변경된다.

집중 공장
회사의 경쟁 전략에 의해 정의된 제한된 제품 세트에 전체 제조 시스템을 집중하기 위해 설립된 공장

집중 공장이라는 용어는 제품 라인이나 레이아웃이 아닌 다른 방식으로 집중된 시설을 나타낼

수도 있다. 예를 들어 시설은 저비용, 품질, 신제품 출시 또는 유연성과 같은 핵심 역량에 중점을 둘 수 있다.

제조 및 서비스 모두에 집중된 시설은 설계상 택트타임을 설정하는 데 있어서 매우 좋다. 택트타임은 기업이 고객과 지속적으로 소통하고 고품질 제품을 생산하며 더 높은 마진으로 운영할 수 있는 기반을 마련한다. 이는 토요타와 같은 자동차 제조업체, 맥도날드와 같은 레스토랑, 올랜도의 아놀드파머병원과 같은 병원 등 업종에 관계없이 사실이다.

반복적이고 제품 지향적인 레이아웃

제품 지향 레이아웃(product-oriented layout)은 대량의 소품종 또는 제품군을 중심으로 구성된다. 7장에서 설명하는 반복 생산과 연속 생산은 이러한 제품 레이아웃을 사용한다. 이 레이아웃의 가정은 다음과 같다.

학습목표 9.7
제품 지향 레이아웃을 정의한다.

1. 생산량은 높은 장비 활용도에 적합하다.
2. 전문 장비에 대한 높은 투자를 정당화할 만큼 제품 수요가 안정적이다.
3. 제품이 표준화되었거나 전문 장비에 대한 투자를 정당화할 수 있는 수명주기 단계에 가깝다.
4. 전문 장비와 함께 작동할 수 있도록 원자재 및 구성요소의 공급이 적절하고 균일한 품질을 유지한다.

제조 라인
구성 요소를 구축하기 위한 기계 속도의 제품 지향 시설

조립 라인
일련의 워크스테이션에서 조립된 부품을 함께 모으는 접근 방식. 반복적인 프로세스에 사용

제품 지향 레이아웃의 두 가지 유형은 제조 및 조립 라인이다. **제조 라인**(fabrication line)은 일련의 기계에서 자동차 타이어 또는 냉장고용 금속 부품과 같은 구성요소를 제조하는 반면 **조립 라인**(assembly line)은 일련의 워크스테이션에서 조립 부품을 조립한다. 그러나 둘 다 반복적인 프로세스이며 두 경우 모두 라인이 '균형을 이루어야(balanced)' 한다. 즉 한 조립 라인 직원이 한 워크스테이션에서 보낸 시간은 다음 직원이 다음 워크스테이션에서 보낸 시간과 '균형'을 유지해야 하는 것처럼 한 기계에서 작업을 수행하는 데 소요된 시간은 제조 라인의 다음 기계에서 작업을 수행하는 데 소요된 시간과 같거나 '균형'을 이루어야 한다. 도축장과 자동차 재활용 업체의 '분해 라인(disassembly lines)'을 설계할 때도 동일한 문제가 발생한다.

조립 라인 밸런싱
지연을 최소화하기 위해 생산 라인의 각 워크스테이션에서 얻는 결과

균형 잡힌 조립 라인은 높은 인력 및 시설 활용도와 직원의 작업량 사이에 형평성을 가지고 있다. 일부 노동조합 계약에서는 동일한 조립 라인의 작업 부하가 거의 동일해야 한다. 이 프로세스를 설명하는 데 가장 자주 사용되는 용어는 **조립 라인 밸런싱**(assembly-line balancing)이다. 실제로 제품 지향 레이아웃의 목적은 제조 또는 조립 라인의 불균형을 최소화하는 것이다.

제품 지향 레이아웃의 주요 이점은 다음과 같다.

1. 일반적으로 대량의 표준화된 제품과 관련된 낮은 단위당 변동비용
2. 낮은 자재 취급 비용
3. 재공품 재고(WIP) 감소
4. 교육 및 감독 용이성
5. 빠른 처리량

제품 지향 레이아웃의 단점은 다음과 같다.

1. 프로세스 구축에 막대한 투자가 필요하기 때문에 높은 용량이 필요함

경과 시간	0:00	0:11	0:31	0:45		1:30
작업 시간(초)		11	20	14	0	45
작업	1. 주문	2. 빵 굽기	3. 재료 추가	4. 패티를 빵에 추가	5. 신선도를 유지하기 위해 주문 즉시 픽업	6. 고객 서비스(주문과 결제)

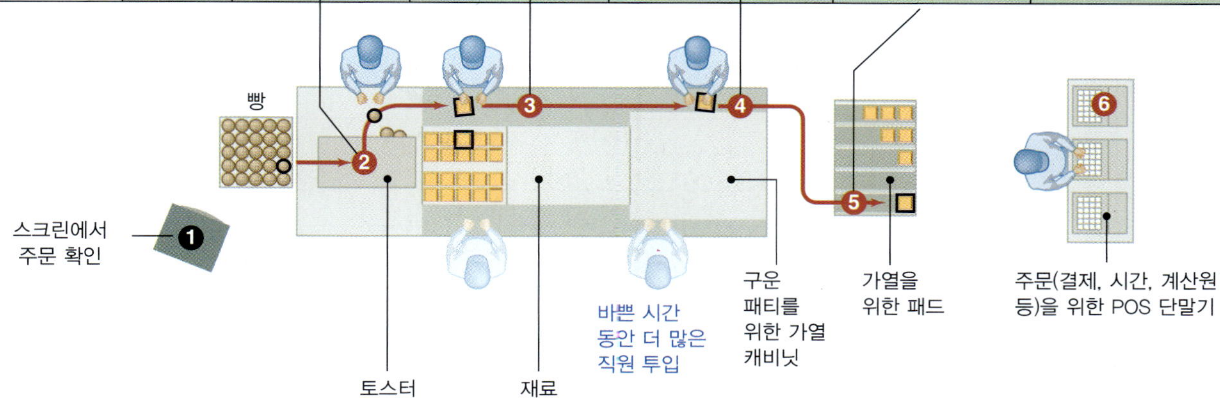

그림 9.11 맥도날드 햄버거 조립 라인

2. 어느 한 지점에서 작업이 중단되면 전체 작업이 중단될 수 있음
3. 다양한 제품과 생산 속도에 필요한 공정 유연성은 문제가 될 수 있음

제조 라인과 조립 라인의 문제는 유사하기 때문에 우리는 조립 라인에 대해 논의를 집중한다. 조립 라인에서 제품은 일반적으로 완료될 때까지 일련의 워크스테이션을 통해 컨베이어와 같은 자동화된 수단을 통해 이동한다. 이것이 패스트푸드 햄버거가 만들어지고(그림 9.11 참조), 자동차와 일부 비행기가 조립되고, TV와 오븐이 생산되는 방식이다. 제품 지향 레이아웃은 프로세스 지향 레이아웃보다 더 자동화되고 특별히 설계된 장비를 사용한다.

조립 라인 밸런싱

라인 밸런싱(line balancing)은 일반적으로 라인에서 필요한 출력을 충족하면서 기계 또는 인력 간의 불균형을 최소화하기 위해 수행된다. 지정된 속도로 생산하려면 경영진은 사용된 도구, 장비 및 작업 방법을 알아야 한다. 그런 다음 각 조립 작업(예: 구멍 뚫기, 너트 조이기 또는 부품 스프레이 페인팅)에 필요한 시간을 결정해야 한다. 경영진은 또한 활동 간의 **우선순위 관계**, 즉 다양한 작업이 수행되어야 하는 순서를 알아야 한다. 예제 2는 이러한 작업 데이터를 우선순위 다이어그램으로 변환하는 방법을 보여준다.

학습목표 9.8
반복적이거나 제품 지향적인 시설에서 생산 흐름의 균형을 맞추는 방법을 설명한다.

예제 2 조립 라인에 대한 우선순위 다이어그램 개발

보잉은 총 조립 시간이 65분인 정전식 날개 부품에 대한 우선순위 다이어그램(precedence diagram)을 개발하려고 한다.

접근방법 ▶ 직원은 표 9.2의 구성요소에 대한 작업, 조립 시간 및 순서 요구 사항을 수집한다.

표 9.2 날개 부품에 대한 우선순위 데이터

작업	조립 시간(분)	아래 나열된 순서대로 따라야 하는 작업	
A	10	—	이것은 작업 A가 완료될 때까지 작업 B와 E를 수행할 수 없음을 의미한다.
B	11	A	
C	5	B	
D	4	B	
E	11	A	
F	3	C, D	
G	7	F	
H	11	E	
I	3	G, H	
	총 시간 65		

해결방법 ▶ 그림 9.12는 우선순위 다이어그램을 보여준다.

그림 9.12

우선순위 다이어그램

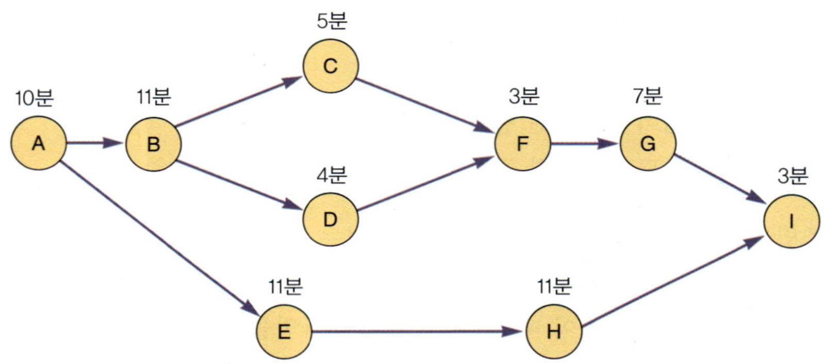

통찰력 ▶ 다이어그램은 조립 라인과 워크스테이션을 구성하는 데 도움이 되며 작업 순서를 쉽게 시각화할 수 있다.

학습 연습 ▶ 작업 D에 두 번째 선행 작업(C)이 있는 경우 그림 9.12는 어떻게 변경되는가? [답: C에서 D를 가리키는 화살표도 있을 것이다.]

순서 및 성능 시간을 요약한 우선순위 차트를 구성한 후에는 지정된 생산 속도를 충족할 수 있도록 작업을 워크스테이션으로 그룹화하는 작업으로 전환한다. 이 프로세스에는 세 단계가 포함된다.

주기 시간
각 워크스테이션에서 제품이 허용되는 최대 시간

1. 하루에 필요한 단위(수요 또는 생산 비율)를 취해 하루에 사용할 수 있는 생산 시간(분 또는 초)으로 나눈다. 이 작업은 **주기 시간**(cycle time), 즉 생산 속도가 달성될 경우 각 워크스테이션에서 허용되는 최대 시간을 제공한다.

$$\text{주기 시간} = \frac{\text{1일 생산 가능 시간}}{\text{1일 필요한 생산 단위}} \tag{9-2}$$

2. 이론적인 최소 워크스테이션 수를 계산한다. 이것은 총 작업의 지속 시간(제품을 만드는 데

표 9.3 조립라인 밸런싱에서 작업을 워크스테이션에 할당하는 데 사용할 수 있는 레이아웃 휴리스틱

1. *가장 긴 작업 시간*	사용 가능한 작업에서 시간이 가장 긴(가장 많은) 작업을 선택한다.
2. *가장 많은 후속 작업*	사용 가능한 작업에서 후속 작업이 가장 많은 작업을 선택한다.
3. *순위가 매겨진 위치 가중치*	사용 가능한 작업에서 다음 각 작업의 시간 합계가 가장 긴 작업을 선택한다. [예제 3에서 작업 C의 순위가 매겨진 위치 가중치 = 5(C) + 3(F) + 7(G) + 3(I) = 18인 반면 작업 D의 순위가 지정된 위치 가중치 = 4(D) + 3(F) + 7(G) + 3(I) = 17이다. 따라서 이 발견법을 사용해 C가 먼저 선택된다.]
4. *가장 짧은 작업 시간*	사용 가능한 작업에서 작업 시간이 가장 짧은 작업을 선택한다.
5. *가장 적은 후속 작업 수*	사용 가능한 작업에서 후속 작업 수가 가장 적은 작업을 선택한다.

걸리는 시간)을 주기 시간으로 나눈 값이다. 결과 값은 다음 높은 정수로 반올림된다.

$$\text{최소 워크스테이션 수} = \frac{\text{총 작업의 지속 시간}}{\text{주기 시간}} \tag{9-3}$$

3. 각 워크스테이션에 특정 조립 작업을 할당해 라인의 균형을 맞춘다. 효율적인 균형은 필요한 조립을 완료하고 지정된 순서를 따르며 각 워크스테이션의 유휴 시간을 최소로 유지하는 균형이다. 이를 위한 공식적인 절차는 다음과 같다.

   a. 작업의 마스터 목록을 식별한다.
   b. 할당된 작업을 제거한다.
   c. 우선순위 관계가 충족되지 않은 작업을 제거한다.
   d. 워크스테이션에서 시간이 충분하지 않은 작업을 제거한다.
   e. 표 9.3에 설명된 라인 밸런싱 휴리스틱 중 하나를 사용한다. 이 다섯 가지 선택은 (1) 가장 긴 작업 시간, (2) 가장 많은 후속 작업, (3) 순위가 매겨진 위치 가중치, (4) 가장 짧은 작업 시간, (5) 가장 적은 후속 작업 수이다. 이러한 **휴리스틱**(heuristics) 중 몇 가지를 테스트해 가장 적은 수의 워크스테이션과 가장 높은 효율성이 '최상의' 솔루션을 생성하는지 확인할 수 있다. 그러나 휴리스틱이 솔루션을 제공하더라도 최적의 솔루션을 보장하지는 않는다는 점을 기억해야 한다.

휴리스틱
수학적 최적화보다는 절차와 규칙을 사용한 문제 해결

예제 3

조립라인 밸런싱

예제 2에 제공된 우선순위 다이어그램과 활동 시간을 기반으로 보잉은 하루에 480분의 생산적인 작업이 가능하다고 결정했다. 또한 생산 일정에 따라 매일 40개의 날개 부품이 조립 라인에서 출력으로 완료되어야 한다. 이제 작업을 워크스테이션으로 그룹화하려고 한다.

접근방법 ▶ 위의 세 단계에 따라 식 (9-2)를 사용해 주기 시간을 계산하고 식 (9-3)을 사용해 최소 워크스테이션 수를 계산하고 워크스테이션에 작업을 할당한다. 이 경우 다음과 같은 휴리스틱 작업을 가장 많이 사용한다.

해결방법 ▶

$$\text{주기 시간(분)} = \frac{480\text{분}}{40\text{단위}} = 12\text{분/단위}$$

$$\text{최소 워크스테이션 수} = \frac{\text{총 작업 시간}}{\text{주기 시간}} = \frac{65}{12} = 5.42 \text{ 또는 6개 스테이션}$$

그림 9.13은 순서 요구사항을 위반하지 않고 작업을 6개의 1인 스테이션으로 그룹화하는 하나의 솔루션을 보여준다. 이 솔루션을 얻기 위해 다음 작업이 가장 많은 활동을 워크스테이션으로 이동해 12분의 사용 가능한 주기 시간을 최대한 많이 사용했다. 첫 번째 워크스테이션은 10분을 소비하고 유휴 시간은 2분이다.

그림 9.13

라인 밸런싱 문제에 대한 6개 스테이션 솔루션

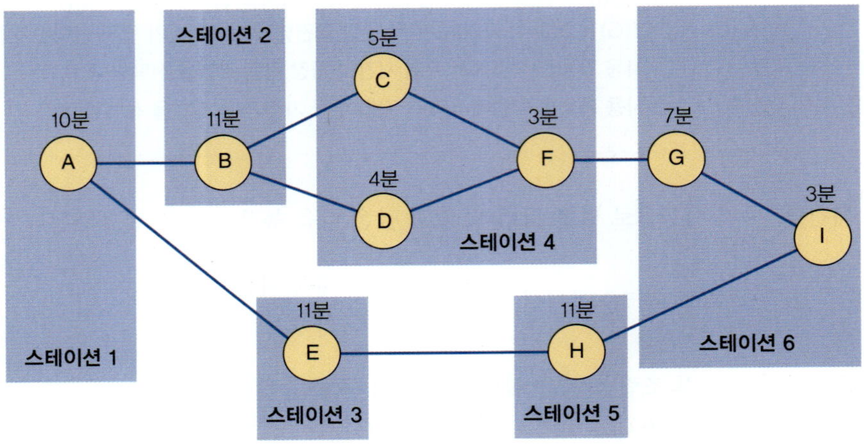

통찰력 ▶ 이것은 상당히 균형 잡힌 조립 라인이다. 두 번째 및 세 번째 워크스테이션은 11분을 사용한다. 네 번째 워크스테이션은 세 가지 작은 작업을 그룹화하고 12분에 완벽하게 균형을 유지한다. 다섯 번째는 1분의 유휴 시간이 있고 여섯 번째(작업 G 및 I로 구성)는 주기당 2분의 유휴 시간이 있다. 이 솔루션의 총 유휴 시간은 주기당 7분이다.

학습 연습 ▶ 작업에 3분이 아닌 6분이 필요한 경우 솔루션이 어떻게 변경되는가? [답: 주기 시간은 변경되지 않고 이론상의 최소 워크스테이션 수는 여전히 6(5.67에서 반올림)이지만 라인 균형을 맞추려면 7개의 스테이션이 필요하다.]

균형 할당의 효율성 측정에는 두 가지가 있다. 첫 번째 측정은 총 작업 시간을 가장 긴 워크스테이션의 할당된(실제) 주기 시간에 필요한 워크스테이션 수의 곱으로 나누어 라인 밸런스의 **효율성**(efficiency)을 계산한다.

$$\text{효율성} = \frac{\text{총 작업 시간}}{(\text{워크스테이션 실제 수}) \times (\text{가장 길게 할당된 주기 시간})} \qquad (9\text{-}4)$$

운영 관리자는 다양한 수의 워크스테이션에 대해 다양한 수준의 효율성을 비교한다. 이러한 방식으로 회사는 생산 속도 및 워크스테이션 할당의 변화에 대한 라인의 민감도를 결정할 수 있다.

두 번째 측정값은 회선의 **유휴 시간**(idle time)을 계산한다.

$$\text{유휴 시간} = (\text{실제 워크스테이션 수} \times \text{최대 할당 주기 시간}) - \text{총 작업 시간} \qquad (9\text{-}5)$$

예제 4

라인 효율성 결정

보잉은 예제 3의 효율성과 유휴 시간을 계산하려고 한다.

접근방법 ▶ 식 (9-4) 및 (9-5)가 적용된다.

해결방법 ▶

$$효율성 = \frac{65분}{(6개\ 스테이션) \times (12분)} = \frac{65}{72} = 90.3\%$$

$$유휴\ 시간 = (6개\ 스테이션 \times 12분) - 65분 = 7분$$

이유가 무엇이든 일곱 번째 워크스테이션을 열면 가중치의 효율성이 77.4%로 감소한다(적어도 워크스테이션 중 하나는 여전히 12분이 필요하다고 가정).

$$효율성 = \frac{65분}{(7개\ 스테이션) \times (12분)} = 77.4\%$$

$$유휴\ 시간 = (7개\ 스테이션 \times 12분) - 65분 = 19분$$

통찰력 ▶ 효율성을 높이려면 일부 작업을 더 작은 요소로 나누고 다른 작업에 다시 할당해야 할 수 있다. 이는 워크스테이션 간의 더 나은 균형을 용이하게 하고 더 높은 효율성을 의미한다. 효율성을 1 − (유휴 시간 %), 즉 [1 − (유휴 시간)/(워크스테이션의 총 시간)]으로 계산할 수도 있다.

학습 연습 ▶ 여덟 번째 워크스테이션이 열리면 효율성은 어떻게 되는가? [답: 효율성 = 67.7%]

대형 프로세스 레이아웃 문제와 같은 대규모 라인 밸런싱 문제는 종종 컴퓨터로 해결된다. 어셈블리 라인 프로(Assembly Line Pro), 프로플래너, 타임 프로(Timer Pro), 플렉서블 라인 밸런싱(Flexible Line Balancing), 프로모델(Promodel)과 같은 컴퓨터 프로그램은 수많은 작업 활동이 있는 조립 라인에서 워크스테이션 할당을 처리하는 데 사용할 수 있다. 이러한 소프트웨어는 수천 또는 수백만 개의 가능한 워크스테이션 조합을 수동으로 수행할 수 있었던 것보다 훨씬 더 효율적으로 평가한다.

요약

레이아웃은 운영 효율성에 상당한 차이를 만든다. 이 장에서 논의되는 일곱 가지 레이아웃 상황은 (1) 사무실, (2) 소매, (3) 창고, (4) 고정 위치, (5) 프로세스 지향, (6) 작업 셀, (7) 제품 지향이다. 이러한 레이아웃 문제를 해결하기 위해 다양한 기술이 개발되었다. 사무실 레이아웃은 종종 정보 흐름을 최대화하려고 하고, 소매 회사는 제품 노출에 초점을 맞추고, 창고는 저장 공간과 자재 처리 비용의 균형을 최적화하려고 한다.

고정 위치 레이아웃 문제는 현장의 제한된 공간의 제약 내에서 자재 처리 비용을 최소화하려고 시도한다. 프로세스 레이아웃은 이동 거리에 이동 횟수를 곱한 값을 최소화한다. 제품 레이아웃은 조립 라인의 낭비와 불균형을 줄이는 데 중점을 둔다. 작업 셀은 자재 이동을 줄이고 교차 훈련을 받은 직원과의 불균형을 조정하는 기계 및 장비의 특수 구성을 정당화하는 제품군을 식별한다.

흔히 레이아웃 문제는 너무 광범위해 최적의 솔루션을 찾는 것이 불가능하다. 이러한 이유로 레이아웃 결정은 상당한 연구를 해야만 하는 주제지만 여전히 예술(art)의 일부이다.

핵심 용어

고정 위치 레이아웃(fixed-position layout)
맞춤화(customizing)
사무실 레이아웃(office layout)
서비스스케이프(servicescape)
소매 레이아웃(retail layout)
슬롯 수수료(slotting fee)

임의 입고(random stocking)
작업 로트(job lot)
작업 셀(work cell)
제조 라인(fabrication line)
조립 라인(assembly line)
조립 라인 밸런싱(assembly-line balancing)
주기 시간(cycle time)
집중 공장(focused factory)
창고 레이아웃(warehouse layout)
크로스 도킹(cross-docking)
택트타임(takt time)
프로세스 지향 레이아웃(process-oriented layout)
휴리스틱(euristic)

윤리적 딜레마

대량 맞춤화 및 다양한 크기와 변형의 신제품 확산으로 인해 묻히긴 했지만, 식료품 체인점은 계속해서 레이아웃에서 수익을 극대화하기 위해 노력하고 있다. 그들의 레이아웃에는 판매 가능한 상품(선반 공간)이 포함되며 비용을 청구한다. 이 요금을 슬롯 수수료(slotting fee)라고 한다. 최근 추정에 따르면 식품 제조업체는 현재 판매액의 약 13%를 거래 판촉에 지출하고 있으며 이는 식료품상이 제조업체의 제품을 판촉하고 할인하도록 하기 위해 지불한다. 이 수수료의 일부는 슬롯 가공을 위한 것이지만 슬롯 수수료는 제조업체의 비용을 증가시킨다. 그들은 또한 제한된 자원을 가진 소규모 회사가 시장에서 밀려날 수 있기 때문에 신제품을 출시한 소규모 회사를 불리하게 만든다. 슬롯 수수료는 고객이 더 이상 특별한 현지 브랜드를 찾지 못할 수도 있음을 의미할 수도 있다. 이러한 슬롯 수수료는 과연 윤리적인 것인가?

Image Source/Alamy Stock Photo

토론 문제

1. 이 장에서 제시하는 일곱 가지 레이아웃 전략은 무엇인가?
2. 고정 위치 레이아웃을 복잡하게 만드는 세 가지 요소는 무엇인가?
3. 슈퍼마켓 레이아웃에 프로세스 지향 레이아웃을 어떻게 적용하는가? 고객을 위한 이러한 유형의 레이아웃의 장점과 단점은 무엇인가?
4. 분석가는 어떻게 자료를 얻고 아래 장소의 횟수를 결정할 수 있는가?
   (a) 병원
   (b) 기계 공장
   (c) 자동차 수리점
5. 제품 지향 레이아웃의 장점과 단점은 무엇인가?
6. 다품종 소량 제품의 레이아웃 구축을 위한 네 가지 전제(또는 전제 조건)는 무엇인가?
7. 이 책에서 논의되는 작업 셀의 대체 형태는 무엇인가?
8. 작업 셀의 장점과 단점은 무엇인가?
9. 작업 셀의 주요 요구사항은 무엇인가?
10. 사무실 레이아웃에 영향을 미치는 두 가지 주요 트렌드는 무엇인가?
11. 병원 레이아웃을 설계할 때 고려해야 할 핵심 요소는 무엇인가?
12. 최근에 소매 시설에서 어떤 레이아웃 혁신을 발견했는가?
13. 관리자가 소매 레이아웃에서 조작할 수 있는 변수는 무엇인가?
14. 백화점의 여러 층에 걸쳐 다양한 섹션과 서비스의 분포를 연구하라. 그러한 상점에서 다른 부서 또는 섹션의 위치에 대한 근거를 설명하라.
15. 창고 시스템에서 자동 식별은 어떻게 작동하는가?
16. 임의 입고가 작동하려면 어떤 정보가 필요한가?
17. 크로스 도킹의 개념을 설명하라.
18. 휴리스틱이란 무엇인가? 조립 라인 밸런싱에 사용할 수 있는 몇 가지 이름을 지정하라.

문제 해결

문제 해결 9.1

Aero Maintenance는 캔자스주 위치타에 위치한 소형 항공기 엔진 유지보수 시설이다. 새 관리자인 앤 대니얼(Ann Daniel)은 위치타주립대학교(Wichita State University)에서 공부한 프로세스 레이아웃 방법을 사용해 시설의 자재 흐름을 개선하기로 결정했다. 이 회사 8개 부서의 현재 레이아웃은 그림 9.14에 나와 있다.

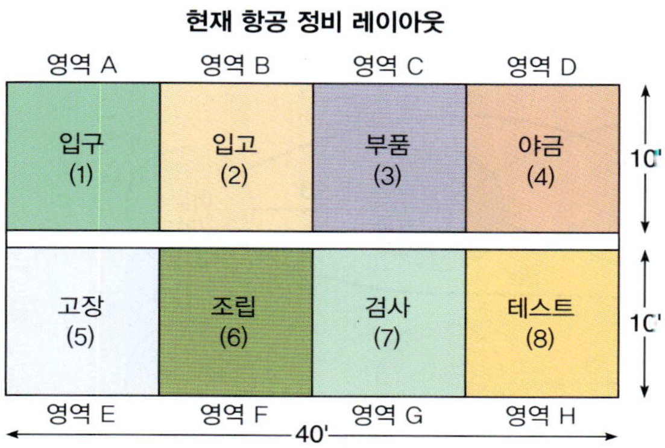

그림 9.14 Aero Maintenance 레이아웃

대니얼이 감지한 유일한 물리적 제한은 입구를 현재 위치에 유지해야 한다는 것이다. 레이아웃 분석에서 이동이 유리할 것으로 나타나면 다른 모든 부서를 다른 작업 영역(각 10제곱피트)으로 이동할 수 있다.

먼저 대니얼은 기록을 분석해 월평균 부서 간 자재 이동 수를 확인한다. 이러한 데이터는 그림 9.15에 나와 있다. 대니얼은 그녀의 목표가 시설 내 자재의 전체 이동(이동 거리)을 최소화하도록 부서를 배치하는 것이라고 결정한다. 그녀는 자신의 목표를 다음과 같이 작성했다.

$$\text{자재 이동 최소화} = \sum_{i=1}^{8}\sum_{j=1}^{8} X_{ij}C_{ij}$$

X_{ij} = 부서 i에서 부서 j로 이동하는 월별 자재 이동 횟수(로드 또는 이동)

C_{ij} = 부서 i와 j 사이의 거리(피트)(이 경우 부서 간 이동에 드는 로드당 비용과 동일)

이것은 이 장의 앞부분에 표시된 비용 목표 방정식을 약간 수정한 것에 불과하다.

대니얼은 입구(현재 작업 영역 A에 있음) 및 수신(현재 작업 영역 B에 있음)과 같은 인접 부서의 도보 거리가 10피트라고 가정한다. 대각선 부서도 인접한 것으로 간주되어 10피트의 거리가 할당된다. 입구 및 부품(현재 영역 C) 또는 입구 및 검사(영역 G)와 같은 인접하지 않은 부서는 20피트 떨어져 있고 입구 및 야금(영역 D)과 같은 인접하지 않은 곳은 30피트 떨어져 있다. (따라서 10피트는 10단위의 비용으로, 20피트는 20단위의 비용, 30피트는 30단위의 비용으로 간주된다.)

위의 정보를 감안할 때 Aero Maintenance의 레이아웃을 재설계해 자재 흐름 효율성을 개선하라.

부서	입구(1)	입고(2)	부품(3)	야금(4)	고장(5)	조립(6)	검사(7)	테스트(8)
입구(1)		100	100	0	0	0	0	0
입고(2)			0	50	20	0	0	0
부품(3)				30	30	0	0	0
야금(4)					20	0	0	20
고장(5)						20	0	10
조립(6)							30	0
검사(7)								0
테스트(8)								

그림 9.15

월별 부서 간 자재 이동 횟수

해결책

먼저 그림 9.16과 같이 Aero Maintenance의 현재 레이아웃을 설정한다. 그런 다음 현재 레이아웃을 분석해 재료 이동을 계산한다.

$$
\begin{aligned}
\text{총 이동} &= \underset{1\sim2}{(100 \times 10')} + \underset{1\sim3}{(100 \times 20')} + \underset{2\sim4}{(50 \times 20')} + \underset{2\sim5}{(20 \times 10')} \\
&\quad + \underset{3\sim4}{(30 \times 10')} + \underset{3\sim5}{(30 \times 20')} + \underset{4\sim5}{(20 \times 30')} + \underset{4\sim8}{(20 \times 10')} \\
&\quad + \underset{5\sim6}{(20 \times 10')} + \underset{5\sim8}{(10 \times 30')} + \underset{5\sim7}{(30 \times 10')} \\
&= 1{,}000 + 2{,}000 + 1{,}000 + 200 + 300 + 600 + 600 + 200 \\
&\quad + 200 + 300 + 300 \\
&= 6{,}700\text{피트}
\end{aligned}
$$

그림 9.16

현재 자재 흐름

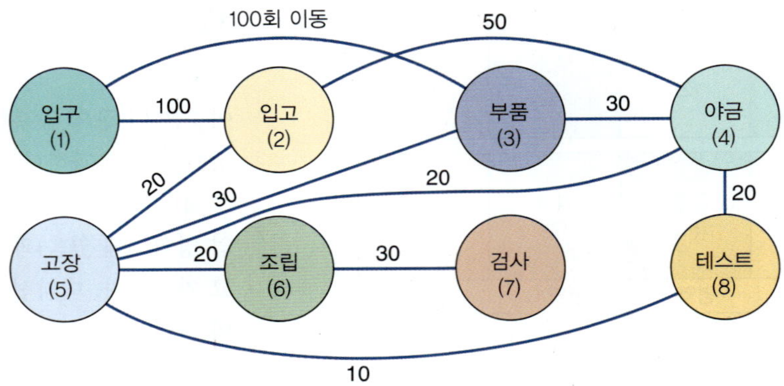

6,700피트의 현재 수치를 줄이는 새로운 레이아웃을 제안한다. 예를 들어 두 가지 유용한 변경 사항은 부서 3과 5를 바꾸고 부서 4와 6을 바꾸는 것이다. 이 변경으로 인해 그림 9.17과 같은 회로도가 표시된다.

$$
\begin{aligned}
\text{총 이동} &= \underset{1\sim2}{(100 \times 10')} + \underset{1\sim3}{(100 \times 10')} + \underset{2\sim4}{(50 \times 10')} + \underset{2\sim5}{(20 \times 10')} \\
&\quad + \underset{3\sim4}{(30 \times 10')} + \underset{3\sim5}{(30 \times 20')} + \underset{4\sim5}{(20 \times 10')} + \underset{4\sim8}{(20 \times 20')} \\
&\quad + \underset{5\sim6}{(20 \times 10')} + \underset{5\sim8}{(10 \times 10')} + \underset{5\sim7}{(30 \times 10')} \\
&= 1{,}000 + 1{,}000 + 500 + 200 + 300 + 600 + 200 \\
&\quad + 400 + 200 + 100 + 300 \\
&= 4{,}800\text{피트}
\end{aligned}
$$

더 개선할 여지가 있다고 보는가?

그림 9.17

개선된 레이아웃

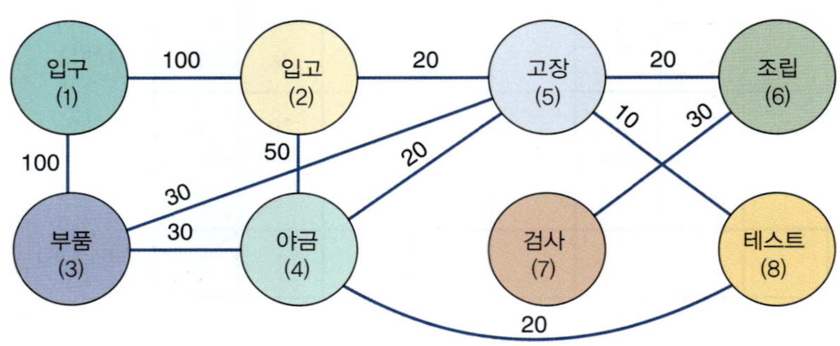

문제 해결 9.2

활동이 그림 9.18에 나와 있는 조립 라인의 주기 시간은 8분이다. 우선순위 그래프를 그리고 1인 워크스테이션의 가능한 최소 수를 찾아라. 그런 다음 라인의 균형을 맞추기 위해 작업 활동을 워크스테이션으로 정렬한다. 라인 밸런스의 효율성은 무엇인가?

작업	수행 시간(분)	이 작업 전에 수행되어야 할 작업
A	5	—
B	3	A
C	4	B
D	3	B
E	6	C
F	1	C
G	4	D, E, F
H	2	G
	28	

해결책

이론상 최소 워크스테이션의 수는 다음과 같다.

$$\frac{\text{총 작업 시간}}{\text{주기 시간}} = \frac{28\text{분}}{8\text{분}} = 3.5 \text{ 또는 } 4\text{스테이션}$$

우선순위 그래프와 하나의 좋은 레이아웃이 그림 9.18에 나와 있다.

$$\text{효율성} = \frac{\text{총 작업 시간}}{(\text{실제 워크스테이션 수}) \times (\text{최대 할당 주기 시간})}$$

$$= \frac{28}{(4)(8)}$$

$$= 87.5\%$$

그림 9.18

라인 밸런싱 문제에 대한 4개 스테이션 솔루션

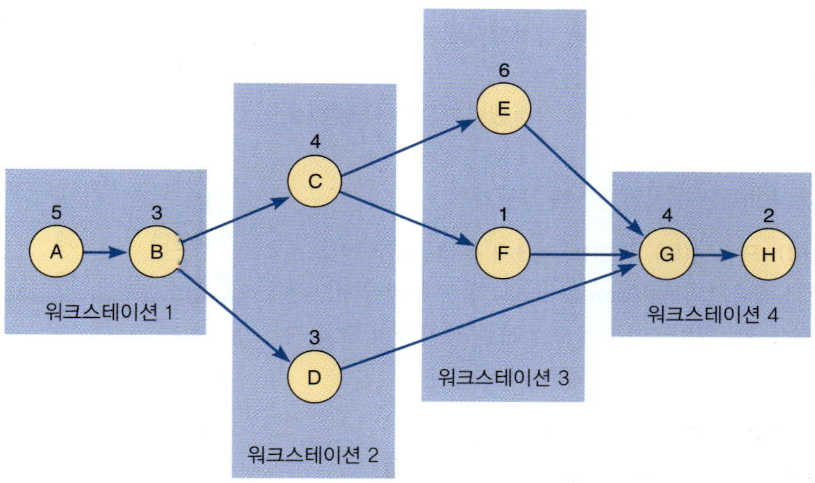

연습 문제

Px 윈도우용 POM 또는 엑셀 OM으로 문제를 해결할 수 있음

문제 9.1~9.11은 프로세스 지향 레이아웃과 관련이 있다.

•• **9.1** 고든 밀러(Gordon Miller)의 작업장에는 A, B, C, D 4개의 작업 영역이 있다. 작업 영역 중심 간의 거리는 다음과 같다.

	A	B	C	D
A	—	4	9	7
B	—	—	6	8
C	—	—	—	10
D	—	—	—	—

작업 영역 쌍 사이에서 매주 수백 개의 공작물로 이동된 공작물은 다음과 같다.

	A	B	C	D
A	—	8	7	4
B	—	—	3	2
C	—	—	—	6
D	—	—	—	—

고든은 공작물 1개를 1피트 이동시키는 데 1달러가 든다. 레이아웃의 주간 총 자재 처리 비용은 얼마인가? Px

•• **9.2** 사우디아라비아의 한 제조 회사에는 다음 순서로 배열된 4개의 작업 센터가 있다.

플랜 A(기존 레이아웃)

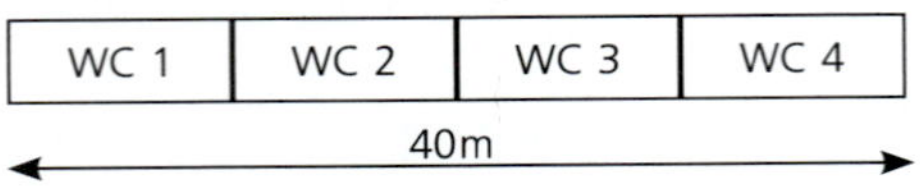

4개의 작업 센터 사이에서 이동된 공작물의 수는 다음 표에 나와 있다. 1미터의 공작물 1개가 이동하는 데 드는 비용은 1리얄이다.

매일 다른 작업 센터 사이에서 이동하는 공작물의 수

FROM/TO	WC 1	WC 2	WC 3	WC 4
WC 1	—	600	400	700
WC 2	—	—	600	200
WC 3	—	—	—	600
WC 4	—	—	—	—

(a) 현재 레이아웃의 비용을 계산하라. 거리가 각 작업 센터의 중심에서 계산된다고 가정한다.

(b) 회사가 WC 2를 WC 4로 바꾸기로 결정했다면 레이아웃 비용은 얼마인가?

(c) 회사가 WC 1을 WC 2로 바꾸기로 결정했다면 레이아웃 비용은 얼마인가?

(d) 가장 좋은 레이아웃은 무엇인가? 왜 그런가?

• **9.3** 밀링(M), 드릴링(D), 톱질(S)의 3개 부서는 오하이오주 켄트에 있는 빅터 베라르디스(Victor Berardis)의 기계 공장에 있는 3개의 작업 영역에 할당된다. 하루에 이동하는 공작물의 수와 작업 영역 중심 사이의 거리(피트)가 따른다.

매일 작업 영역 사이를 이동하는 부품

	M	D	S
M	—	23	32
D	—	—	20
S	—	—	—

작업 영역(부서)의 중심 간 거리(피트)

	M	D	S
M	—	10	5
D	—	—	8
S	—	—	—

공작물 1개가 1피트 이동하는 데 2달러가 든다. 비용이 얼마인가?

•• **9.4** 기계 공장인 Roy Creasey Enterprises는 새롭고 더 큰 위치로 이전할 계획이다. 새 건물은 길이 60피트, 너비 40피트이다. Roy Creasey는 건물이 대략 같은 크기 6개의 별개 생산 지역으로 구성된 것으로 상상한다. 그는 안전에 대해 강하게 느끼고 있으며 사람과 자재의 이동을 용이하게 하기 위해 건물 전체에 표시되는 통로를 만들 계획이다. 다음 건물 개략도를 참조하라.

건물 개략도(작업 영역 1~6 포함)

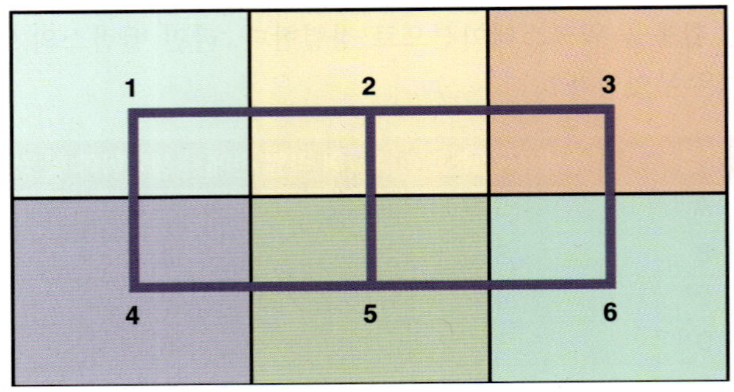

그의 감독은 현재 건물에서 한 프로세스에서 다른 프로세스로 이동한 자재 로드 수에 대한 한 달 간의 연구를 완료했다. 이 정보는 다음 흐름 매트릭스에 포함되어 있다.

생산 공정 간의 흐름 매트릭스

FROM \ TO	재료	용접	드릴	선반	그라인더	벤더
재료	0	100	50	0	0	50
용접	25	0	0	50	0	0
드릴	25	0	0	0	50	0
선반	0	25	0	0	20	0
그라인더	50	0	100	0	0	0
벤더	10	0	20	0	0	0

마지막으로 Roy Creasey는 건물 개략도에 표시된 작업 영역 사이의 거리를 나타내기 위해 다음과 같은 매트릭스를 개발했다.

작업 영역 간 거리

	1	2	3	4	5	6
1		20	40	20	40	60
2			20	40	20	40
3				60	40	20
4					20	40
5						20
6						

새 건물의 적절한 배치는 무엇인가? Px

•• **9.5** 이집트 Six of October의 새로운 산업 지역에 있는 작업 공장은 부서 간 자재 처리 비용을 최소화하기 위해 4개의 작업 센터를 마련하려고 한다. 흐름과 현재 레이아웃은 다음과 같다.

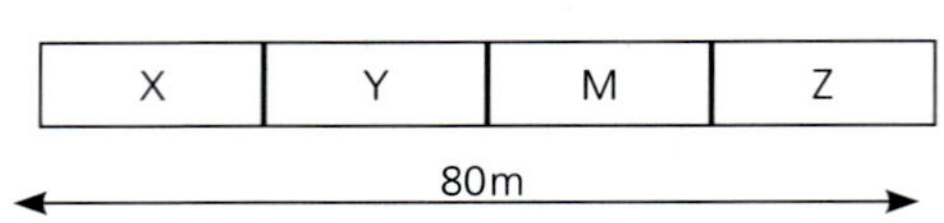

하루에 서로 다른 작업 센터 간에 이동하는 공작물 수

FROM/TO	X	Y	M	Z
X	—	300	600	800
Y	400	—	400	0
M	0	0	—	600
Z	0	300	0	—

(a) 현재 레이아웃의 '로드 × 거리' 또는 '이동 비용'은 얼마인가?

(b) 개선된 레이아웃을 제안하고 제안된 레이아웃의 이동 비용을 계산하라.

••• **9.6** 당신은 아주 좋은 사탕을 공급하는 Reid Chocolates의 운영 이사로 방금 고용되었다. Reid Chocolates은 레시피 제작 및 테스트 부서를 위해 두 가지 주방 레이아웃을 고려하고 있다. 이 전략은 식품 과학자들이 주방에서 노력을 낭비하지 않고 제품 개선에 시간과 에너지를 투자할 수 있도록 가능한 한 최고의 주방 배치를 제공하는 것이다. 이 두 가지 주방 배치를 평가하고 상사인 레이드 씨가 주방 건설 계약을 진행할 수 있도록 추천서를 준비하라는 요청을 받았다. [그림 9.19(a)와 (b) 참조] Px

작업 센터 간 이동 횟수

~에서 \ ~로		냉장고 1	카운터 2	싱크 3	창고 4	스토브 5
냉장고	1	0	8	13	0	0
카운터	2	5	0	3	3	8
싱크	3	3	12	0	4	0
창고	4	3	0	0	0	5
스토브	5	0	8	4	10	0

그림 9.19(a)

레이아웃 옵션

주방 배치 #1
도보거리(피트)

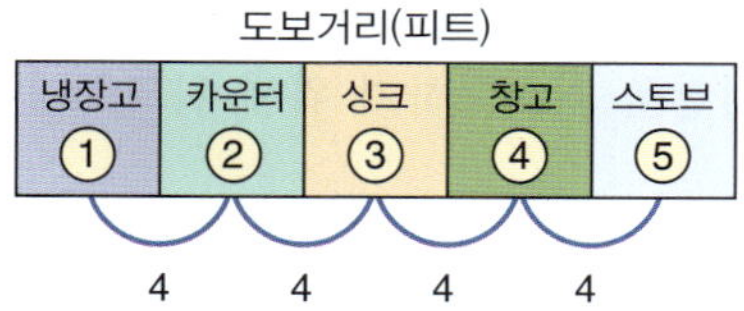

주방 배치 #2
도보거리(피트)

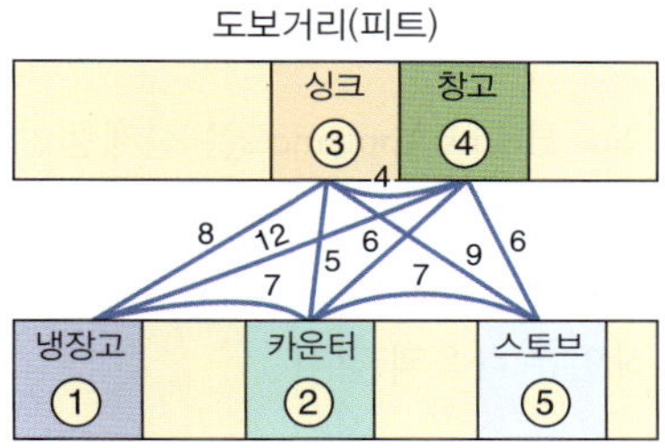

그림 9.19(b)

••• **9.7** Reid Chocolates(문제 9.6 참조)은 다음과 같이 세 번째 레이아웃을 고려하고 있다. 이동-거리 피트에서 그 효과를 평가하라. Px

주방 배치 #3
도보거리(피트)

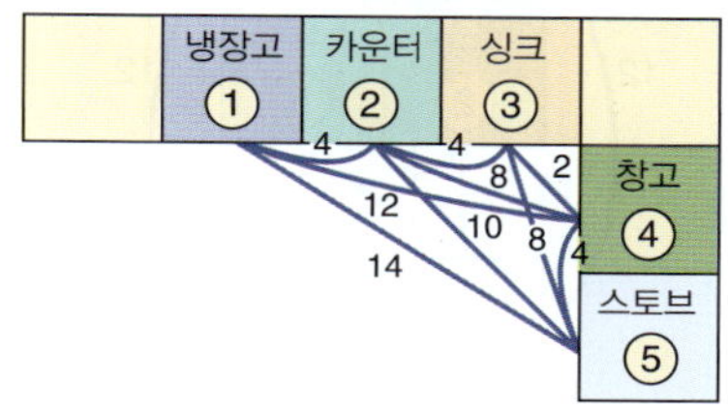

••• **9.8** 중국국립도서관은 4개의 주요 섹션으로 구성되어 있으며 각 섹션은 7층 건물의 서로 다른 층을 차지한다. 한 연구에 따르면 도서관의 여러 섹션 사이에서 방문자가 하루에 이동하는 평균 총 거리는 약 1,500km이다. 이동 거리를 줄이기 위해 다음과 같은 새로운 레이아웃이 제안되고 있다.

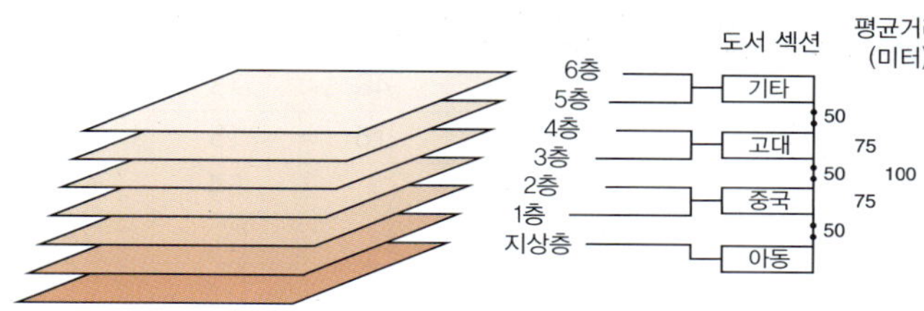

일부 섹션은 2개의 다른 층에 걸쳐 있고 섹션 내 거리도 고려해야 한다. 이동 횟수와 거리가 다음 표에 나와 있다.

평균 거리(미터)

	아동	중국	고대	기타
아동	10	50	75	100
중국	50	20	50	75
고대	75	50	20	50
기타	100	75	50	20

평균 이동 횟수/일

	아동	중국	고대	기타
아동	2000	500	300	200
중국	700	4000	1500	1800
고대	500	1500	1500	1500
기타	300	2000	1200	2000

이 새로운 레이아웃으로 방문자가 하루에 이동하는 평균 총 거리를 줄일 수 있는가?

••• **9.9** Reid Chocolates(문제 9.6 참조)에는 고려하고자 하는 또 다른 레이아웃이 있다. 다음 레이아웃 5의 총 이동 거리는 얼마인가? Px

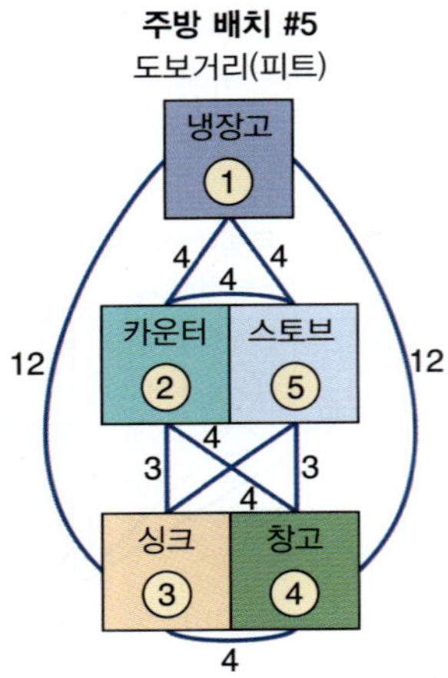

•• **9.10** 한 대형 장비 제조업체는 5개의 인접한 작업 센터를 사용해 장비를 제조한다. 인접한 두 작업 센터 사이의 거리는 100미터이다. 서로 다른 작업 센터 간의 일일 이동 횟수는 다음과 같다.

서로 다른 작업 센터 간 일일 이동 횟수

FROM/TO	A	B	C	D	E
A		24	48	73	43
B			16	15	26
C				54	61
D					28
E					

가장 높은 흐름의 작업 센터를 서로 인접하게 배치하는 방법을 사용해 전체 흐름을 최소화하는 최상의 레이아웃을 찾아라.

••• **9.11** 쿠웨이트에 위치한 한 의료 센터의 레이아웃은 다음과 같다. 각 부서는 거의 10 × 15미터이다.

입구(1)	MRI(2)	클리닉(3)
실험실(4)	방사선과(5)	응급실(6)

하루에 다른 부서로 이동하는 평균 환자 수는 아래 표에 나와 있다.

	(1)	(2)	(3)	(4)	(5)	(6)
입구(1)		0	200	20	0	60
MRI(2)	30		50	30	0	0
클리닉(3)	200	20		100	50	0
실험실(4)	50	10	100		10	40
방사선과(5)	30	20	50	10		40
응급실(6)	60	30	20	40	40	

(a) 현재 레이아웃에 대한 전체 환자 움직임을 계산하라.
(b) 다른 부서 간의 환자 이동 수를 줄이는 데 도움이 될 수 있는 개선된 레이아웃이 가능한가? 그렇다면 무엇인가?

•• **9.12** Stanford Rosenberg Computing은 PDA(Personal Digital Assistant)라는 신제품을 생산하기 위한 조립 라인을 구축하려고 한다. 작업, 작업 시간 및 작업의 직전 선행 작업은 다음과 같다.

작업	작업 시간(초)	직전 선행 작업
A	12	—
B	15	A
C	8	A
D	5	B, C
E	20	D

Stanford Rosenberg의 목표는 시간당 180개의 PDA를 생산하는 것이다.
(a) 주기 시간은 무엇인가?
(b) Stanford Rosenberg가 이 조립 라인에서 달성할 수 있는 워크스테이션 수에 대한 이론적 최솟값은 얼마인가?
(c) 워크스테이션이 할당될 때 이론상 최솟값에 실제로 도달할 수 있는가? Px

••• **9.13** 제품을 제조하기 위해서는 조립 라인에서 10가지 기본 작업을 수행해야 한다. 제품에 대한 수요는 1일 60개이며 라인은 1일 8시간 가동된다. 각 작업을 수행하는 시간과 직전 작업은 다음과 같다.

작업	작업 시간(분)	직전 선행 작업
A	3	—
B	5	A
C	2	A
D	3	B, C
E	2	C
F	4	E
G	3	D, F
H	4	G
I	3	H
J	5	I

(a) 이 작업의 우선순위 다이어그램을 그려라.
(b) 이 작업의 주기 시간을 계산하라.
(c) 이론상 최소 워크스테이션 수는 얼마인가?
(d) 유휴 시간을 최소화하기 위해 워크스테이션에 작업을 할당하라.
(e) 프로세스의 유휴 시간은 얼마인가?
(f) (d)문항에서 답을 제시했을 때 조립 라인의 효율성은 얼마인가? Px

•• **9.14** Sue Helms Appliances은 신제품인 소형 팝콘 제조기를 만들기 위한 조립 라인을 구축하려고 한다. 목표는 시간당 5개의 제품을 생산하는 것이다. 제품 1개를 생산하기 위한 작업, 작업 시간 및 직전 작업은 다음과 같다.

작업	작업 시간(분)	직전 선행 작업
A	10	—
B	12	A
C	8	A, B
D	6	B, C
E	6	C
F	6	D, E

(a) Sue Helms가 이 조립 라인에서 달성할 수 있는 최소 워크스테이션 수에 대한 이론적 최솟값은 얼마인가?

(b) 조립 라인을 그래프로 표시하고 작업자를 워크스테이션에 할당한다. 이론적인 최솟값으로 할당할 수 있는가?

(c) 과제의 효율성은 어떤가? PX

•• **9.15** Action Toy Company는 새로운 기차 세트를 제조하기로 결정했으며 생산은 6단계로 나뉜다. 기차 수요는 주당 40시간당 4,800대이다.

작업	수행 시간(초)	선행 작업
A	20	없음
B	30	A
C	15	A
D	15	A
E	10	B, C
F	30	D, E

(a) 이 작업의 우선순위 다이어그램을 그려라.

(b) 수요가 주어지면 이 작업의 주기 시간은 얼마인가?

(c) 이론상 최소 워크스테이션 수는 얼마인가?

(d) 워크스테이션에 작업을 할당하라.

(e) 각 주기에 존재하는 총 유휴 시간은 얼마인가?

(f) 5개 스테이션이 있는 조립 라인의 효율성은 얼마인가? 6개 스테이션으로는? PX

•• **9.16** 다음 표는 인디애나에 기반을 둔 Frank Pianki Industries가 완전 휴대용 산업용 진공청소기를 제조하는 데 필요한 작업을 자세히 설명한다. 표의 시간은 분 단위이다. 수요 예측은 10분의 주기 시간으로 작동해야 함을 나타낸다.

활동	활동 내용	직전 선행 작업	시간
A	욕조에 바퀴 부착	—	5
B	뚜껑에 모터 부착	—	1.5
C	배터리 팩 부착	B	3
D	안전 컷오프 부착	C	4
E	필터 부착	B	3
F	뚜껑을 욕조에 부착	A, E	2
G	부속물 조립	—	3
H	기능 검사	D, F, G	3.5
I	최종 검사	H	2
J	포장	I	2

(a) 이 생산 라인에 대한 적절한 우선순위 다이어그램을 그려라.

(b) 작업을 워크스테이션에 할당하고 각 주기에 존재하는 유휴 시간을 결정하라.

(c) 이 균형을 100%까지 개선할 수 있는 방법을 토론하라.

(d) 이론상 최소 워크스테이션 수는 얼마인가? PX

•• **9.17** Tailwind, Inc.는 고품질이지만 값비싼 선수용 운동화를 생산한다. 210달러에 판매되는 Tailwind 신발에는 가스와 액체로 채워진 부분이 모두 포함되어 있어 무릎, 발, 허리 부상에 대한 안정성과 보호 기능이 향상된다. 신발을 제조하려면 10개의 개별 작업이 필요하다. 공장에서 매일 400분 동안 신발을 제조할 수 있다. 일일 수요는 60켤레이다. 작업에 대한 정보는 다음과 같다.

작업	수행 시간(분)	아래 나열된 순서대로 따라야 하는 작업
A	1	—
B	3	A
C	2	B
D	4	B
E	1	C, D
F	3	A
G	2	F
H	5	G
I	1	E, H
J	3	I

(a) 우선순위 다이어그램을 그려라.

(b) '순위 지정 가중치' 결정 규칙에 따라 작업을 실행 가능한 최소 수의 워크스테이션에 할당하라.

(c) (b)문항에서 완료한 프로세스의 효율성은 얼마인가?

(d) 주기당 유휴 시간은 얼마인가? PX

•• **9.18** 마하 10(Mach 10)은 Creative Leisure에서 제작한 1인용 보트이다. 최종 조립 공장은 캘리포니아주 쿠퍼티노에 있다. 조립 구역은 하루 200분 동안 마하 10을 생산할 수 있다. (나머지 시간은 다른 제품을 만들기 바쁘다.) 하루 수요량은 60척이다. 아래 표의 정보가 제공된다.

(a) 5개의 워크스테이션을 사용해 우선순위 다이어그램을 그리고 작업을 할당하라.

(b) (a)문항에 대한 답을 사용해 조립 라인의 효율성은 얼마인가?

(c) 이론상 최소 워크스테이션 수는 얼마인가?

(d) 생산된 보트당 유휴 시간은 얼마인가? PX

작업	수행 시간(분)	아래 나열된 순서대로 따라야 하는 작업
A	1	—
B	1	A
C	2	A
D	1	C
E	3	C
F	1	C
G	1	D, E, F
H	2	B
I	1	G, H

Ivan Smuk/Shutterstock

•• **9.19** 마하 10에 대한 높은 수요가 예상되기 때문에 Creative Leisure는 마하 10을 생산하는 데 사용할 수 있는 제조 시간을 늘리기로 결정했다(문제 9.18 참조).

(a) 수요가 동일하게 유지되지만 조립 라인에서 매일 300분을 사용할 수 있다면 몇 개의 워크스테이션이 필요한가?

(b) (a)문항의 실제 워크스테이션 수를 사용하면 새 시스템의 효율성은 얼마인가?

(c) 400분을 사용할 수 있는 경우 시스템에 어떤 영향이 있는가? **Px**

••• **9.20** Nesa Electronics의 운영 관리자인 로리 베이커(Lori Baker) 박사는 뛰어난 조립 라인 밸런싱을 자랑스럽게 생각한다. 그녀는 회사에서 하루 24시간 동안 96개의 장비를 완성해야 한다고 들었다. 조립 라인 활동은 다음과 같다.

작업	시간(분)	선행 작업
A	3	—
B	6	—
C	7	A
D	5	A, B
E	2	B
F	4	C
G	5	F
H	7	D, E
I	1	H
J	6	E
K	4	G, I, J
	50	

(a) 우선순위 다이어그램을 그려라.

(b) 1일(24시간) 생산율이 96단위일 때 허용 가능한 최대 주기 시간은 얼마인가?

(c) 허용 시간 후 주기 시간을 10분으로 했을 때 1일(24시간) 생산율은 얼마인가?

(d) 10분 주기 시간에서 라인이 균형을 이룰 수 있는 이론상의 최소 스테이션 수는 얼마인가?

(e) 10분 주기 시간과 6개의 워크스테이션에서 효율성은 얼마인가?

(f) 10분 주기 시간과 6개의 워크스테이션에서 주기당 총 유휴 시간은 얼마인가?

(g) 10분 주기 시간을 초과하지 않고 수행할 수 있는 최상의 워크스테이션 할당은 무엇이며 효율성은 무엇인가? **Px**

•• **9.21** 연습 문제 9.2의 생산 요구사항이 증가하고 주기 시간을 8분에서 7분으로 줄여야 한다고 가정하자. 새로운 주기 시간을 사용해 라인의 균형을 다시 한 번 조정하라. 작업을 최소 워크스테이션 수로 그룹화하기 위해 작업 시간을 결합하는 것은 불가능하다고 하자. 이 조건은 실제 균형 문제에서 상당히 자주 발생한다. **Px**

•• **9.22** 이집트 교통국에서 운전면허를 갱신하는 절차는 다음 일곱 가지를 포함한다.

활동	평균 시간(분)
1) 신청서 검토	2
2) 신청료 납부	5
3) 위반사항 확인	4
4) 위반사항 지불	6
5) 시력 검사	3
6) 사진 찍기	2
7) 면허증 발급	3

이러한 활동은 현재 순조롭게 진행되고 있으며 7명의 작업자가 근무하고 있다.

(a) 현재 프로세스에 대한 레이아웃을 개선하라.

(b) 현재 병목 현상을 설명하는 활동은 무엇인가?

(c) 프로세스의 처리율은 얼마인가?

(d) 주기당 총 유휴 시간을 계산하라.

(e) 응용 프로그램에 대한 지불을 그룹화할 수 있고 2명의 작업자가 지불 작업을 수행할 경우 제안된 레이아웃의 처리율은 얼마인가?

••• **9.23** 새뮤얼 스미스(Samuel Smith)의 회사는 새 제품인 아이스타(iStar) 전화를 제조하기 위한 조립 라인을 구축하려고 한다. 새뮤얼의 목표는 시간당 60개의 아이스타를 생산하는 것이다. 작업, 작업 시간 및 직전 선행 작업은 다음과 같다.

작업	시간(초)	직전 선행 작업	작업	시간(초)	직전 선행 작업
A	40	—	F	25	C
B	30	A	G	15	C
C	50	A	H	20	D, E
D	40	B	I	18	F, G
E	6	B	J	30	H, I

(a) 새뮤얼이 이 조립 라인에서 달성할 수 있는 워크스테이션의 수에 대한 이론적 최솟값은 얼마인가?

(b) 다음과 같은 휴리스틱 작업을 사용하여 아이스타 전화 조립 라인의 균형을 맞추어라.

(c) (b)문항에 대한 답에는 몇 개의 워크스테이션이 있는가?

(d) (b)문항에 대한 답의 효율성은 얼마인가? Px

••• **9.24** 휴대용 혈압 장치인 BP RX의 조립 공장은 장치 공장에서 매일 400분 동안 사용할 수 있으며 평균 수요는 하루 80개이다. 최종 조립에는 6개의 개별 작업이 필요하다. 이러한 작업에 대한 정보는 다음 표에 나와 있다.

작업	수행 시간(분)	아래 나열된 순서대로 따라야 하는 작업
A	1	—
B	1	—
C	4	A, B
D	1	C
E	2	D
F	4	E

(a) 이 작업의 우선순위 다이어그램을 그려라.

(b) 수요가 주어지면 이 작업의 주기 시간은 얼마인가?

(c) 이론상 최소 워크스테이션 수는 얼마인가?

(d) 워크스테이션에 작업을 할당하라.

(e) 조립 라인의 전반적인 실제 효율성은 얼마인가? Px

•• **9.25** 다음과 같은 작업, 시간 및 순서가 주어졌을 때 데이브 비서(Dave Visser)의 회사에서 10분 주기로 작동할 수 있는 균형 잡힌 라인을 개발하라.

작업	수행 시간(분)	선행 작업
A	3	—
B	5	A
C	7	B
D	5	—
E	3	C
F	3	B, D
G	5	D
H	6	G

(a) 우선순위 다이어그램을 그려라.

(b) 남은 최대 시간(순위가 매겨진 위치 가중치) 결정 규칙에 따라 가능한 최소 수의 워크스테이션에 작업을 할당하라.

(c) 프로세스의 효율성은 무엇인가? Px

•• **9.26** Hart Electronics의 운영 관리자인 매릴린 하트(Marilyn Hart)는 조립 라인 균형 문제에 직면해 있다. 그녀는 회사에서 하루에 1,400개의 전자 계전기를 완료해야 한다고 들었다. 각 근무일에는 420분의 생산 시간이 있다(25,200초에 해당). 다음 표의 조립 라인 활동을 적절한 워크스테이션으로 그룹화하고 저울의 효율성을 계산하라. Px

작업	시간(초)	따라야 하는 작업	작업	시간(초)	따라야 하는 작업
A	13	—	G	5	E
B	4	A	H	6	F, G
C	10	B	I	7	H
D	10	—	J	5	H
E	6	D	K	4	I, J
F	12	E	L	15	C, K

사례 연구

자동차 면허 갱신

미주 자동차국 수도권 지부장인 헨리 쿠페(Henry Coupe)는 운전면허 갱신 업무를 분석하려고 시도했다. 그는 여러 단계를 수행해야 했다. 면허 갱신 프로세스를 검토한 후 그는 다음 표와 같이 각 단계를 수행하는 데 필요한 단계와 관련 시간을 식별했다.

주립 자동차 면허 갱신 프로세스 시간

단계	수행 평균 시간(초)
1. 갱신 신청의 정확성 여부 검토	15
2. 결제 처리 및 기록	30
3. 파일에 위반사항 및 제한사항 확인	60
4. 시력 검사 실시	40
5. 사진 신청	20
6. 임시 면허 발급	30

쿠페는 각 단계가 다른 사람에게 할당되었음을 발견했다. 각 응용 프로그램은 표시된 순서대로 별도의 프로세스였다. 그는 자신의 사무실이 시간당 120명의 갱신 신청자를 처리하는 최대 수요를 수용할 수 있도록 준비해야 한다고 결정했다.

그는 업무가 서기들 사이에 고르지 않게 분배되어 있고 위반 사항을 확인하는 책임이 있는 서기가 다른 사람들을 따라잡기 위해 자신의 작업을 단축시키는 경향이 있음을 관찰했다. 길게 늘어선 줄은 최대 수요 기간 동안 만들어졌다.

쿠페는 또한 1~4단계가 각각 시간당 12달러를 받는 일반 사무원에 의해 처리된다는 것을 발견했다. 5단계는 시간당 16달러를 지불한 사진가가 수행했다. (지점은 사진 촬영을 위해 카메라 1대당 시간당 10달러를 청구했다.) 임시 면허를 발급하는 6단계는 주 정책에 따라 제복을 입은 자동차 경찰관이 처리해야 했다. 장교들은 시간당 18달러를 받았지만 사진을 제외한 모든 업무에 배정될 수 있었다.

작업을 검토한 결과 정확성을 위한 신청서를 검토하는 1단계를 수행해야 다른 단계를 수행할 수 있는 것으로 나타났다. 마찬가지로 임시 면허를 발급하는 6단계는 다른 모든 단계가 완료될 때까지 수행할 수 없다.

헨리 쿠페는 생산성을 높이고 비용을 절감해야 한다는 심각한 압박을 받고 있었지만 지역 이사로부터 갱신 요구를 수용해야 한다는 말을 들었다. 그렇지 않으면 그는 해고될 것이다.

토론 문제

1. 현재 프로세스 구성으로 처리할 수 있는 시간당 최대 응용 프로그램 수는 얼마인가?
2. 위반 여부를 확인하기 위해 보조 서기가 추가되면 시간당 몇 건의 신청서를 처리할 수 있는가?
3. 두 번째 서기가 당신이 선택한 곳에 추가될 수 있다면(질문 2에서와 같이 반드시 위반 사항을 확인할 필요는 없음), 프로세스가 처리할 수 있는 최대 지원 수는 얼마인가? 새로운 구성은 무엇인가?
4. 시간당 120건의 신청을 수용할 수 있도록 프로세스를 수정하는 방법을 제안하겠는가? 이 새로운 구성의 응용 프로그램당 비용은 얼마인가?

출처: W. Earl Sasser, Paul R. Olson, and D. Daryl Wyckoff, *Management of Services Operations: Text, Cases, and Readings*(Boston: Allyn & Bacon)의 사례에서 수정

아놀드파머병원의 새 시설 배치

올랜도의 아놀드파머병원(Arnold Palmer hospital)은 수용 능력 면에서 한계가 있는 기존 시설에서 길 건너편에 새로운 273개의 병상이 있는 11층 규모 병원을 건설할 계획을 세우자 대규모 계획 프로세스가 시작되었다. 2006년에 문을 연 1억 달러짜리 건물은 이미 오래되었다고 전무이사인 캐시 스완슨(Kathy Swanson)이 말했다. "그 이후로 우리는 150만 명이 넘는 여성과 어린이에게 서비스를 제공했으며 현재 연간 12,000명 이상의 아기를 출산하고 있습니다. 2001년에는 공간이 부족해 성장해야 할 때였습니다."

새로운 병원의 독특한 원형 포드 디자인은 병원의 모든 영역에서 최대한 효율적인 레이아웃을 제공해 환자 중심의 환경을 만든다. 서비스스케이프(servicescape) 디자인 기능에는 따뜻한 색상을 사용해 만든 고요한 환경, 가족 구성원을 위한 접이식 머피 침대가 있는 개인실, 14피트 높이의 천장, 환자 병실의 대형 창문이 있는 자연 채광이 포함된다. 그러나 이러한 급진적인 새로운 기능은 쉽게 나타나지 않았다. "중앙 수유실과 파이 모양의 방이 있는 이 포드 개념은 35개 사용자 그룹의 1,000개 이상의 계획 회의, 광범위한 동작 및 시간 연구, 간호사의 일일 움직임에 대한 컴퓨터 시뮬레이션의 결과입니다"라고 스완슨은 말한다.

경마장 설계라고 하는 전통적인 선형 병원 배치로 환자 병실은 긴 복도를 따라 늘어서 있고 간호사는 아놀드파머병원에서 환자의 요구를 충족시키기 위해 하루에 2.7마일을 걷게 된다. "일부 간호사는 시간의 30%를 걷는 데만 보냈습니다. 간호 인력 부족과 의료 전문가의 높은 비용으로 인해 효율성이 주요 관심사입니다"라고 스완슨은 덧붙였다. 10개 또는 12개 침대 원형 포드의 중앙에 간호 스테이션이 있으면 환자실은 스테이션에서 14피트 이상 떨어져 있지 않다. 시간 절약은 20% 범위에 있다. 스완슨은 그림 9.21과 9.22를 이전 및 새 도보 및 이동 거리의 예로 지적했다.*

"우리는 또한 신생아실을 완전히 재설계했습니다"라고 스완슨은 말한다. "구식 시스템에서는 크고 종종 시끄러운 직사각형 방에 16개의 신생아 침대가 있었습니다. 새 건물에는 이 작은 아기들을 위한 반개인실이 있습니다. 부모가 사용할 수 있는 접이식 침대 외에도 사생활 보호가 추가되고 조용하고 시뮬레이션된 야간 분위기로 방이 훨씬 개선되었습니다. 우리 연구에 따르면 이 레이아웃 설계를 사용하면 아기가 훨씬 더 빨리 좋아지고 발달합니다. 레이아웃과 환경은 실제로 환자 치료에 영향을 미칩니다!"

*그림 9.20 및 9.21의 일부 숫자를 포함한 레이아웃 및 도보 거리는 이 경우를 위해 단순화되었다.

그림 9.20

전통적인 병원 레이아웃
환자 병실은 외부 창문이 있는 2개의 선형 복도에 있다. 보급실은 내부 복도에 있다. 이 레이아웃을 '경마장' 디자인이라고 한다.

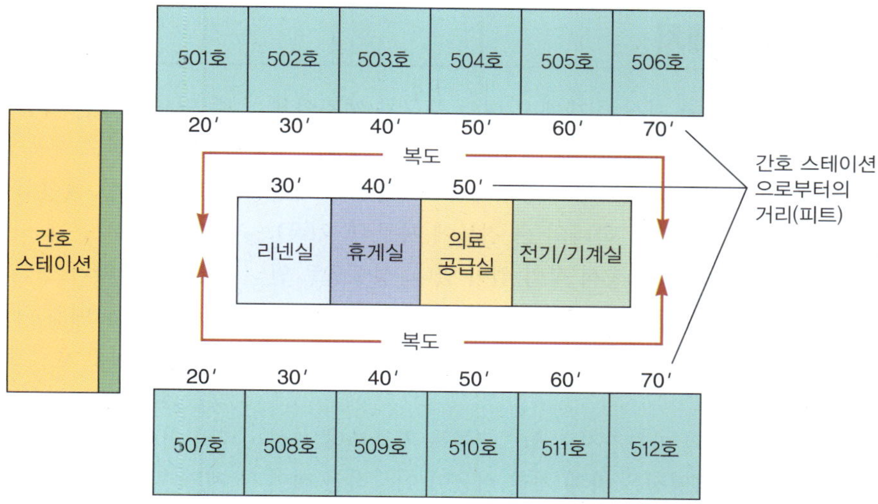

그림 9.21

병원 레이아웃을 위한 새로운 포드 디자인
각 방은 포드의 지역 간호 스테이션에서 14피트 떨어져 있다. 휴게실과 중앙의료실은 지역 간호 포드에서 각각 약 60피트 떨어져 있다. 포드 리넨 공급실도 지역 간호 스테이션에서 14피트 떨어져 있다.

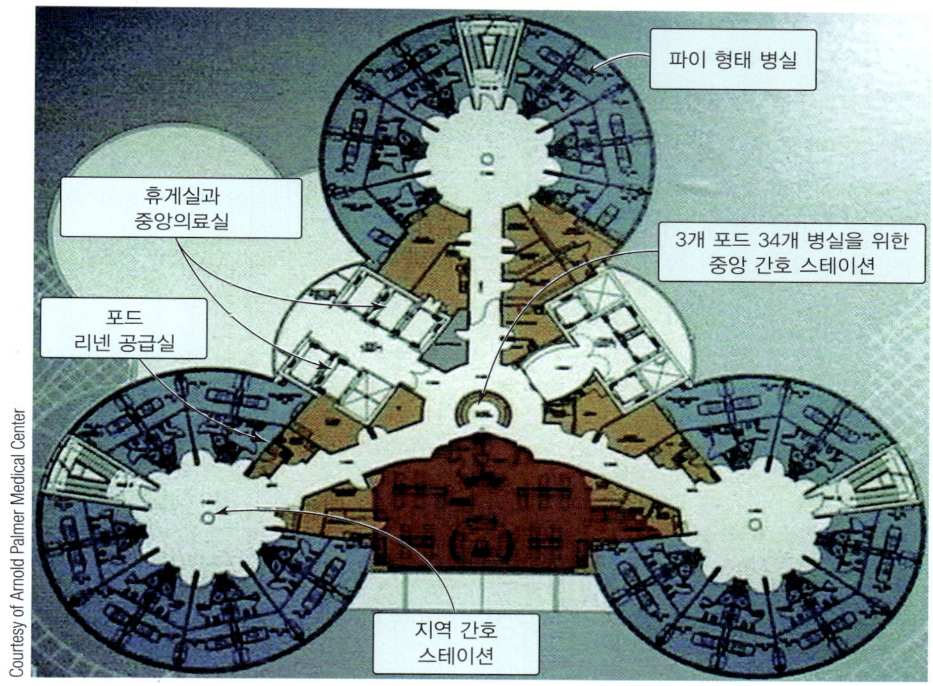

토론 문제

1. 병원이 레이아웃 설계에서 고려해야 할 많은 변수를 식별하라.
2. 대부분의 병원에서 볼 수 있는 전통적인 선형 복도 레이아웃에 비해 원형 포드 디자인의 장점은 무엇인가?
3. 그림 9.21은 표본 선형 복도 레이아웃을 보여준다. 무작위 관찰 기간 동안 간호사인 토머스 스미스(Thomas Smith)의 하루는 간호 스테이션에서 12개의 환자 병실 각각으로 6번의 이동(앞뒤), 의료 공급실에 20번, 휴게실로 5번, 리넨 공급실로 12번의 이동을 포함한다. 그가 움직인 총 거리는 몇 마일인가?
4. 그림 9.22는 아놀드파머병원의 새로운 원형 포드 시스템의 건축 도면을 보여준다. 간호사 수전 존스(Susan Jones)의 하루가 간호 포드에서 12개의 각 방으로 이동(앞뒤) 7번, 중앙 의료 공급실로 20번, 휴게실로 6번, 포드 리넨 공급실로 12번 이동하는 경우 몇 마일인가? 그녀는 교대 중에 걷는가? 이 임의의 날에 두 간호사의 이동 시간 차이는 무엇인가?
5. 서비스스케이프의 개념이 이 장에서 논의되었다. 이것이 아놀드파머병원에서 왜 중요한지 설명하고 레이아웃 설계에서 사용하는 예를 제시하라.
6. 기술과 비용이 변화함에 따라 병원은 계속 혁신한다. 컴퓨터 비용 감소는 일부 병원이 간호사실의 중앙 컴퓨터에서 병실 또는 카트에 있는 컴퓨터로 이동했음을 의미한다(6장의 글로벌 회사 프로필 사진 참조). 이러한 혁신이 전체 병원 레이아웃에 어떤 변화를 시사하는가?

휠드코치의 시설 배치

보브 콜린스(Bob Collins) 사장이 세계 최대의 구급차 제조업체인 휠드코치(Wheeled Coach)에서 경력을 시작했을 때 직원은 소수에 불과했다. 이제 회사의 플로리다 공장에는 350명의 인력이 있다. 물리적 공장도 확장되어 하나의 큰 건물에 사무실, R&D, 최종 조립, 배선, 캐비닛, 실내 장식 작업 셀이 있다. 성장으로 인해 도장 작업실은 별도의 건물로, 알루미늄 제작 및 차체 설치는 다른 건물로, 검사 및 배송은 네 번째 건물로, 창고는 또 다른 건물로 옮겨졌다.

다른 많은 성장 회사와 마찬가지로 휠드코치는 처음부터 시설을 설계할 수 없었다. 경영진은 자재 처리 비용이 이상적인 레이아웃이 제공하는 것보다 약간 높다는 것을 알고 있지만 콜린스는 시설이 발전하고 직원이 적응한 방식에 만족한다. 알루미늄 절단 작업 셀은 차체 제작에 인접해 있으며 차체 설치 작업 셀 옆에 위치한다. 그리고 차량은 길을 가로질러 한 건물로 이동해 도장을 한 다음 최종 조립을 위해 다른 건물로 이동해야 하지만 최소한 구급차는 바퀴가 달려 있다. 콜린스는 또한 작업 셀 설계의 유연성에 만족한다. 셀 구성은 유연하며 제품 혼합 및 부피의 변화를 수용할 수 있다. 또한 작업 셀은 일반적으로 작고 움직일 수 있으며 많은 작업 벤치와 스테이징 랙이 바퀴에 달려 있어 쉽게 재배치하고 제품을 조립 라인으로 운반할 수 있다.

조립 라인 밸런싱은 휠드코치와 다른 모든 반복 제조업체가 직면한 주요 문제 중 하나이다. 주당 4일 10시간 근무를 요구하는 일정에 따라 생산된 구급차는 6개의 최종 조립 라인 중 하나에 도착하면 매일 다음 워크스테이션으로 이동해야 한다. 7개의 워크스테이션 각각에서 충분한 작업자와 작업의 균형을 맞추는 것은 끝없는 도전이다. 너무 많은 작업자가 서로 충돌하게 된다. 7일 안에 구급차 제작을 완성하지 못하는 사람은 거의 없다. 설계와 믹스의 끊임없는 변화와 개선된 분석은 잦은 변경으로 이어졌다.

토론 문제

1. 휠드코치와 같은 회사가 레이아웃 문제를 처리하는 데 도움이 되는 분석 기술은 무엇인가?
2. 보브 콜린스의 레이아웃에 대해 어떤 제안을 하겠는가?
3. 이 레이아웃의 '효율성'을 어떻게 측정하겠는가?

참고문헌

Aghazadeh, S. M., S. Hafeznezami, L. Najjar, and Z. Hug. "The Influence of Work-Cells and Facility Layout on Manufacturing Efficiency." *Journal of Facilities Management* 9, no. 3 (2011): 213–224.

Fayurd, A. L., and J. Weeks. "Who Moved My Cube?" *Harvard Business Review* 89, no. 7/8 (July–August 2011): 102–110.

Francis, R. L., L. F. McGinnis, and J. A. White. *Facility Layout and Location*, 3rd ed. Upper Saddle River, NJ: Prentice Hall, 1998.

Garcia-Diaz, A., and J. MacGregor Smith. *Facilities Planning and Design*. Essex, England: Pearson Education Ltd., 2014.

Johnson, Alan. "Getting the Right Factory Layout." *Manufacturer's Monthly* (July 2008): 16.

Kator, C. "Crossdocking on the Rise." *Modern Materials Handling* 63, no. 6 (June 2008): 15.

Ortiz, Chris A. *The Cell Manufacturing Playbook*. Boca Raton, FL: CRC Press, 2016.

Quillien, Jenny. *Clever Digs: How Workspaces Can Enable Thought*. Ames, Iowa: Culicidae Press, LLC., 2012.

Roodbergen, K. J., and I. F. A. Vis. "A Model for Warehouse Layout." *IIE Transactions* 38, no. 10 (October 2006): 799–811.

Tompkins, James A., John A. White, Yavuz A. Bozer, and J. M. A. Tanchoco. *Facilities Planning*, 4th ed. New York: Wiley, 2010.

Upton, David. "What Really Makes Factories Flexible?" *Harvard Business Review* 73, no. 4 (July–August 1995): 74–84.

Chapter 9 Rapid Review

절 제목	내용 훑어보기
레이아웃 선택의 전략적 중요성	레이아웃은 용량, 프로세스, 유연성 및 비용은 물론 작업 생활의 질, 고객 접촉 및 이미지와 관련해 조직의 경쟁 우선순위를 설정하기 때문에 많은 전략적 의미를 갖는다. **레이아웃 전략의 목표는 회사의 경쟁 요구사항을 충족할 효과적이고 효율적인 레이아웃을 개발하는 것이다.**
레이아웃 유형	레이아웃 유형 및 일반적인 목표의 예는 다음과 같다. 1. **사무실 레이아웃**: 자주 접촉해야 하는 작업자를 서로 가까이 배치하라. 2. **소매 레이아웃**: 고객을 고수익 품목에 노출시켜라. 3. **창고 레이아웃**: 저비용 보관과 저비용 자재 취급의 균형을 유지하라. 4. **고정 위치 레이아웃**: 현장 주변의 제한된 저장 영역으로 자재를 이동하라. 5. **프로세스 지향 레이아웃**: 제품별로 다양한 자재 흐름을 관리하라. 6. **작업 셀 레이아웃**: 제품군을 식별하고 팀을 구성하며 팀 구성원을 교차 훈련하라. 7. **제품 지향 레이아웃**: 각 워크스테이션에서 작업 시간을 균등화하라.
사무실 레이아웃	■ **사무실 레이아웃**: 편안함, 안전 및 정보 이동을 제공하기 위한 작업자, 장비 및 공간/사무실의 그룹화 관계 차트는 사무실 레이아웃에 배치해야 하는 사람 및/또는 부서의 각 쌍 사이의 '근접 값(closeness value)'을 표시한다.
소매 레이아웃	■ **소매 레이아웃**: 흐름을 처리하고 공간을 할당하며 고객 행동에 대응하는 접근 방식 소매 레이아웃은 매출과 수익성이 제품에 대한 고객의 노출에 따라 직접적으로 달라진다는 아이디어를 기반으로 한다. 소매 레이아웃의 주요 **목적은 바닥 공간의 제곱피트당**(또는 일부 매장의 경우 선반 공간의 선형피트당) **수익성을 극대화하는 것이다.** ■ **슬롯 수수료**: 제조업체가 제품의 선반 공간을 확보하기 위해 지불하는 수수료 ■ **서비스스케이프**: 서비스가 발생하는 물리적 환경과 이러한 환경이 고객과 직원에게 미치는 영향
창고 레이아웃	■ **창고 레이아웃**: 공간과 자재 취급 간의 균형을 해결해 총비용을 최소화하려는 설계 저장된 항목의 다양성과 '선택된' 항목의 수는 최적의 레이아웃과 직접적인 관련이 있다. 최신 창고 관리는 종종 ASRS(자동 보관 및 검색 시스템)를 사용하는 자동화된 절차이다. ■ **크로스 도킹**: 선적을 위해 받은 대로 처리해 자재 또는 공급품을 보관하는 것을 방지한다. 크로스 도킹에는 빡빡한 일정과 정확한 인바운드 제품 식별이 모두 필요하다. ■ **임의 입고**: 창고에서 열린 위치가 있는 곳이면 어디에서나 재고를 찾는 데 사용된다. ■ **맞춤화**: 창고를 사용해 부품 수정, 수리, 라벨링, 포장을 통해 제품에 가치를 더한다.
고정 위치 레이아웃	■ **고정 위치 레이아웃**: 고정 프로젝트의 레이아웃 요구사항을 해결하는 시스템 고정 위치 레이아웃은 (1) 거의 모든 현장에 제한된 공간이 있고, (2) 프로젝트의 여러 단계에서 서로 다른 재료가 필요하며, (3) 필요한 재료의 양이 동적이다.
프로세스 지향 레이아웃	■ **프로세스 지향 레이아웃**: 유사한 기계 및 장비가 함께 그룹화되는 다품종 소량 생산을 처리하는 레이아웃 ■ **작업 로트**: 함께 처리되는 부품의 그룹 또는 배치 $\text{비용 최소화} = \sum_{i=1}^{n}\sum_{j=1}^{n} X_{ij}C_{ij}$ (9-1)
집중 시설	■ **택트타임**:고객 요구를 충족하기 위한 생산 속도 택트타임 = 총 작업 가능 시간/고객의 요구를 만족시키기 위해 필요한 단위 ■ **작업 셀**: 유사한 경로를 가진 단일 제품 또는 관련 제품 제품군을 만드는 데 중점을 둔 기계 및 인력의 배열 ■ **집중 공장**: 회사의 경쟁 전략에 의해 정의된 제한된 제품 세트에 전체 제조 시스템을 집중하기 위해 설립된 공장
반복적이고 제품 지향적인 레이아웃	■ **제작 라인**: 구성요소를 구축하기 위한 기계 속도의 제품 지향 시설 ■ **조립 라인**: 일련의 워크스테이션에 조립된 부품을 함께 배치하는 접근 방식. 반복적인 과정 ■ **조립 라인 밸런싱**: 지연을 최소화하기 위해 생산 라인의 각 워크스테이션에서 얻는 결과 ■ **주기 시간**: 제품이 각 워크스테이션에서 허용되는 최대 시간 주기 시간 = 1일 생산 가능 시간/1일 소요 단위 (9-2) $\text{최소 워크스테이션 수} = \dfrac{\text{총 작업 시간}}{\text{주기 시간}}$ (9-3)

■ **휴리스틱**: 수학적 최적화보다는 절차와 규칙을 사용해 문제를 해결하는 것
라인 밸런싱 휴리스틱에는 가장 긴 작업 시간, 가장 많은 후속 작업, 순위가 매겨진 위치 가중치, 가장 짧은 작업 시간, 가장 적은 후속 작업 수가 포함된다.

$$\text{효율성} = \frac{\text{총 작업 시간}}{(\text{실제 워크스테이션 수}) \times (\text{최대 할당 주기 시간})} \quad (9\text{-}4)$$

$$\text{유휴 시간} = (\text{실제 워크스테이션 수}) \times (\text{최대 할당 주기 시간}) - \text{총 작업 시간} \quad (9\text{-}5)$$

셀프테스트

9.1 다음 중 사무실 레이아웃을 가장 잘 설명한 것은?
(a) 정보 이동을 제공하기 위해 작업자, 장비 및 공간/사무실을 그룹화한다.
(b) 선박 및 건물과 같은 크고 부피가 큰 프로젝트의 레이아웃 요구사항을 해결한다.
(c) 반복 또는 연속 생산에서 최고의 인력과 기계 활용을 추구한다.
(d) 선반 공간을 할당하고 고객 행동에 대응한다.
(e) 다품종 소량 생산을 다룬다.

9.2 다음 중 제품에 대한 고객 노출을 극대화하는 소매 레이아웃 목표를 지원하지 않는 것은?
(a) 상점 주변에서 드로잉 아이템을 위치시켜라.
(b) 임펄스 및 마진이 높은 항목에는 눈에 잘 띄는 위치를 사용하라.
(c) 고가 품목에 대한 노출을 최대화하라.
(d) 통로의 끝 위치를 사용하라.
(e) 맨 앞 부서의 신중한 배치로 상점의 사명을 전달하라.

9.3 창고 배치 전략이 다루는 주요 문제는?
(a) 각 제품에 따라 달라지는 재료 흐름으로 인한 어려움을 최소화한다.
(b) 서로 가까이 자주 접촉해야 한다.
(c) 공간과 자재 취급의 균형을 해결한다.
(d) 한 워크스테이션에서 다음 워크스테이션으로 제품 흐름의 균형을 유지한다.
(e) 위의 어느 것도 없음

9.4 고정 위치 레이아웃은 ________
(a) 정보 이동을 제공하기 위해 작업자를 그룹화한다.
(b) 선박 및 건물과 같은 크고 부피가 큰 프로젝트의 레이아웃 요구사항을 해결한다.
(c) 연속 생산에서 최고의 기계 활용을 추구한다.
(d) 고객 행동에 따라 선반 공간을 할당한다.
(e) 다품종 소량 생산을 다룬다.

9.5 프로세스 지향 레이아웃은 ________
(a) 정보 이동을 제공하기 위해 작업자를 그룹화한다.
(b) 선박 및 건물과 같은 크고 부피가 큰 프로젝트의 레이아웃 요구사항을 해결한다.
(c) 연속 생산에서 최고의 기계 활용을 추구한다.
(d) 고객 행동에 따라 선반 공간을 할당한다.
(e) 다품종 소량 생산을 다룬다.

9.6 집중 작업 센터 또는 집중 공장이 적합하려면 다음 세 가지 요소가 필요하다.
(a) ________
(b) ________
(c) ________

9.7 제품 지향 레이아웃을 고려하기 전에 다음 네 가지 사항을 확인하는 것이 중요하다.
(a) ________
(b) ________
(c) ________
(d) ________

9.8 조립 라인은 완성에 21분의 작업이 필요한 제품을 위해 설계되어야 한다. 공장은 하루 400분을 일한다. 5개의 워크스테이션이 있는 생산 라인에서 하루에 100개를 만들 수 있는가?
(a) 그렇다. 정확히 100분의 여유 시간이 있다.
(b) 아니다. 하지만 4개의 워크스테이션이면 충분하다.
(c) 아니다. 완벽하게 균형 잡힌 선으로도 부족하다.
(d) 그렇다. 하지만 라인의 효율성이 매우 낮다.
(e) 주어진 정보로는 결정할 수 없다.

정답 9.1. a 9.2. c 9.3. c 9.4. b 9.5. e 9.6. 제품군, 안정적인 예측(수요), 용량 9.7. 적절한 용량, 안정적인 수요, 표준화된 제품, 적절한 품질 공급 9.8. c

10 인적자원, 직무 설계, 업무 측정

이 장의 구성

글로벌 기업 프로필: 나스카 레이싱 팀

- 경쟁 우위를 위한 인적자원 전략
- 인력 계획
- 직무 설계
- 인간공학 및 작업 환경
- 방법 분석
- 시각적 작업 공간
- 노동 기준
- 윤리

Beverly Amer/Aspenleaf Productions

10가지 운영관리 전략

- 제품과 서비스 설계
- 품질 관리
- 프로세스 전략
- 입지 전략
- 레이아웃 전략
- **인적자원**
- 공급사슬 관리
- 재고 관리
- 일정 계획
- 유지보수

글로벌 기업 프로필
NASCAR's Racing Teams

높은 수준의 팀워크가 승패의 차이를 만든다

새로운 세기는 나스카(National Association for Stock Car Auto Racing, NASCAR)에 새로운 인기를 가져왔다. 수억 대의 TV와 후원금이 스포츠에 쏟아졌다. 돈이 많을수록 경쟁이 증가하고 경기가 열리는 일요일에 승리한 것에 대한 보상도 증가했다. 러스티 월러스(Rusty Wallace), 제프 고든(Jeff Gordon), 데일 에른하르트 주니어(Dale Earnhardt, Jr.), 스튜어트-하스(Stewart-Haas)와 같은 사람이 이끄는 팀은 뉴욕 양키스(New York Yankees), 애틀랜타 호크스(Atlanta Hawks), 시카고 베어스(Chicago Bears)만큼 유명하다.

경주용 자동차 드라이버는 유명할 수 있지만 경기의 결과를 결정하는 것은 종종 피트 크루(pit crew)이다. 몇 년 전만 해도 이들 크루들은 주중에는 자동차 정비공이었고 일요일에는 구덩이에서 2배의 일을 했다. 그들은 30초 이내에 4개의 타이어를 교체하곤 한다. 오늘날 나스카 팀은 가능한 모든 곳에서 경쟁 우위를 찾기 때문에 16초 이상 시간이 걸리는 것은 재앙이 될 수 있다. 잘못된 피트 스톱은 차를 벽에 부딪치는 것과 같으며 그날의 모든 희망을 짓밟아 버린다.

모든 상위 나스카 팀에서 크루들은 이제 운동선수이며, 대개는 전직 대학 미식축구 선수나 농구 선수로 입증된 민첩성과 힘을 가지고 있다. 예를 들어 에번햄(Evernham) 팀에는 페어레이 디킨슨(Fairleigh Dickinson)의 전 수비수(현재는 전문 타이어 캐리어)와 이스트캐롤라이나대학교(East Carolina University)의 300파운드 라인맨(잭을 처리함)을 포함하고 있다. 칩 가나시(Chip Ganassi) 레이싱 팀에는 웨이크포레스트(Wake Forest)의 야구 선수, 켄터키대학교(University of Kentucky)와 노스캐롤라이나대학교(University of North Carolina)의 축구 선수, 다트머스대학교(Dartmouth)의 하키 선수를 포함하고 있다.

타이어 교환원(러그 너트를 풀고 끼우는 일)은 인적자원이 부족하고 연봉이 평균 100,000달러이다. 제프 고든은 몇 년 전 그의 '전담' 직원 5명이 데일 재럿(Dale Jarrett)의 팀으로 옮겨 갔을 때 조정된 팀워크의 중요성을 상기했다. 이는 연간 500,000달러의 거래로 여겨졌다.

Courtesy of the Orlando Sentinel, 2005

랩 91—2번 차량에 가스가 추가되고 타이어가 제거된다.

잭맨(JM) 구덩이 벽에서 유압 잭을 운반해 차의 오른쪽을 들어 올린다. 새 타이어를 볼트로 조인 후, 차를 땅에 내리고 왼쪽에서 이 과정을 반복한다. 그가 차를 다시 내렸을 때가 운전자가 출발하라는 신호이기 때문에 그의 타이밍은 이 왼쪽 사이드 체인지에서 매우 중요하다. 잭맨은 모든 크루 중 가장 위험한 작업을 한다. 오른쪽으로 변경하는 동안 그는 피트 로에서 다가오는 차량에 노출된다. **프론트 타이어 캐리어(FTC)** 각 타이어 캐리어는 75파운드의 새 타이어를 차량의 오른쪽으로 끌어올려 휠 스터드에 장착하고 타이어 교체 후 기존 타이어를 제거한다. 그들은 구덩이 벽 뒤에서 새 타이어를 굴리는 크루 멤버와 함께 차 왼쪽에서 이 과정을 반복한다. **앞 타이어 교환원(CFT)** 타이어 교환원은 차량의 우측으로 달리며 에어 임팩트 렌치를 사용해 기존 타이어에서 5개의 러그 너트를 제거하고 새 타이어를 볼트로 고정한다. 그들은 왼쪽에서 이 과정을 반복한다. **뒤 타이어 캐리어(RTC)** 앞 타이어 교환원과 동일하지만 RTC는 차량 핸들링을 변경하기 위해 뒤 잭 볼트를 조정할 수도 있다. **뒤 타이어 교환원(CRT)** FT와 동일하지만 2개의 후륜 타이어에 있다. **가스맨 1** 이 가스맨은 일반적으로 팀에서 가장 크고 강한 사람이다. 그는 75파운드, 11갤런의 '덤프 캔(dump can)'을 들고 벽을 넘어 노즐을 자동차 연료 전지 소켓에 끼운다. 그런 다음 다른 캔을 건네주거나 던지고 이 과정을 반복한다. **가스맨 2** 가스맨 1에게 두 번째 가스 캔을 가져오고 유출되는 초과 연료를 받는다.

피트 크루는 리어 타이어 교환원, 전방 및 후방 타이어 캐리어, 차를 들어올리는 사람, 그리고 11갤런 캔을 든 2명의 가스맨, 총 7명의 남자로 구성된다.

모든 스포츠에는 핵심 역량과 주요 지표가 있다. 예를 들어 투수의 직구 속도와 40야드 대시에서 러닝백의 시간이 그 예이다. 나스카에서 타이어 교환원은 1.2초 안에 5개의 러그 너트를 풀어야 한다. 잭맨은 25파운드짜리 알루미늄 잭을 자동차의 오른쪽에서 왼쪽으로 3.8초 만에 들어 올려야 한다. 타이어 캐리어의 경우 타이어를 지면에서 차에 장착하는 데 0.7초가 걸린다.

이 7명의 크루는 코칭받고 조정된다. 코치는 운영관리의 도구를 사용하고 피트 스톱의 '게임 테이프'를 보고 안무를 복잡하게 조정한다.

"많은 부담감이 있습니다"라고 팀 타이어 교환원이자 업계 최고 중 하나인 D.J. 리처드슨(D.J. Richardson)은 말한다. 리처드슨은 팀 소유자의 상점에서 나머지 크루들과 함께 매일 훈련한다. 그들은 매일 심혈관 운동과 두 가지 근육 운동에 중점을 둔다. 그리고 일주일에 두 번 피트 스톱을 시뮬레이션한다(12~14개의 변형이 있을 수 있음).

최근 미시간 레이스에서 리처드슨과 그의 팀원들은 인체공학적으로 설계된 가스통, 도구 및 특수 안전 장비를 갖추고 준비를 마쳤다. 랩 43에서 리처드슨이 손에 공기총을 들고 2피트 높이의 흰 벽을 뛰어넘고 팀의 닷지 오른쪽으로 전력 질주하면서 시작되었다. 한 팀원이 타이어를 잡고 제자리에 고정하는 동안 리처드슨이 차에 고정했다. 이 과정은 왼쪽에서 반복되었고 프런트 크루는 동일한 절차를 따랐다. 연료 보급과 함께 피트 스톱은 12.734초가 소요되었다.

잠시 숨을 멈춘 후 리처드슨과 다른 피트 크루들은 영상을 검토해 순간의 결점을 찾았다.

학습목표

10.1 인력 계획 정책을 설명한다.
10.2 직무 설계의 주요 문제를 식별한다.
10.3 주요 인간공학 및 작업 환경 문제를 식별한다.
10.4 방법 분석 도구를 사용한다.
10.5 노동 기준을 설정하는 네 가지 방법을 식별한다.
10.6 시간 연구에서 정상 및 표준 시간을 계산한다.
10.7 시간 연구에 적합한 표본 크기를 찾는다.

경쟁 우위를 위한 인적자원 전략

좋은 인적자원 전략은 비용이 많이 들고 달성하기 어려우며 유지하기 어렵다. 그러나 나스카 팀과 마찬가지로 하드록카페(Hard Rock Cafe)에서 알래스카항공(Alaska Airlines)에 이르기까지 많은 조직이 인적자원 전략을 통해 지속 가능한 경쟁 우위를 구축할 수 있음을 보여주었다. 결과는 중요하고 다른 사람들이 그대로 따라 하기 어려울 수 있다. 실제로 런던의 포시즌스호텔(Four Seasons Hotel)은 "우리의 주요 **경쟁에 있어서 차별점은 직원**이라는 것을 확인했습니다"라고 말한다. 이 장에서는 인적자원 관리를 통해 경쟁 우위를 달성하기 위해 운영 관리자가 사용할 수 있는 몇 가지 도구를 검토한다.

인적자원 전략의 목표는 인력을 관리하고 작업을 설계해 사람들이 효과적이고 효율적으로 활용되도록 하는 것이다. 인적자원 전략에 중점을 두면서 우리는 사람들이 다음을 수행하도록 보장하고자 한다.

1. 다른 운영 관리 결정의 제약 내에서 사람들을 효율적으로 활용한다.
2. 사람들은 상호 헌신과 신뢰의 분위기에서 합리적인 직장 생활을 한다.

합리적인 **직장 생활의 질**이란 합리적으로 안전하고 급여가 평등할 뿐만 아니라 신체적, 심리적 요구사항의 적절한 수준을 달성하는 직업을 의미한다. **상호 헌신**은 경영진과 직원 모두가 공통의 목표를 달성하기 위해 노력하는 것을 의미한다. **상호 신뢰**는 경영진과 직원 모두가 만족할 수 있도록 정직하고 공평하게 이행되는 합리적이고 문서화된 고용 정책에 반영된다. 경영진이 직원과 회사에 대한 직원의 기여를 진심으로 존중할 때 합리적인 직장 생활과 상호 신뢰를 구축하는 것은 그리 어렵지 않다.

인적자원 전략에 대한 제약

그림 10.1에서 알 수 있듯이 사람에 대한 많은 결정은 다른 결정에 의해 제약을 받는다. 첫째, 제품 구성이 고용의 계절성과 안정성을 결정할 수 있다. 둘째, 기술, 장비 및 프로세스가 안전 및 작업 내용에 영향을 미칠 수 있다. 셋째, 입지 선정은 직원이 일하는 주변 환경에 영향을 미칠 수 있다. 마지막으로 조립 라인 대 작업 셀과 같은 레이아웃 결정은 작업 내용에 영향을 준다.

기술 결정에는 상당한 제약이 따른다. 예를 들어 주조 공장의 일부 작업은 더럽고 시끄럽고 위험하다. 도축장 작업은 스트레스를 받을 수 있으며 근로자는 위장을 찌르는 악취에 노출될 수 있다. 조립 라인 작업은 종종 지루하고 정신을 멍하게 한다. 반도체 칩 제조에 필요한 자본 투자와 같은 높은 자본 투자는 제한적인 복장으로 24시간 연중무휴 작업을 요구할 수 있다.

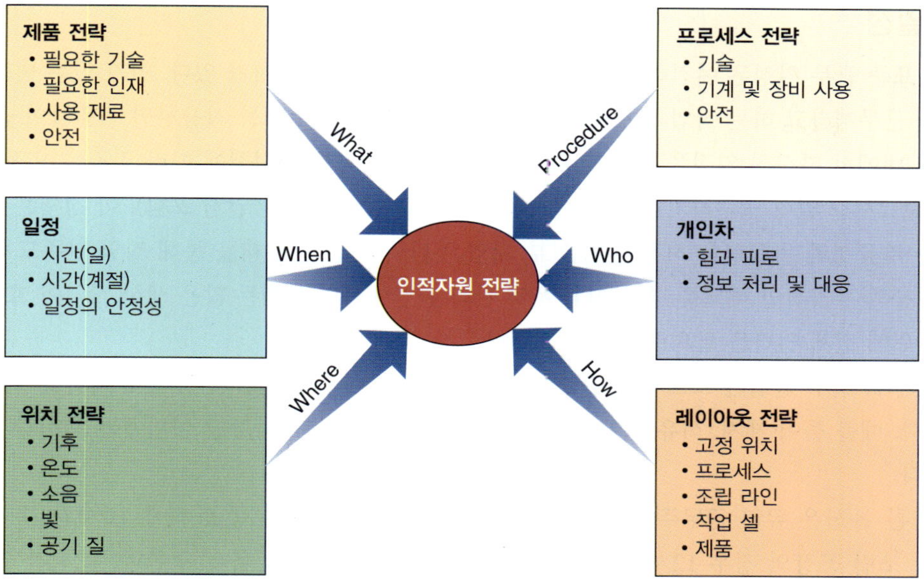

그림 10.1
인적자원 전략에 대한 제약

우리는 다른 전략적 결정을 변경하지 않고는 이러한 작업을 바꾸지 않을 것이므로 견딜 수 있는 직장 생활의 질에 도달하는 데 필요한 절충안을 마련하는 것은 어렵다. 효과적인 관리자는 그러한 결정을 동시에 고려한다. 그 결과는 최적의 작업 설계를 통해 개인 및 팀 성과가 모두 향상되는 시스템이다.

이제 인적자원 전략의 세 가지 뚜렷한 결정 영역인 **인력 계획**, **직무 설계** 및 **노동 기준**을 살펴본다.

인력 계획

인력 계획(labor planning)은 (1) 고용 안전성, (2) 근무 일정, (3) 근무 규칙과 관련된 직원에 대한 정책(staffing policy)을 결정한다.

인력 계획
고용 안정성, 근무 일정 및 근무 규칙을 다루는 직원 채용 정책을 결정하는 수단

고용 안정 정책

고용 안정성은 주어진 시간에 조직에서 유지 관리하는 직원 수를 다룬다. 안정성을 다루는 두 가지 매우 기본적인 정책이 있다.

1. **수요를 정확히 따라가라.** 수요를 정확히 따르면 직접 노동 비용이 생산에 연결되지만 다른 비용이 발생한다. 이러한 기타 비용에는 (a) 고용 및 해고 비용, (b) 실업 보험, (c) 직원이 불안정한 고용을 받아들이도록 유인하는 프리미엄 임금이 포함된다. 이 정책은 노동을 변동비용으로 취급하는 경향이 있다.
2. **고용을 일정하게 유지하라.** 고용 수준을 일정하게 유지하면 훈련된 인력을 유지하고 고용, 해고 및 실업 비용을 최소화할 수 있다. 그러나 고용이 일정하게 유지되면 수요가 적을 때 직원을 충분히 활용하지 못할 수 있으며 수요가 많을 때 회사에 필요한 인적자원이 없을 수 있다. 이 정책은 노동을 고정비용으로 취급하는 경향이 있다.

이러한 정책은 효율적이고 합리적인 직장 생활을 제공할 수 있는 많은 정책 중 두 가지에 불과하다. 기업은 고용 안정에 대한 정책을 결정해야 한다.

학습목표 10.1
인력 계획 정책을 설명한다.

작업 일정

미국의 표준 근무 일정은 여전히 주 5일 하루 8시간이지만 많은 변화가 있다. 인기 있는 변화는 탄력 시간 근무제라고 하는 작업 일정이다. **탄력 시간**(flextime) 근무제를 사용하면 직원들이 근무 시간 한도 내에서 자신의 일정을 결정할 수 있다. 탄력 시간 근무제 정책에 따라 직원은 오전 8시를 기준으로 2시간 일찍 출근하거나 2시간 늦게 출근할 수 있다(적절한 알림 포함). 이 정책은 직원의 더 많은 자율성과 독립성을 허용한다. 일부 기업은 탄력 시간 근무제를 통해 직업 만족도를 높이는 저비용의 부가적인 혜택을 발견했다. 운영 관리 관점에서의 문제는 많은 생산 작업이 효율적인 운영을 위해 전체 인력을 필요로 한다는 것이다.

유사하게, 일부 산업은 프로세스 전략이 인적자원 스케줄링 옵션을 심각하게 제한한다는 것을 발견한다. 예를 들어 제지, 석유 정제 및 발전소는 유지보수 및 수리 중단 이외에는 24시간 직원이 필요하다.

또 다른 옵션은 **유연 근무주**(flexible workweek)이다. 이 계획은 종종 하루 10시간 주 4일 또는 조명 조립 공장의 경우 12시간 교대와 같이 더 적지만 더 긴 일을 요구한다. 12시간 교대 근무는 일반적으로 한 주는 3일, 다음 주는 4일 근무를 의미한다. 이러한 교대 근무를 **압축 근무주**(compressed workweek)라고 한다. 이러한 일정은 공급업체와 고객이 수용할 수 있는 한 많은 운영 기능에서 실행 가능하다.

또 다른 옵션은 긴 근무시간보다 짧은 근무시간에 대한 것이다. 이 계획은 종종 직원을 **시간제 근무**로 전환한다. 이러한 옵션은 최대 부하에 대한 인력 충원이 필요한 서비스 산업에서 특히 매력적이다. 은행과 식당은 종종 시간제 근로자를 고용한다. 또한 많은 기업에서 시간제 직원의 부가 혜택을 줄여 인건비를 절감하고 있다.

직무 분류 및 작업 규칙

많은 조직에는 종종 노조 압력의 결과로 누가 무엇을 할 수 있는지, 언제, 어떤 조건에서 일할 수 있는지를 지정하는 엄격한 직무 분류와 작업 규칙이 있다. 이러한 직무 분류 및 작업 규칙은 작업에 대한 직원의 유연성을 제한하고 결과적으로 운영 기능의 유연성을 감소시킨다. 그러나 운영 관리자의 임무 중 일부는 예상치 못한 상황을 관리하는 것이다. 따라서 직원을 배치하고 작업 일정을 설정할 때 회사가 더 유연할수록 더 효율적이고 대응할 수 있다. 이는 추가 용량이 종종 추가 또는 유연한 직원에게 있는 서비스 조직에서 특히 그렇다. 관리자가 직무 분류와 작업 규칙의 제약을 덜 받으면 사기를 높이고 직원 배치 요구사항을 충족해 효율적이고 대응적인 운영이 더 쉬워진다. 고객에게 신속하게 대응해 경쟁 우위를 확보하는 전략이라면 유연한 인력이 전제 조건이 될 수 있다.

직무 설계

직무 설계

개인 또는 그룹의 직무를 구성하는 작업을 지정하는 접근 방식

직무 설계(job design)는 개인이나 집단을 위한 직무를 구성하는 업무를 명시한다. 각 조직은 다음 직무 설계의 다섯 가지 구성요소, 즉 (1) 직무 전문화, (2) 직무 확대, (3) 심리적 요소, (4) 자기주도적 팀, (5) 동기부여 및 인센티브 시스템을 조사한다.

직무 전문화

관리 변수로서 직무 설계의 중요성은 18세기 경제학자 애덤 스미스(Adam Smith)에 의해 인정되

었다. 그는 **노동 전문화**(labor specialization) 또는 직무 전문화(job specialization)라고도 하는 분업이 다숙련 장인의 노동 비용을 줄이는 데 도움이 될 것이라고 제안했다. 이것은 여러 가지 방법으로 수행된다.

노동 전문화(또는 직무 전문화)
노동을 고유한('특별한') 작업으로 분할

1. 반복으로 인한 직원의 손재주 개발 및 빠른 학습
2. 직원이 직업이나 도구를 바꾸지 않기 때문에 적은 시간 손실
3. 각 직원이 특정 작업에 필요한 몇 가지 도구만 가지고 있기 때문에 전문 도구 개발 및 투자의 감소

학습목표 10.2
직무 설계의 주요 문제를 식별한다.

19세기 영국 수학자 찰스 배비지(Charles Babbage)는 네 번째 고려사항이 노동 효율성에도 중요하다고 결정했다. 급여는 다소 높은 상관관계를 갖고 기술을 따르는 경향이 있기 때문에 그는 요구되는 특정 기술에 필요한 급여를 정확히 지불할 것을 제안했다. 전체 작업이 하나의 기술로만 구성된 경우 해당 기술에 대해서만 비용을 지불한다는 것이다. 그렇지 않으면 직원이 제공한 최고의 기술에 대해 비용을 지불하는 경향이 있다. 노동 전문화의 이 네 가지 장점은 오늘날에도 여전히 유효하다.

노동 전문화의 전형적인 예는 조립 라인이다. 이러한 시스템은 직원들이 짧고 반복적이며 정신을 마비시키는 작업을 수행해야 하지만 매우 효율적인 경우가 많다. 이러한 많은 직업의 임금률은 양호하다. 또한 이러한 많은 직업에서 요구되는 보통의 기술에 대한 상대적으로 높은 임금을 감안할 때 선택할 수 있는 직원 풀이 넓은 경우가 많다.

경영자의 관점에서 볼 때 전문화된 작업의 가장 큰 한계는 전인적인 업무를 수행하지 못한다는 점이다. 직무 전문화는 직원의 수동적인 기술만 작동시키는 경향이 있는데, 점점 더 정교해지는 지식 기반 사회에서 관리자는 직원이 업무에 정신을 집중하기를 원한다.

직무 확대

노동 전문화에서 보다 다양한 직무 설계로 이동하면 직장 생활의 질을 향상시킬 수 있다. 이론은 다양성이 직무를 '더 나은' 것으로 만들고 따라서 직원이 더 높은 품질의 직장 생활을 즐긴다는 것이다. 따라서 이러한 유연성은 직원과 조직에 도움이 된다.

직무 확대
동일한 기술 수준에 대한 다양한 작업 그룹화. 수평 확대

우리는 다양한 방법으로 작업을 수정한다. 첫 번째 접근 방식은 기존 직무에 유사한 기술이 필요한 업무를 추가할 때 발생하는 **직무 확대**(job enlargement)이다. **직무 순환**(job rotation)은 직원이 한 전문 직무에서 다른 직무로 이동할 수 있을 때 발생하는 직무 확대의 한 버전이다. 직원의 작업 관점에 다양성이 추가되었다. 또 다른 접근 방식은 작업에 계획 및 제어를 추가하는 **직무 강화**(job enrichment)이다. 예를 들어 백화점 판매원에게 상품을 주문하고 판매하는 책임을 지게 하는 것이다. 직무 강화는 수평적 직무 확대와 달리 수직적 확대로 생각할 수 있다. 이러한 아이디어는 그림 10.2에 나와 있다.

직무 순환
직원이 한 전문직에서 다른 직업으로 이동하는 시스템

직무 강화
직무 성취에 필요한 계획과 통제의 일부를 포함해 직원에게 더 많은 책임을 부여하는 방법. 수직 확장

직무 강화의 대중적인 확장인 **직원 권한 부여**(employee empowerment)는 일반적으로 직원 전문가와 관련된 다양한 결정에 대해 직원이 책임을 지도록 직무를 강화하는 관행이다. 직원에게 권한을 부여하면 직원이 업무에 대한 '소유권(ownership)'을 갖게 되어 성과 향상에 개인적 관심을 갖게 된다.

직원 권한 부여
추가된 책임과 권한이 가능한 한 낮은 수준으로 이동되도록 직원의 업무를 확대

직무 설계의 심리적 요소

효과적인 인적자원 전략은 또한 직무 설계의 심리적 요소에 대한 고려를 필요로 한다. 이러한 구

그림 10.2

직무 확대(수평적 직무 확대)와 직무 강화(수직적 직무 확대) 사례

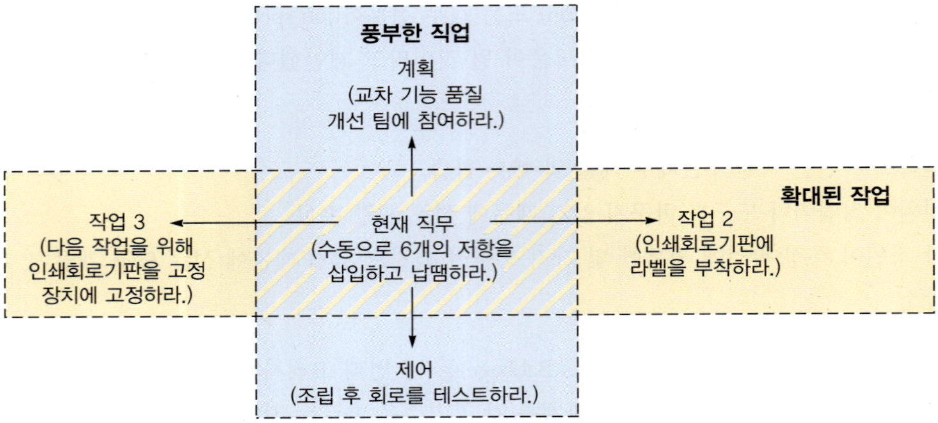

성요소는 최소한의 심리적 요구사항을 충족하는 작업을 설계하는 방법에 중점을 둔다.

호손 연구 호손(Hawthorne) 연구는 직장에 심리학을 도입했다. 그들은 1920년대에 시카고 근처에 있는 웨스턴전기회사(Western Electric)의 호손 공장에서 수행되었다. 이러한 연구는 조명이 생산성에 미치는 영향을 확인하기 위해 시작되었다. 대신에 연구자들은 조명의 강도보다 역동적인 사회 시스템과 직원이 수행하는 고유한 역할이 더 중요하다는 것을 발견했다. 그들은 또한 직원이 직무에서 기대하는 것과 직원이 자신이 생각하는 직무에 대한 기여도에 개인차가 지배적일 수 있음을 발견했다.

핵심 직무 특성 직무 설계의 심리적 요소에 관한 실질적인 연구는 호손 연구 이후로 진행되었다. 해크먼(J. R. Hackman)과 올드햄(G. R. Oldham)은 그 작업의 많은 부분을 직무 설계의 다섯 가지 바람직한 특성으로 통합했다. 그들은 직업이 다음과 같은 특성을 포함해야 한다고 제안한다.

1. **기술 다양성**: 작업자가 다양한 기술과 재능을 사용하도록 요구
2. **작업 정체성**: 작업자가 작업을 전체적으로 인식하고 시작과 끝을 인식할 수 있도록 요구
3. **직무 중요성**: 직무가 조직과 사회에 영향을 미친다는 인식 제공
4. **자율성**: 자유, 독립성 및 재량권 제공
5. **피드백**: 성과에 대한 명확하고 시기적절한 정보를 제공

직무 설계에 이 다섯 가지 요소를 포함하는 것은 직무 확대, 직무 강화 및 직원 권한 부여와 일치한다. 이제 팀을 사용해 직무를 확장하고 이러한 다섯 가지 직무 특성을 달성할 수 있는 몇 가지 방법을 살펴보자.

자기주도적 팀

자기주도적 팀
공동의 목표를 달성하기 위해 함께 일하는 권한 있는 개인의 그룹

많은 세계적 수준의 조직이 팀을 채택해 상호 신뢰와 헌신을 촉진하고 핵심 직무 특성을 제공한다. 특히 주목해야 할 팀 개념 중 하나는 **자기주도적 팀**(self-directed team)이다. 이는 공동 목표에 도달하기 위해 함께 일하는 권한이 부여된 개인의 그룹이다. 이러한 팀은 장기 또는 단기 목표를 위해 구성될 수 있다. 팀은 주로 직원 권한을 쉽게 제공하고 핵심 직무 특성을 보장하며 개별 팀 구성원의 많은 심리적 요구를 충족할 수 있기 때문에 효과적이다. 직무 설계 연속체가 그림 10.3에 나와 있다.

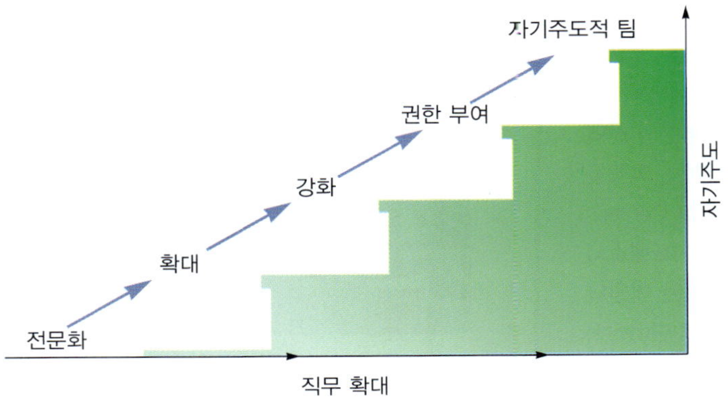

그림 10.3

직무 설계 연속체
직원의 기여도에 대한 의존도가 높아지면 직원이 수용하는 책임도 커질 수 있다.

직무 확대의 한계 팀을 확장하고, 풍부하게 하고, 권한을 부여하고, 팀을 활용하는 직무 설계가 그렇게 좋은데 보편적으로 사용되지 않는 이유는 무엇일까? 그 이유는 대부분 비용 때문이다. 다음은 확장된 직무 설계의 몇 가지 제한 사항이다.

- 더 높은 자본 비용: 직무 확대에는 추가 장비 및 시설이 필요할 수 있다.
- 개인차: 일부 직원은 덜 복잡한 작업을 선택한다.
- 더 높은 임금률: 확대된 직무에는 더 높은 평균 임금이 필요할 수 있다.
- 인력 풀 축소: 확대된 직무는 더 많은 기술과 더 많은 책임 수용을 요구하기 때문에 작업 요구사항이 증가한다.
- 더 높은 교육 비용: 직무 확대에는 교육과 교차 훈련이 필요하다. 따라서 교육 예산을 늘려야 한다.

이러한 한계에도 불구하고 기업은 고용 확대에서 상당한 성과를 거두고 있다.

동기부여 및 인센티브 시스템

직무 설계의 심리적 요소에 대한 논의는 직업 만족도와 동기부여에 기여하는 요인에 대한 통찰력을 제공한다. 이러한 심리적 요인 외에도 금전적 요인이 있다. 돈은 흔히 심리적 동기뿐만 아니라 재정적 동기로도 작용한다. 금전적 보상은 보너스, 이익 공유, 인센티브 시스템의 형태를 취한다.

현금, 주식 소유권, 스톡옵션과 같은 보너스는 종종 직원에게 보상하는 데 사용된다. 미국 직원의 거의 절반이 직원에게 이익의 일부를 분배하는 하나 이상의 이익 공유 형태를 가지고 있다. 이익 공유의 변형은 조직 성과의 개선에 대해 직원에게 보상하는 이익 공유이다. 그중 가장 대중적인 것은 인건비 절감액을 경영진과 노사가 분담하는 스캔론(Scanlon) 방식이다.

개인 또는 그룹 생산성에 기반 한 **인센티브 시스템**(incentive systems)은 제조 회사의 거의 절반을 포함해 전 세계적으로 다양한 응용 분야에서 사용되고 있다. 표준은 작업당 '표준 시간(standard time)' 또는 만들어진 조각 수를 기반으로 할 수 있다. 두 시스템 모두 일반적으로 직원에게 최소한 기본요금을 보장한다. 물론 인센티브가 금전적일 필요는 없다. 포상, 표창, 선호하는 근무 일정과 같은 다른 종류의 선호도가 효과적일 수 있다. (OM in Action '수술실에서 체증 해소를 위한 인센티브 사용' 참조.) 예를 들어 하드록카페는 회사 창립 10주년을 맞아 CEO부터 말단 직원까지 모든 직원에게 10,000달러짜리 롤렉스(Rolex) 시계를 제공하면서 이직률을 성공적으로 줄였다.

팀의 활용이 증가함에 따라 다양한 형태의 팀 기반 급여도 개발되고 있다. 대부분은 일종의 보너스 또는 인센티브 시스템으로 보완된 전통적인 급여 시스템을 기반으로 한다. 그러나 많은 팀

OM in Action 수술실에서 체증 해소를 위한 인센티브 사용

병원은 오랫동안 외과 의사에게 귀중한 특혜를 제공했다. 즉 대부분의 선택 수술을 주중에 예약해 긴 주말 동안 회의에 참석하거나, 가르치거나, 휴식을 취할 수 있도록 한다. 그러나 보스턴메디컬센터(Boston Medical Center), 세인트존스헬스센터(St. John's Health Center, 미주리주), 엘리어트헬스시스템(Elliot Health System, 뉴햄프셔주)에서는 원활하게 운영되는 병원의 가장 큰 장애물 중 하나인 이러한 관행이 변화하고 있다. '예약 차단(block scheduling)'은 수술실을 혼잡하게 만들고, 바쁜 시간에 간호사에게 과부하를 주며, 예약된 환자를 몇 시간, 심지어 며칠 동안 충돌시킨다.

보스턴메디컬센터의 선택적 수술 지연 및 취소는 외과 의사가 예약 차단을 중단하고 응급 상황에 하나의 수술실을 전용하기로 동의한 후 거의 사라졌다. 취소 건은 단 6개월 만에 334건에서 3건으로 줄었다. 일반적으로 주중에 선택 수술을 분산시키는 새로운 시스템으로 전환하는 병원은 수술 능력을 10% 증가시키고 환자를 수술실에서 더 빨리 이동시키며 간호 초과 근무를 줄인다.

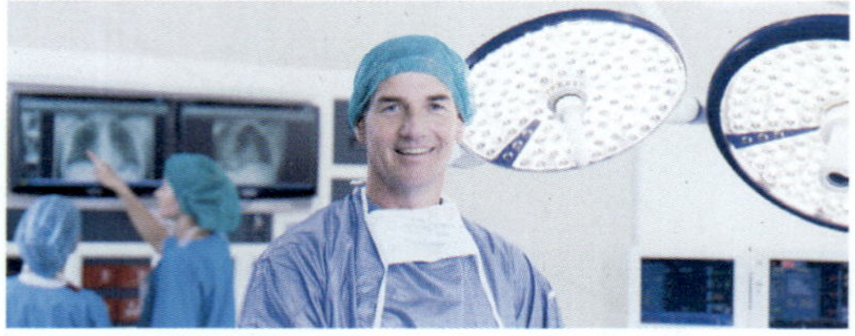
Robert Daly/OJO Images Ltd/Alamy Stock Photo

세인트존스에서는 의사를 합류시키기 위해 당근과 채찍을 제공했다. 시간의 10% 이상에 10분 이상 지각한 의사는 그들이 탐내는 오전 7시 30분 수술 시작 시간을 놓치고 수수료의 일부에 대해 벌금을 부과받았다. 모인 벌금으로는 최고의 정시 수행자에게 상을 주었다. 결국 외과 의사의 지연 시간은 16%에서 5%로 빠르게 떨어졌다가 1년 이내에 1% 미만으로 떨어졌다.

출처: *The New York Times*(September 12, 2015); *The Wall Street Journal*(August 10, 2005); **surgerymanagement.com**.

환경에서 교차 훈련이 필요하기 때문에 **지식 기반 급여 시스템**도 개발되었다. 지식 기반(또는 기술 기반) 급여 시스템에서 직원 급여의 일부는 입증된 지식이나 기술에 따라 달라진다. 위스콘신의 쟌슨빌소시지(Johnsonville Sausage Co.)에서 직원들은 일정 관리, 예산 책정, 품질 관리와 같은 새로운 기술을 습득해야만 급여 인상을 받는다.

인간공학 및 작업 환경

과학적 관리 시대를 연 프레더릭 테일러(Frederick W. Taylor)가 제공한 기반을 바탕으로 우리는 사람들의 능력과 한계에 대한 지식 체계를 발전시켰다. 인간은 손, 눈, 도구를 사용하는 동물이기 때문에 이 지식이 필요하다. 관리자는 수행할 수 있는 작업을 설계해야 하므로 이제 사람들의 능력 및 제한과 관련된 몇 가지 문제를 소개한다.

Stephen Voss

효율성에 대한 약속과 인간공학에 대한 이해를 바탕으로 UPS는 몇 초를 절약하고 안전을 개선하는 회사의 '340가지 방법'으로 배송원을 교육한다. 여기에서 UPS 배송기사는 '미끄러짐 및 넘어짐' 시뮬레이터의 도움으로 '얼음' 위를 걷는 법을 배운다.

인간공학 운영 관리자는 인간, 환경 및 기계 간의 좋은 인터페이스를 구축하는 데 관심이 있다. 이 인터페이스에 대한 연구를 **인간공학**(ergonomics)이라고 한다. 인간공학은 '일에 대한 연구'를 의미한다. (*Ergon*은 그리스어로 '일'을 의미한다.) 인간 요소(human factor)라는 용어는 종종 인간공학이라는 단어로 대체된다. 인간공학적 문제를 이해하면 인간의 성과를 개선하는 데 도움이 된다.

인간공학
환경 및 기계와의 인간 인터페이스 연구

남성과 여성 성인은 제한된 구성과 능력을 가지고 있다. 따라서 도구와 작업장의 설계는 사람들이 할 수 있는 것과 할 수 없는 것을 결정하기 위한 연구에 달려 있다. 도구 및 작업장을 설계하는 데 필요한 기본 강도 및 측정 자료를 제공하는 상당한 데이터가 수집되면서, 작업장 설계는 작업을 더 쉽게 또는 불가능하게 만들 수 있다. 또한 우리는 이제 컴퓨터 모델링을 사용해 인간의 움직임과 노력을 분석할 수 있는 능력을 갖게 되었다.

학습목표 10.3
주요 인간공학 및 작업 환경 문제를 식별한다.

기계에 작업자 입력 수공구, 페달, 레버, 버튼과 같은 기계에 대한 작업자의 반응을 평가해야 한다. 운영 관리자는 작업자가 필요한 제어할 수 있는 힘, 반사 신경, 지각 및 정신적 능력을 보유하고 있는지 확인해야 한다. **손목 터널 증후군** 같은 문제는 키보드와 같은 단순한 도구가 제대로 설계되지 않은 경우에 발생할 수 있다. 다음 경주용 자동차 핸들 사진은 운전자 입력에 대해 중요한 한 가지 혁신적인 접근 방식을 보여준다.

운영자에 대한 피드백 운영자에게 피드백은 시각, 청각, 느낌으로 제공된다. 우연에 맡겨서는 안 된다. 스리마일 섬(Three Mile Island)에서 발생한 미국 최악의 원자력 시설 관련 사고는 대부분 원자로 성능에 대한 운영자의 잘못된 피드백의 결과였다. 수백 개의 혼란스러운 경고등과 결합된 크고 불분명한 계기와 접근할 수 없는 제어 장치의 기능하지 않는 그룹이 이러한 실패에 기여했다. 이러한 비교적 간단한 문제는 운영자 응답과 성능에 차이를 만든다.

항공기 산업에서 중요한 인적 요소/인간공학적 문제는 조종석 설계이다. 최신 '유리 조종석'(다음 페이지 사진 참조)은 원형 아날로그 다이얼 및 게이지의 기존 행보다 더 간결한 형태로 정보를 표시한다. 이러한 디스플레이는 상업용 항공기 사고 요인의 약 3분의 2를 차지하는 인적 오류의 가능성을 줄인다.

작업 환경 직원이 일하는 물리적 환경은 직원의 성과, 안전, 직작 생활의 질에 영향을 미친다. 조명, 소음 및 진동, 온도, 습도, 공기 품질 등은 조직 및 운영 관리자의 통제하에 있는 작업 환경 요소이다. 관리자는 통제 가능한 것으로 접근해야 한다.

조명(illumination)의 적절한 수준은 수행되는 작업에 따라 다르다. 그림 10.4(a)는 몇 가지 지침

Inacio Pires/Shutterstock

경주용 자동차의 운전자는 경기 중 컨트롤을 파악하거나 숨겨진 작은 게이지를 찾을 시간이 없다. 경주용 자동차의 제어 및 계측은 사람과 기계의 중요한 인터페이스인 핸들에 모든 기능을 포함하고 있다.

Beverly Amer/Aspenleaf Productions

이제 항공기 조종사는 실시간 정보와 사실적인 3D 묘사를 종합적으로 표시하기 위해 현대적인 '유리 조종석'을 갖게 되었다.

을 제공하고 있다. 그러나 다른 조명 요소가 중요한데, 여기에는 반사 능력, 작업 표면과 주변 환경의 대비, 눈부심 및 그림자가 포함된다.

어떤 형태의 소음(noise)은 일반적으로 작업 영역에 존재하며 대부분의 직원은 잘 적응하는 것 같다. 그러나 높은 수준의 소리는 청력을 손상할 수 있다. 그림 10.4(b)는 다양한 활동에 의해 생성된 소리의 표시를 제공한다. 85dB 이상 수준의 소음에 장기간 노출되면 청각은 영구적으로 손상된다. 미국산업안전보건청(Occupational Safety and Health Administration, OSHA)은 노출이 8시간을 초과하는 경우 귀 보호를 요구한다. 낮은 수준에서도 소음과 진동은 주의를 산만하게 하고 사람의 혈압을 높일 수 있으므로 관리자는 우수한 기계 설계, 인클로저, 단열재를 통해 소음과 진동을 줄이기 위해 상당한 노력을 기울인다.

온도와 습도 변수도 잘 설정되어 있다. 설정된 안전지대 밖에서 활동하는 관리자는 성과에 부정적인 영향을 미칠 것으로 예상해야 한다.

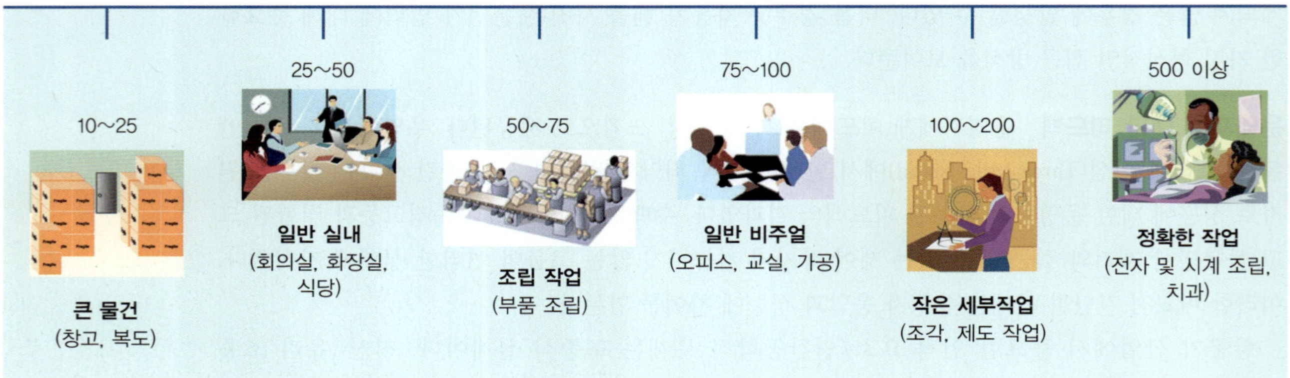

그림 10.4(a) **권장 조도 수준[조도 측정에 풋-캔들(ft-c) 단위 사용]**

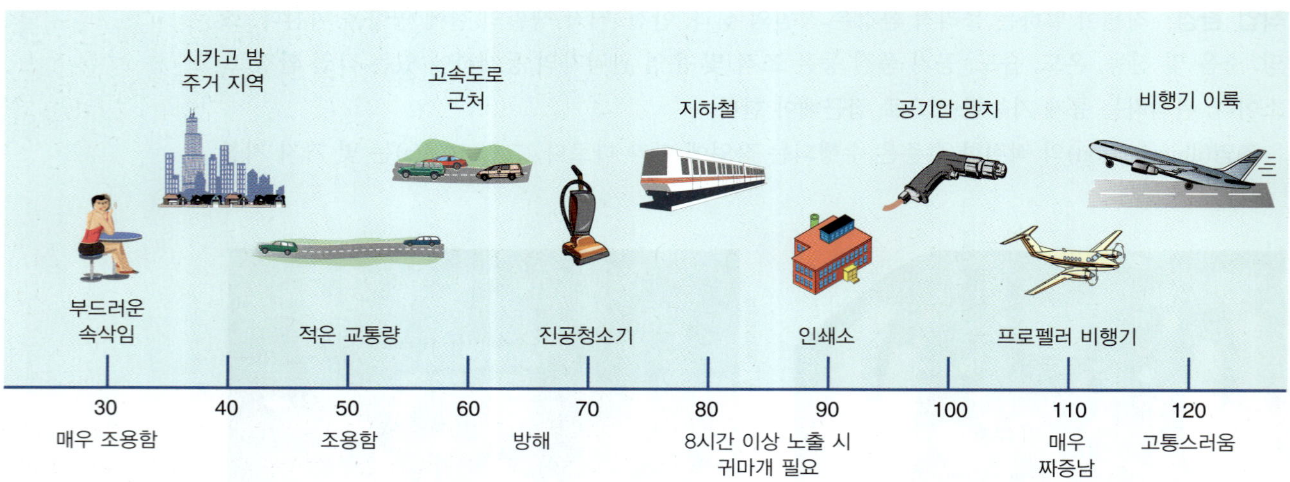

그림 10.4(b) **다양한 소리에 대한 데시벨(dB) 수준**

출처: A. P. G. Peterson and E. E. Gross, Jr., *Handbook of Noise Measurement*, 7th ed. Copyright © by GenRad, LLC. Reprinted with permission.

방법 분석

방법 분석(method analysis)은 작업을 수행하는 방법에 중점을 둔다. 기계를 제어하거나 구성요소를 만들거나 조립할 때 작업을 수행하는 방법에 따라 성능, 안전과 품질이 달라진다. 인간공학 및 분석법 지식을 사용해 분석법 엔지니어는 품질 및 수량 표준이 효율적이고 안전하게 달성되도록 해야 한다. 방법 분석 및 관련 기술은 공장뿐만 아니라 사무실 환경에서도 유용하다. 방법 기술은 다음을 분석하는 데 사용된다.

방법 분석
안전하고 고품질의 제품을 효율적으로 생산하는 작업 절차를 개발하는 시스템

1. **개인 또는 물질의 이동**: 분석은 다양한 양의 세부 정보가 포함된 **흐름도** 및 **공정도**를 사용해 수행된다.
2. **인간과 기계의 활동과 작업자의 활동**: 이 분석은 **활동 차트**[activity charts, **인간-기계 차트**(man–machine chart) 및 **작업자 차트**(crew chart)라고도 함]를 사용해 수행된다.
3. **몸의 움직임**(주로 팔과 손): 이 분석은 **작업 차트**를 사용해 수행된다.

학습목표 10.4
방법 분석 도구를 사용한다.

흐름도(flow diagrams)는 사람이나 물질의 긴 주기의 반복적인 움직임을 조사하는 데 사용되는 개략도(도면)이다. 자동차 부품을 제조하는 영국의 패디홉커크(Paddy Hopkirk) 공장은 그림 10.5에서 흐름도의 한 버전을 보여준다. 홉커크의 기존 작업 흐름은 그림 10.5(a)에 표시되어 있고, 작업 흐름이 개선되고 저장 공간과 공간이 덜 필요한 새로운 방법은 그림 10.5(b)에 나와 있다. **프로세스 차트**(process chart)는 그림 10.5(c)와 같이 기호를 사용해 사람이나 물질의 움직임을 이해하는 데 도움이 된다. 프로세스 차트는 공정도라고도 불린다. 이러한 방식으로 비부가가치 활동을 인식하고 운영을 보다 효율적으로 수행할 수 있다. 그림 10.5(c)는 그림 10.5(b)의 흐름도를 보완하기 위해 사용되는 프로세스 차트이다.

흐름도
사람이나 물질의 움직임을 분석하는 데 사용되는 그림

프로세스 차트
프로세스의 일련의 단계를 나타내는 그래픽 표현

활동 차트(activity chart)는 작업자와 기계 또는 작업자와 기계의 일부 조합의 활용도를 연구하고 개선하는 데 사용된다. 일반적인 접근 방식은 분석가가 직접 관찰을 통해 현재 방법을 기록한 다음 두 번째 차트에 개선 사항을 제안하는 것이다. 그림 10.6은 퀵카루브(Quick Car Lube)에서 2명의 작업자를 위해 제안된 개선 사항을 보여주는 활동 차트이다.

활동 차트
작업자와 기계 또는 작업자(승무원)와 기계의 일부 조합의 활용도를 높이는 방법

신체 움직임은 **작업 차트**(operations chart)로 분석된다. 낭비되는 움직임과 유휴 시간(지연)을 표시해 움직임의 경제성을 보여주도록 설계되었다. 작업 차트[**오른쪽/왼쪽 차트**(right-hand/left-hand chart)라고도 함]는 그림 10.7에 나와 있다.

작업 차트
오른손과 왼손의 움직임을 나타내는 차트

시각적 작업 공간

시각적 작업 공간(visual workplace)은 저렴한 시각적 장치를 사용해 정보를 빠르고 정확하게 공유한다. 잘 설계된 디스플레이와 그래프는 혼란을 없애고 이해하기 어려운 인쇄물과 서류 작업을 대체한다. 작업장 데이터는 빠르게 자주 변경되기 때문에 운영 관리자는 정확한 최신 정보를 공유해야 하며, 변경되는 고객 요구사항, 사양, 일정 및 기타 세부 사항은 일을 수행할 수 있는 사람에게 신속하게 전달되어야 한다.

시각적 작업 공간
이해 관계자에게 정보를 신속하게 전달하기 위해 다양한 시각적 커뮤니케이션 기술을 사용

메트릭스가 설정되고 알려지면 시각적 개체가 더 의미가 있다. 시각적 작업 공간은 기준, 문제와 이상을 시각적으로 만들어 부가가치가 없는 활동을 제거할 수 있다(그림 10.8 참조). 직원들이 표준을 이해하고 결과를 보고 무엇을 해야 하는지 알기 때문에 감독이 줄어들게 된다.

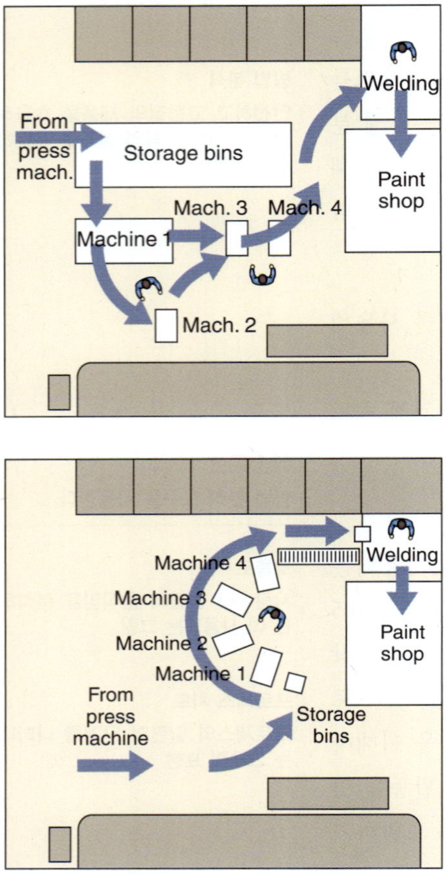

(b)

프로세스 차트

Present Method ☐
Proposed Method ☒

SUBJECT CHARTED *Axle-stand Production* DATE *5/1/18*
CHART BY *JH*
CHART NO. *1*
DEPARTMENT *Work cell for axle stand* SHEET NO. *1* OF *1*

DIST. IN FEET	TIME IN MINS.	CHART SYMBOLS	PROCESS DESCRIPTION
50		○ ⇨ ☐ D ▽	*From press machine to storage bins at work cell*
	3	○ ⇨ ☐ D ▽	*Storage bins*
5		○ ⇨ ☐ D ▽	*Move to machine 1*
	4	○ ⇨ ☐ D ▽	*Operation at machine 1*
4		○ ⇨ ☐ D ▽	*Move to machine 2*
	2.5	○ ⇨ ☐ D ▽	*Operation at machine 2*
4		○ ⇨ ☐ D ▽	*Move to machine 3*
	3.5	○ ⇨ ☐ D ▽	*Operation at machine 3*
4		○ ⇨ ☐ D ▽	*Move to machine 4*
	4	○ ⇨ ☐ D ▽	*Operation at machine 4*
20		○ ⇨ ☐ D ▽	*Move to welding*
	Poka-yoke	○ ⇨ ☐ D ▽	*Poka-yoke inspection at welding*
	4	○ ⇨ ☐ D ▽	*Weld*
10		○ ⇨ ☐ D ▽	*Move to painting*
	4	○ ⇨ ☐ D ▽	*Paint*
		○ ⇨ ☐ D ▽	
97	25		TOTAL

○ = operation; ⇨ = transport; ☐ = inspect; D = delay; ▽ = storage

그림 10.5 **패디홉커크 공장에서 액슬-스탠드(Axle-Stand) 생산의 흐름도 및 프로세스 차트**
(a) 오래된 방법, (b) 새로운 방법, (c) 패디홉커크의 새로운 방법을 사용한 액슬-스탠드 프로세스 차트[(b) 참조]

활동 차트

	OPERATOR #1 TIME	OPERATOR #1 %	OPERATOR #2 TIME	OPERATOR #2 %
WORK	12	100	12	100
IDLE	0	0	0	0

OPERATION: Oil change & fluid check
EQUIPMENT: One bay/pit
OPERATOR: Two-person crew
STUDY NO.: ____ ANALYST: BR

SUBJECT *Quick Car Lube* DATE *5-1-18*
PRESENT / PROPOSED DEPT. SHEET *1* OF *1* CHART BY *LSA*

TIME	Operator #1	Operator #2
2	Take order	Move car to pit
4	Vacuum car	Drain oil
6	Clean windows	Check transmission
	Check under hood	Change oil filter
8	Fill with oil	Replace oil plug
10	Complete bill	Move car to front for customer
12	Greet next customer	Move next car to pit
14	Vacuum car	Drain oil
16	Clean windows	Check transmission
18		

Repeat cycle

그림 10.6 **퀵카루브에서 12분 안에 오일 교환을 수행하는 2명의 작업자를 위한 활동 차트**

작업 차트

SYMBOLS	PRESENT LH	PRESENT RH	PROPOSED LH	PROPOSED RH
○ OPERATION	2	3		
⇨ TRANSPORT.	1	1		
☐ INSPECTION				
D DELAY	4	3		
▽ STORAGE				

PROCESS: Scooping Ice for Coffee
EQUIPMENT: Scoop
OPERATOR: Starbucks
STUDY NO: ____ ANALYST: CM
DATE: 5 /1 /18 SHEET NO. 1 of 2
METHOD (PRESENT / PROPOSED)
REMARKS: Partial Study

LEFT-HAND ACTIVITY Present METHOD	DIST.	SYMBOLS	SYMBOLS	DIST.	RIGHT-HAND ACTIVITY Present METHOD
1 Reach for cup		●⇨☐D▽	○⇨☐D▽		Idle
2 Grasp cup		●⇨☐D▽	○⇨☐D▽		Idle
3 Move cup	6″	○➡☐D▽	○⇨☐D▽		Idle
4 Hold cup		○⇨☐D▽	●⇨☐D▽		Reach for scoop
5 Hold cup		○⇨☐D▽	●⇨☐D▽		Grasp scoop
6 Hold cup		○⇨☐D▽	○➡☐D▽	8″	Move scoop to ice
7 Hold cup		○⇨☐D▽	●⇨☐D▽		Scoop ice

그림 10.7 **얼음을 커피 컵으로 퍼내는 작업 차트(오른쪽/왼쪽 차트)**

그림 10.8 **시각적 작업 공간**

노동 기준

지금까지 이 장에서 우리는 인력 계획과 직무 설계를 논의했다. 효과적인 인적자원 전략의 세 번째 요구사항은 노동 기준의 설정이다. **노동 기준**(labor standards)은 직무 또는 직무의 일부를 수행하는 데 필요한 시간이며 모든 직무에 대해 공식적 또는 비공식적으로 존재한다. 효과적인 인력 계획은 필요한 노동력에 대한 지식에 달려 있다.

노동 기준
작업 또는 작업의 일부를 수행하는 데 필요한 시간

현대 노동 기준은 20세기 초 프레더릭 테일러와 프랭크 길브레스(Frank Gilbreth), 릴리안 길브레스(Lillian Gilbreth)의 연구에서 시작되었다. 당시 작업의 상당 부분이 수작업이었고, 그에 따른 제품의 노동력도 높았다. 공정한 작업을 구성하는 요소에 대해 알려진 것이 거의 없었기 때문에 관리자는 작업 방법을 개선하고 인간의 노력을 이해하기 위한 연구에 착수했다. 이러한 노력은 오늘날까지 계속되고 있다. 인건비가 매출의 10% 미만인 경우가 많지만 노동 기준은 여전히 중요하며 서비스 및 제조 조직 모두에서 계속 중요한 역할을 한다. 이는 흔히 인력 요구사항을 결정하기 위한 시작점이다. 미국 내 제조 공장의 절반 이상이 일종의 노동 인센티브 시스템을 사용하기 때문에 좋은 노동 기준이 필요하다.

효과적인 운영 관리에는 기업이 다음을 결정하는 데 도움이 되는 의미 있는 표준이 필요하다.

1. 생산 품목의 노무 내용(인건비)
2. 인력 수요(얼마나 많은 사람이 필요한 생산을 충족해야 하는지)
3. 생산 전 비용 및 시간 추정(비용 추정에서 결정 또는 구매 결정에 이르기까지 다양한 결정을 지원하기 위해)
4. 직원 규모와 작업의 균형(그룹 활동이나 조립 라인에서 누가 무엇을 하는지)
5. 예상 생산량(관리자와 작업자 모두 공정한 작업이 무엇인지 알 수 있도록)

6. 인센티브 제도의 근거(합리적인 인센티브를 제공하는 것)
7. 직원 및 감독의 효율성(효율성을 판단하는 기준이 필요함)

학습목표 10.5
노동 기준을 설정하는 네 가지 방법을 식별한다.

적절하게 설정된 노동 기준은 일반 직원이 정상적인 작업 조건에서 특정 작업 활동을 수행하는 데 걸리는 시간을 나타낸다. 노동 기준은 다음 네 가지 방식으로 설정된다.

1. 과거 경험
2. 시간 연구
3. 미리 정해진 시간 기준
4. 작업 표본 추출

과거 경험

노동 기준은 과거 경험(historical experience), 즉 마지막으로 수행한 작업을 수행하는 데 필요한 노동 시간을 기반으로 추정할 수 있다. 과거 표준(historical standards)은 비교적 쉽고 저렴하게 구할 수 있다는 장점이 있다. 일반적으로 직원 근무 시간 카드나 생산 기록에서 확인할 수 있다. 그러나 그것들은 객관적이지 않으며 우리는 그 정확성, 합당한 작업 속도를 나타내는지, 낮은 작업 속도를 나타내는지, 비정상적인 상황이 포함되는지 여부를 알지 못한다. 이러한 변수는 알 수 없으므로 사용하지 않는 것이 좋다. 대신 시간 연구, 미리 정해진 시간 기준 및 작업 표본 추출이 선호된다.

시간 연구

시간 연구
작업자의 성과 표본의 시간을 측정하고 그것을 표준 시간 설정의 기준으로 사용

1881년에 프레데릭 테일러가 원래 제안한 고전적인 스톱워치 연구 또는 **시간 연구**(time study)에는 작업자의 성과 표본 시간을 잡고 이를 표준을 설정하는 데 사용하는 것이 포함된다. 스톱워치 연구는 가장 널리 사용되는 노동 기준 방법이다. 훈련되고 경험이 풍부한 사람은 다음 여덟 단계를 수행해 표준을 설정할 수 있다.

1. 연구할 작업을 정의한다(방법 분석이 수행된 후).
2. 작업을 정확한 요소로 나눈다(흔히 몇 초 이상 걸리지 않는 작업의 일부).
3. 작업을 측정할 횟수를 결정한다(필요한 작업 주기 또는 표본 수).
4. 시간, 기록 요소 시간, 성능 등급을 기록한다.
5. 평균 관찰(실제) 시간을 계산한다. **평균 관찰 시간**(average observed time)은 측정된 각 요소에 대한 시간의 산술 평균으로, 각 요소에 대한 비정상적인 영향을 조정한다.

평균 관찰 시간
측정된 각 요소에 대한 시간의 산술 평균, 각 요소에 대한 비정상적인 영향에 대해 조정

$$\text{평균 관찰 시간} = \frac{\text{각 요소를 수행하기 위해 기록된 시간의 합}}{\text{관찰 횟수}} \qquad (10\text{-}1)$$

6. 수행평가(작업 속도)를 결정하고 각 요소에 대한 **정상 시간**(normal time)을 계산한다.

정상 시간
속도에 맞게 조정된 평균 관찰 시간

$$\text{정상 시간} = \text{평균 관찰 시간} \times \text{성과 평가 요소} \qquad (10\text{-}2)$$

성과 등급은 훈련된 작업자가 정상적인 속도로 작업을 완료할 것으로 예상할 수 있는 평균 관찰 시간을 조정한다. 예를 들어 작업자는 시속 3마일을 걸을 수 있어야 한다. 그는 또한 30초 안에 52장의 카드 더미를 4개의 동일한 더미로 처리할 수 있어야 한다. 1.05의 성과 등급은 관찰된 작업자가 평균보다 약간 더 빠르게 작업을 수행한다는 것을 나타낸다. 수많은 영상이 전문가들이 동의하는 작업 속도를 지정하고 관리진흥협회(Society for the Advancement

표 10.1 다양한 직업군에 대한 허용 요소와 허용치(%)

항목	%
1. 일정한 허용	
(A) 개인 허용	5
(B) 기본 피로 허용	4
2. 변동 허용	
(A) 상주 허용	2
(B) 비정상 포지션 허용	
(i) 어색함(구부리기)	2
(ii) 매우 어색함(스트레칭)	7
(C) 들어올리기, 당기기, 밀기에서 힘이나 근육 에너지	
사용 중량(파운드)	
20	3
40	9
60	17
(D) 나쁜 조명	
(i) 권장 이하	2
(ii) 상당히 부적절	5
(E) 소음 수준	
(i) 간헐적—시끄러운	2
(ii) 간헐적—매우 크거나 높은 음조	5

출처: George Kanawaty(ed.), *Introduction to Work Study*, International Labour Office, Geneva, 1992; B. W. Niebel, *Motion and Time Study*, 8th ed.(Homewood, IL: Richard D. Irwin), 1988; and Stephan Konz, *Work Design*(Columbus, Ohio: Grid Publishing, Inc.), 1979.

of Management)에서 벤치마크를 설정했다. 그러나 성능 등급은 여전히 예술의 일부이다.

7. 작업에 대한 총 정상 시간을 개발하기 위해 각 요소에 대한 정상 시간을 추가한다.
8. **표준 시간**(standard time)을 계산한다. 총 정상 시간에 대한 이러한 조정은 개인적인 필요, 불가피한 작업 지연 및 근로자 피로와 같은 허용치를 제공한다.

표준 시간
총 정상 시간에 대한 조정. 조정은 개인적인 필요, 불가피한 작업 지연 및 피로에 대한 허용치를 제공

$$\text{표준 시간} = \frac{\text{전체 정상 시간}}{1 - \text{허용 계수}} \qquad (10\text{-}3)$$

개인 시간 허용치(personal time allowance)는 화장실, 정수대, 기타 시설과의 거리에 따라 총 시간의 4~7% 범위에서 설정되는 경우가 많다. 지연 허용치(delay allowance)는 발생하는 지연에 대한 실제 연구의 결과로 설정된다. 피로 허용치(fatigue allowance)는 다양한 물리적 · 환경적 조건에서 인간의 에너지 소비에 대한 우리의 증가하는 지식을 기반으로 한다. 개인 및 피로 허용치의 표본이 표 10.1에 나와 있다.

예제 1은 표준 시간의 계산을 보여준다.

예제 1

정상 시간과 표준 시간의 결정

레드로브스터(Red Lobster) 레스토랑의 작업에 대한 시간 연구 결과 평균 관찰 시간은 4.0분이었다. 분석가는 관찰된 작업자를 85%로 평가했다. 이것은 작업자가 연구가 이루어졌을 때 정상의 85%로 수행했음을 의미한다. 회사는 13%의 허용 계수를 사용한다. 레드로브스터는 이 작업의 정상 시간과 표준 시간을 계산하려고 한다.

접근방법 ▶ 회사는 식 (10-2)와 (10-3)을 적용해야 한다.

해결방법 ▶

$$\text{평균 관찰 시간} = 4.0\text{분}$$
$$\text{정상 시간} = (\text{평균 관찰 시간}) \times (\text{성과 평가 요소}) = (4.0)(0.85) = 3.4\text{분}$$
$$\text{표준 시간} = \frac{\text{정상 시간}}{1 - \text{허용 계수}} = \frac{3.4}{1 - 0.13} = \frac{3.4}{0.87} = 3.9\text{분}$$

학습목표 10.6
시간 연구에서 정상 및 표준 시간을 계산한다.

통찰력 ▶ 관찰된 작업자는 85%(평균보다 느림)로 평가되었기 때문에 정상 시간은 작업자의 평균 시간 4.0분보다 짧다.

학습 연습 ▶ 관찰된 작업자가 115%(평균보다 빠름)로 평가되는 경우 새로운 정상 및 표준 시간은 무엇인가? [정답: 4.6분, 5.287분]

예제 2에서는 각 요소에 대해 일련의 실제 스톱워치 시간을 사용한다.

예제 2

시간 연구를 사용해 표준 시간 계산

경영과학협회는 수천 개의 개별적으로 작성되고 입력된 편지를 다양한 회사에 우편으로 발송해 경영 개발 세미나를 홍보한다. 우편물을 위한 편지를 준비하는 작업에 대한 시간 연구가 수행되었다. 다음 관찰을 기반으로 회사는 이 작업에 대한 시간 표준을 개발하고자 한다. 회사의 개인, 지연 및 피로 허용 계수는 15%이다.

작업 요소	관찰(분)					성과 평가
	1	2	3	4	5	
(A) 편지를 작성하고 타이핑	8	10	9	21*	11	120%
(B) 봉투 주소 입력	2	3	2	1	3	105%
(C) 봉투의 물건, 우표, 봉인, 분류	2	1	5*	2	1	110%

접근방법 ▶ 데이터가 수집되면 절차는 다음과 같다.

1. 비정상적이거나 반복되지 않는 관찰을 삭제한다.
2. 식 (10-1)을 이용해 각 요소에 대한 **평균** 시간을 계산한다.
3. 식 (10-2)를 이용해 각 요소에 대한 **정상** 시간을 계산한다.
4. 총 정상 시간을 찾는다.
5. 식 (10-3)을 이용해 **표준** 시간을 계산한다.

해결방법 ▶

1. 별표(*)로 표시된 것과 같은 관찰을 삭제한다. (이는 업무 중단, 상사와의 회의 또는 비정상적인 실수로 인한 것일 수 있으며, 업무 요소의 일부가 아니지만 개인 또는 지연 시간일 수 있다.)
2. 각 작업 요소의 평균 시간

$$\text{A의 평균 시간} = \frac{8 + 10 + 9 + 11}{4} = 9.5\text{분}$$

$$\text{B의 평균 시간} = \frac{2 + 3 + 2 + 1 + 3}{5} = 2.2\text{분}$$

$$\text{C의 평균 시간} = \frac{2 + 1 + 2 + 1}{4} = 1.5\text{분}$$

3. 각 작업 요소의 정상 시간

A의 정상 시간 = (평균 관찰 시간) × (성능 등급) = (9.5)(1.2) = 11.4분
B의 정상 시간 = (2.2)(1.05) = 2.31분
C의 정상 시간 = (1.5)(1.10) = 1.65분

참고: 성과 평가 요인(작업 속도)은 이 경우와 같이 각 요소마다 다를 수 있으므로 각 요소에 대해 정상 시간을 계산한다.

4. 각 요소의 정상 시간을 추가해 총 정상 시간(전체 작업의 정상 시간)을 찾는다.

$$\text{총 정상 시간} = 11.40 + 2.31 + 1.65 = 15.36\text{분}$$

5. 작업의 표준 시간:

$$\text{표준 시간} = \frac{\text{총 정상 시간}}{1 - \text{허용 계수}} = \frac{15.36}{1 - 0.15} = 18.07\text{분}$$

따라서 18.07분이 이 작업의 표준 시간이다.

통찰력 ▶ 관찰된 시간이 일관되지 않으면 검토해야 한다. 비정상적으로 짧은 시간은 관찰 오류의 결과일 수 있으며 일반적으로 폐기된다. 비정상적으로 긴 시간도 오류인지 판단하기 위해 분석해야 한다. 그러나 여기에는 드물게 발생하지만 요소에 대한 합법적인 활동(예: 기계 조정)이 포함되거나 개인, 지연 또는 피로 시간이 포함될 수 있다.

학습 연습 ▶ 별표로 표시된 두 관측값이 삭제되지 않은 경우 총 정상 시간과 표준 시간은 얼마인가? [답: 18.89분, 22.22분]

시간 연구에는 표본 추출 과정이 필요하다. 따라서 평균 관찰 시간의 표본 추출 오류 문제가 자연스럽게 발생한다. 통계에서 오류는 표본 크기에 반비례한다. 따라서 시간을 측정해야 하는 '주기(cycle)'를 결정하려면 연구에서 각 요소의 변동성을 고려해야 한다.

학습목표 10.7
시간 연구에 적합한 표본 크기를 찾는다.

적절한 표본 크기를 결정하려면 다음 세 가지 항목을 고려해야 한다.

1. 원하는 정확도(예: 관찰된 시간의 ±5%가 충분히 가까운가?)
2. 원하는 신뢰 수준(예: z값으로 95%가 적절한가, 아니면 99%가 필요한가?)
3. 작업 요소 내에서 얼마나 많은 변동이 존재하는지(예: 변동이 크면 더 큰 표본이 필요함)

이 세 가지 변수가 주어지면 적절한 표본 크기를 찾는 공식은 다음과 같다.

$$\text{필요한 표본 크기} = n = \left(\frac{zs}{h\bar{x}}\right)^2 \qquad (10\text{-}4)$$

h = 작업 요소의 백분율로 원하는 정확도 수준(허용 가능한 오류), 소수점으로 표시(5% = 0.05)

z = 원하는 신뢰 수준에 필요한 표준편차의 수 (90% 신뢰 수준 = 1.65, 더 많은 z값은 표 10.2 또는 부록 1 참조)

s = 초기 표본의 표준편차

$\bar{x}$ = 초기 표본의 평균

n = 필요한 표본 크기

우리는 예제 3으로 설명한다.

표 10.2

공통 z값

원하는 신뢰 수준 (%)	Z값 (원하는 신뢰 수준에 필요한 표준편차)
90.0	1.65
95.0	1.96
95.45	2.00
99.0	2.58
99.73	3.00

예제 3

표본 크기 계산

올랜도에 있는 Andy Johnson Mfg.은 최근 해고된 분석가가 작성한 노동 기준을 확인하도록 요청했다. 첫 번째 작업은 올바른 표본 크기를 결정하는 것이다. 정확도는 ±5% 이내이고 신뢰 수준은 95%이다. 표본의 표준편차는 1.0이고 평균은 3.00이다.

접근방법 ▶ 식 (10-4)를 적용한다.

해결방법 ▶

$$h = 0.05 \quad \bar{x} = 3.00 \quad s = 1.0$$

$$z = 1.96\,(\text{표 10.2 또는 부록 1에서})$$

$$n = \left(\frac{zs}{h\bar{x}}\right)^2$$

$$n = \left(\frac{1.96 \times 1.0}{0.05 \times 3}\right)^2 = 170.74 \approx 171$$

따라서 171의 표본 크기를 권장한다.

통찰력 ▶ 필요한 신뢰 수준이 증가하면 표본 크기도 증가한다. 마찬가지로 원하는 정확도 수준이 증가하면(예: 5%에서 1%로) 표본 크기가 증가한다.

학습 연습 ▶ 이 회사의 신뢰 수준은 동일한 ±5% 정확도 수준을 유지하면서 90%로 더 낮게 설정할 수 있다. 지금 필요한 표본 크기는 무엇인가? [답: $n = 121$]

이제 예제 3의 두 가지 변형을 살펴보자.

먼저, 원하는 정확도인 h가 절대 오차량으로 표현되면(예로, ±1분의 오차는 허용됨) e를 $h\bar{x}$로 대체하고 적절한 공식은 다음과 같다.

$$n = \left(\frac{zs}{e}\right)^2 \tag{10-5}$$

여기서 e는 허용 가능한 오차의 절대 시간이다.

둘째, 표본의 표준편차인 s가 제공되지 않는 경우(일반적으로 강의실 외부의 경우)에 대해 계산되어야 한다. 이를 위한 공식은 식 (10-6)에 나와 있다.

$$s = \sqrt{\frac{\sum(x_i - \bar{x})^2}{n-1}} = \sqrt{\frac{\sum(\text{각 표본 관찰수} - \bar{x})^2}{\text{표본수} - 1}} \tag{10-6}$$

x_i = 각 관측치의 값

$\bar{x}$ = 관측치의 평균

n = 표본의 관측치 수

이 계산의 예는 문제 해결 10.4에 나와 있다.

휴대용 컴퓨터의 발전으로 작업 요소, 시간, 성능 비율 및 통계적 신뢰 구간을 쉽게 생성, 기록, 편집, 관리할 수 있다. 시간 연구는 노동 기준을 설정하는 데 있어 정확성을 제공하지만(OM in Action '해운 사업에서 가장 빡빡한 선박' 참조) 두 가지 단점이 있다. 첫째, 제대로 훈련된 분석 직원이 필요하다. 둘째, 이러한 기준은 작업이 실제로 수행되기 전에 설정될 수 없다. 이것은 우리가

OM in Action 해운 사업에서 가장 빡빡한 선박

UPS(United Parcel Service)는 454,000명의 직원을 고용하고 있으며 미국 전역 및 기타 220개 국가에 하루 평균 2,000만 개의 물품을 배달한다. UPS는 '해운 사업에서 가장 빡빡한 선박 운영'이라는 클레임을 달성하기 위해 배송기사에게 가능한 한 효율적으로 업무를 수행하는 방법을 체계적으로 교육하고 있다.

UPS의 산업 엔지니어는 각 운전자의 경로를 시간 연구하고 각 배달, 중지 및 픽업에 대한 표준을 설정했다. 이 엔지니어들은 신호등, 교통량 우회로, 초인종, 보도, 계단 및 휴식 시간이 차지하는 모든 시간을 기록했다. 화장실 가는 것도 표준에 포함된다. 그런 다음 이 모든 정보를 회사 컴퓨터에 입력해 매일 모든 운전자에게 자세한 시간 표준을 제공한다.

매일 200건의 배송 및 픽업이라는 목표를 달성하려면[페덱스(FecEx)에서는 80건], UPS 기사는 절차를 정확히 따라야 한다. 배달 정류장에 가까워지면 운전자는 안전벨트를 풀고 경적을 울리며 엔진을 끈다. 점화 키는 생략되고 엔진을 끄고 물품으로 연결되는 격벽 도어의 잠금을 해제하는 디지털 원격 리모컨으로 대체되었다. 하나의 원활한 동작으로 운전자는 비상 브레이크를 잡고 기어 변속을 먼저 해야 한다. 그런 다음 오른손에는 전자 클립보드를, 왼손에는 꾸러미를 들고 땅으로 미끄러져 내려간다. 그들은 규정된 초당 3피트의 속도로 고객의 집 문으로 걸어가 초인종을 찾는 데 시간을 낭비하지 않도록 먼저 노크한다. 배송을 마치고 트럭으로 돌아가는 길에 서류 작업을 한다.

생산성 전문가들은 UPS를 효과적인 노동 기준을 적용하는 데 있어 가장 효율적인 회사 중 하나로 설명한다.

출처: CNBC.com(October 26, 2017); *The Wall Street Journal*(February 19, 2015).

다음에 논의할 두 가지 대체 작업 측정 기법으로 이어진다.

미리 정해진 시간 기준

과거 경험과 시간 연구 외에도 **미리 정해진 시간 기준**(predetermined time standards)을 사용해 생산 기준을 설정할 수 있다. 미리 정해진 시간 기준은 육체노동을 이미 정해진 시간이 있는 작은 기본 요소로 나눈다(매우 많은 근로자 표본을 기반으로 함). 특정 작업의 시간을 추정하기 위해 해당 작업의 각 기본 요소에 대한 시간 요소가 함께 추가된다. 미리 정해진 시간 기준의 포괄적인 시스템을 개발하는 것은 주어진 회사에 엄청나게 많은 비용이 든다. 결과적으로 많은 시스템이 상업적으로 이용 가능하다. 가장 일반적인 미리 정해진 시간 기준은 MTM어소시에이션(MTM Association)의 제품인 MTM(*Methods Time Measurement*)이다.

미리 정해진 시간 기준
시간이 설정되고 널리 받아들여진 작은 기본 요소로 수동 작업의 분할

미리 정해진 시간 기준은 **서블리그**(therblig)라고 하는 기본 동작의 파생물이다. 이 용어는 프랭크 길브레스가 만들었다(*Gilbreth*의 철자를 거꾸로 나열한 것임). 서블리그에는 선택, 파악, 위치 지정, 조립, 도달, 유지, 휴식, 검사와 같은 활동이 포함된다. 이러한 활동은 각각 0.00001시간 또는 0.0006분에 해당하는 **시간 측정 단위**(time measurement units, TMU)로 표시된다. 다양한 서블리그에 대한 MTM 값은 매우 상세한 표에 명시되어 있다. 예를 들어 그림 10.9는 모션 GET 및 PLACE에 대한 일련의 시간 표준을 제공한다. GET과 PLACE를 사용하려면 '얻은(gotten)' 항목, 대략적인 무게, 위치 및 거리를 알아야 한다.

서블리그
모션의 기본 물리적 요소

시간 측정 단위(TMU)
1 TMU = .0006분 또는 100,000 TMU = 1시간인 매우 기본적인 마이크로모션의 단위

예제 4는 서비스 노동 기준을 설정하는 데 미리 정해진 시간 기준을 사용하는 것을 보여준다.

예제 4 미리 정해진 시간을 사용해(MTM 분석) 표준 시간 결정

General Hospital은 실험실 기술자가 MTM을 사용해 튜브 표본을 붓는 표준 시간을 설정하려고 한다.

접근방법 ▶ 이것은 표 10.3의 MTM 데이터를 사용해 표준 시간을 개발할 수 있는 반복적인 작업이다. 표본 튜브는 랙에 있고 원심분리기 튜브는 근처 상자에 있다. 기술자가 랙에서 표본 튜브를 제거하고 캡을 풀고 원심분리기 튜브를 가져와서 붓고 두 튜브를 랙에 놓는다.

표 10.3 MTM-HC 분석: 주입 튜브 견본*

요소 설명	요소	시간
랙에서 튜브 가져오기	AA2	35
뚜껑을 풀고 카운터에 놓기	AA2	35
원심 분리기 튜브를 가져와서 표본 튜브에 놓기	AD2	45
붓기(3초)	PT	83
랙에 튜브 놓기(simo)	PC2	40
		총 TMU 238
0.0006 × 238 = 총 표준 시간(분) = 0.143초 또는 약 8.6초		

*출처: *Journal of Methods-Time Measurement*, 12: 43. Used with permission of the MTM Association for Standards and Research.

해결방법 ▶ 첫 번째 작업 요소는 랙에서 튜브를 가져오는 것이다. 튜브를 가져와 기술자 앞에 놓는 조건은 다음과 같다.

◆ 무게: (2파운드 미만)
◆ GET 조건: (쉬움)
◆ 장소 정확도: (근사치)
◆ 거리 범위: (8~20인치)

그러면 이 활동에 대한 MTM 요소는 AA2이다(그림 10.9 참조). 표 10.3의 나머지 부분은 유사한 MTM 표에서 개발되었다.

통찰력 ▶ 대부분의 MTM 계산은 컴퓨터화되므로 사용자는 이 예에서 AA2와 같은 적절한 MTM 코드만 입력하면 된다.

학습 연습 ▶ General Hospital은 이 프로세스의 첫 번째 단계가 실제로 4인치(랙에서 튜브 가져오기)의 거리 범위를 포함한다고 결정한다. 다른 작업 요소는 변경되지 않는다. 새로운 표준 시간은 무엇인가? [답: 0.134분 또는 8초가 조금 넘는다.]

그림 10.9

GET과 PLACE 모션에 대한 표본 MTM 표

시간값은 TMU에 있다. MTM은 실제로 MTM어소시에이션에서 제공하는 제품군이다. 예를 들어 MTM-HC는 의료 산업, MTM-C는 사무 활동, MTM-M은 현미경 활동, MTM-V는 기계 공장 작업 등을 처리한다.

출처: MTM Association for Standards and Research. No reprint permission without consent from the MTM Association, 16-01 *Broadway*, Fair Lawn, NJ 07410. Used with permission of MTM Association for Standards & Research.

GET 및 PLACE			거리 범위 (인치)	<8	>8 <20	>20 <32
무게	GET의 조건	장소 정확도	MTM 코드	1	2	3
<2 LB	쉬움	적당함	AA	20	35	50
		느슨함	AB	30	45	60
		타이트함	AC	40	55	70
	어려움	적당함	AD	20	45	60
		느슨함	AE	30	55	70
		타이트함	AF	40	65	80
	다룰 만함	적당함	AG	40	65	80
>2 LB <18 LB		적당함	AH	25	45	55
		느슨함	AJ	40	65	75
		타이트함	AK	50	75	85
>18 LB <45 LB		적당함	AL	90	106	115
		느슨함	AM	95	120	130
		타이트함	AN	120	145	160

미리 정해진 시간 기준은 직접 시간 연구에 비해 몇 가지 장점이 있다. 첫째, 절차가 실제 생산 활동을 방해하지 않는 실험실 환경에서 설정할 수 있다(시간 연구에서 수행하는 경향이 있음). 둘째, 작업이 실제로 수행되기 전에 기준을 설정할 수 있으므로 계획에 사용할 수 있다. 셋째, 성과 평가가 필요하지 않다. 넷째, 노조는 이 방법을 공정한 기준 설정 수단으로 받아들이는 경향이 있다. 다섯째, 미리 정해진 시간 기준은 유사한 작업에 대해 상당한 수의 연구를 수행하는 회사에서 특히 효과적이다. 정확한 노동 기준을 보장하기 위해 일부 회사는 시간 연구와 미리 정해진 시간 기준을 모두 사용한다.

작업 표본 추출

작업 표본 추출

표본 추출을 통해 작업자가 다양한 작업에 소비하는 시간의 백분율 추정

노동 또는 생산 표준을 개발하는 네 번째 방법인 **작업 표본 추출**(work sampling)은 1930년대 티펫(L. Tippet)에 의해 영국에서 개발되었다. 작업 표본 추출은 작업자가 다양한 작업에 소비하는 시간의 백분율을 추정한다. 무작위 관찰은 작업자가 수행하는 활동을 기록하는 데 사용된다. 결과는 주로 직원이 다양한 활동에 시간을 할당하는 방법을 결정하는 데 사용된다. 이 할당에 대한 지식은 직원 변경, 직무 재할당, 활동 비용 추정 및 노동 기준에 대한 지연 허용치 설정으로 이어질 수 있다. 지연 허용치를 설정하기 위해 작업 표본 추출을 수행할 때 **비율 지연 연구**(ratio delay study)라고 하는 경우가 있다.

작업 표본 추출 절차는 다섯 단계로 요약할 수 있다.

1. 매개변수 값의 추정치를 얻기 위해 예비 표본을 취한다(예: 작업자가 바쁜 시간의 백분율).
2. 필요한 표본 크기를 계산한다.
3. 적절한 시간에 작업자를 관찰하기 위한 일정을 준비한다. 난수 개념은 무작위 관찰을 제공하는 데 사용된다. 예를 들어 표에서 10, 24, 03, 32, 23(모듈 F의 표 F.4의 7번째 열에 있는 첫 번째 5개 숫자)에서 5개의 난수를 추출한다고 가정해보자. 그런 다음 이를 사용해 오전 9:03, 9:10, 9:23, 9:24, 9:32의 관측 일정을 만들 수 있다.
4. 작업자의 활동을 관찰하고 기록한다.
5. 근로자가 시간을 어떻게 보내는지 결정한다(보통 백분율로 표시).

필요한 관찰 횟수를 결정하기 위해 경영진은 원하는 신뢰 수준과 정확도를 결정해야 한다. 그러나 먼저 분석가는 연구 중인 매개변수에 대한 예비 값을 선택해야 한다(위의 1단계). 선택은 일반적으로 50개 정도의 작은 표본을 기반으로 한다. 그리고 다음 공식은 원하는 신뢰도와 정확도를 위한 표본 크기를 제공한다.

$$n = \frac{z^2 p(1 - p)}{h^2} \tag{10.7}$$

n = 필요한 표본 크기

z = 원하는 신뢰 수준에 대한 표준편차의 수(68.27% 신뢰도의 경우 $z = 1$, 95.45% 신뢰도의 경우 $z = 2$, 99.73% 신뢰도의 경우 $z = 3$. 이 값은 표 10.2 또는 부록 1의 정규분포표에서 가져온 것이다.)

p = 표본 비율의 추정값(작업자가 바쁘거나 유휴 상태로 관찰되는 시간)

h = 허용 가능한 오류 수준, 백분율(소수점)

예제 5는 이 공식을 적용하는 방법을 보여준다.

예제 5

필요한 작업 표본 관찰의 수 결정

미시간 카운티 복지 사무소의 관리자인 데이나 존슨(Dana Johnson)은 직원들이 시간의 25%를 유휴 상태로 유지하고 있다고 추정한다. 그녀는 ±3% 이내의 정확하고 결과에 대해 95.45%의 신뢰도를 갖는 작업 표본을 선택하려고 한다.

접근방법 ▶ 데이나는 식 (10-7)을 적용해 얼마나 많은 관찰을 수행해야 하는지를 결정한다.

해결방법 ▶ 데이나는 n을 계산한다.

$$n = \frac{z^2 p(1 - p)}{h^2}$$

n = 필요한 표본 크기
z = 신뢰 수준(95.45% 신뢰도의 경우 2)
p = 유휴 비율 추정치 = 25% = .25
h = 허용 오차 3% = .03

$$n = \frac{(2)^2(.25)(.75)}{(.03)^2} = 833$$

통찰력 ▶ 따라서 833개의 관찰을 수행해야 한다. 관찰된 유휴 시간의 백분율이 연구가 진행됨에 따라 25%에 가깝지 않은 경우 관찰 횟수를 다시 계산하고 적절하게 늘리거나 줄여야 할 수 있다.

학습 연습 ▶ 신뢰 수준이 99.73%로 증가하면 표본 크기는 어떻게 변하는가? [답: n = 1,875]

작업 표본 추출의 초점은 작업자가 다양한 활동에 시간을 할당하는 방법을 결정하는 것이다. 이는 특정 작업에 소요된 정확한 시간보다 개인이 이러한 활동에 소비하는 시간의 백분율을 설정해 달성된다. 분석가는 단순히 각 활동의 발생을 편향되지 않은 무작위 방식으로 기록한다. 예제 6은 예제 5에서 도입한 복지 사무소 직원 평가의 절차를 보여준다.

예제 6

작업 표본 추출로 직원 시간 할당 결정

미시간 카운티 복지 사무소의 관리자인 데이나 존슨은 직원들이 신속하고 도움이 되는 서비스를 제공할 수 있는 적절한 시간을 갖기를 원한다. 그녀는 직원들이 시간의 75% 이상으로 바쁠 때 예약 없이 전화하거나 방문하는 복지 수혜자에 대한 서비스가 급격히 저하된다고 믿는다. 결과적으로 그녀는 직원들이 시간의 75% 이상을 고객 서비스 활동에 몰두하는 것을 원하지 않는다.

접근방법 ▶ 연구에는 몇 가지 사항이 필요하다. 첫째, 예제 5의 계산에 따르면 833개의 관찰이 필요하다. 둘째, 관찰은 실제 표본을 보장하기 위해 2주 동안 편향되지 않은 무작위 방식으로 이루어져야 한다. 셋째, 분석가는 '일'하는 활동을 정의해야 한다. 이 경우 업무는 클라이언트를 돌보는 데 필요한 모든 활동(파일링, 회의, 데이터 입력, 감독자와의 토론 등)으로 정의된다. 넷째, 개인 시간은 업무 외 시간의 25%에 포함된다. 다섯째, 일상적인 업무 패턴을 왜곡하지 않도록 비간섭적인 방식으로 관찰한다. 2주가 끝날 때 833개의 관찰 결과는 다음과 같다.

관찰 횟수	활동
485	복지 수혜자와의 전화나 회의
126	유휴
62	개인 시간
23	감독관과의 논의
137	파일링, 회의 및 컴퓨터 데이터 입력
833	

해결방법 ▶ 분석가는 188개의 관찰(126개의 유휴 및 62개의 개인)을 제외한 모든 관찰이 작업과 관련되어 있다고 결론지었다. 22.6%(= 188/833)는 데이나가 높은 고객 서비스 수준을 보장하는 데 필요하다고 생각하는 것보다 적은 유휴 시간이므로 현재 작업 부하를 줄이는 방법을 찾아야 한다. 이는 직무 재배치 또는 추가 인력 채용을 통해 수행될 수 있다.

통찰력 ▶ 작업 표본 추출은 인력 수요 또는 직무 재배치를 결정할 때 특히 유용하다(그림 10.10 참조).

학습 연습 ▶ 데이나를 위해 일하는 분석가는 몇 가지 관찰을 다시 범주화한다. 현재 450개의 '고객과의 전화/미팅' 관찰, 156개의 '유휴' 및 67개의 '개인 시간' 관찰이 있다. 마지막 두 범주에는 변경 사항이 없다. 결론이 바뀌는가? [답: 그렇다. 이제 직원 시간의 약 27%가 업무와 관련이 없다. 데이나가 원하는 25% 이상이다.]

판매원과 조립 라인 직원에 대한 유사한 연구 결과가 그림 10.10에 나와 있다.

작업 표본 추출은 시간 연구 방법에 비해 몇 가지 이점을 제공한다. 첫째, 단일 관찰자가 여러 작업자를 동시에 관찰할 수 있기 때문에 비용이 저렴하다. 둘째, 관찰자는 일반적으로 많은 훈련이 필요하지 않으며 타이밍 장치가 필요하지 않다. 셋째, 연구는 결과에 거의 영향을 미치지 않고 언제든지 일시적으로 지연될 수 있다. 넷째, 작업표본은 장기간에 걸친 즉각적인 관찰을 사용하기 때문에 작업자가 연구 결과에 영향을 미칠 가능성이 거의 없다. 다섯째, 절차가 덜 방해가 되므로 이의를 제기할 가능성이 적다.

작업 표본 추출의 단점은 (1) 시간 연구만큼 작업 요소를 완전히 분할하지 않으며, (2) 관찰자가 임의의 이동 및 관찰 경로를 따르지 않으면 편향되거나 잘못된 결과를 생성할 수 있으며, (3) 간섭적이지 않기 때문에 정확도가 떨어질 수 있다. 작업 내용 시간이 짧은 경우 특히 그렇다.

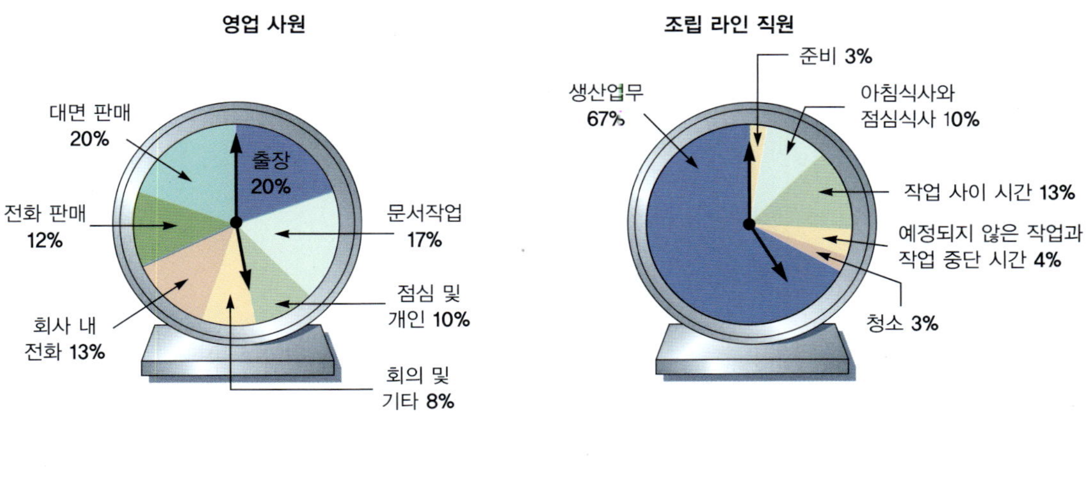

그림 10.10

작업 표본 추출 시간 연구
이 두 가지 작업 표본 추출 시간 연구는 도매 전자 유통업체에서 영업 사원이 하는 일(왼쪽)과 여러 자동차 조립 라인 직원의 조합(오른쪽)을 결정하기 위해 수행되었다.

윤리

직장에서의 윤리는 몇 가지 흥미로운 도전 과제를 제시한다. 이 장에서 제안한 것처럼 많은 제약 조건이 직무 설계에 영향을 미치고 있고 공정성, 형평성, 윤리 문제가 만연해 있다. 문제가 평등한 기회이든 안전한 근무 조건이든 관계없이 운영 관리자가 책임을 지는 경우가 많다. 관리자에게는 몇 가지 지침이 있다. 법을 알고 OSHA, 주정부 기관, 노동조합, 무역 협회, 보험사 및 직원과 협력함으로써 관리자는 대개 결정의 매개 변수를 결정할 수 있다. 인적자원 및 법무 부서도 법률과 규정의 미로를 통해 도움과 안내를 받을 수 있다.

경영진의 역할은 직원을 교육하는 것이다. 필요한 장비, 작업 규칙 및 작업 환경을 지정한다. 직원이 안전 장비를 착용할 필요가 없다고 생각하는 경우에도 이러한 요구사항을 시행한다. 우리는 상호 신뢰와 헌신에 대한 논의로 이 장을 시작했으며, 이것이 관리자가 육성해야 하는 환경이다. 윤리경영에는 그 이상도 필요하지 않다.

요약

뛰어난 기업은 인적자원 전략이 경쟁 우위를 가져올 수 있다는 것을 알고 있다. 종종 많은 수의 직원과 인건비의 상당 부분이 운영 관리의 방향하에 있다. 결과적으로 운영 관리자는 일반적으로 인적자원 목표를 달성하는 데 중요한 역할을 한다. 요구사항은 상호 존중과 헌신, 합리적인 직장 생활 환경을 구축하는 것이다. 성공적인 조직은 직원의 정신적, 육체적 능력을 모두 사용하는 작업을 설계했다. 선택한 전략에 관계없이 회사가 인적자원을 관리하는 기술이 궁극적으로 성공을 결정한다.

효율적인 운영 시스템을 위해서는 노동 기준이 필요하다. 이는 생산 계획, 인력 계획, 원가 계산 및 성과 평가에 필요하다. 공장에서 금융, 영업, 사무실에 이르기까지 산업 전반에 걸쳐 사용되며, 인센티브 시스템의 기초로 사용할 수도 있다. 이 노동 기준은 과거 데이터, 시간 연구, 미리 정해진 시간 기준 및 작업 표본 추출을 통해 설정될 수 있다.

핵심 용어

공정도(process chart)
노동 기준(labor standards)
노동 전문화(또는 직무 전문화)[(labor specialization(or job specialization)]
미리 정해진 시간 기준(predetermined time standards)
방법 분석(methods analysis)
시각적 작업 공간(visual workplace)
시간 연구(time study)
시간 측정 단위(time measurement units, TMU)
인간공학(ergonomics)
인력 계획(labor planning)
자기주도적 팀(self-directed team)
작업 차트(operations chart)
작업 표본 추출(work sampling)
직무 강화(job enrichment)
직무 설계(job design)
직무 순환(job rotation)
직무 확대(job enlargement)
정상 시간(normal time)
직원 권한 부여(employee empowerment)
평균 관찰 시간(average observed time)
표준 시간(standard time)
활동 차트(activity chart)
흐름도(flow diagrams)

윤리적 딜레마

여러 주요 공장을 보유한 존스타운파운드리(Johnstown Foundry, Inc.)는 미국에서 가장 큰 주철 상하수도관 제조업체 중 하나이다. 존스타운은 아마도 미국에서 가장 위험한 산업 중에서도 가장 위험한 업체 중 하나일 것인데, 6개 경쟁사의 부상률을 합친 것보다 4배가 많은 규모이다. 근로자 사망률은 업계 평균의 6배이다. 최근 7년 동안 존스타운의 공장은 오염 및 배출 제한을 450회 위반한 것으로 밝혀졌다.

위험한 노동 조건에 항의하는 노동자들은 해고 대상이 된 '과녁의 눈(bull's-eyed)'이라고 주장한다. 감독관은 부상당한 근로자와 노조 지도자를 위협했다. 일일 할당량을 채우지 못한 라인 작업자는 징계 조치를 받는다. 관리자는 근로자가 부상당한 후 안전 표지판을 설치해 근로자가 게시된 정책을 무시하는 것처럼 보이게 했다. 그들은 안전 기록을 관리하고 위험을 은폐하기 위해 기계를 변경한다. 정부가 최근 한 느동자의 죽음을 조사했을 때, 조사관들은 존스타운의 정책이 'OSHA가 그것을 찾을 때까지 아무것도 시정하지 않는 것'이라는 사실을 발견했다.

존스타운 공장은 손상된 오염 통제 시설을 수리하기 위해 생산을 중단하지 않아 반복적으로 벌금도 부과받았다. 3개의 공장이 EPA에 의해 '우선순위가 높은' 위반자로 지정되었다. 공장 내부에서 근로자들은 훈련이나 보호 없이 생산 공정에서 사용되는 화학 물질에 노출된 후 흐릿한 시력, 심한 두통, 호흡기 문제를 반복적으로 호소했다. 펜실베이니아 공장 근처에서 학교 횡단보도 경비원은 방독면을 착용해야 했다. 해당 위치 한 곳에만 7년 동안 매월 평균 위반이 발생했다. 전 공장 관리자에 따르면 존스타운의 '표준 절차'는 산업 오염 물질을 지역 강과 개울에 불법적으로 버리는 것이다. 작업자들은 집수정 펌프에서 수천 갤런의 물을 흘려보내기 전에 밤이 되거나 폭우가 내리기를 기다린다.

다음 시나리오를 고려할 때 당신의 입장은 무엇이며 어떤 조치를 취해야 하는가?

(a) 당신의 배우자가 최근 그 지역으로 이사했을 때, 당신은 존스타운 공장 중 한 곳에서 회사 간호사로서 일을 수락했다. 근무 2주 후, 당신은 안전하지 않은 작업 환경을 알게 되었다.
(b) 당신은 전통적으로 존스타운의 제품을 사용해 온 계약자이다. 존스타운은 지속적으로 낮은 입찰자이며, 당신의 고객은 제품에 만족하고 있다.
(c) 당신은 존스타운의 은행원이다.
(d) 당신은 존스타운의 공급업체이다.

토론 문제

1. 직장 생활의 질을 어떻게 정의할 수 있는가?
2. 당신이 알고 있는 최악의 직업은 무엇인가? 왜 나쁜 직업인가? 사람들은 왜 이러한 직업을 원하는가?
3. 2번 문항에 설명된 작업을 재설계한다면 어떤 변경을 할 것인가? 변경 사항이 현실적인가? 생산성(생산뿐만 아니라 생산성)을 향상시킬 수 있는가?
4. 인간-기계 인터페이스를 인간 능력의 한계까지 밀어붙이는 직업을 생각할 수 있는가?
5. 노동 전문화는 어떻게 운영 노동 비용을 줄일 수 있는가?
6. 직무 강화, 직무 확대, 직무 순환, 직무 전문화, 직원 권한 부여 간의 차이점은 무엇인가?
7. 인간공학을 정의하고, 직무 설계에서 인간공학의 역할을 토론하라.
8. 작업을 이해하고 분석하는 흐름도, 공정도, 활동 차트, 작업 차트의 역할을 설명하라.
9. 노동 기준을 설정하는 주된 목적은 무엇인가?
10. 노동 기준은 어떤 용도로 사용되는가?
11. 다음 작업 요소가 속하는 범주('개인', '피로', '지연')를 식별하라.
    (a) 미용사가 고객의 머리를 자르는 동안 예약을 확인하기 위해 전화를 받는다.
    (b) 의사는 두 환자를 방문하는 사이 짧은 시간에 커피 한 잔과 빠른 휴식을 취한다.
    (c) 장거리 운전에서 코치 운전사는 음식을 먹기 위해 2~3시간마다 휴게소에 들른다.
12. 설정 담당자가 설정을 완료하기를 기다리는 모든 작업을 시작할 때 몇 분 동안 유휴 상태인 드릴 프레스 작업자의 시간을 어떻게 분류하는가? 설정 시간 중 일부는 재고를 찾는데 사용되지만 운영자는 일반적으로 설정 담당자가 설정을 완료하기 전에 재고를 가지고 돌아온다.
13. 모든 작업 사이, 때로는 작업 중간에 기계를 끄고 재고를 찾으러 가는 기계 작업자의 시간을 어떻게 분류하는가?
14. 교환원은 부품을 떨어뜨리고, 당신이 집어 들고 그에게 건네준다. 이것이 시간 연구에 어떤 차이가 있는가? 그렇다면 어떻게 차이가 있는가?

문제 해결

문제 해결 10.1

나스카 팀의 피트 크루 관리자(이 장의 글로벌 회사 프로필 참조)로서 당신 '잭맨'(JM) 및 '가스맨 1'(GM #1)이 어떻게 활용되는지 평가하고 싶어 한다. 최근 스톱워치 연구에 따르면 다음과 같은 시간이 확인되었다.

피트 크루	활동	시간(초)
JM	차의 오른쪽으로 이동하고 차를 올림	4.0
GM #1	후면 가스 주입구로 이동	2.5
JM	타이어를 기다림	1.0
JM	차의 왼쪽으로 이동하고 차를 올림	3.8
GM #1	연료 적재(갤런당)	0.5
JM	타이어를 기다림	1.2
JM	왼쪽에서 벽 너머로 뒤로 이동	2.5
GM #1	가스 주입구에서 벽 너머로 뒤로 이동	2.5

그림 10.6과 유사한 활동 차트를 보조 수단으로 사용하라.

해결책

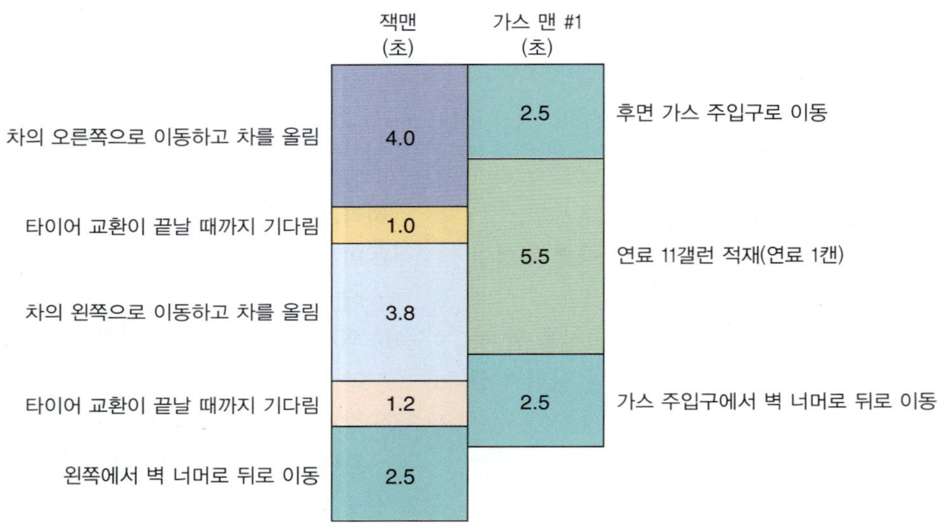

문제 해결 10.2

세 가지 요소로 구성된 작업은 스톱워치 시간 연구를 받았다. 기록된 관찰은 다음 표에 나와 있다. 노동조합 계약에 따라 작업 허용 시간은 개인 시간 5%, 지연 5%, 피로 10%이다. 작업 작업의 표준 시간을 결정하라.

작업 요소	관측(분)						수행률(%)
	1	2	3	4	5	6	
A	.1	.3	.2	.9	.2	.1	90
B	.8	.6	.8	.5	3.2	.7	110
C	.5	.5	.4	.5	.6	.5	80

해결책

우선 매우 특이한 것으로 보이는 2개의 관찰을 삭제한다. (작업 요소 A의 경우 0.9분, 작업 요소 B의 경우 3.2분).

그리고 다음과 같이 계산한다.

$$\text{A의 평균 관찰 시간} = \frac{.1 + .3 + .2 + .2 + .1}{5} = 0.18\text{분}$$

$$\text{B의 평균 관찰 시간} = \frac{.8 + .6 + .8 + .5 + .7}{5} = 0.68\text{분}$$

$$\text{C의 평균 관찰 시간} = \frac{.5 + .5 + .4 + .5 + .6 + .5}{6} = 0.50\text{분}$$

A의 정상 시간 = (0.18)(0.90) = 0.16분
B의 정상 시간 = (0.68)(1.10) = 0.75분
C의 정상 시간 = (0.50)(0.80) = 0.40분

작업 정상 시간 = 0.16 + 0.75 + 0.40 = 1.31분
총 허용 계수 = 0.05 + 0.05 + 0.10 = 0.20

$$\text{표준 시간} = \frac{1.31}{1 - 0.20} = 1.64\text{분}$$

문제 해결 10.3

작업의 예비 작업 표본은 다음을 나타낸다.

작업자 작업 횟수	60
운영 유휴 횟수	40
총 예비 관측 횟수	100

±4%의 정밀도를 갖는 99.73% 신뢰 수준에 필요한 표본 크기는 얼마인가?

해결책

99.73 신뢰도의 경우 $z = 3$, $p = \frac{60}{100} = 0.6$, 시간 = 0.04

그래서 다음과 같다.

$$n = \frac{z^2p(1-p)}{h^2} = \frac{(3)^2(0.6)(0.4)}{(0.04)^2} = 1{,}350\text{표본 크기}$$

문제 해결 10.4

스위스 제네바에 있는 Amor Manufacturing Co.는 생산을 위해 공장으로 작업을 공개할 것을 예상해 실험실에서 작업을 관찰했다. 이 회사는 원가 계산 및 노동 예측에 대해 다소 높은 정확도를 원한다. 특히 99% 신뢰 수준과 실제 값의 3% 이내인 주기 시간을 제공하려고 한다. 얼마나 많은 관찰을 해야 하는가? 현재까지 수집된 데이터는 다음과 같다.

관측	시간
1	1.7
2	1.6
3	1.4
4	1.4
5	1.4

해결책

먼저 평균 $\bar{x}$와 표본표준편차 s를 푼다.

$$s = \sqrt{\frac{\Sigma(\text{각 표본 관찰수 } - \bar{x})^2}{\text{표본수} - 1}}$$

관측	x_i	$\bar{x}$	$x_i - \bar{x}$	$(x_i - \bar{x})^2$
1	1.7	1.5	.2	0.04
2	1.6	1.5	.1	0.01
3	1.4	1.5	−.1	0.01
4	1.4	1.5	−.1	0.01
5	1.4	1.5	−.1	0.01
	$\bar{x}$ = 1.5			0.08 = $\Sigma(x_i - \bar{x})^2$

$$s = \sqrt{\frac{0.08}{n-1}} = \sqrt{\frac{0.08}{4}} = 0.141$$

그런 다음 n에 대해 푼다.

$$n = \left(\frac{zs}{h\bar{x}}\right)^2 = \left[\frac{(2.58)(0.141)}{(0.03)(1.5)}\right]^2 = 65.3$$

여기서 $\bar{x} = 1.5$
$s = 0.141$
$z = 2.58$ (표 10.2에서)
$h = 0.03$

따라서 66개의 관측치를 반올림한다.

문제 해결 10.5

Maggard Micro Manufacturing, Inc.의 작업자들은 반도체를 인쇄회로기판의 미리 뚫린 슬롯에 밀어 넣는다. 회사에서 사용하는 정상 시간의 기본 동작은 다음과 같다.

반도체용 6인치에 도달함	40TMU
반도체를 잡음	10TMU
반도체를 인쇄회로기판으로 옮김	30TMU
반도체를 위치시킴	35TMU
슬롯에 반도체 누름	65TMU
보드를 옆으로 이동함	20TMU

(각 시간 측정 단위는 0.0006분과 같다.) 이 작업의 정상 시간을 분 및 초 단위로 결정하라.

해결책

시간 측정 단위를 더한다.

40 + 10 + 30 + 35 + 65 + 20 = 200
시간(분) = (200)(.0006분) = 0.12분
시간(초) = (0.12)(60초) = 7.2초

문제 해결 10.6

작업자가 작업 표본 추출 연구를 위해 바쁜 시간을 추정하기 위해 관리자는 일반적인 근무일을 480분으로 나눈다. 난수표를 사용해 작업 발생을 표본 추출하기 위해 지역으로 갈 시간을 결정하고 관리자는 다음과 같이 집계 시트에 관찰 내용을 기록한다.

상태	집계
생산적으로 일함	𝍸 𝍸 𝍸 |
유휴 시간	||||

해결책

이 경우, 감독자는 20번의 관찰을 통해 직원들이 80%의 시간을 일하고 있음을 발견했다. 따라서 사무실 근무일의 480분 중 20%인 96분이 유휴 시간이었고 384분이 생산적이었다. 이 절차는 작업자가 바쁘고 반드시 해야 할 일을 하고 있지는 않다는 것을 설명한다.

연습 문제

Px 윈도우용 POM 또는 엑셀 OM으로 문제를 해결할 수 있음

문제 10.1은 직무 설계와 관련이 있다.

• **10.1** 해크먼(Hackman)과 올드햄(Oldham)의 핵심 직무 특성(438페이지 참조)을 사용해 당신의 직업을 1에서 10점 척도로 평가하라. 귀하의 총점은 얼마인가? 더 높은 점수를 주기 위해 직업을 변경할 수 있었는가?

문제 10.2~10.12는 방법 분석과 관련이 있다.

• **10.2** 자동차의 오른쪽 뒤 타이어를 교체하기 위한 공정도를 만들라.

• **10.3** 커피 주문을 받고 커피를 만들고 카페에서 고객에게 전달하는 프로세스 차트를 그려라.

••• **10.4** 콘서트[예: 팀 맥그로(Tim McGraw), 린킨파크(Linkin Park), 릴 웨인(Lil' Wayne), 브루스 스프링스틴(Bruce Springsteen)]에 대한 활동 차트(그림 10.6과 유사한 크루 차트)를 그리고 스타가 합리적인 휴식을 취할 수 있도록 콘서트를 구성하는 방법을 결정하라. 예를 들어 스타가 신체적으로 일시 정지하고 휴식을 취하거나 최소한 목소리를 쉬게 하는 연주곡, 시각 효과, 듀엣, 댄스 순간이 있는 지점은 무엇인가? 쇼의 다른 멤버들은 잠시 멈추거나 휴식을 취하는가?

•• **10.5** 서브웨이에서 샌드위치를 만들려면 직원이 양손을 매우 빠르고 효율적으로 사용해야 한다. 샌드위치 만들기와 관련된 작업 차트를 만들라.

• **10.6** 개인용 컴퓨터에 새 메모리 보드를 설치하기 위한 프로세스 차트를 개발하라.

•• **10.7** 문제 해결 10.1의 데이터를 사용해 문제 해결에 있는 것과 같은 활동 차트를 준비하라. 그러나 두 번째 가스맨은 11갤런을 더 전달한다.

•• **10.8** 문제 해결 10.1에서 잭맨에 대한 공정도를 준비하라.

•• **10.9** 호텔에서 체크인 프로세스를 처리하는 안내원의 활동에 대한 공정도를 그려라.

••• **10.10** 양면 싱크대에서 설거지를 하기 위한 활동 도표를 그려라. 두 사람이 참여해 한 사람은 세제로 닦고 다른 한 사람은 헹구고 말린다. 세제로 닦는 사람은 깨끗하지만 헹구지 않은 접시로 오른쪽 싱크대를 채우는 동안 헹구는 사람은 물받이에서 접시를 건조시킨다. 그런 다음 헹구는 사람이 깨끗한 배치를 헹구고 드립 랙에 놓는다. 모든 접시는 캐비닛에 놓기 전에 쌓여 있다.

••• **10.11** 사람들이 가정 쓰레기를 재활용 및 비재활용 수거통으로 분리하도록 장려하고 이러한 수거통을 수거하는 것은 많은 지방 당국의 큰 과제였다. 수거 과정에서 빈 트럭은 각 집에서 두 가지 유형의 쓰레기를 수거한다. 이것은 전체 프로세스를 매우 길게 만든다. 도로가 막히는 것을 방지하기 위해 쓰레기통 수거를 담당하는 사람이 두 명 있다. 한 사람은 재활용 쓰레기 전용 통을 담당하고 다른 한 사람은 재활용 불가 쓰레기 전용 쓰레기통을 담당한다. 그들은 각 쓰레기통을 트럭의 오른쪽(재활용 가능)과 왼쪽(재활용 불가)의 전용 구역에 싣는다. 트럭 운전사는 두 사람의 진행 상황을 모니터링하고 같은 길을 사용하는 다른 차들에게 양보하면서 트럭을 운전한다. 이 작업의 세부 사항을 보여주는 활동 차트를 그려라.

•••• **10.12** 사무실에서 레이저 프린터로 짧은 문서를 인쇄하

기 위한 공정도를 설계하라. 모르는 사이 복도에 있는 프린터에 용지가 없다. 그 종이는 홀 다른 쪽 끝에 있는 공급실에 있다. 문서가 인쇄되면 스테이플러로 묶은 사본을 5개 만들고 싶다. 프린터 옆에 있는 복사기에는 분류기가 있지만 스테이플러는 없다. 기존 장비로 작업을 더 효율적으로 만들 수 있는 방법은 무엇인가?

문제 10.13~10.42는 노동 기준과 관련이 있다.

• **10.13** 샬린 브루스터(Charlene Brewster)의 시간이 8.4, 8.6, 8.3, 8.5, 8.7, 8.5이고 성능 등급이 110%인 경우 이 작업의 정상 시간은 얼마인가? 그녀는 정상보다 빠르거나 느린가? Px

• **10.14** 문제 10.13의 작업자인 샬린의 성과 등급이 90%인 경우 작업의 정상 시간은 얼마인가? 그녀는 정상보다 빠르거나 느린가? Px

•• **10.15** 문제 10.13을 참조하라.

(a) 허용 계수가 15%인 경우 이 작업의 표준 시간은 얼마인가?

(b) 허용 계수가 18%이고 성능 등급이 현재 90%인 경우 이 작업의 표준 시간은 얼마인가? Px

•• **10.16** 클로딘 수세이(Claudine Soosay)는 다음과 같은 시계 조립 시간을 기록했다. 95%의 성과 평가와 8%의 개인 허용치를 사용해 (a) 평균 시간, (b) 정상 시간, (c) 그녀가 소요한 표준 시간을 결정하라.

기록된 조립 시간

관측	시간(분)	관측	시간(분)
1	0.11	9	0.12
2	0.10	10	0.09
3	0.11	11	0.12
4	0.10	12	0.11
5	0.14	13	0.10
6	0.10	14	0.12
7	0.10	15	0.14
8	0.09	16	0.09

• **10.17** 노스이스트항공(Northeast Airlines)의 게이트 요원인 칩 길리켄(Chip Gilliken)은 발권된 승객에게 좌석 배정을 제공한다. 좌석 배정에는 승객 1인당 평균 50초가 소요되며 성능은 110%이다. 일반 상담원은 좌석을 배정하는 데 얼마나 걸리는가? Px

• **10.18** 병원 실험실 분석가인 비벌리 디마르(Beverly Demarr)는 여러 번 관찰한 후 평균 혈액 검사 관찰 시간이 12분이었다. 비벌리의 성과 평가는 105%이다. 병원의 개인, 피로 및 지연 허용 계수는 16%이다.

(a) 이 과정의 정상 시간을 구하라.

(b) 이 혈액 검사의 표준 시간을 구하라. Px

• **10.19** Jell Lee Beans는 주로 기업에 판매되는 캔디로 유명하다. 한 교환원은 선물 포장 시간을 분 단위로 관찰했다: 2.2, 2.6, 2.3, 2.5, 2.4. 운영자의 성능 등급은 105%이고 허용 계수는 10%이다. 선물 포장 표준 시간은 어떻게 되는가? Px

• **10.20** 교육 후, 컴퓨터 기술자인 메리 페르난데즈(Mary Fernandez)는 메모리 칩 테스트에 대한 평균 관찰 시간이 12초였다. 메리의 성과 평가는 100%이다. 회사의 개인 피로 및 지연 계수는 15%이다.

(a) 이 과정의 정상 시간을 구하라.

(b) 이 과정의 표준 시간을 구하라. Px

•• **10.21** 수전 코텐든(Susan Cottenden)은 부품을 트럭 도어에 용접하는 관찰 시간을 5.3분으로 기록했다. 시간을 초과한 작업자의 성과 등급은 105%로 추정되었다. 이 작업의 정상 시간을 찾아라.

참고: 현지 노동조합 계약에 따라 각 용접공은 시간당 3분의 개인 시간과 시간당 2분의 피로 시간이 허용된다. 또한 시간당 1분의 평균 지연 여유가 있어야 한다. 허용 계수를 계산한 다음 용접 작업의 표준 시간을 찾아라. Px

•• **10.22** 호텔 객실 청소원인 앨리슨 하비(Alison Harvey)는 다음 표와 같이 네 가지 작업 요소 각각에서 5번 관찰되었다. 이러한 관찰을 기반으로 프로세스의 표준 시간을 찾아라. 10% 허용 계수를 가정한다.

요소	수행률(%)	관측(분/주기)				
		1	2	3	4	5
미니바 점검	100	1.5	1.6	1.4	1.5	1.5
침대 정리	90	2.3	2.5	2.1	2.2	2.4
바닥 청소	120	1.7	1.9	1.9	1.4	1.6
욕실 청소	100	3.5	3.6	3.6	3.6	3.2

•• **10.23** 두바이의 한 피자 가게는 유명한 마르게리타 피자를 준비하는 표준 시간을 추정하려고 한다. 관리자는 프로세스에 대한 시간 연구를 수행했으며 다음과 같은 결과가 관찰되었다.

작업 요소	관측(초)						수행률(%)
	1	2	3	4	5	6	
반죽을 평평하게 함	32	30	22	31	45*	44*	100
반죽을 돌돌 말음	5	4	5	4	6	4	110
소스를 부음	2	3	12*	4	2	3	85
그 위에 치즈를 올려놓음	6	7	6	8	5	8	120

*무시-다른 작업자의 방해 Px

상점이 11%의 허용 계수를 사용하는 경우 프로세스의 표준 시간은 얼마인가?

• **10.24** 품질 관리 테스트를 수행하기 위한 시간 연구 결과는 다음 표와 같다. 이러한 관찰을 기반으로 23% 허용 계수를 가정해 테스트의 정상 및 표준 시간을 결정하라. Px

작업 요소	수행률(%)	관측(분)				
		1	2	3	4	5
1	97	1.5	1.8	2.0	1.7	1.5
2	105	.6	.4	.7	3.7[a]	.5
3	86	.5	.4	.6	.4	.4
4	90	.6	.8	.7	.6	.7

[a]무시–직원이 담배를 피우고 있다(개인 시간에 포함)

•• **10.25** Wentworth Bank의 대출 처리자인 피터 로우크(Peter Rourke)는 다음 표에 표시된 결과와 함께 네 가지 작업 요소를 수행하는 데 시간이 지정되었다. 이와 같은 작업에 대한 허용 계수는 개인 7%, 피로 10%, 지연 3%이다.

작업 요소	수행률(%)	관측(분)				
		1	2	3	4	5
1	110	.5	.4	.6	.4	.4
2	95	.6	.8	.7	.6	.7
3	90	.6	.4	.7	.5	.5
4	85	1.5	1.8	2.0	1.7	1.5

(a) 정상 시간은 무엇인가?

(b) 표준 시간은 무엇인가? Px

•• **10.26** 매년 Lord & Taylor, Ltd.는 고객의 휴가 쇼핑을 돕기 위해 선물 포장 스테이션을 설치한다. 스테이션에서 한 작업자의 예비 관찰은 다음 표본 시간(패키지당 분 단위)을 생성했다: 3.5, 3.2, 4.1, 3.6, 3.9. 이 작은 표본을 기반으로 해 95% 신뢰 수준과 ±5%의 정확도로 실제 주기 시간을 결정하는 데 필요한 관측 수는 얼마인가? Px

•• **10.27** 공장 근로자에 대한 시간 연구에 따르면 평균 관찰 시간은 3.20분이고 표준편차는 1.28분이다. 이 수치는 45개의 관찰 표본을 기반으로 한다. 이 표본은 기업이 표준 시간이 실제 값의 ±5% 내에 있다고 99% 확신하기에 적절한 크기인가? 그렇지 않다면 적절한 관찰 횟수는 얼마여야 하는가? Px

•• **10.28** Hofstetter Corp.의 주의 깊은 작업 연구에 따라 다음 표에 표시된 결과가 관찰되었다.

작업 요소	관측(분)					수행률(%)
	1	2	3	4	5	
일일 보고서 작성	35	40	33	42	39	120
복사 결과물	12	10	36[a]	15	13	110
라벨과 패키지 보고	3	3	5	5	4	90
분배 보고	15	18	21	17	45[b]	85

[a]복사기 고장. 수당 요소의 지연으로 포함된다.
[b]정전. 수당 요소의 지연으로 포함된다.

(a) 각 작업 요소에 대한 정상 시간을 계산하라.

(b) 이런 종류의 근로에 대한 허용 계수가 15%인 경우, 표준 시간은 무엇인가?

(c) ±5% 정확도 내에서 95% 신뢰 수준에 대해 얼마나 많은 관찰이 필요한가? (힌트: 각 요소의 표본 크기를 계산하라.)

•• **10.29** Dubuque Cement Company는 80파운드의 콘크리트 믹스 자루를 포장한다. 충전 활동에 대한 시간 연구 데이터는 다음 표에 나와 있다. 직업의 육체적 요구가 높기 때문에 회사의 정책은 근로자에게 23%의 허용치를 지급하는 것이다.

(a) 자루 포장 작업의 표준 시간을 계산하라.

(b) ±5% 정확도 내에서 99% 신뢰를 위해 얼마나 많은 관찰이 필요한가?

작업 요소	관측(초)					수행률(%)
	1	2	3	4	5	
가방을 잡고 놓기	8	9	8	11	7	110
가방 채우기	36	41	39	35	112[a]	85
가방 밀봉	15	17	13	20	18	105
컨베이어에 가방 놓기	8	6	9	30[b]	35[b]	90

[a]가방이 망가짐. 수당 요소의 지연으로 포함된다.
[b]컨베이어 걸림. 수당 요소의 지연으로 포함된다.

•• **10.30** Tire Tech.company에서 고객을 위해 오래된 타이어를 교체하는 프로세스에는 다섯 가지 작업 요소가 포함된다. 다음 표는 관리자가 7회에 걸쳐 수행한 프로세스에 대한 시간 연구 결과를 보여준다.

작업 요소	관측(분)							수행률(%)
	1	2	3	4	5	6	7	
1. 브랜드 결정	15	18	25	22	16	18	19	90
2. 차를 들어 올리고 너트를 제거	2.8	3.2	2.4	1.7	2.7	2.9	2.5	90
3. 오래된 타이어 제거	1.2	1.1	1.4	1.3	1.3	1.4	1.1	85
4. 새 타이어 장착	2.1	2.2	1.9	1.6	2.0	2.4	2.2	100
5. 송장 발행 및 결제	4	5	5	6	3	3	4	110

(a) 회사가 8%의 허용 계수를 사용하는 경우 프로세스의 표준 시간은 무엇인가?

(b) 95% 신뢰 수준을 보장하기 위해 얼마나 많은 관찰이 필요한가?

•• **10.31** 은행 관리자 아트 힐(Art Hill)은 출납원의 근무 시간과 유휴 시간의 비율을 확인하려고 한다. 그는 작업 표본 추출을 사용하기로 결정했으며 초기 추정치는 출납원이 15%의 시간을 유휴 상태로 유지하는 것이다. 힐은 결과가 실제 결과의 ±4%를 넘지 않을 것이라고 95.45% 확신하기 위해 얼마나 많은 관찰을 수행해야 하는가? **Px**

•• **10.32** 감독자 케네스 피터슨(Kenneth Peterson)은 자신의 영역에서 기계가 유휴 상태인 시간의 백분율을 확인하려고 한다. 그는 작업 표본 추출을 사용하기로 결정하고 초기 추정치는 기계가 시간의 20%를 유휴 상태로 유지하는 것이다. 피터슨은 결과가 실제 결과의 5% 미만일 것이라고 98% 확신하려면 몇 번 관찰해야 하는가?

••• **10.33** 휴대전화 보험 회사의 일반적인 엔지니어는 하루에 12개의 휴대전화를 고칠 수 있다(현재 수요 수준 기준). 그가 하루에 9시간을 일한다면 각 모바일을 수리해야 하는 시간은 얼마인가?

엔지니어에게 20%의 허용(개인, 피로, 지연)이 주어지면 각 휴대전화를 수리할 수 있는 정상 시간은 얼마인가?

••• **10.34** Tele-Marketing, Inc.에서 한 달에 160시간 이상 근무하는 작업자의 무작위 작업 표본에서 다음과 같은 결과가 나왔다. 근무 시간의 비율은 얼마인가?

고객과 통화	858
유휴 시간	220
개인 시간	85

•• **10.35** 조립 라인 작업자인 보브 라모스(Bob Ramos)에 대해 주당 40시간 동안 총 300번의 관찰이 이루어졌다. 표본은 또한 보브가 250번의 관찰 동안 작업(부품 조립)에 바쁘다는 것을 보여주었다.

(a) 보브가 일한 시간의 백분율을 구하라.

(b) 95%의 신뢰 수준을 원하고 ±3%가 허용 가능한 오류인 경우 표본 크기는 얼마여야 하는가?

(c) 표본 크기가 적절했는가? **Px**

• **10.36** 연필 깎기는 8개의 작은 기본 동작으로 나눌 수 있는 작업이다. MTM 용어로 각 요소에는 특정 수의 TMU가 할당될 수 있다.

연필의 4인치를 잡음	6TMU
연필을 쥠	2TMU
연필 6인치를 이동	10TMU
연필 위치시킴	20TMU
연필깎이에 연필을 넣음	4TMU
연필을 깎음	120TMU
연필을 뺌	10TMU
연필 6인치를 이동	10TMU

연필 한 자루를 깎는 데 걸리는 총 시간은 얼마인가? 당신의 대답을 분과 초로 변환하라.

•• **10.37** Tempe Equipment Company의 감독인 톰 최(Tom Choi)는 자재가 작업 셀에 필요한 만큼 신속하게 도착하지 않는 것을 우려하고 있다. 새로운 칸반 시스템이 설치되었지만 작업을 즉시 시작할 수 있도록 자재를 작업 셀로 옮기는 데 약간의 지연이 있다. 톰은 고임금 기계공의 지연이 얼마나 되는지 확인하는 데 관심이 있다. 이상적으로 지연은 0에 가깝다. 그는 조수에게 10개의 작업 셀 중 지연 요소를 결정하도록 요청했다. 조수는 다음 2주 동안 무작위로 데이터를 수집하고 1,200개의 관찰 중 105개가 작업자가 재료를 기다리는 동안 수행된 것으로 결정한다. 95% 신뢰 수준과 ±3% 허용 오차를 사용하라. 그는 톰에게 어떤 보고를 하는가? **Px**

• **10.38** Joseph Milner's Fabrication Shop의 조립 라인 작업자는 파트 A를 파트 B에 삽입한다. 시간 연구를 수행해 초 단위로 8.4, 8.6, 8.3, 8.5, 8.7, 8.5의 결과를 생성했다. 평균 주기 시간은 얼마인가? **Px**

• **10.39** 특정 작업을 수행하기 위한 주기 시간이 10분으로 설정되었다. 리처드 무진스키 III(Richard Muszynski III)의 성과 평가는 110%로 추정되었다. 이 부서의 일반적인 관행은 시간당 5분의 개인 시간과 3분의 피로 시간을 허용하는 것이다. 또한 점검 시간에는 1시간에 2분의 추가 여유가 있어야 한다.

(a) 정상 작동 시간을 구하라.

(b) 허용 계수와 표준 시간을 계산하라. **Px**

•• **10.40** 다음 표의 데이터는 나게시 머시(Nagesh Murthy)의 장난감 공장에서 조립 공정에 대한 시간 연구 관찰을 보여준다. 이러한 관찰을 바탕으로 각 요소의 정상 시간과 프로세스의 표준 시간을 찾아라. 10% 허용 계수를 가정한다. **Px**

작업 요소	수행률(%)	관측(분)				
		1	2	3	4	5
1	100	1.5	1.6	1.4	0.1*	1.5
2	90	2.3	2.5	2.1	2.2	2.4
3	120	1.7	1.9	1.9	1.4	1.6
4	100	3.5	3.6	3.6	3.6	3.2

*무시-가능한 오류

•• **10.41** 아루나찰람 나라야난(Arunachalam Narayanan)은 사무실에서 세 가지 작업 요소를 수행하고 있으며 그 결과는 다음 표와 같다. 이와 같은 작업에 대한 허용 계수는 15%이다.

작업 요소	관측(초)						수행률(%)
	1	2	3	4	5	6	
1	13	11	14	16	51*	15	100
2	3*	21	25	73*	26	23	110
3	3	3.3	3.1	2.9	3.4	2.8	100

*무시-가능한 오류

(a) 정상 시간을 구하라.

(b) 표준 시간을 구하라.

•• **10.42** 시간 연구에 따르면 평균 관찰 시간은 5분이며 표준편차는 1.25분이다. 이 수치는 75주기의 표본을 기반으로 한다. 이 표본은 분석가 아난드 폴(Anand Paul)이 표준 시간이 실제 값의 5% 이내라고 99.73% 확신할 수 있을 만큼 충분히 큰가?

사례 연구

패스트앤드프레시 페이스트리

패스트앤드프레시페이스트리(Fast & Fresh Pastry)는 호주에 있는 중견 기업으로 페이스트리를 대량으로 굽고 유통하는 전문 기업이다. 그들은 주유소, 편의점 및 카페테리아에 제품을 제공한다. 그들의 제품 라인에는 시나몬 롤, 크루아상, 비스킷, 번, 플랫 브레드가 포함된다. 그들의 프로세스는 모든 제품에 필요한 동일한 단계로 고도로 표준화되어 있다. 최근에는 햄, 양상추, 버터, 마요네즈가 들어간 크루아상 샌드위치를 선보이고 싶다는 고객의 요청이 있었다. 그들은 8시간의 아침 근무 시간 동안 400개를 생산해야 한다.

요청한 크루아상 샌드위치를 만드는 절차는 간단하며 새로운 재료는 근처 슈퍼마켓에서 쉽게 구할 수 있다. 회사는 크루아상을 반으로 잘라 필요한 재료를 넣고 개별 포장하고 생산 날짜와 시간을 찍어야 했다. 문제는 잘 작동하는 프로세스에 새로운 요소를 추가했다는 것이다. 경영진은 또한 추가 인건비로 인해 이미 희박한 이윤이 더 줄어들기 때문에 고용해야 할 직원 수에 대해 걱정하고 있다. 추가 단계에 필요한 시간을 추정하기 위해 작업자 중 한 명(성과 평가 115%)이 작업을 20번 수행해 표와 같은 결과(초)를 얻었다.

패스트앤드프레시는 일반적으로 피로 허용 계수 5%, 개인 허용 계수 7%를 적용한다. 직원들에게는 시간당 10.50달러 상당의 급여를 지급한다.

토론 문제

1. 작업 요소의 정상 시간과 표준 시간을 결정하라.
2. 경영진이 95% 신뢰 수준과 5%의 정확도를 사용하는 경우 현재 표본 크기가 충분한가?
3. 새 작업을 수행하고 아침 근무 시간에 샌드위치 400개를 준비하는 데 직원 한 명을 추가하는 것으로 충분한가? 근로자는 교대 근무 중 50분의 유급 휴식을 취하며, 이는 피로 허용 계수에 포함되지 않는다.
4. 크루아상 샌드위치 하나의 총비용에 새로운 작업 요소가 추가되는 인건비는 얼마인가?

출처: Dr. Viktor Miklos Kiss, Metropolitan State University of Denver

1	2	3	4	5	6	7	8	9	10	11	12	13	14	15	16	17	18	19	20
56.8	44.3	58.7	43.3	44.3	44.2	45.7	56.6	46.7	48.5	48.8	57.1	48.1	58.4	48.1	45.9	59.6	50.3	54.6	53.6
평균				50.7초															
표준편차				5.6초															

'사람' 중심: 알래스카항공의 인적자원

수천 명의 직원이 미국, 멕시코, 캐나다의 거의 100개 지역에 분산되어 있기 때문에 헌신적이고 응집력 있는 인력을 구축하는 것은 어려운 일이다. 그러나 알래스카항공은 그것을 작동시키고 있다. 회사의 '사람' 초점은 다음과 같다.

> 비행기와 기술이 우리가 하는 일을 가능하게 하지만, 이것이 근본적으로 사람의 사업이라는 것을 인식하고 있으며, 우리의 미래는 이 극도로 경쟁적인 환경에서 승리하기 위해 함께 일하는 방법에 달려 있다. 우리가 성장함에 따라 우리는 작은 회사의 느낌을 강화하고 싶다…. 우리는 우리의 자부심과 열정, 그리고 우리가 고객, 공급업체, 파트너, 그리고 서로를 대하는 방식 때문에 성공할 것이다.

탁월한 관리를 위해서는 헌신적인 인력이 필요하다. 알래스카항공의 사람 존중 서약은 세계적 수준의 운항을 위한 핵심 요소 중 하나이다.

효과적인 조직에는 재능 있고 헌신적이며 훈련된 직원이 필요하다. 알래스카항공은 모든 수준에서 종합적인 교육을 실시한다. 전 직원 10,000명을 대상으로 한 '플라이트 패스(Flight Path)' 리더십 교육에 이어 800명의 일선 관리자를 위한 '기어업(Gear Up)' 교육이 이어진다. 또한 린(Lean) 및 식스 시그마(Six Sigma)와 조종사, 승무원, 수하물 및 램프 직원에 대한 고유한 요구사항을 위한 교육 프로그램이 개발되었다. 이 회사는 조종사를 조종석 오른쪽 좌석에만 부기장으로 고용하기 때문에 '포스 스트라이프(Fourth Stripe)'라는 프로그램을 제공해 왼쪽 기장으로 진급하기 위한 훈련과 그에 따른 추가 책임을 제공한다.

고객 서비스 에이전트는 회사의 '권한 부여 툴킷(Empowerment Toolkit)'에 대한 특정 교육을 받는다. 리츠칼튼(Ritz-Carlton) 호텔의 유명한 고객 서비스 철학처럼 상담원은 고객이 서비스 문제를 경험했을 때 고객에게 호텔 및 식사 바우처 또는 상용 고객 마일리지를 제공할 수 있는 옵션이 있다. 많은 관리자가 일상 업무 범위를 벗어나 운영 업무에 대해 교차 훈련을 받기 때문에 고객 지향 프로세스가 원활하게 진행되도록 할 수 있는 능력이 있다. 정식 조종사인 시애틀 공항 운영 이사 존 랜더(John Ladner)조차도 아픈 동료를 위해 마지막 순간에 비행기를 커버하기 위해 책상을 떠났다.

모든 수준에서 개발 및 교육을 제공하는 것과 함께 관리자는 고유한 개인 특성이 큰 차이를 만들 수 있음을 인식한다. 예를 들어 승무원을 고용할 때 매우 긴 인터뷰를 마친 후에도 여전히 열심이고 미소를 지으며 생기 있는 사람이 알래스카가 팀에서 원하는 사람이다. 왜? 이 직업은 알래스카항공 팀에 맞는 이러한 행동과 태도가 필요하며, 긴 비행이 끝난 뒤 미소 짓고 친절한 승무원이 특히 중요하기 때문이다.

시각적 작업 공간 도구는 또한 교육과 성과를 일치시키는 루프를 보완하고 닫는다. 알래스카항공은 색상으로 구분된 그래프와 차트를 최대한 활용해 주요 지표에 대한 성과를 직원에게 보고한다. 20명의 최고 관리자가 매주 운영 수석 부사장인 벤 미니쿠치(Ben Minicucci)가 운영하는 운영 리더십 회의에 모여 활동을 시각적 요약으로 통합해 검토한다. 주요 지표는 색상으로 구분되어 모든 작업 영역에 눈에 띄게 게시된다.

알래스카항공의 교육 방식은 추가된 책임을 기꺼이 받아들이고 그에 따른 추가된 책임에 따른 미지의 것을 수용할 수 있는 권한을 부여받은 직원을 만든다.

토론 문제

1. 알래스카항공의 인적자원 초점을 자신의 말로 요약하라.
2. 직원 권한 부여가 알래스카항공과 같은 회사에 유용한 이유는 무엇인가?
3. 회사의 교육 및 성과 노력을 향상시키기 위해 이 장에서 논의된 어떤 도구를 사용할 수 있는가? 왜 그렇게 생각하는가?

하드록카페의 인적자원 전략

하드록카페에 출근하는 관리자와 시간제 직원 모두는 초기 2일 교육 클래스인 Rock 101을 듣는다. 하드록 가치 시스템은 하드록카페 문화에 재미있고 건강하며 육성적인 환경을 가져오는 것이다. 이 초기 과정과 기타 여러 과정은 직원이 개인적으로나 전문적으로 개발하는 데 도움이 된다. 인적자원 부서는 모든 서비스 조직에서 중요한 역할을 하지만 하드록에서는 '경험 전략'으로 인적자원 부서가 더 중요하다.

기업 교육 관리자인 짐 나이트(Jim Knight)가 수업을 시작하기 훨씬 전에 하드록의 인적자원 전략이 영향을 미쳤다. 하드록의 전략 계획에는 상당한 다양성과 개성을 수용할 수 있는 문화 구축이 포함된다. 인적자원의 관점에서 이것은 지원자 풀을 확대할 뿐만 아니라 하드록 문화에 기여하는 이점이 있다.

급여 이상의 작업 환경을 조성하는 것은 독특한 도전이다. 뛰어난 급여와 복리후생이 시작이지만 핵심은 직원들에게 일할 수 있는 환경을 제공하는 것이다. 여기에는 주당 최소 19시간을 일하는 시간제 근로자를 위한 혜택이 포함된다(업계의 다른 근로자는 주당 35시간부터 시작한다). 개성에 대한 독특한 존중, 지속적인 훈련, 높은 수준의 내부 승진—직원의 약 60%가 시급 직원에서 승진한다. 회사의 교육은 주방, 소매점 및 방문 서비스를 다루는 직업 지향적 대화형 DVD로 매우 구체적이다. 외부 자원봉사 활동은 특히 근로자와 지역 사회, 그리고 그들에게 중요한 문제 간의 유대를 강화하도록 권장된다.

또한 지원자는 음악에 대한 관심과 스토리텔링 능력에 대해 심사를 받는다. 하드록은 직원의 권리 장전과 실질적인 직원 권한 부여를 통해 밝고 긍정적인 태도와 자기의욕이 넘치는 개인을 고용 기준으로 삼고 있다. 그 결과 독특한 문화와 작업 환경이 생겨났으며, 이는 의심할 여지없이 시간당 직원의 낮은 이직률(업계 평균의 1/2)에 기여한다.

레이아웃, 기념품, 음악, 비디오는 하드록 '경험'의 중요한 요소지만 경험을 생생하게 만드는 것은 웨이터와 웨이트리스에게 있다. 그들은 특히 정통하고 기억에 남는 식사 경험을 제공하는 데 중점을 둔다. 알래스카항공과 마찬가지로 하드록은 이유가 있는 사람, 즉 봉사하기를 좋아하는 사람을 찾고 있다. 인적자원 전략에 성공함으로써 하드록은 경쟁 우위를 확보한다.

토론 문제

1. 하드록은 직원 이직률을 업계 평균의 절반으로 낮추기 위해 무엇을 했는가?
2. 하드록의 인사 부서는 회사의 전체 전략을 어떻게 지원하는가?
3. 자동차 조립 라인 작업자에게 하드록의 가치 시스템은 어떻게 작동하는가? (힌트: 해크먼과 올드햄의 핵심 직무 특성을 고려하라.)
4. 더 많은 '핵심 직무 특성'을 다루기 위해 기존 조립 라인을 어떻게 조정할 수 있는가?

참고문헌

Barnes, R. M. *Motion and Time Study, Design and Measurement of Work*, 7th ed. New York: Wiley, 1980.

Bridger, R. S. *Introduction to Human Factors and Ergonomics*, 4th ed. New York: CRC Press, 2017.

Freivalds, Andris, and B. W. Niebel. *Methods, Standards, and Work Design*, 13th ed. New York: Irwin/McGraw-Hill, 2014.

Hackman, J. R., and G. R. Oldham. *Work Redesign*. Reading, MA: Addison-Wesley, 1980.

Konz, S., and Steven Johnson. *Work Design: Industrial Ergonomics*, 7th ed. Scottsdale, AZ: Holcomb Hathaway, 2007.

Mital, Anil, Anoop Desai, and Aashi Mital. *Fundamentals of Work Measurement: What Every Engineer Should Know*. New York: CRC Press, 2016.

Pfeffer, Jeffrey. "Producing Sustainable Competitive Advantage through the Effective Management of People." *Academy of Management Executive* 19, no. 4 (2005): 95.

Salvendy, G., ed. *Handbook of Human Factors and Ergonomics*, 4th ed. New York: Wiley, 2012.

Shahrokh, Shahraki, and N. A. Bakar. "Relationship between Human Factors Engineering and Productivity." *Interdisciplinary Journal of Contemporary Research in Business* 3, no. 3 (July 2011): 706–712.

Tolo, B. "21st-Century Stopwatch." *Industrial Engineer* 37, no. 7 (July 2005): 34–37.

Village, Judy, Patrick W. Neumann. "Designing for Human Factors." *Industrial Engineer: IE* 46, no. 11 (November 2014): 36–41.

Chapter 10 *Rapid* Review

절 제목	내용 훑어보기
경쟁 우위를 위한 인적자원 전략	인적자원 전략의 목표는 인력을 관리하고 직무를 설계해 사람들이 효과적이고 효율적으로 활용되도록 하는 것이다. 직장 생활의 질(quality of work life)은 정당한 급여와 함께 합리적으로 안전할 뿐만 아니라 신체적, 정신적 요구사항을 모두 충족하는 적절한 수준의 직업을 의미한다. 상호 헌신(mutual commitment)은 경영진과 직원 모두가 공통의 목표를 달성하기 위해 노력하는 것을 의미한다. 상호 신뢰(mutual trust)는 경영진과 직원 모두가 만족할 수 있도록 정직하고 공평하게 이행되는 합리적이고 문서화된 고용 정책에 반영된다.
인력 계획	■ **인력 계획**: 고용 안정성, 근무 일정 및 근무 규칙을 다루는 직원 채용 정책을 결정하는 수단 탄력 시간을 사용하면 직원들이 한도 내에서 자신의 일정을 결정할 수 있다. 탄력(또는 압축) 근무 주간은 종종 더 적지만 더 긴 근무일을 요구한다. 시간제 근무는 수요 부하가 변동하는 서비스 산업에서 특히 매력적이다.
직무 설계	■ **직무 설계**: 개인 또는 그룹의 작업을 구성하는 작업을 지정 ■ **노동 전문화**: 노동을 고유한('특별') 작업으로 분할 ■ **직무 확대**: 동일한 기술 수준에 대한 다양한 작업을 그룹화하는 것. 수평적 확대 ■ **직무 순환**: 직원이 한 전문 직무에서 다른 직무로 이동하는 시스템 ■ **직무 강화**: 직무 성취에 필요한 계획 및 통제의 일부를 포함해 직원에게 더 많은 책임을 부여하는 방법. 수직적 확장 ■ **직원 권한 부여**: 추가된 책임과 권한이 가능한 가장 낮은 수준으로 이동되도록 직원의 업무를 확대 ■ **자기주도적 팀**: 공동의 목표를 달성하기 위해 함께 일하는 권한이 부여된 개인의 그룹
인간공학 및 작업 환경	■ **인간공학**: 환경 및 기계와의 인간 인터페이스 연구 물리적 환경은 성과, 안전 및 직장 생활의 질에 영향을 미친다. 조도, 소음 및 진동, 온도, 습도, 공기 질 등을 관리해 제어할 수 있다.
방법 분석	■ **방법 분석**: 안전하고 고품질의 제품을 효율적으로 생산하는 작업 절차 개발을 포함하는 시스템 ■ **흐름도**: 사람이나 물질의 움직임을 분석하는 데 사용되는 그림 ■ **프로세스 차트**: 프로세스의 일련의 단계를 나타내는 그래픽 표현 ■ **활동 차트**: 작업자와 기계 또는 작업자(승무원)와 기계의 일부 조합의 활용도를 높이는 방법 ■ **작업 차트**: 오른손 및 왼손 동작을 나타내는 차트
시각적 작업 공간	■ **시각적 작업 공간**: 다양한 시각적 커뮤니케이션 기술을 사용해 이해 관계자에게 정보를 신속하게 전달
노동 기준	■ **노동 기준**: 작업 또는 작업의 일부를 수행하는 데 필요한 시간 노동 기준은 (1) 역사적 경험, (2) 시간 연구, (3) 미리 정해진 시간 기준, (4) 작업 표본 추출의 네 가지 방식으로 설정된다. ■ **시간 연구**: 작업자의 성과 표본을 타이밍하고 이를 표준 시간 설정의 기초로 사용 ■ **평균 관찰 시간**: 측정된 각 요소에 대한 시간의 산술 평균으로, 각 요소에 대한 비정상적인 영향을 조정 $$\text{평균 관찰 시간} = \frac{\text{각 요소를 수행하기 위해 기록된 시간의 합}}{\text{관찰 횟수}} \quad (10\text{-}1)$$ ■ **정상 시간**: 페이스에 맞게 조정된 평균 관찰 시간 $$\text{정상 시간} = (\text{평균 관찰 시간}) \times (\text{성과 평가 계수}) \quad (10\text{-}2)$$ ■ **표준 시간**: 총 정상 시간에 대한 조정. 조정은 개인적인 필요, 불가피한 작업 지연 및 피로에 대한 허용 계수를 제공한다. $$\text{표준 시간} = \frac{\text{총 정상 시간}}{1 - \text{허용 계수}} \quad (10\text{-}3)$$ 개인 시간 허용 계수는 종종 전체 시간의 4~7% 범위에서 설정된다. $$\text{필요한 표본 크기} = n = \left(\frac{zs}{h\bar{x}}\right)^2 \quad (10\text{-}4)$$ $$n = \left(\frac{zs}{e}\right)^2 \quad (10\text{-}5)$$

$$s = \sqrt{\frac{\sum(x_i - \bar{x})^2}{n-1}} = \sqrt{\frac{\sum(\text{각 표본 관찰 수} - \bar{x})^2}{\text{표본 수} - 1}} \quad (10\text{-}6)$$

- **미리 정해진 시간 기준**: 시간이 설정되고 널리 받아들여지는 작은 기본 요소로 수작업을 나누는 것

가장 일반적인 미리 정해진 시간 기준은 MTM이다.

- **서블리그**: 운동의 기본 물리적 요소
- **시간 측정 단위(TMU)**: 1TMU = 0.0006분 또는 100,000TMU = 1시간인 매우 기본적인 미세 움직임의 단위
- **작업 표본 추출**: 표본 추출을 통해 작업자가 다양한 작업에 소비하는 시간의 백분율 추정

원하는 신뢰도와 정확도를 위한 작업 표본 추출 표본 크기

$$n = \frac{z^2 p(1-p)}{h^2} \quad (10\text{-}7)$$

윤리 경영진의 역할은 직원을 교육하는 것이다. 필요한 장비, 근무 규칙 및 작업 환경을 지정한다. 그런 다음 해당 요구사항을 시행한다.

셀프테스트

10.1 제품 수요가 변동하지만 고용 수준을 일정하게 유지하는 경우 비용 절감에는 ________ 이 포함될 수 있다.
(a) 고용 비용 감소
(b) 해고 비용 및 실업 보험 비용 감소
(c) 근로자가 불안정한 고용을 받아들이도록 하기 위해 프리미엄 임금을 지불할 필요가 없음
(d) 수요 증가를 위해 고용할 때마다 새로운 직원을 재교육할 필요 없이 훈련된 인력을 보유함
(e) 위의 모든 것

10.2 다음 중 직무 강화와 직무 확대의 차이점으로 맞는 것은?
(a) 직무 확대에는 더 많은 수의 유사한 작업이 포함되는 반면, 직무 강화에는 작업 달성에 필요한 계획 및 통제가 일부 포함된다.
(b) 직무 강화에는 더 많은 수의 유사한 작업이 포함되어 있는 반면 직무 확장에는 작업 달성에 필요한 일부 계획 및 제어가 포함된다.
(c) 풍부한 작업을 통해 직원은 하나가 아닌 여러 지루한 작업을 수행할 수 있다.
(d) 위의 모든 것

10.3 작업 환경에는 ________ 요소가 포함된다.
(a) 조명, 소음, 온도, 공기 질
(b) 조명, 카펫, 높은 천장
(c) 회의 및 화상회의를 위한 충분한 공간
(d) 소음, 습도, 동료 수
(e) 직무 확대 및 공간 분석

10.4 방법 분석은 ________ 에 중점을 둔다.
(a) 작업을 수행하는 데 사용되는 기계의 설계
(b) 작업을 수행하는 방법
(c) 작업을 수행하는 데 소비되는 원자재
(d) 작업을 수행하는 데 필요한 단계 수를 줄이는 것

10.5 노동 기준을 설정하는 데 가장 선호되지 않는 방법은 ________ 이다.
(a) 시간 연구
(b) 작업 표본 추출
(c) 역사적 경험
(d) 미리 정해진 시간 기준

10.6 시간 연구의 허용 계수는 ________
(a) 오류 및 재작업에 대한 정상 시간을 조정한다.
(b) 점심 시간의 표준 시간을 조정한다.
(c) 개인적인 필요, 불가피한 지연 및 피로에 대해 정상 시간을 조정한다.
(d) 근로자가 20분마다 휴식을 취할 수 있도록 한다.

10.7 시간 연구에서 필요한 표본 크기를 설정하려면 ____ 을 알아야 한다.
(a) 직원 수
(b) 하루에 생산되는 부품의 수
(c) 원하는 정확도 및 신뢰 수준
(d) 표본 추출에 대한 경영진의 철학

정답 10.1. e 10.2. a 10.3. a 10.4. b 10.5. c 10.6. c 10.7. c

11 공급사슬 관리

이 장의 구성

글로벌 기업 프로필: 레드로브스터

- 공급사슬의 전략적 중요성
- 구매 이슈: 자체생산과 아웃소싱
- 여섯 가지 구매 전략
- 공급사슬위험
- 통합공급사슬 관리
- 공급 기반 수립
- 물류 관리
- 유통 관리
- 윤리와 지속가능한 공급사슬 관리
- 공급사슬 성과 측정

Beverly Amer/Aspenleaf Productions

Beverly Amer/Aspenleaf Productions

Beverly Amer/Aspenleaf Productions

셀러브리티크루즈의 주방 모습

10가지 운영관리 전략

- 제품과 서비스 설계
- 품질 관리
- 프로세스 전략
- 입지 전략
- 레이아웃 전략
- 인적자원
- **공급사슬 관리**
- 재고 관리
- 일정 계획
- 유지보수

글로벌 기업 프로필
Red Lobster

레드로브스터의 공급사슬

레드로브스터(Red Lobster)는 세계에 가장 큰 해산물 레스토랑 기업이다. 미국 플로리다주 올랜도에 본사가 있는 레드로브스터는 미국과 캐나다 내 700개가 넘는 식당에서 매년 1억 4,000만 개의 식사를 제공하며, 세계적으로 뻗어 나가고 있다. 이 회사는 55,000명의 직원이 적합한 가격에 질 좋은 해산물을 배달하는 데 초점을 맞추고 있다.

레스토랑 사업에서 운영관리의 필승 전략은 성공적 공급사슬 운영에서 비롯된다. 레드로브스터는 건강하고 질 좋은 음식을 확보하고 전달하는 것이 무엇보다도 중요하며, 공급자의 성과가 고객에게 바로 전달되는 얼마 안 되는 산업 중 하나이다.

Courtesy of Red Lobster

품질 좋은 세계적 자원: 레드로브스터의 공급사슬은 알래스카 해안의 게 수확에서부터 이루어진다. 인증된 공급자들이 레드로브스터에 공급물품을 팔기 전에 종합 품질 팀이 임명된다. 그 팀은 가이드라인, 지원, 훈련 등을 공급자들에게 제공하고 공급자들이 종합 목적을 이해하고 원하는 결과를 완성할 수 있게 확실히 보장한다.

Courtesy of Red Lobster

Courtesy of Red Lobster

해양 양식 인증: 아시아 공장의 새우는 생산이력 추적이 보장된다. 레드로브스터는 1997년 설립된 세계해양양식연합의 원년멤버이며 해양양식연합의 경우 품질 관리에 초점을 맞추고 있다. 양식과 검사는 전체 새우의 안전성을 보장한다.

레드로브스터는 1968년 식당 문을 연 이래로 해산물 지속성 유지를 약속했다. 레드로브스터 부사장은 다음과 같이 말했다. "우리는 최고의 실천과 해양양식인증을 위한 가이드라인을 수립하고 가치를 공유하는 공급업체들과 수십 년 동안 관계를 수립하는 데 노력을 기울였습니다. 우리는 세대를 뛰어넘어 바다와 해양을 보호하고 보전할 책임이 있다고 믿습니다."

레드로브스터는 5대륙, 1,000개가 넘는 공급업체로부터 음식을 제공받는다. 공급채널은 *공급업체인증*, *제품 추적*이 필요하고 *독립적 품질검사*, *적시 배송*을 적용한다. 레드로브스터의 공급사슬연합은 동급 최강의 기술과 프로세스를 구축해 빠르고, 투명하며, 효율적이다. 레드로브스터의 대표이사는 레드로브스터가 업계에서 최고의 해산물 공급사슬을 갖고 있다고 말한다.

Courtesy of Red Lobster

Courtesy of Red Lobster

적시 배송: 많은 제품이 주방에서 700개가 넘는 식당, 그리고 궁극적으로 손님에게 도달하는 과정에서 온도 검사가 바로 시작되고 모든 공급사슬에서 추적된다.

학습목표

11.1 공급사슬의 전략적 중요성을 설명한다.
11.2 여섯 가지 구매 전략을 확인한다.
11.3 공급사슬의 이슈와 기회를 설명한다.
11.4 공급업체 선정 단계를 묘사한다.
11.5 물류 관리의 주요 이슈를 설명한다.
11.6 재고와 재고자산회전율에 얼마만큼의 자산을 배정하는지 계산한다.

공급사슬의 전략적 중요성

레드로브스터 같이 많은 기업이 매출액에서 큰 부분을 구매에 쓴다. 공급업체와의 관계가 지속적으로 통합되고 장기적으로 진행되는 것은 조직의 비용 증가가 구매에 의해 결정되기 때문이다. 혁신 향상, 빠른 디자인, 비용 절감의 종합적인 노력은 흔하다. 기업의 전략이 광범위해질 때 어떤 노력들은 파트너의 경쟁력을 극적으로 개선할 수 있다. 이런 통합적 초점은 공급업체와의 관계 관리가 더 중요하다는 것을 강조한다.

공급사슬 관리
공급사슬 안에서 고객의 가치를 추가하는 모든 활동을 조정하는 것

공급사슬 관리(supply chain mangement)는 제품 또는 서비스가 원자재부터 시작해 고객에게 전달되기까지의 모든 공급사슬 활동의 조직화를 묘사한다. 따라서 공급사슬은 제품이나 서비스를 제조해서 최종 고객에게 전달하는 공급업체, 제조업체 또는 서비스 제공업체, 유통업체, 도매업체, 판매업체를 포함한다. 그림 11.1은 공급사슬이 포함하는 넓은 연결고리와 활동들의 예를 보여준다.

공급사슬 관리의 목적은 공습사슬의 경쟁력과 최종 고객에게 돌아가는 혜택을 최대화하는 공급사슬 구조를 구축하는 것이다. 챔피언이 되는 팀처럼 성공적인 공급사슬의 중심 요소는 공급사슬 구성원이 공급사슬 전체 팀에게 혜택이 갈 수 있도록 행동하는 것이다.

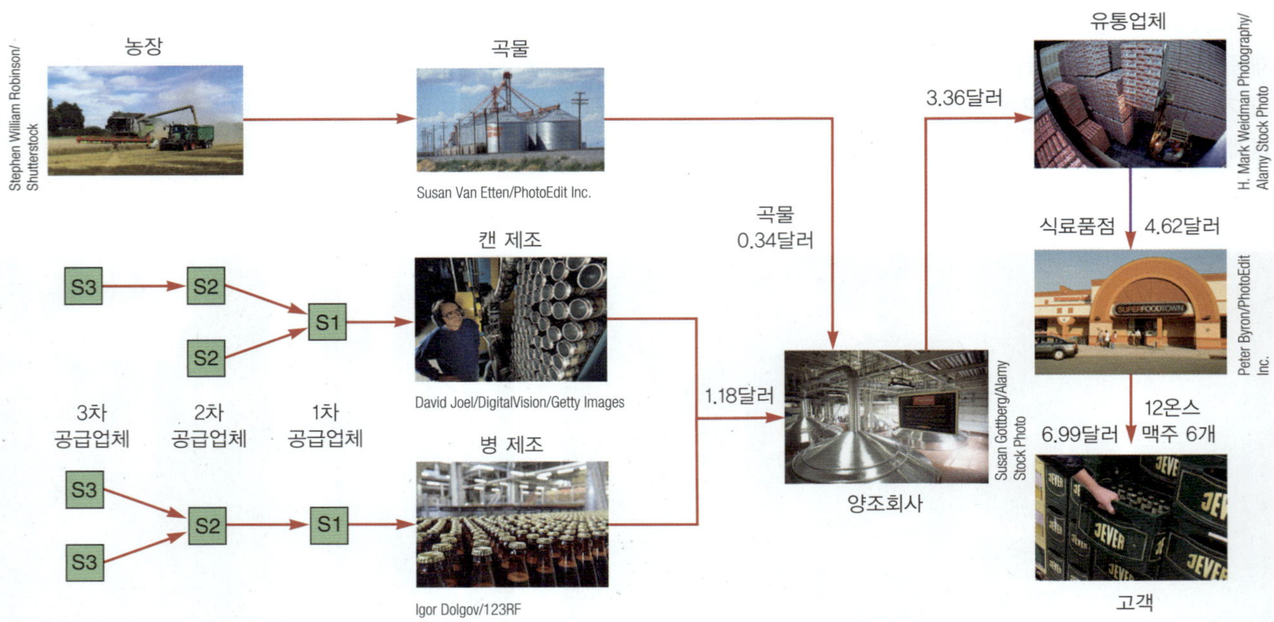

그림 11.1 **맥주 공급사슬**
공급사슬은 공급업체, 제조업체, 유통 및 판매업체, 고객과의 모든 상호작용을 포함한다. 잘 작동되는 공급사슬은 파트너들끼리 정보가 원활하게 흐른다. 공급사슬은 또한 교통, 일정 정보, 현금 교환뿐만 아니라 아이디어, 디자인, 재료 교환도 이루어진다. 캔과 병 제조업체들도 그들만의 공급업체가 있고 그 공급업체들은 포장, 라벨, 용기 등의 부품을 제공한다.

서로 협력 시 구매업체와 공급업체의 비용 모두 감소할 수 있다. 예를 들면 양쪽 모두 매출과 비용 정보를 공유할 의지가 있다면 이익은 양쪽 모두에서 증가할 수 있다. 공급사슬 조정의 예를 들면 들면 다음과 같다.

- 월마트(Walmart)가 중국에 위치한 200개 공급업체 공장과의 협력을 통해 연료 효율성 개선 20% 목표를 달성했다.
- 보트 엔진 제조업체 중 규모가 큰 머큐리마린(Mercury Marine)은 보트 제작업체, 엔진 딜러들과 인터넷을 활용한 디자인 향상을 통해 경쟁업체인 혼다(Honda), 야마하(Yamaha), 볼보(Volvo) 등을 이겨낼 수 있었다.
- 미국 합성섬유 제조 선두업체인 유니파이(Unifi)는 원자재 공급업체인 듀폰(DuPont)과 제조 일정과 품질 관리 정보를 공유한다.
- 아마존은 물류비용을 줄이기 위해서 P&G 제품 주문처리 과정 활동들을 P&G 창고로 이동했다.

표 11.1

매출 비율 공급사슬비용

산업	구매 비율(%)
자동차	67
음료	52
화학	62
식품	60
목재	61
금속	65
제지	55
석유	79
식당	35
운송	62

표 11.1을 보면 기업 매출의 큰 부분은 대체로 구매에 쓰이므로 공급사슬은 비용을 줄일 수 있는 좋은 영역이다. 예제 1에서 공급사슬을 통해 운영관리자가 얼마만큼의 영향력 행사가 가능한지 보여주고 있다. 이 비율은 잠재적 이익률에 공급사슬이 매우 큰 역할을 수행함을 나타낸다. 효율적인 비용 절감은 매출 증가로 이익 목표를 달성하는 것보다 조금 쉽게 목표를 달성하는 데 도움을 준다.

예제 1

이익목표를 달성하기 위한 공급사슬 전략 대 매출 전략

Hau Lee Furniture, Inc.는 공급사슬에서 매출의 60%를 쓰고 현재 총수익이 10,000달러이다. 하우 리(Hau Lee)는 총수익을 50%, 즉 15,000달러로 증가시키기를 희망하고 있다. 그는 재료비용을 줄이는 전략과 매출을 높이는 전략을 비교하고 싶어 한다.

접근방법 ▶ 아래 표를 사용히 분석을 시행한다.

해결방법 ▶ 현재 재료비용은 매출의 60%, 제조비용은 매출의 20%이고 고정비용은 10,000달러이다. 분석 결과 공급사슬을 개선해 8.3%의 재료비용을 절감하거나 매출을 25% 증가시켜야 회사가 50%의 이익 향상을 이루어낼 수 있다.

	현재 상황	공급사슬 전략	매출 전략
매출	100,000달러	100,000달러	125,000달러
재료비용(달러)	60,000달러(60%)	55,000달러(55%)	75,000달러(60%)
제조비용(달러)	20,000달러(20%)	20,000달러(20%)	25,000달러(20%)
고정비용(달러)	10,000달러(10%)	10,000달러(10%)	10,000달러(8%)
이익(달러)	10,000달러(10%)	15,000달러(15%)	15,000달러(12%)

통찰력 ▶ 전반적으로 이익목표를 달성하기 위해서 매출을 증가시키는 노력보다 공급사슬비용 비율을 줄이는 것이 훨씬 효과가 크고 다른 기업들이 느끼는 체감도도 훨씬 높다. 공급사슬의 효율적 관리는 상당한 혜택을 줄 수 있다.

학습 연습 ▶ 만약 회사가 원래 총수익을 10,000달러에서 20,000달러로 증가시키길 원한다면 어떤 공급사슬 전략이나 매출 전략이 필요하겠는가? [답: 공급사슬 전략은 16.7%의 재료비용 절감, 매출 전략은 50% 매출 증가가 필요하다.]

OM in Action 장미가 신선할 때만 장미의 모습을 간직할 뿐

음식과 꽃 공급사슬은 빠르고 완벽해야 한다. 음식 공급사슬에 문제가 생길 경우 가장 좋은 경우는 고객이 제때 음식을 공급받지 못하는 것이고 최악의 경우는 고객이 식중독에 걸리거나 죽는 것이다. 원예사업에서는 시기와 온도가 대단히 중요하다. 사실 꽃은 농산물에서 생선보다도 더 잘 상하는 물품이다. 꽃은 빨리 이동해야 할 뿐만 아니라 항상 찬 온도를 일정하게 유지해주어야 한다. 또한 이동하는 동안 물과 보존제도 필요하다. 장미는 특히 연약하고 부서지기 쉬우며 잘 상한다.

미국 시장에서 팔리는 80%의 장미는 콜롬비아와 에콰도르 시골 지방에서 비행기로 공수된다. 장미는 복잡하지만 빠른 교통 네트워크를 통해 공급사슬을 거쳐 이동한다. 이 네트워크는 장미를 자르고 등급을 매기고 묶고 포장하고 배송하는 재배자로부터 딜을 완성해 수입하는 수입업자, 벌레, 병균 등이 있는지 검사하고 확인하는 미국 농산물 관계자, 검사하고 승인하는 미국 세관 관계자, 라벨을 붙이고 승인하는 조력자, 유통시키는 유통업자, 조정하고 파는 판매업자, 마지막으로 고객까지 늘어난다. 일분일초가 지날수록 제품은 악화한다. 장미 같이 시간과 온도에 민감하고 상하기 쉬운 제품은 복잡함을 필요로 하고 공급사슬에서 기준을 다시 정한다. 성공은 최고의 품질과 낮은 손실을 도출한다. 밸런타인데이 때 늦게 또는 시들게 도착하는 장미가 좋은 배송인가? 최고의 공급사슬만이 일을 무사히 끝낼 수 있을 것이다.

출처: *The Wall Street Journal*(February 15, 2018); NPR(February 13, 2015); *Supply Chain 24/7*(February 13, 2014).

학습목표 11.1
공급사슬의 전략적 중요성을 설명한다.

기업들이 제품 주문화, 고품질, 비용 절감, 빠른 시장행 등을 통해 경쟁력을 향상하는 데 노력할 때 공급사슬에 강점을 둔다. 장기적인 전략적 관계를 통해 공급업체들은 경쟁력 강화에 공헌하면서 진정한 '파트너'가 된다.

공급사슬의 기업 전략을 지원하는 것을 확인하며 관리자들은 표 11.2에 있는 공급사슬 이슈들을 고려해야 할 필요가 있다. 공급사슬 관리자들의 활동은 회계, 재무, 마케팅, 운영관리에 영향을 미친다. 운영관리 기능이 기업의 전사적 전략을 지원하는 것과 마찬가지로 공급사슬도 운영관리 전략을 지원해야만 한다. 저비용 전략 또는 빠른 대응 전략은 차별화 전략에 비해서 공급사슬로부터 다른 무엇인가를 요구한다. 예를 들어 저비용 전략의 경우 표 11.2에서 보는 바와 같이 공급업체가 비용을 주요인으로 선정하는 것을 필요로 한다. 어떤 공급업체들은 기능요소를 만족시키고 재고를 최소화하고 리드타임을 줄일 수 있는 저비용 제품으로 디자인하는 능력을 가져야 한다. 그러나 만약 신선한 장미를 원한다면 대응에 초점을 맞추는 공급사슬을 구축해야 한다.

기업들은 공급사슬 상류기업부터 하류기업까지 아우를 수 있는 전략적 통합을 달성해야 한다.

표 11.2 기업 전략이 공급사슬 결정에 미치는 영향*

	저비용 전략	대응 전략	차별화 전략
주공급자 선정 기준	• 비용	• 생산능력 • 스피드 • 유연성	• 제품 개발 기술 • 정보 공유 의지 • 빠른 공동 제품 개발
공급사슬재고	• 비용 절감을 위한 재고 최소화	• 남는 재고 활용을 통한 빠른 공급사슬 운영	• 재고 진부화 방지를 위한 재고 최소화
유통 네트워크	• 비싸지 않은 운송 • 할인 판매업체를 통한 판매	• 빠른 운송 • 고급 고객 서비스 제공	• 시장 연구 데이터 수집 및 소통 • 지식 있는 영업팀
제품 디자인	• 매출 성과 최대화 • 비용 최소화	• 적은 대기 시간 • 빠른 제조 증가	• 제품 차별화를 도와주는 모듈식 디자인

*관련 내용은 Marshall L. Fisher, "What Is the Right Supply Chain for Your Product?" *Harvard Business Review*(March-April 1997): 105를 참조하라.

그리고 제품의 수명주기를 거치는 변화와 다양한 제품에 상응하는 다양한 전략이 적용되어야 한다고 기대하고 있다.

구매 이슈: 자체생산과 아웃소싱

표 11.2에서 제안했듯이, 기업은 공급사슬을 어떻게 전략적으로 설계할 것인지 결정이 필요하다. 그러나 공급사슬 설계는 확정하기 전에 운영관리 관리자들은 자체생산과 아웃소싱 결정을 먼저 고려해야만 한다.

자체생산 구매 결정

도매업체나 판매업체는 파는 모든 물건을 구매한다. 제조운영 과정은 거의 그렇지 않다. 제조업체나 식당, 제품 조립업체는 최종 제품에 들어가는 부품 또는 하위부품을 구매한다. 5장에서 보았듯이 내부적으로 생산될 때와는 달리 외부로부터 획득하는 제품이나 서비스가 장점으로 간주되는 것이 **자체생산 구매 결정**(make-or-buy decision)이다. 공급사슬 관리자는 대체 공급업체를 평가하고 대체 구매에 관련된 현재의 정확하고 완전한 데이터를 제공한다.

자체생산 구매 결정
부품을 기업 내에서 생산할지 외부에서 구매할지 선택하는 것

아웃소싱

아웃소싱(outsourcing)은 외부 공급자에게 기업의 자원과 전통적 내부 활동들을 옮기는 것을 말한다. 이는 전통적인 자체생산 구매 결정과는 약간 차이가 있다. 2장에서 언급했듯이 아웃소싱은 전문화에서 오는 효율성을 활용한 지속적인 트렌드의 일부분이다. 공급업체는 특정 전문성을 가지고 아웃소싱된 서비스를 제공한다. 이것은 아웃소싱을 받는 기업이 주요 경쟁력과 주요 성공 요인에 집중할 수 있는 여건을 제공한다.

아웃소싱
회사 내부에서 실행하던 활동들을 외부 공급업체가 실행하게 전환하는 것

여섯 가지 구매 전략

학습목표 11.2
여섯 가지 구매 전략을 확인한다.

무엇을 아웃소싱할 것인지에 대해 관리자가 고려해야 할 여섯 가지 구매 전략이 있다.

많은 공급업체

공급업체는 수요와 구체적인 요구에 반응하고 주문은 대체로 가장 낮은 가격을 쓴 업체에 돌아간다. 이는 제품이 일반재일 경우 흔한 전략이다. 이 전략은 하나의 공급업체와 다른 공급업체가 경쟁하게 만들고 구매업체의 수요를 공급업체가 맞춰야 하는 부담이 주어진다. 공급업체들은 공격적으로 다른 업체와 경쟁하게 된다. 이 접근 방식은 공급업체가 필요한 기술, 전문성, 수요 예측 능력을 유지하는 책임을 지게 할 뿐만 아니라 비용, 품질, 배송 능력도 담당하게 만든다. 장기적 파트너십 관계는 목표가 아니다.

적은 공급업체

적은 공급업체 전략은 적은 비용 같은 단기적 속성을 찾는 것보다는 구매자가 적은 수의 헌신하는 공급업체와의 장기적 관계를 형성하는 것이 더 낫다는 것을 의미한다. 장기적 공급업체는 구매업체이자 최종 고객의 넓은 목적을 이해할 수 있다. 적은 공급업체를 활용하면 공급업체가 제조 및 거래 비용을 줄일 수 있는 규모의 경제와 학습곡선을 가지고 가치를 창출할 수 있게 한다. 이 전략

OM in Action 애플과 삼성의 복잡한 공급사슬

애플의 라이벌인 삼성이 2018년 아이폰X의 성공을 희망하는 타당한 이유가 있었다. 이 한국 기업은 애플이 1,000달러에 파는 아이폰X이 110달러의 이익을 얻는다고 여겼다. 사실은 특이한 공급사슬관계가 있는 전화 제조업체 간 애증 역학을 나타낸다. 삼성과 애플이 고객이 자신들의 제품을 사게 만들려고 다투고 있을 때 삼성은 애플이 가장 주력하고 있는 중요한 제품인 아이폰X에 들어가는 스크린과 메모리칩을 공급하면서 수십억 달러의 매출을 올리고 있었다. 하버드대학교의 데이비드 요피(David Yoffie) 교수는 지구상에서 가장 큰 두 회사가 직접적인 경쟁을 하면서 깊게 얽혀 있다고 이야기한다.

애플과 삼성은 세계에서 가장 수익을 많이 내는 회사이고 서로 의지하고 있다. 애플은 매출의 3분의 2를 차지하는 아이폰을 만드는 데 삼성 부품이 필요하다. 삼성은 삼성 매출의 35%를 가져오는 부품 사업에서 애플의 주문을 필요로 한다.

이 관계는 애플이 스마트폰을 팔기 시작하면서 더 커졌다. 매년 2억 대가 넘는 아이폰을 팔면서 애플은 가능한 공급자가 제한된 상황에서 엄청난 부품에 대한 수요를 충족시킨다. 삼성은 추가 메모리 능력을 향상시키는 특별한 컴퓨터칩을 생산하는 반도체 제조업체 중 하나이다. 그리고 삼성은 OLED 디스플레이 생산이 가능한 하나밖에 없는 중요한 제조업체이다. 애플은 OLED 디스플레이를 아이폰X 화면에 도입했다.

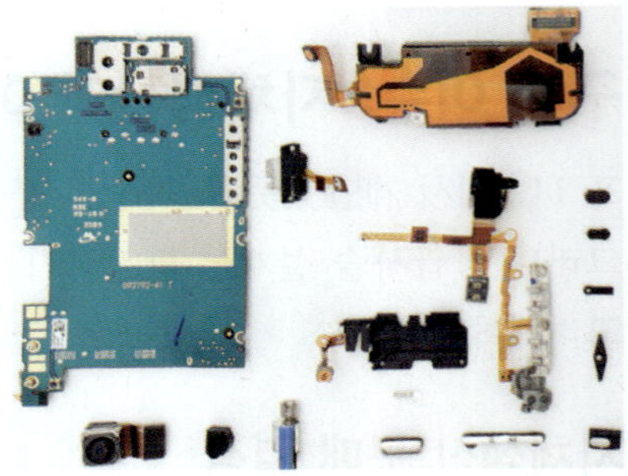

Phil Crean A/Alamy Stock Photo

공급사슬은 언제나 도전이다. 그러나 수요가 크고 공급업체가 한정적일 때 그 도전은 증가한다.

출처: *The Wall Street Journal*(October 3, 2017); *Businessweek*(April 18, 2017); *Forbes*(February 12, 2016).

은 또한 공급업체들이 디자인 혁신과 기술 전문성을 제공하는 것을 독려한다.

포드(Ford)는 부품이 설계되기 전에 공급업체를 선정한다. 모토롤라(Motorola)는 공급업체를 합리적 기준으로 평가하고 품질과 신뢰성을 추가하는 데 강조를 두고 전통적 공급업체들의 입찰에 참여하는 것을 막는다. 때로는 이런 관계들은 제품수명주기를 거치면서 계약을 도출한다. 영국 판매업체 막스앤스펜서(Marks & Spencer)는 공급업체와 당 업체를 위해 고객을 사로잡은 새로운 제품을 출시한 공급업체와 협력을 추구한다. 공급업체와 구매업체의 친밀한 통합을 이끌어내는 움직임은 제조업과 서비스산업 모두에서 일어나고 있다. 타 전략처럼 약한 면도 있다. 적은 공급자의 경우 파트너를 바꾸는 비용이 엄청나다.

구매업체와 공급업체 모두 어쩔 도리 없이 서로에게 엮이는 위험도 존재한다. 공급업체의 나쁜 성과는 구매업체의 이미지를 손상할 수 있는 위험이다. 구매업체의 경우 공급업체가 그들만의 동맹 또는 벤처를 만드는 것이나 영업 기밀에 대해 우려할 수밖에 없다. 미국 슈윈자전거(Schwinn Bicycle, Co.)가 추가 생산능력이 필요했을 때 대만 자이언트(Giant Manufacturing)에 제조 노하우를 전수하고 자전거를 팔았는데 현재는 자이언트가 세계에서 가장 큰 자전거 제조업체가 되었다. 슈윈은 부도가 나서 결국 퍼시픽자전거(Pacific Cycle LLC)에 인수되었다.

수직통합

수직통합

예전에 공급업체에게 구매하던 제품이나 서비스를 자체생산으로 전환하는 능력을 개발하는 것

구매는 수직적 통합 형태에서 연계가 된다. **수직통합**(vertical integration)은 예전에는 제품이나 서비스를 구매했는데 이제는 공급업체나 유통 및 판매업체 인수를 통해 제품이나 서비스를 생산하는 능력을 발전시키는 것을 말한다. 그림 11.2에서 볼 수 있듯이 수직통합은 **전방통합** 혹은 **후방통합** 형태로 구성된다.

후방통합은 기업이 공급업체를 인수하는 것을 제안한다. 애플이 반도체를 직접 생산하는 것은 후방통합에 해당하고 그들 고유의 혁신적인 판매점포를 세우는 것은 전방통합으로 사용된다. 수직통합은 운영관리자에게 전략적 기회를 제공한다. 자원과 관리 능력, 충족되는 수요가 있는 기업

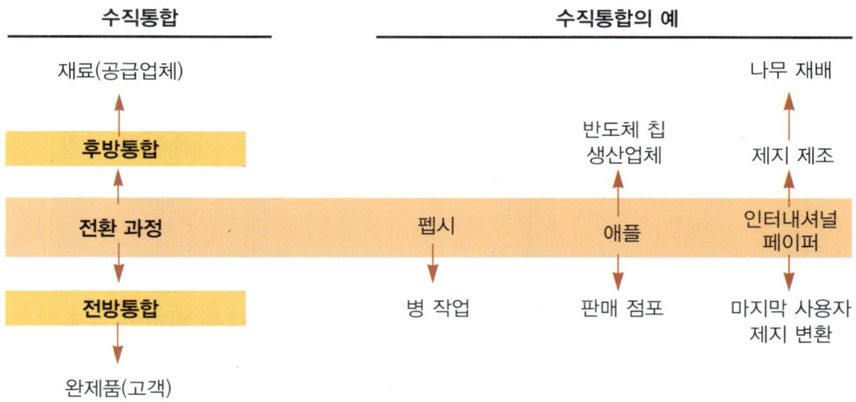

그림 11.2

수직통합은 전방 또는 후방으로 이루어진다

이면 수직통합은 비용 절감, 높은 품질, 적시 배송, 재고 감소의 상당한 기회를 제공한다. 수직통합은 기업이 높은 시장 점유율을 가지고 있고 인수된 공급업체를 성공적으로 관리할 능력이 있다면 잘 운영될 것으로 보인다.

'모든 것을 다 한다'는 거침없는 전문화가 이어지면 수직통합의 어려움은 증가한다. 후방통합은 임원진이 기술적 변화를 따라가지 못하거나 다음 세대 기술에 투자를 못할 경우 기술 변화를 겪고 있는 산업에 속해 있는 기업에게는 특히 위험하다. 기술이 빠르게 변화할 때 한 기업이 모든 방면의 제품 리더십을 유지하는 것은 연구 개발 비용이 높아진다. 대부분의 기업은 그들 고유의 특별함과 공급업체의 공헌도에 집중하는 것이 더 나은 결과를 가져온다.

합작투자

수직통합이 매우 위험하기 때문에 기업은 공식적인 협력 형태를 선택할 수 있다. 5장에서 설명했듯이 기업은 신제품 역량 또는 기술적 역량을 향상하기 위해 협력을 이끌어낸다. 그러나 기업은 비용을 절감하거나 공급라인 확보를 위해 협력을 진행한다. 합작투자의 한 예로 현재 다임러(Daimler)와 BMW가 표준 자동차 부품을 생산하고 발전시키는 노력이 있다. 자동차 산업의 세계적인 통합에 비추어볼 때 두 라이벌 회사는 고품격 자동차 시장에서는 용량에 약점을 보인다. 상대적으로 적은 용량은 고정비용을 나누는 데 문제가 생겨서 개발 및 제조 비용을 줄이는 통합 노력에 관심을 보인다. 다른 협력과 같이 경쟁력을 내주거나 브랜드 훼손 없이 협력하는 것은 현실적으로 어렵다.

계열사 네트워크

많은 일본 제조업체들은 다른 전략을 찾아냈다. 그것은 일부 협력, 일부는 적은 공급업체들로부터의 구매, 그리고 부분 수직통합이다. 이 제조업체들은 지분 소유 또는 자금대출을 통한 공급업체들의 재정후원사이다. 공급업체가 기업 연합에 부분이 되는 것이다. 이를 **계열**(keiretsu)이라고 한다. 계열 멤버는 장기적 관계가 보장되고 협력이 기대되는 파트너로서 기술적 전문성과 안정적 품질 제조를 제조업체에 제공한다. 계열 멤버는 2차 또는 3차 공급업체까지 연합의 부분으로 가질 수 있다.

계열
공급업체가 회사 자회사로 편입하는 경우를 의미하는 일본어

버추얼 회사
온디맨드 서비스 제공을 위한 다양한 공급업체 관계를 유지하고 의존하는 기업

버추얼 회사

버추얼 회사(virtual company)는 온디맨드 서비스를 제공하기 위해 좋은 그리고 안정적인 공급업

체관계의 다양성에 의존하고 있다. 공급업체는 월급 지급, 채용, 제품 디자인, 컨설팅 서비스 제공, 제조부품 테스트, 제품 분류 등 다양한 서비스를 제공한다. 관계들은 단기적 혹은 장기적 관점일지도 모르고 진정한 파트너와 협력자, 또는 단순한 능력 있는 공급업체나 하도급업체를 포함할지도 모른다. 어떤 공식적인 관계건 간에 결과는 예외적으로 기울어진 성과가 될 수 있다. 버추얼 회사의 장점은 특화된 관리 전문성, 낮은 자본 투자, 유연성, 스피드이다. 결과는 효율성이다.

의류사업은 버추얼 회사의 **전통적** 사례를 제공한다. 패션 디자이너들은 디자인을 거의 제조하지 않는다. 그들은 제조업체에 라이선스를 준다. 제조업체들은 공간을 빌리고 재봉틀을 빌리고 노동 계약을 한다. 결과는 고정비용이 낮고, 유연하고 시장에 빠르게 대응할 수 있는 기업이다.

현대 사례는 500명 이하의 직원으로 큰 매출을 내고 있는 캘리포니아에 위치한 평면화면 TV 제조업체 비지오(Vizio)이다. 비지오는 모듈을 활용해 고유 브랜드 TV를 조립한다. TV의 주요 부품을 바로 구할 수 있고 상품으로 판매가 되기 때문에 비지오 같은 혁신적인 기업은 구체적으로 부품을 명시하고 계약 제조업체들을 활용하고 매우 적은 초기 비용으로 TV 시장을 겨냥할 수 있다. 버추얼 회사는 공급사슬이 회사이다. 버추얼 회사를 관리하는 것은 역동적이고 부담이 크다.

공급사슬위험

전문화가 증가하고 낮은 소통 비용과 빠른 수송이 특징인 현 시대에, 기업들은 더 많은 것을 구매하고 만드는 것은 줄고 있다. 이것은 공급사슬에 더 많이 의존하는 것이며 더 많은 위험을 의미한다. 통합공급사슬을 관리하는 것은 전략적 도전이다. 적은 수의 공급업체는 공급업체와 고객들이 서로에게 더 많이 의존하게 만들고 모두의 위험을 증가시킨다. 이 위험은 글로벌화와 물류 복잡성에 의해 더 심각해진다. 어떤 공급사슬에서도 공급업체 신뢰도와 품질은 도전적일지 모른다. 그러나 단단하고 빠르고 적은 재고의 공급사슬 신모델은 정치적, 문화적 경계를 넘어서며 운영되며 위험에 새로운 차원을 추가한다. 기업들이 글로벌화될수록 운송 시간이나 리드타임은 증가할지도 모르고 물류 의존도는 조금 낮아질 수도 있고 관세와 수출입 한도는 사업을 하는 것을 막을 수도 있다. 더불어 글로벌 공급사슬은 정보흐름을 더 복잡하게 만들고 정치적 위험이나 환율 위험을 증가시킨다.

위험과 완화 전술

공급사슬위험은 여러 방법으로 유발되며, 위험을 아웃소싱할 수는 없다. 표 11.3은 위험 관리에 도움이 되기 위해 위험과 전술을 주요 범주로 확인해주었다. 공급사슬에서 성공적 전략 계획 개발은 조심스러운 연구, 적용된 위험에 대한 포괄적 평가, 혁신적 계획을 요구한다. 기업은 잠재적 방해를 줄이는 데 초점을 맞추어야 할 뿐만 아니라 피할 수 없는 부정적 사고에 대응할 때 어떤 방식으로 준비하는지에 대해서도 초점을 맞추어야 한다. 다양한 중단 또는 방해를 상대하는 유연하고 안전한 공급사슬, 충분한 안전장치는 시작이다. 기업은 중요한 부품에 대해 다양한 출처를 활용해 공급라인을 다각화하는 선택도 가능하다. **교차 소싱**(cross-sourcing)은 한 공급업체가 한 부품을, 두 번째 공급업체가 다른 부품을 공급하며 서로에게 각자 부품에 대한 공급에서 백업 역할을 할 수 있음을 의미한다. 다른 선택은 공급사슬에서 문제에 대응할 수 있는 추가 생산능력을 창출할 수 있는 것을 말한다. 이런 긴급사태 대책은 위험을 줄일 수 있다.

교차 소싱
첫 번째 공급업체를 하나의 부품, 그리고 두 번째 공급업체를 다른 부품 공급에 활용하면서 각각의 공급업체가 다른 공급업체를 보완해 주는 것

표 11.3 공급사슬위험과 전술

위험	위험완화전술	사례
공급업체 배송 실패	복수의 공급업체 활용, 효율적인 계약과 페널티, 하도급업체 의뢰 및 선제적 계획	**맥도날드**는 러시아에서 맥도날드 오픈 6년 전에 공급사슬을 계획함. 모든 공장, 즉 빵, 고기, 닭고기, 생산, 상추 생산이 강한 연결고리를 구축하도록 충실히 모니터링을 시행함
공급업체 품질 관리 실패	신중한 공급업체 선정, 훈련, 인증과 모니터링	**다든레스토랑**은 공급업체 생산 과정과 물류의 지속적인 모니터링과 점검 등을 포함한 확장 통제를 시행해 위험을 감소시킴
아웃소싱	생산과 서비스 제공을 자체적으로 책임짐	**타이슨**은 독자적인 농부들을 활용해 제품 품질 및 안전 이슈 등을 완화하며 중국에 있는 양계 농장을 자체 운영함
물류 지연 또는 피해	복수의 수송 방식과 창고 운영, 안전한 포장, 효율적인 계약과 페널티	**월마트**는 미국 전역에 걸쳐 그들의 트럭과 수많은 유통센터를 활용해 문제가 생길 수 있는 지역들을 뛰어 넘는 대안 배송 노선을 찾아냄
유통	조심스러운 선정, 모니터링, 효율적 계약과 페널티	**토요타**는 전 세계 자동차 딜러들을 훈련시켜 토요타성산시스템 원칙을 적용해 고객 서비스, 중고차 물류, 차체와 도장 운영관리를 개선함
정보 분실 또는 왜곡	불필요한 데이터베이스, 안전한 IT 시스템, 합리적 해석과 정보 활용에 대한 공급사슬 파트너 훈련	**보잉**은 전 세계에 퍼져 있는 보잉 시설과 공급업체들의 물류 데이터, 엔지니어링 일정을 보내줄 수 있는 실시간 국제 소통 시스템을 활용함
정치	정치적 위험에 대한 보험, 국가의 다양화, 프랜차이즈와 인허가	하드록카페는 정치적 위험을 줄이기 위해 정치적·문화적 장애가 중요해 보일 때는 소유하는 것보다는 프랜차이즈나 인허가를 활용함
경제	전투적인 환율 위험에 대한 연계 매매, 가격 변동을 언급하는 구매 계약	**혼다와 닛산**은 일본 통화인 엔화의 환율이 비싸지면 자동차 제조를 일본이 아닌 해외로 옮겨 감
자연재해	보험, 대안 소싱, 국가 다각화	산불, 지진과 쓰나미 이후에 **토요타**는 각각의 대륙에 다른 지리적 지역마다 최소 2개 이상의 공급업체를 가지려고 시도함
도난, 파손, 테러	보험, 특허 보호, RFID나 GPS를 포함하는 안전 측정, 다각화	미국 정부는 모든 수입 컨테이너에 방사선을 스캔할 수 있는 방사선 포털 모니터를 설치함

보안과 JIT

미국보다 열려 있는 사회는 아마 없을 것이다. 여기에는 항구와 국경도 포함이며 매우 바쁘다. 100만 개가 넘는 컨테이너가 매년 미국 항구에 들어오고 1,000대가 넘는 비행기, 자동차, 트럭이 매일 국경을 넘는다. 최고의 상황에서도 5%의 컨테이너는 운송 도중 길을 잘못 가거나, 없어지거나, 망가지거나, 지연된다. 2001년 9·11 테러 공격 이후 공급사슬은 조금 더 복잡해졌다. 그러나 공급사슬의 기술적 혁신으로 보안과 재고 관리 모두가 개선되었고 이는 물류를 조금 더 믿을 수 있게 만들었다. 기술은 지금 트럭과 컨테이너의 위치, 그 안에 있는 물품과 상태를 파악하게 한다. 새로운 장치는 컨테이너 밀봉이 파괴된 것까지 잡아낼 수 있다. 동작 탐지기는 컨테이너 안쪽에도 설치가 가능하다. 다른 센서들은 컨테이너가 움직이건 움직이지 않건 온도, 충격, 방사능 등의 내부 데이터를 기록한다. 잃어버린 컨테이너를 추적하고 지연을 확인하고 배송 중이라고 공급사슬에서 개인에게 상기시키는 것은 배송을 더욱 빠르게 하는 데 도움을 줄 것이다.

Richard Cummins/Robertharding/Alamy Stock Photo

찰스턴 항구 사진에서 볼 수 있듯이 매해 1,600만 개가 넘는 컨테이너가 미국에 들어온다. 컨테이너의 위치, 함유 물품, 트럭과 컨테이너의 상태를 추적하는 것은 도전 과제이다. 그러나 새로운 기술은 보안과 적기공급생산 모두를 개선할 수 있다.

통합공급사슬 관리

관리자들이 공급사슬 통합으로 움직여 감에 따라, 상당한 효율성 달성이 가능하다. 재료의 주기(공급업체로부터 생산, 보관 창고, 유통, 고객까지의 흐름)는 흔히 매우 독립적인 조직에서 이루어진다. 이런 경우 전체적인 공급사슬을 최적화하지 못하는 활동으로 연계될 수 있다. 또 한편으로 공급사슬은 가치를 향상하고 낭비를 줄일 수 있는 기회로 가득 차 있다. 중요한 이슈와 기회들을 알아보자.

학습목표 11.3
공급사슬의 이슈와 기회를 설명한다.

통합공급사슬 관리 이슈

세 가지 이슈, 즉 지역 최적화, 인센티브, 많은 생산물량이 효율적이고 통합적인 공급사슬 개발에 복잡성을 추가한다.

지역 최적화 공급사슬 멤버들은 자신들의 제한된 지식을 바탕으로 지역 이익을 최대화하거나 즉각적 비용을 최소화하는 데 초점을 맞추는 경향이 있다. 모든 기업이 제품이 부족한 것을 원하지 않기 때문에 약간의 수요 증가에 과잉 보상을 한다. 비슷하게, 어떤 기업도 추가재고 보유를 원하지 않기 때문에 약간의 수요 감소에도 과잉 보상을 한다. 따라서 변동은 확대된다. 예를 들면 파스타 유통업체는 판매업체에게 보낼 파스타가 부족한 것을 원하지 않는다. 따라서 판매업체의 많은 양의 추가 주문에 대응하기 위해 판매업체 매출이 증가한다는 전제하에 제조업체로부터 많은 양의 주문을 시행함에 따라 이에 상응하는 보상을 받는다. 유통업체나 제조업체의 경우 많은 양의 파스타를 움직여야만 하는 대규모 일회성 프로모션을 가졌는지 알 수가 없다. 이 복잡한 이슈는 이탈리아 파스타 제조업체 바릴라(Barilla)가 효율적 유통 실행을 위해 당면한 문제였다.

인센티브(판매 인센티브, 대량구매할인, 프로모션) 인센티브는 판매업체에게 일어나지 않는 판매를 강요한다. 이 이슈는 모든 공급사슬 멤버들에게 최종적으로 값비싼 수요 변동을 창출한다.

많은 생산물량 많은 생산물량이 단위원가를 줄이는 경향이 있기 때문에 많은 생산물량에 대한 편견이 있다. 물류 관리자는 많은 생산물량을 트럭에 꽉 채워서 배송하기를 원하고 생산 관리자는 긴 생산 운전을 원한다. 두 활동 모두 배송 및 생산 비용을 줄이는 방향으로 유도하지만 재고 유지 비용을 증가시키고 실제 판매 실적을 반영하는 데는 문제가 있다.

이 세 가지의 흔한 이슈가 발생하면 공급사슬에 실제로 무엇이 일어나는지에 대한 정보 왜곡이 생겨난다. 공급 시스템은 공급사슬에서 얼마나 많은 제품이 실제로 주문되는지에 대해 정확한 정보를 기초로 잘 운영되는 것이 필요하다. 부정확한 정보는 의도적이지는 않지만 왜곡과 변동을 초래하며 이는 채찍효과로 알려져 있다.

채찍효과(bullwhip effect)는 주문이 판매, 유통, 도매, 제조로부터 연결되며 일어날 때 생겨나고 각각의 과정을 통해 그 결과로 변동이 증가한다. 공급사슬에서 채찍효과 변동은 재고, 운송, 배송, 수납 관련 비용을 증가시키며 이는 고객 만족과 이익을 감소시킨다. 채찍효과를 줄이고 공급사슬 성과를 향상하는 몇 가지 구체적인 기회가 있다.

채찍효과
공급사슬 상류로 주문이 올라갈수록 그 변동성이 커지는 현상

통합공급사슬 관리 기회

공급사슬의 효율적 관리 기회는 다음 11가지 항목을 포함한다.

정확한 주문 데이터 정확한 **주문 데이터**(pull data)는 매장 주문 정보와 자동주문 시스템을 공유할 때 생겨난다. 이를 통해 공급사슬 각각의 멤버들이 일정을 효율적으로 설정할 수 있다. 매장주문 시스템이 판매 데이터를 수집하고 그 데이터를 시장 요인, 재고량, 주문량에 맞추는 것을 의미한다. 이 주문은 공급업체에게 바로 전달되고 이 업체들은 완성품 재고를 유지하는 데 책임이 있다.

주문 데이터
공급사슬에서 거래를 이끌어내는 정확한 판매 데이터

로트 크기 감소 공격적 관리로 로트 크기는 줄어든다. 트럭 로트 크기보다 적은 양의 경제적 운송량을 개발하거나, 각각의 운송 크기보다는 연간 총량으로 할인을 제공하거나, 전자 구매의 다양한 형태로 정기 주문 같은 기술을 통해 주문 비용을 줄이는 것 등이 공격적 관리에 포함된다.

단일 단계 재고 보충 통제 **단일 단계 재고 보충 통제**(single-stage control of replenishment)은 공급사슬에서 고객의 주문을 바탕으로 공급사슬에서 재고를 모니터하고 관리하는 책임을 지는 멤버를 지정하는 것을 뜻한다. 이 접근 방식은 정보 왜곡과 채찍효과를 일으키는 다수의 예측을 없앤다. 컨트롤에 해당하는 공급사슬 멤버는 다음과 같다.

단일 단계 재고 보충 통제
판매업체를 위해서 재고를 점검하고 관리하는 정해진 책임

- 수요 패턴을 이해하는 복잡한 판매업체: 월마트는 RFID를 재고에 활용한다.
- 특정 유통 분야의 재고를 관리하는 유통업체: 유통업체는 식품, 맥주, 청량음료를 취급한다.
- 예측, 제조, 유통 시스템을 잘 관리하는 제조업체: 홍콩의 탈어패럴(TAL Apparel Ltd.)은 JC페니(JCPenny)를 위해 위 작업들을 실행한다.

공급자 주도형 재고관리 **공급자 주도형 재고 관리**(vendor-managed inventory, VMI)는 지역 공급업체 또는 유통업체가 제조업체나 판매업체의 재고를 유지하는 것을 의미한다. 구매업체가 수납 창고에서 물건을 받지 않고 공급업체가 구매업체에게 바르 배송한다. 공급업체가 같은 제품을 활용하거나 차이점이 거의 없는 다양한 고객의 재고를 유지하게 된다면 비용 절감이 있을 수 있다. 이 시스템은 구매업자가 바로 방향성을 주지 않아도 원활하게 작동된다.

공급자 주도형 재고 관리
공급업체가 구매업체의 재고 또는 재료를 유지하고 관리하는 것

협력적 계획, 예측 및 보충 단일 단계 재고 보충 통제와 공급자 주도형 재고 관리와 함께 **협력적 계획, 예측, 보충**(collaborative planning, forecasting, and replenishment, CPFR)은 공급사슬에서 재고를 관리하는 또 다른 노력이다. CPFR에서는 공급사슬 멤버들이 계획, 수요, 예측, 재고 정보

협력적 계획, 예측, 보충(CPFR)
공급사슬 비용 절감을 위해 정보를 공유하는 시스템

를 공유한다. CPFR 협업기업의 노력은 제품 정의와 합작 마케팅 계획 협업에서 시작된다. 판촉, 광고, 수요, 협업 주문, 배송시기는 계획에 모두 포함되며 관련 비용과 재고를 낮추기 위해 합심한 노력이다. CPFR은 채찍효과를 상당히 줄이는 데 도움을 줄 수 있다.

일괄주문
공급업체가 장기 주문을 받고 나서 서류 접수가 완료되었을 때만 배송을 실시하는 것

일괄주문 일괄주문은 공급업체의 비어 있는 주문이고 **공개주문** 또는 **미완성 주문**이라고도 한다. **일괄주문**(blanket order)은 공급업체로부터 특정 아이템을 구매하기 위한 주문이다. 이것은 물건을 배송하기 위한 승인이 아니다. 배송은 동의된 서류의 수령으로만 이루어지고 배송 요청 또는 배송 방출일 수도 있다.

표준화 구매부터는 표준화 단계 증가를 위한 특별한 노력을 기울였다. 구매직원은 약간 다른 공학적 필요성, 레이블링, 색깔, 포장이 비슷한 다양한 부품들을 획득하기보다는 부품들을 표준화하는 노력을 기울여야만 한다.

지연
제품의 차별화 시점, 즉 수정이나 고객화를 최대한 공급사슬의 하류로 밀어내는 것

지연 **지연**(postponement)은 가능한 제품의 수정 또는 고객화를 하지 않는 것이다. 이 개념은 외부 다양성을 최대화하는 동안에 내부 다양성은 최소화한다. 예를 들면 HP는 프린터의 전기 공급을 전원코드로 옮기면 기본 프린터를 전 세계에 배송할 수 있다는 점을 프린터 공급사슬 분석 후에 알아냈다. HP는 프린터, 전원코드, 포장과 관련 서류들을 수정했고 전원코드와 서류만은 최종 유통 지점에서 추가했다. 이와 같은 수정은 기업이 수요가 변함에 따라 기본 프린터를 제조하고 재고를 중앙에서 관리하게 허용한다. 고유한 전원 시스템과 서류만이 각각의 나라에서 유지된다. 전체 공급사슬에서의 이런 이해는 위험과 재고투자를 감소시킨다. 비슷하게, 베네통(Benetton)은 각 스타일의 스웨터 일부를 흰색으로 남겨두고, 가장 마지막 순간에 시장에서 요구하는 색깔로 염색을 할 수 있게 한다.

전자주문과 자금이체 전자주문과 자금이체는 서류작업을 감소시키고 거래 속도를 빠르게 하는 전통적인 접근 방법이다. 기업 간 거래는 기업 간의 컴퓨터 소통 형식의 표준화된 데이터 전송인 전자자료 교환(EDI)으로 활용된다. 전자자료 교환은 공급업체가 배송이 준비되었다고 구매자에게 통보하는 사전배송통보 활용을 위해 제공된다. 일부 기업이 전자자료 교환과 사전배송통보에서 벗어나고 있지만 사용이 편하고 적은 비용은 아직도 매력적이다.

산지 직송
공급업체가 최종 소비자에게 바로 제품을 배송해 배송비용과 시간을 줄이는 것

산지 직송과 특별 포장 **산지 직송**(drop shipping)은 시간과 재포장 비용 절감을 위해 공급업체가 최종 고객에게 바로 배송하는 것을 의미한다. 다른 비용 절감 측정은 특별 포장 활용, 레이블, 컨테이너에 바코드와 레이블 최적 부착 등을 포함한다. 각각은 배송 컨테이너의 최종 위치 선정과 제품 수도 나타낸다. 상당한 절감은 이런 부분에서 관리 기술을 통해 획득된다. 몇몇 기술은 손실, 피해, 도난이나 처리비용을 줄여서 도매 및 판매업체에게 특정 혜택이 부여된다.

블록체인
공급사슬에서 거래 서류 등의 검증을 통해 추적을 가능하게 하는 기술

블록체인 **블록체인**(blockchain)은 어떤 방식으로 공급사슬이 작동되는지 변화를 줄 수 있는 물류에서 중요한 역할을 하는 것으로 보인다. 블록체인은 참여 기업들이 공급사슬에서 생산, 배송 및 전달 단계를 진행하면서 거래를 검증하고 정보를 블록처럼 추가하는 것을 허용한다. 블록은 시간 검증을 하고 각각의 거래를 사슬처럼 연결한다.

월마트의 경우 망고나무에서 망고를 수확한 후 월마트 진열대에 도착하기 전 많은 곳을 거친다. 농부들과 포장직원은 수확 날짜, 위치, 이미지를 판매업체 블록체인을 통해 보내면서 월마트 모바일앱을 활용할 수 있다. 이 과정은 월마트가 전통적으로 활용하고 있는 데이터베이스의 바코드, 스캐너, 서류보다 훨씬 더 안전하고 단순하다. 월마트는 2.2초 안에 잘린 망고백의 출처를 파

악한다. 다른 시스템의 경우 똑같은 일에 6일, 18시간, 26분이 걸린다. 추적 결과를 기다리다 의심스러운 제품을 판매대에서 빼내는 경우도 생길 수 있으므로 속도와 정확성은 판매를 향상시킬 수 있다.

공급 기반 수립

학습목표 11.4
공급업체 선정 단계를 묘사한다.

제품이나 서비스를 구매하는 기업은 **공급업체**로 선정되고 활동적으로 관리된다. 공급자 선정은 매우 많은 요인, 즉 전략적 적합성, 공급업체 능력, 배송, 품질 등 매우 많은 요소를 고려한다. 기업이 모든 분야에서 능력을 가지고 있고 매우 적은 분야에서 예외적인 능력을 갖고 있을 수 있기 때문에 선정은 도전에 직면할 수 있다. 구매정책 수립도 필요하다. 공급자 선정을 위한 네 가지 단계는 공급업체 평가, 공급업체 개발, 협상, 계약이다.

공급업체 평가

첫 번째 공급업체 선정 단계인 **공급업체 평가**는 잠재적 공급업체를 찾아내고 좋은 공급업체가 될 것 같은 공급업체를 정해야 한다. 만약 좋은 공급업체가 선정되지 않으면 모든 다른 공급사슬 노력이 수포가 된다. 기업이 공급업체와 장기적인 거래를 고려하는 경우 재정 상황, 품질, 관리, 연구, 기술적 능력, 긴밀하고 장기적인 관계 등이 중요한 역할을 한다. 기업의 중요한 평가 기준은 위 요인 외에 생산과정능력, 위치, 정보시스템 등도 포함한다.

공급업체 인증 ISO 9000과 ISO 14000 같은 국제적 품질 인증은 견고한 품질 관리와 환경 관리 기준을 따르는 기업에 외부적 검증을 제공하기 위해 설계되었다. 구매기업은 품질이 검증된 잠재적 공급업체 인증을 활용할 수 있다. 국제기준이 있다 하더라도 기업은 자신들 고유의 공급업체 인증 프로그램을 만든다. 구매업체가 잠재적 공급업체를 검사하고 특정 기준을 넘으면 인증을 부여한다. 인증 과정은 자격 부여, 교육, 성과 과정의 세 단계로 이루어진다. 인증되면 공급업체는 특별한 대접과 우선순위를 부여받을 수 있고 구매업체가 재료 검사 등을 줄이거나 없앨 수 있게 허용된다. 또한 조정 후 구매기업을 위한 적시생산체계를 활성화할 수 있다. 대부분의 대기업은 공급업체 인증 프로그램을 이용한다.

공급업체 개발

두 번째 공급업체 선정 단계는 **공급업체 개발**이다. 기업이 특정 공급업체와 거래를 진행하고자 한다면 어떤 방식으로 이 공급업체를 시스템에 합류시킬 것인가? 구매기업은 공급업체가 품질 기준, 제품 사양, 일정과 배송, 구매 정책을 인식하는 것을 확인한다. 공급업체 개발은 훈련, 공학 기술, 생산, 정보 공유 절차를 비롯한 모든 부분을 포함한다.

협상

고객이 구매할 때 가격은 고정되었음에도 불구하고 기업과 기업의 거래에서는 최종 가격은 협상 대상이다. 가격 외에 추가로 제품 전체의 다른 측면들이 패키지로 결정된다. 여기에는 신용거래, 배송 조건, 품질 기준, 협력 광고 동의 등이 포함된다. 사실 협상은 구매 관리자의 업무 중 중요한 부분을 나타내며 잘 연마된 협상 기술은 높은 가치가 있다. 세 가지 가장 기초적인 고전적 협상 전략은 원가기준 가격 모델, 시장기준 가격 모델, 경쟁적 입찰이다.

원가기준 가격 모델 원가기준 가격 모델은 공급업체가 구매업체에게 원가를 공개하는 것을 필요로 한다. 계약가는 시간과 재료, 공급업체 노동과 재료 비용에 기초한 인상 원인과 변화를 반영한 고정비용을 기초로 한다.

시장기준 가격 모델 시장기준 가격 모델은 이미 알려진 시장가 또는 입찰가에 기초를 둔다. 많은 물자, 즉 농산물, 제지, 철 등은 이런 방법으로 가격을 매긴다. 판지 가격의 경우 매주 발간되는 *Official Board Markets*에서 공지가 된다.

경쟁 입찰 경쟁 입찰은 공급업체가 비용을 논의하기를 원하지 않거나 완벽한 시장이 존재하지 않을 때 적합하다. 경쟁 입찰은 구매의 대부분이 많은 기업이 참여 가능할 때 전형적인 형태로 보인다. 입찰 정책은 구매 대행자가 몇몇 잠재적 공급업체와의 가격 협상을 요구한다. 이 방법의 가장 큰 단점은 구매자와 판매자의 장기적 관계 개발이 어렵다는 것이다. 경쟁 입찰은 공학적 변화, 품질, 배송에 필수적인 소통과 성과 달성이 어렵다.

네 번째 접근 방법은 먼저 언급한 협상 기술을 하나 혹은 그 이상을 합치는 것이다. 공급업체와 구매업체가 비용 데이터에 동의하고 시장기준 비용을 받아들이거나 공급업체 경쟁력을 살리는 쪽에 동의하는 것이다.

계약

공급사슬 파트너는 관계적 조건을 하나씩 짚어가며 계약으로 발전시킨다. 계약은 위험과 혜택을 공유하도록 설계된다. 또한 전체 공급사슬의 최적화된 정책을 받아들이고 공급사슬 구성원들이 인센티브 구조를 창출할 수 있게 만든다. 이런 아이디어는 모든 공급사슬 참여 기업이 공급사슬 혜택의 파이를 크게 만들어 큰 파이 조각을 나누어 가지게 만들어준다. 몇몇 일반적인 계약은 대량구매할인(대량주문은 낮은 가격에 판매), 바이백(팔리지 않은 제품을 다시 사는 방식, 잡지나 서적 사업에서 일반적임), 매출 공유(매출을 공유하며 위험이나 불확실성을 모든 파트너가 공유함)이다.

중앙구매

다수의 생산기지와 판매 아웃렛이 있는 회사들은 지역에서 구매를 허용할 것인지 중앙에서 구매할 것인지 정해야 한다. 감시가 안 되는 분산구매는 혼란을 야기할 수 있다. 예를 들면 네슬레(Nestlé) 브랜드의 다른 생산기지의 경우 같은 공급업체로부터 바닐라 재료를 29개의 다른 가격으로 구매한다. 중앙구매기능에서 비용, 효율성, 한 목소리의 혜택은 누적된다. 중앙구매의 전형적인 이점은 다음과 같다.

- 더 나은 가격을 위한 구매량 영향력 활용
- 특별한 직원 전문성 개발
- 좀 더 강한 공급자 관계 관리 개발
- 구매 과정에 전문화된 컨트롤 유지
- 공급업체 선정과 협상 과정에 더 많은 자원 투입
- 중복 업무 감소
- 표준화 독려

그러나 지역 관리자들은 그들만의 구매 컨트롤을 즐기며 분산구매가 리드타임 혜택, 운송비용, 재고 관리 혜택을 제공할 수 있다고 여긴다. 기업은 혼합된 접근 방법을 통해 어떤 물품은 중앙구매를, 어떤 물품은 지역 구매를 허용한다.

전자조달

전자조달(e-procurement)는 구매를 빠르게 진행하고 비용을 줄이며 공급사슬을 통합한다. 또한 전통적 문서업무를 감소시키고 동시에 공급업체, 배송, 품질 등 종합적 데이터베이스를 구매직원에게 제공한다.

전자조달
인터넷을 통해서 이루어지는 구매

온라인 카탈로그와 교환 표준화된 제품 구매는 온라인 카탈로그를 통해서 완성된다. 어떤 카탈로그는 비용 비교를 지원하고 구매자와 판매자의 과정 효율성 도출을 위해 목소리, 비디오를 제공한다.

온라인 교환은 구매자와 판매자가 함께 마련한 특정 인터넷 사이트이다. 호텔업체인 메리어트(Marriott)와 하야트(Hyatt)가 처음으로 아벤드라(Avendra)라는 웹사이트를 만들었다. 이 웹사이트는 5,000명이 넘는 호텔 산업 고객이 많은 범위의 제품을 경제적으로 구매할 수 있도록 하고 있다. 온라인 카탈로그와 교환은 기업들이 개인 전화, 팩스, 이메일이 중앙 시스템으로 전해지는 것을 멀리하게 하고 공급사슬에서 10억 달러가 넘는 돈이 낭비되는 것을 막고 있다.

온라인 경매 카탈로그 외에 몇몇 공급업체와 구매업체는 온라인 경매 웹사이트를 만들었다. 운영관리자는 온라인 경매를 과다 재고나 원자재를 없앨 수 있는 중요한 장소로 간주한다. 온라인 경매는 진입 장벽을 낮추고 판매자가 합류하기를 독려하며 잠재적 구매자 수를 동시에 증가시킬 수 있다. 중개인은 큰 잠재적 구매자 기반을 찾아내 수립하고 고객의 구매 과정을 개선하며, 새로운 공급업체에게 자격을 준다.

전통적 경매에서 판매자는 제품과 서비스를 제공하며 구매자에게 경쟁을 유도해 호가를 올린다. 반대로 구매자는 **온라인 역경매**를 활용한다. 온라인 역경매에서는 구매자가 원하는 제품 또는 서비스에 대한 설명을 제출하면서 과정이 시작된다. 잠재적 공급업체는 배송정보가 포함된 가격을 제시한다. 따라서 가격 경쟁은 거래의 파는 쪽에서 일어나며 가격은 떨어진다. 전통적 공급업체 선정 결정은 가격이 중요하지만 입찰에서 성공하는 데 유일한 요소는 아닐 수 있다.

물류 관리

구매 활동은 다양한 배송, 창고, 재고 관리 활동들과 물류 시스템을 형성하며 합쳐진다. **물류 관리**(logistics mangement)의 목적은 모든 재료의 획득, 이동, 보관 활동 등을 통합하며 운영의 효율성을 확보하는 것이다. 운송 및 재고 비용이 제조 과정(투입과 산출 모두)에서 상당량을 차지할 때 물류가 강조되는 것은 적합하다. 많은 기업에서 물류를 아웃소싱한다. 물류 전문가들은 기업 내에 존재하지 않기 때문이다. 예를 들면 물류회사는 운송 손실을 줄이고 정확한 배송 기간 일정을 맞출 수 있는 기술이 있다. 물류 경쟁력은 비용을 줄이면서 고객 만족을 향상시킬 수 있는 점이다.

물류 관리
제품 획득, 저장, 이동에서 효율성을 추구하는 접근 방법

배송 시스템

기업은 제품을 업장에서부터 운송하는 것이 제품 비용의 25%를 차지한다는 것을 인지하고 있다. 이런 높은 비용 때문에 기업들은 배송 시스템을 지속적으로 평가한다. 여섯 가지의 주배송은 트럭,

학습목표 11.5
물류 관리의 주요 이슈를 설명한다.

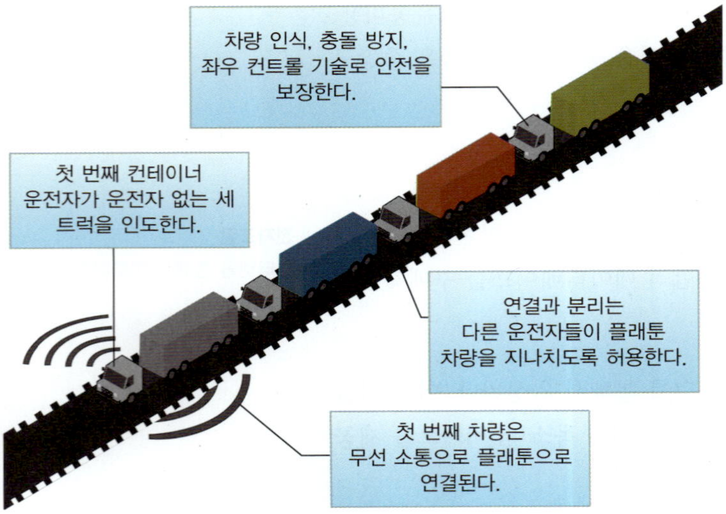

새로운 자동차 기술은 트럭 플래투닝(platooning) 시스템을 활성화한다. 플래투닝은 몇 개의 트럭이 서로를 매우 가깝게 따라가며 공기역학과 연료 절약의 장점이 있다. 이 기술은 4.5% 연료 절감을 인도 트럭에게, 10% 연료 절감은 다른 트럭에게 제공한다.

철도, 항공, 수로, 파이프라인과 다채널 배송이다.

트럭 대부분의 제조 제품은 트럭으로 운송된다. 유연성은 트럭 배송의 가장 큰 장점 중 하나이다. 기업들은 최근 JIT 시스템을 도입해 트럭 운전자들이 적은 비용으로 서류를 미리 준비하고, 손실 없이 제품을 제시간에 픽업하고 배송하도록 압력을 행사하고 있다. 트럭 회사들은 컴퓨터를 활용해 날씨를 모니터링하고 가장 효율적인 경로를 찾아 연료 비용을 줄이고 가장 효율적인 방법으로 물건을 하역하는 것을 분석하고 있다. 그리고 우버(Uber)의 화물 부서는 물류 효율성에 잠재적으로 중요한 발전을 만들었다. 차량 함께 타기 시스템 같은 기술처럼 우버는 트럭 회사와 배송 요구를 매치시킨다. 운송 주문을 하면서 사용자는 앱을 다운로드하고 배송 요구를 찾고 배송을 예약하게 된다.

철도 미국에서 철도는 235,000명의 직원을 고용하고 있으며 40%의 물자를 나른다. 이 물자에는 93%의 석탄, 57%의 곡물, 52%의 기초 화학품이 포함된다. 트럭 트레일러의 컨테이너화는 철도를 인기 있는 유통 수단으로 만들었다. 4,700만 개 분의 트레일러가 해마다 철도로 옮겨온다.

항공 항공 운송은 미국에서 1% 이내의 물량만 책임진다. 그러나 페덱스(FedEx), UPS, DHL 같은 항공 운송사는 운송업계에서 빠른 성장을 보인다. 약품과 응급 공급품, 꽃, 과일, 전자제품 같은 무게가 덜 나가는 제품의 국내외 운송은 빠른 속도와 신뢰성을 제공한다.

수로 수로 운송은 에리운하가 1817년에 준공된 이후로 가장 오래된 운송 수단 중 하나이다. 미국 수로에 포함되는 강, 운하, 호수, 해안, 대양은 다른 나라와 연결되어 있다. 전형적인 해외 수로 화물은 부피가 크고 가치가 낮은 화물, 즉 철, 곡식, 시멘트, 석탄, 화학품, 석회석, 석유 제품이다. 세계적으로 매해 100만 개의 컨테이너가 모든 종류의 산업 및 소비재를 싣고 거대한 화물선을 통해 낮은 비용으로 배송된다. 수로 운송은 속도보다는 비용이 더 중요할 때 선호된다.

파이프라인 파이프라인은 원유, 천연가스, 기타 석유 화학 제품을 운송할 때 중요하게 활용된다.

다채널 배송 다채널 배송은 수송 방법을 합쳐서 최종 목적지까지 제품을 배송하는 수단을 말하며 주로 해외 배송에 적용한다. 다채널 배송은 표준화된 컨테이너를 활용해 트럭, 철도, 해상을 번갈아 가며 최종 목적 기지까지 제품을 내리지 않고 운송될 수 있게 한다.

운송비용은 매우 복잡한 시스템으로 적용되지만, 일반적으로 고객은 운송 속도를 위해 대가를 지불한다. 항공 같이 더 빠른 방법은 운송료가 비싸고 수로 같이 느린 방법은 운송료가 훨씬 저렴하다. 배송품의 크기도 비슷한 패턴을 따른다. 더 빠른 방법은 더 작은 제품 크기를, 더 느린 방법은 더 큰 제품 크기를 적용한다.

창고

창고는 제품 비용에 8~10%를 추가하므로 많은 기업에 중대한 비용으로 간주된다. 창고는 모든 모

OM in Action DHL의 공급사슬 역할

브뤼셀에 위치한 1,400만 달러의 새로운 DHL 항공운송 허브 빌딩에서는 한밤중에도 많은 물량을 빠르게 움직이고 나누고 있다. 배송 물량은 델 컴퓨터, 시스코 라우터, 캐러필러 머플러, 코마츠(Komatsu) 펌프까지 다양하게 DHL 비행기에 올려졌다 내려졌다 하고 있다. 캘리포니아에서 온 썬마이크로시스템스(Sun Microsystems) 컴퓨터는 핀란드로 이송된다는 표시가 되어 있고 말레이시아 티악(Teac) 생산기지에서 생산된 DVD는 불가리아로 배송 예정이다. 시간당 42,000개의 배송이 이루어진다.

시간에 민감한 문앞 포장배송물은 국제공급사슬의 열쇠이다. JIT와 빠른 제품주기, 대형고객, 재고 감소는 DHL, 페덱스 UPS 같은 대형 물류회사에 의존하게 되고 이런 대형 물류회사들은 끊임없이 움직이고 있다. DHL은 분산된 네트워크로 220개 나라와 지역을 커버하는 진정한 국제회사이다. DHL은 브뤼셀에 본사가 있으며 2,000명의 직원, 전 세계적으로는 26개 국적 325,000명의 직원이 있다.

DHL은 전략적 제품을 위해 익스프레스 물류센터로 구성된 대규모 글로벌 네트워크를 수립했다. 브뤼셀 물류 센터에서 DHL은 후지츠(Fujitsu) 컴퓨터, 인포커스(InFocus) 프로젝터, 존슨앤드존슨 의료 기구를 업그레이드, 수리하고 환경 설정을 한다. 물류센터에서는 EMC와 HP의 부품을 보관하고 제공하며 노키아, 필립스 전화기를 대체한다. 목요일 오후 4시에 무엇인가 고장 나면 관련 창고는 4시 5분에 이 문제를 파악하고 그날 저녁 7시나 8시에 부품이 DHL 비행기에 실린다고 DHL 국제 CEO가 언급했다.

출처: *Supply Chain Digital*(February 22, 2018); www.dhl.com(2018); *The Wall Street Journal*(July 19, 2012).

양, 크기가 가능하고 뒤쪽의 작은 방부터 시작해서 다수의 축구장만큼 큰 시설을 갖출 수도 있다. 창고는 운영하는 데 많은 비용이 들지만 다른 대안이 오히려 더 많은 비용을 유발할 수 있다.

창고의 기본 목적은 제품을 저장하는 것이다. 그러나 어떤 창고는 다른 중요한 기능을 한다. 예를 들면 창고는 통합지점의 역할을 수행하면서 다수의 출처로부터 받은 물건을 트럭에 가득 채워 내보낸다. 창고는 꽉 찬 트럭을 받아서 그 물건들을 나누어 각각의 장소로 보내주는 기능을 수행한다. 더 나아가서는 허브공항처럼 **크로스도킹** 시설 역할을 한다. 다양한 출처에서 배송을 받고 다시 다양한 목적지로 물건을 나누어서 보내준다. 실제로는 이런 변환 과정에서 물건을 저장하지는 않는 것이다. 마지막으로 창고는 배송 과정에서 지연 지점의 역할을 수행한다. 물건이 최종 소비자에게 배송되기 전까지 고객화된 가치를 추가할 수 있는 구체적인 과정을 제공한다.

채널 집합
최종 조립을 연기해 유통업체가 조립을 마무리하게 하는 것

채널 집합은 지연 과정을 실행하는 한 가지 방법이다. **채널 집합**(channel assembly)은 각각의 부품과 모듈을 최종 제품에 적용하는 것이 아니라 유통업체에 보낸다. 유통업체는 이를 조립하고, 테스트하고, 배송한다. 채널 집합은 유통업체를 제조 파트너로 취급한다. 이 기술은 산업에서 성공적으로 검증되었고 PC 같은 빠른 변화를 겪고 있는 제품이 해당되는 산업에서 활용된다. 채널 집합 전략은 제품 조립이 빠르게 완성되고 정확한 예측이 가능하기 때문에 완제품 재고가 감소한다. 결과적으로는 시장 반응이 적은 투자로 나아지는 현상이 생긴다.

제3자 물류(3PL)

제3자 물류는 가장 특화된 케이스로 물류 시스템에 혁신과 전문성을 추가로 가져온다. 결과적으로 공급사슬 관리자는 물류를 아웃소싱하면서 3개의 목표를 달성한다. 첫째로 재고 투자를 감소시키고 배송비용을 줄이면서 배송 신뢰성과 속도를 향상한다. 특화된 물류 기업은 서비스 능력을 갖춘 배송기업에게 창의적인 공급업체 재고 시스템을 조정해 이 목표들을 지원한다. 페덱스, UPS, DHL은 다른 기업의 물류 과정의 핵심 역할을 수행한다. 예를 들면 UPS는 나이키의 배송 허브로 루이빌, 켄터키에서 보관과 빠른 배송을 처리한다. OM in Action 'DHL의 공급사슬 역할'에서 아웃소싱 물류가 재고와 배송 시간을 줄이며 비용을 감소시키는 사례를 보여준다.

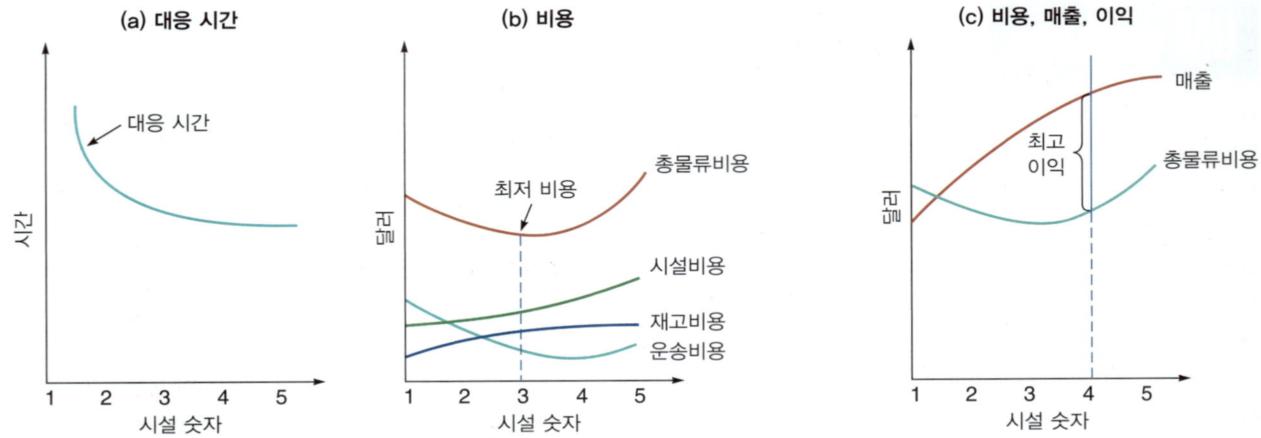

그림 11.3 **유통 네트워크에서의 시설 숫자**
비용을 최소화하기보다는 이익을 최대화하는 데 초점을 맞추어야 한다.

유통 관리

공급사슬 관리는 들어오는 재료에 초점을 맞추지만 **유통 관리**는 나가는 제품 흐름에 초점을 맞춘다. 고객 기대에 맞는 유통 네트워크 디자인은 **빠른 반응**, **제품 결정**과 **서비스** 세 가지 기준을 제안한다.

오피스디포(Offics Depot)의 경우 편의성, 빠른 대응 시간과 관련해 한 도시 내에 여러 개의 상점을 가지고 있어 고객들의 걱정에 대응했다. 또한 훨씬 더 큰 제품 선정 요구를 맞추어 주기 위해서 온라인 쇼핑 존재감을 제공했다. 많은 고객에게 바로 배송을 할 수 있는 여건을 제공했다. 다양한 고객의 기대에 부응하기 위해 다른 유통 채널과 다수의 아웃렛을 제안했다.

한 도시에 몇 개의 오피스디포 상점을 열어야 할까? 그림 11.3(a)에 의하면 시설 숫자의 증가는 일반적으로 고객 만족도 향상과 더 빠른 대응을 의미한다. 그림 11.3(b)는 비용 측면에서 **재고비용**, **운송비용**, **시설비용**을 보여준다. **총물류비용**은 곡선 모양을 따라가고 처음에는 내려갔다가 올라간다. 위 예의 경우 총물류비용은 시설이 3개일 때 최소화된다. 그러나 매출을 고려하면 이익은 시설이 4개일 때 최대화된다[그림 11.3(c) 참조).

창고나 리테일 아웃렛 네트워크를 만들어낼 때 시설의 최적화 숫자를 찾아내는 것은 중요하고 역동적인 결정이다. 예를 들면 28만 제곱미터 규모의 창고를 추가한 지 1년도 안 되어서 시장 역동성은 아마존이 3개의 미국 유통센터를 닫게 만들었다.

기업이 효율적 **공급자 관리** 프로그램이 필요한 것처럼 **유통 관리** 프로그램도 공급사슬의 성공과 실패 사이에서 차이점을 만들기도 한다. 예를 들면 시설, 포장, 물류 추가는 네트워크가 잘 실행되도록 하는 데 필요하다. 제조업체가 보통 파손과 애프터서비스에 책임을 지기 때문에 포장과 물류 또한 중요한 유통 결정이 된다. 더 나아가서는 딜러 또는 판매업체 선택과 개발이 기업 제품의 윤리적, 열정적인 대표성을 확실하게 하는 데 필요하다. 공급사슬 성과의 최고점은 좋은 유통업체와 판매업체 관리뿐만 아니라 공급업체 관리도 요구된다.

윤리와 지속가능한 공급사슬 관리

운영관리자가 매일 당면하게 되는 공급사슬 윤리와 지속가능성 이슈를 다루어보자.

공급사슬 윤리

윤리의 세 가지 측면은 개인 윤리, 공급사슬 내 윤리, 환경 관련 윤리 행동이다. 공급사슬이 국제화되면서 세 가지 윤리적 측면은 더 중요해진다.

개인 윤리 윤리적 결정은 어떤 기업이던 간에 장기적 성공에 매우 중요하다. 그러나 공급사슬은 윤리적 실수에 특히 민감하다. 영업직원은 제품을 팔기를 원하고 구매직원은 많은 물건을 한꺼번에 구매하는 경우가 많기에 유혹은 언제나 존재한다. 영업직원은 고객과 친해지고 그들의 부탁을 들어주고 점심도 같이하고 작은 선물도 준비한다. 뇌물과 친분관계를 구분하는 것은 어렵다. 많은 기업이 엄격한 규칙을 적용하고 뭐가 가능한지 알려주는 행동강령도 있다. 이런 이슈들을 인지하고 있어서 공급관리협회는 원칙과 기준을 개발해 윤리적 행동 가이드라인으로 활용한다.

- 직원들의 책임감, 긍정적인 공급업체와 고객관계, 지속가능성, 사회적 책임감, 민감한 정보 보호, 법, 규제, 공정 무역과 직업 경쟁력 개발을 촉진하고 유지한다.
- 부적절한 행동과 이해관계 충돌, 공급사슬 결정에 부정적인 영향을 주는 행동, 부적절한 상호 합의를 피한다.

공급사슬 내 윤리 초전문화시대에 대부분의 기업 자원은 구매가 되고 공급사슬에서 윤리적인 면에 많은 스트레스를 준다. 관리자는 공급업체가 저지른 윤리적 실수 또는 환경적 오염을 못 본 척하고 싶어 한다. 그러나 기업은 그들의 공급업체에게도 자기 기업을 위해 수립한 기준만큼 강한 기준을 수립해야 한다. 사회는 공급사슬 내에서 윤리적인 성과를 기대한다. 예를 들면 갭(Gap, Inc.)은 전 세계적으로 3,000개가 넘는 공장을 가동하고 90%가 첫 평가에 실패한다. 갭은 중국 공장에서는 10~25%가 심리적 아니면 언어적 학대를 발견했고 20%가 넘는 아프리카 공장은 적당한 안전 설비 없이 운영된다. 윤리적 기준을 강화하는 드전은 중요하다. 그러나 윤리적 기준을 시행하는 데 있어 생길 수 있는 주요한 문제들을 해결하는 것은 매우 중요하다. 갭과 같은 책임 있는 회사는 이 어려운 문제를 처리하는 방법을 찾고 있다.

환경에 대한 윤리적 행동 이것은 직원 개개인의 차원에서뿐만 아니라 공급사슬에서도 중요하다. 예를 들어 좋은 윤리는 자원의 보존과 재생을 지원하는 방식으로 사업 수행을 확장하는 방식으로 적용될 수 있는데 이를 위해서는 원료에서 제조, 사용 및 최종 폐기에 이르기까지 글로벌아쿠아컬처얼라이언스(Global Aquaculture Alliance)의 표준을 준수하는 것이 중요하다. 예를 들어 레드로브스터와 월마트는 동남아시아의 공급업자에게 새우를 공급받는데 이러한 동남아시아의 어류 공급업체들이 레드로브스터나 월마트와 지속적으로 비즈니스 관계를 유지하려면 이러한 표준을 충족해야 한다. 운영 관리자는 또한 이러한 윤리적 기준이 지속적으로 2차 및 3차 공급자에게까지 적용되도록 하는 것이 중요하며, 이를 위해 조직에 내부 조사 및 외부 감사 혹은 정부기관이나 비정부 감시 단체 등을 통해 윤리적 기준이 일관적으로 적용되도록 할 수 있다.

공급사슬의 지속가능성 구축

들어오는 공급사슬이 대부분의 주목을 받지만 이는 지속가능성 도전 과제의 일부일 뿐이다. '반환' 공급사슬도 중요하다. **역물류**(reverse logistics)에는 반품된 제품의 재판매, 수리, 재사용, 재생산, 재활용, 폐기가 포함된다. 운영 관리자의 목표는 반품된 지품을 버리는 대신 재사용을 위해 노력하는 것이다. 역물류는 표 11.4에 정리된 것과 같은 새로운 도전 과제를 도출한다.

때때로 역물류의 동의어로 사용되지만 **폐쇄 루프 공급사슬**(closed-loop supply chain)은 모든 순방

역물류
가치 회복 또는 폐기를 위해 반품된 제품을 다시 공급사슬로 보내는 프로세스

폐쇄 루프 공급사슬
모든 순방향 및 역방향 흐름을 최적화하도록 설계된 공급사슬

표 11.4 역물류 관리 도전

이슈	순물류	역물류
예측	비교적 단순	더 불확실함
제품 품질	정형화	비정형화
제품 포장	정형화	손실됨
가격	비교적 정형화	많은 요소에 의존적임
속도	매우 중요함	우선순위는 아님
유통비용	매우 가시적임	가시적이지 못함
재고 관리	일정함	일정하지 않음

출처: Reverse Logistics Executive Council(www.rlec.org)

향 및 역방향 흐름을 최적화하려는 사전 예방적 공급사슬 설계를 의미한다. 폐쇄 루프 공급사슬은 제품 출시 전에 반품을 준비한다. 예를 들어 IBM은 완성된 제품보다 그 안에 들어가는 구성요소의 수명주기가 훨씬 더 긴 경우가 많다는 것을 인식했다. 그래서 회사는 보드, 카드, 하드 디스크 어셈블리와 같이 여전히 가치 있는 구성요소를 추출하기 위해 반품 및 중고 장비를 해체하는 체계적인 방법을 확립했다. IBM은 중고 부품의 '해체 채널'을 활용해 수백만 달러의 조달비용 절감을 실현했다.

공급사슬 성과 측정

다른 모든 관리자와 마찬가지로 공급사슬 관리자는 성과 평가를 위해 표준이 필요하다. 예를 들어 대형 식료품 체인 HEB는 판매 100만 달러당 총 운임비용, 유통 오류 및 반품, 납기 준수 같은 성과를 추적한다. 음료 디스펜서 제조업체인 랜서스(Lancers)는 정시 납품 비율, 100만 개당 하나의 결함, 납기 같은 지표를 추적한다.

재고에 투입된 자산

학습목표 11.6
재고와 재고자산회전율에 얼마만큼의 자산을 배정하는지 계산한다.

공급사슬 관리자는 재고에 투입되는 자산을 결정하는 일정 및 수량 결정을 내린다. 세 가지 구체적인 조치가 도움이 될 수 있다. 첫 번째는 식 (11-1)과 예제 2에서 볼 수 있듯이 일반적으로 자산의 백분율로 표시되는 재고에 투자된 금액이다.

$$\text{재고에 투자된 비율} = (\text{평균 재고 투자}/\text{총자산}) \times 100 \quad (11\text{-}1)$$

예제 2 **홈디포의 재고 투자 추적**

홈디포는 재고 투자를 하나의 성과 측정으로서 추적 관리하고 싶어 한다. 최근에 홈디포는 125억 달러를 재고에 투자했고 총자산은 429억 달러이다.

접근방법 ▶ 재고자산과 총자산에 대한 투자를 결정한 후 식 (11-1)을 이용한다.

해결방법 ▶ 재고에 투자된 비율 = (12.5/42.9) × 100 = 29.1%

통찰력 ▶ 홈디포 자산의 4분의 1 이상이 재고에 투입된다.

학습 연습 ▶ 홈디포가 자산의 20%까지 재고 투자를 줄일 수 있다면 다른 용도로 사용할 수 있는 돈은 얼마나 되겠는가? [답: 12.5 − (42.9 × 0.2) = 39억 2,000만 달러]

표 11.5 총자산에서 재고 비율

제조업체(토요타 5%)	15%
대형도매업체(코카콜라 2.9%)	34%
식당(맥도날드 0.05%)	2.9%
판매업체(홈디포 25.7%)	27%

경쟁업체와의 구체적인 비교는 평가에 도움이 될 수 있다. 특정 비즈니스 모델, 비즈니스 사이클 및 관리에 따라 다양한 변동이 있지만 제조의 재고에 투입된 총자산은 15%, 도매 34%, 소매 27%에 가깝다(표 11.5 참조).

공급사슬 성과의 두 번째 일반적인 측정은 **재고 회전율**이다(표 11.6 참조). 공급 기간의 역수는 세 번째이다. **재고 회전율**(inventory turnover)은 식 (11-2)를 사용해 연간 기준으로 계산된다.

재고 회전율
매출원가를 평균 재고로 나눔

$$\text{재고 회전율} = \text{매출 원가}/\text{평균 재고 투자} \tag{11-2}$$

매출원가는 일정 기간 동안 판매된 재화나 서비스를 생산하는 데 드는 비용이다. 재고 투자는 같은 기간의 평균 재고 가치이다. 이것은 여러 기간의 재고 또는 시작 및 종료 재고를 합산해 2로 나눈 평균일 수 있다. 평균 재고 투자는 흔히 기간 말(일반적으로 연말)의 재고 투자에 기초한다.

예제 3에서는 펩시코(PepsiCo)에 적용된 재고 회전율을 살펴본다.

예제 3

펩시코의 재고 회전율

음료 제조 및 유통업체인 펩시코, 프리토레이(Frito-Lay), 퀘이커푸드(Quaker Foods)는 최근 연례 보고서에서 다음을 제공한다(단위: 십억 달러). 펩시코의 매출을 결정하라.

순수익		63.5
매출원가		28.7
재고:		
원자재 재고	1.32	
재공품 재고	0.15	
완제품 재고	1.26	
총 평균 재고 투자		2.73

접근방법 ▶ 재고 성능을 측정하기 위해 식 (11-2)의 재고 회전율 계산을 사용하라. 판매된 상품 비용은 287억 달러이다. 총재고는 원자재 13억 2,000만 달러, 재공품 1억 5,000만 달러, 완제품 12억 6,000만 달러를 합한 것으로 총 평균 재고 투자액은 27억 3,000만 달러이다.

해결방법 ▶ 재고 회전율 = 매출원가/평균 재고 투자
= 28.7/2.73
= 10.5

통찰력 ▶ 이제 성능을 평가하는 데 사용할 수 있는 널리 사용되는 표준 척도가 있다.

학습 연습 ▶ 코카콜라의 매출 원가가 132억 달러이고 재고 투자가 26억 달러라면 재고 회전율은 얼마인가? [답: 51억 달러]

예제 4에서 볼 수 있듯이 **공급 주**는 제조업보다 서비스 부문의 도소매 부분에서 더 큰 의미를 가질 수 있다. 이는 재고 회전율의 역수로 계산된다.

$$\text{공급 주} = \text{평균 재고 투자}/(\text{연간 매출원가}/52\text{주}) \qquad (11\text{-}3)$$

예제 4

펩시코의 공급 주 결정

경영진은 예제 3의 펩시코 데이터를 사용해 공급 주를 알고 싶어 한다.

접근방법 ▶ 재고 투자는 27억 3,000만 달러이고 주간 매출은 연간 매출 원가(287억 달러)를 52로 나눈 값 = 287억 달러/52 = 55억 달러와 같다.

해결방법 ▶ 식 (11-3)을 사용해 다음과 같이 공급 주를 계산한다.

$$\text{공급 주} = (\text{평균 재고 투자}/\text{평균 주간 매출원가})$$
$$= 2.73/0.55 = 4.96\text{주}$$

통찰력 ▶ 이제 회사의 지속적인 성과를 평가하거나 회사를 비교할 수 있는 표준 측정값이 생겼다.

학습 연습 ▶ 코카콜라의 평균 재고 투자가 26억 달러이고 주간 평균 상품 판매 비용이 2억 5,000만 달러인 경우 회사의 공급 기간은 얼마인가? [답: 10.4주]

표 11.6

연간 재고 회전율의 예

식품, 음료, 소매	
안호이저부시	15
코카콜라	5
홈디포	5
맥도날드	112
제조업	
델컴퓨터	90
존슨컨트롤즈	22
토요타(전체)	13
닛산(조립)	150

공급사슬 관리는 재고 투자를 줄이는 데 중요하다. 빠른 상품의 이동이 핵심이다. 예를 들어 월마트는 세계적으로 유명한 공급사슬 관리를 통해 경쟁력을 확보하고 자체 트럭과 물류센터, 최첨단 커뮤니케이션으로 시스템에서 공급업체의 도움으로 매장 선반을 보충한다. 월마트는 일주일에 두 번, 경쟁업체는 격주로 재보급한다. 경제적이고 신속한 재보급은 제품 변화와 고객 선호도에 대한 신속한 대응은 물론 낮은 재고 투자를 의미한다. 또한 많은 제조업체가 재고를 옮기는 데 어려움을 겪는다. 많은 업체가 연간 최대 10회의 회전율을 보이는 가운데 델 컴퓨터의 재고 회전율은 90회를 초과하고 공급량은 몇 주가 아닌 일 단위로 측정된다. 기업이 글로벌 시장과 글로벌 자원의 요구에 효과적으로 대응할 때 공급사슬 관리는 경쟁 우위를 제공한다.

공급사슬 벤치마킹

성과 측정값은 고유한 의미를 전달하고 과거 데이터와 비교할 때 유용하지만, 또 다른 중요한 용도는 이러한 값을 벤치마크 회사의 값과 비교하는 것이다. 기업은 자체 데이터 도출을 통해 자신

표 11.7 소비재 산업의 공급사슬 성과

	전형적 기업	벤치마크 기업
주문 조달 비율	71%	98%
주문 조달 납기(일)	7	3
현금순환 시간(일)	100	30
공급재고일	50	20

출처: Institute for Industrial Engineers.

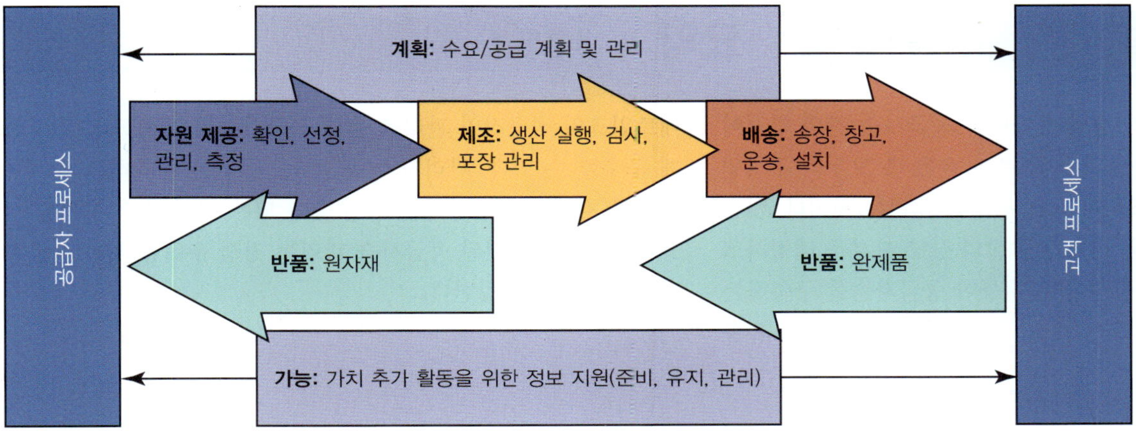

그림 11.4

SCOR 모델

의 산업에 있는 다른 회사 또는 어느 분야의 세계적 수준의 회사와 경쟁한다. 세계 최고 수준의 벤치마크 결과는 비용, 납기, 배송 지연 및 부족을 줄이고 서비스 수준을 개선하는 잘 관리된 공급사슬을 도출한다.

SCOR 모델

공급사슬 운영 참조(SCOR) 모델
공급사슬위원회(APICS)에서 개발한 일련의 프로세스, 메트릭 및 모범 사례

가장 잘 알려진 벤치마킹 시스템은 6개 부분으로 구성된 **공급사슬 운영 참조 모델**[(Supply Chain Operations Reference(SCOR) model]일 것이다. SCOR 모델의 6개 부분은 계획(Plan, 계획 활동 수요와 공급), 출처(Source, 구매 활동), 제조(Make, 생산 활동), 전달(Deliver, 유통 활동), 반품(Return, 폐쇄 루프 공급사슬 활동) 및 활성화(Enable, 지원 공급사슬을 넘어선 부가가치 활동)이다. 시스템은 APICS에 의해 유지 관리된다. 기업은 SCOR을 사용해 공급사슬 프로세스를 식별, 측정, 재구성, 개선한다.

SCOR 모델은 프로세스, 메트릭 및 모범 사례를 정의한다. 모범 사례는 메트릭에서 매우 좋은 점수를 받은 벤치마크 회사에서 사용하는 기술을 설명한다. SCOR은 이러한 메트릭을 '성능 속성'과 결합해 다른 전략을 사용해 경쟁하는 회사를 비교(예: 저비용 대 응답성)한다.

벤치마킹은 매우 유용할 수 있지만 공급사슬의 우수성에 항상 적합한 것은 아니다. 공급사슬, 지속적인 커뮤니케이션, 이해, 신뢰, 성과 및 기업 전략이 필요하다. 관계는 상호 간에 나타나야 한다. '우리는 함께 있다'는 믿음과 서면 합의를 훨씬 뛰어넘는 것이 필요하다.

표 11.8 SCOR 모델은 산업 내에서 벤치마크 성과를 측정하는 데 도움을 준다

평가 측면	측정 예	계산
공급사슬 신뢰성	완벽한 주문 조달	총 완벽 주문/총 주문 숫자
공급사슬 반응성	평균주문조달 주기	모든 주문 배송에 걸린 실제 주기의 총합/주문 배송된 총 숫자
공급사슬 민첩성	상방향 공급사슬 유연성	예상하지 못한 20% 주문 증가량 배송을 달성할 때 필요한 시간
공급사슬 비용	공급사슬 관리 비용	계획, 구매, 배송, 환불 등의 비용 합
공급사슬 자산 관리	현금순환 주기	재고 공급 일수, 필요한 재고를 받는 데 걸린 일수 합에서 지불해야 하는 데 걸리는 시간을 뺌

요약

경쟁은 더 이상 기업 간의 경쟁이 아니라 공급사슬 간의 경쟁이다. 성공의 열쇠는 공급사슬의 공급 측과 유통 측 모두의 구성원과 협력해 전체 채널에 도움이 되는 결정을 내리는 것이다. 많은 기업에서 공급사슬은 제품 비용과 품질의 상당 부분을 결정하고 대응력과 차별화 기회를 결정한다. 훌륭한 공급사슬을 구축하는 도전은 중요하지만 좋은 소싱 전술, 사려 깊은 물류 계획, 유통 네트워크의 적극적인 관리를 통해 공급사슬의 각 링크를 견고하게 구축할 수 있다. 관리자가 공급사슬 성과를 평가하고 업계에 대한 벤치마크를 수행하는 데 도움이 되는 여러 측정 항목을 사용할 수 있다. 숙련된 공급사슬 관리는 경쟁 우위를 위한 훌륭한 전략적 기회를 제공한다.

핵심 용어

계열(keiretsu)
공급사슬 관리(supply chain mangement)
공급사슬 운영 참조(Supply Chain Operations Reference, SCOR)
공급자 주도형 재고관리(vendor-managed inventory, VMI)
단일 단계 재고 보충 통제(single-stage control of replenishment)
물류 관리(logistics mangement)
버추얼 회사(virtual company)
블록체인(blockchain)
산지 직송(drop shipping)
수직통합(vertical integration)
아웃소싱(outsourcing)
역물류(reverse logistics)
일괄주문(blanket order)
자체생산 또는 구매결정(make-or-buy decision)
재고 회전율(inventory turnover)
전자조달(e-procurement)
주문 데이터(pull data)
지연(postponement)
채널 집합(channel assembly)
채찍효과(bullwhip effect)
폐쇄 루프 공급사슬(closed-loop supply chain)
협력적 계획, 예측, 보충(collaborative planning, forecasting, and replenishment, CPFR)

윤리적 딜레마

할인 소매 체인의 구매자로서 당신은 소용돌이에 휘말리게 된다. 바로 지난 달에 당신의 체인은 유명한 영화 배우가 보증하는 경제적인 가격의 의류 라인을 판매하기 시작했다. 가격 경쟁력을 갖추기 위해 나머지 업계를 따라가며 아시아의 저임금 지역에서 의류를 조달했다. 초기 판매가 활발했다. 그러나 최근 조사 뉴스 매체에서 그녀의 이름이 새겨진 옷이 아이들이 만든 옷이라고 보도했기 때문에 영화 배우가 비명을 지르며 울었다고 말했다.

격분한 당신은 아웃소싱 제조 시설로 날아가서 뉴스에서 보도된 것만큼 상황이 명확하지 않다는 것을 알게 된다. 당신은 거리를 주행하는 데 불편함을 느낀다. 빈곤은 어디에나 있다. 아이들이 외국인들을 쫓아다니며 돈을 구걸하고 있다. 공장에 들어서면 아주 깨끗한 시설이 보인다. 완전한 여성 노동력은 매우 근면해 보이지만 그들 중 다수는 젊어 보인다. 공장 관리자와 대면하고 회사의 엄격한 국제 소싱 정책을 설명한다. 당신은 이 소녀들이 학교에 없는 이유를 알고 싶다. 관리자는 다음과 같이 답한다. "사실 이 근로자 중 일부는 미성년자일 수 있습니다. 우리는 신분증을 확인하지만 위조 신분증은 이 나라에서 흔한 일입니다. 게다가, 당신은 대안을 이해하지 못합니다. 이 공장을 폐쇄하면 말 그대로 이 가족들의 식탁에서 음식을 빼앗게 될 것입니다. 지금 이 마을에는 다른 기회가 없고, 우리나라에는 종합적인 복지제도가 없습니다. 청년들에게 학교는 선택이 아닙니다. 이 마을에서는 남자아이들만 6학년 이상 교육을 받습니다. 공장을 닫으면 이 소녀들은 거리에 나와 구걸하거나 도둑질하거나 매춘을 할 것입니다. 당신의 사업은 그들을 더 나은 존재가 되게 합니다. 제발 사업을 철수하지 말아주세요!"

당신의 회사, 영화배우, 언론, 그리고 당신의 상점에서 피켓 시위를 하는 시위대에게 무슨 말을 하는가? 문을 닫고 다른 곳을 찾아보는 것이 가장 좋은 방법인가?

토론 문제

1. 공급사슬 관리를 정의하라.
2. 공급사슬 관리의 목적은 무엇인가?
3. 물류 관리의 목적은 무엇인가?
4. 공급사슬의 위험 유형을 어떻게 구별하는가?
5. 수직통합이란 무엇인가? 전방통합과 후방통합의 예를 들라.
6. 협상의 세 가지 기본 접근 방식은 무엇인가?
7. 기업이 소수의 공급업체로 이전하기로 결정할 때 공급업체와의 전통적인 적대적 관계는 어떻게 변화하는가?
8. 지연과 채널 집합의 차이점은 무엇인가?
9. CPFR이란 무엇인가?
10. 전자 상거래에서 온라인 경매의 가치는 무엇인가?
11. 페덱스가 빠르고 정확한 배송을 위한 요구사항을 충족하기 위해 인터넷을 사용하는 방법을 설명하라.
12. 월마트는 산지 직송을 어떻게 사용하는가?
13. 일괄 제조 지시서란 무엇인가? 송장 없는 구매와 어떻게 다른가?
14. 적시 배송을 구현하기 위해 구매는 무엇을 할 수 있는가?
15. 전자구매란 무엇인가?
16. 글로벌 회사 프로필에 설명된 레드로브스터는 공급사슬에서 경쟁 우위를 어떻게 찾는가?
17. SCOR이란 무엇이며 어떤 용도로 사용되는가?

문제 해결

문제 해결 11.1

Jack's Pottery Outlet의 연말 자산은 총 500만 달러이다. 연초 재고는 375,000달러이고 연말 재고는 325,000달러이다. 연간 상품 판매 비용은 700만 달러였다. 소유자인 에릭 잭(Eric Jack)은 재고 자산의 비율, 재고 회전율 및 공급 주를 측정해 공급사슬 성과를 평가하려고 한다. 이러한 측정을 제공하기 위해 식 (11-1), (11-2), (11-3)을 사용한다.

해결책

먼저 **평균 재고**를 결정한다.

$$(375{,}000\text{달러} + 325{,}000\text{달러})/2 = 350{,}000\text{달러}$$

그런 다음 식 (11-1)을 사용해 재고에 투자된 비율을 결정한다.

$$\begin{aligned}\text{재고에 투자된 비율} &= (\text{평균 재고 투자}/\text{총자산}) \times 100\\ &= (350{,}000/5{,}000{,}000) \times 100\\ &= 7\%\end{aligned}$$

식 (11-2)를 사용해 재고 회전율을 결정한다.

$$\begin{aligned}\text{재고 회전율} &= \text{매출원가}/\text{평균 재고 투자}\\ &= 7{,}000{,}000/350{,}000\\ &= 20\end{aligned}$$

마지막으로 재고의 주를 결정하려면 식 (11-3)을 사용하고 주에 맞게 조정한다.

$$\begin{aligned}\text{재고 주} &= \text{평균 재고 투자}/\text{주간 매출 원가}\\ &= 350{,}000/(7{,}000{,}000/52)\\ &= 350{,}000/134{,}615\\ &= 2.6\end{aligned}$$

Jack's Pottery Outlet은 자산의 7%를 재고에 투자했으며 재고 회전율은 20주, 공급 주는 2.6주라는 결론을 내렸다.

연습 문제

Px 윈도우용 POM 또는 엑셀 OM으로 문제를 해결할 수 있음

문제 11.1~11.3은 공급사슬의 전략적 중요성과 관련이 있다.

•• **11.1** 공급사슬에서 가장 대규모 기업인 제조업체의 지역 시설을 선택하라. 근로자와의 인터뷰와 인터넷 정보에서 공급사슬의 요소를 식별하라. 공급사슬이 저비용, 신속한 대응 또는 차별화 전략을 지원하는지 여부를 결정하라(2장 참조). 공급사슬 특성이 제품마다 크게 다른가?

••• **11.2** 이 장의 예제 1에서 이야기한 Hau Lee Furniture는 현재 10,000달러의 수익이 부적절하다고 생각한다. 은행은 일부 새 장비에 대한 대출 승인을 받기 전에 이익을 개선해야 한다고 주장하고 있다. 회사는 은행의 대출 승인을 받을 수 있도록 이익 라인을 25,000달러로 개선하려고 한다.

(a) 이익이 25,000달러로 개선되려면 **공급사슬 전략**에서 몇 퍼센트 개선이 필요한가? 25,000달러의 이익이 있는 재료비용은 얼마인가?

(b) 이익을 25,000달러로 개선하려면 **판매 전략**에서 몇 퍼센트 개선이 필요한가? 25,000달러까지 수익을 올리려면 매출이 얼마여야 하는가?

•••• **11.3** Kennesaw Manufacturing의 생산 관리자인 카말 파텔(Kamal Fatehl)은 15,000달러(다음 설명 참조)의 수익을 발견했는데, 이는 사업 확장에 부적합하다. 은행은 일부 새 장비에 대한 대출 승인을 받기 전에 이익을 개선해야 한다고 주장하고 있다 카말은 은행의 대출 승인을 받을 수 있도록 이익 수준을 25,000달러로 개선하려고 한다.

		매출 비율
매출	250,000달러	100%
공급사슬 구매비용	175,000	70%
기타 제작비	30,000	12%
고정비용	30,000	12%
이익	15,000	6%

(a) 이익이 25,000달러로 개선되려면 공급사슬 전략에서 몇 퍼센트 개선이 필요한가? 25,000달러의 이익이 있는 재료 비용은 얼마인가?

(b) 이익을 25,000달러로 개선하기 위해 판매 전략에서 몇 퍼센트 개선이 필요한가? 25,000달러까지 수익을 올리려면 매출이 얼마여야 하는가? (힌트: 예제 1 참조)

문제 11.4는 여섯 가지 구매 전략과 관련이 있다.

•• **11.4** 인터넷 자료를 사용해 선택한 회사가 가상 조직으로 이동하거나 가상 조직으로 운영될 때 직면한 몇 가지 문제를 식별하라. 가상 조직으로 운영되는 것이 단순히 오래된 문제를 악화하는 것인가, 아니면 새로운 문제를 만드는 것인가?

문제 11.5~11.11은 공급사슬 성과 측정과 관련이 있다.

•• **11.5** 어떤 제조 회사의 전년도 재무 분석은 무엇보다도 다음과 같은 세부 정보를 제공했다.

순수익: 50,000유로

매출원가: 26,000유로

보유 가치:

- 원자재: 1,500유로
- 재공품: 1,200유로
- 완제품: 2,500유로

다음 사항을 평가하라.

(a) 재고 회전율

(b) 공급 주

••• **11.6** 회사가 50유로에 물품을 구입하고 75유로에 판매한다. 이 물품의 연간 판매량과 평균 재고는 각각 10,000개와 1,600개이며, 보유비용은 취득비용의 20%이다. 다음을 계산하라.

(a) 재고 회전율

(b) 공급 주

(c) 연간 총이익

(d) 평균 재고 투자

(e) 연간 재고 보유비용

평균 재고가 1,000단위로 줄어들면 회사가 더 효율적으로 운영되는가?

• **11.7** Kalamia 제조 회사의 작년 최종 연례 보고서에서 발췌한 내용은 다음과 같은 정보를 보여준다.

항목	부품 번호	평균 재고 단위	단위가치 유로
원자재	RSI - 1	200	3
	RSI - 2	50	2
	RSI - 3	300	1
	RSI - 4	100	3,5
재공품 재고	CSI - 1	50	10
	CSI - 2	250	15
완제품	FJ - 1	890	70
	FJ - 2	2,000	77
	FJ - 3	870	90

다음을 계산하라.

(a) 재고 회전율

(b) 연간 작업이 50주이고 판매된 상품비용이 500만 유로라고 가정한 공급 주

•• **11.8** 회사는 세 가지 유형의 비료와 관련해 다음과 같은 자료를 제공했다.

비료	평균 수요 부대	평균 재고 부대	부대당 비용 유로
10-10-10	30,000	5,000	18
16-16-16	20,000	3,000	15
20-10-5	10,000	2,000	20

다음을 계산하라(매년 50주 판매로 가정한다).

(a) 각 비료의 재고 회전율 및 공급 주

(b) 평균 재고 회전율 및 평균 공급 주

•• **11.9** York Technologies의 공장 관리자인 뮈라 크리스탈(Murat Kristal)은 항공기 항법 시스템을 만든다. 그는 새로운 OM 분석가로서 당신이 공장의 성능에 대한 통찰력을 제공하기를 기대한다. 그의 목록에서 가장 높은 순위는 표 11.9의 재무 데이터를 기반으로 한 그의 재고 회전율에 대한 이해이다. 그는 당신이 아래 정보를 제공하기를 기대한다.

(a) 총재고를 기준으로 작년의 재고 회전율은 얼마인가?

(b) 총재고를 기준으로 올해 재고 회전율은 얼마인가?

(c) 올해 재고 회전율이 개선되었는가?

•• **11.10** 표 11.9의 자료를 기반으로 다음을 결정하도록 요청받았다.

(a) 작년에 재고에 투입된 회사의 자산 비율

(b) 올해 재고에 투입된 회사의 자산 비율

(c) 재고에 투입된 자산 비율의 변화

•• **11.11** 표 11.9의 데이터를 기반으로 다음을 결정하라.

(a) 작년 말에 완성품이 몇 주 동안 손에 있었는가?

(b) 올해 말에 완제품이 몇 주 동안 준비되어 있었는가?

표 11.9 문제 11.9, 11.10, 11.11

	작년	올해
매출	215,000달러	228,000달러
매출원가	121,000	131,000
매출총이익	94,000	97,000
기타 비용	49,000	49,000
순이익	45,000	48,000
완제품 재고	2,000	5,000
재공품 재고	10,000	12,000
원자재 재고	5,000	6,000
총재고(연평균)	17,000	23,000
기타 유동 자산	91,000	110,000
기타 자산	213,000	242,000
총자산	321,000	375,000

사례 연구

다든의 글로벌 공급사슬

올리브가든(Olive Garden), 롱혼스테이크하우스(LongHorn Steakhouse)와 같은 인기 브랜드의 소유주인 다든레스토랑(Darden Restaurants)은 연간 3억 개 이상의 식사를 제공하기 위해 고유한 공급사슬이 필요하다. 다든의 전략은 운영 우수성이며, 수석 부사장 짐 로렌스(Jim Lawrence)의 임무는 다든의 공급사슬을 통해 경쟁 우위를 확보하는 것이다. 구매 금액이 13억 달러를 초과하는 회사의 경우 공급사슬을 관리하는 것은 복잡하고 어려운 작업이다.

다든은 다른 캐주얼 다이닝 레스토랑과 마찬가지로 메뉴 옵션을 반영하는 독특한 공급사슬을 가지고 있다. 다든의 공급사슬은 다소 얕아 종종 한 계층의 공급업체만 있다. 그러나 4개의 별개 공급사슬이 있다.

첫째, '소형기(smallware)'는 리넨, 접시, 식기 및 주방용품, 은그릇과 같은 품목에 대한 외식 업계 용어이다. 이들은 플로리다주 올랜도에 있는 DDD(Darden Direct Distribution) 창고에 입고되면서 다든이 소유권을 가지고 구매되었다. 이 단일 창고에서 소형기는 일반 운송업체(트럭 운송 회사)를 통해 올리브가든, 바하마브리즈(Bahama Breeze)와 시즌스 52(Seasons 52) 레스토랑으로 배송된다.

둘째, 냉동, 건조 및 통조림 식품은 MBM, 메인즈(Maines), 시그마(Sygma)와 같은 미국 주요 식품 유통업체가 관리하는 다든의 북미 11개 유통 센터에서 경제적으로 처리된다. 이것은 다든의 두 번째 공급 라인이다.

셋째, 제품 수명이 일 단위로 측정되는 신선 식품 공급사슬(냉

동 및 통조림 아님)에는 유제품, 농산물, 육류가 포함된다. 이 공급사슬은 B2B로 레스토랑 관리자가 미리 선택된 독립 공급업체 그룹에 직접 주문한다.

넷째, 다든의 전 세계 수산물 공급사슬은 최종 연결고리이다. 다든은 연어, 새우, 틸라피아, 가리비 및 기타 신선한 생선의 독립 공급업체를 개발했으며, 품질을 보장하기 위해 다든의 해외 담당자가 소스를 검사했다. 이 신선한 제품은 미국으로 운송되어 22개 위치의 16개 유통업체로 배송되어 레스토랑으로 빠르게 배송된다. 35개국의 공급업체와 함께 다든은 협업, 파트너십, 커뮤니케이션, 식품 안전과 관련해 최첨단이어야 한다. 구매 및 품질 관리 직원, 현지 원어민 직원, 적극적인 의사소통을 위한 과중한 출장 일정으로 이를 수행한다. 커뮤니케이션은 중요한 요소이다. 다든은 가능한 한 많은 예측 투명성을 개발하려고 노력한다. '판매 시점(POS) 터미널'은 "매일 밤 실제 판매를 공급업체에 제공한다"라고 로렌스는 말한다.

토론 문제

1. 다든의 4개 공급사슬 각각의 장점은 무엇인가?
2. 4개의 공급사슬을 가질 때의 복잡성은 무엇인가?
3. 4개의 공급사슬 각각에서 소유권/제목이 어디에서 변경될 것으로 예상하는가?
4. 다든의 네 가지 공급사슬은 델이나 자동차 제조업체와 같은 다른 회사의 공급사슬과 어떻게 비교되는가? 차이점이 존재하는 이유는 무엇이며 어떻게 해결하는가?

리갈마린의 공급사슬 관리

대부분의 다른 제조업체와 마찬가지로 리갈마린(Regal Marine)은 매출의 상당 부분을 구매에 사용해야 한다는 사실을 알게 되었다. 리갈은 또한 공급업체가 최종 사용자를 더 잘 이해할수록 공급업체의 제품과 리갈의 최종 제품 모두 더 좋다는 것을 알았다. 미국 10대 파워 보트 제조업체 중 하나인 리갈은 300개의 다른 회사에서 공급하는 수많은 보트와 자사 제품을 차별화하기 위해 노력하고 있다. 따라서 회사는 혁신, 품질, 적시 납품을 보장하기 위해 공급업체와 긴밀하게 협력한다.

리갈은 품질, 응답성, 혁신을 높이는 동시에 비용을 절감하기 위해 여러 가지 일을 했다. 첫째, 앞유리 제공업체에서 계기판 제어 제공업체에 이르기까지 다양한 공급업체와 파트너 관계를 맺기 위해 노력하면서 리갈은 제품에 적절한 비용으로 시기적절한 혁신을 가져왔다. 주요 공급업체는 회사와 긴밀하게 연결되어 있으므로 디자이너와 만나 신제품 설계에 통합할 재료 변경 사항에 대해 논의한다.

둘째, 회사는 미국보트제작자협회(American Boat Builders Association)로 알려진 구매 그룹에 약 15개의 다른 보트 제조업체와 합류해 대량 구매 비용을 줄이기 위해 공급업체와 협력했다. 셋째, 리갈은 적시에 조립 라인에 직접 하드웨어 및 파스너를 공급하기 위해 여러 현지 공급업체와 협력하고 있다. 이러한 경우 중 일부에서는 리갈이 부품을 사용할 때까지 소유권이 이전되지 않도록 공급업체와 계약을 체결했다. 다른 경우에는 항목이 부동산으로 배달될 때 소유권이 이전된다. 이 관행은 총재고 및 대량 배송과 관련된 비용을 줄인다.

넷째, 리갈은 인사 기관과 협력해 직원 모집 및 선별 프로세스의 일부를 아웃소싱한다. 이 모든 경우에 리갈은 회사와 궁극적으로 최종 사용자를 돕는 공급사슬 관리에 대한 혁신적인 접근 방식을 보여주고 있다. 리갈마린을 소개한 글로벌 기업 프로필(5장 시작)은 리갈의 운영에 대한 추가 배경 정보를 제공한다.

토론 문제

1. 리갈이 공급사슬 관리를 개선하기 위해 사용할 수 있는 다른 기술은 무엇인가?
2. 공급사슬의 구성원은 공급사슬에서의 '파트너링'으로 인해 리갈에서 어떤 종류의 응답을 기대할 수 있는가?
3. 공급사슬 관리가 리갈에 중요한 이유는 무엇인가?

아놀드파머병원의 공급사슬

여성과 아동을 전문으로 하는 미국 최고의 병원 중 하나인 아놀드파머병원(Arnold Palmer Hospital)은 플로리다주 올랜도에 있는 총 676,000제곱피트 규모의 431개 침대 시설에서 2,000명 이상의 직원이 근무하는 대기업이다. 다른 많은 병원 및 회사와 마찬가지로 아놀드파머병원은 900명의 회원에게 서비스를 제공하는 대규모 구매 그룹의 오랜 회원이었다. 그러나 그룹에는 몇 가지 제한 사항이 있었다. 예를 들어 매년 특정 제품에 대한 공급업체를 변경하거나(새로운 저가 입찰자를 기준으로 함) 아놀드파머병원의 의사들에게 익숙하지 않은 제품만 비축할 수 있다. 구매 그룹은 또한 최상의 가격을 확보하기 위해 현지 제조업체와 계약을 협상할 수 없었다.

그래서 2003년에 아놀드파머병원은 플로리다 중부에 있는 7개의 다른 파트너 병원과 함께 훨씬 작지만 여전히 강력한 HPA(Healthcare Purchasing Alliance) 회사를 설립했다. 새로운 동맹은 두 가지 주요 변경 사항을 통해 첫해에 700만 달러를 절약했다. 첫째, 계약 노력과 관련된 절감액의 대부분이 8명의 회원에게 돌아갈 수 있도록 구조화되고 직원이 배치되었다. 둘째, 약정 수량을 보장하고 1년 계약이 아닌 3~5년 계약을 체결함으로써 벤더와 더 나은 거래를 체결했다. HPA 책임자인 조지 들롱(George DeLong)은 "HPA를 운영하는 데 400,000달러의 새로운 내부 비용이 들더라도 회원 병원이 진정으로 원하는 것을 위해 절감하고 계약할 수 있는 능력이 거래를 성사시킨다"고 말했다.

제조 분야의 효과적인 공급사슬 관리는 종종 구매자-공급업체 협업을 통한 신제품 혁신 및 효율성 개발에 중점을 둔다. 그러나 서비스 산업의 접근 방식은 약간 다른 강조점을 가지고 있다. 아놀드파머병원에서 공급사슬 기회는 종종 의료경제결과위원회를 통해 나타난다. 이 위원회(및 그 소위원회)는 경제적 목표를 달성하면서 더 나은 의약품을 목표로 구매 옵션을 평가하는 사용자(의료 및 간호 직원 포함)로 구성된다. 예를 들어 심장학 소위원회의 심장 박동기 협상을 통해 두 제조업체로의 표준화가 허용되었으며 이 제품 하나에 대해 연간 200만 달러를 절약할 수 있었다.

아놀드파머병원은 또한 공급사슬의 세 번째 계층까지 협업이 필요한 맞춤형 제품을 개발할 수 있다. 이것은 수술실에서 사용되는 맞춤형 팩의 경우이다. 맞춤형 팩은 유통업체인 매케슨제너럴메디컬(McKesson General Medical)이 배송하지만 병원에서 원하는 특정 제조업체에서 구매한 자재를 사용하는 팩 회사에서 조립한다. HPA는 아놀드파머병원이 이러한 방식으로 창의적이 되도록 한다. 주요 비용 절감, 표준화, 일괄주문, 장기 계약 및 제품 개발에 대한 더 많은 통제를 통해 병원에 상당한 이점이 있다.

토론 문제

1. 이 공급사슬은 제조 회사의 공급사슬과 어떻게 다른가?
2. 아놀드파머병원에서 경제학만으로 의사결정을 내리는 데 제약이 있는 것은 무엇인가?
3. 병원의 공급사슬 결정에서 의사와 간호사는 어떤 역할을 하는가? 아놀드파머병원에서는 이 참여를 어떻게 처리하는가?
4. 스미스 박사는 연례 정형외과학회에서 막 돌아왔다. 그곳에서 그녀는 새로운 고관절 교체가 시연되는 것을 보았다. 그녀는 아놀드파머병원에서 교체 관절을 사용하기 시작하기로 결정한다. 스미스 박사는 이 신제품을 향후 수술용으로 공급사슬에 도입하기 위해 병원에서 어떤 과정을 거쳐야 하는가?

참고문헌

Blackburn, Joseph, and Gary Scudder. "Supply Chain Strategies for Perishable Products." *Production and Operations Management* 18, no. 2 (March–April 2009): 129–137.

Chopra, Sunil *Supply Chain Management: Strategy, Planning, and Operation*, 7th ed. Boston: Pearson, 2019.

Crandall, Richard E. "The Next Wave of Sourcing." *APICS* 24, no. 3 (May/June 2014): 26–28.

Hu, J., and C. L. Munson. "Speed versus Reliability Trade-offs in Supplier Selection." *International Journal of Procurement Management* 1, no. 1/2 (2007): 238–259.

Kersten, Wolfgang, and Thorsten Blecker (eds.). *Managing Risk in Supply Chains*. Berlin: Erich Schmidt Verlag GmbH & Co. (2006).

Kersten, Wolfgang, Mischa Seiter, Brigit von See, Niels Hackius, and Timo Maurer. *Trends and Strategies in Logistics and Supply Chain Management*. Hamburg: DVV Media Group, 2017.

Kumar, G., R. N. Banerjee, P. L. Meena, and K. Ganguly. "Collaborative Culture and Relationship Strength Roles in Collaborative Relationships: A Supply Chain Perspective." *Journal of Business & Industrial Marketing*, 31, no. 5 (2016): 587–599.

Monczka, R. M., R. B. Handfield, L. C. Gianipero, and J. L. Patterson. *Purchasing and Supply Chain Management*, 6th ed. Mason, OH: Cengage, 2016.

Munson, Chuck (ed.). *The Supply Chain Management Casebook: Comprehensive Coverage and Best Practices in SCM*. Upper Saddle River, NJ: FT Press, 2013.

Narayanan, Sriram, Ann S. Marucheck, and Robert B. Handfield. "Electronic Data Interchange: Research Review and Future Directions." *Decisions Sciences* 40, no. 1 (February 2009): 121–163.

Pisano, Gary P., and Roberto Verganti. "Which Kind of Collaboration Is Right for You?" *Harvard Business Review* 86, no. 12 (December, 2008): 78–86.

Wisner, Joel, K. Tan, and G. Keong Leong. *Principles of Supply Chain Management: A Balanced Approach*, 5th ed., Mason, OH: Cengage, 2019.

Yang, Shilei, Charles L. Munson, Bintong Chen, and Chunming Shi. "Coordinated Contracts for Supply Chains that Market with Mail-In Rebates and Retailer Promotions." *Journal of the Operational Research Society* 66, no. 12 (2015), 2025–2036.

Chapter 11 Rapid Review

절 제목	내용 훑어보기
공급사슬의 전략적 중요성	대부분의 기업은 매출의 상당 부분을 구매에 지출한다. ■ **공급사슬 관리**: 자재 및 서비스 조달, 중간재 및 최종 제품으로 변환, 유통 시스템을 통한 배송과 관련된 활동 관리 목표는 궁극적인 고객에게 가치를 극대화하는 데 중점을 둔 공급사슬을 구축하는 것이다. 경쟁은 더 이상 기업 간의 경쟁이 아니라 공급사슬 간의 경쟁이다.
소싱 문제: 자체생산과 아웃소싱	■ **자체생산 구매 결정**: 회사 내에서 구성요소 또는 서비스를 생산하거나 외부 소스에서 구매하는 것 중 하나를 선택하는 것 ■ **아웃소싱**: 전통적으로 내부에 있었던 기업의 활동을 외부 공급업체에 이전하는 것
여섯 가지 구매 전략	외부 소스에서 얻을 수 있는 상품 및 서비스에 대한 여섯 가지 공급사슬 전략은 다음과 같다. 1. 많은 공급업체와 협상하고 한 공급업체를 다른 공급업체와 경쟁 2. 소수의 공급업체와 장기적인 파트너 관계 개발 3. 수직통합 4. 합작투자 5. 계열사 네트워크 개발 6. 필요에 따라 공급자를 사용하는 비추얼 회사 개발 ■ **수직통합**: 이전에 구매하거나 실제로 공급업체나 유통업체를 구매해 상품이나 서비스를 생산하는 능력을 개발하는 것 ■ **계열사**: 회사 연합의 일부가 되는 공급업체를 설명하는 일본어 용어 ■ **가상 회사**: 주문형 서비스를 제공하기 위해 다양한 공급업체 관계에 의존하는 회사로, 중공 기업 또는 네트워크 기업이라고도 함
공급사슬위험	공급사슬 계획을 개발하려면 관련된 위험에 대한 철저한 평가가 필요하다. ■ **교차 소싱**: 구성요소에 대해 한 공급업체를 사용하고 다른 구성요소에 대해 두 번째 공급업체를 사용한다. 여기서 각 공급업체는 다른 공급업체의 백업 역할을 한다.
통합공급사슬 관리	공급사슬 통합의 성공은 목표에 대한 상호 동의에서 시작해 상호 신뢰가 뒤따르고 호환되는 조직 문화로 계속된다. 세 가지 문제, 즉 지역 최적화, 인센티브, 많은 생산물량은 효율적이고 통합된 공급사슬의 개발을 복잡하게 만든다. ■ **채찍효과**: 주문이 공급사슬을 통해 이동할 때 자주 발생하는 주문의 변동 증가 또는 취소 ■ **주문 데이터 가져오기**: 공급사슬을 통해 제품을 이끌어내기 위해 거래를 시작하는 정확한 판매 데이터 ■ **단일 단계 재고 보충 통제**: 소매업체의 재고 모니터링 및 관리에 대한 책임을 수정함 ■ **공급자 주도형 재고 관리(VMI)**: 공급자가 구매자를 위해 자재를 유지 관리하는 시스템으로 종종 구매자의 사용 부서로 직접 배송됨 ■ **협업설계, 예측, 보충(CPFR)**: 공급사슬의 구성원이 공급사슬 비용을 줄이기 위한 공동 노력으로 정보를 공유하는 시스템 ■ **일괄주문**: 단기 배송되는 품목과 달리 공급업체 품목에 대한 장기 구매약정. 구매 부서는 표준화 수준을 높이기 위해 특별한 노력을 기울여야 한다. ■ **지연**: 생산 과정에서 제품에 대한 수정이나 맞춤화를 가능한 한 연기하는 것. 지연은 외부 다양성을 최대화하면서 내부 다양성을 최소화하려고 노력한다. ■ **산지 직송**: 판매자가 아닌 공급업체에서 최종 소비자에게 직접 배송하므로 시간과 재배송 비용이 모두 절약된다. ■ **블록체인**: 각 거래 후에 정보 '블록'을 추가해 추적, 문서화 및 확인하는 기술 온라인 카탈로그는 기업을 수많은 개별 전화, 팩스 및 전자 메일에서 중앙 집중식 온라인 시스템으로 이동시키고 공급사슬에서 수십억 달러의 낭비를 제거한다.
공급 기반 수립	공급업체 선택은 (1) 공급업체 평가, (2) 공급업체 개발, (3) 협상, (4) 계약의 4단계 프로세스다. **공급업체 평가**에는 잠재적 공급업체를 찾고 이들이 좋은 공급업체가 될 가능성을 결정하는 작업이 포함된다. **공급업체 개발**에는 교육, 엔지니어링 및 생산 지원, 정보 전송 절차에 이르기까지 모든 것이 포함될 수 있다. **협상**에는 가격을 설정하기 위해 공급사슬 직원이 취하는 접근 방식이 포함된다. 세 가지 고전적인 협상 전략 유형은 (1) 원가기준 가격 모델, (2) 시장기준 가격 모델, (3) 경쟁 입찰이다. **계약**에는 전체 공급사슬을 최적화하기 위해 위험을 공유하고, 이익을 공유하고, 인센티브를 생성하는 설계가 포함된다. ■ **전자구매**: 인터넷을 통한 구매

물류 관리	■ **물류 관리**: 모든 자재 획득, 이동 및 보관 활동을 통합해 운영 효율성을 추구하는 접근 방식 여섯 가지 주요 유통 수단은 트럭, 철도, 항공, 수로, 파이프라인, 다채널 배송이다. 대부분의 제조 상품은 트럭으로 이동한다. 삼자물류는 물류 기능의 아웃소싱을 포함한다. ■ **채널 집합**: 유통 채널에서 제품을 조립할 수 있도록 제품의 최종 조립을 연기하는 시스템이다.
유통 관리	유통 관리는 최종 제품의 아웃바운드 흐름에 중점을 둔다. 총물류비는 시설비, 재고비, 운송비를 합한 금액이다(그림 11.3). 최적의 유통시설 수는 이익 극대화에 중점을 둔다.
윤리와 지속가능한 공급사슬 관리	윤리에는 개인 윤리, 공급사슬 내 윤리, 환경에 대한 윤리적 행동이 포함된다. 공급관리협회는 윤리적 행동을 위한 일련의 원칙과 표준을 개발했다. ■ **역물류**: 가치 회복 또는 폐기를 위해 반품된 제품을 다시 공급사슬로 보내는 프로세스 ■ **폐쇄 루프 공급사슬**: 모든 순방향 및 역방향 흐름을 최적화하도록 설계된 공급사슬
공급사슬 성과 측정	일반적인 공급사슬 벤치마크 메트릭에는 납기, 주문에 소요된 시간, 지연 배송 비율, 거부된 자재 비율 및 연간 부족 수가 포함된다. 재고에 투자된 비율 = (평균 재고 투자/총자산) × 100 (11-1) ■ **재고 회전율**: 매출원가를 평균 재고로 나눈 값 재고 회전율 = 매출원가 ÷ 평균 재고 투자 (11-2) 공급 주 = 평균 재고 투자 ÷ (연간 매출원가/52주) (11-3) ■ **공급사슬 운영 참조(SCOR) 모델**: 공급사슬위원회(APICS)에서 개발한 일련의 프로세스, 메트릭 및 모범 사례 SCOR 모델의 6개 부분은 계획(Plan), 출처(Source), 제조(Make), 전달(Deliver), 반품(Return), 활성화(Enable)이다.

셀프테스트

11.1 공급사슬 관리의 목적은 ________ 이다.

11.2 수직적 통합이라는 용어는 다음을 의미한다.
(a) 원래 제품을 보완하거나 보완하는 제품을 생산하는 능력을 개발한다.
(b) 이전에 구매한 상품 또는 서비스를 생산한다.
(c) 특정 상품을 보다 효율적으로 생산할 수 있는 능력을 개발한다.
(d) 위의 모든 것

11.3 채찍효과는 다음에 의해 악화할 수 있다.
(a) 로컬 최적화
(b) 판매 인센티브
(c) 수량 할인
(d) 판촉
(e) 위의 모든 것

11.4 공급업체 선택에는 다음이 필요하다.
(a) 공급자 평가 및 효과적인 삼자 물류
(b) 공급자 개발 및 물류
(c) 협상, 공급자 평가, 공급자 개발, 계약
(d) 통합공급사슬
(e) 재고 및 공급사슬 관리

11.5 물류의 주요 문제는 다음과 같다.
(a) 구매비용
(b) 공급자 평가
(c) 제품 맞춤화
(d) 대체 운송비용
(e) 우수한 전자 구매

11.6 재고 회전율은
(a) 매출원가 ÷ 주 공급
(b) 공급 주 ÷ 연간 매출원가
(c) 연간 매출원가 ÷ 52주
(d) 평균 재고 투자 ÷ 매출원가
(e) 매출원가 ÷ 평균 재고 투자

정답 11.1. 최종 고객의 가치를 최대화하는 데 초점을 맞춘 공급사슬을 수립하는 것 11.2. b 11.3. e 11.4. c 11.5. d 11.6. e

보론 11

공급사슬 관리 분석

보론의 구성

- 공급사슬 평가 기술
- 공급사슬 재난위험 평가
- 채찍효과 관리
- 공급업체 선정 분석
- 운송 방법 분석
- 창고 저장

학습목표

S11.1 재난위험 관리를 위한 최적의 공급업체 수 결정에 의사결정나무를 활용한다.

S11.2 채찍효과를 측정하고 설명한다.

S11.3 공급업체 평가를 위한 요인 가중치 접근 방법을 설명한다.

S11.4 배송 옵션 비용을 평가한다.

S11.5 창고에서 저장 위치에 품목을 배분한다.

2011년 도호쿠 지진과 쓰나미가 일본 동부 지역을 황폐화했다. 제조업체들이 재해 지역에 위치한 공급업체에 크게(어떤 경우에는 독점적으로) 의존하고 있었기 때문에 경제적 영향은 전 세계적으로 퍼져 갔다. 지진이 발생한 다음 달에 토요타와 혼다는 생산량이 63% 감소했다. 다른 국가의 생산기지는 부품 부족으로 생산을 중단하거나 축소했다. 전 세계 여러 산업 분야의 제조업체는 공급사슬이 다시 정상적으로 작동하는 것을 보기까지 6개월 이상 걸렸다. 비록 자연재해는 가끔 일어나지만 공급사슬 관리자는 공급기반 구성을 결정할 때 이 확률과 영향을 고려해야 한다.

mTaira/Shutterstock

공급사슬 평가 기술

많은 공급사슬 매트릭스에는 공급사슬 파트너와 회사 안에 성과를 평가하는 공급사슬 매트릭스가 존재한다. 이 보론에서는 공급사슬 성과를 평가하고 수립하는 다섯 가지 기술을 소개한다.

공급사슬 재난위험 평가

공급사슬을 방해하는 자연재해는 토네이도, 화재, 허리케인, 태풍, 쓰나미, 지진, 테러 등 다양하게 나타난다. 자동차 보험을 구매할지 여부를 결정할 때 보험료는 사고가 날 확률의 비중이나 사고가 일어났을 때 잠재적 최악의 시나리오를 예상하며 정해진다. 비슷하게, 기업은 총공급 지연 위험을 최소화하기 위해 중요한 부품은 다수의 공급업체를 활용한다.

학습목표 S11.1
재난위험 관리를 위한 최적의 공급업체 수 결정에 의사결정나무를 활용한다.

예제 S1에서 볼 수 있듯이 의사결정나무는 운영 관리자가 공급자 수에 관한 중요한 결정을 내리는 데 도움을 주기 위해 활용한다. 우리는 주어진 공급 주기에서 아래의 표기법을 활용한다.

S = 모든 공급업체가 한꺼번에 방해를 받는 '슈퍼 이벤트'의 확률
U = 한 공급업체가 방해를 받는 '특별한 이벤트' 확률
L = 모든 공급업체가 방해를 받을 시 생길 수 있는 재무적 손실
C = 공급업체 관리를 위한 한계비용

모든 공급업체가 한꺼번에 방해를 받을 때 슈퍼 이벤트가 일어날 수도 있고 특별한 이벤트가 일어나서 모든 공급업체가 한꺼번에 영향을 받을 수도 있다. 모든 사건이 서로 독립적인 확률을 갖는다고 가정할 때 n개의 공급업체가 한꺼번에 방해받을 확률은 다음과 같다.

$$P(n) = S + (1 - S)U^n \qquad \text{(S11-1)}$$

예제 S1

얼마나 많은 공급업체가 위험관리에 최적화되어 있는가?

Shanghai Manufacturing Corp.의 샤오톈 경(Xiaotian Geng) 대표는 비용과 위험 사이에서 합리적 균형을 나타내는 기업 제품인 모터 공급업체의 포트폴리오를 만들고 싶어 한다. 품질 관리와 JIT 생산에 단일 공급업체 접근 방법이 많은 잠재적 혜택이 있다는 것을 알고 있으나 그녀는 공급업체 공장의 자연재해, 화재 등이 자신의 회사의 성과를 방해하는 것을 걱정한다. 역사적 자료와 기후 예측을 바탕으로 샤오톈은 공급 주기 동안에 '슈퍼 이벤트'가 모든 공급업체에게 부정적인 영향을 미칠 확률이 0.5%라고 추정한다. 그녀는 다른 잠재적 공급업체의 '특별한 이벤트' 위험을 4%로 추정한다. 추가 공급업체의 관리 한계 비용을 10,000달러라고 가정하고, 재난이 모든 공급업체에게 1,000만 달러의 피해를 동시에 준다면 그녀는 얼마나 많은 공급업체를 활용해야 하는가? 3개의 비슷한 공급업체가 이용 가능하다고 가정한다.

접근방법 ▶ 이 회사의 경우 기초 자료(결정의 선택, 확률, 비용)가 있기에 의사결정나무를 활용하는 것이 적합하다.

해결방법 ▶ 그림 S11.1과 같은 의사결정나무를 작성했다. 각각의 가지는 3개의 결정, 즉 1개 공급업체, 2개 공급업체, 3개 공급업체를 나타낸다. 의사결정나무는 각각의 가지에 확률과 지불을 배정하고 예상 금액 가치를 계산한다. 기대 금전적 가치는 의사결정나무의 각 과정을 확인한다.

식 (S11-1)에서 총 방해 확률은 다음과 같다.

1개 공급업체: $0.005 + (1 - 0.005)0.04 = 0.005 + 0.0398 = 0.044800$ 또는 4.4800%
2개 공급업체: $0.005 + (1 - 0.005)0.04^2 = 0.005 + 0.001592 = 0.006592$ 또는 0.6592%
3개 공급업체: $0.005 + (1 - 0.005)0.04^3 = 0.005 + 0.000064 = 0.005064$ 또는 0.5064%

통찰력 ▶ 공급업체 관리 비용이 높고 자연재해가 발생할 확률이 낮음에도 불구하고 큰 재무적 손실은 모든 공급업체가 멈추었을 때 발생한다. 따라서 다수의 공급업체가 필요하다.

그림 S11.1

위험상황하에서 공급업체 선정을 위한 의사결정나무

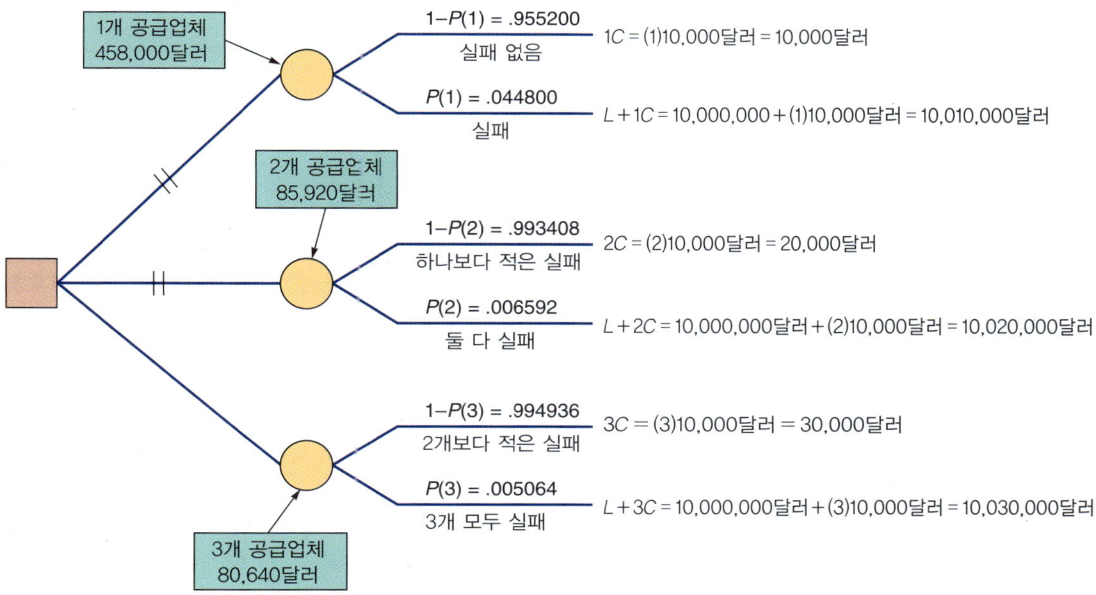

학습 연습 ▶ 슈퍼 이벤트의 확률이 50%로 증가한다고 가정한다면 얼마나 많은 공급업체가 당장 필요한가? [답: 2] 슈퍼 이벤트 확률 50%를 활용해 공급업체의 가동이 완전히 중단되었을 때 재무적 손실이 500,000달러라면 얼마나 많은 공급업체가 필요한가? [답: 1]

식 (S11-1)의 흥미로운 점은 슈퍼 이벤트의 확률이 증가하면 다수의 공급업체를 갖는 장점은 사라진다는 것이다. 왜냐하면 모든 공급업체가 멈추기 때문이다. 반대로 특별한 이벤트의 큰 가치가 증가하면 더 많은 공급업체가 필요할 가능성이 많아진다. 이 두 현상을 종합하면 다수의 공급업체 활용 시 관리자는 모든 공급업체가 동시에 실패할 확률을 줄이기 위해 지리적으로 퍼져 있는 공급업체 활용을 고려할 수 있음을 시사한다.

채찍효과 관리

그림 S11.2는 주문이 판매업체로부터 공급사슬 상류로 올라갈수록 큰 주문 규모의 변동 경향이 있다는 **채찍효과**의 예를 제공한다. '채찍' 변동성은 불안정한 생산 일정을 도출한다. 이것은 비용이 많이 드는 **생산능력 변화 적용**, 즉 추가 근무, 용역, 추가 재고, 이월주문, 채용과 해고, 기계 수리를 말한다. 다른 영향에는 충분히 이용되지 않는 것, 길어진 납기와 과다한 생산 품목, 노후화가 포함된다.

그림 S11.2

채찍효과
채찍효과는 공급사슬 구성원이 판매 수준에서의 수요 변화에 과잉반응을 일으키게 한다. 소비자 수준에서 작은 수요 변화는 공급업체 수준에서 큰 수요 변화를 초래한다.

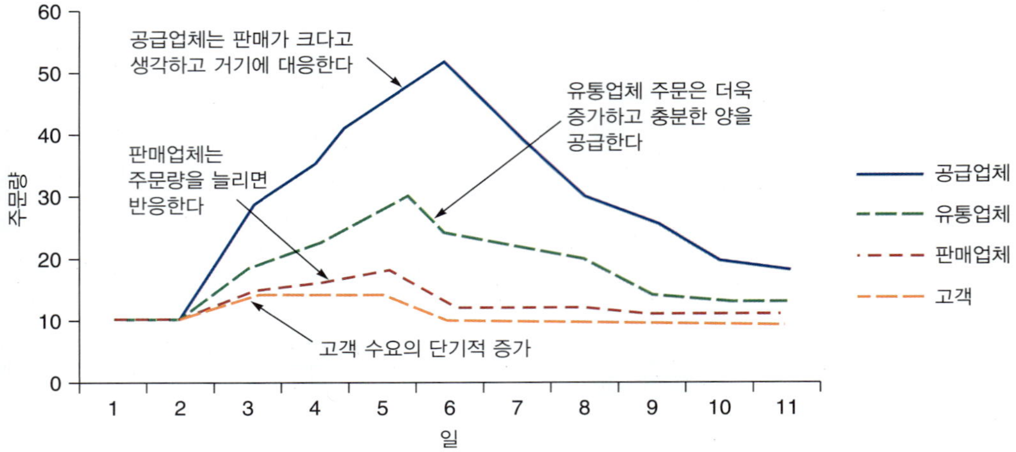

표 S11.1 채찍효과

원인	해결 방안
수요 예측 오차(공급사슬에서 불확실성이 축적됨)	공급사슬에서 수요 정보를 공유함
일괄주문(크고 불규칙적인 주문이 공급업체에 더 많은 양의 주문으로 연결됨)	채널 조정: 모든 공급사슬이 한 회사처럼 로트 크기를 결정
가격 변동(낮은 가격, 가격 할인, 세일을 활용하기 위해 수요를 먼저 구매함)	가격 안정(매일 낮은 가격)
부족 게이밍(공급업체 매점매석을 통해 공급 부족의 공포를 만듦)	과거 수요를 기초로 주문을 배정

P&G는 공급사슬을 따라서 주문 변화가 증가하더라도 아기 기저귀 수요는 안정적이고 판매업체 주문의 변화는 적다는 것을 알아냈다. 원자재 주문이 시작될 때까지는 변화가 컸다. 비슷한 행동이 관찰되고 많은 회사, 즉 캠벨 수프(Campbell Soup) HP, 바릴라 SpA(Barilla SpA), 어플라이드 머티어리얼즈(Applied Materials) 등에서 서류화되었다.

채찍효과는 주문이 감소하거나 증가할 때 일어난다. 표 S11.1에서 주요 원인과 해결 방안을 제시한다. 사람들은 원인을 키워서 관리자가 이런 현상에 과잉반응을 하며 의사결정을 하는 경향을 보인다. 채찍효과의 가장 적합한 해결 방안은 공급사슬 구성원이 정보를 공유하고 협업을 하는 것이다.

공급업체 조정은 수요 이동에 도움을 준다. 최근 세계적인 경기침체 동안이었지만 경제 회복과 판매 회복에서 캐터필러(Caterpillar)는 더 많은 공급품을 주문하기 시작했다. 공급업체 등과 능동적으로 일하며 산출물의 빠른 증가에 준비했다. 캐터필러는 중요 공급업체를 각각 방문했다. 일부의 경우에는 공급업체가 선호하는 이자율로 은행 대출을 얻게 도와주었다. 캐터필러의 위험 평가 활동으로 공급업체는 경제가 회복될 때 생산을 늘리는 능력을 설명하는 계획서를 제출해야만 했다. 조심스러운 조정 계획은 채찍효과가 일어날 때 부족과 지연을 완화하는 데 도움을 준다.

학습목표 S11.2
채찍효과를 측정하고 설명한다.

채찍효과 측정

공급사슬에서 채찍효과를 측정하는 계산과 분석에는 단순한 방법이 있다.

$$\text{채찍효과} = \frac{\text{주문 분산}}{\text{수요 분산}} = \frac{\sigma^2_{\text{주문}}}{\sigma^2_{\text{수요}}} \quad \text{(S11-2)}$$

OM in Action RFID가 채찍효과 통제를 돕는다

공급사슬은 판매가 안정적일 때 부드럽게 흐름이 진행된다. 그러나 수요의 갑작스러운 증가나 빠른 감소에 직면하면 붕괴된다. RFID 태그는 점포 진열대에서 일어나는 일에 관해 실시간 정보를 제공해 변화를 추구할 수 있다. P&G 팸퍼스 기저귀를 예로 시스템이 어떤 방식으로 작동하는지 알아보자.

1. 특별 할인 행사가 월마트 이용객들이 더 많은 팸퍼스 기저귀를 구매하게 한다.

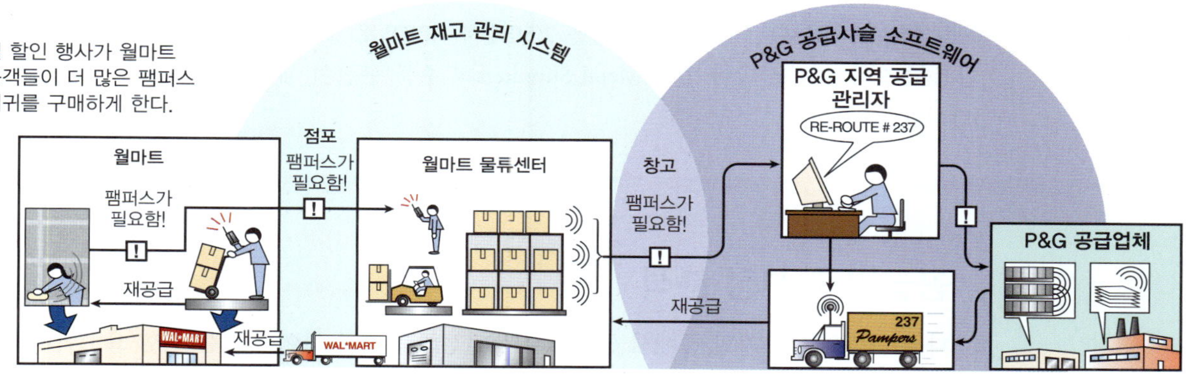

2. 팸퍼스 기저귀 각각의 상자에 RFID 태그가 부착되어 있다. 진열대 셀프 스캐너가 보충을 위한 시급한 필요성을 알려준다.
3. 월마트 재고 관리 시스템이 점포 내 재고와 창고 재고를 추적하고 연결해 좀 더 빠른 재고 보충을 실행하고 정확한 실시간 데이터를 제공한다.
4. 월마트 시스템은 P&G의 공급사슬 관리 시스템과 연계되어 있다. 수요의 급증가는 RFID 태그를 통해 바로 보고되고 공급사슬 전체에서 가시화된다.
5. P&G의 물류 소프트웨어는 GPS 로케이터로 트럭을 추적하고 RFID 태그 리더로 내용물을 추적한다. 지역 관리자는 긴급한 수요를 해결하기 위해 트럭의 경로를 변경할 수 있다.
6. 또한 P&G 공급업체는 원자재에 RFID 태그와 판독기를 사용해 P&G에 공급사슬의 여러 계층에 가시성을 제공하고 공급업체가 수요와 생산을 정확하게 예측할 수 있게 한다.

분산 확대(채찍효과)는 채찍효과 측정이 1보다 커질 때 나타난다. 이것은 기업의 주문이 기업의 들어오는 수요 규모보다 커질 때 변동을 거듭한다는 것을 의미한다. 만약 채찍효과 측정이 1이면 분산 확대는 존재하지 않는다. 가치가 1보다 작으면 **부드러운 수요** 시나리오를 의미하며 공급사슬에서 공급업체로 주문이 올라갈 때 수요 변화가 심하지 않은 것을 의미한다. 예제 S2는 식 (S11-2)을 어떻게 활용하는지 보여주며 공급사슬 각각의 단계에서 채찍효과를 분석한다.

예제 S2 채찍효과 계산

Chieh Lee Metals, Inc.는 금속판을 주문해 50개의 테이블 상판으로 만들어 가구 제조업체에 판매한다. 아래 표는 공급사슬표에서 각각의 주요 기업의 수요와 주문의 주별 분산을 보여준다. 각각의 기업은 1개의 공급업체와 1개의 고객업체를 보유해 한 기업의 주문분산이 공급업체의 수요분산과 같다. 이 공급사슬에서 채찍효과의 공헌도를 분석하라.

기업	수요 분산	주문 분산	채찍효과 측정
Furniture Mart, Inc.	100	110	110/100 = 1.10
Furniture Distributors, Inc.	110	180	180/110 = 1.64
Furniture Makers of America	180	300	300/180 = 1.67
Chieh Lee Metals, Inc.	300	750	750/300 = 2.50
Metal Suppliers Ltd.	750	2,000	2,000/750 = 2.67

접근방법 ▶ 식 (S11-2)를 활용해 각 기업의 채찍효과를 계산한다.

해결방법 ▶ 표의 마지막 열은 각 기업의 채찍효과 측정치를 보여준다.

통찰력 ▶ 이 공급사슬은 고전적 채찍효과를 보여준다. 매우 안정적인 수요 패턴을 판매 수준에서 보여줌에도 불구하고 공급업체 주문 규모는 변화가 심하다. 회사는 기업 주문 확대의 원인을 확인하려 노력하고 공급사슬 파트너들과 모든 공급사슬 수준으로의 확대를 감소시키려고 노력한다.

학습 연습 ▶ 회사는 채찍효과 측정을 2.50에서 1.20으로 줄일 수 있다고 가정하라. 모든 다른 기업의 측정이 그대로 남아 있고 Metal Suppliers의 주문 분산이 새롭게 감소될 수 있을지 설명하라. [답: 961]

공급업체 선정 분석

다른 다수의 후보기업 중에서 공급업체를 선정하는 것도 보이지 않는 위험 요소이다. 단순히 가장 낮은 가격에 입찰했다고 해서 공급업체를 선정하는 경우는 매우 드물다. 다른 그리고 경쟁적인 요소들이 의사결정에서 역할을 수행한다. 구매자는 공급업체의 특성, 즉 제품 품질, 배송 속도, 배송 신뢰성, 고객 서비스와 재무적 성과 등을 고려한다.

학습목표 S11.3
공급업체 평가를 위한 요인 가중치 접근 방법을 설명한다.

요인 가중치 기술은 다수의 공급업체 기준을 동시에 고려한다. 각각의 요인이 중요한 **가중치**로 배정되어야만 하고 각각의 잠재적 공급업체는 각각의 요인에 **점수**가 매겨진다. 가중치 합은 100%이다. 요인들은 같은 척도로 점수가 매겨진다. 가끔은 숫자 스코어가 질적인 순위로 바뀌기도 한다. 예제 S3은 2개 경쟁 공급업체의 가중치 기준을 표현한다.

예제 S3

공급업체 평가를 위한 요인 가중치 접근법

캘리포니아주 팔로알토에 위치한 Creative Toys의 에릭 데이비스(Erick Davis) 대표이사는 그와 함께 장난감 생산 라인에 사용할 무독성, 친환경 페인트와 염료를 만들 공급업체를 평가하는 데 관심이 있다. 이것은 아주 중요한 공급사슬 전략적 요소로 그는 제품에 공헌할 기업을 원한다.

접근방법 ▶ 에릭은 2개의 공급업체로 후보를 좁혔다. Faber Paint와 Smith Dye를 고려중이다. 그는 요인 가중치 접근법으로 두 공급업체를 평가할 것이다.

해결방법 ▶ 에릭은 선정 기준 목록을 개발했다. 그는 잠재적 공급업체의 객관적인 검토를 수행하는 데 도움을 주는 가중치를 배정한다. 그의 직원들이 점수를 배정하고 총 가중치 점수를 계산한다.

Smith Dye가 더 높은 점수인 4.2점을 받았고 이 분석에 따르면 더 선호되는 공급업체이다.

통찰력 ▶ 요인 가중치 접근법을 활용하면 기업이 시스템적으로 그들에게 필요한 요소들을 확인하고 객관적인 관점으로 잠재적 공급업체를 평가할 수 있다. 어느 정도의 주관성은 과정에 남아 있기는 하지만 선택된 기준과 관련해서는 가중치가 이런 기준에 적용되고 공급업체 점수는 각각의 기준에 적용된다.

학습 연습 ▶ 에릭이 생산 과정 용량과 재무적 강점은 3분의 1만 중요하고 진실성이 2배로 중요하다고 믿는다면 분석은 어떻게 변할 것인가? [답: Faber Paint는 4.1점을 받고 Smith Dye의 점수는 3.8점이 된다. 따라서 Faber Paint가 선호되는 공급업체가 된다.]

기준	가중치	Faber Paint 점수(1~5점) (최고 5점)	Faber Paint 가중치 × 점수	Smith Dye 점수(1~5점) (최고 5점)	Smith Dye 가중치 × 점수
공학/혁신 기술	.20	5	1.0	5	1.0
생산 과정 용량	.15	4	0.6	5	0.75
유통 용량	.05	4	0.2	3	0.15
품질 성과	.10	2	0.2	3	0.3
시설/위치	.05	2	0.1	3	0.15
재무적 강점	.15	4	0.6	5	0.75
정보 시스템	.10	2	0.2	5	0.5
진실성	.20	5	1.0	3	0.6
총합	1.00		3.9		4.2

운송 방법 분석

제품이 운송 과정에 오래 있을수록 기업은 더 많은 기간 동안 자본을 투자하는 것이다. 그러나 빠른 배송은 느린 배송보다 대체로 더 비싸다. 배송 옵션을 상대로 보유비용을 평가하는 시사점을 획득하는 간단한 방법은 트레이드오프이다. 우리는 예제 S4에서 이를 제시한다.

예제 S4

일일 보유비용 결정

조립을 위해 반도체용 새 커넥터를 산호세에서 싱가포르로 배송해야 한다. 커넥터의 가치는 1,750달러이고 연간 40%의 보유비용이 든다. 한 항공 운송업체는 커넥터를 경쟁업체보다 하루 빠르게 배송할 수 있고 여기에는 20달러의 추가비용이 든다. 어떤 운송업체를 선정해야 하는가?

접근방법 ▶ 일일 보유비용을 결정하고 빠른 배송비용과 함께 일일 보유비용을 비교한다.

해결방법 ▶ 제품의 일일 보유비용 = (일일 보유비용 × 제품 가치)/365
= (.40 × 1,750달러)/365
= 1.92달러

하루 비용 절감이 20달러이기 때문에 보유비용이 1.92달러보다 크면 우리는 배송비용이 적음을 결정하고 하루 추가를 통해 배송을 시행한다. 이러면 18.08달러의 비용 절감이 이루어진다.

통찰력 ▶ 이 해결방안은 하루 지연이 얼마나 다른지 보여준다. 만약 싱가포르 지연 배송이 하루라면 또한 고객을 화나게 하고 지연 비용이 150,000달러가 될 수도 있다.

학습 연습 ▶ 보유비용이 연간 100%라면 결정은 어떻게 되겠는가? [답: 보유비용이 하루에 4.79달러더라도 비용이 적은 배송업체를 선택한다.]

학습목표 S11.4
배송 옵션 비용을 평가한다.

예제 S4는 배송비용과 보유비용만 알아본다. 운영 또는 물류 관리자에게는 납기를 맞추어야 하는 일정을 유지하는 조정, 신제품 출시, 고객을 행복하게 하는 점 등 다른 여러 고려사항이 더 있다.

다른 비용의 추정은 일일 보유비용 추정에 포함되어야 한다. 이러한 고려사항의 비용과 영향력을 결정하는 것은 운영 관리 업무에서 운송 대안 평가를 어려운 도전과제로 만든다.

창고 저장

많은 품목이 공급사슬을 움직일 때 저장은 중요한 과정이다. 미국에서만 13,000개 건물보다 많은 공간이 창고와 저장 공간으로 활용된다. 일부 창고는 축구장 몇 개를 이어놓은 것보다도 크고, 35%가 넘는 창고는 규모가 100만 제곱피트 이상이다. 이런 저장 시설은 자동 시설을 활용하고 복잡한 소프트웨어를 통해 추적하고 장소를 지정하고 무작위 장소에 품목을 최적화로 저장한다. 소프트웨어 코딩 시 잠재적 훼손, 크기, 무게, 오픈 장소, 혼합 주문, 픽업 순서, 사용 순서, 이동 시간 등을 고려한다. 제품 위치는 주문 시간과 저장 장소 모두의 효율성에 큰 차이를 만든다. 예제 S5에서 시설 관리에서 중요한 상충관계를 소개한다.

예제 S5

창고에 저장 위치 결정

에리카 마실락(Erika Marsillac)은 지역 전문 철물점 체인의 저장 창고를 관리하고 있다. 그림 S11.3에서 단일 통로 직사각형 창고에는 재고 품목을 위한 16개의 같은 크기의 저장 블록과 함께 픽업 및 배송을 위한 독(dock)이 있다.

그림 S11.3

창고의 저장 위치

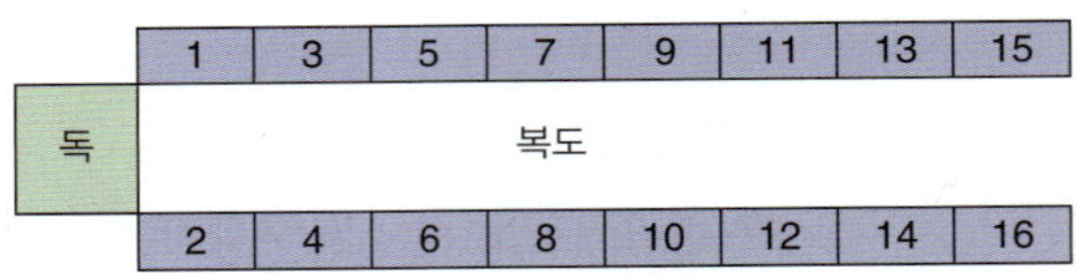

아래 표는 (1) 창고에서 각 품목이 저장되는 카테고리, (2) 직원이 이 품목을 저장하고 빼는 월간 추정 횟수, (3) 품목을 저장하는 데 필요한 저장 블록의 수를 보여준다. 에리카는 평균 이동거리를 최소화하는 저장 블록을 품목에 배정하고 싶어 한다.

품목	저장을 위한 월간 이동	필요한 저장 블록 수
잡동사니	600	5
페인트	260	2
연장	150	3
소형 하드웨어	400	2
화학용품 가방	90	3
전구	220	1

학습목표 S11.5
창고에서 저장 위치에 품목을 배분한다.

접근방법 ▶ 각 품목당 저장 지역의 블록 이동이 필요한 횟수의 비율을 계산하라. 비율에 따라 품목 순위를 매기고 독에서 가장 가까운 가장 높은 순위의 품목을 위치시킨다.

해결방법 ▶ 다음 표 각각의 품목 비율을 계산해 가장 높은 순위에서 낮은 순위로 품목 순서를 매긴다. 순위에 따라서 품목들은 가능하면 가장 가까운 남아 있는 독으로 배정된다.

품목	이동/블록	순위	배정 블록
잡동사니	600/5 = 120	4	6, 7, 8, 9, 10
페인트	260/2 = 130	3	3, 5
연장	150/3 = 50	5	11, 12, 13
소형 하드웨어	400/2 = 200	2	2, 4
화학용품 가방	90/3 = 30	6	14, 15, 16
전구	220/1 = 220	1	1

통찰력 ▶ 이 과정은 가장 가치 있는 품목을 배정한다. 가치는 이동 횟수이다. 이동 횟수를 최소화하기 때문에 우리는 앞쪽으로 가까워질수록 방문을 자주 해야 하는 품목을 배정한다. 저장 공간은 곧 '비용'을 의미한다. 우리는 뒤쪽으로부터 많은 공간을 차지하는 품목을 원한다. 왜냐하면 앞쪽으로 가까이 위치하면 매번 다수의 블록을 지나서 이동해야 하고 다른 분류의 품목을 저장하거나 빼내야 하기 때문이다. 가치와 비용의 교환은 이동과 블록 비율을 활용해 정해진다. 이 예에서는 잡동사니가 가장 높은 횟수의 이동임에도 불구하고 가장 많은 공간을 차지해 창고 중간 위치까지 밀려나게 된다.

학습 연습 ▶ 페인트의 주문 횟수는 월간 410회로 이동 증가가 기대된다. 이 변화는 저장 계획에 어떤 영향을 주겠는가? [답: 페인트와 소형 하드웨어의 저장 위치를 맞바꾼다.]

요약

수많은 도구가 공급사슬 관리자들이 정보에 기반 한 의사결정을 도울 수 있게 개발되었다. 우리는 이 보론에서 약간의 표본을 제공한다. 의사결정나무는 잠재적 재해로 인해 생기는 공급 방해로부터 보호받을 수 있는 최적의 공급업체 수를 정하는 데 도움을 준다. 채찍효과 측정은 각각의 공급사슬 구성원이 주문 변화를 감속시키는 데 공헌한다. 요인 가중치 접근법은 여러 기준에서 공급업체를 선정할 때 도움을 준다. 재고 보유비용은 전반적인 비용 영향을 비교해주며 더 나은 배송 방법을 계산해준다. 마지막으로 품목은 창고에서 가장 좋은 보관 위치를 결정하기 위해 (이동/보관 블록) 비율에 따라 순위가 매겨진다.

토론 문제

1. '특별한 이벤트' 위험과 '슈퍼 이벤트' 위험의 차이점은 무엇인가?
2. '슈퍼 이벤트'의 확률이 증가한다면 '특별한 이벤트' 위험의 중요성은 증가할 것인가, 감소할 것인가? 그 이유는 무엇인가?
3. '슈퍼 이벤트'의 확률이 감소한다면 다수의 공급업체 필요성 증가가 일어날 것인가?
4. 채찍효과의 영향을 설명하라.
5. 채직효과의 원인과 관련 해결방안을 설명하라.
6. 채찍효과 측정이 공급사슬 분석에 활용되는 방법을 설명하라.
7. 공급업체 선택에 있어서 요인 가중치 분석 방법을 포함한 유용한 잠재적 분류 작업을 설명하라.
8. 공급업체 선정 시에 요인 가중치 분석 결과에만 의존하는 경우의 잠재적 단점을 설명하라.
9. 느린 배송 방법의 단점을 설명하라.
10. 창고 배치 결정 외에 가치와 비용에 따르면 순위를 매기는 방법이 납득 가능하면 다른 활용은 무엇이 있는가?
11. 공급업체 평가 형식을 개발하고 대학 입학에 있어서 제공되는 교육의 비교를 나타내라. 자료를 채우고 가장 좋은 선택을 확인하라. 당신은 최고의 선택을 한 것인가? 그렇지 않다면 이유는 무엇인가?

문제 해결

문제 해결 S11.1

Jon Jackson Manufacturing은 새로운 장비 라인의 공급업체를 찾고 있다. 존은 2개의 공급업체로 선택지를 줄여 놓았다. 위험 완화를 믿으며 각각의 선택에 2개의 공급업체를 선택했다. 그러나 같은 시간대에 2개의 공급업체 모두 실패할 수 있는 것을 우려하고 있다. '샌프란시스코 옵션'에는 두 공급업체가 모두 샌프란시스코에 위치한다. 모두 안정적이고 신뢰성 있고 이익을 창출하는 기업이다. 그래서 존은 '특별한 이벤트' 위험을 두 기업 모두 0.5%로 설정했다. 그러나 샌프란시스코가 지진 발생 지역이라서 공급업체 모두 영향을 받을 수 있는 확률이 2%이다. '북아메리카 옵션'의 경우 캐나다와 멕시코에서 하나씩 공급업체를 활용한다. 이들은 성장하는 기업이다. 존은 '특별한 이벤트' 위험을 10%로 설정했다. 그러나 '슈퍼 이벤트' 확률로 두 공급업체에게 모두 영향을 주는 확률은 0.1%로 추정했다. 샌프란시스코 옵션의 경우 연간 구매비용은 500,000달러, 북아메리카 옵션의 경우 510,000달러이다. 총지연비용은 연간 800,000달러 손실이다. 최고의 옵션은 무엇인가?

해결책

식 (S11-1)을 활용해 총 지연 확률을 구하면 다음과 같다.

$$\text{샌프란시스코 옵션: } 0.02 + (1 - 0.02)0.005^2 = 0.02 + 0.0000245 = 0.0200245 \text{ 혹은 } 2.00245\%$$

$$\text{북아메리카 옵션: } 0.001 + (1 - 0.001)0.1^2 = 0.001 + 0.0099 = 0.01099 \text{ 혹은 } 1.099\%$$

$$\text{총 연간 예상비용} = \text{연간 구매비용} + \text{연간 예상 지연 비용}$$

$$\text{샌프란시스코 옵션: } 500{,}000\text{달러} + 800{,}000\text{달러}(0.0200245) = 500{,}000\text{달러} + 16{,}020\text{달러} = 516{,}020\text{달러}$$

$$\text{북아메리카 옵션: } 510{,}000\text{달러} + 800{,}000\text{달러}(0.01099) = 510{,}000\text{달러} + 8{,}792\text{달러} = 518{,}792\text{달러}$$

이 경우 샌프란시스코 옵션인 약간 비용이 덜 드는 것으로 보인다.

문제 해결 S11.2

지난 10주 동안 Michael's Metals의 기어 수요가 140, 230, 100, 175, 165, 220, 200, 178개이다. 마이클은 주간 주문을 140, 250, 90, 190, 140, 240, 190, 168개를 시행했다.

자료 표준편차는 엑셀 VAR.S 기능을 활용하거나 또는 각각의 x값 데이터를 식에 집어넣어 구할 수 있다.

표준편차 $= \dfrac{\Sigma(x - \bar{x})^2}{(n - 1)}$, 여기서 x는 데이터 세트의 평균이고 n은 데이터 세트의 숫자 가치이다. 식 (S11-2)를 이용해 이 회사의 10주간 채찍효과 측정치를 계산하라.

해결책

수요 평균 $= (140 + 230 + 100 + 175 + 165 + 220 + 200 + 178)/8 = 1{,}408/8 = 176$

수요 편차

$$= \frac{(140 - 176)^2 + (230 - 176)^2 + (100 - 176)^2 + (175 - 176)^2 + (165 - 176)^2 + (220 - 176)^2 + (200 - 176)^2 + (178 - 176)^2}{(8 - 1)}$$

$$= \frac{36^2 + 54^2 + 76^2 + 1^2 + 11^2 + 44^2 + 24^2 + 2^2}{7} = \frac{1{,}296 + 2{,}916 + 5{,}776 + 1 + 121 + 1{,}936 + 576 + 4}{7}$$

$$= \frac{12{,}626}{7} = 1{,}804$$

주문 평균 $= (140 + 250 + 90 + 190 + 140 + 240 + 190 + 168)/8 = 1{,}408/8 = 176$

주문 편차 =

$$= \frac{(140-176)^2+(250-176)^2+(90-176)^2+(190-176)^2+(140-176)^2+(240-176)^2+(190-176)^2+(168-176)^2}{(8-1)}$$

$$= \frac{36^2+74^2+86^2+14^2+36^2+64^2+14^2+8^2}{7} = \frac{1{,}296+5{,}476+7{,}396+196+1{,}296+4{,}096+196+64}{7}$$

$$= \frac{20{,}016}{7} = 2{,}859$$

식 (S11-2)에서 채찍효과 측정값은 2,859/1,804 = 1.58이다.

1.58은 1보다 크므로 회사는 공급사슬에서 채찍효과에 공헌한다.

문제 해결 S11.3

Office Supply Center of Mexico의 구매 관리자인 빅터 피멘텔(Victor Pimentel)은 종이 관련 새 공급업체를 찾고 있다. 가장 중요한 공급업체 기준은 종이 품질, 배송 신뢰성, 고객 서비스(C/S), 재정 상황이다. 그리고 그는 종이 품질이 각각의 다른 세 기준에 비해 2배 중요하다. 빅터는 두 공급업체로 선정 대상을 좁혀 놓았고 회사 직원들은 각 공급업체 기준을 1부터 100까지 설정했다.

	종이 품질	배송 신뢰성	고객 서비스	재정 상황
Monterrey Paper	85	70	65	80
Papel Grande	80	90	95	75

요인 가중치 접근법을 활용해 최고의 공급업체를 선정하라.

해결책

각각의 분야에 적당한 가중치를 정하려면 간단한 방정식 관계를 만들라.

x = 기준 2, 3, 4의 가중치

그러면 $2x + x + x + x = 100\%$, 즉 $5x = 100\%$ 혹은 $x = 0.2 = 20\%$이다.

그래서 종이 품질이 20% 가중치라면 총가중치는 40%, 다른 세 기준은 각각 20%이다.

다음 표는 요인 가중치 분석을 보여준다.

		Monterrey Paper		*Papel Grande*	
기준	가중치	점수(1~100점, 최고 100점)	가중치 × 점수	점수(1~100점, 최고 100점)	가중치 × 점수
종이 품질	.40	85	34	80	32
배송 신뢰성	.20	70	14	90	18
고객 서비스	.20	65	13	95	19
재정 상황	.20	80	16	75	15
총합	1.00		77		84

84가 77보다 크기 때문에 요인 가중치 방법에 따르면 Papel Grande가 공급업체로 선정되어야 한다.

문제 해결 S11.4

프랑스 자동차 회사가 매년 12만 대의 자동차를 영국으로 배송한다. 현 배송 방법은 페리를 활용해 영국해협을 건너며 평균 10일이 걸린다. 회사는 터널을 통해 철도로 배송하는 방안을 고민 중이다. 이 운송 방법은 이틀이 걸릴 것으로 추정되며, 터널을 통과하게 되면 차량마다 80달러의 추가 비용이 든다. 기업은 연간 25%의 보유비용이 있고 평균 각 차량의 배송 가치는

20,000달러이다. 어떤 운송 방법을 선택하겠는가?

해결책

$$\text{일일 보유비용} = (.25 \times 20{,}000\text{달러})/365 = 13.70\text{달러}$$

$$\text{터널을 활용한 총보유비용 절감} = (10 - 2) \times 13.70\text{달러} = 110\text{달러}$$

110달러 절감은 배송비용 80달러를 넘기 때문에 터널 옵션은 최고의 선택이다.
이러한 전환은 회사에 (120,000)(110달러 − 80달러) = 3,600,000달러의 연간 절감을 제공해줄 것이다.

연습 문제

Px 윈도우용 POM 또는 엑셀 OM으로 문제를 해결할 수 있음

문제 S11.1~S11.5는 공급사슬 재난위험 평가와 관련이 있다.

• **S11.1** '슈퍼 이벤트'의 확률과 '특별한 이벤트'의 확률을 어떤 방법으로 도출할 것인가? 어떤 요인들을 고려할 것인가?

•• **S11.2** 뉴멕시코 앨버커키의 반도체 공장 화재 사고와 관련해 Wellington Company는 주요 부품의 단일 소싱 전략을 멀티소싱으로 바꾸기로 정했다. 회사의 임원진은 '슈퍼 이벤트'로 앨버커키가 셧다운을 최소 2주 동안 할 수 있는 확률은 0.3%이고, 600,000유로의 재정적 손실을 초래할 것으로 예측했다. 그러나 공급업체의 '특별한 이벤트' 위험은 2%로 추정한다. 회사의 공급업체 수 평가는 각 공급업체를 관리하는 한계비용 10,000유로를 넘으면 안 된다. 3개까지 비슷한 공급업체가 가능해야 한다.

•• **S11.3** 문제 S11.2에서 Wellington Company는 '슈퍼 이벤트'의 확률을 0.2%로 재추정했다. 왜냐하면 앨버커키 공장의 중요한 안전 투자가 이루어졌기 때문이다. 추가로 2번째 3번째 공급업체도 품질 이유로 교체했다. 두 공급업체는 연간 관리 비용이 각각 20,000유로 든다. 첫 번째 공급업체가 첫 번째 선택이라 가정한다면 얼마나 많은 공급업체를 회사가 선택해야 하는가?

•• **S11.4** Johnson Chemicals는 공급업체 포트폴리오와 관련해 두 가지 옵션을 고려한다. 옵션 1은 지역의 2개 공급업체를 활용한다. 각각은 '특별한 이벤트' 위험으로 5%, '슈퍼 이벤트'가 두 공급업체를 한꺼번에 무력화할 확률은 1.5%이다. 옵션 2는 두 공급업체가 다른 나라에 위치한다. 각각의 '특별한 이벤트' 위험은 13%, '슈퍼 이벤트'가 두 공급업체를 한꺼번에 무력화할 확률은 0.2%이다.
(a) 옵션 1 활용 시 모든 공급업체가 방해받을 확률은 얼마인가?
(b) 옵션 2 활용 시 모든 공급업체가 방해받을 확률은 얼마인가?
(c) 어떤 옵션이 총 셧다운의 가장 낮은 위험도를 제공하는가?

•• **S11.5** Kryoneri Perfume Company는 버티버 기름의 공급업체로 두 가지 옵션을 고려 중이다. 첫 번째 옵션은 전 세계 베티버 오일의 절반을 공급하는 아이티에 위치한 2개의 공급업체를 활용하는 것이다. 각각의 '특별한 이벤트' 위험은 5%, '슈퍼 이벤트'로 특히 아이티가 지진을 겪을 시 두 공급업체가 모두 무력화될 확률은 15%이다. 두 번째 옵션은 일본에 위치한 2개의 공급업체를 활용하고 '특별한 이벤트' 위험은 1%, '슈퍼 이벤트'로 일본 지진 등 모든 공급업체가 무력화될 수 있는 확률은 2%이다. 어떤 옵션이 나은지 예측하라.

문제 S11.6~S11.9는 채찍효과 관리와 관련이 있다.

•• **S11.6** 다음 공급사슬 그림을 고려하라.

제조업체 → 유통업체 → 도매업체 → 판매업체

작년에 판매업체들의 수요 편차는 200개였다. 판매업체, 도매업체, 유통업체, 제조업체의 주문 편차는 500, 600, 750, 1,350개다.(주문의 변동은 해당 회사의 공급업체에 대한 수요의 변동과 같다.)
(a) 판매업체의 채찍효과를 측정하라.
(b) 도매업체의 채찍효과를 측정하라.
(c) 유통업체의 채찍효과를 측정하라.
(d) 제조업체의 채찍효과를 측정하라.
(e) 어떤 기업이 공급사슬 채찍효과에 가장 많이 공헌하는 것으로 보이는가?

• **S11.7** 지난 5주 동안 Winston's Winery의 와인 수요는 평균 1,890병, 수요 편차는 793,000병으로, 해당 기간 동안 매주 평균 1,900병을 주문하고 주문 편차는 1,805,000병이다.
(a) Winston's Winery의 와인 병의 채찍효과 측정은 무엇인가?
(b) Winston's Winery는 영향이 확장되는가, 안정되는가?

•• **S11.8** A제조업체는 다음 채널을 통해 해외 산업회사에 단일 제품을 생산하고 판매한다.

	수요 편차	주문 편차
제조업체	1000	1100
에이전트	1100	2000
유통업체	2000	4000
산업 회사	4000	9000

(a) 공급사슬 각각의 단계에서 채찍효과를 계산하라.
(b) 채찍효과 완화를 위해 관리자는 어떻게 해야 하는가?

••• **S11.9** 3개의 기업이 공급사슬 판매업체, 제조업체, 공급업체를 구성한다고 하자. 판매업체 수요는 8주 넘는 기간 동안 처음 2주 동안 100개, 두 번째 2주 동안 200개, 세 번째 2주 동안 300개, 네 번째 2주 동안 각각 200개이다. 아래 표는 공급사슬에서 각각의 기업에 의해 주문이 생성되는 것을 나타낸다. 공급사슬에서 규모의 경제를 통해 총 개수는 같고 기업이 공급사슬의 상류로 올라갈수록 주문은 커지고 빈번하지 않다는 점을 유의하라.
(a) 소매업체에 대한 채찍효과 측정은 무엇인가?
(b) 제조업체에 대한 채찍효과 측정은 무엇인가?
(c) 공급자에 대한 채찍효과 측정은 무엇인가?
(d) 그 영향과 관련해 어떤 결론을 도출할 수 있는가? 규모의 경제가 채찍 효과에 영향을 미칠 수 있다고 보는가?

주	판매업체	제조업체	공급업체
1	100	200	600
2	100		
3	200	400	
4	200		
5	300	600	1,400
6	300		
7	400	800	
8	400		

힌트: 데이터 세트의 표본 분산은 엑셀의 VAR.S 함수를 사용하거나 데이터 세트의 각 $\bar{x}$ 값을 공식에 삽입해 찾을 수 있다. 분산 $= \dfrac{\Sigma(x - \bar{x})^2}{(n - 1)}$은 데이터 세트의 평균이며 n은 세트 내 자료의 수이다.

문제 S11.10~S11.14는 공급업체 선정 분석과 관련이 있다.

•• **11.10** 버지니아주 리치몬드에 소재한 Eynan Enterprise의 구매 대행자로서 당신은 구매자에게 두 공급업체에게 최고, 좋음, 나쁨의 순서를 다양한 특성으로 제공한다. 제품의 가중치가 40%고 다른 세 가지 분류는 각각 20%이다. 구매자가 표 11.2와 같이 순위를 주었다. 두 공급업체 중 어떤 공급업체가 선택되는가? Px

표 S11.2 문제 S11.10과 S11.11을 위한 공급업체 순위 평가

공급업체 순위 평가

회사	훌륭함 (4)	좋음 (3)	괜찮음 (2)	부실함 (1)
재정 강점			K	D
제조 역량			KD	
연구 시설	K		D	
지리적 위치		K	D	
관리		K	D	
노사관계			K	D
무역 관계			KD	

서비스	훌륭함 (4)	좋음 (3)	괜찮음 (2)	부실함 (1)
적시 배송		KD		
문제 해결		KD		
기술적 지원		K	D	

제품	훌륭함 (4)	좋음 (3)	괜찮음 (2)	부실함 (1)
품질	KD			
가격			KD	
포장			KD	

판매	훌륭함 (4)	좋음 (3)	괜찮음 (2)	부실함 (1)
제품 지식			D	K
판매 콜			K	D
판매 서비스		K	D	

Donna Inc. = D
Kay Corp. = K

•• **S11.11** 문제 S11.10의 자료를 활용해 Donna Inc.와 Kay Corp.가 그들의 안 좋은 순위 평가를 '괜찮음'으로 바꿀 수 있다면 두 기업 순위를 어떻게 할 것인가? Px

•• **S11.12** Keskin Industries의 공급사슬 관리자 션 윌렘스(Sean Willems)가 표 11.3에 있는 자료를 두 공급업체를 위해 개발했다. 가중치와 순위에 기초에 어떤 공급업체를 선호하는가? Px

•• **S11.13** 문제 S11.2에서 션 윌렘스가 표 S11.3의 두 공급업

표 S11.3 문제 S11.12, S11.13, S11.14를 위한 공급업체 순위 평가

		Joglekar Technoloy, LLC	Siemsen Systems, Inc.
공급업체 기준	비중	점수(1~5점)(최고 5점)	점수(1~5점)(최고 5점)
엔지니어링 능력	20	5	4
프로세스 역량	20	4	4
비용	10	1	5
품질	20	4	4
일정에 맞는 성과	20	4	3
A/S	10	3	4
총합	100		

체 외에 잠재적인 세 번째 공급업체를 찾아냈다. 세 공급업체를 표 S11.3의 가중치를 활용해 평가하기를 원한다. 그는 세 번째 공급업체인 Fricker V-Tech, Ltd.의 점수를 엔지니어링 능력 5, 프로세스 역량 5, 비용 1, 품질 5, 일정에 맞는 성과 4, A/S 1로 매겼다. 어떤 공급업체가 가장 높은 점수를 받았는가? Px

•• **S11.14** 션 윌렘스는 표 S11.3으로 공급업체를 평가하고 문제 S11.13의 공급업체에 적용했는데 품질 관리자가 새로운 데이터는 Siemens Systems, Inc.가 품질을 망쳐서 2점을 품질 쪽에서 받았다. 세 공급업체 중 가장 높은 점수를 받은 곳은 어디인가? Px

문제 S11.15~S11.18은 운송 방법 분석과 관련이 있다.

•• **S11.15** 바젤에 공장이 있는 어떤 회사는 운송당 철도 250유로, 트럭 1,500유로의 비용으로 물품을 받고 있다. 이동 시간은 철도는 15일, 트럭은 5일이다.

(a) 일일 이동 재고 비용이 100유로이면 어떤 운송 방법이 가장 경제적인가?

(b) 일일 재고 보유비용이 50유로이면 총비용은 얼마인가?

(c) 운송 시스템을 설계할 때 고려해야 하는 원칙을 확인하라.

•• **S11.16** 문제 S11.15에서 세 번째 옵션의 데이터가 비용은 4,000달러, 시간은 20일이 걸리면 가장 경제적인 계획은 무엇인가?

•• **S11.17** 이집트의 해산물 공급업체인 Smoked Salmon은 사우디아라비아에 신선한 해산물을 공급하는 새로운 연간 계약을 체결했다. 이 계약의 가치는 800,000이집트파운드이고 예상 보유비용은 연간 20%다. 이 회사는 두 가지 가능한 운송 방법을 평가한다. 하나는 해상 운송, 하나는 항공 운송이다. 해상 운송은 2일이 걸리고 항공 운송은 1일이 걸리며 추가 비용은 500이집트파운드이다.

(a) 어떤 옵션이 더 경제적인가?

(b) 이 외에 운송 방법을 선택할 때 고려해야 하는 이슈는 무엇인가?

••• **S11.18** Nubia 섬유 매장은 하나의 제품을 중국에서 수입한다. 운송에는 통상 40일이 걸리고 개당 비용은 35이집트파운드이다. 제품 보유비용은 연간 30%다. 긴 운송 시간 때문에 관리자는 터키에서 공급품을 받는 가능성을 평가한다. 터키에서 받으면 배송 24일 단축되고 비용은 똑같다.

(a) 제품비용과 보유비용을 더하면 무엇인가?

(b) 터키 제품비용이 x라면, 터키에서 배송되면 제품비용과 보유비용의 합은 얼마인가?

(c) 중국보다 터키에서 만들어지는 구매가 더 선호되는 가치 x는 무엇인가?

문제 S11.19~S11.21은 창고 저장과 관련이 있다.

• **S11.19** Bell Electronics의 피터 벨(Peter Bell)은 고객 시장에서 컴퓨터 부품을 많이 유지한다. 그는 마더보드, 그래픽카드처럼 많은 작은 부품을 수백 개의 서랍 또는 캐비닛에 갖고 있다. 그는 이것들을 정리해 동선을 최소화하고 고객과의 접촉을 최대화하려고 한다.

품목	주간 이동 횟수	필요 공간(서랍)
A	300	60
B	219	3
C	72	1
D	90	10
E	24	3

(a) 어떤 품목이 카운터에 가깝게 저장되어야 하는가?

(b) 어떤 품목이 카운터에 가장 멀리 저장되어야 하는가?

•• **S11.20** Zeng's Reataurant Distributions의 사장인 에이미 정(Amy Zeng)은 수도권 식당에 상하지 않는 제품을 공급한다. 그녀는 모든 제품을 저장 지역에 저장하고 1개의 복도와 1개의 독을 사용한다. 제품은 5개로 분류된다. 아래 표는 각각의 분류에 월간 이동 횟수와 각각이 차지하는 저장 블록을 표시한다.

품목 카테고리	월간 이동	필요 장소(블록)
종이 제품	50	2
접시, 유리잔, 수저 등	16	4
세척제	6	2
조미료와 기름	30	2
냄비와 프라이팬	12	6

다음 그림이 16개 저장 블록의 확인 숫자를 제공한다. 각각의 품목 분류는 저장되어 있는 블록이 표시한다.

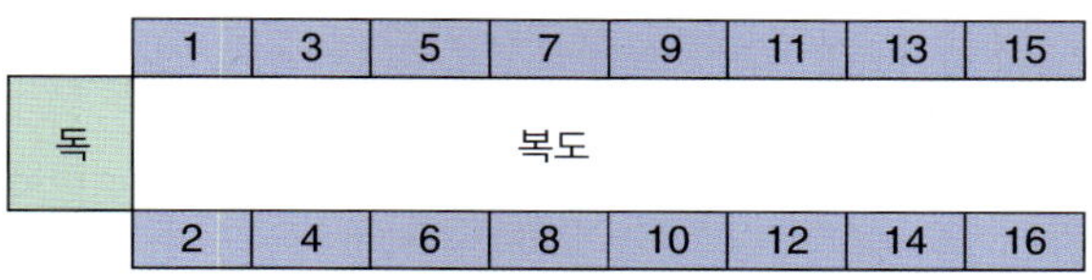

•• **S11.21** 식품 품목은 다음 표에 정리되어 있으며 유람선 여행은 7일 일정이다.

품목	항해마다 이동	필요 장소(블록)
A	2	1
B	160	8
C	16	1
D	40	4
E	24	2
F	15	1
G	4	1

아래 그림을 활용해 최소 평균 이동 거리를 위한 각 품목의 최적 저장 위치를 표시하라.

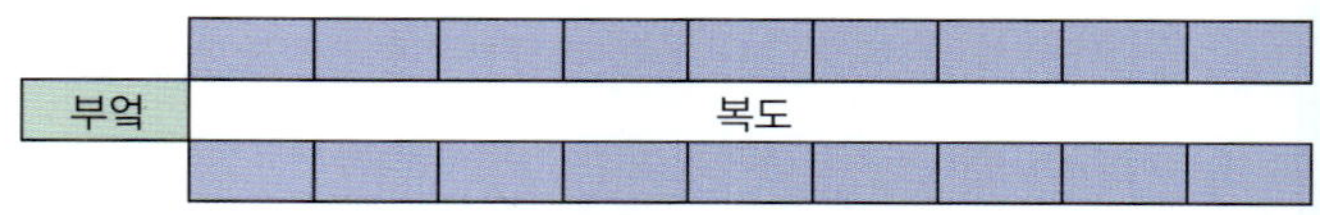

참고문헌

Berger, Paul D., Arthur Gerstenfeld, and Amy Z. Zeng. "How Many Suppliers Are Best? A Decision-Analysis Approach " *Omega* 32, no. 1 (February 2004): 9–15.

Chopra, Sunil. *Supply Chain Management: Strategy, Planning, and Operation*, 7th ed. Boston: Pearson, 2019.

Disney, Stephen M., and Marc R. Lambrecht. "On Replenishment Rules, Forecasting, and the Bullwhip Effect in Supply Chains." *Foundations and Trends in Technology, Information and Operations Management* 2, no. 1 (2007), 1–80.

Lee, Chieh, and Charles L. Munson. "A Predictive Global Sensitivity Analysis Approach to Monitoring and Modifying Operational Hedging Positions." *International Journal of Integrated Supply Management* 9, no. 3 (2015): 178–201.

Meena, Purushottam L., and Sarada P. Sarmah. "Supplier Selection and Demand Allocation under Supply Disruption Risks." *The International Journal of Advanced Manufacturing Technology* 83, no. 1–4 (2016): 265–274.

Roodbergen, Kees Jan, Iris FA Vis, and G. Don Taylor Jr. "Simultaneous Determination of Warehouse Layout and Control Policies." *International Journal of Production Research* 53, no. 11 (2015): 3306–3326.

Wang, Phanich P., S. Kara, and B. Kayis. "Analysis of the Bullwhip Effect in Multi-product, Multi-stage Supply Chain Systems—A Simulation Approach." *International Journal of Production Research* 48, no. 15 (August 2010): 4501–4517.

Supplement 11 *Rapid* Review

절 제목	내용 훑어보기

공급사슬 평가 기술

많은 공급사슬 메트릭스는 기업과 공급사슬 파트너들 간의 성과를 평가하기 위해 존재한다.

2011년에 발생한 도호쿠 지진과 쓰나미는 일본 동부를 황폐화했다. 경제적 영향력은 전 세계로 퍼져 갔고 제조업체들은 피해를 입은 지역에 위치한 공급업체에게 의존한 경우도 많았다. 일부 산업의 전 세계 제조업체는 공급사슬을 복구하는 데 6개월 또는 더 긴 시간이 걸렸다.

공급사슬 재난위험 평가

공급사슬을 방해하는 재난의 형태는 다양하다. 여기에는 토네이도, 화재, 허리케인, 태풍, 쓰나미, 지진, 테러도 포함된다. 기업은 중요한 부품에 대해 다수의 공급업체를 활용하고 총공급 지연 위험을 완화한다.

모든 공급업체가 한꺼번에 방해받을 확률은 다음과 같다.

$$P(n) = S + (1 - S)U^n \qquad \text{(S11-1)}$$

S = '슈퍼 이벤트'가 모든 공급업체를 한꺼번에 방해하는 확률
U = '특별한 이벤트'가 오직 한 공급업체만 방해하는 확률
L = 공급사슬에서 모든 공급업체가 방해받아 발생한 재무적 손실
C = 공급업체 관리를 위한 한계비용

슈퍼 이벤트가 일어나거나 슈퍼 이벤트는 일어나지 않았지만 특별 이벤트가 모든 공급업체에게 일어났다면 모든 공급업체가 동시에 방해받을 것이다.

슈퍼 이벤트 확률이 증가할수록 다수의 공급업체를 갖는 장점이 서서히 감소한다. 반대로 특별 이벤트의 많은 가치가 증가한다면 많은 공급업체가 필요할 확률이 증가한다.

이 두 현상을 종합하면 다수의 공급업체 활용 시 관리자는 모든 공급업체가 동시에 실패할 확률을 줄이기 위해 지리적으로 퍼져 있는 공급업체 활용을 고려할 수 있음을 시사한다.

의사결정나무는 운영 관리자가 공급업체 수에 대해 중요한 결정을 내릴 수 있게 도와준다.

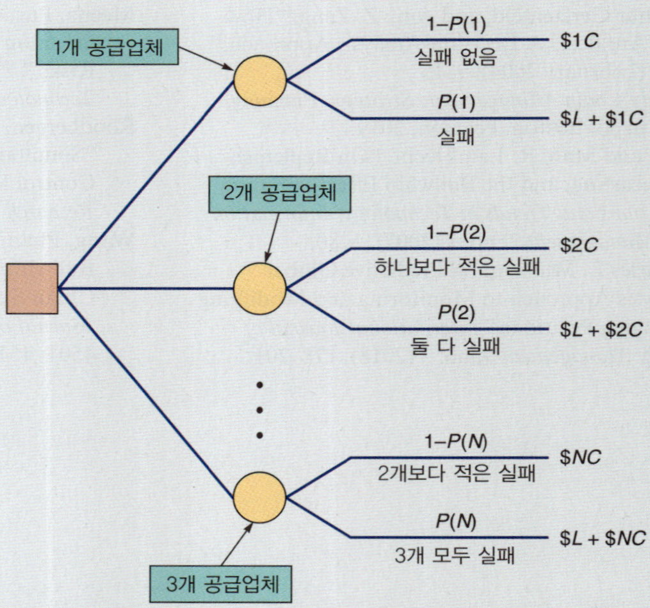

채찍효과 관리

수요 예측 업데이트, 주문 일괄처리, 가격, 수요 변동과 부족은 모두 정확하지 않은 정보를 만들어내고 공급사슬에서 왜곡과 변동으로 채찍효과를 초래한다.

- **채찍효과**: 주문 후 공급사슬 상류로 올라갈수록 생겨나는 주문의 변동폭 증가

'채찍효과' 변동은 불안정한 생산 일정을 만들어낸다. 이것은 비싼 용량 변화 적용을 만들어내고 추가 근무, 용역, 추가 재고, 이월주문, 채용과 해고, 기기 수리를 초래한다. 다른 영향으로 기기 미사용, 길어진 납기와 과다한 생산 품목을 들 수 있다. 채찍효과는 주문이 증가하거나 감소할 때도 일어난다. 인간 경향은 과도하게 반응하는 경향이 많아서 현상을 악화시키는 결정을 내리는 것을 초래한다.

	채찍효과의 해결방법은 공급사슬 구성원이 정보를 공유하고 협력하는 것이다. 4개의 주요 원인에 대한 구체적 해결방안은 다음과 같다. 수요 예측 오차: 공급사슬에서 수요 정보를 공유한다. 일괄주문: 주문 규모를 정할 때 공급사슬을 하나의 기업처럼 생각한다. 가격 변동: 매일 가장 낮은 가격을 수립한다. 부족 게이밍: 과거 수요를 기초로 주문을 배분한다. 채찍효과를 측정하는 가장 직접적인 방법은 채찍효과와 연결된 채찍효과 측정을 계산하는 것이다. $$\text{채찍효과} = \frac{\text{주문 분산}}{\text{수요 분산}} = \frac{\sigma^2_{\text{주문}}}{\sigma^2_{\text{수요}}} \quad \text{(S11-2)}$$ 분산 확대(채찍효과)는 만약 채찍효과 측정이 1보다 커지면 나타난다. 이는 기업의 주문이 기업의 들어오는 수요 규모보다 커질 때 변동을 거듭한다는 의미이다. 만약 채찍효과 측정이 1이면 분산 확대는 존재하지 않는다. 가치가 1보다 작으면 부드러운 수요 시나리오를 의미하며 공급사슬에서 공급업체로 주문이 올라갈 때 수요 변화가 심하지 않은 것을 의미한다.
공급업체 선정 분석	단순히 가장 낮은 가격에 입찰한다고 해서 공급업체를 선정하는 경우는 드물다. 다양하고 경쟁적인 요소가 의사결정에서 역할을 수행한다. 구매자는 공급업체의 특성, 즉 제품 품질, 배송 속도, 배송 신뢰성, 고객 서비스, 재무적 성과 등을 고려한다. 요인 가중치 기법은 다수의 공급업체 기준을 동시에 고려한다. 각각의 요인이 중요한 가중치로 배정되어야만 하고 각각의 잠재적 공급업체는 각각의 요인에 점수가 매겨진다. 가중치의 합은 100%이다. 요인들은 같은 척도로 점수가 매겨진다. 가끔은 숫자 스코어가 질적인 순위로 바뀌기도 한다.
운송 방법 분석	제품이 운송 과정에 오래 있을수록 기업은 더 많은 기간 동안 자본을 투자하는 것이다. 그러나 빠른 배송은 느린 배송보다 대체로 더 비싸다. 배송 옵션을 상대로 보유비용을 평가하는 시사점을 획득하는 간단한 방법은 트레이드오프이다. 제품의 일일 보유비용 = (일일 보유비용 × 제품 가치)/365 운영 또는 물류 관리자에게는 납기를 맞추어야 하는 일정을 유지하는 조정, 신제품 출시, 고객을 행복하게 하는 점 등 다른 여러 고려사항이 더 있다. 다른 비용의 추정은 일일 보유비용 추정에 포함되어야 한다.
창고 저장	창고에서 품목의 저장 위치를 결정할 때 비율에 따라 품목의 순위를 결정한다. (이동 횟수/필요한 저장 블록) 가장 높은 비율을 독에서 가장 가까운 위치에 놓는다.

셀프테스트

S11.1 어떤 조합이 가장 많은 수의 공급업체 활용이 필요한 결과를 가져오는가?

(a) 높은 가치의 S와 높은 가치의 U

(b) 높은 가치의 S와 낮은 가치의 U

(c) 낮은 가치의 S와 높은 가치의 U

(d) 낮은 가치의 S와 낮은 가치의 U

S11.2 전형적으로 채찍효과는 어느 수준의 공급사슬에서 가장 확연하게 드러나는가?

(a) 고객

(b) 공급업체

(c) 도매업체

(d) 판매업체

S11.3 공급업체 평가를 위한 요인 가중치 접근법의 특성이 아닌 것은?

(a) 양적인 점수를 질적인 기준에 적용한다

(b) 가중치 합은 100%이다

(c) 다수의 기준을 동시에 고려한다

(d) 주관적 판단이 적용한다

(e) 질적인 평가를 양적인 기준에 적용한다

S11.4 더 비싼 배송업체는 ________ 을 제공하는 경향이 있다.

(a) 빠른 배송과 낮은 보유비용

(b) 빠른 배송과 높은 보유비용

(c) 느린 배송과 낮은 보유비용

(d) 느린 배송과 높은 보유비용

S11.5 어떤 품목이 배송 독으로부터 가장 멀리 떨어진 창고 외곽에 저장되는가?

(a) 낮은 이동 숫자와 낮은 저장 블록 수
(b) 낮은 이동 숫자와 높은 저장 블록 수
(c) 높은 이동 숫자와 낮은 저장 블록 수
(d) 높은 이동 숫자와 높은 저장 블록 수

정답 S11.1. c S11.2. b S11.3. e S11.4. a S11.5. b

12 재고 관리

이 장의 구성

글로벌 기업 프로필: 아마존

- 재고의 중요성
- 재고 관리
- 재고 모델
- 독립수요 재고 관리 모델
- 확률 모델과 안전재고
- 단일 단계 모델
- 지정 기간 시스템

Beverly Amer/Aspenleaf Productions

Beverly Amer/Aspenleaf Productions

Beverly Amer/Aspenleaf Productions

10가지 운영관리 전략

- 제품과 서비스 설계
- 품질 관리
- 프로세스 전략
- 입지 전략
- 레이아웃 전략
- 인적자원
- 공급사슬 관리
- **재고 관리**
  - 총괄계획과 판매 및 운영 계획(13장)
  - 단기 일정계획
- 일정 계획
- 유지보수

CHAPTER 12

글로벌 기업 프로필
Amazon.com

아마존닷컴의 재고 관리

제프 베이조스(Jeff Bezos)가 1995년에 혁명적인 사업을 시작했을 때 아마존닷컴(Amazon.com)은 '가상' 소매업체, 즉 재고, 창고, 간접비 없는 기업으로 몇몇 컴퓨터가 단순히 책을 주문하고 다른 사람들이 책을 채우도록 승인하는 방식이었다. 그러나 그런 방식은 효과가 없었다. 현재는 전 세계 수백 개의 창고 선반에 있는 수십만 개의 상자 가운데 약 5억 개의 품목을 사용할 수 있다. 아마존의 소프트웨어는 아마존이 주문 접수, 처리, 청구서 발부 등을 판매할 정도로 훌륭하다.

Vados Loginov/Shutterstock

1. 시애틀에서 세 가지 품목과 컴퓨터 한 대를 주문한다. 컴퓨터가 당신의 주문(책, 게임, 디지털카메라)을 아마존의 대규모 미국 유통센터에 배정한다.

2. 물류센터의 '플로 마이스터(flow meister)'가 당신의 주문을 받는다. 플로 마이스터는 어떤 직원이 당신의 주문서를 맡을지 결정한다.

REUTERS/Alamy Stock Photo

3. 상품 포드 더미 아래에서 움직이는 키바 로봇이 당신의 주문 항목을 합칠 수 있는 곳으로 상품을 가져온다. 아마존은 로봇과 기술을 사용해 엄청난 주문량을 직원들이 있는 곳으로 가져다준다(근로자가 통로를 오르락내리락하지 않는다).

Ben Cawthra/Sipa USA/Newscom

4. 당신이 구매한 품목은 컨베이어 벨트 위 큰 노란색 상자에 실린다. 상자가 가득 차면 초당 약 90cm의 일정한 속도로 공장을 가로지르는 16km가 넘는 일련의 컨베이어 벨트를 타고 이동한다. 각 품목의 바코드는 기계와 600명의 노동자에 의해 15회 스캔된다. 반품은 비용이 많이 들기 때문에 목표는 오류를 0으로 줄이는 것이다.

Dino Fracchia/Alamy Stock Photo

5. 상자는 트럭에 실려 창고를 떠나기 전에 포장, 밀봉, 중량 측정 후 라벨을 붙인다. 공장은 일반적으로 하루 최대 20만 개의 택배를 발송하도록 설계되었다. 미국 우체국 택배를 통해 주문의 약 60%가 배송되고, 나머지는 모두 UPS를 통해 배송이 진행된다.

베이조스는 아마존의 고객 경험이 가장 저렴한 가격, 가장 빠른 배송, 오류가 없는 주문 이행 프로세스이길 기대하므로 아마존과의 추후 연락, 즉 매우 값비싼 교환 및 반품은 필요하지 않다.

방대한 재고를 정확하게 관리하는 것이 아마존이 창고 자동화와 관리의 세계적인 리더가 된 핵심이다. 재고를 수령, 처리, 보관하고 주문을 정확하게 '풀'하고 포장하는 데 3분 미만의 노동 투자가 필요하다. 그리고 이런 주문의 70%는 다중 제품이다. 이것이 아마존이 달성한 세계적 수준의 성과이자 뛰어난 벤치마크이다.

아마존에서 주문을 하면 재고 관리를 통해 경쟁력을 확보한 회사와 사업을 함께 하는 것이다.

Jeramey Lende/Alamy Stock Photo

6. 당신이 주문한 물건이 집 앞에 도착한다. 대개 1~2일 이내에 상품이 배송된다.

학습목표

12.1 ABC 분석을 수행한다.
12.2 주기 계산을 설명하고 사용한다.
12.3 독립재고 수요에 대한 EOQ 모델을 설명하고 사용한다.
12.4 재주문점 계산과 안전재고를 설명한다.
12.5 생산 주문 수량 모델을 적용한다.
12.6 수량할인모형을 설명하고 사용한다.
12.7 서비스 수준과 확률적 재고 모델을 이해한다.

재고의 중요성

아마존닷컴이 잘 알고 있듯이 재고는 많은 기업에서 가장 비싼 자산 중 하나이며 총 투자 자본의 50%를 차지한다. 전 세계 운영 관리자는 우수한 재고 관리가 중요하다는 것을 오래전부터 인식했다. 한편, 기업은 재고를 줄임으로써 비용을 줄일 수 있다. 그러나 생산이 중단될 수 있으며, 제품이 품절되면 고객은 불만을 갖게 된다. 재고 관리의 목적은 재고 투자와 고객 서비스 사이의 균형을 맞추는 것이다. 좋은 재고 관리 없이 저비용 전략을 달성할 수 없다.

모든 조직에는 일종의 재고 계획 및 제어 시스템이 있다. 은행에는 현금 재고를 통제하는 방법, 병원에는 혈액 공급 및 의약품 관리 방법, 정부 기관과 학교는 물론 거의 모든 제조업 및 생산 조직은 재고 계획 및 관리에 관심이 있다.

물리적 제품과 관련된 경우 조직은 생산 여부, 구매 여부를 결정해야 한다. 이 결정이 내려지면 다음 단계는 예측하는 것이다. 그다음 단계에서 운영 관리자는 수요에 부응하기 위해 필요한 재고를 결정한다. 이 장에서는 재고의 기능, 유형, 관리를 설명한다. 그런 다음 우리는 두 가지 기본 재고 문제인 주문량과 주문 시점을 다룬다.

재고의 기능

재고는 회사 운영에 유연성을 추가하는 여러 기능을 제공할 수 있다. 재고의 네 가지 기능은 다음과 같다.

1. 예상되는 고객의 요구에 맞는 상품 선정을 제공하고 수요의 변동으로부터 회사를 분리한다. 이러한 재고는 판매 시설에서 일반적이다.
2. 생산 공정의 다양한 부분을 분리한다. 예를 들어 회사의 공급이 변동하는 경우 공급업체와 생산 프로세스를 분리하기 위해 추가 재고가 필요할 수 있다.
3. 대량 구매 시 상품과 배송 비용을 감소시키므로 수량할인을 이용한다.
4. 인플레이션과 상승하는 가격 변화에 대비한다.

재고의 종류

원자재 재고
구매되었지만 생산 과정에는 투입되지 않은 재고

재공품 재고
원자재는 아니지만 그렇다고 완제품으로 완성되지는 않은 재고

재고 기능을 수용하기 위해 기업은 네 가지 유형의 재고, 즉 (1) 원자재 재고, (2) 재공품 재고, (3) 유지보수/수리/운영(MRO) 재고, (4) 완제품 재고를 유지한다.

원자재 재고(raw material inventory)는 구매했지만 처리되지 않은 재고이다. 이 재고는 공급업체를 생산 프로세스에서 별도로 분리하는 데 사용할 수 있다. 그러나 선호하는 접근 방식은 품질, 수량 또는 배송 시간의 공급자 변동성을 제거해 분리가 발생하지 않도록 하는 것이다. **재공품 재고**

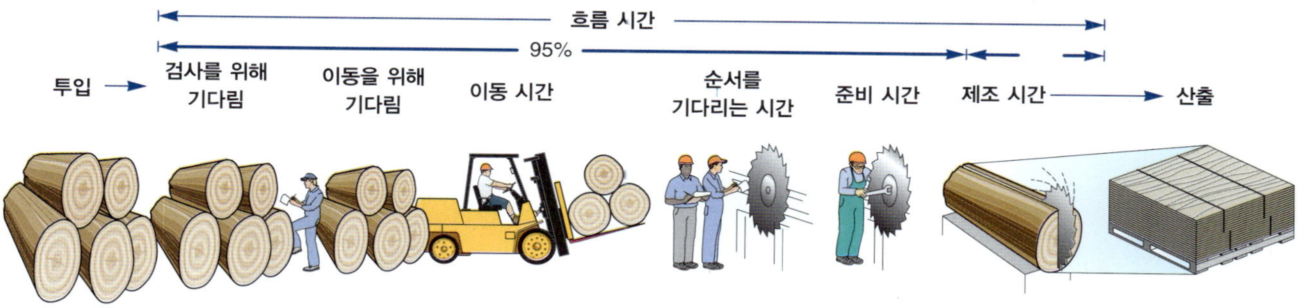

그림 12.1 **재료 흐름 주기**
95%의 흐름 시간은 대부분 제조 과정에 할애되며 생산적인 시간은 아니다.

[work-in-process(WIP) inventory]는 일부 공정을 거쳐 변경되었지만 완료되지 않은 구성품 또는 원자재이다. WIP는 제품이 만들어지기까지 걸리는 시간, 즉 흐름 시간 때문에 존재한다. 흐름 시간을 줄이면 재고가 줄어든다. 흔히 이 작업은 어렵지 않다. 제품이 '제작'되는 대부분의 시간 동안은 실제로는 유휴 상태이다. 그림 12.1에서 볼 수 있듯이 실제 작업 시간 또는 '실행' 시간은 재료 흐름 시간의 작은 부분이며 약 5% 정도이다.

유지보수/수리/운영 재고[maintenance/repair/operating(MRO) inventory]는 기계 및 프로세스의 생산성을 유지하는 데 필요한 유지보수/수리/운영 공급품에 전념하는 재고이다. 어떤 설비는 유지보수의 필요성과 타이밍을 잘 모르기 때문에 MRO 재그가 존재한다. MRO 재고에 대한 수요는 종종 유지보수 일정의 기능에 따라 계획되지만 일정에 없는 MRO 수요도 예상되어야 한다. **완제품 재고**(finished-goods inventory)는 출하 대기 중인 완제품이다. 미래의 고객 요구를 알 수 없기 때문에 재고 관리 완제품은 재고가 있을 수 있다.

유지 보수/수리/운영(MRO) 재고
유지보수, 수리, 운영 자재

완제품 재고
완성된 제품으로 판매 준비 중인 재고지만 아직까지 자산으로 잡혀 있음

재고 관리

운영 관리자는 재고 관리를 위한 시스템을 구축한다. 이 절에서는 그러한 시스템의 두 가지 요소, 즉 (1) 재고 품목을 분류할 수 있는 방법(ABC 분석)과 (2) 정확한 재고 기록을 유지할 수 있는 방법을 볼 것이다. 그런 뒤 우리는 서비스 산업 부문의 재고 관리를 볼 것이다.

ABC 분석

ABC 분석(ABC analysis)은 연간 달러를 기준으로 현 재고를 세 가지 분류로 나눈다. ABC 분석은 파레토 원리로 알려진 재고 응용 프로그램이다. 파레토 원리는 '중요한 소수와 하찮은 다수'가 있다는 것을 말한다. 아이디어는 재고 정책을 수립하는 데 많은 사소한 부품이 아닌 몇 가지 중요한 재고 부품에 자원을 집중하는 것이다. 매우 비싼 품목과 동일한 강도로 저렴한 품목을 모니터링하는 것은 현실적이지 않다.

ABC 분석
연간 달러 거래량을 바탕으로 유지 재고를 세 가지 분류로 나누는 방법

ABC 분석을 위한 연간 달러 거래량을 결정하기 위해 연간 수요를 측정하는데 이는 각 재고 품목에 단위당 비용을 곱한 값이다. 클래스 A 항목은 연간 달러 거래량이 높다. 이러한 품목은 전체 재고 품목의 약 15%만 차지할 수 있지만, 그들은 총 달러 사용량의 70~80%를 차지한다. 클래스 B 항목은 중간 정도의 연간 달러 거래량 재고 품목이다. 이러한 품목은 재고 품목의 약 30%를 차지할 수 있으며 총가치의 15~25%를 차지한다. 연간 달러 거래량이 적은 것은 클래스 C이며, 연간 달러 거래량의 5%에 불과하지만 전체 재고 품목의 약 55%를 차지한다.

그림 12.2

ABC 분석의 그래프 표현

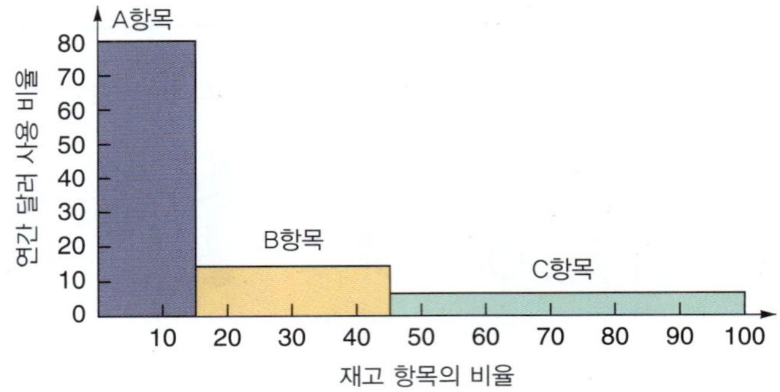

그래프적으로 볼 때 많은 기업의 재고가 그림 12.2에서처럼 표현된다.

예제 1

칩 제조업체를 위한 ABC 분석

초고속 DRAM 칩 제조업체인 Silicon Chips, Inc.는 ABC 분석을 사용해 10가지 주요 재고 항목을 분류하려고 한다.

접근방법 ▶ ABC 분석은 연간 달러 수량 기준으로 항목을 구성한다. 아래(1~4열)에는 10개 항목(재고 번호로 식별), 연간 수요와 단위 비용이 나와 있다.

해결방법 ▶ 연간 달러 거래량은 5열에서 계산되고 6열에서는 각 항목이 나타내는 총계 백분율과 함께 계산된다. 7열에서는 10개 항목을 A, B, C범주로 그룹화한다.

ABC 분석 계산

(1) 재고 항목 번호	(2) 재고 항목 수 비율	(3) 연간 수량 (단위)	×	(4) 단위 비용	=	(5) 연간 달러 거래량	(6) 연간 달러 거래량 퍼센트		(7) 클래스
#10286	20%	1,000		90.00달러		90,000달러	38.8%	72%	A
#11526		500		154.00		77,000	33.2%		A
#12760	30%	1,550		17.00		26,350	11.3%	23%	B
#10867		350		42.86		15,001	6.4%		B
#10500		1,000		12.50		12,500	5.4%		B
#12572	50%	600		14.17		8,502	3.7%	5%	C
#14075		2,000		.60		1,200	.5%		C
#01036		100		8.50		850	.4%		C
#01307		1,200		.42		504	.2%		C
#10572		250		.60		150	.1%		C
		8,550				232,057달러	100.0%		

통찰력 ▶ A, B, C범주로의 분류는 어렵지 않고 빠르지 않다. 목적은 '중요한 것'과 '중요하지 않은 것'을 분리하는 것이다.

학습 연습 ▶ 품목 #10286의 단가가 90.00달러에서 120.00달러로 증가했다. 이것이 ABC 분석에 어떤 영향을 미치는가? [답: 총 연간 달러 거래량은 30,000달러 증가해 262,057달러이며, 2개의 A항목이 현재 그 금액의 75%를 차지한다.]

학습목표 12.1

ABC 분석을 수행한다.

연간 달러 거래량 이외의 기준에 따라 품목 분류가 결정될 수 있다. 예를 들어 높은 부족 또는 유지비용, 예상되는 엔지니어링 변경, 배송 문제, 또는 품질 문제로 인해 품목을 더 높은 분류로 업그레이드해야 할 수 있다. 재고 항목을 클래스로 나누면 각 분류별로 각각의 정책과 관리를 허용 가능하게 하는 장점이 있다.

ABC 분석을 기반으로 할 수 있는 정책에는 다음이 포함된다.

1. 공급자 개발에 소비되는 구매 자원은 개별 C품목보다 A품목이 훨씬 높아야 한다.
2. B, C품목과 달리 A품목은 재고 관리가 더 엄격해야 한다. 아마도 그들은 더 안전한 지역에 속하고 재고 기록의 정확성도 높아야 할 것이다. A품목의 경우 더 자주 확인해야 한다.
3. A품목은 다른 항목을 예측하는 것보다 더 많은 주의가 필요하다.

더 나은 예측, 물리적 제어, 공급업체 신뢰성, 궁극적인 재고 감소는 ABC 분석과 같은 분류 시스템의 결과일 수 있다.

기록 정확도

기록의 정확성은 재고 관리, 생산 일정 수립, 그리고 궁극적으로는 매출이 전제조건이다. 정확성은 주기적 또는 영구적 시스템을 통해 유지될 수 있다. **주기적 시스템**은 보유 수량을 결정하기 위해 정기적인(주기적인) 재고 확인이 필요하다. 공급업체가 재고를 관리하는 일부 소규모 소매업체 및 시설(공급업체가 보유 수량을 확인하고 필요한 경우 재보급)이 이러한 시스템을 사용한다. 그러나 검토 사이의 통제가 부족하고 수량 부족을 방지하기 위해 추가 재고를 보유해야 한다는 단점이 있다.

주기 시스템의 변형은 **투빈 시스템**(two-bin system)이다. 실제로 매장 관리자는 2개의 컨테이너(각 컨테이너에는 필요한 시간 동안 수요를 충당할 수 있는 충분한 재고가 있음)를 준비하고 첫 번째 컨테이너가 비어 있을 때 다른 주문을 받는다.

또는 **영구 재고**는 지속적 기반으로 입고 및 재고 공제를 모두 추적한다. 영수증은 일반적으로

OM in Action 밀턴 브래들리의 재고 정확성

해즈브로(Hasbro, Inc.)의 한 부서인 밀턴브래들리(Milton Bradley)는 장난감을 150년 동안 제조했다. 1860년 밀턴 브래들리(Milton Bradley)가 설립한 이 회사는 에이브러햄 링컨의 석판화를 만드는 것에서 시작했다. 그의 인쇄 기술을 사용해 브래들리는 인생게임(The Game of Life), 뱀사다리 게임(Chutes and Ladders), 캔디랜드(Candy Land), 스크래블(Scrabble), 라이트 브라이트(Lite Bright) 등을 개발했다. 오늘날 회사는 수십억 개의 플라스틱 부품이 필요한 수백 개의 게임을 생산하고 있다.

밀턴브래들리가 각 생산 실행에 대한 최적의 수량을 결정한 후에는 적절한 게임의 일부로 이를 만들고 조립해야 한다. 일부 게임에는 스피너를 포함해 호텔, 사람, 동물, 자동차 등 말 그대로 수백 개의 플라스틱 부품이 필요하다. 제조 책임자인 게리 브레넌(Gary Brennan)에 따르면 올바른 수의 부품을 올바른 장난감에 공급하고 생산 라인을 운영하는 것은 회사의 신뢰성에 가장 중요한 문제이다. 일부 주문에는 20,000개 이상의 완벽하게 조립된 게임이 필요하며 며칠 만에 창고로 배달된다.

부품과 조각의 수가 잘못된 게임은 불행한 고객을 만들어낼 수 있다. 추가 부품을 공급하거나 장난감이나 게임을 반품하면 밀턴브래들리도 시간과 비용이 많이 든다. 조립 단계에서 결함을 발견하면, 문제를 해결할 때까지 전체 생산을 중지한다.

손이나 기계로 부품을 세는 것이 항상 정확한 것은 아니다. 결과적으로 밀턴브래들리는 이제 조각과 완성된 게임의 무게를 측정하며 올바른 수의 부품이 포함되었는지 확인한다. 만약 무게가 정확하지 않으면 배송 전에 해결할 문제가 있는 것이다. 매우 정밀한 디지털 저울 덕분에 밀턴브래들리는 이제 적절한 시간에 적절한 게임을 얻는다. 이 단순한 혁신 없이는 회사의 가장 정교한 생산 일정은 의미가 없다.

출처: *Forbes*(February 7, 2011); *The Wall Street Journal*(April 15, 1999).

이 병원에서는 수직 회전하는 저장 캐러셀이 저장 공간을 절약하기 위해 수백 개의 중요한 아이템에 동시에 빠른 액세스를 제공한다. 이 옴니셀 재고 관리 캐러셀은 안전하고 바코드 레이블을 인쇄하는 장점이 있다.

일부 반자동 시스템의 수신 부서에 기록된다. 이는 바코드 판독기를 통한 방법과 같은 방식으로, 항목이 창고를 떠날 때 지출이 기록된다. 또는 소매점에서는 POS(point-of-sale) 금전 등록기에서 기록된다.

재고 시스템에 관계없이 기록의 정확성은 양호한 입출고와 보안을 요구한다. 창고는 접근이 제한되며 기록이 보관되고, 시설 관리 및 고정된 양의 재고를 보관한다. 제조업체와 판매업체 시설 공간에서는 개별 품목은 반드시 보관하고 라벨을 부착해야 한다. 정확한 주문, 일정, 배송에 대한 의미 있는 결정은 오직 회사가 재고 보유 사실을 알고 있을 때 이루어진다.

주기 계산

주기 계산
재고 기록과 함께 지속적인 재고 파악을 하는 것

학습목표 12.2
주기 계산을 설명하고 사용한다.

조직이 재고를 정확하게 기록하기 위해 상당한 노력을 기울였을지라도 지속적인 감사를 통해 기록을 확인해야 한다. 이러한 감사를 **주기 계산**(cycle counting)이라고 한다. 역사적으로 많은 기업이 연간 총실사를 수행했다. 이런 실행은 종종 폐쇄를 의미해 시설을 셧다운하고 경험이 없는 사람들이 부품과 재료를 세게 한다. 재고 기록은 주기 계산을 통해 확인해야 한다. 주기 계산은 ABC 분석을 통해 개발된 재고 분류를 사용한다. ABC 분석을 통해 주기 계산 절차를 사용하면 항목이 계산되고 기록이 확인되며 부정확성은 주기적으로 문서화된다. 그런 다음 부정확성의 원인을 추적하고 재고 시스템의 무결성을 보장하기 위해 적절하게 시정 조치가 취해진다. A항목은 한 달에 한 번씩 자주 계산되고, B항목은 분기에 한 번씩 계산된다. C항목은 6개월에 한 번 계산된다.

주기 계산할 특정 품목은 매일 순차적으로 또는 무작위로 선택할 수 있다. 또 다른 옵션은 재주문할 때 품목을 순환 실사하는 것이다.

예제 2 Cole's Trucks, Inc.의 주기 계산

고품질 쓰레기 수거차 제조업체인 Cole's Trucks, Inc.의 재고는 약 5,000개이다. 회사는 매일 순환할 항목 수를 결정하려고 한다.

접근방법 ▶ 여름 동안 밝고 젊은 OM 학생인 매트 클라크(Matt Clark)를 고용한 후 회사는 A항목 500개, B항목 1,750개, C항목 2,750개를 가지고 있다고 결정했다. 회사 정책은 모든 A항목을 매월(매 20근무일), 모든 B항목을 분기별로(매 60근무일), 모든 C항목을 6개월마다(매 120근무일) 계산하는 것이다. 그런 다음 회사는 매일 계산할 몇 가지 항목을 할당한다.

해결방법 ▶

항목	수량	주기 계산 정책	계산한 항목 수
A	500	매월(20근무일)	500/20 = 25/일
B	1,750	매분기(60근무일)	1,750/60 = 29/일
C	2,750	매 6개월(120근무일)	2,750/120 = 23/일
			77/일

통찰력 ▶ 77개 품목에 대한 이 일일 감사는 1년에 한 번 대규모 재고 실사를 수행하는 것보다 훨씬 더 효율적이고 정확하다.

학습 연습 ▶ 회사는 일부 B 및 C항목을 재분류해 현재 1,500개의 B항목과 3,000개의 C항목이 있다. 이것은 주기 수를 어떻게 변경하는가? [답: B와 C는 모두 하루에 25개 항목으로 변경되어 하루에 총 75개 항목이 된다.]

주기 계산에는 다음과 같은 이점도 있다.

1. 연간 물리적 재고 작업에 필요한 생산 중단을 제거한다.
2. 연간 재고 조정을 제거한다.
3. 숙련된 직원이 재고의 정확성을 감사한다.
4. 오류의 원인을 식별하고 수정 조치를 취한다.
5. 정확한 재고 기록을 유지한다.

서비스 재고 통제

우리 경제의 서비스 부문은 그렇지 않다고 생각할 수 있지만 재고가 있는 경우는 거의 없다. 도소매업은 방대한 재고를 보유하고 있어 재고 관리가 중요하다. 외식업은 재고 관리가 성공과 실패를 좌우하는 경우가 많다. 또한 창고에서 운송 중이거나 유휴 상태인 재고는 가치를 상실한다. 마찬가지로 판매 전에 손상되거나 도난당한 재고도 손실이다. 소매업에서 입고와 판매 시점 사이에 설명할 수 없는 재고를 **수축**(shrinkage)이라고 한다. 수축의 발생은 손상 및 도난뿐만 아니라 엉성한 서류 작업도 원인이다. 목록 절도는 **절도**(pilferage)라고도 한다. 판매 중 1%의 소매 재고 손실은 준수한 것으로 간주되며, 많은 상점이 3%가 넘는 재고 손실을 본다. 수익성에 미치는 영향이 크므로 재고 정확성 및 통제는 중요하다. 서비스 재고 통제에 적용 가능한 기술은 다음과 같다.

수축
입고와 판매 사이에 계산되지 않은 판매 재고

절도
재고 손실을 이야기함

1. **좋은 인재 선발, 훈련, 규율**: 결코 쉽지는 않지만 직원이 직접 작업 상품을 다루어야 하기 때문에 외식업, 도소매업에서 꼭 필요하다.
2. **들어오는 선적물에 대한 엄격한 통제**: 이 작업은 들어오는 모든 선적물을 읽고 구매 주문에 대한 집계를 자동으로 확인하는 범용 제품 코드(또는 바코드) 및 RFID 시스템을 사용해 많은 회사에서 해결하고 있다. 적절하게 설계된 경우 [이러한 시스템은 각 재고 보관 단위(SKU, 'skew'로 발음됨)에는 고유한 식별자가 있으므로] 문제가 거의 생기지 않는다.
3. **시설을 떠나는 모든 물품의 효과적인 통제**: 이 작업은 코드, RFID 태그 또는 상품의 마그네틱 선과 직접 관찰을 통해 수행된다. [코스트코(Costco)나 샘스클럽(Sam's Club) 같은 상점에 있는] 직접 관찰 출구에 상주하는 직원이 잠재적으로 높은 손실 영역에 위치하고 단방향 거울 및 감시 비디오의 형태를 취할 수 있다.

성공적인 소매 운영에는 정확한 재고, 적절한 위치와 함께 매우 우수한 매장 수준의 통제가 필요하다. 주요 소매업체는 불량하거나 부정확한 정보로 인해 전체 이익의 10~25%를 잃는다.[1]

Courtesy of Pro Glove

재고 관리자는 프로글러브(ProGlove) 같은 바코드 리더를 사용해 하나의 주문마다 4초를 절약한다. 이 기기는 무선접속과 USB가 장착되어 있어 직원들이 오차를 파악하고 작업흐름을 추적할 수 있다. 빠르고 정확한 데이터로 항목이 쉽게 검증되고 재고와 배송의 정확성을 향상한다.

OM in Action 소매의 마지막 10미터

소매 관리자는 재고 및 관리에 막대한 자원을 투입한다. 소매 재고가 총자산의 36%를 차지하며 상점은 소매 품목 6개 중 1개는 고객이 사용할 수 있다고 생각하지 않는다! 놀랍게도 재고의 3분의 2는 잘못 기록되었다. 제품을 사용할 수 없는 이유는 잘못된 주문, 잘못된 재고, 잘못된 라벨링, 상품 교환 오류 및 상품이 잘못된 위치에 있기 때문이다. 바코드, RFID, IT에 대한 막대한 투자에도 불구하고 소매 재고 관리의 마지막 10미터는 재앙이다.

소매 수준의 엄청난 수와 다양한 재고 보관 단위(stock keeping unit, SKU)가 재고 관리를 더 복잡하게 만든다. 고객이 정말로 32가지의 크레스트(Crest) 치약이나 26가지의 콜게이트(Colgate) 치약이 필요할까? SKU의 확산은 혼란, 매장 규모, 구매, 재고 및 재고 비용, 이후의 인하 비용을 증가시킨다. SKU가 너무 많아 매장 공간이 협소하고 많은 제품의 전체 케이스를 보여주는 것은 라벨링 및 '깨진 케이스' 문제를 뒷방에서 발생하게 한다. 미국 내 4위 식품 유통업체 슈퍼밸류(SuperValu)는 재고 보관 수를 25% 줄이면서 비용을 절감하고 자체 매장 브랜드 아이템에 초점을 맞춘다. 물론 연구 결과는 쇼핑객이 많은 제품의 디스플레이에 매료된다고 밝혔지만 그들은 제한된 선택을 할 수 있는 디스플레이서 구매할 가능성이 더 높다.

배달 리드타임의 변동 감소, 예측 정확도 개선, SKU의 많은 다양성 절감은 모두 도움이 된다. 그러나 재고의 중요성에 대한 직원 훈련 및 교육 관리는 마지막 100야드를 개선하는 더 좋은 방법일 수 있다.

출처: *The Wall Street Journal*(January 13, 2010); *Onward*(Summer, 2017); *Harvard Business Review*(February, 2011); *California Management Review*(Spring 2001).

재고 모델

우리는 다양한 재고 모델과 관련된 비용을 조사한다.

소형 리더는 RFID 태그를 스캔할 수 있고 들어오고 나가는 배송 모두를 제어하는 데 도움을 준다.

독립적 수요와 종속적 수요

재고 관리 모델은 품목에 대한 수요가 다른 항목에 대한 수요에 독립적이거나 종속적이라고 가정한다. 예를 들어 냉장고에 대한 수요는 토스터 오븐에 대한 수요와 무관하다. 그러나 토스터 오븐 구성요소에 대한 수요는 토스터 오븐의 요구사항에 종속적이다.

이 장에서는 수요가 **독립적**인 재고 관리에 중점을 두며, 14장에서 **종속** 수요 관리를 설명한다.

보유, 주문, 설정 준비 비용

보유비용
재고를 보관하고 유지하는 비용

주문비용
재고 주문 과정 비용

준비비용
생산과정에 필요한 기기나 과정을 준비하는 비용

보유비용(holdign cost)은 시간이 지남에 따라 재고를 보유하거나 유지하는 것과 관련된 비용이다. 그러므로 보유비용에는 노후화 및 보험, 추가 비용과 같은 보관 관련 비용도 포함된다. 많은 기업이 모든 재고 보유비용을 포함하지 않는다. 결과적으로 재고 보유비용은 종종 과소평가된다.

주문비용(ordering cost)은 소모품, 양식, 주문 처리, 구매, 사무 지원 등을 포함한다. 주문이 이루어질 때 주문비용도 존재하지만 그 일부는 준비비용이라고 한다. **준비비용**(setup cost)은 주문 제조를 위해 기계 또는 프로세스를 준비하는 데 드는 비용이다. 여기에는 도구나 홀더를 청소하고 교체하는 데 드는 시간과 노동이 포함된다. 운영 관리자는 준비 비용을 줄이고 효율적인 절차인 전자 주문 및 지불을 사용해 주문비용을 낮출 수 있다.

제조 환경에서 준비비용은 준비 시간과 밀접한 관련이 있다. 대개 작업장에서 준비가 실제로 수행되기 전에도 상당한 양의 작업이 필요하다. 적절한 계획을 세우면 준비에 필요한 많은 작업을 기계 또는 프로세스를 종료하기 전에 수행할 수 있다. 따라서 준비 시간을 상당히 줄일 수 있다. 전통적으로 설정하는 데 몇 시간이 걸리던 기계 및 프로세스가 이제는 보다 상상력이 풍부한 세계적 수준의 제조업체 덕분에 1분도 채 걸리지 않는다. 준비 시간을 줄이는 것은 재고 투자를 줄이고 생산성을 향상시키는 훌륭한 방법이다.

표 12.1 재고비용 결정

항목	비용(재고가치의 비율 범위)
하우징 비용(렌트비용, 감가상각비용, 보험, 세금, 운영비용)	6%(3~10%)
자재처리비용(장비 리스, 감가상각, 전기, 운영비용)	3%(1~3.5%)
인력비용(재고 수령, 창고 관리, 보안)	3%(3~5%)
투자비용(차용비용, 세금, 재고보험)	11%(6~24%)
손실, 스크랩, 노후(태블릿, 스마트폰 등 갑작스러운 변화를 겪는 산업에서 높음)	3%(2~5%)
전반적인 유지비용	26%

주: 모든 숫자는 추정임. 사업 성격, 위치, 현재 이자율 등에 전적으로 의존하고 변화가 심함

독립수요 재고 관리 모델

이 절에서는 **주문 시점**과 **주문량**이라는 두 가지 중요한 질문을 해결하는 세 가지 재고 모델을 소개한다. 이러한 독립 수요 모델은 다음과 같다.

1. 기본 경제적 주문량(EOQ) 모델
2. 생산 주문 수량 모델
3. 수량 할인 모델

기본 경제적 주문량(EOQ) 모델

경제적 주문량(EOQ) 모델[economic order quantity(EOQ) model]은 가장 일반적으로 사용되는 재고 관리 기법 중 하나이다. 이 기술은 비교적 사용이 쉽지만 몇 가지 가정을 기반으로 한다.

경제적 주문량(EOQ) 모델
재고 관리 기술로서 총주문비용과 유지비용을 최소화하는 것

1. 품목의 수요가 알려져 있고 합리적으로 일정하며 다른 제품 관련 결정과 무관하다.
2. 납기, 즉 주문을 배치하고 수령하는 사이의 시간을 알고 있으며 일관적이다.
3. 재고 수령은 즉각적이고 완전하다. 즉 재고 주문은 한 번에 한 주문으로 도착한다.
4. 수량 할인은 불가하다.
5. 유일한 변동비용은 준비 또는 주문(준비 또는 주문 비용) 및 시간 경과에 따른 재고 보유 또는 보관 비용(보유 또는 운반 비용)이다.
6. 적시에 주문하면 품절(부족)을 완전히 피할 수 있다.

학습목표 12.3
독립재고 수요에 대한 EOQ 모델을 설명하고 사용한다.

이러한 가정을 통해 시간 경과에 따른 재고 사용량 그래프는 톱니 모양을 하고 있다. 그림 12.3에서 Q는 주문량을 나타낸다. 이 금액이 드레스 500벌이면, 500벌 모두 한 번에 도착한다(주문 접수 시). 따라서 재고수준은 0으로부터 500까지 올라간다. 일반적으로 주문이 도착하면 재고수준은 0에서 Q까지 올라간다.

주문량이 시간이 지나도 일정하기 때문에 재고는 시간이 지나도 동일한 비율로 떨어진다. 그림 12.3에서는 재고를 받을 때마다 재고수준이 수직선인 Q개로 올라간다. 이 과정은 시간이 지나면서 끊임없이 이어진다.

그림 12.3
시간 경과에 따른 재고 사용

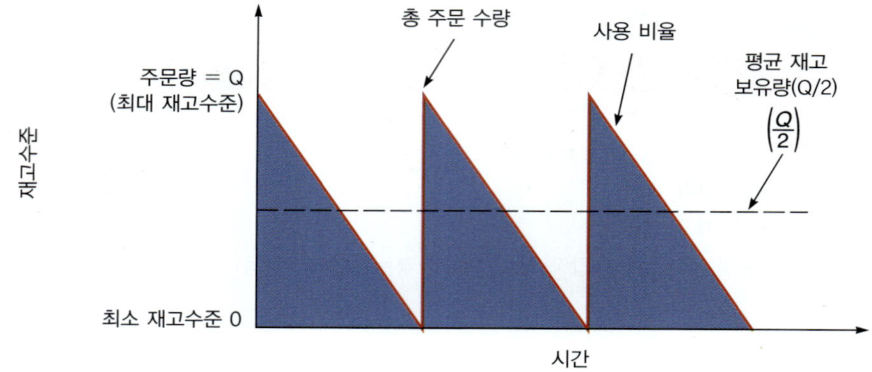

최소화 비용

대부분의 재고 모델의 목적은 총비용을 최소화하는 것이다. 방금 주어진 가정으로 중요한 비용은 준비(또는 주문)비용과 보유(또는 운반)비용이다. 그 외 모든 비용, 즉 재고 자체의 비용과 같은 비용은 일정하다. 따라서 준비비용과 보유비용의 합을 최소화하면 총비용을 최소화할 것이다. 그림 12.4에서는 이를 시각화하는 데 도움이 되도록 우리는 주문 수량 Q의 함수로 총비용을 그래프로 표시한다. 최적의 주문 크기 Q^*는 총비용을 최소화하는 수량이다. 주문 수량이 늘어날수록 연간 총 주문 수는 감소할 것이다. 따라서 주문량이 증가함에 따라 연간 준비 또는 주문비용이 감소한다. 그러나 주문 수량이 증가하면 유지해야 하는 평균 재고가 더 많아지기 때문에 유지비용이 증가한다.

준비비용곡선이 감소하면 최적의 주문량도 감소한다. 또한 적은 로트 크기는 품질과 생산 유연성에 긍정적인 영향을 미친다. 500억 달러 규모의 일본 대기업인 도시바(Toshiba)에서 근로자는 모델을 변경하기 전에 10대도 안 되는 노트북 컴퓨터를 만들 수 있다. 이러한 로트 크기의 유연성 덕분에 도시바는 몇 년이 아닌 몇 개월로 측정된 제품수명주기의 중요한 '수주 생산' 대량 맞춤화 시스템을 구축할 수 있었다.

최적 주문량은 주문비용곡선과 보유비용곡선이 교차할 때 생긴다. 우연으로 이루어지는 것이 아니라 최적 주문량 모델에서 최적 주문량은 총 준비비용이 총 보유비용과 같을 때 일어나는 것이다.[2] 우리는 최적 주문량을 직접적으로 풀어낼 수 있는 수식을 발전시켰다. 필요한 과정은 다음과 같다.

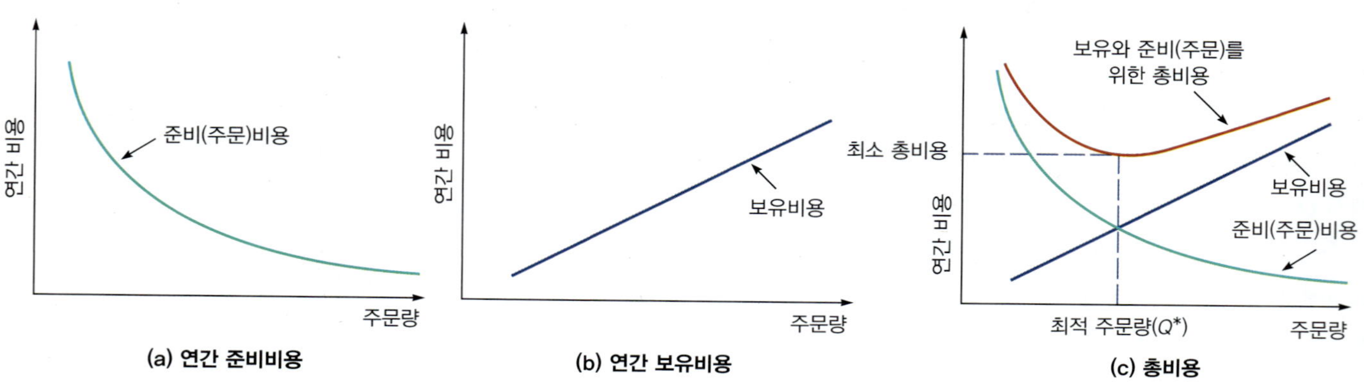

그림 12.4 주문량 함수 비용

1. 준비 또는 주문비용 수식 표현을 만든다.
2. 유지비용 수식 표현을 만든다.
3. 준비 또는 주문비용과 유지비용을 똑같이 맞춘다.
4. 최적 주문량 수식을 푼다.

필요한 변수를 활용해 준비비용과 보유비용을 정하고 최적 주문량을 도출한다.

Q = 주문량
Q^* = 최적 주문량(EOQ)
D = 연간 주문 수요
S = 준비 또는 주문비용
H = 보유 또는 운반비용

1. 연간 준비비용 = 연간 주문 횟수 × 준비 또는 주문비용(주문당)

$$= \left(\frac{\text{연간 수요}}{\text{주문량}}\right) \times \text{준비 또는 주문비용}$$

$$= \left(\frac{D}{Q}\right)(S) = \frac{D}{Q}S$$

2. 연간 보유비용 = 평균 재고수준 × 연간 재고당 보유비용

$$= \left(\frac{\text{주문량}}{2}\right)(\text{연간 재고당 보유비용})$$

$$= \left(\frac{Q}{2}\right)(H) = \frac{Q}{2}H$$

3. 최적 주문량은 연간 준비비용이 연간 보유비용과 같을 때 수립된다.

$$\frac{D}{Q}S = \frac{Q}{2}H$$

4. 최적 주문량을 구하려면 양변을 곱하고 최적 주문량을 왼쪽에 둔다.

$$2DS = Q^2H$$

$$Q^2 = \frac{2DS}{H}$$

$$Q^* = \sqrt{\frac{2DS}{H}} \tag{12-1}$$

최적 주문량 Q^*에 대한 방정식을 도출했으므로 이제 예제 3에서와 같이 재고 문제를 직접 해결할 수 있다.

예제 3 **Sharp, Inc.에서 최적 주문량 찾기**

통증이 없는 피하 주삿바늘을 병원에 판매하는 회사인 Sharp, Inc.는 주문당 얻을 수 있는 최적의 피하 주삿바늘 수를 결정해 재고비용을 줄이고자 한다.

접근방법 ▶ 연간 수요는 1,000단위이다. 준비 또는 주문비용은 주문당 10달러이다. 연간 단위당 유지비용은 0.50달러이다.

해결방법 ▶ 이 수치를 사용해 주문당 최적의 단위 수를 계산할 수 있다.

$$Q^* = \sqrt{\frac{2DS}{H}}$$

$$Q^* = \sqrt{\frac{2(1{,}000)(10)}{0.50}} = \sqrt{40{,}000} = 200\text{ 단위}$$

통찰력 ▶ 회사는 이제 주문당 몇 개의 바늘을 주문해야 하는지 알고 있다. 회사는 또한 이 품목에 대한 주문 및 보유비용과 입고 및 재고 부서에서 처리할 주문 수를 결정하는 기준을 가지고 있다.

학습 연습 ▶ D가 1,200단위로 증가하면 새로운 Q^*는 무엇인가? [답: $Q^* = 219$단위]

최적 주문량을 도출하는 수식을 활용해 재고 문제를 직접적으로 풀 수 있게 한다. 한 해 동안 예상하는 주문량과 주문 간에 시간도 정할 수 있다.

$$\text{예상 주문 수} = N = \frac{\text{수요}}{\text{주문량}} = \frac{D}{Q^*} \tag{12-2}$$

$$\text{주문 간 예상 시간} = T = \frac{\text{연간 근무일수}}{N} \tag{12-3}$$

예제 4

Sharp, Inc.에서 주문 수와 주문 사이의 시간 계산

Sharp, Inc.는 연간 근무일수가 250일이고 주문 수(N)와 주문 사이의 예상 시간(T)을 구하려고 한다.

접근방법 ▶ 회사는 식 (12-2)와 식 (12-3)을 사용해 예제 3에 제공된 데이터를 입력한다.

해결방법 ▶

$$N = \frac{\text{수요}}{\text{주문량}}$$

$$= \frac{1000}{20} = \text{연간 5개 주문}$$

$$T = \frac{\text{연간 근무일수}}{\text{예상 주문량}}$$

$$= \frac{\text{연간 250일 근무}}{\text{5개 주문}} = \text{주문 사이 시간 50일}$$

통찰력 ▶ 이제 회사는 주문당 몇 개의 바늘을 주문해야 하는지뿐만 아니라 주문 사이의 시간이 50일이고 연간 5개의 주문이 있다는 것을 알고 있다.

학습 연습 ▶ 1,000 대신 $D = 1{,}200$단위인 경우 N과 T를 찾아라. [답: $N \cong 5.48$, $T = 45.62$]

총 연간 재고비용은 준비비용과 유지비용의 합이다.

총 연간 재고비용 = 준비 또는 주문비용 + 보유비용 (12-4)

총비용(TC)을 식으로 표현하면 다음과 같다.

$$TC = \frac{D}{Q}S + \frac{Q}{2}H \tag{12-5}$$

예제 5

주문 및 보유 비용의 계산

샤프는 결합된 연간 주문 및 보유 비용을 결정하려고 한다.

접근방법 ▶ 예제 3의 데이터를 사용해 식 (12-5)를 적용한다.

해결방법 ▶

$$\begin{aligned} TC &= \frac{D}{Q}S + \frac{Q}{2}H \\ &= \frac{1{,}000}{200}(10\text{달러}) + \frac{200}{2}(.50\text{달러}) \\ &= (5)(10\text{달러}) + (100)(.50\text{달러}) \\ &= 50\text{달러} + 50\text{달러} = 100\text{ 달러} \end{aligned}$$

통찰력 ▶ 이것이 연간 준비 및 보유 비용이다. 총 100달러에는 실제 상품비용이 포함되지 않는다. EOQ 모델에서 보유비용은 항상 준비(주문)비용과 동일하다.

학습 연습 ▶ 예제 3에서 D = 1,200단위인 경우 총 연간 비용을 구하라. [답: 109.54달러]

재고비용은 재료 구매의 실제 비용이 포함된다. 연간 수요와 주사기 비용이 알려져 있으면 총 연간 비용은 구매비용을 포함해야 한다. 수식은 다음과 같으며, PD는 구매비용이다.

$$TC = \frac{D}{Q}S + \frac{Q}{2}H + PD$$

재료비용은 주문정책에 의존하지 않으므로 연간 재료비용은 수요와 가격을 곱한 (1,000)(10달러) = 10,000달러이다. 이 장의 뒷부분에서 이것이 사실이 아닐 수 있는 경우, 즉 수량 할인이 가능한 경우에 대해 논의할 것이다.[3]

견고한 모델 EOQ 모델의 장점은 견고하다는 것이다. **견고**(robust)하다는 것은 매개변수에 상당한 변화가 있더라도 만족스러운 답변을 제공함을 의미한다. 우리가 관찰한 것처럼, 정확한 주문비용과 재고 유지비용을 결정하는 것은 어려운 경우가 많다. 따라서 결과적으로 견고한 모델이 유리하다. EOQ의 총비용은 최소한으로 변하고 곡선이 매우 얕다. 이것은 준비비용, 보유비용, 수요의 변화를 의미하고 총비용에 있어서 EOQ의 비교적 작은 차이를 만든다.

견고함
매개변수에 상당한 변동이 있어도 만족스러운 답변을 제공함

예제 6

EOQ는 견고한 모델이다

Sharp, Inc.의 경영진은 동일한 Q를 사용하면서 총 연간 수요를 50% 과소평가한다(예: 수요는 실제로 1,000개의 바늘이 아니라 1,500개의 바늘). 연간 재고비용은 어떤 영향을 받는가?

접근방법 ▶ 연간 비용을 두 번 푼다. 먼저 잘못된 EOQ를 적용한다. 그런 다음 올바른 EOQ로 비용을 다시 계산한다.

해결방법 ▶ 예제 5의 수요가 실제로 1,000개가 아닌 1,500개의 바늘이지만 경영진이 Q = 200의 주문 수량을 사용하는 경우(D = 1,500을 기준으로 Q = 244.9여야 할 때), 보유 및 주문 비용의 합계는 125달러로 증가한다.

$$\begin{aligned}\text{연간 비용} &= \frac{D}{Q}S + \frac{Q}{2}H \\ &= \frac{1,500}{200}(10\text{달러}) + \frac{200}{2}(.50\text{달러}) \\ &= 75\text{달러} + 50\text{달러} = 125\text{달러}\end{aligned}$$

그러나 EOQ가 244.9단위인 1,500에 대한 수요를 알았다면 다음과 같이 122.47달러를 지출했을 것이다.

$$\begin{aligned}\text{연간 비용} &= \frac{1,500}{244.9}(10\text{달러}) + \frac{244.9}{2}(.50\text{달러}) \\ &= 6.125(10\text{달러}) + 122.45(.50\text{달러}) \\ &= 61.25\text{달러} + 61.22\text{달러} = 122.47\text{달러}\end{aligned}$$

통찰력 ▶ 실질적으로 잘못된 수요 추정으로 작성된 125.00달러의 지출은 실제 수요를 알고 그에 따라 주문했을 경우 지불했을 것보다 2%(2.52달러/122.47달러) 더 높다. 또한 반올림으로 인한 것이 아니라면 연간 보유비용과 주문비용이 정확히 동일하다는 점에 유의하라.

학습 연습 ▶ Sharp의 수요는 1,000으로 유지되고 H는 여전히 0.50달러이며 한 번에 200개의 바늘을 주문한다(예제 5에서와 같이). 그러나 실제 주문비용이 S = 15달러(10달러가 아닌)인 경우 연간 비용은 얼마인가? [답: 연간 주문비용은 75달러로 증가하고 연간 보유비용은 50달러로 유지된다. 따라서 총비용은 125달러이다.]

EOQ는 실제로 견고하고 심각한 오류로 인해 비용이 들지 않는다는 결론을 내릴 수 있다. 우리가 정확하게 수요 결정, 보유비용, 주문비용을 정하는 것이 제한되기 때문에 EOQ 모델의 속성은 편리하다.

재주문점

납기
구매 시스템에서 주문과 수령 사이의 시간. 생산 시스템에서 생산된 각 구성요소에 대한 대기, 이동, 대기 행렬, 준비 및 실행 시간

우리는 **얼마만큼** 재주문을 할지 결정했으므로, 이제 **언제** 주문을 할지 정해야 한다. 단순한 재고 모델은 주문과 수령이 동시에 이루어진다고 가정한다. 다시 말해 기업은 특정 제품의 재고수준이 0일 때 주문을 실행하고 주문량을 바로 수령할 것이라고 가정한다. 주문과 수령의 시간 사이를 **납기**(lead time) 또는 배송시간이라고 일컫는다. 이 납기는 짧으면 서너 시간, 길어지면 몇 달이 될 수 있다. 따라서 언제 주문을 할지는 대체로 재주문점으로 정해지고 주문 실행 시 재고량을 파악해야 한다.

재주문점은 다음과 같다.

$$\text{ROP} = \text{일일 수요} \times \text{신규 주문의 납기}$$

$$\text{ROP} = d \times L \tag{12-6}$$

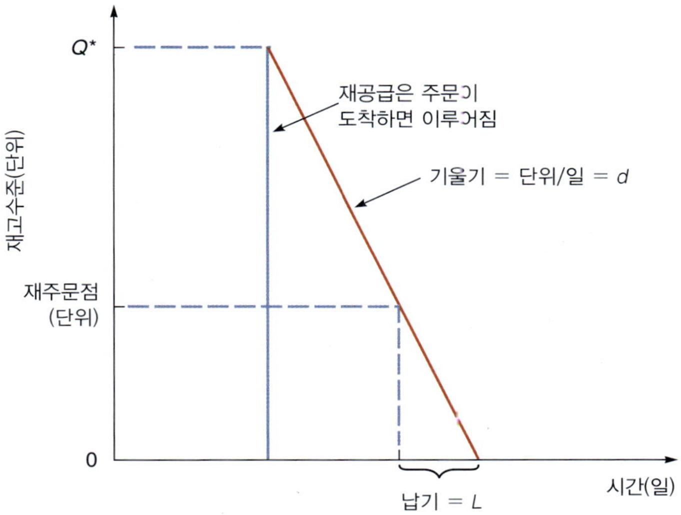

그림 12.5

재주문점(ROP)
*Q**는 최적 주문량, 납기는 주문을 발주하고 수령하는 시간 사이를 말한다.

이 식은 재주문점이 납기가 일정하고 납기 동안 수요도 일정하다고 가정한다. 이렇지 않은 경우 안전재고가 추가되어야 한다. 재주문점과 안전재고는 다음과 같다.

$$\text{ROP} = \text{납기 동안 예상 수요} + \text{안전재고}$$

일수요 d는 연간 수요 D를 연간 근무일수로 나눈다.

$$d = \frac{D}{\text{연간 근무일수}}$$

예제 7

학습목표 12.4
재주문점 계산과 안전재고를 설명한다.

안전재고가 있거나 없는 아이폰의 재주문점(ROP) 계산

애플 매장에는 연간 8,000개의 아이폰에 대한 수요(D)가 있다. 회사의 근무일은 250일이다. 주문한 상품의 배송은 평균 3일(영업일 기준)이 소요되지만 최대 4일까지 소요되는 것으로 알려져 있다. 상점에서는 안전재고 없이 1일 안전재고를 사용해 재주문점을 계산하려고 한다.

접근방법 ▶ 먼저 일일 수요를 계산한 다음 ROP에 대해 식 (12-6)을 적용한다. 그런 다음 안전재고로 ROP를 계산한다.

해결방법 ▶

$$d = \frac{D}{\text{연간 근무일수}} = \frac{8{,}000}{250} = 32\text{단위}$$

$$\text{ROP} = \text{재주문점} = d \times L = \text{하루에 } 32\text{개} \times 3\text{일} = 96\text{단위}$$

안전재고가 있는 ROP는 1일 수요(32개)를 ROP(128개 단위)에 추가한다.

통찰력 ▶ 아이폰 재고가 96대로 떨어지면 주문해야 한다. 1일 배송 지연 가능성에 대한 안전재고가 추가되면 ROP는 128(= 96 + 32)이다.

학습 연습 ▶ 연간 근무일수가 200일인 경우 안전재고가 없고 안전재고가 있는 경우 올바른 ROP는 무엇인가? [답: 안전재고가 없는 아이폰 120개와 안전재고가 있는 아이폰 160개]

수요가 일정하지 않거나 공급사슬에 변동성이 있을 때 안전재고는 매우 중요하다.

생산 주문 수량 모델

이전 재고 모델에서는 전체 재고 주문을 한 번에 수령한다. 그러나 회사가 일정 기간 동안 재고를 수령할 수 있는 경우가 있다. 이러한 경우에는 즉시 수신이 필요하지 않은 다른 모델이 필요하다. 이 모델은 두 가지 상황에서 적용할 수 있다. (1) 주문이 접수된 후 재고가 지속적으로 있을 때나 만들어지고 있을 때 또는 (2) 재고 생산과 판매를 동시에 할 때이다. 이러한 상황에서 우리는 생산(또는 재고 흐름) 비율과 일일 수요 비율을 고려한다. 그림 12.6은 재고수준을 시간의 함수로(그리고 주문 사이에 재고가 0으로 떨어짐) 보여준다.

생산 주문 수량 모델
경제적 주문량 기술로 생산 주문에 적용됨

이 모델은 특히 생산 환경에 적합하기 때문에 일반적으로 **생산 주문 수량 모델**(production order quantity model)이라고 한다. 이 모델은 재고가 지속적으로 쌓일 때 유용하고 시간 및 전통적인 경제적 주문량 가정이 유효하다. 우리는 이 모델이 주문 또는 준비비용을 보유비용과 동일하게 설정하고 최적의 주문 크기 Q^*를 해결하도록 유도한다. 다음 기호와 생산 주문 수량 모델의 비용을 활용해 연간 재고 보유량에 대한 표현을 결정할 수 있다.

Q = 주문 수량
H = 연간 보유비용
p = 일간 생산율
d = 일간 수요율 혹은 사용률
t = 일간 생산적 운전 길이

학습목표 12.5
생산 주문 수량 모델을 적용한다.

1. 연간 재고 보유비용 = 평균 재고수준 × 연간 보유비용
2. 평균 재고수준 = (최고 재고수준)/2
3. 최고 재고수준 = 생산적 운전 동안의 총생산량 − 생산적 운전 동안의 총사용량
 $= pt - dt$

 그러나 Q = 총생산량 $= pt$이고 $t = Q/p$이다. 그러므로 최고 재고수준은 다음과 같다.

$$\text{최고 재고수준} = p\left(\frac{Q}{p}\right) - d\left(\frac{Q}{p}\right) = Q - \frac{d}{p}Q$$
$$= Q\left(1 - \frac{d}{p}\right)$$

4. 연간 재고 보유비용(단순보유비용)

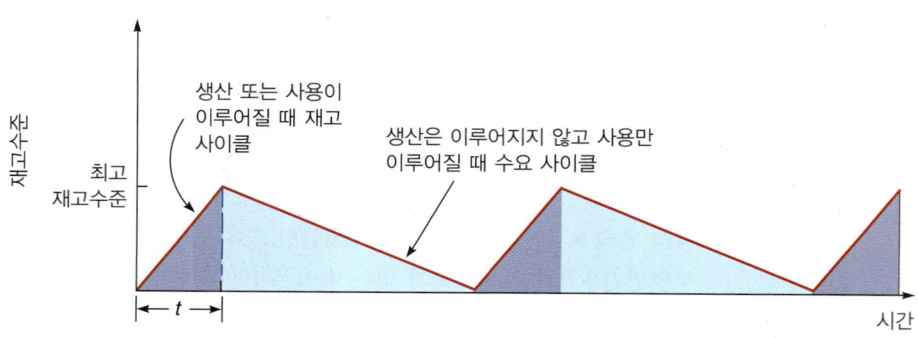

그림 12.6
생산 주문 수량 모델에서 재고의 변화

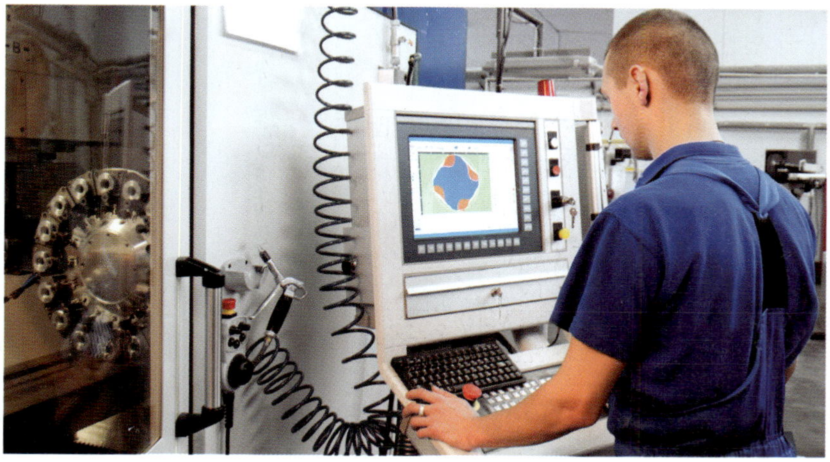

Dmitry Kalinovsky/Shutterstock

각 주문은 기계나 프로세스 설정에 따라 기계 방식의 변경이 필요할 수 있다. 일반적으로 준비 시간 단축은 준비비용의 감소를 의미하며, 준비비용이 더 작은 배치(로트)를 경제적으로 만든다. 점점 더 준비(및 작동)가 사진과 같은 컴퓨터 제어 기계에 의해 수행되고 이전에 작성된 프로그램에 의해 작동한다.

$$\frac{\text{최고 재고수준}}{2}(H) = \frac{Q}{2}\left[1 - \left(\frac{d}{p}\right)\right]H$$

보유비용과 준비비용 표현은 기본 EOQ 모델에서 발전되어 주문당 최적량을 준비비용과 보유비용을 똑같이 맞춤으로써 풀어냈다.

$$\text{준비비용} = (D/Q)S$$
$$\text{보유비용} = \tfrac{1}{2}HQ\,[1 - (d/p)]$$

최적 주문량을 구하기 위해 주문비용과 유지비용을 똑같이 맞추면 다음과 같다.

$$\frac{D}{Q}S = \tfrac{1}{2}HQ[1 - (d/p)]$$
$$Q^2 = \frac{2DS}{H[1 - (d/p)]}$$
$$Q_p^* = \sqrt{\frac{2DS}{H[1 - (d/p)]}} \qquad (12\text{-}7)$$

예제 8에서 우리는 식 (12-7)을 활용해 재고가 생산되며 활용될 때 최적 주문 또는 생산량을 풀어낸다.

예제 8

생산 주문 수량 모델

Nathan Manufacturing, Inc.는 소매 자동차 애프터마켓용 특수 휠을 제조 및 판매한다. 이 회사의 와이어 휠 예측은 내년에 1,000개이며 일평균 수요는 4개이다. 그러나 생산 공정은 하루 8개 단위가 가장 효율적이다. 따라서 회사는 하루에 8개를 생산하지만 하루에 4개만 사용한다. 회사는 주문당 최적의 단위 수를 해결하려고 한다. (주: 이 회사는 회사가 운영되는 1년 250일 동안 필요할 때만 이 휠의 생산을 예약한다.)

접근방법▶

비용 데이터를 수집하고 식 (12-7)을 적용한다.

$$\text{연간 수요} = D = 1{,}000\text{개}$$
$$\text{준비비용} = S = 10\text{달러}$$
$$\text{보유비용} = H = \text{연간 단위당 } 0.50\text{달러}$$
$$\text{일일 생산량} = p = \text{일일 } 8\text{개}$$
$$\text{일일 수요율} = d = \text{일일 } 4\text{개}$$

해결방법▶

$$Q_p^* = \sqrt{\frac{2DS}{H[1-(d/p)]}}$$

$$Q_p^* = \sqrt{\frac{2(1{,}000)(10)}{0.50[1-(4/8)]}}$$

$$= \sqrt{\frac{20{,}000}{0.50(1/2)}} = \sqrt{80{,}000} = 282.8\text{개 혹은 } 283\text{개}$$

통찰력▶ 생산 주문 수량 모델과 기본 EOQ 모델의 차이점은 전체 주문이 한 번에 도착하지 않기 때문에 생산 주문 수량 모델에서 단위당 유효 연간 보유비용이 감소한다는 것이다.

학습 연습▶ 네이선이 일일 생산량을 8에서 10으로 늘릴 수 있다면 Q_p^*는 어떻게 변하는가? [답: $Q_p^* = 258$]

바로 주문을 수령한다는 가정을 없애면 $p = 8$과 $d = 4$는 Q^*가 200으로부터 283까지 증가하는 결과가 나온다. Q^*의 증가는 보유비용이 50센트에서 0.50달러 × $(1 - d/p)$로 최적 주문량을 크게 만든다.

$$d = 4 = \frac{D}{\text{회사 운영일}} = \frac{1{,}000}{250}$$

연간 데이터가 있으면 Q_p^* 계산이 가능하다.

$$Q_p^* = \sqrt{\frac{2DS}{H\left(1 - \dfrac{\text{연간 수요 비율}}{\text{연간 생산 비율}}\right)}} \qquad (12\text{-}8)$$

수량 할인 모델

수량 할인
대량 물량을 구매할 때 품목당 줄어드는 가격

수량 할인은 어디에서나 나타난다. 식품점에서는 거의 모든 선반에 있다. 연구자들은 대부분의 회사가 판매 또는 구매하는 제품 중 적어도 일부에 대해 수량 할인을 제공한다는 사실을 밝혔다. **수량 할인**(quantity discount)은 단순히 품목을 더 큰 수량을 구매할 때 할인된 가격(P)이다. 표 12.2에서 품목의 정상 가격은 100달러이다. 한 번에 120~1,499개 주문 시 단위당 가격이 98달러로 떨어진다. 1회 주문량이 1,500개 이상인 경우, 가격은 개당 96달러이다. 120개 수량과 1,500개 수량을 **가격 할인 수량**이라고 한다. 왜냐하면 새로운 더 낮은 가격으로 이어질 첫 번째 주문 금액을 나타내기 때문이다. 관리자는 항상 주문 시점과 양을 결정해야 한다. 그러나 운영 관리자는 이러한 할인을 해줄 경우 주문량을 어떻게 결정하는가?

다른 재고 모델과 마찬가지로 목표는 총비용을 최소화하는 것이다. 하지만 할인비용이 가장 낮으므로 1,500개를 주문하고 싶을 수 있다. 그 수량만큼 주문을 하면 할인가가 가장 높더라도 총 재고비용을 최소화할 수는 없다. 보유비용이 증가하기 때문이다. 따라서 **생산비용을 줄이거나 보유비용을 증가시키는 것** 사이에서 주요 상충관계 수량 할인을 고려해야 한다. 제품비용을 포함하면 다음과 같이 총 연간 재고비용에 대한 방정식을 계산할 수 있다.

연간 총비용 = 연간 준비 또는 주문비용 + 연간 보유비용 + 연간 생산비용

또는

$$TC = \frac{D}{Q}S + \frac{Q}{2}IP + PD \tag{12-9}$$

학습목표 12.6
수량 할인 모델을 설명하고 사용한다.

Q = 주문량
D = 연간 수요량
S = 준비 또는 주문비용
P = 단위당 주문 가격
I = 구매 가격 비율로 표현되는 연간 보유비용

유지비용은 전형적 EOQ 모델의 H가 아니라 IP이다. 연간 보유비용은 제품 가격이 요인이기 때문에 각각의 할인이 가격을 변화시켜 보유비용이 일정하다고 가정하지 않는다. 따라서 수량 할인 일정 비용을 평가할 때 보유비용은 가격 비율로 표현된다.

EOQ 수식에 수량 할인이 반영되면 다음과 같다.

$$Q^* = \sqrt{\frac{2DS}{IP}} \tag{12-10}$$

해답은 실현 가능한 EOQ 모델의 개념을 활용한다. 해답이 수량 범위에 놓여 있고 이를 같은 가격 P를 이용해 계산하면 EOQ 모델은 실현 가능하다. 예를 들면 D = 5,200, S = 200달러, I = 28%이다. 표 12.2와 식 (12-10)을 사용하면 96달러에 대한 EOQ는 $\sqrt{2(5{,}200)(200)/[(0.28)(96)}$ = 278개이다. 278개는 1,500개보다 적기 때문에 최적 주문량은 가격 96달러에 **실현 가능성이 없다.** 반대로, 최적 주문량 가격 98달러는 275개로 설정된다. 수량은 **실현 가능**하고 275개의 주문이 들어가면 기업은 98달러 가격을 받게 된다.

이제 연간 총 재고비용을 최소화하기 위해 수량을 정해야 한다. 몇 개의 할인이 있기 때문에 이 과정은 두 단계로 이루어진다. 첫 번째 단계에서는 최고의 해결방안이 될 수 있는 가능한 주문량을 확인한다. 두 번째 단계에서는 모든 최적 주문량을 계산한 후 가장 낮은 비용의 주문량을 선택한다.

표 12.2 수량 할인 일정

가격 범위	주문량	단위당 가격(*P*)
최초 가격	1~119개	100달러
1차 할인가	120~1,499개	98달러
2차 할인가	1,500개 이상	96달러

그림 12.7

세 가지 가격과 관련한 EOQ와 최적 주문량
굵은 검은색 곡선은 총 연간 준비비용과 보유비용의 합에 주문량의 구매비용을 더한 것이다. 검은색 곡선은 각각의 가격과 비용의 접점에 도달했을 때의 총비용곡선이다.

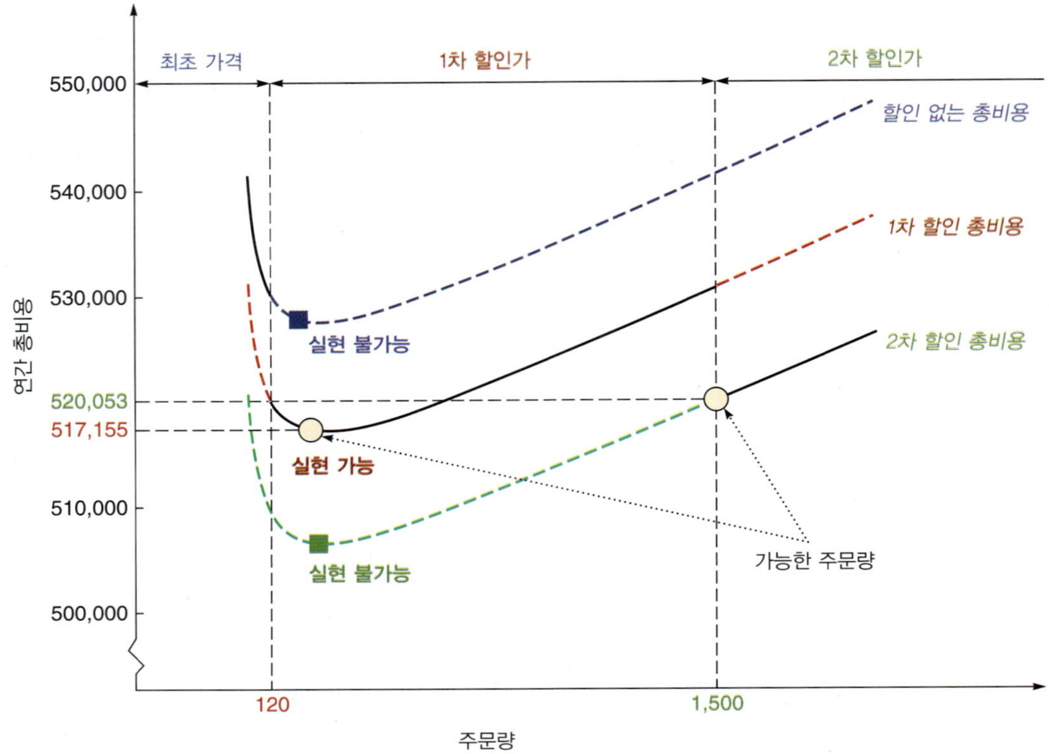

해결 과정

첫 번째 단계: 수량 할인 일정은 **가장 낮은** 구매 가격부터 시작해서 가장 높은 가격으로 올라가면 첫 번째 가능한 최적 주문량을 수식에서 찾을 수 있다. 첫 번째 가능한 최적 주문량은 낮은 가격에서 가격에 맞는 가능한 최적의 주문량이 된다.

두 번째 단계: 총 연간 비용을 첫 번째 단계에서 찾아낸 각각의 최적 주문량에 맞추어서 계산한다. 가장 낮은 총비용에 맞는 수량을 선정한다.

첫 번째 가능한 최적 주문량보다 큰 가격은 고려할 필요가 없다. 최적 주문량이 가능하다면 최적 주문량 시 정해진 가격보다 **높은** 가격은 낮은 비용을 산출해낼 수 없기 때문이다.

그림 12.7은 세 가지 가격 범위를 활용하는 첫 번째 단계를 그래프로 보여준다. 표 12.2에서는 경제적 주문량의 가장 낮은 가격이 불가능하며 두 번째 낮은 가격은 가능하다. 그래서 두 번째로 낮은 경제적 주문량은 가장 낮은 가격으로 주문량이 정해지고 가능한 최고의 주문량이다. 마지막으로 할인 없이 가장 높은 가격은 무시될 수 있다. 왜냐하면 가능한 경제적 주문량을 낮은 가격으로 찾았기 때문이다.

예제 9는 모든 해결 과정이 적용되는 것을 보여준다.

예제 9

수량 할인 모델

Chris Beehner Electronics는 장난감 원격 제어 드론을 보유하고 있다. 최근 매장에서는 이러한 드론에 대한 수량 할인 일정을 제공받았다. 이 수량 일정은 표 12.2에 나와 있다. 또한 준비비용은 주문당

200달러이고 연간 수요는 5,200개이며 비용의 백분율로서 연간 재고 유지비용은 28%이다. 총 재고비용을 최소화하는 주문 수량은 얼마인가?

접근방법 ▶ 우리는 수량 할인 모델에 대해 설명된 2단계를 따를 것이다.

해결방법 ▶ 먼저 이전에 했던 것처럼 가능한 최저 가격인 96달러에 대한 Q^*를 계산한다.

$$Q^*_{96\text{달러}} = \sqrt{\frac{2(5,200)(200\text{달러})}{(.28)(96\text{달러})}} = \text{주문당 } 278\text{개}$$

278 < 1,500이기 때문에 이 EOQ는 96달러에 실행 불가능하다. 이제 다음으로 높은 가격인 98달러에 대한 Q^*를 계산한다.

$$Q^*_{98\text{달러}} = \sqrt{\frac{2(5,200)(200\text{달러})}{(.28)(98\text{달러})}} = \text{주문당 } 275\text{개}$$

275는 120~1,499단위 사이기 때문에 이 EOQ는 98달러에 가능하다. 따라서 가능한 최상의 주문량은 275개(최초의 실현 가능한 EOQ)와 1,500개(더 낮은 가격인 96달러의 가격 할인 수량)이다. 우리는 더 낮은 가격에 대해 실현 가능한 EOQ를 찾았기 때문에 초기 가격 100달러에 대해 Q^*를 계산하는 것을 귀찮게 할 필요가 없다.

두 번째 단계에서는 식 (12-9)를 사용해 가능한 최상의 주문량 각각에 대한 총비용을 계산한다. 이 단계는 표 12.3을 참조해 수행된다.

표 12.3 Chris Beehner Electronics의 총비용 계산

주문량	단위당 가격	연간 주문비용	연간 보유비용	연간 생산비용	총 연간 비용
275	98달러	3,782달러	3,773달러	509,600달러	517,155달러
1,500	96달러	693달러	20,160달러	499,200달러	520,053달러

275개 단위의 총 연간 비용이 더 낮기 때문에 275개를 주문해야 한다. 이 예의 비용은 그림 12.7에 나와 있다.

통찰력 ▶ 회사는 연간 제품비용에서 10,000달러 이상을 절약할 수 있지만 한 번에 1,500개(연간 수요의 28.8%)를 주문하면 보유비용 증가보다 훨씬 더 많은 비용이 발생한다. 따라서 이 예에서는 단위당 가능한 가장 낮은 구매 가격에 도달할 만큼 충분히 주문하는 것이 회사의 최선의 이익이 아니다. 반면에 96달러의 가격 할인 수량이 1,500단위가 아니라 1,000단위였다면 총 연간비용은 513,680달러가 되었을 것이며, 이는 98달러에 275개를 주문하는 것보다 저렴했을 것이다.

학습 연습 ▶ D = 2,000, S = 5달러, I = 50%, 할인가 1 = 99달러, 할인가 2 = 98달러로 문제를 해결하라. [답: 매번 20개만 주문해야 하며, 이는 100달러 가격의 EOQ이다.]

가장 인기가 높은 단일구매 할인은 **모든제품할인**이라고 부른다. 수량 할인은 다양한 형태로 나타난다. 예를 들면 **단계적 수량 할인**은 모든 제품보다는 가격 할인 수량을 초과해서 구매할 때 적용한다. 카탈로그 주문에 대한 고정 배송과 처리비용, 혹은 제조업체에 주문한 모든 주문에 대한 5,000달러의 준비비용 같은 **고정비**는 구매자가 한꺼번에 더 많은 수량을 구매하도록 독려한다. 어

떤 할인은 시간이나 품목에 따라 **누적된다**. **품목 누적**은 총수량 또는 총 구매비용이 가격할인이 되는지에 따라 적용되고 시간 누적은 1년처럼 일정 기간 동안 총 품목 또는 총 구매비용 사용에 적용된다. **트럭운반 할인, 하나 사면 하나 공짜** 제안과 **일회성 세일** 또한 한꺼번에 많이 구매를 하는 구매자에게 수량 할인을 준다. 대부분의 구매 관리자는 정기적으로 수량 할인으로 구매를 한다.

확률 모델과 안전재고

확률 모델
통계 모델로 제품 수요나 다른 요인들이 파악이 안 되지만 확률분포의 평균이 구체적일 때 활용됨

서비스 레벨
납기 기간 동안 수요가 공급보다 클 확률. 재고가 바닥날 확률을 보완함

지금까지 다룬 모든 재고 모델은 수요가 일정하고 확실하다고 가정한다. 만약 이 가정을 포기한다면 다음 재고 모델은 수요를 알지 못하고 확률분포 모델로 구체화된다. 이런 유형의 모델을 **확률 모델**(probabilistic model)이라고 한다. 확률 모델은 수요와 납기가 일정하지 않고 알지 못하기 때문에 실제 상황을 적용한다.

경영 관리의 중요한 이슈는 불확실한 수요에 대비해 충분한 서비스 수준을 유지하는 것이다. **서비스 레벨**(service level)은 재고가 바닥날 수 있는 확률을 **보완**한다. 예를 들면 재고가 바닥날 확률이 0.05이면 서비스 레벨은 0.95이다. 불확실한 수요는 재고가 바닥날 확률을 높인다. 재고가 떨어지는 것을 감소시키는 한 방법은 재고를 추가로 유지하는 것이다. 이것을 우리는 안전재고라고 부른다. 안전재고는 재주문점을 연장하기 위해 제품을 추가하는 것에 연계한다. 여기서 d는 일간 수요이고, L은 주문 납기 또는 주문 배송되는 실질적인 일수이다.

$$\text{재주문점} = \text{ROP} = d \times L$$

안전재고를 반영해 표현하면 다음과 같다.

$$\text{재주문점} = d \times L + ss \tag{12-11}$$

안전재고 수량은 재고가 비었을 때의 비용과 추가 재고를 보유할 때의 비용에 의존한다. 연간 재고 비움 비용은 다음과 같다.

연간 재고 비움 비용 = 각 수요 수준 제품의 합 × 그 수요 레벨이 될 확률
× 한 제품당 재고 비움 비용 × 연간 주문 수 (12-12)

예제 10 확률적 수요와 일정한 납기로 안전재고 결정

David Rivera Optical은 안경테의 재주문점이 50($d \times L$)단위라고 결정했다. 연간 안경테당 운반비용은 5달러이고 재고 부족(또는 판매 손실)비용은 안경테당 40달러이다. 매장은 납기(재주문 기간) 동안 재고 수요에 대해 다음과 같은 확률분포를 경험했다. 연간 최적 주문 수는 6개이다.

단위 수량	확률
30	.2
40	.2
ROP → 50	.3
60	.2
70	.1
	1.0

회사는 얼마나 많은 안전재고를 보유해야 하는가?

접근방법 ▶ 목표는 추가 재고 보유비용과 재고 부족 비용의 합을 최소화하는 안전재고량을 찾는 것이다. 연간 보유비용은 단순히 단위당 보유비용에 ROP에 추가된 단위를 곱한 것이다. 예를 들어 20개의 안전재고는 안전재고가 있는 새 ROP가 70(= 50 + 20)임을 의미하며 연간 운반비용이 5달러(20) = 100달러 증가한다.

그러나 연간 재고 소진 비용을 계산하는 것이 더 흥미롭다. 모든 수준의 안전재고에 대해 재고 소진 비용은 예상 재고 소진 비용이다. 식 (12-12)에서와 같이 짧은 안경테 수(수요 − ROP)에 해당 수준의 수요 확률, 재고 소진 비용, 연간 재고 소진 발생 횟수(우리의 경우 연간 주문 수)를 곱해 계산할 수 있다. 그런 다음 주어진 ROP에 대해 가능한 각 재고 소진 수준에 대한 재고 소진 비용을 추가한다.[4]

해결방법 ▶ 제로 안전재고를 살펴보는 것으로 시작한다. 이 안전재고의 경우 수요가 60이면 10개 부족이 발생하고 수요가 70이면 20개 부족이 발생한다. 따라서 안전재고 0에 대한 재고 소진 비용은 다음과 같다.

(10개 부족)(0.2)(재고당 40달러)(연간 6건의 재고 소진)
+ (20개 부족)(0.1)(40달러)(6) = 960달러

다음 표에는 세 가지 대안 각각에 대한 총비용이 요약되어 있다.

안전재고	추가 보유비용	재고 소진 비용	총비용
20	(20)(5달러) = 100달러	0달러	100달러
10	(10)(5달러) = 50달러	(10) (.1) (40달러) (6) = 240달러	290달러
0	0달러	(10) (.2) (40달러) (6) + (20) (.1) (40달러) (6) = 960달러	960달러

총비용이 가장 낮은 안전 재고는 20개이다. 따라서 이 안전재고는 재주문점을 50 + 20 = 70개로 변경한다.

통찰력 ▶ 회사는 이제 20개의 안전재고가 가장 경제적인 결정이라는 것을 알고 있다.

학습 연습 ▶ 회사의 안경테당 보유비용은 현재 20달러로 추정되며 재고 소진 비용은 안경테당 30달러이다. 재주문점이 변경되는가? [답: 현재 안전재고는 10이며 총비용은 380달러로 3개 중 가장 낮다. ROP = 60개]

재고가 비었을 때 비용을 정하는 것이 불가능하거나 어려울 때는 관리자가 고객을 위한 서비스 레벨에 맞추어 충분한 안전재고를 유지하는 정책을 따라야 한다. 예를 들면 수요가 확률분포일 때 안전재고를 사용한다. 안전재고 레벨이 증가하면 서비스 레벨도 함께 증가한다.

관리자는 95%의 수요를 맞출 수 있는 서비스 레벨을 정하고 싶어 한다. 납기 동안 수요가 정규곡선이라고 가정하면, 표준편차와 평균으로 서비스 레벨의 재고수준을 정의할 수 있다. 판매 데이터는 평균과 표준편차로 계산이 가능하다. 예제 11은 알려진 평균(μ)과 표준편차(σ)가 있는 정규곡선을 사용해 95% 서비스 레벨에 필요한 재주문점과 안전재고를 결정한다. 우리는 다음 공식을 사용한다.

$$\text{재주문점} = \text{납기 동안 예상 수요} \times Z\sigma_{dLT} \qquad (12\text{-}13)$$

Z = 표준편차

σ_{dLT} = 납기 동안 수요 표준편차

그림 12.8

병원 품목에 대한 확률적 수요
키트의 예상 수요는 납기 동안 350이다. 그러나 95% 서비스 레벨에서는 재주문점이 366.5로 올라간다.

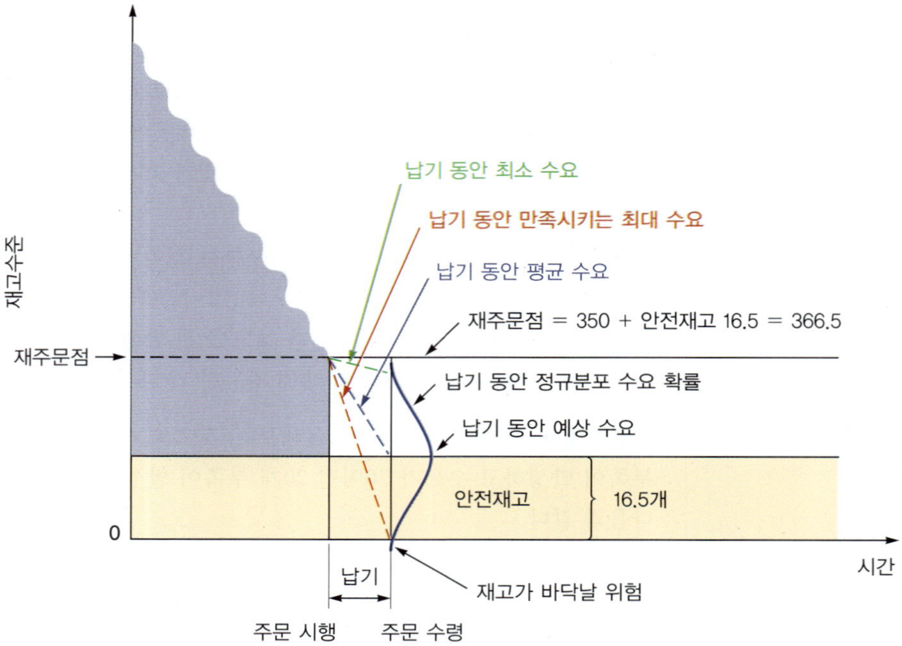

예제 11

확률적 수요가 있는 안전재고

Memphis Regional Hospital은 재주문 기간 동안 수요가 정상적으로 분포된 '코드 블루' 소생 키트를 보유하고 있다. 재주문 기간 동안의 평균 수요는 350키트이고 표준편차는 10키트이다. 병원 관리자는 재고가 없는 경우가 5%에 불과한 정책을 따르기를 원한다.

(a) Z의 적절한 값은 얼마인가?

(b) 병원은 얼마나 많은 안전재고를 유지해야 하는가?

(c) 어떤 재주문점을 사용해야 하는가?

접근방법 ▶ 병원은 수요를 95% 충족하기 위해 필요한 재고량을 결정한다. 이 예의 그림은 접근 방식을 시각화하는 데 도움이 될 수 있다. 데이터는 다음과 같다.

$$\mu = \text{평균 수요} = 350\text{키트}$$
$$\sigma_{dLT} = \text{납기 중 수요의 표준편차} = 10\text{키트}$$
$$Z = \text{표준 정규편차의 수}$$

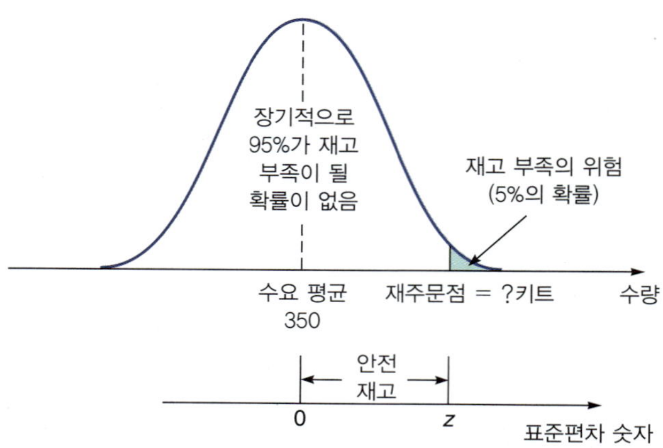

해결방법 ▶

(a) 표준화된 정규 곡선의 속성을 사용해 0.95(또는 1 − 0.05)의 정규 곡선 아래 영역에 대한 Z값을 얻는다. 정규분포표(부록 I 참조) 또는 엑셀 공식 = NORMSINV(.95)를 사용해 평균에서 1.645 표준편차의 Z값을 찾는다.

(b) 안전재고 = $x - \mu$이므로

$$Z = \frac{x - \mu}{\sigma_{dLT}}$$

따라서 안전재고 = $Z\sigma_{dLT}$

식 (12-14)에서와 같이 안전재고를 풀면 다음과 같다.

$$\text{안전재고} = 1.645(10) = 16.5\text{키트}$$

이것이 그림 12.8에 설명된 상황이다.

(c) 재주문점은 다음과 같다.

ROP = 납기 중 예상 수요 + 안전재고
= 350키트 + 안전재고 16.5키트 = 366.5 또는 367키트

통찰력 ▶ 재고 정책비용은 서비스 레벨이 증가함에 따라 급격하게 증가한다.

학습 연습 ▶ 어떤 정책이 10%의 시간 동안 품절로 이어지는가? [답: Z = 1.28, 안전재고 = 12.8, ROP = 363키트]

다른 확률 모델

식 (12-13)과 (12-14)는 납기 동안 예상 수요 추정이 가능하고 표준편차가 이용 가능해야 한다. 납기 수요 데이터가 활용 가능하지 않으면 위 수식은 활용할 수 없다. 그러나 세 가지 다른 모델은 활용 가능하다. 우리는 세 가지 상황에서 어떤 모델을 쓸지 정해야 한다.

1. 수요는 변하고 납기는 일정하다.
2. 납기는 변하고 수요는 일정하다.
3. 수요와 납기 모두 변한다.

학습목표 12.7
서비스 수준과 확률적 재고 모델을 이해한다.

세 모델 모두 수요와 납기는 의존적 요인이다. 우리 예제에는 일간 또는 주간이 이용된다. 각각 다른 수식이 재주문점에서 필요하기에 세 가지 상황을 따로 검사한다.

수요는 변하고 납기는 일정할 때[5]

$$\text{재주문점} = \text{일평균 수요} \times \text{납기 날짜 수} + Z\sigma_{dLT} \tag{12-15}$$

여기서 σ_{dLT} = 납기 동안의 수요 표준편차 = $\sigma_d\sqrt{\text{납기}}$
σ_d = 일간 수요의 표준편차

예제 12

다양한 수요와 지속적인 납기를 위한 ROP

Circuit Town 매장에서 레노버(Lenovo) 노트북 컴퓨터에 대한 일평균 수요는 15대이며 표준편차는 5개이다. 납기는 2대로 일정하다. 경영진이 90%의 서비스 레벨을 원하는 경우 재주문점을 찾아라(즉 재고 부족 위험이 10%에 불과함). 이 중 안전재고는 얼마인가?

접근방법 ▶ 다음 데이터에 식 (12-15)를 적용한다.

일평균 수요(정규분포) = 15
납기(일수) = 2
일일 수요의 표준편차 = $\sigma_d = 5$
서비스 레벨 = 90%

해결방법 ▶ 정규분포표(부록 1) 또는 엑셀 공식 = NORMSINV(.90)에서 1.28의 90%에 대한 Z값을 도출한다. 그다음에

$$\begin{aligned}\text{ROP} &= (15\text{대} \times 2\text{일}) + Z\sigma_d\sqrt{\text{납기}} \\ &= 30 + 1.28(5)(\sqrt{2}) \\ &= 30 + 1.28(5)(1.41) = 30 + 9.02 = 39.02 \cong 39\end{aligned}$$

따라서 안전재고는 약 9대이다.

통찰력 ▶ Z값은 관리자의 재고 부족 위험 수준에 따라 다르다. 위험이 작을수록 Z가 높아진다.

학습 연습 ▶ Circuit Town 관리자가 95% 서비스 수준을 원하는 경우 새로운 ROP는 무엇인가? [답: ROP = 41.63 또는 42]

납기는 변하고 수요가 일정할 때

$$\text{재주문점} = \text{일간 수요} \times \text{평균 납기 날짜 수} + Z \times \text{일간 수요} \times \sigma_{LT} \qquad (12\text{-}16)$$

σ_{LT} = 납기 표준편차

예제 13

지속적인 수요와 다양한 납기를 위한 ROP

예제 12의 Circuit Town 매장은 하루에 약 10대의 디지털카메라를 판매한다(거의 일정한 수량). 카메라 배송 납기는 평균 6일, 표준편차 1일로 정규분포를 따른다. 98% 서비스 수준이 설정되면 ROP는 얼마가 적정한가?

접근방법 ▶ 다음 데이터에 식 (12-16)을 적용한다.

일일 수요 = 10
평균 납기 = 6일
납기의 표준편차 = σ_{LT} = 1일
서비스 수준 = 98%이므로 Z(부록 1 또는 엑셀 공식에서 = NORMSINV(.98)) = 2.055

해결방법 ▶ 식에서 우리는 다음을 얻는다.

$$\text{ROP} = (10\text{대} \times 6\text{일}) + 2.055(10\text{대})(1) = 60 + 20.55 = 80.55$$

재주문점은 약 81대의 카메라이다.

통찰력 ▶ 98%라는 매우 높은 서비스 수준이 어떻게 ROP를 상승시키는지 주목하라.

학습 연습 ▶ 90% 서비스 수준이 적용되면 ROP는 몇 %까지 떨어지는가? [답: ROP = 60 + (1.28)(10)(1) = 60 + 12.8 = 72.8이다. 이는 Z값이 1.28에 불과하기 때문이다.]

수요와 납기가 모두 변할 때 수요와 납기가 모두 변할 때 재주문점 수식은 더 복잡해진다.[6]

$$\text{재주문점} = (\text{일평균 수요} \times \text{평균 납기 날짜 수}) + Z\sigma_{dLT} \quad (12\text{-}17)$$

$$\sigma_d = \text{일간 수요의 표준편차}$$

$$\sigma_{LT} = \text{납기 표준편차}$$

$$\sigma_{dLT} = \sqrt{(\text{평균 납기} \times \sigma_d^2) + (\text{평균 일간 수요})^2\sigma_{LT}^2}$$

예제 14

다양한 수요와 납기를 위한 ROP

Circuit Town 매장에서 가장 인기 있는 품목은 9볼트 배터리 6팩이다. 표준편차가 16팩인 정규분포를 따라 하루에 약 150팩이 판매된다. 배터리는 다른 주 유통업체에서 주문한다. 납기는 평균 5일, 표준편차 1일로 정규분포를 따른다. 95% 서비스 수준을 유지하려면 어떤 ROP가 적절한가?

접근방법 ▶ 다음 데이터에 식 (12-17)을 적용해 재주문할 수량을 결정한다.

일평균 수요 = 150팩

수요의 표준편차 = σ_d = 16팩

평균 납기 = 5일

납기의 표준편차 = σ_{LT} = 1일

서비스 수준 = 95%, Z = 1.645(부록 1 또는 엑셀 공식 = NORMSINV(.95)) = 2.055

해결방법 ▶ 식에서 다음을 계산한다.

$$\text{ROP} = (150\text{팩} \times 5\text{일}) + 1.645\,\sigma_{dLT}$$

$$\sigma_{dLT} = \sqrt{(5\text{일} \times 16^2) + (150^2 \times 1^2)}$$

$$= \sqrt{(5 \times 256) + (22{,}500 \times 1)}$$

$$= \sqrt{1{,}280 + 22{,}500} = \sqrt{23{,}780} \cong 154$$

따라서 ROP = (150 × 5) + 1.645(154) ≅ 750 + 253 = 1,003팩

통찰력 ▶ 수요와 납기가 모두 가변적일 때 공식은 매우 복잡해 보인다. 그러나 이는 식 (12-15)와 (12-16)에서 표준편차를 제곱해 분산을 구한 다음 합산하고 최종적으로 제곱근을 취한 결과일 뿐이다.

학습 연습 ▶ 80% 서비스 수준의 경우 ROP는 무엇인가? [답: Z = 0.84, ROP = 879팩]

만약 단일 단계 모델을 이해한다면, 스포츠 팀의 포스트시즌은 판매 기업에게 큰 사업기회를 가져다줄 것이다. 시카고 컵스가 2016년에 월드시리즈를 제패하기 전에 제품 예측은 어려웠다. 왜냐하면 1908년에는 제품 라이선스가 없었기 때문이다. "시카고 컵스가 월드시리즈에 올랐을 때는 시카고 컵스가 그들이 살아생전에 월드시리즈에 오르지 못할 것이라 생각해서 모든 컵스 팬들이 무엇을 원할지 예상을 할 수가 없었기 때문이다. 우리는 팬들을 위해서 충분한 공급을 할 수 없을 것이다. 그러나 많은 사람들이 예상 수요보다 더 많이 산다는 것은 우리를 불안하게 만들 것이다. 기업들은 재고 부족 비용과 재고 남는 비용을 비교 계산할 필요가 있다.

Christina Kennedy/Alamy Stock Photo

단일 단계 모델

단일 단계 재고 모델
상할 우려가 있는 제품 판매 기간 동안 가치가 거의 없거나 아니면 없는 제품을 주문하는 시스템

단일 단계 모델(single-period model)은 한 제품당 하나의 주문이 접수되는 상황을 묘사한다. 판매기간 마지막에 남은 제품은 가치가 없거나 매우 적다. 이것은 크리스마스 트리, 계절 제품, 베이커리 제품, 신문, 잡지 등의 제품에서 전형적인 문제이다. 실제로 이런 재고 이슈를 '신문가판대 문제'라고 일컫는다. 다시 말하면 신문가판대에 있는 제품들도 매일 또는 매주 주문이 이루어지고 다음 판매기간에 이 재고는 가지고 있거나 활용할 수 없다. 따라서 우리의 결정은 판매기간이 시작될 때 얼마나 많은 양을 주문하느냐는 것이다.

계절 제품의 정확한 수요는 파악하기 어려우므로, 우리는 수요와 관련해 확률분포를 고려한다. 정규분포를 가정하고 우리는 평균 100개의 크리스마스 트리를 계절마다 쌓아 놓고 판매한다. 그러면 재고가 부족할 확률은 50%, 재고가 남을 확률은 50%이다. 계절이 시작하기 전에 최적의 재고 정책을 정하려면 우리는 두 경우의 한계비용을 고려하고 표준편차를 알아야 한다.

$$C_s = \text{재고 부족 비용(적게 예상함)} = \text{제품당 판매가} - \text{제품당 비용}$$
$$C_o = \text{재고 남는 비용(많이 예상함)} = \text{제품당 비용} - \text{제품당 남은 가치}$$

서비스 레벨은 재고가 비워지지 않은 확률이다.

$$\text{서비스 레벨} = \frac{C_s}{C_s + C_o} \quad (12\text{-}18)$$

따라서 우리는 서비스 레벨과 같거나 높을 때까지 주문량을 올리는 것을 고려해야 한다. 이 모델은 서비스산업 중 호텔, 항공, 베이커리, 의류 유통 산업에서 활용된다.

예제 15

단일 기간 재고 결정

워싱턴 DC의 스미소니언 지하철역 바로 밖에 있는 크리스 엘리스(Chris Ellis) 신문가판대에서는 보통 매일 ≪워싱턴포스트(Washington Post)≫ 120부를 판매한다. 크리스는 신문 판매가 15부의 표준편차로 정규분포를 따른다고 생각한다. 그는 1.25달러에 판매되는 각 신문에 대해 70센트를 지불한다. 신문은 그에게 팔리지 않은 각 부수에 대해 30센트 크레딧을 준다. 그는 매일 주문해야 하는 용지의 수와 해당 수량에 대한 품절 위험을 결정하려고 한다.

접근방법 ▶ 크리스의 데이터는 다음과 같다.

$$C_s = \text{부족 비용} = +1.25 - +.70 = +.55\text{달러}$$
$$C_o = \text{초과 비용} = +.70 - .30(\text{잔존 가치}) = +.40\text{달러}$$

크리스는 $\mu = 120$, $\sigma = 15$를 사용해 식 (12-18)과 정규분포표를 적용한다.

해결방법 ▶

(a) $\text{서비스 레벨} = \dfrac{C_s}{C_s + C_o} = \dfrac{.55}{.55 + .40} = \dfrac{.55}{.95} = .579$

(b) 크리스는 .579의 확률을 산출하는 정규분포에 대한 Z값을 찾아야 한다.

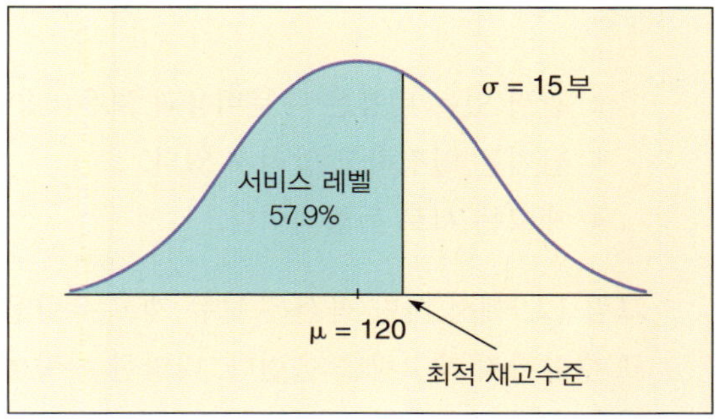

따라서 정규 곡선 아래 영역의 57.9%는 최적 재고수준의 왼쪽에 있어야 한다.

(c) 부록 1 또는 엑셀 공식 = NORMSINV(.579)를 사용하면 .579의 영역에 대해 Z값 ≅ 0.199이다.

$$\text{그러면 최적 재고량} = 120\text{부} + (.199)(\sigma) = 120 + (.199)(15) = 120 + 3 = 123\text{부}$$

크리스가 매일 123부의 《워싱턴포스트》를 주문하는 경우 품절 위험은 1 − 서비스 수준 = 1 − .579 = .421 = 42.1%이다.

통찰력 ▶ 서비스 수준이 .50 미만인 경우 크리스는 하루에 120부 미만으로 주문해야 한다.

학습 연습 ▶ 《워싱턴포스트》가 정책을 변경하고 많은 출판사에서 채택하고 있는 미판매 부수에 대한 크레딧을 제공하지 않는 경우 크리스의 결정은 어떻게 변경되는가? [답: 서비스 수준 = 0.44, $Z = -.15$이다. 따라서 $120 + (-0.15)(15) = 117.75$ 또는 118부를 비축하라.]

지정 기간 시스템

지금까지 우리가 다루었던 재고 모델은 **지정 수량 시스템**[fixed-quantity(Q) system]이다. 즉 똑같은 정해진 수량을 주문할 때마다 재고에 추가되는 것이다. 우리는 주문이 이벤트 발생인 것을 보았다. 재고가 재주문점까지 감소하면 새 주문인 주문량이 들어온다.

지정 수량 모델을 활용하려면 재고를 연속적으로 모니터링해야 한다.[7] 이것은 **계속 기록 재고 시스템**(perpetual inventory system)이 필요하다. 재주문점에 도달했는지 여부와 상관없이 재고가 들어오거나 나갔을 때 기록은 업데이트되어야 한다. **지정 기간 시스템**(fixed-period system, P system)에서는 반대로 재고가 지정 기간의 마지막에 주문된다. 그다음에 실질적으로 보유하는 재고를 센다. 원하는 재고수준인 T에 도달했을 때만 총재고량을 센다.

지정 기간 시스템도 기본 EOQ 지정 수량 시스템처럼 몇 개의 똑같은 가정을 가지고 있다.

지정 수량 시스템
정해진 시간에 똑같은 주문량을 주문하는 시스템

계속 기록 재고 시스템
재고가 나갈 때나 추가될 때 추적을 지속적으로 유지함으로써 기록을 언제나 현재 상태로 유지하는 것

지정 기간 시스템
재고 주문이 정해진 시간 간격 동안 이루어지는 시스템임

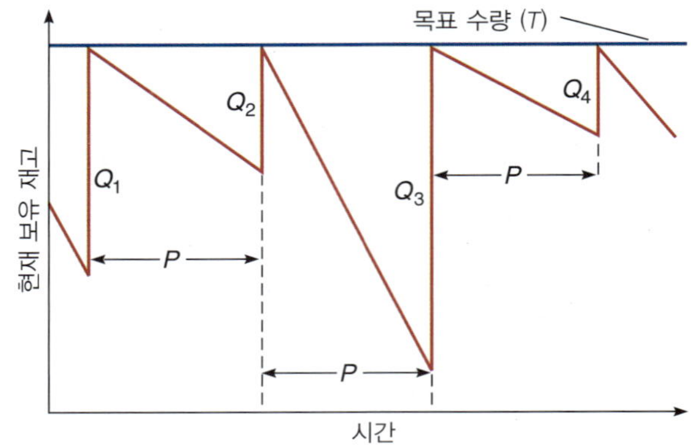

그림 12.9

지정 기간 시스템의 재고수준
다양한 수량의 주문이 정해진 시간 간격 동안 행해지고 목표 수량에 맞추어서 재고 주문량이 정해진다.

- 관련 있는 비용은 주문비용과 보유비용이다.
- 납기는 일정하고 알려져 있다.
- 재고는 서로 독립적이다.

그림 12.9에서 하향 곡선은 보유 재고 수량을 나타낸다. 주문 간 시간이 지나갔을 때 주문을 해 목표 수량까지 재고량을 올린다. 다양한 수량이 정기적으로 주문되고 주문 간 간격은 목표 수량까지 필요한 재고량에 기초한다.

첫 번째 기간에 주문량을 Q_1, 두 번째 기간의 주문량을 Q_2라고 한다. Q_i의 가치는 목표 재고 수준과 보유 재고 수준의 차이다.

지정 기간 시스템의 장점은 배송 후 재고 품목을 물리적으로 셀 필요가 없다는 것이다. 다음 검사 기간이 돌아왔을 때 시행하면 된다. 이 과정은 관리 차원에서는 편리하다.

지정 기간 시스템은 공급업체가 주기적으로 고객을 방문해 신선한 주문을 수령하거나 주문비용과 배송비용을 절약하기 위해 구매자가 주문을 합쳐서 받기를 원할 때 적당하다. 예를 들면 자동 판매기 회사가 매주 화요일에 기기에 물건을 채우는 것이다. 맥주회사인 안호이저부시의 경우에도 5일마다 도매상점들을 방문한다.

P 시스템의 단점은 주문 기간 동안 새로 들어오는 재고가 부족해서 재고가 빌 가능성이 있다는 것이다. 이 시나리오는 많은 주문 후에 많은 양의 재고가 활용되어 재고가 거의 0에 도달했을 때 가능하다. 따라서 재고 검사 기간과 납기 사이에 재고 소진을 막을 수 있는 많은 양의 안전재고를 유지하는 것이 필요하다.

요약

재고는 많은 기업의 주요 투자 대상이다. 이 투자는 기업이 'JIC(just-in-case)' 재고보다 'JIT(just-in-time)' 재고를 보유하는 것이 더 쉽다는 것을 알기 때문에 필요 이상으로 큰 경우가 많다. 재고에는 네 가지 유형이 있다.

1. 원자재 및 구매한 구성품
2. 재공품
3. 유지보수/수리/운영(MRO)
4. 완제품

이 장에서는 독립 재고, ABC 분석, 기록 정확도, 주기 계산, 독립적 수요를 제어하는 데 사용되는 재고 모델을 논의했다. EOQ 모델, 생산 주문 수량 모델, 수량 할인 모델은 모두 엑셀, 엑셀 OM 또는 윈도우용 POM 소프트웨어를 사용해 해결할 수 있다.

핵심 용어

견고성(robust)
경제적 주문량(EOQ) 모델[economic order quantity(EOQ) model]
계속기록법(perpetual inventory system)
납기(lead time)
단일 단계 모델(single-period model)
보유비용(holdign cost)
생산 주문 수량 모델(production order quantity model)
서비스 레벨(service level)
수량할인(quantity discount)
수축(shrinkage)
안전재고(safety stock, *ss*)
완제품 재고(nished-goods inventory)
원자재 재고(raw material inventory)
유지보수/수리/운영(maintenance/repair/operating)
재공품 재고[work-in-process(WIP) inventory]
재주문점(reorder point)
절도(pilferage)
주기 계산(cycle counting)
주문비용(ordering cost)
준비비용(setup cost)
지정 기간 시스템(fixed-period system)
지정 수량 시스템[fixed-quantity(Q) system]
확률모델(probabilistic model)
ABC 분석(ABC analysis)

윤리적 딜레마

네브래스카주 웨인에 있는 Wayne Hills Hospital은 도시의 대규도 병원과 외진 작은 병원이 공통적으로 겪는 문제에 직면해 있다. 문제는 각 유형의 전혈을 얼마만큼 비축할 것인지 결정하는 것이다. 혈액은 비싸고 보관 수명이 제한되어 있기 때문에(1~6°C 냉장 보관으로 최대 5주), 이 병원은 자연스럽게 재고를 가능한 한 낮게 유지하기를 원한다. 불행히도, 대규모 토네이도나 기차 사고와 같은 과거의 재난은 막대한 수요를 처리할 혈액이 충분하지 않을 때 생명을 잃을 수 있음을 보여주었다. 병원 관리자는 지난 10년 동안의 수요를 기반으로 85% 서비스 수준을 설정하려고 한다. 이 결정의 의미에 대해 토론하라. 유통기한이 짧은 인명구조 의약품의 비축과 관련해 병원의 책임은 무엇인가? 혈액과 같은 상품의 재고 수준을 어떻게 설정하겠는가?

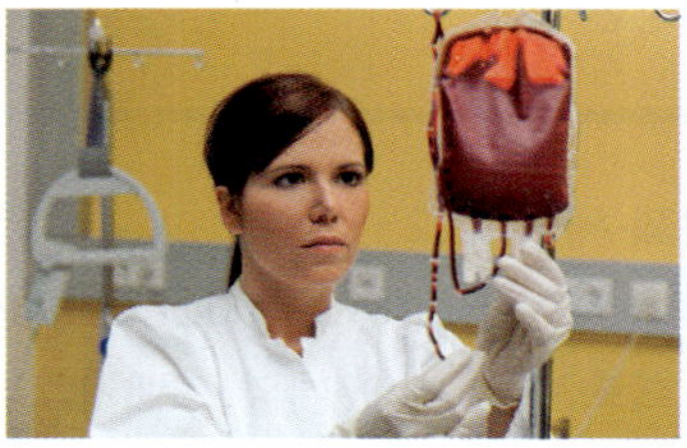
Ginasanders/123RF

토론 문제

1. 재고의 네 가지 유형을 설명하라.
2. 저비용 컴퓨팅의 도래와 함께 인기 있는 ABC 분류에 대한 대안이 있는가?
3. 파레토 원리의 의미는 무엇인가?
4. 재고 시스템과 관련된 비용 유형을 식별하고 설명하라.
5. 기본 EOQ 모델의 주요 가정을 설명하라.
6. EOQ에서 비용의 어느 부분이 주문 수량의 선형 함수인가?
7. EOQ 모델에 제품 비용(가격 또는 가격 곱하기 수량)을 포함할 필요가 없지만 수량 할인 모델에는 이 정보가 필요한 이유를 설명하라.
8. 주기 계산의 장점은 무엇인가?
9. EOQ 모델의 매개변수에 상당한 불확실성이 있더라도 여전히 유용한 모델인 이유를 논의하라.
10. 주문량이 최적에서 할인점으로 증가하려면 무엇을 고려해야 하는가?
11. '서비스 수준'이란 무엇을 의미하는가?
12. 다음을 설명하라. "모든 것이 동일할 때 생산 주문량은 경제적 주문량보다 클 것이다."
13. 고정 기간 시스템에서 배송 사이의 시간을 설정하는 방법을 제안하라.
14. '견고한 모델'이라는 표현이 의미하는 바를 설명하라. 구체적으로 "어, 우리 곤경에 빠졌어! 계산된 EOQ가 잘못되었어. 실제 수요는 예상보다 10% 더 많아."
15. '안전재고'란 무엇인가? 안전재고는 무엇에 대한 안전을 제공하는가?
16. 수요가 일정하지 않을 때 재주문점은 어떤 네 가지 매개변수의 함수인가?
17. 소매점에서 재고수준을 어떻게 모니터링하는가?
18. 지정 기간 시스템을 이용하는 중앙창고에서 지역창고에 공급하는 것이 유리한 이유는 무엇인가?

문제 해결

문제 해결 12.1

데이비드 알렉산더(David Alexander)는 단위 비용 및 연간 수요와 함께 Angelo Products의 재고에 있는 여섯 가지 항목에 대한 다음과 같은 표를 작성했다.

확인 코드	단위 비용(달러)	연간 수요(단위)
XX1	5.84	1,200
B66	5.40	1,110
3CPO	1.12	896
33CP	74.54	1,104
R2D2	2.00	1,110
RMS	2.08	961

ABC 분석을 사용해 정량적 재고 기술을 사용해 신중하게 관리해야 하는 항목과 밀접하게 관리하지 않아야 하는 항목을 결정한다.

해결책

엄격한 관리가 필요한 항목은 33CP이므로 A항목이다. 엄격하게 통제할 필요가 없는 항목은 3CPO, R2D2, RMS이고, 이것은 C항목이다. B항목은 XX1과 B66이다.

코드	연간 달러 거래량 = 단위 비용 달러 × 수요
XX1	7,008.00 달러
B66	5,994.00 달러
3CPO	1,003.52 달러
33CP	82,292.16 달러
R2D2	2,220.00 달러
RMS	1,998.88 달러

총비용 = 100,516.56달러
총비용의 70% = 70,347.92달러

문제 해결 12.2

Warren W. Fisher Computer Corporation은 미니컴퓨터의 구성요소로 매년 8,000개의 트랜지스터를 구입한다. 각 트랜지스터의 단가는 10달러이고, 트랜지스터 1개를 1년 동안 재고로 보유하는 비용은 3달러이다. 주문비용은 주문당 30달러이다. (a) 최적의 주문 수량, (b) 연간 예상 주문 수, (c) 주문 사이의 예상 시간은 얼마인가? 회사가 200일의 근무일을 운영한다고 가정한다.

해결책

$$\text{(a)}\ Q^* = \sqrt{\frac{2DS}{H}} = \sqrt{\frac{2(8{,}000)(30)}{3}} = 400\text{개}$$

$$\text{(b)}\ N = \frac{D}{Q^*} = \frac{8{,}000}{400} = 20\text{ 개}$$

$$\text{(c) 주문 간 시간} = T = \frac{\text{근무일수}}{N} = \frac{200}{20} = 10\text{일}$$

매년 20개의 주문이 이루어지면 400개의 트랜지스터가 10영업일마다 주문된다.

문제 해결 12.3

Meyer's Stationery Shop의 노트북 바인더 연간 수요는 10,000개이다. 브래드 마이어(Brad Meyer)는 1년에 300일 동안 사업을 운영하며 공급업체로부터 제품을 배송하는 데 일반적으로 근무일 기준 5일이 소요된다. 노트북 바인더의 재주문점을 계산하라.

해결책

$$L = 5\text{일}$$

$$d = \frac{10{,}000}{300} = 33.3\text{개/일}$$

$$\text{ROP} = d \times L = (33.3\text{개/일})(5\text{일}) = 166.7\text{개}$$

따라서 브래드는 재고가 167개에 도달하면 다시 주문해야 한다.

문제 해결 12.4

Leonard Presby, Inc.는 연간 수요율이 1,000단위지만 평균 생산율 2,000단위로 생산할 수 있다. 준비비용은 10달러이다. 운반비용은 1달러이다. 매번 생산할 최적의 단위 수는 얼마인가?

해결책

$$Q_p^* = \sqrt{\frac{2DS}{H\left(1 - \dfrac{\text{연간 수요 비율}}{\text{연간 생산 비율}}\right)}} = \sqrt{\frac{2(1{,}000)(10)}{1[1 - (1{,}000/2{,}000)]}}$$

$$= \sqrt{\frac{20{,}000}{1/2}} = \sqrt{40{,}000} = 200\text{ 단위}$$

문제 해결 12.5

Whole Nature Foods는 연간 수요가 5,000상자인 글루텐 프리 제품을 판매한다. 현재는 각 상자에 대해 6.40달러를 지불하고 있다. 운송비용은 단가의 25%이다. 주문비용은 25달러이다. 회사가 주문당 최소 3,000상자를 구매하면 새로운 공급업체가 동일한 품목을 6.00달러에 판매하겠다고 제안했다. 회사는 기존 공급업체를 고수해야 하는가, 아니면 새로운 수량 할인을 이용해야 하는가?

해결책

1단계 상자당 최저 가격 6.00달러 이하:
경제적 주문량인 식 (12-10)을 사용하면 다음과 같다.

$$Q^*_{6.00\text{달러}} = \sqrt{\frac{2(5{,}000)(25)}{(0.25)(6.00)}}$$
$$= 408.25\text{상자 혹은 } 408\text{상자}$$

408 < 3,000이기 때문에 이 EOQ는 6.00달러 가격에 실행 불가능하다. 따라서 이제 다음으로 높은 가격인 6.40달러에 대한 Q^*를 계산한다. 이는 395상자에 해당하며 실현 가능하다. 따라서 가장 좋은 주문 수량은 395개(최초의 실현 가능한 EOQ)와 3,000개(6달러의 저렴한 가격에 대한 가격 할인 수량)이다.

2단계에서는 식 (12-9)를 사용해 가능한 최상의 주문 수량 모두에 대한 총비용을 계산한다.

$$TC_{395} = \frac{5{,}000}{395}(25\text{달러}) + \frac{395}{2}(0.25)(6.40\text{달러}) + 6.40\text{달러}(5{,}000)$$
$$= 316\text{달러} + 316\text{달러} + 32\ 000\text{달러}$$
$$= 32{,}632\text{달러}$$

그리고 상자당 6.00달러의 수량 할인 가격하에

$$TC_{3{,}000} = \frac{5{,}000}{3{,}000}(25\text{달러}) + \frac{3{,}000}{2}(0.25)(6.00\text{달러}) + 6.00\text{달러}(5{,}000)$$
$$= 42\text{달러} + 2{,}250\text{달러} + 30{,}000\text{달러}$$
$$= 32{,}292\text{달러}$$

따라서 Whole Nature Foods가 32,292달러의 총비용을 발생시키는 새로운 공급업체가 바람직하지만 큰 금액은 아니다. 한 번에 3,000상자를 구매하는 것이 보관이나 신선도 문제가 발생한다면 회사는 현재 공급업체에 계속 머물고 싶어 할 것이다.

문제 해결 12.6

어린이 미술 세트는 Ashok Kumar, Inc.에서 매년 한 번 주문하며, 재주문점[안전재고(dL) 제외]은 미술 세트 100개이다. 재고 보유비용은 연간 세트당 10달러이고 재고 소진 비용은 연간 세트당 50달러이다. 납기 동안 다음과 같은 수요 확률이 주어지면 얼마나 많은 안전재고를 보유해야 하는가?

납기 기간 동안 수요	확률
0	.1
50	.2
ROP → 100	.4
150	.2
200	.1
	1.0

해결책

	증분 비용		
안전재고	보유비용	재고 부족 비용	총비용
0	0	50 × (50 × 0.2 + 100 × 0.1) = 1,000	1,000달러
50	50 × 10 = 500	50 × (0.1 × 50) = 250	750
100	100 × 10 = 1,000	0	1,000

총 증분 비용을 최소화하는 안전재고는 50세트이다. 재주문점은 100세트 +50세트 또는 150세트가 된다.

문제 해결 12.7

재주문 기간 동안 평균 판매량이 80, 표준편차가 7이고 재고 부족을 10%로 견딜 수 있는 경우 Ron Satterfield Corporation은 어떤 안전재고를 유지해야 하는가?

해결책

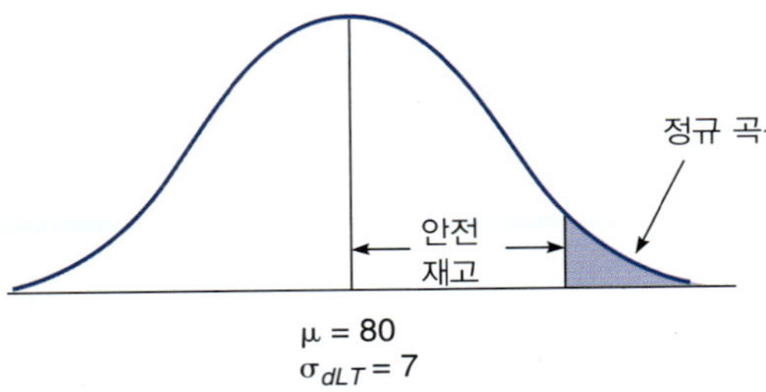

부록 1로부터 0.9(또는 1 − 0.10) = 1.28영역의 Z 및 식 (12-14)

안전재고 $= Z\sigma_{dLT}$

$= 1.28(7) = 8.96$단위 또는 9단위

문제 해결 12.8

Sarah's Discount Emporium의 52인치 평면 TV에 대한 일일 수요는 평균이 5이고 표준편차가 2단위인 정규분포를 따른다. 새 TV 선적을 받는 데 걸리는 납기는 10일이며 상당히 일정하다. 95% 서비스 수준에 대한 재주문점 및 안전재고를 결정하라.

해결책

이 가변 수요 및 일정 납기 모델에 대한 ROP는 식 (12-15)를 사용한다.

$$\text{ROP} = (\text{일평균 수요} \times \text{납기 일자}) + Z\sigma_{dLT}$$

따라서 $\sigma_{dLT} = \sigma_d\sqrt{\text{납기}}$

여기서 $Z = 1.645$를 사용하면

$$\text{ROP} = (5 \times 10) + 1.645(2)\sqrt{10}$$
$$= 50 + 10.4 = 60.4 \cong 60\text{대 혹은 올림해서 } 61\text{대}$$

안전재고는 10.4이며 최대 11대의 TV로 반올림할 수 있다.

문제 해결 12.9

아놀드파머병원(Arnold Palmer Hospital)의 특수 수술 팩 수요는 거의 매주 60개이다. 주요 공급업체인 매케슨(McKesson)의 납기는 정규분포를 따르며 이 제품의 평균은 6주이고 표준편차는 2주이다. 90% 주간 서비스 수준이 바람직하다. ROP를 찾아라.

해결책

여기서 수요는 일정하고 납기는 가변적이며 데이터는 일이 아닌 주 단위로 제공된다. 식 (12-16)을 적용한다.

$$\text{ROP} = [\text{주간 수요} \times \text{평균 납기(주)}] + Z(\text{주간 수요})\ \sigma_{LT}$$

여기서 σ_{LT} = 납기의 표준편차(주) = 2

따라서 $Z = 1.28$을 사용하면 90% 서비스 수준에 대해 다음을 수행할 수 있다.

ROP = (60 × 6) + 1.28(60) (2)

$= 360 + 153.6 = 513.6 \cong 514$팩

연습 문제

Px 윈도우용 POM 또는 엑셀 OM으로 문제를 해결할 수 있음

문제 12.1~12.6은 재고 관리와 관련이 있다.

•• **12.1** 교통 및 안전 회사의 관리자는 ABC 분류 시스템을 사용해 재고 항목을 분류하려고 한다. 각 품목의 연간 수요 및 판매 가격은 아래 표와 같다. Px

항목 코드	가격/단위	연간 수요(단위)
IA510	450	5,000
IE510	725	14,000
IE511	500	15,000
IE518	75	3,000
IE521	7.5	20,000
IE523	100	1,000
IE534	15	40,000
XA010	600	7,000
XA011	800	2,000
XF010	120	15,000

이 10개 항목에 대한 ABC 분류를 개발하고 회사에서 이 분류를 사용하는 방법을 설명하라.

•• **12.2** Boreki Enterprises의 재고에는 다음 10개의 항목이 있다. 시어도어 보레키(Theodore Boreki)는 최근에 OM을 졸업한 당신에게 이러한 항목을 ABC 분류로 나누도록 요청한다.

항목	연간 수요	비용/단위
A2	3,000	50달러
B8	4,000	12
C7	1,500	45
D1	6,000	10
E9	1,000	20
F3	500	500
G2	300	1,500
H2	600	20
I5	1,750	10
J8	2,500	5

(a) 10개 항목에 대한 ABC 분류 시스템을 개발하라.
(b) 보레키는 이 정보를 어떻게 사용할 수 있는가?
(c) 보레키는 분류를 검토한 다음 항목 A2를 A범주에 배치한다. 그는 왜 그렇게 할 수 있는가? Px

•• **12.3** Jean-Marie Bourjolly의 레스토랑에는 매주 주문하는 다음과 같은 재고 품목이 있다.

재고 품목	케이스당 달러 가치	주문 수량/주
립아이 스테이크	135	3
로브스터 꼬리	245	3
파스타	23	12
소금	3	2
냅킨	12	2
토마토 소스	23	11
감자튀김	43	32
후추	3	3
마늘 가루	11	3
쓰레기통 라이너	12	3
테이블보	32	5
생선 필레	143	10
프라임 립 로스트	166	6
식용유	28	2
양상추(상자)	35	24
닭고기	75	14
주문판	12	2
계란(상자)	22	7
베이컨	56	5
설탕	4	2

(a) 연간 달러 거래량으로 볼 때 가장 비싼 품목은 무엇인가?
(b) C항목은 무엇인가?
(c) 20개 품목 모두에 대한 연간 달러 거래량은 얼마인가? Px

• **12.4** 남아프리카 회사 AFROS는 요하네스버그에 있는 중앙 창고에서 안전 장비를 판매한다. AFROS는 연간 약 55,000개 품목의 재고를 계산한다.

공급 관리자는 기록의 정확성에 만족하지 못하고 재고 실사를 늘리기로 결정했다. 하루에 최대 1,100개의 물품을 계산할 수 있다. 품목의 약 20%가 재고 가치의 80%를 나타내는 A품목이다. 관리자는 A항목을 한 달에 한 번, B항목을 3개월에 한 번, C항목을 6개월에 한 번 계산해야 하는 순환 계산을 도입하기로 결정한다. B항목으로 분류할 수 있는 최대 품목 수는 몇 개인가? 한 달에 20일의 근무일을 가정한다.

• **12.5** 바버라 플린(Barbara Flynn)의 회사는 소규모 제품 세트에 대해 다음과 같은 데이터를 수집했다.

항목	연간 수요	단위 비용
A	100	300달러
B	75	100
C	50	50
D	200	100
E	150	75

데이터에 대해 ABC 분석을 수행하라. Px

•• **12.6** 린 피시(Lynn Fish)는 새로운 미용 제품 소매점을 열었다. 재고에는 수많은 항목이 있으며 린은 재고와 관련된 비용이 있음을 알고 있다. 그러나 시간이 제한되어 있기 때문에 모든 제품에 대한 재고 정책을 신중하게 평가할 수 없다. 린은 투자한 금액에 따라 항목을 분류하려고 한다. 다음 표는 그녀가 휴대하는 10개 품목에 대한 정보를 제공한다.

품목 번호	단위 비용(달러)	수요(단위)
E102	4	800
D23	8	1,200
D27	3	700
R02	2	1,000
R19	8	200
S107	6	500
S123	1	1,200
U11	7	800
U23	1	1,500
V75	4	1,500

ABC 분석을 사용해 이러한 항목을 A, B, C범주로 분류하라. Px

문제 12.7~12.40은 독립 수요에 대한 재고 모델과 관련이 있다.

• **12.7** 리치먼드에 있는 윌리엄 베빌(William Beville)의 컴퓨터 교육 학교에는 다음과 같은 특징이 있는 통합 문서가 있다.

수요 D = 19,500단위/년
주문비용 S = 25달러/주문
보유비용 H = 4달러/단위/년

(a) 통합 문서의 EOQ를 계산하라.
(b) 통합 문서의 연간 보유비용은 얼마인가?
(c) 연간 주문비용은 얼마인가? Px

• **12.8** D = 월 8,000, S = 주문당 45달러, H = 월 단위당 2달러인 경우
(a) 경제적 주문량은 얼마인가?
(b) 보유비용이 2배가 되면 답이 어떻게 변하는가?
(c) 보유비용이 절반으로 떨어지면 어떻게 되는가? Px

•• **12.9** 소규모 조선소 White Kayaks는 작년에 156대의 에폭시 카약을 건조했다. 이들 각각은 12kg의 에폭시를 필요로 하며, 6kg 배럴을 각각 170달러에 구매하고 운송비용은 배송당 18달러에 1달러/kg를 더한다. 연간 보유비용은 가치의 20%로 추정된다.
(a) 구매 정책이 매번 20배럴을 사는 것이라면 주문량이 최적이라고 판단되면 행정 업무에 얼마나 많은 시간을 할애할 수 있는가? 보트 제작자는 시간당 25달러를 청구한다.
(b) 소요시간이 30분이라면 최적 주문량은 얼마인가?

• **12.10** 매튜 라이오틴(Matthew Liotine)의 Dream Store에서는 침대와 다양한 용품을 판매한다. 그의 베스트셀러 침대는 연간 수요가 400개이다. 주문비용은 40달러, 보유비용은 연간 단위당 5달러이다.
(a) 총비용을 최소화하려면 주문할 때마다 몇 개를 주문해야 하는가?
(b) 단위당 보유비용이 5달러가 아닌 6달러라면 최적 수량은 얼마인가? Px

• **12.11** Southeastern Bell은 현장 서비스 사무실에 공급하기 위해 중앙 창고에 특정 스위치 커넥터를 비축하고 있다. 이 커넥터의 연간 수요는 15,000개이다. 사우스이스턴은 이 항목에 대한 연간 보유비용이 단위당 25달러일 것으로 추정한다. 공급업체로부터 주문을 접수하고 처리하는 데 드는 비용은 75달러이다. 회사는 연간 300일을 운영하며 공급업체로부터 주문을 받는 납기는 2영업일이다.
(a) 경제적 주문량을 구하라.
(b) 연간 보유비용을 구하라.
(c) 연간 주문비용을 구하라.
(d) 재주문점은 무엇인가? Px

• **12.12** 가장 빠르게 움직이는 제품 중 하나의 납기는 21일이다. 이 기간 동안의 수요는 하루 평균 100개이다.
(a) 적절한 재주문점은 무엇인가?
(b) 납기 중 수요가 2배가 되면 답변이 어떻게 변경되는가?
(c) 납기 중 수요가 절반으로 감소하면 답변이 어떻게 변경되는가?

• **12.13** Atech Service는 전문 청소 기계 및 수세미를 판매한다. 그들은 고정된 주간 일정에 따라 고객에게 정련제를 배달한다.

연간 수요는 1,500병이며 각 병은 10달러이다. 공급자의 주문에 대한 고정비용은 100달러이고 납기는 2주이다.
(a) 보유비용이 병당 10달러/년이라고 가정할 때 경제적인 주문 크기를 계산하라.
(b) 재주문점을 계산하라.

•• **12.14** 토머스 크라처(Thomas Kratzer)는 중앙 집중식 재고 운영을 하는 대형 체인 보험회사 본사의 구매 관리자이다. 토머스의 가장 빠르게 움직이는 재고 품목의 수요는 연간 6,000개이다. 각 단위의 비용은 100달러이고 재고 보유비용은 연간 단위당 10달러이다. 평균 주문비용은 주문당 30달러이다. 주문이 들어오기까지 약 5일 정도 소요되며, 1주일의 수요는 120개이다. (이것은 기업 운영이며 근무일은 연간 250일이다.)

(a) EOQ는 무엇인가?
(b) EOQ를 사용하는 경우 평균 재고는 얼마인가?
(c) 연간 최적의 주문 수는 얼마인가?
(d) 두 주문 사이의 최적 일수는 얼마인가?
(e) 연간 재고 주문 및 보유 비용은 얼마인가?
(f) 6,000개 단위의 비용을 포함해 연간 총 재고비용은 얼마인가? Px

•• **12.15** 조 헨리(Joe Henry)의 기계 공장은 1년 동안 2,500개의 브래킷을 사용한다. 이 브래킷은 90마일 떨어진 공급업체에서 구입한다. 브래킷에 대해 다음 정보가 알려져 있다.

연간 수요	2,500
연간 브라켓당 유지비용	1.50달러
주문당 주문비용	18.75달러
납기	2일
연간 근무일	250일

(a) 주어진 정보에서 경제적 주문량(EOQ)은 얼마인가?
(b) EOQ가 주어지면 평균 재고는 얼마인가? 연간 재고 보유비용은 얼마인가?
(c) EOQ가 주어지면 매년 몇 개의 주문이 만들어지는가? 연간 주문비용은 얼마인가?
(d) EOQ가 주어졌을 때 재고 관리의 총 연간 비용은 얼마인가?
(e) 주문 사이의 시간은 얼마인가?
(f) 재주문점(ROP)은 무엇인가? Px

•• **12.16** Parkside Plumbing의 애비 쿠루빌라(Abey Kuruvilla)는 각 주문당 비용이 25달러이고 연간 보유비용이 24달러인 특정 예비 부품 1,200개를 사용한다.
(a) 주문 크기가 25, 40, 50, 60, 100개일 때의 총비용을 계산하라.
(b) 경제적 주문량을 확인하고 경제적 주문량을 계산할 때 오류가 발생하는 함의를 고려하라. Px

••• **12.17** M. Cotteleer Electronics는 마이크로프로세서를 냉장고 및 기타 가전제품에 통합하는 회사에 마이크로컴퓨터 회로를 공급한다. 구성요소 중 하나의 연간 수요는 250개이며 이는 1년 내내 일정하다. 보유비용은 연간 단위당 1달러로 추정되며 주문(준비)비용은 주문당 20달러이다.
(a) 비용을 최소화하려면 주문할 때마다 몇 개를 주문해야 하는가?
(b) 최적의 정책으로 연간 몇 개의 주문이 필요한가?
(c) 비용이 최소화되는 경우 평균 재고는 얼마인가?
(d) 주문(준비)비용이 20달러가 아니고 회사가 주문할 때마다 150단위를 주문했다고 가정하자. 이 주문 정책(Q = 150)이 최적이 되려면 주문(준비)비용이 얼마가 되어야 하는지 결정하라. Px

•• **12.18** Race One Motors는 인도네시아 자동차 제조업체이다. 회사는 자카르타에 있는 가장 큰 제조 시설에서 하루 300개의 하위 구성요소를 생산하고 이러한 하위 구성요소를 연간 12,500개의 비율(근무일 기준 250일)로 사용한다. 보유비용은 연간 항목당 2달러이고 주문(준비)비용은 주문당 30달러이다.
(a) 경제적 생산량은 얼마인가?
(b) 연간 생산 가동 횟수는 몇 번인가?
(c) 최대 재고 수준은 얼마인가?
(d) 시설에서 부품을 생산하는 시간은 몇 퍼센트인가?
(e) 연간 재고 주문 및 보유 비용은 얼마인가? Px

•• **12.19** Al-Arabi Manufacturing Company는 10월 6일 이집트의 제조 시설에서 다양한 유형의 문손잡이를 제조한다. 이 회사는 연간 250일 생산 시설을 운영한다. 강철 손잡이에 대한 수요는 연간 25,000개이며 시설의 일일 생산 능력은 하루 500개이다. 각 강철 손잡이의 비용은 200이집트파운드, 연간 보유비용은 손잡이당 3이집트파운드, 준비비용은 1,500이집트파운드이다.
(a) 최적의 생산 규모는 얼마인가?
(b) 연평균 보유비용은 얼마인가까?
(c) 연평균 준비비용은 얼마인가?
(d) 손잡이 비용을 포함해 연간 총비용은 얼마인가? Px

•• **12.20** 아르투르 마이너스(Arthur Meiners)는 소규모 금속 부품 생산업체인 Wheel-Rite의 생산 관리자이다. 휠라이트는 더 큰 조립 회사인 Cal-Tex에 매년 10,000개의 휠 베어링을 공급한다. 이 주문은 한동안 안정적이었다. 휠라이트의 준비비용은 40달러이며 보유비용은 휠 베어링당 연간 0.60달러이다. 휠라이트는 하루에 500개의 휠 베어링을 생산할 수 있다. 칼텍스는 JIT 제조업체이며 매일 영업일에 50개의 베어링을 배송해야 한다.
(a) 최적 생산량은 얼마인가?
(b) 휠라이트의 재고에 있는 휠 베어링의 최대 수는 얼마인가?
(c) 휠라이트는 1년에 몇 번이나 휠 베어링을 생산할 것인가?
(d) 휠라이트의 총 준비 및 보유비용은 얼마인가? Px

•• **12.21** Union Furniture는 두바이의 유명한 가구 매장이다. 회사는 말레이시아에서 침실 모델 중 하나를 주문한다. 침실에 대한 연간 수요는 200단위이다. 판매 가격은 단위당 5,000디르함, 단위당 보유비용은 품목 가격의 25%로 추정되며 주문비용은 주문당 3,000디르함이다. 공급업체는 회사가 침실 모델 50개를 주문하면 5% 할인을 제공할 의향이 있다. 회사가 할인을 받아야 하는가?

•• **12.22** Bell Computers는 칩당 350달러에 통합 칩을 구입

한다. 보유비용은 연간 단위당 35달러, 주문비용은 주문당 120달러, 판매는 월 400으로 안정적이다. 회사의 공급업체인 Rich Blue Chip Manufacturing, Inc.는 더 많은 주문을 유치하기 위해 가격 할인을 제공하기로 결정했다. 가격 구조는 표에 나와 있다.

구매 수량	단위당 가격
1~99단위	350단위
100~199단위	325단위
200단위 이상	300단위

(a) Bell Computer가 이러한 통합 칩을 주문, 구매, 보유하기 위한 최적의 주문 수량과 최소 연간 비용은 얼마인가?

(b) Bell Computer는 (a)문항에서 고정된 35달러의 보유비용 대신 10%의 보유비용을 사용하기를 원한다. 최적 주문량은 얼마이며 최적 연간 비용은 얼마인가? **Px**

•• **12.23** Meena Distributors는 공항 금속 탐지기에 대한 연간 수요가 1,400대이다. Meena의 일반적인 감지기 비용은 400달러이다. 운송비용은 단가의 20%로 추정되며 주문비용은 주문당 25달러이다. 소유자 푸루쇼타마 메나(Purushottama Meena)가 300개 이상 주문하면 감지기 비용을 5% 할인받을 수 있다. 메나는 수량 할인을 받아야 하는가? **Px**

•• **12.24** La Vista Hotel의 케이터링 매니저인 리사 퍼거슨(Lisa Ferguson)은 매주 분실하는 은식기의 양으로 인해 괴로워한다. 지난 금요일 밤, 그녀의 직원들이 500명을 위한 연회를 준비하려고 했을 때 나이프가 충분하지 않았다. 그녀는 은제품을 더 주문해야 한다고 결정했지만 공급업체에서 제공하는 수량 할인을 이용하려고 한다.

소량 주문(2,000개 이하)의 경우 공급업체는 개당 1.80달러의 가격을 제시한다.

그녀가 2,001~5,000개를 주문하면 가격이 개당 1.60달러까지 떨어진다. 5,001~10,000개는 개당 1.40달러이고 10,001개 이상은 1.25달러로 가격이 인하된다.

리사의 주문비용은 주문당 200달러이고 연간 보유비용은 5%이며 연간 수요는 15,000개이다. 최선의 선택을 위한

(a) 최적 주문량은 얼마인가?

(b) 연간 보유비용은 얼마인가?

(c) 연간 주문(준비)비용은 얼마인가?

(d) 최적의 주문량을 가진 은그릇 자체의 연간 비용은 얼마인가?

(e) 은제품의 주문, 보유 및 구매를 포함한 총 연간 비용은 얼마인가? **Px**

•• **12.25** Rocky Mountain Tire Center는 연간 20,000개의 고카트(go-cart) 타이어를 판매한다. 각 주문에 대한 주문비용은 40달러이며 보유비용은 연간 타이어 구매 가격의 20%이다. 구매 가격은 500개 미만의 타이어를 주문한 경우 타이어당 20달러, 500개 이상(그러나 1,000개 미만)의 타이어를 주문한 경우 타이어당 18달러, 1,000개 이상의 타이어를 주문한 경우 타이어당 17달러이다.

(a) 회사는 주문할 때마다 몇 개의 타이어를 주문해야 하는가?

(b) 이 정책의 총비용은 얼마인가? **Px**

•• **12.26** M. P. VanOyen Manufacturing은 규제 부품 입찰에 나섰다. 예상 수요는 월 700개이다. 아이템은 Allen Manufacturing 또는 Baker Manufacturing에서 구입할 수 있다. 가격 목록은 표에 나와 있다. 주문비용은 50달러이며 단위당 연간 보유비용은 5달러이다.

Allen		*Baker*	
수량	단위 가격(달러)	수량	단위 가격(달러)
1~499개	16.00	1~399개	16.10
500~999개	15.50	400~799개	15.60
1,000개 이상	15.00	800개 이상	15.10

(a) 경제적 주문량은 얼마인가?

(b) 어떤 공급자를 사용해야 하며 그 이유는 무엇인가?

(c) 구성요소를 주문, 구매, 유지하는 데 드는 최적의 주문량과 연간 총비용은 얼마인가? **Px**

••• **12.27** Chris Sandvig Irrigation, Inc.는 지하 제어 밸브의 잠재적 공급업체 4곳의 가격표를 요약했다. 다음 표를 참조하라. 연간 사용량은 2,400개이다. 주문비용은 주문당 10달러이고 연간 재고 보유비용은 단위당 3.33달러이다.

회사가 총비용을 최소화하려면 어떤 공급업체를 선택해야 하며 주문 수량은 얼마인가? **Px**

A공급업체		*B공급업체*	
수량	가격(달러)	수량	가격(달러)
1~49개	35.00	1~74개	34.75
50~74개	34.75	75~149개	34.00
75~149개	33.55	150~299개	32.80
150~299개	32.35	300~499개	31.60
300~499개	31.15	500개 이상	30.50
500개 이상	30.75		

C공급업체		D공급업체	
수량	가격(달러)	수량	가격(달러)
1~99개	34.50	1~199개	34.25
100~199개	33.75	200~399개	33.00
200~399개	32.50	400개 이상	31.00
400개 이상	31.10		

••• **12.28** Emery Pharmaceutical은 온도와 습도를 모두 제어할 수 있는 환경에서 보관해야 하는 불안정한 화합물을 사용한다. Emery는 매달 800파운드의 화학 물질을 사용하고 보유비용을 구매 가격의 50%(변질 때문에)로 추정하고 주문비용을 주문당 50달러로 추정한다. 두 공급자의 비용 일정은 다음과 같다.

공급업체 1		공급업체 2	
수량	파운드당 가격	수량	파운드당 가격
1~499개	17.00달러	1~399개	17.10달러
500~999개	16.75달러	400~799개	16.85달러
1,000개 이상	16.50달러	800~1,199개	16.60달러
		1,200개 이상	16.25달러

(a) 각 공급자의 경제적 주문량은 얼마인가?
(b) 어떤 수량을 주문해야 하며 어떤 공급자를 사용해야 하는가?
(c) 가장 경제적인 주문 규모에 대한 총비용은 얼마인가?
(d) 총비용 외에 어떤 요소를 고려해야 하는가?

••• **12.29** 노 제조업체인 Collars는 전 세계로 배송되는 고품질 노를 생산한다. 노는 고객에게 판매될 때 청동 오어락(oarlock)이 장착되어 있다. 이러한 오어락은 외부 공급업체로부터 구입한다. 관리 프로세스를 단순화하고 동시에 오어락이 부족하지 않도록 하기 위해 회사는 오어락 재고를 제어하기 위해 투빈 시스템을 사용하기로 결정했다. 그들은 공급자로부터 새 것을 주문한다.

공급업체는 Collars에게 수량에 관계없이 배송할 수 있으며 납기는 영업일 기준 10일이 될 것이라고 말한다. 또한 Collars는 주문 수량에 관계없이 화물에 대해 고정 가격 200달러를 제공한다.

Collars의 경영진은 고품질 확보를 위해 1건당 5개의 오어락 테스트를 진행하며, 이 과정은 1인당 60분이 소요된다.

Collars는 연간 5,000개의 노를 판매하고 공장은 연간 250일 동안 열려 있다. 오어락 한 쌍의 가치는 50달러이고 근무시간 비용은 20달러이다. 연간 보유비용은 항목 가치의 15%로 설정된다.

(a) 가장 경제적인 주문량을 계산하라.
(b) 주문할 수 있는 최소 수량은 얼마인가?

•••• **12.30** Emarpy Appliance은 모든 종류의 주요 가전제품을 생산하는 회사이다. 사장인 버드 바니스(Bud Banis)는 회사의 베스트셀러 냉장고의 생산 정책에 대해 우려하고 있다. 연간 수요는 약 8,000대였으며 이 수요는 1년 내내 일정했다. 생산 능력은 하루 200대이다. 생산이 시작될 때마다 회사는 자재를 제자리로 옮기고 조립 라인을 재설정하고 장비를 청소하는 데 120달러의 비용이 든다. 냉장고의 보유비용은 연간 50달러이다. 현재 생산 계획에서는 각 생산 실행에서 400개의 냉장고를 생산해야 한다. 1년에 250일의 근무일이 있다고 가정하자.

(a) 이 제품의 일일 수요는 얼마인가?
(b) 회사가 생산을 시작할 때마다 400단위를 계속 생산한다면 생산은 며칠 동안 계속될 것인가?
(c) 현재 정책에 따라 연간 몇 번의 생산 가동이 필요한가? 연간 준비비용은 얼마인가?
(d) 현재 정책이 계속된다면 생산이 중단될 때 재고에 있는 냉장고는 몇 개인가? 평균 재고수준은 무엇인가?
(e) 회사가 한 번에 400대의 냉장고를 생산한다면 총 연간 준비비용과 보유비용은 얼마인가?
(f) 버드 바니스가 총 연간 재고비용을 최소화하려면 각 생산 실행에서 몇 대의 냉장고를 생산해야 하는가? 각 생산 실행에서 400대를 생산하는 현재 정책에 비해 재고비용을 얼마나 절감할 수 있는가?

• **12.31** D = 연간 1,000, S = 주문당 62.50달러, H = 연간 단위당 0.50달러인 경우 구매 관리자 박수민의 경제적 주문량은 얼마인가?

•• **12.32** 경제적 주문량 = 300, 연간 수요 = 8,000단위, 주문비용 = 주문당 45달러인 경우 P. S. Ravi Metalworks의 보유비용은 얼마인가?

•• **12.33** 빅터 피멘텔(Victor Pimentel)은 연간 보유비용이 단위당 45달러인 특정 부분조립품을 연간 1,500개 사용한다. 각 주문은 빅터 150달러이다. 그는 연간 300일을 운영하며 해당 주문을 받을 것으로 예상할 수 있는 영업일 기준 6일 전에 공급업체에 주문을 해야 한다는 사실을 알게 되었다. 이 부분조립품에 대해 다음을 찾아라.

(a) 경제적 주문량
(b) 연간 보유비용
(c) 연간 주문비용
(d) 재주문점

• **12.34** 스틸볼트 주문 후 도착까지 약 2주(14일) 정도 소요된다. 볼트에 대한 수요는 상당히 일정하다. 평균적으로 관리자인

미셸 우(Michelle Wu)는 철물점에서 매일 500개의 볼트를 판매하는 것을 관찰했다. 수요가 상당히 일정하기 때문에 미셸은 정확한 시간에 볼트를 주문하면 품절을 완전히 피할 수 있다고 믿는다. 재주문점은 무엇인가? **Px**

•• **12.35** 릭 저즈(Rick Jerz)는 가장 인기 있는 제품 중 하나에 대한 재고 분석을 수행하려고 한다. 이 제품의 연간 수요는 5,000개이다. 운반비용은 연간 단위당 50달러이다. 그의 회사의 주문비용은 일반적으로 주문당 거의 30달러이고, 납기는 평균 10일이다. (연간 250일의 근무일을 가정한다.)

(a) 경제적 주문량은 얼마인가?
(b) 평균 재고는 얼마인가?
(c) 연간 최적 주문 수는 얼마인가?
(d) 주문 사이의 최적 근무일은 얼마인가?
(e) 연간 총 재고비용(운반비용 + 주문비용)은 얼마인가?
(f) 재주문점은 무엇인가? **Px**

••• **12.36** Al-Tawheed Discount Store는 특정 유형의 사무용 의자를 400이집트파운드에 판매한다. 연간 보유비용은 연간 단위당 40이집트파운드이고 연간 수요는 의자 900개이며 주문비용은 주문당 800이집트파운드이다. 납기는 14일이다. 매장은 1년 360일 영업한다.

(a) 회사가 1년에 두 번 주문하는 경우 총 재고비용은 얼마인가?
(b) 회사가 기본 EOQ 모델을 사용하는 경우 연간 주문은 몇 개이고 총 재고비용은 얼마인가?
(c) 재주문점은 무엇인가? **Px**

• **12.37** Zhong Factory는 다양한 유형의 컴퓨터 마더보드를 배치로 제조한다. 마더보드 중 하나에 대한 수요는 200개/일인 반면 Zhong은 최대 1,000개/일의 마더보드 용량을 가지고 있다. 공장은 1년에 250일 가동된다. 준비비용은 800위안이며, 단위당 연간 보유비용은 10위안/마더보드이다. 최적의 배치 크기를 계산하라. **Px**

•• **12.38** 코펜하겐에 있는 안드레아스 빌란트(Andreas Wieland)의 페인트 매장에 보관된 하드웨어 품목에 대한 다음 데이터가 주어지면 수량 할인을 적용해야 하는가?

- D = 2,000단위, S = 10달러, H = 1달러, P = 1달러
- 할인가 = 0.75달러
- 할인 자격에 필요한 수량 = 2,000개 **Px**

•• **12.39** Happy Pet, Inc.는 대형 쇼핑몰에 위치한 애완동물 가게이다. 가게는 개를 전문으로 하지만 물고기, 거북이, 새 용품도 판매한다. 반려견용 가죽 리드인 에버라스트 리더(Everlast Leader)는 이 가게에서 개당 7달러이다. 연간 6,000명의 에버라스트 리더에 대한 수요가 있다. 관리자인 스테판 와그너(Stephan Wagner)는 주문당 주문비용이 20달러이고 운송비용이 단위비용의 백분율로 15%라고 결정했다. 가게는 이제 에버라스트 리더의 새로운 공급업체를 고려하고 있다. 각 리드의 비용은 6.65달러에 불과하지만 이 할인을 받으려면 Happy Pet은 한 번에 3,000개의 선적물을 구매해야 한다. Happy Pet은 신규 공급업체를 이용하고 이 할인을 수량 구매에 적용해야 하는가? **Px**

•• **12.40** 세인트피터즈버그의 Huehn-Brown Products는 4 × 8피트 크기의 고품질 합판에 대해 다음과 같은 할인 일정을 제공한다.

주문	단위 비용
9장 이하	18.00달러
10~50장	17.50달러
50장 이상	17.25달러

Home Sweet Home Company는 Huehn-Brown에서 합판을 주문한다. 홈스위트홈의 주문비용은 45달러이다. 운반비는 20%이고 연간 수요는 100장이다. 추천 메뉴가 무엇인가? **Px**

문제 12.41~12.50은 확률 모델 및 안전재고와 관련이 있다.

•• **12.41** 바바라 플린(Barbara Flynn)은 종합병원에서 병원 용품 관리를 담당하고 있다. 지난 해 동안 붕대 BX-5의 평균 납기 수요는 60(정규분포)이었다. 게다가 BX-5의 표준편차는 7이었다. 플린은 90% 서비스 수준을 유지하기를 원했다.

(a) BX-5에 어떤 안전재고수준을 권장하는가?
(b) 적절한 재주문점은 무엇인가? **Px**

•• **12.42** 사용 가능한 정보에 따르면 PC 점프 드라이브의 납기 수요는 평균 50개(정규분포)이며 표준편차는 5개이다. 경영진은 97%의 서비스 수준을 원한다.

(a) Z의 어떤 값을 적용해야 하는가?
(b) 얼마나 많은 드라이브를 안전재고로 휴대해야 하는가?
(c) 적절한 재주문점은 무엇인가? **Px**

••• **12.43** 정통 태국 등나무 의자(사진 참조)가 1년에 한 번 더카드만두숍(The Kathmandu Shop)이라는 게리 슈워츠(Gary Schwartz)의 소매점 체인으로 배달된다. 안전재고가 없는 재주문점은 의자 200개이다. 운반비용은 연간 단위당 30달러이며 재고 품절비용은 연간 의자당 70달러이다. 납기 동안 다음과 같은 수요 확률이 주어지면 얼마나 많은 안전재고를 보유해야 하는가?

Courtesy of Barry Render

납기 동안 수요	확률
0	0.2
100	0.2
200	0.2
300	0.2
400	0.2

•• **12.44** 쿠웨이트의 한 대형 슈퍼마켓은 사우디아라비아의 한 제조업체로부터 주스 상자를 공급한다. 안전재고가 없는 재주문점은 800상자이다. 운송비용은 연간 상자당 KWD 20(쿠웨이트 디나르)이며 주문비용은 연간 상자당 KWD 50이다. 납기 동안 다음과 같은 수요 확률이 주어지면 얼마나 많은 안전재고를 노유해야 하는가?

납기 동안 수요	확률
0	0.1
400	0.2
800	0.2
1,200	0.4
1,600	0.1

••• **12.45** 웨이트 트레이닝 세트를 판매하는 조직인 Mr. Beautiful은 BB-1 세트의 주문비용이 40달러이다. (BB-1은 Body Beautiful Number 1의 약자이다.) BB-1의 운반비용은 연간 세트당 5달러이다. Mr. Beautiful은 수요를 충족하기 위해 1년에 7번 BB-1을 대량 주문한다. BB-1의 소진 비용은 세트당 50달러로 추정된다. 지난 몇 년 동안 Mr. Beautiful은 BB-1의 납기 동안 다음과 같은 요구사항을 관찰했다.

납기 동안 수요	확률
40	.1
50	.2
60	.2
70	.2
80	.2
90	.1
	1.0

BB-1의 재주문점은 60세트이다. BB-1에 대해 어떤 수준의 안전재고를 유지해야 하는가?

•• **12.46** Chicago's Hard Rock Hotel은 수영장과 객실에서 하루 평균 1,000개의 목욕 수건을 고객에게 배포한다. 이 수요는 점유율을 기준으로 하루에 100개 수건의 표준편차로 정규분포를 따른다. 리넨 계약이 있는 세탁소는 2일의 납기가 필요하다. 호텔은 98%의 서비스 수준으로 높은 고객의 기대치를 충족시킬 것으로 기대한다.

(a) 안전재고는 무엇인가?

(b) ROP는 무엇인가?

•• **12.47** 쿠웨이트의 Metro 슈퍼마켓은 사우디아라비아의 한 제조업체로부터 주스 상자를 공급한다. 일일 수요는 하루에 100상자로 거의 일정하다. 상자 배송의 납기는 평균 5일, 표준편차 2일로 정규분포를 따른다. 슈퍼마켓의 서비스 수준은 95%이다. Metro의 ROP를 계산하라.

••• **12.48** Gainesville Cigar는 제품 수입의 어려움으로 인해 납기가 가변적인 쿠바 시가를 보유하고 있다. 납기는 평균 6주, 표준편차 2주로 정규분포를 따른다. 수요도 변수이며 주당 평균 시가 200개, 표준편차 25개를 갖는 정규분포를 따른다.

(a) 90% 서비스 수준의 경우 ROP는 무엇인가?

(b) 95% 서비스 수준에 대한 ROP는 얼마인가?

(c) 이 두 가지 서비스 수준이 의미하는 바를 설명하라. 어느 것이 바람직한가?

•••• **12.49** 이집트의 Sumitomo Tire는 내년 타이어 수요가 평균 100,000개, 표준편차가 3,000개인 정규분포를 보일 것으로 추정한다. 주문비용은 주문당 20,000이집트파운드이며 보유비용은 연간 타이어당 80이집트파운드이다. 상점은 1년에 300일 영업하며 납기는 일정하고 60일과 동일하다고 가정한다.

(a) Sumitomo Tire의 경제적 주문량(EOQ)은 얼마인가?

(b) Sumitomo Tire의 연평균 보유비용은 얼마인가?

(c) Sumitomo Tire의 연평균 주문비용은 얼마인가?

(d) 연간 총비용은 얼마인가?

(e) 회사에서 품절 가능성 위험을 2% 미만으로 낮추려면 재주문점은 얼마가 되어야 하는가?

(f) 납기 동안 2%의 재고 부족 위험을 달성하는 데 필요한 안전재고는 얼마인가?

(g) 2% 위험을 지원하는 데 필요한 안전재고수준을 유지하기 위한 연간 보유비용은 얼마인가?

(h) 관리자가 납기 동안 10%의 재고 소진 위험을 허용할 수 있다고 지정한 경우 안전재고 보유비용이 증가하거나 감소하는가?

• **12.50** 한 브랜드의 TV에 대한 납기 동안의 수요는 평균 36대의 TV와 15대의 표준편차로 정규분포를 따른다. 데니스 유

(Dennis Yu)의 Appliance Outlet이 90% 서비스 수준을 제공하려면 어떤 안전재고를 보유해야 하는가? 적절한 재주문점은 무엇인가? Px

문제 12.51~12.53은 단일 기간 모델과 관련이 있다.

•• **12.51** Beqala.com은 이집트 카이로 지역의 고객들에게 신선한 대형 새우를 판매하는 온라인 식료품점이다. 새우의 킬로그램당 가격은 150이집트파운드이며 킬로그램당 280이집트파운드에 판매된다. 하루가 끝나면 남은 새우는 킬로그램당 85이집트파운드에 지역 식당에 판매된다. 상점에서는 평균 400kg의 표준편차와 60kg의 정규분포를 따르는 새우의 일일 수요량을 추정했다. 새우에 대한 최적의 재고수준을 계산하라.

•• **12.52** 엔리케 코레아(Henrique Correa)의 베이커리는 오전 4~6시 사이에 모든 케이크를 준비하므로 고객이 도착했을 때 신선하게 유지된다. 하루가 지난 케이크는 거의 항상 판매되지만 정가 10달러 가격에서 50% 할인된다. 케이크를 굽는 비용은 6달러이고 수요는 평균이 25이고 표준편차가 4인 정규분포로 추정된다. 최적의 재고수준은 얼마인가?

••• **12.53** 두바이에서 유명한 래퍼 션 폴(Sean Paul)의 콘서트를 주최하는 회사는 행사에서 판매될 셔츠를 인쇄하기로 결정했다. 회사는 20,000명이 콘서트에 참석할 것으로 추정하고 평균적으로 참석자의 40%가 일반적으로 셔츠를 구매하며 표준편차는 0.05이다. 셔츠 가격은 60디르함이고 판매 가격은 160디르함이다. 나머지 셔츠는 40디르함에서 할인된다.

(a) 각 셔츠에 대한 수요를 과소평가하는 데 드는 비용은 얼마인가?

(b) 셔츠당 평균 비용은 얼마인가?

(c) 회사에서 콘서트를 위해 몇 장의 셔츠를 인쇄해야 하는가?

(d) 이 주문 크기에 대한 재고 소진 위험은 얼마인가?

사례 연구

저우자전거

시애틀에 위치한 저우 자전거(Zhou Bicycle Company, ZBC)는 자전거 및 자전거 부품 도매 유통업체이다. 1981년 워싱턴대학의 용핀저우(Yong-Pin Zhou) 교수가 설립한 이 회사의 주요 소매점은 유통 센터에서 반경 400마일 이내에 있다. 이러한 소매점은 재고가 있는 경우 유통 센터에 통보한 후 2일 이내에 ZBC로부터 주문을 받는다. 그러나 회사에서 주문을 이행하지 않으면 이월 주문이 이루어지지 않는다. 소매업체는 다른 유통업체로부터 배송을 받기 위해 준비하고 ZBC는 그만큼의 손실을 입는다.

회사는 다양한 자전거를 유통한다. 가장 인기 있는 모델이자 회사의 주요 수익원은 에어윙(AirWing)이다. ZBC는 중국의 단일 제조사로부터 모든 모델을 수령하며, 배송은 주문 후 최대 4주가 소요된다. 통신비용, 서류 작업 및 통관비용이 포함된 경우 ZBC는 주문할 때마다 65달러의 비용이 발생할 것으로 추정한다. ZBC가 자전거 1대에 지불하는 구매 가격은 사용 가능한 모든 스타일의 권장 소매가격의 약 60%이며 재고 운반비용은 ZBC가 지불하는 구매 가격에서 월 1%(연간 12%)이다. 에어윙의 소매가격(고객이 지불함)은 자전거 1대당 170달러이다.

ZBC는 2019년 재고 계획을 세우는 데 관심이 있다. 이 회사는 주문 손실로 인한 손실을 최소화하기 위해 고객과 95% 서비스 수준을 유지하기를 원한다. 지난 2년 동안 수집된 데이터는 아래 표에 요약되어 있다. 2019년 에어윙 모델 판매에 대한 예측이 개발되었으며 ZBC의 재고 계획을 세우는 데 사용될 것이다.

에어윙 모델 수요

월	2017년	2018년	2019년 예측
1월	6	7	8
2월	12	14	15
3월	24	27	31
4월	46	53	59
5월	75	86	97
6월	47	54	60
7월	30	34	39
8월	18	21	24
9월	13	15	16
10월	12	13	15
11월	22	25	28
12월	38	42	47
총합	343	391	439

토론 문제

1. ZBC를 돕기 위한 재고 계획을 개발하라.
2. ROP 및 총비용을 논의하라.
3. 계획 기간 동안 균일하지 않은 수요를 어떻게 해결할 수 있는가?

출처: Professor Kala Chand Seal, Loyola Marymount University.

프리토레이의 재고 관리

프리토레이(Frito-Lay)는 1931년 제조법과 19개의 소매 계정, 수동식 감자 라이저가 포함된 샌안토니오에 있는 작은 회사를 100달러에 인수한 이후 번창했다. 댈러스에 본사를 둔 수십억 달러 규모의 이 회사는 현재 41개의 제품을 보유하고 있다. 21가는 연간 매출이 1억 달러 이상이고 7개는 10억 달러 이상이다. 생산은 48,000명의 직원이 있는 미국과 캐나다의 36개 제품 중심 공장에서 이루어진다.

재고는 대부분의 기업에서 주요 투자이자 값비싼 자산이다. 보유비용은 제품 가치의 25%를 초과하는 경우가 많지만 프리토레이의 준비된 식품 산업에서는 원료가 부패하기 쉽기 때문에 보유비용이 훨씬 더 높을 수 있다. 식품 산업에서는 재고가 손실된다. 따라서 부실한 재고 관리는 비용이 많이 들 뿐만 아니라 불만족스러운 제품을 생산해 극단적으로 시장 수용을 망칠 수도 있다.

프리토레이의 주요 재료는 옥수수 가루, 옥수수, 감자, 기름, 조미료이다. 감자 칩을 사용해 신속한 재고 흐름을 설명하면 다음과 같다. 감자는 트럭을 통해 농장에서 가공을 위한 지역 공장, 창고, 소매점으로 이동한다. 이것은 며칠이나 몇 주가 아니라 몇 시간 만에 일어난다. 이것은 신선도를 높게 유지하고 보유비용을 낮게 유지한다.

예를 들어 플로리다 공장에서 주요 재료를 자주 배송하는 것은 여러 형태를 띠고 있다.

- 감자는 하루에 트럭 10대로 배달되며 한 교대 근무에 150,000파운드가 소모된다. 전체 감자 저장 공간에는 7.5시간 분량의 감자만 보관된다.
- 석유 재고는 4.5일 동안만 지속되는 철도 차량으로 도착한다.
- 옥수수 가루는 중서부의 다양한 농장에서 도착하며 재고는 일반적으로 평균 4일 생산량이다.
- 조미료 재고는 평균 7일이다.
- 포장 재고는 평균 8~10일이다.

프리토레이의 제품 중심 시설은 주요 자본 투자를 나타낸다. 그 투자는 효율성을 위해 높은 활용도를 달성해야 한다. 자본비용은 생산된 스낵 식품의 총비용을 낮추기 위해 상당한 양에 걸쳐 분산되어야 한다. 높은 활용도에 대한 이러한 요구에는 안정적인 장비와 빡빡한 일정이 필요하다. 신뢰할 수 있는 기계에는 중요한 구성요소의 재고가 필요하다. 이를 유지보수/수리/운영(MRO) 공급품이라고 한다. 모터, 스위치, 기어, 베어링 및 기타 중요한 특수 구성요소의 MRO 재고는 비용이 많이 들 수 있지만 필요하다.

프리토레이의 비MRO 재고는 빠르게 움직인다. 원자재는 신속하게 재공품이 되어 약 1.5교대로 시스템을 통과해 칩 봉지 형태로 출고된다. 포장된 완제품은 1.4일 이내에 생산에서 유통망으로 이동한다.

토론 문제

1. 프리토레이의 재고 혼합은 기계 또는 캐비닛 공장(프로세스 중심 시설)의 재고와 어떻게 다른가?
2. 프리토레이의 주요 재고 품목은 무엇이고, 얼마나 빠르게 진행되는가?
3. 재고의 네 가지 유형은 무엇인가? 프리토레이에서 각각의 예를 들라.
4. 네 가지 유형(가장 많이 투자한 것부터 가장 적게 투자한 것까지) 각각에서 달러 투자의 순위를 매겨보라.
5. 재고가 프리토레이 공장을 통해 그렇게 빨리 흐르는 이유는 무엇인가?
6. 회사는 왜 그렇게 많은 공장을 운영하는가?
7. 프리토레이가 각 공장에서 41개 제품을 모두 생산하지 않는 이유는 무엇인가?

셀러브리티크루즈의 재고 관리

카니발(Carnival), 디즈니(Disney)와 같은 대중 시장 유람선 업체와 크리스털크루즈(Crystal Cruises) 같은 호화 유람선 사이에 위치한 셀러브리티(Celebrity)는 '프리미엄' 시장에서 이름을 알리고 있다.

프리미엄 크루즈 라인의 많은 기능과 서비스 중에는 음식의 품질이 있다. 이것이 크루즈 경험의 성공과 고객이 재방문하는 가장 큰 이유이다. 식당 시설은 가능한 최고의 기준을 달성할 수 있도록 관리되어야 한다.

셀러브리티는 메인 뷔페와 다이닝룸 외에도 다양한 전문 레스토랑을 운영하고 있다. 레스토랑은 하루 3끼 식사를 제공하며 저녁 식사에만 최대 2,500명의 손님을 수용한다.

셀러브리티는 메뉴의 모든 항목에 대해 지난 10년 동안 수집된 레스토랑 및 메뉴 데이터를 사용해 3, 4, 7, 10, 12일 또는 그 이상인 각 항해에 대한 식량 공급을 예측한다.

일반적인 7일 여행 일정에 셀러브리티크루즈에서 제공되는 음식의 양은 다음 표에 나와 있는 것처럼 방대하다. (크루즈 승객은 하루 평균 4.5끼의 식사를 한다.) 여기에서 셀러브리티의 뛰어난 공급사슬과 재고 관리가 작용한다. 대부분의 크루즈 여행이 시작될 때 배의 식품 저장 공간은 예상 한도까지 쌓이며 마지막에는 한 임원이 유머러스하게 말한 것처럼 '2개의 바나나로 줄이는 것'이 목표이다.

일반적인 7일 크루즈 일정 음식 재고

소비한 품목	수량
소고기	9,250파운드
닭고기	3,000파운드
신선한 야채	26,000파운드
쌀	2,250파운드
시리얼	500파운드
젤리	300파운드
쿠키	1,450파운드
아이스크림	600갤런
커피	1,000파운드
샴페인	150
보드카	250
맥주	9,900
와인	2,600

셀러브리티 선박은 "항상 움직이는 작은 고급 도시와 같다"고 공급사슬 관리 및 소싱 담당 부사장인 폴 리트비노프(Paul Litvinov)는 말한다. 전 세계 선박의 항해마다 수만 개의 다양한 품목(SKU)이 비축되어 있지만 승무원은 승객이 내리는 시간(보통 오전 7~9시)과 승객이 승선하는 시간(오후 3~5시).

전략적 재고 계획 및 공급사슬 결정은 리트비노프와 그의 직원이 셀러브리티의 마이애미 본사에서 내린다. 유명인사는 일부 공급업체(예: 코카콜라 및 스타벅스)와 장기 계약을 유지하지만 일반적으로 가격 변동이 더 큰 육류, 생선, 농산물과 같은 품목에 대해서는 단기 계약을 체결한다.

전 세계 수십 개의 항구에 12개 이상의 선박이 흩어져 있으며, 리트비노프는 종종 미국에서 냉동식품을 구매하고 유럽이나 아시아에서 출발하는 화물 크루즈에 상업용 화주를 통해 6~10개의 화물 컨테이너를 보낸다. 30~60일의 배송 경로로 인한 지연에도 불구하고 셀러브리티의 비용 분석은 이것이 많은 제품에 대한 최적의 전략이라고 결정한다. 그러나 유제품, 농산물은 항상 현지에서 조달된다.

전술적 재고 결정은 선박의 재고 관리자와 6~9명의 직원이 내린다. 이 그룹은 각 크루즈가 시작될 때 선적되는 모든 식품을 검사하고 선상에서 물품을 보관하고 관리하는 책임이 있다. 검사에는 모든 농산물을 표본 추출해 완벽하게 익고 멍이 들거나 시들지 않았는지 확인하는 것이 포함된다. 셀러브리티는 상품을 정확하게 관리할 수 있도록 컴퓨터화된 재고 관리 시스템을 운영한다. 바와 창고의 재고를 쉽게 확인해 부족이나 불일치가 없는지 확인할 수 있다.

연간 1억 달러 이상의 식음료 구매를 통해 셀러브리티는 강력한 구매력을 보유하고 있다. 미국과 공급품이 선적되는 각 항구의 공급업체를 신중하게 조사한다.

토론 문제

1. 바다에 있는 동안 허리케인이나 기계적 고장과 같은 극한 상황에 대비하기 위해 셀러브리티는 어떤 재고 조정을 할 수 있는가?
2. 이 장에서 볼 수 있는 재고 관리 기술은 셀러브리티에서 사용할 수 있는가?
3. 해외 항구에서 구매할지 아니면 플로리다에 있는 셀러브리티의 미국 기지에서 물품을 배송할지 결정하기 위해 비용 분석을 어떻게 수행해야 하는가?
4. 여러 면에서 각 셀러브리티크루즈에 대한 식품 재고 결정은 이 장에서 설명하는 단일 기간 재고 모델과 일치한다. 닭고기에 대한 결정을 고려하라. 셀러브리티가 파운드당 0.80달러에 닭고기를 대량으로 구매하고 크루즈 운항을 마친 후에 남은 닭고기는 지역 푸드 뱅크에 기부한다고 가정해보자. 경영진은 충족되지 않은 수요로 인한 고객 호의 상실로 인해 파운드당 1.00달러의 부족 페널티가 발생할 것으로 추정한다. 7일 크루즈 일정에 대한 닭고기 수요가 평균 3,000파운드, 표준편차가 200파운드인 정규분포를 따른다면 몇 파운드를 배에 실어야 하는가?

휠드코치의 재고 관리

재고 관리는 휠드코치(Wheeled Coach)의 가장 어려운 문제 중 하나이다. 대량 맞춤화 및 대응 전략에 따라 운영되는 경영진은 성공이 엄격한 재고 관리에 달려 있다는 것을 알고 있다. 다른 모든 것은 신속하게 납품할 수 없고 조립 라인에 혼란을 일으키며 막대한 재고 투자를 초래한다. 이 회사는 제조하는 모든 구급차 비용의 거의 50%가 자재를 구입에 쓰인다는 사실을 알게 되었다. 그 50%의 많은 부분이 섀시(포드에서 구매), 알루미늄[레이놀즈메탈(Reynolds Metal)], 바닥 및 캐비닛 건설에 사용되는 합판(현지 공급업체)에 있다. 휠드코치는 이러한 A 재고 품목을 매우 신중하게 추적해 엄격한 보안/통제를 유지하고 재고 수량을 최소화하면서 수량 할인을 최대화하기 위해 신중하게 주문한다. 레이놀즈에서는 납기가 길고 일정이 필요하기 때문에 알루미늄은 실제로 최대 8개월 전에 주문해야 한다.

유일한 거대 기업인 혼잡한 구급차 산업에서 45개의 경쟁업체는 휠드코치와 동일한 할인을 받을 수 있는 구매력이 없다. 그러나 보브 콜린스(Bob Collins) 사장에 따르면 이러한 경쟁력 있는 비용 우위를 가볍게 생각할 수는 없다. "우리 창고의 주기 계산은 매우 중요합니다. 어떤 부품도 BOM에 나타나지 않고 잠긴 창고를 떠날 수 없습니다."

제품이 제시간에 제작되려면 정확한 자재 명세서(BOM)가 필요하다. 또한 각 차량의 커스텀 특성으로 인해 대부분의 주문은 입찰 과정을 거쳐야 낙찰된다. 정확한 BOM은 비용 추정 및 결과 입찰에 매우 중요하다. 이러한 이유로 콜린스는 휠드코치가 탁월한 재고 관리를 유지하고 있다고 강조했다. 휠드코치를 특징으로 하는 글로벌 회사 프로필(14장 참조)은 구급차 재고 관리 및 생산 프로세스에 대한 자세한 내용을 제공한다.

토론 문제

1. 휠드코치가 ABC 분석을 구현하는 방법을 설명하라.
2. 휠드코치의 재고 관리자를 맡게 된다면 정확한 재고 기록을 보장하기 위해 어떤 추가 정책과 기술을 시작하겠는가?
3. 이러한 제안을 어떻게 구현하겠는가?

미주

1. 다음을 참조하라. E. Malykhina, "Retailers Take Stock," *Information Week* (February 7, 2005): 20–22, and A. Raman, N. DeHoratius, and Z. Ton, "Execution: The Missing Link in Retail Operations," *California Management Review* 43, no. 3 (Spring 2001): 136–141.
2. 이것은 보유비용이 선형이고 원점에서 시작하는 경우이다. 즉 재고량이 증가함에 따라 재고비용이 감소(또는 증가)하지 않고 모든 보유비용이 소폭 증가하는 경우이다. 또한 준비(또는 주문)가 실행될 때마다 약간의 학습이 있을 수 있다. 이는 후속 설정비용을 낮추는 사실이다. 결과적으로 EOQ 모델은 아마도 특별한 경우일 것이다. 그러나 우리는 이 모델이 합리적인 근사치라는 기존의 통념을 따른다.
3. 경제적 주문량(Q^*)에 대한 공식은 총비용곡선이 최소인 곳(즉 총비용곡선의 기울기가 0인 곳)을 찾아 결정될 수도 있다. 미적분학을 사용해 Q^*에 대한 총비용의 도함수를 0으로 설정한다.

$$TC = \frac{D}{Q}S + \frac{Q}{2}H + PD$$

$$\frac{d(TC)}{dQ} = \left(\frac{-DS}{Q^2}\right) + \frac{H}{2} + 0 = 0$$

따라서 $Q^* = \sqrt{\frac{2DS}{H}}$

4. 짧은 단위 수인 수요 − ROP는 수요 − ROP가 음수가 아닌 경우에만 참이다.
5. 식 (12-15), (12-16), (12-17)은 일 단위로 표시된다. 그러나 몇 주, 몇 개월, 몇 년으로 동등하게 표현할 수 있다. 일관성을 유지하고 방정식의 모든 항에 대해 동일한 시간 단위를 사용하라.
6. 식 (12-17)은 ROP = 평균 일일 수요 × 평균 납기 + $Z\sqrt{(\text{평균 납기} \times \sigma_d^2) + \bar{d}^2\sigma_{LT}^2}$로 표현될 수도 있다.
7. OM 관리자는 이를 지속적인 검토 시스템이라고도 한다.

참고문헌

Abernathy, Frederick H., et al. "Control Your Inventory in a World of Lean Retailing." *Harvard Business Review* 78, no. 6 (November–December 2000): 169–176.

Burt, D. N., S. Petcavage, and R. Pinkerton. *Supply Management*, 8th ed. Burr Ridge, IL: Irwin/McGraw, 2010.

Chapman, S., T. K. Arnold, A. K. Gatewood, and L. M. Clive. *Introduction to Materials Management*, 8th ed. Boston: Pearson, 2018.

Chapman, Stephen. *Fundamentals of Production Planning and Control*. Upper Saddle River, NJ: Prentice Hall, 2006.

Harris, Chris and Thomas Parker. "Portion Control." *APICS* 24, no. 5 (September/October 2014): 26–28.

Jacobs, F. R., W. L. Berry, D. C. Whybark, and T. E. Vollmann. *Manufacturing Planning and Control for Supply Chain Management*, 6th ed. New York: McGraw-Hill, 2011.

Keren, Baruch. "The Single Period Inventory Model." *Omega* 37, no. 4 (August 2009): 801.

Lee, H., and O. Ozer. "Unlocking the Value of RFID." *Production and Operations Management* 16, no. 1 (2007): 40–64.

McDonald, Stan C. *Materials Management*. New York: Wiley, 2009.

Muller, Max. *Essentials of Inventory Management*, 2nd ed. Seattle: Amazon Press, 2011.

Munson, Charles L., and Jonathan Jackson. "Quantity Discounts: An Overview and Practical Guide for Buyers and Sellers." *Foundations and Trends in Technology, Information and Operations Management* 8, nos. 1–2 (2014): 1–130.

Render, B., R. M. Stair, M. Hanna, and T. Hale. *Quantitative Analysis for Management*, 13th ed. Boston: Pearson, 2018.

Stein, Andrew C. "Warehouse Measurement and Control." *APICS* 24, no. 3 (May/June 2014): 42–45.

Teunter, Ruud H., M. Z. Babai, and A. A. Syntetos. "ABC Classification: Service Levels and Inventory Cost." *Production and Operations Management* 19, no. 3 (May–June 2010): 343–352.

Chapter 12 Rapid Review

절 제목	내용 훑어보기
재고의 중요성	재고는 많은 기업에서 가장 비싼 자산 중 하나이다. 재고 관리의 목적은 재고 투자와 고객 서비스의 균형을 맞추는 것이다. 두 가지 기본 재고 문제는 주문량과 주문 시기이다. ■ **원자재 재고**: 일반적으로 구매하지만 아직 제조 공정에 들어가지 않은 자재 ■ **재공품(WIP) 재고**: 더 이상 원자재가 아니지만 아직 완제품이 되지 않은 제품 또는 구성요소 ■ **MRO 재고**: 유지보수, 수리, 운영 자재 ■ **완제품 재고**: 판매 준비가 완료된 최종 품목이지만 여전히 회사 장부에서 자산이 재고
재고 관리	■ **ABC 분석**: 보유 재고를 연간 달러량에 따라 세 가지 분류로 나누는 방법 ■ **주기 계산**: 재고 기록과 재고를 지속적으로 조정하는 것 ■ **수축**: 입고와 판매 사이에 계산되지 않는 소매 재고 ■ **절도**: 소량의 절도
재고 모델	■ **보유비용**: 재고를 유지하거나 보유하는 데 드는 비용 ■ **주문비용**: 주문 프로세스의 비용 ■ **준비비용**: 생산을 위해 기계 또는 프로세스를 준비하는 데 드는 비용 ■ **준비 시간**: 생산을 위해 기계 또는 프로세스를 준비하는 데 필요한 시간
독립수요 재고 관리 모델	■ **경제적 주문량(EOQ) 모델**: 총 주문 및 보유비용 최소화 $$Q^* = \sqrt{\frac{2DS}{H}} \quad (12\text{-}1)$$ $$\text{예상 주문 수} = N = \frac{\text{수요}}{\text{주문량}} = \frac{D}{Q^*} \quad (12\text{-}2)$$ $$\text{주문 간 예상 시간} = T = \frac{\text{연간 근무일수}}{N} \quad (12\text{-}3)$$ $$\text{총 연간 재고비용} = \text{준비 및 주문 비용} + \text{보유비용} \quad (12\text{-}4)$$ $$TC = \frac{D}{Q}S + \frac{Q}{2}H \quad (12\text{-}5)$$ ■ **견고함**: 매개변수에 상당한 변동이 있어도 만족스러운 답변을 제공한다. ■ **납기**: 구매 시스템에서 주문과 수령 사이의 시간. 생산 시스템에서 생산된 각 구성요소에 대한 대기, 이동, 대기 행렬, 준비 및 실행 시간. ■ **재주문점(ROP)**: 재고 품목을 보충하기 위해 조치를 취하는 재고수준(포인트) 알려진 수요에 대한 ROP $$\text{ROP} = \text{일일 수요} \times \text{신규 주문의 납기(일)} = d \times L \quad (12\text{-}6)$$ ■ **안전재고**: 불균일한 수요를 허용하기 위한 추가 재고 ■ **생산 주문 수량 모델**: 생산 주문에 적용되는 경제적 주문량 기법 $$Q_p^* = \sqrt{\frac{2DS}{H[1-(d/p)]}} \quad (12\text{-}7)$$ $$Q_p^* = \sqrt{\frac{2DS}{H\left(1 - \frac{\text{연간 수요 비율}}{\text{연간 생산 비율}}\right)}} \quad (12\text{-}8)$$ ■ **수량 할인**: 대량 구매 품목에 대한 할인 가격 $$TC = \frac{D}{Q}S + \frac{Q}{2}H + PD \quad (12\text{-}9)$$ $$Q^* = \sqrt{\frac{2DS}{IP}} \quad (12\text{-}10)$$

확률 모델과 안전재고	■ **확률 모델**: 제품 수요 또는 기타 변수를 알 수 없지만 확률분포를 통해 지정할 수 있는 경우 적용할 수 있는 통계 모델 ■ **서비스 레벨**: 품절 가능성의 보완 알 수 없는 수요에 대한 ROP $ROP = d \times L + ss$ (12-11) 연간 재고 부족 비용 = 각 수요 수준에 대한 부족 단위의 합계 × 해당 수요 수준의 확률 × 품절비용/단위 × 연간 주문 수 (12-12) 알 수 없는 수요 및 주어진 서비스 수준에 대한 ROP ROP = 납기 동안 예상 수요 + $Z\sigma_{dLT}$ (12-13) 안전재고 = $Z\sigma_{dLT}$ (12-14) 변동 수요 및 일정 납기에 대한 ROP ROP = [일평균 수요 × 납기(날짜 수)] + $Z\sigma_{dLT}$ (12-15) 일정한 수요 및 변동 납기를 위한 ROP ROP = [일일 수요 × 평균 납기(날짜 수)] + Z × 일일 수요× σ_{LT} (12-16) 변동 수요 및 변동 납기에 대한 ROP ROP = [평균 일일 수요 × 평균 납기(일)] + $Z\sigma_{dLT}$ (12-17) 각각의 경우 $\sigma_{dLT} = \sqrt{(\text{평균 납기} \times \sigma_d^2) + \bar{d}^2\sigma_{LT}^2}$ 그러나 지속적인 수요하에서 $\sigma_d^2 = 0$이고 일정한 납기하에서 $\sigma_{LT}^2 = 0$이다.
단일 단계 모델	■ **단일 기간 재고 모델**: 판매 기간이 끝날 때 가치가 거의 또는 전혀 없는 품목을 주문하는 시스템 서비스 레벨 = $\dfrac{C_s}{C_s + C_o}$ (12-18)
지정 기간 시스템	■ **지정 수량(Q) 시스템**: 매번 동일한 주문량을 갖는 주문 시스템 ■ **영구 재고 시스템**: 각 인출 또는 재고 추가를 지속적으로 추적해 기록을 항상 최신 상태로 유지하는 시스템 ■ **지정 기간(P) 시스템**: 일정한 시간 간격으로 재고 주문이 이루어지는 시스템

셀프테스트

12.1 ABC 분석은 ________을 기반으로 현 재고를 세 가지 클래스로 나눈다.

(a) 단가
(b) 보유하고 있는 단위의 수
(c) 연간 수요
(d) 연간 달러 가치

12.2 주기 계산은 ________

(a) 재고 회전율의 척도를 제공한다.
(b) 모든 재고 기록이 동일한 빈도로 확인되어야 한다고 가정한다.
(c) 재고 기록을 주기적으로 확인하는 프로세스이다.
(d) 위의 모든 것

12.3 일반적인 재고 모델에 의해 답변되는 가장 중요한 두 가지 재고 기반 질문은 다음 중 어느 것인가?

(a) 주문 시기 및 주문 비용
(b) 언제 주문하고 얼마나 많은 품목을 주문할 것인지
(c) 얼마나 많은 항목을 주문하고 주문 비용
(d) 얼마나 많은 항목을 주문하고 누구와 주문해야 하는지

12.4 재고 소진을 줄이는 데 도움이 되는 추가 재고 단위는 무엇인가?

(a) 재주문점
(b) 안전재고
(c) JIT 재고
(d) 위의 모든 것

12.5 기본 EOQ 모델과 생산 주문 수량 모델의 차이점은 무엇인가?

(a) 생산 주문 수량 모델은 알려진 일정한 수요의 가정을 요구하지 않는다.

(b) EOQ 모델은 무시할 수 있는 납기의 가정을 요구하지 않는다.
(c) 생산 주문 수량 모델은 즉시 배송을 가정하지 않는다.
(d) 위의 모든 것

12.6 수량 할인이 있는 EOQ 모델은 _______을 결정하려고 시도한다.
(a) 특정 서비스 수준을 충족하는 데 필요한 최소 재고량
(b) 최저 구매 가격
(c) 지정 수량 또는 지정 기간 주문 정책을 사용할지 여부
(d) 주문해야 하는 단위 수
(e) 가장 짧은 납기

12.7 안전재고의 적절한 수준은 일반적으로 _______에 의해 결정된다.
(a) 예상 재고 소진 비용 최소화
(b) 주어진 서비스 수준을 보장하는 안전재고수준 선택
(c) 모든 재고 부족을 제거할 수 있도록 충분한 안전 재고를 보유
(d) 연간 수요

정답 12.1. d 12.2. c 12.3. b 12.4. b 12.5. c 12.6. d 12.7. b

총괄계획과 판매 및 운영 계획

13

이 장의 구성

글로벌 기업 프로필: 프리토레이

- 생산계획 프로세스
- 판매 및 운영 계획
- 총괄계획의 본질
- 총괄계획 전략
- 총괄계획 방법
- 서비스업의 총괄계획
- 수익 관리

Beverly Amer/Aspenleaf Productions

Beverly Amer/Aspenleaf Productions

Beverly Amer/Aspenleaf Productions

10가지 운영관리 전략

- 제품과 서비스 설계
- 품질 관리
- 프로세스 전략
- 입지 전략
- 레이아웃 전략
- 인적자원
- 공급사슬 관리
- 재고 관리
- 일정 계획
  - *총괄계획과 판매 및 운영 계획*
  - *단기 일정계획(15장)*
- 유지보수

글로벌 기업 프로필
Frito-Lay

총괄계획으로 경쟁 우위를 차지한 프리토레이

전세계 다른 기업처럼 프리토레이(Frito-Lay)는 36개의 북미 공장 생산능력을 변동이 많은 수십억 달러의 수요에 대응할 수 있게 하는 효과적인 총괄계획에 의존하고 있다. 3~18개월 단위의 중기 계획은 총괄계획의 핵심이다. 빈틈없는 일정계획, 효과적 유지보수, 효율적인 직원과 시설 일정계획과 결합된 효과적인 총괄계획은 높은 공장 가동률을 달성하는 열쇠가 된다. 높은 가동률은 자본 투자 규모가 상당한 프리토레이와 같은 시설에서는 매우 중요한 요인이다.

프리토레이는 36개가 넘는 스낵과 과자 브랜드가 있는데, 그중 21개는 연간 1억 달러가 넘게 팔리고, 7개는 10억 달러가 넘게 팔린다. 여기에는 프리토레이, 도리토스, 썬칩, 치토스, 토스티토스, 플랫 어스, 러플스 등 잘 알려진 브랜드를 포함한다. 각각의 제품을 생산하기 위해서는 특별하게 설계된 설비를 사용하는 독특한 프로세스가 필요하다. 이런 특별한 프로세스는 높은 고정비용이 발생하기 때문에 대량생산을 해야 한다. 특정 제품에 초점을 맞춘 생산시설은 변동비가 낮아야만 그 혜택을 누릴 수 있다. 높은 가동률과 손익분기점을 넘는 성과를 이루려면 수요와 생산능력이 잘 대응되어야 한다. 가동되지 않는 설비는 재앙이다.

미국 댈러스 근처에 위치한 프리토레이 본사에서는 생산계획 수립자가 총수요량의 윤곽을 작성한다. 그들은 과거 제품 판매 데이터, 신제품 예측, 제품 혁신, 제품 홍보, 지역 고객 담당자가 제공하는 역동적인 지역 수요 데이터를 바탕으로 수요를 예측한다. 생산계획 수립자는 총수요량을 기존 생산능력, 생산능력 확장 계획, 비용과 대응시킨다. 이것이 바로 총괄계획이 된다. 총괄계획은 기업의 각 17개 지역과 36개 생산공장에 알려진다. 매 분기, 본사와 각 공장은 변화하는 시장 여건과 공장 생산 성과를 반영해 이 계획을 수정한다.

각 공장은 분기별 계획을 사용해 4주 단위 계획을 세우고, 생산이 이루어질 수 있도록 특정 제품을 특정 생산라인에 할당한다. 마지막으로 매주 원자재와 인력을 각 프로세스에 할당한다. 효과적인 총괄계획은 높은 가동률과 낮은 비용을 가져오는 주요인으로 작용한다. 회사가 60%의 시장 점유율을 가지는 것이 보여주듯 탁월한 총괄계획은 프리토레이의 경쟁력으로 작용한다.

학습목표		
	13.1	판매 및 운영 계획을 정의하라.
	13.2	총괄계획을 정의하라.
	13.3	총괄계획을 세우기 위한 최적의 전략을 파악하라.
	13.4	도식화된 총괄계획을 준비하라.
	13.5	수송계획법을 사용해 총괄계획 문제를 해결하라.
	13.6	수익관리 문제를 이해하고 해결하라.

생산계획 프로세스

4장에서 수요 예측은 장기, 중기, 단기 의사결정을 다루는 것을 보았다. 그림 13.1에서는 관리자가 이런 예측을 장기, 중기, 단기 생산 계획으로 바꾸는 것을 보여준다. 장기 예측은 최고경영진의 책임으로 기업의 다년 계획을 위한 데이터를 제공한다. 이런 장기 계획은 생산능력과 자본 투자(7장 보론), 생산설비 입지(8장), 신상품(5장), 프로세스(7장), 공급사슬 개발(11장) 같은 이슈와 관련된 방침과 전략을 필요로 한다.

중기 계획은 최고경영진의 장기 계획 및 전략과 일관성을 갖도록 설계되고, 이전 전략적 의사결정에 의해 정해진 자원 제약 범위 안에서 작동한다. 이런 계획이 계속 변화하는 시장 수요에 따라 생산을 대응시키는 것은 언제나 도전적인 과제이다. 중기 계획은 기업의 다른 기능 분야와 협력해 작업해야 하는 운영 관리자의 일이다. 이 장에서 우리는 개월 단위로 측정되는 중기 계획을 다룬다.

단기 계획은 보통 3개월 이하 기간에 적용된다. 이 계획 또한 운영 인력의 책임이다. 운영 관리

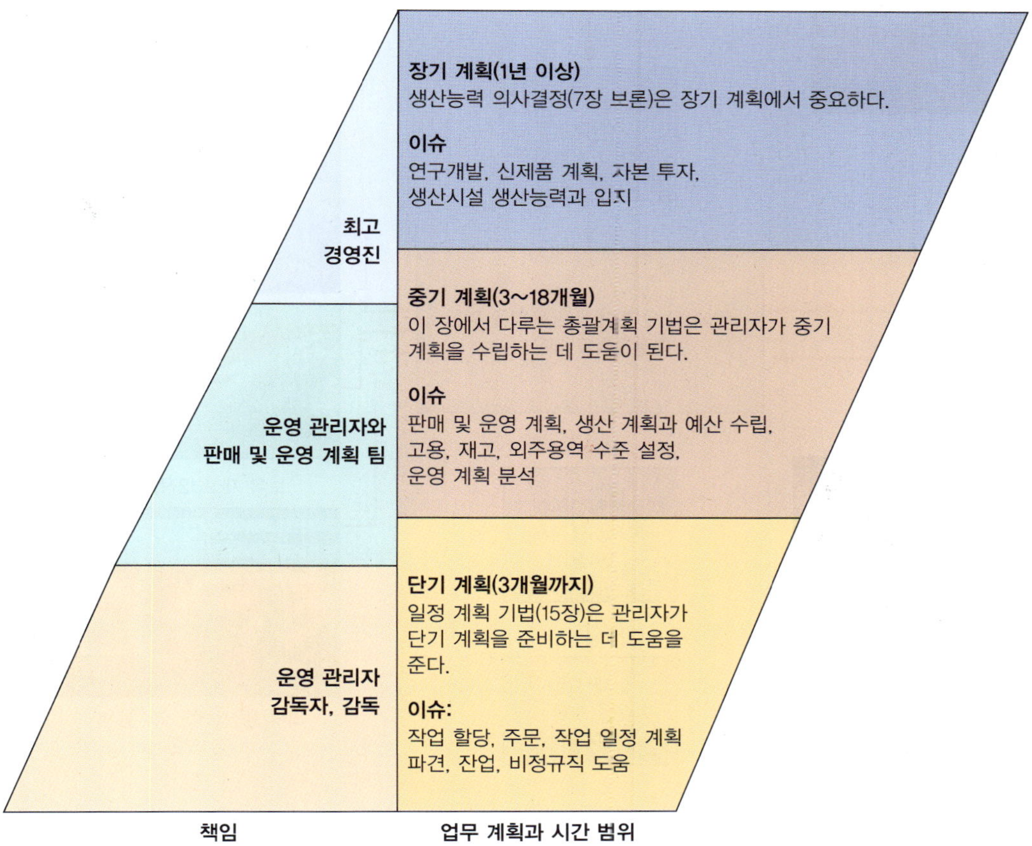

그림 13.1

생산계획 업무와 책임

자는 감독자나 감독과 협력해 중기 계획을 주별, 일별, 시간별 일정계획으로 변환한다. 단기 계획 기법은 15장에서 다루어진다.

중기 계획은 판매 및 운영 계획(S&OP)으로 알려진 프로세스로부터 시작된다.

판매 및 운영 계획

판매 및 운영 계획
전략적 계획과 계획 시간 범위 전 영역에 걸친 운영을 연계시키면서, 공급사슬에서부터 최종 고객까지의 경쟁적인 수요를 조율하며, 자원과 수요 예측의 균형을 맞추는 프로세스

학습목표 13.1
판매 및 운영 계획을 정의한다.

잘 수립된 중기 계획이 되려면 기업의 기능 분야별 공급사슬과 수요 예측 간 조율이 필요하다. 기업의 기능 분야별 공급사슬은 각각 한계와 제약을 갖고 있기 때문에 조율은 어렵다. 계획을 조율하려는 노력은 **판매 및 운영 계획**(sales and operations planning, S&OP)이라고 알려진 프로세스로 진화해 왔다. 그림 13.2가 보여주듯, 판매 및 운영 계획은 기업 내·외부의 다양한 정보원으로부터 투입 정보를 받는다. 다양한 투입 정보로 인해 전형적으로 판매 및 운영 계획은 경쟁적 제약 조건을 짜 맞출 수 있는 교차기능 팀에 의해 이루어진다.

판매 및 운영 계획 업무 중 하나는 다가오는 달에 어떤 계획은 가능하고 어떤 계획은 불가능한지 결정하는 것이다. 기업과 공급사슬 내에서의 어떤 한계이건, 일일 판매와 운영 현실을 함께 엮어 놓은 중기 계획에 반영되어야 한다. 자원이 시장 기대에 터무니없게 맞지 않아 보일 경우 판매 및 운영 계획은 최고경영진에게 조기 경보를 제공한다. 만약 계획이 단기간에 실행되지 못한다면 계획 연습은 무의미하다. 만약 계획이 장기적으로 지원되지 않는다면 전략적 수정을 해야 한다. 총

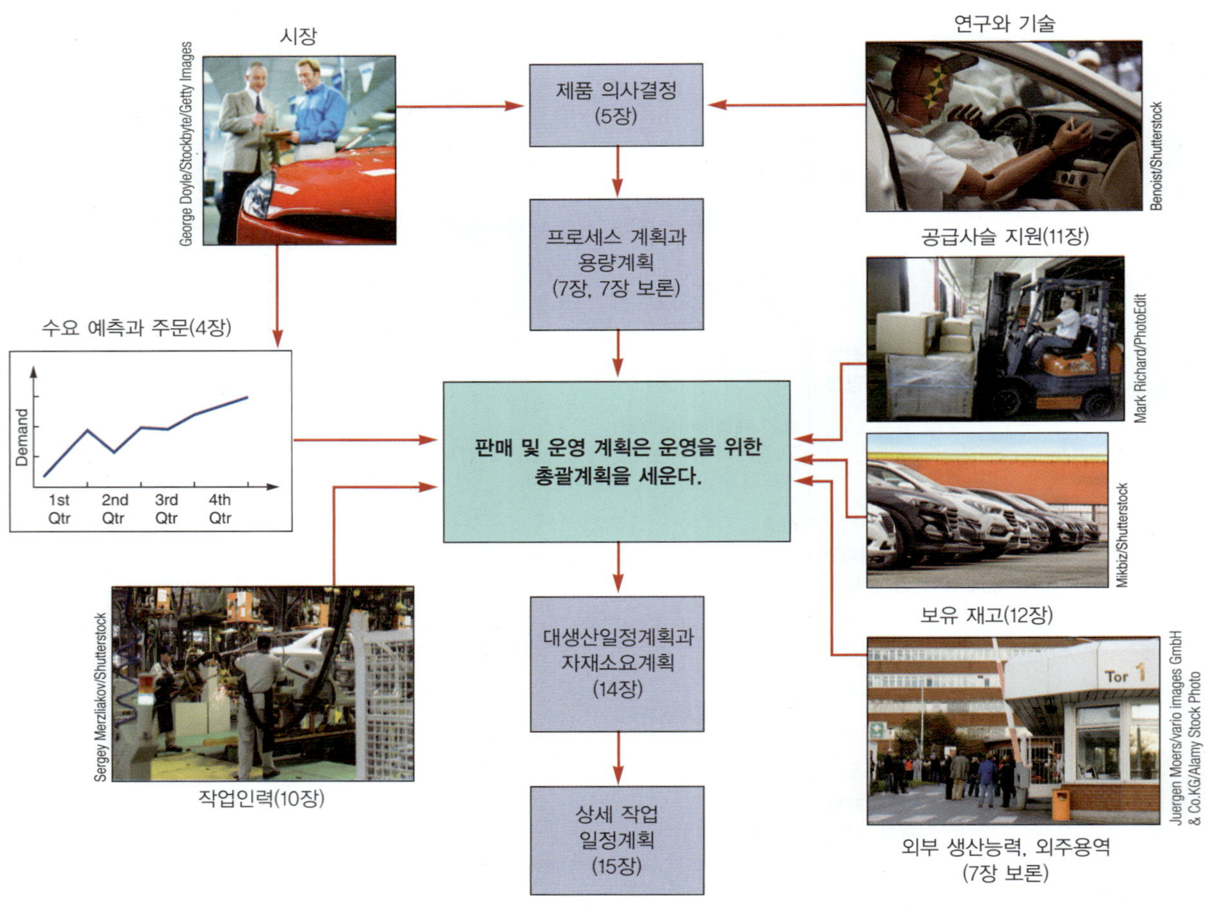

그림 13.2 판매 및 운영 계획과 총괄계획의 관계

괄계획을 현행 유지하고 중기 계획의 역할을 지원하기 위해서는 주간 또는 월간 단위로 중첩 예측해 판매 및 운영 계획을 자주 업데이트 해줄 필요가 있다.

판매 및 운영 계획의 결과물이 **총괄계획**이다. **총괄계획**(aggregate plan)은 중기적 미래, 즉 3~18개월 먼저 수량과 생산 일정을 결정하는 것과 관련이 있다. 총괄계획은 각각의 제품보다는 제품군과 제품 생산 라인 관련 정보를 활용한다. 이 계획들은 각 생산 라인의 종합적인 또는 총괄적인 면과 관련이 있다. 러버메이드(Rubbermaid), 오피스맥스(Office Max), 랙스페이스(Rackspace)는 각각의 계획에 초점을 맞추어서 판매 및 운영 계획의 공식적 시스템을 개발했다. 러버메이드는 판매 및 운영 계획을 생산 의사결정에 초점을 맞추었다. 오피스맥스는 판매 및 운영 계획을 공급사슬과 재고 의사결정에, 데이터 저장 기업인 랙스페이스는 생산 능력에 대한 중요하고 값비싼 투자에 초점을 맞추었다. 모든 경우에 의사결정은 전략 계획과 연계되어야 하고 기업의 모든 분야와 모든 시간 범위와 통합되어야 한다. 구체적으로 판매 및 운영 계획은 성공적 총괄계획에 필요한 내·외부 자원의 조정과 통합을 지향해야 한다. 두 번째로는 총괄계획 실행에 책임을 지고 있는 사람들과 소통해야 한다. 판매 및 운영 계획과 총괄계획의 추가 장점은 기업의 목표 달성을 위해 공급사슬의 모든 구성원의 참여를 독려하는 효과적인 도구라는 점이다. 대표성을 가져야 하고, 시기적절해야 하며, 포괄적이어야 한다는 점 외에도, 효과적인 판매 및 운영 계획은 유용한 총괄계획을 만들기 위해 다음과 같은 4개의 추가 특성이 필요하다.

총괄계획

제품군별 완제품, 재고, 부족량과 작업인력 변동에 대한 수준 예측을 포함하는 계획

학습목표 13.2

총괄계획을 정의하라.

- 프리토레이 도리토스의 무게(파운드), GE의 에어컨 대수, 랙스페이스의 테라바이트 저장 용량처럼 판매와 산출물을 측정하는 논리적 단위
- 총괄적 관점에서 합리적인 중기 계획 기간 동안의 수요 예측
- 관련 비용을 결정할 수 있는 방법
- 계획기간 동안 일정계획 의사결정이 내려질 수 있도록 예측과 비용을 결합한 모델

이 장에서는 관리자가 제조업과 서비스업에서 총괄계획을 수립할 때 활용할 수 있는 여러가지 기법을 설명한다. 제조업에서 총괄생산 일정계획은 기업의 전략 목표를 생산계획에 연계해야 한다. 서비스업에서 총괄생산 일정계획은 기업의 전략 목표를 작업자 일정에 연계해야 한다.

총괄계획의 본질

판매 및 운영 계획 팀은 생산 수율, 인력 수준, 재고수준, 잔업, 외주용역 비율, 다른 통제 가능한 변수를 조정해 예측한 수요를 만족시키는 총괄계획을 수립한다. 이 계획은 프리토레이, 월풀(Whirlpool), 병원, 대학, 이 교재를 출판하는 피어슨에듀케이션(Pearson Education)에도 적용된다.

Briggs & Stratton Power Products Marketing

판매 및 운영 계획은 스내퍼의 145개 모델처럼(위에서는 그중 몇 개만 보여짐), 모든 제품군의 총 예측 수요를 활용해 총괄계획을 수립한다. 예측치가 다 모여야만 총괄계획은 회사로 하여금 사용 가능한 자원으로 총수요량을 맞출 수 있는 방법을 결정하도록 한다. 이런 자원 제약에는 생산능력, 작업인력 규모, 공급사슬 제한, 재고 이슈, 재무적 자원이 포함된다.

OM in Action 스내퍼의 생산계획 수립

전 세계에서 팔리는 밝은 빨간색의 스내퍼 잔디깎이 기계는 미국 조지아 주 맥도너후 공장에서 생산된다. 10년 전 스내퍼 생산 라인은 40개의 잔디깎이, 낙엽 송풍기, 제설 송풍기 모델을 생산했다. 현재는 대량 맞춤생산 수요를 반영해 제품 생산 라인은 더 복잡해졌다. 스내퍼는 145개의 모델을 설계, 생산, 판매한다. 이것은 총괄계획과 이에 관련된 단기 일정 계획 역시 매우 복잡해졌다는 것을 뜻한다.

과거에 스내퍼는 52개의 지역 유통업체와 1,000개가 넘는 독립 판매상을 위한 많은 양의 재고를 유지하며 수요를 충족시켰다. 수요를 맞추기 위해서 언제 팔릴지도 모르는 수천만 달러가 넘고 숫자로는 수만 개가 넘는 잔디깎이 기계를 생산하고 배송했다. 이것은 매우 비싼 접근 방법이다. 변화가 필요했다. 새로운 계획의 목적은 각각의 유통센터가 수요를 맞추는데 필요한 가장 적은 양의 재고만 받는 것이다. 오늘날, 스내퍼 운영 관리자는 생산 능력을 평가하고 빈번한 현장자료를 정교한 소프트웨어에 투입한다. 새로운 시스템은 전국 각 지역에 있는 모든 모델에 대한 고객 수요와 총괄 예측치를 찾아낸다. 또한 휴일과 날씨 상황을 고려해 조정한다. 유통센터 수는 52개에서 4개로 줄어들었다.

생산 능력에 견주어 보아 총괄계획이 가능하다고 평가되면, 스내퍼의 생산계획 수립자들은 생산계획을 각 모델의 생산 필요에 맞추어 세분화한다. 모델별 생산은 월별과 주별로 중첩해서 수립된 계획에 따라 수행된다. 이 계획들은 다양한 제품이 팔리는 속도 역시 추적한다. 그러고 나서 최종 단계는 각 작업장의 매 교대조마다, 예를 들어 8시간 교대마다 265개의 잔디깎이 기계 생산과 같은 작업 할당을 번갈아 해주어야 한다. 새로운 스내퍼가 109초마다 생산되는 것이다.

출처: *Fair Disclosure Wire*(2008년 1월 17일); *Wall Street Journal*(2006년 7월 14일); *Fast Company*(January/February 2006); www.snapper.com.

기업에 상관없이 총괄계획의 목표는 계획 기간 동안의 비용을 최소화하면서 예측된 수요에 대응하는 것이다. 그러나 다른 전략적 이슈가 낮은 비용보다 더욱 중요할 수 있다. 이런 전략들은 비용과 상관없이 고용을 평준화하는 것, 재고수준을 낮추는 것, 높은 서비스 수준을 만족시키는 것일 수도 있다.

다양한 정원 잔디깎이 기계 모델을 생산하는 스내퍼(Snapper)를 살펴보자. 스내퍼는 뒤에서 밀며 걸으면서 잔디를 깎는 기계, 뒤에 엔진이 있는 타는 잔디깎이 기계, 정원 트랙터 등 총 145개의 모델을 생산한다. 다가오는 3분기 동안 매월 스내퍼의 총괄계획은 스내퍼 잔디깎이 제품군 생산량은 다음과 같을 수 있다.

1분기			2분기			3분기		
1월	2월	3월	4월	5월	6월	7월	8월	9월
150,000	120,000	110,000	100,000	130,000	150,000	180,000	150,000	140,000

총괄계획은 생산을 총괄적 관점에서(잔디깎이 제품군) 보는 것이지 각각의 제품을 하나씩 나누는 것은 아니다. 마찬가지로 BMW의 총괄계획은 제조사가 몇 대의 차를 생산할 것인지를 말해주는 것이지, 2도어 차량 대비 4도어 차량, 빨간색 대비 초록색 차량의 댓수를 이야기하는 것이 아니다. Nucor Steel도 철강 몇 톤을 생산할지 말해 주는 것이지 철강 등급별로 구별하는 것이 아니다. (OM in Action '스내퍼의 생산계획 수립'에서 스내퍼의 생산계획을 확장해서 다루고자 한다.)

분할
총괄계획을 더 상세하게 나누는 프로세스

대생산일정계획
무엇을 언제 생산해야 하는지 지정한 시간표

제조 환경에서는 총괄계획을 더 상세하게 나누는 프로세스를 **분할**(disaggregation)이라고 부른다. 이 분할의 결과물이 **대생산일정계획**(master production schedule)이며, 자재소요계획 시스템의 투입물을 제공한다. 대생산일정계획은 주요 부품과 구성품의 구매와 생산을 다룬다(14장 참조). 이것은 판매 예측이 아니다. 작업자의 상세 작업 일정계획과 제품 우선순위 일정계획은 생산계획 시스템 가장 마지막 단계의 결과물이다(15장에서 논의함).

총괄계획 전략

총괄계획을 도출할 때 운영 관리자는 몇 가지 질문에 반드시 답을 해야 한다.

1. 계획기간 동안 수요 변화를 흡수하기 위해 재고를 사용해야 하는가?
2. 작업인력 규모를 변화시켜 변화를 수용해야 하는가?
3. 계약직 인력을 사용하거나, 잔업이나 유휴 시간을 사용해 변동을 흡수해야 하는가?
4. 작업인력을 안정적으로 유지하면서 주문 변동에 대응하기 위해 외주용역을 활용해야 하는가?
5. 수요에 영향을 주기 위해 가격과 기타 요인을 변경해야 하는가?

위의 모든 사항은 합당한 계획 수립 전략이다. 모두 재고 조절, 생산 수율, 인력 수준, 생산 능력, 기타 통제 가능 변수를 포함한다. 이제 좀 더 자세하게 여덟 가지 대안을 살펴보고자 한다. 처음 다섯 가지는 수요를 변화시키지는 않지만 수요 변동을 흡수하는 시도를 하는 점에서 생산능력 대안이다. 나머지 세 가지는 기업이 계획 기간 동안 수요 패턴의 변화를 평준화하는 수요 대안이다.

학습목표 13.3
총괄계획 수립을 위한 최적의 전략을 파악하라.

생산능력 대안

기업은 다음과 같은 기본적인 생산 능력대안을 고를 수 있다.

1. **재고수준 변경하기:** 관리자가 수요가 낮은 기간 동안 재고를 증가시켜서 향후 수요가 높을 때 대응할 수 있다. 이 전략이 선택되면 저장, 보험, 취급, 노후화, 분실, 자본 투자 등과 관련된 비용이 증가할 것이다. 다른 한편으로는 보유 재고가 낮은데 수요가 증가하면 재고 부족이 일어나며 납기 시간이 길어지고 고객 서비스 수준이 낮아진다.
2. **고용과 해고로 작업인력 규모 변경하기:** 수요에 대응하는 한 방법은 생산 작업자를 생산 수율에 대응하기 위해 고용하고 해고하는 것이다. 그러나 새로운 직원은 작업인력에 흡수되는 동안 훈련이 필요하고 한시적으로 생산성이 떨어진다. 물론 해고나 퇴사는 모든 작업자의 사기를 떨어뜨리고 낮은 생산성으로 이어진다.

Stefan Kiefer/imageBROKER/Alamy Stock Photo

존디어(John Deere)는 농장 설비 제조업의 '할아버지' 격이다. 이 회사는 수요 평준화를 위해 판매 인센티브를 활용한다. 비수기인 가을과 겨울동안 가격을 내리고 다른 인센티브를 통해 판매를 끌어 올린다. 존디어의 대형 기계 약 70% 정도가 성수기에 앞서 주문이 되며 이 비율은 산업 평균 비율의 약 2배 정도이다. 인센티브는 마진에 악영향을 주지만 회사는 시장 점유율을 유지하면서 1년 내내 일정한 생산을 하며 비용을 통제한다. 비슷하게, 엘엘빈(L.L. Bean)과 같은 서비스업의 경우 크리스마스 전에 급하게 주문을 해도 고객에게 무료 배송을 한다.

3. **잔업과 유휴 시간으로 생산 수율 변경하기**: 작업시간에 변동을 주면서 작업인력을 일정하게 유지하는 것도 가능하다. 그러나 수요가 크게 증가할 때는 현실적으로 증가시킬 수 있는 잔업에 한계가 있다. 잔업 수당은 비용을 증가시키고 잔업이 너무 많으면 작업자들을 피곤하게 만들며 생산성을 떨어뜨린다. 잔업은 생산시설을 열어 두어야 하는 간접비 추가를 의미한다. 다른 한편으로, 수요가 줄어드는 기간에 기업은 근로자들의 유휴 시간을 어떻게든 흡수해야 한다. 어렵고 비용이 비싼 프로세스이다.
4. **외주용역 사용하기**: 기업은 수요가 정점을 찍는 기간 동안 외주용역을 활용해 한시적으로 생산능력을 얻을 수 있다. 하지만 외주용역도 몇 개의 함정이 있다. 첫째, 비용이 많이 든다. 둘째, 경쟁업체에게 기회를 열어준다는 위험이 있다. 셋째, 완벽한 외주용역 공급업체를 개발하는 것은 도전적이다.
5. **비정규직 작업자 사용하기**: 비정규직 작업자들은 특히 서비스 분야에서 인력이 필요한 곳을 채울 수 있다. 이런 관행은 식당, 소매점, 슈퍼마켓에서 흔하게 발생한다.

수요 대안

기본적인 수요 대안은 다음과 같다.

1. **수요에 영향 주기**: 수요가 낮을 때 기업은 광고, 프로모션, 개인 판매, 가격 인하 등을 통해 수요를 증대하려 한다. 항공사와 호텔은 주말 할인과 비성수기 요금을 제공한다. 극장가는 조조할인을 한다. 대학은 노인들에게 학비를 할인해준다. 에어컨은 겨울에 사면 저렴하다. 그러나 특별 광고, 프로모션, 판매, 가격 정책이 항상 수요와 생산능력의 균형을 맞추는 것은 아니다.
2. **수요가 높은 기간에 이월주문 사용하기**: 이월주문은 기업이 제품이나 서비스 주문을 받았지만(의도적이건 우연이건) 그 당시는 공급할 수 없는 주문이다. 이월주문은 영업권이나 주문 손실 없이 고객이 자발적으로 기다리고자 할 경우 가능한 전략이다. 많은 기업이 이월주문을 활용하지만 이 접근 방법은 종종 판매 손실로 이어진다.
3. **비수기 제품과 서비스 배합하기**: 제조사가 흔히 사용하는 능동적인 평준화 기법은 비수기 품목으로 제품 배합을 하는 것이다. 예를 들면 난로와 에어컨을 같이 생산하는 회사, 또는 제설 송풍기와 잔디깎이 기계를 같이 생산하는 회사가 포함된다. 그러나 이 접근 방식을 따라가는 회사는 그들의 전문성이나 목표 시장을 벗어나는 제품이나 서비스에 빠져버리게 된다.

이 여덟 가지 대안과 각각의 장단점은 표 13.1에 요약되어 있다.

계획 수립을 위한 대안 배합

앞에 언급했던 다섯 가지 생산능력 대안과 세 가지 수요 대안은 효과적인 총괄계획을 만들어내지만 생산능력 대안과 수요 대안의 배합이 더 나을 수도 있다.

많은 제조사가 수요 대안은 이미 마케팅 팀에 모두 적용했으며, 이미 이러한 대안이 수요 예측을 반영했다고 가정한다. 그렇다면 운영 관리자는 이러한 수요를 바탕으로 총괄계획을 수립해야 한다. 다섯 가지 생산능력 대안을 사용할 수도 있지만 운영 관리자는 아직도 다수의 가능한 계획이 있다. 이런 계획의 한 끝은 **추격 전략**이고 다른 한 끝은 **평준화 일정계획 전략**을 포함한다. 물론 이 둘 사이의 전략일 수도 있다.

표 13.1 총괄계획 대안: 장단점

대안	장점	단점	코멘트
재고수준 변경하기	인적자원 변경이 점진적이거나 없으며 갑작스러운 생산 변경도 없음	재고 보유비용이 증가하며 재고 부족이 판매 손실을 초래함	주로 생산 운영에 적용되고 서비스 운영에 적용되지는 않음
고용과 해고로 작업인력 규모 변경하기	다른 대안의 비용이 들지 않음	고용, 해고, 훈련 비용이 클 수도 있음	인력 풀 규모가 클 때 사용됨
잔업과 유휴 시간으로 생산 수율 변경하기	고용/훈련 비용 없이 계절적 변동에 대응함	초과근무 비용, 직원 피로, 수요에 대응하지 못할 가능성이 있음	총괄계획 내에서 유연성이 허용됨
외주용역 사용하기	회사 산출물의 유연성과 평준화가 가능함	품질 통제가 안 됨, 이익 감소, 미래 사업의 잠재적 손실	생산 초기 세팅에 주로 적용됨
비정규직 작업자 사용하기	정규 직원보다 비용이 적게 들고 더 유연함	높은 이직률/훈련 비용, 품질에 타격이 있음, 일정계획이 어려움	비숙련자도 가능한 작업이며 임시 인력 풀이 큰 분야에 좋음
수요에 영향 주기	초과 생산능력을 활용함, 할인은 새로운 고객을 끌어들임	수요에 대한 불확실성. 정확하게 수요를 공급에 대응시키는 것은 어려움	마케팅 아이디어를 도출함. 어떤 사업에서는 초과 예약이 활용됨
수요가 높은 기간에 이월주문 사용하기	잔업을 피할 수 있음. 생산능력을 일정하게 유지할 수 있음	고객이 기다릴 수 있어야만 하지만, 영업권은 사라짐	많은 회사가 이월주문을 시행함
비수기 제품과 서비스 배합하기	자원을 최대한 활용하고 작업인력 안정화가 가능함	회사 외부 전문가로부터 기술이나 설비 획득이 필요함	반대 수요 패턴을 보이는 제품과 서비스를 찾는 데 위험이 있음

추격 전략 **추격 전략**(chase strategy)은 전형적으로 해당 기간의 수요 예측에 대응해 동 기간의 산출 비율을 달성하려고 한다. 이 전략은 다양한 방법으로 달성이 가능하다. 예를 들면 운영 관리자는 고용과 해고를 통해 작업인력 수준을 변경하거나, 혹은 잔업, 유휴 시간, 비정규 직원, 외주용역을 통해 산출물을 변경할 수 있다. 많은 서비스 기업이 추격 전략을 선호하는데, 이는 재고수준 변경 대안을 받아들이기 어렵거나 불가능하기 때문이다. 추격 전략으로 움직여 가는 산업은 교육, 관광, 건설 산업이다.

> **추격 전략**
> 예측 수요에 맞추어 생산을 일치시키는 생산계획 전략

평준화 전략 **평준화 전략**(level strategy)은 정해진 기간 동안 생산량이 일정한 총괄계획이다. 토요타(Toyota)와 닛산(Nissan) 같은 기업들은 생산을 일정하게 유지하려 하고 완제품 재고를 유지해 수요와 생산 사이의 차이를 해소하거나, 직원들에게 다른 작업을 찾아 주기도 한다. 그들의 철학은 안정적인 작업인력이 더 좋은 제품 품질, 낮은 이직률과 결근, 기업 목적에 대한 직원들의 더 큰 헌신으로 이어진다는 것이다. 다른 숨겨진 비용 절감은 경험 많은 직원들이 더 많아지고, 일정계획과 감독이 더 편해지고, 갑작스러운 생산 시작과 중단이 적어진다는 점이다. 평준화 일정계획은 수요가 비교적 안정적일 때 잘 작동한다.

> **평준화 전략**
> 계획 시간 범위 내에 산출물 비율, 생산 수율, 또는 작업인력 수준을 일정하게 유지함

대부분의 회사에서 추격 전략이나 평준화 전략 그 어느 것도 이상적이지 않으므로, 여덟 가지 대안의 조합[**혼합 전략**(mixed strategy)이라 불림] 중에 최소비용을 달성하는 것을 조사해야 한다. 그러나 가능한 혼합 전략은 많이 존재하기 때문에 관리자에게 총괄계획은 도전적인 업무이다. 가장 적합한 계획을 찾는 것이 언제나 가능하지는 않지만, 다음 절에서 보여주듯 몇 가지 기법이 총괄계획 수립 과정을 도와줄 수 있도록 개발되었다.

> **혼합 전략**
> 두 가지 이상의 통제변수를 사용해 실현 가능 생산계획을 세우는 계획 수립 전략

총괄계획 방법

이 절에서는 운영 관리자가 총괄계획 수립에 사용하는 기법을 소개한다. 해당 기법은 폭넓게 사용되는 도식 기법에서부터 선형계획법의 수송문제 방법까지이다.

도식 기법

도식 기법
한 번에 적은 변수를 다루면서 계획 수립자가 현재 생산능력과 예상 수요를 비교하도록 하는 총괄계획 기법

도식 기법(graphical techniques)은 이해와 사용이 쉬워 인기가 많다. 이 기법은 작업 계획을 세울 때, 한 번에 적은 변수를 다루면서 계획 수립자가 현재 생산능력과 예상 수요를 비교하도록 한다. 도식 기법은 시행착오 접근 방식으로, 최적의 생산계획을 보장하지는 않지만 제한된 계산만 해도 되고 사무원들도 수행할 수 있다. 도식 기법의 다섯 가지 단계는 다음과 같다.

학습목표 13.4
도식화된 총괄계획을 준비하라.

1. 각 기간 동안 수요를 결정한다.
2. 각 기간 동안 정규 작업 시간, 잔업, 외주용역의 생산능력을 결정한다.
3. 인건비, 고용과 해고 비용, 재고 보유비용을 찾아낸다.
4. 작업자나 재고수준에 적용되는 회사 방침을 고려한다.
5. 대안 계획을 수립하고 총비용을 조사한다.

이러한 단계는 예제 1~4에 예시된다.

예제 1

지붕재 공급업체의 총괄계획에 대한 도식적 접근 방식

멕시코 후아레스(Mexico Juarez)에 있는 지붕재 제조업체는 제품군에 대한 월별 예측을 수립해 왔다. 1월부터 6월까지의 6개월 데이터는 표 13.2에 나와 있다. 회사는 총괄계획 수립을 하려고 한다.

표 13.2 월별 예측

월	예상 수요	생산 일수	일별 수요(계산)
1월	900	22	41
2월	700	18	39
3월	800	21	38
4월	1,200	21	57
5월	1,500	22	68
6월	1,100	20	55
	6,200	124	

접근방법 ▶ 총괄계획 문제의 본질을 예시하기 위해 일별 수요와 평균 수요를 표시한다.

해결방법 ▶ 첫째, 월별 예상 수요를 월별 생산 일수(작업 일수)로 나누어 일별 수요를 계산하고 그 예측된 수요를 그래프로 그린다(그림 13.3). 둘째, 6개월 기간의 평균 수요를 충족하는 데 필요한 생산 수율을 나타내는 점선을 차트를 가로질러 그린다. 차트는 다음과 같이 계산된다.

$$\text{평균 소요량} = \frac{\text{총 예상 수요량}}{\text{생산 일수}} = \frac{6,200}{124} = \text{일일 50단위}$$

그림 13.3

예측과 평균 예측 수요 그래프

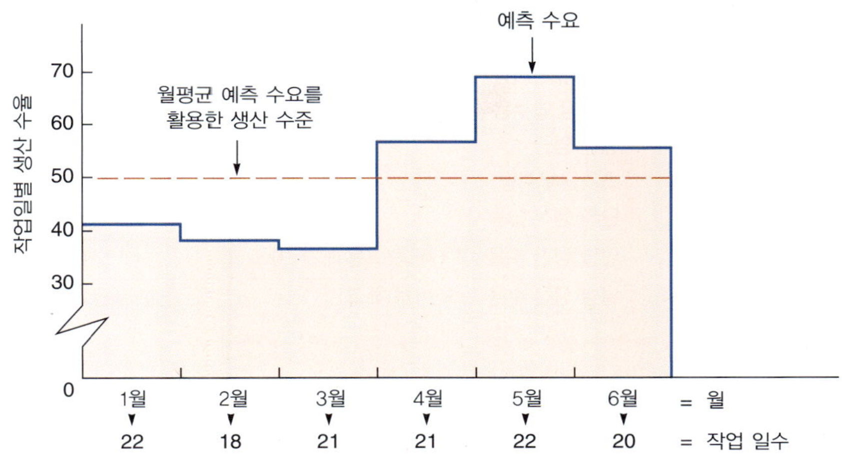

통찰력 ▶ 데이터를 그래프로 나타내면 생산 수율의 변화가 분명해진다. 처음 3개월 동안의 예상 수요는 평균보다 낮지만 4월, 5월, 6월의 예상 수요는 평균보다 높은 점에 주목해야 한다.

학습 연습 ▶ 6월 수요가 1,100에서 1,200으로 증가하면 그림 13.3에 미치는 영향은 무엇인가? [답: 6월 일별 수요가 60까지 올라가며, 평균 생산량은 50.8(6,300/124)로 증가한다.]

그림 13.3의 그래프는 예측이 평균 수요와 어떻게 다른지 보여준다. 예측을 충족하기 위한 몇 가지 전략은 앞서 나열했다. 기업은 이를테면 **평균 수요**(점선으로 표시됨)를 충족하는 생산 수율을 도출하기 위해 충원을 할 수도 있다. 또는 이를테면 30단위를 고정적인 수율로 생산하고, 초과 수요량을 다른 지붕재 공급업체에게 외주용역을 줄 수도 있다. 다른 계획은 잔업과 외주용역을 결합해 수요를 흡수하거나 고용과 해고를 통한 작업인력 변경을 할 수도 있다. 예제 2~4는 세 가지 가능한 전략을 예시적으로 보여준다.

예제 2

지붕재 공급업체를 위한 계획 1–고정 작업인력

예제 1에서 설명한 제조업체에 대한 한 가지 가능한 전략(계획 1이라고 부름)은 6개월 동안 고정 작업인력을 유지하는 것이다. 두 번째(계획 2)는 수요가 최저인 달(3월)을 대응하는 데 필요한 수준으로 고정 작업인력을 유지하고, 그 이상의 모든 수요에 대해서는 외주용역을 통해 대응하는 것이다. 계획 1과 계획 2는 모두 평준화된 생산을 하므로 **평준화 전략**이라고 한다. 계획 3은 정확한 월별 요구사항대로 생산하기 위해 필요에 따라 작업자를 고용 및 해고하는 것, 즉 **추격 전략**이다. 표 13.3은 이 세 가지 대안을 분석하는 데 필요한 비용 정보를 제공한다.

계획 1 분석 접근 방법 ▶ 여기에서 우리는 하루에 50단위가 생산되고 고정 생산인력을 보유하고, 잔업과 유휴 시간이 없으며, 안전재고와 외주용역업체가 없다고 가정한다. 회사는 1월부터 3월까지의 수요 대응 여분이 있는 동안 재고를 축적하고 수요가 더 많은 따뜻한 계절인 4~6월까지 재고를 소진한다. 초기재고 = 0, 계획된 최종재고 = 0이라고 가정한다.

표 13.3 비용 정보

재고 유지비용	월별 단위당 5달러
단위당 외주용역 비용	단위당 20달러
평균 임금	시간당 10달러(일별 80달러)
초과근무수당	시간당 17달러(일별 8시간 초과 시)
단위 생산 노동시간	단위당 1.6시간
일별 생산 수율 증대 비용(고용과 훈련)	단위당 300달러
일별 생산 수율 축소 비용(해고)	단위당 600달러

해결방법 ▶ 아래 표를 구성하고 비용을 누적한다.

월	생산 일수	50단위 생산	예측 수요	월별 재고 변화	최종 재고량
1월	22	1,100	900	+200	200
2월	18	900	700	+200	400
3월	21	1,050	800	+250	650
4월	21	1,050	1,200	−150	500
5월	22	1,100	1,500	−400	100
6월	20	1,000	1,100	−100	0
					1,850

한 달에서 다음 달로 이월된 총 재고 단위 = 1,850단위

하루 50단위 생산에 필요한 작업인력 = 10명

1단위를 생산하는 데 1.6노동 시간이 필요하기 때문에 각 작업자는 하루 8시간 동안 5단위를 만들 수 있다. 따라서 50단위를 생산하려면 10명의 작업자가 필요하다.

마지막으로 계획 1의 비용은 다음과 같이 계산된다.

비용		계산
보유 재고	9,250달러	(= 1,850단위 보유 × 단위당 5달러)
정규직 인력	99,200	(= 작업자 10명 × 일별 80달러 × 124일)
기타 비용(잔업, 고용, 해고, 외주용역)	0	
총비용	108,450달러	

통찰력 ▶ 재고 유지에 드는 상당한 비용을 주목해야 한다.

학습 연습 ▶ 6월 수요가 1,100에서 1,000으로 감소하면 비용은 얼마나 변하는가? [답: 보유하고 있는 총재고는 5달러에 1,950단위, 재고비용은 9,750달러, 총비용은 108,950달러이다.]

예제 2의 그래프는 그림 13.3에 나와 있다. 일부 계획 수립자는 예측이 평균 소요에서 얼마나 벗어나는지 시각적으로 표시하기 위해 누적 그래프를 선호한다. 이러한 그래프는 그림 13.4에 나와 있다. 평준화 생산선과 예측선 모두 동일한 총생산량을 생산한다.

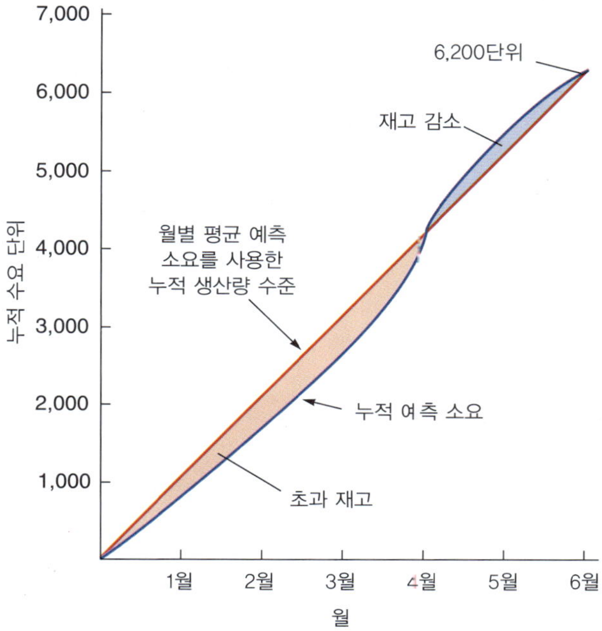

그림 13.4

계획 1에 대한 누적 그래프

예제 3

지붕재 공급업체를 위한 계획 2-고정 작업인력 내에서 외주용역 사용

계획 2 분석 접근 방법 ▶ 계획 2에서도 고정 작업인력이 유지되지만, 일별 수요가 가장 낮은 달인 3월 수요만을 대응할 수 있을 정도로 낮게 설정되어 있다. 하루 38단위(800/21)를 자체 생산하려면 7.6명의 작업자가 필요하다. (7명의 정규직과 1명의 비정규직이라고 생각하면 된다.) 다른 수요는 외주용역으로 대응된다. 따라서 [illegible]월로 외주용역이 필요하다. 계획 2에서는 재고 보유비용이 발생하지 않는다.

해결방법 ▶ 총괄계획 기간 동안 6,200단위가 필요하기 때문에 회사에서 만들 수 있는 단위와 외주용역을 해야 하는 단위를 계산해야 한다.

$$\text{자체생산} = \text{일별 38단위} \times \text{생산 일수 124일} = \text{4,712단위}$$
$$\text{외주용역 단위} = 6{,}200 - 4{,}712 = \text{1,488단위}$$

계획 2의 비용은 다음과 같이 계산된다.

비용		계산
정규직 인력	75,392달러	(= 7.6명 × 일별 80달러 × 124일)
외주용역	29,760	(= 1,488단위 × 단위당 20달러)
총비용	105,152달러	

통찰력 ▶ 정규직 인력 비용은 낮지만 외주용역 비용이 추가된다는 점에 주목해야 한다.

학습 연습 ▶ 6월 수요가 1,100에서 1,200으로 증가하면 비용은 얼마나 변하는가? [답: 외주용역 소요는 단위당 20달러에 1,588로 증가하고 외주용역 비용은 31,760달러, 총비용은 107,152달러이다.]

예제 4

지붕재 공급업체를 위한 계획 3—고용과 해고

계획 3 분석 접근 방법 ▶ 최종 전략인 계획 3은 필요에 따라 고용과 해고를 통해 작업인력 규모를 변경하는 것을 포함한다. 생산 수율은 수요와 같게 되며 전월인 12월과 생산에는 변동이 없다.

해결방법 ▶ 표 13.4는 계획 3의 계산과 총비용을 보여준다. 전달 일별 생산 수준에서 생산량을 감소시키기 위해 생산 단위당 600달러, 고용을 통해 일별 생산 수율을 증대시키기 위해 단위당 300달러의 비용이 든다는 것을 상기해야 한다.

표 13.4 계획 3의 비용 계산

월	예측 (단위)	일별 생산 수율	기본 생산비용 (수요 × 단위당 1.6시간 × 시간당 10달러)	생산증대 추가 비용 (고용 비용)	생산감소 추가비용 (해고 비용)	총비용
1월	900	41	14,400달러	—	—	14,400달러
2월	700	39	11,200	—	1,200달러(= 2 × 600달러)	12,400
3월	800	38	12,800	—	600달러(= 1 × 600달러)	13,400
4월	1,200	57	19,200	5,700달러(= 19 × 300달러)	—	24,900
5월	1,500	68	24,000	3,300달러(= 11 × 300달러)	—	27,300
6월	1,100	55	17,600	—	7,800달러(= 13 × 600달러)	25,400달러
			99,200달러	9,000달러	9,600달러	117,800달러

따라서 계획 3의 생산, 고용과 해고를 포함한 총비용은 117,800달러이다.

통찰력 ▶ 생산 수준 변경(증대와 감소 모두)과 관련된 상당한 비용에 주목해야 한다.

학습 연습 ▶ 6월 수요가 1,100에서 1,200으로 증가하면 비용은 얼마나 변하는가? [답: 6월 일별 생산량은 60단위로 5월 68단위에서 1일 생산 수율이 8단위 감소하므로, 6월 신규 해고비용은 4,800달러(8 × 600달러)이지만, 100단위 추가 생산비용의 경우 1,600달러(100 × 1.6 × 10달러)이며, 계획 3의 총비용은 116,400달러이다.]

도식 방법의 마지막 단계는 제안된 각 계획의 비용을 비교하고 총비용이 가장 적은 접근 방식을 선택하는 것이다. 요약 분석은 표 13.5에 제공된다. 계획 2가 비용이 가장 낮기 때문에 세 가지

표 13.5 세 계획의 비교

비용	계획 1 (작업자 10명 고정 작업인력)	계획 2 (작업자 7.6명과 외주용역 사용)	계획 3 (수요에 대응하기 위한 고용과 해고)
보유재고	9,250달러	0달러	0달러
정규직 인력	99,200	75,392	99,200
잔업 인력	0	0	0
고용	0	0	9,000
해고	0	0	9,600
외주용역	0	29,760	0
총비용	108,450달러	105,152달러	117,800달러

대안 중 가장 좋음을 알 수 있다.

물론 이런 문제 해결에 잔업을 사용한 혼합 전략처럼 다른 많은 가능한 전략을 고려할 수 있다. 도식 방법이 인기가 많은 관리 도구이기는 하지만, 전략을 평가하는 데 도움을 주지 전략을 수립하는 데는 도움을 주지 못한다. 전략을 수립하는 데는 모든 비용을 고려하고 효과적인 해결방안을 만들어내는 체계적인 접근이 필요하다.

수학적 접근 방법

이 절은 총괄계획을 수학적으로 접근하는 방법을 간략히 소개한다.

선형계획법의 수송계획법 총괄계획 문제가 예측 수요에 대응하기 위해 운영 생산능력을 할당하는 것으로 보면 선형계획법 형식으로 공식화할 수 있다. **선형계획법의 수송계획법**(transportation method of linear programming)은 도식 방법처럼 시행착오 접근 방법이 아니라 비용을 최소화하기 위한 최적 계획을 만들어내는 것이다. 또한 각 기간 동안 정규 생산과 잔업 생산, 외주용역 단위, 추가 교대조, 그리고 한 기간에서 다른 기간으로의 재고 이월을 명시할 수 있어서 유연성이 있다.

선형계획법의 수송계획법
총괄계획 문제의 최적해를 도출하는 방법

예제 5에서 공급은 현 재고와 정규 시간, 잔업, 외주용역에 의해 생산된 단위로 구성된다. 표 13.7에 있는 매트릭스의 각 셀 오른쪽 상단 모서리에 있는 단위당 비용은 주어진 기간에 생산된 단위 또는 이전 기간의 재고에서 이월된 단위와 관련된다.

예제 5 수송계획법으로 총괄계획 하기

Farnsworth Tire Company는 수송계획법을 통해 총괄계획을 세우려 한다. 웨스트버지니아 공장의 생산, 수요, 생산능력과 비용 관련 데이터는 표 13.6에 나와 있다.

표 13.6 Farnsworth의 생산, 수요, 생산능력, 비용 데이터

	판매 기간		
	3월	4월	5월
수요	800	1,000	750
생산능력:			
정규 시간	700	700	700
잔업	50	50	50
외주용역	150	150	130
초기 재고	100개		

비용	
정규 시간	타이어당 40달러
잔업	타이어당 50달러
외주용역	타이어당 70달러
보유비용	월별 타이어당 2달러

접근방법 ▶ 다양한 기간의 미래 수요에 생산을 대응하는 비용을 최소화해 총괄계획 문제를 해결한다.

해결방법 ▶ 표 13.7은 수송표 구조와 가능한 초기 해를 보여준다.

표 13.7 Farnsworth의 수송표[a]

공급		수요: 기간 1 (3월)	기간 2 (4월)	기간 3 (5월)	미사용 생산능력 (가상)	총 가용 생산능력 (공급)
초기 재고		0 100	2	4	0	100
기간 1	정규 시간	40 700	42	44	0	700
	잔업	50	52 50	54	0	50
	외주용역	70	72 150	74	0	150
기간 2	정규 시간	×	40 700	42	0	700
	잔업	×	50 50	52	0	50
	외주용역	×	70 50	72	0 100	150
기간 3	정규 시간	×	×	40 700	0	700
	잔업	×	×	50 50	0	50
	외주용역	×	×	70	0 130	130
총수요		800	1,000	750	230	2,780

[a] ×로 표시된 칸은 Farnsworth에서 이월 주문이 사용되지 않은 것을 의미함

학습목표 13.5
수송계획법을 사용해 총괄계획 문제를 해결하라.

이 표를 설정하고 분석할 때 다음 사항에 주목해야 한다.

1. 재고 보유비용은 월별 타이어당 2달러이다. 기간 1 동안 생산되고 1개월 동안 보관된 타이어는 2달러의 비용이 더 든다. 보유비용은 선형이라서 2개월을 이월하면 4달러의 비용이 든다. 따라서 왼쪽에서 오른쪽으로 행을 가로질러 이동할 때 정규 시간, 잔업, 외주용역 비용은 산출물이 생산된 동일한 기간에 사용될 때 가장 낮다. 한 기간 동안 제품을 만들고 다음 기간으로 이월하면 보유비용이 발생한다. 그러나 초기 재고는 기간 1의 수요를 충족하는 데 사용되는 경우 일반적으로 단위당 비용 0이 부여된다.
2. 수송 문제는 공급이 수요와 같아야 하므로 '미사용 생산능력'이라는 가상 열이 추가되었다. 미사용 생산능력 비용은 0이다.
3. 이월주문은 특정 회사의 경우 실행 가능한 대안이 아니기 때문에 과거 기간(즉 '×'가 있는 기간)의 수요를 충족하기 위한 기간 동안의 생산을 나타내는 칸에서는 생산이 불가능하다. 이월주문이 허용되는 경우 신속 처리 비용, 영업권 손실과 판매 손실을 합산해 이월주문 비용을 추정한다.
4. 표 13.7의 각 열에서 빨간색으로 표시된 수량은 수요 요구사항을 충족하는 데 필요한 재고수준을 나타낸다(표의 맨 아래 행에 보여짐). 3월의 타이어 800개 수요는 초기 재고 타이어 100개와 정규 시간에 생산된 타이어 700개를 사용해 대응된다.

5. 일반적으로 수송표를 완성하려면 해당 행의 미사용 생산능력이나 해당 열의 수요를 초과하지 않으면서 가장 비용이 적게 드는 칸에 최대한 많은 생산량을 할당한다. 해당 행에 여전히 수요가 남아 있으면 다음으로 비용이 저렴한 칸에 최대한 많이 할당한다. 그런 다음 기간 2와 기간 3(필요한 경우 그 이후) 동안 이 과정을 반복한다. 완료되면 행에 있는 모든 항목의 합계가 행의 총 생산능력과 같아야 하고, 열에 있는 모든 항목의 합계가 해당 기간에 대한 수요와 같아야 한다. (이 단계는 수송계획법 또는 윈도우용 POM이나 엑셀 OM 소프트웨어를 사용해 수행할 수 있다.)

이 초기 해의 비용이 105,900달러인지 확인하자. 그러나 초기 해는 최적이 아니다. 소프트웨어를 사용하거나 수작업으로 최소 비용(105,700달러로 판명됨)을 산출하는 생산 일정계획을 찾을 수 있는지 알아보자.

통찰력 ▶ 수송계획법은 비용이 선형일 때는 유연하지만 비용이 비선형일 때는 작동하지 않는다.

학습 연습 ▶ 초기 재고가 없는 경우 이 문제에 미치는 영향은 무엇인가? [답: 총 가용 생산능력(단위)이 100단위 줄어들고, 외주용역의 필요성이 100단위 증가한다.]

이전 예제에서 설명된 선형계획법의 수송계획법은 재고 유지, 초과근무 활용과 외주용역의 효과를 분석할 때 잘 작동한다. 그러나 비선형 또는 부정적 요인이 있을 때는 작동하지 않는다. 그래서 고용과 해고 등 다른 요인이 포함될 때는 일반적인 선형계획법을 활용해야 한다. 유사하게, 컴퓨터 시뮬레이션 모델은 최소비용을 가져오는 모든 값의 조합을 찾는다.

이 장에서 다룬 기법들을 반영한 판매 및 운영 계획 소프트웨어 상용 패키지가 있어서 총괄계획의 기능적 구조가 쉬워졌다. 여기에는 프로세스 장치 산업을 위한 아키바(Arkieva)의 판매 및 운영 계획 작업장, 디맨드솔루션즈(Demand Solutions)의 판매 및 운영 계획 소프트웨어, 스틸웨지(Steelwedge)의 판매 및 운영 계획 모음이 포함된다.

서비스업의 총괄계획

수요 관리가 조금 더 활발한 역할을 하는 것 외에는 서비스 조직도 이 장 예제 1~5에서 다룬 방법과 똑같이 총괄계획을 세운다. 하지만 대부분의 서비스는 생산능력 대안과 수요 대안 8개의 조합을 추구하기 때문에, 대체적으로 총괄계획 **혼합** 전략을 수립한다. 금융, 운송, 패스트푸드 산업에서는 총괄계획이 제조업보다 쉽다.

서비스 기업이 인건비를 조절하는 것은 매우 중요하다. 성공적인 기법은 다음을 포함한다.

1. 고객 수요에 빠르게 대응하기 위해 인력 시간에 대한 정확한 일정계획
2. 예상치 못한 수요를 맞추기 위해 추가하거나 뺄 수 있는 긴급대기 인력 자원
3. 가용 인력 재배치가 가능한 개별 작업자 기능의 유연성
4. 변화하는 수요에 대응하기 위한 작업 시간이나 산출물 수율 유연성

이런 대안들은 요구사항이 많아 보이지만, 인력이 총괄계획의 주요 수단인 서비스 산업에서는 흔한 일이다. 예를 들면 다음과 같다.

- 부동산 중개사나 자동차 판매사원에게 여유 생산능력은 공부하고 계획하는 시간에 사용된다.
- 경찰서나 소방서는 주요 긴급 상황에 대비해서 비번 인력을 부른다. 긴급 상황이 길어지면 경찰관과 소방관은 더 많은 시간 동안 일을 하고 추가 교대를 해야 한다.
- 사업이 예상외로 부진하면 식당과 소매점은 직원을 집에 일찍 귀가시킨다.
- 계산대에 줄이 길어지면 슈퍼마켓 창고 직원은 계산대에서 일을 한다.
- 경험 많은 식당 종업원은 고객이 무리 지어 도착하면 서비스 속도와 효율성을 높인다.

총괄계획에 대한 접근 방식은 제공되는 서비스 유형에 따라 달라진다. 여기서 다섯 가지 서비스 시나리오를 논하고자 한다.

식당

식당처럼 수요 변동이 높은 사업에 있어서 총괄계획은 생산 수율을 평준화하고 최적의 작업인력 크기를 찾는 것이다. 일반적 접근 방식은 재고수준을 손님이 없는 동안 적정하게 가져가다가 손님이 많은 동안 소진해야 하지만, 대부분의 수요 변화는 인력으로 감당한다. 제조업에서도 매우 비슷한 상황이 나타나기 때문에 전통적인 총괄계획 방법이 식당에서도 적용된다. 한 가지 다른 점은 적정 재고일지라도 잘 상한다는 것이다. 추가로 제조업보다 관련 시간 단위가 짧다. 예를 들면 패스트푸드점에서는 손님이 많은 동안과 없는 동안이 1시간 이내며 제품은 10분 정도에 재고화할 수 있다.

병원

병원도 환자 수요에 대응하기 위해 자금, 인원, 소모품을 할당할 때 총괄계획 문제에 직면한다. 미국 미시간주 헨리포드병원(Henry Ford Hospital)의 경우 이동평균을 통해 도출한 환자 수 예측 관점에서 병상과 인력 수요를 계획한다. 총괄계획에서 필요한 인력에 대한 초점은 간호 스테이션에 가변 충원 인력 풀을 새롭게 만드는 것으로 이어졌다.

소규모 서비스 회사의 전국 체인점

장례식장, 자동차 오일 교환점, 복사/인쇄점 같은 소규모 서비스 회사의 전국 체인점이 등장하면서 총괄계획을 수립하느냐 점포마다 독립적으로 계획을 세우느냐가 이슈가 된다. 수요가 특별 프로모션에 영향을 받을 때는 모든 구매와 생산능력이 중앙에서 계획된다. 총괄계획의 이런 접근 방식은 장점이 많은데, 왜냐하면 비용을 절감하고 각 독립 점포의 현금 흐름을 관리하는 데 도움을 주기 때문이다.

잡다한 서비스

대부분의 '잡다한' 서비스, 즉 금융, 교통, 통신, 레크리에이션 서비스는 무형의 산출물을 제공한다. 이런 서비스의 총괄계획은 주로 인력 소요와 수요 관리 계획을 다룬다. 이중적인 목표는 높은 수요를 평준화하면서, 수요가 낮은 기간 동안에는 인력자원을 충분히 활용하는 것이다. 예제 6은 법률회사의 이와 같은 계획을 예시적으로 보여준다.

예제 6

법률회사의 총괄계획

32명의 법률 전문가로 구성된 미국 플로리다주 탬파의 중간 규모 법률회사인 Klasson and Avalon은 다음 분기에 대한 총괄계획을 수립하고자 한다. 회사는 수행하는 법률 비즈니스의 다섯 가지 범주 각각에 대해 다음 분기 청구 가능 시간에 대한 세 가지 예측을 세웠다(표 13.8 1열). 3개의 예측 (최상, 가장 근접, 최악)이 표 13.8의 2, 3, 4열에 나와 있다.

표 13.8 Klasson and Avalon의 인력 할당, 다음 분기 예측(변호사 1명 = 500노동 시간)

필요한 노동 시간 예측				생산능력 제약	
(1) 법률 비즈니스 범주	(2) 최상 (시간)	(3) 가장 근접 (시간)	(4) 최악 (시간)	(5) 최대 인력 수요	(6) 자격 인원 숫자
재판 업무	1,800	1,500	1,200	3.6	4
법률 조사	4,500	4,000	3,500	9.0	32
회사법	8,000	7,000	6,500	16.0	15
부동산법	1,700	1,500	1,300	3.4	6
형법	3,500	3,000	2,500	7.0	12
총 시간	19,500	17,000	15,000		
필요한 변호사 수	39	34	30		

접근방법 ▶ 작업 주와 기능에 대해 몇 가지 가정을 하면 회사에 대한 총괄계획을 제공할 수 있다. 작업 주당 40시간 근무하고 각 변호사 노동 시간의 100%가 청구된다고 가정하면 이번 회계 분기에 각 변호사별로 약 500시간의 청구 가능 시간을 사용할 수 있다.

해결방법 ▶ 수요를 충당하는 데 필요한 변호사 수(변호사는 생산능력을 나타냄)를 구하기 위해 청구 가능 시간(수요)의 시간을 500으로 나눈다. 그러면 생산능력은 세 가지 예측(최상, 가장 근접, 최악)에 대해 각각 39, 34, 30으로 표시된다. 예를 들어 총 19,500시간을 변호사 1인당 500시간으 로 나눈 최상의 시나리오는 39명의 변호사가 필요하다. Klasson and Avalon의 32명 변호사 모두 기본 법률 조사를 수행할 자격이 있기 때문에 이 기능은 최대 일정계획 유연성을 갖는다(6열). 가장 고도의 기능을 필요로 하는(그리고 생산능력이 제한된) 범주는 재판 업무와 회사법이다. 회사의 최상의 예측으로는 3.6명의 변호사가 필요하고(5열 참조) 자격을 갖춘 4명(6열)으로 재판 업무를 간신히 감당할 수 있다. 그리고 회사법의 경우는 1명이 부족하다.

잔업은 이번 분기 초과분을 충당하는 데 사용될 수 있지만 비즈니스가 확장됨에 따라 이 두 영역 모두에서 인재를 고용하거나 개발해야 할 수도 있다. 업무가 가능한 변호사는 다른 범주 요구사항이 초과 생산능력을 사용하지 않는 한 부동산법과 형법 업무를 적절하게 충당한다. 현재 32명의 변호사로 Klasson and Avalon의 최상의 예측은 작업부하를 [(39 − 32)/32 =] 21.8% 증가시킬 것이다(신규 고용이 없다고 가정). 이는 주별 변호사당 1일의 추가 작업을 나타낸다. 최악의 시나리오는 약 6%의 인재를 덜 활용하게 된다. 이 두 시나리오 모두에 대해 회사는 업무 가능한 변호사가 적절하게 서비스를 제공할 것이라고 판단했다.

통찰력 ▶ 수요와 생산능력에 대한 정의는 제조 회사와 다르지만 총괄계획은 제조업에서처럼 서비스 환경에서도 적절하고 유용하며 필요하다.

학습 연습 ▶ 형법의 최상의 경우 예측이 4,500시간으로 증가하면 필요한 변호사 수는 어떻게 되는가? [답: 변호사 수요가 41명으로 늘어난다.]

항공사

항공사와 자동차 렌탈사에는 독특한 총괄 일정계획 문제가 있다. 뉴욕에 본사가 있고 애틀랜타와 댈러스에 허브 공항을 가지며 미국 전역 각 공항에 150개의 사무실을 가지고 있는 항공사를 고려해보자. 이 계획은 한 장소 또는 다수의 독립적 장소의 총괄계획보다 훨씬 복잡하다.

총괄계획은 허브 공항으로 들어가고 나오는 항공편 숫자와 모든 노선의 항공편 숫자, 모든 항공편의 탑승객 숫자, 허브 공항과 각 공항에 필요한 기내 승무원과 지상 직원 숫자, 다양한 요금 클래스에 할당된 좌석 결정을 포함한다. 좌석 할당 결정 기법을 수익 관리라고 하며 다음 주제로 다룬다.

수익 관리

대부분 운영 관리 모델은 다른 비즈니스 모델처럼 기업이 모든 고객에게 같은 제품에 대해 같은 가격을 제공한다고 가정한다. 사실은 많은 기업이 다른 가격을 적용하려 애쓴다. 아이디어는 고객이 지불하고자 하는 의지를 바탕으로 다른 가격을 적용해 수요에 생산능력을 대응시키는 것이다. 관리자는 그런 차이와 가격을 파악하는 도전에 직면한다. 다양한 가격대를 정하는 기법을 수익관리라고 한다.

수익(또는 수율) 관리
수익이나 수율을 극대화할 수 있는 자원 분배를 결정하는 생산능력 의사결정

수익(또는 수율) 관리[revenue (or yield) management]는 매출을 극대화하는 가격으로 기업의 부족한 자원을 고객에게 할당하는 총괄계획 프로세스이다. 이 기법을 보편적으로 사용하기 시작한 것은 1980년대로 거슬러 올라가며, 아메리칸항공(American Airlines)의 예약 시스템(SABRE라고 불림)이 수요 정보에 따라 실시간으로 모든 노선의 항공권 가격을 바꿀 수 있도록 허용하면서부터였다. 비싼 좌석의 수요가 낮으면 더 많은 할인된 좌석이 제공되는 듯했다. 정가 좌석의 수요가 높으면 할인 좌석의 수는 감소했다.

아메리칸항공의 수익 관리 성공은 많은 다른 회사와 산업이 이 개념을 도입하게 했다. 호텔 산업에서의 수익 관리는 1980대 후반부터 메리어트인터내셔널(Marriott International)에서 시작되었고, 현재 연간 4억 달러의 추가 이익을 수익 관리가 가져다준다. 경쟁관계에 있는 옴니(Omni) 호텔 체인은 각 시설마다 매일 밤 100,000번 넘는 계산을 수행하는 소프트웨어를 사용한다. 예를 들어 댈러스옴니(Dallas Omni) 호텔의 경우 주중에 가장 비싼 비용을 청구하지만 주말에는 높은 할인을 제공한다. 많은 관광객의 행선지인 샌안토니오에 있는 자매호텔에서는 이런 요금 체계와 반대로 주중에 더 좋은 가격을 제공한다. 비슷하게, 월트디즈니월드(Walt Disney World)도 가격을 다양하게 유지한다. 성인 프리미엄 연간 입장료는 829달러인데, 플로리다 거주자는 589달러, AAA 회원과 현역 군인에게는 다른 할인가를 제공한다. 이 장의 끝에 있는 사례 연구에서는 올랜도 매직의 수익 관리에 대해 언급한다.

기한이 있는 재고를 가지는 항공사, 호텔, 자동차 렌탈사, 크루즈 회사와 심지어 전기 기반시설은 수율 관리를 흥미롭게 하는 다음과 같은 공통 특성이 있다.

1. 사용에 앞서 팔리는 서비스 또는 제품
2. 변동이 잦은 수요
3. 상대적으로 고정적인 자원 또는 생산능력
4. 분할 가능한 수요
5. 낮은 변동비용과 높은 고정비용

학습목표 13.6
수익 관리 문제를 이해하고 해결한다.

예제 7은 호텔에서 수익 관리가 어떻게 작동하는지 보여준다.

예제 7

수익 관리

Cleveland Downtown Inn은 100개의 객실이 있는 호텔로 오래전부터 객실 1박에 150달러의 고정 가격을 부과했다. 투숙 중인 방의 변동비용은 낮다. 경영진은 청소, 에어컨 사용, 비누, 샴푸 등 부대비용이 1박에 객실별 15달러라고 생각한다. 하루 평균 50개의 객실이 판매된다. 그림 13.5는 현재 가격 책정 방식을 보여준다. 순매출은 단일 가격대로 하루에 6,750달러이다.

접근방법 ▶ 수익 관리의 관점에서 가격을 분석한다. 그림 13.5에서 일부 손님은 객실당 150달러 이상('탁자에 남은 돈')을 기꺼이 지출할 의향이 있음에 주목해야 한다. 다른 사람들은 150달러보다는 적으면서 변동비용 15달러 이상을 기꺼이 지출할 의향이 있어 보인다.

그림 13.5
호텔이 한 가격만 설정함

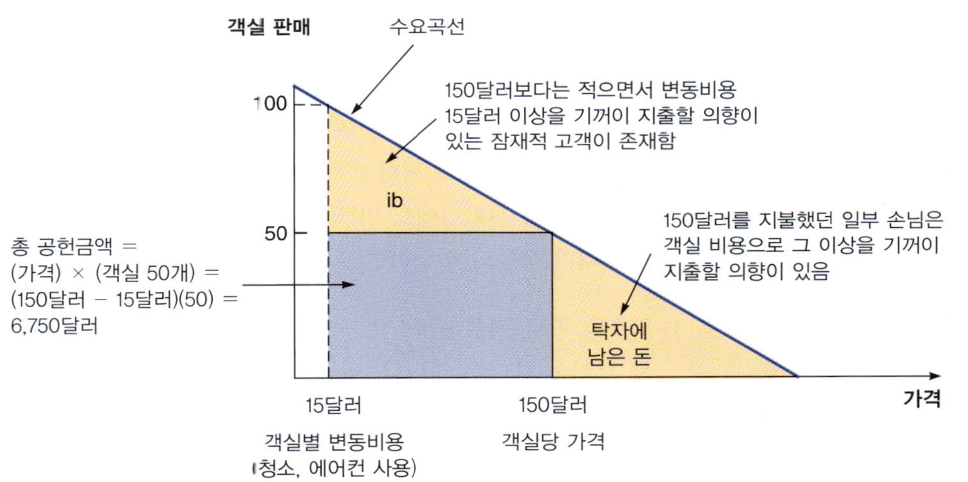

해결방법 ▶ 그림 13.6에서 호텔은 두 가지 가격 수준을 책정하기로 결정했다. 널리 사용되는 수익 관리 소프트웨어를 사용하면 1박에 30개의 객실을 100달러에, 또 다른 30개의 객실을 200달러에 판매할 수 있다고 추정한다.

통찰력 ▶ 수익 관리는 총 기여금을 8,100달러로 증가시켰다(100달러 객실에서 2,550달러, 200달러 객실에서 5,550달러). 호텔에서는 더 많은 가격대를 사용해야 할 것 같다.

학습 연습 ▶ 호텔이 150달러로 세 번째 가격을 책정하고 100달러 객실의 절반을 인상된 요금으로 판매할 수 있다면 얼마나 기여할 수 있는가? [답: 8,850달러 = (15 × 85달러) + (15 × 135달러) + (30 × 185달러)]

그림 13.6

호텔이 두 가격을 설정함

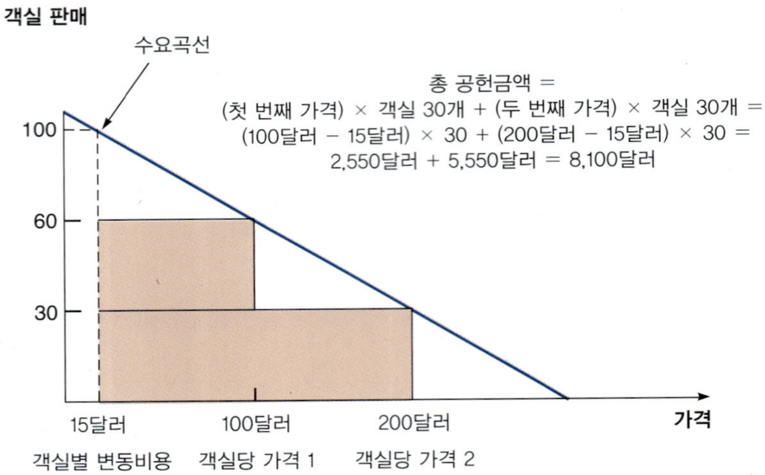

전통적으로 수익 관리와 관계가 깊은 산업으로는 호텔, 항공사, 자동차 렌탈이 있다. 그들은 다양한 가격을 해당 제품에 반영할 수 있고, 제품 사용이나 가용성을(일반 가격으로 판매되는 항공기 좌석, 호텔 객실) 조절할 수 있다. 영화관, 경기장, 공연장도 가격 유연성은 덜하지만 시간(저녁, 이른 아침), 장소(무대 앞, 무대 옆, 발코니)로 수익을 관리한다. 두 경우 모두 사용할 자원의 양, 특히 양과 자원 사용 기간을 조절한다.

음식점이나 골프장 시설 관리자의 업무는 더욱 어렵다. 왜냐하면 기간과 자원 사용 조절이 힘들기 때문이다. 그러나 관리자는 이런 산업에서도 상상력을 발휘해 초과 생산능력을 활용한다. 예를 들면 골프장의 경우 별로 원하지 않는 시작 시간대를 낮은 가격에 팔 수 있고 음식점도 얼리버드 특가처럼 저녁 시간대 전에도 비즈니스를 창출할 수 있기 때문이다.

수익 관리가 작동되게 하려면, 회사는 세 가지 이슈를 관리할 필요가 있다.

1. **다수의 가격 책정 구조:** 이 구조는 고객에게 가능하며 (또한 공정하다고 선호되며) 논리적으로 보여야 한다는 점이다. 이러한 정당성은 예를 들면 항공기 일등석, 골프장의 선호되는 시작 시간처럼 다양한 형태로 보여진다(이 장 끝부분의 윤리적 딜레마 참조).
2. **사용 예측과 사용 기간:** 얼마나 많은 일반석을 제공해야 하는가? 고객은 바다가 보이는 방에 요금을 얼마나 더 지불하겠는가?
3. **수요의 변화:** 더 많은 생산능력이 판매되면, 더 늘어난 사용을 관리해야 한다는 것을 의미한다. 그것은 가격 책정 구조를 모든 고객이 논리적이며 공정하다고 느끼지 않는다는 이슈를 다루어야 함을 의미한다. 마지막으로 예측이 정확하지 않기 때문에 초과예약 같은 새로운 이슈를 관리해야 한다는 것을 의미한다.

수익 관리를 통한 정확한 가격 책정은 실질적으로 가능성이 있고 일부 기업은 이 문제를 다룰 수 있는 소프트웨어를 판매한다. 여기에는 NCR의 테라데이트(Teradata), SPC의 디맨드텍(DemandTec), 오라클(Oracle)의 프로핏 로직(Profit Logic)이 있다.

요약

판매 및 운영 계획(S&OP)은 기업의 기능 영역을 조정하고 공급사슬 파트너와의 의사소통을 위한 강력한 수단이 될 수 있다. S&OP의 산출물은 **총괄계획**이다. 총괄계획은 제조 기업과 서비스 기업 모두에게 변화하는 고객 수요에 대응하고 성공적인 전략을 도출할 수 있는 능력을 제공한다.

총괄계획은 보통 3~18개월 사이의 중간 기간 동안 재고, 생산, 외주용역, 고용 수준을 설정한다. 이 장에서는 널리 사용되는 도식적 접근 방식과 선형계획법의 수송계획법이라는 두 가지 총괄계획 기법을 설명한다.

총괄계획은 운영 관리자의 중요한 책임이며 기존 자원을 효율적으로 사용하는 열쇠이다. 이는 보다 상세한 대일정생산계획으로 이어지며, 이는 분할, 세부 일정계획, 자재소요계획 시스템의 기초가 된다.

음식점, 항공사, 호텔은 모두 총괄계획을 사용하는 서비스 시스템이며 수익 관리를 구현할 기회를 가진다.

산업 또는 계획 방법에 관계없이 판매 및 운영 계획 프로세스는 회사가 구현할 수 있고 공급업체가 뒷받침하는 총괄계획을 세운다.

핵심 용어

대생산일정계획(master production schedule)
도식화 기법(graphical techniques)
분할(disaggregation)
선형계획법의 수송계획법(transportation method of linear programming)
수익(수율)관리[revenue (or yield) management]
총괄계획(aggregate plan)
추격 전략(chase strategy)
판매 및 운영 계획(sales and operations planning, S&OP)
평준화 일정계획(level scheduling)
혼합 전략(mixed strategy)

윤리적 딜레마

오늘날 항공사 승객들은 여러 번 줄을 서서, 대부분 만석인 비행기의 작은 좌석에 붐비는 속으로 들어가고, 항공 교통 문제나 열린 게이트 부족으로 인해 종종 유도로에서 시간을 보낸다. 그러나 이러한 성가심 못지않게 여행자를 배 아프게 하는 것은 바로 옆에 앉은 사람이 자신보다 훨씬 저렴한 요금을 지불했다는 사실을 알게 되는 것이다. 이러한 수익 관리 개념으로 인해 동일한 비행기에 무료에서 수천 달러에 이르는 항공권 가격이 책정된다. 그림 13.7은 에어버스(Airbus) A320을 타고 오전 11시 35분에 미니애폴리스에서 캘리포니아주 애너하임으로 가는 항공편에서 최근 승객들이 다양한 좌석에 얼마를 지불했는지 보여준다.

이 가격 책정 시스템을 옹호하거나 반대해보라. 일반 대중이 수익 관리를 받아들이는 것 같은가? 힐튼호텔(Hilton Hotel)에서 당신 앞에 줄 서 있는 사람이 더 좋은 객실요금을 낸다는 말을 우연히 듣게 된다면 어떻게 되겠는가? 고객은 더 나은 운임으로 비행기를 타기 위해 항공사 시스템을 어떻게 조작하는가?

그림 13.7

전형적인 항공편에서 수익 관리 좌석 비용

매출	요금	좌석 수
1등석	817달러	-
전액 요금	792	4
기업 할인	491	5
21일 선구매	273	20
대폭 할인	190	33
상시 이용 고객 프로그램	0	7
환승	—	53
빈 좌석	—	27

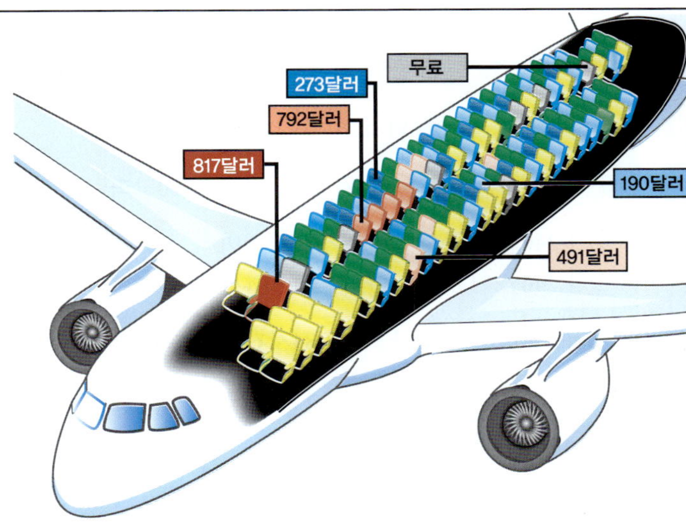

토론 문제

1. 판매 및 운영 계획을 정의하라.
2. 판매 및 운영 계획 팀이 일반적으로 교차 기능을 수행하는 이유는 무엇인가?
3. 총괄계획을 정의하라.
4. 제조 환경에 적용할 때 분할이라는 용어가 의미하는 바를 설명하라. 이 프로세스의 산출물은 무엇인가?
5. 총괄계획의 전략적 목표를 나열하라. 다음 중 총괄계획의 양적 기법으로 가장 자주 언급되는 것은 무엇이며 이 중 일반적으로 가장 중요한 것은 무엇인가?
6. 추적 전략을 정의하라.
7. 총괄계획 전략의 두 가지 범주를 파악하고 차이점을 설명하라.
8. 혼합 전략을 정의하라. 기업이 단순 순수 전략 대신 혼합 전략을 사용하는 이유는 무엇인가?
9. 각 기간의 수요 요구사항에 대응하기 위해 작업인력 규모를 변경하는 것의 장점과 단점은 무엇인가?
10. 서비스 산업에서 총괄계획의 일환으로 인력을 통제하는 데 사용되는 네 가지 기법을 나열하고 간략하게 논의하라.
11. 총괄계획과 대생산일정계획 사이의 관계는 무엇인가?
12. 도식적 총괄계획 방법이 유용한 이유는 무엇인가?
13. 총괄계획에 수송계획법을 사용할 때의 주요 제한점은 무엇인가?
14. 수익 관리란 무엇인가? 수익 관리가 흔히 사용되는 산업의 예를 들라.

문제 해결

문제 해결 13.1

이 장의 예제 1~4에 설명한 지붕재 제조업체는 또 다른 네 번째 생산계획 전략(계획 4)을 고려하고자 한다. 이 회사는 8명의 고정 작업인력을 유지하고 수요를 충족하기 위해 필요할 때마다 잔업을 사용한다. 표 13.3에 있는 정보를 사용하라. 초기 재고와 최종 재고는 0이라고 가정하라.

해결책

8명의 작업자를 고용하고 필요할 때 잔업을 한다. 이 계획에는 재고 유지비용이 발생한다.

월	생산 일수	일별 40단위 생산	월초 재고량	이번 달 예측 수요	필요한 잔업 생산량	최종 재고량
1월	22	880	—	900	20단위	0단위
2월	18	720	0	700	0단위	20단위
3월	21	840	20	800	0단위	60단위
4월	21	840	60	1,200	300단위	0단위
5월	22	880	0	1,500	620단위	0단위
6월	20	800	0	1,100	300단위	0단위
					1,240단위	80단위

총 재고 유지비용 = 80단위 × 5달러/단위/월 = 400달러

정규직 급여: 8명 × 80달러/일 × 124일 = 79,360달러

잔업 수당: 1,240단위를 잔업으로 생산하려면
1,240 × 1.6시간/단위 = 1,984시간이 필요하다.

잔업 비용 = 17달러/시간 × 1,984시간 = 33,728달러

계획 4

비용(작업인력 8명 + 잔업)		
재고 유지비용	400달러	(80단위 유지 × 5달러/단위)
정규직 노동	79,360	(작업자 8명 × 80달러/일 × 124일)
잔업	33,728	(1,984시간 × 17달러/시간)
고용과 해고	0	
외주용역	0	
총비용	113,488달러	

105,152달러인 계획 2가 여전히 선호된다.

문제 해결 13.2

델라웨어주 도버의 한 공장은 수반되는 공급, 수요, 비용, 재고 데이터를 개발했다. 회사는 고정 작업인력을 보유하고 있으며 모든 수요에 대응한다. 최소 비용으로 수요에 대응할 수 있도록 생산 능력을 할당하라. 이 계획의 비용은 얼마인가?

가용 공급 생산능력(단위)

기간	정규직 시간	잔업	외주용역
1	300	50	200
2	400	50	200
3	450	50	200

예측 수요

기간	수요(단위)
1	450
2	550
3	750

기타 데이터

초기 재고	50단위
단위당 정규직 비용	50달러
단위당 잔업 비용	65달러
단위당 외주용역 비용	80달러
기간별 단위당 재고 유지비용	1달러
기간별 단위당 이월주문 비용	4달러

해결책

공급		수요: 기간 1	기간 2	기간 3	미사용 생산능력(가상)	총 가용 생산능력(공급)
초기 재고		0 50	1	2	0	50
기간 1	정규 시간	50 300	51	52	0	300
	잔업	65 50	66	67	0	50
	외주용역	80 50	81	82	0 150	200
기간 2	정규 시간	54	50 400	51	0	400
	잔업	69	65 50	66	0	50
	외주용역	84	80 100	81 50	0 50	200
기간 3	정규 시간	58	54	50 450	0	450
	잔업	73	69	65 50	0	50
	외주용역	88	84	80 200	0	200
총 수요		450	550	750	200	1,950

계획 비용:

기간 1: 50(0달러) + 300(50달러) + 50(65달러) + 50(80달러) = 22,250달러

기간 2: 400(50달러) + 50(65달러) + 100(80달러) = 31,250달러

기간 3: 50(81달러) + 450(50달러) + 50(65달러) + 200(80달러) = 45,800달러*

총비용 99,300달러

*50단위의 외주용역 비용과 재고 유지비용 포함

연습 문제

Px 윈도우용 POM 또는 엑셀 OM으로 문제를 해결할 수 있음

문제 13.1~13.22는 총괄계획 방법과 관련이 있다.

• **13.1** 아래 표는 이집트에 있는 공구 제조 공장의 예측 수요와 작업 일수 정보를 제공한다.

월	생산 일수	예측 수요(단위)
1월	22	1,000
2월	19	1,200
3월	21	1,100
4월	20	1,200
5월	22	1,300
6월	21	1,200
7월	20	1,250
8월	22	1,300
9월	21	1,300
10월	22	1,400
11월	22	1,200
12월	20	1,000

일별 수요와 일평균 예측 수요에 대한 그래프를 작성하라.

•• **13.2** 예제 1~4와 문제 해결 13.1에서 설명한 멕시코 지붕재 제조업체를 위한 두 가지 다른 계획을 수립하라.

(a) 계획 5의 경우 처음 3개월 동안은 작업자 8명, 마지막 3개월 동안은 작업자 10명의 고정 작업인력을 사용한다. 나머지 수요에 대응하기 위해 외주용역을 사용한다.

(b) 계획 6의 경우 9명의 고정 작업인력을 사용한다. 나머지 수요에 대응하기 위해 외주용역을 사용한다.

(c) 계획 1~6 중 어떤 것이 가장 좋으며 그 이유는 무엇인가? **Px**

••• **13.3** Hill Enterprises의 사장 테리 힐(Terri Hill)은 향후 8개월 동안 회사의 총괄 수요 요구사항을 다음과 같이 예상한다.

1월	1,400	5월	2,200
2월	1,600	6월	2,200
3월	1,800	7월	1,800
4월	1,800	8월	1,800

그녀의 운영 관리자는 1월에 200단위 재고를 보유하는 것으로 시작하는 새로운 계획을 고려하고 있다. 판매 손실로 인한 재고 소진 비용은 단위당 100달러이다. 재고 보유비용은 월별 단위당 20달러이다. 유휴 시간 비용은 무시한다. 이 계획을 계획 A라고 한다.

계획 A: 작업인력 수준을 변경해 전월 수요 수량을 생산하는 전략을 실행한다. 12월 수요와 생산 수율은 모두 월별 1,600단위이다. 추가 작업자를 고용하는 비용은 100단위당 5,000달러이다. 작업자를 해고하는 비용은 100단위당 7,500달러이다. 이 계획을 평가하라. **Px**

참고: 고용과 해고 비용은 모두 변동된 달에 발생한다. 예를 들어 1월에 1,600단위에서 2월에 1,400단위로 변동하면 2월에 200단위에 대한 해고 비용이 발생한다.

•• **13.4** 문제 13.3의 정보를 사용해 계획 B를 수립하라. 최소 수요에 대응하는 월별 1,400단위의 고정 수율로 생산하라. 그런 다음 단위당 75달러의 프리미엄 가격으로 추가 단위에 대해 외주용역을 사용한다. 1월부터 8월까지의 비용을 계산해서 이 계획을 평가하라. **Px**

•• **13.5** 힐은 현재 계획 C를 고려하고 있다. 평균 수요와 동일하게 고정 생산 수율을 유지하고 다양한 재고수준 변동을 허용하면서 고정 작업인력을 유지하라. 초기 재고, 재고 소진 비용, 재고 보유 비용은 문제 13.3에 나와 있다. 평균 수요도 함께 보여주는 수요 그래프를 그려라. 1월부터 8월까지 분석을 수행하라. **Px**

••• **13.6** 힐의 운영 관리자(문제 13.3~13.5 참조)는 1월에서 8월까지 두 가지 혼합 전략을 고려하고 있다. 즉 재고가 없을 때만 잔업이나 외주용역으로 생산한다.

- **계획 D**: 월별 1,600단위를 생산하는 현재 작업인력을 안정적으로 유지하라. 단위당 50달러의 추가비용으로 최대 20%의 잔업을 허용한다. 창고는 이제 최대 허용 재고를 400단위 이하로 제한한다.
- **계획 E**: 월별 1,600단위를 생산하는 현재 작업인력을 안정적으로 유지하고, 나머지 수요에 대응하기 위해 외주용역을 사용한다.

계획 D와 E를 평가하고 더 나은 것을 추천하라. **Px**

참고: 생산량이나 재고가 수요에 대응하기에 충분한 경우 잔업을 사용하지 말라.

••• **13.7** Consuelo Chua, Inc.는 7월부터 12월까지의 총괄계획이 필요한 디스크 드라이브 제조업체이다. 회사는 다음과 같은 데이터를 수집했다.

비용	
보유비용	월별 디스크당 8달러
외주용역	디스크당 80달러
정규직 인력	시간당 12달러
잔업 인력	일별 작업자당 8시간 넘으면 시간당 18달러
고용 비용	작업자당 40달러
해고 비용	작업자당 80달러

수요*					
7월	8월	9월	10월	11월	12월
400	500	550	700	800	700

*이월주문에 대해서는 비용이 발생하지 않으나 다음 기간에 처리해야 한다. 작업자의 절반 이상이 필요한 경우 반올림한다.

기타 데이터	
현재 작업인력(6월)	8명
디스크당 노동 시간	4시간
월별 근무일수	20일
초기 재고	150개**
최종 재고 요구사항	0개

**6월에는 재고 보유비용이 없다.

다음 두 전략의 비용은 각각 얼마인가?

(a) 생산이 수요에 대응하도록 작업인력을 변경한다. 회사는 6월에 8명의 작업자가 있었다.

(b) 잔업만 변경하고 8명의 고정 작업인력을 사용한다. Px

•• **13.8** 당신은 Consuelo Chua, Inc.에서 길 하나 아래에 있는 컨설팅 회사를 관리하고 있으며, 당신은 슈아에게 현 충원계획보다 총괄계획을 더 잘할 수 있다고 말했다(문제 13.7 참조). 그녀는 "좋아요. 그렇게만 하면 1년 계약하지요"라고 말했다. 이제 문제 13.7의 데이터를 사용해 자랑했듯 잘해 보아야 한다. 8월에 5명의 작업자를 고용하고 10월에 5명을 더 고용하기로 결정한다. 결과는 어떠한가?

••• **13.9** 중국의 한 마더보드 제조업체는 다음과 같은 향후 6개월 동안 수요 추정치를 받았다.

월	1월	2월	3월	4월	5월	6월
수요	2,000	2,000	5,000	3,000	4,000	2,000

(a) 회사는 월별 단위당 재고 유지비용을 10위안, 재고 소진 비용을 단위당 40위안, 정규 생산 비용을 100위안, 외주용역 비용을 단위당 120위안으로 추정했다. 다음 두 가지 계획을 준비하고 평가하라.

◆ 계획 A: 평준화 생산을 하고 재고와 이월주문을 사용해 수요를 조정한다.

◆ 계획 B: 최소 월별 수요량과 같은 고정 수율로 생산한다. 나머지 수요를 충족하기 위해 외주용역을 사용한다.

(b) 어떤 계획이 더 좋은가? Px

••• **13.10** 문제 13.9의 데이터를 이용해 다음 두 가지 계획을 준비하라. 계획 C, D를 계획 A, B와 비교하고 추천하라.

◆ 계획 C: 추격 계획. 현재 작업인력은 20명이고 월별 작업자당 100단위 생산성을 가진다고 가정한다. 고용 비용은 작업자당 500위안이고 해고 비용은 작업자당 1,000위안이다.

◆ 계획 D: 25명의 작업인력을 안정적으로 사용한다. 정규 생산에서 최대 25%의 잔업을 허용한다. 잔업 비용은 단위당 110위안이다.

••• **13.11** Deb Bishop Health and Beauty Products에서 새 샴푸를 개발했으며 총괄계획을 수립해야 한다. 원가 회계 부서는 총괄계획과 관련된 비용을 제공했으며 마케팅 부서는 4개 분기별 예측을 제공했다. 모두 다음과 같이 표시된다.

분기	예측
1	1,400
2	1,200
3	1,500
4	1,300

비용	
이전 분기 산출량	1,500단위
초기 재고	0단위
이월주문 재고 소진 비용	단위당 50달러
재고 보유비용	분기 말에 유지하고 있는 모든 단위당 10달러
작업자 고용	단위당 40달러
작업자 해고	단위당 80달러
단위당 비용	단위당 30 달러
잔업	단위당 추가 15달러
외주용역	가능하지 않음

당신의 임무는 다음 4개 분기에 대한 총괄계획을 수립하는 것이다.

(a) 먼저 필요에 따라 고용과 해고(예측에 대응하기 위해)를 시도하라.

(b) 그런 다음 고용을 고정적으로 유지하는 계획을 시도하라.

(c) 이 회사에 더 경제적인 계획은 무엇인가? Px

••• **13.12** Southeast Soda Pop, Inc.는 기대가 큰 새로운 과일 음료를 출시했다. 생산 계획자인 존 미텐탈(John Mittenthal)은 다음과 같은 비용 데이터와 수요 예측을 수집했다.

분기	예측
1	1,800
2	1,100
3	1,600
4	900

비용/기타 데이터
이전 분기 산출량 = 1,300케이스
초기 재고 = 0케이스
재고 소진 비용 = 케이스당 150달러
재고유지비용 = 분기말에 케이스당 40달러
직원 채용 = 케이스당 40달러
직원 해고 = 케이스당 80달러
외주용역비용 = 케이스당 60달러
정규시간 단위당 비용 = 케이스당 30달러
잔업 비용 = 케이스당 15달러
정규시간 생산능력 = 분기당 1,800케이스

존의 임무는 총괄계획을 수립하는 것이다. 그가 평가하고자 하는 세 가지 초기 대안은 다음과 같다.

- 계획 A: 예측에 대응하기 위해 필요에 따라 인력을 고용하고 해고하는 전략
- 계획 B: 평준화 전략
- 계획 C: 분기당 1,200케이스를 생산하고 재고와 외주용역을 통해 예측 수요에 대응하는 평준화 전략

(a) 가장 비용이 적게 드는 계획은 무엇인가?

(b) 당신이 존의 상사이자 운영 부사장이라면 어떤 계획을 실행하고 그 이유는 무엇인가? Px

•• **13.13** 램 로이(Ram Roy)의 회사는 다음과 같은 공급, 수요, 비용과 재고 데이터를 수립했다. 수송계획법을 사용해 최소 비용으로 수요에 대응할 수 있도록 생산능력을 할당한다. 비용은 얼마인가? 초기 재고는 첫 번째 기간에 보유비용이 없고 이월주문이 허용되지 않는다고 가정하라.

가능한 공급

기간	정규 시간	잔업	외주용역	수요 예측
1	30	10	5	40
2	35	12	5	50
3	30	10	5	40

초기 재고	20단위
단위당 정규 시간 비용	100달러
단위당 잔업 비용	150달러
단위당 외주용역 비용	200달러
월별 단위당 재고 유지비용	4달러

Px

• **13.14** 이스라엘의 휴대용 신장 투석 장치와 기타 의료 제품 생산업체인 Jerusalem Medical Ltd.는 4개월 총괄계획을 수립한다. 수요와 생산능력(단위)은 다음과 같이 예측된다.

생산능력 자원	첫 번째 달	두 번째 달	세 번째 달	네 번째 달
인력				
정규 시간	235	255	290	300
잔업	20	24	26	24
외주용역	12	15	15	17
수요	255	294	321	301

투석 장치 한 단위를 생산하는 비용은 정규 시간으로는 985달러, 잔업으로는 1,310달러, 외주용역으로는 1,500달러이다. 재고 유지비용은 월별 단위당 100달러이다. 초기 재고와 종료 재고가 없어야 하며 이월주문은 허용되지 않는다. 수송계획법을 사용해 비용을 최소화하는 생산 계획을 수립하라. Px

•• **13.15** Egypt Sime 공장의 모바일 보드 생산 계획 기간은 4개월이다. 비용 데이터는 다음과 같다(단위: 이집트파운드).

보드당 정규 시간 비용	100
보드당 잔업 비용	120
보드당 외주용역 비용	150
월별 보드당 재고 유지비용	5

다음 4개월마다 보드의 생산능력과 수요 데이터는 다음과 같다.

월	1월	2월	3월	4월
수요	800	1,200	700	1,000
생산능력				
정규 시간	800	800	800	800
잔업	100	100	100	100
외주용역	200	200	200	200

수송계획법을 사용해 비용을 최소화하는 생산 계획을 수립하라. 초기 재고로 200개의 보드를 가정하고 이월주문이 허용된다. Px

•• **13.16** 이집트 Al-Arabi 공장의 문손잡이 생산계획 기간은 6개월이다. 비용 데이터는 다음과 같다(단위: 이집트파운드).

문손잡이당 정규 시간 비용	50
문손잡이당 잔업 비용	60
문손잡이당 외주용역 비용	70
월별 문손잡이당 재고 유지비용	2

다음 6개월 동안 문손잡이의 생산능력과 수요 데이터는 다음과 같다.

월	1월	2월	3월	4월	5월	6월
수요	800	1,000	1,200	1,400	1,200	1,000
생산능력						
정규 시간	800	800	800	800	800	800
잔업	200	200	200	200	200	200
외주용역				400		

수송계획법을 사용해 비용을 최소화하는 생산 계획을 수립하라. 외주용역은 4월에만 가능하며 이월주문은 허용되지 않는다. **Px**

•• **13.17** 유 아미 시아(Yu Amy Xia)는 음식점으로 배송되는 해산물의 신선도를 높이기 위해 특수 밀폐 진공 백을 개발했다. 그녀는 다음과 같이 수요 비용 데이터를 수집했다.

분기	예측(단위)	정규 시간	잔업	외주용역
1	500	400	80	100
2	750	400	80	100
3	900	800	160	100
4	450	400	80	100

초기 재고 = 250단위	외주용역 비용 = 2.00달러/단위
정규 시간 비용 = 1.00달러/단위	재고 유지비용 = 0.20달러/단위/분기
잔업 비용 = 1.50달러/단위	이월주문 비용 = 0.50달러/단위/분기

유는 초기 재고 250단위로 인해 각 이전 분기부터 0.20달러/단위 비용이 발생할 것으로 결정한다(0단위 비용을 할당하는 대부분의 다른 회사 상황과 다름).

(a) 수송계획법을 사용해 최적 계획을 구하라.

(b) 생산계획 비용은 얼마인가?

(c) 정규 시간 생산능력이 일부라도 사용되지 않은 적이 있는가? 있다면 어느 기간에 얼마나인가?

(d) 이월 주문의 단위와 금액 정도는 얼마인가? **Px**

••• **13.18** 엘파소의 호세 마르티네즈(José Martinez)는 멕시코 음식점에 전시용 '전시품'이 된 광택이 나는 스테인리스 스틸 토르티야 기계를 개발했다. 그는 5개월간의 총괄계획을 세워야 한다. 생산능력과 수요에 대한 그의 예측은 다음과 같다.

	월				
	1	2	3	4	5
수요	150	160	130	200	210
생산능력					
정규 시간	150	150	150	150	150
잔업	20	20	10	10	10

외주용역: 5개월 동안 100단위가 가능
초기 재고: 0단위
최종 재고 필요량: 20단위

비용	
단위당 정규 시간 비용	100달러
단위당 잔업 비용	125달러
단위당 외주용역 비용	135달러
월별 단위당 재고 유지비용	3달러

이월주문이 허용되지 않는다고 가정하자. 수송계획법을 사용할 때 최적 계획의 총비용은 얼마인가? **Px**

•••• **13.19** 두바이 제벨 알리에 있는 실외 페인트 제조업체는 9개월 동안의 생산능력(단위)과 수요 예측에 관한 다음 정보를 수집했다.

월	1월	2월	3월	4월	5월	6월	7월	8월	9월
수요	2,000	1,800	2,000	1,800	2,000	1,600	1,400	2,000	1,500
정규 시간 생산능력	1,360	1,292	1,428	1,360	1,428	1,292	1,360	1,428	1,292
잔업 생산능력	340	323	357	340	357	323	340	357	323
외주용역 생산능력	400	400	400	400	400	400	400	400	400

비용 데이터는 다음과 같다(단위: 아랍에미리트 디나르).

갤런당 정규 시간 비용	200
갤런당 잔업 비용	220
갤런당 외주용역 비용	250
월별 갤런당 재고 유지비용	20

(a) 정규 생산, 잔업과 외주용역을 사용해 월간 수요에 대응하기 위한 추적 계획을 수립하라.

(b) 재고 사용이 가능한 경우 정규 생산, 잔업과 외주용역을 사용해 월별 수요에 대응할 수 있는 다른 계획을 마련하라.

(c) 두 계획의 결과를 비교하라.

•• **13.20** 한 분기에 대해 다음 총괄계획 문제를 고려하라.

	정규 시간	잔업	외주용역
생산능력/월	1,000	200	150
생산비용/단위	5달러	7달러	8달러

초기 재고가 없고 3개월마다 1,250단위의 예상 수요가 있다고 가정하자. 재고 유지비용은 월별 단위당 1달러이다. 수송계획법을 사용해 생산 관리자 빅토르 쉬(Victor Shi)의 이 총괄계획 문제를 해결하라. **Px**

•• **13.21** 아흐메트 사티르(Ahmet Satir) 소유의 Maple Leaf Foundary는 3개월 생산능력 계획에 따라 주철 주괴를 생산한다. 인건비는 정규 교대 시간당 평균 100달러, 잔업 시간당 140달러이다. 재고 유지비용은 유지된 재고의 노동 시간당 4달러로 간주된다. 3월부터 남은 재고는 50 직접노동시간이다. 향후 3개월간 수요와 생산능력(노동 시간)은 다음과 같다.

생산능력			
월	정규 노동(시간)	잔업 노동(시간) 수요	수요
4월	2,880	355	3,000
5월	2,780	315	2,750
6월	2,760	305	2,950

수송계획법을 사용해 3개월 총괄계획을 수립하라.

••• **13.22** James Lawson Chemical Supply Company는 값비싼 수은 약병을 제조하고 포장한다. 다음과 같이 수요, 공급, 비용, 재고 데이터가 주어졌다면, 수송계획법을 사용해 최소 비용으로 수요에 대응할 수 있도록 생산 능력을 할당하라. 고정 작업인력이 예상되며, 이월주문이 허용된다.

공급 생산능력(단위)				
기간	정규 시간	잔업	외주용역	수요
1	25	5	6	32
2	28	4	6	32
3	30	8	6	40
4	29	6	7	40

기타 데이터	
초기 재고	4단위
바람직한 최종 재고	3단위
단위당 정규 시간 비용	2,000달러
단위당 잔업 비용	2,475달러
단위당 외주용역 비용	3,200달러
기간당 단위당 재고 유지비용	200달러
기간별 단위당 이월주문 비용	600달러

문제 13.23~13.24는 서비스의 총괄계획과 관련이 있다.

••• **13.23** Forrester and Cohen은 파트너인 브래드 포레스터(Brad Forrester)가 12월에 퇴직한 이후 조지프 코헨(Joseph Cohen)이 관리하는 소규모 회계 법인이다. 코헨과 그의 3명의 공인회계사는 함께 한 달에 640시간을 청구할 수 있다. 만일 코헨이나 다른 회계사가 한 달에 160시간 이상 청구할 경우, 매달 받는 5,000달러 기본급에 더해 추가 시간당 62.50달러의 '잔업' 수당을 받는다. (코헨은 직원과 동일한 기본급을 받는다.) 코헨은 공인회계사가 특정 월에 240시간 이상 작업(청구)하지 않도록 강력히 권장한다. 향후 6개월 동안 회사의 청구 가능 시간에 대한 수요는 다음과 같이 추정된다.

월	추정 청구 가능 시간
1월	600
2월	500
3월	1,000

월	추정 청구 가능 시간
4월	1,200
5월	650
6월	590

코헨은 그의 전 파트너인 포레스터와 시간당 125달러의 요금으로 바쁜 세금보고 시즌에 도움을 주기로 동의했다. 코헨은 경기 침체의 경우라도 동료 중 한 명을 해고하는 것을 고려조차 하지 않을 것이다. 그러나 그는 비즈니스가 요구하면 동일한 급여로 다른 공인회계사를 고용할 수 있다.

(a) 6개월 동안의 총괄계획을 수립하라.
(b) 코헨의 잔업과 포레스터 사용 계획 비용을 계산하라.
(c) 회사는 총 4명의 공인회계사를 그대로 유지해야 하는가?

•• **13.24** 문제 13.23의 공인회계사 법인을 참조하라. 코헨은 내년 계획에서 청구 가능 시간이 6개월마다 10%씩 증가할 것으로 추정한다. 따라서 그는 다섯 번째 공인회계사를 고용하려 한다. 동일한 정규 시간, 잔업과 외부 컨설턴트(예: 포레스터) 비용이 계속 적용된다.

(a) 새로운 총괄계획을 수립하고 비용을 계산하라.
(b) 5명의 회계사 직원 채용 수준에 대해 설명하라. 추가 회계사를 고용한 것이 좋은 결정이었는가?

문제 13.25~13.26은 수익 관리와 관련이 있다.

•• **13.25** Souteastern항공의 애틀랜타에서 샬럿까지 매일 비행하는 항공편에는 모두 일반석인 120명을 수용할 수 있는 보잉 737이 사용된다. 과거에 항공사는 편도 항공편에 대해 모든 좌석의 가격을 140달러로 책정했다. 각 항공편에는 평균 80명의 승객이 있다. 채워진 좌석의 변동비는 25달러이다. 새로운 운영 관리자인 아이사얀 에지즈(Aysajan Eziz)는 조기 예약의 경우 80달러, 항공편 운항 1주일 이내 예약의 경우 190달러의 좌석을 사용해 수익 수율 접근 방식을 시도하기로 결정했다. 그는 항공사가 저렴한 가격에 65석, 높은 가격에 35석을 판매할 것으로 추정한다. 변동비는 변경되지 않는다. 어떤 접근 방식이 에지즈에게 선호되겠는가?

•• **13.26** 독점적인 Swink 골프 연습장은 시간당 15달러의 표준 요금을 가지고 있다. 이 시설에는 36개의 타석이 있으며 주 7일, 하루 10시간, 평균 이용률이 50%이다. 소유주인 모건 스윙크(Morgan Swink)는 수익을 높이고 싶다. 그는 주중 시간당 10달러, 주말 시간당 20달러의 새로운 요금을 제안한다. 그는 주중 사용량이 60%로 증가하고 주말 사용량은 가격 인상에도 불구하고 50%를 유지할 것으로 추정한다. 변동비용은 시간당 3달러로 고정이다. 어떤 전략이 더 나은가?

사례 연구

앤드루카터

앤드루카터(Andrew-Carter, Inc., A-C)는 캐나다의 주요 옥외 조명 기구 생산 및 유통업체이다. 그 제품은 남미와 북미 전역에 퍼져 있으며 몇 년 동안 수요가 많았다. 회사는 3개 공장을 운영해 기구를 제작하고 5개 물류 센터(창고)에 유통시킨다.

현행 전 세계적 경기 침체 기간 동안 A-C는 주로 주택 시장이 쇠퇴했기 때문에 제품에 대한 수요가 크게 감소했다. 이자율 예측을 바탕으로 운영 책임자는 주택 수요와 A-C 제품에 대한 수요가 당분간 계속 침체될 것이라고 생각한다. A-C는 현재 주당 34,000개의 초과 생산능력이 예상되는 상태로 운영되고 있기 때문에 공장 중 하나를 폐쇄하는 것을 고려하고 있다. 다음 연도에 대한 주별 단위로 예측된 수요(왼쪽 표)와 생산능력(오른쪽 표)은 아래와 같다.

창고 1	9,000단위
창고 2	13,000
창고 3	11,000
창고 4	15,000
창고 5	8,000

공장 1 정규 시간	27,000단위
공장 1 잔업	7,000
공장 2 정규 시간	20,000
공장 2 잔업	5,000
공장 3 정규 시간	25,000
공장 3 잔업	6,000

A-C가 공장을 폐쇄하면 비가동 공장으로 인해 고정비가 더 낮아져 주당 비용이 변경된다. 표 13.9는 각 공장의 생산 비용이며, 정규 시간과 잔업 변동비용과 가동 및 정지 시 고정비용을 보여준다. 표 13.10은 각 공장에서 각 물류센터까지의 유통비용을 보여준다.

토론 문제

1. 주간 수요에 대응하려고 운영하며 폐쇄할 공장의 다양한 구성에 대해 평가하라. 총비용을 최소화하는 구성을 결정하라.
2. 공장 폐쇄의 의미를 논의하라.

표 13.9 앤드루카터의 주당 변동비용과 고정비용

		주별 고정비용	
공장	변동비용(단위별)	운영비용	운영 외 비용
1 정규 시간	2.80달러	14,000달러	6,000달러
1 잔업	3.52	—	—
2 정규 시간	2.78	12,000	5,000
2 잔업	3.48	—	—
3 정규 시간	2.72	15,000	7,500
3 잔업	3.42	—	—

표 13.10 앤드루카터의 단위별 유통 비용

	유통센터로				
공장으로부터	창고 1	창고 2	창고 3	창고 4	창고 5
1	.50달러	.44달러	.49달러	.46달러	.56달러
2	.40	.52	.50	.56	.57
3	.56	.53	.51	.54	.35

출처: Professor Michael Ballot, University of the Pacific, Stockton, CA. Copyright © by Michael Ballot.

올랜도 매직 티켓 가격 설정을 위해 수익 관리를 사용하기

수익 관리는 한때 항공 산업의 독점적인 영역이었다. 그러나 그 이후로 호텔 사업, 자동차 렌탈사 그리고 이제는 샌프란시스코 자이언츠, 보스턴 셀틱스, 올랜도 매직이 발권 시스템에 동적 가격 책정을 도입하는 선두 주자로 나서면서 프로 스포츠까지 날개를 펼쳤다. 동적 가격 책정이란 모든 단일 경기의 미판매 티켓을 매일 확인해, 특정 좌석의 현재 티켓 가격을 낮추어야 하는지(낮은 수요로 인해) 인상해야 하는지(예상보다 높은 수요로 인해) 보는 것이다.

가격 책정은 악천후와 같은 단순한 요인이나 경기장에 출전하는 팀이 연승 행진을 하고 있는지 아니면 새로운 슈퍼스타 선수를 영입했는지 여부에 따라 영향을 받을 수 있다. 예를 들어 몇 년 전 한 농구 스타가 시즌 중반에 덴버 너게츠로 영입되었고 이로 인해 너게츠가 경기 일정 중 대면한 팀의 미판매 티켓 가격이 즉시 상승했다. 만일 너게츠가 영입 2주 후에 올랜도 매직을 방문하고 매직이 가격을 인상하지 않았다면, '탁자 위에 돈을 버려두고' 있었던 것이다(그림 13.5 참조).

매직이 수익 관리에 더 능숙해짐에 따라, 그들은 (1) 시즌이 시작될 때 각 좌석의 가격을 설정하고 절대 변경하지 않는 것에서 (2) 시즌 시작 시 상대팀의 인기도, 요일, 시즌 시기에 따라 각 좌석의 가격을 설정하지만(4장의 사례 연구 참조), 시즌이 시작

표 13.11 103구역에 위치한 테라스V 68달러 좌석의 변동가격 예시

상대편 인기 순위	이 범주의 경기 숫자	가격
등급단계 1	3	187달러
등급단계 2	3	170달러
등급단계 3	4	85달러
등급단계 4	6	75달러
등급단계 5	14	60달러
등급단계 6	9	44달러
등급단계 7	6	40달러
평균		68달러

되면 일단 가격을 동결한 상태로 유지(표 13.11 참조)하거나, (3) 예상 수요에 따라 티켓 가격을 책정하지만 시즌이 진행됨에 따라 시장 수요에 맞게 자주 조정하는 것으로 진화했다.

시장 수요를 추적하기 위해 매직은 스텁허브(Stub Hub)나 다른 온라인 티켓 교환 서비스에 표시된 가격을 사용한다. 핵심은 모든 홈 경기에서 18,500석을 모두 매진시키는 것이며, 이 점이 사업 전략 이사인 앤서니 페레즈(Anthony Perez)와 매직의 판매 부사장인 크리스 도르소(Chris Dorso)에게 압박을 가한다.

페레즈와 도르소는 티켓마스터(Ticketmaster) 웹사이트에서 고유 페이지 조회 수를 계산하는 것을 포함해 주문형 정보를 수집하는 데 가능한 모든 도구를 사용한다. 예를 들어 추수감사절을 앞둔 마이애미 히트 경기의 페이지 조회 수가 5,000회라면 미판매 좌석의 가격이 올라갈 수 있을 만큼 수요가 충분하다는 뜻이다. 3일 후 유타 재즈 게임에 대한 티켓마스터 조회 수가 150개뿐인 경우 아직 변경하기에 충분한 정보가 없는 것이다.

65만 개의 데이터베이스가 있는 매직은 폭발적으로 이메일을 사용해 경기 당일까지 신속하게 대응할 수 있다. 팀은 좌석 가격을 할인하거나, 다른 특전을 제공하거나, 흥미진진한 상대와의 경기에서 프라임 좌석이 아직 있다는 점을 지적할 수 있다.

토론 문제

1. 항공사의 수익(수율) 관리를 조사한 후 매직의 시스템이 아메리칸이나 다른 항공사의 시스템과 어떻게 다른지 설명하라.
2. 매직은 몇 년 전의 원래 가격 책정 시스템을 사용해 103구역 테라스V 좌석가격을 경기당 68달러로 책정했다. 시즌권 패키지로 구매되지 않은 같은 좌석이 230개나 있어 일반인이 구입할 수 있다. 팀이 7종류 동적 가격 시스템(표 13.11 참조)으로 전환하면 45경기 시즌의 수익 기여도는 어떻게 변하겠는가? (45경기 시즌에는 4개의 프리시즌 경기가 포함된다.)
3. 가격이 자주 변경되는 동적 가격 책정을 사용할 때 팀에서 고려해야 할 몇 가지 우려 사항은 무엇인가?

참고문헌

APICS. *2011 Sales and Operations Planning Practices and Challenges.* Chicago: APICS, 2011.

Bilginer, Özlem, and Feryal Erhun. "Production and Sales Planning in Capacitated New Product Introductions." *Production and Operations Management* 24, no. 1 (January 2015): 42–53.

Buxey, G. "Aggregate Planning for Seasonal Demand." *International Journal of Operations & Production Management* 25, no. 11 (2005): 1083–1100.

Chen, Fangruo. "Salesforce Initiative, Market Information, and Production/Inventory Planning." *Management Science* 51, no. 1 (January 2005): 60–75.

Jacobs, F. R., W. L. Berry, D. C. Whybark, and T. E. Vollmann. *Manufacturing Planning and Control for Supply Chain Management*, 6th ed. Burr Ridge, IL: Irwin, 2011.

Kimes, S. E., and G. M. Thompson. "Restaurant Revenue Management at Chevy's." *Decision Sciences* 35, no. 3 (Summer 2004): 371–393.

Metters, R., K. King-Metters, M. Pullman, and S. Walton. *Successful Service Operations Management*. 2nd ed. Mason, OH: Thomson South-Western, 2006.

Metters, Richard, et al. "The 'Killer Application' of Revenue Management: Harrah's Cherokee Casino and Hotel." *Interfaces* 38, no. 3 (May–June 2008): 161–178.

Mukhopadhyay, S., S. Samaddar, and G. Colville. "Improving Revenue Management Decision Making for Airlines." *Decision Sciences* 38, no. 2 (May 2007): 309–327.

Oberwetter, R. "Revenue Management." *OR/MS Today* (June 2001): 41–44.

Palmatier, G. E., and C. Crum. *Enterprise Sales and Operations Planning: Synchronizing Demand, Supply and Resources for Peak Performance*. Boca Raton, FL: J. Ross Publishing, 2002.

Strik, Jasna. *Market Development and Aggregate Production Planning*. Saarbrucken, Germany: VDM Verlag, 2011.

Chapter 13 Rapid Review

절 제목	내용 훑어보기
생산계획 프로세스	■ 장기 계획은 입지, 생산능력, 제품과 프로세스, 연구, 자본 투자와 관련된 방침과 전략을 수립한다. ■ 중기 계획은 시장 수요에 따라 생산을 대응시키는 계획을 수립한다. ■ 단기 계획은 중기 계획을 주별, 일별, 시간별 일정계획으로 변환한다.
판매 및 운영 계획	■ **판매 및 운영 계획**: 전략적 계획과 계획 시간 범위 전 영역에 걸친 운영을 연계시키면서, 공급사슬에서부터 최종 고객까지의 경쟁적인 수요를 조율하면서 자원과 수요 예측의 균형을 맞춘다. ■ **총괄계획**: 중기적 미래, 즉 3~18개월 먼저 수량과 생산 일정을 결정하는 접근 방식 총괄계획에는 네 가지가 필요하다. 1. 판매와 산출물을 측정하는 논리적 단위 2. 총괄적 관점에서 합리적인 중기 계획 기간 동안의 수요 예측 3. 관련 비용을 결정할 수 있는 방법 4. 계획기간 동안 일정계획 의사결정이 내려질 수 있도록 예측과 비용을 결합한 모델
총괄계획의 본질	일반적으로 총괄계획의 목표는 계획 기간 동안의 비용을 최소화하면서 예측된 수요에 대응하는 것이다. 총괄계획은 생산을 총괄적 관점에서 (제품군) 보는 것이지 각각의 제품을 하나씩 나누는 것은 아니다. ■ **분할**: 총괄계획을 더 상세하게 나누는 프로세스 ■ **대생산일정계획**: 무엇을 언제 생산해야 하는지 지정한 시간표
총괄계획 전략	기본적인 총괄계획의 생산능력 대안은 다음과 같다. ■ 재고수준 변경하기 ■ 고용과 해고로 작업인력 규모 변경하기 ■ 잔업과 유휴 시간으로 생산 수율 변경하기 ■ 외주용역 사용하기 ■ 비정규직 작업자 사용하기 기본적인 총괄계획의 수요 대안은 다음과 같다. ■ 수요에 영향 주기 ■ 수요가 높은 기간에 이월주문 사용하기 ■ 비수기 제품과 서비스 배합하기 ■ **추격 전략**: 예측 수요에 맞추어 생산을 일치시키는 생산계획 전략 많은 서비스 기업이 추격 전략을 선호하는데, 이는 재고수준 변경 대안을 받아들이기 어렵거나 불가능하기 때문이다. ■ **평준화 일정계획**: 계획 시간 범위 내 산출물 비율, 생산 수율, 또는 작업인력 수준을 일정하게 유지함. 평준화 일정계획은 수요가 비교적 안정적일 때 잘 작동한다. ■ **혼합 전략**: 두 가지 이상의 통제변수를 사용해 실현 가능 생산계획을 세우는 전략
총괄계획 방법	■ **도식 기법**: 한 번에 적은 변수들을 다루면서 계획 수립자가 현재 생산능력과 예상 수요를 비교하도록 하는 총괄계획 기법 도식 기법은 시행착오 접근 방식으로, 최적의 생산계획을 보장하지는 않지만 제한된 계산만 필요하다. 누적 그래프는 예측이 평균 소요에서 어떻게 벗어나는지 시각적으로 표시한다. ■ **선형계획법의 수송계획법**: 총괄계획 문제의 최적 해를 도출하는 방법 선형계획법의 수송계획법은 각 기간 동안 정규 생산과 잔업 생산, 외주용역 단위, 추가 교대조, 그리고 한 기간에서 다른 기간으로의 재고 이월을 명시할 수 있어서 유연성이 있다. 수송 문제는 공급이 수요와 같아야 하므로 '미사용 생산능력'이라는 가상 열이 추가되었다. 미사용 생산능력 비용은 0이다. 수요 요구사항은 수송표의 가장 밑 행에 표시된다. 사용 가능한 총 생산능력(공급)은 가장 오른쪽 열에 표시된다. 일반적으로 수송표를 완성하려면 해당 행의 미사용 생산능력이나 해당 열의 수요를 초과하지 않으면서 가장 비용이 적게 드는 칸에 최대한 많은 생산량을 할당한다. 해당 행에 여전히 수요가 남아 있으면 다음으로 비용이 저렴한 칸에 최대한 많이 할당한다. 그런 다음 기간 2와 기간 3(필요한 경우 그 이후) 동안 이 과정을 반복한다. 완료되면 행에 있는 모든 항목의 합계가 행의 총 생산능력과 같아야 하고, 열에 있는 모든 항목의 합계가 해당 기간에 대한 수요와 같아야 한다. 수송계획법은 비용이 비선형일 때는 작동하지 않는다.

서비스업의 총괄계획	서비스 회사의 인건비를 통제하기 위한 성공적인 기법은 다음과 같다. 1. 고객 수요에 빠르게 대응하기 위해 인력 시간에 대한 정확한 일정계획 2. 예상치 못한 수요를 맞추기 위해 추가하거나 뺄 수 있는 긴급대기 인력 자원 3. 가용 인력 재배치가 가능한 개별 작업자 기능의 유연성 4. 변화하는 수요에 대응하기 위한 작업 시간이나 산출물 수율 유연성
수익 관리	■ **수익(또는 수율) 관리:** 수익이나 수율을 극대화할 수 있는 자원 분배를 결정하는 생산능력 의사결정 기한이 있는 재고를 가지는 항공사, 호텔, 자동차 렌탈사, 크루즈선 회사는 수익 관리를 흥미롭게 하는 다음과 같은 공통 특성을 가진다. 1. 사용에 앞서 팔리는 서비스 또는 제품 2. 변동이 잦은 수요 3. 상대적으로 고정적인 자원 또는 생산능력 4. 분할 가능한 수요 5. 낮은 변동비용과 높은 고정비용 수익 관리가 제대로 되려면 회사는 세 가지 이슈를 관리해야 한다. 1. 다수의 가격 책정 구조 2. 사용 예측과 사용 기간 3. 수요의 변화

셀프테스트

13.1 판매 및 운영 계획 프로세스의 결과물은 다음 중 어느 것인가?
(a) 장기 계획
(b) 상세 일정계획
(c) 총괄계획
(d) 수익 관리 계획
(e) 단기 계획

13.2 총괄계획은 ________ 생산량과 생산시기를 결정하는 것과 관련이 있다.
(a) 단기
(b) 중기
(c) 장기
(d) 위의 모든 것

13.3 총괄계획은 여러 제약 조건을 다루며, 일반적으로 다음과 같다.
(a) 작업 할당, 작업 주문, 파견과 잔업 지원
(b) 비정규직 지원, 주간 일정계획과 제고관리코드 생산 일정계획
(c) 외주용역, 고용 수준, 재고 수준과 생산능력
(d) 자본 투자, 생산능력과 연구개발 확장 또는 축소
(e) 시설 입지, 생산 예산, 잔업과 연구개발

13.4 다음 중 도식 방법 단계가 아닌 것은?
(a) 각 기간의 수요를 결정한다.
(b) 각 기간의 정규 시간, 잔업과 외주용역에 대한 생산능력을 결정한다.
(c) 인건비, 고용과 해고 비용, 재고 보유비용을 구한다.
(d) 수송표를 구성한다.
(e) 작업자 또는 재고수준에 적용할 수 있는 회사 방침을 고려한다.
(f) 대체 계획을 수립하고 총비용을 조사한다.

13.5 수송표에 가상 열을 추가할 수 있는 경우는 언제인가?
(a) 공급이 수요와 같지 않을 때
(b) 잔업이 정규 근무 시간보다 많을 때
(c) 외주용역이 정규 시간보다 많은 경우
(d) 외주용역이 정규 시간에 잔업을 더한 것보다 많은 경우
(e) 생산이 새로운 기간으로 넘어갈 필요가 있을 때

13.6 수익 관리는 경영진이 ______을 다루도록 요구한다.
(a) 다중 가격 구조
(b) 수요의 변화
(c) 사용 예측
(d) 사용 기간 예측
(e) 위의 모든 것

정답 13.1. c 13.2. b 13.3. c 13.4. d 13.5. a 13.6. e

자재소요계획과 전사적 자원 관리

14

이 장의 구성

세계적 기업: 휠드코치

- 종속 수요
- 종속 재고 모델 소요량
- 자재소요계획의 구조
- 자재소요계획 관리
- 로트 크기 결정 기법
- 자재소요계획 확장
- 서비스업의 자재소요계획
- 전사적 자원 관리

Beverly Amer/Aspenleaf Productions

Beverly Amer/Aspenleaf Productions

Beverly Amer/Aspenleaf Productions

10가지 운영관리 전략

- 제품과 서비스 설계
- 품질 관리
- 프로세스 전략
- 입지 전략
- 레이아웃 전략
- 인적자원
- 공급사슬 관리
- **재고 관리**
  - 독립수요
  - 종속수요
  - *린 운영*
- 일정 계획
- 유지보수

글로벌 기업 프로필
Wheeled Coach

자재소요계획으로 경쟁 우위를 차지한 휠드코치

휠드코치(Wheeled Coach)는 플로리다주 윈터 파크에 본사가 있는, 세계에서 가장 큰 구급차 제조업체이다. 2억 달러의 가치가 있는 이 기업은 생산량의 25%가 넘는 차량을 미국 밖에서 팔고 있다. 12개의 주요 구급차 디자인은 플로리다 공장 조립라인에서 생산되며(반복 프로세스) 18,000개의 다른 재고부품 중 6,000개는 생산하고 12,000개는 구매한다. 대부분의 제품 라인은 구급차 용도와 고객 선호도에 따라 필요한 구체적이고 독특한 요구사항에 대응하기 위해 주문 제작으로 이루어진다.

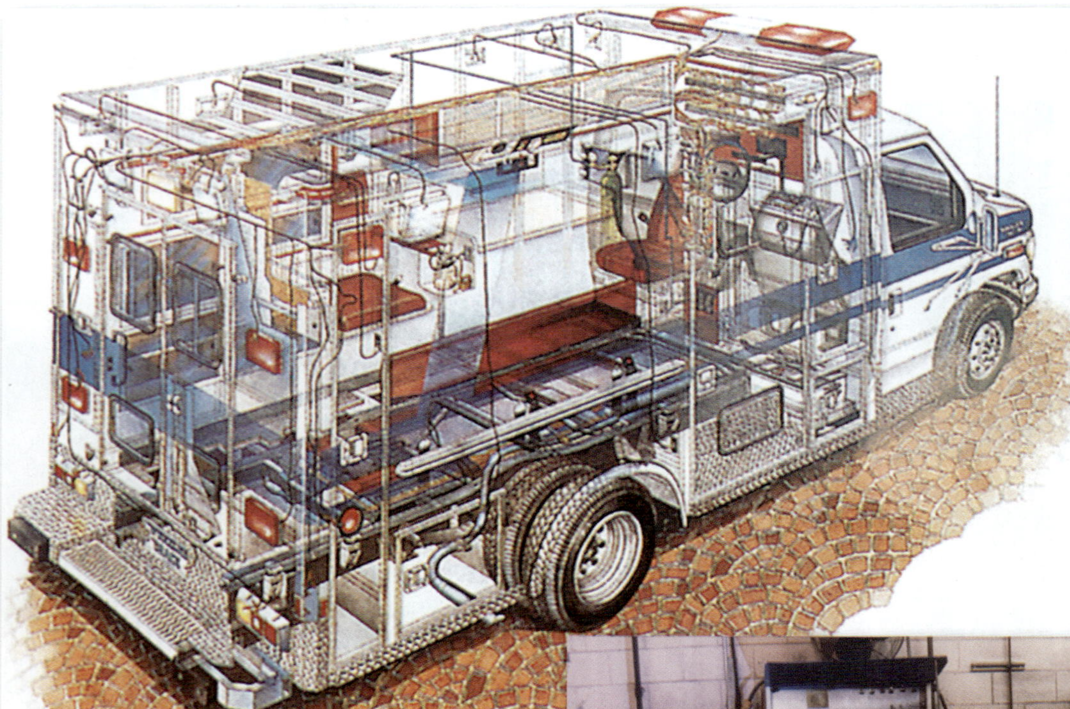

Wheeled Coach Industries Incorporated

구급차의 안쪽을 잘라서 내부가 보이게 한 이 그림은 마치 시골지역 병원 응급실 축소판 같은 제품의 복잡성을 보여준다. 생산을 더 복잡하게 하는 것은, 거의 모든 구급차가 주문제작이라는 점이다. 이런 주문제작은 정확한 주문, 탁월한 자재 명세서, 공급업체로부터 조립까지 예외적인 재고 조절과 잘 작동하는 자재소요계획 시스템을 필요로 한다.

Wheeled Coach Industries Incorporated

휠드코치는 조립라인에 반제품 공급을 위해 작업 셀을 이용한다. 실내 서랍장을 위한 완벽한 목공 작업장, 준비하고 도색하고 세부 작업을 위한 페인트 작업장, 현대적인 구급차용 복잡한 전자제품을 제공을 위한 전자 작업장, 내부 좌석과 벤치를 위한 가구 작업장과, 여기서 보여지듯, 구급차 차체를 만들기 위한 금속 구조물 작업장을 유지한다.

제품 다양성과 프로세스는 본질적으로 좋은 자재소요계획이 필요하다. 효과적인 자재소요계획 시스템의 활용은 정확한 자재 명세서와 재고 기록을 요구한다. 휠드코치 시스템은 매일 업데이트를 제공하면서 단 2년 만에 30% 이상 재고를 감소시켰다.

휠드코치는 4개의 주요 과업이 적절히 수행되기를 고집한다. 첫째, 자재 계획이 대생산일정계획과 생산시설 능력 요구사항에 대응해야 한다. 둘째, 계획은 설계된 대로 실행되어야 한다. 셋째, 재고 투자는 효과적인 '시간 단계' 자재 배송, 공급사 재고, 구매 방법의 지속적 검토를 거쳐서 최소화되어야 한다. 넷째, 탁월한 기록 무결성이 유지되어야 한다. 기록 정확성은 휠드코치의 성공적인 자재소요계획 프로그램의 기초적인 요소로 인식되어 왔다. 자재 감사를 정해진 주기적으로 수행해 오차를 시정할 뿐만 아니라 문제를 조사하고 시정한다.

휠드코치는 자재소요계획을 낮은 재고, 높은 품질, 엄격한 일정, 정확한 기록을 위한 촉매로 이용한다. 휠드코치는 자재소요계획을 통해 경쟁력을 찾아냈다.

Wheeled Coach Industries Incorporated

5개의 병렬 생산 라인에서 구급차가 다음 작업 스테이션으로 매일 앞으로 움직인다. 자재소요계획 시스템은 꼭 필요한 자재들이 각 스테이션에 매일 밤 도착해 그다음 날 조립에 쓰일 수 있게 확인한다.

Wheeled Coach Industries Incorporated

직원이 구급차에 전선을 설치하고 있다. 휠드코치 차량에는 평균 15마일의 전선이 들어간다. 정교한 F-16 제트 비행기에 17마일의 전선이 설치되는 것과 비교가 된다.

학습목표		
	14.1	제품 구조를 수립한다.
	14.2	총자재소요계획을 수립한다.
	14.3	순자재소요계획을 수립한다.
	14.4	로트 대 로트, 경제적 주문량, 주기적 주문량에 대한 로트 크기를 결정한다.
	14.5	자재소요계획 II를 설명한다.
	14.6	폐쇄 루프 자재소요계획을 설명한다.
	14.7	전사적 자원 관리 시스템을 설명한다.

종속 수요

글로벌 기업 프로필의 주제가 된 휠드코치처럼 많은 다른 기업들은 자재소요계획의 중요한 혜택을 찾아냈다. 이런 혜택은 개선된 일정계획 준수로 말미암아 고객 주문에 더 잘 반응하며, 시장 변화에 더 빠르게 대응하고, 시설과 인력의 활용성이 개선되며, 재고수준이 감소하는 것을 포함한다. 고객 주문과 시장에 더 잘 대응하면 더 많은 주문과 시장 점유율을 얻게 된다. 시설과 인력의 더 나은 활용은 생산성과 투자 이익을 향상시킨다. 재고가 적으면 자본이 묶여 있지 않게 되고 여유 공간도 다른 목적에 사용할 수 있다. 이런 혜택은 종속 재고 일정계획 시스템을 사용하려는 전사적 의사결정의 결과이다. 구급차의 모든 부품 수요는 종속적이다.

품목 간 관계가 정해질 수 있으면 해당 품목에 대한 수요는 종속적이다. 따라서 경영진이 주문을 받거나 최종 제품 수요를 예측하게 되면 모든 구성품의 수량이 계산된다. 모든 구성품은 종속적 품목이 된다. 1주일에 비행기 1대씩 생산일정계획을 짜는 보잉(Boeing)의 운영 관리자는 가장 마지막 단계 리벳의 요구사항도 알고 있다. 어떤 제품이던 제품의 모든 구성품 수요는 종속적인 수요 품목이다. 일반적으로 일정계획을 세울 수 있는 잘 정의된 제품에는 종속적 기법을 활용해야 한다.

자재소요계획의 요구사항에 대응하려면 종속적 모델이 독립 수요를 위한 모델(12장에서 설명한 경제적 주문량)보다 더 선호된다. 종속적 모델은 제조업자나 유통업자뿐만 아니라 음식점부터 병원까지 다양한 종류의 기업에게 더 좋다. 생산 환경에서 사용되는 종속적 기법을 **자재소요계획**(material requirements planning, MRP)이라 한다.

자재소요계획
자재 명세서, 재고, 예상 입고량, 대생산일정계획을 사용해 자재소요량을 결정하는 종속적 수요 기법

자재소요계획이 종속적 수요를 위한 명확한 구조를 제공하기 때문에 전사적 자원 관리로 진화하는 데 기초가 되었다. 전사적 자원 관리는 고객 주문을 위해 획득하고, 만들고, 배송하고, 설명하는 데 전사적으로 필요한 자원을 파악하고 계획하는 정보 시스템이다.

종속 재고 모델 소요량

종속적 재고 모델의 효과적인 활용을 위해 운영 관리자는 다음과 같은 사항을 알고 있어야 한다.

1. 대생산일정계획(무엇이 언제 만들어지는지)
2. 사양 또는 자재 명세서(제품 생산을 위해 필요한 자재와 부품)
3. 재고 가용성(무엇이 저장되어 있는지)
4. 미입고 구매 주문(무엇이 주문되었는가, 예상 입고)
5. 납기(다양한 구성품을 받는 데 얼마나 걸릴지)

이제 자재소요계획의 맥락에서 필요한 사항을 알아보자.

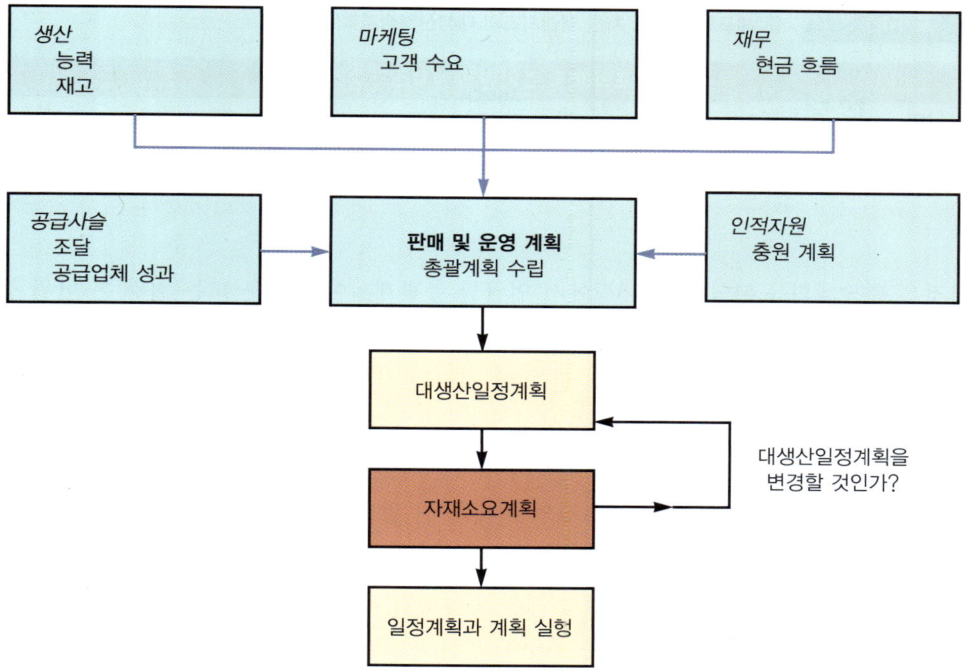

그림 14.1

계획 프로세스

대생산일정계획

대생산일정계획(master production schedule, MPS)은 무엇(완제품이나 품목)이 언제 만들어지는지 구체화한다. 이 일정계획은 총괄계획과 일치해야 한다. 산출물의 전반적인 수준을 개략적으로 설정한다(제품군, 표준 시간 또는 총량 금액). 판매 및 운영 계획 팀에서 개발된 이 계획은 재무 데이터, 고객 수요, 공학적 생산능력, 인력 가용성, 재고 변동, 공급업체 성과, 기타 고려사항 같은 다양한 투입물을 포함한다. 그림 14.1에서 보여진 바와 같이 각 투입물은 각기 다른 면에서 총괄계획에 기여한다.

대생산일정계획
무엇이 언제 만들어져야 하는지 (주로 완제품) 구체화한 시간표

계획 프로세스가 총괄계획으로부터 실행됨에 따라 각 하위 수준의 계획은 실현 가능해야 한다. 실현 가능하지 않을 때는 필요한 조정을 위해 직전 상위 계획에 피드백이 필요하다. 자재소요계획의 주요 강점은 총괄계획의 제약 조건 안에서 일정계획의 가능성을 정확하게 결정할 수 있는 능력이다. 이 계획 프로세스를 통해 탁월한 결과를 도출할 수 있다. 총괄계획은 대생산일정계획의 상한과 하한을 설정한다.

대생산일정계획은 무슨 품목을 언제 만들지를 구체화하면서 수요를 만족시키는 방법을 알려준

총괄계획
총 앰프 수량을 보여줌

대생산일정계획
생산되어야 하는 앰프의 구체적 종류와 수량을 보여줌

월	1월				2월			
총 앰프 수량	1,500				1,200			
주	1	2	3	4	5	6	7	8
240와트 앰프	100		100		100		100	
150와트 앰프		500		500		450		450
75와트 앰프			300				100	

그림 14.2 **총괄계획은 대생산일정계획 수립의 기초이다**

표 14.1 존 셰프의 버팔로 치킨 맥앤치즈의 대생산일정계획

존 셰프의 버팔로 치킨 맥앤치즈의 총소요량									
날짜	6	7	8	9	10	11	12	13	14	등등
수량	450		200	350	525		235	375		

다. 이것은 총괄계획을 분할한다. 13장에서 언급한 총괄계획이 제품군 또는 철강 톤 단위 총량을 수립한다면 대생산일정계획은 특정 제품 관점에서 계획을 수립한다.

관리자들은 합리적 기간 동안(제품이 만들 때 걸리는 시간과 같은 생산 주기의 주요 부분) 일정계획을 고수해야 한다. 많은 기업이 대생산일정계획을 수립하고 계획의 임박한 부분을 변경하지 않는(고정하는) 정책을 수립한다. 이런 계획의 임박한 부분을 '고정된', '확정된', '동결된' 일정계획이라고 한다. 이 장의 글로벌 기업 프로필의 주제가 된 휠드코치는 일정계획의 마지막 14일을 고정시킨다. 고정된 일정계획 이후의 변경만 허용된다. 대생산일정계획은 '중첩되는' 생산 일정계획이다. 예를 들면 고정된 7주 계획에서 1주 계획이 실행될 때마다 다시 1주가 추가되어 7주로 고정된 일정은 유지된다. 대생산일정계획은 무엇이 생산되는지에 대한 서술이지 예측이 아니라는 점에 주목해야 한다. 대생산일정계획은 다음과 같은 용어로 표현된다.

- 잡샵 프로세스(주문 생산)에서의 **고객 주문**(예: 인쇄소, 기계 작업실, 고급 음식점)
- 반복적(주문 조립 또는 예측)인 프로세스에서의 **모듈**[예: 할리데이비슨(Harley-Davidson) 오토바이, TV, 패스트푸드점)]
- 연속생산(예측에 따른 비축) 프로세스에서의 **완제품**(예: 철강, 맥주, 빵, 전구, 종이)

올랜도 매직의 암웨이 센터(Amway Center)의 존 셰프의 버팔로 치킨 맥앤치즈의 대생산일정계획을 표 14.1이 보여준다.

자재 명세서

자재 명세서
제품 한 단위를 만들어내는데 소요되는 구성품, 설명, 수량을 기록한 목록

제품에 무엇이 들어가는지 정의하는 것은 간단해 보이지만 실제 상황에서는 어렵다. 5장에서 숙지했듯, 이 프로세스를 돕기 위해, 생산되는 품목은 자재 명세서를 통해서 정의된다. **자재 명세서**(bill of material, BOM)는 제품을 만들어내는데 소요되는 구성품, 성분, 자재 등의 양을 기록하는 목록이다. 각각의 그림은 물리적인 크기뿐만 아니라 각 부품 제작에 사용되는 원자재와 특별한 제작 과정도 설명한다. 휠드코치가 구급차의 모든 그림 세트를 가지고 있는 것처럼 존의 버팔로 치킨 맥앤치즈 조리법도 성분과 양을 구체적으로 나타낸다. 두 가지 모두 자재 명세서이다(조리법이라 부르기도 하고, 범위가 좀 다르지만).

자재 명세서를 정의하는 한 가지 방법은 제품 구조를 제공하는 것이다. 예제 1은 제품 구조 수립 방법을 보여주고 각 구성품에 대한 소요량도 알려주기 위해 폭발적으로 전개시킨다. 예제 1의 품목 A 자재 명세서는 품목 B와 품목 C를 포함한다. 각 수준 상위 품목을 **부모**, 각 수준 하위 품목을 **구성품** 또는 **자녀**라고 한다. 관행상 자재 명세서의 최상위 수준을 0수준이라고 한다.

예제 1

제품 구조와 총소요량 수립

Speaker Kits, Inc.는 고음질 패키지를 우편 주문으로 제공한다. 최고급 스피커 키트인 'Awesome'(A)의 구성품은 2개의 B와 3개의 C를 포함한다.

각 B는 2개의 D와 2개의 E로 구성된다. 각 C에는 2개의 F와 2개의 E가 있다. 각 F에는 2개의 D와 1개의 G가 포함된다. 굉장한 사운드 시스템이다. (대부분의 구매자는 3년 이내에 보청기를 필요로 하고, 남자 기숙사의 구조적 피해로 최소 1건의 소송이 계류 중이다.) 보다시피 B, C, D, E, F, G에 대한 수요는 완전히 A(Awesome 스피커 키트)의 대생산일정계획에 종속적이다.

학습목표 14.1
제품 구조를 개발한다.

접근방법 ▶ 앞의 정보를 바탕으로 제품 구조를 구성하고 소요 사항을 폭발적으로 전개시킨다.

해결방법 ▶ 이 구조는 0, 1, 2, 3의 네 가지 수준이 있다. 여기에는 A, B, C, F 4개의 부모가 있다. 각 부모 품목은 그 아래에 적어도 하나의 하위 수준이 있다. 품목 B, C, D, E, F, G는 각 품목 위에 최소한 하나의 상위 수준이 있기 때문에 구성품이다. 이 구조에서 B, C, F는 모두 부모이자 구성품이다. 괄호 안의 숫자는 바로 위 상위 품목을 만드는 데 필요한 특정 품목의 단위 수를 나타낸다. 따라서 B(2)는 A의 개별 단위에 대해 B 2단위가 필요함을 의미하고, F(2)는 C의 개별 단위에 대해 F 2단위가 필요함을 의미한다.

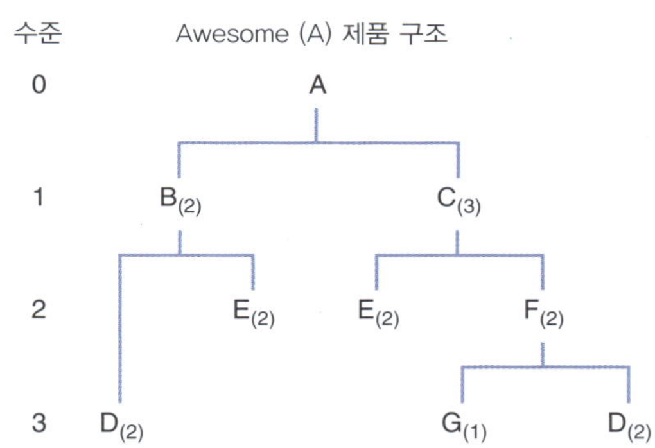

Dragon_Fang/Shutterstock

제품 구조를 수립하면 50단위의 Awesome 스피커 키트를 새로 주문하는 수요를 충족하는 데 필요한 각 품목의 단위 수를 결정할 수 있다. 우리는 다음과 같이 요구사항을 폭발적으로 전개시킨다.

부품 B:	2 × A의 수 =	(2)(50) =	100
부품 C:	3 × A의 수 =	(3)(50) =	150
부품 D:	2 × B의 수 + 2 × F의 수 =	(2)(100) + (2)(300) =	800
부품 E:	2 × B의 수 + 2 × C의 수 =	(2)(100) + (2)(150) =	500
부품 F:	2 × C의 수 =	(2)(150) =	300
부품 G:	1 × F의 수 =	(1)(300) =	300

통찰력 ▶ 이제 Awesome 스피커 키트 소요와 필요한 수량에 대한 정보를 시각적으로 알 수 있다. 따라서 A 50단위에 대해 B 100단위, C 150단위, D 800단위, E 500단위, F 300단위, G 300단위가 필요하다.

학습 연습 ▶ F의 재고가 100단위라면 D가 몇 단위 필요한가? [답: 600]

자재 명세서는 소요를 구체화할 뿐만 아니라 비용 산정에도 이용되고, 생산이나 조립 부서 직원에게 품목 목록으로 사용되기도 한다. 자재 명세서가 이런 식으로 활용될 경우 **작업지시서**라고 불린다.

모듈 명세서
주요 부분조립품 또는 제품 옵션으로 구성되는 자재 명세서

모듈 명세서 자재 명세서는 제품 모듈로 구성되기도 한다(5장 참조). **모듈**은 판매 가능한 완제품이 아니고 단위로 생산, 조립되는 구성품이다. 모듈은 완제품이나 제품 옵션의 주요 구성품이다. 모듈에 대한 자재 명세서는 **모듈 명세서**(modular bill)라고 불린다. 모듈 명세서는 생산 일정계획과 생산이 많은 수의 최종 조립보다는 상대적으로 적은 수의 모듈로 구성되기 때문에 편리하다. 예를 들면 기업은 138,000개의 서로 다른 완제품을 만들 수 있지만, 40개 모듈만 가지고 배합해 138,000개의 완제품 생산에 대응할 수도 있다. 기업은 총괄계획을 수립하고, 138,000개의 완제품이 아니라 40개 모듈로 대생산일정계획을 준비한다. 이런 접근 방법은 대생산일정계획이 합리적인 숫자의 품목으로 준비되도록 허용한다. 구체적인 주문 대응을 위해 최종 조립 단계에서 40개 모듈이 형성된다.

예상 명세서 (또는 키트)
자재 명세서에서 인위적인 부모 품목을 할당하기 위해 만든 자재 그룹으로, 가상 명세서라고도 함

유령 자재 명세서
일시적으로 존재하는 조립품 같은 구성품의 자재 명세서이며 재고로 저장되지 않음

예상 명세서와 유령 명세서 두 가지 다른 특별한 자재 명세서는 예상 명세서와 유령 명세서이다. **예상 명세서**(planning bills, '가상' 명세서 또는 슈퍼 명세서라고도 함)는 자재 명세서에서 인위적인 부모 품목을 할당하기 위해 만든다. 이런 명세서는 부분조립품을 그룹으로 묶어서 일정계획을 할 품목 숫자를 줄이고자 하거나, 생산 부서에 키트를 발주하고자 할 때 사용된다. 예를 들면 수많은 부분조립품에 들어가는 와셔나 코터핀 같은 값싼 품목을 발주하는 것은 효율적이지 않으므로, 키트로 만들어 예상 명세서를 만든다. 예상 명세서는 발주할 키트를 구체적으로 표현한다. 결과적으로 예상 명세서는 **키트 자재**(kitted material)나 **키트**(kit)라고 불린다. **유령 자재 명세서**(phantom bills of material)는 일시적으로 존재하는 부분조립품 같은 구성품의 자재 명세서이다. 이런 구성품은 다른 조립품에 바로 투입되고 재고로 저장되지 않는다. 따라서 유령 자재 명세서의 구성품은 코딩 시 특별히 다루어진다 — 납기는 없고 부모 품목과 통합된 부품으로 처리된다. 예로는 트랜스미션에 바로 배치되는 기어와 베어링 조립품으로 구성된 트랜스미션 축이 있다.

낮은 수준 코딩
가장 낮은 수준에서 품목을 파악하는 숫자

낮은 수준 코딩 자재 명세서에서 동일한 품목이 다양한 수준에 존재할 때 낮은 수준 코딩이 필요하다. **낮은 수준 코딩**(low-level coding)은 가장 낮은 수준에서 품목을 코드화하는 것을 의미한다. 예를 들면 예제 1에서 품목 D가 활용될 때 가장 낮은 수준에서 코드화된다. 품목 D는 B의 부품으로 코드화될 수 있고 수준 2에 있기도 하다. 그러나 D가 F의 부품이고 F가 수준 2에 있으면 품목 D는 수준 3의 품목이 된다. 낮은 수준 코딩은 품목의 소요 계산을 쉽게 하기 위한 관례이다.

정확한 재고 기록

12장에서 살펴보았듯, 창고에 무엇이 있는지 아는 것은 재고 관리를 잘한 결과이다. 자재소요계획 시스템이 작동하려면 재고 관리를 잘하는 것이 반드시 필요하다. 만일 기업의 기록이 99% 이상 정확하지 못하다면 자재소요계획은 작동하지 않을 것이다.[2]

미체결 구매 거래

미체결 거래가 있는지 아는 것은 구매와 재고 통제를 잘 관리하는 부서의 부산물이다. 구매 주문이 실행될 때 주문에 대한 기록과 배송 일정계획을 생산 직원에게 제공해야 한다. 구매 자료가 잘 있어야 관리자가 의미 있는 생산계획을 준비하고 효과적으로 자재소요계획 시스템을 실행할 수 있다.

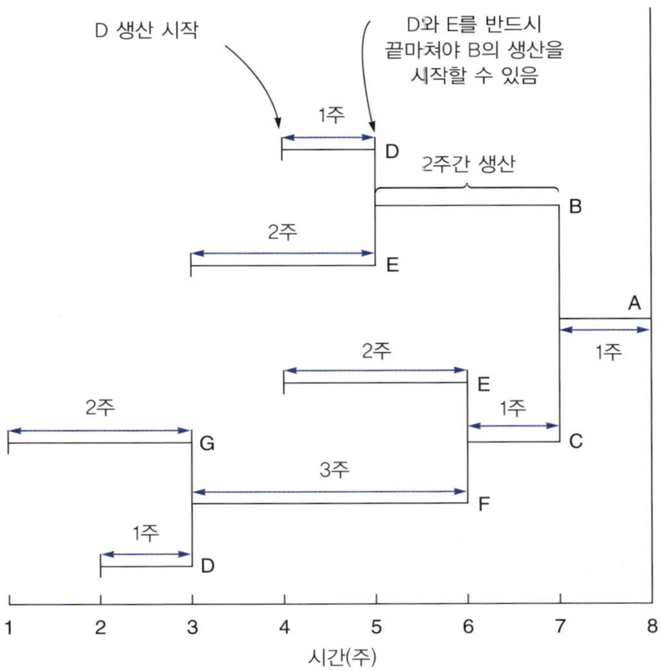

그림 14.3

시간단계 제품 구조

구성품 납기

관리자가 언제 제품이 필요한지를 결정하고 나면 언제 그것을 획득할지 결정한다. 구매, 생산 조립처럼 품목을 획득하는 데 필요한 시간을 **납기**(lead time)라고 한다. 제작 품목의 납기는 각 구성품이 움직이고 설정되고 조립되고 실행되는 시간으로 구성된다. 구매 품목의 경우 납기는 주문이 필요하다고 인지한 때와 생산에 사용할 수 있게 되었을 때 사이의 시간을 포함한다.

예제 1에서 Awesome 스피커 키트(A)의 자재 명세서가 각각의 구성품에 납기가 추가되어 수정될 때(표 14.2 참조), 우리는 **시간단계 제품 구조**를 갖게 된다. 이 제품 구조에서 시간은 그림 14.3의 가로축에 표시되며 품목 A는 8주에 완료되어야 한다. 그런 다음 각 구성품은 납기를 수용하도록 상쇄된다.

표 14.2

Awesome 스피커 키트(A)의 납기

구성품	납기
A	1주
B	2주
C	1주
D	1주
E	2주
F	3주
G	2주

납기
구매 시스템에서 납기는 주문이 필요하다고 인지한 때와 입고할 때 사이의 시간임. 생산 시스템에서 납기는 각 구성품이 주문되고, 대기하고, 움직이고, 설정되고, 실행되는 시간임

자재소요계획의 구조

대부분의 자재소요계획 시스템이 컴퓨터화되었음에도 불구하고 자재소요계획 절차는 단순해서 작은 것은 손으로 표현할 수 있다. 대생산일정계획, 자재 명세서, 재고, 구매 기록과 각 품목의 납기는 자재소요계획의 구성요소이다(그림 14.4 참조).

이런 요소가 정확하고 이용 가능하면, 다음 단계는 총자재소요계획이다. **총자재소요계획**(gross material requirements plan)은 예제 2에서 보여주듯 일정계획이다. 총자재소요계획은 (품목 A는 8주에 완료되어야 하는) 대생산일정계획과 시간단계 일정계획의 조합이다. 총자재소요계획은 한 품목이 보유 재고가 없어서 언제 공급업체로부터 주문이 이루어져야 하는지 또는 해당 품목이 특정 날짜까지 완제품 수요를 만족시키기 위해 언제 생산을 시작해야 하는지 보여준다.

총자재소요계획
한 품목의 총수요(보유 재고와 일정계획된 입고 예정량을 빼기 전)를 보여주고, 언제 공급업체로부터 주문이 이루어져야 하는지 또는 특정 날짜까지 수요에 대응하기 위해 언제 생산을 시작해야 하는지 보여주는 일정계획

그림 14.4

자재소요계획 구조

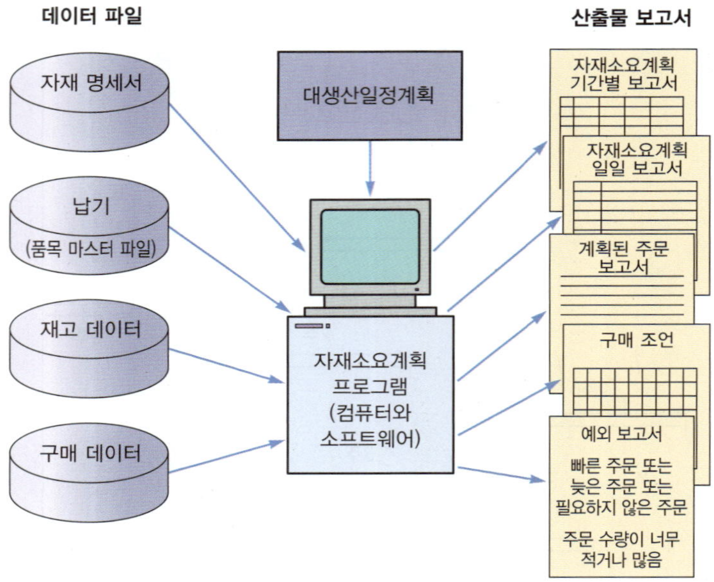

예제 2

총자재소요계획 수립하기

각 Awesome 스피커 키트(예제 1의 품목 A)는 A의 제품 구조에서 모든 항목이 필요하다. 납기는 표 14.2에 나와 있다.

접근방법 ▶ 예제 1과 표 14.2의 정보를 사용해 8주 차까지 A 50단위의 수요를 충족시키는 생산 일정계획을 가진 총자재소요계획을 구성한다.

해결방법 ▶ 표 14.3과 같이 일정계획을 준비한다.

표 14.3 50단위 Awesome 스피커 키트 A의 주문 발주일이 함께 있는 총자재소요계획

	주								
	1	2	3	4	5	6	7	8	납기
A. 필요 날짜								50	
주문 발주일							50		1주
B. 필요 날짜							100		
주문 발주일					100				2주
C. 필요 날짜							150		
주문 발주일						150			1주
D. 필요 날짜					200	300			
주문 발주일			200	300					2주
E. 필요 날짜						300			
주문 발주일			300						3주
F. 필요 날짜			600		200				
주문 발주일		600		200					1주
G. 필요 날짜			300						
주문 발주일	300								2주

학습목표 14.2
총자재소요계획을 수립하라.

표 14.3에 표시된 총자재소요량은 다음과 같이 해석할 수 있다. 8주에 A 50단위를 원하면 7주에 A 조립을 시작해야 한다. 따라서 7주에는 B 100단위와 C 150단위가 필요하다. 이 두 품목은 생산에 각각 2주와 1주가 소요된다. 따라서 B의 생산은 5주에 시작되어야 하고 C의 생산은 6주에 시작되어야 한다(이 품목에 필요한 날짜에서 납기를 뺀 시간). 역방향으로 작업하면 다른 모든 항목에 대해 동일한 계산을 수행할 수 있다. D와 E는 Awesome 스피커 키트의 서로 다른 두 곳에서 사용되기 때문에 각 데이터 기록에는 2개의 등록이 있다.

통찰력 ▶ 총자재소요계획은 8주 차에 A 50단위를 만들기 위해 언제 각 품목의 생산을 시작하고 끝마쳐야 하는지 보여준다. 이제 경영진은 기초 계획을 가지고 있다.

학습 연습 ▶ G의 납기가 2주에서 1주로 줄어든다면 G의 주문 발주일은 언제인가? [답: 2주 차에 300]

지금까지 재고가 없다는 전제하에 총자재소요계획을 고려했다. **순자재소요계획**(net requirements plan)은 보유하고 있는 재고를 적용한다. 보유 재고를 고려할 때 재고 중 많은 품목이 부분조립품이나 부품을 포함하고 있다는 것을 깨달아야 한다. 만일 Awesome 스피커 키트 A의 총소요량이 100단위이고, 20단위의 스피커를 재고로 가지고 있다면, 순소요량은 80단위이다(즉 100 − 20). 하지만 Awesome 스피커 키트 재고는 B 2단위를 포함하고 있다. 결과적으로 B의 소요량은 40단위 줄어든다(A키트 20단위 보유 × A 1단위당 B 2단위). 그러므로, 만일 부모 품목을 재고로 가지고 있으면, 각 Awesome 스피커 키트가 하위 수준에 구성품을 포함하고 있으므로, 부모 품목과 그 구성품 소요량이 줄어든다. 예제 3은 순자재소요계획을 만드는 방법을 보여준다.

순자재소요계획
총소요량에 보유 재고와 계획 입고를 조정한 결과

예제 3

학습목표 14.3
순자재소요계획을 수립한다.

순소요량 결정하기

Speaker Kits, Inc.는 예제 1의 자재 명세서에서 제품 구조를 수립했다. 예제 2는 총자재소요계획을 수립했다. 다음과 같이 보유 재고가 있는 경우 회사는 이제 순자재소요계획을 수립하려고 한다. 총소요량은 8주 차에 50단위로 유지되며 구성품 소요량은 예제 1의 제품 구조에 나와 있다.

품목	보유	품목	보유
A	10	E	10
B	15	F	5
C	20	G	0
D	10		

접근방법 ▶ 순자재소요계획은 각 품목에 대한 총소요량, 보유 재고, 순소요량, 계획 주문 입고와 계획 주문 발주를 포함한다. 우리는 A로 시작해서 구성품을 통해 역방향으로 작업한다.

해결방법 ▶ 앞 쪽의 자재소요계획 형식은 A제품의 순자재소요계획이다.

순자재소요계획을 작성하는 것은 총자재소요계획을 작성하는 것과 비슷하다. 품목 A부터 기초해서 모든 품목에 대한 순소요량을 결정하기 위해 역방향으로 작업한다. 이러한 계산을 수행하기 위해 제품 구조, 보유 재고와 납기를 참조한다. A에 대한 총소요량은 8주 차에 50단위이다. 10단위의 품

계획 주문 입고
미래 날짜에 입고해야 하는 계획된 수량 계획

계획 주문 발주
주문이 발주되는 일정 계획된 날짜

목을 보유하고 있다. 따라서 순소요량과 계획된 **계획 주문 입고**(planned order receipt)는 모두 8주 차에 품목 40단위이다. 1주 납기 때문에 **계획 주문 발주**(planned order release)는 7주 차에 품목 40단위이다(주문 입고와 주문 발주를 연결하는 화살표 참조). 7주 차와 예제 1의 제품 구조를 참조하면, 8주 차에 품목 A 총 50단위를 가지려면 7주 차에 품목 B 80(2 × 40)단위와 품목 C 120(3 × 40)단위가 필요함을 알 수 있다. 품목 B와 C 총 수치 오른쪽에 있는 위첨자 A는 부모 A에 대한 수요의 결과로 생성되었다. B와 C에 대해 동일한 유형의 분석을 수행하면 D, E, F, G에 대한 순소요량이 산출된다. 6주 차의 E행에 있는 보유 재고는 0이다. 5주 차에 B를 만드는 데 보유 재고(10단위)가 사용되었기 때문에 0이다. 마찬가지로 D에 대한 재고는 3주 차에 F를 만드는 데 사용되었다.

8주 차에 제품 A 50단위를 위한 순자재소요계획(위첨자는 수요의 출처이다)

로트 크기	납기(주)	보유량	안전 재고	할당됨	낮은 수준코드	품목 인식		초기	주 1	2	3	4	5	6	7	8
로트 대 로트	1	10	—	—	0	A	총소요량									50
							일정계획된 입고량									
							예상 보유량	10	10	10	10	10	10	10	10	10
							순소요량									40
							계획 주문 입고									40
							계획 주문 발주								40	
로트 대 로트	2	15	—	—	1	B	총소요량								80^{A}	
							일정계획된 입고량									
	2 × A 개수 = 80						예상 보유량	15	15	15	15	15	15	15	15	
							순소요량								65	
							계획 주문 입고								65	
							계획 주문 발주						65			
로트 대 로트	1	20	—	—	1	C	총소요량								120^{A}	
							일정계획된 입고량									
	3 × A 개수 = 120						예상 보유량	20	20	20	20	20	20	20	20	
							순소요량								100	
							계획 주문 입고								100	
							계획 주문 발주							100		
로트 대 로트	2	10	—	—	2	E	총소요량						130^{B}	200^{C}		
							일정계획된 입고량									
	2 × B 개수 = 130 2 × C 개수 = 200						예상 보유량	10	10	10	10	10	10			
							순소요량						120	200		
							계획 주문 입고						120	200		
							계획 주문 발주				120	200				
로트 대 로트	3	5	—	—	2	F	총소요량							200^{C}		
							일정계획된 입고량									
	2 × C 개수 = 200						예상 보유량	5	5	5	5	5	5	5		
							순소요량							195		
							계획 주문 입고							195		
							계획 주문 발주				195					
로트 대 로트	1	10	—	—	3	D	총소요량				390^{F}		130^{B}			
							일정계획된 입고량									
	2 × B 개수 = 130 2 × F 개수 = 390						예상 보유량	10	10	10	10					
							순소요량				380		130			
							계획 주문 입고				380		130			
							계획 주문 발주			380		130				
로트 대 로트	2	0	—	10	3	G	총소요량				205^{F}					
							일정계획된 입고량									
	1 × F 개수 + 할당된 10 = 205						예상 보유량				0					
							순소요량				205					
							계획 주문 입고				205					
							계획 주문 발주		205							

통찰력 ▶ 순자재소요계획이 완료되면 경영진은 각 구성품에 대한 필요 수량, 주문 일정계획과 생산 일정계획을 알게 된다.

학습 연습 ▶ 구성품 F의 보유 재고 수량이 5단위가 아닌 95단위인 경우 1주 차에 G를 몇 단위 주문해야 하는가? [답: 105단위]

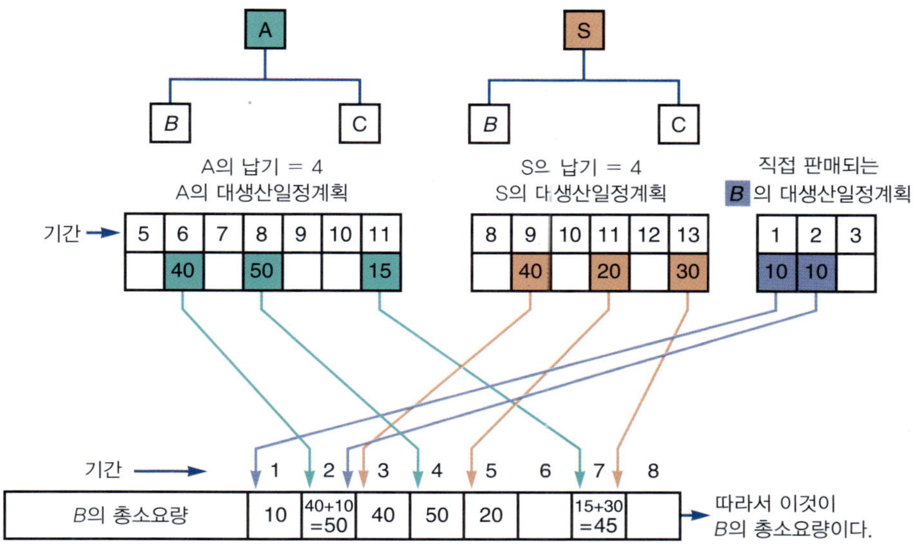

그림 14.5

제품 B의 총소요일정계획에 기여하는 일부 일정계획

각각의 A에 하나의 B가 있고, 각각의 S에도 하나의 B가 있다. 추가로 10단위의 B가 1주 차에 직접 판매되는 것으로 일정계획이 잡혀 있고, 10단위가 추가적으로 2주 차에 직접 판매되는 것으로 일정계획이 잡혀 있다.

예제 2와 3은 제품 A, 즉 Awesome 스피커 키트만 고려해 8주 차에 완성되었다. A 50단위가 8주 차에 필요했다. 그러나 일반적으로 시간이 지남에 따라 많은 제품에 대한 수요가 있다. 각 제품에 대해 경영진은 (앞서 표 14.1에서 보았듯이) 대생산일정계획을 준비해야 한다. 각 제품의 일정계획된 생산은 대생산일정계획과 궁극적으로 순자재소요계획에 추가된다. 그림 14.5는 직접 판매되는 구성품에 대한 소요를 포함해 여러 제품의 일정계획이 하나의 총자재소요계획에 어떻게 기여하는지 보여준다.

대부분의 재고 시스템은 구체적인 미래 생산에 할당은 되었지만, 아직 재고창고에서 사용되지 않거나 발행되지 않은 재고 또한 주목한다. 이런 품목을 **할당된 품목**이라 한다. 할당된 품목의 소요는, 예제 3의 부품 G에서 보여졌듯, 총소요가 10단위 할당된 품목을 반영해 195단위에서 205단위로 증가하면 같이 증가한다.

자재소요계획 관리

자재소요계획의 역학과 한계를 살펴보자.

자재소요계획 역학

수요 주도형의 자재소요계획 성공적인 자재소요계획이 성과를 내려면 정확한 투입이 중요하다. 자재 명세서는 적시에 정확해야 하고 공급자 품질, 수량, 납기가 정확해야 하며, 재고 수량도 정확해야 하고, 생산 프로세스도 신뢰할 수 있어야 한다. 결과적으로 안전재고(완충 재고)에 대해 신중

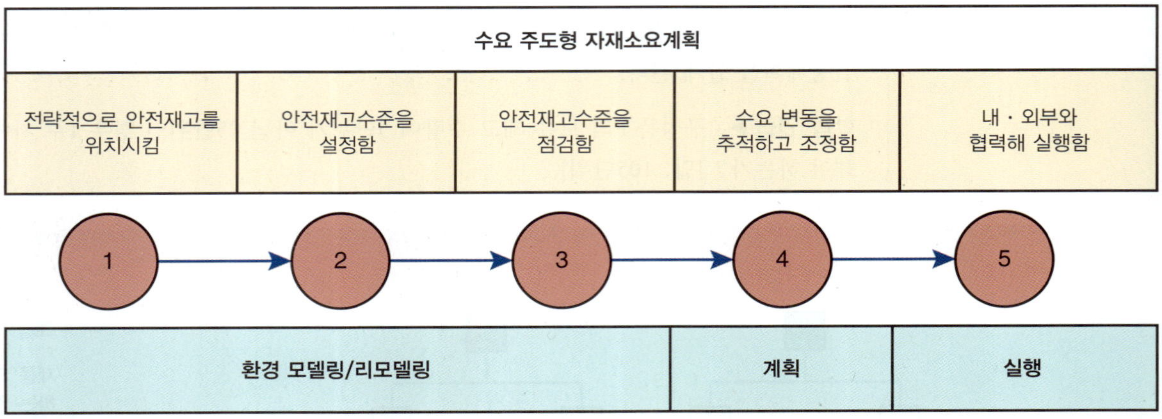

그림 14.6 수요 주도형 자재소요계획의 5대 구성요소

히 고려해야 한다. 그러나 자재소요계획 시스템에서는 어떠한 변화라도 중대한 파급효과를 가져오기 때문에 납기 또는 안전재고에 수정을 가져오는 어떠한 변화라도 신중하게 고려해야 한다. 만일 안전재고가 반드시 필요하다고 간주될 때 흔한 정책은 자재소요계획 논리 안에서 재고 소요량에 안전재고를 늘려야 한다. 안전재고가 완제품, 모듈 수준, 구매 품목 수준에 유지될 때 실제 소요량의 왜곡은 최소화되는 경향이 있다.

그러나 납기를 연장하고 재고를 추가하는 것은 비용이 들며 효율적인 자재소요계획 시스템을 훼손한다. 결과적으로 전략적으로 납기를 변경하고, 정확하게 안전재고(완충재고) 수준을 조정하고 놓아두는 것은 **수요 주도형 자재소요계획**(demand-driven MRP, DDMRP)[3]으로 이끌어 간다. 수요 주도형 자재소요계획 실행은 아래와 같으며 그림 14.6에 제시된 다섯 가지 주요 구성요소에 의존한다.

수요 주도형 자재소요계획
자재소요계획 성과 개선을 위해 전략적으로 납기를 변경하고, 정확하게 안전재고를 자재 명세서 구조 안에 놓아두는 것

1. 수요와 공급 변동성과 더 많은 재고가 제공되면 가장 큰 효과와 유연성을 제공하는 점이 어디인지에 대한 고려를 바탕으로, 자재 명세서 구조 내 어디에 안전재고를 위치시킬지 결정해야 한다.
2. 수요와 공급의 변동을 바탕으로 기초 안전재고수준을 결정해야 한다.
3. 필요에 따라 안전재고수준을 조정해야 하는 조건을 모니터링해야 한다.
4. 예측된 수요를 파악하고 추적하고 우선순위를 변경하고 나서 이에 따라 안전재고수준을 조정한다.
5. 소통과 협업을 증가시키기 위해 수요 주도형 자재소요계획 시스템에 설계된 정보를 사용해야 한다.

적합하게 실행된다면 수요 주도형 자재소요계획은 품절 발생을 줄이고 도전적인 자재소요계획 환경하에서 안전성을 개선할 수 있게 된다.

시스템 불안 최고의 환경에서도 자재소요계획의 투입물인 대생산일정계획, 자재 명세서, 납기, 재고가 자주 변한다. 편리하게도 자재소요계획 시스템의 가장 중심적인 장점은 적시에 정확한 재계획이 가능한 것이다. 그러나 많은 기업은 인식을 하고 있어도 작은 일정계획과 수량 변동에 반응하는 것을 원하지 않는다. 이런 빈번한 변동은 **시스템 불안**(system nervousness)을 야기하고, 만

시스템 불안
빈번한 자재소요계획 시스템의 변동

약 실행되면 구매와 생산 부서에 큰 파란을 일으킨다. 결과적으로 운영 관리 직원은 다른 부서에 요청을 배포하기 전에 먼저 변동 필요와 영향력을 평가해 이러한 불안을 줄여야 한다. 자재소요계획 시스템 불안을 줄이려 할 때 두 가지 도구가 특히 도움을 준다.

첫 번째는 **시간 울타리**(time fence)이다. 시간 울타리는 대생산일정계획의 일정 부분을 다시 일정계획을 수립하지 않도록 지정하는 것이다. 따라서 대성산일정계획의 이 부분은 주기적으로 일정계획을 다시 수립할 때도 바꾸지 않는다. 두 번째 도구는 **페깅**(pegging)이다. 페깅은 자재 명세서를 구성품부터 부모 품목으로 상향 추적하는 것이다. 상향 페깅을 하면 생산계획 수립자는 소요의 원인을 결정할 수 있고 일정계획 변동이 필요한지 판단할 수 있다.

시간 울타리
대생산일정계획의 일정 부분을 다시 일정계획을 수립하지 않도록 지정하는 수단

페깅
자재소요계획 시스템에서 구성품부터 부모 품목까지 자재 명세서를 상향 추적하는 것

자재소요계획을 통해 운영 관리자는 실제 세상의 역동성에 반응할 수 있다. 만약 불안이 합법적인 변동에 의한 것이라면 적절한 반응은 자재소요계획을 조정하는 것이 아니라 생산 환경을 조사하는 것이다.

자재소요계획의 한계

자재소요계획은 세부 일정계획은 수립하지 않고 계획만 한다. 자재소요계획은 제품에 초점을 두고 반복 생산하는 시설에서는 매우 뛰어난 도구지만 프로세스(주문 생산) 환경에서는 한계가 있다. 자재소요계획은 어떤 업무가 어떤 주나 날짜에 완성되는지 말해주지만 업무 X가 오전 10시 30분에 기계 A에서 진행되어 오전 11시 30분까지 마치고, 업무 X가 기계 B에서 진행되어야 한다고 말해주지 않는다. 자재소요계획은 또한 고정 납기를 가지고 작업을 무한한 크기의 '버킷'에 적재하는 계획 기법이다. **버킷**(bucket)은 시간 단위이고 대체로 1주이다. 자재소요계획은 이 버킷에 생산 능력과 상관없이 작업을 집어넣는다. 결과적으로 자재소요계획은 무한 일정계획 기법이다. 다른 대안인 유한 일정계획 기법은 15장에서 논의된다.

버킷
자재소요계획 시스템에서 시간 단위

로트 크기 결정 기법

자재소요계획 시스템은 생산계획을 하고 순소요를 결정하는 데 아주 뛰어난 방법이다. 그러나 순소요는 여전히 얼마큼 그리고 언제 주문을 할지에 대한 결정을 요구한다. 이런 결정을 **로트 크기 결정**(lot-sizing decision)이라 한다. 자재소요계획 시스팀의 로트 크기를 결정하는 다양한 방법이 있다. 상업용 자재소요계획 소프트웨어는 대체적으로 로트 크기 결정 기법을 선택하도록 한다. 그 중 몇 가지를 알아보자.

로트 크기 결정
로트 크기를 결정하는 데 사용되는 기법 또는 프로세스

로트 대 로트 예제 3에서는 정확한 소요만큼 생산하는 **로트 대 로트**(lot-to-lot)라고 알려진 로트 크기 결정 기법을 사용했다. 이 결정은 종속 수요의 소요에 대응해야 하는 자재소요계획 시스템의 목표와 일치한다. 그래서 자재소요계획 시스템은 안전재고도 없고 추가 주문에 대한 예상도 없이 필요한 만큼의 단위만 생산해야 한다. 주문을 자주 하는 것이 경제적이고(즉 준비비용이 낮을 때) JIT 재고 기법이 실행될 때 로트 대 로트는 매우 효율적이다. 그러나 준비비용이 크면 로트 대 로트는 비용이 많이 든다. 예제 4는 로트 대 로트 기준을 사용해 10주간의 수요에 대한 비용을 결정한다.

로트 대 로트
계획에 대응하기 위해 정확하게 무엇이 소요되는지 산출하는 로트 크기 결정 기법

예제 4

로트 대 로트로 로트 크기 결정

Speaker Kits, Inc.는 로트 대 로트 기준을 사용해 재고 주문비용과 유지비용을 계산하고자 한다.

접근방법 ▶ 로트 대 로트로 필요한 만큼만 자재를 주문한다. 주문(준비)비용, 주어진 기간 동안 각 단위 유지비용과 생산 일정계획이 준비되면 순소요량 계획에 주문을 할당할 수 있다.

해결방법 ▶ 회사는 **구성품 B**의 경우 준비비용이 100달러이고 기간별 보유비용을 1달러로 결정했다. 조립품의 순소요량에 반영된 생산 일정계획은 다음과 같다.

자재소요계획 로트 크기 결정: 로트 대 로트 기법*

주		1	2	3	4	5	6	7	8	9	10
총소요량		35	30	40	0	10	40	30	0	30	55
일정계획된 입고											
예상 보유량	35	35	0	0	0	0	0	0	0	0	0
순소요량		0	30	40	0	10	40	30	0	30	55
계획 주문 입고			30	40		10	40	30		30	55
계획 주문 발주		30	40		10	40	30		30	55	

*보유비용 = 1달러/단위/주, 준비비용은 100달러, 주당 평균 총소요량 = 27, 납기 = 1주

로트 대 로트 기법을 사용한 로트 크기 결정 해답이 표에 나와 있다. 기말 재고가 없기 때문에 보유비용은 0이다. (첫 번째 기간의 재고는 즉시 사용되므로 보유비용이 없다.) 그러나 7개의 개별 준비(각 주문과 연결된 것)의 총비용은 700달러이다. (보유비용 $= 0 \times 1 = 0$, 주문비용 $= 7 \times 100 = 700$.)

통찰력 ▶ 공급이 안정적이고 빈번한 주문이 저렴하지만 보유비용이 높거나 감모(obsolescence)가 심할 경우 로트 대 로트 주문이 매우 효율적이다.

학습 연습 ▶ 기간별 보유비용이 1달러가 아닌 2달러인 경우 총비용에 미치는 영향은 무엇인가? [답: 로트 대 로트로 한 기간부터 다음 기간까지 보유되는 단위가 없기 때문에 총 보유비용은 0으로 유지된다.]

학습목표 14.4
로트 대 로트, 경제적 주문량, 주기적 주문량에 대한 로트 크기를 결정하라.

경제적 주문량(EOQ) 자재소요계획 시스템을 위해 로트 크기 결정 기법으로 12장의 경제적 주문량에 대한 논의를 확장하고자 한다. 12장에서 지적했듯, 경제적 주문량은 상대적으로 고정 수요일 때 유용하다. 그러나 수요는 자재소요계획 시스템의 매 기간 동안 변화한다. 그러므로 경제적 주문량의 로트 크기 결정은 자재소요계획에서 좋은 성과를 내지는 못한다. 운영 관리자는 일정한 수요를 가정하는 것보다는 수요 정보가 있을 때 이를 적극적으로 활용해야 한다.

예제 5

경제적 주문량으로 로트 크기 결정하기

준비비용이 100달러이고 주당 보유비용이 1달러인 Speaker Kits, Inc.는 경제적 주문량 기준을 기반으로 로트 크기를 결정한 **구성품 B**에 대한 비용을 조사하려고 한다.

접근방법 ▶ 예제 4와 동일한 비용과 생산 일정계획을 사용해 순소요량과 경제적 주문량 로트 크기를 결정한다.

해결방법 ▶ 10주간 사용량은 270단위의 총소요량과 같다. 따라서 주별 사용량은 27이고 52주(연간 사용량)는 1,404단위이다. 12장에서 경제적 주문량 모델은 다음과 같다.

$$Q^* = \sqrt{\frac{2DS}{H}}$$

D = 연간 사용량 = 1,404
S = 준비비용 = 100달러
H = 연간 단위당 보유(유지)비용 = 1달러 × 52주 = 52달러

$$Q^* = 73\text{단위}$$

따라서 품절을 피하기 위해 필요하면 73개를 주문해야 한다.

자재소요계획 로트 크기 결정: 경제적 주문량 기법*

주		1	2	3	4	5	6	7	8	9	10
총소요량		35	30	40	0	10	40	30	0	30	55
일정계획된 입고											
예상 보유량	35	35	0	43	3	3	66	26	69	69	39
순소요량		0	30	0	0	7	0	4	0	0	16
계획 주문 입고			73			73		73			73
계획 주문 발주		73			73		73			73	

*보유비용 = 1달러/단위/주, 준비비용은 100달러, 주당 평균 총소요량 = 27, 납기 = 1주

10주 계획 기간 동안:
보유비용 = 375단위 × 1달러 = 375달러(10주 차 말에 남은 57단위 포함)
주문비용 = 4 × 100달러 = 400달러
총비용 = 375달러 + 400달러 = 775달러

통찰력 ▶ 경제적 주문량은 수요가 비교적 고정일 때 합리적인 로트 크기 결정 기법이 될 수 있다. 그러나 실제 보유비용은 실제 사용 비율에 따라 크게 달라질 수 있는 점에 주목해야 한다. 재고 소진이 발생한 경우 이 비용도 실지 경제적 주문량 비용 775달러에 추가해야 한다.

학습 연습 ▶ 기간별 보유비용이 1달러가 아닌 2달러인 경우 총비용에 미치는 영향은 무엇인가? [답: 경제적 주문량 수량은 52단위이고, 이론적 연간 총비용은 5,404달러, 10주간 비용은 1,039달러(5,404달러 × (10/52)이다.]

주기적 주문량 **주기적 주문량**(periodic order quantity, POQ)은 이를테면 매 3주 같이 주문과 주문 사이에 미리 정해진 기간 동안에 필요한 수량을 주문하는 로트 크기 결정 기법이다. 주기적 주문량 간격은 경제적 주문량을 기간(예: 1주)별 평균 수요로 나눈 값으로 정의한다. 주기적 주문량은 주문간격 동안 구체적 수요를 감당하는 주문량이다. 각 주문량은 주문이 발주될 때 다시 한 번 계산되고 추가 재고를 남겨두지 않는다. 예제 6에서 주기적 주문량 응용을 볼 수 있다.

주기적 주문량
미리 정해진 주문기간에 총기간 동안 소요량을 포함하는 주문량으로 발주하는 재고 주문 기법

예제 6

주기적 주문량으로 로트 크기 결정하기

준비비용이 100달러이고 주당 보유비용이 1달러인 Speaker Kits, Inc.는 주기적 주문량에 기반 한 로트 크기로 **구성품 B**에 대한 비용을 조사하려고 한다.

접근방법 ▶ 예제 5와 동일한 비용과 생산 일정계획을 사용해 순소요량과 주기적 주문량 로트 크기를 결정한다.

해결방법 ▶ 10주간 사용량은 270단위의 총소요량과 같다. 따라서 평균 주당 사용량은 27단위이고 예제 5에서 경제적 주문량은 73단위로 알고 있다.

주기적 주문량 간격은 경제적 주문량을 평균 주별 사용량으로 나눈 값과 동일하게 설정한다.
따라서

$$\text{주기적 주문량 간격} = \text{경제적 주문량}/\text{평균 주당 사용량} = 73/27 = 2.7 \text{ 또는 } 3\text{주}$$

주기적 주문량 주문 크기는 다음 표와 같이 각 주에 필요한 수량에 따라 달라지며 첫 번째 계획된 주문은 1주 차에 발주된다.

참고: 수요가 없으면 주문이 연기되므로 7주 차의 주문 발주가 8주 차로 연기된다.

자재소요계획 로트 크기 결정하기: 주기적 주문량 기법*

주		1	2	3	4	5	6	7	8	9	10
총소요량		35	30	40	0	10	40	30	0	30	55
일정계획된 입고											
예상 보유량	35	35	0	40	0	0	70	30	0	0	55
순소요량		0	30	0	0	10	0	0	0	55	0
계획 주문 입고			70			80				85	
계획 주문 발주		70			80				85		

*보유비용 = 1달러/단위/주, 준비비용은 100달러, 주당 평균 총소요량 = 27, 납기 = 1주

$$\text{준비비용} = 3 \times 100\text{달러} = 300\text{달러}$$
$$\text{보유비용} = (40 + 70 + 30 + 55)\text{단위} \times \text{각 } 1\text{달러} = 195\text{달러}$$

주기적 주문량 해답은 10주간 비용으로 300달러와 195달러를 더한 495달러로 계산된다.

통찰력 ▶ 주기적 주문량은 초과 재고 없이 보유비용과 주문비용 사이의 균형을 유지하는 경향이 있기 때문에 전형적으로 주기적 주문량이 경제적 주문량보다 성과가 더 좋다. 재계산이 빈번하더라도 수요 변동에 따라 실제 보유비용이 크게 달라질 수 있는 점에 주목해야 한다. 재고 소진은 없다고 가정한다. 이 예제와 유사한 예제에서도 역시 안전재고가 없다고 가정하며, 이러한 비용은 실제 비용에 추가되어야 할 수도 있다.

학습 연습 ▶ 기간별 보유비용이 1달러가 아닌 2달러인 경우 총비용에 미치는 영향은 무엇인가? [답: 경제적 주문량 = 52, 주기적 주문량 간격 = 52/27 = 1.93 ≈ 2주, 보유비용 = 270달러, 준비비용 = 400달러. 주기적 주문량 총비용은 670달러가 된다.]

역동적 로트 크기 결정 기법으로 알려진 다른 로트 크기 결정 기법은, 준비비용에 대해 로트 크기 균형을 맞추는 시도를 해 주기적 주문량과 비슷하다. 이들은 **부분적 기간 균형(최소 총비용이라**

고도 함), 최소 단위 비용, 최소 기간 비용[실버 밀(Siver-Meal)이라고도 함] 등이다. 또 다른 기법인 와그너-위틴(Wagner-Whitin)은 동적 프로그래밍을 사용해 유한한 시간 범위에 걸쳐 주문을 최적화함으로써 다른 접근 방식을 취한다.

로트 크기 결정 요약 세 가지 Speaker Kits 로트 크기 결정 예제를 통해 다음과 같은 비용을 찾았다.

	비용		
	준비	보유	총
로트 대 로트	700달러	0달러	700달러
경제적 주문량	400달러	375달러	775달러
주기적 주문량	300달러	195달러	495달러

이러한 예제가 운영 관리자가 선호할 로트 크기 결정 기법에 대해 성급하게 결론을 내리게 해서는 안 된다. 이론적으로 새로운 로트 크기는 자재소요계획 계층구조 어디에서나 일정계획 또는 로트 크기가 변동되면 새로 계산되어야 한다. 이러한 변화는 불안정과 이 장 앞부분에서 언급한 시스템 불안을 초래한다. 결과적으로 빈번한 변동은 자주 행해지지 않는다. 이렇게 생산 시스템이 빈번한 변동에 반응할 수 없거나 반응해서는 안 되면 모든 로트 크기가 적당하지 않은 것을 의미한다. 이러한 로트 크기 결정 기법 중 어느 것도 '품절'(재고 소진) 비용을 부과하지 않았다는 것에 주목해야 한다. 이러한 한계는 정확한 예측과 '시간 울타리'에 추가적인 수요를 추가하게 한다.

일반적으로 로트 대 로트 접근 방법은 가장 낮은 준비비용을 얻을 수 있을 때 사용되어야 한다. 이것이 로트 대 로트가 추구하는 목적이다. 폐기 허용량, 프로세스 제약(예: 열처리 공정에는 주어진 크기의 로트가 많이 필요할 수 있음) 또는 원자재 구매 로트(예: 한 트럭 분의 화학물질을 한 곳에서만 사용할 수 있음) 필요에 따라 로트 크기를 수정할 수 있다. 그러나 어떠한 로트 크기 수정도 자재소요계획 계층구조의 낮은 수준의 실제 소요량을 상당히 왜곡할 수 있기 때문에 로트 크기 수정 전에 주의가 필요하다. 준비비용이 상당히 크고 수요가 합리적으로 평준화될 때 주기적 주문량, 심지어 경제적 주문량도 만족스러운 결과를 제공한다. 자재소요계획의 역동성 때문에 로트 크기 결정에 대해 너무 많이 염려하면 잘못된 정확성을 초래한다. 정확한 로트 크기는 소요량 관점에 기반 한 사실 이후에만 정해질 수 있다.

자재소요계획 확장

이 절에서는 자재소요계획의 세 가지 확장을 검토한다.

자재소요계획 II(MRP II)

자재소요계획 II(material requirements planning II)는 매우 강력한 기법이다. 기업이 자재소요계획을 배치하면 소요 데이터는 단지 구성품이기보다 자원으로 질이 높아진다. 자재소요계획이 이런 식으로 활용될 때 소요가 자원으로 대체되고 자재소요계획은 자재소요계획 II가 된다. 그 후 자재 자원 관리를 의미하게 된다.

자재소요계획 II
자재소요계획을 바탕으로 재고 데이터가 다른 자원변수에 의해 확대되도록 하는 시스템. 이 경우 자재소요계획은 자재 자원 관리됨

학습목표 14.5
자재소요계획 II를 설명한다.

지금까지 자재소요계획을 언급할 때 일정계획된 제품과 구성품이 있었다. 그러나 제품은 눈에 보이는 구성품 이상으로 에너지, 자금 같은 많은 자원을 필요로 한다. 이런 자원 투입물에 추가해 산출물도 나오게 된다. 산출물은 폐기물, 포장 쓰레기, 폐수, 탄소 배출물까지 포함한다. 운영 관리

자재소요계획의 논리를 활용하여, 인력, 기계 작업 시간, 온실가스 배출, 폐기물, 비용 같은 자원들이 정확하게 결정고 일정계획될 수 있다. 인력, 기계 작업 시간, 온실가스 배출, 폐기물, 컴퓨터 100단위 외상 매입금에 대한 주별 수요가 보여진다.

표 14.4 자재자원계획(MRP II)

		주			
	납기	5	6	7	8
컴퓨터 *인력 시간*: 단위당 .2 *기계 작업 시간*: 단위당 .2 *온실가스 배출*: 단위당 .25 *폐기물*: 유리섬유 1온스당 *외상 매입금*: 0달러	1				100 20 20 25그램 6.25파운드 0달러
PC 보드 (1단위당) *인력 시간*: 단위당 .15 *기계 작업시간*: 단위당 .1 *온실가스 배출*: 단위당 2.5 *폐기물*: 구리 .5온스당 *외상 매입금*: 원자재당 5달러	2			100 15 10 250그램 3.125파운드 500달러	
프로세서 (5단위당) *인력 시간*: 단위당 .2 *기계 작업시간*: 단위당 .2 *온실가스 배출*: 단위당 .50 *폐기물*: 산업 폐기물 .01온스당 *외상 매입금*: 프로세서 구성품당 10달러	4	500 100 100 25,000그램 0.3125파운드 5,000달러			

가 환경과 지속가능성 이슈에 점점 더 민감해지면서 부산물을 파악하고 관리하는 것이 더 중요해졌다. 자재소요계획 II는 이런 일을 할 수 있는 수단을 제공한다. 표 14.4는 인력 시간, 기계 작업 시간, 온실가스 배출 무게, 폐기물 무게, 현금 등을 총소요량 계획 형태로 제공한다. 자재소요계획 II를 사용해 경영진은 투입물과 산출물 그리고 관련된 일정계획을 확인할 수 있다. 자재소요계획 II는 지속가능한 운영이라는 운영 관리의 전투에 또 다른 도구를 제공한다.

자재소요계획 II 시스템은 독자적인 프로그램이 아니며 대부분 다른 소프트웨어와 연계되어 있다. 구매, 생산일정계획, 생산능력계획, 재고와 창고 관리 시스템이 이러한 데이터 통합의 몇 가지 예이다.

폐쇄 루프 MRP

폐쇄 루프 자재소요계획 시스템
생산능력계획과 대생산일정계획, 생산계획에 피드백을 제공해 계획이 언제나 유효하도록 유지할 수 있게 하는 시스템

폐쇄 루프 자재소요계획은 자재소요계획 시스템이 재고 통제 시스템으로부터 일정계획에 대한 피드백을 제공한다는 것을 의미한다. 구체적으로 **폐쇄 루프 자재소요계획 시스템**(closed-loop MRP system)은 생산능력계획과 대생산일정계획, 궁극적으로 생산계획에 정보를 제공한다. 모든 상업적 자재소요계획 시스템은 폐쇄 루프 자재소요계획이다.

생산능력계획

작업부하 보고서
현재 작업센터에 할당된 모든 작업에 대한 자원 소요량, 계획된 모든 작업, 예상 주문을 보여주는 보고서

폐쇄 루프 자재소요계획의 정의에 맞추어 각각의 작업장으로부터 작업부하에 관한 피드백을 얻어진다. **작업부하 보고서**(load report)는 현재 작업센터에 할당된 모든 작업에 대한 자원 소요량, 계획된 모든 작업, 예상 주문을 보여준다. 그림 14.8(a)는 밀링 센터의 기초 부하가 2일, 3일, 5일에 생산능력을 초과함을 보여준다. 폐쇄 루프 자재소요계획 시스템을 사용하면 생산계획자가 작업부하를 평준화하거나 최소한 생산능력 이내로 가져오기 위해 작업기간 사이에 작업을 이동할 수 있다. (이것은 그림 14.7의 '생산능력 계획' 부분이다.) 폐쇄 루프 자재소요계획 시스템은 순소요량

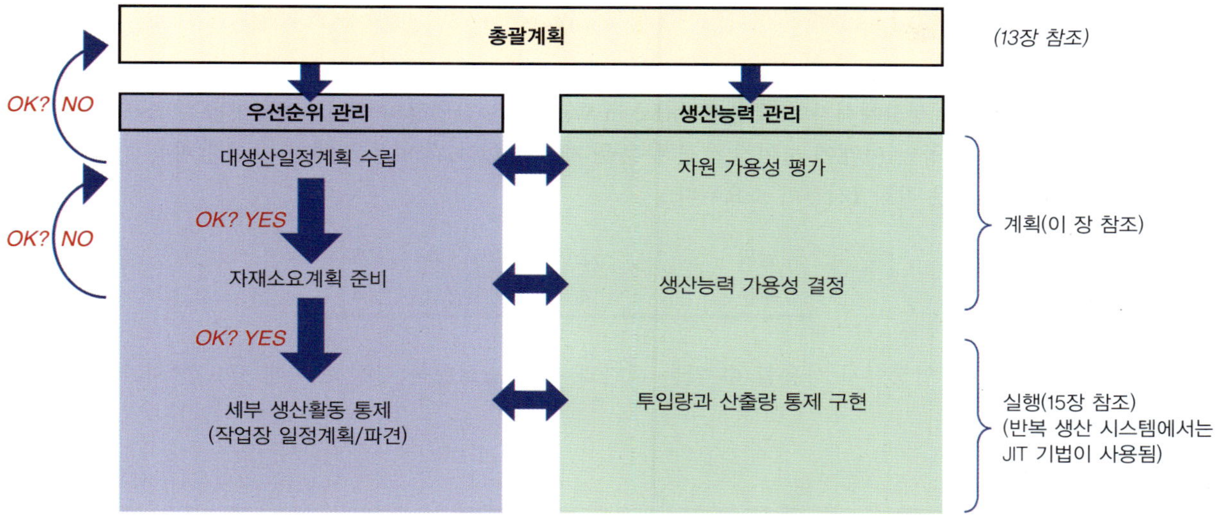

그림 14.7 **폐쇄 루프 자재소요계획**

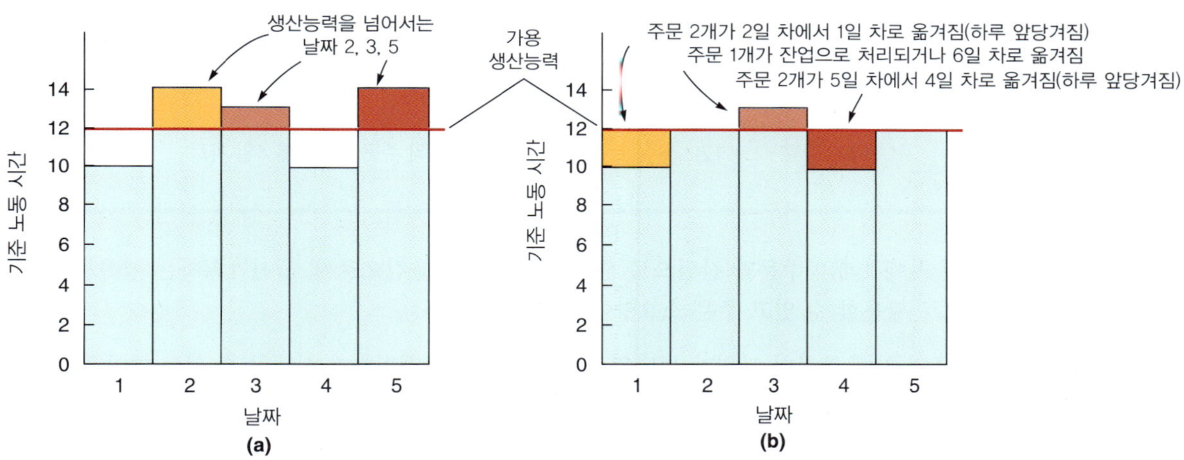

그림 14.8 **(a) 작업장에서 필요한 기초 자원 소요 단면도 (b) 작업장에서 필요한 평준화된 자원 소요 단면도**

계획의 모든 품목의 일정계획을 다시 수립할 수 있다[그림 14.8(b) 참조].

작업부하를 평준화하고 납기 변경의 영향을 최소화하기 위한 전술은 다음과 같다.

학습목표 14.6
폐쇄 루프 자재소요계획을 설명한다.

1. **중첩**은 납기를 감소시키고 로트의 모든 작업물이 첫 번째 조작을 마치기 전에 두 번째 조작으로 작업물을 보낸다.
2. **조작 나누기**는 똑같은 조작을 위해 2개의 다른 기계로 로트를 보낸다. 이것은 추가 준비를 필요로 하지만 부분적인 로트가 각각의 기계에서 진행되어서 결과적으로 더 적은 처리 시간을 얻게 된다.
3. **주문 나누기** 또는 **로트 나누기**는 주문을 나누고 나뉜 부분을 일정계획에서 먼저 또는 나중에 시행하는 것을 의미한다.

예제 7은 가동률을 개선하기 위해 주문 나누기를 사용하는 간략하고 상세한 생산능력 계획의 예제를 보여준다.

예제 7

주문 나누기

Wiz Products의 생산계획자인 케빈 왓슨(Kevin Watson)은 작업장의 생산능력계획을 수립해야 한다. 그는 다음 5일 동안 아래에 보여진 생산 주문을 가지고 있다. 작업장은 매일 12시간 사용 가능하다. 생산되는 부품은 각각 1시간이 소요된다.

날짜	1	2	3	4	5
주문	10	14	13	10	14

접근방법▶ 작업장에서 사용할 수 있는 시간과 생산 소요량을 달성하는 데 필요한 시간을 계산한다.

해결방법▶

날짜	주문 수량	소요 생산능력 (시간)	가용 생산능력 (시간)	가동률 초과/미달 (시간)	생산계획 활동	신규 생산 일정계획
1	10	10	12	(2)		12
2	14	14	12	2	분리 주문: 2단위를 1일 차로	12
3	13	13	12	1	분리 주문: 1단위를 6일 차로 또는 잔업	13
4	10	10	12	(2)		12
5	14	14	12	2	분리 주문: 2단위를 4일 차로	12
	61					

통찰력▶ 3일 차에 1개의 주문만 잔업으로 생산하고 주문을 옮김으로써, 생산계획자는 생산능력을 보다 효과적으로 활용할 수 있고 주문 소요량에 대응할 수 있다.

학습 연습▶ 5일 차에 주문한 단위가 16단위로 증가하면, 생산계획자가 선택할 수 있는 대안은 무엇인가? [답: 4일 차로 2단위를 옮기는 것에 추가해, 6일 차로 2단위를 옮기거나 잔업을 요청한다.]

작업부하가 지속적으로 작업장의 생산능력을 초과하면 방금 논의한 전술은 적절하지 않다. 인력, 기계, 잔업, 외주용역을 통해 생산능력을 추가해야 함을 의미한다.

서비스업의 자재소요계획

많은 서비스와 서비스 품목 수요는 다른 서비스의 수요로부터 파생되거나 직접적으로 관련될 때 종속적 수요로 분류된다. 이러한 서비스는 보통 제품 구조 나무, 자재 명세서, 인력과 일정계획 등을 필요로 한다. 변형된 자재소요계획은 이러한 서비스에 대한 운영 성과에 크게 기여한다. 음식점, 병원, 호텔 예제는 다음과 같다.

음식점 음식점에서는 재료와 반찬(빵, 야채, 양념)이 전형적인 식사 구성품이다. 이 구성품은 식사에 대한 수요에 종속적이다. 식사는 대생산일정계획의 최종 품목이다. 그림 14.9는 제품 구조 나무와 암웨이 센터 올랜도 매직 팬을 위해서 존 셰프가 준비한 인기있는 요리인 6인분 버팔로 치킨 맥앤치즈 자재 명세서(여기서는 **제품 사양서**라 불림)를 보여준다.

(a) 제품 구조 나무

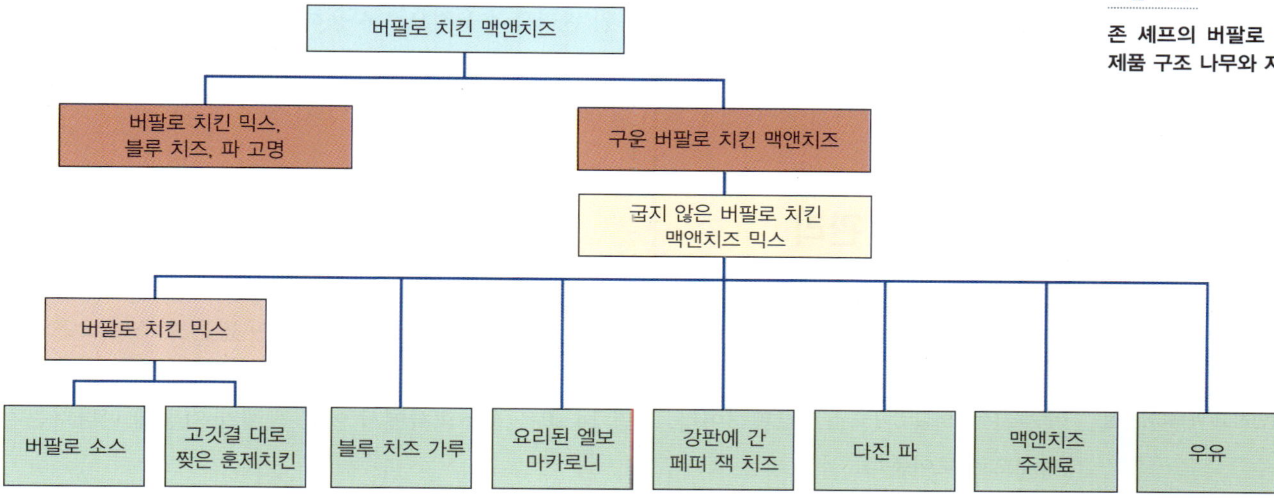

(b) 자재 명세서

제품 사양서		버팔로 치킨 맥앤치즈(6인분)			
재료	*수량*	*측정 단위*	*단위 비용*	*총비용*	*인력 시간*
엘보 마카로니(대형, 요리 안 됨)	20.00	온스	0.09달러	1.80달러	
치즈: 페퍼 잭(강판에 간 것)	10.00	온스	0.17	1.70	
맥앤치즈 주재료(냉장보관된 것)	32.00	온스	0.80	25.60	
우유	4.00	온스	0.03	0.12	
고깃결 대로 찢은 훈제 치킨	2.00	파운드	2.90	5.80	
버팔로 소스	8.00	온스	0.09	0.72	
블루 치즈 가루	4.00	온스	0.19	0.76	
파	2.00	온스	0.18	0.36	
총 인력 시간					0.2시간

그림 14.9

존 셰프의 버팔로 치킨 맥앤치즈 제품 구조 나무와 자재 명세서

병원 자재소요계획은 병원에도 적용되는데 특히 잘 알려진 장비, 자재, 의료용품을 필요로 하는 수술을 다룰 때 그러하다. 휴스턴의 파크플라자병원(Park Plaza Hospital)과 많은 의료용품 공급자는 일정계획과 비싼 수술 관련 재고 관리를 개선하기 위해 기법을 사용한다.

호텔 메리어트(Marriott)는 호텔 객실 개보수 작업을 시행할 때 자재 명세서와 인력 명세서를 수립한다. 메리어트 관리자들은 자재, 가구, 장식물 소요를 계산하기 위해 자재 명세서를 폭발적으로 전개시킨다. 그러고 나서 자재소요계획은 구매와 용역에 사용될 순소요량과 일정계획을 제공한다.

유통자원 관리(DRP)

종속적 기법이 공급사슬에서 사용될 때 유통자원 관리라고 불린다. **유통자원 관리**(distribution resource planning, DRP)는 공급사슬의 모든 수준을 위한 시간단계 재고 보충 계획이다.

유통자원 관리
유통 네트워크의 모든 수준을 위한 시간단계 재고 보충 계획

유통자원 관리 절차와 논리는 자재소요계획과 비슷하다. 유통자원 관리에서 예상 수요는 총소요량이다. 순소요량은 총소요량에 가용한 재고를 할당해 정해진다. 유통자원 관리 절차는 소매 수준의(또는 유통 네트워크상 거리가 가장 먼 점) 예측부터 시작된다. 모든 다른 수준은 계산된다. 자재소요계획 사례의 경우 재고는 수요를 만족시키는 목적을 가지고 검토된다. 그렇게 되면 재고는 필요할 때 도착하고 순소요량은 필요한 납기만큼 상쇄된다. 계획된 주문 발주량은 유통 사슬 다음 수준의 총소요량이 된다.

유통자원 관리는 시스템을 통해 재고를 당겨준다. 소매 수준에서 더 많은 재고를 주문하면 당겨주

는 것이 시작된다. 배송의 경제성을 얻기 위한 조정이 이루어진 후에, 가용한 재고와 생산으로 부터 소매 수준으로 할당이 이루어진다. 유통자원 관리를 효율적으로 사용하려면 계획된 주문 발주를 한 수준에서 다음 수준으로 신속하게 전달할 수 있는 통합정보 시스템이 요구된다. 유통자원 관리 시스템의 목적은 경제적 주문과 배송 범위 안에서 소규모의 그리고 빈번한 재고 보충을 하는 것이다.

전사적 자원 관리

전사적 자원 관리(ERP)
고객 주문을 받고, 만들고, 배송하고, 회계 관리를 하는 데 필요한 전사적 자원을 확인하고 계획하는 정보시스템

고객과 공급업체를 이어주는 자재소요계획 II 시스템의 발전은 전사적 자원 관리 시스템의 개발을 가져왔다. **전사적 자원 관리**(enterprise resource planning, ERP)는 기업이 많은 비즈니스 프로세스를 자동화하고 통합하며, 전사적으로 데이터베이스와 비즈니스 관행을 공유하며 실시간 정보를 생산하게 허용하는 소프트웨어이다. 그림 14.10은 제조회사에서 이런 관계가 어떻게 나타나는지 개략도로 보여준다.

전사적 자원 관리 시스템의 목표는 공급자 평가부터 고객에게 송장을 보내는 것까지 기업의 전반적인 비즈니스를 조정하는 것이다. 물론 이 목적은 거의 달성되지 못하지만 전사적 자원 관리 시스템은 다양한 전문화된 시스템을 모두 함께 연결하는 우산같은 시스템이다. 이것은 비즈니스 기능 가운데 정보의 흐름을 도와주는 중앙 데이터베이스를 사용해 이루어진다. 정확히 무엇이 연결되어 있고 어떻게 연결하는지는 경우에 따라 다르다. 자재소요계획의 전통적인 구성요소 외에

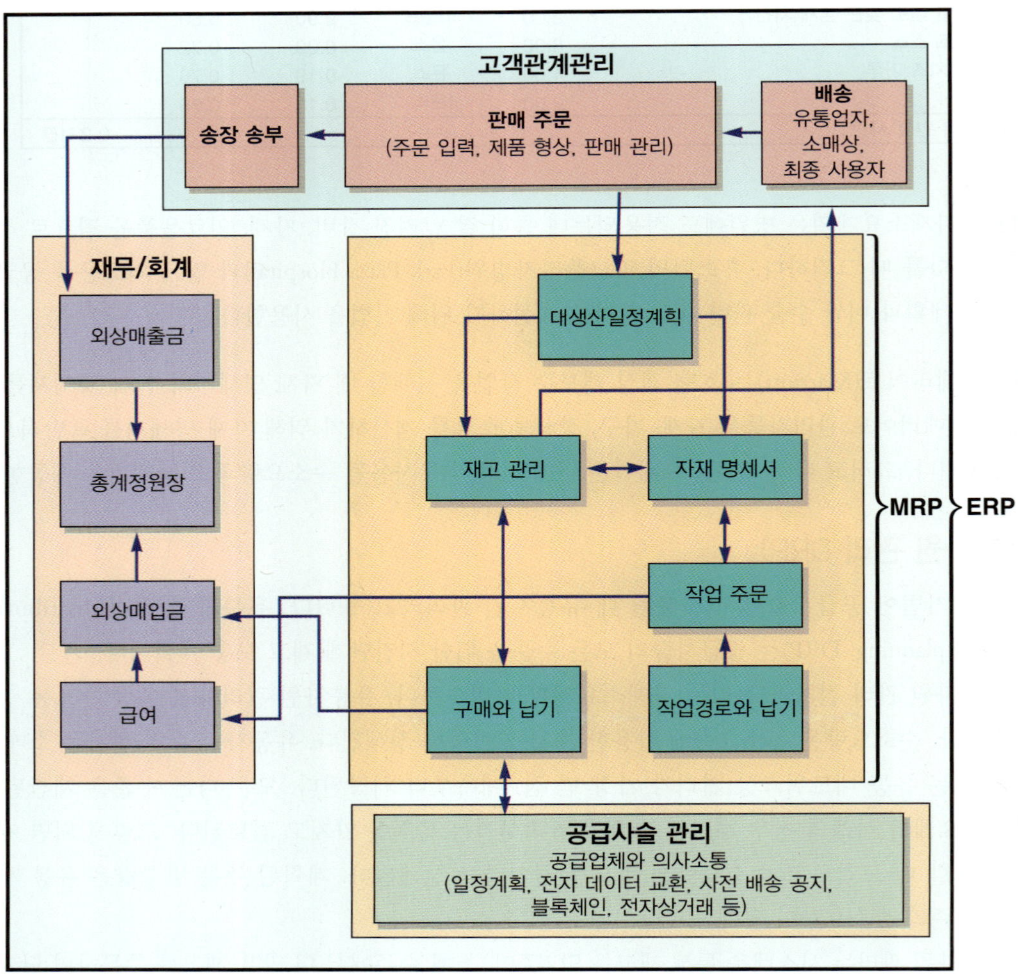

그림 14.10

고객관계관리, 공급사슬 관리, 재무와 회계를 보여주는 자재소요계획과 전사적 자원 관리 정보 흐름
인적자원 관리, 지속가능성과 같은 다른 기능도 또한 전사적 자원 관리 시스템에 포함된다.

도 전사적 자원 관리 시스템은 보통 재무 관리와 인적자원(HR) 관리 정보를 제공한다. 전사적 자원 관리는 다음을 포함한다.

학습목표 14.7
전사적 자원 관리 시스템을 설명한다.

- 공급자와의 복잡한 의사소통, 전자상거래, 효율적인 창고 관리와 물류 관리에 필요한 활동을 지원하는 공급사슬 관리(SCM) 소프트웨어. 효과적 관리에 필요한 도구를 제공해 운영 관리(자재소요계획), 구매, 자재 관리와 연결시키고, 공급자와 연결시키는 아이디어이다.
- 블록체인 소프트웨어는 문서 추적의 복잡성을 줄이기 위해 종이기반 거래 기록을 디지털 기록으로 대체한다. 블록체인은 디지털 원장(블록)을 활용해 거래 정보를 계속 추적하고 거래 정보 링크를 인증하고 보안을 강화한다. 월마트(Walmart) 같은 기업은 식품 배송 순서 기록의 가시성을 향상하기 위해 블록체인을 활용한다. 비슷하게 세계적 해운회사인 머스크(Maersk)도 블록체인 기술을 활용해 배송 컨테이너를 추적하고 세관을 조금 더 빠르게 통과하게 한다. 이스트만코닥(Eastman Kodak)은 이 기술을 활용해 사진사들이 그들의 이미지를 추적할 수 있게 한다. 그리고 전사적 소프트웨어 회사인 오라클(Oracle)은 블록체인을 제공 소프트웨어에 포함시킨다.
- 비즈니스를 발생시키는 면에서 고객관계관리(CRM) 소프트웨어를 포함한다. 고객관계관리 소프트웨어는 판매 분석을 도와주고, 이익을 많이 발생시키는 고객층을 목표로 정하고, 영업 인력을 관리하도록 설계되어 있다.
- 지속가능 소프트웨어는 지속가능한 작업인력 이슈들을 서로 연계하고, 공급사슬 지속가능 이슈에 대한 투명성을 제공하며, 보건과 안전 활동, 에너지 사용과 효율성, 배출(탄소 발자국, 온실가스), 환경적 준수 등을 추적한다.

데이터 통합 외에도 전사적 자원 관리 소프트웨어는 거래비용을 감소시키고 빠르고 정확한 정보를 제공한다. 적시공급 시스템과 공급사슬 통합에 대한 전략적 강조는 전사적 소프트웨어를 기대하게 몰아 간다. OM in Action '전사적 자원 관리 소프트웨어로 베네통 관리하기'는 전사적 자원

OM in Action 전사적 자원 관리 소프트웨어로 베네통 관리하기

전사적 자원 관리 덕분에 이탈리아 스포츠웨어 회사인 베네통(Benetton)은 세계에서 가장 빠른 공장과 의류산업에서 가장 효율적인 유통 시스템을 가지고 있다고 주장한다. 이탈리아 폰차노에 위치한 베네통은 매년 1억 5,000만 장이 넘는 옷을 만들고 배송한다. 이것은 매일 주문된 품목으로 정확하게 채워져 120개 국가 6,900개 점포로 배송되는 상자 9만 개가 된다. 이렇게 고도로 자동화된 유통 센터는 단지 19명의 직원만 사용한다. 전사적 자원 관리 시스템 없이는 100명이 넘는 직원이 필요할 것이다.

전사적 자원 관리 소프트웨어는 다음과 같이 작동한다.

1. *주문*: 보스턴 남부 점포 판매사원이 가장 잘 팔리는 푸른색 스웨터가 다 팔리고 없음을 파악한다. 노트북을 활용해 담당 지역 베네통 대리인이 전사적 자원 관리 판매 모듈에 접속한다.
2. *가용성*: 전사적 자원 관리 재고 소프트웨어는 동시에 주문을 이탈리아의 메인프레임 컴퓨터로 전달하고, 주문의 반은 이탈리아 창고로부터 즉시 채울 수 있음을 알아낸다. 나머지는 생산 후 4주 안에 배송된다.
3. *생산*: 푸른색 스웨터는 처음부터 컴퓨터 지원 설계(computer-aided design)로 만들어졌기에 전사적 자원 관리 제조 소프트웨어가 사양을 직조기로 전해준다. 직조기는 바로 스웨터를 만든다.
4. *창고 저장*: 푸른색 스웨터는 이탈리아의 한 창고에서 보스턴 점포 주소로 RFID 태그가 부착되어 이탈리아 창고의 30만 개 자리 중 하나에 놓인다. 로봇이 태그를 읽어 파일을 만들며 보스턴 점포로 배송할 준비가 된 모든 상자를 집어 들어 배송하기 위해 적재한다.
5. *주문 추적*: 보스턴 판매사원은 인터넷을 통해 전사적 자원 관리 시스템에 로그인해 스웨터와 다른 품목이 완성되어 배송되고 있다는 것을 알게 된다.
6. *계획*: 전사적 자원 관리 예측 모듈과 재무 모듈 데이터를 바탕으로 베네통 구매 책임자는 푸른색 스웨터의 수요가 높고 이익률이 높다고 결정한다. 구매 책임자는 3개의 새로운 색상을 추가하기로 결정한다.

출처: *WritePass Journal*(November 19, 2016); Forbes(December 2, 2011); madeinitaly.com

관리 소프트웨어가 어떻게 회사 운영을 통합하는지 예제를 제공한다.

전사적 자원 관리 시스템 안에서 데이터는 모든 응용 프로그램이 공유하는 공통적이고, 완전하며, 일관된 데이터베이스에 단 한 번 입력된다. 예를 들면 나이키(Nike) 판매사원이 전사적 자원 관리 시스템에 풋락커(Foot Locker)를 위해 2만 켤레의 운동화 주문을 입력하면, 데이터는 바로 제조 작업장에서 이용 가능하다. 생산직 직원들은 재고가 없으면 주문을 채우기 위해서 일을 시작하고, 회계팀은 풋락커 송장을 인쇄하며, 배송팀은 풋락커에 미래 전달 일짜를 통지한다. 판매사원, 심지어 고객도 아무 때나 주문 진행 상황을 점검할 수 있다. 이것은 모두 같은 데이터와 공통 응용 프로그램을 활용하기에 이루어진다. 이런 일관성에 도달하려면, 데이터는 전사적으로 동일하게 정의되어야 한다. 나이키 사례에서 보면 이것은 베트남부터 중국, 멕시코까지 생산 현장 운영이 통합되고, 현지 통화로 표시되고 다양한 언어로 보고서가 작성된 전 세계 비즈니스 단위도 통합됨을 의미한다.

전사적 자원 관리 시스템 공급사는 각자 독특한 제품을 생산한다. 주요 공급사인 독일 회사 SAP AG, 캐나다의 BEA, 미국의 SSA글로벌(SSAGlobal), 아메리칸소프트웨어(American Software), 피플소프트오라클(PeopleSoft/Oracle), CMS 소프트웨어(CMS Software)는 특정 산업을 위해 설계한 소프트웨어와 모듈을 판매한다. (SAP의 모듈 세트가 그림 14.11에 제시된다.) 그러나 기업은 그들의 비즈니스 방식을 표준 전사적 자원 관리 모듈에 맞추어야 할지 결정해야 한다. 만약 그들의 제품이 표준 전사적 자원 관리 제품에 적합하지 않다고 결정한다면 소프트웨어에 적합하게 그들의 비

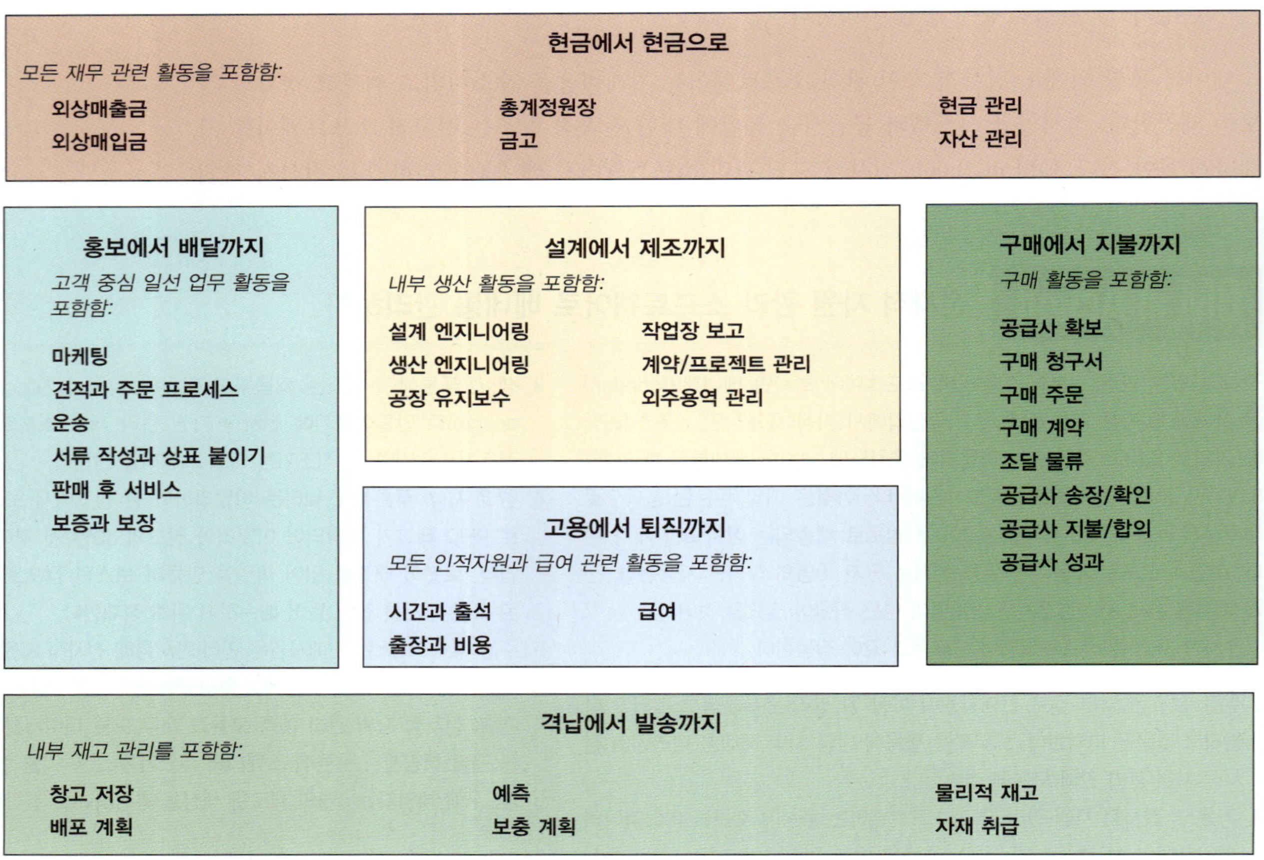

그림 14.11 전사적 자원 관리 SAP 모듈

출처: SAP, www.sap.com.

즈니스 방식을 바꿀 수 있다. 그러나 그런 변화는 비즈니스 프로세스에서 부정적인 영향을 끼치고 경쟁력을 감소시킬 수 있다.

그 대신 전사적 자원 관리 소프트웨어가 구체적 프로세스 요구사항에 맞게 맞춤화될 수 있다. 공급업체가 소프트웨어의 맞춤화 프로세스를 쉽게 만들어 놓았지만 많은 회사가 맞춤화에 소프트웨어의 5배가 넘는 비용을 지불한다. 비용에 덧붙여 맞춤화의 가장 큰 단점은 전사적 자원 관리 공급업체가 소프트웨어 업그레이드나 확장을 제공할 때 맞춤화 부분은 코드가 새로운 버전에 맞게 다시 작성되어야 한다는 것이다. 전사적 자원 관리 프로그램 비용은 소규모 회사에게는 최소 30만 달러지만, 포드(Ford)나 코카콜라(Coca-Cola) 같은 세계적 기업은 1억 달러가 넘는 비용이 든다. 전사적 자원 관리 시스템은 비싸고, 숨어 있는 많은 이슈가 있고, 설치하는 데 오랜 시간이 걸리는 것을 쉽게 볼 수 있다.

서비스 부문의 전사적 자원 관리

전사적 자원 관리 공급사들은 의료, 정부, 소매점, 금융 서비스와 같은 시장에 일련의 서비스 모듈을 개발해 왔다. 일례로 스프링어밀러시스템스(Springer-Miller Systems)의 경우는 호텔 시장에서 일선 업무와 후방 지원 업무의 모든 기능을 다루는 전사적 자원 관리 소프트웨어 패키지를 만들어 냈다. 이 시스템은 손님 방문기록 유지, 방 예약, 식사 예약, 골프 티업 일정계획, 체인점들의 다수의 소유물 관리 등의 업무를 통합한다. 피플소프트/오라클은 기내식 준비를 조정하기 위해 전사적 자원 관리와 공급사슬관리를 결합했다. 식품 산업에서 이런 공급사슬 시스템은 **효율적 고객 반응**(efficient consumer response) 시스템이라고 알려져 있다. 효율적 고객 반응 시스템은 판매를 구매, 재고, 물류와 생산까지 하나로 묶는다.

효율적 고객 반응
식품 산업에서 판매를 구매, 재고, 물류와 생산까지 하나로 묶는 공급사슬 관리 시스템

요약

자재소요계획은 수요가 종속적일 때 생산과 재고 일정계획을 한다. 자재소요계획이 작동하려면 경영진이 대생산일정계획, 모든 구성품에 대한 정확한 소요량, 정확한 재고와 구매 기록, 정확한 납기를 갖고 있어야 한다.

제대로 구현되면 자재소요계획은 고객 서비스 수준을 향상시키면서 재고를 줄이는 데 크게 기여할 수 있다. 자재소요계획 기법을 사용하면 운영 관리자가 단순히 '시간이 되면 주문하는' 기준이 아니라 '필요하면 주문하는' 기준으로 재고를 일정계획하고 보충할 수 있다. 자재소요계획 시스템을 사용하는 많은 회사가 로트 대 로트가 저렴한 로트 크기 결정 대안이라는 것을 알게 된다.

자재소요계획 시스템의 지속적인 개발로 린 제조 기술을 함께 사용하기에 이르렀다. 또한 자재소요계획은 생산 데이터를 공급사슬과 판매를 비롯한 다양한 기타 활동과 통합할 수 있다. 그 결과 이제 통합된 데이터베이스 지향 전사적 자원 관리 시스템을 갖게 되었다. 이러한 비싸고 설치하기 어려운 전사적 자원 관리 시스템은 성공할 경우 차별화, 고객 반응 비용 우위 전략을 지원한다.

핵심 용어

계획 주문 발주(planned order release)
계획 주문 입고(planned order receipt)
납기(lead time)
낮은 수준 코딩(low-level coding)
대생산일정계획(master production schedule, MPS)
로트 대 로트(lot-for-lot)
로트 크기 결정(lot-sizing decision)
모듈 명세서(modular bills)
버킷(buckets)
수요 주도형 자재소요계획(demand-driven MRP, DDMRP)

순소요계획(net requirements plan)
시간 울타리(time fences)
시스템 불안(system nervousness)
예상 명세서(planning bills (or kits))
유령 명세서(phantom bills of material)
유통자원 관리(distribution resource planning, DRP)
자재 명세서(bill of material, BOM)
자재소요계획 II(material requirements planning II, MRP II)
자재소요계획(material requirements planning, MRP)
작업 부하 보고서(load report)
전사적 자원 관리(enterprise resource planning, ERP)
주기적 주문량(periodic order quantity, POQ)
총자재소요계획(gross material requirements plan)
페깅(pegging)
폐쇄 루프 자재소요계획 시스템(closed-loop MRP system)
효율적 고객 반응(efficient consumer response, ECR)

윤리적 딜레마

수개월 동안 당신의 잠재적 전사적 자원 관리 고객은 당신이 판매하는 90만 달러짜리 전사적 자원 관리 소프트웨어에 구축된 수백 가지 가정을 분석해 왔다. 지금까지 당신은 이 판매를 성사시키기 위해 최선을 다했다. 판매가 완료되면 연간 할당량을 달성하고 멋진 보너스를 받게 된다. 반면에, 이 판매에 실패하면 다른 일자리를 찾아야 한다는 것을 의미하기도 한다.

고객이 구성한 회계, 인적자원, 공급사슬과 마케팅 팀이 사양을 검토해 왔고 최종적으로 소프트웨어 구매를 추천했다. 그러나 그들의 어깨 너머로 살펴보고 평가 프로세스를 도왔을 때, 그들의 구매 절차(대부분의 구매가 수백 개의 지역 상점에서 이루어짐)가 소프트웨어에 적합하지 않다는 것을 깨닫기 시작했다. 최소한 맞춤화하려면 설치와 교육 비용에 25만 달러가 추가된다. 팀은 이 문제를 알지 못하며 필요한 25만 달러가 예산에 없다는 것을 알고 있다.

당신은 어떻게 하겠는가?

토론 문제

1. 총소요량 계획과 순소요량 계획의 차이점은 무엇인가?
2. 자재소요계획이 수립되면 이 기법에 대해 어떤 다른 관리 응용 프로그램이 필요한가?
3. 자재소요계획와 유통자원 관리의 유사점은 무엇인가?
4. 자재소요계획 II는 자재소요계획과 어떻게 다른가?
5. 제조 회사에 가장 적합한 로트 크기 결정 정책은 무엇인가?
6. 유통자원 관리 시스템의 재고 할당에서 유지비용을 무시하면 로트 크기에 어떤 영향을 미치는가?
7. 자재소요계획은 재고 시스템 그 이상이다. 자재소요계획에는 어떤 추가 기능이 있는가?
8. 다음과 같은 생산계획자를 위한 대안은 무엇인가?
   (a) 다음 주에 작업장의 생산능력보다 더 많은 일정이 계획되었다.
   (b) 해당 작업장에 일관성 있게 생산능력이 부족하다.
9. 대생산일정계획은 프로세스가 연속인지, 잡샵인지, 반복 생산인지에 따라 세 가지 방식으로 표현된다. 이 세 가지 방법은 무엇인가?
10. 기업의 어떤 기능이 자재소요계획 시스템에 영향을 미치며, 어떻게 미치는가?
11. (a) 유령 명세서, (b) 예상 명세서, (c) 가상 명세서의 근거는 무엇인가?
12. 효과적인 자재소요계획 시스템의 다섯 가지 특정 요구사항을 파악하라.
13. 전사적 자원 관리의 일반적인 이점은 무엇인가?
14. 자재소요계획, 유통자원 관리, 전사적 자원관리의 차이점은 무엇인가?
15. 재고 관리에 대한 접근 방식으로서 자재소요계획은 경제적 주문량(EOQ)을 다루는 12장에서 취한 접근 방식과 어떻게 다른가?
16. 전사적 자원 관리의 단점은 무엇인가?
17. 웹 또는 기타 자료원을 사용해 다음을 수행하라.
    (a) 전사적 자원 관리 시스템의 장점을 강조하는 이야기를 찾아보라.
    (b) 전사적 자원 관리 시스템의 구매, 설치 또는 실패의 어려움을 강조하는 이야기를 찾아보라.
18. 웹 또는 기타 자료원을 이용해 어떤 ERP 공급사(SAP, 피플소프트/오라클, 아메리칸소프트웨어 등)가 다음 소프트웨어 특징을 포함하는지 파악하라.
    (a) 고객관계관리
    (b) 공급사슬 관리
    (c) 제품수명주기 관리
    (d) 블록체인
19. 자재소요계획 시스템의 구조는 '버킷'과 무한 적재를 제안한다. 이 두 용어는 무엇을 의미하는가?

문제 해결

문제 해결 14.1

알파라고 부를 조립품 10단위를 생산하는 데 필요한 하위 수준 코딩과 각 구성품의 수량을 결정하라. 필요한 각 구성품의 제품 구조와 수량은 괄호 안에 알려준다.

해결책

하위 수준 코딩으로 제품 구조를 다시 그린다. 그런 다음 각 가지의 소요량이 결정될 때까지 제품 구조 아래로 곱해 나간다. 그런 다음 각 구성품의 합계가 결정될 때까지 구조의 횡으로 더한다.

왼쪽 가지에 필요한 E

$$(1_{알파} \times 1_B \times 2_C \times 1_E) = 2E$$

오른쪽 가지에 필요한 E

$$(1_{알파} \times 1_C \times 1_E) = 총\ \frac{1E}{3E}\ 필요$$

그런 다음 오른쪽 표에 표시된 대로 각각에 10을 곱해 소요량을 '폭발적으로' 전개시킨다.

수준	품목	단위별 수량	알파 10단위별 총소요량
0	알파	1	10
1	B	1	10
2	C	3	30
2	D	2	20
3	E	3	30
3	F	3	30

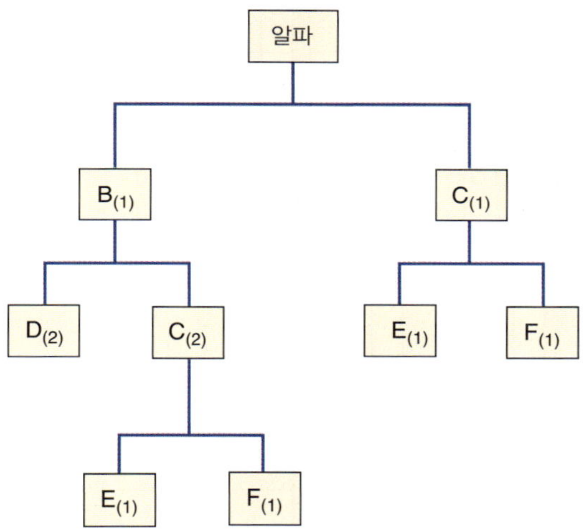

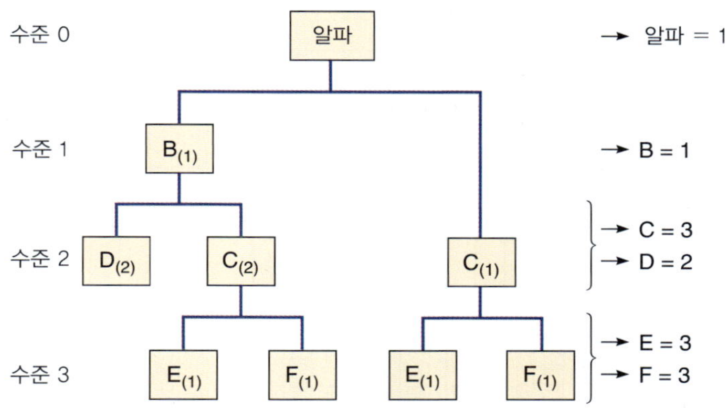

문제 해결 14.2

문제 해결 14.1의 알파에 대한 제품 구조와 다음 납기, 보유량과 대생산일정계획을 사용해 알파에 대한 순자재소요계획 표를 준비한다.

품목	납기	보유 수량
알파	1	10
B	2	20
C	3	0
D	1	100
E	1	10
F	1	50

대생산일정계획

기간	6	7	8	9	10	11	12	13
총자재소요량			50			50		100

해결책

다음 페이지의 차트를 참조하라.

로트 크기	납기	보유 재고	안전 재고	할당	낮은 수준 코딩	품목 번호			1	2	3	4	5	6	7	8	9	10	11	12	13
									기간 (주, 일)												
로트 대 로트	1	10	—	—	0	알파 (A)	총소요량									50			50		100
							일정계획된 입고														
							예상 보유량	10								10					
							순소요량									40			50		100
							계획 주문 입고									40			50		
							계획 주문 발주								40			50		100	100
로트 대 로트	2	20	—	—	1	B	총소요량								40(A)			50(A)		100(A)	
							일정계획된 입고														
							예상 보유량	20							20						
							순소요량								20			50		100	
							계획 주문 입고								20			50		100	
							계획 주문 발주						20			50		100			
로트 대 로트	3	0	—	—	2	C	총소요량						40(B)		40(A)	100(B)	200(B) + 50(A)			100(A)	
							일정계획된 입고														
							예상 보유량	0													
							순소요량						40		40	100		250		100	
							계획 주문 입고						40		40	100		250		100	
							계획 주문 발주			40		40	100		250		100				
로트 대 로트	1	100	—	—	2	D	총소요량						40(B)			100(B)		200(B)			
							일정계획된 입고														
							예상 보유량	100					100			60					
							순소요량						0			40		200			
							계획 주문 입고						0			40		200			
							계획 주문 발주					0			40		200				
로트 대 로트	1	10	—	—	3	E	총소요량			40(C)		40(C)	100(C)		250(C)		100(C)				
							일정계획된 입고														
							예상 보유량	10		10											
							순소요량			30		40	100		250		100				
							계획 주문 입고			30		40	100		250		100				
							계획 주문 발주		30		40	100		250		100					
로트 대 로트	1	50	—	—	3	F	총소요량			40(C)		40(C)	100(C)		250(C)		100(C)				
							일정계획된 입고														
							예상 보유량	50		50		10					—				
							순소요량			0		30	100		250		100				
							계획 주문 입고					30	100		250		100				
							계획 주문 발주				30	100		250		100					

문제 해결 14.2 알파에 대한 순자재소요계획 장표

괄호 안의 문자는 수요 원천을 나타낸다.

문제 해결 14.3

Hip Replacements, Inc.는 준비비용 50달러, 주당 재고 보유비용 2달러, 기초 재고 0, 납기가 1주인 최신 모델에 대한 대생산일정계획을 아래에 보여준 것 같이 가지고 있다. 10주 기간 동안 로트 대 로트를 사용하는 비용은 얼마인가?

해결책

보유비용 = 0달러(기말 재고가 전혀 없기 때문에)
주문비용 = 4번 주문 × 50달러 = 200달러
로트 대 로트 총비용 = 0달러 + 200달러 = 200달러

주		1	2	3	4	5	6	7	8	9	10
총소요량		0	0	50	0	0	35	15	0	100	0
일정계획된 입고											
예상 보유량	0	0	0	0	0	0	0	0	0	0	0
순소요량		0	0	50	0	0	35	15	0	100	
계획 주문 입고				50			35	15		100	
계획 주문 발주			50			35	15		100		

문제 해결 14.4

Hip Replacements, Inc.는 준비비용 50달러, 주당 재고 보유비용 2달러, 기초 재고 0, 납기가 1주인 최신 모델에 대한 대생산일정계획을 가지고 있다. 이 10주 기간 동안 (a) 경제적 주문량과 (b) 주기적 주문량을 사용하는 데 드는 비용은 얼마인가?

해결책

(a) 경제적 주문량 로트 크기의 경우 먼저 경제적 주문량을 결정한다.

연간 사용량 = 10주 동안 200단위, 주간 사용량 = 200/10주 = 주당 20단위.

따라서 20단위 × 52주(연간 수요) = 1,040단위이다. 12장에서 경제적 주문량 모델은 다음과 같다.

$$Q^* = \sqrt{\frac{2DS}{H}}$$

D = 연간 수요 = 1,040
S = 준비비용 = 50달러
H = 유지(보유)비용, 단위당 연간 기준 = 2달러 × 52 = 104달러
Q^* = 31.62 ≈ 32단위(경제적 주문량 또는 경제적 주문량의 배수로 주문)

주		1	2	3	4	5	6	7	8	9	10	
총소요량		0	0	50	0	0	35	15	0	100	0	
일정계획된 입고												
예상 보유량	0	0	0	0	14	14	14	11	28	28	24	24
순소요량		0	0	50	0	0	21	0	0	72	0	
계획 주문 입고				64			32	32		96		
계획 주문 발주			64			32	32		96			

보유비용 = 157단위 × 2달러 = 314달러(기간 11에 24단위가 이용 가능한 것에 주목해야 하고, 그로 인해 기간 10 말에 보유 재고가 있으므로 재고비용이 있음)
주문비용 = 4번 주문 × 50달러 = 200달러
경제적 주문량 로트 크기 결정 총비용 = 314달러 + 200달러 = 514달러

(b) 주기적 주문량 로트 크기의 경우 위에서 계산된 경제적 주문량을 사용해 주문 사이의 기간을 계산한다.

기간 간격 = 경제적 주문량/평균 주당 사용량 = 32/20 = 1.6 ≈ 2기간
주기적 주문량 주문 크기 = 두 기간 동안 필요한 수요, 수요가 없는 기간에는 주문 연기

주		1	2	3	4	5	6	7	8	9	10
총소요량		0	0	50	0	0	35	15	0	100	0
일정계획된 입고											
예상 보유량	0	0	0	0	0	0	0	15	0	0	
순소요량		0	0	50	0	0	50	0	0	100	0
계획 주문 입고				50			50			100	
계획 주문 발주			50			50			100		

보유비용 = 15단위 × 2달러 = 30달러

주문비용 = 3번 주문 × 50달러 = 150달러

주기적 주문량 로트 크기 결정 총비용 = 30달러 + 150달러 = 180달러

연습 문제

Px 윈도우용 POM 또는 엑셀 OM으로 문제를 해결할 수 있음

문제 14.1~14.4는 종속 재고 모델 소요량과 관련이 있다.

• **14.1** 당신 조직의 잠재적 기부자를 위한 러시 파티용 선물 가방에 필요한 품목에 대해 다음과 같은 간단한 제품 구조를 수립했다. 파티에는 200명이 참석할 것으로 예상한다. 어떤 품목도 보유 재고가 없다고 가정한다. 자재소요계획을 폭발적으로 전개하라. (아래첨자는 필요한 단위 수를 나타낸다.)

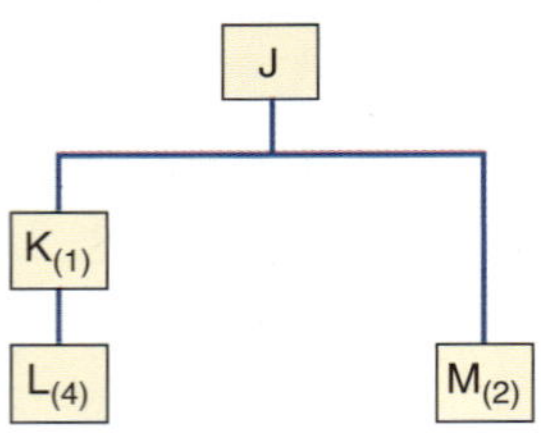

•• **14.2** 오후 5시까지 문제 14.1의 선물 가방을 준비해야 한다. 그러나 품목(심볼을 찍은 펜, 메모장, 프린터 인쇄물 등)을 개인별로 준비해야 한다. 다른 품목이 준비되면 J 200개를 모아 담는데 납기는 1시간이다. 다른 품목도 시간이 걸린다. 자원 봉사자가 있는 경우 다른 예상 시간은 K항목(2시간), L항목(1시간), M항목(4시간)이다. 선물 가방을 준비하기 위해 시간단계 조립 계획을 수립하라.

•• **14.3** Xiangling Hu Products, Inc.의 생산 계획자로서 당신은 1개의 토대, 2개의 스프링과 4개의 조임쇠로 구성된 지지구조재의 자재소요계획을 받았다. 토대는 1개의 조임쇠와 2개의 하우징으로 조립된다. 각 조임쇠는 1개의 손잡이와 1개의 주물이 있다. 각 하우징에는 2개의 베어링과 1개의 축이 있다. 보유 재고는 없다.

(a) 각 품목에 대한 수량을 명시한 제품 구조를 설계하고 낮은 수준 코딩을 보여라.

(b) 50개 지지구조재를 조립하기 위해 필요한 각 품목의 총 수량을 결정하라.

(c) 토대 25개와 조임쇠 100개의 재고가 있는 경우 필요한 순소요량을 계산하라. Px

•• **14.4** Xiangling Hu Products, Inc.의 상사가 문제 14.3의 지지구조재에 대한 일정계획과 납기를 제공했다. 모든 단위는 10주 차에 준비될 예정이다. 구성품의 납기는 지지구조재(1주), 토대(1주), 스프링(1주), 조임쇠(1주), 하우징(2주), 손잡이(1주), 주조(3주), 베어링(1주), 축(1주)이다.

(a) 지지구조재에 대한 시간단계 제품 구조를 준비하라.

(b) 몇 주 차에 주조를 시작해야 하는가? Px

문제 14.5~14.21은 자재소요계획 구조와 관련이 있다.

•• **14.5** 부분조립품 S에 대한 수요는 7주 차에 100단위이다. S 각 단위는 T 1단위와 U 2단위가 필요하다. T 각 단위는 V 1단위, W 2단위, X 1단위가 필요하다. 마지막으로 U 각 단위는 Y 2단위, Z 3단위가 필요하다. 한 기업이 모든 품목을 제조한다. S를 만드는 데 2주, T를 만드는 데 1주, U를 만드는 데 2주, V를 만드는 데 2주, W를 만드는 데 3주, X를 만드는 데 1주, Y를 만드는 데 2주, Z를 만드는 데 1주가 걸린다.

(a) 제품 구조를 구성하라. 모든 수준, 부모와 구성품을 파악하라.

(b) 시간단계 제품 구조를 준비하라.

•• **14.6** 문제 14.5의 정보를 사용해 총자재소요계획을 구성하라. Px

•• **14.7** 문제 14.5의 정보를 사용하고, 다음 보유 재고를 사용해 순자재소요계획을 구성하라. Px

대생산일정계획

기간	7	8	9	10	11	12
총소요량		50		20		100

품목	납기	보유 재고	품목	납기	보유 재고
X1	1	50	C	1	0
B1	2	20	D	1	0
B2	2	20	E	3	10
A1	1	5			

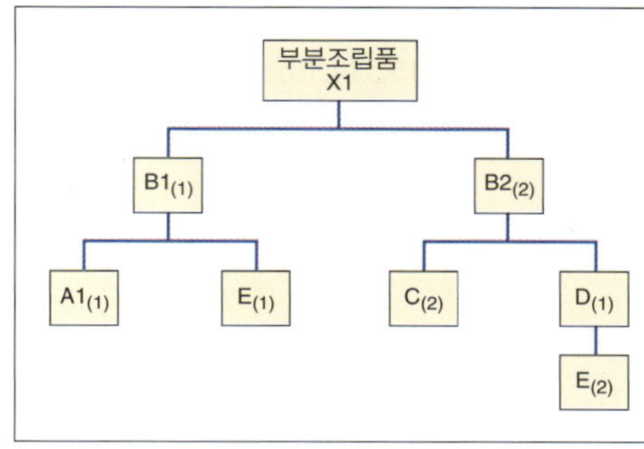

그림 14.12 연습문제 14.10 정보

품목	보유 재고	품목	보유 재고
S	20	W	30
T	20	X	25
U	40	Y	240
V	30	Z	40

•• **14.8** 문제 14.5와 14.6을 다시 참조하라. S 100단위 외에 S의 구성품인 U 20단위에 대한 수요도 있다. U 20단위는 유지보수 목적으로 필요하다. 이 단위는 6주 차에 필요하다. 이 변경사항을 반영하도록 **총자재소요계획**을 수정하라. **Px**

•• **14.9** 문제 14.5와 14.7을 다시 참조하라. S의 100단위 외에 S의 구성품인 U 20단위에 대한 수요도 있다. U 20단위는 유지보수 목적으로 필요하다. 이 단위는 6주 차에 필요하다. 또한 3주 차가 기한인 S 80단위에 대한 새 주문이 접수되었다. 이러한 변경사항을 반영하도록 **순소요계획**을 수정하라. **Px**

•• **14.10**

(a) 그림 14.12에 표시된 제품 구조와 대생산일정계획을 고려해서 모든 품목에 대한 총소요계획을 수립하라.

(b) 그림 14.12에 보여준 제품 구조, 대생산일정계획과 재고 상태를 고려해 모든 품목에 대한 순소요계획(계획된 주문 발주)을 수립하라. **Px**

••• **14.11** 그림 14.13의 제품 구조, 대생산일정계획과 재고 상태가 주어지고 자재 명세서 각 품목에 대한 소요량이 1이라고 가정하자.

(a) 품목 C에 대한 총소요계획을 수립하라.

(b) 품목 C에 대한 순소요계획을 수립하라. **Px**

•••• **14.12** 그림 14.13의 데이터를 기반으로 다음 항목에 대한 순자재소요 일정계획을 완성하라.

(a) 자재 명세서 각 품목에 대한 소요량이 1이라고 가정하는 모든 품목(총 10개의 일정계획).

(b) 각각 2개가 필요한 B, C, F를 제외하고, 각 품목에 대한 소요량이 1이라고 가정할 때 모든 품목 10개. **Px**

기간	8	9	10	11	12
총소요량: A	100		50		150
총소요량: H		100		50	

품목	보유 재고	납기	품목	보유 재고	납기
A	0	1	F	75	2
B	100	2	G	75	1
C	50	2	H	0	1
D	50	1	J	100	2
E	75	2	K	100	2

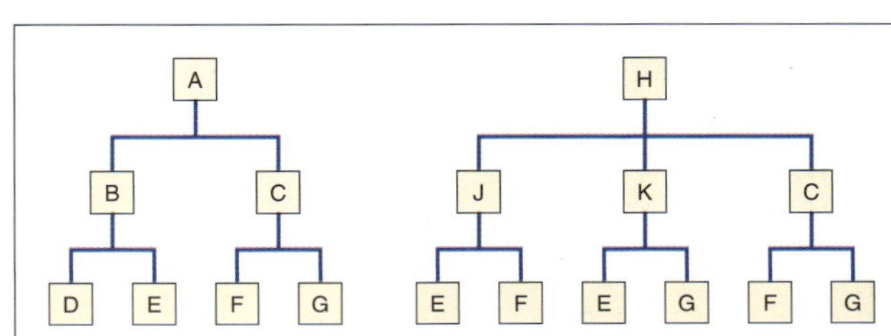

그림 14.13 연습문제 14.11과 14.12 정보

그림 14.14

연습문제 14.14, 14.15, 14.16, 14.17 정보

부품	보유 재고
A	0
B	2
C	10
D	5
E	4
F	5
G	1
H	10

부품 구조 나무

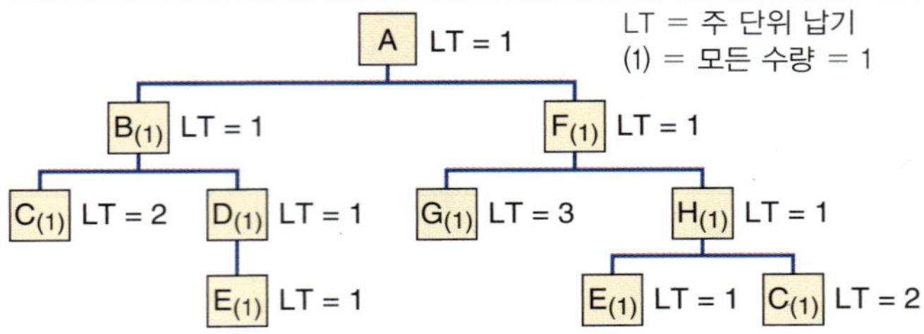

••• **14.13** Electro Fans는 7주 차가 기한인 1,000개의 20인치 팬 주문을 받았다. 각 팬은 하우징 조립품, 2개의 그릴, 팬 조립품과 전기 장치로 구성된다. 하우징 조립품은 틀, 2개의 지지대와 손잡이로 구성된다. 팬 조립품은 바퀴통과 5개의 날개로 구성된다. 전기 장치는 모터, 스위치, 둥근 손잡이로 구성된다. 다음 표에는 납기, 보유 재고와 일정계획된 입고가 나와 있다.

(a) 제품 구조를 구성하라.

(b) 시간단계 제품 구조를 구성하라.

(c) 순자재소요계획을 준비하라.

문제 14.13을 위한 데이터 표

구성품	납기	보유 재고	로트 크기*	일정계획된 입고
20인치 팬	1	100	—	
하우징	1	100	—	
틀	2	—	—	
지지대(2)	1	50	100	
손잡이	1	400	500	
그릴(2)	2	200	500	
팬 조립품	3	150	—	
바퀴통	1	—	—	
날개(5)	2	—	100	
전기 장치	1	—	—	
모터	1	—	—	
스위치	1	20	12	
둥근 손잡이	1	—	25	2주 차에 200개

*별다른 명시가 없으면 로트 대 로트

••• **14.14** 제품 A에 대한 부품 구조, 납기(주)와 보유 재고 수량은 그림 14.14에 나와 있다. 보여준 정보로부터 다음을 작성하라.

(a) 제품 A (5장 그림 5.9 자재 명세서 예 참조)에 대한 들여쓰기된 자재 명세서

(b) 로트 대 로트를 사용해 8주 차에 A 10개를 생산하기 위한 각 부품의 순소요량

••• **14.15** 당신은 제품 A의 제품 기획자이다(문제 14.14와 그림 14.14에 있는). 현장 서비스 관리자인 마크 문(Mark Moon)이 방금 전화를 걸어 현장 수리 소요량에 따라 B와 F에 대한 소요량을 각각 10단위씩 늘려야 한다고 말했다.

(a) 서비스 관리자의 소요량과 B와 F 각각 10단위 생산 요청을 생산하는 데 필요한 각 부품의 수량을 보여주는 목록을 준비하라.

(b) 현장 서비스 관리자가 6주 차에 B와 F 각 10단위를 원하고 8주 차에 A의 생산 10단위를 원한다고 가정하고, 새 소요량(생산과 현장 서비스 모두)에 대한 날짜별 순소요계획을 준비하라.

••• **14.16** 당신은 제품 A(문제 14.15와 그림 14.14)의 부품 G에 대한 납기가 5주로 증가되었다는 통지를 받았다.

(a) 어떤 품목이 변경되었으며 그 이유는 무엇인가?

(b) 생산 계획에 대한 함축적 의미는 무엇인가?

(c) 생산계획자로서 당신은 무엇을 할 수 있는가?

••• **14.17** 재고실 관리자인 메흐메트 알타그(Mehmet Altag)는 제품 A에 대한 순소요계획(그림 14.14와 문제 14.15의 데이터 사용)을 당신이 완료한 직후에 당신의 책상 앞으로 와 사이클 카운터를 해고해야 한다고 주장했다. 사이클 카운터가 잘못한 것 같다. 현재 A 재고는 원본 데이터에 있는 0이 아니라 3개가 있다. 또한 E도 5단위나 사용 가능하다. 그 무렵, 토론을 엿듣던 상사인 조 올릭키(Joe Orlicky)는 다음과 같이 말했다. "A가 12주 차에 10단위 더 필요하고, 15주 차에 5단위 더 필요하다는 주문을 방금 받았으니 순소요계획을 16주로 확대해야 할 것입니다. 추가로 16주 차에 B 3단위를 추가로 원하고 6주 차에 B와 F 10단위를 원하는 현장 서비스 부서도 계산에 넣으세요. 그리고 이제부터 품목 G의 납기는 4주입니다." 당신의 과제는 실제 재고(보고된 대로)와 새 일정계획을 기반으로 새로운 순소요계획을 준비하는 것이다.

••• **14.18** 한 장난감 제조업체는 7주 차에 장난감 중 하나에

대해 1,000단위의 이월주문을 가지고 있다. 아래 표는 구성품, 보유 재고와 납기 정보를 제공한다. 아래첨자는 각 부모가 필요로 한 수량을 나타낸다. 로트 대 로트 주문을 가정한다.

구성품	납기	보유 재고	구성품
장난감	1	200	$A_{(2)}$, $B_{(1)}$
A	2	500	$E_{(1)}$, $F_{(3)}$
B	1	200	$C_{(1)}$, $D_{(2)}$
C	2	150	
D	3	50	$G_{(2)}$
E	3	100	
F	2	550	
G	1	100	

(a) 장난감의 제품 구조를 수립하라.

(b) 시간단계 구조를 수립하라.

•• **14.19** 문제 14.18의 데이터를 사용해 장난감과 품목 A에 대한 순자재소요계획을 수립하라.

••• **14.20** 제품 알파 10단위를 6주 차에 배송하도록 일정계획을 해야 한다. 각 알파는 D 3단위와 F 2단위가 필요하다. 알파의 납기는 1주일이다. D의 납기는 1주, F의 납기는 2주이다.

(a) 제품 구조를 구성하라.

(b) 시간단계 제품 구조를 준비하라.

(c) 알파에 대한 총소요계획을 준비하라.

••• **14.21** 문제 14.20의 정보를 사용해 순자재소요계획을 구성하라. 2단위의 알파와 4단위의 D 재고를 보유하고 있다.

문제 14.22~14.28은 로트 크기 결정 기법과 관련이 있다.

문제 14.22~14.25 데이터 표*

기간	1	2	3	4	5	6	7	8	9	10	11	12
총소요량	30		40		30	70	20		10	80		50

*재고 유지비용 = 2.5달러/단위/주, 준비비용 = 150달러, 납기 = 1주, 초기 재고 = 40, 재고 소진 비용 = 10달러

••• **14.22** 로트 대 로트 해를 수립하고 앞의 표에 있는 데이터에 대한 총 관련 비용을 계산하라.

••• **14.23** 경제적 주문량 해를 수립하고 앞의 표에 있는 데이터에 대한 총 관련 비용을 계산하라.

••• **14.24** 주기적 주문량 해를 수립하고 앞의 표에 있는 데이터에 대한 총 관련 비용을 계산하라.

••• **14.25** 문제 14.22, 14.23, 14.24에서 계산된 로트 크기에 대한 답을 사용할 때 가장 좋은 기법은 무엇이며 그 이유는 무엇인가?

•• **14.26** Rene Enterprises의 M. 드 코스터(M. de Koster)는 아래와 같은 대생산일정계획을 가지고 있다.

기간(주)	1	2	3	4	5	6	7	8	9
총소요량		15		20		10			25

납기 = 1기간, 준비비용 = 200달러, 재고 보유비용 = 주당 10달러, 재고 소진 비용 = 주당 10달러이다. 당신의 업무는 다음에 대한 주문 계획과 비용을 수립하는 것이다.

(a) 로트 대 로트

(b) 경제적 주문량

(c) 주기적 주문량

(d) 가장 낮은 비용의 계획은 무엇인가?

••• **14.27** 이집트 카이로에 있는 장난감 제조업체인 Green Toys는 다음과 같은 대생산일정계획을 가지고 있다.

기간(주)	1	2	3	4	5	6	7	8	9	10	11	12
총소요량		1,000			800		1,000		400	200		800

납기 = 1기간, 준비비용 = 200이집트파운드, 재고 보유비용 = 주당 5이집트파운드, 재고 소진 비용 = 주당 10이집트파운드이다. 다음 기법을 사용해 Green Toys를 위한 주문 계획과 비용을 수립하라.

(a) 로트 대 로트

(b) 경제적 주문량

(c) 주기적 주문량

(d) 가장 낮은 비용의 계획은 무엇인가?

••• **14.28** 뛰어난 런닝화 제조업체인 Keebock은 크기 13짜리 런닝화 밑창을 단위당 0.25달러의 비용으로 한 기간 동안 재고로 보관한다. 준비비용은 50달러이고 기초 재고는 0이며 납기는 1주일이다. 여기에 보여준 기간별 순소요량은 다음과 같다.

기간(주)	1	2	3	4	5	6	7	8	9	10	11
순소요량		35	30	45	0	10	40	30	0	30	55

다음을 기반으로 Keebock의 비용을 결정하라.

(a) 경제적 주문량

(b) 로트 대 로트

문제 14.29~14.32는 자재소요계획 확장과 관련이 있다.

••• **14.29** Karl Knapps는 다음과 같은 주문을 받았다.

기간	1	2	3	4	5	6	7	8	9	10
주문 크기	0	40	30	40	10	70	40	10	30	60

이러한 단위의 전체 제작은 한 대의 기계에서 일정계획이 된다. 1주일에 사용 가능한 시간은 2,250분이며 각 단위를 완료하는 데 65분이 걸린다. 10주 기간 동안 로트 분할을 사용해 생산능력 계획을 수립하라.

••• **14.30** Coleman Rich, Ltd.는 다음과 같은 주문을 받았다.

기간	1	2	3	4	5	6	7	8	9	10
주문 크기	60	30	10	40	70	10	40	30	40	0

이러한 단위의 전체 제작은 한 대의 기계에서 일정계획이 된다. 1주일에 사용 가능한 시간은 2,250분이며 각 단위를 완료하는 데 65분이 걸린다. 10주 기간 동안 로트 분할을 사용해 생산능력 계획을 수립하라.

••• **14.31** 코트니 카머프(Courtney Kamauf)는 Kamauf Enterprises, Inc.에서 인기 있는 시골풍의 커피 테이블 생산 일정계획을 한다. 테이블에는 상판, 다리 4개, 착색도료 1/8갤런, 1/16갤런의 접착제, 다리 사이에 들어가는 짧은 버팀대 2개와 긴 버팀대 2개, 각 다리의 바닥에 있는 황동 덮개가 필요하다. 재고로 100갤런의 접착제가 있지만 다른 구성품은 가지고 있지 않다. 황동 덮개, 착색도료, 접착제를 제외한 모든 품목은 로트 대 로트로 주문된다. 덮개는 1,000단위, 착색도료와 접착제는 갤런 단위로 구매된다. 납기는 각 품목에 대해 1일이다. 5일 차와 6일 차에 640개의 커피 테이블을 생산하고 7일 차와 8일 차에 128개를 생산하는 데 필요한 주문 발주 일정계획을 하라. Px

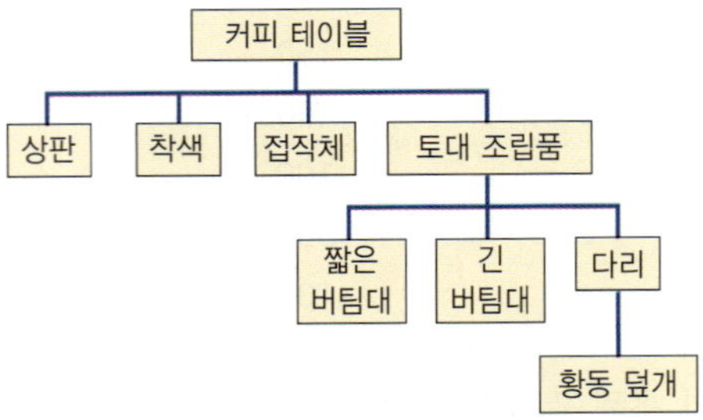

•••• **14.32** 문제 14.31의 커피 테이블에 대한 데이터를 사용해 각 상판의 인력 기준이 2노동 시간일 때 인력 일정계획을 작성하라. 각 다리에 황동 덮개를 설치하는 데는 각 버팀대 한 쌍 설치와 마찬가지로 1/4시간이 필요하다. 토대 조립품은 1시간, 최종 조립품은 2시간이 소요된다. 1일에 요구되는 총 노동 시간은 얼마이며, 1일 8시간 근무 시 필요한 직원은 몇 명인가?

사례 연구

Hill's Automotive, Inc.

Hill's Automotive, Inc.는 자동차 교체 부품의 후속시장 생산과 유통회사이다. 아트 힐(Art Hill)은 구하기 힘든 클래식 자동차와 개조 자동차 에어컨 장치 공급사로 시작한 사업을 천천히 확장했다. 이 회사는 제조 능력이 제한되어 있지만 최첨단 자재소요계획 시스템과 광범위한 재고와 조립 시설을 갖추고 있다. 구성품은 구매, 조립, 재포장된다. 자사 제품 중에는 자체 상표 에어컨, 기화기와 점화 키트가 있다. 경기 침체, 특히 회사의 자유 재량 부문은 거래량과 마진에 하향 압력을 주었고 이익이 크게 떨어졌다. 또한 고객 서비스 수준이 감소해 주문의 25%를 초과하는 지연 배달이 현재 발생했다. 설상가상으로 고객 반품은 매월 3%의 비율로 증가하고 있다.

판매 담당 부사장인 월리 호프(Wally Hopp)는 대부분의 문제가 조립 부서에 있다고 주장한다. 그는 회사가 각 제품에 무엇이 들어가는지를 나타내는 정확한 자재 명세서를 가지고 있지만 제품을 적절히 혼합해서 생산하고 있지 않다고 말한다. 그는 또한 회사가 열악한 품질 관리와 낮은 생산성을 가지고 있으며 결과적으로 비용이 너무 높다고 생각한다.

재무 담당자인 멜라니 톰슨(Melanie Thompson)은 잘못된 재고에 투자하기 때문에 문제가 발생한다고 믿는다. 그녀는 마케팅에 너무 많은 옵션과 제품이 있다고 생각한다. 멜라니는 또한 구매 부서 구매자가 초과 구매 수행을 재고와 소요량에 대한 방지책으로 사용해 왔다고 생각한다.

조립 관리자인 칼린가 야고다(Kalinga Jagoda)는 "재고로 많은 부품이 있지만 생산 일정계획에 조립에 사용할 곳이 없다는 것이 현상이다. 아주 좋지는 않지만 맞는 부품이 있으면 일정계획에 대응하기 위해 사용한다"고 말한다.

구매 관리자인 마셜 피셔(Marshall Fisher)는 구매가 Hill's Automotive를 실망시키지 않았다는 입장을 취했다. 그는 이전 공급업체를 고수하고 과거 데이터를 사용해 소요량을 결정하고 공급업체로부터 그의 견해로는 탁월한 가격으로 보이는 가격을 유지했으며 비용 절감을 위해 새로운 공급처를 평가했다. 가능하기만 하면 마셜은 낮은 비용과 조기 배달을 강조하며 수익성에 대한 늘어나는 압력에 대응했다.

토론 문제

1. 회사가 수익성 개선을 향한 길로 다시 돌아올 수 있도록 아트힐을 위한 계획을 준비하라. 증상, 문제, 실현시킬 특정 변경 사항을 확인하는 것을 명심하라.
2. 자재소요계획이 이 계획에서 어떤 역할을 하는지 설명하라.

18,500명의 올랜도 매직 팬이 저녁 식사하러 올 때

아메리칸항공 아레나(American Airlines Arena, 마이애미 소재), 켄터키 더비(Kentucky Derby), 슈퍼볼(Super Bowls)과 같은 장소에서 방대한 경험을 쌓은 존 나이슬리(John Nicely) 셰프는 이제 올랜도 매직 농구 팀의 홈구장인 올랜도 암웨이 센터에서 대규모 요리 이벤트도 계획하고 있다. 독특한 재능과 예외적인 운영 기술로 나이슬리는 세계 최대 규모의 이벤트에서 수만 명의 환호하는 팬들에게 서비스를 제공한다. 그리고 18,500명이 넘는 농구 팬이 멋진 음식과 농구 경기를 기대하며 경기장에 나타났을 때 그의 창의력과 운영 능력을 모두 발휘한다.

존 셰프는 준비되어 있어야 한다. 이는 18,500명의 모든 팬에 대한 총수요량을 결정할 뿐만 아니라 해당 수요를 특정 메뉴 품목과 음료로 변환하는 것을 의미한다. 그는 현재 티켓 판매, 다른 장소에서 유사한 이벤트의 이력, 이 특정 경기상대, 요일, 연중 시간, 심지어 시간대 수요까지 반영하는 자신의 기록에 대한 예측을 준비한다. 그런 다음 그는 수요를 22개 구매매점, 7개 레스토랑과 68개 스위트 룸 각각에서 이용 가능한 특정 메뉴 품목과 수량으로 분할한다. 그는 또한 양 팀 선수의 개별 요청을 수용할 준비가 되어 있어야 한다.

존 셰프는 매 시즌 41개의 정규 시즌 홈경기에 많이 참가하는 팬들의 흥미를 유지하기 위해 메뉴를 자주 변경한다. 참석할지도 모르는 상대 팀 팬의 요리 선호도도 메뉴에 영향을 미친다. 또한 올랜도 매직 이외의 엔터테인먼트에서 암웨이 센터를 사용하는 경우 인구통계학적 배합이 다를 수 있으므로 메뉴를 추가로 조정해야 한다. 대기 직원과 주방 직원의 규모는 군중의 규모를 반영해 변경된다. 존 셰프는 주방에서 일하는 최대 90명의 사람을 감독할 수 있다. 마찬가지로, 40%가 자체 그릴과 튀김기를 보유하고 있는 매점은 비영리 조직의 자원 봉사자가 관리하기 때문에 또 다른 도전적 과제이다. 이러한 자원 봉사자를 이용하려면 특별 교육이 필요하고 엄격한 품질 기준을 추가로 시행해야 한다.

전체 수요와 메뉴가 결정되면 존 셰프는 각 품목에 대한 생산 사양서(자재 명세서)를 준비해야 한다. 셀틱스와의 저녁 경기를 위해 존 셰프는 자신의 독특한 치토스 크러스티드 맥앤치즈(Cheeto Crusted Mac & Cheese) 요리를 준비하고 있다. 재료, 수량, 비용, 인력 소요량이 아래 표에 있다.

생산 사양서

치토스 크러스티드 맥앤치즈					
재료	**수량**	**측정 단위**	**단위비용**	**총비용**	**인력시간**
엘보 마카로니(대형, 요리 안 됨)	20.00	온스	0.09달러	1.80달러	
치즈-페퍼 잭(강판에 간 것)	10.00	온스	0.16	1.60	
맥앤치즈 주재료 (요리법 참조)	44.00	온스	0.80	35.20	
우유	4.00	온스	0.03	0.12	
치토스(으깬 것)	6.00	온스	0.27	1.62	
썰은 양파(고명)	0.50	온스	0.18	0.09	
온전한 치토스(고명)	2.00	온스	0.27	0.54	
총 인력 시간					0.2 시간

이 요리는 6인분이며 인건비는 복리후생 포함 시간당 15달러이다. 저녁에 필요한 전량은 경기 전에 준비해 필요할 때까지 예열 오븐에 보관한다. 각 농구 경기에 대한 수요는 경기 전, 1쿼터, 2쿼터, 하프타임, 후반의 5개 기간으로 구분된다. 다음 주 올랜도 매직과 셀틱스와의 경기에서 각 기간의 수요량(인당 분량)은 치토스 크러스티드 맥앤치즈 요리에 대해 각각 60, 36, 48, 60, 12인분이다.

토론 문제*

1. 치토스 크러스티드 맥앤치즈 216인분에 대한 자재수요계획 폭발적 전개와 총비용을 준비하라.
2. 1인분 비용은 얼마인가? 치토스 크러스티드 맥앤치즈가 이 장의 그림 14.9에 나와 있는 존 셰프의 대안 창작품인 버팔로 치킨 맥앤치즈보다 얼마나 저렴한가?
3. 치토스 크러스티드 맥앤치즈의 초기 재고가 없고 전체 216인분의 조리 시간이 0.6시간이라고 가정하면 언제 준비를 시작해야 하는가?

휠드코치의 자재소요계획

세계 최대의 구급차 제조업체인 휠드코치는 수천 가지의 다양하고 끊임없이 변화하는 제품 형상을 만든다. 주문형 특성의 비즈니스란 많은 옵션과 특수 설계를 의미하며 잠재적인 일정계획과 재고 악몽을 의미한다. 휠드코치는 자재소요계획 시스템(이 장을 여는 세계적 기업 프로필에 설명됨)으로 이러한 문제를 언급하고 많은 문제를 해결하는 데 성공했다. 그러나 대부분의 자재소요계획 설치와 마찬가지로 하나의 문제를 해결하면 새로운 문제가 발견된다.

공장 관리자인 린 웨일런(Lynn Whalen)이 언급해야 했던 새로운 문제 중 하나는 새로 발견된 초과 재고였다. 관리자는 어떤 완제품에도 필요하지 않은 상당한 양의 재고를 발견했다. 자재소요계획 시스템이 요구하는 재고 정확도 수준이 높기 때문에 초과 재고의 존재는 분명했다. 또 다른 이유는 휠드코치가 설치한 자재소요계획 시스템에 의해 생성된 일련의 새로운 재고 보고서였다. 이러한 보고서 중 하나는 품목이 어느 곳에 사용되었는지를 나타내며 '사용처' 보고서로 알려져 있다. 흥미롭게도 많은 재고 품목이 현재 제품의 자재 명세서에 표시되지 않았다. 어떤 경우에는 일부 부품이 창고에 있었던 이유가 미스터리로 남아 있었다.

이 초과 재고가 발견되면서 자재 명세서와 입고 보고서, 재고가 정확한지 확인하기 위한 새로운 노력으로 이어졌다. 상당한 작업으로 세 가지 모두의 정확도가 높아졌다. 또한 자재 명세서의 정확도가 향상되어 엔지니어링 변경 통지의 수를 줄일 수 있는 추가 이점이 있었다. 마찬가지로 주문한 부품 번호와 수량 모두에 대한 구매 주문 정확도가 향상되어 비용이 절감되고 궁극적으로 일정계획에 맞춰 품질과 성능이 향상되었다.

결국 린 웨일런은 초과 재고의 잔여량이 적어도 부분적으로는 구급차 설계와 기술의 급격한 변경의 결과라고 결론지었다. 또 다른 출처는 사양이 결정되고 자재가 주문된 후 고객이 변경한 것이다. 후자의 초과 재고는 휠드코치의 자체 처리 시간은 17일에 불과하지만 구매하는 많은 품목의 납기가 훨씬 더 오래 걸리기 때문에 발생한다.

토론 문제

1. 휠드코치에서 정확한 재고가 그렇게 중요한 이슈인 이유는 무엇인가?
2. 휠드코치에 초과 재고가 있는 이유는 무엇이며, 이를 다루기 위한 계획은 무엇인가?
3. 재고 감소에 대한 제안과 이를 구현하는 방법을 구체적으로 제안하라.

미주

1. 12장에서 논의된 재고 모델(경제적 주문량)은 한 품목에 대한 수요가 다른 품목에 대한 수요와 독립적이라고 가정했다. 예를 들어 경제적 주문량은 냉장고 부품에 대한 수요가 냉장고에 대한 수요와 독립적이고 부품에 대한 수요가 고정적이라고 가정한다. 자재소요계획은 이러한 가정을 하지 않는다.
2. 99%의 기록 정확도는 좋게 들릴지 모르지만 각 구성품의 가용성이 99%이고 제품에 7개 구성품만 있는 경우에도 제품이 완성될 가능성은 .932에 불과하다($.99^7 = .932$).
3. Ptak, Carol A. and Chad J. Smith, *Orlicky's Material Requirements Planning*, 3rd ed., New York: McGraw-Hill, 2011 참조.
4. 경제적 주문량을 사용하는 것은 주문 간격을 결정하는 데 편리한 접근 방식이지만, 다른 규칙을 사용할 수도 있다.

참고문헌

Barba-Gutierrez, Y., B. Adenso-Diaz, and S. M. Gupta. "Lot Sizing in Reverse MRP for Scheduling Disassembly." *International Journal of Production Economics* 111, no. 2 (February 2008): 741.

Bell, Steve. "Time Fence Secrets." *APICS* 16, no. 4 (April 2006): 44–48.

Bolander, Steven, and Sam G. Taylor. "Scheduling Techniques: A Comparison of Logic." *Production and Inventory Management Journal* 41, no. 1 (1st Quarter 2000): 1–5.

Crandall, Richard E. "The Epic Life of ERP." *APICS* 16, no. 2 (February 2006): 17–19.

DeMatteis J. J. "An Economic Lot-Sizing Technique, I: The Part-Period Algorithm." *IBM Systems Journal* 7 (1968): 30–38.

Diehl Gregory W., and A. J. Armstrong "Making MRP Work." *Industrial Engineer* 43, no. 11 (November 2011): 35–40.

Kanet, J., and V. Sridharan. "The Value of Using Scheduling Information in Planning Material Requirements." *Decision Sciences* 29, no. 2 (Spring 1998): 479–498.

Krupp, James A. G. "Integrating Kanban and MRP to Reduce Lead Time." *Production and Inventory Management Journal* 43, no. 3–4 (3rd/4th quarter 2002): 78–82.

Louly, Mohamed-Aly, and A. Dolgui. "Optimal Time Phasing and Periodicity for MRP with POQ Policy." *International Journal of Production Economics* 131, no. 1 (May 2011): 76.

Norris, G. *E-Business & ERP.* New York: Wiley, 2005.

O' Sullivan, Jill, and Gene Caiola. *Enterprise Resource Planning*, 2nd ed. New York: McGraw-Hill, 2008.

Ptak, Carol A., and C. Smith. *Demand Driven Material Requirements Planning*. South Norwalk CT: Industrial Press, 2016.

Ptak, Carol A, and Chad J. Smith, *Orlicky's Material Requirements planning,* 3rd ed. New York, McGraw-Hill, 2011.

Segerstedt, A. "Master Production Scheduling and a Comparison of MRP and Cover-Time Planning." *International Journal of Production Research* 44, no. 18–19 (September 2006): 3585.

Steger-Jensen, Kenn, H. Hvolby, P. Nielsen, and I. Nielsen. "Advanced Planning and Scheduling Technology." *Production Planning and Control* 22, no. 8 (December 2011): 800–808.

Summer, M. *Enterprise Resource Planning*. Upper Saddle River, NJ: Prentice Hall, 2005.

Tian, Feng, and Sean Xin Xu. "How do Enterprise Resource Planning Systems Affect Firm Risk? Post-Implementation Impact." *MIS Quarterly* 39, no. 1 (March 2015): 39–60.

Turbide, Dave. "New-Fashioned MRP." *APICS* 24, no. 3 (July/August 2015): 40–44.

Wagner, H. M., and T. M. Whitin. "Dynamic Version of the Economic Lot Size Model." *Management Science* 5, no.1 (1958): 89–96.

Wu, Jen-Hur, et al. "Using Multiple Variables Decision-Making Analysis for ERP Selection." *International Journal of Manufacturing Technology and Management* 18, no. 2 (2009): 228.

Chapter 14 *Rapid* Review

절 제목	내용 훑어보기
종속 수요	품목 간 관계가 정해질 수 있으면 해당 품목에 대한 수요는 종속적이다. 어떤 제품이건, 모든 구성품은 종속적 품목이다. ■ **자재소요계획(MRP)**: 자재 명세서, 재고, 예상 입고량, 대생산일정계획을 사용해 자재소요량을 결정하는 종속적 수요기법
종속 재고 모델 소요량	종속적 재고 모델의 효과적인 활용을 위해 운영 관리자는 (1) 대생산일정계획, (2) 사양 또는 자재 명세서, (3) 재고 가용성, (4) 미입고 구매 주문, (5) 납기를 알고 있어야 한다. ■ **대생산일정계획(MPS)**: 무엇이 언제 만들어지는지 구체화한 표 대생산일정계획은 무엇을 생산할지에 대한 언급이며, 수요 예측은 아니다. ■ **자재 명세서(BOM)**: 제품 한 단위를 만들어내는 데 소요되는 구성품, 설명, 수량을 기록한 목록 자재 명세서 각 수준 상위 품목을 부모, 각 수준 하위의 품목을 구성품 또는 자녀라고 한다. 자재 명세서의 최상위 수준을 0수준이라고 한다. ■ **모듈 명세서**: 주요 부분조립품 또는 제품 옵션으로 구성되는 자재 명세서 ■ **예상 명세서(또는 키트)**: 자재 명세서에서 인위적인 부모 품목을 할당하기 위해 만든 자재 그룹이며 가상 명세서라고도 함 ■ **유령 자재 명세서**: 일시적으로 존재하는 조립품 같은 구성품의 자재 명세서이며 재고로 저장되지 않음 ■ **낮은 수준 코딩**: 가장 낮은 수준에서 품목을 파악하는 숫자 ■ **납기**: 구매 시스템에서 납기는 주문이 필요하다고 인지한 때와 입고할 때 사이의 시간, 생산 시스템에서 납기는 각 구성품이 주문되고, 대기하고, 움직이고, 설정되고, 실행되는 시간 자재 명세서 옆에 각 구성품의 납기가 추가되었을 때 시간단계 제품 구조라고 불린다.
자재소요계획의 구조	■ **총자재소요계획**: 한 품목의 총수요(보유 재고와 일정계획된 입고량을 빼기 전)를 보여주고, 언제 공급업체로부터 주문이 이루어져야만 하는지 또는 특정 날짜까지 수요에 대응하기 위해 언제 생산을 기초해야 하는지 보여주는 일정계획 ■ **순자재소요계획**: 총소요량에 보유 재고와 계획 입고량을 조정한 결과 ■ **계획 주문 입고**: 미래 날짜에 입고해야 하는 계획된 수량 계획 ■ **계획 주문 발주**: 주문이 발주되는 일정계획된 날짜 순소요량 = 총소요량 + 할당 – (보유 재고량 +일정계획된 입고량)
자재소요계획 관리	■ **수요 주도형 자재소요계획(DDMRP)**: 자재소요계획 성과 개선을 위해 전략적으로 납기를 변경하고, 정확하게 안전재고를 자재 명세서 구조 안에 놓아둠 ■ **시스템 불안**: 빈번한 자재소요계획 시스템의 변동 ■ **시간 울타리**: 대생산일정계획의 일정 부분을 다시 일정계획을 수립하지 않도록 지정하는 수단 ■ **페깅**: 자재소요계획 시스템에서 구성품부터 부모 품목까지 자재 명세서를 상향 추적함 자재소요계획과 JIT 시스템을 통합하는 네 가지 접근 방법은 (1) 유한 생산능력 일정계획, (2) 소규모 버킷, (3) 균형 잡힌 흐름, (4) 슈퍼마켓이다. ■ **버킷**: 자재소요계획 시스템에서 시간 단위 유한 생산능력 일정계획은 부서와 기계의 생산능력을 고려한다. 유한 생산능력 일정계획은 자재 움직임이 빠른 경우에 필요한 정밀한 일정계획을 제공한다.
로트 크기 결정 기법	■ **로트 크기 결정**: 로트 크기를 결정하는 데 사용되는 기법 또는 프로세스 ■ **로트 대 로트**: 계획에 대응하기 위해 정확하게 무엇이 소요되는지 산출하는 로트 크기 결정 기법 ■ **주기적 주문량(POQ)**: 미리 정해진 주문간격으로, 주문간격 기간의 모든 소요량과 같은 양을 발주하는 로트 크기 결정 기법 일반적으로 로트 대 로트 접근 방법은 적은 비용으로 배달 설정이 가능할 때 사용해야 한다.
자재소요계획 확장	■ **자재소요계획 II(MRP II)**: 자재소요계획을 바탕으로 재고 데이터가 다른 자원 변수들에 의해 확대되도록 하는 시스템. 이 경우 자재소요계획은 자재 자원 관리가 된다. ■ **폐쇄 루프 자재소요계획 시스템**: 생산능력계획과 대생산일정계획, 생산계획에 피드백을 제공해 계획이 언제나 유효하도록 유지할 수 있게 하는 시스템 ■ **작업 부하 보고서**: 현재 작업장에 할당된 모든 작업에 대한 자원 소요량, 계획된 모든 작업, 예상 주문을 보여주는 보고서. 작업 부하를 평준화하고 납기 변경의 영향을 최소화하기 위한 전술은 중첩, 조작 나누기, 주문 나누기 또는 로트 나누기를 포함한다.

서비스업의 자재소요계획	■ **유통자원 관리(DRP)**: 유통 네트워크의 모든 수준을 위한 시간단계 재고 보충 계획
전사적 자원 관리	■ **전사적 자원 관리(ERP)**: 고객 주문을 받고, 만들고, 배송하고, 회계 관리를 하는 데 필요한 전사적 자원을 확인하고 계획하는 정보 시스템 전사적 자원 관리 시스템 안에서 데이터는 모든 응용 프로그램이 공유하는 공통적이고, 완전하며, 일관된 데이터베이스에 단 한 번 입력된다. ■ **효율적인 고객 반응(ECR)**: 식품 산업에서 판매를 구매, 재고, 물류와 생산까지 하나로 묶는 공급사슬 관리 시스템

셀프테스트

14.1 제품 구조 도표에서
(a) 부모는 도표의 최상위 수준에서만 찾을 수 있다.
(b) 부모는 도표의 모든 수준에서 찾을 수 있다.
(c) 자녀는 최상위 수준을 제외한 도표의 모든 수준에서 찾을 수 있다.
(d) 도표의 모든 품목은 모두 부모와 자식이다.
(e) 위의 모든 것

14.2 총자재소요계획과 순자재소요계획의 차이는?
(a) 총자재소요계획은 전산화되지 않을 수 있지만 순자재소요계획은 전산화되어야 한다.
(b) 총자재소요계획에는 보유 재고에 대한 고려가 포함되는 반면, 순자재소요계획에는 보유 재고 고려가 포함되지 않는다.
(c) 순자재소요계획에는 보유 재고에 대한 고려가 포함되는 반면, 총자재소요계획에는 보유 재고 고려가 포함되지 않는다.
(d) 총자재소요계획은 세금을 고려하지 않는 반면, 순자재소요계획에는 세금을 고려한다.
(e) 순자재소요계획은 추정치일 뿐이나, 총자재소요계획은 실제 생산 일정계획에 사용된다.

14.3 순소요량 =
(a) 총소요량 + 할당 − 보유 재고 + 일정계획된 입고량
(b) 총소요량 − 할당 − 보유 재고 − 일정계획된 입고량
(c) 총소요량 − 할당 − 보유 재고 + 일정계획된 입고량
(d) 총소요량 + 할당 − 보유 재고 − 일정계획된 입고량

14.4 미리 정해진 시간간격으로 주문 수량이 간격 내 총소요량과 동일하게 주문하는 로트 크기 결정 절차는?
(a) 주기적 주문량
(b) 부품 기간 평준화
(c) 경제적 주문량
(d) 위의 모든 것

14.5 자재소요계획 II는 다음을 나타낸다.
(a) 자재자원관리
(b) 관리소요계획
(c) 관리자원관리
(d) 자재수익계획
(e) 자재위험 계획

14.6 _______ 자재소요계획 시스템은 생산능력 계획, 대생산일정계획, 궁극적으로는 생산 계획에 정보를 제공한다.
(a) 동적
(b) 폐쇄 루프
(c) 연속
(d) 소급
(e) 자기관찰

14.7 어떤 시스템이 고객과 공급자를 묶어주기 위해 자재소요계획 II를 확장하는가?
(a) 자재소요계획 III
(b) JIT
(c) 통합자원계획
(d) 전사적 자원 관리
(e) 향상된 자재소요계획 II

정답 14.1. c 14.2. c 14.3. d 14.4. a 14.5. a 14.6. b 14.7. d

단기 일정계획

15

이 장의 구성

글로벌 기업 프로필: 알래스카항공

- 단기 일정계획의 중요성
- 일정계획의 논점
- 공정 중심 설비 일정계획
- 작업 할당
- 작업 순서 지정
- 유한 생산능력 일정계획
- 서비스 일정계획

Beverly Amer/Aspenleaf Productions

Beverly Amer/Aspenleaf Productions

Beverly Amer/Aspenleaf Productions

10가지 운영관리 전략

- 제품과 서비스 설계
- 품질 관리
- 프로세스 전략
- 입지 전략
- 레이아웃 전략
- 인적자원
- 공급사슬 관리
- 재고 관리
- 일정 계획
  - *총괄(13장)*
  - *단기(15장)*
- 유지보수

글로벌 기업 프로필
Alaska Airlines

악천후 시 항공편 일정계획

시애틀-타코마 국제공항(Sea-Tac)은 미국에서 여객 수송량이 아홉 번째로 많은 공항이다. 81개의 국내선과 24개의 국제선 목적지로 직항편을 운항하는 28개의 항공사를 지원할 때 겨울철 한 달 동안 5인치의 비가 내리는 것은 일기예보의 악몽이다. 그러나 정시 출발 비율은 85.8%로 미국 공항 중 최상위이기도 하다. 이 공은 대부분 국내선 항공편의 50% 이상을 차지하는 시애틀-타코마 노선의 물동량을 지배하는 알래스카항공 덕분이다. 알래스카항공에게 일정계획은 효율성과 승객 서비스 면에서 매우 중요하다.

알래스카와 같은 항공사의 관리자는 예상치 못한 일을 예상하는 법을 배운다. 빠른 일정 조정이 필요한 경우가 일상적인 삶의 일부이다. 허리케인, 토네이도, 얼음 폭풍, 눈 폭풍 등의 시련을 겪는 동안 전 세계 항공사는 지연, 취소, 분노한 승객에 대처하기 위해 고군분투한다. 불가피한 일정 변경은 종종 수십 개의 공항에 있는 승객에게 영향을 미치는 파급 효과를 일으킨다.

미국 알래스카주에 여객과 화물 서비스를 제공하려는 알래스카항공의 노력은 다른 항공사보다 일정을 훨씬 복잡하게 만든다. 다음은 세 가지 예다. (1) 주노(Juneau)의 공항은 산으로 둘러싸여 있어 위험한 윈드시어가 발생해 접근을 힘들게 한다. (2) 시트카(Sitka)의 작은 활주로는 물로 둘러싸인 좁은 땅에 있다. (3) 코디액(Kodiak)의 착륙 활주로는 산비탈에서 갑자기 끝난다. 이 공항에 접근하는 것은 너무 까다로워 기장만이 착륙할 수 있다.

알래스카항공은 시애틀-타코마 공항 근처에 있는 자사 항공기와 항공편 운영 부서에서 최신 기술을 사용해 날씨 관련 문제로 발생하는 일정계획의 악몽에서 벗어날 수 있다. 컴퓨터에서 통신 시스템, 제빙기에 이르기까지 부서는 항공편 경로를 변경하고 여객기를 공중에 띄우고 고객에게 일정 변경 사항을 신속하게 알린다. 부서의 임무는 혼란에도 불구하고 항공편을 계속 운항하는 것이다. 알래스카항공은 취소와 지연을 줄이는 기술을 사용해 연간 1,800만 달러를 절약할 것으로 추정한다.

오전 4시	오전 10시	오후 1시 30분	오후 5시	오후 10시
예보: 시애틀에 눈을 동반한 비	**예보:** 오후 5시 이후 얼어붙는 비	**예보:** 비가 눈으로 바뀜	**예보:** 예상보다 적은 눈	**예보:** 눈이 잦아듦
행동: 항공기 상태와 항공편 취소 가능성 논의	**행동:** 제빙 트럭 준비, 오후 6시 이후 항공편 50 ~80% 취소계획	**행동:** 오후 6시~ 오전 10시 항공편 50% 취소, 승객에게 통보 및 항공기 경로 변경	**행동:** 승객을 부르고 대체 항공편 준비	**행동:** 폭풍으로 흩어진 승객 600명에게 호텔 찾아주기

이것이 시애틀에 폭풍이 가라앉은 12월 어느 하루 알래스카항공 직원의 일상이다.

Courtesy of Alaska Airlines

항공편 일정 변경 노력을 개선하기 위해 알래스카항공 직원은 시애틀에 있는 항공편 운영 부서에서 진행 중인 항공편, 기상 차트, 날씨 유형을 표시하는 수많은 화면을 모니터링한다. '정상 상태'(초록색), '주의 필요'(노란색), '주요 문제–긴급'(빨간색)을 나타내는 데 사용되는 많은 신호등에 주목하라.

이 본문에 설명된 것과 같은 수학적 일정계획 모델을 사용해 알래스카항공은 대체 일정과 경로 변경을 신속하게 개발한다. 이것은 들어오는 항공기와 나가는 항공기를 조정하고 승무원이 준비되어 있는지 확인하며 가능한 한 빨리 정보가 승객에게 전달되도록 하는 것을 의미한다. 날씨가 우리 편이 아닐 수 있지만, 알래스카항공은 날씨를 관리하는 방법을 배웠다.

Courtesy of Alaska Airlines

일정을 유지하기 위해 알래스카항공은 눈과 얼음 제거를 위해 정교한 장비와 의욕적인 직원을 이용한다.

학습목표

15.1 단기 일정계획, 생산능력계획, 총괄계획, 대생산일정계획 간의 관계를 설명한다.
15.2 간트 할당 차트와 간트 일정계획 차트를 그린다.
15.3 작업 할당 시 할당 계획법을 적용한다.
15.4 작업 우선순서 규칙 각각의 이름을 대고 설명한다.
15.5 존슨 규칙을 사용한다.
15.6 유한 생산능력계획을 정의한다.
15.7 순환 일정계획 기법을 사용한다.

단기 일정계획의 중요성

알래스카항공은 매일 156대의 항공기 일정만 계획하지는 않는다. 목적지에 정시에 도착하려는 승객을 수용하기 위해서 6,000명 이상의 조종사와 승무원의 일정도 계획한다. 거대한 컴퓨터 프로그램을 사용해 계획된 이 일정은 고객의 기대치를 충족하는 데 중요한 역할을 한다. 알래스카항공은 수요 변동과 기상 혼란 시 최종 순간의 조율을 할 수 있는 능력에서 경쟁 우위를 갖는다.

항공사, 병원, 대학, 스포츠 경기장, 제조업체 5개 조직에 대한 일정계획 의사결정은 표 15.1에 나와 있다. 이러한 결정은 모두 운영 작업 시기의 조절과 관련이 있다.

제조 회사가 고객 요구에 자원을 일치시키는 일정을 계획할 때 일정계획 역량은 생산 준비 시간을 줄이고, 재공품을 줄이며, 설비 활용도를 높이면서 필요할 때 부품을 만드는(JIT) 데 중점을 둔다. 효율적인 일정계획을 통해 제조 회사는 비용을 절감하고 약속된 기한을 준수한다.

일정계획의 전략적 중요성은 명백하다.

- 내부적으로 보면 효과적인 일정계획은 기존 설비에 상품과 서비스를 더 빠르게 이동시키고 자산을 더 활용하는 것을 의미한다. 그 결과 투자당 역량이 늘어나 비용이 절감된다.
- 외부적으로 보면 좋은 일정계획으로 인해 처리량이 빨라지고, 유연성이 늘어나며, 배송 신뢰

표 15.1 일정계획 의사결정

조직	관리자는 다음 일정을 계획한다
알래스카항공	항공기 유지보수 항공편 출발 시간표 승무원, 기내식 공급, 탑승구, 발권 직원
아놀드파머병원	수술실 사용 환자 입원 간호 인력, 보안 요원, 유지보수 인력 외래환자 치료
앨라배마대학교	강의실, 시청각 기자재 학생과 교수 일정 대학원, 학부 교과목
암웨이센터	경비원, 매표소, 식음료 판매원, 보안 요원 신선 음식 배달과 조리 올랜도 매직 농구 경기, 콘서트, 미식축구 경기장
록히드마틴 공장	상품 생산 자재 구매 작업자

생산능력계획
(장기: 연 단위)
설비 변경
장비 변경
7장과 7장 보론 참조

새로운 설비에 대한 생산능력계획
전략 계획에 으해 제시된 수요에 따라 생산능력 조정

Myrleen Pearson/Alamy Stock Photo

총괄계획
(중기: 분기, 월 단위)
설비 가동률
인력 변경
협력업체 이용
13장 참조

모든 종류의 자전거에 대한 총괄계획
(기존 설비/능력에 총수요를 맞추기 위해 인력 수요를 결정하거나 필요한 협력업체와 계약)

월	1	2
자전거 생산량	800	850

대생산일정계획
(중기: 주 단위)
자재소요계획
총괄계획 분리
13장과 14장 참조

자전거 모델별 대생산일정계획

	1월				2월			
주	1	2	3	4	5	6	7	8
모델 22		200		200		200		200
모델 24	100		100		150		100	
모델 26	100		100		100		100	

단기 일정계획
(단기: 일, 시간, 분 단위)
작업장 사용 시작
작업 순서 결정/작업 지시
이 장 참조

특정 인력과 작업장에 작업 배정
특정 과업을 특정 인력과 기계에게 맞추면서 유한 생산능력 일정계획을 작성한다

모델 22는 작업장 6에서 조립한다

DPA Picture Alliance/Alamy Stock Photo

그림 15.1

자전거 회사의 생산능력계획, 총괄계획, 대생산일정계획, 단기 일정계획 간의 관계

도가 높아지고 고객 서비스가 개선된다.

일정계획의 논점

학습목표 15.1
단기 일정계획, 생산능력계획, 총괄계획, 대생산일정계획 간의 관계를 설명한다.

그림 15.1은 일련의 의사결정이 일정계획에 영향을 미친다는 것을 보여준다. 일정계획 의사결정은 사용 가능한 설비와 장비 자원을 정의하는 생산능력계획부터 시작한다(7장 보론에서 논의됨). **생산능력계획**은 일반적으로 새로운 장비와 설비가 설계, 구축, 구매, 작동 정지되는 수년에 걸쳐 작성된다. **총괄계획**(13장)은 설비, 재고, 인력과 외부업체 사용 결정을 내리는 영업과 운영 계획 팀에서 비롯된다. 총괄계획은 일반적으로 3~18개월 동안의 계획으로 자원은 총 단위, 톤, 작업 시간과 같은 총괄 측정 단위로 배정된다. **대생산일정계획**은 총괄계획을 세분화하고 특정 제품 또는 생산 라인에 대한 주간 일정계획을 세운다. 그런 다음 **단기 일정계획**은 생산능력 결정, 총괄(중기) 계획과 대생산일정계획을 작업 순서와 인력, 자재와 기계의 구체적인 배분으로 해석한다. 이 장에서는 이 마지막 단계인 단기적으로 상품과 서비스 일정계획을 하는 것에 초점을 둔다(즉 일별 또는 시간별 수요를 특정 인력과 장비 역량에 맞추는 것). OM in Action '올랜도 매직 농구 경기 준비'를 참조하라.

일정계획의 목적은 (예측 또는 고객 주문에 의해 생성된) 수요를 사용 가능한 설비에 배정하고 우선순위를 정하는 것이다. 일정계획을 할 때 흔히 사용되는 세 가지 요소는 (1) 순방향과 역방향 일정계획 생성, (2) 유한 할당과 무한 할당, (3) 작업 순서 정하기 기준(우선순위)이다. 이러한 주제를 다음에서 논의한다.

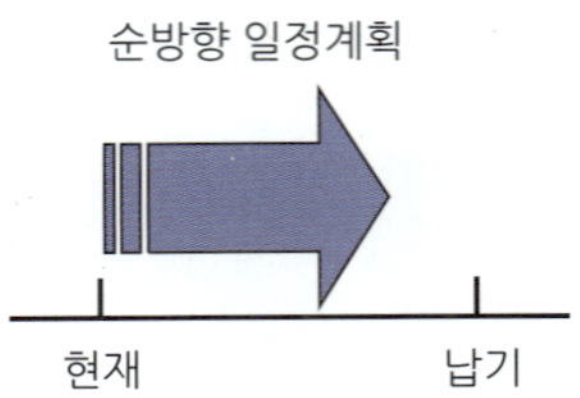

순방향 일정계획과 역방향 일정계획

일정계획은 순방향 또는 역방향으로 시작할 수 있다. 순방향 일정계획은 **작업 요구사항이 알려지는 즉시** 일정계획을 시작한다. 순방향 일정계획은 병원, 의원, 음식점, 공작기계 제조업체 같은 조직에서 사용된다. 이러한 시설에서는 작업이 고객 주문에 따라 수행되며 전형적으로 가능한 가장 빠른 시간에 제품과 서비스가 전달된다.

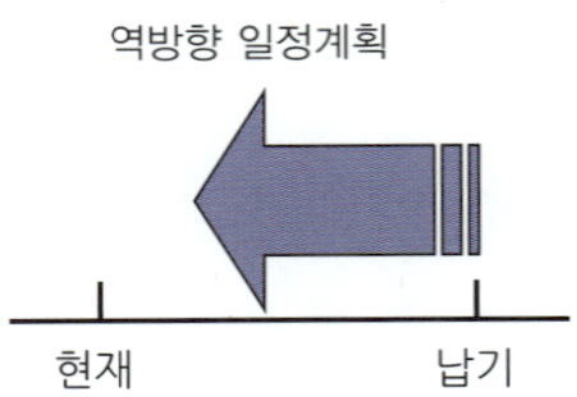

역방향 일정계획은 **납기부터 시작**된다. 마지막 작업의 일정계획을 제일 먼저 세운다. 그러고 나서는 작업의 각 단계의 일정계획을 한 번에 하나씩, 역순으로 세운다. 각 작업에 필요한 시간을 빼서 시작 시간을 얻는다. 역방향 일정계획은 연회 준비나 수술 일정을 잡는 등 제조 환경이나 서비스 환경에서 이용된다. 실무에서는 생산능력 제약과 고객의 기대 사이에 합리적인 균형점을 찾기 위해 순방향과 역방향 일정계획의 조합이 자주 활용된다.

할당
작업을 작업장이나 공정 처리장에 배정하는 것

유한 할당과 무한 할당

할당(loading)은 작업장이나 공정에 작업을 배정하는 과정을 말한다. 공정의 생산능력까지만 작업

OM in Action 올랜도 매직 농구 경기 준비

화요일. 존 나이슬리(John Nicely)가 식료품 장을 볼 목록을 작성하는 시간이다. 일요일에 저녁 식사를 제공해야 하므로 몇 가지 식재료가 필요하다. 200파운드의 닭고기와 소고기, 800인분 맥앤치즈 재료, 500개의 춘권, 75파운드의 새우. 게다가 피자 200판과 핫도그 2,000개까지—올랜도 매직(Orlando Magic) 팀 선수와 예상 손님 18,500명을 먹일 수 있는 양이다. 나이슬리는 올랜도에 있는 암웨이 센터의 수석 요리사이며, 이번 일요일에는 올랜도 매직 팀이 보스턴 셀틱스(Boston Celtics) 팀을 맞아 경기를 할 것이다.

어떻게 많은 사람들에게 짧은 시간에 좋은 음식을 먹일 수 있을까? 창의성과 즉흥성을 갖춘 일정계획을 잘 세울 필요가 있다. 나이슬리는 음식과 음료를 제공하는 42개의 시설을 갖춘 '암웨이 센터' 자체가 '짐승'같다고 한다.

수요일. 장 보는 날.

목요일~토요일. 보조 직원이 할 수 있는 모든 것을 준비한다. 야채 다지기, 고기 재우기, 샐러드 드레싱 섞기—음식 요리를 제외한 모든 것을 준비한다. 나이슬리는 다음 주 화요일 마이애미 히트(Miami Heat)와의 경기와 3일 뒤의 레이디 가가(Lady Gaga) 콘서트를 위한 장보기 목록을 준비하기 시작한다.

일요일. 오후 4시 분주한 시간. 갑자기 부엌은 농담이 없는 곳이 되었다. 20분 안에 나이슬리의 첫 번째 고객인 리츠칼튼클럽(Ritz Carlton Club)에 속한 120명의 엘리트 티켓 소지자는 각 게임 때마다 다르게 만들어지는 독특한 메뉴의 식사를 기대하고 있다.

STOCK4B GmbH/Alamy Stock Photo

오후 5시. 매직 팀과 셀틱스 팀이 몸을 풀기 시작하자 요리사들은 따뜻한 음식과 차가운 음식이 놓인 선반을 멀리 떨어진 주방으로 활기차게 옮긴다.

오후 6시 12분. 나이슬리는 구내매점 세 군데에 출납원이 부족하고 금전등록기가 고장 나는 놀랄 일에 직면한다.

하프 타임. 제니간(Jernigan's) 레스토랑에서 라이스 필라프 배달에 문제가 생긴다. 그러나 나이슬리는 미리 생각하고 예상했었다. 고객이 눈치 채기도 전에 여분으로 준비한 식사가 도착한다.

나이슬리에게 일정계획이 성공적이라는 것은 수천 가지 세부사항을 식별, 계획하고 실행한 결과가 만든 행복해하는 손님을 의미한다. 경기장 관중들에게 몇 시간 만에 매진되어 버리는 고급 음식점 수준의 식사와 최고급 즉석음식을 제공하는 또 다른 하룻밤이기도 하다.

출처: 존 나이슬리 수석 요리사와 올랜도 매직 팀 경영진과의 인터뷰를 기반으로 함.

을 할당하는 일정계획 기법을 유한 할당이라고 한다. 유한 할당의 장점은 이론적으로 모든 할당된 작업이 처리된다는 점이다. 그러나 완성될 수 있는 작업만 작업장에 할당이 되기 때문에 실제로 용량보다 더 많은 작업이 할당되는 경우 납기가 받아들일 수 없는 미래 시간으로 밀려날 수도 있다.

공정의 생산능력과 관계없이 작업을 할당하는 기법을 무한 할당이라고 한다. 주어진 시간 내에 처리해야 하는 모든 작업이 할당된다. 공정의 생산능력은 고려되지 않는다. 대부분의 자재수요계획(material requirement planning, MRP) 시스템(14장에서 다룸)은 무한 할당 시스템이다. 무한 할당의 장점은 납기를 맞추는 초기 일정이라는 점이다. 물론 작업 할당량이 생산능력을 넘어가게 되면 생산능력이나 일정이 조정되어야 한다.

일정계획 기준

일정계획 기법의 정확성은 주문량, 운영의 특성, 작업의 복잡성뿐만 아니라 다음 네 가지 기준을 얼마나 중요시하는가에 달려 있다.

1. **처리 시간 최소화:** 평균 처리 시간을 결정해 평가함
2. **가동률 최대화:** 설비가 활용되는 시간의 비율을 결정해 평가함
3. **재공품 재고 최소화:** 시스템 내 평균 작업 수를 결정해 평가함. 시스템 내 작업 수와 재공품 재고 사이의 관계는 매우 높다. 따라서 시스템 내 작업 수가 적으면 재고수준이 낮다.
4. **고객 대기 시간 최소화:** 지연된 기간(일, 시간)의 평균을 결정해 평가함

이 장에서 보여준 네 가지 기준은 산업 현장에서 일정계획 성과를 평가하는 데 사용된다. 좋은 일정계획 기법은 간단하고, 명확하며, 쉽게 이해되고, 쉽게 실행되고, 유연하고, 현실적이다.

일정계획은 기계 고장, 결근, 품질 문제, 부족 같은 요인들에 의해 복잡해진다. 결과적으로 날짜가 할당되어도 작업이 일정에 맞게 끝날 것이라는 확신은 없다. 많은 특화된 기법들은 신뢰성 있는 일정을 준비하는 데 도움을 준다. 표 15.2는 세 가지 다른 공정에서의 일정계획 방식을 개괄적으로 보여준다.

표 15.2 처리 공정에 따라 다른 일정계획 방법을 제안한다

공정 중심 설비(잡샵) ◆ 작업/고객/환자의 수량과 종류의 변화가 빈번한 고객 주문에 따른 일정계획 ◆ 유한 할당 기법으로 할당된 일정은 납기에 초점을 맞춘다. ◆ 예: 주조 공장, 기계 공작소, 캐비닛 제작소, 인쇄소, 대부분의 음식점, 패션 산업
반복 작업 설비(조립 라인) ◆ 빈번한 예측을 기반으로 모듈 생산과 제품 조립 일정계획을 잡는다. ◆ 순방향 일정계획에 초점을 둔 유한 할당 ◆ 조립 라인에 공급되는 구성요소 일정계획에는 JIT 기법이 사용된다. ◆ 예: 월풀(Whirlpool)의 세탁기 조립 라인과 포드(Ford)의 자동차 조립 라인
제품 중심 설비(연속 라인) ◆ 기존의 고정 설비능력 범위 내에서 꽤 안정적인 수요를 충족하기 위해 종류가 적은 대량 완제품 생산일정계획을 세운다. ◆ 한정된 종류의 제품에 대해 알려진 초기 설정 시간과 가동 시간을 충족할 수 있도록 순방향 일정계획에 초점을 둔 유한 할당 ◆ 예: 인터내셔널페이퍼(International Paper)의 거대한 제지 기계, 안호이저부시(Anheuser-Busch)의 맥주 양조장, 프리토레이(Frito-Lay)의 감자칩 설비

이 장에서는 공정 중심 설비 일정계획과 서비스 산업에서 직원 일정계획이 얼마나 도전적인 과제인지 보여준다.

공정 중심 설비 일정계획

(간헐적 혹은 **잡샵 설비**로 알려진) **공정 중심 설비**는 다품종 소량생산 제조업체나 서비스 조직에서 흔히 볼 수 있다. 이런 설비는 주문 후 가공되는 제품이나 서비스를 생산하며, 자동차 정비나 병원, 미용실 같은 모든 업종을 포함한다. 생산 제품은 생산에 요구되는 능력, 재료, 장비 면에서 굉장히 다르다. 일정계획을 하려면 작업 순서, 작업 시간, 각 작업장의 생산능력과 가용성에 대해 알고 있어야 한다. 제품의 종류는 많고 요구사항이 독특하다는 것은 일정계획이 복잡하다는 것을 의미한다. 이 절에서는 관리자가 이러한 설비에 작업을 할당하고 순서를 정하는 도구를 살펴본다.

작업 할당

운영관리자는 작업장에 작업을 배정하고 비용, 비가동 시간, 완성 시간을 최소화한다. 작업장에의 작업 '할당'은 두 가지 형태를 취하는데 하나는 생산능력에, 다른 하나는 작업장에 구체적인 작업을 할당하는 것이다.

우선 생산능력 관점에서 작업 할당을 **투입-산출** 통제 기법을 통해 살펴본다. 그런 뒤 작업 할당에 사용되는 두 가지 접근 방법(**간트 차트**와 선형계획 **할당 계획법**)을 제시한다.

투입-산출 통제

많은 기업이 (효과적으로 생산량을 확보하려고) 생산 공정에 과부하를 주기 때문에 일정계획에 어려움을 겪는다. 이러한 일은 작업장의 실질적 성과를 모르기 때문에 자주 일어난다. 효과적인 일정계획은 성과에 일정을 잘 연결하는 데 달려 있다. 생산능력과 성과에 대한 지식이 부족하면 생산량이 감소한다.

투입-산출 통제
운영자에게 설비 작업 흐름을 관리하도록 허용하는 시스템

투입-산출 통제(input-output control)는 운영 인력이 설비의 작업 흐름을 관리하도록 돕는 기법이다. 작업이 처리되는 시간보다 더 빠르게 도착한다면 설비는 과부하되고 미처리 작업이 발생한다. 과도한 작업 할당은 시설에서 과밀을 초래하고 비효율성과 품질 문제로 이어진다. 만약 작업이 처리되는 시간보다 더 늦게 도착한다면 설비에 작업이 적게 할당되고 작업장에는 할 일이 없게 된다. 적은 작업 할당은 설비의 유휴 생산능력으로 이어지고 자원의 낭비가 발생한다.

예제 1

투입-산출 통제

Bronson Machining, Inc.는 진입로의 보안 울타리와 문을 제조한다. 회사는 5주 동안(6월 6일부터서 7월 4일)의 용접 작업장 투입-산출 통제 보고서를 만들려고 한다. 계획된 투입량은 주당 280 표준 시간이다. 실제 투입량은 이 수치에 가깝고 250시간에서 285시간으로 다양하다. 산출량은 추정 생산능력인 320 표준 시간으로 일정계획이 잡혀 있다. 작업장에는 미처리량이 남아 있다.

접근방법 ▶ 회사는 일정계획 정보를 사용해 작업장에서 작업 부하와 생산능력의 관계를 모니터링하는 그림 15.2를 만든다.

그림 15.2

투입-산출 통제

용접 작업장 (표준 시간)

일이 끝나는 주	6/6	6/13	6/20	6/27	7/4	7/11
계획 투입량	280	280	280	280	280	
실제 투입량	270	250	280	285	280	
누적 편차	−10	−40	−40	−35		
계획 산출량	320	320	320	320		
실제 산출량	270	270	270	270		
누적 편차	−50	−100	−150	−200		
미처리량 누적 변화량	0	−20	−10	+5		

설명: 270시간 투입 270시간 산출이 의미하는 것은 변화량 0

설명: 250시간 투입 270시간 산출이 의미하는 것은 −20시간 변화량(작업장에서 20 표준 시간 적게 작업함)

*실제 투입량 합계 − 실제 산출량 합계 = 미처리 작업 누적 변화량

해결방법 ▶ 계획된 투입량과 실제 산출량 사이의 편차는 그림 15.2에 나와 있다. 실제 산출량(270시간)은 계획보다 훨씬 적다. 따라서 투입 계획도 산출 계획도 달성되지 않고 있다.

통찰력 ▶ 이 작업장의 미처리량은 실제로 6월 27일 자 주에 5시간 증가했다. 이는 재공품 재고를 증가시켜 일정계획을 복잡하게 만들고 관리자의 조치가 필요하다는 것을 나타낸다.

학습 연습 ▶ 6월27일 자 주의 실제 산출량이 (270시간이 아니라) 275시간이었다면 무엇이 변하는가? [답: 이제 누적 산출 차이는 −195시간이고, 미처리량의 누적 변화는 0이다.]

투입-산출 통제는 작업장에서 작업량을 조절하는 **고정 재공품 재고 카드**(constant work in process cards, ConWIP cards) 시스템을 통해 유지된다. 고정 재공품 재고 카드는 작업과 함께 작업장을 거친다. 작업이 끝났을 때 카드는 다시 처음 작업 기계로 돌아오고 새로운 작업이 작업장으로 들어오는 것이 가능해진다. 고정 재공품 재고 카드는 작업장에서 작업량을 효율적으로 제한하고, 생산 소요 시간을 조절하며, 미처리 작업을 모니터링한다.

고정 재공품 재고 카드
투입-산출 통제를 돕기 위해 작업장의 작업량을 통제하는 카드

간트 차트

간트 차트(Gantt chart)는 작업 할당과 일정계획에 유용한 시각적 도구이다. 이 용어는 1800년대 말 차트를 개발한 사람인 헨리 간트(Henry Gantt)의 이름에서 비롯되었다. 이 차트는 작업장과 인력 같은 자원 사용내역을 보여준다.

간트 차트
자원 일정계획과 시간 배정에 사용되는 계획 차트

작업 할당에 활용될 때, 간트 차트는 각 부문의 기계, 설비의 할당과 비가동 시간을 보여준다. 그들은 시스템상에서의 상대적 작업량을 보여주어서 관리자가 어떤 조정이 필요한지 알게 해준다. 예를 들면 한 작업장이 작업으로 과부하가 걸리면 작업이 적은 센터의 직원이 일시적으로 과부하 걸린 작업장으로 옮겨와 인력을 보충할 수 있다. 또한 한 작업장에서 기다리는 작업들을 다른 작업장에서 처리할 수 있고, 과부하된 작업장의 작업이 작업 부하가 적은 센터로 옮겨질 수 있다. 다기능 장비 역시 작업장 간에 이동이 가능하다. 예제 2는 간단한 간트 할당 차트를 보여준다.

예제 2

간트 할당 차트

뉴올리언스에 있는 세탁기 제조사는 잠수함, 병원, 대규모 산업용 세탁소와 같은 독특한 시설에서 사용할 세탁기에 대한 특별 주문을 받는다. 각 세탁기 생산에는 다양한 작업과 기간이 요구된다. 회사는 3월 8일 주의 작업 할당 차트를 작성하려고 한다.

접근방법 ▶ 간트 차트가 적절한 그래픽 도구로 선택된다.

해결방법 ▶ 그림 15.3은 완성된 간트 차트를 보여준다.

그림 15.3

3월 8일 주의 간트 할당 차트

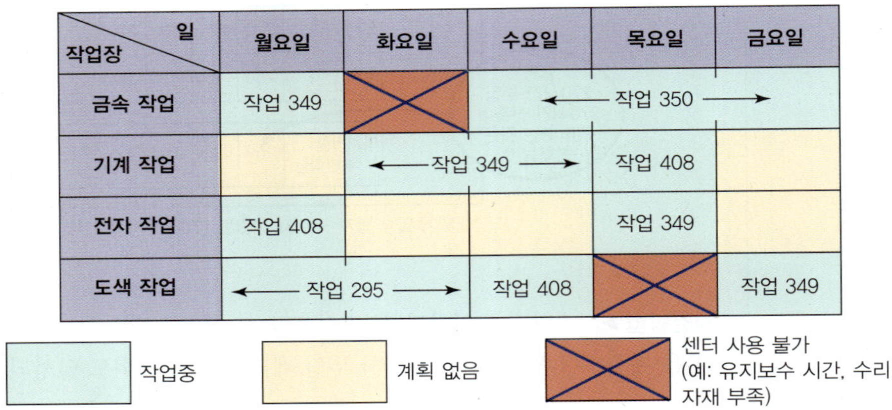

통찰력 ▶ 4개의 작업장은 주중에 여러 작업을 처리한다. 이 특정 차트는 금속 작업장과 도색 작업장이 일주일 내내 완전히 할당되었음을 나타낸다. 기계 작업장과 전자 작업장에는 주중에 일부 비가동 시간이 간간히 있다. 또한 예지보전을 위해 금속 작업장은 화요일에, 도색 작업장은 목요일에는 사용할 수 없다.

학습 연습 ▶ 예지보전을 위해 화요일에 전자 작업장이 문을 닫으면 어떤 영향이 있는가? [답: 아무 영향도 없다.]

학습목표 15.2
간트 할당 차트와 간트 일정계획 차트를 그린다.

간트 할당 차트는 큰 제약이 있는데, 그것은 예상치 못한 고장이나 재작업을 필요로 하는 사람의 실수 같은 생산의 변동성을 감안하지 않는다는 점이다. 결과적으로 간트 할당 차트는 새로운 작업을 감안하고 변경된 시간 예측을 반영해야 하므로 주기적으로 수정이 필요하다.

간트 일정계획 차트는 작업 진행 상황을 점검하는 데 (또는 프로젝트 일정계획을 세우는 데) 활용한다. 어떤 작업이 일정에 맞추고 있고 일정에 뒤처지거나 앞서가는지를 알려준다. 실무에서는 여러 종류의 차트가 사용되는 것을 볼 수 있다. 예제 3의 간트 일정계획 차트는 세로축에는 작업 진행 상황을, 가로축에는 시간을 표시한다.

예제 3

간트 일정계획 차트

미국 플로리다주 윈터 파크(Winter Park)의 First Printing은 간트 차트를 사용해 작업 A, B, C의 세 가지 주문 일정계획을 보여주려 한다.

접근방법 ▶ 그림 15.4에서 시간축의 각 기역자 쌍은 그 안에 포함된 작업의 예상 시작 시간과 종료 시간을 나타낸다. 실선 막대는 작업의 실제 상태 또는 작업 진행 상황을 나타낸다. 막 5일 차 작업을 마무리하고 있다.

해결방법 ▶

그림 15.4

First Printing의 작업 A, B, C 일정계획

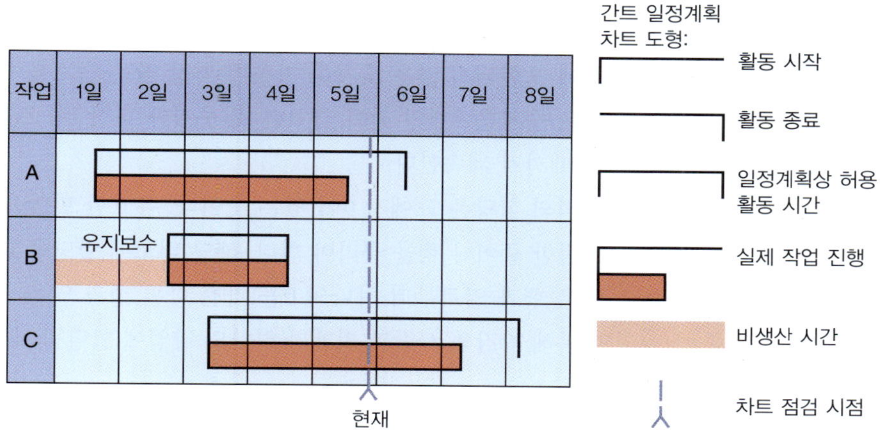

통찰력 ▶ 그림 15.4는 작업 A가 5일 차가 끝날 때 일정보다 반나절 늦는 것을 보여준다. 작업 B는 장비 유지보수 후 완료되었다. 또한 작업 C가 일정보다 앞서 있음을 알 수 있다.

학습 연습 ▶ 간트 차트를 다시 그려서 작업 A가 예정보다 반나절 앞서 있음을 보여라. [답: 이제 주황색 막대가 활동 끝부분까지 확장된다.]

할당 계획법

할당 계획법(assignment method)은 과업과 작업을 자원에 배정하는 것이다. 예를 들면 작업을 기계에 배정하거나, 계약을 입찰자와 하거나, 프로젝트에 인력을 투입하거나 영업사원에게 지역을 배정하는 것이다. 목표는 흔히 주어진 과업을 수행하는 데 드는 총비용과 총시간을 최소화하는 것이다. 할당 계획법 문제의 중요한 특성은 한 기계나 프로젝트에 꼭 한 작업 또는 직원이 배정된다는 것이다.

할당 계획법
과업이나 작업을 자원에 배분하는 선형계획법의 특별한 경우

각각의 할당 계획법 문제는 표를 사용한다. 표의 숫자는 특정 작업 할당에 관련된 비용이거나 시간이다. 예를 들면 First Printing은 3명의 조판공과 3개의 작업을 마쳐야 하며, 다음 표에 나타난 바와 같다. 비용 값은 각 조판공에게 각각의 작업 비용이 얼마나 될지 예측한 것이다.

학습목표 15.3
작업 할당 시 할당 계획법을 적용한다.

작업	조판공		
	A	B	C
R-34	11달러	14달러	6달러
S-66	8달러	10달러	11달러
T-50	9달러	12달러	7달러

할당 계획법은 표에서 적당한 숫자를 추가하거나 빼서 각 할당마다 가장 적은 **기회비용**[1]을 찾는 것이다. 할당 계획법의 네 단계는 다음과 같다.

1. 각각의 행에서 가장 작은 숫자를 행의 모든 숫자에서 뺀 다음, 각각의 열에서 가장 작은 숫자

를 열의 모든 숫자에서 뺀다. 이 과정은 모든 표에서 숫자를 줄이는 효과를 통해 기회비용을 0으로 보이게 하는 것이다. 숫자가 바뀌더라도 원래 문제와 동일하며 해는 최적값이 된다.

2. 행과 열의 모든 0을 포함하는 최소 수자의 수직선과 수평선을 그린다. 만일 선의 수가 행이나 열의 수와 같으면 최적 할당을 한 것이다(4단계 참조). 만일 선의 숫자가 행이나 열의 숫자보다 적으면 3단계로 진행한다.
3. 선에 포함되지 않은 숫자들 가운데 가장 작은 숫자를 다른 포함되지 않은 숫자에서 뺀다. 똑같은 숫자를 2개의 선이 겹치는 곳 숫자에 더한 뒤, 2단계로 돌아가서 최적의 할당이 이루어질 때까지 계속한다.
4. 최적의 할당은 표에서 0이 있는 곳이다. 유효한 할당을 하는 시스템적인 방법은 0을 하나만 포함한 줄이나 행을 골라야 한다. 해당 네모에 할당을 한 뒤 행과 열에 선을 그린다. 포함되지 않은 행과 열로부터 하나의 0을 가진 다른 행과 열을 선정한다. 할당을 하고, 동일한 과정을 반복해 각각의 사람과 기계가 하나의 작업에 할당될 때까지 진행한다.

예제 4는 할당 계획법 사용 방법을 보여준다.

예제 4

할당 계획법

First Printing은 세 가지 작업을 3명의 조판공에게 총비용을 최소화하는 배분을 하고자 한다.

접근방법 ▶ 앞에서 보여준 비용표를 다시 반복해서 제시하면서 1단계에서 4단계까지 적용한다.

작업 \ 조판공	A	B	C
R-34	11달러	14달러	6달러
S-66	8달러	10달러	11달러
T-50	9달러	12달러	7달러

해결방법 ▶

1A단계: 이전의 표를 사용해, 각 행에서 가장 작은 숫자를 각 행에 있는 모든 숫자에서 뺀다. 결과는 왼쪽 표에 제시된다.

작업 \ 조판공	A	B	C
R-34	5	8	0
S-66	0	2	3
T-50	2	5	0

작업 \ 조판공	A	B	C
R-34	5	6	0
S-66	0	0	3
T-50	2	3	0

1B단계: 왼쪽 표를 사용해, 각 열에서 가장 작은 숫자를 각 열에 있는 모든 숫자에서 뺀다. 결과는 오른쪽 표에 제시된다.

2단계: 모든 0을 포함하는 최소 개수의 수직선과 수평선을 그린다. 선 2개면 충분하기 때문에 최적해가 아니다.

작업 \ 조판공	A	B	C
R-34	5	6	0
S-66	0	0	3
T-50	(2)	3	0

포함되지 않은 최솟값 숫자

3단계: 포함되지 않은 최소값 숫자(이 표에서는 2)를 모든 포함되지 않은 숫자에서 빼고, 2개의 선이 교차하는 곳의 숫자에 더한다.

작업 \ 조판공	A	B	C
R-34	3	4	0
S-66	0	0	5
T-50	0	1	0

2단계로 돌아간다. 다시 0을 직선으로 포함한다.

작업 \ 조판공	A	B	C
R-34	3	4	0
S-66	0	0	5
T-50	0	1	0

세 선이 필요하게 되어 최적 배분이 이루어졌다(4단계를 보라). R-34는 조판공 C에게, S-66은 조판공 B에게, T-50은 조판공 A에게 배분된다. 최초 비용표에 따라 다음과 같음을 볼 수 있다.

최소 비용 = 6달러 + 10달러 + 9달러 = 25달러

통찰력 ▶ 만일 S-66을 조판공 A에게 배분하면, T-50을 0이 있는 곳에 배분할 수가 없게 된다.

학습 연습 ▶ 만일 조판공 C가 작업 R-34를 완성하는 데 (6달러가 아니라) 10달러가 든다면, 최적해가 어떻게 변하는가? [답: R-34는 조판공 A에게, S-66은 조판공 B에게, T-50은 조판공 C에게 배분되고 비용은 28달러이다.]

Nicholas D. Cacchione/Shutterstock

메이저리그 야구의 일정계획 문제는 심판진을 한 게임 시리즈부터 다음 게임 시리즈까지 이동시키는 데 여러 가지 제약이 있어서 복잡하다. 리그는 두 가지 상충되는 목표를 달성하려 하는데, 하나는 시즌 내내 모든 팀에게 심판진을 상대적으로 균형 있게 배치하는 것이고 또 다른 하나는 이동 비용을 최소화하는 것이다. 할당계획법을 활용하자 일정계획 생성 시간이 현저하게 줄어들고 일정의 질이 향상되었다.

할당 계획법 문제는 이익, 효과, 과업에 배정된 사람과 기계에 배정되는 작업으로 인한 이득을 최대화하는 것을 포함한다. 표에 있는 모든 숫자를 **기회 손실**로 바꾸면, 동일한 최소화 문제가 된다. 최대화 문제를 최소화 문제로 바꾸기 위해 표에 있는 가장 큰 숫자를 원래 표의 모든 숫자에서 빼면 최소화 표를 만들 수 있다. 이러면 할당 계획법의 첫 번째 단계부터 네 번째 단계까지 진행할 수 있다. 기회 손실 최소화는 같은 할당 해결 방안을 만들어내는 것이다.

작업 순서 지정

순서 지정
각 작업장에서 수행되는 작업 순서 결정

작업이 작업장에 할당되면 관리자들은 어떤 작업이 먼저 완성되어야 하는지 순서를 결정한다. **순서 지정**(sequencing, **작업 지시**라고 불리기도 함)은 우선순위 규칙을 명시해 특정 작업을 각각의 작업장으로 보내는 방식으로 진행된다.

작업 순서 지정을 위한 우선순위 규칙

우선순위 규칙
공정 중심 설비에서 작업 순서를 결정하는 데 사용하는 규칙

우선순위 규칙(priority rule)은 병원, 인쇄소, 잡샵 제조설비 같은 프로세스에 초점을 둔 설비에 특히 적용 가능하다. 가장 흔히 사용되는 우선순위 규칙은 다음과 같다.

- **FCFS**: 선입 선출. 작업이 도착하는 순서대로 완성됨
- **SPT**: 최소 처리 시간. 작업 중 가장 처리 시간이 짧은 것을 먼저 배정함
- **EDD**: 가장 이른 납기. 가장 이른 기한의 업무를 먼저 배정함
- **LPT**: 최대 처리 시간. 처리 시간이 가장 긴 작업을 먼저 배정함

흐름 시간
작업장에 작업을 보낸 시각과 작업이 종료된 시각 사이의 시간

성과 기준 우선순위 규칙을 선택하는 것은 각 규칙이 다음 네 가지 기준에 어떤 성과를 보이는가에 달려 있다. 작업 **완료 시간** 최소화, **시설 가동률** 최대화, **시스템 내 작업 수** 최소화, **작업 지연** 최소화. 이 성과 기준들은 **흐름 시간**(flow time), 즉 작업 시간과 기다리는 시간을 더한 시간을 이용한다. 예를 들면 작업 B가 작업 A가 완성될 때까지 6일을 기다려야 하고 작업 시간으로 이틀이 더 걸린다면 흐름 시간은 6 + 2 = 8일이 된다. 성과 기준 측정치는 다음과 같다.

$$\text{평균 완료 시간} = \frac{\text{총 흐름 시간}}{\text{작업 개수}} \tag{15-1}$$

$$\text{가동률 측정치} = \frac{\text{총 작업 (처리) 시간}}{\text{총 흐름 시간}} \tag{15-2}$$

$$\text{시스템 내 평균 작업 개수} = \frac{\text{총 흐름 시간}}{\text{총 작업 (처리) 시간}} \tag{15-3}$$

$$\text{평균 작업 지연} = \frac{\text{총 지연 일수}}{\text{작업 개수}} \tag{15-4}$$

특정 작업의 지연 시간을 계산하려면 하루 중 시작 시각과 완료된 작업을 전달하는 시각에 대한 가정을 해야 한다. 식 (15-5)는 오늘이 작업일이고 아직 작업이 시작되지 않았으며 하루가 끝날 때까지 완료된 작업은 당일 고객에게 전달될 수 있다고 가정한다.

$$\text{작업 지연} = \text{최댓값}\ \{0,\ \text{어제} + \text{흐름 시간} - \text{납기}\} \tag{15-5}$$

예를 들어 오늘이 20일이라고 가정하자(따라서 어제는 19일이었다). 작업 A는 내일(21일)이 납기이며 흐름 시간은 1일이다. 해당 작업은 정시에 완료된 것으로 간주한다. 즉 늦지 않았다.

최댓값 {0, 19 + 1 − 21} = 최댓값 {0, −1} = 0일 지연

한편, 작업 B는 32일 차가 납기이며 15일간의 흐름 시간이 있다. 작업 B의 지연은 다음과 같다.

최댓값 {0, 19 + 15 − 32} = 최댓값 {0, 2} = 2일 지연

예제 5에서 가장 보편적인 우선순위 규칙 네 가지를 살펴본다.

예제 5

작업 지시를 위한 우선순위 규칙

Avanti Sethi Architects에서 5개의 건축 도면 작업이 배분되기를 기다리고 있다. 그들의 작업 (처리) 시간과 납기는 아래 표에 주어졌다. 설계사무소는 (1) 선입 선출, (2) 최소 처리 시간, (3) 가장 이른 납기, (4) 최대 처리 시간 규칙에 따라 처리 순서를 결정하려고 한다. 작업은 도착한 순서대로 문자를 부여 받았다. 오늘은 1일 차이고 오늘부터 작업이 시작된다.

작업	작업(처리) 시간(일)	작업 납기 (일)
A	6	8
B	2	6
C	8	18
D	3	15
E	9	23

접근방법 ▶ 4개의 우선순위 구칙을 각각 차례대로 적용한다. 각각의 규칙에 대한 4개의 효과를 계산해 어느 규칙이 설계사무소에 가장 좋은 것인지 비교해본다.

해결방법 ▶

1. 다음 표에 보여진 **선입 선출 규칙**에 따른 작업 순서는 단순히 A-B-C-D-E이다.

작업 순서	작업 (처리) 시간	흐름 시간	작업 납기	작업 지연
A	6	6	8	0
B	2	8	6	2
C	8	16	18	0
D	3	19	15	④
E	9	28	23	5
	28	77		11

= 식 (15-5)에 따라 최댓값 {0, 0 + 19 −15}

선입 선출 규칙 적용 효과에 대해 다음과 같은 측정치가 나왔다.

a. 평균 완료 시간 $= \dfrac{\text{총 흐름 시간}}{\text{작업 개수}}$

$$= \frac{77\text{일}}{5} = 15.4\text{일}$$

b. 가동률 측정치 $= \dfrac{\text{총 작업 (처리) 시간}}{\text{총 흐름 시간}}$

$$= \frac{28}{77} = 36.4\%$$

c. 시스템 내 평균 작업 개수 $= \dfrac{\text{총 흐름 시간}}{\text{총 작업 (처리) 시간}}$

$$= \frac{77일}{28일} = 2.75개$$

d. 평균 작업 지연 $= \dfrac{\text{총 지연 일수}}{\text{작업 개수}}$

$$= \frac{11일}{5} = 2.2일$$

2. 다음 표와 같은 최소 처리 시간 규칙에 따른 작업 순서는 B-D-A-C-E이다. 가장 적은 처리 시간을 가진 작업에 가장 높은 우선순위를 주는 방식으로 작업 순서는 처리 시간에 따라 정해졌다.

작업 순서	작업(처리) 시간	흐름 시간	작업 납기	작업 지연
B	2	2	6	0
D	3	5	15	0
A	6	11	8	3
C	8	19	18	1
E	9	28	23	5
	28	65		9

최소 처리 시간 규칙 적용 효과에 대해 다음과 같은 측정치가 나왔다.

a. 평균 완료 시간 $= \dfrac{65일}{5} = 13일$

b. 가동률 측정치 $= \dfrac{28}{65} = 43.1\%$

c. 시스템 내 평균 작업 개수 $= \dfrac{65일}{28일} = 2.32개$

d. 평균 작업 지연 $= \dfrac{9일}{5} = 1.8일$

3. 다음 표와 같은 가장 이른 납기 규칙에 따른 작업 순서는 B-A-D-C-E이다. 작업 순서는 가장 이른 납기를 가진 작업을 먼저 정하는 방식으로 정해졌다.

학습목표 15.4
작업 우선순서 규칙 각각의 이름을 대고 설명한다.

작업 순서	작업(처리) 시간	흐름 시간	작업 납기	작업 지연
B	2	2	6	0
A	6	8	8	0
D	3	11	15	0
C	8	19	18	1
E	9	28	23	5
	28	68		6

가장 이른 납기 규칙 적용 효과에 대해 다음과 같은 측정치가 나왔다.

a. 평균 완료 시간 $= \dfrac{68일}{5} = 13.6일$

b. 가동률 측정치 $= \dfrac{28}{68} = 41.2\%$

c. 시스템 내 평균 작업 개수 $= \dfrac{68일}{28일} = 2.43개$

d. 평균 작업 지연 $= \dfrac{6일}{5} = 1.2일$

4. 다음 표와 같은 최대 처리 시간 규칙에 따른 작업 순서는 E-C-A-D-B이다.

작업 순서	작업(처리) 시간	흐름 시간	작업 납기	작업 지연
E	9	9	23	0
C	8	17	18	0
A	6	23	8	15
D	3	26	15	11
B	2	28	6	22
	28	103		48

최대 처리 시간 규칙 적용은 효과에 대해 다음과 같은 측정치가 나왔다.

a. 평균 완료 시간 $= \dfrac{103\text{일}}{5} = 20.6\text{일}$

b. 가동률 측정치 $= \dfrac{28}{103} = 27.2\%$

c. 시스템 내 평균 작업 개수 $= \dfrac{103\text{일}}{28\text{일}} = 3.68$ 작업

d. 평균 작업 지연 $= \dfrac{48\text{일}}{5} = 9.6\text{일}$

이 네 가지 규칙의 결과는 다음 표에 요약된다.

규칙	평균 완료 시간(일)	가동률 측정치(%)	시스템 내 평균 작업 개수	평균 작업 지연(일)
선입 선출	15.4	36.4	2.75	2.2
최소 처리 시간	13.0	43.1	2.32	1.8
가장 이른 납기	13.6	41.2	2.43	1.2
최대 처리 시간	20.6	27.2	3.68	9.6

통찰력 ▶ 최대 처리 시간 규칙은 설계사무소의 작업 순서를 정하는 데 가장 효과가 적은 측정 방법이다. 최소 처리 시간 규칙은 처음 세 가지 측정치 중에서 가장 우수하고 가장 이른 납기 규칙은 네 번째 측정치에서 우수하다(평균 지연).

학습 연습 ▶ 작업 A에 (6일이 아니라) 7일이 소요되는 경우 선입 선출 규칙에 따른 네 가지 효과 측정값이 어떻게 변하는가? [답: 16.4일, 35.4%, 2.83개, 2.8일 지연]

예제 5의 결과는 현실에서도 전형적으로 잘 들어맞는다. 어떤 우선순위 규칙도 모든 성과 기준 측정치가 다른 규칙보다 좋은 경우는 없다.

1. **최소 처리 시간** 규칙은 대체적으로 작업 흐름을 최소화하고 시스템 내 평균 작업 수를 최소화하는 데 최고의 기법이다. 가장 주요한 단점은 작업 시간이 긴 작업은 짧은 처리 시간 작업을 선호해 우선순위에서 계속 뒤로 밀려날 수도 있다는 것이다. 고객은 이것을 애매하다고 보며, 작업 시간이 긴 작업에 대해서는 정기적인 조정이 필요하다.
2. **선입 선출** 규칙은 모든 규칙에 비해 좋은 성적을 거두지는 못하지만 그다지 나쁜 성적도 아니다. 장점으로는 고객 관점에서 공정하게 보일 수 있으며, 이 점은 서비스 시스템에서 중요하다.
3. **가장 이른 납기** 규칙은 최대 지연을 최소화하기 때문에, 특정 날짜가 지나면 위약금이 큰 경우

에 필요한 규칙이다. 일반적으로 지연이 문제가 될 때 가장 빠른 납기 규칙이 사용하기 좋다.

긴급률

긴급률
납기까지 잔여 시간을 잔여 작업 시간으로 나누는 방법으로 계산된 지수인 작업 순서 정하기 규칙

납기가 있는 (제조업체나 근처 인쇄업체, 가구와 커튼 제작소처럼) 모든 조직에는 작업 순서를 정하는 데 **긴급률**(critical ratio, CR)을 사용하는 이점이 있다. 긴급률은 납기까지 잔여 시간을 잔여 작업 시간으로 나누는 방법으로 계산된 지수이다. 우선순위 규칙과 반대로 긴급률은 역동적이며 쉽게 수정된다. 이것은 평균 작업 지연 기준 면에서는 선입 선출, 최소 처리 시간, 가장 이른 납기, 최대 처리 시간 규칙보다도 성과가 좋다.

긴급률은 일정대로 배송되어야 하는 작업에 우선순위를 부여한다. 긴급률이 1보다 적은 작업은 일정보다 늦어진 작업이다. 긴급률이 정확하게 1이면 작업은 일정대로 진행되는 것이다. 긴급률이 1보다 크면 작업은 일정보다 앞서가고 있고 여유 시간이 있는 것이다.

긴급률 식은 다음과 같다.

$$CR = \frac{\text{잔여 시간}}{\text{잔여 작업 일수}} = \frac{\text{납기} - \text{오늘 날짜}}{\text{잔여 작업 시간}} \tag{15-6}$$

예제 6은 긴급률 사용 방법을 보여준다.

예제 6 긴급률

오늘은 Zyco 의료기기 검사 연구소의 생산 일정상 25일 차이다. 아래 표와 같이 주문된 작업은 3개다.

작업	납기	잔여 작업일
A	30	4
B	28	5
C	27	2

접근방법 ▶ Zyco는 긴급률 공식을 사용해 긴급률을 계산하고자 한다.

해결방법 ▶

작업	긴급률	우선순위
A	(30 − 25)/4 = 1.25	3
B	(28 − 25)/5 = .60	1
C	(27 − 25)/2 = 1.00	2

통찰력 ▶ 작업 B의 긴급률은 1 미만이며, 이는 신속하게 처리하지 않으면 늦는다는 것을 의미한다. 따라서 우선순위가 가장 높다. 작업 C는 일정대로 진행되고 있고 작업 A는 약간의 여유가 있다. 작업 B가 완료되면 작업 A와 C에 대한 긴급률을 다시 계산해 우선순위가 변경되는지 여부를 결정한다.

학습 연습 ▶ 오늘은 Zyco의 일정상 24일 차(하루 전)이다. 긴급률을 다시 계산하고 우선순위를 정하라. [답: 1.5, 0.8, 1.5. 작업 B는 여전히 1위지만, 이제 작업 A와 C는 공동 2위이다.]

대부분의 생산 일정계획 시스템에 있어서 긴급률은 다음과 같은 경우에 도움이 된다.

1. 특정 작업에 대한 상태를 결정해준다.
2. 일반적으로 작업 간 상대적 우선순위를 정해준다.
3. 수요와 작업 진행 상황 변동에 따라 자동으로 우선순위를 조정해준다.
4. 능동적으로 작업 진행 상황을 추적해준다.

두 기계에서 N개 작업 순서 정하기: 존슨 규칙

복잡한 다음 단계는 2개 이상의 작업을 2개의 다른 기기나 작업장에서 같은 순서로 진행하는(각 작업장은 한 번에 한 작업만 처리할 수 있는) 사례이다.

존슨 규칙(Johnson's rule)은 2개의 작업장에서 작업군의 순서를 정하는 데 있어서 시간을 최소화하는 데 활용된다. 또한 기계의 총 비가동 시간도 최소화한다. 존슨 규칙은 네 가지 단계로 구성된다.

존슨 규칙
2개의 작업장에서 작업군의 순서를 정하는 데 있어서 기계의 총 비가동 시간도 최소화하면서 총시간을 최소화하는 접근법

1. 모든 작업을 목록에 나열한다. 각각의 작업이 필요한 기계에서의 작업 시간을 보여준다.
2. 가장 짧은 처리 시간을 가진 작업을 선택한다. 가장 짧은 시간이 첫 번째 기계에서 처리되는 경우 작업은 첫 번째 기계에 첫 번째로 배정된다. 만일 가장 짧은 시간이 두 번째 기계에서 처리되는 경우 작업은 두 번째 기계에 가장 마지막으로 배정된다.
3. 작업 일정이 잡히면 작업을 목록에서 지운다.
4. 2단계와 3단계를 남은 작업에 적용한다.

예제 7은 존슨 규칙을 적용하는 방법을 보여준다.

예제 7

존슨 규칙

미국 위스콘신주 라크로스(La Crosse)에 소재한 공구 및 금형 제작소는 5개의 특별한 작업을 2개의 작업장(천공과 선반)에서 진행해야 한다. 각 작업 처리 시간은 다음과 같다.

작업	작업장 1(천공)	작업장 2(선반)
A	5	2
B	3	6
C	8	4
D	10	7
E	7	12

소유주인 니란잔 파티(Niranjan Pati)는 5개 작업의 총시간을 최소화하는 작업 순서를 정하고자 한다.

접근방법 ▶ 파티는 존슨 규칙의 4단계를 적용한다.

해결방법 ▶

1. 최소 처리 시간을 가진 작업은 A이며 작업장 2에서 2시간이 소요된다. 두 번째 작업장에서의 작업이므로 A를 마지막에 일정을 잡는다. 이제 고려사항에서 제외한다.

				A

학습목표 15.5
존슨 규칙을 사용한다.

2. 작업 B가 3시간으로 다음 번 최소 처리 시간을 가진다. 첫 번째 작업장에서의 작업이므로 먼저 일정을 잡고 고려사항에서 제외한다.

B				A

3. 다음 최소 처리 시간은 작업 C로 두 번째 작업장에서 4시간이다. 따라서 최대한 늦게 일정을 잡는다.

B			C	A

4. 나머지 작업은 모두 7시간으로 동률이다. 우선 작업 E를 첫 번째 작업장에 배치하고, 작업 D를 그 다음에 놓는다.

B	E	D	C	A

순차적인 시간은 다음과 같다.

작업장 1	3	7	10	8	5
작업장 2	6	12	7	4	2

시간 흐름에 따른 작업 순서를 그림으로 표시하면 다음과 같다.

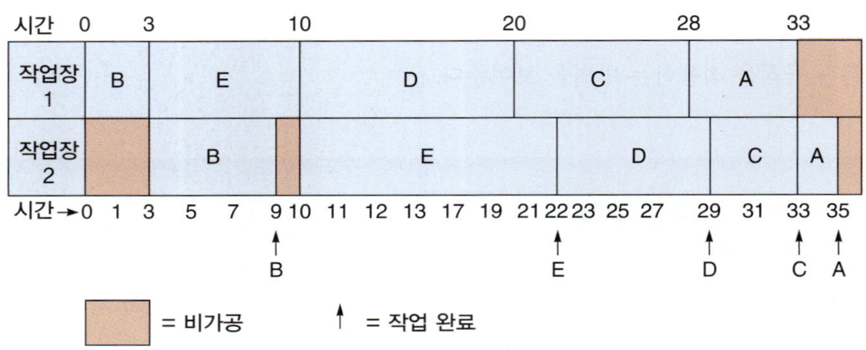

따라서 5개의 작업은 35시간 만에 완료된다.

통찰력 ▶ 두 번째 작업장은 첫 번째 작업을 하는 데 3시간을 기다려야 하며, 작업 B를 마치고 나서도 1시간을 기다려야 한다.

학습 연습 ▶ 만일 작업 C가 작업장 2에서 (4시간이 아니라) 8시간 걸린다면, 어떤 순서가 가장 좋은가? [답: B-E-C-D-A]

규칙 기반 순서 지정 시스템의 한계

조금 전에 살펴본 일정계획 기법은 규칙 기반 기법이며, 규칙 기반 시스템은 다음과 같이 여러 가지 한계가 있다.

1. 일정계획은 역동적이다. 그래서 규칙은 주문, 공정, 장기, 제품 배합 변동에 따라서 조정을 필요로 한다.

2. 규칙은 이전 공정이나 이후 공정을 고려하지 않는다. 다른 가공 부분의 비가동 자원이나 병목 자원을 인지하지 못한다.
3. 규칙은 납기 이후를 고려하지 못한다. 예를 들면 두 주문의 납기가 같을 수 있다. 한 주문은 유통업체 재고 충전과 연계되고 다른 한 주문은 완성되지 않으면 고객의 공장을 닫아야 하는 고객 주문이다. 두 주문 다 똑같은 기한을 가지고 있지만 고객 주문이 명확하게 더 중요하다.

이런 한계에도 불구하고 일정계획 수립자는 최소 처리 시간, 가장 이른 납기, 긴급률과 같은 순서 지정 규칙을 자주 사용한다. 이런 방법들을 각각의 작업장에 적용하고 실제 복잡한 변수를 다루며 작업 순서를 수정한다. 수작업으로 수정하거나 유한 생산능력 일정계획 소프트웨어를 사용하기도 한다.

유한 생산능력 일정계획(FCS)

유한 생산능력 일정계획
사용자에게 그래픽을 통해 상호작용하는 컴퓨팅을 제공해 규칙 기반 시스템의 단점을 극복하는 컴퓨터화된 단기 일정계획

단기 일정계획 시스템은 **유한 생산능력 일정계획**(finite capacity scheduling, FCS)이라고도 한다.[2] 유한 생산능력 일정계획은 일정 수립자에게 상호작용하는 컴퓨팅과 그래픽 산출물을 제공하며 규칙 기반 시스템의 단점을 극복한다. 잡샵처럼 생산자원을 공유하면서 다품종 소량생산인 역동적인 일정계획하에서는 변경이 있을 수밖에 없다. 변경은 일정계획을 뒤틀어 놓는다. 운영관리자는 운영자가 즉각적인 변화를 수용할 수 있는 유한 생산능력 일정계획 시스템을 점차 사용하고 있다. 생산 현장에서 의사소통을 개선하면 잡샵을 효과적으로 통제하는 데 필요한 정보를 정확하고 빠르게 얻을 수 있다. 컴퓨터가 통제하는 기계는 거의 실시간으로 정보를 수집하고 상황을 모니터할 수 있다. 이것은 일정계획 수립자가 분 단위 정보를 바탕으로 일정계획 변경을 할 수 있다는 것이다. 이런 일정은 흔히 간트 차트 형태로 보여진다. 우선순위 규칙을 반영하는 것 이외에도, 많은 유한 생산능력 일정계획 시스템이 '전문가 시스템' 또는 시뮬레이션 기법을 함께 사용할 수 있도록 하며, 여러 대안에 비용 개념을 사용할 있도록 한다. 일정계획 수립자는 주문 변경, 인력 변경, 기계 변동의 어떤 상황이라도 다룰 수 있는 유연성을 갖게 된다.

학습목표 15.6
유한 생산능력계획을 정의한다.

계획 데이터, 유한 생산능력 일정계획 데이터, 우선순의 규칙, 분석용 모델, 간트 차트 출력물이 결합된 모습이 그림 15.5에 있다.

유한 생산능력 일정계획은 정해진 규칙을 따르지 않고, 오늘 상태와 주문에 기초를 두면서 배송 요구사항을 반영한다. 일정계획 수립자가 좋은 일정을 잘 수립할 수 있도록 요인들을 결정한다. 프

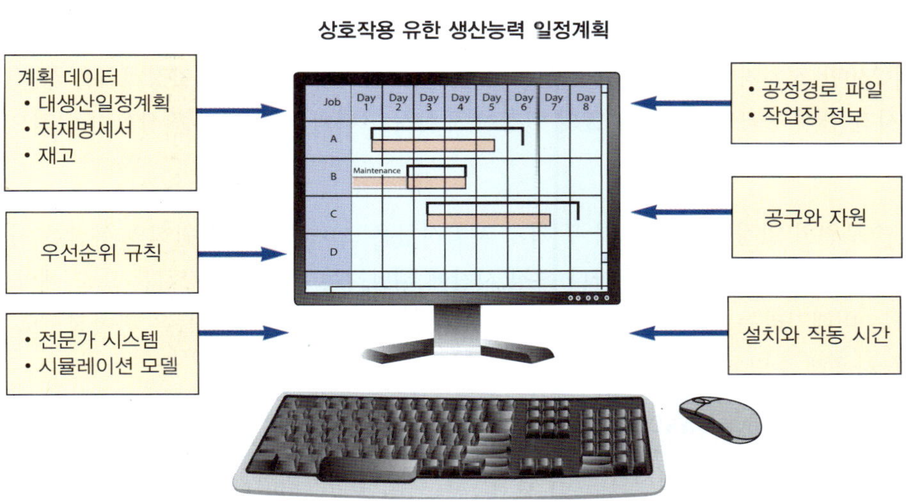

그림 15.5

유한 생산능력 일정계획 시스템은 생산 데이터를 사용해 간트 할당 차트를 생성하고, 재공품 재고 데이터를 사용해 사용자가 일정의 대안을 평가하도록 조작할 수 있게 한다

로플래너(ProPlanner,), 프리액토(Preactor), 애스프로바(Asprova), 스케쥴라이저(Schedlyzer), 잡플랜(Jobplan)과 같은 유한 생산능력 일정계획 소프트웨어가 60% 이상의 미국 공장에서 현재 사용 중이다.

서비스 일정계획

서비스 시스템의 일정계획은 제조 시스템의 일정계획과 여러 면에서 다르다.

- 제조업에서는 일정계획이 기계와 재료에 중점을 두지만, 서비스 일정계획은 충원 수준에 중점을 둔다.
- 제조업자는 재고를 유지해 수요에 대비하지만, 서비스 시스템은 재고를 유지하지 않는다.
- 서비스는 노동집약적이고 노동에 대한 수요는 변동성이 높다.
- 임금이나 근로 시간, 노조 계약과 같이 교대조, 주간, 월간 노동 시간을 제약하는 법적 고려가 있다.
- 서비스가 대체적으로 (재료가 아닌) 사람을 일정계획 대상으로 하기 때문에 사회적인 이슈, 피로도, 연공서열, 사회적 지위 고려가 일정계획을 복잡하게 만든다.

다음 예들은 서비스 일정계획이 복잡하다는 것을 보여준다.

병원 병원은 제조업의 잡샵에서 볼 수 있을 정도의 복잡한 일정계획 시스템을 사용하는 서비스 시설의 대표적인 예다. 병원은 응급 환자 대응에 기계 가공 시에 사용하는 선입 선출 우선순위 방식을 거의 사용하지 않지만, '중증도 분류'와 같은 우선순위 적용 대상에게는 선입 선출 방식을 흔히 적용한다. 수술 같은 일정을 잡을 때는 공장의 경우처럼 여유 능력을 유지해 다양한 수요의 변동성에 대비한다.

은행 은행원들의 교차 훈련은 창구 직원이 갑작스럽게 바빠질 경우 대출 담당 직원이나 다른 관리자가 잠시 도와줄 수 있도록 한다. 은행은 또한 파트타임 직원을 고용해 다양한 서비스 능력을 늘리기도 한다.

소매 점포 워크브레인(Workbrain), 사이버시프트(Cybershift), 크로노스(Kronos)와 같은 일정계획 최적화 시스템이 월마트(Walmart), 페이리스 슈즈(Payless Shoes), 타깃(Target)에서 사용된다. 이런 시스템은 개별 점포 판매, 거래, 판매량, 고객 움직임을 15분마다 추적해 작업 일정을 만들어낸다. 월마트의 230만 직원과 타깃의 35만 직원은 수천 명의 관리자들의 시간 일정계획을 생성한다. 지금은 몇 시간 만에 전국적으로 직원들의 일정이 세워져 고객의 계산 대기줄 상황이 극적으로 개선되었다.

항공사 승무원의 일정을 수립할 때 두 가지 제약사항은 (1) 연방항공위원회의 복잡한 시간 제약에 맞추고 (2) 매일 또는 매 운항편마다 특정 시간에 해당하는 수당을 보장하는 노조 계약이다. 일정계획자는 비행기라는 비싼 자원을 효율적으로 활용해야 한다. 이 일정들은 전형적으로 선형 계획 모델을 사용해 수립된다.

24/7 운영 긴급 핫라인, 경찰서 또는 소방서, 콜센터와 [엘엘빈(L.L.Bean) 같은] 우편 주문 비즈니스 업계는 직원들을 하루 24시간, 일주일에 7일 모두 일정에 넣어 계획한다. 직원 충원의 유연

성을 위해서는 파트타임 직원이 고용된다. 이것은 이상한 교대 근무 시간과 늘어난 작업량에 대응하는 면에서 이점이 있지만 휴무, 점심시간, 휴식 시간, 시작 시간 등에 너무나 많은 대안이 생기는 어려움도 있다. 대부분의 기업은 컴퓨터화된 일정계획 시스템을 활용해 이런 복잡한 문제를 해결한다.

순환 일정계획으로 서비스 직원 일정계획 세우기

학습목표 15.7
순환 일정계획 기법을 사용한다.

인력 충원에 변동이 많은 서비스 분야에 종사하는 직원들의 일정계획을 하는 데는 여러 가지 기법과 알고리즘이 존재한다. 특히 경찰관, 간호사, 식당 종업원, 창구 직원, 소매점 판매원 등이 전형적으로 해당된다. 관리자들은 모든 직원을 행복하게 만드는 효율적이며 적시의 일정을 수립하려고 하지만 직원 일정계획을 위해서 매달 많은 시간을 할애해야 한다. 어떤 일정은 6주 정도의 굉장히 긴 계획 기간을 가지기도 한다. 간단하면서도 잘 들어맞는 접근 방식은 **순환 일정계획**이다.[3]

순환 일정계획 순환 일정계획은 변동성이 높은(일관성이 없는) 일정을 가진 최소의 직원들의 일정을 세우는 데 집중한다. 이럴 경우 각 직원들은 각 교대조에 배치가 되고 정해진 시간에 휴식한다. 예제 8을 살펴보자.

예제 8

순환 일정계획

병원 관리자 도리스 라플린(Doris Laughlin)은 표준 주 5일 근무와 연속 2일 휴무를 사용해 암병동에 최소 인원의 직원을 충원하고자 한다. 그러나 대부분의 병원에서 그러하듯, 일관되지 않은 수요에 대처해야 한다. 주말은 환자가 적다. 의사는 주중에 일찍 일하는 경향이 있으며 환자 수는 수요일에 최고조에 달했다가 점차 줄어든다.

접근방법 ▶ 도리스는 먼저 인력 충원 요구사항을 수립해야 한다. 그러고 나서 다음 5단계 프로세스를 적용한다.

해결방법 ▶

1. 도리스는 필요한 일일 인력 충원 요구사항을 다음과 같이 정했다.

일	월요일	화요일	수요일	목요일	금요일	토요일	일요일
인력 필요량	5	5	6	5	4	3	3

2. 총 요구 필요량이 가장 낮은 연속 2일을 식별하고 동그라미를 그린다. 이 2일의 휴가를 첫 번째 직원에게 할당한다. 이 경우 3 더하기 3이 2일 중 가장 낮은 합계이기 때문에 첫 번째 직원은 토요일과 일요일을 쉰다. 동점일 경우 인접 일 필요량이 가장 낮은 요일을 선택하거나 먼저 토요일과 일요일을 '휴무'일로 지정한다. 둘 이상이면 임의의 결정을 내린다.
3. 이제 동그라미가 없는 날마다 일하는 직원이 생겼다. 따라서 첫 번째 행에서 1을 빼서 다음 직원을 위한 새 행을 만든다(1일은 근무했기 때문에). 동그라미로 표시된 날(근무하지 않은 날을 나타냄)과 0이 있는 날은 제외한다. 다시 말해 동그라미로 표시된 날이나 값이 0인 날에서 빼지 말아야 한다.
4. 새 행에서 총 요구사항이 가장 낮은 연속 2일을 식별하고 동그라미를 그린다. 나머지 날에 다음 직원을 배정한다.
5. 모든 인력 요구사항이 충족될 때까지 프로세스(3단계와 4단계)를 반복한다.

	월요일	화요일	수요일	목요일	금요일	토요일	일요일
직원 1	5	5	6	5	4	(3)	(3)
직원 2	4	4	5	4	3	(3)	(3)
직원 3	3	3	4	3	(2)	(3)	3
직원 4	2	2	3	(2)	(2)	3	2
직원 5	(1)	(1)	2	2	2	2	1
직원 6	1	1	1	1	1	(1)	(0)
직원 7						1	
(직원 수로 표시된) 생산능력	5	5	6	5	4	3	3
초과 생산능력	0	0	0	0	0	1	0

도리스는 인력 충원 수요를 충족하기 위해 6명의 정규직 직원이 필요하고 토요일만 일하는 1명의 직원이 필요하다.

직원이 토요일에 초과 근무를 하거나 시간제 직원이 토요일에 고용되는 것을 전제로, 생산능력(직원 수)은 충원 요구사항과 같다는 점에 주목해야 한다.

통찰력▶ 도리스는 모든 직원에게 연속 2일의 휴가를 제공하는 효율적인 일정계획 시스템을 구현했다.

학습 연습▶ 도리스가 정규직 직원 채용으로 토요일 충원 요건을 충족하는 경우 해당 직원의 일정을 어떻게 정하는가? [답: 그 직원은 토요일을 제외하고 2일을 쉴 수 있으며, 직원이 근무하는 (토요일 제외) 모든 날에 1명씩 생산능력이 인력 충원 수요를 초과하게 된다.]

예제 8의 접근 방식을 사용해 미국 콜로라도종합병원(Colorado General Hospital)은 한 달에 평균 10~15시간을 절약하고 다음과 같은 추가적인 이점을 발견했다. (1) 컴퓨터가 필요하지 않음, (2) 간호사가 일정에 만족함, (3) 열혈 스키어를 수용하기 위해 계절에 따라 순환 주기를 변경할 수 있음,(4) 예측 가능성과 유연성으로 인해 충원 모집이 더 쉬워짐. 이 접근 방식은 최적해가 여러 개 있을 수 있지만 그중 하나인 최적의 결과를 산출한다.

서비스 일정계획을 돕기 위해 다른 순환 일정계획 기법이 개발되었다. 일부 접근 방식은 선형계획법을 사용한다. 이것은 하드록카페(Hard Rock Cafe)가 서비스 일정계획을 하는 방법이다(이 장의 끝에 있는 사례 연구 참조). 이해할 수 있는 도구를 사용하고 수용 가능한 해결책을 산출하기 위해 일정계획을 세우는 데는 자연스럽게 편향이 있게 마련이다.

요약

일정계획에는 시스템을 통해 각 단위를 효율적으로 이동하기 위한 운영 시간 타이밍이 포함된다. 이 장에서는 공정 중심과 서비스 환경에서의 단기 일정계획 문제를 다루고 있다. 공정 중심 설비는 제품이 주문에 따라 만들어지고 그 안에 있는 작업 일정계획이 복잡해질 수 있는 생산 시스템이다. 일정계획, 작업 할당과 순서 지정에 대한 여러 측면과 접근 방식이 소개되었다. 여기에는 간트 차트와 일련의 우선순위 규칙에 따른 일정계획 할당 계획법, 긴급률 규칙, 작업 순서 지정을 위한 존슨 규칙과 유한 생산능력 일정계획에 이르기까지 다양하다.

서비스 시스템은 일반적으로 제조 시스템과 다르다. 이는 서비스 환경의 수요를 충족시키는 생산능력을 정하기 위해 선형계획법뿐만 아니라 선입 선출 규칙, 예약 시스템의 사용으로 이어진다.

핵심 용어

간트 차트(Gantt charts)
고정 재공품 재고 카드(ConWIP cards)
긴급률(critical ratio, CR)
순서 지정(sequencing)
우선순위 규칙(priority rules)
유한 생산능력 일정계획(finite capacity scheduling, FCS)
존슨 규칙(Johnson's rule)
투입-산출 통제(input–output control)
할당(loading)
할당 계획법(assignment method)
흐름 시간(flow time)

윤리적 딜레마

사람들을 2교대와 3교대 근무(저녁 교대조와 '묘지' 교대조)로 일정을 잡는 것은 거의 모든 24시간 작업하는 회사에서 문제이다. 의료와 인간공학적 데이터에 따르면 신체는 수면 리듬의 자연적인 일주기의 중대한 변화에 잘 반응하지 않는다. 또한 작업과 수면 주기의 빈번한 변화는 심각한 장기적 건강 문제를 야기한다.

하루 24시간 가동해야 하고 물리적 요구가 10시간 또는 12시간 근무보다 8시간 근무가 더 선호되는 비노조 제철소의 관리자를 생각해보자. 당신이 권한을 위임한 직원은 매주 교대근무를 하기로 결정했다. 즉 첫 번째 주는 오전 7시부터 오후 3시까지, 두 번째 주는 오후 3시부터 오후 11시까지, 셋째 주는 오전 11시부터 오후 7시까지 순환 교대 근무를 하기로 결정한다. 이것은 생산성과 직원의 장기적인 건강 측면에서 모두 좋은 생각이 아니라는 확신이 든다. 당신이 그들의 결정을 받아들이지 않는다면, 당신은 노동 권한 위임 프로그램을 훼손하고, 직원사기 문제를 일으키며, 아마도 더 중요하게는 노동조합을 결성하자는 더 많은 표를 양산할 것이다. 윤리적 입장에서 무엇을 해야 하는가?

토론 문제

1. 일정계획의 전반적인 목표는 무엇인가?
2. 일정계획 의사결정의 효율성을 결정하기 위한 네 가지 기준을 나열하라. 이 기준은 작업 순서 지정 의사결정을 의한 네 가지 기준과 어떤 관련이 있는가?
3. 작업장을 '할당'한다는 것이 무엇을 의미하는지 설명하라. 작업장을 할당할 수 있는 두 가지 방법은 무엇인가? 할당에 사용되는 두 가지 기법은 무엇인가?
4. 다섯 가지 우선순위 순서 지정 규칙의 이름을 말하고, 각 규칙이 작업을 배분하는 방법을 설명하라.
5. 최소 처리 시간(SPT) 규칙의 장점과 단점은 무엇인가?
6. 납기는 무엇인가?
7. 흐름 시간과 지연이라는 용어를 설명하라.
8. 당신이 건물 전체에 흩어져 있는 여러 개의 시한폭탄을 해체하는 책임을 맡은 유일한 전문가 팀의 리더라면 어떤 작업 현장 일정계획 규칙을 적용할 것인가? 당신은 폭탄을 볼 수 있고, 폭탄은 각기 다른 유형이다. 각각을 해체하는 데 시간이 얼마나 걸릴지 알 수 있다. 논의해보라.
9. 존슨 규칙은 잡샵 일정계획에 언제 가장 잘 적용할 수 있는가?
10. 작업지시 규칙에 대한 네 가지 효과성 측정치를 설명하라.
11. 선형 계획법을 이용한 할당 계획법의 단계는 무엇인가?
12. 유한 생산능력 일정계획의 장점은 무엇인가?
13. 투입-산출 통제란 무엇인가?

문제 해결

문제 해결 15.1

뉴욕에 본사를 둔 King Finance Corporation은 최근에 고용된 대학 졸업생 줄리 존스(Julie Jones), 알 스미스(Al Smith), 팻 윌슨(Pat Wilson)을 지역 사무소에 배정하려고 한다. 그러나 이 회사는 뉴욕에도 자리가 있으므로 오마하, 댈러스, 마이애미로 보내는 것보다 경제적인 경우 3명 중 1명을 뉴욕으로 보낼 것이다. 존스를 뉴욕으로 보내는 데 1,000달러, 스미스를 뉴욕으로 보내는 데 800달러, 윌슨을 뉴욕으로 보내는 데 1,500달러가 든다. 사무실에 최적의 인력 배치는 무엇인가?

피고용자 \ 사무실	오마하	마이애미	댈러스
존스	800달러	1,100달러	1,200달러
스미스	500달러	1,600달러	1,300달러
윌슨	500달러	1,000달러	2,300달러

해결책

(a) 비용표에는 뉴욕을 나타내는 네 번째 열이 있다. 문제의 균형을 맞추기 위해 각 도시에 재배치 비용이 0인 '더미' 행(사람)을 추가한다.

피고용자 \ 사무실	오마하	마이애미	댈러스	뉴욕
존스	800달러	1,100달러	1,200달러	1,000달러
스미스	500달러	1,600달러	1,300달러	800달러
윌슨	500달러	1,000달러	2,300달러	1,500달러
더미	0	0	0	0

(b) 각 행에서 가장 작은 숫자를 빼고 모든 0을 포함하는 직선을 그린다(0이 포함된 각 열을 빼면 동일한 숫자가 나오므로 할 필요가 없음).

피고용자 \ 사무실	오마하	마이애미	댈러스	뉴욕
존스	0	300	400	200
스미스	0	1,100	800	300
윌슨	0	500	1,800	1,000
더미	0	0	0	0

(c) 2개의 선만으로 0을 모두 포함하므로, 포함되지 않은 모든 숫자 중 가장 작은 숫자(200)를 빼고 두 선이 교차하는 각 정사각형에 더한다. 그런 다음 모든 0을 직선으로 포함시킨다.

피고용자 \ 사무실	오마하	마이애미	댈러스	뉴욕
존스	0	100	200	0
스미스	0	900	600	100
윌슨	0	300	1,600	800
더미	200	0	0	0

(d) 3개의 선만으로 0을 모두 포함하므로 포함되지 않은 모든 숫자 중 가장 작은 숫자(100)를 빼고 두 선이 교차하는 각 정사각형에 더한다. 그런 다음 모든 0을 직선으로 포함시킨다.

피고용자 \ 사무실	오마하	마이애미	댈러스	뉴욕
존스	0	0	100	0
스미스	0	800	500	100
윌슨	0	200	1,500	800
더미	300	0	0	100

(e) 여전히 3개의 직선만으로 모든 0을 포함하므로 포함되지 않은 모든 숫자에서 가장 작은 숫자(100)를 빼고 두 선이 교차하는 사각형에 더하고 모든 0을 직선으로 포함시킨다.

피고용자 \ 사무실	오마하	마이애미	댈러스	뉴욕
존스	100	0	100	0
스미스	0	700	400	0
윌슨	0	100	1,400	700
더미	400	0	0	100

(f) 모든 0을 포함하기 위해 4개의 직선이 필요하기 때문에 최적의 할당이 이루어졌다. 다음과 같이 배정한다.

윌슨은 오마하로

존스는 마이애미로

댈러스에는 아무도 배정 안 됨

스미스는 뉴욕으로

비용 = 500달러 + 1,100달러 + 0달러 + 800달러 = 2,400달러

문제 해결 15.2

미국 댈러스의 한 방위산업 계약자는 처리를 기다리는 작업이 6개 있다. 처리 시간과 납기는 표에 나와 있다. 작업이 표시된 순서대로 도착한다고 가정한다. 선입 선출 규칙에 따라 처리 순서를 설정하고 평가하라. 시작 날짜는 1일 차이다.

작업	작업 처리 시간 (일)	작업 납기 (일)
A	6	22
B	12	14
C	14	30
D	2	18
E	10	25
F	4	34

해결책

선입 선출 규칙에 따른 작업 순서는 A-B-C-D-E-F이다.

작업 순서	작업 처리 시간	흐름 시간	납기	작업 지연
A	6	6	22	0
B	12	18	14	4
C	14	32	30	2
D	2	34	18	16
E	10	44	25	19
F	4	48	34	14
	48	182		55

1. 평균 완료 시간 = 182/6 = 30.33일
2. 시스템 내 평균 작업 개수 = 182/48 = 3.79개
3. 평균 작업 지연 = 55/6 = 9.16일
4. 가동률 = 48/182 = 26.4%

문제 해결 15.3

문제 해결 15.2의 회사는 최소 처리 시간 우선순위 규칙에 따른 작업 순서를 고려하고자 한다. 동일한 데이터에 최소 처리 시간 규칙을 적용하고 권고안을 마련하라.

해결책

최소 처리 시간 규칙에 따르면 작업 순서는 D-F-A-E-B-C이다.

작업 순서	작업 처리 시간	흐름 시간	납기	작업 지연
D	2	2	18	0
F	4	6	34	0
A	6	12	22	0
E	10	22	25	0
B	12	34	14	20
C	14	48	30	18
	48	124		38

1. 평균 완료 시간 = 124/6 = 20.67일
2. 시스템 내 평균 작업 개수 = 124/48 = 2.58개
3. 평균 작업 지연 = 38/6 = 6.33일
4. 가동률 = 48/124 = 38.7%

최소 처리 시간이 이번 문제의 네 가지 모든 측정에서 선입 선출 규칙보다 뛰어나다. 가장 이른 납기(EDD)를 분석하면 평균 작업 지연이 5.5일로 낮아진다. 최소 처리 시간 규칙이 좋은 권고안이다. 최소 처리 시간 규칙의 주요 단점은 긴 작업을 더 오래 기다리게 만드는 것이다.

문제 해결 15.4

존슨 규칙을 사용해 2개의 작업장에 표시된 작업을 처리하기 위한 최적의 순서를 구하라. 각 작업장의 단위는 시간이다.

작업	작업장 1	작업장 2
A	6	12
B	3	7
C	18	9
D	15	14
E	16	8
F	10	15

해결책

B	A	F	D	C	E

시간 순서는 다음과 같다.

작업장 1 작업장 2	3 7	6 12	10 15	15 14	18 9	16 8

문제 해결 15.5

시간 단계별 차트를 구성해 문제 해결 15.4에서 두 작업장의 처리 시간과 비가동 시간을 보여라.

해결책

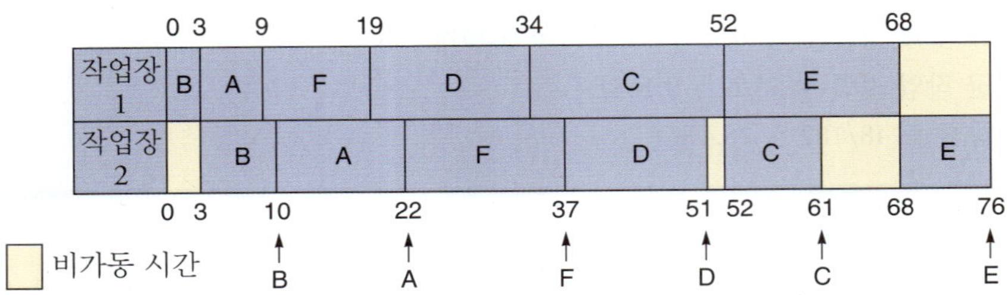

연습 문제

Px 윈도우용 POM 또는 엑셀 OM으로 문제를 해결할 수 있음

문제 15.1~15.14는 작업 할당과 관련이 있다.

•• **15.1** 론 새터필드(Ron Satterfield)의 굴착 회사는 간트 일정 차트와 간트 할당 차트를 모두 사용한다.

(a) 7일 차 마지막인 오늘, 론은 다음과 같은 일정을 나타내는 간트 차트를 검토하고 있다.

- 작업 #151은 3일 차에 시작해 6일이 소요될 예정이었다. 현재로서는 예정보다 1일 앞당겨진 상태이다.
- 작업 #177은 1일 차에 시작해 4일이 소요될 예정이었다. 현재 일정대로 진행되고 있다.
- 작업 #179는 7일 차에 시작해 2일이 소요될 예정이었다. 실제로는 6일 차에 시작되어 계획대로 진행되고 있다.
- 작업 #211은 5일 차에 시작될 예정이었으나 장비가 없어 6일 차까지 연기되었다. 예상대로 진행되고 있으며 3일 정도 소요된다.
- 작업 #215는 4일 차에 시작해 5일이 소요될 예정이었다. 그것은 예정대로 시작되었지만 이후 2일간 늦어지고 있다.

설명된 활동에 대한 간트 일정 차트를 그려라.

(b) 론은 이제 간트 할당 차트를 사용해 에이블(Able), 베이커(Baker), 찰리(Charlie) 세 작업 팀이 각각 얼마나 작업이 일정 계획대로 이루어지고 있는지 확인하려고 한다. 현재 5개의 작업이 이 3개의 작업 팀에 배정되어 있다. 에이블의 작업 팀에는 48시간이 필요한 작업 #250과 32시간이 필요한 작업 #275, 베이커의 경우 작업 #210과 작업 #280이 배정되어 있으며 각각 16시간, 24시간이 필요하다. 찰리의 경우 작업 #225에 40시간이 필요하다.

이러한 활동에 대한 간트 할당 차트를 준비하라.

•• **15.2** First Printing에서는 이 장의 예제 3에 있는 작업 외에 4개의 추가 작업의 일정을 계획해야 한다. 생산 일정 담당자가

4일 차 마지막의 간트 차트를 검토하고 있다.

- 작업 D는 2일 차에 일찍 시작해 9일 차 중반에 종료될 예정이었다. 현재(4일 차 이후 검토 시점) 예정보다 2일 앞당겨져 있다.
- 작업 E는 1일 차에 시작해 3일 차에 끝나야 한다. 일정대로 진행되고 있다.
- 작업 F는 3일 차에 시작될 예정이었으나 유지보수로 인해 1.5일 지연되었다. 작업은 이제 5일이 소요된다. 현재 일정에 있다.
- 작업 G는 예정보다 하루 늦었다. 이 작업은 2일 차에 시작되었으며 완료하는 데 6일이 필요하다.

First Printing의 간트 일정 차트를 만들라.

• **15.3** 4명의 직원을 4개의 다른 작업에 배정하려 한다. 직원 1인당 작업당 시간(분)은 다음 표에 나와 있다.

	직원			
작업	1	2	3	4
A	8	10	17	9
B	3	8	5	6
C	10	12	11	9
D	6	13	9	7

총 완료 시간을 최소화하기 위해 직원을 작업에 최적 할당하라. Px

• **15.4** 사우디아라비아에 있는 한 제약회사의 마케팅 관리자에게는 4개의 다른 판매 지역에 서비스를 제공할 수 있는 4명의 영업 사원이 있다. 판매원의 능력, 다양한 의료 서비스 제공자에 대한 지식과 지역의 특성을 고려해 마케팅 관리자는 각 지역의 각 판매원에 대한 월별 매출[단위: 천 사우디 리얄(SAR)]을 다음과 같이 추정했다.

	직원			
작업	1	2	3	4
A	32	24	35	26
B	34	37	28	28
C	41	27	36	24
D	22	36	27	34

판매를 극대화할 수 있도록 영업 사원을 지역에 할당하라. Px

• **15.5** 한 대형 건설장비 회사의 영업 관리자는 사우디아라비아 4개 도시에 사무실을 두고 있다. 월별 과제의 일부로 관리자는 각 사무실의 영업 사원이 비행기를 타고 다른 4개 도시의 구매자를 만나길 원한다. 아래 표는 이 도시 간의 항공권 비용[단위: 사우디 리얄(SAR)] 을 보여준다. 월 항공료를 최소화하기 위해 최적의 할당을 찾아보라.

	~로			
~에서	도시 A	도시 B	도시 C	도시 D
도시 1	200	240	350	300
도시 2	250	200	380	250
도시 3	400	350	400	200
도시 4	200	260	340	200

Px

• **15.6** Jamison Day Consultant 회사는 마케팅, 재무, 운영, 인적자원의 4개 부문으로 나뉜 사업 계획을 평가하는 작업을 위임받았다. 크리스(Chris), 스티브(Steve), 후아나(Juana), 레베카(Rebecca)로 평가팀이 구성된다. 각각은 특정 분야에 대한 전문성을 가지고 있고 그 부문을 더 빨리 끝내는 경향이 있다. 각 부문에 대해 각 팀 구성원의 예상 소요 시간은 다음 표에 요약되어 있다. 추가 정보에 따르면 각 개인은 시간당 60달러를 받는다.

(a) 이 회사의 전체 비용이 최소화되도록 각 구성원을 다른 부문에 할당하라.

(b) 이러한 할당의 총비용은 얼마인가?

다른 부문에 대해 팀원의 예상 소요 시간(분)

	마케팅	재무	운영	인적자원
크리스	80	120	125	140
스티브	20	115	145	160
후아나	40	100	85	45
레베카	65	35	25	75

Px

•• **15.7** 미국 루이지애나주 배턴루지 경찰서에는 5개의 미해결 범죄 사건에 할당할 수 있는 5개의 수사대가 있다. 수석 수사관 호세 노게라(Jose Noguera)는 사건을 종결하는 데 걸리는 총시간을 최소화하기 위해 수사대를 할당하고자 한다. 각 수사대가 각 사건을 종결하는 데 과거 성과를 기반으로 한 평균 일수는 다음과 같다.

	사건				
수사대	A	B	C	D	E
1	14	7	3	7	27
2	20	7	12	6	30
3	10	3	4	5	21
4	8	12	7	12	21
5	13	25	24	26	8

각 수사대는 다양한 유형의 전문가로 구성되며 한 수사대는 특정 유형 사건의 경우 매우 효과적일 수 있지만 다른 유형의 사건에는 거의 소용이 없을 수 있다.

(a) 할당 계획법을 사용해 문제를 해결하라.

(b) 수사대를 할당하지만 이해가 상충되어 수사대 5가 사례 E를 수사할 수 없다는 제약이 있다. Px

• **15.8** Tiger Sports Club은 클럽 간 탁구 토너먼트에 참가하기 위해 4개의 별도 남녀 복식 팀을 선택해야 한다. 사전 선택을 통해 4명의 남자 라울(Raul), 잭(Jack), 그레이(Gray), 에이제이(Ajay)와 4명의 여자 바버라(Barbara), 도나(Dona), 스텔라(Stella), 재키(Jackie)가 선택되었다. 이제 앞으로 남은 과제는 이 남자와 여자를 가장 좋은 조합으로 짝을 지어주는 것이다. 다음 표는 이러한 목적으로 설계된 매트릭스를 보여주며, 각 남자가 여자 각각의 게임을 어떻게 보완하는지를 나타낸다.

점수가 높을수록 경기에서 더 높은 수준의 호환성을 나타낸다. 최고의 짝을 찾아라.

경기 호환성 매트릭스

	바버라	도나	스텔라	재키
라울	30	20	10	40
잭	70	10	60	70
그레이	40	20	50	40
에이제이	60	70	30	90

Px

••• **15.9** 샌안토니오대학교 경영학과의 대니얼 글레이저(Daniel Glaser) 학과장은 다음 학기에 교수를 배정해야 한다. 누가 각 과목을 가르칠 것인가를 판단하는 기준으로 글레이저 교수는 지난 2년간의 강의평가(학생들이 작성)를 검토한다. 4명의 교수가 각각 2년 동안 다른 4개의 과목을 가르쳤기 때문에 글레이저는 강사에 대한 강의 등급을 기록할 수 있다. 이러한 등급은 다음 표에 나와 있다.

(a) 전체 교수 등급을 최대화하기 위해 과목에 교수를 할당하라.

(b) 피셔(Fisher) 교수가 통계학을 가르칠 수 없는 경우를 제외하고 과목에 교수를 할당하라. Px

교수	과목			
	통계학	경영학	재무관리	경제학
피셔(Fisher)	90	65	95	40
골하(Golhar)	70	60	80	75
허그(Hug)	85	40	80	60
러스타지(Rustagi)	55	80	65	55

•• **15.10** 리팡 우(Lifang Wu)는 정밀 자동차 부품을 만드는 자동화 기계 공작소를 소유하고 있다. 그는 연삭 작업장에 대한 투입-산출 보고서를 방금 작성했다. 이 보고서를 완성하고 결과를 분석하라.

투입-산출 보고서

기간	1	2	3	4	합계
계획된 투입량	80	80	100	100	
실제 투입량	85	85	85	85	
편차					
계획된 산출량	90	90	90	90	
실제 산출량	85	85	80	80	
편차					
초기 미완성 작업: 30					

• **15.11** 데니스 가이어(Dennis Geyer)의 회사는 일련의 작업을 기계에 할당하려고 한다. 다음 표는 특정 기계에서 작업을 수행할 때 각 작업의 비용에 대한 데이터를 제공한다.

(a) 가이어의 총비용을 최소화할 수 있도록 기계에 작업 할당을 정하라.

(b) 할당 결과 총비용은 얼마인가? Px

	기계			
작업	A	B	C	D
1	7	9	8	10
2	10	9	7	6
3	11	5	9	6
4	9	11	5	8

• **15.12** 미국 버지니아주에 있는 대형 법률 회사의 관리 파트너인 라비 베하라(Ravi Behara)는 3명의 고객을 3명의 변호사에게 할당해야 한다. 비용 데이터는 다음 표에 나와 있다.

	변호사		
고객	1	2	3
이혼 소송	800달러	1,100달러	1,200달러
중범죄 사건	500달러	1,600달러	1,300달러
차별 사건	500달러	1,000달러	2,300달러

할당 알고리즘을 사용해 문제를 풀라. Px

• **15.13** St. Charles General의 병원장인 제리 웨이(Jerry Wei)는 새로 신설된 4개 진료과인 비뇨기과, 심장내과, 정형외과, 산부인과에 수석 간호사를 임명해야 한다. 이러한 인력 충원 문제를 예상해 그는 4명의 간호사를 고용했고 배경, 성격, 재능을 고려했으며, 배정에 사용할 0~100까지의 비용 척도를 개발했다. 심장내과에 배정된 간호사가 비용 척도가 0이면 해당 간호사가 해당 과에 완벽하게 적합하다는 것을 의미한다. 반면에 100에 가까운 값은 해당 과를 이끌기에 전혀 적합하지 않다는 것을 의미한다. 첨부된 표는 병원장 생각에 가능한 모든 할당의 경우를 대표한다고

생각하는 비용 척도를 제공한다. 어떤 간호사를 어떤 과에 배정해야 하는가? Px

	진료과			
간호사	비뇨기과	심장내과	정형외과	산부인과
키티 포먼	28	18	15	75
캐롤 해서웨이	32	48	23	38
잭 맥팔랜드	51	36	24	36
마거릿 훌리한	25	38	55	12

•• **15.14** Doan Modianos Manufacturing Company는 7개의 새로운 전자 부품을 출시한다. 이 회사의 8개 공장은 각각 현재 전자 부품 라인에 하나의 제품을 추가할 수 있는 능력이 있다. 8개 공장에서 서로 다른 부품을 생산하기 위한 단위 제조 비용이 아래 표에 나와 있다(단위: 달러). 회사는 제조 비용을 최소화하기 위해 어느 공장에 어느 신제품을 할당해야 하는가? Px

	공장							
전자 부품	1	2	3	4	5	6	7	8
C53	0.10	0.12	0.13	0.11	0.10	0.06	0.16	0.12
C81	0.05	0.06	0.04	0.08	0.04	0.09	0.06	0.06
D5	0.32	0.40	0.31	0.30	0.42	0.35	0.36	0.49
D44	0.17	0.14	0.19	0.15	0.10	0.16	0.19	0.12
E2	0.06	0.07	0.10	0.05	0.08	0.10	0.11	0.05
E35	0.08	0.10	0.12	0.08	0.09	0.10	0.09	0.06
G99	0.55	0.62	0.61	0.70	0.62	0.63	0.65	0.59

문제 15.15~15.25는 작업 순서 지정과 관련이 있다.

••• **15.15** 다음 작업은 동일한 기계 작업장에서 처리되기를 기다리고 있다. 작업은 도착 순서로 기록된다.

작업	납기	작업 시간(일)
A	313	8
B	312	16
C	325	40
D	314	5
E	314	3

(a) 선입 선출, (b) 가장 이른 납기, (c) 최소 처리 시간, (d) 최대 처리 시간의 의사결정 규칙에 따라 어떤 순서로 작업의 순위가 정해지는가? 모든 날짜는 제조 계획 달력 날짜로 지정된다. 모든 작업은 275일 차에 도착한다고 가정한다. 어떤 의사결정 규칙이 가장 좋으며 그 이유는 무엇인가? Px

• **15.16** 다음 다섯 가지 분해수리 작업이 Avianic's Engine Repair Inc.에서 처리되기를 기다리고 있다. 이 작업은 도착 순서대로 기록되었다. 모든 날짜는 계획 달력 날짜로 지정된다. 모든 작업이 180일 차에 도착했다고 가정하라. 오늘 날짜는 200일 차이다.

작업	납기	잔여 작업 시간(일)
103	214	10
205	223	7
309	217	11
412	219	5
517	217	15

긴급률 규칙을 사용하면 작업이 어떤 순서로 처리되는가? Px

••• **15.17** 앨라배마 제재소에는 다음 표와 같이 4개의 작업 주문이 있다. 오늘은 작업장 일정상 205일 차이다.

작업	납기	잔여 작업 시간(일)
A	212	6
B	209	3
C	208	3
D	210	8

Px

다음 의사결정 규칙에 따라 작업의 순위는 어떤 순서로 지정되는가?
(a) 선입 선출 (b) 최소 처리 시간
(c) 최대 처리 시간 (d) 가장 이른 납기
(e) 긴급률
가장 좋은 규칙은 무엇이며 그 이유는 무엇인가? 최소 지연 시간을 보이는 규칙은 무엇인가?

••• **15.18** 다음 작업이 릭 솔라노(Rick Solano)의 기계 작업장에서 처리되기를 기다리고 있다. 솔라노의 기계 작업장은 상대적으로 미처리 작업줄이 길고 2주마다 새로운 일정을 설정해 이전 일정을 방해하지 않는다. 아래는 지난 2주 동안 받은 작업이다. 241일 차(241일 차는 근무일)인 오늘, 일정을 잡을 준비가 되어 있다. 작업 이름은 고객 이름과 계약 번호를 나타낸다.

작업	작업 수령일	필요 작업일	납기
BR-02	228	15	300
CX-01	225	25	270
DE-06	230	35	320
RG-05	235	40	360
SY-11	231	30	310

(a) 표를 완성하라. (도출한 계산을 밝혀라.)
(b) 어떤 작업지시 규칙이 흐름 시간에 대해 가장 좋은 점수를 받는가?
(c) 어떤 작업지시 규칙이 가동률 측정치에서 가장 좋은 점수를 받는가?
(d) 어떤 작업지시 규칙이 지연에 대해 가장 좋은 점수를 받는가?

(e) 어떤 작업지시 규칙을 선택할 것인가? 의사결정 근거를 설명하라.

작업지시 규칙	작업 순서 흐름 시간	흐름 시간	가동률 측정치	평균 작업 개수	평균 지연
가장 이른 납기					
최소 처리 시간					
최대 처리 시간					
선입 선출					

PX

••• **15.19** 다음 작업이 줄리 모렐(Julie Morel)의 기계 작업장에서 처리되기를 기다리고 있다.

작업	주문 접수일	필요 작업일	납기
A	110	20	180
B	120	30	200
C	122	10	175
D	125	16	230
E	130	18	210

(a) 선입 선출, (b) 가장 이른 납기, (c) 최소 처리 시간, (d) 최대 처리 시간 규칙에 따라 어떤 순서로 작업의 순위가 정해지는가? 모든 날짜는 센터 달력 날짜에 따른다. 계획 달력의 오늘은 130일 차이며 시작되거나 예약된 작업은 없다. 어떤 규칙이 가장 좋은가? PX

•• **15.20** 써니 박(Sunny Park) 재단사는 서로 다른 고객을 위해 세 가지 유형의 결혼식 정장을 만들어 달라는 요청을 받았다. 다음 표는 (1) 재단과 봉제, (2) 각 정장 배송에 소요되는 시간을 표시한다. 선입 선출(123)과 존슨 법칙 중 어느 일정이 더 빨리 끝나는가?

다른 활동에 소요되는 시간

정장	재단과 봉제	배송
1	4	2
2	7	7
3	6	5

PX

•• **15.21** 다음 작업은 제러미 라몽탄(Jeremy LaMontagne)의 기계 작업장에서 처리되기를 기다리고 있다. 오늘은 250일 차이다.

작업	작업 접수일	필요 작업일	납기
1	215	30	260
2	220	20	290
3	225	40	300
4	240	50	320
5	250	20	340

긴급률 일정계획 규칙을 사용하면 작업이 어떤 순서로 처리되는가? PX

•••• **15.22** 다음 7개 작업은 조지 하인리히(George Heinrich) 인쇄소의 두 작업장을 통해 처리될 예정이다. 작업 순서는 먼저 인쇄한 다음 제본을 한다. 각 작업장의 처리 시간은 다음 표에 나와 있다.

작업	인쇄(시간)	제본(시간)
T	15	3
U	7	9
V	4	10
W	7	6
X	10	9
Y	4	5
Z	7	8

(a) 이러한 작업의 일정계획 시 최적의 순서는 무엇인가?
(b) 두 작업장의 이러한 작업을 차트로 그려라.
(c) 이 최적해의 총시간은 얼마인가?
(d) 최적해에서 제본 작업장의 비가동 시간은 얼마인가?
(e) Z작업을 반으로 나누면 제본기의 비가동 시간은 얼마나 줄어드는가? PX

••• **15.23** 6개의 작업이 2단계 가공을 통해 처리된다. 첫 번째 가공에는 연삭이 포함되고 두 번째 가공에는 도색이 포함된다. 처리 시간은 다음과 같다.

작업	가공 1(시간)	가공 2(시간)
A	10	5
B	7	4
C	5	7
D	3	8
E	2	6
F	4	3

이러한 작업의 총 완료 시간을 최소화할 순서를 정하고 그림으로 설명하라. PX

•• **15.24** 다음 작업이 소규모 기계 작업장에서 처리되기를 기다리고 있다.

작업	납기	처리 시간(일)
10	260	30
20	258	16
30	260	8
40	270	20
50	275	10

모든 날짜는 제조 계획 달력 날짜로 지정된다. 모든 작업이 표시된 순서대로 210일 차(어제)에 도착했지만 211일 차(오늘)까지 기다렸다가 시작한다고 가정하라.

(a) 최대 처리 시간 규칙에 따라 작업 순서를 정하라.

(b) 평균 완료(흐름) 시간은 얼마인가?

(c) 평균 작업 지연 시간은 얼마인가?

(d) 시스템의 평균 작업 수는 몇 개인가? Px

••• **15.25** Kamauf Custom Glass Inc.는 주로 가정과 교회를 위한 맞춤형 창문을 제작한다. 작은 수리 작업은 몇 시간이 걸릴 수 있지만 큰 작업은 수백 시간이 걸릴 수 있다. 작업 일정을 잡는 방법이 계속되는 논점이다. 일정계획을 잡는 사람은 선입 선출, 가장 이른 납기, 최소 처리 시간, 최대 처리 시간 규칙과 같은 몇 가지 일반적인 작업 순서 지정 규칙을 살펴보면서 평균 완료(흐름) 시간, 평균 지연, 시스템 내 평균 작업 개수 기준을 조사하기로 결정했다. 표본으로 잡은 것은 월요일 아침 일정계획을 잡는 사람 책상에 있는 6개의 작업이다. 모든 작업이 아래 표시된 순서대로 일정계획을 잡는 사람 책상에 오늘(100일 차, 근무일) 도착했다고 가정한다. 작업을 완료하는 데 예상되는 시간과 납기가 기록되어 있다.

작업	납기(일)	필요 작업 시간(일)
제단 작품(A)	130	5
침례교 교회(B)	350	100
그리스도교 교회(C)	140	17
집사의 창문(D)	150	15
출입문(특별 주문)(E)	195	20
프랭크 건설사(부엌 창문)(F)	175	35

(a) 다음 의사결정 규칙에 따라 작업 순서를 정하라.
선입 선출, 가장 이른 납기, 최소 처리 시간, 최대 처리 시간 규칙

(b) 선입 선출의 경우 시스템의 평균 완료(흐름) 시간, 평균 지연, 평균 작업 개수를 계산하라.

(c) 가장 이른 납기의 경우 시스템의 평균 완료(흐름) 시간, 평균 지연, 평균 작업 개수를 계산하라.

(d) 최소 처리 시간의 경우 시스템의 평균 완료(흐름) 시간, 평균 지연, 평균 작업 개수를 계산하라.

(e) 최대 처리 시간의 경우 시스템의 평균 완료(흐름) 시간, 평균 지연, 평균 작업 개수를 계산하라.

(f) 평균 완료(흐름) 시간을 기반으로 한 최선의 의사결정 규칙은 무엇인가?

(g) 평균 지연에 기반 한 최선의 결정 규칙은 무엇인가? Px

•• **15.26** 코트니(Courtney)는 매주 대규모 데이터베이스 분석 요청을 받는 프로그래머이다. 월요일 아침 그녀의 책상에는 5개의 작업이 있었고, 그녀는 코드를 작성하는 순서를 결정해야 했다. 모든 작업이 아래 표시된 순서대로 오늘(1일 차, 1시간째) 도착했다고 가정한다. 코트니는 기록된 대로 코딩을 수행하는 데 필요한 시간을 할당했다. 코트니는 하루 8시간 근무하며 오늘은 근무일이다.

작업	납기(시간)	필요 작업 시간(시간)
A	8	5
B	16	2
C	24	10
D	32	16
E	12	6

(a) 가장 이른 납기에 따라 작업 순서를 정하라.

(b) 평균 완료(흐름) 시간은 얼마인가?

(c) 평균 작업 지연 시간은 얼마인가?

(d) 시스템의 평균 작업 개수는 몇 개인가? Px

••• **15.27** 대학교 복사실에 하루 시작(오늘은 근무일) 시간에 표시된 순서대로 6개의 작업(A, B, C, D, E, F)이 도착했다. 모든 작업의 납기는 오늘 중 다양한 시간대이다. 당신의 과업은 네 가지 일반적인 순서 지정 규칙을 평가하는 것이다.

작업	납기 (시간)	필요 작업 시간(시간)
A	4(납기는 정오까지, 4시간 이내)	1.90
B	6.5(납기는 6.5시간 이내)	1.20
C	4.5(납기는 점심시간 이후 4.5시간 이내)	0.55
D	6(납기는 6시간 이내)	1.25
E	7(납기는 7시간 이내)	1.60
F	8(납기는 8시간 이내)	1.80

(a) 다음 의사결정 규칙에 따라 작업 순서를 정하라.
선입 선출, 가장 이른 납기, 최소 처리 시간, 최대 처리 시간 규칙

(b) 선입 선출의 경우 시스템의 평균 완료(흐름) 시간, 평균 지연, 평균 작업 개수를 계산하라.

(c) 가장 이른 납기의 경우 시스템의 평균 완료(흐름) 시간, 평균 지연, 평균 작업 개수를 계산하라.

(d) 최소 처리 시간의 경우 시스템의 평균 완료(흐름) 시간, 평균 지연, 평균 작업 개수를 계산하라.

(e) 최대 처리 시간의 경우 시스템의 평균 완료(흐름) 시간, 평균 지연, 평균 작업 개수를 계산하라.

(f) 평균 완료(흐름) 시간을 기반으로 한 최선의 의사결정 규칙은 무엇인가?

(g) 최소 처리 시간 규칙을 따르면 지연되는 작업은 무엇인가? Px

•• **15.28** Drew Rosen Automation Company는 다음과 같이 네 가지 작업에 대한 데이터 입력과 검증 시간을 추정한다.

작업	데이터 입력(시간)	검증(시간)
A	2.5	1.7
B	3.8	2.6
C	1.9	1.0
D	1.8	3.0

회사가 각 작업별로 1명의 작업자가 있는 경우 작업을 어떤 순서로 수행해야 하는가? 이 작업 순서의 시간 단계적 흐름을 그림으로 보여라. Px

문제 15.29~15.30은 서비스 일정계획과 관련이 있다.

•• **15.29** 다음 표는 쿠웨이트의 한 작은 쇼핑몰에서 보안 담당자의 주간 수요를 보여준다.

일	토요일	일요일	월요일	화요일	수요일	목요일	금요일
보안 담당자 수요	6	3	4	5	6	7	8

2일 연속 휴무 정책을 따르는 보안 담당자의 최소 인원을 정하라.

•• **15.30** S. Ghosh Bar and Grill의 웨이터와 웨이트리스에 대한 다음 수요를 감안할 때 2일 연속 휴무 정책을 따르는 최소 서빙 직원 수를 결정하라.

	일						
	월요일	화요일	수요일	목요일	금요일	일요일	토요일
필요 서빙 직원 수	3	4	4	5	6	7	4

사례 연구

Old Oregon Wood Store

2018년 조지 라이트(George Wright)는 올드 오리건 (Old Oregon) 탁자를 제조하기 위해 Old Oregon Wood Store를 시작했다. 각 탁자는 최고 품질의 참나무를 사용해 수작업으로 세심하게 제작된다. 탁자는 500파운드 이상을 지탱할 수 있으며 이 목재상을 시작한 이후로 잘못된 솜씨나 구조적 문제로 인해 탁자가 반품된 적이 한 번도 없었다. 견고함과 더불어 각 탁자는 조지가 20년 이상 목재 마감재 작업을 통해 개발한 우레탄 바니시를 사용해 아름답게 마감처리 된다.

제조 공정은 준비, 조립, 마무리, 포장의 4단계로 구성된다. 각 단계는 한 사람이 수행한다. 전체 작업을 감독하는 것 외에도 조지는 모든 마무리 작업을 수행한다. 톰 수로우스키(Tom Surowski)는 탁자의 기본 구성품을 자르고 성형하는 준비 단계를 수행한다. 레온 데이비스(Leon Davis)는 조립을 담당하고 캐시 스타크(Cathy Stark)는 포장을 담당한다.

각 사람은 제조 공정의 한 단계만 담당하지만 누구나 단계 중 하나를 수행할 수 있다. 때로는 누구나 도움 없이 혼자서 여러 개의 탁자를 만들 수 있어야 하는 것이 조지의 정책이다. 작은 경쟁은 누가 가장 짧은 시간에 전체 탁자를 완성할 수 있는지 알아보는 데 사용된다. 조지는 평균 총 완료 시간과 중간 완료 시간을 기록한다. 데이터는 그림 15.6에 나와 있다.

캐시의 경우 올드 오리건 탁자를 만드는 데 다른 직원보다 더 오래 걸린다. 다른 직원들보다 느린 것 외에도 캐시는 현재 자신이 포장을 담당하는 것에 불만을 갖고 있어 하루의 대부분을 일하지 않기도 한다. 그녀의 선호 1순위 작업은 마무리, 2순위 작업은 준비이다.

품질 외에도 조지는 비용과 효율성에 관심이 있다. 직원 중 한 명이 하루를 결근하면 주요 일정 문제가 발생한다. 경우에 따라 조지는 필요한 작업을 완료하기 위해 다른 직원에게 초과 근무를 배정한다. 그렇지 않으면, 조지는 직원이 제조 공정에서 자신의 단계를 완료하기 위해 작업에 복귀할 때까지 그냥 기다린다. 두 해결책 모두 문제를 일으킨다. 초과 근무는 비용이 많이 들고 기다리면 지연이 발생하며 때로는 전체 제조 공정이 중단된다.

이러한 문제 중 일부를 극복하기 위해 랜디 레인(Randy Lane)이 고용되었다. 랜디의 주요 임무는 잡무를 수행하다가 직원 중 한 명이 결근한 경우 돕는 것이다. 조지는 제조 공정의 모든 단계를 랜디에게 교육했으며 랜디가 올드 오리건 탁자를 완전히 조립하는 방법을 배우는 속도에 만족한다. 랜디의 평균 총 완료 시간과 중간 완료 시간은 그림 15.7에 나와 있다.

토론 문제

1. 원래 팀원을 사용해 탁자를 제조하는 가장 빠른 방법은 무엇인가? 하루에 탁자를 몇 개 만들 수 있는가?
2. 조지가 랜디에게 네 가지 기능 중 하나를 수행하고 원래 직원 중 한 명을 백업 담당자로 만드는 것을 허용한다면 생산 속도

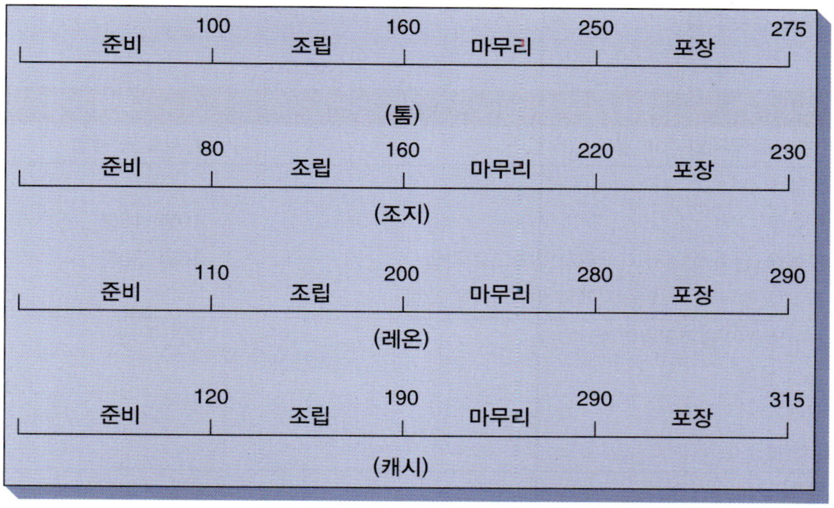

그림 15.6

제작 시간(분)

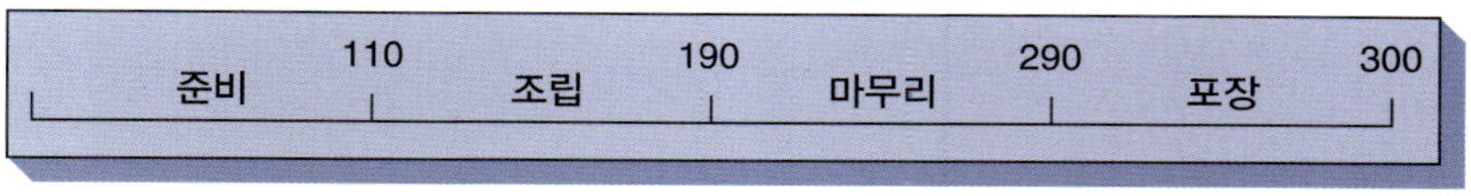

그림 15.7

랜디의 작업 완료 시간(분)

와 수량은 크게 변경되는가?

3. 캐시가 준비 또는 마무리 작업을 담당하면 원래 팀원과 함께 탁자를 가장 빨리 만들 수 있는 시간은 얼마인가?
4. 포장 기능을 수행하는 사람이 누구이건 가동률은 작다. 4명 또는 5명으로 구성된 팀원을 활용하는 데 각각 단일 작업을 제공하거나 탁자 전체를 제조하도록 허용하는 것보다 더 나은 방법을 찾을 수 있는가? 이 방법으로 하루에 몇 개의 탁자를 만들 수 있는가?

이글스 록 밴드에서 올랜도 매직 농구팀까지: 암웨이 센터의 변신

미국 플로리다주 올랜도에 있는 875,000제곱피트 규모의 암웨이센터(Amway Center)는 최첨단 스포츠 엔터테인먼트 센터이다. 올랜도 매직 농구팀의 홈구장이지만 다양한 엔터테인먼트를 수용할 수 있도록 설계된 유연한 장소이기도 하다. 이 시설은 록밴드 이글스(Eagles) 또는 브리트니 스피어스(Britney Spears)의 콘서트부터 아이스하키, 미식축구 경기, 축구, 컨벤션에 이르기까지 모든 것에 사용되며 주요 임차인인 미국농구협회(National Basketball Association, NBA)의 올랜도 매직팀이 진행하는 41개의 정규 시즌 홈 경기에 사용된다.

건물은 타의 추종을 불허하는 기술로 된 리드(LEED) 인증(에너지와 환경 디자인 리더십)을 받았고, 지속가능하고 환경 친화적으로 설계되어 있다. 건물 전체에 1,000개 이상의 디지털 모니터, 최신 방송 기술, 그리고 NBA 경기장에는 가장 높은 고화질 비디오 보드가 산재해 있다. 거의 5억 달러에 달하는 이 복합 단지를 최대한 활용하려면 한 이벤트에서 다음 이벤트로의 전환이 종종 몇 시간 내에 신속하게 이루어져야 한다. 전환 지연으로 인해 시설을 유휴 상태로 두어서는 안 된다.

전환이 잘 실행되면 시설 수익을 극대화하는 동시에 비용을 최소화하는 데 도움이 된다. 빠르고 효율적인 전환이 중요하다. 다른 프로세스와 마찬가지로 전환은 각각 고유한 인력과 장비를 필요로 하는 구성요소 활동으로 분리되어 분석될 수 있다. 운영관리자는 언제 전환을 수행하고, 어떻게 팀원을 교육하고 일정을 세우며, 어떤 도구와 장비가 필요한지 현재 이벤트를 철거하고 다음 이벤트를 준비하는 데 필요한 특정 단계를 결정해야 한다. 안정적으로 팀원(전형적으로 현지 인력 회사에서 제공)을 유지하고, 빠른 속도의 전환 시 통제를 유지하기 위해 노력하는 것 외에도 관리자는 인력을 교차 훈련된 팀원으로 나누고 각 팀원은 고유한 색상의 셔츠를 입고 작업하도록 한다.

암웨이센터에서 찰리 레온(Charlie Leone)이 이를 실현하고 있다. 찰리는 운영 관리자이므로 모든 전환에는 복잡성과 위험이 따른다는 것을 알고 있다. 콘서트마다 고유한 특성이 있기 때문에 콘서트에는 특별한 위험이 추가되며 이글스 콘서트장 철거는 특히 고유하다. 찰리와 그의 팀원은 잠재적인 문제를 예상하고 제거해야 한다. 찰리의 당면 과제는 이글스의 콘서트장을 NBA 농구장으로 전환하는 일정을 잡는 것이다. 다양한 과업에 대한 활동과 시간이 결정되어 표 15.3에 나와 있다.

표 15.3 콘서트장에서 농구 경기장으로 전환 과업

팀원 수 = 16(2명의 지게차 운전사 포함)

허용 시간	과업	팀원과 필요 시간
3~4시간	**오후 11시 20분** 공연팀이 콘서트 무대와 장비 철거 시작	콘서트 측 책임
45분	**오후 11시 20분 바닥 청소 팀**	
	창고에서 의자를 실을 카트 수령	10명, 15분
	바닥의 모든 의자를 카트에 실음, 남쪽 끝에서 시작해서 북쪽으로 작업	16명, 30분
	의자가 실린 카트를 북쪽 창고로 옮겨 가득 쌓음(지게차 운전사 1명 포함)	
15분	**오후 11시 50분***(마스트 설치 영역이 철거되자마자)*	6명, 15분
	북쪽 끝에 접이식 농구 관중석 설치	
	콘서트 무대 위의 레일 떼어내기	
	레일을 카트에 실어서 창고로 보관	
2.5시간	**새벽 12시 5분 농구장 바닥 팀**	8명
	농구장 바닥 카트 15대를 바닥에 위치시킴	
	농구장 바닥을 적절히 위치시키기 위해 경기장 바닥에 표시를 함	
	구역별로 농구장 바닥을 위치시킴	
	조립/바닥 연결/콘크리트 표면에 카펫 깔기	
	농구 네트를 제 위치에 설치	
	점수판 설치	
	바깥쪽 좌석 세움 장치 설치	
	경기장 네 면에 8피트 탁자 설치	
2.5시간	**좌석 단위 팀** *농구장 바닥 팀과 동시에 시작*	8명
	북쪽 끝에 접이식 농구 관중석 설치	(지게차 운전사 2명 포함)
	남쪽 끝에 접이식 농구 관중석 설치	
	(콘서트 무대와 장비가 나간 뒤에 진행 가능)	
	슈퍼스타 좌석 계단 설치	
2시간	**전광판 팀** *좌석 단위 팀이 끝마치면 시작*	4명
	남쪽 끝에 전광판 설치	
	계단을 창고로 옮김	
2시간	**의자 팀** *좌석 단위 팀이 끝마치면 시작*	12명
	의자 카트를 창고에서 가져옴	
	의자 카트를 바닥에 위치시킴	
	골대, 경기장 옆, 점수판 뒤에 의자를 위치시킴	
	카트를 청소하고, 빗자루로 쓸고, 순서대로 위치시킴	
45분	**교대조 마지막 활동** *의자 팀이 끝마치면 시작*	12명
	체크리스트 확인	
	발판, 계단, 레일이 제자리에 잘 고정되었는지 확인	
	모든 의자가 바로 세워져 있고 자리에 잘 고정되어 있는지 점검	
	수리해야 하는 좌석이나 팔걸이 보고	
	골대, 경기장 옆, 점수판 뒤에 의자 개수가 정확한지 확인	
15분	**체크아웃** *교대조 마지막 활동이 끝나면 시작*	16명
	다음 전환 날짜와 시간 확인 후 팀원에게 통지	
	부상 보고	
	떠나기 전 모든 직원 종료 시간 찍음	
	오전 8시 매직 팀 연습을 위한 경기장이 준비됨	

토론 문제

1. 찰리가 콘서트장에서 농구장으로 전환하기 위해 팀원을 조직화하는 데 도움이 되도록 간트 차트를 만들라.
2. 몇 시에 경기장이 준비되는가?
3. 찰리에게 추가 인력이 있는가? 아니면 인력이 부족한가? 부족하다면 몇 명인가?

하드록카페 일정계획

메이요클리닉(Mayo Clinic)의 간호사, 사우스웨스트항공(Southwest Airlines)의 조종사, UCLA의 강의실 또는 하드록카페의 서비스 제공자 일정을 잡는 어느 것이든 일정계획을 잘 하는 것은 중요하다. 일정계획이 적절하면 (1) 고객에게 신속하기 서비스를 제공함으로써 보다 효과적으로 (2) 비용을 절감해 보다 효율적으로 조직의 자산을 사용할 수 있다.

올랜도주 유니버설스튜디오에 있는 하드록카페는 2개 층에 1,100석 규모를 갖춘 세계 최대 레스토랑이다. 레스토랑 업계의 일반적인 직원 이직률은 연간 80~100%이므로 하드록카페의 총지배인인 켄 호프만(Ken Hoffman)은 일정계획을 매우 중요하게 생각한다. 호프만은 160명의 종업원이 효율적이기를 원하지만 동시에 공정하게 대하려 한다. 일정계획 소프트웨어와 유연성을 통해 생산성을 높이는 동시에 회전율을 업계 평균의 절반 수준으로 유지할 수 있었다. 그의 목표는 직원들에게 재정적으로 생산적인 일일 근무 교대를 하면서도 점심과 저녁 사이에 인원이 너무 많지 않도록 일정을 빡빡하게 설정할 수 있는 균형을 찾는 것이다.

주간 일정은 판매 예측부터 시작한다. "먼저, 작년의 같은 요일 카페 매출을 조사합니다"라고 호프만은 말한다. "그런 다음 면밀히 관찰된 다양한 요인을 바탕으로 올해 예측치를 조정합니다. 예를 들어 매주 올랜도컨벤션뷰로(Orlando Convention Bureau)에 전화해 어떤 주요 그룹이 도시에 있는지 확인합니다. 그런 다음 2명의 연구원을 보내 인근 호텔의 점유율을 확인합니다. 바로 옆에 있는 3,000석 규모의 콘서트 무대인 하드 록 라이브에 어떤 공연 일정이 잡혀 있는지 면밀하게 확인합니다. 예측치로부터 주방, 바, 접객, 테이블 서비스를 위해 매일 얼마나 많은 사람이 근무해야 하는지 계산합니다."

하드록카페가 필요한 직원 수를 결정하면 서비스 제공자들은 소프트웨어의 선형계획법 수리 모델에 입력되는 요청 양식을 제출한다. 개인들에게는 연공서열과 매일 일정을 채우는 데 얼마나 중요한지에 따라 1~9까지 우선순위가 부여된다. 그런 다음 일정은 일별, 작업장별로 게시된다. 각 특정 교대조와 작업 구역을 바꾸는 것은 그 가치를 이해하고 있는 직원 간 거래를 통해 처리된다.

하드록카페 직원들은 노동 시간당 매출이 증가하고 이직률이 감소하기 때문에 총지배인과 마찬가지로 시스템을 좋아한다.

토론 문제

1. 호프만이 주간 판매를 예측하는 데 사용할 수 있는 몇 가지 요소를 말하고 이유를 설명하라.
2. 대형 식당에서 이직률을 낮추려면 어떻게 해야 하는가?
3. 서비스 제공자 일정계획에서 연공서열이 중요한 이유는 무엇인가?
4. 일정이 생산성에 어떻게 영향을 미치는가?

미주

1. 기회비용은 상실되거나 얻지 못한 이익이다.
2. 유한 생산능력 일정계획(FCS) 시스템은 유한 일정계획, 고급 계획 시스템(APS)을 포함해 여러 이름으로 불린다. MES(제조 실행 시스템)라는 이름도 사용할 수 있지만 MES는 작업장 운영에서 일정계획 활동까지 보고하는 시스템으로 제시된다.
3. 이 문제는 Rajen Tibrewala, D. Philippe, and J. J. Browne, "Optimal Scheduling of Two Consecutive Idle Periods," *Management Science*, 19(1): 71–75에서 처음으로 해결되었다.

참고문헌

Baker, Kenneth A., and Dan Trietsch. *Principles of Sequencing and Scheduling.* New York: Wiley, 2009.

Cayirli, Tugba, and Emre Veral. "Outpatient Scheduling in Health Care: A Review of Literature." *Production and Operations Management* 12, no. 4 (Winter 2003): 519–549.

Chapman, Stephen. *Fundamentals of Production Planning and Control.* Upper Saddle River, NJ: Prentice Hall, 2006.

Deng, Honghui, Q. Wang, G. K. Leong, and S. X. Sun. "Usage of Opportunity Cost to Maximize Performance in Revenue Management." *Decision Sciences* 38, no. 4 (November 2008): 737–758.

Dietrich, Brenda, G. A. Paleologo, and L. Wynter. "Revenue

Management in Business Services." *Production and Operations Management* 17, no. 4 (July–August 2008): 475–480.

Farmer, Adam, Jeffrey S. Smith, and Luke T. Miller. "Scheduling Umpire Crews for Professional Tennis Tournaments." *Interfaces* 37, no. 2 (March– April 2007): 187–196.

Kellogg, Deborah L., and Steven Walczak. "Nurse Scheduling." *Interfaces* 37, no. 4 (July–August 2007): 355–369.

Kirchmier, B., G. Plenert, and G. Quinn. *Finite Capacity Scheduling: Optimizing a Constrained Supply Chain*. Incline Village, NV: IPPSA, 2013.

Lopez, P., and F. Roubellat. *Production Scheduling*. New York: Wiley, 2008.

Mondschein, S. V., and G. Y. Weintraub. "Appointment Policies in Service Operations." *Production and Operations Management* 12, no. 2 (Summer 2003): 266–286.

Morton, Thomas E., and David W. Pentico. *Heuristic Scheduling Systems*. New York: Wiley, 1993.

Pinedo, M. *Scheduling: Theory, Algorithms, and Systems*, 5th ed. New York: Springer, 2016.

Plenert, Gerhard, and Bill Kirchmier. *Finite Capacity Scheduling*. New York: Wiley, 2000.

Render, B., R. M. Stair, M. Hanna and T. Hale. *Quantitative Analysis for Management*, 13th ed. Boston: Pearson, 2018.

Robidoux, L., and P. Donnelly. "Automated Employee Scheduling." *Nursing Management* 42, no. 12 (December 2011): 41–43.

Veeraraghavan, S., and R. Vaidyanathan. "Measuring Seat Value in Stadiums and Theatres." *Production and Operations Management* 21, no. 1 (January–February 2012): 49–68.

Chapter 15 Rapid Review

절 제목	내용 훑어보기
단기 일정계획의 중요성	일정계획의 전략적 중요성은 명백하다. ◆ 효과적인 일정계획은 기존 설비에 상품과 서비스를 더 빠르게 이동시키고 자산을 더 활용하는 것을 의미한다. 그 결과 투자당 생산능력이 늘어나 비용이 절감된다. ◆ 생산능력이 증가하고, 처리량이 빨라지고, 유연성이 높아지는 것은 배송 속도가 높아져서 고객 서비스가 좋아지는 것을 의미한다. ◆ 좋은 일정계획은 현실적 참여에 기여를 하게 되어 배송에 믿음을 더해준다.
일정계획의 논점	일정계획의 목적은 (예측 또는 고객 주문에 의해 생성된) 수요를 사용 가능한 설비에 할당하고 우선순위를 정하는 것이다. ◆ 순방향 일정계획은 작업 요구사항이 알려지는 즉시 일정계획을 시작한다. ◆ 역방향 일정계획은 납기부터 시작되며, 마지막 작업의 일정계획을 가장 먼저 세우고, 작업의 각 단계 일정계획을 한 번에 하나씩, 역순으로 세운다. ■ **할당**: 작업을 작업장이나 공정 처리장에 배정하는 것 네 가지 일정계획 기준은 (1) 처리 시간 최소화, (2) 가동률 최대화, (3) 재공품 재고 최소화, (4) 고객 대기 시간 최소화이다.
공정 중심 설비 일정계획	공정 중심 설비는 다품종 소량생산 제조업체나 서비스 조직에서 흔히 볼 수 있다. 간헐적 혹은 잡샵 설비로 불리기도 한다.
작업 할당	■ **투입-산출 통제**: 작업장에 추가된 작업과 처리된 작업을 추적해, 운영자에게 설비 작업 흐름을 관리하도록 허용하는 시스템 ■ **고정 재공품 재고 카드(ConWIP cards)**: 투입-산출 통제를 돕기 위해 작업 센터의 작업량을 통제하는 카드 고정 재공품 재고 카드는 작업과 같이 작업센터를 거친다. 작업이 끝났을 때 카드는 다시 처음 작업 기계로 돌아오고 새로운 작업이 작업 센터로 들어오는 것이 가능해진다. ■ **간트 차트**: 자원 일정계획과 시간 배정에 사용되는 계획 차트 간트 **할당 차트**는 각 부문의 기계, 설비의 할당과 비가동 시간을 보여준다. 그들은 시스템상에서의 상대적 작업량을 보여줘 관리자가 어떤 조정이 필요한지 알게 해준다. 간트 **일정 차트**는 작업 진행 상황을 점검하는 데(또는 프로젝트 일정계획을 세우는 데) 활용한다. 어떤 작업이 일정에 맞추고 있고 일정에 뒤처지거나 앞서가는지를 알려준다. ■ **할당 계획법**: 과업이나 작업을 자원에 배분하는 선형 계획법의 특별한 경우 할당 계획법 문제의 중요한 특성은 한 기계나 프로젝트에 꼭 한 작업 또는 직원이 배정되는 것이다. 할당 계획법은 표에서 적당한 숫자를 추가하거나 빼서 각 할당마다 가장 적은 기회비용을 찾는 것이다.
작업 순서 지정	■ **순서 지정**: 각 작업장에서 수행되는 작업 순서 결정 ■ **우선순위 규칙**: 공정 중심 설비에서 작업 순서를 결정하는 데 사용하는 규칙 ■ **FCFS**: 선입 선출. 작업이 도착하는 순서대로 완성됨 ■ **SPT**: 최소 처리 시간. 작업 중 가장 처리 시간이 짧은 것을 먼저 배정함 ■ **EDD**: 가장 이른 납기. 가장 이른 기한의 업무를 먼저 배정함 ■ **LPT**: 최대 처리 시간. 처리 시간이 가장 긴 작업을 먼저 배정함 $$\text{평균 완료 시간} = \frac{\text{총 흐름 시간}}{\text{작업 개수}} \quad (15\text{-}1)$$ $$\text{가동률 측정치} = \frac{\text{총 작업 (처리) 시간}}{\text{총 흐름 시간}} \quad (15\text{-}2)$$ $$\text{시스템 내 평균 작업 개수} = \frac{\text{총 흐름 시간}}{\text{총 작업 (처리) 시간}} \quad (15\text{-}3)$$ $$\text{평균 작업 지연} = \frac{\text{총 지연 일수}}{\text{작업 개수}} \quad (15\text{-}4)$$ $$\text{작업 지연} = \text{최댓값 } \{0, \text{어제} + \text{흐름 시간} - \text{납기}\} \quad (15\text{-}5)$$

	최소 처리 시간 규칙은 가장 짧은 프로세스 시간은 대체적으로 작업 흐름을 최소화하고 시스템 내 평균 작업 수를 최소화하는 데 최고의 기법이다. 선입 선출 규칙은 모든 기준에 대해 평균적이며 고객 관점에서 공정하게 보인다. 가장 이른 납기 규칙은 최대 지연을 최소화한다. ■ **흐름 시간**: 작업장에 작업을 보낸 시각과 작업이 종료된 시각 사이의 시간 ■ **긴급률**: 납기까지 잔여 시간을 잔여 작업 시간으로 나누는 방법으로 계산된 지수인 작업 순서 정하기 규칙 $$CR = \frac{\text{잔여 시간}}{\text{잔여 작업 일수}} = \frac{(\text{납기} - \text{오늘 날짜})}{\text{잔여 작업 시간}} \quad (15\text{-}6)$$ 우선순위 규칙과 반대로 긴급률은 역동적이며 쉽게 수정된다. 이것은 평균 작업 지연 기준 면에서는 선입 선출, 최소 처리 시간, 가장 이른 납기, 최대 처리 시간 규칙보다도 성과가 좋다. ■ **존슨 규칙**: 2개의 작업장에서 작업군의 순서를 정하는 데 있어서 기계의 총 비가동 시간도 최소화하면서 총시간을 최소화하는 접근법 규칙 기반 시스템은 (1) 일정계획은 역동적이고, (2) 규칙은 이전 공정이나 이후 공정을 고려하지 않으며, (3) 규칙은 납기 이후를 고려하지 못한다는 한계가 있다.
유한 생산능력 일정계획	■ **유한 생산능력 일정계획**: 사용자에게 그래픽을 통해 상호작용하는 컴퓨팅을 제공해 규칙 기반 시스템의 단점을 극복하는 컴퓨터화된 단기 일정계획
서비스 일정계획	일관성 없는 인력 충원 수요에 대응하는 순환 일정계획은 서비스 사례에 흔히 사용된다. 목표는 최소 직원들의 일정계획을 세우는 데 초점을 둔다. 이럴 경우 각 직원들은 각 교대조에 배치가 되고 정해진 시간에 휴식한다.

셀프테스트

15.1 다음 중 가장 긴 시간 간격을 다루는 의사결정은?
(a) 단기 일정계획 (b) 생산능력계획
(c) 총괄계획 (d) 대생산일정계획

15.2 작업 할당과 일정계획에 사용되는 시각적 도구는________이다.
(a) 간트 차트 (b) 계획 파일
(c) 병목 현상 (d) 할당-일정 매트릭스
(e) 수준 자재 차트

15.3 할당 계획법은 표에서 적당한 숫자를 추가하거나 빼서 각 할당마다 가장 적은 ________을 찾는 것이다.
(a) 이익 (b) 단계 개수
(c) 배정 개수 (d) 행의 범위
(e) 기회비용

15.4 가장 대표적인 우선순위 규칙은 ________이다.
(a) 선입 선출 (b) 가장 이른 납기
(c) 최소 처리 시간 (d) 위의 모든 것

15.5 존슨 규칙을 사용하는 경우 작업이 가장 마지막으로 배정되는 것은________
(a) 모든 기계에서 총 처리 시간이 최대일 때이다.
(b) 모든 기계에서 총 처리 시간이 최소일 때이다.
(c) 첫 번째 기계에서 활동 시간이 가장 길 때이다.
(d) 두 번째 기계에서 활동 시간이 가장 길 때이다.
(e) 두 번째 기계에서 활동 시간이 가장 짧을 때이다.

15.6 사용자에게 그래픽으로 상호작용하는 컴퓨팅을 제공해 규칙 기반 시스템의 단점을 극복하는 컴퓨터화된 단기 일정계획은 ________이다.
(a) LPT (b) FCS
(c) CSS (d) FCFS
(e) GIC

15.7 순환 일정계획 대상은 ________ 이다.
(a) 작업 (b) 기계
(c) 배송물 (d) 직원

정답 15.1. b 15.2. a 15.3. e 15.4. d 15.5. e 15.6. b 15.7. d

16

린 운영

이 장의 구성

세계적 기업: 토요타자동차

- 린 운영
- 린과 JIT
- 린과 토요타 생산 시스템
- 린 조직
- 서비스에서 린

Beverly Amer/Aspenleaf Productions

Beverly Amer/Aspenleaf Productions

Beverly Amer/Aspenleaf Productions

10가지 운영관리 전략

- 제품과 서비스 설계
- 품질 관리
- 프로세스 전략
- 입지 전략
- 레이아웃 전략
- 인적자원
- 공급사슬 관리
- 재고 관리
  - 독립적 수요
  - 의존적 수요
  - 린 운영
- 일정 계획
- 유지보수

CHAPTER 16

글로벌 기업 프로필
Toyota Motor Corporation

린 운영으로 경쟁 우위를 차지한 토요타자동차

토요타자동차는 연 1,000만 대의 자동차와 트럭 판매로 2,460억 달러의 매출을 올리는 세계에서 가장 큰 자동차 제조업체 중 하나이다. 2개의 린 기술, 즉 JIT 시스템과 토요타 생산 시스템은 기업의 성장에 기초를 두고 있다. 토요타에서 생산하는 다양한 종류의 자동차는 유럽이나 미국의 역사적이고 성공적인 회사들과 경쟁하고 있다. 전 토요타 CEO인 오노 다이이치는 생산성 향상을 위해 2개의 시스템을 기초 뼈대로 수립했다. JIT와 토요타 생산 시스템(Toyota Production System, TPS)은 린 운영의 기초를 제공한다.

◆ JIT의 중심은 지속적으로 실무에서 문제를 해결하는 철학이다. JIT의 뜻은 무엇이 필요할 때마다 그것을 만들어내는 것이다. JIT는 문제를 찾아내고 없애 최고의 차량을 제공한다. 왜냐하면 시스템 내에서 재고가 생성하는 태만을 찾아내서 없애기가 쉽기 때문이다. 추가 재고가 없어질 때 품질, 일정, 배치, 공급자 성과에 관한 부족함은 바로 드러나게 되며 추가 생산을 하게 된다.

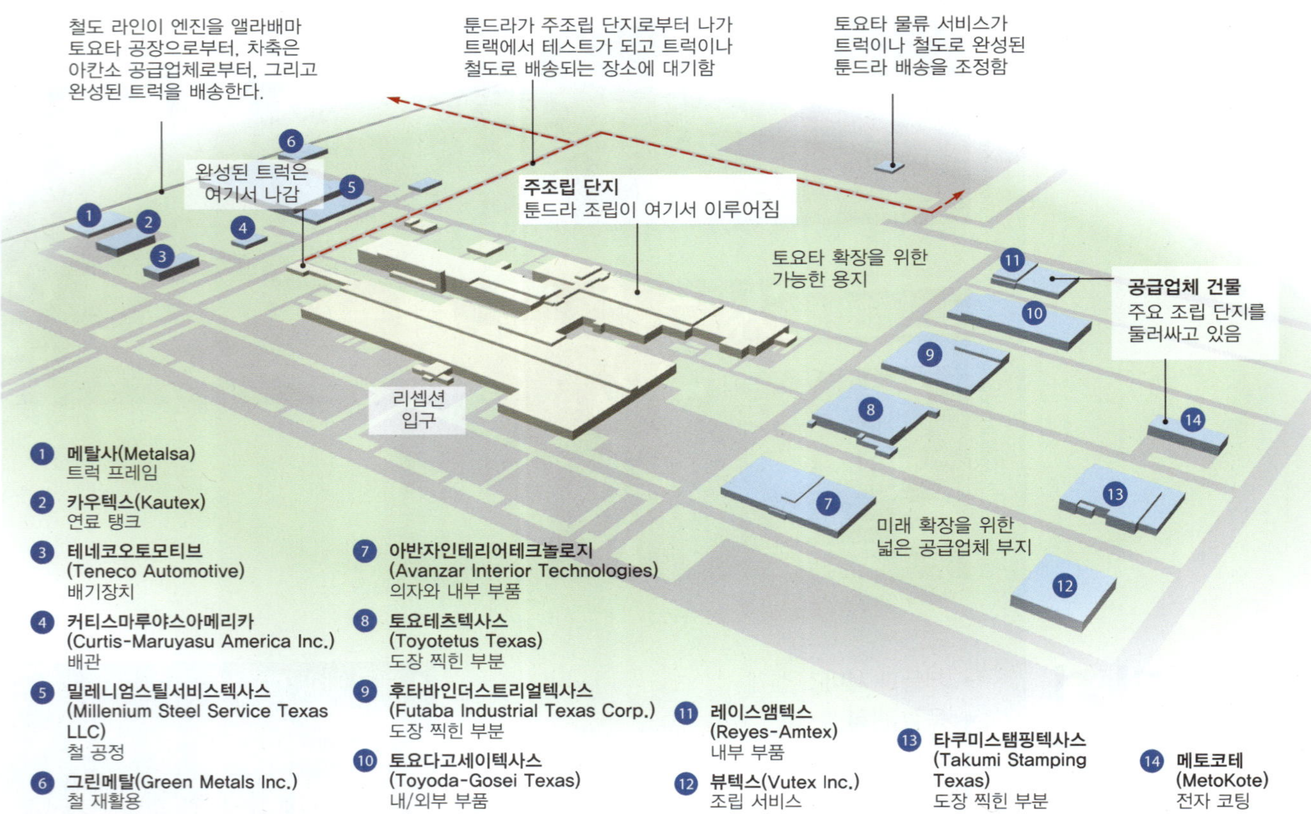

14개 공급업체는 주공장 외곽에 위치함

토요타의 2000에이커 규모 부지는 외곽에 12개의 공급업체가 위치해 있고 철도 라인과 가까우며 고속도로가 바로 옆에 위치한다. 이 장소는 토요타와 공급업체의 확장 지역과 JIT 환경을 제공한다.

1 **AGC오토모티브아메리카** (AGC Automotive Americas) 유리 조립

2 **ARK** 산업 쓰레기 관리, 재활용

3 **히어로어셈블러스** (HERO Assemblers LLP) 휠에 타이어 장착

4 **히어로로지스틱스** (HERO Logistics LLP) 물류

5 **PPG인더스트리** (PPG Industries Inc.) 유리 조립

6 **라이스오토모티브그룹** (Reyes Automotive Group) 내/외부 부품

7 **토카이리카**(Tokai Rica) 기능 부품

7개의 공급업체가 주생산공장에 위치함

토요타 샌안토니오 생산공장은 200만 제곱피트 규모이며 21개의 공급업체 중 7개가 최종 조립 단지에 같이 위치하며 연간 20만 대의 픽업트럭을 제작할 수 있다. 그러나 가장 중요한 점은 토요타의 세계적 도요타 생산 시스템을 실행하고 어디에 있던 공급업체들은 같은 일을 할 것이라는 기대가 있다는 것이다.

ZUMA Press Inc/Alamy Stock Photo

◆ 토요타 생산 시스템(TPS)의 핵심은 이상적인 상황에서 제품을 만들어내려고 지속적으로 노력하고 배우는 것이다. 이상적인 상황은 경영이 시설, 기기, 사람을 함께 모아서 가치를 추가하며 낭비를 없애는 것이다. 낭비는 추가 재고, 필요 없는 과정, 나쁜 품질에 관련된 자원을 투입함으로써 생산성이 악화하는 것이다. 사람에 대한 존경, 심도 있는 훈련, 교차 훈련, 폐기물 제거에 중점을 둔 권한 있는 직원의 표준 작업 관행은 TPS의 기본이다.

토요타의 TPS와 JIT의 실행은 텍사스주 샌안토니오에 2,000에이커 규모의 미국에서 가장 큰 토요타 차량 조립 공장을 세웠다. 흥미롭게도, 대규모 공장이고 20만 대의 연간 생산능력을 보유하고 20.5시간의 총 생산 시간, 63초마다 1대의 트럭이 생산되지만 건물 자체는 자동차 산업에서 가장 작은 건물 중 하나이다. 현대의 자동차는 3만 개의 부품이 있지만 토요타에서는 독립적인 공급업체가 이런 부품들을 하위부품으로 샌안토니오 시설에서 제공하고 다른 부품들을 JIT 체계로 제공한다.

이러한 운영이 샌안토니오 공장에서 이루어지기 때문에 토요타는 계속해서 최고 수준에 가까운 품질과 업계 최저 노동 조립 시간을 유지하고 있다.

학습목표		
	16.1	린 운영을 정의한다.
	16.2	일곱 가지 낭비와 5S를 정의한다.
	16.3	공급업체 파트너십으로 이동할 때 공급업체의 우려 사항을 식별한다.
	16.4	최적의 준비 시간을 결정한다.
	16.5	칸반을 정의한다.
	16.6	필요한 칸반 수를 계산한다.
	16.7	린 조직의 여섯 가지 속성을 식별한다.
	16.8	린이 서비스에 어떻게 적용되는지 설명한다.

린 운영

학습목표 16.1
린 운영을 정의한다.

린 운영
린 운영은 낭비 없이 지속적인 개선을 통해 고객이 원하는 것에 집중함

JIT
전체 흐름 운영과 재고 감소를 통해 지속적인 문제를 해결함

토요타 생산 시스템
사람을 존경하고 표준화된 작업 실행, 지속적인 개선에 초점을 맞춤

토요타 생산 시스템(TPS)은 토요타자동차에서 세계 최고 운영에 공헌한다. 이 장에서는 JIT와 TPS를 포함해 린 운영의 지속적인 개선을 다룬다. 세 가지 접근 방법 모두 세계 최고의 운영과 생산성 향상 프로세스를 수립하기 위해서 직원들의 지식과 역량을 강화하는 노력을 기울인다.

린 운영(lean operations)은 고객이 원할 때 지속적인 개선으로 낭비 없이 고객이 원하는 것을 정확하게 공급한다. 린 운영은 고객의 주문으로 시작된다. **JIT**(just-in-time)는 전체적인 재고를 줄이면서 문제를 지속적으로 해결하는 접근 방식이다. 지속적인 개선, 사람 존중, 작업 기준 실천에 중점을 두는 **토요타 생산 시스템**(Toyota Production System, TPS)은 특히 조립 및 생산라인에 적합하다.

이 장에서는 JIT와 TPS의 모든 관련 접근 방식과 기술을 포괄하기 위해 **린 운영**이라는 용어를 사용한다. 종합적인 생산 전략 실행 시 린 운영은 경쟁력을 유지하고 이해관계자들의 전반적인 수익을 증가시킨다.

접근 방식과 레이블에 관계없이 운영관리자는 운영 개선의 근본적인 세 가지 문제, 즉 **낭비 제거, 변동성 제거, 처리량 개선**을 다룬다. 이제 이 세 가지 문제를 소개하고 린 운영의 주요 속성에 대해 논의한다. 마지막으로 서비스에 적용된 린을 살펴본다.

낭비 제거

린 생산자는 완벽한 생산현장을 준비한다. 이는 나쁜 부품, 재고가 없고 가치가 추가되는 활동, 낭비가 없는 것을 의미한다. 어떤 활동도 고객의 눈에 가치 추가가 안 되면 이것은 낭비이다. 고객은 제품의 가치를 정의한다. 고객이 값을 지불하길 원치 않는다면 그것은 낭비이다. 토요타 생산 시스템은 낭비를 일곱 가지로 구분한다. 이 분류는 린 운영에서 인기가 많다.

일곱 가지 낭비
과잉 생산
대기
운송
재고
움직임
과잉 처리
결함 제품

- 과잉 생산: 고객 주문보다 많게 생산되거나 먼저 생산된 수량은 낭비이다.
- 대기: 쉬는 시간, 저장, 기다림 또한 낭비이다.
- 운송: 공장 간 또는 작업장 간에 재료의 움직임이 추가되면 그것 또한 낭비이다.
- 재고: 불필요한 재료, 과정 중에 있는 재고, 완제품, 과도한 운영 공급물품이 가치를 추가하지 않는 경우는 낭비이다.
- 움직임: 가치 추가가 안 되는 기기와 사람의 움직임 또한 낭비이다.
- 과잉 처리: 제품에 작업을 시행하는 데 가치 추가가 안 되는 것은 낭비이다.
- 결함제품: 환불, 교환, 수리 요구, 재작업, 스크래치 등은 낭비이다.

학습목표 16.2
일곱 가지 낭비와 5S를 정의한다.

OM in Action 토요타의 새로운 도전

일본 통화인 엔의 가치가 올라가면 일본에서 만들어지는 자동차 이익은 커지고 외국 시장에서 팔리는 차에게는 많은 도전이 생긴다. 결과적으로 혼다와 닛산은 공장을 해외로 옮기면서 해외시장 고객에게 가까이 갔다. 그러나 토요타는 영업이익에도 불구하고 현재 일본 생산용량을 유지하며 수출을 하고 있다. 토요타는 JIT와 TPS를 기반으로 제조 흐름과 지속적인 개선을 2배로 증가시키고 있다. 전통적으로 모든 것이 느리고 단계로 진행되는 기관이면 변화는 근본적인 이슈이다. 일본에서 18년 만에 생긴 새로운 공장은 토요타가 새로운 생산 벤치마크가 될 것임을 믿게 했다. 토요타는 다방면으로 생산 공정을 대폭 개혁하고 있다.

- 조립 라인에서는 자동차가 범퍼 대 범퍼로 가는 것이 아니라 옆으로 움직이면 생산 라인 길이가 35% 줄고 적은 수의 직원만 필요하다.
- 자동차 철근 구조가 컨베이어에 매달려 있는 것보다는 높이를 높인 플랫폼에서 움직이면 열과 냉방 비용이 40% 감소한다.
- 도구 재선정은 빠른 준비 시간과 부품에 대해서는 빠른 제품 생산, 그리고 레벨 스케줄링을 지원해준다.

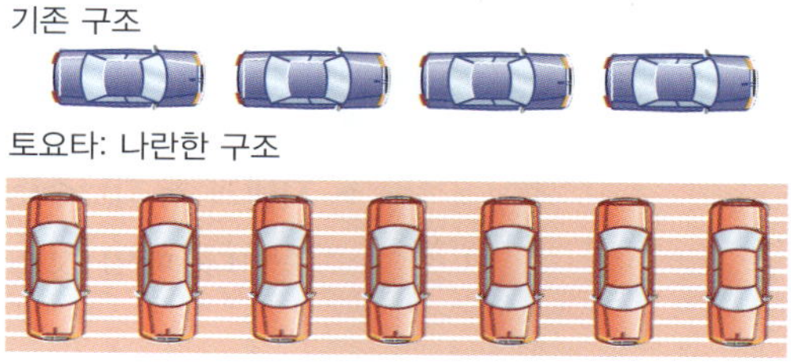

- 조립 라인은 움직이는 부품이 적은 저소음 롤러를 사용해 기존 라인보다 유지 관리가 덜 필요하고 작업자들의 피로 감소 효과가 있다.

이러한 TPS 혁신, 작은 로트 크기에서 효율적인 생산, 신속한 전환, 레벨 스케줄링, 직원 감소, 적어진 공간 등이 미시피주 블루 스프링스에 있는 토요타의 새 공장에서 재연되고 있다.

출처: *Forbes*(July 29, 2012); *Automotive News*(February, 2011); *The Wall Street Journal* (November 29, 2011).

넓은 관점에서는 직접적인 생산을 넘어서 다른 자원(어너지, 물, 공기 등)을 활용하는 것은 낭비이다. 효율성, 지속가능한 생산은 투입물을 최소화하고 산출물을 최대화하면서 낭비를 없앤다.

거의 100년 동안 관리자들은 깔끔하고 순서 있고 효율적인 작업장소를 추구해왔다. 이 말은 낭비를 줄인다는 의미이다. 운영관리자들은 '하우스키핑'을 체크리스트에 포함했는데, 이것이 오늘날 5S로 알려진 것이다.[1] 5S는 일본에서 처음 개발했다. **5S**는 린 운영에서 좋은 체크리스트이고 린 운영에 대해서 필요한 것들인 문화 변화에 도움을 주는 동력으로 고려된다.

5G
린 운영 생산 체크리스트로 분리, 단순, 청소, 표준화, 유지를 말한다.

- 분류(sort/segregate): 작업 현장에서 필요한 모든 것을 제외하고 없애는 것, 의심 될 때는 버린다. 가치 없는 아이템은 확인하고 없앤다. 필요 없는 것을 없애고 공간을 만들어내고 작업 흐름을 개선한다.
- 단순화(simplify/straighten): 정돈하고 방법 분석도구를 활용해 작업 흐름을 개선하고 쓸데없는 움직임을 줄인다. 장·단기적 인간공학 이슈를 고려한다. 즉각적 작업이 필요할 때 레이블링 하고 바로 보여준다.
- 청소(shine/sweep): 매일 청소함. 작업장 내 모든 종류의 먼지와 오염요소를 없앤다.
- 표준화(standardize): 과정에서 변동성을 없애고 표준화된 과정과 체크리스트를 개발한다. 좋은 기준은 비정상을 없애고 기기와 도구의 표준화는 교차 훈련 시간과 비용을 줄인다. 훈련과 재교육은 변동성이 일어났을 때 대응을 잘할 수 있다.

Courtesy of Alaska Airlines

공항은 5S를 유지하면서 연료 펌프 위치처럼 도구들과 기기가 페인트로 칠해진 가이드라인을 따라 정확하게 위치하고 있다.

- 유지(sustain/self-discipline): 노력을 인지하고 지속가능한 과정을 독려하며 주기적으로 점검한다. 비주얼을 활용하며 가능할 때 소통하고 과정을 지속가능화한다.

미국 관리자들은 두개의 추가 S가 린 운영에 공헌한다고 말한다.

- 안전(safety): 좋은 안전 관행을 수립하고 5개 활동을 먼저 진행한다.
- 지원과 유지보수(support/maintenance): 변동성을 줄이고 예상하지 못한 다운타임과 비용도 줄인다. 매일 청소 업무를 예지 보전과 연계한다.

5S는 지속적인 개선을 지원하고 직원들이 확인할 수 있는 동력을 제공한다. 운영관리자는 잘 운영되는 병원 응급실 또는 소방서의 깔끔한 바닥을 벤치마킹하는 것처럼 좋은 예만 생각한다. 사무실과 점포, 제조업체는 성공적으로 5S를 활용해 노력을 통해 낭비를 없애고 린 운영을 활성화한다. 장소가 모든 것이고 장소 안에 있는 모든 것은 잘 운영되는 사무실에서 다른 점을 만들어낸다. 그리고 점포는 성공적으로 S를 활용해 잘못 배치된 상품을 줄이고 고객 만족을 향상시킨다. 정돈된 작업현장은 낭비를 줄이고 보다 생산적인 다른 목적을 위해 자산을 방출한다.

변동성 제거

변동성
완벽한 제품을 언제나 제때 배송하는 최적의 과정에서 생기는 변화

관리자들은 변동성을 없애는 것을 추구하고 이 변동성은 내·외부 요인에서 비롯된다. **변동성**(variability)은 완벽한 생산 시간을 배달하는 최적화 과정에서 파생된다. 변동성은 문제의 공손한 단어이다. 적은 변동성은 시스템 내에서 적은 낭비를 의미한다. 대부분 변동성은 낭비를 용인하거나 부적절한 관리로 인해 발생한다. 변동성의 많은 원인 중 몇 가지를 들면 다음과 같다.

- 직원과 공급업체가 더 많은 수량을 만들어내는 형편없는 과정
- 시설과 과정의 적절치 않은 유지보수
- 모르거나 변화하는 고객 수요
- 불완전하거나 정확하지 않은 드로잉, 요구사항, 재료표

JIT를 통한 재고 감소는 변동성의 원인을 확인하는 효율적인 도구이다. 재고 감소가 변동성을 드러내는 것처럼 JIT의 정확한 타이밍은 변동성을 명확하게 만든다. 변동성을 없애는 것은 관리자가 좋은 재료를 일정에 맞게 움직이는 것을 허용하고 각각의 과정에 가치를 더하고 비용을 줄이고 궁극적으로 주문을 획득하게 된다.

처리량 개선

처리량
과정을 거쳐 유닛이 이동하는 스피드

처리량(throughput)은 생산물이 과정을 통해 가는 비율이다. 매 분마다 제품은 과정에 남아 있고 비용은 누적되고 경쟁력은 없어진다. 시간이 돈이다. 예를 들면 타이트한 반응성 공급 네트워크를 활용해 거대 패션 소매업체인 인디텍스SA(Inditex SA)에서는 수천 벌의 코트를 디자인, 시제품 제작, 승인, 생산하는 과정이 월별이 아닌 주별로 진행된다. 이 반응성의 변화는 변동성이 심한 패션 시장에서 처리량 개선의 직접적인 부분을 의미한다.

풀 시스템
제품 생산에 있어서 요청이 들어왔을 때 또는 필요에 의해 움직이는 개념

처리량을 증가시키는 기술은 풀 시스템이다. **풀 시스템**(pull system)은 필요할 때마다 제품을 필요한 것으로 당긴다. 풀 시스템은 린 운영의 기준 도구이다. 풀 시스템은 시그널을 활용해 생산과 배송을 공급 스테이션으로부터 생산 용량이 가능한 스테이션으로 요구하는 것이다. 풀 개념은 바로 시작되는 생산 과정과 공급업체 사이에 이용된다. 많은 작은 로트에서 필요할 때마다 시스템을

거쳐 재료 당기기를 하면서 낭비와 재고가 없어진다. 재고가 없어지면 잡동사니도 줄어들고 문제도 명확해지고 지속적인 개선은 강조된다. 재고를 없애면 재고 투자와 제조 사이클타임이 감소한다. **푸시 시스템**은 시간이나 자원 가용과 상관없이 다음 작업 스테이션으로 주문을 넘긴다. 푸시 시스템은 린의 반대이다. 생산 과정에서 재료를 당기는 것은 비용을 줄이거나 일정을 개선하거나 고객 만족도를 향상하는 성과를 도출하는 데 푸시 방법보다 더 나은 방법으로 고려된다.

린과 JIT

재고를 줄이고 빠른 처리량에 초점을 맞추는 JIT는 린의 강점이다. 린에서의 JIT 포함으로 재료가 필요할 때 필요한 장소에 도착한다. 제품이 필요할 때 도착하지 않을 경우 문제가 확인된다. 이런 면에서는 린 운영이 파워가 있고 문제에 초점을 맞추는 것이다. JIT는 지연과 낭비를 없애고, 재고를 감소시키고, 변동성과 낭비를 줄이고 처리량을 개선한다. 재료가 움직이지 않을 때마다 가치를 추가하는 활동이 일어날 수 있다. 결과적으로 JIT는 경쟁력을 창출한다.

원활한 린 프로그램의 실행은 의미 있는 구매자-공급자 파트너십을 요구한다.

공급자 파트너십

공급자 파트너십(supplier partnership)은 공급업체와 구매업체가 열린 소통으로 함께 일하고 낭비를 줄이고 비용을 감소시키는 목표를 함께 할 때 존재한다. 신뢰와 긴밀한 협력은 린의 성공에 중요하다. 구체적인 목표는 다음과 같다.

공급자 파트너십
양쪽 모두의 혜택을 위해서 비용을 절감하고 낭비를 없애는 공급업체와 구매자의 파트너십

- 받거나 들어오는 점검, 송장, 대금 지급, 입찰에 관련된 서류 등 불필요한 활동을 제거한다.
- 필요에 따라 사용 부서에 소량으로 직접 배송해 공장 내 재고를 제거한다.
- 공급업체를 가까운 위치에 자리 잡게 독려하고 소량의 배달을 자주 제공해 이동 중인 재고를

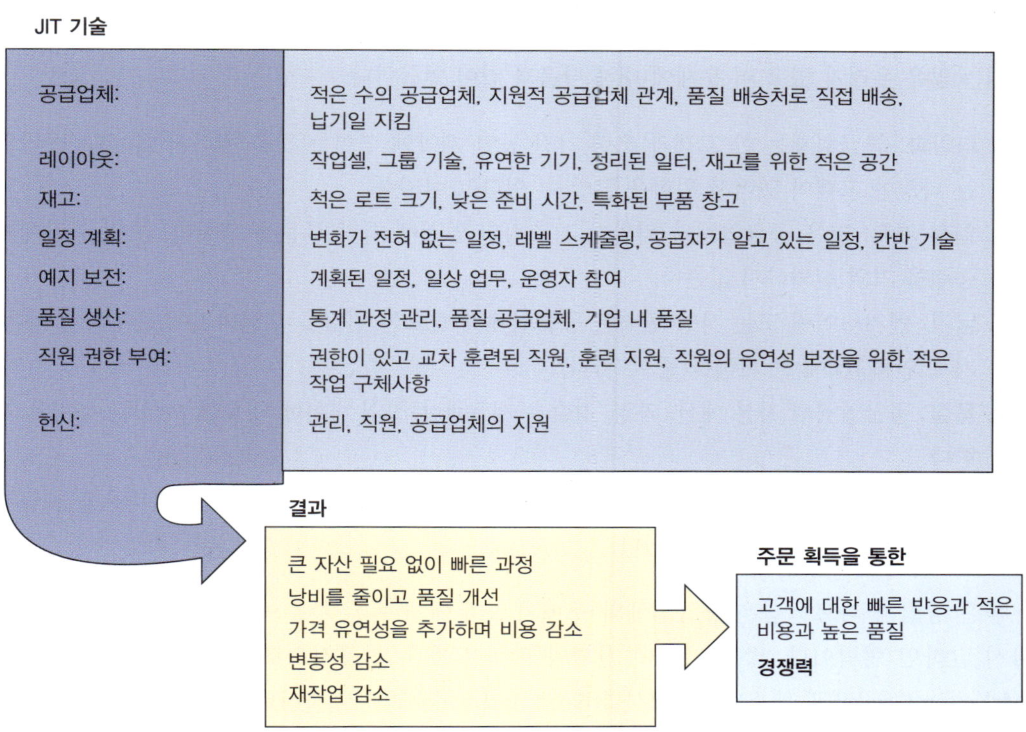

그림 16.1
린 운영은 경쟁력 강화에 공헌한다

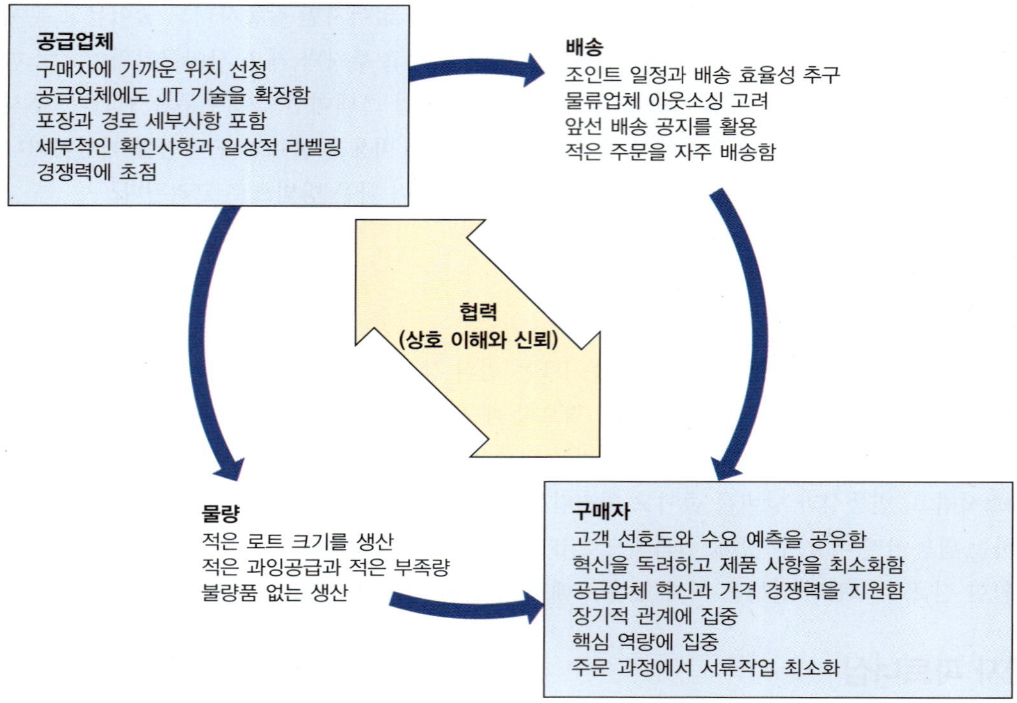

그림 16.2 공급업체 파트너십의 성격

탁송 재고
공급업체가 재고가 사용될때까지 재고 타이틀을 유지하게 조정하는 것임

제거한다. 자원 파이프라인에서 재료의 흐름이 적을수록 재고량은 줄어든다. 재고가 기술에 의해 줄어드는 것을 탁송이라고 한다. **탁송 재고**(consignment inventory), 즉 공급자 관리 재고의 변동성은 공급업체가 필요할 때까지 재고의 타이틀을 유지하는 것이다.

- 장기적인 몰입과 소통, 협력을 통해 **개선된 품질과 신뢰성을 획득한다.**

선도 기관은 공급업체를 그들 기관의 확대로 보고 개선에 완전히 헌신하기를 바란다. 그러나 공급업체는 많은 우려가 있고 이 문제에 대해 다음과 같이 언급한다.

학습목표 16.3
공급업체 파트너십으로 이동할 때 공급업체의 우려 사항을 식별한다.

1. **다양화**: 공급업체는 한 고객과 오랜 기간 동안 계약에 엮이는 것을 원하지 않는다. 공급업체는 다양한 고객이 있어서 위험을 줄일 수 있다고 여긴다.
2. **일정 계획**: 많은 공급업체가 원활하고 조정된 일정에 따라 주문을 생산할 수 있는 구매자의 능력을 거의 신뢰하지 않는다.
3. **납기**: 엔지니어링 또는 사양 변경은 공급업체가 필요한 변경을 구현하기에 충분하지 않은 납기로 인해 JIT에 큰 피해를 줄 수 있다.
4. **품질**: 공급업체의 자본 예산, 과정, 기술은 제품과 품질의 변화에 대응할 수 있는 능력을 제한한다.
5. **로트 크기**: 공급업체가 적은 로트를 빈번하게 배송하는 것은 구매자의 유지비용을 공급자에게 전가하는 방법으로 볼 수 있다.

좋은 공급자 파트너십은 공급업체와 구매자 모두에게 높은 수준의 신뢰와 존경을 요구한다. 다시 말하면 협력이다. 많은 기업이 신뢰와 협력을 매우 성공적으로 수립한다. 매케슨 제너럴(McKesson General)과 백스터인터내셔널(Baxter International)은 수술장비를 JIT로 병원에 제공한다.

그들은 병원의 운영 일정에 따라서 패키지화된 수술 용품을 배송한다. 또한 수술용 패키지는 수술 동안 이용될 때의 순서로 공급물품을 준비한다.

린 레이아웃

린 레이아웃은 또 다른 종류의 낭비 움직임을 줄인다. 공장에서 재료의 움직임은 가치를 추가하지 않는다. 결과적으로 관리자는 사람과 재료의 움직임을 감소시킬 유연한 레이아웃을 원한다. 린 레이아웃은 재료를 필요한 장소에 바로 위치시킨다. 예를 들면 조립 라인은 배송 지점과 재료가 필요로 하는 라인에 바로 연계되도록 설계되고 이 재료들이 부처에서 수령이 되면 다시 움직이게 한다. 토요타는 더 나아가 각각의 자동차가 조립 라인으로 움직일 수 있도록 부품을 위치에 놓았다. 이것은 편리할 뿐만 아니라 토요타가 공간을 절약하고 선반이 차지한 조립 라인을 개방된 공간으로 변환하는 것을 허용했다. 레이아웃이 거리를 줄일 때 기업은 노동력과 공간을 아끼고 원하지 않는 재고의 축적을 위한 잠재적 공간을 줄일 수 있는 보너스를 추가한다.

표 16.1

린 레이아웃 전술
유사 제품 작업셀 수립
좁은 지역에서 많은 수의 운영 과정을 유지
거리 최소화
재고 저장을 위해서는 적은 공간을 설계함
조직원 소통 개선
셀프테스트 기기 활용
유연하고 움직일 수 있는 기기 제조
교차 훈련 직원

거리 감소 거리 감소는 작업셀, 작업장, 공장에서 주요 공헌 요소이다. 긴 생산 라인 일정과 큰 경제적 로트와 단일 운영 기기는 사라졌다. 지금은 기업들은 U 모양으로 정리된 작업셀에서 몇 개의 기기를 가지고 다른 운영을 시행하고 있다. 이런 작업셀은 그룹 기술 코드이다. 그룹 기술 코드는 비슷한 특성을 가진 부품을 확인하고 그들을 가족으로 모은다. 한 번 가족으로 확인되면 작업셀은 그들을 위해 만들어진다. 결과는 적은 제품 중심의 시설로 간주되고 한 제품당 한 시간, 이상적으로 고객 주문 후에 제품을 생산한다.

증가한 유연성 현대의 작업장은 제품이나 용량의 변화를 조정할 수 있게 쉽게 재배치가 가능하도록 설계되어 있다. 이 레이아웃 유연성 개념은 공장과 사무실 환경 모두에 적용된다. 가구와 기기가 움직일 수 있을 뿐만 아니라 벽, 컴퓨터 연결, 전화 연결도 움직인다. 기기도 모듈식이다. 레이아웃 유연성은 변화를 도와준다. 제품과 과정 개선의 결과는 기업의 지속적 개선 철학과 불가분의 관계이다.

직원에 대한 영향 레이아웃이 운영 순서를 제공할 때 피드백은 품질 같은 직접적 이슈를 다루고 직원들이 개선을 위한 문제와 기회에 대해 서로 이야기할 수 있게 같이 일할 수 있는 것을 허용한다. 직원들이 제품을 생산할 때 그들은 제품과 부품을 각각의 생산 장소에서 테스트한다. 스스로 테스트하는 작업 과정을 포카요케 기능이라 하며 불량을 자동으로 잡아낸다. 린 전에는 불량품은 재고에서 교체되었다. 추가 재고는 린 시설에 저장되지 않기에 버퍼가 존재하지 않는다. 직원들은 처음에 제대로 하는 것이 중요하다고 이야기한다. 실제로 린 레이아웃은 교차 훈련된 직원들이 불량을 줄이며 유연성과 효율성을 작업장에 가져온다. 불량은 낭비이다.

표 16.2

린 재고 전술
재고 이동에 풀 시스템 활용
로트 크기 감소
공급업체들과 JIT 개발
사용처에 직접 배송
일정 성과
준비 시간 감소
그룹 기술 활용

장소와 재고 감소 린 레이아웃은 이동 거리를 줄이기에 재고도 줄인다. 약간의 공간이 있을 때 재고는 적게 움직이고 적은 양의 물량이 움직인다. 물량은 저장이 되지 않아서 항상 움직인다. 예를 들면 뱅크오브아메리카(Bank of America)는 매달 700만 개의 수표를 시설에서 분류하고 정리한다. 또한 500만 개의 잔고 통지서를 정리하고 19만 개의 고객 통지서를 우편으로 발송한다. 린 레이아웃으로 우편 처리 시간이 33% 감소하고, 수만 달러의 연봉을 절약했으며, 설치 공간도 50%도 줄였고, 공정 중 대기줄이 75~90% 감소했다. 선반과 서랍이 있는 창고도 철거했다.

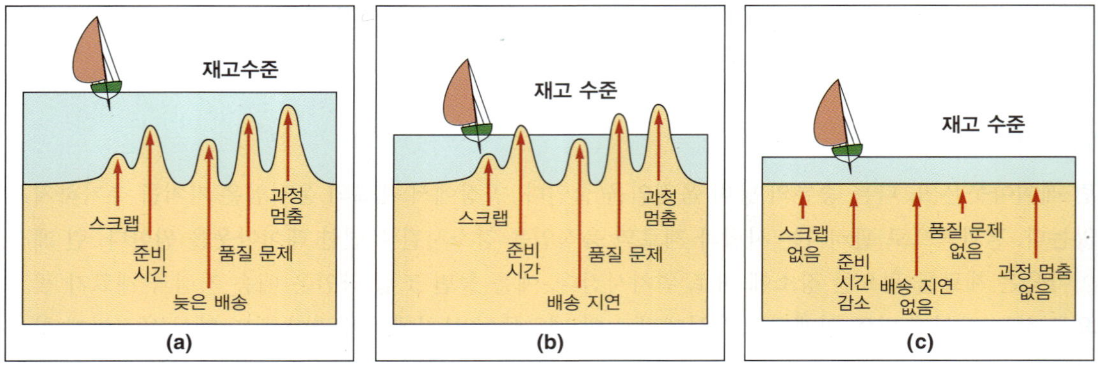

그림 16.3 (a) 높은 수준의 재고는 문제를 숨기고 (b) 재고를 줄이면 문제가 노출되고 (c) 재고를 줄이고 문제를 해결한 후에는 재고와 비용을 낮추고 운영이 원활해진다

린 재고

생산과 유통 시스템에서 재고는 '혹시' 나쁜 일이 터질지 몰라서 두는 것이다. 즉 생산 계획에서 변동이 생기게 될 경우를 대비하는 것이다. '추가' 재고는 문제나 변동성을 커버하기 위함이다. 린 재고는 JIT 또는 상황 대비를 위한 전술적 기술이다. **린 재고**(lean inventory)는 필요한 최소 재고로 완벽한 시스템 운영 유지를 하는 것이다. 린 재고로 필요할 때 정확한 제품 양이 도착하지만 몇 분 늦을 수도, 빠를 수도 있다.

린 재고
완벽한 시스템 운영을 유지하기 위한 최소한의 필요 재고

"재고는 악마다"
S. 신고(S. Shingo)

Bob Daemmrich/CORBIS-NY

재고와 변동성 감소 운영관리자는 린에 의존하며 재고를 감소시킨다. 아이디어는 생산 시스템에 숨어 있는 재고에 의한 변동성을 없애는 것이다. 재고 감소는 현재 감당할 수 있는 변동성과 문제를 커버할 수 있어야 한다. 감소한 재고가 관리자에 의해 문제를 수면 위에 드러나게 할 수 있다. 호수 수위가 낮아지면 관리자들은 추가적으로 생길 수 있는 수면 위에 드러나는 강한 바위 같은 문제들을 깎아내야 하는 것이다. 궁극적으로 적은 재고와 적은 문제 또는 변동성이 존재할 것이다.

기술에 민감한 제품을 생산하는 기업은 빠른 제품 혁신으로 재고 가치의 0.5~2%까지 비용이 소요될 수 있다고 추정한다. 토요타는 재고를 악마라고 표현하지만 그것은 진실은 아니다. 재고 자체가 악마는 아니지만 재고 문제를 숨기면 커다란 비용으로 돌아온다.

로트 크기 감소 린은 재고에 대한 투자를 줄이며 낭비도 줄인다. 재고를 줄이는 열쇠는 적은 로트 크기로 좋은 제품을 생산하는 것이다. 한꺼번에 처리하는 크기를 줄이는 것이 재고와 재고비용을 줄이는 데 큰 도움이 된다. 재고 사용이 일정하면 평균 재고수준은 최고 재고량과 최소 재고량의 총합을 2로 나눈 것이다. 주문 크기를 줄이면 주문 숫자는 증가하지만 재고수준은 떨어진다.

그림 16.4

잦은 주문은 평균 재고를 감소시킨다
낮은 주문 크기는 주문 횟수와 총 주문비용을 증가시키지만 평균 재고와 총 보유비용을 감소시킨다.

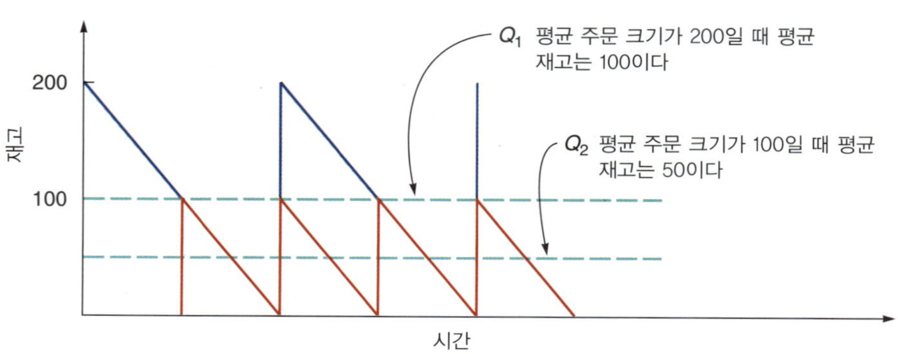

최적의 준비 시간 설정 이상적으로 린 환경에서는 주문 크기는 하나이고 하나의 물량이 인접한 과정과 과정 사이로 당겨진다. 하지만 현실적으로는 과정 분석, 이동 시간, 물리적 특성(예: 컨테이너 크기, 이동 방법 등)이 로트 크기를 결정할 때 고려된다. 이런 분석은 적은 로트 크기로 이어지고 하나보다 더 큰 로트 크기가 된다. 로트 크기가 정해지면 경제적 주문량이나 생산주문량 모델은 원하는 준비 시간으로 설정되고 수정된다.

$$Q_p^* = \sqrt{\frac{2DS}{H[1 - (d/p)]}} \tag{16-1}$$

D = 연간 수요 　　 d = 일간 수요

S = 준비비용 　　 p = 일간 생산

H = 유지비용

예제 1 최적의 준비 시간을 정하라

Crate Furniture, Inc.는 투박한 가구를 생산하고 로트 크기를 감소시키는 방향으로 움직이기를 원한다. 회사의 가구 생산 분석가 알레다 로스(Aleda Roth)는 2시간의 생산 주기가 2개의 생산본부 사이에 무난하다고 말한다. 그녀는 준비 시간이 2시간 주기면 충분하다고 결론을 내렸다.

학습목표 16.4
최적의 준비 시간을 결정한다.

접근방법▶ 로스는 아래 데이터를 활용해 최적의 준비 시간을 분석해서 결정하는 과정을 개발했다.

D = 연간 수요 = 400,000단위

d = 일간 수요 = 250일당 400,000, 즉 일간 1,600단위

p = 일간 생산율이고 일 4,000단위

Q_p = 원하는 최적 주문량 = 400단위(2시간 수요, 일간 1,600단위)

H = 보유비용 = 연간 단위당 20달러

S = (결정될) 준비비용

해결방법▶ 로스는 준비당 비용과 관련 시간을 다음과 같이 결정한다.

$$Q_p = \sqrt{\frac{2DS}{H(1 - d/p)}}$$

$$Q_p^2 = \frac{2DS}{H(1 - d/p)}$$

$$S = \frac{(Q_p^2)(H)(1 - d/p)}{2D} \tag{16-2}$$

$$= \frac{(400)^2(20)(1 - 1{,}600/4{,}000)}{2(400{,}000)} = \frac{(3{,}200{,}000)(0.6)}{800{,}000} = 2.40\text{달러}$$

준비 시간 = 2.40달러/(시간당 노동비용)
= 2.40달러/(시간당 30달러)
= 0.08시간 혹은 4.8분

통찰력▶ 큰 로트 크기를 사용해 부품을 생산하기보다는 Crate Furniture는 2시간 주기로 하루에 네 번의 재고회전율을 활용하는 것이 좋다.

학습 연습▶ 노동 비용이 시간당 40달러로 올라가면 준비 시간은 얼마인가? [답: 3.6분]

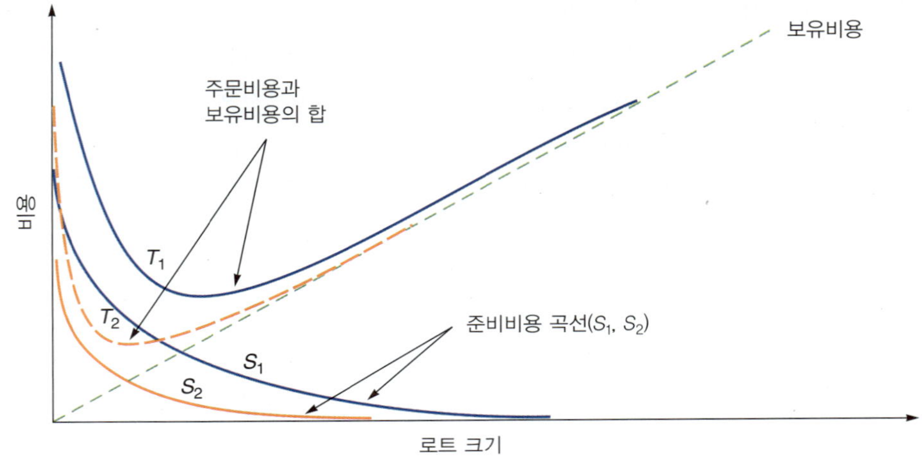

그림 16.5

낮은 준비비용은 총비용을 줄일 것이다
더 잦은 주문은 준비비용의 감소를 필요로 한다. 그렇지 않으면 재고비용이 상승할 것이다. 준비비용이 줄어들면 총 재고비용은 떨어진다.

소량의 재료 흐름이 작동하려면 두 가지만 변경하면 된다. 첫째로 재료 다루는 것과 작업 흐름을 개선할 필요가 있다. 짧은 생산주기에서는 기다리는 시간이 적다. 자재 취급을 개선하는 것은 대체적으로 쉽고 간단하다. 둘째로 설정 시간을 합리적으로 줄이는 것이다.

준비비용 감소 재고량과 유지비용이 감소하면 재고 재주문량과 최고 재고량도 떨어진다. 그러나 재고가 생산되는 물량에 주문비용과 준비비용이 요구되기 때문에 관리자는 대량으로 주문하는 경향이 있다. 주문이 커질수록 비용은 각각의 물품에 흡수되기 때문이다. 결과적으로 로트 크기를 줄이고 재고비용을 줄일 수 있는 방법은 준비비용을 줄이면서 최적의 주문 크기를 줄이는 것이다.

총비용 및 로트 크기에 대한 감소한 준비비용의 효과는 그림 16.5에서 볼 수 있다. 더욱 중요한 것은 적은 양의 로트 크기는 적은 문제를 숨긴다는 것이다. 다양한 환경에서 준비비용은 설치 시간과 상관관계가 있다. 제조 시설에서 설치에는 일반적으로 상당한 준비가 필요하다. 준비에 필요한 준비의 대부분은 기계 또는 프로세스를 종료하기 전에 수행할 수 있다. 준비 시간은 많이 줄일 수 있다. 멕시코 코닥(Kodak) 공장은 준비 시간을 12시간에서 6분으로 줄일 수 있었다. 이런 과정이 세계적 수준의 제조업체의 전형이다.

준비비용을 공장 기계에서 줄일 수 있듯이 준비 시간 또한 사무실에서 주문을 준비하는 과정에서 줄일 수 있다. 만약 주문이 몇 주씩 걸리는 과정을 거치거나 준비 시간이 사무실에서 길어지면 공장의 준비 시간을 시간에서 분으로 줄이는 것은 큰 도움이 되지 못한다. 이것은 기관 입장에서 린 개념 응용을 공장이나 사무실에서 잊어버리게 될 때 생기는 현상이다. 준비 시간과 비용을 줄이는 것은 재고 투자를 줄이고 생산성을 향상시키고 처리량 속도를 개선하는 뛰어난 방법 중 하나이다.

린 스케줄링

효과적인 스케줄링은 기관 내에서 소통하고 공급업체와 소통하며 린을 지원하는 것이다. 더 좋은 스케줄링은 또한 고객 주문을 맞춰 주는 능력을 개선하고 재고를 줄이는 것이다. 적은 로트 크기를 허용하면서 작업 과정을 줄이면 충분히 가능하다. 예를 들면 포드(Ford) 같은 회사들은 최종 조립 일정과 공급업체들의 연계를 구축한다. 포드는 그들의 일정을 범퍼 제조업체인 폴리콘(Polycon)과 소통한다. 포드는 생산조절 시스템을 산업에서 공유한다. 스케줄링 시스템은 각각의 자동차에 필요한 범퍼의 스타일과 색깔을 상술하고 최종 조립라인까지 이동시킨다. 스케줄링 시스템은 범퍼를 컨베이어에 올려서 짐 싣는 곳까지 업무를 맡은 폴리콘 창고 직원에게 정보를 이동 터미널까

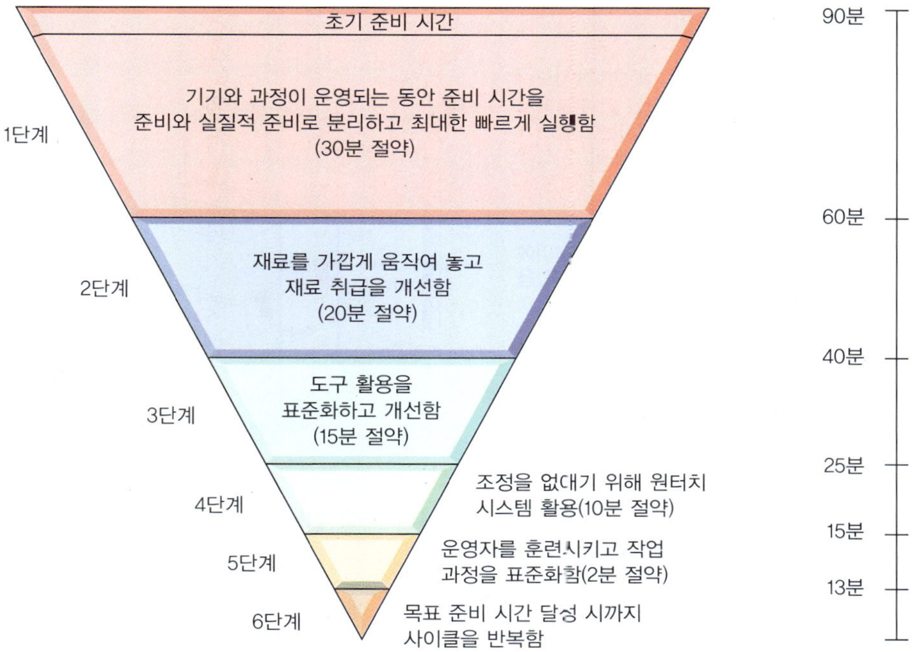

그림 16.6

준비 시간 감소 단계
준비 시간을 줄이는 것은 린 운영의 주요 요소이다.

지 전달한다. 차 범퍼는 트럭으로 50마일 이동해 포드 공장으로 옮겨진다. 여기에는 총 4시간이 걸린다.

레벨 스케줄링 **레벨 스케줄링**(level schedule)은 몇 개 안 되는 큰 물량보다는 자주 적은 물량을 처리한다. 운영관리자의 업무는 작은 로트를 만들고 움직여 레벨 스케줄링을 경제적으로 만드는 것이다. 로트가 작아질수록 제약조건이 바뀌고 어려움이 많아진다. 어떤 시점에서는 하나 또는 두 개의 컨테이너를 처리하는 것이 가능하지 않을 수도 있다. 제약 조건은 단위 판매 및 배송 방식(4개 한 상자) 또는 값비싼 페인트 교체(자동차 조립 라인의 경우) 또는 살균기의 적절한 단위 수(식품 통조림 라인의 경우)일 수 있다.

스케줄 관리자는 기한이 가까운 일정의 일부를 일정하게 유지하는 동결로 생산 시스템이 작동하고 일정이 충족될 수 있음을 알 수 있다. 이는 생산 시스템이 기능을 다할 수 있게 하고 일정을 맞출 수 있도록 한다. 운영관리자는 변동 없이 일정을 완성하기를 기대한다.

레벨 스케줄링
제품 일정을 그 날의 생산량이 그 날의 수요를 만족시키게 수립함

표 16.3

린 일정 전술
레벨 스케줄링 수립
칸반 활용
공급업체와 일정 소통
부분 일정을 고정
일정대로 실행
하나씩 만들고 하나씩 움직이는 것을 추구
낭비 제거
적은 로트 크기로 생산
각 운영 과정이 완벽한 부품을 만들게 함

칸반 작은 로트 크기를 완성하는 방법은 점포를 거쳐서 재고를 이동시키는 것이다. 이것은 직원이 준비되어 있지 않거나 다음 작업 스테이션으로 제품이 밀 수 없는 경우를 필요로 한다. 재고가

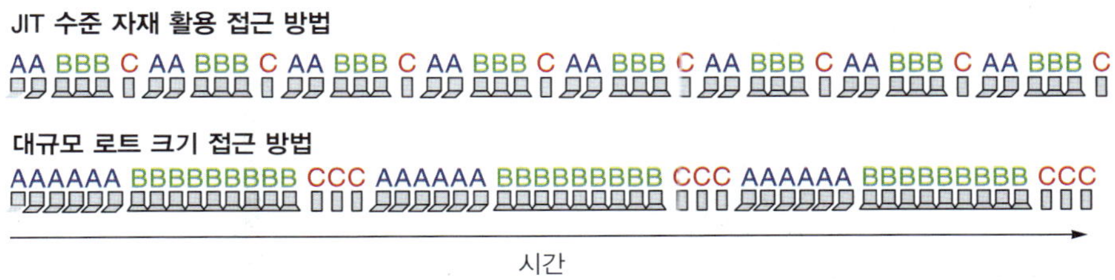

그림 16.7 **A, B, C부품의 적은 물량 일정 계획은 고객 수요를 만족시키기 위한 유연성을 증가시키고 재고를 감소시킨다**
일정 계획과 관련한 린 접근 방법은 헤이준카라는 일본어로 표현되는데 이는 많은 모델을 각각의 기간 동안 큰 규모의 로트로 접근해 준비 시간을 줄인다.

그림 16.8

경고신호 표식이 있는 저장 다이어그램

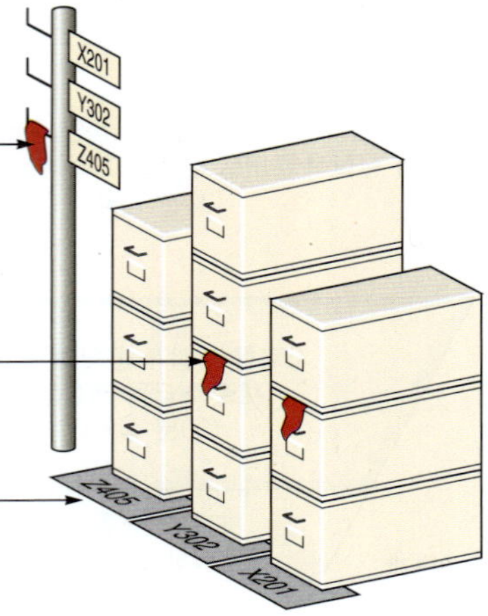

필요할 때 이동되면 이것은 풀 시스템이다. 일본에서는 이를 칸반 시스템이라고 부른다. 칸반은 작업장에 작업이 도착하면 처리 시간을 매치시킨다.

칸반

일본말로 카드라는 뜻으로 신호라는 의미를 포함합니다. 칸반시스템에서 생산을 위해 움직일 때 풀 접근방법으로 신호를 줌

칸반(kanban)은 일본어로 **카드**를 뜻한다. 재고를 줄일 때 일본에서는 '풀' 시스템을 통해 재고를 작업장으로 옮긴다. 그들은 재료를 다른 컨테이너로 옮길 때 카드로 신호를 준다. 그래서 이름을 칸반이라고 하는 것이다. 이 카드는 다음 재료 컨테이너가 생산되는 승인이다. 칸반은 단순하게 특별한 물량이나 아이템을 만들 때 신호를 준다. 대체로 칸반 신호는 각 컨테이너 아이템이 획득될 때 존재한다. 그런 다음 각 칸반에 의해 컨테이너 주문이 시작되고 생산 부서 또는 공급업체에서 당겨진다. 일련의 칸반이 공장을 통해 재료를 '당긴다'.

학습목표 16.5

칸반을 정의한다.

시스템은 많은 시설에서 수정된다. 그래서 이것이 칸반이라고 불리지만 카드는 존재하지 않는다. 어떤 경우는 바닥의 빈자리가 다음 컨테이너가 필요하다는 신호로 충분하다. 또 다른 경우 국기나 랙 같은 경우의 신호 또한 다음 컨테이너가 온다는 것을 알린다. 왜냐하면 최적 로트 크기가 있을 때 생산 부처는 한 번에 여러 개의 컨테이너를 만들어야 하기 때문이다.

칸반에 관한 다음과 같은 몇 가지 추가사항이 도움이 될 수 있다.

- 제조업자와 사용자가 접촉하지 못한다면 카드가 활용 가능하다. 다른 경우 빛, 깃발, 바닥의 빈자리로 충분하다.
- 대체로 각각의 카드는 구체적인 부품의 양을 조절한다. 작업 셀이 여러 구성요소를 생산하거나 로트 크기가 이동 크기와 다른 경우 여러 카드 시스템이 사용된다.
- 칸반 카드는 작업 셀 간에 작업 과정량에 대한 직접적인 조절을 제공한다.

칸반 카드나 컨테이너 숫자 정하기 칸반 카드의 수 또는 컨테이너는 승인된 재고량을 설정한다. 컨테이너 수를 정하기 위해 사용 지역과 생산 지역에서 왔다 갔다 하며 관리자가 각각의 컨테이너 크기를 정한다. 생산주문량 모델 등을 활용하며 로트 크기를 계산한다. 컨테이너 수를 설정하려면 (1) 컨테이너를 생산하는 데 필요한 납기 (2) 시스템 내에서 변동성이나 불확실성을 이겨낼 수 있는 안전재고 수량을 알아야 한다. 칸반 카드의 수는 다음과 같이 계산된다.

학습목표 16.6

필요한 칸반 수를 계산한다.

$$\text{칸반의 수(컨테이너)} = \frac{\text{납기 동안의 수요} + \text{안전재고}}{\text{컨테이너 크기}} \qquad (16\text{-}3)$$

예제 2는 필요한 칸반 수를 계산하는 방법을 보여준다.

예제 2

칸반 컨테이너 수 결정

Hobbs Bakery는 식품점에 배송되는 적은 주기의 케이크를 생산한다. 주인인 켄 홉스(Ken Hobbs)는 칸반 시스템 변화를 통해서 재고를 줄이고자 한다. 그는 아래 데이터를 바탕으로 프로젝트를 완성해 주기를 요청한다.

생산 납기는 대기 시간과 재료 취급 시간, 생산 과정 시간을 합한 것으로 2일이 걸리고 매일 수요는 500개의 케이크, 안전재고는 반일 수량이다. 컨테이너 크기는 250개의 케이크이다.

접근방법 ▶ 경제적 주문량 크기는 250개로 정하고 필요한 칸반 컨테이너 수를 정한다.

해결방법 ▶ 납기 기간 수요는

$$\text{납기} \times \text{일일 수요} = 2\text{일} \times \text{케이크 } 500\text{개} = 1{,}000$$

$$\text{안전재고} = \tfrac{1}{2} \times \text{일일 수요} = 250$$

$$\text{필요한 칸반 컨테이너 숫자} =$$

$$\frac{\text{납기 동안 수요} + \text{안전재고}}{\text{컨테이너 크기}} = \frac{1{,}000 + 250}{250} = 5$$

통찰력 ▶ 재주문점에 다다르면 5개의 컨테이너가 배포되어야 한다.

학습 연습 ▶ 만약 납기가 1일로 늘어나면 몇 개의 컨테이너가 필요한가? [답: 3개]

컨테이너는 대체적으로 작고 생산에서 몇 시간 정도의 가치를 가지고 있다. 시스템이 타이트한 일정을 필요로 하면 적은 양은 하루에 몇 번씩 생산된다. 이 과정은 품질과 납기에 있어서 적은 변동성을 가지고 원활하게 운영된다. 왜냐하면 어떤 부족 현상이라도 모든 시스템에 즉각적으로 영향력을 행사하기 때문이다. 칸반은 준비와 경제적인 자재 취급에 의해 시간과 비용을 줄이면서 미팅 일정에 중심을 둔다.

린 품질

품질 없이는 린도 없다. 린의 '풀' 생산, 적은 물량, 낮은 재고는 품질을 향상시키고 나쁜 품질을 노출시킨다. 스크랩, 재작업, 불량 제품이 재고 내에서 용납되지 않기 때문에 비용 절감이 생겨난다. 이는 적은 양의 불량품이 생산된다는 의미이다. 다시 말하면 재고가 나쁜 품질을 숨기지만 린은 나쁜 품질을 수면 위에 떠오르게 한다. 린은 기다리는 시간과 납기를 줄이면서 오류의 증거를 유지하고 오류의 잠재적 원천을 제한한다. 린은 품질 문제에 있어서 조기 경고 시스템을 만들어내 적은 불량품을 생산하더라도 즉각적인 피드백이 나온다. 이런 장점은 기업 내에서 그리고 공급업체로부터 받은 제품 내에서 강점으로 적용된다.

표 16.4

린 품질 전술
통계 프로세스 관리 활용
직원 권한 부여
실패 대비 방안 마련
적은 로트 크기를 통해 품질 문제를 노출

또한 더 나은 품질은 더 적은 수의 지연이 필요하다는 것을 의미하므로 더 좋고 유지보수가 쉬운 재고 시스템이 존재할 수 있다. 재고를 유지하는 목적은 신뢰할 수 없는 품질로부터 보호하기 위함이다. 그러나 일정한 품질이 존재할 때 린 기업은 재그와 관련한 모든 비용을 줄일 수 있다.

린과 토요타 생산 시스템

토요타 생산 시스템의 세 가지 요인은 지속적인 개선, 사람에 대한 존경, 표준화된 작업 실행이다.

지속적인 개선

카이젠
지속적인 개선에 집중함

카이젠 이벤트
작업셀에서 일하는 팀 구성원은 과정 개선 방법을 실행함

토요타 생산 시스템(TPS) 안에서 지속적인 개선은 기업 문화를 수립하고 인간 가치 시스템을 강조하는 것이다. 프로세스는 개선되고 그 개선은 직원들의 모든 업무에 통합 부분으로 적용된다. 그 과정이 TPS에서 정형화된 것이 **카이젠**(kaizen), 즉 일본어로 좋은 쪽으로의 변화 혹은 지속적인 개선이다. 카이젠은 **카이젠 이벤트**(kaizen event)에 의해 실행된다. 작업 셀 그룹이나 팀이 혁신적인 방법을 개발하고 작업 과정에서 그 개선을 즉시 실행했을 때 카이젠 이벤트가 일어난다. 응용하면 카이젠은 찾기 힘든 완벽함을 추구함에 따라 많은 작거나 점진적인 변화를 만드는 것을 의미한다.

사람에 대한 존경

지속적인 개선의 주문을 주입하는 것은 인력 모집에서 시작해 광범위하고 지속적인 교육을 통해 계속된다. 지속적인 개선이 토요타에서 잘 되는 이유는 토요타의 또 다른 중심 가치인 사람에 대한 존경 덕분이다.

다른 린 기업처럼 토요타도 직원을 채용하고 훈련하고 직원들을 지식 있는 작업자로 대우한다. 적극적인 교차 훈련과 적은 작업 세분화를 통해 린 기업은 운영 개선이라는 도전적인 작업에 직원의 정신적, 육체적 능력을 참여시킨다. 직원들은 권한을 위임받는다. 그들은 자립적인 의사결정이 가능할 뿐만 아니라 개선을 만들어내고, 품질 문제가 생길 경우 기기와 과정을 멈출 수 있다. 권한이 있는 직원은 린의 통합 부분이다. 직원들에게 배정된 전통적 업무는 현장직원들에게 옮겨 갔다. 토요타는 직원들이 누구보다 작업에 대해서 잘 알고 있다고 인지하고 린 기업은 그들에게 그들의 삶과 직업을 향상할 수 있는 기회를 제공함으로써 직원들을 존경한다.

과정과 표준 작업 실행

효율적이고 효과적인 과정 수립에는 표준 작업 실행이 필요하며, 원칙들은 다음과 같다.

- 작업은 완벽하게 구체적이고 콘텐츠, 순서, 타이밍, 결과물은 좋은 과정의 기초이다.
- 내 · 외부 고객을 위한 고객 연결은 직접적이고 구체적이며 사람, 방법, 타이밍과 수량이 중요하다.
- 재료와 서비스 흐름은 단순하고 구체적인 사람과 기계에 직접적으로 연결한다.
- 과정 개선은 기관에서 가장 낮은 레벨의 합리적인 분석 후에 이루어진다.

린은 활동, 연결, 흐름이 문제를 알려준다. 문제나 불량품이 생겼을 때 생산은 멈춘다. (1) 직원 교육 및 훈련, (2) 문제에 대한 시스템의 반응성에 대한 이중 초점은 겉보기에 딱딱한 시스템을 유연하고 적응력 있게 만든다. 그 결과는 지속적 개선이다.

린 조직

린 조직은 고객과 고객의 기대치를 이해한다. 또한 린 조직은 기능적 부분이 소통하고 협력해 고객의 기대치를 이해할 뿐만 아니라 효율적으로 맞추어지기를 검증한다. 이것은 고객의 가치 기대를 확인하고 배달하기 위해서는 기업 전체에 걸쳐 린의 도구를 실행해야 함을 의미한다.

린 조직 수립

린 조직을 수립하는 것은 어렵다. 왜냐하면 아주 특별한 리더십을 필요로 하기 때문이다. 그런 리

더는 조직을 린의 도구로 채우는 것이 아니라 지속적 개선의 문화로 채운다. 문화를 수립하는 것은 공개된 소통과 고립된 기능 원칙을 파괴하는 것이 필요하다. 공개된 양방향 소통은 대체할 수 없다. 왜냐하면 효율적이고 효과적인 과정을 활성화하기 때문이다. 어떤 조직 문화는 사람에게 존경을 보여주고 관리자가 작업이 어디에서 어떻게 완성이 되는지 충분히 이해한다. 린 기업은 일본어로 **겜바**(Gemba) 또는 **겜바워크**(Gemba walk)라고 하는데, 이는 작업이 실제로 이루어지는 장소를 일컫는다.

겜바 또는 겜바워크
작업이 실제로 이루어지는 장소로 가는 것

조직 문화를 수립해서 개선을 이끌어가고 지속적인 변화와 지속적인 습관의 변화를 이끌어내는 것은 큰 도전이다. 그러나 이런 조직도 존재한다. 그들은 고객을 이해하고 고객의 관점에서 가치를 창출하지 않는 활동들을 몰아낸다. UPS, 알래스카항공(Alaska Airlnes), 토요타를 예로 들 수 있다. 병원들조차도 린 운영으로 생산성을 개선한다. 린 운영은 지속적인 배움, 창의성, 팀워크를 통해 완벽함을 추구하며 낭비를 최소화하는 철학을 도입한다. 그들은 다음 사항을 공유한다.

학습목표 16.7
린 조직의 여섯 가지 속성을 식별한다.

- 직무 설계 개선, 지속적인 교육, 몰입, 팀워크 구축을 통해 **직원을 존중하고 발전시킨다.**
- 직원들에게 가장 낮은 수준의 책임을 부여함으로써 도전적인 업무를 수행할 수 있도록 **권한을 부여한다.**
- 교차 훈련 및 직무 분류 축소를 통해 **작업자 유연성을 개발한다.**
- 직원들이 매번 완벽한 제품을 생산할 수 있도록 해 **변동성을 없애는 프로세스를 구축한다.**
- **공급업체와 협력적 파트너십을 발전시켜** 궁극적인 고객의 요구를 이해하고 그러한 요구를 충족시킬 책임을 수용하도록 돕는다.
- **부가 가치가 있는 활동만 수행해 낭비를 제거한다.** 자재 취급, 검사, 재고, 이동 시간, 공간 낭비, 재작업은 부가가치가 없기 때문에 제거 대상이다.

성공은 리더십을 필요로 하고 헌신과 관리자, 직원, 공급업체의 참여가 요구된다. 린 제조업체의 보상은 환상적이다. 그들은 벤치마킹 대상이 된다.

린 지속가능성

린과 지속가능성은 같은 동전의 양면이다. 자원을 최대화하는 것을 원하면서 경제적 효율성을 원한다. 그러나 린은 바로 시작되는 과정과 시스템에 집중하지만 관리자는 기업을 넘어서는 지속가능한 이슈들을 놓칠 수 있다.

린은 낭비를 없앤다. 왜냐하면 고객을 위해서 낭비는 전혀 추가되지 않기 때문이다. 지속가능성도 낭비를 없애지만 낭비는 비싸고 환경에 역효과를 준다. 낭비를 없애는 것은 린 지속가능성에 있어서는 흔히 일어나는 일이다.

서비스에서 린

린의 특성은 병원에서 놀이공원, 항공 산업에 이르기까지 고객이 받아들이는 가치에 직접적으로 영향을 주는 서비스에도 적용된다. 사람을 존중하는 린의 속성, 낭비를 없애는 엄격한 표준 관행을 통한 효율적인 프로세스, 지속적인 개선에 중점을 두는 것은 모든 이해 관계자를 위해 지속적으로 가치를 창출하는 보편적인 수단이다. 제조와 서비스 간의 린 초점에 변화가 있다면, 높은 수준의 고객 상호작용은 교육, 동기부여 및 권한 부여를 통해 사람들이 최대한 기여할 수 있도록 하는 데 중점을 둔다. 그러나 서비스의 고객 상호작용 측면 외에도 다음은 서비스 부문의 공급업체, 레이아

학습목표 16.8
린이 서비스에 어떻게 적용되는지 설명한다.

OM in Action 린은 약도 배송한다

카이젠 기술을 린으로부터 활용해 샌프란시스코종합병원(San Francisco General Hospital)의 팀 직원들은 특정 지역을 타깃으로 하고 분석해 개선 노력을 기울인다. 오늘날의 병원은 처리량과 품질에 대한 믿음에 초점을 맞추고 비용을 줄이면서 환자 만족도를 향상시키는 노력을 기울이며 품질과 서비스 처리량 측정을 가속화하고 있다. 의사와 간호사는 현재 팀으로 일하며 일주일 내내 카이젠 이벤트에 몰두한다. 이 이벤트들은 흐름과 품질, 비용, 환자 경험에서 구체적인 개선을 만드는 계획을 도출한다.

최근 한 카이젠 이벤트는 환자가 첫 사고부터 수술실까지 들어오는 데 몇 분이 걸리는지에 초점을 맞추고 있다. 한 팀은 한 주를 보내면서 준비를 10분 내에 마칠 수 있는 방법을 연구했다. 1분이 절약되면 노동비용이 절약되고 병원 시설이 열린다. 다른 카이젠 이벤트는 응급실을 타깃으로 해 기다리는 시간을 5시간에서 2.5시간으로 줄였다. 엑스레이 기계를 추가함으로써 환자가 영상실까지 15분 동안 움직여야 하는 시간을 줄인 것이다. 비슷하게, 수술실에서 기다리는 시간도 2.5시간에서 70분으로 줄였다. 수술실은 5S 원칙을 실행하고 운영 전 과정에서 *표준 작업*을 실행한다.

병원이 서비스 품질과 환자의 만족에 집중할 때 린을 언급했다. 영어 번역이 안 되어서 작업이 실행되는 **겜바**, 중요한 자기 반영 기간인 **한세**, 매일 변동 상황에 균형과 부드러움을 제공하는 레벨 생산 일정인 **헤이준카**, 인간과 지식, 기술을 통해 잠재적 문제의 첫 번째 사인인 **지도카**, 지속적 개선인 **카이젠**, 자원을 소비하지만 가치를 제공하지 않는 **무다** 등.

린 시스템의 병원 도입이 증가하면서 서비스 품질은 향상하고 환자 만족도를 높이면서 비용을 줄이는 노력을 기울인다. 린 기술은 잘 되고 있다.

출처: *International Journal for Quality in Health Care*(April 2016); *San Francisco Chronicle* (October 14, 2013); *San Francisco General Hospital & Trauma Center Annual Report*.

웃, 재고, 일정 계획에 적용된 린의 몇 가지 특정 응용 프로그램이다.

공급업체 거의 모든 레스토랑은 JIT 기준으로 공급업체와 거래한다. 그렇지 않은 경우 대개 실패한다. 음식이 상하고 고객이 불평하고 병에 걸리고 죽을 수도 있을 정도로 낭비가 너무 명백하다. 마찬가지로 JIT는 JIT 기반으로 예금, 인출, 중개 활동을 처리하는 금융 부문의 기본이다. 그것이 업계 표준이다.

레이아웃 차가운 음식은 차갑게, 뜨거운 음식은 뜨겁게 제공해야 하는 레스토랑 주방에서는 린 레이아웃이 필요하다. 예를 들어 맥도날드는 막대한 비용을 들여 주방 레이아웃을 재구성해 생산 공정에서 몇 초를 단축함으로써 고객에게 배송하는 시간을 단축했다. 맥도날드는 새로운 공정을 통해 45초 만에 주문형 햄버거를 생산할 수 있다. 레이아웃은 또한 고객이 20분 이내에 수하물을 찾는 알래스카항공의 수하물 클레임에서 차이를 만든다.

재고 증권 중개인은 매일 재고를 거의 0으로 떨어뜨린다. 대부분의 매도 및 매수 주문은 즉시 발생한다. 실행되지 않은 매도 또는 매수 주문은 고객에게 허용되지 않기 때문이다. 증권 중개인은 실행되지 않은 거래가 있을 경우 심각한 문제에 직면할 수 있다. 마찬가지로, 맥도날드는 타임 스탬프가 찍힌 완제품 재고를 단 몇 분만 유지함으로써 재고 낭비를 줄인다. 그 후에는 버려진다. 아놀드파머 같은 병원(이 장의 비디오 사례 연구에서 설명)은 많은 품목에 대한 JIT 재고 및 낮은 안전 재고를 관리한다. 예를 들어 의약품과 같은 중요한 공급은 백업으로 커뮤니티 네트워크를 개발해 낮은 수준으로 유지할 수 있다. 이런 식으로 한 약국에 필요한 약이 떨어지면 네트워크의 다른 구성원이 다음 날 배송이 도착할 때까지 약을 공급할 수 있다.

일정계획 항공사는 고객 수요의 변동에 적응해야 한다. 그러나 재고의 변화에 따라 조정하기보다는 인력 가용성에 의해 수요가 충족된다. 정교한 일정을 통해 직원은 고객 수요의 정점을 처리하기 위해 제시간에 나타난다. 즉 '사물'이 재고에 저장되는 것이 아니라 인력이 예약된다. 미용실에서는 초점이 약간 다르다. 고객과 직원 모두의 일정을 예약해 신속한 서비스를 보장해야 한다. 맥도날드와 월마트에서는 정확한 수요 예측을 기반으로 직원 일정을 15분 단위로 단축한다. 이러한 조직에서 일정계획은 린의 핵심 요소이다. 우수한 예측이 이러한 일정계획을 주도한다. 이러한 예측은 항공권 카운터의 경우 계절별, 일별, 심지어 시간별 구성요소(휴일 판매, 비행시간 등), 미용실의 계절별 및 주별 구성요소(공휴일과 금요일은 특별한 문제가 발생함)로 매우 정교할 수 있다. 그리고 맥도날드에서 몇 분(일일 식사 주기에 응답하기 위해)까지일 수 있다.

지속적으로 변화하는 수요에 따라 고객에게 상품과 서비스를 제공하려면 공급업체가 안정적이고 재고가 적으며 주기가 짧고 일정이 민첩해야 한다. 린은 직원들이 고객의 가치 인식을 창출하고 전달할 수 있도록 참여시키고 권한을 부여하고 이 목표에 기여하지 않는 모든 것을 제거한다. 린 기술은 상품 생산 기업과 서비스 생산 기업 모두에서 널리 사용된다. 그들은 단지 다르게 보인다.

요약

JIT와 TPS를 포함한 린 운영은 낭비를 제거하기 위한 지속적인 개선에 중점을 둔다. 가치를 추가하지 않는 모든 것에서 낭비가 발견되기 때문에 이러한 기술을 구현하는 조직은 다른 회사보다 더 효율적으로 가치를 추가하고 있다. 린 조직에 대한 기대는 권한이 부여된 직원이 헌신적인 경영진과 협력해 끊임없이 증가하는 효율성과 더 높은 품질로 고객에게 응답하는 시스템을 구축하는 것이다.

핵심 용어

겜바 혹은 겜바워크(Gemba or Gemba walk)
공급업체 파트너십(supplier partnership)
레벨 스케줄링(level schedule)
린 운영(Lean operations)
린 재고(lean inventory)
변동성(variability)
일곱 가지 낭비(seven wastes)
처리량(throughput)
카이젠(Kaizen)
카이젠 이벤트(Kaizen event)
칸반(Kanban)
탁송 재고(consignment inventory)
토요타 생산 시스템(Toyota Production System, TPS)
풀 시스템(pull system)
JIT(just-in-time)
5S

윤리적 딜레마

린 운영 환경에서 소매업체는 취급 비용을 낮추고 배송 속도를 높이며 재고를 줄이기 위해 공급업체가 교차 도킹 창고, 특정 매장으로의 배송, 선반 진열과 같은 더 많은 일을 요구하고 있다. 소규모 수족관 장식 제조업체인 귀사는 어려운 위치에 있다. 첫째, 메가마트(Mega-Mart)는 바코드 기술을 개발하고, 그런 다음 특수 포장을 해 각 상점으로 바코드가 있는 작은 개별 배송을 원한다. (이렇게 하면 상품이 창고에 도착했을 때 해당 상점으로 향하는 트럭에 즉시 교차 도킹되고 도착 시 상품은 선반에 배치할 준비가 된다.) 이제 메가마트는 당신이 RFID(무선 주파수 식별)를 즉시 개발하기를 원한다. 메가마트는 기술을 따라가지 못하는 공급업체는 퇴출된다는 점을 분명히 했다.

이전에 바코드에 대한 전문 지식이 없었을 때 개발을 수행하고 기술을 구매하고 배송 직원을 교육하기 위해 돈을 빌리고 외부 업체를 고용해야 했다. 그렇게 특수 포장 요구사항을 충족시키면 몇 달 동안 손실이 발생해 작년에 손실이 발생했다. 이제는 RFID 요청이 불가능한 것으로 보인다. 당신의 비즈니스는 최상의 조건에서 약간의 이익을 얻는다. 그리고 은행은 당신을 다시 구제해주려 하지 않을 수도 있다. 수년에 걸쳐 메가마트는 천천히 주요 고객이 되었다. 그리고 아마도 메가마트가 없었다면 사업이 중단되었을 것이다. 여기서 윤리적인 문제는 무엇이며 어떻게 해야 하는가?

토론 문제

1. 린 생산자란 무엇인가?
2. JIT란 무엇인가?
3. 토요타 생산 시스템(TPS)이란 무엇인가?
4. 레벨 스케줄링이란 무엇인가?
5. JIT는 가치를 추가하지 않는 지연을 제거하려고 시도한다. 그렇다면 JIT는 날씨와 작물 수확 및 운송 시간에 미치는 영향에 어떻게 대처하는가?
6. 린과 품질이 관련되는 세 가지 방식은 무엇인가?
7. 카이젠이란 무엇이고 카이젠 이벤트란 무엇인가?
8. 공급자와 관련해 공급자 파트너십의 특징은 무엇인가?
9. 일본어로 카드가 JIT 연구에 어떻게 적용되는지 토론하라.
10. 표준화되고 재사용 가능한 컨테이너는 운송에 있어 분명한 이점이 있다. 공장 내에서 이러한 장치의 목적은 무엇인가?
11. 린 생산은 서비스 부문에서 작동하는가? 예를 들라.
12. 제조 및 서비스 부문 모두에서 작동하는 린 기술은 무엇인가?

문제 해결

문제 해결 16.1

Krupp Refrigeration, Inc.는 재고를 줄이기 위해 노력하고 있으며 조립 라인 중 하나에 압축기용 칸반 시스템을 설치하고 싶어 한다. 칸반의 크기와 필요한 칸반(컨테이너) 수를 결정하라.

설치비용 = 10달러
일일 생산량 = 압축기 200대
납기 = 3일

압축기당 연간 유지비용 = 100달러
안전재고 = 압축기 하루 생산의 $\frac{1}{2}$
연간 사용 = 25,000(50주 × 5일씩 × 하루 100개의 압축기 사용)

해결책

먼저 칸반 컨테이너 크기를 결정해야 한다. 이를 위해 우리는 칸반 크기를 결정하는 생산 주문 수량[12장 또는 식 (16-1)의 논의 참조]을 결정한다.

$$Q_p^* = \sqrt{\frac{2DS}{H\left(1-\frac{d}{p}\right)}} = \sqrt{\frac{2(25{,}000)(10)}{H\left(1-\frac{d}{p}\right)}} = \sqrt{\frac{500{,}000}{100\left(1-\frac{100}{200}\right)}} = \sqrt{\frac{500{,}000}{50}}$$

$$= \sqrt{10{,}000} = 100 \text{ 따라서 생산 주문 크기와 칸반 컨테이너의 크기 } = 100$$

그다음 칸반의 개수를 결정하면 다음과 같다.

$$\text{납기 동안의 수요} = 300(= 3\text{일} \times \text{하루 사용 } 100\text{개})$$

$$\text{안전재고} = 100(= \tfrac{1}{2} \times \text{하루 생산량 } 200\text{개})$$

$$\text{칸반의 수} = \frac{\text{납기 동안의 수요} + \text{안전재고}}{\text{컨테이너 크기}}$$

$$= \frac{300+100}{100} = \frac{400}{100} = 4\text{개}$$

연습 문제

Px 윈도우용 POM 또는 엑셀 OM으로 문제를 해결할 수 있음

문제 16.1~16.12는 린과 JIT와 관련이 있다.

••• **16.1** Randas Commercial Bakery는 이집트의 슈퍼마켓에서 판매할 컵케이크를 생산한다. 생산 라인은 하루 12시간 가동되며 현재 많은 양을 생산하고 있다. 관리자는 생산 주기를 4시간으로 줄이려고 한다. 아래에 주어진 데이터로 필요한 준비 시간은 얼마인가?

연간 수요 = 컵케이크 180,000개
연간 근무일수 = 250일/년

생산능력 = 컵케이크 1,000개/일
보유비용 = 연간 단위당 40이집트파운드
시간당 설정 인건비 = 20이집트파운드

공장 관리자가 이 구성요소와 관련해 목표로 설정해야 하는 설정 시간은 몇 분인가?

••• **16.2** 마이클 깁슨(Michael Gibson)의 회사에서 제품에 대한 다음 정보를 고려할 때 적절한 설정 시간은 얼마인가?

연간 수요 = 39,000개
일일 수요 = 150개
일일 생산량 = 1,000개
원하는 로트 크기 = 150개
연간 단위당 보유비용 = 10달러
시간당 설치 인건비 = 40달러

••• **16.3** 릭 윙(Rick Wing)은 자동차 핸들을 생산하는 반복적인 제조 공장을 보유하고 있다. 다음 데이터를 사용해 축소된 로트 크기에 대비하라. 회사는 305일을 작업 년(year)으로 사용한다.

자동차 핸들의 연간 수요	30,500
일일 수요	100
일일 생산(8시간)	800
원하는 로트 크기(2시간 생산)	200
연간 단위당 보유비용	10달러

(a) 원하는 로트 크기를 기준으로 준비비용은 얼마인가?
(b) 시간당 40달러의 설치 인건비를 기준으로 했을 때 준비시간은 얼마인가?

• **16.4** 이집트의 Al-Arabi Company는 강철 손잡이 제조업체이다. 관리자는 재고를 줄이기 위해 칸반 시스템을 도입하기로 결정했다. 아래 표의 정보에 의하면 몇 개의 칸반이 필요한가?

일일 수요	손잡이 2,000개
납기	4일
안전재고	1일
칸반 크기	손잡이 1,000개

• **16.5** 테이 다카르(Tej Dhakar)의 회사는 새로 설립된 작업실에 사용할 칸반을 설치하려고 한다. 아래에 제공된 데이터에 의하면 얼마나 많은 칸반이 필요한가?

일일 수요	250단위
납기	$\frac{1}{2}$일
안전재고	$\frac{1}{4}$일
칸반 크기	50단위

•• **16.6** Pauline Found Manufacturing, Inc.는 전화 교환기 조립 라인을 지원하기 위해 칸반으로 이동하고 있다. 부분조립품의 칸반 크기와 필요한 칸반 수를 결정하라.

준비비용 = 30달러
연간 보유비용 = 하위 조립품당 120달러
일일 생산량 = 20개의 하위 조립품
연간 사용량 = 2,500(50주 × 각 5일 × 하위 조립품의 일일 사용량 10개)
납기 = 16일
안전재고 = 4일 하위 조립품 생산량 Px

•• **16.7** Maggie Moylan Motorcycle Corp.은 변속기 조립 라인을 지원하기 위해 칸반을 사용한다. 메인샤프트 어셈블리를 위한 칸반 크기와 필요한 칸반 수를 결정하라.

준비비용 = 20달러
메인샤프트 어셈블리
연간 유지비용 = 단위당 250달러
일일 생산량 = 메인샤프트 300개
연간 사용량 = 20,000(= 50주 × 각 5일 × 80개 메인샤프트의 일일 사용량)
납기 = 3일
안전재고 = $\frac{1}{2}$일 메인샤프트 생산량 Px

• **16.8** 이집트의 한 조명 시스템 유통업체는 EOQ 모델을 사용해 LED 전구의 재고를 관리한다. LED 전구에 대한 연간 수요는 200,000개이고 보유비용은 연간 단위당 12이집트파운드이며 공급자로부터의 주문 비용은 주문당 2,000이집트파운드이다.
(a) 경제적 주문량(EOQ)은 얼마인가?
(b) 총 재고비용은 얼마인가?
(c) 연간 주문은 몇 개인가? Px

••• **16.9** 문제 16.8에 언급된 조명 시스템 유통업체는 린을 구현하기로 결정했다. 결과적으로 회사는 온라인으로 주문하기 위해 공급업체와 장기 계약을 체결했다. 그러면 주문당 주문 비용이 100이집트파운드로 줄어들지만 보유비용은 연간 단위당 20이집트파운드로 증가한다.
(a) 새로운 경제적 주문량은 얼마인가?
(b) 총 재고비용은 얼마인가?
(c) 연간 주문은 몇 개인가? Px

•• **16.10** 문제 16.8 및 16.9의 답변은 JIT 린 관리 시스템 구현에 대한 통찰력을 어떻게 제공하는가?

•• **16.11** FEI(Ferdows Electronics, Inc.)는 철도 및 기타 산업 고객을 위해 소량의 맞춤형 마이크로웨이브 라디오를 생산한다. 칸

반 시스템을 도입해 재고를 줄이도록 요청받았다. 몇 시간의 분석 후에 하나의 작업 셀에 사용되는 커넥터에 대해 다음과 같은 데이터를 개발한다. 이 커넥터에는 몇 개의 칸반이 필요한가? Px

일일 수요 = 라디오 1,500개
생산 납기 = 1일
안전재고 = $\frac{1}{2}$일
칸반 크기 = 라디오 250개

•• **16.12** Flores Manufacturing, Inc.는 전자 기판 조립 라인을 지원하기 위해 칸반으로 이전하고 있다. 부분조립품의 칸반 크기와 필요한 칸반의 수를 결정하라. Px

준비비용 = 25달러
연간 보유비용 = 하위 조립품당 200달러
일일 생산량 = 하위 조립품 400개
연간 사용량 = 50,000(= 50주 × 각 5일 × 200개 하위 조립품의 일일 사용량)
납기 = 6일
안전재고 = 1일 하위 조립품 생산량

사례 연구

알래스카항공의 린 운영

알래스카항공은 험준한 아름다움, 수정처럼 맑은 호수, 장엄한 빙하, 장엄한 산, 밝고 푸른 하늘이 있는 땅에서 운영한다. 그러나 똑같이 놀라운 것은 운영 성과이다. 알래스카항공은 업계 1위라는 종합 순위와 최고의 정시 운항 실적을 지속적으로 제공하고 있다. 이 우수한 성과의 핵심 요소는 알래스카항공의 린 실천 과제이다.

린의 적극적인 구현으로 운영 담당 수석 부사장인 벤 미니쿠치(Ben Minicucci)는 점점 더 높은 수준의 성능을 발견하고 있다. 그는 이 실천 과제를 회사 전체에 적용한다—(1) 지속적인 개선에 중점, (2) 목표에 대한 성과를 측정하는 메트릭스, (3) 알래스카항공의 권한 있는 직원과 관련된 성과를 제공.

참여 관리에 중점을 둔 리더십 교육을 통해 미니쿠치는 7명으로 구성된 린 부서를 만들었다. 이 부서는 1주 과정, 참여형 워크숍, 식스 시그마 그린벨트가 되도록 직원을 교육하는 2주 과정을 통해 린에 대한 광범위한 교육을 제공한다. 일부 직원은 다음 단계인 블랙벨트 인증을 추구하기도 한다.

모든 항공사 운영에서 큰 부분은 연료비용이지만 자본 활용과 나머지 비용의 대부분은 항공기 회전 및 유지보수, 기내 서비스와 고객 서비스를 처리하는 지상 장비 및 승무원에 따라 다르다.

시애틀 공항 운영 이사인 존 랜더(John Ladner)는 "린은 낭비를 없애고 비표준 작업을 노출하며 문서화된 모범 사례와 작업 시간의 변화에 집중하도록 강요하고 있다"고 관찰했다.

린은 현재 약 60개의 프로젝트가 진행 중인 알래스카항공 기업 문화의 일부이다. 카이젠 이벤트(알래스카항공에서는 'Accelerated Improvement Workshops'라고 함), 겜바 워크(알래스카항공에서는 'waste walk'라고 함), 5S는 이제 알래스카항공에서 일상적인 대화의 일부가 되었다. 린 프로젝트는 다음을 포함한다.

- 5S를 적용해 항공기 지상 장비 및 활주로에서의 위치를 식별한다.
- 도착 및 출발 순서의 준비 및 동기화 개선. 도착 후 문을 여는 시간이 4.5분에서 1분으로 단축되었다.
- 출발 시 항공기를 '밀어내기' 위해 사용되는 견인봉에 대한 연결 해제 절차를 재정의한다. 비행기는 이제 2~3분 더 빠르게 출발한다.
- 제빙 과정을 수정해 비행기가 활주로에 머무는 시간을 단축했다.
- 조종사 인력을 개선해 알래스카항공의 조종사 생산성을 업계 최고 수준으로 만들었다. 생산성이 1% 향상할 때마다 반복적으로 500만 달러를 절약할 수 있다. 알래스카항공은 지난 5년 동안 7%의 생산성 향상을 달성했다.

또 다른 현재 린 프로젝트는 승객 하역 및 적재이다. 린 강사인 앨리슨 플레처(Allison Fletcher)는 이것을 '내가 작업한 가장 독특한 프로젝트'라고 부른다. 비행기 내리기의 한 가지 흥미로

Courtesy of Alaska Airlines

운 측면은 뒷문을 통해 승객을 내리기 위한 알래스카의 태양열 '스위치백' 계단이다(사진 참조). 알래스카항공은 이 새로운 프로세스를 통해 이전 하역 시간에서 2분 또는 거의 17%를 절약하고 있다. 알래스카항공의 린 문화는 이를 업계의 리더로 만들었다.

토론 문제

1. 알래스카항공에서 확인된 린의 핵심 요소는 무엇인가?
2. 카이젠 이벤트의 초기 단계로 비행기에서 승객을 태우고 내릴 수 있는 여러 가지 방법을 토론하라.
3. 항공기 승객 탑승 문제에 대해 수행 중인 연구를 문서화하라.

아놀드파머병원의 JIT

1989년에 설립된 올랜도의 아놀드파머병원은 여성과 어린이 치료를 전문으로 하며 높은 품질 순위(2,000개 벤치마크 병원 중 상위 10%), 노동 및 분만 건수(연간 14,000명 이상), 신생아 집중 치료실(미국에서 가장 높은 생존율 중 하나)로 유명하다. 그러나 양질의 의료 관행과 높은 환자 만족도를 위해서는 연간 약 3,000만 달러에 이르는 비용과 수천 개의 SKU(stock keeping unit, 재고 보관 단위)와 같은 값비싼 재고가 필요하다. 아놀드파머병원은 비용을 관리하고 절감해야 하는 의료에 대한 압박으로 JIT 기술로 재고 관리를 전환했다.

예를 들어 병원 내에서 약물은 이제 환자 사용량을 전자적으로 추적하고 각 환자에게 관련 요금을 게시하는 분배 기계(거의 자동판매기와 유사함)를 통해 간호 스테이션에서 배포된다. 매일 밤 환자의 요구와 의사가 작성한 처방에 따라 조제 스테이션이 채워진다.

아놀드파머병원은 외부적으로 JIT 문제를 해결하기 위해 주요 유통 파트너인 매케슨제너럴에 의지했다. 매케슨은 스펀지, 대야, 수건, 메이요(Mayo) 스탠드 커버, 주사기 및 기타 수백 가지의 의료/외과 용품을 공급한다. 매케슨에서 구매한 재고의 조정된 일일 배송을 보장하기 위해 고객 서비스 및 제품 문제를 처리하는 다른 2명의 직원과 함께 계정 임원이 상근으로 병원에 배정되었다. 그 결과 JIT 이후 Central Supply의 평균 일일 재고가 400,000달러에서 114,000달러로 감소했다.

JIT의 성공은 **맞춤형 수술 팩** 분야에서도 달성되었다. 맞춤형 수술 팩은 멸균 덮개, 일회용 플라스틱 트레이, 거즈 등으로 각 유형의 수술 절차에 특화되어 있다. 아놀드파머병원은 다양한 수술 절차에 열 가지 맞춤형 팩을 사용한다. "매년 50,000개 이상의 팩이 사용되며 총비용은 약 150만 달러입니다"라고 공급사슬 관리 책임자인 조지 드롱(George DeLong)은 말한다.

팩은 JIT 방식으로 배달될 뿐만 아니라 포장도 된다. 즉 사용된 역순으로 포장되어 각 품목이 필요한 순서대로 포장에서 나온다. 팩은 부피가 크고 비싸며 멸균 상태를 유지해야 한다. 보장된 상태를 유지하면서 재고 및 취급을 줄인다. 예정된 수술을 위한 멸균 공급은 병원에 어려운 과제이다.

공급사슬이 작동하는 방식은 다음과 같다. 맞춤형 팩은 주로 병원에서 선택한 제조업체에서 부품을 공급하는 포장 회사에서 조립하고 매케슨이 현지 창고에서 배송한다. 아놀드파머병원은 의료 경제 결과 위원회를 통해 자체 외과 직원과 협력해 맞춤형 팩 SKU의 수를 줄이기 위해 맞춤형 팩을 식별하고 표준화한다. 이 통합 시스템을 통해 포장 안전재고가 1일로 단축되었다.

맞춤형 수술 팩 JIT 시스템을 구동하는 절차는 의사의 일일 수술 일정에서 '끌어당기기'로 시작된다. 그런 다음 아놀드파머병원은 매일 오후 1~2시 사이에 매케슨에 전자 주문을 시작한다. 다음 날 오전 4시에 매케슨이 팩을 배달한다. 병원 직원이 오전 7시에 도착해 예정된 수술을 위한 선반을 비축한다. 그런 다음 매케슨은 포장 회사에서 재주문을 하고 제조업체에서 필요한 포장 수량만큼 필요한 재고를 '끌어당긴다'.

아놀드파머병원의 JIT 시스템은 재고 투자, 값비싼 기존 주문 및 부피가 큰 보관을 줄이고 멸균 배송으로 품질을 지원한다.

토론 문제

1. 작업을 위해 개봉한 팩에서 오류가 발견되면 어떻게 하는 것이 좋은가?
2. 사례에서 설명한 맞춤형 수술 팩의 절차를 어떻게 개선할 수 있는가?
3. 서비스에서 JIT를 논의할 때 본문은 공급업체, 레이아웃, 재고, 일정계획이 모두 사용된다는 점에 주목하라. 아놀드파머병원에서 이들 각각의 예를 들라.
4. 의사가 새로운 수술을 제안할 때 새로운 맞춤형 팩에 대한 SKU를 병원의 공급사슬 시스템에 어떻게 입력하도록 권장하는가?

미주

1. 5S는 일본어 단어 seiri(정렬 및 정리), seiton(정렬 및 구성), seiso(청소 및 청소), seiketsu(자신과 직장의 위생 및 청결 유지) 및 Shitsuke(자기 훈련 및 관행의 표준화)에서 유래했다.

참고문헌

Black, I. T., and D. T. Phillips. "The Lean to Green Evolution." *Industrial Engineer* 42, no. 6 (June 2010): 46–51.

Graban, Mark. *Lean Hospitals*. 2nd ed. New York: CRC Press, 2012.

Hall, Robert W. "Lean and the Toyota Production System." *Target* 20, no. 3 (2004): 22–27.

Mann, David. *Creating a Lean Culture*. 2nd ed. New York: Productivity Press, 2014.

Morgan, James M., and Jeffrey K. Liker. *The Toyota Product Development System*. New York: Productivity Press, 2007.

Myerson, Paul. *Lean and Technology*. Boston: Pearson FT Press, 2017.

Parks, Charles M. "The Bare Necessities of Lean." *Industrial Engineer* 35, no. 8 (August 2003): 39.

Radnor, Zoe J., M. Holweg, and J. Waring, "Lean in Healthcare: The Unfilled Promise?" *Social Science & Medicine* 74, no. 3 (February 2012): 364–371.

Sayre, Kim. "A Lean Introduction to Sustainability." *Industrial Engineer* 40, no. 9 (September 2008): 34.

Schonberger, Richard J. "Lean Extended." *Industrial Engineer* (December 2005): 26–31.

Wilson, Lonnie. *How to Implement Lean Manufacturing*, 2nd ed. New York: McGraw-Hill, 2015.

Womack, James P., and Daniel T. Jones. "Lean Consumption." *Harvard Business Review* 83 (March 2005): 58–68.

Womack, James P., and Daniel T. Jones. *Lean Solutions: How Companies and Customers Can Create Value and Wealth Together*. New York: The Free Press, 2005.

Chapter 16 *Rapid* Review

절 제목	내용 훑어보기

린 운영

- **린 운영**: 지속적인 개선을 통해 낭비를 제거하고 고객이 원하는 것에 정확히 집중하는 것
- **JIT(just-in-time)**: 처리량 및 재고 감소에 중점을 두어 지속적이고 강제적인 문제 해결
- **토요타 생산 시스템(Toyota Production System, TPS)**: 지속적인 개선, 사람 존중, 표준 작업 관행에 중점을 둠

포괄적인 제조 전략으로 구현될 때 린, JIT, TPS 시스템은 경쟁 우위를 유지하고 전체 수익을 증가시킨다.

- **일곱 가지 낭비**: 과잉 생산, 대기열, 운송, 재고, 움직임, 과잉 처리, 결함제품
- **5S**: 린 생산 체크리스트 — 분류, 단순화, 청소, 표준화, 유지

미국 관리자는 5개의 기존 S, 즉 안전, 지원/유지보수를 추가한다.

- **변동성**: 항상 제시간에 완벽한 제품을 제공하는 최적의 프로세스에서 벗어난 모든 것

JIT와 재고 감소는 모두 변동성의 원인을 식별하는 효과적인 도구이다.

- **처리량**: 장치가 프로세스를 통해 이동하는 속도
- **풀 시스템**: 요청된 경우에만 자재가 생산되고 필요한 만큼 필요한 곳으로 이동되는 개념

풀 시스템은 신호를 사용해 공급 스테이션에서 사용 가능한 생산 능력이 있는 스테이션으로 생산 및 배송을 요청한다.

린과 JIT

- **공급업체 파트너십**: 공급업체와 구매자는 함께 협력해 낭비를 제거하고 상호 이익을 위해 비용을 절감한다.

공급업체 파트너십의 몇 가지 특정 목표는 불필요한 활동 제거, 공장 내 재고 제거, 운송 중 재고 제거, 개선된 품질 및 신뢰성 확보이다.

- **탁송 재고**: 공급자가 재고가 사용될 때까지 재고에 대한 소유권을 유지하는 약정.

공급자 파트너십에서 공급업체의 우려 사항에는 (1) 다양화, (2) 일정계획, (3) 납기, (4) 품질, (5) 로트 크기가 포함된다.

린 레이아웃 전술에는 작은 영역에서 많은 수의 작업을 포함해 제품군을 위한 작업 셀 구축, 거리 최소화, 재고를 위한 작은 공간 설계, 직원 의사소통 개선, 포카요케 장치 사용, 유연하거나 이동 가능한 장비 구축, 유연성을 더하는 작업자의 교차 훈련이 포함된다.

- **린 재고**: 완벽한 시스템 실행을 유지하는 데 필요한 최소 재고

JIT의 기본 개념은 생산 시스템의 변동성을 숨기는 재고를 제거하는 것이다. 린 재고 전술에는 풀 시스템을 사용해 재고를 이동하고, 로트 크기를 줄이고, 공급업체와 함께 JIT 배송 시스템을 개발하고, 사용 지점으로 직접 배송하고, 일정에 따라 수행하고, 설정 시간을 줄이고, 그룹 기술을 사용하는 것이 포함된다.

$$Q_p^* = \sqrt{\frac{2DS}{H[1 - (d/p)]}} \qquad (16\text{-}1)$$

식 (16-1)을 사용해 주어진 원하는 로트 크기 Q에 대해 최적의 준비비용 S를 풀 수 있다.

$$S = \frac{(Q^2)(H)(1 - d/p)}{2D} \qquad (16\text{-}2)$$

린 일정 계획 전술에는 공급업체에 일정 전달, 레벨 스케줄링, 일정의 일부 동결, 일정에 따라 수행, 한 조각 제작 및 한 조각 이동 추구, 낭비 제거, 소량 생산, 칸반 사용, 각 작업에서 완벽한 부품 생산이 포함된다.

- **레벨 스케줄링**: 매일의 생산량이 그날의 수요를 충족하도록 제품 일정을 정하는 것
- **칸반**: 일본어로 카드라는 뜻이며 '신호'를 의미하게 되었다. 칸반 시스템은 신호에서 '당기기'를 통해 생산을 통해 부품을 이동한다.

$$\text{칸반의 수(컨테이너)} = \frac{\text{납기 동안의 수요} + \text{안전재고}}{\text{컨테이너 크기}} \qquad (16\text{-}3)$$

린 품질: 재고는 나쁜 품질을 숨기지만 린은 즉시 그것을 드러낸다. 린 품질 전략에는 통계적 프로세스 제어 사용, 직원 권한 부여, 오류 방지 방법(포카요케, 체크리스트 등) 구축, 소량으로 열악한 품질 노출, 즉각적인 피드백 제공이 포함된다.

린과 토요타 생산 시스템	■ **카이젠**: 지속적인 개선에 중점을 둔다. ■ **카이젠 이벤트**: 작업 셀 또는 팀의 구성원이 프로세스의 개선 사항을 개발하기 위해 만난다. 토요타는 사람들을 모집하고 훈련한 뒤 지식 근로자로 대우한다. 그들은 권한이 있다. TPS는 공격적인 교차 훈련과 소수의 직업 분류를 사용한다.
린 조직	린 운영은 다음과 같은 속성을 공유하는 경향이 있다. 직무 설계 개선, 지속적인 교육, 몰입, 팀워크 구축을 통해 직원을 존중하고 발전시킨다. 직원들에게 가장 낮은 수준의 책임을 부여함으로써 도전적인 업무를 수행할 수 있도록 권한을 부여한다. 교차 훈련 및 직무 분류 축소를 통해 작업자 유연성을 개발한다. 직원들이 매번 완벽한 제품을 생산할 수 있도록 해 변동성을 없애는 프로세스를 구축한다. 공급업체와 협력적 파트너십을 발전시켜 궁극적인 고객의 요구를 이해하고 그러한 요구를 충족시킬 책임을 수용하도록 돕는다. 부가 가치가 있는 활동만 수행해 낭비를 제거한다. ■ **겜바 또는 겜바워크**: 실제로 작업이 수행되는 장소로 이동하는 것
서비스에서 린	린 운영의 기능은 다른 부문에서와 마찬가지로 서비스에 적용된다. 서비스 예측은 계절별, 일별, 시간별 또는 더 짧은 구성요소로 매우 정교할 수 있다.

셀프테스트

16.1 린 운영, JIT와 TPS를 아래 표시된 개념과 일치시켜라.

(a) 지속적인 개선과 고객이 원하는 것이 정확히 언제인지에 중점을 둔다.
(b) 지속적인 개선을 통해 고객이 원할 때 고객이 원하는 것을 낭비 없이 정확하게 고객에게 공급한다.
(c) 지속적인 개선, 사람에 대한 존중 및 표준 업무 관행에 대한 강조

16.2 일곱 가지 낭비와 5S를 정의하라. 일곱 가지 낭비는 ________, ________, ________, ________, ________, ________, ________이다. 5S는 ________, ________, ________, ________, ________이다.

16.3 공급업체 파트너십으로 전환할 때 공급업체의 우려 사항은 다음 중 무엇인가?

(a) 때때로 경제적으로 금지되어 보이는 소규모 로트
(b) 현실적인 품질 요구
(c) 적절한 납기 없이 변경
(d) 불규칙한 일정
(e) 위의 모든 것

16.4 최적의 준비시간 공식은 무엇인가?

(a) $\sqrt{2DQ/[H(1-d/p)]}$
(b) $\sqrt{Q^2H(1-d/p)/(2D)}$
(c) $QH(1-d/p)/(2D)$
(d) $Q^2H(1-d/p)/(2D)$
(e) $H(1-d/p)$

16.5 칸반은 ________ 이라는 의미의 일본어 단어이다.

(a) 차
(b) 당기다
(c) 카드
(d) 지속적인 개선
(e) 레벨 스케줄링

16.6 필요한 칸반 수는 다음 중 어떤 것인가?

(a) 1
(b) 납기 중 수요/Q
(c) 컨테이너의 크기
(d) 납기 동안 수요
(e) 납기 동안 수요 + 안전재고/컨테이너 크기

16.7 린 조직의 여섯 가지 속성은 ________, ________, ________, ________, ________, ________이다.

16.8 린은 ________서비스에 적용된다.

(a) 드문 경우에만
(b) 공급사슬 측면을 제외하고
(c) 직원 문제를 제외하고
(d) 공급사슬 문제와 직원 문제를 제외하고
(e) 제조에 적용되는 것과 동일하게

정답 16.1. (a) 린 운영 (b) JIT (c) TPS 16.2. 과잉 생산, 대기, 운송, 재고, 움직임, 과잉 처리, 결함 제품; 분류, 단순화, 청소, 표준화, 유지 16.3. e 16.4. d 16.5. c 16.6. e 16.7. 사람을 존경, 직원 권한 부여, 직원 유연성 개발, 뛰어난 프로세스 수립, 공급업체와 협력적 파트너십 개발, 낭비 제거 16.8. e

유지보수와 신뢰성

17

이 장의 구성

글로벌 기업 프로필: 올랜도공공시설관리위원회

- 유지보수와 신뢰성의 전략적 중요성
- 신뢰성
- 유지보수
- 종합적 설비 보전

Beverly Amer/Aspenleaf Productions

Beverly Amer/Aspenleaf Productions

Beverly Amer/Aspenleaf Productions

10가지 운영관리 전략

- 제품과 서비스 설계
- 품질 관리
- 프로세스 전략
- 입지 전략
- 레이아웃 전략
- 인적자원
- 공급사슬 관리
- 재고 관리
- 일정 계획
- **유지보수**

글로벌 기업 프로필
Orlando Utilities Commission

유지보수 면에서 경쟁 우위인 올랜도공공시설관리위원회

올랜도공공시설관리위원회(Orlando Utilities Commissin, OUC)는 중부 플로리다주 2개 카운티에 전력을 공급하는 발전소를 소유·운영하고 있다. 매년 OUC는 유지보수 작업을 수행하기 위해 1~3주 동안 전력 생산장치 중 하나의 가동을 중단한다.

또한 각 장치는 전체 분해 수리점검과 터빈 발전기 검사를 위해 3년마다 가동을 정지한다. 전체 분해 수리점검은 날씨가 가장 온화하고 전력 수요가 적은 봄과 가을에 일정을 잡는다. 이러한 전체 분해 수리점검은 6~8주 동안 지속된다.

OUC의 스탠턴에너지센터(Stanton Energy Center)의 전력 생산 장치에 대해 유지보수 직원은 연간 약 12,000건의 유지보수와 예지 보전 작업을 수행한다. 이러한 작업을 효율적으로 수행하기 위해 작업의 대부분은 전산화된 유지보수 관리 프로그램을 이용해 매일 일정을 잡는다. 컴퓨터는 예지 보전 작업 지시서와 필요한 자재 목록을 생성한다.

Courtesy Orlando Utilities Commission

유지보수를 위해 발전소가 정지되어 다른 곳에서 생산해야 하는 전력 교체 비용으로 매일 약 110,000달러의 추가비용이 발생한다. 그러나 이러한 비용은 강제 정전과 관련된 비용과 비교해보면 미미하다. 예상치 못한 정전이 발생하면 OUC는 매일 추가로 350,000~600,000달러의 비용이 발생할 수 있기 때문이다!

예정된 전체 분해 수리점검은 쉽지 않은 일이다. 각 점검마다 1,800개의 개별 작업과 72,000시간의 노동을 필요로 한다. 그러나 예지 보전 작업의 가치는 새 터빈 발전기의 첫 번째 전체 분해 수리점검을 통해 실제로 보여졌다. 2,700만 달러 상당의 장비를 파괴할지도 모르는 금이 간 회전 날을 작업자들이 발견한 것이다. 육안으로 볼 수 없는 이러한 균열을 찾기 위해서는 염료 테스트, X-선, 초음파를 사용해 금속을 검사한다.

OUC에게 예지 보전 작업은 금쪽같이 중요하다. 그 결과, 선도적인 컨설팅 회사인 PA컨설팅그룹(PA Consulting Group)에 따르면 OUC의 배전 시스템은 미국 남동부에서 1위를 차지했다. 올랜도공공시설관리위원회가 효과적인 유지보수 면에서 경쟁 우위를 가지고 있다는 것이다.

이 검사자는 터빈 발전기의 저압 부분을 훑어보고 있다. 이 회전 날의 끝 부분은 발전소가 가동 중일 때 시속 1,300마일의 초음속으로 움직인다. 회전 날 중 하나에 균열이 생기면 치명적인 고장으로 이어진다.

학습목표		
	17.1	시스템의 신뢰성을 개선하는 방법을 설명한다.
	17.2	시스템의 신뢰성을 정한다.
	17.3	평균 고장 간격(MTBF)을 정한다.
	17.4	예지 보전과 사후 보전을 구별한다.
	17.5	유지보수 개선 방법을 설명한다.
	17.6	예지 보전과 사후 보전 비용을 비교한다.
	17.7	자주 보전을 정의한다.

유지보수와 신뢰성의 전략적 중요성

이 장의 첫 부분에서 언급한 올랜도공공시설관리위원회(OUC) 관리자는 설비 고장으로 인한 바람직하지 않은 결과를 피하려고 신뢰성에 매진한다. OUC에서 발전기 고장은 회사와 고객 모두에게 매우 큰 비용을 발생시킨다. 정전은 즉각적이며 잠재적으로 치명적인 결과를 초래할 수 있다. 마찬가지로 프리토레이(Frito-Lay), 월트디즈니(Walt Disney Company), UPS의 관리자는 고장이나 정지를 용납하지 않는다. 프리토레이가 공장 가동률을 높이고 탁월한 위생 수준을 유지하려면 유지보수가 매우 중요하다. 디즈니가 세상에서 가장 인기 있는 휴양지 중 하나라는 위상을 유지하려면 반짝이는 깨끗한 시설과 안전한 놀이기구가 필요하다. 마찬가지로, UPS는 유지보수 전략을 통해 20년 이상 된 배송 차량을 새 것처럼 작동하고 보이게 하는 것으로 유명하다.

이들 회사는 대부분의 다른 회사와 마찬가지로 유지보수를 부실하게 하면 업무에 지장을 주고, 불편하고 낭비적이며, 비용이 들고 심지어 생명까지 앗아갈 수 있다는 것을 알고 있다. 그림 17.1에서 볼 수 있듯이 작업자, 기계, 정비공의 상호 의존성이야말로 성공적인 유지보수와 신뢰성의 특징이다. 유지보수와 신뢰성 관리를 잘하는 것이 기업의 성과를 향상하고 투자한 것을 보호하는 방법이다.

유지보수와 신뢰성의 목적은 시스템의 기능을 유지하는 것이다. 유지보수를 잘하면 변동성이 제거된다. 시스템은 예상되는 성능과 품질 수준에 도달하도록 설계되고 유지되어야 한다. **유지보수**(maintenance)는 시스템의 기능을 유지하는 데 관련된 모든 활동이 포함된다. **신뢰성**(reliability)은

유지보수
시스템의 기능을 유지하는 데 관련된 활동

신뢰성
기계 부품이나 제품이 명시된 조건 하에서 특정 시간 동안 제대로 작동할 확률

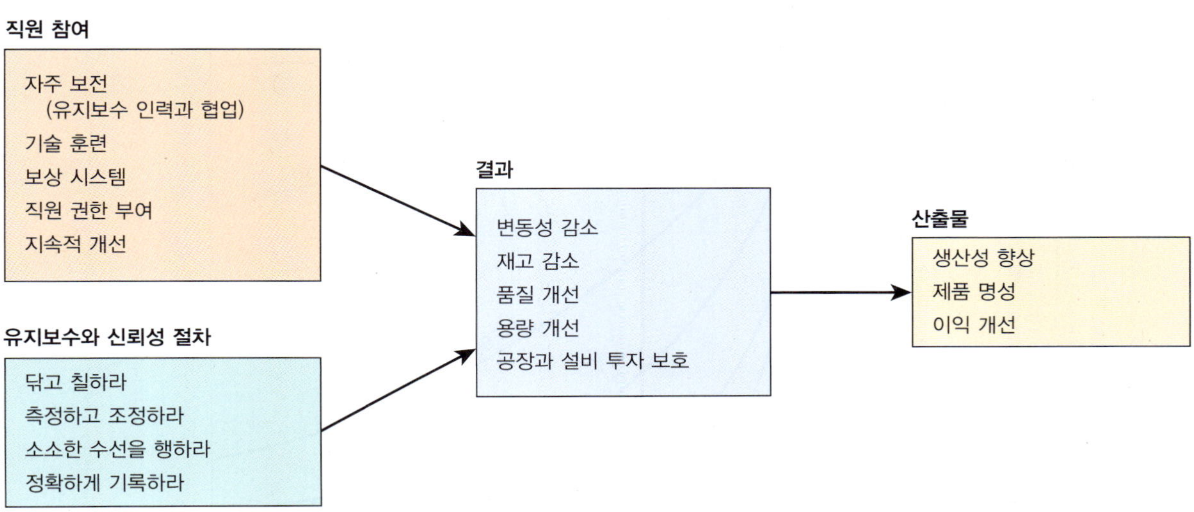

그림 17.1 유지보수와 신뢰성 관리를 잘하려면 직원 참여와 잘 구성된 절차가 필요하다

기계 부품이나 제품이 명시된 조건하에서 특정 시간 동안 제대로 작동할 확률이다.

이 장에서는 제품과 설비뿐만 아니라 이를 생산하는 시스템의 신뢰성과 유지보수를 향상하기 위한 네 가지 중요한 전술을 검토한다. 네 가지 전술은 신뢰성과 유지보수를 중심으로 다음과 같이 구성된다.

신뢰성 전략은 다음과 같다.

1. 개별 부품 개선
2. 이중화 제공

유지보수 전략은 다음과 같다.

1. 예지 보전 시행 또는 개선
2. 수리 능력 또는 속도 향상

이제 이러한 전술에 대해 논의한다.

신뢰성

시스템은 각각 특정 작업을 수행하는 서로 연계된 직렬 구성요소로 구성된다. 어떤 이유에서든 한 구성요소가 작동하지 않으면 전체 시스템(예: 비행기 또는 기계)이 작동하지 않는다. 먼저 시스템 신뢰성을 논의한 다음 이중화를 통한 개선에 대해 논의한다.

시스템 신뢰성

고장은 실제 세계에서 발생하기 때문에 고장 발생을 이해하는 것이 중요한 신뢰성의 개념이다. 이제 직렬 시스템 고장의 영향을 알아보자. 그림 17.2는 직렬 구성요소 수가 증가함에 따라 전체 시스템의 신뢰성이 매우 빠르게 감소하는 것을 보여준다. 99.5%의 신뢰성을 가지는 n = 50개의 상호작용하는 부품으로 구성된 시스템은 전체적으로는 78%의 신뢰성을 가진다. 시스템이나 기계가 100개의 상호작용하는 부품으로 구성되어 있고 각각의 신뢰성이 99.5%라면 전체적인 신뢰성은

그림 17.2

n개의 (각각 동일한 신뢰성을 가진) 구성요소 개수의 함수인 시스템 전체 신뢰성과 직렬 구성요소들에 있어서 개별 구성요소의 신뢰성

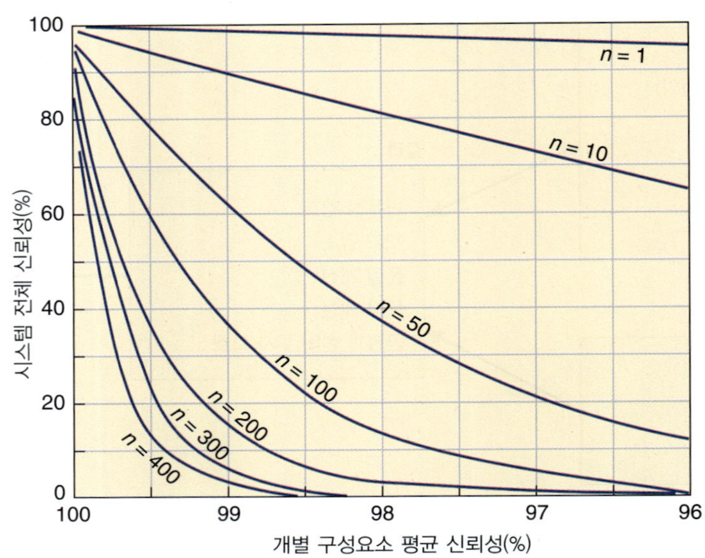

약 60%에 불과하다.

각 구성요소가 각각 다른 고유한 신뢰성을 가지는 시스템에서 신뢰성을 측정하는 데는 그림 17.2의 신뢰성 곡선을 사용할 수 없다. 그러나 시스템 신뢰성(R_s)을 계산하는 방법은 간단해 다음과 같이 개별 신뢰성의 곱을 구하면 된다.

$$R_s = R_1 \times R_2 \times R_3 \times \cdots \times R_n \qquad (17\text{-}1)$$

학습목표 17.1
시스템의 신뢰성을 개선하는 방법을 설명한다.

여기서 R_1 = 구성요소 1의 신뢰성
R_2 = 구성요소 2의 신뢰성 등등

식 (17-1)은 개별 구성요소의 신뢰성이 다른 구성요소의 신뢰성에 의존하지 않는다고 가정한다(즉 각 구성요소는 **독립적**이다). 또한 이 등식에서 대부분의 신뢰성 관련 논의에서와 같이, 신뢰성은 **확률**로 표시된다. 따라서 .90 신뢰성은 장치가 90%의 시간 동안 의도한 대로 작동함을 의미한다. 또한 1 − .90 = .10 = 10%의 확률로 고장 날 것을 의미한다. 우리는 이 방법을 사용해 예제 1에서 살펴볼 것처럼 서비스나 제품의 신뢰성을 평가할 수 있다.

예제 1

구성요소가 연계될 때의 신뢰성

미국 콜로라도주 그릴리에 있는 은행에서는 각각 .90, .80 .99의 신뢰성을 가진 3명의 사무원(각각의 사무원은 신청서의 연결된 다른 부분을 확인)을 통해 대출 신청을 처리한다. 시스템의 전체 신뢰성을 구하라.

접근방법 ▶ R_s를 구하기 위해 식 (17-1)을 적용한다.

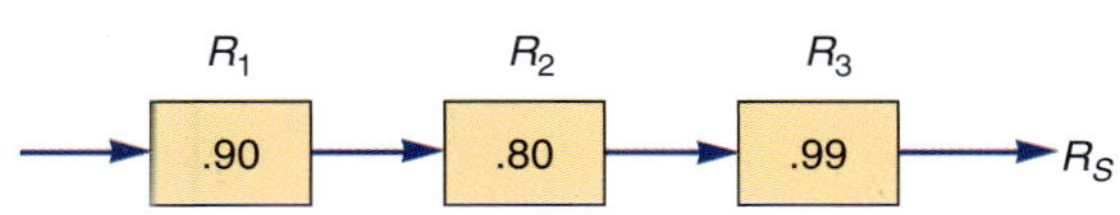

해결방법 ▶ 대출 신청 프로세스의 신뢰성은 다음과 같다.

$$R_s = R_1 \times R_2 \times R_3 = (.90)(.80)(.99) = .713 \text{ 또는 } 71.3\%$$

통찰력 ▶ 연결된 프로세스에서 각 사무원은 완벽하지 않기 때문에 오류 확률은 누적되고, 결과적으로 연결된 프로세스의 신뢰성은 .713이 되어 사무원의 개별 신뢰성보다 낮게 된다.

학습목표 17.2
시스템의 신뢰성을 정한다.

학습 연습 ▶ 가장 낮은 성과를 내는 사무원(.80)이 .95의 신뢰성으로 수행하는 사무원으로 대체된다면, 새로운 기대 신뢰성은 얼마인가? [답: .846]

신뢰성의 기본 측정 단위는 **제품 고장률**(FR)이다. 첨단 장비를 생산하는 회사는 종종 제품의 고장률 데이터를 제공한다. 식 (17-2), (17-3)에서 보는 바와 같이 고장률은 시험한 총 제품 수 중 고장 난 제품의 비율인 FR(%) 또는 작동 시간 동안 고장 횟수인 FR(*N*)을 측정한다.

$$\text{FR}(\%) = \frac{\text{고장 난 제품 개수}}{\text{시험한 총 제품 수}} \times 100\% \qquad (17\text{-}2)$$

$$FR(N) = \frac{\text{고장 횟수}}{\text{단위 작동 시간}} \qquad (17\text{-}3)$$

여기서 단위 작동 시간 = 총시간 – 비작동 시간이다.

평균 고장 간격(MTBF)
구성요소, 기계, 프로세스 또는 제품의 수리와 다음 고장 사이의 기대 시간

신뢰성 분석에서 가장 흔하게 사용하는 용어는 **평균 고장 간격**(mean time between failures, MTBF)이며 FR(*N*)의 역수이다.

$$MTBF = \frac{1}{FR(N)} \qquad (17\text{-}4)$$

예제 2에서는 고장 비율 FR(%), 고장 횟수 FR(*N*), 평균 고장 간격(MTBF)을 계산한다.

예제 2

평균 고장 간격 정하기

러시아 소유즈(Soyuz) 우주선의 우주비행사 용으로 설계된 에어컨 시스템 20개를 러시아 테스트 시설에서 각각 1,000시간 동안 작동시켰다. 테스트 중 2개의 시스템이 고장 났는데, 하나는 200시간 후에, 다른 하나는 600시간 후에 고장이 났다.

접근방법 ▶ 고장 비율[FR(%)], 단위 작동 시간당 고장 횟수[FR(*N*)], 평균 고장 간격(MTBF)을 정하기 위해 식 (17-2), (17- 3), (17-4)를 각각 사용한다.

해결방법 ▶ 고장 비율은 다음과 같다.

$$FR(\%) = \frac{\text{고장 난 제품 개수}}{\text{테스트한 총 제품 수}} = 2/20 \times (100\%) = 10\%$$

단위 작동 시간당 고장 횟수는 다음과 같다.

$$FR(N) = \frac{\text{고장 횟수}}{\text{단위 작동 시간}}$$

여기서

$$\begin{aligned}
\text{총시간} &= (1{,}000\text{시간}) \times (20\text{개}) \\
&= 20{,}000\text{단위 시간} \\
\text{비작동 시간} &= \text{첫 번째 고장 800시간} + \text{두 번째 고장 400시간} \\
&= 1{,}200\text{단위 시간} \\
\text{단위 작동 시간} &= \text{총시간} - \text{비작동 시간} \\
FR(N) &= \frac{2}{20{,}000 - 1{,}200} = \frac{2}{18{,}800} \\
&= .000106 \text{ 고장/단위 시간}
\end{aligned}$$

학습목표 17.3
평균 고장 간격(MTBF)을 정한다.

평균 고장 간격(MTBF) = 1/FR(*N*)이므로

$$MTBF = \frac{1}{.000106} \text{ 고장/단위 시간} = 9{,}434\text{시간}$$

국제우주정거장으로 가는 전형적인 소유즈 셔틀 여행이 6일 지속되는 경우 러시아는 여정당 고장률이 다음과 같다는 것을 알 수 있다.

$$\begin{aligned}
\text{고장률} &= (\text{고장/단위 시간}) \times (24\text{시간/일}) \times (6\text{일/여정}) \\
&= (.000106)(24)(6) \\
&= .0153\text{고장/여정}
\end{aligned}$$

통찰력▶ 평균 고장 간격(MTBF)은 신뢰성의 첫 단계가 되는 표준 수단이다.

학습 연습▶ 만일 비작동 시간이 800으로 줄어들면, 새로운 평균 고장 간격(MTBF)은 얼마인가? [답: 9,606시간]

예제 2에 기록된 고장률이 너무 높으면 러시아는 개별 구성요소의 신뢰성을 높이거나 이중화를 통해 시스템 신뢰성을 높여야 한다.

이중화 제공

시스템의 신뢰성을 높이기 위해 여분의 구성요소 또는 병렬 경로의 형태로 시스템에 **이중화**(redundancy)가 더해진다. 한 구성요소나 경로가 고장 날 경우 시스템이 다른 구성요소 또는 경로에 의존할 수 있도록 이중화가 제공된다.

이중화
신뢰성을 높이기 위해 여분의 구성요소 또는 병렬 경로를 사용하는 것

여분의 구성요소 이중화 구성요소의 신뢰성이 .80이고 신뢰성이 .75인 여분의 구성요소로 보조한다고 가정해보자. 결과 신뢰성은 첫 번째 구성요소가 작동할 확률에 여분의 구성요소가 작동할 확률을 더한 값에 여분의 구성요소가 필요할 확률을 곱한 값이다(1 − .8 = .2). 그러므로

$$R_s = \begin{pmatrix} \text{첫 번째} \\ \text{구성요소가} \\ \text{작동할 확률} \end{pmatrix} + \left[\begin{pmatrix} \text{2번째} \\ \text{구성요소가} \\ \text{작동할 확률} \end{pmatrix} \times \begin{pmatrix} \text{2번째} \\ \text{구성요소가} \\ \text{필요할 확률} \end{pmatrix} \right] = \qquad (17\text{-}5)$$

$$(.8) \quad + \quad [\,(.75) \quad \times \quad (1 - .8)\,] \quad = .8 + .15 = .95$$

예제 3은 여분의 구성요소의 형태 이중화가 예제 1에 제시된 대출 프로세스의 신뢰성을 향상할 수 있는 방법을 보여준다.

예제 3 여분의 구성요소 사용 시 신뢰성

그릴리은행은 대출 신청 프로세스의 신뢰성이 0.713에 불과하다는 사실에 불안해서 (예제 1 참조) 이 상황을 개선하고자 한다.

접근방법▶ 은행은 가장 신뢰성이 적은 2명의 사무원을 동일한 능력의 사무원으로 이중화하기로 결정한다.

해결방법▶ 이 절차로 다음과 같은 시스템이 만들어진다.

$$\begin{array}{ccccc} R_1 & & R_2 & & R_3 \\ 0.90 & & 0.80 & & \\ \downarrow & & \downarrow & & \\ 0.90 & \rightarrow & 0.80 & \rightarrow & 0.99 \end{array}$$

$$\begin{aligned} R_s &= [.9 + .9(1 - .9)] \times [.8 + .8(1 - .8)] \times .99 \\ &= [.9 + (.9)(.1)] \times [.8 + (.8)(.2)] \times .99 \\ &= .99 \times .96 \times .99 = .94 \end{aligned}$$

통찰력▶ 2명의 사무원을 이중화함으로써 은행은 대출 프로세스 신뢰성을 .713에서 .94로 높였다.

학습 연습 ▶ 은행이 R_2 사무원 2명을 신뢰성이 0.90인 새 사무원 1명으로 교체하면 어떻게 되는가? [답: R_s = .88]

병렬 이중화 신뢰성을 향상시키는 또 다른 방법은 병렬 경로를 제공하는 것이다. 병렬 시스템에서 각각의 경로는 독립적인 것으로 간주된다. 따라서 한 경로에서 성공하면 시스템이 작동하는 것이다. 예제 4에서는 3개의 병렬 경로가 있는 프로세스의 신뢰성을 정하게 된다.

관리자는 신뢰성을 개선하기 위해 여분의 구성요소와 병렬 경로 두 방법을 모두 사용한다.

예제 4

병렬 이중화 시 신뢰성

병렬 회로로 인해 더 신뢰성이 높은 새로운 아이패드 디자인이 아래에 나와 있다. 그 신뢰성은 얼마인가?

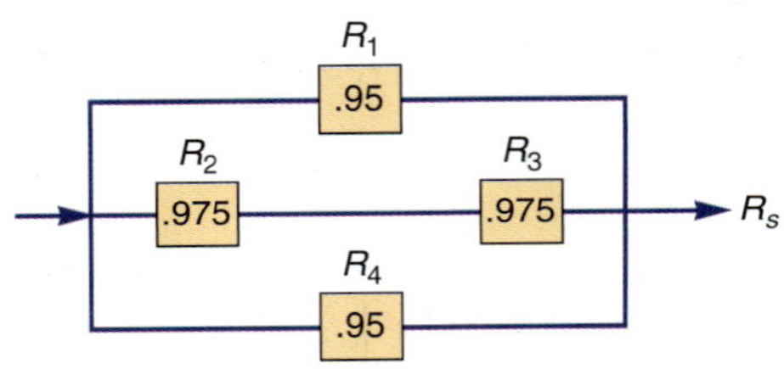

접근방법 ▶ 각 경로의 신뢰성을 파악한 다음 추가 경로가 필요할 가능성(고장 가능성)을 계산하고, 마지막으로 1에서 해당 고장률의 곱을 뺀다.

해결방법 ▶

가운데 경로의 신뢰성 = $R_2 \times R_3$ = .975 × .975 = .9506

세 경로 모두 고장 날 확률을 결정한다 = (1 − 0.95) × (1 − .9506) × (1 − 0.95)

= (.05) × (.0494) × (.05) = .00012

따라서 새로운 디자인의 신뢰성은 1에서 위의 고장률을 뺀 값이다.

= 1 − .00012 = .99988

통찰력 ▶ .975 이상의 신뢰성을 갖는 구성요소가 하나도 없는 시스템에서도 병렬 설계는 .999 이상으로 신뢰성을 높여준다. 병렬 경로는 신뢰성을 크게 높여준다.

학습 연습 ▶ 모든 구성요소의 신뢰성이 .90에 불과하다면 새로운 신뢰성은 얼마인가? [답: .9981]

유지보수

예지 보전
장비와 설비를 모니터링하고 정기적인 검사와 서비스를 수행해 장비와 설비의 신뢰성 유지를 포함하는 계획

전통적으로 유지보수는 예지 보전과 사후 보전의 두 가지 유형이 있다. **예지 보전**(preventive maintenance)은 장비와 설비를 신뢰할 수 있는 상태로 유지하기 위해 정기적인 검사와 서비스를 수행하는 것과 함께 장비와 설비를 모니터링하는 작업이 포함된다. 여기에는 생산 프로세스가 허용 범위 내에서 가동되도록 유지하는 기술적, 인적 시스템 설계가 포함되며, 이에 따라 시스템이

설계된 대로 작동할 수 있다. 이러한 활동은 자본 투자의 수명을 연장하고 시스템 성능의 변동성을 제거하는 시스템을 구축하는 의도를 가지고 있다. **사후 보전**(breakdown maintenance)은 예지 보전이 실패하고 장비/설비가 긴급 또는 우선순위에 따라 수리되어야 할 때 일어난다.

보다 최근에는 정보의 디지털화와 최신의 정교한 센서를 통해 관리자가 장비 고장을 감지할 뿐만 아니라 예측할 수 있는 유지보수 절차를 설계할 수 있다. 아주 작은 비정상적인 진동, 온도나 압력의 미세한 변화, 오일 점도 또는 화학 성분의 작은 변화로도 잠재적인 문제를 예측할 수 있다. 이러한 센서는 적외선 열화상, 정교한 주파수 분석, 유분과 수분 분석까지 확장 적용된다. 이러한 고급 기술의 적용은 **예측 보전**(predictive maintenance)으로 알려진 유지보수 절차로 이어진다.

사후 보전
예지 보전이 실패하고 장비/설비가 긴급 또는 우선적으로 수리되어야 할 때 발생하는 교정적 유지보수

예측 보전
장비 고장을 모니터링하고 예측하기 위해 첨단 기술을 사용

예지 보전 구현

예지 보전은 시스템에 서비스나 수리가 필요한 시기를 우리가 결정할 수 있음을 의미한다. 따라서 예지 보전을 하려면 수명이나 고장 확률 같은 암시가 있어야 한다. 고장은 제품이 수명을 다하는 동안 다양한 비율로 발생한다.

초기 수명 불량률(infant mortality)로 알려진 높은 초기 고장률은 많은 제품에 발생할 수 있다. 이것 때문에 많은 전자 회사가 선적 전에 제품에 '스트레스 검사(burn-in)'를 한다. 즉 선적 전에 '시작' 문제를 감지하기 위해 다양한 검사[예: 월풀(Whirlpool)의 전체 세탁 주기]를 실행한다. 회사는 90일 보증을 제공하기도 한다. 우리는 많은 초기 수명 불량이 제품 자체의 고장이 아니라 부적절한 사용으로 인한 고장이라는 점에 주목해야 한다. 이 사실은 많은 산업 분야에서, 운영 관리에 있어서 설치와 교육을 포함하는 애프터 서비스 시스템을 구축해야 하는 중요성을 지적하고 있다.

초기 수명 불량률
제품수명주기나 프로세스 초기의 고장률

제품, 기계 또는 프로세스가 '안정화'되면 평균 고장 간격(MTBF) 분포에 대한 연구가 가능해진다. 이러한 분포는 흔히 정규분포를 따른다. 이러한 분포에 작은 값의 표준편차가 나타나면 유지보수 비용이 많이 들더라도 예지 보전의 대상이 존재한다는 것을 알 수 있다.

학습목표 17.4
예지 보전과 사후 보전을 구별한다.

회사에 예지 보전 대상 후보가 있으면 **언제** 예지 보전을 하는 것이 경제적인지 정해야 한다. 전형적으로 유지보수 비용이 높을수록 MTBF 분포는 더 좁아져야 한다(즉 표준편차가 작음). 또한 고장 났을 때 수리하는 것이 예지 보전 비용보다 더 비싸지 않다면 고장이 발생할 때까지 둔 다음 수리를 해야 할 것이다. 그러나 고장의 결과를 충분히 고려해야 한다. 비교적 사소한 고장조차도 치명적인 결과를 초래할 수 있다. 다른 관점에서는 예지 보전 비용이 너무 부수적으로 적어서 MTBF 분포가 다소 평평하더라도(즉 표준편차가 큰 경우에도) 예지 보전이 적절할 수 있다.

좋은 보고 기술을 통해 기업은 개별 프로세스, 기계 또는 장비에 대한 기록을 유지할 수 있다. 그러한 기록은 필요한 유지보수의 종류와 시기에 대한 시스템의 특정 값을 제공할 수 있다. 장비 이력을 유지하는 것은 수리에 소요되는 시간과 비용의 기록이기 때문에 예지 보전 시스템에서 중요한 부분을 차지한다. 이러한 기록은 장비와 공급업체 제품군에 대한 정보도 제공할 수 있다.

신뢰성과 유지보수는 이제 대부분의 유지보수 관리 시스템이 컴퓨터화될 정도로 중요하다. 그림 17.3은 이러한 시스템의 주요 구성요소를 보여주며, 유지할 파일은 왼쪽에, 생성된 보고서는 오른쪽에 위치한다.

학습목표 17.5
유지보수 개선 방법을 설명한다.

그림 17.3

컴퓨터화된 유지보수 시스템

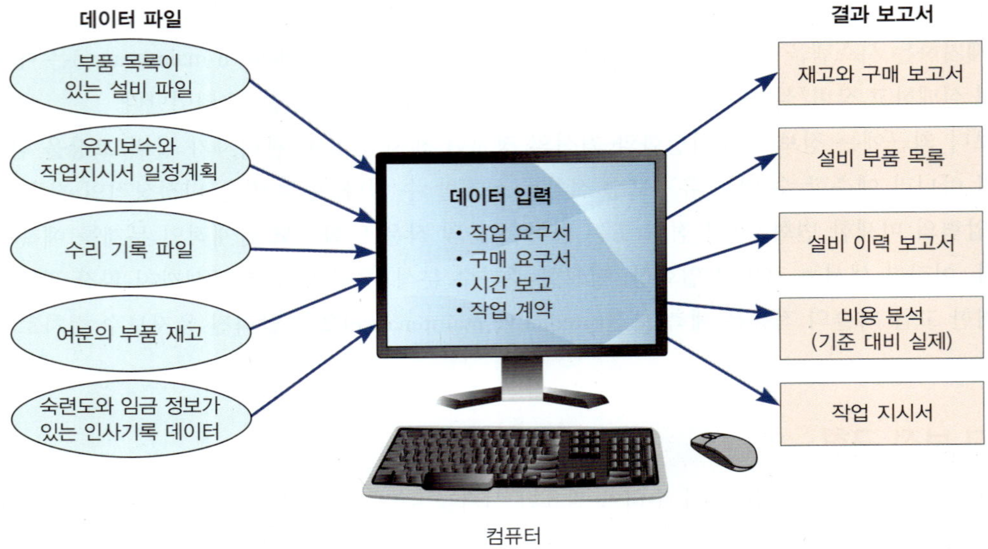

보잉(Boeing)에서 포드(Ford)에 이르기까지 여러 회사가 유지보수 정보 시스템을 통해 제품 신뢰성을 개선하고 있다. 보잉은 관련 정보를 실시간으로 지상에 전달해 비행 중인 항공기의 상태를 모니터링한다. 이를 통해 신뢰성과 유지보수 문제에 앞서서 준비할 수 있다. 마찬가지로, 무선 위성 서비스를 통해 수백만 명의 자동차 소유자에게 에어백 센서 결함부터 오일 교환 필요성에 이르기까지 수천 가지 진단 문제에 대한 경고를 표시해준다. 이러한 실시간 시스템은 고객이 문제를 알아채기도 전에 품질 문제를 해결하는 데 사용되는 즉각적인 데이터를 제공한다. 기술이 신뢰성과 고객 만족을 향상시킨다. 그리고 문제를 조기에 발견하면 수백만 달러의 보증 비용을 절감할 수 있다.

그림 17.4(a)는 예지 보전과 사후 보전 사이의 관계에 대한 전통적인 관점을 보여준다. 이 관점에 따라 운영 관리자는 두 비용 간의 **균형**을 고려한다. 예지 보전에 더 많은 자원을 할당하면 고장 횟수가 줄어든다. 그러나 어떤 시점에서는 고장 유지보수 비용의 감소분이 예지 보전 비용의 증가분보다 적을 수 있다. 이 시점에서 총비용곡선이 상승하기 시작한다. 이 최적점을 넘어서면 회사는 고장이 발생할 때까지 기다렸다가 고장이 났을 때 수리하는 것이 더 나을 것이다.

불행히도 그림 17.4(a)와 같은 비용곡선은 **고장의 총비용**을 거의 고려하지 않는다. 많은 비용은

그림 17.4

유지보수 비용

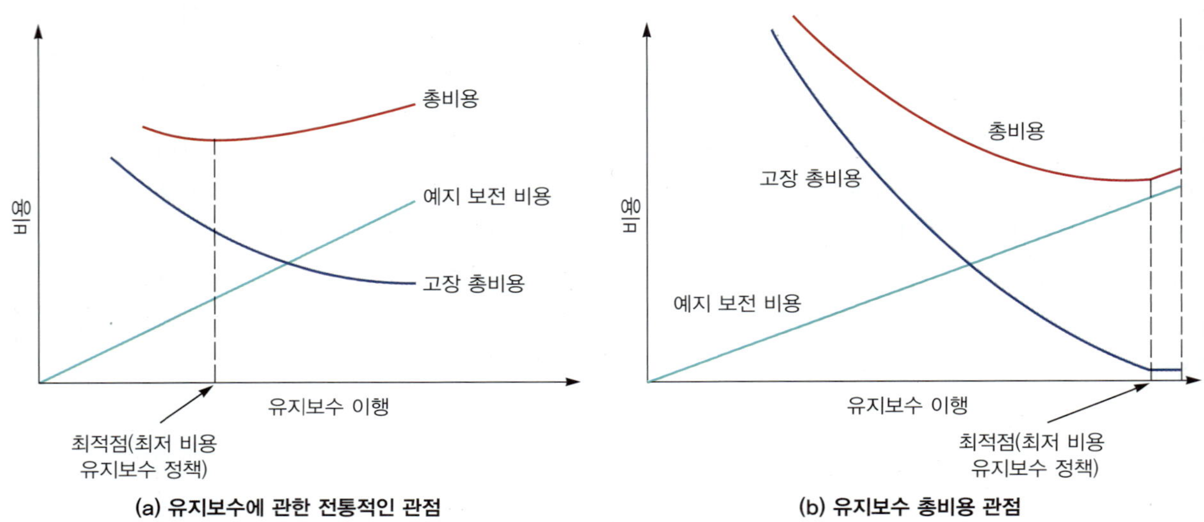

즉각적인 고장과 직접적인 관련이 없기 때문에 무시된다. 예를 들어 가동 정지 시간의 생산량을 메우기 위해 유지해야 하는 재고비용은 일반적으로 고려되지 않는다. 게다가 정지 시간은 안전과 사기에 치명적인 영향을 미칠 수 있다. 직원들은 또한 '기준을 충족하는 성능'과 장비 유지 관리가 더 이상 중요하지 않다고 믿기 시작할 수 있다. 마지막으로, 가동 정지 시간은 배송 일정에 부정적인 영향을 미치고 고객 관계와 향후 판매를 무너뜨린다. 고장의 총 영향을 고려하면 그림 17.4(b)가 유지보수 비용을 더 잘 나타내는 것으로 보인다. 그림 17.4(b)에서 총비용은 예상치 못한 비정상적인 사건으로 인해 시스템이 고장 날 경우에 최소가 된다.

가동 정지 시간과 관련된 모든 잠재적 비용이 확인되었다고 가정하면 운영 직원은 이론적인 기준에 따라 최적의 유지보수 활동 수준을 계산할 수 있다. 물론 이러한 분석에는 유지보수 비용, 고장 확률과 수리 시간에 대한 정확한 과거 데이터도 필요하다. 예제 5는 가장 저렴한 유지보수 정책을 선택하기 위해 예지 보전과 사후 보전 비용을 비교하는 방법을 보여준다.

예제 5

예지 보전과 사후 보전 비용 비교

Farlen & Halikman은 급여 준비를 전문으로 하는 회계 법인이다. 이 회사는 수표 처리와 보고서 준비에 고속 프린터를 사용해 대부분의 작업을 성공적으로 자동화했다. 그러나 컴퓨터화된 접근 방식에는 문제가 있었다. 지난 20개월 동안 프린터는 다음 표에 표시된 비율로 고장이 났다.

고장 횟수	고장이 일어난 개월 수
0	2
1	8
2	6
3	4
	합계: 20

회사는 프린터가 고장 날 때마다 생산 시간과 서비스 비용에서 평균 300달러의 손실이 발생할 것으로 추산한다. 한 가지 대안은 예지 보전을 위한 서비스 계약을 하는 것이다. 회사가 예지 보전 계약을 하더라도 여전히 고장이 발생해 한 달에 **평균** 한 번 고장이 발생한다. 이 서비스의 가격은 월 150달러이다.

학습목표 17.6
예지 보전과 사후 보전 비용을 비교한다.

접근방법 ▶ 회사가 '고장 날 때까지 가동' 정책을 따를지 또는 예지 보전 계약을 할지 결정하기 위해 4단계 프로세스를 따른다.

1단계 회사가 서비스 계약 없이 그대로 갈 경우 기대 고장 횟수(과거 이력 기반)를 계산한다.
2단계 예지 보전 계약 없이 월별 기대 고장 비용을 계산한다.
3단계 예지 보전 비용을 계산한다.
4단계 두 가지 선택지를 비교하고 비용이 더 적게 드는 안을 선택한다.

해결방법 ▶

1단계

고장 횟수	빈도	고장 횟수	빈도
0	2/20 = .1	2	6/20 = 0.3
1	8/20 = .4	3	4/20 = 0.2

$$(\text{기대 고장 횟수}) = \Sigma[(\text{고장 횟수}) \times (\text{해당 빈도})]$$
$$= (0)(.1) + (1)(.4) + (2)(.3) + (3)(.2)$$
$$= 0 + .4 + .6 + .6$$
$$= 1.6\text{회 고장/월}$$

2단계

$$\text{기대 고장 비용} = (\text{기대 고장 횟수}) \times (\text{고장당 비용})$$
$$= (1.6)(300\text{달러})$$
$$= 480\text{달러/월}$$

3단계

$$(\text{예지 보전 비용}) = (\text{서비스 계약 시 기대 고장 비용}) + (\text{서비스 계약 비용})$$
$$= (1\text{회 고장/월}) \times (300\text{달러}) + 150\text{달러/월}$$
$$= 450\text{달러/월}$$

4단계 유지보수 서비스 회사와 계약하는 것(450달러)이 그렇지 않은 것(480달러)보다 총비용에서 저렴하기 때문에 회사는 서비스 계약을 해야 한다.

통찰력 ▶ 각 선택지에 대한 기대 고장 횟수를 정하는 것이 좋은 의사결정을 내리는 데 중요하다. 이를 위해서는 전형적으로 좋은 유지보수 기록이 필요하다.

학습 연습 ▶ 예지 보전 계약 비용이 월 195달러로 증가하는 경우 가장 좋은 의사결정은 무엇인가? [답: 월 495달러(= 300 + 195)에서 '고장 날 때까지 가동'이 더 저렴해진다(모든 비용이 고장당 300 달러에 포함된다고 가정).]

예제 5에 표시된 기법의 변형을 통해 운영 관리자는 유지보수 정책을 점검할 수 있다.

수리 능력 향상

신뢰성과 예지 보전이 완벽하지 않기 때문에 대부분의 기업은 일정 수준의 수리 능력을 갖는 것을 선택한다. 수리 시설을 확장하거나 유지보수 관리를 개선하는 것은 시스템을 빠르게 다시 가동하는 탁월한 방법일 수 있다.

그러나 모든 수리를 회사 설비로 수행할 수 있는 것은 아니다. 따라서 관리자는 어디서 수리를 할지 결정해야 한다. 그림 17.5는 연속성 차원에 있는 선택지의 속도, 비용과 역량을 평가하는 방법을 제공한다. 그림 17.5에서 오른쪽으로 이동하면 수리 작업의 역량이 향상되지만 동시에 비용과 교체 시간이 늘어난다.

학습목표 17.7
자주 보전을 정의한다.

자주 보전

예지 보전 정책과 기법에는 '관찰, 확인, 조정, 청소, 통지' 형태의 장비 유지보수에 대한 책임을 받아들이는 직원에 대한 강조를 포함해야 한다. 이러한 정책은 직원에 대한 권한 부여의 이점과 일치한다. 이러한 접근법을 **자주 보전**(autonomous maintenance)이라 한다. 직원은 고장을 예측하고 예방하며 장비 수명을 연장할 수 있다. 자주 보전을 통해 관리자는 직원에 대한 권한 부여와 시스템 성능 유지보수를 위해 한 걸음 더 나아가고 있다.

자주 보전
작업자가 관찰, 확인, 조정, 청소, 통지를 위해 유지보수 담당자와 협력하는 것

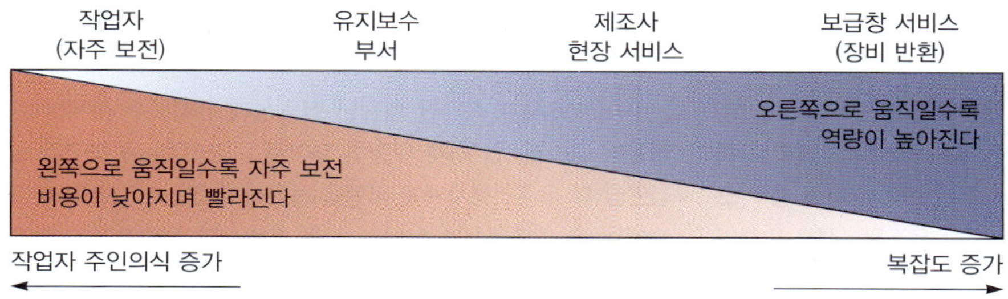

그림 17.5

운영 관리자는 어떻게 유지보수를 수행해야 하는지 정한다

종합적 설비 보전

많은 기업들이 **종합적 설비 보전**(total productive maintenance, TPM)으로 알려진 접근 방식으로 예지 보전을 행하는 데 전사적 품질 관리 개념을 도입했다. 여기에는 자주 보전과 탁월한 유지보수 관행을 통해 변동성을 줄이는 개념이 포함된다. 종합적 설비 보전은 다음을 포함한다.

종합적 설비 보전(TPM)
프로세스와 장비 설계에서 예지 보전에 이르기까지 유지보수에 대한 전략적 관점과 전사적 품질 관리의 결합

- 신뢰할 수 있고 작동하기 쉬우며 유지보수가 쉬운 기계 설계
- 기계를 구입할 때 총 소유 비용을 강조해 서비스와 유지보수가 비용에 포함되도록 함
- 운영자, 정비 부서, 보급창의 모범사례를 활용한 자주 보전 계획 수립
- 자주 보전 교육을 통해 운영자가 자신의 기계를 유지할 수 있게 하며 유지보수 인력과 협력 관계를 맺게 함

높은 설비 활용도, 빡빡한 일정, 낮은 재고, 일관된 품질은 신뢰성을 요구한다. 시뮬레이션, 전문가 시스템, 센서 사용과 같은 최근의 진보적 기술을 통해 지속적으로 개선하는 종합적 설비 보전은 변동성을 줄이고 신뢰성을 향상하는 열쇠다.

요약

운영 관리자는 신뢰성 향상을 위해 설계 개선, 여분의 구성요소와 병렬 경로에 초점을 둔다. 또한 예지 보전과 탁월한 수리 설비를 통해 신뢰성 개선이 이루어진다.

회사는 직원에게 장비의 '소유권'을 부여한다. 근로자가 자신의 기계를 수리하거나 예지 보전을 수행할 때 고장이 덜 발생한다. 잘 훈련되고 권한을 위임받은 직원은 예지 보전을 통해 시스템을 신뢰성 있게 한다. 결과적으로 신뢰성 있고 유지보수가 잘된 장비는 가동률이 높을 뿐만 아니라 일정에 맞춰 품질과 성능을 개선한다. 최고의 기업은 고객이 제품과 서비스가 목표 사양과 시간에 맞춰 생산된다고 신뢰할 수 있게 변동성을 없애는 시스템을 구축하고 유지한다.

핵심 용어

사후 보전(breakdown maintenance)
신뢰성(reliability)
예지 보전(preventive maintenance)
예측 보전(predictive maintenance)
유지보수(maintenance)
이중화(redundancy)
자주 보전(autonomous maintenance)
종합적 설비 보전(total productive maintenance, TPM)
초기 수명 불량률(infant mortality)
평균 고장 간격(mean time between failures, MTBF)

윤리적 딜레마

우주왕복선 컬럼비아호는 2003년 지구로 귀환하던 중 미국 텍사스주 상공에서 분해됐다. 챌린저호는 1986년 발사 직후 폭발했다. 그리고 아폴로 1호 우주선은 1967년 발사대에서 화재로 폭발했다. 각각의 경우 모든 승무원의 생명이 희생되었다. 엄청나게 복잡한 우주왕복선은 비행기처럼 보일지 모르지만 사실은 매우 달랐다. 실제로 전반적인 통계적 신뢰성은 50회 운항 중 1번 정도로 중대한 오작동을 일으켰다. 한 항공우주 관리자는 말했듯이 "물론, 절대 땅에서 발을 떼지 않는다면 완벽하게 안전할 수 있다".

나사(NASA)가 직면한 엄청난 신뢰성과 유지보수 문제(추운 날씨에 접합부 갈라짐, 열 차폐 타일이 떨어져 나감, 캡슐에 도구가 남겨짐)를 감안할 때 우주비행사에게 비행을 허용해야 했는가? (초기 아틀라스 로켓에는 꼭 필요해서가 아니라 시험 조종사와 정치가가 그래야 한다고 생각했기 때문에 사람이 탑승했었다.) 윤리적 관점에서 유인 우주 탐사의 장단점은 무엇인가? 미국은 우주비행사를 달에 보내거나 화성에 보내기 위해 수십억 달러를 써야 하는가?

토론 문제

1. 유지보수와 신뢰성의 목적은 무엇인가?
2. 예지 보전 대상을 어떻게 식별하는가?
3. 제품 신뢰성의 맥락에서 '초기 수명 불량률'의 개념을 설명하라.
4. 시뮬레이션이 어떻게 유지보수 문제 해결에 유용한 기법이 될 수 있는가?
5. 작업자가 수행하는 유지보수와 공급자가 수행하는 유지보수의 장단점은 무엇인가?
6. 관리자는 유지보수 기능의 효과를 어떻게 평가할 수 있는가?
7. 기계 설계가 유지보수 문제를 증가시키거나 줄이는 데 어떻게 기여하는가?
8. 전산화된 유지보수 관리 시스템은 유지보수 기능에서 어떤 역할을 맡는가?
9. Windsor Printers에서 예지 보전의 장점에 대해 논쟁하는 동안 회사 소유자가 "왜 고장 나기 전에 수리합니까?"라고 물었다. 유지보수 책임자로서 당신은 어떻게 대응하겠는가?
10. 예지 보전으로 모든 고장을 막을 수 있는가?

문제 해결

문제 해결 17.1

Sullivan Wrist Calculator에 사용되는 반도체에는 5개의 회로가 있으며 각 회로는 고유한 신뢰성을 갖는다. 구성요소 1의 신뢰성은 .90, 구성요소 2는 .95, 구성요소 3은 .98, 구성요소 4는 .90, 구성요소 5는 .99이다. 하나의 반도체 신뢰성은 얼마인가?

해결책

반도체 신뢰성 $R_s = R_1 \times R_2 \times R_3 \times R_4 \times R_5$

$= (.90)(.95)(.98)(.90)(.99)$

$= .7466$

문제 해결 17.2

계산기는 최근 설계 변경으로 인해 가장 신뢰성이 적은 두 트랜지스터 회로 각각에 여분의 구성요소가 배치되었다. 새 회로는 다음과 같다.

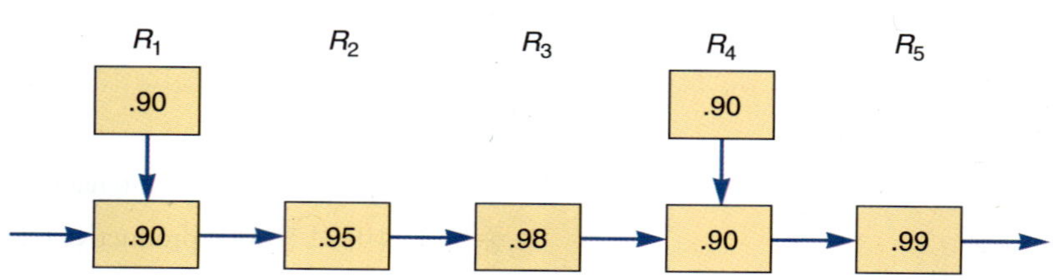

새로운 시스템의 신뢰성은 얼마인가?

해결책

$$\begin{aligned}\text{신뢰성} &= [.9 + (1 - .9) \times .9] \times .95 \times .98 \times [.9 + (1 - .9) \times .9] \times .99 \\ &= [.9 + .09] \times .95 \times .98 \times [.9 + .09] \times .99 \\ &= .99 \times .95 \times .98 \times .99 \times .99 \\ &= .903\end{aligned}$$

연습 문제

Px 윈도우용 POM 또는 엑셀 OM으로 문제를 하결할 수 있음

문제 17.1~17.17은 신뢰성과 관련이 있다.

• **17.1** Beta II 컴퓨터의 전자 처리 장치에는 50개의 구성요소가 직렬로 담겨 있다. 각 구성요소의 평균 신뢰성은 99.0%이다. 그림 17.2를 사용해 처리 장치의 전체 신뢰성을 결정하라.

• **17.2** 보잉의 검사 프로세스에는 400개의 구성요소가 직렬로 연결되어 있다. 각 구성요소의 평균 신뢰성은 99.5%이다. 그림 17.2를 사용해 전체 검사 프로세스의 전체 신뢰성을 찾아라.

•• **17.3** 98% 신뢰성이 있어야 하는 새로운 항공기 제어 시스템이 설계되고 있다. 이 시스템은 직렬로 연결된 세 가지 구성요소로 이루어진다. 세 가지 구성요소가 모두 동일한 수준의 신뢰성을 가지려면 신뢰성 수준은 얼마인가? Px

•• **17.4** 의료 장비 제조업체인 Robert Klassen Manufacturing은 100개의 심장 박동기를 5,000시간 동안 검사했다. 검사 중간에 5개의 심장 박동기가 고장 났다. 다음과 같은 관점에서 고장률은 얼마인가?

(a) 고장 비율
(b) 작동 시간의 단위시간당 고장 횟수
(c) 단위 연도당 고장 횟수
(d) 만약 1,100명이 심장 박동기 시술을 받는다면 다음 해에 얼마나 많은 장치가 고장 날 것으로 예상하는가?

•• **17.5** 노트북 컴퓨터용 디스크 드라이브 제조업체는 최소 50,000시간의 평균 고장 간격을 원한다. 10개 드라이브에 대한 최근 검사 결과 10,000시간 만에 1개, 25,000시간 만에 1개, 45,000시간 만에 2개의 고장이 발생했다. 나머지 장치는 여전히 60,000시간으로 작동하고 있다. 다음 사항을 결정하라.

(a) 고장률
(b) 가동 시간 단위시간당 고장 횟수
(c) 현 검사 시점에서 평균 고장 간격

•• **17.6** 다음 병렬 생산 공정의 신뢰성은 얼마인가? $R_1 = 0.95$, $R_2 = 0.90$, $R_3 = 0.98$

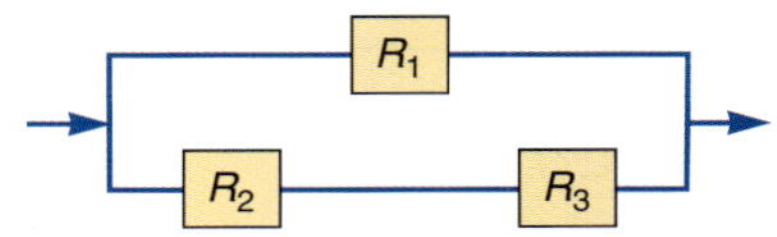

Px

•• **17.7** 차트에서 보여준 5명의 사무원 각각이 표시된 신뢰성을 가지고 있다면 은행 대출이 정확하게 처리될 전반적인 신뢰성은 얼마인가?

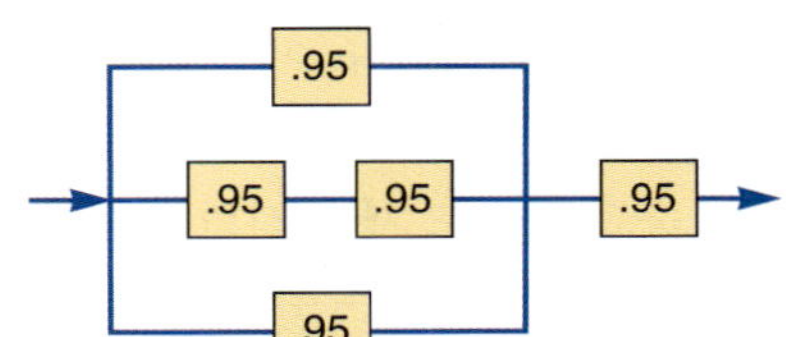

Px

힌트: 세 가지 경로는 병렬로 수행되고 그다음에는 추가로 독립적인 단계가 수행된다.

•• **17.8** 메릴 킴 샤프(Merrill Kim Sharp)는 3개의 구성요소가 병렬로 구성된 시스템을 가지고 있다. 구성요소의 신뢰성은 다음과 같다.

$$R_1 = 0.90, \quad R_2 = 0.95, \quad R_3 = 0.85$$

시스템의 신뢰성은 얼마인가? (힌트: 예제 4 참조) Px

• **17.9** 의료 제어 시스템에는 다음과 같이 개별 신뢰성(R_1, R_2, R_3)을 가진 직렬로 연결된 세 가지 구성요소가 있다.

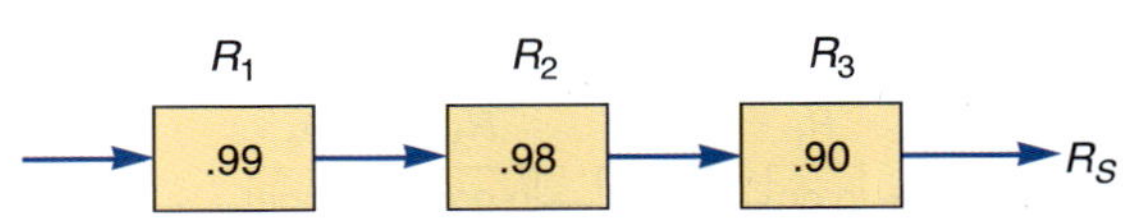

시스템의 신뢰성은 얼마인가?

•• **17.10** 다음 시스템의 신뢰성은 얼마인가?

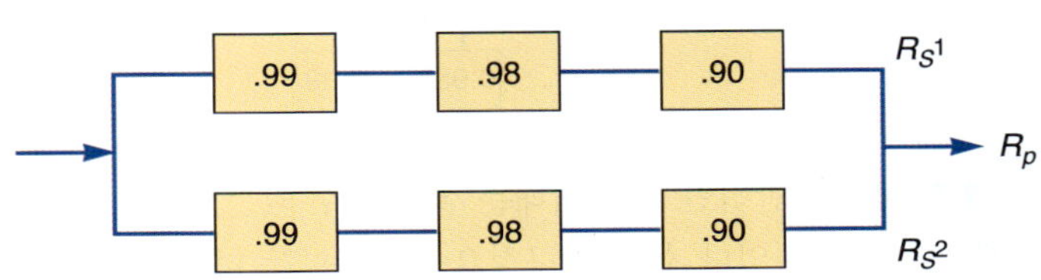

• **17.11** 문제 17.9에 표시된 의료 제어 시스템이 문제 17.10에 표시된 이중화 병렬 시스템으로 변경되면 신뢰성이 얼마나 개선되는가?

•• **17.12** 엘리자베스 어윈(Elizabeth Irwin)의 설계 팀은 구성요소 신뢰성이 표시된 다음과 같은 시스템을 제안했다.

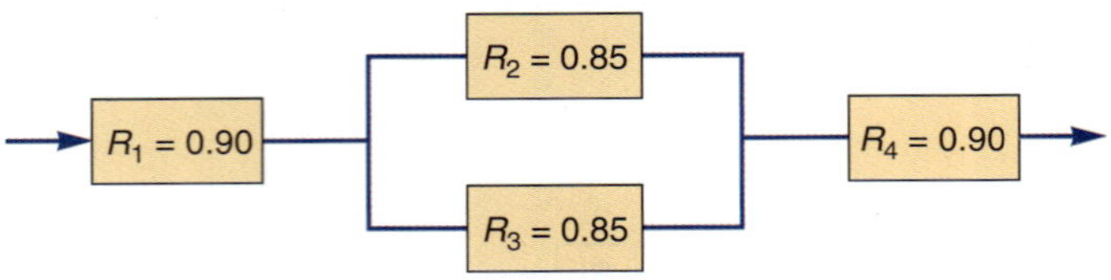

시스템의 신뢰성은 얼마인가?
힌트: 시스템은 R_2나 R_3 중 어느 하나가 가동하면 작동한다.

•• **17.13** WSSI(Wave Soldering Systems, Inc.)의 영업 사원인 릭 윙(Rick Wing)은 현재 사용 중인 기계의 온도 제어를 개선하기 위한 제안을 했다. 기계는 열풍 칼을 사용해 인쇄 회로 기판에서 과도한 땜납을 깨끗하게 제거한다. 이것은 훌륭한 개념이지만 열풍 온도 제어 자체는 신뢰성이 부족하다. 윙에 따르면 WSSI의 엔지니어들은 매우 중요한 온도 제어 신뢰성을 향상시켜 왔다. 새 시스템은 여전히 온도를 제어하는 4개의 민감한 집적 회로가 있기는 하지만 새 시스템에는 각각에 대한 여분이 있다. 4개의 집적 회로 신뢰도는 .90, .92, .94, .96이다. 여분의 4개 회로는 모두 .90의 신뢰성을 가진다.

(a) 새로운 온도 제어 장치의 신뢰성은 얼마인가?

(b) 프리미엄을 지불하면 윙은 여분의 회로 4개를 모두 .93으로 향상시킬 수 있다고 말한다. 이 선택지의 신뢰성은 얼마인가?

••• **17.14** 당신은 Méndez-Piñero Engineering의 운영 부사장으로서 A 또는 B 중 어느 제품 설계가 더 높은 신뢰성을 갖는지 결정해야 한다. B는 구성요소 R_3과 R_4용 여분의 장치로 설계되었다. 각 설계의 신뢰성은 얼마인가?

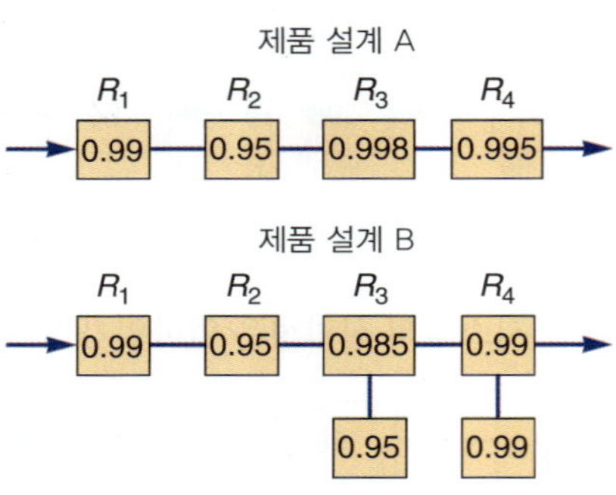

•• **17.15** 일반적인 소매 거래는 실패할 수 있는 몇 가지 작은 단계로 구성되어 있다. 이러한 구성요소 목록에는 다음 같은 사항이 있다.

구성요소	설명	실패 정의
1	알맞은 크기와 색상의 제품 찾기	제품을 못 찾음
2	계산 줄에 들어서기	줄이 없음, 줄이 김, 줄서기 어려움
3	제품 코드로 이름, 가격 검색	스캔 안 됨, 제품 목록 없음, 잘못된 정보 스캔
4	합계 계산	가중치 잘못됨, 잘못된 입력, 잘못된 세금 계산
5	지불	현금 부족, 수표 거절, 신용카드 거절
6	변경	변경을 잘못함
7	상품을 가방에 담음	넣는 도중 제품 손상, 가방 찢어짐
8	거래를 마치고 나감	영수증 미발행, 불친절하고, 거만하고, 쌀쌀한 계산원

8개 요소의 성공 확률을 .92, .94, .99, .99, .98, .97, .95, .96이라 한다. 시스템의 신뢰성, 즉 만족한 고객이 있을 확률은 얼마인가? 당신이 상점 관리자라면 수용 가능한 확률 값은 얼마로 생각하는가? 어떤 구성요소가 여분의 구성요소로 적합하고 어떤 구성요소가 재설계되어야 하는가?

• **17.16** 애틀랜타은행(Atlanta Bank) VISA 프로그램의 신용카드 발급 절차는 여러 은행 직원이 연속적으로 수행하는 10단계로 구성된다. 각 직원의 평균 신뢰도는 98%이다. 본문의 그림 17.2를 사용해 관리자 위센 시아(Yusen Xia)가 신용카드 발급 프로세스의 전반적인 신뢰성을 도출하도록 도움을 주라.

• **17.17** 다음과 같은 신뢰성을 가진 4개 구성요소가 직렬 연결된 시스템이 있다.

구성요소	신뢰성
1	0.90
2	0.95
3	0.80
4	0.85

시스템의 신뢰성은 얼마인가?

문제 17.18~17.22는 유지보수와 관련이 있다.

• **17.18** 지난 20년 동안 다음 데이터에 나타난 Orlando Utilities의 발전기에 대한 기대 연간 고장 횟수는 얼마인가?

고장 횟수	0	1	2	3	4	5
고장이 일어난 햇수	1	7	4	3	2	3

• **17.19** Airbus Industries의 그래픽 플로터 테이블이 고장 나면 50달러의 비용이 발생한다. 다음과 같은 데이터가 주어졌을 때

예상되는 기대 일일 고장 비용을 구하라.

고장 횟수	0	1	2	3	4
일일 고장 확률	.1	.2	.4	.2	.1

•• **17.20** Mechanical Dynamics의 유지보수 부서장인 데이비드 홀(David Hall)은 다음과 같은 고장 곡선을 제시했다. 제시하는 바는 무엇인가?

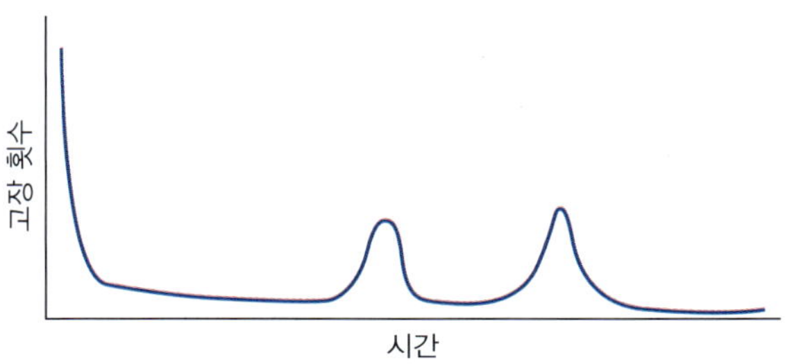

••• **17.21** 소방당국은 보유한 산소마스크에 여러 차례 고장이 나서 예지 보전을 제조사에 아웃소싱할 가능성을 검토하고 있다. 고장과 관련한 위험 때문에 각 고장 비용은 2,000달러로 추산된다. 현재 유지보수 정책(소방서 소방사가 유지보수를 수행하는 경우)에 따라 다음과 같은 기록이 산출되었다.

고장 횟수	0	1	2	3	4	5
고장이 발생한 햇수	4	3	1	5	5	0

이 제조업체는 서비스 계약의 일부로 모든 고장에 대한 수리를 보장한다. 이 서비스 비용은 연간 5,000달러이다.

(a) 소방서 소방사가 유지보수를 수행하는 경우 연간 기대 고장 횟수는 얼마인가?

(b) 현재 유지보수 정책의 비용은 얼마인가?

(c) 더 경제적인 정책은 무엇인가?

• **17.22** 로니 리처드슨(Ronny Richardson)의 인쇄소가 고장 날 확률이 다음과 같이 주어졌을 때 기대 고장 비용을 구하라.

고장 횟수	0	1	2	3
일일 발생 확률	0.3	0.2	0.2	0.3

고장당 비용은 10달러이다. Px

사례 연구

유지보수가 프리토레이의 이익을 주도한다

식음료 대기업 펩시코(PepsiCo)의 수십억 달러짜리 자회사인 프리토레이는 미국과 캐나다에 36개의 공장을 운영하고 있다. 이 설비에서는 잘 알려진 레이즈(Lay's), 프리토스(Fritos), 치토스(Cheetos), 도리토스(Doritos), 러플스(Ruffles), 토스티토스(Tostitos) 브랜드를 포함한 수십 가지 스낵을 생산하며 각 브랜드는 연간 10억 달러 이상을 판매한다.

프리토레이 공장은 상업용 제빵, 철강, 유리, 맥주 산업에서 흔히 볼 수 있는 소품종 대량생산 프로세스 모델로 생산한다. 이러한 환경에서 장비의 예지 보전은 비용이 많이 드는 가동 정지를 방지함으로써 중요한 역할을 한다. 미국 플로리다 시설 운영 담당 부사장인 톰 라오(Tom Rao)는 1% 정도의 가동 정지 시간이 연간 200,000달러의 수익 감소를 가져오는 것으로 추정한다. 그는 공장이 1.5% 정도의 예상치 못한 가동 정지 수준을 달성했다는 것을 자랑스럽게 생각하고 있다(2%에 훨씬 못 미치는 수준은 '세계 수준'의 벤치마크로 간주된다). 이러한 탁월한 성능은 유지보수 부서가 예지 보전을 위한 매개변수 설정에 적극적인 역할을 하기 때문에 가능하다. 이것은 생산 일정에 주간 단위 입력을 통해 수행된다.

유지보수 정책은 에너지 사용에도 영향을 미친다. 플로리다 공장의 기술 관리자인 짐 웬첼(Jim Wentzel)에 따르면 "생산 중단을 줄임으로써 에너지와 물 사용을 통제할 수 있게 되었다. 장비 유지보수와 안정적인 생산 일정은 유틸리티 효율성의 핵심이다. 생산이 중단될 때마다 상당한 낭비가 발생한다".

종합적 설비 보전(Total Production Maintenance) 프로그램*의 일환으로 프리토레이는 직원들에게 'Run Right(바르게 가동)' 시스템을 제공한다. 이 시스템을 통해 직원들에게 '식별하고 실행'하도록 가르친다. 이는 각 교대조가 때에 따라 문제를 식별하고 필요한 수정을 수행할 책임이 있음을 의미한다. 이는 다음 활동을 통해 이루어진다. (1) 장비와 프로세스 설정이 표준에 맞게 작동하는지 확인하기 위해 교대 시작 시 '힘차게 둘러봄(power walk)', (2) 표준과 성능에 대한 교대조의 중간 검토와 교대 후 검토, (3) 교대조 사무실의 대형 백색 칠판에 문제를 게시. 항목은 수정될 때까지 칠판에 남아 있고, 교대조가 하나나 둘 이상 바뀔 때까지 남아 있지 않는다.

변동비를 줄이기 위한 인력 일정계획과 엄격한 인력 통제를 하면서 교육 시간을 확보하는 것은 어렵다. 그러나 공장 관리자를 포함한 감독자가 필요한 경우 직원이 교육으로 인해 빠진 생산 라인의 빈자리에 투입되기도 한다.

플로리다 공장에서 연중무휴 작업을 수행하기 위해 고용된 30명의 유지보수 직원은 모두 다양한 기술(예: 용접, 전기, 배관)을 갖추고 있다. 웬첼은 "다기능 유지보수 인력을 찾기가 더 어렵고 비용도 더 많이 들지만 비용 이상의 역할을 한다"고 말한다.

토론 문제

1. 프리토레이를 다음 단계의 탁월한 유지보수 수준으로 끌어올리기 위해 무엇을 해야 하는가? 정교한 소프트웨어와 같은 요소를 고려하라.
2. 기계 유지보수에 대한 책임을 작업자에게 더 많이 주는 것의 장단점은 무엇인가?
3. 다기능 유지보수 인력 고용의 장단점을 논의하라.

*프리토레이에서는 예지 보전, 자주 보전과 종합적 설비 보전이 종합적 설비 보전으로 알려진 프리토레이 프로그램의 일부이다.

참고문헌

Ait-Kadi, D., J. B. Menge, and H. Kane. "Resource Assignment Model in Maintenance Activities Scheduling." *International Journal of Production Research* 49, no. 22 (November 2011): 6677–6689.

Bauer, Eric, X. Zhang, and D. A. Kimber. *Practical System Reliability.* New York: Wiley, 2009.

Blank, Ronald. *The Basics of Reliability*. University Park, IL: Productivity Press, 2004.

Finigen, Tim, and Jim Humphries. "Maintenance Gets Lean." *IE Industrial Systems* 38, no. 10 (October 2006): 26–31.

Phillippi, Brian, "3 Keys to Predictive Maintenance Success." *Flow Control* 21, no. 5 (May 2015): 7–8.

Rahman, Anisur, "Maintenance Contract Model for Complex Asset/Equipment." *International Journal of Reliability, Quality, & Safety Engineering* 21, no. 1 (February 2014): 1–11.

Stephens, M. P. *Productivity and Reliability-Based Maintenance Management.* Upper Saddle River, NJ: Prentice Hall, 2004.

Weil, Marty. "Beyond Preventive Maintenance." *APICS* 16, no. 4 (April 2006): 40–43.

Chapter 17 Rapid Review

절 제목	내용 훑어보기

유지보수와 신뢰성의 전략적 중요성

유지보수를 부실하게 하면 업무에 지장을 주고 불편하며 낭비적이고 비용이 들며 심지어 생명까지 앗아갈 수 있다. 작업자, 기계, 정비공의 상호 의존성이야말로 성공적인 유지보수와 신뢰성의 특징이다.

유지보수와 신뢰성 관리를 잘하려면 직원 참여가 필요하다. 그러면 기업의 성과를 향상시키고 투자한 것을 보호한다.

유지보수와 신뢰성의 목적은 시스템의 기능을 유지하는 것이다.

- **유지보수**: 시스템의 기능을 유지하는 데 관련된 활동
- **신뢰성**: 기계 부품이나 제품이 명시된 조건하에서 특정 시간 동안 제대로 작동할 확률

2개의 중요한 신뢰성 전략은 다음과 같다.

1. 개별 부품 개선
2. 이중화 제공

2개의 유지보수 개선 전략은 다음과 같다

1. 예지 보전 시행 또는 개선
2. 수리 능력 또는 속도 향상

신뢰성

시스템은 각각 특정 작업을 수행하는 서로 연계된 직렬 구성요소로 구성된다. 어떤 이유에서든 한 구성요소가 작동하지 않으면 전체 시스템이 작동하지 않는다.

직렬 구성요소 수가 증가함에 따라 전체 시스템의 신뢰성이 매우 빠르게 감소한다.

$$R_s = R_1 \times R_2 \times R_3 \times \cdots \times R_n \qquad (17\text{-}1)$$

여기서 R_1 = 구성요소 1의 신뢰성, R_2 = 구성요소 2의 신뢰성 등이다. 식 (17-1)은 개별 구성요소의 신뢰성이 다른 구성요소의 신뢰성에 의존하지 않는다고 가정한다.

.90 신뢰성은 장치가 90%의 시간 동안 의도한 대로 작동함을 의미하고, 10%의 확률로 고장 날 것을 의미한다.

신뢰성의 기본 측정 단위는 **제품 고장률**(FR)이다.

FR(%)는 시험한 총 제품 수 중 고장 난 제품의 비율이다.

FR(N)은 작동 시간 동안 고장 횟수이다.

$$\text{FR}(\%) = \frac{\text{고장 난 제품 개수}}{\text{시험한 총 제품 수}} \times 100\ \% \qquad (17\text{-}2)$$

$$\text{FR}(N) = \frac{\text{고장 횟수}}{\text{단위 작동 시간}} \qquad (17\text{-}3)$$

- **평균 고장 간격(MTBF)**: 구성요소, 기계, 프로세스 또는 제품의 수리와 다음 고장 사이의 기대 시간

$$\text{MTBF} = \frac{1}{\text{FR}(N)} \qquad (17\text{-}4)$$

- **이중화**: 시스템의 신뢰성을 높이기 위해 여분의 구성요소를 사용하는 것

여분의 구성요소로 보조한 구성요소의 신뢰성은 다음과 같다.

(첫 번째 구성요소가 작동할 확률) + [(두 번째 구성요소가 작동할 확률) × (두 번째 구성요소가 필요할 확률)] (17-5)

유지보수

- **예지 보전**: 장비와 설비를 모니터링하고 정기적인 검사와 서비스를 수행해 장비와 설비의 신뢰성 유지를 포함하는 계획
- **사후 보전**: 예지 보전이 실패하고 장비/설비가 긴급 또는 우선적으로 수리되어야 할 때 발생하는 교정적 유지보수
- **예측 보전**: 장비 고장을 모니터링하고 예측하기 위해 첨단 기술을 사용
- **초기 수명 불량률**: 제품수명주기나 프로세스 초기의 고장률

직업 강화 관행과 일관되게, 기계 작업자가 자신이 사용하는 장비와 도구의 예지 보전에 책임을 가져야 한다.

신뢰성과 유지보수는 이제 대부분의 유지보수 관리 시스템이 컴퓨터화될 정도로 중요하다.

무시되는 가동 정지 비용은 다음과 같다.

	1. 가동 정지 시간의 생산량을 메우기 위해 유지해야 하는 재고비용 2. 안전과 사기에 치명적인 영향을 미치며, 배송 일정에 부정적인 영향을 미치고 고객 관계와 향후 판매를 무너뜨리는 정지 시간 ■ **자주 보전**: 작업자가 관찰, 확인, 조정, 청소, 통지를 위해 유지보수 담당자와 협력하는 것 직원은 고장을 예측하고 예방하며 장비 수명을 연장할 수 있다. 자주 보전을 통해 관리자는 직원에 대한 권한 이양과 시스템 성능 유지보수를 위해 한 걸음 더 나아가고 있다.
종합적 설비 보전	■ **종합적 설비 보전(TPM)**: 프로세스와 장비 설계에서 예지 보전에 이르기까지 유지보수에 대한 전략 종합적 설비 보전은 다음을 포함한다. 1. 신뢰할 수 있고 작동하기 쉽고 유지보수가 쉬운 기계 설계 2. 기계를 구입할 때 총 소유 비용을 강조해 서비스와 유지보수가 비용에 포함되도록 함 3. 운영자, 정비 부서, 보급창의 모범사례를 활용한 자주 보전 계획 수립 4. 자주 보전 교육을 통해 운영자가 자신의 기계를 유지할 수 있게 하며 유지보수 인력과 협력 관계를 맺게 함 효과적인 유지보수에 도움을 주는 세 가지 기법은 시뮬레이션, 전문가 시스템, 센서이다.

셀프테스트

17.1 신뢰성 향상을 위한 두 가지 주요 전술은 ________ 과 ________ 이다.

17.2 n개의 독립된 구성요소가 있는 시스템의 신뢰성은 ________ 과 같다.

(a) 개별 신뢰성의 합계
(b) 모든 구성요소 중 최소 신뢰성
(c) 모든 구성요소 간의 최대 신뢰성
(d) 개별 신뢰성의 곱
(e) 개별 신뢰성의 평균

17.3 평균 고장 간격에 대한 공식은 다음 중 어느 것인가?

(a) 고장 횟수 ÷ 작동 시간의 단위 시간 수
(b) 작동 시간의 단위 시간 수 ÷ 고장 횟수
(c) (고장 횟수 ÷ 검사된 단위 수) × 100%
(d) (검사된 단위 수 ÷ 실패의 수) × 100%
(e) 1 ÷ FR(%)

17.4 장비와 설비를 모니터링하고 정기적인 검사와 서비스를 수행해 장비와 설비를 신뢰할 수 있는 상태로 유지하는 프로세스는 ________ 이다.

(a) 사후 보전
(b) 고장 유지보수
(c) 예지 보전
(d) 위의 모든 것

17.5 유지보수를 개선하기 위한 두 가지 주요 전술은 ________ 과 ________ 이다.

17.6 적절한 유지보수 정책은 예지 보전 비용과 사후 보전 비용의 균형을 맞춰 개발된다. 관련된 문제는 다음 중 어느 것인가?

(a) 예지 보전 비용을 식별하기가 매우 어렵다.
(b) 고장의 총비용은 거의 고려되지 않는다.
(c) 비용에 관계없이 예지 보전을 수행해야 한다.
(d) 비용에 관계없이 사후 보전을 수행해야 한다.

17.7 ________ 유지보수는 운영자와 유지보수 직원이 협력해 관찰, 확인, 조정, 청소, 통지하도록 한다.

(a) 파트너십
(b) 운영자
(c) 고장
(d) 식스 시그마
(e) 자주 보전

정답 17.1. 개별 구성요소 개선, 이중화 제공 17.2. d 17.3. b 17.4. c 17.5. 예지 보전 실행과 개선, 수리 능력이나 속도 향상 17.6. b 17.7. e

모듈 **A**

의사결정 도구

모듈의 구성

- 운영 의사결정 과정
- 의사결정의 기본 사항
- 의사결정 표
- 의사결정 환경 유형
- 의사결정나무

학습목표

A.1 단순한 의사결정나무를 만든다.
A.2 의사결정 표를 구성한다.
A.3 의사결정 환경의 세 가지 형태를 각각 언제 사용하는지 설명한다.
A.4 기대 금전적 가치를 계산한다.
A.5 완전정보 기대가치를 계산한다.
A.6 의사결정나무의 각 노드를 평가한다.
A.7 일련의 의사결정을 위한 의사결정나무를 만든다.

Stockbyte/Getty Images

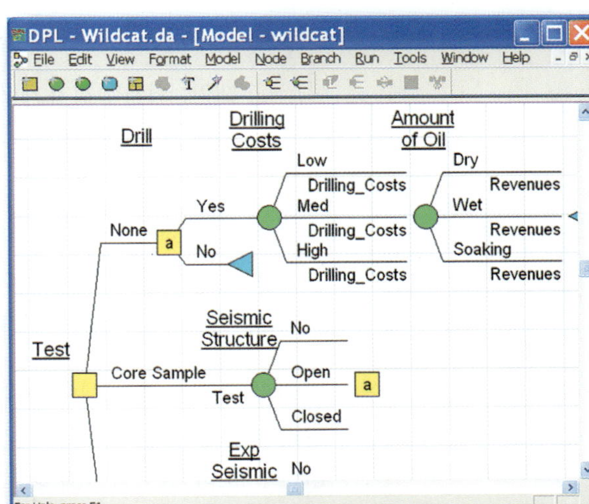

Syncopation Software Inc.

톰코정유(Tomco Oil)는 미국 켄터키주에 소재한 임차지 여러 곳 중 어느 곳에서 원유 시추를 해야 할지 결정해야 했고, 의사결정나무 분석을 하기로 했다. 이 분석으로 지질학적, 공학적, 경제적, 정치적 요인을 포함한 74개의 요인 파악이 훨씬 명확해졌다. 의사결정 프로그램 언어(decision programming language, DPL)(오른쪽 그림 참조)와 같은 의사결정나무 소프트웨어, 의사결정나무 계획, 거대 의사결정나무를 사용해 의사결정 문제를 이전보다 적은 노력으로 더 심도 있게 분석할 수 있게 되었다.

운영 의사결정 과정

운영관리자는 의사결정자다. 조직의 목적을 달성하기 위해 관리자는 의사결정이 어떻게 이루어지는지 이해하고 어떤 의사결정 도구를 사용해야 하는지 알고 있어야 한다. 좀 더 넓게 보면, 사람과 회사의 성패는 의사결정 품질에 달려 있다. 불확실성을 극복하는 것이 관리자의 도전 과제다.

좋은 의사결정과 나쁜 의사결정의 차이를 결정짓는 것은 무엇인가? '좋은' 의사결정은 분석적 의사결정 방법을 사용하면서 논리에 기초를 두고, 모든 이용 가능한 자료를 고려하며, 가능한 대안을 고려한다. '좋은' 의사결정은 다음의 6단계를 따르게 된다.

1. 문제와 그에 영향을 주는 요인을 명확하게 정의한다.
2. 구체적이고 측정 가능한 목표를 개발한다.
3. 목표와 측정 가능한 변수 간 관계가 있는 모델을 개발한다.
4. 장점과 단점에 기반을 두고 각각의 대안을 평가한다.
5. 가장 좋은 대안을 선택한다.
6. 의사결정을 시행, 평가하고 완료까지 시간표를 정한다.

이렇듯 분석적 의사결정은 모델, 목표, 수익과 확률 형태로 계량화된 변수가 필요하다. 이 모듈은 도전에 직면한 관리자에게 의사결정 표와 의사결정나무라는 두 가지 의사결정 도구를 소개하면서 시작한다. 이 두 가지 도구는 신제품 분석, 생산 능력 계획, 배치 계획, 공급사슬 재난 계획, 일정 계획, 유지보수 계획 등 수많은 운영관리 상황에서 사용한다.

의사결정의 기본 사항

의사결정의 복잡성이나 분석에 사용되는 기법의 정교함과 무관하게, 모든 의사결정자는 대안과 '자연 상태'에 직면하게 된다. 아래와 같은 표기법을 이 모듈에서 사용할 것이다.

1. 용어
   a. 대안: 의사결정자가 선택한 행동이나 전략 방향(예: 내일은 우산을 가져가지 않음)
   b. 자연 상태: 의사결정자가 거의 또는 전혀 통제할 수 없는 상황이나 일이 발생하는 것 (예: 내일 날씨)
2. 의사결정나무에서 사용하는 기호
   a. □: 하나 또는 여러 개의 대안을 선택하는 의사결정 노드(node)
   b. ○: 자연 상태 중 어느 하나가 발생할 자연 상태 노드

관리자의 의사결정 대안을 나타내기 위해 위의 기호를 사용해 의사결정나무를 개발한다. 의사결정나무를 구성할 때 모든 가능한 대안과 자연 상태를 포함해야 하고, 모든 대안과 자연 상태가 올바르고 논리적인 자리에 있는지 확인해야 한다.

예제 A1

단순한 의사결정나무

Getz Products Company는 뒷마당 간이 창고 제품 생산과 마케팅 가능성을 조사하고 있는 중이다. 이 프로젝트를 착수하려면 대형 공장이나 소형 공장 건설 중 어느 하나를 택해야 한다. 생산된 제품인

간이 창고가 시장에서 선호될 수도 있고, 선호되지 않을 수도 있다. 물론 회사는 신제품 개발을 아예 하지 않는 방안도 가지고 있다.

접근방법 ▶ 회사는 의사결정나무를 만들기로 결정했다.

해결방법 ▶ 그림 A.1은 Getz의 의사결정나무를 도식화해 보여준다.

그림 A.1

게츠의 의사결정나무

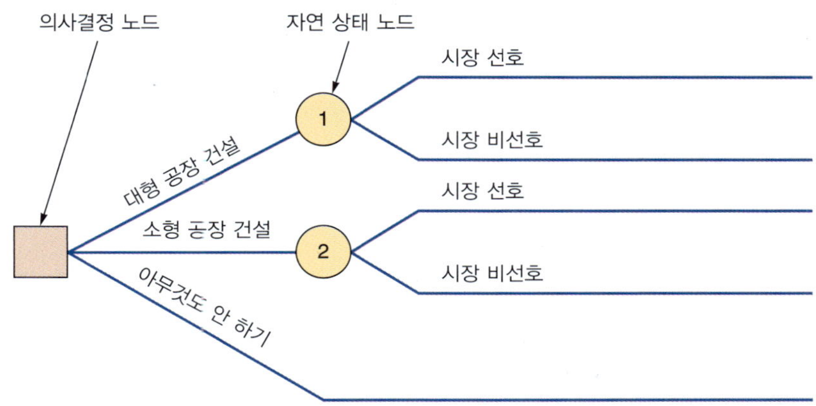

통찰력 ▶ '아무것도 안 하기' 대안을 간과하면 안 되는 것은 항상 가능한 의사결정이기 때문이다.

학습목표 A.1
단순한 의사결정나무를 만든다.

학습 연습 ▶ Getz는 중형 공장 건설을 네 번째 대안으로 고려하려 한다. 이 사항을 반영해 그림 A.1의 의사결정나무를 다시 그려라. [답: 새로운 의사결정나무에는 '대형 공장 건설'과 '소형 공장 건설' 사이에 새로운 노드와 가지가 있을 것이다.]

의사결정 표

Getz가 대안을 정의하도록 도울 때 의사결정 표나 의사결정 이득표를 개발하기도 한다. 특정 자연 상태와 어느 한 가지 의사결정에 대응해서 보통 화폐가치로 표현되는 결과가 있다. 이것을 **조건값**이라고 부른다. 예제 A2의 모든 대안은 표의 왼쪽 열에 나열되어 있고, 자연 상태(결과)는 표 위쪽 행에 나열되었으며, 조건값[이득(payoff)]은 **의사결정 표**(decision table) 몸통 부분에 있는 것을 기억하라.

의사결정 표
의사결정 대안과 자연 상태를 분석할 수 있는 표 형태의 수단

예제 A2

의사결정 표

Getz Products는 다음 정보를 사용해 표를 구성하려 한다. 시장에서 제품을 선호하면 대형 공장을 운영할 경우 200,000달러의 순이익이 발생한다. 만일 시장에서 선호하지 않으면 180,000달러의 순손실이 발생한다. 소형 공장을 운영할 경우, 시장에서 선호하면 100,000달러의 순이익이, 선호하지 않으면 20,000달러의 순손실이 발생한다.

학습목표 A.2
의사결정 표를 구성한다.

접근방법 ▶ 주어진 숫자가 의사결정 표의 조건값이 된다. 대안은 왼쪽 열에, 자연 상태는 표 위쪽 행에 나열되어 있다.

해결방법 ▶ 표 A.1에 완성된 표가 있다.

표 A.1 조건값이 있는 Getz Products의 의사결정 표

	자연 상태	
대안	시장 선호	시장 비선호
대형 공장 건설	200,000달러	−180,000달러
소형 공장 건설	100,000달러	−20,000달러
아무것도 안 하기	0달러	0달러

통찰력 ▶ 의사결정 표에서 가장 어려운 부분은 분석할 자료를 구하는 것이다.

학습 연습 ▶ 예제 A3과 예제 A4에서 어떻게 의사결정 표를 사용해 의사결정을 내리는지 살펴보라.

의사결정 환경 유형

학습목표 A.3
의사결정 환경의 세 가지 형태를 각각 언제 사용하는지 설명한다.

어떤 형태의 의사결정을 할 것인지는 상황에 대한 지식과 정보를 얼마나 많이 가지고 있는가에 따라 달라진다. 의사결정 환경은 세 가지가 있다.

- 불확실성하의 의사결정
- 위험 상황하의 의사결정
- 확실성하의 의사결정

불확실성하의 의사결정

의사결정 환경에서 자연 상태에 관해 확실한 것이 아무것도 없으며 심지어 각 결과에 대한 발생 확률조차 알지 못하는 경우에는 다음과 같은 세 가지 의사결정 방법을 사용한다.

최대이익 극대화(최대최대화)
최대 결괏값이 가장 큰 대안을 찾는 기준

1. **최대이익 극대화**(최대최대화, maximax): 이 방법은 각 대안의 여러 결괏값 중 가장 큰 값을 비교해 그 값이 가장 큰 대안을 찾는다. 우선 각 대안의 결괏값 중 최댓값을 찾고 나서, 그 값 중 가장 큰 값을 가진 대안을 찍는다. 이 의사결정 기준은 가능한 이득 중에서 가장 큰 값에 위치하므로 '낙관적' 의사결정 기준이라고 불린다.

최소이익 극대화(최소최대화)
최소 결괏값이 가장 큰 대안을 찾는 기준

2. **최소이익 극대화**(최소최대화, maximin): 이 방법은 각 대안의 여러 결괏값 중 가장 작은 값을 비교해 그 값이 가장 큰 대안을 찾는다. 우선, 각 대안의 결괏값 중 최솟값을 찾고 나서, 그 값 중 가장 큰 값을 가진 대안을 찍는다. 이 의사결정 기준은 가능한 이득 중에서 가장 최솟값에 위치하므로 '비관적' 의사결정 기준이라고 불린다.

평균이익 극대화(동일하게 발생할)
각 자연 상태에 동일한 확률을 부여하는 기준

3. **평균이익 극대화**(동일하게 발생할, equally likely): 이 방법은 각 대안의 여러 결괏값의 평균을 비교해 그 값이 가장 큰 대안을 찾는다. 우선 각 대안의 여러 결괏값을 더한 뒤 결괏값의 개수로 나눈 평균을 계산한다. 그리고 그 평균값 중 가장 큰 값을 가진 대안을 찍는다. 평균이익 극대화 방법은 각각의 자연 상태가 발생할 확률이 똑같다고 가정한다.

예제 A3

불확실성하의 의사결정 표 분석

Getz Products는 다음 세 가지 접근 방법을 적용하려 한다.

접근방법 ▶ 예제 A2에 있는 Getz의 의사결정 표를 전제로 최대이익 극대화, 최소이익 극대화, 평균이익 극대화 기준을 결정한다.

해결방법 ▶ 표 A.2가 해결책을 제시한다.

표 A.2 불확실성하의 의사결정 표(단위: 달러)

	자연 상태				
대안	시장 선호	시장 비선호	각 행 최댓값	각 행 최솟값	각 행 평균값
대형 공장 건설	200,000	−180,000	200,000 ←	−180,000	10,000
소형 공장 건설	100,000	−20,000	100,000	−20,000	40,000 ←
아무것도 안 하기	0	0	0	0 ←	
			최대이익 극대화	최소이익 극대화	평균이익 극대화

1. 최대이익 극대화 선택은 대형 공장 건설이다. 각 행 또는 대안 결괏값의 가장 큰 값 중 최댓값이다.
2. 최소이익 극대화 선택은 아무것도 안 하는 것이다. 각 행 또는 대안 결괏값의 가장 작은 값 중 최댓값이다.
3. 평균이익 극대화 선택은 소형 공장 건설이다. 각 대안 결괏값 평균 중 최댓값이다. 이 접근법은 모든 대안의 결과가 동일하게 발생할 것으로 가정한다.

통찰력 ▶ 낙관적인 의사결정자('최대이익 극대화')도 있지만, 비관적인 의사결정자('최소이익 극대화')도 있다. 최대이익 극대화와 최소이익 극대화는 최선과 최악의 사례 계획 시나리오를 제시한다.

학습 연습 ▶ Getz는 시장에서 제품을 선호하는 경우, 대형 공장 건설을 하면 운영 수익이 250,000달러로 오른다고 고쳐 가정한다. 표 A.2에서 어떤 숫자가 바뀌는가? 의사결정도 바뀌는가? [답: 대형 공장 건설의 최대이익 극대화 값은 이제 250,000달러이며, 행 평균은 35,000달러다. 의사결정은 변하지 않는다.]

위험 상황하의 의사결정

위험 상황하의 의사결정은 흔하게 일어나며, 확률에 달려 있다. 여러 가지 자연 상태가 발생하며, 각 경우의 발생 확률을 가정한다. 모든 자연 상태는 상호 배제와 전체 포괄 성격을 반드시 가지며, 발생 확률의 합은 1이다. 조건값이 있는 의사결정 표와 모든 자연 상태에 대한 확률적 평가가 이루어지면, 각각의 대안에 대한 **기대 금전적 가치**[expected monetary value(EMV), 금전적 기댓값]를 결정할 수 있다. 이 숫자는 같거나 비슷한 의사결정을 매우 많이 반복했을 때의 각 대안에 대한 기댓값 또는 **평균** 수익을 나타낸다.

기대 금전적 가치(EMV)
서로 다른 자연 상태와 각각의 발생 확률을 가진 변수의 기대 배당금이나 가치

특정 대안의 기대 금전적 가치는 그 대안의 모든 가능한 이득에 이득별 발생 확률이 가중치로 곱해진 값들의 합이다.

학습목표 A.4
기대 금전적 가치를 계산한다.

기대 금전적 가치(대안 i) = (첫 번째 자연 상태일 때 이득)
× (첫 번째 자연 상태 발생 확률)
+ (두 번째 자연 상태일 때 이득)
× (두 번째 자연 상태 발생 확률)
+ ⋯ + (마지막 자연 상태일 때 이득)
× (마지막 자연 상태 발생 확률)

예제 A4는 최대 기대 금전적 가치를 계산하는 방법을 예시로 보여준다.

예제 A4

기대 금전적 가치

Getz는 각 대안의 기대 금전적 가치를 찾고자 한다.

접근방법 ▶ Getz의 운영관리자는 시장에서 제품을 선호할 확률이 0.6이고 선호하지 않을 확률이 0.4라고 믿고 있다. 이제 관리자는 각 대안의 기대 금전적 가치를 결정할 수 있다(표 A.3 참조).

해결방법 ▶

1. 기대 금전적 가치(A_1) = (0.6)(200,000달러) + (0.4)(−180,000달러) = 48,000달러
2. 기대 금전적 가치(A_2) = (0.6)(100,000달러) + (0.4)(−20,000달러) = 52,000달러
3. 기대 금전적 가치(A_3) = (0.6)(0달러) + (0.4)(0달러) = 0달러

표 A.3 Getz Products의 의사결정 표

	자연 상태	
대안	**시장 선호**	**시장 비선호**
대형 공장 건설(A_1)	200,000달러	−180,000달러
소형 공장 건설(A_2)	100,000달러	−20,000달러
아무것도 안 하기(A_3)	0달러	0달러
확률	0.6	0.4

통찰력 ▶ 대안 A_2에서 가장 큰 기대 금전적 가치값을 볼 수 있다. 기대 금전적 가치 의사결정 기준에 따르면, Getz는 소형 공장을 건설해야 한다.

학습 연습 ▶ 만일 Getz가 '대형 공장 건설/시장 선호'의 조건값을 250,000달러로 증가시키면 세 가지 기대 금전적 가치값에 무슨 일이 일어나는가? [답: 기대 금전적 가치(A_1) = 78,000달러. 이제 A_1이 선호 의사결정이 된다.]

확실성하의 의사결정

이제 시장조사 회사가 Getz의 운영관리자에게 간이 창고 생산 공장 건설 여부 의사결정을 도와주겠다고 제안했다고 가정한다. 시장조사 회사는 기술 분석을 통해 생산하고자 하는 제품을 시장에서 선호할지 여부를 Getz에게 확실하게 알려줄 수 있다고 주장한다. 다시 말해 Getz의 의사결정 환경이 위험 상황하의 의사결정에서 확실성하의 의사결정으로 바뀌게 되는 것이다. 이 정보는 Getz

가 값비싼 실수를 저지르지 않도록 해줄 것이다. 시장조사 회사는 이 정보에 대한 대가로 Getz에게 65,000달러를 청구하려 한다. 당신이라면 무엇을 추천하는가? 운영관리자가 회사를 고용해서 이 연구를 하도록 해야 하는가? 연구를 통해 얻은 정보가 완벽하게 정확하다 해도, 65,000달러의 가치가 있는가? 정보의 가치는 어느 정도 되는가? 이런 질문에 답하기가 어렵기는 하지만, **완전한 정보**의 가치가 어느 정도가 될지 결정하는 것은 유용하다. 마케팅 컨설턴트가 제공하는 정보에 얼마나 지불해야 할지에 대한 상한선을 제공해주는 것이다. 이것이 완전정보 기대가치(expected value of perfect information, EVPI)이며 지금부터 소개한다.

완전정보 기대가치(EVPI)

학습목표 A.5
완전정보 기대가치를 계산한다.

관리자가 어떤 자연 상태가 발생할지 파악할 수 있다면, 어떤 의사결정을 내려야 할지 알 수 있을 것이다. 관리자가 어떤 의사결정을 내려야 할지 알면, 어느 정도 이득이 발생할지 확률적이 아니라 확실하게 알기 때문에 이득은 증가한다. 어떤 자연 상태가 발생할지에 대한 지식 덕분에 이득이 증가하므로, 이 지식은 가치가 있다. 따라서 지금 우리는 이 정보 가치를 결정하는 방법을 살펴보고자 한다. 완전정보하의 이득과 위험 상황하의 이득 간 차이를 **완전정보 기대가치**(expected value of perfect information, EVPI)라고 부른다.

완전정보 기대가치(EVPI)
완전한 정보하의 이득과 위험 상황하의 이득 간 차이

완전정보 기대가치(EVPI) = 완전정보하의 기대가치 − 기대 금전적 가치 최댓값

완전정보 기대가치를 구하려면 먼저 **완전정보하의 기대가치**(expected value with perfect information, EVwPI), 즉 의사결정을 내리기 전에 완전정보를 얻을 수 있을 경우의 기대(평균)수익을 계산해야 한다. 이 값을 구하려면 각 자연 상태에서의 가장 좋은 대안을 선택하고, 그 이득에 해당 자연 상태 발생 확률을 곱해야 한다.

완전정보하의 기대가치(EVwPI)
완전정보가 있을 경우의 기대(평균) 수익

완전정보하의 기대가치(EVwPI) = (첫 번째 자연 상태하의 가장 좋은 결과)
× (첫 번째 자연 상태 발생 확률)
+ (두 번째 자연 상태하의 가장 좋은 결과)
× (두 번째 자연 상태 발생 확률)
+ ⋯ + (마지막 자연 상태하의 가장 좋은 결과)
× (마지막 자연 상태 발생 확률)

예제 A5에서는 예제 A4의 자료와 의사결정 표를 사용해 완전정보 기대가치를 검사한다.

예제 A5

완전정보 기대가치

Getz의 운영관리자는 정보에 대한 대가로 지불할 최댓값인 완전정보 기대가치를 계산하려 한다.

접근방법 ▶ 예제 A4의 표 A.3을 참고하면서, 관리자는 2단계 과정을 따른다. 첫 번째로 완전정보하의 기대가치를 계산한다. 그리고 이 정보를 이용해 완전정보 기대가치를 계산한다.

해결방법 ▶

1. 자연 상태가 '시장 선호'일 경우 가장 좋은 결과는 '대형 공장 건설' 시의 200,000달러 이득이다. 자연 상태가 '시장 비선호'일 경우 가장 좋은 결과는 '아무것도 안 하기'의 0달러 이득이다. 완전정보하의 기대가치 = (200,000달러)(0.6) + (0달러)(0.4) = 120,000달러이다. 그러므로 만일 완전정보

를 가지고 있다면, 여러 번 반복적으로 의사결정이 이루어질 때 120,000달러가 (평균적으로) 생긴다고 기대할 수 있다.

2. 기대 금전적 가치 최댓값은 대안 A_2의 52,000달러이고, 이는 완전정보가 없는 경우의 기대되는 결과이다. 따라서

$$\begin{aligned}\text{완전정보 기대가치} &= \text{완전정보하의 기대가치} - \text{기대 금전적 가치 최댓값}\\ &= 120{,}000\text{달러} - 52{,}000\text{달러} = 68{,}000\text{달러}\end{aligned}$$

통찰력 ▶ Getz가 완전정보를 대가로 지불할 최고 금액은 68,000달러이다. 물론 이 결론은 첫 번째 자연 상태 발생 확률이 0.6이고 두 번째 자연 상태 발생 확률이 0.4라는 가정에 기초한다.

학습 연습 ▶ 만일 '대형 공장 건설/시장 선호'의 조건값이 250,000달러라면 완전정보 기대가치는 어떻게 변하는가? [답: 완전정보 기대가치 = 72,000달러]

의사결정나무

의사결정을 의사결정 표로 나타낼 수도 있고, 의사결정나무로 나타낼 수도 있다. 이제 의사결정나무를 이용해 의사결정 분석을 하고자 한다. 의사결정 한 세트와 자연 상태 한 세트로 된 문제는 의사결정 표를 사용하는 것이 편리하지만, 많은 경우 일련의 의사결정과 자연 상태가 발생한다.

2개 이상 일련의 의사결정을 하는 경우, 뒤에서 하는 의사결정은 앞에서 한 의사결정에 기초를 두게 되는데, 이 경우 의사결정나무로 접근하는 것이 적절하다. **의사결정나무**(decision tree)는 의사결정 대안, 자연 상태와 각각의 발생 확률, 특정 자연 상태하의 의사결정 대안의 이득을 가리키는 의사결정 과정을 도식화한 것이다.

의사결정나무
의사결정 대안과 자연 상태를 분석하는 도식화된 수단

의사결정나무 분석에서는 기대 금전적 가치가 가장 흔하게 사용되는 판단 기준이다. 이 분석의 첫 단계는 의사결정나무를 도식화하고 특정 문제에서 얻는 모든 결과를 화폐가치로 표시하는 것이다.

의사결정나무로 문제를 분석하는 것은 다음 5단계를 포함한다.

1. 문제를 정의한다.
2. 의사결정나무를 구조화하거나 그린다.
3. 각 자연 상태에 발생 확률을 부여한다.
4. 특정 자연 상태하의 의사결정 대안의 이득을 추정한다.
5. 각각의 자연 상태 노드마다 기대 금전적 가치를 계산해 문제를 푼다. 이것은 역방향으로 작업을 하며, 나무의 오른쪽에서 시작해 왼쪽에 있는 의사결정 노드로 거슬러 올라가면서 작업한다.

예제 A6 기대 금전적 가치로 의사결정나무 해결하기

Getz는 완성된 의사결정나무를 개발해 해결하려고 한다.

접근방법 ▶ 의사결정나무 가지의 오른쪽 편에 이득값을 위치시킨다(그림 A.2 참조). 각각의 자연 상태 옆 괄호 안에 (예제 A.4에서 Getz가 처음 사용한) 발생 확률을 위치시킨다. 각 자연 상태별로 기대 금전

학습목표 A.6
의사결정나무의 각 노드를 평가한다.

적 가치를 계산한 후 개별 노드에 위치시킨다. 첫 번째 노드의 기대 금전적 가치는 48,000달러이다. 이것은 의사결정 노드에서 '대형 공장 건설'로 연결된 가지를 나타낸다. '소형 공장 건설'로 이어지는 두 번째 노드의 기대 금전적 가치는 52,000달러이다. '아무것도 안 하기' 대안의 이득은 물론 0달러이다.

그림 A.2
Getz Products의 완성된 의사결정나무와 해결안

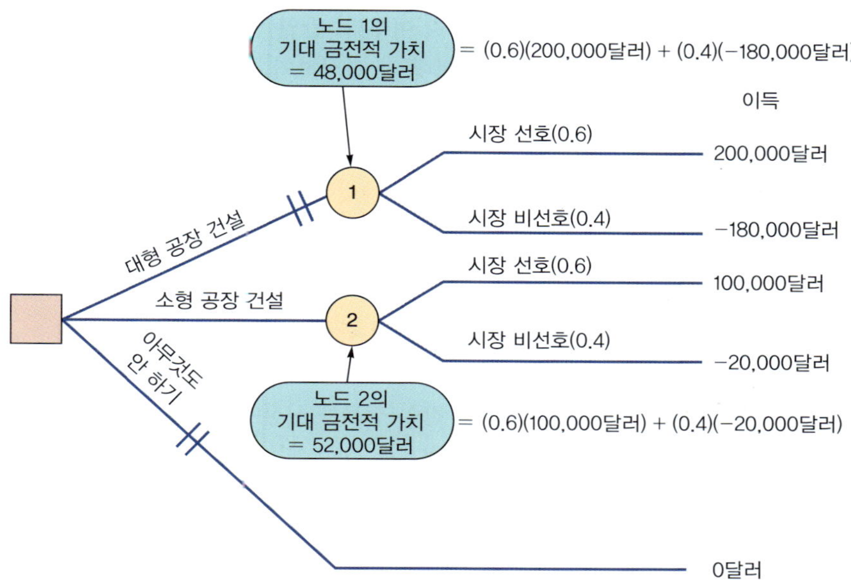

해결방법 ▶ 의사결정 노드에서 나와 자연 상태 노드로 뻗은 가지 중에서 가장 큰 기대 금전적 가치를 가진 것을 선택한다. Getz 사례에서는 소형 공장을 건설해야 한다.

통찰력 ▶ 도식화하는 접근법은 관리자가 중요한 의사결정을 할 때 모든 대안을 이해할 수 있는 탁월한 방법이다. 시각적 모델이 표보다 자주 선호된다.

학습 연습 ▶ '대형 공장 건설/시장 선호'의 조건값 250,000달러를 반영해 그림 A.2를 수정하라. [답: 이득값을 수정하고, 노드 1의 기대 금전적 가치를 다시 계산하라.]

더 복잡한 의사결정나무

일련의 의사결정을 내려야 하면, 의사결정나무가 의사결정 표보다 더 강력한 도구가 된다. 이를테면 Getz가 두 가지 의사결정을 내려야 하는데, 두 번째 의사결정은 첫 번째 결과에 따라 달라지는 것이다. 새 공장을 건설하기 전에 Getz는 10,000달러를 들여 자체 시장 설문조사를 수행하는 대안이 있다. 이 설문에서 얻은 정보는 대형 공장을 건설할지, 소형 공장을 건설할지, 아무것도 건설하지 않을지 결정하는 데 도움이 될 것이다. Getz는 이 설문이 완전한 정보를 제공하지는 않더라도 매우 유용할 것으로 인식한다.

게츠의 새로운 의사결정나무는 예제 A7의 그림 A.3에 나타나 있다. 이 복잡한 나무를 잘 살펴보자. 모든 가능한 결과와 대안이 논리적 순서에 잘 포함되어 있는지 확인하자. 이 절차는 의사결정나무를 사용하는 강점 중 하나다. 관리자는 안 좋은 것을 포함한 모든 가능한 결과를 살펴볼 수밖에 없다. 또한 논리적인 일련의 의사결정을 내려야 한다.

예제 A7

일련의 의사결정을 위한 의사결정나무

Getz는 일련의 의사결정을 위한 새로운 의사결정나무를 개발하려고 한다.

접근방법 ▶ 그림 A.3의 의사결정나무를 살펴보면, Getz의 첫 번째 의사결정 시점은 10,000달러가 드는 시장조사를 수행할지 여부다. 만일 연구를 하지 않겠다면 (나무의 아래쪽 부분), Getz는 그냥 대형 공장 건설하기, 소형 공장 건설하기, 아무것도 안 하기 중 어느 하나를 선택하면 된다. 이것이 Getz의 두 번째 의사결정 시점이다. 건설하기로 결정을 내렸다면, 시장에서 선호할지(확률 0.6), 선호하지 않을지(확률 0.4) 둘 중 하나가 된다. 각각의 가능한 결과에 대한 이득이 오른편에 나열되어 있다. 사실 Getz의 의사결정나무 아랫부분은 그림 A.2의 단순한 의사결정나무와 동일하다.

해결방법 ▶ 그림 A.3의 윗부분은 시장조사 수행 의사결정을 반영한 것이다. 자연 상태 노드 1에서 가지 1번과 2번이 나온다. 간이 창고를 시장에서 선호한다고 설문 결과가 알려줄 가능성이 45%라고 하자. 설문조사 결과가 부정적일 확률이 0.55인 점도 주목하자.

그림 A.3에 괄호 안에 있는 나머지 확률들은 모두 **조건부 확률**이다. 예를 들면 시장 설문조사의 우호적인 결과를 바탕으로 간이 창고를 시장에서 선호할 확률은 0.78이다. 물론 조사 결과 시장이 좋을 것이라고 가리키는 것을 전제로, 선호하는 시장이 될 확률은 더 클 것으로 기대할 수 있다. 하지만 잊어서는 안 되는 것은 Getz의 10,000달러의 시장조사 설문이 완전정보나 믿을 만한 정보를 도출하지 못할 수도 있다는 점이다. 모든 시장조사 연구에는 실수가 있게 마련이다. 여기서 나머지 22%의 경우는 설문 결과가 긍정적이지만 시장에서 선호하지 않는 가능성으로 남는다.

마찬가지로 부정적인 설문조사 결과에도 간이 창고를 시장에서 선호할 가능성은 27%라는 점을 눈여겨보아야 한다. 부정적인 설문조사 결과에 따라 실제 시장에서 선호하지 않을 확률은 0.73으로 매우 높다.

마지막으로 그림 A.3의 이득을 나타낸 열을 살펴보면, 마케팅 연구비용 10,000달러가 위에서부터 10개까지 가지에서 차감된 것을 알 수 있다. 선호되는 시장에서의 대형 공장 건설은 200,000달러의 순이익이었다. 하지만 시장 연구가 수행되면, 이 숫자는 10,000달러가 줄어들게 된다. 시장에서 선호하지 않는 경우, 순손실 180,000달러는 190,000달러가 된다. 비슷하게, 설문은 수행하고, 아무것도 건설하지 않은 경우 이제는 −10,000달러의 이득이 있게 된다.

모든 확률과 이득이 명시되면, 각 가지의 기대 금전적 가치 계산을 시작할 수 있다. 의사결정나무의 오른편에서부터 시작해 원점 방향으로 거슬러 올라간다. 다 마치고 나면 가장 좋은 의사결정이 무엇인지 알게 된다.

1. 설문조사 결과가 우호적일 때

   기대 금전적 가치(노드 2) = (.78)(190,000달러) + (.22)(−190,000달러) = 106,400달러
   기대 금전적 가치(노드 3) = (.78)(90,000달러) + (.22)(−30,000달러) = 63,600달러

   건설을 안 하는 경우의 기대 금전적 가치는 −10,000달러이다. 따라서 만약 설문조사 결과가 우호적이면, 대형 공장을 건설해야 한다.

2. 설문조사 결과가 부정적일 때

   기대 금전적 가치(노드 4) = (.27)(190,000달러) + (.73)(−190,000달러) = −87,400달러
   기대 금전적 가치(노드 5) = (.27)(90,000달러) + (.73)(−30,000달러) = 2,400달러

   건설을 안 하는 가지의 기대 금전적 가치는 마찬가지로 −10,000달러이다. 따라서 부정적인 설문 결과가 주어지면, Getz는 기댓값 2,400달러의 소형 공장을 건설해야 한다.

그림 A.3

확률과 기대 금전적 가치를 나타낸 Getz Products의 의사결정나무

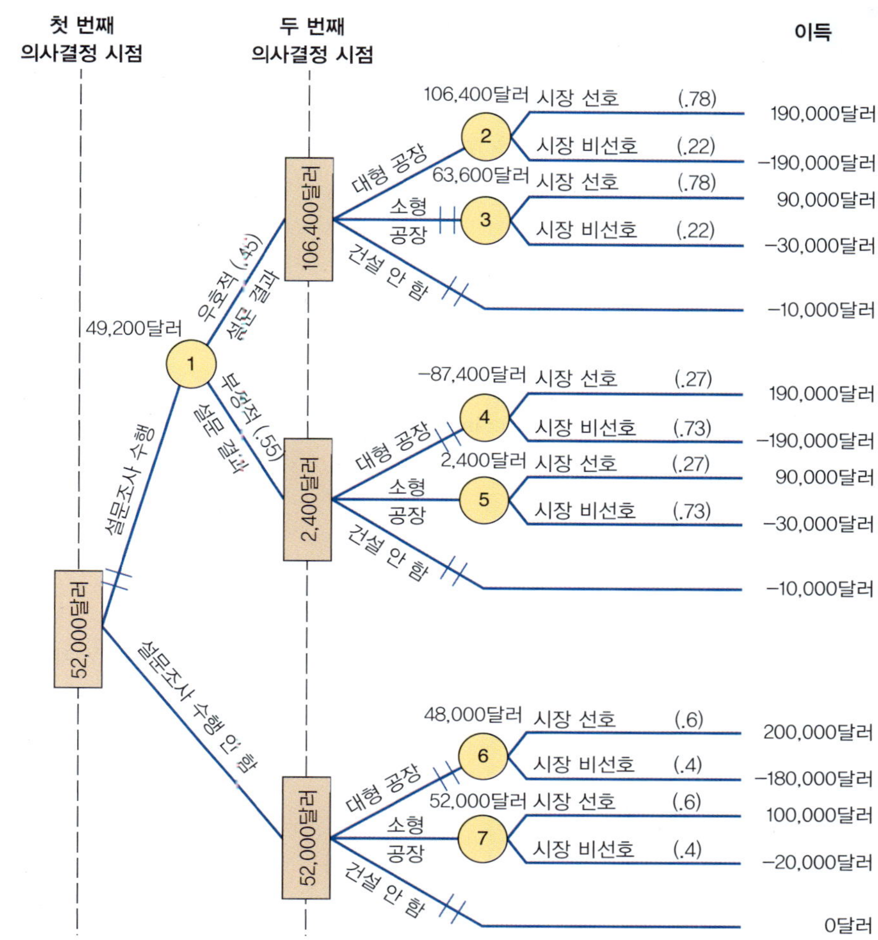

학습목표 A.7

일련의 의사결정을 위한 의사결정나무를 만든다.

3. 의사결정나무의 윗부분을 역방향으로 계속 진행하면, 시장 설문조사 수행 기대가치를 계산할 수 있다.

   기대 금전적 가치(노드 1) = (.45)(106,400달러) + (.55)(2,400달러) = 49,200달러

4. 만일 시장조사를 수행하지 않으면

   기대 금전적 가치(노드 6) = (.6)(200,000달러) + (.4)(−180,000달러) = 48,000달러
   기대 금전적 가치(노드 7) = (.6)(100,000달러) + (.4)(−20,000달러) = 52,000달러

   건설을 안 하는 경우의 기대 금전적 가치는 0달러이다. 따라서 시장 설문조사가 수행되지 않는다면, 소형 공장 건설이 가장 좋은 선택이다.

5. 설문을 수행하지 않을 경우 기대 금전적 가치가 52,000달러이고 연구 수행 시에는 49,200달러이므로 최선의 선택은 **시장정보를 얻지 않는 것**이다. Getz는 소형 공장을 건설해야 한다.

통찰력 ▶ 작은 의사결정나무 몇 개를 푸는 방식으로 큰 의사결정나무의 복잡성을 줄일 수 있다—큰 의사결정나무의 가장 끝 가지부터 시작한다. 한 번에 하나씩 의사결정을 한다.

학습 연습 ▶ 만약 Getz가 시장 설문조사를 수행하면, 이동 창고를 시장에서 선호한다는 결과가 나타날 확률이 35%라고 추산한다. 의사결정나무가 어떻게 변하겠는가? [답: 설문조사 수행의 기대 금전적 가치 = 38,800달러라서 Getz는 여전히 조사를 수행하지 않는다.]

요약

이 모듈은 의사결정 기법 중 가장 많이 사용하는 의사결정 표와 의사결정나무 두 가지를 조사해본다. 이 기법은 위험 상황하의 의사결정에 특히 유용하다. 연구개발과 관련된 여러 의사결정, 즉 공장과 설비, 신규 건물과 구조물 건설을 이 의사결정 모델로 분석할 수 있다. 재고 통제, 총괄 생산계획, 유지보수, 일정 계획, 생산 관리에도 의사결정 표와 의사결정나무가 응용된다.

핵심 용어

기대 금전적 가치(expected monetary value, EMV)
완전정보 기대가치(expected value of perfect information, EVPI)
완전정보하의 기대가치(expected value with perfect information, EVwPI)
의사결정나무(decision tree)
의사결정 표(decision table)
최대이익 극대화(maximax)
최소이익 극대화(maximin)
평균이익 극대화(equally likely)

토론 문제

1. 의사결정 과정의 6단계를 파악하라.
2. 좋은 의사결정을 내렸으나 결과는 나쁜 예를 들라. 또한 나쁜 의사결정을 내렸으나 결과는 좋은 예를 들라. 각각의 의사결정이 왜 좋고 나쁜가?
3. 평균이익 극대화 모델은 무엇인가?
4. 확실성하의 의사결정, 위험 상황하의 의사결정, 불확실성하의 의사결정의 차이를 토론하라.
5. 의사결정나무는 무엇인가?
6. 10개의 운영관리 의사결정에 의사결정나무가 어떻게 사용될 수 있는지 설명하라.
7. 완전정보 기대가치(EVPI)란 무엇인가?
8. 완전정보하의 기대가치(EVwPI)란 무엇인가?
9. 의사결정나무를 작성하면 언제 어떻게 올바른 의사결정을 내릴 수 있는지 설명하라.
10. 최대이익 극대화와 최소이익 극대화 전략이 각각 왜 낙관적이거나 비관적인가?
11. 의사결정나무가 의사결정에 최적의 모델이 아닌 사례를 설명하라.
12. 의사결정나무가 위험 상황하의 의사결정에 왜 적합한가?

문제 해결

문제 해결 A.1

스텔라 얀 후아(Stella Yan Hua)는 대학에서 몇 구역 떨어진 페어뱅크스(Fairbanks) 거리에 작은 정장 드레스 가게를 열려고 고려중이다. 그녀는 학생들의 이목을 끌 만한 좋은 몰(mall)을 발견했다. 선택지는 작은 가게를 여느냐, 중간 규모 가게를 여느냐, 아니면 아예 열지 않느냐이다. 드레스 가게 시장 상황은 좋을 수도, 평균 정도일 수도, 아예 나쁠 수도 있다. 세 가지 가능성에 대한 확률은 시장 상황은 좋을 경우 0.2, 평균 정도일 경우 0.5, 나쁠 경우가 0.3이다. 여러 가지 시장 상황에 따라 중간 규모 가게와 작은 가게의 순이익과 순손실은 표에 주어졌다. 가게를 아예 열지 않을 경우는 손실도 없고 이익도 없다. 당신은 어떤 것을 추천하는가?

	자연 상태		
대안	좋은 시장 (달러)	평균 시장 (달러)	나쁜 시장 (달러)
작은 가게	75,000	25,000	−40,000
중간 규모 가게	100,000	35,000	−60,000
열지 않음	0	0	0
확률	.20	.50	.30

해결책

이 문제는 각 대안의 기대 금전적 가치를 계산해서 풀 수 있다.

$$\text{기대 금전적 가치(작은 가게)} = (.2)(75{,}000\text{달러}) + (.5)(25{,}000\text{달러}) + (.3)(-40{,}000\text{달러}) = 15{,}500\text{달러}$$

$$\text{기대 금전적 가치(중간 규모 가게)} = (.2)(100{,}000\text{달러}) + (.5)(35{,}000\text{달러}) + (.3)(-60{,}000\text{달러}) = 19{,}500\text{달러}$$

$$\text{기대 금전적 가치(열지 않음)} = (.2)(0\text{달러}) + (.5)(0\text{달러}) + (.3)(0\text{달러}) = 0\text{달러}$$

보는 바와 같이 가장 좋은 의사결정은 중간 규모 가게를 여는 것이다. 이 대안의 기대 금전적 가치는 19,500달러이다.

문제 해결 A.2

미국 네바다주에 소재한 T.S.아메르(T.S. Amer)의 스키 가게는 1년에 100일간 계절영업을 한다. T.S.는 스키를 탈 수 있는 상황 기록에 근거해 표에 나타난 바와 같이 가게 물동량의 확률을 구했다. T.S.는 각각 네 가지 유명 상표의 상품을 구비할 계획이다. 각 계획의 일일 순이익 발생은 표에 기록된 바와 같다. 그는 기상학자 친구가 있어서 약간의 비용으로 내일 날씨를 정확하게 예측할 수 있어서 네 가지 상품 구비 계획 중 하나를 실행할 수 있다.

(a) 위험 상황하의 기대 금전적 가치는 얼마인가?
(b) 완전정보하의 기대가치는 얼마인가?
(c) 완전정보 기대가치는 얼마인가?

	스키 상황으로 인한 가게 내 물동량 (자연 상태)			
의사결정 대안(~에 주력하는 상품 구비 계획)	1	2	3	4
파타고니아	40달러	92	20	48
노스페이스	50	84	10	52
클라우드베일	35	80	40	64
컬럼비아	45	72	10	60
확률	.20	.25	.30	.25

해결책

(a) 위험 상황하에서의 가장 큰 기대 금전적 가치는

$$\text{기대 금전적 가치(파타고니아)} = .20(45) + .25(92) + .30(20) + .25(48) = 49\text{달러}$$

$$\text{기대 금전적 가치(노스페이스)} = .20(50) + .25(84) + .30(10) + .25(52) = 47\text{달러}$$

$$\text{기대 금전적 가치(클라우드베일)} = .20(35) + .25(80) + .30(40) + .25(64) = 55\text{달러}$$

$$\text{기대 금전적 가치(컬럼비아)} = .20(45) + .25(72) + .30(10) + .25(60) = 45\text{달러}$$

따라서 기대 금전적 가치 최댓값은 55달러이다.

(b) 완전정보하의 기대가치는 다음과 같다.

$$\text{완전정보하의 기대가치} = .20(50) + .25(92) + .30(40) + .25(64) = 10 + 23 + 12 + 16 = 61\text{달러}$$

(c) 완전정보 기대가치는 다음과 같다.

$$\text{완전정보 기대가치} = \text{완전정보하의 기대가치} - \text{기대 금전적 가치의 최댓값} = 61 - 55 = 6\text{달러}$$

문제 해결 A.3

Ravinder Nath 슈퍼마켓의 타이디 보울(Tidy Bowl) 세제의 상자 단위 일일 수요량은 항상 5, 6, 7상자다. 5, 6, 7상자 중 몇 상자를 재고로 두어야 하는지 의사결정 대안을 보여주는 의사결정나무를 만들라.

해결책

의사결정나무는 그림 A.4에 있다.

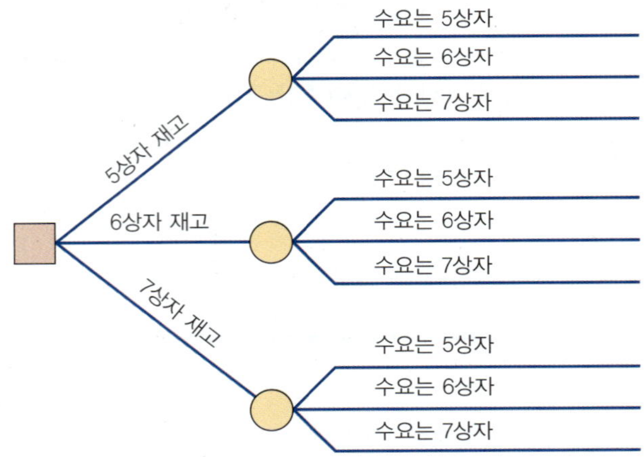

그림 A.4 Ravinder Nath 슈퍼마켓의 수요

연습 문제

Px 윈도우용 POM 또는 엑셀 OM으로 문제를 해결할 수 있음

문제 A.1~A.17은 의사결정 환경 유형과 관련이 있다.

• **A.1** 다음과 같은 조건값 표가 주어졌을 때 아래의 기준을 사용해 적절한 불확실성하의 의사결정을 내려라.

(a) 최대이익 극대화

(b) 최소이익 극대화

(c) 평균이익 극대화 Px

	자연 상태		
대안	시장 선호(달러)	평균 시장(달러)	시장 비선호(달러)
새 공장 건설	350,000	240,000	−300,000
하청	180,000	90,000	−20,000
초과근무	110,000	60,000	−10,000
아무것도 안 함	0	0	0

••• **A.2** 대기업 계열이 아닌 독립적인 주유소가 어려운 시기를 보내고 있다 하더라도, 이안 란젤라(Ian Langella)는 자기 소유의 독립적인 주유소를 열고 싶어 한다. 이안의 문제는 주유소 규모를 어느 정도로 해야 할지다. 연간 수익은 주유소 규모와 정유산업, 가솔린 수요와 같은 마케팅 요소에 달려 있다. 신중한 분석 결과, 이안은 다음과 같은 표를 작성했다.

첫 주유소 규모	좋은 시장(달러)	보통 시장(달러)	열악한 시장(달러)
소형	50,000	20,000	−10,000
중형	80,000	30,000	−20,000
대형	100,000	30,000	−40,000
초대형	300,000	25,000	−160,000

예를 들어 소형 주유소를 건설하고 좋은 시장 상황이면, 이안은 50,000달러의 이익을 실현할 것이다.

(a) 표 A.2와 같이 의사결정 표를 만들라.

(b) 최대이익 극대화 의사결정 결과는 무엇인가?

(c) 최소이익 극대화 의사결정 결과는 무엇인가?

(d) 평균이익 극대화 의사결정 결과는 무엇인가?

(e) 의사결정나무를 만들라. 상황 발생 확률이 같다고 가정하고, 가장 큰 기대 금전적 가치를 구하라. Px

• **A.3** 하드록카페(Hard Rock Cafe)의 연례 록 페스티벌에서 샌드위치를 팔고 있는 앤드루 토머스(Andrew Thomas)는 여러 가지 대안(재고 의사결정)과 자연 상태(군중의 규모)에 대한 조건값 표를 작성했다.

	자연 상태(수요)		
대안	대규모(달러)	평균(달러)	소규모(달러)
대량 재고	22,000	12,000	−2,000
평균 재고	14,000	10,000	6,000
소량 재고	9,000	8,000	4,000

자연 상태와 관련한 확률은 대규모 수요의 경우는 0.3, 평균 수요는 0.5, 소규모 수요는 0.2이다.

(a) 앤드루에게 가장 큰 기대 금전적 가치를 제공하는 대안을 결정하라.

(b) 완전정보 기대가치를 계산하라.

•• **A.4** 쿠웨이트에 위치한 대형 슈퍼마켓은 확장과 관련해 다른 대안들을 고려하고 있다. 경영진은 세 가지 가능한 대안(2개의 새 점포를 세운다, 1개의 새 점포를 세운다, 아무것도 하지 않는다)을 파악했다. 기대 이득은 미래 수요가 적은지, 보통인지, 많은지에 달려 있다. 시장에 대한 세심한 분석 끝에 슈퍼마켓 경영진은 다음과 같은 이득표를 완성했다. 단위는 백만 쿠웨이트 디나르(Kuwaiti Dinar)다.

	수요		
대안	적음	보통	많음
새 점포 2개를 세움	−8	−2	10
새 점포 1개를 세움	−4	1	5
아무것도 안 함	0	0.5	1

(a) 다른 자연 상태와 다른 의사결정 대안을 파악하라.

(b) 최대이익 극대화, 최소이익 극대화, 평균이익 극대화 의사결정 기준하에 가장 좋은 의사결정은 무엇인가?

(c) 회사는 무엇을 해야 하는가? **Px**

• **A.5** Howard Weiss Inc.는 민감도가 높은 새 방사능 측정기 제조를 고려중이다. 관리자는 ATR Co.가 경쟁 제품을 출시할 가능성이 0.4라고 믿고 있다. 만일 Weiss가 해당 제품 조립라인을 증설하고 ATR이 (다른 제품을 생산하지만) 경쟁 제품을 따라 출시하지 않는다면 Weiss의 기대 이익은 40,000달러이다. 만일 Weiss가 해당 제품 조립라인을 증설하고 ATR이 그 뒤를 따라 (경쟁 제품을) 생산하더라도 Weiss는 10,000달러의 이익을 기대할 수 있다. 만일 Weiss가 새 공장을 증설하고 ATR이 경쟁 제품을 생산하지 않는다면 Weiss의 기대 이익은 600,000달러이다. 만일 ATR이 이 시장을 두고 경쟁하면 Weiss는 (증설을 하지 않는다면) 100,000달러의 손실을 볼 것으로 기대한다.

(a) 각 의사결정의 기대 금전적 가치를 결정하라.

(b) 완전정보 기대가치를 계산하라. **Px**

••• **A.6** Adam Smith 무역회사는 다른 나라에서 시장을 확대하고 사업을 하고자 한다. 이 회사는 새 사무소를 여는 비용과 연간 이익(모든 수치 단위는 천 유로)을 대략 추산한 사전 연구를 진행했고, 요약 내용은 다음 표에 있다.

국가	설치비용	최악의 경우 수익	최상의 경우 수익
독일	10,000	−2,000	10,000
인도	15,000	−10,000	20,000
호주	8,000	0	8,000
한국	8,000	−4,000	11,000

만일 관리자가 위험 중립, 비관적, 낙관적인 경우에 어느 지역을 선택할 것인가? 만일 향후 3년을 염두에 둔다면, 수치가 달라질 것인가?

• **A.7** 다음 이득표는 Robert Klassan 인쇄소의 다양한 수준의 수요와 가능한 의사결정 대안에 기초하고 있다.

	수요	
	낮음	높음
대안 1	10,000달러	30,000달러
대안 2	5,000달러	40,000달러
대안 3	−2,000달러	50,000달러

수요가 낮을 확률은 0.4이고 높을 확률은 0.6이다.

(a) 가장 큰 기대 금전적 가치 값은 얼마인가?

(b) 완전정보하의 기대가치는 얼마인가?

(c) 이 경우의 완전정보 기대가치를 구하라. **Px**

• **A.8** Urgent Care of Brookline의 이사인 레아 존슨(Leah Johnson)은 적은 비용의 독감 예방 주사를 놓아 주는 시설을 확장하고자 하는데 간호사를 새로 고용해야 할지 기간제 간호사를 써야 할지 결정해야 한다. 다음 표는 세 가지 수준의 수요에 대한 두 가지 대안의 기대비용을 보여준다.

	자연 상태		
대안	적은 수요	중간 수요	많은 수요
새로 고용	300달러	500달러	700달러
기간제	0달러	350달러	1,000달러
확률	.2	.5	.3

(a) 기대가치를 사용한다면 존슨은 무엇을 해야 하는가?

(b) 이득과 확률을 보여주는 의사결정나무를 그려라. **Px**

•• **A.9** Zhu Manufacturing은 신제품군 출시를 고려중이다. 제품군의 장기 수요는 예측 가능하고, 제조사는 부적합한 공정을 선택하는 위험에 대해 걱정하고 있다. 페이 주(Faye Zhu)는 운영 담당 부사장이다. 그녀는 일괄(batch) 생산과 맞춤(custom) 생산 중 선택을 해야 하고, 그룹 테크놀로지(group technology)에 투자할 수도 있다. 페이는 공정을 선택하기 전에는 수요를 정확하게 예측할 수가 없다. 수요는 열악함, 보통, 좋음, 아주 좋음의 네 가지로 분류된다. 다음 표는 각 공정과 수요 조합에 대한 장기적인 수요 수준 확률과 함께 이득(이익)을 알려준다(단위: 달러).

	열악함	보통	좋음	아주 좋음
확률	.1	.4	.3	.2
배치 생산	−200,000	1,000,000	1,200,000	1,300,000
맞춤 생산	100,000	300,000	700,000	800,000
그룹 테크놀로지	−1,000,000	−500,000	500,000	2,000,000

(a) 기대가치에 바탕을 두면, 어떤 선택이 가장 큰 이익을 제공하는가?

(b) 페이 주는 미래의 수요 수준을 정확하게 결정해주는 예측에 얼마의 비용을 지불해야 하는가? Px

•• **A.10** 조 블랙번(Joe Blackburn)이 Vanderbilt Enterprise를 위해 완성한 다음 의사결정표를 고려하라.

	자연 상태		
의사결정 대안	낮음	중간	높음
A	40달러	100달러	60달러
B	85달러	60달러	70달러
C	60달러	70달러	70달러
D	65달러	75달러	70달러
E	70달러	65달러	80달러
확률	.40	.20	.40

어떤 의사결정 대안이 이득의 기대가치를 최대화하는가? Px

•• **A.11** 출판사로부터 먼저 구매해서 일반인들에게 잡지를 파는 뉴스 벤더(news vendor) 회사는 다음 날 주문할 잡지 부수를 결정해야 한다. 경험에 의하면, 잡지 수요는 400~900부가 되며 그 확률분포표는 다음과 같다.

수요	400	500	600	700	800	900
확률	0.2	0.2	0.2	0.2	0.1	0.1

잡지 1부 원가는 7이집트 파운드(Livre Egyptienne, LE)이며, 10이집트 파운드에 팔린다. 안 팔린 잡지는 출판사에 반품하며 1부당 1이집트 파운드로 환불받는다.

(a) 조건부 이익표를 작성하라.

(b) 최대 기대 금전적 가치를 얻으려면 뉴스 벤더는 잡지 몇 부를 주문해야 하는가? Px

•• **A.12** Palmer Jam Company는 여러 가지 다른 종류의 잼을 생산하는 작은 회사다. 한 가지 제품은 방부제가 안 들어간 유기농 잼이며 소매점에 팔려 나간다. 수전 팔머(Susan Palmer)는 매달 몇 상자의 잼을 생산해야 할지 결정해야 한다. 수요가 6상자일 확률은 0.1, 7상자는 0.3, 8상자는 0.5, 9상자는 0.1이다. 상자당 원가는 45달러인데, 수전이 받는 상자당 가격은 95달러이다. 불행히도 매달 말까지 팔리지 않은 상자는 부패되어 가치가 없다. 수전은 매달 몇 상자를 생산해야 하는가? Px

•• **A.13** 유명 래퍼 션 폴(Sean Paul)의 두바이 공연 기획사는 행사장에서 팔릴 셔츠를 찍어 내야 한다. 회사는 5,000장이나 10,000장 또는 20,000장을 찍어 낼지 결정해야 한다. 셔츠 판매 기대수익은 관객의 수에 비례한다. 다음 표는 가능한 자연 상태하에 각 의사결정에 대한 아랍에미리트 디나르(Arab Emirates Dinar, AED)로 표시된 기대 이득표다.

	관객 수		
대안	10,000명	20,000명	40,000명
셔츠 5,000장 찍기	100,000	100,000	100,000
셔츠 10,000장 찍기	75,000	200,000	200,000
셔츠 20,000장 찍기	25,000	150,000	400,000

만일 관객이 10,000명일 확률이 0.25, 20,000명일 확률이 0.4, 40,000명일 확률이 0.35라면, 다음 사항을 결정하라.

(a) 최대 기대 금전적 가치를 제공하는 대안

(b) 완전정보 기대가치 Px

•••• **A.14** 세르비아의 베오그라드시는 주공항이 혼잡해 두 번째 공항 건설을 심사숙고하고 있고 2개의 가능 지역(X, Y)을 고려중이다. Hard Rock Hotel은 신공항에 호텔을 건설할 토지를 구매하고자 한다. 땅 값은 기대심리로 인해 상승하고 있으며, 시가 X나 Y 중 한 지역을 선택하면 가격은 고공행진을 할 것이다. 결론적으로, Hard Rock은 지금 토지를 구매해야 한다. 만일 시가 공항을 구매한 땅 근처에 건설하지 않으면 Hard Rock은 땅을 매각할 것이다. Hard Rock은 네 가지 선택을 할 수 있다: (1) X에 토지 매입, (2) Y에 토지 매입, (3) X와 Y 두 곳에 토지 매입, (4) 아무것도 안 함. Hard Rock은 다음과 같은 자료를 모았다(단위: 백만 유로).

	X지역	Y지역
현재 구매 가격	27	15
만일 공항과 호텔이 이 지역에 건설될 때 이익*	45	30
공항이 건설되지 않을 경우 매각 가격	9	6

*표의 두 번째 행은 호텔 운영 순이익을 나타내며, 초기 토지 구입비를 포함하지 않았다.

Hard Rock은 공항이 X지역에 건설될 확률을 45%로 결정했다(따라서 Y에 건설될 확률은 55%이다).

(a) 의사결정표를 구성하라.

(b) 총 순이익을 최대화하려면 Hard Rock은 어떻게 결정해야 하는가? Px

• **A.15** 다음과 같은 조건값 표가 주어졌을 때, 아래의 기준을 사용해 적절한 불확실성하의 의사결정을 수행하라.

(a) 최대이익 극대화

(b) 최소이익 극대화

(c) 평균이익 극대화 Px

대안	자연 상태		
	시장 매우 선호	평균 시장	시장 비선호
대형 공장	275,000달러	100,000 달러	−150,000달러
소형 공장	200,000달러	60,000달러	−10,000달러
초과근무	100,000달러	40,000달러	−1,000달러
아무것도 안 함	0달러	0달러	0달러

•• **A.16** 다음 이득 표는 여러 가지 수요 수준과 가능한 의사결정 대안에 따른 이익을 제공한다.

	수요		
	낮음	중간	높음
대안 1	80	120	140
대안 2	90	90	90
대안 3	50	70	150

수요가 낮을 확률은 0.4, 중간이거나 높을 확률은 각각 0.3이다.

(a) 가장 큰 기대 금전적 가치는 얼마인가?

(b) 이 경우에 완전정보 기대가치를 계산하라. PX

•• **A.17** 다음과 같은 조건값 표가 주어졌을 때, 각각의 자연 상태가 동일하게 발생할 것이라고 가정하고 적절한 의사결정을 수행하라. PX

대안	자연 상태		
	시장 매우 선호	평균 시장	시장 비선호
대형 공장	275,000달러	100,000달러	−150,000달러
소형 공장	200,000달러	60,000달러	−10,000달러
초과근무	100,000달러	40,000달러	−1,000달러
아무것도 안 함	0달러	0달러	0달러

문제 A.18~A28은 의사결정나무와 관련이 있다.

••• **A.18** 사우디아라비아에 있는 Al-Andalus 소매점은 담만(Damman)시에 대형 상점 또는 소형 점포를 개설하려 한다. 의사결정에 따른 월간 기대수익의 현재 가치는, 낮을 확률이 0.4이고 높을 확률이 0.6인 미래 수요에 달려 있다.

만일 소형 점포를 개설하고 수요가 낮다면, 기대 현재 가치는 사우디아라비아 리얄(SAR)로 200,000이다. 그러나 소형 점포를 개설하고 수요가 높다면 경영진은 현 규모를 유지하며 기대 현재 가치 250,000리얄을 벌거나 확장을 할 수 있다. 경영진이 확장을 선택할 경우 기대 현재 가치가 350,000리얄이 될 확률이 50%, 210,000리얄이 될 확률이 50%이다.

만일 경영진이 대형 점포를 개설하고 수요가 높다면, 기대 현재 가치는 800,000리얄이다. 그러나 대형 점포를 개설하고 수요가 낮다면 선택은 아무것도 하지 않으며 기대 현재 가치 40,000리얄을 벌거나 지역 광고를 통해 수요를 진작할 수 있다. 광고 반응이 중간 수준일 확률은 0.3이며 기대 현재 가치가 80,000리얄이 되고, 선호될 확률은 0.7이며 기대 현재 가치는 400,000리얄이 될 것이다.

의사결정나무를 사용해 경영진이 최선의 대안으로 결정할 수 있도록 도움을 주라. PX

•• **A.19** 아흐메드 사이프(Ahmed Saif)는 이집트 서부 사막 토쉬카(Toshka)의 신규 계곡 프로젝트 내에 100,000에이커의 토지를 소유하고 있는 대규모 농업 회사의 관리자다. 다가올 여름 동안 재배할 세 가지 작물 중 어느 것으로 결정할지 결정해야 한다. 아흐메드는 다음과 같이 날씨에 따라 작물별로 에이커당 기대 순수입 추정치를 얻을 수 있었다.

작물	기대 수입 (에이커당 천 이집트 파운드)	
	건조	습함
사탕수수	−20	35
면화	−15	40
옥수수	−10	25
날씨 확률	0.7	0.3

(a) 이 문제의 의사결정나무를 작성하라.

(b) 기대 금전적 가치를 사용해 최선의 대안을 결정하라. 회사의 총 기대 순수입은 얼마인가?

(c) 완전정보 기대가치는 얼마인가? PX

•• **A.20** 한 자동차 제조사는 두 주요 공급업체로부터 브레이크 패드를 공급받고 있다. 역대 품질 정보에 의거하면 공급업체 1은 65%의 확률로 납품 로트(lot)에 3%의 불량이 있거나, 25%의 확률로 2%의 불량이 있거나, 10%의 확률로 1%의 불량이 있을 수 있다. 공급업체 2는 15%의 확률로 납품 로트에 3%의 불량이 있거나, 35%의 확률로 2%의 불량이 있거나, 50%의 확률로 1%의 불량이 있을 수 있다. 공급업체 1의 패드 원가는 32달러이고, 공급업체 2의 패드 원가는 38달러이다.

만일 회사가 20,000개의 패드를 주문하려 할 때, 의사결정나무를 사용해 어느 공급업체를 선정해야 할지 결정하라. PX

• **A.21** 압둘라(Abdulla)는 직장으로 가는 2개의 경로 A와 B 중에서 가장 좋은 경로를 결정하려고 한다. 각 경로의 직장까지 걸리는 시간은 교통량에 따라 다르다. 만일 압둘라가 경로 A를 택하면, 교통량이 보통인 경우 25분이 소요되며, 교통량이 많을 경우 45분이 걸린다. 만일 압둘라가 경로 B를 택하면, 교통량이 보통인 경우 15분이 소요되며, 교통량이 많을 경우 55분이 걸린다. 특정한 날에 교통량이 보통일 확률은 40%이며, 교통량이 많을 확률은 60%이다.

(a) 이 문제의 의사결정나무를 만들라.

(b) 기대가치 기준을 사용해 가장 좋은 경로를 결정하라. Px

•• **A.22** 큰 규모의 투자회사는 100만 달러를 어떻게 투자할지 결정하고자 한다. 이사회는 주식 투자, 미국 국채 투자, 아무것도 안 함 세 가지 대안을 고려중이다. 시장 상황은 두 가지로 좋을 수도 있고 안 좋을 수도 있다. 대표이사는 시장이 좋을지 안 좋을지 알아보기 위해 150,000달러가 드는 시장조사를 수행하라고 제안했다. 하지만 이사회는 이런 연구는 필요 없으며 시장조사 없이 투자 대안을 고려하려 한다.

이 문제의 의사결정나무를 만들라. Px

•• **A.23** Neuronome 제약회사는 암 치료 신약의 마지막 임상 단계에 와 있다. 하지만 경쟁사인 Immunoneuron도 마찬가지로 같은 치료제의 마지막 임상 단계에 있다. 경쟁자를 누르려면 프로젝트의 속도를 높이는 의사결정을 해야 한다. 고려하고 있는 시나리오는 다음과 같다: (1) 지금까지 해오던 대로 진행하고 추가 예산 증액은 필요 없게 된다. (2) 100만 유로의 소규모 투자를 해서 프로젝트를 3개월 빨리 종결한다. (3) 500만 유로의 대규모 투자를 해서 프로젝트를 6개월 빨리 종결한다. 만일 경쟁자를 누르고 치료제를 먼저 출시하면, 독점 시장에서는 월 400,000유로의 이익이 발생하고 경쟁자가 있을 경우 월 300,000유로의 이익이 발생한다. 하지만 경쟁자가 먼저 출시한 후에 치료제를 출시하면 이익은 월 200,000유로다. 경쟁자보다 6개월 이상 먼저 치료제를 출시할 확률은 시나리오 1의 경우 0.3, 시나리오 2의 경우 0.5, 시나리오 3의 경우 0.8이다. 동시에 출시할 확률은 시나리오 1의 경우 0.5, 시나리오 2의 경우 0.4, 시나리오 3의 경우 0.2이다. 마지막으로 경쟁자보다 6개월 이상 늦게 치료제를 출시할 확률은 시나리오 1의 경우 0.2, 시나리오 2의 경우 0.1, 시나리오 3의 경우 0이다. 회사는 3년 안에 투자금을 회수하고자 한다. 어떤 의사결정을 내려야 하는가?

••• **A.24** 한 건설사는 신규 프로젝트에 입찰을 할지 말지 결정하고자 한다. 만일 입찰을 하고자 하면, 예비 계획서 준비에 10,000쿠웨이트 디나르(KWD)가 비용으로 소요된다. 회사가 프로젝트 예비 선정 명단에 들 확률은 60%다. 만일 회사가 예비 선정 명단에 들면, 입찰가격과 최종 제안서를 제출하며 추가로 5,000디나르가 비용으로 소요되거나, 간단하게 철회를 하면 된다. 만일 입찰가격이 120,000디나르라면 입찰에서 이길 확률이 50%이고, 입찰가격이 90,000디나르라면 입찰에서 이길 확률이 80%다. 프로젝트 소요 비용은 60,000디나르로 추산하고 있다.

의사결정나무를 사용해 회사가 최적의 의사결정을 내리도록 도움을 주라.

A.25 한 공구상은 목수용 공구 소매상이다. 가장 잘 팔리는 제품은 회전 톱이며 999유로에 팔린다. 하지만 현금이 부족해서 재고로 가지고 있는 시간을 최소화하고자 한다. 회전 톱에 관심이 있는 고객은 가게에 재고가 있으면 살 확률이 0.8이다. 만일 하루를 기다려야 하면 다시 와서 제품을 살 확률은 0.6이다. 만일 이틀을 기다려야 하면 제품을 살 확률은 0.5지만 그보다 더 기다려야 하면 고객은 다른 톱을 살 것이다. 주인은 고객이 기다릴 의향이 있으면 값을 깎아주려 한다(하루를 기다리면 5%, 이틀 기다리면 10%, 그보다 더 기다리면 15%). 이렇게 하면 고객이 구매할 확률이 하루 기다리면 0.8, 이틀 기다리면 0.6, 그보다 더 기다리면 0.4로 올라갈 것으로 믿고 있다. 주인은 톱을 450유로에 살 수 있고, 빠른 배달(하루 이내 배달 80유로), 보통 배달(이틀 이내 배달 40유로), 굼벵이 배달(무료, 오면 오는 것임)을 선택할 수 있다. 어떤 결정을 내려야 하는가?

•••• **A.26** 〈누가 백만장자가 되고 싶은가?〉라는 TV 쇼 게임에서 참가자는 매 질문마다 네 가지 선택지가 주어지고, 참가자가 게임 내에 머무르는 시간이 길어지면 문제도 점점 더 어려워진다. 참가자는 어느 시점에서건 멈출 수 있으며 벌었던 현금을 가지고 갈 수 있다. 참가자는 (1) 선택지를 2로 줄임, (2) 친구에게 전화하기, (3) 청중에게 묻기 세 가지 생명선이 주어진다. 멈출 수 있는 금액 수준은 1,000달러와 32,000달러이다. 참가자가 이 금액 수준에 도달하면 해당 금액을 가질 수 있고, 그렇지 못하면 벌었던 돈은 모두 잃게 된다.

다음 표는 각 문제를 풀면 얼마나 벌 수 있는지를 보여준다.

15	1,000,000달러
14	500,000달러
13	250,000달러
12	125,000달러
11	64,000달러
10	32,000달러
9	16,000달러
8	8,000달러
7	4,000달러
6	2,000달러
5	1,000달러
4	500달러
3	300달러
2	200달러
1	100달러

문제당 맞힐 확률이 첫 문제가 0.95이며, 15번째 문제는 0.25로 확률이 선형으로 줄어든다고 가정하고, 이 쇼 참가자를 위한 의사결정나무를 그려라.

•• **A.27** 어떤 제과제빵 회사는 새로운 계열의 페이스트리 출

시를 고려중이다. 새로운 계열 제품 생산을 위해서 회사는 기존 공장을 대폭 또는 소폭 개조하려 한다. 운영부 수장인 빌 위커(Bill Wicker)는 다음과 같은 조건값 표를 만들었다.

대안	시장 선호	시장 비선호
대폭 개조	100,000달러	−90,000달러
소폭 개조	40,000달러	−20,000달러
아무것도 안 함	0달러	0달러

시장에서 제품이 선호될 확률은 선호되지 않을 확률과 같다고 가정하고 다음 사항을 결정하라.

(a) 이득과 얻을 확률을 보여주는 적합한 의사결정나무

(b) 기대 금전적 가치를 사용한 최선의 대안

•• **A.28** 크리스 스위트(Chris Suit)는 Lowell병원의 경영자다. 그녀는 기존 병원에 큰 규모의 병동 건축이나 작은 규모의 병동 건축, 또는 아무것도 안 할지 결정하고자 한다. 만일 병원의 입원환자가 증가하면, 큰 규모의 병동은 매년 150,000달러의 이익을 가져올 것이다. 만일 소규모 병동을 건축하면 입원환자가 증가할 경우 매년 60,000달러의 이익이 발생할 것이다. 입원환자 수가 현 수준이라면, 큰 규모의 병동은 85,000달러의 손실을 가져올 것이고 소규모 병동은 45,000달러의 손실을 가져올 것이다. 안타깝게도 크리스는 병원의 향후 입원환자 수에 대한 정보가 아무것도 없다.

(a) 의사결정나무를 만들라.

(b) 의사결정표를 만들라.

(c) 자연 상태 발생 확률이 같다고 가정하고 최선의 대안을 결정하라.

(d) 입원환자 수가 증가할 확률이 0.6이고 그대로일 확률이 0.4이며, 의사결정 기준이 기대 금전적 가치라면 크리스가 내려야 할 의사결정은 무엇인가?

사례 연구

축제 앱

프랑수아 카론(Francois Caron)은 남프랑스에서 일주일간 개최되며, 2제곱킬로미터 크기에 18개의 무대가 있고, 200명의 공연가가 참여하는 음악 축제를 위한 앱을 개발하려 한다. 축제는 보통 150,000명의 관람객을 불러 모았다. 앱은 각 공연 일정, 바, 사진 촬영 부스, 상점가 같은 특별한 관광 포인트 지도와 화장실, 택시, 수유실, 인근 도시행 버스 일정과 같은 서비스, 군중 속에서 사용자들이 서로를 찾을 수 있는 '친구 찾기' 기능을 포함한다. 축제에 참가하는 대부분의 사람들이 모바일 앱을 선호하기에 프랑수아는 큰 시장이 있다고 생각한다.

불행히도 소프트웨어 개발에 특화된 큰 회사인 Amaris가 음악 축제를 위해 비슷한 앱을 개발했다. 이 앱은 친구 찾기 기능만 제외하고는 프랑수아의 앱에 나온 모든 것을 포함하고 있다. 앱 개발 경험이 있어서, Amaris는 10,000유로와 축제에서 앱 사용으로 벌게 되는 수입의 5%를 주는 조건으로 프랑수아를 앱 개발팀 일원으로 고용하겠다고 제안했다. 제안이 좋기는 하지만, 프랑수아는 Amaris는 가지지 못한 독특한 기능인, 자신만의 '친구 찾기' 기능을 가진 앱을 개발하는 것을 고려하고 있다. 가격은 Amaris의 3유로보다 1유로 더 싸게 팔 생각이다. 그렇지만 Amaris의 마케팅 홍보를 따라 갈 여력은 없다.

그는 회사에 들어갈 경우 벌게 되는 수익과 자신이 앱을 개발하고 경쟁을 할 경우의 수익을 2개의 표로 만들었다.

회사와 함께	
확률	다운로드 횟수
50%	50,000
30%	15,000
20%	2,000

회사 없이 혼자	
확률	다운로드 횟수
25%	70,000
30%	15,000
45%	1,000

'친구 찾기' 기능 없이는 최상의 시나리오라도 회사의 앱 다운로드가 50,000회를 넘지 못할 것으로 프랑수아는 생각한다. 자신만의 앱으로는 마케팅 기술이 적절하지 못해서 시장 점유를 크게 하지는 못할 것으로 보지만, '친구 찾기' 기능으로 해서 70,000명의 사용자를 모을 수 있다고 본다.

토론 문제

1. 프랑수아는 어느 안을 선택해야 하는가? 설명하라.
2. 의사결정을 내리는 데 프랑수아가 고려해야 할 다른 요소는 무엇인가?

참고문헌

Balakrishnan, R., B. Render, R. M. Stair, and C. Munson. *Managerial Decision Modeling: Business Analytics with Spreadsheets*, 4th ed. Boston: DeGruyter, 2017.

Buchannan, Leigh, and Andrew O'Connell. "A Brief History of Decision Making." *Harvard Business Review* 84, no. 1 (January, 2006): 32–41.

Hammond, J. S., R. L. Kenney, and H. Raiffa. "The Hidden Traps in Decision Making." *Harvard Business Review* 84, no. 1 (January 2006): 118–126.

Miller, C. C., and R. D. Ireland. "Intuition in Strategic Decision Making." *Academy of Management Executive* 19, no. 1 (February 2005): 19.

Parmigiani, G., and L. Inoue. *Decision Theory: Principles and Approaches.* New York: Wiley, 2010.

Peterson, Martin. *An Introduction to Decision Theory*, 2nd ed. Cambridge: Cambridge University Press, 2017.

Render, B., R. M. Stair Jr., M. Hanna, and T. Hale. *Quantitative Analysis for Management*, 13th ed. Boston: Pearson, 2018.

Module A *Rapid* Review

절 제목	내용 훑어보기
운영 의사결정 과정	조직의 목적을 달성하기 위해 관리자는 의사결정이 어떻게 이루어지는지 이해하고, 어떤 의사결정 도구를 사용해야 하는지 알고 있어야 한다. 불확실성을 극복하는 것이 관리자의 도전 과제다. 의사결정표와 의사결정나무는 폭넓은 운영관리 상황에 사용된다.
의사결정의 기본 사항	대안: 의사결정자가 선택한 행동이나 전략 방향 자연 상태: 의사결정자가 거의 또는 전혀 통제할 수 없는 상황이나 일이 발생하는 것 의사결정나무에서 사용하는 기호 1. □: 하나 또는 여러 개의 대안을 선택하는 의사결정 노드(node) 2. ○: 자연 상태 중 어느 하나가 발생할 자연 상태 노드 의사결정나무를 구성할 때, '아무것도 안 하기'까지 포함한 모든 가능한 대안과 자연 상태를 포함해야 하고, 모든 대안과 자연 상태가 올바르며 논리적인 자리에 있는지 확인해야 한다.
의사결정 표	■ **의사결정 표**: 의사결정 대안과 자연 상태를 분석할 수 있는 표 형태의 수단 의사결정 표는 이득표라고 불리기도 한다. 특정 자연 상태와 어느 한 가지 의사결정에 대응해서 보통 화폐가치로 표현되는 결과가 있다. 이것을 조건값이라고 부른다.
의사결정 환경 유형	의사결정 환경은 (1) 불확실성하의 의사결정, (2) 위험 상황하의 의사결정, (3) 확실성하의 의사결정이 있다. 의사결정 환경에서 자연 상태에 관해 확실한 것이 아무것도 없으며 심지어 각 결과에 대한 발생 확률조차 알지 못하는 경우, 다음과 같은 세 가지 의사결정 방법을 사용한다: (1) 최대이익 극대화(최대최대화), (2) 최소이익 극대화(최소최대화), (3) 평균이익 극대화(동일하게 발생할). ■ **최대이익 극대화(최대최대화)**: 최대 결괏값이 가장 큰 대안을 찾는 기준 ■ **최소이익 극대화(최소최대화)**: 최소 결괏값이 가장 큰 대안을 찾는 기준 ■ **평균이익 극대화(동일하게 발생할)**: 각 자연 상태에 동일한 확률을 부여하는 기준 최대이익 극대화는 '낙관적' 의사결정 기준이라고 불리며, 최소이익 극대화는 '비관적' 의사결정 기준이라고 불린다. 최대이익 극대화와 최소이익 극대화는 최선과 최악 사례 계획 시나리오를 제시한다. 위험 상황하의 의사결정은 흔하게 일어나며, 확률에 달려 있다. 모든 자연 상태는 상호 배제와 전체 포괄 성격을 반드시 가지며, 발생 확률의 합은 1이다. ■ **기대 금전적 가치(EMV)**: 서로 다른 자연 상태와 각각의 발생 확률을 가진 변수의 기대 배당금이나 가치 기대 금전적 가치는 같거나 비슷한 의사결정을 매우 많이 반복했을 때의 각각의 대안에 대한 기댓값 또는 평균 수익을 나타낸다. 특정 대안의 기대 금전적 가치는 그 대안의 모든 가능한 이득에 이득별 발생 확률이 가중치로 곱해진 값들의 합이다. 기대 금전적 가치(대안 i) = (첫 번째 자연 상태일 때 이득) × (첫 번째 자연 상태 발생 확률) + (두 번째 자연 상태일 때 이득) × (두 번째 자연 상태 발생 확률) + ⋯ + (마지막 자연 상태일 때 이득) × (마지막 자연 상태 발생 확률) ■ **완전정보 기대가치(EVPI)**: 완전한 정보하의 이득과 위험 상황하의 이득 간 차이 ■ **완전정보하의 기대가치(EVwPI)**: 완전정보가 있을 경우의 기대(평균)수익 완전정보 기대가치는 정보에 대한 대가로 지불해야 할 상한선을 설정한다.. 완전정보 기대가치 = 완전정보하의 기대가치 − 기대 금전적 가치 최댓값 완전정보하의 기대가치 = (첫 번째 자연 상태하의 가장 좋은 결과) × (첫 번째 자연 상태 발생 확률) + (두 번째 자연 상태하의 가장 좋은 결과) × (두 번째 자연 상태 발생 확률) + ⋯ + (마지막 자연 상태하의 가장 좋은 결과) × (마지막 자연 상태 발생 확률)
의사결정나무	2개 이상 일련의 의사결정을 하는 경우, 뒤에서 하는 의사결정은 앞에서 한 의사결정에 기초를 두게 되는데, 이 경우 의사결정나무로 접근하는 것이 적절하다. ■ **의사결정나무**: 의사결정 대안과 자연 상태를 분석하는 도식화된 수단 의사결정나무로 문제를 분석하는 것은 다음 5단계를 포함한다. 1. 문제를 정의한다. 2. 의사결정나무를 구조화하거나 그린다.

3. 각 자연 상태에 발생 확률을 부여한다.
4. 특정 자연 상태하의 의사결정 대안의 이득을 추정한다.
5. 각각의 자연 상태 노드마다 기대 금전적 가치를 계산해 문제를 푼다. 이것은 역방향으로 작업을 하며, 나무의 오른쪽에서 시작해 왼쪽에 있는 의사결정 노드로 거슬러 올라가면서 작업한다.

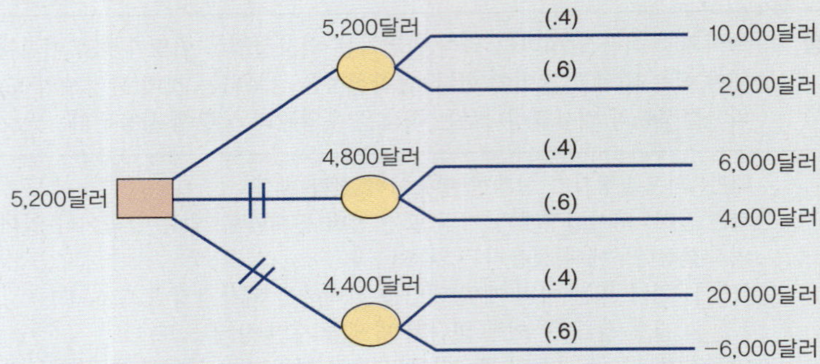

관리자는 안 좋은 것을 포함한 모든 가능한 결과를 살펴볼 수밖에 없다. 또한 논리적인 일련의 의사결정을 내려야만 한다.
의사결정나무 가지에 있는 작은 평행선의 의미는 다른 대안보다 결과가 좋지 않으면 가지를 '자르라'는 것이며, 고려하지 않아도 된다.

셀프테스트

A.1 의사결정나무 각각의 자연 상태 노드에서는
(a) 가장 큰 기대 금전적 가치를 가지는 대안이 선택된다.
(b) 기대 금전적 가치가 계산된다.
(c) 모든 확률이 더해진다.
(d) 가장 큰 확률을 가진 가지가 선택된다.

A.2 의사결정표 용어에서 의사결정자가 선택한 행동방침이나 전략은 ________ 이라고 한다.
(a) 이득 (b) 대안
(c) 자연 상태 (d) 위의 답 모두

A.3 의사결정자에게 확률이 주어진 경우 의사결정 환경은 ________으로 불린다.
(a) 확실성 (b) 불확실성
(c) 위험 (d) 위의 답 모두 아님

A.4 다음과 같은 의사결정 표에서 대안 1의 기대 금전적 가치는 얼마인가?

	자연 상태	
대안	*S1*	*S2*
A1	15,000달러	20,000달러
A2	10,000달러	30,000달러
확률	0.30	0.30

(a) 15,000달러 (b) 17,000달러
(c) 17,500달러 (d) 18,500달러
(e) 20,000달러

A.5 완전정보에 대한 대가로 지불해야 하는 최댓값은
(a) 완전정보 기대가치
(b) 기대 금전적 가치 최댓값 − 기대 금전적 가치 최솟값
(c) 기대 금전적 가치 최솟값
(d) 기대 금전적 가치 최댓값

A.6 의사결정나무에서 나무가 그려지고, 이득과 확률이 나무에 기록되면, 분석은(기대 금전적 가치를 계산하고 최상의 대안이 선택되는)
(a) 역방향으로 진행된다(오른편에서 시작해 왼편으로 옮겨 간다).
(b) 순방향으로 진행된다(왼편에서 시작해 오른편으로 옮겨 간다).
(c) 나무의 위에서 시작해 아래로 옮겨 간다.
(d) 나무의 밑에서 시작해 위로 옮겨 간다.

A.7 ________ 의사결정표보다 의사결정나무가 선호된다.
(a) 일련의 의사결정이 내려져야 할 때
(b) 확률이 존재할 때
(c) 최대이익 극대화 기준이 사용될 때
(d) 목표가 후회를 최대화할 때

정답 A.1. b A.2. b A.3. c A.4. d A.5. a A.6. a A.7. a

모듈 B

선형계획법

모듈의 구성

- 선형계획법을 사용하는 이유
- 선형계획법 문제의 요건
- 선형계획법 문제 식 만들기
- 선형계획법 문제를 그래프로 풀기
- 민감도 분석
- 최소화 문제 풀기
- 선형계획법 응용
- 선형계획법의 심플렉스 방법
- 정수와 이진 변수

학습목표

B.1 목적함수와 제약식이 포함된 선형계획법 모델 식을 세운다.
B.2 등이익선 방법으로 선형계획법 문제를 그림으로 푼다.
B.3 꼭짓점 방법으로 선형계획법 문제를 그림으로 푼다.
B.4 민감도 분석과 그림자 가격을 해석한다.
B.5 최소화 문제를 만들고 푼다.
B.6 제품 배합, 식단, 인력 일정 계획 문제 식을 세운다.

폭풍 전선이 미국 보스턴로건국제공항에 빨리 근접해 경고 발령도 못하고 공항을 폐쇄했다. 심한 눈 폭풍과 안 좋은 시야로 인해 승객과 지상 근무 요원들은 황급히 달려야 했다. 항공사는 선형계획법을 사용해 항공기 운항, 호텔, 승무원, 재급유 일정을 짜기 때문에 선형계획법은 이익에 직접적인 영향을 준다. 만일 항공사 허브 공항에서 날씨로 인한 중대한 운행 중단 사태가 벌어지면, 많은 운항편이 취소되고 이로 인해 많은 승무원과 비행기가 다른 장소에 있게 됨을 의미한다. 선형계획법은 항공사가 이러한 날씨로 인한 혼란을 풀어가고 대처할 수 있도록 도와준다.

Stockbyte/Getty Images

선형계획법을 사용하는 이유

운영관리자의 의사결정에는 조직의 자원을 가장 효과적으로 사용하도록 노력하는 것이 포함된다. 자원은 전형적으로 기계장비(항공사의 경우 항공기), 인력(기장), 자금, 시간, 원재료(제트연료)를 포함한다. 이런 자원은 제품(기계, 가구, 식품, 의류)을 생산하거나 서비스(비행일정, 광고 방침, 투자 의사결정)를 제공하는 데 사용된다. **선형계획법**(linear programming, LP)은 폭넓게 사용되는 수학적 기법이며 운영관리자가 자원 할당에 필요한 계획과 의사결정을 내리는 데 도움을 준다.

선형계획법
운영관리자가 자원 배분에 필요한 계획과 의사결정을 내리는 데 도움을 주도록 설계된 수학적 기법

선형계획법이 운영관리에 성공적으로 적용된 예를 몇 가지 들면 다음과 같다.

1. 학생 이송 총 이동 거리를 **최소화**하는 학교 통학버스 일정 계획
2. 구급신고 전화 대응 시간을 **최소화**하기 위한 범죄 발생 고위험 지역 경찰 순찰조 할당
3. 총 인건비를 **최소화**하는 일일 시간대별 은행 창구 직원 일정 계획
4. 회사 이익은 **최대화**하면서 가용한 기계설비 시간과 인력시간을 가장 잘 사용할 수 있는 공장 내 제품 배합 선택
5. **최저** 비용으로 완성된 배합사료를 생산하기 위한 사료 제조공장 내 혼합 원재료 선정
6. 다수의 물류창고에서 다수의 시장으로의 총 운송비용을 **최소화**하는 유통 시스템 결정
7. 총생산과 재고비용을 **최소화**하는 동시에 회사 제품의 미래 수요를 충족시키기 위한 생산 일정 계획 개발
8. 부동산 임대회사 수익을 **최대화**하기 위한 신규 쇼핑몰 입주자 구성 공간 할당

선형계획법 문제의 요건

모든 선형계획법 문제에는 목적함수, 제약식, 대안, 선형성의 네 가지 요건이 있다.

목적함수
선형계획법의 수학적 표현은 특정 수량(흔히 이익 또는 비용이지만 다른 목표도 사용할 수 있다)을 최대화하거나 최소화하는 것이다.

제약식
관리자가 목표를 달성하는 데 수준 한계를 설정하는 것

1. 선형계획법 문제는 특정 수량(이익 또는 비용)을 **최대화**하거나 **최소화**하려 한다. 이 속성을 선형계획법 문제의 **목적함수**(objective function)라고 일컫는다. 전형적인 회사의 주목적은 장기적 이익 최대화다. 트럭이나 항공 유통 시스템 경우에 목적은 운송비 최소화이다.
2. 제한 또는 **제약식**(constraint)은 목표 달성 수준의 한계를 설정한다. 예를 들면 회사 제품라인에서 각 제품을 몇 단위씩 생산할 것인가 결정하는 것은 인력과 장비에 제한을 받는다. 따라서 제한된 자원(제약식)하에 수량을 최대화하거나 최소화(목적함수)하고자 한다.
3. **선택 가능한 행동방침 대안**이 있어야 한다. 예를 들면 회사가 세 가지 다른 제품을 생산할 때, 경영진은 선형계획법을 사용해 각 제품마다 제한된 생산 자원(인력, 장비)을 어떻게 할당할 것인지 결정해야 한다. 만일 선택할 대안이 없다면 선형계획법을 사용할 필요가 없다.
4. 선형계획법 문제의 목적함수와 제약식은 **선형 등식**이나 부등식으로 표현되어야 한다. 선형성은 비례한다는 것과 더할 수 있다는 것을 내포한다. 만일 x_1과 x_2가 의사결정 변수라면, 목적함수나 제약식에 변수의 곱(예: x_1x_2)이나 승수(예: x_1^3)가 있어서는 안 된다. 예를 들면 $5x_1 + 8x_2 \leq 250$라는 표현은 선형이다. 하지만 $5x_1 + 8x_2 - 2x_1x_2 \leq 300$라는 표현은 선형이 아니다.

선형계획법 문제 식 만들기

선형계획법의 가장 보편적인 응용 분야는 제품 배합 문제다. 한정된 자원을 가지고 2개 이상의 제품이 생산되는 경우다. 회사는 한정된 자원 내에서 총이익을 최대화하려면 각 제품을 몇 단위나 생산해야 하는지 결정하고 싶어 한다. 예제를 살펴보자.

Glickman Electronics 예제

미국 워싱턴 D.C.에 소재한 Glickman Electronics는 (1) 엑스팟(x-pod)과 (2) 블루베리(BlueBerry) 두 가지 제품을 생산 중이다. 각 제품의 생산 공정은 비슷하고, 특정 시간의 전자 작업과 조립 부분에서 특정 노동시간이 필요하다. 엑스팟은 하나당 전자 작업에서 4시간, 조립에서 2시간이 걸린다. 블루베리는 하나당 전자 작업 3시간과 조립 1시간이 필요하다. 이번 생산 기간 동안 전자 작업에는 240시간이 주어지고 조립 부분에서는 100시간이 사용 가능하다. 엑스팟은 1개가 팔리면 7달러의 이익이 발생하고 블루베리는 5달러의 이익이 발생한다.

이 회사의 문제는 이익 최대점을 달성하는 엑스팟과 블루베리 생산 조합을 결정하는 것이다. 이 제품 배합 상황은 선형계획법 문제 식으로 나타낼 수 있다.

이 문제를 식으로 나타내고 푸는 데 필요한 정보를 요약하는 것으로 시작한다(표 B.1 참조). 한 발 더 나아가, 목적함수와 제약식에 사용되는 간단한 표기법도 소개하고자 한다. 다음과 같이 정의하자.

$$X_1 = \text{엑스팟 생산 대수}$$
$$X_2 = \text{블루베리 생산 대수}$$

이제 X_1과 X_2를 사용해 **목적함수**를 만들 수 있다.

$$\text{이익 최대화} = \$7X_1 + \$5X_2$$

다음 단계는 이 문제의 두 가지 제약식을 설명하기 위해 수학적 관계를 정의하는 것이다. 일반적인 수학적 관계는 사용하는 자원 양은 사용 가능한 자원 양보다 적거나 같다는($\leq$) 것이다.

첫 번째 제약식: 전자 작업 사용 시간 $\leq$ 전자 작업 사용 가능 시간

$$4X_1 + 3X_2 \leq 240 \text{ (전자 작업 시간)}$$

두 번째 제약식: 조립 작업 사용 시간 $\leq$ 조립 작업 사용 가능 시간

$$2X_1 + 1X_2 \leq 100 \text{ (조립 작업 시간)}$$

학습목표 B.1
목적함수와 제약식이 포함된 선형계획법 모델 식을 세운다.

이 두 제약식은 생산 능력의 제한을 나타내며, 물론 총이익에 영향을 준다. 예를 들면 Glickman

표 B.1 Glickman Electronics 문제 자료

	1개 생산에 걸리는 시간		
부문	엑스팟(X_1)	블루베리(X_2)	이번 주 사용 가능 시간
전자 작업	4	3	240
조립 작업	2	1	100
대당 이익	7달러	5달러	

Electronics는 이번 생산 기간 동안 엑스팟 70대를 생산할 수 없는데, 만일 $X_1 = 70$이면 두 제약식을 모두 위반하기 때문이다. 마찬가지로 $X_1 = 50$ 엑스팟과 $X_2 = 10$ 블루베리를 생산할 수도 없다. 이 제약식은 선형계획법의 다른 중요한 측면을 드러내게 한다. 즉 변수 간 특정한 상호작용이 있다는 점이다. 회사가 한 제품을 더 많이 생산하면, 다른 제품을 더 적게 만들 수밖에 없는 것이다.

선형계획법 문제를 그래프로 풀기

그래픽 해 접근 방식
그래프에 2개 변수 문제 해를 그리는 수단

의사결정변수
의사결정자의 선택지

Glickman Electronics의 문제와 같은 작은 선형계획법 문제를 해결하는 가장 쉬운 방법은 **그래픽 해 접근 방식**(graphical solution approach)이다. 그래프로 푸는 절차는 2개의 **의사결정변수**(decision variables)(예: 엑스팟 생산 대수 X_1, 블루베리 생산 대수 X_2)만 있는 경우에 사용할 수 있다. 변수가 2개 이상인 경우 2차원 그래프에 해를 그릴 수 없고, 이런 경우에는 이 모듈의 나중에 설명하는 더 복잡한 접근 방식에 의존해야 한다.

제약식의 그래프 표현

선형계획법 문제에 대한 최적의 해를 찾으려면 먼저 실행 가능한 해의 집합 또는 영역을 식별해야 한다. 그렇게 하는 첫 번째 단계는 문제의 제약식을 그래프에 그리는 것이다.

변수 X_1(이 예에서는 엑스팟)은 일반적으로 가로축으로 표시되고, 변수 X_2(블루베리)가 세로축으로 표시된다. 완전한 문제는 다음과 같이 다시 표현할 수 있다.

$$\text{이익 최대화} = \$7X_1 + \$5X_2$$

다음 제약식을 만족한다.

$$4X_1 + 3X_2 \leq 240 \text{ (전자 제약식)}$$
$$2X_1 + 1X_2 \leq 100 \text{ (조립 제약식)}$$
$$X_1 \geq 0 \text{ (엑스팟 생산 대수는 0보다 크거나 같다)}$$
$$X_2 \geq 0 \text{ (블루베리 생산 대수는 0보다 크거나 같다)}$$

(이 마지막 두 제약식은 비음 제약식이라고도 한다.)

문제의 제약식을 그래프로 표시하는 첫 번째 단계는 제약식 부등식을 등식(또는 방정식)으로 변환하는 것이다.

$$\text{제약식 A: } 4X_1 + 3X_2 = 240$$
$$\text{제약식 B: } 2X_1 + 1X_2 = 100$$

제약식 A에 대한 방정식은 그림 B.1에, 제약식 B에 대한 방정식은 그림 B.2에 표시되어 있다.

그림 B.1에 선을 그리려면 선 $4X_1 + 3X_2 = 240$이 X_1과 X_2축과 교차하는 점을 찾기만 하면 된다. $X_1 = 0$일 때(선이 X_2축과 만나는 위치), $3X_2 = 240$이고 $X_2 = 80$을 의미한다. 마찬가지로 $X_2 = 0$일 때 $4X_1 = 240$이고 $X_1 = 60$임을 알 수 있다. 따라서 제약식 A는 ($X_1 = 0, X_2 = 80$)에서 ($X_1 = 60, X_2 = 0$) 사이의 선으로 제한된다. 음영 처리된 영역은 원래의 부등식을 만족하는 모든 점을 나타낸다.

제약식 B는 그림 B.2와 유사하게 예시되어 있다. $X_1 = 0$일 때 $X_2 = 100$이고, $X_2 = 0$일 때 $X_1 = 50$이다. 제약식 B는 ($X_1 = 0, X_2 = 100$)에서 ($X_1 = 50, X_2 = 0$) 사이의 선으로 제한된다. 음영

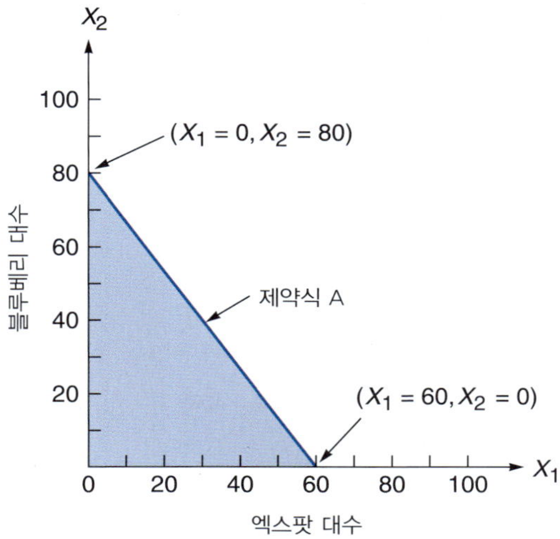

그림 B.1 **제약식 A**

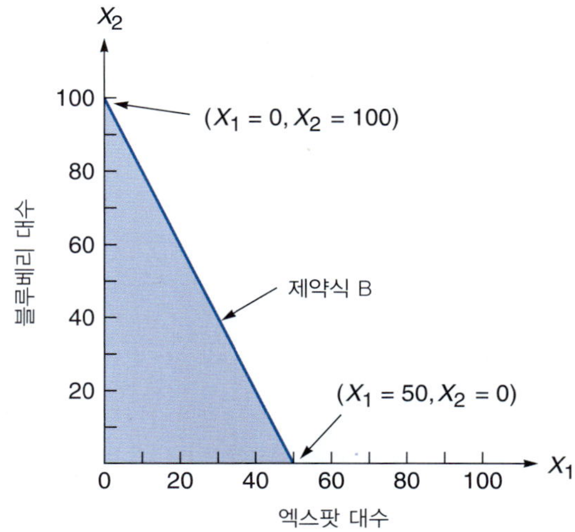

그림 B.2 **제약식 B**

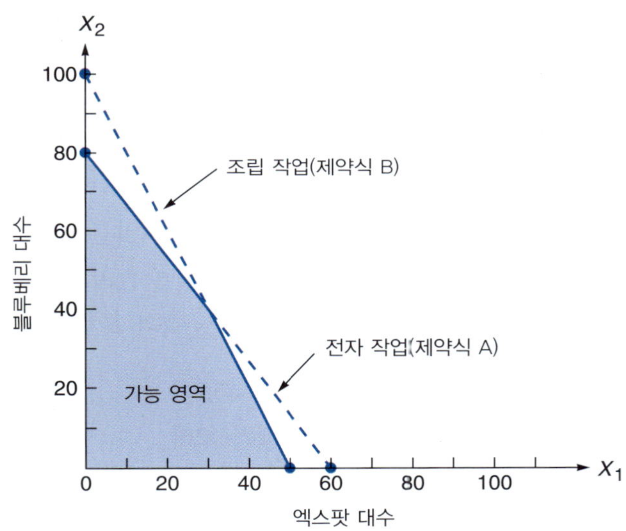

그림 B.3

Glickman Electronics 문제의 실행 가능한 해의 영역

처리된 영역은 원래의 부등식을 나타낸다.

그림 B.3은 두 제약식을 함께 보여준다(비음 제약식과 함께). 음영 처리된 부분은 모든 제약을 만족한다. 그림 B.3의 음영 처리된 영역은 **실행 가능한 해의 영역** 또는 간단히 **가능 영역**(feasible region)이라고 한다. 이 영역은 선형계획법에서 지정한 도든 제약식을 만족해야 하며 따라서 모든 제약식이 겹치는 영역이다. 이 영역의 모든 점은 Glickman Electronics 문제의 **가능해**이다. 음영 처리된 영역 밖의 모든 점은 Glickman Electronics 문제의 **블가능해**이다. 따라서 30개의 엑스팟과 20개의 블루베리($X_1 = 30$, $X_2 = 20$)를 생산하는 것은 가능하다. 하지만 70개의 엑스팟과 40개의 블루베리를 생산하는 것은 제약식을 위반한다. 그림 B.3의 그래프에 이 점들을 표시함으로써 이것을 볼 수 있다.

가능 영역
실행 가능한 모든 의사결정 변수 조합

등이익선 해 방법

이제 가능 영역이 그래프로 표시되었으므로 문제의 **최적해**를 찾을 수 있다. 최적해는 가장 큰 이익을 창출하는 가능 영역이 있는 점이다.

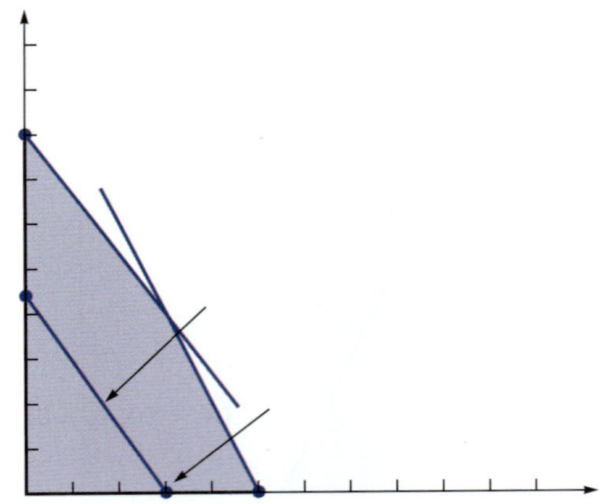

그림 B.4 Glickman Electronics를 위한 210달러의 등이익선

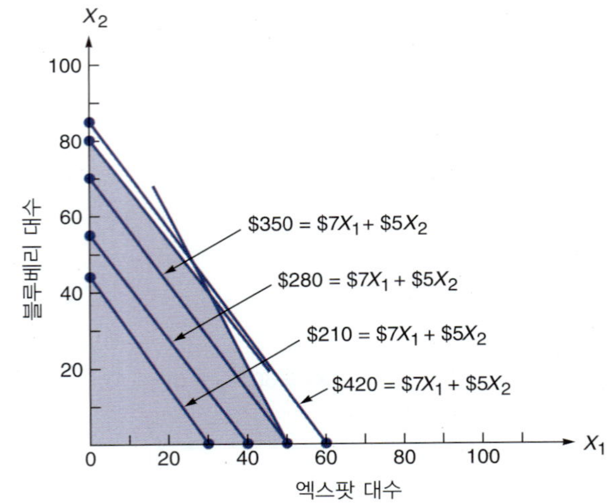

그림 B.5 Glickman Electronics를 위한 4개의 등이익선

등이익선 방법
선형계획법 최대화 문제를 그래프로 푸는 접근 방법

실현 가능 영역이 설정되면 여러 접근 방식을 택해 최적해를 구할 수 있다. 가장 빠르게 적용할 수 있는 방법을 **등이익선 방법**(iso-profit line method)이라고 한다.[1]

우리는 이익을 임의로 적은 금액으로 놓고 시작한다. Glickman Electronics 문제의 경우 210달러를 이익으로 선택할 수 있다. 이 이익 수준은 두 가지 제약식 중 어느 하나도 위반하지 않고 쉽게 얻을 수 있다. 목적함수는 $\$210 = 7X_1 + 5X_2$로 쓸 수 있다.

이 표현은 단지 직선의 방정식이다. 우리는 그것을 등이익선이라고 부른다. 이것은 총이익 210달러를 얻을 수 있는 모든 조합(X_1, X_2)을 나타낸다. 등이익선을 그리기 위해 우리는 제약식 선을 그릴 때와 동일하게 진행한다. 먼저 $X_1 = 0$이라 하고 선이 X_2축과 교차하는 점을 푼다.

$$\$210 = \$7(0) + \$5X_2$$
$$X_2 = \text{블루베리 42대}$$

그런 다음 $X_2 = 0$이라 하고 선이 X_1축과 교차하는 점을 푼다.

$$\$210 = \$7X_1 + \$5(0)$$
$$X_1 = \text{엑스팟 30대}$$

이제 이 두 점을 직선으로 연결할 수 있다. 이 등이익선은 그림 B.4에 예시되었다. 선 상의 모든 점은 210달러의 이익을 내는 가능해를 나타낸다.

학습목표 B.2
등이익선 방법으로 선형계획법 문제를 그림으로 푼다.

그러나 우리는 210달러의 등이익선이 회사에 가능한 가장 높은 이익을 창출하지 않는다는 것을 안다. 그림 B.5에서 우리는 각각 더 높은 이익을 창출하는 3개의 선을 추가로 그래프에 나타내려고 한다. 중간 선의 방정식 $\$280 = \$7X_1 + \$5X_2$는 하단 선과 같은 방식으로 그래프에 그렸다.

$X_1 = 0$일 때

$$\$280 = \$7(0) + \$5X_2$$
$$X_2 = \text{블루베리 56대}$$

$X_2 = 0$일 때

$$\$280 = \$7X_1 + \$5(0)$$
$$X_1 = \text{엑스팟 40대}$$

다시 말하지만, 이 등이익선 상에서 엑스팟(X_1)과 블루베리(X_2)의 조합은 총이익 280달러를 창출한다.

세 번째 선은 350달러의 이익을 창출하며, 훨씬 더 많이 개선된 것을 주목해야 한다. 원점 0에서 더 멀리 움직일수록 더 높은 이익을 얻을 것이다. 주목해야 할 또 다른 중요한 점은 이 등이익선은 평행하다는 것이다. 이제 원래 문제의 최적해를 찾는 두 가지 단서가 있다. 우리는 일련의 평행 등이익선을 그릴 수 있다(평면상에 첫 번째 등이익선에 평행하게 자를 조심스럽게 움직여서). 여전히 가능 영역의 몇 개 점을 지나는 가장 높은 등이익선은 최적해를 정확히 식별할 것이다. 네 번째 선(420달러)은 가능 영역을 지나지 않기 때문에 계산하기에 너무 높은 것을 주목해야 한다.

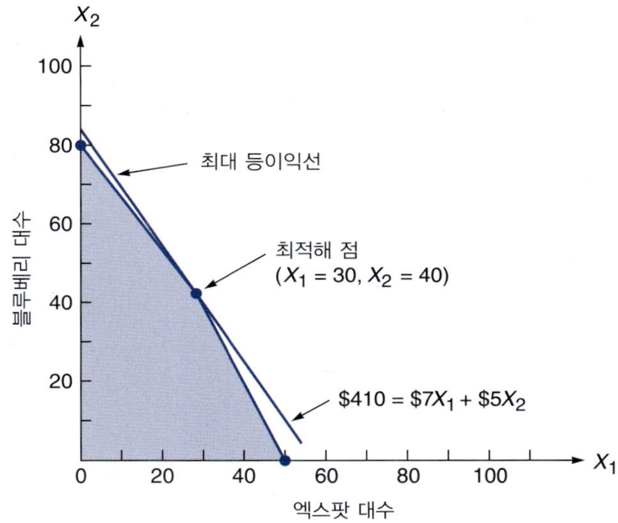

그림 B.6 **Glickman Electronics 문제의 최적해**

가능한 가장 높은 등이익선이 그림 B.6에 예시되어 있다. 이 선은 가능 영역의 두 자원 제약식 선이 교차하는 꼭짓점을 지난다. 좌표를 **정확하게** 찾으려면 두 제약식 선의 교차점을 풀어야 한다. 대수학에서 기억할 수 있듯이 2개의 제약식에 대한 **연립 방정식** 방법을 적용할 수 있다.

$$4X_1 + 3X_2 = 240 \text{ (전자 시간)}$$
$$2X_1 + 1X_2 = 100 \text{ (조립 시간)}$$

이 방정식을 동시에 풀기 위해 두 번째 방정식에 −2를 곱한다.

$$-2(2X_1 + 1X_2 = 100) = -4X_1 - 2X_2 = -200$$

그러고 나서 이 식을 첫 번째 방정식에 더한다.

$$\begin{array}{r} +4X_1 + 3X_2 = \quad 240 \\ -4X_1 - 2X_2 = -200 \\ \hline +1X_2 = \quad 40 \end{array}$$

또는

$$X_2 = 40$$

이렇게 하면 변수 X_1을 제거하고 X_2를 풀 수 있다. 이제 X_2를 40으로 원래 제약식 중 어느 하나에 대체하면서 X_1을 풀 수 있다. 첫 번째 방정식을 이용하기르 한다. $X_2 = 40$일 때

$$\begin{aligned} 4X_1 + 3(40) &= 240 \\ 4X_1 + 120 &= 240 \\ 4X_1 &= 120 \\ X_1 &= 30 \end{aligned}$$

따라서 최적해는 좌표 ($X_1 = 30$, $X_2 = 40$)을 갖는다. 이 점에서의 이익은 \$7(30) + \$5(40) = 410달러이다.

그림 B.7

가능 영역의 네 꼭짓점

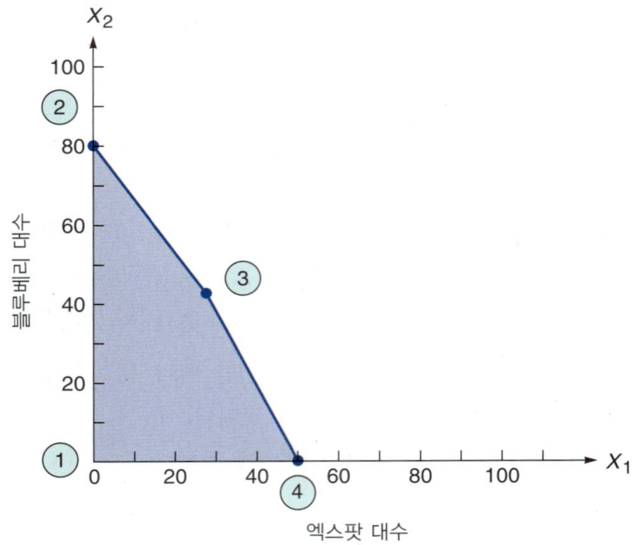

꼭짓점 해 방법

꼭짓점 방법
선형계획법 문제를 그래프로 푸는 방법

선형계획법 문제를 해결하기 위한 두 번째 접근 방식은 **꼭짓점 해 방법**(corner-point method)을 사용하는 것이다. 이 기법은 등이익선 접근 방식보다 개념상 더 간단하지만 가능 영역의 모든 꼭짓점에서의 이익을 살펴보아야 한다.

선형계획법의 배경인 수학적 이론에 따르면 어떤 문제에 대한 최적해(즉 최대 이익을 내는 X_1, X_2)는 가능 영역의 **꼭짓점**이나 **극점**에 놓여 있다. 따라서 각 꼭짓점에서의 변숫값만 찾으면 되고 최대 이익 또는 최적해는 꼭짓점 중 어느 하나에 놓이게 된다.

다시 한 번 우리는 (그림 B.7에서) Glickman Electronics의 가능 영역이 4개의 꼭짓점을 가지는 사각형임을 알 수 있다. 이 점들은 그래프 상에서 ①, ②, ③, ④로 지정되어 있다. 최대 이익을 창출하는 (X_1, X_2)값을 찾으려면 각 꼭짓점의 좌표가 무엇인지 알아내고 이익 수준을 결정하고 비교한다. (우리는 등이익선 해 방법을 설명하는 이전 부분에서 점 ③의 좌표를 찾는 방법을 보여주었다.)

점 ①: ($X_1 = 0, X_2 = 0$) 이익 \$7(0) + \$5(0) = 0달러
점 ②: ($X_1 = 0, X_2 = 80$) 이익 \$7(0) + \$5(80) = 400달러
점 ③: ($X_1 = 30, X_2 = 40$) 이익 \$7(30) + \$5(40) = 410달러
점 ④: ($X_1 = 50, X_2 = 0$) 이익 \$7(50) + \$5(0) = 350달러

학습목표 B.3
꼭짓점 방법으로 선형계획법 문제를 그림으로 푼다.

점 ③은 모든 모서리 점에서 가장 높은 수익을 내기 때문에 X_1 = 엑스팟 30대 및 X_2 = 블루베리 40대의 제품 배합은 Glickman Electronics 문제에 대한 최적해이다. 이 솔루션은 생산 기간당 410달러의 수익을 창출할 것이며, 등이익선 방법을 사용해 얻은 것과 동일한 해이다.

민감도 분석

매개변수
모델 특성에 주어진 숫자 값

운영관리자는 선형계획법 문제의 최적해 외에도 관심 영역이 많다. 각 의사결정변수(X_i)의 값과 목적함수 값을 아는 것 외에도, 이러한 답이 입력 **매개변수**(parameter) 변화에 얼마나 민감한지 알고 싶어 한다. 예를 들어 목적함수의 계수가 정확하지 않거나, 10% 또는 15% 정도 변하는 경우 어떻게 되는가? 제약식의 우변값이 변경되면 어떻게 되는가? 특정 문제의 최적해는 입력 매개변수

가 일정하다는 가정을 기반으로 하기 때문에 민감도 분석이란 주제가 등장하게 된다. **민감도 분석**(sensitivity analysis) 또는 사후 최적화 분석은 매개변수가 변경되면 해가 얼마나 민감하게 변하는지에 대한 연구다.

민감도 분석
변수 또는 입력 데이터에 변경 사항이 있는 경우 최적해가 얼마나 변경될 수 있는지 예측하는 분석

최적해가 변화에 얼마나 민감하게 변하는지 결정하는 두 가지 접근 방식이 있다. 첫 번째는 단순히 시행착오 접근 방식이다. 이 접근 방식은 매번 하나의 입력 데이터 항목 또는 매개변수를 변경하면서 전체 문제를 컴퓨터를 사용해 풀어 나간다. 이러한 방식으로 일련의 가능한 변경 사항을 테스트하는 데는 오랜 시간이 걸린다.

우리가 선호하는 접근 방식은 분석적 사후 최적화 방법이다. 선형계획법 문제를 푼 뒤, 최적해에 영향을 미치지 않거나 해의 변수를 변경하지 않는, 문제 매개변수의 변경 범위를 결정한다. 이것은 문제 전체를 해결하지 않고도 수행 가능하다. 엑셀 솔버(Excel Solver)나 윈도우용 POM 같은 선형계획법 소프트웨어에는 이 기능이 있다. Glickman Electronics의 예와 관련된 몇 가지 시나리오를 살펴보자.

프로그램 B.1은 의사결정자로 하여금 최적해가 1개 이상의 문제 매개변수의 적당한 변경에도 상대적으로 둔감한지 알 수 있도록 돕는 데 사용할 수 있는 엑셀 솔버 컴퓨터 생성 출력의 일부다. (이 데이터에 대한 입력 및 전체 출력을 포함한 전체 컴퓨터 실행 결과는 이 모듈의 뒷부분에 나오는 프로그램 B.3과 B.4에 설명되어 있다.)

민감도 보고서

학습목표 B.4
민감도 분석과 그림자 가격을 해석한다.

프로그램 B.1의 Glickman Electronics 예제에 대한 엑셀 민감도 보고서에는 (1) 변수 셀이라는 표와 (2) 제약식이라는 표의 두 가지 독특한 구성요소가 있다. 이 표를 통해 문제 최적해와 관련된 몇 가지 가정 질문에 답할 수 있다.

가정 질문에 답하기 위해 민감도 보고서의 정보를 사용할 때, 한 번에 하나의 입력 데이터 값에 대한 변경만 고려하고 있다고 가정하는 것이 주목할 사항이다. 즉 민감도 정보가 여러 입력 데이터 값을 동시에 변경하는 데 적용되는 것이 아니다.

변수 셀 표는 최적 솔루션에 대한 목적함수 계수(즉 7달러와 5달러의 단위 이익) 변경의 영향에

마이크로소프트 엑셀 민감도 보고서

각 변수에 대한 해 값이 나타난다. 30대의 엑스팟과 40대의 블루베리를 만들어야 한다.

변수 셀

셀	이름	최종 값	감소된 비용	목적함수 계수	허용 가능 증가	허용 가능 감소
B5	엑스팟 변숫값	30	0	7	3	0.333333333
C5	블루베리 변숫값	40	0	5	0.25	1.5

제약식

셀	이름	최종 값	그림자 가격	제약식 우변값	허용 가능 증가	허용 가능 감소
D8	사용 가능 전자 시간	240	1.5	240	60	40
D9	사용 가능 조립 시간	100	0.5	100	20	20

전자 시간과 조립 시간은 각각 240시간과 100시간을 사용한다.

전자 시간을 1시간 더 사용하면 수익이 1.50달러 증가한다. 이것은 추가로 최대 60시간까지 유효하다. 240시간보다 적게 전자 시간을 사용하면 이익은 시간당 1.50달러씩 감소하며 최저 200시간까지 시간당 이익 감소는 동일하다.

프로그램 B.1
엑셀 솔버를 사용한 Glickman Electronics의 민감도 분석

관한 정보를 제공한다. 제약식 표는 최적해에 대한 제약식 우변값(즉 240시간 및 100시간) 변경의 영향과 관련된 정보를 제공한다. 다른 선형계획법 소프트웨어 패키지가 이러한 표를 다른 형식으로 표시할 수 있지만 프로그램은 모두 본질적으로 동일한 정보를 제공한다.

자원 또는 제약식 우변값의 변경

제약식의 우변값은 회사에서 사용할 수 있는 자원을 나타낸다. 자원은 노동시간이나 기계시간 또는 돈이나 사용 가능한 생산 자재일 수 있다. Glickman Electronics의 예에서 두 가지 자원은 사용 가능한 전자 시간과 조립 시간이다. 추가 시간을 사용할 수 있다면 더 높은 총이익을 실현할 수 있다. 회사는 추가 시간에 대해 얼마를 지불할 용의가 있을까? 전자 시간을 추가로 갖는 것이 수익성이 있을까? 더 많은 조립 시간에 대해 기꺼이 지불할 의지가 있을까? 자원에 대한 민감도 분석은 이러한 질문에 답하는 데 도움이 된다.

제약식의 우변이 변경되면 가능 영역이 변경되고(제약식이 중복되지 않는 한) 최적해도 변경되는 경우가 많다. Glickman Electronics의 예에서는 매주 100시간의 사용 가능한 조립 시간이 있었고 가능한 최대 수익은 410달러였다. 사용 가능 조립 시간을 110시간으로 **늘리면** 새로운 최적의 솔루션은 그림 B.8(a)에서 볼 수 있듯이 (45, 20)이고 이익은 415달러이다. 따라서 추가 10시간의 총수익은 달러만큼 증가하고 시간당 0.50달러의 이익이 증가했다. 그림 B.8(b)와 같이 사용 가능 조립 시간을 90시간으로 **줄이면** 새로운 최적해는 (15, 60)이고 이익은 405달러이다. 따라서 시간을 10시간 줄이면 총수익은 5달러만큼 감소하고 시간당 0.50달러의 이익이 감소한다. 사용 가능한 시간의 변화로 인한 시간당 0.50달러의 수익 변화를 **그림자 가격**(shadow price) 또는 **쌍대 가치**(dual value)라고 한다. 제약식에 대한 그림자 가격은 제약식의 우변값 1단위 증가로 인한 목적함수 값의 개선이다.

그림자 가격(또는 쌍대 가치)
선형계획법에서 희소 자원 추가 한 단위의 가치

그림자 가격의 유효성 범위 Glickman Electronics의 이익은 조립 시간이 추가될 때마다 0.50달러씩 증가한다면 Glickman Electronics가 이를 무한하게 수행해 본질적으로 무한한 이익을 얻을 수 있을까? 분명히 이것은 비논리적이다. Glickman Electronics가 사용 가능 조립 시간을 얼마나 높이면서 시간당 0.50달러의 추가 수익을 올릴 수 있을까? 즉 0.50달러의 그림자 가격이 유효한 조립 시간 제약식의 우변값 증가 수준은 얼마일까?

0.50달러의 그림자 가격은 사용 가능한 조립 시간이 현재의 모든 꼭짓점이 계속 존재하는 범위에 있는 한 유효하다. 이 범위의 상한 및 하한을 계산하기 위한 정보는 프로그램 B.1의 민감도 보고서에서 허용 가능 증가 및 허용 가능 감소로 꼬리표가 붙은 기입사항에 있다. Glickman Electronics의 경우 이러한 값은 사용 가능 조립 시간에 대한 0.50달러의 그림자 가격이 현재 값에서 최대 20시간 증가하고 최대 20시간 감소할 때까지 유효함을 보여준다. 즉 0.50달러의 그림자 가격이 유효한 사용 가능한 조립 시간의 범위가 최저 80(= 100 − 20)에서 최고 120(= 100 + 20)인 것이다. 허용 가능한 감소는 Glickman Electronics가 덜 사용하는 각 조립 시간(최대 20시간까지) 감소 시 수익이 0.50달러씩 감소한다는 것을 주목해야 한다.

목적함수 계수의 변화

이제 변수 셀이라는 제목으로 프로그램 B.1에 제공된 정보에 집중하자. 변수 셀 표의 각 행에는 선형계획법 모델의 의사결정변수(예: 엑스팟 또는 블루베리)에 대한 정보가 포함되어 있다.

목적함수 계수의 허용 범위 두 제품의 단위 이익 기여도가 변경됨에 따라 앞서 그림 B.5에서 보

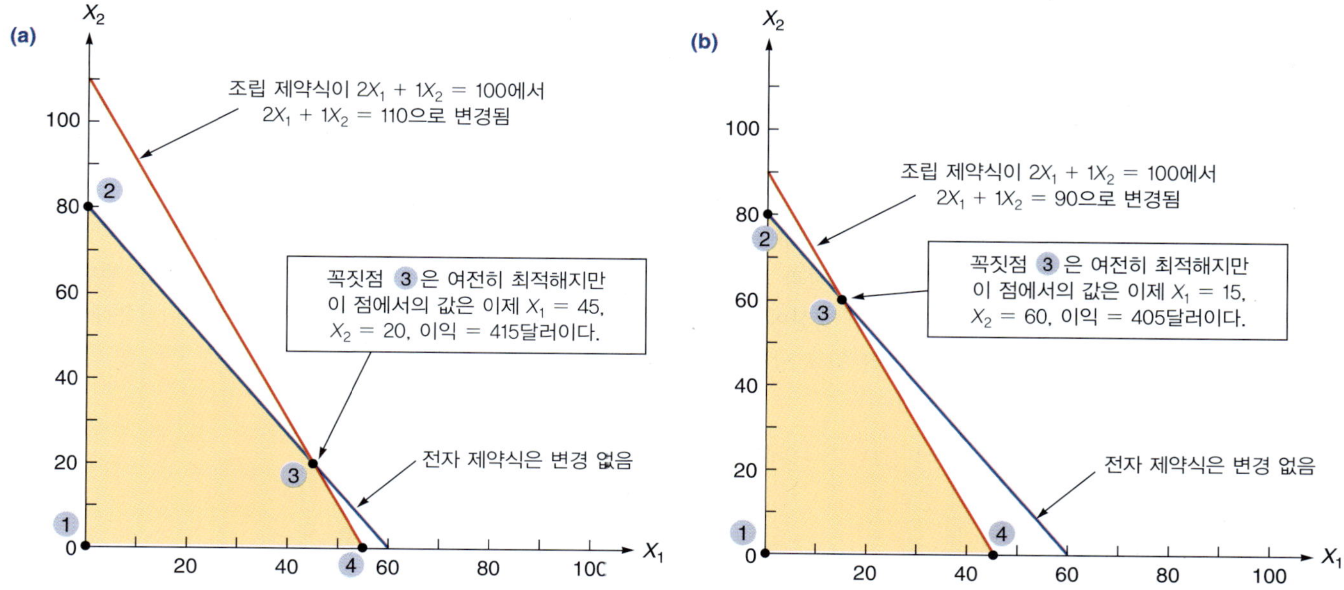

그림 B.8 조립 자원 제약식의 우변값 관련 Glickman Electronics의 민감도 분석

았던 등이익선의 기울기가 변경된다. 그러나 가능 영역의 크기는 변경이 없다. 즉 꼭짓점의 위치는 변경되지 않는다.

현 최적해에 영향을 주지 않고 엑스팟 또는 블루베리의 이익 계수를 변경할 수 있는 한계는 프로그램 B.1의 민감도 보고서의 허용 가능 증가 및 허용 가능 감소 열에 밝혀졌다. 블루베리의 목적함수 계수의 허용 가능한 증가 폭은 0.25달러에 불과하다. 대조적으로, 허용되는 감소 폭은 1.50달러이다. 따라서 블루베리의 단위 수익이 4달러로 떨어져도(즉 현재 단위 수익 5달러에서 1달러만큼 감소) 엑스팟 30대와 블루베리 40대를 생산하는 것이 여전히 최적해다. 각 블루베리는 이제 더 적은 수익(단위당 1달러 적은)을 창출하기 때문에 총수익은 (410달러에서) 370달러로 떨어질 것이다. 그러나 단위 수익이 각 블루베리당 3.50달러 미만으로 떨어지면(즉 현재 5달러 단위 수익에서 1.50달러 이상 감소) 현재 해는 더 이상 최적이 아니다. 선형계획법 문제는 새로운 최적의 꼭짓점을 찾기 위해 엑셀 솔버 또는 다른 소프트웨어를 사용해 풀어야 한다.

최소화 문제 풀기

많은 선형계획법 문제는 이익과 같은 목적함수를 최대화하는 대신 비용과 같은 목적함수를 최소화하는 것을 포함한다. 예를 들어 레스토랑은 총 직원 수를 최소화하면서 인력 수요를 충족하는 일정 계획을 개발할 수 있다. 또한 제조업체는 총 운송비용을 최소화하면서 여러 공장에서 여러 지역 창고로 제품을 배송하려고 할 수 있다.

최소화 문제는 먼저 실현 가능 해 영역을 설정한 다음 최소 비용을 산출하는 X_1과 X_2값을 찾기 위해 꼭짓점 방법 또는 **등비용**(iso-cost)선 접근 방식(최대화 문제의 등이익선 접근 방식과 유사)을 사용해 그래프로 해결할 수 있다.

등비용
선형계획법 최소화 문제를 그래프로 해결하는 접근 방식

예제 B1은 최소화 문제를 해결하는 방법을 보여준다.

예제 B1

2개의 변수를 가진 최소화 문제

Cohen Chemicals, Inc.는 두 가지 유형의 사진 현상 용액을 생산한다. 첫 번째는 흑백 사진용 화학물질로 생산비용은 톤당 2,500달러이다. 두 번째는 컬러 사진용 화학물질로 생산비용은 톤당 3,000달러이다.

현재 재고 수준과 밀린 주문에 대한 분석을 기반으로 회사의 생산 관리자는 다음 달에 최소 30톤의 흑백 사진용 화학물질과 최소 20톤의 컬러 사진용 화학물질을 생산해야 한다고 명시했다. 또한 관리자는 두 화학물질 생산에 필요한 부패하기 쉬운 원료의 기존 재고를 30일 이내에 사용해야 한다고 언급한다. 값비싼 원료 낭비를 피하기 위해 Cohen은 다음 달에 총 60톤의 사진 현상용 화학물질을 생산해야 한다.

접근방법 ▶ 이 정보를 사용해 최소화 선형계획법 문제로 식을 세운다.

다음과 같이 정의한다.

$$X_1 = \text{흑백 사진용 화학물질 생산 톤 수}$$
$$X_2 = \text{컬러 사진용 화학물질 생산 톤 수}$$
$$\text{목적함수: 비용 최소화} = \$2{,}500X_1 + \$3{,}000X_2$$

다음 제약식을 만족한다.

$$X_1 \geq 30\text{톤 흑백 사진용 화학물질}$$
$$X_2 \geq 20\text{톤 컬러 사진용 화학물질}$$
$$X_1 + X_2 \geq \text{총 60톤}$$
$$X_1, X_2 \geq 0 \text{ 비음 조건}$$

해결방법 ▶ Cohen Chemicals의 문제를 그래프로 해결하기 위해 그림 B.9와 같이 문제의 가능 영역을 구성한다.

그림 B.9

Cohen Chemicals의 가능 영역

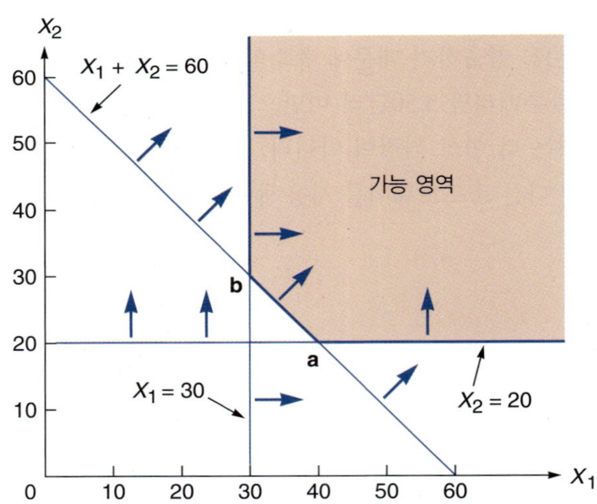

학습목표 B.5

최소화 문제를 만들고 푼다.

최소화 문제는 종종 바깥쪽(즉 우변과 위쪽)에 제한이 없지만 이러한 특성은 문제를 해결하는 데 말썽이 되지 않는다. 안쪽(왼쪽과 아래쪽)으로 경계가 지정되어 있는 한 꼭짓점을 설정할 수 있다. 최적의 해는 꼭짓점 중 하나에 있다.

이 경우 그림 B.9에서는 2개의 꼭짓점 **a**와 **b**만 있다. 점 **a**에서는 $X_1 = 40$이며 $X_2 = 20$이고 점 **b**에서는 $X_1 = 30$이며 $X_2 = 30$임을 쉽게 결정한다. 최적해는 가장 낮은 총비용을 창출하는 점이다.

따라서

$$\begin{aligned}\text{점 }\mathbf{a}\text{에서의 총비용} &= 2{,}500X_1 + 3{,}000X_2 \\ &= 2{,}500(40) + 3{,}000(20) \\ &= 160{,}000\text{달러} \\ \text{점 }\mathbf{b}\text{에서의 총비용} &= 2{,}500X_1 + 3{,}000X_2 \\ &= 2{,}500(30) + 3{,}000(30) \\ &= 165{,}000\text{달러}\end{aligned}$$

Cohen Chemicals의 최저 비용은 점 **a**에서 발생한다. 따라서 운영관리자는 흑백 사진용 화학물질 40톤, 컬러 사진용 화학물질 20톤을 생산해야 한다.

통찰력 ▶ 가능 영역은 최소화 문제에서 우변 또는 위쪽이 제한되지 않는다(최대화 문제에서는 우변 또는 위쪽이 제한되어 있다).

학습 연습 ▶ Cohen의 두 번째 제약식은 다시 계산되며 $X_2 \geq 15$여야 한다. 답에 변경이 있는가? [답: 이제 $X_1 = 45$, $X_2 = 15$, 총비용 = 157,500달러이다.]

OM in Action UPS의 선형계획법

하루 평균 660억 달러 규모의 물품을 배송하는 거대 배송업체인 UPS는 220개 국가 및 지역의 1,050만 고객에게 2,000만 개의 택배를 배송한다. 정말 바쁜 날, 예를 들어 크리스마스 며칠 전이라면 그 수의 거의 2배인 초당 300개의 택배를 처리한다. 600대 이상의 자사 및 전세 항공기로 이 모든 작업을 수행해 세계에서 가장 큰 항공사 중 하나가 되었다.

UPS는 모든 인수 및 배송 센터와 모든 분류 시설(약 2,000개 위치)의 전체 작업을 대응시키기 위해 선형계획법을 사용해 수백만 개의 택배를 운송시키기 위한 최적의 경로를 찾기로 결정하면서 볼케이노(VOLCANO) 시스템 개발에 거의 10년을 투자했다. 이 선형계획법 기반 최적화 시스템(물량 'VOlume', 위치 'LoCation' 및 항공기 네트워크 최적화 'Aircraft Network Optimization'을 나타냄)은 경로, 기종 배정 및 택배 흐름의 최소 비용 세트를 결정하는 데 사용된다.

제약식에는 항공기 수, 공항 제한 규정, 최대 항속, 최대 적재량 및 최대 운항거리가 포함된다.

볼케이노 시스템을 사용해 UPS는 수억 달러를 절약한 것으로 인정받고 있다. 그러나 그것은 시작에 불과하다. UPS는 고객과 가장 가까운 거리에 있는 운전사를 포함한 전체 공급사슬을 최적화하기 위해 6억 달러를 추가로 투자해 일정, 우선순위 및 시간 충돌을 바로 수정할 수 있도록 한다.

UPS '항공사'는 혼자가 아니다. 사우스웨스트항공(Southwest Airlines)은 수천 개의 비행 구간 일정 계획을 위해 매일 대규모 선형계획법 모델(ILOG Optimizer라고 함)을 돌린다. 이 프로그램에는 90,000개의 제약식과 200만 개의 변수가 있다. 유나이티드항공(United Airlines)의 선형계획법 프로그램을 옵트솔버(OptSolver)라고 하고 델타항공(Delta Airlines)의 프로그램은 콜드스타트(Coldstart)라고 한다. 항공사는 다른 많은 회사와 마찬가지로 선형계획법으로 매일 수백만 건의 의사결정을 내린다.

출처: ups.com(2018); *The wall Street Journal*(February 16, 2015); *Nautilus*(July 18, 2013).

선형계획법 응용

위의 예들에서는 각각 2개의 변수(X_1 및 X_2)만 포함되어 있었다. 그러나 대부분의 실제 문제(UPS 사례에서 보았듯이)에는 더 많은 변수가 포함되어 있다. 몇 가지 더 복잡한 문제의 식을 세우기 위해 이미 개발된 원칙을 사용하기로 한다. 다음 선형계획법 상황을 '바꾸어 사용'하는 연습을 하면 다른 일반적인 운영관리 상황에 선형계획법을 적용하는 기술 개발에 도움이 될 것이다.

제품 배합 예제

학습목표 B.6
제품 배합, 식단, 인력 일정 계획 문제 식을 세운다.

예제 B2는 또 다른 **제품 배합** 결정을 필요로 한다. 회사가 생산하는 다양한 제품에는 제한된 자원이 할당되어야 한다. 회사의 전반적인 목표는 총이익을 극대화하도록 선택된 제품을 정해진 생산량만큼 제조하는 것이다.

예제 B2

제품 배합 문제

Failsafe Electronics는 주로 4개의 고도로 기술적인 제품을 제조해 나사(NASA)와 계약을 체결한 항공우주 회사에 공급한다. 각 제품은 배송되기 전에 배선, 천공, 조립, 검사 부서를 통과해야 한다. 생산된 각 단위별로 각 부서의 소요 시간(단위: 시간)과 해당 수익 가치는 다음 표에 요약되어 있다.

	부서				
제품	배선	천공	조립	검사	단위 수익
XJ201	.5	3	2	.5	9달러
XM897	1.5	1	4	1.0	12달러
TR29	1.5	2	1	.5	15달러
BR788	1.0	3	2	.5	11달러

월별 각 부서별 제작 가능 시간과 계약 이행을 위한 최소 월간 생산 요건은 다음과 같다.

부서	생산능력	제품	최소 생산량
배선	1,500	XJ201	150
천공	2,350	XM897	100
조립	2,600	TR29	200
검사	1,200	BR788	400

접근방법▶ 이 제품 배합 상황을 선형계획법 문제로 식을 세운다. 생산 관리자는 먼저 다음 달의 각 제품에 대한 생산 수준을 지정한다. 그는 다음과 같이 변수를 정의한다.

X_1 = 생산된 XJ201의 단위 수량
X_2 = 생산된 XM897의 단위 수량
X_3 = 생산된 TR29의 단위 수량
X_4 = 생산된 BR788의 단위 수량

해결방법▶ 선형계획법 식은 다음과 같다.

목적함수: 수익 최대화 = $9X_1 + 12X_2 + 15X_3 + 11X_4$
다음 제약식을 만족해야 한다.

$.5X_1 + 1.5X_2 + 1.5X_3 + 1X_4 \leq 1{,}500$ 배선 가능 시간
$3X_1 + 1X_2 + 2X_3 + 3X_4 \leq 2{,}350$ 천공 가능 시간
$2X_1 + 4X_2 + 1X_3 + 2X_4 \leq 2{,}600$ 조립 가능 시간
$.5X_1 + 1X_2 + .5X_3 + .5X_4 \leq 1{,}200$ 검사 가능 시간
$X_1 \geq 150$개 XJ201
$X_2 \geq 100$개 XM897
$X_3 \geq 200$개 TR29

$$X_4 \geq 400\text{개 BR788}$$
$$X_1, X_2, X_3, X_4 \geq 0$$

통찰력▶ 선형계획법 문제에는 수많은 제약식이 있을 수 있다. 제약식의 우변은 다른 단위일 수 있지만 목적함수는 하나의 공통 단위(이 경우 달러 수익)를 사용한다. 2개 이상의 의사결정변수가 있기 때문에 이 문제는 그래프로 해결되지 않는다.

학습 연습▶ 식으로 표시된 대로 이 선형계획법 문제를 푼다. 해는 무엇인가? [답: $X_1 = 150$, $X_2 = 300$, $X_3 = 200$, $X_4 = 400$]

식단 문제 예제

예제 B3은 원래 병원에서 환자에게 가장 경제적인 식단을 정하기 위해 사용했던 **식단 문제**를 보여준다. 농업 응용 분야에서 **사료 배합 문제**로 알려진 식단 문제는 최소 비용 수준에서 명시된 영양 요구사항을 충족할 식품 또는 사료 성분 조합을 명시하는 것과 관련된다.

예제 B3

식단 문제

Feed 'N Ship 사육장은 지역 농부들을 위해 소를 살찌워서 캔자스시티와 오마하의 육류 시장으로 배송한다. 사육장의 소유주는 최소 영양 기준을 충족함과 동시에 총 사료비용을 최소화하기 위해 구매할 소 사료의 양을 결정하려고 한다.

각 곡물은 A, B, C, D의 네 가지 각기 다른 영양 성분을 포함한다. 다음은 **곡물 파운드당 온스** 단위로 표시된 각 곡물 성분 함량이다.

	사료		
성분	곡물 X	곡물 Y	곡물 Z
A	3온스	2온스	4온스
B	2온스	3온스	1온스
C	1온스	0온스	2온스
D	6온스	8온스	4온스

곡물 X, Y, Z의 파운드당 비용은 각각 0.02달러, 0.04달러, 0.025달러이다. 암소당 월별 최소 요구량은 성분 A 64온스, 성분 B 80온스, 성분 C 16온스, 성분 D 128온스이다.

사육장에는 한 가지 제약이 더 있다. 필요 여부와 관계없이 사료 공급업체로부터 매월 500파운드의 곡물 Z만 얻을 수 있다. 사육장에는 일반적으로 100마리의 젖소가 있기 때문에 이 제약식은 각 젖소의 사료에 사용할 곡물 Z의 양을 한 달에 5파운드 또는 80온스 이하로 제한해야 함을 의미한다.

접근방법▶ 이 사항을 비용 최소화 선형계획법 문제로 식을 세운다. 다음과 같이 변수를 정의한다.

X_1 = 매월 젖소당 구매한 곡물 X의 파운드 양
X_2 = 매월 젖소당 구매한 곡물 Y의 파운드 양
X_3 = 매월 젖소당 구매한 곡물 Z의 파운드 양

해결방법▶

목적함수: 비용 최소화 = $0.02X_1 + 0.04X_2 + 0.025X_3$

다음 제약식을 만족해야 한다.

$$\begin{aligned}
&\text{성분 A 요건:} && 3X_1 + 2X_2 + 4X_3 \ge 64\\
&\text{성분 B 요건:} && 2X_1 + 3X_2 + 1X_3 \ge 80\\
&\text{성분 C 요건:} && 1X_1 + 0X_2 + 2X_3 \ge 16\\
&\text{성분 D 요건:} && 6X_1 + 8X_2 + 4X_3 \ge 128\\
&\text{곡물 Z 제한:} && X_3 \le 5\\
& && X_1, X_2, X_3 \ge 0
\end{aligned}$$

최소 비용 해는 40파운드의 곡물 X를 젖소당 0.80달러에 구입하는 것이다.

통찰력▶ 곡물 X의 파운드당 비용이 너무 낮기 때문에 최적해에서는 곡물 Y와 곡물 Z가 제외된다.

학습 연습▶ 곡물 X의 파운드당 비용이 50% 증가했다. 이것이 최적해에 영향을 미치는가? [답: 그렇다. 곡물 X의 파운드당 비용이 0.03달러일 때 X_1 = 16파운드, X_2 = 16파운드, X_3 = 0, 비용 = 젖소당 1.12달러이다.]

인력 일정 계획 예제

인력 일정 계획 문제는 특정 기간 동안의 인력 충원을 다룬다. 중복되거나 호환 가능한 능력이 필요한 작업에 작업자 할당 시 관리자에게 유연성이 있을 때 특히 유용하다. 대형 은행과 병원에서는 인력 일정 계획을 다루기 위해 자주 선형계획법을 사용한다. 예제 B4는 은행이 창구 직원의 일정계획을 세우기 위해 선형계획법을 사용하는 방법을 설명한다.

예제 B4

은행 창구 직원의 일정 계획

멕시코시티상업산업은행(Mexico City Bank of Commerce and Industry)은 하루 시간대에 따라 10~18명의 창구 직원을 필요로 하는 바쁜 은행이다. 점심시간(정오부터 오후 2시까지) 대가 일반적으로 가장 많다. 다음 표는 은행이 영업 시간대에 필요한 인력을 나타낸다.

시간대	필요 창구 직원 수	시간대	필요 창구 직원 수
오전 9~10시	10	오후 1~2시	18
오전 10~11시	12	오후 2~3시	17
오전 11시~정오	14	오후 3~4시	15
정오~오후 1시	16	오후 4~5시	10

은행은 현재 12명의 정규직 창구 직원을 고용하고 있지만 많은 사람들이 시간제 직원 명단에 있다. 시간제 직원은 하루에 정확히 4시간을 투입해야 하지만 오전 9시에서 오후 1시 사이에 언제든지 시작할 수 있다. 시간제 근로자는 퇴직금이나 점심 수당이 제공되지 않기 때문에 상당히 저렴한 노동력을 제공한다. 반면 정규직은 오전 9시부터 오후 5시까지 일하며 1시간의 점심시간이 허용된다. (정규직 근로자의 절반은 오전 11시에 식사를 하고 나머지 절반은 정오에 먹는다.) 따라서 전일제 근로자는 주당 35시간의 생산적인 근무 시간을 제공한다.

기업 정책에 따라 은행은 시간제 직원의 근무 시간을 하루 총 요구 시간의 최대 50%로 제한한다.

시간제 직원은 평균적으로 시간당 6달러(또는 하루 24달러)를 받는 반면, 정규직은 평균적으로 급여와 수당으로 하루 75달러를 받는다.

접근방법 ▶ 은행은 선형계획법을 사용해 총 인력 비용을 최소화하는 일정 계획을 세우려고 한다. 수익성이 있는 경우 상근 직원을 1명 이상 고용할 예정이다.

다음과 같이 변수를 정의한다.

F = 정규직 직원
P_1 = 오전 9시에 시작하는 시간제 직원(오후 1시에 퇴근)
P_2 = 오전 10시에 시작하는 시간제 직원(오후 2시에 퇴근)
P_3 = 오전 11시에 시작하는 시간제 직원(오후 3시에 퇴근)
P_4 = 정오에 시작하는 시간제 직원(오후 4시에 퇴근)
P_5 = 오후 1시부터 시작하는 시간제 직원(오후 5시에 퇴근)

해결방법 ▶ 목적함수

총 일일 인건비 최소화 $= \$75F + \$24(P_1 + P_2 + P_3 + P_4 + P_5)$

제약식: 각 시간대에 사용 가능한 근무자 수는 최소로 필요한 근무자 수와 같아야 한다.

$$\begin{aligned}
&F + P_1 && \geq 10 \quad \text{(오전 9~10시 수요)}\\
&F + P_1 + P_2 && \geq 12 \quad \text{(오전 10~11시 수요)}\\
&\tfrac{1}{2}F + P_1 + P_2 + P_3 && \geq 14 \quad \text{(오전 11시~정오 수요)}\\
&\tfrac{1}{2}F + P_1 + P_2 + P_3 + P_4 && \geq 16 \quad \text{(정오~오후 1시 수요)}\\
&F + P_2 + P_3 + P_4 + P_5 && \geq 18 \quad \text{(오후 1~2시 수요)}\\
&F + P_3 + P_4 + P_5 && \geq 17 \quad \text{(오후 2~3시 수요)}\\
&F + P_4 + P_5 && \geq 15 \quad \text{(오후 3~4시 수요)}\\
&F + P_5 && \geq 10 \quad \text{(오후 4~5시 수요)}
\end{aligned}$$

12명의 정규직 창구 직원만 사용할 수 있으므로

$$F \leq 12$$

시간제 근무시간은 1일 총소요 시간의 50%를 초과할 수 없으며, 이는 시간대별로 필요한 창구 직원의 합계다.

$$4(P_1 + P_2 + P_3 + P_4 + P_5) \leq 0.50(10 + 12 + 14 + 16 + 18 + 17 + 15 + 10)$$

또는

$$4P_1 + 4P_2 + 4P_3 + 4P_4 + 4P_5 \leq 0.50(112)$$
$$F, P_1, P_2, P_3, P_4, P_5 \geq 0$$

멕시코시티은행이 따를 수 있는 두 가지 최적 일정 대안이 있다. 첫 번째는 10명의 정규직 직원(F = 10)만 고용하고 7명의 시간제 직원을 오전 10시에 시작($P_2 = 7$)하고 2명의 시간제 직원을 오전 11시와 정오에 시작($P_3 = 2$ 및 $P_4 = 2$)하며, 오후 1시에 시간제 직원 3명 ($P_5 = 3$)을 사용하는 것이다. 오전 9시에는 시간제 직원은 없다.

두 번째 해도 10명의 정규직 직원을 고용하지만 오전 9시에 6명의 시간제 직원($P_1 = 6$), 오전 10시에 1명의 시간제 직원($P_2 = 1$), 오전 11시와 정오에 2명의 시간제 직원($P_3 = 2$, $P_4 = 2$), 오후 1시에 시간제 직원 3명($P_5 = 3$)을 사용한다. 이 두 가지 정책 모두 총비용은 하루에 1,086달러이다.

통찰력 ▶ 대규모 선형계획법 문제에 여러 개의 최적해가 존재하는 것은 드문 일이 아니다. 이 경우 동일한 비용으로 일정 계획 중에 선택할 수 있는 대안을 경영진에게 제공한다. 대체 최적해를 찾기 위해 제약식을 다른 순서로 입력해야 할 수도 있다.

학습 연습 ▶ 은행은 시간제 직원의 임금을 시간당 7달러로 인상하기로 결정했다. 최적해가 바뀌는가? [답: 그렇다. 비용 = 1,142달러, $F = 10$, $P_1 = 6$, $P_2 = 1$, $P_3 = 2$, $P_4 = 5$, $P_5 = 0$이다.]

선형계획법의 심플렉스 방법

심플렉스 방법
모든 크기의 선형계획법 문제를 풀기 위한 알고리즘

대부분의 실제 선형계획법 문제는 2개 이상의 변수를 가지므로 그래프로 풀기에는 너무 복잡하다. 이러한 문제에 대한 최적해를 찾기 위해 **심플렉스 방법**(simplex method)이라는 절차를 사용할 수 있다. 심플렉스 방법은 사실 최고의 해(최대 이익 또는 최저 비용)에 도달할 때까지 조직적인 방식으로 꼭짓점을 검사하는 알고리즘(또는 일련의 명령어)이다. 컴퓨터 프로그램(예: 엑셀 OM이나 윈도우용 POM)과 엑셀 스프레드시트를 사용해 심플렉스 방법으로 선형계획법 문제를 해결할 수 있다.

심플렉스 알고리즘의 대수적 단계에 대한 자세한 내용은 경영 과학 교과서를 참조하라.[2]

정수와 이진 변수

이진 변수
0 또는 1의 값만 취할 수 있는 의사결정변수

지금까지 이 모듈에서 본 모든 예제는 정수 해를 생성했다. 그러나 의사결정변수가 0과 자연수가 아닌 선형계획법 해를 보는 것은 매우 일반적이다. 컴퓨터 소프트웨어는 정수 해만 보장하는 간단한 방법을 제공한다. 또한 컴퓨터를 사용하면 0 또는 1의 값만 취할 수 있는 **이진 변수**(binary variables)라는 특별한 의사결정변수를 만들 수 있다. 이진 변수를 사용하면 선형계획법에 '예 또는 아니요' 의사결정을 도입하고 특수한 논리적 조건을 도입할 수 있다.

정수 및 이진 변수 생성

의사결정변수의 값이 분수가 아닌 정수인지 확인하려는 경우 일반적으로 해를 가장 가까운 정숫값으로 반올림하는 것은 좋은 방법이 아니다. 반올림한 해는 최적이 아닐 수 있으며 실제로 실현 가능하지 않을 수도 있다. 다행히 모든 선형계획법 소프트웨어 프로그램에는 의사결정변수의 일부 또는 전체가 정수 또는 이진수가 되도록 강제하는 제약식을 추가하는 간단한 방법이 있다. 이러한 제약을 사용하는 주요 단점은 더 큰 크기의 프로그램의 해를 구하는 데 시간이 더 오래 걸린다는 것이다. 컴퓨터로 푸는 데 3초가 걸릴 수 있는 동일한 선형계획법 문제가 많은 변수를 강제로 정수 또는 이진수로 지정하는 경우 해결하는 데 몇 시간 이상이 걸린다. 그러나 상대적으로 작은 프로그램의 경우 그 차이가 눈에 띄지 않는다.

엑셀 솔버를 사용해 솔버 대화 상자에서 추가를 클릭해 정수와 이진수 제약식을 추가할 수 있다. 제약식 추가 대화 상자(프로그램 B.2 참조)를 사용하면 셀 참조에서 결정변수를 강조 표시한다. 그런 다음 정수 또는 이진수를 선택해 최적해에서 해당 변수가 각각 정수 또는 이진수인지 확인한다.

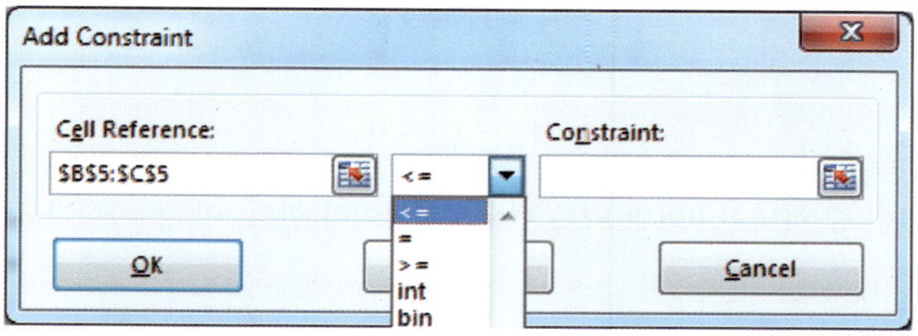

프로그램 B.2

변수에 정수와 이진수 제약식을 추가하는 엑셀 솔버 대화 상자

이진 변수를 사용한 선형계획법 응용

선형계획법 식을 글로 쓰는 경우 이진 변수는 일반적으로 다음 형식을 사용해 정의된다.

$$Y = \begin{cases} 1 & \text{특정 조건 만족} \\ 0 & \text{그렇지 않은 경우} \end{cases}$$

그렇지 않으면 예 또는 아니요 결정을 내리는 경우 의사결정변수를 이진수로 지정한다. 예를 들면 "이 특정 프로젝트를 수행해야 하는가?", "저 기계를 구입해야 하는가?", "아칸소에 시설을 세워야 하는가?" 등이다. 다른 경우에는 선형계획법에 추가 논리를 도입하기 위해 이진 변수를 만든다.

선택할 대안의 수 제한 0-1 변수의 일반적인 용도 중 하나는 그룹 중에서 선택할 프로젝트 수 또는 항목의 수를 제한하는 것과 관련이 있다. 회사가 3개의 잠재적 프로젝트 중 2개 이하를 선택해야 한다고 가정하자. 이것은 다음 제약식으로 나타낼 수 있다.

$$Y_1 + Y_2 + Y_3 \leq 2$$

자금 지원을 위해 세 가지 프로젝트 중 정확히 2개만 선택하도록 하려면 다음 제약식을 사용해야 한다.

$$Y_1 + Y_2 + Y_3 = 2$$

이렇게 하면 정확히 2개의 변숫값이 1인 반면 다른 변숫값은 0이어야 한다.

종속 선택 때때로 한 프로젝트의 선택은 다른 프로젝트의 선택에 따라 달라진다. 이 상황을 0-1 변수를 사용해 나타낼 수 있다. 제너럴일렉트릭(GE)의 새로운 촉매 변환기는 소프트웨어도 함께 구입한 경우에만($Y_2 = 1$) 구입할 수 있다고 가정하자($Y_1 = 1$). 다음 제약식은 이를 강제로 일어나게 한다.

$$Y_1 \leq Y_2$$

또는

$$Y_1 - Y_2 \leq 0$$

따라서 소프트웨어를 구매하지 않은 경우 Y_2의 값은 0이고 Y_1의 값도 이 제약으로 인해 0이어야만 한다. 소프트웨어를 구입한 경우($Y_2 = 1$) 촉매 변환기도 구입할 수 있지만($Y_1 = 1$) 필수는 아니다.

촉매 변환기와 소프트웨어 프로젝트가 둘 다 선택되거나 둘 다 선택되지 않도록 하려면 다음 제약식을 사용해야 한다.

$$Y_1 = Y_2$$

또는

$$Y_1 - Y_2 = 0$$

따라서 이러한 변수 중 하나가 0이면 다른 변수도 0이어야 한다. 이 중 하나가 1이면 다른 변수도 1이어야 한다.

고정비 정수 계획법 문제

기업은 향후 운영비용에 영향을 미칠 고정비와 관련된 의사결정에 자주 직면하게 된다. 새 공장을 짓거나 기존 시설을 장기 임대하려면 시설의 규모와 위치에 따라 달라질 수 있는 고정비용이 필요하다. 공장이 건설되면 변동 생산비용은 공장이 위치한 특정 도시의 인건비에 영향을 받는다. 예제 B5에서 예시하고자 한다.

예제 B5

이진 변수를 사용하는 고정비 정수 계획법 문제

Sitka Manufacturing은 적어도 하나의 신규 공장을 건설할 계획이며 미국 텍사스주 베이타운, 루이지애나주 레이크 찰스, 앨라배마주 모바일 3개의 도시를 고려중이다. 공장이 건설되면 회사는 연간 추가로 최소 38,000개를 생산하기 충분한 능력을 갖고자 한다. 가능한 위치와 관련된 비용은 다음 표에 나와 있다.

현장	연간 고정비	단위당 변동비	연간 생산 능력
텍사스주 베이타운	340,000달러	32달러	21,000
루이지애나주 레이크 찰스	270,000달러	33달러	20,000
앨라배마주 모바일	290,000달러	30달러	19,000

접근방법▶ 이것을 정수 계획법으로 식을 세울 때 목적함수는 고정비와 변동비의 합계를 최소화하는 것이다. 제약식은 다음과 같다: (1) 총 생산 능력은 최소 38,000개이다. (2) 베이타운 공장의 생산량은 공장이 건설되지 않은 경우 0이고 공장이 건설되는 경우 21,000개 이하이다. (3) 레이크 찰스 공장의 생산량은 공장이 건설되지 않은 경우 0이고 공장이 건설되는 경우 20,000개 이하이다. (4) 모바일 공장의 생산량은 공장이 건설되지 않은 경우 0이고 공장이 건설된 경우 19,000개 이하이다.

그런 다음 의사결정변수를 다음과 같이 정의한다.

$$Y_1 = \begin{cases} 1 \text{ 공장이 베이타운에 건설된 경우} \\ 0 \text{ 그렇지 않은 경우} \end{cases}$$

$$Y_2 = \begin{cases} 1 \text{ 공장이 레이크 찰스에 건설된 경우} \\ 0 \text{ 그렇지 않은 경우} \end{cases}$$

$$Y_3 = \begin{cases} 1 \text{ 공장이 모바일에 건설된 경우} \\ 0 \text{ 그렇지 않은 경우} \end{cases}$$

X_1 = 베이타운 공장의 생산량

X_2 = 레이크 찰스 공장의 생산량

X_3 = 모바일 공장의 생산량

해결방법 ▶ 정수 계획법 문제 식은 다음과 같다.

목적함수: 총비용 최소화 $= 340{,}000Y_1 + 270{,}000Y_2 + 290{,}000Y_3 + 32X_1 + 33X_2 + 30X_3$

다음 제약식을 만족해야 한다.

$$X_1 + X_2 + X_3 \ge 38{,}000$$
$$X_1 \le 21{,}000Y_1$$
$$X_2 \le 20{,}000Y_2$$
$$X_3 \le 19{,}000Y_3$$
$$X_1, X_2, X_3 \ge 0 \text{ 또는 정수}$$
$$Y_1, Y_2, Y_3 = 0 \text{ 또는 } 1$$

통찰력 ▶ 두 번째 제약식을 조사하면 목적함수는 비용을 최소화하기 위해 이진 변수 Y_1을 0으로 설정하려고 한다. 그러나 $Y_1 = 0$인 경우 제약식은 X_1을 0으로 강제 설정하며, 이 경우 생산량은 없고 공장이 건설되지 않는다. 또는 정수 계획법의 나머지 부분에서 X_1에서 일부 제품을 생산하는 것이 가치가 있거나 필요하다고 판단하는 경우 제약식이 유지되려면 Y_1이 1과 같아야 한다. 그리고 $Y_1 =$ 1일 때 회사는 340,000달러의 고정비용을 청구하고 생산은 21,000개로 생산량이 제한된다. 제약식 3과 4에도 동일한 논리가 적용된다.

학습 연습 ▶ 식으로 표현된 이 정수 계획법을 풀라. 해는 무엇인가? [답: $Y_1 = 0$, $Y_2 = 1$, $Y_3 = 1$, $X_1 = 0$, $X_2 = 19{,}000$, $X_3 = 19{,}000$, 총비용 = 1,757,000달러]

요약

이 모듈에서는 특별한 종류의 모델인 선형계획법을 소개한다. 선형계획법은 조직의 자원을 가장 효과적으로 사용하려고 할 때 특히 유용한 것으로 입증되었다.

선형계획법 모델을 다루는 첫 번째 단계는 목적함수와 제약식을 식별하고 생성해 문제를 식으로 만드는 것이다. 두 번째 단계는 문제를 해결하는 것이다. 의사결정변수가 2개뿐인 경우 꼭짓점 방법 또는 등이익/등비용선 방법을 사용해 문제를 그래프로 해결할 수 있다. 두 가지 접근 방식 모두 먼저 가능 영역을 식별한 다음 최대 이익 또는 최소 비용을 산출하는 꼭짓점을 찾는다. 이 모듈의 예제와 연습 문제에서 알 수 있듯이 선형계획법은 다양한 비즈니스에 응용된다.

핵심 용어

가능 영역(feasible region)
그래프 해 접근 방식(graphical solution approach)
그림자 가격(또는 이중 가치)[shadow price (or dual value)]
꼭짓점 방법(corner-point method)
등비용(iso-cost)
등이익선 방법(iso-profit line method)
매개변수(parameter)
목적함수(objective function)
민감도 분석(sensitivity analysis)
선형계획법(linear programming, LP)
심플렉스 방법(simplex method)
의사결정변수(decision variables)
이진 변수(binary variables)
제약식(constraints)

토론 문제

1. 선형계획법 문제의 응용을 네 가지 이상 나열하라.
2. '꼭짓점'이란 무엇인가? 선형계획법 문제의 해가 왜 꼭짓점에 집중되는지 설명하라.
3. 그래프로 선형계획법 문제를 풀 때 가능 영역을 정의하라. 실현 가능 해란 무엇인가?
4. 선형계획법 최대화 문제에 대해 계산된 최적해가 항상 선택되지는 않는 이유를 설명하라.
5. 선형계획법 모델에서 제약식보다 목적함수가 더 중요한 상황은 어떤 것인가?
6. 최소화 문제는 최대화 문제와 어떻게 다른가?
7. 식단 문제가 실제로 동물에게는 적용되지만 특히 사람에게는 적용되지 않는 이유는 무엇인가?
8. 제약식을 추가하면 최적화 문제의 해는 어떻게 되는가?
9. 그림자 가격(또는 쌍대 가치)을 정의하라.
10. 그래프로 최소화 문제를 풀 때 등비용선을 사용하는 방법을 설명하라.
11. 그래프로 선형계획법 문제를 풀 때 꼭짓점 방법과 등이익선 방법이 어떻게 작동하는지 비교하라.
12. 제약식이 수직축 또는 수평축을 가로지르는 경우 수량은 상당히 명확하다. 축이 아닌 두 제약식이 교차하는 좌표를 찾는 방법은 무엇인가?
13. 최적해를 가장 가까운 정수로 반올림하는 것이 권장되지 않는 이유는 무엇인가?

문제 해결

문제 해결 B.1

미국 뉴욕의 나이아가라 지역에 있는 의류 제조업체인 Smith's는 남성용 셔츠와 잠옷을 생산하며, 재봉틀 시간(재봉 부서)과 재단기 시간(재단 부서)이라는 두 가지 기본 자원을 사용할 수 있다. 다음 달 동안 회사 소유자인 바버라 스미스(Barbara Smith)는 재봉틀에서 최대 280시간, 재단기에서 최대 450시간의 작업 일정을 잡을 수 있다. 생산된 셔츠 1장당 재봉 시간 1시간과 재단 시간 1.50시간이 필요하다. 잠옷 한 벌을 생산하려면 0.75시간의 재봉 시간과 2시간의 재단 시간이 필요하다.

이 문제에 대한 선형계획법 제약식을 수학적으로 표현하기 위해 다음과 같이 정의한다.

X_1 = 셔츠 생산량
X_2 = 잠옷 생산량

해결책

첫 번째 제약식: $1X_1 + .75X_2 \leq$ 재봉틀 사용 가능 시간(280시간), 첫 번째 희소 자원
두 번째 제약식: $1.5X_1 + 2X_2 \leq$ 재단기 사용 가능 시간(450시간), 두 번째 희소 자원

참고: 이것은 잠옷 한 벌에 재단 자원이 2시간 소요됨을 의미한다. 이 회사의 회계 부서는 비용 및 판매 수치를 분석하고 생산된 셔츠 1장이 이익에 4달러 기여하고 잠옷 한 벌이 이익에 3달러 기여한다고 말한다.

이 정보는 이 문제에 대한 선형계획법 **목적함수**를 만드는 데 사용할 수 있다.

목적함수: 이익 총 기여도 최대화 = $\$4X_1 + \$3X_2$

문제 해결 B.2

우리는 꼭짓점 방법을 사용해 Kevin Caskey Wholesale Inc.의 선형계획법 문제를 풀고 싶다.

목적함수: 이익 극대화 = $\$9X_1 + \$7X_2$

제약식: $2X_1 + 1X_2 \leq 40$
$X_1 + 3X_2 \leq 30$
$X_1, X_2 \geq 0$

해결책

그림 B.10은 이러한 제약식을 보여준다.

꼭짓점 **a**: $(X_1 = 0, X_2 = 0)$ 이익 = 0달러
꼭짓점 **b**: $(X_1 = 0, X_2 = 10)$ 이익 = 9(0) + 7(10) = 70달러
꼭짓점 **d**: $(X_1 = 20, X_2 = 0)$ 이익 = 9(20) + 7(0) = 180달러

꼭짓점 **c**는 방정식 $2X_1 + 1X_2 = 40$과 $X_1 + 3X_2 = 30$을 동시에 풀어서 얻는다. 두 번째 방정식에 −2를 곱하고 첫 번째 방정식에 더한다.

$$\begin{array}{r} 2X_1 + 1X_2 = \ \ 40 \\ -2X_1 - 6X_2 = -60 \\ \hline -5X_2 = -20 \end{array}$$

$$\text{따라서 } X_2 = 4$$

그리고 $X_1 + 3(4) = 30$ 또는 $X_1 + 12 = 30$ 또는 $X_1 = 18$

꼭짓점 **c**: $(X_1 = 18, X_2 = 4)$ 이익 $= 9(18) + 7(4) = 190$달러

따라서 최적해는 다음과 같다.

$(X_1 = 18, x_2 = 4)$ 이익 $= 190$달러

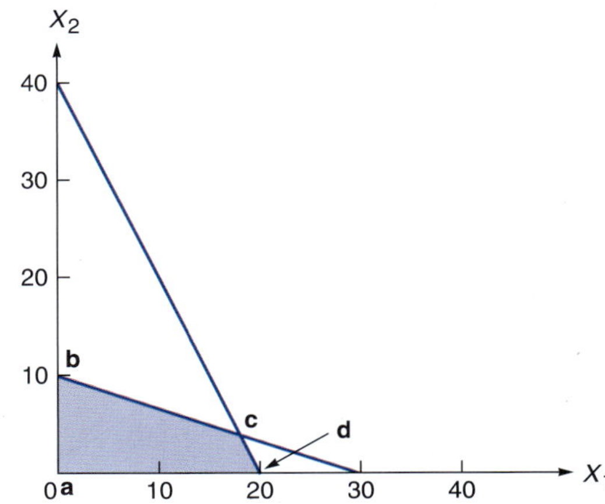

그림 B.10 K. Caskey Wholesale Inc.의 가능 영역

문제 해결 B.3

Holiday Meal 칠면조 목장은 두 가지 종류의 칠면조 사료 구입을 고려하고 있다. 각 사료에는 칠면조를 살찌우는 데 필수적인 세 가지 영양 성분 중 일부 또는 전부가 다양한 비율로 포함되어 있다. Y브랜드 사료는 비용이 파운드당 0.02달러이다. Z브랜드는 파운드당 0.03달러이다. 목장 주인은 각 영양 성분에 대한 최소 월간 섭취 요구사항을 충족하는 가장 저렴한 식단을 결정하려고 한다.

다음 표에는 Y브랜드 사료와 Z브랜드 사료의 구성과 칠면조 1마리당 각 영양 성분에 대한 최소 월간 요구량에 대한 관련 정보가 포함되어 있다.

사료 1파운드의 구성 성분			
성분	Y브랜드 사료	Z브랜드 사료	최소 월간 요구량
A	5온스	10온스	90온스
B	4온스	3온스	48온스
C	.5온스	0	1.5온스
비용/파운드	.02달러	.03달러	

해결책

다음과 같이 정의한다.

X_1 = Y브랜드 사료 구매량(파운드)

X_2 = Z브랜드 사료 구매량(파운드)

그런 다음 이 선형계획법 문제를 다음과 같이 식을 세울 수 있다.

목적함수: 비용 최소화(센트) $= 2X_1 + 3X_2$

다음 제약식을 만족한다.

$5X_1 + 10X_2 \geq 90$온스 (성분 A 제약식)

$4X_1 + 3X_2 \geq 48$온스 (성분 B 제약식)

$\frac{1}{2}X_1 \geq 1\frac{1}{2}$온스 (성분 C 제약식)

그림 B.11은 이러한 제약식을 보여준다.

등비용선 접근 방법은 Holiday Meal 칠면조 목장과 같은 선형계획법 최소화 문제를 해결하는 데 사용할 수 있다. 등이익선과 마찬가지로 모든 꼭짓점에서의 비용을 계산할 필요가 없으며 대신 일련의 평행한 비용선을 그린다. 가능 영역에 접하는 마지막 등비용선이 최적해를 제공한다.

예를 들어 그림 B.12에서 54센트 비용선, 즉 $54 = 2X_1 + 3X_2$를 그리는 것으로 시작한다. 분명히 가능 영역에는 더 낮은 총비용을 산출할 수 있는 많은 점이 있다. 54센트 솔루션 라인과 평행하게 등비용선을 왼쪽 아래로 이동한다. 가능 영역 안에서 마지막으로 접하는 점은 그림 B.11의 모서리 점 **b**와 같다. 점의 좌표는 $(X_1 = 8.4, X_2 = 4.8)$이며 총비용은 31.2센트이다.

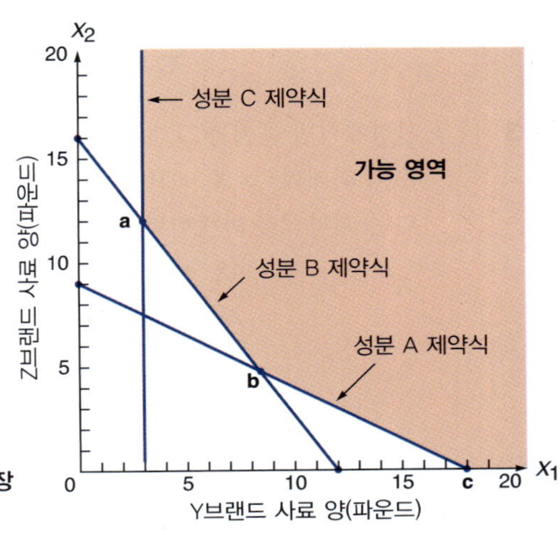

그림 B.11 Holiday Meal 칠면조 목장 문제의 가능 영역

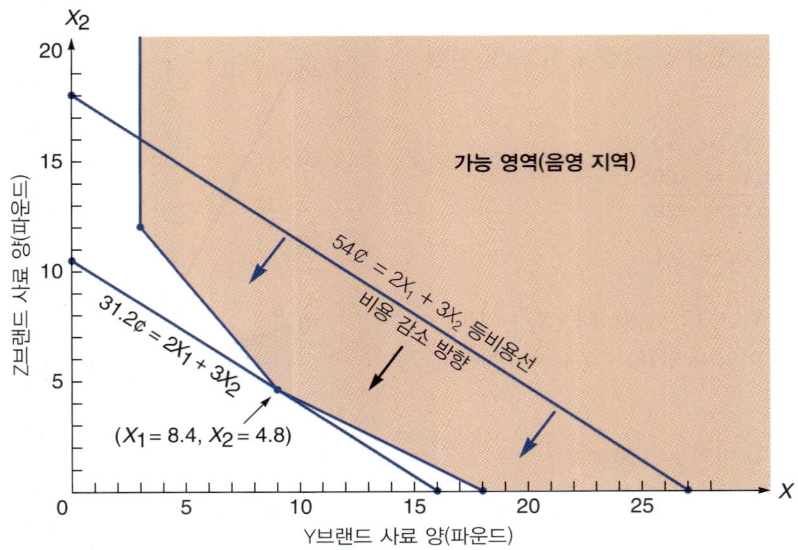

그림 B.12 등비용선을 사용한 Holiday Meal 칠면조 목장 문제의 그래프 해

연습 문제

Px 윈도우용 POM 또는 엑셀 OM으로 문제를 해결할 수 있음

문제 B.1은 선형계획법 문제의 요건과 관련이 있다.

• **B.1** 3개의 변수, 1개의 목적함수, 3개의 제약식으로 구성된 자신만의 최적화(최대화) 문제의 식을 세워라.

문제 B.2~B.20은 선형계획법 문제를 그래프로 푸는 것과 관련이 있다.

• **B.2** 다음 선형계획법 문제를 그래프로 풀라.

수익 최대화 $= 4X + 6Y$

다음 제약식을 만족한다.

$$X + 2Y \le 8$$
$$5X + 4Y \le 20$$
$$X, Y \ge 0$$ Px

• **B.3** 다음 선형계획법 문제를 그래프로 풀라.

수익 최대화 $= X + 10Y$

다음 제약식을 만족한다.

$$4X + 3Y \le 36$$
$$2X + 4Y \le 40$$
$$Y \ge 3$$
$$X, Y \ge 0$$ Px

•• **B.4** 다음 선형계획법 문제를 고려하라.

수익 최대화 $= 30X_1 + 10X_2$

다음 제약식을 만족한다.

$$3X_1 + X_2 \le 300$$
$$X_1 + X_2 \le 200$$
$$X_1 \le 100$$
$$X_2 \ge 50$$
$$X_1, X_2 \ge 0$$

(a) 그래프로 문제를 풀라.

(b) 하나 이상의 최적해가 있는가? 설명하라. Px

• **B.5** Attaran Corporation은 휴대용 에어컨과 히터 두 가지 전기 제품을 제작한다. 각각의 조립 과정은 일정량의 배선과 천공이 필요하다는 점에서 유사하다. 에어컨 1대당 배선 3시간, 천공 2시간이 소요된다. 히터는 1대당 2시간의 배선과 1시간의 천공을 거쳐야 한다. 다음 생산 주기 동안 240시간의 배선 시간이 가능하며 최대 140시간의 천공 시간을 사용할 수 있다. 판매된 각 에어컨은 25달러의 수익을 낸다. 조립된 각 히터는 15달러의 수익을 내며 판매된다.

이 선형계획법 제품 배합 상황을 식으로 만들고 풀어서 가장 높은 수익을 내는 에어컨과 히터의 최상의 생산 조합을 찾아라. Px

• **B.6** Chris Beehner Company는 모델 A와 모델 B라는 두 가지 종류의 디자이너 마당 문을 제작한다. 모든 문은 일정량의 강철과 아연을 혼합해서 제작한다. 이 회사는 총 25,000파운드의 강철과

6,000파운드의 아연을 사용할 수 있다. 모델 A 문은 125파운드의 강철과 20파운드의 아연 혼합물이 필요하며 하나당 90달러의 수익을 낸다. 모델 B 문은 100파운드의 강철과 30파운드의 아연이 필요하며 하나당 70달러에 판매할 수 있다.

그래프로 푸는 선형계획법으로 가장 좋은 마당 문 제품 배합을 찾아라. **Px**

•• **B.7** Green Vehicle Inc.는 전기 자동차와 소형 배송 트럭을 생산한다. 회사는 C1 자동차와 T1 트럭을 모두 생산할 수 있는 새 공장을 막 열었다. 어떤 차량을 만들건 조립 공정과 도색 공정을 거쳐야 한다. T1 트럭과 C1 자동차를 도색하는 데 각각 하루의 1/40, 1/60이 걸린다. 조립 공정에서 두 유형의 차량을 조립하는 데는 동일하게 하루의 1/50이 걸린다.

T1 트럭과 C1 자동차는 판매된 차량당 각각 300달러와 220달러의 수익을 낸다.

(a) 목적함수와 제약식을 정의하라.

(b) 가능 영역을 그래프로 나타내라.

(c) 새 공장에서 최대 수익을 내는 일일 생산 계획은 무엇인가?

(d) 생산된 것은 모두 판매된다고 가정할 때 이 계획은 얼마나 많은 수익을 창출하는가? **Px**

• **B.8** Lifang Wu Corporation은 알파 1과 베타 2라는 두 가지 산업용 로봇을 생산한다. 이 회사는 조립 라인에서 매월 각각 160시간씩 일하는 5명의 기술자를 고용하고 있다. 경영진은 다음 달 작업 기간 동안 각 근로자에 대해 완전 고용(즉 전체 160시간 근무)을 유지해야 한다고 주장한다. 알파 1 로봇을 조립하는 데는 대당 20시간의 작업 시간이 필요하고 베타 2 모델을 조립하는 데는 대당 25시간의 작업 시간이 필요하다. 회사는 생산 기간 동안 최소 10대의 알파 1과 최소 15대의 베타 2가 생산되는 것을 보고 싶어 한다. 알파 1은 대당 1,200달러의 수익을 내고 베타 2는 대당 1,800달러를 벌어들인다.

다음 달에 생산할 각 로봇 모델의 가장 수익성 있는 대수를 결정하라. **Px**

•• **B.9** 미국 일리노이주 카본데일에 있는 광학 스캐닝 회사인 Zafar Malik에서 개발된 다음 선형계획법 문제를 고려하라.

$$\text{수익 최대화} = \$1X_1 + \$1X_2$$

다음 제약식을 만족한다.

$$2X_1 + 1X_2 \le 100$$
$$1X_1 + 2X_2 \le 100$$

(a) 이 문제의 최적해는 무엇인가? 그래프로 풀라.

(b) X_1의 단위당 이익을 3달러로 높이는 기술 진보가 일어나면 이것이 최적해에 영향을 미치는가?

(c) X_1의 이익이 3달러로 증가하는 대신, 그 이익은 과대평가되었고 1.25달러 정도로 증가된다고 가정하자. 이러면 최적해가 변경되는가? **Px**

• **B.10** 윌리엄 반스(William Barnes)라는 장인은 굴뚝새용과 파랑새용 두 가지 종류의 새집을 만든다. 굴뚝새 새집 하나당 4시간의 작업과 4단위의 목재가 들어간다. 파랑새 새집에는 2시간의 작업과 12단위의 목재가 필요하다. 장인은 60시간의 작업 시간과 120단위의 목재를 사용할 수 있다. 굴뚝새 집은 각각 6달러의 수익이 발생하고, 파랑새 집은 15달러의 수익이 발생한다.

(a) 목적함수와 제약식을 작성하라.

(b) 그래프로 풀라. **Px**

•• **B.11** Kevin Watson Designers가 생산한 커피 탁자는 1개당 회사에 9달러의 수익을 안겨준다. 책장은 개당 12달러의 수익이 난다. 이 회사는 규모가 작고 자원이 제한되어 있다. 주어진 생산 주기(1주일) 동안 10갤런의 니스와 12단위 길이의 고품질 삼나무를 사용할 수 있다. 커피 탁자 제작에는 약 1갤런의 니스와 1단위의 삼나무가 필요하다. 책장 제작에는 1갤런의 니스와 2단위의 삼나무가 필요하다.

왓슨의 제품 배합 의사결정을 선형계획법 문제로 식을 세우고 풀라. 매주 몇 개의 탁자와 책장을 생산해야 하는가? 최대 수익은 얼마가 되는가? **Px**

• **B.12** Par, Inc.는 표준형 골프 가방과 고급형 골프 가방을 매주 생산하고 있다. 각 골프 가방은 다음 표와 같이 재단과 염색, 봉제와 마무리에 시간이 소요된다.

	가방당 소요 시간	
제품	재단과 염색	봉제와 마무리
표준형 골프 가방	1/2	1
고급형 골프 가방	1	2/3

가방당 수익과 재단과 염색, 봉제와 마무리에 사용할 수 있는 주당 시간은 다음과 같다.

제품	개당 수익(달러)
표준형 골프 가방	10
고급형 골프 가방	8

제작 활동	사용 가능 주당 시간
재단과 염색	300
봉제와 마무리	360

회사는 이 두 제품의 생산량을 모두 판매할 수 있다.

(a) 이러한 제작 활동을 통해 주간 수익을 최대화하는 표준형 및

고급형 골프 가방의 주당 생산 조합을 찾아라.

(b) 수익은 얼마인가?

•• **B.13** 온라인 소매업체는 투자수익(ROI)을 극대화하기 위해 마케팅 포트폴리오 예산을 최적화하려고 한다. 소매업체는 인쇄 미디어, 모바일 광고, 소셜미디어 세 가지 캠페인에 1,000,000 에미레이트 디나르(AED) 예산을 할당하기로 결정했다. 예상 투자수익은 인쇄 미디어에서 3%, 모바일 광고에서 15%, 소셜미디어에서 12%이다. 소매업체는 인쇄 매체가 예산의 최소 15%를 차지해야 하고 모바일 광고가 전체 예산의 40%를 넘지 않아야 한다고 결정했다. 또한 소매업체는 소셜미디어와 인쇄 미디어가 할당된 총예산의 최소 50%를 차지해야 한다고 결정했다.

소매업체가 최대 투자수익을 얻기 위해 최적으로 예산을 할당할 수 있도록 선형계획법 문제의 식을 세워라. 회사는 예산 할당 계획 수정을 고려해야 하는가? Px

• **B.14** Walter Wallace는 두 종류의 상업용 다중 회선 전화기 중 하나를 매일 몇 대 생산할 것인지 결정하려고 한다. 하나가 표준 모델이고 다른 하나는 디럭스 모델이다. 표준 모델의 단위당 수익은 40달러이고 디럭스 모델의 경우 60달러이다. 전화기 1대당 30분의 조립 시간이 필요하다. 표준 모델은 검사 시간이 10분, 디럭스 모델은 15분이 소요된다. 회사는 6대의 표준 전화기에 대한 주문을 완료해야 한다. 매일 450분의 조립 시간과 180분의 검사 시간이 사용 가능하다. 수익을 최대화하려면 각 제품을 몇 대씩 생산해야 하는가? Px

• **B.15** 다음 선형계획법 문제를 그래프로 풀라.

최대화 $Z = 3X + 5Y$

다음 제약식을 만족한다.

$$4X + 4Y \le 48$$
$$1X + 2Y \le 20$$
$$Y \ge 2$$
$$X, Y \ge 0$$ Px

• **B.16** Outdoor Furniture Corporation은 마당과 공원에서 사용할 긴 의자와 소풍용 탁자 두 가지 제품을 생산한다. 이 회사에는 두 가지 주요 자원, 즉 목수(노동력)와 가구용 삼나무가 있다. 다음 생산 주기 동안 노동조합과의 협약에 따라 1,200시간의 노동이 가능하다. 이 회사는 또한 3,500보드 피트(1피트 × 1피트 × 1인치)의 고품질 삼나무 재고를 보유하고 있다. 회사가 생산하는 긴 의자는 개당 4시간의 작업 시간과 10보드 피트의 삼나무가 필요하다. 소풍용 탁자는 6시간의 작업 시간과 35보드 피트의 삼나무가 필요하다. 완성된 긴 의자는 개당 9달러의 수익을 내고 탁자는 개당 20달러의 수익이 난다. 최대 수익을 얻기 위해 운영관리자인 쉬레이 양(Shilei Yang)은 몇 개의 긴 의자와 소풍용 탁자를 생산해야 하는가? 그래픽 선형계획법 접근 방법을 사용하라. Px

• **B.17** 다음 선형계획법 문제를 그래프로 풀라.

최대화 $Z = 4X_1 + 4X_2$

다음 제약식을 만족한다.

$$3X_1 + 5X_2 \le 150$$
$$X_1 - 2X_2 \le 10$$
$$5X_1 + 3X_2 \le 150$$
$$X_1, X_2 \ge 0$$ Px

•• **B.18** Mamlouk Design은 이집트의 수제 실크 양탄자 제조업체이다. 이 회사는 1.5 × 2.5미터와 2 × 3미터 두 가지 크기의 양탄자를 제조한다. 제조 공정은 주로 필요한 작업자에 따라 달라지며, 각 1.5 × 2.5미터 양탄자는 6시간의 작업이 필요하고 각 2 × 3미터 깔개에는 8시간의 작업이 필요하다. 현재 8명의 작업자가 하루 10시간씩 일하고 있다. Mamlouk Design은 소매점과 매주 최소 1.5 × 2.5미터 양탄자 10개와 2 × 3미터 양탄자 8개를 공급하는 계약을 체결했다. 1.5 × 2.5미터 양탄자에 대한 개당 이익은 500이집트파운드이고 2 × 3미터 양탄자에 대한 개당 이익은 700 이집트파운드이다.

이것을 선형계획법 문제로 식을 세우고 그래프로 해결해 회사가 주간 수익을 최대화할 수 있도록 하라. (주 6일 근무를 가정한다.) Px

• **B.19** 다음 선형계획법 문제를 그래프로 풀라. 그래프에 꼭짓점을 표시하라.

수익 최대화 $Z = \$3X_1 + \$5X_2$

다음 제약식을 만족한다.

$$X_2 \le 6$$
$$3X_1 + 2X_2 \le 18$$
$$X_1, X_2 \ge 0$$ Px

••• **B.20** Andy's Bicycle Company(ABC)는 고급 장난감 시장에서 가장 인기 있는 신제품을 가지고 있다. 이것은 큰 바퀴와 축이 있는 밝은 색상의 남아용과 여아용 자전거로, 쉘(shell) 디자인 안전 타이어, 강화된 차체, 크롬 도금된 체인, 브래킷, 밸브, 미끄럼 방지 손잡이 등이다. 최신 베이비 붐 세대를 위한 고품질 장난감 시장은 판매자 시장이라서 ABC는 제조한 모든 자전거를 남자용 자전거는 220달러, 여자용 자전거는 175달러에 판매할 수 있다. 이 가격은 미국 플로리다주 올랜도 공장에서 ABC가 파는 가격이다.

회사의 회계사인 돈데티(V. R. Dondeti)는 직접 인건비가 남자용 자전거 가격의 45%, 여자용 자전거 가격의 40%가 될 것이라고 파악했다. 인건비를 제외하고 도장과 포장을 제외한 생산비용은 남자용 자전거 1대당 44달러, 여자용 자전거 1대당 30달러이다. 도장과 포장은 제품에 상관없이 자전거 1대당 20달러이다.

올랜도 공장의 전체 생산 능력은 하루 390대이다. 남자용 제품은 대당 작업 시간이 2.5시간, 여자용은 2.4시간이 소요된다. ABC는 현재 120명의 직원을 고용하고 있으며 각 직원은 하루에 8시간을 일하고 있다. 회사는 안정적인 인력이 회사의 가장 큰 자산 중 하나라고 믿기 때문에 인력 가용성에 영향을 미치는 고용이나 해고의 의사가 없다.

그래프 접근 방식을 사용해 ABC의 최상의 제품 배합을 결정하라. **PX**

문제 B.21은 민감도 분석과 관련이 있다.

•• **B.21** Kalyan Singhal Corp.은 세 가지 제품을 만들며, 다음 선형계획법 문제에 주어진 자원으로 사용할 수 있는 3대의 기계를 보유하고 있다.

수익 최대화 $= 4X_1 + 4X_2 + 7X_3$

다음 제약식을 만족한다.

$1X_1 + 7X_2 + 4X_3 \le 100$(기계 1의 가공시간)

$2X_1 + 1X_2 + 7X_3 \le 110$(기계 2의 가공시간)

$8X_1 + 4X_2 + 1X_3 \le 100$(기계 3의 가공시간)

(a) 선형계획법 소프트웨어를 사용해 최적해를 결정하라.

(b) 최적해에서 기계 중 미사용 시간이 있는가?

(c) 세 번째 기계에서 추가 가공시간을 사용할 수 있다면 회사에 어떤 가치가 있는가?

(d) 추가비용 없이 두 번째 기계에서 추가로 10시간을 더 사용할 수 있게 된다면 회사의 수익이 얼마나 증가하는가? **PX**

문제 B.22~B.30은 최소화 문제 풀기와 관련이 있다.

• **B.22** 다음 선형계획법 문제를 그래프로 풀라.

비용 최소화 $= X_1 + X_2$

다음 제약식을 만족한다.

$$8X_1 + 16X_2 \ge 64$$
$$X_1 \ge 0$$
$$X_2 \ge -2$$ **PX**

(주: X_2값이 이 문제에서는 음수일 수도 있다.)

• **B.23** 다음 선형계획법 문제를 그래프로 풀라.

비용 최소화 $= 24X + 15Y$

다음 제약식을 만족한다.

$$7X + 11Y \ge 77$$
$$16X + 4Y \ge 80$$
$$X, Y \ge 0$$ **PX**

•• **B.24** Doug Turner 식품 가공업체는 특정 영양 요구사항을 충족하는 닭고기 맛과 간 맛 비스킷으로 구성된 새로운 브랜드의 개 비스킷을 소개하고자 한다. 간 맛 비스킷에는 1단위의 영양소 A와 2단위의 영양소 B가 포함되어 있다. 닭고기 맛 비스킷에는 1단위의 영양소 A와 4단위의 영양소 B가 들어 있다. 미국 연방정부 요구사항에 따르면 새로운 맛 혼합 패키지에는 최소한 40단위의 영양소 A와 60단위의 영양소 B가 있어야 한다. 또 간 맛 비스킷은 한 봉지에 15개 이상 들어갈 수 없다고 회사 측은 결정했다. 간 맛 비스킷 1개를 만드는 데 1센트, 닭고기 맛이 나는 비스킷 1개를 만드는 데 2센트가 든다면 회사의 비용을 최소화하기 위한 비스킷 패키지의 최적 제품 배합은 무엇인가?

(a) 이것을 선형계획법 문제로 식을 세워라.

(b) 모든 변수의 최적값을 찾으며 이 문제를 그래프로 풀라.

(c) 최적 혼합을 사용한 개 비스킷 패키지의 총비용은 얼마인가? **PX**

• **B.25** Sweet Smell 비료회사는 '건조 중량 60파운드 이상'이라고 표시된 비료 포대를 판매한다. 포장된 비료는 퇴비와 하수 폐기물의 조합으로 구성된다. 양질의 비료를 제공하려면 각 포대에 최소 30파운드의 퇴비를 포함해야 하지만 하수 폐기물은 40파운드 이하를 포함해야 한다. 퇴비 1파운드 비용은 5센트, 하수 폐기물 1파운드는 4센트이다. 그래픽 선형계획법 방법을 사용해 최소 비용으로 각 포대의 퇴비와 하수 폐기물의 배합을 결정하라. **PX**

• **B.26** 폴 조던(Paul Jordan)의 다음 선형계획법 식을 고려하라.

비용 최소화 $= \$1X_1 + \$2X_2$

다음 제약식을 만족한다.

$$X_1 + 3X_2 \ge 90$$
$$8X_1 + 2X_2 \ge 160$$
$$3X_1 + 2X_2 \ge 120$$
$$X_2 \le 70$$

(a) 최적해를 생성하는 꼭짓점을 표시하기 위해 가능 영역을 그래프로 설명하라.

(b) 이 해의 총비용은 얼마인가? **PX**

• **B.27** 다음 선형계획법 문제를 그래프로 풀라.

비용 최소화 $= 4X_1 + 5X_2$

다음 제약식을 만족한다.

$$X_1 + 2X_2 \ge 80$$
$$3X_1 + 1X_2 \ge 75$$
$$X_1, X_2 \ge 0$$ **PX**

•• **B.28** 재단사는 드레스와 양복을 만든다. 양복의 경우 재단사는 $3m^2$의 모직과 $1m^2$의 면직을 사용한다. 드레스의 경우 재단사는 $2m^2$의 모직과 $2m^2$의 면직을 사용한다. 재단사는 $80m^2$의 면직과

120m^{2}의 모직을 창고에 보관하고 있다. 재단사가 각 드레스와 양복을 300유로에 판매할 수 있다면 옷으로 인한 수익을 최대화하기 위해 얼마나 많은 드레스와 양복을 만들 수 있는가?

•• **B.29** 지금은 JES 주식회사가 연중 한가한 시기이다. 회사는 실제로 공장을 폐쇄하고 싶지만 핵심 직원을 해고하면 경쟁업체로 이동하게 될 것이다. JES는 한 달에 10,000개의 원형 탁자를 만들거나 한 달에 20,000개의 정사각형 탁자를 (또는 그 비율로) 만들면서 핵심(정규직, 연중무휴) 직원을 유지할 수 있다. 그런데 JES는 공급업체와 매월 최소 5,000개의 정사각형 탁자를 구매하는 계약을 체결했다. 원형 탁자 개당 취급 및 보관 비용은 10달러이고 정사각형 탁자는 개당 8달러이다.

그래프를 그리고, 제약식과 목적함수를 대수적으로 설명하고, 가능 영역의 경계를 이루는 점을 식별하고, 각 점과 최적해의 비용을 찾아라. X_1을 월별 원형 탁자 1,000개 단위 생산량으로 하고 X_2를 월별 정사각형 탁자 1,000개 단위 생산량으로 하라. Px

•• **B.30** Fixawy는 이집트에서 홈서비스 장인을 검색하는 새로운 모바일 플랫폼이다. 네트워크를 확장하기 위해 회사는 인스타그램과 페이스북 두 가지 소셜미디어 플랫폼에서 공격적인 소셜미디어 마케팅 캠페인을 펼치기로 결정했다. 회사의 목표는 카이로시에서 최소 40%, 알렉산드리아시에서 25%의 노출 수준에 도달하는 것이다.

인스타그램의 각 광고 슬롯 비용은 1,500이집트파운드이며 슬롯당 노출률은 카이로시에서 5%, 알렉산드리아시에서 2%이다. 페이스북의 각 광고 슬롯 비용은 3,500이집트파운트이며 슬롯당 노출률은 카이로시에서 6%, 알렉산드리아시에서 4%이다. 회사는 페이스북에서 최소 3개의 슬롯을 사용하기로 결정했다.

회사가 원하는 노출 수준을 충족하는 가장 비용이 적게 드는 광고 전략을 선택하려고 한다. 이 선형계획법 문제의 식을 세우고 풀라. Px

문제 B.31~B.37은 선형계획법 응용과 관련이 있다.

••• **B.31** 이집트 델타에 소재한 사료 가공업체는 5개의 다른 저장탑에 세 가지 다양한 양의 다른 상품을 저장해야 한다. 톤당 적재 비용(이집트파운드), 저장량(톤), 각 저장탑의 용량(톤)은 아래 표에 나와 있다.

상품	저장탑					저장량
	A	B	C	D	E	
1	100	120	110	140	150	70
2	150	100	120	130	180	60
3	120	110	120	140	160	80
용량	50	80	30	40	30	

선형계획법을 사용해 이 문제의 목적함수와 제약식을 설정해 적재 비용을 최소화하고 문제를 풀라.

•• **B.32** Rio Credit Union은 12개월 약정으로 투자할 수 있는 250,000달러를 보유하고 있다. 이 돈은 8%의 수익률을 제공하는 브라질 국채 또는 평균 9%의 수익률로 더 위험한 채권에 투자할 수 있다. 이 협동조합 규정에 따르면 투자금의 50% 이상을 재무부 채권에 예치할 수 있는 분산투자가 필요하다. 또한 투자금의 40% 이상을 채권에 투자하지 않기로 결정했다. Rio Credit Union은 투자수익을 극대화하기 위해 각 증권에 얼마를 투자해야 하는가? Px

•• **B.33** 어느 병원의 중환자실은 하루 24시간 운영된다. 의사는 오전 6시, 오후 12시, 오후 6시, 오전 12시에 근무를 보고하며 다음 표는 시간대별로 반드시 근무해야 하는 최소 의사 수를 보여준다.

시간대	시간	최소 의사 필요 수(명)
1	오전 6시~오후 12시	8
2	오후 12시~6시	10
3	오후 6시~오전 12시	12
4	오전 12~6시	6

병원 행정실은 다음과 같은 경우 매일 필요한 총 직원 수를 최소화하기 위해 각 시간대가 시작될 때 몇 명의 의사가 출근해야 하는지 결정하려고 한다.

(a) 의사는 12시간 교대로 일한다.

(b) 의사는 12시간 교대 또는 24시간 교대로 일한다. Px

•• **B.34** Leach Distributors는 산업 용품을 포장하고 유통한다. 표준 배송은 클래스 A 컨테이너, 클래스 K 컨테이너, 클래스 T 컨테이너에 포장된다. 클래스 A 컨테이너는 9달러의 수익을 내고 클래스 K 컨테이너는 7달러의 이익, 클래스 T 컨테이너는 15달러의 이익을 낸다. 준비된 각 배송에는 일정량의 포장재와 작업 시간이 필요하다.

표준 배송에 필요한 자원		
컨테이너 클래스	포장재(파운드)	포장 작업 시간(시간)
A	2	2
K	1	6
T	3	4
주별 사용 가능한 총 자원량	130파운드	240시간

회사의 책임자인 휴 리치(Hugh Leach)는 매주 포장할 각 등급의 최적 컨테이너 수를 결정해야 한다. 그는 앞서 언급한 자원 제한

에 묶여 있을 뿐만 아니라 6명의 정규직 포장 작업자를 매주 240시간(6명의 근로자 × 40시간) 모두 고용해야 한다.

선형계획법 소프트웨어를 사용해 이 문제의 식을 세우고 풀라. Px

••• **B.35** 한 자동차 제조업체는 독일, 영국, 프랑스에 생산 공장을 두고 일부 다른 국가에 수출한다. 제조업체의 공급사슬에는 제조업체, 유통업체, 소매업체가 포함된다. 독일 공장은 5,000대, 영국은 2,500대, 프랑스는 3,000대를 수출하고자 한다. 자동차는 공장에서 소매점으로 직접 배송되지 않는다. 차량은 이집트와 아랍에미리트의 유통업체에 먼저 선적되고 차례로 소매업체 국가에 자동차를 수출한다. 유통업체는 자동차를 재고로 두지 않고 제조업체로부터 받는 모든 것을 수출한다. 인도의 자동차 수요는 최소 2,000대, 남아프리카공화국은 4,000대, 싱가포르는 1,000대 이상이다. 이러한 국가에서는 통관 규칙과 환율이 다르기 때문에 자동차당 운송비용은 이러한 국가 간 거리에 따라 달라지지 않는다. 아래 표는 생산 공장에서 유통업체로 자동차를 배송하는 데 드는 운송비용(달러)을 보여준다.

국가	이집트(4)	아랍에미리트(5)
독일(1)	300달러	400
영국(2)	350	450
프랑스(3)	250	300

이집트와 아랍에미리트에서 다른 세 국가로 자동차를 환적해서 보내는 비용은 다음 표에 나와 있다.

국가	인도(6)	남아프리카(7)	싱가포르(8)
이집트(4)	450	500	600
아랍에미리트(5)	400	350	550

제조업체는 운송비용을 최소화할 수 있는 자동차의 수출 배합을 결정하려고 한다.

(a) 이 문제에 대한 선형계획법 모델의 식을 세워라.

(b) 컴퓨터로 풀라. Px

••• **B.36** 당나귀 마부 동키킹(Donkey King)은 항구 도시에서 산꼭대기에 있는 마을까지 물품을 운반하기 위해 당나귀를 사용하고 있다. 마을에 사는 사람들은 금, 비단, 소금, 해면을 기꺼이 사려고 한다. 동키킹은 금괴 1개당 500유로, 실크 1롤당 200유로, 소금 1자루당 150유로, 해면 1개당 100유로를 벌 수 있다. 금괴는 2개, 비단은 4롤뿐이지만 소금과 해면의 양은 무한하다. 그의 당나귀는 80kg을 운반할 수 있으며 상품의 부피는 200리터를 초과할 수 없다. 무게는 금 1kg/금괴, 실크 2kg/롤, 소금 25kg/자루, 해면 0.5kg/개이다. 부피는 금 0.1L/금괴, 실크 5L/롤, 소금 20L/자루, 해면 10L/개이다. 동키킹이 운송할 때마다 수익을 최대화할 수 있도록 도우라. Px

•••• **B.37** 당신은 시립 학교 시스템의 영양사로 고용되었으며 첫 번째 임무는 보조금을 받는 점심 프로그램을 재설계하는 것이다. 특히, 여전히 미국의 모든 주와 연방정부의 영양 지침을 충족하는 가장 저렴한 점심 메뉴의 식을 세워야 한다.

지침은 다음과 같다. 식사는 500~800칼로리여야 한다. 단백질은 200칼로리 이상, 탄수화물은 200칼로리 이상, 지방은 400칼로리를 넘지 않아야 한다. 또한 과일이나 채소로 분류되는 식품을 최소 200칼로리 섭취해야 한다.

표 B.2는 가능한 메뉴 항목으로 고려할 수 있는 식품 목록과 계약 가격 및 영양 정보를 제공한다. 모든 칼로리는 단백질, 탄수화물, 지방 칼로리이므로 모든 비율은 식품당 100%로 합산된다. 예를 들어 사과 소스 1인분에는 100칼로리가 있으며 모두 탄수화물이고 과일/채소 식품으로 계산된다. 칠면조 가슴살 2.25인분과 샐러드 0.33인분과 같이 분수를 사용할 수 있다. 비용 및 영양 속성도 마찬가지로 분수 사용이 가능하다. 예를 들어 샐러드의 0.33 인분은 가격은 0.30이고 33칼로리이다.

표 B.2 문제 B.37 자료

식품	비용/1인분	칼로리/1인분	단백질(%)	탄수화물(%)	지방(%)	과일/채소
사과 소스	0.30달러	100	0	100	0	Y
옥수수 통조림	0.40달러	150	20	80	0	Y
닭튀김	0.90달러	250	55	5	40	N
감자튀김	0.20달러	400	5	35	60	N
맥앤치즈	0.50달러	430	20	30	50	N
칠면조 가슴살	1.50달러	300	67	0	33	N
샐러드	0.90달러	100	15	40	45	Y

선형계획법 문제로 식을 세우고 풀라. 목적함수 계수와 제약식 행렬을 표준 형식으로 엑셀을 사용해 표시하고 인쇄하라.

◆ 엑셀 솔버에서 생성된 전체 해답 보고서를 별도의 페이지에 보여라.
◆ 해답 보고서에서 최적해의 대한 목푯값을 Z로 강조 표시하라.
◆ 해답 보고서에서 최적해의 비음 의사결정변수를 강조 표시하라.
◆ 엑셀 솔버에서 생성된 전체 민감도 보고서를 별도의 페이지에 보여라. Px

문제 B.38~B.39는 정수 및 이진 변수와 관련이 있다.

•• **B.38** Rollins Publishing은 출판할 교과서를 다음 표에서 결정해야 한다.

교과서	최대수요량	고정출판비	변동비	판매가격
교과서 1	9,000	12,000달러	19달러	40달러
교과서 2	8,000	21,000달러	28달러	60달러
교과서 3	5,000	15,000달러	30달러	52달러
교과서 4	6,000	10,000달러	20달러	34달러
교과서 5	7,000	18,000달러	20달러	45달러

교과서별로 최대 수요량, 고정출판비, 변동비, 판매가격이 제공된다. 출판사는 총 20,000권의 책을 출판할 수 있다.

(a) 이 문제의 식을 세우고 수익을 최대화하기 위해 어떤 책을 선택하고 각각 몇 권을 출판해야 하는지 결정하라.
(b) 컴퓨터 소프트웨어를 사용해 풀라. Px

•• **B.39** Porter Investments는 다음 가능한 투자 목록을 사용해 싱(Singh) 부인을 위한 투자 포트폴리오를 개발해야 한다.

투자 상품	비용(달러)	기대수익(달러)
A	10,000	700
B	12,000	1,000
C	3,500	390
D	5,000	500
E	8,500	750
F	8,000	640
G	4,000	300

싱 부인은 총 60,000달러를 투자하려 하며, 다음 조건이 충족되어야 한다.

(1) 투자 F가 선택되면 투자 G도 포트폴리오의 일부여야 하고
(2) 최소 4개의 투자가 선택되어야 하며
(3) 투자 A와 B 중 정확히 하나가 포함되어야 한다.

선형계획법 소프트웨어를 사용해 이 문제의 식을 세우고 풀어 싱 부인의 포트폴리오에 어떤 투자 상품이 포함되어야 하는지 결정하라. Px

사례 연구

GuitarsToday: 조립

중국산 전자 기타는 비교적 저렴하고 품질이 계속 향상되고 있다. 최근 몇 년 동안 여러 회사에서 기타 반제품을 구입하면 완제품 품질의 일관성을 높이고 더 높은 가격에 판매할 수 있다는 것을 깨달았다. GuitarsToday는 유럽 회사를 위해 중국에서 기타 반제품 조립을 전문으로 하는 회사이다. 유럽 회사들은 반제품을 받아 완제품을 고객에게 배송한다.

GuitarsToday는 주 40시간 계약으로 8명의 직원이 일하는 소규모 회사이다. 5명의 직원은 기타 조립 및 도색(마감)을 전문으로 하고 3명의 직원은 전기 부품, 현, 소리 조절 손잡이 설치와 기타 출하 준비를 전문으로 한다. 매니저인 안드라스 카사스(Andras Kasas)는 다음 달 생산을 준비하고 있다. 회사는 메탈슬래시(MetalSlash)와 재즈스페셜(JazzSpecial)이라는 두 가지 유형의 기타를 조립해 달라는 주문을 받았다. 그는 매주 각각 몇 개를 조립할 수 있는지 고객에게 알려야 한다. 안드라스 카사스는 고객과 상의한 후 다음 표를 만들었다.

	메탈슬래시	재즈스페셜
조립-마감	25분	35분
설치-출하	20분	18분
전체 작업 시간	55분	53분

기타의 총 조립 시간은 비슷하지만 두 작업 단계(조립 및 설치)에는 직원마다 작업하는 시간이 다르다. GuitarsToday는 각 메탈슬래시에 대해 27유로, 재즈스페셜에 대해 26유로를 받는다.

토론 문제

1. 회사가 수입을 최대화하기 위해 조립해야 하는 기타의 수를 결정하기 위해 선형계획법 문제의 식을 세워라.
2. 최적해를 찾기 위해 풀라.

알래스카항공의 일정 계획 도전

좋은 항공사 일정 계획은 높은 항공기 이용률로 뛰어난 고객 서비스를 제공하는 데 꼭 필요하다. 항공사는 조종사, 승무원, 항공기, 수하물 처리자, 고객 서비스 담당자, 지상 근무자의 일정을 계획해야 한다. 알래스카항공(Alaska Airlines)에서는 모든 것이 330일 전에 미리 작성된 계절별 비행 일정으로 시작된다.

수익과 마케팅 목표에 따라 노선을 결정하지만 수천 가지 제약식이 이러한 일정에 영향을 미친다. 알래스카항공은 SABRE 일정 계획 최적화 소프트웨어를 사용해 이를테면 사용 가능한 항공기 수, 좌석 수, 구간, 승무원 가용성, 승무원이 비행할 수 있는 시간을 제한하는 노조와의 계약, 정기적으로 항공기를 운행하지 않는 유지보수 규정 등을 고려한다. 알래스카항공의 일정 계획 부서는 비행 일정을 확정하기 전에 피드백을 위해 인적자원, 유지보수, 운영, 고객 서비스, 마케팅과 기타 부서에 예비 일정을 보낸다.

알래스카항공의 역사적 사명은 알래스카의 외딴 곳과 닿을 수 없는 작은 마을에 사는 충성도가 높은 고객에게 서비스를 제공하는 것이다. 알래스카에 위치한 많은 공항에 서비스를 제공하는 것은 복잡한데, 항공사가 극도의 악천후, 협곡과 짧은 활주로에 대처할 수 있는 특별한 기술을 조종사에게 요구하기 때문이다. 일부 공항에는 정규직 항공안전국 직원이나 강력한 지상 지원이 없으며 하루 24시간 운영되지 않을 수도 있다. 어떤 경우에는 마을 제설차가 학교버스를 위해 도로를 청소하느라 바쁘기 때문에 활주로 제설 작업이 되어 있지 않기도 한다. 알래스카항공이 개발한 항법 기술 덕분에 다른 많은 항공사가 갈 수 없는 곳에 알래스카항공의 비행기가 착륙할 수 있게 됨에 따라 날씨로 인한 결항 항공편이 크게 줄었다.

SABRE 최적화 소프트웨어를 상용해 수천 개의 비행 일정을 계획한 후 다음 단계인 승무원 일정 최적화로 넘어간다. 승무원 최적화 프로그램[알래스카항공은 보잉(Boeing)이 개발한 선형계획법을 기반으로 하는 제퍼슨(Jeppersen) 소프트웨어를 사용함]은 미국연방항공국(FAA)과 노조의 제약 사항을 준수하면서 불필요한 경유 대기 시간과 승무원 유휴 시간을 없애려 한다. 알래스카는 조종사의 '힘든 시간'(즉 승객이 실제로 이동되어 조종사가 급여를 받는 데 산정되는 시간) 면에서 업계를 선도한다. 모든 비행일정에 대한 승무원 요구사항이 결정된 후 3,000명의 승무원과 1,500명의 조종사가 매월 선호하는 구간의 우선순위를 지정한다. 인력 배정은 연공서열과 가능성을 기준으로 각 운항편에 할당된다.

흥미롭게도 모든 조종사나 승무원이 항상 하와이 노선(전체 항공편의 약 20%), 장거리 동부 해안 노선이나 멕시코 운항편을 택하지는 않는다. 일부는 문화를 접하고 지역 주민과 접촉할 수 있는 케치칸, 싯카, 주노, 페어뱅크스, 앵커리지, 시애틀로 돌아가는 '순회' 운항편 도전을 선호한다.

위험 감수를 강조하고 직원들에게 '즉각적으로' 생각할 수 있는 권한을 부여하는 알래스카항공은 최근 시애틀-시카고 노선에서 일정 변경을 실험하기로 결정했다. 승무원의 하루 비행 시간에 대한 제약을 감안할 때 이전에는 운항편에 시카고에서의 승무원 경유 대기 시간이 포함되었다. 회사의 분석자가 각각 4시간씩 소요되는 왕복 구간(시카고에서 매우 촉박한 소요 일정을 의미함)에서 동일한 승무원을 운영하는 가능성을 문서로 보고했을 때, 그의 데이터에 따르면 왕복 항공편의 98.7%나 승무원이 '시간 초과'가 되지 않았다. 그의 상사는 진행하도록 지시했다.

토론 문제

1. 알래스카항공의 일정 계획이 다른 항공사보다 복잡한 이유는 무엇인가?
2. 알래스카항공이 운항 네트워크에 항공편과 더 많은 도시를 추가하는 것을 금지하는 운영상의 고려사항은 무엇인가?
3. 시애틀-시카고-시애틀 노선에 같은 승무원을 두는 것의 위험은 무엇인가?
4. 승무원이 '시간 초과'되어 같은 날 보잉 737편을 타고 시카고에서 시애틀로 돌아올 수 없는 경우 항공사에 대한 직접비용을 추정하라. 이러한 직접 변동비용에는 승무원과 승객을 위한 호텔 및 식사 비용과 함께 밤새 비행기를 이동하고 주차하는 비용이 포함되어야 한다. 시카고에 예비 승무원을 두는 것보다 이것이 더 유리하다고 생각하는가?

미주

1. Iso는 '동일한' 또는 '유사한'을 의미한다. 따라서 등이익선은 모든 이익이 동일한 선을 나타내며, 이 사례의 경우 210달러이다.
2. 예를 들어 다음을 참조하라. Barry Render, Ralph M. Stair, Michael Hanna, and T. Hale, *Quantitative Analysis for Management*, 13th ed. (Boston: Pearson, 2018): Chapters 7-9; Raju Balakrishnan, Barry Render, Ralph M. Stair, and Chuck Munson, *Managerial Decision Modeling: Business Analytics with Spreadsheets*, 4th ed. (Boston: DeGruyter, 2017): Chapters 2-4.

참고문헌

Anderson, Ross, et al. "Kidney Exchange and the Alliance for Paired Donation: Operations Research Changes the Way Kidneys Are Transplanted." *Interfaces* 45, no. 1 (January–February 2015), 26–42.

Balakrishman, R., B. Render, R. M. Stair, and C. Munson. *Managerial Decision Modeling: Business Analytics with Spreadsheets*, 4th ed. Boston: DeGruyter, 2017.

Harrod, Steven. "A Spreadsheet-Based, Matrix Formulation Linear Programming Lesson." *Decision Sciences Journal of Innovative Education* 7, no. 1 (January 2009): 249.

Matthews, C. H. "Using Linear Programming to Minimize the Cost of Nurse Personnel." *Journal of Health Care Finance* (September 2005).

Pasupathy, K., and A. Medina-Borja. "Integrating Excel, Access, and Visual Basic to Deploy Performance Measurement and Evaluation at the American Red Cross." *Interfaces* 38, no. 4 (July–August 2008): 324–340.

Render, B., R. M. Stair, Michael Hanna, and T. Hale. *Quantitative Analysis for Management*, 13th ed. Boston: Pearson, 2018.

Sodhi, M. S., and S. Norri. "A Fast and Optimal Modeling Approach Applied to Crew Rostering at London Underground." *Annals of OR* 127 (March 2004): 259.

Taha, Hamdy A. *Operations Research: An Introduction*, 9th ed. Boston: Pearson, 2011.

Thie, Paul, and G. E. Keough. *An Introduction to Linear Programming and Game Theory*, 3rd ed. New York: Wiley, 2011.

Tian, Zhili, Panos Kouvelis, and Charles L. Munson. "Understanding and Managing Product Line Complexity: Applying Sensitivity Analysis to a Large-Scale MILP Model to Price and Schedule New Customer Orders." *IIE Transactions* 47, no. 4 (2015), 307–328.

Module B *Rapid* Review

절 제목	내용 훑어보기
선형계획법을 사용하는 이유	■ **선형계획법**: 운영관리자가 자원 배분에 필요한 계획과 의사결정을 내리는 데 도움을 주도록 설계된 수학적 기법
선형계획법 문제의 요건	■ **목적함수**: 선형계획법의 수학적 표현은 특정 수량(흔히 이익 또는 비용이지만 다른 목표도 사용할 수 있다)을 최대화하거나 최소화하는 것이다. ■ **제약식**: 관리자가 목표를 달성하는 데 수준 한계를 설정하는 것 모든 선형계획법 문제에는 네 가지 공통 특성이 있다. 1. 선형계획법 문제는 특정 수량(이익 또는 비용)을 **최대화**하거나 **최소화**하려 한다. 이 속성을 선형계획법 문제의 **목적함수**라고 일컫는다. 2. 제한 또는 **제약식**은 목표 달성 수준 한계를 설정한다. 따라서 제한된 자원(제약식)하에, 수량을 최대화하거나 최소화(목적함수)하고자 한다. 3. 선택 가능한 행동방침 대안이 있어야 한다. 4. 선형계획법 문제의 목적함수와 제약식은 **선형** 등식이나 부등식으로 표현되어야 한다.
선형계획법 문제 식 만들기	선형계획법의 가장 보편적인 응용 분야는 **제품 배합 문제**다. 한정된 자원을 가지고 2개 이상의 제품이 생산되는 경우다. 예를 들어 회사는 한정된 자원 내에서 총이익을 최대화하려면 각 제품을 몇 단위나 생산해야 하는지 결정하고 싶어 한다. 선형계획법의 중요한 측면은 변수 간에 특정 상호작용이 존재한다는 것이다. 한 기업이 생산하는 한 제품의 단위가 많을수록 다른 제품으로 생산할 수 있는 수량은 줄어든다.
선형계획법 문제를 그래프로 풀기	■ **그래픽 해 접근 방식**: 그래프에 2개 변수 문제 해를 그리는 수단 ■ **의사결정변수**: 의사결정자의 선택지 $X \geq 0$ 형태의 제약식을 **비음 제약식**이라고 한다. ■ **가능 영역**: 실행 가능한 모든 의사결정변수 조합. 영역 안의 모든 점은 **가능해**를 나타내며, 영역 밖의 모든 점은 **불가능해**를 나타낸다. ■ **등이익선 방법**: 선형계획법 최대화 문제를 그래프로 푸는 접근 방법. 가능 영역의 특정 한 점을 지나는 선은 최적해를 집어낸다. ■ **꼭짓점 방법**: 선형계획법 문제를 그래프로 푸는 다른 방법 선형계획법의 수학적 이론에 따르면 모든 문제에 대한 최적해는 가능 영역의 **꼭짓점** 또는 **극점**에 있다. 따라서 각 꼭짓점에서의 변숫값만 찾는 것이 필요하다. 최적해는 그중 하나(또는 그 이상)의 점에 있다. 이것이 꼭짓점 방법이다. 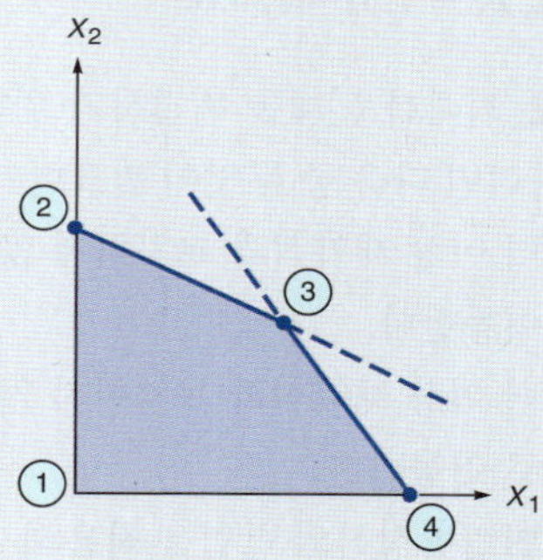
민감도 분석	■ **매개변수**: 모델 특성에 주어진 숫자 값 ■ **민감도 분석**: 변수 또는 입력 데이터에 변경 사항이 있는 경우 최적해가 얼마나 변경될 수 있는지 예측하는 분석 민감도 분석은 **사후 최적화 분석**이라고도 한다. 최적해가 변화에 얼마나 민감하게 변하는지 결정하는 두 가지 접근 방식으로 (1) 시행착오 접근 방식, (2) 분석적 사후 최적화 방법이 있다. 분석적 사후 최적화 방법을 사용하려면 선형계획법 문제를 푼 뒤 최적해에 영향을 미치지 않거나 해의 변수를 변경시키지 않는, 문제 매개변수의 변경 범위를 결정한다. 이것은 문제 전체를 해결하지 않고도 수행 가능하다. 선형계획법 소프트웨어에는 이 기능이 있다. 가정 질문에 답하기 위해 민감도 보고서의 정보를 사용할 때, 한 번에 하나의 입력 데이터 값에 대한 변경만 고려하고 있다고 가정하는 것이 주목할 사항이다. 즉 민감도 정보가 여러 입력 데이터 값을 동시에 변경하는 데 적용되는 것이 아니다. ■ **그림자 가격(또는 쌍대 가치)**: 선형계획법에서 희소 자원 추가 한 단위의 가치 그림자 가격은 제약식의 우변값이 현재의 모든 꼭짓점이 계속 존재하는 범위에 있는 한 유효하다. 이 범위의 상한 및 하한을 계산하기 위한 정보는 민감도 보고서에서 허용 가능 증가 및 허용 가능 감소로 꼬리표가 붙은 기입 사항에 있다.

최소화 문제 풀기	■ **등비용**: 선형계획법 최소화 문제를 그래프로 해결하는 접근 방식 최소화 문제를 해결하기 위한 등비용선 접근은 최대화 문제에 대한 등이익선 접근 방식과 유사하지만 연속적인 등비용선은 바깥쪽이 아닌 안쪽으로 그려진다.
선형계획법 응용	농업 응용 분야에서 **사료 배합 문제**로 알려진 **식단 문제**는 최소 비용 수준에서 명시된 영양 요구사항을 충족할 식품 또는 사료 성분 조합을 명시하는 것과 관련된다. **인력 계획 관리 문제**는 특정 기간 동안의 인력 충원을 다룬다. 중복되거나 호환 가능한 능력이 필요한 작업에 작업자 할당 시 관리자에게 유연성이 있을 때 특히 유용하다.
선형계획법의 심플렉스 방법	■ **심플렉스 방법**: 모든 크기의 선형계획법 문제를 풀기 위한 알고리즘 심플렉스 방법은 사실 최고의 해(최대 이익 또는 최저 비용)에 도달할 때까지 조직적인 방식으로 꼭짓점을 검사하는 알고리즘(또는 일련의 명령어)이다. 컴퓨터 프로그램(예: 엑셀 OM이나 윈도우용 POM), 엑셀 스프레드시트를 사용해 심플렉스 방법을 통해 선형계획법 문제를 해결할 수 있다.
정수와 이진 변수	■ **이진 변수**: 0 또는 1의 값만 취할 수 있는 의사결정변수 컴퓨터 소프트웨어를 사용하면 선형계획법의 의사결정변수가 정수나 심지어는 이진값만 취하게 만들 수 있다. 이진 변수는 선형계획법의 유연성을 확장해 상호 배타적인 대안, 둘 중 하나 제약식, 상황이론 의사결정, 고정비 문제, 임계값 수준과 같은 부가기능을 포함한다.

셀프테스트

B.1 다음 중 유효한 선형계획법 제약식이 아닌 것은?

(a) $3X + 4Y \leq 12$ (b) $2X \times 2Y \leq 12$
(c) $3Y + 2Z = 18$ (d) $100 \geq X + Y$
(e) $2.5X + 1.5Z = 30.6$

B.2 최대화 문제를 해결하기 위해 그래프로 풀기 절차를 사용하려면 다음 중 무엇이 필요한가?

(a) 더 이상 제약식과 교차하지 않을 때까지 등이익선을 위로 이동한다.
(b) 더 이상 제약식과 교차하지 않을 때까지 등이익선을 아래로 이동한다.
(c) 연립방정식의 방법을 적용해 제약식의 교차점을 구한다.
(d) 원점에서 목적함수의 값을 찾는다.

B.3 다음 선형계획법 문제를 고려하라.

최대화 $4X + 10Y$

다음 제약식을 만족한다.

$$3X + 4Y \leq 480$$
$$4X + 2Y \leq 360$$
$$X, Y \geq 0$$

실현 가능 꼭짓점은 (48, 84), (0, 120), (0, 0), (90, 0)이다. 목적함수의 가능한 최댓값은 얼마인가?

(a) 1,032 (b) 1,200 (c) 360 (d) 1,600 (e) 840

B.4 자원에 대한 제로 그림자 가격이 0이라는 것은 일반적으로

(a) 자원이 부족함을 의미한다.
(b) 자원 제약이 중복되었음을 의미한다.
(c) 자원이 사용되지 않았음을 의미한다.
(d) 문제 공식화에 문제가 있음을 의미한다.
(e) 위의 어느 것도 없음

B.5 이 두 가지 제약식에 대해 이 최소화 문제의 가능 영역에 있는 점은 무엇인가?

$$14x + 6y \geq 42 \quad x + y \geq 3$$

(a) $x = -1, y = 1$ (b) $x = 0, y = 4$
(c) $x = 2, y = 1$ (d) $x = 5, y = 1$
(e) $x = 2, y = 0$

B.6 식단 문제에 선형계획법을 적용할 때 목적함수는 일반적으로 어떻게 설계되는가?

(a) 영양소의 배합으로 이익을 극대화한다.
(b) 성분 배합을 최대화한다.
(c) 생산 손실을 최소화한다.
(d) 생산할 제품의 수를 최대화한다.
(e) 영양 배합의 비용을 최소화한다.

정답 B.1. b B.2. a B.3. b B.4. c B.5. d B.6. e

모듈

C

수송 모델

모듈의 구성

- 수송 모델링
- 초기해 도출하기
- 디딤돌 방법
- 모델링의 특별 논점

학습목표

C.1 북서모서리 방법과 직관적인 최저 비용 방법으로 수송 모델에 대한 초기해를 만든다.

C.2 디딤돌 방법으로 문제를 푼다.

C.3 수송 문제의 균형을 맞추어본다.

C.4 퇴화 문제를 다루어본다.

에이비스(Avis), 허츠(Hertz), 내셔널(National) 같은 렌터카 회사가 직면한 문제는 국내 종단/횡단 여행이다. 너무 많다. 뉴욕에서 빌린 차가 시카고에 반환되고, 로스앤젤레스에서 온 차는 필라델피아로 가고, 보스턴에서 온 차가 마이애미로 간다. 이 상황은 미국 전역 100개 이상의 도시에서 반복된다. 결과적으로 일부 도시에는 자동차가 너무 많고 다른 도시에는 너무 적다. 운영관리자는 관리 능력이 초과된 각 도시에서 더 많은 렌터카가 필요한 각 도시로 이러한 렌터카 중 몇 대를 (값비싼 자동차 배송업체를 통해) 트럭으로 배송해야 하는지를 결정해야 한다. 이 과정은 가장 경제적인 경로를 찾기 위해 빠른 행동조치가 필요하므로 렌터카 회사는 수송 모델링에 의존한다.

Vibrant Image Studio/Shutterstock

수송 모델링

새로운 공장, 창고, 유통 센터의 위치는 상당한 비용이 관련된 전략적 문제이므로 대부분의 회사는 여러 위치를 고려하고 평가한다. 다양한 객관적이고 주관적인 요소를 고려해 합리적인 결정을 내리는 데 여러 기법의 도움을 받는다. 이러한 기법 중 하나가 수송 모델링이다.

이 모듈에서 설명하는 수송 모델은 **기존 유통 시스템의 틀 내에서** 대체 시설 위치를 고려할 때 유용하다. 각각의 새로운 잠재적 공장, 창고, 유통 센터는 자체 생산비용과 수송비용, 각 기존 시설의 비용에 따라 다른 배송 할당이 필요하다. 새 위치 선택은 **전체 시스템**의 최소 비용이 산출되는가에 달려 있다.

수송 모델링

일련의 출발지에서 일련의 목적지로 제품을 배송하는 비용을 최소화하는 것과 관련된 문제를 해결하기 위한 반복적인 절차

수송 모델링(transportation modeling)은 여러 출발지에서 여러 목적지로 물품을 배송하는 가장 비용이 적은 수단을 찾는다. **출발지**(또는 **원천**)는 공장, 창고, 에이비스와 같은 렌터카 대리점, 상품이 배송되는 기타 모든 지점이 될 수 있다. **목적지**는 물품을 받는 모든 지점이다. 수송 모델을 사용하려면 다음 사항을 알아야 한다.

1. 출발지와 각 기간별 생산 능력 또는 공급량
2. 목적지와 각 기간별 수요
3. 각 출발지에서 각 목적지까지 1개를 배송하는 비용

수송 모델은 모듈 B에서 논의된 선형계획법 모델의 한 형태이다. 소프트웨어는 수송 문제와 보다 일반적인 선형계획법 문제를 모두 해결하는 데 사용할 수 있다. 그러나 그러한 프로그램을 완벽하게 사용하려면 모델 밑의 숨어 있는 가정을 이해해야 한다. 수송 문제를 설명하기 위해 이제 Arizona Plumbing이라는 회사를 살펴보겠다. 이 회사는 여러 제품 중에서 욕조 관련 제품 일체를 제조한다. 예제에서 회사는 어느 공장 제품이 어느 창고로 가야 하는지 결정해야 한다. 관련 자료는 표 C.1과 그림 C.1에 나와 있다. 표 C.1은 예를 들어 Arizona Plumbing이 디모인 공장에서 앨버커키 창고까지 욕조 1개를 배송하는 데 5달러, 보스턴까지는 4달러, 클리블랜드까지는 3달러가 든다는 것을 보여준다.

마찬가지로 그림 C.1에서 Arizona Plumbing의 앨버커키 창고에 필요한 300개 욕조가 디모인, 에번즈빌, 포트로더데일 공장에서 다양한 조합으로 배송될 수 있음을 알 수 있다.

모델링 과정의 첫 번째 단계는 **수송 행렬**을 구하는 것이다. 그 목적은 모든 관련 자료를 요약하고 알고리즘 계산을 기록하는 것이다. 그림 C.1과 표 C.1에 표시된 정보를 사용해 그림 C.2와 같은 수송 행렬을 구성할 수 있다.

표 C.1 Arizona Plumbing의 욕조 수송비용

~(으)로 / ~에서	앨버커키	보스턴	클리블랜드
디모인	5달러	4달러	3달러
에번즈빌	8달러	4달러	3달러
포트로더데일	9달러	7달러	5달러

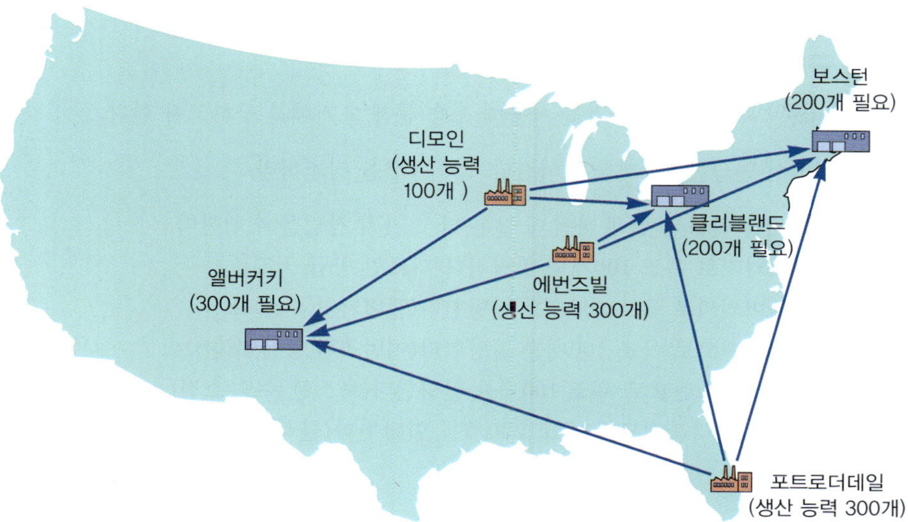

그림 C.1

수송 문제

~(으)로 / ~에서	앨버커키	보스턴	클리블랜드	공장 생산 능력
디모인	$5	$4	$3	100
에번즈빌	$8	$4	$3	300
포트로더데일	$9	$7	$5	300
창고 필요량	300	200	200	700

디모인 공장 생산 능력 제약 조건

셀은 출발지에서 목적지까지 (에번즈빌에서 클리블랜드까지) 할당된 배송량을 나타냄

포트로더데일 공장에서 보스턴 창고까지 1개 배송비용

클리블랜드 창고 수요

총수요와 총공급

그림 C.2

Arizona Plumbing의 수송 행렬

초기해 도출하기

학습목표 C.1

북서모서리 방법과 직관적인 최저 비용 방법으로 수송 모델에 대한 초기해를 만든다.

자료가 표 형태로 배열되면 문제에 대한 초기해를 구해야 한다. 이 단계를 위해 다양한 방법이 개발되었다. 이제 그중 두 가지, 북서모서리 규칙과 직관적인 최저 비용 방법을 다룰 것이다.

북서모서리 규칙

북서모서리 규칙(northwest-corner rule)은 표의 왼쪽 상단 셀(또는 북서쪽 모서리)에서 시작해 다음과 같이 수송 경로에 배송 개수를 할당한다.

북서모서리 규칙
표의 왼쪽 상단 셀(북서쪽 모서리)에서 시작해 수송 경로에 배송 단위를 체계적으로 할당하는 수송 모델 방법

1. 다음 행으로 내려가기 전에 각 행(예: 디모인 100개)의 공급(공장 생산 능력)을 소진시킨다.
2. 오른쪽의 다음 열로 이동하기 전에 각 열(예: 앨버커키 300개)의 (창고) 필요량을 소진시킨다.
3. 모든 공급과 수요가 충족되었는지 확인한다.

예제 C1은 북서모서리 규칙을 Arizona Plumbing 문제에 적용한 것이다.

예제 C1

북서모서리 규칙

Arizona Plumbing은 북서모서리 규칙을 사용해 수송 문제 초기해를 구하고자 한다.

접근방법 ▶ 위에서 언급한 3단계를 밟아간다. 그림 C.3을 참조하라.

해결방법 ▶ 초기해를 만들기 위해 다음과 같은 다섯 가지 작업을 수행한다.

1. 디모인에서 앨버커키로 욕조 100개를 할당한다(디모인 공급 소진).
2. 에번즈빌에서 앨버커키로 욕조 200개를 할당한다(앨버커키 수요 소진).
3. 에번즈빌에서 보스턴으로 욕조 100개를 할당한다(에번즈빌 공급 소진).
4. 포트로더데일에서 보스턴으로 욕조 100개를 할당한다(보스턴 수요 소진).
5. 포트로더데일에서 클리블랜드로 욕조 200개를 할당한다(클리블랜드 수요와 포트로더데일 공급 소진).

그림 C.3 Arizona Plumbing 문제에 대한 북서모서리 해

~에서 \ ~(으)로	(A) 앨버커키	(B) 보스턴	(C) 클리블랜드	공장 생산 능력
(D) 디모인	$5 / 100	$4	$3	100
(E) 에번즈빌	$8 / 200	$4 / 100	$3	300
(F) 포트로더데일	$9	$7 / 100	$5 / 200	300
창고 필요량	300	200	200	700

회사가 포트로더데일에서 보스턴으로 욕조 100개를 배송하는 것을 의미한다.

이 할당된 배송의 총비용은 4,200달러이다(표 C.2 참조).

표 C.2 계산된 배송비

경로				
~에서	~(으)로	배송된 욕조	개당 비용	총비용
D	A	100	5달러	500달러
E	A	200	8달러	1,600달러
E	B	100	4달러	400달러
F	B	100	7달러	700달러
F	C	200	5달러	1,000달러
				합계: 4,200달러

통찰력 ▶ 주어진 해는 모든 수요와 공급 제약을 충족하기 때문에 실현 가능하다. 북서모서리 규칙은 사용하기 쉽지만 비용을 완전히 무시하므로 시작점으로만 간주해야 한다.

학습 연습 ▶ 디모인에서 앨버커키까지의 비용이 개당 5달러에서 10달러로 증가하면 배송 할당이 변경되는가? 총비용이 변경되는가? [답: 초기 할당은 동일하지만 비용은 4,700달러이다.]

직관적인 최저 비용 방법

직관적인 방법(intuitive method)은 가장 낮은 비용으로 초기 할당을 수행한다. 이 간단한 접근 방식은 다음 단계를 사용한다.

직관적인 방법
수송 문제 초기해를 찾기 위한 비용 기반 접근 방식

1. 비용이 가장 낮은 셀을 파악한다. 가장 낮은 비용이 여러 개면 임의로 선택한다.
2. 수요 또는 공급을 초과하지 않으면서 해당 셀에 가능한 한 많은 개수를 할당한다. 그런 다음 이 할당으로 소진된 행이나 열(또는 둘 다)을 지운다.
3. 남은(지워지지 않은) 셀에서 비용이 가장 낮은 셀을 찾는다.
4. 모든 개수가 할당될 때까지 2단계와 3단계를 반복한다.

예제 C2

직관적인 최저 비용 방식

Arizona Plumbing은 직관적인 최저 비용 방식을 적용하고자 한다.

접근방법 ▶ 위에서 언급한 4단계를 그림 C.2 자료에 적용한다.

해결방법 ▶ 회사가 시작점에서 직관적인 방식(북서모서리 규칙 대신)을 자료에 사용할 때 그림 C.4와 같은 해를 얻는다.

$$\text{이 방식의 총비용} = \underset{\text{(D에서 C)}}{\$3(100)} + \underset{\text{(E에서 C)}}{\$3(100)} + \underset{\text{(E에서 B)}}{\$4(200)} + \underset{\text{(F에서 A)}}{\$9(300)} = 4{,}100\text{달러}$$

~(으)로 / ~에서	(A) 앨버커키	(B) 보스턴	(C) 클리블랜드	공장 생산 능력
(D) 디모인	$5	$4	$3 100	100
(E) 에번즈빌	$8	$4 200	$3 100	300
(F) 포트로더데일	$9 300	$7	$5	300
창고 필요량	300	200	200	700

첫째, 3달러 셀에 100개를 입력한 후 행 D가 충족되므로 맨 위의 행(D)을 지운다.

둘째, 3달러 셀에 100개를 입력한 후 열 C가 충족되므로 열 C를 지운다.

셋째, 4달러 셀에 200개를 입력한 후 행 E에 총 300개가 들어가고 열 B에 총 200개가 들어가므로 행 E와 열 B를 지운다.

넷째, 남은 셀에 300개를 입력해 할당을 완료한다.

그림 C.4 Arizona Plumbing 문제에 대한 직관적인 최저 비용 해

통찰력 ▶ 이 방법의 이름은 대부분의 사람들이 초기 할당을 할 때 비용을 포함하는 것이 직관적으로 정확하다고 생각하므로 적절하다.

학습 연습 ▶ 디모인에서 클리블랜드까지의 비용이 개당 3달러에서 6달러로 증가하면 초기해가 변하는가? [답: 그렇다. 이제 D − B = 100, D − C = 0, E − B = 100, E − C = 200, F − A = 300이다. 나머지 셀은 계속 0으로 남아 있다. 총비용은 동일하게 유지된다.]

최소 비용 해가 될 가능성이 직관적인 방법으로 향상되지만 직관적인 해가 정말로 최소 비용을 산출했다면 운이 좋은 것이다. 이 경우 북서모서리 해와 같이 최소 비용이 아니다. 북서모서리 방식과 직관적인 최저 비용 접근 방식은 단지 시작점을 제공하기 위한 것이므로 최적해에 도달하기 위해 추가 절차를 사용해야 한다.

디딤돌 방법

디딤돌 방법
수송 방법에서 초기 가능해에서 최적해로 이동하는 반복적인 기법

디딤돌 방법(stepping-stone method)은 초기 가능해에서 최적해로 이동하는 데 도움이 되며, 현재 해에 없는 수송 노선을 통해 상품을 배송하는 비용 효과를 평가하는 데 사용된다. 이를 적용할 때 수송표에서 사용되지 않은 셀 또는 사각형에 대해 '제품의 1단위(예: 욕조 1개)가 사용하지 않는 경로로 잠정적으로 배송된다면 총 수송비용은 얼마나 되는가?'라고 질문하면서 검사한다. 다음 단계를 거쳐 검사를 수행한다.

학습목표 C.2
디딤돌 방법으로 문제를 푼다.

1. 평가할 사용하지 않은 사각형을 선택한다.
2. 이 사각형에서 시작해 현재 사용 중인 사각형을 통해 원래 사각형으로 되돌아가는 닫힌 경로를 찾는다(수평 및 수직 이동만 허용됨). 그러나 비어 있거나 채워진 사각형을 건너뛸 수 있다.
3. 사용하지 않은 사각형에서 더하기(+) 기호로 시작해 방금 추적한 닫힌 경로의 각 모서리 사각형에 빼기 기호와 더하기 기호를 교대로 배치한다.
4. 먼저 더하기 기호가 포함된 각 사각형에서 발견된 개당 비용 수치를 더한 다음 빼기 기호가 포함된 각 사각형에서 단위 비용을 빼서 개선 지수를 계산한다.
5. 사용하지 않은 모든 사각형에 대한 개선 지수를 계산할 때까지 1~4단계를 반복한다. 계산된 모든 지수가 0보다 크거나 같으면 기존 해가 최적해에 도달한 것이다. 지수가 0보다 작으면 현재 해를 더 개선해 총 수송비용을 줄일 수 있다.

예제 C3은 디딤돌 방법을 사용해 최적해로 이동하는 방법을 보여준다. 예제 C1에서 개발한 북서모서리 초기해부터 시작한다.

예제 C3

디딤돌 방법으로 사용하지 않은 경로 확인하기

Arizona Plumbing은 사용하지 않은 배송 경로를 평가하고자 한다.

접근방법 ▶ 예제 C1의 그림 C.3부터 시작해 위에 나열된 5단계를 따른다. 보다시피 현재 할당되지 않은 4개의 경로는 디모인-보스턴, 디모인-클리블랜드, 에번즈빌-클리블랜드, 포트로더데일-앨버커키이다.

해결방법 ▶ **1단계와 2단계.** 디모인-보스턴 경로에서 시작해 현재 채워진 사각형만 사용해 닫힌 경로를 추적한다(그림 C.5 참조). 이 경로의 모서리에 교대로 더하기와 빼기 기호를 배치한다. 예를 들어 왼쪽 위 사각형에는 원래의 100에서 1개를 빼기 때문에 빼기 기호를 배치한다. 현재 배송에 사용되는 사각형만 추적 경로의 모서리를 도는 데 사용할 수 있다. 따라서 디모인-보스턴에서 디모인-앨버커키에서 포트로더데일-앨버커키에서 포트로더데일-보스턴에서 디모인-보스턴까지의 경로는 포트로더데일-앨버커키 사각형이 비어 있기 때문에 허용되지 않는다. 각 빈 사각형당 오직 하나의 닫힌 경로만 존재한다는 것이 밝혀졌다. 이 닫힌 경로 하나가 파악되면 해당 경로상의 사각형에 더하기와 빼기 기호를 할당할 수 있다.

3단계. 더하기 기호가 있는 사각형과 빼기 기호가 있는 사각형을 어떻게 결정하는가? 답은 간단하다. 디모인-보스턴 배송 경로의 비용 효과를 검사하기 때문에 디모인에서 보스턴으로 욕조 1개를 배송하려고 한다. 이것은 두 도시 간에 보내는 것보다 1개 더 많으므로 상자에 더하기 기호를 넣는다. 그러나 디모인에서 보스턴으로 이전보다 1개 더 많은 장치를 배송하면 디모인 공장에서 101개의 욕

조를 보내게 된다. 디모인 공장의 생산 능력이 100개에 불과하기 때문에 디모인에서 앨버커키까지 욕조를 1개 적게 배송해야 한다. 이런 변경은 생산 능력 제약 위반을 막아준다.

디모인-앨버커키 배송을 줄였다는 것을 나타내려면 상자에 빼기 기호를 넣는다. 닫힌 경로를 따라 계속 진행하면 300개에 대한 앨버커키 창고 필요량이 더 이상 충족되지 않는다는 것을 알 수 있다. 실제로 디모인-앨버커키 배송을 99개로 줄이면 에번즈빌-앨버커키 배송량을 1개 늘려 201개의 욕조로 만들어야 한다. 따라서 해당 상자에 더하기 기호를 배치해 증가를 나타낸다. 또한 오직 모퉁이를 도는 사각형들만이 더하기 또는 빼기 기호를 갖는 것을 알 수 있다.

그림 C.5

Arizona Plumbing 대체 경로에 대한 디딤돌 평가

디모인에서 보스턴 사각형 평가

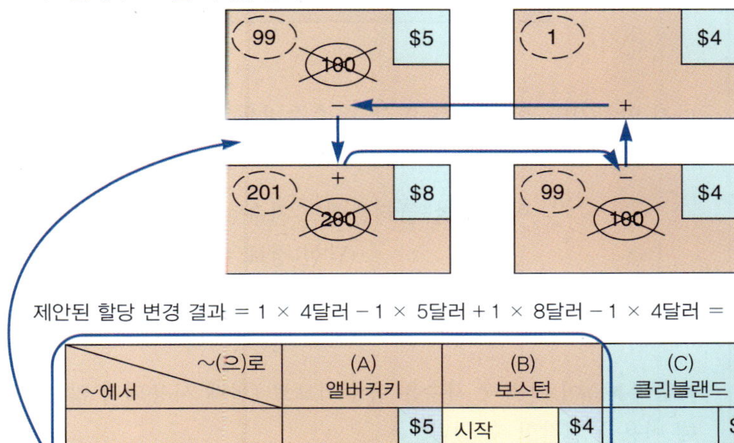

제안된 할당 변경 결과 = 1 × 4달러 − 1 × 5달러 + 1 × 8달러 − 1 × 4달러 = +3달러

~(으)로 / ~에서	(A) 앨버커키	(B) 보스턴	(C) 클리블랜드	공장 생산 능력
(D) 디모인	$5 100 −	$4 시작 +	$3	100
(E) 에번즈빌	$8 200 +	$4 100 −	$3	300
(F) 포트로더데일	$9	$7 100	$5 200	300
창고 필요량	300	200	200	700

마지막으로, 에번즈빌-앨버커키 경로에 201개의 욕조를 할당하면 에번즈빌 공장의 생산 능력 제약인 300개를 유지하기 위해 에번즈빌-보스턴 경로를 1개 줄여서 99개의 욕조로 줄여야 한다. 이 축소를 설명하기 위해 에번즈빌-보스턴 상자에 빼기 기호를 삽입한다. 이를 통해 닫힌 경로의 4개 경로 모두 공급 제한에 대해 균형을 유지했다.

4단계. 더하기 기호가 있는 사각형의 개당 비용을 더하고 빼기 기호가 있는 사각형의 비용을 빼서 디모인-보스턴 경로에 대한 개선 지수를 계산한다.

$$\text{디모인-보스턴 지수} = 4\text{달러} - 5\text{달러} + 8\text{달러} - 4\text{달러} = +3\text{달러}$$

이것은 디모인-보스턴 경로를 통해 배송되는 모든 욕조에 대해 총 수송비용이 현재 수준보다 3달러 증가한다는 것을 의미한다.

이제 닫힌 경로로 추적하기가 약간 더 어려운 사용되지 않은 디모인-클리블랜드 경로를 살펴보자(그림 C.6 참조). 다시 말하지만, 기존 경로의 사각형에서만 경로를 따라 각 모서리에서 돌아간다. 예를 들어 우리의 경로는 에번즈빌-클리블랜드 상자를 통과할 수 있지만 모퉁이를 돌 수는 없다. 따라서 더하기 또는 빼기 기호를 배치할 수도 없다. 채워진 사각형은 디딤돌로만 사용할 수 있다.

$$\text{디모인-클리블랜드 지수} = 3\text{달러} - 5\text{달러} + 8\text{달러} - 4\text{달러} + 7\text{달러} - 5\text{달러} = +4\text{달러}$$

그림 C.6

디모인-클리블랜드 경로 검사하기

~(으)로 / ~에서	(A) 앨버커키	(B) 보스턴	(C) 클리블랜드	공장 생산 능력
(D) 디모인	$5 100 −	$4	$3 시작 +	100
(E) 에번즈빌	$8 200 +	$4 − 100	$3	300
(F) 포트로더데일	$9	$7 + 100	$5 − 200	300
창고 필요량	300	200	200	700

다시 말하지만, 이 경로를 열면 총 수송비용을 낮출 수 없다.

비슷한 방식으로 2개의 다른 경로를 평가할 수 있다.

$$\text{에번즈빌-클리블랜드 지수} = 3\text{달러} - 4\text{달러} + 7\text{달러} - 5\text{달러} = +1\text{달러}$$
$$(\text{닫힌 경로} = EC - EB + FB - FC)$$
$$\text{포트로더데일-앨버커키 지수} = 9\text{달러} - 7\text{달러} + 4\text{달러} - 8\text{달러} = -2\text{달러}$$
$$(\text{닫힌 경로} = FA - FB + EB - EA)$$

통찰력 ▶ 이 마지막 지수는 음수이므로 (현재 사용되지 않는) 포트로더데일-앨버커키 경로를 사용해 비용을 절감할 수 있다.

학습 연습 ▶ Arizona Plumbing이 디모인-클리블랜드 배송 경로를 사용하는 경우 총비용은 어떻게 되는가? [답: 현재 솔루션의 총비용은 400달러만큼 증가한다.]

예제 C3에서 우리는 사용하지 않는 경로 중 하나가 음수인 개선 지수라서 더 나은 해가 실제로 가능하다는 것을 알 수 있다. 각 음수 지수는 **1개가 출발지-목적지 조합을 통해 배송된 경우 총 수송비용이 감소할 수 있는 금액을 나타낸다.** 다음 단계는 가장 큰 음의 개선 지수를 가진 경로(사용하지 않은 사각형)를 선택하는 것이다. 그런 다음 해당 경로에 허용되는 최대 개수를 배송하고 그에 따라 총비용을 줄일 수 있다.

새로운 비용 절감 경로로 배송할 수 있는 최대 수량은 얼마인가? 그 수량은 각 경로에 그려진 더하기 기호와 빼기 기호의 닫힌 경로를 참조한 다음 **빼기 기호가 포함된 사각형에서 발견된 가장 작은 숫자**를 선택하면 찾을 수 있다. 새로운 해를 얻으려면 더하기 기호가 있는 닫힌 경로의 모든 사각형에 이 숫자를 더하고 빼기 기호를 할당한 경로의 모든 사각형에서 이 숫자를 뺀다.

이제 디딤돌 방법의 한 번의 되풀이(iteration)가 완료되었다. 물론, 해가 최적인지 또는 더 개선할 수 있는지 여부를 검사해야 한다. 앞에서 설명한 대로 사용하지 않은 각 사각형을 평가해 이를 수행한다. 예제 C4는 Arizona Plumbing이 최종 해에 도달하도록 계속 노력한 결과이다.

예제 C4

지수 개선

Arizona Plumbing은 계속 문제를 풀고자 한다.

접근방법 ▶ 예제 C3에서 계산된 개선 지수를 사용한다. 예제 C3에서 가장 큰(그리고 유일한) 음수 지수가 포트로더데일-앨버커키 경로(그림 C.7에 묘사된 경로)에 있음을 발견했다.

해결방법 ▶ 새로 개통된 포트로더데일-앨버커키(FA) 경로에서 배송할 수 있는 최대 수량은 빼기 기호가 있는 사각형에서 발견되는 가장 작은 숫자(이 경우 100개)이다. 왜 100인가? 배송된 개당 총 비용이 2달러 감소하기 때문에 가능한 최대 개수를 배송하고자 한다. 이전 디딤돌 계산에 따르면 FA 경로를 통해 1개가 배송될 때마다 에번즈빌(E)에서 보스턴(B)으로 선적되는 단위가 1개 증가하고 F에서 B(현재 100개)와 E에서 A(현재 200개)로 배송되는 양은 1개씩 감소한다. 따라서 FA 경로를 통해 배송할 수 있는 최대 수량은 100개이다. 이 해를 사용하면 F에서 B로 배송되는 개수가 0이 된다. 이제 다음 4단계를 수행한다.

1. FA 경로에 100개(현재 0개 배송됨)를 추가한다.
2. FB 경로에서 100을 빼고 해당 사각형에 0을 남겨둔다(F에 대한 행 합계의 균형은 유지한다).
3. EB 경로에 100을 추가해 200이 되도록 한다.
4. 마지막으로 EA 경로에서 100을 빼고 남겨진 100개만 배송한다.

새로운 수송 수량은 여전히 필요량에 맞추어 일치하는 행과 열 합계를 생성한다. 새로운 해는 그림 C.8에 나와 있다.

총 배송비용은 (100개) × (개당 2달러 절약) = 200달러 감소해 현재 4,000달러이다. 물론 이 비용 수치는 개당 수송비용에 해당 경로로 배송되는 개수를 곱해 도출할 수도 있다. 즉 100(5달러) + 100(8달러) + 200(4달러) + 100(9달러) + 200(5달러) = 4,000달러이다.

그림 C.7

수송표: FA 경로

~에서 \ ~(으)로	(A) 앨버커키	(B) 보스턴	(C) 클리블랜드	공장 생산 능력
(D) 디모인	$5 100	$4	$3	100
(E) 에번즈빌	$8 200 −	$4 100 +	$3	300
(F) 포트로더데일	$9 +	$7 100 −	$5 200	300
창고 수요량	300	200	200	700

그림 C.8

다음 번 되풀이의 해 (아직 최적해가 아님)

~에서 \ ~(으)로	(A) 앨버커키	(B) 보스턴	(C) 클리블랜드	공장 생산 능력
(D) 디모인	$5 100	$4	$3	100
(E) 에번즈빌	$8 100	$4 200	$3	300
(F) 포트로더데일	$9 100	$7	$5 200	300
창고 수요량	300	200	200	700

통찰력▶ 그러나 그림 C.8을 주의 깊게 살펴보면 이것 역시 아직 최적이 아님을 알 수 있다. EC 노선(에번즈빌-클리블랜드)의 비용 개선 지수는 −1달러이다. 닫힌 경로는 EC − EA + FA − FC이다.

학습 연습▶ 이 경로에 대한 최종해를 스스로 찾아라. [답: 이 모듈의 끝에 있는 프로그램 C.1과 C.2가 엑셀 OM 해를 제공한다.]

모델링의 특별 논점

수요가 공급과 같지 않음

학습목표 C.3
수송 문제의 균형을 맞추어본다.

실제 문제는 공통적으로 총수요가 총공급과 같지 않은 경우가 많다. 가상 출발지 또는 가상 목적지를 도입해 해를 구하는 절차를 통해 이러한 불균형 문제를 쉽게 처리할 수 있다. 총공급이 총수요보다 크면 가상 목적지를 생성해 수요를 잉여량과 정확히 동일하게 만든다. 반대로, 총수요가 총공급보다 크면 수요 초과량과 동일한 공급을 가진 가상 출발지(공장)를 도입한다. 이러한 단위는 실제로 배송되지 않기 때문에 가상 위치의 각 사각형에 0의 비용 계수를 할당한다. 이 경우에 비용은 0이 된다.

퇴화

학습목표 C.4
퇴화 문제를 다루어본다.

퇴화
너무 적은 수의 사각형 또는 배송 경로가 사용되어서 사용되지 않은 각 사각형에 대해 닫힌 경로를 추적하는 것이 불가능한 일이 발생한 수송 모델

수송 문제에 디딤돌 방법을 적용하려면 사용 중인 배송 경로 수에 대한 규칙을 준수해야 한다. 모든 해(초기 또는 이후)에서 채워진 사각형의 수는 표의 행의 수 더하기 열의 수 빼기 1과 같아야 한다. 이 규칙을 충족하지 않는 해를 퇴화라고 한다.

퇴화(degeneracy)는 너무 적은 수의 사각형이나 배송 경로가 사용될 때 발생한다. 결과적으로 하나 이상의 사용되지 않은 사각형에 대해 닫힌 경로를 추적하는 것이 불가능해진다. 방금 조사한 Arizona Plumbing 문제는 5개(3개의 행 또는 공장 + 3개의 열 또는 창고 − 1)의 할당된 경로가 있기 때문에 퇴화가 아니다.

퇴화 문제를 처리하려면 채워진 셀을 인위적으로 생성해야 한다. 즉 사용되지 않은 사각형 중 하나에 0 또는 매우 적은 수량(가짜 배송을 나타냄)을 넣은 다음 해당 사각형을 채워진 것처럼 처리한다. 이렇게 선택된 사각형은 모든 디딤돌 경로가 닫힐 수 있는 위치에 있어야 한다.

요약

선형계획법의 한 형태인 수송 모델은 시스템 전체의 배송 문제에 대한 최소 비용 해를 찾는 데 사용된다. 북서모서리 방법(수송표의 왼쪽 상단에서 시작) 또는 직관적인 최저 비용 방법은 초기 가능해를 찾는 데 사용할 수 있다. 그런 다음 최적해를 찾는 데 디딤돌 알고리즘이 사용된다. 불균형 문제는 총수요와 총공급이 같지 않은 문제이다. 퇴화는 행의 수 + 열의 수 − 1이 채워진 사각형의 수와 같지 않은 경우를 나타낸다. 수송 모델 접근 방식은 8장의 앞부분에서 설명한 네 가지 위치 선정 모델 중 하나이며 13장에서 논의한 두 가지 총괄 계획 모델 중 하나이다.

핵심 용어

디딤돌 방법(stepping-stone method)
북서모서리 규칙(northwest-corner rule)
수송 모델링(transportation modeling)
직관적인 방법(intuitive method)
퇴화(degeneracy)

토론 문제

1. 수송 모델에 필요한 세 가지 정보 요구사항은 무엇인가?
2. 직관적인 최저 비용 방법의 단계는 무엇인가?
3. 북서모서리 규칙의 세 가지 '단계'를 파악하라.
4. 최적해에 도달했는지 어떻게 알 수 있는가?
5. 일반적으로 어떤 시작 기법이 더 나은 초기해를 제공하며, 그 이유는 무엇인가?
6. 수송 문제에 대한 출발지와 목적지가 많을수록 최적해에 사용될 모든 셀의 비율은 낮아진다. 설명하라.
7. 모든 수송 예제는 장거리에 적용되는 것으로 보인다. 예를 들어 상점의 부서나 건물의 사무실과 같이 훨씬 더 작은 구모에 수송 모델을 적용할 수 있는가? 논의하라.
8. 북동모서리 규칙을 개발하고 어떻게 움직이는지 설명하라. 예제 C1에서 분석한 Arizona Plumbing 문제에 대한 초기해를 구하라.
9. 불균형 수송 문제란 무엇이며 어떻게 균형을 맞출 수 있는가?
10. 모든 해는 몇 개의 채워진 셀을 사용해야 하는가?
11. 수송비용 최소화 문제에서 음수 개선 지수의 중요성을 설명하라.
12. 수송 방법은 수송비용 외에 생산비용을 어떻게 처리할 수 있는가?
13. 수송 모델링의 맥락에서 **퇴화**라는 용어가 의미하는 바를 설명하라.

문제 해결

문제 해결 C.1

Williams Auto Top Carrier는 현재 애틀랜타와 털사에 있는 공장에서 로스앤젤레스와 뉴욕의 유통 센터에 자동차 지붕 캐리어를 공급하고 있다. 수요 확대로 인해 회사는 세 번째 공장을 열기로 결정하고 두 도시(뉴올리언스와 휴스턴) 중 하나로 선택 범위를 좁혔다. 표 C.3은 관련 생산과 유통비용, 공장 생산 능력과 유통 수요를 제공한다.

기존 공장과 유통 센터와 함께 회사가 어느 곳에 공장을 세우는 것이 비용이 덜 들겠는가?

표 C.3 Williams의 생산 비용과 유통비용, 공장 생산 능력과 유통 수요

	유통 센터로			
공장에서	로스앤젤레스	뉴욕	정상 생산	개당 생산비용
기존 공장				
애틀랜타	8달러	5달러	600	6달러
털사	4달러	7달러	900	5달러
제안된 위치				
뉴올리언스	5달러	6달러	500	4달러(예상치)
휴스턴	4달러	6[a]달러	500	3달러(예상치)
예측 수요	800	1,200	2,000	

a 휴스턴과 뉴욕 간의 유통비용(배송, 취급, 보관)이 캐리어 제품 1개당 6달러임을 나타낸다.

해결책

이 질문에 답하려면 각 조합에 대해 하나씩 두 가지 수송 문제를 해결해야 한다. 기존 시스템과 결합해 총 유통비용과 총 생산비용이 더 적은 위치를 추천한다.

뉴올리언스에 세 번째 공장을 세우는 수송표를 만드는 것부터 시작한다(그림 C.9 참조). 그런 다음 북서모서리 방법을 사용해 초기해를 찾는다. 이 첫 번째 해의 총비용은 23,600달러이다. 각 개별 '공장-유통 센터' 경로의 비용은 개당 생산비용(표 C.3의 오른쪽 열에 있음)에 유통비용(표 C.3 내용 부분)을 더해 구한다. 따라서 애틀랜타에서 로스앤젤레스까지 자동차 지붕 캐리어 1대의 총생산 + 배송비용은 14달러이다(배송비용 8달러 + 생산비용 6달러).

총비용 = (600개 × 14달러) + (200개 × 9달러)
+ (700개 × 12달러) + (500개 × 10달러)
= 8,400달러 + 1,800달러 + 8,400달러 + 5,000달러
= 23,600달러

이 초기해(그림 C.9)가 최적인가? 디딤돌 방법을 사용해 검사하고 사용하지 않는 경로에 대한 개선 지수를 계산할 수 있다.

애틀랜타-뉴욕 노선 개선 지수
= +11달러(애틀랜타-뉴욕) − 14달러(애틀랜타-로스앤젤레스)
+ 9달러(털사-로스앤젤레스) − 12달러(털사-뉴욕)
= −6달러

뉴올리언스-로스앤젤레스 경로 개선 지수
= +9달러(뉴올리언스-로스앤젤레스)
−10달러(뉴올리언스-뉴욕)
+12달러(털사-뉴욕)
−9달러(털사-로스앤젤레스)
= 2달러

회사는 애틀랜타에서 뉴욕으로 배송되는 모든 단위에 대해 6달러씩 절약할 수 있기 때문에 초기해를 개선하고 현재 사용되지 않는 이 경로로 최대한 많은 개수(이 경우 600개)를 보내려 할 것이다(그림 C.10 참조). 또한 총비용이 현재 20,000달러이고 초기해에 비해 3,600달러가 절감된 것도 확인할 수 있다.

다음으로, 사용하지 않은 두 경로를 검사해서 각 경로의 개선 지수도 음수인지 확인해야 한다.

애틀랜타-로스앤젤레스 지수
= 14달러 − 11달러 + 12달러 − 9달러 = 6달러
뉴올리언스-로스앤젤레스 지수
= 9달러 − 10달러 + 12달러 − 9달러 = 2달러

두 지수가 모두 0보다 크기 때문에 뉴올리언스 위치가 최적해에 도달했다. Williams가 뉴올리언스에 공장을 열기로 결정하면 회사의 총생산과 유통비용은 20,000달러이다.

그러나 이 분석은 Williams의 문제에 대한 답의 절반만 제공한다. 휴스턴에 새 공장을 지을 경우에도 최소 비용을 결정하기 위해 동일한 절차를 따라야 한다. 이 비용을 결정하는 것은 숙제로 남겨둔다. 문제 C.7을 해결하면 완전한 정보를 제공하고 해를 추천할 수 있다.

~에서 \ ~(으)로	로스앤젤레스	뉴욕	생산 능력
애틀랜타	$14 600	$11	600
털사	$9 200	$12 700	900
뉴올리언스	$9	$10 500	500
수요	800	1,200	2,000

그림 C.9 뉴올리언스로의 초기 Williams 수송표

~에서 \ ~(으)로	로스앤젤레스	뉴욕	생산 능력
애틀랜타	$14	$11 600	600
털사	$9 800	$12 100	900
뉴올리언스	$9	$10 500	500
수요	800	1,200	2,000

그림 C.10 Williams의 개선된 수송표

문제 해결 C.2

문제 해결 C.1에서 우리는 수송표를 사용해 Williams 문제를 조사했다. 다른 접근 방식은 선형계획법(LP)을 사용해 동일한 의사결정 분석을 구현하는 것이다. 이는 모듈 B에서 자세히 설명했다.

해결책

그림 C.9의 자료를 사용해 목적함수와 제약식을 다음과 같이 작성한다.

$$\text{총비용 최소화} = \$14X_{\text{Atl,LA}} + \$11X_{\text{Atl,NY}} + \$9X_{\text{Tul,LA}} + \$12X_{\text{Tul,NY}} + \$9X_{\text{NO,LA}} + \$10X_{\text{NO,NY}}$$

다음 제약식을 만족한다.

$$X_{\text{Atl,LA}} + X_{\text{Atl,NY}} \leq 600 \quad \text{(애틀랜타의 생산 능력)}$$
$$X_{\text{Tul,LA}} + X_{\text{Tul,NY}} \leq 900 \quad \text{(털사의 생산 능력)}$$
$$X_{\text{NO,LA}} + X_{\text{NO,NY}} \leq 500 \quad \text{(뉴올리언스의 생산 능력)}$$
$$X_{\text{Atl,LA}} + X_{\text{Tul,LA}} + X_{\text{NO,LA}} \geq 800 \quad \text{(로스앤젤레스의 수요 제약식)}$$
$$X_{\text{Atl,NY}} + X_{\text{Tul,NY}} + X_{\text{NO,NY}} \geq 1{,}200 \quad \text{(뉴욕의 수요 제약식)}$$

연습 문제

Px 윈도우용 POM 또는 엑셀 OM으로 문제를 해결할 수 있음

문제 C.1~C.3은 초기해 도출하기와 관련이 있다.

• **C.1** 다음 수송 문제의 초기해를 구하라.

	~로			
~에서	로스앤젤레스	캘거리	파나마시티	공급
멕시코시티	6달러	18달러	8달러	´00
디트로이트	7달러	13달러	19달러	60
오타와	20달러	10달러	24달러	40
수요	50달러	8	70달러	

(a) 북서모서리 방법을 사용하라. 총비용은 얼마인가?

(b) 직관적인 최저 비용 접근 방식을 사용하라. 총비용은 얼마인가?

(c) 디딤돌 방법을 사용해 최적해를 찾고 총비용을 계산하라. **Px**

• **C.2** 아래 수송표를 고려하라. 각 배송 구간의 단가는 달러 단위이다. 직관적인 최저 비용 방법으로 얻은 이 문제의 기본 가능해의 총비용은 얼마인가? **Px**

	목적지					
출발지	A	B	C	D	E	공급
1	12	8	5	10	4	18
2	6	11	3	7	9	14
수요	6	8	12	4	2	

• **C.3** 다음 표를 참조하라.

(a) 초기 가능해를 찾기 위해 북서모서리 방법을 사용하라. 해를 구하는 단계를 시작하기 전에 무엇을 해야 하는가?

(b) 직관적인 최저 비용 접근 방식을 사용해 가능 초기해를 찾아라. 이 접근 방식이 북서모서리 방식보다 더 좋은가?

(c) 디딤돌 방법을 사용해 최적해를 찾아라.

	~로			
~에서	A	B	C	공급
X	10달러	18달러	2달러	100
Y	17달러	13달러	9달러	50
Z	20달러	18달러	4달러	75
수요	50	80	70	

문제 C.4~C.11은 디딤돌 방법과 관련이 있다.

• **C.4** 아래 수송표를 고려하라. 표시된 해는 이 문제에 수송 방법을 몇 회 반복해 얻은 것이다. 이 문제에 대해 디딤돌 방법을 한 번 더 반복해 얻을 수 있는 수송 계획의 비용은 얼마인가? 비어 있거나 채워지지 않은 모든 셀에 대한 지수를 계산해 해가 실행 가능한지 여부를 확인하라.

	목적지			공급
출발지	1	2	3	
A	4	6 20	8 10	30
B	9	3 40	7	40
C	5 20	12	10 10	30
수요	40,000	30,000	20,000	100

•• **C.5** 다음 수송표는 수송 방법을 몇 회 반복해 얻은 것이다.

~에서 \ ~로	1	2	3	생산 능력
A	(30) 40	(30)	(5) 10	50
B	(10)	(10) 30	(10)	30
C	(20)	(10) 30	(25) 45	75
수요	40	60	55	155

(a) 디딤돌 방법을 사용해 다음 되풀이를 완료하라.

(b) 결과가 최종해로 받아들여질 경우 발생하는 '총비용'을 계산하라. **Px**

•• **C.6** 두바이에 있는 한 제과점은 3개의 생산 라인을 운영해 4개의 매장에 구운 제품을 공급한다. 각 생산 라인에서 각 매장으로의 배송비용(1,000개당 디르함)은 아래 표와 같다. 총 수송비용을 최소화하려면 각 생산 라인에서 각 매장으로 몇 개를 배송해야 하는가? **Px**

	~로				
~에서	매장 1	매장 2	매장 3	매장 4	공급
생산 라인 1	4	7	5	3	10,000
생산 라인 2	6	4	2	5	20,000
생산 라인 3	3	6	4	3	15,000
수요	5,000	10,000	15,000	15,000	45,000

•• **C.7** 문제 해결 C.1에서 Williams Auto Top Carriers는 뉴올리언스나 휴스턴에 새 공장을 열 것을 제안했다. 경영진은 뉴올리언스 부지의 총 시스템 비용(생산과 유통 비용)이 20,000달러라는 것을 알게 되었다. 회사가 휴스턴에 공장을 열면 총비용은 얼마인가? 제안된 두 위치(뉴올리언스, 휴스턴) 중 어디에 새 시설을 열어야 하는가? **Px**

•• **C.8** Donna Mosier 의류그룹은 3개 도시(W, Y, Z)에 공장을 소유하고 있으며, 다른 3개 도시(A, B, C)에 있는 3개 소매 드레스 매장에 유통시킨다. 다음 표에는 공장 가용성, 예상 매장 수요와 개당 배송비용이 요약되어 있다.

~에서 \ ~로	드레스 매장 A	드레스 매장 B	드레스 매장 C	공장 가용성
공장 W	$4	$3	$3	35
공장 Y	$6	$7	$6	50
공장 Z	$8	$2	$5	50
매장 수요	30	65	40	135

(a) 분석을 완료해 이 회사의 배송 최적해를 결정하라.

(b) 최적해인지 아닌지 어떻게 알 수 있는가? **Px**

••• **C.9** 한 장비 제조업체에서 새 시설의 위치를 결정하려고 한다. 이 회사는 현재 이집트와 터키에 공장을 두고 있으며, 이 회사는 모로코 또는 아랍에미리트 중 어디에 새 공장을 지을지 결정하려 한다. 다음 표를 사용해 각 부지에 대한 총 수송비용을 찾아라. 회사는 어떤 위치를 선택해야 하는가? **Px**

	창고			
공장	사우디아라비아	수단	튀니지	생산 능력
이집트	4달러	7달러	5달러	10,000
터키	6달러	4달러	2달러	20,000
모로코	3달러	6달러	4달러	15,000
아랍에미리트	5달러	3달러	2달러	15,000
수요	15,000	10,000	15,000	45,000

•• **C.10** 이집트에 있는 Randa's Bakery는 10월 6일(6th of October), 라마단 10일(10th of Ramadan), 오부르(Obour)에 있는 기존 3개 시설에 네 번째 공장 추가를 고려하고 있다. 지역은 기자(Giza)와 모카탐(Mokatam)을 고려중이다. 표에서 보여준 개당 수송비용만 평가해 최적의 부지를 결정하라(단위: 이집트 파운드).

	기존 공장에서			
~로	10월 6일	라마단 10일	오부르	수요
나스르시티	0.6	0.5	0.4	10,000
뉴카이로	0.7	0.4	0.2	15,000
마디	0.3	0.8	0.7	20,000
생산 능력	15,000	10,000	10,000	

	제안된 공장에서	
~로	기자	모카탐
나스르시티	1.0	0.5
뉴카이로	0.8	0.3
마디	0.3	0.2
생산 능력	10,000	10,000

•• **C.11** 문제 C.10의 자료와 다음 표에 나열된 개당 생산비용을 사용해 가장 낮은 비용을 산출하는 위치를 보여라.

위치	생산비용(이집트 파운드/개)
10월 6일	2.9
라마단 10일	2.7
오부르	2.3
기자	2.1
모카탐	2.4

문제 C.12~C.14는 모델링의 특별 논점과 관련이 있다.

•• **C.12** 한 주스 제조업체가 카이로, 알렉산드리아, 아스완에 있는 공장에서 주스를 생산한다. 생산된 주스는 기자, 탄타, 소하그의 지역 유통업체로 보내진다. 배송비용은 다양하며 회사는 각 유통업체의 요구사항을 충족할 수 있는 최소 비용 방법을 찾고 있다. 기자는 한 달에 40,000상자의 주스를 받아야 한다. 탄타는 30,000상자가 필요하고 소하그는 20,000상자가 필요하다. 카이로는 매달 30,000상자의 주스를 생산할 수 있고, 알렉산드리아는 40,000상자, 아스완은 30,000상자를 생산할 수 있다. 카이로에서 기자까지의 상자당 비용은 10이집트파운드이며, 탄타까지 15이집트파운드, 소하그까지 20이집트파운드이다. 알렉산드리아에서 기자까지의 상자당 비용은 18이집트파운드, 탄타까지의 비용은 12이집트파운드, 소하그까지의 비용은 22이집트파운드이다. 아스완에서 기자까지의 상자당 비용은 20이집트파운드, 탄타까지 28이집트파운드, 소하그까지 14이집트파운드이다. 주스 제조업체는 각 공장에서 각 지역 유통업체로 몇 개의 상자를 배송해야 하는가? 그리고 총 수송비용은 얼마인가? (문제의 균형을 맞추려면 '가상' 목적지가 필요하다.) Px

•• **C.13** Gregory Bier Corp.의 자료에 대해 북서모서리 방법을 사용해 초기해와 초기비용을 찾아라. 이 문제의 균형을 맞추려면 무엇을 해야 하는가? Px

	~로				
~에서	W	X	Y	Z	공급
A	132달러	116달러	250달러	110달러	220
B	220달러	230달러	180달러	178달러	300
C	152달러	173달러	196달러	164달러	435
수요	160	120	200	230	

•• **C.14** 다음 표는 Jinfeng Yue라는 가구회사 수송 문제에 대한 비용, 생산 능력, 수요 자료를 보여준다. 적절한 수송표를 만들고 북서모서리 규칙을 사용해 초기해를 찾아라. 문제의 균형을 맞추려면 '가상' 출발지가 필요한 것을 유념하라. Px

~에서/~로	1	2	3	생산 능력
A	30달러	10달러	5달러	20
B	10달러	10달러	10달러	30
C	20달러	10달러	25달러	75
수요	40	60	55	

사례 연구

Custom Vans, Inc.

Custom Vans, Inc.는 표준 밴을 캠핑카로 개조하는 것을 전문으로 한다. 작업량과 맞춤 형태에 따라 맞춤 제작 비용은 1,000달러 미만에서 5,000달러 이상까지 소요될 수 있다. 4년도 채 되지 않아 토니 리조(Tony Rizzo)는 인디애나주 개리에 있는 소규모 운영 업체를 시카고, 밀워키, 미니애폴리스, 디트로이트 같은 주요 매장으로 확장할 수 있었다.

혁신은 토니가 소규모 밴 작업장을 중서부에서 가장 크고 수익성 있는 맞춤형 밴 운영업체 중 하나로 전환하는 데 성공한 주요 요인이었다. 토니는 밴 소유자가 항상 요구하는 고유한 기능과 장치를 설계하고 개발하는 특별한 능력을 가지고 있는 것 같았다. 회사를 시작한 지 불과 6개월 만에 토니가 개발한 샤워-리픽(Shower-Rific)이 그 예다. 이 작은 샤워 시설은 완전히 자율적으로 작동하고 거의 모든 유형의 밴에 설치 가능하며, 밴 내의 여러 위치에 설치할 수 있었다. 샤워-리픽은 유리 섬유로 만들어졌으며 수건걸이, 내장된 비누와 샴푸 걸이, 독특한 플라스틱 문이 포함되어 있다. 샤워-리픽 1개를 만드는 데는 2갤런의 유리 섬유와 3시간의 작업 시간이 필요하다.

대부분의 샤워-리픽은 Custom Vans가 설립된 창고가 있는 개리에서 제조되었다. 개리에 있는 제조 공장은 한 달에 300개의 샤워-리픽을 생산할 수 있지만 이 수량은 결코 충분하지 않았다. 모든 지역의 Custom Vans 매장은 샤워-리픽이 충분하지 않다고 불평했고, 미니애폴리스가 다른 지역보다 개리에서 더 멀리 떨어져 있었기 때문에 토니는 항상 샤워-리픽을 미니애폴리스보다 먼저 다른 지역으로 배송하는 경향이 있었다. 이것은 미니애폴리스의 관리자를 화나게 했고, 많은 열띤 토론 끝에 토니는 인디애나주 포트웨인에 샤워-리픽을 위한 또 다른 제조 공장을 시작하기로 결정했다. 포트웨인 제조 공장에서는 한 달에 150개의 샤워-리픽을 생산할 수 있었다.

포트웨인에 있는 제조 공장은 여전히 현재의 샤워-리픽 수요를 충족할 수 없었고 토니는 자신의 독특한 캠핑카 샤워기 수요가 내년에 급격히 증가할 것임을 알고 있었다. 변호사, 은행가와 상의한 후 토니는 가능한 한 빨리 2개의 새로운 제조 공장을 열어야 한다고 결론지었다. 각 공장은 포트웨인 제조 공장과 동일한 용량을 갖게 된다. 가능한 제조 위치에 대한 초기 조사가 이루어졌고 토니는 2개의 새로운 공장이 미시간주 디트로이트, 일리노이주 록퍼드나 위스콘신주 매디슨에 위치해야 한다고 결정했다. 토니는 2개의 새로운 제조 공장의 최적 위치를 선택하는 것이 어렵다는 것을 알고 있었다. 다양한 위치에 대한 수송비용과 수요는 중요한 고려사항이 될 것이다.

시카고 매장은 빌 버치(Bill Burch)가 관리했다. 이 매장은 토니가 처음 설립한 매장 중 하나였으며 계속해서 다른 곳보다 더 나은 성과를 거두었다. 빌은 시카고의 샤워기 수요가 300개라는 것을 알고 있었지만 개리의 제조 공장은 매달 200개의 샤워-리픽을 공급하고 있었다. 개리로부터의 개당 수송비는 10달러였으며 포트웨인으로부터의 수송비는 그 2배였지만 빌은 항상 토니에게 포트웨인 제조업체로부터 추가로 50개를 구해 달라고 간청했다. 2개의 새로운 제조 공장이 세워지면 빌이 필요로 하는 추가 샤워-리픽 100개를 공급받을 수 있을 것이다. 물론 수송비는 토니가 선택한 새로운 공장의 위치에 따라 다르다. 개당 수송비는 디트로이트에서 30달러, 록퍼드에서 5달러, 매디슨에서 10달러이다.

밀워키 매장의 관리자인 윌마 잭슨(Wilma Jackson)은 샤워-리픽 공급이 충분하지 않아 가장 화가 나 있다. 그녀는 수요가 100개나 있지만 현재 포트웨인 제조 공장에서 이 수요의 절반만 받고 있었다. 그녀는 토니가 개리 공장에서 100개 모두를 배송해주지 않는 이유를 이해할 수 없었다. 개리에서의 개당 수송비는 20달러에 불과한 반면 포트웨인에서의 수송비는 30달러였다. 윌마는 토니가 새로운 공장 위치 중 하나로 매디슨을 선택하기를 바랐다. 그렇게 되면 그녀는 필요한 모든 샤워-리픽을 얻을 수 있으면서도 개당 수송비는 5달러에 불과하다. 매디슨이 아니라 록퍼드에 새 공장이 생기면 총수요에 맞춰 공급받을 수 있지만 개당 수송비는 2배가 된다. 디트로이트에서의 개당 수송비가 40달러이기 때문에 윌마는 디트로이트가 새로운 공장으로 선정되더라도 디트로이트에서 1개도 얻지 못할 것이다.

미니애폴리스 매장은 톰 포안스키(Tom Poanski)가 관리했다. 그는 개리 공장에서 100개의 샤워-리픽을 받고 있었다. 수요는 150개였다. 톰은 모든 공장에서 가장 높은 수송비에 직면하고 있었다. 개리로부터의 수송비는 개당 40달러였다. 포트웨인 공장에서 샤워-리픽을 보내면 10달러가 더 든다. 톰은 수송비가 개당 60달러이기 때문에 디트로이트가 새로운 공장 중 하나가 되지 않기를 바랐는데, 록퍼드와 매디슨은 각각 미니애폴리스에 샤워-리픽 하나를 배송받는 데 30달러와 25달러의 비용이 들기 때문이다.

디트로이트 매장의 위치는 밀워키와 비슷했다. 매달 수요의 절반만 받고 있었다. 디트로이트가 받은 100개는 포트웨인 공장에서 가져온 것이다. 수송비는 포트웨인에서는 개당 단 15달러인 반면 개리에서는 25달러였다. 디트로이트 매장의 관리자인 딕 로페즈(Dick Lopez)는 디트로이트에 새로운 공장 중 하나가 생길 가능성이 상당히 높다고 말했다. 공장은 도시 건너편에 위치할 것이며 수송비는 개당 5달러에 불과하다. 그는 디트로이트의 새 공장에서 150개의 샤워-리픽을 얻고 포트웨인에서 다른 50개의 샤워-리픽을 얻을 수 있게 된다. 디트로이트를 선택하지 않아도 나머지 두 곳은 견딜 수 없을 정도는 아니다. 록퍼드는 개당 수송비가 35달러이고 매디슨은 40달러이다.

토니는 매장의 모든 관리자 회의를 소집하기로 결정하기 전에 몇 주 동안 2개의 새로운 공장을 찾는 딜레마로 고심하고 있었다. 결정은 복잡했지만 목표는 분명했다. 총비용을 최소화하는 것이었다. 모임은 개리에서 열렸고 윌마를 제외한 모든 사람이 참석했다.

토니: 와 주셔서 감사합니다. 아시다시피 저는 록퍼드, 매디슨, 디트로이트 중 두 곳에 새로운 공장을 열기로 결정했습니다. 물론 두 곳은 우리의 배송 관행을 바꿀 것이며 원하는 만큼 샤워-리픽을 공급해주기를 진심으로 바랍니다. 저는 더 많은 샤워-리픽을 판매할 수 있었다는 것을 알고 있으며, 제가 이 상황에 대해 유감스럽게 생각한다는 것을 알아주셨으면 합니다.

딕: 토니, 저는 이 상황에 많은 고려를 했고 적어도 새로운 공장 중 하나는 디트로이트에 위치해야 한다고 강하게 느낍니다. 아시다시피, 저는 지금 필요한 샤워-리픽의 절반만 받고 있습니다. 제 동생인 레온(Leon)은 공장 운영에 매우 관심이 많으며 그가 잘할 것이라고 생각합니다.

톰: 딕, 저는 레온이 잘할 수 있을 것이라고 확신하고, 최근 자동차 산업 정리해고 이후로 얼마나 힘들었는지 압니다. 그럼에도 불구하고 우리는 개인이 아닌 총비용을 고려해야 합니다. 저는 새로운 공장이 매디슨과 록퍼드에 위치해야 한다고 생각합니다. 저는 다른 어떤 매장보다 공장과 거리가 멀어서, 새로운 공장 위치가 수송비를 크게 줄일 것으로 봅니다.

딕: 사실일 수도 있지만 다른 요인도 있습니다. 디트로이트에는 가장 큰 유리 섬유 공급업체 중 하나가 있으며 가격을 확인했습니다. 디트로이트의 새로운 공장은 기존 또는 제안된 다른 공장보다 갤런당 2달러 더 싸게 유리 섬유를 구입할 수 있습니다.

톰: 매디슨에는 우수한 노동력이 있습니다. 이것은 주로 위스콘신대학교에 다니는 많은 수의 학생들 때문입니다. 이 학생들은 열심히 일하며 우리가 고려하고 있는 다른 지역보다 시간당 1달러 적게 받으며 일합니다.

빌: 진정하세요, 두 분. 새로운 공장을 찾는 데 있어 모든

사람을 만족시킬 수는 없을 것이 분명합니다. 따라서 저는 우리가 가장 좋은 두 장소에 투표할 것을 제안하고 싶습니다.

토니: 투표는 좋은 방법이 아니라고 생각합니다. 윌마는 회의에 참석할 수 없었고, 우리는 이러한 모든 요소를 어떤 유형의 논리적인 방식으로 함께 살펴보아야 합니다.

토론 문제

2개의 신규 공장을 어디에 위치시킬 것이며, 이유는 무엇인가?

출처: *Quantitative Analysis for Management*, B. Render, R. M. Stair, M. Hanna, and T. Hale. 13th ed.

참고문헌

Drezner, Z., and H. W. Hamacher. *Facility Location: Applications and Theory*. Berlin: Springer-Verlag, 2004.

Render, B., R. M. Stair, M. Hanna, and T. Hale. *Quantitative Analysis for Management*, 13th ed. Boston: Pearson, 2018.

Module C *Rapid* Review

절 제목	내용 훑어보기
수송 모델링	이 모듈에서 설명하는 수송 모델은 기존 유통 시스템의 틀 내에서 대체 시설 위치를 고려할 때 유용하다. 새 위치 선택은 전체 시스템의 최소 비용이 산출되는지에 달려 있다. ■ **수송 모델링**: 일련의 출발지에서 일련의 목적지로 제품을 배송하는 비용을 최소화하는 것과 관련된 문제를 해결하기 위한 반복적인 절차 **출발지**(또는 원천)는 공장, 창고, 렌터카 대리점 또는 상품이 배송되는 기타 모든 지점이 될 수 있다. **목적지**는 물품을 받는 모든 지점이다. 수송 모델을 사용하려면 다음을 알아야 한다. 1. 출발지와 각 기간별 생산 능력 또는 공급량 2. 목적지와 각 기간별 수요 3. 각 출발지에서 각 목적지까지 1개를 배송하는 비용 수송 모델은 모듈 B에서 논의된 선형계획법 모델의 한 형태이다. **수송 행렬**은 모든 관련 자료를 요약하고 알고리즘 계산을 기록하는 것이다. 각 출발지에서 각 목적지까지의 배송비는 상호 참조된 적절한 상자 안에 기록된다.

~로 / ~에서	목적지 1	목적지 2	목적지 3	생산 능력
출발지 A				
출발지 B				
출발지 C				
수요				

절 제목	내용 훑어보기
초기해 도출하기	문제에 대한 초기해를 구하는 두 가지 방법은 북서모서리 규칙과 직관적인 최저 비용 방법이다. **북서모서리 규칙**은 표의 왼쪽 상단 셀(또는 북서쪽 모서리)에서 시작해 다음과 같이 수송 경로에 배송 개수를 할당한다. 1. 다음 행으로 내려가기 전에 각 행의 공급(공장 생산 능력)을 소진시킨다. 2. 오른쪽의 다음 열로 이동하기 전에 각 열의 수요량을 소진시킨다. 3. 모든 공급과 수요가 충족되었는지 확인한다. 북서모서리 규칙은 사용하기 쉽지만 비용을 완전히 무시하므로 시작점으로만 간주해야 한다. **직관적인 방법**은 가장 낮은 비용으로 초기 할당을 수행한다. 직관적인 방법은 다음 단계를 사용한다. 1. 비용이 가장 낮은 셀을 파악한다. 가장 낮은 비용이 여러 개면 임의로 선택한다. 2. 수요 또는 공급을 초과하지 않으면서 해당 셀에 가능한 한 많은 개수를 할당한다. 그런 다음 이 할당으로 소진된 행이나 열(또는 둘 다)을 지운다. 3. 남은(지워지지 않은) 셀에서 비용이 가장 낮은 셀을 찾는다. 4. 모든 개수가 할당될 때까지 2단계와 3단계를 반복한다.
디딤돌 방법	■ **디딤돌 방법**: 수송 문제 해결 방법 중 초기 가능해에서 최적해로 이동하는 되풀이 기법 디딤돌 방법은 현재 해에 없는 수송 경로를 통해 상품을 배송하는 비용 효과를 평가하는 데 사용된다. 이를 적용할 때 수송표에서 사용되지 않은 셀 또는 사각형에 대해 다음과 같이 질문하면서 검사한다. "제품 1개가 사용하지 않는 경로로 잠정적으로 배송된다면 총 배송비용은 얼마나 되는가?" 다음 단계를 거쳐 검사를 수행한다. 1. 평가할 사용하지 않은 사각형을 선택한다. 2. 이 사각형에서 시작해 현재 사용 중인 사각형을 통해 원래 사각형으로 되돌아가는 닫힌 경로를 찾는다(수평 및 수직 이동만 허용됨). 그러나 비어 있거나 채워진 사각형을 건너뛸 수 있다. 3. 사용하지 않은 사각형에서 더하기(+) 기호로 시작해 방금 추적한 닫힌 경로의 각 모서리 사각형에 빼기 기호와 더하기 기호를 교대로 배치한다. 4. 먼저 더하기 기호가 포함된 각 사각형에서 발견된 개당 비용 수치를 더한 다음 빼기 기호가 포함된 각 사각형에서 개당 비용을 빼서 개선 지수를 계산한다.

5. 사용하지 않은 모든 사각형에 대한 개선 지수를 계산할 때까지 1~4단계를 반복한다. 계산된 모든 지수가 0보다 크거나 같으면 기존 해가 최적해에 드달한 것이다. 지수가 0보다 작으면 현재 해를 더 개선해 총 수송비용을 줄일 수 있다.

각 음수 지수는 1개가 출발지-목적지 조합을 통해 배송된 경우 총 수송비용이 감소할 수 있는 금액을 나타낸다. 다음 단계는 **가장 큰** 음의 개선 지수를 가진 경로(사용하지 않은 사각형)를 선택하는 것이다. 그런 다음 해당 경로에 허용되는 최대 개수를 배송하고 그에 따라 총비용을 줄일 수 있다. 그 최대 수량은 각 경로에 그려진 더하기 기호와 빼기 기호의 닫힌 경로를 참조한 다음 **빼기 기호가 포함된 사각형에서 발견된 가장 작은 숫자를 선택하면** 찾을 수 있다. 새로운 해를 얻으려면 더하기 기호가 있는 닫힌 경로의 모든 사각형에 이 숫자를 더하고 빼기 기호를 할당한 경로의 모든 사각형에서 이 숫자를 뺀다. 사용하지 않은 사각형에 대해 다시 한 번 해가 최적인지 또는 더 개선할 수 있는지 여부를 검사해야 한다.

모델링의 특별 논점

가상 출발지: 총수요가 총공급보다 크면 수요 초과량과 동일한 공급을 갖도록 생성된 인위적인 배송 출발지
가상 목적지: 총공급이 총수요보다 클 때 생성된 인위적인 목적지. 수요와 공급을 동일하게 만드는 데 사용된다.

가상 출발지와 가상 목적지에는 어떤 단위도 실제로 배송되지 않기 때문에 가상 위치의 각 사각형에 0의 비용 계수를 할당한다. 만일 수작업으로 수송 문제를 푸는 경우, 가상 출발지(행)와 가상 목적지(열)가 필요한지 신중하게 결정해야 한다.

수송 문제에 디딤돌 방법을 적용하려면 사용 중인 배송 경로 수에 대한 규칙을 준수해야 한다. 모든 해(초기 또는 이후)에서 채워진 사각형의 수는 **표의 행의 수 더하기 열의 수 빼기 1과 같아야 한다.** 이 규칙을 충족하지 않는 해를 **퇴화**라고 한다.

- **퇴화**: 너무 적은 수의 사각형 또는 배송 경로가 사용되어서 사용되지 않은 각 사각형에 대해 닫힌 경로를 추적하는 것이 불가능한 일이 발생한 수송 모델

퇴화 문제를 처리하려면 채워진 셀을 인위적으로 생성해야 한다. 즉 사용되지 않은 사각형 중 하나에 0 또는 매우 적은 수량(가짜 배송을 나타냄)을 넣은 다음 **해당 사각형을 채워진 것처럼 처리한다.** 이렇게 선택된 사각형은 모든 디딤돌 경로가 닫힐 수 있는 위치에 있어야 한다.

셀프테스트

C.1 수송 기법을 사용하면 원하는 방식으로 초기해를 생성할 수 있다. 유일한 제약 사항은
(a) 해가 최적이어야 한다.
(b) 북서모서리 방법을 사용해야 한다.
(c) 수요와 공급에 대한 반드시 공급에서 수요로만 가야 하는 (모서리) 제약 조건이 충족되어야 한다.
(d) 해가 퇴화되면 안 된다.
(e) 위의 모든 것

C.2 디딤돌 방법의 목적은
(a) 수송 문제에 대한 초기해를 개발하는 것이다.
(b) 수송 문제의 관련 비용을 파악하는 것이다.
(c) 주어진 해가 실행 가능한지 결정하는 것이다.
(d) 초기 가능해에서 최적해로 이동하는 데 도움을 주는 것이다.
(e) 퇴화 문제를 극복하는 것이다.

C.3 수송 문제에서 가상 출발지 또는 가상 목적지 사용 목적은
(a) 가상 문제를 나타내는 수단을 제공하는 것이다.
(b) 총공급과 총수요 사이의 균형을 얻는 것이다.
(c) 해가 퇴화되는 것을 방지하는 것이다.
(d) 총비용이 특정 수치를 넘지 않는지 확인하는 것이다.
(e) 문제를 최대화에서 최소화로 변경하는 것이다.

C.4 수송 문제의 해가 퇴화하는 경우
(a) 퇴화를 제거하지 않고 모든 비어 있는 셀을 평가하는 것은 불가능하다.
(b) 가상 행 또는 열을 추가해야 한다.
(c) 하나 이상의 최적해가 있을 것이다.
(d) 문제에 가능해가 없다.
(e) 각 셀의 비용을 1만큼 증가시킨다.

정답 C.1. c C.2. d C.3. b C.4. a

모듈

D 대기 행렬 모형

모듈의 구성

- ◆ 대기 행렬 이론
- ◆ 대기열 시스템의 특성
- ◆ 대기 행렬 비용
- ◆ 다양한 대기 행렬 모형
- ◆ 기타 대기 행렬 방식

학습목표

D.1 도착, 대기열, 서비스 시스템의 특성을 설명한다.
D.2 단일 서버 대기 행렬 모형 등식을 적용한다.
D.3 대기열의 비용 분석을 수행한다.
D.4 다중 서버 대기 행렬 모형 공식을 적용한다.
D.5 고정값 서비스 시간 모형 등식을 적용한다.
D.6 유한한 모집단 모형 분석을 수행한다.

푸시킨 광장에 위치한 거대한 모스크바 맥도날드는 아마도 전 세계에서 가장 인기 있는 맥도날드일 것이다. 모스크바 맥도날드는 900개의 좌석과 800명의 직원을 자랑한다. 미국인은 평균 45분의 대기 시간에 망설이지만 러시아인은 그런 긴 줄에 익숙하다. 맥도날드는 모스크바에서 좋은 서비스를 대표한다. 어떤 사람들은 결혼식 피로연을 그곳에서 하기도 했다.

Nataly Mayak/Shutterstock

대기 행렬 이론

대기 행렬 이론
대기열에 대한 지식

대기열(대기 행렬)
서비스를 기다리는 물건이나 사람의 줄

대기 행렬 이론(queuing theory)이라고도 하는 대기열에 대한 지식은 운영관리의 중요한 부분이며 운영관리자에게 유용한 도구이다. **대기열**(waiting line)은 흔하게 발생한다. 예를 들어 마이다스머플러(Midas Muffler) 정비소에서 수리를 기다리는 자동차, 페덱스(FedEx) 사무실에서 마치기를 기다리는 복사 작업, 디즈니(Disney)에서 탑승을 기다리는 휴가객의 모습으로 나타난다. 표 D.1은 대기열 모형의 몇 가지 운영관리 응용에 대해 열거한다.

대기열 모형은 제조와 서비스 영역 모두에서 유용하다. 대기열 길이, 평균 대기 시간과 기타 요인의 관점에서 대기 행렬을 분석하면 서비스 시스템(예: 은행 창구), 유지보수 활동(고장 난 기계 수리)과 작업현장 관리 활동을 이해하는 데 도움이 된다. 실제로 의사 진료실에서 기다리는 환자와 수리 시설에서 기다리는 고장 난 천공 기계는 운영관리 관점에서 공통점이 많다. 둘 다 인적자원과 장비 자원을 사용해 귀중한 생산 자산(사람과 기계)을 양호한 상태로 복원한다.

표 D.1 흔한 대기 행렬 상황

상황	대기 행렬 도착	서비스 과정
슈퍼마켓	식료품 구매자	계산대 직원
고속도로 요금소	자동차	요금소 요금 징수
의사 진료실	환자	의사와 간호사가 행하는 치료
컴퓨터 시스템	실행 프로그램	컴퓨터 프로세스 작업
전화 회사	발신자	통화 교환기
은행	고객	창구에서 처리하는 거래
기계 유지보수	고장 난 기계	정비공이 기계를 고침
항구	선박과 바지선	부두 작업자의 적재와 하역

대기열 시스템의 특성

이 절에서는 대기열 또는 대기 행렬 시스템의 세 부분을 살펴본다(그림 D.1 참조).

1. **시스템에 대한 도착 또는 입력:** 여기에는 모집단 규모, 행동, 통계적 분포와 같은 특성이 있다.
2. **대기 행렬 규율 또는 대기열 자체:** 대기 행렬의 특성에는 길이가 제한되어 있는지 여부와 그 안에 있는 사람 또는 물건에 적용되는 규율이 포함된다.
3. **서비스 시설:** 시설 특성으로 설계 형태와 서비스 시간의 통계 분포를 포함한다.

학습목표 D.1
도착, 대기열, 서비스 시스템의 특성을 설명한다.

이제 이 세 부분을 각각 검토한다.

도착 특성

서비스 시스템에 대한 도착 또는 고객을 생성하는 입력 출처에는 세 가지 주요 특성이 있다.

1. 도착 모집단의 크기
2. 도착 행동
3. 도착 유형(통계 분포)

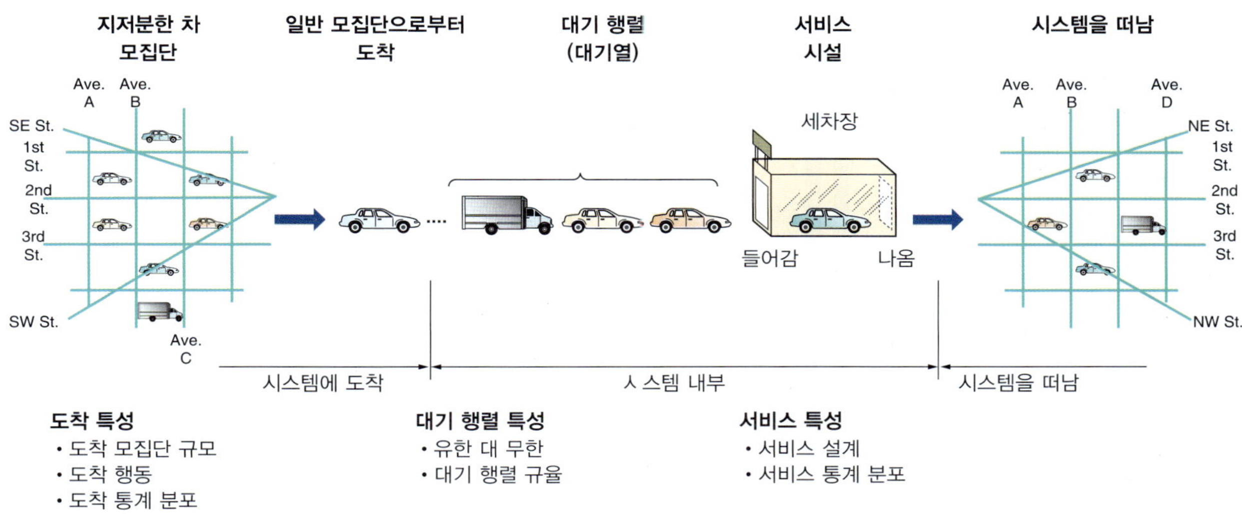

그림 D.1 세차장의 대기열 또는 대기 행렬 시스템의 세 부분

도착 (출처) 모집단의 크기 모집단의 크기는 무제한(본질적으로 무한) 또는 제한(유한) 중 하나로 간주된다. 특정 순간에 서비스를 기다리는 고객 또는 도착의 수가 모든 잠재적 도착의 작은 부분일 때 도착 모집단은 **무제한**(unlimited) 또는 **무한한**(infinite) 것으로 간주된다. 무제한 모집단의 예로는 대도시 세차장에 도착하는 자동차, 슈퍼마켓에 도착하는 쇼핑객, 큰 규모의 대학에 등록하려는 학생이 그러하다. 대부분의 대기 행렬 모형은 무한한 도착 모집단을 가정한다. **제한된**(limited) 또는 **유한한**(finite) 모집단의 예는 이를테면 8대의 복사기가 있는 복사실에서 볼 수 있다. 각 복사기가 고장 날 수 있고 수리받는 동안 기다려야 하는 '고객'과 비슷하다.

무제한 또는 무한한 모집단
사실상 무제한의 사람들(도착)이 서비스를 요청하거나 주어진 순간에 서비스를 기다리는 고객 또는 도착의 수가 잠재적인 도착의 매우 작은 부분인 대기 행렬

제한된 또는 유한한 모집단
제한된 수의 잠재적 서비스 사용자만 있는 대기 행렬

시스템 도착 유형 고객은 알려진 일정(예: 15분마다 1명의 환자 또는 30분마다 1명의 학생)에 따라 서비스 시설에 도착하거나 **무작위**로 도착한다. 도착은 서로 독립적이고 발생을 정확하게 예측할 수 없는 경우 무작위로 간주된다. 대기 행렬 문제에서 흔히 단위 시간당 도착 횟수는 **푸아송 분포**(Poisson distribution)로 알려진 확률분포로 추정할 수 있다.[1] 주어진 도착 시간(예: 시간당 2명의 고객 또는 분당 4대의 트럭)에 대해 이산 푸아송 분포는 다음 공식을 사용해 설정할 수 있다.

푸아송 분포
대기 행렬 이론에서 도착 비율을 설명하는 이산확률분포

$$P(x) = \frac{e^{-\lambda}\lambda^{x}}{x!} \qquad x = 0, 1, 2, 3, 4, \ldots \tag{D-1}$$

여기서 $P(x)$ = x개(또는 명) 도착 확률
x = 단위 시간당 도착 횟수
λ = 평균 도착 비율
e = 2.7183(자연로그의 밑수)

그림 D.2는 $\lambda = 2$와 $\lambda = 4$에 대한 푸아송 분포를 예시한다. 이것이 의미하는 것은, 만일 평균 도착 비율 λ = 시간당 2명의 고객이라면 임의의 시간에 0명의 고객이 도착할 확률은 약 0.13(13%), 1명의 고객이 도착할 확률은 약 27%, 2명의 고객이 도착할 확률은 약 27%, 3명의 고객이 도착할 확률은 약 18%, 4명의 고객이 도착할 확률은 약 9%이다. 9명 이상이 올 가능성은 거의 없다. 물론 도착은 항상 푸아송 분포를 따르지 않는다(일부 다른 분포를 따를 수 있음). 따라서 도착 유형으로

그림 D.2

도착 시간이 푸아송 분포를 따르는 두 가지 예제

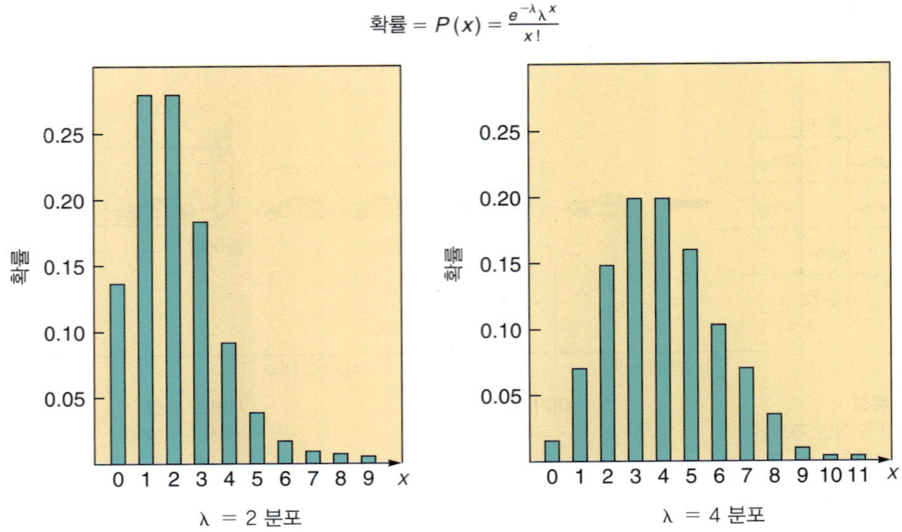

푸아송 분포를 적용하기 전에 푸아송 분포를 잘 따르는지 확인하기 위해 검사해야 한다.

도착 행동 대부분의 대기 행렬 모형은 도착하는 고객이 참을성 있는 고객이라고 가정한다. 참을성 있는 고객은 서비스가 제공될 때까지 대기 행렬에 서서 대기열을 바꾸지 않고 기다리는 사람 또는 기계이다. 불행히도, 사람들은 주저하거나 변절하는 것으로 알려져 있기 때문에 삶은 복잡하다. **망설이는** 고객들은 대기열이 너무 길어서 자신의 필요나 관심사에 맞지 않다는 이유로 대기열에 합류하지 않는다. **변절하는** 고객은 대기 행렬에 들어갔다가 참을성이 없어 거래를 완료하지 않고 떠나는 고객이다. 사실 이 두 상황 모두 대기 행렬 이론과 대기열 분석의 필요성을 강조한다.

대기열 특성

대기열 자체는 대기 행렬 시스템의 두 번째 구성요소이다. 선의 길이는 제한이 있거나 무제한이다. 법이나 물리적 제한으로 인해 무한히 늘어날 수 없는 경우 대기 행렬이 **제한**된다. 예를 들어 작은 이발소에는 제한된 수의 대기 의자만 있다. 이 모듈에서는 대기 행렬 모형은 대기 행렬 길이에 **제한이 없다**고 가정한다. 도착하는 자동차를 서비스하는 요금소의 경우와 같이 크기에 제한이 없으면 대기 행렬에 **제한이 없다**.

선입 선출(FIFO) 규칙
먼저 들어온 고객이 먼저 서비스를 받는 대기 행렬 규율

두 번째 대기열 특성은 **대기 행렬 규율**에 관한 것이다. 규율은 줄에 있는 고객이 서비스를 받는 규칙을 나타낸다. 대부분의 시스템은 **선입 선출 규칙**[first-in, first-out(FIFO) rule]으로 알려진 대기 행렬 규율을 사용한다. 그러나 병원 응급실이나 슈퍼마켓의 빠른 계산대에서는 다양한 할당 우선순위가 선입 선출 규칙보다 앞선다. 중상을 입은 환자는 손가락이나 코가 부러진 환자보다 우선적으로 치료를 받는다. 품목이 10개 미만인 구매자는 빠른 계산 대기 행렬에 들어갈 수 있다(그다음에는 선입 선출로 처리됨). 컴퓨터 프로그래밍 실행도 우선순위 일정 계획하에 운영된다. 대부분의 대기업에서 컴퓨터를 이용한 급여 처리의 경우 특정 날짜에 기한이 되면 급여 프로그램이 가장 높은 우선순위를 갖는다.[2]

서비스 특성

대기 행렬 시스템의 세 번째 부분은 서비스 특성으로, (1) 서비스 시스템 설계와 (2) 서비스 시간 분포 두 가지 기본 속성이 중요하다.

기본적인 대기 행렬 시스템 설계 서비스 시스템은 일반적으로 서버 수(채널 수)와 단계 수(반드시 정지해야 하는 서비스 정지 수)에 따라 분류된다. 그림 D.3을 참조하라. 하나의 서버가 있는 **단일 서버**(또는 단일 채널) **대기 행렬 시스템**(single-server queuing system)은 하나의 창구만 있는 드라이브인 은행으로 대표된다. 반면에 은행에 여러 명의 창구 직원이 근무하고 각 고객이 첫 번째로 서비스 가능한 창구 직원을 기다리며 하나의 공통 줄에서 대기하는 경우 **다중 서버**(또는 다중 채널) **대기 행렬 시스템**(multi-server queuing system)을 갖게 된다. 오늘날 대부분의 은행은 대부분의 대형 이발소, 항공권 창구, 우체국과 마찬가지로 다중 서버 시스템이다.

단일 서버(단일 채널) 대기 행렬 시스템
줄이 하나이고 서버도 하나인 서비스 시스템

다중 서버(다중 채널) 대기 행렬 시스템
줄은 하나이고 서버는 여럿인 서비스 시스템

단일 단계 시스템
고객이 하나의 스테이션에서 서비스를 받고 시스템을 떠나는 시스템

단일 단계 시스템(single-phase system)에서 고객은 한 스테이션에서만 서비스를 받은 다음 시스템을 떠난다. 주문을 받는 사람이 음식도 가져다주고 돈도 받는 패스트푸드점은 단일 단계 시스템이다. 지원서를 받는 사람이 시험을 평가하고 면허 수수료를 징수하는 운전면허 시험장도 마찬가지다. 그러나 이를테면 음식점에서 첫 번째 스테이션에서 주문하고 두 번째 스테이션에서 지불

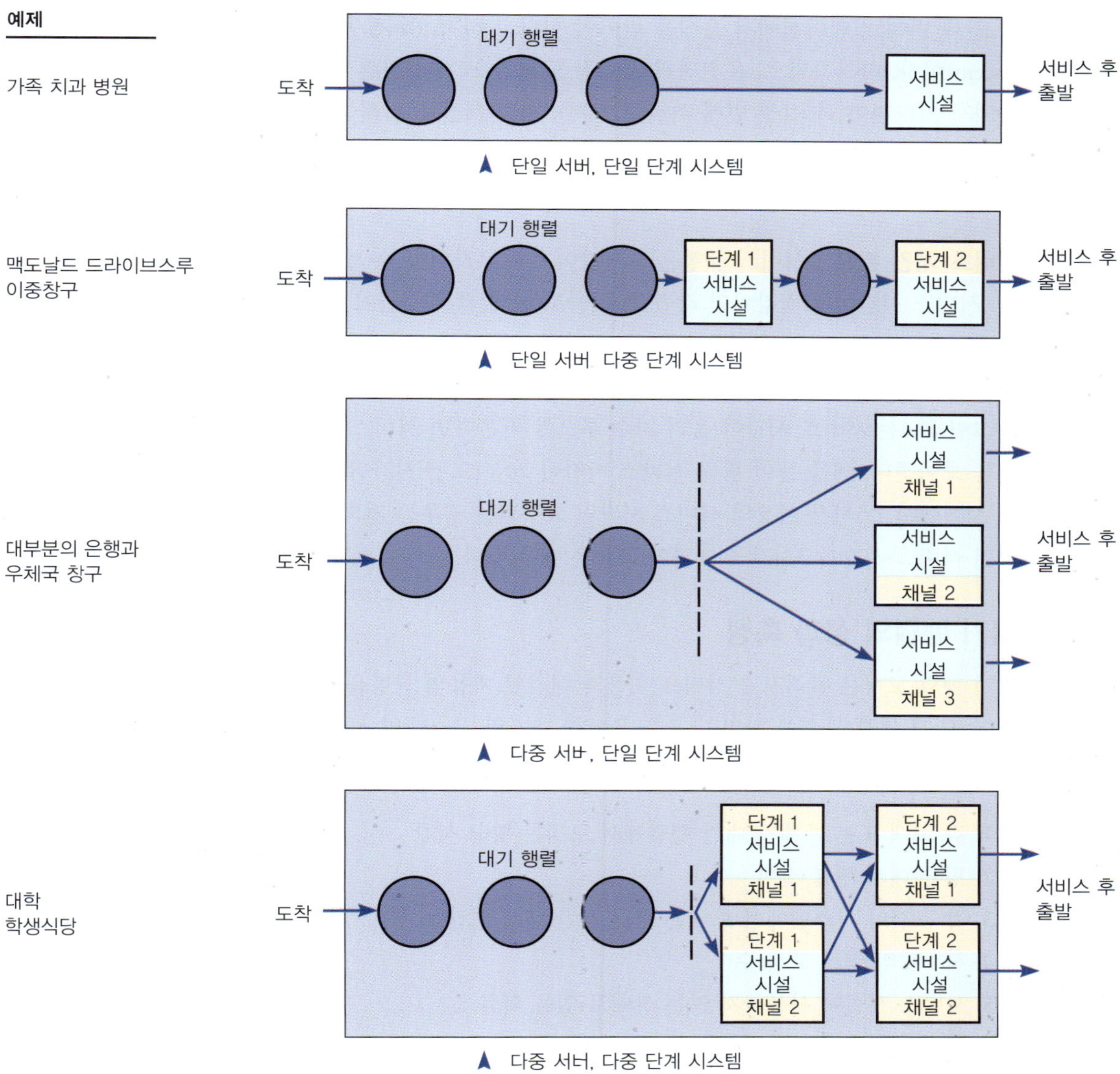

그림 D.3 기본적인 대기 행렬 시스템 설계

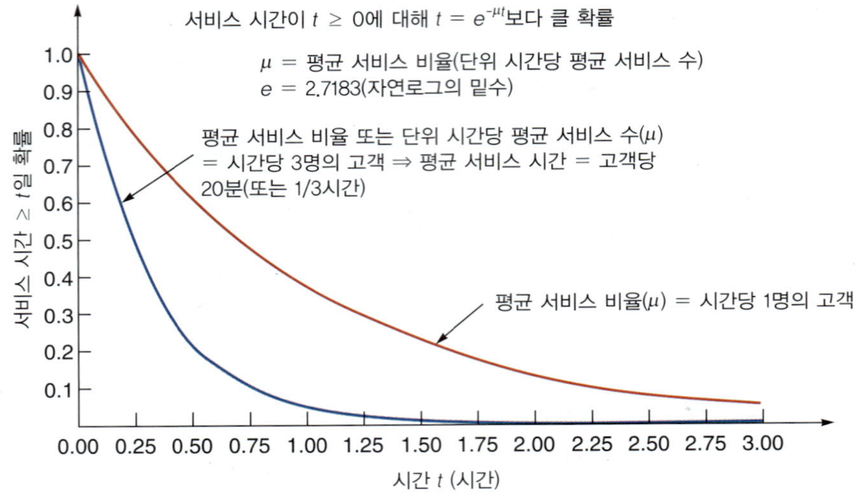

그림 D.4

서비스 시간이 음의 지수 분포를 따르는 두 가지 예

다중 단계 시스템
고객이 시스템을 떠나기 전에 여러 스테이션에서 서비스를 받는 시스템

하고 세 번째 스테이션에서 음식을 받아야 한다고 하자. 이 경우는 **다중 단계 시스템**(multiphase system)이다. 마찬가지로, 운전면허 시험장 규모가 크거나 바쁜 경우 신청서를 작성하기 위해 한 줄에서 기다려야 하고(첫 번째 서비스 정지), 시험 채점을 위해 다시 대기 행렬에 서고, 마지막으로 세 번째 창구로 가서 수수료를 지불해야 한다. 서버와 단계의 개념을 연관 짓는 데 도움을 주기 위해 그림 D.3은 네 가지 가능한 구성을 제시한다.

음의 지수확률분포
대기 행렬 시스템에서 서비스 시간을 설명하는 데 자주 사용되는 연속확률분포

서비스 시간 분포 서비스 유형은 고정값이거나 무작위일 수 있다는 점에서 도착 유형과 비슷하다. 서비스 시간이 고정값이면 각 고객을 돌보는 데 같은 시간이 걸린다. 이것은 자동 세차와 같은 기계 수행 서비스 작업의 경우이다. 흔히 서비스 시간은 무작위로 분포한다. 많은 경우 무작위 서비스 시간이 **음의 지수확률분포**(negative exponential probability distribution)를 가진다고 가정한다.

그림 D.4는 서비스 시간이 음의 지수 분포를 따른다면 서비스 시간이 매우 길 가능성이 낮다는 것을 보여준다. 예를 들어 평균 서비스 시간이 20분(또는 시간당 3명의 고객)인 경우 고객이 서비스 시설에서 1.5시간 이상의 서비스 시간이 요구되는 경우는 거의 없다. 평균 서비스 시간이 1시간이면 서비스 시간이 3시간을 초과할 확률은 매우 낮다.

대기 행렬의 성과 측정

대기 행렬 모형은 관리자가 서비스 비용과 대기열 비용의 균형을 맞추는 결정을 내리는 데 도움이 된다. 대기 행렬 분석을 하면 다음을 포함해 대기열 시스템의 성과에 대한 여러 가지 측정값을 얻을 수 있다.

1. 각 고객 또는 개체가 대기 행렬에서 보내는 평균 시간
2. 평균 대기 행렬 길이
3. 각 고객이 시스템에서 보내는 평균 시간(대기 시간 + 서비스 시간)
4. 시스템의 평균 고객 수
5. 서비스 시설이 사용하지 않는 상태로 있을 확률
6. 시스템 활용률
7. 시스템에 특정 수의 고객이 있을 확률

OM in Action 미시간 병원 응급실의 제로 대기 시간 보장

다른 병원들은 몇 년 전 미시간의 오크우드 헬스케어(Oakwood Healthcare) 체인이 30분 이내에 의사에게 진찰받지 못한 환자에게 서면 사과와 영화 티켓을 약속하는 응급실(ER) 보장을 출시했을 때 비웃었다. 심지어 오크우드병원의 직원들조차 값싼 마케팅 책략처럼 들리는 것에 움찔했다.

그러나 최근에 응급실을 방문해 몇 시간을 기다리는 환자를 본 적이 있다면('공식적'으로 평균 대기 시간은 47분이다) 오크우드의 환자 만족도가 급증한 이유를 이해할 수 있다. 30분 보장은 191,000명의 응급실 환자 중 1% 미만이 무료 티켓을 요청했을 정도로 큰 성공을 거두었다. 이듬해 오크우드는 15분 보장을 제공하면서 다시 베팅을 올렸다. 그런 다음 오크우드는 응급실에서 제로 대기 시간 프로그램을 시작했다. 오크우드 응급실에 입원한 환자는 즉시 의료진이 치료한다.

오크우드 헬스케어의 대표이사는 응급실 보장뿐만 아니라 정시 수술, 45분 전 식사 서비스 주문과 기타 맞춤형 룸서비스로 확장했다. 플로리다주 샌포드에 있는 응급실 책임자인 래리 알렉산더(Larry Alexander)는 "의학은 서비스 사업이다. 그리고 사람들은 패스트푸드 업계의 사고방식데 젖어 있다"고 말했다.

오크우드는 응급실 대기 행렬을 없애겠다는 약속을 어떻게 지켰는가? 먼저 대기 행렬 이론을 연구한 다음 서비스 시간을 단축하기 위해 청구, 기록, 실험실 운영을 재설계했다. 그런 다음 서비스 능력을 향상하기 위해 오크우드는 기술직원을 업그레이드했다. 마지막으로 응급실 의사를 더 오랜 시간 일할 의향이 있는 사람으로 교체했다.

출처: *Insights-Stanford Business* (August 28, 2017); *The Wall Street Journal*(October 19, 2010); unitiv.com(February 27, 2014).

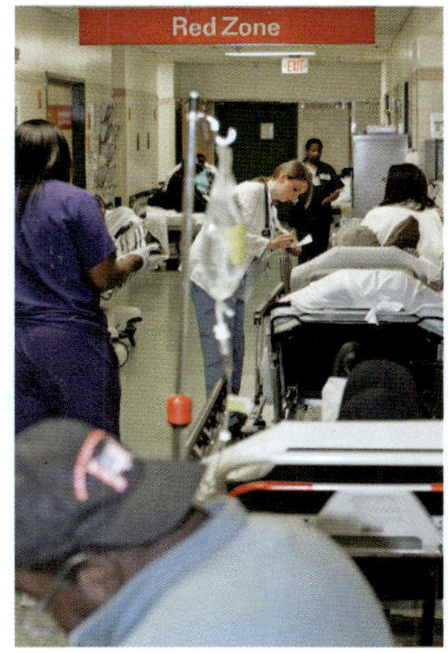

Ric Feld/AP Images

대기 행렬 비용

OM in Action '미시간 병원 응급실의 제로 대기 시간 보장'에서 설명된 대로 운영관리자는 좋은 서비스를 제공하는 비용과 고객 또는 기계 대기 시간의 비용 사이에서 발생하는 상충관계를 인식해야 한다. 관리자는 대기 행렬이 충분히 짧아서 고객이 불만을 품지 않고, 구매하지 않고 떠나거나 구매하지만 다시는 돌아오지 않는 일이 없도록 하고자 한다. 그러나 관리자는 서비스 비용을 상당히 절감하는 경우 약간의 대기를 허용할 수 있다.

서비스 시설을 평가하는 한 가지 방법은 총 기대 비용을 살펴보는 것이다. 총비용은 기대 서비스 비용과 기대 대기 비용의 합계이다.

그림 D.5에서 볼 수 있듯이 서비스 비용은 기업이 서비스 수준을 높이면 증가한다. 일부 서비스

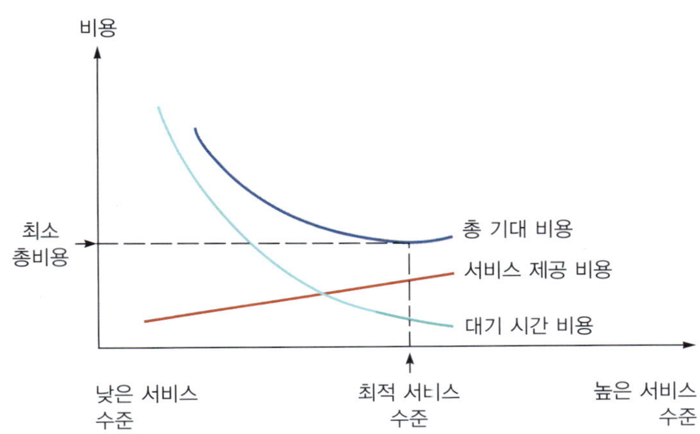

그림 D.5 대기 비용과 서비스 비용의 상충관계

센터의 관리자는 지나치게 긴 줄을 방지하거나 단축하기 위해 특정 서비스 스테이션에 할당할 수 있는 대기 인력과 기계를 두어 서비스 능력을 변경할 수 있다. 예를 들어 식료품점에서는 관리자와 재고 담당 직원이 계산대를 추가로 열 수 있다. 은행과 공항 탑승수속 창구에서는 시간제 근로자를 불러 도와달라고 할 수 있다.

서비스 수준이 향상되면(즉 속도가 빨라짐) 줄을 서서 기다리는 시간 비용이 줄어든다(그림 D.5 참조). 대기 비용은 도구나 기계가 수리를 기다리는 동안의 작업자의 생산성 손실을 반영할 수도 있고, 열악한 서비스와 긴 대기 행렬로 인한 고객 손실의 비용 추정치일 수도 있다. 일부 서비스 시스템(예: 긴급 구급차 서비스)에서는 긴 대기줄의 비용이 감당할 수 없을 정도로 높을 수 있다.

다양한 대기 행렬 모형

다양한 대기 행렬 모형이 운영관리에 적용될 수 있다. 가장 널리 사용되는 네 가지 모형을 소개한다. 이는 표 D.2에 요약되어 있으며 각각의 예제는 다음 절에 나온다. 더 복잡한 모형은 대기 행렬 이론 교과서에 설명되어 있거나 시뮬레이션을 사용해 개발할 수 있다(모듈 F 주제). 표 D.2에 나열된 네 가지 대기 행렬 모형 모두에는 세 가지 공통점이 있으며, 모두 다음을 가정한다.

1. 푸아송 분포 도착
2. 선입 선출 규율
3. 단일 서비스 단계

또한, 모형 모두 안정적이고 지속적인 조건으로 운영되는 서비스 시스템을 설명한다. 이는 도착 비율과 서비스 비율이 분석 중에 안정적으로 유지됨을 의미한다.

모형 A(M/M/1): 푸아송 도착과 지수 분포 서비스 시간을 가진 단일 서버 대기 행렬 모형

학습목표 D.2
단일 서버 대기 행렬 모형 등식을 적용한다.

대기 행렬 문제의 가장 흔한 경우는 단일 서버(단일 채널이라고도 함) 대기열이다. 이 경우 도착은 단일 줄을 형성해 단일 스테이션에서 서비스를 제공한다(그림 D.3 참조). 이 형태의 시스템에는 다음 조건이 존재한다고 가정한다.

1. 도착은 선입 선출(FIFO) 방식으로 서비스가 이루어지며, 줄이나 대기 행렬의 길이에 상관없이 모든 도착은 서비스를 받기 위해 기다린다.
2. 도착은 선행 도착과 독립적이며 평균 도착 횟수(**도착 비율**)는 시간이 지남에 따라 변하지 않는다.

표 D.2 이 모듈에서 설명한 대기 행렬 모형

모형	이름(기술적 이름)	예	서버 수 (채널 수)	단계 수	도착 비율 유형	서비스 시간 유형	모집단 크기	대기 행렬 규율
A	단일 서버 시스템(M/M/1)	백화점 안내 창구	단일	단일	푸아송	음의 지수	무한	선입 선출
B	다중 서버(M/M/S)	항공권 발권 창구	다중 서버	단일	푸아송	음의 지수	무한	선입 선출
C	고정값 서비스(M/D/1)	자동 세차장	단일	단일	푸아송	고정값	무한	선입 선출
D	유한 모집단(유한출처 M/M/1)	고장 가능한 12대 기계	단일	단일	푸아송	음의 지수	유한	선입 선출

표 D.3 모형 A 대기 행렬 공식: M/M/1로 알려진 단일 서버 시스템

λ = 기간별 평균 도착 수
μ = 기간별 평균 서비스 받은 인원 또는 품목 수(평균 서비스 비율)
L_s = 시스템 내 평균 단위(고객) 수(대기 중 또는 서비스 받는 중) $= \dfrac{\lambda}{\mu-\lambda}$
W_s = 한 단위가 시스템에서 보내는 평균 시간(대기 시간 + 서비스 시간) $= \dfrac{1}{\mu-\lambda}$
L_q = 대기 행렬에서 대기 중인 평균 단위 수 $= \dfrac{\lambda^2}{\mu(\mu-\lambda)}$
W_q = 한 단위가 대기 행렬에서 대기하는 평균 시간 $= \dfrac{\lambda}{\mu(\mu-\lambda)} = \dfrac{L_q}{\lambda}$
ρ = 시스템 활용률 $= \dfrac{\lambda}{\mu}$
P_0 = 시스템 내 단위 수가 0일 확률(즉 서비스 단위가 사용하지 않는 상태임) $= 1 - \dfrac{\lambda}{\mu}$
$P_{n>k}$ = 시스템 내 k보다 많은 단위가 있을 확률(n은 시스템 내 단위 수) $= \left(\dfrac{\lambda}{\mu}\right)^{k+1}$

3. 도착은 푸아송 확률 분포로 설명되며 무한(또는 매우, 매우 큰) 모집단에서 발생한다.
4. 서비스 시간은 고객마다 다르며 서로 독립적이지만 평균 서비스 비율은 알려져 있으며 음의 지수 분포를 따른다.
5. 서비스 비율이 도착 비율보다 빠르다.

이러한 조건이 충족되면 표 D.3에 표시된 일련의 등식을 개발할 수 있다. 예제 D1과 D2는 모형 A(학술지에서 M/M/1 **모형**으로 알려져 있음)를 사용하는 방법을 예시한다.[3]

예제 D1

단일 서버 대기 행렬

Golden Muffler 정비소의 정비사인 톰 존스(Tom Jones)는 음의 지수 분포에 따라 시간당 평균 3개(또는 20분마다 약 1개)의 비율로 새 머플러를 설치할 수 있다. 이 서비스를 찾는 고객은 푸아송 분포를 따라 시간당 평균 2명씩 매장에 도착한다. 서비스는 선입 선출 방식으로 제공되며 매우 큰(거의 무한한) 모집단에서 구매자가 온다.

우리는 Golden Muffler의 대기 행렬 시스템 운영 특성을 알고자 한다.

접근방법 ▶ 이것은 단일 서버(M/M/1) 시스템이며 표 D.3의 공식을 적용한다.

해결방법 ▶

λ = 시간당 2대의 자동차 도착

$$\mu = \text{시간당 3대의 자동차가 서비스 받음}$$

$$L_s = \frac{\lambda}{\mu - \lambda} = \frac{2}{3-2} = \frac{2}{1}$$

$$= \text{평균적으로 시스템 내에 2대의 자동차가 있음}$$

$$W_s = \frac{1}{\mu - \lambda} = \frac{1}{3-2} = 1$$

$$= \text{시스템 내에서 평균 1시간 있음}$$

$$L_q = \frac{\lambda^2}{\mu(\mu - \lambda)} = \frac{2^2}{3(3-2)} = \frac{4}{3(1)} = \frac{4}{3}$$

$$= \text{평균 1.33대의 자동차가 줄에서 대기 중임}$$

$$W_q = \frac{\lambda}{\mu(\mu - \lambda)} = \frac{2}{3(3-2)} = \frac{2}{3}\text{시간}$$

$$= \text{40분(대기 행렬 내에서 자동차 1대가 대기하는 평균 시간)}$$

$$\rho = \frac{\lambda}{\mu} = \frac{2}{3}$$

$$= \text{시간 중 66.6\%로 정비사가 바쁨}$$

$$P_0 = 1 - \frac{\lambda}{\mu} = 1 - \frac{2}{3}$$

$$= \text{0.33의 확률로 시스템 내 자동차가 0대임}$$

시스템 내 자동차가 *K*대보다 더 많이 있을 확률

K	$P_{n>k} = (2/3)^{k+1}$
0	.667 ← 이것은 $1 - P_0 = 1 - .33 = .667$과 같음을 주목하라.
1	.444
2	.296
3	.198 ← 이것은 시스템 내에 3대보다 많은 자동차가 있을 확률이 19.8%임을 의미한다.
4	.132
5	.088
6	.058
7	.039

통찰력 ▶ 도착 시간과 서비스 시간은 동일한 비율로 변환된다. 예를 들어 20분의 서비스 시간은 시간당 평균 머플러 3개의 비율로 표시된다. 대기 행렬의 시간과 시스템 내의 시간을 구별하는 것도 중요하다.

학습 연습 ▶ 만일 서비스가 현재 시간당 3대에서 $\mu = 4$대가 되면, L_s, W_s, L_q, W_q, P_0의 새로운 값은 무엇인가? [답: 자동차 1대, 30분, 5대, 15분, 50%, 0.5이다.]

대기 행렬 시스템의 운영 특성을 계산한 후에는 그 영향에 대한 경제적 분석을 수행하는 것이 중요하다. 방금 설명한 대기열 모형은 잠재적인 대기 시간, 대기 행렬 길이, 사용하지 않는 시간 등을 예측하는 데 유용하지만 최적의 의사결정을 내리거나 비용 요소를 고려하지 않는다. 앞에서 보았듯이 대기 행렬 문제에 대한 해는 경영진이 더 나은 서비스를 제공하는 데 드는 비용 증가와 해당 서비스를 제공함으로써 발생하는 대기 비용 감소 간에 상충관계를 고려해야 한다.

예제 D2는 예제 D1과 관련된 비용을 조사한다.

예제 D2

예제 D1의 경제성 분석

Golden Muffler의 소유자는 비용 요소와 예제 D1에서 계산된 대기열 매개변수(모수)에 관심이 있다. 그는 고객 불만족과 영업권 상실 측면에서 고객 대기 시간 비용이 줄을 서서 기다리는 시간당 15달러라고 추정한다. 정비사인 존스는 시간당 11달러를 받고 있다.

접근방법 ▶ 먼저 고객의 평균 일일 대기 시간을 계산한 다음 존스의 일일 급여를 계산하고 마지막으로 총 기대 비용을 계산한다.

학습목표 D.3
대기열의 비용 분석을 수행한다.

해결방법 ▶ 평균적으로 자동차는 $\frac{2}{3}$시간을 기다리며(W_q) 하루에 약 16대의 차량이 서비스되기 때문에(시간당 2대의 도착 × 하루 8시간 근무) 고객이 머플러가 설치될 때까지 매일 대기하는 데 소비하는 총시간은 다음과 같다.

$$\frac{2}{3}(16) = \frac{32}{3} = 10\frac{2}{3}\text{시간}$$

그러므로 이 경우에

$$\text{고객 대기 시간 비용} = 15\text{달러}\left(10\frac{2}{3}\right) = 160\text{달러/일}$$

대기 행렬 상황에서 Golden Muffler의 소유주가 식별할 수 있는 유일한 다른 주요 비용은 시간당 11달러 또는 하루 88달러를 버는 정비사인 존스의 급여이다. 따라서

$$\begin{aligned}\text{총 기대 비용} &= 160\text{달러} + 88\text{달러}\\ &= 248\text{달러/일}\end{aligned}$$

이 접근 방식은 문제 해결 D.2에서 유용하게 사용될 것이다.

통찰력 ▶ L_q 및 W_q는 비용 분석과 관련해 가장 중요한 두 가지 대기 행렬 매개변수(모수)이다. 고객 대기 시간 계산은 대기 행렬 평균 대기 시간(W_q) 곱하기 시간당 도착 횟수(λ) 곱하기 하루 시간을 기반으로 한다. 이 예제는 일 단위로 설정되었기 때문이다. 이것은 $L_q = W_q\lambda$이기 때문에 L_q를 사용하는 것과 같다.

학습 연습 ▶ 고객 대기 시간 비용이 실제로 시간당 20달러이고 존스가 시간당 15달러로 급여 인상을 받는 경우 총 일일 기대 비용은 얼마인가? [답: 333.33달러]

모형 B(M/M/S): 다중 서버 대기 행렬 모형

학습목표 D.4
다중 서버 대기 행렬 모형 공식을 적용한다.

이제 도착하는 고객을 처리하기 위해 2개 이상의 서버가 있는 다중 서버(다중 채널) 대기 행렬 시스템을 알아보자. 우리는 여전히 서비스를 기다리는 고객이 한 줄을 형성한 다음 먼저 사용 가능한 서버로 진행한다고 가정한다. 다중 서버, 단일 단계 대기열은 오늘날 많은 은행에서 볼 수 있다. 공통 줄이 형성되고 줄의 선두에 있는 고객이 먼저 자리가 난 창구 직원에게로 진행한다. (일반적인 다중 서버 구성은 그림 D.3을 참조하라.)

예제 D3에 제시된 다중 서버 시스템은 도착이 푸아송 확률 분포를 따르고 서비스 시간이 음의 지수 분포를 따른다고 가정한다. 서비스는 선입 선출이며 모든 서버가 동일한 비율로 서비스를 수행한다고 가정한다. 단일 서버 모형에 대해 앞서 나열된 다른 가정도 적용된다.

모형 B(기술명은 M/M/S)에 대한 대기 행렬 등식은 표 D.4에 나와 있다. 이러한 등식은 단일 서

표 D.4 모형 B 대기 행렬 공식: M/M/S로 알려진 다중 서버 시스템

M = 열려 있는 서버(채널) 수
λ = 기간별 평균 도착 수(평균 도착 비율)
μ = 각 서버(채널)의 평균 서비스 비율

시스템 내 사람 수나 단위 수가 0일 확률은 다음과 같다.

$$P_0 = \frac{1}{\left[\sum_{n=0}^{M-1} \frac{1}{n!}\left(\frac{\lambda}{\mu}\right)^n\right] + \frac{1}{M!}\left(\frac{\lambda}{\mu}\right)^M \frac{M\mu}{M\mu - \lambda}}, \quad M\mu > \lambda$$

시스템 내 평균 사람 수나 단위 수는 다음과 같다.

$$L_s = \frac{\lambda\mu(\lambda/\mu)^M}{(M-1)!(M\mu - \lambda)^2} P_0 + \frac{\lambda}{\mu}$$

한 단위가 대기열에서 보내는 평균 시간과 서비스 받는 시간(즉 시스템 안에 있는 시간)은 다음과 같다.

$$W_s = \frac{\mu(\lambda/\mu)^M}{(M-1)!(M\mu - \lambda)^2} P_0 + \frac{1}{\mu} = \frac{L_s}{\lambda}$$

대기열에서 서비스를 기다리는 평균 사람 수나 단위 수는 다음과 같다.

$$L_q = L_s - \frac{\lambda}{\mu}$$

한 사람이나 한 단위가 대기 행렬에서 서비스를 기다리는 평균 시간은 다음과 같다.

$$W_q = W_s - \frac{1}{\mu} = \frac{L_q}{\lambda}$$

버 모형에서 사용되는 것보다 분명히 더 복잡하지만 정확히 동일한 방식으로 사용되며 더 간단한 모형과 동일한 유형의 정보를 제공한다.

예제 D3

다중 서버 대기 행렬

Golden Muffler는 두 번째 정비소를 열고 머플러 설치를 담당할 두 번째 정비사를 고용하기로 결정했다. 시간당 약 $\lambda = 2$의 비율로 도착하는 고객은 2명의 정비사 중 1명이 일을 마칠 때까지 한 줄로 기다린다. 각 정비사는 시간당 약 $\mu = 3$의 비율로 머플러를 설치한다.

회사는 이 시스템이 기존의 단일 서버 대기열 시스템과 어떻게 비교되는지 알고 싶어 한다.

접근방법 ▶ 표 D.4의 등식을 사용해 $M = 2$ 서버 시스템에 대한 몇 가지 운영 특성을 계산하고 그 결과를 예제 D1에서 찾은 결과와 비교한다.

해결방법 ▶

$$P_0 = \frac{1}{\left[\sum_{n=0}^{1} \frac{1}{n!}\left(\frac{2}{3}\right)^n\right] + \frac{1}{2!}\left(\frac{2}{3}\right)^2 \frac{2(3)}{2(3) - 2}}$$

$$= \frac{1}{1 + \frac{2}{3} + \frac{1}{2}\left(\frac{4}{9}\right)\left(\frac{6}{6-2}\right)} = \frac{1}{1 + \frac{2}{3} + \frac{1}{3}} = \frac{1}{2}$$

= 0.5의 확률로 시스템 내 자동차가 0대임

그러면

$$L_s = \frac{(2)(3)(2/3)^2}{1![2(3)-2]^2}\left(\frac{1}{2}\right) + \frac{2}{3} = \frac{8/3}{16}\left(\frac{1}{2}\right) + \frac{2}{3} = \frac{3}{4}$$

= 평균적으로 시스템 내에 0.75대의 자동차가 있음

$$W_s = \frac{L_s}{\lambda} = \frac{3/4}{2} = \frac{3}{8}\text{시간}$$

= 시스템 내에서 자동차가 평균 22.5분을 보냄

$$L_q = L_s - \frac{\lambda}{\mu} = \frac{3}{4} - \frac{2}{3} = \frac{9}{12} - \frac{8}{12} = \frac{1}{12}$$

= 평균 .083대의 자동차가 대기 행렬에서 대기함

$$W_q = \frac{L_q}{\lambda} = \frac{.083}{2} = .0415\text{시간}$$

= 자동차가 대기 행렬에서 평균 2.5분 대기함

통찰력 ▶ 서버를 추가했을 때 서비스 성과의 큰 차이를 보는 것은 매우 흥미롭다.

학습 연습 ▶ 만일 서비스가 현재 시간당 $\mu = 3$대에서 $\mu = 4$대가 되면 P_0, L_s, W_s, L_q, W_q의 새로운 값은 무엇인가? [답: 0.6, .53대, 16분, .033대, 1분이다.]

예제 D3의 2서버 모형의 특성을 요약하고 다음과 같이 예제 D1의 단일 서버 모형의 특성과 비교할 수 있다.

측정치		단일 서버	2서버(채널)
시스템 내에 0단위일 확률	P_0	.33	.5
시스템 내 단위 수	L_s	2대	.75대
시스템 내 평균 시간	W_s	60분	22.5분
대기 행렬 내 평균 단위 수	L_q	1.33대	.083대
대기 행렬 내 평균 대기 시간	W_q	40분	2.5분

향상된 서비스는 거의 모든 특성에 극적인 영향을 미친다. 예를 들어 줄을 서서 기다리는 시간이 40분에서 2.5분으로 줄었다.

대기열 표 사용 컴퓨터를 사용할 수 없는 경우 관리자가 $M = 3, 4, 5$서버 대기열 모형을 처리해야 하는 작업을 상상해보라. 계산은 점점 더 힘들어진다. 다행스럽게도 다중 서버 대기 행렬을 수작업으로 검사하는 부담은 표 D.5를 사용해 피할 수 있다. 수백 번의 계산 결과로 만든 이 표는 세 가지 사항의 관계를 표시한다: (1) λ/μ 비율, (2) 열려 있는 서버 수, (3) 대기 행렬에 있는 평균 고객 수 L_q(이것이 찾고자 하는 것이다). λ/μ 비율과 $M = 1, 2, 3, 4, 5$서버의 모든 조합에 대해 표에서 L_q값을 빠르게 읽을 수 있다.

표 D.5 M = 1~5서버(채널)와 특정 λ/μ에 대한 L_q값

	푸아송 도착, 지수 분포 서비스 시간				
	서버(채널) 수, M				
λ/μ	1	2	3	4	5
.10	.0111				
.15	.0264	.0008			
.20	.0500	.0020			
.25	.0833	.0039			
.30	.1285	.0069			
.35	.1884	.0110			
.40	.2666	.0166			
.45	.3681	.0239	.0019		
.50	.5000	.0333	.0030		
.55	.6722	.0449	.0043		
.60	.9000	.0593	.0061		
.65	1.2071	.0767	.0084		
.70	1.6333	.0976	.0112		
.75	2.2500	.1227	.0147		
.80	3.2000	.1523	.0189		
.85	4.8166	.1873	.0239	.0031	
.90	8.1000	.2285	.0300	.0041	
.95	18.0500	.2767	.0371	.0053	
1.0		.3333	.0454	.0067	
1.2		.6748	.0904	.0158	
1.4		1.3449	.1778	.0324	.0059
1.6		2.8444	.3128	.0604	.0121
1.8		7.6734	.5320	.1051	.0227
2.0			.8888	.1739	.0398
2.2			1.4907	.2770	.0659
2.4			2.1261	.4305	.1047
2.6			4.9322	.6581	.1609
2.8			12.2724	1.0000	.2411
3.0				1.5282	.3541
3.2				2.3856	.5128
3.4				3.9060	.7365
3.6				7.0893	1.0550
3.8				16.9366	1.5184
4.0					2.2164
4.2					3.3269
4.4					5.2675
4.6					9.2885
4.8					21.6384

예제 D4는 표 D.5를 사용하는 것을 예시적으로 보여준다.

예제 D4

대기열 표 사용

알래스카국립은행(Alaska National Bank)은 바쁜 토요일에 얼마나 많은 드라이브인 창구를 열지 결정하려 한다. 대표이사 테드 에센바흐(Ted Eschenbach)는 고객이 시간당 약 $\lambda = 18$의 비율로 도착하고 각 창구 직원이 시간당 약 $\mu = 20$명의 고객에게 서비스를 제공할 수 있다고 추정한다.

접근방법 ▶ 테드는 표 D.5를 사용해 L_q와 W_q를 계산하기로 결정했다.

해결방법 ▶ λ/μ 비율은 $= 18/20 = .90$이다. 표 D.5로 돌아가서 $\lambda/\mu = .90$에서 $M = 1$개의 창구를 열면 줄을 서 있는 평균 고객 수는 8.1명임을 알 수 있다. 2개의 창구가 열리면 평균 고객 수 L_q는 .2285로 떨어지며, $M = 3$개 창구의 경우 .03, $M = 4$개 창구의 경우 .0041로 떨어진다. 이 시점에서 창구를 하나 더 추가하면 평균 대기 행렬 길이는 0이 된다.

$W_q = L_q/\lambda$이므로 대기 행렬의 평균 대기 시간 W_q를 계산하는 것도 간단한 문제이다. 창구를 하나 열 때 W_q = 8.1명 고객/(시간당 18명 고객) = .45시간 = 27분 대기 시간이 된다. 창구 직원이 2명이면 W_q = .2285명 고객/(시간당 18명 고객) = .0127시간 ≅ 3/4분 등이다.

통찰력 ▶ 컴퓨터를 쉽게 사용할 수 없는 경우 표 D.5를 통해 L_q를 쉽게 찾고 W_q를 계산할 수 있다. 표 D.5는 서로 다른 서버 수(M)에 대한 L_q를 비교하는 데 특히 유용하다.

학습 연습 ▶ 목요일 오후에 알래스카국립은행에 도착하는 고객의 수는 시간당 15명이다. 서비스 비율은 여전히 시간당 20명의 고객이다. 서버가 1, 2, 3개인 경우 대기 행렬에 있는 사람은 몇 명인가? [답: 2.25, 0.1227, 0.0147]

Elenathewise/Fotolia

Stephen Brashear/AP Images

로스앤젤레스국제공항(LAX)과 같은 긴 탑승 수속 줄(왼쪽 사진)은 공항에서 흔히 볼 수 있는 광경이다. 이것은 M/M/S 모형이다. 승객은 여러 지상 직원 중 한 명에게 수속하기 위해 단일 대기 행렬에서 기다린다. 그러나 앵커리지국제공항(오른쪽 사진)에서 알래스카항공은 기존의 탑승 수속 창구의 벽을 없앴다. 대신, 연간 120만 명의 승객이 셀프 서비스 탑승 수속 기계와 직원이 있는 '수하물' 수속 창구를 사용한다. 전형적인 공항과 전혀 달라 보이는 이 새로운 시스템은 항공사의 탑승 수속 능력을 2배로 늘리고 직원 수를 절반으로 줄였으며, 피크 시간에도 15분 이내에 여행자를 신속하게 통과시켰다.

또한 표 D.5를 사용하는 것을 연습하려면 표에 표시된 값과 비교해 예제 D3의 계산을 확인할 수도 있다. 첫 번째 열에서 정확한 값을 찾을 수 없는 경우 보간법을 사용해야 할 수도 있다. L_q 이외의 다른 일반적인 운영 특성은 대기 행렬 이론 교과서에 표 형식으로 찾아볼 수 있다.

모형 C(M/D/1): 고정값 서비스 시간 모형

학습목표 D.5
고정값 서비스 시간 모형 등식을 적용한다.

일부 서비스 시스템은 지수 분포 대신 고정값 서비스 시간을 가진다. 자동 세차나 놀이공원의 경우처럼 고객이나 장비가 정해진 주기에 따라 처리되는 경우 고정값 서비스 시간이 적절하다. 고정값 비율이 확실하기 때문에 L_q, W_q, L_s, W_s의 값은 서비스 비율이 가변적인 모형 A의 값보다 항상 작다. 사실, 평균 대기 행렬 길이와 대기 행렬 내 평균 대기 시간은 모두 모형 C에서 절반으로 줄어든다. 고정값 서비스 모형 공식은 표 D.6에 나와 있다. 모형 C는 또한 대기 행렬 이론 문헌에서는 기술적인 이름인 M/D/1로 불린다.

표 D.6 모형 C 대기 행렬 공식: M/D/1로 알려진 고정값 서비스

대기 행렬의 평균 길이: $L_q = \dfrac{\lambda^2}{2\mu(\mu-\lambda)}$
대기 행렬의 평균 대기 시간: $W_q = \dfrac{\lambda}{2\mu(\mu-\lambda)}$
시스템 내 고객 수: $L_s = L_q + \dfrac{\lambda}{\mu}$
시스템 내 평균 시간: $W_s = W_q + \dfrac{1}{\mu}$

예제 D5는 고정값 서비스 시간 분석을 보여준다.

예제 D5

고정값 서비스 시간 모형

Inman Recycling, Inc.는 루이지애나주 레스턴에서 알루미늄 캔과 유리병을 수집하고 압축한다. 현재 트럭 운전사는 재활용 짐을 비우기까지 평균 15분을 기다린다. 운전기사와 트럭이 대기열에 있는 동안 소요되는 비용은 시간당 60달러이다. 새로운 자동 압축기를 구입하면 시간당 트럭 12대(트럭당 5분)의 일정한 비율로 트럭을 처리할 수 있다. 트럭은 푸아송 분포에 따라 시간당 평균 8대의 비율로 도착한다. 새 압축기를 사용하는 경우 비용은 하역된 트럭당 3달러의 비율로 감가상각 된다.

접근방법 ▶ 대표이사 토니 인먼(Tony Inman)은 구매비용 대비 편익을 평가하기 위해 분석을 수행하는 데 여름방학 동안 대학생 인턴을 고용했다. 인턴은 표 D.6의 W_q 등식을 사용한다.

해결방법 ▶

현재 대기 비용/반입 = (1/4 현재 대기 시간)(60달러/시간 비용) = 15달러/반입

새 시스템: λ = 시간당 8대 트럭 도착, μ = 시간당 12개 트럭 작업

대기 행렬의 평균 대기 시간 $= W_q = \dfrac{\lambda}{2\mu(\mu-\lambda)} = \dfrac{8}{2(12)(12-8)} = \dfrac{1}{12}$시간

새 압축기 대기 비용/반입 = (1/12시간 대기)(60달러/시간 비용) = 5달러/반입

새 장비로 절약된 비용 = 15달러(현재 시스템) − 5달러(새 시스템) = 10달러/반입

새 장비 감가상각비: = 3달러/반입
절약 금액 = 7달러/반입

통찰력 ▶ 일반적으로 자동화를 통해 얻을 수 있는 고정값 서비스 시간은 서비스 시스템에 내재된 가변성 통제에 도움이 된다. 이렇게 하면 평균 대기 행렬 길이와 평균 대기 시간을 줄일 수 있다. 표 D.6에서 L_q와 W_q 등식의 분모에 있는 2를 주목하라.

학습 연습 ▶ 새로운 고정값 서비스 시간 시스템에서 대기 행렬의 평균 대기 시간, 시스템 내 평균 트럭 수, 시스템 내 평균 대기 시간은 얼마인가? [답: 0.0833시간, 트럭 1.33대, 0.1667시간]

리틀의 법칙

정상 상태(steady state)의 모든 시스템에 대한 대기 행렬의 실용적이고 유용한 관계를 리틀의 법칙(Little's Law)이라고 한다. 대기 행렬 시스템이 정상적인 운영 상태일 때 정상 상태가 존재한다(예: 아침에 영업을 시작할 때 문 앞에서 기다리는 고객을 서비스한 후). 리틀의 법칙은 다음과 같이 기록된다.

$$L_s = \lambda W_s (W_s = L_s/\lambda \text{와 동일}) \tag{D-2}$$

또는

$$L_q = \lambda W_q (W_q = L_q/\lambda \text{와 동일}) \tag{D-3}$$

이 공식의 장점은 매개변수(모수) 중 2개를 알면 다른 매개변수를 쉽게 찾을 수 있다는 것이다. 특정 대기열 상황에서는 이들 중 어느 하나가 다른 것보다 결정하기 쉽기 때문에 이 점은 중요하다.

예제 D6

리틀의 법칙

고객들은 시간당 평균 20명의 비율로 현지의 미국 우체국을 방문한다. 평균적으로 5명이 줄을 서서 기다리고 있다. 도착과 서비스 시간을 설명하는 확률분포는 알려져 있지 않다. 관리자인 비키 루오(Vicky Luo)는 고객이 줄을 서서 기다리는 시간을 확인하려고 한다.

접근방법 ▶ 확률분포와 서버 수를 알 수 없는 경우에도 비키는 리틀의 법칙을 사용해 평균 대기 시간을 빠르게 결정할 수 있다.

해결방법 ▶ λ = 시간당 20명의 고객
L_q = 고객 5명

식 (D-3)을 사용하면 $W_q = L_q/\lambda$
$= 5/20 = 0.25$시간

그리고 (0.25시간)(60분/시간) = 15분

통찰력 ▶ 시간당 도착하는 그객의 수를 계산하는 것은 비교적 쉬우며, 하루 종일 줄의 길이의 세어 본 뒤 평균을 취해 줄에 서 있는 평균 고객 수를 추정할 수 있다. 그러나 고객이 시설에 들어오는 시간과 서비스를 시작하는 시간을 추적하려면 더 많은 노력이 필요하다. 리틀의 법칙은 실제 대기 시

간을 추적할 필요가 없다.

학습 연습▶ 비키는 15분이 상식을 벗어난 대기 시간이라고 생각한다. 바쁜 시간 동안 도움을 주기 위해 서버를 추가했더니 줄을 서 있는 평균 고객 수는 1.2명으로 줄어들었다. 이제 고객은 얼마나 기다리는가? [답: 3.6분]

리틀의 법칙은 도착과 서비스 시간, 서버 수 또는 서비스 우선순위 규칙에 대한 확률 분포를 가정하지 않기 때문에 중요하다. 이 법칙은 다음에 논의할 유한한 모집단 모형을 제외하고 이 모듈에서 논의된 모든 대기 행렬 시스템에 적용된다.

모형 D(유한한 출처가 있는 M/M/1): 유한한 모집단 모형

학습목표 D.6
유한한 모집단 모형 분석을 수행한다.

서비스 시설을 이용하는 잠재 고객으로서 제한된(또는 유한한) 모집단이 있는 경우 다른 대기 행렬 모형을 고려해야 한다. 이 모형은 예를 들어 5대의 기계가 있는 공장에서 장비 수리를 고려 중이거나 10대의 통근 비행기에 대한 유지보수를 담당하거나 20개의 병상이 있는 병동을 운영하는 경우에 사용된다. 유한한 모집단 모형을 사용하면 정비 인력(서버)의 어떠한 수라도 고려할 수 있다.

이 모형은 이제 대기 행렬의 길이와 도착 비율 사이에 종속 관계가 있기 때문에 이전의 세 가지 대기 행렬 모형과 다르다. 극단적인 상황을 예로 들어보자. 공장에 5대의 기계가 있고 모두 고장 난 상태에서 수리를 기다리는 경우 도착 비율은 0으로 떨어질 것이다. 따라서 일반적으로 유한한 모집단 모형에서는 대기열이 길어질수록 고객이나 기계의 도착 비율이 떨어진다.

유한한 모집단 모형에는 다음과 같은 가정이 있다.

1. 서버가 하나뿐이다.
2. 서비스를 원하는 단위의 모집단은 유한하다.[4]
3. 도착은 푸아송 분포를 따르고 서비스 시간은 음의 지수 분포를 따른다.
4. 고객은 선입 선출로 서비스를 받는다.

표 D.7은 유한한 모집단 모형에 대한 대기 행렬 공식을 보여준다.

표 D.7 모형 D 대기 행렬 공식: 유한한 출처를 가진 M/M/1로 알려진 유한한 모집단

λ = 평균 도착 비율 μ = 평균 서비스 비율 N = 모집단 크기	대기 행렬의 평균 대기 시간 $W_q = \dfrac{L_q}{(N - L_s)\lambda}$
시스템이 비어 있을 확률 $P_0 = \dfrac{1}{\sum_{n=0}^{N} \dfrac{N!}{(N-n)!}\left(\dfrac{\lambda}{\mu}\right)^n}$	시스템 내 평균 시간 $W_s = W_q + \dfrac{1}{\mu}$
대기 행렬의 평균 길이 $L_q = N - \left(\dfrac{\lambda + \mu}{\lambda}\right)(1 - P_0)$	시스템 내 n개의 단위가 있을 확률 $P_n = \dfrac{N!}{(N-n)!}\left(\dfrac{\lambda}{\mu}\right)^n P_0,\ n = 0, 1, \ldots, N$
시스템 내 고객(단위) 수 $L_s = L_q + (1 - P_0)$	

예제 D7은 모형 D를 예시적으로 보여준다.

예제 D7

유한한 모집단 모형

과거 기록에 따르면 워싱턴 DC에 소재한 미국 에너지부(DOE)에 있는 5대의 대형 레이저 프린터는 각각 약 20시간 사용 후 수리가 필요하다. 고장 날 확률은 푸아송 분포를 따르는 것으로 알려져 있다. 근무 중인 1명의 기술자는 지수 분포에 따라 평균 2시간 정도에 프린터를 수리할 수 있다. 프린터 고장 비용은 시간당 120달러이다. 기술자는 시간당 25달러를 받는다.

접근방법 ▶ 시스템의 운영 특성을 계산하기 위해 평균 도착 비율이 $\lambda = 1/20 = 0.05$프린터/시간임을 주목한다. 평균 서비스 속도는 $\mu = 1/2 = 0.50$프린터/시간이다.

해결방법 ▶

1. $P_0 = \dfrac{1}{\displaystyle\sum_{n=0}^{5} \frac{5!}{(5-n)!}\left(\frac{0.05}{0.5}\right)^n} = 0.564$ (이 계산은 당신이 확인하도록 남겨둔다)

2. $L_q = 5 - \left(\dfrac{0.05 + 0.5}{0.05}\right)(1 - P_0) = 5 - (11)(1 - 0.564) = 5 - 4.8 = 0.2$프린터

3. $L_s = 0.2 + (1 - 0.564) = 0.64$프린터

4. $W_q = \dfrac{0.2}{(5 - 0.64)(0.05)} = \dfrac{0.2}{0.22} = 0.91$시간

5. $W_s = 0.91 + \dfrac{1}{0.50} = 2.91$시간

시간당 총비용을 계산할 수 있다.

시간당 총비용 = (고장 난 평균 프린터 수)(고장 시간당 비용)
+ 기술자 시간당 비용
= (0.64)(120달러) + 25달러 = 76.80달러 + 25.00달러 = 101.80달러

통찰력 ▶ 경영진은 이제 이러한 비용과 대기 시간이 허용 가능한지 여부를 결정할 수 있다. 아마도 두 번째 기술자를 추가로 사용해야 할 때 같다.

학습 연습 ▶ 에너지부는 약 18시간 사용 후 고장 나는 새 모형으로 프린터를 교체했다. 시간당 총비용을 다시 계산하라. [답: $L_s = 0.25$, 따라서 비용 = (.25)(120달러) + 25달러 = 30달러 + 25달러 = 55달러]

기타 대기 행렬 방식

서비스 시스템에서 발생하는 많은 실제 대기열 문제는 이미 설명한 네 가지 수학적 모형과 같은 특성을 가지고 있다. 그러나 흔히 분석하는 데 이러한 특정 사례의 **변형**이 존재한다. 예를 들어 자동차 정비소의 서비스 시간은 지수 분포 대신 정규분포를 따르는 경향이 있다. 4학년이 다른 학년보다 먼저 과목과 시간을 선택하는 수강 등록 시스템은 선점 우선순위(preemptive priority) 대기 행렬 규율이 있는 선입 선출 모형의 한 예이다. 군대 신병에 대한 신체검사는 이 모듈의 앞부분에서 논의한 단일 단계 모형과 다른 다중 단계 시스템의 예다. 신병은 첫 번째 검사장에서 채혈을 위해

줄을 서고, 두 번째 검사장에서 시력 검사를 기다리고, 세 번째 검사장에서 정신과 의사와 상담하고, 네 번째 검사장에서 의학적 문제에 대해 의사에게 검사를 받는다. 각 단계에서 신병은 다른 대기 행렬에 들어가 차례를 기다려야 한다. 매우 복잡한 많은 모형이 이러한 상황을 처리하기 위해 개발되었다.

요약

대기 행렬은 운영관리 세계에서 중요한 부분이다. 이 모듈에서는 몇 가지 흔한 대기 행렬 시스템을 설명하고 이를 분석하기 위한 수학적 모델을 제시한다.

가장 널리 사용되는 대기 행렬 모형에는 다음을 포함한다: 모형 A(M/M/1), 기본 단일 서버, 푸아송 도착과 음의 지수 서비스 시간이 있는 단일 단계 시스템, 모형 B(M/M/S), 모형 A와 다 동일하고 서버만 다중 서버인 시스템, 모형 C(M/D/1), 고정값 서비스 비율 모형, 모형 D, 유한한 모집단 시스템(유한한 출처가 있는 M/M/1). 네 가지 모형 모두 푸아송 도착, 선입 선출 서비스, 단일 서비스 단계를 가정한다. 일반적인 운영 특성으로는 대기 행렬과 시스템에서 대기하는 평균 시간, 대기 행렬과 시스템 내 평균 고객 수, 시스템을 사용하지 않는 시간과 활용률이 포함된다.

전통적 모형의 모든 가정이 충족될 필요가 없는 다양한 대기 행렬 모형이 존재한다. 이러한 경우 더 복잡한 수학적 모형을 사용하거나 **시뮬레이션**이라는 기술을 사용한다. 대기 행렬 시스템 문제에 대한 시뮬레이션의 적용은 모듈 F에서 다룬다.

핵심 용어

다중 단계 시스템(multiphase system)
다중 서버 대기 행렬 시스템(multiple-server queuing system)
단일 단계 시스템(single-phase system)
단일 서버 대기 행렬 시스템(single-server queuing system)
대기열(대기 행렬)(waiting line, queue)
대기 행렬 이론(queuing theory)
무제한 또는 무한한 모집단(unlimited, or infnite, population)
선입 선출(FIFO) 규칙[first-in, first-out(FIFO) rule]
음의 지수 확률 분포(negative exponential probability distribution)
제한된 또는 유한한 모집단(limited, or finite, population)
푸아송 분포(Poisson distribution)

토론 문제

1. 전형적인 대기 행렬 시스템 세 부분의 이름을 말해보라.
2. 대기열 시스템을 설계할 때 어떤 '질적' 문제를 고려해야 하는가?
3. 대기 행렬 시스템에서 '도착' 구조를 결정하는 세 가지 요소의 이름을 말해보라.
4. 대기 행렬 시스템 성과를 측정하는 일곱 가지 일반적인 측정치를 설명하라.
5. '기본' 단일 서버 대기 행렬 모형(모형 A 또는 M/M/1)의 가정을 설명하라.
6. 슈퍼마켓 제과점 시스템을 엄격한 선입 선출 기준으로 운영하는 것이 좋은 것인가, 나쁜 것인가? 이유는 무엇인가?
7. 대기열 용어 중에 **망설임**과 **변절**이 의미하는 바를 설명하고 각각의 예를 들라.
8. W_s와 W_q 중 어느 것이 더 큰가? 설명하라.
9. 선입 선출(FIFO) 규율이 대기 행렬 분석에 적용되지 않는 세 가지 상황을 간략하게 설명하라.
10. $\lambda > \mu$인 대기열의 행동을 설명하라. 분석과 직관 모두 사용하라.
11. 아주 약간 $\mu > \lambda$인 대기열 시스템의 가능한 결과를 논의하라(예: $\mu = 4.1$, $\lambda = 4$).
12. 대기열이 제한된 또는 유한한 네 가지 상황의 예를 들라.
13. 다음 대기 행렬 시스템의 구성요소는 무엇인가? 각각의 구성을 그리고 설명하라.
   (a) 이발소
   (b) 세차장
   (c) 세탁소

(d) 소규모 식료품점

14. 진료실은 일반적으로 환자가 무작위로 도착 비율을 보이는가? 서비스 시간도 무작위인가? 어떤 상황에서 서비스 시간이 고정값일 수 있는가?

15. 2개의 단일 서버 시스템이 평균 도착 비율과 서비스 비율이 동일하지만 서비스 시간이 한 시스템에서는 고정값이고 다른 시스템에서는 지수 함수 분포를 따르면 어떤 일이 일어나는가?

16. 줄을 서서 기다리는 시간당 가치를 당신은 어떻게 부여하는가? 반 친구들은 어떤 가치를 부여하는가? 값이 다른 이유는 무엇인가?

17. 리틀의 법칙이 유용한 대기 행렬 개념인 이유는 무엇인가?

문제 해결

문제 해결 D.1

자메이카의 Sid Das 벽돌 유통회사는 현재 회사에서 나가는 트럭에 벽돌을 싣는 일을 하는 1명의 상차 직원을 고용하고 있다. 푸아송 분포에 따르면 하루 평균 24대의 트럭 또는 시간당 3대의 트럭이 상차 플랫폼에 도착한다. 작업자의 서비스 시간은 지수 분포에 근사하게 따라 시간당 트럭 4대의 속도로 벽돌을 싣는다.

소유주인 다스는 벽돌 싣는 상차 직원을 1명 추가하면 회사의 생산성이 크게 향상될 것이라고 믿는다. 그는 각 트럭에 2명의 직원이 상차를 하면 비율(μ)이 시간당 트럭 4대에서 시간당 트럭 8대로 2배 늘어날 것으로 추정한다. 이러한 변경이 대기 행렬에 미치는 영향을 분석하고 그 결과를 직원이 1명 있을 때의 결과와 비교하라. 3대보다 많은 트럭이 상차 중이거나 대기할 확률은 얼마인가?

해결책

	상차 직원 수	
	1	2
트럭 도착 비율(λ)	시간당 3대	시간당 3대
상차 비율(μ)	시간당 4대	시간당 8대

	상차 직원 수	
	1	2
시스템 내 평균 트럭 수(L_s)	3대	0.6대
시스템 내 평균 시간(W_s)	1시간	.2시간
대기 행렬 내 평균 트럭 수(L_q)	2.25대	.225대
대기 행렬 내 평균 시간(W_q)	.75시간	.075시간
활용률(ρ)	.75	.375
시스템이 비어 있을 확률(P_0)	.25	.625

시스템 내에 k대보다 많은 트럭이 있을 확률

K	상차 직원 1명	상차 직원 2명
0	.75	.375
1	.56	.141
2	.42	.053
3	.32	.020

이러한 결과는 상차 직원을 1명만 두는 경우 평균 트럭이 적재되기까지 3/4시간을 기다려야 함을 나타낸다. 또한 평균 2.25대의 트럭이 줄을 서서 상차를 기다리고 있다. 이러한 상황은 경영진이 받아들이지 못할 수 있다. 두 번째 상차 직원을 추가한 후 대기 행렬 크기가 감소하는 것도 주목하라.

문제 해결 D.2

Sid Das에서 일하는 트럭 운전사(문제 해결 D.1 참조)는 시간당 평균 10달러를 받는다. 상차 직원은 시간당 약 6달러를 받는다. 대기 행렬이나 상차 플랫폼에서 기다리는 트럭 운전사는 급여를 받고 있지만 생산적으로 유휴 상태이며 그 시간 동안 수익을 창출할 수 없다. 회사가 1명 대신 2명의 상차 직원을 이용한다면 시간당 비용을 얼마나 절감할 수 있는가?

문제 해결 D.1의 자료를 참조하면 시스템 내 평균 트럭 수는 상차 직원이 1명일 때 3이고 2명일 때 0.6이다.

해결책

	상차 직원 수	
	1	2
트럭 운전사 유휴 시간 비용 [(시스템 내 평균 트럭 수)(시간당 급여)] = (3)(10달러)	30달러	6달러 = (.6)(10달러)
상차 비용	6	12 = (2)(6달러)
시간당 총 기대 비용	36달러	18달러

회사는 상차 직원 1명을 추가로 고용하면 시간당 18달러를 절약한다.

문제 해결 D.3

Sid Das는 트럭 상차 과정의 속도를 높이기 위해 두 번째 플랫폼 또는 게이트 구축을 고려하고 있다. 그는 이 시스템이 단순히 다른 상차 직원을 고용하는(문제 해결 D.1에서와 같이) 것보다 훨씬 더 효율적일 것이라고 생각한다.

각 플랫폼의 상차 직원이 각각 시간당 4대의 트럭에 상차할 수 있고 트럭은 시간당 3대의 속도로 계속 도착한다고 가정하라. 그런 다음 적절한 등식을 적용해 대기열의 새로운 운영 조건을 찾아라. 다스가 이전의 문제 해결에서 고려한 것처럼 이 새로운 접근 방식이 두 번째 상차 직원을 고용하는 것보다 실제로 더 빠른가?

해결책

$$P_0 = \frac{1}{\left[\sum_{n=0}^{1} \frac{1}{n!}\left(\frac{3}{4}\right)^n\right] + \frac{1}{2!}\left(\frac{3}{4}\right)^2 \frac{2(4)}{2(4) - 3}}$$

$$= \frac{1}{1 + \frac{3}{4} + \frac{1}{2}\left(\frac{3}{4}\right)^2\left(\frac{8}{8 - 3}\right)} = .4545$$

$$L_s = \frac{3(4)(3/4)^2}{(1)!(8 - 3)^2}(.4545) + \frac{3}{4} = .873$$

$$W_s = \frac{.873}{3} = .291\text{시간}$$

$$L_q = .873 - 3/4 = .123$$

$$W_q = \frac{.123}{3} = .041\text{시간}$$

문제 해결 D.1을 되돌아보면 두 번째 플랫폼을 열면 대기 행렬의 길이와 대기 행렬의 평균 시간이 가장 낮지만, 단일 플랫폼에서 2명의 상차 직원이 고용된 경우 시스템 내 평균 트럭 수와 시스템에서 대기하는 평균 시간이 가장 작음을 알 수 있다. 따라서 두 번째 플랫폼을 건설하지 않는 것을 추천한다.

문제 해결 D.4

Mount Sinai Hospital의 정형외과 진료실에는 5개의 병상이 있으며 거의 항상 정형외과 수술을 받은 환자들로 가득 차 있다. 진료실에는 3교대로 8시간당 간호사 1명이 근무한다. 약 2시간마다 (푸아송 분포에 따라) 환자 중 1명은 간호사의 간호가 필요하다. 이 경우 간호사는 환자를 돕고 나서 문제와 치료에 대해 의무 기록을 수정하는 데 평균 30분(음의 지수 분포)을 보낸다.

5명의 환자에게 즉각적인 서비스가 매우 중요하기 때문에 두 가지 중요한 질문을 하고자 한다. 간호사를 기다리거나 간호를 받는 환자의 평균 수는 얼마인가? 환자가 간호사가 올 때까지 기다리는 평균 시간은 얼마인가?

해결책

$\lambda = 0.5$명 도착/시간

$\mu = 2$명 간호/시간

$N =$ 환자 5명

$$P_0 = \frac{1}{\sum_{n=0}^{5} \frac{5!}{(5 - n)!}\left(\frac{.5}{2}\right)^n} = 0.20$$

$$L_q = 5 - \left(\frac{.5 + 2}{.5}\right)(1 - 0.20) = \text{환자 1명}$$

$$L_s = 1 + (1 - 0.20) = \text{환자 1.8명}$$

$$W_q = \frac{1}{(5 - 1.8)(.5)} = 0.62\text{시간} = 37.28\text{분}$$

$$W_s = .62 + \frac{1}{2} = 1.12\text{시간} = 67.28\text{분}$$

따라서 시스템 내 평균 환자 수 = 1.8명

대기 행렬 내 평균 대기 시간 = 0.62시간 = 37.28분

연습 문제

Px 윈도우용 POM 또는 엑셀 OM으로 문제를 해결할 수 있음

문제 D.1~D33은 다양한 대기 행렬 모형과 관련이 있다.

• **D.1** 고객은 푸아송 분포에 따라 시간당 3명의 비율로 리치 던(Rich Dunn)의 미용실에 도착한다. 리치의 서비스 시간은 음의 지수 분포를 따르며 리치는 시간당 평균 5명의 미용을 마칠 수 있다.

(a) 미용을 기다리는 평균 고객 수를 구하라.

(b) 미용실 내 평균 고객 수를 구하라.

(c) 고객이 자신의 차례가 될 때까지 기다리는 평균 시간을 구하라.

(d) 고객이 미용실에서 보내는 평균 시간을 구하라.

(e) 리치가 바쁜 시간의 백분율을 구하라. Px

• **D.2** 경영대학 학생 라운지에는 복사기가 하나뿐이다. 학생들은 시간당 $\lambda = 40$명의 비율로 도착한다(푸아송 분포를 따름). 복사에는 평균 40초 또는 시간당 $\mu = 90$명이 걸린다(음의 지수 분

포를 따름). 다음 특성을 계산하라.

(a) 복사기가 사용된 시간의 백분율
(b) 대기 행렬의 평균 길이
(c) 시스템 내 평균 학생 수
(d) 대기 행렬에서 대기하는 데 소요된 평균 시간
(e) 시스템 내 평균 시간 **Px**

•• **D.3** 평일 오전 11시부터 오후 2시까지 미국 플로리다주 올랜도 법원 밖에 주차한 앤디 존슨(Andy Johnson)의 푸드 트럭에 매시간 24명의 고객이 도착한다(푸아송 분포). 앤디가 각 주문을 처리하는 데는 평균 2분이 걸린다(음의 지수 분포를 따름). 대기열 표 D.5와 $W_q = L_q/\lambda$을 사용하면

(a) 대기 행렬에 있는 평균 고객 수는 몇 명인가?
(b) 평균적으로 줄을 서서 기다리는 시간은 얼마나 되는가?
(c) 앤디의 아내가 앤디와 함께 주문을 처리하는 경우(앤디와 동일한 속도로), 문항 (a)와 (b)의 답은 어떻게 변하는가?

• **D.4** 미시간주 수의사인 타룬 굽타(Tarun Gupta) 박사는 지역 초등학교에서 개를 위한 광견병 예방 접종 클리닉을 운영하고 있다. 타룬은 매 3분마다 개를 '접종'할 수 있다. 푸아송 분포에 따라 개는 6분마다 1마리의 비율로 하루 종일 독립적으로 무작위로 도착할 것으로 추정된다. 또한 타룬의 접종 시간이 음의 지수 분포를 갖는다고 가정한다. 다음을 계산하라.

(a) 타룬이 일하지 않는 상태일 확률
(b) 타룬이 바쁜 시간의 비율
(c) 예방 접종을 받고 있거나 예방 접종을 기다리는 평균 개의 수
(d) 예방 접종을 기다리는 평균 개의 수
(e) 개가 백신 접종을 받기까지 기다리는 평균 시간
(f) 개가 줄을 서서 기다리는 시간과 백신 접종을 받는 데 보내는 평균 시간 **Px**

•• **D.5** 아놀드파머병원(Arnold Palmer Hospital)의 약사 웬드 휴엔-브라운(Wende Huehn-Brown)은 푸아송 분포에 따라 시간당 12건의 처방전 요청을 받는다. 약을 조제하는 데 음의 지수 분포에 따라 평균 4분이 걸린다. 대기열 표 D.5와 $W_q = L_q/\lambda$를 사용해 다음 질문에 답하라.

(a) 대기 행렬에 있는 평균 처방전 수는 몇 개인가?
(b) 처방전이 평균적으로 대기하는 데 얼마나 걸리는가?
(c) 웬드는 두 번째 약사 아자이 아게르왈(Ajay Aggerwal)을 고용하기로 결정한다. 아자이는 웬드와 함께 학교에 다녔고 처방약 조제에 있어 같은 속도로 일한다. 문항 (a)와 (b)의 답변은 어떻게 변하는가?

• **D.6** 전화가 분당 2건의 비율로 Lynn Ann Fish의 호텔 교환대에 걸려온다. 각 전화를 처리하는 데 걸리는 평균 시간은 20초이다. 현재 교환대 교환원은 1명뿐이다. 푸아송 분포와 음의 지수 분포는 이 상황에 적용되는 것으로 보인다.

(a) 교환원이 바쁠 확률은 얼마인가?
(b) 고객이 교환원과 연결되기 전에 기다려야 하는 평균 시간은 얼마인가?
(c) 연결을 기다리는 평균 통화 수는 몇 건인가? **Px**

•• **D.7** 자동차는 10분마다 4대의 비율로 미국 루이지애나주 배턴루지 시내 우체국 드라이브 스루 창구에 도착한다. 평균 서비스 시간은 2분이다. 푸아송 분포는 도착 비율에 적합하고 서비스 시간은 음의 지수 분포를 따른다.

(a) 자동차가 시스템 내에 있는 평균 시간은 얼마인가?
(b) 시스템 내 평균 자동차 수는 몇 대인가?
(c) 서비스를 받기 위해 대기 중인 평균 차량 수는 몇 대인가?
(d) 자동차가 대기 행렬에 있는 평균 시간은 얼마인가?
(e) 창구에 자동차가 없을 확률은 얼마인가?
(f) 우체국 직원이 바쁜 시간은 몇 퍼센트인가?
(g) 시스템에 정확히 2대의 자동차가 있을 확률은 얼마인가?
(h) 두 번째 드라이브 스루 창이 추가되면 문항 (a)의 답이 얼마나 줄어들겠는가? **Px**

• **D.8** 미국 버지니아주에 소재한 Ron McPherson Electornic Corporation은 하루 8시간 근무당 평균 $\lambda = 3$대가 발생하는 기계 고장을 수리하기 위해 서비스 직원을 유지한다(본질적으로 푸아송 분포에 가깝다). 서비스 직원은 음의 지수 분포와 유사한 수리 시간 분포로 근무일당 평균 $\mu = 8$대의 기계를 수리할 수 있다.

(a) 이 서비스 시스템의 활용률은 얼마인가?
(b) 고장 난 기계의 평균 가동 중지 시간은 얼마인가?
(c) 특정 시간에 몇 대의 기계가 서비스를 기다리고 있는가?
(d) 시스템에 1대보다 많은 기계가 있을 확률은 얼마인가? 2대보다 많은 기계가 고장 나서 수리를 기다리거나 서비스를 받을 확률은 얼마인가? 3대보다 많을 경우는? 4대 보다 많을 경우는? **Px**

•• **D.9** Neve Commercial Bank는 미국 펜실베니아주 요크시에 있는 유일한 은행이다. 전형적인 금요일에는 시간당 평균 10명의 고객이 거래를 위해 은행에 도착한다. 현재 은행에는 1명의 창구 직원이 있으며, 업무 처리에 소요되는 시간은 평균 4분이다. 서비스 시간은 음의 지수 분포로 설명될 수 있다고 가정한다. 단일 창구 직원을 사용하는 경우 다음을 구하라.

(a) 줄 내 평균 시간
(b) 줄 내 평균 수
(c) 시스템 내 평균 시간

(d) 시스템 내 평균 수
(e) 은행에 고객이 없을 확률
(f) 대표이사 벤저민 네브(Benjamin Neve)는 고객 대기 시간을 줄이기 위해 두 번째 직원(첫 번째 직원과 동일한 비율로 일할 직원)을 추가하는 것을 고려하고 있다. 단일 줄이 사용되며, 줄 맨 앞의 고객은 가장 먼저 이용 가능한 은행 창구로 이동한다. 그는 이것이 대기 시간을 반으로 줄일 것이라고 가정한다. 두 번째 창구 직원이 추가될 경우 문항 (a)~(e)의 새로운 답을 찾아라. **Px**

•• **D.10** 빌 영달(Bill Youngdahl)은 기술대학(TU) 학생 식당에서 데이터를 수집하고 있다. 그는 오후 5~7시 사이에 학생들이 시간당 25명의 비율로 식당에 도착하며(푸아송 분포를 따름) 서비스에는 평균 2분이 걸린다(음의 지수 분포를 따름). 한 번에 1개의 주문만 처리할 수 있는 서버가 1명뿐이다.
(a) 줄을 서 있는 평균 학생 수는 몇 명인가?
(b) 학생이 식당 구역에 있는 평균 시간은 얼마인가?
(c) 두 번째 서버를 추가해 첫 번째 서버와 팀을 구성할 수 있다고 가정하라(사실상 1명의 더 빠른 서버로 활동함). 이렇게 하면 평균 서비스 시간이 90초로 단축된다. 이것은 학생이 식당 구역에 있는 평균 시간에 어떤 영향을 주는가?
(d) 두 번째 서버가 추가되고 2개의 서버가 각각 평균 2분이 소요되며 독립적으로 활동한다고 가정하라. 학생이 시스템 내에 있는 평균 시간은 얼마인가?

••• **D.11** 미국 중서부의 밀 수확 시즌은 짧고 농부들은 2주 내에 트럭에 실린 밀을 거대한 중앙 저장고로 배달한다. 이 때문에 밀을 가득 실은 트럭이 하역을 하고 다시 밀밭으로 돌아가기 위해 한 블록 이상 길게 정체 상태로 대기하고 있는 것으로 알려져 있다. 중앙 저장고는 공동으로 소유하고 있으며, 하역/보관 프로세스를 가능한 한 효율적으로 만드는 것이 모든 농부에게 이익이 된다. 하역 지연으로 인한 곡물 품질 저하 비용과 트럭 임대 비용, 운전자 대기 시간 비용은 조합원에게 중요한 문제이다. 농부들은 곡물 품질 저하 비용을 수량화하는 데 어려움을 겪지만 트럭과 운전자에게 시간당 18달러의 대기와 하역 비용을 할당하는 것은 쉽다. 2주간의 수확기 동안 저장고는 하루 16시간, 주 7일 운영되며 음의 지수 분포에 따라 시간당 35대의 트럭이 하역할 수 있다. 전체 트럭은 하루 종일(저장고가 열려 있는 시간 동안) 푸아송 분포에 따라 시간당 약 30대의 비율로 도착한다.

협동조합이 트럭이 줄을 서서 기다리거나 저장고에서 하역하는 동안 시간 손실 문제를 처리할 수 있도록 다음을 구하라.
(a) 하역 시스템 내 평균 트럭 수
(b) 시스템에서 트럭당 평균 시간
(c) 저장고 활용률
(d) 특정 시간에 시스템 내에 3대보다 많은 트럭이 있을 확률
(e) 하역 과정에 트럭이 묶여 있는 농부들의 일일 총비용
(f) 언급한 바와 같이 협동조합은 1년에 2주만 보관함을 많이 사용한다. 농부들은 저장고를 확장하면 내년에 하역 비용이 50% 절감될 것으로 추정한다. 비수기에 저장고를 확장하는 데는 9,000달러의 비용이 든다. 저장고를 확장하는 데 비용을 들일 가치가 있는가? **Px**

••• **D.12** 미국 오하이오주 스타크에 있는 Janson's Department Store는 직원이 전화로 주문을 받는 성공적인 카탈로그 판매 부서를 운영하고 있다. 직원이 한 회선에 점유되어 있는 경우 카탈로그 부서로 걸려오는 전화는 녹음기가 자동으로 응답해 대기하도록 요청한다. 직원의 자리가 나면 가장 오래 기다린 전화가 먼저 옮겨져 서비스를 받는다. 시간당 약 12건의 비율로 전화가 온다. 직원은 평균 4분 안에 주문을 받을 수 있다. 걸려오는 전화는 푸아송 분포를 따르는 경향이 있고 서비스 시간은 음의 지수 분포를 따르는 경향이 있다.

직원의 비용은 시간당 10달러지만 영업권과 판매 손실로 인해 Janson은 직원이 주문을 받을 때까지 기다리는 고객 시간당 약 25달러를 잃게 된다.
(a) 카탈로그 주문 고객의 전화가 주문 담당 직원에게 돌려질 때까지 기다려야 하는 평균 시간은 얼마인가?
(b) 주문을 위해 기다리는 평균 고객 수는 몇 명인가?
(c) 파멜라 잰슨(Pamela Janson)은 전화를 받을 두 번째 직원을 추가하는 것을 고려하고 있다. 비용은 시간당 10달러로 동일하다. 그녀는 다른 직원을 고용해야 하는가? 당신의 결정을 설명하라. **Px**

• **D.13** Altug's Coffee Shop은 내부에 줄을 서 있는 사람의 수를 줄이기 위해 매장 외부에 자동 커피 자판기를 설치하기로 결정했다. 메흐메트 알툭(Mehmet Altug)은 컵당 3.50달러를 받는다. 그러나 사람이 바뀌는 데 너무 오랜 시간이 걸린다. 서비스 시간은 3분으로 일정하며, 도착 비율은 시간당 15명(푸아송 분포)이다.
(a) 줄을 서서 기다리는 평균 시간은 얼마인가?
(b) 줄을 선 사람들의 평균 수는 몇 명인가?
(c) 메흐메트는 가격을 컵당 5달러로 인상하고 서비스 시간을 60초 단축한다. 그러나 커피가 너무 비싸서 도착 비율이 시간당 10명으로 떨어진다. 이제 평균 대기 시간과 대기 행렬(대기 중)의 평균 사람 수는 얼마인가? **Px**

••• **D.14** 워싱턴 DC의 전형적인 지하철역에는 6개의 개찰구가 있으며, 각 개찰구는 역 관리자가 제어해 입구 또는 출구로 사용할 수 있지만 둘 다 사용할 수는 없다. 관리자는 입장하는 승객을 위해 사용할 개찰구 수와 나가는 승객을 위해 사용할 개찰구

수를 하루 중 다른 시간대마다 결정해야 한다.

조지워싱턴대학교(George Washington University)역에서 승객은 오전 7~9시 사이에 분당 약 84명의 비율로 역에 들어온다. 이 역에서 내리는 승객은 분당 약 48명의 속도로 출구 개찰구에 도달한다. 같은 아침 출근 시간 동안, 각 개찰구는 분당 평균 30명의 승객이 출입할 수 있다. 도착 시간과 서비스 시간은 각각 푸아송 분포와 음의 지수 분포를 따르는 것으로 생각된다. 승객이 입구와 출구 개찰구 구역에서 공통 대기 행렬을 형성하고 먼저 빈 개찰구로 진행한다고 가정하자.

조지워싱턴대학교역 관리자인 제럴드 아세(Gerald Aase)는 승객이 개찰구 줄에서 평균 6초 이상 기다려야 하는 것을 원하지 않으며, 특정 시간에 특정 대기 행렬에 평균 8명보다 많은 사람들이 기다리는 것도 원치 않는다.

(a) 매일 아침 각 방향으로 몇 개의 개찰구를 열어야 하는가?

(b) 대기 행렬 이론을 사용해 이 문제의 답 밑바탕에 있는 가정에 대해 논의하라. **Px**

•• **D.15** 레누카 제인(Renuka Jain)의 세차장은 자동 세차 주기가 4.5분의 고정값을 갖는다. 자동차는 시간당 10대의 비율로 푸아송 분포에 따라 도착한다. 레누카는 다음 사항을 알고 싶어 한다.

(a) 줄을 서 있는 평균 대기 시간

(b) 줄의 평균 길이

••• **D.16** 디모인에 있는 데브라 비숍(Debra Bishop)의 캐비닛 제작 공장에는 경첩 설치를 위한 천공을 자동화하는 다섯 가지 기계가 있다. 각 기계는 푸아송 분포에 따라 하루 8시간마다 평균 3번의 '재설정'이 필요하다. 이러한 기계를 설정하는 기술자는 1명이다. 서비스 시간은 음의 지수 분포로 평균 2시간이다.

(a) 이 시스템이 비어 있을 확률은 얼마인가?

(b) 시스템 내 평균 기계 수(즉 재설정 중이거나 재설정 대기 중)는 몇 대인가?

(c) 대기 행렬의 평균 대기 시간은 얼마인가? **Px**

••• **D.17** 한 기술자가 자동화된 제조 시설을 돌리는 5대의 컴퓨터를 모니터링한다. 문제를 일으키는 컴퓨터를 조정하는 데 평균 15분(음의 지수 분포를 따름)이 걸린다. 평균적으로 컴퓨터 중 하나는 85분마다 조정이 필요하다. 다음 사항을 결정하라.

(a) 조정을 기다리는 평균 컴퓨터 대수(대기 행렬에서)

(b) 시스템 내 평균 대수

(c) 컴퓨터 모두 조정을 필요로 하지 않을 확률 **Px**

••• **D.18** 한 정비사는 강판 제조업체를 위해 5대의 천공 기계를 서비스한다. 기계는 평균 6영업일에 한 번 고장이 나며 고장은 푸아송 분포를 따르는 경향이 있다. 정비사는 하루 평균 한 번 수리 작업을 처리한다. 수리 시간은 음의 지수 분포를 따른다.

(a) 평균적으로 몇 대의 기계가 서비스를 기다리고 있는가?

(b) 평균적으로 서비스 대기 시간은 어느 정도인가? **Px**

••• **D.19** 미국 워싱턴 D.C. 종합병원 응급실의 관리자인 테드 글릭맨(Ted Glickman)은 하루 동안 다른 비율로 도착하는 환자를 진료해야 하는 문제에 직면해 있다. 4명의 의사가 필요할 때 환자를 진료할 수 있다. 의사가 필요하지 않은 경우 다른 책임(예: 실험실 검사, 보고서 작성, 엑스레이 진단 수행)을 할당하거나 다른 시간에 진료를 보도록 일정을 변경할 수 있다.

신속하게 대응해 진료하는 것이 중요하며, 테드는 평균적으로 환자가 의사의 진찰을 받기 전에 대기실에 5분 넘게 앉아 있으면 안 된다고 생각한다. 환자는 선입 선출 방식으로 진료를 받으며 대기 행렬에서 대기한 후 가장 먼저 진료 가능한 의사에게 진료를 받는다. 전형적인 하루의 도착 유형은 다음과 같다.

시간대	환자 도착 비율
오전 9시 ~ 오후 3시	시간당 6명
오후 3시 ~ 오후 8시	시간당 4명
오후 8시 ~ 자정	시간당 12명

도착은 푸아송 분포를 따르며 진료 시간은 평균 12분으로 음의 지수 분포를 따른다.

(a) 기대되는 환자 진료 수준을 유지하기 위해 각 시간대에 몇 명의 의사가 근무해야 하는가?

(b) 오전 9시에서 오후 3시 사이에 1명의 의사만 근무한다면 어떤 상황이 되는가? **Px**

••• **D.20** 폰차트레인(Pontchartrain) 다리는 미국 루이지애나주 뉴올리언스의 폰차트레인호수를 가로지르는 16마일의 유료 다리이다. 현재 7개의 요금소가 있으며 각 요금소에는 직원이 있다. 허리케인 카트리나 이후 항만청은 직원을 기계로 교체하는 방안을 고려하고 있다. 직원들이 노조에 가입되어 있기 때문에 많은 요소를 고려해야 한다. 그러나 항만청의 우려 중 하나는 직원을 기계로 교체하면 운전자가 시스템에서 보내는 시간에 미치는 영향이다. 고객은 분당 10대의 비율로 한 곳의 요금소에 도착한다. 직원이 있는 정확한 요금을 내는 차선에서의 서비스 시간은 기본적으로 각 운전자당 5초로 고정값이다. 기계의 경우 평균 서비스 시간은 여전히 5초지만 동전이 기계에서 덜그럭거리는 데 시간이 걸리기 때문에 일정하지 않고 음의 지수 분포를 따른다. 단일 차선인 경우 두 시스템을 대조하라. **Px**

••• **D.21** 미국 플로리다주 탤러해시에 있는 대규모 치과의사 학회에서 등록대가 막 열렸다. 시간당 200명이 도착하고(푸아송 분포를 따름), 대기 행렬에서 대기하는 시간의 비용은 시간당 1인

당 100달러이다. 탤러해시 컨벤션 센터는 시간당 1인당 15달러의 요금으로 참가자를 등록할 수 있는 서버를 제공한다. 참석자를 등록하는 데는 약 1분이 걸린다(음의 지수 분포를 따름). 여러 서버가 있는 단일 대기열이 구성된다.

(a) 이 시스템의 최소 서버 수는 몇 대인가?
(b) 이 시스템에 대한 최적의 서버 수는 몇 대인가?
(c) 최적의 서버 수에서 시간당 시스템 비용은 얼마인가?
(d) 최소 서버 수에서 서버 활용률은 얼마인가? **Px**

•• **D.22** 문제 D.22를 참조하라. 새로운 등록 담당자인 드웨인 콜(Dwayne Cole)이 고용되어 시간당 15달러를 지불하는 마술사와 함께 사람들을 즐겁게 하는 프로그램을 시작한다. 이것은 대기 비용을 시간당 50달러로 줄인다.

(a) 최적의 서버 수는 몇 대인가?
(b) 최적의 서비스 수준에서 시간당 시스템 비용은 얼마인가?

•••• **D.23** Chattanooga Furniture는 교대조당 평균 50명의 고객을 받는다. 관리자인 매릴린 헬름스(Marilyn Helms)는 몇 명의 영업 사원을 고용해야 하는지 계산하려고 한다. 그녀는 평균 대기 시간이 영업 사원이 1명일 경우 7분, 영업 사원이 2명일 경우 4분, 영업 사원이 3명일 경우 3분, 영업 사원이 4명일 경우 2분임을 알게 되었다. 그녀는 고객이 대기하는 분당 비용을 1달러로 추산했다. 교대조당 영업 사원 1인당 비용(복리 후생비 포함)은 70달러이다.

얼마나 많은 영업 사원을 고용해야 하는가?

•• **D.24** 오후 가장 바쁜 시간 동안 First Bank of Dubuque에는 매시간 평균 40명의 고객이 도착한다. 또한 이 은행에는 항상 평균 8명의 고객이 있다. 도착 분포 확률은 알 수 없다. 고객이 은행에서 평균적으로 얼마 동안 시간을 보내는가?

•• **D.25** Burger Universe의 시스템(드라이브 스루 라인과 드라이브 스루 창구 모두)에서 평균 9대의 자동차를 볼 수 있다. 약 20초마다 자동차가 드라이브 스루 라인에 진입한다. 그러나 자동차의 40%는 줄이 길어서 낙담하기 때문에 레스토랑을 떠나게 된다. 이 매장에서 자동차가 드라이브 스루를 통과하는 데 평균적으로 얼마나 걸리는가?

•• **D.26** Lobster World는 평균적으로 약 1,000파운드의 물고기를 저장한다. 전형적인 바쁜 하루 동안 레스토랑은 360파운드의 생선을 요리하고 판매한다. 물고기는 평균적으로 얼마나 오래 보관되는가?

•• **D.27** Gamma Bank은 일반적인 대출 신청을 2.4주 내에 처리한다. 고객들은 일주일에 30건의 대출 신청서를 작성한다. 평균적으로 얼마나 많은 대출 신청이 은행 시스템에서 처리되고 있는가?

•• **D.28** Fisher's Furniture는 매달 80만 달러 상당의 가구를 신용으로 고객에게 판매한다. 회계 장부의 미수금 잔액은 평균 200만 달러이다. 평균적으로 고객이 청구서를 지불하는 데 얼마나 걸리는가?

•• **D.29** 미국 남동부 지역에서 운영되는 호텔 체인인 Vacation Inns는 무료 전화번호를 사용해 모든 호텔 예약을 받는다. 시간당 평균 12건의 전화가 수신된다. 도착을 설명하는 확률분포는 알려져 있지 않다. 일정 기간 동안 고객이 전화 대기 시간으로 평균 6분을 소비하는 것으로 알려졌다. 리틀의 법칙을 사용해 전화 대기 행렬에 있는 평균 대기자 수를 구하라.

• **D.30** 고객은 시간당 $\lambda = 40$명의 비율로 지역 세븐일레븐 편의점에 도착한다(푸아송 과정을 따름). 편의점의 유일한 직원은 시간당 $\mu = 60$명(지수 분포를 따름)의 비율로 계산을 마칠 수 있다. 다음을 계산하라.

(a) 직원이 계산하느라 바쁜 시간의 비율
(b) 대기 행렬의 평균 길이
(c) 시스템 내 평균 고객 수
(d) 대기 행렬에서 대기하는 데 소요된 평균 시간
(e) 시스템 내 평균 시간 **Px**

• **D.31** 최근 사업이 확장되어 법률 보조원은 이제 하루 평균 20건의 법률 서류철을 처리해야 한다(푸아송 분포를 가정하라). 각 서류철을 처리하는 데 약 20분이 소요된다(지수 분포를 가정하라). 법률 보조원은 하루 8시간 근무한다고 가정한다.

(a) 법률 보조원의 활용률은 얼마인가?
(b) 법률 보조원이 서류철을 처리하기까지의 평균 대기 시간은 얼마인가?
(c) 처리되기를 기다리는 서류철의 평균 수는 몇 개인가?
(d) 법률 보조원이 5개보다 많은 서류철을 처리할 확률은 얼마인가? **Px**

• **D.32** 미식축구 시즌이 시작되면 매표소는 첫 경기를 앞두고 매우 분주하다. 관람객은 10분에 4명의 비율로 오며, 판매에 걸리는 평균 시간은 2분이다.

(a) 줄을 서 있는 관람객의 평균 수는 몇 명인가?
(b) 매표소에서 관람객이 보내는 평균 시간은 얼마인가?
(c) 매표소가 바쁜 시간의 비율은 얼마인가? **Px**

••• **D.33** 신시아 노트(Cynthia Knott)의 세차장은 주 6일 운영되지만 가장 바쁜 날은 항상 토요일이다. 과거 자료에서 신시아는 더러운 자동차가 토요일 하루 종일 시간당 20대의 비율로 도착한

다고 추정한다. 전 직원이 손세차 라인에서 일하므로 그녀는 2분에 1대의 속도로 자동차를 세차할 수 있다고 생각한다. 이 단일 채널 대기열의 예에서는 한 번에 1대의 차량을 세차한다.

푸아송 도착과 음의 지수 서비스 시간을 가정하며 다음 특성을 구하라.

(a) 줄을 서 있는 평균 자동차 수
(b) 자동차가 세차되기 전에 대기하는 평균 시간
(c) 자동차가 서비스 시스템에서 보내는 평균 시간
(d) 세차장 이용률
(e) 시스템에 자동차가 없을 확률
(f) 신시아는 직원이 필요 없는 완전 자동 세차기로 전환할 생각이다. 고려 중인 장비는 고정 속도로 1분에 1대씩 세차한다. 문항 (a)~(e) 부분에 대한 답은 새 시스템에서 어떻게 변경되는가? Px

사례 연구

New England Foundry

75년 넘게 New England Foundry Inc.(NEFI)는 가정용 장작 난로를 제조해 왔다. 최근 몇 년 동안 에너지 가격이 상승하면서 사장인 조지 매티슨(George Mathison)은 매출이 3배 증가했다. 이 극적인 증가로 인해 조지는 모든 장작 난로와 관련 제품의 품질을 유지하기가 어려웠다.

NEFI는 다른 장작 난로를 생산하는 업체와 달리 오직 난로와 난로 관련 제품만을 생산하는 사업을 하고 있다. 주요 제품은 웜글로 I(Warmglo I), 웜글로 II, 웜글로 III, 웜글로 IV이다. 웜글로 I은 30,000BTU(British Thermal Unit, 영국 열량 단위 0.252kcal)의 열 출력을 가진 가장 작은 장작 난로이고, 웜글로 IV는 60,000BTU의 열 출력을 가진 가장 큰 장작 난로이다.

웜글로 III는 이익률도 높으면서 다른 모든 모델보다 훨씬 많이 팔렸다. 열 출력과 사용 가능한 액세서리는 전형적인 가정에 이상적이었다. 웜글로 III는 또한 시장에서 가장 매력적이고 열효율적인 난로 중 하나가 되는 여러 가지 뛰어난 기능을 가지고 있다. 액세서리와 함께 이러한 기능은 판매 확대로 이어졌고 조지는 웜글로 III 모델을 제조하기 위해 새 공장을 건설하게 되었다. 공장의 개요 그림은 그림 D.6에 나와 있다.

새로운 공장은 난로 부품 제조에 도움이 된 새로운 디사매틱(Disamatic)을 포함한 최신 장비를 사용했다. 새로운 장비나 절차에 관계없이 주조 작업은 기본적으로 수백 년 동안 변경되지 않았다. 우선 난로의 모든 주철 부품에 대해 나무 모형이 만들어진다. 나무 모형은 제조될 주철 부품의 정확한 복제품이다. 모든 NEFI 나무 모형은 Precision Patterns, Inc.에서 제작되며 모형 제작실과 유지보수실에 보관된다. 다음으로, 특별히 섞은 모래를 나무 모형 주위에 발라 주형으로 만든다. 각 모형별로 2개 이상의 모래 주형이 있을 수 있다. 모래가 섞이고 주형이 주형실에서 만들어진다. 나무 모형이 제거되면 모래 주형은 원하는 주물의 음각된 모습으로 만들어진다.

모형 제작실에서 유지보수실을 분리하면 많은 이점이 있다. 주조 부서의 사람들이 새 유지보수실에 도착하는 데 3분이 아닌 1분이면 충분하게 된다. 주형실부터 모형 제작실까지의 시간은 변함없을 것이다. 동작과 시간 연구를 사용해 조지는 또한 유지보수실의 배치를 개선하면 보브(Bob)가 시간당 주조 부서 사람 6명에게 서비스를 제공할 수 있다는 것을 알 수 있었다. 배치 개선 후에는 주형을 주조실로 옮겨 쇳물을 붓고 냉각한다. 주물이 응고되면 주형은 청소, 연삭, 준비실로 옮겨져 주물에서 대부분의 모래를 흔들어 떨어내는 대형 진동기에 넣어 둔다. 거친 주물은 나머지 모래를 제거하기 위해 모래를 불어 제거하고 표면의 일부를 마무리하기 위해 연마한다. 그런 다음 주물을 특수 내열 페인트로 칠하고 난로로 조립하며 미처 감지하지 못한 제조 결함이 있는지 검사한다. 마지막으로 완성된 난로는 보관과 배송실로 옮겨져 포장되어 적절한 장소로 운송된다.

현재는 모형 제작실과 유지보수실이 같은 방에 있다. 하나의 큰 창구는 도구와 부품(주로 주조 부서에서 사용)을 보관하는 유지보수 담당자와 주형 작업에 다양한 모형이 필요한 모래 주형 작업자 모두가 사용한다. 창구 뒤에서 일하는 피트 나울러(Pete Nawler)와 보브 딜먼(Bob Dillman)은 시간당 총 10명(각각 약 5명)에게 서비스를 제공할 수 있다. 평균 1시간에 주조 부서 4명, 주형 부서 3명이 창구에 온다. 주형과 주조 부서 사람들이 무작위로 찾아와 서비스를 받기 위해 한 줄로 늘어선다.

피트와 보브는 항상 선입 선출이라는 정책을 가지고 있다. 모형 제작실과 유지보수실의 위치상 주조 부서에서 모형 제작실과 유지보수실까지 도보로 평균 3분 정도 소요되며, 주형 부서에서는 도보로 1분 정도 소요된다.

몇 주 동안 모형 제작실과 유지보수실의 운영을 관찰한 후 조지는 공장 배치를 약간 변경하기로 결정했다. 이러한 변경 사항에 대한 개요는 그림 D.7에 나와 있다.

모형 제작실에서는 피트가 시간당 주조실 사람 7명에게 서비스를 제공하게 된다.

토론 문제

1. 새로운 배치로 얼마나 많은 시간을 절약할 수 있는가?
2. 주조 직원이 시간당 9.50달러를 받고 주형 직원이 시간당 11.75달러를 받는다면 새로운 공장 배치로 시간당 얼마를 절약할 수 있는가?
3. 조지가 배치를 변경했어야 하는가?

그림 D.6

공장 조감도

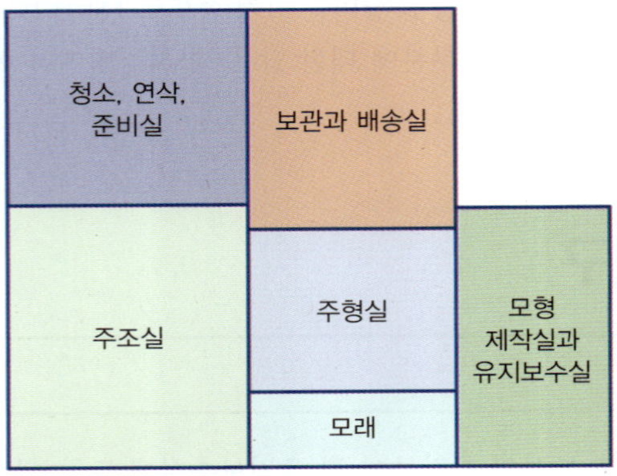

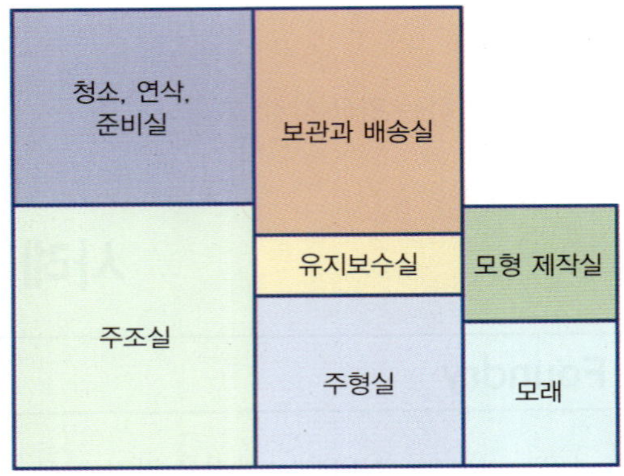

그림 D.7

변경 후 공장 조감도

대기열: QuickMart Grocery

레세디 바드(Lesedi Baard)는 남아프리카공화국의 편의점인 퀵마트(QuickMart)의 총책임자이다. QuickMart는 식품, 음료, 피부관리용품, 가정용품, 의류, 철물을 포함한 기본 품목을 제공한다. 그들의 목표 시장에는 몇 가지 품목만 필요하고 슈퍼마켓에 가는 것을 피하려는 사람들이 포함된다. QuickMart의 목표는 쇼핑을 빠르고 효율적으로 만드는 것이다. 이러한 이유로 레세디는 매장에 4개의 계산대를 설치하고 다섯 번째 계산대를 위한 공간을 남겨두었다.

피크 시간은 사람들이 일을 마치고 몇 가지 생필품을 사려고 가게를 방문하는 오후 4시부터 오후 9시까지다. 이 시간 동안 4개의 계산대 모두가 열려 있으며 각 계산대마다 별도의 줄이 있다. 계산대 4개를 모두 열어 놓고 있음에도 불구하고 항상 대기 시간이 꽤 길기 때문에 줄을 보고 매장에 들어오지 않는 고객도 있다. 속도가 레세디의 주요 관심사이기 때문에 그녀는 고객의 체크아웃 시간을 줄이기 위해 세 가지 가능한 계획을 고려하고 있다.

첫 번째 대안은 모든 것을 그대로 유지한 채 다섯 번째 계산대를 설치하고 새 직원을 고용하는 것이다. 두 번째 대안은 대기 행렬 시스템을 변경해 한 줄만 있도록 하는 것이다. 세 번째 대안은 계산대 중 하나를 '빠른 계산대'로 지정해 5개 이하의 물품을 구매하는 사람이 계산할 수 있고 다른 고객이 나머지 3개의 계산대에 대해 단일 대기 행렬을 구성하는 것이다.

레세디는 결정하기 전에 3주 동안 자료를 수집했다. 그녀는 매시간 평균 40명의 고객이 도착하고 계산원이 계산을 마치는 데 4분이 걸린다는 것을 알게 되었다. 또한 전체 고객의 약 25%가 5개 이하의 품목을 구입하며, 계산원은 이를 계산하는 데 2분 정도 걸린다. 5개 이상의 품목(75%)을 사는 고객의 경우 계산원이 계산을 완료하는 데 4.67분이 걸린다.

토론 문제

1. 레세디에게 어떤 대안을 추천하는가?
2. '빠른 계산' 줄이 필요하지 않다고 결정했다면 그 이유를 토론하라.

출처: Dr. Viktor Miklos Kiss, Metropolitan State University of Denver.

미주

1. 평균 도착 비율이 λ인 푸아송 과정을 따를 때 도착 사이의 시간은 평균 도착 시간이 $1/\lambda$인 음의 지수 분포를 따른다. 음의 지수 분포도 푸아송 과정을 나타내지만 도착 사이의 시간을 설명하고 이러한 시간 간격이 완전히 무작위임을 나타낸다.
2. FIFS(first-in, first-served, 먼저 온 순서대로 서비스 받음)라는 용어는 자주 FIFO 대신 사용된다. LIFO(후입 선출)라고도 하는 또 다른 분야인 LIFS(last-in, first-served, 나중에 온 순서대로 서비스 받음)는 재료가 쌓이거나 쌓여서 맨 위에 있는 재료가 먼저 사용되는 경우에 흔히 사용된다.

3. 대기 행렬 표기법에서 첫 번째 문자는 도착을 나타낸다(여기서 M은 푸아송 분포를 나타냄). 두 번째 문자는 서비스를 나타낸다(여기서 M은 다시 푸아송 분포이며 서비스 시간에 대한 지수 비율과 동일하고 D는 고정값 서비스 비율임). 세 번째 기호는 서버 수를 나타낸다. 따라서 M/D/1 시스템(모형 C)에는 푸아송 도착, 고정값 서비스 시간, 하나의 서버가 있다.
4. 유한한 모집단과 무한한 모집단을 구별하는 데 사용할 수 있는 명확한 숫자는 없지만 일반적인 경험 법칙은 다음과 같다: 대기열의 숫자가 호출 모집단의 상당 부분을 차지하는 경우 유한 대기 행렬 모형을 사용한다.

참고문헌

Balakrishnan, R., B. Render, R. M. Stair, and C. Munson. *Managerial Decision Modeling: Business Analytics with Spreadsheets*, 4th ed. Boston: DeGruyter, 2017.

Cochran, J. K., and K. Roche. "A Queueing-Based Decision Support Methodology to Estimate Hospital Inpatient Bed Demand." *Journal of the Operational Research Society* 59, no. 11 (November 2008): 1471–1483.

Gross, Donald, John F. Shortle, James M. Thompson, and Carl M. Harris. *Fundamentals of Queuing Theory*, 4th ed. New York: Wiley, 2008.

Prabhu, N. U. *Foundations of Queuing Theory.* Dordecht, Netherlands: Kluwer Academic Publishers, 1997.

Render, B., R. M. Stair, M. Hanna, and T. Hale. *Quantitative Analysis for Management*, 13th ed. Boston: Pearson, 2018.

Yan Kovic, N., and L. V. Green. "Identifying Good Nursing Levels: A Queuing Approach." *Operations Research* 59, no. 4 (July/August 2011): 942–955.

Module D Rapid Review

절 제목	내용 훑어보기
대기 행렬 이론	■ **대기 행렬 이론**: 대기열에 대한 지식 ■ **대기열(대기 행렬)**: 줄에서 서비스를 기다리는 항목이나 사람
대기열 시스템의 특성	대기열 또는 대기 행렬 시스템의 세 부분: **시스템에 대한 도착 또는 입력, 대기 행렬 규율 또는 대기열 자체, 서비스 시설** ■ **무제한 또는 무한한 모집단**: 사실상 무제한의 사람들(도착)이 서비스를 요청하거나 주어진 순간에 서비스를 기다리는 고객 또는 도착의 수가 잠재적인 도착의 매우 작은 부분인 대기 행렬 ■ **제한된 또는 유한한 모집단**: 제한된 수의 서비스 잠재적 사용자만 있는 대기 행렬 ■ **푸아송 분포**: 대기 행렬 이론에서 도착 비율을 설명하는 이산확률분포 $P(x) = \frac{e^{-\lambda}\lambda^x}{x!}, \; x = 0, 1, 2, 3, 4, \ldots$ (D-1) 법이나 물리적 제한으로 인해 무한히 늘어날 수 없는 경우 대기 행렬이 **제한**된다. 크기가 무제한이면 대기 행렬은 무한하다. 대기 행렬 규율은 줄에 있는 고객이 서비스를 받는 규칙을 나타낸다. ■ **선입 선출(FIFO) 규칙**: 먼저 들어온 고객이 먼저 서비스를 받는 대기 행렬 규율 ■ **단일 서버(단일 채널) 대기 행렬 시스템**: 줄이 하나이고 서버도 하나인 서비스 시스템 ■ **다중 서버(다중 채널) 대기 행렬 시스템**: 줄은 하나이고 서버는 여럿인 서비스 시스템 ■ **단일 단계 시스템**: 고객이 하나의 스테이션에서 서비스를 받고 시스템을 떠나는 시스템 ■ **다중 단계 시스템**: 고객이 시스템을 떠나기 전에 여러 스테이션에서 서비스를 받는 시스템 ■ **음의 지수확률분포**: 대기 행렬 시스템에서 서비스 시간을 설명하는 데 자주 사용되는 연속 확률분포
대기 행렬 비용	운영관리자는 좋은 서비스를 제공하는 비용과 고객 또는 기계 대기 시간의 비용이라는 두 가지 비용 사이에서 발생하는 상충관계를 인식해야 한다.
다양한 대기 행렬 모형	**모형 A**: 단일 서버 시스템(M/M/1) 대기 행렬 공식 λ = 기간별 평균 도착 수 μ = 기간별 평균 서비스 받은 인원 또는 품목 수 L_s = 시스템 내 평균 단위 수 = $\lambda/(\mu - \lambda)$ W_s = 한 단위가 시스템에서 보내는 평균 시간 = $1/(\mu - \lambda)$ L_q = 대기 행렬에서 대기 중인 평균 단위 수 = $\lambda^2/[\mu(\mu - \lambda]$ W_q = 한 단위가 대기 행렬에서 대기하는 평균 시간 = $\lambda/\mu(\mu - \lambda) = L_q/\lambda$ ρ = 시스템 활용률 = λ/μ P_0 = 시스템 내 단위 수가 0일 확률(즉 서비스 단위가 사용하지 않는 상태임) = $1 - \lambda/\mu$ $P_{n>k}$ = 시스템 내 k보다 많은 단위가 있을 확률 = $(\lambda/\mu)^{k+1}$ **모형 B**: 다중 서버 시스템(M/M/S) $P_0 = \frac{1}{\left[\sum_{n=0}^{M-1} \frac{1}{n!}\left(\frac{\lambda}{\mu}\right)^n\right] + \frac{1}{M!}\left(\frac{\lambda}{\mu}\right)^M \frac{M\mu}{M\mu - \lambda}}, \; M\mu > \lambda$ $L_s = \frac{\lambda\mu(\lambda/\mu)^M}{(M-1)!(M\mu - \lambda)^2} P_0 + \frac{\lambda}{\mu}$ $W_s = L_s/\lambda \quad L_q = L_s - (\lambda/\mu) \quad W_q = L_q/\lambda$ **모형 C**: 고정값 서비스(M/D/1) $L_q = \lambda^2/[2\mu(\mu - \lambda)] \qquad W_q = \lambda/[2\mu(\mu - \lambda)]$ $L_s = L_q + (\lambda/\mu) \qquad W_s = W_q + (1/\mu)$

리틀의 법칙

정상 상태의 모든 시스템에 대한 대기 행렬의 실용적이고 유용한 관계를 리틀의 법칙이라고 한다.

$$L_s = \lambda W_s (W_s = L_s/\lambda \text{와 동일}) \quad \text{(D-2)}$$

$$L_q = \lambda W_q (W_q = L_q/\lambda \text{와 동일}) \quad \text{(D-3)}$$

모형 D: 유한한 모집단(유한한 출처를 가진 M/M/1)

제한된, 유한한 모집단에서는 대기 행렬의 길이와 도착 비율 사이에 종속 관계가 있다. 대기열이 길어질수록 도착 비율이 떨어진다.

N = 모집단 크기

$$P_0 = \frac{1}{\sum_{n=0}^{N} \frac{N!}{(N-n)!}\left(\frac{\lambda}{\mu}\right)^n}$$

$$L_q = N - \left(\frac{\lambda + \mu}{\lambda}\right)(1 - P_0)$$

$$L_s = L_q + (1 - P_0)$$

$$W_q = \frac{L_q}{(N - L_s)\lambda}$$

$$W_s = W_q + \frac{1}{\mu}$$

$$P_n = \frac{N!}{(N-n)!}\left(\frac{\lambda}{\mu}\right)^n P_0, \ n = 0, 1, \ldots, N$$

기타 대기 행렬 방식

종종 네 가지 기본 대기 행렬 모형의 **변형**이 분석에 나타난다. 이러한 변형을 처리하기 위해 매우 복잡한 많은 모델이 개발되었다.

셀프테스트

D.1 다음 중 대기 행렬 시스템의 주요 운영 특성이 아닌 것은?

(a) 활용률

(b) 시스템이 비어 있는 시간 비율

(c) 시스템과 대기 행렬에서 대기하는 데 소요된 평균 시간

(d) 시스템과 대기 행렬의 평균 고객 수

(e) 거래를 완료하지 않고 떠나는 평균 고객 수

D.2 고객은 선착순으로 식당의 유일한 계산대의 대기열에 들어온다. 도착 비율은 푸아송 분포를 따르고 서비스 시간은 지수 분포를 따른다. 평균 도착 비율이 분당 6회이고 단일 서버의 평균 서비스 비율이 분당 10회라면 시스템 내 평균 고객 수는 몇 명인가?

(a) 0.6

(b) 0.9

(c) 1.5

(d) 0.25

(e) 1.0

D.3 대기 행렬 시스템의 비용 분석을 수행할 때 대기 시간 비용은 대기 행렬 내 시간을 기반으로 하는 경우도 있고 시스템 내 시간을 기반으로 하는 경우도 있다. 대기 비용은 다음 중 어떤 상황에 시스템 내 시간을 기준으로 해야 하는가?

(a) 놀이동산에서 놀이기구를 타려고 줄을 서서 기다리는 중

(b) 의사와 의학적 문제에 대해 논의하기를 기다리는 중

(c) 록스타의 사진과 사인을 기다리는 중

(d) 컴퓨터를 수리해 다시 사용할 수 있을 때까지 기다리는 중

D.4 다음 중 다중 서버 대기 행렬 모델의 가정이 아닌 것은?

(a) 도착은 무한하거나 매우 많은 모집단에서 온다.

(b) 도착은 푸아송 분포를 따른다.

(c) 도착은 선입 선출 방식으로 처리되며 망설이거나 변절하지 않고 떠난다.

(d) 서비스 시간은 지수 분포를 따른다.

(e) 서버는 각각 고유한 개별 속도로 작동한다.

D.5 서비스 시간이 지수 분포를 따르는 대신 고정값이라는 것을 제외하고 평균 도착 비율과 서비스 비율을 포함해 다른 모든 것이 동일하게 유지되는 경우

(a) 평균 대기 행렬 길이가 절반으로 줄어든다.
(b) 평균 대기 시간이 2배가 된다.
(c) 평균 대기 행렬 길이가 증가한다.
(d) 제공된 정보로는 알 수 없다.

D.6 한 회사에 20대의 컴퓨터 수리를 담당하는 1명의 컴퓨터 기술자가 있다. 컴퓨터가 고장 나면 기술자에게 수리를 요청한다. 수리 기사가 바쁘면 기계는 수리를 기다려야 한다. 이것은 ________ 의 예다.

(a) 다중 서버 시스템
(b) 유한한 모집단 시스템
(c) 고정값 서비스 비율 시스템
(d) 다중 단계 시스템
(e) 위의 모든 것

정답 D.1. e D.2. c D.3. d D.4. e D.5. a D.6. b

모듈 E

학습곡선

모듈의 구성

- 학습곡선의 정의
- 서비스업과 제조업에서으 학습곡선
- 학습곡선 응용하기
- 학습곡선의 전략적 의미
- 학습곡선의 한계

학습목표

E.1 학습곡선을 정의한다.

E.2 시간 예측에 2배 개념을 ㅅ-용한다.

E.3 공식 접근 방법과 학습곡선표 접근 방법을 통해 학습곡선 효과를 계산한다.

E.4 학습곡선의 전략적 의미를 설명한다.

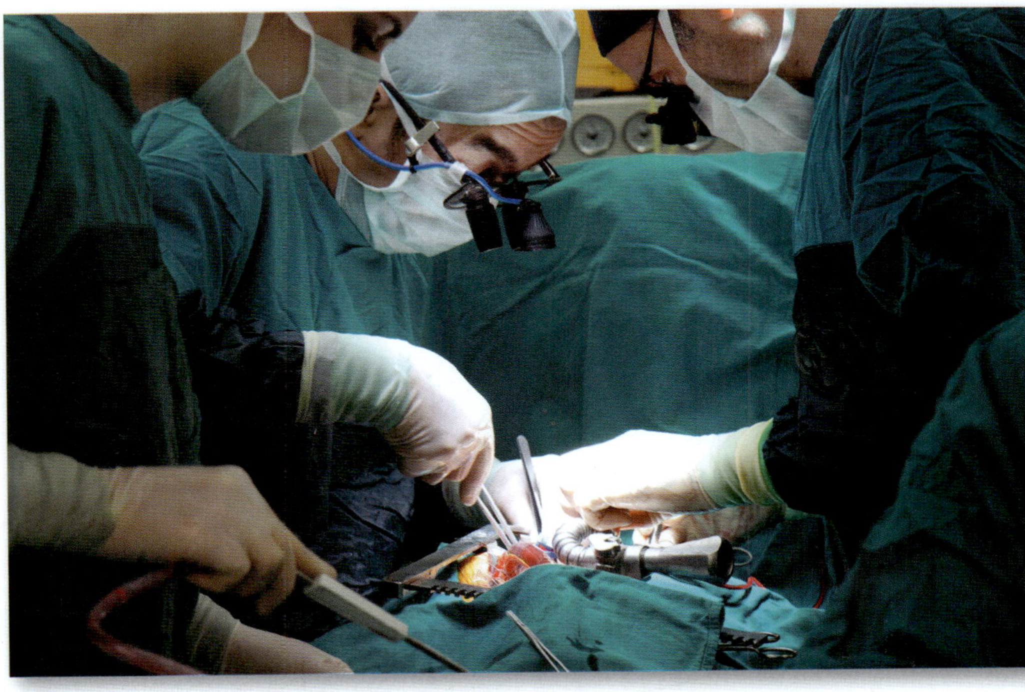

Derege/Fotolia

심장 수술과 같은 의료 수술은 학습곡선을 따른다. 연구에 따르면 심장 이식으로 인한 사망률은 79%의 학습곡선에서 떨어지며, 이는 여러 산업 환경의 경우와도 다르지 않은 학습률이다. 의사와 의료진이 경험을 통해 능력이 향상되면 환자의 생존 가능성도 높아진다. 세 번 수술할 때마다 사망률이 반으로 줄어든다면 연습을 통해 진정으로 완벽해질 수 있다.

학습곡선의 정의

대부분의 조직은 시간이 지남에 따라 학습하고 개선한다. 회사나 직원은 작업을 계속해서 수행하면서 보다 효율적으로 수행하는 방법을 배운다. 이는 작업 시간과 비용이 감소함을 의미한다.

학습곡선

작업이 반복됨에 따라 사람과 조직이 작업을 더 잘 수행하게 된다는 전제를 기반으로 하며 때로는 경험곡선(experience curve)이라고도 한다.

학습곡선(learning curve)은 작업이 반복됨에 따라 사람과 조직이 작업을 더 잘 수행하게 된다는 전제를 기반으로 한다. 학습곡선 그래프(그림 E.1 참조)는 누적 생산량 대비 단위당 비용(또는 시간)을 표시한다. 이를 통해 개인이나 회사가 더 많은 단위를 생산함에 따라 일반적으로 음의 지수 곡선[그림 E.1(a)]을 따라 단위 생산에 필요한 시간과 비용이 감소한다는 것을 알 수 있다. 즉 기업이 추가 단위를 생산하는 시간이 줄어든다. 이것이 학습곡선의 주요 속성이다.

학습곡선은 1936년 커티스라이트(Curtis-Wright Corp.)의 T. P. 라이트(T. P. Wright)가 작성한 보고서에서 처음으로 산업에 적용되었다. 라이트는 학습을 통해 특정 비행기를 만드는 직접 인건비가 어떻게 감소하는지 설명했으며, 이 이론은 이후에 다른 항공기 제조업체에서 확인되었다. 첫 번째 비행기를 생산하는 데 필요한 시간과 관계없이 학습곡선은 다양한 범주의 기체(예: 제트 전투기 대 여객기 대 폭격기)에 적용되는 것으로 나타났다. 학습곡선은 이후 인력뿐만 아니라 재료와 구매 부품을 포함한 다양한 비용 영역에도 적용되었다. 학습곡선은 매우 중요해서 고용 수준, 비용, 시설 규모, 가격 책정과 관련된 많은 전략적 의사결정에서 중요한 역할을 한다.

학습목표 E.1

학습곡선을 정의한다.

학습곡선은 생산량의 2배 개념에 기반 한다. 즉 생산량이 2배가 되면 단위당 시간의 감소가 학습곡선의 비율에 영향을 미친다. 따라서 학습곡선이 80% 비율이면 두 번째 단위는 첫 번째 단위 시간의 80%, 네 번째 단위는 두 번째 단위 시간의 80%, 여덟 번째 단위는 네 번째 단위 시간의 80%가 된다. 이 원칙은 다음과 같이 표시된다.

$$T \times L^n = n\text{번째 단위에 소요되는 시간} \qquad \text{(E-1)}$$

여기서 T = 첫 번째 단위의 단위 비용 또는 단위 시간

L = 학습곡선 비율

n = T가 2배가 되는 횟수

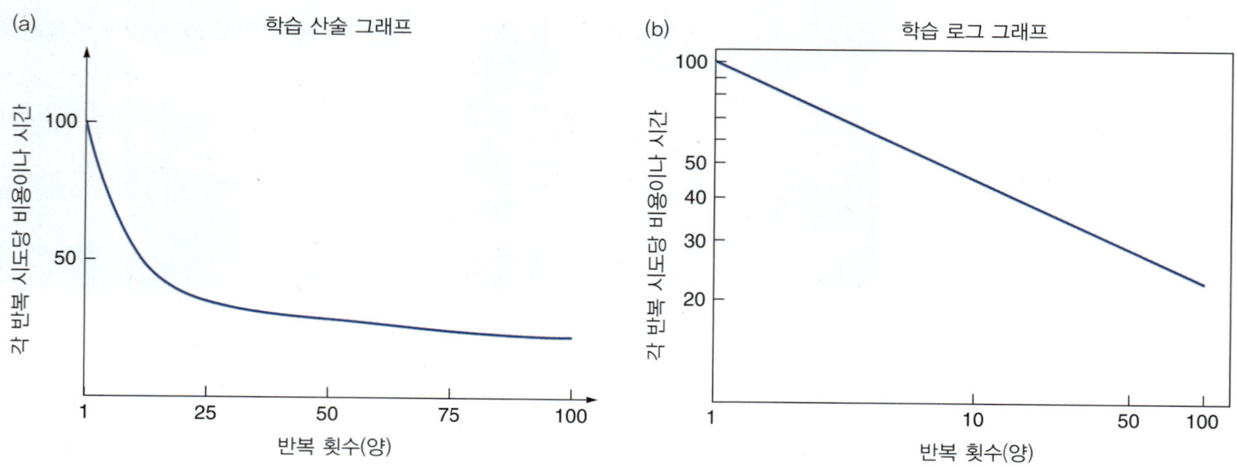

그림 E.1 **학습곡선 효과는 반복 횟수가 증가함에 따라 평균 시간이 감소한다는 것을 나타낸다**
두 곡선 모두 생산량이 2배가 될 때마다 비행기를 만드는 데 드는 노동 시간이 20%씩 감소한다는 것을 보여준다. 왼쪽 그래프(a)는 산술 척도를 사용해 지수적 감소를 보여준다. 로그 그래프(b)는 밖으로 확장하기 쉬운 직선을 생성한다.

특정 제품의 첫 번째 단위에 작업 시간이 10시간 소요되고 학습곡선 비율이 70%인 경우 네 번째 단위에 소요되는 시간은 1에서 2에서 4로 2배가 두 번 지속되어야 한다. 따라서 공식은 다음과 같다.

$$\text{네 번째 단위에 필요한 시간} = 10 \times (.7)^2 = 4.9\text{시간}$$

서비스업과 제조업에서의 학습곡선

조직마다, 실제로 제품마다 학습곡선이 다르다. 학습 속도는 관리의 질과 프로세스와 제품의 잠재력에 따라 다르다. **프로세스, 제품, 인력의 변경은 학습곡선을 방해한다.** 따라서 학습곡선이 지속적이고 영구적이라고 가정할 때는 주의를 기울여야 한다.

표 E.1에서 볼 수 있듯이 산업 학습곡선은 매우 다양하다. 숫자가 낮을수록(예: 90%와 비교했을 때 70%) 기울기가 더 가파르고 비용이 더 빨리 떨어진다. 전통적으로 학습곡선은 개선율의 **보완**으로 정의된다. 예를 들어 70% 학습곡선은 반복 횟수가 2배가 될 때마다 시간이 30% 감소함을 의미한다. 90% 곡선은 해당하는 10% 개선율이 있음을 의미한다.

안정적이고 표준화된 제품 및 프로세스는 비용이 다른 제품보다 급격히 떨어지는 경향이 있다. 예를 들어 1920~1955년 사이에 철강 산업은 누적 생산량이 2배로 증가할 때마다 단위당 작업 시간을 79%로 줄일 수 있었다.

학습곡선은 제조업뿐만 아니라 서비스업에도 적용된다. 모듈 시작 부분 사진 설명에서 언급했듯이 템플대학교병원(Temple University Hospital)의 심장 이식 환자의 1년 사망률은 79% 학습곡선을 따른다. 이식을 받은 62명의 환자를 대상으로 한 병원의 3년 연구 결과에 따르면 세 번 수술을 할 때마다 1년 사망률이 절반으로 감소하는 것으로 나타났다. 더 많은 병원이 보험회사와 정부로부터 의료 서비스에 대해 포괄 수가 협상의 압력을 받음에 따라 경험을 통해 배우는 능력이 점점 더 중요해지고 있다. 서비스업과 제조업 모두에서 학습곡선은 다양한 목적에 유용하게 사용된다. 여기에는 다음이 포함된다.

1. **내부**: 인력 예측, 일정 계획, 비용 및 예산 수립
2. **외부**: 공급사슬 협상(이 모듈 끝에 있는 SMT 사례 연구 참조)
3. **전략**: 비용과 가격을 포함한 회사 및 산업 성과 평가

표 E.1 학습곡선 효과의 예

예	개선되는 매개변수	누적 매개변수	학습곡선 기울기(%)
1. 포드자동차 모델 T	가격	생산량	86
2. 비행기 조립	단위당 직접 인건비	생산량	80
3. GE 설비 유지보수	부품 교체 평균 시간	교체 횟수	76
4. 철강 생산	단위 생산당 작업 시간	생산량	79
5. 반도체 집적 회로	평균 단가	생산량	72
6. 휴대용 계산기	평균 공장도 가격	생산량	74
7. 저장 매체	비트당 평균 가격	비트 수	76
8. 심장 이식	1년 사망률	이식 건수	79
9. 제왕 절개	평균 수술 시간	수술 건수	93

학습곡선의 결과는 광범위하다. 예를 들어 보잉(Boeing)의 787(세계에서 가장 빠르게 판매되는 상업용 제트기 중 하나)이 손익분기점에 도달하려면 1,100대의 항공기를 판매해야 하며 80%의 공격적인 학습곡선 비율에 도달해야 한다. (보잉은 첫 415대의 787에서 비행기 1대당 평균 6,900만 달러의 손실을 입었다.)

인력과 시설 모두 시간을 충분히 활용하지 못하게 되는, 학습 개선이 되지 않는 상황에는 일정 문제도 있을 수 있다. 기업은 또한 자신의 효율성 향상을 무시하기 때문에 더 많은 작업을 못할 수도 있다.

학습곡선 응용하기

수학적 관계를 통해 특정 단위를 생산하는 데 필요한 시간을 표현할 수 있다. 이 관계는 해당 단위 이전 생산량과 작업 시간의 함수이다. 이 관계를 섭렵하기 위해 우리는 2배 접근 방법, 공식 접근 방법, 학습곡선표 접근 방법의 세 가지 방법을 사용해 학습곡선 시나리오를 진행하려 한다.

학습목표 E.2
시간 예측에 2배 개념을 사용한다.

2배 접근 방법

2배 접근 방법은 학습곡선 문제를 푸는 가장 간단한 접근법이다. 앞서 언급했듯이 생산량이 2배가 될 때마다 단위당 작업 시간은 학습곡선율로 알려진 일정한 지수만큼 감소한다. 따라서 학습곡선율이 80%이고 첫 번째 단위가 생산되는 데 100시간이 걸렸다는 것을 안다면 2, 4, 8, 16단위를 생산하는 데 필요한 시간은 다음과 같다.

*n*번째 생산된 단위	*n*번째 단위의 평균 작업 시간
1	100.0
2	80.0 = (.8 × 100)
4	64.0 = (.8 × 80)
8	51.2 = (.8 × 64)
16	41.0 = (.8 × 51.2)

N이 2배 값 중 하나일 경우 N단위를 생산하는 데 필요한 시간을 알고 싶을 때 이 방법을 사용한다. 2배 접근 방법은 다른 단위량을 생산하는 데 몇 시간이 필요한지 알려주지는 않는다. 그 답을 알려면 공식 접근 방식을 사용한다.

공식 접근 방법

공식 접근 방법을 사용하면 다음 공식을 통해 특정 T_N단위 생산에 필요한 인력을 도출할 수 있다.

$$T_N = T_1(N^b) \qquad \text{(E-2)}$$

여기서 T_N = N번째 단위의 작업 시간
T_1 = 첫 번째 단위 생산 시 소요 작업 시간
b = (log 학습률)/(log 2) = 학습곡선의 기울기

표 E.2
학습곡선의 *b*값

학습률(%)	*b*
70	−.515
75	−.415
80	−.322
85	−.234
90	−.152

b값 중 일부는 표 E.2에 나와 있다. 예제 E1은 이 공식이 어떻게 작동하는지 보여준다.

예제 E1

로그를 사용해 학습곡선 계산하기

치과 진료 회계감사를 수행하는 전형적인 공인회계사의 학습곡선율은 80%이다. Lee College를 갓 졸업한 그렉 래티어(Greg Lattier)는 100시간 만에 첫 번째 회계감사를 완료했다. 그가 회계감사를 하는 치과들이 큰 차이가 없다면 세 번째 회계감사를 마치는 데 시간이 얼마나 걸리는가?

접근방법 ▶ 식 (E-2)대로 공식 접근 방법을 사용하고자 한다.

해결방법 ▶

$$
\begin{aligned}
T_N &= T_1(N^b) \\
T_3 &= (100\text{시간})(3^b) \\
&= (100)(3^{\log 0.8/\log 2}) \\
&= (100)(3^{-0.322}) = 70.2\text{작업 시간}
\end{aligned}
$$

통찰력 ▶ 그렉은 첫 번째 회계감사에서 세 번째 회계감사까지 빠르게 향상되었다. 학습곡선율이 80%라는 것은 첫 번째 작업에서 두 번째 작업까지 시간이 20% 단축되었음을 의미한다.

학습 연습 ▶ 그렉의 학습곡선율이 90%에 불과하다면 세 번째 회계감사는 얼마나 시간이 걸리는가? [답: 84.621시간]

공식 접근 방식을 사용하면 생산된 모든 단위에 필요한 작업 시간을 결정할 수 있지만 더 간단한 방법이 있다.

학습곡선표 접근 방법

학습목표 E.3
공식 접근 방법과 학습곡선표 접근 방법을 통해 학습곡선 효과를 계산한다.

학습곡선표 기법은 (학습곡선 계수 C를 제공하는) 표 E.3과 다음 등식을 사용한다.

$$T_N = T_1 C \qquad \text{(E-3)}$$

여기서 T_N = N번째 단위를 생산하는 데 필요한 작업 시간
T_1 = 첫 번째 단위를 생산하는 데 필요한 작업 시간
C = 표 E.3에서 찾은 학습곡선 계수

학습곡선 계수 C는 학습곡선율(70%, 75%, 80% 등)과 성산 단위 수에 따라 달라진다.

예제 E2는 학습곡선 효과를 계산하기 위해 앞의 등식과 표 E.3을 사용한다.

예제 E2

학습곡선 계수 사용

한국 조선소에서 해운회사인 Great Lakes, Inc.가 구매할 것으로 예상되는 몇 척의 예인선 중 첫 번째 예인선을 생산하는 데 125,000시간의 작업이 필요했다. 예인선 2와 예인선 3은 한국 조선소가 85%의 학습 지수로 생산했다. 작업 시간당 비용이 40달러라면 구매 대리인인 당신은 네 번째 예인선에 대해 얼마를 지불해야 하는가?

접근방법 ▶ 먼저 표 E.3에서 네 번째 단위와 학습곡선율 85%를 검색한다. 학습곡선 계수 C는 0.723이다.

해결방법 ▶ 네 번째 단위를 생산하려면 다음을 취해야 한다.

$$T_N = T_1 C$$
$$T_4 = (125{,}000\text{시간})(0.723)$$
$$= 90{,}375\text{시간}$$

총비용을 구하려면 40달러를 곱한다.

$$90{,}375\text{시간} \times \text{시간당 }40\text{달러} = 3{,}615{,}000\text{달러}$$

통찰력 ▶ 학습곡선표 접근 방법은 적용하기 매우 쉽다. 학습을 비용 추정치에 요인으로 고려하지 않았다면 가격은 125,000시간 × 시간당 40달러(첫 번째 예인선과 동일) = 6,000,000달러였을 것이다.

학습 연습 ▶ 학습 계수가 80%로 향상된다면 비용은 어떻게 변하는가? [답: 3,200,000달러로 떨어진다.]

표 E.3은 누적값도 보여준다. 이를 통해 지정된 단위 수를 완료하는 데 필요한 총 작업 시간을 계산할 수 있다. 다시 말하지만, 계산은 간단하다. 표 계수 값에 첫 번째 단위에 필요한 작업 시간을 곱하기만 하면 된다. 예제 E3은 이 개념을 보여준다.

예제 E3

누적 계수 사용하기

예제 E2는 Great Lakes Inc.가 구매할 계획인 네 번째 예인선을 완료하는 데 걸리는 시간을 계산했다. 예인선 4척의 총 작업 시간은 얼마나 걸리는가?

접근방법 ▶ 표 E.3의 '총 작업 시간 계수' 열을 보면 학습곡선 계수가 85%인 예인선 4척의 누적 계수가 3.345임을 알 수 있다.

해결방법 ▶ $T_N = T_1 C$

$$T_4 = (125{,}000\text{시간})(3.345) = 418{,}125\text{시간}$$

통찰력 ▶ 엑셀 OM을 사용해 예제 E2와 E3을 해결하는 방법에 대한 설명은 이 모듈의 끝에 있는 프로그램 E.1을 참조하라.

학습 연습 ▶ 학습곡선 계수가 85%가 아닌 80%인 경우 T_4의 값은 얼마인가? [답: 392,750시간]

표 E.3을 사용하려면 첫 번째 단위를 완성하는 데 걸리는 시간을 알아야 한다. 그러나 사용 가능한 가장 최근 또는 가장 신뢰할 수 있는 정보가 첫 번째가 아닌 단위에 관한 것이라면 어떻게 되는가? 답은 이 자료를 사용해 첫 번째 단위에 대한 수정된 추정치를 찾은 다음 해당 숫자에 표 계수를 적용해야 한다는 것이다. 예제 E4는 이 개념을 보여준다.

예제 E4

학습곡선 추정치 수정하기

Great Lakes, Inc.는 첫 번째 예인선을 생산할 때 발생하는 비정상적인 상황(예 E2 참조)으로 인해 예상 시간 125,000시간이 세 번째 예인선을 생산하는 데 필요한 시간만큼 유효하지 않다고 생각한다. 세 번째 예인선은 100,000시간 만에 완성되었다. 첫 번째 예인선에 대한 수정된 추정치를 구하고자 한다.

접근방법 ▶ 표 E.3으로 돌아가서 85% 열에서 단위값 $N = 3$의 학습곡선 계수 $C = 0.773$을 얻는다.

해결방법 ▶ 수정된 추정치를 찾으려면 세 번째 예인선의 실제 작업 시간인 100,000시간을 $C = 0.773$으로 나눈다.

$$\frac{100,000}{0.773} = 129,366\text{시간}$$

따라서 129,366시간이 첫 번째 예인선 작업 시간의 새로운(수정된) 추정치이다.

통찰력 ▶ 제품, 프로세스, 인력이 변경되면 학습곡선이 변경된다. 첫 번째 예인선에 대한 새로운 추정치는 관련 비용과 생산량 추정치를 수정할 필요가 있음을 보여준다.

학습 연습 ▶ 네 번째 예인선은 90,000시간 만에 완성되었다. Great Lakes는 85%의 학습곡선 비율이 유효하다고 생각하지만 첫 번째 예인선의 작업 시간인 125,000시간에 대해서는 확신하지 못한다. 첫 번째 예인선에 대한 수정된 추정치를 찾아라. [답: 124,481시간. 결국 첫 번째 예인선의 시간이 상당히 정확했음을 암시한다.]

예제 E1에서 E4까지는 모두 학습곡선 비율이 알려져 있다고 가정한다. 신제품의 경우 이는 큰 가정이다. 대신에 기업이 이미 생산된 두 제품의 비용이나 시간을 관찰한다면 식 (E-3)과 표 E.3을 이용해 역방향으로 작업해 쉽게 실제 학습곡선율로 대체할 수 있다. 예제 E5는 이 개념을 보여준다.

예제 E5

생산 시간과 생산량을 관찰해 학습곡선율 계산하기

보잉은 1억 8,400만 달러의 비용으로 45번째 787 여객기의 생산을 완료했다. 조립이 끝난 첫 번째 비행기의 비용은 4억 4,800만 달러였다. 이 모델에 대한 보잉의 학습곡선율은 얼마인가?

접근방법 ▶ T_1과 T_{45}에 대한 비용을 가지고 식 (E-3)을 사용한 후 표 E.3에서 학습곡선 계수(C)를 찾는다.

해결방법 ▶ 식 (E-3)은 $T_N = T_1C$이다. 따라서 $C = \frac{T_N}{T_1}$이다.

$$C = \frac{184}{448} = 0.41$$

표 E.3에서 $N = 45$인 '단위 번호' 행을 따라가면 0.41이 단위 작업 시간(또는 이 경우 비용) 계수인 85% 학습곡선율에 해당한다는 것을 알 수 있다.

통찰력 ▶ 보잉의 목표는 80% 학습곡선에 도달하는 것이므로 운영관리 부서는 비용을 극적으로 낮추기 시작해야 한다. 이 시점부터 개별 여객기의 진행 상황을 확인해야 한다.

학습 연습 ▶ 보잉의 다섯 번째 787의 가격이 3억 5,000달러라고 가정해보자. 첫 번째 여객기에 대한 그 당시 학습곡선 비율은 얼마였는가? [답: C = 3억 5,000만 달러/4억 4,800만 달러 = 0.78. 이는 학습곡선율이 90%였으므로 보잉의 성과는 다섯 번째 787 이후로 향상되었다.]

표 E.3 학습곡선 계수, 계수 $C = N^{(\log \text{학습률})/(\log 2)}$

	70%		75%		80%		85%		90%	
단위 번호 (N)	단위당 작업 시간 계수	총 작업 시간 계수	단위당 작업 시간 계수	총 작업 시간 계수	단위당 작업 시간 계수	총 작업 시간 계수	단위당 작업 시간 계수	총 작업 시간 계수	단위당 작업 시간 계수	총 작업 시간 계수
1	1.000	1.000	1.000	1.000	1.000	1.000	1.000	1.000	1.000	1.000
2	.700	1.700	.750	1.750	.800	1.800	.850	1.850	.900	1.900
3	.568	2.268	.634	2.384	.702	2.502	.773	2.623	.846	2.746
4	.490	2.758	.562	2.946	.640	3.142	.723	3.345	.810	3.556
5	.437	3.195	.513	3.459	.596	3.738	.686	4.031	.783	4.339
6	.398	3.593	.475	3.934	.562	4.299	.657	4.688	.762	5.101
7	.367	3.960	.446	4.380	.534	4.834	.634	5.322	.744	5.845
8	.343	4.303	.422	4.802	.512	5.346	.614	5.936	.729	6.574
9	.323	4.626	.402	5.204	.493	5.839	.597	6.533	.716	7.290
10	.306	4.932	.385	5.589	.477	6.315	.583	7.116	.705	7.994
11	.291	5.223	.370	5.958	.462	6.777	.570	7.686	.695	8.689
12	.278	5.501	.357	6.315	.449	7.227	.558	8.244	.685	9.374
13	.267	5.769	.345	6.660	.438	7.665	.548	8.792	.677	10.052
14	.257	6.026	.334	6.994	.428	8.092	.539	9.331	.670	10.721
15	.248	6.274	.325	7.319	.418	8.511	.530	9.861	.663	11.384
16	.240	6.514	.316	7.635	.410	8.920	.522	10.383	.656	12.040
17	.233	6.747	.309	7.944	.402	9.322	.515	10.898	.650	12.690
18	.226	6.973	.301	8.245	.394	9.716	.508	11.405	.644	13.334
19	.220	7.192	.295	8.540	.388	10.104	.501	11.907	.639	13.974
20	.214	7.407	.288	8.828	.381	10.485	.495	12.402	.634	14.608
25	.191	8.404	.263	10.191	.355	12.309	.470	14.801	.613	17.713
30	.174	9.305	.244	11.446	.335	14.020	.450	17.091	.596	20.727
35	.160	10.133	.229	12.618	.318	15.643	.434	19.294	.583	23.666
40	.150	10.902	.216	13.723	.305	17.193	.421	21.425	.571	26.543
45	.141	11.625	.206	14.773	.294	18.684	.410	23.500	.561	29.366
50	.134	12.307	.197	15.776	.284	20.122	.400	25.513	.552	32.142

학습목표 E.4
학습곡선의 전략적 의미를 설명한다.

학습곡선의 전략적 의미

지금까지 우리는 운영관리자가 제품에 대한 작업 시간 요구사항을 예측할 수 있는 방법을 보여주었다. 우리는 또한 구매 대리인이 공급자의 비용을 결정하는 방법, 가격 협상에 도움이 될 수 있는 지식을 보여주었다. 학습곡선의 또 다른 중요한 응용은 전략적 계획에 관한 것이다.

회사 비용 학습곡선과 산업 가격 학습곡선의 예는 그림 E.2에 표시되어 있다. 두 척도가 모두 로그 척도이기 때문에 학습곡선은 직선으로 보인다. 변화율이 일정할 때 로그 그래프는 직선을 생성한다. 회사가 자신의 비용이 '회사 비용' 학습곡선을 따른다고 보고, 산업의 평균 가격이 수평 점선으로 표시되는 경우 회사는 이익이 발생하려면 점선 아래 지점(예: 점 *a* 또는 점 *b*) 수준으로 비용을 유지해야 하고 그렇지 않으면 손해가 난다(점 *c*).

비용 절감은 자동적으로 되지 않으며 관리해서 낮추어야 한다. 기업의 전략이 산업 평균보다 더 가파른 학습곡선을 추구하는 것이라면(그림 E.2의 회사 비용 학습곡선) 다음과 같이 해야 한다.

1. 공격적인 가격 정책 준수
2. 지속적인 원가 절감과 생산성 향상에 주력
3. 경험 공유 기반 구축
4. 수요보다 앞서 시설 용량 증대

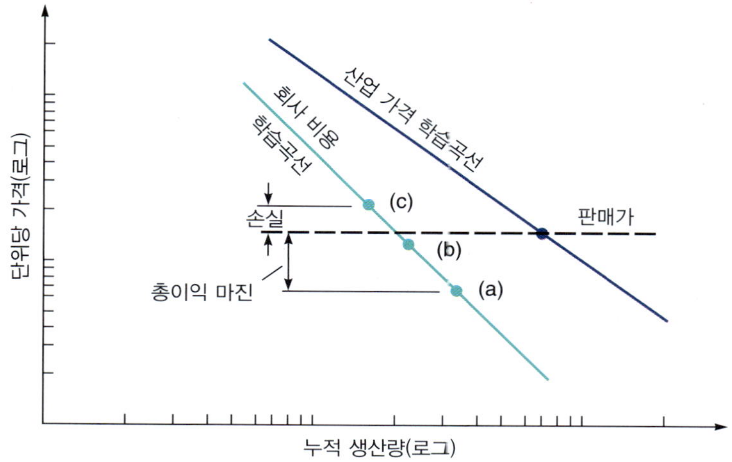

그림 E.2

회사 비용 학습곡선과 산업 가격 학습곡선

기업이 학습곡선을 추구함에 따라 비용이 떨어질 수 있지만 학습곡선이 존재하려면 생산량이 증가해야 한다. 또한 관리자는 학습곡선 전략을 시작하기 전에 경쟁업체를 이해해야 한다. 약한 경쟁자는 자본이 부족하거나 높은 비용에 고착되어 있거나 학습곡선의 논리를 이해하지 못한다. 그러나 강력하고 위험한 경쟁자들은 비용을 통제하고 필요한 대규모 투자를 위한 탄탄한 재정 상태를 유지하고 있으며 공격적인 학습곡선 전략을 사용하고 있다. 가격 전쟁에서 그러한 경쟁자를 상대하는 것은 소비자에게만 도움이 될 수 있다.

학습곡선의 한계

학습곡선을 사용하기 전에 몇 가지 주의사항이 있다.

- 학습곡선은 회사마다, 산업마다 다르기 때문에 다른 사람의 추정치를 적용하기보다 각 조직에 대한 추정치를 스스로 개발해야 한다.
- 학습곡선은 초기 단위를 완성하는 데 필요한 시간을 기준으로 한다. 따라서 해당 시간이 정확해야 한다. 최신 정보가 제공되면 재평가하는 것이 적절하다.
- 인력, 설계, 절차의 변경으로 인해 학습곡선이 변경되어 장기적으로 하락하더라도 단기적으로 곡선이 급증할 수 있다.
- 작업자와 프로세스는 개선될 수 있지만 동일한 학습곡선이 간접 인건비와 자재에 항상 적용될 수는 없다.
- 직장 문화, 자원 가용성과 프로세스의 변화는 학습곡선을 변경할 수 있다. 예를 들어 프로젝트가 끝나갈 무렵 작업자의 관심과 노력이 하락해 학습곡선 진전이 늦춰질 수 있다.

요약

학습곡선은 운영관리자를 위한 강력한 도구이다. 이 도구는 생산할 제품과 구매할 제품 모두에 대한 향후 비용 표준을 결정하려는 운영관리자를 도와준다. 또한 학습곡선은 회사와 산업 성과를 이해할 수 있도록 한다. 학습곡선에 대한 세 가지 접근 방법, 즉 2배 접근 방법, 공식 접근 방법과 학습곡선표 접근 방법을 살펴보았다. 소프트웨어도 학습곡선 분석에 도움이 된다.

핵심 용어

학습곡선(learning curve)

토론 문제

1. 학습곡선의 한계는 무엇인가?
2. 학습곡선의 세 가지 응용 분야를 파악하라.
3. 학습곡선 문제를 해결하기 위한 접근 방법은 무엇인가?
4. 예 E2를 참조하라. 엔지니어링 부서에서 회사가 구매하는 세 번째와 후속 예인선의 엔진을 변경하려는 경우 Great Lakes에게 어떤 의미가 있는가?
5. 대부분의 다른 활동에서처럼 대량 조립 라인에 학습곡선 개념을 적용할 수 없는 이유는 무엇인가?
6. 학습곡선을 방해하는 요소는 무엇인가?
7. 학습곡선에서 2배 효과의 개념을 설명하라.
8. 회사가 더 가파른 학습곡선으로 이동하기 위해 어떤 기술을 사용할 수 있는가?

문제 해결

문제 해결 E.1

Digicomp은 TV 화면이 내장된 새로운 전화 시스템을 생산한다. 학습곡선율은 80%이다.

(a) 첫 번째 시스템 완성에 56시간이 걸렸다면 11번째 시스템을 만들려면 얼마나 걸리는가?

(b) 처음 11개 시스템 모두를 완성하는 데 걸린 총 작업 시간은 얼마인가?

(c) 구매 대리인으로서 당신은 새 전화 시스템의 12번째에서 15번째까지의 시스템을 구매할 예정이다. Digicomp이 작업 시간당 30달러를 청구하는 경우 시스템에 대한 예상 비용은 얼마인가?

해결책

(a) $T_N = T_1C$ ← 표 E.3에서, 학습곡선율 80%, 11번째 단위 시간에 대한 계수

T_{11} = (56시간)(0.462) = 25.9시간

(b) 처음 11개 단위까지의 총 시간 = (56시간)(6.777) = 379.5시간 ← 표 E.3에서, 학습곡선율 80%, 11번째 단위 총 시간에 대한 계수

(c) 12번째 단위에서 15번째 단위까지의 총 시간을 찾기 위해 1번째 단위에서 15번째 단위까지의 총 누적 시간을 취하고 (b)에서 계산된 1번째 단위에서 11번째 단위까지의 총 시간을 뺀다. 처음 15개 단위까지의 총 시간 = (56시간)(8.511) = 476.6시간이다. 따라서 12번째 단위에서 15번째 단위까지의 시간은 476.6 − 379.5 = 97.1시간이다. (이 수치는 12, 13, 14, 15번째 단위의 시간을 단위 시간 계수 열을 이용해 따로 계산한 후 더해도 확인할 수 있다.) 12번째 단위에서 15번째 단위까지의 예상 비용 = (97.1시간)(시간당 30달러) = 2,913달러이다.

문제 해결 E.2

첫 번째 작업을 수행하는 데 60분이 걸렸고 학습곡선율이 80%라면 8번째 작업은 얼마나 걸리는가?

해결책

1번째 단위에서 2번째 단위로, 2번째 단위에서 4번째 단위로, 4번째 단위에서 8번째 단위로 세 단계를 거치게 되면 0.8^3을 의미한다. 따라서

$$60\text{분} \times (0.8)^3 = 60\text{분} \times 0.512 = 30.72\text{분}$$

또는 표 E.3을 사용해 $C = 0.512$를 찾아서

$$60\text{분} \times 0.512 = 30.72\text{분}$$

연습 문제

Px 윈도우용 POM 또는 엑셀 OM으로 문제를 해결할 수 있음

문제 E.1~E.31은 학습곡선 응용과 관련이 있다.

• **E.1** 미국 국세청 감사관인 수잔 쉬어러(Susan Sherer)는 첫 번째 세금 정산을 처리하는 데 45분이 걸렸다. 국세청은 85% 학습곡선을 사용한다. 다음 작업은 얼마나 걸리는가?

(a) 2번째 세금 정산

(b) 4번째 세금 정산

(c) 8번째 세금 정산 **Px**

• **E.2** Temple Trucking Co.는 매일 송장과 미지급금을 확인하기 위해 에드 로젠탈(Ed Rosenthal)을 고용했다. 그는 첫날에 작업을 완료하는 데 9시간 23분이 걸렸다. 이 작업을 담당한 이전 직원은 90% 학습곡선을 따르는 경향이 있었다. 다음 작업에 걸리는 시간은 얼마인가?

(a) 2일째

(b) 4일째

(c) 8일째

(d) 16일째 **Px**

• **E.3** 로리 맥도날드(Laurie Macdonald) 교수가 첫 번째 시험을 채점하는 데 15분이 걸리고 80% 학습곡선을 따른다면 다음은 얼마나 걸리는가?

(a) 25번째 시험 채점

(b) 처음 10개의 시험 채점 **Px**

• **E.4** 한 안과 병원에서 첫 번째 각막 이식을 완료하는 데 563분이 걸렸고 병원이 90% 학습률을 사용하는 경우 다음을 완료하는 데 걸리는 누적 시간은 얼마인가?

(a) 처음 3번의 이식

(b) 처음 6번의 이식

(c) 처음 8번의 이식

(d) 처음 16번의 이식 **Px**

•• **E.5** Beth Zion Hospital은 간 이식 센터가 되기 위해 캘리포니아주로부터 초기 인증을 받았다. 그러나 병원은 정밀한 검사하에 환자에게 무료로 첫 18개의 이식을 완료해야 한다. 방금 완료한 첫 번째 이식에는 30시간이 소요되었다. 병원에서의 연구를 기반으로 Beth Zion은 학습곡선이 80%가 될 것으로 추정한다. 다음을 완료하는 데 걸리는 예상 시간은 얼마인가?

(a) 5차 간 이식

(b) 처음 5개 이식

(c) 18번째 이식

(d) 처음 18개 이식 **Px**

•• **E.6** 문제 E.5를 참조하라. Beth Zion은 병원 비용으로 처음 10번의 이식만 수행해야 한다는 통보를 받았다. 수술 비용은 시간당 5,000달러로 추산된다. 이번에도 학습률은 80%이고 첫 수술은 30시간이 걸렸다.

(a) 10번째 수술은 얼마나 걸리는가?

(b) 10번째 수술 비용은 얼마인가?

(c) 10명 모두를 수술하는 데 드는 총비용은 얼마인가? **Px**

• **E.7** Manceville Air는 제어 회로와 새로운 내부 환기 시스템에 신기술을 통합한 대형 산업용 압축기의 첫 번째 장치를 생산했다. 첫 번째 장치를 제조하는 데는 112시간의 작업이 필요했다. 회사는 과거 경험을 통해 더 많은 단위가 생산됨에 따라 이러한 작업 시간이 크게 감소할 것임을 알고 있다. 과거 생산 데이터를 검토할 때 회사는 유사한 디자인을 생산할 때 90%의 학습곡선을 경험한 것으로 보인다. 회사는 다음 7개 단위를 완료하는 데 걸리는 총 시간을 추정하고자 한다. 생산비용 추정자로서 당신은 추정치를 도출해야 한다. **Px**

• **E.8** 미국 뉴욕주립대학교(SUNY)에 재학 중인 엘리자베스 페리(Elizabeth Perry)는 기숙사 방에 설치하려고 6개의 책장을 샀다. 각각은 부품 포장을 풀고 조립을 해야 하는데 여기에는 못을 박고 볼트로 고정하는 작업이 포함되어 있다. 엘리자베스는 첫 번째 책장을 5시간 만에, 두 번째 책장을 4시간 만에 완성했다.

(a) 그녀의 학습률은 얼마인가?

(b) 같은 비율이 계속된다고 가정하면 세 번째 책장을 완성하는 데 얼마나 걸리는가?

(c) 네 번째, 다섯 번째, 여섯 번째 책장을 완성하는 데는 얼마나 걸리는가?

(d) 6개 책장을 모두 완성하는 데 얼마나 걸리는가? **Px**

•• **E.9** 매리 베스 마르스(Mary Beth Marrs) 교수는 신규 과목의 첫 번째 강의를 준비하는 데 6시간이 걸렸다. 전통적으로 그녀는 90%의 학습곡선을 경험했다. 그녀가 15번째 강의를 준비하는 데 시간이 얼마나 걸리겠는가? **Px**

• **E.10** William Kine, Inc.이 조립한 최초의 자동판매기는 80시간의 노동 시간이 소요되었다. 다음 학습률 각각에 대해 네 번째 자동판매기 조립에 필요한 시간을 추정하라.

(a) 95%

(b) 87%

(c) 72% **Px**

• **E.11** Shimshak Systems는 보험회사를 위한 통신망을 설치하

고 있다. 첫 번째 설치를 끝내는 데 46시간이 걸렸다. 다음 학습률 각각에 대해 네 번째와 여덟 번째 설치에 걸리는 시간을 추정하라.

(a) 92%

(b) 84%

(c) 77% Px

••• **E.12** Providence Assessment는 보스턴에 있는 컴퓨터 조립 회사의 직원을 선별하고 교육한다. 모든 훈련생의 진행 상황을 추적하고 적절한 진행 상황을 보여주지 않는 훈련생은 덜 까다로운 프로그램으로 이동시킨다. 열 번째 반복까지 훈련생은 1시간 이내에 조립 작업을 완료할 수 있어야 한다. 수잔 스위니(Susan Sweeney)는 네 번째 조립에 5시간, 여덟 번째 조립을 완료하는 데 4시간을 보냈고 다른 연습생인 줄리 버그마이어(Julie Burgmeier)는 세 번째 조립에 4시간, 여섯 번째 조립에 3시간이 걸렸다. 연수생 중 한 명 혹은 두 명 모두 계속하도록 격려해야 하는가? 그 이유는 무엇인가? Px

•• **E.13** Providence Assessment의 우수한 학생(문제 E.12 참조)은 학습곡선율이 80%이며 단 6회 만에 20분 안에 조립할 수 있다. 성과가 약한 학생을 더 빨리 솎아내려고 세 번째 조립 수행 이후에 평가하기로 결정하고자 한다. 세 번째 조립 작업 시간은 얼마나 걸리는가? Px

•• **E.14** 두바이항공(Dubai Airlines)의 구매 대리인인 수아드 알완(Suad Alwan)은 세 번째 비행기가 생산에 20,000시간이 걸린다면 네 번째 비행기에 대해 얼마를 지불할 것인지 결정하고자 한다. 알완은 다섯 번째 비행기와 여섯 번째 비행기에 얼마를 지불할 것으로 예상하는가? 85% 학습곡선과 시간당 40달러의 인건비를 사용하라. Px

•• **E.15** 문제 E.14의 자료에 따르면 12번째 비행기를 완성하는 데 얼마나 걸리는가? 15번째 비행기 완성에는 얼마나 걸리는가? 12번째부터 15번째까지 비행기를 완성하는 데는 얼마나 걸리는가? 시간당 40달러 인건비를 전제로 구매 대리인인 알완은 12번째부터 15번째까지 비행기에 대해 얼마를 지불할 것으로 예상할 수 있는가? Px

•• **E.16** Central Electronics Corp.은 반도체를 생산하며 학습곡선이 0.7이다. 생산량이 0.7×10^{12}비트일 때 비트당 가격은 100밀리센트이다. 1.4×10^{12}비트에서의 예상 가격은 얼마인가? 89.6×10^{12}비트에서 예상 가격은 얼마인가? Px

•• **E.17** 지역 발전소는 25개의 소규모 발전소를 소유하고 있다. 지역 발전소는 Genco SErvices와 각 발전소의 전력 터빈을 분해 수리하기로 계약했다. Genco가 세 번째 터빈 수리를 완료하고 청구한 시간은 460시간이었다. 지역 발전소는 해당 서비스에 대해 Genco에 시간당 60달러를 지불한다. 지역 발전소의 유지보수 관리자로서 당신은 네 번째 터빈의 분해 수리 비용을 추정하려고 한다. 다섯 번째 터빈과 여섯 번째 터빈의 분해 수리를 위해 얼마를 지불할 것으로 예상하는가? 모든 터빈은 유사하며 80% 학습곡선이 적절하다. Px

•• **E.18** 보잉이 여덟 번째 787 비행기를 생산하는 데 28,718시간이 걸렸고 학습곡선률이 80%라면 열 번째 787을 생산하는 데 얼마나 걸렸는가? Px

•• **E.19** 리처드 덜스키(Richard Dulski)의 회사는 새로운 레이더 시스템에 입찰하려고 한다. 비록 제품이 새로운 기술을 사용하지만 덜스키는 75%의 학습률이 적절하다고 생각한다. 첫 번째 단위는 700시간이 소요될 것으로 예상되며 계약은 40개 단위를 공급한다. Px

(a) 40개 단위를 제작하는 데 소요되는 총시간은 얼마인가?

(b) 40개 단위 각각을 제작하는 평균 시간은 얼마인가?

(c) 작업자가 연간 2,080시간을 일한다고 가정하자. 이 계약을 1년 안에 완료하려면 몇 명의 작업자를 할당해야 하는가? Px

••• **E.20** Rajendra Tibrewala Enterprises의 견적가로서 당신의 임무는 잠재적인 고객 서비스 계약에 대한 견적을 준비하는 것이다. 계약은 디젤 기관차 실린더 헤드 서비스에 대한 것이다. 공장은 과거에 이러한 작업 중 일부를 간헐적으로 수행했다. 첫 번째 실린더 헤드를 수리하는 데 필요한 시간은 정확히 4시간이었고 85% 학습곡선에서 유사한 작업이 수행되었다. 고객은 총 12개에 대한 계약과 총 20개에 대한 계약에 대한 견적을 원한다.

(a) 견적을 준비하라.

(b) 견적을 준비한 후 이 고객의 기관차 실린더 헤드 5개 수리 작업에 대한 인건비 표를 찾았다. 인건비 표의 기록에서 다섯 번째 헤드 수리 작업에 2.5시간이 걸렸다는 결론을 내린다. 학습곡선과 견적에 대해 어떻게 결론을 내리는가? Px

•• **E.21** 기리쉬 샴부(Girish Shambu)와 윌리엄 라이젤(William Reisel)은 할인점의 동료이다. 그들의 새로운 직업은 고객을 위해 자전거를 조립하는 것이다. 자전거 조립의 학습률은 90%이다. 그들은 첫 번째 자전거 조립 시간 재는 것을 잊었지만 두 번째 조립에서 4시간을 보냈다. 그들은 6대의 자전거를 더 조립해야 한다. 다음에 대해 대략적으로 얼마나 많은 시간이 소요될 것인지 결정하라.

(a) 첫 번째 자전거

(b) 여덟 번째 자전거

(c) 8대 자전거 모두 Px

•• **E.22** 80% 학습곡선의 입증된 실적을 가진 특수 석유화학 장비 제조업체는 맞춤형 장비의 첫 번째 단위 생산에 12,000시간을 작업 시간당 25달러에 지불한 것으로 추정했다. 그러나 회사는 동일한 장비의 다섯 번째 장비를 생산하는 데 210,000달러의 비용이 든다는 것을 깨달았다.

(a) 회사는 초기 작업 시간 계산의 불일치로 인해 학습곡선 추정치의 기준선을 수정해야 한다고 결정한다. 첫 번째 단위의 수정 작업 시간은 얼마인가?

(b) 회사가 총 10개 단위 생산의 총예산을 2,200,000달러로 제한하기로 결정하면 총 10개 단위 생산의 누적비용은 얼마가 예산 초과/미달인가?

••• **E.23** 신규 자료 입력 직원의 서비스 시간은 다음 표와 같이 측정되어 순차적으로 기록되었다.

보고서	작업 시간(분)
1	66
2	56
3	53
4	48
5	47
6	45
7	44
8	41

(a) 이 정보를 기반으로 한 학습곡선 비율은 얼마인가?

(b) 85% 학습곡선율과 위의 시간을 사용해 자료 입력 직원이 48번째 보고서를 완료하는 데 걸리는 시간을 추정하라. **Px**

•• **E.24** 생산 가동의 첫 번째 단위에 1시간이 걸리고 회사가 80% 학습곡선을 가지는 경우 100번째 단위에는 얼마나 걸리는가? (힌트: 표 E.3의 계수를 두 번 적용하라.) **Px**

••• **E.25** 항공기 엔진 제조 회사는 터보 엔진의 첫 번째 장치를 생산하는 데 68,000인시(man-hours)를 사용했다. 27차 생산에는 40,000인시가 투입되었다. 로그 공식 방법을 사용해 학습곡선율을 계산하라.

• **E.26** 체 마흐무드(Che Mahmood) 박사는 병원에서 첫 번째 각막 이식을 마치는 데 563분이 걸렸으며 병원은 90%의 학습률을 사용한다. 다음은 얼마나 걸리겠는가?

(a) 세 번째 이식
(b) 여섯 번째 이식
(c) 여덟 번째 이식
(d) 열여섯 번째 이식 **Px**

••• **E.27** Trendo-Lube에서 네 번째 오일 교환 및 윤활 작업이 18분, 두 번째 작업이 20분 걸렸다면 다음 예상 시간은 얼마인가?

(a) 첫 번째 작업
(b) 세 번째 작업
(c) 여덟 번째 작업
(d) 실제 학습률 **Px**

• **E.28** 유독성 매립지를 청소하는 EPA 계약자인 헨리 가르시아(Henry Garcia)는 작업일 기준 300일이 소요되었다. 가르시아가 85%의 학습률을 따른다면 다음 5개(즉 매립지 2~6번)를 청소하는 데 회사에서 총 시간이 얼마나 걸리는가? **Px**

•• **E.29** 헤이즈(Hayes) 교수는 첫 번째 시험을 채점하는 데 20분이 걸렸다. 그는 10개의 시험을 모두 채점하는 데 2시간이 걸릴 것으로 예상한다. 그는 어떤 학습곡선율을 가정하고 있는가? **Px**

• **E.30** T.R.의 항공우주 부문에서 최초의 제트 엔진을 생산하는 데 80,000시간이 소요되며 학습곡선은 90%이다. 생산 관리자인 고팔 이스와란(Gopal Easwaran)이 여덟 번째 엔진을 생산하는 데 걸리는 시간을 결정하도록 도와라. **Px**

•• **E.31** 첫 번째 단위 생산에 1시간이 걸리고 회사가 90% 학습곡선을 가지는 경우 100번째 단위 생산에는 얼마나 걸리는가? (힌트: 표 E.3의 계수를 두 번 적용하라.) **Px**

문제 E.32는 학습곡선의 전략적 의미와 관련이 있다.

•••• **E.32** 주어진 로그 그래프를 사용해 다음 질문에 답하라.

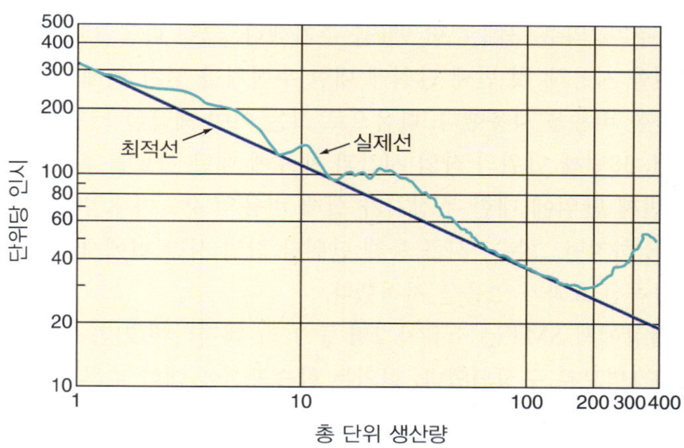

(a) 최적선에서 비용을 예측했다면 경영진에게 어떤 의미가 있는가?

(b) 무엇이 최적선 이상의 변동을 일으킬 수 있는가?

(c) 경영진이 최적선의 열 번째 단위를 예측했다면 그 예측값은 얼마인가?

(d) 경영진이 실제선에 표시된 대로 열 번째 단위를 건설했다면 몇 시간이 걸렸는가?

사례 연구

SMT의 IBM과의 협상

IBM은 SMT와 훨씬 더 큰 다른 하나의 회사에 특정 컴퓨터 제품의 80단위를 추가로 입찰하도록 요청했다. 견적 요청(RFQ)은 전체 입찰을 세분화해 시간당 요금, 가격의 부품과 재료 구성요소, 하도급 서비스에 대한 모든 비용을 표시하도록 요청했다. SMT는 162만 달러를 제출했으며 요청에 따라 비용 분석을 제공했다. 두 번째 회사는 비용 분석 없이 총액 500만 달러를 제출했다. 따라서 SMT와 협상하기로 결정했다.

IBM 협상 팀에는 2명의 구매 관리자와 2명의 원가 엔지니어가 포함되었다. 한 원가 엔지니어는 이전 경험을 통해 구축하고 다양한 작업에 대한 장비 설정과 생산작업의 시간 요소가 포함된 엔지니어링 도면과 비용 자료 책을 사용해 모든 구성요소에 대한 제조 비용 추정치를 도출했다. 그는 IBM의 구매 관리자가 제공한 자료와 구매 장부를 모두 사용해 재료 비용을 추정했다. 그는 어떤 프로세스가 사용되고 있는지 알기 위해 SMT 시설을 방문해 사용 가능한 도구를 확인했다. 그는 완벽한 조건과 훈련된 작업자가 있을 것이라고 가정하고 158번째 단위에 대한 비용 추정치를 도출했다(이전 주문은 15번째, 25번째, 38번째 단위였다). 그는 폐기와 흐름 손실을 감안해 5%를 추가하고, 임시 도구, 지그와 고정물 사용에 대해서 2% 추가, 품질 관리를 위해 5% 추가, 외주 구매 부담 9%를 추가했다. 그런 다음 85% 학습곡선을 사용해 첫 번째 단위에 대한 추정치를 얻기 위해 자신이 도출한 비용을 사용했다. 다음으로 그는 이미 제작된 15번째, 25번째, 38번째 단위의 작업 시간과 재료에 대한 자료를 확인하고 첫 번째 단위에 대한 추정치가 실제 비용의 4% 이내임을 발견했다. 하지만 그는 검사를 통해 단위당 작업 시간 면에서는 90% 학습곡선 효과가 있음을 지적했다.

협상에서 SMT는 소유자 2명 중 1명, 엔지니어 2명, 원가 견적자 1명으로 구성되었다. 회의는 학습곡선에 대한 토론으로 시작되었다. IBM의 원가 견적자는 SMT가 실제로 90% 학습곡선에서 일하고 있음을 보여주었다. 그러나 그는 80개 단위 주문으로 가능해진 더 길어진 연속 생산, 설비 설정 시간 감소, 작업자 연속성이 증가함을 감안할 때 85% 학습곡선으로 이동하는 것이 가능해야 한다고 주장했다. SMT 소유자는 이 분석에 동의했으며 가격을 4% 정도 낮출 의향이 있었다.

그러나 제조 프로세스의 각 작업에 대해 논의하면서 상자 포장과 운송 비용을 간과했기 때문에 일부 IBM 비용 추정치가 너무 낮다는 것이 분명해졌다. 그러나 이러한 실수는 경미했으며 다음 논의에서 양 당사자는 사양에 대한 공통된 이해에 도달하고 각 제조 작업의 비용에 합의했다.

이 시점에서 SMT 담당자는 재료비의 인플레이션 가능성에 대해 큰 우려를 표명했다. IBM 협상가들은 이전에 서로 합의한 대로 계약에 가격 인상 조건을 포함하기로 자원했다. IBM 담당자는 전체 재료 비용이 10% 이상 변경되면 그에 따라 가격을 조정할 수 있다고 제안했다. 그러나 한 당사자가 주도적으로 가격을 수정하는 경우 다른 당사자는 새 가격 구성을 이해하기 위해 모든 부품과 자재 송장을 분석할 수 있도록 했다.

SMT 담당자의 또 다른 우려는 IBM의 지정된 배송 일정을 맞추기 위해 많은 양의 초과 근무와 하청 계약이 필요하다는 것이었다. IBM 협상가들은 가격 할인을 받을 수 있다면 납품 일정이 완화될 수 있다고 생각했다. 이에 SMT팀은 5% 할인을 제안했고 이를 받아들였다. 이러한 협상의 결과, SMT 가격은 원래 입찰 가격보다 거의 20% 하락했다.

시스템에 사용할 특정 파이프의 가격을 협상하기 위해 소집된 후속 회의에서 IBM 비용 추정자는 SMT 담당자가 비용을 심각하게 과소평가했음을 알았다. 그는 SMT가 왜 그렇게 낮은 수치를 인용했는지 이해할 수 없었기 때문에 이 명백한 오류를 지적했다. 그는 SMT가 올바른 제조 공정을 사용하고 있는지 확인하고 싶었다. 어쨌든 SMT 견적자가 실수를 했다면 언급해야만 했다. IBM과 공급업체 모두에게 공정한 가격을 추구하는 것이 IBM의 정책이었다. IBM 조달 관리자는 공급업체가 손해를 본다면 비용을 줄이는 경향이 있을 것이라고 믿었다. 또한 IBM 협상가는 오류를 지적함으로써 향후 회의에서 도움이 될 선의를 보여주었다고 느꼈다.

토론 문제

1. 이 접근 방법에서 IBM과 SMT의 장점과 단점은 무엇인가?
2. SMT가 제안한 학습률은 다른 산업 학습률과 비교해 어떠한가?
3. 이 사례의 경우 학습곡선의 한계는 무엇인가?

출처: E. Raymond Corey, *Procurement Management: Strategy, Organization, and Decision Making*(New York: Van Nostrand Reinhold).

참고문헌

Boh, W. F., S. A. Slaughter, and J. A. Espinosa. "Learning from Experience in Software Development." *Management Science* 53, no. 8 (August 2007): 1315–1332.

Jaber, M. Y. *Learning Curves: Theory, Models, and Applications*. London: CRC Press, 2017.

McDonald, A., and L. Schrattenholzer. "Learning Curves and Technology Assessment." *International Journal of Technology Management* 23 (2002): 718.

Morrison, J. Bradley. "Putting the Learning Curve into Context." *Journal of Business Research* 61, no. 1 (November 2008): 1182.

Smunt, T. L., and C. A. Watts. "Improving Operations Planning with Learning Curves." *Journal of Operations Management* 21 (January 2003): 93.

Wright, T. P. "Factors Affecting the Cost of Airplanes." *Journal of the Aeronautical Sciences* 3, no. 4 (February 1936).

Module E Rapid Review

절 제목	내용 훑어보기
학습곡선의 정의	■ **학습곡선**: 작업이 반복됨에 따라 사람과 조직이 작업을 더 잘 수행하게 된다는 전제를 기반으로 하며 때로는 경험 곡선(experience curve)이라고도 한다. 학습은 보통 음의 지수 곡선을 따른다. 기업이 추가 단위를 생산하는 시간은 줄어든다. 하지만 연이은 단위를 완성하는 데 절약된 시간은 감소한다. 학습곡선은 1936년 커티스라이트주식회사의 T.P. 라이트가 작성한 보고서에서 처음으로 산업에 적용되었다. 라이트는 학습을 통해 특정 비행기를 만드는 직접 인건비가 어떻게 감소하는지 설명했다. 학습곡선은 이후 인력뿐만 아니라 재료와 구매 부품을 포함한 다양한 비용 영역에도 적용되었다. 학습곡선은 매우 중요해 고용 수준, 비용, 시설 규모, 가격 책정과 관련된 많은 전략적 의사결정에서 중요한 역할을 한다. 학습곡선은 생산량의 2배 개념에 기반 한다. 즉 생산량이 2배가 되면 단위당 시간의 감소가 학습곡선의 비율에 영향을 미친다. $T \times L^n = n$번째 단위에 소요되는 시간 (E-1) 여기서 T = 첫 번째 단위의 단위 비용 또는 단위 시간 L = 학습곡선 비율 n = T가 2배가 되는 횟수
서비스업과 제조업에서의 학습곡선	조직마다, 실제로 제품마다 학습곡선이 다르다. 학습 속도는 관리의 질과 프로세스와 제품의 잠재력에 따라 다르다. 프로세스, 제품, 인력의 변경은 학습곡선을 방해한다. 따라서 학습곡선이 지속적이고 영구적이라고 가정할 때는 주의를 기울여야 한다. 학습곡선의 기울기가 더 가파르면 비용이 더 빨리 떨어진다. 전통적으로 학습곡선은 개선율의 보완으로 정의된다(즉 75%의 학습률이 85% 학습률보다 더 좋다). 안정적이고 표준화된 제품 및 프로세스는 비용이 다른 제품보다 급격히 떨어지는 경향이 있다. 학습곡선은 다양한 목적에 유용하게 사용된다. 1. 내부: 인력 예측, 일정 계획, 비용 및 예산 수립 2. 외부: 공급사슬 협상 3. 전략: 비용과 가격을 포함한 회사 및 산업 성과 평가
학습곡선 응용하기	학습곡선 개선을 무시하면 일정 불일치, 유휴 노동과 유휴 생산 시설로 이어짐, 설비 용량이 가득 찬 것으로 가정되어 새로운 주문 수락 거부 또는 대량 주문 시 더 낮은 가격으로 공급업체와 협상할 기회 상실과 같은 잠재적인 문제가 발생할 수 있다. 학습곡선에 수학적으로 접근하는 세 가지 방법은 (1) 2배 접근 방법, (2) 공식 접근 방법, (3) 학습곡선표 접근 방법이다. 2배 접근 방법은 생산량이 2배가 되는 식 (E-1)을 사용한다. 공식 접근 방법을 사용하면 다음 공식을 통해 특정 T_N단위 생산에 필요한 인력을 도출할 수 있다. $T_N = T_1(N^b)$ (E-2) 여기서 T_N = N번째 단위의 작업 시간 T_1 = 첫 번째 단위 생산 시 소요 작업 시간 b = (log 학습률)/(log 2) = 학습곡선의 기울기 학습곡선표 기법은 표 E.3과 다음 등식을 사용한다. $T_N = T_1C$ (E-3) 여기서 T_N = N 번째 단위를 생산하는 데 필요한 작업 시간 T_1 = 첫 번째 단위를 생산하는 데 필요한 작업 시간 C = 표 E.3에서 찾은 학습곡선 계수

	학습곡선 계수 C는 학습곡선율과 생산 단위 수에 따라 달라진다. 식 (E-3)은 표 E.3의 '총 작업 시간 계수' 열을 사용해 지정된 단위 수를 완료하는 데 필요한 총 작업 시간을 제공한다. 만일 가장 최근 또는 가장 신뢰할 수 있는 정보가 첫 번째가 아닌 단위에 관한 것이라면 이 자료를 사용해 첫 번째 단위에 대한 수정된 추정치를 찾은 다음 수정된 숫자에 응용 가능한 식을 적용해야 한다.
학습곡선의 전략적 의미	기업의 전략이 산업 평균보다 더 가파른 학습곡선을 추구하는 것이라면 다음과 같이 해야 한다. 1. 공격적인 가격 정책 준수 2. 지속적인 원가 절감과 생산성 향상에 주력 3. 경험 공유 기반 구축 4. 수요보다 앞서 시설 용량 증대 관리자는 학습곡선 전략을 시작하기 전에 경쟁업체를 이해해야 한다. 예를 들어 가격 전쟁에서 그러한 경쟁자를 상대하는 것은 소비자에게만 도움이 될 수 있다.
학습곡선의 한계	학습곡선을 사용하기 전에 몇 가지 주의사항이 있다. ■ 학습곡선은 회사마다, 산업마다 다르기 때문에 다른 사람의 추정치를 적용하기보다 각 조직에 대한 추정치를 스스로 개발해야 한다. ■ 학습곡선은 초기 단위를 완성하는 데 필요한 시간을 기준으로 한다. 따라서 해당 시간이 정확해야 한다. 최신 정보가 제공되면 재평가하는 것이 적절하다. ■ 인력, 설계, 절차의 변경으로 인해 학습곡선이 변경되어 장기적으로 하락하더라도 단기적으로 곡선이 급증할 수 있다. ■ 작업자와 프로세스는 개선될 수 있지만 동일한 학습곡선이 간접 인건비와 자재에 항상 적용될 수는 없다. ■ 직장 문화, 자원 가용성과 프로세스의 변화는 학습곡선을 변경할 수 있다. 예를 들어 프로젝트가 끝나갈 무렵 작업자의 관심과 노력이 하락해 학습곡선 진전이 늦춰질 수 있다.

셀프테스트

E.1 학습곡선은 ________를/을 설명한다.

(a) 조직이 새로운 자료를 획득하는 속도
(b) 생산된 총 단위 수가 증가함에 따른 단위당 생산 시간
(c) 생산된 총 단위 수가 증가함에 따른 단위당 생산 시간의 증가
(d) 생산된 총 단위 수가 증가함에 따라 단위 시간당 생산된 단위 수의 증가

E.2 학습곡선이 90%인 수술은 초기 환자에게 20시간이 필요했다. 네 번째 환자는 대략 몇 시간이 필요한가?

(a) 18
(b) 16.2
(c) 28
(d) 30
(e) 54.2

E.3 보브(Bob)의 자동차 정비소에서 첫 번째 변속기를 재건하는 데 50시간이 걸렸고 학습률은 80%이다. 세 번째 변속기를 재건하는 데는 얼마나 걸리는가? (공식 접근 방식을 사용하는 경우 승수에 최소 3개 이상의 소수점을 사용하라.)

(a) 30시간 미만
(b) 약 32시간
(c) 약 35시간
(d) 약 60시간
(e) 약 45시간

E.4 다음 중 업계 평균보다 더 가파른 학습곡선을 추구하려는 기업이 취하지 않는 조치는 무엇인가?

(a) 공격적인 가격 정책을 따름
(b) 지속적인 원가 절감에 집중
(c) 비용을 통제하기 위해 수요와 용량을 동일하게 유지
(d) 생산성 향상에 중점
(e) 공유된 경험을 기반으로 구축

정답 E.1. b E.2. b E.3. c E.4. c

모듈 F

시뮬레이션

모듈의 구성

- ◆ 시뮬레이션의 정의
- ◆ 시뮬레이션의 장점과 단점
- ◆ 몬테카를로 시뮬레이션
- ◆ 2개의 의사결정변수를 갖는 시뮬레이션: 재고 관리 예제

학습목표

F.1 시뮬레이션으로 모델 만들기의 장점과 단점을 나열한다.

F.2 몬테카를로 시뮬레이션의 5단계를 수행한다.

F.3 재고 관리 문제를 시뮬레이션해본다.

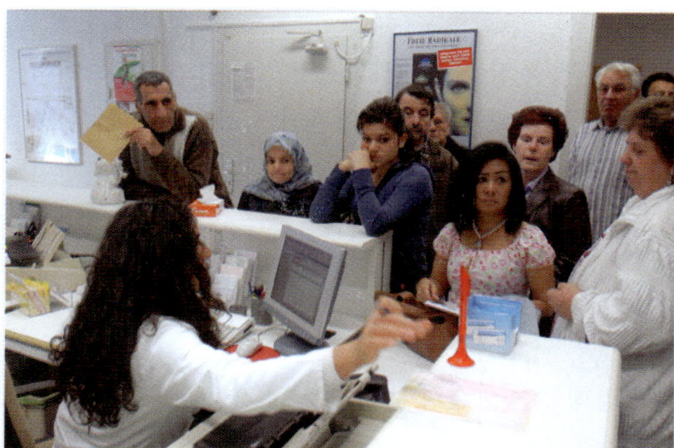
Kaiser/Agencja Fotograficzna Caro/Alamy Stock Photo

Micro Saint® Sharp image used with permission of Alion Science and Technolgy Corp.

베이메디컬센터(Bay Medical Center)는 외래 환자 진료소에서 심각한 과밀 상태에 직면했을 때 병목 현상을 줄이고 환자 흐름을 개선하기 위해 컴퓨터 시뮬레이션으로 눈을 돌렸다. 마이크로 세인트(Micro Saint)라는 시뮬레이션 언어를 사용해 진료실 간 환자 서비스 시간과 관련된 현재 자료를 분석했다. 다양한 수의 의사와 의료진을 시뮬레이션해보고 적정 수를 초과한 환자는 다른 진료소를 이용하도록 시뮬레이션하기도 하고 기존 진료소를 재설계해 시뮬레이션함으로써 베이메디컬센터는 비용과 편익을 고려해 의사결정을 내릴 수 있었다. 그 결과 더 낮은 비용으로 더 나은 환자 서비스를 제공할 수 있었다.

출처: Micro Analysis and Design Simulation Software, Inc., Boulder, CO.

시뮬레이션의 정의

시뮬레이션 모델은 이 세상에 널려 있다. 예를 들어 미국 애틀랜타시에서는 교통 관제에 시뮬레이션을 사용한다. 유럽의 에어버스(Airbus)는 신규 설계 제트기의 공기 역학 검사에 시뮬레이션을 사용한다. 미 육군은 컴퓨터에서 전쟁 게임을 시뮬레이션 한다. 경영학과 학생들은 경영관리 게임을 사용해 현실적인 기업 간 경쟁을 시뮬레이션 해본다. 또한 베이메디컬센터(Bay Medical Center)와 같은 수천 개의 조직은 운영관리 결정을 내리는 데 도움이 되는 시뮬레이션 모델을 개발한다.

전 세계 대부분의 대기업은 시뮬레이션 모델을 사용한다. 표 F.1에서 현재 시뮬레이션이 적용되고 있는 몇 가지 영역을 나열했다.

표 F.1 시뮬레이션 응용 사례

구급차 위치 및 배차	버스 일정 계획
조립 라인 작업 균형화	도서관 운영 설계
주차장과 항만 설계	택시, 트럭, 철도 배차
유통 시스템 설계	생산설비 일정 계획
항공기 일정 계획	공장 배치
고용 의사결정	자본 투자
인력 일정 계획	생산 일정 계획
신호등 시간 조절	판매 예측
투표 행태 예측	재고 관리 계획과 통제

시뮬레이션

실제 시스템의 기능, 외관, 특징을 복제하려는 시도로 대개 컴퓨터 모델을 사용함

시뮬레이션(simulation)은 실제 시스템의 기능, 외관, 특징을 복제하려는 시도이다. 이 모듈에서는 시스템을 최대한 현실과 가깝게 표현하는 수학적 모델을 구축해 운영관리 시스템의 일부를 시뮬레이션 하는 방법을 보여준다. 그런 다음 이 모델을 사용해 다양한 행동에 대한 효과를 추정한다. 시뮬레이션의 이면에는 세 가지 생각이 숨어 있다.

1. 실제 상황을 수학적으로 모방하기
2. 그 특성과 운영상 특징을 연구하기
3. 시뮬레이션 결과를 바탕으로 결론을 도출하고 행동 의사결정 내리기

이러한 방식으로 주요 정책 결정의 장단점을 먼저 모델을 통해 측정한 후 실제 시스템을 건드린다.

시뮬레이션을 사용하려면 운영관리자는 다음과 같은 일을 수행해야 한다.

1. 문제를 정의한다.
2. 문제와 관련된 중요한 변수를 도입한다.
3. 수리 모델을 구성한다.
4. 변숫값을 지정해 검사행동 절차를 설정한다.
5. 실험을 실행한다.
6. 결과를 고려한다(모델 수정 또는 자료 입력 변경 가능).
7. 취해야 할 행동 절차를 결정한다.

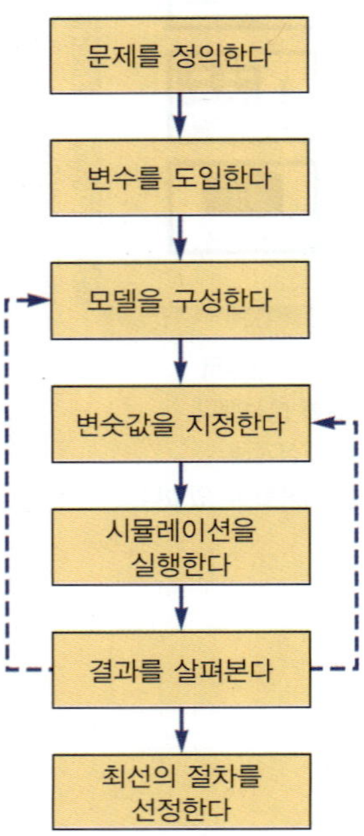

그림 F.1 시뮬레이션 과정

이러한 단계는 그림 F.1에 설명되어 있다.

시뮬레이션으로 처리되는 문제는 은행 창구에서 미국 경제 분석까지 매우 단순한 것부터 매우 복잡한 것까지 다양하다. 작은 시뮬레이션은 손으로 수행할 수 있지만 이 기술을 효과적으로 사용하려면 컴퓨터가 필요하다. 대규모 모델과 다년간의 비즈니스 의사결정을 시뮬레이션하는 것은 대부분 컴퓨터에서 처리된다.

이 모듈에서는 시뮬레이션의 기본 원리를 살펴본 다음 대기 행렬 분석과 재고 관리 영역의 몇 가지 문제를 다룬다. 다른 장에서 설명한 수학적 모델로도 유사한 문제를 해결할 수 있는데 왜 이러한 영역에서 시뮬레이션을 사용하는가? 대답은 시뮬레이션이 수학적으로 매우 복잡한 문제에 대한 대안적 접근 방법을 제공하기 때문이다. 예를 들어 수요가 일정하지 않거나 공급 시간이 일정하지 않은 경우의 재고 관리 문제를 다룰 수 있다.

시뮬레이션의 장점과 단점

시뮬레이션은 여러 가지 이유로 관리자가 널리 사용하는 도구이다. 시뮬레이션의 주요 **장점**은 다음과 같다.

1. 전통적인 운영관리 모델로 해결할 수 없는 크고 복잡한 실제 상황을 분석하는 데 사용할 수 있다.
2. 대부분의 운영관리 모델이 허용할 수 없는 실제 세상의 복잡함을 포함시킬 수 있다. 예를 들어 시뮬레이션은 사용자가 정의한 모든 확률분포를 사용할 수 있다. 정규분포가 필요하지 않다.
3. '시간 압축'이 가능하다. 수개월 또는 수년에 걸친 운영관리 정책의 효과를 짧은 시간에 컴퓨터 시뮬레이션으로부터 얻을 수 있다.
4. 시뮬레이션은 "만약 이러하다면?" 유형의 질문을 허용한다. 관리자는 어떤 옵션이 가장 매력적인지 미리 알고 싶어 한다. 전산화된 모델을 사용하면 관리자는 몇 분 안에 여러 가지 정책 의사결정을 시도해볼 수 있다.
5. 시뮬레이션은 실제 시스템을 방해하지 않는다. 예를 들어 병원이나 제조 공장에서 새로운 정책이나 아이디어를 물리적으로 실험하는 것은 방해가 될 수 있다.

학습목표 F.1
시뮬레이션으로 모델 만들기의 장점과 단점을 나열한다.

시뮬레이션의 주요 **단점**은 다음과 같다.

1. 좋은 시뮬레이션 모델은 개발하는 데 오랜 시간이 걸릴 수 있다.

Donna Shader

버거킹(Burger King)과 같은 패스트푸드점의 다양한 생산성 문제를 해결하기 위해 컴퓨터 시뮬레이션 모델이 개발되었다. 하나는 드라이브 스루 주문하는 곳과 받는 창 사이의 이상적인 거리를 시뮬레이션한 것이다. 예를 들어 거리가 멀수록 대기 시간이 줄어들기 때문에 시간당 12~13명의 추가 고객에게 서비스를 제공할 수 있다. 이는 프랜차이즈 점당 연간 약 20,000달러의 추가 판매 이익이다. 다른 시뮬레이션에서는 드라이브 스루로 받는 창 2개가 고려되었다. 이 모델은 15%의 매출 증가를 예측했다.

2. 반복할 때마다 다른 해가 만들어지는 반복 접근 방법이다. 선형계획법처럼 문제에 대한 최적 해를 생성하지 않는다.
3. 관리자는 검토하려는 해에 대한 모든 조건과 제약식을 생성해야 한다. 시뮬레이션 모델은 적절하고 현실적인 입력값 없이는 답이 생성되지 않는다.
4. 각 시뮬레이션 모델은 고유하다. 그 해와 추론 결과는 일반적으로 다른 문제 해결에 사용될 수 없다.

몬테카를로 시뮬레이션

몬테카를로 방법
행동에 우연성이 존재할 때 무작위 요소를 사용하는 시뮬레이션 기법

시스템의 행동에 우연적 요소가 포함되는 경우 **몬테카를로 방법**(Monte Carlo method)이 적용될 수 있다. 몬테카를로 시뮬레이션의 기초는 무작위 표본 추출을 통해 우연(또는 **확률**) 요소를 실험하는 것이다.

이 기법은 다섯 가지 단계로 나뉜다.

학습목표 F.2
몬테카를로 시뮬레이션의 5단계를 수행한다.

1. 중요한 변수에 대한 확률분포를 설정한다.
2. 각 변수에 대한 누적 확률분포를 만든다.
3. 각 변수에 대해 난수 간격을 설정한다.
4. 난수를 생성한다.
5. 일련의 시도를 통해 실제로 시뮬레이션한다.

이 단계를 차례로 살펴보자.

1단계. 확률분포 설정하기. 몬테카를로 시뮬레이션의 기본 아이디어는 연구 중인 모델을 구성하는 변수에 대한 값을 생성하는 것이다. 실제 시스템에서 많은 변수가 천성이 확률적이다. 몇 가지만 예를 들자면 재고 수요, 주문이 도착하기까지의 시간, 기계 고장과 다음 번 고장 사이의 시간 간격, 서비스 시설에 도착하기까지의 고객과 다음 번 고객 사이의 시간 간격, 서비스 시간, 프로젝트 활동을 완료하는 데 필요한 시간, 매일 결근한 직원 수 등이다.

주어진 변수에 대한 **확률분포**를 설정하는 한 가지 일반적인 방법은 과거 결과를 조사하는 것이다. 관찰 빈도를 총 관찰 수로 나누어 변수의 각 가능한 결과에 대한 확률 또는 상대 빈도를 찾을 수 있다. 여기 한 예제가 있다.

지난 200일 동안 Barry's Auto Tire의 타이어에 대한 일일 수요는 표 F.2의 1열과 2열에 나와 있다.

표 F.2 타이어 수요

(1) 타이어 수요	(2) 빈도	(3) 발생 확률	(4) 누적 확률
0	10	10/200 = .05	.05
1	20	20/200 = .10	.15
2	40	40/200 = .20	.35
3	60	60/200 = .30	.65
4	40	40/200 = .20	.85
5	30	30/200 = .15	1.00
	200일	200/200 = 1.00	

표 F.3 Barry's Auto Tire의 난수 간격 배정

일일 수요	확률	누적 확률	난수 간격
0	.05	.05	01에서 05까지
1	.10	.15	06에서 15까지
2	.20	.35	16에서 35까지
3	.30	.65	36에서 65까지
4	.20	.85	66에서 85까지
5	.15	1.00	86에서 00까지

과거 고객 방문율이 미래에도 유지된다고 가정하면 각 수요를 총수요 200으로 나누어 이 수요를 확률분포로 변환할 수 있다. 결과는 3열에 나와 있다.

2단계. 각 변수에 대한 누적 확률분포 만들기. 표 F.2의 3열과 같은 표준적인 확률분포에서 **누적 확률분포**(cumulative probability distribution)로의 변환은 쉬운 작업이다. 4열에서 각 수요 수준에 대한 누적 확률은 이전 누적 확률에 확률 열(3열)의 숫자를 더한 값임을 알 수 있다.

3단계. 난수 간격 설정하기. 시뮬레이션에서 각 변수에 대한 누적 확률분포를 설정했으면 가능한 값이나 결과를 나타내는 일련의 숫자를 할당해야 한다. 이를 **난수 간격**(random-number interval)이라고 한다. 기본적으로 **난수**(random number)는 일련의 숫자(예: 01, 02, …, 98, 99, 00의 두 자리 수)로, 각 난수가 선택될 가능성이 동일한 과정인 완전히 임의적인 과정에 의해 선택된다.

누적 확률분포
특정 분포에서 개별 확률의 누적치

난수 간격
컴퓨터 시뮬레이션에서 나타날 수 있는 개별 값 또는 결과를 나타내는 숫자 집합

난수
완전히 무작위 과정에 의해 선택된 일련의 숫자

표 F.4 두 자리 난수표

52	06	50	88	53	30	10	47	99	37	66	91	35	32	00	84	57	07
37	63	28	02	74	35	24	03	29	60	74	85	90	73	59	55	17	60
82	57	68	28	05	94	03	11	27	79	90	87	92	41	09	25	36	77
69	02	36	49	71	99	32	10	75	21	95	90	94	38	97	71	72	49
98	94	90	36	06	78	23	67	89	85	29	21	25	73	69	34	85	76
96	52	62	87	49	56	59	23	78	71	72	90	57	01	98	57	31	95
33	69	27	21	11	60	95	89	68	48	17	89	34	09	93	50	44	51
50	33	50	95	13	44	34	62	64	39	55	29	30	64	49	44	30	16
88	32	18	50	62	57	34	56	62	31	15	40	90	34	51	95	26	14
90	30	36	24	69	82	51	74	30	35	36	85	01	55	92	64	09	85
50	48	61	18	85	23	08	54	17	12	80	69	24	84	92	16	49	59
27	88	21	62	69	64	48	31	12	73	02	68	00	16	16	46	13	85
45	14	46	32	13	49	66	62	74	41	86	98	92	98	84	54	33	40
81	02	01	78	82	74	97	37	45	31	94	99	42	49	27	64	89	42
66	83	14	74	27	76	03	33	11	97	59	81	72	00	64	61	13	52
74	05	81	82	93	09	96	33	52	78	13	06	28	30	94	23	37	39
30	34	87	01	74	11	46	82	59	94	25	34	32	23	17	01	58	73
59	55	72	33	62	13	74	68	22	44	42	09	32	46	71	79	45	89
67	09	80	98	99	25	77	50	03	32	36	63	65	75	94	19	95	88
60	77	46	63	71	69	44	22	03	85	14	48	69	13	30	50	33	24
60	08	19	29	36	72	30	27	50	64	85	72	75	29	87	05	75	01
80	45	86	99	02	34	87	08	86	84	49	76	24	08	01	86	29	11
53	84	49	63	26	65	72	84	85	63	26	02	75	26	92	62	40	67
69	84	12	94	51	36	17	02	15	29	16	52	56	43	26	22	08	62
37	77	13	10	02	18	31	19	32	85	31	94	81	43	31	58	33	51

출처: *A Million Random Digits with 100,000 Normal Deviates.* New York: The Free Press, 1995. Used by permission.

예를 들어 Barry's Auto Tire의 타이어 수요가 하루에 0개일 확률이 5%라면 0개 수요에 해당하는 난수의 5%가 필요하다. 총 100개의 두 자리 숫자가 시뮬레이션에 사용되는 경우 처음 5개의 난수(01, 02, 03, 04, 051)를 0개 수요에 할당할 수 있다.[1] 그런 다음 01에서 05까지의 숫자 중 하나가 뽑힐 때마다 0개 수요에 대한 시뮬레이션 수요가 생성된다. 타이어 수요가 하루에 1개일 가능성이 10%인 경우 다음 10개의 난수(06, 07, 08, 09, 10, 11, 12, 13, 14, 15)가 해당 수요를 나타내며 다른 수요 수준에 대해서도 마찬가지이다.

유사하게, 우리는 표 F.3에서 오른쪽 열 각 난수 간격의 길이가 일일 수요 빈도 각각에 1을 부여한 것과 같음을 볼 수 있다. 따라서 3개의 타이어 일일 수요에 난수를 할당할 때 난수 간격(36~65)의 범위는 해당 결과의 확률(또는 비율)과 정확히 일치한다. 3개의 타이어 일일 수요는 30%의 확률로 발생한다. 35보다 크고 65를 포함해 30개의 모든 난수가 해당 수요에 할당된다.

4단계. 난수 생성하기. 시뮬레이션을 할 때 난수는 두 가지 방법으로 생성될 수 있다. 문제가 크거나 많은 시뮬레이션을 수행해야 하는 연구 대상이면 컴퓨터 프로그램을 사용해 필요한 난수를 생성할 수 있다. 시뮬레이션을 손으로 수행하는 경우 숫자는 난수표에서 선택할 수 있다.

5단계. 실험 시뮬레이션하기. 표 F.4에서 난수를 선택해 실험 결과를 시뮬레이션할 수 있다. 표의 아무 곳에서나 시작해 각 숫자가 속하는 표 F.3의 난수 간격에 표시하고 이에 해당하는 수요를 선택한다. 예를 들어 선택된 난수가 81이고 난수 간격 66에서 85가 4개의 타이어에 대한 일일 수요를 나타내는 경우 4개의 타이어에 대한 수요를 선택한다. 예제 F1은 시뮬레이션을 더 깊이 다룬다.

예제 F1

수요 시뮬레이션하기

Barry's Auto Tire는 10일간의 타이어 수요를 시뮬레이션하려고 한다.

접근방법 ▶ 앞서 우리는 몬테카를로 방법의 1단계, 2단계(표 F.2)와 3단계(표 F.3)를 거쳤다. 이제 난수를 생성하고(4단계) 수요를 시뮬레이션해야 한다(5단계).

해결방법 ▶ 왼쪽 상단 모서리에서 시작해 첫 번째 열 아래로 계속 내려가면서 표 F.4에서 필요한 난수를 선택하고 해당 일일 수요를 기록한다.

일자	난수	일일 수요 시뮬레이션 결과
1	52	3
2	37	3
3	82	4
4	69	4
5	98	5
6	96	5
7	33	2
8	50	3
9	88	5
10	90	5
		39 10일간의 총수요
		39/10 = 3.9 = 일평균 타이어 수요

통찰력 ▶ 이 10일간의 시뮬레이션에서 일평균 3.9개 타이어 수요가 표 F.3의 데이터에서 계산할 수 있는 기대 일일 수요와 상당히 다르다는 점에 주목해야 한다.

$$\begin{aligned}\text{기대 수요} &= \sum_{i=0}^{5}(i\text{단위의 확률}) \times (i\text{단위의 수요})\\ &= (.05)(0) + (.10)(1) + (.20)(2) + (.30)(3) + (.20)(4) + (.15)(5)\\ &= 0 + .1 + .4 + .9 + .8 + .75\\ &= 2.95\text{개 타이어}\end{aligned}$$

이 시뮬레이션을 수백, 수천 번 반복하면 평균 시뮬레이션 수요는 기대 수요와 같아질 것이다.

학습 연습 ▶ 이번에는 표 F.4의 2열에 있는 난수를 사용해 10일을 다시 시뮬레이션하라. 일평균 수요는 얼마인가? [답: 2.5]

OM in Action 시뮬레이션을 통한 스타벅스의 엉킨 대기줄 문제 해결

컴퓨터 화면의 애니메이션이 고무적이지 않다. 스타벅스는 '가상' 매장에서 따뜻한 샌드위치와 빵을 주문하는 고객의 디지털 시뮬레이션을 실행하고 있다.

처음에는 애니메이션 된 매니저들이 주문을 준비하면서 바쁘게 일하며 일이 잘 진행되는 것처럼 보인다. 그러나 그들은 주문을 따라갈 수가 없다. 곧 손님들이 줄을 서고 1인당 3분 이내 서비스 목표는 무너진다. 줄은 고객이 스낵이나 음료를 기다릴 가치가 없다고 결정하는 점에 빠르게 도달한다. 이를 대기 행렬 이론에서 '이탈 시점'이라고 한다.

스타벅스에게 다행인 것은 프라푸치노와 디카페인 슬림 라테를 먹지 못하고 떠나는 사람은 가상고객이라는 것이다. 시뮬레이션은 현장에서 같은 장면이 반복되기 전에 운영관리자가 임시 상황의 원인을 찾는 데 도움이 된다.

시뮬레이션 소프트웨어는 자본 지출이 어느 시점에 다 회수될 것인지를 찾는 데도 사용된다. 스타벅스와 같은 대형 체인점에서는 사소한 장비만 추가해도 큰 숫자가 된다. 76개국에 있는 27,000개 이상의 스타벅스 매장에서 각각 200달러짜리 믹서기를 사용하려면 수백만 달러가 소요된다.

출처: www.news.starbucks.com/news; *The Wall Street Journal*(August 4, 2009); slideshare.net(April 25, 2015).

당연히 예제 F1과 같은 짧은 시뮬레이션을 통해 기업의 운영에 대해 확고하고 빠른 결론을 도출하는 것은 위험하다. 단 하나의 변수만 포함하는 단순한 모델을 시뮬레이션하는 노력을 실제로 기울일 사람은 거의 없다. 그러나 손으로 시뮬레이션하는 것은 관련된 중요한 원칙을 보여줄 수 있고 작은 규모 연구에도 유용하다.

2개의 의사결정변수를 갖는 시뮬레이션: 재고 관리 예제

시뮬레이션할 변수가 하나 이상 있을 때가 많다. 예제 F1에서는 타이어에 대한 수요가 변수였다. 그러나 많은 운영관리 의사결정에는 여러 변수를 고려해야 한다. 대기 행렬 상황에서는 도착 시간 간격과 서비스 시간이 될 수 있다. 재고 관리 문제에서는 12장에서 보았듯이 수요와 납기 둘 다 변수가 된다(상수가 아님).

이 절에서는 2개의 의사결정변수와 2개의 확률적 구성요소가 있는 재고 관리 문제를 제시한다. 예제 F2의 철물점 주인은 확률적 (불확실한) 일별 수요와 재주문 납기가 있는 특정 제품에 대한 주문 수량 및 재주문점 의사결정을 하려고 한다. 그는 제품의 총 재고 비용을 최소화하기 위해 다양한 주문 수량과 재주문점을 시도해보는 일련의 시뮬레이션을 실행하려고 한다. 이 경우 재고 비용에는 주문, 보유, 재고 부족 비용이 포함된다.

예제 F2

2개의 변수가 있는 재고 관리 시뮬레이션

미국 네바다주 리노에 있는 Simkin 철물점에서는 에이스(Ace) 모델 전동 드릴을 판매한다. 이 특정 제품에 대한 일별 수요는 상대적으로 낮지만 약간의 변동이 있을 수 있다. 납기도 가변적인 경향이 있다. 마크 심킨(Mark Simkin)은 재주문점이 5개인 드릴 10개를 주문하는 재고 관리 정책을 시험하는 시뮬레이션을 개발하고자 한다. 다시 말해 하루 업무가 끝날 때 재고 수준이 5개 이하일 때마다 심킨은 그날 저녁 공급업체에 전화를 걸어 드릴 10개를 더 주문한다. 심킨은 납기가 1일이면 주문이 다음 날 아침에 도착하지 않고 그다음 날 영업이 시작할 때 될 것이라고 알고 있다. 품절이 되면 주문이 이월되지 않고 품절 손실이 된다.

접근방법 ▶ 심킨은 몬테카를로 시뮬레이션 과정의 5단계를 따르고자 한다.

해결방법 ▶ 지난 300일 동안 심킨은 표 F.5의 2열에 표시된 판매를 관찰했다. 그는 판매 빈도를 일별 수요에 대한 확률분포로 변환했다(3열). 누적 확률분포는 표 F.5의 4열에 만들어 두었다. 마지막으로 심킨은 각 일별 수요를 나타내는 난수 간격을 설정했다(5열).

학습목표 F.3
재고 관리 문제를 시뮬레이션해본다.

표 F.5 에이스 드릴 일별 수요 확률과 난수 간격

(1) 에이스 드릴 수요	(2) 빈도	(3) 확률	(4) 누적 확률	(5) 난수 간격
0	15	.05	.05	01에서 05까지
1	30	.10	.15	06에서 15까지
2	60	.20	.35	16에서 35까지
3	120	.40	.75	36에서 75까지
4	45	.15	.90	76에서 90까지
5	30	.10	1.00	91에서 00까지
	300일	1.00		

심킨이 드릴 재고 보충을 위해 주문하면 1~3일의 배송 지연이 있다. 이는 납기가 확률변수로 간주되는 것을 의미한다. 지난 50건의 주문을 받는 데 걸린 일수는 표 F.6에 나와 있다. 수요변수 생성과 유사한 방식으로 심킨은 납기 변수에 대한 확률분포를 설정하고(표 F.6의 열 3), 누적 분포(열 4)를

표 F.6 재주문 조달 납기 확률과 난수 간격

(1) 납기	(2) 빈도	(3) 확률	(4) 누적 확률	(5) 난수 간격
1	10	.20	.20	01에서 20까지
2	25	.50	.70	21에서 70까지
3	15	.30	1.00	71에서 00까지
	주문 개수 50개	1.00		

계산하고 난수 간격을 할당했다(5열).

전체 과정은 표 F.7에서 10일 동안 시뮬레이션된다. 초기 재고(3열)는 1일 차에 10개라고 가정한다. 표 F.4의 2열에서 난수(4열)를 가져왔다.

표 F.7 철물점 첫 번째 재고 관리 시뮬레이션. 주문 수량 = 10개, 재주문점 = 5개

(1) 일	(2) 받은 수량	(3) 시작 재고	(4) 난수	(5) 수요	(6) 종료 재고	(7) 품절 손실	(8) 주문	(9) 난수	(10) 납기
1		10	06	1	9	0	아니요		
2	0	9	63	3	6	0	아니요		
3	0	6	57	3	3[a]	0	예	02[b]	1
4	0	3	94[c]	5	0	2	아니요[d]		
5	10[e]	10	52	3	7	0	아니요		
6	0	7	69	3	4	0	예	33	2
7	0	4	32	2	2	0	아니요		
8	0	2	30	2	0	0	아니요		
9	10[f]	10	48	3	7	0	아니요		
10	0	7	88	4	3	0	예	14	1
					합계: 41	2			

[a] 처음으로 드릴 재고가 재주문점인 5개로 떨어진다. 미결 주문이 없었기 때문에 주문이 접수된다.

[b] 첫 번째 납기를 나타내기 위해 난수 02가 생성된다. 난수는 표 F.4의 2열에서 가져왔다. 원한다면 납기 난수 추출을 위해 별도의 열을 사용할 수도 있지만 이 예제에서는 그렇게 하지 않았다.

[c] 다시 말하지만, 납기 예측에 난수 02가 사용되었음을 주목하라(각주 b 참조). 따라서 해당 열의 다음 숫자는 94이다.

[d] 아직 도착하지 않은 전날의 미결 주문이 있기 때문에 4일째에는 주문이 접수되지 않았다.

[e] 첫 주문의 납기는 1일이지만 본문에 나와 있는 것처럼 주문은 다음 날 아침에 도착하지 않고 그다음 날 영업 시작 시간에 도착한다. 따라서 첫 번째 주문은 5일째 영업이 시작될 때 도착한다.

[f] 이것은 6일째 영업 종료 시점에 발주한 주문이 도착한 것이다. 심킨에게는 다행스럽게도 주문이 도착하기 전 2일의 납기 기간 동안 품절 손실이 발생하지 않았다.

표 F.7은 왼쪽에서 오른쪽으로 한 번에 1일(또는 한 줄)씩 진행해 작성되었다. 이것은 4단계 과정을 따른다.

1. 주문한 재고가 방금 도착했는지 확인해 시뮬레이션된 각 하루를 시작한다. 도착한 경우 주문 수량만큼 현재 재고를 늘린다(이 경우 10개).
2. 수요 확률분포에서 선택한 난수를 가지고 일일 수요를 생성한다.
3. 계산: 종료 재고 = 시작 저고에서 수요를 뺀 값. 보유 재고가 당일 수요를 충족시키기에 부족한 경우 최대한 많은 수요를 충족시키고 나머지는 품절 손실로 기록한다.
4. 당일 종료 재고가 재주문점(5개)에 도달했는지 확인한다. 재주문점이고, 미결 주문이 없는 경우 주문한다. 새로운 주문에 더한 납기는 표 F.6의 분포에 해당하는 선택된 난수로 시뮬레이션한다.

통찰력 ▶ 심킨의 재고 관리 시뮬레이션은 몇 가지 흥미로운 결과를 도출한다. 평균 일별 종료 재고는 다음과 같다.

$$\text{평균 종료 재고} = \frac{\text{총 41대}}{\text{10 일}} = \text{4.1대/일}$$

또한 일별 평균 품절 손실과 주문 건수를 확인한다.

$$\text{평균 품절 손실} = \frac{\text{2번 품절 손실}}{\text{10 일}} = \text{0.2대/일}$$

$$\text{평균 주문 수} = \frac{\text{3번 주문}}{\text{10 일}} = \text{0.3번 주문/일}$$

학습 연습▶ 10일째의 난수가 88과 14가 아니라 04와 93이라면 위의 3개의 일평균은 어떻게 변하는가? [답: 4.4, 0.2(변경 없음), 0.2]

예제 F2까지 풀어보았으니 매우 중요한 점을 강조하고 싶다: 검사 중인 주문 정책의 비용에 대한 결론을 내리기 전에 시뮬레이션을 더 오래 연장해야 한다. 손으로 하는 시뮬레이션이 수행되는 경우 100일이 더 나은 결과를 제공한다. 컴퓨터가 계산을 수행하는 경우는 정확한 비용 예측치에 도달하는 데 1,000일 정도가 도움이 될 것 같다. (또한 1,000일 시뮬레이션을 하더라도 생성된 분포를 원하는 분포와 비교해야 유효한 결과를 얻을 수 있음을 기억하라.)

요약

시뮬레이션에는 실제 운영 시스템처럼 작동하는 수학적 모델을 구축하는 작업이 포함된다. 이러한 방식으로 실제 시스템에 부하를 주지 않으면서 실제 상황을 연구할 수 있다. 시뮬레이션 모델은 손으로도 구성할 수 있지만 일반적으로 컴퓨터 시뮬레이션이 더 바람직하다. 몬테카를로 접근 방법은 난수를 사용해 재고관리 수요량 또는 대기 행렬에 기다리는 사람의 수와 같은 변수를 나타내는 데 사용하며, 이러한 변수는 일련의 시도를 통해 시뮬레이션 된다. 시뮬레이션은 일반적으로 장점이 단점보다 많기 때문에 운영관리 도구로 널리 사용된다.

핵심 용어

난수(random number)
난수 간격(random-number intervals)
누적 확률분포(cumulative probability distribution)
몬테카를로 방법(monte carlo method)
시뮬레이션(simulation)

토론 문제

1. '문제 정의'로 시작해 운영관리자가 시뮬레이션을 사용해 문제를 분석할 때 수행해야 하는 7단계를 설명하라.
2. 운영관리자는 어떻게 시뮬레이션 모델을 성공적으로 사용할 수 있는가?
3. 운영관리자는 시뮬레이션 모델의 결과를 볼 때 무엇을 염두에 두어야 하는가?
4. 시뮬레이션한 평균 수요와 기대 평균 수요의 차이를 설명하라.
5. 몬테카를로 시뮬레이션 모델의 입력값으로 누적 분포를 사용하는 것이 좋은 이유는 무엇인가?
6. 실행할 때마다 시뮬레이션 결과가 다른 이유는 무엇인가?
7. 몬테카를로 시뮬레이션이란 무엇인가? 기저에 깔린 원칙은 무엇이며 적용 시 어떤 단계를 따라야 하는가?
8. 시뮬레이션이 비즈니스에서 사용되는 여섯 가지 방법을 나열하라.
9. 시뮬레이션이 널리 사용되는 기법인 이유는 무엇인가?
10. 특수 목적 시뮬레이션 언어의 장점은 무엇인가?(아래 참조)
11. Simkin 철물점의 전동 드릴 주문 정책 시뮬레이션에서(예제

F2), 더 긴 기간을 시뮬레이션하면 결과(표 F.7)가 크게 변경되는가? 10일 시뮬레이션이 유효하거나 유효하지 않은 이유는 무엇인가?

12. 적절한 모델을 얻기 위해 몬테카를로 시뮬레이션을 몇 번 실행해야 하는가? 모델마다 다른 이유는 무엇인가?

13. 관리자가 다음과 같은 문제를 처리할 때 분석적 모델 대신 시뮬레이션을 사용해야 하는 이유는 무엇인가?
(a) 재고 주문 정책
(b) 하역을 위해 항구에 정박하는 선박
(c) 은행 창구 직원 서비스 운영 시간
(d) 미국 경제

문제 해결

문제 해결 F.1

Higgins Plumbing and Heating은 주택 소유자에게 판매하고 설치해주는 30갤런짜리 온수기 재고를 가지고 있다. 소유주인 짐 히긴스(Jim Higgins)는 고객의 수요를 충족시키기 위해 많은 양의 재고를 가지고 있는 것을 좋아한다. 그러나 비용이 많이 든다는 것도 알고 있다. 그는 지난 50주 동안 온수기 판매를 조사하고 다음과 같이 기록했다.

주별 온수기 판매량	해당 숫자로 온수기가 팔린 주 빈도
4	6
5	5
6	9
7	12
8	8
9	7
10	3
	총 50주 자료

(a) 히긴스가 매주 8개의 온수기를 일정하게 재고로 가지고 있으면 20주 시뮬레이션을 하는 동안 몇 번이나 품절될 것인가? 난수 10부터 시작해 표 F.4의 7번째 열에 있는 난수를 사용하라.

(b) 20주 동안 주당 평균 판매량은 얼마인가?

(c) 분석적 비시뮬레이션 기법을 사용해 주당 기대 판매량을 결정하라. 이것은 (b)문항의 답과 비교하면 어떠한가?

해결책

온수기 판매량	확률	누적 확률	난수 구간
4	.12	.12	01에서 12까지
5	.10	.22	13에서 22까지
6	.18	.40	23에서 40까지
7	.24	.64	41에서 64까지
8	.16	.80	65에서 80까지
9	.14	.94	81에서 94까지
10	.06	1.00	95에서 00까지
	1.00		

(a)

주	난수	시뮬레이션된 판매량	주	난수	시뮬레이션된 판매량
1	10	4	11	08	4
2	24	6	12	48	7
3	03	4	13	66	8
4	32	6	14	97	10
5	23	6	15	03	4
6	59	7	16	96	10
7	95	10	17	46	7
8	34	6	18	74	8
9	34	6	19	77	8
10	51	7	20	44	7

8개의 온수기를 주별 재고로 유지하면 히긴스는 20주 동안 세 번의 품절(7주, 14주, 16주)을 경험한다.

(b) 시뮬레이션된 평균 매출량 = 총매출량/20주 = 135/20 = 주당 6.75대

(c) 기댓값을 사용하면 다음과 같다.

$$\text{기댓값(매출)} = .12(4\text{대}) + .10(5) + .18(6) + .24(7) + .16(8) + .14(9) + .06(10) = 6.88\text{대}$$

더 길게 시뮬레이션하면 이 두 가지 접근 방법의 값은 더 가깝게 도달한다.

문제 해결 F.2

난수를 사용해 연속 분포를 시뮬레이션할 수 있다. 간단한 예로서 고정비용이 300달러이고 이익 기여가 판매 단위당 10달러이며 0에서 99단위까지 판매될 가능성이 동일할 것으로 예상한다고 가정한다. 즉 이익은 −$300 + 10X$이며, 여기서 X는 판매량이다. 예상되는 평균 판매량은 49.5단위이다.

(a) 기댓값을 계산한다.

(b) 무작위로 선택된 두 자리 난수를 사용해 5번의 판매를 시뮬레이션하라.

37　77　13　10　85

(c) (b)문항의 기댓값을 계산하고 (a)문항의 결과와 비교하라.

해결책

(a) 기댓값 = −300 + 10(49.5) = 195달러

(b) −300 + $10(37) = 70달러

−300 + $10(77) = 470달러

−300 + $10(13) = −170달러

−300 + $10(10) = −200달러

−300 + $10(85) = 550달러

(c) 이러한 시뮬레이션된 평균 판매량은 144달러이다. 표본 크기가 더 크면 두 값이 더 가까울 것으로 예상된다.

연습 문제

Px 윈도우용 POM 또는 엑셀 OM으로 문제를 해결할 수 있음

다음 문제에는 손으로 수행할 수 있는 시뮬레이션이 포함된다. 그러나 정확하고 의미 있는 결과를 얻으려면 긴 구간을 시뮬레이션해야 한다. 이 작업은 일반적으로 컴퓨터에서 처리한다. 엑셀이나 익숙한 컴퓨터 언어로 일부 문제를 프로그래밍할 수 있다면 그렇게 하는 것이 좋다. 그렇지 않은 경우에도 손으로 수행하는 시뮬레이션은 시뮬레이션 과정을 이해하는 데 도움이 된다.

문제 F.1~F.15는 몬테카를로 시뮬레이션과 관련이 있다.

• **F.1** 미국 오하이오대학교 식당 자동판매기에서 참치 샌드위치의 일별 수요는 8, 9, 10, 11개이고 확률은 각각 0.4, 0.3, 0.2, 0.1이다. 09, 55, 73, 67, 53, 59, 04, 23, 88, 84의 난수가 생성되었다고 가정한다. 이 숫자를 사용해 10일 동안 일별 샌드위치 판매량을 시뮬레이션하라. Px

• **F.2** 유웬 첸(Yuwen Chen)의 공장에서 하루의 기계 고장 대수는 0, 1, 2대이고 확률은 각각 0.5, 0.3, 0.2이다. 다음과 같이 난수가 생성되었다: 13, 14, 02, 18, 31, 19, 32, 85, 31, 94. 이 숫자를 사용해 연속 10일 동안의 고장 대수를 시뮬레이션하라. 고장이 한 번 이상 발생한 날은 10일 중 며칠인가? Px

• **F.3** 안내 창구로 걸려오는 전화와 전화 사이의 시간 간격은 평균 3분의 푸아송 분포를 따르는 변수로 볼 수 있으며 통화 시간은 이산변수로 볼 수 있다. 다음 표는 수신 통화 횟수(푸아송 분포에서 생성)의 확률분포와 각 통화 지속 시간을 보여준다.

걸려온 전화 횟수	0	1	2	3	4	5	6
확률	0.05	0.15	0.23	0.22	0.18	0.11	0.06

통화 지속 시간	2	3	4	5	6
확률	0.07	0.35	0.31	0.20	0.07

걸려온 처음 10번의 전화에 대해 몬테카를로 시뮬레이션을 시행하라. 한 고객의 대략적인 대기 시간은 얼마이고 10통의 전화를 모두 받는 데 시간은 얼마나 걸리는가? 각 통화의 평균 지속 시간은 얼마인가?

• **F.4** 바버라 플린(Barbara Flynn)은 신문 가판대에서 0.35달러에 신문을 판매한다. 신문 원가가 0.25달러라서 신문을 팔 때마다 0.10달러의 이윤을 얻는다. 과거 경험을 통해 바버라는 다음을 알고 있다.

(a) 20%의 시간 동안 그녀는 100부의 신문을 판다.

(b) 20%의 시간 동안 그녀는 150부의 신문을 판다.

(c) 30%의 시간 동안 그녀는 200부의 신문을 판다.

(d) 30%의 시간 동안 그녀는 250부의 신문을 판다.

바버라가 품절 손실 비용은 0.05달러이고 재고 손실 비용은 0.25달러라고 믿고 있다고 가정하고 5일 동안 매일 200부의 신문을 주문하는 경우 이익이 어느 정도일지 시뮬레이션하라. 52, 06, 50, 88, 53과 같은 난수를 사용한다. Px

•• **F.5** 아놀드파머병원(Arnold Palmer Hospital)은 주말에 사용하는 응급 수술 키트의 수를 연구하고 있다. 지난 40주 동안 사용한 키트 수는 다음과 같다.

키트 사용 수	빈도
4	4
5	6
6	10
7	12
8	8

다음과 같이 난수가 생성되었다: 11, 52, 59, 22, 03, 03, 50, 86,

85, 15, 32, 47. 12번의 주말 동안 응급 수술 키트 사용 수를 시뮬레이션하라. 이 12번의 주말 동안 사용한 키트의 평균 수량은 얼마인가? Px

• **F.6** 수전 쉬어러(Susan Sherer)의 식료품점은 상점의 계산대 3곳에 도착하는 사람들의 수와 계산하는 데 걸리는 시간과 관련해 다음과 같이 기록했다.

도착 간격(분)	빈도
0	.3
1	.5
2	.2

계산 시간(분)	빈도
1	.1
2	.3
3	.4
4	.2

07, 60, 77, 49, 76, 95, 51, 16, 14의 난수를 사용해 5분 동안 계산대 3개의 활용도를 시뮬레이션하라. 5분 간격으로 결과를 기록하고, 시간은 0에서 시작한다. Px

• **F.7** Mary Beth Marrs Corp.의 창고 관리자는 표준 모델에 맞지 않는 제품에 대한 수요량을 시뮬레이션해야 한다. 측정할 개념은 납기와 일별 수요가 모두 변수인 '납기 중 수요'이다. 누적 분포와 함께 이 제품에 대한 기록 자료가 표에 있다. 다음 5개의 주문 주기를 시뮬레이션하기 위해 난수가 생성되었다: 91, 45, 37, 65, 51. 다섯 가지 수요량은 얼마인가? 평균 수요량은 얼마인가?

납기 중 수요량	확률	누적 확률
100	.01	.01
120	.15	.16
140	.30	.46
160	.15	.61
180	.04	.65
200	.10	.75
220	.25	1.00

Px

• **F.8** Phantom Controls는 시카고 시내의 다층 건물에 설치된 엘리베이터의 제어 회로 상자를 모니터링하고 수리한다. 회사는 108개의 건물에 대한 계약을 체결했다. 상자가 오작동을 일으키면 팬텀은 새 상자를 설치하고 미국 인디애나주 게리에 있는 수리 시설에서 오작동한 상자를 재건한다. 지난 2년 동안 오작동한 상자에 대한 자료는 다음 표에 나와 있다.

월별 오작동한 상자 수	확률
0	.10
1	.14
2	.26
3	.20
4	.18
5	.12

이 회사의 2년간(24개월) 운영을 시뮬레이션하고 시뮬레이션된 월 평균 오작동한 상자 수를 파악하라. 운영 3개월 동안 7개 미만의 고장이 발생하는 것이 일반적인가? (표 F.4의 10번째 열, 난수 = 37에서부터 시뮬레이션을 시작하고 열을 따라 아래로 내려간다.) Px

• **F.9** 지난 200시간 동안 미국 메인주 오로노(Orono)에 있는 Patti Miles Car Wash에 도착한 차량 수는 다음과 같다.

도착한 차량 대수	빈도
3대 이하	0
4	20
5	30
6	50
7	60
8	40
9대 이상	0
	200

(a) 차량 도착 변수에 대한 확률과 누적 확률분포를 설정하라.
(b) 변수에 대한 난수 간격을 설정하라.
(c) 15시간의 차량 도착을 시뮬레이션하고 시간당 평균 도착 수를 계산하라. 표 F.4의 1열에서 52로 시작하는 필요한 난수를 선택하라. Px

•• **F.10** 레너드 프레스비(Leonard Presby)의 신문 가판대는 익일 신문 주문에 고지식한 예측을 사용한다. 주문한 신문의 수는 전날의 수요량에 해당한다. 오늘의 신문 수요량은 22부였다. 프레스비는 신문을 0.20달러에 사서 0.50달러에 판다. 신문이 모자라는 수요가 있을 때마다 프레스비는 손실된 영업권 비용을 0.10달러로 추정한다. 다음 표를 완성하고 질문에 답하라.

수요량	확률
21	.25
22	.15
23	.10
24	.20
25	.30

일자	신문 주문량	난수	수요량	수익	비용	영업권 비용	순이익
1	22	37					
2		19					
3		52					
4		8					
5		22					
6		61					

(a) 3일 차 수요량은 얼마인가?
(b) 6일 후의 총순이익은 얼마인가?
(c) 6일 차의 영업권 손실은 얼마인가?
(d) 2일 차의 순이익은 얼마인가?
(e) 프레스비는 5일 차에 신문을 얼마나 주문했는가? Px

•• **F.11** 사우스웨스턴대학교(Southwestern University)의 지난 8년 동안 모든 미식축구 홈 경기는 매진되었다. 티켓 판매 수익도 상당하지만 음식, 음료, 기념품 판매는 축구 프로그램의 전반적인 수익성에 크게 기여했다. 한 가지 특별한 기념품은 각 게임의 미식축구 프로그램이다. 각 게임마다 판매되는 프로그램의 수는 다음 표에 주어진 확률 분포로 설명된다.

프로그램 판매량	확률
2,300	0.15
2,400	0.22
2,500	0.24
2,600	0.21
2,700	0.18

각 프로그램의 제작비용은 0.80달러이며 판매가는 2.00달러이다. 판매되지 않은 프로그램은 재활용 센터에 기부되며 수익이 발생하지 않는다.

(a) 10개 미식축구 경기의 프로그램 판매를 시뮬레이션하라. 난수표의 마지막 열(표 F.4)을 사용하고 열의 맨 위에서 시작한다.
(b) 대학이 각 게임에 대해 2,500부의 프로그램을 인쇄하기로 결정했다면 시뮬레이션된 10개 게임의 평균 수익은 얼마인가?
(c) 대학이 각 게임에 대해 2,600부의 프로그램을 인쇄하기로 결정했다면 시뮬레이션된 10개 게임의 평균 수익은 얼마인가? Px

• **F.12** Higgins Plumbing and Heating을 다루는 문제 해결 F.1의 자료를 참조하라. 히긴스는 이제 100주 동안의 자료를 수집하고 다음과 같이 판매량 분포를 파악했다.

주별 온수기 판매량	해당 수량이 팔린 주 빈도	주별 온수기 판매량	해당 수량이 팔린 주 빈도
3	2	8	12
4	9	9	12
5	10	10	10
6	15	11	5
7	25		100

(a) 히긴스가 8개의 온수기를 일정하게 재고로 유지한다고 가정하고 20주 동안 발생한 품절 횟수를 시뮬레이션하라(표 F.4의 7번째 열 사용).
(b) 이 20주 시뮬레이션을 두 번 더 수행하고 답을 (a)문항의 답과 비교하라. 큰 변화가 있는가? 그런 이유나 그렇지 않은 이유는 무엇인가?
(c) 새로운 주당 기대 판매량은 얼마인가? Px

• **F.13** Adventure Rafting은 콜로라도강에서 뗏목을 운영한다. 이 회사는 창고에 8개의 뗏목을 가지고 있다. 6월과 7월의 바쁜 달 동안 뗏목에 대한 수요는 각각 0.1, 0.3, 0.3, 0.2, 0.1의 확률로 4, 5, 6, 7, 8개였다. 표 F.4를 사용해 회사가 연속 10일 동안 필요로 하는 뗏목의 수를 시뮬레이션하라. 열 번호 4의 맨 위에서 시작해(난수 = 88) 표에서 아래로 이동해(두 번째 번호 = 02) 나머지 번호를 찾아라. Px

• **F.14** 지난 50시간 동안 마크 코핀(Mark Coffin)의 셀프 주유소에 도착한 차량 수는 다음과 같다.

도착 차량 대수	6	7	8	9
확률	10	12	20	8

다음과 같이 난수가 생성되었다: 44, 30, 26, 09, 49, 13, 33, 89, 13, 37. 10시간 동안 차량 도착에 대해 시뮬레이션하라. 이 기간 동안의 평균 도착 차량은 몇 대인가? Px

• **F.15** Woodworth Property Management는 미국 뉴멕시코주 엘파소에 있는 대형 아파트 단지의 유지보수, 임대, 일상적인 운영을 책임지고 있다. 브루스 우드워스(Bruce Woodworth)는 특히 에어컨 냉매 압축기 교체 비용에 대해 우려하고 있다. 그는 향후 20년 동안 매년 압축기 고장 횟수를 시뮬레이션하려고 한다. 자신이 관리하는 유사한 아파트 건물의 자료를 사용해 우드워스는 1년 동안의 상대적 실패 빈도에 대해 다음과 같은 표를 작성했다.

압축기 고장 횟수	0	1	2	3	4	5	6
확률 (상대 빈도)	0.06	0.13	0.25	0.28	0.20	0.07	0.01

그는 표 F.4의 3열(난수 50부터 시작)에서 두 자리 난수를 선택해 20년 기간을 시뮬레이션하기로 결정했다. Woodworth에 대한 시뮬레이션을 시행하라. 연속 3년 이상 연간 2대 이하의 압축기 고장을 유지하는 것이 일반적인가? Px

문제 F.16~F.20은 2개의 의사결정변수를 갖는 시뮬레이션: 재고 관리 예제와 관련이 있다.

•• **F.16** 배리 하몬(Barry Harmon)의 패스트푸드점 드라이브 스루 창구에 다음 차량이 도착하기까지의 시간 간격은 표에 나와 있는 분포를 따른다. 서비스 시간 분포도 주어졌다. 제공된 난수를 사용해 처음 4대의 도착을 시뮬레이션하라. 가게는 오전 11시에 열고 첫 번째 도착은 그 이후에 발생한다고 가정한다.

다음 차량 도착 간격	확률	서비스 시간	확률
1	.2	1	.3
2	.3	2	.5
3	.3	3	.2
4	.2		

도착 간격에 대한 난수: 14, 74, 27, 03
서비스 시간에 대한 난수: 88, 32, 36, 24
네 번째 고객은 몇 시에 레스토랑을 떠나는가? Px

••• **F.17** 미국 펜실베이니아주 요크에 있는 Central Hospital에는 6개의 과로 나뉜 응급실이 있다: (1) 경미한 문제를 치료하거나 진단을 내리기 위한 초기 검사실, (2) 엑스레이실, (3) 수술실, (4) 석고붕대 고정실, (5) 관찰실(최종 진단 또는 퇴원 전 회복과 일반 관찰을 위한 곳), (6) 퇴원 원무과(직원이 환자를 확인하고 정산 또는 보험 양식을 준비하는 곳).

환자가 한 과에서 다른 과로 이동할 확률은 다음 표에 나와 있다.

~에서	~로	확률
응급실 입구 초기 검사실	엑스레이실	.45
	수술실	.15
	관찰실	.10
	퇴원 원무과	.30
엑스레이실	수술실	.10
	석고붕대 고정실	.25
	관찰실	.35
	퇴원 원무과	.30
수술실	석고붕대 고정실	.25
	관찰실	.70
	퇴원 원무과	.05
석고붕대 고정실	관찰실	.55
	엑스레이실	.05
	퇴원 원무과	.40
관찰실	수술실	.15
	엑스레이실	.15
	퇴원 원무과	.70

(a) 10명의 응급실 환자가 움직이는 동선을 시뮬레이션하라. 한 번에 환자 1명씩 초기 검사실에 입장한 후 퇴원 원무과를 거쳐 떠날 때까지 진행하라. 한 환자가 같은 과에 두 번 이상 들어갈 수 있다는 사실을 알아야 한다.

(b) 시뮬레이션 자료를 사용해 환자가 엑스레이실에 두 번 들어갈 확률을 구하라.

•••• **F.18** 네일숍에서 추가 직원을 고용하는 것이 재무적으로 실현 가능한지 여부를 결정하고 있다. 오늘은 네일숍에 3명의 직원이 있으며, 그중 한 사람은 예약 손님만 받고 나머지 두 사람은 일반 방문 고객을 받는다. 아래 표에는 서비스 시간과 다음 고객의 도착 시간 간격이 각각 요약되어 있다.

서비스 시간	30	45	60	75	90
확률	0.1	0.2	0.4	0.2	0.1

다음 고객 도착 시간 간격	10	20	30	45	50
확률	0.1	0.2	0.4	0.2	0.1

네일숍 매니저는 대기 중인 고객이 1명 있으면 도착하는 고객이 떠날 확률이 0.6이고, 대기하는 고객이 2명이면 도착하는 고객이 떠날 확률이 0.9라는 것을 알게 되었다. 매니저는 또한 새로운 직원을 고용하면 이익이 얼마일지, 새로운 직원이 근무 시간의 절반 이상 바쁜 경우의 이익은 얼마일지 계산하고자 한다. 새로운 직원을 고용하면 이익이 생길 확률을 계산하라. 네일숍은 주 5일 동안 10시에서 18시까지 운영된다.

•• **F.19** Dumoor Appliance Center는 여러 브랜드의 유명 가전제품을 판매하고 서비스한다. 특정 냉장고 모델의 과거 판매량에 근거해 수요에 대한 다음과 같은 확률분포가 결과로 나타났다.

주별 수요량	0	1	2	3	4
확률	0.20	0.40	0.20	0.15	0.05

주별 납기는 다음 분포로 설명된다.

납기(주)	1	2	3
확률	0.15	0.35	0.50

비용과 저장 공간을 고려해 회사는 주문할 때마다 10개를 주문하기로 결정했다. 보유 비용은 주말에 재고로 남아 있는 대수당 한 주에 1달러이다. 품절 비용은 품절 대수당 40달러로 설정되었다. 회사는 주말에 냉장고가 2대밖에 남지 않을 때마다 주문을 하기로 했다. 현재 재고로 5대가 있다고 가정하고 이 회사의 10주간 운영을 시뮬레이션하라. 주별 품절 비용과 주별 보유 비용을 구하라. 수요량에 대해서는 표 F.4의 첫 번째 열에 있는 난수를 사용하고 납기에 대해서는 두 번째 열의 난수를 사용하라.

•• **F.20** 재주문점이 2대가 아닌 4대라고 가정하고 문제 F.20의 시뮬레이션을 반복하라. 이 두 상황에 대한 비용을 비교하라. 문제 F.20에서와 똑같은 난수를 사용하라.

사례 연구

앨라배마항공 콜센터

앨라배마항공(Alabama Airlines)은 2018년 12월부터 미국 앨라배마주 버밍엄에 본사와 허브를 두고 통근 서비스로 문을 열었다. 이 항공사는 데이비드 더글러스(David Douglas)와 조지 드베니(George Devenney)라는 2명의 전직 조종사가 시작하고 관리했다. 항공사는 12대의 중고 분사 추진식 엔진 비행기를 인수했으며 공항 게이트는 2017년에 델타항공(Delta Air Lines)이 사용했다가 비운 것을 사용한다.

표 F.8 착신 전화 시간 간격 분포

전화 시간 간격 (분)	확률
1	.11
2	.21
3	.22
4	.20
5	.16
6	.10

비즈니스가 빠르게 성장하면서 더글러스는 앨라배마항공의 '800' 예약 시스템에 관심을 돌렸다. 자정에서 오전 6시 사이에는 전화예약 상담원 1명이 근무하고 있었다. 이 시간 동안 착신 전화 시간 간격은 표 F.8에서와 같이 분포한다. 상담원을 주의 깊게 관찰하고 시간을 측정한 뒤 더글러스는 승객 문의를 처리하는 데 필요한 시간이 표 F.9와 같이 분포한다고 추산했다.

표 F.9 응대 서비스 시간 분포

고객 문의 처리 시간 (분)	확률
1	.20
2	.19
3	.18
4	.17
5	.13
6	.10
7	.03

앨라배마항공에 전화하는 모든 고객은 '대기' 상태가 되며 예약담당자가 즉시 서비스를 제공할 수 있는 경우가 아니면 걸려온 순서대로 서비스를 받는다. 더글러스는 고객 요구에 대처하기 위해 두 번째 상담원이 근무해야 하는지 여부를 결정하려 한다. 고객 만족을 유지하기 위해 앨라배마항공은 고객이 3~4분 이하로 '대기' 상태를 유지하기를 원한다. 또한 '높은' 상담원 활용도를 유지하기를 원한다.

아울러 항공사는 새로운 TV 광고 캠페인을 기획하고 있다. 이에 따라 '800' 회선 전화 문의가 늘어날 것으로 예상된다. 과거 유사한 캠페인을 바탕으로 자정부터 오전 6시까지의 착신 분포는 표 F.10과 같을 것으로 예상된다. (동일한 응대 서비스 시간 분포가 적용된다.)

표 F.10 착신 전화 시간 간격 분포

고객 문의 처리 시간 (분)	확률
1	.22
2	.25
3	.19
4	.15
5	.12
6	.07

토론 문제

1. 원래의 착신 전화 분포를 고려할 때 현재 예약 시스템에 대해 앨라배마항공에 무엇을 하라고 조언하겠는가? 해당 시나리오를 조사하기 위해 시뮬레이션 모델을 만들라. 모델을 심층적으로 설명하고 시뮬레이션 기간, 가정, 성과 측정 방법을 정당화하라.
2. 항공사가 광고 캠페인을 진행한다면 상담원 활용도와 고객 만족도에 대해 무엇을 추천하는가?

출처: Professor Zbigniew H. Przasnyski, Loyola Marymount University. Reprinted by permission.

미주

1. 0단위 수요를 나타내기 위해 난수 00, 01, 02, 03, 04를 할당할 수 있다. 두 자리 숫자 00은 0 또는 100으로 생각할 수 있다. 100개 중 5개 숫자가 0 수요에 할당되는 한 그 5개 숫자가 무엇이든 차이가 없다.

참고문헌

Balakrishnan, R., B. Render, R. M. Stair, and C. Munson. *Managerial Decision Modeling: Business Analytics with Spreadsheets*, 4th ed. Boston: DeGruyter, 2017.

Banks, Jerry, and Randall R. Gibson. "The ABC's of Simulation Practice." *Analytics* (Spring 2009): 16–23.

Banks, J., J. S. Carson, B. L. Nelson, and D. M. Nicol. *Discrete-Event System Simulation*, 5th ed. Upper Saddle River, NJ: Prentice Hall, 2010.

Beaverstock, M., E. Lavory, and A. Greenwood. *Applied Simulation*, 4th ed. Orem, Utah: Flexsim Software, 2015.

Huang, H. C., et al. "Sim Man—A Simulation Model for Workforce Capacity Planning." *Computers & Operations Research* 196, no. 3 (August 1, 2009): 1147.

Kelton, W. D., R. P. Sadowski, and N. Zupick. *Simulation with Arena*, 6th ed. New York: McGraw-Hill, 2014.

Render, B., R. M. Stair, M. Hanna, and T. Hale. *Quantitative Analysis for Management*, 13th ed. Boston: Pearson, 2018.

Rossetti, Manuel D. *Simulation Modeling and ARENA*, 2nd ed. New York: Wiley, 2015.

Taylor, S. J. E., et al. "Simulation Modelling Is 50! Do We Need a Reality Check?" *Journal of the Operational Research Society* 60, no. S1 (May 2009): S69–S82.

Zhang, Aheng, and Xiaolan Xie. "Simulation-based Optimization for Surgery Appointment Scheduling of Multiple Operating Rooms." *IIE Transactions* 47, no. 9 (September 2015): 998–1012.

Module F Rapid Review

절 제목	내용 훑어보기
시뮬레이션의 정의	전 세계 대부분의 대기업은 시뮬레이션 모델을 사용함 ■ **시뮬레이션**: 실제 시스템의 기능, 외관, 특징을 복제하려는 시도이며 주로 컴퓨터 모델을 사용함 시뮬레이션 이면에는 세 가지 생각이 숨어 있다. 1. 실제 상황을 수학적으로 모방하기 2. 그 특성과 운영상 특징을 연구하기 3. 시뮬레이션 결과를 바탕으로 결론을 도출하고 행동 의사결정 내리기 이러한 방식으로 주요 정책 결정의 장단점을 먼저 모델을 통해 측정한 후 실제 시스템을 건드린다. 시뮬레이션을 사용하려면 운영관리자는 다음과 같은 일을 수행해야 한다. 1. 문제를 정의한다. 2. 문제와 관련된 중요한 변수를 도입한다. 3. 수리 모델을 구성한다. 4. 변숫값을 지정해 검사행동 절차를 설정한다. 5. 실험을 실행한다. 6. 결과를 고려한다(모델 수정 또는 자료 입력 변경 가능). 7. 취해야 할 행동 절차를 결정한다. 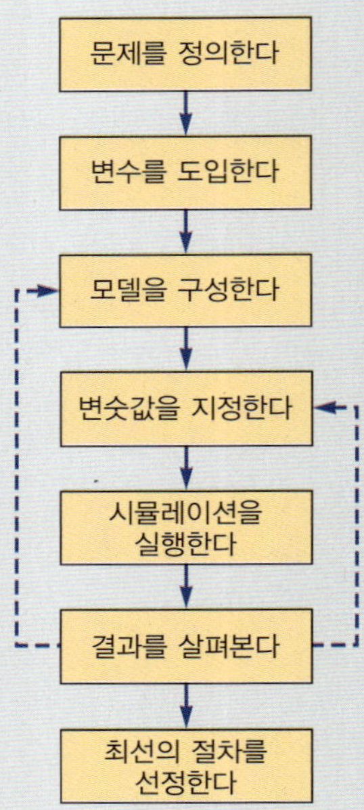 **그림 F.1** **시뮬레이션 과정**
시뮬레이션의 장점과 단점	시뮬레이션의 주요 **장점**은 다음과 같다. 1. 전통적인 운영관리 모델로 해결할 수 없는 크고 복잡한 실제 상황을 분석하는 데 사용할 수 있다. 2. 대부분의 운영관리 모델이 허용할 수 없는 실제 세상의 복잡함을 포함시킬 수 있다. 예를 들어 시뮬레이션은 사용자가 정의한 모든 확률분포를 사용할 수 있다. 정규분포가 필요하지 않다. 3. '시간 압축'이 가능하다. 수개월 또는 수년에 걸친 운영관리 정책의 효과를 짧은 시간에 컴퓨터 시뮬레이션으로부터 얻을 수 있다. 4. 시뮬레이션은 "만약 이러하다면?" 유형의 질문을 허용한다. 관리자는 어떤 옵션이 가장 매력적인지 미리 알고 싶어 한다. 전산화된 모델을 사용하면 관리자는 몇 분 안에 여러 가지 정책 의사결정을 시도해볼 수 있다. 5. 시뮬레이션은 실제 시스템을 방해하지 않는다. 예를 들어 병원이나 제조 공장에서 새로운 정책이나 아이디어를 물리적으로 실험하는 것은 방해가 될 수 있다. 시뮬레이션의 주요 **단점**은 다음과 같다. 1. 좋은 시뮬레이션 모델은 개발하는 데 오랜 시간이 걸릴 수 있다. 2. 반복할 때마다 다른 해가 만들어지는 반복 접근 방법이다. 선형계획법처럼 문제에 대한 최적해를 생성하지 않는다.

	3. 관리자는 검토하려는 해에 대한 모든 조건과 제약식을 생성해야 한다. 시뮬레이션 모델은 적절하고 현실적인 입력값 없이는 답이 생성되지 않는다. 4. 각 시뮬레이션 모델은 고유하다. 그 해와 추론 결과는 일반적으로 다른 문제 해결에 사용될 수 없다.
몬테카를로 시뮬레이션	■ **몬테카를로 방법**: 분포에 따라 주어진 난수를 선택하는 시뮬레이션 기법 몬테카를로 시뮬레이션 방법은 다섯 가지 간단한 단계로 나뉜다. 1. 중요한 변수에 대한 확률분포를 설정한다. 2. 각 변수에 대한 누적 확률분포를 만든다. 3. 각 변수에 대해 난수 간격을 설정한다. 4. 난수를 생성한다. 5. 일련의 시도를 통해 실제로 시뮬레이션한다. 주어진 변수에 대한 확률분포를 설정하는 한 가지 일반적인 방법은 과거 결과를 조사하는 것이다. 관찰 빈도를 총 관찰 수로 나누어 변수의 각 가능한 결과에 대한 확률 또는 상대 빈도를 찾을 수 있다. ■ **누적 확률분포**: 특정 분포에서 개별 확률의 누적치 ■ **난수 간격**: 컴퓨터 시뮬레이션에서 나타날 수 있는 개별 값 또는 결과를 나타내는 숫자 집합 ■ **난수**: 완전히 무작위 과정에 의해 선택된 일련의 숫자 시뮬레이션을 할 때 난수는 두 가지 방법으로 생성될 수 있다. (1) 문제가 크거나 많은 시뮬레이션을 수행해야 하는 연구 대상이면 컴퓨터 프로그램을 사용해 필요한 난수를 생성할 수 있다. (2) 시뮬레이션을 손으로 수행하는 경우 숫자는 난수표에서 선택할 수 있다.
2개의 의사결정 변수를 갖는 시뮬레이션: 재고 관리 예제	일반적으로 사용되는 경제적 주문량(ECQ) 모델은 제품 수요와 재주문 납기가 모두 알려진 상숫값이라는 가정을 기반으로 한다. 그러나 대부분의 실제 재고 관리 상황에서 수요와 납기 모두 변수이므로 정확한 분석은 시뮬레이션 이외의 다른 수단으로 처리하기가 매우 어렵다.

셀프테스트

F.1 다음 중 시뮬레이션의 장점이 아닌 것은?

(a) 시뮬레이션은 비교적 간단하고 유연하다.
(b) 좋은 시뮬레이션 모델은 대개 개발 비용이 저렴하다.
(c) '시간 압축'이 가능하다.
(d) 시뮬레이션은 개별 변수의 상호작용 효과를 연구할 수 있다.
(e) 시뮬레이션은 실제 시스템을 방해하지 않는다.

F.2 몬테카를로 시뮬레이션 기술을 구현하는 데 필요한 5단계를 나열하라.

F.3 재고 관리 문제의 시뮬레이션에서 확률적 구성요소로서 두 가지 특히 좋은 후보는 ________이다.

(a) 주문 수량과 재주문점
(b) 설치 비용 및 유지 비용
(c) 일별 수요량과 재주문 납기
(d) 주문 수량과 재주문 납기
(e) 재주문점과 재주문 납기

F.4 스프레드시트가 시뮬레이션 수행에 탁월한 도구인 한 가지 중요한 이유는

(a) 난수를 생성하기 때문이다.
(b) 시뮬레이션의 애니메이션을 쉽게 제공하기 때문이다.
(c) 수동 시뮬레이션보다 더 많은 보안 기능을 제공하기 때문이다.
(d) 결과를 손상할 수 있는 '시간 압축'을 금지하기 때문이다.
(e) 쉽게 프로그래밍할 수 있기 때문이다.

정답 F.1. b F.2. 각각의 중요한 변수에 대한 확률분포를 설정한다, 각각의 중요한 변수에 대한 누적 확률분포를 만든다, 각 변수에 대한 난수 간격을 설정한다, 난수를 생성한다, 실제로 일련의 시뮬레이션을 수행한다. F.3. c F.4. a

운영 관리 빅데이터에의 비즈니스 분석 적용

모듈 **G**

모듈의 구성

- 빅데이터와 비즈니스 분석 소개
- 자료 관리
- 자료 시각화
- 예측적 비즈니스 분석 도구와 처방적 비즈니스 분석 도구

학습목표

G.1 비즈니스 분석의 세 가지 범주를 설명한다.
G.2 엑셀의 조건부 서식 도구를 사용해 자료 묶음을 정리한다.
G.3 엑셀의 조건부 서식 도구를 사용해 열 지도를 만든다.
G.4 고급 비즈니스 분석 도구를 설명한다.

조직은 빅데이터를 시각화해 주요 성공 지표의 현 수준을 나타내는 분석 대시보드(dashboard)를 생성한다.

NicoElNino/Shutterstock

빅데이터와 비즈니스 분석 소개

오늘날의 디지털 세계에서는 다음과 같은 곳에서 생성된 엄청난 양의 자료를 디지털 형식으로 저장할 수 있다.

- 웹사이트(방문 횟수, 사이트에 머문 시간, 키 입력 횟수)
- 신용카드(거래 횟수, 날짜, 금액, 판매처)
- 판매 시점 기록(신용카드 번호, 날짜, 거래장소)
- 소셜 미디어(위치, 출처 수신자, 유행하는 주제, 내용 분석).

디지털 자료는 부품 또는 일련번호, 워크스테이션, 품질 검사, 유지보수, 물류 이동, 조립 라인, 시간별로 구성되는 운영관리 환경에서도 수집된다.

자료 수집량은 너무 방대해 현재 테라바이트 단위로 측정된다(1테라바이트는 2^{40} 또는 약 1조 바이트에 해당). 예를 들어 월마트(Walmart)는 2.5페타바이트(2,560테라바이트) 이상의 자료가 포함된 데이터베이스로 가져온 시간당 100만 건 이상의 고객 거래를 처리한다. (비교하면, 미국 의회도서관 전체 도서 컬렉션에는 235테라바이트의 자료만 포함하고 있다.) 비슷하게, 아마존은 3억 명 이상의 고객과 5억 개 이상의 제품에 대해 자료를 수집한다. **빅데이터**(big data)는 기존의 자료 처리 기법으로는 효율적으로 처리하기 어려운 이 엄청난 양의 자료를 설명하는 데 사용되는 용어다. 빅데이터가 가치 있는 정보의 잠재적인 원천이지만 저장, 처리, 분석에 대한 정교한 방법이 필요하다(OM in Action 'UPS의 예측 분석을 통한 물류계획 향상' 참조).

빅데이터
엄청난 양의 생산 현장, 소비자, 소셜 미디어 자료가 디지털 형태로 수집된 것

비즈니스 분석(business analytics)은 도구와 기법을 사용해 자료를 요약 정보와 비즈니스에 대한 통찰로 변환한다. 관리 작업은 사용 가능한 형식으로 올바른 데이터를 수집한 다음 충분한 정보에 기초를 두고 의사결정을 내리기 위해 최상의 도구를 적용하는 것이다.

비즈니스 분석
도구와 기법을 사용해 자료를 의사결정을 위한 요약 정보와 비즈니스에 대한 통찰로 변환하는 것

이 모듈에서는 운영관리자가 더 나은 결정을 내리는 데 도움이 되는 광범위한 모델과 도구를 소개한다. 우리는 작은 규모의 자료 묶음을 다루지만 도구는 빅데이터에 적용할 수 있다. 이 도구는 설명적, 예측적, 처방적 세 가지 분석 범주에도 유용하다. 설명적 분석은 이해를 돕기 위해 자료의 특징을 찾고 요약한다. 예측적 분석은 과거 자료를 분석해 미래를 예측한다. 처방적 분석은 고급 최적화 도구를 호출해 전략이나 행동 방향을 추천한다. 그림 G.1은 세 가지 범주 간의 관계를 보여

학습목표 G.1
비즈니스 분석의 세 가지 범주를 설명한다.

그림 G.1
비즈니스 분석의 세 가지 범주

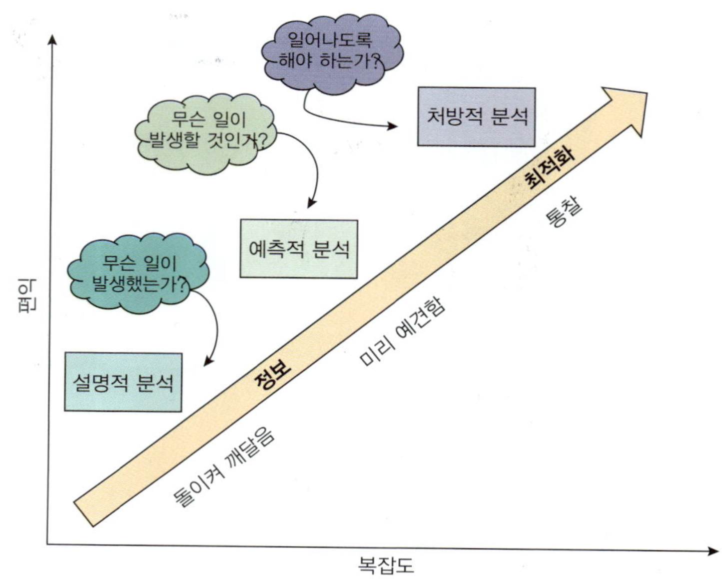

OM in Action UPS의 예측 분석을 통한 물류계획 향상

UPS(United Parcel Service)는 220개 이상의 국가와 지역에서 1,800개의 시설과 100,000대 이상의 차량, 500대의 비행기를 운영하고 있다. 따라서 포장 상자의 흐름, 수량과 배송 상태를 더 잘 예측하기 위해 물류 자료를 수집하는 분석 시스템을 구축하는 것이 얼마나 도전적인 일인지 상상할 수 있다. *예측적 분석* 소프트웨어는 초당 1,200개 이상의 발생한 일을 분석하고 하루에 10억 개의 네트워크상 자료 발생 지점을 분석한다! 여기에는 포장 상자 무게, 모양, 크기에 대한 데이터는 물론 예측, 용량, 고객 데이터가 포함되며 UPS는 무엇이 어디로 가고 있고, 언제 도착할지 정확히 알 수 있다.

이 프로젝트는 전자 상거래 수요가 계속 증가하는 가운데 경쟁업체와의 치열한 경쟁에 직면해 UPS가 분석을 향상시킨 예 중 하나이다. 이 회사는 200억 달러 규모 지출 계획의 일환으로 새로운 자동화 시설을 가동하고 기술 향상을 진행하고 있다.

이제 UPS는 직원에게 지정된 날짜에 UPS 시설의 물량과 공정 요구사항에 대한 보다 정확한 예측을 제공한다. 이 정보는 직원에게 포장과 분류 시설 자원을 물량과 맞추는 데 충분한 공정 소요 시간을 제공한다. 예측적 분석은 예측할 수 없는 날씨나 비상 상황으로 인한 공급사슬 병목 현상을 제거하는 데도 도움이 된다. 다가오는 궂은 날씨가 공급사슬에 어떤 영향을 미칠지 며칠 전에 미리 알면 더 나은 계획을 세우는 데 도움이 된다.

이 도구를 개발하는 것은 엄청난 수의 네트워크상 자료 발생 지점을 하나의 단일 플랫폼으로 통합해야 하기 때문에 야심 찬 위업이었다. 지금까지는 예측, 용량, 고객과 포장 상자 자료는 서로 다른 소프트웨어 애플리케이션에 보관되어 있었다. 이제 이 도구는 스마트폰, 데스크톱, 태블릿 애플리케이션을 통해 UPS 직원이 사용 가능하다.

dpa picture alliance archive / Alamy Stock Photo

출처: *Predictive Analytics Times*(June 8, 2017); *SmallBiz Technology*(July 18, 2018); *CIO*(September 28, 2016).

준다.

이 모듈에서는 세 가지 분석 범주 모두와 관련된 몇 가지 주제를 소개한다. 먼저 좋은 자료로 작업하는 것(즉 **자료 관리**)의 중요성을 논의한다. 그런 다음 자료 묶음을 드릴다운(drill down) 할 수 있는 **피벗 테이블**의 기능을 소개하고 나서, 데이터를 효과적으로 시각화해 제공하는 통찰에 대해 소개한다. 엑셀을 사용해 이러한 방법을 설명할 것이다. (매우 큰 자료 묶음은 전문 소프트웨어의 사용이 필요하다.) 마지막으로, 종종 비즈니스 분석의 일부로 간주되지만 본문에서는 다루지 않는 몇 가지 추가 도구를 파악할 것이다.

자료 관리

먼저 자료를 올바르게 가져와야 한다. 부정확하거나 일관성이 없는 자료는 잘못된 결론과 잘못된 결정으로 이어진다. 조직은 회사 내부와 외부의 다양한 원천에서 자료를 가져와 분석하기를 원한다. 방대한 양의 자료를 수집하면 자료가 완벽하지 않을 수 있다. 따라서 관리자는 잘못된 결정을 피하기 위해 자료를 정리해야 한다.

직면한 도전은 의사결정자가 원시 자료와 좋은 자료 사이의 격차를 좁힐 수 있도록 돕는 것이다. 이를 위해서는 효과적인 **자료 관리**(data management)가 필요하다. 자료는 무결성을 보장하는 방식으로 **조직화**, **구조화**되어야 한다. 자료의 무결성을 위해서는 자료가 **완전하고 일관되며 정확해야** 한다.

자료 관리
완전성, 일관성, 정확성을 포함한 자료의 무결성에 대한 총체적 관리

	A	B	C	D	E	F	G	H	I	J
1	Thompson Industries의 월간 공급업체 보고서 – 4월									
2										
3			공급업체		이전 달				배송	신규
4		공급업체	범주	구매액	대비	품질	납기		거부	공급업체
5	공급업체 이름	번호	(P,S)	합계(달러)	변동량(달러)	등급(1-5)	준수율	반환율	횟수	(Y, N)
6	매버릭 용품	6071	P	39,117	5,000	5	100%	0%	0	N
7	카우보이 피트 목재	6894	P	25,554	400	5	90%	0%	0	N
8	ABC 금속	5054	S	13,051	13,051	3	0%	75%	2	Y
9	퍼킨스 플라스틱	5528	P	27,886	32,564	4	100%	3%	0	N
10	에브리씽 놋쇠	4413	P	29,300	(4,658)	5	1000%	0%	0	N
11	존스 알루미늄과 구리	5858	P	16,862	16,862	4	50%	5%	1	Y
12	릭 단철	9733	S	29,078	(3,121)	1	60%	80%	6	N
13	페넬로페 종이 제품	4718		25,716	8,795	3	100%	12%	0	N
14	앤서니 접착제	9944	P	22,750	1,268	4	90%		0	N
15	콜럼버스 공업	1343	S	20,103	469	4	100%	0%	0	N
16	스마트 전자 주식회사	4785	P	30,062	30,062	5	33%	50%	0	Y
17	왓슨 목공	2730		32,589	471	5	25%	1%	0	N
18	프레드 발포 성형	2949	S	47,886	47,886	0	100%	0.50%	0	Y
19	인페네트러블 단열재 주식회사	1443	P	24,971	(6,895)	4	15%	4%	0	N
20	수지 배송 용품	8039	P	23,851	1,269	5	50%	0%	0	N

그림 G.2 Thompson Industries의 공급업체에 대한 원시 자료

1. **완전성**: 필요한 모든 자료가 존재하는 정도. 불완전한 기록은 조사해야 한다. 거대한 데이터베이스의 경우 몇 개의 기록이 생략되는 것은 중요하지 않을 수 있지만 작은 자료 묶음이나 표본 자료의 경우에는 중요하다. 먼저 결측치가 있는지 자료를 검사한다. 작은 자료 묶음의 경우 기록 내 각 셀에 대한 시각적 검사가 적절할 수 있지만 큰 자료 묶음은 소프트웨어 솔루션을 사용해야 한다. 불완전한 기록이 확인되면 누락된 자료를 수정하거나 전체 기록을 삭제할지 판단해야 한다. 자료가 완전하다는 결론을 내리면 일관성을 확인한다.
2. **일관성**: 데이터가 시스템 전반에 걸쳐 같은 정도. 자료 묶음의 두 자료 항목이 서로 모순될 때 일관성이 없다고 본다(예: 판매 기록이 2개의 서로 다른 시스템에 저장됨). 자료는 문자, 패턴, 숫자의 세 가지 방법으로 저장된다. 변수 'P'와 같은 문자 자료를 사용해 1차 공급자를 지정하고 'S'를 2차 공급자로 지정할 수 있다. 한편 공급업체 'maverick'은 'MAV' 또는 'M' 또는 'Maverick'으로 기호화할 수 있다. 또는 자료의 고유한 유형(서식)(예: 날짜, 사회보장번호, 전화번호, 회사의 특정 제품 기호)은 일관성을 보장하기 위해 육안 검사 또는 컴퓨터 검색 기법을 통해 확인할 수도 있다.
3. **정확도**: 측정값이 표준값(예: 부품의 치수, 강도, 가격)에 일치하는 정도. 부품 치수의 비정상적인 변화와 같은 숫자 자료는 미리 결정된 범위를 벗어난 자룟값을 검사해 식별할 수 있다. 새로 자료 묶음에 받아들이기 전에 '이상치'를 식별하고자 한다.

그림 G.2는 엑셀 스프레드시트에서 Thompson Industries의 15개 공급업체에 대한 원시 자료 월간 보고서를 나타낸다. 다른 자료 묶음과 마찬가지로 분석을 시작하기 전에 자료를 확인하고 정리해야 한다.

자료 정리를 위한 그래프 기법

원시 자료를 그래프로 나타내면 정확성을 시각적으로 드러낼 수 있다. 그림 G.3(a)는 그림 G.2(G열)의 납기 준수 백분율을 막대그래프로 표시한 것이다. '그 이상' 막대(100% 이상)에 오류를 보여주는 공급업체가 있으므로 차트 오른쪽에서 문제가 있음을 빠르게 확인할 수 있다. 마찬가지로 차

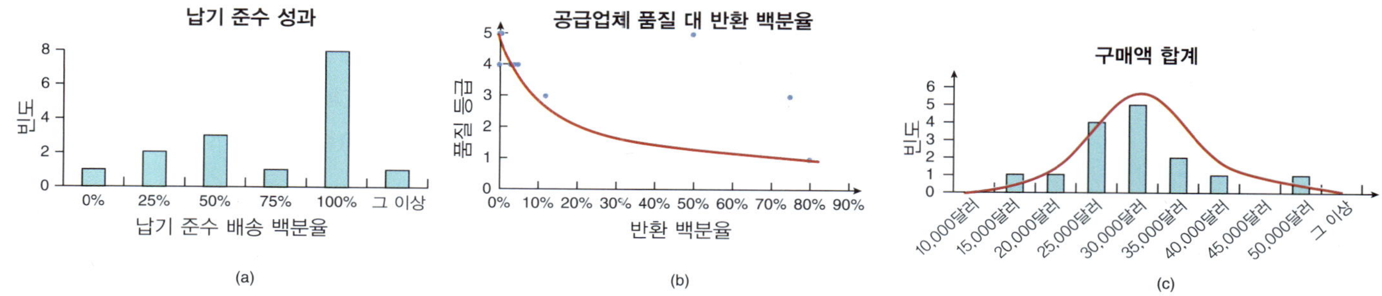

그림 G.3 그림 G.2 자료의 정확성을 확인하기 위한 그래프

트 왼쪽에서 0% 납기 준수도 조사해야 한다. 공급업체가 항상 늦을 수도 있지만 공급업체의 실적이 올바르게 입력되지 않았을 수도 있다.

그림 G.3(b)는 그림 G.2(F열)의 각 공급자의 반환 백분율과 품질 등급에 대한 백분율의 산점도를 보여준다. 이와 같은 그래프에서는 왼쪽에서 오른쪽으로 점들의 중간을 통과하는 대략적인 곡선을 그린 다음 해당 곡선에서 멀리 떨어진 점을 찾는다. 여기에 꼭 준수해야 하는 일반적인 '평균'을 나타내기 위해 빨간색 곡선을 추가한다. 이제 특히 두 점에 대해 추가 조사가 필요하다는 것을 알았다. 품질 등급은 1과 5 사이만 가능하므로 점 (1.00%, 0)은 부정확하다. 또한 점 (50.00%, 5)도 부정확해 보인다. 출하량의 절반이 반품되었는데 공급업체를 최고 품질로 평가할 수 있는가? 이와 같이 자료의 시각화는 이상치와 잠재적인 부정확성을 식별하는 탁월한 도구가 된다.

데이터 정리를 위한 엑셀 기법

마이크로소프트 엑셀에는 데이터 정리에 도움이 되는 몇 가지 기능이 있다. 사실, 다른 도구도 동일한 작업을 수행할 수 있다.

일관성 없는 자료 찾기 그림 G.2와 같이 엑셀 데이터베이스에서 누락된 기록을 식별하는 가장 간단한 방법은 〈End〉 키와 〈아래쪽 화살표〉 키의 조합을 사용하는 것이다. 셀 커서를 숫자 또는 문자열의 맨 위에 놓고 〈End〉 키를 누른 다음 〈아래쪽 화살표〉 키를 직접 누르면 셀 커서가 맨 아래로 공백이 아닌 항목이 포함된 마지막 셀까지 이동한다.

데이터베이스에 빈 셀이 있는지 확인하는 빠른 방법은 COUNTIF 함수를 사용하는 것이다. 예를 들어 그림 G.2의 경우 이 수식을 H21셀에 입력한다.

= COUNTIF(H6:H20,"")

바로 옆에 있는 2개의 따옴표는 셀이 비어 있음을 나타낸다. 수식을 = COUNTIF(A6:J20,"")로 변경해 전체 데이터베이스를 확인할 수 있다. 이것은 3개의 빈 셀(C13, C17, H14)을 나타내는 값 3을 반환한다.

엑셀 함수 MIN, SMALL, MAX, LARGE는 세로줄의 극한값에 대한 빠른 정확도 검사를 용이하게 한다. 더 공식적으로, 통계적 프로세스 관리 기법(6장 보론)과 유사하게 분석자는 AVERAGE와 STDEV.P를 사용해 평균 위아래로 3표준편차 내 데이터 포인트를 포함하는 범위를 결정할 수 있다.[1] 그림 G.2의 구매액 합계 세로줄은 다음과 같이 계산된다.

하한 = AVERAGE(D6:D20) - 3*STDEV.P(D6:D20)
= 27,252달러 − 3(8,221.4달러) = 2,588달러
상한 = AVERAGE(D6:D20) + 3*STDEV.P(D6:D20)
= 27,252달러 + 3(8,221.4달러) = 51,916달러

그림 G.2의 구매액은 모두 이 범위에 속하기 때문에 이 특정 정확도 검사를 통과했다. 이 자료는 그림 G.3(c)에 표시되어 있다.

조건부 서식
서식을 통해 자료의 특성을 시각적으로 파악하는 엑셀 기법

조건부 서식 엑셀은 서식(특히 색상 또는 아이콘)을 통해 자료의 특성을 시각적으로 파악하는 데 도움이 되는 강력하면서도 사용하기 쉬운 도구를 제공한다. **조건부 서식**(conditional formatting)은 데이터베이스에서 비정상적인 값을 강조하기 위한 편리한 기법이다. 예제로는 다음과 같은 것이 포함된다.

학습목표 G.2
엑셀의 조건부 서식 도구를 사용해 자료 묶음을 정리한다.

- 시간에 따른 기대 수익은 얼마인가?
- 최대 수익은 얼마인가? 최소 수익은?
- 이번 달에 50,000달러 이상을 판매한 사람은 누구인가?
- 이번 달에 수요가 12% 이상 감소한 제품은 무엇인가?
- 배송 거부가 가장 많은 제품은 무엇인가?

조건부 서식은 불일치와 부정확성을 확인하는 데 사용할 수 있기 때문에 데이터베이스 정리를 위한 탁월한 도구이다. 조건부 서식의 논리는 명확하다. 조건이 충족되면 서식이 적용된다. 조건이 충족되지 않으면, 서식이 적용되지 않는다. 예제 G1은 조건부 서식을 사용해 정리할 '안 좋은' 자료를 식별하는 몇 가지 방법을 예시적으로 보여준다.

예제 G1

조건부 서식을 사용해 자료 정리하기

Thompson Industries의 분석 관리자인 비키 루오(Vicky Luo)는 분석하기 전에 그림 G.2의 자료를 정리하려고 한다. 그녀는 다음 네 가지 항목을 확인하려고 한다.

1. 모든 빈 항목을 식별하고 채워야 한다.
2. G열과 H열의 백분율은 0~100% 사이여야 한다.
3. 공급업체에 대한 E열의 값은 D열의 값을 초과할 수 없다.
4. 공급업체에 대한 F열의 값은 H열의 값이 10%를 초과하는 경우 5가 되면 안 된다.

접근방법 ▶ 조건부 서식은 아래와 같이 항목별로 적용할 수 있다.

1. A6:J20을 선택한다. 규칙 유형: 다음을 포함하는 셀만 서식을 지정한다, 공백을 선택한다, 색상 보라색.
2. G6:H20을 선택한다. 규칙 유형: 다음을 포함하는 셀만 서식을 지정한다, 셀 값을 선택한 다음, 사이가 아님을 선택한 다음, 0과 1을 선택한다. 색상 밝은 녹색.
3. E6:E20을 선택한다. 규칙 유형: 수식, = E6 > D6을 입력한다, 색상 적갈색.
4. F6:F20을 선택한다. 규칙 유형: 수식, = AND(F6 = 5,H6 > 0.1)을 입력한다, 색상 짙은 녹색.

이 네 가지 조건부 서식 규칙을 적용하면 스프레드시트는 그림 G.4와 같을 것이다.

통찰력 ▶ 엑셀 기능을 창의적으로 사용하면 분석자가 다양한 방법으로 조건부 서식을 적용해 자료

	A	B	C	D	E	F	G	H	I	J
1	Thompson Industries의 월간 공급업체 보고서 – 4월									
2										
3			공급업체		이전 달				배송	신규
4		공급업체	범주	구매액	대비	품질	납기		거부	공급업체
5	공급업체 이름	번호	(P,S)	합계(달러)	변동량(달러)	등급(1-5)	준수율	반환율	횟수	(Y, N)
6	매버릭 용품	6071	P	39,117	5,000	5	100%	0%	0	N
7	카우보이 피트 목재	6894	P	25,554	400	5	90%	0%	0	N
8	ABC 금속	5054	S	13,051	13,051	3	0%	75%	2	Y
9	퍼킨스 플라스틱	5528	P	27,886	32,564	4	100%	3%	0	N
10	에브리씽 놋쇠	4413	P	29,300	(4,658)	5	1000%	0%	0	N
11	존스 알루미늄과 구리	5858	P	16,862	16,862	4	50%	5%	1	Y
12	릭 단철	9733	S	29,078	(3,121)	1	60%	80%	6	N
13	페넬로페 종이 제품	4718		25,716	8,795	3	100%	12%	0	N
14	앤서니 접착제	9944	P	22,750	1,268	4	90%		0	N
15	콜럼버스 공업	1343	S	20,103	469	4	100%	0%	0	N
16	스마트 전자 주식회사	4785	P	30,062	30,062	5	33%	50%	0	Y
17	왓슨 목공	2730		32,589	471	5	25%	1%	0	N
18	프레드 발포 성형	2949	S	47,886	47,886	5	100%	0.50%	0	Y
19	인페네트러블 단열재 주식회사	1443	P	24,971	(6,895)	4	15%	4%	0	N
20	수지 배송 용품	8039	P	23,851	1,269	5	50%	0%	0	N

그림 G.4 조건부 서식을 적용한 후 Thompson Industries의 스프레드시트

가 완전하고 일관되며 정확한지 확인할 수 있다. 가장 큰 도전은 자료가 올바르지 않은 모든 가능한 경우를 파악하는 것이다.

학습 연습 ▶ 비키는 배송 거부 횟수가 5를 초과하는 모든 기록에 깃발 모양을 지정하려고 한다. 어떤 조건부 서식을 사용할 수 있는가? [답: I6:I20을 선택한다. 규칙 유형: **다음을 포함하는 셀만 서식을 지정**한다, **셀 값**을 선택한 다음, **보다 큼**을 선택한 다음, **5**를 선택한다, 서식을 선택한다.]

깨끗한 자료라고 확신하면 비즈니스 분석 도구를 사용할 수 있다.

엑셀의 피벗 테이블 도구 사용

빅데이터에는 상당한 양의 정보가 포함되어 있으며 분석자의 비결은 '가지런하게' 하는 것이다. **피벗 테이블**(pivot table)이 도움이 된다. 자료 수준을 거르고, 확장하고, 축소해 관심 있는 범주와 하위 범주로 드릴다운 하면 유용하다. 숙련된 분석자는 예상치 못한 질문에 신속하게 답하기 위해 피벗 테이블을 생성한다.

피벗 테이블
거름 조건을 적용하고 자료 묶음의 범주와 하위 범주에 대한 요약 계산을 제공해 숫자 자료의 심층 분석을 용이하게 하는 도구

엑셀의 피벗 테이블은 사용하기 매우 쉽다. 일반적으로 사용자는 세로줄의 머리글을 누르고 잡아당겨 적절한 막대로 끌어온 다음 원하는 거름 조건을 적용한다. 비키 루오가 예제 G1에서 발견된 누락, 불일치, 오류를 정리한 후 Thompson Industries의 공급업체 파일을 나타내는 그림 G.5를 사용해 도구를 예시적으로 설명한다. 피벗 테이블이 제대로 작동하려면 첫 번째 기록 위의 셀에 각 세로줄의 머리글이 있어야 한다. 그림 G.7은 그림 G.2에서 변환된 머리글을 제공한다.

피벗 테이블을 만들려면 표 안에 셀 커서를 놓고 **삽입**을 누른 다음 **피벗 테이블**(**표** 아래)을 클릭한다. 대화 상자는 단일 셀 머리글을 포함해 데이터베이스의 전체 범위를 자동으로 선택해야 한다. **확인**을 누르고 새 시트에 피벗 테이블을 배치한다. 새 시트의 맨 오른쪽에는 나열된 모든 피벗 테이블 세로줄이 표시되고 그 아래에는 원하는 세로줄을 눌러서 네 가지 범주(영역) 중 하나로 끌어다 놓을 수 있는 공간이 표시된다. 네 가지 영역은 다음과 같다.

	A	B	C	D	E	F	G	H	I	J
1	Thompson Industries의 월간 공급업체 보고서 – 4월									
2										
3	공급업체 이름	공급번호	공급업체 범주	구매액(달러)	변동량(달러)	품질	납기 준수율	반환율	배송 거부	신규 공급
4	매버릭 용품	6071	P	39,117	5,000	5	100%	0%	0	N
5	카우보이 피트 목재	6894	P	25,554	400	5	90%	0%	0	N
6	ABC 금속	5054	S	13,051	13,051	3	0%	75%	2	Y
7	퍼킨스 플라스틱	5528	P	27,886	3,256	4	100%	3%	0	N
8	에브리씽 놋쇠	4413	P	29,300	(4,658)	5	100%	0%	0	N
9	존스 알루미늄과 구리	5858	P	16,862	16,862	4	50%	5%	1	Y
10	릭 단철	9733	S	29,078	(3,121)	1	60%	80%	6	N
11	페넬로페 종이 제품	4718	P	25,716	8,795	3	100%	12%	0	N
12	앤소니 접착제	9944	P	22,750	1,268	4	90%	4%	0	N
13	콜럼버스 공업	1343	S	20,103	469	4	100%	0%	0	N
14	스마트 전자 주식회사	4785	P	30,062	30,062	2	33%	50%	0	Y
15	왓슨 목공	2730	S	32,589	471	5	25%	1%	0	N
16	프레드 발포 성형	2949	S	47,886	47,886	5	100%	0.50%	0	Y
17	인페네트러블 단열재 주식회사	1443	P	24,971	(6,895)	4	15%	4%	0	N
18	수지 배송 용품	8039	P	23,851	1,269	5	50%	0%	0	N

그림 G.5 피벗 테이블 분석 준비를 위해 자료를 정리한 후 톰슨산업의 스프레드시트

- **거름 조건**: 사용자 명세에 따라 전체 자료 묶음을 거른다(엑셀의 자료 거름 도구와 유사).
- **행**: 해당 가로줄에 대해 동일한 값을 가진 모든 항목이 표의 한 행에 요약된다.
- **열**: 해당 세로줄에 대해 동일한 값을 가진 모든 항목이 표의 한 열에 요약된다.
- **값**: 사용자가 요약하고자 하는 숫자 세로줄을 포함한다.

세로줄의 행과 열 영역 모두를 거를 수 있다. 예를 들어 공급업체 범주 세로줄이 행에 배치된 경우 사용자는 'S' 공급업체가 아닌 'P' 공급업체에 대한 결과만 표시할 수 있다. 피벗 테이블은 행 영역에 최대 하나의 세로줄이 있고 열 영역에 하나의 세로줄이 있는 경우 가장 읽기 쉽다. 각 영역에 하나 이상의 세로줄을 포함할 수 있지만 표를 읽기가 더 어려워진다.

예제 G2

Thompson Industries의 피벗 테이블

분석 관리자인 비키 루오는 품질 수준별로 모으고 공급업체 범주('P' 또는 'S')별로 소계된 구매액 합계를 분석하라는 요청을 받았다.

접근방법 ▶ 엑셀의 피벗 테이블 도구가 그림 G.5의 공급업체 기록 묶음에 적용된다. **품질** 세로줄은 행 영역에, **공급업체 범주** 세로줄은 열 영역에, **구매액** 세로줄은 값 영역에 위치한다(기본적으로 자동으로 합산됨). 그림 G.6은 피벗 테이블을 보여준다.

그림 G.6

구매액 합계가 품질과 공급업체 범주에 의해 소계된 Thompson Industries의 피벗 테이블

	A	B	C	D
1				
2				
3	구매액 합계	열 표제		
4	행 표제	P	S	총합계
5	1		$29,078	$29,078
6	2	$30,062		$30,062
7	3	$25,716	$13,051	$38,767
8	4	$92,469	$20,103	$112,572
9	5	$117,822	$80,475	$198,297
10	총합계	**$266,069**	**$142,707**	**$408,776**

통찰력 ▶ 그림 G.6에서 우리는 Thompson Industries가 1차('P') 공급업체로부터 2차('S') 공급업체보다 약 2배 더 많이 구매한다는 것을 빠르게 알 수 있다.

학습 연습 ▶ 비키는 또한 배송 거부 횟수를 품질 수준별로 모으고(내림차순으로 정렬) 새 공급업체 상태에 따라 소계를 표시하라는 요청을 받았다. [답: **품질** 세로줄은 **행** 영역에, **신규 공급업체** 세로줄은 **열** 영역에, **배송 거부** 세로줄은 **값** 영역에 위치시킨다. 품질 등급을 오름차순으로 하려면 행 표제 선택 화살표를 누르고 큰 것부터 작은 것 순으로 정렬을 선택한다.]

자료 시각화

엑셀을 포함한 대부분의 자료 소프트웨어 패키지는 자료를 그래프로 표시하기 위한 수많은 옵션을 제공한다. 그러나 대부분의 응용 프로그램에는 몇 가지 표준 그래프 유형이 사용된다. 그림 G.7은 (a) 막대그래프, (b) 선 그래프, (c) 산점도, (d) 기울기 그래프, (e) 파이 차트, (f) 히스토그램, (g) 회귀선, (h) 네트워크 다이어그램과 같이 가장 일반적인 몇 가지 그래프를 보여준다.

그래프 그리는 팁 발표를 위해 그래프를 준비할 때 다음 팁을 염두에 두면 좋다.

- 그래프는 자명해야 한다. 의미 있는 설명 제목을 제공하고 측정 단위가 분명한 축에 표제를 지정하는 것과 같이 명확하게 도움이 되는 일을 해야 한다.
- 동일한 그래프의 여러 개의 자료 묶음에 대해 각각 범례가 있는지 확인한다.
- 그림에 너무 많은 자료를 보여주어 보는 사람을 압도하면 안 된다.
- 3차원 그래프를 피해야 한다. 부가가치가 높지 않으며 크기를 왜곡하기 때문이다.

많은 비즈니스 분석 도구는 시각적 발표에 적합하며 비즈니스 분석자는 풍부한 자원을 가지고 가능한 경우 이러한 시각적 도구를 사용해야 한다. 회사는 가장 중요한 측정치(즉 핵심 성공 지표)의 개요를 한 곳에서 제공하는 **대시보드**(dashboard)를 정기적으로 사용한다. 이 대시보드는 그래프 형식으로 표시되고 정기적으로 업데이트된다. 태블로(Tableau), SAS, 파워 BI(Power BI)와 같은 소프트웨어 응용 프로그램에는 모두 대시보드 기능이 있다.

대시보드
중요한 측정치 자료를 그래프 형태로 한 곳에서 제공함

엑셀의 시각화 도구 사용

엑셀에는 이 모듈에서 자세히 다루기에는 너무 많은 시각화 도구가 포함되어 있다. 또한 각 차트에는 가장 효과적인 시각적 발표물을 만들기 위해 탐색할 수 있는 수많은 옵션이 포함되어 있다. 예제 G3에서는 엑셀의 조건부 서식을 사용해 열 지도(heat map)를 자료 열에 중첩시키는 방법에 대한 간단한 그림을 제공한다. 열 지도는 색상을 사용해 값을 나타내며, 극한값에는 어두운 색상이 적용되고 적당한 값에는 밝은 색상이 적용된다.

학습목표 G.3
엑셀의 조건부 서식 도구를 사용해 열 지도를 만든다.

(a) 막대그래프: 범주로 나뉘는 자료를 그려준다

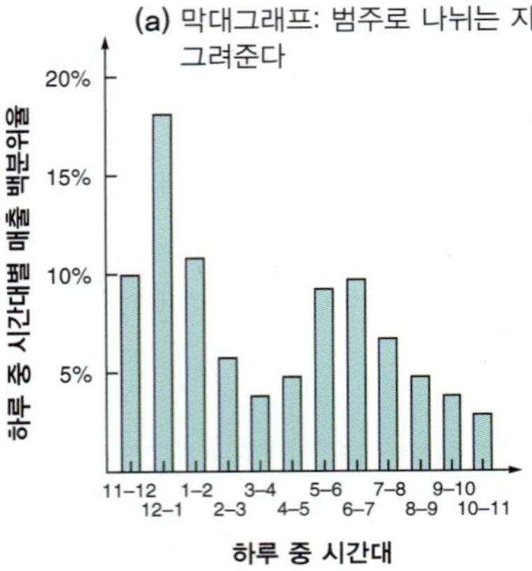

(b) 선 그래프: 연속적으로 변하는 자료를 보여준다

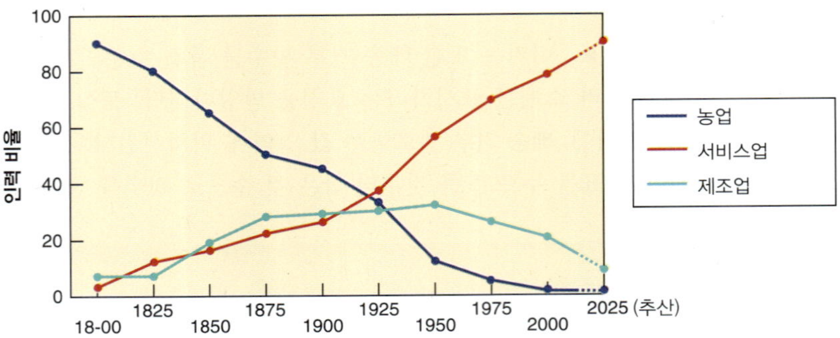

(c) 산점도: 한 변수의 다른 변수에 대한 값을 설명한다

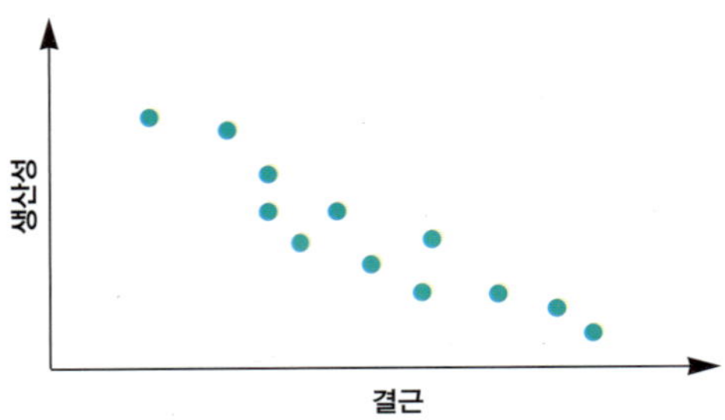

(d) 기울기 그래프: 시간별 또는 비교 시점별 특정 범주의 상대적 증가와 감소를 예시적으로 보여준다

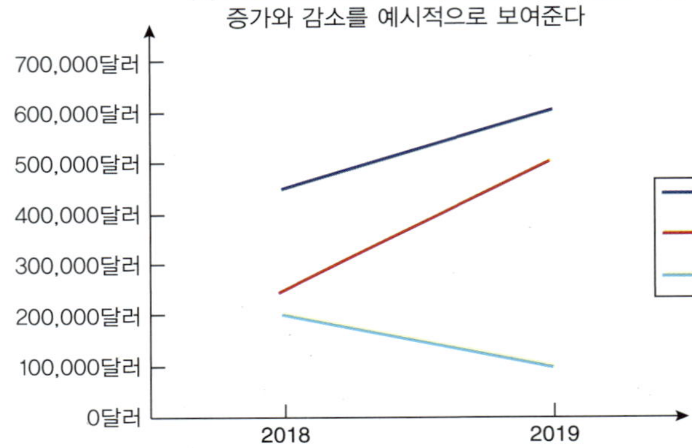

(e) 파이 차트: 전체에서 차지하는 백분위율이나 부분을 나타낸다

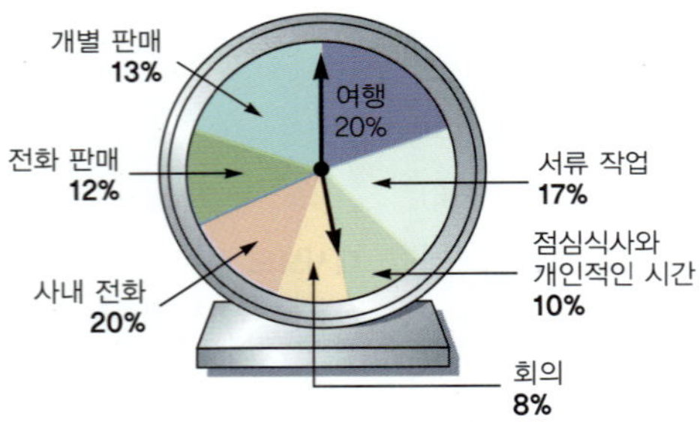

(f) 히스토그램: 변수의 발생 빈도를 보여주는 분포

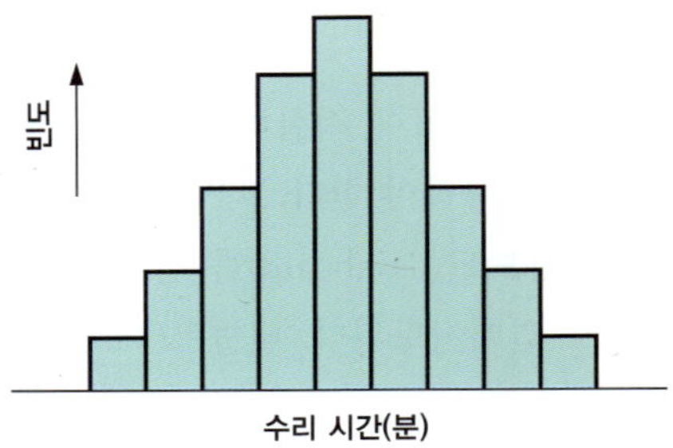

(g) 회귀선: 그래프상 점들의 중심화 경향에 가장 잘 맞는 선을 제공한다

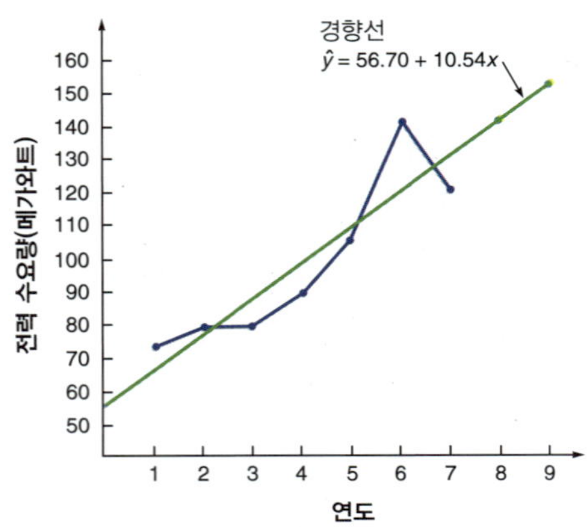

(h) 네트워크 다이어그램: 가지와 노드를 사용해 시스템에서의 흐름을 표현한다

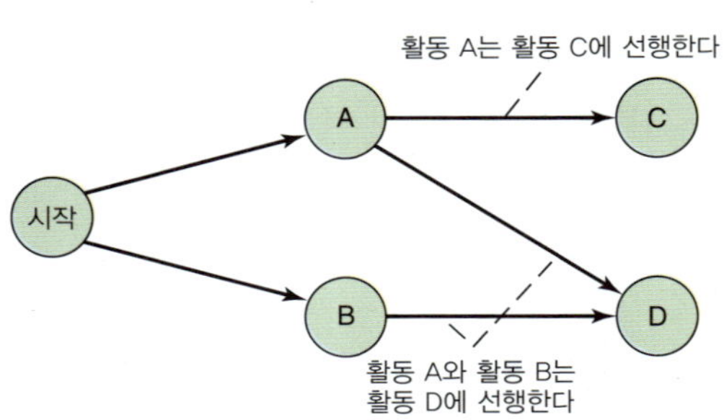

그림 G.7 자료 시각화 그래프 예제

예제 G3

열 지도

공급사슬 관리자인 존 잭슨(Jon Jackson)은 회사 공급사슬에 있는 9개 지역 유통업체의 연간 재고 회전율의 상댓값을 시각적으로 표시하려고 한다[그림 G.8(b)에 표시된 자료].

접근방법 ▶ 엑셀 조건부 서식의 **색상 척도**는 두세 가지 색상의 명암을 조절해 모든 셀의 채우기 색상을 변경한다. 어둡다는 것은 극한값임을 의미한다. 이 기법은 가장 높은 값과 가장 낮은 값을 강조 표시하는 **열 지도**를 만든다.

엑셀 내에서 조건부 서식을 사용하려면 조건부 서식을 지정할 셀(이 예에서는 B2:B10)을 선택한 다음, 홈→조건부 서식→색조를 차례로 누른다. 파란색-흰색-빨간색 색상 척도[그림 G.8(a)]를 선택하면 그림 G.8(b)의 열 지도가 생성된다.

그림 G.8

파란색-흰색-빨간색 색상 척도를 사용하는 조건부 서식

그림 (a)에서 색상 척도 아래의 두 번째 행, 첫 번째 열이 선택되었다. (b)는 해당하는 열 지도를 보여준다.

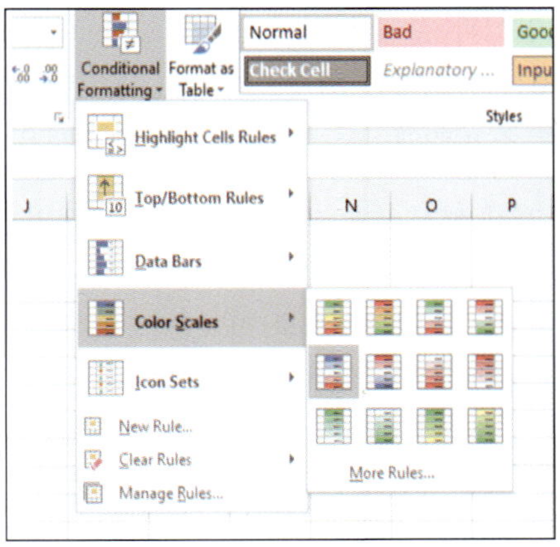

(a)

	A	B
1	유통업체	연간 재고 회전율
2	대서양 중부	45
3	남동부	60
4	북서부	95
5	북부 중앙	34
6	북동부	25
7	캘리포니아주/네바다주	85
8	산지 서부	92
9	남서부	58
10	남부 중앙	12

(b)

통찰력 ▶ 그림 G.8(b)의 색상을 간단히 살펴보면 서부 유통업체가 가장 성과가 좋은 반면, 남부 중앙과 북동부 유통업체는 비교적 어려움을 겪고 있음을 알 수 있다.

학습 연습 ▶ 존은 표가 셀 색상 대신 아이콘으로 어떻게 보이는지 보고 싶어 한다. [답: 조건부 서식에서 아이콘 세트를 선택하면 존은 각 셀(예: 화살표, 원, 신호등, 깃발)에 자동으로 아이콘을 배치하는 다양한 아이콘 선택을 할 수 있다. 이 아이콘은 높은 값은 초록색, 중간 값은 노란색, 낮은 값은 빨간색으로 칠해진다.]

예측적 비즈니스 분석 도구와 처방적 비즈니스 분석 도구

정교한 예측과 처방 도구는 수십 년 동안 존재해 왔다. 오늘날 컴퓨터의 힘과 빅데이터의 과잉은 전 세계 기업 관리자의 관점에서 이러한 도구의 가치를 재조명하고 있다. 우리는 진정으로 **분석의 시대**에 진입하고 있다.

본문에는 풍부한 분석 도구가 포함되어 있다: 예측/시계열 분석(4장), 상관분석과 회귀분석(4장), 의사결정표와 의사결정나무(모듈 A), 선형계획법(모듈 B와 C), 대기 행렬 이론(모듈 D), 학습 곡선(모듈 E)과 시뮬레이션(모듈 F).

본문에서 다루지 않는 다른 비즈니스 분석 도구

학습목표 G.4
고급 비즈니스 분석 도구를 설명한다.

본문에 포함되지 않은 다른 비즈니스 분석 기법에는 데이터 마이닝, 객체 추정과 위치 추정(tracking and mapping, TAM), 동질집단(cohort) 분석, 군집(cluster) 분석, 신경망과 머신 러닝이 포함된다. 이 기법들을 아래에 간략하게 소개한다.

데이터 마이닝 이 컴퓨터 실행 프로그램은 매우 큰 자료 묶음(즉 빅데이터)을 탐색해 의사결정을 향상시키기 위한 통찰력을 제공할 수 있는 관련 유형 또는 관계를 찾도록 설계되었다. 데이터 마이닝은 세 가지 경로를 따라갈 수 있다. 첫 번째는 언론에서 신제품이 얼마나 자주 언급되는지 알기 위해 같은 용어나 아이디어에 태그(꼬리표)를 지정하거나 주석을 달기 위한 **텍스트(문장) 분석**이다. 두 번째 변형은 콜센터에서 반복적인 고객 불만 처리의 성공 여부와 같은 텍스트 또는 음성 자료에서 '감정'을 추출하려는 **감정 분석** 또는 **의견 마이닝**이다. 세 번째 접근 방식은 사진, 의료 영상(MRI, 엑스레이), 얼굴 인식과 같이 영상에서 정보를 추출하는 **패턴(유형) 분석**이다. 연구에 따르면 데이터 마이닝이 MRI를 검토하는 의사보다 더 나은 결과를 얻을 수 있다고 보고된다. SAS에서 생산한 데이터 클라우드 소프트웨어는 텍스트와 감정 분석을 위한 탁월한 도구이다.

객체 추정과 위치 추정 전자 센서 또는 영상은 직원과 고객의 움직임을 추적할 수 있다. 공장이나 창고에서 부품 또는 제품 이동을 추적하는 것은 전통적으로 시설의 배치를 분석하고 개선하는 데 사용되었다. 부품이 일관된 유형으로 이동하므로 이것은 상당히 간단한 작업이다. 그러나 개별 고객이 동적으로 움직이는 유형을 파악하려는 객체 추정은 훨씬 더 도전적이다. 매장에서 고객의 움직임을 파악하면 방문하는 사람, 구매하는 사람, 그들의 움직이는 유형을 더 많이 이해할 수 있다.

동질집단 분석 이 기법은 시간 변화에 따른 집단의 행동 연구에 중점을 둔다. 예를 들어 공급업체의 재정 상태는 시간이 지남에 따라 어떻게 변하는가?

군집 분석 이 기법은 유사한 속성을 가진 묶음으로 자료를 파악하고 구성한다. 예를 들어 현지 유통업체가 하나의 군집을 형성하고 지방 유통업체가 두 번째 군집을 형성하고 국내 유통업체가 세 번째 군집을 구성할 수 있다.

신경망과 머신 러닝 신경망은 통계 기법의 지도를 받아 복잡한 경로와 연관성을 파악하기 위해 많은 양의 자료와 잠재적 변수를 변수 그룹으로 형성하는 컴퓨터 시스템이다. 머신 러닝은 음성 인식과 자율 주행 자동차를 만드는 등 공상 과학 소설을 현실로 만들기 위해 이러한 경로와 연관성을 구성한다. 분석에 적용되는 머신 러닝은 방대한 양의 빅데이터를 선별해 통찰력을 제공하게 만드는 수단을 제공한다.

학생들은 SAS의 많은 기능과 태블로(Tableau), 애널리틱 솔버 플랫폼(Analytic Solver Platform), 엑셀마이너(XLMiner), R, 엑셀, 엑셀 VBA, SQL을 포함해 고급 비즈니스 분석 기법에 사용할 수 있는 다양한 소프트웨어 도구를 찾아볼 수 있다.

요약

빅데이터의 출현은 자료를 의사결정으로 변환하려는 통계, 컴퓨터 과학과 운영 연구 기법을 통합하는 광범위한 용어인 비즈니스 분석 분야에 세계적인 관심을 불러일으켰다.

자료를 분석하기 전에 관리자는 자료가 완전하고 일관되며 정확한지 '정리'해야 한다. 엑셀 함수 또는 조건부 서식을 신중히 사용해 자료를 정리하는 데 간단한 엑셀 도구를 적용할 수 있다.

피벗 테이블은 빅데이터를 처리할 때 자료 묶음을 깊게 파고들어 관심 범주에 대한 정보를 추출하고 요약하는 강력한 방법이 된다. 관리자는 엑셀 피벗 테이블 도구를 사용해 범주를 적절한 막대에 배치하고 적절한 거름 조건을 적용해 분석을 수행할 수 있다.

효과적인 자료 시각화 기술은 방대한 빅데이터의 중요한 특징을 구성원에게 전달하는 데 매우 중요하다. 엑셀은 시각화를 용이하게 하는 수많은 차트, 히스토그램과 기타 도구를 가지고 있다.

미래의 관리자는 자료가 풍부한 이 새로운 분석 시대에서 앞서 나가기 위해 다양하고 성장하는 비즈니스 분석 기술을 잘 알고 있어야 한다.

핵심 용어

대시보드(dashboards)
비즈니스 분석(business analytics)
빅데이터(big data)
자료 관리(data management)
조건부 서식(conditional formatting)
피벗 테이블(pivot table)

토론 문제

1. 비즈니스 분석의 세 가지 범주를 설명하라.
2. 자료 관리와 자료 정리를 위한 세 가지 주요 문제를 설명하라.
3. 엑셀을 사용해 자료를 정리하는 방법에는 어떤 것이 있는가?
4. 열 지도의 목적을 설명하라.
5. 예제 G1을 다시 고려하라. 자료가 정리되었는지 알기 위해 관리자가 확인할 수 있는 세 가지 추가 항목을 생각하라.
6. 데이터 마이닝의 세 가지 경로를 설명하라.

문제 해결

문제 해결 G.1

그림 G.8(b)의 유통업체 공급사슬 관리자는 연간 재고 회전율이 90을 초과할 때와 30 미만일 때를 나타내는 아이콘을 보고 싶어 한다.

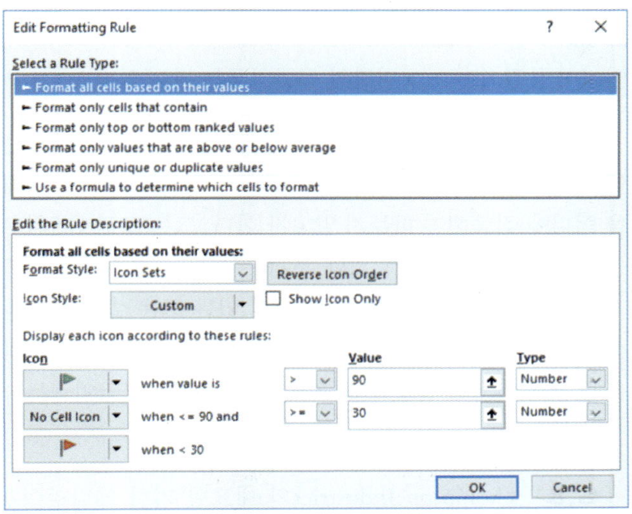

해결책

아이콘 세트를 사용할 때 모든 셀에 아이콘이 있어야 하는 것은 아니다. 90보다 큰 모든 재고 회전율 금액 옆에 초록색 깃발을 배치하고 30보다 작은 모든 금액에 대해 빨간색 깃발을 배치한다. 아이콘 세트 상자 하단에 있는 추가 규칙을 클릭해 적용 가능한 대화 상자를 연다.

	A	B
1	유통업체	연간 재고 회전율
2	대서양 중부	45
3	남동부	60
4	북서부	95
5	북부 중앙	34
6	북동부	25
7	캘리포니아주/네바다주	85
8	산지 서부	92
9	남서부	58
10	남부 중앙	12

* 엑셀 한영 버전의 차이로 결과 화면이 다를 수 있음.

문제 해결 G.2

비키 루오는 신규 공급업체가 아니면서 품질 등급이 4 또는 5인 Thompson Industries(그림 G.5)의 1차('P') 공급업체 수를 파악하도록 요청받았다.

해결책

피벗 테이블을 사용해 이를 표시하는 방법에는 여러 가지가 있다. 예를 들어 그림 G.7에서 피벗 테이블을 만든 후 다음 5단계를 완료한다.

1. 필터 영역에 신규 공급업체를 놓는다. 그런 다음 선택 화살표를 누르고 N을 선택한 다음 확인을 누른다(신규 공급업체가 아닌 것만 포함).
2. 공급업체 범주를 행 영역에 배치한다. 그런 다음 **행 표제** 선택 화살표를 누르고 **P**를 선택한 다음 확인을 누른다(1차 공급업체만 포함).
3. 열 영역에 품질을 배치한다. 그런 다음 **열 표제** 선택 화살표를 누르고 **4**와 **5**를 선택한 다음 확인을 누른다(품질 등급이 4 또는 5인 공급업체만 포함).
4. 해당 기준을 충족하는 기록 수를 계산하기 위해 다른 범주 아무것이나 값 영역에 배치할 수 있다. 공급업체 이름의 개수를 사용한다.
5. 셀 A4의 **행 표제** 머리글과 셀 B3의 **열 표제** 머리글 위에 입력하고 실제 해당 세로줄 머리글로 바꾼다.

	A	B	C	D
1	신규 공급업체	N		
2				
3	공급업체 이름	품질		
4	공급업체 범주	**4**	**5**	총합계
5	P	3	4	7
6	총합계	**3**	**4**	**7**

연습 문제

문제 G.1~G.9는 자료 관리와 관련이 있다.

••• **G.1** 그림 G.5의 '변동량' 열(E)에 대해
(a) 3표준편차 정확도 검사를 위한 상한과 하한을 결정하라.
(b) 어떤 값이 (a)문항에서 계산된 상한과 하한을 벗어나는가?

••• **G.2** 그림 G.5의 '배송 거부' 열(I)에 대해
(a) 3표준편차 정확도 검사를 위한 상한과 하한을 결정하라.
(b) 어떤 값이 (a)문항에서 계산된 상한과 하한을 벗어나는가?

••• **G.3** 그림 G.2를 사용해 셀 E8에 6,000달러를 입력한다. 해당 스프레드시트에서 모든 신규 공급업체(J열에 'Y'가 있음)는 D열의 총구매액이 E열의 이전 달과 동일해야 한다. 분석 관리자 비키 루오는 이 조건을 충족하지 않는 신규 공급업체를 파악하기 위해 엑셀에서 조건부 서식을 설정하려고 한다. 이 서식 값이 사실인 경우 서식 값 상자에 입력해야 하는 서식은 무엇인가? 힌트: '같지 않음'에 대한 엑셀 기호는 < >이다.

••• **G.4** 그림 G.2를 사용해 분석 관리자 비키 루오는 엑셀에서 조건부 서식을 설정해 모든 공급업체가 B열에 서로 다른 공급업체번호를 갖도록 하려고 한다. 어떤 조건부 서식 '규칙 유형'을 선택해야 하는가?

••• **G.5** 그림 G.8(b)의 데이터를 사용해 공급사슬 관리자인 존 잭슨은 엑셀의 조건부 서식으로 C2 셀에 포함된 유통업체 보너스와 관련해서 (그림에는 표시되지 않음) 올해 임계치 수준 이상인 B열 값을 강조 표시하려고 한다. 이 수식이 사실인 경우 서식 값 상자에 입력해야 하는 수식은 무엇인가?

••• **G.6** Thompson Industries의 공급사슬 관리자 쉰 쉬(Xun Xu)는 공급 기반의 구성을 더 잘 이해하려고 한다. 그는 그림 G.5의 자료와 엑셀을 사용해 구매액별로 모아지고(1달러부터 시작해 15,000달러 단위로 모음) 품질 수준별로 소계가 표시된 공급업체 수를 표시하는 피벗 테이블을 만들 것을 당신에게 제안한다. 힌트: 값의 범위별로 행을 모으려면 피벗 테이블의 A열에 있는 값을 마우스 오른쪽을 누르고 그룹...을 선택한다. 구매액이 15,000~30,000달러 사이이며 품질 수준이 5 미만인 공급업체는 몇 개인가?

••• **G.7** Thompson Industries의 공급사슬 관리자인 쉰 쉬는 구매액이 가장 큰 공급업체와 가장 작은 공급업체를 파악해 구매 자원을 어디에 집중해야 하는지 알고자 한다. 그는 그림 G.5의 자료와 엑셀을 사용해 '구매액' 열에 조건부 서식을 적용할 것을 당신에게 제안한다. 상위 75% 이상의 값이 있는 모든 셀의 서식을 초록색 원으로 지정하고, 하위 30%에 있는 값을 가진 모든 셀의 서식을 빨간색 원으로 지정한다. 초록색 원이 있는 공급업체는 어느 회사인가?

••• **G.8** Thompson Industries의 대표인 기한 에디라이징허(Gihan Edirisinghe)는 성과 포상을 할 최고 성과 공급업체를 파악하고자 한다. 그는 그림 G.5의 자료와 엑셀을 사용해 '납기 준수' 열에 조건부 서식을 적용할 것을 당신에게 제안한다. '진한 노란색

글자로 노란색 채우기'를 사용해 셀의 상위 10% 값의 서식을 지정한다. 서식(과 포상)을 받는 공급업체는 어느 회사인가?

••• **G.9** Thompson Industries의 공급사슬 관리자인 쉰 쉬는 공급 기반의 품질과 납기 준수 성과를 더 잘 이해하려 한다. 그는 그림 G.5의 자료와 엑셀을 사용해 품질 수준별로 모아지고(내림차순으로 정렬) 납기 준수 배송 백분위율로 소계된 공급업체 수를 표시하는 피벗 테이블을 만들 것을 당신에게 제안한다(단 납기 준수 배송이 50% 이상인 공급업체에 한함). 열 합계의 %로 값을 보여라. 100% 납기 준수 배송 백분위율과 품질 수준이 3인 셀에 표시되는 값은 무엇인가?

문제 G.10은 자료 시각화와 관련이 있다.

••• **G.10** 운영관리자 필 위트(Phil Witt)는 다음 자료에 엑셀의 조건부 서식을 사용해 파란색–흰색–빨간색 색상 척도를 적용하려고 한다.

공장	생산성(작업 시간당 단위)
세인트루이스	30
벤턴빌	42
야키마	28
피닉스	35
오번	18

(a) 어느 공장이 가장 어두운 파란색 음영으로 칠해지는가?
(b) 어느 공장이 가장 어두운 빨간색 음영으로 칠해지는가?

미주

1. 특정 자료 묶음의 내부 일관성을 확인할 때 전체 모집단을 다룬다고 가정한다. 따라서 모집단 표준편차에 대한 엑셀 공식인 STDEV.P를 사용한다. 공식은 다음과 같다.

$$\sqrt{\frac{\sum_{i=1}^{n}(x_i - \bar{x})}{n}}$$

여기서 x_i는 i번째 관측값이고, $\bar{x}$는 관측값의 평균이며, n은 관측값의 개수이다. 자료 묶음의 일부만 표준편차를 계산하는 데 사용되는 경우 분모에 n 대신 $n-1$을 사용하는 STDEV.S 엑셀 공식을 사용한다.

참고문헌

Albright, S. Christian, *VBA for Modelers: Developing Decision Support Systems with Microsoft® Office Excel®*, 5th Ed. Boston, MA: Cengage Learning, 2016.

Camm, J. D., J. J. Cochran, M. J. Fry, J. W. Ohlmann, D. R. Anderson, D. J. Sweeney, and T. A. Williams. *Business Analytics*, 3rd Ed. Boston: Cengage, 2019.

Davenport, T. H., and J. G. Harris. *Competing on Analytics: The New Science of Winning*. Boston: Harvard Business Review Press, 2017.

Erl, T., W. Khattak, and P. Buhler. *Big Data Fundamentals: Concepts, Drivers & Techniques*. Boston: Pearson, 2016.

Harvard Business Review. *HBR Guide to Data Analytics Basics for Managers*. Boston: Harvard Business Review Press, 2018.

Knaflic, Cole N. *Storytelling with Data: A Data Visualization Guide for Business Professionals*. New York: Wiley, 2015.

Lustig, I., B. Dietrich, C. Johnson, and C. Dziekan. "The Analytics Journey." *Analytics Magazine* (November/December 2010): 11-18.

Rose, Robert. "Defining Analytics: A Conceptual Framework." *OR/MS Today* 43, no. 3 (June 2016).

Sanders, N. R. *Big Data Driven Supply Chain Management: A Framework for Implementing Analytics and Turning Information into Intelligence.* Upper Saddle River, NJ: Pearson, 2014.

Tufte, Edward. *The Visual Display of Quantitative Information*. Cheshire, CT: Graphics Press, 2001.

Module G Rapid Review

절 제목	내용 훑어보기
빅데이터와 비즈니스 분석 소개	■ **빅데이터**: 엄청난 양의 생산 현장, 소비자, 소셜 미디어 자료가 디지털 형태로 수집된 것 ■ **비즈니스 분석**: 도구와 기법을 사용해 자료를 의사결정을 위한 요약 정보와 비즈니스에 대한 통찰로 변환하는 것 분석의 세 가지 범주는 **설명적 분석**(이해를 돕기 위해 자료의 특징을 찾고 요약함), **예측적 분석**(과거 자료를 분석해 미래를 예측함), **처방적 분석**(고급 최적화 도구를 호출해 전략이나 행동 방향을 추천함)을 포함한다.
자료 관리	■ **자료 관리**: 완전성, 일관성, 정확성을 포함한 자료의 무결성에 대한 총체적 관리 엑셀 데이터베이스에서 누락된 기록을 식별하는 가장 간단한 방법은 〈End〉 키와 〈아래쪽 화살표〉 키의 조합을 사용하는 것이다. 엑셀 데이터베이스에 빈 셀이 있는지 확인하는 빠른 방법은 COUNTIF(범위,"") 함수를 사용하는 것이다. 엑셀 자료 묶음에서 정확성을 확인하기 위해 다음 범위에 속하지 않는 이상치를 식별할 수 있다. 하한 =AVERAGE(범위)-3*STDEV.P(범위) 상한 =AVERAGE(범위) + 3*STDEV.P(범위) ■ **조건부 서식**: 서식을 통해 자료의 특성을 시각적으로 파악하는 엑셀 기법 조건부 서식은 불일치와 부정확성을 확인하는 데 사용할 수 있기 때문에 데이터베이스 정리를 위한 탁월한 도구이다. 명시된 조건을 충족하는 색상 척도, 아이콘 세트, 셀에 색칠하기 등을 포함해 다양한 서식 선택이 가능하다. ■ **피벗 테이블**: 거름 조건을 적용하고 자료 묶음의 범주와 하위 범주에 대한 요약 계산을 제공해 숫자 자료의 심층 분석을 용이하게 하는 도구 피벗 테이블의 네 가지 범주(영역)는 다음과 같다. 1. **거름 조건**: 사용자 명세에 따라 전체 자료 묶음을 거른다(엑셀의 자료 거름 도구와 유사). 2. **행**: 해당 가로줄에 대해 동일한 값을 가진 모든 항목이 표의 한 행에 요약된다. 3. **열**: 해당 세로줄에 대해 동일한 값을 가진 모든 항목이 표의 한 열에 요약된다. 4. **값**: 사용자가 요약하고자 하는 숫자 세로줄을 포함한다. 엑셀 피벗 테이블을 삽입한 후 사용자는 세로줄의 머리글을 눌러서 적절한 범주로 끌어온 다음 원하는 거름 조건을 적용한다.
자료 시각화	자료 시각화 그래프의 종류는 다음과 같다 1. **막대그래프**: 범주로 나뉘는 자료를 그려준다. 2. **선 그래프**: 연속적으로 변하는 자료를 보여준다. 3. **산점도**: 한 변수의 다른 변수에 대한 값을 설명한다. 4. **기울기 그래프**: 시간별 또는 비교 시점별 특정 범주의 상대적 증가와 감소를 예시적으로 보여준다. 5. **파이 차트**: 전체에서 차지하는 백분위율이나 부분을 나타낸다. 6 **히스토그램**: 변수의 발생 빈도를 보여주는 분포 7. **회귀선**: 그래프상 점들의 중심화 경향에 가장 잘 맞는 선을 제공한다. 8. **네트워크 다이어그램**: 가지와 노드를 사용해 시스템에서의 흐름을 표현한다. 그래프 그리는 팁 1. 그래프는 자명해야 한다. 의미 있는 설명 제목을 제공하고 측정 단위가 분명한 축에 표제를 지정하는 것과 같이 명확하게 도움이 되는 일을 해야 한다. 2. 동일한 그래프의 여러 개 자료 묶음에 대해 각각 범례가 있는지 확인한다. 3. 그림에 너무 많은 자료를 보여주어 보는 사람을 압도하면 안 된다. 4. 3차원 그래프를 피해야 한다. 부가가치가 높지 않으며 크기를 왜곡하기 때문이다. ■ **대시보드**: 중요한 측정치 자료를 그래프 형태로 한 곳에서 제공하는 것 엑셀의 조건부 서식을 사용해 열 지도를 자료 열에 중첩시킬 수 있다. **열 지도**는 색상을 사용해 값을 나타내며, 극한값에는 어두운 색상이 적용되고 적당한 값에는 밝은 색상이 적용된다.

	A	B
1	유통업체	연간 재고 회전율
2	대서양 중부	45
3	남동부	60
4	북서부	95
5	북부 중앙	34
6	북동부	25
7	캘리포니아주/네바다주	85
8	산지 서부	92
9	남서부	58
10	남부 중앙	12

(b)

그림 G.8(b)

열 지도

예측적 비즈니스 분석 도구와 처방적 비즈니스 분석 도구

데이터 마이닝은 매우 큰 자료 묶음(즉 빅데이터)을 탐색해 의사결정을 향상시키기 위한 통찰력을 제공할 수 있는 관련 유형 또는 관계를 찾는다. 데이터 마이닝의 세 가지 경로는 **텍스트 분석**, **감정 분석** 또는 **의견 마이닝**, **패턴 분석**을 포함한다.

객체 추정과 **위치 추정**은 전자 센서 또는 영상으로 직원과 고객의 움직임을 추적할 수 있다.

동질집단 분석은 시간 변화에 따른 집단의 행동 연구에 중점을 둔다.

군집 분석은 유사한 속성을 가진 묶음으로 자료를 파악하고 구성한다.

신경망은 통계 기법의 지도를 받아 복잡한 경로와 연관성을 파악하기 위해 많은 양의 자료와 잠재적 변수를 변수 그룹으로 형성하는 컴퓨터 시스템이다. **머신 러닝**은 음성 인식과 자율 주행 자동차를 만드는 등 공상 과학 소설을 현실로 만들기 위해 이러한 경로와 연관성을 구성한다. 분석에 적용되는 머신 러닝은 방대한 양의 빅데이터를 선별해 통찰력을 제공하게 만드는 수단을 제공한다.

셀프테스트

G.1 전략이나 행동 방향을 추천하는 분석 범주는?

(a) 설명적 분석
(b) 예측적 분석
(c) 처방적 분석

G.2 다른 열의 값 조건에 따라 한 열의 값 서식을 지정하려면 어떤 엑셀 조건부 서식 규칙 유형을 사용해야 하는가?

(a) 값에 기반 해 모든 셀을 서식 지정
(b) 포함하는 셀만 서식 지정
(c) 상위 또는 하위 순위 값만 서식 지정
(d) 고유하거나 중복된 값만 서식 지정
(e) 수식을 사용해 서식을 지정할 셀 결정

G.3 열 지도를 만드는 데 사용할 엑셀의 조건부 서식 도구에서 서식 선택은?

(a) 아이콘 세트
(b) 셀 색상 채우기 변경
(c) 글꼴 유형 변경
(d) 자료 막대
(e) 컬러 척도

G.4 시간 경과에 따른 집단의 행동을 연구하는 비즈니스 분석 도구는 무엇인가?

(a) 동질집단 분석
(b) 객체 추정
(c) 신경망
(d) 군집 분석
(e) 데이터 마이닝

정답 G.1. c G.2. e G.3. e G.4. a

부록 1 정규곡선 영역(범위)

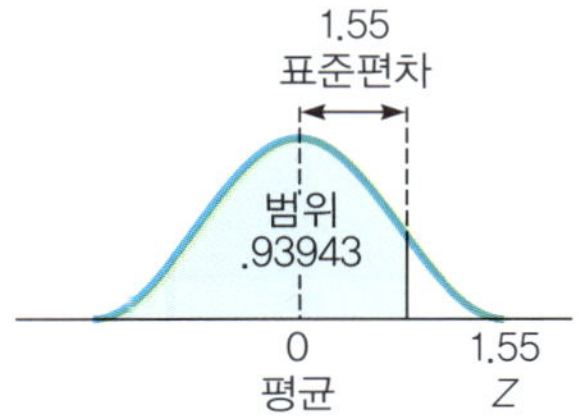

정규 곡선 아래의 영역을 찾으려면 표 I.1 또는 표 I.2를 적용할 수 있다. 표 I.1에서 해당 점이 평균의 오른쪽에 있는 표준편차의 수를 알아야 한다. 그러면 정규 곡선 아래의 면적을 정규분포표에서 바로 알 수 있다. 예를 들어 평균의 오른쪽에 1.55표준편차가 있는 점에 대한 정규 곡선 아래의 전체 면적은 .93943이다.

표 I.1

Z	.00	.01	.02	.03	.04	.05	.06	.07	.08	.09
.0	.50000	.50399	.50798	.51197	.51595	.51994	.52392	.52790	.53188	.53586
.1	.53983	.54380	.54776	.55172	.55567	.55962	.56356	.56749	.57142	.57535
.2	.57926	.58317	.58706	.59095	.59483	.59871	.60257	.60642	.61026	.61409
.3	.61791	.62172	.62552	.62930	.63307	.63683	.64058	.64431	.64803	.65173
.4	.65542	.65910	.66276	.66640	.67003	.67364	.67724	.68082	.68439	.68793
.5	.69146	.69497	.69847	.70194	.70540	.70884	.71226	.71566	.71904	.72240
.6	.72575	.72907	.73237	.73565	.73891	.74215	.74537	.74857	.75175	.75490
.7	.75804	.76115	.76424	.76730	.77035	.77337	.77637	.77935	.78230	.78524
.8	.78814	.79103	.79389	.79673	.79955	.80234	.80511	.80785	.81057	.81327
.9	.81594	.81859	.82121	.82381	.82639	.82894	.83147	.83398	.83646	.83891
1.0	.84134	.84375	.84614	.84849	.85083	.85314	.85543	.85769	.85993	.86214
1.1	.86433	.86650	.86864	.87076	.87286	.87493	.87698	.87900	.88100	.88298
1.2	.88493	.88686	.88877	.89065	.89251	.89435	.89617	.89796	.89973	.90147
1.3	.90320	.90490	.90658	.90824	.90988	.91149	.91309	.91466	.91621	.91774
1.4	.91924	.92073	.92220	.92364	.92507	.92647	.92785	.92922	.93056	.93189
1.5	.93319	.93448	.93574	.93699	.93822	.93943	.94062	.94179	.94295	.94408
1.6	.94520	.94630	.94738	.94845	.94950	.95053	.95154	.95254	.95352	.95449
1.7	.95543	.95637	.95728	.95818	.95907	.95994	.96080	.96164	.96246	.96327
1.8	.96407	.96485	.96562	.96638	.96712	.96784	.96856	.96926	.96995	.97062
1.9	.97128	.97193	.97257	.97320	.97381	.97441	.97500	.97558	.97615	.97670
2.0	.97725	.97784	.97831	.97882	.97932	.97982	.98030	.98077	.98124	.98169
2.1	.98214	.98257	.98300	.98341	.98382	.98422	.98461	.98500	.98537	.98574
2.2	.98610	.98645	.98679	.98713	.98745	.98778	.98809	.98840	.98870	.98899
2.3	.98928	.98956	.98983	.99010	.99036	.99061	.99086	.99111	.99134	.99158
2.4	.99180	.99202	.99224	.99245	.99266	.99286	.99305	.99324	.99343	.99361
2.5	.99379	.99396	.99413	.99430	.99446	.99461	.99477	.99492	.99506	.99520
2.6	.99534	.99547	.99560	.99573	.99585	.99598	.99609	.99621	.99632	.99643
2.7	.99653	.99664	.99674	.99683	.99693	.99702	.99711	.99720	.99728	.99736
2.8	.99744	.99752	.99760	.99767	.99774	.99781	.99788	.99795	.99801	.99807
2.9	.99813	.99819	.99825	.99831	.99836	.99841	.99846	.99851	.99856	.99861
3.0	.99865	.99869	.99874	.99878	.99882	.99886	.99889	.99893	.99896	.99900
3.1	.99903	.99906	.99910	.99913	.99916	.99918	.99921	.99924	.99926	.99929
3.2	.99931	.99934	.99936	.99938	.99940	.99942	.99944	.99946	.99948	.99950
3.3	.99952	.99953	.99955	.99957	.99958	.99960	.99961	.99962	.99964	.99965
3.4	.99966	.99968	.99969	.99970	.99971	.99972	.99973	.99974	.99975	.99976
3.5	.99977	.99978	.99978	.99979	.99980	.99981	.99981	.99982	.99983	.99983
3.6	.99984	.99985	.99985	.99986	.99986	.99987	.99987	.99988	.99988	.99989
3.7	.99989	.99990	.99990	.99990	.99991	.99991	.99992	.99992	.99992	.99992
3.8	.99993	.99993	.99993	.99994	.99994	.99994	.99994	.99995	.99995	.99995
3.9	.99995	.99995	.99996	.99996	.99996	.99996	.99996	.99996	.99997	.99997

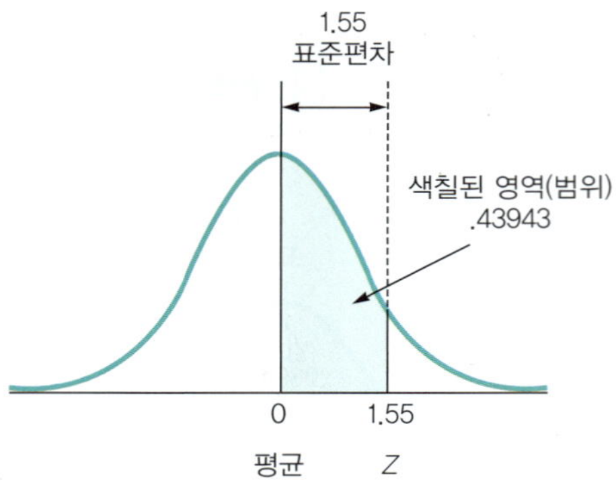

표 I.1의 대안으로 표 I.2의 숫자는 평균 μ에서 한쪽으로 떨어진 총 면적의 비율을 나타낸다. 예를 들어 평균과 오른쪽으로 1.55 표준편차가 있는 점 사이의 면적은 .43943이다.

표 I.2

Z	.00	.01	.02	.03	.04	.05	.06	.07	.08	.09
0.0	.00000	.00399	.00798	.01197	.01595	.01994	.02392	.02790	.03188	.03586
0.1	.03983	.04380	.04776	.05172	.05567	.05962	.06356	.06749	.07142	.07535
0.2	.07926	.08317	.08706	.09095	.09483	.09871	.10257	.10642	.11026	.11409
0.3	.11791	.12172	.12552	.12930	.13307	.13683	.14058	.14431	.14803	.15173
0.4	.15542	.15910	.16276	.16640	.17003	.17364	.17724	.18082	.18439	.18793
0.5	.19146	.19497	.19847	.20194	.20540	.20884	.21226	.21566	.21904	.22240
0.6	.22575	.22907	.23237	.23565	.23891	.24215	.24537	.24857	.25175	.25490
0.7	.25804	.26115	.26424	.26730	.27035	.27337	.27637	.27935	.28230	.28524
0.8	.28814	.29103	.29389	.29673	.29955	.30234	.30511	.30785	.31057	.31327
0.9	.31594	.31859	.32121	.32381	.32639	.32894	.33147	.33398	.33646	.33891
1.0	.34134	.34375	.34614	.34850	.35083	.35314	.35543	.35769	.35993	.36214
1.1	.36433	.36650	.36864	.37076	.37286	.37493	.37698	.37900	.38100	.38298
1.2	.38493	.38686	.38877	.39065	.39251	.39435	.39617	.39796	.39973	.40147
1.3	.40320	.40490	.40658	.40824	.40988	.41149	.41309	.41466	.41621	.41174
1.4	.41924	.42073	.42220	.42364	.42507	.42647	.42786	.42922	.43056	.43189
1.5	.43319	.43448	.43574	.43699	.43822	.43943	.44062	.44179	.44295	.44408
1.6	.44520	.44630	.44738	.44845	.44950	.45053	.45154	.45254	.45352	.45449
1.7	.45543	.45637	.45728	.45818	.45907	.45994	.46080	.46164	.46246	.46327
1.8	.46407	.46485	.46562	.46638	.46712	.46784	.46856	.46926	.46995	.47062
1.9	.47128	.47193	.47257	.47320	.47381	.47441	.47500	.47558	.47615	.47670
2.0	.47725	.47778	.47831	.47882	.47932	.47982	.48030	.48077	.48124	.48169
2.1	.48214	.48257	.48300	.48341	.48382	.48422	.48461	.48500	.48537	.48574
2.2	.48610	.48645	.48679	.48713	.48745	.48778	.48809	.48840	.48870	.48899
2.3	.48928	.48956	.48983	.49010	.49036	.49061	.49086	.49111	.49134	.49158
2.4	.49180	.49202	.49224	.49245	.49266	.49286	.49305	.49324	.49343	.49361
2.5	.49379	.49396	.49413	.49430	.49446	.49461	.49477	.49492	.49506	.49520
2.6	.49534	.49547	.49560	.49573	.49585	.49598	.49609	.49621	.49632	.49643
2.7	.49653	.49664	.49674	.49683	.49693	.49702	.49711	.49720	.49728	.49736
2.8	.49744	.49752	.49760	.49767	.49774	.49781	.49788	.49795	.49801	.49807
2.9	.49813	.49819	.49825	.49831	.49836	.49841	.49846	.49851	.49856	.49861
3.0	.49865	.49869	.49874	.49878	.49882	.49886	.49889	.49893	.49897	.49900
3.1	.49903	.49906	.49910	.49913	.49916	.49918	.49921	.49924	.49926	.49929

부록 2 연습문제 일부 해답

1장

1.2 **(a)** 2밸브/시간, **(b)** 2.25밸브/시간, **(c)** 12.5%
1.4 **(a)** 20패키지/시간, **(b)** 26.6패키지/시간, **(c)** 33.0%
1.12 4명
1.14 5.67유로/시간

2장

2.2 베네수엘라, 중국, 미국, 스위스, 덴마크
2.4 대부분의 레스토랑 또는 레스토랑 체인을 비교할 때 분명한 차이점이 있다.
2.8 **(a)** 캐나다, **(b)** 변화 없음
2.10 **(a)** 전 세계 가중치 평균 81.5, 가중치 총계 815
(b) 변화 없음
(c) 야간 배송 선호, 총 가중치 = 880
2.12 **(a)** B업체가 가장 좋은 옵션
(b) 공급자 C업체가 최상의 옵션으로 고려되려면 '온라인 플랫폼' 부문에서 5점을 받아야 한다.

3장

3.4 **(a)** AON 네트워크

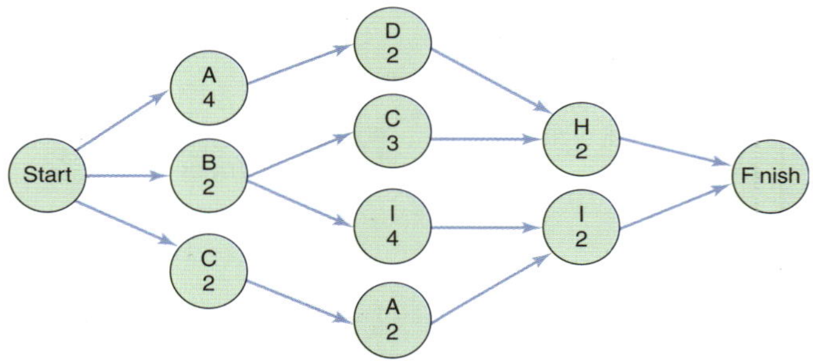

(b) AOA 네트워크

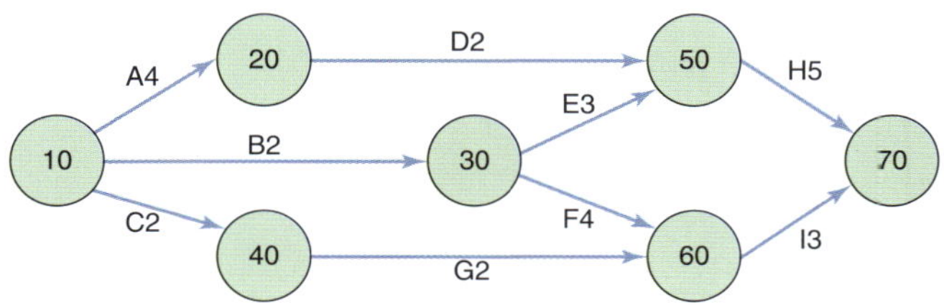

3.8

(a)

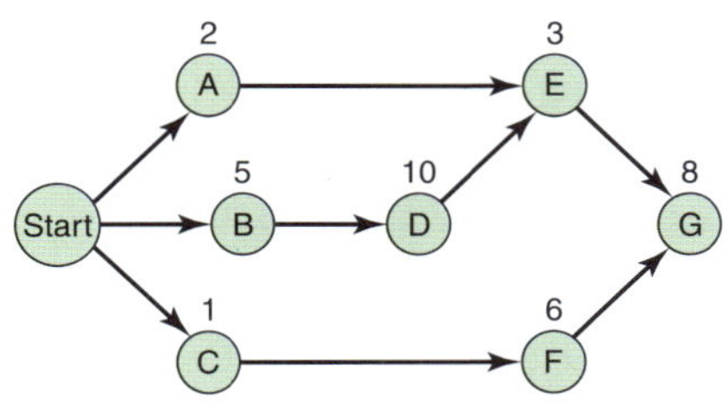

(b) B–D–E–G
(c) 26일

(d)

활동	여유 시간
A	13
B	0
C	11
D	0
E	0
F	11
G	0

3.10 **(a)**

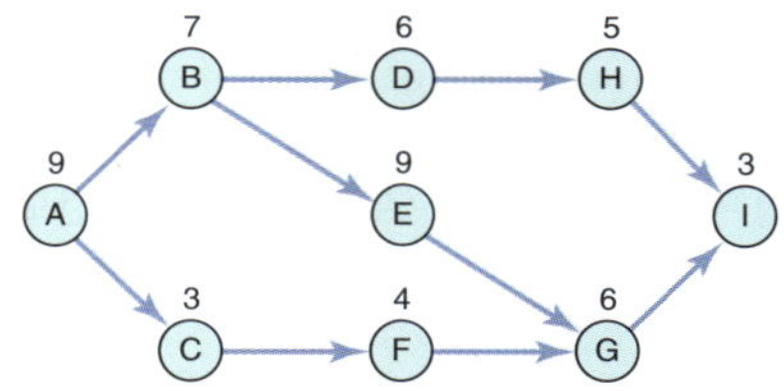

(b) A–B–E–G–I가 주경로이다.
(c) 34

3.12

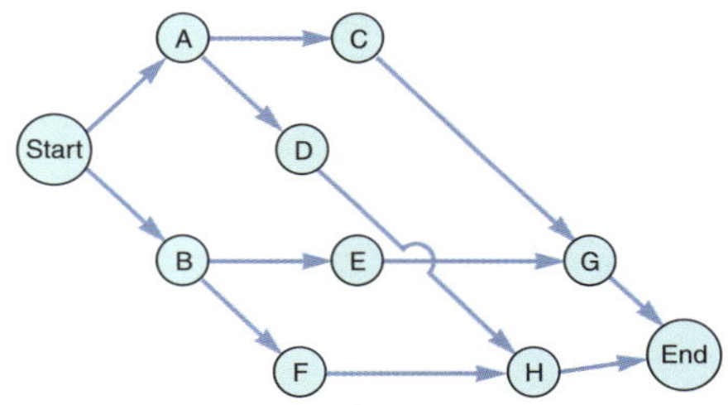

3.16 A: 15, 1.33; B: 32, 2.33; C: 18, 0
D: 13.17, 1.83; E: 18.17, 0.5; F: 19, 1.0
3.18 **(a)** A: 10, 0.11; B: 10, 4; C: 10, 0.11; D: 8, 1
(b) A–C: 20주, B–D: 18주
(c) .22, 5, **(d)** 1.0, **(e)** 0.963
3.20 **(a)** 32주, C–H–M–O, **(b)** 50%, **(c)** 영향 없음
3.22 **(a)** A = 5, B = 6, C = 7, D = 6, E = 3, 시간 = 15
(b) 1, 1, 1, 4, 0, 프로젝트 분산 = 2
3.26 **(a)** 기간당 600달러에서 가장 저렴한 경로인 활동 A를 줄인다.
(b) 900달러에서 최고의 선택으로 활동 B를 줄인다.
(c) 1,500달러
3.28 **(a)** 여유 시간: 0, 2, 11, 0, 2, 11, 0
(b) 우선 활동 D를 2주를 단축한다. 그 뒤 D와 E를 각각 2주 단축한다.
(c) 최소 완료 시간 = 7, 단축비용 = 1,550달러

4장

4.2 **(a)** 어떤 것도 명확하지 않다.
(b) 7, 7.67, 9, 10, 11, 11, 11.33, 11, 9
(c) 6.4, 7.8, 11, 9.6, 10.9, 12.2, 10.5, 10.6, 8.4
(d) 3년 차 이동평균
4.4 **(a)** 41.6, **(b)** 42.3, **(c)** 금융산업의 계절성
4.6 **(b)** 나이브 = 23, 3개월 이동평균 = 21.33, 6개월 가중평균 = 20.6, 지수 평활 = 20.62, 추세 = 20.67
(c) 추세 투영

4.8 **(a)** 91.3, **(b)** 89, **(c)** MAD = 2.7, **(d)** MSE = 13.35, **(e)** MAPE = 2.99%

4.10 **(a)** 4.67, 5.00, 6.33, 7.67, 8.33, 8.00, 9.33, 11.67, 13.7
(b) 4.50, 5.00, 7.25, 7.75, 8.00, 8.25, 10.00, 12.25, 14.0
(c) 예측은 거의 같다.

4.12 72

4.14 $\alpha = 0.1$의 평활상수는 $\alpha = 0.2$보다 정확도가 높다.

4.16 **(a)** $y = 421 + 33.6x$. x = 6일 때 $y = 622.8$
(b) MAD = 5.6
(c) MSE = 32.88

4.18 평활상수 $\alpha = .25$; 예측 수요 = 49

4.20 $\alpha = .1, \beta = .8$, 8월 예측 = 71,303달러, 문제 4.19에서 $\beta = .8$의 경우 MSE = 12.7 대 $\beta = .2$의 경우 MSE = 18.87이다.

4.22 표 4.1의 숫자와 일치하는지 확인한다.

4.24 $y = 5 + 20x$, $y = 105$

4.28 96.344, 132.946, 169.806, 85.204

4.30 $y = 29.76 + 3.28x$
11년 = 65.8, 12년 = 69.1(환자 수)
$r^2 = 0.853$

4.32 추세 조정은 MAD를 기반으로 어떠한 큰 개선도 주지 않는 것으로 보인다.

4.35 7.86

4.37 **(a)** 13.67, MAD = 2.20, **(b)** 13.17, MAD = 2.72

4.39 150,000, 126,000, 120,000, 198,000

4.41 **(a)** 7,000, **(b)** 9,000

4.43 **(a)** 337, **(b)** 380, **(c)** 423

4.45 **(a)** $y = 50 + 18x$, **(b)** 410달러

4.47 **(a)** 83,502, **(d)** 0.397

4.49 **(a)** $y = -.158 + .1308x$, **(b)** 2.719, **(c)** $r = .966$, $r^2 = .934$

4.51 **(b)** $y = 0.511 + 0.159x$
(c) 2,101,000명
(d) 511,000명
(e) .404(POM 소프트웨어에서 .407로 반올림됨)
(f) $r^2 = 0.840$

4.53 **(a)** 매출(y) = −9.349 + .1121(계약)
(b) $r = .8963$; $S_{xy} = 1.3408$

4.55 **(a)** $y = 1 + 1x$, **(b)** 0.45, **(c)** 3.65

4.57 패한 게임 = 6.41 + 0.533 × 비오는 날

5장

5.2 가능한 전략:
태블릿(성장기):
용량을 늘리고 생산 시스템의 균형을 개선한다.
생산 시설을 더 효율적으로 만들기 위해 노력
스마트 워치(도입기):
필요한 제품 특성을 더 잘 정의하기 위해 연구개발을 늘린다.
생산 프로세스를 수정 및 개선한다.
공급업체 및 유통 시스템을 개발한다.
계산기(쇠퇴기):
생산 및 유통 비용 절감에 집중한다.

5.6 본문의 예제 1과 비슷한 품질의 집을 만든다.
다음과 같은 고객 요구사항을 고려한다: 효과적인 유인, 신뢰성, 신속한 살상, 손가락 안전 등
다음과 같은 제조 문제를 고려한다: 유인 반지름, 죽은 쥐 비율, 살상 시간, 비용 등

5.8 아이스크림을 위한 품질의 집 순서

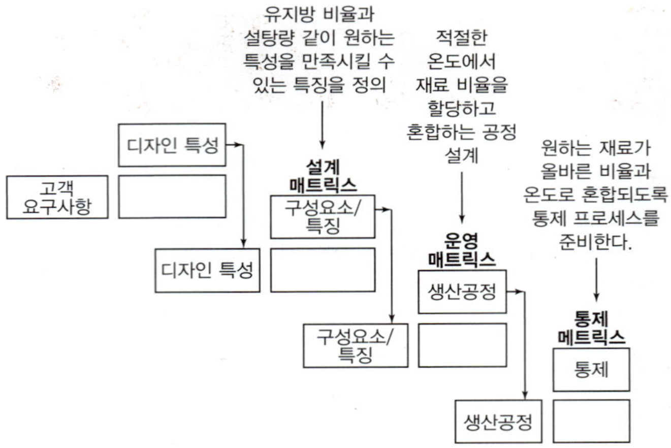

5.10 안경 조립도

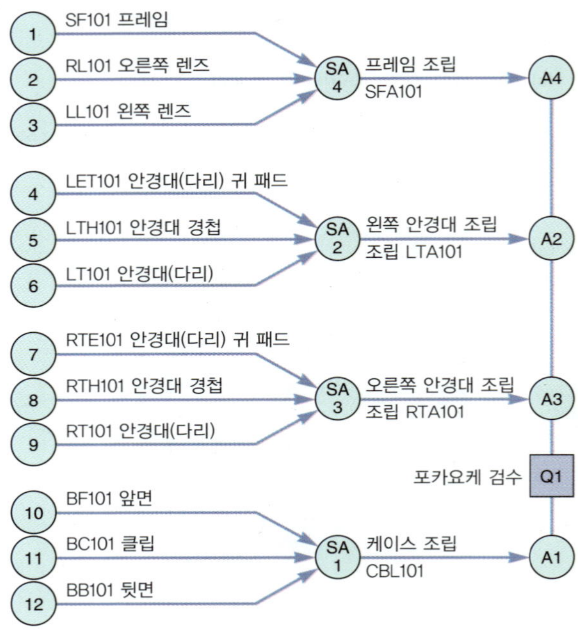

5.12 3단계 제품 구조

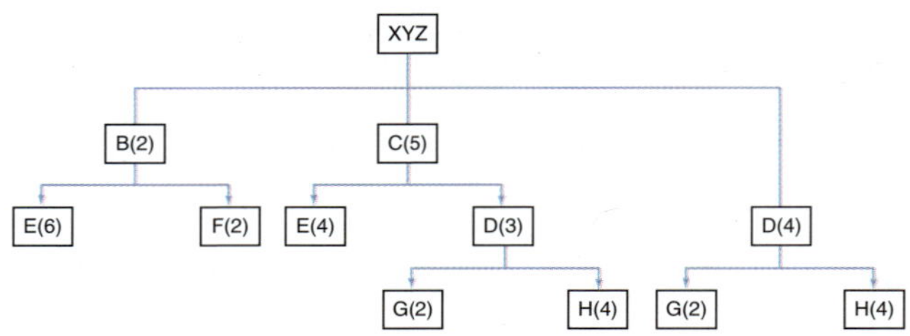

5.14 지우개 달린 나무 연필 자재 명세서

설명	수량
연필	1
나무 절반	2
흑연 심	1
밴드	1
지우개	1
노란 페인트	1그램
풀	2그램

5.18 낮은 기술을 사용, 비용은 145,000달러
5.20 디럭스 버전으로 생산한다.
5.22 공용 설계가 가장 비용이 적게 든다.
5.24 설계 K1을 사용하면 EMV = 27,500달러

5장 보론

S5.2 브루 마스터 수익 = 5.31달러로 더 나은 설계 대안이다.
S5.4 **(a)** 자동차 1의 총 수명주기 비용 = 37,912유로
(b) 자동차 2의 총 수명주기 비용 = 37,300유로
S5.6 **(a)** 자동차 1의 총 수명주기 비용 = 36,156유로
(b) 교차점(마일) = 2.52년
S5.8 투자를 충당하는 데 걸리는 시간은 100개월이다.

대안	1	2	3	4
개월	50	20	16.7	100

S5.10 66,667마일
S5.12 **(a)** 4.53달러, **(b)** 3.23달러, **(c)** GF 디럭스
S5.14 **(a)** 4.53달러
(b) 5.06달러
(c) 프리미엄 메이트
S5.16 **(a)** 45,455마일, **(b)** 가솔린 차량
S5.18 42,105마일

6장

6.2 그림 6.6(b) 형식의 개별 답
6.4 개별 답이지만 y축에는 빈도가 표시되고, x축에는 최대 2분 간격으로 시간이 표시되어야 함
6.8 부분적인 생선 뼈 차트는 아래 그림을 참조하라. 이 장의 그림 6.7 형식의 개별 답

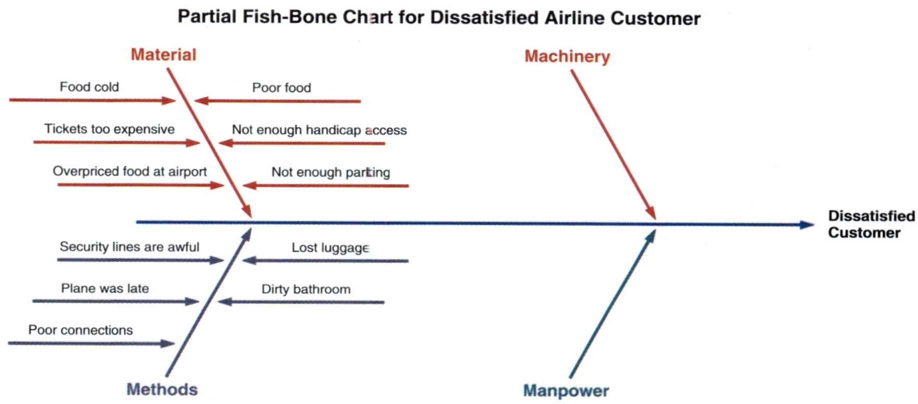

6.10

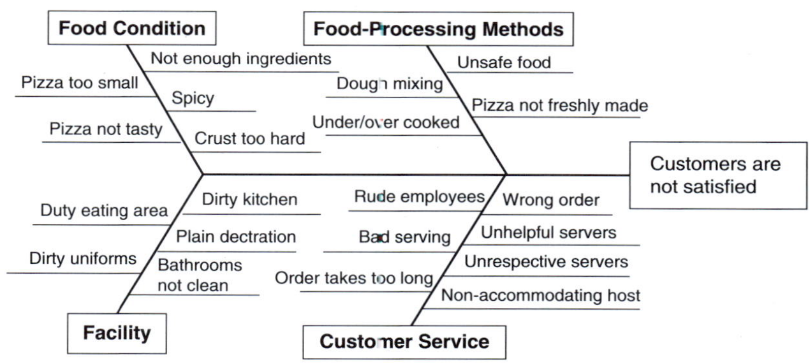

6.12 예제 1 형식의 파레토 차트. 주차/주행이 가장 빈번하며, 두 번째로 수영장 등이다.
6.14

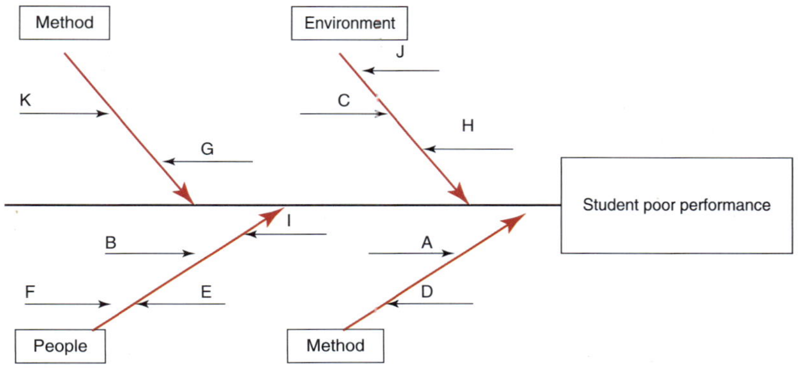

6.18 아래 그림을 참조하라.

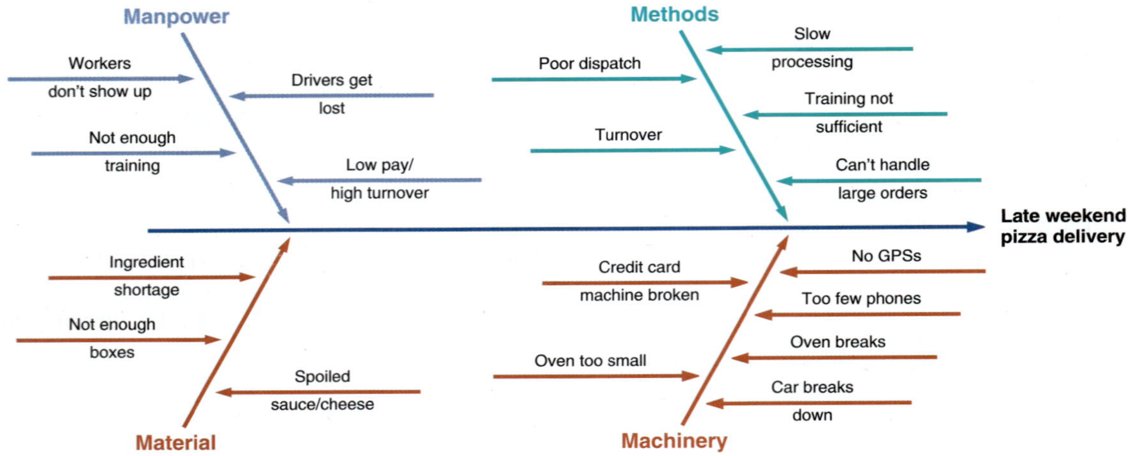

6.20 바느질
솔기 정렬
단추 및 단춧구멍
칼라 정렬
밑단

6장 보론

S6.2 **(a)** $UCL_{\bar{x}} = 52.31$, $LCL_{\bar{x}} = 47.69$
(b) $UCL_{\bar{x}} = 51.54$, $LCL_{\bar{x}} = 48.46$

S6.4 **(a)** $UCL_{\bar{x}} =$ 440칼로리, $LCL_{\bar{x}} =$ 400칼로리
(b) $UCL_{\bar{x}} =$ 435칼로리, $LCL_{\bar{x}} =$ 405칼로리

S6.6 $UCL_{\bar{x}} = 3.728$
$LCL_{\bar{x}} = 2.236$
$UCL_R = 2.336$
$LCL_R = 0.0$
프로세스가 정상이다.

S6.8 **(a)** $UCL_{\bar{x}} = 16.08$, $LCL_{\bar{x}} = 15.92$
(b) $UCL_{\bar{x}} = 16.12$, $LCL_{\bar{x}} = 15.88$

S6.10 **(a)** $\sigma_{\bar{x}} = 0.61$
(b) $\sigma_{\bar{x}}$ 사용, $UCL_{\bar{x}} = 11.83$, $LCL_{\bar{x}} = 8.17$
A_2 사용, $UCL_{\bar{x}} = 11.90$, $LCL_{\bar{x}} = 8.10$
(c) $UCL_R = 6.98$, $LCL_R = 0$
(d) 그렇다.

S6.12 $UCL_R = 6.058$, $LCL_R = 0.442$
평균이 증가하고 있다.

S6.16 $UCL_p = .0313$, $LCL_p = 0$

S6.18 **(a)** $UCL_p = 0.077$, $LCL_p = 0.003$

S6.22 **(a)** c차트
(b) $UCL_c = 13.35$, $LCL_c = 0$
(c) 관리되고 있음
(d) 관리되지 않음

S6.24 **(a)** $UCL_c = 26.063$, $LCL_c = 3.137$
(b) 관리할 수 없는 지점이 없다.

S6.26 $UCL_{\bar{x}} = 76.85$; $LCL_{\bar{x}} = 73.15$

S6.28 $UCL_{\bar{x}} = 60.924$, $LCL_{\bar{x}} = 59.076$
$UCL_R = 5.331$, $LCL_R = 0.669$

S6.29 **(a)** $UCL_{\bar{x}} = 20.15$, $LCL_{\bar{x}} = 19.65$
(b) $UCL_R = 0.78$, $LCL_R = 0$

S6.31 최소 29개, 최대 88개(허용오차 충족)

S6.33 $UCL_p = 0.0209$, $LCL_p = 0.0011$

S6.36 $C_p = 1.0$. 그 공정은 거의 불가능하다.

S6.38 $C_{pk} = 1.125$. 프로세스가 중심에 있으며 허용오차 내에서 생산된다.

S6.40 $C_{pk} = .1667$

S6.42 $C_{pk} = 0.33$

S6.43 기계 1의 지수는 $C_{pk} = 0.83$(불가능)
기계 2의 지수는 $C_{pk} = 1.0$(가능)

S6.45 $C_p = 1.667$(매우 가능함)

S6.47 $AOQ = 0.02$

S6.49 $AOQ = 0.0117$

7장

7.2 GPE는 100,000 미만이 가장 좋다.
FMS는 100,000~300,000 사이가 가장 좋다.
DM은 300,000 이상이다.

7.4 최적 프로세스는 100,000 및 300,000에서 변경된다.

7.8 예상 용량 80개가 교차점인 75개 이상이므로 HP 소프트웨어를 임대해야 한다.

7.10 **(a)** 82,000단위, **(b)** 10,000달러 손실, **(c)** 1,000달러 이익

7.12 **(a)** 7,750단위, **(b)** 제안서 A

7.14

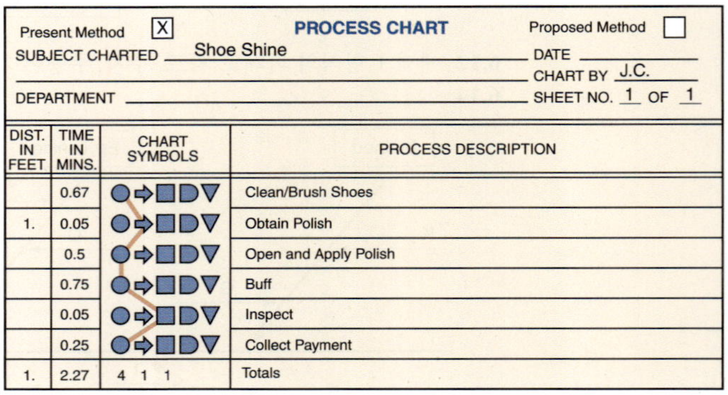

7.16

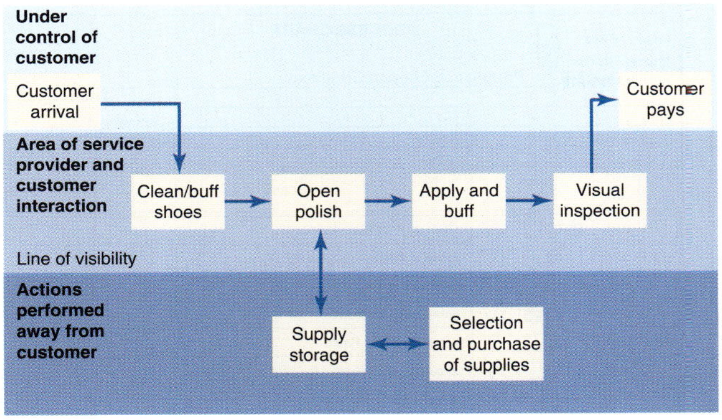

7장 보론

S7.2 69.2%
S7.4 88.9%
S7.6 설계 = 88,920, 제작 = 160,680, 마무리 = 65,520
S7.8 5.17(또는 6)베이
S7.10 15분/단위
S7.14 **(a)** 워크스테이션 C에서 20분/단위, **(b)** 3단위/시간
S7.16 **(a)** 2,000단위, **(b)** 1,500달러
S7.18 **(a)** 150,000달러, **(b)** 160,000달러
S7.22 **(a)** 18,750달러, **(b)** 375,000달러
S7.24 그렇다, 새 장비를 구매하고 가격을 인상한다. 이익 = 2,500달러
S7.26 **(a)** $BEP_{\$}$ = 7,584.83달러/월
(b) 일일 식사 횟수 = 13
S7.28 **(a)** 1,875, **(b)** 1,700
S7.30 1,000
S7.32 옵션 B, 74,000달러
S7.34 4,590달러
S7.36 NPV = 1,764달러
S7.40 투자 A, 보수 = 24,234달러
S7.42 **(a)** 구매하지 않아야 한다. NPV = −7,678달러
(b) 구매해야 한다. NPV = 5,379달러
S7.44 기계 B, NPV = 85,983달러

8장

8.2 중국, 1.44달러
8.4 인도는 다른 곳보다 0.05달러 저렴하다.
8.6 **(a)** 모바일 = 53, 잭슨 = 60, 잭슨을 선택한다.
(b) 현재 잭슨 = 66
8.8 **(a)** 하이드파크, 54.5점
(b) 현재 위치 = 51점
8.10 **(a)** 총 가중치 점수가 1,530인 입지 C
(b) 입치 B = 1,360
(c) B는 절대 1위가 될 수 없다.
8.12 **(a)** 영국, 4.6
(b) 영국은 이제 3.6이다.
8.14 **(a)** 이탈리아가 가장 높다.
(b) 스페인이 항상 가장 낮다.
8.16 **(a)** 부지 1: 125까지, 부지 2: 125~233, 부지 3: 233 이상
(b) 부지 2
8.18 **(a)** 10,000대 이상에서는 부지 C가 가장 저렴한 비용이다.
(b) 0~10,000대까지의 최적 부지는 A이다.
(c) 부지 B는 결코 최적이 아니다.
8.20 **(a)** (5.15, 7.31), **(b)** (5.13, 7.67)
8.22 **(a)** (6.23, 6.08), **(b)** 안전 등
8.25 시내 등급 = 2.24
쇼핑몰 등급 = 3.24(최고)
코럴게이블즈 등급 = 2.42
등급 A = 4일 때 B = 3, C = 2, D = 1
8.27 부지 1 = 78.125
부지 2 = 75.0
부지 3 = 86.56(최고)
부지 4 = 80.94
8.29 **(a)** 애틀랜타 TC = 125,000 + 6x
벌링턴 TC = 75,000 + 5x
클리블랜드 TC = 100,000 + 4x
덴버 TC = 50,000 + 12x
(b) 0~3,571단위까지 덴버가 최고
(c) 5,000단위에서 벌링턴이 최고
8.31 (7.97, 6.69)

9장

9.2 **(a)** 비용 = 51,000리얄
(b) 비용 = 49,000리얄
(c) 비용 = 48,000리얄
(d) 가장 좋은 레이아웃은 자재 처리 비용이 가장 적기 때문에 플랜 C이다.
9.4 영역 1에 벤더, 영역 2에 재료, 영역 3에 용접기, 영역 4로 드릴, 그라인더는 영역 5, 선반은 영역 6에 배치한다. 이동횟수 × 거리 = 13,000피트
9.6 레이아웃 #1, 고정된 영역에서 거리 = 600
레이아웃 #2, 고정된 영역에서 거리 = 602
9.8 새로운 레이아웃에서 방문자가 하루에 이동한 평균 총 거리가 줄어든다.
9.12 **(a)** 20초
(b) 3
(c) 그렇다. 워크스테이션 1(A, C 포함)
워크스테이션 2(B, D포함)
워크스테이션 3(E 포함)
9.14 **(a)** 4개의 워크스테이션
(b) 이론상 최솟값으로 수행할 수 없음. 5개의 워크스테이션이 필요함
(c) 5개의 스테이션에 대해 80%
9.16 **(b)** 스테이션 1: A, G, B,. 0.5분 남음
스테이션 2: C, D, E. 시간이 남지 않음
스테이션 3: F, H, I, J. 0.5분 남음
(c) 스테이션 1과 3이 각각 0.5분 더 작업해야 한다면, 라인은 100% 효율이 된다.
(d) 3
9.18 **(a)** 워크스테이션 1: A, C
워스테이션 2: E
워스테이션 3: B, D
워스테이션 4: F, H
워스테이션 5: G, I
(b) 97.6%, 사이클 시간 = 3.33(이론적 효율성)
87.6%는 운영 효율성이다.
(c) 4
(d) 2분/보트
9.20 **(b)** 15분
(c) 144개/일
(d) 5개 워크스테이션
(e) 83.33%
(f) 10분/주기

9.25 **(a)**

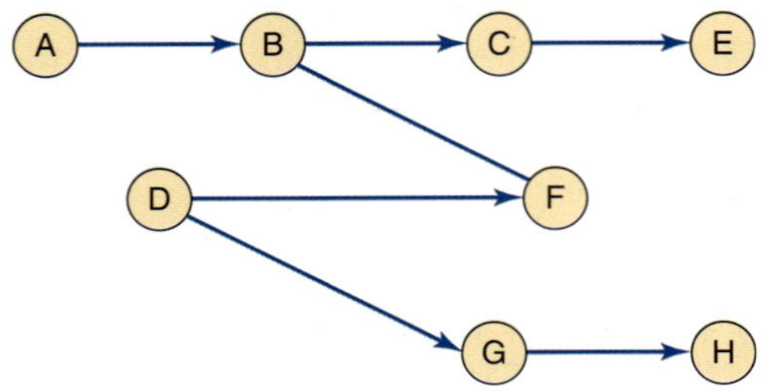

(b) 여러 대안이 가능하다.
(c) 92.5%

10장

10.2 식당과 고객을 위한 개선 사항에는 더 단순한 이동, 거의 동일한 경로를 따르는 고객, 계산원과 서비스 전달 지점에 도달하기 위한 불필요한 전후 이동이 요구되지 않는 고객, 고객 사이의 대응 부족, 더 빠른 프로세스, 직원에 의해 선반에 있는 음식의 더 수월한 보충이 포함된다.

10.4 그림 10.6의 형식으로 개별적으로 준비된 답

10.6 프로세스 차트의 처음 8단계는 다음과 같다.

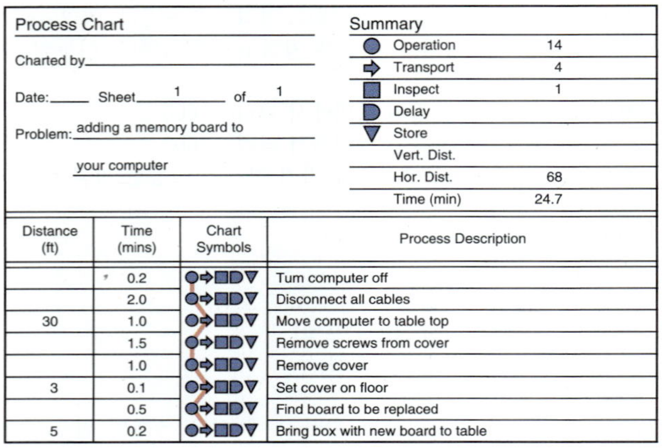

Process Chart
Charted by ____
Date: ____ Sheet 1 of 1
Problem: adding a memory board to your computer

Summary	
Operation	14
Transport	4
Inspect	1
Delay	
Store	
Vert. Dist.	
Hor. Dist.	68
Time (min)	24.7

Distance (ft)	Time (mins)	Chart Symbols	Process Description
	0.2		Turn computer off
	2.0		Disconnect all cables
30	1.0		Move computer to table top
	1.5		Remove screws from cover
	1.0		Remove cover
3	0.1		Set cover on floor
	0.5		Find board to be replaced
5	0.2		Bring box with new board to table

10.8

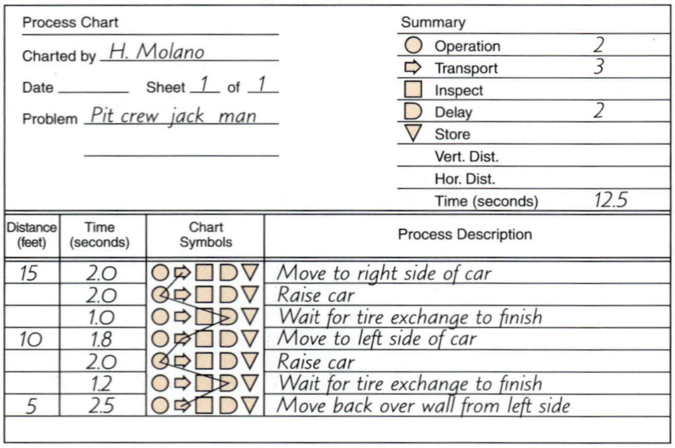

Process Chart
Charted by *H. Molano*
Date ____ Sheet *1* of *1*
Problem *Pit crew jack man*

Summary	
Operation	*2*
Transport	*3*
Inspect	
Delay	*2*
Store	
Vert. Dist.	
Hor. Dist.	
Time (seconds)	*12.5*

Distance (feet)	Time (seconds)	Chart Symbols	Process Description
15	*2.0*		*Move to right side of car*
	2.0		*Raise car*
	1.0		*Wait for tire exchange to finish*
10	*1.8*		*Move to left side of car*
	2.0		*Raise car*
	1.2		*Wait for tire exchange to finish*
5	*2.5*		*Move back over wall from left side*

10.12 다음은 프로세스 차트의 첫 번째 부분을 보여준다.

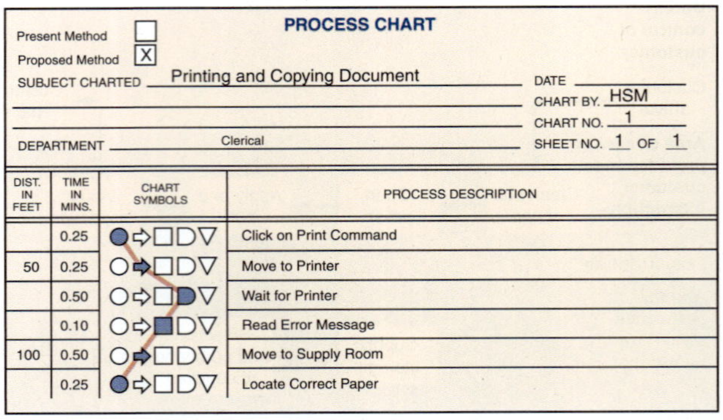

PROCESS CHART
Present Method ☐
Proposed Method ☒
SUBJECT CHARTED Printing and Copying Document
DATE ____
CHART BY. HSM
CHART NO. 1
DEPARTMENT Clerical
SHEET NO. 1 OF 1

DIST. IN FEET	TIME IN MINS.	CHART SYMBOLS	PROCESS DESCRIPTION
	0.25		Click on Print Command
50	0.25		Move to Printer
	0.50		Wait for Printer
	0.10		Read Error Message
100	0.50		Move to Supply Room
	0.25		Locate Correct Paper

10.14 NT = 7.65초, 평소보다 느림
10.16 **(a)** 6.525초, **(b)** 6.2초, **(c)** 6.739초
10.18 **(a)** 12.6분, **(b)** 15분
10.20 **(a)** 12.0초, **(b)** 14.12초
10.22 10.12분
10.24 **(a)** 3.24분, **(b)** 4.208분
10.26 n = 14.06 또는 15개
10.30 **(a)** 프로세스의 표준 시간 = 29.65분
(b) 작업 요소 1의 경우: $n \approx 52$
작업 요소 5에는 104개의 표본이 필요하므로 연구의 표본 크기는 104여야 한다.
10.32 n = 348
10.34 73.8%
10.36 6.55초
10.39 **(a)** 11분, **(b)** 0.167, 13.2분
10.41 **(a)** 43.0초, **(b)** 50.6초
10.42 n = 225

11장

11.2 **(a)** 재료비용 25% 감소, 45,000달러
(b) 매출 75% 증가, 175,000달러
11.4 문제는 소통, 제품 가치, 가상 파트너 선정을 포함한다.
11.6 **(a)** 재고 회전율 = 6.25번
(b) 공급 주 = 8.32주
(c) 연간 총이익 = 250,000유로
(d) 평균 재고 투자 = 80,000유로
(e) 연간 재고 보유비용 = 16,000유로
결과적으로 판매 단위당 재고 보유비용은 단위당 1.6유로
평균재고가 1,000단위로 줄어들면

- 재고 회전율 = 10번
- 공급 주 = 5.2주
- 연간 총이익 = 250,000유로
- 평균 재고 투자 = 50,000유로
- 연간 재고 보유비용 = 10,000유로 + 판매 단위당 재고 보유비용 = 1유로
- 추가 이익 = 16,000유로 − 10,000유로 = 6,000유로

11.8 **(a)** 재고 회전율 = 연간 5번
공급 주 = 10주
(b) 평균 재고 회전율 = 6.06번
평균 공급 주 = 8.33주
총 재고 가치 = 175,000유로
11.10 **(a)** 5.30%, **(b)** 6.13%, **(c)** 0.83%

11장 보론

S11.2 최적의 선택은 2개의 공급업체를 활용하는 것이다[22,089 < 23,764 < 31,805].

S11.4 **(a)** $P(2) = 0.017463$
(b) $P(2) = 0.018866$
(c) 옵션 1(지역의 2개 공급업체)의 위험도가 더 낮다.

S11.6 **(a)** 2.5, **(b)** 1.2, **(c)** 1.25, **(d)** 1.8, **(e)** 판매업체

S11.10 Donna Inc. 8.2, Kay Corp. 9.8

S11.12 선호 공급업체는 Siemsen이고, 점수는 390이다.

S11.14 선호 공급업체는 Fricker V-Tech이고, 점수는 400이다.

S11.17 **(a)**해상 운송 모드
(b) 최고의 운송 방법을 선택할 때 제품 특성을 고려해야만 한다. 해산물은 쉽게 상한다. 따라서 하루를 절약하는 것은 신선함과 제품 품질을 확보하는 데 매우 중요하다.

S11.19 **(a)** 품목 B, **(b)** 품목 A

S11.21

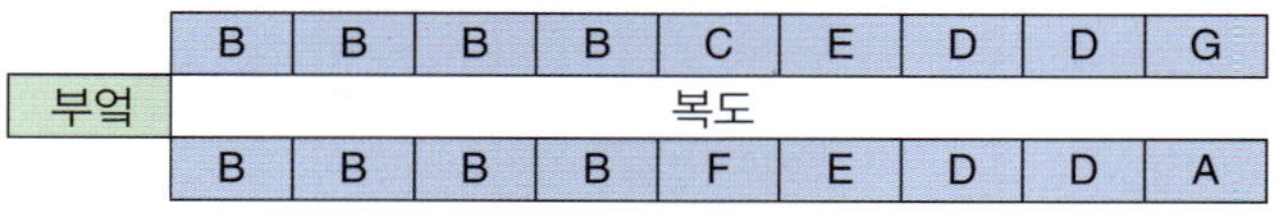

12장

12.2 **(a)** 항목 A는 G2와 F3, 항목 B는 A2, C7, D1, 그 외에는 모두 항목 C

12.4 11,000개 기록은 항목 B이다.

12.8 **(a)** 600단위, **(b)** 424.26단위, **(c)** 848.53단위

12.10 **(a)** 80단위, **(b)** 73단위

12.12 **(a)** 2,100단위, **(b)** 4,200단위, **(c)** 1,050단위

12.14 **(a)** 189.74단위, **(b)** 94.87, **(c)** 31.62, **(d)** 7.91, **(e)** 1,897.30달러, **(f)** 601,897달러

12.16 **(a)** 주문량 변동성은 총비용에 제한적 영향력을 행사한다.
(b) 경제적 주문량 = 50

12.18 **(a)** 671단위, **(b)** 18.63, **(c)** 559 = 최고 재고량
(d) 16.7%, **(e)** 1,117.90달러

12.20 **(a)** 1,217단위, **(b)** 1,095 = 최고 재고량
(c) 8.22 생산 주기, **(d)** 657.30달러

12.22 **(a)** 경제적 주문량 = 200, 총비용 = 1,446,380달러
(b) 경제적 주문량 = 200, 총비용 = 1,445,880달러

12.24 **(a)** 10,001달러, **(b)** 312.53달러, **(c)** 299.97달러, **(d)** 18,750달러, **(e)** 19,362.50달러

12.30 **(a)** 32, **(b)** 2, **(c)** 20, 2,400달러, **(d)** 336, 168
(e) 10,800달러 **(f)** 214, 1,820달러

12.32 8달러

12.34 7,000

12.36 **(a)** 10,600프랑
(b) 경제적 주문량 = 의자 190개
총비용 = 7,589.46프랑
연간 주문 숫자 = 연간 4.7회 주문
(c) 재주문점 = 의자 35개

12.38 할인 없이 2,200달러
할인 있을 시 2,510달러
할인 선택을 하지 말아야 한다.

12.40 50장 이상 주문 시, 비용 = 1,901.22달러

12.42 **(a)** $Z = 1.88$
(b) 안전재고 = $Z\sigma = 1.88(5) = 9.4$드라이브
(c) 재주문점 = 59.4드라이브

12.44 총비용을 최소화하는 안전재고는 800박스이다.
재주문점은 1,600박스이다.

12.46 **(a)** 291장, **(b)** 2,291장

12.48 **(a)** ROP = 1,718개 **(b)** 1,868개
(c) 더 높은 서비스 레벨은 재고가 바닥날 확률이 낮은 것이다.

12.50 55

12.52 28개 케이크

13장

13.4 계획 B의 비용은 244,000달러

13.6 **(a)** 계획 D: 128,000달러 **(b)** 계획 E: 140,000달러

13.8 추가 총비용은 2,960달러

13.12 **(a)** 계획 A: 비용은 314,000달러
계획 B: 비용은 329,000달러
계획 C: 비용은 222,000달러(가장 낮은 비용)
(b) 계획 C가 비용도 가장 적고 안정적인 고용이 이루어진다.

13.14 1,186,810달러

13.18 90,850달러

13.20 20,400달러

13.22 308,125달러

14장

14.2 선물 가방의 시간단계 계획은 다음과 같다.

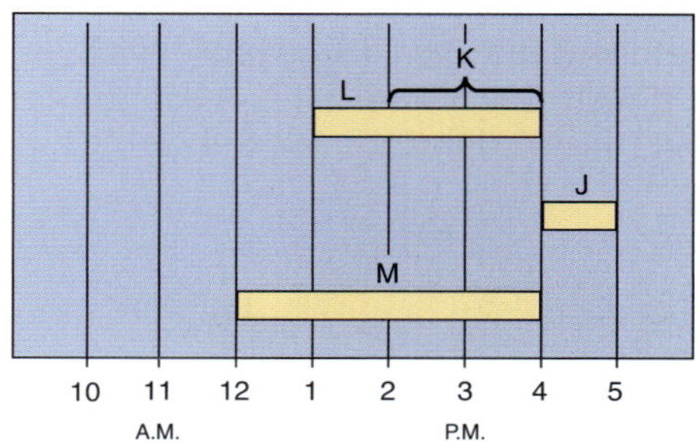

누군가는 정오까지 M항목을 시작해야만 한다.

14.4 **(a)** 브래킷을 위한 시간 단계 제품 구조와 시작 시간

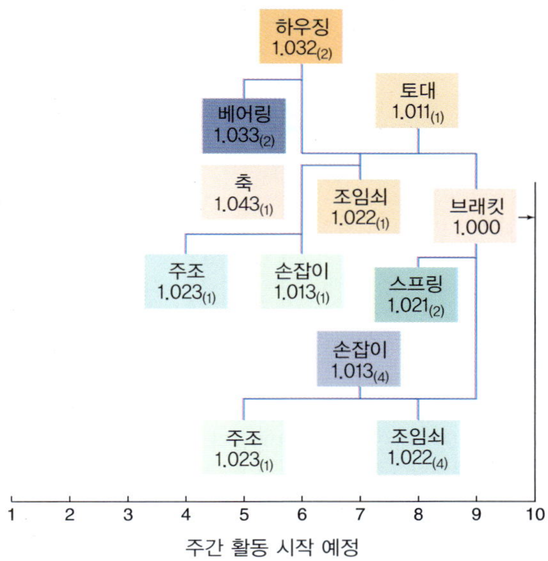

(b) 주조는 4주째에 시작해야 한다.

14.6 총자재수요계획

항목		1	2	3	4	5	6	7	8	납기 (주)
S	총자재수요계획							100		
	주문 배포					100				2
T	총자재수요계획					100				
	주문 배포				100					1
U	총자재수요계획					200				
	주문 배포			200						2
V	총자재수요계획				100					
	주문 배포		100							2
W	총자재수요계획				200					
	주문 배포	200								3
X	총자재수요계획				100					
	주문 배포			100						1
Y	총자재수요계획			400						
	주문 배포	400								2
Z	총자재수요계획			600						
	주문 배포		600							1

14.16 **(a)** 품목 G만 변화
(b) 품폭 F와 품목 A 4단위가 1주 지연될 것이다.
(c) 옵션 포함: 품목 A 4단위는 1주 지연될 것이고 공급업체에게 품목 G의 즉각적인 생산을 문의해야 한다.

14.20 **(a)**

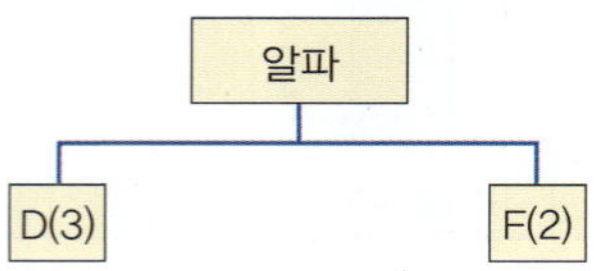

(b)

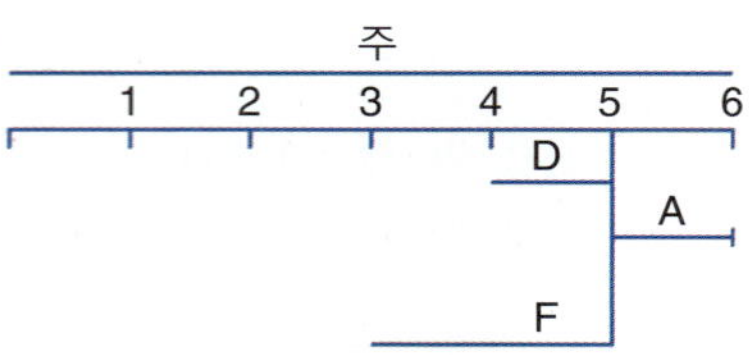

(c)

주	2	3	4	5	6	
필요 날짜					10	A
주문 배포				10		
필요 날짜				30		D
주문 배포			30			
필요 날짜				20		F
주문 배포		20				

14.22 로트 대 로트: 총비용 = 주문 7개 × 주문당 150달러 + 20단위 × 기간당 2.50달러/단위 = 1,100달러
14.24 주기적 주문량: 준비비용 = 5 × 150달러 = 750달러, 보유비용 = 2.50 × 170달러 = 425달러, 총비용 1,175달러
14.26 **(a)** 로트 대 로트: 준비비용 = 800달러, 보유비용 = 0.0달러, 총비용 = 800달러
(b) 경제적 주문량: 경제적 주문량 = 18, 준비비용 = 800달러, 보유비용 = 370달러, 총비용 = 1,170달러
(c) 주기적 주문량: 경제적 주문량 = 18, 주기적 주문량 = 2, 준비비용 = 800달러, 보유비용 = 0.0달러, 총비용 = 800달러
(d) 로트 대 로트와 주기적 주문량 모두 같은 비용이다.
14.28 **(a)** 경제적 주문량 = 105, 지금 그리고 3주, 7주 내에 배포될 주문. 실제 비용 = 307.50달러
(b) 로트 대 로트: 지금 그리고 1, 2, 4, 5, 6, 8, 9주 내에 배포될 주문. 총비용 = 400달러

15장

15.2

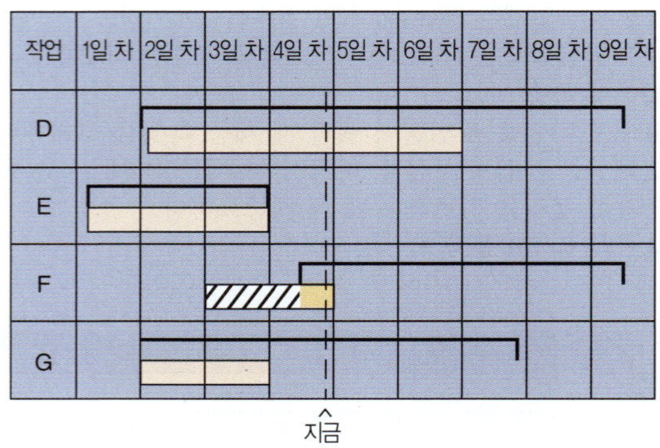

15.6 크리스: 재무, 스티브: 마케팅, 후아나: 인적자원, 레베카: 운영, 210달러
15.8 에이제이-재키, 잭-바버라, 그레이-스텔라, 라울-도나, 230
15.12 이혼에서 변호사 3명
중범죄에서 변호사 1명
차별에서 변호사 2명
총비용 = 2,700달러
15.14 G99를 공장 1, E2를 공장 2, C81을 공장 3, D5를 공장 4, D44를 공장 5, C53을 공장 6, E35를 공장 8, 부품 없음을 공장 7
총비용 = 1.18달러
15.16 작업 순서: 517, 103, 309, 205, 412
15.20 존슨 법칙은 21일로 끝남
선입선출 방식은 23일로 끝남
15.22 **(a)** V-Y-U-Z-X-W-T
(c) 57시간
(d) 7시간
(e) 변화 없음
15.24 **(a)** 10, 40, 20, 50, 30
(b) 61.20일
(c) 12.60일
(d) 3.64개
15.26 **(a)** A, E, B, C, D, **(b)** 18.20시간, **(c)** 1.40시간, **(d)** 2.33개
15.28 D, B, A, C
15.30 7명

16장

16.2 준비 시간 = 3.675분
16.4 필요한 칸반 수 = 9개
16.6 생산주문량 = 50개, 칸반 수: 5개
16.10 JIT 린 관리 시스템으로 경제적 주문량은 급격히 줄어들고 배송은 증가할 것이다. 이것은 재고비용을 감소시키면서 JIT 구매를 활용한 규칙적인 패턴이 만들어질 것이다.
16.12 칸반 크기 = 158, 필요한 칸반 수 = 10개

17장

17.2 그림 17.2에서 13%의 전체 신뢰성
17.6 R_s = .9941
17.8 R_p = .99925

17.10 R^p = .984
17.12 R^p = .7918
17.14 제품 설계 B는 .9397로 약간 높다
17.16 그림 17.2에서는 약 82%
17.18 연간 고장 횟수 = 2.35회
17.22 1.5회 고장, 15달러

모듈 A

A.4 **(a)** 의사결정 대안은 아무것도 안 함, 새 점포 1개를 세움, 새 점포 2개를 세움. 한 가지 대안만 의사결정해야 한다. 자연 상태는 수요 적음, 수요 보통, 수요 많음
(c) 여기에서 의사결정은 최고경영자의 인식에 달려 있다.
A.6 의사결정표를 그려라.
위험 중립; 1년; 어느 지역도 아님; 3년; 독일, 호주, 한국
비관적; 어느 지역도 아님; 1년과 3년 어느 것이든
낙관적; 모든 지역; 1년과 3년 모두
A.8 **(a)** 기대가치(정규직 새로 고용) = 520달러
기대가치(기간제) = 475달러
A.10 대안 B, 74
A.12 8상자, 기대 금전적 가치 = 352.50달러
A.14 **(b)** 기대 금전적 가치(Y) = 4.2, 총 순이익을 최대화함
A.16 **(a)** 기대 금전적 가치(대안 1) = 110 = 가장 큰 기대 금전적 가치
(b) 완전정보 기대가치 = 7
A.21
(a)

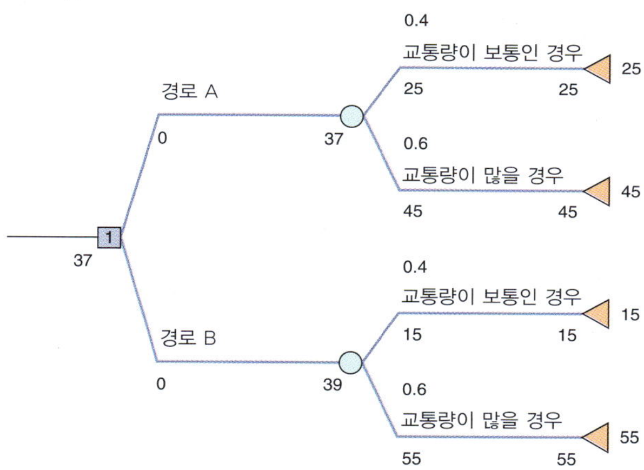

(b) 최소 기대 시간이 37분이므로, 경로 A를 택해야 한다.
A.23 시나리오별 의사결정 기대가치: **1.** 8.10, **2.** 8.18, **3.** 7.56
가장 큰 기대가치는 시나리오 2의 8.18이므로, 회사는 100만 유로의 소규모 투자를 해서 프로젝트를 3개월 빨리 종결한다.
A.25 기대수익이 더 크기 때문에, 주인은 고객이 기다릴 의향이 있으면 가격을 할인해주어야 한다.
A.27 **(a)** 소폭 개조, 기대 금전적 가치 = 10,000달러

모듈 B

B.2 $X = 1.33$, $Y = 3.33$, 수익 = 25.33달러
B.4 **(b)** 그렇다, (83.3333, 50)과 (50, 150)에서 수익은 3,000달러
B.6 모델 A = 200, 모델 B = 0, 수익 = 18,000달러
B.8 알파 1 10대, 베타 2 24대, 수익 = 55,200달러
B.10 **(a)** X = 굴뚝새용 새집, Y = 파랑새용 새집
수익 최대화 = $6X + 15Y$
다음 제약식을 만족한다.
$4X + 2Y \leq 60$
$4X + 12Y \leq 120$
$X, Y \geq 0$
(b) $X = 12$, $Y = 6$, 수익 = 162달러
B.12 **(a)** 표준형 = 240, 고급형 = 180
(b) 수익 = 3,840달러
B.15 $X = 4$, $Y = 8$; 수익 = 52달러
B.17 $X_1 = 18.75$, $X_2 = 18.75$, 수익 = 150달러
B.19 $X_1 = 2$, $X_2 = 6$, 수익 = 36달러
B.21 **(a)** $x_1 = 7.95$, $x_2 = 5.95$, $x_3 = 12.59$, 수익 = 143.76달러
(b) 미사용 시간 없음
(c) 26센트
(d) 7.86달러
B.23 $X = 3.86$, $Y = 4.54$, 비용 = 160.86달러
B.25 X = 각 포대의 퇴비 양(파운드)
Y = 각 포대의 하수 폐기물 양(파운드)
$X = 30$, $Y = 30$, 비용 = 2.70달러
B.27 $x_1 = 14$, $x_2 = 33$, 비용 = 221
B.29 목적함수: 비용 최소화(단위: 1,000개) $10X_1 + 8X_2$
제약식:
$1\,X_2 \geq 5$
$2\,X_1 + 1\,X_2 \geq 20$
최적해: 원형 탁자 7,500개, 정사각형 탁자 5,000개
비용 = 115달러(단위: 1,000개)
B.37 사과 소스 = 0, 옥수수 통조림 = 1.33, 닭튀김 = 0.46, 감자튀김 = 0, 맥앤치즈 = 1.13, 칠면조 가슴살 = 0, 샐러드 = 0, 비용 = 1.51달러
B.39 투자 A를 제외한 모든 투자 상품, 총 기대수익 = 3,580달러

모듈 C

C.2 208달러
C.4 현재 비용 = 500 최적해
C.10 최적 부지는 모카탐, 기자보다 1,500이집트파운드/주 적게 발생한다.
C.14 A-1, 20; B-1, 20; B-2, 10; C-2, 50; C-3, 25; 가상 출발지-3, 30

모듈 D

D.2 **(a)** 44%, **(b)** .36명, **(c)** .8명, **(d)** .53분, **(e)** 1.2분
D.4 **(a)** .5, **(b)** .5, **(c)** 1, **(d)** .5, **(e)** .05시간, **(f)** .1시간
D.6 **(a)** .667, **(b)** .667분, **(c)** 1.33
D.8 **(a)** .375, **(b)** 1.6시간(혹은 .2일), **(c)** .225,
(d) 0.141, 0.053, 0.020, 0.007
D.11 **(a)** 6대, **(b)** 12분, **(c)** .857, **(d)** .54, **(e)** 1,728달러/일
(f) 그렇다, 첫해에 3,096달러를 절감한다.
D.13 **(a)** .075시간(4.5분), **(b)** 1.125명, **(c)** .0083시간(0.5분), 0.083명
D.15 **(a)** .113시간 = 6.8분, **(b)** 1.13대
D.17 **(a)** 0.577, **(b)** 1.24, **(c)** 33.6%
D.19 **(a)** 각각 3, 2, 4명의 의사
(b) $\lambda > \mu$이므로 무한한 줄이 발생한다.
D.21 **(a)** 4대, **(b)** 6대, **(c)** 109달러, **(d)** 83.33%
D.23 2명(340달러)
D.25 5분
D.27 72건
D.29 1.2명
D.31 **(a)** 0.833, **(b)** 1.667시간, **(c)** 4.167, **(d)** 0.335

모듈 E

E.2 **(a)** 507분, **(b)** 456분, **(c)** 410분, **(d)** 369분
E.4 **(a)** 1,546분, **(b)** 2,872분, **(c)** 3,701분, **(d)** 6,779분
E.6 **(a)** 14.31시간, **(b)** 71,550달러, **(c)** 947,250달러
E.8 **(a)** 80%, **(b)** 3.51시간, **(c)** 3.2시간, 2.98시간, 2.81시간
(d) 21.5시간
E.10 **(a)** 72.2시간, **(b)** 60.55시간, **(c)** 41.47시간

E.14 네 번째 비행기 748,240달러, 다섯 번째 비행기 709,960달러, 여섯 번째 비행기 679,960달러

E.16 **(a)** 70밀리센트/비트, **(b)** 8.2밀리센트/비트

E.18 26,755시간

E.20 **(a)** 32.98시간, 49.61시간, **(b)** 초기 견적이 높다.

E.24 .227시간

E.26 **(a)** 476.3, **(b)** 429, **(c)** 410.4, **(d)** 369.3

E.28 1,106.4일

E.30 58,320시간

모듈 F

F.2 0, 0, 0, 0, 0, 0, 0, 2, 0, 2
이틀

F.4 이익 = 20, −15, 20, 17.50, 20
평균 = 12.50달러

F.6 5분 후에, 계산대 2개는 여전히 계산 중이고, 계산대 1개는 열려 있다.

F.10 **(a)** 24, **(b)** 36.70달러, **(c)** 0.30달러, **(d)** 6.10달러, **(e)** 21

F.12 **(a)** 5번, **(b)** 6.95번, 그렇다, **(c)** 7.16개

F.14 평균 = 7대

F.19 주별 품절 비용 = 20달러, 주별 보유비용 = 2.30달러

모듈 G

G.2 **(a)** 상한 = 5.22, 하한 = −4.02(혹은 0)
(b) 릭 단철의 배송거부 횟수 6회는 너무 많은 것으로 관찰된다.

G.6 7개

G.8 매버릭 용품, 퍼킨스 플라스틱, 에브리씽 놋쇠, 페넬로페 종이 제품, 콜럼버스 공업, 프레드 발포 성형

G.10 **(a)** 벤턴빌, **(b)** 오번

찾아보기

〈국문〉

찾아보기